StichwortKommentar

Prof. Dr. Curt M. Jeromin | PD Dr. Dr. Bernhard Klose
Prof. Dr. Gerhard Ring | Dr. Hubertus Schulte Beerbühl [Hrsg.]

Nachbarrecht

Zivilrecht | Öffentliches Recht | Strafrecht

Alphabetische Gesamtdarstellung

Dr. Fadi Al-Deb'i, Richter am Landgericht Siegen | **Akad. Rat Dr. Christian Gohde**, TU Kaiserslautern | **Akad. Assistent Dr. Tony Grobe**, Universität Leipzig | **Prof. Dr. Curt M. Jeromin**, Rechtsanwalt, Fachanwalt für Verwaltungsrecht, Andernach | **Rolf Kemper**, Rechtsanwalt, Berlin | **Dr. Anja Kerkmann**, Rechtsanwältin, Fachanwältin für Verwaltungsrecht, Andernach | **Prof. Dr. Jochen Kerkmann**, Rechtsanwalt, Fachanwalt für Verwaltungsrecht, Andernach | **Dr. Peter Kieß**, Vorsitzender Richter am Landgericht Dresden | **PD Dr. Dr. Bernhard Klose**, Vorsitzender Richter am Oberlandesgericht Dresden | **Dr. Martin Marx**, Richter am Oberlandesgericht Dresden | **Prof. Dr. Olaf Muthorst**, Freie Universität Berlin | **Thomas Pöpel**, Richter am Amtsgericht Dortmund | **Prof. Dr. Gerhard Ring**, Technische Universität Bergakademie Freiberg | **Dr. Jessica Schröter**, Rechtsanwältin, Fachanwältin für Verwaltungsrecht, Andernach | **Dr. Hubertus Schulte Beerbühl**, Richter am Verwaltungsgericht a.D. | **Prof. Dr. Marco Staake**, Bergische Universität Wuppertal | **Dr. Torsten Umbach**, Richter am Oberlandesgericht Dresden | **Dr. Wiebke Voß**, Universität Heidelberg | **Dr. Christopher F. Weidt, LL.M.**, Rechtsanwalt, Westerburg | **Dr. Christian Weiß**, Staatsanwalt bei der Staatsanwaltschaft Chemnitz | **Dr. Felix M. Wilke, LL.M.**, Universität Bayreuth

Nomos

Zitiervorschlag: *Bearbeiter/in* in SWK-NachbarR [Stichwort] Rn. ...

Die Deutsche Nationalbibliothek verzeichnet diese Publikation in der Deutschen Nationalbibliografie; detaillierte bibliografische Daten sind im Internet über http://dnb.d-nb.de abrufbar.

ISBN 978-3-8487-6516-4

1. Auflage 2021

Vorwort

„Es kann der Frömmste nicht in Frieden leben, wenn es dem bösen Nachbarn nicht gefällt"

Friedrich v. Schiller, Wilhelm Tell VI.3.

Die Nachbarschaft ist oft eine ungewollte und nicht vorhersehbare Lebensbeziehung von Grundstückseigentümern und eine Art Schicksalsgemeinschaft, die in hohem Maße konfliktanfällig ist und seit jeher die Gerichte der Zivil-, Verwaltungs- und Strafgerichtsbarkeit beschäftigt. Der Streit unter Nachbarn ist somit in der Lebenswirklichkeit, der anwaltlichen Beratungspraxis und der Gerichtspraxis ein alltägliches Phänomen.

Dabei steht jeder Beteiligte im nachbarschaftlichen Kontext vor einer Vielzahl von praktischen Herausforderungen bei der rechtlichen Bewältigung dieses Konflikts. Denn ein einheitlich kodifiziertes Nachbarrecht für die gesamte Rechtsordnung fehlt. Das Nachbarrecht speist sich aus sehr vielfältigen Rechtsquellen und historischen Rechtstraditionen, die sich in den beiden Hauptkategorien eines privaten und eines öffentlichen Nachbarrechts widerspiegeln. Diese Rechtsgebiete stehen jedoch nicht strikt getrennt voneinander, sondern konkurrieren häufig nebeneinander, teilweise noch ergänzt durch strafrechtliche Regelungen. Der gespaltene Rechtsweg vor die ordentlichen Gerichte oder in die Verwaltungsgerichtsbarkeit ist aber nur eine Facette des komplexen Nachbarrechts. Darüber hinaus gibt es im Nachbarrecht noch eine weitere Schnittlinie, die durch gesetzliche Regelungen auf dem Gebiet des Bundesrechts und des jeweiligen Landesrechts verläuft.

Der vorliegende StichwortKommentar nimmt sich der Schwierigkeiten dieses Flickenteppichs an und liefert eine rechtsgebietsübergreifende Darstellung des gesamten Nachbarrechts. Dabei folgen die Stichworte nicht einer rechtssystematischen Zuordnung, sondern konkreten Lebenssachverhalten. Die Autorinnen und Autoren der Beiträge liefern sowohl eine vertiefte juristische Durchdringung auf Kommentarniveau als auch die für die tägliche Beratungspraxis erforderliche Struktur anhand von Beispielen und Musterformulierungen. Die alphabetisch geordnete Stichwortauswahl greift aktuelle Themen wie Drohnen, Mähroboter und Ladestationen gleichermaßen auf wie die Standardfragen des nachbarschaftlichen Gemeinschaftsverhältnisses und das Gebot der wechselseitigen Rücksichtnahme, die nicht an einem Grenzzaun enden.

Das Werk stellt die Rechtslage in der Beziehung benachbarter Grundstücke zueinander dar und beantwortet die Frage des Rechts sowohl dessen, der sich gestört fühlt, als auch dessen, der vermeintlich stört. Mit diesem weiten Spektrum richtet sich das Werk an alle mit nachbarrechtlichen Fragen befassten Personenkreise: an die Rechtsanwaltschaft, die Gerichte, die Immobilienwirtschaft, aber auch an Rat suchende Privatleute.

Rechtsstand des Kommentars ist Dezember 2020. Die Reform des Wohnungseigentumsrechts ist dabei vollumfänglich berücksichtigt.

Die Herausgeber schulden den Autorinnen und Autoren großen Dank dafür, dass sie neben ihrer sonstigen beruflichen Tätigkeit mit hohem Engagement die Erstellung der Texte übernommen haben. Von Seiten des Verlages hat Herr Dr. Marco Ganzhorn mit unermüdlichem Engagement zwischen Verlag, Herausgebern und Autoren koordiniert und moderiert.

Die Herausgeber freuen sich über konstruktive Hinweise und Anregungen, die über die E-Mail-Adresse SWK-NachbarR@nomos.de eingereicht werden können.

Im April 2021

Die Herausgeber

Inhaltsverzeichnis

Bearbeiterverzeichnis

Dr. Fadi Al-Deb'i Richter am Landgericht Siegen	Hausordnung – Hecke – Mauer – Paket (alle zus. mit *Weidt*)
Akad. Rat Dr. Christian Gohde Technische Universität Kaiserslautern	Kamin – Kläranlage – Kraftwerk – Kurgebiet – Lärm, Flugzeug
Akad. Assistent Dr. Tony Grobe Universität Leipzig	Feuer – Hausrecht – Luftverunreinigungen
Prof. Dr. Curt M. Jeromin Rechtsanwalt, Fachanwalt für Verwaltungsrecht, Andernach; Honorarprofessor, Deutsche Universität für Verwaltungswissenschaften Speyer	Abstandsflächen und Grenzabstand – Balkon – Funkantenne (zus. mit *Schröter*) – Grundwasser – Niederschlagswasser – Oberirdische Gewässer – Rücksichtnahmegebot – Schwarzbau – Stützmauer – Terrasse – Wasser – Wintergarten
Rolf Kemper Rechtsanwalt, Berlin	Abriss – Baulasten – Baustelle – Erschütterung – Überschwemmungsschäden – Wärmepumpe
Dr. Anja Kerkmann Rechtsanwältin, Fachanwältin für Verwaltungsrecht, Andernach	Baumwurf – Volksfest
Prof. Dr. Jochen Kerkmann Rechtsanwalt, Fachanwalt für Verwaltungsrecht, Andernach; Honorarprofessor, Universität Trier	Biotop – Infraschall
Dr. Peter Kieß Vorsitzender Richter am Landgericht Dresden	Abwasser – Aufschüttung – Einfriedung – Elektrozaun – Gebäudeeinsturz – Hammerschlags- und Leiterrecht – Ufer – Wasser, wild abfließendes
PD Dr. Dr. Bernhard Klose Vorsitzender Richter am Oberlandesgericht Dresden; Lehrbeauftragter, Technische Universität Bergakademie Freiberg	Anpflanzungen an der Grundstücksgrenze – Betreten des Nachbargrundstücks – Bienen – Blumenkasten – Dashcam – Datenschutz – Drohne – Dunstabzugshaube – Fahrrad – Jalousie und Rollladen – Ladestation – Leitungsrecht – Leuchtreklame – Müll – Nachbarschaftliches Gemeinschaftsverhältnis – Rechtsnachfolge (ZR) – Samenflug – Satellitenschüssel – Ungeziefer – Videoüberwachung – Winterdienst – Zaun – Zwangsschlichtung
Dr. Martin Marx Richter am Oberlandesgericht Dresden; Lehrbeauftragter, Technische Universität Dresden	Ball – Fallobst – Grillen – Hund – Katze – Nachbarwand – Party
Prof. Dr. Olaf Muthorst Freie Universität Berlin	Kosten (ZR) – Rechtsschutz, vorläufiger (ZR)
Thomas Pöpel Richter am Amtsgericht Dortmund	Bauarbeiten – Baugrube – Wohnungseigentum

Prof. Dr. Gerhard Ring Technische Universität Bergakademie Freiberg	Abgrabung – Elektromagnetische Strahlung – Frosch – Graben – Grenzanlage – Grenzbaum und Grenzstrauch – Grenzwand – Nadel- und Laubwurf – Notweg – Überbau – Überhängen von Zweigen – Vertiefung
Dr. Jessica Schröter Rechtsanwältin, Fachanwältin für Verwaltungsrecht, Andernach	Altglascontainer – Funkantenne (zus. mit *Jeromin*)
Dr. Hubertus Schulte Beerbühl Richter am Verwaltungsgericht a.D.	Anlagen für bestimmte Zwecke – Autowaschanlage – Bestandsschutz – Brandschutz – Denkmal – Garage und Stellplatz – Gebietsschutz und Baugebietsverträglichkeit – Gewerbliche Nutzung – Kosten (ÖR) – Landwirtschaft und gewerbliche Tierhaltungsanlagen – Lärm, allgemein – Lärm, Baustelle – Lärm, Freizeit – Lärm, Gewerbe und Industrie (TA Lärm) – Lärm, Sport – Lärm, Straßenverkehr – Nachbar in öffentlich-rechtlicher Sicht – Öffentliche Einrichtungen und Anlagen – Rechtsnachfolge (ÖR) – Rechtsschutz, vorläufiger (ÖR) – Rechtsschutz, verwaltungsrechtliches Hauptsacheverfahren – Rechtsverlust und unzulässige Rechtsausübung – Tierhaltung – Vollgeschoss, überbaubare Grundstücksfläche und Bauweise – Wohnnutzung
Prof. Dr. Marco Staake Bergische Universität Wuppertal	Abmarkung – Grenzverwirrung – Streitschlichtung, nachbarrechtliche
Dr. Torsten Umbach Richter am Oberlandesgericht Dresden	Brunnen – Gartenzwerg – Strommast
Dr. Wiebke Voß Universität Heidelberg	Gefahr drohende Anlagen – Photovoltaikanlage – Rasenmäher und Mähroboter – Regen und Beregnung
Dr. Christopher F. Weidt, LL.M. Rechtsanwalt, Westerburg; Lehrbeauftragter, Universität Siegen	Hausordnung – Hecke – Mauer – Paket (alle zus. mit *Al-Deb'i*)
Dr. Christian Weiß Staatsanwalt bei der Staatsanwaltschaft Chemnitz	Fahne und Fahnenmast – Garten – Kind – Musik – Parken – Wurzeln
Dr. Felix M. Wilke, LL.M. Universität Bayreuth	Brand- und Löschschäden – Grenzüberschreitendes Nachbarrecht – Komposthaufen – Ranken – Swimmingpool – Tauben

Allgemeines Literaturverzeichnis

Spezialliteratur findet sich jeweils vor den einzelnen Kommentierungen.

Zitierweise	**Werk**
Alheit NachbarR	Alheit, Nachbarrecht von A-Z, Lexikon, 12. Aufl. 2010
Bader/Funke-Kaiser/Stuhlfauth/ v. Albedyll	Bader/Funke-Kaiser/Stuhlfauth/von Albedyll, Verwaltungsgerichtsordnung, Kommentar, 7. Aufl. 2018
Bamberger/Roth/Hau/Poseck	Bamberger/Roth/Hau/Poseck, BGB, Kommentar, Bände 1–5, 4. Aufl. 2019 ff.
Battis/Krautzberger/Löhr	Battis/Krautzberger/Löhr, Baugesetzbuch: BauGB, Kommentar, 14. Aufl. 2019
Baumbach/Lauterbach/Hartmann/Anders/ Gehle	Baumbach/Lauterbach/Hartmann/Anders/Gehle, Zivilprozessordnung: ZPO, Kommentar, 79. Aufl. 2021
Baumgärtel/Laumen/Prütting Beweislast-HdB	Baumgärtel/Laumen/Prütting, Handbuch der Beweislast, Handbuch, Bände 1–3, 4. Aufl. 2018
Baur/Stürner SachenR	Baur/Stürner, Sachenrecht, Lehrbuch, 18. Aufl. 2009
Beck AEG	Hermes/Sellner, Beck'scher AEG-Kommentar, Kommentar, 2. Aufl. 2014
BeckOGK	Gsell/Krüger/Lorenz/Reymann, beck-online.GROSSKOMMENTAR, Kommentar, Band BGB, 32. Aufl. 2021
BeckOK BauGB	Spannowsky/Uechtritz, BeckOK BauGB, Kommentar, 51. Aufl. 2021
BeckOK BauNVO	Hornmann/Kämper/Spannowsky, BeckOK BauNVO, Kommentar, 24. Aufl. 2021
BeckOK BauordnungsR Bayern	Spannowsky/Manssen, BeckOK Bauordnungsrecht Bayern, Kommentar, 16. Aufl. 2020
BeckOK BauordnungsR BW	Spannowsky/Uechtritz, BeckOK Bauordnungsrecht Baden-Württemberg, Kommentar, 16. Aufl. 2021
BeckOK BauordnungsR NRW	Spannowsky/Saurenhaus, BeckOK Bauordnungsrecht NRW, Kommentar, 6. Aufl. 2020
BeckOK BGB	Hau/Poseck, BeckOK BGB, Kommentar, 56. Aufl. 2020
BeckOK EEG	Boewe/Greb, BeckOK EEG, Kommentar, 11. Aufl. 2020
BeckOK GewO	Pielow, BeckOK GewO, Kommentar, 52. Aufl. 2020
BeckOK UmweltR	Giesberts/Reinhardt, BeckOK Umweltrecht, Kommentar, 56. Aufl. 2020
BeckOK WEG	Hogenschurz, BeckOK WEG, Kommentar, 43. Aufl. 2021
BeckOK ZPO	Vorwerk/Wolf, BeckOK ZPO, Kommentar, 39. Aufl. 2020
Berger Einstweiliger Rechtsschutz-HdB	Berger, Einstweiliger Rechtsschutz im Zivilrecht, Handbuch, 2006
BerlKommEnergieR	Säcker, Berliner Kommentar zum Energierecht, Band 6: EEG – Erneuerbare-Energien-Gesetz 2017, Kommentar, 4. Aufl. 2018
Boeddinghaus/Hahn/Schulte BauO NRW	Boeddinghaus/Hahn/Schulte, Bauordnung für das Land Nordrhein-Westfalen, Kommentar, 56. Update 2020
Bönker/Bischopink	Bönker/Bischopink, Baunutzungsverordnung, Kommentar, 2. Aufl. 2018

Zitierweise	Werk
Böttcher/Faßbender/Waldhoff Erneuerbare Energien	Böttcher/Faßbender/Waldhoff, Erneuerbare Energien in der Notar- und Gestaltungspraxis, Handbuch, 2014
Breuer/Gärditz WasserR	Breuer/Gärditz, Öffentliches und privates Wasserrecht, Monografie, 4. Aufl. 2017
Brohm ÖffBauR	Brohm, Öffentliches Baurecht, 2. Aufl. 1999
Brügelmann	Brügelmann, Baugesetzbuch, Kommentar, 116. Aufl. 2020
Bruns BWNRG	Bruns, Nachbarrechtsgesetz Baden-Württemberg, Kommentar, 5. Aufl. 2021
Bub/Treier MietR-HdB	Bub/Treier, Handbuch der Geschäfts- und Wohnraummiete, Handbuch, 5. Aufl. 2019
Czychowski/Reinhardt	Czychowski/Reinhardt, Wasserhaushaltsgesetz: WHG, Kommentar, 12. Aufl. 2019
Dehner	Dehner, Nachbarrecht im Bundesgebiet (ohne Bayern), Kommentar, 72. Ergänzungslieferung 2019
Ehlers/Pünder AllgVerwR	Ehlers/Pünder, Allgemeines Verwaltungsrecht, Lehrbuch, 15. Aufl. 2015
Englert/Grauvogl/Maurer BaugrundR-HdB	Englert/Grauvogl/Maurer, Handbuch des Baugrund- und Tiefbaurechts, Handbuch, 5. Aufl. 2016
Erbs/Kohlhaas	Erbs/Kohlhaas, Strafrechtliche Nebengesetze, Kommentar, 233. Aufl. 2020
Erman	Erman, BGB, Kommentar, 16. Aufl. 2020
Ernst/Zinkahn/Bielenberg/Krautzberger	Ernst/Zinkahn/Bielenberg/Krautzberger, Baugesetzbuch: BauGB, Kommentar, 139. Aufl. 2020
FA-MietR	Harz/Riecke/Schmid, Handbuch des Fachanwalts Miet- und Wohnungseigentumsrecht, Handbuch, 6. Aufl. 2018
Fickert/Fieseler	Fickert/Fieseler, Baunutzungsverordnung, Kommentar, 13. Aufl. 2018
Finkelnburg/Dombert/Külpmann VorlRS	Finkelnburg/Dombert/Külpmann, Vorläufiger Rechtsschutz im Verwaltungsstreitverfahren, Monografie, 7. Aufl. 2017
Finkelnburg/Ortloff/Kment ÖffBauR I	Finkelnburg/Ortloff/Kment, Öffentliches Baurecht Band I: Bauplanungsrecht, Lehrbuch, 7. Aufl. 2017
Finkelnburg/Ortloff/Otto ÖffBauR II	Finkelnburg/Ortloff/Otto, Öffentliches Baurecht Band II: Bauordnungsrecht, Nachbarschutz, Rechtsschutz, Lehrbuch, 7. Aufl. 2017
Fischer	Fischer, Strafgesetzbuch: StGB, Kommentar, 68. Aufl. 2021
Frenz/Müggenborg BNatSchG	Frenz/Müggenborg, BNatSchG: Bundesnaturschutzgesetz, Kommentar, 2. Aufl. 2016
Gädtke	Gädtke/Johlen/Wenzel/Hanne/Kaiser/Koch/Plum, BauO NRW, Kommentar, 13. Aufl. 2019
Gärditz	Gärditz, Verwaltungsgerichtsordnung, Kommentar, 2. Aufl. 2018
Geigel Haftpflichtprozess	Geigel, Haftpflichtprozess, Handbuch, 28. Aufl. 2020
GK-BImSchG	Führ, Gemeinschaftskommentar zum Bundes-Immissionsschutzgesetz (GK-BImSchG), Kommentar, 2. Aufl. 2019
GK-BNatSchG	Schlacke, GK-BNatSchG: Gemeinschaftskommentar zum Bundesnaturschutzgesetz, Kommentar, 2. Aufl. 2016

Zitierweise	**Werk**
Göhler	Göhler, Gesetz über Ordnungswidrigkeiten: OWiG, Kommentar, 18. Aufl. 2021
Gramlich	Gramlich, Mietrecht, Kommentar, 15. Aufl. 2019
Große-Suchsdorf	Große-Suchsdorf, Niedersächsische Bauordnung: NBauO, Kommentar, 10. Aufl. 2020
Grziwotz/Lüke/Saller NachbarR-HdB	Grziwotz/Lüke/Saller, Praxishandbuch Nachbarrecht, Handbuch, 3. Aufl. 2020
Grziwotz/Saller BayNachbarR	Grziwotz/Saller, Bayerisches Nachbarrecht, Lehrbuch, 3. Aufl. 2015
Halm/Engelbrecht/Krahe VersR-HdB	Halm/Engelbrecht/Krahe, Handbuch des Fachanwalts Versicherungsrecht, Handbuch, 6. Aufl. 2018
Hartmann/Toussaint	Hartmann/Toussaint, Kostenrecht: KostR, Kommentar, 50. Aufl. 2020
Hentschel/König/Dauer	Hentschel/König/Dauer, Straßenverkehrsrecht, Kommentar, 45. Aufl. 2019
HK-BauGB	Kröninger/Aschke/Jeromin, Baugesetzbuch, Kommentar, 4. Aufl. 2018
HK-BGB	Schulze/Dörner/Ebert/Hoeren/Kemper/Saenger/Scheuch/Schreiber/Schulte-Nölke/Staudinger/Wiese, BGB, Kommentar, 10. Aufl. 2019
HK-FluglärmG	Ekardt/Heß, Gesetz zum Schutz gegen Fluglärm, Kommentar, 2019
HK-ZPO	Saenger, Zivilprozessordnung: ZPO, Kommentar, 8. Aufl. 2019
Hoppenberg/de Witt BauR-HdB	Hoppenberg/de Witt, Handbuch des öffentlichen Baurechts, Handbuch, 57. Aufl. 2020
Hornmann	Hornmann, Hessische Bauordnung, Kommentar, 3. Aufl. 2019
Horst NachbarR-HdB	Horst, Rechtshandbuch Nachbarrecht, Handbuch, 2. Aufl. 2006
Hügel/Elzer	Hügel/Elzer, Wohnungseigentumsgesetz, Kommentar, 3. Aufl. 2021
Jacoby ZivilProzR	Jacoby, Zivilprozessrecht, Lehrbuch, 17. Aufl. 2020
Jäde/Dirnberger/Bauer/Weiß	Jäde/Dirnberger/Bauer/Weiß, Die neue Bayerische Bauordnung: BayBO, Kommentar, 73. Aufl. 2019
Jarass BImSchG	Jarass, Bundes-Immissionsschutzgesetz: BImSchG, Kommentar, 13. Aufl. 2020
Jauernig	Jauernig, Bürgerliches Gesetzbuch: BGB, Kommentar, 18. Aufl. 2021
Jennißen	Jennißen, Wohnungseigentumsgesetz: WEG, Kommentar, 6. Aufl. 2019
Jeromin LBauO RhPf	Jeromin, LBauO Rh-Pf, Kommentar, 5. Auflage 2021
Jeromin/Kerkmann LWG RhPf	Jeromin/Kerkmann, Kommentar zum Landeswassergesetz Rheinland-Pfalz, Kommentar, Loseblatt, 23. Lief. 2019
jurisPK-BGB	Herberger/Martinek/Rüßmann/Weth/Würdinger, juris PraxisKommentar BGB, Kommentar, Bände 1–6, 9. Aufl. 2020
Kegel/Schurig	Kegel/Schurig, Internationales Privatrecht, Lehrbuch, 9. Aufl. 2004

Zitierweise	Werk
KK-OWiG	Mitsch, Karlsruher Kommentar zum Gesetz über Ordnungswidrigkeiten: OWiG, Kommentar, 5. Aufl. 2018
KK-StPO	Hannich, Karlsruher Kommentar zur Strafprozessordnung: StPO, Kommentar, 8. Aufl. 2019
Kniffka/Koeble/Jurgeleit/Sacher Kompendium BauR	Kniffka/Koeble/Jurgeleit/Sacher, Kompendium des Baurechts, Handbuch, 5. Aufl. 2020
König/Roeser/Stock	König/Roeser/Stock, Baunutzungsverordnung, Kommentar, 4. Aufl. 2019
Kopp/Ramsauer	Kopp/Ramsauer, Verwaltungsverfahrensgesetz, Kommentar, 21. Aufl. 2020
Kopp/Schenke	Kopp/Schenke, Verwaltungsgerichtsordnung: VwGO, Kommentar, 26. Aufl. 2020
Kühling/Otte	Kühling/Otte, AEG/ERegG, Kommentar, 2020
Landmann/Rohmer UmweltR	Landmann/Rohmer, Umweltrecht, Kommentar, 93. Aufl. 2020
MAH AgrarR	Dombert/Witt, Münchener Anwaltshandbuch Agrarrecht, Handbuch, 2. Aufl. 2016
MAH MietR	Hannemann/Wiegner, Münchener Anwaltshandbuch Mietrecht, Handbuch, 5. Aufl. 2019
Martin/Krautzberger Denkmalschutz-HdB	Martin/Krautzberger, Handbuch Denkmalschutz und Denkmalpflege, Handbuch, 4. Aufl. 2017
Meisner/J. Ring/W. Ring/Götz Nachbarrecht in Bayern	Meisner/J. Ring/W. Ring/Götz, Nachbarrecht in Bayern, 7. Aufl. 1986
Menzel Internationales Recht	Menzel, Internationales Öffentliches Recht, 2011
Molodovsky/Famers/Waldmann BayBO	Molodovsky/Famers/Waldmann, Bayerische Bauordnung, 46. Update Februar 2020
Muckel ÖffBauR	Muckel, Öffentliches Baurecht, 2010
MüKoBGB	Säcker/Rixecker/Oetker/Limperg, Münchener Kommentar zum Bürgerlichen Gesetzbuch: BGB, Kommentar, Bände 1–13, 8. Aufl. 2018 ff.
MüKoStVR	Buse/Staudinger, Münchener Kommentar zum Straßenverkehrsrecht: StVR, Band 3: Internationales Straßenverkehrsrecht, Kommentar, 2019
MüKoZPO	Krüger/Rauscher, Münchener Kommentar zur ZPO, Kommentar, Bände 1–2, 6. Aufl. 2020
Müller/Schulz	Müller/Schulz, Bundesfernstraßengesetz: FStrG, Kommentar, 2. Aufl. 2013
Müller Wohnungseigentum	Müller, Praktische Fragen des Wohnungseigentums, Monografie, 6. Aufl. 2015
Musielak/Voit	Musielak/Voit, ZPO, Kommentar, 17. Aufl. 2020
NK-BGB	Dauner-Lieb/Heidel/Ring/Heidel/Hüßtege/Mansel/Noack, Bürgerliches Gesetzbuch: Allgemeiner Teil – EGBGB Band 1, Kommentar, 4. Aufl. 2021
NK-BGB	Dauner-Lieb/Heidel/Ring/Dauner-Lieb/Langen, Bürgerliches Gesetzbuch: Schuldrecht Band 2, Kommentar, Band 2/1, 3. Aufl. 2016
NK-BGB	Ring/Grziwotz/Keukenschrijver, Bürgerliches Gesetzbuch: Sachenrecht, Kommentar, 4. Aufl. 2016

Zitierweise	Werk
NK-StGB	Kindhäuser/Neumann/Paeffgen, Strafgesetzbuch, Kommentar, 5. Aufl. 2017
Ossenbühl/Cornils StaatsHaftR	Ossenbühl/Cornils, Staatshaftungsrecht, Lehrbuch, 6. Aufl. 2013
Otto/Kemper/Schulz Abstandsflächenrecht für Berlin und Brandenburg	Otto/Kemper/Schulz, Abstandsflächenrecht für Berlin und Brandenburg, 2017
Otto BbgBO	Otto, Brandenburgische Bauordnung 2016, 4. Aufl. 2016
Palandt	Palandt, Bürgerliches Gesetzbuch, Kommentar, 80. Aufl. 2021
Prütting/Wegen/Weinreich	Prütting/Wegen/Weinreich, BGB Kommentar, Kommentar, 15. Aufl. 2020
Rass Nachbarrecht in Niedersachsen	Rass, Das Nachbarrecht in Niedersachsen, 12. Aufl. 2019
Rauscher EuZPR/EuIPR	Rauscher, Europäisches Zivilprozess- und Kollisionsrecht, Kommentar, 4. Aufl. 2016
Reichel/Schulte BauordnungsR-HdB	Reichel/Schulte, Handbuch Bauordnungsrecht, Handbuch, 2004
RGRK-BGB	Mitglieder des Bundesgerichtshofes/RGRK, Das Bürgerliche Gesetzbuch, Band 3 Teil 1: §§ 854–1011 1979, Kommentar, 12. Aufl. 1979
Rosenberg/Schwab/Gottwald ZivilProzR	Rosenberg/Schwab/Gottwald, Zivilprozessrecht, Lehrbuch, 18. Aufl. 2018
Sauren	Sauren, Wohnungseigentumsgesetz (WEG), Kommentar, 6. Aufl. 2014
Sauter	Sauter, Landesbauordnung für Baden-Württemberg, Kommentar, 57. Aufl. 2020
Schäfer/Fink-Jamann/Peter NachbarG NRW	Schäfer/Fink-Jamann/Peter, Nachbarrechtsgesetz für Nordrhein-Westfalen, Kommentar, 17. Aufl. 2017
Schäfer NNachbG	Schäfer, Niedersächsisches Nachbarrechtsgesetz: NNachbG, Kommentar, 2. Aufl. 2015
Schmidt-Futterer	Schmidt-Futterer, Mietrecht, Kommentar, 14. Aufl. 2019
Schoch/Schneider VwGO	Schoch/Schneider, Verwaltungsgerichtsordnung: VwGO, Kommentar, 39. Aufl. 2020
Schoch BesVerwR	Schoch, Besonderes Verwaltungsrecht, Lehrbuch, 2018
Schulte Beerbühl	Schulte Beerbühl, Öffentliches Baunachbarrecht, 2018
Schurig	Schurig, AnwaltKommentar StVO, Kommentar, 15. Aufl. 2015
Schönke/Schröder	Schönke/Schröder, Strafgesetzbuch: StGB, Kommentar, 30. Aufl. 2019
Schulte ua Die neue Bauordnung NRW	Schulte/Radeisen/Schulte/van Schewick/Rasche-Sutmeier/Wiesmann, Die neue Bauordnung Nordrhein-Westfalen, 4. Aufl. 2019
Sieder/Zeitler/Dahme/Knopp	Sieder/Zeitler/Dahme/Knopp, Wasserhaushaltsgesetz, Abwasserabgabengesetz: WHG, Kommentar, 54. Aufl. 2020
Simon/Busse	Simon/Busse, Bayerische Bauordnung, Kommentar, 139. Aufl. 2020
Soergel	Soergel, Bürgerliches Gesetzbuch mit Einführungsgesetz und Nebengesetzen (BGB), Kommentar, Bände 1–27, 13. Aufl. 1999 ff.

Zitierweise	Werk
Spielbauer/Schneider	Spielbauer/Schneider, Mietrecht und Pachtrecht, Kommentar, 2013
Staake/von Bressensdorf Wohngemeinschaften-HdB	Staake/von Bressensdorf, Rechtshandbuch Wohngemeinschaften, Handbuch, 2019
Stadler/Stadler Nachbarrecht in Bayern	Stadler/Stadler, Das Nachbarrecht in Bayern, 8. Aufl. 2016
Staudinger	Staudinger, BGB – J. von Staudingers Kommentar zum Bürgerlichen Gesetzbuch mit Einführungsgesetz, Kommentar, 18. Aufl. 2018
Stein/Jonas	Stein/Jonas, Kommentar zur Zivilprozessordnung, Kommentar, Bände 1–1ß, 23. Aufl. 2014 ff.
Stelkens/Bonk/Sachs	Stelkens/Bonk/Sachs, VwVfG: Verwaltungsverfahrensgesetz, Kommentar, 9. Aufl. 2018
Thomas/Schlüter SächsNRG	Thomas/Schlüter, Sächsisches Nachbarrecht, Kommentar, 3. Aufl. 2019
Ule/Laubinger/Repkewitz	Ule/Laubinger/Repkewitz, Bundes-Immissionsschutzgesetz, Kommentar, 2014
Ulmer/Brandner/Hensen	Ulmer/Brandner/Hensen, AGB-Recht, Kommentar, 12. Aufl. 2016
Vetter/Karremann/Kahl/Kaiser/Kaiser	Vetter/Karremann/Kahl/Kaiser/Kaiser, Nachbarrecht Baden-Württemberg, Kommentar, 19. Aufl. 2019
Vieweg/Werner SachenR	Vieweg/Werner, Sachenrecht, Lehrbuch, 8. Aufl. 2018
Westermann/Gursky/Eickmann SachenR	Westermann/Gursky/Eickmann, Sachenrecht, Lehrbuch, 8. Aufl. 2011
Wilke/Dageförde/Kluth/Meyer/Broy-Bülow	Wilke/Dageförde/Kluth/Meyer/Broy-Bülow, Bauordnung für Berlin, 6. Aufl. 2008
Will ÖffBauR	Will, Öffentliches Baurecht, 2019
Ziekow FachplanungsR-HdB	Ziekow, Handbuch des Fachplanungsrechts, Handbuch, 2. Aufl. 2014
Zöller	Zöller, Zivilprozessordnung: ZPO, Kommentar, 33. Aufl. 2020

Abkürzungsverzeichnis

aA	andere Ansicht
AbfG	Abfallgesetz
AbgrG NRW	Abgrabungsgesetz Nordrhein-Westphalen
abl.	ablehnend
AbmG Hessen	Gesetz über die Abmarkung der Grundstücke Hessen
AbmG Saarl	Gesetz über die Abmarkung der Grundstücke Saarland
Abs.	Absatz
Abschn.	Abschnitt
abw.	abweichend
aE	am Ende
AEG	Allgemeines Eisenbahngesetz
aF	alte Fassung
AG	Amtsgericht
AGJusG SL	Saarländischen Gesetzes zur Ausführung bundesrechtlicher Justizgesetze
allg.	allgemein
allgA	allgemeine Ansicht
allgM	allgemeine Meinung
aM	anderer Meinung
Anh.	Anhang
Anm.	Anmerkung
Art.	Artikel
Aufl.	Auflage
ausdr.	ausdrücklich
ausf.	ausführlich
AVBEltV	Verordnung über Allgemeine Bedingungen für die Elektrizitätsversorgung von Tarifkunden
AVBWasserV	Verordnung über Allgemeine Bedingungen für die Versorgung mit Wasser
AVV Baulärm	Allgemeine Verwaltungsvorschrift zum Schutz gegen Baulärm – Geräuschimmissionen
Az.	Aktenzeichen
BauGB	Baugesetzbuch
BauNVO	Baunutzungsverordnung
BauO Bln	Bauordnung für Berlin
BauO LSA	Bauordnung des Landes Sachsen-Anhalt
BauO NRW	Bauordnung für das Land Nordrhein-Westfalen (Landesbauordnung 2018)
BaustellV	Baustellenverordnung
BayAbmG	Bayerisches Abmarkungsgesetz
BayAGBGB	Bayerisches Gesetz zur Ausführung des Bürgerlichen Gesetzbuchs
BayBO	Bayerische Bauordnung
BayDSchG	Bayerisches Denkmalschutzgesetz
BayImSchG	Bayerisches Immissionsschutzgesetz
BayNatSchG	Bayerisches Naturschutzgesetz
BaySchlG	Bayerisches Schlichtungsgesetz
BayStrWG	Bayerisches Straßen- und Wegegesetz
BayVermKatG	Bayerisches Vermessungs- und Katastergesetz
BayWG	Bayerisches Wassergesetz
BbahnG	Bundesbahngesetz
BbgBauVorlV	Brandenburgische Bauvorlagenverordnung
BbgBO	Brandenburgische Bauordnung
BbgDSchG	Brandenburgisches Denkmalschutzgesetz
BbgNRG	Brandenburgisches Nachbarrechtsgesetz
BbgSchlG	Brandenburgisches Schlichtungsgesetz
BbgStrG	Brandenburger Straßengesetz
BbgVermG	Brandenburgisches Vermessungsgesetz
BbgWG	Brandenburgisches Wassergesetz
Bd.	Band
Begr.	Begründung
Bek.	Bekanntmachung
BEMFV	Verordnung über das Nachweisverfahren zur Begrenzung elektromagnetischer Felder

ber.	berichtigt
BerHG	Beratungshilfegesetz
BerlStrG	Berliner Straßengesetz
bes.	besonders
Beschl.	Beschluss
BGB	Bürgerliches Gesetzbuch
BGBl.	Bundesgesetzblatt
BGH	Bundesgerichtshof
BImSchG	Bundesimmissionsschutzgesetz
BImSchV	Verordnung zur Durchführung des Bundes-Immissionsschutzgesetzes
BImSchVVwV	Allgemeine Verwaltungsvorschrift zur Durchführung der Verordnung über elektromagnetische Felder
BNatSchG	Bundesnaturschutzgesetz
BremBO	Bremische Landesbauordnung
BremDSchG	Bremisches Denkmalschutzgesetz
BremLStrG	Bremisches Landesstraßengesetz
BremPolG	Bremisches Polizeigesetz
BremWG	Bremisches Wassergesetz
bspw.	beispielsweise
BVerfG	Bundesverfassungsgericht
BWG	Berliner Wassergesetz
BWVermG	Vermessungsgesetz Baden-Württemberg
BWWG	Wassergesetz für Baden-Württemberg
bzgl.	bezüglich
bzw.	beziehungsweise
CoronaSchVO NRW	Corona-Schutzverordnung Nordrhein-Westphalen
dB	Dezibel
dh	das heißt
Dok.	Dokument
Drs.	Drucksache
DSchG	Denkmalschutzgesetz
DSchG Bln	Denkmalschutzgesetz Berlin
DSchG BW	Denkmalschutzgesetz Baden-Württemberg
DSchG M-V	Denkmalschutzgesetz Mecklenburg-Vorpommern
DSchG ND	Niedersächsisches Denkmalschutzgesetz
DSchG NRW	Denkmalschutzgesetz Nordrhein-Westphalen
DSchG RhPf	Denkmalschutzgesetz Rheinland-Pfalz
DSchG SH 2015	Denkmalschutzgesetz Schleswig-Holstein
DSchG ST	Denkmalschutzgesetz des Landes Sachsen-Anhalt
E	Entwurf
ebd.	ebenda
EEG	Erneuerbare-Energien-Gesetz
EG	Europäische Gemeinschaft; Erwägungsgrund
EGBGB	Einführungsgesetz zum Bürgerlichen Gesetzbuche
EGZPO	Einführungsgesetz ZPO
Einf.	Einführung
eingetr.	eingetragen
Einl.	Einleitung
einschl.	einschließlich
EL	Ergänzungslieferung
Entsch.	Entscheidung
entspr.	entsprechend
ErbbauRG	Erbbaurechtsgesetz
ErbbauVO	Erbbaurechtsverordnung
Erkl.	Erklärung
Erl.	Erlass; Erläuterung
EStG	Einkommenssteuergesetz
etc	et cetera
EU	Europäische Union
EuGH	Europäischer Gerichtshof
EUR	Euro (bei Geldbeträgen)
eur.	europäisch
eV	eingetragener Verein

evtl.	eventuell
f., ff.	folgende
FlugLG	Gesetz zum Schutz gegen Fluglärm
FlugLSV	Verordnung zur Durchführung des Gesetzes zum Schutz gegen Fluglärm
Fn.	Fußnote
FStrG	Fernstraßengesetz
FZV	Fahrzeug-Zulassungsverordnung
GastV NRW	Gaststättenverordnung Nordrhein-Westphalen
geänd.	geändert
gem.	gemäß
GeoVermG M-V	Geoinformations- und Vermessungsgesetz
GE	Grundeigentum (Zeitschrift)
GewO	Gewerbeordnung
GG	Grundgesetz
ggf.	gegebenenfalls
GIRL	Geruchsimmissionsrichtlinie
GKG	Gerichtskostengesetz
GMBl	Gemeinsames Ministerialblatt
grds.	grundsätzlich
GüSchlG NRW	Nordrhein-Westfälisches Gütestellen- und Schlichtungsgesetz
GV. NRW.	Gesetz- und Verordnungsblatt für das Land Nordrhein-Westfalen
hA	herrschende Auffassung
HaftpflG	Haftpflichtgesetz
HambLärmSchG	Landesimmissionsschutzgesetz Hamburg
HambWG	Hamburger Wassergesetz
HaWG	Hamburgisches Wassergesetz
HBauO	Hamburgische Bauordnung
HBO	Hessische Bauordnung
HdB	Handbuch
HDSchG	Hessisches Denkmalschutzgesetz
HessSchlG	Hessische Schlichtungsgesetz
HESVGG	Hessisches Vermessungs- und Geoinformationsgesetz
hL	herrschende Lehre
hM	herrschende Meinung
HmbLärmSchG	Hamburger Lärmschutzgesetz
HmbVermG	Hamburgisches Vermessungsgesetz
HNRG	Hessisches Nachbarrechtsgesetz
Hrsg.	Herausgeber
Hs.	Halbsatz
HSchlG	Hessisches Schlichtungsgesetz
HStrG	Hessisches Straßengesetz
HWG	Hessisches Wassergesetz
Hz	Hertz
iA	im Auftrag
idF	in der Fassung
idR	in der Regel
idS	in diesem Sinne
iErg	im Ergebnis
ieS	im engeren Sinne
IfSG	Infektionsschutzgesetz
iHv	in Höhe von
inkl.	inklusive
insbes.	insbesondere
insg.	insgesamt
iS	im Sinne
iSd	im Sinne des/der
iSv	im Sinne von
iÜ	im Übrigen
iVm	in Verbindung mit
iwS	im weiteren Sinne
JustG NRW	Gesetz über die Justiz im Land Nordrhein-Westfalen
KAG NRW	Kommunalabgabengesetz Nordrhein-Westphalen
Kap.	Kapitel

krit.	kritisch
KrWG	Kreislaufwirtschaftsgesetz
KunstUrhG	Kunsturhebergesetz
KWK	Kraft-Wärme-Kopplung
LAI	Bund/Länder-Arbeitsgemeinschaft Immissionsschutz
LaWG MV	Wassergesetz des Landes Mecklenburg-Vorpommern
LBauO M-V	Landesbauordnung Mecklenburg-Vorpommern
LBauO RhPf	Landesbauordnung Rheinland-Pfalz
LBO BW	Landesbauordnung für Baden-Württemberg
LBO Saarl	Landesbauordnung Saarland
LBO Schl.-H.	Landesbauordnung für das Land Schleswig-Holstein
LG	Landgericht
LGVerm	Landesgesetz über das amtliche Vermessungswesen Rheinland-Pfalz
LImSchG	Landesimmissionsschutzgesetz
lit.	litera
Lit.	Literatur
LNRG RhPf	Landesnachbarrechtsgesetz Rheinland-Pfalz
Ls.	Leitsatz
LSASchStG	Schiedsstellen- und Schlichtungsgesetz Sachsen-Anhalt
LSchlG	Landesschlichtungsgesetz
LStrG RhPf	Landesstraßengesetz Rheinland-Pfalz
LuftVG	Luftverkehrsgesetz
LWaldG	Landeswaldgesetz
LWG NRW	Landeswaldgesetz Nordrhein-Westphalen
LWG RP	Landeswaldgesetz Rheinland-Pfalz
mAnm	mit Anmerkung
MBO	Musterbauordnung
mE	meines Erachtens
mind.	Mindestens
Mitt.	Mitteilung(en)
mN	mit Nachweisen
MVSchStG	Schiedsstellen- und Schlichtungsgesetz Mecklenburg-Vorpommern
mwN	mit weiteren Nachweisen
mWv	mit Wirkung von
mzN	mit zahlreichen Nachweisen
NachbG Bln	Berliner Nachbarrechtsgesetz
NachbG NRW	Nachbarrechtsgesetz für das Land Nordrhein-Westfalen
NachbG Saarl	Saarländisches Nachbarrechtsgesetz
NachbG Schl.-H.	Nachbarrechtsgesetz für das Land Schleswig-Holstein
Nachw.	Nachweise
NAV	Niederspannungsanschlussverordnung
NBauO	Niedersächsische Bauordnung
NbG SA	Nachbarschaftsgesetz für das Land Sachsen-Anhalt
NSchlG	Niedersächsische Schlichtungsgesetz
NdsStrG	Niedersächsisches Straßengesetz
NdsWG	Niedersächsisches Wassergesetz
nF	neue Fassung
NiSG	Gesetz zum Schutz vor nichtionisierender Strahlung bei der Anwendung am Menschen
NiSV	Verordnung zum Schutz vor schädlichen Wirkungen nichtionisierender Strahlung bei der Anwendung am Menschen
NKAG	Niedersächsisches Kommunalabgabengesetz
NNachbG	Niedersächsisches Nachbarrechtsgesetz
Nov.	Novelle
Nr.	Nummer
NRG BW	Nachbarrechtsgesetz Baden-Württemberg
nrkr	nicht rechtskräftig
NSchÄG	Niedersächsisches Schiedsämtergesetz
nv	nicht veröffentlicht
NVermG	Gesetz über das amtliche Vermessungswesen Niedersachsen
NWaldLG	Niedersächsisches Waldgesetz
o.	oben, oder
o. a.	oben angegeben, angeführt

oÄ	oder Ähnliches
og	oben genannt
OLG	Oberlandesgericht
OWiG	Ordnungswidrigkeitengesetz
PBefG	Personenbeförderungsgesetz
PflAbfVO, PflAbfV	Pflanzenabfall-Verordnung
PflVersG	Gesetz über die Pflichtversicherung für Kraftfahrzeughalter
PlanVereinhG	Planvereinheitlichungsgesetz
RdErl.	Runderlass
RE	Rechtsentscheid
resp.	respektive
RG	Reichsgericht
RhPfLSchlG	Landesschlichtungsgesetz Rheinland-Pfalz
RKI	Robert Koch-Institut
RL	Richtlinie
Rn.	Randnummer
Rspr.	Rechtsprechung
RVG	Rechtsanwaltsvergütungsgesetz
S.	Seite(n), Satz
s.	siehe
s. a.	siehe auch
s. o.	siehe oben
s. u.	siehe unten
SaarlAGJusG	Saarländisches Gesetz zur Ausführung bundesrechtlicher Justizgesetze
SaarlStrG	Saarländisches Straßengesetz
SaarWG	Saarländisches Wassergesetz
SächsBO	Sächsische Bauordnung
SächsDSchG	Sächsisches Denkmalschutzgesetz
SächsKAG	Sächsisches Kommunalabgabengesetz
SächsNRG	Sächsisches Nachbarrechtsgesetz
SächsPolG	Sächsisches Polizeigesetz
SächsStrG	Sächsisches Straßengesetz
SächsVBl.	Sächsische Verwaltungsblätter
SächsVermKatG	Gesetz über das amtliche Vermessungswesen und das Liegenschaftskataster im Freistaat Sachsen
SächsWG	Sächsisches Wassergesetz
SchBerG	Schutzbereichgesetz
SchlHLSchliG	Landesschlichtungsgesetz Schleswig-Holstein
SchStG M-V	Schiedsstellen- und Schlichtungsgesetz Mecklenburg-Vorpommern
SDschG	Saarländisches Denkmalschutzgesetz
SHVermKatG	Vermessungs- und Katastergesetz Schleswig-Holstein
Slg	Sammlung
sog.	sogenannt/so genannt
StGB	Strafgesetzbuch
StPO	Strafprozessordnung
StrG BW	Straßengesetz Baden-Württemberg
StrG LSA	Straßengesetz Sachsen-Anhalt
StrG SL	Saarländisches Straßengesetz
StrWG NRW	Straßen- und Wegegesetz des Landes Nordrhein-Westfalen
StrWG Schl.-H	Straßen- und Wegegesetz des Landes Schleswig-Holstein
StrWG-MV	Straßen- und Wegegesetz Mecklenburg-Vorpommern
StVO	Straßenverkehrsordnung
SVermKatG	Saarländisches Vermessungs- und Katastergesetz
SysStabV	Systemstabilitätsverordnung
TA Lärm	Technische Anleitung zum Schutz gegen Lärm
TA-Luft	Technische Anleitung zur Reinhaltung der Luft
Teilurt.	Teilurteil
ThürBO	Thüringer Bauordnung
ThürDSchG	Thüringer Denkmalschutzgesetz
ThürNRG	Thüringer Nachbarrechtsgesetz
ThürOBG	Thüringer Ordnungsbehördengesetz
ThürStrG	Thüringer Straßengesetz
ThürVermGeoG	Thüringer Vermessungs- und Geoinformationsgesetz

ThürWG	Thüringer Wassergesetz
TierSchG	Tierschutzgesetz
TierSchHuV	Tierschutz-Hundeverordnung
tlw.	teilweise
ua	unter anderem
uä	und ähnlich
uÄ	und Ähnliches
uam	und anderes mehr
uE	unseres Erachtens
umstr.	umstritten
UmweltHG	Umwelthaftungsgesetz
unstr.	unstreitig
USchadG	Umweltschadensgesetz
usw	und so weiter
uU	unter Umständen
uVm	und Vieles mehr
UVPG	Gesetz über die Umweltverträglichkeitsprüfung
v.	von/vom
v.a.	vor allem
Verm- und KatG Nds	Niedersächsisches Vermessungs- und Katastergesetz
Vermessungs- und Katastergesetz	Bremisches Vermessungs- und Katastergesetz
VermGBln	Gesetz über das Vermessungswesen Berlin
VermGeoG LSA	Vermessungs- und Geoinformationsgesetz
VermKatG NRW	Vermessungs- und Katastergesetz Nordrhein-Westphalen
VerpV	Verpackungsverordnung
VersAnlG	Versuchsanlagengesetz
Versäumnisurt.	Versäumnisurteil
VG	Verwaltungsgericht
vgl.	vergleiche
VO	Verordnung
vorl.	vorläufig
VwGO	Verwaltungsgerichtsordnung
VwVfG	Verwaltungsverfahrensgesetz
WasserG	Wassergesetz
WEG	Wohnungseigentumsgesellschaft; Wohnungseigentumsgesetz
WG LSA	Wassergesetz für das Land Sachsen-Anhalt
WG RhPf	Wassergesetz Rheinland-Pfalz
WG SH	Wassergesetz Schleswig-Holstein
WHG	Wasserhaushaltsgesetz
wN	weitere Nachweise
zB	zum Beispiel
Ziff.	Ziffer
zit.	zitiert
ZPO	Zivilprozessordnung
zT	zum Teil
zust.	zustimmend
zutr.	zutreffend
ZVG	Zwangsvollstreckungsgesetz
zw.	zweifelhaft
zzgl.	zuzüglich

1. Abgrabung

Ring

I. Begriff

Abgrabung[1] ist eine künstliche Vertiefung der Erdoberfläche ohne Rücksicht auf deren Umfang[2] oder die Verwendung technischer Arbeitsmittel: zB Steinbrüche, Kies- und Sandgruben. Auch eine vormalige Aufschüttung kann im Nachgang wieder „abgegraben" werden. Eine Abgrabung muss in Bezug auf die Bodenoberfläche nicht zwingend von Dauer sein, sondern kann bspw. auch durch Ausgleichsmaßnahmen dadurch wieder egalisiert werden, dass die Oberfläche dem früheren Zustand angenähert wird. Der abgegrabene Untergrund wird normalerweise anderweitig verwendet.[3] 1

II. Rechtliche Vorgaben

1. Bauordnungsrecht

„Bauliche Anlagen" iSv § 2 Abs. 1 S. 1 BauO NRW sind nach § 2 Abs. 1 S. 3 Nr. 1 BauO NRW respektive § 2 Abs. 1 S. 2 Nr. 1 Musterbauordnung auch „Abgrabungen". Selbstständige Abgrabungen sind nach Maßgabe von § 62 Abs. 1 Nr. 9 BauO NRW (respektive § 61 Abs. 1 Nr. 9 Musterbauordnung) innerhalb bestimmter Grenzen genehmigungsfrei[4] – nämlich bei einer Höhe bis zu 2 m und einer Grundfläche bis zu 30 m² (im Außenbereich bis zu 400 m²). Sofern ein Genehmigungsverfahren durchzuführen ist, findet das einfache Baugenehmigungsverfahren nach § 64 BauO NRW Anwendung (vereinfachtes Baugenehmigungsverfahren iSv § 63 Musterbauordnung).[5] 2

Abgrabungen für eine Zufahrt auf dem Nachbargrundstück besagen über die Höhe einer Anschüttung des Geländes allein nichts.[6] Drei 2,7 m lange und 2,5 m breite Abgrabungen führen bei einer Tiefe von etwa 2 m zu einer anteilig großflächigen Nutzung des Kellergeschosses zu einem Zweck, der ansonsten nur bei übererdigen Geschossen realisiert werden könnte – weswegen diesen Abgrabungen die Bezogenheit auf nur punktuelle Bereiche des Baugrundstücks fehlt.[7] 3

1 *Boeddinghaus/Hahn/Schulte* BauO NRW § 2 Rn. 17.
2 Wenngleich eine Begräbnisstätte für Kleintiere keine Abgrabung sein soll: OVG Münster Beschl. v. 28.4.1986 – 11 B 582/86.
3 *Boeddinghaus/Hahn/Schulte* BauO NRW § 2 Rn. 17.
4 Vgl. aber zur Abstandsflächenberechnung bei großflächigen Abgrabungen auf dem Baugrundstück OVG Weimar Beschl. v. 19.3.2018 – 1 EO 770/17, BauR 2018, 1380 = NJW 2018, 343: Für die Bemessung der Wandhöhe eines Gebäudes und damit der Tiefe der Abstandsfläche nach § 6 Abs. 4 LBO Th ist als unterer Bezugspunkt grundsätzlich die natürlich an das Gebäude angrenzende Geländeoberfläche zugrunde zu legen – wobei einem Nachbarn gegen eine unter Verstoß gegen die nachbarschützende Vorschrift des § 6 LBO Th erteilte Baugenehmigung ein Abwehrrecht zusteht, ohne dass es darauf ankommt, ob er durch das zugelassene Vorhaben in spürbarer Weise tatsächlich beeinträchtigt wird (so auch OVG Weimar Beschl. v. 25.6.1999 – 1 EO 197/99 = BRS 62 Nr. 141).
5 *Boeddinghaus/Hahn/Schulte* BauO NRW § 2 Rn. 18.
6 Zur Bestimmung der Geländeoberfläche bei Erdbewegungen im Rahmen von Abgrabungen OVG Münster Beschl. v. 5.9.2005 – 7 B 1055/05.
7 OVG Münster Beschl. v. 11.4.2008 – 10 B 1074/08: Infolgedessen haben trotz des Verhältnisses der Gesamtlänge der Abgrabungen zur Gesamtlänge der Außenwand keine untergeordnete Funktion. Sie sind damit bei der Abstandsflächenberechnung zu berücksichtigen.

4 Der Aushub (Ausschachtung) einer Baugrube ist als Teil der eigentlichen Bauausführung nicht als selbstständige Abgrabung zu qualifizieren:[8] Seine Zulässigkeit beurteilt sich nach Maßgabe der für die bauliche Anlage selbst geltenden Vorschriften, weswegen mit einem Baugrubenaushub nicht vor dem Zugang der Baugenehmigung begonnen werden darf (vgl. § 74 Abs. 8 BauO NRW).

2. Bauplanungsrecht

5 Die bauplanungsrechtliche Zulässigkeit größerer Abgrabungen beurteilt sich gemäß § 29 Abs. 1 BauGB nach Maßgabe der §§ 30 bis 37 BauGB.[9] § 29 Abs. 1 BauGB erwähnt begrifflich sowohl die „Ausschachtung" als auch die „Abgrabung" – was darin begründet liegt, dass vormals geltendes unterschiedliches Bauordnungsrecht zwecks Vermeidung von Regelungslücken die Aufnahme in die Norm notwendig machte.[10]

6 Ob eine Abgrabung „größeren Umfangs" ist, bestimmt sich nicht allein nach Maßgabe einer ggf. erforderlichen bauordnungsrechtlichen Genehmigungspflicht, sondern nach ihrer bauplanungsrechtlichen Relevanz.[11]

> **Beachte:** Das Landesrecht (bspw. die BauO NRW) kann einerseits zwar die Zulässigkeit von Abgrabungen „größeren Umfangs" in bodenrechtlicher (mithin bebauungsrechtlicher) Hinsicht gegenüber den Vorgaben der §§ 30 bis 37 BauGB nicht begrenzen, andererseits aber auch nicht erweitern.[12]

7 So dient eine Abgrabung zur Gewinnung von Gestein dann einem ortsgebundenen gewerblichen Betrieb iSv § 35 Abs. 1 Nr. 4 BauGB, wenn ein vernünftiger Betriebsinhaber unter Berücksichtigung des Gebots größtmöglicher Schonung des Außenbereichs das Abgrabungsvorhaben am selben Standort und mit etwa gleichem Umfang durchführen würde.[13] Vermeidbare Beeinträchtigungen, die sich aus der Gestaltung des Abgrabungsplans (konkret: Dauer der Abgrabung und Aufeinanderfolge der einzelnen Abgrabungsphasen) ergeben und die durch Auflagen im Genehmigungsverfahren ausgeräumt werden können, stehen einer Privilegierung nach § 35 Abs. 1 Nr. 4 BauGB nicht entgegen.[14] Öffentliche Belange, die nur für die Dauer der Abgrabung bis zur rechtlich gesicherten Rekultivierung nachteilig berührt werden, haben in der Regel gegenüber einer Abgrabung als privilegierten Vorhaben geringeres Gewicht und stehen ihr dann nicht entgegen.[15]

8 Andererseits vermag das Landesrecht aber „Abgrabungen größeren Umfangs" im Hinblick auf „andere rechtliche Aspekte" weitergehend zu regeln:[16] Bspw. kann einer Abgrabung, die „an sich" als bauplanungsrechtlich zulässig zu qualifizieren wäre, so sie „größeren Umfangs" ist, ein landschaftsschutzrechtliches Hindernis entgegenstehen. Dann ist die Abgrabung letztendlich auch bebauungsrechtlich keiner Genehmigung zugänglich.[17]

3. Raumordnungsrecht

9 Gemäß § 1 Abs. 1 S. 1 ROG sind der Gesamtraum der Bundesrepublik Deutschland und seine Teilräume – mit Blick auf den gesamten Raum – durch zusammenfassende, überörtliche und fachübergreifende Raum-

8 *Boeddinghaus/Hahn/Schulte* BauO NRW § 2 Rn. 18.
9 *Boeddinghaus/Hahn/Schulte* BauO NRW § 2 Rn. 18.
10 *Ernst/Zinkahn/Bielenberg* BauGB § 29 Rn. 34.
11 *Boeddinghaus/Hahn/Schulte* BauO NRW § 2 Rn. 18.
12 BVerwG Urt. v. 18.3.1983 – 4 C 17.81, NVwZ 1984, 303 = BRS 40 Nr. 92 – Ls. 1.
13 BVerwG Urt. v. 18.3.1983 – 4 C 17.81, NVwZ 1984, 303 = BRS 40 Nr. 92 – Ls. 2 im Anschluss an BVerwG Urt. v. 7.5.1976 – 4 C 43.74, Buchholz 406.11 § 35 BauGB Nr. 126.
14 BVerwG Urt. v. 18.3.1983 – 4 C 17.81, NVwZ 1984, 303 = BRS 40 Nr. 92 – Ls. 3.
15 BVerwG Urt. v. 18.3.1983 – 4 C 17.81, NVwZ 1984, 303 = BRS 40 Nr. 92 – Ls. 4.
16 *Boeddinghaus/Hahn/Schulte* BauO NRW § 2 Rn. 20.
17 BVerwG Urt. v. 13.4.1983 – 4 C 21.79, BRS 40 Nr. 242.

ordnungspläne zu entwickeln, zu ordnen und zu sichern.[18] Der Ausschluss von Abgrabungen in Teilen des Gebiets eines Regionalplans ist jedenfalls dann ein rechtmäßiges Ziel der Raumordnung, wenn die in der Rechtsprechung des BVerwG zu Konzentrationszonen für Windenergieanlagen aufgestellten Grundsätze beachtet werden.[19]

4. Wasserhaushaltsgesetz

Eine Abgrabung kann ggf. auch einer Erlaubnis bzw. einer Planfeststellung nach Maßgabe des Wasserhaushaltsgesetzes bedürfen.[20] 10

5. Umweltverträglichkeitsprüfung

Abhängig von dem mit einer Abgrabung verbundenem Zweck kann ggf. eine Umweltverträglichkeitsprüfung notwendig sein.[21] Soweit für Abgrabungen nach § 1 iVm Anlage 1 Nr. 9 und 10 des Landesumweltverträglichkeitsprüfungsgesetzes NRW vom 29.4.1992[22] eine Umweltverträglichkeitsprüfung oder eine Vorprüfung des Einzelfalles durchzuführen ist, müssen nach § 3 Abs. 6 des Gesetzes zur Ordnung von Abgrabungen (Abgrabungsgesetz) NRW vom 23.11.1979 (fortan: AbgrG NRW)[23] die Durchführung der Umweltverträglichkeitsprüfung sowie die Vorprüfung des Einzelfalles den Anforderungen des Landesumweltverträglichkeitsprüfungsgesetzes entsprechen. 11

Bei Abgrabungen, die durch Straßenbauvorhaben erforderlich werden, handelt es sich nicht um Abgrabungen iSv Nr. 3a der Anlage 1 zu § 3 Abs. 1 Nr. 3 des Landesumweltverträglichkeitsprüfungsgesetzes Sachsen.[24] 12

III. Insbesondere: Oberirdische Gewinnung von Bodenschätzen

Die oberirdische Gewinnung von Bodenschätzen – dh solcher, die nicht der Bergaufsicht und damit dem BBergG unterfallen, sondern über die der Grundeigentümer selbst verfügen kann – ist landesrechtlich in den jeweiligen Abgrabungsgesetzen (bspw. dem AbgrG NRW) geregelt. 13

1. Sachlicher Geltungsbereich

Das AbgrG NRW gilt nach dessen § 1 Abs. 1 für 14

- die oberirdische Gewinnung von Bodenschätzen (Abgrabung), die im Verfügungsrecht des Grundeigentümers stehen (Nr. 1),
- die Oberflächengestaltung und Wiedernutzbarmachung des in Anspruch genommenen Geländes während und nach Abschluss der Abgrabung (Herrichtung) (Nr. 2).

Bodenschätze iSd AbgrG NRW sind nach dessen § 1 Abs. 2 insbesondere Kies, Sand, Ton, Lehm, Kalkstein, Dolomit, sonstige Gesteine, Moorschlamm und Torf. Abgrabungen, die der Aufsicht der Bergbehörde (Bergaufsicht) unterliegen (Tagebau), sowie Abgrabungen geringen Umfanges für den Eigenbedarf eines land- oder forstwirtschaftlichen Betriebes werden nach § 1 Abs. 4 AbgrG NRW durch das Gesetz nicht berührt. 15

---

18 Zu Konzentrationszonen für Abgrabungen in Regionalplänen BVerwG Beschl. v. 22.5.2014 – 4 B 56/13: Danach kennt die Raumordnung kein Optimierungsgebot, Rohstofflager für die Ausbeutung zu sichern, um unter dem Gesichtspunkt einer nachhaltigen Raumnutzung den größtmöglichen Erfolg zu erbringen mit der Folge, dass Eigentümer grundsätzlich hinnehmen müssen, dass ihnen eine möglicherweise rentablere Nutzung ihrer Grundstücke verwehrt wird.

19 BVerwG Beschl. v. 18.1.2011 – 7 B 19/10, UPR 2011, 240 im Anschluss an BVerwG Urt. v. 17.12.2002 – 4 C 15.01, BVerwGE 117, 287; 13.3.2002 – 4 C 4.02, BVerwGE 118, 33; 24.1.2008 – 4 CN 2.07, Buchholz 406.11 § 35 BauGB Nr. 376.

20 BVerwG Urt. v. 3.4.1981 – 4 C 11.79, BRS 38 Nr. 1.

21 *Boeddinghaus/Hahn/Schulte* BauO NRW § 2 Rn. 17.

22 GV. NRW. S. 175.

23 GV. NRW. S. 922.

24 OVG Bautzen Urt. v. 10.12.2015 – 3 A 792/13, SächsVBl. 2017, 162, juris Ls. 2.

2. Persönlicher Geltungsbereich

16 Wer Bodenschätze abbaut (Unternehmer), ist nach § 2 Abs. 1 AbgrG NRW zur unverzüglichen Herrichtung verpflichtet, wobei Eigentümer, dinglich Berechtigte und Besitzer gemäß § 2 Abs. 2 AbgrG NRW die Herrichtung zu dulden haben. Soweit der Unternehmer seine Pflicht zur Herrichtung nicht erfüllt, ist nach § 3 Abs. 3 AbgrG NRW auch der Eigentümer zur Herrichtung verpflichtet. Ist das Grundstück mit einem Nießbrauch belastet, so ist neben dem Eigentümer auch der Nießbraucher zur Herrichtung verpflichtet.

3. Genehmigungspflicht

17 Obwohl Abgrabungen nach Maßgabe von § 62 Abs. 1 Nr. 9 BauO NRW (respektive § 61 Abs. 1 Nr. 9 Musterbauordnung) innerhalb bestimmter Grenzen genehmigungsfrei sind[25] und sofern ein Genehmigungsverfahren dennoch durchzuführen ist, das einfache Baugenehmigungsverfahren nach § 64 BauO NRW (vereinfachtes Baugenehmigungsverfahren iSv § 63 Musterbauordnung) Anwendung findet (→ Rn. 2), bedürfen Abgrabungen nach § 3 Abs. 1 AbgrG NRW der Genehmigung, die gemäß § 3 Abs. 2 AbgrG NRW zu erteilen ist, wenn

- ein vollständiger Abgrabungsplan (§ 4 Abs. 2 AbgrG NRW) vorliegt (Nr. 1),
- die Ziele der Raumordnung und Landesplanung sowie die Belange der Bauleitplanung, des Naturhaushalts, der Landschaft, des Bodenschutzes und der Erholung beachtet sind (Nr. 2) und
- andere öffentliche Belange im Einzelfall nicht entgegenstehen (Nr. 3).

18 Belange des Naturhaushalts und der Landschaft sind nach § 3 Abs. 3 AbgrG NRW idR beachtet, wenn durch die Nutzung und Herrichtung des Abbau- und Betriebsgeländes

- der Naturhaushalt durch Eingriffe in die Tier- und Pflanzenwelt, die Grundwasserverhältnisse. das Klima und den Boden nicht nachhaltig geschädigt wird (Nr. 1),
- eine Verunstaltung des Landschaftsbildes auf Dauer vermieden wird (Nr. 2),
- Landschaftsteile von besonderem Wert nicht zerstört werden (Nr. 3) und
- den Entwicklungszielen oder besonderen Festsetzungen eines aufgrund des Landesnaturschutzgesetzes,[26] erlassenen rechtsverbindlichen Landschaftsplans nicht nachhaltig und erheblich zuwidergehandelt wird (Nr. 4).

19 Andere öffentliche Belange stehen einer Abgrabung nach § 3 Abs. 4 AbgrG NRW insbesondere entgegen, wenn

- das Ortsbild auf Dauer verunstaltet wird (Nr. 1),
- der Nachweis ausreichender Ab- und Zufahrtswege nicht erbracht wird (Nr. 2).

20 Die Genehmigung weiterer Abgrabungen kann gemäß § 3 Abs. 5 AbgrG NRW davon abhängig gemacht werden, dass

- der Antragsteller Flächen herrichtet, die er zuvor für eine Abgrabung in Anspruch genommen hat (lit. a). oder
- andere zuvor in Anspruch genommene Flächen, die in einem räumlichen Zusammenhang mit der beabsichtigten Abgrabung stehen. hergerichtet werden (lit. b).

21 Die Genehmigung nach dem AbgrG NRW schließt nach dessen § 7 Abs. 3 die aufgrund der BauO NRW (vgl. § 65 Abs. 1 Nr. 42 BauO NRW, → Rn. 2 ff.), des BNatSchG, des Landesnaturschutzgesetzes NRW, des Landesforstgesetzes NRW oder des Straßen- und Wegegesetzes NRW für die Abgrabung und Herrich-

---

25 Vgl. aber zur Abstandsflächenberechnung bei großflächigen Abgrabungen auf dem Baugrundstück OVG Weimar Beschl. v. 19.3.2018 – 1 EO 770/17, BauR 2018, 1380 = NJW 2018, 343: Für die Bemessung der Wandhöhe eines Gebäudes und damit der Tiefe der Abstandsfläche nach § 6 Abs. 4 LBO Th ist als unterer Bezugspunkt grundsätzlich die natürlich an das Gebäude angrenzende Geländeoberfläche zugrunde zu legen – wobei einem Nachbarn gegen eine unter Verstoß gegen die nachbarschützende Vorschrift des § 6 LBO Th erteilte Baugenehmigung ein Abwehrrecht zusteht, ohne dass es darauf ankommt, ob er durch das zugelassene Vorhaben in spürbarer Weise tatsächlich beeinträchtigt wird (so auch OVG Weimar Beschl. v. 25.6.1999 – 1 EO 197/99 = BRS 62 Nr. 141).

26 Vom 21.6.2000 (GV. NRW. S. 568).

tung erforderlichen Verwaltungsentscheidungen ein. Wenn die Herrichtung eine Verfüllung der Abgrabung mit Abfall im Sinne des Kreislaufwirtschafts- und Abfallgesetzes umfasst, entscheidet die Genehmigungsbehörde zusammen mit der Abgrabungsgenehmigung auch über die Genehmigung nach § 31 Abs. 3 S. 1 Nr. 1 des Kreislaufwirtschafts- und Abfallgesetzes.

Genehmigungsbehörden sind nach § 8 Abs. 1 AbgrG NRW die Kreisordnungsbehörden. Bei Abgrabungen, die den Zuständigkeitsbereich einer Genehmigungsbehörde überschreiten, bestimmt die nächsthöhere gemeinsame Naturschutzbehörde gemäß § 8 Abs. 2 AbgrG NRW die zuständige Genehmigungsbehörde. Die Kreisordnungsbehörden haben nach § 8 Abs. 3 AbgrG NRW darüber zu wachen, dass die Bestimmungen dieses Gesetzes beachtet werden. Sie haben in Wahrnehmung dieser Aufgaben nach pflichtgemäßem Ermessen die erforderlichen Maßnahmen zu treffen. 22

4. Betretungsrecht

Die mit der Durchführung dieses Gesetzes beauftragten Personen sind nach § 11 AbgrG NRW berechtigt, in Ausübung ihres Amtes, insbesondere vor der Abgrabung sowie bei der Beaufsichtigung der Abgrabung und Herrichtung, Abbau- und Betriebsgelände zu betreten. 23

5. Zuwiderhandlungen

Handelt der Unternehmer den Vorschriften dieses Gesetzes zuwider, kommt er, insbesondere trotz Aufforderung, innerhalb einer gesetzten Frist seinen ihm durch Auflagen auferlegten Pflichten nicht nach, so kann die Genehmigungsbehörde nach § 12 Abs. 1 AbgrG NRW die weitere Abgrabung bis zur Erfüllung der versäumten Pflichten untersagen oder die Genehmigung widerrufen. Die Genehmigungsbehörde ist unter den genannten Voraussetzungen gemäß § 12 Abs. 2 AbgrG NRW auch berechtigt, vom Eigentümer die Herrichtung des Abbau- und Betriebsgeländes zu verlangen. Richtet der Eigentümer das Gelände her, so hat er Anspruch auf die Sicherheitsleistung in Höhe der ihm entstandenen Kosten. 24

Ordnungswidrig handelt nach § 13 AbgrG NRW, wer 25

- vorsätzlich oder fahrlässig entgegen § 3 Abs. 1 oder § 6 Abs. 2 AbgrG NRW Bodenschätze ohne Genehmigung abbaut (Nr. 1),
- entgegen § 11 AbgrG NRW nicht duldet, daß eine mit der Durchführung des Gesetzes beauftragte Person das Abbau- und Betriebsgelände betritt (Nr. 2),
- entgegen § 12 Abs. 1 AbgrG NRW die Abgrabung fortsetzt, obwohl diese durch eine vollziehbare Verfügung der Genehmigungsbehörde untersagt worden ist (Nr. 3),
- eine vollziehbare Auflage nach § 7 Abs. 1 Satz 2, § 9 Abs. 2 Satz 2 oder § 14 Abs. 2 S. 2 AbgrG NRW nicht, nicht vollständig oder nicht rechtzeitig erfüllt (Nr. 4),
- einer vollziehbaren Anordnung nach § 7 Abs. 5 AbgrG NRW, eine bereits begonnene Abgrabung entsprechend der Genehmigung vollständig durchzuführen, nicht nachkommt (Nr. 5).

Die Ordnungswidrigkeit kann mit einer Geldbuße bis zu 50.000 EUR geahndet werden. Verwaltungsbehörde im Sinne des § 36 Abs. 1 Nr. 1 OWiG ist die Kreisordnungsbehörde. 26

IV. Wohnungseigentumsrecht

Abgrabungen an einer Gartensondernutzungsfläche stellen begrifflich eine „bauliche Veränderung" dar, die ohne Zustimmung der anderen Wohnungseigentümer nur dann zulässig sind, wenn die Maßnahme der erstmaligen Herstellung eines ordnungsgemäßen Zustands oder der Instandsetzung und Instandhaltung dient sowie andere Wohnungseigentümer dadurch keinen über § 14 Nr. 1 WEG hinausgehenden Nachteil erleiden.[27] 27

27 BayObLG Beschl. v. 29.1.2004 – 2 ZBR 129/03, juris Ls. 3.

2. Abmarkung

Staake

I. Einführung

1 Die Grenze zwischen benachbarten Grundstücken ist in der Praxis häufig Gegenstand rechtlicher Streitigkeiten. Gestritten werden kann dabei sowohl über den Grenzverlauf und damit die genaue Größe und Lage der betroffenen Grundstücke als auch über Grenzeinrichtungen und -bauten, die entweder auf einem oder auf beiden Grundstücken liegen können. Diese Streitigkeiten können vermieden werden, indem Klarheit über den Grenzverlauf geschaffen wird. Dies kann durch eine **Abmarkung** geschehen. Zivilrechtliche Regelungen dazu enthält **§ 919 BGB**, der allerdings nur einschlägig ist, wenn der Grenzverlauf schon unstreitig ist. Sofern zwischen den Nachbarn hierüber noch Streit besteht, kann dieser vorab durch eine Grenzscheidungsklage (vgl. § 920 BGB) geklärt werden. Praktisch bedeutsamer sind aber ohnehin die **öffentlich-rechtlichen Vorschriften** zur Grundstücksvermessung, die in Landesgesetzen enthalten sind. In diesen werden die hoheitlichen Aspekte der Grenzfeststellung geregelt.

II. Begriff und Bedeutung

2 Durch die Abmarkung werden die Grenzen von Grundstücken durch Grenzzeichen (Grenzmarken) örtlich erkennbar bezeichnet. Sie dient damit der **Sichtbarmachung bestehender Grundstücksgrenzen**. Als **Grenzzeichen** werden dabei dauerhafte Marken verwendet, die so beschaffen sein müssen, dass sie zweifelsfrei als Grenzzeichen erkennbar sind. Verwendung finden dabei neben Grenzsteinen auch Kunststoffmarken, Eisenrohre, Metallbolzen, Meißelzeichen, Grenznägel und Grenzpfähle.

3 Die Abmarkung hat dabei aber lediglich eine deklaratorische Funktion. **Grenzverläufe** werden hierdurch **nicht verändert**. Eine (inhaltlich) fehlerhafte Abmarkung führt mithin nicht zu einer Veränderung der eigentumsrechtlichen Lage. Wenn Grenzzeichen fehlen, an falscher Stelle stehen oder beschädigt sind, liegt ein sog. Abmarkungsmangel vor, der durch eine neue Grenzvermessung behoben werden kann.

4 Die private Anbringung von Grenzzeichen durch die Grundstückseigentümer oder Dritte stellt daher keine Abmarkung dar. Die Abmarkung ist ein **Verwaltungsakt**, der nur von den landesrechtlich bestimmten Behörden oder Personen erlassen werden darf. Das vorsätzliche Entfernen, Versetzen oder Beschädigen von hoheitlich gesetzten Grenzzeichen kann eine Straftat (§ 274 Abs. 1 Nr. 3 StGB) oder Ordnungswidrigkeit darstellen. Durch die Landesgesetze können die Grundstückseigentümer verpflichtet werden, die Grenzzeichen zu erhalten.

III. Öffentlich-rechtliche Aspekte

1. Landesrechtliche Regelungen

5 Öffentlich-rechtliche Regelungen zur Abmarkung finden sich in den landesrechtlichen Gesetzen zur Vermessung von Grundstücken. Im Einzelnen sind folgende Gesetze maßgeblich:

- **Baden-Württemberg**: Vermessungsgesetz (BWVermG)
- **Bayern**: Gesetz über die Landesvermessung und das Liegenschaftskataster (Vermessungs- und Katastergesetz – BayVermKatG) sowie Gesetz über die Abmarkung der Grundstücke (Abmarkungsgesetz – BayAbmG)
- **Berlin**: Gesetz über das Vermessungswesen (VermGBln)

- **Brandenburg**: Gesetz über das amtliche Vermessungswesen (Brandenburgisches Vermessungsgesetz – BbgVermG)
- **Bremen**: Gesetz über die Vermessung und das Liegenschaftskataster (Vermessungs- und Katastergesetz – BrVermKatG)
- **Hamburg**: Gesetz über das Vermessungswesen (Hamburgisches Vermessungsgesetz – HmbVermG)
- **Hessen**: Gesetz über das öffentliche Vermessungs- und Geoinformationswesen (Hessisches Vermessungs- und Geoinformationsgesetz – HESVGG)
- **Mecklenburg-Vorpommern**: Gesetz über das amtliche Geoinformations- und Vermessungswesen (Geoinformations- und Vermessungsgesetz – GeoVermG M-V)
- **Niedersachsen**: Gesetz über das amtliche Vermessungswesen (NVermG)
- **Nordrhein-Westfalen**: Gesetz über die Landesvermessung und das Liegenschaftskataster (Vermessungs- und Katastergesetz – VermKatG NRW)
- **Rheinland-Pfalz**: Landesgesetz über das amtliche Vermessungswesen (LGVerm)
- **Saarland**: Saarländisches Gesetz über die Landesvermessung und das Liegenschaftskataster (Saarländisches Vermessungs- und Katastergesetz – SVermKatG)
- **Sachsen**: Gesetz über das amtliche Vermessungswesen und das Liegenschaftskataster im Freistaat Sachsen (SächsVermKatG)
- **Sachsen-Anhalt**: Vermessungs- und Geoinformationsgesetz (VermGeoG LSA)
- **Schleswig-Holstein**: Gesetz über die Landesvermessung und das Liegenschaftskataster (Vermessungs- und Katastergesetz – SHVermKatG)
- **Thüringen**: Vermessungs- und Geoinformationsgesetz (ThürVermGeoG)

In einzelnen Ländern werden die gesetzlichen Regelungen durch **Rechtsverordnungen** ergänzt. 6

2. Zuständigkeit, Abmarkungsverfahren und Kosten

Die Durchführung der Abmarkung ist Aufgabe der **Vermessungsbehörden**, die durch das Landesrecht festgelegt werden. In Bayern gibt es zudem sog. Feldgeschworene, die ehrenamtlich tätig sind und die Vermessungsbehörden unterstützen. Das **Abmarkungsverfahren** ist ebenfalls landesrechtlich festgelegt. 7

Neben dem privaten Interesse der Grundstückseigentümer an der Feststellung des Grenzverlaufs gibt es ein **öffentliches Abmarkungsinteresse**. Die Vermessungsbehörden können daher nicht nur auf Antrag der Grundstückseigentümer tätig werden. In den Landesgesetzen sind die Voraussetzungen für ein Tätigwerden von Amts wegen sowie die Ausnahmen von der Abmarkungspflicht festgeschrieben, wobei die landesrechtlichen Vorgaben inhaltlich voneinander abweichen. 8

Die Grundstückseigentümer müssen die Abmarkungen **dulden**, wenn die landesrechtlichen Voraussetzungen für deren Durchführung vorliegen. Sie müssen daher den Vermessungsbehörden zB Zugang zum Grundstück gewähren und das Setzen oder Umsetzen der Grenzzeichen dulden. Weitergehende Mitwirkungshandlungen sind hingegen nicht geboten. 9

Die **öffentlich-rechtliche Kostentragung** richtet sich ebenfalls nach den landesrechtlichen Vorschriften. Für das **Innenverhältnis** zwischen den betroffenen Grundstückseigentümern bestimmt § 919 Abs. 3 BGB, dass die Kosten der Abmarkung von den Beteiligten zu gleichen Teilen zu tragen sind, sofern nicht aus einem zwischen ihnen bestehenden Rechtsverhältnis sich ein anderes ergibt. Hieraus kann ein Regressanspruch des im Verhältnis zur Behörde zur Zahlung verpflichteten Eigentümers gegen den Nachbarn resultieren.[1] 10

1 *Vollkommer* in BeckOGK BGB § 919 Rn. 11.

IV. Zivilrechtliche Aspekte

1. Abmarkungsanspruch aus § 919 BGB

11 Gemäß § 919 Abs. 1 BGB kann ein Grundstückseigentümer von seinem Nachbarn verlangen, dass dieser bei der Errichtung fester Grenzzeichen oder, wenn ein Grenzzeichen verrückt oder unkenntlich geworden ist, bei deren Wiederherstellung mitwirkt.

12 Die Abmarkung soll nur den tatsächlichen Grenzverlauf abbilden. Der Anspruch aus § 919 Abs. 1 BGB setzt daher voraus, dass der Grenzverlauf zwischen den beteiligten Eigentümern **unstreitig** ist oder aufgrund des Grundbuchs und des Liegenschaftskatasters **eindeutig feststeht.**[2] Ist der Grenzverlauf umstritten oder nicht feststellbar, kann zunächst noch keine Abmarkung verlangt werden. Stattdessen muss zuvor der Grenzverlauf verbindlich geklärt werden. Dies kann entweder durch das Urteil im Rahmen einer **Grenzverwirrungsklage** (auch: **Grenzscheidungsklage,** § 920 BGB) oder durch einen **Grenzfeststellungsvertrag** erfolgen.[3]

13 Der Abmarkungsanspruch ist ein **Mitwirkungsanspruch**. § 919 BGB darf indes nicht dahin gehend missverstanden werden, dass Grundstückseigentümer die Abmarkung selbst vornehmen können. Der zivilrechtliche Anspruch begründet **keine hoheitlichen Befugnisse**, die für die Grenzfeststellung notwendig wären. Die Mitwirkung beschränkt sich daher auf die Duldung der durch die Vermessungsbehörden vorzunehmenden Handlungen. Hierauf ist folglich auch der Anspruch aus § 919 Abs. 1 BGB gerichtet. Die Klage richtet sich daher – der Sache nach – auf Zustimmung zu dem maßgebenden Abmarkungsverfahren. Eine Vollstreckung könnte dann nach Maßgabe des § 894 ZPO erfolgen, doch ist dies in der Praxis in aller Regel nicht erforderlich.

14 In den meisten Fällen ergibt sich ohnehin eine **Duldungspflicht aus den öffentlich-rechtlichen Regelungen** der Landesgesetze. Die praktische Bedeutung des zivilrechtlichen Abmarkungsanspruchs ist daher gering.[4] Einer auf § 919 BGB gestützten Klage fehlt in denjenigen Ländern[5] das Rechtsschutzbedürfnis, in denen der Anspruchsinhaber die Abmarkung auf Antrag durchführen lassen kann, ohne dass der Nachbar dem zustimmen muss.[6] Fehlt landesrechtlich diese Möglichkeit, kann die Klage aus § 919 BGB im Einzelfall aber durchaus ein probates Mittel sein, um die Vermessungsbehörde zum Tätigwerden zu veranlassen.

15 **Gläubiger und Schuldner des Abmarkungsanspruchs** sind die Grundstückseigentümer. Diesen gleichgestellt sind etwaige Erbbauberechtigte und die in Art. 68 EGBGB aufgeführten Nutzungsberechtigten, nicht hingegen die Inhaber sonstiger Rechte am Grundstück.[7] Jeder Miteigentümer kann nach § 1011 BGB allein die Mitwirkung begehren. Als Schuldner müssen Miteigentümer aber gemeinsam in Anspruch genommen werden.[8]

16 Der Abmarkungsanspruch unterliegt **nicht** der **Verjährung** (§ 924 BGB). Ein schuldrechtlicher **Verzicht** wirkt nicht gegenüber Einzelrechtsnachfolgern.[9]

2. Wirkungen der Abmarkung

17 Die Abmarkung verändert nicht die Eigentumslage.[10] Sie ist aber im Streitfall ein starkes Indiz für den Grenzverlauf, da ihr im Rahmen der freien Beweiswürdigung nach § 286 ZPO ein **erheblicher Beweiswert**

---

2 *Vollkommer* in BeckOGK BGB § 919 Rn. 3.
3 *Roth* in Staudinger BGB § 919 Rn. 8; *Vollkommer* in BeckOGK BGB § 919 Rn. 13.
4 Vgl. auch *Roth* in Staudinger BGB § 919 Rn. 2; *Häde* BayVBl 1994, 417 (427).
5 Baden-Württemberg, Bayern, Bremen, Mecklenburg-Vorpommern, Niedersachsen, Sachsen und Thüringen.
6 Vgl. *Roth* in Staudinger BGB § 919 Rn. Rn. 3 mit weiteren Nachweisen zum Meinungsstand.
7 *Brückner* in MüKoBGB § 919 Rn. 5 und 6.
8 *Brückner* in MüKoBGB § 919 Rn. 6.
9 *Vollkommer* in BeckOGK BGB § 919 Rn. 13; *Ring* in NK-BGB § 919 Rn. 5.
10 OLG Brandenburg Urt. v. 28.8.2008 – 5 U 111/06, NJW-RR 2009, 1097 (1098); *Roth* in Staudinger, 2020, BGB § 919 Rn. 16; *Brückner* in MüKoBGB § 919 Rn. 9.

zukommt.[11] Der Nachweis, dass die Grenze unrichtig abgemarkt wurde, bleibt gleichwohl möglich. Dies gilt auch dann, wenn der Abmarkungsbescheid im Verwaltungsrechtsweg vergeblich angefochten worden ist.[12]

Auch für den **öffentlichen Glaube** des Grundbuchs (§ 891 BGB) ist die Abmarkung relevant.[13] Stimmt die katastermäßige Grenze mit der Abmarkung überein, kann insoweit ein Erwerb nach Maßgabe der §§ 892 ff. BGB erfolgen, also zB ein eigentlich nicht zum Grundstück gehörender Teil miterworben werden. Stimmen katastermäßige Grenze und Abmarkung hingegen nicht überein, gilt insoweit nicht § 891 BGB, weshalb auch ein Erwerb vom Nichtberechtigten nach Maßgabe der §§ 892 ff. BGB ausscheidet, wenn der Erwerber von der Abweichung Kenntnis hat.[14] 18

3. Abriss

Kemper

Literatur: *Bachof*, Über Ermessensfreiheit zum Baupolizeilichen Einschreiten bei Verstößen gegen nachbarschützende Bauordnungsvorschriften, DVBl 1961, 125; *Brenner*, Verfassungsrechtliche Vorgaben zum Bestandsschutz, in: Jarass (Hrsg.), Bestandsschutz bei Gewerbebetrieben, 2007, S. 11; *Brückner*, Denkmalschutzrechtliche Aspekte im Kontext von Abrissvorhaben, LKV 2017, 344; *Fischer*, Formelle und materielle Illegalität?, NVwZ 2004, 1057; *Grams*, Abriß denkmalgeschützter Gebäude aus wirtschaftlichen Gründen, GE 2003, 716; *Guckelberger*, Abbruch verfallender baulicher Anlagen, NVwZ 2010, 743.; *Hornmann*, Drittschützende Wirkung des Denkmalschutzrechts, NVwZ 2011, 1235; *Körner*, Denkmalschutz und Eigentumsschutz, LKV 2013, 57; *Lindner*, Formelle und materielle Illegalität bei bauordnungsrechtlichen Eingriffen, JuS 2014, 118; *Mieth/Spennemann*, Die Zumutbarkeit im Denkmalrecht, 2. Aufl. 2017; *Nägele/Lindner*, Erlöschen der Baugenehmigung durch Zerstörung des Bauwerks?, ZfBR 2014, 442; *Otting*, Wann ist ein Bauwerk ein Denkmal?, DS 2004, 132; *Rosin*, Drittschutz im Bauplanungs-, Bauordnungs- und Immissionsschutzrecht, 2017; *Schmidt*, Die Genehmigung nach dem Berliner Denkmalschutzgesetz, LKV 2001, 347; *Schmiemann/Hellhammer-Hawig*, Denkmalrecht in NRW, NWVBl 2010, 1; *Sendler*, Bestandsschutz im Wirtschaftsleben, WiVerw 1993, 236; *Struzina/Lindner*, Baurechtlicher Bestandsschutz im Verfall begriffener Anlagen, NVwZ 2016, 289; *Taubert*, Der Drittschutz im Baurecht im Lichte der Europäisierung des Verwaltungsrechts, 2011; *Weiß-Ludwig*, Abgrenzung Innen- und Außenbereich „Ein – nicht nur – bauplanungsrechtlicher Dauerbrenner", NordÖR 2018, 1 ff.; *Wolf*, Drittschutz im Bauplanungsrecht, 2012; *Wunderle*, Der Abbruch von im Verfall begriffenen baulichen Anlagen nach § 65 II LBO, BWVBl 2020, 272.

11 OLG Nürnberg 20.1.1965 – 4 U 60/64, BayJMBl. 1965, 79 (80); OLG Brandenburg Urt. v. 28.8.2008 – 5 U 111/06, NJW-RR 2009, 1097 (1098); *Brückner* in MüKoBGB § 919 Rn. 9.
12 *Roth* in Staudinger BGB § 919 Rn. 16.
13 BGH Urt. v. 2.12.2005 – V ZR 11/05, NJW-RR 2006, 662; *Brückner* in MüKoBGB § 919 Rn. 9.
14 *Roth* in Staudinger BGB § 919 Rn. 19.

I. Überblick

1 Der Abriss baulicher Anlagen ist aus dem Blickwinkel des Nachbarschutzes in zwei Grundkonstellationen des **repressiven Bauüberwachungsrechts** relevant, nämlich zum einen, wenn ein Nachbar den Abriss eines Gebäudes auf einem benachbarten Grundstück **herbeiführen will** und zum anderen, wenn ein Nachbar einen solchen Abriss **unterbinden oder** jedenfalls **unterbrechen** will. Ein Nachbar kann eine Bauaufsichtsbehörde grundsätzlich nur zum Einschreiten zwingen, wenn ihm ein subjektiv-öffentliches Recht auf behördliches Einschreiten zur Seite steht und das beantragte Einschreiten die einzige ermessensfehlerfreie Entscheidung der Behörde ist. Für die Durchsetzung des Nachbarinteresses erweisen sich dabei in beiden Konstellationen die restriktive Handhabung des baurechtlichen Drittschutzes durch die Judikatur[1] und die gesetzliche Ausgestaltung als Ermessensregelung als Hemmnisse.

2 **Bauplanungsrecht** hat – über die prinzipielle Bedeutung für die planungsrechtliche Zulässigkeit von Vorhaben (§§ 29 ff. BauGB) hinaus – **spezielle Bedeutung**[2] für den Nachbarschutz im Zusammenhang mit dem Abriss baulicher Anlagen, wenn der Abriss oder Teilabriss einer Nachbarbebauung im unbeplanten **Innenbereich** (§ 34 BauGB) zur Unterbrechung eines Bebauungszusammenhangs führt. Folge kann sein, dass die Unterbrechung des Bebauungszusammenhangs einen eigenen Bebauungsanspruch des Nachbarn nach § 34 BauGB beseitigt. ZB kann der Teilabriss eines Nachbaranbaus oder eines Geschosses den eigenen aus § 34 BauGB abgeleiteten Bebauungsanspruch mindern. Der Abriss eines eine Baulücke flankierenden Gebäudes beseitigt mit der Baulückensituation auch das Baurecht, wenn das Gebäude dadurch zum letzten Gebäude am Rand des Außenbereichs wird.[3] Im **Außenbereich** (§ 35 BauGB) treten im Zusammenhang mit dem Abriss privilegierter Vorhaben der skizzierten Innenbereichskonstellation ähnliche Interessen- sowie Folgekonflikte auf, die die Judikatur mittels der speziell für den Außenbereich entwickelten Rechtsfigur der **nachbarlichen Schicksalsgemeinschaft** löst.[4] Der Durchsetzbarkeit spezieller nachbarlicher Interessen setzt der baurechtliche Drittschutz aber noch engere Grenzen.[5]

3 Im **Nachbarrecht** werfen benachbarte Abrissvorhaben regelmäßig Fragen bezüglich des Ob und Wieviel und damit nach den Grenzen der Duldung und einer etwaigen Pflicht zur Unterstützung und Mitwirkung auf. Pflichten von der Duldung bis hin zur aktiven Unterstützung eines Abrissvorhabens können sich aus den Nachbargesetzen der Länder ergeben, etwa wenn Abriss- im Rahmen von Bau- oder Instandsetzungsarbeiten anders nicht zweckmäßig oder nur mit unverhältnismäßig hohen Kosten durchgeführt werden können und die mit der Duldung verbundenen Nachteile oder Belästigungen nicht außer Verhältnis zu dem von dem Berechtigten erstrebten Vorteil stehen.[6]

4 Im **Denkmalrecht** hat der Abriss baulicher Anlagen Nachbarrechtsbezug, wenn ein vorgesehener Abriss der Umgebungsbebauung Bedeutung für den Denkmalstatus eines benachbarten Baudenkmals hat (→ Rn. 42 f. und → *Denkmal* Rn. 28).

II. Begriff und bereichsspezifische Bedeutungen

5 Der – hier als Oberbegriff verwendete – Begriff Abriss ist **kein baurechtlicher terminus technicus**, sondern umgangs- wie fachsprachlich verwendetes Synonym für Abbruch, Abtragung, Beseitigung, Demonta-

---

1 Kritisch: *Wolf,* Drittschutz im Bauplanungsrecht, 2012; ferner: *Taubert*, Der Drittschutz im Baurecht im Lichte der Europäisierung des Verwaltungsrechts, 2011; *Jeromin* BauR 2016, 925.

2 Vgl. bereits OVG Münster Urt. v. 26.5.1982 – 11 A 15/80, NJW 1982, 2598: „Auch der Bundesgesetzgeber kennt den Begriff des Abbruchs und dessen **besondere städtebauliche Bedeutung**".

3 *Krautzberger* in Ernst/Zinkahn/Bielenberg/Krautzberger BauGB § 34 Rn. 7: „Der Bebauungszusammenhang **endet** in der Regel mit der letzten an eine große Freifläche angrenzenden Bebauung."

4 OVG Lüneburg Urt. v. 26.11.2014 – 1 LB 164/13, juris Rn. 22; bestätigt durch BVerwG Beschl. v. 31.3.2015 – 4 B 6/15.

5 Vgl. bereits BVerwG Urt. v. 6.12.1967 – 4 C 94.66, juris Rn. 28 ff.; ferner Urt. v. 28.7.1999 – 4 B 38/99 (kein Anspruch auf Bewahrung der Außenbereichsqualität eines dort belegenen Betriebsgrundstücks).

6 Vgl. zB § 24 NachbarG NRW und → *Hammerschlags- und Leiterrecht* Rn. 8 ff.

ge, Rückbau, Zerlegung, Zerstörung. Der Begriff „Abbruch" bezeichnet das **Gegenteil der Errichtung**[7] einer baulichen Anlage und damit eine **gezielte Handlung**, die bezweckt, dass **keine intakte bauliche Anlage verbleibt.**[8] Sie werden in diesem Sinn **bedeutungsgleich**[9] verwendet, obwohl die allgemeinsprachliche Wortbedeutung nicht dieselbe ist. Dies gilt entsprechend für den **Teilabriss**, wenn also gezielt nur ein Teil einer baulichen Anlage resp. eine bauliche Anlage gezielt nur teilweise abgerissen wird.[10]

In der Praxis ist hinsichtlich der Wortbedeutung insbes. zu beachten, dass die Synonyme im Bauplanungs- und Bauordnungsrecht **bereichsspezifisch unterschiedliche Bedeutungen** haben. Dies beruht darauf, dass Bauplanungs- als (Bundes-)Recht der Bodenordnung und Bodennutzung und Bauordnungs- als (Landes-)Recht der (Bau-)Gefahrenabwehr **unterschiedlichen Zwecken** dienen. Deshalb hat der Bundesgesetzgeber für das Bauplanungsrecht **keinen Regelungsbedarf** mehr gesehen und den Abriss aus dem Vorhabenbegriff des § 29 BauGB ausgenommen.[11] Für das Bauordnungs- als Bausicherheitsrecht verhält sich dies anders. Gerade ein Abriss kann Gefahren für (beteiligte und unbeteiligte) Personen, Nachbarbebauung und Umwelt verursachen. Daher gelten v.a. die Grundpflichten[12] der Baubeteiligten nach allen Landesbauordnungen auch für den Abriss baulicher Anlagen. 6

Die Landesbauordnungen verwenden statt des hier als Oberbegriff eingesetzten Begriffs Abriss die Bezeichnung **Abbruch**[13] oder **Beseitigung**[14]. Zwar werden die Begriffe v.a. in der Praxis gleichbedeutend verwendet. Weil jedoch auch und gerade einzelne Tätigkeiten, die notwendiger oder typischer Weise im Zusammenhang mit einem Abriss (Abbruch oder Beseitigung) erfolgen, Gefahren verursachen können, liegt gerade für das Bauordnungs- als Gefahrenabwehrrecht näher, der allgemeinen Wortbedeutung entsprechend zu unterscheiden. Während Abbruch als Gegenteil der Errichtung (lediglich) dasselbe wie Demontage bedeutet, geht die Bedeutung des Wortes Beseitigung weiter und umfasst auch Wegschaffen, Beiseiteschaffen, Abtransportieren. Gerade im Hinblick auf den Zweck der bauordnungsrechtlichen Ermächtigungen zu repressivem Einschreiten ist „Beseitigung" der genauere Begriff. 7

Die Landesbauordnungen regeln den Abriss baulicher Anlagen unterschiedlich. Sie unterwerfen ihn nicht durchweg der Baugenehmigungspflicht.[15] Auch soweit er grundsätzlich der Genehmigungspflicht unterliegt, ist er andererseits weitgehend verfahrensfrei und – aber wiederum nicht in allen Ländern einheitlich – 8

7 OVG Münster Urt. v. 26.5.1982 – 11 A 15/80, NJW 1983, 2598: „Auch in der gesetzlichen Terminologie wird der Abbruch durchweg als besonderer Begriff, und zwar i. S. eines Gegensatzes zur Errichtung baulicher Anlagen, benutzt."

8 *Hornmann* HBO § 62 Rn. 27.

9 Nach *Will* ÖffBauR Rn. 569 „laufen" Abbruch und Beseitigung „auf eine Entfernung der baulichen Anlage hinaus, wobei sich der Begriff Beseitigung auf Anlagen bezieht, die ohne schädigenden Eingriff die Substanz zerlegt und/oder entfernt werden können." Über die Reichweite der Anordnungsbefugnis zu Abbruch/ Beseitigung besteht keine Einigkeit; für eine weite Befugnis OVG Lüneburg Beschl. v. 28.7.2011 – 1 LA 239/10, juris Rn. 18, wonach „Beseitigung" die vollständige Entfernung der baulichen Anlage einschl. durch den Abbruch entstehender Substanzen vom Grundstück und ggf. Verfüllung verbliebener Bodenvertiefungen bedeutet; ähnlich OVG Magdeburg Beschl. v. 22.7.2013 – 2 M 82/13, juris Rn. 20; ebenso OVG Münster Urt. v. 3.2.1994 – 10 A 1149/9, juris Ls. 5: „Die Bauaufsichtsbehörde ist befugt, die Beseitigung des durch einen Abriß entstehenden Bauschuttes anzuordnen."

10 Ein Teilabriss wird allerdings bauordnungsrechtlich überwiegend nicht als Abbruch oder Beseitigung, sondern als Änderung eingestuft; → Rn. 16.

11 Beseitigung bzw. Rückbau baulicher Anlagen haben aber Bedeutung im Besonderen Städtebaurecht für die Durchführung städtebaulicher Sanierungs- (§ 136 ff. BauGB) und Erhaltungsmaßnahmen (§§ 172 ff. BauGB).

12 ZB § 52 MBO; Art. 49 BayBO; § 52 BbgBO; § 52 BauO NRW; § 53 LBO Schl.-H.

13 Baden-Württemberg, Bremen, Rheinland-Pfalz.

14 Musterbauordnung (MBO) und übrige Landesbauordnungen.

15 So zB § 59 Abs. 1 MBO und § 59 Abs. 1 BbgBO; ja: § 60 BauO NRW.

nur gebäudeklassen- sowie bauhöhenspezifisch anzeigepflichtig.[16] Die Anzeigepflicht regelt in einigen Ländern nicht die Bauordnung, sondern eine nachgeordnete Verordnung (vgl. zB § 6 Bbg BauVorlV).

9 Ungeachtet der unterschiedlichen formellen Rechtslage gelten generell für jeden Abriss baulicher Anlagen die allgemeinen Anforderungen des materiellen Bauordnungsrechts zur Abwehr und Vermeidung von Baugefahren.[17] Entsprechend weitergehende Anforderungen gelten v.a. für den Abriss von Sonderbauten (Legaldefinition: § 2 Abs. 4 MBO), weil deren vom Standardbau abweichende Bauweise und Größe auch bei ihrem Abriss sonderbauspezifisches Gefahrenpotential erwarten lässt. Für den Abriss zB von Hochhäusern liegt auf der Hand, dass solche Maßnahmen Gefahren für Leben und Gesundheit sowie Nachbargrundstücke und -bebauung verursachen können. Erfolgt der Abriss zB durch Sprengung, reicht der Kreis der Nachbarschaft so weit, wie sich v.a. Erschütterungen und Staub als besondere Auswirkungen der Abrissmaßnahme ausbreiten können, und es ist eine räumlich weitergreifende Sicherung zum Schutz der Nachbarschutz erforderlich.

III. Fallkonstellationen

1. Bauplanungsrecht

10 Ein Abriss ist zwar kein Vorhaben im bauplanungsrechtlichen Sinne der §§ 29 BauGB, aber auch nicht bauplanungs- bzw. städtebaurechtlich bedeutungslos. Städtebaurechtliche Folgen des Abrisses baulicher Anlagen beschäftigen die Baulandentwicklung regelmäßig. Ein Nachbar kann einen Abriss jedoch idR nicht erfolgreich mit der Begründung verhindern, die dadurch entstehende Baulücke schmälere oder beseitige seinen eigenen Bebauungsanspruch.[18]

11 **a) Kein Vorhaben im planungsrechtlichen Sinne des § 29 BauGB.** Im **Bauplanungsrecht**, das statt Abriss die Begriffe **Beseitigung**[19] und **Rückbau**[20] verwendet, gehören diese nicht zu den in § 29 BauGB aufgezählten Bautätigkeiten. Der – hier als Oberbegriff verwendete – Abriss einer baulichen Anlage ist daher kein Vorhaben iSd boden- und planungsrechtlichen Vorhabenbegriffs des § 29 BauGB und damit **kein Vorhaben iSd Bauplanungsrechts**. Deswegen sind die **§§ 30–37 BauGB** auf Abrisse **nicht anwendbar**. Vorhaben iSd § 29 BauGB sind Errichtung, Änderung und Nutzungsänderung. Die **gezielte Handlung**, die bezweckt, dass **keine intakte bauliche Anlage verbleibt**, lässt sich auch im Wege der Auslegung nicht als eine der drei durch § 29 BauGB ausdrücklich geregelten Tatbestandsvarianten „Errichtung", „Änderung" oder „Nutzungsänderung" verstehen.[21] Solch einer Auslegung steht historisch entgegen, dass Abbruch und Beseitigung baulicher Anlagen bis 1976 bundesrechtlich geregelt waren, aber in den neuen § 29 BauGB nicht mehr aufgenommen wurden. Im Zuge der Novellierung im Jahr 1976 wurde nur der Begriff der baulichen Anlage in § 29 BauGB neu gefasst und teils erweitert, der Rückbau aber nicht in die Definition des

16 Vgl. § 61 Abs. 3 MBO; einzelne landespezifische Unterschiede indizieren, dass nicht allein Erwägungen der Gefahrenabwehr die gesetzliche Ausgestaltung geleitet haben: zB ist der „Abbruch" nach § 50 Abs. 3 LBO BW bei „freistehenden Gebäuden der Gebäudeklassen 1 und 3" verfahrensfrei, wohingegen nach § 62 Abs. 3 BauO NRW die „Beseitigung" von „freistehenden Gebäuden der Gebäudeklassen 1 bis 3" nicht genehmigungsbedürftig ist; nach § 63b BauO Bln ist der Abriss von Wohnraum mit dem Ziel der Verhinderung der Zweckentfremdung, also wohnbaupolitischem Grund, generell genehmigungspflichtig (vgl. dazu *Hellriegel/Zielke* LKV 2020, 393 ff.).

17 Vgl. § 3 Satz 2 MBO; § 3 Abs. 4 BbgBO; § 3 Abs. 3 BauO NRW.

18 Ausnahmen von der Regel können v.a. im Übergang vom Innen- zum Außenbereich angesiedelt sein; vgl. hierzu *Weiß-Ludwig* NordÖR 2018, 1 ff.; vgl. dazu, dass der Bebauungszusammenhang über das letzte Gebäude hinaus aufgrund topographischer Besonderheiten hinwegwirken kann OVG Berlin-Brandenburg Beschl. v. 26.6.2017 – OVG 10 N 27.14, juris Rn. 22; zu übersteigerten Bebaubarkeitserwartungen, die Bauinteressenten in solchen Konstellationen aus Nachbarbebauungen ableiten, vgl. die Judikatur zu bauakzessorischen Nutzungen: VGH München Urt. v. 13.4.2015 – 1 B 14.2319, Rn. 20 ff.; OVG Magdeburg Beschl. v. 18.8.2009 – 4 M 112/09, Rn. 5 ff.; OVG Münster Beschl. v. 11.6.2004 – 7 A 1475/04, juris Rn. 10; OVG Schleswig Urt. v. 17.5.2001 – 1 K 21/98, juris Rn. 21.

19 ZB §§ 141 Abs. 4, 176 Abs. 5, 177 Abs. 1, 79 Abs. 1 bis 4 BauGB.

20 ZB §§ 59, 95 Abs. 3, 100, 171c, 172, 175 und 179 BauGB.

21 So auch *Krautzberger* in Ernst/Zinkahn/Bielenberg/Krautzberger BauGB § 29 Rn. 48 mit Verweis auf OVG Münster Urt. v. 26.5.1982 – 11 A 15/80, NJW 1983, 2598.

Vorhabenbegriffs aufgenommen. Dies rechtfertigt allein den Schluss, dass die Anwendung der §§ 30 ff. BauGB auf Rückbau und Beseitigung baulicher Anlagen ausgeschlossen sein soll.[22]

b) Abriss im Innenbereich nach § 34 BauGB. Der Abriss eines Nachbargebäudes kann aus Nachbarsicht trotz der Ausklammerung aus dem Vorhabenbegriff des § 29 BauGB bauplanungsrechtliche Relevanz haben und ein Nachbar an dessen Verhinderung interessiert sein, um eigene Bebauungsaussichten aufrechtzuerhalten. In der Praxis der Baulandentwicklung stellt sich diese Frage häufig für Grundstücke im unbeplanten Innenbereich (§ 34 BauGB). **Gebäudebestandsschutz** (→ *Bestandsschutz* Rn. 17 ff.) endet, wenn der Eigentümer einen Bau gezielt abbricht,[23] weil ein gezielter Abbruch den Regelungsgegenstand der Baugenehmigung beseitigt.[24] Die Wiedererrichtung aufgrund derselben Baugenehmigung scheidet aus, da der verfügende Gehalt der Baugenehmigung durch einmalige Errichtung verbraucht ist. Durch Abbruch erloschener **Bestandsschutz kann nicht wiederhergestellt werden.**[25] Folge eines **Abrisses** ist meist[26] eine **Baulücke.** Eine Baulücke kann wegen ihrer Ausdehnung den Eindruck einer geschlossenen Bebauung und damit den **Bebauungszusammenhang unterbrechen**, so dass für ein Nachbargrundstück nach gewissem Zeitablauf kein Bebauungsrecht nach § 34 BauGB mehr besteht.[27] Ein Abriss kann also ein bis dahin für ein Nachgrundstück aus § 34 BauGB ableitbares Bebauungsrecht beseitigen. Zwar kann eine bauliche Anlage nach Abbruch für gewisse Dauer nachwirken.[28] Darüber, wie lange eine abgebrochene Bebauung nachwirken, eine neue Genehmigung also noch auf § 34 BauGB gestützt werden kann, besteht jedoch keine Einigkeit. Der Nachbarwiderspruch bzw. die Nachbarklage gegen einen Abriss setzen aber im unbeplanten Innenbereich generell und so auch in dieser Konstellation voraus, dass der Nachbar dem unerwünschten Abriss ein **drittschützendes Recht** entgegenhalten und sich zusätzlich auf einen Verstoß gegen das **Rücksichtnahmegebot** berufen kann. Ein solcher allgemeiner Rechtssatz existiert im öffentlichen Baurecht nicht. § 34 BauGB ist auf einen Abriss nicht anwendbar, ein Abriss bzw. eine Baulücke muss sich also nicht „einfügen", weil er den bauplanungsrechtlichen Vorhabenbegriff nicht erfüllt. Deswegen kann ein Nachbar gegen einen Abriss nicht mit dem Argument vorgehen, der Abriss würde seinen aus § 34 BauGB abgeleiteten Bebauungsanspruch verkürzen oder beseitigen. 12

c) Abriss im oder am Rand des Außenbereichs nach § 35 BauGB. Der Abriss einer Nachbarbebauung kann auch im oder am Rand des Außenbereichs bestehendes Bau- und/oder Nutzungsrecht verändern oder beseitigen. ZB kann ein Grundstück durch einen Abriss (in) der Nachbarschaft in den baulichen **Außenbereich** (§ 35 BauGB) geraten. Dies kann ähnlich wie im Innenbereich die Bebauungs- und/oder Nutzungs- 13

22 OVG Münster Urt. v. 26.5.1982 – 11 A 15/80, NJW 1983, 2598.

23 BVerwG Urt. v. 18.10.1974 – IV C 75.71, BVerwGE 47, 126.

24 OVG Lüneburg Beschl. v. 2.3.2015 – 1 LA 151/14, juris Rn. 10.

25 OVG Berlin-Brandenburg Beschl. v. 11.10.2016 – 10 N 24.13, juris Rn. 4 ff. – Beseitigung einer Gartenlaube.

26 Anders, wenn ein Gebäude durch Abriss des Nachbargebäudes zum letzten Gebäude am Rand des Außenbereichs wird.

27 Die Zuordnung zum Innenbereich geht verloren, wenn ein Grundstück nicht mehr am „Eindruck der Zusammengehörigkeit" mit benachbarten bebauten Grundstücken teilnimmt. Ob und wie lange dies der Fall ist, entscheidet sich nach der Verkehrsauffassung; vgl. bereits BVerwG Urt. v. 12.9.1980 – IV C 75/77, ZfBR 1980, 294 (295).

28 Vgl. zur fortbestehenden Wirksamkeit einer Baugenehmigung bei Nutzungsunterbrechung OVG Bautzen Beschl. v. 28.10.2019 – 1 B 7/19, juris Rn. 35 ff. mwN auch zum sog. Zeitmodell des BVerwG Urt. v. 18.5.1995 – 4 C 20.94, juris Rn. 15, BVerwGE 98, 235 (247), von dem sich mehrere Obergerichte distanziert haben (zB vgl. OVG Lüneburg BeckRS 2009, 37253; VGH Kassel BeckRS 2016, 131443 mwN). Zustimmung zum Zeitmodell noch durch VG Cottbus Urt. v. 25.9.2019 – 3 K 51/18, Rn. 25. Das BVerwG entnahm das Zeitmodell dem damaligen § 35 Abs. 5 Satz 1 Nr. 2 BBauG (vgl. BVerwGE 64, 42 (44)). Das Zeitmodell umfasst drei Jahresstufen. Die Verkehrsauffassung rechne, so der Senat, im Jahr eins nach Nutzungsaufgabe stets mit Wiederaufnahme der Nutzung, im Jahr zwei gelte dafür eine – aber widerlegliche – Regelvermutung und nach Ablauf des zweiten Jahres kehre sich diese Vermutung um. Die Verkehrsauffassung bewerte die Grundstückssituation nach so langer Zeit nicht mehr als für eine erneute Nutzungsaufnahme offen. Deshalb müsse ein Bauherr besondere Gründe darlegen, aus denen die Nutzungsaufgabe keinen endgültig erscheinenden Zustand herbeigefügt habe. Derselbe 4. Senat ist von diesem Modell abgerückt (vgl. Urt. v. 7.11.1997 – 4 C 7.97, NVwZ 1998, 735) und hat es zB im Beschl. v. 5.5.2015 – 4 BN 2/15, juris Rn. 14 als nicht einschlägig bewertet, ohne inhaltlich darauf einzugehen. Vgl. zum Zeitmodell v.a. Uechtritz DVBl 1997, 348 ff.; Jäde UPR 1998, 206 ff.; Haaß NJW-Spezial 2010, 108 f.

perspektive des Nachbargrundstücks negativ beeinflussen. Im Außenbereich gelten allerdings nicht nur für den Bestandsschutz Besonderheiten.[29] Auch **baulicher Nachbarschutz unterscheidet sich im Außenbereich grundlegend** vom Nachbarschutz im Innenbereich. Die Unterschiedlichkeit folgt aus dem prinzipiell unterschiedlichen Wesen des beplanten und des Innenbereichs als der baulichen Nutzung prinzipiell zugänglich (§ 34 BauGB) und des Außenbereichs als der baulichen Nutzung gerade nicht prinzipiell zugänglich (§ 35 Abs. 5 S. 1 BauGB).[30] Die Judikatur leitet **Nachbarschutz im Außenbereich daher allein aus dem Rücksichtnahmegebot** ab. Anknüpfungspunkte sind § 35 Abs. 3 BauGB und, wegen des Gebots schädliche Umwelteinwirkungen zu unterlassen, § 35 Abs. 3 S. 1 BauGB.[31] Für Besonderheiten des Rechtsschutzes hat **weichenstellende Bedeutung**, dass der **Außenbereich kein Baugebiet** iSd BauNVO und damit des Bauplanungsrechts ist. Weil der Außenbereich kein Baugebiet ist, scheidet auch ein dem **Gebietserhaltungsanspruch im Innenbereich vergleichbarer Abwehranspruch aus.**[32] Auch besteht **kein Anspruch auf Beibehaltung der Außenbereichsqualität.**[33] Ein privilegierter am Rand des Innbereichs im Außenbereich liegender Betrieb kann einem rechtswidrigen Innenbereichsbauvorhaben deshalb **nicht entgegenhalten, dessen Errichtung hätte zur Folge, dass der Betrieb künftig im Innenbereich liegt**. Nach der Judikatur des BVerwG gibt es einen „derartigen Anspruch nach allgemeiner Rechtsauffassung nicht".[34] Deshalb hat der im Außenbereich betroffene Eigentümer gegen drohenden **Verlust einer Privilegierung** keinen Anspruch auf Erhaltung der Außenbereichsqualität. Auch die mit einer Änderung etwaig verbundene Verschärfung der Immissionsanforderungen kann nur einen Abwehranspruch begründen, wenn die Baugenehmigung gegen das in § 35 Abs. 3 S. 1 Nr. 3 BauGB enthaltene Rücksichtnahmegebot verstößt.[35]

14 Auch aus der Rechtsfigur der Schicksalsgemeinschaft der Landwirte lässt sich im Außenbereich kein Nachbaranspruch gegen ein Abrissvorhaben herleiten. Wenngleich ein Gebietscharakter iSd BauNVO des Außenbereichs verneint wird, zieht die Judikatur die Rechtsfigur der **Schicksalsgemeinschaft** zwar heran, um **gesteigerte Duldungspflichten** zwischen privilegierten Landwirten und nach Aufgabe ihrer Landwirtschaft gegen landwirtschaftliche Emissionen vorgehende ehemalige Landwirte zu bestimmen. Dies wird zB relevant, wenn auf einem Grundstück im Außenbereich die Landwirtschaft aufgegeben und **vom mitprivilegierten zum entprivilegierten Wohnen** übergegangen wurde. Der Bauherr sei dann zwar aus der **Schicksalsgemeinschaft der Landwirte** ausgeschieden, auf dem früher landwirtschaftlichen Grundstück im Außenbereich laste aber weiter eine **nachwirkende Pflicht zur Rücksicht** auf benachbarte landwirtschaftliche Betriebe, etwa zur Hinnahme aus der verbliebenen landwirtschaftlichen Nachbarschaft hervorgehende **Geruchsbelästigungen.**[36] Eine aus einer aufgegebenen Landwirtschaft hervorgegangene Wohnnutzung gilt danach als **Fremdkörper** mit im Nachbarkonflikt im Außenbereich geringerem Schutzanspruch.[37]

15 Diese Judikatur lässt sich jedoch nicht gegen Abrissvorhaben im Außenbereich fruchtbar machen. Dem Nachbarn eines Abrissvorhabens steht daher auch und erst recht im Außenbereich mangels eines qualifizierten subjektiven Rechts kein durchsetzbares rechtliches Argument zur Seite, um zur Vermeidung befürchteten eigenen Bebauungsrechtsverlusts am Rande des oder im Außenbereich den **Abriss einer Nachbarbebauung** zu verhindern.

---

29 Zusammenfassend: VGH Kassel Beschl. v. 15.5.2018 – 3 A 395/15, juris Rn. 37 ff.

30 BVerwG Beschl. v. 28.7.1999 – 4 B 38/99, NVwZ 2000, 552 (553).

31 BVerwG Urt. v. 6.12.1967 – 4 C 94.66, juris Rn. 38 ff. zu § 35 BBauG (keine nachbarschützende Funktion); Urt. v. 28.7.1999 – 4 B 38/99, NVwZ 2000, 552 (553).

32 Der Bundesgesetzgeber könnte diese Konstruktion aufgeben und zB eine mit Inhalten des § 35 BauGB angereicherte Außenbereichsregelung in die BauNVO integrieren, die den Außenbereich als „Nicht-Baugebiet" definieren könnte. Solch ein Standortwechsel wäre ein Qualitätssprung und entzöge der bisherigen wortlautorientierten Auslegung den Boden, nach der der Außenbereich kein Baugebiet ist.

33 BVerwG Beschl. v. 28.7.1999 – 4 B 38/99, NVwZ 2000, 552 (553).

34 BVerwG Beschl. v. 28.7.1999 – 4 B 38/99, juris Rn. 5.

35 BVerwG Beschl. v. 28.7.1999 – 4 B 38/99, NVwZ 2000, 552 (553).

36 OVG Lüneburg Urt. v. 26.11.2014 – 1 LB 164/13, BRS 82 Nr. 103; bestätigt durch BVerwG Beschl. v. 31.3.2015 – 4 B 6.15, juris Rn. 1 ff.

37 Ohne den Begriff „Fremdkörper" zu verwenden: VG Osnabrück Urt. v. 28.4.2016 – 2 A 89/14, juris Rn. 75.

2. Bauordnungsrecht

Das Bauordnungsrecht regelt drei Grundkonstellationen des Abrisses baulicher Anlagen: 16

- erstens die Herbeiführung des Abrisses einer rechtswidrig errichteten baulichen Anlage auf einem Nachbargrundstück,
- zweitens die Verhinderung eines Abrisses wegen Gefahren, die mit dem Abriss verbunden sind und
- drittens die Herbeiführung eines Abrisses wegen Verwahrlosung einer Nachbarbebauung.

Will ein Nachbar in den beiden erstgenannten Konstellationen den Abriss eines Nachbargebäudes auf öffentlich-rechtlichem Weg erzwingen, muss er die Bauaufsichtsbehörde durch Antrag zum Einschreiten mittels Erlasses einer Abbruch-/Beseitigungsverfügung veranlassen.[38] Ist das Gebäude nicht verfahrens- oder genehmigungsfrei oder lediglich anzeigepflichtig, sondern genehmigt, muss der Nachbar **parallel die Baugenehmigung anfechten.**[39] 17

Dabei sind **zwei Arten gesetzlicher Eingriffsermächtigungen zu unterscheiden**: einerseits die bauordnungsrechtlichen Generalermächtigungen aller Bundesländer zum Erlass einer Abrissverfügung wegen Baurechtswidrigkeit aufgrund formeller (Schwarzbau) und materieller Illegalität[40] und andererseits die gesetzlichen Spezialermächtigungen einiger Länder zum Erlass einer Abrissverfügung wegen Leerstands und Verfalls eines Nachbargebäudes. Der grundsätzliche rechtliche Unterschied beider Arten der Ermächtigung besteht darin, dass Tatbestandsvoraussetzung der herkömmlichen Generalermächtigungen die Errichtung einer baulichen Anlage im Widerspruch zum öffentlichen Baurecht ist, während die Spezialermächtigungen diesen Widerspruch nicht voraussetzen.[41] Die Spezialermächtigungen setzen stattdessen am tatsächlichen Zustand eines Gebäudes an. 18

a) Vorgehen gegen eine formell (Schwarzbau) und materiell baurechtswidrige Anlage. Ein Nachbar kann das Einschreiten der Bauaufsichtsbehörde durch Abbruch-/ Beseitigungsverfügung gegen eine formell und materiell baurechtswidrige bauliche Anlage beantragen, die alle Bauordnungen angelehnt an § 80 MBO regeln.[42] Die Verfassungsmäßigkeit solcher Ermächtigungen als **Inhalts- und Schrankenbestimmungen** iSd Art. 14 Abs. 1 S. 2 GG ist anerkannt.[43] Die sich ähnelnden herkömmlichen Ermächtigungen setzen tatbestandlich voraus, dass eine Anlage im Widerspruch zu öffentlich-rechtlichen Vorschriften errichtet oder geändert wird, rechtmäßige Zustände nicht auf andere Weise hergestellt werden können (vgl. § 80 Abs. 1 MBO), die Verfügung verhältnismäßig und der Gleichbehandlungsgrundsatz beachtet ist. Für einen Anspruch auf Einschreiten muss der fordernde Nachbar durch den rechtswidrigen Bauzustand in subjektiven öffentlichen Rechten verletzt und das behördliche Eingriffsermessen auf Null reduziert sein. Zudem darf der Nachbar seinen Anspruch **nicht durch (zu) langes Abwarten verwirkt** haben. 19

Allerdings hat ein Nachbar **keinen unmittelbaren gesetzlichen Anspruch** auf Einschreiten der Bauaufsichtsbehörde. Zum einen regelt keine Landesbauordnung solch einen Anspruch ausdrücklich. Doch hilft die Judikatur und leitet den **Anspruch dem Grunde nach aus der behördlichen Eingriffsbefugnis** ab, die sich zur Handlungspflicht wandeln kann. Zum anderen sind die baubehördlichen Eingriffsermächtigungen 20

38 Zum Ganzen auch *Rosin*, Drittschutz im Bauplanungs-, Bauordnungs- und Immissionsschutzrecht, S. 251; *Schulte Beerbühl* Rn. 780 ff.

39 Prozessual muss der Nachbar also Anfechtungs- und Verpflichtungsklage kombinieren.

40 ZB § 80 Satz 1 MBO; § 80 Abs. 2 BbgBO; § 76 Abs. 2 Nr. 1 HBauO; § 79 Abs. 3 NBauO; § 82 LBauO RhPf; § 82 a LBO Saarl.

41 Vgl. hierzu *Guckelberger* NVwZ 2010, 743 (744).

42 ZB § 65 S. 1 LBO BW; Art. 76 S. 1 BayBO; § 80 S. 1 BauO Bln; § 82 S. 1 BauO NRW; § 59 Abs. 2 S. 1 Nr. 3 LBO Schl.-H.; die Abrissverfügung griff im Verhältnis zur Stilllegungsverfügung „am stärksten in das Eigentumsrecht ein" (vgl. OVG Berlin Urt. v. 21.11.1969, BRS 22 Nr. 205). Dieselbe Wirkung haben heute die später in mehreren Ländern eingeführten Ermächtigungen zum Eingriff gegen leerstehende und verfallende Gebäude (→ Rn. 33).

43 Für die „herkömmliche" Ermächtigung: BVerfG Beschl. v. 2.9.2004 – 1 BvR 1860/02, juris Rn. 11 zu § 81 LBauO RhPf (sog. „Pirmasenser Amnestie"); OVG Münster Urt. v. 22.8.2005 – 10 A 4694/03, juris Rn. 36 f.

als Ermessensnormen ausgestaltet, weshalb ein Nachbar **unmittelbaren Anspruch nur**[44] **auf fehlerfreie Ermessensausübung** hat.

21 **aa) Errichtung oder Änderung.** Eine Abrissverfügung setzt eine im Widerspruch zum öffentlichen Baurecht errichtete bauliche Anlage voraus. Der Nachbar kann den Erlass daher auch nur unter dieser Voraussetzung verlangen.

22 **bb) Widerspruch zu öffentlich-rechtlichen Vorschriften.** Die Voraussetzung ist jedoch – außer bei verfahrens- und genehmigungsfreien Baumaßnahmen – nicht bereits bei formeller Illegalität erfüllt. Eine Abbruchverfügung kann nur ergehen, wenn das (entstehende) Gebäude **formell und materiell baurechtswidrig** ist.[45] Baurechtswidrigkeit besteht zweifelsfrei, wenn ein Gebäude seit Errichtung ununterbrochen gegen Baurechtsnormen verstoßen hat und nicht durch eine Baugenehmigung gedeckt ist.[46] War der Bau nicht ununterbrochen materiell baurechtswidrig, sondern während eines gewissen Zeitraums materiell baurechtmäßig, hat er Bestandsschutz erlangt, der ihn gegen die Folgen späterer Baurechtswidrigkeit immunisiert.[47] Widerspruch zum Recht scheidet dann aus.

23 **Formelle Illegalität** bedeutet, dass (noch) keine Baugenehmigung existiert oder die Anlage erheblich von einer erteilten Genehmigung abweicht. Naturgemäß **entfällt** dieses Erfordernis und damit auch das der „doppelten" Rechtswidrigkeit **bei genehmigungsfreien Vorhaben.**[48] Bei solchen baulichen Anlagen kann eine Abbruchverfügung bereits bei materieller Illegalität ergehen. Entsprechendes gilt für im **vereinfachten (oder einfachen) Verfahren** ergangene Baugenehmigungen, weil die materielle Baurechtmäßigkeit nicht vollständig, sondern in verfahrensspezifisch eingeschränktem Umfang geprüft wird. Auch eine im vereinfachten Verfahren ergangene und formelle Legalität vermittelnde Baugenehmigung steht einer Abbruchverfügung deshalb nicht entgegen, wenn die materielle Illegalität auf der Verletzung von Baurechtvorschriften außerhalb des Prüfumfangs des Verfahrens beruht.[49]

24 Bereits formelle Illegalität kann eine Abrissverfügung ausnahmsweise rechtfertigen, wenn der Abriss keinen dauerhaften Substanzverlust verursacht. Dies gilt zB für eine leicht abschraubbare Werbeanlage und in Teile zerlegbare Bauten wie Carports und Geräteschuppen.[50]

25 **Materielle Baurechtswidrigkeit** besteht, wenn ein Gebäude seit Errichtung gegen öffentlich-rechtliche Vorschriften verstößt. Befand sich das Gebäude zu irgendeinem Zeitpunkt in Übereinstimmung mit materiellem Baurecht, genießt es **Bestandsschutz.**[51] Hiernach kommt es nicht auf eine bestimmte oder keine Mindestdauer des genehmigten Status an.[52] Bestandsschutz steht für Aufrechterhaltung, Nutzung oder so-

---

44 Zur Legitimität der Ermessenseinräumung bereits BVerwG Urt. v. 18.8.1960 – I C 42.59, juris Rn. 10 f. und dazu *Bachof* DVBl 1961, 128 ff.

45 BVerwG Urt. v. 3.5.1988 – 4 C 54/85, NVwZ 1989, 353; OVG Lüneburg Urt. v. 31.3.1995 – 1 L 4223/93, NVwZ-RR 1996, 6 ff.; kritisch *Fischer* NVwZ 2004, 1057 ff.

46 VGH Mannheim Urt. v. 16.4.2014 – 3 S 1962/13, juris Rn. 26.

47 BVerfG Nichtannahmebeschluss v. 24.7.2000 – 1 BvR 151/99, juris Rn. 8, allerdings umfasst der Bestandsschutz nur den genehmigten Bestand und die genehmigte Funktion: vgl. BVerfG Beschl. v. 15.12.1995 – 1 BvR 1713/92, BRS 57 Nr. 246, juris Rn. 4.

48 OVG Magdeburg Beschl. v. 26.5.2009 – 2 L 164/08, juris Rn. 7; OVG Saarlouis Beschl. v. 13.3.2006 – 2 W 37/05, BRS 70 Nr. 179, juris Rn. 1; OVG Berlin-Brandenburg Beschl. v. 10.2.2009 – OVG 2 S 87.08, LKV 2009, 182.

49 *Will* ÖffBauR Rn. 718 mit Verweis auf OVG Berlin-Brandenburg NVwZ-RR 2010, 794.

50 OVG Münster BRS 70 Nr. 142; BRS 69 Nr. 188; VGH Kassel BRS 52 Nr. 239; OVG Greifswald NordÖR 2000, 125.

51 BVerfG Nichtannahmebeschluss v. 24.7.2000 – 1 BvR 151/99, juris Rn. 8, allerdings umfasst der Bestandsschutz nur den genehmigten Bestand und die genehmigte Funktion: vgl. BVerfG Beschl. v. 15.12.1995 – 1 BvR 1713/92, BRS 57 Nr. 246, juris Rn. 4.

52 Dennoch wird zT nach wie vor nicht einheitlich beurteilt, wie lange der Status der Rechtmäßigkeit bestanden haben muss und werden angelehnt an Fiktionsregelungen oder § 75 VwGO zwei bis drei Monate gefordert; vgl. OVG Münster Urt. v. 21.11.2005 – 10 A 1166/04, BRS 69 Nr. 100; ausdrücklich eine Mindestdauer ablehnend *Will* ÖffBauR Rn. 723; vor der BVerfG-Entscheidung ergangene Judikatur: BVerwG Beschl. v. 15.1.1971 – IV B 97.70, BRS 24 Nr. 193; VGH Kassel Beschl. v. 10.11.1994 – 4 TH 1864/94, BRS 57 Nr. 259.

gar Ausbau und Erweiterung einer vorteilhaften Rechtsposition unter veränderten tatsächlichen oder rechtlichen Umständen.[53] Bestandsschutz beschreibt also den **Fortbestand der Zulässigkeit eines baulichen Zustands**, der **nicht mehr zulassungsfähig** ist.

Bauliche Veränderungen an Bestandsbauten sind häufig Anlass für nachbarrechtliche Streitigkeiten und offenbaren, dass die **Grenzen durch Bestandsschutz gedeckter Instandhaltung oft durch Nachbarn verkannt** werden. Nach Errichtung und Nutzungsaufnahme begründet die Baugenehmigung Bestandsschutz zugunsten der genehmigten baulichen Anlage und deren genehmigter Nutzung. Dieser umfasst **nicht jede sinnvolle** wirtschaftliche, sondern nur die nach Art und Umfang unveränderte Nutzung.[54] Doch umfasst jede Nutzungsart eine **gewisse Variationsbreite**. Zum Umfang des Bestandsschutzes entschied das BVerwG bereits 1986: 26

„Der Bestandsschutz ***berechtigt nicht nur****, eine rechtmäßig errichtete bauliche Anlage in ihrem Bestand* ***zu erhalten und wie bisher zu nutzen; er berechtigt auch, die zur Erhaltung und zeitgemäßen Nutzung der baulichen Anlage notwendigen Maßnahmen durchzuführen*** *(vgl. BVerwGE 47, 126).* ***Vom Bestandsschutz nicht mehr gedeckt sind allerdings solche Maßnahmen, die einer Neuerrichtung (Ersatzbau) gleichkommen****.* ***Die Identität des wiederhergestellten mit dem ursprünglichen Bauwerk muss gewahrt bleiben. Kennzeichen dieser Identität ist es, dass das ursprüngliche Gebäude nach wie vor als die „Hauptsache" erscheint.*** *Hieran fehlt es, wenn der mit der Instandsetzung verbundene Eingriff in den vorhandenen Bestand so intensiv ist, dass er die* ***Standfestigkeit des gesamten Bauwerks*** *berührt und* ***eine statische Nachberechnung des gesamten Gebäudes erforderlich macht****, oder wenn die für die Instandsetzung notwendigen Arbeiten den* ***Aufwand für einen Neubau erreichen*** *oder gar übersteigen, oder* ***wenn die Bausubstanz ausgetauscht*** *oder das* ***Bauvolumen wesentlich erweitert*** *wird."*[55]

Bestandsschutz legitimiert also auch Änderungen. Er bedeutet auf bauliche Anlagen bezogen, dass sie trotz Abweichung vom geltenden Baurecht weiter erhalten und genutzt werden dürfen und eine Abrissverfügung deswegen nicht rechtmäßig ergehen kann. Bestandsschutz umfasst (als **passiver** Bestandsschutz) den Erhalt des Status quo und (als **aktiver** Bestandsschutz) die Wiederherstellung zufällig zerstörter und eine notwendige, weil funktionserhaltende Erweiterung bestehender Bauten.[56] Änderungen **müssen aber die Identität der Anlage wahren**. **Veränderung der Bausubstanz** einer vorhandenen Anlage ist etwas anderes als und daher abzugrenzen von bloßer Nutzungsänderung.[57] Änderung ist, was **nicht unerheblich** äußerlich oder im Innern einer baulichen Anlage auf deren vorhandenen technischen Bestand oder baulichen Zustand einwirkt. Sie kann daher Umbau, Vergrößerung, Verkleinerung einer baulichen Anlage und schließlich auch Anbringen, Einbau oder **Tausch von Teilen** zum Zweck der Ergänzung oder Erneuerung sein. Dies gilt **innen wie außen**. Allerdings ist **Vergrößerung** in Abgrenzung gegenüber Errichtung nur dann (noch) Änderung, wenn keine abtrennbare und selbstständige bauliche Anlage entsteht.[58] Begrenzte Erweiterung eines geschützten Baubestands kann mit Blick auf **zeitgemäße und funktionsgerechte Nutzung** gerechtfertigt, dh vom Bestandsschutz umfasst sein.[59] **Materialtausch** ist jedoch in gewissen Grenzen nicht Änderung, sondern (genehmigungsfreie) Instandhaltung, wenn der frühere Zustand so erhalten bleibt, dass das Gebäude seine Identität nicht verliert. Änderung und Umbau implizieren zwingend mindestens einen Teilabbruch. Es ist eine Frage des Grades (quantitativ) und der Folge(n) (qualitativ), ob die Änderung oder der Umbau als Abbruch und damit Wegfall des Bestandsschutzes zu qualifizieren sind. Änderungsmaßnahmen können also in eine riskante Konstellation umschlagen, wenn sie ohne Bedacht dimensioniert sind. Diese Aspekte sind zu prüfen und zu berücksichtigen, weil die Zulässigkeit einer nachbarlichen Aufforderung 27

---

53 Ähnlich *Brenner*, Verfassungsrechtliche Vorgaben zum Bestandsschutz, in Jarass, Bestandsschutz bei Gewerbebetrieben, S. 11 (12); vgl. bereits *Sendler* WiVerw 1993, 236 (237).

54 BVerwG Urt. v. 23.1.1981 – 4 C 82/77, juris Rn. 16.

55 BVerwG Urt. v. 17.1.1986 – 4 C 80/82, BVerwGE 72, 36, juris Rn. 11 f.

56 *Söfker* in Ernst/Zinkahn/Bielenberg/Krautzberger BauGB § 35 Rn. 178 ff.; *Brohm* ÖffBauR § 22; *Muckel* ÖffBauR § 7 Rn. 141 ff.

57 Vgl. auch die Definitionen in § 2 der Landesbauordnungen.

58 BVerwG Urt. v. 17.6.1993 – 4 C 17/91, ZfBR 1994, 37.

59 BVerwG Urt. v. 17.1.1986 – 4 C 80/82, BVerwGE 72, 362, NJW 1986, 2126.

zum behördlichen Einschreiten zu verneinen ist, wenn bauliche Maßnahmen im Rahmen des Bestandsschutzes liegen.

28 **cc) Kein rechtmäßiger Zustand auf andere Weise.** Eine rechtswidrige bauliche Anlage kann durch rechtliche oder tatsächliche Maßnahmen legalisiert werden. Daher scheidet eine Abbruchverfügung aus, wenn auf andere Weise rechtmäßige Zustände geschaffen werden können. Als **rechtliche** Maßnahmen können dafür zB ein Dispens (dh eine planungsrechtliche Ausnahme oder Befreiung nach § 31 BauGB oder bauordnungsrechtlich eine Abweichungsentscheidung), die Erteilung einer Auflage oder (bei bauplanungsrechtlicher Illegalität) die Aufstellung eines Bebauungsplans, infrage kommen.[60] Dabei handelt es sich rechtssystematisch um eine im Verhältnismäßigkeitsprinzip wurzelnde Anforderung. Sofern weniger einschneidende Eingriffsmöglichkeiten bestehen und praktikabel erscheinen, soll die Baubehörde von der Abrissverfügung absehen und das mildere Eingriffsmittel wählen. Allerdings ist eine bauordnungsrechtliche Abweichung auch kein Instrument zur Legalisierung von Baurechtsverstößen.[61] **Tatsächliche** Maßnahme kann zB die Beseitigung lediglich eines Gebäudeteils, etwa eines Anbaus, sein.

29 **dd) Verhältnismäßigkeit.** Eine Abbruchverfügung muss verhältnismäßig sein. Das Abrissanordnungen oft entgegengehaltene Argument unangemessener Härte geht jedoch fehl, weil der rechtswidrig Bauende gegen die (Bau-)Rechtsordnung verstößt, die rechtswidriges Bauen missbilligt.[62] Deshalb ist es „ein Fehlschluss, anzunehmen, dass die Wertvernichtung sich von einem bestimmten Grad ab zu einer rechtlichen Schranke für das behördliche Beseitigungs- bzw. Duldungsverlangen verdichten könnte."[63] Eine gegen einen Schwarzbau gerichtete Abrissanordnung ist daher erst dann unangemessen, wenn die Rechtswidrigkeit auch durch einen Teilabriss beseitigt werden könnte.

30 **ee) Verwirkung.** Ein **Anspruch auf Einschreiten** der Bauaufsichtsbehörde ist auch eine Frage des gerade in baulichen Nachbarkonflikten essentiellen **Faktors Zeit**. Denn einem sich gestört fühlenden Nachbarn kann die Bautätigkeit, gegen deren Resultat er sich wehrt, idR nicht entgangen sein. Selbst wenn er – wie regelmäßig – weder durch den Nachbarbauherrn noch die Bauaufsichtsbehörde informiert und ihm die Baugenehmigung nicht förmlich bekannt gegeben wurde, muss ein Nachbar bereits aktiv werden, sobald er Bautätigkeiten wahrnimmt. Andernfalls verursacht er zu seinem Nachteil ein hohes Risiko, sein Widerspruchsrecht zu **verwirken** (→ *Rechtsverlust und unzulässige Rechtsausübung* Rn. 44 ff.).[64] Der Nachbar muss also unverzüglich aktiv werden.

31 Ein ausreichend früh aktiver Nachbar kann gegen eine rechtswidrige Bautätigkeit einen **Anspruch auf Einschreiten** der Bauaufsichtsbehörde samt Anordnung des Abbruchs haben. Der Erlass einer Abbruchverfügung steht im Ermessen der Behörde.

32 **ff) Ermessen.** Die Baubehörde muss über den Antrag auf Anordnung eines Abrisses ermessensfehlerfrei entscheiden. Der antragstellende Nachbar hat nur dann einen Anspruch auf Einschreiten durch Abrissanordnung, wenn deren Erlass die einzig fehlerfreie Entscheidung ist. Die Judikatur entscheidet hinsichtlich der Frage, ob ein Verstoß gegen nachbarschützende Baurechtsnormen zu einer Ermessensreduzierung führt, uneinheitlich. Teils wird dies verneint,[65] teils etwa mit Verweis auf negative Vorbildwirkung bestätigt.[66]

---

60 VGH Mannheim Urt. v. 6.7.1988 – 3 S 2764/87, BauR 1989, 193.

61 OVG Berlin-Brandenburg Beschl. v. 14.3.2006, LKV 2006, 469 (471) mit Verweis auf OVG Münster Beschl. v. 22.4.2004 – 10 B 828/04.

62 Vgl. hierzu *Finkelnburg/Ortloff/Otto* ÖffBauR II § 13 Rn. 55 ff.

63 VGH München Urt. v. 6.2.1980 – 15.B – 1048/79.

64 Vgl. zur Verwirkung durch verspätete Einlegung eines Widerspruchs, wenn die Baugenehmigung dem betroffenen Nachbarn nicht amtlich bekanntgegeben worden ist BVerwG Urt. v. 25.1.1974 – IV C 2.72; OVG Berlin-Brandenburg Beschl. v. 29.4.2010 – OVG 10 S 5.10.

65 OVG Lüneburg Beschl. v. 6.3.2003 – 1 LA 197/02, BRS 66 Nr. 133.

66 OVG Münster Urt. v. 15.11.2007 – 10 A 3015/05, BRS 71 Nr. 133; OVG Magdeburg Beschl. v. 26.5.2009 – 2 L 164/08, ZfBR 2009, 594.

b) Vorgehen gegen Leerstand und Verfall. Leerstehende und verfallende Gebäude und deswegen verwahrlosende Grundstücke lösen in betroffenen Nachbarschaften nicht nur Ärger über den störenden Anblick, sondern auch Befürchtungen aus, dass illegale Nutzungen und Verunreinigungen angezogen werden. Bauordnungsrechtliche Sonderregelungen mehrerer Bundesländer ermächtigen die Bauaufsichtsbehörden zur Anordnung des Abbruchs/der Beseitigung ungenutzter **und** verfallender baulicher Anlagen.[67] Die Anordnung darf erfolgen, wenn beide Voraussetzungen kumulativ bestehen: Eine bauliche Anlage muss erstens **ungenutzt** und zweitens **im Verfall begriffen** sein. Die Anwendung der Ermächtigungen beseitigt den Bestandsschutz. 33

Die Ermächtigungen werfen für die Bauaufsichtsbehörden auf Tatbestands- und Rechtsfolgenseite praktisch schwierige Abgrenzungsfragen auf. In der Verwaltungspraxis erweist sich die praktische Identifizierung und korrekte rechtliche Abgrenzung sachlich wie rechtlich unterschiedlicher, aber praktisch eng beieinanderliegender Konstellationen häufig als Schwierigkeit: 34

- verfallende Anlage wird nicht genutzt;
- verfallende Anlage wird genutzt;
- nicht verfallende Anlage wird nicht genutzt;
- (unerheblich) beschädigte Anlage wird genutzt;
- (unerheblich) beschädigte Anlage wird nicht genutzt.

Eine Abbruch-/Beseitigungsverfügung aufgrund der Sonderermächtigungen ist ausschließlich in der erstgenannten Konstellation zulässig, weil beide Tatbestandsmerkmale Verfall und Leerstand kumulativ erfüllt sein müssen. Verfällt ein Gebäude nicht oder geschieht dies zwar, doch wird es dennoch genutzt, sind beide Voraussetzungen nicht erfüllt und das Eingriffsrecht besteht nicht. 35

Was „**Verfall**" bedeutet, ist wegen der Eigentumsgarantie des Art. 14 GG **eng auszulegen.**[68] Deswegen werden **äußerer und innerer Zustand** der baulichen Anlage unter besonderer **Berücksichtigung der Nutzungsart** unterschieden und verschiedenen Bedeutungsgrad erhalten müssen. Bloße äußere Abnutzung, zB Farbverfall oder Putzschäden, reicht nicht nur idR, sondern grundsätzlich nicht aus. Ein schlechter äußerer Zustand wiegt weniger schwer als schlechter innerer baulicher Zustand. Der Zustand der (inneren) Erschließung auf der einen und der Räume auf der anderen Seite müssen nochmals differenziert erfasst und unterschiedlich bewertet werden. Dabei sind Funktion und Nutzung des Gebäudes in die Bewertung einzubeziehen. 36

Rechtsfolge der Tatbestandserfüllung ist Ermessen. Auf der Ermessensebene muss die Bauaufsichtsbehörde sorgfältig abwägen und begründen. Nach der Literatur darf dabei ein **Bemühen** des Verantwortlichen nicht verlangt, also nicht geprüft und nicht darauf abgestellt werden, was der Verantwortliche eventuell beabsichtigt oder angestrebt hat. ZB darf nicht erschwerend zulasten des Verantwortlichen berücksichtigt werden, ob und/oder warum er einen Leerstand nicht durch Maßnahmen verhindert hat. 37

c) Verhinderung eines Abrisses. Ein Nachbar kann auch ein subjektivrechtlich beachtliches Interesse an der Untersagung eines Abrisses haben. Dies gilt insbesondere bei Gefährdung der Standsicherheit eines verbleidenden Gebäudes durch Abriss eines Nachbargebäudes. Durch abrissbedingte Gefährdung der Standsicherheit des eigenen Gebäudes betroffene Nachbarn können sich gegenüber der Baugenehmigungsbehörde auf § 15 Abs. 1 Satz 2 BauO NRW berufen. Die Vorschrift dient auch ihrem Interesse an dem Erhalt von Sachwerten und der Vermeidung von Personenschäden.[69] 38

Kann der Abbruchvorgang selbst, etwa durch herabfallende Bauteile, zu nicht beherrschbaren Gefahren für die öffentliche Sicherheit führen oder kann nach Beendigung des Abrisses ein Zustand eintreten, der die 39

67 *Wunderle* BWVBl 2020, 272 ff.; *Struzina/Lindner* NVwZ 2016, 289 ff.; *Guckelberger* NVwZ 2010, 743 ff.

68 Vgl. die verfassungsrechtlichen Erwägungen von *Guckelberger* NVwZ 2010, 743 (746 ff.) sowie deren Einschätzung, vieles spreche für einen zurückhaltenden Gebrauch der Ermächtigungsnorm (*Guckelberger* NVwZ 2010, 743 (745)). Vgl. zur restriktiven Auslegung des Tatbestandsmerkmals „Nichtnutzung" *Mann* in *Große-Suchsdorf* NBauO § 79 Rn. 32.

69 OVG Münster Beschl. v. 28. 1. 2005 – 10 B 2827/04, juris Rn. 4.

Standsicherheit von Nachbargebäuden gefährdet, hat ein Nachbar Anspruch darauf, dass die Bauaufsichtsbehörde sicherstellt, dass derartige Gefahren nicht eintreten und dazu in geeigneter Weise gegen ein Abrissvorhaben einschreiten.[70] Die Bauaufsichtsbehörde kann Gefahren auch durch Beifügung von Nebenbestimmungen iSd § 36 Abs. 1 VwVfG abwehren. ZB kann sie durch Nebenbestimmung sicherstellen, dass der Abriss nach den Regeln der Technik durchgeführt wird. Auch kann die Behörde die Standsicherheit verbleibender Nachbargebäude durch Anordnung der Vorlage eines Standsicherheitsnachweises gewährleisten.[71]

40 Die Behörde muss bei hinreichenden Anzeichen für eine konkrete Gefahr den Sachverhalt zuverlässig aufklären, um über den Antrag auf Erteilung einer Abbruchgenehmigung sachgerecht entscheiden zu können. Die Intensität dieser Aufklärungspflicht hängt ua davon ab, welches Ausmaß begründet zu befürchtende Gefahren bzw. Schäden annehmen können und wie gewichtig die auf solche Gefahren hindeutenden Indizien sind. Wenn es um konkrete Gefahren für Leib oder Leben von Menschen geht, sind an die Aufklärungspflicht der Behörde grundsätzlich hohe Anforderungen zu stellen.[72]

41 Alle Landesbauordnungen verpflichten zudem v.a. bei der Verwendung gemeinsamer Bauteile zur gegenseitigen rechtlichen und technischen Absicherung des Fortbestehens gemeinsamer Bauteile.[73] Gefährdet der Abriss unter diesen Umständen die Standsicherheit eines benachbarten Gebäudes, kann ein Anspruch auf behördliches Einschreiten bestehen, weil das behördliche Ermessen dahingehend reduziert ist, dass nur die Anordnung eines Abrissstopps zur Beendigung der Einsturzgefahr rechtmäßig ist.[74] Entsprechendes gilt bei von Abrissarbeiten ausgehender Gefahr, auch wenn keine gemeinsamen Bauteile vorhanden sind.[75] Ein Anspruch des Nachbarn kann sich auch aus einer Anbaubaulast ergeben (→ *Baulast* Rn. 57).

3. Denkmalrecht

42 Der Nachbar als Denkmaleigentümer kann einen Anspruch auf Einschreiten der Denkmalbehörde gegen einen Abriss in der Umgebung seines Denkmals haben. Der vollständige oder teilweise Abriss[76] eines Baudenkmals[77] bedarf nach den Landesdenkmalgesetzen einer denkmalrechtlichen Genehmigung. Sie ist zu erteilen, wenn ihr kein Grund des Denkmalschutzes entgegensteht oder überwiegendes öffentliches Interesse den Abriss verlangt.[78] Eine denkmalrechtliche Erlaubnis bedarf auch die Errichtung oder Änderung baulicher Anlagen resp. bedürfen Veränderungen **der unmittelbaren Umgebung** eines Denkmals (zB § 10 DSchG Bln; § 18 Abs. 2 HDSchG). Den **Umgebungsbezug** und damit die **Nachbarschaft** eines Baudenkmals schützen zudem landesrechtliche Bestimmungen, nach denen **Gesamtanlagen** (zB § 2 Abs. 3 HDSchG) oder **Denkmalbereiche** (zB § 2 Abs. 3 DSchG Bln) dem Denkmalschutz resp. denkmalrechtlichen Genehmigungsvorbehalt unterliegen. Eingriffe in eine Gesamtanlage sind nur zu genehmigen, wenn sie das historische **Erscheinungsbild der Gesamtanlage** nur unerheblich oder nur vorübergehend beeinträchtigen.

---

70 Zu einem Nachbareilantrag gegen eine Abbruchgenehmigung wg. Gefährdung der Standsicherheit vgl. OVG Münster Beschl. v. 28.1.2005 – 10 B 2827/04.

71 VGH Kassel Beschl. v. 24.6.1991 – 4 TH 899/91, NVwZ-RR 1992, 288.

72 OVG Münster Beschl. v. 28. 1. 2005 – 10 B 2827/04, juris Rn. 6.

73 Vgl. zB § 12 Abs. 2 MBO; § 12 Abs. 2 BO Bbg; § 12 Abs. 2 HBO; § 12 Abs. 2 BO NW.

74 Ähnlich *Hornmann* HBO § 12 Rn. 56. Der Wegfall der Standsicherheit indiziert die Einsturzgefahr mit der Folge, dass die Baubehörde einschreiten muss. Regelungen über die Standsicherheit haben drittschützende Wirkung; vgl. OVG Münster Beschl. v. 28.1.2005 – 10 B 2827/04, juris Rn. 4; VG Aachen Beschl. v. 6.6.2005 – 3 L 306/05 BeckRS 2005, 27988 zu § 15 BauO NW aF (jetzt § 12).

75 Vgl. zum Ausgleichsanspruch des Nachbarn bei Eindringen von Feuchtigkeit aufgrund Abrisses entlang der Grundstücksgrenze LG Itzehoe Urt. v. 9.6.2010 – 6 O 345/09.

76 Die Denkmalgesetze verwenden das Wort „Beseitigung" (vgl. § 8 DSchG BW; Art. 6 BayDSchG; § 11 Abs. 1 DSchG Bln; § 9 Abs. 1 DSchG NRW).

77 Überblick über die Unterschutzstellungssysteme (ipso jure und konstitutives System): *Otting* DS 2004, 132 ff.; detailliert für NRW: *Schmiemann/Hellhammer-Hawig* NWVBl 2010, 1 ff.

78 Zur Zumutbarkeit: *Mieth/Spennemann*, Die Zumutbarkeit im Denkmalrecht.

Abwehransprüche des Denkmaleigentümers setzen grundsätzlich eine drittschützende Norm voraus, die auch Interessen des Denkmaleigentümers schützt. Diesen Schutzzweck entnimmt die Judikatur seit der den Wendepunkt bildenden BVerwG-Entscheidung zum DSchG RhPf[79] den Denkmalschutznormen. Seit dieser Entscheidung ist „**Denkmalschutzrecht** nicht nur **Schutz des Denkmals vor dem Eigentümer**, sondern auch **Schutz des Denkmals vor den Nachbarn**."[80] Ein Nachbar kann als Denkmaleigentümer daher einen Anspruch auf Einschreiten gegen einen Abriss in der Umgebung seines Denkmals haben, wenn der Abriss die Denkmalwürdigkeit seines Anwesens evtl. erheblich beeinträchtigt.[81] Die Unterschutzstellung eines Kulturdenkmals liege allein im öffentlichen Interesse. Dieses öffentliche Erhaltungsinteresse sei auch grds. geeignet, einschränkende Regelungen iSd Art. 14 Abs. 1 Satz 2 GG und damit auch die denkmalrechtliche Erhaltungspflicht zu rechtfertigen. Werde ein Kulturdenkmal unter Schutz gestellt, genüge aber nicht allein, den Eigentümer für Erhaltung und Pflege in Anspruch zu nehmen. Der Gesetzgeber habe eine umfassende Schutzpflicht für das Denkmal und müsse es daher auch vor Beeinträchtigungen durch Vorhaben in seiner Umgebung schützen. Baudenkmäler und deren Umgebung bildeten häufig gerade aus Denkmalschutzerwägungen eine Einheit. Die Ausstrahlung eines Denkmals hänge oft wesentlich von seiner Umgebung ab. Die Denkmalschutzziele ließen sich deshalb nur erreichen, wenn auch die Eigentumsausübung in der Denkmalumgebung beschränkt werde. Soweit denkmalrechtlicher Umgebungsschutz objektiv geboten sei, müsse er auch dem Eigentümer des Kulturdenkmals Schutz vermitteln. Könne ein Vorhaben in der Umgebung eines Kulturdenkmals dessen Denkmalwürdigkeit evtl. erheblich beeinträchtigen, müsse der Denkmaleigentümer daher gemäß § 42 Abs. 2 VwGO befugt sein, auch die denkmalrechtliche Genehmigung des störenden Vorhabens anzufechten.[82] 43

4. Abstandsflächen und Grenzabstand

Jeromin

I. Grundsätzliches

In Abhängigkeit von bauplanungsrechtlichen Vorschriften müssen Gebäude oder sonstige bauliche Anlagen und Einrichtungen, die wie Gebäude wirken, regelmäßig bestimmte Abstände zu benachbarten Grundstücksgrenzen und auch zu öffentlichen Verkehrsflächen ein- bzw. freihalten. Diese von Bauwerken freizuhaltenden Flächen auf dem jeweiligen Baugrundstück werden teilweise auch als Bauwich oder Grenzabstand bezeichnet. 1

Das Erfordernis zur Einhaltung von Abstandsflächen ergibt sich aus den jeweiligen **Landesbauordnungen**, die detaillierte, zum Teil **stark voneinander abweichende gesetzliche Regelungen** hierzu enthalten. 2

79 BVerwG Beschl. v. 21.4.2009 – 4 C 3/08, NVwZ 2009, 1231 ff.
80 Pointiert wie treffend: *Körner* LKV 2013, 57 (58).
81 BVerwG Beschl. v. 21.4.2009 – 4 C 3/08, NVwZ 2009, 1231 ff.
82 BVerwG Beschl. v. 21.4.2009 – 4 C 3/08, NVwZ 2009, 1231 ff.

In der Praxis ist es daher notwendig, das jeweilige einschlägige Landesrecht heranzuziehen, um zu prüfen, ob und in welchem räumlichen Umfang das Einhalten von Abstandsflächen erforderlich ist. Diese zentralen Anforderungen des Bauordnungsrechts dienen dazu, die Belichtung, Besonnung und Belüftung benachbarter Grundstücke und Gebäude zueinander zu gewährleisten. Die Sicherung eines ausreichenden Abstandes aus Gründen des Brandschutzes zählt gleichermaßen zu den Zwecken des Abstandsflächenrechts. Zum Teil wird in der Rechtsprechung und im Schrifttum auch der sogenannte Sozialabstand („Wohnfriede") als Schutzgut des Abstandsflächenrechts angesehen.[1] Hinzutritt das allgemeine städtebauliche Ziel, gesunde Wohn- und Arbeitsverhältnisse zu gewährleisten. Mit diesen Ausrichtungen des bauordnungsrechtlichen Abstandsflächenrechts wird deutlich, dass die gesetzlich normierten Anforderungen zur Einhaltung einer bestimmten Abstandsfläche vom Grundsatz her auch Nachbarschutz verleihen und der betroffene Grundstücksnachbar die Wahrung der Abstandsflächen fordern und gegebenenfalls durch die Baurechtsbehörden durchsetzen lassen kann. Auf die **Einhaltung der Abstandsflächen hat der betroffene Grundstücksnachbar einen subjektiven-öffentlichen Rechtsanspruch**, so dass bei Verstößen gegen diese bauordnungsrechtlichen Vorgaben ein Nachbar im Verwaltungsrechtsweg – gegenüber der zuständigen Baurechtsbehörde – sein nachbarrechtliches Abwehrrecht durchsetzen kann.

3 Neben den Vorschriften zur Standsicherheit und zum vorbeugenden Brandschutz gehört das Abstandsflächenrecht zum Kern des materiellen Bauordnungsrechts, dem eine unmittelbare nachbarschützende Funktion kraft Gesetzes zukommt.

II. Öffentlich-rechtlicher Nachbarrechtsschutz

1. Vorrang des Bundesrechts

4 Das Erfordernis von Abstandsflächen und ein mit dieser Verpflichtung korrespondierender Anspruch des Grundstücksnachbarn auf Einhaltung dieser Grenzabstände besteht nach dem Bauordnungsrecht der Länder nur insoweit, als nicht **bauplanungsrechtliche Bestimmung zum seitlichen Grenzabstand** (Bauweise und überbaubare Grundstücksfläche) einschlägig sind, die als Bundesrecht den landesrechtlichen Regelungen vorgehen. Denn nur vor den Außenwänden eines Gebäudes sind Abstandsflächen einzuhalten, sofern das Bauplanungsrecht nicht den Anbau an eine Grundstücksgrenze fordert oder zulässt. Ist beispielsweise eine geschlossene Bauweise im Sinne des § 22 Abs. 3 Satz 1 BauNVO in einem Bebauungsplan festgesetzt oder im Rahmen der planungsrechtlich maßgebenden Umgebungsbebauung im Sinne des § 34 BauGB tatsächlich vorhanden, sind keine landesgesetzlich normierten Abstandsflächen freizuhalten. Der Grundstücksnachbar kann daher die Einhaltung von seitlichen Abstandsflächen bei einer geschlossenen Bauweise nicht verlangen.[2] Vergleichbare **Einschränkungen** ergeben sich bei **Doppelhäusern** oder **Hausgruppen**, wo nur eine bestimmte Gebäude- bzw. Grundstücksseite den abstandsflächenrechtlichen Anforderungen unterworfen ist. Soweit das Bundesrecht keine abschließenden Vorgaben zum Grenzabstand enthält, ist Raum für eine gegebenenfalls bloß ergänzende Anwendung des jeweils einschlägigen Landesrechts[3].

2. Landesgesetzliche Vorgaben

5 Im Bauordnungsrecht der Länder gibt es sehr ausdifferenzierte Regelungen zum Abstandsflächenrecht, die zum Teil stark voneinander abweichen. Dies gilt beispielhaft für die **unterschiedlichen Faktoren zur Bemessung der Abstandsflächentiefe** von 1,0 H der maßgeblichen Wandhöhe bis zu 0,4 H und teilweise bei bestimmten Bauvorhaben, wie Windenergieanlagen von nur 0,25 H. In einigen Bauordnungen gilt noch das sog. Schmalseitenprivileg, das es dem Bauherrn erlaubt, diejenige Gebäudeseite zu bestimmen, die eine ge-

1 *Kraus* in Simon/Busse BayBO Art. 6 Rn. 1; *Schulte Beerbühl* Rn. 678 mwN auf die obergerichtliche Rechtsprechung; kritisch: *Jeromin* LBauO RhPf § 8 Rn. 4: bloßer Nebeneffekt, der mit der in einigen Landesbauordnungen deutlichen Reduzierung des jeweiligen Berechnungsfaktors mit 0,4 H nicht mehr relevant sein dürfte, ebenso: OVG Bautzen Urt. v. 28.3.2006 – 1 B 335/04, BRS 70 Nr. 119.

2 BVerwG Beschl. v. 11.3.1994 – 4 B 53.94, NVwZ 1994, 1008.

3 BVerwG Beschl. v. 20.10.1992 – 4 B 210.92, NVwZ-RR 1993, 176.

ringere als die volle, errechnete Abstandsflächentiefe wahren muss. Im Kern lassen sich jedoch folgende Grundregelungen festhalten:

a) Gesetzlicher Mindestabstand. In allen Bauordnungen sind **Mindestabstandsflächen in einer Tiefe von 3 m** zur Grundstücksgrenze vorgesehen und zwar unabhängig von einem rechnerisch ermittelten Maß. Dieser Grundsatz tritt allerdings in Ausnahmefällen zurück: In einer städtebaulichen Satzung oder einer örtlichen Bauvorschrift können sowohl größere als auch geringere Abstände vorgesehen sein. Darüber hinaus sehen die Landesbauordnungen Abweichungen bezogen auf geringere Tiefen der Abstandsflächen vor, wenn die Gestaltung des Straßenbildes oder besondere städtebauliche Verhältnisse dies auch unter Würdigung nachbarlicher Interessen und Belange rechtfertigen. Für bestimmte Gebäude oder untergeordnete Bauteile bestehen zudem Vergünstigungen mit der Folge, dass diese baulichen Anlagen ohne oder mit verringerter Abstandsfläche und innerhalb von Abstandsflächen des Hauptbaukörpers errichtet werden dürfen. 6

b) Abstandsflächen für gebäudeähnliche Vorhaben. Für bauliche Anlagen, die keine Gebäude im Sinne des jeweiligen Bauordnungsrechts sind, besteht in entsprechender Anwendung der Grundregelungen die Pflicht zur Einhaltung von Abstandsflächen, soweit von diesen Anlagen und Einrichtungen Wirkungen wie von oberirdischen Gebäuden ausgehen oder sie betreten werden können. Einheitlich wird in allen Bauordnungen die Tiefe der **Abstandsfläche nach der Höhe der Außenwand des Gebäudes** unter differenzierter Anrechnung von Dachflächen, je nach Dachneigung, bemessen. Untere Bezugspunkt zur Ermittlung der Wandhöhe ist die (natürliche oder festgesetzte) Geländeoberfläche, oberer Bezugspunkt ist die Schnittlinie der Wand mit der Dachhaut oder der obere Abschluss der Wand bei Flachdächern. 7

c) Besonderheiten bei Gebäudeteilen. Schließlich enthalten alle Bauordnungen Regelungen für vor- oder zurücktretende Wand- oder (untergeordnete) Gebäudeteile und eine Festlegung, ob und inwieweit diese bei der Ermittlung der Abstandsflächentiefe rechnerisch einzubeziehen sind. Die Kriterien hierfür sind in den einzelnen Bauordnungen jedoch sehr unterschiedlich ausgestaltet, so dass in der nachbarrechtlichen Anwendungspraxis die Notwendigkeit besteht, die jeweils spezifischen landesrechtlichen Regelung zu beachten.[4] Dies gilt auch für eine Vielzahl von Sonderbauformen mit unregelmäßigen Wänden und Dächern.[5] 8

d) Objektive Rechtsverletzung. Das subjektive Abwehrrecht des unmittelbar angrenzenden Grundstücksnachbarn setzt nur einen objektiven Rechtsverstoß gegen das Abstandsflächenrecht voraus. Denn der nachbarliche Anspruch erstreckt sich auf die prinzipielle Einhaltung einer bestehenden Pflicht von Abstandsflächen, die ihrerseits auf einer zutreffenden (rechnerischen) Ermittlung der Tiefe und der Lage entsprechend den gesetzlichen Regelungen beruht. Liegt ein Rechtsverstoß vor, impliziert dies automatisch auch eine Verletzung des Nachbarn in seiner subjektiv-öffentlichen **Rechtsposition, ohne** dass es auch einer tatsächlichen, **spürbaren oder relevanten Beeinträchtigung** der durch das Abstandsflächenrecht zu schützenden Belange (ausreichende Belichtung, Besonnung und Belüftung von Aufenthaltsräumen, qualifizierter Brandschutz oder Wohnfriede) bedarf[6] und auch bundesrechtlich nicht gefordert ist.[7] So ist es allgemein anerkannt, dass eine Unterschreitung der gebotenen Abstandsfläche um wenige Zentimeter, von Messungenauigkeiten abgesehen, zu einem nachbarlichen Abwehranspruch führt. Zur Durchsetzung des Anspruchs ist es mithin erforderlich, aber auch ausreichend, gegebenenfalls unter Auswertung der Baugenehmigungsakte und unter Hinzuziehung eines Architekten oder Planers, das gesetzlich gebotene Maß der Abstandsflächen zu ermitteln, um einen objektiven Rechtsverstoß substantiiert zu belegen. 9

4 Vgl. Balkone mit unterschiedlichen Größen und Abstandserfordernissen (→ *Balkon* Rn. 5 ff.).

5 Vgl. beispielhaft die umfassenden Ausführungen bei *Kraus* in Simon/Busse BayBO Art. 6 Rn. 218–229.

6 Alle Obergerichte der Länder, beispielhaft: VGH München Urt. v.13.1.1993 Nr. 1 CS 92.3651, juris Rn. 12; OVG Koblenz Urt. v. 7.12.1978 – 1 A 103/78, BauR 1979, 410; OVG Saarlouis Urt. v. 7.11.1980 – 2 R 62/80, BRS 36 Nr. 130; OVG Bautzen Urt. v. 6.9.1994 – 1 S 275/94, BRS 56 Nr. 106. Auch das OVG Münster hat die gegenteilige Auffassung im Urt. v. 4.6.1985 – 7 A 480.84, NVwZ 1986, 317 wieder aufgegeben, vgl. Urt. v. 14.1.1994 -7 A 2002/92, BauR 1994, 746 und Urt. v. 29.11.1993 – 7 B 2616/93, juris Rn. 13.

7 BVerwG Beschl. v. 10.9.1984 – 4 B 147.84, NVwZ 1985, 39.

3. Sachliche Reichweite des Nachbarschutzes

10 Die Vorschriften über die Abstandsflächen dienen in ihrer Gesamtheit (auch) dem Nachbarschutz. Daher hat der Nachbar ein subjektiv-öffentliches Recht darauf, dass die im Einzelfall vorgeschriebene Abstandsfläche eingehalten ist bzw. Abweichungen nur im Einklang mit den materiellen planungsrechtlichen Voraussetzungen (Festsetzungen in Bebauungsplänen oder im Rahmen der Umgebungsbebauung) oder örtlichen Bauvorschriften stehen. Dasselbe gilt für bauordnungsrechtliche Abweichungsentscheidungen, die nur unter Wahrung des Zwecks des Abstandsflächenrechts und unter Berücksichtigung der nachbarlichen Belange und Interessen im Einzelfall ergehen dürfen.

11 Aus dem Schutzzweck der einzelnen Normen in den Bauordnungen zum Abstandsflächenrecht ist zu ermitteln, welche Regelung unmittelbar nachbarschützend ist und auf welche Bestimmungen sich ein Grundstücksnachbar gegenüber der Baurechtsbehörde bzw. dem Bauherrn berufen kann.

12 **a) Nachbarschützende Anforderungen.** Nachbarschützend sind: die Grundanforderung von Abstandsflächen, die Lage der Abstandsflächen auf eigenem Baugrundstück und bis zur Hälfte auf öffentlichen Verkehrs- und Wasserflächen, die Ermittlungsgrundlagen der Abstandsflächen, Mindesttiefe bei Vorbauten und Gebäudeteilen, die Tiefe der Abstandsfläche, die Mindesttiefe aus Brandschutzgründen, das Abstandsflächenerfordernis bei sonstigen baulichen Anlagen, jedoch nicht jedoch bezogen auf das Schutzgut »Wohnfriede«, die gesetzlich festgesetzten Höhe von Einfriedung/Stützmauer, die mittleren Wandhöhe sowie normierten Längenhöchstmaßes bei abstandflächenrechtlich privilegierten (Neben-)Gebäuden, die Wahrung der ausreichenden Beleuchtung und Belüftung sowie Sicherung des Brandschutzes bei verminderten Abstandsflächentiefen.

13 **b) Nicht nachbarschützende Aspekte.** Nicht nachbarschützend sind: geringere Abstandsflächen und die Festlegungen zum Verzicht auf Abstandsflächen aus planungsrechtlichen Vorgaben und bei faktischer Grenzbebauung, das Überdeckungsverbot und seine Ausnahmen, geringere Abstandstiefen auf demselben Grundstück.

14 Bei geneigten Dächern gilt allgemein, dass diese mit einer **Dachneigung unter 45°** grundsätzlich keine Störung hervorrufen und deshalb **nachbarrechtlich ohne Relevanz** sind.

15 **c) Abweichungsentscheidungen vom Abstandsflächenrecht.** Unter den allgemeinen Tatbestandsvoraussetzungen kann die Bauaufsichtsbehörde von nachbarschützenden Vorschriften des Abstandsflächenrecht in gleichem Umfang dispensieren wie von anderen bauordnungsrechtlichen Anforderungen allgemein, sofern es sich um eine atypische Fallgestaltung handelt. Das allgemeine Abweichungsermessen erfährt jedoch Einschränkungen bei Anforderungen, die ihrerseits eine gesetzlich normierte Ausnahme von den Grundanforderungen darstellen, wie bei den grenzständig zulässigen Nebengebäuden (zB Grenzgaragen). Bei gesetzlich geregeltem **Regel-Ausnahme-Verhältnis sollte nur mit ausdrücklichen nachbarlichen Zustimmungen abgewichen** werden. Für ein Abweichungsbegehren bedarf es nach einigen landesgesetzlichen Bestimmungen keines ausdrücklichen (dh gesonderten) Antrags. Gleichwohl empfiehlt es sich, einen begründeten Antrag vorzulegen, um die **Atypik** der baulichen Situation zu verdeutlichen, wie dies beispielsweise grundsätzlich nach § 69 Abs. 2 BauO NRW für bauordnungsrechtliche Abweichungen oder Ausnahmen und Befreiungen nach § 31 BauGB ausdrücklich verlangt wird. Das bloße Vorliegen einer Abweichungslage genügt indes nicht, um die ohne Abweichungszulassung ergangene Baugenehmigung als rechtmäßig ansehen zu können.

4. Ausnahmen vom Abstandsflächenerfordernis

16 Für sogenannte Nebengebäude, wie **Garagen, Abstellräume oder Gartenhäuser**, sowie Gebäude und Anlagen zur örtlichen Versorgung (Elektrizität, Gas und Wasser) und andere in den jeweiligen Bauordnungen enumerativ aufgeführten Anlagen besteht unter den im (Landes-)Gesetz normierten Bedingungen ein allgemeiner Verzicht auf die Einhaltung von Abstandsflächen bzw. die Möglichkeit der Errichtung dieser Gebäude mit einer verringerten Abstandsflächentiefe. Zudem dürfen diese insoweit privilegierten (Neben-)

Gebäude innerhalb von Abstandsflächen, die durch das eigene Hauptgebäude auf dem Baugrundstück einzuhalten sind, errichtet werden.

Entscheidend für die **abstandsflächenrechtliche Privilegierung** ist, dass die gesetzlich vorgegebenen Be- 17
schränkungen **für diese (Neben-)Gebäude** kumulativ vorliegen. Hierzu zählen das Verbot von Aufenthaltsräumen und Feuerstätten, die objektiv geeignet sind, eine Aufenthaltsmöglichkeit zu jeder Jahreszeit zu ermöglichen. Garagen dürfen nur zum Abstellen von Kraftfahrzeugen und/oder Fahrrädern dienen und keine zusätzlichen betrieblichen Tätigkeiten, wie beispielsweise eine Hobbyreparaturstätte mit abdecken. Neben den Einschränkungen von der Nutzungsart her müssen diese **Nebengebäude auch feste geometrische Vorgaben der Gebäudekubatur einhalten**. Die Landesbauordnungen enthalten hierzu verschiedene Längenmaße an einer Grundstücksseite bzw. in der Addition verschiedener Gebäude an allen Grundstücksseiten sowie eine bestimmte maximale Wandhöhe wahren, die nicht überschritten werden dürfen. Ferner ist sämtlichen insoweit privilegierten Gebäuden eigen, dass es sich um funktional selbstständige Gebäude handeln muss. Damit wird verhindert, dass beispielsweise ein Nebengebäude oder eine Garage in einem Hauptgebäude integriert wird, und dieses faktisch ohne Abstandsflächen bis an die Grundstücksgrenze herangeführt werden kann. Diese Restriktion der funktionalen Eigenständigkeit für die Inanspruchnahme der abstandsflächenrechtlichen Privilegierung gilt unabhängig davon, ob die grenznahen oder grenzständigen Garagen und Nebengebäude im Bereich der Dächer baulich verbunden sind, einen direkten Zugang zum Hauptgebäude haben (zB vgl. § 8 Abs. 9 S. 5 LBauO RhPf) oder Gebäudeteil eines Hauptgebäudes sind (§ 2 Abs. 8 S. 2 BauO NRW). Denn in diesen Fällen muss das jeweilige Hauptgebäude die erforderliche Abstandsfläche einhalten.

In diesem Zusammenhang sind auch **Terrassennutzungen auf diesen privilegierten Nebengebäuden**, 18
wie beispielsweise auf einer Garage, zu sehen. Soweit in der betreffenden Landesbauordnung keine ausdrückliche gesetzliche Regelung besteht,[8] ist umstritten, ob eine **Dachterrasse** auf einer grenzständig errichteten Garage Abstandsflächen erfordert mit der Folge, dass eine Rückstaffelung von mindestens 3 m von der Grundstücksgrenze entfernt erfolgen muss. Geht man von dem Schutzzweck des Wohnfriedens aus, dürfte unabhängig von der Frage, ob die Absturzsicherung (Brüstung) licht- und luftdurchlässig ist, ein Abstandserfordernis bestehen. Daneben gibt es nach den Landesnachbargesetzen auch einen zivilrechtlich normierten Grenzabstand, soweit von der (erhöhten) Terrasse Einsicht auf das Nachbargrundstück und auf Räume in dem benachbarten Gebäude möglich ist.

5. Abweichungen mit geringeren Abstandsflächen

In einigen Bauordnungen sind spezifische Abweichungsregelungen vorgesehen, die geringere Abstandsflä- 19
chen ermöglichen. Diese Abweichungsregelungen stehen in der Regel unter dem Vorbehalt, dass die Beleuchtung mit Tageslicht und die Lüftung von Aufenthaltsräumen (benachbarter Gebäude) nicht erheblich beeinträchtigt werden und der Brandschutz gewährleistet bleibt. Gemäß § 9 Abs. 1 Nr. 2 a BauGB kann in einem Bebauungsplan zudem auch ein vom Bauordnungsrecht abweichendes Maß der Tiefe der Abstandsflächen festgesetzt werden, nicht jedoch unmittelbar ein vollständiger Verzicht auf Abstandsflächen. Die Wirksamkeit einer bauplanungsrechtlichen Veränderung der Abstandsflächentiefen erfordert dabei die Beachtung des Abwägungsgebotes des § 1 Abs. 7 BauGB, insbesondere eine fehlerfreie Einbeziehung der nachbarlichen Interessen bezogen auf die durch das Abstandsflächenrecht geschützten Belange der ausreichenden Belichtung, Belüftung und Besonnung von Wohnräumen und Arbeitsstätten. Soweit in den Bestimmungen zum Abstandsflächenrecht keine speziellen Abweichungsregelungen vorgesehen sind, greift grundsätzlich die jeweilige allgemeine Abweichungsnorm des Bauordnungsrechts. Danach können von allen, auch nachbarschützenden Normen im Einzelfall Abweichungen durch die Baurechtsbehörde zugelassen werden, wenn unter Berücksichtigung des Zwecks der jeweiligen Anforderungen und unter Würdigung der öffentlich-rechtlich geschützten nachbarlichen Interessen eine Vereinbarkeit mit öffentlichen Belangen

8 So aber: § 8 Abs. 9 S. 6 Hs. 2 LBauO RhPf: „(...) sonstige Anlagen und Nutzungen (wie Dachterrassen) sind nur zulässig, wenn sichergestellt ist, dass ein Abstand von 3 m zu den Grundstücksgrenzen eingehalten wird". Siehe hierzu auch → *Terrasse* Rn. 11.

gegeben ist. Zu den nachbarlich geschützten Interessen zählen nur diejenigen, die von Gesetzes wegen als öffentlich-rechtlich schutzwürdig angesehen werden, nicht bloße (Affektions-)Interessen.

6. Errichtung/Nutzungsänderung

20 Soweit Abstandsflächen einzuhalten sind, gelten diese bauordnungsrechtlichen Anforderungen nicht nur bei der erstmaligen Errichtung, sondern auch bei baulichen Veränderungen des jeweiligen Gebäudes (zB Aufstockung eines Gebäudes oder Anbau eines Wintergartens). Dasselbe gilt bei einer Nutzungsänderung von Gebäuden, die abstandsflächenrechtlich privilegiert sind, wie Garagen oder sonstige Nebengebäude ohne Aufenthaltsräume oder Feuerstätten. Wird eine grenzständig errichtete Garage beispielsweise nicht mehr zum Abstellen von Kraftfahrzeugen genutzt, sondern zusätzlich als Werkstatt für Kfz, müssen selbst ohne bauliche Veränderung der Außenwände Abstandsflächen eingehalten werden. Eine derartige Nutzungsänderung wäre – bauordnungsrechtlich – unzulässig und könnte von den Grundstücksnachbarn abgewehrt werden.

21 **Differenzierter** muss die Frage beantwortet werden, ob eine **bloße Nutzungsänderung** in einem Gebäude, das die nach dem geltenden Recht geforderte Abstandsflächentiefen nicht einhält, ohne jegliche bauliche Veränderung das Erfordernis der Einhaltung von Abstandsflächen auslöst und dem Nachbarn ein entsprechendes Abwehrrecht verleiht. Bezogen auf die relevanten Schutzgüter der Belichtung, Besonnung und Belüftung, die das Abstandsflächenrecht umfasst, tritt mit einer bloßen Nutzungsänderung keine relevante Veränderung ein, denn der maßgebliche Bemessungsfaktor H richtet sich nach der Höhe und Breite der Gebäudeaußenwand und nicht nach der Nutzung hinter der jeweiligen Wand. Weshalb durch eine bloße Nutzungsänderung ein nachbarlicher Abwehranspruch wegen bestehender Abstandsflächenunterschreitung wiederaufleben soll, ist nicht begründbar. Auch die differenzierte Normierung des Bemessungsfaktors H nach der jeweiligen Baugebietsart orientiert sich alleine an der planerischen oder faktischen Umgebung und nicht jedoch an der konkreten Nutzung des betreffenden Nachbargebäudes. Soweit die überwiegende obergerichtliche Rechtsprechung[9] nach wie vor bei einer rein Nutzungsänderung eine aktuelle Übereinstimmung mit dem Abstandsflächenrecht fordert, muss gegebenenfalls auf gesetzliche Sonderregelungen[10] abgestellt werden, die unter teilweise sehr engen tatbestandlichen Voraussetzungen und insbesondere unter **Würdigung nachbarlicher Belange** und der Belange des Brandschutzes eine Abweichung gestattet. Widerspricht die geänderte Nutzungsart der Umgebungsbebauung, insbesondere infolge erhöhter Geräuschemissionen, steht dem Nachbarn der planungsrechtliche Gebietserhaltungsanspruch zur Seite, ohne eines notwendigen Rückgriffs auf das Abstandsflächenrecht.

III. Anspruchsberechtigter

22 Der Grundstücksnachbar ist anspruchsberechtigt. Grundsätzlich ist Nachbar im Sinne des subjektiv öffentlichen Rechts **nur der Eigentümer des Grundstücks**, welches unmittelbar an das zu bebauende Grundstück angrenzt; dies gilt auch für rückwärtige Grundstücksgrenzen. Neben dem Eigentümer sind Nachbarn in diesem Sinne auch dinglich Nutzungsberechtigte an dem benachbarten Grundstück. Eine Erweiterung des baurechtlichen Nachbarbegriffs auf lediglich obligatorische Nutzungsberechtigte vor dem Hintergrund der Entscheidung des BVerfG, mit dem das BVerfG das Besitzrecht des Mieters als Eigentum im Sinne des Art. 14 Abs. 1 Satz 1 GG qualifiziert[11], ist nicht vertretbar und wegen der Grundstücksbezogenheit der bauordnungsrechtlichen Forderung von Abstandsflächen nicht sachgerecht. Wie das BVerwG[12] in einer zeitlich später ergangenen Entscheidung zum Fernstraßenrecht dargelegt hat, muss es beim grundstücksbezogenen planungsrechtlichen Nachbarbegriff verbleiben. Denn entscheidend ist hierfür eine nach außen hin deutliche Verlautbarung, die im Regelfall durch die Registrierung im Grundbuch erfolgt und es somit auch der Baugenehmigungsbehörde ermöglicht festzustellen, wessen Rechte durch eine Entscheidung im Rahmen

9 Vgl. Nachweise bei *Johlen* in Gädtke BauO NRW § 6 Rn. 551 ff.
10 ZB § 6 Abs. 11 BauO NRW; § 8 Abs. 12 LBauO RhPf oder § 6 Abs. 12 HBO.
11 BVerfG Beschl. v. 26.5.1993 – 1 BvR 208/93, BVerfGE 89, 1.
12 BVerwG Urt. v. 16.9.1993 – 4 C 9.91, NVwZ 1994, 682.

des bauordnungsrechtlichen Abstandsflächenrecht berührt werden können und wer ggf. am Genehmigungsverfahren zu beteiligen ist. Nicht nur das unmittelbar angrenzende Grundstück kann sich auf den nachbarschützenden Charakter des Abstandsflächenrechts berufen, sondern auch der Eigentümer des Grundstücks, das durch ein drittes Grundstück, insbesondere durch eine Wege- oder Gewässerparzelle von dem Baugrundstück getrennt ist.

IV. Durchsetzung nachbarlicher Abwehransprüche

Die Durchsetzung nachbarlicher Abwehransprüche wegen eines Verstoßes gegen die Bestimmungen zum Abstandsflächenrecht weist gegenüber dem zivilrechtlich bipolaren Nachbarschaftsverhältnis verschiedene Besonderheiten auf. Zum einen richtet sich der Anspruch auf Einhaltung erforderlicher Abstandsflächen nicht unmittelbar gegen den Bauherrn, der mit seinem Bauvorhaben den Abstandsflächenverstoß verursacht, zum anderen hängt die Durchsetzung des Abwehranspruchs auch davon ab, ob eine behördliche Entscheidung mit einer Regelung des Abstandsflächenrechts vorliegt oder nicht. 23

Formaler Anspruchsgegner ist die Baurechtsbehörde, die für das betreffende Bauvorhaben und die Wahrung der Anforderungen des bauordnungsrechtlichen Abstandsflächenrechts örtlich und sachlich zuständig ist. Im Regelfall ist dies die untere Bauaufsichtsbehörde. Der Bauherr ist insoweit Drittbeteiligter und wird im Rahmen einer gerichtlichen Auseinandersetzung nach § 65 Abs. 2 VwGO notwendig beigeladen. 24

1. Geltendmachung von Nachbarrechten

Der Nachbar kann einen Abstandsflächenverstoß entweder durch Widerspruch und Anfechtungsklage gegen die erteilte Baugenehmigung geltend machen unter der Voraussetzung, dass Regelungsgegenstand der Baugenehmigung auch das jeweilige Bauordnungsrecht mit den Anforderungen des Abstandsflächenrechts ist. Diese Bedingung ist bei genehmigungsfreien Vorhaben oder solchen Bauvorhaben, die im Freistellungsverfahren/ Kenntnisgabeverfahren ohne Baugenehmigung errichtet werden dürfen, nicht der Fall. Auch soweit im Landesrecht ein **vereinfachtes Genehmigungsverfahren** für ein Vorhaben vorgesehen und durchgeführt ist, fehlt es regelmäßig an der für einen Widerspruch notwendigen regelnden Wirkung der Baugenehmigung bezogen auf das Abstandsflächenrecht, falls diese nicht explizit zum Prüfprogramm der Bauaufsicht auch in einem vereinfachten Genehmigungsverfahren zählt. Nur in einem umfassenden Genehmigungsverfahren, in welchem die Bauaufsichtsbehörde präventiv die Übereinstimmung eines Vorhabens mit allen planungsrechtlichen und bauordnungsrechtlichen Anforderungen überprüft hat, ist der Anfechtungswiderspruch des Grundstücksnachbarn wegen eines Abstandsflächenverstoßes der richtige Rechtsbehelf. Da gemäß § 212a BauGB der Rechtsbehelf eines Dritten gegen die bauaufsichtliche Zulassung eines Vorhabens jedoch keine aufschiebende Wirkung entfaltet, muss zur Vermeidung vollendeter Tatsachen der betroffene Grundstücksnachbar die Rechtsverletzung im Wege eines Antrages auf Gewährung vorläufigen Rechtsschutzes gemäß §§ 80 Abs. 5, 80 a VwGO bei dem örtlich zuständigen Verwaltungsgericht geltend machen. 25

Liegt keine Baugenehmigung vor oder weicht der Bauherr mit seiner Vorhabenausführung von einer (insoweit rechtmäßigen) Baugenehmigung ab, die auch das bauordnungsrechtliche Abstandsflächenrecht als Regelungsgegenstand umfasst, muss der Grundstücksnachbar die Rechtsverletzung wegen Nichtbeachtung erforderlicher Abstandsflächen gegenüber der Bauaufsichtsbehörde im Wege eines Antrags auf bauaufsichtliches Einschreiten geltend machen, mit der Maßgabe, die Bauarbeiten, soweit diese Auswirkungen auf die Abstandsflächen haben, einstellen zu lassen bzw. den Bauherrn zu verpflichten, die notwendigen Abstandsflächen herzustellen. Die Bauaufsichtsbehörde wird im Regelfall nach durchgeführter Baukontrolle durch bauaufsichtliche Verfügungen reagieren und eine Baueinstellung mit Sofortvollzug gegenüber den Bauherren anordnen (**Baustopp**). Sollte die Baurechtsbehörde über den Antrag auf bauaufsichtliches Einschreiten des Nachbarn nicht entscheiden bzw. nicht reagieren, muss der betroffene Nachbar durch einen gerichtlichen Antrag auf Gewährung vorläufigen Rechtsschutzes gemäß § 123 VwGO (**Sicherungsanordnung**) gegen den Baurechtsverstoß zu seinem Nachteil vorgehen. Die an sich zur Verfügung stehende Unterlas- 26 sungsklage des Nachbarn erweist sich im Hinblick auf die Zeitkomponente und die Gefahr der Entstehung vollendeter Tatsachen als wenig geeignet zur Gewährleistung effektiven Rechtsschutzes.

2. Behördliches Einschreiten zur Folgenbeseitigung

27 Ein zu Recht durch den Nachbarn gerügter Abstandsflächenverstoß führt nicht automatisch zu einer Beseitigungsanordnung der Bauaufsichtsbehörde gegenüber dem Bauherrn im Sinne einer unmittelbaren Folgenbeseitigung. Vielmehr steht es im pflichtgemäßen Ermessen der Baurechtsbehörde bei einer formellen und materiellen Baurechtswidrigkeit die Beseitigung zu verfügen. Der Folgenbeseitigungsanspruch des Nachbarn reduziert das Ermessen der Baurechtsbehörde nicht auf „Null“, sondern begründet einen Anspruch auf eine ermessensfehlerfreie Behördenentscheidung[13], auch bei nachbarschützenden Normen.[14] Dabei kommt bei der behördlichen Ermessensbetätigung einem Verstoß gegen nachbarschützende Rechtsnormen im Rahmen der Interessenabwägung ein besonderes Gewicht zu[15], was quasi einem intendiertem Ermessen entspricht, so dass nur in atypischen Ausnahmefällen ein Verzicht auf den Erlass einer Beseitigungsverfügung gerechtfertigt ist.

3. Zivilrechtlicher Beseitigungsanspruch

28 Der Grundstücksnachbar kann bei einem Abstandsflächenverstoß, der in erheblicher Weise die geschützten Rechtsgüter ausreichender Besonnung, Belichtung und Belüftung seines Grundstücks, insbesondere von Aufenthaltsräumen beeinträchtigt, eine Beseitigung direkt gegenüber dem Bauherrn gestützt auf den quasinegatorischen **verschuldensunabhängigen Beseitigungsanspruch nach § 1004 BGB** als auch auf einen Schadensersatzanspruch auf Naturalrestitution nach § 823 Abs. 2 BGB iVm der jeweiligen nachbarschützenden Bauvorschriften im Zivilrechtsweg durchsetzen.[16] Ist für den Bauherrn die Herstellung des ursprünglichen Zustandes unzumutbar oder nur mit unverhältnismäßig großem Aufwand möglich, kann an die Stelle der Naturalrestitution eine Entschädigung in Geld treten (§ 251 Abs. 2 BGB). Auf diesen Einwand bzw. Rechtsfolge kann sich der verpflichtete Grundstückseigentümer jedoch nicht berufen, wenn er unter Verstoß gegen ein Bauverbot und die Versagung der Baugenehmigung wegen Nichteinhaltung des Grenzabstandes das Bauwerk errichtet hat.[17]

V. Einschränkungen der Rechtsausübung

29 Aus dem die gesamte Rechtsordnung prägenden Grundsatz von Treu und Glauben (§ 242 BGB) können sich Einschränkungen für die Geltendmachung von Nachbarrechten wegen zu geringer Abstandsflächen ergeben. Grundsätzlich wird man eine unzulässige Rechtsausübung selbst bei bloß geringfügiger Unterschreitung der gebotenen Abstandsflächen verneinen müssen[18], ebenso wie bei dem Fehlen einer subjektiven Betroffenheit oder einer direkten Einschränkung der durch das Abstandsflächenrecht geschützten Belange des Nachbarn.[19] Insofern ist der Verstoß gegen das Abstandsflächenrecht bereits durch die gesetzlichen Vorgaben objektiviert. Im Regelfall ist der Nachbar mithin berechtigt, selbst geringfügig erscheinende Verletzungen eines bestehenden Abstandsflächengebotes geltend zu machen, ohne den Nachweis einer gerade dadurch hervorgerufenen tatsächlichen Beeinträchtigung führen zu müssen Ob im Einzelfall die Unterschreitung der Abstandsflächentiefe im Bagatellbereich (bis < 5 cm) und ein geforderter Teilabriss gegen

13 BVerwG Beschl. v. 8.7.1981 – 4 B 90.81, juris Rn. 13; Beschl. v. 10.12.1997 – 4 B 204.97, NVwZ 1998, 395.

14 AA: Rechtsanspruch bei Verletzung nachbarschützenden Vorschriften: VGH Kassel Urt. v. 11.11.1993 – 5 UE 441/88, NVwZ 1995, 300.

15 BVerwG Urt. v. 4.6.1996 – 4 C 15.95, NVwZ-RR 1997, 271; VGH Mannheim Urt. v. 20.1.1987 – 1 S 2718.86, NVwZ 1987, 1101; OVG Münster Urt. v. 14.1.1994 – 7 A 2002/92, BauR 1994, 746.

16 BGH Urt. v. 28.6.1985 – V ZR 43/84, NJW 1985, 2825.

17 BGH Urt. v. 24.4.1970 – V ZR 97/67, NJW 1970, 1180 (zur HBO).

18 Vgl. OVG Saarlouis Urt. v. 6.3.1987 – 2 R 180/84, BRS 47 Nr 100: grundsätzlich „zentimeterscharfe Abstandsverpflichtung“.

19 Statt vieler: *Hahn* in Simon/Busse BayBO Art. 6 Rn. 615.

das Gebot von Treu und Glauben verstößt, ist eine Frage des Einzelfalls und wird in der Rechtsprechung unterschiedlich judiziert.[20]

Demgegenüber ist es allgemein anerkannt, dass es eine **unzulässige Rechtsausübung des Nachbarn** darstellt, eine Abstandsflächenunterschreitung zu rügen, obwohl sein Gebäude ebenfalls nicht den erforderlichen Abstand einhält.[21] Dabei müssen die insoweit **wechselseitigen Rechtsverstöße** jedoch, bezogen auf das Maß der Abstandsflächenunterschreitung als auch in der Qualität der Beeinträchtigung, vergleichbar sein. Werden an einem, unter Verletzung der Abstandsvorschriften errichteten Gebäude, gegen das der Nachbar unter Verwirkung seiner nachbarlichen Abwehransprüche bisher nicht eingeschritten ist, Änderungen vorgenommen, die zwar selbst keine Auswirkungen auf den Umfang der erforderlichen Abstandsfläche haben, aber die vom bisherigen Baubestand ausgehende Beeinträchtigung der geschützten Belange des Nachbarn verstärken, so ist es nicht treuwidrig, wenn der Nachbar die Beseitigung dieser Änderungen verlangt.[22] 30

Das Geltendmachen eines Abstandsflächenverstoßes ist nicht deshalb rechtsmissbräuchlich, weil die tatsächliche Beeinträchtigung gering ist und in Vergleichsverhandlungen die Duldung der Abstandsflächenverletzung von einem Entgegenkommen in anderer Hinsicht abhängig gemacht wird.[23] 31

5. Abwasser

Kieß

Literatur: *Faßbender*, Haftung für Veränderungen des Ablaufs von wild abfließendem (Regen-)Wasser, NVwZ 2015, 97.

I. Einführung

Da Wasser bergab fließt und sich nicht an Grundstücksgrenzen hält, kann auch Wasser zu Konflikten zwischen Nachbarn führen. Zum einen kann wild fließendes Wasser die Grundstücksgrenze überschreiten (→ *Wasser, wild abfließendes* Rn. 1 ff.), zum anderen kann Abwasser vom Nachbargrundstück auf das Grundstück des Eigentümers fließen. 1

II. Definitionen

Im Gegensatz zum wild abfließenden Wasser fließt das Abwasser durch dafür vorgesehene Leitungen. Abwasser ist nach der Definition des § 54 Abs. 1 WHG das **Schmutzwasser** und das **Niederschlagswasser**. Unter Abwasser fällt auch das Wasser, das aus einem geschlossenen System unkontrolliert ausbricht und dann wild abfließt (wie etwa bei einem Rohrbruch).[1] 2

---

20 Abstandsfläche nur um wenige Zentimeter unterschritten und dieser Verstoß sich auf die Bebauung des Nachbargrundstücks nicht spürbar auswirkt: OVG Koblenz Urt. v. 7.12.1978 – 1 A 103/78, BauR 1979, 410; OVG Saarlouis Urt. v. 6.3.1987 – 2 R 180/84, BRS 47 Nr. 100.

21 OVG Münster Urt. v. 24.4.2001 – 10 A 1402/98, BauR 2002, 295.

22 OVG Koblenz Urt. v. 29.9.2004 – 8 A 10664/04.OVG, NVwZ-RR 2005, 525.

23 OVG Koblenz Urt. v. 22.11.2011 – 8 A 10636/11.OVG, NVwZ-RR 2012, 304.

1 *Faßbender* NVwZ 2015, 97 (99); das Wasser muss nicht in Leitungen abfließen; es kann auch in Sickerflächen oder Kanälen abfließen; vgl. BVerwG Urt. v. 30.8.2001 – 4 CN 9/00, BVerwGE 115, 77 Rn. 20 ff.

1. Schmutzwasser

3 § 54 Abs. 1 S. 1 Nr. 1 WHG definiert das **Schmutzwasser** als das durch häuslichen, gewerblichen, landwirtschaftlichen oder sonstigen Gebrauch in seinen physikalischen, chemischen und biologischen Eigenschaften veränderte Wasser und das bei Trockenwetter damit zusammen abfließende Wasser.

4 Früher wurde das Abwasser, somit auch das **Schmutzwasser**, in den von „der Natur gegebenen Rezipienten", nämlich in ein – auch im Privateigentum stehendes – Gewässer abgeleitet, weil dies als eine durch „die Natur bestimmte Einschränkung des Eigentums" hinzunehmen sei.[2] Heute hat sich die Erkenntnis durchgesetzt, dass Gewässer und die darin enthaltenen Tiere und Pflanzen vor dem vom Menschen veränderten Abwasser geschützt werden müssen.[3]

5 Deshalb regeln §§ 54 ff. WHG das Sammeln und Einleiten des Abwassers in dafür vorgesehenen Leitungen. Ein Einleiten in Gewässer ist nur in den engen Voraussetzungen des § 57 WHG zulässig; im Übrigen ist das Abwasser in öffentliche oder private Abwasseranlagen einzuleiten (§§ 58 f. WHG; → *Kläranlage* Rn. 1).

2. Niederschlagswasser

6 Das **Niederschlagswasser**, das sogenannte Traufwasser, wird nach § 54 Abs. 1 S. 1 Nr. 2 WHG als das Wasser definiert, das aus dem Bereich von bebauten oder befestigen Flächen gesammelt abfließt (→ *Niederschlagswasser* Rn. 2 ff.). **Niederschlagswasser** soll ortsnah versickert, verrieselt oder direkt oder über eine Kanalisation ohne Vermischung mit Schmutzwasser in ein Gewässer eingeleitet werden, soweit dem weder wasserrechtliche noch sonstige öffentlich-rechtliche Vorschriften noch wasserwirtschaftliche Belange entgegenstehen (§ 55 Abs. 2 WHG).

III. Leitungsrecht

7 Soweit das Abwasser in Leitungen über das Nachbargrundstück geleitet wird, ist das durch Leitungsrechte (→ *Leitungsrecht* Rn. 19 ff., 24 f.) und gegebenenfalls Notleitungsrechte (→ *Leitungsrecht* Rn. 14 ff.; → *Notweg* Rn. 32 f.) zu regeln.[4]

IV. Abwehranspruch des Nachbarn

8 Im Übrigen hat ein Eigentümer schon aus § 903 BGB einen Anspruch darauf, dass weder Schmutz- noch Niederschlagswasser vom Nachbargrundstück auf sein Grundstück geleitet wird.[5] Dieses Recht kann er mit § 1004 BGB durchsetzen. Soweit das Abwasser schuldhaft auf das Grundstück geleitet wird und einen Schaden beispielweise durch eine Kontamination des Bodens oder von Pflanzungen verursacht, hat der Geschädigte auch einen Anspruch aus § 823 Abs. 1 BGB auf Schadensersatz.

V. Öffentliches Recht

9 Beeinträchtigungen durch Wasser, das von Nachbargrundstücken eindringt, sind auch im Bauplanungsrecht oder Bauordnungsrecht zu berücksichtigen. Nach § 1 Abs. 6 Nr. 7 lit. e BauGB ist der sachgerechte Umgang mit Abwässern bei der Bauplanung zu berücksichtigen. So muss etwa ein funktionierendes Entwässerungssystem vorliegen.[6] Die Norm benennt aber nur öffentliche Belange und wendet sich an den Plangeber.[7] Daher kann sich ein Nachbar nicht auf diese Norm berufen; er kann allenfalls unter Hinweis auf diese Norm die Unwirksamkeit des Bebauungsplans geltend machen.

---

2 So RG Urt. v. 2.8.1886 – V 334/85, RGZ 16, 178 (180).
3 Vgl. dazu *Czychowski/Reinhardt* WHG § 54 Rn. 3.
4 *Czychowski/Reinhardt* WHG § 37 Rn. 7.
5 *Saller* in Grziwotz/Lüke/Saller, NachbarR-HdB, 3. Teil Rn. 272.
6 Vgl. zuletzt VGH Mannheim Urt. v. 24.7.2019 – 5 S 2405/17, DÖV 2019, 884; OVG Koblenz Urt. v. 26.8.2020 – 8 A 11789/19, juris Rn. 54 ff.
7 *Jeromin* in HK-BauGB § 1 Rn. 31.

Bauordnungen sehen zum Teil Regelungen vor, wonach bei baulichen Anlagen die einwandfreie Beseitigung des Abwassers, zu dem auch das Niederschlagswasser gehört, gesichert sein muss (vgl. etwa § 33 LBO BW; § 10 Abs. 2 LBauO RhPf). Bisweilen regelt das Landesrecht durch Generalklauseln (§ 13 SächsBO; § 12 HBO; § 13 BauO NRW) den Schutz des Nachbargrundstücks vor schädlichen Einwirkungen durch Wasser. Diese Normen sind nachbarschützend: Mithin kann der Nachbar verlangen, dass die Baubehörde gegen den Bauherrn vorgeht, der sein Abwasser nicht einwandfrei beseitigt.[8] 10

Im wasserrechtlichen Genehmigungsverfahren verlangt § 14 Abs. 4 WHG die Berücksichtigung der Belange der wasserrechtlichen Belange der Nachbarn. Diese formelle Stellung erlaubt den Nachbarn, Einwendungen geltend zu machen und Klagen zu erheben.[9] Nach allgemeiner Meinung begründet § 14 Abs. 4 WHG auch materiellrechtliche Ansprüche[10] und stellt ein Schutzgesetz im Sinne des § 823 Abs. 2 BGB dar.[11] 11

6. Altglascontainer

Schröter

I. Einführung

1 Die Aufstellung von Altglascontainern oder ähnlicher Sammelcontainern begründet naturgemäß einen Konflikt zwischen dem Allgemeininteresse an einer umweltschonenden Entsorgung von Altglas oder gebrauchter Kleidung (allgemein Wertstoffsammelcontainer) als Abfall und dem Individualinteresse der in der näheren Umgebung wohnenden Bürger, von mit der Entsorgung insbesondere einhergehenden Lärmbeeinträchtigungen verschont zu bleiben. In der Vergangenheit hat sich eine dezidierte Rechtsprechung der Verwaltungsgerichtsbarkeit herausgebildet, ob und wie gegen die Aufstellung von Altglascontainern mit Erfolg vorgegangen werden kann. Da Altglascontainer nach dem Grundsatz der Sozialadäquanz selbst in reinen Wohngebieten grundsätzlich hinzunehmen sind, kann sich ein nachbarlicher Abwehranspruch nur aus besonderen Umständen des Einzelfalls ergeben. Hierauf dürfte zurückzuführen sein, dass zu dieser Thematik in den letzten Jahren zunehmend weniger Entscheidungen ergangen sind, die zudem in den meisten Fällen für die klagenden Nachbarn erfolglos blieben. Neben dem verwaltungsrechtlichen Vorgehen kommen insbesondere bei dem Einwurf von Altglas in die Container außerhalb der zugelassenen Einwurfzeiten auch zivilrechtliche Ansprüche etwa der Unterlassungsanspruch aus § 1004 BGB sowie eine Ahndung als Ordnungswidrigkeit wegen Lärmbelästigungen in Betracht.

2 In Abhängigkeit des von einem Nachbarn verfolgten Rechtsschutzziels kommen unterschiedliche Vorgehensweisen und Rechtsgrundlagen in Betracht, um generell gegen die Aufstellung des Abfallcontainers an

8 Vgl. etwa VGH Mannheim Urt. v. 8.4.2014 – 5 S 2179/13, NVwZ-RR 2014, 732 Rn. 11.
9 BVerwG Urt. v. 29.7.1980 – 4 B 218/79, DVBl 1981, 467; *Czychowski/Reinhardt* WHG § 14 Rn. 64.
10 *Czychowski/Reinhardt* WHG § 14 Rn. 65 mwN.
11 BGH Urt. v. 23.6.1983 – III ZR 79/82, NJW 1984, 975 zum alten Recht.

einem konkreten Standort vorzugehen, bzw. dessen eingeschränkte Benutzung einschließlich deren Durchsetzung – insbesondere zur Nachtzeit – zu erwirken.

II. Unterlassungsanspruch gegen die Gemeinde

3 Bezogen auf die Örtlichkeit bzw. Lage eines Wertstoffcontainers ist ein Unterlassungsanspruchs gegenüber der Gemeinde zu verfolgen, wenn diese durch die Bestimmung des Standorts für die Aufstellung der Container und der Gestattung des Betriebs der Anlage auf gemeindeeigenen Grundstücken eine Mitverantwortlichkeit für die durch den Betrieb der Wertstoffsammelanlagen entstehenden Immissionen trägt. Sie ist hierdurch neben dem privaten Betreiber als mittelbare Störerin zu betrachten und besitzt auch die Möglichkeit, der auftretenden Störung abzuhelfen, indem sie die Gestattung des Betriebs entweder rückgängig macht oder künftig unterlässt. Der Antrag ist in diesem Fall darauf zu richten, dass die Gemeinde ihr Grundstück für die Aufstellung des näher zu bezeichnenden Altglascontainers nicht mehr zur Verfügung stellt.[1] Ebenso beurteilen sich die Fälle, in denen die Gemeinde selbst den Altglascontainer betreibt. Hier ist der prozessuale Antrag zweckdienlich, die Beklagte zu verurteilen, es zu unterlassen an einem bestimmten Ort einen Altglascontainer aufzustellen, aufstellen zu lassen oder zu betreiben.[2]

1. Rechtsgrundlage

4 Anspruchsgrundlage für die Rückgängigmachung der Aufstellung eines Altglascontainers ist der öffentlich-rechtliche Folgenbeseitigungsanspruch, dessen Grundlage aus dem grundrechtlichen Abwehranspruch nach Art. 2 Abs. 2 Satz 1 GG und Art. 14 Abs. 1 Satz 1 GG oder aus einer analogen Anwendung der §§ 1004 und 906 BGB hergeleitet wird.[3]

2. Voraussetzungen des Unterlassungsanspruchs

5 Bei Altglascontainern handelt es sich um ortsfeste Einrichtungen iSv § 3 Abs. 5 Nr. 1 BImSchG, die allerdings keiner Genehmigung nach § 4 Abs. 1 Satz 1 und 3 BImSchG iVm der 4. BImSchV[4] bedürfen. Maßstab für die Beurteilung der Lärmeinwirkung ist daher § 22 Abs. 1 Satz 1 BImSchG, der für nicht genehmigungspflichte Anlagen Anwendung findet. Derartige Anlagen sind ua so zu betreiben, dass schädliche Umwelteinwirkungen verhindert werden, die nach dem Stand der Technik vermeidbar sind und, soweit sie nicht vermeidbar sind, auf ein Mindestmaß beschränkt werden. Schädliche Umwelteinwirkungen werden in § 3 Abs. 1 BImSchG als Immissionen definiert, die nach Art, Ausmaß oder Dauer geeignet sind, Gefahren, erhebliche Nachteile oder erhebliche Belästigungen für die Allgemeinheit oder die Nachbarschaft herbeizuführen.

6 **a) Grundsatz: Zumutbarkeit wegen Sozialadäquanz in allen Wohngebieten.** Die Schwelle unzulässiger Immissionen ist nach der zwischenzeitlich übereinstimmenden Rechtsprechung von BVerwG und BGH mit der in § 906 BGB für das private Nachbarrecht gezogenen Grenze identisch. Danach kann der Eigentümer eines Grundstücks von einem anderen Grundstück ausgehende Immissionen insoweit nicht verbieten, als diese zu keiner wesentlichen Beeinträchtigung führen. Geräuscheinwirkungen, die nach dem Verständnis des § 906 BGB nicht wesentlich sind, sind auch nicht iSv § 3 Abs. 1 BImSchG erheblich und damit nicht als schädliche Umwelteinwirkungen zu qualifizieren.[5]

7 Ob eine Belästigung als erheblich anzusehen ist, hängt von der Beurteilung ihrer Zumutbarkeit ab. Diese kann nicht allein anhand der Vorgaben technischer Regelwerke beurteilt werden. Vielmehr ist die Beurteilung dieser Frage von verschiedenen Komponenten abhängig. Abzustellen ist auf

---

1 VGH Kassel Urt. v. 24.8.1999 – 2 UE 2287/96, NVwZ-RR 2000, 668.
2 So etwa die Konstellation in VG Arnsberg Urt. v. 1.1.2014 – 8 K 846/14, juris Rn. 19 ff.
3 Vgl. zB BVerwG Urt. v. 19.1.1989 – 7 C 77.87, BVerwGE 81, 197.
4 Vierte Verordnung zur Durchführung des Bundes-Immissionsschutzgesetzes (Verordnung über genehmigungsbedürftige Anlagen – 4. BImSchV).
5 Vgl. BGH Urt. v. 23.3.1990 – V ZR 58/89, NJW 1990, 2465; BVerwG Urt. v. 29.4.1988 – 7 C 33.87, BVerwGE 79, 254.

- die Gebietsart und die tatsächlichen Verhältnisse bestimmende Schutzwürdigkeit und Schutzbedürftigkeit
- die soziale Adäquanz und
- die allgemeine Akzeptanz.

Die Beurteilung der Zumutbarkeit erfordert daher eine wertende Gesamtbetrachtung im Sinne einer Güterabwägung, die die konkreten Gegebenheiten der emittierenden Nutzung zu der immissionsbetroffenen Nutzung in Beziehung setzt.[6] 8

Konkret sind in Bezug auf Altglascontainer folgende Gesichtspunkte in die Betrachtung miteinzubeziehen: 9

- Das Ziel der Wiederverwertung von Verpackungsabfällen, dem durch das Aufstellen von Altglascontainern entsprochen werden soll, ist zwingend auf ein flächendeckendes Sammelsystem angewiesen und erfordert verbrauchernahe Standorte.
- Die Bevölkerung hat die Zielsetzung der Abfalltrennung und Förderung der Wiederverwertung dergestalt akzeptiert, dass die der Verbrennung und Deponierung zuzuführenden Abfälle erheblich abgenommen haben.

In der Rechtsprechung wird daher grundsätzlich davon ausgegangen, dass Wertstoffsammelbehälter auch in reinen Wohngebieten als untergeordnete Nebenanlagen iSv § 14 Abs. 1 S. 1 BauNVO als sozialadäquate Einrichtungen zulässig sein können.[7] Diese Einschätzung gilt unabhängig davon, wer verantwortlicher Aufsteller und Betreiber eines Wertstoffsammelcontainers ist. 10

b) Ausnahme: Besondere Umstände des Einzelfalls. Ein Standort kann sich aber dann als unzulässig erweisen, wenn besondere Umstände hinzutreten, die die Belastung über das Maß hinaus ansteigen lassen, das typischerweise zumutbar ist. 11

aa) Unterschreitung eines Mindestabstands von 12 m als Orientierung. Die Rechtsprechung orientiert sich für die Beurteilung der Zumutbarkeit von Altglassammelcontainern an den Empfehlungen des Umweltbundesamtes, wonach in Wohngebieten im Falle von Behältern der Geräuschklasse I/UZ 21[8] ein Abstand zum Immissionsort von 50 m und mehr anzustreben, allerdings ein Abstand von 25 bis 12 m noch als ausreichend anzusehen ist.[9] Denn bei dieser Entfernung kann sowohl der für allgemeine Wohngebiete geltende Immissionsrichtwert von 55 dB(A) tagsüber als auch der für kurzzeitige Geräuschspitzen maximal zulässige Wert von 85 dB(A) (vgl. Ziff. 6.1 lit. d) der TA Lärm) eingehalten werden. Auch wenn die Hinweise des Umweltbundesamtes nicht (mehr) auf dessen Internetseite veröffentlicht sind, nimmt die Rechtsprechung weiterhin hierauf Bezug. Eine Nachbarklage kann daher insbesondere dann erfolgreich sein, wenn der Mindestabstand von 12 m unterschritten wird.[10] Dabei ist jedoch darauf hinzuweisen, dass es sich in aller Regel verbietet, die in Regelwerken wie der TA Lärm abstrakt festgelegten Richtwerte ohne Rücksicht auf die Umstände des Einzelfalles als absolut verbindlich zugrunde zu legen, was auch für die Empfehlungen des Umweltbundesamtes gelten soll.[11] Gerichte haben daher immer auch eine Einzelfallbetrachtung vorzunehmen, in die etwa auch die Anordnung der Container zum betroffenen Wohngrundstück einzubeziehen sein kann.[12] Teilweise haben Gerichte zur Ermittlung der tatsächlichen Geräuscheinwirkungen aus diesem Grund eine Ortsbesichtigung durchgeführt[13] oder gerichtliche Sachverständigengutachten ein- 12

6 BVerwG Urt. v. 29.4.1988 – 7 C 33.87, BVerwGE 79, 254.

7 BVerwG Beschl. v. 22.11.2010 – 7 B 58.10, BauR 2011, 629; OVG Lüneburg Urt. v. 29.5.1998 – 6 L 1223/97, juris Rn. 31; OVG Bautzen Beschl. v. 17.12.2007 – 4 B 612/06, juris Rn. 28.

8 Dies sind lärmgeminderte Container entsprechend den Anforderungen des Umweltzeichens RAL-ZU 21. Sie sind mit Dämmmaterialien ausgekleidet und verfügen zumeist über einen optimierten Einwurfschacht.

9 OVG Koblenz Urt. v. 23.6.2010 – 8 A 10357/10, BauR 2010, 190; VGH Mannheim Beschl. v. 7.7.2016 – 10 S 579/16, NVwZ 2016, 1658–1661; VG Osnabrück Urt. v. 21.3.2003 – 2 A 142/01, NVwZ 2003, 1010; VG Magdeburg Urt. v. 23.1.2012 – 1 A 379/10, juris Rn. 12.

10 So VGH Mannheim Beschl. v. 7.7.2016 – 10 S 579/16, NVwZ 2016, 1658.

11 BVerwG Beschl. v. 25.4.1997 – 7 B 114.97, juris Rn. 4.

12 OVG Koblenz Urt. v. 23.6.2010 – 8 A 10357/10, BauR 2010, 1907.

13 OVG Bautzen Beschl. v. 17.12.2007 – 4 B 612/06, juris Rn. 27.

geholt.[14] Um die Besonderheiten des Einzelfalls auch prozessual zu verdeutlichen, empfiehlt es sich, einen förmlichen Beweisantrag durch richterliche Inaugenscheinnahme der Örtlichkeit zu stellen.

13 **bb) Günstigere Alternativstandorte?** Häufig wird in derartigen Konstellationen damit argumentiert, dass ein günstigerer Alternativstandort in Betracht kommt.[15] Da es sich bei der Festlegung der Standorte für Altglassammelbehälter um eine abfallrechtliche Konzeption der Gemeinde mit planerischen Elementen handelt, steht ihr bei der Auswahl des Standorts jedoch ein weiter Gestaltungsspielraum zu. Die Entscheidung erweist sich nur dann als fehlerhaft, wenn sie willkürlich oder gezielt ungünstig gewesen ist oder einen Standort nicht berücksichtigt hat, der bei zumindest vergleichbarer Eignung im Hinblick auf die Wirksamkeit des Sammelsystems sich in erheblichem Umfang weniger störend auf die Wohnnutzung in der Umgebung auswirkt und sich deshalb als für die umgebende Bebauung schonenderer Sammelplatz hätte aufdrängen müssen.[16] Auch diese Argumentation ist jedoch in Fällen ausgeschlossen, in denen sich die Standortwahl der beklagten Gemeinde auf die Konkretisierung des Bauwunschs eines Bauherrn beschränkt, an welchem Ort er die Anlage errichten und betreiben will (vgl. dazu für den Anspruch auf Einschreiten die Ausführungen unter → Rn. 21).

14 **c) Anspruch auf Anbringung von Hinweisschildern.** Aus dem öffentlich-rechtlichen Unterlassungsanspruch kann sich auch ein Anspruch auf Anbringung von Hinweisschildern ergeben. Nach § 7 Abs. 1 Nr. 1 der 32. BImSchV[17] dürfen Geräte und Maschinen nach dem Anhang – hierzu gehören auch Altglascontainer[18] – an Sonn- und Feiertagen ganztägig sowie an Werktagen in der Zeit von 20:00 Uhr bis 7:00 Uhr nicht betrieben werden. In der obergerichtlichen Rechtsprechung ist dabei anerkannt, dass eine unrechtmäßige Benutzung der Körperschaft, die nur für die Standortentscheidung verantwortlich ist, dann regelmäßig nicht zugerechnet werden kann, wenn die Behörde einer missbräuchlichen Nutzung durch einen an den Containern angebrachten Hinweis auf die Einhaltung der Einwurfzeiten Rechnung trägt; bei der Ausgestaltung eines solchen Hinweises kommt einer Gemeinde ein nicht unerheblicher Gestaltungsspielraum zu.[19] Eine Zurechnung kommt daher allenfalls dann in Betracht, wenn die Gemeinde durch die Auswahl bzw. Ausgestaltung des konkreten Standorts eine besondere Gefahrenlage geschaffen hat, durch die einer missbräuchlichen Nutzung geradezu Vorschub geleistet worden ist. Dies dürfte in der Regel nicht der Fall sein.

15 Kann die Aufstellung des Altglascontainers aus den obigen Gründen nicht generell verhindert werden, so ist ein entsprechend eingeschränkter Antrag zu stellen.

III. Anspruch auf behördliches Einschreiten

16 Darüber hinaus kommt ein Anspruch des Nachbarn auf behördliches Einschreiten hinsichtlich der Beseitigung eines Wertstoffsammelbehälters bzw. Altglascontainers in Betracht sowie auf die Durchsetzung der erlassenen Regeln zu den eingeschränkten Benutzungszeiten.

---

14 VGH München Beschl. v. 4.3.2010 – 22 ZB 09.1785, juris Rn. 3.
15 So ausdrücklich und in Abgrenzung zur Rechtsprechung des BVerwG: VGH Kassel Urt. v. 24.8.1999 – 2 UE 2287/96, NVwZ-RR 2000, 668.
16 VGH München Beschl. v. 4.3.2010 – 22 ZB 09.1785, juris Rn. 4; VGH Kassel Urt. v. 24.8.1999 – 2 UE 2287/96, NVwZ-RR 2000, 668; OVG Bautzen Beschl. v. 17.12.2007 – 4 B 612/06, juris Rn. 29; VG Aachen Urt. v. 5.6.2013 – 6 K 1362/12, juris Rn. 66.
17 32. Verordnung zur Durchführung des Bundes-Immissionsschutzgesetzes (Geräte- und Maschinenlärmschutzverordnung – 32. BImSchV).
18 Anhang Ziffer 2: Altglassammelbehälter Spalte 2.
19 OVG Koblenz Urt. v. 23.6.2010 – 8 A 10357/10, BauR 2010, 1907; VGH München Beschl. v. 27.10.1993 – 26 CE 92.2699, juris Rn. 15; VG Osnabrück Urt. v. 21.3.2003 – 2 A 142/01, NVwZ 2003, 1010 Rn. 19.

1. Rechtsgrundlagen

17 Ermächtigungsgrundlagen für diese Eingriffsbefugnisse ergeben sich aus den jeweiligen Landesbauordnungen.[20] Hierfür ist nicht entscheidend, ob die Aufstellung bauaufsichtsbehördlich genehmigungspflichtig ist. Die Genehmigungsfreiheit entbindet nämlich nicht von der Verpflichtung zur Einhaltung der Anforderungen, die durch öffentlich-rechtliche Vorschriften an Anlagen gestellt werden und lassen die bauaufsichtlichen Eingriffsbefugnisse unberührt. Deshalb sind § 29 BauGB und damit auch die hier relevanten §§ 14 und 15 BauNVO unabhängig davon anwendbar, ob das Vorhaben einer präventiven Genehmigungspflicht unterliegt.[21] Das Straßenrecht bietet für ein Einschreiten indes keine geeignete Ermächtigungsgrundlage.[22]

2. Voraussetzungen

18 Der Anspruch auf Einschreiten auf der Grundlage landesrechtlicher Ermächtigungsgrundlagen steht grundsätzlich im Ermessen der Behörde, so dass eine Verpflichtungsklage auf Einschreiten nur bei einer Ermessensreduzierung auf Null angenommen werden kann. Nach der Rechtsprechung des BVerwG beantwortet sich diese Frage grundsätzlich nach Landesrecht.[23] Die obergerichtliche Rechtsprechung stellt für eine Ermessenreduzierung auf Null nicht lediglich auf einen bloßen Verstoß gegen nachbarrechtliche Vorschriften, sondern darüber hinaus auf eine unzumutbare Beeinträchtigung für den Nachbarn ab.[24]

19 Für den Anspruch auf bauaufsichtsrechtliches Einschreiten ist damit im Hinblick auf die hier relevante Fallkonstellation zunächst ebenfalls zu berücksichtigen, dass Altglascontainer als untergeordnete Nebenanlagen gemäß § 14 Abs. 1 S. 1 BauNVO in Gebieten bauplanungsrechtlich allgemein zulässig sind, die auch dem Wohnen dienen und in denen deshalb Altglas aus privaten Haushalten anfällt.[25] Der Nachbar hat daher die damit verbundenen Geräuscheinwirkungen grundsätzlich hinzunehmen. Ein Anspruch kann sich daher allein aus einer Verletzung des in § 15 Abs. 1 Satz 2 BauNVO enthaltenen Rücksichtnahmegebots herleiten, wenn von dem Altglascontainer trotz Übereinstimmung mit den maßgeblichen bauplanerischen Festsetzungen bzw. der Annahme des Einfügens mit der vorhandenen Umgebungsbebauung eines unbeplanten Innenbereichs (§ 34 BauGB) Belästigungen oder Störungen ausgehen können, die nach der Eigenart des Baugebiets im Baugebiet selbst oder in dessen Umgebung unzumutbar sind. Insoweit liegt der Prüfung hier die gleiche Konzeption zu Grunde wie § 22 Abs. 1 BImSchG, der seinerseits an die Regelungen des Städtebaurechts anknüpft. Immissionen, die nach den Vorschriften des Immissionsschutzrechts hinzunehmen sind, sind auch aus der Sicht des Städtebaurechts zumutbar und umgekehrt.[26]

20 Im Einzelfall kommt daher hier wegen der mit der Benutzung der Container einhergehenden Geräusche ein Verstoß gegen das Rücksichtnahmegebot in Betracht. Ob innerhalb von Wohngebieten eine Beschränkung der Benutzung zur Wahrung der Wohnruhe erforderlich ist, hängt von den örtlichen Verhältnissen ab.[27]

21 **a) Keine Alternativprüfung des Standortes.** Ein Anspruch des Nachbarn auf Entfernung des Altglascontainers ist nicht mit dem Hinweis auf einen – vermeintlich oder ggf. tatsächlich – geeigneteren Standort für die emittierende Anlage gegeben (kein „St.-Florians-Prinzip"). Denn anders als im Planfeststellungsrecht mit seiner aus dem Abwägungsgebot eröffneten Alternativenprüfung ist die bebauungsrechtliche Prüfung an den Bauwunsch des Bauherrn strikt gebunden. Maßgeblich für einen Anspruch auf Einschreiten ist al-

20 In Betracht kommt hier zB der Erlass einer Beseitigungsanordnung vgl. § 82 BauO NRW oder § 81 LBauO RhPf; ggf. kommt auch ein Rückgriff auf eine Generalklausel in Betracht, wenn spezielle Ermächtigungsgrundlagen fehlen, so zB § 78 NBauO.

21 OVG Lüneburg Urt. v. 29.5.1998 – 6 L 1223/97, juris Rn. 28.

22 OVG Lüneburg Urt. v. 29.5.1998 – 6 L 1223/97, juris Rn. 22.

23 BVerwG Urt. v. 10.12.1997 – 4 B 204.97, NVwZ 1998, 395.

24 VGH Mannheim Urt. v. 24.3.2014 – 8 S 1938/12; BauR 2014, 1752; OVG Lüneburg Urt. v. 9.10.2007 – 1 LB 5.07, NVwZ-RR 2008, 374; abstellend auf eine qualifizierte Störung OVG Bremen Urt. v. 4.5.2001 – 1 A 436/00, NVwZ-RR 2002, 488.

25 BVerwG Beschl. v. 13.10.1998 – 4 B 93.98, NVwZ 1999, 298.

26 So ausführlich BVerwG Beschl. v. 3.5.1996 – 4 B 50.96, NVwZ 1996, 1001.

27 BVerwG Beschl. v. 13.10.1998 – 4 B 93.98, NVwZ 1999, 298.

lein die Intensität der Belastung am konkreten Standort.[28] Wegen des gestellten Bauantrags kommt der Gemeinde hier auch kein Gestaltungsspielraum bei der Standortauswahl zu.

22 **b) Anspruch bei unsachgemäßer Benutzung?** Schwierig ist auch die Frage zu beantworten, ob und wann eine Pflicht zur Durchsetzung der Einhaltung der Nutzungszeiten besteht. Will der Nachbar dies erreichen, so muss er substantiiert vortragen, dass es regelmäßig zur Benutzung der Wertstofftonnen außerhalb der vorgegebenen Nutzungszeiten kommt. Bei lediglich einzelnen Verstößen kann ein behördliches Einschreiten nicht verlangt werden.[29] Andernfalls kommt ein Einschreiten aufgrund polizeilicher und ordnungsbehördlicher Ermächtigungsgrundlagen in Betracht.[30]

IV. Verwirkung des Anspruchs

23 Abwehransprüche können grundsätzlich auch verwirkt werden. Verwirkung tritt verkürzt gesagt ein, wenn seit der Möglichkeit der Geltendmachung eine längere Zeit verstrichen ist (Zeitmoment) und gleichzeitig besondere Umstände hinzutreten, welche die verspätete Geltendmachung als Verstoß gegen Treu und Glauben erscheinen lassen (Umstandsmoment); siehe dazu ausführlich → *Rechtsverlust und unzulässige Rechtsausübung* Rn. 40 ff. Die Dauer des Zeitraums der Untätigkeit, nach deren Verstreichen eine Verwirkung angenommen werden kann, lässt sich dabei nicht allgemein festschreiben, sondern hängt entscheidend von den Umständen des Einzelfalls ab. Die Untätigkeit während eines längeren Zeitraums verstößt insbesondere dann gegen Treu und Glauben, wenn der Verpflichtete infolge eines bestimmten Verhaltens des Berechtigten, das auch in einer Untätigkeit liegen kann, darauf vertrauen durfte, dass dieser das Recht nach so langer Zeit nicht mehr geltend machen würde (Vertrauensgrundlage), der Verpflichtete hierauf auch tatsächlich vertraut hat (Vertrauenstatbestand) und sich infolgedessen so eingerichtet hat, dass ihm durch die verspätete Durchsetzung des Rechts ein unzumutbarer Nachteil entstehen würde.[31] Die Länge des Zeitraums ist hierfür ein wichtiger Hinweis.[32]

24 Erwirbt der Berechtigte ein Grundstück in Kenntnis des Umstandes, dass sich in unmittelbarer Nähe ein Altglascontainer befindet, kann er nicht Jahre später Abwehrrechte geltend machen, selbst wenn er die zuvor bereits objektiv vorhandenen Störungen erst zu einem späteren Zeitpunkt als subjektive Störung wahrnimmt. Dies soll selbst dann gelten, wenn sich die Einwirkungen negativ verändern, sofern die Belästigung keine andere Qualität erhält.[33]

25 Im Übrigen muss der Berechtigte auch die Untätigkeit eines etwaigen **Rechtsvorgängers** gegen sich gelten lassen.[34] Siehe allgemein hierzu → *Rechtsnachfolge* Rn. 18 ff.

V. Prozessuales

1. Verwaltungsrechtsweg

26 In der Fallkonstellation, in der es um einen (direkten) Unterlassungsanspruch gegen einen Hoheitsträger geht, kommt grundsätzlich neben dem öffentlich-rechtlichen auch ein zivilrechtlicher Abwehranspruch in

---

28 BVerwG Beschl. v. 13.10.1998 – 4 B 93.98, NVwZ 1999, 298; Beschl. v. 22.11.2010 – 7 B 58.10, BauR 2011, 629.

29 BVerwG Beschl. v. 13.10.1998 – 4 B 93.98, NVwZ 1999, 298.

30 VG Freiburg Urt. v. 10.10.2018 – 4 K 805/16, juris Rn. 22; ähnlich auch der Hinweis des BVerwG: „Ob und wie die Beklagte, die den Containerstandort eingerichtet hat, als mögliche Zweckveranlasserin für dessen Nutzung nur innerhalb des in § 7 Abs. 1 Nr. 1 der 32. BImSchV vorgegebenen zeitlichen Rahmens Sorge zu tragen hat, richtet sich nach dem irrevisiblen Polizei- und Ordnungsrecht der Länder und kann somit nicht Gegenstand eines Revisionsverfahrens sein“, Beschl. v. 22.11.2010 – 7 B 58.10, juris Rn. 6; so im Ergebnis auch VG Köln Urt. v. 2.7.1992 – 4 K 2071/89, juris Rn. 49 ff., allerdings nicht auf Grundlage der Geltendmachung des Unterlassungsanspruchs; vielmehr sei insoweit ein Anspruch auf ordnungsbehördliches Einschreiten geboten; vgl. zu den Voraussetzungen eines solchen Anspruchs → *Öffentliche Einrichtungen und Anlagen* Rn. 4 ff.

31 BVerwG Urt. v. 16.5.1991 – 4 C 3.89, NVwZ 1991, 1182.

32 BVerwG Beschl. v. 13.12.1999 – 4 B 101.99, juris Rn. 7.

33 VG Arnsberg Urt. v. 1.12.2014 – 8 K 846/14, juris Rn. 38.

34 VG Arnsberg Urt. v. 1.12.2014 – 8 K 846/14, juris Rn. 39 ff.

Betracht, der hier jedoch im Ergebnis ausscheiden muss. Denn das Handeln des Hoheitsträgers – hier die Gemeinde, die die Standortentscheidung trifft – ist öffentlich rechtlicher Natur, da es der abfallwirtschaftlichen Zielsetzung des „Dualen Systems“ Rechnung trägt und sich daher als schlicht hoheitliches Verwaltungshandeln darstellt.[35] Lediglich im Hinblick auf einen privaten Betreiber kommt die Möglichkeit in Betracht, gegen ihn auch unmittelbar zivilrechtlich vorzugehen.[36] Hierzu existiert indes soweit ersichtlich im Zusammenhang mit Altglascontainern (noch) keine veröffentlichte Rechtsprechung.

2. Statthafte Klageart

Wird eine tatsächliche Handlung – die Verlegung des Altglascontainers an einen anderen Standort – be- 27
gehrt, ist die allgemeine Leistungsklage die statthafte Klageart.[37] Demgegenüber ist für den Anspruch auf Einschreiten das Begehren im Wege einer Verpflichtungsklage zu verfolgen.[38]

Der Klageantrag der allgemeinen Leistungsklage sollte dahin gehend formuliert sein, es zu unterlassen an 28
dem konkreten Ort einen Altglascontainer aufzustellen, aufstellen zu lassen oder zu betreiben[39] oder falls der Altglascontainer bereits aufgestellt ist, diesen von dem betreffenden Standort auf dem betroffenen Grundstück zu beseitigen.

7. Anlagen für bestimmte Zwecke

Schulte Beerbühl

Literatur: *Guckelberger*, Geräuschemissionen von Kinder- und Jugendeinrichtungen aus öffentlich-rechtlicher Sicht, UPR 2010, 241; *Miernik*, Baunachbarklage gegen eine Baugenehmigung zur Errichtung und zum Betrieb eines „Mehrfamilienhauses (11 WE) mit Kinderbetreuung“, Anm. zu OVG NRW, Beschluss vom 4.6.2020 – 2 B 417/20, jurisPR-ÖffBauR 8/2020; *Miernik*, Kindertagesstätte in einem faktischen reinen Wohngebiet, Anm. zu OVG Schleswig, Beschluss vom 01.02.2019 – 1 MB 1/19, jurisPR-ÖffBauR4/2019; *Thiel*, Nachbarstreit wegen Baugenehmigung für Einrichtung zur Unterbringung von Flüchtlingen, Anm. zu OVG NRW, Beschluss vom 19.7.2019 – 10 A 1802/18, jurisPR-ÖffBauR 9/2019.

35 VGH Kassel Urt. v. 24.8.1999 – 2 UE 2287/96, NVwZ-RR 2000, 668–671 zu § 6 Abs. 3 der zwischenzeitlich durch das Verpackungsgesetz abgelösten VerpV; vgl. auch: VG Aachen Urt. v. 5.6.2013 – 6 K 1362/12, juris Rn. 19.

36 BVerwG Beschl. v. 10.12.1997 – 4 B 204.97, NVwZ 1998, 395; vgl. zum Prüfungsmaßstab → *Funkantenne* Rn. 24 ff.

37 So VG Arnsberg Urt. v. 1.12.2014 – 8 K 846/14, juris Rn. 27 jedoch ohne nähere Begründung.

38 Vgl. zB *Wahl/Schütz* in Schoch/Schneider/Bier VwGO § 42 Abs. 2 Rn. 111.

39 So etwa die Konstellation in VG Arnsberg Urt. v. 1.1.2014 – 8 K 846/14, juris Rn. 19 ff.

I. Allgemeines

1 Asylbewerberheime, Pflegeeinrichtungen, Kirchen, Sportanlagen, Musikschulen, Krematorien – all dies sind Einrichtungen, die ihren Platz in den bebaubaren Bereichen benötigen, deren Nutzung aber oftmals für die Umgebungsbebauung mit Störungen einhergehen. In der Rechtsprechung ist seit dem Urteil des Bundesverwaltungsgerichts vom 16.9.1993[1] anerkannt, dass Festsetzungen in einem Bebauungsplan über die **Art der baulichen Nutzung** stets auch dem Nachbarschutz dienen (→ *Gebietsschutz und Baugebietsverträglichkeit* Rn. 3). Die Festsetzungen haben aus sich heraus nachbarschützenden Charakter; einer besonderen „**Verleihung**" bedarf es nicht. Daraus folgt in Bezug auf das Merkmal der Art der baulichen Nutzung der sogenannte Gebietserhaltungsanspruch, Gebietsgewährleistungsanspruch oder Gebietsbewahrungsanspruch. Mit Blick auf Anlagen für kirchliche, kulturelle, soziale, gesundheitliche und sportliche Zwecke folgt daraus, dass der **Inhaber eines dinglichen Rechts** (→ *Nachbar in öffentlich-rechtlicher Sicht* Rn. 10 ff.) an einem Grundstück in einem festgesetzten oder faktischen Baugebiet ein Vorhaben abwehren kann, wenn eine solche Anlage in diesem Gebiet nicht regelmäßig oder ausnahmsweise oder im Wege einer Befreiung zugelassen werden kann. Deshalb bedarf es in jedem Einzelfall einer konkreten Prüfung, ob beispielsweise die eingangs beschriebenen Nutzungen unter diese Begriffskategorien fallen.

2 Aus systematischen Gründen fallen unter diese Begriffe nicht Anlagen, die ein für die Ausübung der Hauptnutzung erforderlicher **unselbständiger Bestandteil** derselben sind. In einem solchen Fall richtet sich die Frage der Zulässigkeit der Nutzung allein nach der **Zulässigkeit der Hauptnutzung**.[2]

3 **Beispiel**[3]**:** Eine im hinteren Teil des Gartens errichtete Schwimmhalle mit Sauna und WC mit einer Grundfläche von 171 m² ist nicht als Teil eines Wohngebäudes anzusehen. Zwar kann beispielsweise in das Kellergeschoss eines Wohnhauses integriertes Schwimmbecken unbedenklich als unselbständiger Teil des Wohnhauses angesehen werden. Handelt es sich jedoch um ein in deutlicher räumlicher Trennung vom Wohnhaus vorgesehenes eigenständiges Gebäude, teilt dieses rechtlich nicht das Schicksal des Hauptgebäudes. Denn es dient nicht einer der Hauptfunktionen eines Wohnhauses. Das Schwimmen als besondere Form der körperlichen Ertüchtigung stellt sich eher als eine untergeordnete Nutzung dar. Eigenständige Schwimmbecken und kleinere Schwimmhallen sind vielmehr bauliche Anlagen, die typischerweise als Nebenanlagen anzusehen sind. Ihre Zulässigkeit richtet sich somit nach § 14 BauNVO. Als solche war in dem entschiedenen Fall die Schwimmhalle unzulässig, weil sie, da sie nach ihrer Größe und äußerer Erscheinungsform eher einem weiteren Wohngebäude glich, nicht das Merkmal der Unterordnung erfüllte.

II. Zulässigkeit und Merkmale der Anlagen

1. Zulässigkeit der Anlagen in den Baugebieten

4 Die mit dem hier verwandten, verkürzenden Stichwort „Anlagen für bestimmte Zwecke" gemeinten Anlagen für kirchliche, kulturelle, soziale, gesundheitliche und sportliche Zwecke sind im Grundsatz **in allen Baugebieten** der §§ 2 bis 9 BauNVO **zulässig**, allerdings

- in Kleinsiedlungsgebieten nur ausnahmsweise (§ 2 Abs. 3 Nr. 3 BauNVO),
- in reinen Wohngebieten Anlagen für soziale Zwecke ausnahmsweise, Anlagen für kirchliche, kulturelle, gesundheitliche und sportliche Zwecke ausnahmsweise nur, soweit sie den Bedürfnissen der Bewohner des Gebiets dienen (§ 3 Abs. 3 Nr. 2 BauNVO),
- in allgemeinen Wohngebieten regelmäßig (§ 4 Abs. 2 Nr. 3 BauNVO),
- in besonderen Wohngebieten regelmäßig (§ 4a Abs. 2 Nr. 5 BauNVO),
- in Dorfgebieten regelmäßig (§ 5 Abs. 2 Nr. 7 BauNVO),
- in Mischgebieten regelmäßig (§ 6 Abs. 2 Nr. 5 BauNVO),
- in Kerngebieten regelmäßig (§ 7 Abs. 2 Nr. 4 BauNVO),

1 4 C 28/91, DVBl 1994, 284.

2 VGH Mannheim Urt. v. 5.4.2011 – 5 S 194/10, juris Rn. 31; OVG Saarlouis Urt. v. 26.11.1996 – 2 R 20/95, juris Rn. 35; BVerwG Urt. v. 28.4.2004 – 4 C 12/03, juris Rn. 22.

3 Nach: BVerwG Urt. v. 28.4.2004 – 4 C 12/03, juris Rn. 22.

- in Gewerbegebieten Anlagen für soziale Zwecke regelmäßig (§ 8 Abs. 2 Nr. 4 BauNVO), Anlagen für kirchliche, kulturelle, soziale und gesundheitliche Zwecke ausnahmsweise (§ 8 Abs. 3 Nr. 2 BauNVO,
- in Industriegebieten ausnahmsweise (§ 9 Abs. 3 Nr. 2 BauNVO).

Unter Umständen ist die Einordnung in eine dieser Nutzungsarten schwierig, manche Anlagen dienen sogar mehreren der genannten Zwecke. Wegen der weitgehenden Gleichbehandlung ist jedoch oftmals die Abgrenzung obsolet. Das gilt allerdings nicht, wenn der Plangeber von der in § 1 Abs. 9 BauNVO gewährten Möglichkeit Gebrauch gemacht hat, für bestimmte Arten der Anlagen **weiter differenzierende Regelungen** zu treffen. 5

2. Gemeinsame Merkmale der Anlagen

a) Bewusste Weite der Begriffe. Die von dem Verordnungsgeber benutzten Begriffe sind sehr weit gefasst, was im konkreten Einzelfall Probleme bei der Frage aufwerfen kann, ob diese oder jene Anlage noch darunterfällt. Das gilt insbesondere für solche Vorhaben, die erst aus einer neuzeitlichen Entwicklung beispielsweise des Begriffs der **Sportart** oder der **kulturellen Einrichtung** entstanden sind. Aber gerade um dieser Dynamik gerecht werden zu können, hat der Verordnungsgeber die Begriffe **bewusst weit gefasst.**[4] Dass sich im Laufe der Zeit das Begriffsverständnis und damit auch die Art der Anlagen ändern können, die im jeweiligen Gebiet zulässig sind, ist vom Verordnungsgeber gewollt.[5] 6

b) Eingrenzende Interpretation der Begriffe. Andererseits sind nicht alle Anlagen umfasst, die in irgendeiner Form den angesprochenen Zwecken dienen. Allein **privatnützliche Anlagen** sind nicht erfasst, sondern nur **gemeinnützige**. Das hat die Rechtsprechung seit jeher aus § 5 Abs. 2 Nr. 2 BauGB hergeleitet („insbesondere mit den der Allgemeinheit dienenden baulichen Anlagen und Einrichtungen des Gemeinbedarfs, wie mit Schulen und Kirchen sowie mit sonstigen kirchlichen und mit sozialen, gesundheitlichen und kulturellen Zwecken dienenden Gebäude und Einrichtungen, sowie die Flächen für Sport- und Spielanlagen").[6] Abzustellen ist insoweit auf das in dem Bauantrag, insbesondere in der Betriebsbeschreibung dargestellte **Betriebskonzept** – was zur Folge hat, dass bei einem (nicht nur kurzfristigen und vorübergehenden) Abweichen hiervon die **Genehmigungsfrage neu aufgeworfen** wird und die bisherige Genehmigung ihre legalisierende Wirkung nicht mehr entfaltet. 7

aa) Freie Zugänglichkeit. Das Dienen der Allgemeinheit setzt zum einen voraus, dass die Anlage einem nicht fest bestimmten wechselnden Teil der Bevölkerung zugänglich ist.[7] Dies hat das Bundesverwaltungsgericht im Wege einer historischen und systematischen Auslegung ermittelt.[8] Das ist beispielsweise bei einer **Einrichtung des Maßregelvollzugs**, die gerade nicht für einen wechselnden Teil der Bevölkerung frei zugänglich ist, sondern der Aufnahme von psychisch kranken **Straftätern** dient, nicht der Fall.[9] 8

bb) Gemeinnützigkeit. Zum anderen wird vom Bundesverwaltungsgericht das Merkmal der **Gemeinnützigkeit** vorausgesetzt. Dem steht eine Trägerschaft in der Hand einer natürlichen oder einer juristischen Person des Privatrechts nicht grundsätzlich entgegen. Es genügt dann, wenn mit staatlicher oder gemeindlicher Anerkennung eine **öffentliche Aufgabe** wahrgenommen wird, hinter die etwaiges privatwirtschaftliches Gewinnstreben eindeutig zurücktritt.[10] Eine Anlage des Gemeingebrauchs braucht sie indes nicht zu 9

---

4 „Dem Wandel der Zeiten" anpassungsfähige Auslegung, BVerwG Urt. v. 17.12.1998 – 4 C 16.97, BVerwGE 108, 190.

5 Vgl. BVerwG Urt. v. 2.2.2012 – 4 C 14/10, juris Rn. 7: Krematorium als Anlage für kulturelle Zwecke iSd § 8 Abs. 3 Nr. 2 BauNVO.

6 BVerwG Urt. v. 12.12.1996 – 4 C 17.95, BVerwGE 102, 351; und BVerwG Urt. v. 28.4.2004 – 4 C 10.03, NVwZ 2004, 1244.

7 OVG Münster Urt. v. 6.9.2011 – 2 A 2249/09, juris Rn. 86.

8 BVerwG Beschl. v. 18.5.1994 – 4 NB 15/94, juris Rn. 13.

9 VG Berlin Beschl. v. 18.4.2013 – 13 L 63.13, juris Rn. 22.

10 BVerwG Beschl. v. 18.5.1994 – 4 NB 15/94, juris Rn. 13; BVerwG Urt. v. 2.2.2012 – 4 C 14/10, juris Rn. 9.

sein.[11] Auch eine staatliche Gewährleistungs- und Überwachungsverantwortlichkeit kann je nach ihrer konkreten rechtlichen Ausgestaltung geeignet sein, den vorausgesetzten Gemeinwohlbezug solcher Anlagen und Einrichtungen herzustellen, deren Leistungserbringung sich nach privatwirtschaftlichen Grundsätzen vollzieht und auf Gewinnerzielung ausgerichtet ist.[12]

10 Diese Ansicht ist indes in der Literatur erheblicher – in der Sache berechtigter – Kritik ausgesetzt.[13] Die Relevanz dieser Streitfrage wird allerdings dadurch entschärft, dass das Bundesverwaltungsgericht es beispielsweise bei einem privaten **Krematoriumsbetreiber** ausreichen lässt, dass – was in vielen Bereichen gewerblicher Tätigkeit der Fall ist – die angesprochene staatliche Gewährleistungs- und Überwachungsverantwortlichkeit besteht.

11 Das Merkmal der Gemeinnützigkeit wurde in der Rechtsprechung für ein **Pilger- und Begegnungszentrum** (als Anlage für kulturelle und soziale Zwecke)[14] und für ein **Kultur- und Begegnungszentrum**.[15]

12 Es wurde verneint für **Arztpraxen**.[16] (Im Übrigen kann dieses Ergebnis auch aus dem rechtssystematischen Grundsatz abgeleitet werden, dass die planungsrechtliche Zulässigkeit von Arztpraxen spezialgesetzlich in § 13 BauNVO geregelt ist.[17]) Gleiches gilt mangels Gemeinbedarfsorientierung für ein **medizinisches Versorgungszentrum** iSv § 95 Abs. 1 Satz 2 SGB V.[18] Daran ändert auch der Umstand nichts, dass ein solches Zentrum mehreren Patienten gleichzeitig zugänglich ist und der allgemeinen Steigerung der Gesundheit der Bevölkerung dient.[19] Auch hier richtet sich die Zulässigkeit allein nach § 13 BauNVO.

13 **c) Gebietsverträglichkeit und Rücksichtnahmegebot.** Wie bei allen Nutzungsarten ist das die Zulässigkeit beschränkende ungeschriebene Tatbestandsmerkmal der Gebietsverträglichkeit zu beachten (→ *Gebietsschutz und Baugebietsverträglichkeit* Rn. 38). Dieses berücksichtigt zum einen die Besonderheiten der jeweiligen Anlage, etwa die Größe und die Nutzungszeiten, zum anderen eine etwaige besondere Schutzbedürftigkeit des Gebiets, in dem es verwirklicht werden soll. Ähnliches gilt für das in § 15 BauNVO enthaltene Rücksichtnahmegebot (→ *Rücksichtnahmegebot* Rn. 4).

III. Anlage für kirchliche Zwecke

1. Begriff der „Anlage für kirchliche Zwecke"

14 Mit „kirchlichen" Zwecken sind Zwecke aller **anerkannten Kirchen und Religionsgemeinschaften** iSd Art. 140 GG iVm Art. 136 ff. WRV gemeint, nicht aber sonstiger **Weltanschauungsgemeinschaften**.

15 Kirchlichen Zwecken dienen insbesondere ein dem Gottesdienst dienendes **Kirchengebäude und eine Kapelle**. Das gilt auch für eine Krypta, die untrennbar mit der Kirche verbunden ist. Sie ist nicht nur ein privater Bestattungsplatz im Sinne des § 9 BestattG, sondern, weil sie der Bestattung von Gemeindepriestern dienen soll, die nach der Glaubensvorstellung der Religionsgemeinschaft nur in einem geweihten kirchlichen Raum beigesetzt werden dürfen, selbst Anlage für kirchliche Zwecke.[20] Ferner dienen **Gemeinde-**

11 BVerwG Urt. v. 12.12.1996 – 4 C 17/95, juris Rn. 29; dazu auch OVG Berlin-Brandenburg Beschl. v. 9.1.2014 – OVG 2 S 34.13, juris Rn. 10, und VG Würzburg Beschl. v. 23.11.2020 – W 5 S 20.1648, juris Rn. 45.

12 BVerwG Urt. v. 2.2.2012 – 4 C 14/10, juris Rn. 9; BVerwG Urt. v. 30.6.2004 – BVerwG 4 CN 7.03, BVerwGE 121, 196, zur planungsrechtlichen Zulässigkeit eines Krematoriums als Anlage für kulturelle Zwecke.

13 Siehe zum Streitstand *Vietmeyer* in Bönker/Bischopink BauNVO § 4 Rn. 29 ff.

14 OVG Münster Urt. v. 6.9.2011 – 2 A 2249/09, juris Rn. 92.

15 BVerwG Urt. v. 18.5.1994 – 4 NB 15.94, juris Rn. 13.

16 BVerwG Urt. v. 12.12.1996 – 4 C 17/95, juris Rn. 23; OVG Magdeburg Beschl. v. 10.10.2018 – 2 M 53/18, juris Rn. 14.

17 So auch *Vietmeyer* in Bönker/Bischopink BauNVO § 4 Rn. 33.

18 VG Würzburg Urt. v. 14.9.2010 – W 4 K 09.478, juris Rn. 48.

19 VG Würzburg Urt. v. 14.9.2010 – W 4 K 09.478, juris Rn. 56.

20 BVerwG Urt. v. 18.11.2010 – 4 C 10/09, juris Rn. 17.

und Begegnungszentren, Pfarrhäuser, Beratungsstellen und konfessionelle Kindergärten kirchlichen Zwecken.[21]

2. Orientierung an den Bedürfnissen der Bewohner des Gebiets

Da in reinen Wohngebieten Anlagen für kirchliche Zwecke nur dann – und dann auch nur ausnahmsweise – 16
zulässig sind, soweit sie den **Bedürfnissen der Bewohner des Gebiets** dienen (§ 3 Abs. 3 Nr. 2 BauNVO), ist eine prognostische Bewertung erforderlich, bei der der zu erwartende **Einzugsbereich** die entscheidende Rolle spielt. Dabei ist der Begriff des „**Gebiets**" nicht gleichzusetzen mit dem planungsrechtlichen Baugebiet; vielmehr ist, ebenso wie bei dem Merkmal der Gebietsversorgung in § 4 Abs. 2 Nr. 2 BauNVO, maßgeblich auf den Einzugsbereich der Anlage abzustellen. Es reicht nicht aus, wenn die Anlage in untergeordnetem Maß auch auf die Wohnbevölkerung des sie umgebenden reinen Wohngebiets zielt; sie muss diesem nach ihrem Betriebskonzept vielmehr **funktional zugeordnet** sein und ihm in diesem Sinne dienen. Das ist nicht der Fall, wenn sie in großer Zahl von Gebietsfremden aufgesucht, von den in diesem Gebiet wohnenden Personen hingegen allenfalls gelegentlich besucht wird.[22] Ein Indiz für die Gebietsversorgung ist neben der gebietsangemessenen Größe der Anlage und einem darauf abgestimmten **Nutzungskonzept** die fußläufige Erreichbarkeit.

3. Gebietsverträglichkeit und Rücksichtnahmegebot

Auch in den Gebieten, in denen die Beschränkung durch die Bewohnerbezogenheit nicht gilt, bereiten An- 17
lagen für kirchliche Zwecke Probleme, wenn die Größe und die Nutzungszeiten an die Grenzen der Zumutbarkeit in den jeweiligen Gebieten stoßen. Die Korrektive der **Gebietsverträglichkeit** und des **Rücksichtnahmegebotes** spielen hier eine bedeutende Rolle. Einerseits sind nach der Rechtsprechung in einem allgemeinen Wohngebiet auch **Moscheen und islamische Kulturzentren** (einschließlich ihrer abendlichen Nutzung während der Ramadanzeit bzw. morgendlichen Nutzung zum Morgengebet) selbst bei einem etwas größeren Einzugsbereich als „Anlagen für kirchliche, kulturelle oder soziale Zwecke" generell zulässig,[23] das VG Neustadt hat sogar ein Bibelheim mit 17 Stellplätzen und 68 Übernachtungsmöglichkeiten im allgemeinen Wohngebiet für zulässig erklärt.[24] Andererseits war nach Ansicht des Niedersächsischen OVG ein islamisches Gebetshaus im allgemeinen Wohngebiet unzulässig, wenn damit in einem erheblichen Zeitraum, nämlich an 200 Tagen im Jahr und davon an 130 in besonders intensiver Form, eine Nutzung auch noch mitten in der Nachtzeit verbunden war.[25]

IV. Anlage für kulturelle Zwecke

1. Begriff der „Anlage für kulturelle Zwecke"

Der Begriff der „Anlage für kulturelle Zwecke" ist nach dem Begriffsverständnis des Bundesverwaltungs- 18
gerichts in seinem wegweisenden Urteil vom 2.2.2012[26] nicht auf die traditionellen Bereiche der Kunst, Wissenschaft und Bildung beschränkt. Die Zweckbeschreibung bezeichnet danach Anlagen, die in einem weiten Sinne einen **kulturellen Bezug** aufweisen. Das Spektrum dieses Anlagentyps ist allerdings weit gefächert und reicht von Theater- und Opernhäusern bis hin zu dem Vereinsheim eines Gesangsvereins oder einem dörflichen Begegnungszentrum. Der Begriff ist ebenso offen angelegt wie die anderem unter diesem Stichwort angesprochenen Anlagen.

---

21 *Vietmeyer* in Bönker/Bischopink BauNVO § 4 Rn. 35.

22 Siehe zur Frage der Gebietsversorgung: BVerwG Beschl. v. 18.1.1993 – 4 B 230.92, BRS 55 Nr. 54; BVerwG Beschl. v. 3.9.1998 – 4 B 85.98, BRS 60 Nr. 67; BVerwG Urt. v. 29.10.1998 – 4 C 9.97, BRS 60 Nr. 68.

23 Siehe dazu: VG Freiburg (Breisgau) Urt. v. 12.10.2016 – 6 K 641/16, juris Rn. 52.

24 VG Neustadt/Weinstraße Urt. v. 30.10.2012 – 4 K 553/12.NW, juris Rn. 53 ff.

25 OVG Lüneburg Beschl. v. 7.12.2009 – 1 LA 255/08, juris Rn. 17; siehe zu der umfangreichen Rechtsprechung insbesondere die Hinweise bei *Vietmeyer* in Bönker/Bischopink BauNVO § 4 Rn. 37 f.

26 BVerwG Urt. v. 2.2.2017 – 4 C 14/10, juris Rn. 9.

2. Beispiele

19 ■ Ein **Krematorium mit Abschiedsraum**[27] hat einen kulturellen Bezug, der in der gesellschaftlichen Vorstellung von dem Umgang mit dem Tod wurzelt. Ebenso wie eine kirchliche Bestattungsanlage einem kirchlichen Zweck dient,[28] dient ein Krematorium als säkulare Bestattungseinrichtung einem kulturellen Zweck. Zur Feuerbestattung gehört nicht nur die Beisetzung der Asche des Verstorbenen in einer Grabstätte, sondern auch der Vorgang der Einäscherung der Leiche. Die Einäscherung ist Teil des Bestattungsvorgangs. Diese Form der Bestattung ist Ausdruck einer gesellschaftlich anerkannten Bestattungskultur, zu der es auch gehört, in einem kontemplativen Umfeld von den Verstorbenen Abschied nehmen zu können.
- **Pilger- und Begegnungszentrum**;[29]
- „**Kulturscheune**", die den Gruppen und Vereinen eines Dorfs als **Versammlungs- und Begegnungsstätte** und als **Probenraum** zur Verfügung stehen soll;[30]
- **gemeindliches Begegnungszentrum**;[31]
- **Vereinsheime** von Gesangvereinen. Auch die Tatsache, dass eine Halle durch mehrere Live-Musik-Veranstaltungen im Kalenderjahr zu einer Vergnügungsstätte im planungsrechtlichen Sinne genutzt wird, ändert daran nichts, wenn die Anzahl der Live-Musik-Veranstaltungen derart gering ist – im entschiedenen Fall für gaststättenrechtlich maximal mögliche fünf Veranstaltungen im Jahr –, dass sie nicht prägend für den planungsrechtlichen Charakter der Sängerhalle sein können.[32]

V. Anlage für soziale Zwecke

1. Begriff der Anlage für soziale Zwecke

20 Der Begriff der **Anlage für soziale Zwecke** ist weder im Baugesetzbuch noch in der Baunutzungsverordnung oder einem anderen Regelwerk gesetzlich definiert. Auch für diese Begriffskategorie gilt, dass sie bewusst weit gefasst ist. Das Bundesverwaltungsgericht beschreibt Anlagen für soziale Zwecke wie folgt: „Anlagen für soziale Zwecke dienen in einem weiteren Sinn der **sozialen Fürsorge** und der **öffentlichen Wohlfahrt**. Es handelt sich um Nutzungen, die auf Hilfe, Unterstützung, Betreuung und ähnliche fürsorgerische Maßnahmen ausgerichtet sind."[33]

2. Beispiele

21 Als typische Beispiele werden Einrichtungen für Kinder und Jugendliche, alte Menschen sowie andere Personengruppen angesehen, die (bzw. deren Eltern) ein **besonderes soziales Angebot** wahrnehmen wollen. Sie sollen – in der Formulierung des § 3 Abs. 3 BauNVO – den Bedürfnissen der die Einrichtung in Anspruch nehmenden Personen dienen.[34]

22 Typische Beispiele sind:
- **Kindergärten** oder **Altenbegegnungsstätten**, aber auch Räume für **Film-**, **Theater-** und **Diskussionsveranstaltungen**;[35]
- **Pflegeeinrichtungen** sind „in der Regel" Anlagen für soziale Zwecke;[36]
- **Kinderspielplätze**;[37]

---

27 BVerwG Urt. v. 2.2.2012 – 4 C 14/10, juris Rn. 9.
28 BVerwG Urt. v. 18.11.2010 – 4 C 10.09, BVerwGE 138, 166.
29 OVG Münster Urt. v. 6.9.2011 – 2 A 2249/09, juris Rn. 96.
30 VGH München Beschl. v. 21.12.2010 – 9 CS 10.2514, juris Rn. 15.
31 OVG Bautzen Urt. v. 28.5.2005 – 1 B 889/04, juris Rn. 44.
32 OVG Koblenz Urt. v. 16.4.2003 – 8 A 11903/02, juris Rn. 29.
33 BVerwG Beschl. v. 13.7.2009 – 4 B 44/09, juris Rn. 5.
34 BVerwG Beschl. v. 13.7.2009 – 4 B 44/09, juris Rn. 5.
35 Vgl. VGH Mannheim Beschl. v. 19.10.1998 – 8 S 2192/98, juris Rn. 4; VGH Kassel Beschl. v. 14.12.1992 – 4 TH 1204/92, BRS 55 Nr. 171; *Fickert/Fieseler* BauNVO § 4 Rn. 6.1 und 6.3 ff.
36 BVerwG Beschl. v. 13.7.2009 – 4 B 44/09, juris Rn. 5.
37 BVerwG Urt. v. 12.12.1991 – 4 C 5/88, juris Rn. 18; BVerwG Urt. v. 21.6.1974 – 4 C 14.74, DVBl 1974, 777.

- ambulante Einrichtung der **Drogenhilfe**;[38]
- privat betriebenes **Aussiedler-Wohnheim**;[39]
- Unterkunft für **Asylbegehrende.**[40]

Keine Anlage für soziale Zwecke: 23

- **Feuerwehrgerätehaus**; dies ist auch keine Anlage für gesundheitliche Zwecke, sondern vielmehr eine „Anlage für Verwaltungen" im Sinne des § 4 Abs. 3 Nr. 3 BauNVO;[41]
- **Gefängnis,**[42] **Freigängerhaus**;
- **Tierheim**, **Tierasyl**, auch wenn es ohne Gewinnerzielungsabsicht betrieben wird;
- **privater Musikschulraum**.

VI. Anlage für sportliche Zwecke

Unter dem Begriff **Anlagen für sportliche Zwecke** (→ *Lärm, Sport* Rn. 3 ff.) fallen selbstständige Anlagen in baulichen Anlagen und im Freien, die der körperlichen Betätigung zu sportlichen Zwecken dienen. In Betracht kommen **Sportanlagen und -einrichtungen aller Art.**[43] Dient die Anlage bereits der Hauptnutzung, ist sie im Sinne dieser Begriffsbestimmung nicht selbstständig.[44] Dasselbe gilt für eine bauliche Anlage, die zwar der sportlichen Betätigung dienen soll, aber nur zur Benutzung durch die Bewohner des auf demselben Grundstück befindlichen Wohnhauses bestimmt und beschränkt ist.[45] 24

Der bloße Umstand, dass an einer Stelle ein Sportgerät gelagert wird, macht aus einem Lagerplatz noch keine Anlage für sportliche Zwecke.[46] 25

8. Anpflanzungen an der Grundstücksgrenze

Klose

38 BVerwG Beschl. v. 6.12.2000 – 4 B 4/00, juris Rn. 8 ff: Anlage für soziale und (oder) gesundheitliche Zwecke.
39 VGH Mannheim Beschl. v. 20.1.1992 – 3 S 3110/91, juris Rn. 5.
40 VGH München Beschl. v. 5.3.2015 – 1 ZB 14.2373, juris Rn. 3 mwN.
41 VGH München Urt. v. 16.1.2014 – 9 B 10.2528, juris Rn. 22.
42 Ausführlich dazu: VG Saarlouis Urt. v. 30.1.2019 – 5 K 1533/17, juris Rn. 53.
43 Vgl. *Stock* in Ernst/Zinkahn/Bielenberg/Krautzberger BauNVO § 4 Rn. 103.
44 VG Schleswig Urt. v. 16.11.2016 – 8 A 135/15, juris Rn. 25.
45 Vgl. BVerwG Urt. v. 28.4.2004 – 4 C 12.03, juris Rn. 21; BVerwG Urt. v. 12.12.1996 – 4 C 17.95, BVerwGE 102, 351.
46 VGH Mannheim Urt. v. 5.4.2011 – 5 S 194/10, juris Rn. 35, zu einer Bootsanlagestelle.

Literatur: *Braun*, Verkehrssicherungspflicht für Bäume, VersR 2005, 1662; *Hötzel*, Verkehrssicherungspflicht für Bäume – Zehn Jahre Rechtsprechung zum Visual Tree Assessment, VersR 2004, 1234; *Horst*, Nachbarrechtliche Ansprüche aus Laubbefall und Überhang, DWW 1991, 322; *Horst*, Lichteinwirkung und Lichtentzug bei Grundstücken und Wohnungen, DWW 1997, 361; *Horst*, Ausgewählte Fragen zum nachbarlichen Grundstücksgebrauch, MDR 1998, 685; *Horst*, Der „flotte Rückschnitt von Grenzüberwuchs im Selbsthilferecht: Wer trägt die Entsorgungslast?, NZM 2017, 57; *Otto*, Zivilrechtliche Auswirkungen von Baumschutzsatzungen, NJW 1989, 1783; *Schneider*, Haftungsfragen im Zusammenhang mit der Verkehrssicherheit von Bäumen, VersR 2007, 743; *Stollenwerk*, Anspruch auf Rücksichtnahme der Nachbarhecke?, NZM 1998, 324; *Weick*, Die rechtliche Bewertung von Schäden durch Bäume, NJW 2011, 1702.

I. Einführung

1 Aus § 903 BGB folgt grundsätzlich das Recht des Grundstückseigentümers, mit seinem Eigentum nach Belieben zu verfahren. Da jedoch Bäume und Sträucher gerade im Grenzbereich die Nutzung des Nachbargrundstücks empfindlich beeinträchtigen können, sind in den Nachbargesetzen der meisten Länder jeweils Vorschriften dafür getroffen worden, welche Gewächse in welchem Abstand zur Grundstücksgrenze angepflanzt und in welchem zeitlichen Rahmen etwaige Verstöße dagegen geltend gemacht werden dürfen. Soweit keine landesrechtlichen Regelungen bestehen, können Regelungen aus dem nachbarschaftlichen Gemeinschaftsverhältnis abgeleitet werden.

II. Baume und Sträucher

2 An der Grundstücksgrenze wachsende hohe Bäume und Sträucher können Sonnenlicht entziehen und Schatten werfen.[1] Dadurch können sie die Nutzung des Nachbargrundstücks objektiv beeinträchtigen. Gegen Bäume, Sträucher und Hecken an der Grundstücksgrenze kann regelmäßig nur dann erfolgreich vorgegangen werden, wenn sie gegen die landesrechtlich geregelten (Abstands-)Regelungen verstoßen. Gehen von einer Anpflanzung Störungen aus, sind diese vom Nachbarn nur dann hinzunehmen, wenn diese Störungen auf einer ordnungsgemäßen Bewirtschaftung des Grundstücks beruhen. Daran fehlt es regelmäßig, wenn bei der Anpflanzung die vorgegebenen Grenzabstände nicht eingehalten wurden.[2] Diese wiederum ergeben sich mit Ausnahme der Länder Bremen und Hamburg aus den landesrechtlichen Regelungen.[3] Wirkt sich ein danach zulässiger Bewuchs durch den Entzug von Licht und Luft nachteilig auf das Nachbargrundstück aus, handelt es sich dabei nicht um eine Einwirkung im Sinne der §§ 1004 Abs. 1, 906 Abs. 1, 862 Abs. 1 S. 1 BGB, da sich diese Einflüsse nicht aus einem Zuführen störender Einflüsse ergeben.[4] Aus §§ 906, 1004, 862 BGB können keine Rechte abgeleitet werden, da diese Regelungen keinen Schutz vor negativen Einwirkungen und damit auch nicht vor dem Entzug von Sonne und Licht bieten.[5] Eine Ausnahme kann nur dann gelten, wenn der Entzug des Lichts ausschließlich der Schikane des Nachbarn dient.[6]

---

1 Soweit die Straßengesetze der Länder von den Eigentümern an Straßen angrenzender Grundstücke verlangen, dass sie eine grenznahe Bepflanzung und auch eine Verschattung durch Straßenbäume hinnehmen müssen, handelt es sich dabei um eine zulässige und verfassungsgemäße Inhaltsbestimmung des Eigentums: OLG Düsseldorf Urt. v. 18.9.2000 – 9 U 67/00, OLGReport 2001, 13 (15).

2 BGH Urt. v. 20.9.2019 – V ZR 218/18, NJW 2020, 607 (608f.); BGH Urt. v. 7.7.1995 – V ZR 213/94, NJW 1995, 2633 (2634).

3 Baden-Württemberg: §§ 11–22 NRG BW; Bayern: Art. 47–52 BayAGBGB; Berlin: §§ 27–32 NachbG Bln; Brandenburg: §§ 36–43 BbgNRG; Hessen: §§ 38–44 HNRG; Niedersachsen: §§ 50–60 NNachbG; Nordrhein-Westfalen: §§ 40–48 NachbG NRW; Rheinland-Pfalz: §§ 44–52 LNRG RhPf; Saarland: §§ 48–56 NachbG Saarl; Sachsen: §§ 9–16 SächsNRG; Sachsen-Anhalt: §§ 34–42 NbG SA; Schleswig-Holstein: §§ 37–41 NachbG Schl.-H.; Thüringen: §§ 42–52 ThürNRG.

4 OLG Köln Beschl. v. 7.6.1996 – 16 Wx 88/96, NJW-RR 1997, 14 (14); OLG Düsseldorf Urt. v. 6.7.1979 – 4 U 18/79, NJW 1979, 2618 (2618); *Horst* MDR 1998, 685.

5 BGH Urt. v. 22.5.1992 – V ZR 93/91, NJW 1992, 2569 (2570); BGH Urt. v. 22.2.1991 – V ZR 308/89, NJW 1991, 1671 (1672); BGH Urt. v. 21.10.1983 – V ZR 166/82, NJW 1984 (1984f.); OLG Hamm Urt. v. 28.9.1998 – 5 U 67/98, MDR 1999, 930 (931); *Horst* DWW 1997, 361.

6 *Horst* DWW 1997, 362.

III. Grenzabstand

In den Landesrechten sind regelmäßig Regelungen dafür vorgesehen, in welchem Abstand zur Grenze Anpflanzungen vorgenommen werden dürfen. Werden Bäume und Sträucher zum Zeitpunkt des Anpflanzens zu dicht an die Grenze gepflanzt, kann der Nachbar verlangen, dass diese beseitigt werden. Als Minus zur Beseitigung kann der Nachbar auch einen Rückschritt beanspruchen.[7] Auf die Höhe zum Zeitpunkt des Anpflanzens kommt es dafür nicht an. Daher bezieht sich die Beseitigungspflicht in dem Grenzabstandstreifen auch auf die Baumstümpfe und Wurzeln.[8] 3

1. Landesrecht

In Art. 124 S. 2 EGBGB ist den Ländern eine Regelungskompetenz eingeräumt worden, um für Pflanzen einen Mindestabstand zu der Grundstücksgrenze vorzuschreiben. Davon haben die Länder bis auf die Länder Bremen und Hamburg Gebrauch gemacht. 4

a) Abstand. Die Landesgesetze unterscheiden zwischen Bäumen und Sträuchern und Hecken, hinsichtlich derer Einschränkungen vorgesehen sind. 5

In **Baden-Württemberg** sieht § 12 Abs. 1 BWNRG für Hecken bis 1,80 m Höhe einen Abstand von 50 cm und bei höheren Hecken einen entsprechend der Mehrhöhe größeren Abstand vor. Gemäß § 16 Abs. 1 BWNRG sind bei Beerenobststräuchern ein Mindestabstand von 50 cm, bei Kernobst und Steinobstbäumen von 2 m, bei sonstigen Obstbäumen 3 m, bei artgemäß schmalen Bäumen wie Birken, Blaufichten uä, Obstbäumen mit auf stark wachsenden Unterlagen und veredelten Obstbäumen von 4 m und bei großwüchsigen Bäumen von 8 m zur Grundstücksgrenze einzuhalten. Gemäß § 20 BWNRG gelten diese Grenzen nicht für diese in der Höhe nicht überschreitende Anpflanzungen hinter geschlossenen Einfriedungen. § 23 Abs. 1 BWNRG sieht vor, dass der Nachbar die Beseitigung herüberragender Zweige eines auf dem Nachbargrundstück stehenden Obstbaumes nur bis zur Höhe von 3 m verlangen kann. Gemäß § 24 Abs. 1 BWNRG dürfen Wurzeln von Obstbäumen abweichend von § 910 Abs. 1 BGB nur entfernt werden, wenn das für die Unterhaltung eines Weges, eines Grabens, einer baulichen Anlage oder einer sonstigen Anlage erforderlich ist. 6

In **Bayern** regelt Art. 47 Abs. 1 BayAGBGB ein Recht des Nachbarn vor zu verlangen, dass auf dem Nachbargrundstück Bäume, Sträucher und Hecken mit einer Höhe von 2 m mit einem Abstand von mindestens 50 cm und höhere Gewächse mit einem Abstand von 2 m gepflanzt werden.[9] Für Wald und landwirtschaftliche Gewächse gelten gemäß Art. 47 Abs. 2, 48 BayAGBGB Sonderregelungen. 7

In **Berlin** dürfen Bäume und Sträucher gemäß § 27 NachbG Bln, wenn sie stark wachsen, mit einem Abstand von 3 m, bei anderen Bäumen von 1,5 m, bei nicht hochstämmigen Obstbäumen mit 1 m und bei Sträuchern mit 50 cm zur Grundstücksgrenze angepflanzt werden. § 28 NachbG Bln sieht für Hecken mit einer Höhe von 2 m einen Abstand von 0,5 m und für höhere Hecken einen Abstand von 1 m vor. 8

In **Brandenburg** sieht § 37 BbgNRG, soweit diese eine Höhe von 2 m überschreiten, für Obstbäume einen Abstand von 2 und bei den sonstigen Bäumen einen Abstand von 4 m sowie bei sonstigen Anpflanzungen einen Abstand von mindestens zwei Drittel seiner Höhe vom Erdboden vor. 9

In **Hessen** regelt § 38 HNachbG einen Grenzabstand von 4 m bei sehr stark wachsenden Allee- und Parkbäumen, von 2 m bei stark wachsenden Allee- und Parkbäumen und von 1,5 m bei allen übrigen Allee- und Parkbäumen. Für Walnussbäume ist ein Abstand von 4 m, für Kernobstbäume, die auf einer stark wachsenden Unterlage veredelt sind, sowie Süßkirschbäume und veredelte Walnussbäume ein Mindestabstand von 10

7 LG München Urt. vom 17.6.2018 – 41 O 14768/16, ZMR 2019, 470 (471).

8 BGH Urt. v. 2.12.1988 – V ZR 26/88, NJW 1989, 1032 (1032 f.); LG Bielefeld Beschl. v. 13.9.2001 – 20 T 33/01, NJW-RR 2002, 525 (525).

9 Bei einer Grenzbepflanzung eines tiefer als das Nachbargrundstück liegenden Grundstücks in Bayern ist die zulässige Bewuchshöhe von dem höheren Niveau des Nachbargrundstücks aus zu messen: BGH Urt. v. 2.6.2017 – V ZR 230/16, NJW-RR 2017, 1427 (1427).

1,5 m vorgegeben. Für Ziersträucher gilt abhängig von ihrer Art ein Grenzabstand zwischen 0,5 m und 1 m. § 39 HNachbG sieht für Hecken über 2 m Höhe einen Abstand von 75 cm, bis zu 2 m von 0,5 m und bis zu 1,2 m einen Abstand von 0,25 m vor.[10]

11 In **Niedersachsen** bestimmt § 50 NNachbG für Bäume und Sträucher mit einer Höhe bis 1,2 m einen Abstand 0,25, bis zu 2 m bis zu 0,5 m, bis zu 3 m von 0,75 m, bis zu 5 m von 1,23 m, bis zu 15 m von 3 m und über 15 m 8 m.

12 In **Nordrhein-Westfalen** sieht § 41 NachbG NRW für Bäume außer Obstgehölzen, wenn sie stark wachsen, einen Mindestabstand von 4 m und für die übrigen Bäume und stark wachsende Ziersträucher von 2 m, bei den übrigen Ziersträuchern von 0,5 m und bei Obstgehölzen zwischen 0,5 m und 2 m vor. Gemäß § 42 NachbG NRW ist bei Hecken mit einer Höhe über 2 m ein Mindestabstand von 1 m und bei niedrigeren Hecken von 0,5 m einzuhalten.[11] Für Waldflächen (§ 40 NachbG NRW) und Baumschulen (§ 44 NachbG NRW) gelten Sonderregelungen.

13 In **Rheinland-Pfalz** sieht § 44 LNRG RhPf für Bäume, Sträucher und einzelne Rebstöcke bei Bäumen außer Obstbäumen, soweit sie sehr stark wachsen, einen Abstand von 4 m, soweit sie stark wachsen, von 2 m und im Übrigen von 1,5 m vor. Für Obstbäume gilt ein Mindestabstand von 4 m für Walnusssämlinge, von 2 m bei Obstbäumen, die auf stark wachsenden Unterlagen veredelt wurden, sowie Süßkirschbäume und veredelte Walnussbäume von 1,5 m bei den übrigen Obstbäumen und bei den Sträuchern und Rebstöcken zwischen 0,5 und 1 m. Für Hecken regelt § 45 LNRG RhPf bei einer Höhe von bis zu 1 m einen Abstand von 0,25 m, bei einer Höhe bis zu 1,5 m einen Abstand von 0,5 m, bei einer Höhe bis zu 2,0 m einen Abstand von 0,75 m und bei über 2 m hohen Hecken einen um ein das Maß der Mehrhöhe größeren Abstand als 0,75 m.

14 Im **Saarland** regelt § 38 NachbG Saarl für Bäume (außer Obstbäume), Sträucher und einzelne Rebstöcke bei sehr stark wachsenden Bäumen einen Abstand von 4 m, bei stark wachsenden Bäumen einen Abstand von 2 m und bei den übrigen Bäumen einen Abstand von 1,5 m. Der Mindestabstand für Walnusssämlinge beträgt 4 m für Kernobstbäume, auf stark wachsenden Unterlagen veredelt, sowie für Süßkirschbäume und veredelte Walnussbäume 2 m, für Kernobstbäume, auf schwach wachsenden Unterlagen veredelt, sowie für Steinobstbäume (ausgenommen Süßkirschbäume) 1,5 m und für Sträucher abhängig von ihrer Art zwischen 0,5 und 1 m. Für Hecken sieht § 49 NachbG Saarl bei einer Höhe bis zu 1 m 25 cm, bis zu 1,5 m Höhe 50 cm und bei einer Höhe über 1,5 m 75 cm Abstand vor.

15 In **Sachsen** kann der Nachbar verlangen, dass Bäume, Sträucher und Hecken im Zusammenhang bebauter Ortsteile mindestens 0,5 m sowie für den Fall, dass sie über 2 m hoch sind, 2 m von der Grundstücksgrenze des Nachbarn entfernt sind.

16 In **Sachsen-Anhalt** sind Bäume, Sträucher und Rebstöcke gemäß § 34 LSANbG bei einer Höhe von bis zu 1,5 m 0,5 m, bis zu 3 m 1 m, bis zu 5 m 1,25 m, bis zu 15 m 3 m entfernt anzupflanzen.

17 In **Schleswig-Holstein** sind gemäß § 37 Abs. 1 NachbG Schl.-H. Bäume, Sträucher und Hecken von über 1,2 m Höhe in einem Abstand zum Nachbargrundstück zu pflanzen, der mindestens ein Drittel der Höhe über dem Erdboden beträgt.

18 In **Thüringen** gilt gemäß § 44 ThürNRG für sehr stark wachsende Bäume (ausgenommen Obstbäume) ein Abstand von 4 m, für stark wachsende Bäume 2 m, alle übrigen Bäume 1,5 m, mit Ausnahme von Walnusssämlingen 4 m, Kernobstbäume, auf stark wachsenden Unterlagen veredelt, sowie Süßkirschbäume und veredelte Walnussbäume 2 m, Kernobstbäume, auf schwach wachsender Unterlage veredelt, sowie Stein-

10 In Hessen dürfen Hecken hinter Grenzwänden ohne Einhaltung eines Mindestabstands bis zur Höhe der Grenzwand wachsen: AG Gießen Urt. v. 16.6.2017 – 41 C 49/17, juris Rn. 45.

11 Kommt es auf die Höhe einer Hecke an, wird diese auch bei einem hängenden Grundstück von der Stelle an gemessen, an der die Hecke aus dem Erdboden austritt; LG Düsseldorf Beschl. v. 14.4.1998 – 19 T 97/98, NJW-RR 1998, 1387 (1387); OLG Frankfurt a.M. Urt. v. 7.11.1996 – 15 U 173/95, NJW-RR 1997, 657 (657).

obstbäume (ausgenommen Süßkirschbäume) und Sträucher je nach ihrer Art von 0,5 m bis 1 m. Bei Hecken beträgt der Grenzabstand bis zu einer Höhe von 1 m 0,25 m, bei einer Höhe von 1,5 m 0,5 m, bei einer Höhe von 2 m 0,75 m und bei einer Höhe von über 2 m ein um das Maß der Mehrhöhe größerer Abstand.

b) Grenzbepflanzung und Einfriedungen. Hecken und sonstige Grenzbepflanzungen sind in den Grenzen, die ihnen von den Landesgesetzen gesetzt sind, zulässig. Ihre Zulässigkeit kann sich auch aus einer Ortsüblichkeit ergeben. Einfriedungen durch Hecken sind ortsüblich, wenn eine Mehrheit der Vergleichsgrundstücke in einer bestimmten Art und Weise eingefriedet sind.[12] Maßgeblich für eine Hecke ist, ob Einzelpflanzen mit hinreichendem Seitenabstand oder von vornherein als Teil einer Einheit gepflanzt worden sind. Eine Hecke liegt vor, wenn die Pflanzen so dicht eingeordnet sind, dass mit ihnen ein Dichtschluss, sowie eine Höhen- und Seitenbegrenzung erreicht wird. Das kann auch durch eine Fichtenreihe erfüllt werden.[13] Gestatten die Landesgesetze eine Hecke, darf diese, auch wenn sie aus einer Fichtenreihe besteht, eine Höhe von drei Metern nicht übersteigen. Bei einer größeren Höhe verliert die Fichtenreihe ihre Eigenschaft als Hecke und der Nachbar hat einen Beseitigungsanspruch aus § 1004 Abs. 1 BGB.[14] 19

c) Verjährung und Ausschlussfrist. Regelmäßig sehen die Landesrechte Verjährungs-[15] und Ausschlussfristen[16] vor. Deren Sinn und Zweck ist es, innerhalb eines Zeitraums, der die Interessen beider Nachbarn berücksichtigt, eine abschließende Klärung des nachbarschaftlichen Verhältnisses in Bezug auf das Höhenwachstum herbeizuführen.[17] Nach Ablauf der landesgesetzlich geregelten Fristen, innerhalb derer die Beseitigung einer zu eng an der Grundstücksgrenze erfolgten Bepflanzung gefordert werden kann, kann der Nachbar weder verlangen, die Bäume und Gehölze zu beseitigen, noch sie auf eine zulässige oder andere Länge zurückzuschneiden.[18] Der Fristbeginn kann von dem Zeitpunkt der Anpflanzung, aber auch von demjenigen abhängen, an dem die normverletzende Höhe erreicht wurde. Sieht das Landesrecht keine Verjährung des Anspruchs auf einen Zurückschnitt vor, ist im Hinblick auf die Verwirkung auch zu berücksichtigen, dass die Hecke einem jährlichen Wachstum ausgesetzt ist, so dass es an dem für die Verwirkung erheblichen Umstandsmoment fehlen dürfte.[19] 20

2. Unterlassungs- und Beseitigungsanspruch aus § 1004 Abs. 1 BGB

Wenn nach dem Landesrecht ein Beseitigungsanspruch wegen eines Fristablaufs nicht mehr besteht, kann dieser, soweit dessen Voraussetzungen vorliegen, weiter aus § 1004 Abs. 1 BGB abgeleitet werden, weil das Landesrecht dies zwar zugunsten des Nachbarn, nicht aber zu Ungunsten des Nachbarn ausschließen oder verhindern kann.[20] So ist der Eigentümer eines Grundstücks, auf dem ein Baum stand, der altersbedingt auf das Nachbargrundstück fiel, ein Störer im Sinne des § 1004 Abs. 1 BGB.[21] Dessen Verantwortung scheidet aber aus, wenn sich lediglich Naturkräfte verwirklicht haben.[22] 21

12 BGH Urt. v. 22.5.1992 – V ZR 93/91, NJW 1992, 2569 (2569 f.); AG Brandenburg Urt. v. 27.9.2019 – 31 C 272/17, juris Rn. 115.

13 LG Limburg Urt. v. 6.3.1985 – 3 S 188/84, NJW 1986, 595 (595).

14 LG Zweibrücken Urt. v. 30.9.1997 – 3 S 80/97, MDR 1997, 1119 (1120); *Stollenwerk* NZM 1998, 325.

15 § 26 NBG BW; Art. 52 BayAGBGB; § 53 LNRG RhPf.

16 § 32 NachbG Bln; § 40 BbgNRG; § 43 Abs. 1 HNachbG; § 62 NNachbG; § 47 NachbG NRW; § 55 Abs. 1 NachbG Saarl; § 40 NbG SA; § 43 NAchbGSH; § 51 Abs. 3 ThürNRG.

17 BGH Urt. v. 8.12.2017 – V ZR 16/17, NJW-RR 2018, 394 (396); BGH Urt. v. 14.11.2003 – V ZR 102/03, NJW 2004, 1037 (1038); AG Brandenburg Urt. v. 27.9.2019 – 31 C 272/17, juris Rn. 93.

18 BGH Urt. v. 14.11.2003 – V ZR 102/03, NJW 2004, 1037 (1038); OLG Köln Urt. v. 12.7.2011 – I-4 U 18/10, juris Rn. 9; aA LG Tübingen Urt. v. 18.5.2006 – 1 O 91/05, juris Rn. 21, das ein Zurückschneiden verlangt.

19 OLG Stuttgart Urt. v. 14.11.2006 – 12 U 97/06, juris Rn. 29.

20 BGH Urt. v. 10.6.2005 – V ZR 251704, ZMR 2013, 395; OLG Brandenburg Urt. v. 17.8.2015 – 5 U 109/13, NZM 2015, 798 (799).

21 BGH Urt. v. 21.3.2003 – V ZR 319/02, NJW 2003, 1732 (1733).

22 BGH Urt. v. 7.7.1995 – V ZR 213/94, NJW 1995, 2633 (2634).

3. Nachbarschaftliches Gemeinschaftsverhältnis

22 Aus dem nachbarschaftlichen Gemeinschaftsverhältnis und der daraus hervorgehenden Pflicht zur wechselseitigen Rücksichtnahme kann neben den landesrechtlichen Vorschriften ein Anspruch resultieren, wenn dies zum Ausgleich der wechselseitigen Interessen dringend geboten erscheint.[23] Das gilt insbesondere auch in den Ländern, in denen keine Nachbargesetze in Kraft getreten sind. Aus dem nachbarschaftlichen Gemeinschaftsverhältnis kann sich daraus bei erheblichen Beeinträchtigungen, wie etwa der vollständigen Abschattung des gesamten Grundstücks während der größten Zeit des Tages, ein Anspruch auf das Zurückschneiden der beeinträchtigenden Bäume, Sträucher oder Hecken ergeben.[24] Dieser Anspruch wird auch nicht dadurch ausgeschlossen, dass ein Grundstück in der Kenntnis des grenznahen Baumbestandes erworben wurde.[25] Regelmäßig ist auch die Beseitigungspflicht fristgebunden. Hierbei kommt es nicht darauf an, ob in der Zeit ein Wechsel der Eigentümerstellung am Nachbargrundstück eingetreten ist. Wegen einer Verschattung können Nachbarn regelmäßig keine Ansprüche aus dem nachbarschaftlichen Gemeinschaftsverhältnis ableiten, wegen derer der Rückschnitt von Hecken verlangt werden kann. Die durch die Verschattung begründeten negativen Einwirkungen sind grundsätzlich nicht als Eigentumsverletzungen abwehrbar.[26] Werden die landesrechtlichen Abstandsregelungen eingehalten, lassen sich bei Beeinträchtigungen des Nachbargrundstücks durch Immissionen von Anpflanzungen auch keine Ansprüche aus dem nachbarschaftlichen Gemeinschaftsverhältnis ableiten.[27] Ein Anspruch daraus kann nur dann gegeben sein, wenn der Nachbar wegen der Höhe und des Umfangs der Bäume ungewöhnlich schweren, keineswegs mehr hinzunehmenden Beeinträchtigungen ausgesetzt ist.[28]

4. Nachbarschaftlicher Ausgleichsanspruch

23 Kann der Nachbar die Beseitigung von den landesrechtlich vorgeschriebenen Grenzabstand verletzenden Bäumen wegen des Ablaufs der Ausschlussfrist nicht verlangen, kann ihm wegen eines durch das Abfallen von Laub und Nadeln, Blüten und Zapfen erhöhten Reinigungsaufwands ein nachbarrechtlicher Ausgleichsanspruch zustehen.[29] Beeinträchtigungen durch Büsche und Bäume an der Grundstücksgrenze können aber auch nach den Grundsätzen des nachbarschaftlichen Gemeinschaftsverhältnisses einen Ausgleichsanspruch begründen. Voraussetzung ist, dass sich eine Gefahr verwirklicht, die nicht durch das Verwirklichen eines Anspruchs aus § 1004 BGB, abgewendet werden konnte[30] und die der Nachbar zu verantworten hat. Fallen regelmäßig Laub, Nadeln, Blütenstaub und Zapfen auf das Nachbargrundstück[31] und muss dieser das als ortsüblich hinnehmen, kann er dafür nur in wenigen Ausnahmefällen[32] aus § 906 Abs. 2 BGB einen Ausgleich verlangen.[33] Voraussetzung des Ausgleichsanspruchs ist, dass kein Beseitigungsanspruch bestanden hat. Zur Beseitigung kann auch ein Eigentümer verpflichtet sein, der sein Grundstück bestimmungsgemäß nutzt, wenn dem Nachbarn ein Abwehrrecht gegen etwas zusteht, auf das allein der Nachbar Einfluss nehmen kann.[34] Stürzt ein Baum vom Nachbargrundstück altersbedingt auf das Grundstück, wird dadurch regelmäßig kein nachbarschaftlicher Ausgleichsanspruch entsprechend § 906 Abs. 2

23 *Horst* NZM 2017, 60.
24 AG Mettmann Urt. v. 12.6.1991 – 24 C 78/90, WuM 1991, 576 (576); *Horst* MDR 1998, 685; *Horst* DWW 1997, 362.
25 OLG Brandenburg Urt. v. 17.8.2015 – 5 U 109/13, NZM 2015, 798 (799).
26 AG Brandenburg Urt. v. 27.9.2019 – 31 C 272/17, juris Rn. 86; BGH Urt. v. 10.7.2015 – V ZR 229/118/79.
27 BGH Urt. v. 20.9.2019 – V ZR 218/18, NJW 2020, 607 (608 f.).
28 OLG Saarbrücken Urt. v. 23.8.2007 – 8 U 385/06-102, OLGReport 2007, 927 (928).
29 BGH Urt. v. 27.10.2017 – V ZR 8/17, NJW 2018, 1010 (1011).
30 BGH Urt. v. 11.6.1999 – V ZR 377/98, NJW 1999, 2896 (2897); BGH Urt. v. 2.3.1984 – V ZR 54/83, NJW 1984, 2207 (2208).
31 Blüten- und Laubbefall sind als ähnliche Einwirkungen Immissionen im Sinne des § 906 Abs. 1 BGB: OLG Stuttgart Urt. v. 28.10.1987 – 9 U 161/87, NJW-RR 1988, 204 (204).
32 *Weick* NJW 2011, 1703.
33 OLG Karlsruhe Urt. v. 9.3.1983 – 6 U 150/82, NJW 1983, 2886 (2886). Zu den Ansprüchen des Nachbarn wegen Laubbefalls: *Horst* DWW 1991, 323.
34 BGH Urt. v. 11.6.1999 – V ZR 377/98, NJW 1999, 2896 (2897).

S. 2 BGB begründet, wenn die drohende Gefahr für den Nachbarn erkennbar war und er Abwehrmaßnahmen ergreifen konnte.[35]

IV. Beseitigung eines Überhangs

Gegen grenzüberschreitende Wurzeln kann ein Abwehranspruch aus § 910 Abs. 1 BGB bestehen.[36] Wachsen Zweige über die Grundstücksgrenze, ist der Grundstückseigentümer Störer (→ *Überhängen von Zweigen* Rn. 4 ff).[37] Die Verantwortlichkeit des Grundstückseigentümers folgt daraus, dass er den Überwuchs durch Anpflanzungen selbst geschaffen hat.[38] Eigentümer eines Baumes ist, unabhängig von den Wurzeln, der Eigentümer des Grundstücks, auf dessen Grundstück der Baum aus dem Boden tritt. Der Beseitigungsanspruch ist nach § 910 Abs. 2 BGB ausgeschlossen, wenn die Wurzeln und Zweige das Nachbargrundstück nicht beeinträchtigen.[39] Die Beeinträchtigung muss konkret sein. Allein durch pflanzliche Immissionen, wie fallenden Früchte, wird keine unzumutbare Beeinträchtigung begründet.[40] Die Beseitigung von überhängenden Zweigen, die Schatten auf das Nachbargrundstück werfen, kann dann nicht verlangt werden, wenn die nach dem Beschneiden verbleibenden Äste einen Schatten werfen würden, der dem unbeschnittenen Zustand weitgehend entspricht, die Verschattung also nicht erheblich vermindert würde.[41] Wer im Herbst seinen ohnehin von einem alten Baumbestand umgebenen Garten pflegen muss, kann wegen Laub- und Astabwurf keinen Ausgleichsanspruch gegen den Nachbarn verfolgen.[42] Ein Überwuchs ist zumutbar, wenn er auf einer ortsüblichen Benutzung beruht.[43] Prägt ein alter Baumbestand ein Wohnviertel, kann es dem Nachbar zumutbar sein, einen Überwuchs und den dadurch begründeten Laub- und Samenbefall hinzunehmen.[44] Auch kann das Beseitigen eines Überhangs dann nicht verlangt werden, wenn öffentlich-rechtliche Verbote, etwa wegen einer Naturschutzsatzung, bestehen und es dem Grundstückseigentümer nicht möglich ist, eine Genehmigung für die Beseitigung der Störungsquelle zu erhalten.[45] 24

1. Selbstbeseitigung

Die Regelung des § 910 Abs. 1 BGB räumt dem Grundstückseigentümer lediglich ein Selbsthilferecht ein. Gemäß § 910 Abs. 1 S. 1 BGB kann der Eigentümer eines Grundstücks die Wurzeln eines Baumes die in das Grundstück eingedrungen sind, abschneiden und behalten. Nach § 910 Abs. 1 S. 2 BGB gilt das Gleiche für überhängende Äste, wenn dem Nachbarn zuvor erfolglos eine angemessene Frist zur Beseitigung gesetzt worden ist.[46] Über die Grundstücksgrenze ragende Äste dürfen nur bis zur Grundstücksgrenze und nicht bis zum Stamm zurückgeschnitten werden.[47] 25

35 BGH Urt. v. 21.3.2003 – V ZR 319/02, NJW 2003, 1732 (1733); OLG Saarbrücken Urt. v. 22.3.2017 – 2 U 7/16, NJW 2018, 572 (575).
36 BGH Urt. v. 7.7.1995 – V ZR 213/94, NJW 1995, 2633 (2634).
37 OLG Köln Urt. v. 12.7.2011 – I-4 U 18/10, juris Rn. 13.
38 BGH Beschl. v. 13.1.2005 – V ZR 83/04, NZM 2005, 318 (319); BGH Urt. v. 14.11.2003 – V ZR 102/03, NJW 2004, 1037 (10388); OLG Köln Urt. v. 12.7.2011 – I-4 U 18/10, juris Rn. 15.
39 OLG Düsseldorf Urt. v. 5.11.1974 – 4 U 54/74, NJW 1975, 739 (739 f.); LG Köln Urt. v. 13.7.2010 – 27 O 239/09, NJOZ 2010,2558 (2559); LG Saarbrücken Urt. v. 5.6.1986 – 2 S 185/84, NJW-RR 1986, 1341 (1341); AG Krefeld Urt. v. 30.8.2017 – 2 C 300/15, juris Rn. 16.
40 AG Frankfurt Urt. v. 5.4.1990 – 32 C 2870/89, NJW-RR 1990, 1101 (1102); aA AG Backnang Urt. v. 31.3.1989 – 3 C 35/89, NJW-RR 1989, 785 (785).
41 OLG Oldenburg Urt. v. 25.7.1990 – 4 U 89/89, NJW-RR 1991, 1367 (1367).
42 OLG Hamm Urt. v. 1.12.2008 – 5 U 161/08, NJW-RR 2009, 739 (740).
43 BGH Urt. v. 14.6.2019 – V ZR 102/18, NZM 2019, 898 (899).
44 AG Frankfurt Urt. v. 28.7.1989 – 32 C 2772/88, NJW-RR 1990, 146 (146).
45 BGH Urt. v. 14.6.2019 – V ZR 102/18, NZM 2019, 898 (899); OLG Düsseldorf Urt. v. 20.4.1988 – 9 U 228/87, NJW 1989, 1807 (1808); OLG Hamm Beschl. v. 6.11.2007 – 3 Ss OWi 494/07, NJW 2008, 453 (453); OLG Bremen Urt. v. 15.5.1998 – 4 U 4/98, OLGReport 1998, 409 (409); *Otto* NJW 1989, 1784; *Horst* NZM 2017, 59.
46 LG Oldenburg Urt. v. 31.7.1984 – 1 S 361/84, ZMR 1985, 99 (100).
47 LG Bielefeld Urt. v. 4.11.1959 – 1 S 250/59, NJW 1960, 678 (678).

2. Ergänzender Anspruch aus § 1004 Abs. 1 BGB

26 Durch die Sonderregelung des § 910 BGB wird die Anwendung des § 1004 Abs. 1 BGB nicht gesperrt.[48] Das Beseitigen überhängender Zweige kann von dem jeweiligen Eigentümer aber aus §§ 1004 Abs. 1, 910 Abs. 1 BGB verlangt werden.[49] Das gilt insbesondere auch für Efeu- und Weinranken. Da durch das Abschneiden der Wurzeln und Zweige die Ursache für den Überwuchs nicht beseitigt ist, beeinträchtigen diese weiterhin das Eigentum. Das Unterlassen dieser Störung kann aus § 1004 Abs. 1 BGB verlangt werden.[50] Diese ist dem Grundstückseigentümer zumindest dann zurechenbar, wenn dies im Wege der ordnungsgemäßen Bewirtschaftung des Grundstücks zu vermeiden gewesen wäre.[51] Daran fehlt es regelmäßig, wenn die landesrechtlichen Vorschriften insbesondere zum Grenzabstand eingehalten worden sind.[52] Ein Anspruch auf Beseitigung von Wurzeln aus § 1004 Abs. 1 BGB besteht dann, wenn die über die Grenze verlaufenden Wurzeln zu Brüchen und zu Anhebungen des an der Grenze befindlichen Asphalts geführt[53] oder Leitungen beschädigt haben.[54] In Ausnahmefällen kann aus § 1004 Abs. 1 BGB auch das Unterlassen von nachbarlichem Laub und Nadelflug als wesentliche Beeinträchtigung im Sinne von § 906 BGB durchgesetzt werden.[55]

3. Kostenerstattung

27 Beseitigt der Nachbar die von dem anderen Grundstück hinüberwachsenden Baumwurzel selbst, obwohl der Nachbar zur Beseitigung verpflichtet gewesen wäre, kann er die Kosten dafür nach den bereicherungsrechtlichen Grundsätzen verlangen.[56] Hat der beeinträchtigte Nachbar die zu erheblichen Schäden führende Beeinträchtigung seines Grundstücks sehenden Auges in Kauf genommen, kann sein auf § 1004 Abs. 1 BGB gestützter Ersatzanspruch unter entsprechender Anwendung von § 254 BGB gekürzt werden, weil der Betroffene seine eigenen Interessen nicht hinreichend gewahrt hat.[57]

4. Ersatzanspruch

28 Wenn über die Grundstücksgrenze dringende Wurzeln eines Baumes, dessen Beseitigung der Nachbar nicht mehr verlangen kann, das Nachbargrundstück, etwa dort liegende Leitungen, beschädigt, kann dies wegen der zur Beseitigung aufgewandten Kosten wegen des fehlenden Verschuldens zwar keinen Schadensersatzanspruch,[58] jedoch einen bereicherungsrechtlichen Anspruch oder einen solchen aus einer Geschäftsführung ohne Auftrag begründen, wenn der Nachbar zumindest aus § 1004 Abs. 1 BGB verpflichtet war, die Wurzeln zu beseitigen.[59] Muss der Grundstücksnachbar dagegen den Fall von Laub und Zapfen auf sein Grundstück in erheblichem Umfang dulden, etwa weil dies ortsüblich ist, kann er dafür von dem Nachbar gemäß § 906 BGB einen angemessenen Ausgleich in Geld verlangen.[60] Der gestörte Nachbar kann sich frei

48 BGH Urt. v. 14.6.2019 – V ZR 102/18, NZM 2019, 898 (898); BGH Urt. v. 28.11.2003 – V ZR 99/03, NJW 2004, 603 (604); BGH Beschl. v. 13.1.2005 – V ZR 83/04, NZM 2005, 318 (319); OLG Köln Urt. v. 12.7.2011 – I-4 U 18/10, juris Rn. 14; LG Heidelberg Urt. v. 30.11.1966 – 3 S 35/66, NJW 1967, 1917 (1917).

49 AG München Urt. v. 28.2.2012 – 173 C 19258/09, juris Rn. 28.

50 BGH Urt. v. 28.11.2003 – V ZR 99/03, NJW 2004, 603 (603).

51 BGH Urt. v. 28.11.2003 – V ZR 99/03, NJW 2004, 603 (604).

52 BGH Urt. v. 20.9.2019 – V ZR 218718, NJW 2020, 607 (608).

53 KG Urt. v. 15.7.2008 – 7 U 180/07, NZM 2008, 700 (700 f.).

54 BGH Urt. v. 2.12.1988 – V ZR 26/88, NJW 1989, 1032 (1032f.); BGH Urt. v. 7.3.1986 – V ZR 92/85, NJW 1986, 2460 (2461).

55 BGH Urt. v. 14.11.2003 – V ZR 102/03, NJW 2004, 1037 (1040); OLG Frankfurt Urt. v. 14.7.1987 – 14 U 124/86, NJW 1988, 2618 (2619).

56 OLG Düsseldorf Urt. v. 22.6.2007 – I-22 U 6/07, OLGReport 2008, 7 (9).

57 BGH Urt. v. 18.4.1997 – V ZR 28/96, NJW 1997, 2234 (2235).

58 Die Regelung des § 910 Abs. 1 BGB ist kein Gesetz, das vor Schäden durch über die Grenze hängende Zweige schützt, so dass sie auch bei giftigen Zweigen kein Schutzgesetz im Sinne des § 823 Abs. 2 BGB ist: OLG Düsseldorf Urt. v. 5.11.1974 – 4 U 54/74, NJW 1975, 739 (739).

59 OLG Düsseldorf Urt. v. 11.6.1986 – 9 U 51/86, NJW 1986, 2648 (2649); aA LG Frankfurt Urt. v. 21.1.1986 – 2/8 S 150/85, NJW-RR 1986, 503 (503).

60 OLG Karlsruhe Urt. v. 9.3.1983 – 6 U 150/82, NJW 1983, 2886 (2886).

entscheiden, ob er einen Anspruch aus § 1004 Abs. 1 BGB verfolgt oder aus § 910 BGB vorgeht.[61] In beiden Fällen wird der Anspruch durch § 906 Abs. 2 BGB eingeschränkt.[62]

5. Schadensersatzanspruch des Nachbarn

Beschneidet der Grundstückseigentümer die auf sein Grundstück ragenden Äste, ohne seinem Nachbarn zuvor eine Frist zum Beseitigen gesetzt zu haben, ist dies nicht durch § 910 Abs. 1 S. 2 BGB gerechtfertigt, so dass grundsätzlich ein Schadensersatzanspruch aus § 823 Abs. 1 BGB bestehen kann. Wird jedoch durch das Zurückschneiden der Äste lediglich der Zustand herbeigeführt, den der Eigentümer des mit dem Baum bewachsenen Grundstücks selbst hätte herbeiführen müssen, ist durch das fachgerechte Abschneiden der Äste kein Schaden entstanden.[63] Nicht rechtmäßig war es trotz einer Fristsetzung dann, wenn das Selbsthilferecht wegen einer entgegenstehenden Baumschutzsatzung ausgeschlossen und der Grundstücksnachbar deshalb zur Duldung des Überwuchses verpflichtet ist. Beschneidet der Nachbar den Überhang trotzdem, kann dadurch ein Schadensersatzanspruch aus § 823 Abs. 1 BGB begründet sein.[64] Wird ein Grenzbaum unberechtigt ohne das Einvernehmen des anderen Nachbarn gefällt, wird dadurch ein Schadensersatzanspruch aus §§ 823 Abs. 1, 823 Abs. 2 BGB iVm § 303 StGB begründet.[65] Der Schadensersatzanspruch besteht jedoch dann nicht, wenn die Zustimmung gemäß § 921 Abs. 2 BGB hätte erteilt werden müssen.[66] Beschädigen vom Baum herabfallende Früchte oder Äste auf dem Nachbargrundstück befindliche Gegenstände, haftet der Eigentümer der Bäume dafür nach Maßgabe des § 823 Abs. 1 BGB. 29

6. Schnittgut und Früchte

Für auf das Nachbargrundstück fallende Früchte enthält § 911 BGB eine Sonderregelung. Der Nachbar erwirbt das Eigentum an dem auf sein Grundstück fallenden Obst, dessen Fall auf sein Grundstück er jedoch nicht selbst veranlassen darf. Der Nachbar, der gemäß § 910 Abs. 1 BGB Äste entfernt, ist grundsätzlich nicht berechtigt, das entfernte Schnittgut auf das Grundstück des Nachbarn zu legen (→ *Fallobst* Rn. 5).[67] Der abschneidende Grundstückseigentümer erwirbt vielmehr das Eigentum an diesem.[68] 30

V. Grenzbepflanzung

Wächst ein Baum, also eine holzige Pflanze, die in einem Stamm aus einer Wurzel tritt,[69] nicht an, sondern auf der Grundstücksgrenze, handelt es sich dabei um einen Grenzbaum im Sinne von § 923 BGB. Für Bäume und Sträucher, die nicht auf, sondern neben der Grundstücksgrenze stehen, gilt die Regelung für den Grenzbaum aus § 923 BGB dagegen nicht.[70] 31

1. Grenzbaum

Wesentlich für die Annahme eines Grenzbaumes ist, dass dieser auf beiden Seiten der Grundstücksgrenze aus dem Boden hervortritt.[71] So lange der Baum steht, gehört jedem Grundstückseigentümer der auf seinem Grundstück stehende Teil des Baumes.[72] Dementsprechend sind beide Grundstückseigentümer gleichermaßen für die Sicherheit des Baumes verantwortlich. Damit obliegt ihnen jeweils auch gegenüber den Grund- 32

61 BGH Urt. v. 22.2.2019 – V ZR 136/18, NZM 2019, 350 (351).
62 OLG Saarbrücken Urt. v. 23.8.2007 – 8 U 385/06-102, OLGReport 2007, 927 (928).
63 OLG Frankfurt Urt. v. 15.6.2011 – 4 U 240/09, IMR 2012, 1032.
64 OLG Düsseldorf Urt. v. 18.10.1991 – 22 U 220/90, VersR 1992, 458 (458).
65 OLG Schleswig Urt. v. 17.10.2017 – 3 U 24/17, NJW-RR 2018, 269 (269).
66 OLG Schleswig Urt. v. 17.10.2017 – 3 U 24/17, NJW-RR 2018, 269 (269).
67 *Horst* NZM 2017, 61.
68 *Horst* NZM 2017, 61.
69 *Vollkommer* in BeckOGK § 923 Rn. 3.
70 BayObLG Beschl. v. 20.8.1987 – 2Z 50/87, WuM 1988, 95 (96).
71 BGH Urt. v. 2.7.2004 – V ZR 33/04, NJW 2004, 3328 (3329); OLG München Urt. v. 11.5.2016 – 20 U 4831/15, NJOZ 2017, 281 (282).
72 BGH Urt. v. 2.7.2004 – V ZR 33/04, NJW 2004, 3328 (3329).

stücksnachbarn eine Verkehrssicherungspflicht.[73] Gemäß § 923 Abs. 2 BGB kann jeder Nachbar von dem anderen die Beseitigung des Baumes verlangen. Das gilt gemäß § 923 Abs. 3 BGB auch für Grenzsträucher.

2. Hecken als Grenzeinrichtungen

33 Hecken sind insgesamt eine Grenzeinrichtung im Sinne von § 921 BGB, wenn auch nur einige Stämme der Heckenpflanzen am Ort ihres Austrittes von der Grenze durchschnitten werden.[74] Stehen die Stämme einer Hecke, wenn auch in der Nähe der Grundstücksgrenze, ausschließlich auf einem der benachbarten Grundstücke, ist der Grundstückseigentümer auch Eigentümer dieser Hecke und diese keine Grenzeinrichtung im Sinne des § 921 BGB.[75] Wird eine Hecke als Grenzeinrichtung ohne Zustimmung des einen Nachbarn von dem Grundstücksnachbar abgeholzt, kann der Nachbar die Wiederherstellung der Hecke nach § 1004 Abs. 1 BGB und §§ 823 Abs. 2 iVm 1004, 922 S. 3 BGB verlangen, sofern die Wiederherstellung der Hecke keine unverhältnismäßigen Aufwendungen erfordert.[76]

VI. WEG

34 Innerhalb einer Wohnungseigentümergemeinschaft können die nachbarrechtlichen Regelungen über Bepflanzungen im Grenzbereich keine unmittelbare Anwendung finden.[77] Aus § 18 Abs. 2 WEG folgt aber die Verpflichtung auf das Rücksichtnahmegebot. Die Wohnungseigentümer sind daran gebunden, ihr Sondernutzungsrecht nur im Rahmen des § 18 Abs. 2 WEG zu nutzen und die anderen Miteigentümer nicht mehr als erforderlich zu beeinträchtigen.[78] Aus diesem lassen sich die Abstände, die bei Bepflanzungen zu dem Gemeinschaftseigentum oder zum Sondereigentum anderer Wohnungseigentümer zu beachten sind, ableiten.[79] Bei der Interessenauslegung kann wiederum auf die landesrechtlichen Regelungen abgestellt werden.[80] Anwendbar sind die nachbarschaftsrechtlichen Regelung für benachbarte Gartenteile, hinsichtlich derer jeweils ein Sondereigentum zugewiesen ist.[81] Wenn Bruchteilseigentümer oder Wohnungseigentümer vereinbaren, dass abgegrenzte Teile des gemeinschaftlichen Grundstücks unter Ausschluss der übrigen Eigentümer als Garten genutzt werden dürfen, können die für das nachbarschaftliche Verhältnis geltenden bundes- und landesrechtlichen Vorschriften entsprechend angewendet werden.[82]

VII. Gefahrenabwehr

35 Stehen Bäume und Sträucher in der Nähe der Grundstücksgrenze, ist es die Pflicht des Grundstückseigentümers von diesen ausgehende Gefahren unabhängig davon abzuwenden, ob sie noch auf dem eigenen Grundstück, oder auf dem benachbarten Grundstück auftreten.[83] Somit kann sich eine Haftung aus der Verletzung einer Verkehrssicherungspflicht ergeben. Diese wird dadurch begründet, dass durch die Bäume und Sträucher eine Gefahrenlage für Dritte geschaffen wird. Das verpflichtet den Eigentümer dazu, die ihm zumutbaren Maßnahmen zu treffen, um die von diesen ausgehenden Gefahren von dem Dritten abzuwenden,

73 BGH Urt. v. 2.7.2004 – V ZR 33/04, NJW 2004, 3328 (3329).
74 BGH Urt. v. 15.10.1999 – V ZR 77/99, NJW 2000, 512 (513).
75 LG Oldenburg Urt. v. 31.7.1984 – 1 S 361/84, ZMR 1985, 99 (100).
76 BGH Urt. v. 15.10.1999 – V ZR 77/99, NJW 2000, 512 (514).
77 OLG Düsseldorf Beschl. v. 27.6.2001 – 3 Wx 79/01, NJW-RR 2002, 81 (81); aA KG Beschl. v. 13.6.2005 – 24 W 11/04, NZM 2005, 745 (746); AG München Urt. v. 5.5.2014 – 485 C 2913/12, ZWE 2014, 362 (362).
78 OLG Köln Beschl. v. 7.6.1996 – 16 Wx 88/96, NJW-RR 1997, 14 (14).
79 Soll eine inzwischen auf über 15 m Höhe gewachsene Hecke durch eine bis 2,80 m hohe Hecke ersetzt werden, liegt darin eine Maßnahme der ordnungsmäßigen Instandhaltung im Sinne des § 21 Abs. 5 Nr. 2 WEG begründet, die mehrheitlich beschlossen werden kann, OLG Hamm Beschl. v. 9.11.1995 – 15 W 163795, OLGReport 1996, 61 (61 f.) zu § 14 Nr. 1 WEG aF.
80 BGH Urt. v. 28.9.2007 – V ZR 276/06, NJW 2007, 3636 (3637); OLG Hamm Beschl. v. 21.10.2002 – 15 W 77/02, OLGReport 2003, 61 (62).
81 OLG Köln Beschl. v. 7.6.1996 – 16 Wx 88/96, OLGReport 1996, 233 (234).
82 BGH Urt. v. 28.9.2007 – V ZR 276/06, NJW 2007, 3636 (3636); BayObLG Beschl. v. 20.8.1987 – 2Z 50/87, WuM 1988, 95 (96).
83 Zur Verkehrssicherungspflicht bei einer unzureichenden Baumpflege: *Schneider* VersR 2007, 743.

die ein umsichtiger und verständiger, in Grenzen vorsichtiger Mensch für notwendig und ausreichend hält, um andere Menschen vor Schäden zu bewahren.[84] Bei Straßenbäumen führt das dazu, dass deren Eigentümer verpflichtet ist, seinen Baumbestand so anzulegen und zu pflegen, dass keine schädliche Einwirkungen auf Dritte drohen und er im Rahmen des Möglichen den Dritten vor Windbruch und Windwurf sichert.[85] Diese Anforderungen sind erst recht auf Bäume zu übertragen, die an der Grenze zum Nachbargrundstück stehen. So ist der Grundstückseigentümer dazu verpflichtet, dafür Sorge zu tragen, dass von dem auf seinem Grundstück stehenden Bäumen keine Gefahr für andere ausgeht. Damit ist der Baumbestand so anzulegen, dass nach forstwissenschaftlichen Erkenntnissen die Bäume gegen Windbruch und Windwurf sowie das Umstürzen gesichert sind.[86] Das betrifft auch gesunde Bäume.[87] Sichtkontrollen bei Straßenbäumen sind zumindest halbjährlich durchzuführen.[88] Diese Sichtkontrolle ist auch bei allen anderen Bäumen erforderlich, die im Hinblick auf die Verkehrssicherungspflicht relevant sein können.[89] Zeigen sich an ihnen auffällige Symptome einer Wurzelfäule, ist der Eigentümer verpflichtet, die Bäume untersuchen zu lassen.[90] Ist eine Krankheit eines Baumes bekannt, müssen die dadurch begründeten Gefahren, etwa des Umsturzes, abgewendet werden. Stürzen Bäume um, trifft den Grundstückseigentümer jedoch nur dann ein Verschulden, wenn die schadensbegründende Erkrankung des Baumes bei einer zumutbaren Sorge erkennbar war.[91] Erkennt der Grundstückseigentümer also eine von einem Gewächs ausgehende Gefahr für das Nachbargrundstück, muss er, sofern er nicht selbst hinreichend sachkundig ist, eine fachmännische Untersuchung veranlassen[92] In der WEG gehört die Erfüllung der auf das Gemeinschaftseigentum bezogenen Verkehrssicherungspflichten und damit auch die Pflicht zur Baumpflege zu einer ordnungsgemäßen Verwaltung. Wird einem Dritten die Verkehrssicherungspflicht übertragen, führt eine Verletzung davon damit nicht zu Schadensersatzansprüchen einzelner Wohnungseigentümer aus § 280 BGB gegen den Verband.[93]

VIII. Prozessuales

Sehen die Landesgesetze ein Schlichtungsverfahren vor, ist dieses bei Streitigkeiten um eine Grenzbepflanzung vor einem gerichtlichen Streitverfahren durchzuführen.[94] Das betrifft, auch wenn die Annahme, für diese Ansprüche sei vorab ein Schlichtungsverfahren durchzuführen, verfassungsrechtlich nicht zu beanstanden ist,[95] nur Ansprüche aus § 910 BGB, nicht jedoch daraus abgeleitete Zahlungsansprüche.[96] Streiten Miteigentümer derselben Wohnungseigentumsgemeinschaft über eine Grenzbepflanzung, unterfällt dies dann nicht dem Erfordernis eines vorherigen Schlichtungsverfahrens nach § 15a EGZPO.[97] Die Beweislast für eine dauerhafte Überschreitung der zulässigen Höhe von Pflanzen trägt der sich gestört fühlende Nachbar.[98] Die Darlegungs- und Beweislast dafür, dass von überhängenden Ästen im Sinne von § 910 Abs. 2 36

84 BGH Urt. v. 2.10.2012 – VI ZR 311/11, NJW 2013, 48 (48); BGH Urt. v. 15.7.2003 – VI ZR 155/02, VersR 2003, 1319 (1319); *Schneider* VersR 2007, 743. Dritte, die mit diesen Gefahren in Kontakt kommen, können keinen weitergehenden Schutz erwarten: BGH Urt. v. 2.10.2012 – VI ZR 311/11, NJW 2013, 48 (49).

85 BGH Urt. v. 2.10.2012 – VI ZR 311/11, NJW 2013, 48 (50); BGH Urt. v. 21.1.1965 – III ZR 217/63, NJW 1965, 815 (816).

86 BGH Urt. v. 2.7.2004 – V ZR 33/04, NJW 2004, 3328 (3329).

87 Hier wird teilweise verlangt, dass auch bei gesunden Bäumen Äste präventiv beschnitten werden, um einen Astbruch zu vermeiden: OLG Köln 25.4.1994 – VersR 1994, 1489.

88 OLG Hamm Urt. v. 4.2.2003 – 9 U 144/02, NJW-RR 2003, 968 (968).

89 *Braun* VersR 2005, 1663.

90 OLG Hamm Urt. v. 11.7.2003 – 9 U 71/03, NZV 2004, 140; vgl. *Weick* NJW 2011, 1703.

91 BGH Urt. v. 2.7.2004 – V ZR 33/04, NJW 2004, 3328 (3329); BGH Urt. v. 30.10.1965 – VI ZR 115/72, VersR 1974, 88 (90); *Hötzel* VersR 2004, 1235.

92 OLG Hamm Urt. v. 4.2.2003 – 9 U 144/02, VersR 2003, 1452 (1453).

93 BGH Urt. v. 13.12.2010 – V ZR 43/19, NJW 2020, 1798 (1789).

94 AG Krefeld Urt. v. 30.8.2017 – 2 C 300/15, juris Rn. 13.

95 BVerfG Beschl. v. 25.2.2009 – 1 BvR 3598/08, NJW-RR 2009, 1026 (1026).

96 OLG Saarbrücken Urt. v. 22.3.2017 – 2 U 7/16, NJW 2018, 572 (574).

97 LG Frankfurt Urt. v. 15.3.2018 – 2-13 S 102/17, MDR 2018, 730 (731); aA LG Dortmund Urt. v. 24.1.2017 – 1 S 166/16, juris Rn. 15; LG Dortmund Urt. v. 11.7.2017 – 1 S 282/16, NZM 2017, 705 (706).

98 AG Wilhelmshaven Urt. v. 21.12.2010 – 6 C 493/09, ZMR 2011, 651 (651).

BGB keine Beeinträchtigung ausgeht, trägt der Eigentümer des Baumes.[99] Werden Ansprüche auf Beseitigung einer Grenzbepflanzung verfolgt, folgt die ausschließliche Zuständigkeit des dinglich zuständigen Gerichts aus § 24 ZPO.[100] Die Klage wegen Überhangs kann nur auf die Beseitigung einer bereits bestehenden Beeinträchtigung, nicht aber auf eine solche künftig nachwachsender Zweige gerichtet werden.[101]

9. Aufschüttung

Kieß

Literatur: *Birk*, Nachbarrecht für Baden-Württemberg, 6. Aufl. 2018; *Bauer/Schlick*, Thüringer Nachbarrecht, 6. Aufl. 2018.

I. Einleitung

1 Man kann sowohl durch eine Vertiefung (→ *Vertiefung* Rn. 1 ff.) als auch durch eine Aufschüttung (Erhöhung des Grundstücks) auf das benachbarte Grundstück eines Eigentümers einwirken. Der Konflikt der Grundstücksnachbarn droht insbesondere, wenn die Aufschüttung nicht genügend abgesichert ist. Denn dann kann das aufgeschüttete Material auch aufgrund von Witterungseinflüssen auf das benachbarte Grundstück geraten und dort Schäden oder zumindest Belästigungen bewirken.

2 Da das BGB in § 909 nur die Vertiefung regelt, ist aufgrund Art. 124 EGBGB die landesrechtliche Kompetenz zum Erlass von Vorschriften[1] zur Erhöhung eröffnet. Soweit die Landesrechte Vorschriften für Aufschüttungen vorsehen, scheidet schon deshalb eine analoge Anwendung des § 909 BGB aus.[2] Soweit einige Landesrechte die Aufschüttung nicht regeln, ist auf den Anspruch aus dem nachbarschaftlichen Gemeinschaftsverhältnis zurückzugreifen.[3]

3 Streitig ist, ob neben den landesrechtlichen Vorschriften auch § 907 BGB anzuwenden ist. Der BGH lehnt die Anwendung ab, weil § 907 BGB nur für solche Anlagen anzuwenden sei, die dem Nachbargrundstück sinnlich wahrnehmbare Stoffe zuführen – was bei einer Aufschüttung regelmäßig nicht der Fall ist.[4] Dem Wortlaut des § 907 BGB ist diese Einschränkung nicht zu entnehmen, so dass bessere Gründe dafür spre-

99 BGH Beschl. v. 13.1.2005 – V ZR 83/04, NZM 2005, 318 (319).
100 OLG München Beschl. v. 7.1.2019 – 34 AR 245/18, MDR 2019, 348 (348).
101 OLG Karlsruhe Beschl. v. 8.10.1990 – 6 W 29/90, OLGZ 1991, 448 (450).
1 §§ 9 f. NRG BW, § 20 NachbG Bln, § 26 BbgNRG, § 26 NNachbG, § 30 NachbG NRW, § 43 LNRG RhPf, § 47 NachbG Saarl, § 17 SächsNRG, § 17 NbG, § 25 NachbG Schl.-H., § 43 ThürNRG.
2 BGH Urt. v. 29.6.2012 – V ZR 97/11, NJW-RR 2012, 1160; BGH Urt. v. 11.10.1973 – III ZR 159/71, NJW 1974, 53 Rn. 10; *Brückner* in MüKoBGB § 909 Rn. 12; *Saller* in Grziwotz/Lüke/Saller, NachbarR-HdB, 3. Teil Rn. 216.
3 *Saller* in Grziwotz/Lüke/Saller, NachbarR-HdB, 3. Teil Rn. 263; BGH Urt. v. 29.6.2012 – V ZR 97/11, NJW-RR 2012, 1160, Rn. 22; *Thomas/Schlüter* SächsNRG § 17 Anm. 1; → *Nachbarschaftliches Gemeinschaftsverhältnis* Rn. 16 ff.
4 BGH Urt. v. 21.8.1980 – III ZR 185/78, NJW 1980, 2580; so auch *Saller* in Grziwotz/Lüke/Saller, NachbarR-HdB, 3. Teil Rn. 160; *Thomas/Schlüter* SächsNRG § 17 Anm. 4.

chen, die Aufschüttung auch unter § 907 BGB zu fassen.[5] Soweit die Gefahr droht, dass sinnlich wahrnehmbare Stoffe auf das Nachbargrundstück einwirken, besteht ohnehin ein Anspruch aus § 907 BGB.

II. Begriffsbestimmung

Aufschüttungen sind **künstliche Erhöhungen** der Erdoberfläche eines Grundstücks über das Niveau des Nachbargrundstücks hinaus.[6] Es ist unerheblich, ob die Aufschüttung vorübergehend oder dauerhaft ist.[7] Erhöhungen, die durch Naturkräfte entstehen, fallen nicht unter die Regelungen. Keine bloße Aufschüttung liegt vor, wenn ein von Erde vollständig bedeckter Baukörper errichtet wird.[8] 4

Das Recht, das eigene Grundstück aufzuschütten, ist dabei grds. von § 903 BGB gedeckt. Nur wenn das Nachbargrundstück gefährdet wird, hat der Eigentümer Vorkehrungen zu treffen, um Schäden und Belästigungen am Nachbargrundstück zu verhindern. 5

III. Handlungs- und Unterlassungspflicht des Bauherrn

Der Eigentümer muss handeln, wenn das Nachbargrundstück durch eine Aufschüttung gefährdet ist, denn es reicht schon die **Gefährdung des Grundstücks** – mithin die Möglichkeit einer Schädigung.[9] Der Schaden muss allerdings nicht unmittelbar bevorstehen.[10] Erst recht ist der Eigentümer verpflichtet, Aufschüttungen zu unterlassen, die das Nachbargrundstück konkret gefährden. 6

Die Landesrechte differenzieren hinsichtlich der Ursachen der Gefährdung: Zum Teil schützen die landesrechtlichen Vorschriften vor jeglichen **Einwirkungen**, zum Teil sind die Einwirkungen konkret bezeichnet, nämlich Einwirkungen aufgrund Bodenbewegungen, Abschwemmung, Absturz oder Pressung des Bodens. 7

Soweit die Gefährdung durch wild abfließendes Wasser entsteht nachdem der Bauherr sein Grundstück aufgeschüttet hat, wird der Schutz durch § 37 WHG (→ *Wasser, wild abfließendes* Rn. 2 ff.) gewährleistet. Wird das Grundstück durch Niederschlagswasser gefährdet, gehen die landesrechtlichen Sonderregelungen zum Niederschlagswasser vor (→ *Niederschlagswasser* Rn. 9 ff.). 8

Liegt eine solche Gefährdung vor, kann der Bauherr die notwendigen Vorkehrungen auf verschiedenen Wegen treffen: Er kann den Schutz erreichen, indem er die Aufschüttung in **genügendem Abstand** von der Grundstücksgrenze errichtet. Den Abstand der Aufschüttung zur Grenze legen die meisten Landesrechte nicht fest. Sie verzichten vielmehr auf konkrete Maßangaben. Nur §§ 9 f. NRG BW und §§ 30, 36 NachbG NRW legen genaue Maße fest. 9

Der Schutz kann auch durch **bauliche Anlagen**, wie Stützmauern oder Böschungen auf dem eigenen Grundstück erreicht werden. Auch hier regeln nur §§ 9 f. NRG BW und §§ 30, 36 NachbG NRW konkret die Lage der Stützmauer. Eine an der Grenze errichtete Stützmauer kann über ihre Funktion als Stützmauer hinaus auch eine Einfriedung darstellen und muss dann die daran gestellten Anforderungen erfüllen (→ *Einfriedung* Rn. 5). 10

Handlungspflichtig ist der Eigentümer, dessen Grundstück aufgeschüttet wird. Der Wortlaut der landesrechtlichen Regelungen ist zwar zum Teil offen; es entspricht aber allgemeiner Meinung, dass nur der Eigentümer,[11] nicht aber etwa der handelnde Mieter über die nachbarrechtlichen Normen in Anspruch genommen werden kann. Er haftet zudem für Handlungen von Mieter, Pächter oder sonstigem Nutzungsbe- 11

---

5 So auch *Brückner* in MüKoBGB § 907 Rn. 5; *Roth* in Staudinger BGB § 907 Rn. 24; OLG Hamm 4.2.2016 – 5 U 148/14, NJOZ 2016, 1363, Rn. 74.

6 Nur § 17 SächsNRG enthält diese Einschränkung auf eine Erhöhung über das Niveau des Nachbargrundstücks nicht; anders aber *Thomas/Schlüter* SächsNRG § 17 Anm. 3.

7 *Thomas/Schlüter* SächsNRG § 17 Anm. 2.

8 VGH München Beschl. v. 14.4.2020 – 9 ZB 18.2090, juris Rn. 12.

9 OLG Brandenburg Urt. v. 22.8.2013 – 5 U 91/12, BeckRS 2013, 18894.

10 LG Berlin Urt. v. 28.1.1988 – 57 S 88/87, GE 1988, 773; *Albrecht* in Staudinger BGB EGBGB Art. 124 Rn. 17.

11 Vgl. etwa *Birk* NachbarR BW § 9 Anm. 2 b; *Bauer/Schlick* § 43 Rn. 7.

rechtigten, wenn er es unterlässt, gegen vertragswidrig vorgenommene Erhöhungen vorzugehen.[12] Gegen den handelnden Mieter, Pächter oder Nutzungsberechtigten kann der Nachbar darüber hinaus auch nach § 1004 BGB vorgehen.

12 Die meisten Landesrechte enthalten zudem eine **Rechtsnachfolgeregelung**, die auch den Rechtsnachfolger des Eigentümers zur Handlung verpflichtet. Nur wenn das Landesrecht eine solche Regelung enthält,[13] kann dieser dann auch tatsächlich in Anspruch genommen werden. Auch diese in einigen Landesrechten normierte Nachfolgeregelung zeigt, dass handlungspflichtig nach den Landesrechten nur der Eigentümer ist.

IV. Ansprüche des Nachbarn

1. Beseitigungsanspruch

13 Soweit die Aufschüttung das Nachbargrundstück gefährdet, hat der Nachbar einen **Anspruch auf Beseitigung** der Gefährdung gegen den Handlungspflichtigen. Dabei bleibt aber dem Bauherrn überlassen, die Maßnahme zu wählen, mit der er die Gefährdung des Nachbargrundstückes beseitigen will.[14] Insofern liegt eine **Wahlschuld** vor. Erst im Rahmen der Zwangsvollstreckung – bei der Ersatzvornahme – kann der Gläubiger die geeignete Maßnahme selbst auswählen.[15]

14 Der Anspruch aus den landesrechtlichen Vorschriften **verjährt** gemäß §§ 195, 199 BGB nach drei Jahren.[16] Soweit – kumulativ – ein Anspruch aus § 907 BGB besteht (→ Rn. 3), verjährt dieser nicht (§ 924 BGB).

2. Schadensersatzanspruch

15 Wenn die Aufschüttung zu Schäden auf dem Grundstück führt, ist der Eigentümer schadensersatzpflichtig, weil die landesrechtlichen Vorschriften und § 907 BGB insofern Schutzgesetze im Sinne des § 823 Abs. 2 BGB darstellen.[17] Die landesrechtlichen Vorschriften begrenzen aber nicht den Schadensersatzanspruch: Selbst wenn diese Normen nicht verletzt werden, steht dem Nachbarn ein Schadensersatzanspruch zu, wenn die Aufschüttung auf dem Grundstück durch ein Verschulden des Bauherrn zu Schäden führen.[18] Hat der Nachbar in die Aufschüttung eingewilligt, steht ihm kein Schadensersatzanspruch zu.[19]

V. Prozessuales

1. Beweislast

16 Der Bauherr der Aufschüttung trägt die Darlegungs- und Beweislast dafür, dass eine Gefährdung ausgeschlossen ist,[20] denn der Eigentümer darf nach dem Wortlaut der Landesrechte sein Grundstück nur erhöhen, wenn diese Voraussetzung – der Ausschluss der Gefährdung – gegeben ist.

---

12 *Bauer/Schlick* § 43 Rn. 7.

13 § 9 Abs. 1 S. 2 NRG BW, § 26 S. 1 NNachbG, § 30 Abs. 1 S. 2 NachbG NRW, § 47 S. 2 NachbG Saarl, § 43 S. 2 LNRG RhPf, § 25 S. 2 NachbG Schl.-H., § 43 S. 2 ThürNRG. Nur § 17 SächsNRG knüpft von vornherein nicht an die Handlung an; vgl. auch *Thomas/Schlüter* SächsNRG § 17 Anm. 6.

14 *Thomas/Schlüter* SächsNRG § 17 Anm. 5.

15 *Herrler* in Palandt BGB § 908 Rn. 2; *Saller* in Grziwotz/Lüke/Saller, NachbarR-HdB, 3. Teil Rn. 207; *Roth* in Staudinger BGB § 908 Rn. 14. So auch bei der Wahlschuld; vgl. § 264 Abs. 1 Satz 1 BGB.

16 OLG Brandenburg Urt. v. 22.8.2013 – 5 U 91/12, BeckRS 2013, 18894.

17 BGH Urt. v. 21.8.1980 – III ZR 185/78, NJW 1980, 2580; OLG Hamm Urt. v. 5.3.2012 – I-5 U 160/11, BeckRS 2012, 10505.

18 BGH Urt. v. 6.5.1955 – V ZR 38/54, BB 1955, 622; *Albrecht* in Staudinger BGB EGBGB Art. 124 Rn. 16; *Saller* in Grziwotz/Lüke/Saller, NachbarR-HdB, 3. Teil Rn. 277 Rn. 262.

19 *Albrecht* in Staudinger BGB EGBGB Art. 124 Rn. 17.

20 *Thomas/Schlüter* SächsNRG § 17 Anm. 4.

2. Einstweiliger Rechtsschutz

Liegt ein Verfügungsgrund vor, kann der Eigentümer des gefährdeten Grundstücks auch den Erlass einer einstweiligen Verfügung nach §§ 935, 940 ZPO beantragen. Hier kann und sollte das Gericht selbst im Rahmen des § 938 ZPO die vorzunehmende Maßnahme konkret anordnen, damit der Verpflichtete nicht durch Verzögerung der Auswahl die Maßnahme verschleppt.[21] 17

VI. Zwangsvollstreckung

Die Zwangsvollstreckung des Beseitigungsanspruches richtet sich § 887 ZPO:[22] Der Gläubiger kann sich vom Prozessgericht erster Instanz ermächtigen lassen, die Handlung selbst auf Kosten des Schuldners vorzunehmen. Die Kosten der Maßnahme sind dann notwendige Kosten der Zwangsvollstreckung im Sinne des § 788 ZPO. Sie sind vom Gericht im Rahmen des Kostenfestsetzungsverfahrens festzusetzen.[23] 18

VII. Bauordnungsrecht

Aufschüttungen werden nach den Landesbauordnungen zumeist als „bauliche Anlagen" eingeordnet (vgl. etwa § 2 Abs. 1 Satz 3 Nr. 1 BauO NRW). Insofern kann ein Nachbar die Einhaltung der nachbarschützenden Normen des Bauordnungsrechts auch hinsichtlich der Aufschüttungen verlangen. 19

So sieht etwa § 6 Abs. 1 Satz 2 BauO NRW vor, dass die Abstandsflächengebote auch für Anlagen gelten, die entweder 1 m höher als die Geländeoberfläche sind und dazu geeignet sind, von Menschen betreten zu werden oder 2 m höher als die Geländeoberfläche sind und von ihnen Wirkungen wie von Gebäuden ausgehen. Auf die Einhaltung dieser nachbarschützenden Normen hat der Nachbar einen Anspruch.[24] 20

10. Autowaschanlage

Schulte Beerbühl

Literatur: *Melullis*, Aus der Rechtsprechung der Verwaltungsgerichte, MDR 1994, 23; *Sinnhuber*, Aus der Rechtsprechung der Verwaltungsgerichte, MDR 1986, 637.

I. Allgemeines

Die Frage, ob sich ein Nachbar gegen eine Autowaschanlage **in der Nähe seines Grundstücks** wehren kann, beantwortet sich in einem ersten Schritt nach deren **planungsrechtlichen Zulässigkeit**. Denn der in der Rechtsprechung anerkannte Gebietserhaltungsanspruch (→ *Gebietsschutz und Baugebietsverträglich-* 1

21 *Brückner* in MüKoBGB § 908 Rn. 10.
22 *Thomas/Schlüter* SächsNRG § 17 Anm. 7.
23 *Seibel* in Zöller ZPO § 887 Rn. 9.
24 Vgl. etwa OVG Berlin-Brandenburg Beschl. v. 19.12.2012 – 2 S44.12, juris Rn. 2.

keit Rn. 2 ff.) verschafft einem Eigentümer oder sonst dinglich Berechtigten (→ *Nachbar in öffentlich-rechtlicher Sicht* Rn. 10 ff.) aus einem Baugebiet ein Abwehrrecht gegen Nutzungsarten, die in demselben Baugebiet weder regelmäßig, noch ausnahmsweise, noch durch eine in jeder Hinsicht rechtmäßige Befreiung zugelassen werden können. Ist das Vorhaben in dem Baugebiet grundsätzlich zulässig, ist in einem zweiten Schritt das **Korrektiv des Rücksichtnahmegebotes** zu prüfen, in dessen Rahmen die TA Lärm eine maßgebliche Rolle spielt.

2 Grundstückseigentümern und sonst dinglich Berechtigten außerhalb des Baugebiets oder in Gebieten, bei denen ein festgesetztes oder faktisches Gebiet nicht festgestellt werden kann (**Gemengelage**), stehen Abwehrrechte nur nach Maßgabe des allgemeinen Rücksichtnahmegebotes zu, wobei es ebenfalls und insbesondere auf die Einhaltung der Vorgaben der TA Lärm ankommt (→ *Lärm, Gewerbe und Industrie (TA Lärm)* Rn. 10 ff.).

3 Die bauplanungsrechtliche Zulässigkeit von Autowaschanlagen ist weder im Baugesetzbuch noch in der auf dem Baugesetzbuch beruhenden Baunutzungsverordnung ausdrücklich geregelt. Das ist mit **Kraftfahrzeugreparaturwerkstätten** ebenso. Anders verhält es sich allerdings mit **Tankstellen**, die in den meisten Baugebietsbestimmungen der Baunutzungsverordnung als regelmäßig oder ausnahmsweise zulässige Nutzungsarten aufgeführt sind, was gleichzeitig etwas über ihre Unzulässigkeit in den anderen Gebieten aussagt.

II. Unselbständige oder selbständige Autowaschanlage

4 In der Lebenswirklichkeit kommen Autowaschanlagen sowohl in Kombination mit Tankstellen als auch ohne solche vor. Für die Beantwortung der Frage, ob im Einzelfall die Anlage das rechtliche Schicksal der **Tankstelle** teilt oder als **(sonstiger) Gewerbebetrieb** (→ *Gewerbliche Nutzung* Rn. 12 ff.) zu beurteilen ist, ist eine Würdigung der konkreten Anlage geboten.

1. Unselbständige (untergeordnete) Autowaschanlage

5 Werden Autowaschanlagen als **unselbständiger Teil einer Tankstelle** betrieben, fallen sie als deren „Zubehör" bauplanungsrechtlich gesondert nicht ins Gewicht; ihre Zulässigkeit richtet sich vielmehr danach, ob eine Tankstelle zulässig ist. Denn heutzutage umfasst eine Tankstelle über die Treibstoffzapfsäulen und das Tankstellengebäude hinaus auch Nebenanlagen wie einen **„Shop"** und **Einrichtungen eines „kleinen Kundendienstes"**, nämlich des Wagenwaschens und der Wagenpflege sowie der Reparatur kleinerer Mängel und „Pannen", jedenfalls solange diese als Nebenanlagen im Sinne von § 14 Abs. 1 BauNVO einzuordnen sind.[1]

6 Das setzt allerdings voraus, dass die Nebenanlagen der Tankstelle nach ihrer Zweckbestimmung und Bedeutung **untergeordnet dienen**, den mit einer Tankstelle üblicherweise verbundenen Dienstleistungsbetrieb nicht erweitern oder verselbstständigen und deshalb bodenrechtlich Teil der Tankstelle sind; andernfalls erfahren sie eine gesonderte Beurteilung.[2]

7 **Beispiel**[3]**:** Eine Tankstelle, zu der unter anderem eine dreigliedrige, 27,14 m lange Portalwaschanlage mit manueller Vorwäsche, Wasch- und Trockenportal sowie vier SB-Waschboxen gehört, die die gleichzeitige Benutzung durch sieben Fahrzeuge ermöglicht, ordnet sich der der Versorgung von Kraftfahrzeugen mit Treibstoff dienenden Anlage, nämlich vier Zapfsäulen, die die gleichzeitige Versorgung von bis zu acht Fahrzeugen mit Treibstoffen ermöglichen, weder funktional noch räumlich im Sinne des § 14 Abs. 1 Satz 1 BauNVO unter. Vielmehr handelt es sich in einem solchen Fall um einen sonstigen Gewerbebetrieb, der

1 VG Gelsenkirchen Beschl. v. 18.1.2018 – 9 L 3475/17, juris Rn. 29.

2 vgl. *Fickert/Fieseler* BauNVO § 2 Rn. 23, § 4 Rn. 10.11, § 6 Rn. 15; OVG Münster Urt. v. 14.3.1996 – 7 A 3703/92, juris Rn. 15; OVG Bremen Urt. v. 24.3.1981 – 1 BA 52/80, BRS 38 Nr. 65, S. 147; VGH Mannheim Urt. v. 28.10.1992 – 3 S 927/92, juris Rn. 26; OVG Lüneburg Urt. v. 9.6.1997 – 6 L 1745/95, juris Rn. 24; VG Köln Urt. v. 2.12.2009 – 8 K 3529/07, juris Rn. 54 ff.; VG München Urt. v. 30.6.2003 – M 8 K 02.1311, juris Rn. 56 ff.

3 VG Gelsenkirchen Beschl. v. 18.1.2018 – 9 L 3475/17, juris Rn. 29 ff.

beispielsweise im allgemeinen Wohngebiet nach § 4 Abs. 3 Nr. 2 BauNVO nur dann ausnahmsweise zugelassen werden kann, wenn er sich als „nicht störend“ erweist, was bei einer Autowaschanlage kaum zutreffen dürfte (→ *Gewerbliche Nutzung* Rn. 24 ff.).

Die Tatsache, dass die Anlage im Zusammenhang mit einer Tankstelle betrieben wird, ist rechtlich ohne Belang, begünstigt sie insbesondere nicht. Für sie gelten die nachfolgend unter 2. dargestellten Grundsätze.

2. Selbständige Autowaschanlage

8 Eine Autowaschanlage, die allein oder im Zusammenhang mit einer Tankstelle, der gegenüber sie nicht nur eine Nebenanlage ist, betrieben wird, ist ein **„sonstiger“ Gewerbebetrieb**. Ihre grundsätzliche Zulässigkeit in den Baugebieten wird unter → Rn. 9 ff. dargestellt; außerhalb von Baugebieten ist das Einfügungsgebot maßgeblich (→ Rn. 29), in dessen Zusammenhang insbesondere die nach der TA Lärm (→ *Lärm, Gewerbe und Industrie (TA Lärm)* Rn. 10 ff.) zu beantwortende Frage der Einhaltung des Rücksichtnahmegebotes unter dem Gesichtspunkt von **Lärmimmissionen** von Bedeutung ist.

III. Die planungsrechtlichen Regelungen

1. Selbständige und unselbständige Autowaschanlagen in Baugebieten

9 Das Bauplanungsrecht, konkretisiert in der Baunutzungsverordnung, kennt im begrifflichen Umfeld von Autowaschanlagen verschiedene Gewerbearten: Autowaschanlagen als (sonstige) Gewerbebetriebe und Autowaschanlagen als **„Zubehör“ zu Tankstellen**. Ihre regelmäßige und ausnahmsweise Zulässigkeit in festgesetzten oder faktischen Baugebieten (→ *Gebietsschutz und Baugebietsverträglichkeit* Rn. 15 ff.) ist wie folgt geregelt:

10 **a) § 2 BauNVO Kleinsiedlungsgebiete.** Kleinsiedlungsgebiete dienen vorwiegend der Unterbringung von Kleinsiedlungen einschließlich Wohngebäuden mit entsprechenden Nutzgärten und landwirtschaftlichen Nebenerwerbsstellen. Tankstellen (Abs. 3 Nr. 3) und nicht störende Gewerbebetriebe (Abs. 3 Nr. 4) können ausnahmsweise zugelassen werden. Als **unselbständiger Teil einer Tankstelle** kann deshalb eine Autowaschanlage ausnahmsweise zugelassen werden. **Selbständige Autowaschanlagen** sind wegen der von ihnen zu erwartenden, das Wohnen störenden Immissionen keine nicht störende Gewerbebetriebe, so dass sie in Kleinsiedlungsgebieten auch **nicht ausnahmsweise** zugelassen werden können.

11 **b) § 3 BauNVO Reine Wohngebiete.** Die Bestimmung erlaubt in reinen Wohngebieten weder regelmäßig noch ausnahmsweise Tankstellen noch sonstige (störende oder nicht störende) Gewerbebetriebe. Deshalb sind Autowaschanlagen in keiner Form zulässig.

12 **c) § 4 BauNVO Allgemeine Wohngebiete.** Allgemeine Wohngebiete dienen vorwiegend dem Wohnen. Sonstige nicht störende Gewerbebetriebe (Abs. 3 Nr. 2) und Tankstellen (Abs. 3 Nr. 5) können ausnahmsweise zugelassen werden. Als **unselbständiger Teil einer Tankstelle** kann deshalb eine Autowaschanlage ausnahmsweise zugelassen werden. **Selbständige Autowaschanlagen** sind keine nicht störende Gewerbebetriebe, so dass sie wegen des ihnen innewohnenden Störpotentials in allgemeinen Wohngebieten auch **nicht ausnahmsweise** zugelassen werden können.

13 **d) § 4a BauNVO Gebiete zur Erhaltung und Entwicklung der Wohnnutzung (besondere Wohngebiete).** Besondere Wohngebiete dienen vorwiegend dem Wohnen; sie dienen auch der Unterbringung von Gewerbebetrieben und sonstigen Anlagen im Sinne der Absätze 2 und 3, soweit diese Betriebe und Anlagen nach der besonderen Eigenart des Gebiets mit der Wohnnutzung vereinbar sind. **Sonstige Gewerbebetriebe** sind regelmäßig zulässig (Abs. 2 Nr. 3). **Tankstellen** können ausnahmsweise zugelassen werden (Abs. 3 Nr. 3).

14 Als **unselbständiger Teil einer Tankstelle** kann eine Autowaschanlage **ausnahmsweise** zugelassen werden. Eine selbständige Autowaschanlage kann zwar gemäß § 4a Abs. 2 Nr. 3 BauNVO als sonstiger Gewerbebetrieb regelmäßig zulässig sein. Da aber besondere Wohngebiete vorwiegend dem Wohnen und der Unterbringung von Gewerbebetrieben und sonstigen Anlagen im Sinne der Absätze 2 und 3 dienen, soweit

diese Betriebe und Anlagen nach der besonderen Eigenart des Gebiets mit der Wohnnutzung vereinbar sind, ist allerdings stets eine besonders **sorgfältige Einzelfallprüfung** geboten. Dabei wird das zumutbare Nebeneinander von Gewerbe und Wohnen anhand der Einhaltung der Vorgaben der TA Lärm (→ *Lärm, Gewerbe und Industrie (TA Lärm)* Rn. 10) zu prüfen sein.

15 **e) § 5 BauNVO Dorfgebiete.** Dorfgebiete dienen der Unterbringung der Wirtschaftsstellen land- und forstwirtschaftlicher Betriebe, dem Wohnen und der Unterbringung von nicht wesentlich störenden Gewerbebetrieben sowie der Versorgung der Bewohner des Gebietes dienenden Handwerksbetrieben. **Sonstige Gewerbebetriebe** (Abs. 2 Nr. 6) und **Tankstellen** (Abs. 2 Nr. 9) sind regelmäßig zulässig.

16 Als **unselbständiger Teil** einer Tankstelle ist eine Autowaschanlage regelmäßig zulässig. Eine **selbständige Autowaschanlage** ist in einem Dorfgebiet zwar nach § 5 Abs. 2 Nr. 6 BauNVO als sonstiger nicht wesentlich störender Gewerbebetrieb regelmäßig zulässig. Da aber nach § 5 Abs. 1 BauNVO Dorfgebiete unter anderem dem Wohnen dienen, ist, ähnlich der nachfolgend zu behandelnden Frage in Mischgebieten, die jeweilige **Wohnverträglichkeit** ausschlaggebend.

17 **f) § 6 BauNVO Mischgebiete.** Mischgebiete dienen dem Wohnen und der Unterbringung von Gewerbebetrieben, die das Wohnen nicht wesentlich stören. In Mischgebieten sind **sonstige Gewerbebetriebe** nach dem Wortlaut regelmäßig zulässig (Abs. 2 Nr. 4), ebenso **Tankstellen** (Abs. 2 Nr. 7).

18 Als **unselbständiger Teil einer Tankstelle** ist eine Autowaschanlage regelmäßig zulässig. Ob eine **selbständige Autowaschanlage** in einem (faktischen) **Mischgebiet** zulässig ist, hängt davon ab, ob sie das Wohnen wesentlich oder nicht wesentlich stört. Zwar ist die einschränkende Voraussetzung in § 6 Abs. 2 Nr. 4 BauNVO nicht genannt, ergibt sich aber aus der in Abs. 1 genannten Zweckbestimmung. Ihre Zulässigkeit ist deswegen **im Einzelfall problematisch**:

19 Das Bundesverwaltungsgericht hat in seiner Entscheidung vom 10.8.1998[4] – die nachfolgenden Ausführungen können auf Dorfgebiete übertragen werden – grundlegend ausgeführt, dass sich (selbständige) Autowaschanlagen hinsichtlich ihrer Störwirkung einer generalisierenden Betrachtung dahingehend entziehen, dass bereits aufgrund der Betriebsart typisierend stets von einer für das Wohnen wesentlichen oder nicht wesentlichen Störung ausgegangen werden könne. Die Frage, ob eine SB-Autowaschanlage in einem Mischgebiet zulässig ist, könne daher nicht allgemein bejaht oder verneint werden. Die Zulässigkeit hänge vielmehr von der konkreten Anlage und deren Betriebsgestaltung sowie von der konkreten Gebietssituation ab. Der Grundsatz der *typisierenden Betrachtungsweise* (→ *Gewerbliche Nutzung* Rn. 51 ff. und *Rechtsschutz, verwaltungsrechtliches Hauptsacheverfahren* Rn. 43) könne insoweit – ähnlich im Übrigen wie bei Kraftfahrzeugwerkstätten – nur begrenzt Anwendung finden. In diesem Zusammenhang komme neben der näheren Umgebung insbesondere den prognostizierten Lärmwerten eine entscheidende Bedeutung zu (→ *Lärm, Gewerbe und Industrie (TA Lärm)* Rn. 10). Ausgehend davon kann sich je nach Größe und Umfang des Betriebs sowie Betriebsweise und Gestaltung der Arbeitsabläufe eine unterschiedliche Bewertung ergeben. Maßgeblich ist, ob sich die Störwirkungen, die die konkrete Anlage bei funktionsgerechter Nutzung erwarten lässt, innerhalb des Rahmens hält, der durch die Gebietseigenart vorgegeben wird.[5]

20 Im Rahmen der im Einzelfall vorzunehmenden Einschätzung berücksichtigen Teile der Rechtsprechung unter anderem, dass die modernen automatischen Autowaschanlagen lärmarm konstruiert sind und deshalb automatische Autowaschstraßen, die früher unter Nr. 10.13 Spalte 2 des Anhangs zur 4. BImSchV aufgeführt waren, dort inzwischen herausgenommen worden; sie unterfallen nicht mehr dem BImSchG.[6]

---

4 BVerwG Beschl. v. 18.8.1998 – 4 B 82/98, juris Rn. 3, unter Verweis auf seine bisherige Rechtsprechung: BVerwG Beschl. v. 11.4.1975 – 4 B 37.75, Buchholz 406.12 § 6 BauNVO Nr. 3; und BVerwG Urt. v. 7.2.1986 – 4 C 49.82, BRS 46 Nr. 50.

5 So auch BVerwG Beschl. v. 22.11.2002 – 4 B 72.02, juris Rn. 4; BVerwG Beschl. v. 18.8.1998 – 4 B 82.98, juris Rn. 3.

6 *Fickert/Fieseler* BauNVO Rn. 9.2 zu § 6; VG Gelsenkirchen Beschl. v. 27.10.2014 – 6 L 17/14, juris Rn. 19; VG Würzburg Beschl. v. 13.3.2008 – W 5 S 08.697, juris Rn. 29.

g) § 7 BauNVO Kerngebiete. Kerngebiete dienen vorwiegend der Unterbringung von Handelsbetrieben sowie der zentralen Einrichtungen der Wirtschaft, der Verwaltung und der Kultur. **Sonstige nicht wesentlich störende Gewerbebetriebe** sind regelmäßig zulässig (Abs. 2 Nr. 3), ebenso **Tankstellen im Zusammenhang mit Parkhäusern und Großgaragen** (Abs. 2 Nr. 5). Tankstellen, die nicht unter Absatz 2 Nr. 5 fallen, können ausnahmsweise zugelassen werden (Abs. 3 Nr. 1). 21

Als **unselbständiger Teil einer Tankstelle und im Zusammenhang mit einem Parkhaus oder einer Großgarage** ist eine Autowaschanlage regelmäßig zulässig. **Ohne den Zusammenhang** mit einem Parkhaus oder einer Großgarage kann sie ausnahmsweise zugelassen werden. Für eine selbständige Autowaschanlage ist entscheidend, ob sie ein Gewerbebetrieb ist, der „nicht wesentlich stört" (§ 7 Abs. 2 Nr. 3 BauNVO). Da Kerngebiete vorwiegend der Unterbringung von Handelsbetrieben sowie der zentralen Einrichtungen der Wirtschaft, der Verwaltung und der Kultur dienen und Wohnnutzung nur insoweit zulässig ist, als sie betriebsbezogen ist, ist lediglich eine sonstige (dh nicht auf das Wohnen bezogene) wesentliche Störung der in Abs. 1 genannten Einrichtungen gemeint; eine solche wesentliche Störung durch eine Autowaschanlage wird in einem Kerngebiet eher selten sein. 22

h) § 8 BauNVO Gewerbegebiete. Gewerbegebiete dienen vorwiegend der Unterbringung von nicht erheblich belästigenden Gewerbebetrieben. Gewerbebetriebe aller Art, Lagerhäuser, Lagerplätze und öffentliche Betriebe sind **regelmäßig zulässig** (Abs. 2 Nr. 1), ebenso Tankstellen (Abs. 1 Nr. 3). 23

Als **unselbständiger Teil einer Tankstelle** ist eine Autowaschanlage regelmäßig zulässig. Auch **selbständige Autowaschanlagen** sind als „Gewerbebetrieb aller Art" iSv § 8 Abs. 2 Nr. 1 BauNVO regelmäßig zulässig. 24

i) § 9 BauNVO Industriegebiete. Industriegebiete dienen ausschließlich der Unterbringung von Gewerbebetrieben, und zwar vorwiegend solcher Betriebe, die **in anderen Baugebieten unzulässig** sind. Gewerbebetriebe aller Art, Lagerhäuser, Lagerplätze und öffentliche Betriebe sind regelmäßig zulässig (Abs. 2 Nr. 1), ebenso Tankstellen (Abs. 1 Nr. 3). 25

Für die Zulässigkeit von unselbständigen und selbständigen Autowaschanlagen gilt das zu Gewerbegebieten Ausgeführte. 26

2. Prüfung des Rücksichtnahmegebotes/TA Lärm

Nach § 15 Abs. 1 S. 2 BauNVO sind die in den §§ 2 bis 14 BauNVO aufgeführten baulichen und sonstigen Anlagen im Einzelfall unzulässig, wenn von ihnen Belästigungen oder Störungen ausgehen können, die nach der Eigenart des Baugebiets im Baugebiet selbst oder in dessen Umgebung unzumutbar sind. In dieser Vorschrift kommt das bauplanungsrechtliche Gebot der Rücksichtnahme zum Ausdruck (→ *Rücksichtnahmegebot* Rn. 10 ff.). Die sich daraus ergebenden Anforderungen sind im Einzelfall festzustellen, wobei die konkreten Umstände zu würdigen, insbesondere die gegenläufigen Interessen des Bauherrn und des Nachbarn in Anwendung des Maßstabes der planungsrechtlichen Zumutbarkeit gegeneinander abzuwägen sind.[7] 27

Ob Geräuschemissionen unzumutbar und im planungsrechtlichen Sinne rücksichtslos sind, ist grundsätzlich anhand der TA Lärm zu bestimmen (→ *Lärm, Gewerbe und Industrie (TA Lärm)* Rn. 10 ff.). Denn das Bundes-Immissionsschutzgesetz und die TA Lärm legen die Grenze der **Zumutbarkeit** für den Nachbarn und damit das Maß der gebotenen Rücksichtnahme mit Wirkung auch für das Baurecht im Umfang ihres Regelungsbereichs grundsätzlich allgemein fest.[8] An dem Ergebnis und der Fehlerfreiheit der in diesem 28

7 Vgl. BVerwG Urt. v. 21.1.1983 – 4 C 59.79, BRS 40 Nr. 199; BVerwG Urt. v. 28.10.1993 – 4 C 5.93, DVBl 1994, 697; BVerwG Urt. v. 23.9.1999 – 4 C 6.98, BVerwGE 109, 314; OVG Münster Beschl. v. 3.9.1999 – 10 B 1283/99, NVwZ 1999, 1360.

8 Vgl. BVerwG Urt. v. 29.11.2012 – 4 C 8.11, BVerwGE 145, 145 ff.

Zusammenhang regelmäßig vorzunehmenden **Schallgutachten** entscheidet sich in der Regel die Zulässigkeit des Vorhabens.[9]

3. Die Zulässigkeit außerhalb von Baugebieten

29 Ist kein Baugebiet festgesetzt (§ 34 BauGB) und kann auch nicht von einem faktischen Baugebiet nach der Baunutzungsverordnung (§ 34 Abs. 2 BauGB) ausgegangen werden, sondern liegt eine **Gemengelage** vor, ist eine **Einzelfallentscheidung** nach § 34 Abs. 1 BauGB geboten. Ob die (selbständige oder unselbständige) Autowaschanlage sich nach der Art der baulichen Nutzung in die nähere Umgebung einfügt, ist unter anderem danach zu beurteilen, ob sie mit Blick auf die Umgebung die gebotene Rücksicht nimmt. Dabei kommt hinsichtlich der Lärmimmissionen der **TA Lärm** eine überragende Bedeutung zu. In diesem Zusammenhang kann – nicht unmittelbar und schematisch, aber mittelbar – wiederum die Baunutzungsverordnung als sachverständige Konkretisierung moderner Planungsgrundsätze von Bedeutung sein.[10] Bei der Bestimmung der Zumutbarkeitsschwelle kann eine Art von Bildung eines Mittelwertes vorgenommen werden.[11] Dabei sind außer den Nutzungstypen auch die konkreten Besonderheiten der vorhandenen Bebauung zu beachten.[12]

11. Balkon

Jeromin

I. Begriff

1 Ein **Balkon ist ein erhöhter, offener Austritt an einem Obergeschoss eines Gebäudes,** der aus der Wand hervorkragt, also vor die Außenwand hervortritt. Ein solcher Austritt auf der Erdgeschossebene niveaugleich mit der angrenzenden Geländeoberfläche ist jedoch eine Terrasse, unabhängig von den Größenbegrenzungen für Balkone nach den jeweiligen Landesbauordnungen. Die Kragplatte eines Balkons kann selbsttragend sein oder mittels Konsolen oder Streben an der Wand abgestützt werden. Wird hingegen dieser Bauteil mit Pfeilern und Stützen unmittelbar zur Erdoberfläche hin abgestützt, **heißen diese offenen Plattformen „Altan" oder auch „Söller"**. Als Balkone sind dabei nicht nur aus der Gebäudefront kragende Gebilde anzusehen, welche zum vorübergehenden Aufenthalt von Menschen bestimmt und infolge Verankerung in der Gebäudewand "freischwebend" sind. Überdacht und von eigenen Wänden umgeben, han-

9 Vgl. zB VGH München Urt. v. 11.8.2003 – 20 B 98.1103, juris Rn. 18 ff.; VG Gelsenkirchen Beschl. v. 27.10.2014 – 6 L 17/14, juris Rn. 22 sowie die zweitinstanzliche Entscheidung dazu des OVG Münster Beschl. v. 27.1.2015 – 10 B 1313/14, juris Rn. 11 ff.; VG Karlsruhe Beschl. v. 25.10.2016 – 3 K 2150/16, juris Rn. 32 ff.

10 BVerwG Urt. v. 3.4.1987 – 4 C 41/84, juris Rn. 17 f.

11 BVerwG Urt. v. 12.12.1975 – IV C 71.73, BVerwGE 50, 49/54.

12 VGH München Urt. v. 11.8.2003 – 20 B 98.1103, juris Rn. 15: „(…) dass wegen des Nebeneinanders von Wohnnutzung und flächenmäßig weit überwiegender gewerblicher Nutzung die bauplanungsrechtliche Kategorie des Mischgebietes (§ 6 BauNVO) für einen typisierenden Einstieg am nächsten liegt und daher mitsamt den entsprechenden Immissionsrichtwerten den Ausgangspunkt bilden sollte."

delt es sich um einen „Erker“, während ein innenliegender, zu einer oder mehreren Seiten offener Raum, der nicht vor die Außenfassade eines Gebäudes hervortritt, als „Loggia“ bezeichnet wird.

II. Öffentlich-rechtlicher Nachbarschutz

1. Abstandsflächenrecht

Gleichermaßen wie (Dach-)Terrassen bieten Balkone nicht nur eine Erweiterung der wohnwirtschaftlichen Nutzfläche eines Gebäudes zu mehr oder weniger häufigen Aufenthaltszwecken im Freien, sondern auch einen ungehinderten Ausblick in die Nachbarschaft bzw. Einblick in benachbarte Wohnbereiche. Vor diesem Hintergrund der Einsichtnahmemöglichkeit auf benachbarte Grundstücke und Gebäude unterliegen Balkone den Abstand zur Nachbargrenze betreffend (Abstandsflächenrecht) allgemein den bauordnungsrechtlichen Einschränkungen. Denn nach überwiegender Ansicht in Rechtsprechung und Schrifttum[1] ist es Aufgabe des Abstandsflächenrechts, nicht bloß eine ausreichende Besonnung, Belichtung und Belüftung des Nachbargrundstücks nebst effektivem Brandschutz zu gewährleisten, sondern auch den nachbarlichen Wohnfrieden durch einen sog. „**Sozialabstand**“ zu wahren. 2

Bezogen auf Balkone oder vergleichbare Bauteile wie Erker gelten die Abstandsvorschriften mit einem Mindestabstand zur Grenze von 3 m nicht uneingeschränkt, da alle Bauordnungen unter bestimmten Voraussetzungen eine abstandsrechtliche Privilegierung dieser baulichen Einrichtungen mit verminderten Grenzabständen von lediglich 2,00 m vorsehen. 3

Der Musterbauordnung[2] (MBO) folgend gibt es in den Landesbauordnungen sehr detaillierte und zum Teil voneinander abweichende Regelungen zur Anordnung von Balkonen sowie ihrer abstandsflächenrechtlichen Behandlung als untergeordnete Bauteile oder als Gebäudeteile, soweit sie parallel oder in einem bestimmten Winkel gegenüber Nachbargrundstücken ausgerichtet sind. Trotz der bestehenden Unterschiede im jeweiligen Landesrecht gilt der Grundsatz, dass **Balkone abstandsrechtlich privilegiert** sein können, wenn sie bestimmte gesetzlich normierte Vorgaben erfüllen. Das abstandsrechtliche Privileg genießen **unabhängig von der Art ihrer statischen Konstruktion** alle Erscheinungsformen von Plattformen, welche von den Wohnungen und Fluren aus erreicht werden können, vor der Fassade des Gebäudes liegen und es gestatten, frische Luft zu schnappen.[3] 4

2. Abstandsprivilegierung von Balkonen

Die Musterbauordnung regelt im Zusammenhang mit den Abstandsflächen in § 6 Abs. 6 MBO, unter welchen Voraussetzungen **untergeordnete Vorbauten oder vortretende Bauteile** bei der Bemessung der Abstandsflächen des Gebäudes außer Betracht bleiben bzw. einen geringeren Abstand zur Grundstücksgrenze einhalten müssen. Die hierfür erforderliche Unterordnung wird dadurch verdeutlicht, dass diese Vorbauten – insbesondere in ihrer Addition, wenn mehrere Balkone nebeneinander an der Außenwand angeordnet sind – nicht mehr als ein Drittel der Breite der jeweiligen Außenwand des Gebäudes in Anspruch nehmen dürfen. Ansonsten lösen diese Vorbauten eigenständig Abstandsflächen aus, die dann vor die Gebäudeaußenwand zusätzlich vorzusetzen sind. Ferner wird für eine Privilegierung der Umfang der Auskragung vor die jeweilige Außenwand auf 1,50 m begrenzt. Schließlich muss die äußere Kante des Balkons mindestens 2 m von der gegenüberliegenden Nachbargrenze entfernt bleiben. Auf diese Weise gibt es Vorgaben zur abstandsflächenrechtlichen Behandlung von Balkonen, denen die jeweiligen Landesbauordnungen in den Grundzügen, teilweise auch wortgleich, folgen. 5

---

1 Nachweise bei: *Schulte Beerbühl* Rn. 678.

2 In der Fassung November 2002, zuletzt geändert durch Beschluss der Bauministerkonferenz vom 22.2.2019.

3 VG Lüneburg Urt. v. 13.10.2011 – 2 A 303/10, juris Rn. 31; vgl. *Breyer* in Große-Suchsdorf NBauO § 5 Rn. 114; *Dhom/Franz/Rauscher* in Simon/Busse BayBO Art. 6 Rn. 444: Auch aus wirtschaftlichen Gründen übereinander geplante Balkone können die Privilegierung in Anspruch nehmen.

3. Privilegierungsvoraussetzungen

6 Die MBO führt ohne Bindungswirkung verschiedene Einzelkriterien für eine Privilegierung von Balkonen im Abstandsflächenrecht an, die in den jeweiligen Landesbauordnungen allerdings zum Teil abweichend umgesetzt sind: das relative Größenverhältnis von Balkon zu der Breite der jeweiligen Außenwand des Gebäudes (1), die absolute Tiefe des Balkons bzw. des Vortretens vor die jeweilige Außenwand des Gebäudes (2) sowie der zu wahrende Mindestabstand zur gegenüberliegenden Nachbargrenze (3). Die jeweils normierten Voraussetzungen in der betreffenden Landesbauordnung müssen kumulativ erfüllt sein, damit das abstandsrechtliche Privileg zugunsten des Balkons eingreifen kann.

7 **a) Größenbegrenzung.** Ein relatives Größenverhältnis von Gebäudeaußenwand und Balkon von nicht mehr als ein Drittel gilt nach den Landesbauordnungen in allen Bundesländern[4] mit Ausnahme von Rheinland-Pfalz[5] und Baden-Württemberg. Nach § 5 Abs. 6 Satz 1 Nr. 2 LBO BW ist ein absolutes Maß der zulässigen Breite eines privilegierten Balkons mit bis zu 5 m fest vorgeschrieben.

8 **b) Tiefenbegrenzung.** Eine Tiefenbegrenzung von bis zu 1,50 m gilt ebenfalls in fast allen Bundesländern mit Ausnahme von Brandenburg (bis zu 2 m) und Nordrhein-Westfalen (bis zu 1,60 m). Der trotz der Privilegierung einzuhaltende Mindestabstand von Balkonen zu der gegenüberliegenden Nachbargrenze beträgt in den meisten Bundesländern 2 m (Bayern, Berlin, Brandenburg, Hessen, Mecklenburg-Vorpommern, Nordrhein-Westfalen, Rheinland-Pfalz, Saarland, Sachsen, Sachsen-Anhalt, Schleswig-Holstein und Thüringen). Ein größerer Mindestabstand von 2,50 m gilt in Bremen und Hamburg. Keine gesetzlichen Vorgaben diesbezüglich bestehen in Baden-Württemberg und Niedersachsen, was jedoch faktisch einem Abstand von 1,50 m entspricht, nämlich bei einem Mindestabstand für die Gebäudeaußenwand des Hauptgebäudes von 3 m abzüglich eines maximal 1,50 m auskragenden Balkons.

4. Auswirkungen auf den Nachbarschutz

9 Werden sämtliche Anforderungen des jeweiligen Abstandsflächenrechts an Balkone als untergeordnete Bauteile bzw. Vorbauten eingehalten, muss der Grundstücksnachbar einen mit der Einsichtnahmemöglichkeit verbundenen Eingriff in seine Privatheit hinnehmen. Über die Indizwirkung der Einhaltung der Abstandsflächen hinaus kann eine Verletzung des **Rücksichtnahmegebotes** durch die Stellung des Baukörpers und der dadurch bewirkten erhöhten Einsichtsmöglichkeiten insbesondere in innerstädtischen Lagen **nur in absoluten Ausnahmefällen** zum Tragen kommen[6]. Die aus der Rechtsprechung ersichtlichen Fallgestaltungen, in denen eine Verletzung des Rücksichtnahmegebotes durch unzumutbare Einsichtsmöglichkeiten bejaht worden ist, zeichnen sich entweder dadurch aus, dass die hinzutretende bauliche Anlage den alleinigen Zweck hat, als Aussichtsplattform für eine Vielzahl wechselnder Besucher aus großer Höhe zu dienen[7] oder dass die Verhältnisse derart beengt waren, dass nicht wenigstens ein Mindestmaß an Privatsphäre für den Nachbarn verbleibt.[8]

10 Umgekehrt hat der Nachbar einen öffentlich-rechtlichen Abwehranspruch, wenn auch nur eine der Vorgaben des Abstandsflächenrechts und der Einbeziehung von Balkonen in die Bemessung von Abstandsflä-

4 Bayern (Art. 6 Abs. 8 Nr. 2 BayBO); Berlin (§ 6 Abs. 6 Nr. 2 BauO Bln), Brandenburg (§ 6 Abs. 6 Nr. 3 BbgBO), Bremen (§ 6 Abs. 6 Nr. 4 BremBO), Hamburg (§ 6 Abs. 6 Nr. 2 HBauO), Hessen (§ 6 Abs. 6 S. 2Nr. 3 HBO), Mecklenburg-Vorpommern (§ 6 Abs. 6 Nr. 2 a BauO M-V), Niedersachsen (§ 5 Abs. 3 Nr. 2 NBauO), Nordrhein-Westfalen (§ 6 Abs. 6 Nr. 2a BauO NRW), Saarland (§ 7 Abs. 6 Nr. 2a LBO Saar), Sachsen (§ 6 Abs. 6 Nr. 2a SächsBO), Sachsen-Anhalt (§ 6 Abs. 6 Nr. 2a BauO LSA), Schleswig-Holstein (§ 6 Abs. 6 Nr. 2a BauO Schl.-H.) und Thüringen (§ 6 Abs. 6 Nr. 2a ThürBO).

5 Begrenzungen folgen aus der Einordnung als untergeordneter bauliche Anlage, was einen Rahmen für die privilegierte Breite eines Balkons von 1/3 bis höchstens 50 % der dahinter liegenden Wandfläche bedeutet, vgl. *Jeromin* LBauO RhPf § 8 Rn. 113 ff.

6 OVG Berlin-Brandenburg Beschl. v. 29. 9. 2010 – 10 S 21.10, BRS 76 Nr 182 (2010).

7 ZB ein 30 m hoher Aussichtsturm neben einem Einfamilienhaus: OVG Berlin-Brandenburg Beschl. v. 10.3.2006 – 10 S 5.05, juris Rn. 1.

8 ZB Balkonanbau an ein Reihenhaus über die gesamte Breite im Abstand von nur einem Meter zum Schlafzimmer des rückwärtigen Nachbarn, OVG Münster Urt. v. 22.8.2005 – 10 A 3611/03, BauR 2006, 342.

chen nicht erfüllt sind. Der Nachbar kann sich sowohl auf den einzuhaltenden Mindestabstand eines Balkons zu seinem Grundstück berufen, als auch darauf, dass dieser wegen einer Überschreitung der maximalen Breite sich nicht gegenüber dem Hauptgebäude unterordnet.

Liegt eine abstandsrechtliche Privilegierung eines Balkons nicht vor, gilt der allgemeine Grundsatz, dass für vor- oder zurücktretende Wandteile oder Vorbauten wie Balkone und Erker die Abstandsflächen gesondert zu ermitteln sind. 11

5. Prozessuale Durchsetzung

In den Fällen, in denen keine bauaufsichtliche Genehmigung vorliegt, die materiellrechtlich die Errichtung und die Nutzung des betreffenden Balkons regelt, folgt die prozessuale Durchsetzung des nachbarlichen Abwehranspruchs bei einem Verstoß gegen nachbarschützende Vorschriften des Abstandsflächenrechts nach der allgemeinen Grundregelung über einen Antrag auf bauaufsichtliches Einschreiten der Bauaufsichtsbehörde gegenüber dem Bauherrn. Von dieser Konstellation ist zum einen dann auszugehen, wenn für das jeweilige Vorhaben ein Freistellungsverfahren oder ein bloßes Kenntnisgabeverfahren (insbes. bei Wohngebäuden in einem Plangebiet) vorgesehen ist oder in einem vereinfachten oder einfachen bauaufsichtlichen Genehmigungsverfahren das materielle Bauordnungsrecht (einschl. des Abstandsflächenrechts) nicht Prüfungs- und damit Regelungsgegenstand ist. Hierzu zählen zum anderen die Fälle, in denen der Bauherr das Bauvorhaben ausgeführt hat, ohne jegliches bauaufsichtliches Verfahren durchgeführt zu haben, also einen Schwarzbau errichtet hat. Liegt eine bauaufsichtliche Zulassung vor, ist diese mit Widerspruch (sofern ein verwaltungsgerichtliches Vorverfahren durchzuführen ist) bzw. mit Klage anzufechten, die jedoch gemäß § 212a BauGB keine aufschiebende Wirkung entfalten. Der Nachbar muss daher sein Abwehrrecht in einem Verfahren des vorläufigen Rechtsschutzes gemäß §§ 80a Abs. 1 Nr. 2, Abs. 5, 80 Abs. 5 VwGO vor dem Verwaltungsgericht mit dem Antrag auf Anordnung der aufschiebenden Wirkung seines Widerspruchs bzw. seiner Klage geltend machen. Eines zuvor gestellten Antrags bei der Bauaufsichtsbehörde auf Aussetzung der Vollziehung der Baugenehmigung bedarf es nicht.[9] 12

III. Zivilrechtlicher Nachbarschutz

1. Landesgesetzliche Vorgaben (Nachbarrechtsgesetze)

In einigen Landesnachbarrechtsgesetzen[10] gibt es ergänzend und in Konkurrenz zu den öffentlich-rechtlichen Anforderungen des Abstandsflächenrechts teilweise spezifizierte Regelungen zur Einhaltung von Grenzabständen, die nicht nur Balkone, sondern auch Terrassen und sonstige Bauteile betreffen, die einen Ausblick zum bzw. auf das Nachbargrundstück gewähren. Im sachlichen Regelungszusammenhang mit dem Fenster- und Lichtrecht des Nachbarrechts der Länder stehen diese Anforderungen, die nicht nur die Frage des wechselseitigen Rechts auf ausreichende Belichtung von Aufenthaltsräumen erfassen, sondern auch zum Schutz der Privatheit die Einsichtnahmemöglichkeiten auf Grundstücke und in Gebäude durch Mindestabstände begrenzen bzw. abmildern. In Betracht kommen dabei alle baulichen Anlagen, die besonders exponiert Einsichtnahmen ermöglichen, wie Balkone, aber auch (Dach-)Terrassen oder andere untergeordnete Bauteile wie Erker. Die entsprechende Vorschrift in Baden-Württemberg ist in § 4 NRG BW mit „Abstand von ausblickgewährenden Anlagen“ insofern treffend überschrieben. 13

a) Verhältnis zum öffentlich-rechtlichen Abstandsflächenrecht. Die zivilrechtlichen nachbarrechtlich normierten Abstandsvorgaben reichen von 0,60 m bis zu 3,00 m. Dabei ist festzustellen, dass es zwischen der betreffenden Landesbauordnung und dem jeweiligen Landesnachbarrechtsgesetz zum Teil keine Harmonisierung der gesetzlich vorgegebenen Grenzabstände gibt. Ein eindeutiger Vorrang des öffentlichen Rechts, insbesondere des Abstandsflächenrechts, ist allerdings im NRG BW geregelt. Danach ist das Ver-

9 Allg. Meinung unter Hinweis auf den Wortlaut und die Gesetzesintention, vgl. nur: *Windthorst* in Gärditz VwGO § 80 Rn. 203.

10 Keine Nachbarrechtsgesetze haben Hamburg und Mecklenburg-Vorpommern. Spezifischen Regelungen zum Fenster- und Lichtrecht mit entsprechenden Bestimmungen zu Abständen von Balkonen, Terrassen und dergleichen zu Nachbargrenzen fehlen in Berlin, Bremen, Sachsen und Sachsen-Anhalt.

langen des Nachbarn auf Einhaltung eines Grenzabstandes ausgeschlossen, wenn das Vorhaben (Balkon, Terrasse Erker, Galerien etc) nach öffentlich-rechtlichen Vorschriften zulässig ist.[11] Vergleichbares gilt in Hessen (§ 12 Nr. 1, 3. Alt. HNRG), im Saarland (§ 36 Nr. 1 NachbG Saarl) und in Thüringen (§ 35 Nr. 1 ThürNRG), wobei der gesetzliche Ausnahmetatbestand mit dem Begriff des „baurechtlich Gebotenen" verbunden ist. Ein solches baurechtliches Gebot kann für Aufenthaltsräume bei notwendigen Fenstern oder Türen bestehen, in der Regel jedoch nicht bei untergeordneten Bauteilen wie Balkonen oder Terrassen. Von daher ist im Zusammenhang mit Balkonen der Begriff „geboten" mit „zulässig" gleichzusetzen.

14 **b) Grenzabstände nach Landesnachbarecht.** In Baden-Württemberg beträgt der einzuhaltende Abstand von der Vorderseite eines Balkons zu Grenze mindestens 1,80 m (§ 4 NRG BW), in Bayern ist die Regelung komplizierter: Ein Abstand von 0,60 m zur Nachbargrenze kann genügen, wenn mindestens bis zu einer Höhe von 1,80 m eine Sicht- und Blickverbindung von dem Balkon bzw. der Terrasse in das benachbarte Gebäude oder in den Hof verhindert ist (Art. 44, 45 BayAGBGB). Der Grenzabstand beträgt in Nordrhein-Westfalen (§ 4 Abs. 1 NachbG NW) und im Saarland (§ 35 Abs. 1 NachbG Saarl) 2,0 m, in Hessen (§ 11 Abs. 1 HNRG), Niedersachsen (§ 23 Abs. 1 NNachbG), Rheinland-Pfalz (§ 34 Abs. 4 LNRG RhPf) und Thüringen (§ 34 Abs. 2 ThürNRG) mindestens 2,5 m und in Brandenburg (§ 20 Abs. 1 BbgNRG) und Schleswig-Holstein (§ 22 Abs. 2 NachbG Schl.-H.) sogar 3 m. In Brandenburg, Schleswig-Holstein und Thüringen gilt der Abstand nicht nur für parallel zur Grundstücksgrenze ausgerichtete Balkone, sondern auch wenn diese in einem Winkel von bis zu 60° zur Nachbargrenze hin angeordnet sind. In Niedersachsen und im Saarland beträgt das Winkelmaß 75°.

15 Während zum Beispiel § 8 LBauO RhPf den Mindestabstand von 2 m aus der MBO in das Landesrecht übernommen hat, sieht § 34 Abs. 4 LNRG RhPf einen vergrößerten Abstand von 2,50 m zur gegenüberliegenden Nachbargrenze vor.

16 Eine Reduzierung der nachbarrechtlichen Abstände ist nur mit (schriftlicher oder ggf. bloß mündlicher[12]) Zustimmung des betroffenen Grundstücksnachbarn zulässig.

2. Auswirkungen auf den Nachbarschutz

17 **a) Konkurrenz zum Abstandsflächenrecht.** Der zivilrechtliche Abwehranspruch bei einem zu geringen Grenzabstand ohne nachbarliche Zustimmung wird durch das Abstandsflächenrecht der Bauordnungen jedoch nicht beschränkt oder ausgeschlossen. Denn alle Baugenehmigungen, soweit solche erteilt sind, ergehen unbeschadet privater Rechte Dritter. Verlangen die zivilrechtlichen Vorschriften des Nachbarrechts einen gegenüber dem Bauordnungsrecht vergrößerten Grenzabstand, wie in Hessen, Niedersachsen, Rheinland-Pfalz und Thüringen mit 2,50 m bzw. in Brandenburg und Schleswig Holstein von 3 m, kann der Nachbar diesen Anspruch geltend machen und im ordentlichen Rechtsweg (idR das örtlich zuständige Amtsgericht) durchsetzen. Ein Wertungswiderspruch entsteht hierdurch nicht, weil die Bauordnungen lediglich eine abstandsrechtliche Privilegierung für bestimmte Balkone und vergleichbare Bauteile vorsehen, die ohne die Ausnahmeregelung grundsätzlich die gesetzliche Mindestabstandsflächentiefe von 3 m einhalten müssten.

18 **b) Verjährung.** Soweit nachbarrechtliche Abwehr- oder Beseitigungsansprüche bestehen, können diese der Verjährung unterliegen. Explizit unverjährbar sind die nachbarrechtlichen Ansprüche auf Einhaltung eines Grenzabstandes nur in Bayern (Art. 52 AGBGB) und Nordrhein-Westfalen (§ 51 NachbG NRW). Wenn nach Landesrecht ein Schlichtungsverfahren vor Erhebung der Klage im ordentlichen Rechtsweg zwingend vorgeschaltet ist[13], wird die Verjährung des Anspruchs gemäß § 204 Abs. 1 Nr. 4 BGB durch den fristge-

11 § 4 Abs. 2 iVm § 3 Abs. 3 Satz 1 NRG BW: „Das Verlangen nach Abs. 1 kann nicht gestellt werden, wenn [...] das Vorhaben nach öffentlich-rechtlichen Vorschriften, insbesondere nach den §§ 5 und 6 der Landesbauordnung, zulässig ist".

12 In Hessen und Niedersachsen ist für die Einwilligung keine Schriftform vorgeschrieben, gleichwohl ist schon aus Beweisgründen die schriftliche Einwilligung geboten.

13 Vgl. § 15a EGZPO [Zulässigkeit der Klage nach Einigungsversuch vor Gütestelle].

rechten Eingang des Antrages bei der staatlichen oder staatlich anerkannten Streitbeilegungsstelle gehemmt. Die Hemmung nach § 204 Abs. 1 BGB endet sechs Monate nach der rechtskräftigen Entscheidung oder anderweitigen Beendigung des eingeleiteten Verfahrens.

Übersicht 19

Bundesland	*Vorschrift*	*Grenzabstand*	*Ausnahmen oder Vorrang öffentl. Recht*	*Verjährung/ Ausschluss*
Baden-Württemberg	§ 4 NRG BW	1,80 m	§ 3 Abs. 3	5 Jahre (§ 26)
Bayern	Art. 44, 45 AGBGB	0,60 m	keine	keine (Art. 52)
Brandenburg	§ 20 BbgNRG	3 m	schriftliche Zustimmung (§ 20 Abs. 1)	1 Jahr (§ 22)
Hessen	§ 11 HNRG	2,50 m	Einwilligung (§ 11) oder baurechtlich geboten (§ 12 Nr. 1)	1 Jahr (§ 13)
Niedersachsen	§ 23 NNachbG	2,50 m	Einwilligung (§ 23)	2 Jahre (§ 25)
Nordrhein-Westfalen	§ 4 NachbG NRW 2018	2 m	schriftliche Einwilligung (§ 4 Abs. 4)	keine (§ 51)
Rheinland-Pfalz	§ 34 Abs. 4 LNRG	2,50 m	schriftliche Einwilligung (§ 34 Abs. 3)	2 Jahre (§ 36)
Saarland	§ 35 NachbG Saarl.	2 m	schriftliche Zustimmung (§ 35 Abs. 1) oder baurechtlich geboten (§ 36 Nr. 1)	2 Jahre (§ 37)
Schleswig-Holstein	§ 22 NachbG Sch.-H.	3 m	schriftliche Zustimmung (§ 22 Abs. 1)	1 Jahr (§ 24)
Thüringen	§ 34 ThürNRG	2,50 m	schriftliche Einwilligung (§ 34 Abs. 4) oder baurechtlich geboten (§ 35 Nr. 1)	2 Jahre (§ 36)

12. Ball

Marx

Literatur: *Böhm,* Die Zwangsvollstreckung nach § 890 ZPO, 1971; *Siegel,* Nachbarschutz bei Großveranstaltungen, GewArch 2019, 227.

I. Einführung

1 Der Ball ist eines der ältesten Spielgeräte und aus der Freizeitgestaltung heute nicht mehr wegzudenken. Allerdings sind Ballspiel und Ballsport nicht nur als Freizeitbetätigung, sondern auch als gesundheits- und sozialpolitisch förderungswürdige Angelegenheit von der Rücksichtnahme auf das Ruhebedürfnis der Nachbarn von Sportanlagen nicht freigestellt. Ballspiele erzeugen eine deutlich wahrnehmbare Geräuschkulisse sowohl durch die Teilnehmer bzw. Zuschauer als auch durch die Spielgeräusche wie das Aufprallen des Balles. Diese unregelmäßigen Spielgeräusche sind zum Teil informations- und impulshaltig und für einen außenstehenden Dritten in ihrem Auftreten und in den Geräuschspitzen nicht vorhersehbar. Aus diesen Gründen werden sie über die bloße, bereits nicht unwesentliche Lautstärke hinaus als besonders lästig empfunden (→ *Lärm, Sport* Rn. 1). Hinzu kommt, dass Sportgeräusche oftmals zu Zeiten auftreten, in denen für viele ein besonderes Ruhebedürfnis besteht, zB an Sonn- und Feiertagen.

II. Öffentlich-rechtlicher Nachbarstreit

2 Im Hinblick auf die möglichen nachbarlichen Konflikte, die das Ballspiel und den (Ball-) Sport betreffen, ist zwischen dem **öffentlich-rechtlichen Nachbarstreit** und dem zivilrechtlichen Nachbarstreit zu unterscheiden.

1. Rechtsschutz für den Nachbarn

3 Im öffentlich-rechtlichen Nachbarstreit, der vor den Verwaltungsgerichten ausgetragen wird, bestehen mehrere Rechtsschutzmöglichkeiten für den Nachbarn:

- Gehen die Lärmimmissionen von einer Sportanlage aus, die genehmigungspflichtig ist, kann der Nachbar die Erheblichkeit der Belästigungen durch Widerspruch und Drittanfechtungsklage gegen die Baugenehmigung geltend machen (→ *Nachbar in öffentlich-rechtlicher Sicht* Rn. 24). Erfolg kann dieser Rechtsbehelf beispielsweise haben, wenn der genehmigte Sportanlagenbetrieb nachbarrechtswidrig ist, weil er zu unzulässigen Immissionen führt. Den Nachweis für die Einhaltung der Vorgaben aus § 22 BImSchG hat der Bauherr zu erbringen.[1] Der Nachbar muss allerdings Grundstückseigentümer oder sonst dinglich Berechtigter sein. Mietern oder Pächtern stehen keine Abwehrrechte gegen die dem Nachbarn erteilte Baugenehmigung zu; sie haben sich an den Eigentümer zu halten.[2] Auch aus § 22 BImSchG ergibt sich kein weitergehender nachbarlicher Schutzanspruch für bloß obligatorisch Berechtigte.[3]
- Dem Nachbarn – auch dem Mieter – kann bei Sportlärm zudem ein im Wege der Verpflichtungsklage durchzusetzender Anspruch auf Erlass einer **nachträglichen Anordnung** nach § 24 BImSchG zustehen. Diese Vorschrift ermächtigt die Behörde, zur Durchführung der Anforderungen des § 22 BImSchG auch bei einer baurechtlich bereits genehmigten Anlage nachträglich die erforderlichen Anordnungen zu treffen.[4]
- Lässt ein Bebauungsplan die Errichtung einer Sportanlage zu, deren Betrieb Nachbarn möglicherweise unzumutbaren Geräuschimmissionen aussetzt, können sie den Plan im Normenkontrollverfahren prüfen lassen, § 47 VwGO.[5]
- Im Fall von Lärmbeeinträchtigungen durch eine schlicht hoheitlich betriebene öffentliche Einrichtung besteht ein allgemeiner **öffentlich-rechtlicher Abwehranspruch** im Verhältnis zwischen dem beeinträchtigten Nachbarn und dem Betreiber als Störer. Hergeleitet wird dieser Unterlassungsanspruch aus den Grundrechten (Art. 2 Abs. 2 S. 1, Art. 14 Abs. 1 S. 1 GG) oder aus einer entsprechenden Anwendung zivilrechtlicher Vorschriften – namentlich aus § 1004 iVm § 906 BGB.[6] Regelmäßig kann der

1 *Jarass* BImSchG § 22 Rn. 68.
2 BVerwG Urt. v. 11.5.1989 – 4 C 1/88, BVerwGE 82, 61.
3 VGH München Urt. v. 9.5.2017 – 9 CS 16.1241, juris Rn. 21.
4 BVerwG Beschl. v. 9.3.1988 – 7 B 34/88, DVBl 1988, 541.
5 VGH Kassel Urt. v. 30.11.1999 – 2 UE 263/97, SpuRt 2003, 251.
6 BVerwG Urt. v. 19.1.1989 – 7 C 77/87, BVerwGE 81, 197; VGH Mannheim Beschl. v. 6.3.2012 – 10 S 2428/11, NVwZ 2012, 837.

Nachbar auf diesem Weg nur eine zeitliche Beschränkung der Sportausübung oder eine Beschränkung des Kreises der Sportteilnehmer erreichen. Die Einstellung des Spielbetriebs kann damit nur ausnahmsweise erreicht werden.[7]

2. Ballspielplatz für Kinder

Auch Kinderspielplätze können Bereiche aufweisen, die für Ballspiele geeignet und bestimmt sind. Dies gilt insbesondere für kleinräumige Anlagen, die im Wesentlichen auf die körperliche Freizeitbetätigung von **bis zu 14 Jahre alten Kindern** zugeschnitten sind, zB ein Basketballkorb mit einer asphaltierten Fläche von ca. 8,00 m x 7,80 m.[8] Einen Ballspielplatz für Kinder stellt auch ein Kleinspielfeld mit Banden dar, das aufgrund seiner Größe mit 13 m Breite und 20 m Länge nur auf die Nutzung durch Kinder ausgerichtet und auch nur für Kinder unter 14 Jahren zugelassen ist. Für Jugendliche oder Erwachsene ist ein solches Spielfeld ungeeignet, da für diese der Abstand zwischen den Toren von 20 m zu klein ist.[9] 4

Wird ein solcher Ballspielplatz für Kinder als öffentliche Einrichtung schlicht hoheitlich betrieben, ist ein darauf bezogener Nachbarstreit öffentlich-rechtlicher Natur und vor den Verwaltungsgerichten auszutragen. Der – unvermeidbare – Lärm spielender Kinder (zB Rufen, Anfeuern, Streiten, Lachen, Spielgeräusche wie Treten und Aufprallen des Balles usw) stellt nach dem **Toleranzgebot** gemäß § 22 Abs. 1a BImSchG bei der vorzunehmenden Gesamtbetrachtung im Regelfall keine immissionsschutzrechtlich relevante Störung dar. Denn nach § 22 Abs. 1a BImSchG sind Geräuscheinwirkungen, die von Kinderspielplätzen und ähnlichen Einrichtungen wie Ballspielplätzen durch Kinder hervorgerufen werden, im Regelfall keine schädlichen Umwelteinwirkungen. Ein Rückgriff auf Immissionsgrenzwerte technischer Regelwerke bei der Beurteilung der Geräuscheinwirkungen durch Kinder ist danach unzulässig. Solcher Lärm ist vielmehr vom Nachbarn auch und gerade in einem Wohngebiet oder in der Nähe eines Wohngebietes grundsätzlich – bis hin zur Grenze möglicher Gesundheitsbeeinträchtigungen – als sozialadäquat hinzunehmen.[10] 5

Allerdings führt eine **missbräuchliche** Nutzung des Spielplatzes durch Jugendliche und junge Erwachsene, insbesondere die Nutzung der Ballspielfläche zum „Bolzen“, zusätzliche Lärmimmissionen herbei, die der Privilegierung des § 22 Abs. 1a BImSchG nicht unterfallen. Die wesentlich strengeren Regelungen nach § 22 Abs. 1 S. 1 BImSchG gelten hierfür uneingeschränkt. Solchen durch ungenehmigte Nutzungen hervorgerufenen Störungen ist im Einzelfall polizeirechtlich oder ordnungsrechtlich zu begegnen. Ausnahmsweise sind sie dem Betreiber eines solchen Spielplatzes und Inhaber der Baugenehmigung zuzurechnen, wenn er durch die Einrichtung einen besonderen Anreiz zum Missbrauch gegeben hat.[11] Ist das der Fall und die naheliegende Gefahr einer solchen missbräuchlichen Nutzung der Baugenehmigungsbehörde im Zeitpunkt des Erlasses der Baugenehmigung bekannt, so müssen in die Baugenehmigung wirkungsvolle Nebenbestimmungen aufgenommen werden, die dieser Gefahr entgegenwirken.[12] 6

3. Bolzplatz

Bolzplätze dienen vor allem der sportlichen und spielerischen Betätigung Jugendlicher und junger Erwachsener.[13] Obgleich sie im Unterschied zu Kinderspielplätzen nicht auf unmittelbare Nähe zur Wohnbebauung angewiesen sind, müssen sie doch ortsnah gelegen sei. Bolzplätze sind deshalb auch in allgemeinen Wohngebieten zulässig, § 4 Abs. 2 Nr. 3 BauNVO. Geht Lärm vom Ballspielen auf einem Bolzplatz aus, der als 7

---

7 BGH Urt. v. 17.12.1982 – V ZR 55/82, UPR 1983, 124.

8 VG Aachen Urt. v. 30.10.2015 – 6 K 1111/15, BImSchG-Rspr. § 22 Nr. 243.

9 VG Bayreuth Beschl. v. 30.8.2019 – B 2 Sa 19.594, juris Rn. 51. Nach OVG Münster Urt. v. 6.3.2006 – 7 A 4591/04, BeckRS 2006, 23572 ist auch noch ein Ballspielfeld mit einer Größe von lediglich 25 x 12,5 m nicht darauf abgestimmt, dem Bewegungsdrang älterer Jugendlicher und junger Erwachsener, die sich zum „Freizeitkicken“ treffen, Rechnung zu tragen.

10 BVerwG Urt. v. 12.12.1991 – 4 C 5/88, NJW 1992, 1779; VGH München Beschl. v. 21.12.1994 – Az. 22 B 932343, HdL 50, 528.

11 BVerwG Beschl. v. 29.5.1989 – 4 B 26.89, juris Rn. 4.

12 VGH Mannheim Beschl. v. 6.3.2012 – 10 S 2428/11, NVwZ 2012, 837.

13 BVerwG Beschl. v. 3.3.1992 – 7 B 70/91, DÖV 1992, 709.

öffentliche Einrichtung jedermann zur Verfügung steht, ist der Abwehranspruch eines Nachbarn öffentlich-rechtlicher Natur und deshalb der Verwaltungsrechtsweg gegeben. Der Nachbar einer solchen schlicht hoheitlich betriebenen Anlage hat einen öffentlich-rechtlichen Abwehranspruch entsprechend §§ 1004, 906 BGB darauf, dass erhebliche Lärmbelästigungen aus dem Betrieb der Anlage unterbleiben oder auf ein Mindestmaß beschränkt werden.[14]

8 Der Maßstab für die Beurteilung der Zumutbarkeit des Lärms vom Bolzplatz ergibt sich aus § 22 Abs. 1 iVm § 3 Abs. 1 BImSchG. Danach sind schädliche Umwelteinwirkungen zu verhindern, soweit sie nach dem Stand der Technik vermeidbar sind; unvermeidbare Umwelteinwirkungen sind auf ein Mindestmaß zu beschränken. Schädliche Umwelteinwirkungen sind solche Geräusche, die geeignet sind, erhebliche Belästigungen für die Nachbarschaft herbeizuführen. Ob Geräusche eine erhebliche Belästigung für die Nachbarschaft darstellen und damit die Schwelle schädlicher Umwelteinwirkungen überschreiten, erfordert eine situationsbezogene Abwägung anhand der jeweils besonderen **Umstände des Einzelfalls**. Die Beurteilung der Erheblichkeit und damit der Zumutbarkeit von Geräuschimmissionen setzt eine Wertung voraus, die im Sinne einer Güterabwägung die konkreten Gegebenheiten der emittierenden Nutzung zum einen und der immissionsbetroffenen Nutzung berücksichtigt.

9 Nach § 22 Abs. 1a BImSchG steht Kinderlärm auch von Kinderspielplätzen und ähnlichen Einrichtungen wie beispielsweise Ballspielplätzen für Kinder unter einem **Toleranzgebot** der Gesellschaft (→ *Lärm, Sport* Rn. 22). Allerdings ist diese Vorschrift nach der ausdrücklichen Intention des Gesetzgebers auf Bolzplätze und Streetballfelder schon wegen des unterschiedlichen Lärmprofils nicht anwendbar.[15] Zudem knüpft der in § 22 Abs. 1a BImSchG verwendete Begriff des Kindes an die Definition des § 7 Abs. 1 Nr. 1 SGB VIII an; Kind ist mithin, wer noch nicht 14 Jahre alt ist. Auf diesen Benutzerkreis ist die Benutzung von Bolzplätzen in aller Regel nicht begrenzt.

10 Technische Regelwerke sind zur Beurteilung von Lärmimmissionen heranzuziehen, wenn sie für die Beurteilung der Erheblichkeit der Lärmbelästigung im konkreten Streitfall brauchbare Anhaltspunkte liefern. Allerdings wird ein Bolzplatz weder von der TA Lärm[16] noch der Freizeitlärm-Richtlinie des Länderausschusses für Immissionsschutz (LAI) (→ *Lärm, Sport* Rn. 5) erfasst. Auch die **Sportanlagenlärmschutzverordnung**[17] ist auf die von dem Bolzplatz ausgehenden Geräuschimmissionen nicht unmittelbar anwendbar.[18] Sie erfasst nicht kleinräumige Anlagen ohne besondere technische Einrichtungen (wie Lautsprecheranlagen oder Platzbeleuchtung), in denen regelmäßig unorganisierte, ohne nennenswerte Beteiligung von Zuschauern und ohne Sportaufsicht körperlich-spielerische Aktivitäten stattfinden. Zwar lässt sich damit bei einem Bolzplatz in der Regel die Zumutbarkeit der Lärmimmissionen nicht abschließend anhand von verbindlichen Grenz- oder Richtwerten lärmtechnischer Regelwerke bestimmen; dies schließt ihre Heranziehung als **Orientierungshilfe** bei der gebotenen Gesamtabwägung jedoch nicht aus.[19] Danach bietet es sich an, die von Bolzplätzen ausgehenden Geräuschimmissionen nach dem in der Sportanlagenlärmschutzverordnung festgelegten Ermittlungs- und Messverfahren zu bestimmen, das der Besonderheit der bei Sport und Spiel auftretenden Geräusche hinreichend Rechnung trägt. So beträgt in allgemeinen Wohngebieten der Immissionsrichtwert tagsüber außerhalb der Ruhezeiten 55 dB(A) (→ Rn. 14).

11 Primär maßgeblich bleibt aber stets die umfassende Würdigung der Umstände des konkreten Einzelfalles unter besonderer Berücksichtigung der bei einem Ortstermin ermittelten Verhältnisse. Im Rahmen dieser Abwägung bestimmt sich die Frage der Zumutbarkeit von Lärmbelästigungen für die Nachbarschaft ent-

14 BVerwG Urt. v. 29.4.1988 – 7 C 33/87, BVerwGE 79, 254; BVerwG Urt. v. 19.1.1989 – 7 C 77/87, BVerwGE 81, 197.
15 BT-Drs. 17/4836, 6.
16 6. Allgemeine Verwaltungsvorschrift zum Bundes-Immissionsschutzgesetz – Technische Anleitung zum Schutz gegen Lärm, vom 26.8.1998, GMBl. S. 503.
17 18. Verordnung zur Durchführung des Bundes-Immissionsschutzgesetzes – 18. BImSchV – vom 18.7.1991, BGBl. I 1588.
18 BVerwG Beschl. v. 11.2.2003 – 7 B 88/02, NVwZ 2003, 751.
19 BVerwG Beschl. v. 11.2.2003 – 7 B 88/02, NVwZ 2003, 751.

scheidend durch die bauplanungsrechtliche Situation – einerseits, welche Nutzungen auch im Hinblick auf Beeinträchtigungen der Nachbarschaft an bestimmten Standorten zulässig sind, andererseits, welchen Schutz vor Beeinträchtigungen die Wohnnutzung beanspruchen kann.[20] Wesentliches Kriterium hierfür ist, welche der unverträglichen Nutzungen zuerst verwirklicht worden ist.[21] Für eine Vereinbarkeit von Bolzplätzen und Wohnbebauung wird ein Mindestabstand von 80 bis 100 m vorausgesetzt.[22] Daneben sind wertende Elemente wie die soziale Adäquanz und die allgemeine Akzeptanz mitbestimmend. Außerdem lässt die gesteigerte soziale Erforderlichkeit von Bolzplätzen auch in unmittelbarer Nähe zur Wohnbebauung eine entsprechende Korrektur der Richtwerte der 18. BImSchV zu. Die Abwägung zwischen den jeweiligen Interessen fällt daher **tendenziell zulasten der Anwohner** aus.[23]

4. Sportanlage

Sportanlagen sind nach § 1 Abs. 2 der 18. BImSchV – **Sportanlagenlärmschutzverordnung** – ortsfeste Einrichtungen, die zur Sportausübung bestimmt sind. Der Verordnungsgeber hat sich am Leitbild einer Sportanlage orientiert, die dem Vereinssport, Schulsport oder vergleichbar organisiertem Freizeitsport dient.[24] Darunter fallen beispielsweise Fußballstadion, Fußballplatz, Kleinspielfeld, Kunstrasensportfeld,[25] Tennisplatz,[26] Freibad oder Turnhalle,[27] nicht aber Beachvolleyball- oder Basketballplatz (→ *Lärm, Sport* Rn. 8). 12

Die Sportanlagenlärmschutzverordnung konkretisiert die Anforderungen, die sich unter dem Aspekt des Lärmschutzes für die Errichtung und den Betrieb von Sportanlagen aus der gesetzlichen Verpflichtung ergeben, nach dem Stand der Technik vermeidbare schädliche Umwelteinwirkungen zu verhindern und nach dem Stand der Technik unvermeidbare schädliche Umwelteinwirkungen durch Geräusche auf ein Mindestmaß zu beschränken (vgl. § 22 Abs. 1 Nrn. 1 und 2 iVm § 3 Abs. 1 BImSchG). Da § 22 BImSchG auch im öffentlich-rechtlichen Nachbarschaftsverhältnis zwischen Anlagenbetreiber und nutzungsbetroffenem Dritten Maßstab für die Beurteilung der Zumutbarkeit oder Unzumutbarkeit von Lärm ist, enthält die Sportanlagenlärmschutzverordnung zugleich die konkreten Vorgaben im lärmbezogenen Nutzungskonflikt zwischen Sportanlagen und **Nachbargrundstücken**.[28] Sportlärm wird dabei gegenüber anderen Regelwerken (TA Luft, Freizeitlärm-Richtlinie zu Freizeitanlagen) privilegiert (→ *Lärm, Sport* Rn. 17). 13

Die gebietsbezogenen Immissionsrichtwerte der 18. BImSchV konkretisieren **verbindlich** die Zumutbarkeit von Sportlärm (→ *Lärm, Sport* Rn. 19). Dementsprechend schließt § 2 der 18. BImSchV als normative Festlegung der Zumutbarkeitsschwelle im Sinne des § 3 Abs. 1 BImSchG grundsätzlich die Beurteilung aus, dass Lärmimmissionen, die die festgelegten Immissionsrichtwerte unterschreiten, im Einzelfall gleichwohl als erheblich eingestuft werden.[29] Beispielsweise beträgt in allgemeinen Wohngebieten der Immissionsrichtwert werktags von 8.00 Uhr bis 20.00 Uhr 55 dB(A), in reinen Wohngebieten 50 dB(A) (→ *Lärm, Sport* Rn. 26). Den durch die Vorgaben der 18. BImSchV konkretisierten Nachbarschaftsinteressen wird regelmäßig durch die Festsetzung der Betriebszeiten hinreichend Rechnung getragen werden können. 14

5. Ballüberflug

Die Frage der Verträglichkeit von Freisportanlagen mit Wohnnutzung stellt sich nicht nur bei Sportlärm, sondern auch bei herüberfliegenden Bällen. Der Nachbar eines hoheitlich betriebenen Sportplatzes braucht grundsätzlich nicht zu dulden, dass vom Sportplatz Bälle auf sein Grundstück gelangen. Ihm steht ein 15

20 BVerwG Urt. v. 24.4.1991 – 7 C 12/90, BVerwGE 88, 143.
21 BVerfG Beschl. v. 13.3.2008 – 1 BvR 348/08.
22 VG Köln Urt. v. 30.10.2008 – 13 K 403/08, juris Rn. 63.
23 VGH Mannheim Urt. v. 23.5.2014 – 10 S 249/14, VBlBW 2015, 81.
24 BVerwG Beschl. v. 11.2.2003 – 7 B 88/02, NVwZ 2003, 751.
25 VGH Mannheim Urt. v. 3.7.2012 – 3 S 321/11, VBlBW 2013, 61.
26 Vgl. *Ring* in NK-BGB § 906 Rn. 186.
27 BR-Drs. 17/91, 37.
28 BVerwG Beschl. v. 8.11.1994 – 7 B 73/94, NVwZ 1995, 993.
29 BVerwG Beschl. v. 8.11.1994 – 7 B 73/94, NVwZ 1995, 993.

öffentlich-rechtlicher Abwehranspruch gegen den Träger der öffentlichen Einrichtung darauf zu, dass dieser die ihm möglichen Vorkehrungen gegen solche Beeinträchtigungen trifft.[30] Der Umstand, dass ab und zu ein Ball von einem Sportplatz in den Garten des Nachbarn gerät, ist allerdings grundsätzlich im nachbarschaftlichen Gemeinschaftsverhältnis im Hinblick auf die Situationsgebundenheit des betroffenen Grundstücks hinzunehmen.[31] Ballflüge vom Spiel- und Sportplatzgelände auf ein durch eine dazwischen verlaufende Straße abgerücktes Nachbargrundstück, die nur gelegentlich und ausnahmsweise **einige Male im Jahr** vorkommen, sind sozialadäquat und stellen keine rechtswidrige Beeinträchtigung dar.[32]

16 Nur unter Berücksichtigung aller Umstände des Einzelfalls lässt sich die Frage, bis zu welcher Häufigkeit die mit einem Ballüberflug verbundenen Belästigungen und Eigentumsbeeinträchtigungen nachbarrechtlich hinzunehmen und welche Abwehrmaßnahmen zu treffen sind, beantworten.[33] So sind regelmäßige Ballüberflüge mindestens **einmal wöchentlich** in den Sommermonaten als rechtswidrige Beeinträchtigungen gewertet worden.[34] Dabei sind auch die getroffenen Abwehrmaßnahmen zu berücksichtigen. Oftmals wird ein Ballfangzaun gefordert, dessen Höhe 6 m beträgt und damit den Vorgaben der DIN 18035-1 entspricht.[35] Daneben kommen beispielsweise ein Hinweisschild, die Beschränkung auf den Zeitraum bis 20.00 Uhr und die Überwachung der Einhaltung der Öffnungszeiten mit der Feststellung und Ahndung von Verstößen in Betracht.

III. Zivilrechtlicher Nachbarstreit

17 Nicht vor den Verwaltungsgerichten, sondern den Zivilgerichten ist der Streit über privat verursachten Lärm beispielsweise beim Ballspielen im nachbarlichen Garten oder über herüberfliegende Bälle zu entscheiden. Störungen durch private Rechtssubjekte führen auch dann zu einer bürgerlich-rechtlichen Streitigkeit, wenn der Störer seine Berechtigung zur Einwirkung auf einen Verwaltungsakt stützt.[36] Im Bereich der Daseinsvorsorge kann die öffentliche Hand zudem die Durchführung ihrer Aufgabe auf die Ebene des Privatrechts verlegen; soweit dies zB durch einen privaten Betreiber einer Sportanlage geschieht, ist für Abwehrklagen wiederum der Zivilrechtsweg gegeben. Dagegen steht der Zivilrechtsweg insbesondere für solche Abwehrklagen nicht zur Verfügung, die sich gegen einen mit Emissionen verbundenen Gebrauch eines Nachbargrundstücks wenden, der sich als hoheitliches Handeln darstellt.[37] Wegen der erstrebten Angleichung der Beurteilungsmaßstäbe kommt es im privatrechtlichen Nachbarschaftsverhältnis nach §§ 1004, 906 BGB regelmäßig aber zu demselben Ergebnis wie im öffentlich-rechtlichen Nachbarschaftsverhältnis nach dem allgemeinen öffentlich-rechtlichen Abwehranspruch.[38]

18 Die Einhaltung einer in einer Baugenehmigung enthaltenen, bestandskräftigen Auflage kann der Nachbar zu seinem vorverlagerten Schutz gegen Lärm vor den Zivilgerichten im Wege einer auf § 823 Abs. 2 BGB und einer entsprechenden Anwendung von § 1004 Abs. 1 S 2 BGB gestützten **quasinegatorischen Unterlassungsklage** durchsetzen, ohne dass die Voraussetzungen des § 906 BGB geprüft werden müssten.[39] § 22

30 BVerwG Beschl. v. 30.1.1990 – 7 B 162/89, NVwZ 1990, 858.
31 VGH München Beschl. v. 16.11.2004 – 22 ZB 04.2269, NVwZ-RR 2005, 532.
32 VGH München Beschl. v. 13.1.2005 – 22 ZB 04.2931, NJW 2005, 1882.
33 VGH München Beschl. v. 8. 9. 2008 – 22 ZB 07.3059, juris Rn. 3.
34 VGH München Beschl. v. 13.1.2005 – 22 ZB 04.2931, NJW 2005, 1882; OLG Naumburg Urt. v. 23.11.2015 – 12 U 184/14, MDR 2016, 265.
35 Sportplätze Teil 1: Freianlagen für Spiele und Leichtathletik, Planung und Maße für Fußballfelder, vgl. Anhang A Tabelle A.1 – Großspielfelder. Vgl. OLG Naumburg 23.11.2015 – 12 U 184/14, MDR 2016, 265; VGH München 13.1.2005 – 22 ZB 04.2931, NJW 2005, 1882.
36 *Kaiser* in Staudinger BGB § 1004 Rn. 565; zum umgekehrten Fall s. OLG Karlsruhe Beschl. v. 19.9.2019 – 9 W 32/19, NVwZ-RR 2020, 467 Rn. 66.
37 OLG Dresden Beschl. v. 16.9.2015 – 10 W 879/15, NVwZ 2016, 96.
38 BVerwG Urt. v. 19.1.1989 – 7 C 77/87, BVerwGE 81, 197.
39 BGH Urt. v. 26.2.1993 – V ZR 74/92, BGHZ 122, 1 (3). *Reidt/Schiller* in Landmann/Rohmer UmweltR 18. BImSchV Vorb. Rn. 34.

Abs. 1 Nr. 1 und 2 BImSchG ist drittschützend, auch soweit dadurch Sportlärm im Einwirkungsbereich einer Sportanlage verhindert werden soll.[40]

1. Unzulässiger Sportlärm

Im zivilrechtlichen Nachbarstreit kann der Eigentümer eines durch Ballspiel oder -sport beeinträchtigten Grundstücks eine Störungsabwehrklage auf **§ 1004 Abs. 1 S. 2 BGB** stützen, damit die durch den Lärm des Nachbarn gegen seinen Willen verursachten Beeinträchtigungen unterlassen werden.[41] Als Prozessvortrag genügt grundsätzlich eine Beschreibung, aus der sich ergibt, um welche Art von Beeinträchtigungen durch den Sportlärm (Spieler, Jugendliche, Trillerpfeife usw.) es geht und zu welchen Tageszeiten, über welche Zeitdauer und in welcher Frequenz diese ungefähr auftreten, um der Behauptungslast hinsichtlich der Beeinträchtigung zu genügen.[42] Der Anspruch ist nach § 1004 Abs. 2 BGB allerdings ausgeschlossen, wenn der Eigentümer zur Duldung verpflichtet ist. Im Verhältnis von Grundstücksnachbarn sind die Sonderbestimmungen der §§ 906 ff. BGB in dem davon erfassten Regelungsbereich dafür maßgebend, ob die von einem auf das andere Grundstück ausgehenden Einwirkungen eine rechtmäßige oder rechtswidrige Eigentumsbeeinträchtigung darstellen.[43] 19

Eine **Duldungspflicht** kann sich als vom Störer darzulegende und zu beweisende rechtshindernde Einwendung aus **§ 906 Abs. 1 BGB** ergeben, wonach der Eigentümer eines Grundstücks ua solche Einwirkungen nicht verbieten kann, die die Benutzung seines Grundstücks nicht oder nur unwesentlich beeinträchtigen. Beruhen Ballspiel oder -sport, die die Benutzung des betroffenen Grundstücks mehr als unwesentlich beeinträchtigen, auf einer nicht ortsüblichen Benutzung des nachbarlichen Grundstücks, besteht keine Duldungspflicht aus § 906 Abs. 2 S. 1 BGB. Entsprechen sie aber ortsüblicher Benutzung, sind auch wesentliche Beeinträchtigungen nach § 906 Abs. 2 S. 1 BGB hinzunehmen, sofern Abwehrmaßnahmen unzumutbar sind. Entsprechend stellt sich die Rechtslage für den Grundstücks- oder Raumbesitzer, insbesondere den Mieter bzw. Pächter, aus dem Besitzschutz nach **§ 862 BGB** iVm § 906 BGB dar.[44] 20

Wann die Beeinträchtigungen die Wesentlichkeitsschwelle überschreiten, beurteilt sich nach dem Empfinden eines verständigen Durchschnittsmenschen und dem, was diesem unter Würdigung anderer öffentlicher und privater Belange zuzumuten ist.[45] Die Grenze der im Einzelfall zu duldenden Belästigung lässt sich dabei nur aufgrund wertender Beurteilung festsetzen.[46] Die Vorschriften des öffentlich-rechtlichen Immissionsschutzes wirken sich dabei zivilrechtlich aus, ohne dass ihnen der Vorrang zukommt.[47] So hat der Verordnungsgeber in der **Sportanlagenlärmschutzverordnung** das Spannungsfeld zwischen dem Bedürfnis der Allgemeinheit nach sportlicher Betätigung und Teilnahme an Sportveranstaltungen einerseits und dem Ruhebedürfnis auf Nachbargrundstücken von Sportstätten andererseits durch **konkrete** Vorgaben geregelt.[48] Der Richtwert trägt der Plansituation des Grundstücks bereits Rechnung, so dass es auf eine Ortsüblichkeit nicht mehr ankommt.[49] Die Einhaltung der Richtwerte indiziert die vom Störer zu beweisende Unwesentlichkeit der Beeinträchtigung. Gemäß § 906 Abs. 1 S. 2 und 3 BGB ist es im Ausgangspunkt ein Indiz für eine wesentliche Beeinträchtigung, wenn die Immissionen die zulässigen Richtwerte überschreiten.[50] 21

40 Vgl. BVerwG Urt. v. 4.7.1986 – 4 C 31/84, BVerwGE 74, 315.
41 OLG Hamm Urt. v. 20.3.2007 – 34 U 36/03, NVwZ-RR 2007, 756.
42 BGH Beschl. v. 22.8.2017 – VIII ZR 226/16, NJW-RR 2017, 1290.
43 BGH Urt. v. 2.3.1984 – V ZR 54/83, BGHZ 90, 255.
44 BGH Urt. v. 29.4.2015 – VIII ZR 194/14, BGHZ 205, 177; *Bub/Treier* MietR-HdB Kap III Rn. 2581.
45 BGH Urt. v. 13. 12. 2019 – V ZR 152/18, MDR 2020, 282.
46 BGH Urt. v. 26.10.2018 – V ZR 143/17, NJW 2019, 773.
47 *Ring* in NK-BGB § 906 Rn. 65.
48 BVerwG Beschl. v. 8.11.994 – 7 B 73/94, NVwZ 1995, 993; OLG Hamm Urt. v. 20.3.2007 – 34 U 86/03, NVwZ-RR 2007, 756; *Siegel* GewA 2019, 227.
49 *Brückner* in MüKoBGB § 906 Rn. 143.
50 BGH Urt. v. 13.2.2004 – V ZR 217/03, NJW 2004, 1317; OLG Frankfurt Urt. v. 17.6.2008 – 8 U 89/06, OLGR Frankfurt 2009, 47.

22 Dies gilt allerdings nicht bei Ballspielplätzen für Kinder, bei denen die Privilegierung des Kinderlärms durch § 22 Abs. 1a BImSchG auf die Anwendung von § 906 BGB ausstrahlt.[51] Bei Bolzplätzen ist die Sportanlagenlärmschutzverordnung nicht unmittelbar anwendbar, bietet aber bei Berücksichtigung dieses Umstandes eine sachgerechte Entscheidungshilfe.[52] Für den immissionsrechtlichen Unterlassungsanspruch kann die Messbarkeit von Einwirkungen ohnehin nicht die allein entscheidende Rolle spielen. Maßgebend für die Lästigkeit eines Geräuschs beim Ballspiel und -sport ist das Gesamtbild der Beeinträchtigung, das sich nach allen Umständen des konkreten Einzelfalls bestimmt. Dabei sind etwa die Gebietsart und die durch die tatsächlichen Verhältnisse bestimmte Schutzwürdigkeit und Schutzbedürftigkeit zu berücksichtigen.

23 Ziel des Unterlassungsanspruchs ist die Verhinderung künftiger Störungen. Unterlassungsantrag und -ausspruch sind an diesem **Ziel orientiert**. Der beeinträchtigte Nachbar kann in der Regel nur die Vornahme von Abhilfemaßnahmen verlangen, die geeignet sind, dieses Ziel zu erreichen. Grundsätzlich hat der Störer zu entscheiden, ob und wie er die durch den Ball verursachten Lärmimmissionen auf das nach § 906 BGB zulässige Maß begrenzt. Hierfür kommen je nach Sportstätte viele Mittel in Betracht – von einem Ballfangnetz bis hin zu veränderten Spielzeiten. Der Urteilstenor lautet allgemein auf Unterlassung von Störungen von der Sportstätte oder durch das Ballspiel in einer bestimmten Lautstärke, Häufigkeit und zu bestimmten Zeiten, zB.

▶ Der Beklagte wird verurteilt, von dem Vereinsgelände X ausgehende Geräuscheinwirkungen auf das Grundstück Y zu unterlassen, die dort folgende Immissionswerte überschreiten:

an Werktagen: tags (8.00 bis 20.00 Uhr) 55 dB(A), Ruhezeit (6.00 bis 8.00 Uhr und 20.00 bis 22.00 Uhr) 50 dB(A), nachts (0.00 bis 6.00 Uhr und 22.00 bis 00.00 Uhr) 40 dB(A),
an Sonntagen: tags (9.00 bis 13.00 Uhr und 15.00 bis 20.00 Uhr) 55 dB(A), Ruhezeit (7.00 bis 9.00 Uhr und 13.00 bis 15.00 Uhr und 20.00 bis 22.00 Uhr) 50 dB(A), nachts (0.00 bis 7.00 Uhr und 22.00 bis 0.00 Uhr) 40 dB(A). Ausgenommen hiervon sind seltene Sportereignisse an bis zu 15 Tagen pro Jahr, insoweit wird der Beklagte verurteilt, es zu unterlassen, die vorstehenden Immissionswerte um mehr als 10 dB(A) zu überschreiten.[53] ◀

24 Auf den Unterlassungstitel ist die **Unterlassungsvollstreckung** nach § 890 ZPO anwendbar. Er erfordert trotz seines Wortlauts über bloßes Nichtstun hinaus aktives Handeln, zB durch Lärmschutzmaßnahmen. Welches aktive Handeln erforderlich ist, hat nicht der Verbotsausspruch oder der Gläubiger festzulegen, sondern der Schuldner selbst.[54] Erst im Vollstreckungsverfahren kommt es zu einer Überprüfung, ob die Auffassung des Schuldners zutrifft, wobei ihn das Verschuldenserfordernis vor ungerechtfertigten Ordnungsmitteln schützt.[55] Trifft der Schuldner freiwillig oder zwangsweise Abhilfe, tritt zwar insoweit Erfüllung ein. Der Unterlassungsanspruch ist aber stets auf die Verhinderung künftiger Störungen gerichtet und erlischt deshalb nicht. Ein nach § 890 ZPO zu vollstreckender Unterlassungstitel ist – im Unterschied zu einem Beseitigungstitel – demnach **nicht verbraucht**, sondern weiterhin Grundlage dafür, erneuten Sportlärm abzuwehren.

2. Ballüberflug

25 Fliegt beispielsweise aus dem benachbarten Garten nur gelegentlich, dh einige Male im Jahr, ein Ball oder eine Frisbee-Scheibe über die Hecke oder den Zaun auf das Grundstück des Nachbarn, ist das noch keine nennenswerte Beeinträchtigung des Eigentums und im nachbarrechtlichen Gemeinschaftsverhältnis als sozialadäquat hinzunehmen.[56] Dem Nachbarn steht im zivilrechtlichen Nachbarstreit in der Regel ein Störungsabwehranspruch aus § 1004 Abs. 1 BGB erst zu, wenn mehr als **ein Ball pro Woche** im Jahresdurch-

51 BT-Drs. 17/4836, 7; *Fritzsche* BRHP § 906 Rn. 39.
52 Vgl. BGH Urt. v. 5.2.1993 – V ZR 62/91, BGHZ 121, 248 (253); OLG Karlsruhe Urt. v. 9.5.2001 – 6 U 223/00, NJW-RR 2001, 1236.
53 OLG Hamm Urt. v. 20.3.2007 – 34 U 36/03, NVwZ-RR 2007, 756.
54 BGH Urt. v. 4.2.1993 – I ZR 42/91, BGHZ 121, 242 – TRIANGLE.
55 *Böhm*, Die Zwangsvollstreckung nach § 890 ZPO, S. 74.
56 VGH München Beschl. v. 13.1.2005 – 22 ZB 04.2931, NJW 2005, 1882; *Fritzsche* BRHP § 906 Rn. 38.

schnitt auf sein Grundstück fliegt.[57] Eine solche Beeinträchtigung in dem durch § 903 S. 1 BGB geschützten Recht, andere von jeder Einwirkung auf das Eigentum ausschließen zu können, ist rechtlich relevant. Aus § 906 BGB ergibt sich hierfür keine Duldungspflicht, weil diese Vorschrift nur auf Immissionen und damit weder unmittelbar noch entsprechend auf Bälle anwendbar ist. Letztlich maßgeblich sind aber auch hier die Umstände des Einzelfalls. So bestimmt sich die Frage, ob und welche Abwehrmaßnahmen vom Nachbarn zu treffen sind, auch danach, ob ihm (weitere) Maßnahmen zumutbar sind.

Allerdings liegt eine Beeinträchtigung des Eigentums in einem eigenmächtigen Betreten des eingefriedeten Grundstücks, um den Ball zurückzuholen. Dem Besitzer des Balles steht nach §§ 867, 1005 BGB ein **Verfolgungsrecht** zu, wonach ihm der Nachbar das Zurückholen des Balles zu gestatten hat. Der Anspruch erlischt, wenn der Grundstückseigentümer bzw. -besitzer den Ball in Besitz genommen hat – auch dann, wenn er erst nach Geltendmachung des Anspruchs Besitz ergriffen hat.[58] Dadurch begeht er allerdings verbotene Eigenmacht, wenn der Ballbesitzer ohne Besitzverlust (§ 856 Abs. 2 BGB) auf das Grundstück gelangt ist. Verweigert der Grundstückseigentümer die Verfolgung und Herausgabe, ist dies gerichtlich geltend zu machen. Das Verfolgungsrecht des Besitzers aus § 867 BGB berechtigt ihn nicht zum eigenmächtigen Betreten des fremden Grundstücks. Darin liegt eine verbotene Eigenmacht, es sei denn, es liegt ein in den §§ 229, 904 BGB vorgesehener Ausnahmefall vor. Dem Eigentümer des Balls steht aus § 985 BGB ein Recht auf Herausgabe zu. 26

13. Bauarbeiten

Pöpel

Literatur: *Stöber*, Das obligatorische Schlichtungsverfahren nach § 15 a EGZPO, JA 2014, 607.

I. Zivilrecht

Lärm- und beeinträchtigungsfreie Bauarbeiten sind selten; Streitigkeiten zwischen Bauherrn und Nachbarn hingegen nicht. Im Fokus stehen zunächst die Ansprüche des durch Bauarbeiten beeinträchtigten Grundstücksnachbarn. Darüber hinaus können aber auch dem die Bauarbeiten ausführenden Bauherrn gegen seinen Nachbarn Ansprüche zustehen. 1

1. Anspruch des beeinträchtigten Grundstücksnachbarn

Dem Grundstücksnachbarn können sowohl Unterlassungs- als auch Ausgleichs- und Schadensersatzansprüche zustehen. 2

a) Unterlassungsanspruch. Dem durch Bauarbeiten beeinträchtigten Grundstücksnachbarn können Unterlassungsansprüche aus §§ 906, 1004 BGB zustehen. Nicht zu duldende **Immissionen** iSd § 906 BGB kann der Nachbar mit dem Beseitigungs- und Unterlassungsanspruch des § 1004 Abs. 1 BGB angreifen. 3

57 OLG Naumburg Urt. v. 23.11.2015 – 12 U 184/14, MDR 2016, 265; VGH München Beschl. v. 13.1.2005 – 22 ZB 04.2931, NJW 2005, 1882.

58 *Gutzeit* in Staudinger BGB § 867 Rn. 9.

4 Über den Wortlaut der §§ 906, 1004 BGB hinaus entstehen Ansprüche auch für den Berechtigten einer Grunddienstbarkeit (§ 1027 BGB), den Nießbraucher (§ 1065 BGB), den Inhaber einer persönlichen Dienstbarkeit (§ 1090 Abs. 2 BGB) sowie den Erbbauberechtigten (§ 11 Abs. 1 ErbbauRG). **Obligatorisch berechtigte Nichteigentümer** genießen Schutz als Besitzer über § 862 BGB.[1] Auch der Inhaber eines Anwartschaftsrechts kann sich idR nur auf § 862 BGB berufen.[2]

5 § 906 Abs. 1 S. 1 BGB normiert, dass der Eigentümer eines Grundstücks die Zuführung von Gasen, Dämpfen, Gerüchen, Rauch, Ruß, Wärme, Geräuschen, Erschütterungen und ähnliche von einem anderen Grundstück ausgehende Einwirkungen insoweit nicht verbieten kann, als die Einwirkung die Benutzung seines Grundstücks nicht oder nur unwesentlich beeinträchtigt. Von diesen genannten **Einwirkungen** verursachen Bauarbeiten insbesondere Geräusche (→ *Lärm, Baustelle* Rn. 1 ff.) und → *Erschütterungen* Rn. 1 ff.. Bei **Geräuscheinwirkungen** sind zur Bestimmung der Wesentlichkeit iSd § 906 Abs. 1 BGB die 32. Verordnung zur Durchführung des Bundes-Immissionsschutzgesetzes (Geräte- und Maschinenlärmschutzverordnung – 32. BImSchV)[3], beachtlich, welche Grenzwerte für Baumaschinenlärm enthält.[4] Zudem beachtlich ist die AVV Baulärm, welche zwar schon vor dem Inkrafttreten des BImSchG erlassen wurde, deren analoge Anwendung aufgrund angestrebter Harmonisierung zwischen öffentlichem und privatem Immissionsschutzrecht jedoch geboten erscheint; mindestens aber soll die AVV als Orientierungshilfe bei der Bestimmung der Wesentlichkeit herangezogen werden.[5] **Sprengungsbedingte Erschütterungen**, die einen erheblichen Sachschaden an einem Gebäude des beeinträchtigten Grundstücks verursachen können, sind auch dann schon wesentlich iSd § 906 Abs. 1 BGB, wenn die Grenzwerte für Schwingungsgeschwindigkeiten eingehalten oder sogar unterschritten werden.[6]

6 Baustellen verursachen regelmäßig auch **Staub**, zu denken ist etwa an Entkernungsarbeiten und die Trennung von Steinplatten. Auch der Staub stellt eine Einwirkung iSd § 906 Abs. 1 S. 1 BGB dar. Eine wesentliche Beeinträchtigung wird zumindest dann angenommen, wenn der Staub bei geöffneten Fenstern zu einer Staubablagerung im Gebäude führt.[7]

7 Bei der Bestimmung der **Ortsüblichkeit** einer Beeinträchtigung durch Bauarbeiten ist auch darauf abzustellen, inwieweit das Bauobjekt die Umgebung prägt. So hat der Bundesgerichtshof hinsichtlich Restaurierungsarbeiten an der Porta Nigra in Trier ausgeführt, dass dieses gegenüber dem Regelfall als Baudenkmal von außergewöhnlicher Wirkung im Verhältnis zu seiner unter nachbarrechtlichen Gesichtspunkten maßgebenden Umgebung Besonderheiten aufweise. Arbeiten, die die Erhaltung einer solchen die Umgebung prägenden Anlage erfordert, sind als ortsüblich im Sinne des Nachbarrechts zu werten.[8]

8 **Verkehrsbeschränkungen** infolge von Bauarbeiten stellen für ein Unternehmen erst dann eine unzumutbare Beeinträchtigung dar, wenn sie auch hinsichtlich der Dauer von einiger Erheblichkeit sind; **Umsatzeinbrüche** für wenige Wochen oder Monate sind grundsätzlich hinzunehmen.[9] Hier realisiert sich lediglich das typische unternehmerische Risiko, welches jeden gewerblichen Anlieger treffen kann.

9 Ob der Grundstücksnachbar über § 1004 Abs. 1 BGB die Einhaltung drittschützender öffentlich-rechtlicher Bauvorschriften durchsetzen kann, ist umstritten.[10] Zumindest aber entfalten diese Vorschriften Wirkung iRd § 823 Abs. 2 BGB[11] und können bei ihrer Verletzung einen Schadensersatzanspruch begründen.

---

1 *Brückner* in MüKoBGB § 906 Rn. 180; *Raff* in MüKoBGB § 1004 Rn. 62.
2 *Raff* in MüKoBGB § 1004 Rn. 64.
3 Zuletzt geändert durch Art. 83 Zehnte ZuständigkeitsanpassungsVO vom 31.8.2015 (BGBl. I 1474).
4 Hingegen nimmt die TA Lärm Baustellen aus ihrem Anwendungsbereich aus, vgl. Ziffer 1 f.) TA Lärm.
5 *Klimke* in BeckOGK BGB § 906 Rn. 231.1.
6 BGH Urt. v. 20.11.1998 – V ZR 411-97, NJW 1999, 1029 (1030).
7 *Brückner* in MüKoBGB § 906 Rn. 160.
8 BGH Urt. v. 26.9.1975 – V ZR 204/73, MDR 1977, 128.
9 *Klimke* in BeckOGK BGB § 906 Rn. 301.1.
10 Vgl. zum Streitstand *Spohnheimer* in BeckOGK BGB § 1004 Rn. 99.
11 *Spohnheimer* in BeckOGK BGB § 1004 Rn. 99.

b) Nachbarrechtlicher Ausgleichsanspruch. Ein nachbarrechtlicher Ausgleichsanspruch kann aufgrund von von der Baustelle das Nachbargrundstücks ausgehenden Störungen entstehen. Ein solcher **nachbarrechtlicher Ausgleichsanspruch** besteht, wenn von einem Grundstück im Rahmen privatwirtschaftlicher Benutzung rechtswidrige Einwirkungen auf ein anderes Grundstück ausgehen, die der Eigentümer oder Besitzer des betroffenen Grundstücks nicht dulden muss, aus besonderen Gründen jedoch nicht gem. §§ 1004 Abs. 1, 862 Abs. 1 BGB unterbinden kann, sofern er hierdurch Nachteile erleidet, die das zumutbare Maß einer entschädigungslos hinzunehmenden Beeinträchtigung übersteigen.[12] Zu den Voraussetzungen und Rechtsfolgen des Anspruchs → *Nachbarschaftliches Gemeinschaftsverhältnis* Rn. 1 ff. 10

Der Anspruch aus § 906 Abs. 2 Satz 2 BGB richtet sich jedoch nicht gegen den die (störenden) Bauarbeiten auf Veranlassung des Grundstückseigentümers ausführenden Bauunternehmer. § 906 Abs. 2 S. 2 BGB gewährt dem Eigentümer des beeinträchtigten Grundstücks einen Ausgleich, dessen Grundlage die störende Benutzung des Nachbargrundstücks ist. Die Vorschrift ist Teil des bürgerlich-rechtlichen Nachbarrechts. Sie dient dem Ausgleich der Interessen bei der Nutzung benachbarter Grundstücke. Der für den Bauherrn tätig werdende **Bauunternehmer** steht außerhalb des nachbarlichen Gemeinschaftsverhältnisses. Er ist nicht der Adressat der nachbarrechtlichen Vorschriften. Die dem benachbarten Eigentümer in § 906 Abs. 1, 2 Satz 1 BGB auferlegten Duldungspflichten sollen dem Bauherrn die ortsübliche Bebauung seines Grundstücks ermöglichen. Nicht der Einsatz des Bauunternehmers, sondern das Interesse des Bauherrn an der Bebauung seines Grundstücks nötigt den Nachbarn zum Nachgeben und kann den Bauherrn nach § 906 Abs. 2 Satz 2 BGB zum Ausgleich der von seinem Vorhaben ausgehenden Beeinträchtigungen verpflichten. Schuldner des Ausgleichsanspruchs ist nämlich derjenige, der die Nutzungsart des beeinträchtigenden Grundstücks bestimmt. Eine solche Befugnis kommt dem Bauunternehmer nicht zu, wenn er für einen anderen nach dessen Weisungen auf dem Grundstück tätig wird.[13] 11

c) Schadensersatzansprüche. Ein vertraglicher Schadensersatzanspruch aus §§ 280 Abs. 1, 241 Abs. 2 BGB gegen den Grundstücksnachbarn, auf dessen Grundstück Bauarbeiten durchgeführt werden, scheidet im Regelfall aus. Eine ein gesetzliches Schuldverhältnis begründende Sonderbeziehung der Grundstücksnachbarn aufgrund des **nachbarschaftlichen Gemeinschaftsverhältnisses** wird zutreffend verneint, da das bloße nachbarschaftliche Nebeneinander von Grundstücken verschiedener Eigentümer für sich allein nicht ausreicht, um zwischen den Beteiligten schuldrechtliche Beziehungen herzustellen (→ *Nachbarschaftliches Gemeinschaftsverhältnis* Rn. 6). 12

Vertragliche Ansprüche des Grundstücksnachbarn gegen den mit dem Grundstücksnachbarn vertraglich verbundenen Architekten bzw. Bauunternehmer bestehen idR auch nicht. In Betracht gezogen werden kann zwar eine Einbeziehung des Grundstücksnachbarn nach den **Grundsätzen eines Vertrages mit Schutzwirkung zugunsten Dritter**. Zweifelhaft ist jedoch insbesondere, ob allein das nachbarschaftliche Gemeinschaftsverhältnis zu der erforderlichen Gläubigernähe führt. Dies dürfte zu verneinen sein. 13

Möglich sind jedoch **deliktische Ansprüche** gegen den Nachbarn und die ausführenden Bauhandwerker aus § 823 Abs. 1 BGB sowie aus § 823 Abs. 2 BGB iVm einem Schutzgesetz, etwa § 303 StGB oder § 909 BGB (zu Ansprüchen aus § 823 Abs. 2 iVm § 909 BGB → *Baugrube* Rn. 9). Voraussetzung der Haftung sowohl aus § 823 Abs. 1 BGB als auch aus § 823 Abs. 2 BGB iVm dem jeweiligen Schutzgesetz ist jedoch ein **Verschulden** des Anspruchsgegners, und zwar auch dann, wenn das Schutzgesetz ein Verschulden nicht voraussetzt. Denn ist nach dem Inhalt des Gesetzes ein Verstoß gegen dieses auch ohne Verschulden möglich, so tritt gemäß § 823 Abs. 2 S. 2 BGB die Ersatzpflicht nur im Falle des Verschuldens ein. Den Grundstückseigentümer trifft zwar eine eigenverantwortliche Pflicht zur Überprüfung, ob die beabsichtigte Baumaßnahme zu einer Beeinträchtigung des Nachbargrundstücks führt.[14] Jedoch genügt ein Grundstückseigentümer dieser Verpflichtung regelmäßig schon dadurch, dass er **sorgfältig ausgewählte**, fachkundige Architekten, Ingenieure und Bauunternehmer mit der Lösung der anfallenden bautechnischen Aufgaben und 14

12 BGH Urt. v. 9.2.2018 – V ZR 311/16, NJW 2018, 1542 (1543).
13 BGH Urt. v. 16.7.2010 – V ZR 217/09, NJW 2010, 3158 (3159).
14 BGH Urt. v. 23.2.2001 – V ZR 389/99, NJW 2001, 1865 (1866).

deren sachgemäßen Durchführung beauftragt. Die sorgfältige Auswahl der mit der Planung und der Bauausführung befassten Fachleute reicht zur Entlastung des Bauherrn und Grundeigentümers nur dann nicht aus, wenn auch für ihn **erkennbar eine erhöhte Gefahrenlage** gegeben war oder wenn Anlass zu Zweifeln bestand, ob die eingesetzten Fachkräfte in ausreichendem Maße den Gefahren und Sicherheitserfordernissen Rechnung tragen würden.[15]

15 Deliktische Ansprüche können neben einem Anspruch aus § 906 Abs. 2 Satz 2 BGB analog bestehen. Denn der Anspruch aus § 906 Abs. 2 Satz 2 BGB analog steht mit anderen Ansprüchen, die sich aus der Beeinträchtigung eines Grundstücks ergeben können, in **Anspruchskonkurrenz**.[16]

16 Ansprüche aus § 831 BGB werden gegen den Grundstückseigentümer im Regelfall nicht in Betracht kommen. Architekt oder Bauunternehmer werden bei der Durchführung der Bauarbeiten im Regelfall nicht als weisungsabhängige **Verrichtungsgehilfen** des Bauherrn tätig.[17]

17 **d) Ansprüche des mietenden Nachbarn. Baustellenlärm** ist grundsätzlich als Mangel der Mietsache (**Wohnraummiete**) anzusehen, soweit er die Tauglichkeit der Mietsache zum vertragsgemäßen Gebrauch mindert. Die Üblichkeit des Lärms ist nur dann ausschlaggebend, wenn die Parteien bei Abschluss des Mietvertrages eine Beschaffenheitsvereinbarung dahingehend getroffen haben, dass der im Rahmen dieser Vereinbarung näher zu definierende übliche Lärm geduldet werden muss. Auch üblicher Baulärm ist daher nicht grundsätzlich zu dulden.[18] Das Bestehen einer eigenen Duldungspflicht ohne Entschädigungsmöglichkeit, auf die sich der Vermieter beruft, um zu dem für ihn positiven Ergebnis zu gelangen, ist ein Umstand, den der Vermieter nach den allgemeinen Beweislastregeln darzulegen und zu beweisen hat, da es sich von der Auswirkung her letztlich um eine rechtshindernde bzw. minderungsausschließende Einwendung handelt. Somit kommt dem Vermieter dieselbe Darlegungs- und Beweislast zu wie einem Emittenten im Rahmen des § 906 BGB.[19]

18 Darüber hinaus stellen Immissionen, die nicht nach § 906 BGB zu dulden sind, oftmals **Besitzstörungen** mit der Folge dar,[20] dass sich der obligatorisch berechtigte Nichteigentümer über § 862 BGB hiergegen gegen den Verursacher (Störer) wenden kann. Eine solche Besitzstörung ist namentlich bei jeder Beeinträchtigung der Sachherrschaft unterhalb der Schwelle des Sachentzugs gegeben. Zu den möglichen Eingriffen gehören Störungen der Gebrauchs- und Nutzungsmöglichkeiten aller Art, im Bereich des Wohnraummietrechts insbesondere Lärm-, Staub- und Geruchsimmissionen, Einschränkungen des Zugangs durch Arbeiten im Eingangsbereich oder Treppenhaus, aber auch Einschränkungen der Belichtung und Privatheit der Wohnung durch das Aufstellen eines **Baugerüstes**.[21]

19 Bei der **Geschäftsraummiete** ist ein Minderungsrecht jedoch zu verneinen, wenn die Beeinträchtigungen durch Baustellen zu keiner unmittelbaren Einwirkung auf die Mietsache führen, Baulärm nur vereinzelt zu vernehmen und der **Zugang zu den Mieträumen** trotz der Bauarbeiten gewährleistet ist.[22] Auch **Verkehrsbeschränkungen** sind für eine gewisse Zeit hinzunehmen (→ Rn. 8).

2. Ansprüche des Bauherrn gegen den Nachbarn

20 Aus dem landesrechtlich geregelten Hammerschlags- und Leiterrecht folgt für den die Bauarbeiten durchführenden Grundstücksnachbarn ein Anspruch auf Betretung und auch Nutzung des Nachbargrundstücks während der Durchführung der Arbeiten (→ *Hammerschlags- und Leiterrecht* Rn. 10).

---

15 BGH Urt. v. 23.2.2001 – V ZR 389/99, NJW 2001, 1865 (1866).
16 BGH Urt. v. 19.9.2008 – V ZR 28/08, NJW 2009, 762 (764).
17 BGH Urt. v. 23.2.2001 – V ZR 389/99, NJW 2001, 1865 (1866).
18 LG München I Urt. v. 15.11.2018 – 31 S 2182/18, BeckRS 2018, 29766.
19 LG München I Urt. v. 27.10.2016 – 31 S 58/16, NZM 2018, 228 (229) = ZMR 2017, 165; LG München I Urt. v. 15.11.2018 – 31 S 2182/18, BeckRS 2018, 29766.
20 *Lorenz* in Erman BGB § 858 Rn. 3a.
21 LG Berlin Urt. v. 20.4.2016 – 65 S 424/15, BeckRS 2016, 10367 = GE 2016, 860.
22 LG Hamburg Urt. v. 16.11.2018 – 412 HKO 159/17, ZMR 2019, 497.

Aus dem Hammerschlagrecht folgt das grundsätzliche Recht zur Betretung, aus dem Leiterrecht neben dem Recht zur Aufstellung von Leitern auch das Recht zum Aufstellen eines **Baugerüstes.**[23] Das Betretungsrecht ermächtigt jedoch nicht zum eigenmächtigen Betreten des Grundstücks; bei Weigerung des Nachbarn ist dieser gerichtlich in Anspruch zu nehmen.[24] 21

Soweit das Landesrecht nur bestimmte Nutzungsformen vorsieht, verbietet sich aufgrund dieser abschließenden Regelung eine anderweitige Nutzung.[25] Auch das Ausheben einer **Baugrube** auf dem fremden Grundstück ist in diesem Fall weder aufgrund des Hammerschlags- und Leiterrechts noch aus dem **nachbarschaftlichen Gemeinschaftsverhältnis** erlaubt (→ *Baugrube* Rn. 16). 22

Ergänzend kann aber auch aus dem nachbarschaftlichen Gemeinschaftsverhältnis ein Anspruch auf Betretung und Benutzung des Nachbargrundstücks zum Zwecke der Durchführung notwendiger Arbeiten folgen (→ *Nachbarschaftliches Gemeinschaftsverhältnis* Rn. 10, → *Betreten des Nachbargrundstücks* Rn. 6).[26] 23

II. Strafrechtliche Bezüge

§ 319 StGB normiert die sog. „**Baugefährdung**". Gemäß § 319 Abs. 1 StGB wird bestraft, wer bei der Planung, Leitung oder Ausführung eines Baues oder des Abbruchs eines Bauwerks gegen die allgemein anerkannten Regeln der Technik verstößt und dadurch Leib oder Leben eines anderen Menschen gefährdet. Gemäß § 319 Abs. 2 StGB wird bestraft, wer in Ausübung eines Berufs oder Gewerbes bei der Planung, Leitung oder Ausführung eines Vorhabens, technische Einrichtungen in ein Bauwerk einzubauen oder eingebaute Einrichtungen dieser Art zu ändern, gegen die allgemein anerkannten Regeln der Technik verstößt und dadurch Leib oder Leben eines anderen Menschen gefährdet. Bei den Tatbeständen handelt es sich um konkrete Gefährdungsdelikte.[27] Die Deliktsbegehung ist auch bei fahrlässiger Verursachung der Gefahr (Abs. 3) und sogar bei fahrlässiger Handlung nebst fahrlässiger Gefahrverursachung (Abs. 4) möglich. Die Norm soll Individualgüter (Leib und Leben) vor einer durch unsachgemäße Bauarbeiten ausgehenden Gefahr schützen.[28] 24

Die landesrechtlichen Bauordnungen sehen darüber hinaus **Bußgeldvorschriften** bei Verstößen gegen die Landesbauordnung vor. Ordnungswidrigkeitentatbestände finden sich in folgenden Vorschriften: 25

- Baden-Württemberg: § 75 LBO BW
- Bayern: § 79 BayBO
- Berlin: § 85 BauO Bln
- Brandenburg: § 85 BbgBO
- Bremen: § 83 BremBO
- Hamburg: § 80 HBauO
- Hessen: § 86 HBO
- Mecklenburg-Vorpommern: § 84 LBauO M-V
- Niedersachsen: § 80 NBauO
- Nordrhein-Westfalen: § 86 BauO NRW
- Rheinland-Pfalz: § 89 LBauO RhPf
- Saarland: § 87 LBO Saarl
- Sachsen: § 87 SächsBO
- Sachsen-Anhalt: § 83 BauO LSA
- Schleswig-Holstein: § 82 LBO Schl.-H.
- Thüringen: § 86 ThürBO.

23 *Saller* in Grziwotz/Lüke/Saller, NachbarR-HdB, 4. Teil Rn. 117 f.
24 *Albrecht* in Staudinger EGBGB § 124 Rn. 30.
25 *Saller* in Grziwotz/Lüke/Saller, NachbarR-HdB, 4. Teil Rn. 126.
26 *Saller* in Grziwotz/Lüke/Saller, NachbarR-HdB, 4. Teil Rn. 139 ff.
27 *Zieschang* in NK-StGB § 319 Rn. 2.
28 *Zieschang* in NK-StGB § 319 Rn. 5.

III. Öffentliches Recht

26 Das Einrichten der Baustelle (als sog. Vorbereitungshandlung) stellt noch nicht den **Baubeginn** iSd Bauordnungsrechts dar; erforderlich ist vielmehr die Aufnahme von Bauarbeiten oder der Ausführung des Vorhabens dienender Maßnahmen.[29] Relevanz kommt dieser Tatsache zu, da Baugenehmigungen regelmäßig nach Ablauf der in den Landesbauordnungen bestimmten Fristen seit ihrer Erteilung erlöschen, wobei dieses Erlöschen dann nicht eintritt, wenn vor Ablauf der Frist mit dem Bau, begonnen worden ist (vgl. hierzu etwa die Regelung in Art. 69 Abs. 1 BayBO).[30] Die Vorschriften zur Geltungsdauer der Baugenehmigung sind jedoch nicht nachbarschützend, so dass sich der Nachbar nicht dagegen wehren kann, wenn die einmal erteilte Baugenehmigung nach Ablauf der Geltungsdauer nochmals erteilt wird.[31]

27 Öffentlich-rechtlich kann ein sicherungsfähiger Anspruch des Nachbarn auf **Anordnung** geeigneter Maßnahmen zur Begrenzung des von einer Baustelle verursachten **Lärms** bestehen, der auch im Verfahren des **einstweiligen Rechtsschutzes** geltend gemacht werden kann. Das insoweit für einen Antrag nach § 123 VwGO erforderliche Rechtsschutzbedürfnis kann nicht verneint werden, wenn die Behörde zwar schon Anordnungen zur Reduzierung von Baustellenlärm getroffen hat, deren Eignung jedoch nicht unbestritten ist.[32]

28 Im Einzelfall, wenn sich bisherige Anordnungen der Behörde zur Begrenzung von Baustellenlärm in der Vergangenheit als unwirksam erwiesen haben, kann das Gericht der Behörde im Wege einer einstweiligen Anordnung auch konkrete Einzelmaßnahmen aufgeben. Soweit vollziehbare Anordnungen der Behörde wiederholt und hartnäckig missachtet wurden, kommt auch eine vorläufige Untersagung des Baustellenbetriebs in Betracht.[33]

IV. Prozessuale Hinweise

1. Gerichtliche Zuständigkeit

29 Zahlungsansprüche (sowohl aufgrund eines Schadensersatzanspruchs als auch Entschädigungsansprüche) sowie Unterlassungsansprüche sind streitwertabhängig erstinstanzlich entweder beim Amtsgericht oder Landgericht geltend zu machen, §§ 23 Ziffer 1, 71 Abs. 1 GVG. Zahlungsansprüche die aufgrund einer **Amtspflichtverletzung** entstehen sind jedoch streitwertunabhängig vor dem Landgericht einzuklagen, § 71 Abs. 2 Ziffer 2 GVG. Bei der **Unterlassungsklage** bestimmt sich der Streitwert gemäß § 3 ZPO, wobei auf das Interesse des Klägers an der Beseitigung bzw. Unterlassung der Eigentumsbeeinträchtigung abzustellen ist,[34] so dass sich eine möglichst genaue Beschreibung dieses Interesses bereits in der Klageschrift empfiehlt, um unnötige Nachfragen im Hinblick auf die vorläufige Streitwertfestsetzung und damit Verzögerungen bei der Klagezustellung zu vermeiden. Öffentlich-rechtliche Abwehransprüche, etwa nach der AVV Baulärm, sind vor den Verwaltungsgerichten geltend zu machen.

30 Die örtliche Zuständigkeit des Zivilgerichts folgt regelmäßig aus §§ 12, 13, 17 ZPO bzw. aus dem besonderen Gerichtsstand der unerlaubten Handlung gem. § 32 ZPO, wobei es hier für die Begründung der Zuständigkeit genügt, dass der Kläger schlüssig Tatsachen vorträgt, welche nach Subsumtion eine unerlaubte Handlung darstellen.[35] Mithin kommt es hier lediglich auf den Klägervortrag an.[36]

31 In den meisten Ländern, in denen das **Schlichtungsverfahren** vorgeschrieben ist, unterliegen Beseitigungs- und Unterlassungsansprüche aus §§ 1004, 906 BGB, nicht jedoch daraus erwachsende Zahlungsansprüche, der Zwangsschlichtung (→ *Schlichtungsverfahren* Rn. 14). Ohne ein zuvor durchgeführtes vorgeschriebe-

29 *Simon/Busse/Lechner* BayBO Art. 68 Rn. 583.
30 *Stock* in Ernst/Zinkahn/Bielenberg/Krautzberger BauGB § 14 Rn. 113.
31 *Decker* in Simon/Busse BayBO Art. 69 Rn. 118.
32 VGH Mannheim Beschl. v. 5.2.2015 – 10 S 2471/14, NVwZ-RR 2015, 650 = LSK 2015, 200376 (Ls.).
33 VGH Mannheim 5.2.2015 – 10 S 2471/14, NVwZ-RR 2015, 650 = LSK 2015, 200376 (Ls.).
34 BGH Urt. v. 24.4.1998 – V ZR 225/97, NJW 1998, 2368; *Spohnheimer* in BeckOGK BGB § 1004 Rn. 287.
35 *Patzina* in MüKoZPO § 32 Rn. 39.
36 *Heinrich* in Musielak/Voit ZPO § 32 Rn. 19.

nes Schlichtungsverfahren ist die Klage unzulässig. Das Schlichtungsverfahren kann nicht nach der Klageerhebung nachgeholt werden.[37]

2. Darlegungs- und Beweislast

Bei der Geltendmachung des Beseitigungs- bzw. Unterlassungsanspruchs aus §§ 1004, 906 BGB hat der klagende Nachbar die objektive Beeinträchtigung seines Eigentums sowie die Beeinträchtigung durch den beklagten Bauherrn darzulegen und zu beweisen.[38] Die **Darlegungs- und Beweislast** für die Duldungspflicht (aufgrund Unwesentlichkeit bzw. ortsüblicher nicht zu verhindernder Einwirkung) trägt der Beklagte.[39] 32

Bei der Geltendmachung des **nachbarrechtlichen Ausgleichsanspruchs** gemäß § 906 Abs. 2 Satz 2 BGB hat der Kläger die Unzumutbarkeit der Beeinträchtigung, die Kausalität der Beeinträchtigung und die Vermögenseinbuße darzulegen und zu beweisen, wohingegen der Beklagte die Unzumutbarkeit von Abwehrmaßnahmen darzulegen und zu beweisen hat.[40] 33

14. Baugrube

Pöpel

Literatur: *Barczak*, Typologie des Verwaltungsakts, JuS 2018, 238; *Lindner/Struzin*, Die Baugenehmigung, JuS 2016, 226; *Stöber*, Das obligatorische Schlichtungsverfahren nach § 15 a EGZPO, JA 2014, 60.

I. Einleitung

Bei einer Baugrube handelt es sich um eine **Vertiefung** unterhalb der unmittelbar umgebenden Geländeoberfläche (Senkung des Bodenniveaus). Daher stellt auch eine auf einem Plateau vorgenommene Vertiefung eine Baugrube dar. Keine Vertiefung ist hingegen das Abtragen des gesamten Plateaus, zumindest soweit dies seitlich, mithin eine Abtragung von außen nach innen vorgenommen wird. So stellt auch die **Entfernung einer Stützmauer** selbst keine Vertiefung iSd § 909 BGB und damit keine Baugrube dar; denn eine solche setzt – bezogen auf das Grundstück des Nachbarn – eine **Senkung des Bodenniveaus** voraus und umfasst nicht die Entfernung oberirdischer Gebäudeteile.[1] Eine Erheblichkeit der Vertiefung ist zur Annahme einer Baugrube nicht erforderlich, so dass auch kleinere Handschachtungen, etwa zur Verlegung einer oberflächennahen Leitung, eine Baugrube darstellen. 1

37 BGH Urt. v. 23.11.2004 – VI ZR 336/03 NJW 2005, 437 (43); *Stöber* JA 2014, 607 (610).
38 *Schuschke* in Baumgärtel/Laumen/Prütting, Beweislast-HdB, § 906 Rn. 10.
39 BGH Urt. v. 5.2.1993 – V ZR 62/91, NJW 1993, 1656 (1658); *Schuschke* in Baumgärtel/Laumen/Prütting, Beweislast-HdB, § 906 Rn. 10.
40 BGH Urt. v. 24.1.1992 – V ZR 274/90, NJW 1992, 1389 (1390); BGH Urt. v. 18.9.1984 – VI ZR 223/82, NJW 1985, 47 (48); *Schuschke* in Baumgärtel/Laumen/Prütting, Beweislast-HdB, § 906 Rn. 10.
1 BGH Urt. v. 29.6.2012 – V ZR 97/11, NJW-RR 2012, 1160 (1161).

II. Zivilrecht

2 Zivilrechtliche Ansprüche können sowohl den Grundstücksnachbarn als auch dem die Baugrube errichtenden (aushebenden) Grundstückseigentümer erwachsen.

1. Ansprüche des Grundstücksnachbarn

3 Eine Baugrube kann Auswirkungen auf das Nachbargrundstück haben, insbesondere dessen Stabilität beeinträchtigen. Zentrale Norm in diesem Bereich ist § 909 BGB. Danach darf ein Grundstück nicht in der Weise vertieft werden, dass der Boden des Nachbargrundstücks die **erforderliche Stütze** verliert, es sei denn, dass für eine genügende anderweitige Befestigung gesorgt ist.

4 **a) Unterlassungsanspruch.** Soweit eine Schädigung noch nicht eingetreten und noch zu besorgen ist, steht dem Grundstücksnachbarn ein Unterlassungsanspruch aus § 1004 iVm § 909 BGB zur Seite.[2] Der Anspruch besteht bereits dann, wenn die **Gefahr** einer unzulässigen **Vertiefung** schon **in Aussicht steht**; eine erste Schädigung muss nicht bereits eingetreten sein.[3] Der Unterlassungsanspruch steht sowohl dem Eigentümer des Nachbargrundstücks als auch den an diesem Grundstück dinglich Berechtigten zu.[4] Störer und damit Schuldner des Unterlassungsanspruchs sind neben dem Grundstückseigentümer alle an der unzulässigen Vertiefung Mitwirkenden, also auch Architekt und Bauunternehmer.[5]

5 Nach zutreffender Auffassung steht dem **Besitzer** (etwa Mieter) des Grundstücks ein Unterlassungsanspruch aus § 862 BGB (analog) zu.[6]

6 **b) Schadensersatzansprüche.** Schadensersatz- und Entschädigungsansprüche können bei durch Abgrabungen entstandenen Schäden am Nachbargrundstück aus verschiedenen Anspruchsgrundlagen hergeleitet werden.

7 **aa) § 280 Abs. 1 BGB.** Ein vertraglicher Schadensersatzanspruch aus §§ 280 Abs. 1, 241 Abs. 2 BGB gegen den Grundstücksnachbarn, auf dessen Grundstück eine Baugrube errichtet wird, scheidet im Regelfall aus. Eine ein gesetzliches Schuldverhältnis begründende Sonderbeziehung der Grundstücksnachbarn aufgrund des **nachbarschaftlichen Gemeinschaftsverhältnisses** wird zutreffend verneint, da das bloße nachbarschaftliche Nebeneinander von Grundstücken verschiedener Eigentümer für sich allein nicht ausreicht, um zwischen den Beteiligten schuldrechtliche Beziehungen herzustellen (→ *Nachbarschaftliches Gemeinschaftsverhältnis* Rn. 6).

8 Vertragliche Ansprüche des Grundstücksnachbarn gegen den mit dem Grundstücksnachbarn vertraglich verbundenen Architekten bzw. Bauunternehmer dürften idR auch nicht bestehen. In Betracht gezogen werden kann zwar eine Einbeziehung des Grundstücksnachbarn nach den **Grundsätzen eines Vertrages mit Schutzwirkung zugunsten Dritter**. Zweifelhaft ist jedoch insbesondere, ob allein das nachbarschaftliche Gemeinschaftsverhältnis zu der erforderlichen Gläubigernähe führt. Dies ist nach diesseitiger Rechtsauffassung zu verneinen. Auch die **Schutzbedürftigkeit des Grundstücksnachbarn** ist zweifelhaft. Diesem steht regelmäßig ein – zumindest im Ergebnis – gleichwertiger Anspruch aus § 906 Abs. 2 S. 2 BGB analog zu (→ Rn. 13).

9 **bb) § 823 Abs. 1 BGB sowie § 823 Abs. 2 iVm § 909 BGB.** § 909 BGB schützt die individuellen Interessen von Grundstücksnachbarn und stellt somit ein **Schutzgesetz** iSd § 823 Abs. 2 BGB dar.[7] Eine außerhalb des zulässigen Rahmens hergestellte Vertiefung begründet auch eine Verletzung des Schutzgesetzes. Es genügt hier jede **Senkung des Bodenniveaus**, soweit sie sich auf die Beschaffenheit des Nachbargrundstücks

---

2 *Brückner* in MüKoBGB § 909 Rn. 27 ff.
3 *Brückner* in MüKoBGB § 909 Rn. 29 f.
4 *Vollkommer* in BeckOGK BGB § 909 Rn. 39.
5 *Vollkommer* in BeckOGK BGB § 909 Rn. 40.
6 *Vollkommer* in BeckOGK BGB § 909 Rn. 39; *Brückner* in MüKoBGB § 909 Rn. 27.
7 *Brückner* in MüKoBGB § 909 Rn. 36.

auswirkt und ihm die erforderliche Stütze nimmt.[8] Dem Grundstück muss trotz des Eingriffs sowohl in der Waagerechten (**horizontale Stütze**) als auch in der Senkrechten (**vertikale Stütze**) die erforderliche Stütze verbleiben.[9] Voraussetzung der Haftung sowohl aus § 823 Abs. 1 BGB als auch aus § 823 Abs. 2 BGB iVm § 909 BGB ist jedoch ein **Verschulden** des Anspruchsgegners. Zwar verlangt § 909 BGB kein Verschulden. Ist nach dem Inhalt des Gesetzes ein Verstoß gegen dieses auch ohne Verschulden möglich, so tritt aber gemäß § 823 Abs. 2 S. 2 BGB die Ersatzpflicht nur im Falle des Verschuldens ein. Den Grundstückseigentümer trifft zwar eine eigenverantwortliche Pflicht zur Überprüfung, ob die beabsichtigte Maßnahme zu einer Beeinträchtigung der Standfestigkeit des Nachbargrundstücks führt.[10] Jedoch genügt ein Grundstückseigentümer dieser Verpflichtung regelmäßig schon dadurch, dass er **sorgfältig ausgewählte**, fachkundige Architekten, Ingenieure und Bauunternehmer mit der Lösung der anfallenden bautechnischen Aufgaben und deren sachgemäßen Durchführung beauftragt. Die sorgfältige Auswahl der mit der Planung und der Bauausführung befassten Fachleute reicht zur Entlastung des Bauherrn und Grundeigentümers nur dann nicht aus, wenn auch für ihn **erkennbar eine erhöhte Gefahrenlage** gegeben war oder wenn Anlass zu Zweifeln bestand, ob die eingesetzten Fachkräfte in ausreichendem Maße den Gefahren und Sicherheitserfordernissen Rechnung tragen würden.[11]

Ansprüche aus § 823 Abs. 1 BGB sowie § 823 Abs. 2 iVm § 909 BGB bestehen somit allenfalls gegenüber 10
dem Architekten und Bauunternehmer. Werden von diesen die **DIN-Normen** des Deutschen Instituts für Normung eV, welche anerkannte Regeln der Technik darstellen, bei der Aushebung und Sicherung der Baugrube nicht eingehalten, insbesondere die für die Standsicherheit und Festigkeit eines Nachbargrundstückes anerkannten und für notwendig gehaltenen Maßnahmen nicht durchgeführt, so spricht wegen der damit verbundenen Gefahrerhöhung eine widerlegliche Vermutung dafür, dass im örtlichen und zeitlichen Zusammenhang mit der Aushebung einer Baugrube auf dem Nachbargrundstück entstandene Schäden bei Beachtung der DIN-Normen vermieden worden wären und auf die Verletzung der DIN-Norm zurückzuführen sind.[12] Die auf Schadensersatz in Anspruch genommenen Unternehmer haben daher darzulegen und zu beweisen, dass die Schäden nicht auf der Verletzung anerkannter Regeln der Technik beruhen, also auch im Falle der Beachtung entstanden sein würden.[13]

Technische Normen und Standards hinsichtlich Baugruben finden sich in den **DIN 4124** (Baugruben und 11
Gräben – Böschungen, Verbau, Arbeitsraumbreiten)[14] sowie **DIN 4084** (Baugrund – Geländebruchberechnungen).[15] Bei diesen technischen Regeln handelt es sich um Mindeststandards,[16] allerdings steht es aufgrund fehlenden Normcharakters dem jeweils Verantwortlichen frei, das entsprechende Sicherheitsniveau/ Sicherungsniveau auch auf anderem Weg sicherzustellen.[17]

cc) § 831 BGB. Ansprüche aus § 831 BGB werden gegen den Grundstückseigentümer im Regelfall eben- 12
falls nicht in Betracht kommen. Der Architekt oder Bauunternehmer sind bei der Durchführung von Vertiefungsarbeiten im Regelfall nicht als weisungsabhängige **Verrichtungsgehilfen** des Bauherrn tätig geworden.[18]

8 *Brückner* in MüKoBGB § 909 Rn. 8.
9 *Vollkommer* in BeckOGK BGB § 909 Rn. 16.
10 BGH Urt. v. 23.2.2001 – V ZR 389/99, NJW 2001, 1865 (1866).
11 BGH Urt. v. 23.2.2001 – V ZR 389/99, NJW 2001, 1865 (1866).
12 BGH Urt. v. 19.4.1991 – V ZR 349/89, NJW 1991, 2021 (2022).
13 BGH Urt. v. 19.4.1991 – V ZR 349/89, NJW 1991, 2021 (2022).
14 Ausgabe 2012–01: Die Norm gilt für geböschte und für verbaute Baugruben und Gräben, die von Hand oder maschinell ausgehoben und in denen insbesondere – Bauwerke, zum Beispiel Keller oder mehrgeschossige Tiefgaragen, errichtet, – Kanäle, zum Beispiel Abwasser-, Fernwärme- oder Kabelkanäle, hergestellt, – Leitungen, zum Beispiel Kabel oder Rohre, verlegt, – Bodenaufschlüsse oder archäologische Grabungen vorgenommen werden, sowie für andere vorübergehende Aufgrabungen und Ausschachtungen aller Art, zum Beispiel für Startschächte und Bergeschächte. Sie gilt nicht für Gräber zur Erdbestattung auf Friedhöfen.
15 Ausgabe 2009–01.
16 *Wagner* in MüKoBGB § 823 Rn. 815, 447.
17 *Wagner* in MüKoBGB § 823 Rn. 815, 447.
18 BGH Urt. v. 23.2.2001 – V ZR 389/99, NJW 2001, 1865 (1866).

13 **dd) § 906 Abs. 2 S. 2 BGB analog.** Ein (verschuldensunabhängiger) Anspruch gegen den Grundstücksnachbarn folgt jedoch idR aus § 906 Abs. 2 S. 2 BGB analog. Dieser **Ausgleichsanspruch** ist nicht auf die Folgen der Zuführung unwägbarer Stoffe, für die § 906 Abs. 2 S. 2 BGB unmittelbar gilt, beschränkt, sondern hat auch andere Störungen, insbesondere Schädigungen wegen einer unzulässigen Vertiefung zum Gegenstand. Zu den Voraussetzungen und Rechtsfolgen des Anspruchs → *Nachbarschaftliches Gemeinschaftsverhältnis* Rn. 1 ff.

14 **ee) Verletzung einer Verkehrssicherungspflicht.** Ansprüche des Nachbarn, insbesondere aus § 823 Abs. 1 BGB, kommen auch bei Verletzung einer **Verkehrssicherungspflicht** in Betracht. Verkehrssicherungspflichtig sind grundsätzlich der Bauherr als Veranlasser der Bauarbeiten sowie der jeweilige Leiter des Bauvorhabens (der jeweilige Bauunternehmer).[19] Der Architekt ist verkehrssicherungspflichtig, soweit Schäden durch Planungs- und Überwachungsfehler entstehen, und dann, wenn er die Bauleitung übernimmt, auch neben dem Bauunternehmer für die Verletzung der Bauaufsichtspflicht haftbar.[20] Der Verkehrssicherungspflichtige muss dabei diejenigen Gefahren ausräumen oder vor ihnen warnen, die für den Benutzer, der die erforderliche Sorgfalt walten lässt, nicht oder nicht rechtzeitig erkennbar sind und auf die er sich nicht oder nicht rechtzeitig einzurichten vermag.[21] Zu dem geschützten Personenkreis bei einer Baustelle im nicht-öffentlichen Verkehrsraum zählen jedoch nur diejenigen, die sich berechtigterweise in dem Baustellenbereich aufhalten. Unbefugte Besucher vor den auf Baustellen lauernden Gefahren zu schützen ist weder Zweck von Unfallverhütungsvorschriften noch dem Bauherren oder den beteiligten Unternehmern möglich und zumutbar. Diesen Personen gegenüber wird der Verkehrssicherungspflicht bereits durch ein an der Baustelle angebrachtes Betretungs- bzw. Durchfahrtsverbot genügt.[22]

15 Einer Haftung aus § 906 Abs. 2 Satz 2 BGB dem Grunde nach steht auch eine Vorschädigung des betroffenen Grundstücks nicht entgegen; dies betrifft allenfalls die Höhe des Ersatzanspruchs.[23]

2. Betretungsrecht des Bauherrn

16 Aus dem landesrechtlich geregelten **Hammerschlags- und Leiterrecht** (→ *Hammerschlags- und Leiterrecht* Rn. 10) folgt für den die Baugrube errichtenden Grundstücksnachbarn ein Anspruch auf Betreten und auch Nutzung des Nachbargrundstücks während der Durchführung der Arbeiten (→ *Betreten des Nachbargrundstücks* Rn. 6). Soweit das Landesrecht nur bestimmte Nutzungsformen vorsieht, verbietet sich aufgrund dieser abschließenden Regelung aber eine anderweitige Nutzung. Auch das Ausheben einer Baugrube auf dem fremden Grundstück ist in diesem Fall nicht aufgrund des Hammerschlags- und Leiterrechts erlaubt.[24]

17 Auch aus dem **nachbarschaftlichen Gemeinschaftsverhältnis** (→ *Nachbarschaftliches Gemeinschaftsverhältnis* Rn. 10 ff.) erwächst grundsätzlich kein Anspruch auf das Anlegen einer Baugrube auf dem Nachbargrundstück. Lediglich wenn nach dem Bauplanungsrecht an der Grenze gebaut werden muss und zudem die Bauarbeiten nicht anders oder nur unter unverhältnismäßigem Aufwand möglich sind, soll sich ausnahmsweise ein Anspruch ergeben.[25]

III. Öffentliches Recht

18 Der Aushub der Baugrube stellt regelmäßig den **Beginn der Bauausführung** dar.[26] Relevanz kommt dieser Tatsache zu, da Baugenehmigungen idR nach Ablauf der in den Landesbauordnungen bestimmten Fristen

---

19 *Spindler* in BeckOGK BGB § 823 Rn. 511.
20 *Spindler* in BeckOGK BGB § 823 Rn. 523 f.
21 KG Urt. v. 5.10.2009 – 12 U 195/08, BeckRS 2010, 8922.
22 OLG Hamm Beschl. v. 29.10.2013 – I-9 U 135/13, NZV 2015, 446.
23 OLG München Urt. v. 11.9.2019 – 7 U 4531/18, BeckRS 2019, 21562: „Denn auch ein schlecht gebautes fremdes Haus darf man nicht beschädigen."
24 *Saller* in Grziwotz/Lüke/Saller, NachbarR-HdB, Rn. 126.
25 *Saller* in Grziwotz/Lüke/Saller, NachbarR-HdB, Rn. 142.
26 *Stock* in Ernst/Zinkahn/Bielenberg/Krautzberger BauGB § 14 Rn. 113.

seit ihrer Erteilung erlöschen, wobei dieses Erlöschen dann nicht eintritt, wenn vor Ablauf der Frist mit dem Bau, hier mithin mit dem Aushub, begonnen worden ist (vgl. hierzu etwa die Regelung in Art. 69 Abs. 1 BayBO).[27] Die Vorschriften zur Geltungsdauer der Baugenehmigung sind jedoch nicht nachbarschützend, so dass sich der Nachbar nicht dagegen wehren kann, dass die einmal erteilte Baugenehmigung nach Ablauf der Geltungsdauer nochmals erteilt wird.[28] Freilich kann sich der Nachbar gegen die neu erteilte Baugenehmigung dann wenden, wenn (erstmals oder wiederum) nachbarschützende Vorschriften verletzt sind.

Auch öffentlich-rechtlich besteht eine Verpflichtung zur Sicherung (Standsicherheit)[29] der Baugrube, soweit dies erforderlich ist. Diese Sicherungspflichten sind nachbarschützend.[30] Als **Sicherungsmaßnahmen** kommen insbesondere in Betracht: 19

- Berliner Verbau (mit und ohne Rückverankerung),[31]
- Böschung (frei und befestigt),[32]
- Bodenvernagelung,[33]
- Bohrpfahlwandung (mit und ohne Rückverankerung),[34]
- herkömmliche Unterfangung (mit und ohne Rückverankerung),[35]
- Hochdruckinjektion,[36]
- Schlitzwand (mit und ohne Rückverankerung),[37]
- Spundwand (mit und ohne Rückverankerung)[38].

IV. Strafrecht

Bei nicht ausreichender Sicherung der Baugrube kommt eine Strafbarkeit des jeweils Verantwortlichen gemäß § 319 StGB sowohl bei vorsätzlicher als auch fahrlässiger Begehung in Betracht. Das Ausheben der Baugrube erfüllt als sog. Hilfsarbeit bereits das Tatbestandsmerkmal des „Baues“ iSd § 319 Abs. 1 StGB.[39] Tauglicher Täter ist derjenige, der an der Planung, Leitung oder Ausführung eines Baus oder Abbruchs eines Bauwerks mitwirkt. 20

Ein Verstoß gegen die allgemein anerkannten Regeln der Technik liegt grundsätzlich bei einem Verstoß gegen DIN-Normen (→ Rn. 10) oder baupolizeilichen Vorschriften vor.[40] 21

Tateinheitlich kommt eine Strafbarkeit des Täters insbesondere gemäß §§ 211, 212, 222, 223 sowie 229 StGB in Betracht, soweit nicht nur Leib oder Leben eines Menschen gefährdet werden, sondern daneben die Körper- oder Gesundheitsschädigung bzw. der Tod eintreten.[41] 22

---

27 *Stock* in Ernst/Zinkahn/Bielenberg/Krautzberger BauGB § 14 Rn. 113.
28 *Decker* in Simon/Busse BayBO Art. 69 Rn. 118.
29 Vgl. nur Art. 10 BayBO, § 12 HBO.
30 *Nolte* in Simon/Busse BayBO Art. 10 Rn. 21.
31 *Hornmann* HBO § 12 Rn. 26, 27; *Nolte* in Simon/Busse BayBO Art. 10 Rn. 14.
32 *Hornmann* HBO § 12 Rn. 26, 27; *Nolte* in Simon/Busse BayBO Art. 10 Rn. 14.
33 *Hornmann* HBO § 12 Rn. 26, 27; *Nolte* in Simon/Busse BayBO Art. 10 Rn. 14.
34 *Hornmann* HBO § 12 Rn. 26, 27; *Nolte* in Simon/Busse BayBO Art. 10 Rn. 14.
35 *Hornmann* HBO § 12 Rn. 26, 27; *Nolte* in Simon/Busse BayBO Art. 10 Rn. 14.
36 *Hornmann* HBO § 12 Rn. 26, 27; *Nolte* in Simon/Busse BayBO Art. 10 Rn. 14.
37 *Hornmann* HBO § 12 Rn. 26, 27; *Nolte* in Simon/Busse BayBO Art. 10 Rn. 14.
38 *Hornmann* HBO § 12 Rn. 26, 27; *Nolte* in Simon/Busse BayBO Art. 10 Rn. 14.
39 *Zieschang* in NK-StGB § 319 Rn. 6; *Hecker* in Schönke/Schröder StGB § 319 Rn. 3.
40 *Zieschang* in NK-StGB § 319 Rn. 12.
41 *Hecker* in Schönke/Schröder StGB § 319 Rn. 17.

V. Prozessuale Hinweise

1. Gerichtliche Zuständigkeit

23 Zahlungsansprüche (sowohl aufgrund eines Schadensersatzanspruchs als auch Entschädigungsansprüche) sowie Unterlassungsansprüche sind streitwertabhängig erstinstanzlich entweder beim Amtsgericht oder Landgericht geltend zu machen, §§ 23 Ziffer 1, 71 Abs. 1 GVG. Zahlungsansprüche, die aufgrund einer Amtspflichtverletzung entstehen, sind jedoch streitwertunabhängig vor dem Landgericht einzuklagen, § 71 Abs. 2 Ziffer 2 GVG. Bei der Unterlassungsklage bestimmt sich der Streitwert gemäß § 3 ZPO, wobei auf das Interesse des Klägers an der Beseitigung bzw. Unterlassung der Eigentumsbeeinträchtigung abzustellen ist,[42] so dass sich eine möglichst genaue Beschreibung dieses Interesses bereits in der Klageschrift empfiehlt, um unnötige Nachfragen im Hinblick auf die vorläufige Streitwertfestsetzung und damit Verzögerungen bei der Klagezustellung zu vermeiden.

24 Die örtliche Zuständigkeit des Gerichts folgt regelmäßig aus §§ 12, 13, 17 ZPO bzw. aus dem besonderen Gerichtsstand der unerlaubten Handlung gem. § 32 ZPO, wobei es hier für die Begründung der Zuständigkeit genügt, dass der Kläger schlüssig Tatsachen vorträgt, welche nach Subsumtion eine unerlaubte Handlung darstellen.[43] Mithin kommt es hier lediglich auf den Klägervortrag an.[44]

25 In den meisten Ländern, in denen das **Schlichtungsverfahren** vorgeschrieben ist, unterliegen Beseitigungs- und Unterlassungsansprüche aus §§ 1004, 906 BGB, nicht jedoch daraus erwachsende Zahlungsansprüche, der Zwangsschlichtung (→ *Schlichtung* Rn. 14). Ohne zuvor durchgeführtes vorgeschriebenes Schlichtungsverfahren ist die Klage unzulässig. Das Schlichtungsverfahren kann nach der Klageerhebung nicht nachgeholt werden.[45]

2. Darlegungs- und Beweislast

26 Bei der Geltendmachung des Beseitigungs- bzw. Unterlassungsanspruchs aus §§ 1004, 906 BGB hat der Kläger die objektive Beeinträchtigung seines Eigentums sowie die Beeinträchtigung durch den beklagten Nachbarn darzulegen und zu beweisen.[46] Die Darlegungs- und Beweislast für die Duldungspflicht (aufgrund Unwesentlichkeit bzw. ortsüblicher nicht zu verhindernder Einwirkung) trägt der Beklagte.[47]

27 Bei der Geltendmachung des **nachbarrechtlichen Ausgleichsanspruchs** gemäß § 906 Abs. 2 Satz 2 BGB hat der Kläger die Unzumutbarkeit der Beeinträchtigung, die Kausalität der Beeinträchtigung und die Vermögenseinbuße darzulegen und zu beweisen, wohingegen der Beklagte die Unzumutbarkeit von Abwehrmaßnahmen darlegen und beweisen muss.[48]

28 Bei einem auf § 909 BGB gestützten Beseitigungs- bzw. Unterlassungsanspruch ist der Kläger für die durch den Beklagten vorgenommene Vertiefung des Nachbargrundstücks und den hierdurch eingetretenen Verlust der Stütze darlegungs- und beweisbelastet.[49] Nimmt also der Grundstückseigentümer den derzeitigen Eigentümer des Nachbargrundstücks aus § 1004 Abs. 1 iVm § 909 BGB auf Wiederherstellung der Festigkeit des Nachbargrundstücks in Anspruch, so trägt er die Darlegungs- und Beweislast dafür, dass entweder sein derzeitiger Grundstücksnachbar oder dessen Rechtsvorgänger die Vertiefung des Grundstücks veranlassten.[50]

---

42 BGH Urt. v. 24.4.1998 – V ZR 225/97, NJW 1998, 2368; *Spohnheimer* in BeckOGK BGB § 1004 Rn. 287.
43 *Patzina* in MüKoZPO § 32 Rn. 39.
44 *Heinrich* in Musielak/Voit ZPO § 32 Rn. 19.
45 BGH Urt. v. 23.11.2004 – VI ZR 336/03 NJW 2005, 437 (43); *Stöber* JA 2014, 607 (610).
46 *Schuschke* in Baumgärtel/Laumen/Prütting, Beweislast-HdB, § 906 Rn. 10.
47 BGH Urt. v. 5.2.1993 – V ZR 62/91, NJW 1993, 1656 (1658); *Schuschke* in Baumgärtel/Laumen/Prütting, Beweislast-HdB, § 906 Rn. 10.
48 BGH Urt. v. 24.1.1992 – V ZR 274/90, NJW 1992, 1389 (1390); BGH Urt. v. 18.9.1984 – VI ZR 223/82, NJW 1985, 47 (48); *Schuschke* in Baumgärtel/Laumen/Prütting, Beweislast-HdB, § 906 Rn. 10.
49 *Schuschke* in Baumgärtel/Laumen/Prütting, Beweislast-HdB, § 909 Rn. 1, 4.
50 OLG Saarbrücken Urt. v. 11.10.2011 – 4 U 479/10, NJOZ 2012, 769.

Der Beklagte ist darlegungs- und beweisbelastet für das Vorhandensein einer genügenden anderweitigen Befestigung.[51] 29

3. Öffentliches Recht

Sowohl die Baugenehmigung[52] als auch die Teilbaugenehmigung[53] stellen einen Verwaltungsakt dar. Der Nachbar kann sich gegen die Baugenehmigung oder einen Teil dieser Genehmigung mit der Anfechtungsklage (§ 42 Abs. 1 Hs. 1 VwGO) wehren, soweit er eine eigene Rechtsverletzung darlegt.[54] Der einstweilige Rechtsschutz richtet sich nach §§ 80 f. VwGO. 30

Soweit der Nachbar ein **bauaufsichtsrechtliches Einschreiten** verlangt, ist eine Verpflichtungsklage (§ 42 Abs. 1 Hs. 2 VwGO) zu erheben.[55] 31

15. Baulast

Kemper

Literatur: *Boeddinghaus,* Anbaulast/Anbau-Baulast – Grenzanbau in der offenen Bauweise, BauR 2003, 482; *David,* Die Baulast als bauaufsichtliches Instrument, 1970; *Di Fabio*, Freiwillige Baulastübernahme und hoheitliche Durchsetzung, BauR 1990, 25; *Döring*, Die öffentlich-rechtliche Baulast und das nachbarliche Grundverhältnis, 1994; *Effer-Uhe,* Die Baulast im Spannungsfeld zwischen zivilgerichtlicher und verwaltungsgerichtlicher Ju-

51 *Schuschke* in Baumgärtel/Laumen/Prütting, Beweislast-HdB, § 909 Rn. 3.
52 *Lindner/Struzina* JuS 2016, 226.
53 *Barczak* JuS 2018, 238 (240).
54 *Lechner* in Simon/Busse BayBO Art. 68 Rn. 664.
55 *Lechner* in Simon/Busse BayBO Art. 68 Rn. 669.

dikatur am Beispiel einer durch Baulast gesicherten Stellplatzpflicht auf einem Nachbargrundstück, ZfBR 2007, 646; *Hagedorn*, Die privatrechtlichen Auswirkungen der öffentlich-rechtlichen Baulast, 1985; *Kluth/Neuhäuser*, Der Anspruch auf Baulasteintragung, NVwZ 1996, 738; *Krawietz*, Die Baulast als Rechtsinstitut, DVBl 1973, 605; *Lohre*, Fehler und Fehlerfolgen bei der Baulasteintragung, NJW 1987, 877; *Lorenz*, Zu den privatrechtlichen Folgen der nachbarrelevanten Baulast, NJW 1996, 2612; *Johlen*, Baulasten in der Baurechtspraxis, BauR 2018, 1359; *Maletz/Probst*, Rechtsfragen im Umgang mit der öffentlich-rechtlichen Baulast, GE 2008, 373; *Masloh*, Zivilrechtliche Aspekte der öffentlichrechtlichen Baulasten, NJW 1995, 1993; *Meendermann/Lassek*, Rechtsfortbildung der Baulast, NJW 1993, 424; *Möller/Gotthelf*, Zum Anspruch auf Bewilligung einer Baulast aus einer Grunddienstbarkeit: Für eine Vereinfachung der Anforderungen an die Deckungsgleichheit von Baulast und Grunddienstbarkeit, BauR 2020, 1219; *Pfisterer*, Baulasterklärung des Nachbarn: Im Zweifel grundstücksbezogen, GE 2020, 853; *Riedel, Maja*, Die Baulast, NZBau 2006, 565; *Roellecke*, Die Baulast als Instrument der Bauleitplanung, in: FS Blümel, 1999, S. 481; *Schmidt-Eichstaedt*, Abstandsflächenregelung im Bebauungsplan und nach Bauordnungsrecht – was gilt? Erörterung am Beispiel der Brandenburgischen Bauordnung, LKV 2020, 489; *Schwarz*, Baulasten im öffentlichen Recht und im Privatrecht, 1995; *Weisemann*, Anspruch des Grundeigentümers auf Löschung von Baulasten, NJW 1997, 2857; *Wenzel*, Baulasten in der Praxis, 2002; *Ziegler*, Die „aufgedrängte" Baulast, NVwZ 2005, 755.

I. Überblick

1 Das Rechtsinstitut der Baulast[1] dient im **Bauordnungsrecht als Hauptanwendungsbereich** dazu,[2] tatsächliche Voraussetzungen der Bebaubarkeit aufgrund einer bestehenden Grundstückssituation nicht sinnvoll oder nicht wunschgemäß bebaubarer Grundstücke oder der Genehmigungsfähigkeit an sich nicht genehmigungsfähiger[3] Bauvorhaben **herbeizuführen und dauerhaft abzusichern**. Im Bauordnungsrecht erfolgt dies meist auf einem oder mehreren Nachbargrundstücken, wenn ein Baugrundstück zB wegen der Lage, der Größe oder des Zuschnitts für ein Bauvorhaben eigentlich nicht ausreicht. Einem Bauvorhaben deswegen entgegenstehende **Versagungsgründe oder fehlende Tatbestandsvoraussetzungen lassen sich durch Baulast** auf einem anderen Grundstück **schaffen**, indem sich dessen Eigentümer freiwillig gegenüber der Bauaufsichtsbehörde (außer in Baden-Württemberg) oder der Kommune (in Baden-Württemberg) zur Übernahme der Last verpflichtet. Eine Baulast greift in das öffentlich-rechtliche Regelungsgefüge ein, indem sie die tatsächliche Erfüllung solcher Voraussetzungen räumlich verlagert. Dies macht die Baulast zu einem wichtigen Instrument zur **Erhöhung der Grundstücksausnutzung** oder, städtebaulich gesprochen, der **Verdichtung**.

2 Gegenstand der Baulast muss eine öffentlich-rechtliche und noch spezifischer eine dem öffentlichen Baurecht zuzurechnende Pflicht sein. **Rein privatrechtliche** Verpflichtungen sind **baulastuntauglich**.[4] Gegenstand einer Baulast kann zudem nur die Übernahme einer öffentlich-rechtlichen Verpflichtung sein, die nicht bereits aufgrund öffentlich-rechtlicher Vorschrift besteht. Denn die Baulast soll nicht als doppelter Boden fungieren.[5] Die Baulast ist daher ein gegenüber positivrechtlich geregelten öffentlich-rechtlichen Lasten **subsidiäres Instrument**.

1 Vgl. *Krawietz* DVBl 1973, 605 ff.

2 In allen Bundesländern außer Bayern; in Bayern substituieren zum einen Sicherung durch Grunddienstbarkeit gemäß § 1018 Alt. 1 BGB zugunsten des Baugrundstücks (Einfachsicherung) und zum anderen beschränkte persönliche Dienstbarkeit gemäß 1090 Abs. 1, 1. Alt. BGB zugunsten des Freistaats Bayern die Baulast, in Hessen ist eine Baulast gemäß § 2 Abs. 15 HBO per definitionem Sicherungsmittel.

3 *Roellecke* in FS Blümel, 1999, S. 481 (493).

4 Allgemeine Ansicht; statt aller VGH Mannheim Urt. v. 10.1.2007 – 3 S 1251/06, BauR 2008, 84 – Vermietungsverbot.

5 *Finkelnburg/Ortloff/Otto* Öff BauR II § 6 Rn. 17.

Alle Landesbauordnungen[6] **außer der bayerischen**[7] regeln Baulasten. Weit überwiegend ist den Landesregelungen gemein, dass Baulasten **durch Eintragung**[8] in ein Baulastenverzeichnis wirksam werden. Die **Eintragung in das Baulastverzeichnis wirkt dann konstitutiv**. Uneinigkeit besteht jedoch über den Rechtscharakter der Eintragung.[9] Nur in Baden-Württemberg knüpft die Bauordnung die Wirksamkeit einer Baulast bereits an die Erklärung des Baulastgebers, vgl. § 71 BauO BaWü. 3

Empfänger der Baulasterklärung ist in fast allen Bundesländern die Bauaufsichtsbehörde, nur in Baden-Württemberg auch die Kommune. Die Baulasterklärung muss **schriftlich** erfolgen und bedarf der **Beurkundung** oder höchstpersönlichen Abgabe oder **Autorisierung**. Eine rein privatschriftliche Baulastverpflichtung reicht nicht aus. 4

Eine Baulast **beschränkt die Dispositionsbefugnis** des Eigentümers über sein Grundstück qualitativ und quantitativ je nach Art, Inhalt und Umfang der übernommenen Last(en). Eine Baulast verletzt jedoch nicht das Grundeigentum des Baulastgebers, denn er schränkt seine Dispositionsbefugnis durch die Baulastübernahmeverpflichtung **freiwillig** selbst ein.[10] Kompensiert der Baulastnehmer Dispositionsbeschränkungen des Baulastgebers angemessen, stört eine Baulast per Saldo auch ökonomisch keine Balance. Der Erklärung liegt daher idR eine privatschriftliche **Baulastvereinbarung** (sog. Begleitschuldverhältnis)[11] zugrunde, mittels derer sich der Baulastgeber gegenüber dem Baulastnehmer zur Abgabe der Verpflichtungserklärung zur Begründung einer Baulast und der Baulastnehmer zur Abgeltung verpflichtet. 5

Wie (v.a. mittels welcher Klageart) Mängel in diesem Verhältnis prozessualer Korrektur zugeführt werden können, hängt in Ländern mit obligatorischer Eintragung in ein Baulastenverzeichnis entscheidend vom Rechtscharakter der Eintragung ab, der nicht einheitlich, überwiegend aber als Verwaltungsakt qualifiziert wird (siehe genauer unter → Rn. 23 „Entstehung"). 6

II. Begriff und Wirkung der Baulast

Baulast ist eine aufgrund **freiwilliger** Erklärung auf einem Grundstück lastende öffentlich-baurechtliche Pflicht gegenüber der Bauaufsichtsbehörde zu einem dasselbe Grundstück betreffenden Tun, Dulden oder Unterlassen, die nicht schon aus öffentlich-rechtlichen Vorschriften besteht.[12] Ein Baulastgeber übernimmt durch Baulast eine dingliche und damit eine Grundstückslast, die ein Bauwilliger auf dem Baugrundstück nicht erfüllen kann oder will. Die Baulast ist daher nicht personen-, sondern **grundstücksbezogen** und bindet auch **Rechtsnachfolger**. 7

---

6 Brandenburg hat Baulasten 1990 eingeführt, bereits 1994 wieder abgeschafft und vorübergehend durch Dienstbarkeiten als Sicherungsmittel ersetzt, 2016 aber erneut in die Bauordnung installiert. Ziele der Neueinführung der Baulasten sind zum einen zur Angleichung an die Berliner Rechtslage, zum anderen und vor allem deren höhere Effektivität als bauaufsichtliches Sicherungsmittel. Ungünstige Folge der temporären Deaktivierung des Instruments ist jedoch, dass sich in Brandenburg vollständige Gewissheit über Grundstückslasten nicht allein durch Einsicht in Baulastenverzeichnisse, sondern nur durch zusätzliche Grundbucheinsicht verschaffen lässt. Erst die ergänzende Abfrage bei der zuständigen Bauaufsichtsbehörde gewährleistet Verlässlichkeit, dürfte aber mit zunehmendem Zeitabstand zur Reinstallation des Instruments verzichtbar werden, etwa wenn Grundstückstransaktionen oder -belastungen vor 2016 verlässlich als ausgeschlossen bewertet werden können. Nichtsdestotrotz soll nach OLG Schleswig NJW-RR 1991, 96 ein Notar zur Einsicht in Baulastenverzeichnis nicht verpflichtet sein.

7 Bayern hat – als einziges „altes" Bundesland – von vornherein auf Einführung des Rechtsinstituts der Baulast verzichtet, um die Vollständigkeit des Grundbuchs hinsichtlich eingetragener Lasten zu gewährleisten. In Bayern ersetzen Dienstbarkeiten die Funktionen der Baulast.

8 ZB § 84 Abs. 1 S. 3 BauO Bln; § 84 Abs. 1 S. 3 BbgBO; § 81 Abs. 1 Satz 2 NBauO.

9 Jedenfalls in der Literatur; vgl. *Kluth/Neuhäuser* NVwZ 1996, 738 (741 f.) sowie in jüngerer Zeit *Otto* BbgBO § 84 Rn. 2057 f.

10 OVG Lüneburg Beschl. v. 21.7.2009 – 1 ME 79/09, NVwZ-RR 2009, 872.

11 *Roellecke* wertet eine klare Vereinbarung als Obliegenheit des Bauherrn, vgl. *Rollecke* in FS Blümel, 1999, S. 481 (493).

12 Vgl. § 83 MBO, dem die Landesbauordnungen insoweit weitestgehend folgen.

8 Die Übernahme erfolgt **freiwillig**, weil der Baulastgeber die Selbstverpflichtung nicht aufgrund öffentlich-rechtlicher Pflicht erklären muss, sondern aus **autonomen Motiven** erklären will. Bestünde eine Pflicht, entfiele die Baulastfähigkeit.[13] Dem widerspricht nicht, dass ein Erwerber eines belasteten Grundstücks und damit Rechtsnachfolger eine durch den Rechtsvorgänger eingeräumte Baulast dulden muss.[14] Auch in dieser Konstellation erfolgte die Übernahme der Baulast freiwillig und deren Fortbestand ist Folge deren Grundstücksbezogenheit. Baulasten sind nicht personenbezogen.

9 Eine ein anderes Grundstück eines anderen Eigentümers belastende Baulast wird als **Fremdbaulast**, eine ein anderes Grundstück desselben Eigentümers belastende Baulast als **Eigentümerbaulast**[15] bezeichnet. Eine anlässlich eines konkreten Bauvorhabens gewährte Baulast wird **vorhabenbezogene**, eine ohne konkret vorhabenbedingten Anlass und damit abstrakt für jedwede künftige Grundstücksnutzung auch **vorhabenunabhängige** oder anlassbezogene Baulast genannt.[16] Eine Ausnahmekonstellation markiert der – die damit gemeinten Sachverhalte nicht ganz treffende und deshalb schlagwortartige – Begriff **aufgedrängte** Baulast.[17]

10 Die **Wirkung** einer Baulast besteht darin, dass sie eine öffentlich-rechtliche Verpflichtung des Baulastgebers gegenüber der Bauaufsichtsbehörde zu einem sein Grundstück betreffenden Tun, Dulden oder Unterlassen begründet, zu dem der Baulastgeber nicht bereits aufgrund öffentlich-rechtlicher Vorschriften verpflichtet ist. Eine Baulast **schafft** dadurch die auf einem Baugrundstück **fehlende tatsächliche Voraussetzung** für die materielle Rechtmäßigkeit eines Bauvorhabens im Fall bauordnungsrechtlicher Baulasten auf einem anderen[18] und bauplanungsrechtlicher Baulasten auf demselben Grundstück. Die Erstreckung der bauordnungsrechtlichen Pflichtenbindung auf ein oder mehrere andere Grundstücke ändert aber auch im Bauordnungsrecht nicht die rechtlichen Anforderungen an ein Bauvorhaben. Baulasten bewirken nur eine **Verschiebung des Erfüllungsorts**. Eine bauordnungsrechtliche Baulast modifiziert also nicht die rechtlichen Anforderungen des Bauplanungs- oder Bauordnungsrechts an ein Bauvorhaben, sondern **gleicht ein faktisches Manko aus**. Ihre Wirkung liegt daher gerade nicht in der Umgestaltung der Rechtslage, sondern der Schaffung ohne sie auf einem Baugrundstück nicht bestehender tatsächlicher Genehmigungsvoraussetzungen.[19] Eine bauordnungsrechtliche Baulast führt demnach die fehlende tatsächliche Voraussetzung der Erfüllung des Baugenehmigungstatbestands an anderem Ort herbei. Zusätzlich sichert sie deren Bestehen. Bildlich beschrieben führt eine bauordnungsrechtliche Baulast zur örtlich-räumlichen **Verschiebung der Erfüllung** vom Bau- auf ein anderes Grundstück.

III. Abgrenzung zur Grunddienstbarkeit

11 Baulasten und Grunddienstbarkeiten (§§ 1018 ff. BGB) unterscheiden sich schon durch die Zuordnung zu **unterschiedlichen Rechtsbereichen**, nämlich der Baulast zum öffentlichen und der Grunddienstbarkeit zum Zivilrecht. Zudem begründet eine Baulast **kein Rechtsverhältnis zwischen Privaten**, nämlich Baulastgeber und -nehmer, sondern zwischen Baulastgeber und Bauaufsichtsbehörde. Die Dienstbarkeit be-

13 Ausnahme bildet der Rechtsnachfolger, der eine Baulast auch unfreiwillig übernehmen kann – dies aber nicht bei deren Begründung – und als dingliche und nicht personenbezogene Last dulden muss.

14 *Otto/Kemper/Schulz*, Abstandsflächenrecht für Berlin und Brandenburg, Rn. 108 mit Verweis auf VGH Mannheim Beschl. v. 9.7.2014 – 3 S 899/14.

15 Vgl. OVG Münster Urt. v. 30.11.1989 – 7 A 772/88 zur (bejahten) Zulässigkeit einer vor Teilung eines Grundstücks erklärten, auf eine Teilfläche bezogenen Baulast, um die spätere Verkaufsaussicht jener Teilfläche zu verbessern.

16 Die Judikatur geht in Zweifelsfällen teils von einer vorhabenbezogenen Baulast aus, so OVG Hamburg Urt. v. 24.4.2002 – 2 Bf 701/98, juris Rn. 49; OVG Münster Urt. v. 21.11.2017 – 2 A 1393/16, NVwZ-RR 2018, 422 (424); anders VGH Mannheim Urt. v. 27.10.2000 – 8 S 1445/00, BeckRS 2001, 20258 Rn. 32; anders VG Karlsruhe Urt. v. 17.10.2019 – 10 K 11594/17 und Beschl. v. 25.10.2016 – 3 K 2150/16; siehe zu beiden Entscheidungen auch *Pfisterer* GE 2020, 853 f.

17 Vgl. VGH Mannheim Urt. v. 20.6.1985 – 2 S 1029/84, VBlBW 1986, 225; OVG Saarlouis Beschl. v. 10.3.2004 – 1 W 6/04; OVG Münster Urt. v. 28.2.2002 – 3 A 4165/99, NVwZ 2003, 226 (227 ff.); *Ziegler* NVwZ 2005, 755 ff.

18 *Maletz/Probst* GE 2008, 373.

19 *Finkelnburg/Ortloff/Otto* ÖffBauR II § 6 Rn. 20; *Will*, Öffentliches Baurecht, Rn. 795.

gründet dagegen ein privatrechtliches Rechtsverhältnis zwischen Grundeigentümern.[20] Weil die Baulasterklärung gegenüber Bauaufsichtsbehörde oder Kommune erfolgen muss, setzt eine Baulast nicht einmal zwingend ein unmittelbares Rechtsverhältnis zwischen Baulastgeber und Baulastbegünstigtem voraus. Allerdings liegt einer Baulasterklärung idR eine zivilrechtliche **Baulastvereinbarung** zugrunde.

Im Hinblick auf ihren Zweck, den **dauerhaften Fortbestand bauordnungsrechtlich rechtmäßiger Zustände zu sichern**, ist wichtigster Unterschied, dass eine Baulast nicht ohne Mitwirkung der Bauaufsichtsbehörde modifiziert oder aufgehoben werden kann. Eine Baulast ist deshalb anders als eine Dienstbarkeit **der Dispositionsfreiheit der beteiligten Privaten entzogen**. Eine Grunddienstbarkeit dagegen können Begünstigter und Verpflichteter **bilateral privat** und ohne Mitwirkung der Bauaufsichtsbehörde modifizieren oder sogar aufheben. Dass dies für eine Baulast ausgeschlossen ist, begründet die Verlässlichkeit dieses Instruments und der zu seiner Umsetzung eingerichteten Baulastenverzeichnisse. Die Baulast bewirkt so den **Höchstgrad an Verlässlichkeit** der sich aufgrund des Inhalts des Baulastenverzeichnisses ergebenden Tatsachen- und Rechtslage. 12

Die Baulast hat schließlich den wichtigen Vorteil, dass die Bauaufsichtsbehörde sie **einseitig mit hoheitlichen Mitteln durchsetzen** kann. Sie ist schon deshalb das verglichen mit der Dienstbarkeit das bessere Instrument zur Sicherung öffentlich-rechtlicher Voraussetzungen eines Bauvorhabens.[21] Sie erfüllt deswegen auch die Anforderungen der Praktikabilität und Effizienz in hohem und v.a. höherem Maß als es eine Dienstbarkeit vermag. Die Durchsetzung in einer Dienstbarkeit eingegangener Pflichten kann nur auf dem Zivilrechtsweg erfolgen. 13

IV. Rechtsgrundlagen

1. Bauordnungsrecht

Im Wesentlichen vergleichbare Vorschriften über Baulasten enthalten die Bauordnungen aller Bundesländer außer derjenigen Bayerns.[22] Die nicht identischen, aber materiell weitestgehend übereinstimmenden Landesregelungen orientieren sich an der Musterbauordnung (MBO).[23] 14

Die **Bayerische Landesbauordnung regelt keine Baulast**. Deren Sicherungsfunktion sollen in Bayern Grunddienstbarkeiten nach § 1018 BGB und beschränkt persönliche Dienstbarkeiten nach § 1090 BGB erfüllen. Dazu wird zunächst eine Grunddienstbarkeit begründet und ins Grundbuch eingetragen, indem sich der Eigentümer des zu belastenden Grundstücks verpflichtet, etwa fehlende Abstandsflächen auf sein Grundstück zu übernehmen und von Bebauung freizuhalten (§§ 1018, 1019 BGB). Zusätzlich muss die Dispositionsfreiheit der Beteiligten über diese Grunddienstbarkeit ausgeschlossen werden, weil andernfalls im Belieben der Beteiligten läge, diese Dienstbarkeit wieder zu annullieren. Die Bauaufsichtsbehörde könnte nicht baurechtskonforme Zustände dann nicht verhindern. Daher bedarf es zusätzlich besonderer rechtlicher Sicherung in Gestalt neben der Grunddienstbarkeit in Gestalt einer beschränkt persönlichen Dienstbarkeit (§ 1090 Alt. 1 BGB) gleichen Inhalts im Grundbuch. Abweichend von anderen Bundesländern, die das materielle Baurecht mittels unselbständiger Ordnungsverfügung durchsetzen können, muss die bayerische Bauaufsichtsbehörde die Erfüllung der zivilrechtlichen Vereinbarung im zivilprozessualen Wege erzwingen. 15

---

20 Deswegen werden in Bayern zwei Dienstbarkeiten begründet: zu Behörde und Begünstigtem.

21 BVerwG Beschl. v. 27.9.1990 – 4 B 34/90, 4 B 35/90, BRS 50 Nr. 109.

22 Brandenburg hat die Baulast 2016 erneut eingeführt. Zu den Motiven vgl. *Otto* BbgBO § 84 Rn. 2054 f.

23 Erstfassung bereits §§ 107 und 108 MBO 1960; vgl. *Wambsganz* BBauBl 1952, 99 ff.; *Füsslein* DVBl 1965, 270 ff.; *David*, Die Baulast als bauaufsichtliches Instrument, 1970; *Hagedorn*, Die privatrechtlichen Auswirkungen der öffentlich-rechtlichen Baulast, 1985.

16 In **Baden-Württemberg** bestehen vor allem **zwei** von MBO und übrigen Bauordnungen abweichende **Besonderheiten**: Zum einen wird eine Baulast nach § 71 LBO BW nicht durch Eintragung, sondern bereits mit Zugang der Erklärung des Baulastgebers bei Bauaufsichtsbehörde oder Kommune wirksam, zum anderen führt nach § 72 Abs. 3 BOBW anders als in den übrigen Bundesländern nicht die Bauaufsichtsbehörde, sondern die Kommune das Baulastenverzeichnis.

2. Bauplanungsrecht

17 Bauplanungsrechtliche Spezialregelungen für Baulasten sind v.a. §§ 9 Abs. 1 Nr. 21, 32, 33 Abs. 1 Nr. 3 und 35 Abs. 5 BauGB.

V. Formalrechtliche Voraussetzungen

18 Baulasten unterliegen strikten Formanforderungen.[24] Anders als Dienstbarkeiten müssen Baulasterklärungen aber nicht beurkundet werden. Die persönliche Erklärung direkt gegenüber der Behörde genügt.

1. Behördenzuständigkeit

19 Empfänger einer Baulasterklärung ist in fast allen Bundesländern die Bauaufsichtsbehörde, kann in Baden-Württemberg neben dieser aber auch die Kommune sein (§ 71 Abs. 2 LBO BW).

2. Form der Baulasterklärung und der Unterschrift

20 Baulasterklärung und Unterschrift unterliegen Formerfordernissen. Die Klärung der Anforderungen vor allem an die Beglaubigung der Unterschrift unter der Erklärung anhand der jeweiligen Landesbauordnung ist wegen der je nach Land bestehenden **alternativen Möglichkeiten** unerlässlich.

21 **a) Schriftform der Baulasterklärung.** Eine Verpflichtungserklärung zur Übernahme einer Baulast (Baulasterklärung) bedarf **immer** der **Schriftform**.

22 **b) Unterschrift: Beglaubigung, Abgabe vor oder Anerkennung durch Behörde.** Neben der Schriftform ist eine Authentifizierung der Unterschrift[25] erforderlich, wenn der Baulastgeber seine Erklärung nicht unmittelbar gegenüber der Behörde abgibt. Eine rein privatschriftliche Baulasterklärung genügt den gesetzlichen Anforderungen nicht. Die Landesbauordnungen lassen neben unterschiedlichen Beglaubigungen **unterschiedliche Authentifizierungen** der Unterschrift unter der Baulasterklärung zu. Die Unterschrift kann je nach geltender Landesbauordnung öffentlich (siehe § 129 BGB), durch eine Kommune[26] oder durch eine Vermessungsstelle[27] beglaubigt oder stattdessen vor der Baurechtsbehörde oder Kommune abgegeben[28] oder von einer zuständigen Behörde anerkannt werden.[29]

---

24 Zur Unwirksamkeit wegen Formverstoßes OVG Saarlouis Beschl. v. 17.5.1993 – 8 R 91/91, juris Rn. 39.

25 Nach zum Mietrecht ergangener Entscheidung des OLG Köln Urt. v. 4.10.2019 – 1 U 83/18 ist eine Überschrift nicht mit einer Unterschrift gleichzusetzen.

26 So in Niedersachsen: vgl. § 81 Abs. 2 NBauO.

27 So in Berlin: vgl. § 84 Abs. 2 BauO Bln; ebenso in NRW: vgl. § 85 Abs. 2 BauO NRW.

28 So in Baden-Württemberg: vgl. § 71 Abs. 2 LBO BW.

29 Die Landesregelungen könnten wegen Art. 55 EGBGB lediglich als Kompetenz- und nicht als Formvorschriften auszulegen sein mit der Folge, dass § 125 BGB bei Unterschreitung der landesrechtlichen Anforderungen möglicherweise nicht anwendbar wäre.

3. Entstehung

Baulasten entstehen in Baden-Württemberg durch Abgabe der Baulasterklärung (§ 71 Abs. 1 BOBaWü) durch den Baulastgeber, sonst **durch Eintragung**[30] der Baulasterklärung in ein Baulastenverzeichnis.[31] Wo eine Baulast durch Eintragung entsteht, wirkt diese **konstitutiv** und determiniert dadurch auch den Rechtsschutz (Rechtsweg und Klageart). Entsteht – so in Baden-Württemberg – eine Baulast bereits durch Erklärung des Baulastgebers, ist der Rechtscharakter der Eintragung insoweit unerheblich, weil die Eintragung dann nur deklaratorische Bedeutung hat. 23

Über den Rechtscharakter der Eintragung besteht in der **Literatur keine Einigkeit**. Die Uneinigkeit betrifft die Frage, ob die Eintragung eine Regelung mit unmittelbarer Außenwirkung trifft.[32] Unmittelbare Rechtswirkung nach außen hat demnach eine behördliche Anordnung, die für den Einzelfall einseitig bestimmt, was rechtens sein soll und dadurch unmittelbar Rechte begründet, ändert, aufhebt oder feststellt. Dies ist nicht der Fall, wenn eine behördliche Erklärung nur deklaratorische Bedeutung hat. In den Bundesländern, in denen die Eintragung zur Entstehung der Baulast führt, liegt gerade darin die konstitutive Wirkung und ist nur deklaratorische Bedeutung deswegen zu verneinen. Nach diesen Bauordnungen begründet die Eintragung die Wirksamkeit der Baulast. Deswegen attestiert auch die **Judikatur** dieser Länder der Eintragung unmittelbare Außenrechtswirkung und daher Verwaltungsaktcharakter.[33] Rechtsschutz gegen eine Eintragung einer Baulast ist daher – außer in Baden-Württemberg – auf dem Verwaltungsrechtsweg zu suchen. 24

4. Beseitigung

Eine Baulast kann durch **Verzicht**[34] der Bauaufsichtsbehörde[35] auf die Baulast und die deswegen vorzunehmende **Löschung** im Baulastenverzeichnis beseitigt werden. Der Verzicht wird mit der Löschung wirksam. Voraussetzung des Verzichts ist der **Wegfall des öffentlichen Interesses**[36] an der Baulast. 25

30 In fast allen Bundesländern, zB § 84 Abs. 1 S. 3 BauO Bln, § 84 Abs. 1 S. 3 BbgBO, § 81 Abs. 1 S. 2 NBauO.

31 Bis in die 1970er Jahre hatte die Eintragung der Baulasterklärung nur deklaratorische Wirkung. Eine Baulast entstand – wie in Baden-Württemberg nach wie vor – in dem Zeitpunkt, in dem eine Baulasterklärung der Bauaufsichtsbehörde zuging (§ 130 BGB). Die Anknüpfung von Entstehung und Wirksamwerden einer Baulast an den Zugang der Baulasterklärung bei der Baubehörde warf jedoch zum einen schwierige praktische Klärungserfordernisse auf, wenn die Baulasterklärung fehlerhaft war, und war zum andern mit Ungewissheiten behaftet, wenn (und weil) die Vollständigkeit und Richtigkeit des Baulastenverzeichnisses nicht verlässlich gewährleistet waren. Aus diesen Gründen war nicht mit der durch die heutige Rechtskonstruktion (Wirksamkeit erst durch Eintragung) gewährleisteten Gewissheit ausgeschlossen, dass über im Baulastenverzeichnis eingetragene hinaus weitere, (noch) nicht eingetragene Baulasten bestanden. Vgl. beispielsweise zur niedersächsischen Regelung die dortige LT-Drs. 10/3480, 85 f.

32 Außenwirkung verneinen *Kluth/Neuhäuser* NVwZ 1996, 738 (741), die die Baulasteintragung nicht als Verwaltungsakt, sondern „schlicht verwaltungsrechtliche Willenserklärung" einstufen; ebenso bereits *Lohre* NJW 1987, 878 (879); ausdrücklich zustimmend nicht nur für Brandenburg *Otto* BbgBO § 84 Rn. 2058; für die Rechtslage in Baden-Württemberg: *Staudacher* in BeckOK BauordnungsR BW LBO BW § 72 Rn. 10.

33 Bereits OVG Berlin Urt. v. 8.9.1995 – 2 B 4/94 mit Verweis auf *Schwarz*, Baulasten im öffentlichen Recht und im Privatrecht, 1995, Rn. 333–338; zustimmend *Dageförde* in Wilke/Dageförde/Kluth/Meyer/Broy-Bülow BauO Bln § 82 Rn. 36; ebenso OVG Lüneburg Urt. v. 8.7.2004 – 1 LB 48/04, NVwZ-RR 2005, 791 und bereits Urt. v. 26.3.1999 – 1 L 215/97, NVwZ 1999, 1013; OVG Münster Urt. v. 19.7.2017 – 7 A 1835/14, juris Rn. 23 f. und bereits Urt. v. 9.5.1995 – 11 A 4010/92, NJW 1996, 275; OVG Bremen Urt. v. 21.10.1997 – 1 BA 23/97, NVwZ 1998, 1322 zum Eintrag eines Verzichts. Ebenso überwiegend die Kommentatoren der Landesregelungen; vgl. zB *Dageförde* in Wilke/Dageförde/Kluth/Meyer/Broy-Bülow BauO Bln § 82 Rn. 36 und 55; *Wiesmann* in Schulte/Radeisen/ua, Die neue Bauordnung Nordrhein-Westfalen, 4. Aufl. 2019, § 85 Rn. 28; aA *Kluth/Neuhäuser* NVwZ 1996, 738 ff.

34 Nach § 71 Abs. 3 S. 1 LBO BW ohne Widerspruch zur dort bestehenden alternativen Möglichkeit der Baulasterklärung gegenüber der Kommune auch in Baden-Württemberg.

35 So ausdrücklich § 83 Abs. 3 MBO; § 84 Abs. 3 BauO Bln; § 84 Abs. 3 BbgBO; § 82 Abs. 3 BremBO; § 79 HBauO; § 85 Abs. 3 HBO; § 83 Abs. 3 LBauO M-V; § 85 BauO NRW; § 83 Abs. 3 SächsBO; § 82 Abs. 3 SächsBO; § 80 Abs. 3 LBO Schl.-H.; § 82 Abs. 3 ThürBO; ähnlich § 83 Abs. 3 LBO Saarl; anders § 81 NBauO.

36 Im Saarland des öffentlich-rechtlichen und in Niedersachsen zusätzlich des privaten Interesses.

26 Die Verzichtserklärung hat aufgrund derselben Erwägungen wie die Eintragung unmittelbare Rechtswirkung nach außen und wird deswegen überwiegend als Verwaltungsakt eingestuft.[37]

27 Im **Bauplanungsrecht** ermächtigt § 61 Abs. 1 Satz 3 BauGB zur Aufhebung grundstücksgleicher und anderer Rechte an Grundstücken im Umlegungsgebiet, darunter Baulasten, durch **Umlegungsplan**. Im förmlichen Umlegungsgebiet unterliegen Baulasten daher der Gestaltungsbefugnis der Umlegungsstelle und entscheidet diese über die Beseitigung.[38]

28 **a) Wegfall des öffentlichen Interesses.** Das öffentliche Interesse[39] an einer Baulast entfällt, wenn die übernommene Verpflichtung aus rechtlichen oder tatsächlichen Gründen **bedeutungslos** geworden ist.[40] **Bedeutungslos** wird die Verpflichtung, wenn sie und dementsprechend auch ihre Sicherung durch die Baulast **nicht mehr erforderlich** sind, weil die durch die Baulast herbeigeführten Tatbestandsvoraussetzungen auch ohne sie bestehen oder das Erfordernis aus anderen Gründen weggefallen ist, die Baulast sich also erledigt hat. Entscheidend ist, dass der Fortfall der Baulast nicht die **Gefahr der Baurechtswidrigkeit** verursacht. Diese Gefahr verursacht die Löschung dann nicht, wenn die die Baulast ursprünglich erfordernden Belange aufgrund veränderter Umstände später auch ohne die Baulast erfüllt sind.[41]

29 In **tatsächlicher Hinsicht** kann eine Bedeutungslosigkeit zB bei einer Abstandsbaulast eintreten, wenn das Bauvorhaben, dessen Genehmigungsfähigkeit diese Baulast sichern sollte, endgültig nicht oder nur noch geändert errichtet werden soll, so dass beispielsweise eine Inanspruchnahme der freizuhaltenden Fläche als Abstandsfläche nicht mehr erforderlich ist.[42] Bei einer Stellplatzbaulast kann dies der Fall sein, wenn die Nutzung, für deren Zulässigkeit die Baulast notwendig war, endgültig aufgegeben wird mit der Folge, dass die Baugenehmigung insoweit ihre Wirksamkeit verloren hat.

30 In **rechtlicher Hinsicht** kann eine Baulast bedeutungslos werden, wenn sich die Baulastverpflichtung aufgrund geänderter Rechtslage unmittelbar aus öffentlichem Baurecht ergibt, etwa weil eine Abstandsflächenbaulast wegen Festsetzung geschlossener Bauweise durch verbindliche Bauleitplanung oder tatsächliche Fortentwicklung des Bebauungszusammenhangs aufgrund § 34 Abs. 1 BauGB iVm § 22 BauNVO ihre Bedeutung verliert.[43] Eine Zuwegungsbaulast kann aufgrund Widmung eines bisherigen Privatwegs für den öffentlichen Verkehr bedeutungslos werden. Das Interesse, in einer Außenbereichslage die Beschränkung der zulässigen Außenbereichsnutzung durch Baulast zu sichern, kann ebenfalls durch tatsächliche bauliche Entwicklung infolge hinzugekommener Bebauung weggefallen sein, weil sich ein Nachbargrundstück nun in einer „Baulücke" innerhalb des Bebauungszusammenhangs befindet und nach § 34 BauGB bebaubar (geworden) ist.[44]

31 **b) Entscheidung über die Löschung.** Die Bauordnungen regeln die Entscheidung über die Löschung sprachlich uneinheitlich. Die Parallelnormen unterscheiden sich hinsichtlich der Hauptbegriffe („Verzicht", „Untergang", „Erlöschen"). Materiellrechtliche Unterschiede sind damit nicht verbunden.

32 **c) Maßstab.** Beantragt der Eigentümer eines begünstigten oder belasteten Grundstücks die Löschung einer Baulast, **muss** die Bauaufsichtsbehörde die Baulast löschen, **wenn kein öffentliches Interesse** an der Baulast mehr besteht. Ist das öffentliche Interesse an der Baulast entfallen, hat der Eigentümer des belasteten

37 Auch von denen, die die Eintragung mangels Außenwirkung nicht als Verwaltungsakt einstufen; vgl. *Finkelnburg/Ortloff/Otto* ÖffBauR II § 6 Rn. 18; vgl. nur OVG Münster Urt. v. 5.5.2015 – 2 A 1557/13, BeckRS 2016, 46073 und Beschl. v. 8.8.2013 – 7 A 3001/11, BeckRS 2013, 54849 mit weiteren Nachweisen; anders in Baden-Württemberg, wo auch die Eintragung nur deklaratorische Bedeutung hat; vgl. VGH Mannheim Urt. v. 4.2.2016 – 5 S 1140/14, BauR 2016, 1141.

38 *Battis/Krautzberger/Löhr* BauGB § 61 nz. 14.

39 Im Saarland: öffentlich-rechtliches Interesse.

40 OVG Bremen Urt. v. 21.10.1997 – 1 BA 23/97, NVwZ 1998, 1322 (1323).

41 OVG Lüneburg Urt. v. 2.7.1991 – 6 L 132/89, DVBl 1992, 62 f.

42 OVG Hamburg Urt. v. 3.6.1982 – Bf II 8/81.

43 Zum Wegfall der Bedeutung im Fall einer Grenzgarage vgl. VGH Mannheim Beschl. v. 9.2.1994 – 8 S 2988/93, BauR 1994, 484.

44 OVG Lüneburg Urt. v. 31.3.1995 – 1 L 4063/93, NVwZ-RR 1996, 132 (133).

Grundstücks grundsätzlich einen Anspruch auf die Verzichtserklärung.[45] In **Niedersachsen** erfordert die Löschung seit der NBauO-Novelle 1995 **kumulativ** den Wegfall des öffentlichen und auch des privaten Interesses. Die Entscheidung über die Löschung ist eine **gebundene Entscheidung**. Die Bauordnungen eröffnen **kein Löschungsermessen**. Ob ein privates Interesse besteht, ist aus Sicht des Baulastnehmers zu beurteilen. Dem Baulastgeber wird ein Löschungsinteresse in aller Regel unterstellt werden können. Für ein solches Interesse spricht das Klarheitsinteresse daran, das Baulastenverzeichnis von bedeutungslos gewordenen Baulasten freizuhalten. Vor diesem Hintergrund spricht viel für die Annahme eines **intendierten Löschungsermessens.** Öffentliches und privates Interesse können auseinanderfallen, zB bei einem durch Brand vernichteten Gebäude, dessen Wiederaufbau die Aufrechterhaltung erfordert, weil andernfalls die Voraussetzungen der materiellen Baurechtmäßigkeit fehlen. Eine Verpflichtung zum Verzicht der Baulast kann bei einer Änderung des öffentlichen Interesses gegenüber der Situation entstehen, in der die Baulast übernommen wurde.[46] Deswegen kann das öffentliche Interesse v.a. zu verneinen sein, wenn eine Änderung der tatsächlichen Umstände, zB der aufgrund Wegfalls der Sicherungsfähigkeit oder -bedürftigkeit, eingetreten[47] oder eine Änderung des Baurechts eingetreten ist.[48] Dagegen ist ein Wegfall des öffentlichen Interesses zu verneinen, wenn ein Verzicht auf eine Baulast baurechtswidrige Zustände schaffen würde.[49]

d) Rechtsnatur und Wirksamkeit der Löschung. Anders als bei der Eintragung besteht hinsichtlich der Löschung einer Baulast weitestgehend Einigkeit über deren Rechtscharakter. **Überwiegend** wird die Löschung **als Verwaltungsakt** qualifiziert. Die Wirksamkeit der Löschung tritt im Zeitpunkt ihrer Eintragung im Baulastenverzeichnis ein. Der Eintragung kommt danach auch hinsichtlich der Löschung rechtsbegründende Wirkung zu.[50] 33

e) Anhörung des Eigentümers des begünstigten Grundstücks. Der Baulastnehmer hat Anspruch auf **Gehör vor Löschung.** Teils ist eine Mindestdauer für die Möglichkeit zur Äußerung vorgegeben, vgl. § 81 Abs. 3 S. 3 NBauO. Die Regelungen der Landesbauordnungen sind spezieller als § 28 VwVfG und verdrängen diesen. Die Pflicht zur Einräumung der Möglichkeit zur Stellungnahme soll die Richtigkeitsgewähr steigern und der Relevanz der Löschung einer Baulast für den Eigentümer eines begünstigten Grundstücks Rechnung tragen. Die Löschung hat als actus contrarius zur Begründung einer Baulast gravierende Konsequenz, weil der Wegfall einer Baulast eine gerade durch diese herbeigeführte materiell-baurechtliche Voraussetzung der Baugenehmigung wegfällt. Die Gewährung rechtlichen Gehörs trägt zudem zu höherer Richtigkeitsgewähr bei, weil der Baulastbegünstigte naturgemäß am besten beurteilen kann, ob noch – auch öffentliches – Interesse am Fortbestand der Baulast besteht. Mit der Anhörungspflicht korrespondiert die Pflicht der Baubehörde, die vorgebrachten Tatsachen bei ihrer Entscheidung zu berücksichtigen, dh ernsthaft in Erwägung zu ziehen. 34

5. Baulastenverzeichnis

Baulasten müssen in ein Baulastenverzeichnis eigetragen werden. Eine Eintragung ins Grundbuch ist nicht möglich. 35

a) Begriff und Inhalt. Das Baulastenverzeichnis ist ein von der Bauaufsichtsbehörde in festen Bänden, Loseblattheftern oder als Kartei geführtes Verzeichnis erklärter und auf Baulastenblättern dokumentierter Baulastverpflichtungserklärungen sowie etwaig weiterer anderer Verpflichtungen des Grundeigentümers und etwaiger Nebenbestimmungen. 36

Das Baulastenverzeichnis bildende Baulastenblätter enthalten Baulasterklärungen, Bezeichnung der Bauaufsichtsbehörde, Ordnungsnummer des Baulastenblatts sowie Angaben aus dem Liegenschaftskataster. 37

45 OVG NW Urt. v. 21.11.2017 – 2 A 1393/16, juris Rn. 50.
46 OVG Münster Urt. v. 10.10.1996 – 7 A 4185/95, juris Rn. 75.
47 Vgl. OVG Münster Urt. v. 10.10.1996 – 7 A 4185/95, juris Rn. 75.
48 OVG Münster Urt. v. 23.1.1974 – VII A 573/73.
49 OVG Münster Urt. v. 10.10.1996 – 7 A 4185/95, juris Rn. 75.
50 OVG Bremen Urt. v. 21.10.1997 – 1 BA 23/97, NVwZ 1998, 1322.

Das Baulastenverzeichnis kann weitere Eintragungen enthalten, nämlich Verpflichtungen des Eigentümers zu grundstücksbezogenem Tun, Dulden oder Unterlassen, die sich anders als Baulasten bereits aus dem öffentlichen Baurecht ergeben, und Nebenbestimmungen in Gestalt von Bedingungen, Befristungen und Widerrufsvorbehalten. Die Bauaufsichtsbehörde trägt Baulasten mit dem Wortlaut der Baulasterklärung und Tagesdatum ein. Vor der Eintragung muss die Behörde prüfen, ob die Voraussetzungen der Eintragung einer bestimmten Baulasterklärung tatsächlich bestehen.[51]

38 **b) Zuständigkeit.** Außer in Baden-Württemberg führen die Bauaufsichtsbehörden die Baulastenverzeichnisse, in Baden-Württemberg die Kommunen.

39 **c) Kein öffentlicher Glaube.** Ein Baulastenverzeichnis genießt anders als das Grundbuch **keinen öffentlichen Glauben**. Anders als für das Grundbuch besteht für Baulastenverzeichnisse **keine gesetzliche Vermutungsregelung**, nach der ein eingetragenes Recht besteht (§ 891 Abs. 1 BGB für Eintragungen im Grundbuch) oder ein gelöschtes Recht nicht besteht (§ 891 Abs. 2 BGB für Löschungen im Grundbuch).[52]

6. Einsicht/Abschriften

40 Wer ein **berechtigtes Interesse darlegt**, kann Einsicht in das Baulastenverzeichnis nehmen und Abschriften erteilen lassen. Die Regelungen der Landesbauordnungen gehen verwaltungsverfahrensrechtlichen Einsichtsrechten (§ 29 VwVfG) als **Spezialnormen** vor. Der Anspruch reicht dem Zweck des Verzeichnisses entsprechend weiter. Zweck des Verzeichnisses ist neben Dokumentation abgegebener Baulasten v.a. die Förderung der Gefahrenabwehraufgabe des Bauordnungsrechts. Die Anforderungen an das berechtigte Interesse sind daher **nicht streng**, weshalb insbesondere auch ein wirtschaftliches Interesse ausreicht. Das Interesse kann sich auf ein mit einer Baulast belastetes wie auch begünstigtes Grundstück beziehen. Berechtigt sind deswegen Eigentümer, Nachbareigentümer, Erbbauberechtigte, Kaufinteressenten, Mieter, Pächter, künftige Hypotheken- und Grundschuld- resp. Grundpfandgläubiger usw.

VI. Inhalt der Baulast

41 Der Inhalt einer Baulast muss folgende materiellrechtliche Anforderungen erfüllen: öffentlich-rechtlicher Charakter, Grundstücksbezug, Baurechtsrelevanz, Vorhabenbezogenheit, Subsidiarität und Realisierbarkeit und Rechtmäßigkeit sowie Bestimmtheit.

1. Öffentlich-rechtlicher Charakter der Verpflichtung

42 Durch eine Baulast kann der Baulastgeber **nur öffentlich-rechtliche Verpflichtungen** übernehmen. Allein zulässiger Zweck einer Baulast ist, der materiellen Baurechtmäßigkeit eines Bauvorhabens entgegenstehende Versagungsgründe auszuräumen. Dieser Zweckbestimmung entsprechend **scheiden** Baulasten zur Absicherung **privatrechtlicher Verpflichtungen** wie etwa derjenigen zur Freihaltung der Aussicht durch Bauverzicht **aus.**[53]

43 Dem Erfordernis eines öffentlich-rechtlichen Charakters widerspricht nicht, dass eine Baulastbestellung in aller Regel auf **privaten Motiven und Interessen** der beteiligten Grundeigentümer – Baulastgeber und -nehmer – beruht. Die **Motive** des Baulastgebers sind von den übernommenen öffentlich-rechtlichen Verpflichtungen zu trennen. Sie widersprechen nicht dem öffentlich-rechtlichen Charakter der Verpflichtung und damit der Baulast, sondern sind Auslöser und schuldrechtliche Basis der Übernahmebereitschaft.[54] Eignet sich ein aufgrund privater Motive und Interessen versprochenes Tun, Dulden oder Unterlassen des Baulastgebers dazu, einem Bauvorhaben entgegenstehende öffentlich-rechtliche Hindernisse auszuräumen,

51 AA für die Rechtslage in Baden-Württemberg *Staudacher* in BeckOK BauordnungsR BW LBO BW § 72 Rn. 3.

52 Beachte aber § 415 ZPO, dessen Voraussetzungen das Baulastverzeichnis erfüllen dürfte; vgl. im Einzelnen zur Beweiskraft öfftl. Urkunden über Erklärungen *Huber* in Musielak/Voit ZPO § 415 Rn. 8 ff.

53 AA *Schwarz*, Baulasten im öffentlichen Recht und im Privatrecht, 1995, Rn. 137 ff.; überlegenswert erscheint die Baulastfähigkeit derselben Verpflichtung aufgrund Bezugnahme auf Rücksichtslosigkeit.

54 Vgl. zum Anspruch auf Baulastbestellung aus Begleitschuldverhältnis BGH NJW 1994, 2757.

ist der Zweck der Verpflichtung dem öffentlichen Baurecht zuzuordnen und deshalb tauglicher Gegenstand einer Baulast.

2. Grundstücksbezug

Baulastfähig sind nur Verpflichtungen, die sich auf ein **konkretes Grundstück** beziehen. Das ergibt sich bereits aus dem Wortlaut der Baulastregelungen („Grundstück betreffenden Tun, Dulden oder Unterlassen"). Eine Baulast ist dementsprechend eine auf einem Grundstück ruhende dingliche Last. Deutlichster Indikator eines Grundstücksbezugs ist die Beschränkung grundstücksbezogener Eigentümerbefugnisse in Gestalt eines Tuns, Duldens und/oder Unterlassens. Dies können zB die Verpflichtung zum Anbau im Sinne geschlossener Bauweise an der gemeinsamen Grenze (Tun) und Duldung der Nutzung des eigenen Grundstücks zur Aufstellung eines Fahrradständers des Nachbarn (Duldung) und Freihaltung einer Abstandsfläche von Bebauung (Unterlassen) sein.[55] Der bauplanungsrechtliche und damit **bundesrechtliche Grundstücksbegriff** kann nicht durch Baulast verändert werden.[56] 44

Grundstücksbezug fehlt dagegen zB der Verpflichtung, bestimmte **Immissionen zu dulden**, weil sich der Schwerpunkt einer solchen Duldung nicht auf ein Grundstück, sondern die Gesundheit der Nutzer bezieht. Solch eine Duldungspflicht kommt einem Verzicht auf die Geltendmachung von Abwehrrechten gegen Immissionen gleich.[57] Er führt deswegen nicht zur Änderung tatsächlicher Umstände und ist nicht geeignet, tatsächliche Genehmigungsvoraussetzungen zu schaffen. Zudem ließe solch ein Verzicht des Eigentümers Abwehrrechte etwaiger Bewohner unberührt mit der Folge, dass die bauordnungsrechtliche Intention der Erklärung nicht erreichbar wäre.[58] Eine Verpflichtung zur Duldung von Immissionen soll daher nicht baulastfähig sein.[59] 45

3. Baurechtsrelevanz

Eine Baulast muss Baurechtsrelevanz haben.[60] Dazu muss sie eine Verpflichtung zu einem **baurechtlich relevanten Tun, Dulden oder Unterlassen** regeln und dadurch dem Zweck dienen, eine oder mehrere tatsächliche **Voraussetzungen für die Baurechtmäßigkeit** eines Bauvorhabens zu schaffen. Deshalb scheiden Baulasten aus, deren Inhalt keine Bedeutung für die Rechtmäßigkeit eines Bauvorhabens hat wie etwa die Verpflichtung, Geschäftsräume nicht an Konkurrenten des Begünstigten zu vermieten. 46

4. Vorhabenbezug

Eine Baulast muss Bezug zu einem Bauvorhaben haben. Sie kann dennoch anlass- und nicht rein vorhabenbezogen formuliert sein. Sie muss nicht, sollte sich aber im Interesse des Baulastgebers auf ein konkretes Bauvorhaben beziehen (vgl. genauer → Rn. 86). 47

5. Subsidiarität

Die durch Baulast geregelte Verpflichtung darf sich nicht bereits aus öffentlich-rechtlichen Verpflichtungen ergeben. Die Baulast soll nicht als doppelter Boden fungieren.[61] Ohnehin bestehende Verpflichtungen sollen nicht zusätzlich gesichert werden. Das Subsidiaritätserfordernis wirft bei **nicht eindeutigen Vorschriften** – wie etwa Ermessensnormen – und kann **sogar bei eindeutigen Vorschriften** Abgrenzungsschwierigkeiten aufwerfen. ZB besteht speziell für Randlagen im Übergang zwischen Innen- und Außen-, also in den **Anwendungsbereichen der §§ 34 und 35 BauGB** oft Bedürfnis nach Absicherung gegen – und sei es 48

55 Siehe auch *Wenzel* in Gädtke BauO NRW § 83 Rn. 25.
56 BVerwG Urt. v. 14.2.1991 – 4 C 51/87, NJW 1991, 2783 (2784).
57 *Mann* in Große-Suchsdorf NBauO § 81 Rn. 11; *Finkelnburg/Ortloff/Otto* ÖffBauR II § 7 Rn. 25 mit Verweis auf *Boecker* BauR 1985, 149.
58 Ähnlich und i. Erg. ebenso *Mann* in Große-Suchsdorf NBauO § 81 Rn. 11.
59 *Finkelnburg/Ortloff/Otto* ÖffBauR II § 7 Rn. 25; *Mann* in Große-Suchsdorf NBauO § 81 Rn. 11 („nur in engen Grenzen").
60 LG Düsseldorf Urt. v. 26.10.2011 – 13 O 465/06, juris Rn. 166.
61 *Finkelnburg/Ortloff/Otto* ÖffBauR II § 6 Rn. 17.

auch nur die Sicht – einengende Bebauung, für dessen Erfüllung eine Baulast geeignetes Instrument ist. Der Innenbereich endet zwar idR am letzten Gebäude. Doch durch unbestimmte Rechtsbegriffe eröffnete Spielräume sind verstärkt durch zudem restriktiven Nachbarschutz vermittelnden Judikatur Garant für Ungewissheiten. Zwar endet der im Zusammenhang bebaute Ortsteil grundsätzlich mit der letzten Bebauung und sich anschließende selbstständige Flächen gehören dementsprechend zum Außenbereich.[62] Bei der Abgrenzung des Innen- vom Außenbereich ist Grundstücks- und Parzellengrenzen aber keine entscheidende Bedeutung beizumessen, so dass die auf einem Grundstück vorhandene Bebauung nicht zwingend das gesamte Grundstück in den Bebauungszusammenhang hineinzieht, ein Grundstück also in den Außenbereich hinausreichen kann.[63] Die Grenze zwischen Innen- und Außenbereich verläuft demnach nicht zwingend geradlinig, sondern kann im Einzelfall durch Vor- und Rücksprünge gekennzeichnet sein.[64] Mit diesen Unwägbarkeiten verbundene Risiken exakter Klärung sprechen dafür, durch Baulast die Nichtbebaubarkeit eines im Übergangsbereich liegenden Grundstücks vereinbaren zu können. Solch einer Baulast lässt sich nicht entgegenhalten, der Inhalt der vereinbarten Verpflichtung ergebe sich bereits aus den §§ 34 und 35 BauGB.

6. Realisierbarkeit und Rechtmäßigkeit

49 Die durch Baulast übernommene Verpflichtung muss **rechtmäßig realisierbar** sein. Die Übernahme eines Abstands auf ein Nachbargrundstück scheidet faktisch aus, wenn die von Bebauung freizuhaltende Teilfläche des belasteten Grundstücks bebaut ist. Eine Wegebaulast scheidet faktisch aus, wenn die belastete Teilfläche nicht mindestens die für Rettungsfahrzeuge erforderliche Breite hat. Eine Baulasterklärung, die für ein Baugebiet mit mehreren Baugrundstücken das Bauordnungsrecht ohne Einschränkung aussetzt, verstößt gegen ein gesetzliches Verbot und ist unwirksam, denn rechtmäßig ist nur der Verzicht auf die Geltendmachung disponibler nachbarlicher Abwehrrechte. Abstandflächenrecht gehört, insbesondere soweit es brandschutzrelevant ist, nicht zu den disponiblen Verboten und ist deswegen nicht in jeder Hinsicht baulastfähig.[65]

7. Bestimmtheit

50 Die Baulasterklärung muss **aus sich heraus hinreichend bestimmt oder zumindest bestimmbar** sein. Erforderlich, aber ausreichend ist, dass sich der Inhalt der gesicherten Verpflichtung durch nach §§ 133 und 157 BGB am objektivierten Empfängerhorizont orientierte Auslegung so klar und eindeutig ergibt, dass sie mittels bauaufsichtsrechtlicher Verfügung durchgesetzt werden kann.[66] Dies setzt voraus, dass die Erklärung **keiner abweichenden Deutung zugänglich** ist. Die Judikatur hat allerdings auch unter vergleichbaren Umständen und zu vergleichbaren Zwecken abgegebene Baulasterklärungen **nicht einheitlich** ausgelegt. So distanzierte sich etwa das OVG Hamburg ausdrücklich von einer eine Abstandsflächenbaulast betreffenden Auslegung durch den VGH BW.[67]

---

62 BVerwG Urt. v. 6.11.1968 – 4 C 47/68, juris Rn. 19; Urt. v. 12.10.1973 – 4 C 3/72 -, juris Rn. 11; Urt. v. 14.1.1993 – 4 C 33/90 -, juris Rn. 10; Beschl. v. 12.3.1999 – 4 B 112/98 -, juris Rn. 21; Urt. v. 16.9.2010 – 4 C 7/10 -, juris Rn. 12.

63 Bereits BVerwG Urt. v. 6.11.1968 – 4 C 47/68, juris Rn. 19; Urt. v. 14.1.1993 – 4 C 33/90, juris Rn. 10; Beschl. v. 12.3.1999 – 4 B 112/98, juris Rn. 18 f.

64 BVerwG Beschl. v. 4.7.1990 – 4 B 103/90, juris Rn. 2; OVG Saarl Beschl. v. 11.1.2007 – 2 Q 35/06, juris Rn. 25.

65 HessVGH Beschl. v. 1.12.2015 – 3 A 55/15.Z, juris Rn. 9.

66 OVG Berlin-Brandenburg Beschl. v. 11.7.2018 – OVG 2 S 50.17, juris Rn. 19.

67 OVG Hamburg Urt. v. 24.4.2002 – 2 Bf 701/98, juris Rn. 49: „Wird eine sog. Abstandsflächenbaulast übernommen, schließt die dafür abgegebene Erklärung im Umfang ihrer Reichweite eine nach § 68 Abs. 3 HBauO erforderliche nachbarliche Zustimmung zu einer grenznahen Bebauung ein. Besonderheiten einer solchen Abstandsflächenbaulast, wie sie hier übernommen worden ist, rechtfertigen dagegen nicht, von einer notwendigerweise weitergehenden Bedeutung der Baulast für künftige Veränderungen oder weitere Vorhaben auszugehen (so auch OVG Saarlouis Beschluß vom 11.11.1998 – 2 Q 20/98). Soweit der VGH Mannheim für das baden-württembergische Landesrecht eine andere Auffassung vertritt (vgl. Urteil vom 27.10.2000, BauR 2001, 759 ff.), folgt der erkennende Senat dem nicht."

Der zentrale Erklärungsinhalt, dh Gegenstand/-stände und Umfang durch den Baulastgeber eingegangener Verpflichtung/en, muss aus der Erklärung heraus verständlich oder zumindest bestimmbar sein. Die Baulasterklärung muss dazu vor allem das Bauvorhaben, dessen Vorteil sie bezweckt, eindeutig und unmissverständlich bezeichnen.[68] Dies erfordert Angaben zur Lage des Baugrundstücks und des nicht zwingend vollständig identischen Bauvorhabens. Ferner muss die Lage des belasteten Grundstücks und dessen belasteter Teilfläche/n bezeichnet werden. 51

Eine Baulast kann entweder speziell auf ein konkretes Bauvorhaben (vorhabenbezogene Baulast) oder allgemein auf die Schaffung der Bebauungsvoraussetzungen für ein bestimmtes Baugrundstück (anlassbezogene Baulast) bezogen sein.[69] Weil eine Baulast grundsätzlich ihrem Wesen nach genereller Natur ist, muss eine Beschränkung bei Übernahme der Baulast dahingehend, dass der Baulastgeber deren Wirkung auf ein bestimmtes Vorhaben beschränken will, **eindeutig und unmissverständlich** klargestellt werden .[70] Dabei müssen auch etwaige Auslegungsspielräume ausgedeutet bzw. durch eindeutige und klare Beschreibung des Erklärungsinhalts beseitigt werden. Eine insoweit konkrete Zweckbestimmung muss auch evtl. spätere bauliche und / oder Nutzungsänderung/en berücksichtigen. Dies gilt insbesondere im Hinblick auf Kapazitätserweiterungen und Nutzungsintensivierungen, die zu einer verstärkten Beanspruchung des belasteten Grundstücks führen. ZB wird eine Zuwegung stärker in Anspruch genommen, wenn auf dem begünstigten Grundstück anstelle eines Einfamilien- ein Mehrfamilienhaus errichtet oder wenn ein herkömmliches Wohn- in ein Mikro-Appartementhaus oder zu einem Boardinghouse umgebaut werden soll. Es wird speziell bei Erschließungsbaulasten (s. auch → Rn. 69 ff.) oft nicht im Interesse des Baulastgebers liegen, durch die Baulast den Weg für jedwede Bebauung freizumachen. Will er dies nicht, darf er die Baulast nicht **anlass-**, sondern muss sie **vorhabenbezogen** formulieren und die durch die Baulast ermöglichte Nutzung des begünstigten Grundstücks sowie für den Fall, dass er diese quantitativ und / oder zeitlich begrenzen will, entsprechend exakt definieren. Ergänzend zum Inhalt der Erklärung kann eine unerwünschte Auslegung dadurch verhindert werden, dass Baulastgeber und Baulastnehmer die bei Vereinbarung der Baulast bestehende Interessenlage in einer Begleitvereinbarung ausführlicher klarstellen und festlegen, als dies in der Baulasterklärung selbst zulässig ist. Der Inhalt der Baulast- bzw. Begleitvereinbarung ist in einem späteren Streitfall nach §§ 133, 157 BGB bei der Auslegung der Baulasterklärung zu berücksichtigen. 52

VII. Baulastarten

Das **Anwendungsspektrum** des Instituts der Baulast ist **weit**. Bauordnungsrechtliche Baulasten sind v.a. Abstands-(Flächen-)Baulast, Anbaubaulast, Erschließungsbaulast, Spielplatzbaulast, Stellplatzsicherungsbaulast[71], Vereinigungsbaulast und Zufahrtsbaulast[72]. Die Judikatur hat aber zB auch Verpflichtungen als baulastfähig eingestuft, für Beheizung eines Nachbargrundstücks zu sorgen,[73] in einem Einzelhandelsbetrieb bestimmte Waren nicht anzubieten,[74] Gebäude/Grundstücke nur oder nicht als Bürogebäude,[75] Hotel, Wohnhaus oder Einzelhandelsbetrieb zu nutzen und auf einem Grundstück keinen (weiteren) großflächigen Einzelhandelsbetrieb zu errichten.[76] 53

68 OVG Lüneburg Urt. v. 27.9.2001 – 1 LB 1137/01, BauR 2002, 770; VGH Mannheim Urt. v. 4.2.2016 – 5 S 1140/14, BauR 2016, 1141 f.

69 Siehe auch Rn. 10 und die Nachweise in Fn. 18.

70 Dazu *Pfisterer* GE 2020, 853 f. m. V. a. VG Karlsruhe Urt. v. 17.10.2019 – 10 K 11594/17, juris Rn. 28.

71 Auch als Flächenbaulast bezeichnet; vgl. etwa *Riedel* NZBau 2006, 565 (566).

72 Nach OVG Berlin Urt. v. 30.7.2003 – 2 B 11.00, juris Rn. 20 handelt es sich bei der Regelung des § 4 Abs. 1 BauO Bln über die Zugänglichkeit von Baugrundstücken um eine eigenständige bauordnungsrechtliche Anforderung.

73 OVG Berlin Urt. v. 29.10.1993 – 2 B 35.92, NJW 1994, 2971 (2972).

74 OVG Münster Urt. v. 22.7.1987 – 11 A 1388/85, nv.

75 OVG Hamburg Urt. v. 28.2.1985 – Bf II 29/83, NJW 1987, 915.

76 OVG Lüneburg Urt. v. 26.7.1990 – 1 A 75/88, nv.

54 Im **Bauplanungsrecht**[77] lassen sich durch Baulasten Bebauungsvoraussetzungen durch Verpflichtungserklärungen iSd § 9 Abs. 1 Nr. 25 BauGB, Verzichtserklärungen bzgl. Ersatz für Werterhöhung iSd § 32 BauGB, Festsetzungsanerkenntnis iSd § 33 Abs. 1 Nr. 3 BauGB und Privilegierungsvoraussetzungen für Außenbereichsvorhaben wie v.a. Veräußerungsverbot, Nutzungsfestschreibung und Rückbauverpflichtung iSd § 35 Abs. 5 BauGB herbeiführen (→ Rn. 73).

55 Die Bauaufsichtsbehörde kann eine Eintragung ablehnen, wenn die Baulast – wie idR der Schutz der Aussicht oder rein privatrechtliche Verpflichtungen[78] – als öffentlich-rechtliche Sicherung funktionslos wäre. Die Generalermächtigungen aller (bis auf Bayern) Landesbauordnungen kennzeichnen die Baulast als originär bauordnungsrechtliches Instrument. Bauordnungsrechtliche Konstellationen sind dementsprechend überwiegender Anwendungsbereich der Baulast. Doch sieht auch das Bauplanungsrecht Baulasten als Sicherungsmittel vor.

1. Abstandsflächenbaulast

56 Eine Abstandsflächenbaulast ermöglicht, bauordnungsrechtlich zu Nachbargrenzen einzuhaltende Abstände zu unterschreiten und ein Bauvorhaben in geringerem Abstand, als das Abstandrecht vorschreibt, an einer Nachbargrenze zu errichten. Das Abstandsflächenrecht aller Bauordnungen regelt den Abstand von Gebäuden und baulichen Anlagen mit gebäudegleicher Wirkung zueinander, zu Grundstücksgrenzen und Gebäudewänden. Ausnahmsweise dürfen sich Abstandflächen aber ganz oder teils auf andere Grundstücke erstrecken, wenn durch Abstandflächenbaulast gesichert ist, dass diese Flächen nicht überbaut und auf dem belasteten Grundstück nicht auf dort erforderliche Abstandflächen angerechnet werden. Die Übernahme einer Abstandflächenbaulast führt dazu, dass benachbarte Grundstücke dem Baugrundstück für die Bemessung des Grenzabstands bis zu einer bestimmten vereinbarten Grenze hinzugerechnet werden. Die Abstandflächenbaulast bewirkt also eine **fiktive Verschiebung der Grundstücksgrenze.**[79] Dazu begründet eine Abstandflächenbaulast die auf dem Nachbargrundstück lastende Pflicht, bauliche Anlagen dort um den vereinbarten und durch Baulast vorgeschriebenen Abstand von dieser vereinbarten (fiktiven) Grenze abgerückt zu errichten, um die belastete Teilfläche von Bebauung freizuhalten.[80] Ist die Übernahme einer Abstandfläche durch Baulast gesichert, ist eine bauordnungsrechtliche **Abweichung obsolet**. Bei Formulierung einer Abstandflächenbaulast müssen zugunsten des Baulastgebers die durch die jeweilige Bauordnung privilegierten, also ausnahmsweise auch auf Abstandflächen zugelassenen oder zulassungsfähigen, Gebäude, Gebäudeteile oder Anlagen ausgenommen werden.[81] Einer solchen Abstandflächenbaulast kann der **konkludente Verzicht auf Nachbareinwendungen** gegen eine Verletzung der Grenzabstandvorschriften entnommen werden.[82]

2. Anbaubaulast

57 Eine Anbaubaulast sichert bei planungsrechtlich grundsätzlich möglicher Grenzbebauung, dass diese tatsächlich nur zulässig ist, wenn **auch auf dem Nachbargrundstück** an diese Grenze gebaut wird.[83]

3. Bauteilerhaltungsbaulast

58 Durch eine Bauteilerhaltungsbaulast verpflichtet sich ein Baulastgeber, **gemeinsame Bauteile** mehrerer baulicher Anlagen bei Abbruch zur Gewährleistung der Standsicherheit der verbleibenden Anlage zu erhal-

---

77 Jedoch kann eine Baulast die bauplanungsrechtliche Zulässigkeit nicht einschränken; vgl. dazu *Johlen* BauR 2018, 1359 (1363).

78 Vgl. VGH Mannheim Urt. v. 10.1.2007 – 3 S 1251/06, juris Rn. 26 zur Verpflichtung, nicht an bestimmte Unternehmen zu vermieten.

79 VGH Mannheim Beschl. v. 30.7.2001 – 8 S 1485/01, NVwZ-RR 2002, 263.

80 OVG Lüneburg Urt. v. 27.9.2001 – 1 LB 1137/01, BauR 2002, 770; VGH Mannheim Beschl. v. 30.7.2001 – 8 S 1485/01, NVwZ-RR 2002, 263.

81 Vgl. für Berlin und Brandenburg: *Otto/Kemper/Schulz*, Abstandsflächenrecht für Berlin und Brandenburg, Rn. 108 f.

82 OVG Lüneburg Urt. v. 27.9.2001 – 1 LB 1137/01, BeckRS 2001, 14301.

83 VG Schwerin Beschl. v. 2.2.2015 – 2 B 1024/14, juris Rn. 24 f.; Boeddinghaus, BauR 2003, 482 ff.

ten und **nicht abzubrechen**.[84] Das Erfordernis dieser Absicherung besteht nicht nur faktisch, sondern bauordnungsrechtlich aufgrund entsprechender Regelungen aller Landesbauordnungen.[85] Befinden sich gemeinsame Bauteile auf mehreren Grundstücken, ist eine entsprechende Mehrzahl von Baulasten erforderlich.

4. Brandschutzbaulast

Landesbauordnungsrecht regelt angelehnt an § 30 MBO die Pflicht zur Errichtung sog. Brandwände. 59
Brandwände sind aus nichtbrennbaren Baustoffen hergestellte und daher feuerbeständige Innen- und Außenwände, die die Brandausbreitung in Gebäuden und auf andere Gebäude verhindern sollen. Zu demselben Zweck gilt vor Außenwänden zur Grundstücksgrenze ein Mindestabstand von 2,5 Metern.[86] Der beiderseits der Grundstücksgrenze geltende Abstand bewirkt einen unbebauten Streifen von fünf Metern parallel zur Grenze. Durch Baulast kann sichergestellt werden, dass dieser für den Brandschutz erforderliche **Mindestabstand zu Gebäuden** auf angrenzenden Nachbargrundstücken eingehalten wird.

5. Flächenbaulast

Mittels einer Flächenbaulast verpflichtet sich ein Baulastgeber, ein durch Bebauungsplan festgesetztes Maß 60
der baulichen Nutzung (§ 9 Abs. 1 Nr. 1 BauGB iVm § 16 BauNVO) nicht auszuschöpfen, sondern eine exakt bestimmte (auch Teil-)Fläche des Grundstücks von Bebauung freizuhalten.[87] Die Flächenbaulast begründet demnach eine **Unterlassungspflicht**. Der exakte Flächenbezug **unterscheidet eine Flächen- von einer Vereinigungsbaulast**, die keine konkreten (Teil-) Flächen bestimmt, sondern die Behandlung mehrerer Buchgrundstücke als einheitliches Grundstück fingiert. Wie mittels Vereinigungs- kann auch mittels Flächenbaulast das für das belastete und vor allem das begünstigte Grundstück geltende Planungsrecht nicht verändert werden.[88] Doch ermöglicht eine Flächenbaulast die **faktische Übertragung des bauplanungsrechtlichen Bebauungspotentials** eines belasteten auf ein begünstigtes Grundstück. Wie durch Vereinigungsbaulast lassen sich auch per Flächenbaulast günstige Voraussetzungen für eine Befreiung von Bebauungsplanfestsetzungen nach § 31 BauGB schaffen, indem der Baulastgeber auf die Ausnutzung eines Teils der auf einem Grundstück baurechtlich möglichen Grundfläche, Geschossfläche oder Baumasse zugunsten eines anderen Grundstücks verzichtet und dadurch auf dem begünstigten Grundstück eine entsprechende Überschreitung der für das Grundstück ansonsten unzulässigen baulichen Ausnutzung ermöglicht.

6. Grenzbebauungsbaulast

Ein Baulastgeber kann mittels Grenzbebauungsbaulast öffentlich-rechtlich absichern, dass auch auf dem 61
Nachbargrundstück an der Grenze gebaut wird, wenn nach Bauplanungsrecht an der Grenze gebaut werden **darf, aber nicht muss**. Eine **Grenzbebauungsbaulast** kann erforderlich werden, wenn es planungsrechtlich zwar zulässig, aber nicht zwingend ist, ohne Grenzabstand direkt an eine Grundstücksgrenze zu bauen. Denn eine Abstandfläche ist nach den Abstandflächenregelungen aller Bauordnungen vor Außenwänden an Grundstücksgrenzen nicht erforderlich, wenn nach planungsrechtlichen Vorschriften an die Grenze gebaut

---

84 Vgl. auch *Maletz/Probst* GE 2008, 373 (382).

85 Vgl. zB § 12 Abs. 2 MBO: „wenn öffentlich-rechtlich gesichert ist, dass die gemeinsamen Bauteile bei der Beseitigung einer der baulichen Anlagen bestehen bleiben können."

86 Siehe § 30 MBO, aber wegen div. Spezifika des Landesrechts v.a. die jeweiligen Landesnormen der Bauordnungen und Durchführungsverordnungen. Die Länder haben ua den Winkel einer Gebäudeabschlusswand zur Grundstückegrenze unterschiedlich geregelt (zB 75° in Baden-Württemberg, 45° in Niedersachsen (§ 30 NBauO iVm § 8 DVO-NBauO).

87 VGH Mannheim Urt. v. 31.10.2002 – 8 S 1560/02, BauR 2003, 1554.

88 BVerwG Urt. v. 14.2.1991 – 4 C 51/87, BauR 1991, 582; VGH Mannheim Urt. v. 31.10.2002 – 8 S 1560/02, juris Rn. 24.

werden darf oder muss.[89] Die erstgenannte Konstellation kann v.a. im unbeplanten Innenbereich nach § 34 BauGB bestehen, wenn in der näheren Umgebung eines Baugrundstücks grenzständige Bebauung existiert und sich daraus eine grenzständige Bebaubarkeit auch des Baugrundstücks und eines direkt benachbarten Grundstücks ableiten lässt. Die wohl überwiegende Ansicht vertritt das **Prinzip der Gegenseitigkeit**. Danach kommt es bei erlaubter Grenzbebauung darauf an, ob der erste benachbarter Bauherren die Möglichkeit ausnutzt oder nicht. Denn unter diesen Umständen ist nach dem Prioritätsprinzip entscheidend, ob der erste zweier Grenznachbarn das Grenzbauprivileg ausnutzt oder nicht.[90] Nutzt ein Nachbar die Möglichkeit nicht und errichtet keine grenzständige, sondern eine von der Grundstücksgrenze abgerückte Bebauung, hat oder kann dies jedenfalls zur Folge haben, dass die Zulässigkeit einer sich zuvor noch einfügenden Grenzbebauung entfällt. Eine Grenzbebauungsbaulast sichert beide Grundstücke gegen diesen Fall ab. Sie verpflichtet zur Ausnutzung des aus faktischen Gründen bestehenden Bebauungsrechts im erstgenannten Fall, wenn der Grenzanbau nur erlaubt, aber nicht vorgeschrieben ist. Eine Grenzbebauungsbaulast stellt sicher, dass die günstige planungsrechtliche Situation nicht durch ein von der Grenze abgerücktes Bauvorhaben beseitigt werden darf. Die Grenzbebauungsbaulast gewährleistet dadurch öffentlich-rechtlich, dass auf dem Nachbargrundstück an die Grenze gebaut werden muss, indem sie genau hierzu verpflichtet.

62 Eine öffentlich-rechtliche Sicherung der Grenzbebauung kann ausnahmsweise auch faktisch gewährleistet sein, wenn auf einem Nachbargrundstück bereits ein Gebäude an der Grenze vorhanden ist, von dessen Fortbestand ausgegangen werden kann, und ein geplanter Grenzbau in einer hinreichenden Beziehung zu diesem vorhandenen Gebäude steht. Die Forderung der Eintragung einer Baulast wäre dann bloße **Förmelei.**[91] Wegen der Anforderung der Erforderlichkeit einer Baulast bedarf genauer Prüfung, ob ein Bebauungsanspruch aus § 34 BauGB aus der vorhandenen Nachbarbebauung ableitbar ist. Ist dies der Fall, kann die Eintragung einer Baulast zur Sicherung der Grenzbebauung unzulässig sein (zur Subsidiarität der Baulast → Rn. 48). Die Wirkungen eines vorhandenen Gebäudes auf dem Nachbargrundstück können jedoch nicht weiter reichen als bei einer entsprechenden Baulast. Eine auf dem Nachbargrundstück vorhandene Grenzbebauung und ein an der Grenze geplantes Bauvorhaben müssen sich daher in einem Maß überdecken, das als Ergebnis einer beiderseitigen Grenzbebauung noch den Eindruck einer geschlossenen Bauweise (§ 22 Abs. 3 BauNVO) vermittelt. **Nicht ausreichend ist dagegen, wenn lediglich irgendwo** an der gemeinsamen Grundstücksgrenze ein Grenzbau errichtet ist.[92] Ab welcher Abweichung der Eindruck einer erforderlichen geschlossenen Bauweise nicht mehr besteht, ist eine Frage des Einzelfalls. Eine faktische „öffentlich-rechtliche Sicherung", dass auf dem Nachbargrundstück an die Grenze gebaut wird, ist zu bejahen, wenn auf dem Nachbargrundstück ein Grenzbau im Ausmaß des Bauvorhabens oder sogar entlang der gesamten Grundstücksgrenze besteht. Der Umfang bzw. Grad der Überdeckung ist nicht geregelt, doch lassen sich der Judikatur Eingrenzungen entnehmen. So wurde ein Erfordernis weitestgehender Deckungsgleichheit der Grenzbebauungen verneint,[93] Überschreitungen von zwei Metern in der **Tiefe** und von zwei bis drei Metern in der Höhe jedoch als zulässig[94] und eine Überdeckung von ca. 50 % als zu gering,[95] eine Überdeckung von mehr als 75 % hingegen als ausreichend bewertet.[96] Auf den Umfang bzw. Grad der Überdeckung mit auf dem Nachbargrundstück vorhandener Bebauung in der **Höhe** kommt es dagegen nicht an, weil nach dem Wortlaut der Abstandnormen **entscheidend ist, dass an die Grenze gebaut**

89 Die Landesregelungen stimmen mit § 6 Abs. 2 MBO überein oder sind daran angelehnt: „Eine Abstandsfläche ist nicht erforderlich vor Außenwänden, 1. die an Grundstücksgrenzen errichtet werden, wenn nach planungsrechtlichen Vorschriften an die Grenze gebaut werden muss oder gebaut werden darf, oder 2. soweit nach der umgebenden Bebauung im Sinne des § 34 Abs. 1 Satz 1 BauGB abweichende Gebäudeabstände zulässig sind."

90 Anders für Brandenburg: *Otto/Kemper/Schulz*, Abstandsflächenrecht für Berlin und Brandenburg, § 6 Rn. 70; vgl. auch *Schmidt-Eichstädt* LKV 2020, 489.

91 VGH Mannheim Beschl. v. 25.11.2019 – 5 S 2373/19, Rn. 11.

92 VGH Mannheim Urt. v. 2.6.2015 – 8 S 1914/14, juris Rn. 52; Beschl. v. 3.11.2014 – 3 S 1368/14, juris Rn. 27.

93 Vgl. VGH Mannheim Urt. v. 2.6.2015 – 8 S 1914/14, juris Rn. 55; Beschl. v. 12.2.2007 – 5 S 2826/06, juris Rn. 11; Beschl. v. 10.1.2006 – 5 S 2335/05, juris Rn. 7; Beschl. v. 29.1.1999 – 5 S 2971/98, juris Rn. 4.

94 VGH Mannheim Urt. v. 2.6.2015 – 8 S 1914/14, juris Rn. 55 u. Beschl. v. 10.1.2006 – 5 S 2335/05, juris Rn. 7.

95 VGH Mannheim Beschl. v. 3.11.2014 – 3 S 1368/14, juris Rn. 27.

96 VGH Mannheim Beschl. v. 12.2.2007 – 5 S 2826/06, juris Rn. 11.

wird.[97] Die Höhe der Grenzbauten thematisieren die Landesnormen dagegen nicht. Systematisch regelt § 22 Abs. 3 BauNVO, dass Gebäude **ohne seitlichen Grenzabstand**, also in geschlossener Bauweise errichtete, an die Grenze gebaut werden müssen. Auch nach dieser Norm ist für eine geschlossene Bauweise aber eine übereinstimmende Höhe der Grenzbauten grundsätzlich nicht erforderlich. Deswegen muss die Überdeckung kein „Doppelhaus" iSd § 22 Abs. 2 Satz 1 BauNVO ergeben.[98] Liegen diese faktischen Voraussetzungen einer Grenzbebauung nicht vor, besteht keine faktische Absicherung, aber ein Interesse an einer Absicherung durch Grenzbebauungsbaulast.

7. Leitungsbaulast

Per Leitungsbaulast verpflichtet sich ein Baulastgeber, die Verlegung einer Leitung durch sein Grundstück 63
sowie deren Belassung zu dulden.[99]

8. Spielplatzbaulast

Mittels einer Kinderspielplatzbaulast kann und muss[100] die Pflicht zur Errichtung eines Kinderspielplatzes 64
auf ein anderes als das Baugrundstück verlagert und gesichert werden. Das Ersatzgrundstück muss in der Nähe des Baugrundstücks liegen. Wegen der durch einen Kinderspielplatz verursachten Geräuschkulisse kann sinnvoll sein, neben der Größe des Platzes auch die Intensität der Nutzung in der Baulast etwa durch zeitliche Festlegungen zu regeln.[101] Im Hinblick auf eine etwaige Zweckentfremdung kann sinnvoll sein, über die Nutzungszeiten hinaus eine Pflicht des Baulastnehmers zur Verriegelung und zur Durchsetzung einer Benutzungsordnung zu regeln.[102]

9. Stellplatz- und Abstellanlagenbaulast für Kraftfahrzeuge und Fahrräder

Sind Kfz-Stellplätze nachzuweisen, kann die Erfüllung dieser Pflicht mittels Stellplatzbaulast auf ein ande- 65
res Grundstück in der Nähe des Baugrundstücks verlagert werden.[103] Deren Lage **kann zusätzlich** die Absicherung der Nutzung einer **Zu- und Abfahrt** zu einer öffentlichen Verkehrsfläche erfordern. Dann müssen **Stellplatz- und Zufahrtbaulast kombiniert** werden. Entsprechendes gilt für die Bereitstellung von Fahrradabstellanlagen durch **Fahrradabstellanlagenbaulast** und für die **Garagenbaulast.**[104]

10. Vereinigungsbaulast

Eine Vereinigungsbaulast verklammert mindestens zwei Grundstücke dergestalt miteinander, dass sie be- 66
handelt werden können, **als seien sie bauordnungsrechtlich lediglich ein Grundstück.**[105] Hauptanlass für die bauordnungsrechtliche Vereinigungsbaulast war, dass die Landesbauordnungen vom **Idealfall der Errichtung eines Gebäudes auf einem Grundstück** ausgehen und die Errichtung auf mehreren Grundstücken nur ausnahmsweise zulässig ist, wenn öffentlich-rechtlich gesichert ist, dass dadurch keine dem Bauordnungsrecht wiedersprechenden Verhältnisse eintreten können, vgl. § 4 Abs. 2 MBO. Genau dies bewirkt

---

97 VGH Mannheim Beschl. v. 25.11.2019 – 5 S 2373/19, juris Rn. 14.

98 Vgl. zum Begriff „Doppelhaus": BVerwG Urt. v. 19.3.2015 – 4 C 12.14, juris Rn. 12 ff. und Urt. v. 24.2.2000 – 4 C 12.98, juris Rn. 18 ff.

99 Für eine Wasserleitung vgl. VGH Mannheim Urt. v. 30.3.1990 – 1 S 619/87, juris Rn. 25 NVwZ-RR 1990, 502; OVG Berlin Urt. v. 8.9.1995 – 2 B 4.94, NJW-RR 1996, 338.

100 Vgl. § 8 MBO („auf einem anderen geeigneten Grundstück, dessen dauerhafte Nutzung für diesen Zweck öffentlich-rechtlich gesichert sein muss").

101 Vgl. zu durch Baulast begründetem Verzicht auf Ansprüche gegen evtl. von einem Spielplatz ausgehender Lärmbeeinträchtigung VG Düsseldorf Urt. v. 31.3.2000 – 13 K 8678/98, BeckRS 2005, 24862.

102 Nicht ins Baulastverzeichnis eintragungsfähige Regelungsinhalte lassen sich in der Baulastvereinbarung regeln. Nach § 83 Abs. 4 MBO und dem folgenden Landesbauordnungen können in das Baulastenverzeichnis „auch eingetragen werden 1. andere baurechtliche Verpflichtungen des Grundstückseigentümers zu einem sein Grundstück betreffendes Tun, Dulden oder Unterlassen."

103 OVG Lüneburg Beschl. v. 2.9.1983 – 1 A 72/82, NJW 1984, 380.

104 BGH Urt. v. 9.1.1981 – V ZR 58/79, BGHZ 79, 201.

105 *Riedel* NZBau 2006, 565 (565).

die Vereinigungsbaulast. Ein Gebäude kann daher auf mehreren Grundstücken errichtet werden, wenn die bauordnungsrechtliche Verklammerung durch Vereinigungsbaulast gesichert ist. Denn die Verklammerung führt dazu, dass alle Eigentümer für alle Baulichkeiten auf den vereinigten Grundstücken verantwortlich sind. Die zwischen den Grundstücken verlaufende(n) Grundstücksgrenze(n) wird resp. werden dann nämlich hinweggedacht[106] und dadurch ein baurechtskonformer Zustand geschaffen.

67 Ob dafür dem Grunde nach eine Vereinigungsbaulast überhaupt erforderlich ist, wird nach wie vor wenn auch nicht verneint, so aber auch nicht bejaht, sondern offengelassen.[107] Auch eine Vereinigungsbaulast modifiziert aber den bundesrechtlichen Grundstücksbegriff nicht.[108] Deshalb ist **nicht** möglich, mehrere Grundstücke zu einem Baugrundstück im **auch planungsrechtlichen Sinne** zu koppeln und so etwa die bauliche Ausnutzbarkeit eines Grundstücks zu erhöhen.[109] Eine Vereinigungsbaulast kann daher nicht durch Änderung des planungsrechtlichen Grundstücksbegriffs die GRZ oder GFZ (§ 16 BauNVO) modifizieren. Doch kann eine Vereinigungsbaulast die tatsächlichen Voraussetzungen für eine günstigere Befreiungslage (§ 31 BauGB) schaffen.[110]

11. Zufahrtbaulast

68 Eine Zufahrt- oder auch Zuwegungsbaulast sichert die nach Landesbauordnungsrecht erforderliche **Verbindung** eines Grundstücks ohne eigene direkte Verbindung mit einer befahrbaren öffentlichen Verkehrsfläche.[111] Die Landesbauordnungen verlangen zudem – teils kombiniert, teils durch separate Regelung – auch eine **angemessene Breite** für den Einsatz von Feuerlösch- und Rettungsgeräten.[112] Ist ein Baugrundstück nicht über eine dem öffentlichen Verkehr gewidmete Fläche zugänglich, kann die Zugänglichkeit durch Zufahrt- bzw. Zuwegungsbaulast gesichert werden.

12. Erschließungsbaulast §§ 30 sowie 33 bis 35 BauGB

69 Mittels Erschließungsbaulast kann die Sicherung der Erschließung im bauplanungsrechtlichen Sinne der §§ 30 und 33 bis 35 BauGB gesichert werden. Dies kann nötig sein, weil die Zulässigkeit eines Vorhabens im Bebauungsplanbereich nach § 30 Abs. 1 BauGB ebenso wie diejenige eines Vorhabens im unbeplanten Innenbereich nach § 34 Abs. 1 BauGB und im Außenbereich nach § 35 Abs. 1 BauGB von einer gesicherten Erschließung abhängt. Das **Begriffsverständnis** dieser bundesbauplanungsrechtlichen Normen unterscheidet sich von dem des Bauordnungsrechts und dem anderer BauGB-Normen, die den Begriff „Erschließung" enthalten. Bauplanungs- und bauordnungsrechtlicher Erschließungsbegriff unterscheiden sich, weil sich die Anforderungen des Bauordnungs- und des Bauplanungsrechts an eine Erschließung unterscheiden. Bauplanungsrechtliche Erschließungsanforderungen können über bauordnungsrechtliche hinausgehen. Der bundesrechtliche Erschließungsbegriff kann nicht durch Landesrecht konkretisiert oder ausgefüllt werden. Andernfalls könnte der Bundesbegriff je nach Landesrecht unterschiedliche Bedeutung haben. Erschließung iSd §§ 30 ff. BauGB ist **vorhabenbezogen**. Daher umfasst der Begriff im bauplanungsrechtlichen

---

106 *Otto* BbgBO Rn. 2068.

107 So in Berlin; vgl. OVG Berlin-Brandenburg Beschl. v. 11.7.2018 – OVG 2 S 50.17, juris Rn. 10: „Wie bereits die von der Beschwerde zitierte Passage zeigt, hat das Oberverwaltungsgericht in dieser Entscheidung offen gelassen, ob einem praktischen Bedürfnis an der Begründung von „Vereinigungsbaulasten" auch für das Berliner Bauordnungsrecht im Wege der Rechtsfortbildung entsprochen werden könnte. Die Beschwerde macht nicht einmal geltend, dass und warum eine solche Rechtsfortbildung hier angezeigt sein sollte." Schon *Maletz/Probst* GE 2008, 373 (381) wiesen heute noch treffend darauf hin, Vereinigungsbaulasten seien „offenbar gängige Praxis", aber „aufgrund der Rechtsprechung des OVG Berlin mit etwas Vorsicht zu genießen."

108 BVerwG Urt. v. 14.2.1991 – 4 C 51/87, BauR 1991, 582; VGH Mannheim Urt. v. 31.10.2002 – 8 S 1560/02, juris Rn. 24, vgl. bereits OVG Lüneburg Urt. v. 4.10.1984 – 6 A 131/82, NJW 1985, 1796.

109 *Finkelnburg/Ortloff/Otto* ÖffBauR II § 6 Rn. 24; *Will* ÖffBauR Rn. 795; *Riedel* NZBau 2006, 565 (565); *Johlen* BauR 2018, 1360 (1361).

110 VGH Mannheim Urt. v. 31.10.2002 – 8 S 1560/02, juris Rn. 24.

111 Vgl. zB die Regelung dieses Erfordernisses durch § 4 Abs. 1 BbgBO.

112 Vgl. zB die kombinierte Regelung durch § 4 Abs. 1 BauO NRW und die separate Regelung durch § 5 BbgBO.

Sinne der §§ 30 ff. BauGB **alles für die Baureife eines Grundstücks Erforderliche.**[113] Denn für die Bebaubarkeit müssen Mindestbedingungen erfüllt sein. Dazu gehört über die Erreichbarkeit mit Kfz zum Zweck der Gefahrenabwehr hinaus, dass eine Straße auch nicht überlastet wird und ferner, dass der Verkehr die Straße nicht beschädigt.[114] Die Erschließung im bauplanungsrechtlichen Sinne ist deswegen nicht gesichert, wenn die vorhandene Straße einen durch ein Neuvorhaben induzierten Verkehr nicht tragen kann oder dieser Verkehr zu Beschädigungen der Straße führt.[115] Im Wohn- oder zumindest auch dem Wohnen dienenden Gebiet sind **Straßenbeleuchtung** und **Straßenentwässerungsanlage** erforderlich. Je nach Stärke des Fahrzeugverkehrs können **Gehwege** nötig sein.[116]

Damit geht der Begriff über den bauordnungsrechtlichen hinaus. Denn Bauordnungsrecht verlangt nur eine Verbindung zu einer befahrbaren öffentlichen Verkehrsfläche. Der Begriff „Erschließung" ist dementsprechend mehrgestaltig; seine **Bedeutung hängt vom Regelungsbereich und Regelungszusammenhang ab**. Dies muss bei Formulierung einer Baulast berücksichtigt werden. Auch im Bauplanungsrecht kann aber nicht mehr verlangt werden, als in einem Bebauungsplan – soweit er solche Festsetzungen enthält – festgesetzt ist.[117] Solche konkreten Festsetzungen können hinter auch dem zurückbleiben, was § 127 BauGB als beitragsfähige Erschließungsanlage definiert. Ein Bebauungsplan kann jedoch auch hierüber hinausgehen und für die Erschließung seines Geltungsbereichs etwa mit Wärme und/oder Strom konkrete Vorgaben machen. Einer Kommune steht frei, einen Plan ohne solche Festsetzungen zu beschließen, sie kann aber auch zB ein **Energiekonzept** vorgeben und dadurch regeln, welche Heizenergie verwendet wird oder zB dass allein regenerative Energieträger wie Erdwärme eingesetzt werden dürfen. Eine spezifizierte Versorgung mit Energie ist daher nicht einheitlich geregelt und dementsprechend nicht immer Genehmigungsvoraussetzung. 70

Weil dem bundesrechtlichen Bauplanungsrecht ein eigenständiger Begriff der „Erschließung" und daher auch deren Sicherung zugrunde liegt, kann die bauplanungsrechtliche anders als die bauordnungsrechtliche Erschließungsbaulast **durch eine Grunddienstbarkeit ersetzt werden**. Ein **Notwegerecht** iSd § 917 BGB **genügt nicht.**[118] 71

13. Entschädigungsverzichtbaulast (§ 32 BauGB)

§ 32 BauGB bezweckt die **Vermeidung der Erhöhung von Entschädigungsleistungen** bei wertsteigernden Veränderungen auf bebauten Grundstücken. § 32 BauGB betrifft daher dem Bebauungsplan widersprechende Bauvorhaben. Die Norm verlangt deshalb eine schriftliche Verzichtserklärung des Eigentümers für und gegen sich selbst und seine Rechtsnachfolger als Voraussetzung für Bauvorhaben auf überbauten Flächen, die im Bebauungsplan als Baugrundstücke für den Gemeinbedarf oder als Verkehrs-, Versorgungs- oder Grünflächen festgesetzt sind, soweit Bauvorhaben eine wertsteigernde Änderung baulicher Anlagen zur Folge haben. Sie sollen nur zugelassen und für sie sollen Befreiungen von den Festsetzungen des Bebauungsplans allein erteilt werden, wenn der Bedarfs- oder Erschließungsträger zustimmt oder der Eigentümer schriftlich für sich selbst und seine Rechtsnachfolger auf Ersatz der Werterhöhung für den Fall verzichtet, dass der Bebauungsplan durchgeführt wird. Der Verzicht ist in Form einer Baulasterklärung möglich. Weil die Erklärung grundstücksbezogen ist und mithin dingliche Wirkung hat, ist die Anforderung des § 32 BauGB, auch Rechtsnachfolger ausdrücklich in die Erklärung einzubeziehen, im Grunde entbehrlich. 72

14. Rückbau- und Entsiegelungsbaulast (§ 35 Abs. 5 BauGB)

Durch auch Abbruchbaulast genannte Rückbaubau- und Entsiegelungsbaulast schafft der Baulastgeber auf eigenem Grund die nach § 35 Abs. 5 S. 2 und 3 BauGB erforderliche **Voraussetzung für** nach § 35 Abs. 1 73

113 BVerwG Urt. v. 28.10.1981 – 8 C 4/81, BVerwGE 64, 186, juris Rn. 19.
114 BVerwG Urt. v. 28.10.1981 – 8 C 4/81, BVerwGE 64, 186, juris Rn. 26.
115 BVerwG, Urt. v. 19.9.1986 – 4 C 15/84, BVerwGE 75, 34.
116 BVerwGE Urt. v. 28.10.1981 – 8 C 4/81, BVerwGE 64, 186.
117 BVerwG Urt. v. 17.6.1993 – 4 C 7/91, NVwZ 1994, 281 und Urt. v. 21.2.1986 – 4 C 10/83, NVwZ 1986, 646.
118 OVG Magdeburg Beschl. v. 26.10.2012 – 2 M 124.12, juris Rn. 24.

Nr. 2 bis 6 BauGB zulässige **Außenbereichsvorhaben**. Die Norm verpflichtet zum Abbruch an sich privilegierter Vorhaben. Eine Baulast ist nach Satz 3 nur eine neben weiteren Alternativen zur Sicherung dieser gesetzlichen Beseitigungspflicht. Die Abbruchbaulast sichert die Verwirklichung des durch § 35 Abs. 5 S. 1 BauGB normierten Grundsatzes, den Außenbereich wenn schon nicht von Bebauung freizuhalten, zumindest nach Wegfall einer Privilegierung wieder freizumachen.[119]

VIII. Rechtsschutz

74 Rechtsschutz kann im Zusammenhang mit Baulasten sowohl auf dem Verwaltungs- als auch auf dem ordentlichen Rechtsweg eröffnet sein. Der Rechtsweg hängt v.a. davon ab, ob der Disput unmittelbar (dann Verwaltungsrechtsweg) oder nur mittelbar eine Baulast betrifft, ob Gegenstand des Disputs die Baulast selbst oder das einer Baulast zugrundeliegende Verhältnis zwischen Baulastgeber und Baulastnehmer (dann Zivilrechtsweg) ist.

75 Für Erbbauberechtigte gilt dies nach einigen Bauordnungen entsprechend.[120]

76 Rechtsbehelfe zur Geltendmachung von Nachbarschutzansprüchen stehen grundsätzlich nur Eigentümern oder sonst dinglich Berechtigten zur Verfügung. Lediglich obligatorisch Berechtigte wie Pächter und Mieter können etwa die Eintragung einer Baulast nicht anfechten.

77 Eine sich **unmittelbar auf eine Baulast beziehende** Streitigkeit ist eine öffentlich-rechtliche Streitigkeit, wenn es **um das Bestehen der Verpflichtung** eines Grundeigentümers zu einem Tun, Dulden oder Unterlassen gegenüber der Bauaufsichtsbehörde geht. Solche Streitigkeiten sind öffentlich-rechtlicher Natur mit der Folge, dass der Verwaltungsrechtsweg eröffnet ist (§ 40 Abs. 1 S. 1 VwGO).

78 Das einer Baulast regelmäßig zugrunde liegende **Grundverhältnis** zwischen Baulastgeber und Baulastnehmer ist zivilrechtlicher Art. Dispute hierüber sind den Zivilgerichten zugewiesen. Die Baulast vermittelt dem Baulastnehmer keinen Anspruch auf Nutzung des Grundstücks des Baulastgebers.[121] Die Baulast vermittelt dem Baulastnehmer auch keine subjektiv-öffentlichen Rechte.[122] Verweigert der Baulastgeber dem Baulastnehmer die Nutzung der mit der Baulast belegten Teilfläche seines Grundstücks, kann die Klärung nur anhand der der Baulasterklärung zugrundeliegenden Baulastvereinbarung und daher auf dem Zivilrechtsweg erfolgen. Zwar kann der Baulastnehmer versuchen, die Bauaufsichtsbehörde einzubinden und sie zum Einschreiten gegen den Baulastgeber auffordern.[123] Doch wird dies oft am fehlenden öffentlichen Interesse scheitern. Beispielhaft bebildert diese Konstellation eine Stellplatzbaulast, bei der sich der Baulastgeber weigert, die Stellplätze auch tatsächlich zur Verfügung zu stellen.

79 Eintragung[124] wie Löschung einer Baulast sind nach überwiegender Ansicht **Verwaltungsakte mit Doppelwirkung** iSv § 80 a VwGO (→ Rn. 33). Die Eintragung einer Baulast ist für den Baulastgeber eine rechtliche Belastung, für den Eigentümer des begünstigten Grundstücks und mithin Baulastnehmer grundsätzlich ein rechtlicher Vorteil. Der jeweilige Baulastnehmer als Dritter ist daher in verwaltungsrechtlichen Streitigkeiten, die die Eintragung oder Löschung von Baulasten betreffen, stets **notwendig Beigeladener** nach § 65 Abs. 2 VwGO.[125]

80 In der verwaltungsrechtlichen Judikatur ist anerkannt, dass eine Baulast regelmäßig **kein subjektiv-öffentliches Recht für den begünstigten Baulastnehmer** entfaltet. Seine Begünstigung und die damit verbundene vorteilhafte Wirkung gelten als tatsächlicher Reflex.[126]

---

119 *Mitschang/Reidt* in Battis/Krautzberger/Löhr BauGB § 35 Rn. 183.
120 ZB § 84 Abs. 1 Satz 2 BauO Bln; § 84 Abs. 1 Satz 2 BbgBO.
121 BGH Urt. v. 8.7.1983 – V ZR 204/82, BGHZ 88, 97.
122 VG Gelsenkirchen Urt. v. 9.9.2015 – 6 K 846/13, juris.
123 Solche eine Konstellation betrifft OVG Lüneburg Beschl. v. 4.3.2020 – 1 ME 13/10, NVwZ-RR 2010, 510.
124 Anders in Baden-Württemberg, wo die Eintragung nur deklaratorischen Charakter hat.
125 OVG Lüneburg Urt. v. 8.7.2004 – 1 LB 48/04, NVwZ-RR 2005, 791.
126 OVG Münster Beschl. v. 14.1.2014 – 2 B 1476/13, NVwZ-RR 2014, 412 (413).

Für häufige Konstellationen gilt: 81

1. Versagung der Eintragung

Baulastnehmer können nicht auf dem Verwaltungsrechtsweg mittels Verpflichtungsklage die Eintragung der Baulast erstreiten, wenn die Bauaufsichtsbehörde den gestellten oder in einer Baulasterklärung konkludent enthaltenen Antrag auf Eintragung einer Baulast abgelehnt hat. Der Baulastnehmer hat als Eigentümer des durch eine Baulast begünstigten Grundstücks gegen die Bauaufsichtsbehörde keinen Anspruch auf Eintragung der Baulast, sondern muss einen etwaigen Anspruch gegenüber dem Baulastverpflichteten auf Abgabe einer Verpflichtungserklärung und/oder Durchsetzung dessen Eintragungsanspruchs gegenüber der Bauaufsichtsbehörde auf Grundlage des zwischen Baulastnehmer und Baulastgeber bestehenden Rechtsverhältnisses geltend machen.[127] Denn die Baulast ist kein Instrument zur öffentlich-rechtlichen Absicherung privatrechtlicher Einigungen zwischen Baulastnehmer und Baulastgeber (Bauherr und Nachbar), sondern ein spezifisches, im öffentlichen Interesse geschaffenes Instrument des Bauordnungsrechts, das dazu dient, die rechtlichen Voraussetzungen des Bauordnungs- und Bauplanungsrechts für die Bebauung oder bauliche Nutzung eines durch eine bestimmte Baulast begünstigten Grundstücks zu sichern. Sichern in diesem Sinne bedeutet zu gewährleisten, dass dem öffentlichen Baurecht entstammende Hindernisse des Bauvorhabens ausgeräumt werden.[128] Baurechtliche Anforderungen an ein Vorhaben, die ein Baugrundstück erfüllen muss, werden dergestalt auf ein anderes Grundstück übernommen, dass das begünstigte Grundstück baulich in einer Weise genutzt werden kann, die ohne die Baulast baurechtlich unzulässig wäre. Zwar ist auch der Eigentümer eines Baugrundstücks hieran interessiert. Eine Baulast wahrt jedoch gleichwohl allein öffentliche Interessen, denn es geht darum, den Erhalt baurechtmäßiger Zustände dauerhaft und unabhängig von etwaigen Eigentümerwechseln oder bilateralen privaten Vereinbarungen zugunsten der Allgemeinheit öffentlich-rechtlich abzusichern. Aus diesem Grund dient eine Baulast dem öffentlichen Interesse an der Verhinderung baurechtswidriger Zustände und schafft keine eigenständige Berechtigung des begünstigten Grundeigentümers.[129] 82

Anders verhält sich dies **in Niedersachsen**, wo die Löschungsregelung des 81 Abs. 3 NBauO ausdrücklich auch private Interessen erwähnt.[130] Daraus wird in Niedersachsen abgeleitet, dass eine Baulast im Anwendungsbereich der NBauO auch Drittschutz vermittelt und dort deswegen eine Verpflichtungsklage eines Baulastnehmers auf Eintragung einer Baulast statthaft ist. 83

Nach überwiegender Auffassung ist die Eintragung Verwaltungsakt. Die Klagebefugnis eines Baulastnehmers ist auf Grundlage dieser Ansicht nach § 42 Abs. 2 VwGO zu bejahen, wenn die streitige Baulast gerade die Genehmigungsfähigkeit eines angestrebten Bauvorhabens herbeiführen soll.[131] 84

2. Löschung

Ein Baulastnehmer hat nach überwiegender Auffassung, die die Löschung und Eintragung einer Baulast als Verwaltungsakt einstuft, ein Anfechtungsrecht gegen eine seitens der Bauaufsichtsbehörde verfügte Löschung einer Baulast. Dies soll insbesondere gelten, wenn die streitige Baulast die materielle Genehmigungsfähigkeit eines Bauvorhabens auf dem begünstigten Grundstück herbeigeführt hat.[132] Das in den Landesbauordnungen normierte Recht auf vorherige Anhörung soll den Baulastnehmer gegen derartige Überraschungen sichern. Die Baulast räumt insoweit ein subjektives öffentliches Recht ein, gegen dessen Aufhebung er auf dem Verwaltungsrechtsweg vorgehen kann. 85

---

127 OVG NW Beschl. v. 14.1.2014 – 2 B 1476/13, juris Rn. 10.

128 BVerwG Beschl. v. 27.9.1990 – BVerwG 4 B 34/90 und 4 B 35/90, NJW 1991, 713 (714).

129 VG Berlin Beschl. v. 26.4.2019 – 19 L 297.19, juris Rn. 10 mit Verweis auf OVG Münster Urt. v. 21.11.2017 – OVG 2 A 1393/16, NVwZ-RR 2018, 422 (427) und Beschl. v. 14.1.2014 – OVG 2 B 1476/13, NVwZ-RR 2014, 412 (413).

130 OVG Lüneburg Urt. v. 26.5.1989 – 6 OVG 147/87, BeckRS 1989, 08114.

131 OVG Lüneburg Urt. v. 2.7.1991 – 6 L 132/89, juris Rn. 23.

132 *Lackner* in BeckOK BauordnungsR Nds NBauO § 81 Rn. 54; vgl. bereits OVG Lüneburg Urt. v. 2.7.1991 – 6 L 132/89, juris Rn. 23.

3. Eintragung

86 Ein Grundeigentümer kann gegen die unrechtmäßige Eintragung einer sein Grundstück betreffenden Baulast Anfechtungsklage erheben.[133] Streitgegenstand sind regelmäßig Inhalt bzw. Auslegung des Inhalts der Baulast. Die Häufigkeit solcher Dispute belegt, dass bei Formulierung einer Baulast auch etwaige Auslegungsspielräume ausgedeutet bzw. durch eindeutige und klare Beschreibung des Erklärungsinhalts beseitigt werden sollten. Dabei hat v.a. die eindeutige **Unterscheidung zwischen vorhaben- und anlassbezogener Baulast**(-erklärung) entscheidende Bedeutung. Die Formulierung sollte so eindeutig sein, dass sie keinen Auslegungsspielraum belässt (siehe genauer unter → Rn. 53 ff.: „Bestimmtheit"). ZB ist bei Wege- und sogar bei Stellplatzbaulasten nicht immer eindeutig, ob die Zahl der Nutzer resp. Stellplätze begrenzt ist. Auch ist oft nicht festgelegt, ob eine Baulast auf ein konkretes Bauvorhaben oder allgemein auf die Schaffung der Bebauungsvoraussetzungen für ein bestimmtes Baugrundstück bezogen ist. Insbesondere bauliche Änderungen und Änderungen der Nutzung durch eine Baulast begünstigter Grundstücke verursachen Streit darüber, ob auch eine vom Baulastnehmer beabsichtigte Änderung noch durch die Baulast abgesichert ist.

4. Verpflichtung zur Löschung

87 Der Baulastgeber kann als Eigentümer eines durch Baulast belasteten Grundstücks auf dem Verwaltungsrechtsweg die Verurteilung der Bauaufsichtsbehörde zur Löschung einer nicht mehr erforderlichen Baulast nach der überwiegenden Ansicht, die die Löschung als Verwaltungsakt einstuft, mittels Verpflichtungsklage erstreiten. **Anders verhält sich dies in Baden-Württemberg**, wo die Eintragung kein Verwaltungsakt und deshalb die allgemeine Leistungsklage statthafte Klageart ist.[134] Die Begründetheit der Klage erfordert die Darlegung des Wegfalls des öffentlichen Interesses an der streitgegenständlichen Baulast.

88 Die Verpflichtungsklage gegen die Bauaufsichtsbehörde ist in den übrigen Ländern statthaft, weil der Verzicht der Baubehörde auf eine Baulast bzw. die Löschung einer Baulast wie deren Eintragung ein Verwaltungsakt ist (→ Rn. 26). Ein Anspruch auf Verzicht und Löschung ist zu bejahen und die auf Herbeiführung der Löschung gerichtete Klage begründet, wenn kein öffentliches Interesse am Fortbestand einer streitigen Baulast mehr besteht (→ Rn. 32). Ein solcher Anspruch auf Aufhebung einer Baulast im Sinne eines gegen das Baulastenverzeichnis gerichteten Berichtigungsanspruchs kann sich auf das durch Art. 14 GG gewährleistete Recht auf Eigentum stützen. Er zielt auf **Beseitigung einer Eigentumsbeeinträchtigung**, die darin besteht, dass ein Grundstück ausweislich des Baulastenverzeichnisses einer öffentlich-rechtlichen Beschränkung unterliegt, die für den Rechts- und insbesondere den Grundstücksverkehr von Bedeutung sein kann.[135] Zeitlich besteht dieser Anspruch des Eigentümers eines belasteten Grundstücks auf Abgabe einer behördlichen Verzichtserklärung und deren Umsetzung durch Löschung einer Baulast grundsätzlich dann, sobald das öffentliches Interesse an der Baulast wegfällt.[136]

5. Verpflichtung zur Bewilligung einer Baulast

89 In Konstellationen, in denen **zwar eine Grunddienstbarkeit, aber keine Baulast** existiert, kann ein begünstigter Grundeigentümer gegen den Eigentümer des dienenden Grundstücks Anspruch auf zusätzliche Bewilligung einer Baulast ableiten und auf dem Zivilrechtsweg erstreiten. Eine solche Verpflichtung zur Bewilligung einer Baulast kann sich aus einer Grunddienstbarkeit bzw. genauer als Nebenpflicht aus dem durch die Grunddienstbarkeit begründeten gesetzlichen Schuldverhältnis ergeben. Dies jedenfalls dann, wenn die Bewilligung der Baulast für den Berechtigten notwendig ist, um den Zweck der Grunddienstbarkeit zu verwirklichen.[137] Zentrale materielle Anspruchsvoraussetzung ist die **Deckungsgleichheit** von Grunddienstbarkeit und Baulast. Bei **konkret vorhabenbezogener Grunddienstbarkeit** wird die De-

---

133 VGH Mannheim Urt. v. 4.2.2016 – 5 S 1140/14, BauR 2016, 1141.

134 OVG Münster Urt. v. 21.11.2017 – 2 A 1393/16, NVwZ-RR 2018, 422 (423).

135 OVG Münster Urt. v. 10.10.1996 – 7 A 4185/95, BeckRS 1996, 13844.

136 OVG Münster Urt. v. 21.11.2017 – 2 A 1393/16, NVwZ-RR 2018, 422 (423); OLG Köln Urt. v. 4.9.2014 – 7 U 46/14, BeckRS 2014, 17813.

137 BGH Urt. v. 3.2.1989 – V ZR 224/87 – BGHZ 106, 348 (350); OLG Düsseldorf Urt. v. 28.4.2003 – 9 U 204/02 und I-9 U 204/02, juris Rn. 14; Urt. v. 19.4.1999 – 9 U 147/98 – NJW-RR 1999, 1539.

ckungsgleichheit idR **eher auszuschließen** sein, während eine anlassbezogene Grunddienstbarkeit – etwa eine Dienstbarkeit zur Sicherung einer Grundstückszufahrt – eher einer weiten Auslegung zugänglich sein wird. Die Entscheidung hängt im Einzelfall v.a. vom Wortlaut der Begleitvereinbarung, aber auch von individuellen Umständen ab, zB Lage, Zugänglichkeit eines Grundstücks, mit der Baulast verbundene Folgen für den Baulastgeber wie etwa Immissionen.

Die Judikatur der Obergerichte ist allerdings nicht einheitlich. Teils hat die Judikatur einen Anspruch auf Übernahme einer der bestehenden Grunddienstbarkeit **inhaltsgleichen Baulast** unter bestimmten Umständen bejaht.[138] Der Eigentümer des herrschenden Grundstücks kann bei einer Interessenabwägung Anspruch auf Übernahme der Baulast haben, wenn er allein mit der begehrten Baulast die gewünschte Baugenehmigung erreichen könnte. Die Verpflichtung, eine Baulasterklärung abzugeben, kann sich **als Nebenpflicht** aus dem durch die Grunddienstbarkeit geschaffenen gesetzlichen Schuldverhältnis ergeben. Bei dessen Auslegung ist darauf abzustellen, ob die Grunddienstbarkeit zu dem Zweck bestellt wurde, das Grundstück baulich zu nutzen, die Übernahme der Baulast zwingende Voraussetzung für die Bebauung des Grundstücks ist, eine Befreiung vom Baulastzwang in Betracht kommt, bei der Bestellung der Grunddienstbarkeit bereits Anlass bestand, die Übernahme einer Baulast zu erwägen und Inhalt und Umfang der geforderten Baulast der Dienstbarkeit entsprechen.[139] 90

16. Baumwurf

A. Kerkmann

Literatur: *Franz*, Der Abstand zwischen Wald und Bebauung, AgrarR 2002, 133; *Kerkmann/Saame*, Wenn man den Wald vor lauter Bäumen nicht sieht, BauR 2019, 1702; *Voßkuhle*, Grundwissen – Öffentliches Recht: Der Gefahrenbegriff im Polizei- und Ordnungsrecht, JuS 2007, 908; *Sänger*, Zur Frage des Abstandes zwischen Wald und Bebauung, NuR 1992, 420.

I. Einführung

Baumbestände auf benachbarten Grundstücken sind so manches Mal konfliktbehaftet. In öffentlich-rechtlicher Hinsicht kann sich ein Baumbestand in genehmigungsrechtlicher Hinsicht auf ein Bauvorhaben auswirken. Auch im Bereich des Planungsrechts spielt die Gefahr umstürzender Bäume eine Rolle. Die Terminologie ist dabei uneinheitlich, es wird von Baumwurf oder auch von Windwurf oder Baumbruch gesprochen. Ohne dass es auf etwaige forstfachliche Unterscheidungen ankommen soll, meinen im vorliegenden Zusammenhang die vorgenannten Begriffe das Umstürzen eines Baumes oder größerer Teile desselben. 1

Die Frage, ob ein Bauvorhaben wegen seiner Nähe zu einem Baumbestand auf dem Grundstück selbst oder auf dem angrenzenden Grundstück und etwaig sich daraus ergebender „Gefahren" für seine künftigen Bewohner nicht genehmigungsfähig ist, ist Gegenstand verwaltungsgerichtlicher Rechtsprechung: Baugenehmigungsverfahren können verzögert oder gar gleich ablehnend beschieden werden, weil die von der Bauaufsichtsbehörde eingeschaltete Forstbehörde unter Hinweis darauf, dass das Vorhaben eine Waldabstandsregel nicht einhalte, grundsätzlich Bedenken äußert. Auch jene Nachbarn bzw. Baumbesitzer, die ein Bau- 2

138 Siehe einerseits OLG Rostock Urt. v. 6.6.2019 – 3 U 92/17, juris Rn. 30 und andererseits OLG Düsseldorf Urt. v. 28.4.2003 – 9 U 204/02, juris Rn. 14 und 21; vgl. zur Deckungsgleichheit auch *Möller/Gotthelf* BauR 2020, 1219, die allerdings das öffentliche Interesse an Nachverdichtung und Baulandbereitstellung überbetonen.

139 BGH Urt. v. 3.7.1992 – V ZR 218/91, juris Rn. 15 und Urt. v. 3.2.1989 – V ZR 224/87, juris Rn. 16.

vorhaben auf dem benachbarten Grundstück verhindern wollen, nutzen diese Judikate für ihre Zwecke. Angesprochen ist damit in erster Linie die vermeintliche „Gefahren"-Situation, die sich aus einem etwaigen Umstürzen von Bäumen und daraus resultierender Personen- oder Sachschäden im Zusammenhang mit Bauvorhaben ergeben soll. Die Gefahr umstürzender Bäume spielt im Bereich des Bauplanungsrechts eine Rolle, etwa wenn eine Gemeinde Wohnbauflächen in der Nähe von Wald- oder Baumbeständen ausweist.

II. Bauplanungsrechtliche Aspekte

1. Bauleitplanung und Amtshaftungsansprüche aus fehlerhafter Bauleitplanung

3 Eine Gemeinde, die Wohnbauflächen ausweist, hat etwaig angrenzende Baum- oder Waldbestände im Rahmen der Abwägung nach § 1 Abs. 6 Nr. 1 BauGB in die Abwägung einzustellen. Relevant werden Bauwurfgefahren im Rahmen der Bauleitplanung, wenn sich die „Gefahr" realisiert hat, etwa weil Bäume umgestürzt sind und Schäden an den im Plangebiet errichteten Wohnhäusern angerichtet haben. Dann können Amtshaftungsansprüche der Geschädigten gegen die Gemeinde in Rede stehen.

4 Allgemein ist bei der Bauleitplanung festzustellen, dass die bestehenden Vorschriften und daraus resultierende Amtspflichten der Gemeinde, die sich nicht zuletzt im Abwägungsgebot und den Planungsrichtlinien des § 1 Abs. 5 und 6 BauGB manifestieren, grundsätzlich nicht einem konkreten Dritten gegenüber bestehen, sondern dem Allgemeininteresse an einer ordnungsgemäßen städtebaulichen Planung dienen. Als Ausnahme von diesem Grundsatz gilt das Gebot des § 1 Abs. 6 Nr. 1 BauGB und zwar in beiden Alternativen (Anforderungen an gesunde Wohn- und Arbeitsverhältnisse sowie an die Sicherheit der Wohn- und Arbeitsbevölkerung).

5 Der BGH hat in seiner sog. „Altlasten-Rechtsprechung", die Bodenverunreinigungen mit gesundheitsgefährdenden Stoffen betrifft, das Gebot, die Anforderungen an gesunde Wohn- und Arbeitsverhältnisse (§ 1 Abs. 6 Nr. 1 Alt. 1 BauGB) zu beachten, stets als drittbezogen gewertet. Die Berücksichtigung allgemeiner Anforderungen an gesunde Wohnbedürfnisse gebiete es, dass die Gemeinde schon bei der Planung Gefährdungen ermittle, die durch eine Überplanung von mit Altlasten behafteten Flächen für die Gesundheit von Menschen oder die Standsicherheit von Bauwerken entstehen können. Dieses Gebot diene nicht nur dem Schutz der Allgemeinheit, bezwecke vielmehr auch den Schutz gerade der Personen, die in dem konkreten von der jeweiligen Bauleitplanung betroffenen Plangebiet wohnen werden. Diese Personen müssen sich darauf verlassen können, dass ihnen zumindest aus der Beschaffenheit des Grund und Bodens keine Gefahren für Leben und Gesundheit drohen. Sie sind daher „Dritte" und Adressat der genannten Amtspflicht.[1]

6 Diese „Altlasten-Rechtsprechung" hat der BGH in der Folgezeit auch auf anderweitige Gefahrensituationen erweitert. Denn die auf der überragenden Bedeutung der Rechtsgüter von Leben und Gesundheit beruhenden Erwägungen gelten nicht minder, wenn der Baugrund etwa aus anderen Gründen eine Gefahr für Leib und Leben der Bewohner, Beschäftigten oder Besucher birgt. Für die Bauleitplanung stehen dann zwar unter Umständen eher die Anforderungen an die Sicherheit der Wohn- und Arbeitsbevölkerung (§ 1 Abs. 6 Nr. 1 Alt. 2 BauGB) im Vordergrund als die an gesunde Wohn- und Arbeitsverhältnisse, auf die sich die bisherige „Altlasten-Rechtsprechung" bezieht. Der sich ohnehin überschneidende Schutzzweck der Amtspflichten für beide Gefahrenkreise kann indes nicht unterschiedlich beurteilt werden.[2]

7 Eine Einschränkung gilt jedoch in den Fällen, in denen eine solche Gefahr nicht vom Grund und Boden des betroffenen Grundstücks selbst ausgeht, sich vielmehr aus der Beschaffenheit oder Nutzung der es umgebenden (Nachbar-)Grundstücke ergibt. In diesen Fallkonstellationen hat der BGH entschieden, dass die sich aus der überragenden Bedeutung der Rechtsgüter von Leben und Gesundheit rechtfertigende Ausnahme von dem Grundsatz, dass die Planung der Allgemeinheit zu dienen bestimmt ist, nur dann zulässig ist, wenn im konkreten Fall der Nutzungskonflikt nicht mit planerischen Mitteln gelöst werden kann und wenn

1 Grundlegend: BGH Urt. v. 26.1.1989 – III ZR 194/87, BGHZ 106, 323, juris Ls. 1, 2.
2 Grundlegend: BGH Urt. v. 29.7.1999 – III ZR 234/97, BGHZ 142, 259, juris Rn. 13.

es um Gefahren geht, die vom betroffenen Eigentümer bzw. Bauherrn nicht vorhersehbar sind, deren Abwendung daher auch nicht in seinen Verantwortungsbereich fällt.[3]

Das wird man im Bereich von Baumwurfgefahren indes nur in jenen Fällen annehmen können, in denen ein Grundstück wegen der Gefahr auf ihm stehender, umstürzender Bäume nahezu unbewohnbar ist. In diesen Fällen kommt auch eine Amtshaftung der Gemeinde in Betracht. Das Gebot, bei der Aufstellung von Bebauungsplänen die Anforderungen an gesunde Wohn- und Arbeitsverhältnisse zu berücksichtigen (§ 1 Abs. 6 Nr. 1 BauGB), dient nicht nur dem Schutz der Allgemeinheit. Es bezweckt vielmehr – anders als im Grundsatz die sonstigen Planungsleitlinien in § 1 Abs. 6 Nr. 2 bis 13 BauGB – auch den Schutz gerade der Personen, die in dem konkreten, von der jeweiligen Bauleitplanung betroffenen Plangebiet wohnen werden. Diese müssen sich darauf verlassen können, dass ihnen zumindest aus der Beschaffenheit des Grund und Bodens keine Gefahren für Leben und Gesundheit drohen. Dieser Personenkreis ist daher „Dritter" und Adressat der genannten Amtspflicht. Ob man auch in einem Fall, in dem im Bebauungsplan gelegenen Wohngrundstücken Gefahren durch auf dem Nachbargrundstück stehende Bäume drohen, ebenfalls von drittgerichteten Amtspflichten ausgehen kann, ist höchstrichterlich nicht geklärt. Die Pflicht, in Fällen dieser Art auch die Individualinteressen der Planbetroffenen zu wahren, dürfte aber auch eine Ausnahme von dem Grundsatz darstellen, dass die Planung der Allgemeinheit zu dienen bestimmt ist. Eine Drittgerichtetheit der Amtspflicht, die sich aus der überragenden Bedeutung der Rechtsgüter von Leben und Gesundheit rechtfertigt, kann nach der Rechtsprechung des BGH[4] nur dann zulässig sein, wenn im konkreten Fall der Nutzungskonflikt nicht mit planerischen Mitteln gelöst werden kann und es um Gefahren geht, die vom betroffenen Eigentümer/Bauherrn nicht vorhersehbar und beherrschbar sind, deren Abwendung daher auch nicht in seinen Verantwortungsbereich fällt. 8

2. Wahrung gesunder Wohn- und Arbeitsverhältnisse, unbeplanter Innenbereich

Geht man davon aus, dass die Schranke der Wahrung gesunder Wohnverhältnisse neben dem Gebot des Einfügens (§ 34 Abs. 1 Satz 1 BauGB) überhaupt eine eigenständige Bedeutung hat, kann die Gefahr umstürzender Bäume gemäß § 34 Abs. 1 Satz 2 BauGB einer Bebauung in bauplanungsrechtlicher Hinsicht im Grundsatz entgegengehalten werden. Das in § 34 Abs. 1 Satz 2 BauGB als äußerste Grenze einer Bebauung im Innenbereich bezeichnete Erfordernis, die Anforderungen an gesunde Wohnverhältnisse zu wahren, dient der Abwehr städtebaulicher Missstände (vgl. § 136 Abs. 3 Nr. 1 BauGB).[5] Städtebauliche Missstände in diesem Sinne dürften daher allenfalls bei Vorliegen einer intensiven Gefahr umstürzender Bäume vorliegen. Einen solchen Fall hat die Rechtsprechung etwa angenommen bei einem Grundstück, das unbebaubar war, weil es, da Steinschlag und das Herabfallen von Bäumen drohe, nicht gefahrlos genutzt werden konnte und wirksame Sicherheitsvorkehrungen, die geeignet waren, Personen den Aufenthalt im Freien zu ermöglichen, nicht in Betracht kamen.[6] 9

III. Bauordnungsrecht: Wald- bzw. Baumabstand in den Landesbauordnungen

Nach § 4 Abs. 3 LBO BW[7] müssen „[b]auliche Anlagen mit Feuerstätten (...) von Wäldern, Mooren und Heiden mindestens 30 m entfernt sein; die gleiche Entfernung ist mit Gebäuden von Wäldern sowie mit Wäldern von Gebäuden einzuhalten. Dies gilt nicht für Gebäude, die nach den Festsetzungen des Bebauungsplans mit einem geringeren Abstand als nach Satz 1 zulässig sind, sowie für bauliche Änderungen rechtmäßig bestehender baulicher Anlagen. Ausnahmen können zugelassen werden. Größere Abstände 10

3 Grundlegend: BGH Urt. v. 21.12.1989 – III ZR 49/88, BGHZ 110, 1, juris Rn. 28; Urt. v. 5.12.1991 – III ZR 167/90, BGHZ 116, 215, juris Rn. 13.

4 BGH Urt. v. 21.12.1989 – III ZR 49/88, BGHZ 110, 1, juris Rn. 28; Urt. v. 05.12.1991 – III ZR 167/90 = BGHZ 116, 215 – 221 und juris Rn. 13 .

5 BVerwG Beschl. v. 18.6.1997 – 4 B 238/96, juris Rn. 5.

6 Zu einem solchen Extremfall: BGH Urt. v. 5.12.1991 – III ZR 167/90, juris Rn. 1 ff.

7 Waldabstandsregelungen finden sich auch in § 20 LWaldG Mecklenburg-Vorpommern; § 14 Abs. 3 LWaldG Saarland; § 25 Abs. 3 LWaldG Sachsen; § 24 LWaldG Schleswig-Holstein; § 26 Abs. 4 LWaldG Thüringen.

können verlangt werden, soweit dies wegen des Brandschutzes oder zur Sicherheit der Gebäude erforderlich ist."

11 In den übrigen Bundesländern richten sich solche Abstände nach der bauordnungsrechtlichen Generalklausel. § 3 Abs. 1 Satz 1 LBauO RP etwa lautet: „Bauliche Anlagen sowie andere Anlagen und Einrichtungen […] sind so anzuordnen, zu errichten, zu ändern und instand zu halten, dass sie die öffentliche Sicherheit oder Ordnung sowie die natürlichen Lebensgrundlagen nicht gefährden."[8] Die bauordnungsrechtliche Generalklausel ist nicht nur auf von einer baulichen Anlage ausgehende Gefahren anwendbar, sondern auch, wenn durch die Errichtung einer baulichen Anlage, etwa aufgrund ihrer Lage oder Beschaffenheit, Gefahren „von außen" für die öffentliche Sicherheit und Ordnung hervorgerufen werden und erfasst damit sowohl Fallkonstellationen, in denen eine Gefahr durch das Vorhaben, als auch solche, in denen eine Gefahr für das Vorhaben hervorgerufen wird.[9]

12 Der in § 3 Abs. 1 Satz 1 LBauO RP verwendete Begriff der Gefahr ist ebenso wie der der öffentlichen Sicherheit und Ordnung dem allgemeinen Polizei- und Ordnungsrecht entnommen.[10] Maßgebliches Kriterium zur Feststellung einer Gefahr ist die hinreichende Wahrscheinlichkeit eines Schadenseintritts. Es ist zu differenzieren zwischen der „konkreten" Gefahr, die zu Abwehrmaßnahmen im Einzelfall berechtigt, und der „abstrakten" Gefahr, die mit abstrakt-generellen Mitteln, also einem Rechtssatz zu bekämpfen ist. Eine konkrete Gefahr liegt vor, wenn in dem zu beurteilenden konkreten Einzelfall in überschaubarer Zukunft mit dem Schadenseintritt hinreichend wahrscheinlich gerechnet werden kann; eine abstrakte Gefahr ist gegeben, wenn eine generell-abstrakte Betrachtung für bestimmte Arten von Verhaltensweisen oder Zuständen zu dem Ergebnis führt, dass mit hinreichender Wahrscheinlichkeit ein Schaden im Einzelfall einzutreten pflegt und daher Anlass besteht, diese Gefahr mit generell-abstrakten Mitteln, also einem Rechtssatz zu bekämpfen; das hat zur Folge, dass auf den Nachweis der Gefahr eines Schadenseintritts im Einzelfall verzichtet werden kann.[11] Welcher Wahrscheinlichkeitsgrad im konkreten Fall „hinreichend" für die Bejahung einer Gefahr ist, hängt entsprechend dem rechtsstaatlichen Verhältnismäßigkeitsgrundsatz wesentlich von der Bedeutung des bedrohten Rechtsguts und dem Ausmaß des möglichen Schadens ab. Je ranghöher das Schutzgut und je größer und folgenschwerer der drohende Schaden ist, umso geringere Anforderungen sind an die Wahrscheinlichkeit des Schadenseintritts zu stellen.[12]

13 Die **Feststellung einer „konkreten" als auch einer „abstrakten" Gefahr** verlangt also eine in tatsächlicher Hinsicht genügend abgesicherte Prognose: Es müssen hinreichende Anhaltspunkte vorhanden sein, die den Schluss auf den drohenden Eintritt von Schäden rechtfertigen. Ausgehend von diesem dogmatischen Grundverständnis, liegt eine Gefährdung der öffentlichen Sicherheit nicht schon dann vor, wenn und soweit ein Bauvorhaben im Fallradius eines Baumes errichtet werden soll. Denn nur weil „jeder Baum einmal fällt" oder bei Starkwindereignissen fallen kann, ist eine Baumwurfgefahr nicht als „konkrete" Gefahr einzuordnen, also als ein Zustand, der den Eintritt eines Schadens in absehbarer Zeit mit hinreichender Wahrscheinlichkeit erwarten lässt.[13] Ebenso wenig stellt der Umstand, dass Bäume bei Starkwindereignissen entwurzelt werden und dann umfallen können, eine „abstrakte" Gefahr dar, also einen generell-abstrakten Zustand, der zu dem Ergebnis führt, dass mit hinreichender Wahrscheinlichkeit ein Schaden im Einzelfall einzutreten pflegt. Sowohl für die Annahme einer „konkreten", als auch einer „abstrakten" Gefahr fehlt es bei **bloßem Unterschreiten des Fallradius eines Baumes** in tatsächlicher Hinsicht an einer genügend abgesicherten (Gefahren-) Prognose, realisiert sich bei einem solchen Baumwurf doch letztlich (nur) ein allgemeines Lebensrisiko. Das rechtfertigt aber die Versagung der Baugenehmigung aufgrund einer vermeint-

8 Auch Bauordnungen anderer Bundesländer enthalten vergleichbare Regelungen vgl. etwa § 3 Abs. 1 BauO NRW; § 3 Abs. 1 HBO; § 3 Abs. 1 SächsBO; ähnlich Art. 3 Abs. 1 BayBO.

9 OVG Koblenz Urt. v. 9.6.1993 – 8 A 19876/92.OVG, nv; zu der nahezu inhaltsgleichen Vorschrift des Art. 3 Abs. 1 Satz 1 der Bayerischen Bauordnung: VGH München Urt. v. 28.12.1998 – 14 B 95.1255, juris Rn. 23; vgl. auch *Franz* AgrarR 2002, 133 (138).

10 Ausführlich: *Kerkmann/Saame* BauR 2019, 1702 (1704 f.).

11 BVerwG Urt. v. 20.8.2003 – 6 CN 5/02, juris Rn. 18.

12 *Voßkuhle* JuS 2007, 908.

13 OVG Münster Beschl. v. 3.9.2018 – 10 A 1494/17, juris Rn. 10.

lich festgestellten Gefahr keineswegs. Aus dem Rücksichtnahmegebot für den Eigentümer eines Waldgrundstückes folgt trotz durch die Bebauung möglicherweise steigenden Haftungsrisiken **kein Anspruch auf Freihaltung des Baumwurfbereichs** von jeglicher Bebauung.[14]

Es entspricht ständiger Rechtsprechung des BGH, dass dem Eigentümer des Wald- bzw. Baumgrundstücks die Verkehrssicherungspflichten für die Standsicherheit von Bäumen obliegen. Der BGH führt in diesem Zusammenhang aus: 14

„Der Eigentümer eines Grundstücks hat im Rahmen des Möglichen dafür zu sorgen, dass von den dort stehenden Bäumen keine Gefahr für andere ausgeht, der Baumbestand vielmehr so angelegt ist, dass er im Rahmen des nach forstwissenschaftlichen Erkenntnissen Möglichen gegen Windbruch und Windwurf, insbesondere auch gegen Umstürzen aufgrund fehlender Standfestigkeit gesichert ist (...). Danach waren die Beklagten nicht nur verpflichtet, den Baum in angemessenen Abständen auf Krankheitsbefall zu überwachen (...), sondern auch solche Pflegemaßnahmen vorzunehmen, welche für das Beibehalten der Standfestigkeit notwendig waren. Falls sich dabei Krankheitszeichen gezeigt hätten, wäre eine eingehende fachmännische Untersuchung des Baumes erforderlich gewesen; wenn dabei die mangelnde Standfestigkeit erkannt worden wäre, hätten rechtzeitig geeignete Maßnahmen gegen ein Umstürzen ergriffen werden müssen (...)“.[15]

Um Wertungswidersprüche zu vermeiden, ist daher öffentlich-rechtlich davon auszugehen, dass der die grundgesetzlich gewährleistete Baufreiheit Nutzende nicht dazu verpflichtet ist, auf die „Umsturzgefahr“ benachbarter Bäume Rücksicht zu nehmen. Es ist vielmehr Sache des Baumbesitzers, seine Bäume verkehrssicher zu halten. 15

17. Baustelle

Kemper

---

14 Vgl. VGH München Beschl. v. 18.6.1997 – 14 ZS 97.1591, BeckRS 1997, 23847; Urt. v. 10.3.1987 – 1 B 86.02710, BayVBl 1987, 727; VGH München Beschl. v. 16.12.2019 – 1 ZB 18.268, juris Rn. 9; ausführlich *Kerkmann/Saame* BauR 2019, 1702 (1705 f.).

15 BGH Urt. v. 8.10.2004 – V ZR 84/04, juris Rn. 11.

Literatur: *Aschmann,* Chancen, Inhalte und Fallstricke einer Nachbarschaftsvereinbarung, GE 2010, 1466; *Bodanowitz,* Rechtliche Grundlagen des Baulärmschutzes, NJW 1997, 2351; *Dziallas/Kullick*, Bauen ohne Lärm, NZBau 2011, 544; *Förster*, Verkehrssicherungspflichten, JA 2017, 721; *Förster*, Verkehrssicherungspflichten – Ausgewählte Tatbestände, JA 2019, 1; *Fricke*, Zum Anspruch des Nachbarn auf Einschreiten gegen Baulärm, ZUR 2015, 597; *Fritz,* Das Verhältnis von privatem und öffentlichem Immissionsschutzrecht nach der Ergänzung des § 906 I BGB, NJW 1996, 573; *Haaß,* Baukammern sind uneins: Hemmen Nachbarklagen die Geltungsdauer einer Baugenehmigung?, GE 2020, 652; *Jakob,* Versicherungsrecht am Bau, in: Würfele/Sohn/Meier (Hrsg.), Lehrbuch des Privaten Baurechts, 2018, S. 593; *Jarass*, Schutzmaßnahmen und Ausgleichsentschädigung bei Planfeststellungen, DÖV 2004, 633; *Kersten,* Bauordnungsrecht, in: Schoch (Hrsg.), Besonderes Verwaltungsrecht, 2018; *Kirchhof,* Durchsetzung und Abwehr nachbarrechtlicher Ansprüche auf Duldung von Baumaßnahmen am fremden Grundstück, NZBau 2012, 206; *Kleinehenz,* Die Verordnung über Sicherheit und Gesundheitsschutz auf Baustellen (Baustellenverordnung), ZfBR 1999, 179; *Kollmer,* Die neue Baustellenverordnung, NJW 1998, 2634; *Kümper,* Der Unterbleibensbescheid im Planfeststellungsrecht nach der Bereinigung des Fachplanungsrechts durch das Planungsvereinheitlichungsgesetz, NVwZ 2016, 1280; *Meier,* Haftung mehrere am Bau Beteiligter, in: Würfele/Sohn/Meier, Lehrbuch des Privaten Baurechts, 2018, S. 577; *Meyer,* Die Verantwortlichkeit des Bauherrn im Arbeitsschutzrecht bei der Ausführung von Bauvorhaben, ARP 2020, 16; *Michler,* Die Berücksichtigung von Baustellenimmissionen in der Planfeststellung, UPR 2012, 335; *Regenfus,* Zivilrechtliche Abwehransprüche gegen Überflüge und Bildaufnahmen von Drohnen, NZM 2011, 799; *Schmid,* Die Verordnung zur Regelung des Betriebs von unbemannten Fluggeräten, jurisPR-ITR 8/2018; Schoch, Polizei- und Ordnungsrecht, in: Schoch (Hrsg.), Besonderes Verwaltungsrecht, München 2018; *Seidel*, Öffentlich-rechtlicher und privatrechtlicher Nachbarschutz, 2000; *Stellpflug/Hilpert*, Novellierter Rechtsrahmen für den Betrieb unbemannter Flugkörper, NVwZ 2017, 1490; *Vygen*, Bauvertragsrecht nach VOB und BGB, 1998; *Wagner,* Wesentlichkeit gleich Erheblichkeit? Zur Harmonisierung von öffentlichem und privatem Nachbar- und Immissionsschutzrecht?, NJW 1991, 3247; *Weyreuther*, Einflussnahme durch Anhörung, in: Sendler-FS, 1991, S. 183.

I. Überblick

1 Auseinandersetzungen zwischen Nachbarn im Zusammenhang mit Baustellen beruhen meist auf Emissionen, Verkehrsbehinderung, Verschmutzung, Schäden an Grundstücken und/oder Gebäuden und nicht zuletzt Personenschäden. Auf Baustellen entstehen bereits bei der Bauvorbereitung (Bodenaushub; Baugrundverdichtung, Baugrubenverbau) durch Einsatz schwerer Maschinen) sehr starke Emissionen. Nachbarn können wegen dieser Begleiterscheinungen und Folgen von Baustellen und Bautätigkeiten **öffentlich- und zivilrechtliche Ansprüche** zur Verfügung stehen.

2 Öffentlich-rechtlicher und zivilrechtlicher Rechtsschutz bestehen **nebeneinander**.[1] Wegen desselben Lebenssachverhalts parallel erhobenen verwaltungs- und zivilgerichtlichen Klagen steht wegen Verschiedenheit der Streitgegenstände **nicht anderweitige Rechtshängigkeit** entgegen.[2] Privates und öffentlichrechtliches Nachbarrecht sind selbstständig und gleichrangig[3] und zivilrechtliche Ansprüche nach Zivil-[4] und öffentlich-rechtliche Ansprüche nach öffentlichem Recht zu beurteilen.[5] Im Bereich des öffentlichen Rechts ist zwischen dem Bau- und dem Fachplanungsrecht zu unterscheiden. Ein Nachbar kann gegen von dem Baurecht unterliegenden Baustellen ausgehende Gefahren oder Belästigungen **idR nicht mit Widerspruch und Anfechtungsklage gegen die Baugenehmigung** vorgehen, weil Baugenehmigungen idR keine Vorgaben für die Einrichtung und den Betrieb der Baustelle regeln.[6] Der Rechtsschutz gegen eine Baugenehmigung kann nicht weiter reichen als ihr Regelungsgehalt.[7] Eine Nachbarrechtsverletzung durch die Baugenehmigung scheidet dann aus.[8] Doch kann ein Nachbar einen **Anspruch auf Einschreiten** gegen die

1 Vgl. zur Zweigleisigkeit *Seidel*, Öffentlich-rechtlicher und privatrechtlicher Nachbarschutz, S. 16 ff.
2 *Saller* in Grziwotz/Lüke/Saller NachbarR-HdB Teil 3 Rn. 10.
3 BGH Urt. v. 4.7.2008 – V ZR 172/07, BGHZ 177, 165 (175), juris Rn. 12; OVG Berlin Urt. v. 14.5.1982 – 2 B 57/79, NJW 1983, 777; OVG Saarlouis Beschl. v. 14.6.2010 – 4 A 879/10, BauR 2011, 825 (826).
4 BGH Urt. v. 20.4.1990 – V ZR 282/88, BGHZ 111, 158 (163), juris Rn. 19.
5 BayObLGZ 2000, 355 (361); 2001, 41 (45).
6 Ebenso *Schulte Beerbühl* Rn. 52.
7 VG Stuttgart Beschl. v. 28.7.2020 – 2 K 2503/20, juris Rn. 51.
8 OVG Lüneburg Beschl. v. 18.6.2015 – 1 ME 77/15, juris Rn. 9 aE; VG Bayreuth Beschl. v. 7.7.2015 – B 2 S 15.418, juris Rn. 23.

Baustelle gegen die für die Bauüberwachung zuständige Bauaufsichtsbehörde geltend machen.[9] Dient die Baustelle der Errichtung eines nach **Fachplanungsrecht** zugelassenen Vorhabens, kommen zugunsten der Nachbarn Ansprüche auf Schutzvorkehrungen zur Beschränkung von Immissionen nach § 74 VwVfG in Betracht.

Grundsätzlich zu beachten ist allerdings, dass **Uneinigkeit** hinsichtlich der Geltung der materiellen Anforderungen des Bauordnungsrechts auch auf Baustellen für nicht dem Bau-, sondern **Fachplanungsrecht** unterliegende Bauvorhaben besteht.[10] 3

II. Begriffsklärungen und räumliche Abgrenzungen

Die Anwendung für Baustellen und Baustelleneinrichtungen bestehender Ge- und Verbote setzt die Klärung voraus, was grundsätzlich unter **„Baustelle" und „Baustelleneinrichtung"** zu verstehen ist und exakt wo die im Streitfall den Ort des Disputs abgebende Baustelle liegt. Ein klares Begriffsverständnis und exakte örtliche Einordnung sind die Basis für die praktische Umsetzung des Baustellennachbarschutzes, weil alle Landesbauordnungen spezielle Baustellenregelungen[11] enthalten und das repressive Bauüberwachungsecht aller Landesbauordnungen speziell auf Baustellen bezogene Eingriffstatbestände[12] regelt. Diese Normen regeln in Gestalt von **Beschilderungs-, Einzäunungs- und Beleuchtungsplicht** spezielle der Baustellensicherheit dienende Pflichten, deren örtlicher Geltungsbereich die Baustelle ist, und in Form von **Baustopp- und Versiegelungsanordnung** spezielle Eingriffsermächtigungen, deren Einwirkungsbereich die Baustelle ist. 4

1. Begriffe „Baustelle" und „Baustelleneinrichtung"

Im **Bauordnungsrecht** enthalten zwar alle 16 Bauordnungen spezielle an § 11 MBO orientierte **Baustellenregelungen,**[13] doch definiert keine die zentralen Begriffe „Baustelle" und „Baustelle einrichten" (aus dem das in der Behörden- und Baupraxis selbstverständliche Substantiv „Baustelleneinrichtung" abgeleitet ist). Dieselbe Definitionslücke besteht auch im Zivilrecht (BGB-Werkvertragsrecht; VOB/B-Bauvertragsrecht). Die öffentlichen Baustellen-Sondernormen regeln v.a. Anforderungen an die Verkehrssicherung auf einer Baustelle und um die Baustelle herum und die Verantwortlichkeit hierfür. Nachbaransprüche lassen sich aus diesen Normen also nur ableiten, wenn sich ein konkreter Disput räumlich auf den durch diese Sondernormen geregelten **„Sonderraum Baustelle"** bezieht. 5

Die **Landesbauordnungen** definieren zwar nicht die „Baustelle", aber die Begriffe **Baugrundstück** als das Grundstück oder mehrere aneinandergrenzende Grundstücke iSd Bürgerlichen Rechts, auf dem eine Baumaßnahme durchgeführt wird, und **Baumaßnahme als** Errichtung, Änderung, Abbruch, Beseitigung, Nutzungsänderung oder Instandhaltung einer baulichen Anlage oder eines Teils einer baulichen Anlage (§ 2 Abs. 12 und 13 BauO Nds). Aus Wortlaut, Legaldefinitionen, Systematik sowie Sinn und Zweck der Normen lässt sich ableiten, dass Baustelle das **Grundstück ist, auf dem eine bauliche Anlage oder ein Teil davon errichtet, geändert, abgebrochen, beseitigt, hinsichtlich der Nutzung geändert oder instandgehalten wird**. Allgemeiner lässt sich eine Baustelle beschreiben als **Ort, an dem eine Baumaßnahme** 6

9 VGH BW Beschl. v. 5.2.2015 – 10 S 2471/14, juris Rn. 27; OVG Münster Beschl. v. 31.7.2015 – 7 B 701/15, juris Rn. 9.

10 Für die Anwendbarkeit *Burzynska* in Große-Suchsdorf NBauO § 60 Rn. 80; aA *Michler* UPR 2012, 335 (338); *Jaeger* in BeckOK BauordnungsR NRW BauO NRW § 11 Rn. 7, der aber dennoch fordert, dass die „inhaltlichen Anforderungen (…) indes auch bei diesen Baustellen zu berücksichtigen" sind.

11 § 11 MBO; § 12 LBO BW; Art. 9 BayBO; § 11 BauO Bln; § 11 BbgBO; § 11 BremBO; § 14 HBauO; § 11 HBO; § 11 LBauO MV; § 11 NBauO; § 11 BauO NRW; § 53 LBauO RhPf; § 11 LBO Saarl; § 11 SächsBO; § 11 BauO LSA; § 12 LBO Schl.-H.; § 11 ThürBO.

12 „Einstellung von Arbeiten" (kurz: Baustopp): zB § 79 MBO; § 64 LBauO BW; § 79 BbgBO; § 79 BauO Bln.

13 § 11 MBO; § 12 LBO BW; Art. 9 BayBO; § 11 BauO Bln; § 11 BbgBO; § 11 BremBO; § 14 HBauO; § 11 HBO; § 11 LBauO MV; § 11 NBauO; § 11 BauO NRW; § 53 LBauO RhPf; § 11 LBO Saarl; § 11 SächsBO; § 11 BauO LSA; § 12 LBO Schl.-H.; § 11 ThürBO.

durchgeführt wird.[14] Diese Herleitung deckt sich mit der Definition durch **§ 1 Abs. 3 BaustellV** und damit (auf Verordnungsebene) dem Arbeitsschutzrecht: „Baustelle im Sinne dieser Verordnung ist der Ort, an dem ein Bauvorhaben ausgeführt wird. Ein Bauvorhaben ist das Vorhaben, eine oder mehrere bauliche Anlagen zu errichten, zu ändern oder abzubrechen." Die BaustellV[15] beruht auf § 19 ArbSchG und regelt Arbeitsschutzrecht auch auf Baustellen.[16] Adressaten sind Bauherren[17], Unternehmer sowie Koordinatoren.[18]

7 Materielles Bauordnungsrecht gilt für alle Baustellen **unabhängig vom Bauverfahrensrecht**, dh unabhängig von der für ein Bauvorhaben geltenden Genehmigungs- oder Anzeigepflichtigkeit. Bausicherheit muss generell auf allen Baustellen gewährleistet sein. Die Anknüpfung des Baustellenbegriffs an die Baumaßnahme führt zu der dem bausicherheitsrechtlichen Zweck des Bauordnungsrechts allein angemessenen Folge, dass die materiellen Anforderungen **auch auf Baustellen für nicht genehmigungs-, nicht anzeigepflichtige und verfahrensfreie Baumaßnahmen** zu erfüllen sind (Grundsatz: § 59 Abs. 2 MBO). Besonders deutlich dokumentiert dies die Einbeziehung von Baustellen **auch für** nach allen Landesbauordnungen genehmigungsfreie **Instandhaltungsmaßnahmen.**[19] Eine Ausnahme widerspräche dem Schutzzweck des Bauordnungsrechts. Gefahren resultieren weder aus der Art der Nutzung noch aus dem Zweck der Baumaßnahme, sondern aus der Bautätigkeit. Deshalb müssen Baustellen und Baustelleneinrichtungen unabhängig von der Verfahrenspflichtigkeit der Baumaßnahme, deren Umsetzung sie dienen, sicher sein. Als sicher gilt, was die materiellen Anforderungen an die Baustellensicherheit erfüllt (→ Rn. 20).

8 Während **„Baustelle"** den **Ort** der Baumaßnahme bezeichnet und einen **Raumbezug** herstellt, bezeichnet **„Baustelleneinrichtung"** zur Baustelle gehörende Tätigkeiten und die dazu erforderlichen Sachen, Anlagen und Einrichtungen. Die Bezeichnung stellt **Funktionsbezug** her. Zur **Baustelleneinrichtung** und damit auch zur Baustelle gehören alle Baulichkeiten, Maschinen und Geräte, die zur ordnungsgemäßen Durchführung erforderlich sind, einschließlich deren sachgerechter Aufstellung, Installation und Unterhaltung. Zu den Sachen gehören zB Baubuden, Baukräne, Baumaschinen aller Art, Bauzäune, Materiallager sowie nach den Bauordnungen genehmigungsfrei gestellte Lagerhallen, Schutzhallen, (nicht zum Wohnen bestimmte)[20] Unterkünfte, Baugerüste und Toilettenwagen.[21] Soweit es um das Einrichten als Teil der Bauleistung geht, enthält die für die bauvertragsrechtliche Leistungsbeschreibung maßgebende **ATV DIN 18 299 VOB/C** Hinweise für Einrichtung der Baustelle, definiert Baustelleneinrichtung aber ebenfalls nicht. Aus den praktischen Bedürfnissen lässt sich ableiten, dass **eine Baustelleneinrichtung die Bereitstellung, Aufstellung, Instandhaltung und den Abbau aller Geräte und Maschinen und Einrichtungen umfasst, die für die vertragsgemäße Ausführung der Bauleistung erforderlich sind.**[22] Im Einzelfall bestimmt sich die Baustelleneinrichtung nach den Erfordernissen der Bauleistung, die auf der Baustelle erbracht wird, also nach dem jeweiligen Bauvorhaben.[23] Wenn und weil Baustelle der Ort der Baumaßnahme ist, ist eine Baustelle **überall, wo Bauarbeiten im funktionalen Zusammenhang** mit derselben Baumaßnahme erfolgen **und wo dafür erforderliches Material oder Gerät lagert**. Für das private Baurecht wird eine Baustelle daher als **Ort** definiert, **an dem ein Bauwerk errichtet, umgebaut oder abgebrochen wird**, einschließlich der zum Grundstück gehörenden oder anzupachtenden **bauzeitlich genutzten Flächen**, zu denen Arbeits- und Lager sowie Stellflächen für Aufenthalts- und Sanitärräume, Magazine und Werkstätten sowie Fahrwege und Wendeplätze gezählt werden.[24] Bei Ent-/Lade- oder Rangiertätigkeit kann

14 So *Kammeyer* in Große-Suchsdorf NBauO § 11 Rn. 13.
15 Verordnung über Sicherheit und Gesundheitsschutz auf Baustellen (Baustellenverordnung – BaustellV) v. 10.6.1998, BGBl. I, 1281) zur Umsetzung der EG-Baustellenrichtlinie 92/57/EWG v. 24.6.1992.
16 Vgl. zur BaustellV: *Kollmer* NJW 1998, 2634; *Kleinehenz* ZfBR 1999, 179.
17 Vgl. *Meyer* ARP 2020, 16.
18 Übersicht über Judikatur zur BaustellV: *Meyer* BauR 2006, 597 ff.; *Meyer* BauR 2015, 913 ff.
19 Vgl. zB § 61 Abs. 3 BbgBO; § 60 Abs. 2 S. 5 NBauO.
20 Klarstellung durch § 61 Abs. 1 Nr. 13 a BauO Bln.
21 Vgl. etwa § 62 Abs. 1 Ziff. 13 a und b BauO NRW.
22 *Englert/Grauvogl/Maurer* BaugrundR-HdB Kap. 7 Rn. 271 mit Verweis auf *Vygen*, Bauvertragsrecht nach der VOB und BGB, Rn. 312.
23 So auch *Englert/Grauvogl/Maurer* BaugrundR-HdB Kap. 7 Rn. 271.
24 *Schneider*, Baulexikon, 2009, S. 31; ähnlich https://baulexikon.beuth.de/BAULEXIKON.HTM.

dies auch außerhalb eines Bauzauns sein, der eine Baustelle abgrenzen muss, unter Umständen aber nicht korrekt tut. Bei Umbauten wird meist das umzubauende Gebäude plus Grundstück die Baustelle sein. Grenzt die Baustelle und nicht nur ihre Zufahrt an eine öffentliche Verkehrsfläche, ist oft nicht möglich, Allgemeinverkehr für die Bauzeit auszuschließen (Sondernutzung) und kommt vor, dass die Verkehrsfläche – und sei es nur kurzzeitig – durch Liefer- oder auch Bautätigkeit okkupiert wird. Solche Konstellationen bedeuten eine **temporäre Ausweitung** der Baustelle, ohne dass bauordnungsrechtliche Kennzeichnungs- und Abgrenzungspflichten tagesaktuell eingehalten werden. Beim **Straßenbau** ist keine Seltenheit, dass Absperrungen/Baken in eine Fahrspur ragen oder dort stehen. Die Stellfläche gehört dann zur Baustelle. Für Lieferverkehr gilt dies jedoch nicht. Der faktische Raumbezug ist idR nicht starr. Deswegen darf auch der Begriff Baustelle nicht statisch verstanden werden, wenn Baustellennormen ihren Zweck erfüllen können sollen. Einer sog. **Wanderbaustelle,**[25] auf der Baumaschinen ständig ihren Einsatzort ändern, ist Ortsveränderung begriffsimmanent. Es wäre eine zweckwidrige Haftungsverkürzung, die Verantwortung eines dafür Verantwortlichen räumlich starr enden zu lassen. Schon Haftungserwägungen sprechen daher dafür, dass dem Begriff Baustelle räumliche Flexibilität immanent ist und die Ausdehnung einer konkreten Baustelle nicht der Verlauf des Bauzauns bestimmt. Richtigerweise muss die Baustelle örtlich mittels der prägenden Tätigkeit, also als Ort, an dem eine Baumaßnahme durchgeführt wird, bestimmt werden. Dort gilt Baustellen-Sonderrecht und es gelten die baustellenbezogenen behördlichen Eingriffsrechte zur Bauüberwachung.

Die bauordnungsrechtlichen Baustellen betreffenden Regelungen differenzieren überwiegend[26] räumlich 9
zwischen **Baustelle** und **Gefahrenzone innerhalb** einer Baustelleund stellen dementsprechend differenzierende Anforderungen an die Baustellensicherung. **Alle** Normen begründen zur Umsetzung und Erreichung des Normzwecks der Gefahren- und Belästigungsabwehr unabhängig vom Grad ihrer tatbestandlichen Verfeinerung[27] zwei Verpflichtungen: **minimal** die Gewährleistung der **Wahrnehmbarkeit** von Baustellen durch Beschilderung, Absperrung und Beleuchtung und **maximal** die **Verhinderung** der Betretung durch Umzäunung. Darüber hinaus verfolgen diese Normen weitere Zwecke wie Schutz erhaltenswerten Bewuchses[28] und teils Arten- und Tierschutz. Insgesamt lassen sich den Baustellennormen **drei Wirkungsbereiche** entnehmen: Baustelle **als Ganzes**, **Baustelleneinrichtung** und **Baustellenbetrieb**.

2. Verantwortlichkeit

Zentrale Bedeutung für die Klärung der **Verantwortlichkeit**/en für eine Baustelle haben die öffentlich- 10
rechtlichen Aufgaben- und Verantwortlichkeitszuweisungen der Landesbauordnungen an unterschiedliche **Baubeteiligte,**[29] dh Bauherr, Entwurfsverfasser, Unternehmer und Bauleiter.[30] Während der Bauherr umfassend verantwortlich ist, tragen Entwurfsverfasser, Unternehmen und Bauleiter auf ihren Wirkungskreis beschränkte Verantwortung. Dies regeln alle Landesbauordnungen weitgehend der MBO folgend und dementsprechend weit übereinstimmend. Die Verantwortung für ein Bauvorhaben schließt die dafür eingerichtete Baustelle nach Maßgabe vertraglicher Regelungen ein. Die Bauordnungen regeln öffentlich-rechtliche Verantwortlichkeiten, nicht zivilrechtliche Verhältnisse der Baubeteiligten (zur Bedeutung des Bauvertrags für die Verantwortlichkeit → Rn. 12 f.). Deren Verantwortlichkeit ist **verschuldensunabhängig**. Selbst ein nicht fahrlässig begangener Verstoß bedeutet eine Pflichtverletzung. Baubeteiligte müssen die öffentlichrechtlichen **Vorschriften und Anordnungen** der Bauaufsichtsbehörden einhalten. Dies sind Vorschriften

---

25 Mit „Wandern" einer Baustelle verbundene Besonderheiten des Baulärmschutzes behandelt BayVGH Beschl. v. 4.5.2011 – 22 AS 10.40045, juris Rn. 34.

26 § 11 Abs. 2 MBO; § 11 Abs. 2 BauO Bln; § 11 Abs. 2 BbgBO; § 11 Abs. 2 BremBO; § 14 Abs. 2 HBauO; § 11 Abs. 2 LBauO M-V; ähnlich § 11 Abs. 1 NBauO („Teile von Baustellen"); § 11 Abs. 2 BauO NRW; § 11 Abs. 2 LBO Saarl; § 11 Abs. 2 SächsBO; § 11 Abs. 2 BauO LSA; § 12 Abs. 2 LBO Schl.-H.; § 11 Abs. 2 ThürBO.

27 Die generalklauselartig gestaltete bayerische und hessische Regelung verlangen nicht weniger Vorkehrungen gegen Gefahren und Belästigungen als die tatbestandlich differenzierteren Absätze 2 der Landesnormen etwa der Länder Berlin, Brandenburg, Mecklenburg-Vorpommern und Saarland.

28 Alle außer Bayern und Sachsen-Anhalt.

29 Überblick: *Kersten* in Schoch BesVerwR Kap. 3 Rn. 390.

30 Letzterer nicht in Bayern.

des Bauordnungs- und Bauplanungsrechts sowie alle für die Baumaßnahme relevanten öffentlich-baunebenrechtlichen Vorschriften. Zu diesem Baunebenrecht gehören ua Denkmal-, Immissions-, Naturschutz-, Straßen- und Wasser- sowie nicht zuletzt EU-Recht.

11 Baubeteiligte können verhaltens- oder zustandsverantwortlich sein: **Verhaltensverantwortlicher** ist, wer die materielle Polizeipflicht durch positives Tun oder Unterlassung einer gebotenen Handlung verletzt.[31] Auch Unterlassen kann also die materielle Polizeipflicht verletzen, wenn Handeln geboten ist/war.[32] Die für die Sicherheit auf einer Baustelle bestehenden Handlungsgebote regeln die Baustellennormen,[33] indem sie eine bauordnungsrechtliche Handlungspflicht zur Einhaltung der die Einrichtung und den Betrieb einer Baustelle regelnden öffentlich-rechtlichen Vorschriften vorgeben.[34] **Zustandsverantwortlicher** ist, wer als Eigentümer oder Inhaber der tatsächlichen Gewalt für den Zustand einer Sache verantwortlich ist.[35] Die Zustandsverantwortlichkeit setzt also an der baulichen oder sonstigen Anlage resp. der für deren Errichtung eingerichteten Baustelle an. Der Zustand einer Sache kann die materielle Polizeipflicht einerseits durch ihre Beschaffenheit und andererseits ihre Lage im Raum verletzten. Speziell Tiefbauarbeiten auf Nachbarflächen verursachen oft Nachbarkonflikte. Nach der dadurch hervorgebrachten und als „unübersehbar" beschriebenen[36] Judikatur trifft „[e]inen Grundstückseigentümer (...) bei der Durchführung von Vertiefungsarbeiten, sei es durch Abbruch des Betonbelages, sei es durch Erdaushub, eine eigenverantwortliche Prüfpflicht, ob die geplanten Maßnahmen zu einer Beeinträchtigung der Standfestigkeit des Nachbargrundstücks führen können."[37] Er kommt dieser Verpflichtung regelmäßig nur nach, wenn er sorgfältig ausgewählte Architekten, Ingenieure und Bauunternehmer mit der Lösung der anfallenden bautechnischen Aufgaben und deren sachgemäßen Durchführung betraut.[38] Die Inanspruchnahme als Zustandsverantwortlicher setzt Inhaberschaft der tatsächlichen Gewalt oder Eigentümerschaft voraus, weil Zustandsverantwortlichkeit aus der Sozialpflichtigkeit auf der einen sowie der rechtlichen und tatsächlichen Möglichkeit auf die Sache einzuwirken auf der anderen Seite folgt.[39]

12 Öffentlich-rechtliche Verantwortlichkeiten für eine Baustelle bestehen unabhängig davon, ob (noch) ein zivilrechtliches Vertragsverhältnis besteht. Deshalb kann ein Unternehmer **auch für eine stillgelegte Baustelle weiter verantwortlich** sein. Dies gilt innerhalb der sog. **Abwicklungszeit** bzw. dem Abwicklungsstadium nach Beendigung seiner Bauleistung. Der Unternehmer ist für die Einhaltung der öffentlich-rechtlichen Vorschriften auch verantwortlich, wenn sein privatrechtlicher Vertrag während, also vor Abschluss der Baumaßnahme endet.[40] Er kann nicht willkürlich aus seinem öffentlich-rechtlichen Pflichtenkreis ausbrechen, sondern muss die mit der Bauausführung übernommenen bauordnungsrechtlichen Bindungen, insbesondere die nach dem öffentlichen Recht zu beurteilende Baustellensicherung, fortführen. Unter Umständen kann er für eine Übergangszeit noch eigene öffentlich-rechtliche Pflichten haben und bei deren Verletzung Störer sein.[41]

13 **Ziviles Bauvertragsrecht** weist durch § 4 Abs. 1 VOB/B dem Auftraggeber die Verantwortung für die Ordnung auf der Baustelle zu. Danach muss der Auftraggeber dafür sorgen, dass der Auftragnehmer in die Lage versetzt wird, die Bauleistung ordnungsgemäß und ohne rechtliche und tatsächliche Behinderung **sachgerecht zu erbringen** und die **Baubeteiligten koordinieren**. Der VOB/B liegt allerdings eine andere

31 *Schoch* in Schoch BesVerwR Kap. 1 Rn. 343.
32 *Schoch* in Schoch BesVerwR Kap. 1 Rn. 353 ff.
33 § 11 MBO; § 12 LBO BW; Art. 9 BayBO; § 11 BauO Bln; § 11 BbgBO; § 11 BremBO; § 14 HBauO; § 11 HBO; § 11 LBauO MV; § 11 NBauO; § 11 BauO NRW; § 53 LBauO RhPf; § 11 LBO Saarl; § 11 SächsBO; § 11 BauO LSA; § 12 LBO Schl.-H.; § 11 ThürBO.
34 Grundlegend OVG Münster Beschl. v. 5.2.1988 – 11 B 186/88, BRS 48 Nr. 202, NVwZ-RR 1988, 20.
35 *Schoch* in Schoch BesVerwR Kap. 1 Rn. 370.
36 *Oblinger-Grauvogl/Hagmaier/Englert* in Englert/Grauvogl/Maurer BaugrundR-HdB Kap. 5 Rn. 391.
37 BGH Urt. v. 12.7.1996 – V ZR 280/94, NJW 1996, 3205.
38 BGH Urt. v. 12.7.1996 – V ZR 280/94, NJW 1996, 3205.
39 BVerwG Urt. v. 4.10.1986 – 4 C 76/82, NJW 1986, 1626 (1627).
40 VGH Kassel Urt. v. 26.2.1982 – IV OE 43/79.
41 VGH Kassel Urt. v. 26.2.1982 – IV OE 43/79.

Zielsetzung als dem Bauordnungs- als Bausicherheitsrecht zugrunde. Deshalb ist § 4 Abs. 1 VOB/B auch disponibel. Die VOB/B weist den Baubeteiligten Rechte und Pflichten zu und knüpft als zivilrechtliche Zuweisung individueller Verantwortung an bauordnungsrechtliche Baustellenregelungen an. Bauordnungsrecht bestimmt Inhalt und Umfang der Verantwortung im Interesse der öffentlichen Sicherheit, § 4 VOB/B weist iVm einem Bauvertrag die Verantwortung den Vertragspartnern zu. Der Bauvertrag regelt daher iVm § 4 Abs. 1 VOB/B die **praktische Umsetzung der bauordnungsrechtlichen Anforderungen**. Die Verzahnung bauordnungs- und zivilrechtlicher Vorgaben durch Bauvertrag gewährleistet praktische Bausicherheit auf einer Baustelle, wie Bauordnungsrecht sie vorgibt.[42] In aller Regel berücksichtigt die zivilvertragliche Gestaltung die bauordnungsrechtlichen Sicherheitsanforderungen an Baustellen in der Weise, dass der Bauherr seine Pflichten auf einen oder mehrere Unternehmer **delegiert**. Dementsprechend ist/sind auch der/die Auftragnehmer diejenigen, die **Bauversicherungen**[43] eindecken. Für die Realisierung auf Zahlungsansprüche gerichteter nachbarlicher Ansprüche kann bei **Schuldnermehrheit** entscheidend sein, welcher Schuldner Versicherungsschutz eingedeckt hat. Dennoch können Pflichten gerade hinsichtlich Kontrolle und Überwachung der Baustelle neben dem Unternehmer auch den Bauherrn als „mittelbaren Veranlasser" treffen, weil er derjenige ist, der die Gefahr ursprünglich eröffnet hat.[44] Außerdem kann auch der Architekt haften, v.a. wenn er eine eigenständige Leitungsverantwortung auf der Baustelle übernommen hat.[45] Für die **interne Haftungsverteilung** auf die Beteiligten kommt es auf deren individuelle Kompetenzen und Aufgaben im konkreten Streitfall an.[46]

Baugenehmigungen tragen selten zur Klärung der Pflichtenlage bei, weil sie idR keine konkret-individuellen bauordnungsbehördlichen Anforderungen an eine Baustelle oder Baustelleneinrichtung regeln.[47] Dies gilt auch für baubedingte Emissionen. Die Bauausführung als Vorgang ist regelmäßig nicht Regelungsgegenstand der Baugenehmigung.[48] Deshalb bleibt Nachbarn in aller Regel nur die Möglichkeit, zu versuchen, die repressive Bauüberwachung zu aktivieren und die Bauaufsichtsbehörde zum Einschreiten zu bringen. Dieser Weg erweist sich indes oft als (zu) schmal. 14

Das ist im **Fachplanungsrecht** anders.[49] **Planfeststellungsbeschlüsse** (§ 74 Abs. 1 S. 1 VwVfG) **und -genehmigungen** (§ 75 Abs. 6 VwVfG) für fachplanungsrechtlich zulassungsbedürftige Vorhaben[50] müssen schon wegen der notwendigen Inanspruchnahme oft auch größerer Flächen für die Baustelle und aus immissionsrechtlichen Gründen Lokalisation und Betrieb der Baustelle durch Nebenbestimmungen v.a. durch **Schutzvorkehrungen** nach § 74 Abs. 2 VwVfG regulieren.[51] Die **unterschiedliche Regelungspraxis** im Bau- und im Fachplanungsrecht ist v.a. Folge des Systemunterschieds zwischen dem mehrpoligen und abwägungsdirigierten Entscheidungsprogramm des Planfeststellungsverfahrens und dem auf Zweipoligkeit angelegten und ungeachtet, man kann sogar sagen trotz und entgegen gesetzlicher Verfahrensbeteiligungsansprüche Betroffener auch tatsächlich weit überwiegend bilateral praktizierten Baugenehmigungsverfah- 15

42 Vgl. im Einzelnen *Oppler* in Ingenstau/Korbion VOB B § 4 Nr. 1 Rn. 2 sowie 7 ff.

43 Überblick über Bauschadenversicherungen: *Jakob* in Würfele/Sohn/Meier PrivBauR S. 593 (608 ff.).

44 BGH Urt. v. 5.11.1992 – III ZR 91/91, BGHZ 120, 124 (128), NJW 1993, 1647.

45 BGH Urt. v. 20.9.1983 – VI ZR 248/81, NJW 1984, 360 (362), juris Rn. 7; OLG Frankfurt aM Urt. v. 9.11.2005 – 1 U 119/05, NZBau 2006, 185 (186); OLG Stuttgart BeckRS 1988, 30892123.

46 Zur Gesamtschuldnerschaft mehrerer an einem Bauvorhaben Beteiligter vgl. *Meier* in Würfele/Sohn/Meier PrivBauR S. 584 ff.

47 So auch *Schulte Beerbühl* Rn. 52.

48 OVG Münster Beschl. v. 31.7.2015 – 7 B 701/15, juris Rn. 7; BayVGH, Beschl. v. 8.7.2013 – 2 CS 13.807, juris Rn. 15.

49 Überblick: *Michler* UPR 2012, 335 ff.

50 Wegen der tatbestandlichen Anforderungen (keine Betroffenheit oder Zustimmung der Betroffenen) scheiden Baustellendispute im Zusammenhang mit per Planverzichtserklärung oder Plangenehmigung zugelassener Vorhaben aus dem Kreis möglicher Baustellendispute eher aus. Zum fachplanungsrechtlichen Planverzicht neuer Prägung vgl. *Kümper* NVwZ 2016, 1280 ff.

51 Vgl. *Michler* UPR 2012, 335 ff.; siehe beispielhaft: zur Regulierung des Baulärms während der Nachtstunden untersagte Bauarbeiten am Potsdamer Platz in Berlin in OVG Berlin, Beschl. v. 27.3.1996 – 2 S 5/96, NVwZ 1996, 926 (927).

ren. Nachbarbeteiligung im Baugenehmigungsverfahren, v.a. nicht erzwungene, gilt als Rarität.[52] Leicht eingeschränkt gilt dasselbe für fachplanungsrechtliche Plangenehmigungsverfahren nach § 74 Abs. 6 VwVfG. **Uneinigkeit** besteht allerdings hinsichtlich der Geltung der materiellen Anforderungen des Bauordnungsrechts auch für Baustellen und Baustelleneinrichtungen für nicht Bauordnungs-, sondern **Fachplanungsrecht** unterliegende Bauvorhaben.[53]

16 Baustellenregelungen der Länder regeln Pflichten in Bezug auf Baustellen **sach- und personenbezogen.**[54] Die Mehrzahl dieser Ländernormen stimmt ganz oder weitgehend mit § 11 MBO überein. Von den Baustellenregelungen unberührt bleiben die Anforderungen an die bauliche Anlage selbst. Die Baustellenregelungen bezwecken als Spezialnormen des **Gefahrenabwehrrechts Schutz der** und **Schutz vor der** Baustelle durch Gebote zur Gewährleistung eines **ungestörten Bauablaufs** auf Baustellen und Vermeidung von Baustellen ausgehender Gefahren für Baubeteiligte und Unbeteiligte sowie unzumutbarer Belästigungen für Unbeteiligte. Alle Landesbauordnungen regeln Baustelleneinrichtungen mit **zwei Schutzrichtungen**. Baustellen sind so einzurichten, dass zum einen Errichtung, Änderung oder Beseitigung ordnungsgemäß erfolgen können und zum anderen keine Gefahren oder Belästigungen entstehen. Während die ordnungsgemäße Durchführung dem Baustellenschutz und **ungestörten Bauablauf** dient und daher eher an eine Obliegenheit denken lässt, dienen Gefahren- und Belästigungsvermeidung dem **Personenschutz.**

17 Die Wortlaute der Baustellenspezialnormen sind uneinheitlich. **Teils sind sie nur als Grundsätze** formuliert[55] und teils enthalten sie Detaillierungen. Die je nach Detaillierungsgrad normierten **Abgrenzungs-, Kennzeichnungs- und/oder Beleuchtungsgebote resp. -pflichten** verpflichten je nach auf einer Baustelle bestehenden Umständen zu Maßnahmen zur Gefahrvermeidung durch Schutz gegen Betreten und unzureichende Wahrnehmbarkeit. Sie beziehen sich aber nicht auf die gesamte Baustelle, sondern auf die Gefahrenzone innerhalb der Baustelle. Wortlaut und Systematik lassen folgern, dass die Gefahrenzone eine Teilfläche der Baustelle sein kann. Je nach den Umständen können, etwa auf Großbaustellen, demnach auf derselben Baustelle auch **mehr als eine Gefahrenzone** bestehen. Doch kann auch die gesamte Baustelle Gefahrenzone sein.

18 Gefahren sind gerade diejenigen, die durch Unterlassung aus Gründen der Gefahrvermeidung gebotener Abgrenzung und/oder Kennzeichnung v.a. für Leib und Leben, aber auch Sachen entstehen können. Nach Sinn und Zweck der die allgemeine Gefahrenabwehr bezweckenden Normen kommt es für die Aktualisierung der aus dem Normgebot resultierenden Pflichten zur Vornahme von Abgrenzung, Kennzeichnung und je nach Landesnorm Beleuchtung im konkreten Fall nicht auf eine konkrete, sondern das Bestehen einer **abstrakten Gefahr** an.

3. Anforderungen an eine Baustelleneinrichtung

19 **Baustelleneinrichtungen** inkl. Lagerhallen, Schutzhallen und (nicht dem Wohnen dienenden[56]) Unterkünften, Baustellenbüros (§ 61 Abs. 1 Nr. 13 BauO Bln) sowie Gerüste und Toilettenwagen sind weit überein-

52 Vgl. auch Aschmann, GE 2010, 1466: „In der Berliner Praxis werden Nachbarn häufig nicht beteiligt, obwohl der Genehmigungsbehörde die Abwehrhaltung eines Nachbarn bekannt ist. Auch die Zustellung der Baugenehmigung an Nachbarn, die sich im Vorfeld kritisch hinsichtlich des Bauvorhabens geäußert haben, ist eher unüblich." Siehe auch bereits *Weyreuther* in: Sendler-FS, 1991, S. 183: „Die Dunkelziffer der Verletzung, Beschneidung oder doch Geringschätzung von Anhörungspflichten, kurzum die Dunkelziffer der Anhörungsdefizite (…) dürfte hoch sein."

53 Für die Anwendbarkeit *Burzynska* in Große-Suchsdorf NBauO § 60 Rn. 80; aA *Michler* UPR 2012, 335 (338); *Jaeger* in BeckOK BauordnungsR NRW BauO NRW § 11 Rn. 7, der aber dennoch fordert, dass die „inhaltlichen Anforderungen (…) indes auch bei diesen Baustellen zu berücksichtigen" sind.

54 § 11 MBO; § 12 LBO BW; Art. 9 BayBO; § 11 BauO Bln; § 11 BbgBO; § 11 BremBO; § 14 HBauO; § 11 HBO; § 11 LBauO MV; § 11 NBauO; § 11 BauO NRW; § 53 LBauO RhPf; § 11 LBO Saarl; § 11 SächsBO; § 11 BauO LSA; § 12 LBO Schl.-H.; § 11 ThürBO.

55 Die baden-württembergische, bayerische, hessische und rheinland-pfälzische Norm sind aufgrund Verzichts auf ausdrückliche Kennzeichnungs- und Beleuchtungspflicht knapper gefasst.

56 So ausdrücklich § 61 Abs. 1 Nr. 13 BauO Bln.

stimmend in allen Bundesländern genehmigungs- bzw. verfahrensfreie Vorhaben.[57] Sie müssen aber die materiellen Anforderungen der Bausicherheit erfüllen. Baustellen müssen daher so eingerichtet werden, dass bauliche Anlagen ordnungsgemäß errichtet, geändert oder beseitigt werden **können** und durch Baustellen **keine Gefahren oder vermeidbare Belästigungen** entstehen. Die Baustellenregelungen aller Landesbauordnungen[58] operieren mit einer zweistufigen Zielbeschreibung (erstens „Baustellen so einzurichten, dass bauliche Anlagen ordnungsgemäß errichtet, geändert und beseitigt werden können" und zweitens „dabei Gefahren[59] und vermeidbare oder vermeidbare erhebliche (§ 12 Abs. 1 BauO BW) Belästigungen oder vermeidbare Nachteile (Art. 9 Abs. 1 BauO Bay) nicht entstehen"). Ungeachtet der reinen Wortbedeutung der in allen Landesnormen verwendeten Formulierung „einzurichten"[60] gelten die Anforderungen an die Baustellensicherheit **nicht nur als punktuelle Pflicht**, sondern während der **gesamten Betriebszeit der Baustelle.** Sie verpflichten also auch zu laufender Überwachung und -prüfung der Baustellensicherheit. Welche Maßnahmen dafür erforderlich sind, richtet sich nach den konkreten Umständen. Regelmäßig muss eine Baustelle gegen Betretung durch Unbefugte abgesichert sein. Es drängt sich auf, dass in aller Regel ein ausreichend hoher und dichter **Bauzaun** unerlässlich sein wird, um eine Baustelle nach außen abzusichern. Nachts sowie bei Sicht einschränkender Witterung sowie jahrzeitabhängig auch tags ist eine **Beleuchtung** der Baustellenabsicherung erforderlich. Die **„Gefahrenzone"** innerhalb einer Baustelle muss durch Warnzeichen bzw. -posten abgegrenzt werden, um eine Gefährdung unbeteiligter Personen auszuschließen. Der Umfang der jeweiligen Zutrittsbeschränkung richtet sich nach den Umständen auf der konkreten Baustelle und dem zu erwartenden Kreis etwaiger Gefährdeter. Art und Grad der Absicherung müssen nach dem Grad der **Zugänglichkeit** bemessen werden. Eine abgelegene und/oder an sich unzugängliche Baustelle muss weniger stark abgesichert werden als eine solche an etwa einer stark frequentierten öffentlichen Straßen. Ist – etwa bei **Baustellen in Wohnnähe** – absehbar mit Minderjährigen, v.a. Kindern zu rechnen, sind die Anforderungen an die Absicherung besonders hoch. An eine Baustelle angrenzende **Wege und Straßen** müssen mit **Schutzdächern** gegen herabfallende Materialien gesichert werden. Verkehrssichere Zu- und Abfahrten können erfordern, (zumindest teils) **durchsichtige** Bauzäune zu errichten, weil dies gefahrverringernd wirken kann. **Straßenverkehrsrecht** kann für den Betrieb einer Baustelle genehmigungspflichtige Straßensperrungen, Verkehrsbeschränkungen oder Sondernutzungen nach Landesstraßenrecht erforderlich machen, deren frühzeitige Beantragung gewährleistet sein muss. Wegen der Vergleichbarkeit der Lebenssachverhalte lassen sich die zu zivilrechtlichen Verkehrssicherungspflichten entwickelten Grundsätze auf die öffentlich-rechtlichen Baustellenregelungen übertragen und die daraus abzuleitenden Anforderungen bestimmen.[61]

III. Fallkonstellationen

Für gegen eine Baustelle gerichtete Nachbarforderungen bestehen Anspruchsgrundlagen je nach dem Angriffsziel indirekt aus der bauordnungsrechtlichen Generalklausel auf Einschreiten der Bauaufsichtsbehörde und direkt gegen den oder die für eine Baustelle Verantwortlichen aus dem zivilrechtlichen Nachbarrecht (§§ 1004 Abs. 1 iVm 906 BGB) sowie dem Deliktsrecht (§ 823 Abs. 2 BGB iVm der jeweiligen Landebaustellenregelung).[62] 20

57 § 61 Abs. 1 Nr. 13 BbgBO; Anhang 11.14 zu § 60 Abs. 1 NBauO; § 62 Abs. 1 Nr. 13 BauO NRW.

58 § 11 MBO; § 12 LBO BW; Art. 9 BayBO; § 11 BauO Bln; § 11 BbgBO; § 11 BremBO; § 14 HBauO; § 11 HBO; § 11 LBauO MV; § 11 NBauO; § 11 BauO NRW; § 53 LBauO RhPf; § 11 LBO Saarl; § 11 SächsBO; § 11 BauO LSA; § 12 LBO Schl.-H.; § 11 ThürBO.

59 Alle Bauordnungen.

60 Nur § 14 HBauO lautet dem Normzweck allein entsprechend „einzurichten und zu betreiben".

61 Überblick bei *Förster* JA 2017, 721 ff.

62 Die Landesbaustellenregelungen sind Schutzgesetz iSd § 823 Abs. 2 BGB (vgl. BGH Urt. v. 8.5.1976 – VI ZR 50/75 – NJW 1976, 1740).

1. Nachbaranspruch auf Baustellensicherung

21 Die Baustellenregelungen aller Landesbauordnungen[63] regeln **Abgrenzungs-, Kennzeichnungs- und/oder Beleuchtungsgebote und -pflichten**. Ein Nachbar kann aus diesen Spezialregelungen einen **öffentlich-rechtlichen** Anspruch auf Sicherung einer Baustelle geltend machen, wenn und soweit sie nachbarschützenden Charakter haben. Dies hängt nach der herrschenden **Schutznormtheorie** davon ab, ob und in welchem Umfang sie **auch der Rücksichtnahme auf individuelle Interessen oder deren Ausgleich untereinander dienen**, ob sie also ausschließlich objektivrechtlichen Charakter haben oder **(auch) dem Schutz individueller Interessen dienen**. Entscheidend ist, dass sich aus individualisierenden Tatbestandsmerkmalen ein **Personenkreis entnehmen lässt, der sich von der Allgemeinheit unterscheidet**.[64] Die Baustellennormen erfüllen dies **partiell** und haben daher partiell dritt- und **gerade Nachbarn schützenden Charakter**.[65] Dies gilt hinsichtlich von einer Baustelle ausgehender Belästigungen. Dem Begriff wohnt grundsätzlich individualschützende Tendenz inne. **Belästigungen** verursachen v.a. Lärm, Geruch, Staub und Licht (insbes. von Nachtbaustellen). Der Begriff verweist auf das Immissionsschutzrecht. Deswegen hat die drittschützende Wirkung für die Abwehr von Belästigungen praktisch nachrangige Bedeutung, weil speziellere Normen des Immissionsschutzrechts greifen. Drittschutz vermitteln die Baustellenregelungen[66] außerdem und mit überwiegender praktischer Relevanz hinsichtlich der begründeten **Pflichten zur Absperrung und Beleuchtung und Aufstellung von Warnzeichen**, die gerade dazu dienen, Nachbarn auf eine Baustelle als Gefahrenzone hinzuweisen und zu verhindern, dass sie sie betreten und dort in Gefahr geraten, schließlich hinsichtlich der Pflicht zu Schutzeinrichtungen gegen herabfallende Gegenstände.

2. Nachbaranspruch auf Baueinstellung („Baustopp")

22 Die Landesbauordnungen regeln in Anlehnung an § 79 MBO die Anordnung der Einstellung von Arbeiten durch die Bauaufsichtsbehörde, wenn ein Vorhaben **ohne Anzeige begonnen**, ein genehmigungsbedürftiges Vorhaben **von den Bauvorlagen abweichend** oder ein genehmigungs- oder verfahrensfreies Vorhaben von den Bauvorlagen abweichend errichtet wird.[67] Die Länder haben die Ermächtigungen durch Auswechslung des früher verwendeten Wortes „Bauarbeiten" durch das Wort „Arbeiten" auf Tätigkeiten an Anlagen ausgedehnt, die keine baulichen Anlagen sind.[68] Die Ermächtigungen dienen der Sicherung legaler Zustände, indem die Anordnungen die Schaffung vollendeter Tatsachen verhindern.[69] Damit dienen die Ermächtigungen **für sich genommen nicht dem Drittschutz**.[70] Die Ermächtigungen dienen dazu, die Einhaltung der Baugenehmigungspflicht zu sichern und zu gewährleisten, dass Bauarbeiten erst beginnen, wenn ihre Vereinbarkeit mit dem öffentlichen Recht sichergestellt ist.[71] Baustellen bzw. Baustelleneinrichtungen selbst sind weitgehend genehmigungs- bzw. verfahrensfrei.[72] Doch können Nachbarn bei Nichteinhaltung (auch) sie schützender Gebote der baustellenbezogenen Landesregelungen wegen dadurch drohender Gefahr und/oder Belästigung gegen eine Baugenehmigung vorgehen, soweit diese Anordnungen für

---

63 § 11 MBO; § 12 LBO BW; Art. 9 BayBO; § 11 BauO Bln; § 11 BbgBO; § 11 BremBO; § 14 HBauO; § 11 HBO; § 11 LBauO MV; § 11 NBauO; § 11 BauO NRW; § 53 LBauO RhPf; § 11 LBO Saarl; § 11 SächsBO; § 11 BauO LSA; § 12 LBO Schl.-H.; § 11 ThürBO.

64 BVerwG Urt. v. 19.9.1986 – 4 C 8/84, juris Rn. 11 ff.

65 Ebenso für Bayern *Voigt* in BeckOK BauordnungsR Bayern BayBO Art. 9 Rn. 18; für Hessen *Gohde* in BeckOK BauordnungsR Hessen HBO § 11 Rn. 31 mwN; für Niedersachsen *Otto* in BeckOK BauordnungsR Nds NBauO § 11 Rn. 1.

66 § 11 MBO; § 12 LBO BW; Art. 9 BayBO; § 11 BauO Bln; § 11 BbgBO; § 11 BremBO; § 14 HBauO; § 11 HBO; § 11 LBauO MV; § 11 NBauO; § 11 BauO NRW; § 53 LBauO RhPf; § 11 LBO Saarl; § 11 SächsBO; § 11 BauO LSA; § 12 LBO Schl.-H.; § 11 ThürBO.

67 § 79 MBO; § 64 LBO BW; § 79 BbgBO; § 79 BauO Bln; § 81 HBO; § 79 NBauO; § 81 BauO NRW.

68 *Otto* BbgBO § 79 Rn. 1932 mit Verweis auf VGH BW Beschl. v. 10.5.1994 – 5 S 983/94, BWVBl 1994, 495.

69 *Wilke* in Wilke/Dageförde/Knuth/*Meyer*/Broy-Bülow Bauordnung für Berlin § 78 Rn. 1.

70 Ausdrücklich bereits *Wilke* in Wilke/Dageförde/Knuth/*Meyer*/Broy-Bülow Bauordnung für Berlin § 78 Rn. 39; siehe auch → *Schwarzbau* Rn. 1 ff.

71 *Otto* BbgBO § 79 Rn. 1934.

72 Vgl. zB § 61 Abs. 1 Nr. 13 a BbgBO; § 62 Abs. 1 Nr. 13 a BauO NRW.

Einrichtung und Betrieb einer Baustelle regelt.[73] Andernfalls, wenn eine Baugenehmigung keine die Baustelleneinrichtung oder den Baustellenbetrieb regelnden Nebenbestimmungen enthält,[74] kann wegen Nichtbeachtung baustellenbezogener Gebote Anspruch auf Einschreiten der Bauaufsichtsbehörde bestehen.[75] Nachbarn können sich also auch auf die Baustoppregelungen berufen, wenn Arbeiten bzw. das Vorhaben **zusätzlich gegen nachbarschützende Vorschriften** des Bauordnungs- (zB Abstandflächenunterschreitung) oder Bauplanungsrecht (zB Nicht-Einfügen im unbeplanten Innenbereich nach § 34 Abs. 1 BauGB) verstoßen. Dies ist idR der Fall. Dann hat der Nachbar Anspruch auf ermessensfehlerfreie Entscheidung der Bauaufsichtsbehörde über die Anordnung einer Baueinstellung.

Die Anordnung einer Baueinstellung ist ein Verwaltungsakt mit Dauerwirkung (**Dauerverwaltungsakt**). 23
Die Voraussetzungen des Erlasses müssen also während der gesamten Geltungsdauer bestehen.[76] Daher muss die Bauaufsichtsbehörde fortlaufend im Blick halten, ob sich die Sach- und/oder Rechtslage nach Erlass der Anordnung ändern.[77]

Die Anordnung einer Baueinstellung ist idR die **mildeste** der bauaufsichtlichen Eingriffsmöglichkeiten. Sie 24
ist v.a. **zweckmäßig**, um die Übereinstimmung des Bauvorhabens mit den öffentlich-rechtlichen Vorschriften zu prüfen. Im Falle eines Schwarzbaus ist die Anordnung nicht allein deshalb rechtswidrig, weil das gestoppte Vorhaben genehmigungsfähig ist.[78] Die Bauaufsichtsbehörde muss die Genehmigungsfähigkeit vor Erlass einer Baustoppanordnung nicht prüfen.[79] Wegen der Zweckbestimmung, eine schon eingeleitete Herbeiführung unrechtmäßiger Zustände zu verhindern, besteht regelmäßig ein **besonderes öffentliches Interesse** an der Anordnung der sofortigen Vollziehung nach § 80 Abs. 2 Satz 1 Ziff. 4 VwGO.

Ein **eigenmächtiger Baustopp**, etwa durch **Blockade der Baumaschinen**, ist eine Eigentums- bzw. Be- 25
sitzstörung, durch die der Unternehmer als Eigentümer oder Besitzer der Baumaschine/n am rechtmäßigen Einsatz gehindert wird.[80] Folge können Schadenersatzansprüche sein.

3. Nachbaranspruch auf Versiegelung einer Baustelle

Die Landesbauordnungen ermächtigen zur Versiegelung von Baustellen. Die Versiegelung einer Baustelle 26
unterstützt die Durchsetzung eines Baustopps. Sie erfolgt durch Anbringung eines amtlichen Siegels. Wird die Arbeit auf der Baustelle trotz Versiegelung fortgesetzt, geht dies idR mit der Straftat des Siegelbruchs einher, wenn das amtliche **Siegel beschädigt, abgelöst oder – etwa durch Überkleben – unkenntlich** oder der durch das Siegel bewirkte Verschluss ganz oder teils unwirksam gemacht wird (§ 136 Abs. 2 StGB). Gerade im Baubereich treten Abgrenzungsfragen auf, wenn eine versiegelte Baustelle nach Anordnung der Baueinstellung ohne Manipulation des Siegels weiterbetrieben wird. Darüber, ob auch bei bloßer Missachtung der Stilllegungsanordnung – ohne Veränderung des Siegels – von der Begehung eines Siegelbruchs ausgegangen werden darf, besteht Uneinigkeit.[81] Die Bauaufsichtsbehörde hat eingeschränkten Ermessensspielraum, denn die Versiegelungstatbestände sind als **„Soll"-Regelungen** gestaltet. Sie räumen also nur **intendiertes Ermessen** ein. Folge ist, dass die Bauaufsichtsbehörde nur zu prüfen hat, ob besondere Gründe dafür bestehen, von der Versiegelung der Baustelle als dem Regelgebot der Ermächtigung abzusehen.

73 Was selten der Fall ist: vgl. *Schulte Beerbühl* Rn. 52 und 666.
74 → Rn. 14 und die Nachweise in Fn. 53.
75 Vgl. *Finkelnburg/Ortloff/Otto* ÖffBauR II § 17 Rn. 26.
76 VGH München Beschl. v. 22.2.2017 – 1 ZB 14.1609, juris Rn. 3.
77 OVG Berlin-Brandenburg Beschl. v. 22.12.2016 – OVG 10 S 42.15, juris Rn. 8.
78 *von Schewick/Rasche-Sutmeier* in Schulte ua Die neue Bauordnung NRW § 81 Rn. 9.
79 OVG Bautzen Beschl. v. 1.3.1993 – 1 S 621/92, SächsVBl 1993, 160.
80 BGH Urt. v. 4.11.1997 – VI ZR 348/96, NJW 1998, 377 (Haftung von Demonstranten wg. Blockade des Einsatzes von Baumaschinen).
81 Vgl. *Fischer*, 64. Aufl. 2017, StGB § 136 Rn. 11.

4. Nachbaranspruch auf Unterlassung von Immissionen (§§ 1004 Abs. 1, 906 BGB)

27 Häufigster Auslöser von Nachbarstreitigkeiten im Zusammenhang mit Baustellen sind Emissionen wie Lärm, Staub und Erschütterungen, die von Baustellen selbst und dem Baubetrieb um Baustellen herum, etwa an- und abfahrendem Baustellenverkehr ausgehen, nicht zuletzt aber auch laute Unterhaltung oder Musik, mit der nicht nur die Baustelle, sondern auch die Nachbarschaft beschallt wird. Baustellennachbarn haben Abwehransprüche gegen solche Einwirkungen, die von Baustellen ausgehen, wenn sie zu wesentlichen (BGB) und erheblichen (BImSchG) Beeinträchtigungen führen. Anspruchsgrundlagen des zivilrechtlichen Immissionsschutzes sind die §§ 1004 und 906 BGB zugunsten Nachbareigentümern und §§ 862, 858 BGB zugunsten unmittelbaren Besitzern wie zB Wohnungsmietern. Wenngleich die §§ 1004 und 906 BGB regelhaft gemeinsam erwähnt werden, besteht der wesentliche Unterschied, dass **allein § 1004 Abs. 1 BGB Anspruchsgrundlage** gegen Störungen ist, während § 906 Abs. 1 Satz 1 BGB nur Duldungspflichten iSd § 1004 Abs. 2 BGB regelt. Dadurch **bestimmen die § 906 Abs. 1 und Abs. 2 BGB letztlich Inhalt und Umfang des Abwehranspruchs** aus § 1004 Abs. 1 BGB.[82] Denn die „Eigentümerstellung wird durch Zusammenschau aller sie regelnden gesetzlichen Vorschriften bestimmt, die zugleich ihren Inhalt wie ihre Schranken ausmachen. Nur in dem hierdurch gegebenen Rahmen kann sich der Eigentümer gegen Beeinträchtigungen zur Wehr setzen."[83] Dazu kann er einen Abwehranspruch je nach seinem Anspruchsziel auf Grundlage des § 1004 Abs. 1 Satz 1 BGB auf Beseitigung einer Störung oder des § 1004 Abs. 1 Satz 2 BGB auf Unterlassung einer Störung richten. Die Abgrenzung beider Anspruchsgrundlagen richtet sich danach, ob eine Störung noch andauert und daher ihre Beseitigung zu fordern ist, oder ob eine bevorstehende Störung verhindert werden soll und daher ihr Unterlassung zu fordern ist. Geht es dem Nachbarn um beides, mithin um die künftige Abwehr einer bereits an- und noch fortdauernden Störung, ist die Kombination von Beseitigungs- und Unterlassungsforderung denkbar.[84] Während der negatorische Beseitigungsanspruch nach § 1004 Abs. 1 Satz 1 BGB eine bereits eingetretene und fortwirkende Störung voraussetzt, ist Voraussetzung des Unterlassungsanspruchs nach § 1004 Abs. 1 Satz 1 BGB die Besorgnis weiterer Beeinträchtigung, mithin eine Wiederholungsgefahr. Die Abgrenzung kann v.a. Schwierigkeiten bereiten, wenn die bloße Beendigung einer Handlung nicht den ebenfalls störenden Zustand beendet. Führen zB die Installation und der Betrieb einer Anlage zu einer Störung, kann evtl. nicht bereits die Unterlassung des Betriebs, sondern erst die Beseitigung der Anlage die Störung beseitigen. Dies gilt insbesondere in Fällen der Verschmutzung und/oder Kontaminationen eines Nachbargrundstücks.[85]

28 Der zivilrechtliche Schutz gegen vermeidbare und unzumutbare oder erhebliche Belästigungen knüpft an Vorschriften des BImSchG an.[86] Nach § 3 Abs. 1 BImSchG sind schädliche Umwelteinwirkungen Immissionen, die nach Art, Ausmaß oder Dauer geeignet sind, Gefahren, erhebliche Nachteile oder erhebliche Belästigungen für die Allgemeinheit oder die Nachbarschaft herbeizuführen. Maßstab der Erheblichkeit ist die Zumutbarkeit, die ihrerseits als Ausdruck des Rücksichtnahmegebots die Grenze bezeichnet, jenseits derer lästige Einwirkungen von Nachbarn bereits unterhalb der Schwelle des Gesundheitsschutzes rechtlich nicht mehr hingenommen werden müssen.[87] Das Maß des Zumutbaren ist durch eine Güterabwägung anhand der Verhältnisse des Einzelfalls und damit der konkreten Umgebung abwägend zu ermitteln. Diese Güterabwägung ist eine wertende Gesamtbetrachtung des Einzelfalls und richtet sich v.a. nach der durch die Gebietsart und die tatsächlichen Verhältnisse bestimmten Schutzwürdigkeit des Nachbarn. Dabei kön-

82 *Vieweg/Werner* SachenR § 9 Rn. 3.

83 BGH Urt. v. 18.4.1991 – III ZR 1/90, BGHZ 114, 184 (186).

84 *Vieweg/Werner* SachenR § 9 Rn. 4; Praktische Bedeutung dürfte die Unterscheidung v.a. im Hinblick auf die Vollstreckbarkeit bzw. im Rahmen der Vollstreckung haben; insoweit lässt sich an der Faustformel orientieren: für den Beseitigungsantrags /-tenor gelten die §§ 887 oder 888 ZPO, für den Unterlassungstenor gilt § 890 ZPO.

85 Vgl. etwa bzgl. Bodenverunreinigungen durch von einem Betriebsgrundstück in das Nachbargrundstück eingedrungene Chemikalien (Perchlorethylen) BGH Urt. v. 1.12.1995 – V ZR 9/94, juris Rn. 10 ff.

86 Vgl. zu diesem Ziel der Novellierung des § 906 BGB im Jahr 1994 *Fritz* NJW 1996, 573 (574 f.).

87 BVerwG Urt. v. 29.4.1988 – 7 C 33/87, BVerwGE 79, 254; OVG MV Beschl. v. 29.10.2009 – 3 M 154/09, juris Rn. 13; BGH Urt. v. 8.11.2000 – 10 S 2317/99, NVwZ 2001, 1184.

nen wertende Aspekte wie Herkömmlichkeit, soziale Adäquanz und allgemeinen Akzeptanz mitbestimmen.[88]

Dass zivilrechtliches und öffentlich-rechtliches Immissionsschutzrecht parallel bestehen, wirft die Frage nach etwaigen v.a. materiellen Diskrepanzen auf. Die Judikatur hat insoweit eine **materielle Harmonisierung** gefördert.[89] Der Gesetzgeber hat § 906 Abs. 1 BGB ergänzt und geregelt, dass bei Einhaltung gesetzlich oder durch Verordnung geregelter Grenz- oder Richtwerte „von unwesentlichen Beeinträchtigungen" auszugehen ist.[90] Die zivilgesetzliche Gleichsetzung der Begriffe „**Wesentlichkeit**" des § 906 Abs. 1 BGB und „**Erheblichkeit**" der §§ 3 Abs. 1, 22 Abs. 1 BImSchG und damit eine Harmonisierung der Beurteilungsstandards hat v.a. ihren Sinn, soweit es um Abwehransprüche oder Unterlassungsansprüche geht. Dies ist bei Baustellennachbarschaften der Fall. 29

Ob eine Beeinträchtigung durch Lärm wesentlich ist, kann ein Gericht evtl. ausnahmsweise durch Einnahme des Augenscheins, in aller Regel aber nur durch Sachverständige, ermitteln (lassen), die idR Grenz- und Richtwerte aus technischen Regelwerken oder Rechtsvorschriften anwenden. Seit 1994 schreiben § 1004 S. 2 und 3 BGB eine Regelbeurteilung für den Fall vor, dass durch Gesetz, Rechtsverordnung und/oder Verwaltungsvorschrift iSd § 48 BImSchG vorgegebene Grenzwerte eingehalten sind. Der Gesetzgeber wollte deren Verbindlichkeit – nicht zuletzt zur Sicherung öffentlich-rechtlicher Planungen gegen spezialgesetzlich nicht ausgeschlossene zivilrechtliche Ansprüche – gegenüber den Zivilgerichten durchsetzen und zugleich die parallel durch BGH und BVerwG betriebene Harmonisierung öffentlich- und privatrechtlicher Standards festschreiben. Das geht über die bereits zuvor anerkannte Notwendigkeit hinaus, die Einhaltung von Grenzwerten umfassend zu würdigen.[91] Im öffentlichen Recht bedeutsame Verwaltungsvorschriften (TA Lärm; VDI-Richtlinie 2058; AVV Baulärm) bilden damit mehr als Anhaltspunkte.[92] § 1004 S. 2 und 3 BGB schreiben nur eine Regelbeurteilung anhand der in Bezug genommenen Regelwerke fest und ermöglichen dem Zivilgericht auch nach der Novellierung im Einzelfall eine abweichende Beurteilung. Der Gesetzgeber hält die Einzelfallprüfung weiter für erforderlich,[93] was die Relevanz der Grenzwerte im Zivilstreit weiterhin mit der Folge relativiert, dass hieraus ein erhöhtes Prozessrisiko resultiert. Denn selbst ihre Einhaltung schließt eine wesentliche Beeinträchtigung nicht mit Gewissheit aus. Grund ist die Berücksichtigung individueller Umstände wie zB einer konkreten Nutzung.[94] Wegen der demnach nur indiziellen Bedeutung der in Regelwerken festgelegten Grenzwerte bedeutet Überschreitung nicht eo ipso Wesentlichkeit einer Beeinträchtigung.[95] Die Überschreitung gilt aber als **deutliches Indiz** für die Wesentlichkeit der Beeinträchtigung.[96] 30

Praxisrelevante Diskrepanzen zwischen zivil- und öffentlich-rechtlicher Störungsabwehr können unter verschiedenen Aspekten im konkreten Fall das Vorgehen leiten: Die **Verfahrensdauer** eines Zivil- kann weit kürzer als die eines Verwaltungsprozesses sein. Materiell-rechtlich kann das öffentlich-rechtliche Entscheidungsprogramm für die Durchsetzung des Nachbarinteresses abträglich sein, wenn es um Ermessensausübung oder Abwägung geht, denn der klagende Nachbar kann mangels eines strikten Anspruchs auf behördliches Einschreiten lediglich ein Bescheidungsurteil erstreiten. Auch im Erfolgsfall ist daher nicht gesichert, dass die Behörde auch tatsächlich gegen den Störer vorgehen wird.[97] Demgegenüber ist der Erfolgs- 31

88 BVerwG Urt. v. 30.9.1983 – 4 C 74/78, BVerwGE 68, 58.

89 BGH Urt. v. 23.3.1990 – V ZR 58/89 – BGHZ 111, 63 (Volksfest): „Wesentliche Geräuschimmissionen im Sinne von BGB § 906 Abs. 1 sind identisch mit den erheblichen Geräuschbelästigungen und damit schädlichen Umwelteinwirkungen im Sinne von BImSchG § 3 Abs. 1, § 22 Abs. 1."; vgl. auch *Wagner* NJW 1991, 3247 ff.

90 Dazu *Fritz* NJW 1996, 573 ff.

91 BGH Urt. v. 16.12.1977 – V ZR 91/75, BGHZ 70, 102, NJW 1978, 419.

92 Zur abweichenden Situation vor Einfügung des S. 2 und 3 vgl. BGH NJW 1977, 1917 und NJW 1978, 419 (421).

93 BT-Drs. 12/7425, 87.

94 BGH Urt. v. 6.7.2001 – V ZR 246/00, NJW 2001, 3119 (3120).

95 *Herrler* in Palandt BGB § 906 Rn. 20.

96 BGH Urt. v. 23.3.1990 – V ZR 58/89, BGHZ 111, 63 (67), NJW 1990, 2465 (Volksfestlärm); BGH NJW 2003, 3699 (3700); OLG Oldenburg NJW-RR 1991, 653 (654).

97 Ausdrücklich *Seidel*, Öffentlich-rechtlicher und privatrechtlicher Nachbarschutz, § 2 Rn. 42.

umfang bei Eingreifen einer privatrechtlichen Abwehranspruchsgrundlage unmittelbar gegenüber dem störenden Nachbarn größer, weil der erfolgreich klagende Nachbar unmittelbar gegenüber dem unterlegenen Nachbarn vollstrecken kann.[98] Dabei genügt im Zivilprozess, dass der klagende Nachbar seine Betroffenheit durch Immissionen darlegt und nachweist.[99] Der Störungsbeseitigungsanspruch des § 1004 Abs. 1 Satz 1 BGB knüpft zudem nicht an schuldhaftes Verhalten des Störers an.[100] Dem Abwehranspruch aus § 1004 Abs. 1 BGB können aber wegen Abs. 2 spezialgesetzliche Ausschlusstatbestände entgegenstehen (v.a. §§ 14 BImSchG, 11 WHG und 75 Abs. 2 VwVfG). Ein Obsiegen im zivilrechtlichen Nachbarstreit hängt dann auch von der Kassation der öffentlich-rechtlichen behördlichen Entscheidung ab. Deswegen ist notwendig, zunächst bzw. parallel eine solche zivilrechtsgestaltende Genehmigung mittels Widerspruchs und Anfechtungsklage anzugreifen, um den Eintritt deren Bestandskraft zu verhindern.

32 **a) Baustellenlärm.** Baustellenlärm bemisst sich nach dem Lärm der Anlage. Eine Baustelle ist eine **„nicht genehmigungsbedürftige Anlage“** iSd § 3 Abs. 5 BImSchG. Zwar sind auch einzelne Baumaschinen bewegliche Anlagen iSd § 3 Abs. 5 Nr. 2 BImSchG.[101] Ihre separate Betrachtung würde jedoch übergehen, dass auf derselben Baustelle eingesetzte Baumaschinen eine **funktionale Einheit** bilden und dem Zweck des Immissionsschutzrechts allein entspricht, auf die aus ihrem koordinierten Einsatz **resultierende Gesamtbelastung** abzustellen.[102] Welche von einer Baustelle ausgehenden Geräuschimmissionen zulässig sind und ein Nachbar hinnehmen muss, bestimmt §§ 22 Abs. 1 iVm § 3 Abs. 1 BImSchG. Entscheidend ist, ob von einer Baustelle ausgehende Immissionen die Schwelle überschreiten, ab der von schädlicher Umwelteinwirkung ausgegangen werden muss. Die Bestimmung dieser Schwellen erfolgt anhand pauschalierter Grenzwerte. Die **TA Lärm gilt nicht für Baustellenlärm** (Genaueres unter → *Lärm – Baustellenlärm*). Baustellen gehören gemäß Ziff. 1 f des Anhangs zur TA Lärm zu den Ausnahmen, die nicht dem Anwendungsbereich der TA Lärm unterliegen. Kontrollmaßstab für und wichtigste Anspruchsgrundlage gegen Baustellenlärm ist deshalb die AVV Baulärm.[103] Sie konkretisiert für von Baustellen ausgehende Geräuschimmissionen den unbestimmten Rechtsbegriff „schädliche Umwelteinwirkungen“. Die AVV Baulärm beruht auf § 3 Abs. 2 **Baulärmschutzgesetz**[104]. Dieses war Grundlage allgemeiner Verwaltungsvorschriften insbesondere über Richtwerte für von Baumaschinen bei bestimmten Betriebsvorgängen ausgehende Geräusche, deren Überschreitung nach Stand der Technik vermeidbar ist (**Emissionsrichtwerte**), Richtwerte für von Baustellen ausgehende Geräuschimmissionen, bei deren Überschreitung Gefahren, erhebliche Nachteile oder erhebliche Belästigungen der Allgemeinheit zu besorgen sind (**Immissionsrichtwerte**) und **Verfahren** für die Messung der Geräuschemissionen und von Baustellen ausgehenden Geräuschimmissionen. Dabei konkretisiert Nr. 3 AVV Baulärm das **Schutzniveau** differenzierend nach Gebietscharakter und Tag- und Nachtzeiten durch Festlegung diesen zugeordneter Immissionsrichtwerte. Nr. 6 AVV Baulärm regelt die Ermittlung des Beurteilungspegels durch Messverfahren. Die Judikatur hat die zur Annahme der **normkonkretisierenden Wirkung** der AVV Baulärm als untergesetzlicher Verwaltungsvorschrift erforderlichen formellen Voraussetzungen bejaht.[105] Sie wertet die AVV-Baulärm-Regelungen zum Schutzniveau ungeachtet langer seit Erlass vergangener Zeit **nach wie vor als geeignet, zweckmäßig und nicht über-**

98 *Seidel*, Öffentlich-rechtlicher und privatrechtlicher Nachbarschutz, § 2 Rn. 42.

99 So auch *Lüke* in Grziwotz/Lüke/Saller NachbarR-HdB 3. Teil Rn. 17.

100 BGH Urt. v. 8.3.1990 – III ZR 81/88, BGHZ 110, 313, juris Rn. 17.

101 OVG Berlin Urt. v. 27.3.1996 – 2 S 5.96, NVwZ 1996, 926 (nächtlicher Baulärm).

102 Bereits *Bodanowitz* NJW 1997, 2351. Anders OVG Berlin Beschl. v. 27.3.1996 – 2 S 5/96, das für die Baustelle zur Herstellung der Unterwasserbetonage eines zum Potsdamer Platz gehörenden Baufeldes ausdrücklich auf die eingesetzten Betonpumpen und Betonmischfahrzeuge abstellt; anders bewertet durch *Enders* in BeckOK UmweltR BImSchG § 22 Rn. 8.

103 Allgemeine Verwaltungsvorschrift zum Schutz gegen Baulärm – Geräuschemissionen – (AVV Baulärm) v. 19.8.1970 (Beil. zum Bundesanzeiger Nr. 160 v. 1.9.1970). Zur Anwendbarkeit *Dziallas/Kullick* NZBau 2011, 544; siehe auch Fricke ZUR 2015, 597; *Bodanowitz* NJW 1997, 2351; aus der Judikatur: BVerwG Urt. v. 10.7.2012 – 7 A 11/11, NVwZ 2012, 1393 (U5 in Bln-Mitte); VGH Mannheim Beschl. v. 5.2.2015; OVG Berlin Beschl. v. 27.3.1996 – 2 S 5/96 – NJW 1996, 926 (927) (nächtliche Betonierarbeit am Potsdamer Platz in Berlin).

104 Baulärmschutzgesetz v. 9.9.1965 (BGBl. I, 1214), außer Kraft zum 1.4.1974.

105 BVerwG Urt. v. 10.7.2012 – 7 A 11/11, NVwZ 2012, 1393 – Planfeststellung für U5 in Berlin-Mitte; BVerwG Urt. v. 27.10.1998 – 11 A 1/97, BVerwGE 107, 313, NVwZ1999, 1114.

holt durch neue, gesicherte Erkenntnisse der Lärmwirkungsforschung. Dies gilt sowohl für deren Gebietseinteilung als auch Immissionsrichtwerte. Die Gebietszuordnung der AVV Baulärm stimme zwar noch mit derjenigen der BauNVO 1968 überein, während neuere Regelwerke wie Verkehrslärmschutzverordnung (16. BImSchV), Sportanlagenlärmschutzverordnung (18. BImSchV) und TA Lärm inzwischen Gebietsbezeichnungen der BauNVO 1990 verwendeten. Allein daraus folge aber nicht, dass die Gebietseinteilung der AVV Baulärm nicht mehr geeignet oder zweckmäßig sei. Zur Stützung dieser Sicht verweist die Judikatur auf die unterschiedlichen Regelungszwecke der BauNVO und der AVV Baulärm. Die AVV Baulärm beziehe sich anders als die BauNVO nicht auf eine dauerhafte Gebietsverträglichkeit von Lärmeinwirkungen, sondern **nur auf vorübergehende Lärmeinwirkungen durch Baustellen.** Zu deren Bewältigung reiche der gröbere Differenzierungsgrad der Gebietseinteilung der AVV Baulärm aus.[106]

b) Erschütterungen. Alle Bauordnungen regeln den **Erschütterungsschutz** zugunsten Baustellennachbarn.[107] Auf Baustellen entstehen in aller Regel aus unterschiedlichen Gründen Erschütterungen und müssen ab bestimmten Graden gemindert werden. Erschütterungen entstehen auf Baustellen ab dem Freiräumen der Baufläche, insbesondere dem Aushub der Baugrube bis zur Schaffung eines den Anforderungen des Bauwerks genügenden Baugrunds etwa durch Baugrundverbesserung oder Geländeaufschüttung. Die **Beschaffenheit des Baugrunds beeinflusst dabei die Ausbreitung von Schwingungen** und muss untersucht werden. Nachbarn können verlangen, dass baulicher Erschütterungs- und Schwingungsschutz auftretende Erschütterungen durch geeignete Maßnahmen reduziert. Dazu können zB Trennung direkter Verbindung zwischen Quelle und Anlage, Dämmschichten, Stoßfänger oder -dämpfer zum Einsatz kommen. Die bauordnungsrechtlichen **Erschütterungsschutzregelungen haben drittschützende Wirkung** (Genaueres unter → *Erschütterungen* Rn. 80). 33

c) Staub. Baustellen verursachen regelmäßig Staub. Staub verändert die Zusammensetzung der Luft und verunreinigt sie. Dies ergibt sich bereits aus der Legaldefinition des Begriffs Luftverunreinigung, denn nach § 3 Abs. 4 BImSchG sind Luftverunreinigungen Veränderungen der natürlichen Zusammensetzung der Luft ua durch Staub. Bei Staub handelt es sich um in der Luft verteilte disperse Feststoffe beliebiger Form, Struktur und Dichte. Zu Nachbaransprüchen gegen baustellenbedingte Staubimmissionen → *Luftverunreinigungen.* 34

5. Nachbaranspruch auf Schadenersatz wegen unzureichender Baustellensicherung

Nachbarn steht bei Verletzung einer baustellenspezifischer Verkehrssicherungspflicht gegen Bau(stellen-)Beteiligte Anspruch auf Schadenersatz zu. Dabei steht die Nichtbeachtung materieller öffentlich-rechtlicher Pflichten zwar im Mittelpunkt und kann, wie etwa die Pflicht zur Baustellensicherung,[108] eine Sorgfalts- und Verkehrssicherungspflichtverletzung iSd § 823 Abs. 1 BGB begründen. Doch dienen materielle öffentlich-rechtliche Pflichten des Bauordnungsrechts allgemein dem öffentlichen Interesse der Gefahrenabwehr und nicht dem Schutz Einzelner.[109] Daher lässt sich unmittelbar **weder eine separate Sorgfalts- und Verkehrspflicht noch ein Schutzgesetzcharakter iSd § 823 Abs. 2 BGB** ableiten.[110] Ein Nachbar kann aber iVm öffentlich-rechtlichen Vorschriften, die allgemeine Sorgfalts- oder Verkehrspflichten begründen bzw. Schutzgesetz iSd § 823 Abs. 2 BGB sind, im Zusammenhang mit Baustellen aus den partiell drittschützenden Baustellen-Spezialnormen Anspruch ableiten. **Neben den allgemeinen Anspruchsvoraussetzungen** sind für die Anspruchsbegründung in Baustellenfällen **folgende Spezifika wesentlich:** 35

106 BVerwG Urt. v. 10.7.2012 – 7 A 11/11, juris Rn. 27 – Planfeststellung für U5 in Berlin Mitte.

107 Weitestgehend wortgleich mit oder eng angelehnt an § 15 Abs. 3 MBO: § 14 Abs. 1 LBO BW; Art. 13 Abs. 3 BayBO; § 15 Abs. 3 BauO Bln; § 15 Abs. 3 BbgBO; § 15 Abs. 3 BremBO; § 18 Abs. 3 HBauO; § 15 Abs. 3 HBO; § 15 Abs. 3 LBauO M-V; § 15 Abs. 2 NBauO; § 15 Abs. 3 BauO NRW; § 16 Abs. 3 LBauO RhPf; § 15 Abs. 3 LBO Saarl; § 15 Abs. 3 SächsBO; § 15 Abs. 3 BauO LSA; § 16 Abs. 2 LBO Schl.-H.; § 15 Abs. 3 ThürBO.

108 BGH Urt. v. 13.3.2007 – VI ZR 178/05, juris Rn. 13 mwN; OLG Hamm Urt. v. 29.9.1995 – 9 U 48/95.

109 Bereits BGH Urt. v. 3.12.1964 – VII ZR 61/63, NJW 1965, 534 und BayObLG Urt. v. 28.2.1972 – RReg 1 Z 257/70, NJW 1972, 1085.

110 AA *Buntenbroich/Voss/Moelle/Rabeneck/Schalk*, 19. EL, BauO NRW aF § 56 Rn. 8.

36 **a) Verkehrssicherungspflicht.** Grundsätzlich muss **wer eine Gefahrenquelle schafft und unterhält, die zum Schutz Dritter erforderlichen Maßnahmen treffen.**[111] Baustellen können zahlreiche Gefahren für Personen und Sachen verursachen. Diesen Gefahren muss der Verantwortliche begegnen, um seine **aus der Gefahreröffnung resultierende Verkehrssicherungspflicht** zu erfüllen. Verkehrssicherungspflichten treffen den, der eine von ihm zu verantwortende Gefahrenquelle dem Verkehr für andere eröffnet. Wer dies tut, muss Sorge dafür tragen, dass niemand zu Schaden kommt.[112] Deshalb ist nach ständiger BGH-Judikatur

*„derjenige, der eine Gefahrenlage – gleich welcher Art – schafft, grundsätzlich verpflichtet, die **notwendigen und zumutbaren Vorkehrungen** zu treffen, um eine Schädigung anderer möglichst zu verhindern. Die rechtlich gebotene Verkehrssicherung umfasst diejenigen Maßnahmen, die ein **umsichtiger und verständiger, in vernünftigen Grenzen vorsichtiger Mensch** für notwendig und ausreichend hält, um andere vor Schäden zu bewahren.“*[113]

37 Unabhängig von den Baustellennormen der Landesbauordnungen ist ein für eine Baustelle Verantwortlicher also zivilrechtlich zum Schutz Nichtbeteiligter und damit auch der Baustellennachbarn verpflichtet.

38 **b) Inhalt und Umfang der Verkehrssicherungspflicht.** Inhalt und Umfang einer Verkehrssicherungspflicht richtet sich nach den **Erwartungen des Personenkreises**, der typischerweise mit baustellenimmanenten Gefahren in Kontakt kommt.[114] Der Verantwortliche muss mit „im Verkehr erforderlicher Sorgfalt“ agieren, dh die nach Anschauung der beteiligten Verkehrskreise zu beachtenden Sicherungsvorkehrungen treffen.[115] Zum Betreten einer Baustelle **Befugten** kann daher – etwa wegen eines erwartbaren Mangels an Fachkenntnis – ein **höheres Schutzniveau** zukommen **als unbefugten** „Besuchern“.[116] Diesen gegenüber genügt daher die Aufstellung üblicher Warntafeln mit Betretungsverbot.[117] **Kindern** gegenüber gelten gerade auf Baustellen **strengere Maßstäbe**, weil einerseits allgemein bekannt ist, dass Bauarbeiten ebenso wie gelagertes Baumaterial Kinder „anziehen“[118] und Verbote auf Kinder oft nur geringe Wirkung haben und Kinder Gefahren zu unterschätzen neigen.[119] Doch darf sich ein Verkehrssicherungspflichtiger zunächst einmal auch grundsätzlich darauf verlassen, dass Eltern speziell kleine Kinder genügend beaufsichtigen. Gerade für Kleinkinder sind Gefahren jedoch auch allgegenwärtig, weil für sie auch ungefährliche Alltagsumstände mangels Risikobewusstseins zur Bedrohung werden können. Deshalb ist primär der Aufsichtspflichtige zuständig. Er muss das sich selbst gefährdende Kind begleiten oder zumindest „im Auge“ behalten. Der für eine Baustelle Sicherungspflichtige darf daher eigene Sicherungsanstrengungen im Vertrauen auf die „Neutralisierung“ der Gefahren durch Beaufsichtigung reduzieren.[120] Baustellenverantwortliche müssen demnach **Warnpflichten** erfüllen (Baustelle muss v.a. für Nachbarn erkennbar sein, damit sie sich auf die damit gegebene Gefahrensituation einstellen können), **Verbotspflichten** (Betreten einer Baustelle muss verboten werden, damit sich Dritte nicht in Gefahr begeben; Warn- und Verbotspflicht stehen in engem Zusammenhang mit den bauordnungsrechtlichen Kennzeichnungs- und Abgrenzungspflichten) und

111 Vgl. zur Verhaltensverantwortlichkeit *Schoch* in Schoch BesVerwR Kap. 1 Rn. 343 ff.
112 Bereits RGZ 54, 53 (57 f.).
113 Statt vieler: BGH NJW 2014, 2104 mwN; Überblick über Rechtsprechung zur Verkehrssicherungspflicht auf Baustellen gibt *Förster* JA 2019, 1 (7).
114 BGH Urt. v. 8.1.2002 – VI ZR 364/00, NJW 2002, 1263 (1264).
115 Bereits BGH Urt. v. 15.4.1975 – VI ZR 19/74, VersR 1975, 812.
116 BGH Urt. v. 8.1.2002 – VI ZR 364/00, NJW 2002, 1263 (1264).
117 BGH Urt. v. 11.12.1984 – VI ZR 218/83, NJW 1985, 1078 f.; OLG Hamm Urt. v. 3.5.2001 – 27 U 189/00 – NJW-RR 2001, 1602 (1603), das eine Absperrung mit „Flatterband“ bei Abbrucharbeiten genügen ließ; dass dies heute noch ausreichen würde, erscheint zweifelhaft.
118 BGH Urt. v. 19.2.1991 – VI ZR 171/90, NJW 1991, 2340: „einladender“ 1,20 m breiter und 750 kg schwerer Betonring; OLG Saarbrücken Urt. v. 7.7.2005 – 8 U 338/04, BeckRS 2005, 11650: aufgeschichtete Kanalrohre mit einem Gewicht von je 1,85 t.
119 BGH Urt. v. 12.11.1996 – VI ZR 270/95, NJW 1997, 582 (583) – Löschwasserteich ohne Umzäunung.
120 *Förster* JA 2017, 721 (726) mit Verweis auf BGH Urt. v. 20.9.1994 – VI ZR 162/93, NJW 1994, 3348 f.: keine Haftung der Nachbarn für Sturz eines unzureichend beaufsichtigten Kleinkinds in einen Zierteich sowie OLG Hamm NJW-RR 2002, 233 (234); zur Haftung für Anbringen einer „Tellerschaukel“ an einem Hang und unzureichende Beaufsichtigung etwa zehnjähriger Kinder OLG Hamm NJW-RR 2010, 31.

Kontrollpflichten (Aufsichtspflicht, Auswahlpflicht, Organisationspflicht, Erkundigungspflicht, Benachrichtigungspflicht) erfüllen.[121] Aus den Baustellennormen der Bauordnungen resultiert zudem die Pflicht, die Baustelle und erst recht die Gefahrenzone innerhalb der Baustelle einzuzäunen. Die Einzäunung gegenüber privaten und öffentlichen Nachbarflächen und die innere Organisation der Baustelle muss gewährleisten, dass niemandes Gesundheit geschädigt wird oder sein Leben verliert, dass Gegenstände oder Maschinen aus dem Baustellenbereich fallen oder sonst hinaus geraten. Speziell in innerörtlichen bzw. belebten Gegenden müssen Baustellen so gesichert sein, dass niemand durch herabfallende Teile verletzt werden kann.

c) Verkehrssicherungspflichtiger. Wer Pflichtiger ist und damit gegen wen sich der Anspruch richtet, hängt von den Umständen der Baustelle ab. Grundsätzlich ist primär der Bauunternehmer für die Sicherheit der Baustelle gegenüber Dritten verantwortlich[122] und muss dafür sorgen, dass von einer Baustelle keine Gefahren ausgehen. Doch ist auch jeder Bauherr zur Kontrolle und Überwachung verpflichtet, weil er die Gefahr ursprünglich eröffnet hat.[123] Auch wenn der Bauherr einen oder mehrere Baubetriebe mit der Ausführung von Bauleistungen betraut, obliegt nach dem für öffentliche Bauherren zwingend und für private Bauherren meist geltende § 4 Nr. 1 Abs. 1 Satz 1 VOB/B daher dem Auftraggeber die Verantwortung für die Baustelle.[124] 39

Der Auftraggeber eines VOB-Bauvertrags muss danach für die Aufrechterhaltung der allgemeinen Ordnung auf der Baustelle sorgen und das Zusammenwirken verschiedener Unternehmer koordinieren. Der Bauherr wälzt diese Verantwortung jedoch idR auf einen oder mehrere **Bauunternehmer** ab. Die hierzu bauvertraglich vereinbarten Pflichten knüpfen an die bauordnungsrechtlichen Regelungen der Verantwortlichkeit der Baubeteiligten an. Auch ein **Architekt** kann zur Baustellensicherung verpflichtet sein, wenn er eine eigenständige Leitungsverantwortung übernommen hat.[125] Nach der BGH-Rechtsprechung ist ein mit der örtlichen Bauaufsicht, Bauleitung oder Bauüberwachung beauftragter **Architekt** verpflichtet, den Auftraggeber und **Dritte, die sich befugt auf der Baustelle aufhalten, vor Schäden zu bewahren**. IdR muss der Architekt allerdings nur die Verkehrssicherungspflichten beachten, die dem Bauherrn als mittelbarem Veranlasser der auf der Baustelle herrschenden Gefahren obliegen. Dabei treffen den Architekten im Allgemeinen nur **sog. sekundäre Verkehrssicherungspflichten**. **Unmittelbar selbst verkehrssicherungspflichtig wird ein mit der örtlichen Bauaufsicht, Bauleitung oder Bauüberwachung beauftragter Architekt**, wenn Anhaltspunkte bestehen, dass ein Unternehmer nicht genügend sachkundig oder zuverlässig ist, oder er Gefahrenquellen erkannt hat oder er diese bei gewissenhafter Beobachtung der ihm obliegenden Sorgfalt hätte erkennen können.[126] Dann muss der Architekt selbst alle notwendigen und zumutbaren Vorkehrungen treffen, um Schädigung Dritter zu verhindern.[127] 40

In aller Regel trägt jedoch der **Unternehmer** die Verantwortung für eine Baustelle. Allein er ist auch Adressat der Unfallverhütungsvorschriften[128]. Seine Verkehrssicherungspflicht dauert grundsätzlich, solange er die Baustelle als Gefahrenquelle beherrscht. Die Pflicht endet daher mit dem Abschluss der Arbeiten 41

121 Vgl. *Maurer* in Englert/Grauvogl/Maurer BaugrundR-HdB Kap. 9 Rn. 8 ff.

122 BGH Urt. v. 15.11.1996 – V ZR 292/95, NJW 1997, 582 (583) mwN; OLG Zweibrücken Beschl. v. 12.7.2011 – 4 W 28/11, NJW-RR 2012, 94.

123 BGH Urt. v. 5.11.1992 – III ZR 91/91, BGHZ 120, 124 (128).

124 Die VOB/B wird bei Bauverträgen öffentlicher Bauherren gemäß § 8 a Abs. 1 VOB/A zwingend und bei privaten Bauherren als Allgemeine Geschäftsbedingung durch ausdrückliche Einbeziehung in den Bauvertrag zum Vertragsinhalt. Bei privaten nicht im Baubereich tätigen Vertragspartnern erfordert die Einbeziehung nach BGH Urt. v. 10.6.1999 – VII ZR 170/98 – BauR 1999, 1186 die ausdrückliche Einigung über die Einbeziehung und die zumutbare Möglichkeit der Kenntnisnahme (§ 305 Abs. 2 BGB), dh praktisch die Aushändigung einer lesbaren Fassung an den Vertragspartner des Verwenders.

125 BGH Urt. v. 20.9.1983 – VI ZR 248/81, NJW 1984, 360 (362).

126 BGH Urt. v. 18.11.2014 – VI ZR 47/13, juris Rn. 12 mit Verweis auf BGH Urt. v. 10.3.1977 – VII ZR 278/75, BGHZ 68, 169 (175 f.).

127 BGH Urt. v. 18.11.2014 – VI ZR 47/13, juris Rn. 11 f.; vgl. auch bereits BGH Urt. v. 13.3.2007 – VI ZR 178/05, NJW-RR 2007, 1027 (1027 f.).

128 BGH Urt. v. 10.3.1977 – VII ZR 278/75, BGHZ 68, 169 (175), NJW 1977, 898.

samt vollständiger und ordnungsgemäßer Räumung der Baustelle.[129] Verlässt der Unternehmer eine Baustelle, nachdem das Bauvorhaben zwar fertiggestellt ist, sich aber (noch) nicht in verkehrssicherem Zustand befindet, dauert seine Verantwortlichkeit, bis ein anderer ausreichende Absicherung der Gefahrenquellen übernommen hat.[130] Eine haftungsbefreiende Delegation auf Hilfspersonen scheidet aus.[131] Unter Spezialbau- tragen insbes. **Tiefbauunternehmen gesteigerte Verkehrssicherungspflicht** für Leitungen der Energieversorgungs- oder Telekommunikationsunternehmen im Baugrund. Diese Leitungen sind oft nur mit höherem Aufwand (Handschachtung) zu lokalisieren. Beschädigungen führen regelhaft zu hohen Kosten und können Risiken – bei Strom- und Gasleitungen – für Leib und Leben verursachen. Deshalb muss ein Tiefbauunternehmer v.a. bei Verwendung von schwerem Gerät (Bagger) vor Beginn von Schachtarbeiten Gewissheit über Leitungslage und -verlauf schaffen (Auskunft des zuständigen Versorgungsunternehmens).[132] Dabei darf er sich auf die Richtigkeit einer Bestandsauskunft verlassen und darauf vertrauen, dass sich keine Leitung befindet wo keine ausgewiesen ist.[133]

6. Nachbaranspruch gegen Verkehrsbehinderung durch rechtmäßige Baustellen

42 Baustellennachbarn können gegen unbegründete oder unverhältnismäßige baustellenbedingte Verkehrsbehinderungen durch Straßensperrung und Parkverbot vorgehen. Die **Straßenverkehrsbehörde** kann nach § 45 Abs. 1 Satz 1 und 2 Nr. 1 StVO die Benutzung bestimmter Straßen oder Strecken aus Gründen der Sicherheit oder Ordnung des Verkehrs sowie **zur Durchführung von Arbeiten im Straßenraum** beschränken oder verbieten und den Verkehr umleiten. Die nach Landesrecht zuständige **Straßenbaubehörde** kann nach § 45 Abs. 2 Satz 1 StVO entsprechende Anordnungen treffen, wenn dies zur Durchführung von Straßenbauarbeiten erforderlich wird. Eine **verkehrsrechtliche Anordnung** wird durch Aufstellung entsprechender Verkehrszeichen bekanntgegeben. Begründungspflicht besteht nicht (§ 39 Abs. 2 VwVfG). Nachbarn können gegen solche Allgemeinverfügungen Widerspruch und Klage erheben.

43 Vor Erlass einer straßenrechtlichen Anordnung muss die Behörde die Nachbarinteressen mit den Interessen der Allgemeinheit und anderer Betroffener abwägen. Abwägungserheblich sind nur qualifizierte Interessen des Nachbarn, also solche, die über das Interesse jedes Verkehrsteilnehmers, in seiner Freiheit möglichst wenig beschränkt zu werden, hinausgehen.[134] Das Interesse an der Aufrechterhaltung einer straßenverkehrsrechtlichen Regelung genießt idR Vorrang.[135] Dabei unterliegen die in § 45 Abs. 1 StVO genannten Gründe in vollem Umfang verwaltungsgerichtlicher Nachprüfung. Doch das Ob und Wie der Anordnung sind nur beschränkt nachprüfbare Ermessensentscheidungen.[136] **Umleitungen müssen in sich schlüssig und nachvollziehbar** sein und dürfen den Erfordernissen rationaler Abwägung nicht widersprechen. Die Prüfung umfasst insbesondere, ob die Behörde einen ausreichend ermittelten und zutreffenden Sachverhalt zugrunde gelegt hat, die gesetzlichen Ermessensgrenzen beachtet und von ihrer Entscheidungsbefugnis in einer dem Zweck der Ermächtigung entsprechenden Weise Gebrauch gemacht hat. Die Lenkungsmöglichkeiten iSd § 45 StVO sind auf den Schutz der Allgemeinheit abgestellt. Belange Einzelner schützt die Norm in geringerem Umfang, und zwar soweit diese durch Einwirkungen des Straßenverkehrs in einer Weise beeinträchtigt werden, die das **nach allgemeiner Anschauung zumutbare Maß übersteigt**. In die-

129 OLG Köln Urt. v. 11.4.2003 – 19 U 102/02, VersR 2003, 1185.

130 BGH Urt. v. 12.11.1996 – VI ZR 270/95, juris Rn. 16 mwN.

131 OLG Stuttgart Urt. v. 12.3.1999 – 2 U 74/98, juris Rn. 57, NJW-RR 2000, 752 (753).

132 BGH Urt. v. 20.12.2005 – VI ZR 33/05, NJW-RR 2006, 674 mwN; vgl. auch BGH Urt. v. 20.4.1971 – VI ZR 232/69, NJW 1971, 1313 (1314) mwN zu einer Gasexplosion nach Beschädigung eines Anschlussrohrs; ferner OLG Brandenburg NJW-RR 2017, 1168 zur Beschädigung einer Abwasserleitung durch Bohrarbeiten; dass BeckRS 2010, 22200 zur Beschädigung einer Trinkwasserleitung durch Rammarbeiten; OLG Nürnberg Urt. v. 4.7.1996 – VII ZR 125 /95, NJW-RR 1997, 19 (20) zur Haftung auch eines Subunternehmers für Beschädigung eines Telefonkabels.

133 OLG Brandenburg Urt. v. 5.4.2017 – 4 U 24/16, juris Rn. 29.

134 VG Gera Beschl. v. 26. 9. 2016 – 3 E 645/16 Ge, juris Rn. 20.

135 BVerfG Beschl. v. 10.10.2013 – 1 BvR 2025/03, juris Rn. 21 f.

136 *Hentschel/König/Dauer* StVO § 45 Rn. 28a.

sem Umfang hat ein Nachbar einen Anspruch auf ermessensfehlerfreie Entscheidung, ob und ggf. welche Maßnahmen zu treffen sind bzw. waren.[137]

Häufiges Argument von Baustellennachbarn sind erhöhte **Staub- und Lärmbelastung** aufgrund einer angeordneten **Umleitung**. Ein Nachbar muss zur Geltendmachung einer unzumutbaren Beeinträchtigung substantiiert, zB durch Messung oder Verkehrszählung, die Unzumutbarkeit darlegen. Innerstädtische Schwankungen durch Straßenverkehr verursachter Emissionen sind gerade aufgrund baustellenbedingter Umleitungen nach der Judikatur **bei überschaubarer Dauer keine außergewöhnliche Belastung**. Der antragstellende Nachbar muss darlegen, dass hinzutretende Staub- und Lärmeinwirkungen jenseits dessen liegen, was im konkreten Fall unter Berücksichtigung der Belange des Verkehrs als ortsüblich hinzunehmen ist.[138] Unannehmlichkeiten müssen Nachbarn danach grundsätzlich (vorübergehend) hinnehmen. Nach der Rechtsprechung des BVerwG besteht nach § 50 StVO jedoch Schutz vor Verkehrslärm nicht erst dann, wenn dieser einen bestimmten Schallpegel überschreitet. Es genügt vielmehr, dass der Lärm Beeinträchtigungen mit sich bringt, die jenseits dessen liegen, was unter Berücksichtigung der Belange des Verkehrs im konkreten Fall als ortsüblich hingenommen und damit zugemutet werden muss. Erforderlich ist also eine Einzelfallbetrachtung.[139] 44

Nachbarn können sich idR nicht auf eine Verletzung des Rechtsinstituts des **Anliegergebrauchs** oder eingerichteten und ausgeübten **Gewerbebetriebs** berufen. Der Anliegergebrauch vermittelt keine aus Art. 14 Abs. 1 S. 1 GG ableitbare Rechtsposition. Denn wie weit Anliegergebrauch gewährleistet ist, richtet sich nach Straßenrecht, dessen Regelungsbereich das Nachbarschaftsverhältnis zwischen Straße und angrenzenden Grundstücken umfasst. In diesem Normzusammenhang kann der Gesetzgeber Inhalt und Schranken des Eigentums bestimmen. Weil eine Straße als öffentliche Einrichtung nicht allein der Erschließung der Anliegergrundstücke, sondern dem allgemeinen Verkehrsbedürfnis in unterschiedlichen Ausgestaltungen dient, muss ein Ausgleich der Interessen erfolgen. Eine Zufahrt bzw. ein Zugang zur Straße schaffen die Grundvoraussetzungen, um an der verkehrlichen Kommunikation teilzunehmen. Ein Abwehrrecht steht dem Anlieger nur so weit zu, wie die angemessene Nutzung des Grundeigentums die Verbindung mit der Straße erfordert.[140] Daher steht Nachbarn **keine aus dem Anliegergebrauch ableitbare Rechtsposition** gegen baustellenbedingte Verkehrsbeschränkungen zu, die mit dem zulässigen Gemeingebrauch der Straße durch andere bzw. im Fall baustellenbedingter Umleitung mit der im Interesse der Allgemeinheit allgemein verbunden sind.[141] 45

Den **Wegfall von Parkmöglichkeiten** unmittelbar vor der Haustür kann ein Nachbar regelmäßig **nicht als unzumutbare Belastung** geltend machen. Die Gewährleistungen des Art. 14 Abs. 1 GG umfassen **keinen Anspruch auf Beibehaltung vorhandener Stellplätze**.[142] Geschützt ist nur die Verbindung des Anliegergrundstücks mit dem öffentlichen Wegenetz als solche, nicht Art und Weise des Zu- und Abgangs, insbes. Bequemlichkeit oder Leichtigkeit.[143] IdR gilt die Nutzung von einem auch mehrere hundert Metern entfernten Ersatz als zumutbar.[144] Auch **Gewerbebetriebe** können sich als Nachbarn idR nur stark eingeschränkt auf das „Recht am eingerichteten und ausgeübten Gewerbebetrieb" berufen. Die Judikatur schließt Umsatz- und Gewinnchancen vom verfassungsrechtlichen Eigentumsschutz aus.[145] Zum Betrieb gehören Betriebsgrundstück und -räume sowie Einrichtung, Warenvorräte und Außenstände, geschäftliche Verbin- 46

137 *Hentschel/König/Dauer* StVO § 45 Rn. 28a.
138 OVG Bremen Urt. v. 11.2.2016 – 1 B 241/15, juris Rn. 19 und 27 mit Verweis auf BVerwG Urt. v. 4.6.1986 – 7 C 76/84.
139 BVerwG Urt. v. 4.6.1986 – 7 C 76.84, juris Rn. 13; Urt. v. 22.12.1993 – 11 C 45.92, NJW 1994, 2037 ff.; Urt. v 13.3.2008 – 3 C 18.07, juris Rn. 33 f.; OVG Bremen Beschl. v. 11.2.2016 – 1 B 241/15, juris Rn. 18.
140 BVerwG Beschl. v. 11.5.1999 – 4 VR 7.99, juris Rn. 7.
141 VG Neustadt Urt. v. 1.8.2016 – 3 K 74/16.NW, juris Rn. 78; VG Osnabrück Urt. v. 5.7.2002 – 2 A 112/00, juris Rn. 14.
142 *Hentschel/König/Dauer* StVO § 45 Rn. 28b.
143 BVerwG Urt. v. 6.8.1982 – 4 C 58.80, juris Rn. 12.
144 VGH Mannheim Urt. v. 28.2.2002 – 5 S 1121/00, juris Rn. 25.
145 BVerfG Beschl. v. 29.6.2016 – 1 BvR 1015/15, juris Rn. 86 ff.

dungen, Beziehungen, Kundenstamm und alles, was insgesamt den wirtschaftlichen Wert des Betriebs ausmacht.[146] Als nicht umfasst wertet die Rechtsprechung Vorteile, die sich aus bloßem Fortbestand einer günstigen Sach- oder Rechtslage ergeben.[147] Deshalb soll ein Gewerbetreibender nicht darauf vertrauen, dass eine als günstig empfundene Verkehrssituation, zB Parkplätze, unverändert bleibt.[148] Ein gewerbetreibender Anlieger, der eine Straße nutzt, muss Arbeiten zu deren Erhaltung, Verbesserung und Modernisierung bis zu einer **verhältnismäßig hoch anzusetzenden Opfergrenze** entschädigungslos dulden. Denn er ist mit dem Schicksal der Straße verbunden.[149] Unterhalb dieser Schwelle besteht weder ein Anspruch auf Unterlassung oder Entschädigung. Beeinträchtigungen sind entschädigungslos zu dulden.[150] Auch wenn sie nicht mehr „unerheblich" sind, kann der Eigentümer/Anlieger sie nicht abwehren.[151] Der **Gemeingebrauch** ist durch die Zweckbestimmung der Straße so begrenzt, dass auch Anlieger den Gemeingebrauch einschränkende Maßnahmen hinnehmen müssen, wenn die Straße **als Verkehrsmittler** erhalten bleibt.[152] Gegen Einschränkungen oder Erschwernisse der Zufahrt zu einem innerörtlichen Grundstück schützt Anliegergebrauch idR nicht. Ob diese herkömmliche Betrachtungsweise dauerhaft Bestand haben wird, bleibt abzuwarten. In die bisherige Judikatur sind Aspekte wie die Beschleunigung der Bauabwicklung durch einfache Mittel des Vergaberechts und der Bauvertragsgestaltung sowie effektives Baumanagement nicht eingegangen. Ob und inwieweit solche Aspekte künftig die bisherige aus Nachbarsicht restriktive Wertung abschwächen, bleibt abzuwarten. Sinnvoll ist im Hinblick auf eine Verbesserung im Nachbarinteresse, solche Aspekte substantiiert darzulegen.

7. Nachbaranspruch auf Entschädigung wegen einer widerrechtlichen Baustelle

47 Ein Nachbar kann Schadenersatz beanspruchen, wenn **widerrechtliche Bauarbeiten** vor seiner Garagenresp. Grundstücksausfahrt die Nutzung eines abgestellten Fahrzeugs unmöglich machen und so die Ausübung seines Eigentums beeinträchtigen.[153]

8. Nachbaranspruch auf Entschädigung wegen Gefährdung der wirtschaftlichen Existenz

48 Anlieger und als solche auch Nachbarn können einen Anspruch auf Entschädigung haben, der erforderlich ist, um das Fortbestehen des Betriebs bei Anspannung der eigenen Kräfte und unter Berücksichtigung bestehender Anpassungsmöglichkeiten zu sichern. Der Anspruch setzt voraus, dass „durch **Straßenarbeiten Zufahrten oder Zugänge für längere Zeit unterbrochen** oder (…) ihre **Benutzung erheblich erschwert** (…), ohne daß von Behelfsmaßnahmen eine wesentliche Entlastung ausgeht, und (…) **dadurch die wirtschaftliche Existenz eines anliegenden Betriebes gefährdet** (wird), so kann dessen Inhaber eine Entschädigung in Höhe des Betrages beanspruchen, der erforderlich ist, um das Fortbestehen des Betriebes bei Anspannung der eigenen Kräfte und unter Berücksichtigung der gegebenen Anpassungsmöglichkeiten zu sichern."[154]

49 Der Anspruch besteht **gegen den Nutznießer** baustellenbedingter Straßenbauarbeiten. Sind die Straßenbauarbeiten rechtmäßig, besteht selbst bei Existenzbedrohung infolge der Beeinträchtigungen für anliegende Gewerbebetriebe **nur Entschädigungs-, aber kein Unterlassungsanspruch** oder Anspruch auf uneingeschränkte Nutzung der Straße besteht. Zudem setzt die Judikatur die **„Opfergrenze"**, bis zu der ein betroffener benachbarter Gewerbetreibender Beeinträchtigungen entschädigungslos hinnehmen muss, **verhältnismäßig hoch** an.[155]

---

146 OVG Schleswig Urt. v. 28.4.2016 – 4 LB 9/15, juris Rn. 60 ff.
147 Wiederum OVG Schleswig Urt. v. 28.4.2016 – 4 LB 9/15, juris Rn. 60 ff.
148 VG Neustadt Urt. v. 1.8.2016 – 3 K 74/16.NW, juris Rn. 78.
149 BGH Urt. v. 7.7.1980 – III ZR 32/79, juris Rn. 17; OLG Brandenburg Urt. v. 10.3.1998 – 2 U 193/96.
150 OVG Münster Beschl. v. 20.12.1991 – 23 B 2230/91.
151 OVG Koblenz Beschl. v. 9.12.2005 – 6 B 11634/05.
152 BVerwG Urt. v. 6.8.1982 – 4 C 58/80, juris Rn. 12.
153 BGH Urt. v. 31.10.1974 – III ZR 85/73, juris Rn. 11 mit Verweis auf BGHZ 55, 153 (159) – für ein Schiff.
154 Vgl. § 20 Abs. 6 StrWG NW; § 22 Abs. 4 ThürStrG.
155 BGH Urt. v. 20.12.1971 – III ZR 79/69, juris Rn. 24 (Frankfurter U-Bahn).

9. Nachbaranspruch gegen baustellenbedingte Straßenverschmutzung

Die Landesstraßengesetze verbieten ebenso wie bundesrechtlich § 32 StVO, Straßen zu beschmutzen oder benetzen und verpflichten denjenigen, der eine **Straße über das übliche Maß hinaus verunreinigt**, die Verunreinigung **ohne Aufforderung unverzüglich** zu beseitigen.[156] Wer eine erhebliche Beschmutzung der Fahrbahn durch Bauarbeiten verursacht, genügt seiner Sicherungspflicht auch nicht durch oberflächliche Reinigung oder bloße Aufstellung eines Hinweisschildes.[157] Die Landesstraßengesetze regeln keinen direkten Anspruch der Anlieger resp. Nachbarn auf Straßenreinigung, sondern **berechtigen** den Träger der Straßenbaulast, eine Verunreinigung **auf Kosten** des Verursachers zu beseitigen, vgl. § 17 StrWG NRW. Die Ausgestaltung dieser Normen impliziert bereits, dass Straßenreinigung nicht jederzeit und allerorten selbstverständlich unaufgefordert erfolgt. Die Normen vermitteln Nachbarn dennoch **keinen direkten Anspruch** auf Reinigung. In der Praxis lässt sich das Nachbarinteresse in solchen Konstellationen auch unterhalb der Schwelle rechtlicher Problematisierung erfolgreich durchsetzen. Durch Baustellenverkehr verschmutzte öffentliche Straßen sind regelmäßig **auch lokalpolitisch aufgeladene Themen**. Durch baustellenbedingte Verunreinigungen betroffene Nachbarn können den zuständigen Straßenbaulastträger in jedem Fall zum Einschreiten auffordern. Der Hinweis, dass der zuständige Straßenbaulastträger im Rahmen seiner Verkehrssicherungspflicht auch selbst für die Beseitigung von Verschmutzungen verantwortlich sein kann, erweist sich idR als für die Durchsetzung des Nachbarinteresses förderlich. Denn wird eine Verschmutzung nicht alsbald beseitigt, müssen Polizei und Verkehrsbehörde die Gefahrenstelle kenntlich machen.[158] Bei starker Verschmutzung müssen andere Verkehrsteilnehmer zusätzlich gewarnt werden.[159] Für den Baulastträger liegt dann nahe, den Baustellenverantwortlichen zur Reinigung und Sauberhaltung aufzufordern. Durch baustellenbedingte Straßenverschmutzung belästigte und etwaig gefährdete Nachbarn haben zwar keinen unmittelbaren Anspruch auf Straßenreinigung, können in der Praxis aber wegen der durch Verschmutzungen ausgelösten Handlungspflichten der Baulastträger und Kommunen diese zum Einschreiten bewegen. 50

10. Nachbaranspruch gegen Kranaufstellung und Baustellenüberwachung mittels Kameradrohnen

a) Kranaufstellung. Der Einsatz eines Krans auf der Baustelle ist oft mit der **Überschwenkung des Luftraums** über Nachbargrundstücken verbunden. Ein Nachbar kann gegen die Überschwenkung seines Grundstücks durch Kranausleger einen Abwehranspruch aus § 1004 Abs. 1 oder § 862 Abs. 1 Satz 2 BGB geltend machen. Nach § 905 Satz 1 BGB erstreckt sich das Recht des Grundeigentümers auch „auf den **Raum über der Oberfläche**“. Nach § 905 Satz 2 BGB kann der Eigentümer jedoch „Einwirkungen nicht verbieten, die in solcher Höhe oder Tiefe vorgenommen werden, dass er an der Ausschließung kein Interesse hat.“ Die bisher in Deutschland erreichten Bauhöhen sind Bestandteil des Grundeigentums. Eine Inanspruchnahme ohne Zustimmung des Eigentümers resp. Besitzers ist Eigentums- resp. Besitzstörung. Derartige verbotene Eigenmacht kann der Betroffene abwehren. Die seitens der Judikatur geforderten tatsächlichen Anforderungen sind nicht hoch. Überwiegend genügt als Voraussetzung des Abwehranspruchs die objektive Möglichkeit, ein Nachbargrundstück zu überfahren.[160] Der Einsatz eines Turmdrehkrans erfordert einen **Kranaufstellungsplan**, in dem Standort(e) und Schwenkbereiche definiert ist/sind. Im Rahmen geordneter Baustellenplanung wird er Teil entsprechender Vereinbarung(en) mit betroffenen Nachbarn. 51

b) Baustellenüberwachung mittels Kameradrohnen. Der Nachbar einer Baustelle, dessen Grundstück **Kameradrohnen im Baustelleneinsatz** regelmäßig überfliegen, kann Unterlassung verlangen und ein prä- 52

---

156 Vgl. zum Bundesrecht *Schurig* StVO S. 406 ff.
157 BGH Urt. v. 21.1.1975 – VI ZR 74/73, VersR 1975, 714.
158 *Schurig* StVO S. 407.
159 *Schurig* StVO S. 407.
160 OLG Zweibrücken Beschl. v. 24.6.1997 – 1 W 51/97, juris; aA LG Kiel Urt. v. 20.10.1990 – 2 O 427/90, BauR 1991, 380; vgl. zur Überschwenkung durch Kranausleger auch LG Lüneburg, Beschl. v. 6.11.1998 – 1 T 177/98, BauR 1999, 425; OLG Karlsruhe Urt. v. 11.12.1991 – 6 U 121/91, NJW-RR 1993, 91; OLG Düsseldorf Urt. v. 17.7.2000 – 7 O 153/00, OLG-Report Düsseldorf 2001, 178.

ventives Verbot solcher Überflüge aus § 1004 Abs. 1 S. 2 BGB durchsetzen.[161] **Kameradrohnen** werden auch im Bauwesen und dort im Rahmen des Bauprojektmanagements zunehmend zur **Baustellenüberwachung** eingesetzt. Den Betrieb unbemannter Fluggeräte zu gewerblichen Zwecken regeln § 21a und b LuftVO.[162] Drohnenflüge über fremde Privatgrundstücke sind unzulässig. § 21b Abs. 1 Nr. 7 LuftVO verbietet den Betrieb von Drohnen über Wohngrundstücken unabhängig von der Flughöhe, sofern die Startmasse mehr als 0,25 kg beträgt oder das Gerät bzw. seine Ausrüstung fähig ist, „optische, akustische oder Funksignale" zu empfangen, zu übertragen oder auszuzeichnen. § 21b Abs. 1 Nr. 7 LuftVO bezweckt den Schutz der Persönlichkeits- und Datenschutzrechte und des Schutz- und Ruhebedürfnisses der Bewohner.[163]

11. Nachbaranspruch auf Unterlassung/Beseitigung einer unzulässigen Grundstücksvertiefung

53 Der Aushub der Baugrube darf dem Grunde nach bis an die Grenzen des Baugrundstücks reichen. Die damit verbundene Vertiefung des Baugrundstücks darf aber nicht zu einem Stützverlust des Nachbargrundstücks und damit indirekt zum **Wegfall der Standfestigkeit** der Baustelle benachbarter Gebäude führen. Der Aushub einer Baugrube muss erforderlichenfalls mit **Herstellung einer anderweitigen Befestigung** des oder der gefährdeten Nachbargebäude(s) einhergehen. Verliert der Boden eines Nachbargrundstücks infolge gezielter Vertiefung des Baugrundes die Stütze, erwächst betroffenen Nachbarn aus § 909 BGB ein Unterlassungs- und Beseitigungsanspruch.[164]

54 § 909 BGB **verbietet eine Grundstücksvertiefung** durch Eingriff in den Untergrund. Die Norm greift auch bei Abgrabung eines Hangfußes.[165] Die Abtragung eines Gebäudes oder der Abbruch eines Kellers erfüllen die Anforderung der Vertiefung des Grundstücks dagegen nicht.[166] Stattdessen müssen idR **Bodenbestandteile entfernt** werden, deren Entfernung zur Senkung des Bodenniveaus führt.[167] Diese Voraussetzung ist auch erfüllt, wenn unterirdische **Gebäudeteile wie Fundamente oder Kellerwände entfernt** werden.[168] Eine tatbestandliche Vertiefung ist es aber auch, wenn eine **Bodenverdichtung** zu einer Absenkung der Oberfläche führt. Dies muss nicht, wird aber häufig im Zusammenhang mit Bauarbeiten und damit einer benachbarten Baustelle geschehen. Schließlich kann § 909 BGB auch eine **Beeinflussung des Grundwasserspiegels** erfassen, wenn etwa eine häufig mit Tiefbauarbeiten verbundene **Grundwasserabsenkung** dem Boden gerade dadurch die Stützfähigkeit entzieht.[169] In diesen Fällen erfolgt die Vertiefung zwar nicht durch Entnahme von Bodenbestandteilen, doch hat die Judikatur sie dennoch als durch § 909 BGB erfasst bewertet.[170] Wegen des Entzugs den Boden stabilisierender Feuchtigkeit erfüllen auch Entwässerungsanlagen auf Baustellen den Tatbestand des § 909 BGB.[171] Dass und wie hohe Bedeutung Wasser bzw. Bodenfeuchtigkeit für die Stützfähigkeit des Bodens hat, wird gemessen an der kontinuierlichen Beschäftigung auch der Judikatur mit solchen Konstellationen häufig verkannt oder unterschätzt. § 909 BGB erfasst nur gezielte aktive Einwirkung oder pflichtwidrige Unterlassung, nicht jedoch zu Stützverlust auf Nachbargrundstücken führende natürliche Bodenveränderungen.

---

161 *Regenfus* NZM 2011, 799 ff.
162 Luftverkehrsordnung idF v. 30.3.2017; Überblick gibt *Schmid* juris PR-ITR 8/2018.
163 BR-Drs. 39/17, 25 f.
164 BGH Urt. v. 26.10.1978 – III ZR 26/77, juris Rn. 13; BGH Urt. v. 26.11.1982 – V ZR 314/81, juris Rn. 9 f.
165 BGH Urt. v. 7.2.1980 – III ZR 153/78, NJW 1980, 1679.
166 BGH Urt. v. 19.9.1979 – V ZR 22/78, NJW 1980, 224.
167 BGH Urt. v. 20.12.1971 – III ZR 79/69, BGHZ 57, 370.
168 BGH Urt. v. 19.9.1979 – V ZR 22/78, NJW 1980, 224.
169 Vgl. zu einer Grundwasserabsenkung BGH Urt. v. 20.12.1971 – III ZR 79/69, BGHZ 57, 370; zu einer bodenaufweichenden Grundwassererhöhung BGH; zur Grundwasserströmung und dadurch verursachten Erdbewegungen BGH Urt. v. 18.6.1964 – III ZR 65/63, VersR 1964, 1070; zu einer Grundwasserabsenkung und dadurch verursachter Verfaulung von Gründungspfählen BGH WM 1979, 1216.
170 BGH Urt. v. 13.7.1965 – V ZR 169/64, BGHZ 44, 130.
171 BGH Urt. v. 27.5.1987 – V ZR 59/86, BGHZ 101, 106; BGH Urt. v. 4.7.1980 – V ZR 240/77, juris Rn. 9 ff.

Nachbargrundstück iSd § 909 BGB sind alle im Einwirkungsbereich einer Vertiefung liegenden Grundstücke. Die Grundstücke müssen also nicht aneinandergrenzen.[172] Dies erweitert den Kreis erfasster Nachbarn gerade bei baubedingten Einwirkungen auf das Grundwasser. 55

Stützverlust iSd § 909 BGB entsteht, wenn Einsturz**gefahr** eintritt, für die eine Vertiefung adäquat kausal ist. § 909 BGB schützt die **physikalische Bodenfestigkeit** des Nachbargrundstücks. Diese verliert der Boden iSd § 909 BGB nicht nur, wenn er, der Schwerkraft nachgebend, nach unten oder zur Seite absinkt (etwa infolge einer Vertiefung durch Wegnahme von Bodenbestandteilen, infolge Wasserentzugs oder infolge Wegschwemmens von Bodenbestandteilen). Er verliert auch dann die erforderliche Stütze, wenn er unmittelbar infolge der durch Druck ausgelösten Vertiefung im Nachbargrundstück oder infolge einer mit einer Vertiefung zusammenhängenden Pressung vom Nachbargrundstück her in Bewegung gerät und in sich seinen Halt verliert.[173] Die Besonderheit solcher Konstellationen ist, dass eine Vertiefung nicht durch Wegnahme von Bodenbestandteilen entsteht, sondern das Bodenniveau infolge des Gewichts eines Neubaus gesenkt wird und dieser Gewichtsdruck weiter auf den Boden des Nachbargrundstücks einwirkt. § 909 BGB erfasst also auch durch Druck und Gewicht ausgelöste Ursachenketten, die zu Verschiebungen im Erdinnern führen.[174] Demgegenüber ändert es den Befund des Stützverlustes nicht, dass sich ein aufgrund Vertiefung einsturzgefährdetes Gebäude bereits in schlechtem Zustand befunden hat. **Schadenanfälligkeit** beseitigt weder das Vertiefungsverbot noch die Folgen seiner Missachtung.[175] 56

Der Tatbestand ist erfüllt, wenn und soweit der Vertiefende nicht für eine **anderweitige Befestigung** des gefährdeten Nachbargrundstücks sorgt. Auf Baustellen erfolgt dies durch Stützmaßnahmen, die teils das Nachbargrundstück unterfangen, was der Zustimmung des Nachbarn bedarf. Denn Befestigungen müssen grundsätzlich auf dem Grundstück erfolgen, das vertieft werden soll, v.a. bei Neubauten auf der Baustelle.[176] 57

§ 909 BGB gibt dem Nachbarn bei drohender unzulässiger Vertiefung **vorbeugenden Unterlassungsanspruch**. Der Nachbar kann nicht Unterlassung der Vertiefung, sondern muss Unterlassung unzulässiger Vertiefung fordern.[177] Außerdem kann § 909 BGB iVm § 1004 Abs. 1 BGB Grundlage für einen **Beseitigungsanspruch** sein.[178] § 909 ist zudem Schutznorm iSd § 823 Abs. 2 BGB.[179] Der daher neben dem Unterlassungsanspruch aus § 909 BGB bestehende Schadenersatzanspruch umfasst die Kosten der Wiederherstellung der Standfestigkeit. Schuldner kommt kann auch der Architekt sein.[180] Der Vertiefende kann dem Stützverlust nicht die Baugenehmigung entgegenhalten.[181] 58

Abgrabungen im Bereich der Grundstücksgrenze können separater Baugenehmigungspflicht unterliegen, wenn es sich um **selbstständige Abgrabungen** handelt. Selbstständig sind Abgrabungen, die nicht dem Hauptbauvorhaben dienen, sondern einen eigenen Zweck wie etwa der Umgestaltung des Grundstücks dienen. Solche Umgestaltungen unterliegen bei größerer Dimensionierung als bauliche Anlagen (vgl. etwa § 2 BauO BW) der Baugenehmigungspflicht. Maßgeblich sind Höhe, Grenzlänge und Grundfläche. Das gilt auch für **Stützmauern**, von denen Wirkungen wie von Gebäuden ausgehen und die deshalb Abstandflächen auslösen. In solchen Konstellationen ist neben einer zivilrechtlichen Unterlassungs- und Beseitigungsaufforderung Antrag auf **Einschreiten der Bauaufsichtsbehörde** zulässig. 59

---

172 BGH Urt. v. 22.12.1953 – V ZR 175/52, BGHZ 12, 75.
173 BGH Urt. v. 13.7.1965 – V ZR 169/64, BGHZ 44, 130, juris Rn. 8 f.
174 BGH Urt. v. 13.7.1965 – V ZR 169/64, BGHZ 44, 130.
175 BGH Urt. v. 10.7.1987 – V ZR 285/85, juris Rn. 19.
176 BGH Urt. v. 27.6.1997 – V ZR 197/96, juris Rn. 8.
177 Anders jedoch, wenn eine zulässige Vertiefung technisch-physikalisch unmöglich ist.
178 Der Anspruch wird überwiegend aus §§ 909 iVm 1004 BGB für den Eigentümer und iVm § 862 BGB für den Besitzer abgeleitet; vgl. für die Judikatur BGH Urt. v. 29.5.2009 – V ZR 15/08, NJW 2009, 2528 und für die Literatur *Herrler* in: Palandt BGB § 909 Rn. 6.
179 BGH Urt. v. 10.7.1987 – V ZR 285/85, juris Rn. 12.
180 BGH Urt. v. 10.7.1987 – V ZR 285/85, juris Rn. 14.
181 BGH Urt. v. 26.11.1982 – V ZR 314/81, NJW 1983, 872 (873).

12. Nachbaranspruch auf Schutzvorkehrungen nach § 74 VwVfG

60 Nachbarn von Baustellen für nach Fachplanungsrecht zugelassene Bauvorhaben, dh Anlagen, die durch Planfeststellungsbeschluss oder -genehmigung zugelassen wurden, können Anspruch auf **Schutzvorkehrungen nach § 74 Abs. 2 S. 2 VwVfG** haben. Planfeststellungsbeschlüsse setzen regelmäßig Schutzmaßnahmen fest.[182] Inhaltlich können Schutzmaßnahmen entsprechend dem Zweck des § 74 Abs. 2 S. 2 VwVfG „das **gesamte Spektrum** der in Betracht kommenden sachdienlichen Maßnahmen"[183] und damit alle Maßnahmen festlegen, die **geeignet sind, negative Auswirkungen** eines Vorhabens für die Allgemeinheit und/oder einzelne, insbesondere Anlieger, **aufzuheben, auszugleichen** oder zu **vermindern**.[184] Zwar besteht keine Einigkeit darüber, ob ein Planfeststellungsbeschluss oder eine Plangenehmigung als Bauzulassung auch **Betriebsregelungen** vorgeben darf.[185] Insbesondere **Baustellenlärm und von Baustellen ausgehende Erschütterungen** sind aber regelmäßig Gegenstand von Schutzauflagen nach § 74 Abs. 2 S. 2 VwVfG.[186] Regelungstechnisch ist die Anordnung von Schutzmaßnahmen **Nebenbestimmung** oder **Inhaltsbestimmung**.[187] Die Judikatur ordnet Schutzauflagen als sog. **integrale Bestandteile**[188] der „eigentlichen" Planfeststellung/-genehmigung ein. **Inhaltsbestimmungen** sind nicht selbstständig anfechtbare Bestandteile von Regelungen, die deren **Inhalt konkretisieren und insoweit auch einschränken**. Folge ist, dass der Vorhabenträger sie **nicht separat anfechten** kann. Dem Nachbarschutz ist dies zuträglich, weil ein Vorhabenträger durch Widerspruch und Klage gegen ungewollte Inhaltsbestimmungen die gesamte Bauzulassung zur Disposition stellen muss. Für die Anfechtbarkeit durch Nachbarn ist ein abweichender Blickwinkel maßgeblich, weil selten vorkommt, dass Nachbarn nur gegen Baustellen, aber nicht gegen das Hauptvorhaben vorgehen wollen.

---

182 *Jarass* DÖV 2004, 633 ff.

183 BVerwG Urt. v. 30.5.1984 – 4 C 58/81, BVerwGE 69, 256 (277).

184 BVerwG Urt. v. 29.1.1991 – 4 C 51/89, BVerwGE 87, 332 (384); *Wysk* in Kopp/Ramsauer VwVfG § 74 Rn. 108; *Neumann/Külpmann* in Stelkens/Bonk VwVfG § 74 Rn. 88.

185 Zum Fernstraßen- u. Eisenbahnrecht: *Klinger* UPR 2003, 342 ff.; zum Straßenrecht: *Sauthoff* in: Driehaus-FS, 369 ff.; zum Eisenbahnrecht: BVerwG NVwZ 2014, 730 Rn. 55; *Krappel* DVBl 2012, 674 (676); sehr kritisch *Vallendar* UPR 2014, 241; einschränkend BVerwG NVwZ 2017, 1138 Rn. 18 ff.

186 Für Baustellenlärm vgl. OVG Münster Urt. v. 11.9.2019 – 11 D 81/16.AK, juris; für Erschütterungen → *Erschütterungen* Rn. 71.

187 *Wysk* in Kopp/Ramsauer VwVfG § 74 Rn. 106; *Hoppe/Schlarmann/Buchner*, Verkehrsanlagen, 3. Aufl. 2001, Rn. 821 ff.

188 BVerwG Urt. v. 14.9.1992 – 4 C 34-38/89, BVerwGE 91, 17 (19) entgegen BVerwG Urt. v. 17.11.1972 – IV C 21.69, BVerwGE 41, 178 (180).

18. Bestandsschutz

Schulte Beerbühl

Literatur: *Kremer*, Grenze des Bestandschutzes beim Umbau eines Gebäudes, Anm. zu BayVGH, Urteil vom 7.3.2018 – 1 B 16.2375, jurisPR-ÖffBauR 6/2018; *Kremer*, Umnutzung einer Brennerei im Außenbereich für landwirtschaftliches Lohnunternehmen, Anm. zu NdsOVG, Beschluss vom 9.7.2019 – 1 LA 140/18, jurisPR-ÖffBauR 10/2019; *Michael*, Abgrenzung einer Tekturgenehmigung von einem „Aliud", jurisPR-ÖffBauR 8/2020; *Rosin*, Bauen und Sanieren im Bestand im Spannungsfeld zwischen Bestandsschutz und dynamischer Anpassungspflicht, DVBl 2019, 86; *Wickel*, Bestandsschutz im Baurecht, Jura 2019, 268.

I. Bedeutung des Bestandsschutzes für das Öffentliche Baunachbarrecht

1 Der Begriff des Bestandsschutzes hat im öffentlichen Baurecht eine zentrale Bedeutung. Diese liegt im Wesentlichen darin, ein **Abwehrrecht** gegen **bauaufsichtliche Ordnungsverfügungen** zu begründen. Darüber hinaus hat das Bestehen von Bestandsschutz als eines von mehreren Tatbestandsmerkmalen Bedeutung für das Bestehen eines **Anspruchs auf Erteilung einer Baugenehmigung**.

2 Im Rahmen des Öffentlichen Baunachbarrechts kommt insbesondere dem erstgenannten Gesichtspunkt Bedeutung zu. So kann bei einer Nachbarstreitigkeit der Umstand, dass eine bauliche Anlage Bestandsschutz genießt, dazu führen, dass sie nicht Objekt einer bauaufsichtlichen Verfügung werden kann, auch nicht auf einen **Antrag auf bauaufsichtliches Einschreiten** des Nachbarn hin. In diesen Fällen liegt zwar ein Verstoß gegen öffentlich-rechtliche, den betreffenden Nachbarn schützende Vorschriften vor; der dem Grunde nach bestehende Anspruch kann aber dem Bauherrn gegenüber nicht durchgesetzt werden, weil dieser sich auf eine einst erworbene schutzwürdige Position berufen kann, die er noch innehat. Das führt dazu, dass unter Umständen die Frage nach der materiellen Rechtswidrigkeit der benachbarten Anlage nicht aufgeworfen und beantwortet zu werden braucht oder, sofern die vorgenannte Frage zu bejahen ist, der nachbarschützenden Charakter der verletzten Norm nicht untersucht werden muss, wenn sich herausstellt, dass die streitige Anlage jedenfalls Bestandsschutz genießt. Diese Aussage gilt allerdings nicht ohne Einschränkungen: Zum einen schränkt die Berechtigung zu einem sogenannte **Anpassungsverlangen** (zB § 59 BauO NRW) den Grundsatz erheblich ein, zum anderen ist in der Rechtsprechung anerkannt, dass bei **Gefahr für Leben und Gesundheit** von Menschen auch außerhalb und ohne eine spezielle Norm zu einem Anpassungsverlangen ordnungsbehördlich eingeschritten werden darf, auch wenn die Anlage Bestandsschutz genießt.[1]

3 Der Ursprung des Bestandsschutzes liegt in **Art. 14 Abs. 1 S. 1 GG**. Dem Berechtigten soll die **Eigentumsposition** auch dann nicht wieder entzogen werden dürfen, wenn die Rechtslage sich zu seinen Lasten ändert. Der Bestandsschutz schützt also den Bestand einer baulichen Anlage (weitgehend, aber nicht uneinge-

1 Vgl. etwa OVG Münster Beschl. v. 4.7.2014 – 2 B 666/14, juris Rn. 13; VG München Beschl. v. 10.9.2016 – M 1 S 16.1816, juris Rn. 20; OVG Bautzen Beschl. v. 21.8.2013 – 1 B 353/13, juris Rn. 6.

schränkt) davor, wegen einer Änderung der für sie maßgeblichen Rechtslage – das ist das wesentliche Element des Bestandsschutzes im Unterschied zur fortbestehenden Bestandskraft einer Genehmigung – vernichtet werden zu müssen oder in ihrer Ausnutzbarkeit eingeschränkt zu sein.

II. Elemente des Bestandsschutzes

1. Entstehen der schutzwürdigen Position

4 Wichtigstes Element des Bestandsschutzes ist das Entstehen der schutzwürdigen Position. Kann weder die formelle Legalität (→ Rn. 5 ff.) noch die materielle Legalität (→ Rn. 11 ff.) der störenden Anlage bejaht oder in Bestreitensfall nachgewiesen werden, kann der Bauherr sich nicht auf Bestandsschutz als Abwehrrecht berufen.

5 **a) Formelle Legalität.** Eine schutzwürdige Position als Voraussetzung für das Gegenrecht (in der Ausprägung einer „schlicht" rechtmäßig bestehenden baulichen Anlage oder in der Ausprägung einer bestandsgeschützten Anlage) entsteht primär und normalerweise dadurch, dass die **Genehmigung** erteilt wird, sei es zur Errichtung oder auch nur zur Nutzung einer baulichen Anlage.

6 **aa) Formelle Legalität trotz Rechtswidrigkeit.** Das gilt auch dann, wenn die **Genehmigung rechtswidrig** (aber nicht nichtig, § 44 VwVfG) war und deshalb nicht hätte erteilt werden dürfen. Dies findet nach der Rechtsprechung des Bundesverwaltungsgerichts[2] seine Rechtsfertigung darin, dass (nur) die Baugenehmigung die verbindliche Feststellung umfasst, dass das genehmigte Vorhaben mit dem im Zeitpunkt ihrer Erteilung geltenden öffentlichen Recht übereinstimmte. Die Bestandskraft – gemeint als materielle Bestandskraft, die ihrerseits die formelle Bestandskraft, dh die Unanfechtbarkeit, voraussetzt – bewirkt, dass im Interesse einer **größtmöglichen Rechtssicherheit** die grundsätzliche Rechtsbeständigkeit der rechtsverbindlich regelnden Akte öffentlicher Gewalt Vorrang hat gegenüber einer etwaigen **materiellen Rechtsfehlerhaftigkeit**, selbst wenn diese die Rechtsverletzung eines Dritten zur Folge hat.

7 **bb) Feststellung der Legalisierungswirkung.** Bei der **Feststellung der Legalität** durch eine Genehmigung kommt der Frage des **Genehmigungsinhalts** besondere Bedeutung zu. Diese kann oft nur durch Auslegung unter Hinzuziehung aller greifbaren Unterlagen beantwortet werden. Betreffen vorliegende Genehmigungen eine bestimmte konstruktive Form der Errichtung oder eine genau definierte Nutzungsart (zB Errichtung eines Gebäudes in einer genau beschriebenen Bauweise und dessen Nutzung als Wochenendhaus), kann nur dieser Genehmigungsinhalt die schutzwürdige Position (und auch den Bestandsschutz) begründen. In Fällen einer lange zurückliegenden Genehmigungserteilung oder einer wenig detailreichen und schlecht lesbaren Bauvorlage kann die Feststellung des seinerzeitigen Genehmigungsgeschehens gelegentlich mühsam sein. Eine **Schlussabnahme** legalisiert eine von einer Genehmigung abweichende Bauausführung nicht. Werden die bauliche Anlage oder die Nutzungsart später in wesentlicher Weise geändert, erstreckt sich die einer jeden Genehmigung innewohnende Legalisierungswirkung nicht mehr auf die neue Anlage oder die neue Nutzungsart. Dies sind Fragen des **Untergangs der schutzwürdigen Position** bzw. des Bestandsschutzes. Wegen Einzelheiten zu dieser Frage siehe nachfolgend die Ausführungen unter → Rn. 17 ff.

8 **cc) Beweislast.** Oft ist zweifelhaft, ob die behauptete Baugenehmigung seinerzeit tatsächlich erteilt worden ist. Ist sie weder bei der Baugenehmigungsbehörde noch bei dem Bauherrn/Eigentümer der Anlage vorhanden und bestreitet die Behörde die Erteilung, ist grundsätzlich der Bauherr **beweispflichtig.**[3] Dies beruht auf dem allgemeinen prozessrechtlichen Grundsatz, dass derjenige, der im Wege einer Einwendung ein Gegenrecht geltend macht, im Bestreitensfall dessen Vorliegen beweisen muss. Kann er das nicht, wird in einem Streitfall das Gericht in aller Regel das Ergehen einer Baugenehmigung (oder das Bestehen einer Genehmigungsfähigkeit, dazu sogleich → Rn. 11 ff.) und damit das Entstehen der schutzwürdigen Position nicht annehmen können.

---

2 BVerwG Urt. v. 8.6.1979 – 4 C 23.77, BVerwGE 58, 124; BVerwG Beschl. v. 16.1.2014 – 4 B 32/13, juris Rn. 10.
3 BVerwG, st. Rspr. seit Urt. v. 23.2.1979 – IV C 86/76, NJW 1980, 252.

Unter besonderen Umständen wird aber von dieser Regel abzuweichen sein. Allein die **Beweisnot**, die sich aus dem Zeitablauf, häufigem Eigentümerwechsel oder der möglichen Vernichtung von Bauakten durch Kriegseinwirkung ergibt, bewirkt allerdings noch keine Beweislastumkehr. 9

Ein **Anscheinsbeweis** kommt nur bei typischen Abläufen in Betracht. Derart typisch kann nur ein Ablauf sein, der vom menschlichen Willen unabhängig ist, dh gleichsam mechanisch abrollt.[4] Denn „bei Vorgängen, die vom bewussten individuellen Verhalten gesteuert werden, mag es von Fall zu Fall statistisch belegbare „Erfahrungen" darüber geben, dass die eine Verhaltensweise die Regel und die andere die Ausnahme ist. Erfahrungen dieser Art geben aber zugunsten eines Anscheinsbeweises nichts her."[5] 10

b) Materielle Legalität. Eine schutzwürdige Rechtsposition kann nach der höchstrichterlichen Rechtsprechung, der die Instanzgerichte folgen, auch dadurch entstehen, dass die Anlage oder ihre Nutzung im Zeitpunkt ihrer Errichtung bzw. Nutzungsaufnahme materiell legal war, dh auf einen entsprechenden Antrag hin eine Genehmigung hätte erteilt werden können.[6] Es ist deshalb ergänzend die **Genehmigungsfähigkeit** zu prüfen, also ob das Vorhaben mit dem damals geltenden öffentlichen Recht übereinstimmte.[7] Diese Auffassung hatte bereits das Preußische Oberverwaltungsgericht vertreten.[8] 11

Abzustellen ist insofern zunächst auf die **Rechtslage, die zur Zeit der Errichtung des Bauwerks bestand**. Die Rechtsprechung erweitert allerdings diese Grundsätze dahin, dass von einer rechtmäßig errichteten (materiell legalen und damit eine schutzwürdige Position beanspruchenden) baulichen Anlage auch dann ausgegangen werden kann, wenn die Anlage zwar nicht im Zeitpunkt ihrer Errichtung, aber in der sich anschließenden Zeit **einmal für einen gewissen Zeitraum**[9] **genehmigungsfähig** gewesen ist. 12

Bei Vorhaben, die befristet, auflösend bedingt oder widerruflich genehmigt worden sind, kann eine schutzwürdige Position selbst nicht angenommen werden, wenn die bauliche Anlage während der Dauer der Wirksamkeit der Genehmigung materiell legal war. Denn ein **schutzwürdiges Vertrauen** auf eine dauernde Legalität ist in diesen Fällen zu keinem Zeitpunkt entstanden.[10] 13

c) Verwirklichung des Vorhabens. Eine rechtlich schutzwürdige Position setzt grundsätzlich einen vorhandenen Bestand voraus, in dem das (formell oder materiell) Zulässige verwirklicht worden ist. Der Bestandsschutz sichert nämlich ausschließlich die **Erhaltung eines vorhandenen Bestandes**, und zwar grundsätzlich in seiner bisherigen Funktion.[11] Schon deswegen können Bestandteile eines Gebäudes, die ihre Funktion als Teil des Gebäudes noch nicht erfüllen, keinen Bestandsschutz genießen. Die Nichtnutzbarkeit von bereits ausgeführten Bauteilen eines insgesamt noch nicht fertigen Gebäudes rechtfertigt eine Ausweitung des Bestandsschutzes nicht, sondern lässt im Gegenteil den Schluss darauf zu, dass der vorhandene Bestand, wegen seiner fehlenden Nutzbarkeit, schon als solcher nicht schutzwürdig ist.[12] 14

Ist eine Baugenehmigung seinerzeit für ein bestimmtes Bauvorhaben erteilt, aber tatsächlich ein anderes Vorhaben verwirklicht worden, ist keine schutzwürdige Position entstanden. Ein anderes Vorhaben ist auch dann verwirklicht worden, wenn das verwirklichte Vorhaben sich in baurechtlich relevanter Weise von dem 15

4 BVerwG Urt. v. 7.12.1967 – II C 127.64, ZBR 1968, 128.
5 BVerwG Urt. v. 23.2.1979 – IV C 86/76, NJW 1980, 252.
6 BVerwG Urt. v. 8.6.1979 – 4 C 23/77, NJW 1980, 1010.
7 BVerwG Urt. v. 28.7.1956 – I C 93.54, BVerwGE 3, 351; BVerwG Urt. v. 25.10.1967 – IV C 129.65, BVerwGE 28, 145; Beschl. v. 16.1.2014 – 4 B 32/13, juris Rn. 10.
8 Vgl. Preuß. OVG Bd. 96 S. 196, Bd. 99 S. 212, Bd. 104 S. 223; zitiert nach: BVerwG Urt. v. 28.7.1956 – I C 93.54, BVerwGE 3, 351.
9 OVG Koblenz Urt. v. 12.12.2012 – 8 A 10875/12, juris Rn. 36: „hinreichend langer Zeitraum"; OVG Bautzen Beschl. v. 2.5.2011 – 1 B 30/11, juris Rn. 15: „relevanter Zeitraum"; OVG Münster Urt. v. 28.8.2001 – 10 A 3051/99, BRS 64, Nr. 201: „nennenswerter Zeitraum".
10 BVerwG Urt. v. 10.12.1982 – 4 C 52/78, juris Rn. 14.
11 BVerwG Urt. v. 25.11.1970 – IV C 119.68, BVerwGE 36, 296.
12 BVerwG Beschl. v. 9.7.1969 – IV B 61.69, BauR 1970, 97.

genehmigten Vorhaben unterscheidet, also ein „**aliud**“[13] hergestellt worden ist. Dann hat zum einen nach Ablauf der für die Gültigkeitsdauer maßgeblichen Rechtslage der Bauherr die Berechtigung, diese auszunutzen verloren. Zum anderen ist die stattdessen errichtete Anlage weder „**rechtmäßig errichtet**“ worden, noch vermochte sie jemals in den Genuss von Bestandsschutz gelangen.

16 **Beispiel:**[14] Der Bauherr hatte im Jahr im November 2010 eine Baugenehmigung für Umbauarbeiten erhalten. Die im Jahr 2011 durchgeführten Arbeiten führten jedoch dazu, dass die Außenwand zur Grundstücksgrenze nicht den in den Bauvorlagen zur Baugenehmigung vorgesehenen Abstand von drei Metern einhielt, sondern weniger. Der Bauherr errichtete damit ein Vorhaben, das in wesentlicher Weise von der Genehmigung abwich und nicht von der Baugenehmigung gedeckt war. Die Genehmigung erlosch nach Maßgabe der einschlägigen Regelung in der Landesbauordnung nach drei Jahren, mithin im November 2013, unter Umständen sogar schon früher, wenn nämlich die Inangriffnahme eines anderen Vorhabens so verstanden werden kann, dass das genehmigte Vorhaben nicht ausgeführt werden sollte (§ 43 Abs. 1 VwVfG).

2. Untergang der Rechtsposition

17 Eine durch formelle oder materielle Legalität erlangte schutzwürdige Rechtsposition (und in deren Ausprägung der Bestandsschutz) geht unter, wenn die Anlage ihre Identität verliert.[15] Weil nach dem Sinn des durch Art. 14 GG angestrebten Schutzziel und des Rechtsinstituts des Bestandsschutzes **rechtmäßig erworbene Eigentumsrechte** weiterhin geschützt werden sollen, besteht kein Grund mehr, die Durchsetzbarkeit des (ggf. erst mittlerweile entgegenstehenden) Baurechts auszuschließen, wenn das zu schützende Eigentum in seiner eigentlichen Form nicht mehr existiert.

18 Sind die schutzwürdige Position und ggf. der Bestandsschutz einmal untergegangen, ist diese Rechtsfolge nicht **revisibel**. Eine Wiederherstellung des ursprünglichen Zustandes durch Wiederaufbau der beseitigten Anlage oder Wiederaufnahme der seinerzeit ausgeübten Nutzung kann diese nicht wiederaufleben lassen.[16]

19 Die nachstehend angesprochenen bautechnische Veränderungen an der baulichen Anlage und Änderungen (oder Aufgabe) der Nutzung können die **Identität** beeinflussen; Folge davon ist, dass der Bauherr sein Abwehrrecht verliert und einem etwaigen Verlangen zur Verwirklichung von Nachbarrechten nachkommen muss.

20 **a) Bautechnische Veränderungen.** Die Frage, wann eine bauliche Anlage durch bautechnische Veränderungen ihre **Identität verliert**, kann nicht abstrakt-generell beantwortet werden. Selbstverständlich beeinflusst nicht jedwede Arbeit an einer baulichen Anlage deren Identität. Die höchstrichterliche Rechtsprechung betont immer wieder, dass dies eine Frage „**tatrichterlicher Würdigung**“ ist. Das bedeutet nichts anderes, als dass das Gericht und selbstverständlich auch die Verwaltung sich in jedem Fall eine eigene Überzeugung darüber bilden müssen, ob der Bestandsschutz noch erhalten ist; unter Umständen müssen (Bau-) Fachleute bei dieser Beurteilung helfen.

21 Dessen ungeachtet haben sich in der Rechtsprechung Fallgruppen herausgebildet, in denen von einem Untergang des Bestandsschutzes durch einen **Eingriff in den vorhandenen Baubestand** gesprochen werden kann.

22 Vorangestellt wird stets, dass zu entscheiden ist, ob trotz einer etwaigen Änderung das ursprüngliche Gebäude nach wie vor **als „Hauptsache“ erscheint** oder ob durch die Änderung **etwas anderes**, ein sogenanntes **aliud**, entstanden ist.

---

13 S. dazu *Kremer* jurisPR-ÖffBauR 6/2018; *Kremer* jurisPR-ÖffBauR 10/2019; *Michael* jurisPR-ÖffBauR 8/2020; *Rosin* DVBl 2019, 86; *Wickel* Jura 2019, 268.

14 Nach VG Gelsenkirchen Beschl. v. 14.1.2014 – 6 K 2222/11, juris Rn. 34.

15 St. Rspr. seit BVerwG Urt. v. 18.10.1974 – IV C 75.71, DVBl 1975, 501; siehe dazu jüngst VGH München Urt. v. 2.11.2020 – 15 B 19.2210, juris Rn. 15.

16 BVerwG Beschl. v. 23.12.1994 – 4 B 262/94, juris Rn. 2; BVerwG Urt. v. 23.2.1979 – 4 C 86.76, NJW 1980, 252.

Ausgangspunkt für die Überlegung ist, dass die schutzwürdige Position und der Bestandsschutz dem Grunde nach nur das Recht gewähren, das Bauwerk weiter so zu unterhalten und zu nutzen, wie es seinerzeit errichtet wurde, und dass beides mithin nicht einen **Ersatzbau anstelle des (bestands-) geschützten Bauwerks** rechtfertigt.[17] Besonders schwierig ist die Abgrenzung der (Neu-) Errichtung zu **Instandsetzungsarbeiten**, die die Rechtsposition in der Regel unberührt lassen. 23

Beispiel:[18] Kennzeichen der Identität ist, „dass das ursprüngliche Gebäude nach wie vor als „Hauptsache" erscheint. Hieran fehlt es dann, wenn der mit der Instandsetzung verbundene Eingriff in den vorhandenen Bestand so intensiv ist, dass er die **Standfestigkeit des gesamten Gebäudes** berührt und eine **statische Nachberechnung des gesamten Gebäudes** erforderlich macht, oder wenn die für die Instandsetzung notwendigen Arbeiten den Aufwand für einen Neubau erreichen oder gar übersteigen, oder wenn die Bausubstanz ausgetauscht oder das Bauvolumen wesentlich erweitert wird. Das Berufungsgericht hat angenommen, dass die Hütte durch zahlreiche (auch baugenehmigungsfreie) Baumaßnahmen so sehr verändert worden sei, dass sie einem Neubau gleichgesetzt werden müsse. Seine Beurteilung steht in Übereinstimmung mit den hierzu vom Bundesverwaltungsgericht aufgestellten Rechtsgrundsätzen. 24

Auch genehmigungsfreie Baumaßnahmen sind also geeignet, die schutzwürdige Rechtsposition und den Bestandsschutz untergehen zu lassen. Der Umstand, dass eine Bautätigkeit – unter Umständen nach dem jeweiligen Landesrecht unterschiedlich – genehmigungsfrei ist, belegt also nicht, dass durch sie die Position nicht untergegangen ist; er ist allenfalls ein Indiz hierfür. 25

aa) Untergang des Bestandsschutzes durch Eingriff in die Bausubstanz. Das Bundesverwaltungsgericht hat bereits mit Urteil vom 18.10.1974[19] ausgeführt, Kennzeichen der Identität sei die **Übereinstimmung im Standort, im Bauvolumen und in der Zweckrichtung** und weiterhin, ob ein **„adäquates Verhältnis"** zwischen dem ursprünglichen Gebäude und den Instandsetzungsmaßnahmen dergestalt bestehe, dass das ursprüngliche Gebäude als die Hauptsache erscheine. Die (Wieder-) Herstellung eines teilweise vernichteten bestandsgeschützten Bauwerks, welche die **statische Neuberechnung** des gesamten Gebäudes erforderlich mache, führe zu etwas Neuem, das nicht mehr mit dem bestandsgeschützten ursprünglichen „Eigentum" identisch sei und deshalb nicht dessen Bestandsschutz gegenüber dem nunmehr geltenden, ihm entgegenstehenden Baurecht genieße. Denn die durch die statische Berechnung festzustellende Standfestigkeit eines Gebäudes sei ein wesentliches Element seines Bestandes wie auch seiner Nutzbarkeit. Deshalb könne sie als ein dem Eigentumsschutz des Art. 14 Abs. 1 GG gerecht werdendes Kriterium für die Unterscheidung zwischen dem ursprünglichen und dem infolge Wiederherstellung „neuen" Bauwerk dienen (qualitativer Gesichtspunkt). Bestandsschutz ermögliche dem Eigentümer den Austausch beschädigter Gebäudeteile so lange, wie die Identität der Hauptsache noch gewahrt bleibe.[20] Bei einem Eingriff in die Bausubstanz, die in dem beschriebenen Sinn die Identität der baulichen Anlage ändert, geht der Bestandsschutz unter. 26

Beispiel:[21] Durch den Neueinbau einer Stahlbetondecke anstelle einer Holzbalkendecke in ein kleines Gebäude geht ein bisheriger Bestandsschutz unter. Denn die Änderung der Deckenkonstruktion wirkt sich auf die Statik des Gebäudes aus und erfordert in bauordnungsrechtlicher Hinsicht eine erneute Überprüfung der Standsicherheit. 27

Weiteres Beispiel:[22] Durch Bauarbeiten wurde Wohnraum von 13,92 m² neu geschaffen und Teile der Außenwand wurden verschoben. Der bisher eingeschossige Anbau wurde um ein zweites Vollgeschoss mit 28

17 BVerwG Urt. v. 19.10.1966 – IV C 16.66, BVerwGE 25, 161; BVerwG Urt. v. 22.9.1967 – IV C 109.65, BVerwGE 27, 341; BVerwG Urt. v. 25.11.1970 – IV C 119.68, BVerwGE 36, 296, und BVerwG Urt. v. 16.2.1973 – IV C 61.70, BVerwGE 42, 8.

18 Aus BVerwG Beschl. v. 21.3.2001 – 4 B 18/01, NVwZ 2002, 92.

19 IV C 75.71, BVerwGE 47, 126.

20 So auch VGH Mannheim Urt. v. 17.9.1998 – 3 S 1934/96, juris Rn. 18.

21 Nach OVG Münster Beschl. v. 27.8.2002 – 10 B 1233/02, juris Rn. 9.

22 OVG Münster Urt. v. 16.8.2011 – 10 A 1224/09, juris Rn. 28 ff.

Satteldach aufgestockt, eine circa 2,30 m breite Gaube mit zwei Fenstern wurde eingebaut und die Garage vergrößert. Damit wurde ein mit dem bisherigen Gebäude **nicht mehr identischer Baukörper** geschaffen.

29 Unter Umständen kann bereits die Verwendung eines durch die fortgeschrittene Bautechnik entwickelten **moderneren Baumaterials** die Anfertigung einer **neuen Statik für das gesamte Gebäude** erfordern, obwohl keine Änderung im Bauvolumen oder der Bausubstanz vorliegt. Wo moderneres Baumaterial zur Wiederherstellung eines teilweise zerstörten Bauwerks verwendet wird mit der Folge, dass gerade (auch) wegen der Neuheit dieses Materials eine statische Neuberechnung des gesamten Bauwerks erforderlich wird, erweist sich gerade durch diesen Umstand, dass das wiederhergestellte ein „neues", mit dem ursprünglichen nicht mehr identisches Bauwerk ist. Ob dadurch eine Änderung im Bauvolumen eintritt, ist dann unerheblich; eine Änderung der „Bausubstanz" tritt schon wegen des andersartigen, moderneren Wiederherstellungsmaterials ein.[23]

30 Schließlich ist das ursprüngliche Gebäude nicht mehr die ursprüngliche Anlage, wenn die für die Instandsetzung notwendigen Arbeiten den **Aufwand für einen Neubau** erreichen oder gar übersteigen, wobei „Luxusaufwendungen" nicht in die Berechnung einzubeziehen sind.[24]

31 **Beispiel:**[25] Die Umbauarbeiten haben einen Umfang erreicht, der in quantitativer Hinsicht an den einer Neuerrichtung eines Gebäudes in vergleichbarer Lage heranreicht. Die Baukosten haben nach dem Vortrag des Klägers insgesamt 130.000 EUR für die Positionen Rohbau, Dachdecker, Fensterbau, Estrich, Fliesen, WDVS, Trockenbau, Lüftung, Heizung/Sanitär, Elektro, Fußböden, Maler und Innentüren eingenommen. Selbst wenn einzelne Positionen hierbei unberücksichtigt blieben, kann nicht mehr von einer reinen Instandhaltung ausgegangen werden.

32 **bb) Untergang des Bestandsschutzes durch Verfall.** Ist die bauliche Anlage **verfallen**, ist sie nicht mehr für die bisherige Nutzung offen und verliert damit ihre baurechtliche Existenzberechtigung. Zwar räumt Art. 14 Abs. 1 GG dem Berechtigten zum Schutz seines Vertrauens in den Fortbestand seiner bisherigen Rechtsposition eine gewisse Zeitspanne ein, innerhalb derer der Bestandsschutz noch nachwirkt und noch Gelegenheit besteht, an den früheren Zustand anzuknüpfen.[26] Dies schließt daran an, dass der Bestandsschutz als Abwehrrecht verhindern soll, dass eine vorhandene und funktionsentsprechende, nutzbare Bausubstanz vernichtet wird.[27] Diese Schutzwürdigkeit besteht aber nicht mehr, wenn **äußerlich erkennbar dokumentiert** wird, dass die Anlage aufgegeben worden ist.

33 **b) Bestandsschutz für die Nutzung.** Bauliche Anlagen haben in der Regel keinen Sinn allein in ihrer Existenz. Sie dienen bestimmten Zwecken und sollen zweckentsprechend genutzt werden. Mit der **Änderung der Funktion** wird dem Vorhaben die Identität entzogen. Gegenstand der erneuten Beurteilung hat dann die bauliche Anlage in ihrer geänderten Funktion zu sein. Inwieweit eine bestimmte Art der Nutzung einer baulichen Anlage trotz einer Änderung der Nutzung weiterhin in ihrem Bestand geschützt ist, richtet sich danach, ob und gegebenenfalls in welchem Maße die bebauungsrechtliche Situation nach der Verkehrsauffassung als **noch von der bisherigen Nutzung geprägt** erscheint.

34 **aa) Untergang des Bestandsschutzes durch Nutzungsänderung.** Die bebauungsrechtliche Situation wird nach der Verkehrsauffassung besonders dann nicht mehr von der bisherigen Nutzung geprägt, wenn der Berechtigte in dem Gebäude oder der sonstigen baulichen Anlage eine **andersartige Nutzung** aufnimmt und dies **nach außen sichtbar** wird. Der tatsächliche Beginn einer anderen Nutzung, die erkennbar nicht nur vorübergehend ausgeübt werden soll, unterbricht den Zusammenhang und lässt die schutzwürdige

23 So BVerwG Beschl. v. 24.5.1993 – 4 B 77/93, juris Rn. 5.
24 BVerwG Beschl. v. 24.10.1980 – IV C 81.77, NJW 1981, 2140.
25 Nach VG Münster Urt. v. 3.3.2016 – 2 K 1089/14, juris Rn. 41 ff.
26 OVG Koblenz Urt. v. 22.4.1999 – 1 A 11193/98, BRS 62 Nr. 207.
27 OVG Münster Urt. v. 3.2.1994 – 10 A 1149/91, NWVBl 1994, 302.

Position und den Bestandsschutz, die lediglich die Fortsetzung der bisherigen, einmal rechtmäßig ausgeübten Nutzung gewährleisten sollen, untergehen.[28]

Allerdings erfüllt nicht jede – alltagssprachliche – Änderung einer Nutzungsweise die Voraussetzungen, die an eine Nutzungsänderung im Sinne des Bauplanungsrechts zu stellen sind. Diese liegt nur dann vor, wenn der baulichen Anlage eine von der bisherigen Zweckbestimmung **abweichende Zweckbestimmung** gegeben wird; Maßstab dafür ist der jeweils aktuelle genehmigte Bestand. 35

Eine Nutzungsänderung in diesem Sinn ist jedenfalls dann gegeben, wenn ein Übergang von einer der Nutzungskategorien, wie sie in den Baugebietsvorschriften der Baunutzungsverordnung beschrieben sind, zu einer anderen Nutzungskategorie erfolgt. 36

Beispiel:[29] In einem Gebäude war bis vor dreieinhalb Jahren – bestandsgeschützt – ein Altenheim untergebracht gewesen. Der Kläger hat in dem Gebäude eine Hotel-Pension eröffnet und diese Art der Nutzung – unter anderem durch an der Straße aufgestellte Werbeschilder – nach außen kenntlich gemacht. Damit hat im Vergleich zur früheren Nutzung des Hauses ein Wechsel in der Nutzungsart stattgefunden. Die bebauungsrechtliche Situation des Gebäudes ist nach dieser tatsächlichen Veränderung nicht mehr durch die vormals dort ausgeübte Nutzung als Altenheim geprägt. Der Bestandsschutz für die frühere Nutzung ist damit erloschen. 37

Weiteres Beispiel:[30] Der Übergang von einem bislang bestandsgeschützten Tankstellenbetrieb zu einem Gebrauchtwagenhandel stellt nicht lediglich eine besondere Nutzungsvariante, sondern eine Nutzungsänderung dar. Ein bisheriger Bestandsschutz ist durch die Nutzungsänderung untergegangen und die Zulässigkeit des Gebrauchtwagenhandels muss sich an dem derzeit geltenden Bauplanungsrecht messen lassen. 38

bb) Untergang des Bestandsschutzes durch Nutzungsaufgabe. Nicht immer findet unmittelbar nach der Aufgabe der bestandsgeschützten Nutzung eine neue Nutzung statt. Das ist mit Blick auf die Fortgeltung der rechtmäßig erworbenen Rechtsposition und damit auch des Bestandsschutzes für sich genommen unschädlich. Denn Art. 14 Abs. 1 Satz 1 GG räumt dem Berechtigten zum **Schutz des Vertrauens in den Fortbestand einer bisherigen Rechtsposition** je nach den konkreten Einzelumständen eine gewisse Zeitspanne ein, innerhalb derer der Bestandsschutz nachwirkt und noch Gelegenheit besteht, an den früheren Zustand anzuknüpfen. In der Rechtsprechung besteht Einigkeit darüber, dass erst mit der endgültigen Aufgabe einer zugelassenen Nutzung der Bestandsschutz für sie endet.[31] Bis hierher besteht in der Rechtsprechung noch Einigkeit. Unstimmigkeiten beginnen bei der Frage, welche Kriterien für die Beantwortung der Frage, wann eine endgültige Aufgabe der zugelassenen Nutzung anzunehmen ist, anzuwenden sind. 39

(1) Das Zeitmodell des Bundesverwaltungsgerichts. Das Bundesverwaltungsgericht hat in seiner Rechtsprechung zur erleichterten Zulassung der „alsbaldigen Neuerrichtung eines zulässigerweise errichteten, durch Brand, Naturereignisse oder andere außergewöhnliche Ereignisse zerstörten, gleichartigen Gebäudes an gleicher Stelle“ (§ 35 Abs. 4 Satz 1 Nr. 3 BauGB) ein sogenanntes **Zeitmodell** entworfen, das es auf die Beurteilung der Fortdauer des Bestandsschutzes überträgt: **Im ersten Jahr** nach der Zerstörung eines Bauwerks rechne die Verkehrsauffassung stets mit dem Wiederaufbau. Eine Einzelfallprüfung erübrige sich. **Im zweiten Jahr** nach der Zerstörung spreche für die Annahme, dass die Verkehrsauffassung einen Wiederaufbau noch erwarte, eine Regelvermutung, die im Einzelfall jedoch entkräftet werden könne, wenn Anhaltspunkte für das Gegenteil vorhanden seien. **Nach Ablauf von zwei Jahren** kehre sich diese Vermutung um. Es sei davon auszugehen, dass die Grundstückssituation nach so langer Zeit für eine Neuerrichtung nicht 40

28 BVerwG Urt. v. 25.3.1988 – 4 C 21.85, juris Rn. 18, und BVerwG Urt. v. 18.5.1990 – 4 C 49.89, juris Rn. 35 ff; OVG Münster Beschl. v. 2.8.2007 – 7 A 880/07, juris Rn. 10.
29 Aus: BVerwG Urt. v. 25.3.1988 – 4 C 21/85, NVwZ 1989, 667.
30 Nach BVerwG Beschl. v. 1.11.1994 – 4 B 220/94, juris Rn. 3.
31 BVerwG Urt. v. 18.5.1990 – 4 C 49.89, BRS 50 Nr. 166.

mehr offen sei. Der Bauherr habe besondere Gründe dafür darzulegen, dass die Zerstörung des Gebäudes noch keinen als endgültig erscheinenden Zustand herbeigeführt habe.[32]

41 Dies hat das Gericht übertragen auf die Frage des **Untergangs des Bestandsschutzes durch Nichtnutzung**. Es hat mit Beschluss vom 5.6.2007[33] eine Entscheidung der Vorinstanz[34] gebilligt, in der diese – gewissermaßen zur Plausibilisierung des Leerstandes eines Wohnhauses für dreieinhalb Jahre – darauf abgestellt hatte, dass das Gebäude nach einem Wasserschaden leer gestanden habe und mit einer Reparatur gewartet habe und damit die Vermutung widerlegt habe, es sei eine endgültige Aufgabe der Wohnnutzung beabsichtigt gewesen. Ähnlich hat das BVerwG in seinem Urteil vom 18.5.1995[35] in seinem Leitsatz 2 formuliert: „Ist die baurechtlich genehmigte Nutzung eines Gebäudes (hier: für eine Autolackiererei) für mehr als ein Jahr nicht ausgeübt worden, so ist auch die vor Ablauf des zweiten Jahres wiederaufgenommene Nutzung nicht mehr vom Bestandsschutz gedeckt, wenn Umstände vorlagen, aus denen nach der Verkehrsauffassung geschlossen werden konnte, mit der **Wiederaufnahme der ursprünglichen Nutzung** sei nicht mehr zu rechnen."

42 **(2) Anwendung des § 43 Abs. 2 VwVfG.** Die Rechtsprechung des Bundesverwaltungsgerichts ist immer wieder kritisiert worden. Manche Gerichte verweigern dem Bundesverwaltungsgericht offen die Gefolgschaft,[36] andere folgen ihm scheinbar und nehmen „im Rahmen der Rechtsprechung des Bundesverwaltungsgerichts" Wertungen vor, die in Wirklichkeit die Grenzen ignorieren und die aus verfahrensrechtlichen Gründen unangreifbar sind.[37] Diese Gerichte wenden § 43 Abs. 2 VwVfG an und fragen danach, ob aus dem Verhalten des Bauherrn ein hinreichend schlüssiger Wille dafür ablesbar ist, auf die Baugenehmigung zu **verzichten**, oder ob Anhaltspunkte für eine – ggf. stillschweigende – Übereinkunft der Beteiligten vorliegen, die Baugenehmigung habe sich **erledigt** (sei obsolet).

43 **cc) Nutzungsaufgabe und Bestandsschutz für die Gebäudesubstanz.** Der Verlust des Bestandsschutzes hinsichtlich der Nutzung zieht nicht zwingend auch den Verlust des Bestandsschutzes hinsichtlich der baulichen Anlage nach sich. Zwar genießt die bauliche Anlage Bestandsschutz in ihrer durch ihre Nutzung bestimmten Funktion. Jedoch rechtfertigt die **endgültige Aufgabe** der lediglich bestandsgeschützten Nutzung für sich genommen noch nicht den Erlass einer Beseitigungsverfügung. Denn schließlich könnte in Betracht kommen, dass später einmal für die Anlage eine genehmigungsfähige Nutzung aufgenommen wird. Etwas anderes gilt aber dann, wenn für die Anlage nach Verlust des Bestandsschutzes für die Nutzung keinerlei legale Nutzung mehr in Betracht kommt. „Lässt das geltende materielle Baurecht hierfür keinen Raum, so schließt das öffentliche Interesse an einer Durchsetzung der bebauungsrechtlichen Ordnung auch das Mittel der Beseitigungsanordnung ein."[38]

3. Rechtsfolgen für den nachbarlichen Rechtsschutz

44 Der Umstand, dass eine vom Nachbarn als belästigend oder störend angesehene bauliche Anlage genehmigt oder genehmigungsfähig war, bewirkt im Grundsatz, dass die Aufsichtsbehörde – auch bei einem in diese Richtung gehenden Antrag des Nachbarn – gehindert ist, mittels einer **Ordnungsverfügung** gegen

32 BVerwG Urt. v. 18.5.1995 – 4 C 20/94, BVerwGE 98, 235; vgl. auch BVerwG Urt. v. 21.8.1981 – 4 C 65.80, BVerwGE 64, 42; BVerwG Beschl. v. 17.5.1988 – 4 B 82.88, juris Rn. 3.

33 4 B 20/07, BRS 71 Nr. 113.

34 VGH München Urt. v. 1.2.2007 – 2 B 05.2470, juris Rn. 21.

35 4 C 20/94, NVwZ 1996, 379.

36 VGH Kassel Beschl. v. 12.4.2016 – 4 A 1438/15.Z, juris Rn. 9: „Das vom Bundesverwaltungsgericht zu § 35 Abs. 4 Satz 1 Nr. 3 BauGB entwickelte Zeitmodell […] ist auf den Fall der Nutzungsunterbrechung nicht anzuwenden."

37 Aus der umfangreichen Rechtsprechung zB OVG Weimar Beschl. v. 29.11.2007 – 1 EO 658/99, NVwZ-RR 2000, 578; VGH München Beschl. v. 6.2.2014 – 1 ZB 11.1675, juris Rn. 3; OVG Münster Beschl. v. 9.8.2013 – 2 A 2520/12, juris Rn. 12 und 14; OVG Koblenz, Urt. v. 12.3.2013 – 8 A 11152/12, juris Rn. 26; OVG Lüneburg Beschl. v. 3.1.2011 – 1 ME 209/10, BRS 78 Nr. 159; VGH Mannheim Urt. v. 4.3.2009 – 3 S 1467/07, BRS 74 Nr. 164; OVG Bautzen Beschl. v. 28.10.2019 – 1 B 7/19, juris Rn. 31.

38 BVerwG Beschl. v. 9.9.2002 – 4 B 52/02, BRS 65 Nr. 92.

diese vorzugehen. Diese Rechtsfolge tritt auch bei bestandsgeschützten Anlagen ein und macht im Kern die Relevanz dieses Rechtsinstituts aus.

Die vorgenannte Aussage muss jedoch eine Einschränkung erfahren, soweit das Tätigwerden zur Abwehr 45
einer **(erheblichen) Gefahr** geboten ist. Das gilt auch und insbesondere für ein Einschreiten auf Verlangen des in Gefahr befindlichen Nachbarn.

Die Berechtigung zum Einschreiten und die Anspruchsvoraussetzungen eines Nachbarn im Falle formeller 46
(und erforderlichenfalls materieller) Illegalität folgen hauptsächlich aus der jeweiligen landesrechtlichen bauordnungsrechtlichen Generalklausel. Viele Landesbauordnungen enthalten darüber hinaus ausdrückliche Bestimmungen über die Befugnis der Bauaufsicht, auch bei bestandsgeschützten Anlagen eine Anpassung von baulichen Anlagen (und ggf. nur von Teilen davon) zu verlangen (**sog. Anpassungsverlangen**).

Voraussetzung für ein Anpassungsverlangen ist aber stets, dass eine **Gefahr für Leben und Gesundheit** 47
von Menschen besteht. Eine solche ist zB bei einem Verstoß gegen **Brandschutzvorschriften** stets zu bejahen. Das gilt auch dann, wenn erst im Laufe der Jahre, nach Entstehen der schutzwürdigen Position, neue, verschärfende Brandschutzvorschriften (ausreichend: in einer Verordnung, zB einer Sonderbauverordnung) eingeführt worden sind. Denn diese Verschärfung der Bestimmung belegt – sofern an der Gültigkeit der Bestimmung keine begründeten Zweifel bestehen –, dass in den angesprochenen baulichen Verhältnissen eine **abstrakte Gefahr** gesehen wurde, die mittels der Regelung bekämpft werden sollte. Im Falle der Nutzung der Anlage ist die Gefahr nicht mehr nur abstrakt, sondern konkret.

Im Einzelfall ist zu prüfen, ob eine solche Gefahr vorliegt, die es – auch unter Wahrung des **Grundsatzes** 48
der Verhältnismäßigkeit – rechtfertigt, einzuschreiten bzw. ein Einschreiten zu verlangen.

Beispiel für eine Ordnungsverfügung trotz bestandskräftiger Genehmigung: In der Gebäudeab- 49
schlusswand/Brandwand eines grenzständigen Gebäudes befindet sich eine dort nicht zulässige Öffnung, die ausweislich einer Urkunde vor Jahrzehnten mit (voraussichtlich rechtswidriger, aber jedenfalls bestandskräftiger) Genehmigung errichtet wurde und deshalb eine formelle Legitimation ihres Bestandes genießt. Die zuständige Bauaufsichtsbehörde kann dennoch die Beseitigung (dh das Zumauern) verlangen, wenn der Zustand mit einer – je nach landesrechtlichen Vorgaben erforderlichen erheblichen und/oder konkreten – Gefahr für Leben und Gesundheit verbunden ist, zB auf dem bislang unbebauten Nachbargrundstück nunmehr ein Wohnhaus errichtet wird. Der Nachbar, für den die Gefahr besteht, kann, wenn die Behörde nicht von Amts wegen tätig wird, unter den gleichen Voraussetzungen ein entsprechendes Einschreiten verlangen.

Die Bauaufsichtsbehörde hat das Gefährdungspotential im Zweifelsfall durch fachliche Begutachtung eines 50
Bausachverständigen, ggf. auch unter Beteiligung der Feuerwehr oder durch die Einholung eines Sachverständigengutachtens zu ermitteln. Hinsichtlich des Grades der Wahrscheinlichkeit ist nach der Schutzbedürftigkeit des gefährdeten Schutzgutes zu differenzieren.[39] Weil ein Brand praktisch jederzeit entstehen kann und die Schutzgüter Leben und Gesundheit dann in der Regel betroffen sind, ist bei Brandschutzmaßnahmen die fachkundige, nach den örtlichen Gegebenheiten getroffene Feststellung ausreichend, dass der Eintritt eines Schadens nicht ganz unwahrscheinlich ist.[40]

39 VGH Kassel Beschl. v. 18.10. 1999 – 4 TG 3007/97, BRS 62 Nr. 144.
40 Vgl. VGH Mannheim Beschl. v. 29.3.2011 – 8 S 2910/10, BRS 78 Nr. 205; OVG Münster Beschl. v. 15.8.2015 – 7 B 283/15, juris Rn. 5; OVG Bautzen Beschl. v. 21.8.2013 – 1 B 353/13, juris Rn. 7.

19. Betreten des Nachbargrundstücks

Klose

Literatur: *Czernik*, Die Verkehrssicherungspflicht gegenüber unbefugt ein Grundstück betretenden Kindern, VersR 2010, 1416; *Förster, Christian*, Verkehrssicherungspflichten, JA 2017, 721; *Hilgert/Sümmermann*, Hausverbot für Pokémons? Die Abwehr virtueller Gegenstände auf Privatgrundstücken, CR 2016, 580; *Henning/Honer*, Grundfälle des bürgerlich-rechtlichen Nachbarrechts, JuS 2016, 591; *Kadler*, Rechtliche Auswirkungen der Zugänglichkeit von Privatgrundstücken für die Allgemeinheit, NJW 2021, 23; *Kirchhof*, Durchsetzung und Abwehr nachbarrechtlicher Ansprüche auf Duldung von Baumaßnahmen am fremden Grundstück NZBAu 2012, 206; *Säcker/Paschke*, Der Notweg im System des nachbarlichen Zivilrechts, NJW 1981, 1009.

I. Einführung

1 Benachbarte Grundstücke können häufig nicht vollständig isoliert voneinander genutzt werden. Oft sind Grundstücke so zugeschnitten, dass die Mitbenutzung des anderen Grundstücks für die Nutzung des eigenen Grundstücks nützlich, manchmal sogar notwendig ist. Dadurch werden vor allem dann nachbarschaftliche Konflikte hervorgerufen, wenn für die Nutzung des eigenen Grundstücks das Betreten des anderen Grundstücks erforderlich wird. Eine Berechtigung zum Überschreiten der Grundstücksgrenzen ist oft wünschenswert, manchmal für bestimmte Maßnahmen im Grenzbereich sogar zwingend erforderlich, kann aber gegen den Willen des Nachbarn regelmäßig nicht durchgesetzt werden. Außerhalb des kooperativen Miteinanders der Nachbarn ist die Frage zu klären, unter welchen Voraussetzungen der Grundstückseigentümer das Grundstück des Nachbarn regelmäßig, aber auch nur punktuell, betreten darf und spiegelbildlich das Betreten seines eigenen Grundstücks dulden muss.[1] Im Sachenrecht sind nur für Ausnahmefälle Rechte zum Betreten des anderen Grundstücks geregelt. Diese gehen als spezialgesetzliche Regelungen den Rechten aus dem nachbarschaftlichen Gemeinschaftsverhältnis vor.[2] Darf ein Dritter das eigene Grundstück betreten, drohen wiederum von dem Zustand des Grundstücks abhängige Haftungsrisiken. Diese können selbst dann bestehen, wenn das Grundstück, insbesondere von spielenden Kindern, auch widerrechtlich, betreten wird.

II. Schuldrechtliche Gestattung

2 Unabhängig von sachenrechtlich begründeten Ansprüchen darf das Nachbargrundstück betreten werden, wenn dies von dem Nachbarn schuldrechtlich gestattet wurde. Diese Gestattung kann ausdrücklich oder konkludent erfolgen. Dauerhafte Sicherheit gewährt eine solche Gestattung aber nur dann, wenn die Berechtigung dafür als Grunddienstbarkeit im Grundbuch eingetragen wurde und damit auch einen Rechtsnachfolger des anderen Grundstückseigentümers bindet.

---

1 *Kadler* NJW 2021, 21.
2 BGH Urt. v. 22.6.1990 – V ZR 3/98, NJW 1990, 2555 (2556).

1. Sicherung durch eine Grunddienstbarkeit

Wurde die Nutzung des Nachbargrundstücks, etwa durch das Eintragen eines Wegerechts, im Grundbuch gesichert, können sich der berechtigte Grundstückseigentümer und seine Rechtsnachfolger auf diese Berechtigung berufen. Deshalb ist es unerlässlich, ein sonst nicht bestehendes, aber für die konkrete Nutzung des eigenen Grundstücks erforderliches Nutzungsrecht dinglich zu sichern. Diese Berechtigung kann gemäß §§ 1090 ff. BGB für eine bestimmte natürliche oder juristische Person als beschränkt persönliche Dienstbarkeit, oder zugunsten des jeweiligen Eigentümers des Nachbargrundstücks als Grunddienstbarkeit eingetragen werden.[3] Auch wenn sich der konkrete Umfang der Grunddienstbarkeit den im Laufe der Zeit eingetretenen tatsächlichen Veränderungen anpassen kann, kann aus diesem keine Nutzungsberechtigung für einen einseitig willkürlich erhöhten Bedarf abgeleitet werden.[4] Sofern sich aus der Grundbucheintragung und den berücksichtigungsfähigen Umständen nichts anderes ergibt, berechtigt eine Eintragung, das Grundstück als Übergang benutzen zu dürfen, auch dazu, das Grundstück mit einem Kraftfahrzeug zu überqueren.[5] Insbesondere (Erschließungs-) Baulasten, aber auch eingetragene Wegerechte eines sonst abgeschlossen liegenden Grundstücks, können die für die Erteilung einer Baugenehmigung erforderliche Erschließung begründen. 3

2. Schuldrechtliche Vereinbarung

Der Nachbar darf das Nachbargrundstück betreten, soweit es ihm schuldrechtlich gestattet worden ist. Diese Gestattung kann ausdrücklich, aber auch konkludent erteilt und ebenso auch widerrufen werden. Wird sie, wie etwa bei einem privat betriebenen Parkplatz, gegen Bezahlung erteilt, trifft die vertragliche Verpflichtung den Fahrer und nicht den Halter. Der Halter muss jedoch substantiiert darlegen, wer als Fahrer des Fahrzeugs in Betracht kommt.[6] Eine konkludente Gestattung setzt ein Verhalten voraus, aus dem der Nachbar den Rechtsbindungswillen entnehmen kann, ein Betreten seines Grundstücks zu dulden. Allein durch eine langjährige unbeanstandete Nutzung wird diese Annahme allerdings nicht begründet.[7] Gleiches gilt dann, wenn ein Nachbar sein Grundstück lediglich nicht nutzt.[8] Bei einer schuldrechtlichen Gestattung oder auch einer jahrzehntelangen Duldung[9] beruht die eingeräumte Nutzungsmöglichkeit auf einem Leihvertrag.[10] Damit ergeben sich die Regelungen über die Verantwortung für die Pflege eines genutzten Weges aus §§ 598 ff. BGB. Mithin kommt es für die Verantwortung für die Erhaltung darauf an, ob der Weg allein von dem Nachbarn oder von beiden Grundstückseigentümern genutzt wird. Ein Leihvertrag kann grundsätzlich gemäß § 604 Abs. 3 BGB jederzeit,[11] im begründeten Einzelfall jedoch nur innerhalb einer angemessenen Frist,[12] gekündigt werden.[13] Die aus dem nachbarschaftlichen Gemeinschaftsverhältnis abgeleitete Rücksichtnahmepflicht hat lediglich zur Folge, dass eine Kündigung zur Unzeit unzulässig ist,[14] der Kündigung selbst steht die Rücksichtnahmepflicht nicht entgegen. Schuldrechtliche Verpflichtungen haben einen weiteren erheblichen Nachteil. Sie binden nämlich allein deren Vertragspartner, gehen also mit der Veräußerung des Grundstücks nicht auf dessen neuen Eigentümer über. 4

---

3 Zum Erwerb nach dem Preußischen Allgemeinen Landrecht durch Verjährung, wenn der Berechtigte das Recht über 30 Jahre als ihm gebührend in Anspruch genommen und ununterbrochen ausgeübt hat: OLG Hamm Urt. v. 9.10.1986 – 5 U 88/86, NJW-RR 1989, 137 (138).

4 OLG Karlsruhe Urt. v. 21.7.2020 – 12 U 34/20, MDR 2020, 1241 (1242).

5 BGH Urt. v. 18.9.2020 – V ZR 28/20, MDR 2021, 162 (162).

6 BGH Urt. v. 18.12.2019 – XII ZR 13/19, NJW 2020, 755 (757).

7 OLG Saarbrücken Urt. v. 3.5.2017 – 1 U 81/16, NJOZ 2018, 769 (770); aA LG Gießen Urt. v. 5.10.1994 – 1 S 313/94, MDR 1995, 257 (258).

8 BGH Urt. v. 17.12.1999 – V ZR 144/98, NJW 2000, 1719 (1720).

9 OLG Köln Urt. v. 10.1.1992 – 19 U 178/91, OLGR Köln, 1992, 33 (34).

10 LG Gießen Urt. v. 5.10.1994 – 1 S 313/94, MDR 1995, 257 (258).

11 OLG Saarbrücken Urt. v. 24.7.2002 – 1 U 81/02 – 19, NJW-RR 2002, 1385 (1385); OLG Brandenburg Urt. v. 13.6.1996 – 5 U 109/95, MDR 1997, 37 (37); aA LG Kassel Urt. v. 26.9.1968 – 1 S 122/68, NJW 1969, 1174 (1176), das eine Kündigung alleine mit einem auf neuen Umständen begründeten Grund gestützt zulassen will.

12 OLG Köln Urt. v. 10.1.1992 – 19 U 178/91, OLGR Köln, 1992, 33 (34).

13 OLG Hamm Urt. v. 6.7.2017 – 5 U 152/16, NJOZ 2018, 697 (699).

14 OLG Köln Urt. v. 23.9.1992 – 11 U 213/92, NJW-RR 1992, 1497 (1497).

III. Sachenrechtliche Rechte zum Betreten des Nachbargrundstücks

5 Aus vielfältigen Gründen kann es wünschenswert sein, das Nachbargrundstück zu betreten. Es kann die Notwendigkeit bestehen, auf dieses gelangte Gegenstände wieder zu bergen oder Tiere zurückzuholen. Die Grenzbebauung und Grenzbepflanzung kann errichtet, verändert oder lediglich unterhalten werden müssen. Aber auch die Nutzung des eigenen Grundstücks kann von dem Betreten des anderen Grundstücks abhängig sein, etwa um dieses zu erreichen. Hierzu sind im Sachenrecht eine Reihe von Regelungen getroffen worden, die noch durch aus dem nachbarschaftlichen Gemeinschaftsverhältnis abgeleitete Rechte ergänzt werden.

1. Hammerschlags- und Leitungsrecht

6 Ist es für Baumaßnahmen an der Grundstücksgrenze unerlässlich das Nachbargrundstück zu betreten, kann dies oft aus dem in den meisten Landesgesetzen geregelten oder aus dem nachbarschaftlichen Gemeinschaftsverhältnis[15] abgeleiteten[16] Hammerschlags- und Leitungsrecht hergeleitet werden. Durch diese Regelungen werden dann der Umfang der zulässigen Inanspruchnahme des Nachbargrundstücks ebenso bestimmt, wie etwaige Entschädigungsleistungen. Dieses Recht berechtigt den Nachbarn dazu, bei einer zwingenden tatsächlichen Notwendigkeit das Nachbargrundstück für Baumaßnahmen, etwa für Putzarbeiten[17] zu betreten.[18] Jeweils ist Voraussetzung, dass die Arbeiten nicht oder nur mit unverhältnismäßigen Kosten vom eigenen Grundstück aus durchgeführt werden können. Dieser Anspruch erfasst auch die notwendigen Vorbereitungsmaßnahmen.[19]

2. Grenzanlagen iSd § 921 BGB

7 Gemeinsame Grenzanlagen (→ *Grenzanlage* Rn. 1 ff.), also eine sich über die Grenze zweier Grundstücke erstreckende Anlage, die funktionell beiden Grundstücken dient,[20] dürfen gemäß § 921 BGB von beiden Grundstückseigentümern betreten werden. Eine Grenzanlage ist jedoch nur dann eine gemeinsame, wenn sie auch von beiden Grundstücken gleichermaßen genutzt wird, sie also dem Nutzen beider Grundstücke dient.[21] Diese Anlage muss zudem im beiderseitigen Einvernehmen, also nicht ohne oder gar gegen den Willen des anderen Nachbarn errichtet worden sein.[22] Auch ein über zwei Grundstück verlaufender gemeinsam genutzter Weg kann eine solche Grenzanlage sein.[23]

3. Zuwegung durch das Nachbargrundstück

8 Die Zufahrt über das Nachbargrundstück kann durch eine Grunddienstbarkeit gesichert werden, deren Inhalt sich aus dem Wortlaut der Eintragung im Grundbuch ergibt.[24] Fehlt es daran, kommt ein Notwegerecht oder ein Recht aus dem nachbarschaftlichen Gemeinschaftsverhältnisses in Betracht.

---

15 Dieses besteht nur ausnahmsweise, wenn dies zu einem billigen Ausgleich der widerstreitenden Interessen der Nachbarn zwingend geboten ist BGH Urt. v. 31.1.2003 – V ZR 143/02, NJW 2003, 1392, 1392; BGH Urt. v. 21.10.1983 – V ZR 166/82, NJW 1984, 729 (729).

16 BGH Urt. v. 13.3.1980 – III ZR 156/78, VersR 1980, 650 (651); *Kirchhof* NZBau 2012, 206.

17 OLG Hamm Beschl. v. 4.1.1984 – 14 W 238/83, MDR 1984, 847 (847).

18 BGH Urt. v. 14.1.2012 – V ZR 49/12, NZM 2013, 243 (243).

19 LG Aachen Urt. v. 21.10.1965 – 6 S 155/64, BeckRS 9998, 61888.

20 BGH Urt. v. 7.3.2003 – V ZR 11/02, NJW 2003, 1731 (1731).

21 OLG Saarbrücken Urt. v. 15.3.2006 – 1 U 311/05-109, MDR 2006 1166 (1166).

22 OLG Hamm Urt. v. 4.2.2016 – 5 U 148/14, NJOZ 2016, 1363 (1365).

23 OLG Düsseldorf Urt. v. 16.12.2002 – 9 U 122/02, NJOZ 2003, 749 (750).

24 BGH Urt. v. 15.11.2013 – V ZR 24/13, NJW 2014, 311 (312). Betrifft diese Eintragung allein die Pflicht zur Duldung eines Überbaus durch eine Garage, kann daraus nicht das Recht in abgleitet werden, diese Garage auch über das Nachbargrundstück erreichen zu können: BGH Urt. v. 15.11.2013 – V ZR 24/13, NJW 2014, 311 (312).

a) Notwegerecht. Grundstücksbezogen kann dem Grundstückseigentümer gemäß § 917 BGB das gesetzliche Notwegerecht (→ *Notweg* Rn. 7 f.)[25] zur Verfügung stehen,[26] wenn sein Grundstück nicht hinreichend an das öffentliche Wege- und Versorgungsnetz angeschlossen ist und er diese Notlage nicht selbst willkürlich herbeigeführt hat.[27] Ein Notwegerecht[28] im Sinne des § 917 BGB verpflichtet den Grundstückseigentümer unabhängig davon, ob der Eigentümer des bedürftigen Grundstücks die Ursache dafür gesetzt hat,[29] dazu, die Nutzung seines Eigentums durch den Nachbarn hinzunehmen, damit dieser sein Grundstück angemessen nutzen kann.[30] Es besteht dann, wenn einem Grundstück die zur ordnungsgemäßen, rechtlich zulässigen[31] Benutzung notwendige Anbindung an eine öffentliche Straße fehlt.[32] Das Notwegerecht setzt nicht voraus, dass der konkrete Weg, dessen (weitere) Nutzung begehrt wird, die einzige Zugangsmöglichkeit zu einem Grundstück ist. Maßgeblich ist vielmehr, ob das Grundstück durch die zu einem öffentlichen Grundstück bestehende Verbindung nach wirtschaftlichen Gesichtspunkten noch ordnungsgemäß genutzt werden kann.[33] Ermöglicht die Anbindung an die öffentlichen Straßen alleine das Erreichen des Grundstücks mit einem Fahrrad oder zu Fuß, fehlt einem Wohngrundstück die zur ordnungsgemäßen Benutzung des Grundstücks erforderliche Verbindung, so dass ein Notwegerecht in Betracht kommt.[34] Die Erreichbarkeit des Hauseingangsbereichs mit einem Kraftfahrzeug muss jedoch ebenso wenig durch ein Notwegerecht abgesichert werden,[35] wie eine Wendemöglichkeit.[36] Auch kann es für die Erreichbarkeit eines Grundstücks ausreichen, wenn Kraftfahrzeuge in dessen Nähe abgestellt werden können[37] und das Grundstück über einen mit Lasthilfen begehbaren Weg erreichbar ist.[38] Ist ein Grundstück über eine öffentliche Straße zu erreichen, kann ein Notwegerecht aber nicht daraus abgeleitet werden, dass die Zuwegung über das Nachbargrundstück bequemer oder zweckmäßiger ist, etwa das Abstellen eines Fahrzeugs auf dem Grundstück ermöglicht.[39] Auf die Erreichbarkeit seines Grundstücks mit einem Hubschrauber muss sich der Eigentümer dagegen nicht verweisen lassen.[40] 9

Bestand der Notweg über einen langen Zeitraum als gesicherte Rechtsposition, darf er nicht versperrt werden.[41] In Betracht kommt bei der Wegenutzung auch eine unvordenkliche Verjährung. Diese begründet den Beweis dafür, dass in früherer Zeit von einer zuständigen Obrigkeit ein Recht ausdrücklich oder still- 10

25 Dazu kann, bei einer analogen Anwendung des § 917 Abs. 1 BGB, auch das Verlegen einer notwendigen (Abwasser-) Leitung gehören (OLG Köln Urt. v. 15.11.2002 – 19 U 75/02, VersR 2002, 1143) wenn die Anbindung an die öffentlichen Leitungen nicht, oder nur mit einem unverhältnismäßigen Aufwand möglich ist: BGH Urt. v. 26.1.2018 – V ZR 47/17, NZM 2018, 1034 (1035); OLG Koblenz Urt. v. 26.9.2002 – 5 U 186/02, BauR 2003, 1881 (1882). Die Nutzung des Notweges muss für die bedürfnisgerechte Benutzung des anderen Grundstücks unerlässlich sein: OLG Hamm Urt. v. 22.3.2018 – 5 U 60/17, JurBüro 2019, 329 (330); OLG Karlsruhe Urt. v. 25.1.1995 – 6 U 198/93, NJW-RR 1995, 1042 (1042); AG Bergisch-Gladbach Urt. v. 17.5.2013 – 63 C 298/12, juris Rn. 27.

26 Auf dem nachbarschaftlichen Gemeinschaftsverhältnis kann ein Notwegerecht schon angesichts der gesetzlichen Regelung des § 917 BGB nicht begründet sein: BGH Urt. v. 22.6.1990 – V ZR 3/89, NJW 1990, 2555 (2556); OLG Brandenburg Urt. v. 2.7.2009 – 5 U 120/07, juris Rn. 31.

27 *Hennig/Honer* JuS 2016, 596.

28 Dazu: *Säcker/Paschke* NJW 1981, 1009.

29 BGH Urt. v. 24.4.2015 – V ZR 138/14, NJW-RR 2015, 1234 (1235).

30 OLG Karlsruhe Urt. v. 25.1.1995 – 6 U 198/93, NJW-RR 1995, 1042 (1042).

31 OLG Schleswig Hinweisbeschl. vom 27.4.2011 – 5 U 16/11, MDR 2011, 974 (974).

32 BGH Urt. v. 15.11.2013 – V ZR 24/13, NJW 2014, 311 (312).

33 OLG Köln Urt. v. 10.1.1992 – 19 U 178/91, OLGR Köln, 1992, 33 (34).

34 BGH Teilurt. v. 12.12.2008 – V ZR 106/07, NJW-RR 2009, 515 (517), aA OLG Karlsruhe Urt. v. 25.1.1995 – 6 U 198/93, NJW-RR 1995, 1042 (1043).

35 LG Wuppertal Beschl. v. 23.6.2016 – 9 S 66/16, NJOZ 2017, 178 (179).

36 BGH Urt. v. 18.10.2013 – V ZR 278/12, NZM 2014, 212 (212); OLG Karlsruhe Urt. v. 25.4.2013 – 9 U 173/10, juris Rn. 17.

37 OLG Saarbrücken Urt. v. 30.1.1996 – 4 U 153/95-28, NJW-MietR 1996, 217 (218).

38 OLG Karlsruhe Urt. v. 7.1.2013 – 12 U 205/11, NJOZ 2013, 1481 (1482).

39 BGH Urt. v. 15.11.2013 – V ZR 24/13, NJW 2014, 311 (312); OLG Hamm Urt. v. 6.7.2017 – 5 U 152/16, NJOZ 2018, 697 (700).

40 OLG Hamm Urt. v. 22.3.2018 – 5 U 60/17, JurBüro 2019, 329 (330).

41 LG Stade Urt. v. 23.2.2012 – 4 O 287/11, juris Rn. 19.

schweigend verliehen worden ist. Das setzt aber voraus, dass das Recht nicht nur 40 Jahre besessen worden ist, sondern auch, dass weitere 40 Jahre davor keine Erinnerung an einen anderen Zustand bestand.[42] Die Öffentlichkeit eines alten Weges wird danach dann angenommen, wenn der Weg seit Menschengedenken unter stillschweigender Duldung des nicht wegebau- oder unterhaltspflichtigen Privateigentümers in der Überzeugung der Rechtmäßigkeit als öffentlicher Weg genutzt worden ist.[43]

11 Das Notwegerecht steht allein dem Grundstückseigentümer zu.[44] Der Besitzer kann sich auch nicht auf eine entsprechende Anwendung der Regelungen über das Notwegerecht aus § 917 Abs. 1 BGB berufen, weil er demjenigen gegenüber, von dem er sein Nutzungsrecht ableitet, eigene Ansprüche geltend machen kann.[45] Der Verzicht auf das Notwegerecht bedarf zu seiner Wirksamkeit gegen den Rechtsnachfolger der Eintragung im Grundbuch des durch das Notwegerecht begünstigten Grundstücks.[46]

12 **b) Nachbarschaftliches Gemeinschaftsverhältnis.** Abseits des Notwegerechts ist der Grundstückseigentümer regelmäßig nicht dazu verpflichtet, einem benachbarten Grundstücksnutzer zu gestatten, das Grundstück als Zuwegung zu seinem Haus zu nutzen. Ein darauf gerichteter Anspruch kann aus dem nachbarschaftlichen Gemeinschaftsverhältnis[47] ebenso wenig abgeleitet werden, wie aus einer unvordenklichen Verjährung.[48]

4. Verfolgungsrecht aus § 867 BGB

13 Das Verfolgungsrecht aus § 867 BGB berechtigt den Besitzer nicht dazu, ein fremdes Grundstück zu betreten, wenn nicht eine Notstandslage im Sinne des § 904 BGB anzunehmen ist.[49] Diese wird regelmäßig nicht deshalb bestehen, weil Gegenstände auf das Nachbargrundstück gelangt sind, die nicht auch von der Grundstücksgrenze aus geborgen werden können. Das betrifft insbesondere Spielgeräte wie Bälle, die nur mit Billigung des Nachbarn von einem fremden Grundstück geholt werden dürfen, jedoch von dem Nachbarn herauszugeben sind. Eine Ausnahme gilt immer dann, wenn ein Notstand gemäß § 904 BGB gegeben ist, das Grundstück also zur Abwendung einer gegenwärtigen Gefahr oder zur Abwendung eines drohenden Schadens betreten werden muss, der im Verhältnis zur Beeinträchtigung durch die Nutzung des Grundstücks für dessen Eigentümer unverhältnismäßig groß ist. Geraten kleine, noch nicht hinreichend vernünftige Kinder auf das Nachbargrundstück, dürfen diese daher, wenn sie nicht „freiwillig" das Grundstück verlassen, von Personen von diesem Grundstück geholt werden, die dieses zu diesem Zweck betreten dürfen. Bei Tieren wird es auf die konkrete Situation ankommen. Bei Dingen, die nicht verderblich sind, wird immer auf die Erlaubnis des Grundstückseigentümers gewartet werden müssen.

5. Betreten durch Tiere

14 Gegen das Betreten ausgesetzter schadensverursachender Tiere hat der Grundstückseigentümer vielfach gegen die die Tiere aussetzende Person einen Unterlassungsanspruch aus § 1004 Abs. 1 BGB.[50] Haustiere, die sich auch außerhalb des Hauses aufhalten dürfen, können und müssen aber nicht durch Anbinden oder entsprechend hohe Zäune daran gehindert werden, benachbarte Grundstücke zu betreten. Bei Katzen, die keine unwägbaren Immissionen im Sinne des § 906 BGB sind, kann die entsprechende Duldungspflicht aus dem

---

42 BGH Teilurt. v. 12.12.2008 – V ZR 106/07, NJW-RR 2009, 515 (516).
43 OLG Hamm Urt. v. 19.6.2017 – 5 U 20/16, NJOZ 2018, 654 (659).
44 BGH Urt. v. 10.7.1963 – V ZR 32/62, NJW 1963, 1917 (1918).
45 BGH Urt. v. 5.5.2006 – V ZR 139/05, NJW-RR 2006, 1160 (1161); RG Urt. v. 20.3.1912 – V 316/11, RGZ 79, 116 (118).
46 BGH Urt. v. 7.3.2014 – V ZR 137/13, NZM 2015, 98 (99).
47 OLG Düsseldorf Urt. v. 26.10.1988 – 9 U 106/88, NJW-RR 1989, 204 (204).
48 OLG Düsseldorf Urt. v. 26.10.1988 – 9 U 106/88, NJW-RR 1988, 204 (205). Die unvordenkliche Verjährung begründet eine Vermutung für das Bestehen eines Rechts, so dass die es nicht mehr erforderlich ist, den Widmungsakt nachzuweisen: OLG Hamm Urt. v. 3.3.2016 – 5 U 125/15, NJW-RR 2016, 1112 (1113).
49 OLG Düsseldorf Urt. v. 9.2.2001 – 22 U 143/00, OLGR Düsseldorf 2001, 250 (251).
50 LG Arnsberg Urt. v. 16.10.2015 – 2 O 323/14, BeckRS 2015, 19276.

nachbarschaftlichen Gemeinschaftsverhältnis abgeleitet werden.[51] Dies wird teilweise abgelehnt, teilweise für eine Katze,[52] teilweise auch für mehrere Katzen eingeräumt und auch auf das Verhältnis unter Mietern und Sondereigentümern übertragen.[53] Dem Grundstückseigentümer bleibt es jedoch unbenommen, Tieren von dem nachbarlichen Grundstück durch geeignete bauliche Maßnahmen oder Bepflanzungen den Zugang zu erschweren oder zu verleiden. Wird das Grundstück von auf dem Nachbargrundstück gehaltenen Hunden aufgesucht, kann gegen deren Halter erfolgversprechend ein Unterlassungsanspruch geltend gemacht werden. Die Entscheidung darüber, ob sein Grundstück auch von Hunden genutzt werden darf, steht allein dem Grundstückseigentümer zu. Dem jeweiligen Hundehalter ist es auch objektiv möglich und damit zumutbar, seinen Hund von dem Betreten des Nachbargrundstücks abzuhalten. Erst recht gilt das, wenn der Hund das Nachbargrundstück aufsucht, um dort seine Notdurft zu verrichten. Um seinen Hund von dem Grundstück des Nachbarn zu holen, darf dessen Halter das nachbarliche Grundstück ohne dessen Genehmigung regelmäßig nicht betreten.[54] Nur dem seinen Schwarm verfolgenden Bienenhalter weist § 962 BGB ein ausdrückliches Recht zum Betreten des Nachbargrundstücks zu (→ *Bienen* Rn. 35).

6. Gartenarbeiten und Arbeiten an Grenzmauern

Grenzmauern können an der dem Grundstück abgewandten Seite regelmäßig nur errichtet und gepflegt 15
werden, wenn dazu das Nachbargrundstück betreten werden darf. Auch Pflanzen halten sich nicht an die durch das Kataster dokumentierten Grenzen. Gleichwohl ist der Grundstückseigentümer gehalten, die auf seinem Grundstück wachsenden Pflanzen auch von seinem Grundstück aus zu pflegen. Soweit keine landesrechtliche Gestattung geregelt ist, können sich die Nachbarn nur in Ausnahmefällen auf das nachbarschaftliche Gemeinschaftsverhältnis berufen, das regelmäßig allein für bauliche Maßnahmen, nicht aber für die Gartenpflege herangezogen werden kann. Damit kann das Betreten des Nachbargrundstücks für Arbeiten an dem Nachbargrundstück, das Ausbessern einer Mauer, den Holzschnitt und das Streichen eines Zaunes nach Ankündigung durch den Nachbarn hinzunehmen sein, wenn diese Arbeiten notwendig und ohne die Inanspruchnahme des Grundstücks des Nachbarn nicht zu verrichten sind.[55] Auch dann, wenn er einen pflanzlichen Überhang beseitigen will, ist der Grundstückseigentümer zum Betreten des Nachbargrundstück nur mit der Einwilligung des Nachbarn berechtigt. Für das Erstreiten einer Einwilligung reicht es aber nicht aus, wenn die Arbeiten mit dem Betreten des Nachbargrundstücks lediglich leichter erledigt werden könnten.[56]

Bloße Unterhaltungsmaßnahmen muss der Nachbar von seinem Grundstück nur dann dulden, wenn diese 16
zur ordnungsgemäßen Nutzung des Grundstücks zwingend erforderlich sind.[57] Ohne dieses Recht wäre eine vollständige Grenzbebauung nicht möglich.[58] Dieses Recht berechtigt allerdings allein zur Nutzung des Nachbargrundstücks, nicht jedoch zu einem Eingriff in dessen Substanz.[59] Es berechtigt jedoch auch zum Überschwenken des Nachbargrundstücks mit einem Kran[60] sowie im Einzelfall dazu, eine Verankerung für einen Kran auf dem Nachbargrundstück anzubringen.[61] Auf das nachbarschaftliche Gemein-

51 AG Dietz Urt. v. 19.10.1984 – 3 C 440/84, NJW 1985, 2339 (2339); LG Augsburg Urt. v. 24.8.1984 – 4 S 2099/84, NJW 1985, 499 (499); aA OLG Köln Urt. v. 17.9.1982 – 20 U 44/82, NJW 1985, 2338 (2338); AG Passau Urt. v. 9.3.1983 – 11 C 708/82, NJW 1983, 2885 (2885).

52 OLG Celle Urt. v. 27.3.1986 – 4 U 64/85, NJW-RR 1986, 821 (821).

53 LG Bonn Urt. v. 6.10.2009 – 8 S 142/09, NJW-RR 2010, 310 (311). Gegen Lackbeschädigungen seines Fahrzeugs durch Katzen des Nachbarn steht dem Geschädigten ein Unterlassungsanspruch aus §§ 862, Abs. 1 S. 2, 858, 1004 Abs. 1 BGB zu: AG Bremen Urt. v. 11.10.2017 – 19 C 227/16.

54 OLG Düsseldorf Urt. v. 9.2.2001 – 22 U 143/00, OLGR Düsseldorf 2001, 250 (251).

55 LG Berlin Urt. v. 14.3.1963 – 52/62 S 242/62, MDR 1964, 147 (147).

56 LG München Urt. v. 10.3.1987 – 2 S 2115/86, juris Rn. 7.

57 LG Freiburg Urt. v. 7.12.2017 – 3 S 173/16, NJOZ 2018, 1139 (1141).

58 *Kirchhof* NZBau 2012, 206.

59 OLG Düsseldorf Beschl. v. 31.7.1991 – 9 W 79/91, MDR 1992, 53 (54).

60 OLG Frankfurt a. M. Beschl. v. 11.1.2011 – 4 W 43/10, MDR 2011, 844 (844); OLG Karlsruhe Urt. v. 11.12.1991 – 6 U 121/91, NJW-RR 1991, 91 (91); *Kirchhof* NZBau 2012, 206.

61 OLG Stuttgart Urt. v. 2.12.1993 – 7 U 23/93, NJW 1994, 739 (740).

schaftsverhältnis kann im Übrigen immer dann zurückgegriffen werden, wenn der eine Nachbar zur Nutzung seines eigenen Grundstücks auf die für den anderen Nachbarn zumutbare Mitnutzung von dessen Grundstück dringend angewiesen ist. Maßgeblich ist hier die wechselseitige Rücksichtnahmepflicht. Diese kann es etwa gebieten, dem Nachbarn das Stellen eines Gerüsts zu Putzarbeiten auf dem Grundstück zu gestatten,[62] allerdings nur dann, wenn diese Arbeiten notwendig sind.[63] Da das jeweilige Nutzungsrecht aus dem nachbarschaftlichen Gemeinschaftsverhältnis abgleitet wird, ist es für sein Bestehen erheblich, ob der Eingriff in das Nachbargrundstück nur unwesentlich ist.[64] Die aus dem nachbarschaftlichen Gemeinschaftsverhältnis abgeleitete Duldungspflicht trifft den Grundstückseigentümer sowie den berechtigten Besitzer des verpflichteten Grundstücks.[65] Berechtigt ist der Eigentümer des bedürftigen Grundstücks, der mit den durchzuführenden Arbeiten auch verlässliche Dritte beauftragen darf, sofern dies seinem Nachbarn zumutbar ist.[66]

7. Schadensersatz

17 Wurde das Nachbargrundstück schuldhaft beschädigt, kann dadurch eine Haftung aus § 823 Abs. 1 BGB begründet werden. Wurde die Beschädigung durch Hilfspersonen herbeigeführt, folgt die Haftung aus § 831 BGB. Da jedoch auch durch das nachbarschaftliche Gemeinschaftsverhältnis keine vertragliche Verbindung herbeigeführt wird, ist eine Haftung aus § 280 BGB ebenso ausgeschlossen, wie eine Zurechnung nach 278 BGB.

8. WEG

18 Das Betreten des Sondereigentums ist grundsätzlich nur mit der Zustimmung des jeweils Berechtigten zulässig. Regelmäßig ist es für die Erhaltung des Sondereigentums auch nicht erforderlich. Es bestehen jedoch Ausnahmen. Aus § 14 Abs. 1 Nr. 2 WEG ergibt sich, dass der Gesetzgeber die Möglichkeit eines nur über Sondereigentum erreichbaren Gemeinschaftseigentums nicht gänzlich ausschließen wollte.[67] Durch diese Vorschrift ist sichergestellt, dass Dritte im Sondereigentum stehende Gebäudeteile betreten können, um erforderliche Instandhaltungs- oder Instandsetzungsmaßnahmen an dem gemeinschaftlichen Eigentum durchzuführen. Dieses Recht betrifft auch bereits beauftragte Handwerker.[68] Es darf aber nur dann verfolgt werden, wenn der einzelne Wohnungseigentümer seiner Auskunftspflicht nicht nachkommt[69] und ein sachlicher Grund für das Erfordernis des Betretens dargelegt werden kann.[70] Es besteht also dann, wenn ausreichende Anhaltspunkte dafür vorliegen, dass Maßnahmen am Gemeinschaftseigentum erforderlich sind.[71] Wird durch das Gestatten des Betretens des Sondereigentums ein Schaden verursacht, kann der Sondereigentümer von der Gemeinschaft Schadensersatz verlangen.[72]

62 LG Duisburg Urt. v. 28.2.1958 – 7 S 295/57, MDR 1958, 514 (514).
63 LG Bonn Urt. v. 7.11.1961 – 2 O 104/91, MDR 1962, 306 (306).
64 OLG Hamm Urt. v. 2.12.1965 – 5 U 132/65, NJW 1966, 599 (600).
65 LG Hannover Urt. v. 12.12.1961 – 10 S 342/61, MDR 1962, 480 (480 f.).
66 LG Hannover Urt. v. 12.12.1961 – 10 S 342/61, MDR 1962, 480 (480 f.).
67 OLG Dresden Beschl. v. 29.3.2017 – 17 W 233/17, ZWE 2017, 306 (307) zu § 14 Nr. 4 WEG aF.
68 AG Hamburg-Blankenese Schlussurteil vom 27.2.2013 – 539 C 26/12, ZMR 2013, 570 (571); *Commichau* in MüKo WEG § 14 Rn. 34.
69 BayObLG Beschl. v. 26.2.2004 – 2Z BR 2/04, ZMR 2004, 762 (762). OLG Frankfurt 17.7.2008 – 20 W 325/06, ZMR 2009, 864 (864 f.) – Brandmelder; vgl.: BGH Urt. v. 10.6.2005 – V ZR 235/04, NZM 2005, 626 (627); OLG Hamburg 14.9.2001 – 2 Wx 82/01, OLGReport 2002, 185 (185).
70 OLG Zweibrücken Beschl. v. 24.11.2000 – 3 W 184/00, NJW-RR 2001, 730 (731); LG Hamburg Urt. v. 27.11.2013 – 318 S 34/13, ZMR 2014, 392 (393).
71 OLG München Beschl. v. 22.2.2006 – 34 Wx 133/05, NZM 2006, 635 (635 f.).
72 OLG Frankfurt a. M. Beschl. v. 17.1.2006 – 20 W 362/04, NJW-RR 2007, 233 (233 f.).

IV. Betreten ohne Gestattung

Ohne das Bestehen eines gesetzlichen Rechts zum Betreten des Grundstücks oder eine Einwilligung darf der Nachbar das Grundstück des andern nur dann betreten, wenn er einen dahingehenden Duldungstitel erstritten hat, oder eine Notwehr- bzw. Notstandlage gegeben ist. 19

1. Strafrechtliche Folgen eines ungenehmigten Übertritts

Betritt der Nachbar ein eingefriedetes oder ein zumindest befriedetes Grundstück, kann dies den Straftatbestand des Hausfriedensbruches gemäß § 123 StGB erfüllen.[73] Befriedet ist ein Grundstück. wenn es nach außen erkennbar durch zusammenhängende Schutzwehren wie Hecken, Zäune und Mauern gegen das willkürliche Betreten durch Dritte gesichert ist.[74] Bloße Verbotstafeln und -schilder genügen dafür noch nicht.[75] Ein befriedetes Besitztum kann aber auch ohne eine besondere Einfriedung gegeben sein, wenn es wegen seines engen örtlichen und räumlichen Zusammenhangs für jeden erkennbar einem befriedeten Besitztum zuzuordnen ist.[76] Wird ein Fahrzeug in einem befriedeten Besitztum, etwa einem Innenhof, unberechtigt abgestellt, kann das Hineinfahren des Fahrzeugs als Hausfriedensbruch strafbar sein. Das Stehenlassen des Fahrzeugs begründet dann jedoch lediglich eine straflose Besitzstörung.[77] 20

2. Unterlassungsanspruch aus § 1004 Abs. 1 BGB

Wird ein Grundstück ohne Berechtigung betreten, liegt darin eine Eigentumsbeeinträchtigung begründet, die der Grundstückseigentümer aus § 1004 Abs. 1 BGB unabhängig von dem Bestehen eines Schadens abwenden kann.[78] Gegen die unberechtigte Nutzung seines Grundstücks steht dem Nachbarn ein Unterlassungsanspruch aus § 1004 Abs. 1 BGB zu, soweit das Grundstück nicht für den jeweiligen Verkehr eröffnet ist.[79] Der Besitz wird bereits durch das Überqueren des Grundstücks durch Kranarme im Luftraum beeinträchtigt.[80] Damit kann auch verlangt werden, dass das Grundstück nicht durch das Überschwenken mit einem Krankausleger beeinträchtigt wird,[81] wenn es die konkreten örtlichen Verhältnisse nicht für den Grundstückseigentümer zumutbar erscheinen lassen, dass er das Überschwenken seines Grundstücks dulden muss.[82] Der Grundstückseigentümer kann eine von ihm nicht gewollte Nutzung seines Grundstücks für eine Abkürzung ebenso unterbinden, wie das Überfahren seines Grundstücks mit dem Ziel, einen Rangier- oder Wendevorgang zu erleichtern. Das gilt jedoch nicht bei lediglich virtuellen Einwirkungen.[83] 21

3. Notwehr

Der Eigentümer eines zu Unrecht betretenen oder befahrenen Grundstücks kann diesen Eingriff in sein Eigentum durch Notwehr (§ 227 BGB) abwehren. Diese kann den Grundstückseigentümer etwa dazu berech- 22

73 Ein bloßes Hineinbeugen gegen den Willen des Berechtigten erfüllt diese Voraussetzung noch nicht: OLG Frankfurt a. M. Beschl. v. 21.3.2016 – 4 UF 26/16, NZM 2016, 872 (872).

74 BayObLG Urt. v. 29.9.1993 – 4 St RR 92/94, NJW 1995, 269 (271).

75 BayObLG Urt. v. 29.9.1993 – 4 St RR 92/94, NJW 1995, 269 (271).

76 RG Urt. v. 10.12.1879 – Rep 562/79, RGSt 1, 121 (121 f.); OLG Oldenburg Beschl. v. 11.4.1980 – Ss 24/80, JR 1981, 166 (167) (für privat genutzte Grundstücke); *Sternberg-Lieben/Schittenhelm* in Schönke/Schröder, StGB § 123 Rn. 6.

77 BayObLG Beschl. v. 2.5.1969 – RReg. I a St 83/69, JR 1969, 466 (467).

78 OLG Hamm Urt. v. 6.7.2017 – 5 U 152/16, NJOZ 2018, 697 (699).

79 *Hilgert/Sümmermann* CR 2016, 581.

80 OLG Karlsruhe Urt. v. 11.12.1991 – 6 U 121/91, NJW-RR 1991, 91 (91).

81 OLG Düsseldorf Urt. v. 17.7.2000 – 9 U 112/00, OLG-Report 2001, 178 (179); OLG Düsseldorf Urt. v. 9.8.1989 – 9 U 36/89, NJW-RR 1989, 1421 (1421).

82 OLG Düsseldorf Urt. v. 26.2.2007 – 9 W 105/06, NZM 2007, 582 (583). In Bayern fällt das Schwenken eines Baukrans über das Nachbargrundstück unter das Hammerschlags- und Leitungsrecht und kann, wenn das in Art. 46b Abs. 3 Bay AGBGB vorgesehene Verfahren nicht eingehalten wird, eine verbotene Eigenmacht darstellen: OLG München Urt. v. 15.10.2020 – 8 U 5531/20, NZM 2020, 999 (1000) = NJW-RR 2020, 1470 (1471) = IBR 2020, 669.

83 *Hilgert/Sümmermann* CR 2016, 582.

tigten, durch einen Kartoffelwurf einen Fahrzeugführer davon abzuhalten, auf seinem Grundstück unberechtigt zu wenden.[84]

V. Verkehrssicherungspflichten

23 Auch wenn ein Grundstückseigentümer das Betreten seines Grundstücks durch einen Dritten grundsätzlich nicht dulden muss, kann er wenn dieser das Grundstück gleichwohl betritt wegen der Verletzung einer (gesteigerten) Verkehrssicherungspflicht zur Schadensersatzleistung aus § 823 Abs. 1 BGB verpflichtet sein.[85] Dabei ist der Grundstückseigentümer grundsätzlich nicht dazu verpflichtet, jegliche Gefahr von Dritten abzuwenden.[86]

1. Erwachsene

24 Eine Voraussetzung einer verletzbaren Verkehrssicherungspflicht ist, dass zumindest ein beschränkter Verkehr eröffnet ist. Kann daher eine Grundstücksfläche von außen allein von dem benachbarten Grundstück aus betreten werden, ohne dass Dritte dieses als Durchgang nutzen, obliegt dem Grundstückseigentümer keine Verkehrssicherungspflicht. Eine allgemeine Verpflichtung des Grundstückseigentümers, Unbefugte vor Schäden zu bewahren, die sie nach dem Betreten seines Grundstücks erleiden, besteht nicht.[87] Eine Verkehrssicherungspflicht kann gegenüber den unberechtigten Nutzern aber dann gegeben sein, wenn der Grundstückseigentümer die tatsächliche Nutzung duldet.[88]

2. Kinder

25 Da erwachsene Personen sich grundsätzlich auf die Gegebenheiten einstellen und gefährliche Situationen mit der von ihnen zu erwartenden Vorsicht abwenden müssen,[89] betrifft die Verpflichtung zur Schadensabwehr vor allem spielende Kinder.[90] Gerade diese müssen aber vor Gefahren bewahrt und, wenn sich diese nicht vermeiden lassen, zumindest für sie verständlich gewarnt werden. Das Spielen von Kindern auf dem Nachbargrundstück ist nur dann zulässig, wenn der Eigentümer dieses gestattet hat. Ein Grundstückseigentümer und erst recht der Betreiber einer gefährlichen Anlage muss aber den natürlichen Spieltrieb von Kindern beachten und darf sich nicht darauf verlassen, dass diese das Grundstück nicht unbefugt betreten.[91] Seiner Verkehrssicherungspflicht genügt der Grundstückseigentümer nur dann, wenn er versucht, spielende Kinder etwa durch einen geeigneten Zaun vom Betreten des Grundstücks,[92] oder durch hinreichend deutliche Warnhinweise von dem gefährlichen Spiel abzuhalten.[93] Die Verkehrssicherungspflicht wird dann gesteigert, wenn der Grundstückseigentümer mit der konkreten Möglichkeit des Missachtens eines Verbotes rechnen muss. Das liegt besonders in der unmittelbaren Nähe von Orten wie Schulen und Spielplätzen nahe, an denen sich regelmäßig Kinder aufhalten.[94] Ist das der Fall, besteht eine konkrete Pflicht zur Gefahrenabwehr, der nicht zwingend bereits durch das strikte Beachten der öffentlich-rechtlichen Normen des Baurechts entsprochen wird.[95] Eine Voraussetzung der Haftung aus § 823 Abs. 1 BGB ist jedoch die Kennt-

84 AG Hadamar Urt. v. 20.12.1994 – 3 C 420/94, NJW 1995, 968 (969).
85 *Förster* JA 2017, 721.
86 *Förster* JA 2017, 722.
87 LG München Urt. v. 5.5.1976 – 4 O 1216/76, VersR 1977, 776 (776).
88 OLG Hamm Urt. v. 16.5.2013 – 6 U 178/12, NJW-RR 2013, 1362 (1363).
89 OLG Düsseldorf Urt. v. 9.2.2001 – 22 U 143/00, NJW-RR 2001, 1173 (1173); OLG Karlsruhe Urt. v. 19.12.1979 – 7 U 206/79, VersR 1980, 951 (952).
90 *Förster* JA 2017, 726.
91 BGH Urt. v. 14.3.1995 – VI ZR 34/94, NZV 1995, 272 (272) – Oberleitung eines Bahngeländes; OLG Oldenburg Urt. v. 19.11.1993 – 6 U 155/93, FamRZ 1994, 1454 (1454); kritisch: *Cernik* VersR 2010, 1416.
92 BGH Urt. v. 20.3.1973 – VI ZR 55/72, VersR 1973, 621 (621).
93 BGH Urt. v. 14.3.1995 – VI ZR 34/94, NZV 1995, 272 (272).
94 BGH Urt. v. 20.3.1973 – VI ZR 55/72, VersR 1973, 621 (621); LG Detmold Urt. v. 25.8.1967 – 1 O 139/67, VersR 1969, 68. (68); *Cernik* VersR 2010, 1417 mwN.
95 *Cernik* VersR 2010, 1418.

nis des Grundstückseigentümers von der Gefahrenquelle. Diese wird allerdings gerade bei Eigenheimgrundstücken regelmäßig gegeben sein, da der Grundstückseigentümer sein Grundstück kennen muss.

a) Leerstehende Gebäude. Leerstehende Gebäude üben auf Abenteuer suchende Kinder eine hohe Anziehungskraft aus. Dies wissend sind Eigentümer von derzeit nicht genutzten Grundstücken mit darauf stehenden Gebäuden dazu verpflichtet, diese derart abzusichern, dass hieraus keine unbeherrschbaren Gefahren hervorgehen. Die Verkehrssicherungspflicht beschränkt sich nämlich nicht allein darauf, für den verkehrssicheren Zustand des Grundstücks und des Zugangs zu den Gebäuden zu sorgen. Zusätzlich müssen auch die Gefahrenquellen, die durch das Grundstück in seiner Nutzung hervorgerufen werden, abgewendet werden. Das betrifft insbesondere auch gefährliche Gegenstände, die auf dem Grundstück gelagert werden. Vor davon ausgehenden Gefahren müssen insbesondere Kinder, selbst wenn sie das Grundstück nicht betreten dürfen, geschützt werden.[96] Es kommt nicht darauf an, ob der Grundstückseigentümer von dem konkreten Eindringen von Kindern Kenntnis hatte.[97] Werden die leerstehenden Gebäude nicht regelmäßig kontrolliert und zudem auch nicht vor dem unberechtigten Zutritt gesichert, wird dies als grob fahrlässig angesehen.[98] Mit dem Eindringen von Kindern auf ein aufgelassenes Grundstück muss dessen Eigentümer damit ebenso rechnen, wie mit dem Klettern von Kindern auf Bäume sowie das Betreten von aufgelassenen Gebäuden. 26

b) Gartenteiche und Schwimmbecken. Wasser übt gerade auf Kleinkinder eine große Anziehungskraft aus. Schon deshalb begründen Teiche auf einem Grundstück eine erhebliche Gefahrenquelle.[99] Da diese auch bei gutem Willen der Erziehungsberechtigten nicht durchgängig überwacht werden können und müssen, ist es zwingend erforderlich, von Gartenteichen und Schwimmbecken ausgehende Gefahren zwar nicht von unbefugten erwachsenen Besuchern,[100] wohl aber von sich auf dem Nachbargrundstück aufhaltenden (Klein-) Kindern durch geeignete Sicherungsmaßnahmen[101] abzuwenden,[102] so lange der Grundstückseigentümer damit rechnen muss, dass Kinder sein Grundstück betreten.[103] Das Vertrauen des Grundstückseigentümers darauf, dass die Kleinkinder ständig beaufsichtigt und deshalb daran gehindert werden, zu dem Gartenteich zu gelangen, ist nicht geschützt.[104] Der Schutz des Teichs kann aber dann hinreichend sein, wenn die Sicherungsmaßnahmen getroffen worden sind, die ein vernünftiger vorsichtiger Dritte für ausreichend ansieht, um von anderen Personen einen Schaden abzuwenden.[105] Ist das Grundstück vollständig eingefriedet, wird dadurch der Verkehrssicherungspflicht entsprochen, wenn dem Grundstückseigentümer keine konkreten Hinweise auf eine gleichwohl bestehende konkrete Wahrscheinlichkeit des unberechtigten Zugangs auf sein Grundstück bekannt sind.[106] 27

VI. Prozessuales

Soweit der Nachbar das fremde Grundstück unberechtigt betritt, kann er aus §§ 861, 1004 Abs. 1 BGB auf Unterlassen in Anspruch genommen werden. Verweigert der Nachbar das berechtigte Betreten und Nutzen in Umsetzung des Hammerschlags- und Leitungsrechts, kann er seinen Anspruch auf Duldung gerichtlich verfolgen.[107] Bis der Nachbar einen Duldungstitel erwirkt hat, steht dem Grundstückseigentümer gegen die Umsetzung eines angenommenen Hammerschlags- und Leitungsrechts ein Unterlassungsanspruch aus 28

96 BGH Urt. v. 22.10.1974 – VI ZR 149/73, VersR 1975, 88 (88).
97 BGH Urt. v. 22.10.1974 – VI ZR 149/73, VersR 1975, 88 (88).
98 LG Köln Urt. v. 16.10.2003 – 24 O 243/01, VersR 2004, 734 (734).
99 BGH Urt. v. 20.9.1994 – VI ZR 162/93, FamRZ 1994, 1581(1581).
100 OLG Köln Urt. v. 2.6.1993 – 13 U 18/93, VersR 1994, 1082 (1082).
101 OLG Düsseldorf Urt. v. 20.4.1993 – 22 U 272/92, OLGR Düsseldorf 1993, 291 (292).
102 BGH Urt. v. 20.9.1994 – VI ZR 162/93, FamRZ 1994, 1581 (1581).
103 OLG Oldenburg Urt. v. 5.10.1993 – 12 U 36/93, OLGR Oldenburg 1994, 37 (37).
104 BGH Urt. v. 20.9.1994 – VI ZR 162/93, FamRZ 1994, 1581 (1582); OLG Hamm Urt. v. 28.4.1995 – 9 U 51/94, VersR 1996, 643 (643).
105 OLG Hamm Urt. v. 28.4.1995 – 9 U 51/94, VersR 1996, 643 (643).
106 OLG Oldenburg Urt. v. 27.3.1994 – 13 U 163/94, VersR 1996, 644 (644).
107 *Kirchhoff* NZBau 2012, 207.

§§ 862 Abs. 1, 858 BGB zur Seite.[108] Jeweils wird ein Eilbedürfnis bestehen, so dass diese Ansprüche regelmäßig im Wege des einstweiligen Rechtsschutzes verfolgt werden können.[109]

20. Bienen

Klose

Literatur: *Horst*, Ausgewählte Fragen zum nachbarlichen Grundstücksgebrauch, MDR 1998, 685; *Lüneborg*, Nachbarrechtlicher Ausgleichsanspruch nur bei „grenzüberschreitender" Immission?, NJW 2012, 3745; *Scheidler*, Zivilrechtliche Unterlassungs- und Abwehransprüche gegen Immissionen durch Tiere , MDR 2009, 242; *Schwendner*, Die Biene als nachbarrechtliches Streitobjekt – mit kritischer Betrachtung neuerer Rechtsprechung, AgrarR 1990, 193; *Wagner*, Nachbarhaftung für gentechnische Immissionen, VersR 2007, 1017.

I. Einführung

1 Bienen sind ein unersetzbarer Teil des Ökosystems. Sie bestäuben Pflanzen und produzieren Honig. Dafür fliegen sie als Völker über eine Vielzahl von Grundstücken, verursachen dabei aber auch Lärm, verdrecken durch ihren Kot Gegenstände und können, wenn sie sich angegriffen fühlen, stechen. Besonders misslich ist das, wenn der Nachbar allergisch auf Bienenstiche reagiert und dadurch sogar einer Lebensgefahr ausgesetzt sein kann. Evident treffen hier Interessen der Bienenhalter (Imker) auf diejenigen ihrer Nachbarn, die einen rechtlich geregelten Ausgleich benötigen.

II. Beseitigungs- und Unterlassungsanspruch aus § 1004 Abs. 1 S. 2 BGB

2 Grundsätzlich ist jeder Grundstückseigentümer aus § 903 BGB dazu berechtigt, mit seinem Eigentum nach Belieben zu verfahren. Das gilt jedoch, anders als nach dem Preußischen Allgemeinen Landrecht, das es noch jedermann gestattete auf seinem Eigentum Bienenstöcke zu halten,[1] nicht uneingeschränkt. Anderen Grundstückseigentümern steht aus § 1004 Abs. 1 S. 1 BGB ein Beseitigungs- und Unterlassungsanspruch zu, wenn ihr Eigentum durch das Halten der Bienen in einer Weise beeinträchtigt ist, die zu dulden ihnen nicht zugemutet werden kann.[2] Dieser primär auf die Abwehr gegen Angriffe gegen sein Eigentum gerichtete Anspruch kann auch einen Unterlassungsanspruch begründen, wenn ein begründeter Anlass dazu besteht, von einer künftigen Störung auszugehen.

---

108 OLG Düsseldorf Urt. v. 17.7.2000 – 9 U 112/00, OLGR Düsseldorf 2001, 178 (179).
109 *Kirchhoff* NZBau 2012, 207.
1 Gemäß II., Erster Teil, 2. Abschn., § 118 war es jedem erlaubt, auf seinem Eigentum Bienen zu halten. In § 122 war auch das Recht geregelt, schwärmende Bienen auf fremden Grund zu verfolgen und dort einzufangen.
2 *Scheidler* MDR 2009, 242.

Solche Duldungspflichten können sich im Hinblick auf das **Halten von Bienen** auf dem Nachbargrundstück vor allem aus § 986 BGB ergeben. Hierzu liegt inzwischen eine differenzierte Rechtsprechung vor, an der sich Imker und ihre Nachbarn orientieren können. Diese differenziert nach den örtlichen Gegebenheiten, so dass hier **Unterschiede zwischen städtischen und ländlichen Regionen** zu verzeichnen sind. Aber auch innerhalb der jeweiligen Region sind die individuellen Gegebenheiten beachtlich. Als Faustformel kann gelten, dass das Halten und Einfliegen von Bienen in ländlichen Regionen regelmäßig zu dulden ist und dem Nachbarn nur ausnahmsweise, etwa bei einer **Bienengiftallergie**, Abwehransprüche zustehen könnten.[3] Wenn er eine über das ortsübliche Maß hinausgehende Beeinträchtigung nicht verhindern kann, kann der Eigentümer des Nachbargrundstücks aus § 906 Abs. 2 S. 2 BGB eine angemessene Entschädigung in Geld verlangen.[4] 3

1. Anspruchsinhaber

Gemäß § 906 Abs. 1 S. 1 BGB kann der Grundstückseigentümer von einem anderen Grundstück ausgehende Einwirkungen verbieten, die die Benutzung seines Grundstücks mehr als unwesentlich beeinträchtigen. Berechtigt ist danach jedenfalls der durch das Halten der Bienen nach seiner Einschätzung zu Unrecht beeinträchtigte Eigentümer des Nachbargrundstücks. Auch wenn die Regelung des § 906 BGB seinem Wortlaut nach allein den Eigentümer zu schützen scheint, findet diese Regelung über Verweisungen auch auf den Berechtigten einer Grunddienstbarkeit (§ 1027 BGB), den Nießbraucher (§ 1065 BGB), bzw. den Inhaber einer persönlichen Dienstbarkeit (§§ 1090 Abs. 2, 127 BGB) sowie den Erbbauberechtigten (§ 11 Abs. 1 ErbbauRG) Anwendung. Daneben kommen aber auch Mieter, Pächter und Mitglieder einer WEG als Berechtigte in Betracht. Obligatorisch Berechtigte wie Pächter und Mieter erhalten diesen Schutz hingegen durch den Besitzschutz aus § 862 BGB. 4

Zur Bestimmung dessen, was ein **Mieter** (und damit ein schuldrechtlich Berechtigter) an Immissionen von gleichartig Berechtigten hinzunehmen hat, ist § 906 Abs. 1 S. 1 BGB entsprechend anzuwenden.[5] Nicht allein das nachbarschaftliche Verhältnis, sondern auch der Inhalt des Mietvertrages bestimmt die Befugnis von Wohnungsmietern, in dem Außenbereich ihrer Mieträume Bienen zu halten. Auch hier kommt eine entsprechende Anwendung von § 906 BGB[6] zumindest im Verhältnis zum Vermieter in Betracht.[7] Eine Bienenhaltung auf dem Balkon soll unabhängig davon, ob die Tierhalteklausel im Mietvertrag unwirksam ist, den vertragsgemäßen Gebrauch der Mietwohnung überschreiten.[8] 5

Innerhalb einer **WEG** können abseits der Sonderregelungen enthaltenden §§ 13, 16, 21 WEG Ausgleichsansprüche entsprechend § 906 BGB bestehen, wenn das Sondereigentum durch einen Mangel des Gemeinschaftseigentums beschädigt wird.[9] Bei der Verletzung von Rechten eines anderen Miteigentümers stehen sich strukturell keine Interessen der Miteigentümer gegenüber, so dass das Wohnungseigentum insoweit wie echtes Grundstückseigentum behandelt werden kann.[10] Dies kann einen Ausgleichsanspruch aus § 906 Abs. 2 BGB zur Folge haben.[11] 6

3 *Horst* MDR 1998, 687. Gegen die Berücksichtigung einer Bienengiftallergie, die eine Ausnahmeerscheinung sei: *Schwendner* AgrarR 1990, 195.
4 Zur höchstrichterlichen Rechtsprechung zu dem Ausgleichsanspruch: *Lüneborg* NJW 2012, 3745.
5 BGH Urt. v. 16.1.2015 – V ZR 110/14, NJW 2015, 2023 (2024).
6 Dazu: *Lüneborg* NJW 2012, 3750.
7 BGH Urt. v. 16.1.2015 – V ZR 110/14, NJW 2015, 2023 (2024).
8 AG Hamburg-Harburg Urt. v 7.3.2014 – 641 C 377/13, ZMR 2014, 802 (803).
9 BGH Urt. v. 21.5.2010 – V ZR 10/10, NJW 2010, 2347 (2348); vgl. *Lüneborg* NJW 2012, 3749.
10 BGH Urt. v. 25.10.2013 – V ZR 230/12, NJW 2014, 458 (460).
11 BGH Urt. v. 25.10.2013 – V ZR 230/12, NJW 2014, 458 (460).

2. Anspruchsvoraussetzungen des § 906 Abs. 1 BGB

7 Der Grundstückseigentümer ist gemäß § 906 Abs. 1 BGB dazu verpflichtet, die Beeinträchtigungen durch Immissionen, also auch Geräusche und Gerüche, hinzunehmen, die sein Grundstück nicht oder nur unwesentlich beeinträchtigen.[12]

8 **a) Einwirkung.** Die Einwirkung muss sich aus der Nutzung eines anderen Grundstückes ergeben, also zumindest mittelbar auf menschlichem Verhalten beruhen.[13] Es genügt nicht, dass die Einwirkung von dem Nachbargrundstück ausgeht. Vielmehr muss die Beeinträchtigung zumindest mittelbar auf den Willen des benachbarten Eigentümers zurückgehen.[14] Diese Anforderungen sind jedoch erfüllt, wenn auf dem Nachbargrundstück willentlich Bienen gehalten werden. Nach der Rechtsprechung des BGH sind der Bienenflug und die damit verbundene Blütenbefruchtung auch eine „ähnliche Einwirkung" im Sinne des § 906 BGB.[15]

9 **b) Duldungspflicht aus § 906 BGB.** Die grundsätzlich bestehende Pflicht des Nachbarn, den sein Grundstück allenfalls unwesentlich beeinträchtigenden Überflug der Bienen über sein Grundstück zu dulden, folgt aus § 906 Abs. 1 S. 1 BGB, da der **Reinigungsflug** der Bienen weder vorhersehbar noch kontrollierbar ist.[16] Das gilt auch für das in der Nähe von Bienenstöcken typischerweise zu erwartende Überfliegen des Grundstücks durch Bienenschwärme, zumal dies das konkrete Grundstück jeweils nur einen verhältnismäßig kurzen Zeitraum betrifft.[17] Allerdings besteht die Pflicht nur dann, wenn die Beeinträchtigung des Grundstücks nur unwesentlich, das Bienenhalten ortsüblich und für den Nachbarn zumutbar ist.

10 **aa) (Un-)wesentlich.** Unwesentliche Beeinträchtigungen sind gemäß § 906 Abs. 1 BGB hinzunehmen. Unwesentlich ist eine Beeinträchtigung, die nach dem Empfinden eines verständigen Durchschnittsmenschen unter Würdigung anderer öffentlicher und privater Belange zumutbar ist.[18] Das kann bei der Verschmutzung mit **Bienenkot** angenommen werden, weil diese Verschmutzungen im Wesentlichen im Frühjahr und nach längeren Schlechtwetterperioden nur wenige Tage im Jahr auftreten und verschmutzte Teile ohne weiteres gesäubert werden können.[19] Bei der vorzunehmenden wertenden Betrachtung sind im Rahmen der konkreten Gegebenheiten alle privaten und öffentlichen Belange abzuwägen.[20] Bei der Betrachtung der wesentlichen Beeinträchtigung ist auf einen Durchschnittsbenutzer sowie die konkrete Nutzung des Grundstücks in seiner örtlichen Lage abzustellen.[21] Zu einer generellen Zulässigkeit des Haltens von Bienen in ländlichen Regionen führt aber auch das nicht. Eine Beeinträchtigung kann sich auch hier aus dem **Lärm der fliegenden Bienen** sowie aus der **Gefahr von Bienenstichen** ergeben.

11 Ob die von den ausfliegenden Bienen ausgehende Geräuschentwicklung das Nachbargrundstück wesentlich beeinträchtigt,[22] hängt von der Art der betroffenen Grundstücke ab. Konflikte entstehen insbesondere durch den (Flug-) Lärm, aber auch durch die latente Gefahr von Bienenstichen. Der Lärm wird vor allem durch das Fliegen der Bienen **im Schwarm** begründet und ist in seinem Ausmaß von der **Zahl der gehaltenen Bienenvölker** abhängig. Die Grundsätze der TA Lärm sind dafür ein wichtiger Orientierungsmaßstab.[23]

---

12 *Scheidler* MDR 2009, 243.
13 BGH Urt. v. 11.7.1963 – III ZR 55/62, NJW 1963, 2020 (2020).
14 BGH Urt. v. 7.7.1995 – V ZR 213/94, NJW 1995, 2633 (2634).
15 BGH Urt. v. 24.1.1992 – V ZR 274/90, NJW 1992, 1389 (1389); AG Grafenau Urt. v. 21.6.1958 – C 108/58, MDR 1958, 770 (770); *Schwendner* AgrarR 1990, 193.
16 LG Dessau Urt. v. 10.5.2012 – 1 S 22/12, NZM 2013, 50 (51).
17 Vgl. LG Memmingen Urt. v. 25.2.1987 – 1 S 550/86, NJW-RR 1987, 530 (530).
18 BGH Urt. v. 27.10.2006 – V ZR 2/06, NJW-RR 2007, 168, 168; *Scheidler*, MDR 2009, 243.
19 *Schwendner* AgrarR 1990, 194.
20 BGH Urt. v. 20.11.1992 – V ZR 82/91, NJW 1993, 925 (928).
21 BGH Urt. v. 30.10.1998 – V ZR 64/98, NJW 1999, 356 (357).
22 Zum Tierlärm: *Gaisbauer* NZM 1999, 982; *Scheidler* MDR 2009, 242.
23 BGH Urt. v. 23.3.1990 – V ZR 58/89, NJW 1990, 2465 (2466).

Schon in der latenten Gefahr von **Bienenstichen** durch das Grundstück überfliegende Bienen wird eine nicht unerhebliche Beeinträchtigung der Nutzbarkeit eines Grundstücks gesehen.[24] Hier kann die Art der Bienen Beachtung finden. 12

Im Hinblick auf die wesentliche Beeinträchtigung ist es zudem erheblich, ob es sich bei dem Bienenvolk um eine **„friedfertige Rasse"** handelt.[25] Hierfür kommt es auch auf die Zahl der Bienenstöcke an. Als wesentlich wurde im Außenbereich das Halten von 161 Bienenvölkern angesehen, die während der Vegetationsphase kein ausreichendes Trachtangebot vorfinden.[26] Unterhalb dieser großen Zahl von Bienenstöcken hängt die Wesentlichkeit vor allem von den örtlichen Gegebenheiten, also der Einordnung des Gebietes sowie der Zahl der benachbarten Bienenstöcke ab. 13

bb) Ortsüblichkeit. Eine Ortsüblichkeit ist gegeben, wenn eine Mehrheit von Grundstücken in der Umgebung mit einer nach Art und Maß ähnlichen Einwirkung benutzt wird.[27] Vereinzelt wird das Halten von Bienenvölkern bundesweit als ortsüblich angesehen.[28] Auf eine etwaige (auch ländliche) Vorbelastung ist derart Rücksicht zu nehmen, dass eine erhöhte Toleranz erwartet werden kann.[29] Dem **Inhaber eines Gartenbaubetriebes** stehen wegen der **Befruchtung der Blüten** gegen den Imker jedenfalls dann weder aus §§ 833 und 823 BGB noch aus § 906 BGB Ersatzansprüche zu,[30] wenn die **Nutzung durch die Imkerei**, anders als die durchgeführte Pflanzenanzucht, ortsüblich[31] ist.[32] Auf dem Land wird regelmäßig eine wesentliche Beeinträchtigung durch Bienen auf dem Nachbargrundstück verneint.[33] Eine wesentliche Beeinträchtigung in einer ländlich gelegenen Gartensiedlung soll durch den Flug von fünf in einem Abstand von 9,5 bis 12,5 m von der Grundstücksgrenze aufgestellten Bienenvölkern nicht ausgehen.[34] Auch ein an einer **Bienenphobie** leidender Grundstückseigentümer in einer dörflichen, landwirtschaftlich genutzten Umgebung kann von seinem Nachbarn nicht verlangen, dass dieser fünf Bienenvölker beseitigt, da diese keine wesentliche Beeinträchtigung begründen. 14

In **Wohngebieten** hängt die Ortsüblichkeit der Bienenhaltung wesentlich von der Verbreitung der Bienen in der näheren Umgebung ab. In der älteren Rechtsprechung wurde die Bienenhaltung in reinen Wohngebieten in der Peripherie einer Stadt als nicht ortsüblich angesehen, weil der Durchschnittsmensch dort keine Erfahrung mit Bienen habe.[35] Dort im Garten arbeitende Anwohner müssten dann mit Bienenstichen rechnen.[36] Grenzen in den Straßenzügen des Wohngebiets die Wohngrundstücke unmittelbar aneinander an, soll die Bienenhaltung unmittelbar an der Grundstücksgrenze eine den Beseitigungsanspruch begründende wesentliche Beeinträchtigung des Grundstücks zur Folge haben.[37] Ortsüblich ist jedenfalls eine Nutzung, die im maßgeblichen Vergleichsbezirk bei einer Mehrheit von Grundstücken eine Nutzung mit nach Art und Umfang gleich beeinträchtigender Wirkung auf andere Grundstücke aufweist.[38] In einer **reinen Wohngegend** soll aus der Existenz von sechs Imkern nicht auf die Ortsüblichkeit der Imkerei geschlossen werden können.[39] Jedenfalls in kleinen Gemeinden im **ländlichen Raum** ist die Bienenhaltung ortsüblich, so dass 15

24 OLG Hamm Urt. v. 3.7.1989 – 22 U 204/88, MDR 1989, 993 (993).
25 OLG Celle Urt. v. 12.4.1988 – 4 U 278/85, AgrarR 1990, 198 (199); *Schwendner* AgrarR 1990, 194.
26 AG Kandel Urt. v. 29.6.2009 – 1 C 5/09, juris Rn. 23.
27 BGH Urt. v. 23.3.1990 – V ZR 58/89, NJW 1990, 2465 (2467).
28 OLG Hamm Urt. v. 25.6.2020 – 24 U 109/19, MDR 2020, 1439 (1440).
29 BGH Urt. v. 30.10.1998 – V ZR 64/98, NJW 1999, 356 (357); vgl. OLG Hamm Urt. v. 1.12.2008 – 5 U 161/08, NZM 2009, 335 (335).
30 BGH Urt. v. 24.1.1992 – V ZR 274/90, NJW 1992, 1389 (1389); OLG Düsseldorf Urt. v. 14.8.1990 – 4 U 233/89, AgrarR 1991, 263 (264).
31 BGH Urt. v. 20.11.1992 – V ZR 82/91, NJW 1993, 925 (930).
32 BGH Urt. v. 24.1.1992 – V ZR 274/90, NJW 1992, 1389 (1389).
33 AG Augsburg Urt. v. 19.12.1997 – 2 C 2757/97, juris Rn. 14.
34 LG Memmingen Urt. v. 25.2.1987 – 1 S 550/86, NJW-RR 1987, 530 (530).
35 LG Kiel Urt. v. 21.5.1965 – 8 S 201/64, MDR 1966, 412 (412).
36 LG Kiel Urt. v. 21.5.1965 – 8 S 201/64, MDR 1966, 412 (412).
37 LG Amberg Urt. v. 15.6.1988 – 2 S 1402/87, NJW-RR 1988, 1359 (1359).
38 LG Bonn Urt. v. 16.1.2013 – 7 O 181/12, juris Rn. 19.
39 LG Lübeck Urt. v. 8.10.1969 – 6 S 21/69, VersR 1970, 959 (959).

der Bienenflug nicht als eine wesentliche Beeinträchtigung angesehen werden kann.[40] Ortsüblich ist die Bienenhaltung jedenfalls auf einem im Außenbereich gelegenen Grundstück, in dessen Nachbarschaft neben Tierhaltung auch Blumen und Obstbäume angepflanzt sind, die ihrerseits ohnehin Bienen anziehen.[41]

16 **cc) Unzumutbarkeit.** Ausschließlich subjektive Abneigungen gegen Bienen können keine unzumutbare Beeinträchtigung begründen.[42] Geht von der Imkerei auf einem Nachbargrundstück wegen des Fluges der Bienen aber eine **Gesundheitsgefahr** aus, kann der Eigentümer des Wohngrundstücks von dem Imker und Grundstücksnachbarn die Beseitigung der Bienenhaltung verlangen.[43] Eine **Bienenallergie bzw. -phobie** ist in diese objektive Betrachtung grundsätzlich nicht einzubeziehen[44] Nach der Auffassung des OLG Bamberg ist aber eine nachgewiesene Bienenallergie, die bei Bienenstichen zur Lebensgefahr führt, bei der Frage, ob die Beeinträchtigung durch die Bienen zumutbar ist, zu Gunsten des Grundstücksnachbarn zu berücksichtigen, der sich den Bienen nicht entziehen kann.[45]

3. Rechtsfolge

17 Werden diese Grenzen überschritten, besteht ein Beseitigungsanspruch. Ist der Nachbar zur Duldung verpflichtet, kann ihm unter Umständen aus § 906 S. 2 BGB ein (verschuldensunabhängiger) Ausgleichsanspruch zustehen.

18 **a) Unterlassungsanspruch.** Ob ein Unterlassungsanspruch besteht, ist letztlich auf der Grundlage einer Abwägung der wechselseitigen Interessen der Nachbarn zu entscheiden. Wird ein Nachbar durch den Bienenflug wesentlich beeinträchtigt, kann er von dem Halter der Bienen Maßnahmen verlangen, die Einfluss auf deren Flugverhalten nehmen, etwa das **Anpflanzen einer dichten Trennhecke**.[46] Führt auch das nicht zur Abhilfe, bleibt nur noch das **Beseitigen der Bienenstöcke**. Hierbei kommt es neben der Ortsüblichkeit auch auf den Umfang und die Vermeidbarkeit der Beeinträchtigung an. Ein Unterlassungsanspruch aus §§ 1004, 906 BGB soll etwa bestehen, wenn 20 Bienenvölker bis zu 7m an die Grundstücksgrenze heranragen und der Nachbarn wegen einer hochgradigen **Bienengiftallergie** ein besonderes Interesse an der Beseitigung der Bienenstöcke hat.[47] Auch das Halen von sieben Bienenvölkern kann für den Nachbarn unzumutbar sein, wenn die heimkehrenden Bienen wegen der baulichen Besonderheiten in erheblichen Umfang eine Loggia ansteuern und deren Nutzungsmöglichkeit dadurch weitgehend aufgehoben wird.[48]

19 Aber auch bei der Entscheidung über den Beseitigungsanspruch ist die **Verhältnismäßigkeit** dieser Maßnahme zu beachten. Das Vermindern der Zahl der gehaltenen Bienenvölker kann deren Halter dann nicht zugemutet werden, wenn dadurch keine signifikante Verminderung der Beeinträchtigung zu erwarten ist.[49] Wie der Störer bei einer Unterlassungsklage die Einwirkung beseitigt, ist ihm zu überlassen. Er hat den Bienenflug über das Grundstück des Nachbarn zu verhindern. Auf eine konkrete Maßnahme darf das Urteil nur dann gerichtet sein, wenn allein diese zum Erreichen des Ziels in Betracht kommt. Die infolge des allgemein auf die Beseitigung der Störung und nicht auf ein konkretes Unterlassen auszurichtenden Antrags auftretenden Probleme sind dann im Zuge der Vollstreckung zu lösen.[50]

20 Gegen den Flug der Bienen über sein Grundstück kann sich der Nachbar, sofern das Aufstellen der Bienenstöcke zulässig ist, nicht erfolgversprechend wenden, sofern der Bienenflug die Nutzbarkeit seines Grund-

40 AG Brandenburg Urt. v. 28.11.2017 – 34 C 146/16, NJW-RR 2018, 278 (279).
41 OLG Celle Urt. v. 12.4.1988 – 4 U 278/85, AgrarR 1990, 198 (199).
42 *Schwendner* AgrarR 1990, 194.
43 OLG Bamberg Urt. v. 16.9.1991 – 4 U 15/91, NJW-RR 1992, 406 (407).
44 AG Wolfenbüttel Urt. v. 26.2.2016 – 19 C 109/14, juris Rn. 25.
45 OLG Bamberg Urt. v. 16.9.1991 – 4 U 15/91, NJW-RR 1992, 406 (408).
46 LG Hanau Urt. v. 25.4.1989 – 2 S 67/89, AgrarR 1990, 201 (201).
47 LG Ellwangen Urt. v. 21.6.1985 – 1 S 48/85, NJW 1985, 2339 (2340).
48 OLG Hamm Urt. v. 25.6.2020 – 24 U 109/19, MDR 2020, 1439 (1440).
49 OLG Celle Urt. v. 12.4.1988 – 4 U 278/85, AgrarR 1990, 198 (199).
50 BGH Urt. v. 5.2.1993 – V ZR 62/91, NJW 1993, 1656, 1657; BGH Urt. v. 27.10.1976 – V ZR 36/75, NJW 1977, 146 (146).

stückes nicht wesentlich beeinträchtigt. Fliegende Bienen werden, unabhängig davon, ob sie isoliert oder im Schwarm fliegen, als Imponderabilien behandelt.[51] Ist das Halten von Bienen ortsüblich, muss daher auch der Bienenflug über das Grundstück hingenommen werden. Wird jedoch, gerade in den Sommermonaten, in denen die Bienen ausschwärmen, die ungestörte Nutzung des Gartens durch in der Nähe errichtete Bienenstöcke weitgehend verhindert, ist die Zumutbarkeitsschwelle überschritten. Diese Voraussetzung kann etwa dann erfüllt sein, wenn auf dem Nachbargrundstück eine Vielzahl von Bienenstöcken errichtet werden und die dort lebenden Bienen vielfach geballt mit der Folge über das Nachbargrundstück fliegen, dass der Freibereich ohne imkertypische Schutzkleidung nicht mehr genutzt werden und etwaigen Besuchern kein Zugang gewährt werden kann, auf dem mit hoher Wahrscheinlichkeit nicht mit Bienenstichen gerechnet werden muss.

b) Ausgleichsanspruch. Kann der Grundstücksnachbar die Beeinträchtigung seines Grundstückes oberhalb der Schwelle der Wesentlichkeit nicht erfolgreich abwehren, steht ihm entsprechend § 906 Abs. 2 S. 2 BGB ein Ausgleichsanspruch zu. Dieser besteht „*wenn von einem Grundstück im Rahmen privatwirtschaftlicher Nutzung rechtswidrige Einwirkungen auf ein anderes Grundstück ausgehen, die der Eigentümer oder Besitzer des betroffenen Grundstücks nicht dulden muss, aus besonderen Gründen jedoch nicht gem. §§ 1004 Abs. 1, 862 Abs. 1 BGB unterbinden kann, sofern er hierdurch Nachteile erleidet, die das zumutbare Maß einer entschädigungslos hinzunehmenden Beeinträchtigung übersteigen.*“[52] Dieser Anspruch kann sich ausschließlich gegen den Störer richten und alleine von den Eigentümern oder denjenigen, die im Hinblick auf das Grundstück Besitzschutzansprüche geltend machen können, geltend gemacht werden.[53] Kann der Grundstückseigentümer jedoch geeignete und ortsübliche eigene Maßnahmen ergreifen, um die Beeinträchtigung zu vermindern oder zu beseitigen, können ihm diese auch zugemutet werden.[54] 21

III. Abwehranspruch aus § 907 BGB

Bienenstöcke und **Bienenhäuser** können **gefahrdrohende Anlagen** im Sinne des § 907 BGB sein. Diese Regelung verschafft dem Nachbar einen darauf gerichteten Anspruch, eine unzulässige Einwirkung auf sein Grundstück zu verhindern. Besteht der Anspruch aus § 907 BGB, beinhaltetet er nicht nur einen vorbeugenden Unterlassungsanspruch, sondern begründet auch einen Anspruch auf Beseitigung der Bienenstöcke.[55] 22

Ein Bienenhalter kann von seinen Nachbarn nicht erfolgversprechend verlangen, dass diese ihre Gebäude- und Gartenanlage so gestalten, dass seine Bienen dadurch nicht beeinträchtigt werden. Auch ihnen steht das Recht aus § 903 BGB zu, mit ihrem Eigentum nach Belieben verfahren. Dementsprechend dürfen sie ihren Garten so anlegen, dass dieser Bienen abschreckt. Gleiches gilt für die Gestaltung der Gebäude. Eine Einschränkung kann sich dann aus den Grundsätzen des nachbarschaftlichen Gemeinschaftsverhältnisses ergeben, wenn die Maßnahmen ersichtlich alleine mit dem Ziel getroffen werden, die Bienenzucht auf dem Nachbargrundstück zu beeinträchtigen und für das eigene Grundstück kein durch sie begründeter Vorteil ersichtlich ist. 23

IV. Haftungsansprüche

Wie bei jeder anderen wirtschaftlichen Tätigkeit können auch durch das **Betreiben von Bienenstöcken** Rechtsgutsverletzungen eintreten, die zu Haftungsansprüchen führen. Diese können den Imker selbst betreffen, aber auch den Nachbarn, wenn Dritte durch Bienen auf seinem Grundstück verletzt werden. Eine vertragliche Haftung aus § 280 Abs. 1 BGB wird regelmäßig nicht in Betracht kommen, da es an einer vertraglichen Vereinbarung über die Berechtigung zum Halten von Bienen fehlen wird. Als Anspruchsgrundlagen kommen aber die Tierhalterhaftung als Spezialgesetz sowie die Haftung aus § 823 Abs. 1 BGB in Betracht. 24

---

51 RG Urt. v. 20.9.1933 – V 153/33, RGZ 1941, 141 (408).
52 BGH Urt. v. 1.2.2008 – V ZR 47/07, NJW 2008. 992 (993).
53 BGH Urt. v. 18.9.1984 – VI ZR 223/82, NJW 1985, 47 (47).
54 BGH Urt. v. 26.11.1980 – V ZR 126/78, NJW 1981, 1369 (1371).
55 LG Lübeck Urt. v. 8.10.1969 – 6 S 21/69, MDR 1970, 506 (506).

1. Haftung des Eigentümers des Nachbargrundstücks

25 Der Grundstückseigentümer kann wegen der Bienenhaltung auf dem Nachgrundstück Ersatzansprüchen von Dritten, die sein Grundstück betreten, ebenso ausgesetzt sein wie solchen des Bienenhalters.

26 **a) Haftung gegenüber Dritten.** Anders als der Imker, der etwa durch das Ausrichten der Bienenstöcke und das Anpflanzen von Hecken Einfluss auf das Flugverhalten der Bienen nehmen kann, hat der Nachbar diese Möglichkeit nicht. Folglich kommt als eine die Haftung aus § 823 Abs. 1 BGB begründende Rechtsgutsverletzung die Verletzung einer Verkehrssicherungspflicht in Betracht. Aber auch deren Voraussetzungen liegen regelmäßig nicht vor. Auch wenn der Eigentümer eines **Baumarktes** von den auf dem Nachbargrundstück gehaltenen Bienen Kenntnis hat, ist er nicht dazu verpflichtet, zur Erfüllung eines ordnungsgemäßen Geschäftsbetriebes einen Teil des Grundstückes zu sperren oder die Nutzer dazu zu veranlassen, diesen Bereich nur in Schutzkleidung zu betreten. Jedoch muss er einen **Warnhinweis erteilen.**[56]

27 Nur der **Imker als Tierhalter** ist gemäß § 833 S. 1 BGB dazu verpflichtet, dafür zu sorgen, dass von seinen Bienen fremde Menschen nicht verletzt werden. Die Nachbarn können sich dieser Gefahr nicht in zumutbarer Art und Wiese entziehen.[57] Etwas anderes kann nur dann gelten, wenn für den Grundstückseigentümer, anders als für Dritte, ohne Weiteres ersichtlich an bestimmten Stellen seines Grundstücks konkrete vorhersehbare Gefahren durch die Bienen drohen, hinsichtlich derer Dritte nach der Verkehrssitte Warnhinweise erwarten können. Der **Dritte** wiederum kann aus § 823 Abs. 1 BGB haften, wenn er auf ihn bedrängende Bienen derart willensgetragen einwirkt, dass sie von ihm ablassen, aber Dritte verletzen. Er muss jedoch bei dieser Handlung erkennen können, dass er mit seiner Abwehrhandlung zu der Gefährdung der Dritten beiträgt.[58]

28 **b) Ansprüche des Imkers.** Auch gegenüber dem benachbarten Imker können Haftungsansprüche des Grundstücksnachbarn begründet sein, wenn dieser schuldhaft in dessen Recht eingreift oder er seinerseits Ausgleichsansprüchen aus § 906 S. 2 BGB ausgesetzt ist.

29 **aa) Deliktische Ansprüche.** Deliktische Ansprüche aus § 823 Abs. 2 BGB können dem Imker insbesondere dann zustehen, wenn sein Grundstücksnachbar auf dessen Grundstück **chemische Substanzen zur Aufzucht seiner Pflanzen** verwendet, die er (so) nicht benutzen darf und durch die die Bienen vorhersehbar geschädigt werden. Wegen Schäden, die seine Bienen erleiden, weil sie über Grundstücke fliegen, die mit zur Schädlingsbekämpfung verwendeten Giftstoffen belastet sind, steht dem Imker grundsätzlich weder ein Entschädigungs- noch ein Aufopferungsanspruch zu.[59] Etwas anderes gilt aber dann, wenn bei dem Aufbringen von chemischen Schutzmitteln gegen § 1 der Bienenschutzverordnung vom 12.7.1992 verstoßen worden ist.[60] Erst recht ist der Nachbar dem Imker, der die Bienen mit chemischen Mitteln tötet, zum Schadensersatz verpflichtet.[61]

30 **bb) Verschuldensunabhängige Haftung.** Keine eigenen verschuldensunabhängigen Abwehransprüche hat derjenige, der – wie ein Imker – an der Nutzung eines fremden Grundstücks lediglich nicht gehindert wird. Erleiden Bienen durch das Befliegen fremder Grundstücke, an dem sie nicht gehindert werden können, etwa durch chemisch behandelte Bäume, einen Schaden, steht dem Imker dagegen kein Abwehr- oder Ersatzanspruch zu. Der Grundstückseigentümer kann mit seinem Eigentum nach Belieben verfahren (§ 903 BGB). Er ist lediglich daran gehindert, den Bienenflug im Rahmen des Ortsüblichen zu verhindern.[62] Ein Abwehranspruch des Imkers aus § 1004 BGB kann daraus jedoch nicht abgeleitet werden.[63] Dem Imker

---

56 LG Aachen Urt. v. 8.7.2005 – 5 S 24/05, NJW-RR 2005, 1265 (1265).
57 OLG Bamberg Urt. v. 16.9.1991 – 4 U 15/91, NJW-RR 1992, 406 (407).
58 Hierfür soll jedenfalls einem sieben Jahre alten Kind regelmäßig die erforderliche Einsichtsfähigkeit fehlen: BGH Urt. v. 29.4.1997 – VI ZR 110/96, NJW-RR 1997, 1110 (1111).
59 BGH Urt. v. 28.2.1955 – III ZR 136/54, NJW 1955, 747 (747).
60 OLG Hamm Urt. v. 16.12.1981 – 13 U 41/80, VersR 1983, 160 (160).
61 Vgl. BGH Urt. v. 28.2.1955 – III ZR 136/54, NJW 1955, 747 (748).
62 RG Urt. v. 20.9.1933 – V 153/33, RGZ 141, 406 (409).
63 BGH Urt. v. 28.2.1955 – III ZR 136/54, NJW 1955, 747 (747).

stehen aber dann Abwehransprüche aus §§ 1004, 906 BGB zu, wenn von fremden Grundstücken zur Schädlingsbekämpfung eingesetzte Giftstoffe auf seine Bienenstöcke nachteilig einwirken.[64] Auch das kann zu einer Haftung aus §§ 823 Abs. 2 iVm 1004 BGB führen.

2. Haftung des Imkers

Von den Bienen gehen Gefahren aus, für die der Imker auch aus der deliktischen Haftung in Anspruch genommen werden kann. Dies betrifft neben der Haftung für schuldhaftes Handeln und Unterlassen vor allem auch den Gefährdungstatbestand der Tierhalterhaftung. 31

a) Deliktische Haftung. Eine deliktische Haftung des Imkers kommt bei schuldhaften schädigenden Handlungen aus § 823 Abs. 1 BGB, vor allem aber auch aus § 823 Abs. 2 iVm §§ 1004 bzw. 907 BGB in Betracht. Deliktische Ersatzansprüche hängen jeweils davon ab, dass die Rechtsgutsverletzung unmittelbar durch eine konkrete Handlung oder eine pflichtwidrige Unterlassung des Störers und nicht allein durch ein Naturereignis herbeigeführt worden ist.[65] 32

b) Tierhalterhaftung (§ 833 BGB). Für den **Reinigungsflug** der Bienen haftet der Eigentümer ihres Volkes nicht aus § 833 BGB. Die durch den Reinigungsflug und das damit verbundene **Abkoten** verbundenen Verschmutzungen sind nicht von dem Schutzzweck des § 833 S. 1 BGB erfasst. Geschützt werden soll dadurch nämlich vor den Schäden, die durch das willkürliche, unberechenbare Verhalten von Tieren verursacht werden, nicht jedoch vor Schäden, die auf einem **artgerechten Verhalten beruhen**.[66] Aus dem gleichen Grund haftet der Imker auch nicht für Stiche von Bienen seines Schwarmes aus § 833 BGB. Einer Haftung aus § § 823 Abs. 1 BGB wegen einer Körperverletzung steht entgegen, dass es dem Imker unmöglich ist, seinen Bienenschwarm in einer Art zu steuern, die die Bienenstiche sicher verhindert. Das gilt erst recht deshalb, weil Bienenstiche vielfach allein deshalb erfolgen, weil sich der Gestochene, oft ein mit Bienen nicht erfahrener Stadtbewohner,[67] vor dem Stich in einer Weise verhalten hat, die von der Biene als Angriff aufgefasst wurde. Eine Schadensersatzpflicht aus § 823 Abs. 1 BGB besteht jedoch dann, wenn Bienen bewusst und gezielt in einer Weise gereizt werden, dass sie einen Dritten stechen. 33

Verursachen Bienen jedoch einen Schaden, ist die Haftung des Imkers nicht durch § 833 Abs. 2 BGB ausgeschlossen, weil Bienen **keine Haustiere** sind. Ein Imker haftet auch gegenüber einem Dritten, der von einer Biene gestochen wurde, nicht auf Schadensersatz. Da der Dritte die Eigentumsbeeinträchtigung nicht abwehren kann, scheidet ein Ersatzanspruch aus § 833 BGB aus.[68] Gleiches gilt für den **Inhaber eines Gartenbaubetriebes** wegen der Befruchtung seiner Schnittblumenbestände durch die Bienen eines Imkers.[69] 34

V. Eigentum an den Bienen und Verfolgungsrecht

Die Bienen können zwar in ihrem Bienenstock auf dem Grundstück untergebracht werden. Sie schwärmen jedoch ihrer Natur nach aus, um Blüten zu bestäuben und Honig zu sammeln. Dafür müssen sie notwendig Nachbargrundstücke überqueren. Dadurch wird jedoch die Eigentumslage an ihnen nicht verändert. Maßgeblich für das Eigentum ist stets der **Bienenschwarm**. Im Hinblick auf die einzelne Biene gilt § 960 BGB, wonach in Freiheit befindliche Tiere herrenlos sind. Gezähmte Tiere werden, unabhängig von dem Willen ihres ehemaligen Eigentümers, herrenlos, wenn sie ihre Gewohnheit ablegen, an den ihnen bestimmten Platz zurückzukehren (§ 960 Abs. 3 BGB). Bienen kehren regelmäßig zu ihrem Stock zurück, in dem sich auch die von ihnen versorgte Königin befindet, so dass sie im Regelfall nicht herrenlos sind. 35

---

64 BGH Urt. v. 28.2.1955 – III ZR 136/54, NJW 1955, 747 (747).

65 OLG Stuttgart Urt. v. 8.11.2004 – 5 U 74/04, NJOZ 2004, 4474 (4474).

66 BGH Urt. v. 20.12.2005 – VI ZR 225/04, NJW-RR 2006, 813 (814); BGH Urt. v. 6.7.1976 – VI ZR 177/75, NJW 1976, 2130 (2131); RG Urt. v. 20.9.1933 – V 153/33, RGZ 141, 406 (407); LG Dessau Urt. v. 10.5.2012 – 1 S 22/12, NZM 2013, 50 (51).

67 LG Kiel Urt. v. 21.5.1965 – 8 S 201/64, MDR 1966, 412 (412).

68 AG Brandenburg Urt. v. 28.11.2017 – 34 C 146/16, NJW-RR 2018, 278 (279).

69 OLG Düsseldorf Urt. v. 14.8.1990 – 4 U 233/89, AgrarR 1991, 263 (264).

36 Im Hinblick auf den **Bienenschwarm** gelten die §§ 961, 963 BGB. Gemäß § 961 BGB wird ein Bienenschwarm **herrenlos**, wenn sein Eigentümer ihn nicht unverzüglich verfolgt oder die Verfolgung aufgibt. Dann ist der Schwarm herrenlos, ein Dritter kann ihn sich aneignen. Der Nachbar darf „Angriffe" von Bienen grundsätzlich dadurch abwehren, dass er diese fängt. Dazu ist er angesichts der Stichgefahr schon durch das Notstandsrecht aus § 228 BGB berechtigt. Allerdings darf er die Biene weder töten noch behalten. Anders als nach §§ 948, 947 BGB erwerben die ehemaligen Alleineigentümer mehrerer Bienenschwärme Miteigentum an dem (vereinigten) Schwarm, wenn sich ihre Bienenschwärme zu einem neuen **Gesamtschwarm** vereinigt haben.

37 Angesichts der Bedeutung der Möglichkeit, entwichene Bienenschwärme zu verfolgen, um das Eigentum an diesen zu bewahren, benötigen Bienenhalter ein **Betretungsrecht** für fremde Grundstücke. Dieses steht ihnen gemäß § 962 BGB zu. Danach dürfen sie zur Verfolgung des Schwarms fremde Grundstücke betreten. Sie sind also nicht auf die Rechte aus §§ 867, 1005 BGB beschränkt, die lediglich einen Anspruch begründen, eine eigene Sache, die sich auf einem fremden Grundstück befindet, dort abholen zu dürfen, sondern sie dürfen fremde Grundstücke eigenmächtig betreten und die Gegenwehr von deren Eigentümern sogar abwehren.

VI. Öffentliches Recht

38 Im **Außenbereich** (§ 35 BauGB) soll das Aufstellen von bis zu **20 Bienenvölkern** grundsätzlich für die Nachbarschaft zumutbar sein.[70] Die berufsmäßige Imkerei ist gemäß § 201 BauGB der Landwirtschaft zuzuordnen und damit ein im Sinne des § 35 BauGB im Außenbereich privilegiertes Vorhaben. Das Halten von zwei Bienenvölkern verstößt im Außenbereich auch nicht gegen das Rücksichtnahmegebot.[71] Auch wenn § 34 Abs. 1, 2 BauGB zur Anwendung kommt, bemisst sich die Rechtmäßigkeit der Genehmigung von Baulichkeiten zum Halten von Bienen nach dem **nachbarschützenden Rücksichtnahmegebot**. Im Außenbereich sind jedoch **Bienenhäuser** grundsätzlich planungsrechtlich zulässig.[72] Die äußere Gestaltung der Bienenhäuser im Innenbereich (§ 34 Abs. 1 BauGB) muss sich, sofern kein ohnehin zu beachtender Bebauungsplan vorliegt, in die Umgebung einfügen. Aus dem Einfügegebot und dem darin begründeten Rücksichtnahmegebot können sich Abwehrrechte des Nachbarn ergeben.

39 In **allgemeinen Wohngebieten** soll das Halten von Bienen nicht generell unzulässig sein, wobei es jedoch auf den Zuschnitt des Gebietes und des konkreten Grundstückes in seiner Umgebung ankommen soll. Jedenfalls bei einer geringen Grundstücksgröße und einer großen Nähe zu den benachbarten Grundstücken sollen dem Halten von Bienenvölkern dienende Bauten nicht mit § 14 Abs. 1 S. 1 BauNVO vereinbar sein.[73] Anders kann dagegen in einem durch einen Bebauungsplan ausgewiesenen und relativ dicht besiedelten allgemeinen Wohngebiet das Halten von sechs bis sieben Bienenvölkern nicht gebietsverträglich und eine für die Errichtung der Bienenstöcke erteilte Baugenehmigung rechtswidrig sein.[74]

40 Ihrerseits können Imker die gerichtliche Feststellung, dass ihre Imkereiprodukte nicht durch **genmanipulierten Mais** verunreinigt werden,[75] nur verlangen, wenn sie eine konkrete Gefährdung darlegen können. Auch dieser Unterlassungsanspruch würde aber aus dem Nachbarverhältnis und damit aus den §§ 906, 1004 BGB iVm §§ 16b, 36a GenTG hervorgehen, der öffentlich-rechtlich eingekleidet wäre.[76]

70 VGH München Urt. v. 11.5.1987 – 14 B 84 A.1412.

71 VG Ansbach Urt. v. 7.9.2011 – 18 K 10.02365, juris Rn. 51.

72 VGH Mannheim Urt. v. 11.11.1993 – 5 S 2352/92, NVwZ-RR 1994, 632 (633).

73 VG Minden Urt. v. 20.6.2017 – 1 L 791/17, juris Rn. 28.

74 VG Osnabrück Urt. v. 26.3.2004 – 2 A 4/03, juris Rn. 19.

75 Zu den Problemen einem (verschuldensunabhängigen) zivilrechtlichen Ausgleichsanspruch aus § 906 BGB: *Wagner* VersR 2007, 1017.

76 BVerwG Urt. v. 24.10.2013 – 7 C 13/12, juris Rn. 40. Der VGH München hatte in dieser Sache zuvor noch erkannt, dass sich aus der Landschaftsstruktur des konkreten Anbauortes das Erfordernis eines Mindestabstands zwischen angebautem genetisch verändertem Mais und Bienenstandorten ergeben könne: VGH München Urt. v. 27.3.2012 – 27 BV 11.2175, juris 60.

VII. Prozessuale Hinweise

In den meisten Ländern, in denen das Schlichtungsverfahren vorgeschrieben ist, unterliegen Beseitigungs- und Unterlassungsansprüche aus §§ 1004, 906 BGB, nicht jedoch daraus erwachsende Zahlungsansprüche, der **Zwangsschlichtung.**[77] Die **örtliche Zuständigkeit** des Gerichts wird sich regelmäßig aus § 24 ZPO (Belegenheit der Sache) und bei deliktischen Ansprüchen aus § 32 ZPO (Tatort) ergeben. 41

Der gegen das Halten der Bienen vorgehende Nachbar muss die Störung durch die Bienen, also die Beeinträchtigung der Nutzung seines Grundstücks **nachweisen.**[78] Die Beweislast dafür, dass die vom Grundstück ausgehenden Immissionen im Rahmen der ortsüblichen Nutzung entspricht und alle möglichen Vorkehrungen getroffen worden sind, um Beeinträchtigungen der Nachbarn zu verhindern, trägt im Rahmen des § 906 BGB, bei dem die deliktischen Beweislastregeln gerade nicht zur Anwendung kommen, der Halter der Bienen.[79] Steht fest, dass von einem Grundstück Emissionen ausgehen, obliegt es in Folge einer Beweislastumkehr dem Emittenten, zu beweisen, dass er die erforderlichen Maßnahmen ergriffen hat, um die Beeinträchtigungen zu vermeiden.[80] Werden kurz nach dem Aufstellen eines Bienenstockes im unmittelbaren Standortbereich mehrere Menschen von Bienen belästigt und gestochen, spricht der Beweis des ersten Anscheins dafür, dass diese Bienen dem Inhaber des Bienenstockes zuzuordnen sind.[81] 42

Gegen Baugenehmigungen kann vor den Verwaltungsgerichten im vorläufigen Rechtsschutz mit einem Antrag nach §§ 80, 80a VwGO und im Hauptsacherechtsschutz mit der Anfechtungsklage vorgegangen werden. 43

21. Biotop

J. Kerkmann

Literatur: *Fischer-Hüftle*, Zur Gesetzgebungskompetenz auf dem Gebiet „Naturschutz und Landschaftspflege" nach der Föderalismusreform, NuR 2007, 78; *Hendrischke*, „Natur auf Zeit": Dynamische Schutzkonzepte kooperativ gestalten und rechtssicher umsetzen, NuL 2019, 365; *Riecken*, Vorschlag zu „Bagatelluntergrenzen" für die Flächengröße von besonders geschützten Biotopen nach § 20c BNatSchG, NuL 1998, 492 ff., *Schink*, Wertvolle Biotope – ohne gesetzlichen Schutz? Regelungsgehalt und Verfassungskonformität des § 20c BNatSchG, VerwArch 1995, 398.

77 Diese ist derzeit in den Ländern Baden-Württemberg, Bayern, Brandenburg, Hessen, Mecklenburg-Vorpommern, Niedersachsen, Nordrhein-Westfalen, Rheinland-Pfalz, Saarland, Sachsen-Anhalt und Schleswig-Holstein vorgesehen; → *Schlichtung* Rn. 1 ff.
78 *Schwendner* AgrarR 1990, 194.
79 Vgl. OLG Rostock Urt. v. 20.7.2006 – 7 U 117/04, NJW 2006, 3650 (3652).
80 BGH Urt. v. 18.9.1984 – VI ZR 223/82, NJW 1985, 47 (49).
81 OLG Bamberg Urt. v. 16.9.1991 – 4 U 15/91, NJW-RR 1992, 406 (406).

I. Allgemeines

1 Biotope prägen nicht nur den Natur- und Landschaftsraum und bestimmen das rechtliche Verhältnis eines Grundstückseigentümers zu den Naturschutzbehörden im Hinblick auf die Umsetzung bzw. Durchsetzung gesetzlicher Schutznormen. Biotope haben auch im Verhältnis benachbarte Grundstückseigentümer und damit im nachbarschaftlichen Kontext eine praktische Bedeutung. Diese kann sich auf mögliche Duldungspflichten und spezielle Einschränkungen der privatrechtlichen Eigentumsbefugnisse zur Vermeidung negativer bzw. schädlicher Auswirkungen auf ein benachbartes Biotop erstrecken.

II. Grundlagen des gesetzlichen Biotopschutzes

2 Der Biotopschutz dient dem Schutz der biologischen Vielfalt in ihrer natürlichen Umgebung,[1] dem sog. insitu-Schutz. Die Rechtsprechung[2] betont in diesem Zusammenhang, dass die besonders geschützten Biotope gerade auch wegen ihrer **Habitatfunktion** für eine bestimmte Flora und Fauna einem gesetzlichen Schutzregime unterstellt sind. Der gesetzliche **Biotopschutz** setzt **kein konkretes Vorkommen bestimmter Tier- und Pflanzenarten** voraus. Anders als beim in den §§ 22 ff. BNatSchG geregelten Gebiets- und Objektschutz bedarf es keiner ausdrücklichen Schutzerklärung nach Durchführung eines bestimmten Verfahrens unter genauer räumlicher Bezeichnung des geschützten Gebietes. Vielmehr wirkt der Schutz bereits mit und seit dem Inkrafttreten des Gesetzes. Die gemäß § 30 Abs. 7 Satz 1 BNatSchG vorgeschriebene und der Öffentlichkeit zugänglich zu machende Registrierung durch Eintragung in eine Biotopliste oder in eine Biotopkartierung wirkt lediglich deklaratorisch. Daher werden vom Schutz des § 30 BNatSchG auch nicht registrierte Biotope erfasst. Handlungen, die zu einer Zerstörung oder sonstigen erheblichen Beeinträchtigung der aufgezählten Biotoptypen führen können, sind grundsätzlich verboten.

3 Gemeinsam ist den in § 30 Abs. 2 BNatSchG genannten Biotopen, dass sie wegen ihrer Seltenheit, ihres starken Rückgangs oder ihrer Unentbehrlichkeit für bestimmte Tier- und Pflanzenarten eines besonderen Schutzes bedürfen. Dementsprechend betont der Gesetzgeber, dass der gesetzliche Biotopschutz als Instrument zur Sicherung der Artenvielfalt in Deutschland von grundlegender Bedeutung ist.[3] Durch die Ausweisung von Schutzgebieten lässt sich die Erhaltung der Lebensräume insbesondere für gefährdete Tiere und Pflanzen nur teilweise bewerkstelligen. Für das Verschwinden und den Rückgang der Arten und Biotope ist häufig die Summe vieler kleiner, örtlich begrenzter Eingriffe ursächlich. Ein großer Teil des Artenrückgangs wird durch Beeinträchtigung, Verkleinerung, Zersplitterung und Beseitigung naturbelassener Lebensräume von Lebensgemeinschaften wild lebender Tiere und Pflanzen verursacht.

4 Bundesrechtlicher Anknüpfungspunkt für den Biotopschutz ist die Regelung des § 30 BNatSchG. § 30 Abs. 1 BNatSchG regelt den gesetzlichen Biotopschutz als allgemeinen Grundsatz. Als Gegenstand des gesetzlichen Biotopschutzes werden – abstrahierend von den in § 30 Abs. 2 BNatSchG im einzelnen aufgeführten Lebensräumen – bestimmte Teile von Natur und Landschaft benannt, die eine besondere Bedeutung als Lebensraum wildlebender Tiere und Pflanzen haben. In § 30 Abs. 2 Satz 1 BNatSchG sind bundesgesetzlich geschützte Biotoptypen enthalten, die sich in folgende Gruppen geschützter Biotope gliedern lassen:

- natürliche oder naturnahe Bereiche fließender und stehender Binnengewässer (Nr. 1)
- Feuchtbiotope (Nr. 2)
- Trockenbiotope (Nr. 3)
- naturnahe Wälder (Nr. 4)
- naturnahe alpine Biotope (Nr. 5) und
- naturnahe Küsten- und Meeresbiotope (Nr. 6).

1 Zur Terminologie der biologischen Vielfalt vgl.: *Kerkmann* in GK-BNatSchG § 7 Rn. 2.
2 VGH Mannheim Beschl. v. 8.9.2003 – 5 S 1274/03, NVwZ 2004, 119 (120).
3 BR-Drs. 278/09, 197.

Definitionen und Erläuterungen zu den einzelnen Biotoptypen sind in der Gesetzesbegründung zu finden.[4]

Die Biotopschutzregelung des § 30 BNatSchG ist eine Vorschrift im Schnittpunkt des Flächenschutz- und 5
des Artenschutzrechts. Dass der gesetzliche Biotopschutz im Grunde keine „echte" Flächenschutzkategorie darstellt, wird daran deutlich, dass sich das Biotop nicht quantitativ als Ausschnitt aus einer Gesamtfläche, sondern rein qualitativ anhand der Merkmale des Biotoptypus definiert. Andererseits kommen selbst kleinste Biotope nicht ohne flächige Ausdehnung aus. Mit der systematischen Stellung bringt der Gesetzgeber zum Ausdruck, dass er den gesetzlichen Biotopschutz auch materiell nicht dem nach Art. 72 Abs. 3 Satz 1 Nr. 2 GG insgesamt abweichungsfesten Recht des Artenschutzes zuordnet.[5]

1. Begriff des Biotops

Der Begriff des Biotops bezeichnet den **von einer bestimmten Lebensgemeinschaft besiedelten Raum** 6
innerhalb eines Ökosystems, der durch bestimmte physikalische und chemische Faktoren gekennzeichnet und dadurch zur Besiedelung für bestimmte Lebewesen geeignet ist.[6] Die (wenig konturierte) Legaldefinition findet sich in § 7 Abs. 2 Nr. 4 BNatSchG: Danach bezeichnet ein Biotop den „Lebensraum einer Lebensgemeinschaft wild lebender Tiere und Pflanzen." Allerdings ist der Biotopschutz kein Instrument des großflächigen Flächenschutzes und daher kann es für die Aktivierung des Biotopschutzes nicht ausreichen, dass eine Landschaft einen Lebensraum für bestimmte Arten bildet. Gemeint sein kann nur das unmittelbare räumliche Umfeld der Lebensstätte. Der als Biotop geschützte Lebensraum muss abgrenzbar bzw. gegenüber seiner Umgebung deutlich wahrnehmbar sein. Vom Bundesamt für Naturschutz sind (sinnvollerweise) **Bagatelluntergrenzen** vorgeschlagen worden.[7] Der ökologische Wert im Einzelfall ist nicht maßgebend, so dass auf eine typisierende Betrachtungsweise abzustellen ist.[8] Auf die Ursachen der Entstehung eines Biotops kommt es nicht an, weswegen auch sog. Sekundärbiotope (Abgrabungsbereiche, Tongruben, Steinbrüche etc), natürliche Sukzessionsflächen oder Flächen, die versehentlich oder gar widerrechtlich vernässt wurden, dem gesetzlichen Schutz unterfallen können.[9] Als Bestandteil des Naturhaushaltes können Flächen durch Änderung der Verhältnisse die Eigenschaft als geschütztes Biotop auch wieder verlieren. Entscheidend ist, dass die betroffene Fläche im gegenwärtigen Zustand einem der im Gesetz genannten Zustände entspricht. Nicht dem Schutz unterliegen solche Flächen, die lediglich das Potenzial für die Entstehung eines Biotops besitzen, so dass der Eigentümer nicht verpflichtet ist, etwa die Entstehung geschützter Biotope nicht zu behindern oder gar zu fördern.

2. Schutzregime: Beeinträchtigungs- und Zerstörungsverbot

Der Schutz, der durch die Biotopschutzvorschriften geschaffen wird, zielt auf ein Verbot beeinträchtigender 7
Maßnahmen (repressives Verbot mit Befreiungsvorbehalt). Der Begriff der Maßnahme ist weit zu verstehen und umfasst nahezu sämtliche aktiven Verhaltensweisen, die geeignet sind, ein besonders schützwürdiges Biotop zu zerstören oder erheblich zu beeinträchtigen. Ausreichend ist die Möglichkeit,[10] zumindest aber die hinreichende Wahrscheinlichkeit[11] der Beeinträchtigung. Es ist jedoch gerade nicht erforderlich, dass der „Erfolg" sicher eintreten wird. Ein bloßes Unterlassen genügt jedoch nicht. Die Maßnahme muss nicht auf der Biotopfläche selbst stattfinden, sondern erfasst auch Einflüsse von außen. Zwischen Maßnahme und Beeinträchtigung bzw. Zerstörung muss ein adäquater Kausalzusammenhang bestehen.

---

4 Vgl. die nach wie vor Gültigkeit beanspruchende Anlage zur Gesetzesbegründung zum BNatSchG 2002, BT-Drs. 14/6378, 66 ff., für die im BNatSchG 2010 neu aufgenommenen Biotoptypen „Großseggenriede", „subalpine Lärchen- und Lärchen-Arvenwälder" und „Schlickböden mit bohrender Megafauna", BT-Drs. 16/12273, 63, und für die im BNatSchG 2017 neu aufgenommenen „Höhlen sowie naturnahe Stollen" BT-Drs. 18/11939, 16.

5 Kritisch *Fischer-Hüftle* NuR 2007, 84; *Gellermann* in Landmann/Rohmer UmweltR BNatSchG § 30 Rn. 6.

6 Vgl. *Schütte/Gerbig* in GK-BNatSchG § 7 Rn. 36.

7 Vgl. *Riecken* NuL 1998, 492 ff.

8 VGH München Beschl. v. 28.2.1985 – 9 CS 84 A.309, NuR 1986, 76.

9 Vgl. VGH München Beschl. v. 13.8.1984 – 9 CS 84 A.1441, nv.

10 *Hendrischke/Kieß* in GK-BNatSchG BNatSchG § 30 Rn. 15 mwN.

11 OVG Schleswig Beschl. v. 11.9.2012 – 1 LA 40/12, juris Rn. 5.

8 **Verboten** sind die Zerstörung sowie die **erhebliche Beeinträchtigung eines Biotops**. Mit Zerstörung ist die irreparable Schädigung eines Bestandes mit der Folge des gänzlichen Biotopverlustes gemeint.[12] Da eine Beeinträchtigung jede nachteilige Veränderung unterhalb der Zerstörungsschwelle erfasst, wird durch das Attribut „erheblich" klargestellt, dass die Geringfügigkeitsschwelle aufgrund des Umfangs der Beeinträchtigung überschritten werden kann. Mit der Verwendung des Terminus „erhebliche Beeinträchtigung" erfolgt im Vergleich zur Zerstörung eine Einschränkung dahin gehend, dass nicht nur geringfügige und nachteilige Veränderungen des Biotops umfasst sind, wobei allerdings eine dauerhafte Schädigung nicht vorausgesetzt wird. Umfasst sind jedenfalls Handlungen, die den Wert und die Geeignetheit als Lebensraum und Lebensstätte für die ihm zugehörigen und auf ihn angewiesenen besonders schutzwürdigen und schutzbedürftigen Arten und Lebensgemeinschaften mindern.[13] Auch kleine Flächenverluste können durchaus erheblich sein, denn diese können in der Summe auf längere Sicht ebenso nachteilig wirken, wie größere Schädigungen einer Biotopfläche. Ob eine Beeinträchtigung erheblich ist, lässt sich somit nicht pauschal beantworten, sondern muss immer einer konkreten Betrachtung des Einzelfalls vorbehalten bleiben.

9 **Auch bestandsgeschützte Nutzungen** können vom Beeinträchtigungs- und Zerstörungsverbot betroffen sein. Mit dem Zeitpunkt des Inkrafttretens der landesrechtlichen Biotopvorschrift werden solche Nutzungen unzulässig, die zu einer Zerstörung oder zu einer erheblichen Beeinträchtigung eines besonders geschützten Biotops führen. Einschränkend hat die Rechtsprechung[14] jedoch entschieden, dass die Beibehaltung der bisherigen Nutzung in gleichbleibender Art und Weise keine Beeinträchtigung des geschützten Biotops zur Folge haben kann, sondern der Verbotstatbestand nur in Rede steht, wenn eine Nutzungsintensivierung oder eine Nutzungsänderung stattfindet. Ist somit eine bestimmte Nutzung durch Verwaltungsakt zugelassen, genießt diese trotz des Inkrafttretens des gesetzlichen Verbots Bestandsschutz. Zwar kommt es grundsätzlich in Betracht, die Genehmigung gem. § 49 Abs. 2 Satz 1 Nr. 4 VwVfG zu widerrufen, jedoch besteht diese Möglichkeit nur, solange von der Genehmigung noch kein Gebrauch gemacht wurde. Zusätzlich muss ohne den Widerruf das öffentliche Interesse gefährdet sein. Da der gesetzliche Biotopschutz eine hohe Wertigkeit genießt, dürfte diese Voraussetzung, ebenso wie eine Ermessensausübung (Biotope von besonderem ökologischem Wert) zumeist nur in der Weise in Betracht kommen, dass ein Widerruf erfolgt. Allerdings steht dem nachteilig Betroffenen gemäß § 49 Abs. 6 Satz 1 VwVfG ein Anspruch auf Ersatz des negativen Interesses zu.[15]

10 Grundsätzlich ist der gesetzliche Biotopschutz als Mindestschutz vor Beeinträchtigung zu verstehen. Weitergehende Schutzvorschriften einschließlich der Bestimmungen über Ausnahmen und Befreiungen bleiben gem. § 30 Abs. 8 BNatSchG unberührt.

III. Verhältnis zur Eigentumsgarantie

11 Das Schutzregime hält sich grundsätzlich im Rahmen einer zulässigen Inhalts- und Schrankenbestimmung des Eigentums (Art. 14 Abs. 1 Satz 2 GG). Für den gesetzlichen Biotopschutz gelten keine anderen Maßstäbe, als für die Unterschutzstellung von Naturschutzgebieten. Soweit Grundstückseigentümer vom Schutzregime des an besondere Eigenschaften, Gegebenheiten und ökologische Wertigkeiten anknüpfenden gesetzlichen Biotopschutzes nachteilig betroffen sind, ist der Biotopschutz Ausdruck der Situationsgebundenheit des Grundstücks und der verursachte Eingriff wegen der Sozialpflichtigkeit des Eigentums dem Grundsatz nach ohne Ausgleichsleistung hinzunehmen.[16] Das BVerfG[17] hat entschieden, dass das Allgemeininteresse

12 *Hendrischke/Kieß* in GK-BNatSchG § 30 Rn. 15.

13 Vgl. mit Beispielen: *Endres* in Frenz/Müggenborg BNatSchG § 30 Rn. 8.

14 OVG Lüneburg Urt. v. 23.8.1994 – 3 L 3939/93, NuR 1995, 470 ff.

15 *Kopp/Ramsauer* VwVfG § 49 Rn. 83. Zu entschädigen ist gemäß § 49 Abs. 6 VwVfG nur der Schaden, der aufgrund des Vertrauens auf den Bestand des Verwaltungsaktes entstanden ist. Wurde die genehmigte Nutzung bereits verwirklicht und hat sie Beeinträchtigungen oder gar eine Zerstörung zur Folge gehabt, so ist für einen Widerruf kein Raum mehr.

16 LVerfG Brandenburg Beschl. v. 12.10.2000 – VfGBbg 20/00, NuR 2001, 146 (148); OVG Lüneburg Urt. 23.8.1994 – 3 L 3939/93, NuR 1995, 470 (471 f.).

17 BVerfG Beschl. v. 10.10.1997 – 1 BvR 310/84, NJW 1998, 367 ff.

an der Erhaltung schützenswerter Biotope grundsätzlich Vorrang vor den wirtschaftlichen Interessen des Eigentümers genießt. Dem Vorliegen einer unverhältnismäßigen Eigentumsbeschränkung kann im Einzelfall ausreichend durch Erteilung einer Ausnahme, Befreiung, oder – subsidiär – durch Entschädigung in Geld[18] begegnet werden.[19]

IV. Durchsetzung des Biotopschutzes

1. Behördliche Anordnungen

Die Biotopschutzvorschriften sind von jedermann als striktes Recht zu beachten. Die erhebliche Beeinträchtigung oder Beseitigung eines geschützten Biotops ist nur nach Erteilung einer Ausnahmegenehmigung der zuständigen Naturschutzbehörde zulässig. 12

Bei Verstößen hiergegen hat eine behördliche Anordnung zu ergehen, die regelmäßig auch für sofort vollziehbar erklärt werden kann.[20] Ein **Entschließungsermessen kommt der Naturschutzbehörde nicht zu.** Im Rahmen des Auswahlermessens ist die Naturschutzbehörde jedoch an den Grundsatz der Verhältnismäßigkeit gebunden und hat diejenige Anordnung zu wählen, die den Grundstückseigentümer am wenigsten beeinträchtigt. Ist noch keine erhebliche Beeinträchtigung oder Zerstörung eingetreten, so hat sich die Anordnung in der Regel darauf zu beschränken, eine Unterlassung anzuordnen. Die Anordnung zur Unterbindung von Störungen lässt sich direkt auf das Verschlechterungsverbot stützen.[21] 13

Nach bereits eingetretener erheblicher Beeinträchtigung oder Zerstörung kann eine Anordnung auf Wiederherstellung ergehen, die allerdings hinreichend bestimmt sein muss. Ziel muss keineswegs eine authentische Wiederherstellung des verbotswidrig beseitigten Zustandes sein, sondern es genügt eine ökologisch gleichwertige Rekonstruktion auch außerhalb des beeinträchtigten Biotops.[22] Hier ist der konkrete Einzelfall in den Blick zu nehmen, wenn es um die Beurteilung der Angemessenheit der Anordnung geht. Ermächtigungsgrundlage für den Erlass einer entsprechenden Anordnung ist die Generalklausel des § 3 Abs. 2 BNatSchG.[23] Ersatzweise kann auch auf § 17 Abs. 8 BNatSchG zurückgegriffen werden, wenn gleichzeitig die Voraussetzungen für einen Eingriff iSv § 14 Abs. 1 BNatSchG erfüllt sind. Auch §§ 7, 8 USchadG kommen in Betracht.[24] 14

2. Ahndung als Ordnungswidrigkeit

Die Nichteinhaltung der gesetzlichen Biotopschutzvorschriften wird nach § 69 Abs. 3 Nr. 5 BNatSchG als Ordnungswidrigkeit geahndet.[25] Hingegen unterfällt die Biotopzerstörung nicht dem Straftatbestand des § 329 StGB, wonach die Gefährdung schutzbedürftiger Gebiete unter Strafe gestellt ist. 15

V. Ausnahmen und Befreiungen

Gemäß § 30 Abs. 3 BNatSchG können von den Verbotstatbeständen auf Antrag einzelfallbezogen Ausnahmen zugelassen werden, wenn die Beeinträchtigung der gesetzlich geschützten Biotope ausgeglichen werden kann. Kann die Beeinträchtigung nicht ausgeglichen werden, kommt zur Überwindung des gesetzlichen Biotopschutzes nur noch die Erteilung einer Befreiung gem. § 67 Abs. 1 BNatSchG in Betracht. Dies 16

18 VGH München Beschl. v. 9.8.2012 – 14 C 12.308, BeckRS 2012, 56489 Rn. 18.

19 BVerfG Beschl. v. 2.3.1999 – 1 BvL 7/91, NJW 1999, 2877 (2879).

20 VG München Beschl. v. 16.6.2008 – M 1 SE 08.2707, juris Rn. 15; OVG Lüneburg Beschl. v. 20.9.2006 – 8 ME 115/06, NVwZ-RR 2007, 239; VG München Beschl. v. 1.8.2005 – M 11 S 04.3287, juris Rn. 20; VGH München Beschl. v. 26.2.2003 – 9 CS 02.3158, juris Rn. 18.

21 *Endres* in Frenz/Müggenborg BNatSchG § 30 Rn. 11.

22 OVG Schleswig Urt. v. 30.5.2002 – 1 L 20/01, NuR 2004, 56 f.

23 VGH München Beschl. v. 9.8.2012 – 14 C 12.308, juris Rn. 10; OVG Berlin-Brandenburg Beschl. v. 7.5.2012 – OVG 11 S 60.11, juris Rn. 13.

24 *Endres* in Frenz/Müggenborg BNatSchG § 30 Rn. 11.

25 Zu den Regelungen der Ordnungswidrigkeit in den einzelnen Ländern vgl. beispielsweise: § 69 Abs. 1 Nr. 5 NatSchG BW; Art. 57 Abs. 1 Nr. 5 BayNatSchG; § 49 Abs. 1 Nr. 1 SächsNatSchG.

setzt voraus, dass die Befreiung entweder aus Gründen des überwiegenden öffentlichen Interesses, einschließlich solcher sozialer und wirtschaftlicher Art, notwendig ist (Nr. 1) oder die Durchführung der Vorschriften im Einzelfall zu einer unzumutbaren Belastung führen würde und die Abweichung mit den Belangen von Naturschutz und Landschaftspflege vereinbar ist (Nr. 2).

17 Sowohl die Erteilung einer Ausnahme als auch die Erteilung einer Befreiung stehen im pflichtgemäßen Ermessen der Naturschutzbehörde.

18 Gemäß § 30 Abs. 3 BNatSchG besteht die Möglichkeit, eine Ausnahme von den Verboten des § 30 Abs. 2 zuzulassen, wenn die Beeinträchtigung des Biotops ausgeglichen werden kann. Soweit eine Ausnahme gem. § 30 Abs. 2 Satz 1 BNatSchG aF auch dann möglich sein sollte, wenn die Maßnahmen aus überwiegenden Gründen des Gemeinwohls notwendig waren, gilt dieser Maßstab heute im Wege einer ebenfalls möglichen Befreiung gem. § 67 Abs. 11 Nr. 1 BNatSchG fort. Ein Ausgleich ist anzunehmen, wenn eine beeinträchtigte oder zerstörte Teilfläche des Biotops an anderer Stelle desselben Biotops durch dessen Erweiterung ausgeglichen werden kann. Eine Beeinträchtigung ist dann als ausgeglichen anzusehen, wenn keine oder keine erheblichen Beeinträchtigungen des Biotops zurückbleiben. Eine lediglich gleichwertige Kompensation durch Ersatzmaßnahmen genügt nicht.[26] Es ist vielmehr ein Biotop desselben Typs zu schaffen, der in den standörtlichen Gegebenheiten und der Flächenausdehnung mit dem beeinträchtigten oder zerstörten Biotop im Wesentlichen übereinstimmt.[27]

19 Die Ausnahme von einem Beeinträchtigungsverbot bedarf eines Antrages (§ 30 Abs. 3 BNatSchG). Die Darlegungslast trifft dabei den Antragsteller: Er muss die Ausgleichbarkeit der geplanten Maßnahme darlegen und die benötigten Flächen bereitstellen, mithin den Nachweis der Eigentümerstellung oder der Verfügungsbefugnis führen.

20 Die in § 30 Abs. 5 und 6 BNatSchG enthaltenen Legalausnahmen beruhen auf dem Gedanken des „Naturschutzes auf Zeit", der die Nutzungsbeschränkung trotz zeitlicher Beschränkung gegenüber der andernfalls unbegrenzten Nutzung als vorzugswürdig erscheinen lässt.[28]

21 Das Bundesrecht sieht in § 67 Abs. 1 BNatSchG zudem die Möglichkeit einer Befreiung vor.[29] Zur Frage, wann eine Befreiung in Frage kommt, hat das BVerwG[30] entschieden, dass kumulativ zwei Tatbestandsvoraussetzungen erfüllt sein müssen: Von einer besonderen oder einer Ausnahmesituation kann – erstens – nur bei einem Sachverhalt die Rede sein, der sich vom gesetzlich geregelten Tatbestand durch das Merkmal der Atypik abhebt. Ist diesem Erfordernis genügt, so bedarf es zusätzlich – zweitens – einer Abwägungsentscheidung. Dabei kommt der Bilanzierungsgedanke im Tatbestandsmerkmal der „überwiegenden Gründe" zum Ausdruck. Durch den Hinweis auf das „Gemeinwohl" stellt der Gesetzgeber nach Auffassung des BVerwG außerdem klar, dass in die bilanzierende Betrachtung zugunsten einer Befreiung nur Gründe des öffentlichen Interesses und nicht auch private Belange eingestellt werden dürfen.[31] Die Rechtsprechung geht zudem davon aus, dass eine Befreiung nicht erst dann erforderlich ist, wenn den Belangen der Allgemeinheit auf keine andere Weise als durch die Befreiung entsprochen werden könnte, sondern schon dann, wenn es zur Wahrnehmung des jeweiligen öffentlichen Interesses vernünftigerweise geboten ist, mithilfe der Befreiung das Vorhaben an der vorgesehenen Stelle zu verwirklichen.[32]

26 *Schink* VerwArch 1992, 398 (409); OVG Lüneburg Beschl. v. 20.9.2006 – 8 ME 115/06, NVwZ-RR 2007, 239.

27 VGH München Beschl. v. 9.8.2012 – 14 C 12.308, juris Rn. 21; VGH Mannheim Beschl. v. 11.12.1998 – 5 S 2266/96, NuR 1999, 385.

28 BT-Drs. 14/6378, 53. Hierzu *Hendrischke* NuL 2019, 365 f.

29 BT-Drs. 16/12274, 77.

30 BVerwG Beschl. v. 20.2.2002 – 4 B 12.02, NuR 2003, 351 (352) mit dem Hinweis darauf, dass auch die Beseitigung einer Beeinträchtigung des Landschaftsbildes zu einem öffentlichen Interesse mit Gemeinwohlqualität zählen kann.

31 BVerwG Beschl. v. 20.2.2002 – 4 B 12.02, NuR 2003, 351 (352).

32 OVG Münster Urt. v. 11.9.2012 – 8 A 104/10, NuR 2013, 213 (214); OVG Lüneburg Urt. v. 22..11.2012 – 12 LB 64/11, ZfBR 2013, 162 (167); OVG Koblenz Urt. v. 12.12.2007 – 8 A 10632/07, NVwZ-RR 2008, 455; VGH Mannheim Urt. v. 13.10.2005 – 3 S 2521/04, ZUR 2006, 264 (266).

VI. Rechtsschutzfragen im Zusammenhang mit dem gesetzlichen Biotopschutz

22 Eine in der Praxis regelmäßig wiederkehrende Streitkonstellation besteht darin, dass ein Dissens zwischen einem Grundstückseigentümer bzw. Nutzungsberechtigten und der Naturschutzbehörde darüber besteht, ob es sich bei einer bestimmten Fläche um ein besonders geschütztes Biotop im Sinne der gesetzlichen Biotopschutzvorschrift handelt. Entweder erfolgt eine Mitteilung oder ein Bescheid der Naturschutzbehörde an den Grundstückseigentümer mit dem Inhalt, dass eine in seinem Eigentum stehende Fläche ein besonders geschütztes Biotop sei oder der Grundstückseigentümer beantragt eine bestimmte Nutzung seiner Fläche (zB Aufforstung oÄ) und die Genehmigung wird ihm versagt, weil die Naturschutzbehörde ihr Einvernehmen verweigert.

1. Mitteilung der Naturschutzbehörde

23 Weder die Mitteilung der Naturschutzbehörde an den Grundstückeigentümer noch die Eintragung in Biotoplisten oder -kartierungen sind Verwaltungsakte, so dass die Anfechtungsklage gemäß § 42 Abs. 1 Alt. 1 VwGO hiergegen jeweils nicht statthaft ist.[33] Beiden Handlungen fehlt die für einen Verwaltungsakt gem. § 35 Satz 1 VwVfG erforderliche Regelungswirkung, denn sie sind nicht auf die Setzung einer Rechtsfolge für den Grundstückseigentümer gerichtet. Konstitutiv für den Schutzstatus ist allein das tatsächliche Vorliegen der Biotopeigenschaften. Die Mitteilung an den Grundstückseigentümer sowie die Eintragung in Listen oder Kartierungen besitzen somit lediglich deklaratorischen Charakter und informieren den Grundstückseigentümer nur darüber, was ohnehin bereits unmittelbar kraft Gesetzes gilt. Trotzdem bleibt der betroffene Grundstückseigentümer nicht rechtsschutzlos: Statthaft ist eine allgemeine Feststellungsklage gemäß § 43 Abs. 1 VwGO, mit dem Ziel, einen Feststellungsausspruch des Verwaltungsgerichts zu erreichen, dass sich auf der in Streit stehenden Fläche kein besonders geschütztes Biotop befindet.[34] Ein berechtigtes Feststellungsinteresse liegt vor, wenn die Parteien des Rechtsstreits hinsichtlich der Biotopeigenschaft unterschiedlicher Auffassung sind und die Biotopeigenschaft für die künftige Nutzung der Fläche von Bedeutung ist.[35]

24 Anders ist die Situation zu beurteilen, wenn die zuständige Naturschutzbehörde ausdrücklich einen feststellenden Verwaltungsakt erlassen hat, mit dem die Biotopeigenschaft einer bestimmten Fläche festgestellt wurde.[36] Hiergegen ist die Anfechtungsklage statthaft, die auch Erfolg haben wird, weil der Verwaltungsakt mangels erforderlicher Rechtsgrundlage rechtswidrig ist und den Grundstückseigentümer in seinen Rechten verletzt.[37] Auch feststellende Verwaltungsakte bedürfen einer gesetzlichen Grundlage, weil sie eine Belastung des Betroffenen dergestalt enthalten, dass mit ihnen etwas als rechtmäßig festgestellt wird, was der Betroffene erklärtermaßen nicht für rechtmäßig hält.[38] Der VGH Mannheim[39] hat entschieden, dass das NatSchG BW keine Ermächtigungsgrundlage für den Erlass eines feststellenden Verwaltungsaktes sein kann.

2. Versagung der Genehmigung

25 Wird dem Grundstückseigentümer eine beantragte Genehmigung für eine bestimmte Nutzung der streitigen Fläche mit der Begründung versagt, dass das geplante Vorhaben ein besonders geschütztes Biotop erheblich beeinträchtige und die Naturschutzbehörde sich weigere, eine Ausnahme zu erteilen, so ist gegen diese Ent-

33 Gleiches gilt auch für die Löschung einer zu Unrecht erfolgten oder nachträglich unzutreffend gewordenen Eintragung, vgl. OVG Lüneburg Urt. v. 10.3.2005 – 8 LB 4072/01, ZUR 2005, 495.

34 VGH München Beschl. v. 9.8.2012 – 14 C 12.308, juris Rn. 19; VG Potsdam Urt. v. 30.1.1997 – 1 K 445/94, NVwZ 1998, 1216 (1217).

35 OVG Lüneburg 10.3.2005 – 8 LB 4072/01, ZUR 2005, 495; VG Stade Urt. v. 8.10.2013 – 1 A 1676/12, ZUR 2014, 57.

36 Eine solche Konstellation lag einer Entscheidung des VGH Mannheim Urt. v. 6.7.2006 – 5 S 1280/05, VBlBW 2006, 429 f., zu § 24a NatSchG BW 1991 zu Grunde.

37 VG Dessau Urt. v. 18.3.1997 – 13 K 1278/95, NuR 1997, 465; VGH Mannheim Urt. v. 6.7.2006 – 5 S 1280/05, NuR 2007, 418.

38 Hierzu näher: *P. Stelkens/U. Stelkens* in Stelkens/Bonk/Sachs VwVfG § 35 Rn. 143 mwN.

39 VGH Mannheim Urt. v. 6.7.2006 – 5 S 1280/05, VBlBW 2006, 429 ff.

scheidung der Naturschutzbehörde die Verpflichtungsklage auf Erteilung einer Ausnahme oder einer Befreiung gemäß § 42 Abs. 1, 2. Alt. VwGO statthaft.[40] Da der Naturschutzbehörde bei dieser Entscheidung ein Ermessen zukommt, sollte zumindest hilfsweise auf Neubescheidung geklagt werden. Im immissionsschutzrechtlichen Genehmigungsverfahren wird die Frage der Erteilung einer Ausnahme oder Befreiung wegen der Konzentrationswirkung des § 13 BImSchG inzident in der Verpflichtungsklage auf Erteilung der begehrten Genehmigung relevant.

VII. Biotope und Zivilrecht

26 Die bislang aufgeführten Normen des Biotopschutzes – insbesondere des Zugriffsverbotes des § 30 Abs. 2 BNatSchG – erschöpfen sich indes nicht darin, das Verhältnis zwischen Grundstückseigentümer bzw. Nutzungsberechtigtem und dem jeweiligen Biotop zu regeln. Wichtig zu beachten ist, dass die Klassifizierung einer Fläche als gesetzlich geschütztes Biotop die Eigentumsverhältnisse selbst unberührt lässt. Somit stellt sich auch die Frage, wie ein Grundstückseigentümer gegen Einwirkungen, die von auf einem benachbarten Biotop gelegenen Grundstück ausgehen, vorgehen kann. Primär wird der Eigentümer des beeinträchtigten Grundstücks das Ziel haben, eine Unterlassung der Einwirkungen zu verlangen. Hierfür kommt als Anspruchsgrundlage regelmäßig § 1004 Abs. 1 BGB in Betracht. Auf der nächsten Stufe stellt sich sodann regelmäßig die Frage nach Schadensersatz- bzw. Ausgleichsansprüchen.

27 Ungeachtet der Frage, ob der Anspruchsgegner Handlungs- oder Zustandsstörer im polizeirechtlichen Sinne ist,[41] kann eine Eigentumsbeeinträchtigung grundsätzlich jeder dem Inhalt des Eigentums widersprechende Zustand sein.[42] In Betracht kommen hier sämtliche denkbaren biotopnahen Beeinträchtigungen, etwa Tierlärm, Verschmutzungen oder Substanzbeeinträchtigungen, die von die Grundstücksgrenze überschreitenden Tieren verursacht werden.[43]

28 Zunächst tendierten die Obergerichte dazu, bei Eingreifen eines naturschutzrechtlichen Zugriffsverbotes eines Anspruchsausschluss anzunehmen und dem Anspruchssteller Entschädigungsansprüche zuzubilligen.[44] Diese Handhabung hatte den Vorteil, dass sie in der Rechtsanwendung eine prozessökonomische Führung des Rechtsstreits ermöglichte. Dem hat der BGH jedoch eine differenziertere, wenn auch in der Praxis aufwendigere Lösung vorgezogen: Hiernach hat das erkennende Gericht in dem Zivilrechtsstreit nicht nur das Vorliegen eines naturschutzrechtlichen Verbotes zu prüfen, sondern auch, ob die Voraussetzungen für eine Befreiung – im Falle des Biotopes nach § 30 Abs. 3 BNatSchG – vorliegen.[45] Liegen die Voraussetzungen für eine Befreiung nicht vor, ist der Beseitigungsanspruch im Ergebnis ausgeschlossen,[46] wobei der BGH in einer neueren Entscheidung offenlässt, ob dies bereits die Rechtswidrigkeit der Einwirkung entfallen lässt[47] oder lediglich eine Duldungspflicht begründet.

29 Andernfalls erfolgt eine Verurteilung des Störers zur Unterlassung, jedoch durch Vorbehaltsurteil im Hinblick auf die Erteilung der Ausnahmegenehmigung.[48] Als Annex wird der klagende Nachbar gehalten sein, im Wege der Antragshäufung auch die Verurteilung zur Stellung eines Antrags auf Erteilung einer Ausnahmegenehmigung zu beantragen.[49] Hieraus ergibt sich eine Reihe ungeklärter Folgeprobleme, insbesondere

40 Eine solche Konstellation liegt etwa der Entscheidung des BVerwG Beschl. v. 21.12.1994 – 4 B 266/94, NuR 1995, 248 zugrunde, vgl. auch die Entscheidung der Vorinstanz: OVG Lüneburg Urt. v. 23.8.1994 – 3 L 3939/93, NdsVBl. 1995, 16.

41 Vgl. *Fritzsche* in BeckOK BGB § 1004 Rn. 15, 16.

42 BGH Urt. v. 4.2. 2005 – V ZR 142/04, NJW 2005, 1366 (1367).

43 BGH Urt. v. 19.7.2019 – V ZR 177/17, NuR 2020, 50.

44 OLG Schleswig Urt. v. 12.5.1986 – 5 U 202/84, NJW-RR 1986, 884 (886), dort wird die Beseitigung als unzumutbar angesehen. Ähnlich auch OLG München Urt. v. 21.1.1991 – 17 U 2577/90, NuR 1991, 501, später aufgehoben durch BGH Urt. v. 20.11.1992 – V ZR 82/91, BGHZ 120, 239.

45 Vgl. BGH Urt. v. 20.11.1992 – V ZR 82/91, BGHZ 120, 239 zu § 31 BNatSchG aF.

46 BGH Urt. v. 20.11.1992 – V ZR 82/91, BGHZ 120, 239.

47 In diesem Sinne wohl BGH Urt. v. 20.11.1992 – V ZR 82/91, BGHZ 120, 239.

48 BGH Urt. v. 20.11.1992 – V ZR 82/91, BGHZ 120, 239.

49 Vgl. BGH Urt. v. 20.11.1992 – V ZR 82/91, BGHZ 120, 239.

stellt sich die Frage, ob der Störer nur dazu verpflichtet werden kann, die Genehmigung zu beantragen, oder auch dazu, gegen deren Versagung den Verwaltungsrechtsweg zu beschreiten.

Hat der Nachbar die Einwirkung zu dulden, so stellt sich für ihn sodann die Frage des finanziellen Ausgleichs als besonders bedeutsam dar. Mögliche Anspruchsgrundlagen können § 906 Abs. 2 Satz 2 BGB (abhängig von den in Rede stehenden Einwirkungen direkt oder analog) sowie § 823 ff. BGB sein. Hier ist wiederum zu differenzieren: Wird der Störer zur Beantragung einer Befreiung verurteilt, beantragt er diese und der Antrag wird abschlägig beschieden, so kann nach den Gegebenheiten des Einzelfalles ein Ausgleichsanspruch analog § 906 Abs. 2 Satz 2 BGB bestehen.[50] Kommt das erkennende Zivilgericht hingegen zu dem Ergebnis, dass die Voraussetzungen der Erteilung einer Befreiung nicht vorliegen, kann der beeinträchtigte Grundstückseigentümer auch keinen finanziellen Ausgleich verlangen. Denn das Naturschutzrecht entfaltet keine individualbezogene Schutzwirkung, sondern dient dem Allgemeininteresse an Erhalt von Umwelt und Natur.[51] Der Grundstückseigentümer, von dessen Grundstück die Beeinträchtigungen ausgehen, kann jedoch nicht für eine gesetzgeberische Entscheidung, die dem Allgemeinwohl dient, haftbar gemacht werden.[52] Dies gilt selbst dann, wenn der Störer selbst die Voraussetzungen für das Eingreifen eines Naturschutzrechtlichen Verbotstatbestandes – etwa durch Anlegen eines Teiches – geschaffen hat.[53] 30

Für Ansprüche nach den §§ 823 ff. BGB gilt Folgendes: Da das Zugriffsverbot des § 30 Abs. 2 BNatSchG als repressives Verbot mit Befreiungsvorbehalt ausgestaltet ist, wird hierdurch der rechtmäßige vom rechtswidrigen Grundstückgebrauch bis zur Erteilung einer Befreiung abgegrenzt. Fehlt es an einer Befreiung, so fehlt den Ansprüchen nach §§ 823 ff. BGB die haftungsbegründende Voraussetzung der Rechtswidrigkeit.[54] 31

22. Blumenkasten

Klose

Literatur: *Flatow*, Mitbenutzung von Gemeinschaftsflächen durch den Mieter Treppenhäuser uä als Konfliktfläche, NZM 2007, 432; *Leist*, Lebensraum Treppenhaus: Die (un-)zulässige Nutzung von Gemeinschaftsräumen, NZM 2019, 658; *Stuchlik*, Straßenrechtliche Sondernutzungen, GewArch 2004, 143.

I. Einführung

Blumenkästen verschönern die Umgebung, in der sie aufgestellt sind, jedenfalls nach dem Geschmack derjenigen, die sie aufgestellt haben. Sie verstellen aber auch Platz und können um- oder herunterstürzen, oder gefahrschaffend im Weg stehen. Auf dem eigenen Grundstück dürfen sie generell uneingeschränkt aufgestellt werden, sofern sie nicht die Zufahrt für Rettungsfahrzeuge oder sonstige Fluchtwege versperren. Einschränkungen bestehen im Bereich des Gemeinschaftseigentums einer Wohnungseigentümergemeinschaft und im Mietrecht. Bei dem Aufstellen von Blumenkästen und Blumenkübeln ist auch zu beachten, dass diese zur Beeinträchtigung Dritter und damit auch zu einer Haftung wegen der Verletzung einer Verkehrssicherungspflicht führen können. 1

50 BGH Urt. v. 26.11.2004 – V ZR 83/04, juris Rn. 31.
51 BGH Urt. v. 20.11.1992 – V ZR 82/91, BGHZ 120, 239.
52 BGH Urt. v. 27.10.2017 – V ZR 8/17, NJW 2018, 1010.
53 BGH Urt. v. 20.11.1992 – V ZR 82/91, BGHZ 120, 239.
54 BGH Urt. v. 20.11.1992 – V ZR 82/91, BGHZ 120, 239.

II. Eigenes Grundstück

2 Sieht ein Grundstückseigentümer einen auf dem Nachbargrundstück aufgestellten Blumenkästen als störend an, kann er dessen Beseitigung oder Umsetzung aus § 1004 BGB nur dann verlangen, wenn sein Eigentum dadurch beeinträchtigt wird. Blumenkästen die von dem jeweiligen Eigentümer vollständig auf dem eigenen Grundstück aufgestellt werden, sind jedoch fast immer zulässig (§ 903 BGB). Sie können Dritte allenfalls wegen ihres Anblicks beeinträchtigen. Einen Schutz vor ästhetischen Einwirkungen sieht § 1004 Abs. 1 BGB jedoch nicht vor. Grundsätzlich gehören ideelle Einwirkungen ästhetischer oder optischer Art nicht zu den Immissionen im Sinne des § 906 Abs. 1 BGB.[1] Ragen Blumenkästen über die Grundstücksgrenze hinaus, muss der davon betroffene Nachbar dies nicht dulden, weil dadurch sein Eigentum verletzt wird. Grenzt das Grundstück an eine öffentliche Fläche an, sind auf diese herausragende Blumenkästen auch nicht von dem Anliegergebrauch umfasst. Vielmehr ist hierfür eine Sondernutzungserlaubnis erforderlich.[2]

III. Mietrecht

3 Die Befugnis des Mieters zum Aufstellen von Blumenkästen hängt, außerhalb der ihm allein zugewiesenen Mieträume, davon ab, ob ihm dies vertraglich gestattet ist. Auch in den eigenen Mieträumen können Einschränkungen bestehen, wenn sie auf dem Balkon angebracht werden. Vor allem ist jedoch das Aufstellen von Blumenkästen im Bereich der Gemeinflächen häufig unzulässig.

1. Blumenkästen in der Mietwohnung und auf deren Balkon

4 Der Mieter ist stets berechtigt, innerhalb seiner Wohnung nach seinem Geschmack Blumenkästen aufzustellen und zu pflegen, so lange dadurch keine Gefahren für den Erhalt der gemieteten Räume entstehen. Regelmäßig gehört das hinreichend gesicherte Anbringen von Blumenkästen an der Außenseite des Balkongeländers zu dem vertragsgemäßen Gebrauch der Wohnung.[3] Der Mieter darf seinen Balkon nach seinem Geschmack zu bepflanzen, muss dabei aber auf die Interessen der anderen Mieter Rücksicht nehmen.[4] Werden andere Mieter durch herabfallende Blüten oder durch herabtropfendes Wasser beeinträchtigt, stehen ihnen Besitzschutzansprüche aus § 858 BGB zu. Ein Vermieter darf seinem Mieter das Aufhängen von Blumenkästen am Balkongeländer daher nur dann untersagen, wenn er dieses Verbot auf einen vernünftigen Grund stützen kann.[5] Die eigene Verkehrssicherungspflicht, die gegenüber den Haltern unmittelbar unter dem Balkon parkender Kraftfahrzeuge besteht, kann ein solcher Grund sein.[6] Das Recht, auf den Außenfensterbänken Blumenkästen aufzustellen, ist aber dann von der mietvertraglichen Befugnis nicht erfasst, wenn die Blumenkästen und Pflanztröge über die Fensterbänke hinausragen und ihre Größe weit über das hinausgeht, was üblicherweise auf Fensterbänke gestellt wird.[7] Den Vermieter trifft keine Pflicht, dem Mieter das Anbringen von Blumenkästen dauerhaft zu ermöglichen. Wird im Zuge von Sanierungsmaßnahmen eine bisherige Blumenkastenhalterung entfernt, wird dadurch der Gebrauchswert nur unerheblich beeinträchtigt, da diese allein optischen Zwecken und nicht der Gebrauchsmöglichkeit des Balkons dient.[8]

---

1 BGH Urt. v. 15.11.1974 – V ZR 83/73, NJW 1975, 170 (170); BGH Urt. v. 15.5.1970 – V ZR 20/68, BGHZ 54, 57 (59).

2 *Stuchlik* GewArch 2004, 143 (145).

3 LG Hamburg Urt. v. 7.12.2004 – 316 S 79/04, juris Rn. 3ff.; AG Charlottenburg Urt. v. 22.12.2011 – 235 C 169/11, ZMR 2013, 446 (447); aA AG Berlin Schöneberg Urt. v. 7.12.2000 – 13 C 356/00, GE 2001, 1678 (1678).

4 LG Berlin Urt. v. 29.12.2002 – 63 S 39/92, GE 2003, 188 (189).

5 LG Berlin Urt. v. 20.5.2010 – 67 S 370/09, Rn. 5 GE 2011, 1230; LG Berlin Urt. v. 3.7.2002 – 65 S 40/12, GE 2012, 1098 (1098) (Verkehrssicherungspflicht wegen darunter abgestellten Kraftfahrzeugen).

6 LG Berlin Urt. v. 3.7.2012 – 65 S 40/12, ZMR 2013, 42 (43).

7 AG Lichtenberg Urt. v. 15.11.2005 – 14 C 384/05, GE 2006, 455 (455).

8 LG Berlin Urt. v. 1.12.2009 – 63 S 162/09, juris Rn. 5.

2. Die Nutzung von Gemeinschaftsflächen

In Miethäusern ist der einzelne Mieter, anders als in seinen Mieträumen, regelmäßig nicht dazu befugt, Blumenkästen im Bereich von Gemeinschaftsflächen, wie etwa dem Treppenhaus, aufzustellen, wenn der Vermieter nicht zustimmt. Das vertragliche Recht zur Nutzung der Gemeinschaftsflächen besteht nur im Rahmen der üblichen Mitbenutzung.[9] Zu dem vertraglich gestatteten Mietgebrauch gehören ohne eine ausdrückliche Gestattung in dem Mietvertrag Blumenkästen außerhalb der eigenen Mieträume nicht, weil diese nicht Ausfluss der Nutzung, sondern Ausdruck der Gestaltung der Gemeinflächen sind. Durch die Versagung der Befugnis Blumenkästen aufzustellen wird die Nutzung der eigenen Wohnung weder unmöglich noch unzumutbar erschwert. Lediglich wünschenswerte Befugnisse, die den geschuldeten Mietgebrauch unberührt lassen, können gegen den Willen des Vermieters nicht durchgesetzt werden.[10] Auch durch eine langjährige Duldung wird das Aufstellen von Blumenkästen im Treppenhaus ohne eine ausdrückliche Erlaubnis nicht zulässig.[11] Außerhalb der Wohnung, etwa im Hausflur oder sonst auf dem Grundstück aufgestellte Blumentöpfe können zudem die anderen Nutzungsberechtigten in ihrer Nutzungsbefugnis für die Gemeinflächen verletzen.[12] Bei Verstößen gegen die Aufforderung, Blumenkästen zu entfernen, kann der Vermieter mithin nach § 541 BGB das Beseitigen der unberechtigt aufgestellten Blumenkästen das Unterlassen des vertragswidrigen Gebrauchs verlangen.[13] Der Vermieter ist zudem dazu verpflichtet, zum Schutz der beeinträchtigten Mieter gegen eine unzulässige Bepflanzung durch andere Mieter vorzugehen.[14] Gleiches kann gelten, wenn die unterhalb des Balkons lebenden Mieter durch herabfallende Blüten, Pflanzenbestandteile und Vogelkot erheblich beeinträchtigt werden. Um dem abzuhelfen, kann dieser von dem Mieter verlangen, den Pflanzenbewuchs bis zur Grenze seines Balkons zurückzuschneiden.[15] 5

IV. WEG

Das Sondereigentum des Wohnungseigentümers wird durch einen Beschluss der Wohnungseigentümer über an der Außenseite des Balkons angebrachte Blumenkästen nicht berührt, weil sich diese außerhalb des Balkons befinden.[16] In der Wohnungseigentümergemeinschaft sind in Treppenhäusern aufgestellte Blumenkästen und Topfpflanzen nicht von vornherein unzulässig, da dies, etwa wenn Fensterbänke dadurch zweckgemäß genutzt und daher die anderen Wohnungseigentümer nicht mehr als minimal beeinträchtigt werden, allenfalls einen nicht nur unerheblichen Nachteil im Sinne des § 14 Abs. 2 Nr.. 1 WEG begründet.[17] Im Übrigen ist die Eigentümergemeinschaft dazu berechtigt, das Aufstellen von Blumenkästen zu regulieren. Werden an der Balkonbrüstung Blumenkästen angebracht, kann das die Gebäudefassade in einer Weise beeinträchtigen, dass diese Maßnahme der Zustimmung der Miteigentümer bedarf.[18] Wenn das Sondernutzungsrecht an einer Dachterrasse mit der Maßgabe eingeräumt wird, auf die einheitliche Gestaltung des Gesamtgrundstücks zu achten, darf damit auch die Bestimmung verbunden werden, auf der Brüstung der Dachterrasse das Anbringen von Blumenkästen anzubringen zu unterlassen.[19] Auch ohne den Nachweis einer konkreten Gefahr dürfen die Eigentümer beschließen, dass Blumenkästen an der Außenseite eines Balkons, der über dem Gehsteig und der Tiefgarageneinfahrt gelegen ist, entfernt werden müssen.[20] 6

9 BGH Urt. v. 10.11.2006 – V ZR 46/06, NJW 2007, 146 (147).
10 *Flatow* NZM 2007, 434. Gleiches gilt für das Recht auf anteilige Nutzung der Gartenfläche: AG Münster Urt. v. 31.7.2008 – 38 C 1858/08, WuM 2008, 664 (665).
11 AG Frankfurt Urt. v. 27.4.2018 – 33 C 3648/17, juris Rn. 10; *Leist* NZM 2019, 662.
12 AG Münster Urt. v. 31.7.2008 – 38 C 1858/08, WuM 2008, 664 (665).
13 AG Lichtenberg Urt. v. 15.11.2005 – 14 C 384/05, GE 2006, 455 (455).
14 LG Berlin Urt. v. 29.12.2002 – 63 S 39/92, GE 2003, 188 (189).
15 LG Berlin Urt. v. 28.10.2002 – 67 S 127/02, GE 2003, 188 (189).
16 BayObLG Beschl. v. 23.12.2003 – 2Z 236/03, ZMR 2004, 359 (360).
17 LG Frankfurt Urt. v. 14.3.2019 – 2-13 S 94/18, ZWE 2019, 278 (278f.).
18 AG Köln Beschl. v. 26.2.1989 – 204 II 457/88, juris Ls.
19 BayObLG Beschl. v. 22.3.2001 – 2Z BR 20/01, ZMR 2001, 819 (819).
20 BayObLG Beschl. v. 25.7.1991 – 2 Z 69/91, WuM 1991, 512 (513); AG Frankenthal Urt. v. 30.11.2016 – 3a C 315/16, juris Rn. 20.

7 In der WEG müssen Blumen in an der Außenseite des Balkons angebrachten Blumenkästen so gegossen werden, dass dadurch andere Personen im darunterliegenden Bereich nicht beeinträchtigt werden.[21] Wenn weiter unten liegende Balkone und Terrassen durch herabfallende Pflanzenbestandteile und Erde gestört werden können, kann die Anordnung des vollständigen Entfernens unverhältnismäßig sein, wenn es auch ausreicht, die Blumenkästen auf der Innenseite des Balkons anzubringen.[22]

8 Beseitigt der Wohnungseigentümer in das Sondereigentum eines anderen Wohnungseigentümers hinüberwachsende Pflanzen und Äste nicht, muss er diesen aus § 1004 Abs. 1 BGB auf Unterlassung in Anspruch nehmen. Auf das dem Grundstückseigentümer zustehende Selbsthilferecht aus § 910 BGB kann er sich nicht berufen.[23]

V. Verkehrssicherungspflicht

9 Blumenkästen können Dritte und Gegenstände auch physisch beeinträchtigen, wenn sie von ihrem Standplatz herunterfallen oder schlicht im Weg stehen. Jeweils kann dadurch eine Haftung begründet sein.

1. Stürzen von Blumenkästen

10 Wer an der Außenseite seiner Wohnung Blumenkästen anbringt oder Eigentümer des Grundstücks ist, trägt für diese die Verkehrssicherungspflicht. Die Blumenkästen müssen zur Erfüllung dieser Pflicht so fest angebracht sein, dass sie auch bei starkem Wind nicht herabstürzen können. Sichert ein Mieter trotz mehrfacher Abmahnungen seine im dritten Stock ungesichert aufgestellten Blumentöpfe nicht hinreichend, so dass ein Topf nach unten fällt, und ändert er daran auch nach einer erneuten Abmahnung nichts, kann dies eine fristlose Kündigung des Mietvertrages rechtfertigen.[24]

11 Der Grundstückseigentümer kann neben der Haftung aus § 823 Abs. 1 BGB gemäß § 836 BGB auch verschuldensunabhängig für herabstürzende Blumenkästen haften, wenn der schadensstiftende Blumenkasten als Gebäudebestandteil zu qualifizieren ist.[25] Diese Haftung ist Ausdruck des allgemeinen Rechtsgedankens, dass jeder für den durch seine Sachen verursachten Schaden einzustehen hat.[26] Sie setzt voraus, dass der Schaden bei einer billigen Berücksichtigung der Interessen Dritter hätte vermieden werden können. Bei Bauwerken soll vor den typischen Schäden bewahrt werden, die durch das Beachten der Ingenieurkunst bei der Errichtung sowie einer ordnungsgemäßen Unterhaltung vermieden werden können.[27] Sie ist ein spezieller Fall der Verkehrssicherungspflicht; sie kann auch den Vermieter treffen, der sich auch durch das Vermieten einer Wohnung nicht vollständig von der Haftung aus § 836 BGB befreien kann.[28] Für auf der Fensterbank aufgestellte Blumentöpfe und Pflanzschalen wird die Anwendung des § 836 BGB in der Kommentarliteratur abgelehnt, weil es an der stabilen Verbindung zum Gebäude fehle.[29] Bei an dem Balkon befestigten Blumenkästen hängt die Einordnung davon ab, wie diese konkret an dem Balkon befestigt sind. Wurden sie bereits bauartbedingt fest mit der Außenhaut verbunden, gehören sie zu dem Gebäude. Wurden sie jedoch lediglich ohne eine „gehörige" Befestigung an einem Gebäude aufgehängt oder angebracht, sind sie vom Schutzzweck des § 836 BGB nicht erfasst.[30]

---

21 LG München, 15.9.2014 – 1 S 1836/13, ZWE 2015, 265 (266).

22 OLG Hamm, Beschl. Vom 29.5.2007 – 15 W 16/07, ZMR 2007, 880 (881).

23 OLG Düsseldorf Beschl. v. 27.6.2001 – 3 Wx 79/01, NJW-RR 2002, 81 (81); KG Beschl. v. 13.6.2005 – 24 W 115/04, NZM 2005, 745 (746).

24 LG Berlin Urt. v. 26.11.2009 – 67 S 278/09, GE 2010, 203 (204).

25 Vgl. RG Urt. v. 25.6.1923 – V 478/22, RGZ 107, 337 (339).

26 BGH Urt. v. 30.5.1961 – VI ZR 310/56, NJW 1961, 1670 (1671).

27 BGH Urt. v. 30.5.1961 – VI ZR 310/56, NJW 1961, 1670 (1671).

28 BGH Urt. v. 11.12.1984 – VI ZR 218/83, NJW 1985, 1076 (1077).

29 *Petershagen* in BeckOGK § 836 Rn. 27; *Wagner* in MüKo BGB § 836 Rn. 10. Hierfür kann es aber auch ausreichen, wenn der Gegenstand allein durch die Schwerkraft mit dem Gebäude verbunden ist: BGH Urt. v. 4.3.1997 – VI ZR 51/96, NJW 1997, 1853 (1853).

30 RG Urt. v. 25.6.1923 – V 478/22, RGZ 107, 337 (338).

2. Blumenkästen als Hindernis

Im Freien aufgestellte Blumenkübel können von Passanten mit der Folge eines Sturzes übersehen werden. 12
Führer von Kraftfahrzeugen können mit ihnen kollidieren. Eine Haftung dafür aus § 823 Abs. 1 BGB besteht dann, wenn dadurch eine Verkehrssicherungspflicht verletzt worden ist. Die Anforderungen daran sind jedoch hoch. Werden Blumenkübel zur Verkehrsberuhigung so aufgestellt, dass sie den das Grundstück berührenden Verkehr steuern, wird die Verkehrssicherungspflicht verletzt, wenn damit gerechnet werden muss, dass Besucher des Grundstücks nicht hinreichend aufmerksam sind, um das Hindernis wahrzunehmen.[31] Im Regelfall liegt es aber in der Verantwortung des Nutzers, mögliche Gefahren zu erkennen und sie bei Bedarf abzuwehren. Das bloße Aufstellen von Blumenkübeln begründet angesichts der verkehrserforderlichen eigenen Sorgfalt der Fußgänger keine darauf gerichtete Verkehrssicherungspflicht, dass der Bereich zu beleuchten ist.[32] Auch ein Fahrzeugführer, der einen außerhalb des Fahrbahnverlaufs an einer übersichtlichen Stelle aufgestellten Blumenkübel übersieht, kann weder Ansprüche aus § 823 Abs. 2 BGB iVm § 32 StVO, noch wegen einer Verkehrssicherungspflichtverletzung geltend machen.[33] Auf einem großen Parkplatz wird durch das Aufstellen von Blumenkübeln zur Begrenzung der Parkstraßen und Verschönerung der Parkflächen die Verkehrssicherungspflicht nicht verletzt, da es sich bei Parkplätzen um verkehrsberuhigte Flächen handelt, auf denen ohnehin nur so schnell gefahren werden darf, dass jederzeit angehalten werden kann.[34] Besteht ein Ersatzanspruch, ist jeweils zu berücksichtigen, ob dem Geschädigten ein Mitverschulden zuzurechnen ist, was insbesondere dann nahe liegt, wenn dieser den Blumenkübel beim Rückwärtsfahren berührt hat.[35]

31 OLG Saarbrücken Urt. v. 25.3.1999 – 3 U 863/98-86, OLGR 1999, 393 (394) für eine Verkehrsberuhigung im öffentlichen Verkehrsraum.
32 LG Detmold Urt. v. 2.5.2005 – 9 O 79/05, juris Rn. 20–22.
33 OLG München Beschl. v. 7.2.2012 – 1 U 3610/11, juris Rn. 4 f.
34 OLG Koblenz Urt. v. 8.5.2000 – 12 U 519/99, NVwZ-RR 2000, 652 (653).
35 AG Berlin-Charlottenburg Urt. v. 17.11.1988 – 210 C 317/18, VersR 1990, 171 (171).

23. Brand- und Löschschäden

Wilke

Literatur: *Bensching*, Nachbarrechtliche Ausgleichsansprüche – zulässige Rechtsfortbildung oder Rechtsprechung contra legem?, 2002; *Brehm*, Anmerkung zum Urteil des BGH vom 23.2.2001 (V ZR 389/99), JZ 2001, 1086; *Bruns*, Der nachbarrechtliche Ausgleichsanspruch im Spiegel der BGH-Rechtsprechung, NJW 2020, 3493; *Bruns*, Die 3 Fallgruppen des nachbarrechtlichen Ausgleichsanspruchs, ZMR 2016, 344; *Bruns*, Anmerkung zum Urteil des BGH vom 27.1.2017 (V ZR 120/16), NZM 2017, 268; *Gerlach*, Die Grundstrukturen des privaten Umweltrechts im Spannungsverhältnis zum öffentlichen Recht, JZ 1988, 161; *Hagen*, Der nachbarrechtliche Ausgleichsanspruch nach § 906 Abs. 2 Satz 2 BGB als Musterlösung und Lösungsmuster – Rechtsfortbildung in mehreren Etappen, in: Medicus et al. (Hrsg.), Festschrift Hermann Lange: zum 70.Geburtstag am 24. Januar 1992, 1992; *Henke/Singbartl*, Anmerkung zum Urteil des BGH vom 09.02.2018 (V ZR 311/16), ZfIR 2018, 317; *Jauernig*, Zivilrechtlicher Schutz des Grundeigentums in der neueren Rechtsentwicklung, JZ 1986, 605; *Karsten*, Der nachbarrechtliche Ausgleichsanspruch gemäß § 906 Abs. 2 Satz 2 BGB analog im System der Ausgleichsansprüche, 1998; *Katzenstein*, Von Wasserrohrbrüchen und fehlgehenden Silvesterraketen: Nachbarrechtlicher Ausgleichsanspruch wegen faktischen Duldungszwangs analog § 906 Abs. 2 Satz 2 BGB, in: Lobinger (Hrsg.), Festschrift Eduard Picker: zum 70. Geburtstag am 3. November 2010, 2010; *Klimke*, Versicherungsschutz für nachbarrechtliche Ausgleichsansprüche unter Wohnungseigentümern, ZWE 2015, 3; *Klöpfer/Meier*, Eigentümerhaftung für mittelbar verursachte Brandschäden am Nachbargrundstück, NJW 2018, 1516; *Lüneborg*, Nachbarrechtlicher Ausgleichsanspruch nur bei „grenzüberschreitender“ Immission?, NJW 2012, 3745; *Maultzsch*, Zivilrechtliche Aufopferungsansprüche und faktische Duldungszwänge, 2006; *Neuner*, Das nachbarrechtliche Haftungssystem, JuS 2005, 487; *Popescu/Majer*, Der nachbarrechtliche Ausgleichsanspruch – Grenzen der Analogie zu § 906 II 2 BGB mit Fallübersicht, NZM 2009, 181; *Popescu/Majer*, Die abgeirrte Feuerwerksrakete, NZM 2010, 231; *Rapp*, Haftung und Versicherung bei Schäden durch Bombenfunde, VersR 2020, 136; *Ringshandl*, Anmerkung zum Urteil des BGH vom 9. 2. 2018 (V ZR 311/16), JZ 2018, 682; *Roth*, Der bürgerlich-rechtliche Aufopferungsanspruch als Problem der Systemgerechtigkeit im Schadensersatzrecht, 2001; *Roth*, Anmerkung zum Urteil des BGH vom 18.09.2009 (V ZR 75/08), LMK 2009, 294262; *Roth*, Anmerkung zum Urteil des BGH vom 25.10.2013 (V ZR 230/12), LMK 2014, 355577; *Röthel*, Anmerkung zum Urteil des BGH vom 17.9.2004 (V ZR 230/03), JZ 2005, 578; *Schack*, Anmerkung zur Entscheidung des OGH Wien vom 1.8.2003 (1 Ob 221/02k), IPRax 2005, 262; *Schlechtriem*, Nachbarrechtliche Ausgleichsansprüche und Schadenersatzhaftung, in: Lange/Nörr/Westermann (Hrsg.), Festschrift für Joachim Gernhuber zum 70. Geburtstag, 1993; *Süss*, Die verschuldensunabhängige Haftung analog § 906 Absatz 2 Satz 2 BGB, 1998; *Timmermann*, Wieweit reicht die analoge verschuldensunabhängige Nachbarhaftung?, ZfV 2018, 345; *Vieweg/Regenfus*, Anmerkung zum Urteil des BGH vom 01.02.2008 (V ZR 47/07), LMK 2008, 261371; *Wandt*, Nachbarrechtlicher Ausgleichsanspruch bei Einwirkung infolge Grundstücks- oder Gebäudearbeiten, VersR 2017, 1109; *Wenzel*, Der Störer und seine verschuldensunabhängige Haftung im Nachbarrecht, NJW 2005, 241; *Wieling*, Anmerkung zum Urteil des BGH vom 17. 9. 2004 (V ZR 230/03), LMK 2005, 26; *Wilhelmi*, Risikoschutz durch Privatrecht, 2009; *Würdinger*, Anmerkung zum Urteil des BGH vom 25. 10. 2013 (V ZR 230/12), JZ 2014, 690.

I. Einführung

1 Auch im 21. Jahrhundert stellt **Feuer** (→ *Feuer* Rn. 1 ff.) eine **ernstzunehmende Gefahr** für Leib und Leben wie für Sachwerte dar. Die deutschen Feuerwehren hatten in den vergangenen Jahren regelmäßig um

die 180.000 Einsätze wegen Bränden und Explosionen.[1] Eine Broschüre der Stadt Düsseldorf spricht von 2.000 Wohnungsbränden pro Jahr allein in der Landeshauptstadt Nordrhein-Westfalens.[2] Die dabei entstehenden Schäden können immens sein: Für Brandschäden an Wohngebäuden fließen jährlich regelmäßig mehr als 1 Mrd. EUR Versicherungsleistungen.[3] Was die **Brandursachen** angeht, so kam etwa das Institut für Schadensverhütung und Schadensforschung der öffentlichen Versicherer für das Jahr 2018 bei ca. 1.600 untersuchten Bränden zu dem Ergebnis, dass 31 % der (Gebäude-)Brände ihre Ursache in Elektrizität, 20 % in menschlichem Fehlverhalten und 9 % in Brandstiftung hatten,[4] um nur die häufigsten bekannten Ursachen zu nennen. Da Feuer bekanntlich vor Grundstücksgrenzen nicht Halt machen, vielmehr leicht übergreifen, ist diese Thematik für den Nachbarn sehr relevant, zumal in eng besiedelten Gebieten.

Wenn ein Brand auf einem Grundstück unmittelbar oder im Zuge der Löscharbeiten auf einem Nachbargrundstück Schäden verursacht, wird sich der Nachbar bzw. dessen Versicherer fragen, ob Ersatz insbes. vom Eigentümer/Besitzer des Ausgangsgrundstücks zu erhalten ist. Die Frage möglicher Ersatzansprüche für Brand- und Löschschäden steht im Vordergrund der folgenden Ausführungen. Gestreift werden allerdings ebenfalls öffentlich-rechtliche Möglichkeiten des Nachbarn zum Vorgehen gegen Brandgefahren (→ Rn. 3). Insbes. wenn die Feuerwehr Schäden beim Nachbarn des unmittelbar vom Brand betroffenen Grundstücks verursacht oder sich ein Brand auf einem hoheitlich genutzten Grundstück entwickelt, stellen sich auch im öffentlich-rechtlichen Kontext Entschädigungsfragen; freilich kann gerade letztere Konstellation ungeachtet der Beteiligung eines Hoheitsträgers nach Privatrecht zu behandeln sein (→ Rn. 4 f.). Diesbezüglich werden zunächst einige „allgemeine" Ansprüche dargestellt (→ Rn. 6 ff.), bevor auf den die Praxis wie die Diskussion dominierenden nachbarrechtlichen Ausgleichsanspruch eingegangen wird (→ Rn. 10 ff.) 2

II. Öffentliches Recht

1. Verhinderung von Bränden

Das öffentliche Recht wird im Zusammenhang mit Brand-/Löschschäden bereits wegen deren Verhinderung relevant. Wird schon bei Umsetzung eines Vorhabens deutlich, dass besondere Brandrisiken bestehen, oder fallen entsprechende Risiken später auf, kann uU ein behördliches Einschreiten angeregt oder sogar eingefordert werden. Verstöße gegen Brandschutzanforderungen (→ *Brandschutz* Rn. 7 ff.), die nur dem Schutz der Bewohner und Nutzer des betreffenden Gebäudes dienen, sind allerdings mangels drittschützender Wirkung keine taugliche Grundlage für Rechtsschutz des Nachbarn gegen eine Baugenehmigung oder auf behördliches Einschreiten. Dies betrifft etwa Regelungen über innere Brandwände oder die Vorhaltung von Löschwasser.[5] Anders ist dies dagegen bei solchen Vorschriften, die das Übergreifen von Feuer auf ein Nachbargrundstück verhindern sollen, was inbes. Brandwände als Gebäudeabschlusswände (in Bezug auf den Feuerwiderstand von innen nach außen) betrifft.[6] 3

2. Entschädigungsansprüche im Brandkontext

Kommt es bei **Löscharbeiten** zu Schäden an Nachbargrundstücken, etwa dadurch, dass die Arbeiten von diesen Grundstücken aus erfolgen (müssen), bestimmt sich die etwaige **Entschädigung** (s. aber auch 4

1 Vgl. http://www.feuerwehrverband.de/statistik.html.

2 Vgl. http://www.stadtfeuerwehrverband-duesseldorf.de/pro/assets/downloads/broschueren/risiko-wohnungsbrand.pdf, S. 3.

3 Vgl. die Zahlen des Gesamtverbands der Deutschen Versicherungswirtschaft, https://www.gdv.de/de/zahlen-und-fakten/versicherungsbereiche/wohngebaeude-24080#Schaeden.

4 Vgl. https://www.ifs-ev.org/wp-content/uploads/2019/04/ifs_brandursachenstatistik_2018.pdf.

5 VGH München Beschl. v. 30.1.2018 – 15 ZB 17.1459, juris Rn. 16 f.; VGH München Beschl. v. 3.9.2015 – 15 ZB 12.2142, NVwZ-RR 2016, 27 (29); vgl. auch OVG Magdeburg Beschl. v. 19.10.2012 – 2 L 149/11, NVwZ-RR 2013, 87 (89); VGH Mannheim Urt. v. 26.2.1992 – 3 S 2947/91, NVwZ-RR 1992, 611 (Ls.).

6 VGH München Beschl. v. 8.3.2018 – 15 CE 17.2599, NVwZ-RR 2018, 760 (764); VGH München Beschl. v. 30.1.2018 – 15 ZB 17.1459, juris Rn. 15; vgl. auch OVG Saarlouis Urt. v. 26.1.2006 – 2 R 9/05, NJOZ 2006, 1615 (1623).

→ Rn. 9) ggf. **nach landesrechtlichen Regelungen** wie etwa Art. 27 BayFwG oder § 45 iVm § 44 Abs. 3 BHKG NRW. Jedenfalls bei abschließendem Charakter solcher Regeln hat die GoA – und damit auch die Haftung bei schlecht ausgeführter GoA, §§ 677(, 680), 280 BGB – in diesen Fällen keinen Anwendungsbereich.[7] Der dafür erforderliche Fremdgeschäftsführungswille wäre ohnehin zweifelhaft.[8]

5 Eine andere Frage ist die nach der Haftung der öffentlichen Hand, wenn ein Brand von einem von ihr genutzten Grundstück ausgeht. Insofern können, in gewisser Parallelität zu dem sogleich darzustellenden privatrechtlichen nachbarrechtlichen Ausgleichsanspruch, Ansprüche aus enteignungsgleichem Eingriff in Betracht kommen. Ein solcher Anspruch besteht, wenn von hoher Hand rechtswidrig – also an sich abwehrbar – unmittelbar in eine von Art. 14 GG geschützte Rechtsposition eingegriffen und dem Berechtigten dadurch ein besonderes, anderen nicht zugemutetes Opfer für die Allgemeinheit auferlegt wird.[9] Zwar besteht an sich ein Vorrang des Primärrechtsschutzes,[10] aber der Anspruch kommt insbes. auch in Betracht, wenn dieser Weg aus tatsächlichen Gründen nicht beschritten werden kann[11] (zum sog. faktischen Duldungszwang bei § 906 BGB noch → Rn. 19). Allerdings ist für die **Abgrenzung von hoheitlichem zu privatrechtlichem Handeln** im Hinblick auf die Nutzung eines Grundstücks zu beachten, dass nicht schon die Erfüllung öffentlicher Aufgaben den Ausschlag zugunsten Ersterem gibt, sind diese doch nicht selten sowohl durch öffentlich-rechtliches wie privatrechtliches Handeln zu erfüllen. Ebenso wenig genügt es, dass ein Hoheitsträger in Rede steht. Nach der Rechtsprechung ist vielmehr nur dann von öffentlich-rechtlichem Handeln auszugehen, wenn sich der Hoheitsträger bei Ausnutzung und Verwendung seines Grundstücks der besonderen Rechtssätze des öffentlichen Rechts bedient.[12]

III. Privatrechtliche Haftung

1. Ansprüche außerhalb des BGB-Nachbarrechts

6 Wenn durch einen **Brand**, der widerrechtlich und schuldhaft verursacht wurde, ein Schutzgut des § 823 Abs. 1 BGB, namentlich **Leben, Körper, Gesundheit und Eigentum**, verletzt wird, kommt dieser deliktische Anspruch in Betracht. Zugunsten des Eigentümers/dinglich Berechtigten und der sich in dem betroffenen Gebäude aufhaltenden Menschen ist außerdem ein Anspruch gem. § 823 Abs. 2 iVm §§ 306(a), 306d StGB denkbar.[13] § 823 Abs. 2 BGB kann ebenfalls bei Verstößen gegen drittschützende Brandschutzvorschriften (→ Rn. 3) des Baurechts herangezogen werden. Im Rahmen von § 249 ff. BGB sind jeweils auch **Schäden ersatzfähig**, die wie **Löschschäden** erst durch das Dazwischentreten Dritter (Einschreiten der Feuerwehr) verursacht werden.[14] Diese Ansprüche sind aber wegen des hierfür erforderlichen – vom Gläubiger zu beweisenden – Verschuldens des Schuldners nicht unbedingt attraktiv. Regelmäßig wird über den verschuldensunabhängigen Anspruch analog § 906 Abs. 2 S. 2 BGB (→ Rn. 10 ff.) leichter Entschädigung zu erlangen sein.

---

7 Für eine Haftung der Gemeinde für grob fahrlässige Schadensherbeiführung durch ihre Feuerwehr nach GoA noch BGH Urt. v. 24.10.1974 – VII ZR 223/72, NJW 1975, 207; für einen Ausschluss der GoA bei erschöpfenden (polizei- und ordnungsrechtlichen) Vorschriften aber BGH Urt. v. 13.11.2003 – III ZR 70/03, NJW 2004, 513, sowie BGH Urt. v. 19.7.2007 – III ZR 20/07, NVwZ 2008, 349; für das bayerische Feuerwehrgesetz BayObLG Urt. v. 25.2.2002 – 1Z RR 331/99, BayObLGZ 2002, 35 (39 f.); zum Ganzen auch *Sprau* in Palandt BGB Vor § 677 Rn. 13.

8 Vgl. für die niedersächsische Feuerwehr OVG Lüneburg Urt. v. 6.4.2018 – 11 LC 21/17, juris Rn. 37 ff. (fehlender Fremdgeschäftsführungswille bei Wahrnehmung öffentlicher Aufgabe); offen gelassen von BGH Urt. v. 13.11.2003 – III ZR 70/03, NJW 2004, 513; konkret für die Feuerwehr allerdings noch bejaht von BGH Urt. v. 24.10.1974 – VII ZR 223/72, NJW 1975, 207 (208).

9 BGH Urt. v. 11.1.2007 – III ZR 302/05, NJW 2007, 830 (833).

10 Vgl. etwa BGH Urt. v. 26.1.1984 – III ZR 216/82, NJW 1984, 1169 (1172).

11 *Roth* in Staudinger BGB § 906 Rn. 89.

12 BGH Urt. v. 18.3.1964 – V ZR 44/62, NJW 1964, 1472 (1473).

13 Vgl. dazu BGH Urt. v. 30.9.1969 – VI ZR 254/67, NJW 1970, 38 (40 f.).

14 Siehe nur *Oetker* in MüKoBGB § 249 Rn. 157.

7 Zwischen einem sonstigen Deliktstäter und einer analog § 906 Abs. 2 S. 2 BGB haftenden Person (→ Rn. 10 ff., 27 ff.), die beide gleichermaßen für die betreffende Einwirkung verantwortlich sind (wie etwa Architekt und Grundstückseigentümer), besteht **analog § 840 BGB** eine **Gesamtschuld**.[15]

8 Wer zur Brandbekämpfung für jemanden anderen tätig wird und dabei Schäden erleidet, kann ferner einen Anspruch auf angemessene Entschädigung (wegen § 679 BGB ohne Rücksicht auf den Willen des anderen) aus §§ 677, 683, 670 BGB haben. Zu den „Aufwendungen" iSd § 670 BGB gehören in Fällen der mit Gefahren verbundenen **Geschäftsführung ohne Auftrag** auch Schäden.[16]

9 Im Hinblick speziell auf Löschschäden kommt auch der **verschuldensabhängige Anspruch nach § 904 S. 2 BGB** in Betracht. Einwirkungen auf sein Grundstück durch das Löschen eine Brandes „nebenan" kann der Betroffene nicht verbieten, wenn sie zur Abwendung der gegenwärtigen (Brand-)Gefahr notwendig und der drohende Schaden gegenüber dem aus den Löschhandlungen entstehenden Schaden unverhältnismäßig groß ist, § 904 S. 1 BGB. Dafür steht ihm jedoch gegenüber dem Einwirkenden[17] (!) der Anspruch nach S. 2 zu. (Letzterer muss sich dann nach Auftrags-, GoA- oder Bereicherungsrecht beim Nachbarn, dessen Brand gelöscht wird, schadlos halten.) Der Anspruch nach S. 2 gilt allerdings nur für bzw. gegen private Löschhelfer, also etwa für den vom Brand unmittelbar betroffenen, diesen selbst bekämpfenden Besitzer des Grundstücks und dessen Unterstützer. Für die hoheitlich tätig werdende Feuerwehr findet § 904 BGB keine Anwendung.[18]

2. Nachbarrechtlicher Ausgleichsanspruch analog § 906 Abs. 2 S. 2 BGB

10 Wie mehrfach angedeutet existiert allerdings nach ständiger Rechtsprechung und Teilen der Literatur auch ein verschuldensunabhängiger Anspruch auf Ersatz von (ua) Brandschäden. Das ist besonders interessant in denjenigen Fällen, in denen der andere den Brand nicht durch (nachweisbares) Fehlverhalten verursacht hat, und damit im Ausgangspunkt schon für einen beträchtlichen Anteil von Bränden (→ Rn. 1). Freilich ist der Anspruch außerdem häufig in den Fällen gegeben, in denen das Deliktsrecht an sich anwendbar wäre.[19]

11 **a) Begründung und Kritik.** § 906 BGB als „Generalnorm des zivilrechtlichen Nachbarschutzes"[20] betrifft unmittelbar zunächst die Frage der Immissionsabwehr (dazu bei vielen anderen Stichworten, etwa → *Tauben* Rn. 26 ff., → *Swimmingpool* Rn. 21 ff.). Nach § 906 Abs. 1 S. 1 BGB hat der Eigentümer eines Grundstücks Duldungspflichten[21] hinsichtlich der Einwirkungen durch bestimmte – mehr oder weniger – unwägbare Stoffe von einem anderen Grundstück, sofern diese die Benutzung seines Grundstücks nicht oder nur unwesentlich beeinträchtigen. Ebenso hat er gem. § 906 Abs. 2 S. 1 BGB sogar wesentliche Einwirkungen zu dulden, die ortsüblich sind und nicht durch wirtschaftlich zumutbare Maßnahmen verhindert werden können. Kommt es hierbei allerdings zu einer unzumutbaren Beeinträchtigung, besteht gegenüber dem Benutzer des anderen Grundstücks ein Anspruch auf **angemessenen Ausgleich in Geld nach § 906 Abs. 2**

15 BGH Urt. v. 26.11.1982 – V ZR 314/81, NJW 1983, 872 (875).

16 BGH Urt. v. 27.11.1962 – VI ZR 217/61, NJW 1963, 390 (392); BGH Urt. v. 7.11.1960 – VII ZR 82/59, NJW 1961, 359 (360); gerade für einen Brandfall schon RG Urt. v. 26.2.1920 – VI 9/20, RGZ 98, 195 (199 f.).

17 HM: BGH Urt. v. 13.5.1952 – I ZR 147/51, NJW 1952, 1132 (1133); BayObLG Urt. v. 25.2.2002 – 1Z RR 331/99, BayObLGZ 2002, 35 (44); *Herrler* in Palandt BGB § 904 Rn. 5; *Brückner* in MüKoBGB § 904 Rn. 19; aA LG Essen Urt. v. 10.3.1998 – 13 S 491/97, NZM 1999, 95; *Althammer* in Staudinger § 904 Rn. 38.

18 BGH Urt. v. 20.2.1992 – III ZR 188/90, NJW 1992, 3229 (3232); OLG Bamberg Urt. v. 24.2.2005 – 1 U 136/04, VersR 2005, 800; *Herrler* in Palandt BGB § 904 Rn. 5; aA (wohl aber aus Missverständnis bezüglich der Palandt-Kommentierung resultierend) *Horst* NachbarR-HdB Rn. 1642.

19 Vgl. *Wieling* LMK 2005, 26 („hat zur Folge, dass die §§ 823 ff. BGB überflüssig werden, zumindest soweit es um die Beschädigung des Eigentums und anderer absoluter Rechte im Nachbarverhältnis geht").

20 BGH Urt. v. 25.10.2013 – V ZR 230/12, NJW 2014, 458 (459).

21 Zur Frage, ob § 906 Abs. 1 S. 1 BGB bereits eine tatbestandliche Grenze des § 1004 BGB darstellt oder (erst) den Entzug an sich gegebener Abwehrmöglichkeiten betrifft *Maultzsch*, Zivilrechtliche Aufopferungsansprüche und faktische Duldungszwänge, 2006, S. 217 ff.

S. 2 BGB. Dieser Ausgleichsanspruch tritt an die Stelle der Abwehrbefugnis nach § 1004 Abs. 1 BGB.[22] Der Eigentümer wird für die Aufopferung seiner Eigentümerbefugnisse kompensiert.[23]

12 Die Rechtsprechung hat die (von einem etwaigen Verschulden unabhängige) Ausgleichspflicht gem. § 906 Abs. 2 S. 2 BGB allerdings in analoger Anwendung auch auf **jegliche[24] rechtswidrige Einwirkungen** erstreckt – also solche, die der Eigentümer (oder Besitzer, → Rn. 28) gar nicht dulden müsste, sondern grundsätzlich hätte abwehren können. Zu den Voraussetzungen im Einzelnen → Rn. 17 ff. Der Anwendungsbereich dieses bürgerlich-rechtlichen Aufopferungsanspruchs[25] bzw. nachbarrechtlichen Ausgleichsanspruchs ist daher weit. Er erfasst umstürzende Bäume,[26] herabfallendes Schrotblei,[27] Wasserrohrbrüche,[28] selbst Behinderungen des (Werbe-)„Kontakts nach außen"[29] – und eben übergreifende Brände.[30] Der Anspruch besteht, wenn der Eigentümer die Einwirkungen aus rechtlichen Gründen zu dulden hat,[31] aber ebenso, wenn er aus tatsächlichen Gründen seine Abwehransprüche nicht geltend machen konnte (sog. „faktischer Duldungszwang"[32]).[33] Letzteres betrifft wiederum insbes. Brände,[34] die sich häufig rasch ausbreiten, so dass für die Geltendmachung eines zivilrechtlichen Anspruchs schlicht keine Zeit ist (→ Rn. 19).

13 Die langsame Herausbildung dieser Rechtsprechung lässt sich im Prinzip bis zum Reichsgericht zurückverfolgen.[35] Besondere Relevanz hat allerdings die **Entwicklung seit dem 1.6.1960**, als vor dem Hintergrund der bis dato ergangenen Rechtsprechung § 906 Abs. 2 BGB in seiner bis heute geltenden Fassung in Kraft trat.[36] Diese Entwicklung sei in wesentlichen Schritten hier wiedergegeben. Den „Rechtsgedanken" des § 906 (Abs. 2 S. 2) BGB brachte der 5. Zivilsenat des BGH 1972 ins Spiel, als es um einen Ausgleich für –

22 BGH Urt. v. 20.4.1990 – V ZR 282/88, NJW 1990, 1910 (1911).

23 *Roth*, Der bürgerlich-rechtliche Aufopferungsanspruch als Problem der Systemgerechtigkeit im Schadensersatzrecht, 2001, S. 8.

24 Die Analogie überwindet auch die Beschränkung des § 906 BGB auf „unwägbare" Stoffe, so dass der Anspruch ebenfalls sog. Grobimmissionen erfasst: BGH Urt. v. 25.10.2013 – V ZR 230/12, NJW 2014, 458 (459); BGH Urt. v. 20.4.1990 – V ZR 282/88, NJW 1990, 1910 (1911).

25 *Herrler* in Palandt BGB § 906 Rn. 37; *Roth*, Der bürgerlich-rechtliche Aufopferungsanspruch als Problem der Systemgerechtigkeit im Schadensersatzrecht, 2001, S. 10; näher *Bensching*, Nachbarrechtliche Ausgleichsansprüche – zulässige Rechtsfortbildung oder Rechtsprechung contra legem?, 2002, S. 37 ff.

26 BGH Urt. v. 17.9.2004 – V ZR 230/03, NJW 2004, 3701.

27 BGH Urt. v. 20.4.1990 – V ZR 282/88, NJW 1990, 1910.

28 BGH Urt. v. 30.5.2003 – V ZR 37/02, NJW 2003, 2377; BGH Urt. v. 19.4.1985 – V ZR 33/84, VersR 1985, 740.

29 BGH Urt. v. 10.11.1977 – III ZR 15/75, NJW 1978, 373 (375).

30 BGH Urt. v. 9.2.2018 – V ZR 311/16, NJW 2018, 1542; BGH Urt. v. 1.4.2011 – V ZR 193/10, NJW-RR 2011, 739; BGH Urt. v. 1.2.2008 – V ZR 47/07, NJW 2008, 992; BGH Urt. v. 27.1.2006 – V ZR 26/05, NJW 2006, 992; BGH Urt. v. 11.6.1999 – V ZR 377/98, NJW 1999, 2896; OLG Hamm Urt. v. 21.3.2019 – 24 U 111/18, juris Rn. 4 f.; OLG Hamm Urt. v. 18.4.2013 – 24 U 113/12, NZM 2014, 53; OLG Koblenz Urt. v. 28.8.2008 – 5 U 218/08, MDR 2009, 443; verfehlt allerdings OLG Rostock Urt. v. 16.5.2008 – 5 U 105/08, juris Rn. 33 ff., das § 906 Abs. 2 S. 2 BGB direkt anwendet und dafür zunächst eine Duldungspflicht bezüglich des übergreifenden Brandes bejaht (!), weil die ursächlichen Mähdruscharbeiten ortsüblich seien.

31 Vgl. mwN BGH Urt. v. 7.4.2000 – V ZR 39/99, NJW 2000, 2901 (2902 f.) im Falle eines benachbarten Drogenhilfezentrums.

32 BGH Urt. v. 20.4.1990 – V ZR 282/88, NJW 1990, 1910 (1911).

33 Zu letzterem erstmals BGH Urt. v. 26.10.1978 – III ZR 26/77, NJW 1979, 164 (165): Hinderung an wirksamer Gebrauchmachung von an sich bestehenden Abwehrmöglichkeiten; sodann BGH Urt. v. 26.11.1982 – V ZR 341/81, NJW 1983, 872 (874): „triftige tatsächliche" Hinderungsgründe. Vgl. insgesamt *Bensching*, Nachbarrechtliche Ausgleichsansprüche – zulässige Rechtsfortbildung oder Rechtsprechung contra legem?, 2002, S. 123 ff. und 209 ff. Eine Dreiteilung der Fallgruppen identifiziert *Bruns* ZMR 2016, 344.

34 Vgl. BGH Urt. v. 1.2.2008 – V ZR 47/07, NJW 2008, 992 (993).

35 Im Einzelnen siehe die Darstellungen von *Karsten*, Der nachbarrechtliche Ausgleichsanspruch gemäß § 906 Abs. 2 Satz 2 BGB analog im System der Ausgleichsansprüche, 1998, S. 37 ff.; *Maultzsch*, Zivilrechtliche Aufopferungsansprüche und faktische Duldungszwänge, 2006, S. 24 ff.; *Hagen* in FS Lange, S. 483 (485 ff.); *Schlechtriem* in FS Gernhuber, S. 407 ff.; *Bensching*, Nachbarrechtliche Ausgleichsansprüche – zulässige Rechtsfortbildung oder Rechtsprechung contra legem?, 2002, S. 15 ff.; *Süss*, Die verschuldensunabhängige Haftung analog § 906 Absatz 2 Satz 2 BGB, 1998, S. 113 ff.; *Bruns* ZMR 2016, 344 (344 f.).

36 BGBl. I 1959, 781 (782 f.); zum historischen Kontext auch *Bruns* NJW 2020, 3493.

von § 906 BGB nicht erfasste – Grobimmissionen ging.[37] Der gleiche Senat entschied vier Jahre später, dass der Ausgleichsanspruch nach § 906 Abs. 2 S. 2 BGB auch dann gegeben ist, wenn einzelne Einwirkungen die Grenzen des Ortsüblichen möglicherweise überschreiten (sodass insoweit § 906 Abs. 2 S. 2 BGB tatbestandlich nicht erfüllt wäre); maßgeblich sei das Gesamtbild der Einwirkungen.[38] Unter Berufung auf eine Entscheidung, die noch maßgeblich von der Rechtslage vor 1960 geprägt war, erstreckte dann der 3. Zivilsenat im Jahre 1978 den Anwendungsbereich des nachbarrechtlichen Ausgleichsanspruchs auch auf andere Fälle als Immissionen, konkret auf eine Vertiefung entgegen § 909 BGB.[39] Es könne nicht angenommen werden, dass der Gesetzgeber die Haftung des Störers auf Fälle des Verschuldens habe begrenzen wollen.[40] Diese Vorlage nahm der 5. Zivilsenat 1982 in einem Urteil zu einem weiteren Vertiefungsfall auf und sprach nun ausdrücklich von einer entsprechenden Anwendung des § 906 Abs. 2 S. 2 BGB, ohne freilich die Analogievoraussetzungen zu thematisieren.[41] Von dieser Analogie sprach der Senat dann 1984 auch bei rechtswidrigen Immissionen,[42] im Folgejahr (nun ausdrücklich) bei Grobimmissionen.[43]

Erhebliche Teile[44] **der Literatur** und zT auch die **Instanzrechtsprechung**[45] zeigen sich bis heute insbes. 14
im Hinblick auf typische Unfallschäden (mit „faktischem Duldungszwang“ wie eben bei Bränden) der höchstrichterlichen Argumentation gegenüber **kritisch**. Der BGH habe eine dem Gesetzgeber unbekannte Gefährdungshaftung für eine gefährliche Einrichtung im Verhältnis zwischen Nachbarn[46] bzw. gerade ohne das Erfordernis einer solchen Einrichtung eingeführt.[47] Eine zu schließende Rechtsschutzlücke gebe es nicht, insbes. keinen Anlass, einen Nachteil auf den bloßen Verursacher abzuwälzen, dem weder ein Verschulden noch eine (erlaubte) Gefahrerhöhung angelastet werden könne.[48] Dementsprechend sei die für die Analogie nötige planwidrige Regelungslücke zu verneinen.[49] Die dem § 906 Abs. 2 S. 2 BGB zugrunde liegende Interessenabwägung (gesetzliche Verpflichtung des Eigentümers, seine eigenen Interessen gegenüber dem Nachbarn zurückstehen zu lassen) trage nicht für Fälle, in denen der Eigentümer von Gesetzes wegen sehr wohl Abwehrbefugnisse habe; widerrechtliche Verletzungen seiner Interessen seien nach Deliktsrecht

37 BGH Urt. v. 8.2.1972 – VI ZR 155/70, NJW 1972, 724 (726).

38 BGH Urt. v. 13.2.1976 – V ZR 55/74, NJW 1976, 797 (798); als „geschickter Kunstgriff“ qualifiziert von *Süss*, Die verschuldensunabhängige Haftung analog § 906 Absatz 2 Satz 2 BGB, 1998, S. 106.

39 BGH Urt. v. 26.10.1978 – III ZR 26/77, NJW 1979, 164, mit Verweis auf BGH Urt. v. 15.6.1967 – III ZR 23/65, NJW 1967, 1857 (1858).

40 Mit dem lapidaren Zusatz „vgl. dazu auch“ im Hinblick auf den (noch neuen) § 906 Abs. 2 S. 2 BGB BGH Urt. v. 26.10.1978 – III ZR 26/77, NJW 1979, 164 (165).

41 BGH Urt. v. 26.11.1982 – V ZR 341/81, NJW 1983, 872 (874).

42 BGH Urt. v. 2.3.1984 – V ZR 54/83, NJW 1984, 2207 (2208).

43 BGH Urt. v. 19.4.1985 – V ZR 33/84, VersR 1985, 740.

44 Tendenziell zust. *Ring* in NK-BGB § 906 Rn. 282; mit zT vom BGH abweichender Begründung, iE aber zustimmend *Bruns* ZMR 2016, 344 (347 und passim); positiv im Hinblick auf eine Parallele zu § 14 S. 2 BImSchG *Gerlach* JZ 1988, 161 (173 f.); ausführlicher Überblick über die Literatur bei *Maultzsch*, Zivilrechtliche Aufopferungsansprüche und faktische Duldungszwänge, 2006, S. 43 ff.

45 Gerade in einem Brandfall zweifelnd OLG Hamm Urt. v. 2.8.2010 – 5 U 56/10, juris Rn. 15; dagegen dann aber in demselben Verfahren BGH Urt. v. 1.4.2011 – V ZR 193/10, NJW-RR 2011, 739.

46 *Roth*, Der bürgerlich-rechtliche Aufopferungsanspruch als Problem der Systemgerechtigkeit im Schadensersatzrecht, 2001, S. 25, soweit nicht von § 906 BGB grundsätzlich erfasste Immissionen in Rede stehen; so differenzierend auch *Roth* in Staudinger BGB § 906 Rn. 69 und 72; *Wilhelmi*, Risikoschutz durch Privatrecht, 2009, S. 99.

47 *Schlechtriem* in FS Gernhuber, S. 407 (418); *Herrler* in Palandt BGB § 906 Rn. 37b; *Maultzsch*, Zivilrechtliche Aufopferungsansprüche und faktische Duldungszwänge, 2006, S. 119; *Klöpfer/Meier* NJW 2018, 1516 (1517); *Henke/Singbartl* ZfIR 2018, 317 (319); *Ringshandl* JZ 2018, 682 (683); die drei letztgenannten Beiträge betreffen übrigens konkret einen Brandschadensfall. Außerdem *Wilhelmi*, Risikoschutz durch Privatrecht, 2009, S. 99; *Würdinger* JZ 2014, 690 (passim); *Neuner* JuS 2005, 487 (491).

48 *Schlechtriem* in FS Gernhuber, S. 407 (418).

49 Ausführlich *Bensching*, Nachbarrechtliche Ausgleichsansprüche – zulässige Rechtsfortbildung oder Rechtsprechung contra legem?, 2002, S. 230 ff.

zu beurteilen.[50] Zumal sei hier der Passivlegitimierte, anders als im Regelfall des § 906 Abs. 2 S. 2 BGB, selbst (das erste) Opfer der Einwirkung.[51] Entschädigung sei nach der Konzeption des BGB-Nachbarrechts in Fällen dauernder Beeinträchtigung, nicht jedoch bei endgültig eingetretenen Zuständen zu leisten, für die das Gesetz gerade Schadensersatzpflichten vorsehe.[52] Insgesamt seien daher die Analogievoraussetzungen nicht überzeugend bejaht worden,[53] auch weil die Subsidiarität (→ Rn. 21) wenig streng gehandhabt werde.[54] Jedenfalls wird Zurückhaltung auf Rechtsfolgenseite im Hinblick auf eine Annäherung an die Schadensersatzhaftung angemahnt[55] (jedoch → Rn. 34).

15 Anfang der 2000er Jahre nutzte der **5. Zivilsenat** einen (weiteren) Rohrbruchfall, um seine Rechtsprechung gerade bei „technischen Unfallschadensfällen" gegen die damaligen Angriffe der Literatur zu **verteidigen.**[56] Die analoge Anwendung des § 906 Abs. 2 S. 2 BGB sei insbes. auf den Gedanken gestützt, dass im nachbarlichen Gemeinschaftsverhältnis (auch → *Nachbarschaftliches Gemeinschaftsverhältnis* Rn. 1 ff.) der von einer nicht abwehrbaren rechtswidrigen Einwirkung vom anderen Grundstück betroffene Eigentümer oder Nutzer eines Grundstücks nicht schlechter stehen dürfe als im Falle einer rechtmäßigen Einwirkung. Es handele sich nicht um die Einführung einer Gefährdungshaftung – einer Haftung für rechtmäßige Anlagen/Tätigkeiten –, sondern um die „Haftung für rechtswidrige Störungen aus einer bestimmungsgemäßen Grundstücksnutzung, die von dem beeinträchtigten Nachbarn aus tatsächlichen Gründen nicht abgewehrt werden können. Dieser typisch nachbarrechtliche Nutzungskonflikt ist in § 906 BGB nicht geregelt, hätte aber vom Regelungsplan des Gesetzgebers her zu dem gleichen Abwägungsergebnis geführt." Der Anspruch trete an die Stelle der faktisch undurchsetzbaren primären Abwehransprüche. Dass im konkreten Fall sogar das HaftPflG einschlägig war, stehe der Analogie nicht entgegen. Für das Nachbarrecht bestehe ein „dreiteiliges Haftungsrecht von Gefährdungshaftung, Verschuldenshaftung und verschuldensunabhängiger Störerhaftung". Wenn im Rahmen der letzteren Haftung eine Lücke bestehe, sei sie durch die analoge Anwendung von § 906 Abs. 2 S. 2 BGB zu schließen. Auch der damalige Vorsitzende des 5. Senats verteidigte diese Rechtsprechung, namentlich die „dritte Säule" nachbarlichen Haftungsrechts, bald darauf, zT im Wortlaut.[57]

16 Richtig ist zwar, dass der BGH, jedenfalls bislang, mit seiner Analogie zu § 906 Abs. 2 S. 2 BGB eine genuine Gefährdungshaftung für die Grundstücksinhaberschaft nicht begründet hat, weil – trotz erheblicher Ausweitungstendenzen, → Rn. 12 – nicht jeder Grundstücksinhaber allein kraft dieser Eigenschaft haftet, sondern nur ein Störer,[58] und der Anspruch auch nicht jedem Betroffenen zusteht.[59] Die auf diese Weise ausgebaute „dritte Säule" im Haftungsrecht bedarf aber ihrerseits der Begründung,[60] die mit den bisher eher dürren Sätzen des BGH zu den Analogievoraussetzungen noch nicht erbracht ist. Fraglich erscheint, ob sie überhaupt gelingen kann. Dass erhebliche Grob- und Feinjustierungen erforderlich sind, um den An-

---

50 *Karsten,* Der nachbarrechtliche Ausgleichsanspruch gemäß § 906 Abs. 2 Satz 2 BGB analog im System der Ausgleichsansprüche, 1998, S. 63; ähnlich *Katzenstein* in FS Picker, S. 425 (434 f.); *Popescu/Majer* NZM 2009, 181 (183); *Neuner* JuS 2005, 487 (491); *Bensching,* Nachbarrechtliche Ausgleichsansprüche – zulässige Rechtsfortbildung oder Rechtsprechung contra legem?, 2002, S. 277 f.

51 *Klimke* in BeckOGK BGB § 906 Rn. 372, der auf einen Gedanken bei *Roth,* Der bürgerlich-rechtliche Aufopferungsanspruch als Problem der Systemgerechtigkeit im Schadensersatzrecht, 2001, S. 42, verweist.

52 *Popescu/Majer* NZM 2009, 181 (183 f.); insoweit krit. auch *Bruns* ZMR 2016, 344 (346 f.).

53 In diesem Sinne auch *Würdinger* JZ 2014, 690 (691); differenzierende Untersuchung der Voraussetzungen bei *Staudinger* in HK-BGB, § 906 Rn. 22 f.; konkret zur Analogie unter dem Gesichtspunkt der Unzumutbarkeit *Maultzsch,* Zivilrechtliche Aufopferungsansprüche und faktische Duldungszwänge, 2006, S. 249 ff.

54 *Klöpfer/Meier* NJW 2018, 1516 (1519).

55 *Klimke* in BeckOGK BGB § 906 Rn. 415; *Popescu/Majer* NZM 2009, 181 (183); *Schlechtriem* in FS Gernhuber, S. 407 (419 ff.); so wohl auch *Röthel* JZ 2005, 578 (580); zweifelnd, ob der praktische Unterschied zur Deliktshaftung selbst dann nicht zu gering ist *Wilhelmi,* Risikoschutz durch Privatrecht, 2009, S. 100.

56 Auch zum Folgenden BGH Urt. v. 30.5.2003 – V ZR 37/02, NJW 2003, 2377 (2378 f.); erneut aufgegriffen bei BGH Urt. v. 1.4.2011 – V ZR 193/10, NJW-RR 2011, 739.

57 *Wenzel* NJW 2005, 241 (246 f.); zuvor bereits sehr positiv einer seiner Vorgänger: *Hagen* in FS Lange, S. 483 ff.

58 So auch *Ring* in NK-BGB § 906 Rn. 282.

59 Zu letzterem Gesichtspunkt *Lüneborg* NJW 2012, 3745 (3748).

60 *Lüneborg* NJW 2012, 3745 (3748).

wendungsbereich des Anspruchs halbwegs „im Zaum“ zu halten,[61] zeigt die reiche höchstrichterliche Rechtsprechung zu diesem Anspruch.[62] Dies allein sollte Zweifel an dieser Judikatur wecken. Zuzugeben ist aber zweierlei. Zum einen hat das BVerfG schon relativ bald nach der Verfestigung der Rechtsprechung keine Überschreitung der Grenzen richterlicher Rechtsfortbildung erkennen können.[63] Zum anderen steht eine **Abkehr** des **BGH von seiner Rechtsprechung nicht zu erwarten**, obschon immerhin eine klarere Beschränkung auf Fälle nachbarlicher Interessenkonflikte zu verzeichnen ist (→ Rn. 22 ff.). Daher werden die Voraussetzungen des Anspruchs in Analogie zu § 906 Abs. 2 S. 2 BGB im Folgenden für Brand- und Löschschäden im Einzelnen dargestellt.

b) Voraussetzungen. Der BGH bejaht einen nachbarrechtlichen Ausgleichanspruch analog § 906 Abs. 2 17
S. 2 BGB, „wenn von einem Grundstück im Rahmen privatwirtschaftlicher Benutzung rechtswidrige Einwirkungen auf ein anderes Grundstück ausgehen, die der Eigentümer oder Besitzer des betroffenen Grundstücks nicht dulden muss, jedoch aus rechtlichen oder (…) tatsächlichen Gründen nicht gem. §§ 1004, 862 BGB unterbinden kann, sofern er hierdurch Nachteile erleidet, die das zumutbare Maß einer entschädigungslos hinzunehmenden Beeinträchtigung übersteigen.“[64] Diese Voraussetzungen sind nach Auffassung des BGH beim **Übergreifen eines Brandes in aller Regel erfüllt.**[65] In der Tat sind etliche Voraussetzungen bei den hier interessierenden Fällen eher unproblematisch (→ Rn. 18 ff.), wie auch die subsidiäre Natur des Anspruchs keine Rolle spielt (→ Rn. 21). Näherer Betrachtung bedürfen allerdings die Merkmale „von einem Grundstück ausgehenden Einwirkung“ (→ Rn. 22 ff.) und „auf ein anderes Grundstück“ (→ Rn. 25 f.). Zudem ist besonderes Augenmerk auf die Bestimmung des Anspruchsinhabers und -gegners zu legen (→ Rn. 27 ff.).

aa) Privatwirtschaftliche Nutzung, faktischer Duldungszwang, unzumutbare Nachteile. Der Aspekt 18
der **„privatwirtschaftlichen Benutzung“ des Grundstücks,**[66] von dem die Einwirkung stammt, dient der Abgrenzung zu öffentlich-rechtlichen Entschädigungsansprüchen (→ Rn. 4 f.). Die Art der Einwirkung ist nicht weiter begrenzt und erfasst insbes. auch übergreifendes Feuer (→ Rn. 12).

An sich muss ein Abwehranspruch gem. § 1004 Abs. 1 BGB bzw. § 862 Abs. 1 BGB bestanden haben, der 19
aber eben aus tatsächlichen Gründen nicht geltend gemacht werden konnte.[67] Dabei ist die (drohende) Beeinträchtigung des Eigentums bzw. Besitzes am Grundstück durch einen übergreifenden Brand problemlos zu bejahen; ein Anspruchsausschluss gem. § 1004 Abs. 2 BGB oder § 862 Abs. 2 BGB (bzw. eine Verneinung der verbotenen Eigenmacht nach § 858 BGB) wird kaum in Betracht kommen.[68] Die Frage der Anspruchsinhaber- und -gegnerschaft dieses Anspruchs wird erst bei der entsprechenden Frage im Hinblick auf den Ausgleichsanspruch relevant (→ Rn. 27 ff.). Der **faktische Duldungszwang**, dh die tatsächlichen Gründe dafür, dass der Anspruch nicht geltend gemacht werden konnte, ergibt sich bei übergreifenden Bränden in aller Regel daraus, dass die Gefahr (wegen der schnellen Ausbreitung des Feuers) nicht rechtzeitig erkannt wird (auch → *Feuer* Rn. 4).[69]

---

61 Vgl. die pointierte Analyse *Wielings* (LMK 2005, 26), nach der „[d]as gesamte Straßenverkehrsrecht etwa abgeschafft und in § 906 II 2 BGB angesiedelt werden [könnte]“. Vgl. auch *Würdingers* (JZ 2014, 690) Anleihe bei Goethes Zauberlehrling: „Die ich rief, die Geister, Werd’ ich nun nicht los.“

62 *Lüneborg* NJW 2012, 3745.

63 BVerfG Beschl. v. 22.12.1988 – 2 BvR 206/88, BeckRS 1988, 113341 Rn. 1.

64 Aus jüngerer Zeit BGH Urt. v. 5.7.2019 – V ZR 96/18, NZM 2019, 893 (895).

65 BGH Urt. v. 1.2.2008 – V ZR 47/07, NJW 2008, 992 (993).

66 Dazu auch *Bruns* NJW 2020, 3493 (3494 f.).

67 BGH Urt. v. 27.1.2006 – V ZR 26/05, NZM 2006, 273.

68 Vgl. beispielhaft OLG Hamm Urt. v. 18.4.2013 – 24 U 113/12, NZM 2014, 53 (54): Bejahung des Anspruchs in einem Satz.

69 BGH Urt. v. 9.2.2018 – V ZR 311/16, NJW 2018, 1542 (1543); BGH Urt. v. 1.2.2008 – V ZR 47/07, NJW 2008, 992 (993).

20 Das Erleiden **unzumutbarer Nachteile** hat die Rechtsprechung, jedenfalls in höheren Instanzen, bei der analogen Anwendung des § 906 Abs. 2 S. 2 BGB nur selten thematisiert.[70] Für einen Wasserschaden heißt es demgegenüber sogar, es bedürfe keiner näheren Begründung, dass ein Grundstücksnachbar die Folgen des Rohrbruchs bei seinem Nachbarn nicht entschädigungslos zu tragen habe.[71] Für Brandfälle sind keine entsprechenden Ausführungen ersichtlich. Tatsächlich wird das Merkmal diesbezüglich[72] wohl allenfalls im Extrem-, dh Bagatellfall von Bedeutung sein. Zum einen erweisen sich Brandfolgen typischerweise als erheblich, so dass dann schon wegen der absoluten Zahlen die Annahme der Unzumutbarkeit für das Gericht naheliegen mag.[73] Zum anderen wird in relativer Hinsicht, dh bei der Abwägung der beiderseitigen Interessen, in aller Regel vom Überwiegen der Interessen des beeinträchtigten Nachbarn auszugehen sein. Anders als etwa bei der Belastung des Bodens mit bestimmten Stoffen[74] gibt es bei Feuer kein noch tolerierbares Maß an Einwirkungen. Der bei § 906 Abs. 2 S. 2 BGB in direkter Anwendung relevante Topos „zumutbarer Selbstschutz“[75] dürfte des Weiteren bei analoger Anwendung auf technische Unfallschäden ohne Relevanz bleiben. Denn es geht hier nicht um den Schutz vor bzw. die Verminderung von andauernden, ortsüblichen (und damit vorhersehbaren) Einwirkungen, sondern um Entschädigung für einen einmaligen, spontanen, abgeschlossenen Vorgang (aber auch → Rn. 35 zum hiervon zu trennenden Aspekt des Mitverschuldens).

21 **bb) Subsidiarität.** Der nachbarrechtliche Ausgleichsanspruch analog § 906 Abs. 2 S. 2 BGB soll – daher ja auch die Analogie – der Lückenfüllung dienen (zur Kritik → Rn. 14, 16). Er ist deswegen **subsidiär** gegenüber geschlossenen Haftungssystemen.[76] Dies soll aber nur Regelungen betreffen, die den Ausgleich (gerade) im nachbarlichen Gemeinschaftsverhältnis abschließend regeln wollen, was der BGH etwa für ein Planfeststellungsverfahren oder § 22 aF WHG angenommen hat.[77] Nicht subsidiär soll der Anspruch aber etwa gegenüber § 2 HaftPflG,[78] § 114 ff. BBergG[79] und § 823 ff. BGB[80] sein. Für Brand- und Löschschäden ist kein vorrangiges geschlossenes Haftungssystem ersichtlich.

22 **cc) Spezifischer Grundstücksbezug.** Ende der 2000er Jahre hat der BGH das Merkmal „von einem Grundstück“, von dem die Einwirkung ausgeht, präzisiert. Vor dem Hintergrund, dass § 906 Abs. 2 S. 2 BGB die Beziehung benachbarter Grundstückseigentümer/-nutzer betrifft, verlangt er einen **spezifischen Grundstücksbezug** im Sinne eines Zusammenhangs, „der die Einwirkung als von diesem [Grundstück] herrührend erscheinen lässt“.[81] Dieser Bezug könne sich entweder aus dem gefahrenträchtigen Zustand des Grundstücks[82] oder aus der Nutzung des Eigentümers bzw. der die Nutzung bestimmenden Person ergeben. In letzterem Fall müsse das Verhalten dem Bereich der konkreten Nutzung des Grundstücks zuzuordnen sein und einen sachlichen Bezug zu ihm aufweisen. Das ist zu verneinen, wenn „eine Handlung nur gelegentlich des Aufenthalts auf dem Grundstück, wenn auch durch den Eigentümer oder Nutzer, vorgenommen wird, genauso gut aber an anderer Stelle vorgenommen werden könnte“.[83] Für einen Brand, den ein

70 So auch der Befund von *Bensching*, Nachbarrechtliche Ausgleichsansprüche – zulässige Rechtsfortbildung oder Rechtsprechung contra legem?, 2002, S. 213; ähnlich *Klimke* in BeckOGK BGB § 906 Rn. 393 f.

71 BGH Urt. v. 19.4.1985 – V ZR 33/84, VersR 1985, 740.

72 Für eine Relevanz im Allgemeinen aber *Klimke* in BeckOGK BGB § 906 Rn. 394; *Roth* in Staudinger BGB § 906 Rn. 73.

73 In diesem Sinne möglicherweise BGH Urt. v. 9.2.2018 – V ZR 311/16, NJW 2018, 1542 (1543): durch Brand und Löscharbeiten verursachte „erhebliche Beschädigungen (…) übersteigen das zumutbare Maß einer entschädigungslos hinzunehmenden Einwirkung“.

74 Vgl. BGH Urt. v. 20.4.1990 – V ZR 282/88, NJW 1990, 1910 (1912).

75 Vgl. BGH Urt. v. 13.2.1976 – V ZR 55/74, NJW 1976, 797 (799); *Herrler* in Palandt BGB § 906 Rn. 28.

76 BGH Urt. v. 19.9.2008 – V ZR 28/08, NJW 2009, 762 (764); dazu auch *Bruns* NJW 2020, 3493 (3497).

77 Siehe die Nachweise bei BGH Urt. v. 19.9.2008 – V ZR 28/08, NJW 2009, 762 (764).

78 BGH Urt. v. 30.5.2003 – V ZR 37/02, NJW 2003, 2377 (2379).

79 BGH Urt. v. 19.9.2008 – V ZR 28/08, NJW 2009, 762 (764 f.); siehe allerdings auch BGH Urt. v. 17.5.2001 – III ZR 249/00, NJW 2001, 3049.

80 BGH Urt. v. 8.10.2004 – V ZR 84/04, NJOZ 2005, 174 (176).

81 Auch zum Folgenden BGH Urt. v. 18.9.2009 – V ZR 75/08, NJW 2009, 3787 (3788); zustimmend *Roth* LMK 2009, 294262.

82 Insoweit krit. *Popescu/Majer* NZM 2010, 231 (233).

83 BGH Urt. v. 18.9.2009 – V ZR 75/08, NJW 2009, 3787 (3788).

fehlgehender, von einem benachbarten Grundstück abgeschossener Feuerwerkskörper verursacht, besteht daher der Anspruch analog § 906 Abs. 2 S. 2 BGB nur, wenn dies zum festen Bestandteil der Nutzung des Grundstücks gehört und einen – wie etwa bei Vergnügungsparks – ortsgebundenen Charakter aufweist.[84] Letzteres ist aber nicht der Fall bei privatem Silvesterfeuerwerk. Bei einem Feuerwerk aus privatem Anlass (Geburtstag, Jubiläum, …) wird man den Ortsbezug dagegen nach diesem Maßstab wiederum bejahen müssen, denn der Ort eines solchen Feuerwerks ist typischerweise nicht beliebig, sondern auf das eigene Grundstück beschränkt.[85]

Ebenso besteht bei der Explosion eines Weltkriegs-Blindgängers jedenfalls dann der nötige Grundstücksbe- 23
zug, wenn sie bei der Zerkleinerung von Bauschutt auf einem Grundstück auftritt, das zur Weiterverarbeitung von Bauschutt genutzt wird.[86] Einen **Brand verursachende Grundstücks- bzw. Gebäudearbeiten** beziehen sich notwendigerweise auf das betreffende Grundstück und seine Nutzung.[87] Zur Störereigenschaft in diesem Fall → Rn. 30. Wenn ein übergreifender Brand seinerseits durch ein **Feuer auf einem dritten Grundstück** verursacht wurde, erscheint die Bejahung der „Nutzungsalternative" in der Grundstücksbezugsdefinition des BGH zweifelhaft; annehmen ließe sich aber wohl, wie auch sonst bei Unfallschäden, die erste Alternative (= gefahrenträchtiger Zustand). Zur Störereigenschaft in einem solchen Fall → Rn. 31.

Auch bei **vorsätzlichen Schädigungen** wird man entsprechend zu differenzieren haben.[88] Der nötige Be- 24
zug kann auch bei Vorsatz vorliegen, fehlt aber, wenn das schädigende Verhalten nichts mit der konkreten Grundstücksnutzung zu tun hat, wenn also das Grundstück nur den mehr oder weniger zufälligen Ausgangsort für eine vorsätzliche Schädigung des Nachbarn bildet, insbes. durch „außenstehende" Dritte. Wird etwa ein Brandsatz (egal von wem) von einem Grundstück auf das andere geworfen, dann kommt der Ausgleichsanspruch analog § 906 Abs. 2 S. 2 BGB gegen den am Wurf nicht beteiligten Grundstückseigentümer nicht in Betracht, denn eine Nutzung, in deren Rahmen ein Umgang mit Brandsätzen üblich ist, ist wohl ausgeschlossen. Bei Brandstiftung auf einem Grundstück, in deren Folge der Brand zum Nachbarn übergreift, ist der Anwendungsbereich des Anspruchs ebenfalls nicht eröffnet[89] (unabhängig davon, ob man den zuerst betroffenen Grundstückseigentümer als Störer ansehen würde, → Rn. 31).

dd) Einwirkungen auf ein und demselben Grundstück: fehlende Grenzüberschreitung (Miete, WEG, 25
Bruchteilseigentum). „Auf ein anderes Grundstück" wirken Beeinträchtigungen nicht ein, wenn sie im Verhältnis verschiedener Mieter oder Wohnungseigentümer auf demselben Grundstück auftreten. Jedoch handelt es sich auch bei den geschilderten Konstellationen um Nachbarkonflikte, für deren Lösung man daher § 906 Abs. 2 S. 2 BGB heranziehen könnte. Der BGH differenziert:

Für Fälle von Beeinträchtigungen zwischen **verschiedenen Mietern** desselben (ungeteilten) Grundstücks- 26
eigentums soll der Anwendungsbereich des nachbarrechtlichen Ausgleichsanspruchs nicht eröffnet sein,

84 Auch zum Folgenden BGH Urt. v. 18.9.2009 – V ZR 75/08, NJW 2009, 3787 (3788 f.); wiederholt von BGH Urt. v. 5.7.2019 – V ZR 96/18, NZM 2019, 893 (896).

85 *Klimke* in BeckOGK BGB § 906 Rn. 396.1.

86 BGH Urt. v. 5.7.2019 – V ZR 96/18, NZM 2019, 893 (896), der allerdings im Folgenden einen Anspruch analog § 906 Abs. 2 S. 2 BGB verneint, weil – sofern nicht gerade die Grundstücksnutzung zur Entschärfung von Bomben in Rede stehe – hier ein gesamtgesellschaftliches Risiko vorliege; vgl. dazu *Rapp* VersR 2020, 136 (139).

87 So auch *Wandt* VersR 2017, 1109 (1113).

88 *Klimke* in BeckOGK BGB § 906 Rn. 396.1; generell verneinend bei vorsätzlichen Schädigungen *Brückner* in MüKoBGB § 906 Rn. 204; *Ringshandl* JZ 2018, 682 (684).

89 OLG Bamberg Urt. v. 5.5.2011 – 1 U 122/09, juris Rn. 22; OLG Hamm Urt. v. 18.6.1986 – 3 U 269/85, NJW-RR 1987, 1315 (1316); zunächst ohne Weiteres gebilligt von BGH Beschl. v. 3.2.1987 – VI ZR 189/86, VersR 1987, 1096, sodann ausdrücklich in diesem Kontext von BGH Urt. v. 18.9.2009 – V ZR 75/08, NJW 2009, 3787 (3788) zitiert. Dem OLG zustimmend *Karsten*, Der nachbarrechtliche Ausgleichsanspruch gemäß § 906 Abs. 2 Satz 2 BGB analog im System der Ausgleichsansprüche, 1998, S. 116; ebenso *Wandt* VersR 2017, 1109 (1113).

weil sowohl die planwidrige Gesetzeslücke als auch die vergleichbare Interessenlage nicht vorlägen.[90] Ebenso fehle beim **Wohnungseigentum** die Analogiebasis für Fälle, in denen vom Gemeinschaftseigentum herrührend Beeinträchtigungen des Sondereigentums eintreten, weil sich die Wohnungseigentümer in Bezug auf ersteres nicht wie die Nachbarn des § 906 BGB mit widerstreitenden Interessen gegenüberstünden.[91] Im umgekehrten Fall muss man nicht genauso entscheiden, weil hier sehr wohl ein Interessengegensatz besteht.[92] Soweit es dagegen um Beeinträchtigungen des Sondereigentums durch anderes Sondereigentum geht, könne § 906 Abs. 2 S. 2 BGB in analoger Anwendung dem betroffenen Wohnungseigentümer wie dem entsprechenden Mieter zustehen.[93] Insoweit stünden sich gerade Eigentümer verschiedener Gebäudeteile, die quasi als Ersatzgrundstück fungieren, gegenüber. Anders liege es wiederum, wenn Bruchteilseigentümer sich einzelne Bereiche desselben Grundstücks zur alleinigen Nutzung zuweisen: Hier bestehe Identität zwischen beeinträchtigendem und beeinträchtigtem Grundeigentum, so dass der Anspruch ausscheide.[94] Jedenfalls aus Sicht betroffener Mieter (Anspruch ja, wenn Wohnungseigentum; Anspruch nein, wenn ungeteiltes Eigentum) erscheint dies alles als zufällig und nicht zu steuern.[95]

27 **ee) Anspruchsinhaber und -gegner.** Der nachbarrechtliche Ausgleichsanspruch analog § 906 Abs. 2 S. 2 BGB ist nicht auf die Situation unmittelbar aneinander angrenzender Grundstücke beschränkt.[96] So kann er etwa auch zwischen Personen bestehen, die Eigentümer/Besitzer weiter entfernter Grundstücke sind, wenn sich auf einem ein Brand entwickelt, der zunächst das unmittelbar benachbarte Grundstück und erst von dort aus das Grundstück des konkreten Klägers erfasst. Zu diesem Fall auch → Rn. 23, → Rn. 31

28 Der Anspruch kann neben dem **Grundstücks- bzw. Wohnungseigentümer** (→ Rn. 25 f.) auch dem **berechtigten Besitzer**, namentlich einem Mieter (Pächter), zustehen. Insoweit tritt der Anspruch an die Stelle des – aus tatsächlichen Gründen nicht geltend zu machenden – primären Abwehranspruchs aus § 862 BGB.[97] Die Anwendung des § 906 Abs. 2 S. 2 BGB (auch analog) auf den berechtigten Besitzer sei gerechtfertigt, weil dieser gleichsam in das zwischen Eigentümern bestehende nachbarliche Gemeinschaftsverhältnis eintrete.[98] Der von einem Brand geschädigte bloße (dh besitzlose) Benutzer des Eigentums (Besucher, Arbeitnehmer) hat dagegen keinen Ausgleichsanspruch nach dieser Vorschrift.[99] Er hat zwar ggf. auch einen Abwehranspruch gem. §§ 1004, 862 BGB, aber nicht aufgrund eines Rechts am betroffenen Grundstück.[100]

29 Anspruchsgegner kann nur der **Störer** iSd § 1004 Abs. 1 BGB sein,[101] tritt der Anspruch doch nach der Konzeption des BGH (→ Rn. 19) an die Stelle des primären Abwehranspruchs.[102] Allerdings ist nicht jeder Störer Schuldner des Ausgleichsanspruchs, sondern – insoweit im Einklang mit dem Wortlaut des § 906

---

90 BGH Urt. v. 12.12.2003 – V ZR 180/03, NJW 2004, 775 (776 f.); zustimmend *Ring* in NK-BGB § 906 Rn. 283; zu Recht an dieser Argumentation zweifelnd *Lüneborg* NJW 2012, 3745 (3749); *Klimke* in BeckOGK BGB § 906 Rn. 383 ff.; für die Anwendung noch OLG Düsseldorf Urt. v. 10.1.2001 – 15 U 156/00, NJOZ 2003, 594.

91 BGH Urt. v. 21.5.2010 – V ZR 10/10, NJW 2010, 2347 (2348 f.).

92 *Klimke* in BeckOGK BGB § 906 Rn. 390; *Klimke* ZWE 2015, 3 (6); aA *Brückner* in MüKoBGB § 906 Rn. 60; *Roth* in Staudinger BGB § 906 Rn. 114.

93 Auch zum Folgenden BGH Urt. v. 25.10.2013 – V ZR 230/12, NJW 2014, 458 (459 ff.); zustimmend *Roth* LMK 2014, 355577; *Roth* in Staudinger BGB § 906 Rn. 70; zuvor bereits *Wenzel* NJW 2005, 241 (244).

94 BGH Urt. v. 10.2.2012 – V ZR 137/11, NJW 2012, 2343 (2344 f.); aA unter Anwendung der Maßstäbe des BGH *Lüneborg* NJW 2012, 3745 (3750); zweifelnd auch *Brückner* in MüKoBGB § 906 Rn. 60.

95 *Würdinger* JZ 2014, 690 (692).

96 BGH Urt. v. 5.7.2019 – V ZR 96/18, NZM 2019, 893 (895 f.) mwN; für eine Bestimmung je nach Art der Einwirkung OLG Düsseldorf Urt. v. 9.7.2012 – 9 U 138/11, BauR 2012, 1979 (1980 f.).

97 BGH Urt. v. 25.10.2013 – V ZR 230/12, NJW 2014, 458; BGH Urt. v. 23.2.2001 – V ZR 389/99, NJW 2001, 1865 (1868).

98 BGH Urt. v. 25.10.2013 – V ZR 230/12, NJW 2014, 458 (459).

99 BGH Urt. v. 1.2.2008 – V ZR 47/07, NJW 2008, 992 (993); *Roth* in Staudinger BGB § 906 Rn. 108; zT aA *Klimke* in BeckOGK BGB § 906 Rn. 399 f.

100 BGH Urt. v. 1.2.2008 – V ZR 47/07, NJW 2008, 992 (993).

101 BGH Urt. v. 9.2.2018 – V ZR 311/16, NJW 2018, 1542 (1543); BGH Urt. v. 1.2.2008 – V ZR 47/07, NJW 2008, 992 (993); BGH Urt. v. 27.1.2006 – V ZR 26/05, NZM 2006, 273.

102 So auch OLG Hamm Urt. v. 18.4.2013 – 24 U 113/12, NZM 2014, 53 (54).

Abs. 2 S. 2 BGB („von dem Benutzer") – nur derjenige, der **die Nutzungsart des beeinträchtigenden Grundstücks** bestimmt.[103] Der bloße Umstand des Eigentums oder Besitzes am Grundstück führt grundsätzlich nicht zur Annahme der Störereigenschaft. Nach ständiger Rechtsprechung muss die Beeinträchtigung des Nachbargrundstücks „wenigstens mittelbar auf den Willen des Eigentümers oder Besitzers [zurückgehen]. Ob dies der Fall ist, kann nicht begrifflich, sondern nur in wertender Betrachtung von Fall zu Fall festgestellt werden. Entscheidend ist, ob es jeweils Sachgründe gibt, dem Grundstückseigentümer oder -besitzer die Verantwortung für ein Geschehen aufzuerlegen. Dies ist dann zu bejahen, wenn sich aus der Art der Nutzung des Grundstücks, von dem die Einwirkung ausgeht, eine ‚Sicherungspflicht', also eine Pflicht zur Verhinderung möglicher Beeinträchtigungen, ergibt".[104] Dies nimmt der BGH selbst dann an, „wenn konkret kein Anlass für ein vorbeugendes Tätigwerden bestanden haben mag", die Störung aber auf Umständen beruht, auf die der Grundstückseigentümer oder -besitzer, „und nur dieser", Einfluss nehmen konnte.[105] Als wesentliche Zurechnungskriterien fungieren dabei die Veranlassung der Einwirkung, die Gefahrenbeherrschung oder die Vorteilsziehung.[106] Das bedeutet freilich, dass auch bei an sich nicht gefahrgeneigter, bestimmungsgemäßer Nutzung eines Grundstücks die Störereigenschaft bejaht werden kann.[107]

Vor diesem Hintergrund hat die Rechtsprechung die Störereigenschaft des (offenbar das Grundstück selbst 30
bewohnenden) Grundstückseigentümers bejaht für einen Brand, der nur durch einen technischen Defekt an seinen Anlagen oder Geräten entstanden sein konnte;[108] so auch konkret für den Eigentümer einer von ihm genutzten Wohnung im Falle eines defekten Küchengeräts.[109] Ebenso hat die Rechtsprechung die Nutzerin einer konkreten Gefahrenquelle (elektrisch verstellbares Bett), die zugleich – ohne Eigentümerin zu sein – die Nutzung des Grundstücks (mit-)bestimmte, als Störerin und Schuldnerin des Anspruchs analog § 906 Abs. 2 S. 2 BGB angesehen.[110] Störer ist auch, wer Handwerksarbeiten auf seinem Grundstück veranlasst und daraus Nutzen ziehen möchte, bei denen dann – trotz ggf. sorgfältiger Auswahl der Handwerker – ein Brand entsteht.[111] Insbes. sind auf diese Konstellation nicht die Grundsätze zur nur eingeschränkten Verantwortlichkeit des Eigentümers für Handlungen seines Mieters zu übertragen (→ Rn. 32), denn letzterer sei der eigentliche Nutzer des Grundstücks, während Handwerker dort lediglich weisungsabhängige Arbeiten vornehmen würden.[112]

Störer soll auch sein, wer zwar möglicherweise (zur Beweislast → Rn. 40) im Hinblick auf die Brandent- 31
stehung nicht Störer ist, aber wegen Bebauung und Ablagerungen an der Grundstücksgrenze konkret das Übergreifen des Brandes zu verantworten hat.[113] Ein Brand infolge eines Blitzschlages begründet dagegen die Störereigenschaft des Grundstückseigentümers nicht, weil es sich um ein von niemandem zu beherr-

103 BGH Urt. v. 1.4.2011 – V ZR 193/10, NJW-RR 2011, 739 (für § 906 Abs. 2 S. 2 BGB in analoger Anwendung), mit Verweis auf BGH Urt. v. 16.7.2010 – V ZR 217/09, NJW 2010, 3158 (für § 906 Abs. 2 S. 2 BGB in direkter Anwendung); *Herrler* in Palandt BGB § 906 Rn. 27 und 38.

104 BGH Urt. v. 9.2.2018 – V ZR 311/16, NJW 2018, 1542 (1543) mwN.

105 BGH Urt. v. 9.2.2018 – V ZR 311/16, NJW 2018, 1542 (1543); BGH Urt. v. 11.6.1999 – V ZR 377/98, NJW 1999, 2896 (2897).

106 BGH Urt. v. 9.2.2018 – V ZR 311/16, NJW 2018, 1542 (1543).

107 BGH Urt. v. 11.6.1999 – V ZR 377/98, NJW 1999, 2896 (2897).

108 BGH Urt. v. 11.6.1999 – V ZR 377/98, NJW 1999, 2896 (2897); vgl. auch OLG Koblenz Urt. v. 28.8.2008 – 5 U 218/08, MDR 2009, 443 (defekte Stromleitung); OLG Hamm Urt. v. 18.4.2013 – 24 U 113/12, NZM 2014, 53 (54 f.): entweder technischer Defekt oder Folgen einer Grillfeier; OLG Zweibrücken Beschl. v. 26.6.2018 – 5 U 85/17, juris Rn. 11 (entweder Defekt der Photovoltaikanlage oder zu hohe Temperaturen im Technikraum – oder Handlungsstörer).

109 BGH Urt. v. 1.2.2008 – V ZR 47/07, NJW 2008, 992 (993).

110 BGH Urt. v. 1.4.2011 – V ZR 193/10, NJW-RR 2011, 739 f.

111 BGH Urt. v. 9.2.2018 – V ZR 311/16, NJW 2018, 1542 (1543); die Entscheidung hat quasi einhellige Ablehnung in der Besprechungsliteratur erfahren: *Klöpfer/Meier* NJW 2018, 1516 (1518 f.); *Henke/Singbartl* ZfIR 2018, 318 (319); *Ringshandl* JZ 2018, 682 (683 f.); *Timmermann* ZfV 2018, 345 ff. Zw. auch *Staudinger* in HK-BGB § 906 Rn. 24; aA auch noch die Vorinstanz OLG Naumburg Urt. v. 14.1.2016 – 4 U 52/15, VersR 2017, 1151; insofern abl. allerdings (iE also wie der BGH) *Wandt* VersR 2017, 1109.

112 BGH Urt. v. 9.2.2018 – V ZR 311/16, NJW 2018, 1542 (1543).

113 OLG Hamm Urt. v. 21.3.2019 – 24 U 111/18, juris Rn. 10.

schendes, allgemeines Risiko handelt, das ebenso gut ein anderes Grundstück hätte treffen können.[114] Für die Brandstiftung eines Dritten gilt Ähnliches[115] bzw. ist nach hier vertretener Lesart schon das Merkmal des Grundstücksbezugs zu verneinen (→ Rn. 24). Bejaht man den spezifischen Grundstücksbezug für einen Brand, der seinerseits von einem dritten Grundstück ausgeht, kann man an der Störereigenschaft des Eigentümers des als zweites in Brand geratenen Grundstücks wiederum mit diesen Erwägungen zweifeln.[116]

32 Der **vermietende (Sonder-)Eigentümer** ist im Hinblick auf eine Störungshandlung seines Mieters nur dann seinerseits Störer, wenn er dem „Mieter den Gebrauch seiner Sache mit der Erlaubnis zu den störenden Handlungen überlassen hat oder wenn er es unterlässt, den Mieter von dem nach dem Mietvertrag unerlaubten, fremdes Eigentum beeinträchtigenden Gebrauch der Mietsache abzuhalten".[117] Vor diesem Hintergrund hat der BGH in einem Fall, in dem als Brandursache auch Fahrlässigkeit des Mieters in Betracht kam, es abgelehnt, den Vermieter als Störer anzusehen, der seinem Mieter (natürlich) keine Erlaubnis zu feuergefährlichem Verhalten gegeben hatte und sonst keine Veranlassung hatte, den Mieter auf Feuergefahren hinzuweisen.[118] Ob die generelle Erlaubnis, *potenziell* gefährliche Geräte (was im Prinzip gleichbedeutend mit jedem beliebigem elektrischen Gerät ist) auf einem Mietgrundstück zu verwenden, zur Begründung der Störereigenschaft des Vermieters genügen kann,[119] muss daher bezweifelt werden.

33 **c) Rechtsfolgen, Verjährung.** Inhalt und Umfang des Anspruchs analog § 906 Abs. 2 S. 2 BGB bestimmen sich nach ständiger Rechtsprechung nach den **Grundsätzen der Enteignungsentschädigung.**[120] Dabei handelt es sich grundsätzlich gerade nicht um Schadensersatz, so dass „der Betroffene nicht etwa verlangen kann, für alle Zukunft so gestellt zu werden, wie wenn der Eingriff nicht vorgenommen worden wäre. Die Enteignungsentschädigung ist vielmehr (…) nach Umfang und Höhe durch den Wert des entzogenen Objekts beschränkt."[121]

34 Freilich kann der Anspruch gerade in den hier interessierenden Fällen der Substanzverletzung mit einem **Schadensersatzanspruch deckungsgleich** sein.[122] So sind zunächst die Kosten der Beseitigung einer Substanzschädigung auszugleichen.[123] Das Prognoserisiko trägt insofern der Störer.[124] Des Weiteren hat der BGH für störende Einwirkungen auf Gewerbebetriebe alle Aufwendungen für ausgleichsfähig gehalten, die für die ungestörte Fortführung des Betriebs erforderlich sind: Das betrifft etwa den Ersatz von Inventar, Warenvorräten und ähnlichen Betriebsmitteln.[125] Auszugleichen sind also nicht etwa nur Nachteile, die unmittelbar an der Immobilie entstanden sind. Es spielt dabei ferner keine Rolle, ob die jeweilige Beschädigung erst infolge einer Beeinträchtigung der Grundstücks-/Gebäudesubstanz eintritt oder unmittelbar durch

114 BGH Urt. v. 11.6.1999 – V ZR 377/98, NJW 1999, 2896 (2897).

115 Die Störereigenschaft verneinen etwa OLG Koblenz Urt. v. 10.8.2017 – 1 U 1511/16, NJOZ 2017, 1234 (1235); OLG Bamberg Urt. v. 5.5.2011 – 1 U 122/09, juris Rn. 33; für deren Annahme für die Zwecke des § 1004 BGB aber *Thole* in Staudinger BGB § 1004 Rn. 281.

116 Tendenziell für die Störereigenschaft aber OLG Koblenz Urt. v. 28.8.2008 – 5 U 218/08, MDR 2009, 443.

117 BGH Urt. v. 27.1.2006 – V ZR 26/05, NJW 2006, 992 (993); BGH Urt. v. 7.4.2000 – V ZR 39/99, NJW 2000, 2901 (2902); vgl. bereits RG Urt. v. 27.12.1900 – VI 316/00, RGZ 47, 162 (163 f.).

118 BGH Urt. v. 27.1.2006 – V ZR 26/05, NJW 2006, 992 (993).

119 So für einen Wasserschaden durch gestattete Waschmaschinenbenutzung *Klimke* ZWE 2015, 3 (5).

120 Jeweils mwN BGH Urt. v. 1.2.2008 – V ZR 47/07, NJW 2008, 992 (993); BGH Urt. v. 26.11.1982 – V ZR 314/81, NJW 1983, 872 (874).

121 BGH Urt. v. 20.12.1971 – III ZR 79/69, NJW 1972, 243 (246); für diese Beschränkung bei analoger Anwendung des § 906 Abs. 2 S. 2 BGB auch *Klöpfer/Meier* NJW 2018, 1516 (1518); generell für vollen Schadensausgleich dagegen etwa *Herrler* in Palandt BGB § 906 Rn. 38; *Roth* in Staudinger BGB § 906 Rn. 74; *Staudinger* in HK-BGB § 906 Rn. 25; so für § 906 Abs. 2 S. 2 BGB in direkter Anwendung *Jauernig* JZ 1986, 605 (612).

122 BGH Urt. v. 4.7.1997 – V ZR 48/96, NJW 1997, 1374 f.; BGH Urt. v. 11.6.1999 – V ZR 377/98, NJW 1999, 2896 (2897); OLG Düsseldorf Urt. v. 9.7.2012 – 9 U 138/11, BauR 2012, 1979 (1981); für alle Fälle, in denen die Einwirkung im Ganzen unzumutbar ist, *Süss*, Die verschuldensunabhängige Haftung analog § 906 Absatz 2 Satz 2 BGB, 1998, S. 143; kritisch *Bruns* NJW 2020, 3493 (3497 f.).

123 BGH Urt. v. 4.7.1997 – V ZR 48/96, NJW 1997, 1374 f.; das betrifft etwa auch die Reinigungskosten im Hinblick auf brandbedingt übertragene Asbestfasern, OLG Zweibrücken Beschl. v. 26.6.2018 – 5 U 85/17, juris Rn. 14.

124 OLG Zweibrücken Beschl. v. 26.6.2018 – 5 U 85/17, juris Rn. 16 f.

125 BGH Urt. v. 1.2.2008 – V ZR 47/07, NJW 2008, 992 (993).

einwirkende Immissionen. Schäden durch eintretendes Löschwasser sind daher auch erfasst.[126] In der Literatur wird für eine Ausweitung dieser Rechtsprechung auf nicht gewerblich genutzte Grundstücke plädiert, so dass Entschädigung auch für beschädigte Möbel und sonstige in Wohnräumen befindliche Sachen zu leisten sei.[127] Für die Nutzungsbeeinträchtigung an selbst genutztem Wohnraum kann eine hypothetische Mietminderung im Rahmen des § 287 ZPO herangezogen werden.[128] Ebenso auszugleichen sind ein verbleibender Minderwert,[129] Mietausfälle,[130] Anwaltskosten,[131] Gutachterkosten.[132]

Ungeachtet der soeben dargestellten teilweisen Deckungsgleichheit hält die Rechtsprechung aber daran fest, dass der Anspruch nicht auf Schadensersatz ieS gerichtet ist, so dass ein **Schmerzensgeld** gem. § 253 Abs. 2 BGB nicht in Betracht kommt.[133] Dagegen kann der **Einwand der Mitverursachung** – auf Verschulden kommt es nicht an –[134] analog § 254 BGB geltend gemacht werden, jedenfalls soweit dies nicht bereits bei der Unzumutbarkeit eine Rolle gespielt haben sollte (→ Rn. 20).[135] Auch ist ein **Abzug „neu für alt"** vorzunehmen.[136] 35

Der Anspruch verjährt gem. §§ 195, 199 BGB.[137] 36

d) Prozessuales. Der nachbarrechtliche Ausgleichsanspruch analog § 906 Abs. 2 S. 2 BGB unterfällt **nur scheinbar landesrechtlichen Schlichtungserfordernissen**. Zwar erfasst deren Wortlaut in Anlehnung an die Ermächtigung in § 15a Abs. 1 S. 1 Nr. 2 EGZPO regelmäßig „Streitigkeiten über Ansprüche aus dem Nachbarrecht (...) nach § 906 [BGB]". Auch erfasst die Ermächtigung selbst grundsätzlich den Ausgleichsanspruch.[138] Die Rechtsprechung legt die landesrechtlichen Vorschriften aber eng aus, wenn und soweit die Anordnung einer Schlichtung in vermögensrechtlichen Streitigkeiten wieder aufgehoben wurde: Geldforderungen sollten dadurch, auch wenn sie dem Nachbarrecht entstammen, generell schlichtungsfrei gestellt werden.[139] Ähnlich wird man argumentieren können, soweit das Schlichtungserfordernis für Geldforderungen gar nicht erst eingeführt wurde.[140] 37

---

126 BGH Urt. v. 1.2.2008 – V ZR 47/07, NJW 2008, 992 (993).

127 *Klimke* in BeckOGK BGB § 906 Rn. 335; *Roth* in Staudinger BGB § 906 Rn. 74; *Vieweg/Regenfus* LMK 2008, 261371.

128 OLG München Urt. v. 18.9.2008 – 23 U 2648/08, MDR 2009, 136; zum öffentlich-rechtlichen Entschädigungsanspruch BGH Urt. v. 29.3.1984 – III ZR 11/83, NJW 1984, 1876 (1878).

129 BGH Urt. v. 4.7.1997 – V ZR 48/96, NJW 1997, 1374 (1375).

130 BGH Urt. v. 4.7.1997 – V ZR 48/96, NJW 1997, 1374 (1375).

131 Entschieden für Anwaltskosten in Bezug auf Auseinandersetzungen mit den Mietern des Geschädigten BGH Urt. v. 4.7.1997 – V ZR 48/96, NJW 1997, 1374 (1375); generell für „einwirkungsbedingte rechtliche Auseinandersetzungen" OLG Zweibrücken Beschl. v. 26.6.2018 – 5 U 85/17, juris Rn. 13.

132 OLG Hamm Urt. v. 21.3.2019 – 24 U 111/18, juris Rn. 11.

133 BGH Urt. v. 23.7.2010 – V ZR 142/09, NJW 2010, 3160.

134 BGH Urt. v. 14.9.2001 – V ZR 291/00, NJOZ 2001, 2195; BGH Urt. v. 18.9.1987 – V ZR 219/85, NJW 1988, 136 (138).

135 BGH Urt. v. 18.9.1987 – V ZR 219/85, NJW-RR 1988, 136 (138); wiederholt von BGH Urt. v. 18.9.2009 – V ZR 75/08, NJW 2009, 3787 (3789); BGH Urt. v. 20.11.1998 – V ZR 411/97, NJW 1999, 1029 (1030); OLG Hamm Urt. v. 21.3.2019 – 24 U 111/18, juris Rn. 12 (im konkreten Fall verneint).

136 BGH Urt. v. 14.9.2001 – V ZR 291/00, NJOZ 2001, 2195 (2196); BGH Urt. v. 25.6.1992 – III ZR 101/91, NJW 1992, 2884 f.

137 *Herrler* in Palandt BGB § 906 Rn. 38; *Roth* in Staudinger BGB § 906 Rn. 74 aE.

138 *Schmidt* in Prütting Streitschlichtung Rn. 122.

139 Als erstes für Hessen: BGH Urt. v. 10.7.2009 – V ZR 69/08, NJW-RR 2009, 1238. Sodann ebenso für NRW: BGH Urt. v. 2.3.2012 – V ZR 169/11, MDR 2012, 579. Für Rheinland-Pfalz: BGH Urt. v. 19.2.2016 – V ZR 96/15, NJW-RR 2016, 823. Für das Saarland: BGH Urt. v. 27.1.2017 – V ZR 120/16, NJW-RR 2017, 443. Für Bayern und Brandenburg wird man dasselbe annehmen können, wie der BGH schon angedeutet hat (BGH Urt. v. 19.2.2016 – V ZR 96/15, NJW-RR 2016, 823 [825]). Ebenso für Schleswig-Holstein und Sachsen-Anhalt: *Bruns* NZM 2017, 268.

140 So in Mecklenburg-Vorpommern und Niedersachsen, vgl. LG Osnabrück Urt. v. 22.11.2017 – 1 S 498/16, juris Rn. 25; zust. *Rass* Nachbarrecht in Niedersachsen IV Rn. 5.

38 Nach wohl überwiegender Ansicht soll sich die örtliche **Zuständigkeit** für die Geltendmachung eines Anspruchs (analog) § 906 Abs. 2 S. 2 BGB aus § 24 Abs. 1 ZPO ergeben.[141] Das ist zwar nicht zweifelsfrei[142] (vgl. auch die Parallele bei der internationalen Zuständigkeit, → *Grenzüberschreitendes Nachbarrecht* Rn. 18), aber iE wegen der systematischen Einordnung des Anspruchs im materiellen Recht zu akzeptieren.

39 Nach ständiger, obschon zweifelhafter[143] Rechtsprechung des BGH handelt es sich bei dem Anspruch analog § 906 Abs. 2 S. 2 BGB um einen anderen Streitgegenstand im Verhältnis zu einem deliktischen Schadensersatzanspruch.[144] Freilich wird die Auslegung eines Antrags auf Ersatz durch eine bestimmte Einwirkung entstandener Schäden in aller Regel ergeben, dass das Klagebegehren (auch) den nachbarrechtlichen Ausgleichsanspruch erfasst.[145] Zu empfehlen ist dann auch ein Antrag, der sachlich auf vollen Schadensersatz (→ Rn. 34) gerichtet ist. Sollte das Gericht – im Hinblick auf den grundsätzlichen Charakter des Anspruchs als Enteignungsentschädigung – bezüglich der Höhe einen Hinweis erteilen, ist ggf. eine teilweise Rücknahme nach § 264 Nr. 2 ZPO angebracht.[146]

40 Die **Darlegungs- und Beweislast** für die tatsächlichen Voraussetzungen des nachbarrechtlichen Ausgleichsanspruchs analog § 906 Abs. 2 S. 2 BGB treffen den Anspruchssteller.[147] Das betrifft insbes. die Voraussetzungen des faktischen Duldungszwangs[148] und die auszugleichende Vermögenseinbuße,[149] ebenso die Störereigenschaft des Beklagten.[150] Inwieweit die theoretische Möglichkeit einer Brandstiftung (ggf. fahrlässig durch Wegwerfen einer Zigarette) durch einen außenstehenden Dritten neben im Übrigen nicht feststehenden, aber jeweils die Störereigenschaft des Beklagten begründenden möglichen Brandursachen dazu führt, dass der Beweis nicht erbracht wird, hängt vom Einzelfall ab.[151] Ein **Anscheinsbeweis** dafür, dass der Eigentümer Störer ist, besteht nicht, schon weil die Störereigenschaft eine Rechtsfrage ist.[152] Allerdings kann für die Brandursache ggf. ein Anscheinsbeweis bestehen,[153] etwa bei feststehendem Hantieren mit offenem Feuer in einer mit Stroh und Heu gefüllten Scheune, nicht jedoch schon beim Ablagern von Grünabfällen im Freien bei hohen Temperaturen.[154]

---

141 Ausdrücklich *Schack* IPRax 2005, 262 (263); häufig nur unspezifisch als Teil von „Klagen aus dem Nachbarrecht gem. § 906 ff. BGB", so etwa *Schultzky* in Zöller ZPO § 24 Rn. 8; *Heinrich* in Musielak/Voit ZPO § 24 Rn. 8; *Bendtsen* in HK-ZPO § 24 Rn. 3; *Patzina* in MüKoZPO § 24 Rn. 7; *Hartmann* in Baumbach/Lauterbach/Hartmann/Anders/Gehle ZPO § 24 Rn. 4.

142 Abl. *Toussaint* in BeckOK-ZPO § 24 Rn. 6.1 (der sich für eine Analogie zu § 26 ZPO ausspricht); *Roth* in Staudinger BGB § 906 Rn. 290 (für § 32 ZPO).

143 *Roth* in Staudinger BGB § 906 Rn. 75; *Brehm* JZ 2001, 1086 (1088).

144 BGH Urt. v. 10.2.2012 – V ZR 137/11, NJW 2012, 2343 (2344); BGH Urt. v. 20.4.1990 – V ZR 282/88, NJW 1990, 1910 (1912).

145 *Roth* in Staudinger BGB § 906 Rn. 75; vgl. BGH Urt. v. 10.2.2012 – V ZR 137/11, NJW 2012, 2343 (2344).

146 *Klöpfer/Meier* NJW 2018, 1516 (1519).

147 *Brückner* in MüKoBGB § 906 Rn. 223 (allerdings explizit nur auf den Grundstückseigentümer bezogen).

148 *Klimke* in BeckOGK BGB § 906 Rn. 429.

149 *Schuschke* in Baumgärtel/Laumen/Prütting Beweislast-HdB BGB § 906 Rn. 10.

150 OLG Hamm Urt. v. 21.3.2019 – 24 U 111/18, juris Rn. 9; ausführlich OLG Hamm Urt. v. 18.4.2013 – 24 U 113/12, NZM 2014, 53 (54).

151 OLG Saarbrücken Urt. v. 5.12.2013 – 4 U 232/12, NJW-RR 2014, 794 (Beweis nicht erbracht); OLG Hamm Urt. v. 18.4.2013 – 24 U 113/12, NZM 2014, 53 (54 ff.) (Beweis erbracht).

152 OLG Bamberg Urt. v. 5.5.2011 – 1 U 122/09, juris Rn. 24 f.

153 OLG Rostock Urt. v. 16.5.2008 – 5 U 105/08, juris Rn. 25 ff.; generell für Brandursachen etwa BGH Urt. v. 9.11.1977 – IV ZR 160/76, VersR 1978, 74.

154 OLG Bamberg Urt. v. 5.5.2011 – 1 U 122/09, juris Rn. 31 (zT obiter).

24. Brandschutz

Schulte Beerbühl

Literatur: *Fischer*, Brandschutz = Nachbarschutz?, IBR 2018, 353; *Haaß*, Bauherren haben Anspruch auf aus Gründen des Brandschutzes notwendigen Baumrückschnitt, Grundeigentum 2018, 748; *Möller/Soboscżyk*, Auf Berlins Straßen fehlt der Platz für die Feuerwehr / Sind die Berliner noch zu retten?, Grundeigentum 2016, 569; *Vahle*, Anm. zu OVG NRW, Beschluss vom 20.2.2013 (2 A 239/12; NVwZ-RR 2013, 678) – Zur Bauordnungsverfügung bezüglich der Entfernung von Möbelstücken aus dem Treppenhaus, DVP 2014, 124.

I. Allgemeines

Wer offenen Auges durch die Gemeinden und Städte geht, wird immer wieder diese Phänomene entdecken: 1
Obwohl groß und deutlich darauf hingewiesen wird, dass dies eine **Feuerwehrzufahrt** ist, ist sie verstellt, sei es durch Blumenkästen, Fahrräder oder Pkw. Oder Bäume sind so ausladend geworden, dass **Rettungswagen** und erst recht größere **Löschfahrzeuge** nicht an ihr Ziel gelangen können. Der aufmerksame Beobachter wird, gerade in älteren Siedlungsstrukturen oder in südlichen Ländern, die oftmals gerade deshalb ihren Reiz auf Mitteleuropäer ausüben, schmale Gassen zwischen Häusern (Traufgassen) entdecken, die womöglich in ihren seitlichen Wänden (heute unzweifelhaft unzulässige) Öffnungen aufweisen. Im Brandfall wäre ein **Übergreifen von Flammen** vom einen auf das andere Gebäude unausweichlich. Schließlich mag mancher Blick zu den oberen Etagen eines Wohn- oder Geschäftshauses die Frage aufwerfen, ob sich die dort oben wohnenden oder arbeitenden Menschen wohl retten können, wenn es unten im Gebäude brennt; bauliche zweite Rettungswege sind in vielen, auch mehrgeschossigen Gebäuden älteren Datums of-

fensichtlich nicht vorhanden, oder in Wohnblocks sind die Flure mit allen möglichen, zT leicht entflammbaren Gegenständen verstellt. Obwohl das Erfordernis eines hinreichenden Brandschutzes für Menschen, Tiere und Sachen offenkundig ist, sind solche und ähnliche Mängel allgegenwärtig.

II. Der Begriff des „Nachbarn" im engeren und weiteren Sinne

2 Von einem Brandgeschehen sind zunächst der **Eigentümer** und der **Nutzer** der Anlage, in der der Brand seinen Ausgang nimmt, betroffen. Daneben werden aber, zumeist in einer – wortwörtlich Atem beraubenden Weise und Geschwindigkeit – Eigentümer und Bewohner **benachbarter Grundstücke** und **andere Bewohner** desselben Hauses in Mitleidenschaft gezogen. Auch deren Rechte und Möglichkeiten sollen in diesem Stichwort in den Blick genommen werden. Zur Veranschaulichung der Aktualität des Interesses auch der (Mit-)Bewohner einer Wohnanlage führe man sich die Bilder vor Augen, die sich in manchen sog. **Wohnsilos** oder **Schrottimmobilien** zeigen. Dort wohnen, zT auf engstem Raum, zahlreiche Personen nahe beieinander, um deren Brandschutz sich die Eigentümergesellschaft oftmals nicht im Geringsten kümmert. Die in den einschlägigen Gerichtsentscheidungen beschriebenen Zustände sind (nicht nur) unter dem Gesichtspunkt des Brandschutzes oft genug katastrophal.[1] Unabhängig von der Frage, wer den gefahrerhöhenden Zustand herbeigeführt hat und wer letztlich dafür und für dessen Beseitigung verantwortlich ist, haben die Mitbewohner ein schutzwürdiges, durch das Mietrecht und das Ordnungsrecht zu gewährleistendes Recht daran, dass ein gefahrloses Wohnen möglich ist.

3 In der Rechtsprechung und rechtswissenschaftlichen Literatur findet sich oftmals der Hinweis, die Regeln des Brandschutzes seien **nicht generell nachbarschützend**.[2] Brandschutzrechtliche Vorschriften der Landesbauordnung hätten nur insoweit nachbarschützende Wirkung, als sie auch die **Ausbreitung eines Brandes auf ein Nachbargebäude** verhindern sollen.[3] Auch wird allgemein die Auffassung vertreten, das Gebot des zweiten Rettungswegs diene nicht der Gewährleistung subjektiver Rechte des Nachbarn.[4]

4 Das ist nach den Grundsätzen des Öffentlichen Baunachbarrechts teilweise richtig. Denn viele der einschlägigen Normen dienen allein dem **Schutz der sich in der Nutzungseinheit befindlichen Personen**.[5] Diese sind im Begriffsverständnis des Öffentlichen Baunachbarrechts nicht Nachbarn im eigentlichen, engeren Sinn.[6]

5 Dennoch muss zB den Bestimmungen über die **Zugänglichkeit eines Gebäudes** für die Feuerwehr eine zumindest **„partiell drittschützende Wirkung"** zuerkannt werden.[7] Zwar sind die Vorschriften über die Breite von Zugängen und Zufahrten (dazu → Rn. 81 ff.) im öffentlichen Interesse erlassen worden und betreffen die Schaffung der Voraussetzungen einer wirksamen **Brandbekämpfung auf dem Vorhabengrundstück**.[8] Jedoch sind die auf die Zugänglichkeit ihrer Wohnung angewiesenen Personen nicht irgendjemand aus der allgemeinen Öffentlichkeit („quivis ex populo"); der Gesetzgeber bezweckt mit dem Erfordernis ihrer Erreichbarkeit gerade ihren Schutz, also einen genau und konkret abgrenzbaren Personenkreis. Soweit sie „Nachbarn" im eigentlichen öffentlich-rechtlichen Sinn sind, also Eigentümer, Erbbauberechtigte oder sonst dinglich Berechtigte (dazu → *Nachbar in öffentlich-rechtlicher Sicht* Rn. 10 ff.) eines betrof-

---

1 Vgl. exemplarisch: VG Düsseldorf Beschl. v. 17.10.2016 – 25 L 3430/16, juris Rn. 18 ff.; VG Düsseldorf Urt. v. 30.1.2020 – 28 K 12588/17, juris Rn. 2 ff.

2 ZB VG Cottbus Urt. v. 12.9.2019 – 3 K 1477/14, juris Rn. 28; OVG Berlin-Brandenburg Urt. v. 6.12.2011 – OVG 10 B 6.11, juris Rn. 36 mwN.

3 OVG Greifswald Beschl. v. 1.10.2004 – 3 M 268/04, juris Rn. 9.

4 S. OVG Münster Beschl. v. 29.7.2002 – 7 B 583/02, juris Rn. 15.

5 VG München Beschl. v. 2.6.2020 – M 1 SN 19.1557, juris Rn. 49.

6 Vgl. VG Koblenz Beschl. v. 11.5.2020 – 4 L 396/20.KO, nv, unter Hinweis auf OVG Koblenz Beschl. v. 20.11.2013 – 1 B 10947/13.OVG, nv; *Jeromin* LBauO RhPf § 7 Rn. 22.

7 Vgl. VG Koblenz Beschl. v. 11.5.2020 – 4 L 396/20.KO, nv, unter Hinweis auf OVG Koblenz Beschl. v. 20.11.2013 – 1 B 10947/13.OVG, nv.

8 OVG Münster Beschl. v. 12.1.2015 – 2 B 1386/14, BeckRS 2015, 43067.

fenen Hauses oder einer Wohnung,[9] müssen diese Personen in den Schutzbereich einbezogen werden. Soweit sie lediglich Bewohner einer betroffenen Wohnung sind, sind sie nicht in dem bezeichneten öffentlich-rechtlichen Sinn Nachbarn. Allerdings haben auch die Nutzer einer Wohnung in einem Mehrfamilienhaus ein verständliches Interesse daran, dass der **Rettungsweg**, auf den sie im Brandfall angewiesen sind, **nicht zu schmal oder verstellt** ist. Sie können erwarten, dass die **Feuerwehrzufahrt nutzbar** ist und frei bleibt, dass der Treppenraum **nicht in kürzester Zeit verraucht** und dass die Rettungskräfte im schlimmsten Fall den Raum, in dem sich die gefährdete Person befindet, durch eine **ausreichend bemessene Fensteröffnung** erreichen und sie herausholen können. Unter diesem Blickwinkel ist jeder, der von den Folgen eines Brandes unmittelbar betroffen ist, „Nachbar" (im weiteren Sinne).[10]

In diesem Stichwort soll deshalb ein **umfassenderes Verständnis des Nachbarbegriffs** zugrunde gelegt 6
werden. (Auf die Rechtsschutzmöglichkeiten dieser Personen wird unter der → Rn. 113 ff. eingegangen.) Die Bauaufsichtsbehörden haben die selbstverständliche Aufgabe, auch zur Wahrung der Interessen dieser Nachbarn einzugreifen. Denn sie stellen einen konkret betroffenen Teil der Öffentlichkeit dar.

III. § 14 MBO als Generalklausel des Brandschutzes

§ 14 Musterbauordnung (MBO)[11] skizziert, gleich einer **Generalklausel des Brandschutzes**, in allgemei- 7
ner Form die rechtlichen Anforderungen, die alle baulichen Anlagen erfüllen müssen. Die Konkretisierungen, etwa die **Anforderungen an Rettungswege**, an **Zugänge und Zufahrten** oder an das **Brandverhalten von Baustoffen und Bauteilen**, erfolgen in zum Teil sehr detaillierten Bestimmungen in der jeweiligen Landesbauordnung, in Sonderbauverordnungen[12] und anderen untergesetzlichen Normen wie Richtlinien und DIN-Normen.

§ 14 MBO lautet: „Bauliche Anlagen sind so anzuordnen, zu errichten, zu ändern und instand zu halten, 8
dass der Entstehung eines Brandes und der Ausbreitung von Feuer und Rauch (**Brandausbreitung**) vorgebeugt wird und bei einem Brand die **Rettung von Menschen und Tieren** sowie **wirksame Löscharbeiten** möglich sind." (Die Bauordnungen der Länder enthalten dieselbe oder ähnliche Regelungen.)[13]

Der erste Satzteil des § 14 MBO beschreibt den **vorbeugenden Brandschutz** (oder die Brandverhütung); 9
dieser umfasst alle Maßnahmen, die im Vorfeld, dh vor Errichtung einer Anlage oder vor Nutzungsaufnahme, getroffen werden. Es ist zu gewährleisten, dass einer Entstehung und Ausbreitung von Bränden durch bauliche, anlagentechnische und organisatorische Maßnahmen entgegengewirkt wird und die Auswirkung von Bränden soweit es geht eingeschränkt wird. Die Kontrolle erfolgt vorzugsweise im Baugenehmigungsverfahren, sofern ein solches durchgeführt wird und brandschutzrechtliche Fragen Prüfungsgegenstand sind. Andernfalls liegt die **Verantwortung für die Gewährleistung eines hinreichenden Brandschutzes**, insbesondere auch zur Einhaltung der Rechtsvorschriften, in der Person der hierfür zuständigen am Bau Beteiligten. Die nach § 14 MBO bezweckte Vermeidung der Ausbreitung von Feuer und Rauch dient nicht

9 Wird gegen eine nicht nachbarschützenden Vorschrift verstoßen oder zu Unrecht eine Abweichung von einer nicht nachbarschützenden Bestimmung erteilt, ist der Nachbar auf die Würdigung seiner nachbarlichen Interessen beschränkt, dh er ist nur dann in seinen Rechten verletzt, wenn seine Interessen nicht ausreichend berücksichtigt wurden. Es gilt das Gebot der Rücksichtnahme, vgl. VGH München Beschl. v. 16.7.2007 – 1 CS 07.1340, NVwZ-RR 2008, 84, juris Rn. 16 f.

10 *Fischer* IBR 2018, 353.

11 Die vorliegende Darstellung geht von der Musterbauordnung aus, nur gelegentlich wird auf andere Bauordnungen verwiesen. Die Landesbauordnungen orientieren sich weitgehend an der Musterbauordnung, weisen aber auch zum Teil deutliche Abweichungen auf. Der Rechtsanwender ist gut beraten, bei der jeweiligen Fragestellung zu prüfen, ob sich die für ihn relevante Fassung der Landesbauordnung mit der der Musterbauordnung deckt und gegebenenfalls welche Bedeutung die Abweichung auf die Fragestellung hat.

12 Vgl. zB Verordnung über Bau und Betrieb von Sonderbauten NRW (Sonderbauverordnung – SBauVO NRW) vom 2.12.2016 (GV. NRW. 2017, 2), geändert durch Verordnung vom 2.8.2019 (GV. NRW., 488, ber. 2000 S. 148), in Kraft ab 15.11.2019.

13 Wortgleich zB Art. 12 BayBO; nahezu wortgleich § 14 S. 1 BauO NRW, die nordrhein-westfälische Bestimmung bezieht das Gebot nicht nur auf „bauliche Anlagen", sondern allgemein auf „Anlagen".

nur dem **Schutz des Objekts**, in dem der Brand seinen Ursprung hat, und seiner Bewohner, sondern auch dem **Schutz der Nachbargebäude**, die nicht von Feuer und Rauch betroffen sein sollen, und auch deren Bewohner.

10 Der zweite Satzteil des § 14 MBO spricht den **abwehrenden Brandschutz** an. Das ist insbesondere das Tätigkeitsfeld der **Feuerwehr**. Um die Rettung von Menschen und Tieren durch die Feuerwehr zu ermöglichen, müssen geeignete und ausreichend bemessene Rettungswege zur Verfügung stehen. Ferner müssen die Löschfahrzeuge in die Lage versetzt werden, im Brandfall das Brandgeschehen zu erreichen. Dazu enthalten die Landesbauordnungen und Richtlinien für die Feuerwehr detaillierte Vorgaben.

IV. Präventiver und repressiver Brandschutz

11 Im Folgenden wird die Problematik der Gewährleistung eines hinreichenden (vorbeugenden und abwehrenden) Brandschutzes im **präventiven Genehmigungsverfahren** und im Rahmen des **repressiven Tätigwerdens** der Ordnungsbehörden im Überblick dargestellt. Inwieweit die Rechte von Nachbarn (im engeren und weiteren Sinn) betroffen sind und geltend gemacht werden können, wird an den jeweiligen Stellen deutlich gemacht. Dabei beschränkt sich die Darstellung auf die öffentlich-rechtlichen Aspekte; das weite Feld der bautechnischen, insbesondere der bauphysikalischen Fragen bleibt unerörtert, weil die Darstellung dieser Probleme erheblich zu weit führen würde.

V. Brandschutz im Baugenehmigungsverfahren

1. Bedeutung des Baugenehmigungsverfahrens für den Brandschutz

12 Das Verfahren auf Erteilung einer **Baugenehmigung** hat erhebliche Bedeutung für die **faktische Gewährleistung eines hinreichenden Brandschutzes**. Denn im Baugenehmigungsverfahren wird entschieden, ob die zur Genehmigung gestellte Anlage so gebaut werden kann, wie beantragt. Rechtliche Fehler können in der Folgezeit nur noch eingeschränkt behoben werden. Alle Beteiligten, einschließlich der von einem etwaigen Brandgeschehen betroffenen Nachbarn, haben ein Interesse daran, sich auf die Regelung verlassen zu können. Ist übersehen worden, dass das zur Genehmigung gestellte Vorhaben unter einem bestimmten rechtlichen Gesichtspunkt nicht den Brandschutzanforderungen genügt und die Genehmigung erteilt und ausgenutzt worden, ist nicht unproblematisch, diesen Fehler wieder zu beseitigen. Denn schließlich wird mit der Genehmigung **Vertrauen** geschaffen. Ein Widerruf oder eine Rücknahme ist nur unter den einschränkenden Voraussetzungen der §§ 49 und 49 VwVfG möglich.

13 Wenn dem zur Genehmigung gestellten Bauvorhaben keine öffentlich-rechtlichen Vorschriften entgegenstehen, die im **bauaufsichtlichen Genehmigungsverfahren** zu prüfen sind, ist die Baugenehmigung zu erteilen. Ob Fragen des Brandschutzes – und damit auch solche, die dem Schutz des Nachbarn dienen – geprüft werden, hängt von mehreren Faktoren ab. Dabei ist die **Art des Vorhabens** bedeutsam.

14 **a) Nicht genehmigungsbedürftige Bauvorhaben.** Die Landesbauordnungen erlauben in zunehmendem Maße die Errichtung und Nutzung baulicher Anlagen, ohne dass hierfür zuvor eine Genehmigung eingeholt zu werden braucht. Das für das öffentliche Baurecht ansonsten geltende Prinzip des **präventiven Verbots mit Erlaubnisvorbehalt** erfährt für diese Fälle eine Ausnahme, dies aufgrund der – nicht immer ohne Weiteres nachvollziehbaren – Einschätzung, dass von diesen Vorhaben **keine erhöhte Gefahr ausgehe** und es deshalb einer **staatlichen Kontrolle** nicht bedürfe. Ob diese Einschätzung richtig und die rechtspolitische Weichenstellung sinnvoll ist, mag dahingestellt bleiben.

15 **b) Bauvorhaben mit beschränktem Prüfungsrahmen.** Darüber hinaus ist für einen erheblichen und ebenfalls stetig zunehmenden Teil der Bauvorhaben die Durchführung eines umfassenden Genehmigungsverfahrens – verbunden mit der Pflicht zur Prüfung aller brandschutzrechtlich relevanten Fragen – nicht erforderlich. Das gilt insbesondere für das „**vereinfachte**" oder „**einfache**" **Genehmigungsverfahren**. Die Bauordnungen der Länder enthalten einen enumerativen Katalog von Vorhaben, die im **vereinfachten/einfachen Genehmigungsverfahren** geprüft werden. (Zum Teil erfolgt die Verfahrenszuweisung auch in der Weise, dass ein Katalog von „kleinen" und „großen" Sonderbauten aufgestellt wird und alle Bauvorha-

ben, die keine „großen“ Sonderbauten sind, lediglich das vereinfachte/einfache Genehmigungsverfahren durchlaufen müssen.)

Einige Landesbauordnungen nehmen bauordnungsrechtliche Bestimmungen, also auch solche des vorbeugenden und abwehrenden Brandschutzes, vollständig aus dem **Prüfprogramm** im vereinfachten/einfachen Genehmigungsverfahren heraus.[14] Andere Landesbauordnungen besagen – in unterschiedlichen Formulierungen und Aussagen –, dass im vereinfachten/einfachen Genehmigungsverfahren Fragen des Brandschutzes nur bei Sonderbauten zu prüfen sind.[15] 16

Eine solchermaßen geregelte **Beschränkung des Prüfungsrahmens** hat weitreichende verfahrensrechtliche und prozessuale Folgen: Da die Baugenehmigung nur die Feststellung enthält, dass das Vorhaben mit den zu prüfenden (und deshalb auch nur geprüften) Vorschriften im Einklang steht, und weil sie nichts über die Vereinbarkeit mit nicht geprüften Vorschriften aussagt, ist die Genehmigung in solchen Fällen trotz eines etwaigen Verstoßes gegen brandschutzrechtliche Vorschriften nicht rechtswidrig; erst recht kann der Nachbar sie nicht anfechten mit dem Argument, er werde durch einen Gesetzesverstoß in seinen Rechten verletzt.[16] 17

Eine konsequent am Gesetzeswortlaut orientierte Praxis würde bedeuten, dass die Bauaufsichtsbehörden und die Dienststellen des vorbeugenden Brandschutzes sich im Hinblick auf die so aus dem Prüfungsrahmen ausgeklammerten Fragen „künstlich dummstellen“ müssten. Das entspricht weder ihrem Verständnis an eine präventive Gefahrenabwehr, noch ist es sinnvoll. Denn die Behörden müssten spätestens nach der **Nutzungsaufnahme** eben diese verbieten, weil sie gegen Brandschutzvorschriften verstieße. 18

Beispiele zur **Lösung** dieser noch offenen, für die Bauverwaltung, die am Bau Beteiligten und die Nachbarn aber **unbefriedigenden Konfliktlage**: 19

Die Rechtsprechung des OVG Münster[17] löst diesen Konflikt auf die Weise, dass sie annimmt, der Bauherr habe kein **Sachbescheidungsinteresse** an der Erteilung einer Genehmigung, deren Ausnutzung offenkundig mit einer Gefahr für Leib und Leben verbunden sei. Die Baugenehmigungsbehörde habe deshalb die Befugnis, Brandschutzbelange zu prüfen, wenn sie insoweit – offensichtliche – Rechtsverstöße erkenne, die **außerhalb ihrer obligatorischen Prüfungspflicht** lägen. Sie sei hierzu sogar verpflichtet, wenn die **Gefährdung hochwertiger Rechtsgüter** wie Leben oder Gesundheit von Menschen drohe. Die Genehmigungsbehörden müssten deshalb offenkundige Mängel, insbesondere Brandschutzmängel, zum Anlass nehmen, die Genehmigung zu verweigern. Das kann sie selbstverständlich nur, wenn sie – entgegen dem Wortlaut des Gesetzes – zumindest im Groben die brandschutzrechtliche Unbedenklichkeit prüft. 20

---

14 ZB Art. 59 S. 1 BayBO: „Außer bei Sonderbauten prüft die Bauaufsichtsbehörde 1. die Übereinstimmung mit a) den Vorschriften über die Zulässigkeit der baulichen Anlagen nach den §§ 29 bis 38 BauGB, b) den Vorschriften über Abstandsflächen nach Art. 6, c) den Regelungen örtlicher Bauvorschriften im Sinn des Art. 81 Abs. 1, 2. beantragte Abweichungen im Sinn des Art. 63 Abs. 1 und Abs. 2 Satz 2 sowie 3. andere öffentlich-rechtliche Anforderungen, soweit wegen der Baugenehmigung eine Entscheidung nach anderen öffentlich-rechtlichen Vorschriften entfällt, ersetzt oder eingeschlossen wird.“

15 ZB § 64 Abs. 1 S. 1 BauO NRW: „Bei der Errichtung und Änderung von Anlagen, die keine großen Sonderbauten sind, prüft die Bauaufsichtsbehörde nur die Vereinbarkeit des Vorhabens mit 1. den Vorschriften der §§ 29 bis 38 des Baugesetzbuchs, 2. beantragten Abweichungen im Sinne des § 69, 3. den §§ 4, 6, 8 Absatz 2, §§ 9, 10, 47 Absatz 4, 48 und 49, bei Sonderbauten auch mit den Brandschutzvorschriften, 4. den örtlichen Bauvorschriften nach § 89 und 5. anderen öffentlich-rechtlichen Vorschriften, deren Einhaltung nicht in einem anderen Genehmigungs-, Erlaubnis- oder sonstigen Zulassungsverfahren geprüft wird.“

16 VG Ansbach Urt. v. 5.3.2020 – AN 17 K 17.00172, juris Rn. 20; VGH Kassel Beschl. v. 28.11.2005 – 3 TG 2774/05, juris Rn. 12.

17 OVG Münster Urt. v. 28.1.2009 – 10 A 1075/08, juris Rn. 39; OVG Münster Beschl. v. 12.1.2015 – 2 B 1386/14, juris Rn. 12.

21 Das OVG Koblenz[18] vertritt die Auffassung, dass die Bauaufsichtsbehörde im vereinfachten Genehmigungsverfahren nicht gehindert sei, die – entsprechend dem eingeschränkten Prüfungsprogramm – beschränkte Feststellungswirkung einer Baugenehmigung **um weitere Feststellungen zur Vereinbarkeit des Vorhabens auch mit bauordnungsrechtlichen Vorschriften zu ergänzen**. Bestehe auf den Erlass einer dahin gehenden Feststellung wegen der Zurücknahme des präventiven Kontrollprogramms auch kein Anspruch, so bleibe es der Bauaufsichtsbehörde doch unbenommen, zur Klärung der Rechtslage die aus ihrer Sicht gegebene bauordnungsrechtliche Zulässigkeit eines Vorhabens festzustellen. Für eine solche Verfahrensweise bestehe insbesondere dann Anlass, wenn bereits im vereinfachten Genehmigungsverfahren **Einwendungen des Nachbarn** hinsichtlich der bauordnungsrechtlichen Zulässigkeit des Vorhabens vorlägen und die Behörde deshalb ohnehin gehalten sei, sich mit einem Begehren auf bauaufsichtsbehördliches Einschreiten zu befassen. Dann bestünden keine Hinderungsgründe, diese Regelung mit der im vereinfachten Genehmigungsverfahren zu erteilenden „schlanken" Baugenehmigung zu verbinden.[19]

22 Für den Nachbarn bedeutet die gesetzliche Rechtslage: Hat die Genehmigungsbehörde die bauordnungsrechtlichen Fragen (oder nur die des Brandschutzes) nicht geprüft, sind diese **nicht Gegenstand der Genehmigung** geworden und der Nachbar kann seine Bedenken nicht mit einem Rechtsbehelf gegen die Genehmigung zum Ausdruck bringen. Er muss die Genehmigung gegen sich gelten lassen – sofern er nicht rechtliche Bedenken gegen andere, geprüfte Rechtsfragen erheben will – und mit Blick auf die Brandschutzmängel einen **Antrag auf bauaufsichtliches Einschreiten** stellen. Hat hingegen die Genehmigungsbehörde die Fragen des Brandschutzes geprüft und das Vorhaben auch insoweit für rechtskonform gehalten, muss der Nachbar **die Genehmigung anfechten**. Allerdings erfährt der Nachbar in der Regel nicht, ob die Genehmigungsbehörde in dem Verwaltungsverfahren Brandschutzfragen geprüft hat, da die Genehmigung **keiner Begründung bedarf**.[20] Dass dies die Geltendmachung von Nachbarrechten erschwert und auch nicht den Interessen des Bauherrn gedient ist, wenn die Fragen des Brandschutzes erst nach der Erteilung der Genehmigung diskutiert werden, ist offenkundig.

23 **c) Gebot der Beachtung des materiellen Rechts.** Die vorstehend dargestellte Problematik ist eine (in ihrer Auswirkung allerdings nicht unbedeutende) verfahrenstechnische und prozessuale. Die in den bauordnungsrechtlichen Bestimmungen enthaltenen **materiellrechtlichen Gebote und Verbote** sind dadurch nicht geschmälert. Denn die Genehmigungsfreiheit und die teilweise Beschränkung der bauaufsichtlichen Prüfung der Bauanträge entbinden den Bauherrn nicht von der Verpflichtung zur Einhaltung der Anforderungen, die durch öffentlich-rechtliche Vorschriften an Anlagen gestellt werden (vgl. § 59 Abs. 2 MBO). Das gilt selbstverständlich auch für materiellrechtliche brandschutzrechtliche Vorgaben, die auch bei genehmigungsfreien Vorhaben zu beachten sind. So sind zwar nach § 61 Abs. 1 S. 1 Nr. 1 lit. l MBO **Wochenendhäuser auf Wochenendplatzen genehmigungsfrei**. Das Verbot der Schaffung von **Öffnungen in Gebäudeabschlusswänden** (§ 30 Abs. 8 S. 1 MBO) gilt aber auch für sie.

24 Aus systematischen Gründen wird im Folgenden die **Prüfung des Brandschutzes im Genehmigungsverfahren** dargestellt; es wird unterstellt, die Voraussetzungen für eine Genehmigungsfähigkeit seien zu prüfen, sei es weil die Prüfung von Gesetzes wegen obligatorisch ist, oder sei es weil sich die Genehmigungsbehörde aus sonstigen guten Gründen für verpflichtet sieht, den Brandschutz zu prüfen.

2. Nachbarrechtsrelevante formelle Anforderungen

25 **a) Brandschutzkonzept.** Für Sonderbauten ist im Baugenehmigungsverfahren entweder von Gesetzes wegen oder aufgrund ihrer besonderen Anforderungen (vgl. § 51 S. 3 Nr. 19 MBO) ein **Brandschutzkonzept**

---

18 Urt. v. 22.11.2011 – 8 A 10636/11, juris Rn. 23; Beschl. v. 2.7.2013 – 1 B 10480/13.OVG, juris Rn. 19; so auch *Jeromin* LBauO RhPf § 66 Rn. 67 und 68.

19 So grundlegend OVG Koblenz Urt. v. 22.10.2008 – 8 A 10942/08.OVG BauR 2009, 799; ebenso OVG Hamburg Urt. v. 30.3.2011 – 2 Bf 374/06, NVwZ-RR 2011, 591.

20 Es sei denn, die Genehmigungsbehörde geht entsprechend der Rechtsprechung des OVG Koblenz Urt. v. 22.10.2008 – 8 A 10942/08.OVG, BauR 2009, 799, vernünftiger Weise in der Genehmigung auf die Einwendung des Nachbarn ein.

einzureichen. Zweck und gesetzliche Anforderung an ein Brandschutzkonzept ist, die **gesamte nachvollziehende Prüfung im Genehmigungsverfahren** und die **Überwachung der Bauausführung** zu ermöglichen sowie als **Grundlage für die wiederkehrenden Prüfungen und für Fortschreibungen bei Änderungen** zu dienen.

Das Brandschutzkonzept kann nicht generell Brände verhindern, sondern soll die Gefahr ihrer Ausbreitung 26
verringern und – im wahrsten Sinne des Wortes – Wege zur Selbstrettung und zum Einsatz von Rettungs- und Löschkräften im Brandfall aufzeigen. Mit dieser Funktion vermittelt die Pflicht zur Erstellung eines Brandschutzkonzeptes **keinen unmittelbaren Drittschutz**. Ein Nachbar kann ihr Fehlen oder Mängel in einem vorgelegten Brandschutzkonzept nicht rügen.[21] Er kann allenfalls rügen, dass das Bauvorhaben selbst Mängel aufweise, die zu einer Gefahr für ihn führten.

b) Erklärung des Entwurfsverfassers. Die Landesbauordnungen sehen für bestimmte Vorhaben die **Vor-** 27
lage von Brandschutznachweisen vor, die von Bauvorlageberechtigten, die die erforderlichen Kenntnisse des Brandschutzes nachgewiesen haben, zu erstellen sind (vgl. § 66 Abs. 2 S. 3 Nr. 1, Abs. 3 S. 2 MBO). Wird – gesetzeswidrig – die Genehmigung ohne diesen Nachweis erteilt, wird dadurch der Nachbar nicht in seinen Rechten verletzt.[22] Er kann nicht etwa pauschal geltend machen, da der Nachweis der Sachkunde nicht geführt sei, bestehe eine konkrete Gefahr des Übergreifens eines Brandes auf sein Eigentum.

c) Hinreichende Bestimmtheit der Regelungen. Nach § 37 Abs. 1 VwVfG muss der Verwaltungsakt **hin-** 28
reichend bestimmt sein, dh die im Bescheid getroffene Regelung muss für die Beteiligten – gegebenenfalls nach Auslegung – eindeutig zu erkennen und einer unterschiedlichen subjektiven Bewertung nicht zugänglich sein.[23] Andernfalls ist er rechtswidrig.[24] Das gilt uneingeschränkt auch für Baugenehmigungen. Betrifft die Unbestimmtheit ein nachbarrechtlich relevantes Merkmal, wird der Nachbar durch die Genehmigung in seinen Rechten verletzt.[25] Eine Baugenehmigung ist daher aufzuheben, wenn wegen Fehlens oder Unvollständigkeit der Bauvorlagen Gegenstand und Umfang der Baugenehmigung nicht eindeutig festgestellt und aus diesem Grund eine Verletzung von Nachbarrechten nicht eindeutig ausgeschlossen werden kann.[26] Der **Inhalt der Baugenehmigung** bestimmt sich nach der Bezeichnung des Bauvorhabens und den Regelungen im Baugenehmigungsbescheid, der durch die in Bezug genommenen **Bauvorlagen** konkretisiert wird. Maßgebend sind die Umstände des Einzelfalls, wobei Unklarheiten zulasten der Behörde gehen.[27]

Das Bestimmtheitserfordernis gilt auch und insbesondere für Fragen des Brandschutzes. Eine Baugenehmi- 29
gung ist deshalb zB dann in einer für den Nachbarn nachteiligen Weise unbestimmt, wenn für diesen nicht eindeutig erkennbar, ob dem (nachbarschützenden) Erfordernis einer **Gebäudeabschlusswand** (s. dazu ab → Rn. 89) hinsichtlich einzelner Fensteröffnungen Genüge getan wurde.[28]

3. Nachbarrechtsrelevante materielle Anforderungen

Bei der Errichtung wie auch bei der Änderung oder Nutzungsänderung einer baulichen Anlage muss ge- 30
währleistet sein, dass die **öffentlich-rechtlichen Vorschriften des Brandschutzes** eingehalten werden. Konkret muss im Interesse der Nachbarn (im engeren Sinne) und aller Nutzer eines Gebäudes, also auch der Bewohner eines Mehrfamilienhauses (Nachbarn im weiteren Sinne), gewährleistet sein, dass diese im Brandfall nicht zu Schaden kommen.

---

21 VG Münster Urt. v. 3.3.2016 – 2 K 1072/14, juris Rn. 57.
22 Vgl. nur VG München Beschl. v. 15.5.2019 – M 29 SN 19.970, juris Rn. 43, zu Art. 62 Abs. 3 Satz 3 BayBO.
23 Vgl. nur VGH München Beschl. v. 16.4.2015 – 9 ZB 12.205, juris Rn. 7.
24 VG Ansbach Urt. v. 5.3.2020 – AN 17 K 17.00172, juris Rn. 21; *Stelkens* in Stelkens/Bonk/Sachs VwVfG § 37 Rn. 40 ff.
25 Vgl. VGH München Beschl. v. 31.10.2016 – 15 B 16.1001, juris Rn. 4 mwN; s. a. VGH München Beschl. v. 6.2.2019 – 15 CS 18.2459, juris Rn. 29.
26 VGH München Beschl. v. 6.2.2019 – 15 CS 18.2459, juris Rn. 29.
27 *Ramsauer* in Kopp/Ramsauer VwVfG § 37 Rn. 6 f.
28 VG Ansbach Urt. v. 5.3.2020 – AN 17 K 17.00172, juris Rn. 22.

31 **a) Sichere Rettung von Mensch und Tier.** Nach § 14 MBO sind bauliche Anlagen so anzuordnen, zu errichten, zu ändern und instand zu halten, dass unter anderem bei einem Brand die **Rettung von Menschen und Tieren** sowie **wirksame Löscharbeiten** möglich sind. In diesem Gebot wird deutlich, dass der gesetzlich geforderte abwehrende Brandschutz auch nachbarschützende Bedeutung hat. Denn wenn ein Brand entstanden ist und Menschen und/oder Tiere in Gefahr sind, muss für die Bedrohten eine **sichere Flucht- und Rettungsmöglichkeit** (das Sicherheitsgebot gilt selbstverständlich auch für Feuerwehrleute) gegeben sein.

32 Das stellt Anforderungen an die **Standsicherheit** und verlangt ausreichende und funktionierende **Flucht- und Rettungswege** (im Folgenden nur: Rettungswege). Die gefährdeten Personen sollen sich selbst retten können und erforderlichenfalls, sofern eine Selbstrettung nicht mehr möglich ist, gerettet werden können. Darüber hinaus sollen die Voraussetzungen für eine wirksame Löschung des Brandes geschaffen werden. Bei diesen Anforderungen geht es nicht nur um die Rettung der Personen aus den Räumen, von denen das Brandereignis ausgeht, sondern auch um die Rettung von **Mitbewohnern** des Gebäudes und Bewohnern benachbarter Gebäude.

33 Die Musterbauordnung stellt, ebenso wie alle Landesbauordnungen, zum Teil sehr detaillierte Anforderungen an die Rettungswege. **Mängel innerhalb der Rettungswege** indizieren stets eine **erhebliche (konkrete) Gefahr** (siehe dazu unter → Rn. 121 ff.), sobald die Anlage von Menschen benutzt wird.[29]

34 **aa) Der erste Rettungsweg.** Nicht jeder Raum erfordert die Qualität eines **Rettungswegs**; das Erfordernis ergibt sich aus seiner **Anordnung und Beschaffenheit**, seiner **Nutzung** und der hierauf bezogenen gesetzlichen Bestimmung. Soweit die Flure, Treppen, Treppenräume eine bestimmte **Brandschutzqualität** aufweisen müssen, nennt das Gesetz sie „notwendige Flure“, „notwendige Treppen“ etc.

35 **(1) Erforderlichkeit eines ersten Rettungswegs.** Jeder **Aufenthaltsraum** und jede **Nutzungseinheit mit einem Aufenthaltsraum**, jedes **nicht zu ebener Erde liegende Geschoss**, jeder **benutzbare Dachraum eines Gebäudes** sowie jeder **Kellerraum** erfordern (zumindest) *einen* Rettungsweg in einer gesetzlich beschriebenen Brandschutzqualität:

- Nach § 34 Abs. 1 MBO müssen jedes nicht zu ebener Erde liegende Geschoss und der benutzbare Dachraum eines Gebäudes über mindestens eine Treppe zugänglich sein (**notwendige Treppe**); statt notwendiger Treppen sind Rampen mit flacher Neigung zulässig.
- § 35 Abs. 5 MBO regelt ergänzend, dass von jeder Stelle eines Aufenthaltsraumes sowie eines Kellergeschosses mindestens ein Ausgang in einen **notwendigen Treppenraum** oder ins Freie in höchstens 35 m Entfernung erreichbar sein muss.
- Schließlich bestimmt § 36 Abs. 1 S. 1 MBO, dass Flure, über die Rettungswege aus Aufenthaltsräumen oder aus Nutzungseinheiten mit Aufenthaltsräumen zu Ausgängen in notwendige Treppenräume oder ins Freie führen (**notwendige Flure**), so angeordnet und ausgebildet sein müssen, dass die Nutzung im Brandfall ausreichend lang möglich ist.

36 **(2) Anforderungen an den ersten Rettungsweg.** Der erste, in der Regel baulich ausgeführte Rettungsweg ist der „normale“ Weg zu der Nutzungseinheit, also derjenige, über den der Nutzer im Regelfall zu der und in die Nutzungseinheit gelangt. Dieser Weg hat (als „Fluchtweg“) insbesondere für die **Selbstrettung** besondere Bedeutung. Denn diesen Weg kennt der Nutzer, da er ihn (regelmäßig) benutzt oder als Besucher zumindest für dieses eine Mal benutzt hat und in Erinnerung hat und über den er deshalb leicht aus ihr herausfindet. Aber auch für die **Rettungskräfte**, die im Falle einer nicht mehr möglichen Selbstrettung gefährdeter Personen und/oder zur **Durchführung von Löscharbeiten** in die Nutzungseinheit gelangen können müssen, ist er der beste Weg. Denn er ist in der Regel leicht erkennbar, gut nutzbar und mit einer besonderen Brandschutzqualität ausgestattet.

29 Vgl. nur *Kühnel/Gollwitzer* in Simon/Busse BayBO Art. 33 Rn. 8.

Wegen der besonderen Bedeutung des ersten Rettungswegs stellen die Landesbauordnungen **hohe Anforderungen** an ihn. Diese beziehen sich insbesondere auf die Zugänglichkeit der Gebäude, die (notwendigen) Flure, die (notwendigen) Treppen und die (notwendigen) Treppenräume (s.o.). 37

Erfüllt ein geplantes Vorhaben bereits die vorgesehenen Anforderungen an den ersten Rettungsweg nicht, ist das Vorhaben materiell rechtswidrig. Ob ein zweiter Rettungsweg, der zumeist eine mindere Qualität aufweist, zur Verfügung steht, ist dann unerheblich. Hieraus folgt, dass in diesem Fall für ein Vorhaben, sofern es einer Genehmigung bedarf und die Frage des Vorhandenseins ausreichender Rettungswege Prüfgegenstand ist, die **Genehmigung nicht erteilt werden kann**. Ist das Vorhaben nicht genehmigungsbedürftig oder liegt die Prüfung außerhalb des obligatorischen Prüfungsrahmens, führt dies ebenfalls zum **Verbot der Errichtung und Nutzung der Anlage**, da auch nicht genehmigungsbedürftige Anlagen die materiellen Anforderungen erfüllen müssen. 38

Verliert der Rettungsweg im Laufe der Zeit die an ihn zu stellenden Anforderungen, fallen damit die Genehmigungsanforderungen weg. Das Vorhaben und seine Nutzung sind, weil die Genehmigung den Rettungsweg mitumfasst, formell illegal und, weil es nicht genehmigungsfähig ist, materiell illegal. Das hat nichts mit **Bestandsschutz** zu tun, da dieser nur bei Fortbestand einer Genehmigung und Eintreten einer Rechtsänderung Bedeutung hat (→ *Bestandsschutz* Rn. 3). Im Gegenteil gehen, wenn die Anforderungen wegfallen, eine Genehmigung und damit ein etwaiger Bestandsschutz unter. 39

bb) Der zweite Rettungsweg. Wegen der Gefahr, dass der erste, vorrangige Rettungsweg nicht gangbar ist, weil er zerstört, versperrt oder verraucht ist, ist grundsätzlich – mit Ausnahmen – ein *zweiter* Rettungsweg erforderlich, an den aber **geringere Anforderungen** gestellt werden. 40

Der zweite Rettungsweg hat im besten Fall die gleiche Qualität wie der erste (§ 33 Abs. 2 S. 2 1. Alt. MBO: „Der zweite Rettungsweg kann eine **weitere notwendige Treppe** (…) sein."). Die Gesetze erlauben jedoch auch eine umständlichere und deshalb weniger sichere Ausgestaltung (§ 33 Abs. 2 S. 2 2. Alt. MBO „(…) oder eine **mit Rettungsgeräten der Feuerwehr erreichbare Stelle der Nutzungseinheit** (…)"). Dass in diesen Fällen die Selbstrettung Betroffener und die Erreichbarkeit für Rettungskräfte mit einer erhöhten Gefahr für die diesen nicht optimalen zweiten Rettungsweg benutzenden Personen verbunden ist, nimmt das Gesetz hin. Bei allen nachfolgend zu beschreibenden Einschränkungen der Anforderungen ist deshalb die allgemeine Regelung in der jeweiligen **Generalklausel** zu beachten, wonach bei einem Brand die Rettung von Menschen und Tieren sowie wirksame Löscharbeiten möglich sein müssen. Bei Zweifeln über die Anforderungen im Einzelnen kann unter Umständen dieses Gebot die Antwort geben. 41

(1) Erforderlichkeit des zweiten Rettungswegs. § 33 Abs. 1 MBO, die zentrale Norm der Musterbauordnung zum Erfordernis eines zweiten Rettungswegs, besagt: „Für Nutzungseinheiten mit mindestens einem **Aufenthaltsraum** wie Wohnungen, Praxen, selbstständige Betriebsstätten müssen in jedem Geschoss mindestens zwei voneinander unabhängige Rettungswege ins Freie vorhanden sein; beide Rettungswege dürfen jedoch innerhalb des Geschosses über denselben notwendigen Flur führen." 42

Nähme man den ersten Halbsatz dieser – so auch in anderen Bauordnungen enthaltenen – Bestimmung wörtlich, würde das Gebot eines zweiten Rettungswegs auch für **Geschosse im Keller oder Dach** gelten, in denen sich kein Aufenthaltsraum befindet. Das wäre systemfremd. Zwar mögen sich Personen kurzfristig auch in Räumen aufhalten, die keine Aufenthaltsräume im rechtlichen Sinne sind, doch ist allgemein anerkannt, dass insofern **keine abstrakte Gefahr** (zu diesem Begriff: → Rn. 125) besteht, die Anlass sein müsste, dass der Gesetzgeber dafür die Herstellung eines zweiten Rettungswegs fordert. So hat denn auch das Bauministerium des Landes NRW, in dem die Regelung der Musterbauordnung (in Abänderung der Vorläuferfassung) unbesehen übernommen worden ist, in einer **Handlungsanweisung an die Bauaufsichtsbehörden** gemeint, „nach Sinn und Zweck der Vorschrift als auch nach der Gesetzesbegründung (könne) die Anforderung nur so verstanden werden, dass zwei Rettungswege nur in Geschossen nachgewiesen werden müssen, in denen sich Aufenthaltsräume befinden. Beispielsweise müssten für einzelne Abstellräume im Keller oder im Dach eines Gebäudes, die einer Wohnung in einem anderen Geschoss zugeordnet sind, weiterhin keine Rettungswege nachgewiesen werden". 43

44 Ein zweiter Rettungsweg ist, insoweit abweichend von dem Grundsatz des § 33 Abs. 1 MBO, nicht erforderlich, wenn die Rettung über einen Treppenraum möglich ist, in den Feuer und Rauch nicht eindringen können (**Sicherheitstreppenraum**), § 33 Abs. 3 MBO.[30] Voraussetzung dafür ist allerdings, dass der Sicherheitstreppenraum sicher erreichbar ist, nämlich insbesondere über einen notwendigen Flur.[31]

45 **(2) Anforderungen an den zweiten Rettungsweg (Überblick).** Nachfolgend soll ein kurzer Überblick über die wichtigsten Regelungen zu den **Anforderungen an den zweiten Rettungsweg** nach der Musterbauordnung gegeben werden.

46 **(a) Notwendige Flure und offene Gänge.** Führt der erste Rettungsweg aus bestimmten Gebäuden oder Nutzungseinheiten nicht unmittelbar ins Freie, sondern über einen Flur, muss dieser bei bestimmten Gebäuden die **Qualität eines „notwendigen Flurs"** aufweisen. Das gilt auch für den zweiten Rettungsweg.

47 **(aa) Erforderlichkeit eines notwendigen Flurs.** Abgesehen von den nachstehend aufgeführten Gebäuden, Nutzungseinheiten und Wohnungen müssen in allen Anlagen die Flure, über die (erste oder zweite) Rettungswege aus Aufenthaltsräumen oder aus Nutzungseinheiten mit Aufenthaltsräumen zu Ausgängen ins Freie führen, so angeordnet und ausgebildet sein müssen, dass **die Nutzung im Brandfall ausreichend lang möglich** ist (§ 36 Abs. 1 S. 1 MBO).

48 Notwendige Flure sind **nicht erforderlich**

1. in **Wohngebäuden der Gebäudeklassen 1 und 2**; das sind in der Terminologie der Musterbauordnung:
   – Gebäudeklasse 1: a) freistehende Gebäude mit einer Höhe bis zu 7 m und nicht mehr als zwei Nutzungseinheiten von insgesamt nicht mehr als 400 m² und b) freistehende land- oder forstwirtschaftlich genutzte Gebäude,
   – Gebäudeklasse 2: Gebäude mit einer Höhe bis zu 7 m und nicht mehr als zwei Nutzungseinheiten von insgesamt nicht mehr als 400 m²,
2. in sonstigen Gebäuden der Gebäudeklassen 1 und 2, ausgenommen in Kellergeschossen,
3. innerhalb von Nutzungseinheiten mit nicht mehr als 200 m² und innerhalb von Wohnungen,
4. **innerhalb von Nutzungseinheiten, die einer Büro- oder Verwaltungsnutzung dienen, mit nicht mehr als 400 m²**; das gilt auch für Teile größerer Nutzungseinheiten, wenn diese Teile nicht größer als 400 m² sind, Trennwände nach § 29 Abs. 2 Nr. 1 MBO haben und jeder Teil unabhängig von anderen Teilen Rettungswege nach § 33 Abs. 1 MBO hat.

49 **(bb) Ausgestaltung des notwendigen Flurs.** Notwendige Flure müssen so breit sein, dass sie für den **größten zu erwartenden Verkehr** ausreichen; sie sind durch nichtabschließbare, rauchdichte und selbstschließende Abschlüsse in **Rauchabschnitte** zu unterteilen. Die **Breite eines notwendigen Flures** sollte die Breite von notwendigen Treppen nicht unterschreiten, so dass im Regelfall von einer Breite von mindestens 1 m auszugehen ist. Größere Breiten können sich durch Anforderungen aus der barrierefreien Nutzung eines Gebäudes oder für Sonderbauten, zB aufgrund von Sonderbauvorschriften, ergeben.

50 Ferner stellen die Gesetze Anforderungen an die **Feuerwiderstandsfähigkeit** und das **Brandverhalten ihrer Wände** sowie an die **Dichtigkeit der Türen** in ihnen. § 36 Abs. 6 Nr. 3 BauO NRW verlangt darüber hinaus, dass Fußbodenbeläge mindestens schwerentflammbar[32] sind.

---

30 Die BauO NRW erweitert dies für zu ebener Erde liegende Räume, die einen unmittelbaren Ausgang ins Freie haben, der von jeder Stelle des Raumes in höchstens 15 m Entfernung erreichbar ist.

31 Nach § 33 Abs. 2 S. 4 Nr. 2 BauO NRW 2018 ist ein zweiter Rettungsweg außerdem nicht erforderlich für zu ebener Erde liegende Räume, die einen unmittelbaren Ausgang ins Freie haben, der von jeder Stelle des Raumes in höchstens 15 m Entfernung erreichbar ist. Der Verzicht auf einen zweiten Rettungsweg gilt nur für Räume mit direktem Ausgang ins Freie und nicht für Nutzungseinheiten mit mehreren Räumen, wie Wohnungen.

32 S. DIN 4102 – B1; DIN EN 13051 – B.

(b) Notwendige Treppen. Soweit die Rettungswege nicht zu ebener Erde liegen, verlaufen sie über (jeweils „notwendige") **Flure und Treppen** und durch **Treppenräume**. Diese Bauteile müssen, damit sie die ihnen zugedachte Funktion erfüllen können, strenge Anforderungen erfüllen. Die Anforderungen betreffen ihre Anordnung und Ausführung, ihre Maße, ihre Feuerwiderstandsfähigkeit sowie das Brandverhalten ihrer Baustoffe. Ein kurzer Überblick: 51

§ 33 Abs. 2 S. 1 MBO schreibt vor, dass für **Nutzungseinheiten** nach S. 1 (also solche **mit mindestens einem Aufenthaltsraum wie Wohnungen, Praxen, selbstständige Betriebsstätten**), die nicht zu ebener Erde liegen, der erste Rettungsweg über eine „notwendige Treppe" führen muss. 52

§ 34 Abs. 3 und 4 MBO beschreibt die Anforderungen an solche notwendigen Treppen (wobei hierfür auch Rampen mit flacher Neigung zulässig sind, einschiebbare Treppen und Rolltreppen hingegen nicht). Ferner stellen die Gesetze – nach den Gebäudeklassen gestaffelte – Anforderungen an die **Feuerwiderstandsfähigkeit** und das **Brandverhalten** ihrer Wände auf. Die nutzbare Breite der Treppenläufe und Treppenabsätze notwendiger Treppen muss für den größten zu erwartenden Verkehr ausreichen. Die DIN 18065:2015-03[33] enthält Maßangaben zur Breite.[34] 53

Treppen müssen einen festen und griffsicheren **Handlauf** aufweisen, und, sofern die Verkehrssicherheit dies erfordert, auf beiden Seiten und mit Zwischenhandläufen. Eine **vorhandene zweite Treppe** erfüllt nicht die Anforderungen eines zweiten Rettungsweges, wenn sie die genannten Anforderungen an notwendige Treppen nicht erfüllt.[35] 54

(c) Notwendige Treppenräume. Vorrangig gilt im Brandschutz ein **System der horizontalen Brandabschnitte**. In einem mehrgeschossigen Gebäude durchbrechen Treppen regelmäßig dieses System. Wegen der für die Treppen notwendigen Deckenöffnungen besteht die Gefahr, dass Feuer und Rauch in andere Geschosse übertragen werden. Zur Sicherstellung der Rettungswege aus den Geschossen ins Freie muss deshalb jede notwendige Treppe in einem eigenen, durchgehenden Treppenraum liegen. Diese **notwendigen Treppenräume** müssen so angeordnet und ausgebildet sein, dass die Nutzung der notwendigen Treppen im Brandfall ausreichend lang möglich ist (§ 35 Abs. 1 S. 1 und 2 MBO). 55

Dieses Erfordernis gilt allerdings nicht 56

- **in Gebäuden der Gebäudeklassen 1 und 2** (→ Rn. 48),
- für die **Verbindung von höchstens zwei Geschossen innerhalb derselben Nutzungseinheit von insgesamt nicht mehr als 200 m²**, wenn in jedem Geschoss ein anderer Rettungsweg erreicht werden kann, sowie
- für **Außentreppen**, wenn ihre Nutzung ausreichend sicher ist und im Brandfall nicht gefährdet werden kann.

§ 35 Abs. 2 MBO enthält Regelungen über die höchst zulässige Länge der Flure, über die die notwendigen Treppenräume zu erreichen sein müssen, und die Anordnung der Treppenräume innerhalb des Gebäudes. Hat der notwendige Treppenraum **keinen unmittelbaren Ausgang ins Freie**, was eigentlich Grundforderung des Brandschutzes ist, muss der Raum zwischen dem notwendigen Treppenraum und dem Ausgang ins Freie mindestens so breit sein wie die dazugehörigen Treppenläufe, Wände haben, die die Anforderungen an die Wände des Treppenraumes erfüllen, rauchdichte und selbstschließende Abschlüsse zu notwendigen Fluren aufweisen und ohne Öffnungen zu anderen Räumen, ausgenommen zu notwendigen Fluren, sein (§ 35 Abs. 3 MBO). 57

Abs. 4 stellt Anforderungen an die **Feuerwiderstandsfähigkeit der Wände notwendiger Treppenräume**, die von der jeweiligen Gebäudeklasse abhängen. 58

---

33 Sie ist in NRW mit einer Verwaltungsvorschrift als Technische Baubestimmung eingeführt (VV TB NRW).

34 Nachträglich eingebaute Treppenlifte können die vorgesehene nutzbare Breite einschränken. Deshalb enthält § 34 Abs. 5 S. 2 BauO NRW als Ausdruck eines Kompromisses Bedingungen, unter denen diese Breite eingeschränkt werden darf.

35 VG Gelsenkirchen Urt. v. 12.9.2014 – 9 K 2342/13, juris Rn. 58.

59 Damit die notwendigen Treppenräume nicht selbst in Brand geraten und dadurch ihre Funktion als Rettungsweg nicht erfüllen können, enthält Abs. 5 Vorgaben für zB **Bekleidungen, Dämmstoffe, Wände, Decken sowie Bodenbeläge**.

60 Öffnungen in notwendigen Treppenräumen müssen **Feuerschutz- und Rauchschutzabschlüsse** mit auch in den verschiedenen Bundesländern unterschiedlichen Anforderungen hinsichtlich der Rauchdichte und der selbstschließenden Funktion aufweisen, abhängig auch davon, wohin die Öffnung führt (Abs. 6).

61 Sie müssen **zu beleuchten** sein (Abs. 7); wenn sie ohne Fenster sind und das Gebäude höher als 13 m ist, müssen sie eine **Sicherheitsbeleuchtung** haben.

62 § 35 Abs. 8 MBO stellt Anforderungen zur **Rauchableitung** auf, damit das Schutzziel der Unterstützung wirksamer Löscharbeiten durch die Feuerwehr erreicht werden kann.[36] Die Evakuierung von Personen wird allein durch Maßnahmen der inneren Abschottung, der Gestaltung der Rettungswege und durch organisatorische Maßnahmen (ggf. in Verbindung mit anlagen-technischen Maßnahmen) sichergestellt. Zum Zwecke der Rauchableitung müssen darüber hinaus notwendige Treppenräume belüftet und durch Öffnungen entraucht werden können. Dafür muss in jedem oberirdischen Geschoss mindestens ein unmittelbar ins Freie führendes, öffenbares Fenster mit einem freien Querschnitt von mindestens 0,50 m² oder (in Gebäuden der Gebäudeklasse 5 zwingend) an der obersten Stelle eine Öffnung zur Rauchableitung vorhanden sein. Die Öffnung zur Rauchableitung muss in jedem Treppenraum einen freien Querschnitt von mindestens 1 m² und Vorrichtungen zum Öffnen ihrer Abschlüsse haben, die vom Erdgeschoss sowie vom obersten Treppenabsatz aus bedient werden können (Abs. 8).[37]

63 Eine **Rauchabzugsanlage** oder eine **automatische Einschaltung** werden nicht verlangt. Das Öffnen erfolgt in der Regel durch die Feuerwehr, die auch die erforderliche Zuluftzufuhr (in der Regel durch eine offene Haustür) herstellt.

64 Neben diese die bauliche Beschaffenheit eines notwendigen Treppenraumes beschreibenden Regelungen treten die allgemeinen bauordnungsrechtlichen Anforderungen, die sich aus § 14 MBO ergeben, wonach bauliche Anlagen sind so anzuordnen, zu errichten, zu ändern und instand zu halten, dass (unter anderem) bei einem Brand die Rettung von Menschen und Tieren sowie wirksame **Löscharbeiten** möglich sind. Dem stehen störende, **im Treppenraum gelagerte Gegenstände entgegen.**[38]

65 Das gilt zum einen dann, wenn diese Gegenstände brennbar sind (sog. **Brandlasten**). Denn im Brandfall können brennbare Gegenstände zur Gefahr werden; der Umstand, dass die Bauordnungen, wie oben beschrieben, Anforderungen an die Feuerwiderstandsfähigkeit der Bekleidungen von Treppenräumen stellen, macht deutlich, dass das dadurch erreichte Schutzniveau nicht durch noch erheblich leichter in Brand geratende Gegenstände unterlaufen werden darf.

66 Hinzu kommt, dass der **Durchgangsbereich** (für gefährdete Personen und Retter) nicht erschwert werden darf. Erfahrungsgemäß führt ein Brand innerhalb kürzester Zeit zu einer erheblichen Rauchbildung. Außerdem ist im Falle der dann zu erwartenden Verqualmung eines Rettungswegs die (Selbst-)Rettung erheblich erschwert; das gilt auch für Gegenstände, die selbst nicht brennbar sind, aber im Wege stehen. Dabei ist auch zu berücksichtigen, dass **Möbelstücke im Brandfall umkippen** und/oder durch in der Paniksituation eines Brands flüchtende Personen verschoben werden können. Damit sind sie nicht nur geeignet, die Be-

36 Vgl. dazu: VG München Beschl. v. 18.12.2015 – M 8 S 15.5198, juris Rn. 37 ff.

37 Vgl. OVG Lüneburg Beschl. v. 17.1.1986 – 6 B 1/86, BRS 46, Nr. 166; VG München Beschl. v. 20.7.2007 – M 9 S 07.789, juris Rn. 33: unzureichender Rauchabzug im Treppenhaus; VGH München Urt. v. 17.2.1997 – 14 B 93.1180, juris Rn. 22: fehlende feuerbeständige Ausgestaltung eines Treppenraums; zur Anpassung an das geltende Baurecht kann die Bauaufsichtsbehörde die Vornahme bestimmter Brandschutzmaßnahmen verlangen.

38 Vgl. zum nachstehenden OVG Münster Beschl. v. 20.2.2013 – 2 A 239/12, juris Rn. 34 ff.

dingungen der Flucht und der Rettung von Menschen zu verschlechtern, sondern auch die Bedingungen wirksamer Löscharbeiten durch die eintreffenden Einsatzkräfte der Feuerwehr.[39]

Beantragt ein (Mit-)Bewohner vor diesem Hintergrund ein ordnungsbehördliches Einschreiten, muss die Bauaufsichtsbehörde, sofern die Fallgestaltung sich nicht im **Bagatellbereich** bewegt, prüfen, welche im Bereich von Rettungswegen vorhandenen Gegenstände in welcher Weise gefährlich werden könnten. Entscheidend ist dabei, ob die Möglichkeit, sich in einem Rettungsweg ungehindert zu bewegen – etwa dadurch, dass Betroffene sich schnellstmöglich an den Wänden eines Treppenhauses entlang zum Ausgang begeben – durch Hindernisse eingeschränkt wird. In jedem Fall ist es auch insofern Sache der Bauaufsichtsbehörde, im Interesse der Brandsicherheit effektiv und schnell zu handeln. 67

(3) Erleichterungen für den zweiten Rettungsweg. Zur Art des zweiten Rettungswegs bestimmt § 33 Abs. 2 S. 2 MBO, dass dieser eine **weitere notwendige Treppe** oder eine **mit Rettungsgeräten der Feuerwehr erreichbare Stelle** der Nutzungseinheit sein kann.[40] 68

(a) Weitere notwendige Treppe. Die fakultativ zulässige **weitere notwendige Treppe** muss den Anforderungen entsprechen, die in § 34 MBO beschrieben sind (dazu unter → Rn. 69). 69

Eine **Notleiter** (auch mit Rückenschutz) gemäß DIN 14094-1 genügt den Anforderungen nicht.[41] Denn wenn die Nutzer einer Wohnung im Brandfall auf eine Selbstrettung angewiesen sind, muss der zweite Rettungsweg so beschaffen sein, dass er auch von älteren und/oder gebrechlichen Personen sowie von Kindern gefahrfrei genutzt werden kann. Das ist bei einer Notleiter nicht der Fall, weil ihre Nutzung ein gewisses Maß an körperlicher Beweglichkeit und Geschicklichkeit erfordert, das bei dem genannten Personenkreis nicht vorausgesetzt werden kann. 70

(b) Mit Rettungsgeräten der Feuerwehr erreichbare Stelle. Alternativ kommt eine **mit Rettungsgeräten der Feuerwehr erreichbare Stelle** der Nutzungseinheit in Betracht (zum nachbarschützenden Charakter der Anforderungen an den zweiten Rettungsweg zugunsten der Personen, die auf diesen Rettungsweg angewiesen sind: → Rn. 113 ff.). 71

„Erreichbar" in diesem Sinne ist die Stelle nur dann, wenn – erstens – die Einsatzstelle in tatsächlicher Hinsicht hinreichend sicher zu Fuß oder mit dem erforderlichen Fahrzeug erreicht werden kann und eine geeignete Fläche zum Aufstellen des Fahrzeugs zur Verfügung steht ist und – zweitens – die Feuerwehr tatsächlich über das erforderliche Rettungsgerät verfügt.[42] 72

§ 33 Abs. 3 S. 2 MBO besagt darüber hinaus, dass bei Sonderbauten – § 33 Abs. 2 S. 3 BauO NRW erstreckt diese Aussage sinnvollerweise auf alle Gebäude – der zweite Rettungsweg über Rettungsgeräte der Feuerwehr nur zulässig ist, wenn **keine Bedenken wegen der Personenrettung** bestehen. Bedenken bestehen insbesondere, wenn wegen **einer großen Anzahl von Personen** in einer Nutzungseinheit oder wegen **einer erhöhten Hilfsbedürftigkeit der Personen** (zum Beispiel kranke Personen oder Menschen mit Behinderungen, Kleinkinder) eine Rettung über die **Feuerwehrleiter** so erschwert ist, dass sie nicht in vertretbarer Zeit durchgeführt werden kann. Wenn auch andere Bauordnungen – wie die Musterbauordnung – diese Einschränkung nicht enthalten, muss sie dennoch beachtet werden. Denn das Grunderfordernis des § 14 MBO, dass *„bei einem Brand die Rettung von Menschen und Tieren sowie wirksame Löscharbeiten möglich"* sein muss, zwingt zu einer solchen einschränkenden Interpretation. Andernfalls kommt diese Alternative eines zweiten Rettungswegs nicht in Betracht. 73

(aa) Erreichbarkeit. Die Anforderungen an die **Erreichbarkeit** sind in § 5 MBO beschrieben. Nach dessen Abs. 1 S. 1 ist von öffentlichen Verkehrsflächen *„insbesondere für die Feuerwehr ein geradliniger Zu-* 74

39 Vgl. OVG Münster Beschl. v. 20.2.2013 – 2 A 239/12, juris Rn. 34 ff.; VG Düsseldorf Urt. v. 13.2.2009 – 25 K 7918/08, juris Rn. 19 ff.; s. dazu auch *Vahle* DVP 2014, 124.

40 Die BauO NRW ergänzt dies dahin gehend, dass der zweite Rettungsweg über Rettungsgeräte der Feuerwehr nur zulässig ist, wenn keine Bedenken wegen der Personenrettung bestehen.

41 OVG Münster Urt. v. 22.2.2010 – 7 A 1235/08, juris Rn. 57.

42 S. dazu auch *Möller/Sobosczyk* Grundeigentum 2016, 569.

oder Durchgang zu rückwärtigen Gebäuden zu schaffen; zu anderen Gebäuden ist er zu schaffen, wenn der zweite Rettungsweg dieser Gebäude über Rettungsgeräte der Feuerwehr führt". Dabei meint das Gesetz mit rückwärtigen Gebäuden solche, die nicht unmittelbar vom Straßenraum aus zu erreichen sind, also Hauser in zweiter oder dritter Reihe. „Andere Gebäude", zu denen er zu schaffen ist, sind alle anderen Gebäude oder Gebäudeteile, für deren Rettungsweg die Rettungsgeräte der Feuerwehr einen Zu- oder Durchgang erfordern, weil sie nicht (hinreichend) von der Vorderseite aus erreichbar sind.

75 Das Erfordernis eines **gradlinigen Zugangs** liegt darin begründet, dass ansonsten die langen Leitern nicht durch einen verwinkelten Hausflur getragen werden können, wenn der Angriff und/oder die Rettung an einer Gebäuderückseite erfolgen muss.

76 Auch wenn das im Gesetz nicht ausdrücklich gesagt ist, genügt auch ein Weg durch eine fremde Nutzungseinheit nicht. Dabei sind nicht die Eigentumsverhältnisse maßgeblich, sondern die Tatsache, dass dort mit Einrichtungsgegenständen zu rechnen ist, die im Brandfall die Verbringung von Rettungsgeräten zur Rückseite des Gebäudes gravierend erschweren können. Solchermaßen eventuell gegebene **Zugangsschwierigkeiten** können dazu führen, dass der Beginn von Rettungsaktionen an den Fenstern der rückwärtigen Wohneinheiten in Obergeschossen eines Hinterhauses oder an der Rückseite eines Gebäudes entscheidend verzögert würde.

77 Als Stellen, die mit Rettungsgeräten der Feuerwehr erreicht werden können, gelten **Fenster** (zu den erforderlichen Maßen → Rn. 103 ff.), Balkone oÄ. Ob die Austrittstelle im zweiten Rettungsweg von der Feuerwehr erreicht werden kann, hängt auch von der Ausstattung der Feuerwehr ab. Die Fenster von Gebäuden der Gebäudeklassen 1 bis 3 haben in aller Regel Brüstungshöhen von nicht mehr als 8 m über der Geländeoberfläche. Die Fenster können dann mit **Tragleitern** erreicht werden, die zur Regelausstattung der Feuerwehr gehören.

78 Zu Gebäuden, bei denen die Oberkante der Brüstung von zum Anleitern bestimmten Fenstern oder Stellen mehr als 8 m über Gelände liegt, ist gem. § 5 Abs. 1 S. 2 MBO in den Fällen des Satzes 1 anstelle eines Zu- oder Durchgangs eine Zu- oder Durchfahrt zu schaffen. Bei Gebäuden, die ganz oder mit Teilen mehr als 50 m von einer öffentlichen Verkehrsfläche entfernt sind, sind **Zufahrten oder Durchfahrten** zu den vor und hinter den Gebäuden gelegenen Grundstücksteilen und Bewegungsflächen herzustellen, wenn sie aus Gründen des Feuerwehreinsatzes erforderlich sind.

79 Ist für die Personenrettung der Einsatz von **Hubrettungsfahrzeugen** erforderlich, sind die dafür erforderlichen **Aufstell- und Bewegungsflächen** vorzusehen.

80 Zu- und Durchfahrten, Aufstellflächen und Bewegungsflächen müssen für Feuerwehrfahrzeuge **ausreichend befestigt und tragfähig** sein. Sie sind als solche zu kennzeichnen und ständig frei zu halten. Die Kennzeichnung von Zufahrten muss von der öffentlichen Verkehrsfläche aus sichtbar sein. (§ 5 Abs. 2 MBO).

81 Detailanforderungen an die Höhe, Breite und Gestaltung und Aufstellungsort der Aufstellungs- und Bewegungsfläche der Fahrzeuge der Feuerwehr enthält die Bestimmung nicht. Auch einige Länder haben auf die Nennung konkreter Maßangaben verzichtet, da diese über DIN-Nomen bzw. über Muster-Richtlinien der ARGEBAU[43] geregelt sind und als **Technische Baubestimmung** eingeführt sind oder werden sollen.

82 Diese Richtlinie enthält Regelungen über

- die **Befestigung und Tragfähigkeit** der Zu- oder Durchfahrten für die Feuerwehr, Aufstellflächen und Bewegungsflächen,
- die **lichte Breite** (mindestens 3 m, bei einer Zu- oder Durchfahrt auf eine Länge von mehr als 12 m, die beidseitig durch Bauteile wie Wände oder Pfeiler begrenzt wird, mindestens 3,50 m) und die lichte Höhe (mindestens 3,50 m) sowie die **Feuerbeständigkeit** ihrer Wände und Decken,
- die **Außenradien** von Kurven in Zu- oder Durchfahrten,

43 Richtlinie über Flächen für die Feuerwehr aus 2009, MRFlFw.

- die Vorgaben für **Fahrspuren** der Zu- und Durchfahrten,
- die zulässigen **Neigungen** in Zu- oder Durchfahrten,
- die zulässige **Höhe von Stufen und Schwellen** in Zu- und Durchfahrten,
- die Zulässigkeit von **Sperrvorrichtungen** (Sperrbalken, Ketten, Sperrpfosten); solche sind in Zu- oder Durchfahrten zulässig, wenn sie von der Feuerwehr geöffnet werden können,
- die erforderliche **Breite** der Aufstellflächen auf dem Grundstück von mindestens 3,50 m,
- das erforderliche **Maß der Aufstellflächen entlang von Außenwänden**, ihr Abstand zu der anzuleiternden Außenwand, ebenso ihr erforderlicher Winkel zu Außenwänden,
- das Gebot, den **Bereich** zwischen der anzuleiternden Außenwand und den Aufstellflächen von den Einsatz von Hubrettungsfahrzeugen erschwerenden Hindernissen wie bauliche Anlagen oder Bäume **freizuhalten**,
- das Verbot der **Neigung** von Aufstellflächen um mehr als 5 v.H.,
- **weitere Anforderungen** an die Bewegungsflächen.

Die in den letzten Jahren vorgenommenen Änderungen der vorgegebenen Maße führen dazu, dass zum Teil **größere Anforderungen** gestellt werden, als zuvor. Soweit das der Fall ist, ist dies den größeren Breiten von Feuerwehrfahrzeugen geschuldet. Entsprechen Zu- und Durchfahrten sowie Aufstellflächen nicht mehr den heute geltenden Anforderungen, könnten sie also heute nicht mehr genehmigt werden, genießen sie nur noch **Bestandsschutz**. Zu den gravierenden Folgen insbesondere im Falle des Untergangs des Bestandsschutzes und dem dann entstehenden Gebot der **Anpassung an das geltende Recht** → *Bestandsschutz* Rn. 17 ff. und 46 ff. 83

Die Ermöglichung wirksamer Rettungsarbeiten setzt naturgemäß voraus, dass die Zufahrtmöglichkeit uneingeschränkt und ohne Behinderungen gewährleistet wird. Eine effiziente und zeitnahe Rettung über den zweiten Rettungsweg ist nicht gewährleistet, wenn die Straßenverhältnisse durch **parkende Pkws** sowie der **Baumwuchs** vor dem Gebäude das Erreichen der Wohnungen verhindern.[44] 84

Das VG Gelsenkirchen[45] hat konsequenter Weise eine Anordnung der sofortigen Vollziehung einer Verfügung mit den Geboten, eine **vorschriftsmäßige Feuerwehrzufahrt herzustellen**, den **Baumbewuchs auf dem Grundstück erheblich einzukürzen**, sowie für die Zeit des Übergangs den zweiten Rettungsweg aus den Dachgeschosswohnungen mit **Ersatzkonstruktionen** wie Gerüsttreppenanlagen sicherzustellen, bestätigt. Das Anleitern war aufgrund des mittlerweile hohen Baumwuchses für einige die Wohnungen im Dachgeschossbereich nicht (mehr) möglich. 85

(bb) Vorhandensein der Rettungsgeräte. § 33 Abs. 3 MBO konkretisiert die Erfordernisse weiter dahin gehend, dass die Feuerwehr über die erforderlichen Rettungsgeräte wie **Hubrettungsfahrzeuge** verfügt. Ist die örtliche Feuerwehr nicht mit Kraftfahrdrehleitern ausgestattet, so dürfen Gebäude, deren zweiter Rettungsweg über Fenster oder sonstige zum Anleitern geeignete Stellen führt, nicht errichtet werden, wenn eine Brüstungshöhe von 8 m überschritten wird. Ein Bauherr oder ein Nutzer eines Gebäudes hat, jedenfalls nach nordrhein-westfälischen Recht auch nach dem **Gesetz über den Brandschutz, die Hilfeleistung und den Katastrophenschutz**[46] keinen Anspruch darauf, dass die Feuerwehr über die erforderlichen Rettungsgeräte verfügt, also erforderlichenfalls anschafft.[47] 86

Verliert die Gemeinde ihre Finanzkraft und stehen die erforderlichen Rettungsgeräte nicht mehr zur Verfügung, ist dies keine Frage des **Bestandsschutzes**, sondern – davon zu unterscheiden – einer **bestandskräf-** 87

---

44 VG Gelsenkirchen Beschl. v. 9.1.2014 – 5 L 1372/13, juris Rn. 23; siehe dazu auch *Haaß* Grundeigentum 2018, 748.

45 Beschl. v. 9.1.2014 – 5 L 1372/13, juris Rn. 23.

46 Gesetz über den Brandschutz, die Hilfeleistung und den Katastrophenschutz (BHKG) vom 17.12.2015 GV. NRW. 2015, 886, zuletzt geändert durch Artikel 8 des Gesetzes vom 17.5.2018 (GV. NRW. 244).

47 VG Köln Urt. v. 27.1.2009 – 2 K 245/08, juris Rn. 41: Zwar besagt § 3 Abs. 1 BHKG, dass die Gemeinden für den Brandschutz und die Hilfeleistung die Gemeinden den örtlichen Verhältnissen entsprechende leistungsfähige Feuerwehren als gemeindliche Einrichtungen unterhalten; subjektive Rechte des Bürgers in Bezug auf die Einrichtung der Feuerwehren und ihre Ausstattung wollte das Gesetz jedoch nicht begründen.

tigen Baugenehmigung. Denn es hat sich nicht die Rechtslage geändert, wie für den Bestandsschutz vorausgesetzt, sondern die Sachlage. Die sich in dieser Situation ergebenden rechtlichen Möglichkeiten sind weitgehend ungeklärt und kommen mit erwähnenswertem Gewicht weder in Rechtsprechung noch in der Literatur vor, weil Ordnungsbehörden solche Fälle in der Regel nicht aufgreifen.[48]

88 **b) Nachbarrechtsrelevante Anforderungen an Bauteile (Überblick).** Einige Bauteile von baulichen Anlagen haben unmittelbare (im eigentlichen, öffentlich-rechtlichen Sinne) nachbarrechtliche Bedeutung, andere haben eher Bedeutung für **Nachbarn** im umgangssprachlichen Sinn (etwa **Bewohner** einer „benachbarten" Wohnung in einem Mehrfamilienhaus). Wieder andere, sich in dem Gebäude sonst aufhaltende Personen (Arbeitende oder Nutzer) oder Unbeteiligte, haben unter dem Gesichtspunkt des Nachbarrechts keine besondere Bedeutung; auf diese soll im Folgenden nicht eingegangen werden.

89 **aa) Anforderungen an Brandwände.** Alle Landesbauordnungen[49] stellen Anforderungen an **Brandwände**, die aufgrund ihrer Nähe zum Nachbargrundstück als **Gebäudeabschlusswände** auszubilden sind. Diese Gebote und Verbote sind – im klassischen Sinn – nachbarschützend.[50] Denn sie sollen unter anderem das Eigentum, das Leben und die Gesundheit von Grundstücksnachbarn schützen, indem sie verhindern, dass ein in einem Gebäude entstandener Brand auf das Nachbargebäude übertragen wird. Gleiches gilt für Wände, die an die Stelle einer Brandwand treten dürfen (vgl. § 30 Abs. 11 MBO).[51]

90 Etwas anderes gilt allerdings für die Vorschriften über die Errichtung von **Brandwänden innerhalb ausgedehnter Gebäude**. Denn mit diesen Bestimmungen wird die Abwehr der Brandausdehnungsgefahr innerhalb des Gebäudes bezweckt wird; sie dienen allein dem Schutz von Leben und Gesundheit der sich dort aufhaltenden Menschen.[52] Die sind aber nicht Bewohner der Gebäude und können deshalb – selbst im weiteren Sinne dieses Stichwortes – nicht als „Nachbarn" angesehen werden.

91 Brandwände sind als **Gebäudeabschlusswände** (raumabschließende Bauteile zum Abschluss von Gebäuden) auszubilden, wenn die Abschlusswand an oder mit einem Abstand von weniger als 2,5 m gegenüber der Grundstücksgrenze errichtet wird, es sei denn, dass ein Abstand von mindestens 5 m zu bestehenden oder nach den baurechtlichen Vorschriften zulässige künftigen Gebäuden **gesichert** ist. Für Gebäude ohne Aufenthaltsräume und ohne Feuerstätten mit nicht mehr als 50 m² Brutto-Rauminhalt gilt diese Pflicht allerdings nicht. Ferner gilt nach § 30 Abs. 10 MBO die Pflicht nicht für seitliche Wände von Vorbauten, wenn sie von dem Nachbargebäude oder der Nachbargrenze einen Abstand einhalten, der ihrer eigenen Ausladung entspricht, mindestens jedoch 1 m beträgt. Das in manchen Bauordnungen – wie in der Musterbauordnung – aufgestellte Erfordernis, dass die Abschlusswand „gegenüber" der Nachbargrenze errichtet werden soll, führt dazu, dass nicht allein die Entfernung einer Wand von der Nachbargrenze, sondern deren Stellung zu dieser maßgeblich ist. Daher ist eine Wand, die in einem Winkel von 90° oder mehr auf die Nachbargrenze zuläuft nicht mehr gegenüber der Nachbargrenze liegen, wohingegen Wände, die einen Winkel von 90° unterschreiten, noch als gegenüber liegend angesehen werden können.[53]

---

48 Für die BauO NRW und vergleichbare Fassungen anderer Landesbauordnungen bietet sich an, § 58 Abs. 6 S. 1 anzuwenden, der lautet: „Auch nach Erteilung einer Baugenehmigung nach § 74 oder einer Zustimmung nach § 79 können Anforderungen gestellt werden, um dabei nicht voraussehbare Gefahren oder unzumutbare Belästigungen von der Allgemeinheit oder denjenigen, die die bauliche Anlage benutzen, abzuwenden." Ansonsten dürften Verfügungen auf der Grundlage der allgemeinen bauaufsichtlichen Ermächtigungsgrundlage möglich sein.

49 Die nachstehend dargestellten Grundzüge der Musterbauordnung finden sich in dieser oder ähnlicher Form in allen Landesbauordnungen; im Detail unterscheiden sie sich jedoch oftmals.

50 VGH München Beschl. v. 8.3.2018 – 15 CE 17.2599, juris Rn. 58 mwN; VG Cottbus Beschl. v. 29.1.2019 – 3 L 688/18, juris Rn. 24.

51 Vgl. VGH München Beschl. v. 8.3.2018 – 15 CE 17.2599, juris Rn. 58 f.; VG Ansbach Urt. v. 5.3.2020 – AN 17 K 17.00172, juris Rn. 23.

52 VGH Mannheim Urt. v. 26.2.1992 – 3 S 2947/91, NVwZ-RR 1992, 611.

53 VGH München Beschl. v. 20.3.1989 – 14 B 87.04029, BRS 49 Nr. 211; VG Cottbus Beschl. v. 29.1.2019 – 3 L 688/18, juris Rn. 26.

92 Die Musterbauordnung (ebenso die Landesbauordnungen) stellt für Gebäudeabschlusswände Anforderungen an ihre Baustoffe mit Blick auf ihr **Brandverhalten** und ihre **Feuerwiderstandsfähigkeit** auf (vgl. § 30 Abs. 3 S. 1 MBO). Sie enthalten Regelungen zu Außenwandkonstruktionen und Außenwandbekleidungen sowie das Eingreifen von Bauteilen in Brandwänden.

93 Die technischen Anforderungen an die Ausführung und Prüfung von Brandwänden sind in DIN 4102 Teil 3 festgelegt. Brandwände müssen hiernach bei mittiger und ausmittiger Belastung die Anforderungen mindestens **feuerbeständiger Bauteile** (Feuerwiderstandsklasse F90 nach DIN 4102 Teil 2) erfüllen und aus **nichtbrennbaren Baustoffen** (Klasse A nach DIN 4102 Teil 1) bestehen. Für Gebäude der Gebäudeklassen 1 bis 3 können anstelle von Brandwänden auch sogenannte **Brandwandersatzwände** zulässig sein, nämlich hochfeuerhemmende Wände und Gebäudeabschlusswände ohne Öffnungen, die von innen nach außen die Feuerwiderstandsfähigkeit der tragenden und aussteifenden Teile des Gebäudes, mindestens jedoch feuerhemmender Bauteile, und von außen nach innen die Feuerwiderstandsfähigkeit feuerbeständiger Bauteile haben. Eine hochfeuerhemmende Wand liegt vor, wenn sie die Eigenschaft F60 nach DIN 4102 Teil 2 aufweist. Anforderungen an die Widerstandsfähigkeit gegenüber zusätzlichen mechanischen Beanspruchungen bestehen hier nicht.[54]

94 Nach § 30 Abs. 7 S. 1 MBO dürfen **Bauteile mit brennbaren Baustoffen** nicht über Brandwände nicht hinweggeführt werden. Das gilt auch für brennbare Baustoffe, die im Bereich der Dacheindeckung oder in die Konstruktion von Dachvorsprüngen eingefügt werden. Geschieht dies dennoch, verletzt dies den Nachbarn in seinen subjektiven öffentlichen Nachbarrechten.[55]

95 **Öffnungen in Gebäudeabschlusswänden** sind seit jeher unzulässig (vgl. § 30 Abs. 8 S. 1 MBO).[56] Allerdings kann uU eine bestehende Öffnung in der Gebäudeabschlusswand auch durch eine **Brandschutzverglasung** geschlossen werden, so dass diese Ausführungen nicht gegen das Öffnungsverbot verstößt.[57] Zwar muss eine Gebäudeabschlusswand auch unter zusätzlicher mechanischer Beanspruchung feuerbeständig sein und zudem aus nichtbrennbaren Baustoffen bestehen. Mit welchen Baustoffen diese Anforderungen an die Feuerwiderstandsdauer und Standsicherheit einer Brandwand zu erfüllen sind, geben die bauordnungsrechtlichen Bestimmungen jedoch nicht vor. Insbesondere muss eine Brandwand nicht zwingend als Mauerwerk ausgeführt werden. Erfüllt eine feststehende und damit nicht zu öffnende Verglasung die genannten Kriterien für eine Brandwand, wird sie **integrierter Bestandteil der Brandwand**.[58]

96 **bb) Anforderungen an Dächer.** Alle Landesbauordnungen stellen insbesondere dem Brandschutz dienende Anforderungen an Dächer auf. Einige der Regelungen bezwecken ausdrücklich den Schutz von Gebäuden dagegen, dass sie durch ein fremdes Brandgeschehen in Mitleidenschaft gezogen werden (s. § 32 Abs. 1 MBO: „Bedachungen müssen gegen eine Brandbeanspruchung von außen durch Flugfeuer und strahlende Wärme ausreichend lang widerstandsfähig sein (harte Bedachung)."). Andere Bestimmungen sprechen den Schutz der Nachbargrundstücke ausdrücklich (zB § 32 Abs. 5 S. 1 MBO: „(…) sind so anzuordnen und herzustellen, dass Feuer nicht auf andere Gebäudeteile und Nachbargrundstücke übertragen werden kann.") oder sinngemäß (§ 32 Abs. 6 S. 1 MBO: „(…) müssen als raumabschließende Bauteile für eine Brandbeanspruchung von innen nach außen einschließlich der sie tragenden und aussteifenden Bauteile feuerhemmend sein.") an. Die Brandschutzvorschriften für Dächer, die das Übergreifen von Feuer auf Nachbargebäude verhindern sollen, sind als **nachbarschützend** anzusehen.[59] Hier soll nur auf die letztgenannten, nachbarschützenden Regelungen eingegangen werden.

54 VG Karlsruhe Urt. v. 17.10.2019 – 10 K 11594/17, juris Rn. 39.

55 OVG Berlin-Brandenburg Urt. v. 24.10.2019 – OVG 10 B 2.15, juris Rn. 75.

56 Zur Frage eines behaupteten Bestandsschutzes bei einer vorhandenen Öffnung → *Bestandsschutz* Rn. 8.

57 VGH München Urt. v. 9.3.2016 – 15 B 13.2435, juris Rn. 25; VGH München Beschl. v. 10.1.2020 – 15 ZB 19.425, juris Rn. 20.

58 OVG Münster Beschl. v. 4.4.2012 – 2 A 1221/11, juris Rn. 10.

59 VGH München Beschl. v. 30.1.2018 – 15 ZB 17.1459, juris Rn. 15; *Molodovsky/Famers/Waldmann* in Molodovsky/Famers/Waldmann, Bayerische Bauordnung, 46. Update Februar 2020, 1.5 Nachbarschutz Rn. 16.

97 Nach § 32 Abs. 6 S. 1 MBO müssen Dächer von traufseitig aneinandergebauten Gebäuden als raumabschließende Bauteile für eine Brandbeanspruchung von innen nach außen einschließlich der sie tragenden und aussteifenden Bauteile feuerhemmend sein. Es genügt also nicht, dass die Dächer eine harte Bedachung erhalten (Abs. 1); auch die Dachkonstruktion muss so ausgebildet werden, dass die **Gefahr einer Brandübertragung von einem Dach auf das andere**, wenn nicht ausgeschlossen, so doch gemindert wird.[60]

98 Außerdem verlangt S. 2, dass Öffnungen in diesen – also in den einander zugewandten – Dachflächen waagerecht gemessen mindestens 2 m von der Brandwand oder der Wand, die anstelle der Brandwand zulässig ist, entfernt sind. Eine **Unterschreitung des Mindestabstandes** von 2 m verletzt auch dann Nachbarrechte, wenn sich im gegenüberliegenden Dach noch keine Öffnungen befinden.[61]

99 Während in Abs. 6 die Ausbildung von Dächern in **giebelständiger Anordnung** geregelt wird, enthält Abs. 5 Regelungen insbesondere für **Dächer in nicht giebelständiger Bebauung**. Das sind Flachdächer sowie im Falle von Steildächern (Satteldächern und Walmdächern) Dächer in traufständiger Bauweise.

100 § 32 Abs. 5 S. 1 MBO stellt Anforderungen an bestimmte Bauteile. Dachüberstände, Dachgesimse und Dachaufbauten, lichtdurchlässige Bedachungen, Dachflächenfenster, Lichtkuppeln, Oberlichte und Solaranlagen sind so anzuordnen und herzustellen, dass **Feuer nicht auf andere Gebäudeteile und Nachbargrundstücke übertragen werden kann**. Die Aufzählung ist nicht nur beispielhaft, sondern abschließend. Konkretisierend verlangt S. 2 einen Abstand dieser Bauteile von Brandwänden und von Wänden, die anstelle von Brandwänden zulässig sind. Von diesen Wänden müssen Dachflächenfenster, Oberlichte, Lichtkuppeln und Öffnungen in der Bedachung, wenn diese Wände nicht mindestens 0,3 m über die Bedachung geführt sind, mindestens 1,25 m entfernt sein. Auch Solaranlagen, Dachgauben und ähnliche Dachaufbauten[62] aus brennbaren Baustoffen, wenn sie nicht durch diese Wände gegen Brandübertragung geschützt sind, müssen diesen Abstand einhalten. Teilweise sind für Bauteile aus bestimmten Materialien geringere Abstände ausreichend: § 32 Abs. 5 S. 2 Nr. 2 BauO NRW lässt für Photovoltaikanlagen, deren Außenseiten und Unterkonstruktion aus nichtbrennbaren Baustoffen bestehen, und Solarthermieanlagen einen Mindestabstand von 0,5 m ausreichen.

101 Diese Bestimmungen sind **nachbarsschützend**. Denn sie befassen sich mit einer Brandbeanspruchung des Daches von innen nach außen und sollen auch benachbarte Gebäude vor einem die Dachfläche durchbrechenden Brand schützen.[63]

102 **Abweichungen** (zu Abweichungen allgemein → Rn. 107 ff.) von den Abstandsregelungen des Abs. 5 Satz 2 kommen nur unter engen Voraussetzungen in Betracht. Für die Zulassung einer Abweichung maßgebend ist entsprechend dem Wortlaut der Vorschrift die Vereinbarkeit mit den öffentlichen Belangen unter Berücksichtigung des Zwecks der jeweiligen gesetzlichen Anforderungen und unter Würdigung der nachbarlichen Interessen, wobei die tatbestandlichen Voraussetzungen restriktiv zu handhaben sind. Dies gebietet schon allein der Umstand, dass durch die baurechtlichen Vorschriften die schutzwürdigen und schutzbedürftigen Belange und Interessen regelmäßig in einen gerechten Ausgleich gebracht worden sind und die **Gleichmäßigkeit des Gesetzesvollzuges** ein mehr oder minder beliebiges Abweichen von den Vorschriften der Bauordnung nicht gestattet.[64] Im Rahmen der Erteilung einer Abweichung von § 32 Abs. 5 MBO kommen insbesondere Ersatzmaßnahmen in Betracht, die sich auf die Brennbarkeit der zu verwendenden Baustoffe beziehen. Der Mindestabstand ist insbesondere dann entbehrlich, wenn die Dachaufbauten insgesamt

60 *Radeisen* in Boeddinghaus/Hahn/Schulte BauO NRW § 32 Rn. 54.

61 OVG Münster Urt. v. 15.11.2007 – 10 A 3015/05, BRS 71 Nr. 133; *Radeisen* in Boeddinghaus/Hahn/Schulte BauO NRW § 32 Rn. 56.

62 Die Landebauordnungen nennen unterschiedliche Bauteile; vgl. zB § 32 Abs. 5 S. 2 Nr. 1 b BauO NRW: „Photovoltaikanlagen, Zwerchhäuser, Dachgauben und ähnliche Dachaufbauten".

63 OVG Berlin-Brandenburg Urt. v. 6.12.2011 – 10 B 6.11, Rn. 38; zum Dacheinschnitt für eine Dachloggia vgl. VG Köln Urt. v. 15.4.2014 – 8 K 4782/12, juris Rn. 16 ff.

64 VG Aachen Urt. v. 15.10.2013 – 7 K 2770/12, juris Rn. 28 ff., zu § 35 Abs. 6 Satz 2 BauO NRW 2000.

aus nicht brennbaren Baustoffen hergestellt werden.[65] Es gilt aber auch, wenn die Gebäudeabschlusswand bzw. die Gebäudetrennwand die Dachgaube oder den Dachaufbau im Profil begleitet. Dies ist etwa dann der Fall, wenn die Aufbauten Teil dieser Wände sind.[66]

cc) Anforderungen an Fenster, Türen und sonstige Öffnungen. Die nachstehend in Form eines Überblicks beschriebenen **Anforderungen an Fenster, Türen und sonstige Öffnungen** dienen zwar nicht dem Schutz von Grundstücksnachbarn, also Nachbarn im eigentlichen, öffentlich-rechtlichen Sinn; sie haben aber (unter anderem) den Zweck, Nutzer anderer Nutzungseinheiten desselben Gebäudes (Nachbarn im weiteren Sinne) im Brandfall eine Flucht- und/oder Rettungsmöglichkeit zu bieten. 103

Um eine wirksame Rauchableitung zu ermöglichen, schreibt § 37 Abs. 4 S. 1 MBO vor, dass jedes Kellergeschoss ohne Fenster mindestens eine Öffnung ins Freie haben muss. Schutzziel dieser Forderung ist es, eine **Rauchableitung** aus Kellergeschossen zur Unterstützung der Brandbekämpfung der Feuerwehr zu ermöglichen. 104

Fenster, die als zweite Rettungswege nach § 33 Abs. 2 Satz 2 MBO dienen (sog. **Rettungsfenster**), müssen im Lichten mindestens 0,90 m x 1,20 m groß und nicht höher als 1,20 m über der Fußbodenoberkante angeordnet sein. Liegen diese Fenster in Dachschrägen oder Dachaufbauten, so darf ihre Unterkante oder ein davor liegender Austritt von der Traufkante horizontal gemessen nicht mehr als 1 m entfernt sein (§ 37 Abs. 5 MBO). 105

Die in den Bundesländern vorgeschriebenen Mindestmaße für Rettungsfenster differieren zum Teil erheblich gegenüber diesen in der Musterbauordnung genannten Maßen. Eine **Abweichung** von den in einer „strengeren" Bauordnung vorgeschriebenen Maßen lässt sich nicht mit der Begründung rechtfertigen, in anderen Ländern würden geringere Maße ausreichen.[67] Die in dem föderativen System der Bundesrepublik Deutschland angelegten Besonderheiten der unterschiedlichen Regelungen sind zu akzeptieren.[68] (Näheres zu Abweichungen unter → Rn. 107 ff.). 106

4. Abweichungen

Die Regelungen zu **Abweichungen** sind in den Bundesländern sehr unterschiedlich ausgestaltet. Nach § 67 Abs. 1 S. 1 MBO kann die Bauaufsichtsbehörde Abweichungen von den Anforderungen dieses Gesetzes und aufgrund dieses Gesetzes erlassener Vorschriften zulassen, wenn sie unter Berücksichtigung des Zwecks der jeweiligen Anforderung und unter Würdigung der öffentlich-rechtlich geschützten nachbarlichen Belange mit den öffentlichen Belangen, insbesondere den Anforderungen des § 3 Abs. 1 vereinbar sind. § 69 Abs. 1 S. 3 BauO NRW ergänzt die nordrhein-westfälische Regelung dahin gehend, dass, soll von einer technischen Anforderung abgewichen werden, der Genehmigungsbehörde nachzuweisen ist, dass dem Zweck dieser Anforderung auf andere Weise entsprochen wird. 107

Unabhängig von der jeweiligen Ausgestaltung der Norm in den Bundesländern darf eine Abweichungsentscheidung **nicht zu einer Verminderung des Sicherheitsniveaus** führen. Deshalb sind auf Brandschutzregelungen bezogene Abweichungsentscheidungen nur gerechtfertigt, wenn eine tatsächliche **Kompensation** erfolgt. Durch die alternative bautechnische Lösung muss nachweislich die gleiche Schutzwirkung erzielt werden. 108

Bei der Errichtung von **Regelbauten**, die typischen baulichen Situationen entsprechen und damit Grundlage für die vorgeschriebenen Anforderungen waren, sind **Abweichungsentscheidungen grundsätzlich** 109

65 VG Gelsenkirchen Beschl. v. 2.1.2014 – 5 K 1658/13, juris Rn. 48; VG Aachen Urt. v. 15.10.2013 – 7 K 2770/12, Rn. 28 ff.

66 VG Aachen Urt. v. 15.10.2013 – 7 K 2770/12, juris Rn. 28 ff.

67 ZB Art. 35 Abs. 4 S. 1 BayBO: „Fenster, die als Rettungswege nach Art. 31 Abs. 2 Satz 2 dienen, müssen in der Breite mindestens 0,60 m, in der Höhe mindestens 1 m groß, von innen zu öffnen und nicht höher als 1,20 m über der Fußbodenoberkante angeordnet sein."

68 VG Düsseldorf Urt. v. 2.3.2016 – 28 K 2758/15, juris Rn. 72.

nicht gerechtfertigt.[69] Voraussetzung für eine Abweichungsentscheidung ist, dass gerade hinsichtlich des mit dieser bestimmten Vorschrift verfolgten Schutzzweckes eine **atypische Situation** vorliegt[70] und der Schutzzweck trotz der Nichteinhaltung nicht oder nicht wesentlich beeinträchtigt wird.[71] Nutzungsbedingte Maßnahmen (Verhaltensregeln) haben in der Regel nur eine geringe Wirksamkeit, da das Verhalten von Menschen erfahrungsgemäß nur schlecht gesteuert werden kann. Sie sind deshalb kaum geeignet, bauliche Schutzmaßnahmen zum Brandschutz zu kompensieren.[72]

110 Ist eine Anlage früher einmal genehmigt worden und ist die Genehmigung nicht untergegangen, genießt sie für den Fall, dass das nunmehr geltende Recht höhere Anforderungen aufstellt, **Bestandsschutz**; einer Abweichung bedarf sie nicht.

111 Anders ist dies allerdings, wenn sich die Genehmigungsfrage neu stellt: Insofern kommt nach der Rechtsprechung des OVG Münster eine Abweichung mit Blick darauf in Frage, dass eine **ältere Bausubstanz** vorliegt und bei einer Nutzungsänderung, die regelmäßig die Übereinstimmung des Vorhabens mit den nunmehr geltenden Bestimmungen erfordert, von dem Bauherrn nicht verlangt werden könne, auf die Nutzbarkeit der vorhandenen baulichen Anlage vollständig zu verzichten.[73] Bei **Neubauvorhaben** gilt das indes nicht, weil von dem Bauherrn erwartet werden kann, das Vorhaben gesetzeskonform zu planen.[74]

5. Verantwortlichkeit

112 Verantwortlich für die Einhaltung der rechtlichen Vorgaben für die Erstellung einer baulichen Anlage, damit auch der Bestimmungen zum Brandschutz, ist derjenige, den die jeweilige Bauordnung für verantwortlich erklärt. § 52 MBO besagt insofern: „Bei der Errichtung, Änderung, Nutzungsänderung und der Beseitigung von Anlagen sind der Bauherr und im Rahmen ihres Wirkungskreises die anderen am Bau Beteiligten [das sind Entwurfsverfasser, Unternehmer, Bauleiter und etwaige Fachbauleiter] dafür verantwortlich, dass die öffentlich-rechtlichen Vorschriften eingehalten werden."

VI. Die rechtlichen Möglichkeiten der Nachbarn

1. Rechtsbehelf gegen die Zulassung eines Vorhabens

113 Für den Fall, dass die Brandschutzmängel bei einem bauaufsichtlich zugelassenen Vorhaben, insbesondere einer Genehmigung, sichtbar werden, kann der Nachbar, sofern die verletzte Vorschrift auch den Zweck hat, Rechte dieses Nachbarn zu schützen, gegen die **Zulassung** vorgehen. Das setzt aber voraus, dass Brandschutz Gegenstand der bauaufsichtlichen Prüfung war. Diesbezüglich wird auf → Rn. 15 ff. verwiesen. Ist er nicht Nachbar im eigentlichen öffentlich-rechtlichen Sinn, hat er keine Rechtsschutzmöglichkeiten gegen die bauaufsichtliche Zulassung. Ihm bleiben nur die nachstehend unter → Rn. 114 ff. dargestellten Möglichkeiten.

2. Antrag auf bauaufsichtliches Einschreiten

114 **a) Förmlicher Antrag.** Soweit in dem Genehmigungsverfahren brandschutzrechtliche Fragen nicht geprüft wurden oder ein Genehmigungsverfahren nicht durchgeführt worden ist, kann ein **Antrag auf bauaufsichtliches Einschreiten** gestellt werden. Auch dieses Verfahren setzt die Verletzung eines subjektiven öffentlichen Rechts voraus. Sinnvollerweise ist in dem Antrag das Geschehen **möglichst präzise zu beschreiben** und gegebenenfalls **mittels geeigneter Unterlagen zu belegen**. Zwar ist die Behörde nach § 24 VwVfG verpflichtet, den Sachverhalt von Amts wegen zu erforschen. Dennoch sind konkrete Hinweise auf

69 OVG Berlin Urt. v. 29.5.1987 – 2 B 27.85, BRS 47 Nr. 147; OVG Lüneburg Beschl. v. 17.1.1986 – 6 B 1/86, BRS 46, Nr. 166.

70 BVerwG Urt. v. 16.5.1991 – 4 C 17.90, juris Rn. 31; OVG Münster Beschl. v. 28.8.1995 – 7 B 2117/95, juris Rn. 21 ff.

71 OVG Berlin Urt. v. 23.4.2002 – 2 B 3.00, BRS 65 Nr. 135.

72 OVG Koblenz Urt. v. 24.1.2002 – 1 A 11023/01, BRS 65 Nr. 139.

73 OVG Münster Urt. v. 22.2.2010 – 7 A 1235/08, juris Rn. 51.

74 OVG Münster Beschl. v. 1.10.2008 – 7 B 1069/08, juris Rn. 17.

jeden Fall förderlich, um die Ermittlungstätigkeit überhaupt in Gang zu setzen und die Ernsthaftigkeit des eigenen Anliegens zu verdeutlichen.

b) Formloser Hinweis auf einen gefährlichen Zustand. Davon unabhängig bleibt es jedem Nachbarn, im Übrigen auch jedem anderen Bürger, unbenommen, die zuständige Stelle des (Bau-)Ordnungsamtes auf eine objektiv gegebene, nicht lediglich belanglose **Gefahrenquelle** aufmerksam zu machen. Schon weil sie sich im Ernstfall nicht nachsagen lassen will, sie sei auf den gefährlichen Zustand hingewiesen worden, habe aber nichts unternommen, wird sie sich in der Regel mit der Sache befassen. 115

c) Entscheidung der Bauaufsicht. Nach § 58 Abs. 2 MBO haben die Bauaufsichtsbehörden **darüber zu wachen, dass die öffentlich-rechtlichen Vorschriften eingehalten werden**. In Befolgung dieses rechtlichen Befehls haben die Behörden den Sachverhalt festzustellen. Um das Vorliegen der Eingriffsvoraussetzungen feststellen zu können, bedarf es daher einer **Überprüfung und Beurteilung der baulichen Situation** im Einzelfall unter Berücksichtigung der realistischer Weise in Betracht kommenden Brandszenarien und der jeweiligen Randbedingungen für Gefahrbekämpfungs- bzw. Rettungsmaßnahmen.[75] Dabei wird erforderlichenfalls die Bauakte hinzugezogen und in schwierigen Fragen die **Brandschutzdienststelle** hinzugezogen. Die letztgenannte Stelle wird erfahrungsgemäß eine gewissenhafte und zuverlässige Stellungnahme abgeben, die Verantwortung über die verwaltungsrechtlichen Entscheidungen verbleibt aber bei der Ordnungsbehörde. 116

Diese wird sodann die Rechtslage zu bewerten und schließlich auf der Grundlage der festgestellten Sach- und Rechtslage eine **(Ermessens-)Entscheidung** darüber zu treffen, 117

- ob eine Maßnahme ergeht (Entschließungsermessen, nachfolgend aa),
- welche Maßnahme für angezeigt gehalten wird (nachfolgend bb),
- gegen wen die Maßnahme erlassen wird (Störerauswahl, nachfolgend cc),
- welche Zeit dem Adressaten zur Erfüllung der Pflicht gewährt wird (nachfolgend dd) und
- ob die Sache so dringend ist, dass der Ausgang eines etwaigen Hauptsachverfahrens nicht abgewartet werden kann, sondern die sofortige Vollziehung angeordnet werden soll (nachfolgend ee).

aa) Entscheidung über das „Ob“. Das Ordnungsrecht im Allgemeinen und das Bauordnungsrecht in Besonderen dienen der Abwehr von Gefahren. Die Aufgabe der **Gefahrenabwehr** obliegt den Ordnungsbehörden von Amts wegen. Zwar sind die landesrechtlichen Eingriffsnormen regelmäßig als Ermessensnormen ausgestaltet. Jedoch entspricht es der ständigen Rechtsprechung, dass bei Vorliegen der tatbestandlichen Voraussetzungen zB für eine Nutzungsuntersagung die daran anknüpfende Rechtsfolge indiziert ist, es sich also um einen Fall des sogenannten **intendierten Ermessens** handelt; das gilt in besonderem Maße bei Brandschutzmängeln, bei denen Gefahren für Leben und Gesundheit im Raum stehen. Die Behörde macht deshalb im Regelfall von ihrem Ermessen nur dann in einer dem Zweck des Gesetzes entsprechenden Weise Gebrauch, wenn sie die rechtswidrige Nutzung einer Anlage unterbindet oder andere gleich taugliche und verhältnismäßige Mittel zur Gefahrenabwehr ergreift.[76] Diese **Ermessensreduzierung** tritt lediglich dann nicht ein, wenn übergeordnete, sich aus der Sache selbst ergebende öffentliche Interessen einem Einschreiten entgegenstehen, die Abweichung von nachbarschützenden Vorschriften sich im Bagatellbereich hält oder eine Abweichung oder Befreiung von nachbarschützenden Vorschriften in Betracht kommt.[77] 118

(1) Einflussmöglichkeiten des „Nachbarn“. Unabhängig von der Amtsermittlungspflicht der Ordnungsbehörden ist ein Hinweis Dritter in vielen Fällen nicht nur sinnvoll, sondern, weil die Ordnungsbehörden nicht die Kapazität haben, alle Gefahrenbereiche im Blick zu behalten, unumgänglich. Allerdings hängen die **Möglichkeiten der Einflussnahme des Nachbarn** auf die Entscheidung, ob und wie die Behörde tätig wird, von seiner **persönlichen Betroffenheit** ab. Im Falle der Verletzung **öffentlich-rechtlich geschützter** 119

75 Vgl. VG München Beschl. v. 25.2.2011 – M 8 S 10.5684, juris Rn. 42, zum Verschließen von Fenstern in einer Treppenraumwand hin zu Wohnungen.

76 VG Düsseldorf Urt. v. 2.3.2016 – 28 K 2758/15, juris Rn. 77.

77 OVG Koblenz Beschl. v. 30.7.2019 – 8 A 10039/19.OVG, nv; VG Neustadt (Weinstraße) Urt. v. 7.1.2020 – 5 K 847/19.NW, juris Rn. 34; VG Koblenz Beschl. v. 20.5.2020 – 4 L 396/20.KO, nv.

Nachbarrechte sind sie erheblich: Der Nachbar kann ein bauaufsichtliches Einschreiten erforderlichenfalls vor Gericht erzwingen. Sind nicht öffentlich-rechtlich geschützte Nachbarrechte betroffen, sind die rechtlichen Möglichkeiten in der Regel eher gering, da in diesem Zusammenhang lediglich begehrt werden kann, dass die Behörde von Amts wegen tätig wird; der Erfolg hängt dann eher von der Überzeugungskraft und der Gefährdung im Einzelfall ab.

120 Selbst wenn dem Nachbarn (im engeren Sinne) ein gerichtlich durchsetzbarer Anspruch auf bauaufsichtliches Einschreiten zusteht, bedeutet dies nicht, dass er Art und Weise des behördlichen Vorgehens bestimmen kann. Dies gilt insbesondere auch für die genaue Länge der dem Adressaten zur Befolgung des Gebots oder Verbots zu gewährende Frist. Soweit die nachfolgenden Ausführungen hierauf eingehen, richten sie sich in erster Linie an die Bauaufsichtsbehörden, die – von Amts wegen, aber auch zur Wahrung von Nachbarrechten und -interessen – zur Gefahrenabwehr tätig werden.

121 **(2) „Gefahr" als Voraussetzung für bauaufsichtliches Einschreiten.** Voraussetzung für ein bauaufsichtliches Einschreiten aus Gründen des Brandschutzes ist das Vorliegen einer **Gefahr**.

122 **(a) Abgrenzung zur Belästigung.** Von der Gefahr ist die (bloße) Belästigung abzugrenzen. Schlichte Belästigungen sind hinzunehmen und rechtlich unerheblich. Erhebliche und unzumutbare Belästigungen[78] können hingegen rechtlich bedeutsam sein; so sind etwa Geräusche, Erschütterungen und Schwingungen, die von ortsfesten Einrichtungen in baulichen Anlagen oder auf Baugrundstücken ausgehen, so zu dämmen, dass Gefahren oder unzumutbare Belästigungen nicht entstehen (§ 15 Abs. 2 S. 2, Abs. 3 MBO). In der Regel setzt ordnungsbehördliches Handeln jedoch eine Gefahr voraus.

123 **(b) Gefahr – abstrakte und konkrete Gefahr.** Die Gefahr ist dem **Schaden** vorgelagert. Weil sich aus einer Gefahr mit einer gewissen Wahrscheinlichkeit (dazu sogleich, → Rn. 129 ff.) ein Schaden entwickeln kann und oft in den Geschehensablauf kaum noch eingegriffen werden kann, soll bereits früh angesetzt und bereits die Gefahr verhindert werden.

124 Unter den zahlreichen Gefahrenbegriffen sind im vorliegenden Zusammenhang die Begriffe der abstrakten Gefahr und der konkreten Gefahr bedeutsam.

125 **(aa) „Abstrakte Gefahr".** Eine **abstrakte Gefahr** liegt vor, wenn nach der Lebenserfahrung aus bestimmten Arten von Zuständen baulicher Anlagen oder Verhaltensweisen von Menschen bei der Nutzung der Anlagen im Einzelfall mit hinreichender Wahrscheinlichkeit ein Schaden einzutreten pflegt. Diese Lebenserfahrung veranlasst den **Normgeber**, eine bestimmte Regelung zu treffen, um dieser abstrakten Gefahr Rechnung zu tragen und Schäden zu verhindern. Eine abstrakte Gefahr reicht auch aus, um zur Vermeidung des tatsächlichen Schadenseintritts Rechtsvorschriften – vgl. hierzu die Verordnungsermächtigung in § 85 MBO – zu erlassen.

126 Die Feststellung einer abstrakten Gefahr verlangt eine in tatsächlicher Hinsicht genügend abgesicherte **Prognose**. Es müssen bei abstrakt-genereller Betrachtung hinreichende Anhaltspunkte vorhanden sein, die den Schluss auf den drohenden Eintritt von Schäden rechtfertigen.[79]

127 Ein typisches Beispiel hierfür ist die Einführung des gesetzlichen Erfordernisses eines **zweiten Rettungsweges** für bestimmte Gebäude. Hier ist das Erfordernis eines baulichen zweiten Rettungswegs aus der Erfahrung mit Brandereignissen entstanden, bei denen wegen des Verlusts des ersten Rettungswegs Menschen zu Schaden kamen.

---

78 Vgl. zum Begriff der erheblichen Belästigung BVerwG Beschl. v. 2.8.2005 – 4 B 41.05, BRS 69 Nr. 102.

79 VG Mainz Beschl. v. 29.4.2020 – 1 L 273/20.MZ, juris Rn. 20; vgl. insgesamt OVG Koblenz Beschl. v. 25.7.2012 – 7 B 10751/12, BeckRS 2012, 54201.

(bb) „Konkrete Gefahr". Für ein ordnungsbehördliches Einschreiten wegen eines Verstoßes gegen eine dem vorbeugenden oder abwehrenden Brandschutz dienende Bestimmung ist eine **konkrete Gefahr** erforderlich.[80] 128

Davon, dass von einer baulichen Anlage eine konkrete Gefahr – für Nutzer der Anlage, für Nachbarn und für Mitbewohner – ausgeht, kann nur gesprochen werden, wenn der Schadenseintritt hinreichend wahrscheinlich ist. Nach der Definition des Preußischen Oberverwaltungsgerichts,[81] an der die Rechtsprechung seither festhält, ist eine Gefahr ein **Zustand, der nach verständigem Ermessen den Eintritt eines Schadens mit Wahrscheinlichkeit erwarten lässt.** Entfernte Möglichkeiten oder allgemeine Vermutungen reichen nicht aus. Nicht bereits jede noch so geringe Schadenswahrscheinlichkeit stellt eine Gefahr dar, erst wenn ein kritisches Maß überschritten wird, liegt eine rechtlich missbilligte Gefahr vor.[82] 129

Das BVerwG betont, dass hinsichtlich des **Grades der Wahrscheinlichkeit** differenziert werden muss je nachdem, welches Schutzgut auf dem Spiel steht. Ist der möglicherweise eintretende Schaden sehr groß, dann können an die Wahrscheinlichkeit des Schadenseintritts nur geringere Anforderungen gestellt werden. Auch wenn die Wahrscheinlichkeit eines Schadenseintritts nach aller Erfahrung äußerst gering ist und in aller Regel allenfalls die nur entfernte Möglichkeit eines Schadenseintritts besteht oder bestand, 130

„muss wegen des damit verbundenen – wenn auch noch so entfernten – Risikos dieser (Schein)gefahr nachgegangen werden, weil – wenn entgegen aller Wahrscheinlichkeit die Gefahr sich verwirklichen sollte – der dann zu gewärtigende Schaden so groß wäre, dass ein Eingreifen trotz der nur entfernten Möglichkeit des Schadenseintritts nicht nur gerechtfertigt, sondern sogar geboten ist (...). Das bedeutet, dass bei der Gefahr besonders großer Schäden ausnahmsweise zur ‚hinreichenden Wahrscheinlichkeit' in der erwähnten Faustformel auch die entfernte Möglichkeit eines Schadenseintritts gehört."[83]

Auf die Ursache der Gefahr und ein eventuelles **Verschulden** kommt es nicht an. Hiervon ausgehend ist bei Brandgefahren die **ordnungsbehördliche Eingriffsschwelle** tendenziell niedrig.[84] In diesem Zusammenhang weist die Rechtsprechung stets – zusätzlich – darauf hin, dass mit der Entstehung eines Brandes praktisch jederzeit gerechnet werden müsse.[85] Ein fehlendes Brandereignis in der Vergangenheit stelle nicht aus sich heraus einen Dauerzustand dar.[86] 131

Aus Gründen der Brandsicherheit kann die Bauaufsichtsbehörde zum Schutz der hochrangigen Rechtsgüter Leben und Gesundheit deshalb schon gefahrenabwehrend tätig werden, sobald eine **gewisse Wahrscheinlichkeit** gegeben ist, dass eine Gefahr für die Schutzziele des Brandschutzes eintreten könnte, falls bestimmte Brandschutzmaßnahmen nicht ergriffen werden. 132

bb) Entscheidung über das „Wie". Die **in Betracht kommenden Maßnahmen** der Bauaufsicht können von der an den jeweiligen Störer zu richtenden **Aufforderung zur Beseitigung eines störenden Hindernisses** über das **Gebot zur Ertüchtigung eines Bauteils** bis hin zum **Verbot der Nutzung eines Gebäudes** reichen. Da ein Hinweis auf bauliche Mängel zB des gemeinsamen Treppenhauses eine auf das gesamte Gebäude bezogene Nutzungsuntersagung nach sich ziehen kann, sind sowohl bei der Antragstellung als auch bei der Auswahlentscheidung der Behörde die Folgen für die anderen Nutzer mit zu bedenken. 133

In der Rechtsprechung ist anerkannt, dass es bei nachträglichen Anforderungen an den Brandschutz wegen der erheblichen Risiken für Leben und Gesundheit im Brandfall gerechtfertigt ist, solche Schutzmaßnahmen zu fordern, die in jeder Hinsicht „auf der sicheren Seite" liegen. Das Ziel, eine effektive und schnelle 134

80 Vgl. VGH München Urt. v. 1.2.1980 – 53 II 77, BeckRS 1980, 108796; OVG Lüneburg Beschl. v. 17.1.1986 – 6 B 1/86, BRS 46, Nr. 166.
81 Preußisches Oberverwaltungsgericht Urt. v. 23.3.1933 – 2I V.C.22/33, PrOVGE 90, 293.
82 VG Hannover Urt. v. 8.12.2011 – 12 A 5532/09, juris Rn. 38.
83 BVerwG Urt. v. 26.6.1970 – IV C 99.67, NJW 1970, 1890.
84 Vgl. zur Schwelle der Gefahrenabwehr OVG Münster Beschl. v. 20.2.2013 – 2 A 239/12, DVBl 2013, 936.
85 Vgl. nur VGH München Beschl. v. 3.4.2020 – 15 ZB 19.1024, juris Rn. 8.
86 Vgl. nur OVG Münster Beschl. v. 4.7.2014 – 2 B 666/14, juris Rn. 18.

Lösung des Problems zu erreichen, kann und muss im Vordergrund stehen. Die Bauaufsichtsbehörde ist daher zB im Falle des Fehlens eines baulichen zweiten Rettungswegs nicht gehalten, sich allein im **finanziellen Interesse** des Ordnungspflichtigen auf die Forderung der Anbringung von Notleitern zu beschränken, sondern kann sicher benutzbare und geeignete Maßnahmen verlangen;[87] hierbei wird sie sich von Brandschutzdienststellen beraten lassen.

135 Wenn die Voraussetzungen einer erheblichen Gefahr für Leib und Leben für gegeben angesehen werden, wie bei gravierenden Mängeln des ersten Rettungswegs und beim Fehlen eines zweiten Rettungswegs, wird sich die **Anordnung zur Beseitigung der Mängel** anbieten.[88] Andererseits ist zu bedenken, dass das Durchsetzen solcher Anordnungen, die oftmals die Durchführung eines Vollstreckungsverfahrens erfordern, erfahrungsgemäß sehr sperrig verläuft, zumal der unwillige **Zustandsstörer** (Vermieter) in der Regel durch ein Hinauszögern Zeit und Geld zu sparen hofft.

136 Deshalb ist zu erwägen, stattdessen dort anzusetzen, wo die Gefahr real existiert, nämlich in der **Nutzung**. Zwar wird damit zunächst der Mieter getroffen, der primär unter den Folgen einer **Nutzungsuntersagung** zu leiden hat, dies obwohl er vielleicht keinen Beitrag zu der Gefahrerhöhung getroffen hat. Da jedoch die von ihm gemietete Mietsache einen erheblichen Mangel aufweist – sie entspricht nicht den gesetzlichen Anforderungen –, mag er sich beim Vermieter schadlos halten. Erfahrungsgemäß genügt oftmals ein behördlicher Hinweis auf den gefährlichen Zustand und das Inaussichtstellen von Mietminderung oder Schadensersatzforderungen seitens der Mieter, um leicht behebbare Mängel (zB das Wegräumen von Blumenkübeln oder die Anbringung einer Rauchabzugseinrichtung) zu erreichen.

137 **cc) Verantwortlichkeit und Störer.** Die **Verantwortlichkeit** für den ordnungsgemäßen Zustand einer baulichen Anlage (zB Verschließen der Öffnung in einer Gebäudeabschlusswand) liegt bei dem Eigentümer (**Zustandsstörer**). Eine Ordnungsverfügung zur (Wieder-)Herstellung des ordnungsgemäßen Zustandes hat daher in aller Regel gegen diesen zu ergehen. Verursacht eine Person eine Gefahr (zB Abstellen eines Gegenstandes im Bereich eines Rettungswegs), so sind die Maßnahmen gegen diese Person zu richten (**Verhaltensstörer**). Das gilt auch für eine unzulässige Nutzung. Hierbei sind jedoch Einschränkungen zu beachten: Eine Nutzungsuntersagung allein wegen formeller Illegalität, die zu Wohnungslosigkeit führt, dürfte oftmals gegen das Gebot der Verhältnismäßigkeit verstoßen. Verursacht eine Person, die zu einer Verrichtung bestellt ist (Verrichtungsgehilfe) die Gefahr in Ausführung der Verrichtung, so können Maßnahmen auch gegen die Person gerichtet werden, die die andere zu der Verrichtung bestellt hat.

138 Im Falle des **Wohnungseigentums** ist die Eigentümergemeinschaft dafür verantwortlich, die für die Instandhaltung und Instandsetzung gemeinschaftlichen Eigentums erforderlichen Maßnahmen zu treffen. Dazu gehört auch die Einhaltung der Brandschutzvorschriften unter Berücksichtigung des planmäßigen Zustandes.

139 **dd) Fristgewährung.** Die **zur Beseitigung der Gefahr zu gewährende Frist** hängt naturgemäß von der Höhe der Gefahr und von den Folgen für die betroffene Person ab. In einer Gefahrensituation ist es Sache der Bauaufsichtsbehörde, zum einen im Interesse der Brandsicherheit effektiv und schnell zu handeln.[89] Andererseits muss sie die Folgen der Verfügung, des Gebots oder Verbots, bedenken und in ihr Ermessen (soweit die Entscheidung nicht eine rechtlich gebundene ist) einstellen und schließlich ihre Ermessensentscheidung im Hinblick auf § 39 Abs. 1 S. 3 VwVfG hinreichend **begründen.**

140 Im Falle von Nutzungsuntersagungen gegen den Mieter einer Wohnung wegen Brandschutzmängeln muss die Bauaufsichtsbehörde im Rahmen ihrer Ermessensentscheidung erwägen (und begründen), weshalb dem Mieter die Nutzung wie einem Eigentümer untersagt werden soll und innerhalb welcher Frist ihm eine

87 OVG Münster Beschl. v. 15.12.2004 – 7 B 2142/04, juris Rn. 20; VGH Mannheim Beschl. v. 29.3.2011 – 8 S 2910/10, juris Rn. 24.

88 VG München Beschl. v. 20.7.2007 – M 9 S 07.789, juris Rn. 30; vgl. auch OVG Lüneburg Beschl. v. 17.1.1986 – BauR 1986, 684 bei unzureichendem Rauchabzug im Treppenhaus; VGH München Urt. v. 17.2.1997 – 14 B 93.1180, juris Rn. 22 – bei fehlender feuerbeständiger Ausgestaltung eines Treppenraums.

89 OVG Münster Beschl. v. 4.7.2014 – 2 B 666/14, juris Rn. 20.

Räumung der Wohnung zuzumuten ist. Sofern Sicherheitsaspekte nicht entgegenstehen, ist unter anderem zu beachten, dass, um eine Wohnungslosigkeit des Mieters zu vermeiden, diesem eine hinreichende Frist zur Auswahl einer neuen Wohnung und für den Umzug dorthin zur Verfügung stehen muss.[90] Dabei können die persönlichen und wirtschaftlichen Verhältnisse des Mieters ebenso von Bedeutung sein wie die Situation des örtlichen Wohnungsmarktes.[91]

Beispiele aus der (nordrhein-westfälischen) Rechtsprechung für Fristen: 141

- Gebot, auf dem Grundstück eine vorschriftsmäßige Feuerwehrzufahrt herzustellen (Ziffer 1), **den Baumbewuchs auf dem Grundstück erheblich einzukürzen** (Ziffer 2) sowie für die Zeit des Übergangs den zweiten Rettungsweg aus den Dachgeschosswohnungen mit **Ersatzkonstruktionen wie Gerüsttreppenanlagen** sicherzustellen (Ziffer 3): Frist von **drei Monaten** zur Befolgung der Ziffern 1 und 2 beziehungsweise von **zwei Wochen** der Ziffer 3 angemessen und ausreichend.[92]
- Nutzungsuntersagung eines Hotels wegen nicht hinreichenden Brandschutzes: Das Hotel verfügte nicht über einen ausreichenden zweiten Rettungsweg, die Öffnungen in den Fenstern, die als Rettungswege dienen sollten, waren nicht ausreichend groß und zu hoch über der Fußbodenoberkante angeordnet: **Sofortige Nutzungsuntersagung**, dh ohne Fristsetzung zulässig, dies zumal deshalb, weil zur Erfüllung der verlangten Unterlassung Vorbereitungshandlungen nicht nötig waren.[93]
- Zwangsräumung (Verschließung und Versiegelung der Hauseingänge) mehrerer Wohnblocks wegen **erheblicher brandschutzrechtlicher Mängel**: Die Türen zwischen dem notwendigen Treppenraum und den Wohneinheiten waren nicht als dichtschließende Türen ausgeführt; die Türen besaßen größtenteils keine Dichtungen, ließen sich nicht ordentlich verschließen und die Türzargen waren nicht ordnungsgemäß eingeputzt; eine alleinige Rettung über die anleiterbaren Fenster war angesichts der erheblichen Anzahl der in den Gebäuden lebenden Personen in angemessener Zeit nicht möglich uVm. Die Vollstreckung der Nutzungsuntersagung im **Sofortvollzug ohne vorangegangene Ordnungsverfügung** war rechtmäßig, weil angesichts der Gefahren **keine Fristsetzung** erforderlich war.[94]
- Ordnungsverfügung mit dem Gebot, die **Öffnung in einer Gebäudeabschlusswand zu schließen**: **sechswöchige Frist** ausreichend.[95]
- **Ermessensfehlerhafte Fristsetzung** zur Aufgabe der Wohnnutzung binnen **sechs Wochen**, weil dem Adressaten der maßgebliche Gesichtspunkt des fehlenden zweiten Rettungswegs nicht mitgeteilt worden war und die wirtschaftlichen Verhältnisse des Mieters der Wohnung sowie die Situation des örtlichen Wohnungsmarktes nicht hinreichend berücksichtigt worden waren.[96]

ee) Anordnung der sofortigen Vollziehung. Bei einer **konkreter Gefahr für die Schutzgüter Leben und Gesundheit** darf die Ordnungsbehörde bei Zweifeln an der Brandsicherheit einer baulichen Anlage schon für die Dauer eines (anhängigen oder zu erwartenden) Hauptsacheverfahrens ohne Eingehung von Kompromissen eine Nutzungsuntersagung und gegebenenfalls auch andere geeignete Maßnahmen durchsetzen; die Rechtsprechung sieht eine **sofortige Vollziehung** der Ordnungsverfügung als regelmäßig geboten an.[97] 142

90 VG Köln Beschl. v. 5.4.2019 – 8 L 34/19, juris Rn. 26 ff.
91 Vgl. OVG Münster Beschl. v. 27.7.2018 – 10 B 850/18, juris Rn. 5.
92 VG Gelsenkirchen Beschl. v. 9.1.2014 – 5 L 1372/13, juris Rn. 44.
93 VG Düsseldorf Urt. v. 2.3.2016 – 28 K 2758/15, juris Rn. 93.
94 VG Düsseldorf Beschl. v. 17.10.2016 – 25 L 3430/16, juris Rn. 48.
95 VG Köln Beschl. v. 2.2.2019 – 23 L 2532/18, juris Rn. 48.
96 VG Köln Beschl. v. 5.4.2019 – 8 L 34/19, juris Rn. 33.
97 Vgl. zB OVG Berlin Beschl. v. 22.5.2002 – 2 S 10.02, juris Rn. 5; OVG Greifswald Beschl. v. 27.3.2015 – 3 M 38/15, juris Rn. 33; VG Köln Beschl. v. 3.9.2018 – 23 L 2061/18, juris Rn. 41 (Verfügung der Räumung von Baumhäusern und Nutzungsuntersagung und Anordnung der sofortigen Vollziehung ohne „Vorwarnung" binnen einer Frist von 30 Minuten!).

25. Brunnen

Umbach

Literatur: *Horst*, Ausgewählte Fragen zum nachbarlichen Grundstücksgebrauch, MDR 1998, 685.

I. Einführung

1 Brunnen sind Bauwerke zur Wassergewinnung aus einem Grundwasserleiter. Es existieren unterschiedliche **Arten**, wie Zieh- bzw. Tiefbrunnen, Quellbrunnen, artesische Brunnen, aus denen Grundwasser durch Überdruck aufsteigt,[1] sowie weitere besondere Formen. Im nachbarrechtlichen Verhältnis können verschiedenartige Streitigkeiten hinsichtlich der Errichtung und Nutzung von Brunnen auftreten. Konfliktpotentiale bieten negative Einwirkungen auf das über eine Brunnenanlage geförderte Grundwasser oder Maßnahmen, die zu einem Entzug des Grundwassers bis hin zum Versiegen eines errichteten Brunnens führen. Bau und Betrieb eines Brunnens können ihrerseits Ursachen für Störungen im Nachbarschaftsverhältnis setzen. Die Beurteilung, ob und welche Abwehrrechte in Betracht kommen, hängt von der Art der beanstandeten Beeinträchtigung ab, so dass differenzierende Betrachtungen angezeigt sind.

2 Da Brunnen gewöhnlich auf die Nutzung des Grundwassers abzielen, werden spezifische Fragen zu Gegenstand und Reichweite der Eigentumsrechte nach Art. 14 Abs. 1 GG und zu den wasserrechtlichen Benutzungsbefugnissen aufgeworfen. Es ergeben sich bei einem Brunnengebrauch nicht nur bürgerlich-rechtliche, sondern vor allem auch öffentlich-rechtliche Benutzungsvorgaben (→ *Grundwasser* Rn. 3). Insbesondere die Kodifikationen im Wasserhaushaltsgesetz (WHG) und in den Wassergesetzen der Bundesländer prägen die Rechte im Nachbarschaftsverhältnis und strahlen auf die Anwendung bürgerlich-rechtlicher Normen aus.[2]

1 Vgl. BayObLG Urt. v. 13.6.1980 – 2 Z 141/79, BayVBl. 1980, 728.
2 BVerfG Beschl. v. 15.7.1981 – 1 BvL 77/78, NJW 1982, 745 (747 f.); BVerwG Urt. v. 15.7.1987 – 4 C 56/83, NJW 1988, 434 (435).

II. Befugnisse des Eigentümers

Gestützt auf § 903 Satz 1 BGB steht es jedem Grundstückseigentümer frei, nach Belieben mit seinem Grundstück zu verfahren. Durch § 905 Satz 1 BGB werden Gegenstand und Reichweite der Eigentumsrechte räumlich konkretisiert. Diese erfassen auch den **Erdkörper**, dh den Raum unter der Grundstücksoberfläche, also den senkrecht darunter liegenden Bereich.[3] Diese Ausgangslage gestattet dem Grundeigentümer oder Nutzungsberechtigten grundsätzlich die Errichtung von Brunnenbauten auf dem eigenen Grundstück, einschließlich der hiermit verbundenen Schacht- und Bauarbeiten. Behinderungen dieser Rechte sind nach § 1004 Abs. 1 BGB oder § 862 Abs. 1 BGB abwehrfähig.[4] 3

Allerdings gewährleistet § 905 Satz 1 BGB dem Grundeigentümer keine eigentumsrechtlichen Befugnisse in Bezug auf das unter dem Grundstück befindliche oder fließende Grundwasser.[5] **Grundwasser** ist natürlich vorkommendes unterirdisches Wasser. Gemäß der Legaldefinition in § 3 Nr. 3 WHG handelt es sich um unterirdisches Wasser in der Sättigungszone, das in unmittelbarer Berührung mit dem Boden oder dem Untergrund steht. Es kann in unterschiedlichen Grundwasserleitern bzw. Grundwasserkörpern vorkommen. Diese werden durch Brunnenanlagen regelmäßig gezielt erschlossen.[6] Nach der grundlegenden Entscheidung des BVerfG vom 15.7.1981 gehört das unter einem Grundstück befindliche Grundwasser nicht zum Grundeigentum,[7] was inzwischen ständiger Rechtsprechung des BGH[8] und des BVerwG[9] entspricht. In § 4 Abs. 2 WHG hat der Gesetzgeber in Bezug auf das Grundeigentum die Inhalts- und Schrankenregelung getroffen, dass Grundwasser hiervon nicht umfasst, mithin nicht eigentumsfähig ist. Weiterführend bestimmt § 4 Abs. 3 Nr. 1 WHG, dass das Grundeigentum nicht zu einer Gewässerbenutzung berechtigt, wenn diese einer behördlichen Zulassung bedarf. Aufgrund dieser Rechtslage besteht Einigkeit, dass ein Grundstückseigentümer **mangels Eigentumsfähigkeit** des Grundwassers keine Befugnisse über § 903 Satz 1, § 905 Satz 1 BGB in dieser Hinsicht abzuleiten vermag.[10] 4

III. Bürgerlich-rechtliche Ansprüche unter Grundstücksnachbarn

Ausgehend von dieser Einordnung ist bei der Beurteilung, ob im Zusammenhang mit der Errichtung und Nutzung von Brunnen **bürgerlich-rechtliche** Abwehr-, Beseitigungs- oder Unterlassungsansprüche sowie Schadenersatz- oder Ausgleichsansprüche in Betracht kommen, danach zu unterscheiden, gegen welche Beeinträchtigung sich der Anspruchsteller im Rahmen der Nachbarschaftsbeziehung wendet. 5

1. Entzug des Grundwassers durch vom Nachbargrundstück herrührende Maßnahmen oder Zustände

Rechtsschutz im Nachbarverhältnis kann zunächst darauf abzielen, dass der Eigentümer bzw. Nutzungsberechtigte hinsichtlich eines auf seinem Grundstück errichteten Brunnens gegen Handlungen des Grundstücksnachbarn vorgehen will, die zu einem **Entzug** von Grundwasser im Brunnenbereich führen. Dabei sind unterschiedliche von dem Nachbargrundstück herrührende Ursachen denkbar, welche aufgrund der 6

---

3 BGH Urt. v. 13.7.1978 – III ZR 28/76, NJW 1978, 2290 (2291); Urt. v. 23.10.1980 – III ZR 146/78, MDR 1981, 566 (567); OLG Köln Urt. v. 16.6.2014 – 12 U 44/13, RuS 2014, 576.

4 Vgl. Palandt/*Herrler* BGB § 905 Rn. 1.

5 BVerfG Beschl. v. 15.7.1981 – 1 BvL 77/78, NJW 1982, 745 (747); BGH Beschl. v. 26.4.1990 – III ZR 260/89, juris Rn. 5; OLG Köln Urt. v. 16.6.2014 – 12 U 44/13, RuS 2014, 576.

6 Zur Einordnung des in einem Brunnen befindlichen Wassers als Grundwasser – vgl. OLG Celle Urt. v. 24.11.1994 – 3 Ss 149/94, NJW 1995, 3197 (3198).

7 BVerfG Beschl. v. 15.7.1981 – 1 BvL 77/78, NJW 1982, 745 (747).

8 BGH Beschl. v. 26.4.1990 – III ZR 260/89, juris Rn. 5; Urt. v. 6.5.1999 – III ZR 89/97, NJW 1999, 3203 (3204); anders noch BGH Urt. v. 22.12.1976 – III ZR 62/74, NJW 1977, 1770; Vorlagebeschl. v. 13.7.1978 – III ZR 28/76, NJW 1978, 2290 (2291).

9 BVerwG Urt. v. 16.11.2017 – 9 C 15/16, BVerwGE 160, 334 (338); vgl. auch BVerwG Urt. v. 15.7.1987 – 4 C 56/83, NJW 1988, 434 (435).

10 BGH Beschl. v. 26.4.1990 – III ZR 260/89, juris Rn. 5; BVerwG Urt. v. 15.7.1987 – 4 C 56/83, NJW 1988, 434 (435); Palandt/*Herrler* BGB § 905 Rn. 1; vgl. OLG Köln Urt. v. 16.6.2014 – 12 U 44/13, RuS 2014, 576.

Verbundenheit der Grundwasserkörper oder -leiter eine Verringerung der (bisherigen) Grundwasserkapazitäten zur Folge haben. Auf das Grundwasser wirkende Maßnahmen in einem benachbarten Grundstück können im Zusammenhang mit einem Bauvorhaben stehen, etwa wenn vorübergehende Grundwasserabpumpungen aus Anlass von Tiefbauarbeiten vorgenommen,[11] dauerhafte Grundwasserabsenkungen aus baubedingten Gründen realisiert oder sonst wasserführende Schichten blockiert werden. Ebenso können durch auf dem Nachbargrundstück betriebene Förder- oder Brunnenanlagen oder sonstige übermäßige Grundwasserentnahmen die Wasserkapazitäten der umliegenden Grundstücke negativ beeinträchtigt werden.[12] Tragen sinkende Grundwasserspiegel dazu bei, dass ein auf dem betroffenen Grundstück errichteter Brunnen nur noch beschränkt nutzbar ist oder ganz versiegt, kann dies im Einzelfall gewichtige wirtschaftliche Nachteile verursachen.[13]

7 **a) Beseitigungs- und Unterlassungsansprüche nach § 1004 Abs. 1 BGB.** Die Norm des § 1004 Abs. 1 BGB verbürgt verschuldensunabhängige Ansprüche auf **Beseitigung** (Satz 1) und **Unterlassung** (Satz 2) von Beeinträchtigungen des Eigentums. Inhalt und Umfang eines auf § 1004 Abs. 1 BGB gestützten negatorischen Abwehranspruchs ergeben sich aus den gesetzlichen Regelungen des Nachbarrechts, das durch einen Ausgleich der einander widerstreitenden Interessen der Nachbarn gekennzeichnet ist und sich nicht nur als Bundesrecht im BGB findet (§§ 906 ff. BGB), sondern auch in den die allgemeinen nachbarrechtlichen Bestimmungen ändernden und ergänzenden Rechtsvorschriften enthalten ist, die nach Art. 1 Abs. 2, Art. 124 Satz 1 EGBGB dem Landesgesetzgeber vorbehalten sind.[14] Die jeweilige Eigentümerstellung wird durch die Zusammenschau aller sie regelnden gesetzlichen Vorschriften bestimmt, die zugleich ihren Inhalt und ihre Schranken ausmachen. Hierzu zählen aus den genannten Gründen auch die aus den wasserhaushaltsrechtlichen Bestimmungen folgenden Inhalts- und Schrankenbestimmungen. Nur in dem hiernach gegebenen Rahmen kann der Eigentümer sich gegen Beeinträchtigungen zur Wehr setzen.[15]

8 Die Frage, ob der einen Brunnen betreibende Grundeigentümer von dem benachbarten Grundstück herrührende Beeinträchtigungen des Grundwasserzuflusses über § 1004 Abs. 1 BGB als **Eigentumsverletzung** abwehren kann, ist grundsätzlich zu **verneinen**. Bereits das RG hat entschieden, dass eine Entziehung des Grundwassers durch dessen Förderung oder Ableitung auf dem benachbarten Grundstück keine Eigentumsbeeinträchtigung am betroffenen Grundstück darstellt.[16] Denn es besteht kein aus dem Eigentum ableitbares Recht auf ungestörten Zufluss des Grundwasserstroms.[17] Dies galt unabhängig von der bis zur Entscheidung des BVerfG vom 15.7.1981[18] in der zivilgerichtlichen Rechtsprechung vorherrschenden Auffassung, wonach § 905 Satz 1 BGB eine eigentumsrechtliche Zugriffsbefugnis auf unter dem Grundstück tatsächlich vorgefundenes Grundwasser gewährleiste. Auf der Grundlage der geltenden wasserhaushaltsrechtlichen Vorschriften ist eine abwehrfähige Eigentumsstörung generell ausgeschlossen, weil eine Zuordnung des Grundwassers zum Grundeigentum nach § 4 Abs. 2 WHG ausscheidet. Nach § 4 Abs. 3 Nr. 1 WHG berechtigt das Grundeigentum nicht zu einer Gewässer-, einschließlich Grundwasserbenutzung,[19] wenn eine behördliche Zulassung erforderlich ist. Zusätzlich ist in § 10 Abs. 2 WHG bestimmt, dass selbst die eine Nutzung von Grundwasser (§ 9 Abs. 1 Nr. 5 WHG) legitimierenden Erlaubnisse und Bewilligungen im Sinne von § 8 Abs. 1 WHG grundsätzlich keinen Anspruch auf Wasserzufluss in einer bestimmten Menge und Beschaffenheit geben. Genauso wenig besteht für den engen Bereich einer erlaubnisfreien Benutzung

11 BGH Urt. v. 22.12.1976 – III ZR 62/74, NJW 1977, 1770; vgl. auch BGH Urt. v. 22.12.1976 – III ZR 89/75, WM 1977, 981; Urt. v. 23.6.1983 – III ZR 79/82, NJW 1984, 975.

12 OLG Nürnberg Urt. v. 28.3.1985 – 5 U 1624/83, juris; LG Regensburg Urt. v. 8.4.1983 – 1 O 196/83, juris.

13 Vgl. BGH Urt. v. 22.12.1976 – III ZR 62/74, NJW 1977, 1770, zu einem Unternehmen der Mineralwasserförderung; siehe auch BGH Urt. v. 22.12.1976 – III ZR 89/75, WM 1977, 981.

14 BGH Urt. v. 12.11.1999 – V ZR 229/98, NJW-RR 2000, 537 (537 f.); Urt. v. 12.6.2015 – V ZR 168/14, NJW-RR 2016, 24.

15 BGH Urt. v. 12.11.1999 – V ZR 229/98, NJW-RR 2000, 537 (538).

16 RG Urt. v. 17.11.1931 – V 222/31, JW 1932, 1046; vgl. auch BGH Urt. v. 22.12.1976 – III ZR 62/74, NJW 1977, 1770; Urt. v. 22.12.1976 – III ZR 89/75, WM 1977, 981 (982).

17 Staudinger/*Thole* BGB § 1004 Rn. 204.

18 BVerfG Beschl. v. 15.7.1981 – 1 BvL 77/78, NJW 1982, 745.

19 Vgl. *Czychowski/Reinhardt* WHG § 3 Rn. 23 f.

des Grundwassers nach § 46 Abs. 1 Satz 1 WHG eine auf den Grundwasserzufluss gerichtete eigentumsrechtliche Rechtsposition.[20] Es besteht vor diesem Hintergrund keine aus Eigentumsrechten resultierende Möglichkeit, den Nachbarn gemäß § 1004 Abs. 1 BGB zu verpflichten, auf seinem Grundstück grundwasserabsenkende Maßnahmen zu unterlassen oder dahin gehende Zustände zu beseitigen. Eine Verletzung des Grundeigentums liegt nicht darin, dass dem Grundstück das Grundwasser entzogen wird und gegebenenfalls ein Brunnen versiegt.[21] Dies gilt im Übrigen auch dann, wenn Altrechte auf Benutzung von Grundwasser in Rede stehen, denn diese werden nicht aufgrund des Grundeigentums ausgeübt.[22] Es gilt vielmehr eine **öffentlich-rechtliche Benutzungsordnung** nach dem WHG,[23] so dass das Eigentum am Grundstück auch in diesem Kontext keine Abwehransprüche zu vermitteln vermag.

Im Rahmen des § 1004 Abs. 1 BGB erlangen **Duldungspflichten** nach § 1004 Abs. 2 iVm § 906 Abs. 1 und 2 BGB hinsichtlich der Entziehung von Grundwasser schon deswegen keine Bedeutung, weil es aus den genannten Gründen an einer Eigentumsbeeinträchtigung fehlt. Ungeachtet dessen bleibt festzuhalten, dass § 906 Abs. 1 und 2 BGB ohnehin nur Zuführungen, nicht hingegen Abführungen oder Entziehungen von Stoffen erfasst.[24] 9

b) Beseitigungs- und Unterlassungsansprüche analog § 1004 Abs. 1 iVm § 823 Abs. 1 BGB. Soweit anerkannt ist, dass § 1004 Abs. 1 BGB analoge Anwendung auf andere absolute Rechte im Sinne des § 823 Abs. 1 BGB findet, so dass verschuldensunabhängige Beseitigungs- und Unterlassungsverlangen gleichermaßen bei eingetretenen oder drohenden Beeinträchtigungen absolut geschützter Rechtsgüter durchgesetzt werden können,[25] lässt sich ein Grundwasserentzug über derartige **quasinegatorische** Ansprüche lediglich in Teilbereichen abwehren. 10

Die in der Rechtsprechung aufgeworfene Frage, ob gesicherte **Wasserrechte** ein sonstiges Recht im Sinne des § 823 Abs. 1 BGB darstellen, betraf Altrechte etwa nach dem Preußischen Wassergesetz.[26] In der Regel gewährleisteten aber derartige alte Zugriffsbefugnisse auf das Grundwasser kein Recht auf Zufluss bestimmter Wassermengen, so dass ein Rückgriff auf § 823 Abs. 1 BGB ausschied.[27] 11

Die Annahme eines abwehrfähigen sonstigen Rechts im Sinne des § 823 Abs. 1 BGB ist ebenso wenig dann gerechtfertigt, wenn der Brunneninhaber bezogen auf sein Grundstück über eine **Erlaubnis** zur Grundwasserbenutzung im Sinne der § 8 Abs. 1 Alt. 1, § 10 Abs. 1 Alt. 1 und § 9 Abs. 1 Nr. 5 WHG verfügt. Eine Erlaubnis gewährt lediglich eine Benutzungsbefugnis, verbürgt also kein subjektives öffentliches Recht.[28] Es steht insofern kein von jedermann zu beachtendes, absolutes Schutzgut im Sinne eines sonstigen Rechts gemäß § 823 Abs. 1 BGB in Rede. 12

Anderes gilt, wenn der Brunneninhaber über eine wasserrechtliche **Bewilligung** hinsichtlich der Grundwasserbenutzung gemäß § 8 Abs. 1 Alt. 2, § 10 Abs. 1 Alt. 2 und § 9 Abs. 1 Nr. 5 WHG verfügt. Eine Bewilligung, also eine behördlich gewährte Berechtigung, ein Gewässer zu einem bestimmten Zweck in einer 13

20 *Czychowski/Reinhardt* WHG § 46 Rn. 8.

21 BGH Beschl. v. 26.4.1990 – III ZR 260/89, juris Rn. 5; OLG Nürnberg Urt. v. 28.3.1985 – 5 U 1624/83; *Dreher* Teil B, § 38, S. 12b; Staudinger/*Thole* BGB § 1004 Rn. 204.

22 BVerfG Beschl. v. 15.7.1981 – 1 BvL 77/78, NJW 1982, 745 (752).

23 BVerfG Beschl. v. 15.7.1981 – 1 BvL 77/78, NJW 1982, 745 (752); BVerwG Urt. v. 15.7.1987 – 4 C 56/83, NJW 1988, 434 (435); BGH Urt. v. 6.5.1999 – III ZR 89/97, NJW 1999, 3203 (3204).

24 RG Urt. v. 7.12.1912 – V 280/12, JW 1913, 267; vgl. auch RG Urt. v. 16.6.1937 – V 241/36, RGZ 155, 154 (158).

25 BGH Urt. v. 25.4.1958 – I ZR 97/57, NJW 1958, 1043; Urt. v. 20.12.2011 – VI ZR 261/10, NJW 2012, 771; Palandt/*Herrler* BGB § 1004 Rn. 4.

26 Vgl. BGH Urt. v. 22.12.1976 – III ZR 62/74, NJW 1977, 1770 (1770 f.); Urt. v. 22.12.1976 – III ZR 89/75, WM 1977, 981 (982); vgl. auch BVerfG Beschl. v. 15.7.1981 – 1 BvL 77/78, NJW 1982, 745 (752).

27 BGH Urt. v. 22.12.1976 – III ZR 62/74, NJW 1977, 1770 (1771); Urt. v. 22.12.1976 – III ZR 89/75, WM 1977, 981 (982).

28 Vgl. BGH Urt. v. 22.12.1976 – III ZR 62/74, NJW 1977, 1770 (1771); Urt. v. 22.12.1976 – III ZR 89/75, WM 1977, 981 (982); Urt. v. 5.10.1995 – III ZR 61/93, NVwZ 1996, 821 (822 f.).

nach Art und Maß bestimmten Weise zu benutzen, begründet ein subjektiv öffentliches Recht,[29] welches zugleich privatrechtlichen Schutz genießt. Vor diesem Hintergrund wird eine Anwendung des § 823 Abs. 1 BGB bejaht, wobei Schutz lediglich im Umfang der bewilligten Benutzung gewährt wird.[30] Der Umstand, dass in § 10 Abs. 2 WHG festgehalten ist, dass mit einer Bewilligung kein Recht auf Zufluss von Wasser in einer bestimmten Menge und Beschaffenheit verbunden ist,[31] steht der Annahme eines absoluten Rechts nicht notwendig entgegen, zumal der Regelungsgegenstand der Norm umstritten ist[32] und eine zwingende Ausstrahlungswirkung in das privatrechtliche Nachbarverhältnis abzulehnen ist.[33]

14 Im Fall der Beeinträchtigung des Grundwasserzuflusses bei einem gewerblich genutzten Brunnen scheiden Beseitigungs- und Unterlassungsansprüche analog § 1004 Abs. 1 BGB unter dem Gesichtspunkt eines Eingriffs in den über § 823 Abs. 1 BGB geschützten **eingerichteten und ausgeübten Gewerbebetrieb** zumeist aus. Regelmäßig fehlt es bereits an einer unmittelbaren Betriebsbezogenheit der grundwasserentziehenden Maßnahmen.[34] Hinzu kommt, dass es an einer sowohl dem Grundstückseigentum als auch dem Gewerbebetrieb zugeordneten Rechtsposition mangelt (§ 4 Abs. 2 und 3 Nr. 1 sowie § 10 Abs. 2 WHG) und sich daher eine Verminderung des Grundwasserzuflusses gewöhnlich nicht als rechtswidriger Eingriff in den Gewerbebetrieb qualifizieren lässt.[35] In Betracht gezogen wird allerdings eine § 823 Abs. 1 BGB unterfallende Beeinträchtigung des eingerichteten und ausgeübten Gewerbebetriebs, sofern die den Grundwasserzufluss verhindernde Maßnahme des Nachbarn die bislang gegebene Grundstückssituation nachhaltig verändert und dadurch eine schwere und unerträgliche Betroffenheit eintritt.[36]

15 **c) Beseitigungs- und Unterlassungsansprüche analog § 1004 Abs. 1 iVm § 823 Abs. 2 BGB.** Im Hinblick auf eine durch die Entziehung von Grundwasser bedingte Beeinträchtigung der Brunnennutzung kommt in gewissem Umfang ein Rechtsschutz analog § 1004 Abs. 1 iVm § 823 Abs. 2 BGB in Betracht. Es ist im Ausgangspunkt in der Rechtsprechung anerkannt, dass im Nachbarverhältnis analog § 1004 Abs. 1 BGB Beseitigungs- und Unterlassungsansprüche eröffnet sind, wenn nach § 823 Abs. 2 BGB besonders geschützte Rechtspositionen beeinträchtigt werden.[37]

16 Dabei gilt jedoch zunächst, dass das WHG primär das Allgemeininteresse bzw. **öffentliche Interesse** an der Ordnung des Wasserhaushalts schützt, so dass die gesetzlichen Bestimmungen überwiegend nicht den Schutz eines anderen im Sinne des § 823 Abs. 2 BGB bezwecken, mithin keinen Schutzgesetzcharakter haben.[38] Abgelehnt hat es der BGH insbesondere, die Bußgeldvorschrift des § 103 Abs. 1 Nr. 1 WHG, die unerlaubte Gewässernutzungen sanktioniert, als Schutzgesetz zugunsten eines Grundstücksnachbarn einzustufen.[39] Ebenfalls sichern die eine Gewässernutzung legitimierenden Bestimmungen des WHG keinen privatrechtlichen Schutz.[40] Die Wassergesetze der Länder enthalten in der Regel ebenfalls keine Vorgaben, die zum Schutz des anliegenden Grundstückseigentümers die Entziehung von Grundwasser durch Nachbarn

29 Vgl. BGH Urt. v. 5.10.1995 – III ZR 61/93, NVwZ 1996, 821 (822); Urt. v. 23.6.1983 – III ZR 79/82, NJW 1984, 975 (976).

30 Siehe *Czychowski/Reinhardt* WHG § 10 Rn. 65; *Sieder/Zeitler/Dahme/Knopp* WHG § 10 Rn. 48.

31 BGH Urt. v. 22.12.1976 – III ZR 62/74, NJW 1977, 1770 (1772).

32 Vgl. *Czychowski/Reinhardt* WHG § 10 Rn. 70.

33 Vgl. BGH Urt. v. 5.10.1995 – III ZR 61/93, NVwZ 1996, 821 (823). Näher dazu unter → Rn. 19.

34 OLG Nürnberg Urt. v. 16.1.1990 – 1 U 3248/89, NJW 1991, 299. Vgl. BGH Urt. v. 22.12.1976 – III ZR 62/74, NJW 1977, 1770 (1772); *Czychowski/Reinhardt* WHG § 14 Rn. 49.

35 Vgl. BGH Urt. v. 22.12.1976 – III ZR 62/74, NJW 1977, 1770 (1772); Urt. v. 22.12.1976 – III ZR 89/75, WM 1977, 981 (982).

36 BVerwG Urt. v. 11.11.1962 – IV C 102.67, BVerwGE 36, 248 (249); offengelassen BGH Urt. v. 22.12.1976 – III ZR 89/75, WM 1977, 981 (982); vgl. auch *Czychowski/Reinhardt* WHG § 14 Rn. 50; *Sieder/Zeitler/Dahme/Knopp* WHG § 10 Rn. 49.

37 Vgl. allg. BGH Urt. v. 26.2.1993 – V ZR 74/92, NJW 1993, 1580; Urt. v. 17.7.2008 – I ZR 219/05, NJW 2008, 3565 (3566).

38 Vgl. BGH Urt. v. 22.12.1976 – III ZR 62/74, NJW 1977, 1770 (1773).

39 BGH Urt. v. 22.12.1976 – III ZR 62/74, NJW 1977, 1770 (1773); Urt. v. 22.12.1976 – III ZR 89/75, WM 1977, 981 (982).

40 *Czychowski/Reinhardt* WHG § 8 Rn. 20; vgl. auch BGH Urt. v. 22.12.1976 – III ZR 62/74, NJW 1977, 1770 (1773).

verbieten. Landesrechtliche Anordnungen, wonach Grundwasserentnahmen auf das unbedingt erforderliche Maß zu begrenzen sind,[41] haben eine primär öffentlich-rechtliche Schutzrichtung und vermitteln zumeist keine Gewährleistung, aus welcher der Grundstückseigentümer Ansprüche analog § 1004 Abs. 1 iVm § 823 Abs. 2 BGB herleiten könnte.

Trotz dieser Ausgangslage hat der BGH im Urteil vom 22.12.1976 im Einzelnen entwickelt, dass § 14 Abs. 3 und 4 WHG dem von einer Gewässerbenutzung betroffenen Dritten nicht nur eine verfahrensrechtliche Teilhabe, sondern auch eine materielle Rechtsstellung einräumt, welche Anknüpfung für die Anerkennung einer Schutzgesetzqualität im Sinne des § 823 Abs. 2 BGB sein kann.[42] Die Norm des § 14 Abs. 3 und 4 WHG schreibt die Berücksichtigung von **Rechten** oder sonst schutzwürdiger **Belange** eines Dritten anlässlich eines vom Nachbarn angestrebten Bewilligungsverfahrens vor. Für Erlaubniserteilungen können entsprechende Vorgaben unmittelbar aus landeswassergesetzlichen Bestimmungen resultieren.[43] Unabhängig davon hat der BGH in nachfolgenden Entscheidungen herausgearbeitet, dass die Maßstäbe des § 14 Abs. 3 und 4 WHG allgemein Ausdruck eines materiellen Wassernachbarrechts privatrechtlicher Natur und daher auch bei den Nachbarn begünstigenden Benutzungserlaubnissen oder sonstigen tatsächlichen Gewässerbenutzungen zu berücksichtigen sind. Denn für die Tragweite des Schutzgesetzcharakters im Sinne des § 823 Abs. 2 BGB und die Beurteilung der einem Dritten gewährten privatrechtlichen Rechtspositionen kommt es nicht entscheidend darauf an, welche Rechtsstellung der benachbarte Gewässerbenutzer öffentlich-rechtlich innehat.[44] Vor diesem Hintergrund statuiert die genannte Bestimmung die Maßstäbe des privatrechtlichen **Wassernachbarrechts** insgesamt. 17

Der eingreifende **Individualschutz** erlaubt es einem Brunneninhaber im Rahmen der Schutzgesetzgewährleistung, sich gegen Grundwasserbenutzungen des Nachbarn – vorbehaltlich der Präklusionsnorm des § 16 Abs. 1 und 2 WHG (dazu → Rn. 27) – zur Wehr zu setzen, sofern hiermit rechtsbeeinträchtigende oder sonst nachteilige Wirkungen in der von § 14 Abs. 3 und 4 WHG erfassten Form einhergehen, ohne dass es entscheidend darauf ankommt, aufgrund welcher Gestattung der Nachbar auf das Grundwasser zugreift. Durch die öffentlich-rechtliche Benutzungsordnung des WHG wird die privatrechtliche Rechtsstellung Dritter nicht abschließend geregelt.[45] Vielmehr sind analog § 1004 Abs. 1 iVm § 823 Abs. 2 BGB Abwehransprüche möglich, sofern der Nachbar in öffentlich-rechtlich illegitimer, aber auch legitimer Art und Weise auf das Grundwasser in rechtsverletzender oder benachteiligender Form zugreift. 18

Entsprechende bürgerlich-rechtliche Abwehransprüche sind nach höchstrichterlicher Rechtsprechung nicht deshalb ausgeschlossen, weil gemäß § 10 Abs. 2 WHG weder die Erlaubnis noch die Bewilligung ein Recht auf Zufluss von Grundwasser in bestimmter Menge und Beschaffenheit gibt.[46] Dieser wasserhaushaltsrechtliche Grundsatz bedeutet nicht, dass der Betroffene gegenüber Beeinträchtigungen seiner grundwasserbezogenen Nutzungsbefugnis durch einen anderen Gewässerbenutzer schutzlos wäre. Der Interessenkonflikt zwischen mehreren Gewässernutzern ist wassernachbarrechtlich vielmehr unter Heranziehung der Grundsätze des § 14 Abs. 3 und 4 WHG und etwaiger ergänzender landeswasserrechtlicher Vorschriften aufzulösen. Dabei können nicht nur auf die Beeinträchtigung eines Rechts gestützte Einwendungen berücksichtigt werden, sondern nach § 14 Abs. 4 WHG auch solche, die nachteilige Einwirkungen auf bestimmte Interessen und Belange erwarten lassen, die keine Rechte im Sinne des § 14 Abs. 3 WHG darstellen.[47] Im 19

41 Vgl. beispielsweise § 39 SächsWG.

42 BGH Urt. v. 22.12.1976 – III ZR 62/74, NJW 1977, 1770 (1774); vgl. BGH Urt. v. 22.12.1976 – III ZR 89/75, WM 1977, 981 (982); Urt. v. 23.6.1982 – III ZR 79/82, NJW 1984, 975 (976); Urt. v. 5.10.1995 – III ZR 61/93, NVwZ 1996, 821 (823).

43 *Czychowski/Reinhardt* WHG § 8 Rn. 21.

44 BGH Urt. v. 23.6.1982 – III ZR 79/82, NJW 1984, 975 (976); Urt. v. 5.10.1995 – III ZR 61/93, NVwZ 1996, 821 (823).

45 BGH Urt. v. 5.10.1995 – III ZR 61/93, NVwZ 1996, 821 (823); *Czychowski/Reinhardt* WHG § 10 Rn. 73.

46 BGH Urt. v. 5.10.1995 – III ZR 61/93, NVwZ 1996, 821 (823); vgl. BGH Urt. v. 22.12.1976 – III ZR 62/4, juris Rn. 55; *Czychowski/Reinhardt* WHG § 10 Rn. 73.

47 Siehe zu den berücksichtigungsfähigen Rechten und Belangen → Rn. 63 ff.

Kern wird dabei das Wassernachbarrecht wesentlich vom **Ausgleichsgedanken** beherrscht.[48] Nach dem Grundsatz der Gemeinverträglichkeit, dem in der rechtlichen Ordnung der Gewässerbenutzungen besondere Bedeutung zukommt, sind Gewässer so zu nutzen, dass alle Benutzer den größtmöglichen Vorteil aus dem Wasser ziehen können und eine Beeinträchtigung des Wohls der Allgemeinheit sowie jede vermeidbare Beeinträchtigung anderer unterbleibt. Das materielle Wassernachbarrecht gibt beim Zusammentreffen verschiedener Benutzungen einzelnen Interessen solange keinen Vorrang, wie – bei Beachtung des Wohls der Allgemeinheit – die Benutzungen miteinander vereinbar sind oder Beeinträchtigungen ausgeglichen werden können. Es gilt das Gebot der gegenseitigen Rücksichtnahme.[49] Ob sich ein Brunneninhaber nach diesen Maßstäben zivilgerichtlich erfolgreich gegen den Grundwasserzufluss beeinträchtigende Verhaltensweisen des Nachbarn zur Wehr setzen kann, hängt somit von einer umfassenden Abwägung der wechselseitig betroffenen Rechte und Interessen im Einzelfall ab.

20 **d) Abwehransprüche aus § 907 Abs. 1 BGB.** Eine Anspruchsgrundlage, um gegen grundwasserentziehende Maßnahmen des Nachbarn vorzugehen, resultiert hingegen nicht aus § 907 Abs. 1 BGB, wenn die Herstellung oder Nutzung einer **Anlage** auf dem benachbarten Grundstück für den Rückgang des Grundwassers im Brunnen des betroffenen Grundstückseigentümers ursächlich ist.[50] Denn der besondere Abwehranspruch in Bezug auf gefahrdrohende Anlagen erfasst lediglich grenzüberschreitende Einwirkungen im Sinne des § 906 Abs. 1 und 2 BGB, also keine hier in Rede stehenden Stoffentziehungen.[51] Hinzu kommt, dass sich die Benutzungsbefugnisse nach dem Wasserhaushaltsrecht richten,[52] welches das Grundwasser einer vom Grundeigentum losgelösten öffentlich-rechtlichen Benutzungsordnung unterwirft,[53] so dass insofern eine Anwendung des § 907 Abs. 1 BGB ausscheidet.

21 **e) Abwehransprüche aufgrund von § 909 BGB.** Das in § 909 BGB verankerte Verbot im Zusammenhang mit der **Vertiefung** von Grundstücken kann zwar Beseitigungs- und Unterlassungsansprüche nach § 1004 Abs. 1 BGB begründen und hat darüber hinaus Schutzgesetzcharakter im Sinne des § 823 Abs. 2 BGB.[54] Es schützt allerdings lediglich vor einem Verlust der Stützfunktion des Bodens für das Nachbargrundstück.[55] In Bezug auf den spezifischen Aspekt des Grundwasserentzugs bei einem auf dem anliegenden Grundstück befindlichen Brunnen folgen aus § 909 BGB hingegen keine Abwehrbefugnisse; die Regelung verbürgt nach ihrem begrenzten Schutzzweck keine Anspruchsgrundlage hinsichtlich der Entziehung des Grundwassers infolge von Grundstücksvertiefungen in der Nachbarschaft.[56]

22 **f) Abwehransprüche aus Delikt.** Durch einen Rückgriff auf deliktische verschuldensabhängige Anspruchsgrundlagen nach § 823 Abs. 1 BGB oder § 823 Abs. 2 BGB, die gemäß § 249 Abs. 1 BGB auf Naturalrestitution gerichtet sein können, kann sich ein Grundstückseigentümer grundsätzlich nicht gegen Maßnahmen des Nachbarn zur Wehr setzen, die zu einer Grundwasserverminderung in einem errichteten Brunnen führen. Insbesondere erfährt der Grundwasserzulauf unmittelbar **keinen deliktischen Schutz**; auf die bereits dargelegten Erwägungen kann verwiesen werden. Allerdings kommen in dem vom BGH anerkannten Schutzgesetzrahmen gemäß § 14 Abs. 3 und 4 WHG Anspruchsableitungen über § 823 Abs. 2 BGB in

---

48 BGH Urt. v. 23.6.1982 – III ZR 79/82, NJW 1984, 975 (977); Urt. v. 5.10.1995 – III ZR 61/93, NVwZ 1996, 821 (823).

49 BGH Urt. v. 23.6.1982 – III ZR 79/82, NJW 1984, 975 (977); Urt. v. 5.10.1995 – III ZR 61/93, NVwZ 1996, 821 (823).

50 RG Urt. v. 17.11.1931 – V 222/31, JW 1932, 1046; OLG München Urt. v. 28.12.1966 – 1 U 1175/65, NJW 1967, 570 (571).

51 RG Urt. v. 7.12.1912 – V 280/12, JW 1913, 267.

52 So schon RG Urt. v. 17.11.1931 – V 222/31, JW 1932, 1046.

53 BVerfG Beschl. v. 15.7.1981 – 1 BvL 77/78, NJW 1982, 745 (747).

54 BGH Urt. v. 5.11.1976 – V ZR 93/73, NJW 1977, 763; Palandt/*Herrler* BGB § 909 Rn. 6 und 9.

55 Vgl. RG Urt. v. 7.2.1906 – V 522/05, RGZ 62, 370 (372); BGH Urt. v. 5.11.1976 – V ZR 93/73, NJW 1977, 763.

56 RG Urt. v. 7.2.1906 – V 522/05, RGZ 62, 370 (372); Urt. v. 7.12.1912 – V 280/12, JW 1913, 267. Zu der anderen Fragestellungen, ob von einer Brunnenerrichtung entsprechende Gefahren ausgehen können, siehe → Rn. 43.

Betracht.[57] Gestützt auf § 823 Abs. 1 BGB ist eine Abwehrberechtigung zudem denkbar, wenn unter dem Aspekt der Verletzung eines sonstigen absoluten Rechts in die durch eine wasserrechtliche Bewilligung vermittelte Rechtsstellung eingegriffen wird.[58]

g) Abwehransprüche nach § 89 Abs. 1 und 2 WHG. Ein Abwehrrecht des Brunneninhabers lässt sich 23 ebenso wenig über den **Gefährdungshaftungstatbestand** des § 89 Abs. 1 WHG ableiten. Zwar ist der Grundstücksnachbar nach wasserhaushaltsrechtlichen und ebenso nach landeswassergesetzlichen Vorgaben verpflichtet, das Grundwasser beeinträchtigende Einwirkungen und Maßnahmen zu unterlassen. Die zivilrechtliche Gefährdungshaftungsnorm des § 89 Abs. 1 WHG gewährt – ggf. auf Naturalrestitution ausgerichtete – Schadenersatzansprüche indes nur bei Veränderungen der stofflichen Wasserbeschaffenheit infolge eines zielgerichteten Einbringens oder Einleitens von Stoffen.[59] Der reine Entzug von Grundwasser stellt hingegen keine haftungsbegründende Handlung im Sinne der Norm dar, so dass sie nicht vor einer Absenkung des Grundwasserspiegels zu schützen vermag.[60] Nichts anderes gilt im Hinblick auf den anlagenbezogenen Gefährdungshaftungstatbestand des § 89 Abs. 2 WHG.

h) Ansprüche aus dem nachbarlichen Gemeinschaftsverhältnis. Das aus § 242 BGB abgeleitete nach- 24 barliche Gemeinschaftsverhältnis verankert zwar das Gebot zur **Rücksichtnahme** auf die schutzwürdigen Belange und Interessen benachbarter Grundstückseigentümer und Nutzungsberechtigter.[61] Allerdings kann über diesen Ansatz eine ungestörte Grundwasserzuführung zu einem errichteten Brunnen nicht verlangt werden.[62] Die Ableitung selbstständiger Verpflichtungen oder Handlungsgebote anhand des nachbarlichen Gemeinschaftsverhältnisses stellt bereits dem Grunde nach eine eng begrenzte Ausnahme dar. Ungeachtet dessen werden die Grundsätze des nachbarlichen Gemeinschaftsverhältnisses verdrängt, wenn vorrangige Sonderregelungen eingreifen. Die Nutzung und der Zufluss des Grundwassers sind durch das WHG gesondert normiert. Da eine öffentlich-rechtlich geprägte Benutzungsordnung besteht, können über § 242 BGB keine weitergehenden Abwehrbefugnisse im Nachbarverhältnis begründet werden.[63]

i) Ansprüche aus dem Schikaneverbot. In begrenzten Ausnahmefällen ist es denkbar, dass das Schikane- 25 verbot des § 226 BGB bei grundwasserentziehenden Maßnahmen des Nachbarn ein Abwehrrecht vermittelt.[64] Das **Schikaneverbot** als besondere Ausprägung des Verbots einer unzulässigen Rechtsausübung ist Schutzgesetz im Sinne des § 823 Abs. 2 BGB, so dass auch ein Rückgriff auf § 1004 Abs. 1 BGB eröffnet ist.[65] Ob ein rechtsmissbräuchliches Verhalten des Nachbarn anzunehmen ist, bei welchem dieser keine berechtigten eigenen Interessen verfolgt, sondern als Handlungszweck ausschließlich eine Schadenszuführung in Rede steht,[66] richtet sich nach den Einzelfallumständen. Im Falle gezielter grundwasserentziehender Verhaltensweisen, die allein in der Absicht ergriffen werden, die Nutzung eines Brunnens auf dem Nachbargrundstück zu vereiteln und zugleich Schädigungen des Grundstückseigentümers herbeizuführen, mag eine schikanöse Rechtsausübung einzelfallabhängig in Betracht kommen. Anknüpfung einer entsprechenden Inanspruchnahme ist allerdings nicht der Eingriff in eine grundwasserbezogene Befugnis, sondern die Herbeiführung einer bewussten Schädigung.

j) Schadenersatz- und Ausgleichansprüche. Mit Blick auf das dargestellte Schutzniveau sind bei Beein- 26 trächtigungen des Grundwasserzuflusses zu einem Brunnen nur dann auf Geldentschädigung ausgerichtete

57 BGH Urt. v. 22.12.1976 – III ZR 62/74, NJW 1977, 1770 (1774); Urt. v. 22.12.1976 – III ZR 89/75, WM 1977, 981 (982); Urt. v. 23.6.1982 – III ZR 79/82, NJW 1984, 975 (976); Urt. v. 5.10.1995 – III ZR 61/93, NVwZ 1996, 821 (823).

58 Vgl. *Czychowski/Reinhardt* WHG § 10 Rn. 65; *Sieder/Zeitler/Dahme/Knopp* WHG § 10 Rn. 48.

59 *Czychowski/Reinhardt* WHG § 89 Rn. 16 und 30 ff.

60 BGH Urt. v. 22.12.1976 – III ZR 62/74, juris Rn. 65.

61 Vgl. BGH Urt. v. 24.1.2008 – IX ZR 216/06, NJW-RR 2008, 610 (611).

62 BGH Urt. v. 22.12.1976 – III ZR 62/74, juris Rn. 63; vgl. auch RG Urt. v. 16.6.1937 – V 241/36, RGZ 155, 154 (158); siehe BGH Urt. v. 13.7.2018 – V ZR 308/17, NJW-RR 2019, 78 zu einer Wasserversorgung mittels Leitung.

63 BGH Urt. v. 22.12.1976 – III ZR 62/74, juris Rn. 63.

64 RG Urt. v. 7.12.1912 – V 280/12, JW 1913, 267; BGH Urt. v. 22.12.1976 – III ZR 62/74, NJW 1977, 1770 (1771).

65 Vgl. Palandt/*Herrler* BGB § 903 Rn. 10.

66 Vgl. allgemein OLG Saarbrücken Urt. v. 2.10.2019 – 5 U 15/19, NJW-RR 2020, 141 (143).

Schadenersatzansprüche denkbar, wenn im Zuge einer Einzelfallabwägung durchgreifende Rechtsbeeinträchtigungen oder nachteilige Auswirkungen gemäß § 14 Abs. 3 und 4 WHG die Annahme einer Schutzgesetzverletzung im Sinne des § 823 Abs. 2 BGB rechtfertigen[67] oder ein nach § 823 Abs. 1 BGB haftungsrelevanter Verstoß gegen die aus einer zugunsten des Brunnenbetreibers erteilten Bewilligung folgenden Rechte festgestellt werden kann. Auf die vorstehenden Erwägungen zu den tatbestandlichen Haftungsvoraussetzungen kann Bezug genommen werden. Jenseits dieser besonderen nachbarwasserrechtlichen Rechtspositionen bestehen in der Regel keine Anknüpfungen für deliktische Schadenersatz- oder Entschädigungsansprüche. Im Übrigen scheidet ein Rückgriff auf einen nachbarrechtlichen **Ausgleichsanspruch** analog § 906 Abs. 2 Satz 2 BGB aus. Zwar vermag dieser allgemein Störungen zu erfassen, die aus tatsächlichen Gründen nicht abwehrbar sind.[68] Allerdings erweist sich der nachbarrechtliche Ausgleichsanspruch von Anfang an als subsidiär; er wird im Kontext der Nutzung und des Zuflusses von Grundwasser durch das abschließend normierte Wasserhaushaltsrecht verdrängt.[69]

27 **k) Ausschluss der Ansprüche.** Im Kontext des Grundwasserentzugs sind schließlich die mit der öffentlich-rechtlichen Benutzungsordnung einhergehenden Besonderheiten zu berücksichtigen, die für konkret geregelte Teilbereiche sowohl bürgerlich-rechtliche als auch öffentlich-rechtliche Abwehransprüche generell ausschließen oder beschränken. Verfügt der auf das Grundwasser zugreifende Nachbar über eine unanfechtbare Bewilligung zur Gewässerbenutzung im Sinne der § 10 Abs. 1 Alt. 2, § 14 Abs. 1 WHG, können von dem anliegenden Grundstückseigentümer in Bezug auf den von ihm genutzten Brunnen gemäß § 16 Abs. 2 Satz 1 WHG keine Ansprüche geltend gemacht werden, die auf die Beseitigung der Störung, auf die Unterlassung der Benutzung, auf die Herstellung von Vorkehrungen oder auf Schadenersatz gerichtet sind. Die behördliche Erteilung einer Benutzungsbewilligung hat insofern **privatrechtsgestaltende Wirkung** und schneidet einen Rückgriff auf nachbarschützende Abwehrrechte grundlegend ab.[70] Hierdurch wird die Maßgeblichkeit der öffentlich-rechtlichen Benutzungsordnung verwirklicht und der durch die behördliche Gestattungsentscheidung geschaffene Zustand gesichert.[71] Voraussetzung für eine Ausschlusswirkung ist allerdings, dass der betroffene Brunneninhaber in dem wasserbehördlichen Bewilligungsverfahren beteiligt wurde und in der Lage war, seine Belange im Hinblick auf die zu treffende Ermessensentscheidung geltend zu machen.[72] Für den Fall der Erteilung einer gehobenen Erlaubnis nach § 15 Abs. 1 WHG schließt § 16 Abs. 1 WHG zumindest nachbarrechtliche Abwehransprüche gerichtet auf die Einstellung der Gewässerbenutzung aus,[73] wohingegen bei einer allgemeinen Erlaubnis im Sinne des § 10 Abs. 1 Alt. 1 WHG keine Beschränkungen eingreifen.

2. Verschmutzung des Grundwassers durch vom Nachbargrundstück herrührende Maßnahmen oder Zustände

28 Die Nutzung eines Brunnens kann ebenfalls dadurch beeinträchtigt werden, dass von dem Nachbargrundstück für das Erdreich und das Grundwasser schädliche **Kontaminierungen** ausgehen oder der Nachbar auf dem anliegenden Grundstück sonstige Maßnahmen ergreift, die zu einer Verunreinigung des im Brunnenbereich zufließenden Grundwassers führen. Hinsichtlich der Abwehrmöglichkeiten im nachbarschaftlichen Verhältnis ist nach den Kontaminierungsfolgen zu unterscheiden.

---

67 BGH Urt. v. 22.12.1976 – III ZR 62/74, NJW 1977, 1770 (1774); siehe BGH Urt. v. 22.12.1976 – III ZR 89/75, WM 1977, 981 (982); Urt. v. 23.6.1982 – III ZR 79/82, NJW 1984, 975 (976); Urt. v. 5.10.1995 – III ZR 61/93, NVwZ 1996, 821 (822 f.).

68 Palandt/*Herrler* BGB § 906 Rn. 37.

69 BGH Urt. v. 22.7.1999 – III ZR 198/98, NJW 1999, 3633 (3635); Palandt/*Herrler* BGB § 906 Rn. 37.

70 BGH Urt. v. 23.6.1983 – III ZR 79/82, NJW 1984, 975 (976); *Czychowski/Reinhardt* WHG § 16 Rn. 15 ff.; vgl. BGH Urt. v. 5.10.1995 – III ZR 61/93, NVwZ 1996, 821 (823); BVerwG Urt. v. 15.7.1987 – 4 C 56/83, NJW 1988, 434 (435); OVG Lüneburg Urt. v. 14.12.2016 – 13 LC 56/14, juris Rn. 85 f.; siehe auch VGH München Urt. v. 18.5.1993 – 8 B 86.3010, BayVBl. 1994, 52 (53).

71 *Czychowski/Reinhardt* WHG § 16 Rn. 2.

72 *Czychowski/Reinhardt* WHG § 16 Rn. 12. Zu dem nachbarrechtlichen Drittschutz vermittelnden § 14 Abs. 3 und 4 WHG siehe unter → Rn. 63 f.

73 *Czychowski/Reinhardt* WHG § 16 Rn. 10.

a) Beseitigungs- und Unterlassungsansprüche nach § 1004 Abs. 1 BGB. Einem Grundstückseigentümer, der eine Brunnenanlage betreibt, steht in Bezug auf den Grundwassergebrauch kein aus dem Eigentum resultierender Beseitigungs- und Unterlassungsanspruch gegen den Nachbarn zu, wenn von dessen Grundstück eine Schadstoffbelastung herrührt. Da hinsichtlich des Grundwassers nach § 903 Satz 1, § 905 Satz 1 BGB keine eigentumsrechtlichen Befugnisse eingreifen, ist eine abwehrfähige **Eigentumsverletzung abzulehnen**, sofern sich die beeinträchtigenden Auswirkungen ausschließlich auf das Grundwasser erstrecken.[74] 29

Anderes gilt, wenn etwa vermittelt über kontaminiertes Grundwasser die Schadstoffe in das **Erdreich** des 30
Grundstücks eindringen. In diesem Fall sichert § 905 Satz 1 BGB dem Grundstückseigentümer eine über § 1004 Abs. 1 BGB abwehrfähige Rechtsposition.[75] Da eine in das Erdreich eingebrachte Brunnenanlage ebenfalls dem Eigentumsschutz unterfällt, sind bei unmittelbaren Substanzbeeinträchtigungen infolge von schädlichen Kontaminierungswirkungen sowohl Beseitigungs- als auch Unterlassungsansprüche gegenüber dem verantwortlichen Nachbarn eröffnet.

Damit besteht für einen Grundstückseigentümer, vermittelt über andere ihm zugeordnete Eigentumsrechte, 31
in den meisten Fällen faktisch die Möglichkeit, von dem Nachbargrundstück ausgehende Verunreinigungen auch des Grundwassers abzuwehren. Denn gewöhnlich werden Schadstoffübertritte, selbst wenn sie nicht direkt über den Erdkörper, sondern nur über das zufließende Grundwasser erfolgen, geeignet sein, das dem Grundeigentum zugeordnete Erdreich zu belasten und sich gegebenenfalls nachteilig auf weitere dort befindliche, eigentumsrechtlich geschützte Anlagen und Bauten auszuwirken. Aufgrund dieser Betroffenheit anderer geschützter Eigentumspositionen vermag der Brunneninhaber unabhängig von einer fehlenden Berechtigung am Grundwasser die Beseitigung von Kontaminierungsquellen oder die Unterlassung weiterer Verunreinigungen nach § 1004 Abs. 1 iVm § 903 Satz 1 BGB auf diesem Wege durchzusetzen.

b) Beseitigungs- und Unterlassungsansprüche analog § 1004 Abs. 1 iVm § 823 Abs. 1 BGB. Verletzun- 32
gen anderer **absoluter Rechte** im Sinne des § 823 Abs. 1 BGB, die quasinegatorische Abwehransprüche begründen können, stehen hinsichtlich des Grundwassers in Bezug auf vom Nachbargrundstück ausgehende Verunreinigungen in der Regel nicht in Rede. Unter Umständen kommt in Betracht, Verschmutzungshandlungen, die zu einem unmittelbare Eingriff in einen ausgeübten und eingerichteten Gewerbebetrieb führen, analog § 1004 Abs. 1 BGB abzuwehren, so dass sich ein mittelbarer Schutz auch vor Verunreinigungen des Brunnenwassers ergeben kann.[76] Ferner kann eine verschmutzungsbedingte Vereitelung der aus einer erteilten Gewässerbenutzungsbewilligung resultierenden Rechte die Geltendmachung von Abwehransprüchen analog § 1004 Abs. 1 iVm § 823 Abs. 1 BGB rechtfertigen.

c) Beseitigungs- und Unterlassungsansprüche analog § 1004 Abs. 1 iVm § 823 Abs. 2 BGB. Unmittel- 33
bar im Wasserhaushaltsrecht niedergelegten Verboten oder Geboten zu das Grundwasser betreffenden Einwirkungen kommt grundsätzlich kein **Schutzgesetzcharakter** im Sinne des § 823 Abs. 2 BGB zu. Zwar untersagt die grundlegende Sorgfaltsregelung in § 5 Abs. 1 Nr. 1 WHG nachteilige Veränderungen der Gewässereigenschaften. Die Norm des § 48 Abs. 1 WHG zielt konkret auf die Reinhaltung des Grundwassers, wobei § 48 Abs. 2 WHG ua dazu verpflichtet, Stoffe nur in einer Weise zu lagern, dass keine nachteilige Veränderung der Grundwasserbeschaffenheit zu besorgen ist. In den Bewirtschaftungszielen für das Grundwasser gemäß § 47 Abs. 1 WHG kommt ebenfalls das Anliegen zum Ausdruck, Veränderungen des chemischen Wasserzustands zu vermeiden.

Die genannten Bestimmungen dienen aber der Ordnung des Wasserhaushalts im Interesse einer staatlich 34
verantworteten Sorge um den Ausgleich widerstreitender Belange bei der Gewässernutzung und -bewirtschaftung; sie sind damit Teil einer öffentlich-rechtlichen Benutzungsordnung. Aufgrund ihres Allgemeinwohlbezugs entfalten sie keine nachbarschützende Wirkung, so dass der betroffene Brunneninhaber keine

74 OLG Nürnberg Urt. v. 16.1.1990 – 1 U 3248/89, NJW 1991, 299; vgl. auch OLG Köln Urt. v. 16.6.2014 – 12 U 44/13, RuS 2014, 576.

75 OLG Köln Urt. v. 16.6.2014 – 12 U 44/13, RuS 2014, 576.

76 Vgl. *Czychowski/Reinhardt* WHG § 14 Rn. 49 f.

Abwehransprüche in Bezug auf Grundwasserverunreinigungen analog § 1004 Abs. 1 iVm § 823 Abs. 2 BGB aus den wasserhaushaltsrechtlichen Maßgaben herleiten kann.[77]

35 Soweit weitere gesetzliche Bestimmungen existieren, die gewässerverunreinigende Handlungen untersagen oder unter Strafe stellen, ist deren Schutzcharakter teils streitig. Insbesondere hinsichtlich der strafrechtlichen Sanktionierung von Gewässerverunreinigungen in § 324 StGB[78] wird in der untergerichtlichen Rechtsprechung eine drittschützende Wirkung abgelehnt,[79] wohingegen in der Literatur angenommen wird, dass die Norm auch dem Schutz des Nachbarn zu dienen bestimmt ist.[80] Zu berücksichtigen ist aber, dass Abwehransprüche analog § 1004 Abs. 1 iVm § 823 Abs. 2 BGB, die zumindest mittelbar auch Verunreinigungen des Grundwassers im Brunnenbereich durch einen Nachbarn verhindern oder vorbeugen, aus anderen Normen im Rahmen der jeweiligen tatbestandlichen Voraussetzungen und des Schutzzwecks abgeleitet werden können. Exemplarisch zu nennen sind an dieser Stelle die Tatbestände in § 4 BBodSchG oder §§ 5 f. USchadG, deren Schutzgesetzcharakter anerkannt ist.[81]

36 **d) Ansprüche aus dem nachbarlichen Gemeinschaftsverhältnis.** Unter Rückgriff auf die Grundsätze des nachbarlichen Gemeinschaftsverhältnisses vermag der Brunneninhaber vom Nachbargrundstück herrührende Verunreinigungen des Grundwassers nicht abzuwehren, denn ebenfalls in diesem Zusammenhang gilt, dass das Wasserhaushaltsrecht eine vorrangige öffentlich-rechtliche Benutzungsordnung auch im Kontext stofflicher Beeinträchtigungen des Grundwassers schafft, so dass über § 242 BGB **keine weiterreichenden Abwehransprüche** im Nachbarverhältnis hergeleitet werden können.[82]

37 **e) Schadenersatzansprüche.** Im Fall einer stofflichen Verunreinigung des im Brunnen genutzten Grundwassers infolge von aus dem Verantwortungsbereich eines Grundstücksnachbarn resultierenden nachteiligen Veränderungen der Wasserbeschaffenheit bestehen allerdings Möglichkeiten einer schadenersatzrechtlichen Inanspruchnahme des verantwortlichen Nachbarn. Dabei kommt dessen Haftung ohne Weiteres in Betracht, sofern die Kontaminierungen zu Beeinträchtigungen eigentumsrechtlich zugeordneter Rechtsgüter, etwa an Gebäuden oder des Erdkörpers, führen. Der Grundstückseigentümer vermag Ersatzansprüche nach den **Gefährdungshaftungstatbeständen** des § 89 Abs. 1 und 2 WHG geltend zu machen. Daneben greifen verschuldensabhängige **deliktische Anspruchsgrundlagen**, die Schadenersatz bei der Verletzung von Eigentumsrechten gewähren. Mit diesen hier nicht zu vertiefenden Haftungsansätzen steht dem betroffenen Grundeigentümer grundsätzlich ein wirkungsvolles Instrumentarium zu Verfügung, um den Nachbarn im Wege der Naturalrestitution zur Beseitigung von Schadstoffbelastungen vor allem im Erdkörper zu verpflichten oder Ersatz in Geld für die Durchführung notwendiger Bodensanierungsmaßnahmen zu verlangen.[83] Soweit hier von Interesse ist, ob speziell durch die verunreinigungsbedingte Unbrauchbarkeit des im Brunnen befindlichen Grundwassers eine Geltendmachung von Schadenersatzansprüchen im Nachbarschaftsverhältnis gerechtfertigt ist, bedarf es einer Differenzierung.[84]

38 Da es an einer Zuordnung des aus dem Brunnen förderbaren Grundwassers zum Grundeigentum fehlt, lösen vom Nachbarn verursachte Verunreinigungen **keine deliktischen Schadenersatzansprüche** nach § 823 Abs. 1 BGB wegen der Verletzung des Eigentums aus. Auch sonstige absolute Rechte im Sinne des § 823 Abs. 1 BGB bieten – abgesehen von Konstellationen der Beeinträchtigung einer erteilten Bewilligung im Sinne der § 8 Abs. 1 Alt. 2, § 10 Abs. 1 Alt. 2 WHG – aus den genannten Gründen regelmäßig keine An-

77 *Czychowski/Reinhardt* WHG § 5 Rn. 16 und § 48 Rn. 31.
78 Vgl. OLG Celle Urt. v. 24.11.1994 – 3 Ss 149/94, NJW 1995, 3197 (3198 f.).
79 LG Düsseldorf Urt. v. 2.8.2016 – 7 O 242/15, juris Rn. 49 ff.; offengelassen durch BGH Urt. v. 17.10.1985 – III ZR 99/84, VersR 1986, 92 (95).
80 Vgl. *Czychowski/Reinhardt* WHG § 89 Rn. 68.
81 MüKoBGB/*Wagner* BGB § 823 Rn. 900.
82 BGH Urt. v. 22.7.1999 – III ZR 198/98, NJW 1999, 3633 (3635); vgl. BGH Urt. v. 22.12.1976 – III ZR 62/74, juris Rn. 63.
83 Vgl. *Czychowski/Reinhardt* WHG § 89 Rn. 68.
84 Schadenersatzansprüche werden auch im Falle des Vorliegens einer etwaigen Bewilligung oder gehobenen Erlaubnis nicht nach § 16 Abs. 1 und 2 Satz 2 WHG ausgeschlossen.

knüpfung für die Anerkennung einer Schadensersatzberechtigung wegen nachteiliger stofflicher Veränderungen des Grundwassers. Eine verschuldensabhängige Schadenersatzhaftung gemäß § 823 Abs. 2 BGB wegen der Verletzung eines Schutzgesetzes scheidet ebenfalls aus, sofern insbesondere ein Drittschutz gewährender Charakter des § 324 StGB abgelehnt wird.[85]

Eine Haftungserstreckung auch auf die eigentlichen Folgen der Grundwasserverunreinigung kann allerdings in begrenztem Umfang über die **Gefährdungshaftung** nach § 89 Abs. 1 oder 2 WHG herbeigeführt werden. Dabei begründet die Vorschrift des § 89 WHG keine generelle Einstandspflicht für nachteilige Gewässerveränderungen. Vielmehr sanktioniert § 89 Abs. 1 Satz 1 WHG nur bestimmte Verhaltensweisen des Einbringens, Einleitens oder Einwirkens in anderer Weise, wenn also ein zielgerichtetes auf das Gewässer bezogenes Handeln des Nachbarn in Rede steht.[86] Der Tatbestand des § 89 Abs. 2 WHG erfasst demgegenüber eine Anlagenhaftung für besonders wassergefährdende Anlagen und knüpft die Einstandspflicht an ein Hineingelangen von Schadstoffen in ein Gewässer,[87] ohne dass es zielgerichteter oder gewässerbezogener Vorgänge bedarf.[88] 39

Sind die tatbestandlichen Haftungsvoraussetzungen erfüllt, hat der einstandspflichtige Nachbar dem betroffenen Grundstückseigentümer alle kausal verursachten Schäden zu ersetzen. Es sind alle Aufwendungen erstattungsfähig, die mit der Beseitigung von Verschmutzungen im Boden und Grundwasser verbunden sind.[89] Dabei wird der Haftungsumfang im Nachbarschaftsverhältnis maßgebend durch den **Schutzzweck** des § 89 Abs. 1 und 2 WHG bestimmt, der weit gesteckt ist.[90] Er erfasst auch die Verunreinigung des Grundwassers selbst, und zwar ohne Rücksicht darauf, dass das WHG das Grundwasser einer vom Grundeigentum losgelösten öffentlich-rechtlichen Benutzungsordnung unterstellt. Ein berechtigter Benutzer des Grundwassers – etwa wenn er über eine wasserrechtliche Fördererlaubnis oder über sonstige legitime Zugriffsbefugnisse verfügt – vermag den Ersatz sämtlicher Vermögensnachteile zu verlangen, die ihm durch die Belastung des genutzten Grundwassers mit Schadstoffen entstehen.[91] Ein Ersatzanspruch aus der Gefährdungshaftung nach § 89 Abs. 1 oder 2 WHG kann sich damit auch auf Schäden erstrecken, die aus einer kontaminierungsbedingten Stilllegung eines Brunnens resultieren.[92] 40

f) Nachbarrechtliche Ausgleichsansprüche. Auf der Grundlage eines nachbarrechtlichen **Ausgleichsanspruchs** analog § 906 Abs. 2 Satz 2 BGB scheidet es hingegen aus, weitergehende Entschädigungsansprüche in der Rechtsbeziehung zwischen den Grundstücksnachbarn anzuerkennen.[93] Das Wasserhaushaltsrecht und damit die Haftungstatbestände der § 89 Abs. 1 und 2 WHG enthalten eine vorrangige nachbarrechtliche Sonderregelung, so dass ein Rückgriff auf den subsidiären nachbarrechtlichen Ausgleichsanspruchs daneben ausgeschlossen ist. 41

3. Von Brunnen ausgehende Gefahren

Von der Errichtung und dem Betrieb eines Brunnens können Störungen für das benachbarte Grundstück ausgehen, so dass das bürgerlich-rechtliche Abwehrinstrumentarium auch unter diesem Gesichtspunkt zu beleuchten ist. 42

85 Vgl. LG Düsseldorf Urt. v. 2.8.2016 – 7 O 242/15, juris Rn. 49 ff.
86 BGH Urt. v. 20.1.1994 – III ZR 166/92, NJW 1994, 1006 (1006 f.); Urt. v. 12.9.2002 – III ZR 214/01, VersR 2002, 1555 (1556); Urt. v. 31.5.2007 – III ZR 3/06, NVwZ-RR 2007, 754; OLG Nürnberg Urt. v. 16.1.1990 – 1 U 3248/89, NJW 1991, 299; OLG Dresden Urt. v. 18.7.2019 – 8 U 1861/18, juris Rn. 43; vgl. auch *Czychowski/Reinhardt* WHG § 89 Rn. 16 und 28.
87 BGH Urt. v. 6.5.1999 – III ZR 89/97, NJW 1999, 3203; *Czychowski/Reinhardt* WHG § 89 Rn. 70.
88 *Czychowski/Reinhardt* WHG § 89 Rn. 76.
89 BGH Urt. v. 6.5.1999 – III ZR 89/97, NJW 1999, 3203 (3204).
90 BGH Urt. v. 6.5.1999 – III ZR 89/97, NJW 1999, 3203 (3204).
91 BGH Urt. v. 6.5.1999 – III ZR 89/97, NJW 1999, 3203 (3204); vgl. auch BGH Urt. v. 22.7.1999 – III ZR 198/98, NJW 1999, 3633; Urt. v. 31.5.2007 – III ZR 3/06, NVwZ-RR 2007, 754 (756).
92 Vgl. *Czychowski/Reinhardt* WHG § 89 Rn. 48.
93 BGH Urt. v. 22.7.1999 – III ZR 198/99, NJW 1999, 3633 (3635).

43 **a) Errichtung eines Brunnens.** Bei der Errichtung eines Brunnens ist vor allem § 909 BGB in den Blick zu nehmen. Die Norm begrenzt im Nachbarschaftsverhältnis die Eigentümerbefugnisse nach § 903 Satz 1 BGB und verbietet **Vertiefungen**, sofern diese zu bestimmten nachteiligen Folgewirkungen für anliegende Grundstücke führen. Das Verbot in § 909 BGB begründet zwar keinen eigenständigen Abwehranspruch.[94] Im Falle einer (drohenden) Zuwiderhandlung bestehen aber Beseitigungs- und Unterlassungsansprüche gemäß § 1004 Abs. 1 BGB[95] oder über § 862 Abs. 1 BGB.[96] Zugleich stellt § 909 BGB ein Schutzgesetz im Sinne des § 823 Abs. 2 BGB dar.[97]

44 Eine Vertiefung gemäß § 909 BGB ist jede Einwirkung auf das Grundstück, die zu einer Absenkung der Grundstücksoberfläche führt.[98] Nicht erforderlich ist, dass es sich um großflächige Vertiefungsmaßnahmen handelt;[99] auch Bohrungen und Brunnenschächte unterfallen im Ausgangspunkt dem Tatbestand. Ebenso wenig kommt es entscheidend auf die Dauer der Vertiefungsmaßnahme an.[100]

45 Der begrenzte Schutzzweck des Vertiefungsverbots besteht darin, die Festigkeit des Bodens des Nachbargrundstücks zu gewährleisten.[101] Es dürfen keine Grundstücksvertiefungen vorgenommen werden, die dem Nachbargrundstück die erforderliche Stütze entziehen,[102] etwa weil der dortige Boden in der Senkrechten den Halt verliert oder die Festigkeit der unteren Bodenschichten in ihrem waagerechten Verlauf beeinträchtigt wird. Ausgehend hiervon können Brunnenschachtarbeiten, insbesondere wenn sie in unmittelbarer Nähe zum benachbarten Grundstück stattfinden, negative Auswirkungen auf die Stützfunktion des Bodens des Nachbargrundstücks haben. Derartige Beeinträchtigungen sind nach den genannten Vorschriften abwehrfähig und können darüber hinaus Schadenersatzansprüche auslösen. Nach Abschluss der Brunnenerrichtungsarbeiten wird jedoch im Erdreich gewöhnlich wieder ein Stützzustand erreicht sein, bei dem von einer Brunnenvertiefung keine relevanten Gefahren mehr für das Nachbargrundstück ausgehen, so dass kaum Anwendungsfälle des § 909 BGB verbleiben.

46 Allerdings kann mit einer Brunnenvertiefung eine Einwirkung auf den Grundwasserstand verbunden sein, so dass die Frage aufgeworfen ist, ob in diesem Zusammenhang Abwehransprüche unter Rückgriff auf § 909 BGB in Betracht kommen. Bereits das Reichsgericht nahm für besondere Situationen an, in denen mit Vertiefungsarbeiten einhergehende **Absenkungen des Grundwasserspiegels** zu einem Entzug der für das Nachbargrundstück erforderlichen Stütze führen, dass ein Rückgriff auf § 909 BGB gerechtfertigt sein kann,[103] auch wenn es an anderer Stelle betonte, dass mit einer Brunnengrabung in der Regel praktisch keine schädlichen Vertiefungswirkungen in diesem Sinne verbunden sind.[104] Der BGH hat diese Rechtsprechung fortgeführt.[105] Für eine Tatbestandlichkeit genügt aber nicht allein ein Absinken des Grundwasserspiegels. Vielmehr muss durch die Einwirkung der Vertiefung dem Boden des Nachbargrundstücks gerade seine in dem Grundwasser bestehende oder mitbestehende Stütze entzogen werden.[106] In einem engen An-

94 BGH Urt. v. 29.6.2012 – V ZR 97/11, NJW-RR 2012, 1160 (1161).
95 BGH Urt. v. 29.6.2012 – V ZR 97/11, NJW-RR 2012, 1160 (1161); Palandt/*Herrler* BGB § 909 Rn. 6.
96 BGH Urt. v. 23.2.2001 – V ZR 389/99, NJW 2001, 1865 (1866).
97 BGH Urt. v. 5.11.1976 – V ZR 93/73, NJW 1977, 763; Urt. v. 23.2.2001 – V ZR 389/99, NJW 2001, 1865 (1866); Palandt/*Herrler* BGB § 909 Rn. 9; vgl. auch BGH Urt. v. 22.10.2004 – V ZR 310/03, NZM 2005, 239.
98 Palandt/*Herrler* BGB § 909 Rn. 3; vgl. auch BGH Urt. v. 29.6.2012 – V ZR 97/11, NJW-RR 2012, 1160 (1161).
99 Palandt/*Herrler* BGB § 909 Rn. 3.
100 BGH Urt. v. 10.11.1977 – III ZR 121/75, NJW 1978, 1051 (1052).
101 BGH Urt. v. 10.11.1977 – III ZR 121/75, NJW 1978, 1051 (1052); Urt. v. 29.5.2009 – V ZR 15/08, NJW 2009, 2528 (2529).
102 BGH Urt. v. 5.11.1976 – V ZR 93/73, NJW 1977, 763; Urt. v. 24.10.2013 – III ZR 82/11, juris Rn. 18.
103 RG Urt. v. 7.2.1906 – V 522/05, RGZ 62, 370 (372).
104 RG Urt. v. 7.12.1912 – V 280/12, JW 1913, 267.
105 BGH Urt. v. 20.12.1971 – III ZR 110/69, NJW 1972, 527 (528); Urt. v. 5.11.1976 – V ZR 93/73, NJW 1977, 763; Urt. v. 10.11.1977 – III ZR 121/75, NJW 1978, 1051 (1052); Urt. v. 15.3.1979 – III ZR 3/78, WM 1979, 1216 (1217).
106 BGH Urt. v. 20.12.1971 – III ZR 110/69, NJW 1972, 527 (528); Urt. v. 5.11.1976 – V ZR 93/73, NJW 1977, 763; Urt. v. 10.11.1977 – III ZR 121/75, NJW 1978, 1051 (1052); Urt. v. 15.3.1979 – III ZR 3/78, WM 1979, 1216 (1217).

wendungsbereich kann daher ein vertiefungsbedingter Grundwasserentzug Abwehransprüche des Nachbarn begründen, auch wenn im Übrigen wegen § 4 Abs. 2 WHG grundsätzlich kein Anspruch auf einen Grundwasserzufluss besteht.

Im Landeswasserrecht existieren teilweise gesonderte Vorschriften, die Veränderungen des Grundwasserspiegels untersagen, sofern hierdurch die Standsicherheit von Gebäuden auf Nachbargrundstücken beeinträchtigt wird. Diese Vorschriften können in ihren begrenzten Anwendungsbereichen ebenfalls Schutzgesetzcharakter haben.[107] 47

b) Betrieb und Nutzung eines Brunnens. Aus der Nutzung eines Brunnens durch den Grundstückseigentümer können gleichermaßen Beeinträchtigungen oder Störungen zulasten benachbarter Grundstücke entstehen. 48

Soweit infolge des Entnehmens oder Zutageförderns von Grundwasser die Kapazitäten der Grundwasserleiter oder -körper auch im Bereich anliegender Grundstücke sinken, vermag der betroffene Nachbar ungeachtet der öffentlich-rechtlichen Bewirtschaftungsvorgaben in § 47 WHG und in den Landeswassergesetzen aus den dargestellten Gründen begrenzt Abwehrrechte bezüglich der Grundwasserentziehung geltend zu machen (→ Rn. 5 ff.). Wird Grundwasser aus dem Brunnen in Übermaßen zu Tage gefördert und führt dies zu einem **Abfließen** des Wassers auf Nachbargrundstücke, ergeben sich im Hinblick auf Brunnennutzungen keine nachbarrechtsspezifischen Besonderheiten,[108] so dass auf die hierfür einschlägigen Erläuterungen verwiesen werden kann (vgl. die Kommentierungen zu den Stichworten → Wasser, *wild abfließendes* Rn. 1 ff., → *Niederschlagswasser* Rn. 1 ff. und → *Regen und Beregnung* Rn. 1 ff.). 49

Brunnen können je nach Errichtungsart gefahrdrohende **Anlagen** im Sinne des § 907 Abs. 1 BGB darstellen,[109] so dass im Nachbarschaftsverhältnis Abwehrrechte auf dieser Rechtsgrundlage in Frage kommen. Nach dieser Norm kann der Nachbar verlangen, dass von einer Brunnenanlage ausgehende unzulässige Einwirkungen auf sein Grundstück unterbleiben. Dabei besteht gemäß § 907 Abs. 1 Satz 1 BGB eine vorbeugende Rechtsschutzmöglichkeit bezüglich der Anlagenherstellung und -haltung, sofern mit Sicherheit vorauszusehen ist, dass ihr Bestand oder ihre Benutzung unzulässige Einwirkungen auf das anliegende Grundstück verursachen wird. Genügt die Anlage allerdings den landesgesetzlichen Vorgaben, die einen bestimmten Abstand von der Grundstücksgrenze oder sonstige Schutzmaßregeln vorschreiben, ist der Abwehranspruch nach § 907 Abs. 1 Satz 2 BGB nur verfolgbar, sofern tatsächlich unzulässige Einwirkungen auf das Nachbargrundstück stattfinden. Die Einwirkungen müssen allerdings unmittelbar von der Brunnenanlage ausgehen und zu einer Beeinträchtigung durch grenzüberschreitende sinnlich wahrnehmbare Stoffe führen, in Bezug auf die eine Beseitigung oder Unterlassung nach § 1004 Abs. 1 BGB beansprucht werden kann.[110] Der Umstand, dass durch den Betrieb des Brunnens dem Nachbargrundstück Grundwasser entzogen wird, stellt – wie aufgezeigt – keine abwehrfähige anlagenspezifische Gefahrlage im Sinne des § 907 Abs. 1 BGB dar.[111] Da § 907 Abs. 1 BGB grundsätzlich nur vor Einwirkungen im Sinne des § 906 Abs. 1 und 2 BGB schützt, sind Abwehrkonstellationen erfasst, in denen von der Benutzung des Brunnens Geruchs-, Lärm- oder ähnliche Einwirkungen zulasten des Nachbargrundstücks ausgehen. 50

Im Hinblick auf von einer Brunnennutzung herrührende **Beeinträchtigungen** des Nachbargrundstücks **im Sinne des § 906 Abs. 1 BGB**, etwa Betriebsgeräusche,[112] Gerüche uä, bestehen darüber hinaus im Falle einer fehlenden Duldungspflicht aus dem Eigentumsrecht folgende Beseitigungs- oder Unterlassungsansprüche auf der Grundlage des § 1004 Abs. 1 BGB. Insofern stehen dem Betroffenen die im Nachbar- 51

107 BayObLG Urt. v. 15.11.1999 – 1 Z RR 187/98, NJW-RR 2000, 608; vgl. auch BGH Urt. v. 5.11.1976 – V ZR 93/73, NJW 1977, 763.

108 Vgl. BGH Urt. v. 12.11.1999 – V ZR 229/98, NJW-RR 2000, 537 (537 f.); Urt. v. 12.6.2015 – V ZR 168/14, NJW-RR 2016, 24 (24 f.); siehe auch OLG Koblenz Beschl. v. 24.7.2014 – 3 U 514/14, juris Rn. 50.

109 *Horst* MDR 1998, 685 (688).

110 Vgl. BGH Urt. v. 11.7.2003 – V ZR 199/02, NJW-RR 2003, 1313 (1314); Urt. v. 12.11.1999 – V ZR 229/98, NJW-RR 2000, 537 (538).

111 RG Urt. v. 7.12.1912 – V 280/12, JW 1913, 267.

112 Vgl. etwa VGH Mannheim Beschl. v. 16.2.2017 – 10 S 1878/16, NVwZ-RR 2017, 566 (567) zu Lärmimmissionen.

schaftsverhältnis gewährleisteten Abwehrmöglichkeiten zur Verfügung, ohne dass insoweit brunnenspezifische Besonderheiten gelten (siehe die Kommentierungen zu den Stichworten → *Lärm, allgemein* Rn 1 ff. und → *Gefahr drohende Anlagen* Rn. 1 ff.).

52 Gehen von dem Betrieb eines Brunnens schadensrelevante Einwirkungen auf das Nachbargrundstück aus, kommen ebenfalls Schadenersatzansprüche auf deliktischer Grundlage nach § 823 Abs. 1 oder 2 BGB in Betracht, wenn Verletzungen von Eigentumsrechten des Nachbarn oder Schutzgesetzverstöße eintreten. Dabei können ebenfalls die sich aus **Verkehrssicherungspflichten** für gefahrenrelevante Anlagen ergebenden Anforderungen Bedeutung erlangen. Auch Brunnenanlagen sind so zu errichten und zu betreiben, dass alle im betroffenen Verkehrskreis für geboten erachteten Vorkehrungen ergriffen und beachtet werden, um Gefahrenlagen für die Gesundheit, das Eigentum und sonstige Rechte dritter Personen im Rahmen des Erforderlichen und Zumutbaren zu verhindern.[113] Entstehen infolge einer schuldhaften Missachtung von Verkehrssicherungspflichten infolge des Brunnenbetriebs dem Nachbarn kausale Schäden, haftet der Brunnenbetreiber entsprechend auf Schadenersatz.[114]

IV. Öffentlich-rechtlicher Nachbarschutz

53 Das **öffentlich-rechtliche** Nachbarrecht bietet verschiedene Ansätze für Rechtsschutzmöglichkeiten im Zusammenhang mit der Errichtung und Nutzung von Brunnen.

1. Baurecht

54 Anknüpfungen für die Gewährung eines im Nachbarverhältnis eingreifenden subjektiv öffentlich-rechtlichen Drittschutzes können sich zunächst bei der Errichtung eines Brunnens aus **bauplanungs- und bauordnungsrechtlichen Vorschriften** nach allgemeinen Maßstäben ergeben. Zu berücksichtigen ist, dass die Bundesländer regelmäßig die der Ver- und Entsorgung dienenden Brunnenanlagen verfahrensfrei gestellt haben (vgl. § 61 Abs. 1 Nr. 4 lit. a MBO).

2. Immissionsschutzrecht

55 Führt der Betrieb eines Brunnens zu **Immissionen**, etwa Lärmimmissionen, im Bereich benachbarter Grundstücke, stehen den Betroffenen Rechtsschutzoptionen auf der Grundlage immissionsschutzgesetzlicher Bestimmungen offen.

56 Bei Brunnen handelt es sich allerdings gewöhnlich **nicht** um **Anlagen** im Sinne des § 4 Abs. 1 Satz 1 BImSchG, die aufgrund ihrer Beschaffenheit oder ihres Betriebs in besonderem Maße geeignet sind, schädliche Umwelteinwirkungen hervorzurufen oder in anderer Weise die Allgemeinheit oder die Nachbarschaft zu gefährden, erheblich zu benachteiligen oder zu belästigen.[115] Da vor diesem Hintergrund kein Genehmigungsverfahren zu durchlaufen ist, erlangt der über § 4 Abs. 1 Satz 1, § 5 Abs. 1 Nr. 1, § 6 Abs. 1 Nr. 1 BImSchG vermittelte Drittschutz grundsätzlich keine Bedeutung.

57 Gemäß § 22 Abs. 1 BImSchG sind indes auch immissionsschutzrechtlich nicht genehmigungspflichtige Anlagen so zu errichten, dass nach dem Stand der Technik vermeidbare **schädliche Umwelteinwirkungen** verhindert werden. Dabei können Brunnen dem Anlagenbegriff des § 3 Abs. 5 Nr. 1 BImSchG unterfallen.[116] Unter Berücksichtigung der Legaldefinition in § 3 Abs. 1 BImSchG sind solche Immissionen zu vermeiden, die nach Art, Ausmaß oder Dauer geeignet sind, Gefahren, erhebliche Nachteile oder erhebliche Belästigungen für die Allgemeinheit oder die Nachbarschaft herbeizuführen. Im Hinblick auf den erwähnten Nachbarschutz steht außer Frage, dass § 22 Abs. 1 iVm § 3 Abs. 1 BImSchG drittschützende Wirkung im Nachbarverhältnis entfaltet, so dass von Brunnenanlagen ausgehende Immissionen abwehrfähig sind.

113 Vgl. allg. BGH Urt. v. 2.10.2012 – VI ZR 311/11, NJW 2013, 48 (48 f.); Palandt/*Sprau* BGB § 823 Rn. 52.
114 Vgl. beispielsweise OLG Koblenz Beschl. v. 24.7.2014 – 3 U 514/14, juris Rn. 24 ff.; Beschl. v. 9.10.2014 – 3 U 514/14, juris Rn. 6 ff.; siehe auch BGH Urt. v. 22.7.1999 – III ZR 198/98, NJW 1999, 3633 (3634).
115 VGH Mannheim Beschl. v. 16.2.2017 – 10 S 1878/16, NJW-RR 2017, 566 (567).
116 VGH Mannheim Beschl. v. 16.2.2017 – 10 S 1878/16, NJW-RR 2017, 566 (567).

Rühren schädliche Umwelteinwirkungen von dem Betrieb eines gemeindlichen Brunnens her, kommen öffentlich-rechtliche Beseitigungs- und Unterlassungsansprüche analog § 1004 Abs. 1 BGB in Betracht. Im Übrigen können im Rahmen der Reichweite des eingreifenden Drittschutzes gegenüber der zuständigen Immissionsschutzbehörde Ansprüche auf ein behördliches Einschreiten mit dem Ziel verfolgt werden, dass gegenüber dem Brunnenbetreiber einzelfallbezogene Anordnungen im Sinne des § 24 BImSchG bis hin zu Untersagungsanordnungen nach § 25 BImSchG getroffen werden. Ob im Rahmen des eröffneten Ermessens ein Einschreiten verlangt werden kann, hängt von der Erheblichkeit des Nachteils oder der Beeinträchtigung ab. In die gebotene Einzelfallwürdigung sind die nach der Gebietsart und den tatsächlichen Verhältnissen zu bestimmende Schutzwürdigkeit und Schutzbedürftigkeit einzubeziehen. Ebenso sind wertende Elemente, wie die Herkömmlichkeit, Sozialadäquanz und allgemeine Akzeptanz der Immissionen, zu berücksichtigen. Der VGH Mannheim hat beispielsweise in Bezug auf von einer Brunnenanlage ausgehende Lärmimmissionen entschieden, dass plätschernde oder fallende Wassergeräusche in der Regel als Naturgeräusche keinen Anspruch auf Einschreiten gegenüber der Immissionsschutzbehörde begründen.[117] 58

3. Wasserhaushaltsrecht und Landeswasserrecht

Da nachbarrechtliche Konfliktfälle im Zusammenhang mit der Errichtung und Nutzung von Brunnen in der Praxis zumeist Aspekte des Zuflusses oder Entzugs von Grundwasser oder der Verunreinigung betreffen, erlangt wesentliche Bedeutung, welche nachbarschützenden Wirkungen mit **wasserrechtlichen Vorschriften** einhergehen. 59

a) Bewilligungs- und Erlaubnisverfahren. Herkömmlich zielt die Anlegung eines Brunnens auf die Benutzung des Grundwassers im Sinne des § 9 Abs. 1 Nr. 5 WHG. Die Norm des § 8 Abs. 1 WHG unterwirft grundsätzlich jede Gewässernutzung einem **Erlaubnis- oder Bewilligungsvorbehalt**. Für den Bereich des Grundwassers trifft § 46 WHG allerdings Sonderregelungen zu **erlaubnisfreien Benutzungsformen**.[118] Wie dargestellt, bedarf das Entnehmen, Zutagefördern, Zutageleiten oder Ableiten von Grundwasser gemäß § 46 Abs. 1 Satz 1 WHG dann keiner Erlaubnis oder Bewilligung, wenn es etwa für den Haushalt oder den landwirtschaftlichen Hofbetrieb oder in geringen Mengen zu einem vorübergehenden Zweck erfolgt und soweit hierdurch keine signifikanten nachteiligen Auswirkungen auf den Wasserhaushalt zu besorgen sind. Aufgrund der in § 46 Abs. 3 WHG vorgesehenen Ermächtigung steht es den Landesgesetzgebern frei, ergänzende Ausnahmen von der Erlaubnispflichtigkeit einzuführen oder umgekehrt strengere Anforderungen zu etablieren. 60

In Bezug auf die Erschließung des Grundwassers mittels eines Brunnens haben die meisten Bundesländer von der Ermächtigung in § 46 Abs. 3 WHG Gebrauch gemacht und weitere Befreiungstatbestände eingeführt.[119] So finden sich ua zusätzliche Freistellungen für Grundwasserbenutzungen zu Zwecken des Gartenbaus oder der Gartenbewässerung, sofern lediglich geringe Grundwasserentnahmen in Rede stehen. Allerdings verankern die Landeswassergesetze zur Gewährleistung der wasserbehördlichen Überwachungsbefugnisse zumeist ergänzende Pflichten zur **Anzeige** einer Brunnennutzung. 61

Ergeben sich keine Ausnahmetatbestände im vorgenannten Sinn, insbesondere wenn signifikante mengenmäßige oder stoffliche Grundwasserauswirkungen in Rede stehen, hängt der Grundwasserzugriff von der Erteilung einer Erlaubnis oder Bewilligung ab.[120] Gemäß § 10 Abs. 1 WHG gewährt eine **Erlaubnis** die Befugnis sowie eine **Bewilligung** das Recht, ein Gewässer zu einem bestimmten Zweck in einer nach Art und Maß bestimmten Weise zu benutzen. 62

117 VGH Mannheim Beschl. v. 16.2.2017 – 10 S 1878/16, NJW-RR 2017, 566 (568).
118 Vgl. BVerwG Beschl. v. 10.10.2017 – 7 B 5/17, juris Rn. 13.
119 *Czychowski/Reinhardt* WHG § 46 Rn. 28.
120 BVerwG Beschl. v. 10.10.2017 – 7 B 5/17, juris Rn. 13.

63 **b) Drittschutz.** Es entspricht der Rechtsprechung des BVerwG,[121] dass für den Bereich des Wasserrechts ein öffentlich-rechtlicher Nachbarschutz in Betracht kommt, soweit sich aus Rechtsvorschriften ableiten lässt, dass sie auch dem Schutz individueller privater Interessen Dritter dienen. Ungeachtet des Grundsatzes, dass das WHG im Kern eine öffentlich-rechtliche Benutzungsordnung gerade bezüglich des Grundwassers etabliert, besteht Einigkeit, dass einzelnen Vorgaben **drittschützende Funktion** zukommt.[122]

64 Im Hinblick auf die Erteilung einer **Bewilligung** bestimmt § 14 Abs. 3 Satz 1 WHG, dass in Situationen, in denen infolge der Gewässerbenutzung auf das Recht eines Dritten nachteilig eingewirkt wird, dessen Belange im Bewilligungsverfahren zu berücksichtigen und nachteilige Auswirkungen durch Inhalts- und Nebenbestimmungen zu vermeiden oder auszugleichen sind. Weiterführend ordnet § 14 Abs. 4 WHG die Beachtung mit der Bewilligungserteilung zulasten eines Dritten einhergehender sonstiger nachteiliger Beeinträchtigungen an, die aus Veränderungen des Wasserstandes oder der Wasserbeschaffenheit, der bisherigen Grundstücknutzung oder aus der Wasserentziehung bei einer Wassergewinnungsanlage resultieren. Die Absätze 3 und 4 des § 14 WHG gewähren dem Nachbarn materielle Rechtspositionen und entfalten dementsprechend drittschützende Wirkung.[123]

65 Darüber hinaus hat die Rechtsprechung für das Nachbarverhältnis allgemein ein **wasserrechtliches Rücksichtnahmegebot** anerkannt.[124] Vor allem in den § 6 Abs. 1 Nr. 3, § 13 Abs. 1 WHG findet Ausdruck, dass bei allen wasserrechtlichen Gestattungen, somit auch bei der beschränkten Erlaubnis,[125] im Rahmen der Ermessensbetätigung auch Belange Privater einzubeziehen sind, deren rechtlich geschützte Interessen von der beantragten Gewässerbenutzung in individualisierter und qualifizierter Weise betroffen werden. Dieser Personenkreis hat einen Anspruch auf ermessensgerechte – insbesondere rücksichtnehmende – Beachtung und Würdigung seiner Belange.[126] Stehen sich die privaten Belange konkurrierender Gewässerbenutzer gegenüber, ist, wie beim baurechtlichen Rücksichtnahmegebot, eine gerechte Abwägung dieser privaten Interessen vorzunehmen.[127] Für einen Verstoß gegen das Rücksichtnahmegebot reicht es dabei aber nicht aus, dass lediglich die Möglichkeit einer mengenmäßigen oder qualitativen Beeinträchtigung des Grundwassers besteht; vielmehr bedarf es einer erhöhten Wahrscheinlichkeit für derart negative Auswirkungen.[128]

66 Im Hinblick auf das beschriebene Drittschutzkonzept ergeben sich unterschiedliche Konsequenzen.

67 **aa) Bewilligungsverfahren.** Ergreift der Nachbar eines Brunneninhabers Maßnahmen, die zu einer Verringerung oder gar zur Entziehung des bislang vorhandenen Grundwassers oder zu nachteiligen Beschaffenheitsveränderungen führen, und ist die Durchführung eines **Bewilligungsverfahrens** geboten, so vermittelt § 14 Abs. 3 Satz 1 WHG Drittschutz, soweit in Rechte des Betroffenen eingegriffen wird. Da allerdings aus den genannten Gründen gemäß § 4 Abs. 2 WHG kein Recht am Grundwasser existiert, steht in der Regel keine nachteilige Einwirkung auf eine subjektiv geschützte Rechtsposition in Rede.[129] Selbst wenn der Brunneninhaber über eine eigene wasserrechtliche Bewilligung verfügt und insofern zu seinen Gunsten Ge-

---

121 BVerwG Urt. v. 15.7.1987 – 4 C 56/83, NJW 1988, 434 (434 f.); Beschl. v. 10.10.2017 – 7 B 5/17, juris Rn. 15; vgl. auch OVG Lüneburg, Urt. v. 14.12.2016 – 13 LC 56/14, juris Rn. 81 ff.; VGH Kassel Urt. v. 1.9.2011 – 7 A 1736/10, juris Rn. 90 ff.

122 BVerwG Urt. v. 15.7.1987 – 4 C 56/83, NJW 1988, 434 (434 f.).

123 BVerwG Beschl. v. 10.10.2017 – 7 B 5/17, juris Rn. 15; OVG Lüneburg Urt. v. 14.12.2016 – 13 LC 56/14, juris Rn. 87; *Czychowski/Reinhardt* WHG § 14 Rn. 38 Rn. 65.

124 BVerwG Urt. v. 15.7.1987 – 4 C 56/83, NJW 1988, 434 (434 f.); BayVerfGH, Entsch. v. 18.3.2010 – Vf. 35-VI-09, BayVBl. 2010, 500 (500 f.); VGH München Beschl. v. 17.7.2012 – 8 ZB 11.1285, juris Rn. 10; VGH München Urt. v. 11.2.2020 – 8 ZB 19.1481, juris Rn. 12; VGH Kassel Urt. v. 1.9.2011 – 7 A 1736/10, juris Rn. 97; vgl. auch BGH Urt. v. 5.10.1995 – III ZR 61/93, NVwZ 1996, 821 (823 f.).

125 Für die gehobene Erlaubnis vgl. § 15 Abs. 2 WHG.

126 BVerwG Urt. v. 15.7.1987 – 4 C 56/83, NJW 1988, 434 (434 f.).

127 VGH München Urt. v. 11.2.2020 – 8 ZB 19.1481, juris Rn. 12; VGH Kassel Urt. v. 1.9.2011 – 7 A 1736/10, juris Rn. 97.

128 VGH München Urt. v. 11.2.2020 – 8 ZB 19.1481, juris Rn. 13; OVG Lüneburg Urt. v. 14.12.2016 – 13 LC 56/14, juris Rn. 91 f.

129 *Czychowski/Reinhardt* WHG § 14 Rn. 43.

wässerbenutzungsrechte eingreifen, schließt § 10 Abs. 2 WHG grundsätzlich ein Recht auf Zufluss von Grundwasser in einer bestimmten Menge und Beschaffenheit aus.[130] Vor diesem Hintergrund vermag der Brunneninhaber daher über § 14 Abs. 3 Satz 1 WHG dann, wenn keine anderen Beeinträchtigungen von Eigentumspositionen etwa im Zusammenhang mit Stützverlusten des Erdreichs oder von sonstigen Rechtspositionen drohen,[131] regelmäßig keinen durchgreifenden Drittschutz in Bezug auf den Entzug von Grundwasser oder auf Beschaffenheitsveränderungen abzuleiten.[132]

Die Norm des § 14 Abs. 4 Satz 1 WHG vermittelt individuellen Drittschutz unabhängig vom Bestand einer konkreten Rechtsposition, wenn sonst nachteilige, nicht nur geringfügige Einwirkungen ua auf den Wasserstand, die Wasserbeschaffenheit oder durch einen Wasserentzug für Wassergewinnungsanlagen zu besorgen sind. Soweit in Nummer 1 die Veränderung des Wasserstands erwähnt wird, genügt allerdings mangels eines Rechts auf Zufluss von Grundwasser für sich allein die Schmälerung des Grundwasserspiegels nicht, um eine Berechtigung zur Erhebung von Einwendungen nach § 14 Abs. 1 Satz 1 Nr. 1 WHG anzuerkennen. Vielmehr bedarf es gesonderter mit der Wasserstandabsenkung einhergehender Nachteile.[133] Es sind die mit dem Wasserentzug verbundenen nachteiligen Konsequenzen für das anliegende Grundstück oder für unternehmerische Betätigungen aufzuzeigen, die sodann im Rahmen des § 14 Abs. 4 Satz 1 WHG geltend gemacht werden können. Nachteilige Einwirkungen können ebenfalls damit verbunden sein, dass die zu bewilligende Grundwassernutzung zu einer Verschlechterung der Beschaffenheit und Güte des Grundwassers führt,[134] wobei auch in diesem Kontext die nachteiligen Folgewirkungen zu konkretisieren sind. Für Wassergewinnungsanlagen trifft § 14 Abs. 4 Satz 1 Nr. 3 WHG eine Sonderregelung, wonach unabhängig von einem fehlenden Zugriffsrecht ausnahmsweise auch allein aus der Wasserentziehung ein schutzwürdiges individuelles Interesse resultieren kann.[135] 68

Bei der im Bewilligungsverfahren zu treffenden **Ermessensentscheidung** sind letztlich auch die Prinzipien des Drittschutz entfaltenden wasserrechtlichen Rücksichtnahmegebots zu berücksichtigen. Der Inhaber des Brunnens kann gerade bei Streitigkeiten um die Verteilung der Grundwasserkapazitäten die Einbeziehung seiner Belange einfordern. Da die Interessen des Brunneninhabers allerdings lediglich einen Aspekt der Ermessensentscheidung betreffen und ihm nach dem wasserhaushaltsrechtlichen Grundkonzept keine Grundwasserrechte, einschließlich Zuflussrechte, zustehen, ist unter Berücksichtigung des der Wasserbehörde zustehenden Bewirtschaftungsermessens eine Abwehrposition nur im Falle einer rücksichtslosen Grundwasserbenutzung denkbar.[136] 69

bb) Erlaubnisverfahren. Wird im Hinblick auf einen in der Nachbarschaft anstehenden Grundwasserzugriff kein Bewilligungsverfahren, sondern lediglich ein **Erlaubnisverfahren** geführt, greifen die Maßstäbe des § 14 Abs. 3 und 4 WHG nicht ein und können dem Brunneninhaber somit keinen Drittschutz vermitteln. Im Zuge eines Erlaubnisverfahrens kann er jedoch die Beachtung seiner Belange und Interessen, die mit der Verringerung, dem Entzug oder der Beschaffenheitsveränderung des Grundwassers verknüpft sind, unter Verweis auf das wasserrechtliche Rücksichtnahmegebot verlangen, denn dieses ist bei allen wasserrechtlichen Gestattungen zu beachten.[137] 70

cc) Wasserbehördliche Entscheidungen. Sofern wasserbehördliche Entscheidungen zu treffen sind, die sich auf das **Einbringen oder Einleiten von Stoffen** in das Grundwasser beziehen, darf eine Erlaubnis 71

130 Vgl. *Czychowski/Reinhardt* WHG § 14 Rn. 70, wonach anderes gelten kann, wenn der Inhaber eines bestehenden Benutzungsrechts "schwer und unerträglich" betroffen ist.
131 Zu etwaigen Beeinträchtigungen eines Rechts am eingerichteten und ausgeübten Gewerbebetrieb vgl. *Czychowski/Reinhardt* WHG § 14 Rn. 49.
132 *Czychowski/Reinhardt* WHG § 14 Rn. 43; vgl. OVG Saarlouis Urt. v. 21.5.1984 – 2 R 287/83, juris.
133 *Czychowski/Reinhardt* WHG § 14 Rn. 68.
134 *Czychowski/Reinhardt* WHG § 14 Rn. 72.
135 *Czychowski/Reinhardt* WHG § 14 Rn. 76.
136 Vgl. VGH Kassel Urt. v. 1.9.2011 – 7 A 1736/10, juris Rn. 99 f.
137 BVerwG Urt. v. 15.7.1987 – 4 C 56/83, NJW 1988, 434 (435); VGH München Beschl. v. 17.7.2012 – 8 ZB 11.1285, juris Rn. 10.

nach § 48 Abs. 1 WHG nur erteilt werden, wenn eine nachteilige Veränderung der Wasserbeschaffenheit nicht zu besorgen ist. Der Besorgnisgrundsatz statuiert strenge Anforderungen an das Einbringen und Einleiten von Stoffen, etwa von Klärabwässern, in das Grundwasser.[138] Einem Brunneninhaber, der durch entsprechende Maßnahmen nachteilige Auswirkungen auf die Grundwasserqualität befürchtet, eröffnet § 48 Abs. 1 WHG jedoch nach herrschender Auffassung keinen individuellen Drittschutz. Das von der Norm erfasste Schutzanliegen der Reinhaltung des Grundwassers wird ausschließlich im Allgemeininteresse verfolgt, so dass sie keinen Nachbarschutz verbürgt.[139]

72 **c) Sonstiger Nachbarschutz.** Außerhalb von Bewilligungs- und Erlaubnisverfahren bestehen begrenzte Möglichkeiten des öffentlich-rechtlichen Nachbarschutzes, aufgrund derer ein Brunneninhaber insbesondere gegen illegale oder verunreinigende Grundwasserbenutzungen eines Nachbarn **behördliche Maßnahmen** initiieren kann.

73 Im Ausgangspunkt vermag der Betroffene allerdings kein subjektiv-öffentliches Recht aus den wasserhaushaltsgesetzlichen Gestattungserfordernissen abzuleiten. Die Notwendigkeit einer behördlichen Zulassung von Gewässerzugriffen oder -nutzungen besteht im Rahmen des geltenden repressiven Verbots mit Befreiungsvorbehalt allein im öffentlichen Interesse.[140] Eine Beachtung der Erlaubnis- und Bewilligungspflichtigkeit vermag er daher nicht eigenständig durchzusetzen, also im Hinblick auf den anliegenden Gewässerbenutzer eine entsprechende Verfahrenseinleitung nicht zu erzwingen. Genauso wenig ist er mangels einer Drittschutz vermittelnde Rechtsposition befugt, sich gegen die von der Wasserbehörde gewählte Entscheidungsform, dh eine Gestattung durch Bewilligung oder Erlaubnis, zur Wehr zu setzen. Ob die besonderen Voraussetzungen einer Bewilligungserteilung nach § 14 Abs. 1 WHG vorliegen, ist einer nachbarschutzbezogenen Überprüfung entzogen, weil der Norm kein drittschützender Charakter zukommt.[141]

74 Allerdings ist im beschränkten Umfang ein auf die Verwirklichung von Nachbarschutz gerichtetes Vorgehen des Brunneninhabers im Zusammenhang mit der Wahrnehmung **behördlicher Aufsichts- und Überwachungsbefugnisse** möglich. Zwar dienen die Aufgaben der Gewässeraufsicht nach § 100 Abs. 1 Satz 1 WHG der Erfüllung und Überwachung der öffentlich-rechtlichen Verpflichtungen, also dem Schutz und der Verwirklichung der öffentlich-rechtlichen Benutzungsordnung. Soweit die zuständige Behörde die erforderlichen Maßnahmen im Einzelfall aufgrund der Generalklausel des § 100 Abs. 1 Satz 2 WHG nach pflichtgemäßem Ermessen zu treffen hat, besteht für den durch die Gewässernutzung eines anderen beeinträchtigten Nachbarn aber die Möglichkeit, auf gesetzeswidrige Zustände oder Handlungen aufmerksam zu machen. Dabei verfügt er zwar nicht über einen subjektiven Anspruch auf Einschreiten gegen den illegalen oder verunreinigenden Grundwasserbenutzer. Ihm ist jedoch ein Anspruch zuzubilligen, dass die zuständige Wasserbehörde von der ihr objektivrechtlich zustehenden Einschreitensermächtigung ermessenfehlerfrei Gebrauch macht.[142]

138 *Czychowski/Reinhardt* WHG § 48 Rn. 11 und 13; vgl. OVG Lüneburg Urt. v. 14.12.2016 – 13 LC 56/14, juris Rn. 93.

139 *Czychowski/Reinhardt* WHG § 48 Rn. 18; vgl. OLG Karlsruhe Urt. v. 21.12.1976 – 10 U 64/76, VersR 1978, 47, (48); siehe auch VGH München Urt. v. 18.5.1993 – 8 B 86.3010, BayVBl. 1994, 52 (53).

140 VGH Kassel Urt. v. 1.9.2011 – 7 A 1736/10, juris Rn. 91.

141 BVerwG Beschl. v. 10.10.2017 – 7 B 5/17, juris Rn. 15; OVG Lüneburg Urt. v. 14.12.2016 – 13 LC 56/14, juris Rn. 85.

142 *Czychowski/Reinhardt* WHG § 100 Rn. 54; vgl. auch BVerwG Beschl. v. 10.10.2017 – 7 B 5/17, juris Rn. 21.

26. Dashcam

Klose

Literatur: *Ahrens*, Der Beweis des Unfallgeschehens mittels Dashcam-Videos, MDR 2015, 926; *Gola*, (Hrsg.), Datenschutz-Grundverordnung, 2. Aufl. 2018; *Ernst*, Zur Un-Zulässigkeit von Dashcams, CR 2015, 620; *Lohse*, Alles auf Aufnahme? – Dashcam im Fokus, VersR 2016, 953; *Wagner /Bretthauer/Birnstill/Krempel*, Auf dem Weg zu datenschutzfreundlichen Dashcams, DuD 2017, 159.

I. Begriff

Unter Dashcams werden Kameras verstanden, die etwa auf dem Armaturenbrett eines Kraftfahrzeuges angebracht worden sind.[1] Vergleichbar beweglich einsetzbar sind Bodycams, also Kameras, die am Körper getragen durchgängig Aufnahmen anfertigen. Jeweils sind sie als Videoüberwachungssysteme und damit vor allem vor dem Hintergrund des einzuhaltenden Datenschutzes zu betrachten.[2] Dementsprechend gelten für ihre Verwendung die gleichen rechtlichen Voraussetzungen wie für Videokameras (→ *Videoüberwachung* Rn. 1 ff.). 1

II. Einschränkungen der Verwendung durch das Persönlichkeitsrecht

Für eine Dashcam, die wie eine stationäre (Video-) Kamera eingesetzt wird, gelten im Hinblick auf die Zulässigkeit von Aufnahmen und deren Verwertung die gleichen Voraussetzungen wie für diese. Werden Dashcams (On-Board-Kameras) im öffentlichen Straßenverkehr eingesetzt, werden sie mit der Folge im öffentlichen Raum genutzt, dass die mit ihnen angefertigten Aufnahmen datenschutzrechtlich relevant sind.[3] Die Aufnahmen unterliegen, soweit sie nicht ausschließlich das eigene Grundstück und dort den privaten Raum betreffen, grundsätzlich den Regelungen der DS-GVO, so lange sie nicht allein Landschaftsbilder oder nicht identifizierbare Personen aufnehmen.[4] Dem Familienprivileg des Art. 2 Abs. 2 lit. c DS-GVO unterfallen Dashcams regelmäßig deshalb nicht, weil sie nicht ausschließlich zur familiären und persönlichen Nutzung betrieben werden.[5] Erst recht gilt das dann, wenn die Dashcam zumindest auch auf ein fremdes Grundstück gerichtet ist.[6] Die bei einer Verwendung im Straßenverkehr möglicherweise noch zweifelhafte Voraussetzung der gewissen Dauerhaftigkeit[7] wird bei der dauerhaften Ausrichtung einer Dashcam auf ein Grundstück regelmäßig erfüllt sein. Es ist datenschutzrechtlich bereits nicht zulässig, ein Verkehrsgeschehen anlasslos permanent zu filmen.[8]. Das gilt erst recht in dem im Verhältnis zum öffentlichen Verkehrsraum erheblich geschützteren und auch schutzbedürftigeren Bereich von privat genutzten Grundstücken. Wird durch eine Dashcam der Zugang zu einem Privatgrundstück automatisch gefilmt, wird dadurch das Recht auf informationelle Selbstbestimmung verletzt, wenn die Aufnahme nicht gemäß § 6b BDSG rechtmäßig ist.[9] Den Anforderungen des § 6 Abs. 2 BDSG wird durch ein kleines Warnschild im Fenster eines Pkw und erst recht im Bereich eines Grundstücks, auf das eine bewegliche Kamera gerichtet wird, 2

1 *Ernst* CR 2015, 620.
2 Dazu: *Wagner/Bretthauer/Birnstill/Krempel* DuD 2017, 159.
3 *Ernst* CR 2015, 622.
4 *Schulz* in Gola DS-GVO Art. 6 Rn. 150.
5 *Wagner/Bretthauer/Birnstill/Krempel* DuD 2017, 161.
6 *Gola* in Gola DS-GVO Art. 2 Rn. 19.
7 *Ahrens* MDR 2015, 927.
8 BGH Urt. v. 15.5.2018 – VI ZR 233/17, NJW 2018, 2883 (2884). Selbst dann, wenn die Dashcam in einem Fahrzeug mit dem Zweck angebracht wird, den Verkehr auf öffentlichen Straßen großflächig aufzuzeichnen, begründet die Aufnahme mit einer Dashcam einen schwerwiegenden Eingriff in das Persönlichkeitsrecht: VG Ansbach Urt. v. 12.8.2014 – 4 K 13.01624, DAR 2014, 663 (664).
9 LG Memmingen Urt. v. 14.1.2016 – 22 O 1983/13, DAR 2016, 143 (143).

nicht entsprochen. Wird die Dashcam dagegen betrieben, um auf dem eigenen Grundstück Familienaufnahmen zu fertigen, verstoßen diese durch die bloße zufällige (Mit-) Aufnahme des Nachbargrundstücks, wie bei sonstigen Videoaufnahmen auch, nicht gegen datenschutzrechtliche Vorschriften. Anderes gilt dann, wenn bei den Aufnahmen erkennbar auch Nachbarn aufgenommen werden.

III. Prozessuales

3 Die Verwertbarkeit von mit einer Dashcam aufgenommenen Aufnahmen ist in einer nachbarrechtlichen Auseinandersetzung nur eingeschränkt zulässig. Bereits im Straßenverkehr wird diskutiert, ob und in welchem Umfang Aufnahmen einer Dashcam einem Beweisverwertungsverbot unterliegen. Dieses soll von einer Verhältnismäßigkeitsprüfung abhängig sein.[10] Bei kurzfristig aufgezeichneten Verkehrsunfällen sollen Dashcam-Aufnahmen verwertbar sein können, wenn Dritte nicht betroffen sind, keine anderen Beweismittel zur Verfügung stehen und ohne die Verwertung der Aufnahme eine der Gerechtigkeit widersprechende Entscheidung getroffen werden müsste.[11] Wird diese Rechtsprechung auf das nachbarschaftliche Verhältnis übertragen, wird im Regelfall ein Beweisverwertungsverbot anzunehmen sein. Die Kamera ist nämlich nicht wie im Straßenverkehr auf zufällig passierende Fahrzeuge und Personen, sondern auf die Besucher eines konkreten Nachbargrundstücks gerichtet. Der Eingriff in das Persönlichkeitsrecht ist damit deutlich größer als im Straßenverkehr. Zudem ist der Anlass für die Filmaufnahmen geringer. Anders als im Straßenverkehr ist die Kamera nämlich nicht auf zufällig passierende andere Verkehrsteilnehmer gerichtet, die sich möglicherweise zulasten des Aufnehmenden nicht verkehrsgerecht verhalten, sondern auf das Nachbargrundstück mit den regelmäßig bekannten Nutzern, von denen, anders als im Straßenverkehr, mit einem Eingriff in die Rechtsgüter des Filmenden nicht zu rechnen ist. Das gilt erst recht dann, wenn durch eine andauernd laufende Dashcam, unabhängig davon, ob sie aus einem Haus heraus oder in dessen Außenbereich betrieben wird, jegliche Bewegungen auf dem Nachbargrundstück aufgenommen werden und damit die Privatsphäre der Nachbarn durchgängig verletzt wird. Die Kenntnis von der Verwendung einer Dashcam auf dem Nachbargrundstück, deren konkreter Aufenthaltsort zudem nicht bekannt ist, erzeugt einen unzumutbaren Überwachungsdruck. Diese Verletzung ist so schwerwiegend, dass die so angefertigten Aufnahmen allenfalls bei Streitigkeiten wegen erheblichen auf dem Nachbargrundstück verübten Straftaten verwertbar sein dürften. Für zivilrechtliche Auseinandersetzungen sind sie angesichts des offenkundigen unzulässigen Eingriffs in das Persönlichkeitsrecht unverwertbar. Gegenteilig werden dagegen die Aufnahmen zu betrachten sein, die zulässig allein das eigene Grundstück betreffen.

10 Für das Bußgeldverfahren: OLG Stuttgart Beschl. v. 4.5.2016 – 4 Ss 543/15, NJW 2016, 2280 (2280). Zur Rechtsprechung zur Verwertbarkeit: *Ernst* CR 2015, 620.

11 OLG Nürnberg Hinweisbeschluss vom 10.8.2017 – 13 U 851/17, NJW 2017, 3597.

27. Datenschutz

Klose

Literatur: *Basler/Meßerschmidt*, Zumutbarkeit von Beweiserhebungen und Wohnungsbetroffenheit im Zivilprozess, NJW 2014, 3329; *Daum/Boesch*, Neue Techniken und ihre Gegenmitte: Zur Rechtmäßigkeit von Abwehrmaßnahmen gegen zivile Drohnen, CR 2018, 62; *Dorf*, Luftbildaufnahmen und Unverletzlichkeit der Wohnung, NJW 2006, 951; *Engler/Quiel*, Recht auf Kopie und Auskunftsanspruch im Datenschutzrecht, NJW 2019, 2201; *Gola (Hrsg.)*, Datenschutz-Grundverordnung, 2. Aufl. 2018; *Grziwotz*, Das Recht auf Grundbucheinsicht, MDR 2013, 433; *Ohly*, Das neue Geschäftsgeheimnisgesetz, GRUR 2019, 441; *Raum*, Umweltschutz und Schutz personenbezogener Daten, CR 1993, 162; *Regenfuß*, Zivilrechtliche Abwehransprüche gegen Überflüge und Bildaufnahmen von Drohnen, NZM 2011, 799; *Schneider*, Die Zumutbarkeit der Urkundenvorlage durch Dritte, MDR 2004, 1; *Spindler*, Gesellschaftsrecht im System der Europäischen Niederlassungsfreiheit, ZGR 2011, 690; *Stöber*, Zulässigkeit und Grenzen der Videoüberwachung durch Private, NJW 2015, 3681; *Taeger/Gabel (Hrsg.)*, Kommentar DSGVO – BDSG, 3. Aufl. 2018; *Troidl*, Akteneinsicht im Verwaltungsrecht, München 2013; *Uschkereit/Zdanowiecki*, Rechtsrahmen für den Betrieb ziviler Drohnen, NJW 2016, 444; *Vassilaki*, Kriminalität im World Wide Web Erscheinungsformen der „Post-Computerkriminalität" der zweiten Generation, MMR 2006, 212; *Zekoll/Bolt*, Die Pflicht zur Vorlage von Urkunden im Zivilprozess – Amerikanische Verhältnisse in Deutschland?, NJW 2002, 3129; *Zuck*, Das rechtliche Interesse auf Akteneinsicht im Zivilprozess, NJW 2010, 2913.

I. Einführung

Nachbarn erfahren im Laufe der Zeit wechselseitig viel voneinander, auch Dinge, die nach dem Willen des 1
jeweils anderen möglicherweise im Verborgenen bleiben sollen. Sie können beobachten und aufzeichnen, wann der Nachbar sein Grundstück aufsucht und wer dieses als Besucher betritt. Dieses kann regelmäßig auch fotografisch oder durch Filmaufnahmen festgehalten und veröffentlicht werden. Vor der unberechtigten Verwendung dieser Erkenntnisse und Daten bedarf der Grundstücksnachbar eines Schutzes. Führen Nachbarn rechtliche Auseinandersetzungen, haben sie ein Interesse daran, Informationen über das Grundstück und aufstehende Gebäude zu erhalten. Dieses Interesse ist wiederum mit den Interessen des Nachbarn an der Wahrung seiner Privatsphäre abzuwägen.

II. Eingriff in die Daten des Nachbarn

Daten des Nachbarn können durch Beobachtungen, durch technische Aufnahmen, aber auch durch das Ent- 2
fernen körperlicher Speichermedien erhoben und anschließend bekannt gemacht werden. Regelmäßig muss dies der Grundstückseigentümer nicht dulden.

1. Verschaffen von Daten

Daten des Grundstückseigentümers können dem Nachbarn auf vielfältige Art und Weise bekannt werden. 3
Nur im Ausnahmefall ist er dazu befugt, diese auch zu nutzen.

4 **a) Briefpost.** Werden von den Zustelldiensten Briefe fehlerhaft in den Briefkasten eines Nachbarn gelegt oder gelangen sie auf eine sonstige Weise in seinen Besitz, ist dieser grundsätzlich dazu verpflichtet, diese dem Adressaten oder dem jeweiligen Postzustelldienst zu übergeben. Sowohl eigentums- als auch besitzrechtliche Ansprüche scheitern hier zwar daran, dass der eigentliche Adressat noch nicht Besitzer oder Eigentümer der Gegenstände geworden ist. Gemäß § 965 BGB ist aber der Finder dazu verpflichtet, dem Eigentümer den Fund unverzüglich anzuzeigen. Auch eine besitzlose Sache kann gefunden werden,[1] so dass es auf den fehlenden Besitz des berechtigten Empfängers des Briefes nicht ankommt. Dieser Anzeigepflicht kann auch dadurch genügt werden, dass der Brief in den Briefkasten des Berechtigten gelegt wird. Das Liegenlassen der Post, ohne den Nachbarn über deren Zugang zu informieren, kann auch strafrechtlich relevant sein. Eine Strafbarkeit wegen Diebstahls (§ 242 StGB) kommt zwar deshalb nicht in Betracht, weil der Adressat noch keinen Gewahrsam an dem Brief erlangt, der alte Gewahrsamsinhaber diesen aber freiwillig aufgegeben hat. Dagegen können aber die Voraussetzung einer gemäß § 246 StGB strafbaren Unterschlagung erfüllt sein. Nach § 246 Abs. 1 StGB kommt es weder auf einen unlauteren Besitzverlust, noch auf einen Gewahrsamsbruch an. Der Täter muss sogar keinen Gewahrsam übernommen zu haben. Allerdings begründet das bloße Ansichnehmen des Briefes den Tatbestand der Unterschlagung noch nicht.[2] Dieser ist erst dann erfüllt, wenn der Täter sich den Gegenstand rechtswidrig zueignen will.[3] Dazu muss sich sein Zueignungswillen manifestiert haben.[4] Das wird durch das bloße kurzfristige Nichtweiterleiten von Schriftstücken noch nicht erfüllt. Anderes gilt dann, wenn die Briefe geöffnet und gelesen werden. Gemäß § 202 Abs. 1 Nr. 1 StGB ist bereits das Öffnen eines verschlossenen Schriftstücks, das nicht zur eigenen Kenntnis bestimmt ist, unter Strafe gestellt.[5] Der Schutzbereich beschränkt sich nicht auf geschriebene Briefe, sondern erstreckt sich auf sämtliche Schriftstücke, die der Berechtigte verschlossen aufbewahrt.

5 **b) Virtuelle Daten.** Anders als Schriftstücke, in denen den Grundstücksnutzer betreffende Informationen körperlich enthalten sind und die damit auch den zivil- und strafrechtlichen Regelungen des Eigentums- und Geheimnisschutzes unterliegen, sind Daten, die nicht auf körperlichen Datenträgern des Nachbarn gespeichert werden, virtuell.

6 **aa) Zivilrechtlicher Schutz von Daten.** Der Missbrauch virtueller Daten führt, solange nicht auch in körperliche Speichermedien eingegriffen wird, regelmäßig nicht zu Ersatzansprüchen aus § 823 Abs. 1 BGB. Die dafür erforderliche Rechtsgutsverletzung kann nämlich weder auf eine Eigentums- noch auf eine Besitzverletzung gestützt werden. Virtuelle Daten sind nicht im Sinne des Sachenrechts eigentumsfähig. Damit kann zu ihrem Schutz auch nicht (unmittelbar) auf § 903 BGB zurückgegriffen werden.[6] Näher liegt der besitzrechtliche Schutz, der ebenfalls von dem grundrechtlichen Schutz des Art. 14 Abs. 1 S. 1 GG erfasst sein kann.[7] Einfachrechtlich wäre der Schutz dann aus §§ 854 ff. BGB herzuleiten. Da es den Daten jedoch an einer Sachqualität fehlt, können diese Regelungen allenfalls analog herangezogen werden.[8] Maßgeblich wäre in der Folge die Herrschaft über die Daten, die jedoch, anders als die Herrschaft über einen körperlichen Gegenstand, nicht tatsächlich, sondern allein rechtlich individualisiert werden kann. Ebenso fehlt es an der Publizität. Damit fehlt es an einer vergleichbaren Lage, so dass auch einer entsprechenden Anwendung der Besitzvorschriften der Boden entzogen ist.

7 **bb) Strafrechtlicher Schutz von Daten.** Einen strafrechtlichen Schutz vor dem unerlaubten Erheben und Nutzen fremder Daten gewährt § 202a StGB. Davon sind alle Daten erfasst, also auch solche, die keinen eigenen wirtschaftlichen Wert haben. In § 202a Abs. 2 StGB ist geregelt, dass alle elektronisch oder magne-

1 OLG Hamm Urt. v. 5.10.1978 – NJW 1979, 725 (725 f.).
2 BayObLG Urt. v. 9.11.1966 – Rreg 1a St 214/66, juris Rn. 11, NJW 1967, 361 (362).
3 BGH Beschl. v. 31.3.1993 – 3 BJs 512/90, 2 (141) AK 5/93, NStZ 1994, 542 (543); BGH Urt. v. 22.4.1952 – 2 StR 657/51, juris Rn. 8.; BGH Urt. v. 22.4.1952 – 2 StR 657/51, NJW 1952, 796 (797).
4 Dazu: *Sinn* NStZ 2002, 67.
5 BGH Urt. v. 9.12.1976 – 4 StR 582/78, NJW 1977, 590 (590).
6 *Raue* NJW 2019, 2425.
7 Ablehnend: *Michl* NJW 2019, 2729 (2733).
8 Dazu: *Michl* NJW 2019, 2730.

tisch verkörperten oder sonst nicht unmittelbar wahrnehmbaren Informationen geschützte Daten sind.[9] Schutzobjekt ist die Sachherrschaft über diese Informationen.[10] Zugang verschafft sich der Täter dadurch, dass er sich entweder zu dem Netz des Nachbarn oder zu Datenträgern von diesem Zugang verschafft. Der Schutzbereich des § 202a Abs. 1 StGB erstreckt sich jedoch allein auf die Daten, hinsichtlich derer der Verfügungsberechtigte durch eine Sicherung sein Interesse an deren Geheimhaltung gezeigt hat.[11] Erforderlich ist aber, dass der Berechtigte einen Schutz für diese vorsieht, also insbesondere kein unverschlüsseltes WLAN-Netz betreibt. Diese Zugangssicherung muss auch darauf angelegt sein, Dritte von dem Zugang zu den Daten auszuschließen, oder ihnen diesen zumindest zu erschweren.[12] Damit ist das umgangssprachlich „Hacken“[13] genannte unbefugte Eindringen in fremde Daten strafbar. Die Strafnorm des § 202d StGB wiederum schützt das Datengeheimnis vor einer Fortsetzung und Vertiefung einer bereits eingetretenen Verletzung.[14] Betreffen die rechtswidrig erlangten Daten ein Geschäftsgeheimnis und sind sie auch im Sinne des § 4 GeschGehG unbefugt erlangt. Dann kommt ergänzend eine Strafbarkeit nach § 23 GeschGehG in Betracht.[15]

2. Beseitigungsanspruch

Die Verletzung des Schutzbereichs eigener Daten muss der Grundstückseigentümer nicht dauerhaft hinnehmen. Regelmäßig kann er von dem Nachbarn zumindest für die Zukunft verlangen, dass dieser künftige Eingriffe in seine Schutzsphäre unterlässt. Das betrifft jedenfalls den privaten Raum auf dem Grundstück, im Haus und im Pkw, der als ein rechtlicher Raum ausgestaltet ist, in dem es allein dem Berechtigten obliegt, darüber zu entscheiden, ob und welche Daten erhoben und gestaltet werden dürfen.[16] Werden gleichwohl physische Einrichtungen zur Datenerhebung angebracht und genutzt, kann der Betroffene von dem Nutzer grundsätzlich aus § 1004 Abs. 1 BGB die Beseitigung der Verletzung verlangen. Das betrifft insbesondere Aufnahmen mit Videokameras und Dashcams. 8

3. Nutzung zulässig erlangter Daten

Auch zulässig erlangte Daten Dritter und damit der Grundstücksnachbarn dürfen nicht uneingeschränkt verwendet und genutzt werden. Jedenfalls die gewerbliche automatisierte Speicherung und Verarbeitung von personenbezogenen Daten wird gemäß Art. 2 DS-GVO durch die Vorschriften der DS-GVO reglementiert.[17] Da vertragliche Vereinbarungen mit dem Nachbarn regelmäßig nicht bestehen, kann Art. 6 Abs. 1 DS-GVO keine Rechtfertigung für die Verwendung der Daten begründen, wenn nicht die Ausnahmen des Art. 6 Abs. 1 DS-GVO eingreifen, hinsichtlich derer neben der Einwilligung des Betroffenen die Nutzung etwa auf der Erfüllung einer vertraglichen oder rechtlichen Verpflichtung beruht, oder der Wahrung lebenswichtiger oder öffentlicher oder berechtigter privater Interessen dient. In Betracht kommen Konflikte bei der Verwertung rechtmäßig erlangter Daten vor allem bei der Verwertung von Videoaufnahmen. Dies wird auch bei nach den Regelungen der DS-GVO rechtmäßig erworbenen Daten durch Art. 5 Abs. 1 a DS-GVO begrenzt, wonach die personenbezogenen Daten nur rechtmäßig und nach Treu und Glauben verarbeitet werden dürfen.[18] 9

---

9 BGH Beschl. v. 27.7.2017 – 1 StR 412/16, NStZ 2018, 401 (402); OLG Stuttgart Urt. v. 15.11.2018 – 2 U 30/18, GRUR 2019, 422 (424).
10 OLG Stuttgart Urt. v. 15.11.2018 – 2 U 30/18, GRUR 2019, 422 (424).
11 BGH Beschl. v. 21.7.2015 – 1 StR 16/15, NStZ 2016, 339 (340).
12 BGH Beschl. v. 21.7.2015 – 1 StR 16/15, NStZ 2016, 339 (340).
13 Dazu: *Vassilaki* MMR 2006, 215.
14 OLG Stuttgart Urt. v. 15.11.2018 – 2 U 30/18, GRUR 2019, 422 (424).
15 *Ohly* GRUR 2019, 450.
16 *Raue* NJW 2019, 2426.
17 *Schmidt* in Taeger/Gabel DS-GVO Art. 2 Rn. 16.
18 *Pöttens* in Gola DS-GVO Art. 5 Rn. 9.

4. Verwertungsverbote

10 Auch aus einem „Datendiebstahl" erlangte Daten unterliegen nicht zwingend einem Beweisverwertungsverbot, wenn sie von Privaten den staatlichen Ermittlungsbehörden zur Verfügung gestellt werden.[19] Hier ist regelmäßig eine Güterabwägung vorzunehmen, bei der die jeweils betroffenen Rechtsgüter ins Verhältnis zu setzen sind.

III. Auskunftsverpflichtungen

11 Außerhalb und gerade vor rechtlichen Auseinandersetzungen kann ein Interesse daran bestehen, Unterlagen des Grundstücksnachbarn, insbesondere Gutachten über aufstehende Gebäude, Bodenverunreinigungen oder Pläne noch nicht errichteter Gebäude, einzusehen. Ein Recht dazu besteht regelmäßig in einem laufenden Gerichts- oder Verwaltungsverfahren. Außerhalb dieser Verfahren besteht ein Auskunfts- und Einsichtsrecht jedenfalls dann regelmäßig nicht, wenn die Grundstücksnachbarn nicht ein solches Recht vereinbart haben. Etwas anders gilt innerhalb einer Wohnungseigentümergemeinschaft (WEG). Dort sind die Miteigentümer untereinander grundsätzlich zur Auskunft verpflichtet. Dieses Recht geht dem Betretungsrecht aus § 14 Abs. 1 Nr. 2, Abs. 2 WEG vor und ermöglicht letztlich erst die Kontrolle der erteilten Auskunft.[20]

1. Auskunftsrecht nach Art. 15 DS-GVO

12 Werden von einem Grundstück persönliche Daten erhoben, steht dem Nachbarn aus Art. 15 DS-GVO ein Auskunftsrecht darüber zu. Nach Art. 15 Abs. 1 DS-GVO kann eine betroffene Person von der für die Datenerhebung verantwortlichen Person verlangen, Auskunft über das Ob und, im Fall der Datenerhebung, über den Inhalt der erhobenen Daten zu erteilen.[21] Maßgeblich ist, ob die erhobenen Daten einen Personenbezug haben.[22] Dieser Anspruch kommt im Nachbarrecht etwa dann in Betracht, wenn von dem Grundstück ausgehend Videoaufnahmen getätigt werden und nicht sicher ausgeschlossen werden kann, dass diese (auch) die Personen des betroffenen Grundstücks erfassen.

2. Grundbucheinsicht

13 Der Nachbar kann ein Interesse daran haben, Auskünfte über die Identität des Eigentümers des Nachbargrundstücks zu erhalten, etwa weil von diesem Belästigungen ausgehen, wegen derer er gegen den zur Abwendung verpflichteten Nachbarn vorgehen will. Das betrifft insbesondere die benachbarten Grundstücke, die ohne jegliche Pflege verwahrlost unbewohnt und ungenutzt schlicht existieren. Die Identität des Grundstücksnachbarn kann der Grundstückseigentümer nur dann feststellen, wenn ihm insoweit Einblick in das Grundbuch gewährt wird.[23] Der Einblick in das Grundbuch setzt aber gemäß § 12 Abs. 1 S. 1 GBO das Darlegen, also weniger als das Glaubhaftmachen,[24] eines berechtigten Interesses daran voraus.[25] Dieses muss nicht zwingend ein solches rechtlicher Natur sein.[26] Es genügt vielmehr, wenn der Antragsteller ein verständiges, durch die Sachlage gerechtfertigtes Interesse darlegt, das zumindest auf einem persönlichen, insbesondere wirtschaftlichen Interesse beruht.[27] Allein durch das Bestehen der Nachbarschaft wird dieses

19 LG Düsseldorf Beschl. v. 11.10.2010 – 4 Qs 50/10, NStZ-RR 2011, 84 (84).
20 LG München Beschl. vom 8.5.2014 – 36 S 20940/12, ZMR 2014, 916 (918) zu 14 Nr. 4 WEG aF.
21 Dazu: *Engler/Quiel* NJW 2019, 2201 f.
22 *Engler/Quiel* NJW 2019, 2202.
23 Dieses dient gerade auch der Einsichtnahme durch Dritte zu diesem Zweck: *Grziwotz* MDR 2013, 433.
24 BVerfG Beschl. vom 28.8.2000 1 BvR 1307/91, NJW 2001, 503 (505). Ein solches steht etwa einem Pflichtteilsberechtigten zu: OLG Zweibrücken Beschl. v. 12.8.2020 – 3 W 121/19, NJW-RR 2020, 1341 (1341).
25 Selbst die Stellung als Abgeordneter des Deutschen Bundestages begründet einen Anspruch auf Grundbucheinsicht noch nicht: BGH Beschl. v. 9.1.2020 – V ZB 98/19, NJW 2020, 1511 (1512).
26 OLG Saarbrücken Beschl. v. 13.1.2020 – 5 W 84/19, NJW-RR 2020, 713 (714).
27 OLG München Beschl. v. 27.2.2019 – 34 Wx 28/19, FGPrax 2019, 115 (115).

Interesse nicht begründet.[28] Der Antragsteller muss vielmehr auch darlegen, dass die Einsichtnahme nicht der Verfolgung unbefugter Zwecke oder der reinen Befriedigung der Neugier dient. Zur Begründung dieses Interesses reicht selbst die mögliche Absicht, das Nachbargrundstück zu erwerben, nicht aus.[29] Ebenso wenig soll das Interesse an der Rechtmäßigkeit der Videoüberwachung in öffentlichen Bereichen ein rechtliches Interesse begründen.[30] Das Begehren, Kenntnis von den Eigentumsverhältnissen am Nachbargrundstück zu erlangen, genügt zur Begründung eines die Einsicht rechtfertigenden Interesses nur dann, wenn konkrete nähere Umstände, wie etwa das Durchsetzen von Nachbarrechten, für das die Auskunft erforderlich ist, dargelegt werden.[31] So kann ein Interesse bestehen, wenn der Eigentümer des Nachbargrundstücks als Störer in Anspruch genommen[32] oder Schadensersatzansprüche[33] geltend gemacht werden sollen. Wird die Einsichtnahme in das Grundbuch bewilligt, steht dem betroffenen Grundeigentümer dagegen kein Beschwerderecht zu.[34]

Wohnungseigentümer sollen dagegen nach einer älteren Entscheidung ein berechtigtes Interesse daran ha- 14
ben, in die grundbuchlichen Vorgänge der Miteigentümer Einsicht zu nehmen.[35] Dieses Interesse soll auch bei einem Gläubiger der Wohnungseigentumsgemeinschaft im Hinblick auf die Grundbuchauszüge der einzelnen Wohnungseigentümer gelten.[36]

3. Materiellrechtliche Ansprüche

In § 810 BGB ist ein materiellrechtlicher, auf das Vorlegen von Schriftstücken gerichteter Anspruch nor- 15
miert. Nach der ersten Variante des § 810 BGB sind Urkunden vorzulegen, die im Interesse des Anspruchssteller errichtet wurden und auch dazu bestimmt waren, dem Anspruchsteller als Beweismittel zur Verfügung zu stehen oder seine rechtlichen Beziehungen zu fördern.[37] Es kann also die Einsichtnahme in eine Urkunde verlangt werden, wenn diese (auch) in seinem Interesse oder zur Beurkundung eines zwischen dem Antragsteller und einem Dritten bestehenden Rechtsverhältnisses oder zu Beurkundung von Verhandlungen eines Rechtsgeschäfts errichtet wurde.[38] Sollen sich die Anhaltspunkte für das etwaige Vorliegen von Ansprüchen erst ergeben, ist die Einsicht dagegen zu versagen.[39] Nach der zweiten Variante des § 810 BGB kann ein Herausgaberecht auch bei einem zumindest noch Wirkungen entfaltenden Rechtsverhältnis des Antragstellers zu einem Dritten bestehen. Auf den Zweck der Urkunde kommt es nicht an. Maßgeblich ist deren Inhalt. Diese Regelung ist weit auszulegen. Das Einsichtsrecht betrifft auch solche Urkunden, die ein zwischen dem Einsichtsberechtigten und einem anderen bestehendes Rechtsverhältnis beurkunden. Es reicht aus, wenn der beurkundete Vorgang zu dem fraglichen Rechtsverhältnis in einer unmittelbaren rechtlichen Beziehung steht.[40] Voraussetzung eines Einsichtsanspruchs ist, dass der Grund für die Einsichtnahme nicht lediglich vage vermutet und durch die Einsichtnahme verifiziert werden soll. Das Interesse muss schutzwürdig sein.[41] Das rechtliche Interesse an der Akteneinsicht in ein zwischen dem Grundstücksnachbarn und einer Firma, die eine Bohrpfahlgründung errichtet hat, geführtes gerichtliches Verfahren kann da-

28 OLG Karlsruhe Beschl. v. 1.6.2015 – 11 Wx 97/14, juris Rn. 12; OLG München Beschl. v. 8.6.2016 – 34 Wx 168/16, NZM 2017, 264 (264); OLG Köln Beschl. v. 19.11.2009 – I-2 Wx 95/09, juris Rn. 10; *Grziwotz* MDR 2013, 435.

29 OLG Karlsruhe Beschl. v. 1.6.2015 – 11 Wx 97/14; OLG Naumburg Beschl. v. 14.9.2015 – 12 Wx 41/15, NZM 2016, 287 (288).

30 OLG Frankfurt a.M. Beschl. v. 3.9.2018 – 20 W 171/18, juris Rn. 16.

31 OLG Naumburg Beschl. v. 14.9.2015 – 12 Wx 41/15, NZM 2016, 287 (288).

32 OLG München Beschl. v. 8.6.2016 – 34 Wx 168/16, NZM 2017, 264 (264).

33 OLG Zweibrücken Beschl. v. 18.10.1988 – 3 W 115/88, NJW 1989, 531 (531).

34 OLG Hamburg Beschl. vom 24.4.2008 -32 Wx 114/07, OLGReport 2009, 420 (41).

35 OLG Düsseldorf Beschl. v. 15.10.1986 – 3 Wx 340/86, NJW 1987, 1651 (1651).

36 KG Beschl. v. 21.1.2016 – 1 W 6/16, NJW-RR 2016, 1034 (1035).

37 BGH Urt. v. 11.7.1988 – II ZR 346/87, NJW 1989, 225 (226); BGH Urt. v. 20.3.1985 – VIII ZR 342/83, NJW 1985, 1836 (1837); BGH Urt. v. 9.12.1986 – VI ZR 287/85, NJW 1987, 1196 (1197) – Baugeld.

38 Vgl. BGH Urt. v. 20.3.2017 – AnwZ (Brfg) 46/15, NJW 2017, 2044 (2046).

39 RG Urt. v. 10.2.1932 – I 210/31, RGZ 135, 188 (192).

40 BGH Urt. v. 20.1.1971 – VIII ZR 251/69, NJW 1971, 656 (656).

41 BGH Urt. v. 27.5.2014 – XI ZR 264/13, NJW 2013, 3312 (3313).

rauf gestützt werden, dass dem Nachbarn seinerseits Ansprüche aus §§ 823 Abs. 1, 906 BGB zustehen könnten und die Akteneinsicht nicht erst der Ausforschung dient.[42] Nach der dritten Variante kann eine Vorlagepflicht bestehen, wenn Verhandlungen zwischen dem Anspruchsteller und einem anderen oder einem Vermittler dokumentiert worden sind.

4. Im Zivilprozess

16 Während eines Zivilprozesses können die Parteien jeweils Akteneinsicht verlangen, jedoch lediglich in diejenigen Akten, die auch eingereicht worden sind. Ist der Prozess abgeschlossen oder eine Partei nicht beteiligt, ist eine Akteneinsicht nur unter engeren Voraussetzungen möglich.

17 **a) Akteneinsichtsrecht der Beteiligten.** Unter welchen Voraussetzungen die Beteiligten eines Rechtsstreits Einsicht in dort eingereichte Unterlagen erhalten können, hängt von ihrer Stellung in dem Prozess sowie davon ab, ob dieser noch anhängig ist.

18 **aa) Im laufenden Prozess.** Innerhalb eines laufenden Zivilprozesses haben die Parteien bis zu dessen endgültigem Abschluss[43] gemäß § 299 Abs. 1 ZPO ein Recht auf Akteneinsicht in die Prozessakten, zu denen grundsätzlich auch alle Schriftsätze und Unterlagen gehören.[44] Zu den Parteien des Verfahrens gehören auch die Streithelfer, nicht jedoch der Antragsgegner im Verfahren um die Bewilligung von Prozesskostenhilfe, soweit es um die Unterlagen zu den persönlichen und wirtschaftlichen Verhältnissen geht.[45] Damit können die Verfahrensbeteiligten wechselseitig in die im Verfahren überreichten Schriftsätze nebst Anlagen, sowie auch in die in diesem Verfahren eingeholten Sachverständigengutachten Einsicht nehmen.

19 **bb) Nach Abschluss des Verfahrens.** Ungleich schwieriger ist die Einsichtnahme zu erreichen, wenn das Verfahren[46] bereits abgeschlossen ist[47] oder wenn an dem Verfahren ausschließlich Dritte beteiligt sind. Mit dem Abschluss eines Gerichtsverfahrens endet auch die Stellung der Verfahrensbeteiligten als solche. Die Entscheidungshoheit steht nicht mehr dem erkennenden Gericht, sondern der Gerichtsverwaltung zu.[48] Akteneinsicht für eine nicht an dem Verfahren beteiligte Person kann der Vorstand des Gerichts gemäß § 299 Abs. 2 ZPO, unter Abwägung der Geheimhaltungsinteressen der Parteien, auch ohne Einwilligung der Beteiligten nur dann bewilligen, wenn diese ein berechtigtes Interesse daran darlegen und sie dieses nicht durch eigene anderweitige Nachforschungen befriedigen kann.[49] Dazu müssen die Interessen des Antragstellers zumindest berührt werden.[50] Ein solches Interesse kann im Hinblick auf die begehrte Einsichtnahme in ein Sachverständigengutachten deshalb begründet sein, weil dessen Kenntnis dazu dienen soll, Ersatzansprüche wegen baulichen Maßnahmen auf dem Nachbargrundstück zu verfolgen[51] und genügend starke Anhaltspunkte für eine Kausalität baulicher Maßnahmen auf dem Nachbargrundstück für Schäden auf dem Grundstück des Anspruchsstellers vorliegen.[52] Erst wenn dieses Interesse an der Akteneinsicht glaubhaft gemacht worden ist, ist eine Abwägungsentscheidung zu treffen, bei der auch das Recht der Par-

42 OLG Hamburg Beschl. v. 24.1.2000 – 2 VA 9/99, NJW-RR 2002, 139 (139).
43 BGH Beschl. v. 29.4.2015 – XII ZB 214/14, NJW 2015, 1827 (1827); BFH Beschl. v. 20.10.2005 – VII B 207/05, NJW 2006, 399 (400); OLG Köln Beschl. v. 3.6.2019 – 7 VA 7/19, juris Rn. 10; aA OLG Nürnberg Beschl. v. 13.2.2015 – 4 VA 2462/14, juris Rn. 6 f.
44 BGH Beschl. v. 14.1.2020 – X ZR 33/19, NJW-RR 2020, 246 (247).
45 BGH Beschl. v. 29.4.2015 – XII ZB 214/14, NJW 2015, 1827 (1828).
46 Das Verfahren muss sich aus der Rechtsordnung selbst ergeben: BayObLG Beschl. v. 12.9.2019 – 1 VA 86/19, NZI 2019, 830 (831).
47 BGH Beschl. v. 29.4.2015 – XII ZB 214/14, NJW 2015, 1827 (1827).
48 Zur Akteneinsicht im Strafverfahren: BGH Beschl. v. 7.11.2019 – StB 24/19, NStZ-RR 2020, 50 (50).
49 OLG Potsdam Beschl. v. 19.4.2005 – 11 VA 5/04, OLG-NL 2006, 19 (19). Zum rechtlichen Interesse: *Zuck* NJW 2010, 2913.
50 BGH Beschl. v. 5.4.2006 – IV AR (VZ) 1/06, NZI 2006, 472 (473); OLG Köln Beschl. v. 3.6.2019 – 7 VA 7/19, juris Rn. 12; DPMA Schiedsstelle, Beschl. v 25.2.2016 – Sch-UrhG 91/12, MMR 206, 545 (545).
51 OLG Oldenburg Beschl. v. 23.1.2015 – 4 AR 1/15, NJW 2015, 1255 (1256).
52 OLG Hamburg Beschl. v. 24.1.2000 – 2 VA 9/99, NJW-RR 2002, 139 (139).

teien auf ihre informationelle Selbstbestimmung zu berücksichtigen ist.[53] Die Entscheidung des Gerichts kann nach §§ 23, 24 EGZPO überprüft werden.[54]

cc) Ergänzende Vorlagepflicht des Gegners. Das Recht zur Akteneinsicht betrifft zunächst allein die Unterlagen, die der Gegner in den Prozess eingeführt hat. Während des laufenden Gerichtsprozesses ist dieses insoweit unproblematisch, wie der Nachbar die Darlegungs- und Beweislast für die Tatsachen trägt, die mit den Unterlagen nachgewiesen werden könnten. Kommt es auf die Unterlagen an und reicht der Nachbar sie nicht ein, kann er den Rechtsstreit schon deshalb verlieren, der Gegner wird durch die nicht vorgelegten Unterlagen nicht benachteiligt. Aber auch dann, wenn dem Grundstückseigentümer die Darlegungs- und Beweislast obliegt, kann der Nachbar nach den Grundsätzen der sekundären Beweislast verpflichtet sein, Unterlagen bei Gericht einzureichen. Die sekundäre Darlegungslast führt dazu, dass der Gegner zu Behauptungen des Gegners substantiiert vortragen und diesen Vortrag möglicherweise durch die Vorlage von Urkunden unterlegen muss. Sie trifft die nicht beweisbelastete Partei dann, wenn der Vortrag Tatsachen betrifft, über die die beantragende Partei keine näheren Erkenntnisse hat und sich diese, anders als der Gegner, auch nicht verschaffen kann. Dann ist der Gegner zu einem substantiierten Vortrag verpflichtet, soweit ihm dies zumutbar ist.[55] Diese sekundäre Darlegungslast kann vor allem auch bei negativen Tatsachen bestehen.[56] 20

Auch unabhängig davon kann der Gegner im Prozess zur Vorlage von Urkunden verpflichtet sein. Gemäß § 421 ZPO wird der Beweis für im Besitz des Gegners befindliche Urkunden dadurch angetreten, dass dem Gegner die Vorlage dieser Urkunde auferlegt wird. Auch dies darf jedoch nicht der Ausforschung dienen.[57] Der Beweisantrag muss sich damit auf eine konkrete Urkunde, deren Aussteller und Datum bezeichnet werden, beziehen.[58] 21

b) Urkundenvorlagepflicht Dritter nach § 142 ZPO. Seit dem 1.1.2002 kann das Gericht in einem anhängigen Verfahren gemäß § 142 Abs. 1 ZPO auch einem an dem Rechtsstreit nicht beteiligten Dritten aufgeben, in seinem Besitz befindliche Urkunden vorzulegen. Diese Vorlagepflicht kann unabhängig von dem Bestehen eines materiellrechtlichen Anspruchs auf Urkundenvorlage[59] und auch unabhängig von der Beweislast[60] bestehen. Die Anordnung zur Urkundenvorlage kann auch dazu dienen, Beweismittel bereitzustellen.[61] Zur Erforschung nicht vorgetragener Sachverhaltsumstände darf sie dagegen nicht führen.[62] Erforderlich ist jeweils, dass das Gericht eine entsprechende Vorlageanordnung trifft. Voraussetzung der Vorlageanordnung ist die Bezugnahme einer Partei auf die entsprechende Urkunde, die im Rahmen eines schlüssigen Vortrags beweiserheblich ist, sie also einen bereits vorgetragenen Vortrag erhellen soll.[63] Gemäß § 142 Abs. 2 ZPO kann der Dritte die Herausgabe verweigern, wenn ihm diese nicht zumutbar ist[64] oder ihm ein Zeugnisverweigerungsrecht zustehen würde. 22

53 OLG Frankfurt Beschl. v. 23.12.2016 – I-3 VA 5/16, ZIP 2017, 940 (Ls.).
54 BGH Beschl. v. 29.4.2015 – XII ZB 214/14, NJW 2015, 1827 (1827); OLG Hamburg Beschl. v. 24.1.2000 – 2 VA 9/99, NJW-RR 2002, 139 (139); BayObLG Beschl. vom 24.10.2019 – 1 VA 92/19, ZinsO 2019, 2414 (2415 f.).
55 BGH Urt. v. 14.6.2005 – VI ZR 174/04, NJW 2005, 2614 (2615).
56 BGH Urt. v. 26.10.2011 – XI ZR 162/09, NJW 2012, 74 (75); BGH Urt. v. 8.10.1992 – I ZR 220/90, NJW-RR 1993, 746 (747).
57 OLG Köln Urt. v. 11.12.2008 – 18 U 190/05, NJOZ 2009, 1334 (140).
58 OLG Köln Urt. v. 11.12.2008 – 18 U 190/05, NJOZ 2009, 1334 (140).
59 BGH Beschl. v. 26.3.2019 – VI ZR 163/17, NJ 2019, 346 (347).
60 BGH Urt. v. 26.6.2007 – XI ZR 277/05, NJW 2007, 2989 (2991).
61 BGH Beschl. vom 26.10.2006 – III ZB 2/06, NJW 2007, 155 (155).
62 OLG Potsdam Urt. v. 28.9.2011 – 4 U 196/11, juris Rn. 66; *Zekoll/Bolt* NJW 2002, 3129.
63 BGH Beschl. v. 25.2.2008 – II ZB 9/07, NJW-RR 2008, 865 (868).
64 BGH Urt. v. 1.8.2006 – X ZR 114/03, GRUR 2006. 962 (966).

23 In § 144 ZPO ist eine Pflicht des Dritten geregelt, einen in seinem Besitz befindlichen Gegenstand oder sein Grundstück[65] der sachverständigen Begutachtung unterziehen zu lassen.[66] Hier besteht jedoch eine gerade im Nachbarrecht bedeutsame Einschränkung. In § 144 Abs. 1 S. 3 ZPO[67] ist im Hinblick auf die Wohnung ein Zustimmungserfordernis des Nutzers vorgesehen. Zu dieser Wohnung gehören auch nicht allgemein zugängliche Nebengebäude.[68]

5. Auskunft über Verwaltungsvorgänge

24 Gerade Gutachten und Pläne, die von den Grundstücksnachbarn bei Verwaltungsbehörden eingereicht worden sind, können auch für den Nachbarn bedeutsam sein, um Erkenntnisse über etwaige durch die Nutzung des Nachbargrundstück begründete Gefahren oder Ansprüche zu erhalten. Die Einsicht in die Pläne insbesondere zur Statik der auf dem Nachbargrundstück aufstehenden Gebäude kann eine Besorgnis entfallen lassen, aber auch Anlass dafür geben, ein behördliches Einschreiten anzuregen. Der Grundstücksnachbar ist jedoch grundsätzlich nicht dazu verpflichtet, diese Unterlagen seinem Nachbarn zur Verfügung zu stellen. Anderes gilt aber dann, wenn ein Verwaltungs- oder Gerichtsverfahren geführt wird.

25 **a) In anhängigen Verfahren.** Führen Nachbarn eine verwaltungsgerichtliche Auseinandersetzung oder bereiten sie diese vor, ist es für diese von erheblicher Bedeutung, welche Unterlagen der Verwaltung zur Entscheidung über diese Streitigkeit zur Verfügung stehen. Erkenntnisse darüber kann der Nachbar wesentlich dadurch erlangen, dass er Einsicht in die Verwaltungsakten erhält, die wiederum Informationen enthalten können, an deren Geheimhaltung der Nachbar ein Interesse hat. Jedenfalls dann, wenn der Nachbar bereits eine Baugenehmigung erhalten hat, die von dem Nachbarn angefochten wird, hat dieser einen Anspruch auf Akteneinsicht.[69] Das ergibt sich aus dem allgemeinen Akteneinsichtsrecht als Verfahrensbeteiligter aus § 29 VwVfG.[70] Danach erhalten die am Verfahren Beteiligten (§ 13 VwVfG) Akteneinsicht, wenn sie daran ein berechtigtes Interesse haben und die Geheimhaltungsinteressen der anderen Beteiligten gewahrt werden.[71] Ein solches Akteneinsichtsrecht soll sich daraus ergeben können, dass ein unmittelbarer Nachbar durch ein Bauvorhaben möglicherweise in seinen subjektiven Rechten verletzt sein kann. Der daraus abgeleitete Anspruch auf Gewährung von Akteneinsicht besteht auch vor dem Einlegen eines Rechtsbehelfs.[72]

26 **b) Im gerichtlichen Verfahren.** Im verwaltungsgerichtlichen Verfahren ergibt sich bis zu dem Abschluss des Verfahrens[73] das Akteneinsichtsrecht für Beteiligte aus § 100 Abs. 1 VwGO. Dieses Einsichtsrecht erfasst nicht nur die Gerichtsakten, sondern auch die gemäß § 99 Abs. 1 VwGO dem Gericht vorgelegten Akten[74] und damit auch die von der Verwaltung vorgelegten Unterlagen. Für Einsichtsbegehren von Dritten wird § 299 Abs. 2 ZPO herangezogen. Das dafür erforderliche erhebliche Interesse kann dadurch begründet werden, dass die Akteneinsicht zur Abwehr von Ansprüchen erforderlich ist.[75] Im Rahmen der zu treffenden Ermessensentscheidung sind auch die Geheimhaltungsinteressen des Betroffenen mit dem Informationsinteresse des Antragstellers abzuwägen.[76]

---

65 Dazu gehören auch Keller, Speicher, Treppen, Garagen uä: BGH Beschl. v. 16.5.2013 – VII ZB 61/12, NJW 2013, 2687 (2688).
66 Dazu: *Schneider* MDR 2004, 1.
67 Dazu: *Basler/Meßerschmidt* NJW 2014, 3329.
68 BGH Urt. v. 17.7.2009 – V ZR 95/08, NJW-RR 2009, 1393 (1394).
69 VG Frankfurt (Oder) Beschl. v. 4.4.2019 – 5 L 57/19, juris Rn. 18.
70 Zu dem nur eingeschränkten Recht des Nachbarn: *Schwab* DWW 1992, 205.
71 *Raum* CR 1993, 168.
72 VG Neustadt/Weinstraße Beschl. vom 21.11.2016 – 4 L 941/16.NW.
73 OVG Bautzen Beschl. v. 3.11.2017 – 4 B 302/17, juris Rn. 3.
74 *Troidl,* Akteneinsicht, Rn. 699.
75 OVG Münster Urt. v. 16.1.2017 – 4 A 1606/16, juris Rn. 39.
76 OVG Münster Urt. v. 16.1.2017 – 4 A 1606/16, juris Rn. 61.

c) Akteneinsicht außerhalb eines Verwaltungserfahrens. Der Anspruch auf Akteneinsicht aus § 29 VwVfG setzt ein laufendes Verwaltungsverfahren voraus.[77] Dennoch kann die Einsicht in Verwaltungsakten auch außerhalb eines anhängigen Verwaltungsverfahrens begehrt werden. Ob Akteneinsicht gewährt wird, liegt dann im Ermessen der Behörde.[78] Nach der bisherigen Rechtsprechung des Bundesverwaltungsgerichts hat die Verwaltungsbehörde über Akteneinsichtsgesuche nach pflichtgemäßem Interesse zu entscheiden. Danach war die Akteneinsicht zu gewähren, wenn der Antragsteller ein berechtigtes gewichtiges Interesse hatte,[79] das nicht auf eine andere Art und Weise befriedigt werden konnte.[80] Ein rechtliches Interesse ist etwa dann gegeben, wenn durch die Akteneinsicht die Voraussetzungen für die Geltendmachung und die Verteidigung der rechtlichen Interessen betroffen sind.[81] Diese Rechtsprechung zur Entscheidung über die Einsichtnahme in Verwaltungsakte wird auch von den ordentlichen Gerichten geteilt.[82] Sie kann aber durch die Regelungen des IFG, insbesondere des § 1 Abs. 1 IFG, der das Informationsrecht des Einzelnen als den Regelfall vorsieht, zumindest teilweise obsolet geworden sein.[83] Aus § 1 Abs. 1 IFG ergibt sich für jede natürliche Person gegenüber den in § 2 IFG benannten Stellen ein Anspruch auf Zugang zu den vorhandenen amtlichen Informationen. Das dafür erforderliche rechtliche Interesse kann auch durch die Absicht begründet sein, eine zivilrechtliche Nachbarklage zu erheben.[84] Teilweise wird in der verwaltungsgerichtlichen Rechtsprechung vertreten, der zuvor allgemein abgeleitete Anspruch sei durch die in den IFG geschaffene Spezialregelung überflüssig geworden.[85] Die Problematik dieser Auffassung beruht darauf, dass der Auskunftsanspruch nach dem IFG im Verhältnis zwischen der Behörde und dem Bürger zwar einen Auskunfts- und Akteneinsichtsanspruch zu rechtfertigen vermag. Das bedeutet jedoch noch nicht, dass es auch gerechtfertigt ist, die Einsicht in Unterlagen zu gewähren, die ein Dritter, möglicherweise wegen Zwangsmaßnahmen der Behörde, zur Verfügung gestellt, hinsichtlich derer er jedoch ein Geheimhaltungsinteresse hat. Aus diesem Grund spricht vieles für eine restriktive Gewährung der Informationen, die unter einer Anwendung von §§ 5 und 6 IFG nur dann von der Behörde bekannt gegeben werden dürfen, wenn der die Unterlagen einreichende Bürger kein eigenes Geheimhaltungsinteresse hat.[86] Damit ist der Bereich, in dem ein Auskunftsanspruch nach dem FIG einem allgemeinen Anspruch vorgeht, sehr eng. Zudem richtet sich dieser Anspruch allein gegen Bundesbehörden,[87] die jedoch in aller Regel keine nachbarschaftsrechtlich relevanten Verfahren führen. 27

Sofern das Akteneinsichtsgesuch auf Umweltinformationen gerichtet ist, kann die Akteneinsicht gegenüber einer Stelle der öffentlichen Verwaltung auf das UIG gestützt werden. Der Gegenstand von Umweltinformationen ist in § 2 Abs. 3 UIG näher definiert. Dieser erfasst auch den Boden betreffende Informationen, insbesondere in Boden- und immissionsschutzrechtliche Gutachten. Die Einsicht in diese Unterlagen kann für den Grundstücksnachbarn bedeutsam sein.[88] Auch Maßnahmen und Tätigkeiten im Sinne von § 2 Abs. 3 Nr. 3 lit. b UIG, die Daten über Maßnahmen, die den Schutz von Umweltbestandteilen wie die Luft und die Atmosphäre betreffen, gehören zu den auskunftspflichtigen Informationen. Das erfasst etwa immissionsschutzrechtliche Genehmigungsbescheide, wasserrechtliche Gestattungen, aber auch Bescheide, die dem Vollzug der umweltschutzrechtlichen Tätigkeiten dienen.[89] Mithin können etwa Informationen über 28

77 BVerwG Urt. v. 1.7.1983 – 2 C 42/82, NvWZ 1984, 445 (445 f.).
78 *Troidl*, Akteneinsicht, Rn. 705.
79 BVerwG Beschl. v. 1.10.1987 – 8 B 108.87, juris Rn. 4; BVerwG Urt. v. 5.6.1984 – 5 C 73/82, NJW 1984, 2590 (2590); BVerwG Urt. v. 16.9.1980 – 1 C 52/75, NJW 1981, 535 (536); VG Darmstadt Urt. v. 12.10.2015 – 5 K 1164/14.DA, juris Rn. 36.
80 BVerwG Urt. v. 23.8.1968 – IV C 235.65, juris Rn. 19; OVG Münster Urt. v. 22.7.1988 – 20 A 1063/87, NJW 1989, 544 (545); VGH München Urt. v. 8.6.1988 – 22 b 87.03045, NVwZ 1989, 266 (266).
81 VG Frankfurt (Oder) Beschl. v. 4.4.2019 – 5 L 57/19, juris Rn. 27.
82 BGH Beschl. v. 14.7.2015 – KVR 55/14, NJW 2015, 3648 (3649).
83 OLG Frankfurt Beschl. v. 15.9.2014 – WpÜG 3/11, NZG 2015, 230 (231).
84 VG Köln Urt. v. 25.11.2005 – 27 K 6171/93, juris Rn. 57.
85 OVG Potsdam Urt. v. 22.3.2018 – 12 B 5.17, juris Rn. 15.
86 Vgl. *Spindler* ZGR 2011, 725 f.
87 *Troidl*, Akteneinsicht, Rn. 459.
88 *Troidl*, Akteneinsicht, Rn. 356.
89 *Troidl*, Akteneinsicht, Rn. 364.

emittiertes Kohlendioxid begehrt werden.[90] Der Antrag darf nicht offensichtlich missbräuchlich sein. Es muss also zumindest ein Interesse an der Information dargelegt werden, das mit den Zielen der Richtlinie 2003/4/EG über den Zugang der Öffentlichkeit zu Umweltinformationen zu vereinbaren ist.[91] Für die Entscheidung darüber, ob Informationen zu erteilen sind, kann verlangt werden, das Auskunftsbegehren zu spezifizieren,[92] wenn auch die Anforderungen daran nicht überspannt werden dürfen, weil dem Einzelnen die begehrten Informationen gerade noch nicht im Einzelnen bekannt sind.[93] Begrenzt wird dieser Auskunftsanspruch durch § 9 Abs. 1 UIG, wonach der Antrag auf Information insbesondere dann abzulehnen ist, wenn durch das Bekanntgeben der Informationen personenbezogene Daten offenbart und dadurch Interessen des Betroffenen erheblich beeinträchtigt oder Betriebs- oder Geschäftsgeheimnisse dem die Einsicht begehrenden zugänglich gemacht würden.

28. Denkmal

Schulte Beerbühl

Literatur: *Michael*, Anmerkung zu OVG Münster Beschl. v. 24.5.2019 – 2 B 162/19, jurisPR-ÖffBauR 10/2019 Anm. 3; *Michael*, Zum Stand der Dinge beim Nachbarrechtsschutz des Denkmaleigentümers, jurisPR-ÖffBauR 10/2019.

I. Einleitung und Fragestellung

1. Denkmalrecht zwischen Rechten und Pflichten

1 Eigentümer eines Denkmals zu sein, ist mit Vorteilen und Nachteilen verbunden. Zu den Vorteilen zählt zweifellos „ein Stück Geschichte für spätere Generationen aufbewahren zu dürfen".[1] Zu diesem ideellen Genuss kommen – wenige – finanzielle Vorteile, etwa die Möglichkeit, **denkmalbezogene Aufwendungen nach § 7i EStG** privilegiert abzuschreiben. Als Nachteil ist der dem Denkmalrecht innewohnende, seinem Zweck entsprechende Umstand zu bewerten, dass er mit dem Denkmal **nicht nach Belieben verfahren darf**. Die Einschränkungen, die das öffentliche Bauordnungs- und Bauplanungsrecht ohnehin schon vornehmen, gehen für ein Denkmal erheblich weiter.

90 BVerwG Urt. v. 24.9.2009 – 7 C 2/09, NVwZ 2010, 189 (190).
91 OVG Magdeburg Beschl. v. 8.11.2019 – 2 M 101/19, juris Rn. 15; VGH Kassel Beschl. v. 30.11.2006 – 10 TG 2531/06, NVwZ 2007, 348 (350).
92 VGH Kassel Beschl. v. 30.11.2006 – 10 TG 2531/06, NVwZ 2007, 348 (350).
93 VGH Mannheim Beschl. v. 16.10.2014 – 10 S 2043/14, NVwZ-RR 2015, 169 (170).
1 *Michael* jurisPR-ÖffBauR 10/2019 Anm. 3.

Die Denkmalgesetze der Länder[2] formulieren die **Beschränkungen und Verpflichtungen** in unterschiedlicher Weise; der Kern ist aber immer derselbe. So gibt beispielsweise § 6 des Baden-Württembergischen Gesetzes zum Schutz der Kulturdenkmale (DSchG) den Eigentümern und Besitzern von Kulturdenkmalen auf, diese im **Rahmen des Zumutbaren zu erhalten und pfleglich zu behandeln**. Nach § 8 Abs. 1 DSchG darf ein Kulturdenkmal **nur mit Genehmigung** der Denkmalschutzbehörde 1. zerstört oder beseitigt werden, 2. in seinem Erscheinungsbild beeinträchtigt werden oder 3. aus seiner Umgebung entfernt werden, soweit diese für den Denkmalwert von wesentlicher Bedeutung ist. § 10 DSchG verpflichtet Eigentümer und Besitzer, **Auskünfte zu erteilen**, die zur Erfüllung der Aufgaben des Denkmalschutzes notwendig sind. Die Denkmalschutzbehörden oder ihre Beauftragten sind berechtigt, **Grundstücke** und zur Verhütung dringender Gefahr für Kulturdenkmale Wohnungen zu **betreten** und Kulturdenkmale zu besichtigen, soweit es zur Erfüllung der Aufgaben des Denkmalschutzes erforderlich ist. Eigentümer und Besitzer haben Schäden oder Mängel, die an eingetragenen Kulturdenkmalen auftreten und die ihre Erhaltung gefährden können, unverzüglich einer Denkmalschutzbehörde **anzuzeigen**, § 16 Abs. 1 DSchG. Andere Denkmalschutzgesetze enthalten ähnliche Regelungen. 2

Die dem jeweiligen Eigentümer obliegenden Rechte und Pflichten beziehen sich auf „Denkmale". Dieser Begriff ist diffus. Die Denkmalschutzgesetze definieren verschiedene Arten von Denkmalen und treffen für diese zum Teil recht unterschiedliche Regelungen, was sich auch auf den hier zu behandelnden jeweiligen Nachbarschutz auswirkt. In jeden Fall sind sie (als Zeugnisse menschlicher Geschichte und örtlicher Eigenart) zu schützen, zu pflegen, sinnvoll zu nutzen und wissenschaftlich zu erforschen.[3] Aus dem so beschriebenen Aufgabenbereich wird deutlich, dass es keine, jedenfalls aber keine vorrangige **Aufgabe des Denk-** 3

2 **Baden-Württemberg:** Gesetz zum Schutz der Kulturdenkmale (Denkmalschutzgesetz – DSchG) vom 6.12.1983 (GBl. 1983, 797), zuletzt geändert durch Artikel 37 der Verordnung vom 23.2.2017, GBl. S. 99, 104;
Bayern: Gesetz zum Schutz und zur Pflege der Denkmäler (Bayerisches Denkmalschutzgesetz – BayDSchG) BayRS IV, 354, zuletzt geändert durch § 1 Abs. 255 V v. 26.3.2019, 98;
Berlin: Gesetz zum Schutz von Denkmalen in Berlin (Denkmalschutzgesetz Berlin – DSchG Bln) vom 24.4.1995 (GVBl. 1995, 274), zuletzt geändert durch Artikel 30 des Gesetzes vom 2.2.2018 (GVBl. S. 160);
Brandenburg: Gesetz über den Schutz und die Pflege der Denkmale im Land Brandenburg (Brandenburgisches Denkmalschutzgesetz – BbgDSchG) vom 24.5.2004 (GVBl.I/04, [Nr. 09], S. 215);
Bremen: Bremisches Gesetz zur Pflege und zum Schutz der Kulturdenkmäler (Bremisches Denkmalschutzgesetz – BremDSchG) vom 18.12.2018 (Brem.GBl. 2018, 631);
Hamburg: Denkmalschutzgesetz (DSchG) vom 19.4.2013 (HmbGVBl. Nr. 14);
Hessen: Hessisches Denkmalschutzgesetz (HDSchG) vom 28.11.2016 (GVBl. 2016, 211);
Mecklenburg-Vorpommern: Denkmalschutzgesetz (DSchG M-V) vom 6.1.1998 (GVOBl. M-V 1998, 12), zuletzt geändert durch Artikel 10 des Gesetzes vom 12.7.2010 (GVOBl. M-V S. 383, 392);
Niedersachsen: Niedersächsisches Denkmalschutzgesetz (DSchG ND) vom 30.5.1978 (Nds. GVBl. 1978, 517), zuletzt geändert durch h Gesetz vom 26.5.2011 (Nds. GVBl. S. 135);
Nordrhein-Westfalen: Gesetz zum Schutz und zur Pflege der Denkmäler im Lande Nordrhein-Westfalen (Denkmalschutzgesetz – DSchG NRW) vom 11.3.1980 (GV. NRW. 1980, 226), zuletzt geändert durch Artikel 5 des Gesetzes vom 15.11.2016 (GV. NRW. S. 934);
Rheinland-Pfalz: Denkmalschutzgesetz (DSchG) vom 23.3.1978 (GVBl. 1978, 159), zuletzt geändert durch Gesetz vom 17.12.2020 (GVBl. S. 719);
Saarland: Saarländisches Denkmalschutzgesetz (SDschG) vom 19.5.2004 (Amtsbl. 2004, 1498), zuletzt geändert durch das Gesetz vom 13.10.2015 (Amtsbl. I 790);
Sachsen: Gesetz zum Schutz und zur Pflege der Kulturdenkmale im Freistaat Sachsen (Sächsisches Denkmalschutzgesetz – SächsDSchG) vom 30.11.2002 (SächsGVBl. 1993, 229), zuletzt geändert durch Artikel 2 des Gesetzes vom 2.8.2019 (SächsGVBl. S. 644);
Sachsen-Anhalt: Denkmalschutzgesetz des Landes Sachsen-Anhalt (DSchG ST) vom 21.10.1991 (GVBl. LSA 1991, 368, ber. 1992, S. 310), zuletzt geändert durch Artikel 2 des Gesetzes vom 20.12.2005 (GVBl. LSA S. 769, 801);
Schleswig-Holstein: Gesetz zum Schutz der Denkmale (Denkmalschutzgesetz – DSchG SH 2015) vom 30.12.2014 (GVOBl. 2015 2);
Thüringen: Thüringer Gesetz zur Pflege und zum Schutz der Kulturdenkmale (Thüringer Denkmalschutzgesetz – ThürDSchG –) vom 14.4.2004 (GVBl. 2004, 465), zuletzt geändert durch Artikel 2 des Gesetzes vom 18.12.2018 (GVBl. S. 731, 735).

3 ZB § 1 Abs. 1 S. 1 SDschG; § 1 Abs. 1 S. 1 DSchG NRW.

malschutzes ist, das Eigentum oder den Besitz der jeweiligen verantwortlichen Person zu schützen, sondern die dem Denkmal anhaftende Eigenschaft, ein Zeugnis vergangener Zeit zu sein, zu wahren.

2. Das Denkmal in seiner Nachbarschaft

4 Denkmäler stehen oft nicht völlig isoliert im öffentlichen Raum, sondern in der im weitesten Sinne „**Nachbarschaft**" anderer Anlagen. Dies können nach Baurecht zu beurteilende, aber auch immissionsschutzrechtlich relevante Anlagen sein. Sie sind durch ihre Eigenarten (Dominanz durch Größe oder starke Andersartigkeit) geeignet, sich auf das Denkmal auszuwirken. Andererseits können Denkmäler, Denkmalensembles etc auf ihre Ausstrahlungswirkung angewiesen sein.

5 Konflikte können entstehen, wenn der Eigentümer eines Denkmals oder eines Teils eines Denkmalbereichs ein baurechtliches Geschehen in der Nachbarschaft als negative Einwirkung auf sein Denkmal empfindet.[4] Damit ist die Frage aufgeworfen, ob und gegebenenfalls wie der Eigentümer eines Denkmals Abwehrrechte gegen eine – vermeintliche – **Beeinträchtigung des Denkmalswerts** seiner Anlage prozessual geltend machen und materiellrechtlich durchsetzen kann. In diesem Zusammenhang ist bedeutsam, dass es unter anderem Aufgabe des in den Denkmalgesetzen geregelten **Umgebungsschutzes** ist, den Aussagewert des Denkmals vor Schmälerungen durch Anlagen in der Nähe und Umgebung zu wahren.

II. Rechtslage aufgrund des Urteils des Bundesverwaltungsgerichts vom 21.4.2009

6 Bis zu dem Urteil des Bundesverwaltungsgerichts vom 21.4.2009[5] entsprach es der ganz überwiegenden Auffassung in der Rechtsprechung,[6] dem Eigentümer eines geschützten Kulturdenkmals könne von vornherein **kein Anspruch auf Schutz vor Beeinträchtigungen der Denkmalwürdigkeit seines Anwesens durch Vorhaben in der Umgebung** zustehen; diesbezügliche Anfechtungsklagen seien bereits **mangels Klagebefugnis** nicht zulässig, erst recht nicht begründet.

7 Dieser Ansicht widersprach das Bundesverwaltungsgericht mit seinem Urteil aus dem Jahr 2009. Dieses Urteil hat zwar lediglich die Frage der Klagebefugnis für den Fall, dass ein Vorhaben in der Umgebung des geschützten Kulturdenkmals dessen Denkmalwürdigkeit möglicherweise erheblich beeinträchtigt, zugunsten des Denkmaleigentümers geklärt.[7] Es hat allerdings auch für die **auf der Ebene der Begründetheit der nachbarlichen Anfechtungsklage** zu entscheidende Frage der Verletzung eines subjektiven öffentlichen Rechts Vorgaben gemacht.

8 Die Grundzüge fußen in den Besonderheiten des Denkmalschutzrechts. Die maßgeblichen Gründe, aus denen das Bundesverwaltungsgericht dem Eigentümer eines Denkmals Abwehrrechte gegenüber Vorhaben einräumt, die das Denkmal beeinträchtigen könnten, sind auf **Eigentümer von FFH-Schutzflächen** nicht übertragbar.[8]

---

4 *Georg Skrypzak* (*1946), Restaurator, Maler und Aphoristiker: „In der Denkmalpflege wird besonders die Streitkultur gepflegt." Aus: *Skrypzak*, Diesseits und jenseits von Kalau, Manuskriptsammlung, zitiert nach www.Aphorismen.de.

5 4 C 3/08, BVerwGE 133, 347 = BRS 74 Nr. 220.

6 Vgl. VGH Kassel Urt. v. 7.1.1986 – 2 UE 2855/84, NVwZ 1986, 680; OVG Münster Beschl. v. 25.4.1989 – 12 B 2614/88 – NuR 1991, 89; OVG Berlin-Brandenburg Beschl. v. 13.9.1996 – 3 B 111/96, LKV 1998, 72; OVG Berlin Beschl. v. 18.7.2001 – 2 S 1.01, NVwZ-RR 2001, 722; OVG Lüneburg Beschl. v. 17.11.2006 – 7 ME 62/06, NdsVBl 2007, 49; OVG Münster Beschl. v. 20.2.2008 – 7 A 966/07, juris Rn. 28 ff.; VGH Mannheim Urt. v. 27.9.2007 – 3 S 882/06, juris Rn. 21 ff.; anderer Meinung waren: VGH München Beschl. v. 27.3.1992 – 26 CS 91.3589, nv; VG Frankfurt Beschl. v. 15.9.2008 – 8 L 2436/08.F, juris Rn. 34; OVG Münster Beschl. v. 27.11.2008 – 10 B 1732/08, juris Rn. 3; *Viebrock* in Martin/Krautzberger Denkmalschutz-HdB E Rn. 121 f.; *Wurster* in Hoppenberg/de Witt BauR-HdB, Band 1D Rn. 293.

7 Das BVerwG hat das Verfahren an das OVG Koblenz zurück verwiesen, da das Gericht auf der Grundlage des bisherigen Vortrags weder feststellen noch ausschließen könne, ob durch das Vorhaben die Denkmalwürdigkeit des Anwesens „möglicherweise erheblich beeinträchtigt" und die Kläger schon aus diesem Grund klagebefugt seien.

8 OVG Schleswig Urt. v. 28.11.2019 – 5 LB 3/19, juris Rn. 52.

Die Verwaltungsgerichte haben die nachstehend dargestellte Dogmatik übernommen. In der Anwendung landesrechtlicher Bestimmungen wird von manchen Gerichten bewusst ein **strenger**,[9] manchmal aber auch ein überraschend **weiter Maßstab**[10] angelegt. 9

1. Dogmatische Grundlagen

Auszugehen ist von dem auch sonst in öffentlich-rechtlichen Nachbarstreitigkeiten geltenden Grundsatz, dass eine **Drittanfechtung** nur zulässig und begründet ist, wenn die Verletzung einer auch den klagenden Grundeigentümer schützenden Bestimmung (für die Zulässigkeit der Klage ausreichend:) möglich und (für die Begründetheit erforderlich:) tatsächlich gegeben ist. Die verletzte Norm muss nicht nur öffentlichen Interessen, sondern auch **Individualinteressen Dritter** oder deren Ausgleich zu dienen bestimmt sein und aus den Tatbestandsmerkmalen der anzuwendenden Norm muss sich ein **zu schützender Personenkreis** bestimmen lassen, der sich von der Allgemeinheit unterscheidet.[11] 10

Ob eine Norm in diesem Sinne Drittschutz vermittelt, kann sich unmittelbar aus ihrem Wortlaut ergeben, etwa dann, wenn sie Abwehrrechte Betroffener ausdrücklich begründet. In der Regel bedarf es zur Ermittlung des drittschützenden Inhalts einer Norm allerdings – da der Normgeber derartige Abwehrrechte nur in Ausnahmefällen ausdrücklich statuiert hat – einer **Auslegung der Norm nach Sinn und Zweck**.[12] 11

a) Nachbarschützende Regelung im Denkmalrecht? Es liegt grundsätzlich in der **Gesetzgebungskompetenz** eines jeden Landes, die materiellrechtlichen und verfahrensrechtlichen Bestimmungen – auch des Denkmalschutzrechts – so zu gestalten, dass nicht nur das allgemeine öffentliche Interesse im Vordergrund steht, sondern auch ein **subjektives öffentliches Recht des Denkmaleigentümers begründet** wird. In der Regel lässt sich aus den denkmalrechtlichen Bestimmungen kein subjektiv-öffentliches Recht des Denkmaleigentümers gegen fremde, störende Vorhaben ableiten.[13] 12

Das VG Darmstadt hat allerdings in einer jüngeren Entscheidung[14] die im Rahmen einer Baugenehmigung nach hessischem Denkmalrecht **erforderliche Beteiligung der Unteren Denkmalschutzbehörde** als drittschützend angesehen und entschieden, dass deshalb der Denkmaleigentümer bei einer unterbliebenen Beteiligung in einem subjektiven öffentlichen Recht verletzt sei, weshalb er die fehlerhaft erteilte Genehmigung erfolgreich anfechten könne. Das Gericht berief sich dabei auf ein Urteil des VGH Kassel.[15] Ob diese Rechtsprechung sich durch Besonderheiten des hessischen Denkmalrechts rechtfertigen lässt, ist zweifelhaft; die Bestimmungen unterscheiden sich kaum von entsprechenden Regelungen anderer Denkmalschutzgesetze, derer drittschützende Wirkung nicht erkennbar ist. Sie ist auch bislang isoliert geblieben. Vom VG München[16] ist sie ausdrücklich nicht auf das bayerische Denkmalrecht übertragen worden. Auch das OVG Münster hatte zuvor schon klargestellt, dass die landesrechtlich geregelte **Verfahrensbeteiligung der Denkmalpflegeämter** des Landschaftsverbandes ausschließlich im öffentlichen Interesse erfolge und eine Drittanfechtung nicht auf eine unterbliebene Beteiligung gestützt werden könne.[17] 13

b) Art. 14 GG als nachbarschützende Norm? Allein **aus Art. 14 Abs. 1 GG** lässt sich der Drittschutz des Denkmaleigentümers **nicht ableiten**. Insbesondere folgt daraus nicht, dass bei einem Verstoß gegen 14

---

9 ZB VG Düsseldorf Urt. v. 14.1.2020 – 25 K 2318/18, juris Rn. 34; VG Aachen Beschl. v. 28.10.2016 – 3 L 293/16, juris Rn. 20.
10 VGH München Beschl. v. 20.5.2015 – 22 ZB 14.2827, juris Rn. 15.
11 S. dazu umfassend *Michael* jurisPR-ÖffBauR 10/2019.
12 OVG Münster Urt. v. 8.3.2012 – 10 A 2037/11, juris Rn. 45.
13 Vgl. etwa zum nordrhein-westfälischen Recht OVG Münster Urt. v. 8.3.2012 – 10 A 2037/11, juris Rn. 46 f.
14 Beschl. v. 23.3.2020 – 7 L 2050/19.DA, juris Rn. 28.
15 Urt. v. 9.3.2010 – 3 A 160/10, juris Rn. 61.
16 VG München Beschl. v. 9.6.2020 – M 9 SN 20.2141, juris Rn. 23.
17 OVG Münster Beschl. v. 17.12.2019 – 7 B 1497/19, juris Rn. 9; so auch VG Berlin Urt. v. 22.5.2019 – 13 K 91.18, juris Rn. 26.

Landesdenkmalrecht automatisch eine Verletzung des subjektiven Rechts eines Denkmaleigentümers vorläge.[18] Insofern gilt nichts anderes als im allgemeinen Baunachbarrecht.[19]

15 **c) Art. 14 GG iVm dem Denkmalrecht als nachbarschützende Norm.** Maßgeblich für die Zubilligung eines Anspruchs vor Beeinträchtigungen der Denkmalwürdigkeit eines Kulturdenkmals durch Vorhaben in der Umgebung ist nach der Rechtsprechung des Bundesverwaltungsgerichts die Eigentumsgarantie des **Art. 14 Abs. 1 GG in Verbindung mit den jeweiligen landesrechtlichen Bestimmungen des Denkmalrechts.**

16 Nach dieser Rechtsprechung müssen die landesrechtlichen Denkmalschutzgesetze, um den verfassungsrechtlichen Anforderungen an **inhalts- und schrankenbestimmende Gesetze** zu genügen, den Eigentümer eines geschützten Kulturdenkmals jedenfalls dann berechtigen, die denkmalrechtliche Genehmigung eines benachbarten Vorhabens anzufechten, wenn der **Umgebungsschutz objektiv geboten ist** und das Vorhaben die Denkmalwürdigkeit seines Anwesens (für die Zulässigkeit der Klage ausreichend: möglicherweise) **erheblich beeinträchtigt.**[20]

17 Die Rechtsprechung beruht auf folgenden Überlegungen:

18 **aa) Öffentliches Interesse und Interesse des Denkmaleigentümers.** Denkmalpflege ist eine **Gemeinwohlaufgabe** von hohem Rang.[21] Die Unterschutzstellung eines Kulturdenkmals liegt allein **im öffentlichen Interesse**, nicht im privaten Interesse des Eigentümers. Dabei wird durch die Unterschutzstellung das Eigentum an dem Denkmal beschränkt. Die **Erhaltungspflicht** ist auf Dauer angelegt und vom Eigentümer grundsätzlich auf eigene Kosten zu erfüllen. Dem Eigentümer eines Kulturdenkmals werden **Pflichten für dessen Erhaltung und Pflege auferlegt.**

19 Andererseits hat der zur Erhaltung verpflichtete Eigentümer ein schutzwürdiges Interesse daran, dass die Belastungen, die ihm infolge der Erhaltungspflicht zum Schutz des Denkmals auferlegt werden, den mit der Unterschutzstellung angestrebten **Zweck auch tatsächlich und auf Dauer erreichen können**. Gerade dann, wenn ein Eigentümer in der Vergangenheit zur Erfüllung seiner Erhaltungspflicht in die Denkmalsubstanz investiert hat und die Denkmalwürdigkeit seines Anwesens nachträglich erheblich beeinträchtigt wird, können dadurch auch seine **Investitionen entwertet** werden.

20 Unter **Verhältnismäßigkeitsgesichtspunkten** ist die Inpflichtnahme des Denkmaleigentümers[22] allein durch das im öffentlichen Interesse liegende Ziel gerechtfertigt, das Denkmal mit seinen Beziehungen zur Umgebung zu erhalten, soweit diese denkmalrechtlich schutzwürdig sind. Soweit die Erreichung dieses Ziels von dritter Seite vereitelt wird, kann es auch die **Inpflichtnahme des Denkmaleigentümers nicht mehr rechtfertigen.**

21 Der Gesetzgeber hat deshalb eine **umfassende Schutzpflicht** für das Kulturdenkmal. Dazu gehört auch, das Denkmal vor Beeinträchtigungen durch Vorhaben in seiner Umgebung bewahren. Ein denkmalwürdiges Gebäude und seine Umgebung bilden nämlich aus Gründen des Denkmalschutzes häufig eine Einheit. Die Ausstrahlungswirkung eines Denkmals kann wesentlich von der Gestaltung seiner Umgebung abhän-

---

18 OVG Münster Urt. v. 8.3.2012 – 10 A 2037/11, Rn. 55 f. unter Hinweis auf BVerwG Urt. v. 21.4.2009 – 4 C 3/08, BVerwGE 133, 347.

19 BVerwG Beschl. v. 10.6.2013 – 4 B 6/13, juris Rn. 8.

20 BVerwG Urt. v. 21.4.2009 – 4 C 3/08, BVerwGE 133, 347; OVG Münster Urt. v. 8.3.2012 – 10 A 2037/11, juris Rn. 55 f., mit dem Hinweis, dass der Senat zur Wahrung der Rechtseinheitlichkeit die Grundsätze des BVerwG zur Gewährung eines grundrechtlich gebotenen Mindestmaßes denkmalrechtlichen Drittschutzes seiner Rechtsprechung zugrunde lege.

21 BVerfG Beschl. v. 2.3.1999 – 1 BvL 7/91, BVerfGE 100, 226 f.

22 Weil auf das Eigentumsrecht des Denkmaleigentümers abzustellen ist, kann eine Gemeinde nicht die Verletzung ihres kommunalen Selbstverwaltungsrechts durch die Genehmigung von Windkraftanlagen wegen deren – nach Ansicht des VG Aachen in dem entschiedenen Fall im Übrigen nicht erheblichen – Einwirkungen auf eine denkmalgeschützten Burg sowie eine Vielzahl der denkmalgeschützten Bauten und Einzeldenkmäler in ihrem Stadtgebiet geltend machen, VG Aachen Beschl. v. 28.5.2020 – 6 L 1399/19, juris Rn. 87 ff.

gen. Die Ziele des Denkmalschutzes lassen sich deshalb nur erreichen, wenn auch das Eigentum in der Umgebung eines denkmalgeschützten Gebäudes beschränkt wird.[23] Daher muss ein **denkmalrechtlicher Umgebungsschutz**, soweit er objektiv geboten ist, auch dem Eigentümer eines Kulturdenkmals Schutz vermitteln.

bb) Verfassungskonforme Anwendung des Denkmalrechts. Das Eigentum unterliegt nach dieser Recht- 22
sprechung dem Schutz durch **Art. 14 Abs. 1 GG in Verbindung mit den Bestimmungen des landesrechtlichen Denkmalrechts.** Die landesrechtlichen Denkmalschutzgesetze müssen, um den Anforderungen an inhalts- und schrankenbestimmende Gesetze zu genügen, den Eigentümer eines geschützten Denkmals jedenfalls dann berechtigen, die denkmalrechtliche Genehmigung eines benachbarten Vorhabens anzufechten, wenn der Umgebungsschutz objektiv geboten ist und das Vorhaben die Denkmalwürdigkeit möglicherweise **erheblich beeinträchtigt.**[24] Der Gesetzgeber handelt widersprüchlich, wenn er einerseits das Kulturdenkmal unter Schutz stellt und den Eigentümer zu dessen Erhaltung und Pflege verpflichtet, andererseits aber erhebliche Beeinträchtigungen der Denkmalwürdigkeit des Kulturdenkmals durch Vorhaben in der Umgebung ohne Weiteres zulässt.

(1) Landesrecht zur Garantie des Umgebungsschutzes. Dabei beurteilt sich die systematisch vorrangige 23
Frage, ob eine unzulässige Beeinträchtigung eines denkmalrechtlich geschützten Objekts vorliegt, nach **Landesrecht.**[25] Die inhaltlichen Vorgaben an den denkmalrechtlichen Umgebungsschutz und ihre Einklagbarkeit durch den Denkmaleigentümer ergeben sich durch Auslegung der jeweiligen denkmalschutzrechtlichen Bestimmungen über die Zulässigkeit von Vorhaben in der Umgebung eines Denkmals, dies im Lichte der **Eigentumsgewährleistung** nach Art. 14 Abs. 1 GG.[26] In diesem Sinne muss der Landesgesetzgeber bei seiner Gesetzgebung und müssen die Verwaltungen und die Gerichte bei ihrer **verfassungskonformen Rechtsanwendung** die Interessen des Eigentümers und die Belange des Gemeinwohls in einen gerechten Ausgleich und ein ausgewogenes Verhältnis bringen. Gesetzgeber, Verwaltung und Gerichte sind sie an den verfassungsrechtlichen Grundsatz der Verhältnismäßigkeit und den Gleichheitssatz des Art. 3 Abs. 1 GG gebunden.[27]

(2) Grenzen des Umgebungsschutzes. Allerdings muss auch aus Verfassungsgründen das Gesetz nicht je- 24
de für das Denkmal **nachteilige Veränderung der Umgebung** unterbinden oder einer Genehmigungspflicht unterwerfen. Denn Belastungen, die dem Denkmaleigentümer zum Schutz des Denkmals auferlegt werden, erweisen sich nicht schon dann als sinn- und zwecklos, wenn ein Vorhaben in der näheren Umgebung den Denkmalwert herabsetzt oder sonst die gebotene Achtung gegenüber den Werten außer Acht lässt, die das Denkmal verkörpert, sondern erst bei einer **erheblichen Beeinträchtigung.**[28]

(3) Interessenabwägung. Darüber hinaus dürfen selbst Vorhaben in der Umgebung eines Kulturdenkmals, 25
die dessen Denkmalwürdigkeit erheblich beeinträchtigen, zugelassen werden, wenn das Vorhaben seinerseits durch überwiegende Gründe des Gemeinwohls oder durch **überwiegende und schutzwürdige private Interessen** gerechtfertigt ist.[29]

---

23 Siehe auch OVG Lüneburg Urt. v. 23.8.2012 -12 LB 170/11, juris Rn. 56.

24 BVerwG Urt. v. 21.4.2009 – 4 C 3.08, juris Rn. 6 ff.; BVerwG Beschl. v. 14.9.2017 – 4 B 28/17, juris Rn. 8 mwN; OVG Münster Beschl. v. 24.5.2019 – 2 B 162/19, juris Rn. 8 ff., Urt. v. 4.12.2015 – 7 A 823/14, juris Rn. 65 ff. und Urt. v. 8.3.2012 – 10 A 2037/11, juris Rn. 55 ff.; zum jeweils vergleichbaren Landesrecht OVG Lüneburg Urt. v. 16.2.2017 – 12 LC 54/15, juris Rn. 80 ff., 148; VGH München Beschl. v. 21.9.2015 – 22 ZB 15.1095, juris Rn. 24 und Urt. v. 25.6.2013 – 22 B 11.701, juris Rn. 28 ff.; s. dazu auch *Michael* jurisPR-ÖffBauR 10/2019 Anm. 3.

25 BVerwG Beschl. v. 14.6.2012 – 4 B 22.12, juris Rn. 2; VG Freiburg (Breisgau), Beschl. v. 6.2.2020 – 6 K 4494/19, juris Rn. 48.

26 VG Aachen Beschl. v. 28.10.2016 – 3 L 293/16, juris Rn. 13.

27 BVerwG Urt. v. 21.4.2009 – 4 C 3/08, juris Rn. 8.

28 Vgl. BVerwG Urt. v. 21.4.2009 – 4 C 3.08, juris Rn. 6 ff.; OVG Münster Beschl. v. 12.2.2013 – 8 A 96/12, juris Rn. 22 ff. und v. 8.3.2012 – 10 A 2037/11, juris Rn. 43 ff., jeweils mwN.

29 BVerwG Urt. v. 21.4.2009 – 4 C 3.08, juris Rn. 6 ff.; OVG Hamburg Beschl. v. 16.12.2015 – 2 Bs 218/15, juris Rn. 28.

26 In diesen Fällen ist stets eine Interessenabwägung unter **Verhältnismäßigkeitsgesichtspunkten** vorzunehmen. Der mittelbare Grundrechtseingriff in das Eigentum an dem Denkmal durch die Erteilung einer denkmalrechtlichen Genehmigung für die Veränderung der Umgebung des Denkmals ist gerechtfertigt, wenn die verschiedenen Belange der Betroffenen unter Beachtung des Verhältnismäßigkeitsgrundsatzes **gerecht gegeneinander und untereinander abgewogen** werden.

27 Dem entsprechen die landesrechtlichen Regelungen. Diese lassen in der Regel selbst erhebliche Beeinträchtigungen zu, sofern eine konkrete Interessenabwägung zugunsten des Vorhabens ausgeht. So ist beispielsweise nach § 18 Abs. 3 des Hessischen Denkmalschutzgesetzes die nach dessen Absatz 1 erforderliche Genehmigung zu erteilen, wenn **Gründe des Denkmalschutzes** dem Vorhaben nicht entgegenstehen (Nr. 1), wenn und soweit ihre Ablehnung der Eigentümerin oder dem Eigentümer **wirtschaftlich unzumutbar** wäre (Nr. 2) oder wenn **überwiegende öffentliche Interessen** dies verlangen (Nr. 3).

2. Prüfung der Rechtsverletzung

28 **a) Gebotensein des Umgebungsschutzes.** In einem ersten Schritt ist festzustellen, ob ein Umgebungsschutz **objektivrechtlich geboten** ist. Dafür ist zunächst zu prüfen, was Gegenstand des denkmalrechtlichen Schutzes ist. Ein Denkmal, welches gewissermaßen **beziehungslos in seiner Umgebung** steht, wird durch ein **weit entfernt gelegenes Vorhaben kaum in seinem Denkmalwert beeinträchtigt** sein.

29 Die Länder haben die Ausgestaltung des Umgebungsschutzes eines Denkmals in unterschiedlicher Weise vorgenommen. Neben den isolierten Schutz des Gebäudes oder der Gebäudemehrheit (Ensemble) treten ganze mehr oder weniger umfangreiche Bereiche, die als **Denkmalzone**[30], **Denkmalbereich**[31], **Gesamtanlagen**[32], **Denkmalensemble**[33] **oder Denkmalschutzgebiet**[34], **Schutzzone**[35] benannt werden oder durch Legaldefinition insgesamt als Kulturdenkmäler[36] bezeichnet werden. Darüber hinaus stellen einige Denkmalschutzgesetze ausdrücklich klar, dass auch die Umgebung, die nicht selbst Gegenstand der denkmalrechtlichen Unterschutzstellung ist, Schutzobjekt des Denkmalrechts sein kann. Sie können beispielsweise allgemein die Veränderung der Umgebung eines Denkmals unter Genehmigungsvorbehalt stellen.[37]

30 **b) Feststellung von Bedeutung und Inhalt des Denkmalwerts.** Zunächst ist das Denkmal in den Blick zu nehmen. Denkmäler mit besonderem Wert neigen eher dazu, ihre bedeutende **Aussagekraft** einzubüßen als solche mit geringerem Wert.[38] Zur Ermittlung des Denkmalwertes ist in erster Linie auf die Eintragung in der Denkmalliste abzustellen. Führt die Prüfung beispielsweise zu dem Ergebnis, dass die **Fassade eines historischen Gebäudes konstitutives Element für sein Erscheinungsbild** ist und ihr daher eine hervorgehobene Bedeutung für die Denkmaleigenschaft eines Gebäudes zukommt, beeinträchtigt ein benachbartes Gebäude tendenziell eher den Denkmalwert des Gebäudes, als wenn andere weiterhin gut sichtbare Elemente den Denkmalwert ausmachen.[39]

30 § 4 Abs. 1 S. 2 DSchG RhPf.
31 § 5 Abs. 1 DSchG NRW; § 2 Abs. 2 DSchG ST; § 2 Abs. 2BbgDSchG; § 2 Abs. 3 DSchG M-V.
32 § 19 Abs. 1 DSchG BW; § 2 Abs. 3 HDSchG.
33 § 2 Abs. 2 ThürDSchG.
34 § 21 Abs. 1 SächsDSchG.
35 § 2 Abs. 3 DSchG SH.
36 Vgl. zB § 2 Abs. 2 BremDSchG.
37 § 4 Abs. 1 S. 3 DSchG Rh.-Pf.; § 2 Abs. 4 BremDSchG; § 10 Abs. 1 DSchG Bln; § 2 Abs. 3 DSchG BW; § 8 DSchG ND; § 2 Abs. 3 SächsDSchG; § 1 Abs. 1 DSchG ST; § 2 Abs. 3 BbGDSchG.
38 VG Neustadt (Weinstraße) Urt. v. 12.3.2019 – 5 K 1035/18.NW, juris Rn. 59; VGH München Urt. v. 18.7.2013 – 22 B 12.1741, BayVBl 2014, 23.
39 OVG Hamburg Beschl. 16.12.2015 – 2 Bs 218/15, juris Rn. 25.

c) Wirkung des hinzukommenden Vorhabens. Des Weiteren ist das „störende" Vorhaben zu betrachten. Dessen **Ausmaße und dessen Fremdheit in der Umgebung** – etwa wegen seiner technischen Überlagerung des Vorhandenen – können zugunsten einer Störung des Denkmalwerts streiten.[40] 31

d) Schützenswerte Beziehung. Sind beide Objekte Teil einer Denkmalzone,[41] eines Denkmalbereichs oder eines ähnlich bezeichneten Schutzbereichs oder soll das Vorhaben schlicht in der Umgebung des Denkmals errichtet werden, ist entscheidend, ob zwischen beiden Objekten eine **zu schützende Beziehung** besteht, die von einigem Gewicht für den dem Denkmal innewohnenden Denkmalwert ist. Während eine solche Beziehung innerhalb einer Denkmalzone oder dergleichen oft angenommen werden kann, ist hinsichtlich des allgemeinen Umgebungsschutzes maßgeblich, in welcher Weise das jeweilige Landesrecht diesen Umgebungsschutz ausgestaltet hat. So ist bedarf beispielsweise nach § 9 Abs. 1 lit. b des Gesetzes zum Schutz und zur Pflege der Denkmäler im Lande Nordrhein-Westfalen der Erlaubnis, „wer in der engeren Umgebung von Baudenkmälern (…) Anlagen errichten, verändern oder beseitigen will, wenn hierdurch das **Erscheinungsbild** des Denkmals beeinträchtigt wird". 32

Von der Notwendigkeit, die ein Denkmal umgebenden Flächen von Bebauung freizuhalten oder nur mit „passenden" Anlagen zu bebauen, kann trotz des „**denkmalrechtlichen Rücksichtnahmegebotes**" nur dann ausgegangen werden, wenn die **besondere Bedeutung des Denkmals** verlangt, ihm einen bestimmten, von anderen (störenden) baulichen Anlagen freigehaltenen Ausstrahlungs- oder Wirkungsraum einzuräumen oder bestimmte Sichtachsen freizuhalten.[42] Insofern kommt es entscheidend darauf an, ob und wenn ja in welchem Umfang die Umgebung des Objekts für das Denkmal Bedeutung hat und ob sie sogar mit dem Objekt eine denkmalrechtliche Einheit (Teil einer Schutzzone oÄ) bildet. Auch hier ist zur Ermittlung einer etwaigen Bedeutung seiner Umgebung in erster Linie auf die Eintragung in der **Denkmalliste** und die ihr beigefügte Begründung, die Begründung einer **Denkmalschutzverordnung**[43] oder andere geeignete Unterlagen abzustellen.[44] 33

Die Beziehung zwischen den Objekten ist in den Blick zu nehmen und zu bewerten. Hier spielen vor allem die Entfernung und die **Sichtbarkeit** eine entscheidende Rolle. Ist etwa wegen Bewuchses während eines großen Teils des Jahres die Blickbeziehung zwischen gestörter und störender Anlage nur beschränkt möglich, spricht dies gegen eine erhebliche Beeinträchtigung des Denkmals.[45] Auch kann eine relativ dichte Nachbarbebauung in der Umgebung die Wahrnehmbarkeit des Denkmals in einem erheblichen Umfang Maße einschränken.[46] Allein die Tatsache, dass beide Gebäude an einer gemeinsamen Straße liegen, ist nicht ausreichend, um behaupteten Auswirkungen des Abrisses des eines Gebäudes auf das Baudenkmal zu bejahen, wenn beide Gebäude ca. 275 m Luftlinie voneinander entfernt und im keiner **Sichtbeziehung** zueinander stehen sind.[47] 34

e) Erhebliche Herabsetzung des Denkmalwerts. Ist die beschriebene Beziehung zu bejahen, muss für einen Abwehranspruch hinzukommen, dass das umstrittene Vorhaben nach seiner Art und Ausführung objektiv geeignet ist, den **Denkmalwert wesentlich oder erheblich herabzusetzen.**[48] 35

---

40 S. zB VGH München Beschl. v. 20.5.2015 – 22 ZB 14.2827, juris Rn. 15, das eine erhebliche Beeinträchtigung einer 1,8 km entfernt gelegenen denkmalgeschützten Filialkirche durch eine Windkraftanlage mit einer Nabenhöhe von 135,40 m, einem Rotordurchmesser von 101 m und einer Normleistung von 3,0 MW bejahte.

41 So lag es im Fall des BVerwG Urt. v. 21.4.2009 – 4 C 3.08, juris Rn. 1 ff., OVG Koblenz Urt. v. 16.9.2009 – 8 A 10710/09, juris Rn. 32.

42 OVG Berlin-Brandenburg Beschl. v. 4.5.2020 – OVG 2 S 7/20, juris Rn. 13.

43 VG Neustadt (Weinstraße) Urt. v. 12.3.2019 – 5 K 1035/18.NW, juris Rn. 61.

44 OVG Münster Beschl. v. 19.5.2019 – 7 B 1263/18, juris Rn. 4.

45 OVG Koblenz Urt. v. 16.9.2009 – 8 A 10710/09, juris Rn. 34.

46 VG Ansbach Beschl. v. 26.2.2020 – AN 3 S 20.00215, juris Rn. 89.

47 VG Hannover Beschl. v. 15.11.2018 – 4 B 7130/18, juris Rn. 24 f.

48 VG Köln Beschl. v. 9.4.2020 – 2 L 489/20; nach § 18 Abs. 2 HDSchG reicht es bereits aus, wenn sich die Umgebungsveränderung auf das Erscheinungsbild des Denkmals auswirken kann.

36 Dabei besteht kein materieller Unterschied zwischen einer **erheblichen** und einer **wesentlichen Beeinträchtigung**; beide Begriffe erfordern schon nach ihrem Wortlaut zum einen eine Beeinträchtigung von einigem Gewicht, zum anderen muss aber auch nicht die besonders schwerwiegende Schwelle des baurechtlichen Verunstaltungsverbots erreicht werden.[49]

37 Eine wesentliche Beeinträchtigung ist nicht bereits bei einer **Minderung des Verkehrswerts** des Denkmals aufgrund des benachbarten Vorhabens anzunehmen.[50] Auch führen **Investitionen** des Eigentümers in sein Denkmal nicht zu einer regelhaften Steigerung der Denkmalwürdigkeit.[51]

38 Vorhaben müssen sich nicht völlig an vorhandene Baudenkmäler **anpassen**. Das Denkmalrecht verlangt nicht ein völliges „Einfrieren" der derzeitigen baulichen Situation. Insbesondere kann nicht erwartet werden, dass ein früherer vorgestellter **Idealzustand** hergestellt wird.[52] Selbst eine „schlichte" Beeinträchtigung steht der Zulässigkeit eines Vorhabens in der Umgebung nicht entgegen.

39 Neue Bauten müssen sich aber insoweit zurückhaltend gestaltet werden, als sie die **gebotene Achtung gegenüber den im Denkmal verkörperten Werten wahren** müssen.[53] Insbesondere dürfen sie die Werte des Denkmals nicht so sehr überlagern, dass der Denkmalwert nur noch geschmälert zu Sprache kommt.[54] Sie dürfen es nicht in gravierender Weise gleichsam erdrücken, verdrängen oder die gebotene Achtung gegenüber den im Denkmal verkörperten Werten vermissen lassen.[55]

40 Hier dienen Stellungnahmen der in besonderem Maße fachkundigen Denkmalpflegeämter, vorzugsweise **Begründungen für Eintragungen in Denkmallisten** und **Begründungen für denkmalschutzrechtliche Verordnungen**,[56] der Beratung und Unterstützung der Denkmalbehörden[57] und der Gerichte. Ihnen kommt allerdings in Ermangelung einer entsprechenden gesetzlichen Regelung weder im behördlichen noch im gerichtlichen Verfahren Bindungswirkung zu.[58]

41 Beispiele aus der Rechtsprechung:

- keine Rechtsverletzung durch die Genehmigung der Anbringung einer Werbetafel an Außenwand einer denkmalgeschützten Hofanlage;[59]
- keine Rechtsverletzung durch den genehmigten Einbau einer Glastüranlage in die Eingangsbereiche einer denkmalgeschützten Passage;[60]
- keine Rechtsverletzung durch die Genehmigung einer Photovoltaikanlage auf denkmalgeschützter Pfarrscheuer neben denkmalgeschützter Kirche;[61]
- keine erhebliche Beeinträchtigung der denkmalgeschützten Windmühle durch eine 22 m breite und 42 m lange Lagerhalle und einer Entfernung von ca. 177 m; in mehreren Richtungen ist bereits in einer Distanz von mindestens 200 m Wohnbebauung vorhanden, die wegen der weiten Sichtbezüge aufgrund des ebenen Geländes im fraglichen Bereich in allen Richtungen sowohl aus der Perspektive von der

49 OVG Hamburg Urt. v. 12.2.2019 – 3 Bf 116/15, juris Rn. 82.
50 OVG Hamburg Urt. v. 12.2.2019 – 3 Bf 116/15, juris Rn. 87.
51 VGH Kassel Urt. v. 9.03.2010 – 3 A 160/10, juris Rn. 64.
52 Vgl. dazu OVG Münster Urt. v. 2.3.2018 – 10 A 2580/16, juris Rn. 58.
53 VG Neustadt (Weinstraße), Urt. v. 12.3.2019 – 5 K 1035/18.NW, juris Rn. 59.
54 Ähnlich: VGH München Urt. v. 16.5.2015 – 15 B 13.424, juris Rn. 37; OVG Hamburg Beschl. v. 22.10.2013 – 2 Bs 283/13, DVBl 2014, 115; OVG Magdeburg Beschl. v. 21.4.2015 – 2 M 12/15, juris Rn. 20.
55 VG München Beschl. v. 9.6.2020 – M 9 SN 20.2141, juris Rn. 21; VGH München Urt. v. 18.7.2013 – 22 B 12.1741, Rn. 26; vgl. auch VGH München Urt. v. 24.1.2013 – 2 BV 11.631, BayVBl 2013, 471/472; VGH München Urt. v. 25.6.2013 – 22 B 11.701, juris Rn. 32; VGH München Beschl. v. 20.5.2015 – 22 ZB 14.2827, juris Rn. 15.
56 Vgl. zB VG Köln Beschl. v. 9.4.2020 – 2 L 489/20, juris Rn. 29.
57 Vgl. etwa § 22 Abs. 2 DSchG NRW.
58 Vgl. OVG NRW, Urt. v. 8.3.2012 – 10 A 2037/11, juris Rn. 80.
59 OVG Münster Urt. v. 8.3.2012 – 10 A 2037/11, juris Rn. 7.
60 OVG Bautzen Urt. v. 18.1.2006 – 1 B 444/05, juris Rn. 26.
61 VGH Mannheim Urt. v. 1.9.2011 – 1 S 1070/11, juris Rn. 34.

Mühle aus (Innenperspektive) als auch aus der Perspektive auf die Mühle (Außenperspektive) jeweils deutlich wahrnehmbar ist und optisch nicht in den Hintergrund tritt;[62]

- keine Rechtsverletzung durch die Genehmigung einer Garage mit einem Abstand von mehr als 6,80 m von der Fassade des denkmalgeschützten Gebäudes, weil diese dessen Erscheinungsbild nicht beeinträchtige; der Senat hat offen gelassen, ob die ungestörte Sicht aus dem Inneren eines Baudenkmals heraus generell kein Schutzgut des Erscheinungsbildes eines Denkmals ist;[63]
- erfolgreiche Klage des Eigentümers eines Guts (Gutshaus und Park, sich dem Park anschließende Waldparzelle und Zufahrtsallee), das wegen seiner historischen und wissenschaftlichen Bedeutung als Gruppe baulicher Anlagen in das Verzeichnis der Kulturdenkmale aufgenommen wurde, gegen etwa 500 m entfernt genehmigte Windkraftanlagen;[64]
- Rechtsverletzung durch einen bis auf 9 m heranrückenden hallenartigen, 32 m langen Zweckbau (Lagerhalle) an ein feingliedrig ausgeführtes Kulturdenkmal (in markanter Solitärlage errichtetes Wohnhaus mit zeittypischen Formen);[65]
- Rechtsverletzung, weil durch eine Windkraftanlage mit einer Nabenhöhe von 135,40 m, einem Rotordurchmesser von 101 m und einer Normleistung von 3,0 MW der Denkmalwert einer 1,8 km entfernt gelegenen Filialkirche erheblich beeinträchtigt werde;[66]
- Rechtsverletzung, weil die geplante Errichtung eines zweigeschossigen Wohnhauses zwischen Schloss und vorhandener Bebauung die für das Erscheinungsbild des Schlosses wichtige Distanzwirkung und die bis heute sichtbare bewusste Trennung der Gebäude der Gutsanlage von der übrigen, nicht in den ehemaligen Wirtschaftshof integrierten Wohnbebauung auflösen würde.[67]

f) Gesichtspunkte der Interessenabwägung im Einzelfall. Selbst wenn eine erhebliche Beeinträchtigung 42
des Objekts zu bejahen ist, ist abschließend die oben angesprochene **Abwägung zwischen den Interessen** des Gemeinwohls an der Vermeidung einer erheblichen Beeinträchtigung des Kulturdenkmals mit den gegenläufigen privaten (oder anderen öffentlichen) Interessen an der Verwirklichung des geplanten Vorhabens vorzunehmen. Teil der Abwägung muss auch die Prüfung von Alternativen sein. Denn selbst bei einem Überwiegen der für das Bauvorhaben sprechenden Gründe gegenüber den Belangen des Denkmalschutzes kann die denkmalschutzrechtliche Genehmigung nur erteilt werden, wenn diesen überwiegenden Interessen nicht auf sonstige Weise Rechnung getragen werden kann, etwa durch Errichtung des Vorhabens an einem anderen Standort.[68] Auch kann etwa in einer Nebenbestimmung gefordert werden, dass grellwirkende Farben bei der äußeren Gestaltung zu vermeiden sind.[69]

Beispiel aus der Rechtsprechung:[70] Das OVG Hamburg verneinte für das Vorhaben sprechende überwie- 43
genden Gründe des Gemeinwohls. Zwar bestehe in Hamburg ein dringendes öffentliches Interesse an der Schaffung von Wohnraum. Jedoch handelte es sich bei dem Vorhaben der Beigeladenen um Luxuswohnungen, die vor allem im privaten wirtschaftlichen Interesse errichtet werden; es bestehe aber ein öffentliches Interesse an preiswertem Wohnraum.

62 VG Aachen Beschl. v. 28.10.2016 – 3 L 293/16, juris Rn. 26 f.
63 OVG Berlin-Brandenburg Beschl. v. 28.9.2012 – OVG 10 S 21.12, juris Rn. 9.
64 OVG Lüneburg Urt. v. 16.2.2017 – 12 LC 54/15, juris Rn. 102.
65 OVG Koblenz Urt. v. 21.8.2012 – 8 A 10229/12, juris Rn. 37 f.
66 VGH München Beschl. v. 20.5.2015 – 22 ZB 14.2827, juris Rn. 15.
67 OVG Magdeburg Beschl. v. 21.4.2015 – 2 M 12/15, juris Rn. 23.
68 OVG Koblenz Urt. v. 16.9.2009 – 8 A 10710/09, juris Rn. 27.
69 VG München Beschl. v. 9.6. 2020 – M 9 SN 20.2141, juris Rn. 22.
70 OVG Hamburg Beschl. v. 16.12.2015 – 2 Bs 218/15, juris Rn. 40.

29. Drohne

Klose

Literatur: *Bischof*, Drohnen im rechtlichen Praxistest, DuD 2017, 142; *Daum/Boesch*, Neue Techniken und ihre Gegenmittel: Zur Rechtmäßigkeit von Abwehrmaßnahmen gegen zivile Drohnen, CR 2018, 62; *Dorf*, Luftbildaufnahmen und Unverletzlichkeit der Wohnung, MJW 2006, 951; *Esser*, Private Flugdrohnen und Strafrecht, JA 2010, 323; *Grosskopf*, Aktiver Schutz gegen Drohnen, CR 2014, 759; *Regenfuß*, Zivilrechtliche Abwehransprüche gegen Überflüge und Bildaufnahmen von Drohnen, NZM 2011, 799; *Schaefer*, Drittschäden durch Drohnen, VersR 2017, 849; *ders.*, Kollisionen von Drohnen mit Fahrzeugen oder Personen, DAR 2018, 67; *Schmid* Rechtliche Bewertung ziviler Drohnenflüge, K&R 2015, 217; *Schwab*, Die Akteneinsicht im immissionsschutzrechtlichen Genehmigungsverfahren, DWW 1992, 205; *Solmecke/Nowak*, Zivile Drohnen – Probleme ihrer Nutzung – Rechtliche Bewertung eines künftigen Milliardenmarkts, MMR 2014, 431; *Stellpflug/Hilpert*, Novellierter Rechtsrahmen für den Betrieb unbemannter Fluggeräte, NVwZ 2017, 1490; *Uschkereit/Zdanwiecki*, Rechtsrahmen für den Betrieb ziviler Drohnen, NJW 2016, 444.

I. Einführung

1 Unbemannte autonom betriebene Luftfahrtsysteme, auch Drohnen genannt,[1] können praktisch ohne Weiteres von Grundstücken starten und mittels auf ihnen angebrachter Kameras dazu genutzt werden, das Nachbargrundstück zu überwachen.[2] Zudem verursachen sie Lärm und Gefahren durch Abstürze. Wirtschaftlich genutzt werden können Drohnen für das Anfertigen von hochauflösenden Luftbildnern, die zudem auch verbreitet werden können.[3] Erprobt wird auch die Möglichkeit der Versendung von Paketen mit Drohnen.[4]

II. Das Betreiben von Drohnen

2 Drohnen mit einem Gewicht von bis zu 5 kg, die zum Zweck der Freizeitgestaltung oder des Sports betrieben werden, unterliegen gemäß § 1 Abs. 2 S. 3 LuftVG nicht dem Luftfahrtgesetz und der Luftfahrverkehrsordnung.[5] Privat genutzte Drohnen, die keine Luftfahrzeuge sind, unterfallen der Erlaubnispflicht aus § 16 Abs. 1 Nr. 7 LuftVO nicht. Bis zum Inkrafttreten der EU-Drohnenverordnung[6] zum 31.12.2020 durfte jedermann, selbst ein Kind oder ein Jugendlicher, ein nicht mehr als 5 kg fliegendes Fluggerät ohne Ausbildung oder Erlaubnis[7] fliegen. Seither müssen gemäß Art. 9 Abs. 1 dieser Verordnung Piloten ein Mindestalter von 16 Jahren haben. Ausnahmen gelten gem. Abs. 2 dieser Regelung für Spielzeug im Sinne der Spiel-

1 *Bischof* DuD 2017, 142; *Solmecke/Nowak*, MMR 2014, 432.
2 *Schmid* K&R 2015, 217; *Regenfuß*, NZM 2011, 799.
3 *Daum/Boesch* CR 2018, 62.
4 *Bischof* DuD 2017, 142; *Uschkreit/Zdanowiecki* NJW 2016, 444.
5 *Uschkreit/Zdanowiecki* NJW 2016, 445.
6 Durchführungsverordnung (EU) 2019/947 der Kommission vom 24.5.2019 über die Vorschriften und Verfahren für den Betrieb unbemannter Luftfahrzeuge, Abl. L 152/45, deren Inkrafttreten in Art. 1 der Durchführungsverordnung (EU) 2020/746 zur Änderung der Durchführungsverordnung (EU) 2019/947 hinsichtlich der Verschiebung der Anwendungsfristen bestimmter Maßnahmen im Zusammenhang mit der COVID-19.Pandemie, ABl. L 176/13 teilweise bis zum 1.1.2023 verschoben worden ist.
7 *Solmecke/Nowak* MMR 2014, 432.

zeugrichtlinie,[8] privat hergestellte Flugobjekte mit einer Startmasse von weniger als 250 g sowie Flüge unter der Aufsicht eines qualifizierten Fernpiloten. An Fernpiloten werden bei schweren Drohnen und Flügen mit einem größeren Betriebsrisiko von ihnen nachzuweisende Kompetenzanforderungen gestellt. Trotz dieser inzwischen erfolgten Reglementierung des Betriebs von Drohnen besteht eine erhebliche Unfallgefahr und vor allem das Risiko von Schäden auf dem Grundstück durch unkontrolliert herabstürzende Fluggeräte oder Teile davon. Werden Drohnen für gewerbliche Zwecke genutzt, bedürfen sie einer Erlaubnis der zuständigen Luftfahrtbehörde. Nach den gemeinsamen Grundsätzen für die Erlaubniserteilung sollen Einzelerlaubnisse für den Betrieb über Menschenansammlungen, Unglücksorten und Katastrophengebieten sowie weiteren polizeilichen Einsatzorten nicht erteilt werden. Gleiches gilt für den Betrieb über Justizvollzugsanstalten. Das Privatgrundstück genießt diesen Schutz nicht. Regelmäßig wird in den Erlaubnisbescheid aufgenommen, dass Personen nicht überflogen werden dürfen.[9] Gemäß § 19 Abs. 3 S. 1 Nr. 1 LuftVO ist es untersagt, Drohnen außerhalb des Sichtbereichs des Steuernden zu betreiben.[10] Die zulässigen Verwendungsarten, vor allem aber die private Nutzung von Drohnen führen zu vielfältigen regelungsbedürftigen nachbarrechtlichen Konfliktlagen. Ausdrückliche Bestimmungen sind vor allem wegen der Konflikte der Drohnen mit dem Luftverkehr, nicht aber im Hinblick auf benachbarte Grundstücke erlassen.

III. Rechtliche Besonderheiten

Drohnen dürfen nur von Grundstücken aufsteigen, deren Eigentümer dies gestattet haben (§ 903 BGB). Das 3
Recht zum Überfliegen von anderen Grundstücken, insbesondere zum Zwecke des Anfertigens von Bildaufnahmen und deren Verwertung, ist durch die Rechte des Nachbarn eingeschränkt. Zudem drohen dem Betreiber von Drohnen Haftungsansprüche. Er geht das Risiko einer Strafverfolgung und einer zivilrechtlichen Haftung ein.

1. Überflugrecht

Der Eigentümer eines Privatgrundstücks kann seinem Nachbarn regelmäßig nicht verbieten, von dessen 4
Grundstück aus Drohnen auch über sein Grundstück fliegen zu lassen. Den Überflug seines Grundstücks mit Drohnen, also die Nutzung des Luftraums über seinem Grundstück, hat der Eigentümer gemäß § 905 S. 2 BGB iVm § 1 Abs. 1, 2 S. 3 LuftVG entschädigungslos zu dulden.[11] Das auch für private Drohnenflüge anzuwendende[12] LuftVG gewährleistet die freie Benutzung des Luftraums und beschränkt damit das Eigentumsrecht der Nachbarn aus §§ 903 S. 1, 905 BGB.[13]

2. Verfolgungsrecht

Landet die Drohne auf einem fremden Grundstück, ist deren Eigentümer nicht dazu berechtigt, dieses ohne 5
die Zustimmung des Nutzungsberechtigten des anderen Grundstücks zu betreten um die Drohne zu bergen. Ihm steht aus § 867 S. 1 BGB lediglich das Recht zu, dass ihm der Eigentümer des anderen Grundstücks das Aufsuchen und Wegschaffen der Drohne gestattet, wenn er sie nicht herausgibt. Ist nicht der Eigentümer Besitzer des anderen Grundstücks, richtet sich der Anspruch aufgrund der Rechtsgrundverweisung in § 1005 BGB gegen den Besitzer des Grundstücks. Dieser Anspruch setzt voraus, dass der Betreiber der Drohne die Gewalt über diese verloren hat, sie also nicht mehr ohne das Betreten des Grundstücks starten und fliegen kann. Der Anspruch ist allein auf Duldung gerichtet und begründet keine Befugnis zur Eigenmacht. Allerdings kann die Verletzung des Abholungsanspruchs zu einem Schadensersatzanspruch aus

8 Richtlinie 2009/48 EG des Europäischen Parlaments und des Rates vom 18.6.2009 über die Sicherheit von Spielzeug, Abl. L 170/1.
9 *Uschkreit/Zdanowiecki* NJW 2016, 446.
10 *Uschkreit/Zdanowiecki* NJW 2016, 446.
11 *Schmid* K&R 2015, 218; *Grosskopf* CR 2014, 760; *Uschkreit/Zdanowiecki* NJW 2016, 446; *Solmecke/Nowak* MMR 2014, 434.
12 *Schmid* K&R 2015, 217.
13 *Stellpflug/Hilpert* NVwZ 2017, 1492.

§ 823 BGB führen.[14] Der Anspruch des Inhabers der Drohne kann durch das Gestatten, das Grundstück zur Bergung der Drohne zu betreten, ebenso erfüllt werden, wie durch die Übergabe der Drohne durch den anderen Grundstückseigentümer.[15] Der Anspruch des Inhabers der Drohne auf Betreten des anderen Grundstücks und Bergung der Drohne endet dann, wenn der andere Grundstückseigentümer selbst Besitz an der Drohne erlangt, diese also mit Besitzwillen an sich nimmt. Nach der Besitzerlangung richtet sich der Herausgabeanspruch nach § 985 BGB. Entstehen durch die Bergung auf dem anderen Grundstück Kosten, sind diese gemäß § 867 S. 2 BGB von dem Drohnenbetreiber zu tragen.

3. Strafrechtliche Risiken

6 Unerlaubte Bildaufnahmen können strafbewehrt das Recht am eigenen Bild im Sine des § 201a StGB (Verletzung des höchstpersönlichen Lebensbereichs durch Bildaufnahmen) verletzen.[16] Dazu ist es erforderlich, dass die Aufnahmen nicht lediglich betrachtet, sondern übertragen werden. Die Anwesenheit des „Piloten" am Tatort ist zur Verwirklichung des Tatbestands nicht erforderlich. Mithin ist die Drohne ein geeignetes Tatmittel.[17]

7 Wird die Drohne ohne hinreichende Kenntnisse über deren Steuerung oder ohne Beachtung der verkehrsüblichen Sicherungsmaßnahmen derart betrieben, dass sie außer Kontrolle gerät und einen Menschen verletzt, kann auch eine Strafbarkeit wegen fahrlässiger Körperverletzung gemäß § 229 StGB begründet sein. Werden dadurch Sachen beschädigt, kommt eine Strafbarkeit wegen Sachbeschädigung nach § 303 StGB nur dann in Betracht, wenn die Drohne zumindest bedingt vorsätzlich dazu benutzt wurde, die Sache zu beschädigen oder wenn das konkrete Risiko der Beschädigung der Sache bewusst in Kauf genommen worden ist.

4. Zivilrechtliche Haftung

8 Drohnen können außer Kontrolle geraten und auf dem Nachbargrundstück einen Schaden verursachen. Der Betreiber einer Drohne kann sowohl aus der Verschuldens-, als auch aus der Gefährdungshaftung in Anspruch genommen werden. Wird die Steuerung einem Dritten übertragen, der sie für den Betreiber der Drohne wahrnimmt, kommt eine Haftung aus § 831 BGB sowie eine Zurechnung aus § 278 BGB in Betracht.

9 **a) Gefährdungshaftung.** Führt der Betrieb einer Drohne zu Beschädigungen, haftet deren Halter[18] Dritten gegenüber nur dann aus der verschuldensunabhängigen Gefährdungshaftung des § 33 Abs. 1 LuftVG, wenn die Drohne ein Luftfahrzeug nach § 1 Abs. 2 S. 3 LuftVG ist.[19] Luftfahrzeuge im Sinne von § 1 Abs. 2 S. 3 LuftVG sind auch unbemannte Fluggeräte, die nicht zum Zwecke des Sports oder der Freizeitgestaltung betrieben werde.[20] Gemäß § 1 Abs. 2 S. 1 Nr. 9 LuftVG sind auch Flugmodelle Luftfahrzeuge. Das gilt jedoch nicht für Modellflugzeuge mit einer geringen Spannweite und geringem Gewicht bis 5 kg.[21] Der Betrieb richtet sich nach § 33 LuftVG und liegt vor, wenn die zur spezifischen Fortbewegung erforderlichen Triebkräfte auf das Fahrzeug einwirken.[22] Anspruchsinhaber kann nur derjenige sein, der an dem Flug der Drohne vollständig unbeteiligt ist.[23] Verpflichtet aus § 33 LuftVG ist ausschließlich der Halter des Luftfahrzeugs.[24] Die Haftung betrifft sowohl materielle, als aus immaterielle Schadenspositionen, die in §§ 35 ff. LuftVG näher definiert werden. Bei den typischerweise leichten Drohnen mit einem Gewicht von

14 *Lorenz* in Erman BGB § 867 Rn. 1; *Gutzeit* in Staudinger BGB § 867 Rn. 1.
15 *Gutzeit* in Staudinger BGB § 867 Rn. 4.
16 *Solmecke/Nowak* MMR 2014, 435; *Esser* JA 2010, 325.
17 *Esser* JA 2010, 325.
18 *Schmid* K&R 2015, 217.
19 *Schaefer* VersR 2017, 851.
20 *Solmecke/Nowak* MMR 2014, 432.
21 OLG Düsseldorf Urt. v. 15.6.1972 – 12 U 226/71, VersR 1973, 826 (826).
22 *Schaefer* VersR 2017, 851.
23 *Schaefer* VersR 2017, 854.
24 *Schaefer* DAR 2018, 69.

deutlich unter 500 kg ist die Haftung gemäß § 37 Abs. 1 Nr. a LuftVG auf 750.000 Rechnungseinheiten[25] beschränkt.

b) Deliktische Haftung. Neben die Gefährdungshaftung treten mit ihrem jeweils anderen rechtlichen und tatsächlichen Ansatz häufig auch die deliktischen Haftungstatbestände, insbesondere die verschuldensabhängige Haftung aus § 823 Abs. 1 BGB. Diese führen zu einem erheblich höheren Haftungsumfang. Im Hinblick auf die Haftung ist zunächst zu differenzieren, ob die Drohne ferngesteuert wird oder autonom geflogen ist.[26] Wird eine Drohne unmittelbar gesteuert, lassen sich etwaige Fehler dem verantwortlichen „Piloten" zurechnen, während bei einem autonomen Fliegen unterlassene Reaktionen von der Drohne auf konkrete Gefahrensituationen kein Verschulden eines Piloten der Drohne begründen können. Wenn auch häufig schwer nachweisbar, kann in diesen Fällen ein Verschulden bei der Programmierung des Fluges und der Software in Betracht kommen. Allerdings können hier die Grundsätze des Anscheinsbeweises zur Anwendung kommen. Stürzt eine von einem Menschen gesteuerte Drohne ab, liegt es nahe, dass dieser Absturz entweder auf der Verwendung eines nicht ordnungsgemäßen Fluggerätes oder auf einer Fehlbedienung beruht. Für beides ist der Pilot verantwortlich. Bei dem Anspruch aus § 823 Abs. 1 BGB wird der Sorgfaltsmaßstab an den den Betrieb regelnden Vorschriften des LuftVG, insbes. § 43 Abs. 2 S. 1 LuftVG, orientiert.[27] Eine der straßenverkehrsrechtlichen Regelung des § 1 StVO entsprechende, das Verhalten der Verkehrsteilnehmer allgemein bestimmende Regelung sieht das LuftVG jedoch nicht vor.[28] 10

c) Einwirkung auf die Drohne. Dem Nachbar ist es regelmäßig nicht gestattet, auf die Drohne eines Anderen Einfluss zu nehmen. Hält er sich nicht daran, riskiert er Ersatzansprüche. Nimmt er im Wege der Selbsthilfe selbst Einfluss auf die Flugbahn einer ihm lästigen Drohne, kann er zum Leisten von Schadensersatz in Anspruch genommen werden. Die Drohne befindet sich im Eigentum eines Dritten, das nicht sanktionslos verletzt werden darf. Das folgt bereits aus § 823 Abs. 1 BGB, der die Ersatzpflicht nach einer Eigentumsverletzung begründet, und zwar unabhängig davon, ob die Drohne des Nachbarn nach ihrer Landung mit physischer Gewalt beschädigt oder auf die Flugbahn der Drohne mit technischen Mitteln derart eingewirkt wird, dass die Drohne abstürzt. Beschädigt ein Nachbar eine Drohne, verwirklicht er im Falle des vorsätzlichen Vorgehens zudem den Straftatbestand der Sachbeschädigung (§ 303 StGB). Daraus folgt dann eine zivilrechtliche Haftung aus § 823 Abs. 2 BGB. 11

5. DS-GVO

Mit Drohnen dürfen nicht uneingeschränkt Videoaufnahmen angefertigt werden. Erfassen sie (auch) andere Grundstücke, sind die Aufnahmen nicht wegen einer ausschließlich familiären Tätigkeit privilegiert, weil diese Privilegierung allein die ausschließlich familiäre Tätigkeit in der Freizeit und im Urlaub betrifft (Art. 2 Abs. 2 lit. c DS-GVO).[29] Jedoch setzt die Beobachtung gemäß § 6b BDSG Aufnahmen von einer gewissen Dauer voraus. Diese wird regelmäßig durch einmalige Flüge nicht erreicht.[30] Wird die Schwelle der Dauerhaftigkeit überschritten,[31] sind Videoaufnahmen mithilfe von Drohnenflügen nur zulässig, wenn einer der Zwecke des § 6b Abs. 1 BDSG die schutzwürdigen Interessen der Betroffenen überwiegt.[32] Art. 2 Abs. 1 DS-GVO erfasst jegliche ganz oder teilweise automatisiert erhobenen Daten.[33] Aus der Anwendung 12

---

25 Gemäß § 49 b LuftVG handelt es sich bei der Rechnungseinheit um ein Sonderziehungsrecht des Internationalen Währungsfonds, der nach einer vom Internationalen Währungsfonds angewandten Berechnungsmethode in Euro umgerechnet wird.
26 *Schaefer* VersR 2017, 850.
27 *Schaefer* DAR 2018, 70.
28 *Schaefer* VersR 2017, 854.
29 *Gola* in Gola DS-GVO Art. 2 Rn. 19.
30 *Uschkreit/Zdanowiecki* NJW 2016, 447.
31 Dazu: *Daum/Boesch* CR 2018, 64.
32 *Uschkreit/Zdanowiecki* NJW 2016, 448.
33 *Quad/Keilholz* NJW 2020, 273.

des Art. 2 DS-GVO folgt das Erfordernis einer Rechtsgrundlage für den dadurch begründeten Eingriff sowie das Beachten und Befolgen insbesondere der Informationspflichten aus Art. 13, 14 DS-GVO.[34]

IV. Rechte und Pflichten des Nachbarn

13 Der Grundstückseigentümer kann sich regelmäßig nicht erfolgreich dagegen wehren, dass sein Grundstücksnachbar von dessen Grundstück aus Drohnen startet und steuert. Unberechtigte Bildaufnahmen kann er jedoch verbieten.

1. Duldungspflicht

14 Das bloße Überfliegen seines Grundstücks mit Drohnen kann der Grundstückseigentümer regelmäßig nicht verhindern. Die Lufthoheit über seinem Grundstück steht ihm nicht zu. Zudem ist er beim Absturz einer Drohne möglicherweise sogar dazu verpflichtet, dem Nachbarn das Betreten seines Grundstücks zum Zwecke der Bergung einer auf einem Grundstück abgestürzten Drohne zu ermöglichen.

2. Unterlassungsanspruch entsprechend § 1004 Abs. 1 S. 2 BGB

15 Der Unterlassungsanspruch aus § 1004 Abs. 1 S. 2 BGB analog setzt voraus, dass in das Eigentum des Nachbarn anders als durch Entziehung oder Vorenthaltung eingegriffen worden ist.

16 **a) Eigentumsverletzung.** Das Überfliegen des Grundstücks stellt nach den Regelungen des BGB auch in der Luftsäule über dem Grundstück gemäß § 905 S. 1 BGB generell keine Eigentumsverletzung dar.[35] Die Rechtfertigung folgt aus § 1 Abs. 1 LuftVG, wonach die Nutzung des Luftraumes grundsätzlich frei ist. Bei in großer Höhe fliegenden Drohnen ist eine Eigentumsverletzung jedenfalls nach § 905 S. 2 BGB ausgeschlossen. Anderes gilt bei Bildaufnahmen. Der Bundesgerichtshof sieht inzwischen sogar in dem Fotografieren eines Grundstücks eine Eigentumsverletzung, sofern die Bilder unbefugt auf dem Grundstück gefertigt wurden. Da auch die Luftsäule zu dem Grundstück gehört, wird durch das Anfertigen von Bildaufnahmen durch Drohnen in dieser auch das Eigentumsrecht des Grundstückseigentümers verletzt.[36] Die Verletzung beruht darauf, dass dem Grundstückseigentümer eine vom Eigentumsrecht dann geschützte Verwertungsbefugnis an den Abbildungen seines Grundstücks und der aufstehenden Bauten zusteht, wenn er die Fotos nicht selbst dadurch ermöglicht, dass er dem Fotografen Zutritt zu seinem Grundstück verschafft.[37]

17 **b) Beeinträchtigungen.** Drohnen können den Nachbarn zunächst durch die entstehenden Flug- und Landegeräusche stören. Sind diese unzumutbar, steht dem Grundstückseigentümer ein Unterlassungsanspruch aus § 1004 Abs. 1 BGB zu. Die Geräusche können durch einen zu häufigen Betrieb der Drohne, aber auch durch deren Betreiben zur Unzeit begründet werden.

18 **c) Eingriff in das Persönlichkeitsrecht.** Drohnen können dafür vorgesehen werden, aus der Höhe Aufnahmen auch vom Nachbargrundstück und den sich auf diesem aufhaltenden Personen anzufertigen. Die Überwachung aus der Luft begründet einen Eingriff in das Allgemeine Persönlichkeitsrecht.[38] Daraus folgt schon wegen der drohenden Verletzung des Allgemeinen Persönlichkeitsrechts gemäß § 1004 Abs. 1 S. 2 BGB entsprechend iVm Art. 1 Abs. 1, 2 Abs. 2 GG ein Unterlassungsanspruch.[39] Dementsprechend kann etwa das Starten und Führen einer Foto- und Filmaufnahme aus der Luft ermöglichenden Drohne vom Nachbargrundstück erfolgreich mit einer Unterlassungsklage angegriffen werden.[40] Das Risiko der Beobachtung reicht hier aus.[41] Bereits das Anfertigen von Foto- und Filmaufnahmen kann eine Verletzung des

34 *Stöber* NJW 2020, 273.
35 AG Riesa Urt. v. 24.4.2019 – 9 Cs 926 Js 3044/19, MMR 2019, 548 (550); *Uschkreit/Zdanowiecki* NJW 2016, 448.
36 *Stellpflug/Hilpert* NVwZ 2017, 1493.
37 BGH Urt. v. 17.12.2010 – V ZR 45/10, NJW 2011, 749 (750).
38 AG Potsdam Urt. v. 16.4.2015 – 37 C 454/13, CR 2016, 314 (314); *Regenfuß* NZM 2011, 799; *Dorf* NJW 2006, 951.
39 *Uschkreit/Zdanowiecki* NJW 2016, 446; *Regenfuß*, NZM 2011, 799.
40 AG Potsdam Urt. v. 16.4.3015 – 37 C 454/13, CR 2016, 314 (314).
41 AG Riesa Urt. v. 24.4.2019 – 9 Cs 926 Js 3044/19, MMR 2019, 548 (550).

Allgemeinen Persönlichkeitsrechts begründen.[42] Grundsätzlich muss kein Grundstückseigentümer dulden, dass seine Privatsphäre mithilfe von Drohnen ausgespäht wird.[43] Die tatsächliche Verwendung der Drohnen für das Fertigen der Aufnahme muss nicht nachgewiesen werden. Maßgeblich ist die Intensität der Flüge. Anders als nur gelegentliche Flüge mit zufälligen Aufnahmen von anderen Grundstücken wird das regelmäßige Überfliegen von Grundstücken wegen des dadurch begründeten Gefühls der dauerhaften Beobachtung mit dem Allgemeinen Persönlichkeitsrecht nicht vereinbar sein.[44] Führt ein Nachbar Drohnenflüge durch, um sein eigenes Grundstück zu überwachen, und kann er nicht sicherstellen, dass die gefertigten Videoaufnahmen nicht auch Nachbargrundstücke und sich darauf aufhaltende Personen erfassen, greift er in das Allgemeine Persönlichkeitsrecht dieser Personen ein. Dieser Eingriff soll jedoch regelmäßig von nur geringer Intensität sein,[45] was allerdings angesichts der durch die Drohne verursachten Gefahren der unzumutbaren Überwachung nicht überzeugend ist. So wurde entschieden, dass der gesteuerte Überflug durch eine Flugdrohne, die Bilder anfertigt und in Echtzeit überträgt, das Persönlichkeitsrecht des betroffenen Grundstückseigentümers verletzt.[46] Maßgeblich ist, ob die an den Drohnen befindlichen Kameras so ausgerichtet sind, dass die Überwachung ernsthaft zu befürchten ist. Eine lediglich hypothetische Möglichkeit der Überwachung begründet noch keine Verletzung des Allgemeinen Persönlichkeitsrechts.[47] Ob dieser Eingriff in das Eigentumsrecht sowie in das Allgemeine Persönlichkeitsrecht einen Abschuss der Drohne rechtfertigt,[48] ist angesichts der Verhältnismäßigkeitsprüfung und der Verpflichtung zur Suche nach milderen Mitteln zumindest zweifelhaft.

d) Verstoß gegen das KunstUrhG. Es ist gemäß § 22 KunstUrhG verboten, Bilder einer erkennbaren Person ohne deren Einwilligung zu verbreiten oder öffentlich zur Schau zu stellen. Dafür ist es – auch bei Luftaufnahmen – ausschlaggebend, dass die Person als solche auf dem Bild erkennbar ist.[49] 19

e) Verantwortlicher. Die Nutzer und Betreiber von Drohnen sind sowohl Handlungs-, als auch Zustandsverantwortliche. 20

f) Rechtsfolge. Der Unterlassungsanspruch ist darauf gerichtet, dass die Drohne, selbst wenn deren Überflug nicht verhindert werden kann, keine Luftaufnahmen des Grundstücks fertigt.[50] Das ist in dem das Unterlassungsbegehren umsetzenden Klageantrag so zu formulieren. 21

V. Prozessuales

Verweigert der Grundstückseigentümer den Zutritt zu seinem Grundstück, ohne die auf diesem befindliche Drohne selbst in Besitz zu nehmen, muss er von dem Inhaber der Drohne auf das Dulden des Aufsuchens des Grundstücks und des Wegschaffens des Gegenstandes verklagt werden. Vollstreckt wird ein dadurch erzielter Titel nach §§ 890, 892 ZPO.[51] Nimmt der Grundstückseigentümer die Drohne in seinen Besitz, ist gegen ihn eine Herausgabeklage nach § 985 BGB zu erheben. Ist eine solche Klage rechtshängig, schuldet der Nachbar gemäß § 987 BGB Nutzungsersatz für die gezogenen oder pflichtwidrig nicht gezogenen Nutzungen und haftet bei einer Verschlechterung aus § 989 BGB auf Schadensersatz. 22

42 *Solmecke/Nowak* MMR 2014, 434.
43 *Grosskopf* CR 2014, 761.
44 *Regenfuß* NZM 2011, 801.
45 *Daum/Boesch* CR 2018, 65.
46 AG Potsdam Urt. v. 16.4.3015 – 37 C 454/13, CR 2016, 314 (314).
47 BGH Urt. v. 21.10.2011 – V ZR 265/10, NJW-RR 2012, 140 (141); BGH Urt. v. 16.3.2010 – VI ZR 176/09, NJW 2010, 1533 (1534).
48 So: AG Riesa Urt. v. 24.4.2019 – 9 Cs 926 Js 3044/19, MMR 2019, 548 (550 f.).
49 *Schmid* K&R 2015, 218.
50 *Regenfuß* NZM 2011, 800.
51 *Gutzeit* in Staudinger BGB § 867 Rn. 13.

30. Dunstabzugshaube

Klose

Literatur: *Blank*, Umwelt- und Umfeldmängel, MDR 2015, 1114; *Lüneborg*, Nachbarrechtlicher Ausgleichsanspruch nur bei „grenzüberschreitender" Immission?, NJW 2012, 3745.

I. Einführung

1 Das Zubereiten warmer Speisen ohne das Entstehen von Gerüchen und Fetten ist nicht möglich, Küchengerüche lassen sich auch außerhalb der Küche nicht gänzlich vermeiden.[1] Diese können durch ein geöffnetes Fenster ebenso abgleitet werden, wie über eine Dunstabzugshaube. Gelangen sie auf das Nachbargrundstück, stellt sich für dessen Eigentümer die Frage, ob und in welchem Umfang er dagegen sowie gegen Dunstabzugsvorrichtungen, die die Gerüche und Fette zudem kanalisiert zu seinem Grundstück ableiten, vorgehen kann. Das betrifft den Einbau einer Dunstabzugshaube ebenso wie deren Betrieb, wenn diese, etwa wegen einer Beschädigung oder des Unterlassens des erforderlichen Wechsels des Filters, nicht mehr ordnungsgemäß arbeitet.[2]

II. Funktion und (Rechts-) Natur der Dunstabzugshaube

2 Ob von dem Einbau oder dem Betrieb einer Dunstabzugshaube nachbarschaftliche Konflikte drohen, hängt wesentlich davon ab, wie diese Abluftanlage ausgestaltet ist.

1. Die tatsächliche Ausgestaltung

3 Eine in der Fachsprache auch als „Wrasenabzug"[3] bezeichnete, als Abluftanlage betriebene Dunstabzugshaube sammelt über einer Kochstelle Fette und Abluft und führt diese über einen Fettfilter nach draußen. Daneben gibt es auch Umluftabzugshauben. Diese leiten die Dämpfe über Fett- und Geruchsfilter und die gereinigte Luft wieder in die Räume zurück. Da durch diese Technik weder das Nachbargrundstück noch eine benachbarte Wohnung beeinträchtigt werden kann, ist sie nachbarrechtlich unbedenklich, sofern ihre geräuscharme ordnungsgemäße Funktion gesichert ist. Besteht, wie bei Abluftanlagen, eine Verbindung nach draußen, kann die Austrittsstelle optisch stören und können das Gebläse zu laut und die austretenden Fette und Gerüche störend sein.

2. Rechtliche Einordnung

4 Dunstabzugshauben dürften von vornherein nicht betrieben werden, wenn sie durch ihr Abluftrohr vermittelt als besondere Leitung im Sinne des § 906 Abs. 3 BGB unzulässig sind. Hierzu ist die tatsächliche Ausgestaltung der Abluftanlage ebenso zu beachten, wie ihre örtliche Einbindung. Maßgeblich kommt es für

1 OLG Frankfurt Beschl. v. 10.4.2008 – 20 W 119/06, juris Rn. 57.

2 OLG München Beschl. v. 4.7.2005 – 32 Wx 43/05, juris Rn. 11.

3 Hierbei handelt es sich um kondensierenden Wasserdampf, der als Nebel sichtbar ist.

die Einordnung darauf an, ob das Abluftrohr dazu errichtet und bestimmt ist, die hindurchströmenden Stoffe und Gase gezielt auf das Nachbargrundstück zu lenken. Das Abluftrohr muss zwar nicht an die Grundstücksgrenze reichen, aber zu einem zweckgerichteten Eindringen der Immissionen auf das Nachbargrundstück führen. Das wiederum ist von der Bauart abhängig. Ist diese so ausgestaltet, dass die Dämpfe allein auf das Nachbargrundstück eindringen können, diese also zielgerichtet auf dieses geleitet werden, liegt eine Leitung im Sinne des § 906 Abs. 3 BGB vor.[4] Bei einer Dunstabzugshaube kann das anzunehmen sein, wenn die Essensgerüche und Dämpfe konzentriert dem fremden Eigentum zugeleitet werden.[5] Allerdings wird diese Voraussetzung bei Wohnhäusern praktisch nur dann erfüllt sein, wenn eine (einseitige) Grenzbebauung vorliegt. Befindet sich die Küche und damit auch das Abluftrohr in der durch die notwendige Abstandsfläche bestimmten Entfernung zur Grundstücksgrenze, wird ein konzentriertes Leiten der Gase und Dämpfe auf das Nachbargrundstück regelmäßig schon technisch ausscheiden.

III. Zulässigkeit der Dunstabzugshaube

Der Betrieb einer Dunstabzugshaube kann für den privaten Hausgebrauch, aber auch gewerblich begründet sein. Ob dieser Gebrauch jeweils zulässig ist, kann sich ebenso nach den Maßstäben des öffentlichen Rechts richten, wie nach denjenigen des BGB oder des WEG. 5

1. Private Nutzung

Bei der privaten, wie auch bei der gewerblichen Nutzung kann eine Dunstabzugshaube durch die ausgetretenen Fette und Gerüche sowie durch den von ihr verursachten Lärm belästigend wirken. 6

a) Gerüche. Für den Grundstücksnachbar entwickelt eine Dunstabzugsanlage vor allem dann eine Belastung, wenn durch sie belästigende Gerüche oder Dämpfe austreten und ihn bei der Nutzung seines Grundstücks stören. Auch wenn durch die Verwendung einer Dunstabzugshaube mit geeigneten Filtern Küchengerüche vermindert werden können, kann der Austritt deutlich wahrnehmbarer Küchengerüche nicht umfassend verhindert werden. Da diese als „Dämpfe und Gerüche" Imponderabilien im Sinne von § 906 Abs. 1 S. 1 BGB sind, müssen sie hingenommen werden, so lange sie die Benutzung des Grundstücks nicht oder nur unwesentlich beeinträchtigen. Bei der Einschätzung der Wesentlichkeit kommt es auf das Empfinden eines Durchschnittsmenschen an.[6] Diese Schwelle wird im Regelfall bei privat genutzten Küchen und Dampfabzugshauben nicht überschritten. Eine Küche mit einer Dunstabzugshaube gehört üblicherweise zu einem normalen Haushalt und ist damit auch in reinen Wohngebieten ortsüblich.[7] Der Betrieb der Dunstabzugshaube für eine warme Mahlzeit am Tag beruht auf einer ortsüblichen Benutzung des Grundstücks und begründet nur eine unwesentliche Beeinträchtigung des Nachbargrundstücks.[8] 7

b) Lärmbeeinträchtigung. Der Motor der Abluftanlage sowie das Klappern der Lamellen über dem Austrittsschacht können zu einer Lärmbeeinträchtigung führen, die unzumutbar ist. Innerhalb einer Wohnungseigentümergemeinschaft (im Folgenden: WEG) kommt es insoweit auch auf den Inhalt der Vereinbarung der Wohnungseigentümer an. Erst wenn sich daraus nichts konkret Anderes ergibt, ist auf die konkreten Umstände und die nach der Verkehrsauffassung üblicherweise zu erwartende Beschaffenheit abzustellen.[9] Im Hinblick auf den Lärmschutz kann hierfür auch auf die DIN 4109 zurückgegriffen werden.[10] Für Gerü- 8

4 OLG Stuttgart Urt. v. 12.10.2016 – 3 U 60/13, MDR 2016, 331 (332).
5 BayObLG Beschl. v. 12.8.2004 – 2Z BR 148/04, NJW-RR 2005, 385 (386) = NZM 2005, 69 (69).
6 BGH Urt. v. 18.6.1958 – V ZR 49/57, NJW 1958, 1393 (1393).
7 AG Meldorf Urt. v. 24.6.1998, 31 C 1038/98, NJW-RR 1999, 601 (602).
8 AG Meldorf Urt. v. 24.6.1998, 31 C 1038/98, NJW-RR 1999, 601 (602).
9 BayObLG Beschl. v. 12.4.2000 – 2 Z BR 151/99, 387 (388) = NJW-RR 2001, 156 (157) = NZM 2001, 387 (388).
10 BGH Urt. v. 1.6.2012 – V ZR 195/11, NJW 2012, 2725 (2725).

che kann außerhalb der TA Luft auch die Geruchsimmissions-Richtlinie[11] als antizipiertes Sachverständigengutachten ohne den Charakter einer Rechtsquelle[12] herangezogen werden.[13]

2. Gewerbliche Nutzung

9 Anders als die Küchenabluft eines üblichen Haushalts kann diejenige einer Gaststätte das zumutbare Maß überschreiten. Übersteigen die abgeleiteten Gerüche und Fette das Maß des Ortsüblichen, wird dadurch eine Beeinträchtigung begründet.[14] Gleiches kann gelten, wenn auf dem Nachbargrundstück eine Bäckerei mit Backbetrieb unterhalten wird, die ihre Abluft durch ein Rohr in Richtung des Nachbargrundstücks leitet.[15] Hier kommt dem konkreten Gebiet eine besondere Bedeutung zu.[16] Maßgeblich ist, ob vergleichbare Einwirkungen auch von anderen Grundstücken in der Umgebung ausgehen.[17] Während in Gewerbe- und Mischgebieten auch mit der Abluft aus Gaststätten gerechnet werden muss, ist diese in reinen und allgemeinen Wohngebieten unzumutbar. Maßgeblich sind hier aber auch die konkreten räumlichen Umstände, insbesondere die höhenmäßige Einordnung des Austritts der Dunstabzugshaube, der Ort an dem die Gerüche vor allem wahrzunehmen sind, sowie die Windverhältnisse und die Nutzung der weiteren Grundstücke in der näheren Umgebung. Nicht ortsüblich ist eine Geruchsbeeinträchtigung, wenn sie von dem einzigen Betrieb in der Umgebung stammen.[18]

IV. Rechtsfolgen einer Eigentumsbeeinträchtigung

10 Werden die Rechte des Nachbarn durch den Betrieb einer Dunstabzugshaube beeinträchtigt, kann er aus § 1004 Abs. 1 BGB das Unterlassen dieser Beeinträchtigung oder gemäß § 906 Abs. 2 S. 2 BGB einen Geldausgleich verlangen.

1. Abwehranspruch aus §§ 1004 Abs. 1, 906 BGB

11 Wird die Zumutbarkeitsschwelle durch die aus der Dunstabzugshaube austretenden Dämpfe, Gerüche und Geräusche überschritten, kann der Betroffene eine Unterlassungsanspruch aus §§ 1004 Abs. 1, 906 BGB verfolgen.[19] Durch die Regelung des § 906 BGB sind die Nachbarn zwar beiderseits gleichermaßen berechtigt, Gerüche abzuleiten, aber auch dazu verpflichtet, dies auf ein für den Nachbarn zumutbares Maß zu beschränken. Die Notwendigkeit, auch Küchengerüche von einem Grundstück ableiten zu dürfen, folgt schon daraus, dass sonst eine sinnvolle Nutzung des Grundstücks ausgeschlossen wäre. Die Beeinträchtigung des Nachbargrundstücks kann durch den Betrieb einer Dunstabzugshaube ebenso vermindert, wie, abhängig von der Richtung der Abluft und des Wartungszustandes, erhöht werden. Auch wenn das Entstehen von Gerüchen oft nicht vermieden werden kann, ist der Grundstücksnachbar nicht immer verpflichtet, den Übertritt von Gerüchen (entschädigungslos) hinzunehmen. Ein Nachbar muss die Gerüche und den Dampf der Dunstabzugshaube hinnehmen, wenn diese ihn nur unwesentlich beeinträchtigen. Dabei kommt es nicht darauf an, ob die Dunstabzugsanlagen ihrerseits zulässig sind. Eine Unzumutbarkeit kann sich daraus ergeben, dass während des Betriebes der Dunstabzugsanlage der Aufenthalt im Garten oder das längere Lüften eines Zimmers wegen des Geruchs nicht mehr angemessen möglich ist.[20] Die Belastung selbst kann auch in

11 Feststellung und Beurteilung von Geruchsimmissionen (Geruchsimmissions-Richtlinie – GIRL) vom 13.5.1998.

12 BVerwG Beschl. v. 8.5.2015 – 4 BN 28/15, ZfBR 2015, 800 (Ls.); VG Regensburg, Urt. v. 14.5.2019 – RN 6 K 17.2047, juris Rn. 104.

13 BGH Urt. v. 21.6.2001 – III ZR 313/99, NJW 2001, 3054 (3055); OLG Karlsruhe Urt. v. 9.5.2001 – 6 U 223/00, NJW-RR 2001, 1236 (1237).

14 BGH Urt. v. 20.11.1993, NJW 1993, 925, 929; AG Brandenburg Urt. v. 20.10.2003 – 32 538/01, Grundeigentum 2004 55 (55); OLG Celle Urt. v. 9.12.1988 – 4 U 130/87, NJW-RR 1989, 783 (284).

15 OLG Karlsruhe Urt. v. 9.5.2001 – 6 U 223/00, NJW-RR 2001, 1236 (1237).

16 BGH Urt. v. 18.6.1958 – V ZR 49/57, NJW 1958, 1393 (1393).

17 BGH Urt. v. 15.4.1959 – V ZR 3/58, NJW 1959, 1807 (1808).

18 BGH Urt. v. 19.2.1976 – III ZR 13/74, NJW 1976, 1204 (1205).

19 BGH Urt. v. 4.12.1970 – V ZR 79/68, WM 1971, 278 (279); OLG Düsseldorf Urt. v. 11.5.1977 – 9 U 183/75, MDR 1977, 931 (931); BayObLG Beschl. v. 12.8.2004 – 2Z BR 148/04, NJW-RR 2005, 385 (385) – innerhalb der WEG.

20 BGH Urt. v. 4.12.1970 – V ZR 79/68, WM 1971, 278 (280).

der konkreten baulichen Situation und der Lage der Grundstücke begründet sein.[21] Dieser Anspruch kann auch auf eine Wartung der Dunstabzugshaube gerichtet sein, wenn die durch diese verursachte Belästigung erst durch einen Wartungsrückstand, etwa durch einen defekten Fettfilter, hervorgerufen wird.

2. Geldausgleich nach § 906 Abs. 2 S. 1 BGB

12 Auch eine wesentliche Beeinträchtigung muss der Nachbar gemäß § 906 Abs. 2 S. 1 BGB hinnehmen, wenn diese durch eine ortsübliche Benutzung des Grundstücks herbeigeführt und durch dem Benutzer zumutbare Maßnahmen nicht verhindert werden kann. Nach § 906 Abs. 2 S. 1 BGB kann der Grundstückseigentümer wegen Geruchsimmissionen, die er hinnehmen muss und die durch wirtschaftlich zumutbare Maßnahmen nicht verhindert werden können, einen Geldausgleich durchsetzen.[22] Dies folgt bereits aus § 906 Abs. 1 BGB, wonach der Eigentümer eines Grundstückes die Zuführung von Immissionen, die die Benutzung seines Grundstücks nur unwesentlich beeinträchtigen, nicht verbieten kann. Der Höhe nach dient er der Kompensation des nicht erfolgten Schutzes nach §§ 1004 Abs. 1, 862 BGB und knüpft dementsprechend an die Störung des Eigentums oder des Besitzes an. Die in diesen Rechtspositionen gestörten vermögenswerten Positionen sind zu entschädigen.[23] Die Kompensation kann etwa auf der Grundlage entgangener Mieten berechnet werden.[24] Auch dann, wenn die Außenwand durch einen übermäßigen Fettanfall vorzeitig saniert werden muss, kann ein Anspruch auf Geldausgleich bestehen.

V. WEG

13 Auch innerhalb der WEG sind dieselben nachbarlichen Konflikte zu bewältigen wie bei Grundstücksnachbarn. Allerdings liegen die Wohneinheiten typischerweise näher beieinander als benachbart liegende Einfamilienhäuser. Inwieweit die Abluft stört, hängt auch von der verwandten Technik ab. In Mehrfamilienhäusern kann die Küchenabluft aus mehreren Wohnungen über einen gemeinsamen Luftschacht abgeleitet werden. Sind die Anlagen mit funktionsfähigen Rückstauklappen versehen, kann dadurch das konfliktträchtige Eindringen von Gerüchen in andere Wohnungen vermieden werden. Sie ermöglichen gerade im Bereich des Sondereigentums eine, die Beeinträchtigung der anderen Miteigentümer verringernde Zubereitung von Nahrungsmitteln.[25] Eine Beeinträchtigung kann aber dann begründet werden, wenn jede Wohneinheit ihre Abluft isoliert nach außen ableitet.

1. Beeinträchtigung

14 Die Sondereigentümer einer WEG können sich bei Geruchsbelästigungen nicht unmittelbar auf § 906 BGB berufen.[26] Dämpfe und Gerüche sind jedoch Beeinträchtigungen im Sinne des 14 Abs. 2 Nr. 1 WEG, so dass ein Abwehranspruch bestehen kann, wenn dieser über das unvermeidliche Maß hinausgeht. Bei der Frage, ob Unterlassungsansprüche bestehen, können aus § 906 BGB Anhaltspunkte für die Zulässigkeit und Unzulässigkeit von Einwirkungen abgeleitet werden.[27] Wechselseitige Ansprüche haben auch Bruchteilseigentümer untereinander, wenn sie im Innenverhältnis bestimmte Teilflächen zu ihrer eigenen Nutzung erhalten haben.[28] Innerhalb einer WEG besteht gemäß 14 Abs. 1 Nr. 2, Abs. 2 Nr. 1 WEG die Verpflichtung, das Ausmaß der Störung der Miteigentümer auf das Zumutbare zu beschränken. Den Miteigentümern darf über das bei einem geordneten Gebrauch unvermeidliche Maß hinaus kein Nachteil entstehen. Maßgeblich

21 BGH Urt. v. 4.12.1970 – V ZR 79/68, WM 1971, 278 (279).
22 BGH Urt. v. 29.3.1984 – III ZR 11/83, NJW 1984, 1876 (1876).
23 BGH Urt. v. 1.2.2008 – V ZR 47/07, NJW 2009, 992 (993).
24 BGH Urt. v. 29.3.1984 – III ZR 11/83, NJW 1984, 1876 (1878).
25 AG Neuss Urt. v. 20.12.2017 – 91 C 150/17, juris Rn. 27; OLG Düsseldorf Beschl. v. 6.5.2008 – 3 Wx 162/07, NJW 2008, 2194 (2196); OLG Düsseldorf Beschl. v. 6.5.2008 – 3 Wx 162/07, NJW 2008, 2194 (2196).
26 BGH Urt. v. 12.5.2010 – V ZR 10/10, ZWE 2010, 327 (329) – für eine durch einen Mangel des Gemeinschaftseigentums begründete Beeinträchtigung, des Sondereigentums; BGH Versäumnisurt. v. 10.2.2012 – V ZR 137/11, NJW 2012, 243 (243) – Beeinträchtigung innerhalb der Bruchteilseigentümer.
27 BayObLG Beschl. v. 12.8.2004 – 2Z BR 148/04, NJW-RR 2005, 385 (386) = NZM 2005, 69 (69); OLG München Beschl. v. 4.7.2005 – 32 Wx 43/05, juris Rn. 11.
28 BGH Urt. v. 25.10.2013 – V ZR 230/12, NJW 2014, 458 (459).

ist immer eine Betrachtung des Einzelfalls. Ganz geringfügige objektive Beeinträchtigungen begründen noch keinen Nachteil. Die Schwelle der Erheblichkeit wird bei Beeinträchtigungen überschritten, durch die sich nach der Verkehrsanschauung ein Wohnungseigentümer in einer entsprechenden Lage beeinträchtigt fühlen könnte. Das kann zu der Verpflichtung führen, zur Vermeidung zu konzentrierter Küchengerüche statt des geöffneten Fensters eine Dunstabzugshaube einzubauen.[29]

15 **a) Geruchsbeeinträchtigungen.** Geruchsbelästigungen können Nachteile im Sinne von § 14 Abs. 1 WEG begründen.[30] Der Betrieb einer Dunstabzugshaube beeinträchtigt im Regelfall den anderen Eigentümer nicht unangemessen. Für die Angemessenheit ist nicht auf den konkreten Nachbarn, sondern auf einen verständigen, normalen Durchschnittsmenschen abzustellen.[31] Ein Dunstabzug kann in einer WEG mangelhaft errichtet sein, wenn er so ausgerichtet ist, dass er, unabhängig von dem individuellen Kochverhalten der Nutzer, in einer Nachbarwohnung zu einer unzumutbaren Geruchsbeeinträchtigung führt; das gezielte Zuleiten von Imponderabilien kann eine wesentliche Beeinträchtigung darstellen.[32] Maßgeblich ist hier neben der Intensität auch der konkrete Ort, an dem die Belästigung auftritt. So ist etwa das Schlafzimmer besonders schutzbedürftig, so dass vermeidbar auf dieses gerichtete Gerüche gegen das Gebot der wechselseitigen Rücksichtnahme verstoßen können.[33]

16 **b) Bauliche Veränderungen.** Wird der Abluftschacht für eine Dunstabzugshaube nachträglich in die Außenwand eingebracht, ist dadurch regelmäßig auch das Gemeinschaftseigentum beeinträchtigt.[34] Aus diesem Grund bedarf der nachträgliche Einbau eines Mauerdurchbruchs für den Einbau einer Dunstabzugshaube der Zustimmung der Miteigentümer.[35] Diese Beeinträchtigung wird jedoch regelmäßig nicht übermäßig sein. Angesichts der nur geringen Größe der erforderlichen Maueröffnung sind statische Probleme regelmäßig nicht zu erwarten. Wird die Abluft fachgerecht gefiltert durch die Lamellen nach außen geleitet, ist auch keine Verletzung der Außenwand zu besorgen, zumal die Fette weitgehend in dem Filter gebunden werden. Optische Beeinträchtigungen können dadurch verhindert werden, dass die Austrittsöffnung optisch der Fassade weitestmöglich angeglichen wird.

2. Gewerbliche Nutzung

17 Besonders häufig können Störungen auftreten, wenn in der Nachbarschaft ein Lokal, ein Schnellimbiss oder eine Pizzeria betrieben wird, deren Abluft durch eine Dunstabzugshaube in den eigenen Wohnbereich geleitet wird. Der Einbau einer Entlüftung durch ein Küchenfenster für die Küche einer Gaststätte kann die Miteigentümer schon deshalb im Sinne des § 22 Abs. 1 S. 1 WEG, § 14 Nr. 1 WEG beeinträchtigen, weil die latente Gefahr besteht, dass die Geruchbelästigung durch nicht rechtzeitig vorgenommene Wechsel des Filters ansteigt.[36] Ein Unterlassungsanspruch gegen von einer anderen Gaststätte ausgehende Geruchsbeeinträchtigungen kann begründet sein, wenn die Geruchsbeeinträchtigung diejenigen übersteigen, die im Falle des Betreibens einer vorgesehenen Gaststätte entstanden sind.[37] Innerhalb einer WEG können die Miteigentümer verlangen, dass von den im Sondereigentum stehenden Gebäudeteilen nicht in einer Weise Gebrauch gemacht wird, deren Art weder dem Gesetz noch den getroffenen Vereinbarungen oder Beschlüssen zu entnehmen ist. Wird dagegen verstoßen, besteht ein Abwehranspruch aus § 1004 BGB.[38] Sieht die Teilungserklärung einen Laden vor, kann zu dessen Betrieb auch das Zubereiten von Speisen gehören, so-

29 OLG Köln Beschl. v. 12.5.1997 – 16 Wx 67/97, NJW-RR 1998, 83 (83); BayObLG Beschl. v. 12.4.2000 – 2 Z BR 151/99, 387 (388) = NJW-RR 2001, 156, 157 = NZM 2001, 387 (388).

30 BayObLG Beschl. v. 12.4.2000 – 2 Z BR 151/99, NJW-RR 2001, 156, 157 = NZM 2001, 387 (388).

31 BGH Urt. v. 20.11.1992 – V ZR 82/91, NJW 1993, 925 (929); AG Brandenburg Urt. v. 20.10.2003 – 32 538/01, juris Rn. 28, Grundeigentum 2004, 55 (55).

32 BayObLG Beschl. v. 12.8.2004 – 2Z BR 148/04 NJW-RR 2005, 385 (386) = NZM 2005, 69 (69).

33 BayObLG Beschl. v. 20.3.2002 – 2Z BR 16/02, NZM 2002, 533 (533).

34 BGH Urt. v. 7.2.2014 – V ZR 25/13, NZM 2014, 245 (246).

35 LG Itzehoe Urt. v. 10.4.2018, 11 S 129/15, ZMR 2018, 628 (629); vgl. AG Philippsburg Urt. v. 19.1.2018 – 1 C 167/17, ZMR 2018, 545 (547).

36 OLG Köln Beschl. v. 28.1.2000 – 16 Wx 189/99, NZM 2000, 297.

37 OLG Düsseldorf Beschl. v. 6.5.2008 – 3 Wx 162/07, NJW 2008, 2194 (2196).

38 OLG Hamburg Beschl. v. 6.5.2003 – 2 Wx 44/00, OLGR Hamburg 2004, 113 (114).

fern der Küchenaufwand dafür gering ist.[39] Wurde der Betrieb eines Cafés in die Teilungserklärung aufgenommen, ist davon der Betrieb eines Speiselokals nicht erfasst.[40] Umgekehrt kann wegen der dadurch möglichweise begründeten Konflikte auch die Nutzung von als Gewerberäumen gewidmeten Räumen als Wohnräume wegen der zu erwartenden Küchengerüche unzulässig sein.[41]

3. Unterlassungsanspruch

Auch innerhalb der WEG kann sich aus der Verletzung bauordnungsrechtlicher Vorschriften im Gemeinschaftsverhältnis der Wohnungseigentümer ergeben, dass eine gegen das öffentliche Baurecht verstoßende Abluftanlage zu einem Unterlassungsanspruch aus § 1004 BGB, § 15 Abs. 3 WEG führt.[42] Sondereigentümer können das Unterlassen von künftigen Geruchs- und Geräuschimmissionen aus § 1004 Abs. 1 BGB verlangen, wenn die Geräusche und der Gestank unzumutbar sind.[43] Wird durch eine Dunstabzugshaube oder dadurch, dass Küchendünste ungefiltert in das im Gemeinschaftseigentum stehende Treppenhaus abgeleitet werden, die Nutzbarkeit des Sondereigentums unangemessen beeinträchtigt, kann das einen Unterlassungsanspruch aus §§ 1004 Abs. 1 BGB, 14 Abs. 1 Nr. 1 WEG begründen, wenn den anderen Eigentümern dadurch ein über das bei einem geordneten Zusammenleben unvermeidliche Maß hinausgehender Nachteil zugefügt wird.[44] Der Anspruch richtet sich gegen den Eigentümer des Nachbargrundstücks. In die Abwägung ist auch einzustellen, dass nicht von vornherein unterstellt werden kann, eine Dunstabzugshaube werde pflichtgemäß regelmäßig gewartet, insbesondere der Filter erneuert.[45] 18

VI. Mietrecht

Auch der Mieter kann sich gegenüber seinem Vermieter nicht auf § 906 BGB berufen. Vielmehr ist die Miete bei unzumutbaren Gerüchen gemindert (§ 566 BGB). Soll nachträglich eine Abluftanlage in die Küche von Mieträumen eingebaut werden, bedarf dies jedenfalls dann der Erlaubnis des Vermieters, wenn dafür, etwa durch einen Mauerdurchbruch für den Abluftschacht, in die Außenhaut des Mietobjektes eingegriffen wird. Der Vermieter kann aber auch ein Interesse daran haben, dass die Küchenabluft geordnet und gefiltert abgeleitet wird, wenn sich dadurch die tatsächliche Situation in einer Weise verbessert, dass Mietminderungsbegehren anderer Mieter nicht mehr zu erwarten sind. Sind auch unvermeidbare Küchengerüche selbst dann hinzunehmen, wenn unübliche Gewürze verwendet werden,[46] so dass eine Mietminderung ausscheidet,[47] können in die Wohnung mit hoher Intensität eindringende[48] Küchengerüche, mit denen bei Abschluss des Mietvertrages nicht gerechnet werden musste, zur Mietminderung führen.[49] Dafür müssen sie über das sozialverträgliche Maß hinausgehen.[50] 19

VII. Beschädigung des Nachbargrundstücks durch einen Fehler der Dunstabzugshaube

Wie von jedem elektrischen Gerät gerade im Küchenbereich gehen auch von einer Dunstabzugshaube Gefahren aus. Diese werden nicht zuletzt dadurch begründet, dass sie elektrisch betrieben wird. Defekte können zu einem Brand führen, der sich auch auf benachbarte Häuser oder Wohnungen negativ auswirkt. Für dadurch entstandene Schäden kann Schadensersatz ebenso geschuldet sein, wie ein (verschuldensunabhängiger) Entschädigungsanspruch. 20

39 OLG Hamburg Beschl. v. 6.5.2003 – 2 Wx 44/00, OLGR Hamburg 2004, 113 (114).
40 BayObLG Beschl. v. 28.9.2000 – 2Z BR 55/00, NZM 2001, 763 (764).
41 BGH Urt. v. 23.3.2018 – V ZR 307/16, NJW-RR 2018, 1227 (1228).
42 OLG Hamm Beschl. v. 9.1.2009 – 15 Wx 142/08, OLG Report 2009, 343 (344).
43 OLG Koblenz Urt. v. 28.11.1979 – 1 U 62/97, MDR 1980, 578 (579).
44 OLG Düsseldorf Beschl. v. 16.5.2003 – 3 Wx 98/03, NJW-RR 2003, 1098 (1099).
45 OLG München Beschl. v. 4.7.2005 – 32 Wx 43/05, juris Rn. 11.
46 AG Lünen Urt. v. 16.12.1987 – Zw 14bC 182/86, DWW 1988, 283 (283).
47 *Blank* MDR 2015, 1118.
48 Für ein Eindringen durch den Küchenboden: AG Tiergarten Urt. v. 4.4.1990 – 4 C 550/88, juris (Ls.).
49 AG München Urt. v. 25.6.2010 – 412 C 25702/09, juris Rn. 52.
50 LG Essen Urt. v. 23.9.1999 – 10 S 491/98, ZMR 2000 302 (302).

1. Schadensersatz

21 Eine Haftung des Nachbarn auf Schadensersatz setzt sowohl bei vertraglichen als auch bei deliktischen Ansprüchen dessen Verschulden voraus. Führt ein technischer Defekt der Dampfabzugshaube zu einer Beschädigung des Nachbargrundstücks, muss dem Eigentümer konkret nachgewiesen werden, dass dieser auf einer Fehlbedienung oder einer pflichtwidrig unterlassenen Überwachungs- und Kontrollmaßnahme beruhte. Dieses Verschulden wird regelmäßig nicht zu beweisen sein. Insbesondere gilt dies für das Behaupten eines pflichtwidrigen Unterlassens. Gegenüber dem Nachbarn trifft den Eigentümer nämlich keine Pflicht, Elektroleitungen anlasslos zu kontrollieren.[51]

2. Entschädigungsanspruch analog § 906 Abs. 2 BGB

22 Davon unberührt bleibt jedoch die verschuldensunabhängige Haftung entsprechend § 906 Abs. 2 S. 2 BGB.[52] Der Eigentümer eines Grundstücks, das infolge des Defektes eines technischen Gerätes in Brand gerät, ist für die Beeinträchtigung verantwortlich und damit Verpflichteter des nachbarrechtlichen Ausgleichanspruchs.[53] Diese Verpflichtung besteht auch dann, wenn ein Handwerker bei Reparaturarbeiten an den Elektroanlagen einen Brand herbeiführt.[54] Gleiches kann für die Beeinträchtigung durch Qualm aus einem Ofen gelten.[55]

VIII. Öffentliches Recht

23 Bei der privaten Nutzung einer Dunstabzugshaube stellt sich regelmäßig bei der Erteilung der Baugenehmigung kein Problem. Auch wenn deren Errichtungsort durch den geplanten Standort des Herdes vorhersehbar ist, bedarf es keiner Baugenehmigung für eine Dunstabzugsanlage. Wird die Anlage, was im Hinblick auf die Interessen der Nachbarn regelmäßig günstig ist, an einen bestehenden Kamin oder sonstigen Luftschacht angebunden, muss dies jedoch mit den Regelungen der Feuerungsverordnung des jeweiligen Bundeslandes abgeglichen werden. Wird die Abluft unmittelbar nach außen geleitet, ist bei Brandwänden dafür Sorge zu tragen, dass der Austritt selbst feuerbeständig ausgeführt ist.

24 Wird ein Gewerbe genehmigt, das, wie etwa im Fall von Gaststätten oder Bäckereien, typischerweise auch den Betrieb einer Dunstabzugshaube erfordert, können Nachbarn die Baugenehmigung dagegen erfolgreich angreifen, wenn diese rechtswidrig ist und den Nachbar in seinen Rechten verletzt, die Rechtswidrigkeit also auf der Verletzung einer Norm beruht, die auch dem Schutz des Nachbarn zu dienen bestimmt ist.[56] Zu diesen Rechten gehört das Gebot der Rücksichtnahme, das gerade darauf abzielt, Spannungen und Störungen zwischen den Grundstücksnutzern zu vermeiden. Im Einzelfall kommt es jeweils auf die jeweiligen Umstände an.[57] Da die TA Luft für schädliche Umwelteinwirkungen durch Gerüche keine Regelung trifft, ist für Geruchsimmissionen der Rückgriff auf die Geruchsimmissionsrichtlinie als Orientierungshilfe zulässig.[58] Regelt die Baugenehmigung die zulässigen Geruchsimmissionen nicht hinreichend deutlich, kann dadurch eine Rechtsverletzung des Nachbarn begründet sein.[59]

25 Dunstabzugshauben aus landwirtschaftlichen Betrieben dienen gerade dazu, Abluft nach außen zu bringen. Dies kann, insbesondere dann, wenn die Abluft aus Stallungen kommen, zu einer Geruchsbeeinträchtigung führen. In festgesetzten Dorfgebieten sind landwirtschaftliche Anlagen gemäß § 5 Abs. 2 Nr. 1 BauNVO

---

51 Diese Pflicht obliegt selbst dem für die Verkehrssicherheit seines Gebäudes verantwortlichen Vermieter nicht: BGH Urt. v. 15.10.2008 – VIII ZR 321/07, NJW 2009, 143 (144).
52 BGH Versäumnisurteil vom 10.2.2012 – V ZR 137/11, NJW 2012, 2343 (2344).
Zu dem nachbarrechtlichen Ausgleichsanspruch: *Lüneborg* NJW 2012, 3745.
53 BGH Urt. v. 1.2.2008 – V ZR 47/07, NJW 2009, 992 (993).
54 BGH Urt. v. 9.2.2018 – V ZR 311/16, NZM 2018, 224 (225).
55 OLG Köln Urt. v. 26.11.1964 – 10 U 161/64, VersR 1965, 722 (722).
56 BVerwG Urt. v. 26.9.1991 – 4 C 5.87, NVwZ 1992, 977 (979).
57 BVerwG Urt. v. 29.11.2012 – 4 C 8.11, NVwZ 2013, 372 (373).
58 VGH München Beschl. v. 31.8.2012 – 14 CS 12.1373, juris Rn. 32.
59 VG München Beschl. v. 9.10.2018 – M 8 SN 18.3661, juris Rn. 92.

zulässig, in faktischen Dorfgebieten gemäß § 34 Abs. 2 BauGB iVm § 5 Abs. 2 Nr. 1 BauNVO. Etwas anderes kann gemäß § 15 Abs. 1 S. 2 BauNVO aber dann gelten, wenn die durch die Abzugsanlage begründeten Belästigungen und Störungen nach der Eigenart des Baugebietes unzumutbar sind. Bei einem Schweinestall in einem Dorfgebiet, dessen Abluft nach dem Stand der Technik entsorgt wird, ist das aber regelmäßig nicht der Fall.[60] In Wohngebieten sind gemäß § 4 Abs. 2 Nr. 2 BauNVO der Versorgung des Gebiets dienende Läden zulässig. Dazu können auch Gaststätten gehören, die bei dem Zubereiten ihrer Gerichte deutlich wahrnehmbare Gerüche absondern. Diese müssen die Nachbarn jedenfalls dann hinnehmen, wenn das Geschäft auf die Versorgung des näheren Gebietes ausgelegt ist, wofür etwa sprechen kann, dass kein Lieferservice eingerichtet ist.[61]

IX. Prozessuales und Vollstreckung

Für gerichtliche Streitigkeiten wegen nicht gewerblichen Emissionen ist in den Ländern, die von der Möglichkeit des § 15a EGZPO Gebrauch gemacht haben, vor der Durchführung des gerichtlichen Streitverfahrens regelmäßig ein Schlichtungsverfahren vorgeschrieben. 26

Für die Beeinträchtigung trägt der gestörte Nachbar, für deren Zumutbarkeit der störende Nachbar, die Darlegungs- und Beweislast.[62] Die Geruchsbeeinträchtigungen können letztlich allein im Wege des Augenscheins nachgewiesen werden, weil sie weder quantifizierbar noch messbar sind.[63] Für die gemäß § 254 Abs. 1 ZPO vollstreckungsfähige Fassung des Klageantrags reicht es aus, wenn begehrt wird, die Verpflichtung des Gegners festzustellen, den Eintritt der Abluft auf dem Nachbargrundstück hindernde Maßnahmen zu ergreifen. Die Auswahl der Maßnahmen ist dem jeweiligen Störer zu überlassen.[64] Geeignet ist etwa der Antrag, „das Austreten von Küchengerüchen zu unterbinden". Damit wird nämlich der angestrebte Erfolg eindeutig und bestimmt genug festgelegt und bestimmt.[65] Wird der Betreiber einer Dunstabzugsanlage zur Beseitigung von Immissionen verurteilt und stehen ihm für die Beseitigung mehrere Möglichkeiten zur Verfügung, müssen die konkreten Vorkehrungen nicht genau bezeichnet werden.[66] 27

Die Dunstabzugshaube kann von dem ehemaligen Nutzer ohne eine Verletzung des Eigentums des Grundstückseigentümers entfernt werden und ist dementsprechend, im Rahmen der Grenzen des § 811 Abs. 1 Nr. 1 ZPO, pfändbar, soweit sie nicht wesentlicher Bestandteil des Gebäudes geworden ist. Eine Dunstabzugshaube ist nicht regelmäßig durch Verbindung mit dem Grundstück gemäß § 946 BGB in das Eigentum des Grundstückseigentümers übergegangen. Ob eine Verbindung erfolgt ist, hängt nicht zuletzt von dem Willen des Erbauers ab. Wenn ein Mieter Gegenstände in das Mietobjekt einbringt, ist im Zweifel anzunehmen, dass der Gegenstand nicht dauerhaft, sondern nur bis zum Ende der Vertragsdauer eingebaut werden soll.[67] Abluftanlagen, die sich in einer Gaststätte befinden und in dies eingebunden sind, können jedoch ein wesentlicher Bestandteil einer Gaststätte sein, weil ohne sie die Gaststätte nicht betrieben werden darf.[68] 28

Öffentlich-rechtlich kann der Nachbar gegen eine aus seiner Sicht unzulässige Baugenehmigung mit dem Drittwiderspruch, der Drittanfechtungsklage und, da der Widerspruch gegen eine Baugenehmigung gemäß § 212a Abs. 1 BauGB keine aufschiebende Wirkung hat, mit einem Antrag nach §§ 80a, 80 Abs. 5 VwGO vorgehen. 29

60 VGH München Urt. v. 9.8.1996 – 15 B 95.2712.
61 VG Ansbach Beschl. v. 22.8.2006 – A 3 S 06.01986.
62 BGH Urt. v. 4.12.1970 – V ZR 79/68, WM 1971, 278 (280).
63 AG Brandenburg Urt. v. 20.10.2003 – 32 538/01, Grundeigentum 2004, 55 (55).
64 BGH Urt. v. 19.1.1996 – V ZR 298/94, NJW-RR 1996, 659 (659).
65 Vgl. BGH Urt. v. 19.1.1996 – V ZR 298/94, NJW-RR 1996, 659 (659).
66 OLG Hamm Beschl. v. 7.9.1982 – 14 W 104/82, MDR 1983, 850 (850).
67 BayObLG Beschl. v. 12.4.2000 – 2 Z BR 151/99, NJW-RR 2001, 156, 157 = NZM 2001, 387 (388).
68 OLG Düsseldorf Urt. v. 16.12.1998 – 11 U 93/98.

31. Einfriedung

Kieß

I. Einführung

1 Die Einfriedung dient der **räumlichen Trennung des Grundstücks** von benachbarten Grundstücken und grenzt das Grundstück des Eigentümers von demjenigen des Nachbarn ab. Gerade an der Einfriedung brechen Konflikte unter Nachbarn über die Lage und die Ausgestaltung der Einfriedung aus.

2 Früher lag der Schwerpunkt der rechtlichen Regelungen zur Einfriedung im Bauordnungsrecht. Dabei ging es vor allem um die Frage des Einfriedungsrechts und der Einfriedungspflicht unter dem Gesichtspunkt der Gefahrenabwehr. Solche Vorschriften existieren nur noch vereinzelt. Nunmehr liegt der Schwerpunkt im Nachbarrecht. Auch hier stellen sich die Fragen nach der Einfriedungspflicht und dem Einfriedungsrecht.

1. Abgrenzung zur Grenzanlage

3 Das Recht der Einfriedung ergänzt die Regelungen in §§ 921, 922 BGB zur **Grenzanlage** (→ *Grenzanlage* Rn. 1 ff.), die auch der Trennung der Grundstücke dient. Eine Grenzanlage und eine Einfriedung unterscheiden sich aber in wesentlichen Punkten: Grenzanlagen schneiden nach § 921 BGB die Grundstücksgrenze, während Einfriedungen meist einen – wenn auch sehr geringen – Grenzabstand zu wahren haben. Zudem dient die Grenzanlage beiden Grundstücken, während eine Einfriedung nur dem sie errichtenden Eigentümer nutzen muss. Liegt eine Grenzanlage vor, verdrängt allerdings das Bundesrecht in §§ 921 f. BGB die landesrechtlichen Vorschriften.[1]

2. Regelungen im Landesrecht

4 Für alle anderen Einfriedungen, insbesondere diejenigen, die nur auf einem Grundstück errichtet sind, eröffnet Art. 124 EGBGB eine landesrechtliche Gesetzgebungskompetenz. Auf der Grundlage von Art. 124 EGBGB enthalten nunmehr die meisten Landesrechte privatrechtliche Vorschriften zum Einfriedungsrecht oder zur Einfriedungspflicht, die den regionalen historisch gewachsenen Unterschieden Rechnung tragen. Die teilweise sehr detaillierten Regelungen zeigen deutlich, welcher Konfliktstoff in der Rechtsmaterie liegen kann.

II. Begriffsbestimmungen

5 Einfriedungen sind Anlagen, die ein Grundstück gegenüber Nachbargrundstücken, Wege oder Straßen abgrenzt oder das Grundstück vor dem Betreten Unbefugter oder sonstigen Beeinträchtigungen schützt.[2] Dabei kommt es auf objektive Kriterien an und nicht auf subjektive Absichten des die Einfriedung Errichtenden.[3] So sind Anlagen, die auf die Grenze gebaut werden, aber keine Abgrenzungsfunktion haben, wie et-

1 *Thomas/Schlüter* SächsNRG Einf. vor §§ 4 ff.
2 *Grziwotz* in Grziwotz/Lüke/Saller 2. Teil Rn. 67; *Thomas/Schlüter* SächsNRG § 4 Anm. 4.
3 VGH Mannheim Beschl. v. 1.8.2018 – 5 S 272/18, NVwZ-RR 2019, 218 Rn. 35.

wa eine Pergola oder ein elektrisch geladener Weidezaun, keine Einfriedungen.[4] Ein Stützmauer stellt nur dann eine Einfriedung dar, wenn sie das Bodenniveau des oben liegenden Grundstücks erheblich überragt.[5]

Unter Einfriedung im bauordnungsrechtlichen Sinne sind alle Anlagen mit dem Zweck zu verstehen, ein Grundstück oder einen Grundstücksteil nach außen zur Sicherung gegen unbefugtes Betreten oder Verlassen, unerwünschte Einsicht oder gegen Witterungs- und Immissionseinflüsse abzuschließen und von Verkehrsflächen oder Nachbargrundstücken abzugrenzen.[6] Einfriedungen sind demzufolge Vorrichtungen, die sowohl das Grundstück gegenüber der Außenwelt schützen, aber auch Einwirkungen vermeiden sollen, die von dem Grundstück auf benachbarte Grundstücke oder Verkehrsflächen ausgehen können.[7] Keine Einfriedungen im bauordnungsrechtlichen Sinne sind demgegenüber bauliche Anlagen und Konstruktionen an einer Grundstücksgrenze, die alleine auf Grund ihrer Höhe einen anderen, teilweise weitergehenden Zweck verfolgen. Hierzu zählen Ballfanggitter, Stützmauern und Dachterrassenbrüstungen[8] ebenso wie Sichtschutz- oder Schallschutzwände.[9] 6

Einfriedungen müssen fest mit dem Grundstück verbunden sein, aber nicht notwendig das gesamte Grundstück abgrenzen.[10]

Einfriedungen wie Zäune, Mauern etc. können bauliche Anlagen sein, wenn sie aus Baustoffen wie Stein, Holz, Metall, Kunststoff bestehen. Es können auch nichtbauliche Anlagen Einfriedungen sein, wie Hecken oder sonstige geschlossene Anpflanzungen (→ *Anpflanzungen an der Grundstücksgrenze* Rn. 2) von Bäumen oder Sträuchern.[11] Im Folgenden werden nur die landesrechtlichen Vorschriftlichen zu den Einfriedungenaus Baustoffen, auch als „tote“ Einfriedungen bezeichnet (vgl. zu diesem Begriff § 11 NRG BW), erörtert. 7

III. Einfriedungsrecht und Einfriedungspflicht

Das Recht, das eigene Grundstück einzufrieden oder nicht einzufrieden, ist Ausfluss von § 903 BGB. Daher besteht vorbehaltlich landesrechtlicher Regelungen grundsätzlich auch keine Pflicht zur Einfriedung.[12] 8

4 *Albrecht* in Staudinger BGB Art. 124 EGBGB Rn. 23.

5 Dazu BGH Urt. v. 11.10.1996 – V ZR 3/96, NJW-RR 1997, 16 f.; OLG Stuttgart Beschl. v. 28.7.2016 – 1 U 80/16, juris Rn. 33; *Grziwotz* in Grziwotz/Lüke/Saller, NachbarR-HdB, 3. Teil Rn. 68; *Thomas/Schlüter* SächsNRG § 4 Anm. 5.

6 Allgemeine Meinung in Rechtsprechung und Literatur, vgl. etwa *Jeromin* LBauO RhPf § 12 Rn. 3 f.: VG Koblenz Urt. v. 1.12.2009 – 1 K 806/09.KO, juris Rn. 23; VGH Kassel Urt. v. 2.8.1985 – 4 OE 2/83, BRS 44 Nr. 73; Beschl. v. 17.5.1990 – 4 TG 510/90, BRS 50 Nr. 121; OVG Münster Urt. v. 12.7.1982 – 7 A 2198/80, BauR 1982, 562; VGH München Beschl. v. 3.10.1983 – 15 CS 83 A 1783, BRS 40 Nr. 288.

7 Ebenso: OVG Koblenz Beschl. v. 5.7.2006 – 8 B 10574/06, BauR 2006, 1734.

8 *Reichel/Schulte* BauordnungsR-HdB § 3 Rn. 225.

9 OVG Münster Beschl. v. Urt. v. 2.12.2003 – 10 B 1249/03, BauR 2004, 656; ebenso allgemein: *Taft* in Simon/Busse BayBO Art. 9 Rn. 5.

10 *Jeromin* LBauO RhPf § 12 Rn. 5.

11 Bejaht für eine 2 m hohe Thuja-Hecke: OVG Koblenz Urt. v. 15.6.2004 – 8 A 10464/04, BauR 2004, 1600; VG Neustadt/Weinstraße Urt. v. 24.11.2003 – 5 K 1106/03, juris Rn. 19.

12 *Albrecht* in Staudinger BGB EGBGB Art. 124 Rn. 22.

9 Eine **Einfriedungspflicht** besteht – auf Verlangen des Nachbarn – in Berlin,[13] Brandenburg,[14] Hessen,[15] Niedersachsen,[16] Nordrhein-Westfalen,[17] Rheinland-Pfalz,[18] Saarland,[19] Sachsen-Anhalt,[20] Schleswig-Holstein[21] und Thüringen.[22] Eine beschränkte Einfriedungspflicht im Außenbereich besteht in Baden-Württemberg.[23] Keine Regelungen zur Einfriedungspflicht oder zum Einfriedungsrecht bestehen in Bayern, Bremen und Mecklenburg-Vorpommern. Ein **Einfriedungsrecht** ist in Hamburg[24] und Sachsen[25] geregelt.

10 Soweit die Landesrechte eine Einfriedungspflicht anordnen, entsteht diese gesetzliche Pflicht meist nur **auf Verlangen des Nachbarn**. Verlangt der Nachbar die Einfriedung nicht, sind die einschlägigen Normen nicht anzuwenden; der Eigentümer ist also frei, ob und wie er sein Grundstück einfriedet.[26]

11 Vorrangig vor allen bundes- oder landesrechtlichen Regelungen sind **privatrechtliche Vereinbarungen** zwischen den Nachbarn, die auch durch Dienstbarkeiten dinglich gegenüber Rechtsnachfolgern gesichert werden können.[27]

12 Für Grenzen zum öffentlichen Raum und zu land- oder forstwirtschaftlich genutzten Grundstücken sind die Vorschriften zur Einfriedung meist unanwendbar.[28]

IV. Ausgestaltung der Einfriedung

13 Will oder muss der Eigentümer sein Grundstück einfrieden, stellt sich die Frage, wie die Einfriedung ausgestaltet sein darf oder muss.

1. Inhaltliche Vorgaben zur Ausgestaltung

14 Der Eigentümer ist grundsätzlich darin frei, wie er sein Grundstück einfrieden will – vorbehaltlich öffentlich-rechtlicher Vorschriften, wie etwa der Abstandsflächenvorschriften, dem Verunstaltungsverbot oder gemeindlichen Gestaltungsvorschriften. Einfriedungen mit einer Höhe bis zu 2 m sind im Übrigen nach den Bauordnungen überwiegend verfahrensfreie Vorhaben; die Verfahrensfreiheit ändert allerdings nichts an dem Gebot zur Einhaltung der öffentlich-rechtlichen Vorschriften, insbesondere der kommunalen Gestaltungsanforderungen oder dem Verbot der Verwendung bestimmter Baustoffe.[29]

15 Manche Landesrechte machen **inhaltliche Vorgaben**. Meist knüpfen sie dabei mindestens an die **Ortsüblichkeit** an oder regeln darüber hinaus zum Teil die Maße, insbesondere die Höhe.[30] Einige Landesrechte

13 § 21 NachbG Bln: Einfriedungspflicht an der rechten Grundstücksgrenze; das ist eine Übernahme von Regelungen aus dem PALR von 1794.
14 § 28 BbgNRG: Einfriedungspflicht an der rechten Grundstücksgrenze.
15 § 14 HNRG: (uU gegenseitige) Einfriedungspflicht bei bebauten und gewerblich genutzten Grundstücken.
16 § 27 Abs. 1 NNachbG: wenn bebaute oder gewerblich genutzte Grundstück aneinander grenzen.
17 § 32 NachbG NRW: (uU gegenseitige) Einfriedungspflicht bei bebauten und gewerblich genutzten Grundstücken innerhalb eines im Zusammenhang bebauten Ortsteils; § 33 NachbG NRW: Einfriedungspflicht des Störers.
18 § 39 LNRG RhPf.
19 § 43 Abs. 1 NachbG Saarl.
20 § 22 Abs. 1 NbG.
21 § 28 NachbG Schl.H.: (uU gegenseitige) Einfriedungspflicht bei bebauten und gewerblich genutzten Grundstücken.
22 § 39 Abs. 1 ThürNRG.
23 § 7 Abs. 4 NRG BW: Einfriedungspflicht im Außenbereich bei Verlangen des Nachbarn.
24 § 11 HBO: Einfriedungen müssen durchbrochen sein.
25 § 4 SächsNRG.
26 OLG Naumburg Urt. v. 12.10.2015 – 12 U 165/14, NVwZ-RR 2016, 367 Rn. 25 ff.
27 Vgl. dazu etwa § 3 SächsNRG.
28 § 22 Abs. 2 NachbG Bln, § 30 Abs. 2 BbgNRG, § 19 HNRG; § 39 NachbG NRW; § 4 S. 3 SächsNRG; § 26 NbG, § 34 NachbG Schl.-H.
29 Vgl. etwa § 61 Abs. 1 Nr. 7 a SächsBO.
30 § 23 NachbG Bln, § 32 BbgNRG, § 11 HBO; § 15 HNRG; § 28 NNachbG; § 35 NachbG NRW; § 39 Abs. 2 LNRG RhPf; § 43 Abs. 2 NachbG Saarl; § 23 NbG, § 31 NachbG Schl.-H.; § 39 Abs. 2 ThürNRG.

machen auch ganz konkrete Vorgaben, wie die Errichtung eines Maschendrahtzauns, wenn es keine vorrangigen anderen Regelungen gibt.[31]

Weil die Einschränkungen der Ausgestaltung überwiegend an das **Verlangen des Nachbarn** anknüpfen, sind die nachfolgenden Ausführungen auf die Fälle beschränkt, in denen die Einfriedung tatsächlich vom Nachbarn verlangt wird. Verlangt der Nachbar die Einfriedung nicht, ist der Eigentümer in der Ausgestaltung frei.[32] Das gilt insbesondere auch in den Ländern, in denen eine Einfriedungspflicht nicht besteht.[33] 16

a) Ortsüblichkeit. Ortsüblich ist eine Einfriedung, wenn in der näheren Umgebung – wie etwa einem Ortsteil[34] oder einem Baugebiet[35] – Grundstücke tatsächlich annähernd gleich eingefriedet sind.[36] Dabei verbietet sich jede schematische Betrachtungsweise: In ein und demselben Ortsteil kann es etwa unterschiedliche Einfriedungen von gewerblichen und zu Wohnzwecken genutzten Grundstücken geben. Es besteht auch kein Zwang zur Uniformität.[37] Vertragliche Vorgaben – etwa eines Bauträgers in den Kaufverträgen – können die Ortsüblichkeit nicht bestimmen. Sind mehrere Einfriedungsarten üblich, kann der Eigentümer zwischen ihnen wählen.[38] Die Ortsüblichkeit kann aber auch durch Ortssatzungen bestimmt werden.[39] 17

Bei einer gerichtlichen Entscheidung ist zur Bestimmung der Ortsüblichkeit das Erscheinungsbild im Zeitpunkt der letzten mündlichen Verhandlung zugrunde zu legen.[40] 18

Ortsüblichkeit ist somit auch in zeitlicher Hinsicht kein starrer Begriff: Moden und Vorlieben können sich ändern (man denke nur an den fast nicht mehr vorhandenen Jägerzaun).[41] Dennoch besteht kein Zwang, sich einer sich ändernden Ortsüblichkeit anzupassen, so dass der Nachbar nicht unter Berufung auf die sich ändernde Ortsüblichkeit nach § 1004 BGB die Beseitigung einer nicht mehr ortsüblichen Einfriedung verlangen kann. Das gilt allerdings nur dann, wenn die ursprüngliche Einfriedung auch auf Verlangen des Nachbarn errichtet wurde.[42] 19

Verlangt hingegen der Nachbar (erstmalig) eine Einfriedung, dann muss die Einfriedung ortsüblich sein und die nicht ortsübliche Einfriedung sogar beseitigt werden.[43] 20

Hat ein Eigentümer eine ortsübliche Einfriedung errichtet, darf der Nachbar keine weitere andersartige neben dieser errichten, die die Einfriedung in ihrem ortsüblichen Erscheinungsbild grundlegend verändert.[44] 21

Kann eine Ortsüblichkeit nicht festgestellt werden, ist der Eigentümer in der Ausgestaltung frei.[45] Gerade in neuen Siedlungen, die keine verbindlichen Vorgaben enthalten, muss sich eine Ortsüblichkeit erst ausformen.[46] 22

---

31 § 23 As. 1 Satz 1 NachbG Bln, § 32 Abs. 1 S. 1 BbgNRG, § 15 S. 1 HNRG, § 39 Abs. 2 S. 2 LNRG RhPf, § 43 Abs. 2 S. 2 NachbG Saarl, § 31 Abs. 1 S. 1 NachbG Schl.-H., § 39 Abs. 2 S. 1 ThürNRG.

32 BGH Urt. v. 21.9.2018 – V ZR 302/17, NJW-RR 2019, 649 Rn. 8.

33 Zweifelnd aber zu § 4 SächsNRG *Thomas/Schlüter* SächsNRG § 4 Anm. 6 d cc.

34 Dazu *Grziwotz* in Grziwotz/Lüke/Saller, NachbarR-HdB, 2. Teil Rn. 70.

35 Dazu BGH Urt. v. 23.3.1990 – V ZR 58/89, NJW 1990, 2465 (zu § 906 BGB).

36 BGH Urt. v. 22.5.1992 – V ZR 93/91, NJW 1992, 2569 Rn. 6ff.

37 *Thomas/Schlüter* SächsNRG § 4 Anm. 6 d bb.

38 *Grziwotz* in Grziwotz/Lüke/Saller, NachbarR-HdB, 2. Teil Rn. 71.

39 *Thomas/Schlüter* SächsNRG § 4 Anm. 6a.

40 BGH Urt. v. 22.5.1992 – V ZR 93/91, NJW 1992, 2569 Rn. 7.

41 Letztendlich kann dann auch der schlechte Geschmack perpetuiert werden.

42 Nach *Thomas/Schlüter* SächsNRG § 4 Anm. 6 c, *Grziwotz* in Grziwotz/Lüke/Saller, NachbarR-HdB, 2. Teil Rn. 71 kann der Eigentümer sich immer auf Bestandsschutz berufen. Das geht allerdings zu weit.

43 BGH Urt. v. 21.9.2018 – V ZR 302/17, NJW-RR 2019, 649 Rn. 9ff.

44 BGH Urt. v. 9.2.1979 – V ZR 108/77, NJW 1979, 1408 Rn. 15 ff.

45 BGH Urt. v. 17.1.2014 – V ZR 292/12, NJW-RR 2014, 973 Rn. 13; anders für § 4 SächsNRG: *Thomas/Schlüter* SächsNRG § 4 Anm. 6 d cc.

46 Vgl. dazu LG Lüneburg Urt. v. 4.11.1999 – 1 S 132/99, NdsRpfl 2000, 72; *Albrecht* in Staudinger BGB EGBGB Art. 124 Rn. 23.

23 **b) Störerhaftung.** Der Eigentümer muss die Einfriedung über das ortsübliche Maß hinaus errichten, wenn von seinem Grundstück **besondere Gefahren** ausgehen.[47] Dies betrifft Gefahren, die auch nach § 906 BGB nicht hingenommen werden müssen und von gewisser Dauer sind.[48] Maßgeblich dafür ist das Empfinden eines verständigen Durchschnittsnutzers. Soweit die Störerhaftung landesrechtlich geregelt ist, handelt es sich dabei um eine lex specialis zu § 1004 BGB.[49]

24 **c) Lage der Einfriedung.** Einfriedungen werden meist an der Grundstücksgrenze errichtet. Einfriedungen können aber auch innerhalb eines Grundstücks errichtet werden. In manchen Landesrechten besteht ein Anspruch darauf, die Einfriedung auf die Grenze zu setzen.[50] Auch hier entsteht die Verpflichtung nur, wenn ein Nachbar die Einfriedung verlangt.[51]

25 Im Gegensatz zu Grenzanlagen im Sinne der §§ 921 f. BGB sind Einfriedungen auf dem Grundstück des Eigentümers zu errichten; grenzen sie an **landwirtschaftlich genutzte Flächen** an, müssen sie – um die landwirtschaftliche Nutzung nicht zu erschweren (sog. Tret- und Trepprecht) – meist einen Abstand von 0,5 m zur Grundstücksgrenze haben.[52]

26 Geringfügige Ungenauigkeiten von wenigen Zentimetern sind hinzunehmen, wenn die Einfriedung über die Grenze hinaus errichtet wurde. Dies gilt insbesondere, wenn die Grenzüberschreitung nicht fahrlässig erfolgte und der Nachbar bei der Errichtung nicht widersprochen hat.[53]

2. Anzeigepflicht

27 Nach den landesrechtlichen Regelungen hat der Eigentümer sein Grundstück nur einzufrieden, wenn der Nachbar die Einfriedung verlangt. Daher ist eine **Anzeigepflicht des Eigentümers**, der die Einfriedung errichten will, eigentlich überflüssig. Soweit das Landesrecht aber nur ein Einfriedungsrecht enthält, ist eine solche Anzeigepflicht sinnvoll: In Sachsen hat ein Eigentümer, der von seinem Einfriedungsrecht Gebrauch machen will, dies zwei Monate vorher dem Nachbarn anzuzeigen (§ 27 Abs. 1 S. 1 SächsNRG).[54]

28 Dennoch regeln manche Landesrechte auch bei einem Verlangen des Nachbarn unter Umständen die Anzeige des Vorhabens.[55] Die Anzeige muss dann Angaben zur Art der Einfriedung, zum Standort und zur Höhe enthalten. Die Anzeige dient dazu, dass der Nachbar darauf reagieren kann und gegebenenfalls geltend machen kann, die geplante Einfriedung entspreche nicht den gesetzlichen Vorgaben.[56] Besteht eine gesetzliche Anzeigepflicht, ist die Anzeige materiellrechtliche Voraussetzung für die Ausübung des Rechts: Der Eigentümer darf das Grundstück nur einfrieden, wenn er die Arbeiten rechtzeitig angezeigt hat.

---

47 § 7 Abs. 4 NRG BW; § 23 Abs. 3 NachbG Bln, § 32 Abs. 3 BbgNRG, § 29 NNachbG; § 33 NachbG NRW; § 39 Abs. 2 S. 3 LNRG RhPf; § 43 Abs. 2 S. 3 NachbG Saarl; § 6 SächsNRG (Kostenregelung); § 22 Abs. 2 S. 2 NbG; § 31 Abs. 2 NachbG Schl.-H.; § 39 Abs. 2 S. 3 ThürNRG.

48 Nach OLG Naumburg Urt. v. 22.7.2014 – 12 U 192/13 – juris Rn. 10 f. etwa bei einem Friedhof, der an einen Garten grenzt; der Nachbar hat dann einen Anspruch auf Errichtung einer ortsüblichen Steinmauer.

49 OLG Düsseldorf Urt. v. 18.4.1990 – 9 U 230/89, NJW-RR 1990, 1100 Rn. 16.

50 § 21 Nr. 4 NachbG Bln, § 28 Nr. 4 BbgNRG, § 14 Abs. 1 S. 2 HNRG; § 27 Abs. 1 Nr. 3 NNachbG; § 32 Abs. 1 S. 2 NachbG NRW; § 40 Abs. 2 S. 1 LNRG RhPf; § 40 Abs. 2 S. 1 NachbG Saarl § 25 NbG; § 28 Abs. 2 NachbG Schl.-H.; § 40 Abs. 2 S. 1 ThürNRG.

51 *Albrecht* in Staudinger BGB EGBGB Art. 124 Rn. 23 zu § 32 NachbG NRW.

52 § 11 NRG BW;§ 24 NachbG Bln (Ausnahme bei einer gemeinsam zu errichtenden Einfriedung), § 33 BbgNRG (Ausnahme bei einer gemeinsam zu errichtenden Einfriedung); § 16 HNRG;, § 31 NNachbG; § 36 NachbG NRW (bei bebauten Grundstücken auf der Grenze); § 42 LNRG RhPf; § 46 NachbG Saarl; §§ 6 S. 2, 7 SächsNRG (auf der Grenze; Ausnahme bei Grundstücken, die an Grundstücke für den Gemeingebrauch grenzen); § 24 NbG (auf die Grenze bei gemeinsamer Einfriedungspflicht und bei Einwilligung) § 30 NachbG Schl.-H. (auf die Grenze bei gemeinsamer Einfriedungspflicht); § 42 ThürNRG.

53 *Thomas/Schlüter* SächsNRG § 4 Anm. 4e.

54 Die HBO enthält keine Anzeigepflicht.

55 § 29 BbgNRG; § 37 NNachbG; § 41 LNRG RhPf; § 45 NachbG Saarl; § 27 NbG; § 41 ThürNRG.

56 Vgl. dazu *Grziwotz* in Grziwotz/Lüke/Saller, NachbarR-HdB, 2. Teil Rn. 73.

3. Kosten der Errichtung und Unterhaltung

Errichtet ein Eigentümer aus eigenem Antrieb eine Einfriedung, muss er für die Kosten der Errichtung und Unterhaltung aufkommen (vgl. etwa § 5 Abs. 1 SächsNRG). 29

Die Landesrechte unterscheiden im Übrigen grundsätzlich danach, wer zur Errichtung verpflichtet ist: Selbst wenn der Eigentümer auf Anforderung des Nachbarn zur alleinigen Errichtung verpflichtet ist, trägt er die **Kosten für Errichtung und Unterhaltung** alleine.[57] Besteht die Verpflichtung, die Einfriedung gemeinsam zu errichten, sind die Kosten im Wesentlichen zu teilen, wobei manche Landesrechte recht detaillierte (und damit konfliktträchtige) Lösungen vorsehen.[58] Zumeist sind die Eigentümer landwirtschaftlich genutzter Grundstücke von den Kosten ausgenommen. 30

Bei diesen klaren gesetzlichen Regelungen sollte es auch verbleiben, wenn zwar der Eigentümer zur Einfriedung verpflichtet ist, der Nachbar aber auch aus eigenem Antrieb sein Grundstück einfrieden will.[59] 31

Unterhaltungskosten sind die Aufwendungen, die erforderlich sind, die Grenzeinrichtung in einer ihrem Zweck entsprechenden Beschaffenheit zu erhalten (vgl. § 922 S. 2 BGB).[60] Kosten der Wiederherstellung fallen nicht darunter.[61] 32

In den Fällen, in denen der Nachbar einen **besonderen Schutz** verlangen kann (→ Rn. 23), werden demjenigen, von dessen Grundstück die besondere Gefahr ausgeht, die Kosten für die besonderen Schutzmaßnahmen auferlegt.[62] Ist der Eigentümer aber selbst zur Einfriedung verpflichtet, muss er sich an den Kosten beteiligen.[63] 33

V. Ansprüche der Nachbarn und deren Durchsetzung

Die Einfriedungspflicht des Eigentümers beruht auf dem Verlangen des Nachbarn. Dieses Verlangen ist formfrei, sollte aber, wenn es zu Meinungsverschiedenheiten kommt, schriftlich gestellt und nachweisbar übergeben werden. Mit dem Verlangen des Nachbarn wird die Handlungspflicht des Eigentümers ausgelöst. 34

Kommt der Eigentümer seiner Handlungspflicht nicht nach, kann er zur Errichtung der Einfriedung verurteilt werden. Vollstreckt wird ein Urteil nach § 887 ZPO, da es sich um eine vertretbare Handlung handelt.[64] Der Vollstreckungsschuldner hat dann die Ersatzvornahme auch auf seinem Grundstück zu dulden.[65] Nur wenn die Mitwirkung oder Zustimmung einer dritten Person, wie etwa eines Mieters, notwendig wird, handelt es sich um eine unvertretbare Handlung im Sinne des § 888 ZPO.[66] 35

Soweit das Landesrecht ein Mitwirkungsrecht des Eigentümers bestimmt,[67] muss der Eigentümer den Nachbarn zur Mitwirkung auffordern und eine Frist setzen, nach der er eine Mitwirkung ablehnt.[68] Nach Ablauf der Frist kann dann der Eigentümer mit einem Urteil wieder wie oben beschrieben vollstrecken (→ Rn. 35). 36

---

57 §§ 25 Abs. 1, 26 Abs. 1 NachbG Bln, §§ 34 Abs. 1 und 35 Abs. 1 BbgNRG; § 34 NNachbG; § 40 Abs. 1 LNRG RhPf; § 40 Abs. 1 NachbG Saarl; § 5 Abs. 1 SächsNRG; § 40 Abs. 1 ThürNRG.

58 §§ 25 Abs. 2, 26 Abs. 2 NachbG Bln, §§ 34 Abs. 2 und 35 Abs. 2 BbgNRG; §§ 17 f. HNRG; §§ 35 f. NNachbG; § 37 NachbG NRW; § 40 Abs. 2 LNRG RhPf; § 40 Abs. 2 NachbG Saarl; § 5 Abs. 2 SächsNRG; § 25 NbG; § 32 NachbG Schl.-H.; § 40 Abs. 2 ThürNRG.

59 Anders *Thomas/Schlüter* SächsNRG § 5 Anm. 2b.

60 OLG Köln Urt. v. 7.5.2015 – 18 U 206/14, MDR 2015, 1127 Rn. 54.

61 Zu den Kosten bei Nachpflanzungen von Hecken: *Thomas/Schlüter* SächsNRG § 5 Anm. 3a aa.

62 § 25 Abs. 2 S. 3 NachbG Bln, § 34 Abs. 2 S. 3 BbgNRG; § 37 Abs. 5 NachbG NRW; § 40 Abs. 2 S. 4 LNRG RhPf; § 44 Abs. 2 S. 4 NachbG Saarl; § 6 SächsNRG; § 31 Abs. 2 NachbG Schl.-H.; § 40 Abs. 2 S. 3 ThürNRG.

63 OLG Düsseldorf Urt. v. 18.4.1990 – 9 U 230/89, NJW-RR 1990, 1100 Rn. 20.

64 OLG Düsseldorf Beschl. v. 5.6.1996 – 3 W 194/96, MDR 1996, 848 Rn. 10ff.

65 *Seibel* in Zöller ZPO § 887 Rn. 9.

66 BGH Beschl. v. 27.11.2008 – I ZB 46/08, NJW-RR 2009, 443 Rn. 11.

67 § 14 Abs. 1 S. 3 HNRG; § 30 S. 2 2. Hs. NNachbG; § 32 Abs. 1 S. 3 NachbG NRW.

68 So ausdrücklich § 32 Abs. 1 S. 3 NachbG NRW.

37 Hat ein Eigentümer eine nicht ortsübliche Einfriedung errichtet, hat der Nachbar aus § 1004 BGB einen Anspruch auf Beseitigung.[69] Auch dieser Anspruch ist regelmäßig nach § 887 ZPO zu vollstrecken.

38 Die Einfriedungspflicht besteht meist nur auf Verlangen des Nachbarn; hat dieser aber kein Verlangen gestellt, muss er keine Einfriedung dulden.[70] Auch dann kann er die Beseitigung des Zaunes nach § 1004 BGB verlangen.

VI. Prozessuales: Darlegungs- und Beweislast

39 Der Eigentümer muss beweisen, dass seine Einfriedung ortsüblich ist.[71]

VII. Öffentliches Recht

40 In den Landesbauordnungen waren meist Einfriedungspflichten zu öffentlichen Verkehrsflächen zur Vorbeugung von Gefahren für öffentliche Straßen und Einrichtungen vorgesehen;[72] im Rahmen der Deregulierung wurden sie überwiegend aufgehoben.[73] Es existieren noch **Einfriedungsverbote im Straßenrecht**, wenn eine Einfriedung die Sicherheit des Straßenverkehrs gefährden würde.[74]

41 Einfriedungspflichten und -verbote sowie Gestaltungsgebote und -verbote sind auch in **Gemeindesatzungen**, insbesondere Bebauungsplänen und örtlichen Gestaltungssatzungen, Grünordnungsplänen, naturschutzrechtlichen Vorschriften[75] oder Kleingartenordnungen enthalten.[76]

42 Einfriedungen mit einer Höhe bis zu 2 m sind nach den Bauordnungen verfahrensfreie Vorhaben.[77] Ist die Einfriedung höher als 2 m und hat der Eigentümer das Vorhaben nicht bauordnungsrechtlich genehmigen lassen, so hat der Nachbar keinen Anspruch auf Einschreiten der Baubehörde, da die Norm nicht drittschützend ist. Es steht ihm aber frei, die Behörde auf diese Umstände hinzuweisen. Auch im Zivilprozess kann der Nachbar nicht geltend machen, dass das Genehmigungsverfahren nicht durchgeführt wurde.[78]

43 Einfriedungen dürfen auch nicht gegen das Verunstaltungsverbot in den Bauordnungen[79] verstoßen; auch diese Norm ist aber nicht drittschützend, so dass sich aus einem Verstoß kein Anspruch des Nachbarn aus §§ 1004, 823 Abs. 2 BGB ergibt.[80]

69 Zuletzt BGH Urt. v. 21.9.2018 – V ZR 302/17, NJW-RR 2019, 649 Rn. 7.
70 BGH Urt. v. 11.10.1996 – V ZR 3/96, MDR 1997, 138 Rn. 12 ff.
71 *Grziwotz* in Grziwotz/Lüke/Saller, NachbarR-HdB, 2. Teil Rn. 72.
72 Vgl. noch § 12 LBauO RhPf.
73 *Albrecht* in Staudinger BGB EGBGB Rn. 22; *Thomas/Schlüter* SächsNRW Einf. vor §§ 4 ff.; vgl. etwa § 10 SächsBO aF; nur noch wenige Bauordnungen enthalten einen Einfriedungszwang.
74 Vgl. etwa § 11 Abs. 2 BFernStrG; § 28 Abs. 2 StrGBW; Art. 29 Abs. 2 BayStrWG; § 27 Abs. 2 SächsStrG.
75 Vgl. etwa § 46 NatSchG BW; § 42 Abs. 1 NatSchG Bln.
76 Vgl. dazu *Thomas/Schlüter* SächsNRG Einf. vor §§ 4 ff.
77 Vgl. etwa § 61 Abs. 1 Nr. 7 a SächsBO.
78 Vgl. *Thomas/Schlüter* SächsNRG § 4 Anm. 3.
79 Vgl. etwa § 9 BauO LSA.
80 OLG Naumburg Urt. v. 12.10.2015 – 12 U 165/14, NVwZ-RR 2016, 367 Rn. 23.

32. Elektromagnetische Strahlung

Ring

Literatur: *Budzinski/Hutter*, Mobilfunkschäden Ansichtssache? Höchste Zeit für Beweise statt Vermutungen, NVwZ 2014, 418; *Fritz*, Das Verhältnis von privatem und öffentlichem Immissionsschutzrecht nach der Ergänzung von § 906 I BGB, NJW 1996, 573; *Fritz*, Zivilrechtliche Abwehrmöglichkeiten gegen elektromagnetische Felder, BB 1995, 2122; *Kutscheidt*, Die Verordnung über elektromagnetische Felder, NJW 1997, 2481; *Roth*, Elektrosmog und Mietminderung im Wohnraummietrecht. Eine Spielwiese für das Ausleben subjektiver Empfindlichkeiten?, NZM 2000, 521.

I. Einleitung

„Ähnliche von einem anderen Grundstück ausgehende Einwirkungen" iS von § 906 Abs. 1 S. 1 BGB sind auch Immissionen durch von einer Mobilfunkanlage ausgehende elektromagnetische Felder[1] (**elektrische und magnetische Felder**).[2] Sie sind daher, wie jede andere Zufügung unwägbarer Stoffe, von dem Eigentümer des von den Auswirkungen betroffenen Grundstücks zu dulden, wenn sie zu keiner oder nur zu einer „unwesentlichen Beeinträchtigung" führen.[3] 1

Die Wesentlichkeit bzw. Unwesentlichkeit einer Beeinträchtigung beurteilt sich nach dem Empfinden eines verständigen Durchschnittsmenschen und danach, was diesem auch unter Würdigung anderer öffentlicher und privater Belange billigerweise (nicht mehr) zuzumuten ist. Im Rahmen der vorzunehmenden Beurteilung ist allerdings auch § 906 Abs. 1 S. 2 BGB zu beachten. Danach liegt in der Regel eine „unwesentliche Beeinträchtigung" vor, wenn die in Gesetzen oder Rechtsverordnungen festgestellten Grenz- oder Richtwerte von den nach diesen Vorschriften ermittelten und bewerteten Einwirkungen nicht überschritten werden.[4] 2

1 *Fritz* BB 1995, 2122 (2123 f.); *Roth* in Staudinger BGB § 906 Rn. 173.

2 BGH Urt. v. 13.2.2004 – V ZR 217/03, NJW 2004, 1317 (1318). Vgl. zur Gesundheitsbeeinträchtigung von Mobilfunk: VGH Kassel Urt. v. 30.12.1994 – 4 TH 2064/94, NVwZ 1995, 1010; von Bahnoberleitungen: BVerwG Beschl. v. 2.8.1994 – 7 VR 3/94, BB 1994, 2102.

3 BGH Urt. v. 13.2.2004 – V ZR 217/03, NJW 2004, 1317.

4 BGH Urt. v. 13.2.2004 – V ZR 217/03, NJW 2004, 1317 (1318) unter Bezugnahme auf die ständige Judikatur des BGH, vgl. etwa BGH Urt. v. 6.7.2001 – V ZR 246/00, BGHZ 148, 261 (264); BGH Urt. v. 5.2.1993 – V ZR 62/91, BGHZ 121, 248 (255); BGH Urt. v. 20.11.1992 – V ZR 82/91, BGHZ 120, 239 (255).

3 Eine ausdrückliche Zulassung von Anlagen, die elektromagnetische Felder erzeugen, durch den Gesetzgeber ist nicht erforderlich, da Vorschriften bestehen, die auf solche Anlagen anwendbar sind und ausreichenden Schutz vor ihren Gefahren gewähren.[5]

II. 26. Verordnung zur Durchführung des BImSchG (26. BImSchV)

4 Nach Inkrafttreten der 26. Verordnung zur Durchführung des BImSchG vom 16.12.1996[6] (**26. BImSchV** – Verordnung über elektromagnetische Felder)[7] ist der Grenzwert für elektromagnetische Strahlungen **normativ festgelegt** und gemäß § 906 Abs. 1 S. 2 BGB auch im bürgerlich-rechtlichen Nachbarstreit zu berücksichtigen.[8] Eine nur **„unwesentliche Beeinträchtigung"**[9] ist anzunehmen, wenn die Grenzwerte der VO eingehalten werden[10] – was auch von den Zivilgerichten zu beachten ist.[11]

5 1997 hat das BVerfG konstatiert, dass ein Grenzwert von 100 Microtesla für die magnetische Flussdichte niederfrequenter Felder zum Zeitpunkt seiner Entscheidung keinen verfassungsrechtlichen Bedenken begegnet.[12]

6 Die VO gilt nach ihrem § 1 Abs. 1 S. 1 für die Errichtung und den Betrieb von

- **Hochfrequenzanlagen** (dh ortsfeste Anlagen, die elektromagnetische Felder im Frequenzbetrieb von 9 kHz bis 300 GHz erzeugen, ausgenommen sind Anlagen, die breitbandige elektromagnetische Impulse erzeugen und der Landesverteidigung dienen – § 1 Abs. 2 Nr. 1 VO);
- **Niederfrequenzanlagen** (dh ortsfeste Anlagen zur Umspannung und Fortleitung von Elektrizität mit einer Nennspannung von 1000 V oder mehr, einschließlich Bahnstromfern[13]- und Bahnstromoberleitungen und sonstiger vergleichbarer Anlagen im Frequenzbereich von 1 Hz bis 9 kHz – § 1 Abs. 2 Nr. 2 VO) und von

5 BVerfG Beschl. v. 17.2.1997 – 1 BvR 1658/96 NJW 1997, 2509, juris Rn. 10 unter Bezugnahme auf BVerfG Beschl. v. 26.1.1988 – 1 BvR 1561/82, BVerfGE 77, 381 (403).

6 BGBl. I 1966, neugefasst durch Bekanntmachung vom 14.8.2013 (BGBl. I 3266); dazu *Kutscheid* NJW 1997, 2481.

7 Daneben hat der Bundesminister für Arbeit, Soziales und Konsumentenschutz auf der Grundlage von § 66 Abs. 1 und § 72 Abs. 1 Nr. 4 ASchG eine VO über den Schutz der Arbeitnehmer/innen vor der Einwirkung durch elektromagnetische Felder (VO elektromagnetische Felder – VEMF) erlassen (BGBl. II Nr. 179/2016), der allerdings keine nachbarrechtliche Relevanz zukommt.

8 BVerfG Beschl. v. 17.2.1997 – 1 BvR 1658/96, NJW 1997, 2509, juris Rn. 7. Ebenso OLG Düsseldorf Urt. v. 20.12.2001 – 14 U 208/01, MDR 2002, 755 = MMR 2002, 235. So aber auch schon auf der Grundlage der Vorgängerregelungen (DIN VDE 0848 Teil 2) LG München II Urt. v. 25.6.1996 – 3 O 911/96, NJW-RR 1997, 465.

9 BVerfG Beschl. v. 17.2.1997 – 1 BvR 1658/96, NJW 1997, 2509, juris Rn. 13: Der Grenzwert sei nicht zu beanstanden, da er nicht nur den neuesten Empfehlungen der Strahlenschutzkommission (vgl. auch BVerwG Beschl. v. 9.2.1996 – 11 VR 46/95, NuR 1996, 513 (514 ff.)), sondern auch dem in Anhang 2 zu § 3 der VO mit ausführlicher Begründung festgelegten Grenzwert für die magnetische Flussdichte niederfrequenter Felder entspreche (vgl. auch BR-Drs. 393/96, 18 ff.).

10 So BGH Urt. v. 13.2.2004 – V ZR 217/03, NJW 2004, 1317.

11 BVerfG Beschl. v. 31.1.2001 – 1 BvR 66/01, 1 BvR 71/01, NJW 2001, 1483; BVerfG Beschl. v. 17.2.1997 – 1 BvR 1658/96, NJW 1997, 2509; OLG Dresden Urt. v. 19.3.2013 – 9 U 1265/12, MMR 2013, 475. Vgl. zudem Staudinger/*Roth* § 906 Rn. 173; *Hochhuth* JZ 2004, 283.

12 BVerfG Beschl. v. 17.2.1997 – 1 BvR 1658/96, NJW 1997, 2509.

13 Vgl. dazu BVerwG Beschl. v. 9.2.1996 – 11 VR 46/95, NVwZ 1996, 1023 (1024); BVerwG Beschl. v. 2.8.1994 – 7 VR 3/94, NVwZ 1994. 1000; VGH Kassel Urt. v. 22.3.1993 – 2 A 33000/89, NVwZ 1994, 391; VGH München Urt. v. 27.1.1993 – 20 A 92.40093, NVwZ 1993, 1121. Diese haben noch vor Inkrafttreten der 26. BImSchV entschieden, dass schädliche Umwelteinwirkungen nach dem damaligen Erkenntnisstand zu verneinen seien und damit aus öffentlich-rechtlichem Nachbarrecht kein Abwehranspruch gegen ein entsprechendes planfestgestellte Vorhaben bestehe: Im Hinblick auf eine mögliche gesundheitsbeeinträchtigende Wirkung elektromagnetischer Felder seien bei einer 15 KV-Oberleitung die Rechte Dritter nach dem damaligen Erkenntnisstand gewahrt, wenn die Grenzwertempfehlungen der Internationalen Strahlenschutz Assoziation (*International Radiation Protection Association* [IPRA]) eingehalten würden. Eine gesundheitliche Gefährdung sei bei Einhaltung der IPRA-Grenzwertempfehlungen ausgeschlossen.

- **Gleichstromanlagen** (dh ortsfeste Anlagen zur Fortleitung, Umspannung und Umrichtung, einschließlich der Schaltfelder, von Gleichstrom mit einer Nennspannung von 2000 V oder mehr – § 1 Abs. 2 Nr. 3 VO).

Sie enthält nach ihrem § 1 Abs. 1 S. 2 Anforderungen zum Schutz

- der **Allgemeinheit** und
- der **Nachbarschaft**

vor schädlichen Umwelteinwirkungen und zur Vorsorge gegen schädliche Umwelteinwirkungen durch

- elektrische,
- magnetische und
- elektromagnetische Felder.

Die VO berücksichtigt nach ihrem § 1 Abs. 1 S. 3 nicht die Wirkungen elektrischer, magnetischer und elektromagnetischer Felder auf elektrisch und elektronisch betriebene Implantate. 7

1. Hochfrequenzanlagen

Zum Schutz vor schädlichen Umwelteinwirkungen sind **Hochfrequenzanlagen** nach § 2 Abs. 1 S. 1 der VO mit einer äquivalenten isotropen Strahlungsleistung (EIRP) von 10 W oder mehr so zu errichten und zu betreiben, dass in ihrem Einwirkungsbereich an Orten, die zum dauerhaften oder vorübergehenden Aufenthalt von Menschen bestimmt sind, bei höchster betrieblicher Anlagenauslastung 8

- die in Anhang 1a und 1b bestimmten Grenzwerte für den jeweiligen Frequenzbereich unter Berücksichtigung von Immissionen durch andere ortsfeste Hochfrequenzanlagen sowie Niederfrequenzanlagen gemäß Anhang 2 nicht überschritten werden (Nr. 1) und
- bei gepulsten elektromagnetischen Feldern zusätzlich die in Anhang 3 festgelegten Kriterien eingehalten werden (Nr. 2).

Das Gleiche gilt nach § 2 Abs. 1 S. 2 der VO für eine Hochfrequenzanlage mit einer äquivalenten isotropen Strahlungsleistung (EIRP) von weniger als 10 W, wenn diese an einem Standort gemäß § 2 Nr. 3 der VO über das Nachweisverfahren zur Begrenzung elektromagnetischer Felder vom 20.8.2002[14] mit einer äquivalenten isotropen Strahlungsleistung (EIRP) der dort vorhandenen Hochfrequenzanlagen (Gesamtstrahlungsleistung) von 10 W oder mehr errichtet wird oder wenn durch diese die Gesamtstrahlungsleistung von 10 W erreicht oder überschritten wird. § 2 Abs. 1 S. 2 der VO gilt nicht für Hochfrequenzanlagen, die eine äquivalente isotrope Strahlungsleistung (EIRP) von 100 mW oder weniger aufweisen (so § 2 Abs. 1 S. 3 der VO). 9

Kurzzeitige Überschreitungen der nach § 2 Abs. 1 S. 1 Nr. 1 der VO, auch in Verbindung mit § 2 Abs. 1 S. 2 der VO, zu beachtenden Grenzwerte aufgrund einer vorübergehenden Gefahr für die öffentliche Sicherheit und Ordnung oder zum Schutz der Sicherheit des Staates bleiben gemäß § 2 Abs. 2 der VO außer Betracht. 10

Exkurs: Anhänge zur 26. BImSchV Anhang 1 (zu §§ 2, 3, 3a, 10)[15] 11

Frequenz (f) in Hertz (Hz)	Grenzwerte: Elektrische Feldstärke in Kilovolt pro Meter (kV/m) (effektiv)	Grenzwerte: Magnetische Flussdichte in Mikrotesla (µT) (effektiv)
0	–	500
1–8	5	$40\,000/f^2$

14 BGBl. I 3366, die zuletzt durch Art. 3 Abs. 20 des Gesetzes vom 7.7.2005 (BGBl. I 1970) geändert worden ist, in der jeweils geltenden Fassung.

15 Fundstelle: BGBl. 2013 I 3270.

Frequenz (f) in Hertz (Hz)	Grenzwerte	
	Elektrische Feldstärke in Kilovolt pro Meter (kV/m) (effektiv)	Magnetische Flussdichte in Mikrotesla (µT) (effektiv)
8–25	5	5 000/f.
25–50	5	200
50–400	250/f.	200
400–3 000	250/f.	80 000/f.
3 000–10 000 000	0,083	27

Anhang 1b

Frequenz (f) in Megahertz (MHz)	Grenzwerte, quadratisch gemittelt über 6-Minuten-Intervalle	
	Elektrische Feldstärke in Volt pro Meter (V/m) (effektiv)	Magnetische Feldstärke in Ampere pro Meter (A/m) (effektiv)
0,1–1	87	0,73/f.
1–10	$87/f^{1/2}$	0,73/f.
10–400	28	0,073
400–2 000	$1{,}375\ f^{1/2}$	$0{,}0037\ f^{1/2}$
2 000–300 000	61	0,16

Anhang 2 (zu §§ 2, 3)
Berücksichtigung von Immissionsbeiträgen anderer Anlagen[16]

Anhang 2a

Immissionsbeiträge der elektrischen und magnetischen Felder aller Niederfrequenzanlagen und von Hochfrequenzanlagen mit Frequenzen zwischen 9 kHz und 10 MHz müssen die folgenden Bedingungen erfüllen:

Elektrische Felder:

$$\sum_{1\,\text{Hz}}^{10\,\text{MHz}} \frac{I_{E,\,i}}{G_{E,\,i}} \leq 1$$

mit
$I_{E,i}$ = Immissionsbeitrag des elektrischen Feldes bei der Frequenz i im Bereich von 1 Hz bis 10 MHz,
$G_{E,i}$ = Grenzwert der elektrischen Feldstärke bei der Frequenz i im Bereich von 1 Hz bis 10 MHz, gemäß Anhang 1a

Magnetische Felder:

$$\sum_{1\,\text{Hz}}^{10\,\text{MHz}} \frac{I_{M,\,i}}{G_{M,\,i}} \leq 1$$

mit
$I_{M,i}$ = Immissionsbeitrag des magnetischen Feldes bei der Frequenz i im Bereich von 1 Hz bis 10 MHz,

16 Fundstelle: BGBl. 2013 I 3271.

$G_{M,i}$ = Grenzwert der magnetischen Flussdichte bei der Frequenz i im Bereich von 1 Hz bis 10 MHz, gemäß Anhang 1a in Verbindung mit § 3

Anhang 2b

Immissionsbeiträge der elektrischen und magnetischen Felder von Hochfrequenzanlagen mit Frequenzen → 100 kHz müssen zusätzlich die folgenden Bedingungen erfüllen:

Elektrische Felder:

$$\sum_{100\,\text{kHz}}^{300\,\text{GHz}} \left(\frac{I_{E,\,i}}{G_{E,\,i}}\right)^2 \leq 1$$

mit

$I_{E,j}$ = Immissionsbeitrag des elektrischen Feldes bei der Frequenz j im Bereich von 100 kHz bis 300 GHz (quadratisch gemittelt über 6-Minuten-Intervalle),

$G_{E,j}$ = Grenzwert der elektrischen Feldstärke bei der Frequenz j im Frequenzbereich von 100 kHz bis 300 GHz (quadratisch gemittelt über 6-Minuten-Intervalle), gemäß Anhang 1b

Magnetische Felder:

$$\sum_{100\,\text{kHz}}^{300\,\text{GHz}} \left(\frac{I_{M,\,i}}{G_{M,\,i}}\right)^2 \leq 1$$

mit

$I_{M,j}$ = Immissionsbeitrag des magnetischen Feldes bei der Frequenz j im Bereich von 100 kHz bis 300 GHz (quadratisch gemittelt über 6-Minuten-Intervalle),

$G_{M,j}$ = Grenzwert der magnetischen Feldstärke bei der Frequenz j im Frequenzbereich von 100 kHz bis 300 GHz (quadratisch gemittelt über 6-Minuten-Intervalle), gemäß Anhang 1b.

Anhang 3 (zu § 2)[17]
Gepulste Felder von Hochfrequenzanlagen

Bei gepulsten elektromagnetischen Feldern im Frequenzbereich von 9 kHz bis 100 kHz darf der Spitzenwert für die elektrische und die magnetische Feldstärke das 1,5-fache der Werte des Anhangs 1a nicht überschreiten.

Bei gepulsten elektromagnetischen Feldern im Frequenzbereich über 100 kHz bis 10 MHz darf der Spitzenwert für die elektrische und die magnetische Feldstärke das 6,93 $f^{0,664}$-fache der Werte des Anhangs 1b (f. in MHz) nicht überschreiten.

Bei gepulsten elektromagnetischen Feldern im Frequenzbereich über 10 MHz bis 300 GHz darf der Spitzenwert für die elektrische und die magnetische Feldstärke das 32-fache der Werte des Anhangs 1b nicht überschreiten.

2. Niederfrequenzanlagen

a) Errichtung vor dem 22.8.2013. Zum Schutz vor schädlichen Umwelteinwirkungen sind **Niederfre- 12
quenzanlagen**, die **vor** dem 22.8.2013 errichtet worden sind, nach § 3 Abs. 1 S. 1 der VO so zu betreiben, dass sie in ihrem Einwirkungsbereich an Orten, die zum nicht nur vorübergehenden Aufenthalt von Menschen bestimmt sind, bei höchster betrieblicher Anlagenauslastung die im Anhang 1a der VO genannten Grenzwerte nicht überschreiten, wobei Niederfrequenzanlagen mit einer Frequenz von 50 Hz die Hälfte des in Anhang 1a genannten Grenzwertes der magnetischen Flussdichte nicht überschreiten dürfen. Dabei bleiben, soweit nicht im Einzelfall hinreichende Anhaltspunkte für insbesondere durch Berührungsspannungen

17 Fundstelle: BGBl. 2013 I 3272.

hervorgerufene Belästigungen bestehen, die nach Art, Ausmaß oder Dauer für die Nachbarschaft unzumutbar sind, gemäß § 3 Abs. 1 S. 2 der VO außer Betracht:

- kurzfristige Überschreitungen der Grenzwerte nach S. 1 iVm Anhang 1a um nicht mehr als 100 % mit einer Dauer von nicht mehr als 5 % eines Beurteilungszeitraums von einem Tag (Nr. 1) und
- kleinräumige Überschreitungen der Grenzwerte der elektrischen Feldstärke nach S. 1 iVm Anhang 1a um nicht mehr als 100 % außerhalb von Gebäuden (Nr. 2).

13 **b) Errichtung nach dem 22.8.2013.** Zum Schutz vor schädlichen Umwelteinwirkungen sind Niederfrequenzanlagen, die **nach** dem 22.8.2013 errichtet werden, nach § 3 Abs. 2 S. 1 der VO so zu errichten und zu betreiben, dass sie bei höchster betrieblicher Auslagenauslastung in ihrem Einwirkungsbereich an Orten, die zum nicht nur vorübergehenden Aufenthalt von Menschen bestimmt sind, die im Anhang 1a genannten Grenzwerte nicht überschreiten, wobei Niederfrequenzanlagen mit einer Frequenz von 50 Hz die Hälfte des in Anhang 1a genannten Grenzwertes der magnetischen Flussdichte nicht überschreiten dürfen. **Bestehende Genehmigungen und Planfeststellungsbeschlüsse** bleiben unberührt.

14 **c) Ermittlung der elektrischen Feldstärke und der magnetischen Flussdichte.** Bei der Ermittlung der elektrischen Feldstärke und der magnetischen Flussdichte nach § 3 Abs. 1 und Abs. 2 der VO sind gemäß § 3 Abs. 3 der VO alle Immissionen zu berücksichtigen, die durch andere Niederfrequenzanlagen sowie durch ortsfeste Hochfrequenzanlagen mit Frequenzen zwischen 9 Kilohertz und 10 Megahertz, die einer Standortbescheinigung nach §§ 4 und 5 der VO über das Nachweisverfahren zur Begrenzung elektromagnetischer Felder bedürfen, gemäß Anhang 2a entstehen.

15 Wirkungen wie Funkenentladungen auch zwischen Personen und leitfähigen Objekten sind gemäß § 3 Abs. 4 der VO zu vermeiden, wenn sie zu erheblichen Belästigungen oder Schäden führen können.

3. Gleichstromanlagen

16 Zum Schutz vor schädlichen Umwelteinwirkungen sind Gleichstromanlagen nach § 3a S. 1 der VO so zu errichten und zu betreiben, dass in ihrem Einwirkungsbereich an Orten, die zum dauerhaften oder vorübergehenden Aufenthalt von Menschen bestimmt sind, bei höchster betrieblicher Anlagenauslastung

- der in Anhang 1a genannte Grenzwert der magnetischen Flussdichte nicht überschritten wird (Nr. 1), sowie
- Wirkungen wie Funkenentladungen auch zwischen Personen und leitfähigen Objekten, die zu erheblichen Belästigungen oder Schäden führen können, vermieden werden (Nr. 2).

Dabei sind gemäß § 3a S. 2 der VO alle relevanten Immissionen zu berücksichtigen.

4. Schutz der Allgemeinheit und der Nachbarschaft

17 Die VO (welche, wie ausgeführt, Grenzwerte zum Schutz der Allgemeinheit und der Nachbarschaft vor schädlichen Umwelteinwirkungen und zur Vorsorge gegen schädliche Umwelteinwirkungen durch elektromagnetische Felder festsetzt) leistet nach dem **derzeitigen Stand der Wissenschaft** ausreichend Vorsorge iS von Art. 2 Abs. 2 GG vor den Gefahren, die bspw. von elektromagnetischen Feldern einer Mobilfunkanlage ausgehen können. Dies gilt auch, soweit es um die nicht thermischen Effekte elektromagnetischer Felder geht.

18 Die Anforderungen der 26. BImSchV an Hochfrequenzanlagen genügen nach hA in Rechtsprechung wie Literatur der sich aus Art. 2 Abs. 2 S. 1 GG ergebenden staatlichen Pflicht zum Schutz der menschlichen Gesundheit. Bei Einhaltung der in § 2 iVm Anhang 1 des 26. BImSchV bestimmten immissionsbezogenen Grenzwerte werden keine schädlichen Umwelteinwirkungen iSd Immissionsschutzrechts hervorgerufen – was auch für die athermischen Wirkungen hochfrequenten elektromagnetischer Felder gilt (dh solcher, die gegenüber den zum Schutz von thermischen Wirkungen motivierten Grenzwerten vergleichsweise schwache Intensität aufweisen und wegen der geringen Leistungsflussdichte – angegeben im Watt/m² [= Produkt

aus elektrischer und magnetischer Feldstärke] keine messbare Temperaturerhöhung in Lebewesen hervorrufen).[18]

In der Begründung zur VO wird ausgeführt, dass durch den vorgeschlagenen Grenzwert für die magnetische Flussdichte niederfrequenter Felder von 100 Mikrotesla die Schwelle, ab der mit Veränderungen in der Erregbarkeit des zentralen Nervensystems und mit Wirkungen wie Unwohlsein, Schwindelgefühlen und Kopfschmerzen zu rechnen ist, um den Faktor 50 unterschritten wird.[19] 19

5. Allgemeine Verwaltungsvorschrift zur Durchführung der VO über elektromagnetische Felder (26. BImSchVVwV)

Die Bundesregierung hat am 26.2.2016, um der zuständigen Behörde eine Entscheidungsgrundlage dafür zu bieten, ob die Minimierung der Felder unter Berücksichtigung von Gegebenheiten im Einwirkungsbereich der jeweiligen Anlage sachgerecht geplant und umgesetzt wird, in Konkretisierung von § 4 Abs. 2 der 26. BImSchV eine **Allgemeine Verwaltungsvorschrift** zur Durchführung der VO über elektromagnetische Felder (26. BImSchV) (26. BImSchVVwV) erlassen.[20] 20

Bei Errichtung und wesentlicher Änderung von Niederfrequenzanlagen sowie Gleichstromanlagen sind nach § 4 Abs. 2 S. 1 der 26. BImSchV die Möglichkeiten auszuschöpfen, die von der jeweiligen Anlage ausgehenden elektrischen, magnetischen und elektromagnetischen Felder nach dem Stand der Technik unter Berücksichtigung von Gegebenheiten im Einwirkungsbereich zu minimieren. Das Nähere regelt eine Verwaltungsvorschrift gemäß § 48 BImSchG (so § 4 Abs. 2 S. 2 der 26. BImSchV). 21

III. 26. BImSchV – verfassungsrechtliche Implikationen

Die Bindung des Grundstücksnachbarn an die Vorgaben der 26. BImSchV im Rahmen von § 906 Abs. 1 S. 2 BGB verletzt diesen nicht in seinem Grundrecht aus Art. 2 Abs. 2 S. 1 GG.[21] 22

1. Schutzpflicht des Staates

Nach der Judikatur des BVerfG erschöpft sich das Grundrecht aus Art. 2 Abs. 2 S. 1 GG nicht in einem subjektiven Abwehrrecht gegenüber gezielten staatlichen Ansprüchen. Vielmehr ist aus ihm auch eine **Schutzpflicht des Staates und seiner Organe für das geschützte Rechtsgut** abzuleiten, deren Vernachlässigung von Betroffenen mit der Verfassungsbeschwerde geltend gemacht werden kann.[22] 23

Grundsätzlich – so das BVerfG[23] – können elektromagnetische Felder die körperliche Unversehrtheit beeinträchtigen: „Da Wirkungen biologisch-physiologisch feststellbar sind, kommt es auf die Frage, ob der 24

---

18 BVerfG Urt. v. 24.1.2007 – 1 BvR 382/05, NVwZ 2007, 805; BVerfG Urt. v. 8.12.2004 – 1 BvR 1238/04, NVwZ-RR 2005, 227; BVerfG Urt. v. 28.2.2002 – 1 BvR 1676/01, NJW 2002, 1628; EGMR Urt. v. 3.7.2007 – 32015/02, NVwZ 2008, 1215; BVerwG Urt. v. 10.12.2003 – 9 A 73/02, NVwZ 2004, 613; BGH Urt. v. 13.2.2004 – V ZR 217/03, NVwZ 2004, 1019; OVG Schleswig-Holstein Urt. v. 10.11.2009 – 1 LC 236/05, BeckRS 2009, 41671; OVG Münster Urt. v. 9.1.2009 – 13 A 2023/08, BeckRS 2009, 31021; OVG Magdeburg Urt. v. 9.11.2004 – 1 BS 377/04, NVwZ 2005, 352; VGH Mannheim Urt. v. 19.4.2002 – 3 S 590/02, NVwZ-RR 2003, 27; VG Freiburg Urt. v. 14.1.2010 – 1 K 2125/09, BeckRS 2010, 458990, juris Rn. 13; *Hansmann* in Landmann/Rohmer UmweltR BImSchG § 22 Rn. 13; *Jarass* BImSchG § 23 Rn. 32 f.; *Appel/Bulla* DVBl 2008, 1277, 1285.

19 RegE, BR-Drs. 393/96, 20.

20 BAnz AT vom 3.3.2016, B 5.

21 BVerfG Urt. v. 17.2.1997 – 1 BvR 1658/96, NJW 1997, 2509, juris Rn. 7 = JZ 1997, 897 mit Anm. *Kremser*, S. 898 = NuR 1997, 394 unter Bezugnahme auf BVerfG Beschl. v. 8.2.1994 – 1 BvR 1693/92, BVerfGE 90, 22 (26) = NJW 1994, 993. Vgl. auch die Anm. von *Wallisch* IBR 1997, 341 sowie *Murswiek* JuS 1998, 184. Zudem *Determann* NJW 1997, 2501.

22 BVerfG Beschl. v. 17.2.1997 – 1 BvR 1658/96, NJW 1997, 2509, juris Rn. 7 – zu Grenzwerten für Niederfrequenzanlagen – unter Bezugnahme auf BVerfG Beschl. v. 29.10.1987 – 2 BvR 624/83, BVerfGE 77, 170 (214) = NJW 1988, 1651; BVerfG Beschl. v. 26.1.1988 – 1 BvR 1561/82, BVerfGE 77, 381 (402 f.); BVerfG Beschl. v. 30.11.1988 – 1 BvR 1301/84, BVerfGE 79, 174 (201 f.) = NJW 1989, 1271.

23 BVerfG Beschl. v. 17.2.1997 – 1 BvR 1658/96, NJW 1997, 2509, juris Rn. 8.

Schutz des Art. 2 Abs. 2 S. 1 GG darüber hinaus auch auf den geistig-seelischen Bereich, also das psychische Wohlbefinden, zu erstrecken ist, nicht an".[24]

25 Bloße Grundrechtsgefährdungen liegen idR noch im Vorfeld verfassungsrechtlich erheblicher Grundrechtsbeeinträchtigungen. Unter bestimmten Voraussetzungen können sie aber Grundrechtsverletzungen gleichstehen.[25]

26 1997 hat das BVerfG konstatiert, dass nach dem bisherigen Kenntnisstand mit Gesundheitsgefahren erst bei um ein **Vielfaches höheren Einwirkungen** zu rechnen sei, als in dem damals zu entscheidenden Fall zu erwarten stünde.[26]

2. Einschätzungs-, Wertungs- und Gestaltungsprärogative des Staates

27 Bei der Erfüllung der Schutzpflicht kommt dem Gesetzgeber ein weiter **Einschätzungs-, Wertungs- und Gestaltungsbereich** zu, der auch Raum lässt, etwa konkurrierende öffentliche und private Interessen zu berücksichtigen – womit eine Verletzung der Schutzpflicht nur festgestellt werden kann, wenn die öffentliche Gewalt

- Schutzvorkehrungen überhaupt nicht getroffen hat oder
- die getroffenen Maßnahmen gänzlich ungeeignet oder völlig unzulänglich sind, das gebotene Schutzziel zu erreichen, oder erheblich dahinter zurückbleiben.[27]

Soweit Art. 2 Abs. 2 S. 1 GG Schutz gegen Einwirkungen benachbarter Anlagen verlangt, hat der Gesetzgeber dem durch die Vorschriften des zivilen und öffentlichen Nachbarrechts – insbesondere § 906 BGB und § 22 BImSchG – ausdrücklich Rechnung getragen.[28]

28 Der Gesetzgeber ist daher **nicht verpflichtet**, mit Blick auf Art. 2 Abs. 2 S. 1 GG die geltenden Grenzwerte zum Schutz vor Immissionen zu verschärfen, über deren gesundheitsschädliche Wirkungen keine verlässlichen wissenschaftlichen Erkenntnisse vorliegen.[29]

29 Es besteht nach Ansicht des BVerfG **keine Pflicht des Staates zur Vorsorge gegen rein hypothetische Gefährdungen**:[30] Die geltenden Grenzwerte könnten nur dann verfassungsrechtlich beanstandet werden, wenn erkennbar sei, dass sie die menschliche Gesundheit völlig unzureichend schützen. Davon könne solange keine Rede sein, als sich die Eignung und Erforderlichkeit geringerer Grenzwerte mangels verlässlicher wissenschaftlicher Erkenntnisse noch gar nicht abschätzen lasse. Es obliege allein der politischen Entscheidung des Verordnungsgebers, ob er – bei gebotener Beachtung konkurrierender öffentlicher und privater Interessen – Vorsorgemaßnahmen in einer solchen Situation der Ungewissheit sozusagen „ins Blaue hinein" ergreifen wolle. Dementsprechend verlange die Schutzpflicht aus Art. 2 Abs. 2 S. 1 GG nicht von den Gerichten, den Verordnungsgeber deshalb auf einer wissenschaftlich ungeklärten Tatsachengrundlage zur

---

24 BVerfG Beschl. v. 17.2.1997 – 1 BvR 1658/96 NJW 1997, 2509, juris Rn. 8 unter Bezugnahme auf BVerfG Beschl. v. 14.1.1981 – 1 BvR 612/72, BVerfGE 56, 54 (73 ff.) = NJW 1981, 1655.

25 BVerfG Beschl. v. 17.2.1997 – 1 BvR 1658/96, NJW 1997, 2509, juris Rn. 9 unter Bezugnahme auf BVerfG (Ablehnung einstweiliger Anordnung) v. 16.12.1983 – 2 BvR 1160/83, BVerfGE 66, 39 (58) = NJW 1984, 601; BVerfG Beschl. v. 19.6.1979 – 2 BvR 1060/78, BVerfGE 51, 324 (346 f.) = NJW 1979, 2349; BVerfG Beschl. v. 8.8.1978 – 2 BvL 8/77, BVerfGE 49, 89 (141) = NJW 1979, 359.

26 BVerfG Beschl. v. 17.2.1997 – 1 BvR 1658/96, NJW 1997, 2509, juris Rn. 9.

27 BVerfG Beschl. v. 28.2.2002 – 1 BvR 1676/01, NJW 2002, 1638, juris Rn. 11 und BVerfG Beschl. v. 17.2.1997 – 1 BvR 1658/96 = NJW 1997, 2509, juris Rn. 10 unter Bezugnahme auf BVerfG, Beschl. v. 14.1.1981 – 1 BvR 612/72, BVerfGE 56, 54 (81); BVerfG, Beschl. v. 26.1.1988 – 1 BvR 1561/82, BVerfGE 77, 381 (405); BVerfG, Beschl. v. 30.11.1988 – 1 BvR 1301/84, BVerfGE 79, 174 (202); BVerfG, Urt. v. 28.1.1992 – 1 BvR 1025/82, BVerfGE 85, 191 (212 f.); BVerfG, Urt. v. 10.1.1995 – 1 BfV 1/90, BVerfGE 92, 26 (46).

28 BVerfG Urt. v. 17.2.1997 – 1 BvR 1658/96, NJW 1997, 2509, juris Rn. 10 unter Bezugnahme auf BVerwG Beschl. v. 9.2.1996 – 11 VR 46/95, NuR 1996, 513 (515).

29 BVerfG Urt. v. 28.2.2002 – 1 BvR 1676/01, NJW 2002, 1638, juris Rn. 10 = NuR 2002, 674 = ZUR 2002, 347 mit Anm. *Köck*, S. 349. Vgl. auch die Anm. von Wagner IBR 2002, 572 und *Beaucamp* JA 2002, 641.

30 BVerfG Urt. v. 28.2.2002 – 1 BvR 1676/01, NJW 2002, 1638, juris Rn. 12.

Herabsetzung der Grenzwerte zu verpflichten, weil nachteilige Auswirkungen von Immissionen auf die menschliche Gesundheit nicht ausgeschlossen werden können.[31]

3. Komplexe Gefährdungslagen und Nachbesserungspflicht des Staates

Bei komplexen Gefährdungslagen, über die noch keine verlässlichen wissenschaftlichen Erkenntnisse vorliegen, kommt dem Verordnungsgeber ein angemessener Erfahrungs- und Anpassungsspielraum zu.[32] In einer solchen Situation der Ungewissheit verlangt die staatliche Schutzpflicht von den Gerichten weder, ungesicherten wissenschaftlichen Erkenntnissen mithilfe des Prozessrechts zur Durchsetzung zu verhelfen, noch die Vorsorgeentscheidung des Verordnungsgebers unter Kontrolle zu halten und die Schutzeignung der Grenzwerte jeweils nach dem aktuellen Stand der Forschung zu beurteilen. 30

Es ist vielmehr Sache des Verordnungsgebers, den Erkenntnisfortschritt der Wissenschaft mit geeigneten Mitteln nach allen Seiten zu beobachten und zu bewerten, um ggf. weitergehende Schutzmaßnahmen treffen zu können. Eine Verletzung der Nachbesserungspflicht durch den Verordnungsgeber kann gerichtlich erst dann festgestellt werden, wenn evident ist, dass eine ursprünglich rechtmäßige Regelung zum Schutz der Gesundheit aufgrund neuer Erkenntnisse oder einer veränderten Situation verfassungsrechtlich untragbar geworden ist.[33] 31

Eine eigenständige Risikoeinschätzung auf der Grundlage einer gerichtlichen Beweiserhebung durch die Fachgerichte ist damit von der konkreten Darlegung gesicherter Erkenntnisse von erheblichem wissenschaftlichem Gewicht abhängig. Notwendig ist die Anerkennung einer unzureichenden Schutzeignung der geltenden Schutzwerte durch bekannte Stellen.[34] 32

Eine solche Verteilung der Verantwortlichkeit zur Beurteilung komplexer, wissenschaftlich umstrittener Gefährdungslagen zwischen Exekutive und Gerichten trägt auch den nach Funktion und Verfahrensweise unterschiedlichen Erkenntnismöglichkeiten beider Gewalten Rechnung.[35] 33

Untersuchungen zu den Auswirkungen elektromagnetischer Felder auf den Menschen finden bereits seit längerem auf internationaler Ebene und fachübergreifend statt – insbesondere auch zu Einwirkungen unterhalb der geltenden Grenzwerte. Die Forschungen sind nach wie vor keineswegs abgeschlossen.[36] In einer solchen Situation kann durch die Betrachtung einzelner wissenschaftlicher Studien kein konsistentes Bild über die Gefährdungslage erlangt werden. Eine kompetente Risikobewertung setzt stattdessen die laufende fachübergreifende Sichtung und Bewertung der umfangreichen Forschung voraus.[37] Diese Aufgabe wird von verschiedenen internationalen wie nationalen Fachkommissionen wahrgenommen, ua von einer beim Bundesamt für Strahlenschutz gebildeten Arbeitsgruppe von Experten aus den mit dem Forschungsgegenstand befassten Fachrichtungen.[38] 34

Es liegt auf der Hand, dass die gerichtliche Beweiserhebung anlässlich eines konkreten Streitfalls die gebotene Gesamteinschätzung des komplexen wissenschaftlichen Erkenntnisstandes nicht leisten kann. Eine 35

31 BVerfG Urt. v. 28.2.2002 – 1 BvR 1676/01, NJW 2002, 1638, juris Rn. 12.

32 BVerfG Urt. v. 28.2.2002 – 1 BvR 1676/01, NJW 2002, 1638, juris Rn. 14.

33 BVerfG Urt. v. 28.2.2002 – 1 BvR 1676/01, NJW 2002, 1638, juris Rn. 14 unter Bezugnahme auf BVerfG Beschl. v. 8.8.1978 – 2 BvL 8/77, BVerfGE 49, 89 (130, 132 f.); BVerfG Beschl. v. 14.1.1981 – 1 BvR 612/72, BVerfGE 56, 54 (78 ff.); BVerwG Beschl. v. 16.2.1998 – 11 B 5/98, NVwZ 1998, 631.

34 BVerfG Urt. v. 28.2.2002 – 1 BvR 1676/01, NJW 2002, 1638, juris Rn. 14.

35 BVerfG Urt. v. 28.2.2002 – 1 BvR 1676/01, NJW 2002, 1638, juris Rn. 15 unter Bezugnahme auf BVerfG, Beschl. v. 8.7.1982 – 2 BvR 1187/80, BVerfGE 61, 82 (114 f.); BVerfG, Beschl. v. 17.4.1991 – 1 BvR 419/81, BVerfGE 84, 34 (50); BVerfG, Beschl. v. 17.7.1996 – 2 BvF 2/93, BVerfGE 95, 1 (15).

36 BVerfG Urt. v. 28.2.2002 – 1 BvR 1676/01, NJW 2002, 1638, juris Rn. 15 unter Bezugnahme auf BT-Drs. 14/3911, 48 ff.

37 BVerfG Urt. v. 28.2.2002 – 1 BvR 1676/01, NJW 2002, 1638, juris Rn. 15 unter Bezugnahme auf BT-Drs. 14/3911, 48 ff.; *Weese* BWGZ 2001, 781 (782).

38 BVerfG Urt. v. 28.2.2002 – 1 BvR 1676/01, NJW 2002, 1638, juris Rn. 15 unter Bezugnahme auf BT-Drs. 14/3911, 48 ff. und 14/6999, 44 ff.

kompetente eigenständige Risikobewertung durch die Gerichte kann erst erfolgen, wenn die Forschung soweit fortgeschritten ist, dass sich die Beurteilungsproblematik auf bestimmte Fragestellungen verengen lässt, welche anhand gesicherter Befunde von anerkannter wissenschaftlicher Seite geklärt werden können.[39]

IV. Grundsatzentscheidung des BGH vom 13.2.2004

36 Der BGH qualifiziert in seiner Grundsatzentscheidung[40] zu Nachbarrechten gegen eine Mobilfunksendeanlage (Jakobuskirche) Immissionen durch elektromagnetische Felder als „ähnliche von einem anderen Grundstück ausgehende Einwirkungen", die von § 906 Abs. 1 S. 1 BGB erfasst werden.[41]

1. Wesentliche oder unwesentliche Beeinträchtigung?

37 Infolgedessen sind Immissionen durch elektromagnetische Felder – wie jede andere Zufügung **unwägbarer Stoffe** – vom Eigentümer des von den Auswirkungen betroffenen Grundstücks zu dulden, wenn sie zu keiner oder nur zu einer „unwesentlichen Beeinträchtigung" führen.[42]

38 Ob eine Beeinträchtigung „wesentlich" ist, hängt vom Empfinden eines verständigen Durchschnittsmenschen ab und davon, was diesem auch unter Würdigung anderer öffentlicher und privater Belange billigerweise nicht mehr zuzumuten ist.[43]

39 Bei der vom Tatrichter dazu anzustellenden Bewertung ist allerdings § 906 Abs. 1 S. 2 BGB zu beachten. Danach liegt eine „unwesentliche Beeinträchtigung" idR vor, wenn die in Gesetzen oder Rechtsverordnungen festgelegten Grenzen oder Richtwerte von den nach diesen Vorschriften ermittelten und bewerteten Einwirkungen nicht überschritten werden.

2. 26. BImSchV als Richtwert

40 Die in der 26. BImSchV festgelegten Grenzwerte berücksichtigen sowohl die thermischen als auch die athermischen Effekte elektromagnetischer Felder. Die VO unterscheidet nicht zwischen diesen beiden Auswirkungen – vielmehr stellt sie nach ihrem § 1 Abs. 1 **generelle Anforderungen zum Schutz der Allgemeinheit und der Nachbarschaft** vor schädlichen Umwelteinwirkungen durch elektromagnetische Felder.[44] Ihr Augenmerk gilt den thermisch bedingten Reaktionen wie auch den athermischen Reaktionen. Der Verordnungsgeber hatte beide Gesichtspunkte im Auge und wollte sie regeln.[45]

41 Dass sich die festgelegten Grenzwerte nur an den thermischen Auswirkungen orientieren, beruht darauf, dass thermisch bedingte Reaktionen bei geringeren Feldstärken eintreten als nachgewiesene athermische Reaktionen. Der Verordnungsgeber konnte sich daher auf die Bestimmung von Grenzwerten beschränken, die an thermischen Reaktionen anknüpfen. Nachweisbare athermischen Reaktionen waren so in jedem Fall miterfasst.[46] „Dominanter Effekt der Hochfrequenzfelder" sei „die Erwärmung des Gewebes", der sog.

---

39 BVerfG Urt. v. 28.2.2002 – 1 BvR 1676/01, NJW 2002, 1638, juris Rn. 15. AA hingegen *Kniep* DWW 2005,101; *ders.*, WM 2004, 654 (der für eine Einholung von Sachverständigengutachten in jedem Einzelfall plädiert).

40 BGH Urt. v. 13.2.2004 – V ZR 217/03, NJW 2004, 1317 = MDR 2004, 742 = JZ 2004, 1080 mit Anm. *Röthel*, 1083 = NZM 2004, 310 = NVwZ 2004, 1019. Vgl. dazu auch *Dallmer* DWW 2004, 143 und *Kniep* DWW 2005, 101.

41 BGH Urt. v. 13.2.2004 – V ZR 217/03 = NJW 2004, 1317, juris Rn. 9 unter Bezugnahme auf *Fritz* BB 1995, 2122 (2123 ff.); Staudinger/*Roth* § 906 Rn. 173. Dem BGH folgend OLG Frankfurt a. M. Urt. v. 23.6.2005 – 16 U 6/05 = NJW-RR 2005, 1544 = NZM 2005, 838, juris Rn. 22.

42 BGH Urt. v. 13.2.2004 – V ZR 217/03, NJW 2004, 1317, juris Rn. 9.

43 BGH Urt. v. 13.2.2004 – V ZR 217/03, NJW 2004, 1317, juris Rn. 9 unter Bezugnahme auf BGH Urt. v. 20.11.1992 – V ZR 82/91, BGHZ 120, 239 (255); BGH Urt. v. 5.2.1993 – V ZR 62/91. BGHZ 121, 248 (255).

44 BGH Urt. v. 13.2.2004 – V ZR 217/03, NJW 2004, 1317, juris Rn. 10.

45 BGH Urt. v. 13.2.2004 – V ZR 217/03, NJW 2004, 1317, juris Rn. 10.

46 BGH Urt. v. 13.2.2004 – V ZR 217/03, NJW 2004, 1317, juris Rn. 10.

thermische Effekt. Darauf beruht die Grenzwertbestimmung. Sie schließt aber den Schutz vor athermischen Wirkungen nicht aus.[47]

Die 26. BImSchV enthält keine Vorsorgekomponente.[48] 42

Der BGH[49] hat auch konstatiert, dass die 26. BImSchV thermische und athermische Effekte elektromagnetischer Felder berücksichtigt: Die VO unterscheidet nämlich nicht zwischen diesen beiden Auswirkungen, sondern stellt – ausweislich der Regelung des § 1 Abs. 1 BImSchV – generelle Anforderungen zum Schutz der Allgemeinheit oder der Nachbarschaft vor schädlichen Umwelteinwirkungen auf. Im Einklang mit den Empfehlungen der Strahlenschutzkommission und der Entscheidung des BVerfG[50] zur Verfassungsmäßigkeit der 26. BImSchV haben Wissenschaft und Forschung bislang keinen Nachweis erbracht, dass athermische Effekte elektromagnetischer Felder unterhalb der in der 26. BImSchV gezogenen Grenzwerte zu gesundheitlichen Schäden führen können.[51] 43

3. Darlegungs- und Beweislast

Zwar hat grundsätzlich der Störer darzulegen und zu beweisen, dass sich eine Beeinträchtigung nur als „unwesentlich" darstellt.[52] Dieser Grundsatz erfährt jedoch dann eine Einschränkung, wenn nach der Regel des § 906 Abs. 1 S. 2 BGB von einer „unwesentlichen Beeinträchtigung" auszugehen ist, weil ein entsprechender Grenz- oder Richtwert nicht überschritten ist.[53] 44

a) Keine Umkehr der Beweislast. Allerdings kehrt sich in solch einem Fall – entgegen einer zum Teil vertretenen Auffassung[54] – nach Ansicht des BGH[55] die Beweislast nicht um (keine Umkehr der Beweislast).[56] 45

Vor der Neufassung des § 906 Abs. 1 BGB durch das Sachenrechtsänderungsgesetz vom 21.9.1994[57] entsprach es der ständigen Judikatur des BGH, dass in technischen Regelungswerken festgelegte Grenz- oder Richtwerte bei der Frage, ob eine Beeinträchtigung „wesentlich" oder „unwesentlich" ist, nicht schematisch angewendet werden konnten, sondern nur eine Entscheidungshilfe für den Richter in der Weise boten, dass bei einer Überschreitung der einschlägigen Richtwerte grundsätzlich von einer „unwesentlichen Beeinträchtigung" auszugehen war. Dies entband den Tatrichter aber nicht von der Verpflichtung, die Umstände des Einzelfalles zu würdigen und unter Berücksichtigung des Empfindens eines verständigen Menschen zu entscheiden, ob trotz Überschreitens der Grenzwerte möglicherweise doch von einer „unwesentlichen Beeinträchtigung" auszugehen war.[58] 46

Daran hat sich nach Ansicht des BGH[59] durch die Einführung des Regeltatbestandes in § 906 Abs. 1 S. 2 BGB nichts geändert: Der Gesetzgeber habe den dem Tatrichter zugewiesenen einzelfallbezogenen Beur- 47

47 BGH Urt. v. 13.2.2004 – V ZR 217/03, NJW 2004, 1317, juris Rn. 10.
48 BGH Urt. v. 13.2.2004 – V ZR 217/03, NJW 2004, 1317, juris Rn. 11 unter Bezugnahme auf die Stellungnahme des Wirtschaftsausschusses, BR-Drs. 393/1/96, 5 und BVerfG Beschl. v. 28.2.2002 – 1 BvR 1676/01, BVerfG NJW 2002, 1638 (1639); *Kutscheidt* NJW 1997, 2481 (2484).
49 BGH Urt. v. 13.2.2004 – V ZR 217/03, NJW 2004, 1317 (1318).
50 BVerfG Beschl. v. 28.2.2002 – 1 BvR 1676/01, BauR 2002, 1222 = MMR 2002, 380 = NJW 2002, 1638.
51 BGH Urt. v. 13.2.2004 – V ZR 217/03, NJW 2004, 1317 (1318).
52 BGH Urt. v. 13.2.2004 – V ZR 217/03, NJW 2004, 1317, juris Rn. 13 unter Bezugnahme auf BGH Urt. v. 20.11.1992 – V ZR 82/91, BGHZ 120, 239 (257).
53 BGH Urt. v. 13.2.2004 – V ZR 217/03, NJW 2004, 1317, juris Rn. 13.
54 Begründung zu § 906 Abs. 1 S. 2 BGB, BT-Drs. 12/7425, 88; Baumgärtel/Laumen/Prütting/*Laumen* Handbuch des Beweisrechts § 906 Rn. 7; *Fritz* NJW 1996, 573 (574); Staudinger/*Roth* BGB § 906 Rn. 178.
55 BGH Urt. v. 13.2.2004 – V ZR 217/03, NJW 2004, 1317, juris Rn. 13.
56 Vgl. auch OLG Dresden Urt. v. 19.3.2013 – 9 U 1265/12, MMR 2013, 475 – unter II.1.
57 BGBl. I 2457.
58 So die vormalige ständige Rechtsprechung des BGH, vgl. nur etwa BGH Urt. v. 23.3.1990 – V ZR 58/89, BGHZ 111, 63 (66 ff.).
59 BGH Urt. v. 13.2.2004 – V ZR 217/03, NJW 2004, 1317, juris Rn. 13.

teilungsspielraum nicht einengen wollen.[60] Hätte der Gesetzgeber eine Beweislastumkehr zulasten des beeinträchtigten Grundstücksnachbarn vornehmen wollen, hätte im Übrigen eine andere Formulierung näher gelegen als die Aufstellung einer Regel, wonach bei Einhaltung der Grenz- oder Richtwerte von einer „unwesentlichen Beeinträchtigung" auszugehen sei.[61]

48 **b) Bloße Indizwirkung der Grenz- und Richtwerte.** Der BGH[62] geht daher auch nach der Änderung des § 906 Abs. 1 BGB weiterhin davon aus, dass den in den Sätzen 2 und 3 der Norm genannten Grenz- oder Richtwerten nur die Bedeutung zukommt, dass dem Überschreiten dieser Werte **Indizwirkung** für das Vorliegen einer „wesentlichen Beeinträchtigung" zukommt – und (umgekehrt) ein Einhalten oder Unterschreiten der Grenz- oder Richtwerte die „Unwesentlichkeit der Beeinträchtigung" indiziert.[63]

49 Eine solche indizielle Bedeutung hat der Tatrichter zu beachten. Er kann – so der BGH[64] – im Rahmen seines Beurteilungsspielraums von dem Regelfall aber dann abweichen, wenn „besonderer Umstände des Einzelfalls" dies gebieten.

50 Die Darlegungs- und ggf. auch die Beweislast für solche die Indizwirkung erschütternden Umstände trifft denjenigen, der trotz Einhaltung der Grenzwerte eine „wesentliche Beeinträchtigung" geltend macht:[65] Er muss allerdings nur diese Umstände darlegen und beweisen, um dem Tatbestand des § 906 Abs. 1 S. 2 BGB die Indizwirkung zu nehmen. Hingegen muss er nicht nachweisen, dass die Beeinträchtigung „wesentlich" ist.[66]

51 Dies steht nach Ansicht des BGH[67] auch nicht im Widerspruch zu den Wertungen der §§ 903, 1004, 906 BGB: Der Gesetzgeber hat in § 906 Abs. 1 S. 2 BGB eine **Risikoverschiebung** vorgenommen und im Ergebnis eine Duldungspflicht für den Fall statuiert, dass eine „wesentliche Beeinträchtigung" zwar nicht ausgeschlossen ist, aber – wegen der Einhaltung der einschlägigen Grenzwerte – idR nicht gegeben sein wird, und der von den Immissionen Betroffene die hiervon ausgehende Indizwirkung nicht hat erschüttern können.[68]

52 **c) Bindung und Widerlegung der Richtigkeit der in den Grenzwerten zum Ausdruck kommenden Wertungen.** Die in den Grenzwerten der 26. BImSchV zum Ausdruck gekommene Wertung ist **von Verfassungs wegen nicht zu beanstanden** und daher **bindend** (dazu → Rn. 22 ff.).

53 Sie kann daher durch einen sich beeinträchtigt fühlenden und klagenden Nachbarn nicht auf dem Umweg des privaten Immissionsschutzes wieder infrage gestellt werden.

54 Eine eigene generelle Risikobewertung steht dem Tatrichter gerade nicht zu – nur eine einzelfallbezogene Beurteilung bei Vorliegen entsprechender Umstände.[69] Ein Gericht ist also grundsätzlich nicht dazu verpflichtet, den aktuellen wissenschaftlichen Erkenntnisstand zur Gefährlichkeit hochfrequenter elektromagnetischer Felder durch Einholung von sachverständigen Beweisen zu ermitteln.[70]

---

60 BGH Urt. v. 13.2.2004 – V ZR 217/03, NJW 2004, 1317, juris Rn. 13 unter Bezugnahme auf RegE, BT-Drs. 12/7425, 28.

61 BGH Urt. v. 13.2.2004 – V ZR 217/03, NJW 2004, 1317, juris Rn. 13 unter Bezugnahme auf *Marburger* in FS für Ritter, 1997, S. 901, 905 und 913.

62 BGH Urt. v. 13.2.2004 – V ZR 217/03, NJW 2004, 1317, juris Rn. 13.

63 BGH Urt. v. 13.2.2004 – V ZR 217/03, NJW 2004, 1317, juris Rn. 13 unter Bezugnahme auf BGH Urt. v. 6.7.2001 – V ZR 246/00, BGHZ 148, 261 (264 f.).

64 BGH Urt. v. 13.2.2004 – V ZR 217/03, NJW 2004, 1317, juris Rn. 13.

65 BGH Urt. v. 13.2.2004 – V ZR 217/03, NJW 2004, 1317, juris Rn. 13.

66 BGH Urt. v. 13.2.2004 – V ZR 217/03, NJW 2004, 1317, juris Rn. 13. Der BGH verweist in diesem Kontext darauf, dass *Marburger* (in FS für Ritter, 1997, S. 901, 917), *Roth* (Staudinger/*Roth* BGB § 906 Rn. 202) und *Lorenz* (Erman Hagen/*Lorenz* BGB § 906 Rn. 17) zum gleichen Ergebnis gelangen (wenngleich sie zum Teil missverständlich von „Gegenbeweis" sprechen).

67 BGH Urt. v. 13.2.2004 – V ZR 217/03, NJW 2004, 1317, juris Rn. 14.

68 BGH Urt. v. 13.2.2004 – V ZR 217/03, NJW 204, 1317, juris Rn. 14.

69 BGH Urt. v. 13.2.2004 – V ZR 217/03, NJW 2004, 1317, juris Rn. 14.

70 OLG Frankfurt a. M. Urt. v. 23.6.2005 – 16 U 6/05, NJW-RR 2005, 1544, juris Rn. 33.

Um die im Regelfall anzunehmende Indizwirkung der BImSchV zu erschüttern, muss ein Kläger darlegen, dass 55

- ein **wissenschaftlich begründeter Zweifel an der Richtigkeit der** in der VO **festgelegten Grenzwerte** besteht und/oder, dass
- ein **fundierter Verdacht einer Gesundheitsgefährdung**[71] durch elektromagnetische Felder schon unterhalb dieser Werte angenommen werden kann.[72]

Wissenschaft und Forschung – so der BGH[73] – sind bislang jedoch noch nicht der Nachweis gelungen, dass athermische Effekte elektromagnetischer Felder (zumal unterhalb der durch die VO gezogenen Grenzen) zu gesundheitlichen Schäden führen: Dies liege auch der Entscheidung des BVerfG zur Verfassungsmäßigkeit der 26. BImSchV (→ Rn. 22 ff.) zugrunde.[74] 56

Sachverständigengutachten zur Frage der gesundheitlichen Auswirkungen elektromagnetischer Felder können nur den Stand der aktuellen Forschung wiedergeben. Sie sind daher grundsätzlich nicht geeignet, neue Erkenntnisse zu vermitteln – etwas anderes könnte allenfalls dann gelten, wenn ein Kläger auf **neue Forschungsansätze** hinweist, die eine andere Sicht der Dinge vermitteln. Entsprechende Studien müssten aber geeignet sein, den bisherigen Stand der Forschung zu revidieren und im konkreten Fall eine gesundheitliche Beeinträchtigung beweisen[75] (Erschütterung der Indizwirkung).[76] 57

Dass Schäden infolge elektromagnetischer Felder möglich sind, also nicht ausgeschlossen werden können, entspricht hingegen auch schon **bisherigem Erkenntnisstand**.[77] 58

Erforderlich wäre daher seitens des klagenden und sich durch elektromagnetische Felder beeinträchtigt fühlenden Nachbarn eine Darlegung und der Nachweis, dass die durch die 26. BImSchV gesetzten Grenzen in einem konkreten Fall ein Gefährdungspotenzial bilden, das nach dem neuestem Stand der Forschung als „wesentliche Beeinträchtigung" qualifiziert werden müsste – mithin der Vortrag wissenschaftlich gesicherter Erkenntnisse in Gutachten, wonach im konkreten Fall eine Gesundheitsgefährdung zu gewärtigen oder der ernsthafte Verdacht einer solchen Gefährdung aufgezeigt wird.[78] 59

Hierin kommt eine Risikoverschiebung gerade für die Fälle zum Ausdruck, in denen eine „wesentliche Beeinträchtigung" nicht ausgeschlossen werden kann.[79] 60

Gelingt ihm dies nicht, ist der Beweis der „Unwesentlichkeit" als geführt anzusehen.[80] 61

Beachte: Eine **Verletzung der Nachbesserungspflicht durch den Verordnungsgeber** kann gerichtlich erst festgestellt werden, wenn **evident** ist, dass eine ursprünglich rechtmäßige Regelung zum Schutz der

71 Nach OLG Frankfurt a. M. (Urt. v. 18.6.2003 – 23 U 137/02, MMR 2003, 671) reicht der Vortrag des Klägers nicht aus (um zumindest einen wissenschaftlich begründeten Verdacht einer Gesundheitsgefährdung durch nicht thermische Effekte darzulegen), dass schon jetzt Menschen in der Nähe von Mobilfunkanlagen an Kopfschmerzen, Schlafstörungen, Herzrhythmusstörungen und Tinnitus leiden.

72 BGH Urt. v. 13.2.2004 – V ZR 217/03, NJW 2004, 1317, juris Rn. 15.

73 BGH Urt. v. 13.2.2004 – V ZR 217/03, NJW 2004, 1317, juris Rn. 15.

74 BGH Urt. v. 13.2.2004 – V ZR 217/03, NJW 2004, 1317, juris Rn. 18 unter Bezugnahme auf BVerfG Beschl. v. 26.8.2002 – 1 BvR 1676/01, NJW 2002, 1638 (1639).

75 BGH Urt. v. 13.2.2004 – V ZR 217/03, NJW 2004, 1317, juris Rn. 18.

76 Vgl. BGH Urt. v. 13.2.2004 – V ZR 217/03, NJW 2004, 1317; OLG Dresden Urt. v. 19.3.2013 – 9 U 1265/12, MMR 2013, 475 – unter II.1 unter Bezugnahme auf BGH Urt. v. 6.7.2001 – V ZR 246/00, BGHZ 148, 261 (261). Vgl. auch die Gesetzesbegründung, BT-Drs. 12/7425, 28.

77 BGH Urt. v. 13.2.2004 – V ZR 217/03, NJW 2004, 1317, juris Rn. 18.

78 BGH Urt. v. 13.2.2004 – V ZR 217/03, NJW 2004, 1317, juris Rn. 18.

79 OLG Dresden Urt. v. 19.3.2013 – 9 U 1265/12, MMR 2013, 475. – unter II.1 unter Bezugnahme auf BGH Urt. v. 13.2.2004 – V ZR 217/03, NJW 2004, 1317 (1318).

80 OLG Dresden Urt. v. 19.3.2013 – 9 U 1265/12, MMR 2013, 475. – unter II.1.

Gesundheit aufgrund neuer Erkenntnisse oder einer veränderten Situation „verfassungsrechtlich untragbar" geworden ist.[81]

62 **d) Keine Notwendigkeit einer Beweisaufnahme.** Unter Bezugnahme auf die Entscheidung des BVerfG zur Verfassungsmäßigkeit der BImSchV[82] (→ Rn. 22 ff.) konstatiert der BGH,[83] dass die **Durchsetzung des Justizgewährungsgebots** gemäß Art. 19 Abs. 4 GGG auch **keine Beweisaufnahme** fordert – die wiederum nur den bestehenden Zustand der Ungewissheit, eine wissenschaftlich nicht verlässlich explorierte komplexe Gefährdungslage, spiegeln kann.[84]

63 In einer Situation der Ungewissheit verlangt die staatliche Schutzpflicht von den Gerichten weder ungesicherten wissenschaftlichen Erkenntnissen mithilfe des Prozessrechts zur Durchsetzung zu verhelfen, noch, die Vorsorgeentscheidung des Verordnungsgebers unter Kontrolle zu halten und die Schutzeignung der Grenzwerte jeweils nach dem aktuellen Stand der Forschung zu beurteilen.[85] Die gerichtliche Beweiserhebung anlässlich eines konkreten Streitfalles kann somit die gebotene Gesamteinschätzung des komplexen wissenschaftlichen Erkenntnisstandes nicht leisten – weswegen eine kompetente eigenständige Risikobewertung durch die Gerichte erst erfolgen kann, wenn die Forschung soweit fortgeschritten ist, dass sich die Beurteilungsproblematik auf bestimmte Fragestellungen verengen lässt, welche anhand gesicherter Befunde von anerkannter wissenschaftlicher Seite geklärt werden können.[86]

64 Daher können aktuelle wissenschaftliche Studien und Publikationen keinen Schluss auf eine völlige Unzulänglichkeit der in der 26. BImSchV festgelegten Grenzwerte erlauben. Vielmehr können sie allenfalls die Notwendigkeit einer weiteren umfangreichen Forschung belegen.[87]

65 So hat bspw. die vom damaligen Bundesministerium für Umwelt, Natur und Reaktorsicherheit eingesetzte Strahlenschutzkommission bereits 2011 konstatiert,[88] dass der Betrieb von Mobilfunksendestationen in den Grenzen der Werte des 26. BImSchV nicht zu einer Erhöhung des Krebsrisikos, zu einer Veränderung des Schlafverhaltens und anderer neurophysiologischer Prozesse und zu Einflüssen auf das Blut und das Immunsystem führt. Immissionen durch ortsfeste Sendeanlagen in allgemein zugänglichen Bereichen erreichen in Bezug auf die Grenzwertausschöpfung maximal einstellige Prozentwerte, während durch körpernah oder im Körperkontakt betriebene Endgeräte Explosionen festzustellen sind, die die zulässigen Basisgrenzwerte zu mehreren 10 % ausschöpfen können. Zwar bestehe (auch) hinsichtlich der Immissionen durch ortsfeste Sendeanlagen noch weiterer Forschungsbedarf. Ursprüngliche Befürchtungen über gesundheitliche Risiken konnten jedoch nicht bestätigt werden.[89]

66 Zum gleichen Ergebnis kommt das Schweizerische Bundesamt für Umwelt (BAFU):[90] „Soweit dort auf Effekte verwiesen wird, die es nach bisherigem Verständnis eigentlich nicht hätte geben dürfen, unterstreicht dies lediglich erneut, dass weiterhin Klärungsbedarf besteht".[91]

---

81 So im Anschluss an BGH Urt. v. 13.2.2004 – V ZR 217/03, NJW 2004, 1317 das OLG Frankfurt a. M. Urt. v. 23.6.2005 – 16 U 6/05, NJW-RR 2005, 1544, juris Rn. 35.
82 BVerfG Beschl. v. 28.2.2002 – 1 BvR 1676/01, NJW 2002, 1638 (1639).
83 BGH Urt. v. 13.2.2004 – V ZR 217/03, NJW 2004, 1317, juris Rn. 21.
84 OLG Frankfurt a. M. Urt. v. 23.6.2005 – 16 U 6/05, NJW-RR 2005, 1544.
85 OLG Frankfurt a. M. Urt. v. 23.6.2005 – 16 U 6/05, NJW-RR 2005, 1544, juris Rn. 34.
86 OLG Frankfurt a. M. Urt. v. 23.6.2005 – 16 U 6/05, NJW-RR 2005, 1544, juris Rn. 37.
87 OLG Dresden Urt. v. 19.3.2013 – 9 U 1265/12, MMR 2013, 475 (476).
88 Stellungnahme der Strahlenschutzkommission, 250. Sitzung vom 29./30.9.2011, zitiert nach OLG Dresden Urt. v. 19.3.2013 – 9 U 1265/12, MMR 2013, 475 (476).
89 Stellungnahme der Strahlenschutzkommission, 250. Sitzung vom 29./30.9.2011, zitiert nach OLG Dresden Urt. v. 19.3.2013 – 9 U 1265/12, MMR 2013, 475 (476).
90 Medieninformation des BAFU vom 12.5.2011, zitiert nach OLG Dresden Urt. v. 19.3.2013 – 9 U 1265/12, MMR 2013, 475 (476).
91 OLG Dresden Urt. v. 19.3.2013 – 9 U 1265/12, MMR 2013, 475 (476).

Es bleibt somit allein Sache des Verordnungsgebers, die künftige Entwicklung zu beobachten und etwaigen neuen Erkenntnissen durch engere oder weitere Grenzwerte in der BImSchV Rechnung zu tragen.[92] Vor diesem Hintergrund konstatiert die ständige Judikatur, dass aufgrund der gegenwärtigen Sachlage keine Rede davon sein kann, dass die in der 26. BImSchV niedergelegten Werte sich so weit vom gegenwärtigen Stand von Wissenschaft und Forschung entfernt haben, dass sie schlechterdings keine Geltung mehr beanspruchen könnten.[93] 67

Vorbeugende Unterlassungsklagen sind grundsätzlich **ohne Beweisaufnahme** abzuweisen.[94] 68

4. Zusammenfassung

Die Zivilgerichtsbarkeit hat die Richtigkeit der Annahmen des Verordnungsgebers, die den Grenzwerten der 26. BImSchV zu Grunde liegen, nicht zu prüfen:[95] Die in den Grenzwerten der VO zum Ausdruck gekommene Wertung bindet die Zivilgerichte.[96] Die Zivilgerichte dürfen diese Wertung nicht auf dem Umweg des privaten Immissionsschutzes infrage stellen. Eine eigene generelle Risikobewertung steht ihnen nicht zu.[97] Die Grenzwerte der BImSchV nur dann – wegen eines Verstoßes gegen die aus Art. 2 Abs. 2 S. 1 GG folgende Schutzpflicht – unbeachtlich sein und als Anknüpfungspunkt für die Unwesentlichkeitsvermutung des § 906 Abs. 1 S. 2 BGB außer Betracht bleiben, wenn ihre Untragbarkeit evident wäre.[98] 69

V. Funktionsstörungen von EDV-Anlagen uä.

Unter „ähnliche Einwirkungen“ fallen auch Funktionsstörungen von EDV-Anlagen, die von benachbarten Geräten und Netzen ausgehen, welche **nicht** die Voraussetzungen von § 3 des Gesetzes über die elektromagnetische Verträglichkeit von Betriebsmitteln (EMVG)[99] erfüllen. Dem EMVG kommt Indizwirkung hinsichtlich der Frage der „(Un-)Wesentlichkeit“ einer Einwirkung iS von § 906 Abs. 1 S. 2 BGB zu.[100] 70

92 BGH Urt. v. 13.2.2004 – V ZR 217/03, NJW 2004, 1317, juris Rn. 21 unter Bezugnahme auf BVerfG Beschl. v. 28.2.2002 – 1 BvR 1676/01, NJW 2002, 1638 (1639).

93 OLG Dresden Urt. v. 19.3.2013 – 9 U 1265/12, MMR 2013, 475 (476) unter Bezugnahme auf OVG Bautzen Urt. v. 22.2.2011 – 1 A 507/09.

94 So im Anschluss an BGH Urt. v. 13.2.2004 – V ZR 217/03, NJW 2004, 1317 die Entscheidung des OLG Frankfurt a.M. 10.3.2005 – 1 U 54/04, IR 2005, 119 (Ls.). Das OLG Dresden (Urt. v. 19.3.2013 – 9 U 1265/12, NVwZ 2013, 1028 = NZM 2013, 673 = MMR 2013, 475) hat Schadensersatz- bzw. Schmerzensgeldansprüche des Grundstücksnachbarn gegen den Betrieb einer Mobilfunk-Antennenanlage auf dem Dach eines benachbarten Hauses für den Fall abgelehnt, dass die Grenzwerte der 26. BImSchV eingehalten werden: Das Gericht will zwar Gesundheitsbeeinträchtigungen durch die Mobilfunkantennentechnik nicht ausschließen, es lägen jedoch keine neuen wissenschaftlichen Erkenntnisse vor, die die Grenzwerte der 26. BImSchV als „evident“ veraltet erscheinen lassen. In einer weiteren Entscheidung hat das OLG Dresden (Urt. v. 19.3.2013 – 9 U 1265/12, MMR 2013, 475) diese Auffassung wiederholt und festgestellt, dass wenn sich die von einer Mobilfunksendeanlage ausgehenden Immissionen innerhalb der in der 26. BImSchV festgelegten Grenzwerte bewegen, die davon ausgehenden Einwirkungen „unwesentlich“ iSv Abs. 1 S. 2 und S. 3 seien und deshalb von dem Nachbarn zu dulden seien. Die Einhaltung dieser Grenzwerte wirke sich auch auf die Darlegungslast aus. Zwar liege die Darlegungs- und Beweislast für die „Unwesentlichkeit“ einer Beeinträchtigung grundsätzlich beim Störer. Die Einhaltung der in Abs. 1 S. 2 und S. 3 genannten Grenzwerte indiziere jedoch die Unwesentlichkeit einer Beeinträchtigung – wenngleich insofern keine Umkehr der Beweislast stattfinde. In der Folge müsse der beeinträchtigte Nachbar deshalb besondere Umstände des Einzelfalls darlegen und im Bestreitensfalle auch beweisen, die die Indizwirkung erschüttern. Sofern ihm dieses nicht gelinge, sei der Beweis der Unwesentlichkeit als geführt anzusehen.

95 OLG Dresden Urt. v. 19.3.2013 – 9 U 1265/12, MMR 2013, 475 (476).

96 BVerfG Beschl. v. 28.2.2002 – 1 BvR 1676/01, NJW 2002, 1638 = BauR 2002, 1222 = MMR 2002, 380; BVerfG Beschl. v. 17.2.1997 – 1 BvR 1658/96, NJW 1997, 2509.

97 BGH Urt. v. 13.2.2004 – V ZR 217/03, NJW 2004, 1317 (1318).

98 BVerfG Beschl. v. 28.2.2002 – 1 BvR 1676/01, NJW 2002, 1638 = BauR 2002, 1222 = MMR 2002, 380; BVerfG Beschl. v. 17.2.1997 – 1 BvR 1658/96, NJW 1997, 2509.

99 V. 26.2.2008 (BGBl. I 220).

100 Staudinger/*Roth* BGB § 906 Rn. 173.

71 In diesem Zusammenhang sind weiterhin

- **elektrische Ströme**,[101]
- **Röntgenstrahlen** und
- **ionisierende Strahlungen**[102] (worunter die gesamte Strahlung fällt, die nicht genügend Energie aufweist, um Atome und Moleküle zu ionisieren, dh elektrisch aufzuladen – wozu niederfrequente elektrische und magnetische sowie hochfrequente elektromagnetische Felder ebenso wie die optische Strahlung [auch UV-Strahlung] und Ultraschall, zählen, vgl. § 1 Abs. 2 des Gesetzes zum Schutz vor nichtionisierender Strahlung bei der Anwendung am Menschen [NiSG] vom 29.7.2009)[103]

zu benennen, die sich als „ähnliche Einwirkungen" darstellen können.

VI. Schadenersatzansprüche im Fall elektromagnetischer Felder

1. Schadensersatzanspruch nach § 823 Abs. 1 BGB

72 Eine Eigentumsbeeinträchtigung, die in der Wirkung elektromagnetischer Felder auf Computermonitore liegt, ist nicht rechtswidrig, wenn der Kläger zu ihrer Duldung verpflichtet ist.[104]

73 Nach § 75 Abs. 2 S. 1 VwVfG sind Ansprüche der von einem Vorhaben Betroffenen auf Beseitigung oder Änderung einer Anlage oder auf Unterlassung der Benutzung dann ausgeschlossen, wenn ein Planfeststellungsbeschluss rechtsbeständig ist. Für diesen Fall muss der Betroffene die Anlage dulden, und eine Eigentumsbeeinträchtigung durch den bestimmungsgemäßen Gebrauch ist nicht rechtswidrig.[105]

2. Schadensersatzanspruch nach § 823 Abs. 2 BGB iVm der 26. BImSchV

74 Die 26. BImSchV ist zwar Schutzgesetz nach § 823 Abs. 2 BGB[106] – aber nur für Gesundheitsschäden und nicht auch für Eigentumsbeeinträchtigungen. Sie regelt nämlich nur die Einwirkung elektromagnetischer Felder auf Personen, nicht auf Sachen.[107]

3. Schadensersatzansprüche nach dem HaftPflG

75 § 1 HaftPflG setzt einen „Unfall" voraus – wobei Dauerbeeinträchtigungen durch Immissionen nicht darunter fallen.[108]

---

101 RG Urt. v. 21.10.1931 – V 43/31, RGZ 133, 342.

102 Palandt/*Herrler* BGB § 906 Rn. 11; Staudinger/*Roth* BGB § 906 Rn. 173.

103 BGBl. I 2433. Dazu *Rutkowski/Göhler*, Lexikon des Nebenstrafrechts, 42. EL Januar 2019 Rn. 554. Das NiSG regelt den Schutz vor schädlichen Wirkungen bei einer Anwendung am Menschen im medizinischen Bereich (§ 2) und bei kosmetischen bzw. anderen Anwendungen (§§ 3 und 4). Die einzuhaltenden Schwellenwerte sind im Rechtsverordnungswege nach § 5 NiSG festgelegt: vgl. die VO zum Schutz vor schädlichen Wirkungen nichtionisierende Strahlung bei der Anwendung am Menschen (NiSV) vom 29.11.2018 (BGBl. I 2187) und die VO zum Schutz vor schädlichen Wirkungen künstlicher ultravioletter Strahlung (UVSV) vom 20.7.2011 (BGBl. I 1412).

104 OLG Stuttgart Urt. v. 5.4.2001 – 1 U 2/01, NJW-RR 2001, 1313, juris Rn. 4: Im konkreten Fall hatte das Eisenbahn-Bundesamt für die Elektrifizierung der Strecke einen Planfeststellungsbeschluss erlassen, der rechtsbeständig geworden war. Zu den Beeinträchtigungen an den Computermonitoren des Klägers kam es durch den Strom für die Oberleitung und damit durch den bestimmungsgemäßen Gebrauch des Schienenwegs.

105 OLG Stuttgart Urt. v. 5.4.2001 – 1 U 2/01, NJW-RR 2001, 1313, juris Rn. 4 unter Bezugnahme auf Soergel/*Zeuner* BGB § 823 Rn. 36; Kopp/*Ramsauer* VwVfG § 75 Rn. 10.

106 OLG Stuttgart Urt. v. 5.4.2001 – 1 U 2/01, NJW-RR 2001, 1313, juris Rn. 5 unter Bezugnahme auf *Jarass* BImSchG § 23 Rn. 34.

107 OLG Stuttgart Urt. v. 5.4.2001 – 1 U 2/01, NJW-RR 2001, 1313, juris Rn. 5 unter Bezugnahme auf BVerwG NVwZ 2000, 68.

108 OLG Stuttgart Urt. v. 5.4.2001 – 1 U 2/01, NJW-RR 2001, 1313, juris Rn. 7 unter Bezugnahme auf *Filthaut* HaftPflG § 1 Rn. 126a.

§ 2 HaftPflG setzt keinen Unfall voraus – weshalb Immissionen unter § 2 HaftPflG fallen können.[109] Die Einwirkung von elektromagnetischen Feldern ist eine Wirkung der Elektrizität, die § 2 HaftPflG voraussetzt. Die Beeinträchtigung der Funktionsfähigkeit von Monitoren ist allerdings keine „Beschädigung" einer Sache, wie dies § 2 Abs. 1 HaftPflG verlangt, weil die Sachsubstanz nicht beeinträchtigt wird.[110] Soweit darin ein Sachschaden gesehen wird, dass eine Sache ihrem bestimmungsgemäßen Gebrauch entzogen wird,[111] wird nach Ansicht des OLG Stuttgart[112] der Unterschied zu einer Eigentumsverletzung verwischt. Für reine Nutzungsbeeinträchtigungen – konkret: Bildverzerrungen auf Computermonitoren durch elektromagnetische Felder – kommt eine Haftung nach § 2 HaftPflG nicht in Betracht.[113] 76

4. Ansprüche nach § 906 Abs. 2 S. 2 BGB

Ein Schadensersatzanspruch nach § 906 Abs. 2 S. 2 BGB besteht nicht, da „Immission" iS von § 906 BGB zwar auch die elektromagnetische Strahlung ist[114] – der Anspruch aber dann ausgeschlossen ist, wenn der Kläger nach § 75 Abs. 2 S. 1 VwVfG aufgrund der rechtskräftigen Planfeststellung die Benutzung der Anlage dulden muss[115]. 77

5. Anspruch aus enteignendem Eingriff

Ein entsprechender Anspruch setzt voraus, dass sich Verkehrsimmissionen von hoher Hand, deren Zuführung nicht untersagt werden kann, als unmittelbarer Eingriff in nachbarliches Eigentum darstellen und die Grenze dessen überschritten wird, was ein Nachbar nach § 906 BGB entschädigungslos hinnehmen muss. 78

Ein entsprechender – für Verkehrslärm entwickelter – Anspruch besteht grundsätzlich in einem **Geldausgleich für Schutzeinrichtungen** auf dem betroffenen Grundstück[116] und setzt voraus, wenn keine Enteignung iSd Art. 14 Abs. 2 GG vorliegt, dass die zugelassene Nutzung die vorgegebene Grundstückssituation „nachhaltig verändert" und damit das benachbarte Wohnungseigentum schwer und unerträglich trifft.[117] 79

Ein Anspruch aus enteignendem Eingriff auf Schutzmaßnahmen gegen elektromagnetische Felder besteht nach der Elektrifizierung einer Eisenbahnstrecke aber dann nicht, wenn für die Elektrifizierung ein Planfeststellungsbeschluss erlassen worden und rechtsbeständig geworden ist.[118] 80

VII. Zusammenfassung

Die bisherige einschlägige Judikatur[119] hat die Gewährung von Ansprüchen auf Unterlassung elektromagnetischer Abstrahlung – ebenso wie Schadensersatz- bzw. Schmerzensgeldansprüche – gemäß § 823 Abs. 1 iVm § 1004 Abs. 1 BGB abgelehnt, sofern der Betreiber einer entsprechenden Anlage die Vorgaben der 26. BImSchV beachtet hat. 81

---

109 OLG Stuttgart Urt. v. 5.4.2001 – 1 U 2/01, NJW-RR 2001, 1313, juris Rn. 8 unter Bezugnahme auf *Filthaut* HaftPflG § 2 Rn. 48.

110 OLG Stuttgart Urt. v. 5.4.2001 – 1 U 2/01, NJW-RR 2001, 1313, juris Rn. 8 unter Bezugnahme auf RG Urt. v. 21.10.1931 – V 43/31, RGZ 133, 342 zur Vorgängerregelung von § 1 HaftPflG, § 25 des preußischen Gesetzes über Eisenbahnunternehmen.

111 So *Filthaut* HaftPflG § 1 Rn. 132.

112 OLG Stuttgart Urt. v. 5.4.2001 – 1 U 2/01, NJW-RR 2001, 1313, juris Rn. 8.

113 OLG Stuttgart Urt. v. 5.4.2001 – 1 U 2/01, NJW-RR 2001, 1313 – Ls. 2.

114 OLG Stuttgart Urt. v. 5.4.2001 – 1 U 2/01, NJW-RR 2001, 1313, juris Rn. 9 unter Bezugnahme auf BVerfG NJW 1997, 2509.

115 OLG Stuttgart Urt. v. 5.4.2001 – 1 U 2/01, NJW-RR 2001, 1313, juris Rn. 9 unter Bezugnahme auf Kopp/*Ramsauer* VwVfG § 75 Rn. 10 und Stelkens/Bonk/*Sachs* VwVfG § 75 Rn. 48.

116 OLG Stuttgart Urt. v. 5.4.2001 – 1 U 2/01, NJW-RR 2001, 1313, juris Rn. 10 unter Bezugnahme auf BGH Urt. v. 10.12.1987 – III ZR 204/86, NJW 1988, 900.

117 OLG Stuttgart Urt. v. 5.4.2001 – 1 U 2/01, NJW-RR 2001, 1313, juris Rn. 10.

118 OLG Stuttgart Urt. v. 5.4.2001 – 1 U 2/01, NJW-RR 2001, 1313 = CR 2001, 501 (503) – Ls. 1.

119 OLG Dresden Urt. v. 19.3.2013 – 9 U 1265/12, MMR 2013, 475. Vgl. auch VG Regensburg Urt. v. 26.9.2006 – RO 2 K 06.443, BeckRS 2009, 32405 (Solaranlage und Elektrosmog).

82 Es gibt derzeit keine ausreichenden Anhaltspunkte dafür, dass bei Einhaltung der Sicherheitsanforderungen der 26. BImSchV durch den Betrieb von Mobilfunkanlagen eine Gefährdung der menschlichen Gesundheit eintreten kann. Nach wie vor liegt hinsichtlich der Beurteilung dieser Gefahren eine wissenschaftlich ungeklärte Tatsachengrundlage vor, die nicht Gegenstand eines gerichtlichen Beweisverfahrens sein kann. Der Umstand, dass der für eine Mobilfunkanlage berechnete Sicherheitsbereich zu einem erheblichen Teil auf einem fremden Grundstück verwirklicht wird, verstößt für sich genommen daher nicht gegen das baurechtliche Gebot der Rücksichtnahme. Rücksichtslosigkeit ist in diesem Fall nur anzunehmen, wenn der Eigentümer des Nachbargrundstücks durch die Festlegung des Sicherheitsbereiches an der Realisierung der ihm ansonsten offen stehenden Nutzungsmöglichkeiten gehindert würde.[120] Wenn die maßgeblichen Grenzwerte eingehalten sind, kann auch der Mieter nicht wegen der Besorgnis einer Gesundheitsgefährdung die Einstellung des Betriebs einer Mobilfunksendeanlage verlangen. Eine Fürsorgepflicht des Vermieters, allen denkbaren abstrakten Gefahren entgegenzuwirken, besteht nämlich nicht.[121]

83 Dann ist bspw. auch der Betrieb einer Mobilfunksendeanlage auf einem Nachbargrundstück zu dulden, weil durch die von dort ausgehende Strahlung nur eine „unwesentliche Beeinträchtigung“ ausgeht.

VIII. Vorläufiger Zivilrechtsschutz

84 Auch bei einer Geltendmachung einstweiligen Zivilrechtsschutzes muss die Gefährdung des in Rede stehenden Rechtsguts so naheliegend sein, dass dies eine einstweilige Regelung (auch in Gestalt eines Verbots) bis zur Beendigung des Hauptverfahrens rechtfertigt.[122]

85 Steht eine mögliche Gesundheitsgefährdung durch Immissionen (konkret: eine Mobilfunkantenne) in Rede, kann kein geringerer Grad an Glaubhaftmachung akzeptiert werden. Auch hier ist bei Einhaltung der Grenzwerte der 26. BImSchV der vom Betreiber zu erbringende Beweis für eine die „Unwesentlichkeit“ der von seiner Anlage ausgehenden Beeinträchtigung als geführt anzusehen.

33. Elektrozaun

Kieß

Literatur: *Kruse*, Zu den Voraussetzungen der Tierhalterhaftung bei ungeklärter Verursachung, VersR 2012, 1360; *Otto*, Brandenburgische Bauordnung, 4. Aufl. 2016; *Rebler*, Die Haftung bei Verkehrsunfällen mit Tieren, MDR 2012, 1204.

I. Einführung

1 Ein Elektrozaun wird meist als Weidezaun errichtet, um Tiere am Ausbrechen von der Weide zu hindern.[1] Seitdem der Wolf wieder in Deutschland heimisch wird, gewinnt der Elektrozaun auch als Schutz der Weidetiere vor Raubtieren an Bedeutung. Der handelsübliche Elektrozaun erzeugt dabei eine Stromspannung, die für den Menschen ungefährlich ist, Weidetiere aber vor dem Ausbrechen – im Zweifel aber nicht den Wolf vor dem Eindringen – abhalten.

120 VG Hamburg Urt. v. 8.11.2004 – 19 K 5715/03, NordÖR 2005, 260.
121 So LG Freiburg Urt. v. 3.3.2005 – 3 S 19/01, Grundeigentum 2005, 547.
122 OLG Frankfurt a. M. Urt. v. 28.11.2000 – 8 U 190/00, MMR 2001, 316 – vorläufiger Zivilrechtsschutz gegen Mobilfunkantenne.
1 Vgl. etwa OVG Saarlouis Urt. v. 4.11.1993 – 2 R 9/93, juris Rn. 33.

Elektrozäune sind häufig Gegenstand von Gerichtsverfahren, denen Ansprüche wegen Tierhalterhaftung zugrunde liegen. Dabei geht es meist um die Frage, ob der Tierhalter sich nach § 833 S. 2 BGB entlasten kann, wenn er einen Elektrozaun errichtet und dennoch durch Tiere verursachte Schäden entstehen.[2] 2

II. Nachbarrecht

Das Recht, einen Elektrozaun zu errichten, ist Ausfluss von § 903 BGB und Art. 14 GG. Daher ist ein Eigentümer auch berechtigt, auf seinem Grundstück einen Elektrozaun zu errichten. 3

Ein Elektrozaun stellt keine gefahrdrohende Anlage im Sinne des § 907 Abs. 1 BGB dar, da von diesem aufgrund der niedrigen Spannung keine Gefahr für das Nachbargrundstück ausgeht. 4

Ein Elektrozaun stellt auch keine Einfriedung im Sinne der nachbarrechtlichen Landesvorschriften dar, da es sich in der Regel nicht um eine fest mit dem Grundstück verbundene Anlage handelt (→ *Einfriedung* Rn. 6).[3] 5

Unzulässig ist es aber, die fest mit dem Grundstück verbundene Einfriedung des eigenen Grundstücks unter Strom zu setzen, wenn dadurch gesundheitliche Gefahren für Menschen begründet werden können. Dann hat der Nachbar einen Anspruch aus § 1004 BGB auf Beseitigung der Anlage bzw. auf Abschalten der Stromzufuhr. 6

III. Öffentliches Recht

Soll ein Elektrozaun als Einfriedung dienen, so könnte dieser unter Umständen, auch wenn es sich um eine bauliche Anlage im Sinne von § 1 Abs. 1 der Landesbauordnungen handelt, baugenehmigungsfrei sein (vgl. etwa § 61 Abs. 1 Nr. 7 a, b BauO NRW). Genehmigungsfreie Vorhaben müssen ebenso öffentlich-rechtlichen Vorschriften entsprechen.[4] Landesbauordnungen sehen vor, dass bauliche Anlagen so beschaffen sein müssen, dass ua schädliche physikalische Einflüsse nicht entstehen dürfen (vgl. etwa § 13 BauO NRW). Insofern ist ein Elektrozaun zwischen zwei bewohnten Grundstücken nicht zulässig. 7

Etwas anderes kann gelten, wenn ein Elektrozaun in einem Außenbereich der Baugenehmigung bedarf. Hier hat das VG Ansbach gemeint, ein Nachbar habe aus dem Rücksichtnahmegebot folgend keinen Anspruch darauf, dass eine Baugenehmigung nicht erteilt wird, weil der handelsübliche Elektrozaun für Menschen ungefährlich sei.[5] Diese Entscheidung dürfte allenfalls für den landwirtschaftlichen Bereich vertretbar sein. Ein 22 km langer Zaun kann allerdings ein naturschutzrechtliches Hindernis für die freie Nutzung der Natur darstellen.[6] 8

2 Dazu etwa BGH Urt. v. 30.6.2009 – VI ZR 266/08, NJW 2009, 3233 Rn. 10 ff.; OLG Schleswig Urt. v. 9.5.2013 – 7 U 71/12, NZV 2014, 32 Rn. 30 ff.; dazu auch *Kruse* VersR 2012, 1360; *Rebler* MDR 2012, 1204 (1206 f.).
3 *Albrecht* in Staudinger EGBGB Art. 124 Rn. 23.
4 Vgl. etwa *Otto* Brandenburgische Bauordnung § 61 Rn. 1332.
5 VG Ansbach Beschl. v. 6.7.2017 – AN 3 S 17.01012, juris Rn. 31 ff.
6 VGH München Beschl. v. 11.5.2017 – 14 ZB 16.1775, NVwZ-RR 2017, 689.

34. Erschütterung

Kemper

Literatur: *Achenbach*, Zur Frage der selbstständigen rechtlichen Bedeutung der privatnützigen Planfeststellung, 1992; *Berkemann*, Bauplanerische Abwägung – strukturiert zugleich eine Besprechung zu Gierke/Schmidt-Eichstaedt Die Abwägung in der Bauleitplanung, ZfBR 2019, 239; *Berkemann*, Zur Abwägungsdogmatik: Stand und Bewertung, ZUR 2016, 323; *v. Brünneck*, Das Wohl der Allgemeinheit als Voraussetzung der Enteignung, NVwZ 1986, 435; *Bund/Länder-Arbeitsgemeinschaft für Immissionsschutz*, Hinweise zur Messung, Beurteilung und Verminderung von Erschütterungsimmissionen, 2018; *Busch/Löffler/Gömmel*, Draußen beginnt der Abbruch – Ein kluges Erschütterungsmonitoring schützt die Server im Inneren und löst rechtzeitig Alarm aus, Rechenzentrum und Infrastruktur IV/2015, 12; *Gierke/Schmidt-Eichstaedt*, Die Abwägung in der Bauleitplanung, 2019; *Guggenberger/Müller*, Erschütterungen, in: Müller/Möser, Taschenbuch der Akustik, 3. Aufl. 2004, S. 767; *Hafner*, Zivilrechtlicher Lärmschutz an Eisenbahnstrecken, NVwZ 2015, 648; *Herrmann*, Aktuelles zu Erschütterungen – Prognose, Messung, Beurteilung, I+E 2011, 302; *Hönig*, Vorbereitende Maßnahmen für das Planfeststellungsverfahren, UPR 2001, 374; *Hyckel*, Die materiellrechtliche Transformation des Umweltschutzes in der Bauleitplanung, ZfBR 2016, 335; *Jarass*, Schutzmaßnahmen und Ausgleichsentschädigung bei Planfeststellungen, DÖV 2004, 633; *Kemper*, OVG Hamburg stoppt zweite Airbus-Startbahnverlängerung: Wann rechtfertigen private Arbeitsplätze eine Enteignung, D-Spezial 2005; *Klinger*, Zur Zulässigkeit von Betriebsregelungen in eisenbahn- und fernstraßenrechtlichen Planfeststellungsbeschlüssen, UPR 2003, 342; *Krappel*, Kommunale Bauleitplanung auf gewidmeten Bahnflächen, BauR 2012, 1569; *Kühling*, Die privatnützige Planfeststellung, in: Sendler-FS, 1991, S. 391; *Kümper*, Der Unterbleibensbescheid im Planfeststellungsrecht nach der Bereinigung des Fachplanungsrechts durch das Planungsvereinheitlichungsgesetz, NVwZ 2016, 1280; *Kuhlmann/Krause/Kemper*, Leitfaden zu grundsätzlichen Aspekten der Baudynamik, DS 2011, 101; *Magnus/Popp/Sextro*, Schwingungen – Grundlagen – Modelle – Beispiele, 11. Aufl. 2021; *Martini/Finkenzeller*, Die Abwägungsfehlerlehre, JuS 2012, 126; *Rockitt*, Erschütterungen und sekundärer Schallschutz im Fokus der Planfeststellung, NVwZ 2019, 1318; *Scheidler*, Die Abwägung als Kernstück der gemeindlichen Bauleitplanung, KommJur 2019, 405; *Schrader*, Windenergie und seismologische Stationen – neue „Baustopper" im BImschG-Genehmigungsverfahren, NVwZ 2016, 584; *Siegel*, Die Behördenpräklusion und ihre Vereinbarkeit mit dem Verfassungsrecht und dem Gemeinschaftsrecht, DÖV 2004, 589; *Storost*, Fachplanungsrecht in der Rechtsprechung des BVerwG, in: Stüer-FS, 2013, S. 481; *Vallendar*, Lärmschutz durch betriebliche Regelungen bei Eisenbahnplanungen, UPR 2014, 241; *Vierhaus*, Beweisrecht im Verwaltungsprozess, 2011; *Ziekow*, Frühe Öffentlichkeitsbeteiligung – Der Beginn einer neuen Verwaltungskultur, NVwZ 2013, 754.

I. Überblick

1 Erschütterungen sind ein **physikalisches**[1] **Phänomen**, das Nachbarkonflikte v.a. in der Nachbarschaft von Verkehrswegen, Baustellen und Produktionsstätten auslöst. Dabei nehmen Menschen Erschütterungen überhaupt erst ab einer **Mindeststärke** und – wie Schall – **je nach individuellem Empfinden** wahr. Des-

1 *Herrmann* I+E 2011, 302 (302) nennt Erschütterungen „allgegenwärtig".

halb geht es bei Nachbarkonflikten über Erschütterungen – wie bei Schall – selten nur um Physik, sondern um deren subjektive Wahrnehmung (s. auch → Rn. 15 und → *Infraschall und Lärm – Allgemeines* Rn. 9).

Erschütterungen verursachen **Primär- und Sekundäreffekte**. **Primäreffekt** ist die Schwingung von Böden, Wänden und Decken in benachbarten Gebäuden aufgrund durch den Boden weitergeleiteter Schwingung. **Sekundäreffekte** sind zum einen sog. **sekundärer Luftschall**, der auftritt, weil die Boden-, Wand- und Deckenschwingung in Gebäuden ihrerseits Schall verursacht und abstrahlt, und zum anderen Phänomene wie Gläserklirren als häufig genanntes Beispiel für erschütterungsbedingte Wahrnehmungen,[2] die oft als störender empfunden werden als die sie auslösenden Erschütterungen selbst.[3] 2

Erschütterungen und Schwingungen können Belästigungen, Gefahren und Beschädigungen für und an Menschen, Tieren und Grundstücken, baulichen Anlagen und technischen Einbauten verursachen, die selbst keine Schwingungen auslösen, aber (teils sehr) schwingungsempfindlich sind (zB Präzisionsgeräte aller Art, Elektronenmikroskope, Rechner[4], Roboter, Messgeräte aller Art). Schwingungserzeugende Anlagen können durch übertragene Schwingungen auch den Betrieb sensibler Geräte störend beeinflussen. An baulichen Anlagen und dem Untergrund können Schwingungen Spannungen, Setzungen, Lockerungen des Baugefüges verursachen und v.a. bei Dauerbeanspruchung zur Minderung der Widerstandskraft und Beständigkeit führen. Im Unter- bzw. Baugrund können Schwingungen Setzungen verursachen. 3

Erschütterungen und Schwingungen entstehen v.a. durch Maschinen im Gewerbe- und Industriebau, aber auch durch **haustechnische Anlagen** im Wohnbau und Fahrzeuge auf Straßen und Schienen. Häufigsten Erschütterungsursachen im Bauwesen sind Vibrations- oder Rammgeräte bei der Herstellung von Baugruben, Verdichtungsarbeiten im Straßen- und Wasser- einschließlich Kanalbau, ferner Erschütterungen infolge Straßen- und Bahnverkehrs sowie die Erschütterungsausbreitung infolge Sprengungen in Steinbrüchen oder beim Tunnelvortrieb. Quelle sich durch den Boden ausbreitender Erschütterungen bzw. Schwingungen sind v.a. **Maschinen mit sich bewegenden Teilen**.[5] Neben gewerblichen und industriellen Schwingungsquellen (etwa Motoren, Pressen, Stanzen, Hämmern, Zerkleinerer, Siebe, Zentrifugen), Baustellen (etwa Baugrundverdichtung, Sprengung) und Verkehrswegen (Rollbewegung von Fahrzeugen) werden Wohnhäuser und Wohnungen selbst mit haustechnischen Anlagen und Apparaten ausgestattet, die Schwingungsquellen sind (Aufzüge, Waschmaschinen, Wärmeerzeugungsanlagen, Wärmepumpen (→ *Wärmepumpe* Rn. 1 ff.), Klimaanlagen und Haushaltsgeräte). 4

Erschütterungen lösen Nachbarkonflikte aus, weil sie **Wohlbefinden** und **Wohnkomfort** beeinträchtigen, **Gesundheit und Bausubstanz** schädigen und **Betriebsstörungen**[6] verursachen. **Einwirkungen auf Menschen** stehen **im Vordergrund**,[7] doch können Erschütterungen auch **Bauwerkschäden** verursachen 5

Die rechtliche Klärung und Lösung solcher Nachbarkonflikte erfordern bei eingetretenen Störungen eine Dokumentation durch genaue Protokollierung[8] des/der störenden Ereignisse/s, weil sich Störungen nur auf Basis der Protokollierung streitiger Ereignisse so genau darlegen lassen, dass Nachbarforderungen nicht bereits durch bloßes Bestreiten abgewehrt werden können. 6

2 Sowohl *Herrmann* I+E 2011, 302 (302) als auch *Guggenberger/Müller*, Erschütterungen, in Taschenbuch der Akustik, S. 767 (767).

3 Hervorhebung durch *Guggenberger/Müller*, Erschütterungen, in Taschenbuch der technischen Akustik, S. 767.

4 Vgl. zum erfolglosen Antrag auf Anordnung der aufschiebenden Wirkung einer auf Schutzauflagen zugunsten eines Rechenzentrums gerichteten Klage vgl. BVerwG Beschl. v. 19.12.2019 – 7 VR 8/19, juris Rn. 14 f.

5 *Kuhlmann/Krause/Kemper* DS 2011, 101 ff.

6 Vgl. *Busch/Löffler/Gömmel* Rechenzentrum und Infrastruktur IV/2015, 12 ff.

7 *Vallendar* in Beck AEG § 18 Rn. 171.

8 Beschreibung möglichst anhand objektiver Daten wie Ort, Datum, Uhrzeit, aber auch wahrgenommener Stärke/Intensität, wenngleich diese subjektiv geprägt ist; evtl. Zeugen sollten dokumentiert werden, wegen der subjektiven Prägung der Wahrnehmung aber v. a. für den Beweis der konkreten Störung (Ort und Zeit) dem Grunde nach; zur in diesem Zusammenhang relevanten Problematik uneinheitlicher Erinnerung mehrerer Zeugen vgl. nur LG Stuttgart Urt. 12.12.2011 – 10 U 106/11, juris Rn. 23: „Die (…) zum Ausdruck kommende Variabilität hat die Glaubhaftigkeit der Angaben beeinträchtigt".

7 Bei bevorstehenden Störungen ist eine sachverständige Unterstützung idR neben der Darlegung der Umstände unerlässlich, weil sich die streitigen nachteiligen Erscheinungen nur durch sachverständige Messung oder Prognose samt Bewertung hinreichend substantiiert beschreiben und v.a. ihre Unzulässigkeit beweisen lassen werden.[9]

II. Begriff

8 Alle Landesbauordnungen[10] verwenden wie § 3 BImSchG den Begriff „Erschütterungen". Alle Bauordnungen verwenden daneben auch das Wort „Schwingungen". Beide Begriffe werden nur im Plural verwendet, jedoch nicht legaldefiniert.

9 Als Auslegungshilfe dienen die Definitionen beider Begriffe der DIN 4150. DIN 4150 Teil 1: Erschütterungen im Bauwesen – Grundsätze, Vorermittlungen und Messung von Schwingungsgrößen. Sie unterscheidet beide Phänomene und definiert wie folgt:

- Schwingung als „[z]eitliche Veränderungen physikalischer Größen (…), wenn die zeitliche Veränderung im Zeitraum nicht monoton ist."
- Erschütterung als: „(…) Schwingungsemissionen und Schwingungsimmissionen (…)", wobei Ausgangspunkt ist, dass „[i]n baulichen Anlagen (…) mechanische Schwingungen zu dynamischen Belastungen [führen]."

10 Alle Landesnormen tragen „Erschütterungen und Schwingungen" nicht nur im Titel, sondern richten auch ihren Normbefehl „sind so zu dämmen, dass Gefahren oder unzumutbare Belästigungen nicht entstehen" auf und gegen beide Phänomene; dabei setzen sie Erschütterungen und Schwingungen gleich. Für die juristische Argumentation kann die Gleichsetzung je nach den Umständen zu ungenau sein. Stattdessen kann erforderlich für die Herausarbeitung eines Kausalzusammenhangs erforderlich sein, beide zu unterscheiden. Deshalb ist für die Lösung eines durch Erschütterungen und/oder deren Folgen ausgelösten Nachbarkonflikts **Vorsicht vor begrifflichen Unschärfen** geboten. Speziell die anwaltliche Sorgfaltspflicht[11] gebietet hier erhöhte Sensibilität.

11 Nach § 3 Abs. 2 BImSchG sind Erschütterungen Immissionen „im Sinne dieses Gesetzes". Immissionen können nach § 3 Abs. 1 BImSchG als schädlich zu qualifizierende Umwelteinwirkungen sein. Als solche definiert die Norm „Immissionen, die nach Art, Ausmaß oder Dauer geeignet sind, Gefahren, erhebliche Nachteile oder erhebliche Belästigungen für die Allgemeinheit oder die Nachbarschaft herbeizuführen". Demnach sind Erschütterungen Immissionen und als Immissionen dann schädliche Umwelteinwirkungen, wenn sie erhebliche Nachteile oder erhebliche Belästigungen verursachen. Indem er „Erschütterungen" lediglich kategorisiert, leistet auch § 3 Abs. 2 BImSchG keinen Beitrag zur Begriffs(er)klärung.

12 In der **Akustik** werden Erschütterungen teils rein objektiv, teils unter Einbeziehung einer subjektiven Komponente beschrieben. Erschütterungen sind danach **tieffrequente Schwingungen** in Festkörpern mit belästigender oder potenziell belästigender Wirkung.[12] In der **Mechanik** wird Schwingung (auch Oszillation) als **periodische Schwankung, die sich als Welle ausbreitet**, bzw. mehr oder weniger erfolgende Schwankung zeitliche Schwankung von Zustandsgrößen bezeichnet.[13] Die Beschreibungen lassen erkennen, dass beide Phänomene zueinander im Verhältnis von Wirkung und Ursache stehen und entgegen dem Sprachgebrauch der Landesbauordnungen, der Praxis und der Fachpublikationen keine Synonyme sind.

---

9 Zur Unabdingbarkeit der (im entschiedenen Fall unterlassenen) Protokollierung für die Substantiierung eines Tatsachenvortrags vgl. OLG München Urt. v. 18.9.2008 – 23 U 2648/08, juris Rn. 35.

10 Weitestgehend wortgleich mit oder eng gelehnt an § 15 Abs. 3 MBO: § 14 Abs. 1 LBO BW; Art. 13 Abs. 3 BayBO; § 15 Abs. 3 BauO Bln; § 15 Abs. 3 BbgBO; § 15 Abs. 3 BremBO; § 18 Abs. 3 HBauO; § 15 Abs. 3 HBO; § 15 Abs. 3 LBauO M-V; § 15 Abs. 2 NBauO; § 15 Abs. 3 BauO NRW; § 16 Abs. 3 LBauO RhPf; § 15 Abs. 3 LBO Saarl; § 15 Abs. 3 SächsBO; § 15 Abs. 3 BauO LSA; § 16 Abs. 2 LBO Schl.-H.; § 15 Abs. 3 ThürBO.

11 Zum „sichersten Weg" vgl. *Borgmann/Jungk/Grams*, Anwaltshaftung, § 21 Rn. 131.

12 *Guggenberger/Müller*, Erschütterungen, in Taschenbuch der Akustik, S. 767 (767).

13 *Magnus/Popp/Sextro*, Schwingungen, S. 1 f.

Nach alledem sind Erschütterungen als **Bewegungen** zu verstehen, **die sich aufgrund mechanischer Schwingungen in einem festen Medium oder an dessen Oberfläche ausbreiten.**[14] Sie können dem **Entstehungsgrund** nach auf natürlicher oder durch Menschen geschaffener Ursache beruhen, ihre **physikalische Wirkung** auf Menschen, Tiere, technische Geräte und Bauwerke sowie deren Untergrund ausüben und dadurch als negative **Folge** bei Menschen und Tieren Belästigungen des Wohlbefindens und sogar Gesundheitsschäden, bei Grundstücken Stabilitäts- und Stützverlust und bei baulichen Anlagen Bauwerkschäden verursachen. 13

III. Naturwissenschaftliche Grundlagen des Erschütterungsschutzes

Ob eine im Einzelfall streitige Einwirkung (Emission) tatsächlich eine unzulässige Erschütterung ist, kann nicht rein rechtlich, sondern nur mithilfe der Fachwissenschaft geklärt werden. Demgemäß ist auch für die rechtliche Beurteilung streitiger Erschütterungen bedeutsam, was in den einschlägigen wissenschaftlichen Fachdisziplinen Akustik, Mechanik, Dynamik unter Erschütterung/en und Schwingung/en verstanden wird. 14

Erschütterungen und Schwingungen sind für Menschen, dh für menschliche Sinnesorgane, erst wahrnehmbar, wenn sie eine bestimmte **Wahrnehmbarkeitsschwelle** überschreiten. Maßstab ist ein durchschnittlich empfindlicher Betroffener. Grundsätzlich gelten Schwingungen erst im Frequenzbereich von 1–80 Hz als wahrnehmbar. Insbesondere in Wohn-, aber auch sensibleren Arbeitsbereichen wie Büros, Bibliotheken, Arzt- oder Anwaltspraxen führt die Überschreitung einer sog. **Fühlschwelle** zum Gefühl der Belästigung durch Schwingungen. Wie diejenige von Schall ist auch die Wahrnehmung von Schwingungen resp. Erschütterungen aber subjektiv geprägt. Deshalb kommt es für die Ermittlung einer erschütterungsbedingten Beeinträchtigung des menschlichen Wohlbefindens und damit einer relevanten Belästigung nicht allein auf physikalische Messresultate, sondern auch auf den situativen Wahrnehmungsrahmen an.[15] Die subjektive Empfindung hängt ab von individuellen Voraussetzungen wie Alter, Geschlecht, Gesundheitszustand und Konstitution, Tätigkeit resp. Beschäftigung v.a. differenziert nach Beruf oder Freizeit und Umgebungssituation wie öffentlich oder privat, Wohnung oder Arbeitsstätte, Schule, Gastronomie oder gar Krankenhaus.[16] 15

Für die Frage einer relevanten Beeinträchtigung von Bauwerken oder Betriebsstörungen erschütterungssensibler technischer Geräte können subjektive Faktoren dagegen keine Bedeutung haben. Hier geht es um objektiv feststellbare physikalische Einflüsse. 16

Der technisch messbare Grad einer Schwingungsbelastung ist abhängig von Intensität (Amplitude), Frequenz, Art (harmonisch, stochastisch oder stoßhaltig) und Richtung (vertikal oder horizontal). Zur Bewertung speziell im Hinblick auf Gebäudeschäden werden die gemessenen Schwinggeschwindigkeiten (vmax) und Frequenzen betrachtet. 17

Erschütterungsgutachten basieren **nicht allein auf Messungen**. Bei Neuausweisung von Baugebieten und dem Ausbau neuer Verkehrswege, von denen Erschütterungen ausgehen können, werden Erschütterungsprognosen erstellt. Diese basieren allenfalls partiell auf tatsächlich durchgeführten Erschütterungsmessungen. Messungen sind nur möglich, wenn der künftige Betrieb realitätsnah simuliert werden kann. Dies ist zB der Fall, wenn ein dem künftigen emittierenden vergleichbarer Betrieb ortsnah existiert. Wird zB eine Straße um eine Fahrbahn oder eine Bahn- oder Straßenbahnstrecke um ein Gleis erweitert (ausgebaut), können aufgrund des künftig zusätzlichen Betriebs zu erwartende Erschütterungen zB durch Messfahrten auf der bereits vorhandenen Anlage oder den Abwurf von Gewichten und Messung des Aufschlags wirk- 18

14 *Herrmann* I+E 2011, 302 (302); *Guggenberger/Müller*, Erschütterungen, in Taschenbuch der technischen Akustik, S. 767.

15 *Schulte/Michalk* in BeckOK UmweltR BImSchG § 3 Rn. 25, die bildhaft darauf verweisen, ein Mensch sei „bspw. grds. bereit, am Arbeitsplatz eine andere Belastung hinzunehmen als zu Hause."

16 *Guggenberger/Müller*, Erschütterungen, in Taschenbuch der technischen Akustik, S. 767.

lichkeitsnah simuliert werden.[17] Solche Simulationen eröffnen verlässlichere Daten als rein rechnerische Prognosen, weil dann auch die konkreten Boden- und Schwingungsverhältnisse konkreter Gebäude realistisch in eine Messung einfließen. Bei allein auf Erfahrungswerten basierten Erschütterungsprognosen bleiben diese Einflussfaktoren unberücksichtigt.[18] Sachlich exakt und deshalb auch rein fachlich geboten wären exakte Bestandsaufnahmen an jedem durch eine geplante Erschütterungsquelle potentiell betroffenen Gebäude und in allen Räumen. Rechtlich wird diese Methode jedoch als unverhältnismäßig bewertet. Stattdessen gilt als genügend, Erschütterungen an nach wissenschaftlichen Erkenntnissen über Erschütterungsausbreitungen ausgewählten Einwirkungsorten nach dem Stand der Messtechnik zu erfassen.[19]

19 Für tatsächliche Messungen werden vorab Einwirkungsbereiche bestimmt, in denen aufgrund erschütterungsspezifischer Faktoren mit Erschütterungen zu rechnen ist. Dabei ist zu berücksichtigen, dass Erschütterungen im Allgemeinen mit Zunahme des Abstands von ihrer Quelle abnehmen.[20]

20 Gemessen wird die Schwunggeschwindigkeit, indem die mechanische Schwingung an Bauteilen im Innern betroffener Gebäude mittels sog. Geophone[21] aufgenommen und erfasst wird. Dazu werden die Schwingschnelle in mm/s und die Schwingbeschleunigung in mm/s² gemessen. Schwingschnelle ist die Geschwindigkeit, mit der eine zu messende Schwingung ein Bauteil im Vergleich zu seiner Ruhelage in Schwingung versetzt. Die ermittelte Schwingbeschleunigung gibt an, wie sich die Schwingschnelle pro Zeiteinheit verändert.[22] Als Resultat wird die Schwingungsauswirkung auf Gebäude sowie beim Menschen auf Außenbezirke der Haut, Gleichgewichtssinn und Körperteile festgestellt. Die Bewertung, ob eine belästigende Wirkung auf Menschen entsteht, erfolgt ähnlich wie beim Luftschall und wird als sog. Schwingstärke durch einen KB-Wert (KBFmax, KBFTr) angegeben. Je nach Schwingungsamplitude und Frequenzinhalt können Erschütterungen von Mensch und Tier nicht nur als belästigend empfunden werden, sondern Wohlbefinden und Gesundheit schädigen.

21 Wichtigste Regelwerke für die Messung und Beurteilung von Erschütterungen sind die

- DIN 4150 „Erschütterungen im Bauwesen“, Teile 1–3,
- DIN 45669 „Messung von Schwingungsemissionen,
- VDI-Richtlinie 2056 (mechanische Schwingungen von Maschinen),
- VDI-Richtlinie 2057 (Auswirkungen auf den Menschen), Blatt 1 und 3,
- Hinweise der Fachverwaltungen der Länder und Länderarbeitsgemeinschaften[23] und
- speziell im Bahnbereich die DB Richtlinie 820.2050 („Messung und Prognose von Erschütterungseinwirkungen“).[24]

22 Die Regelwerke sind zur Konkretisierung und Auslegung der unbestimmten Rechtsbegriffe „Erschütterungen“, „Schwingungen“, „Gefahr“ und „unzumutbare Belästigung“ heranzuziehen. Nach der Rechtsprechung haben allerdings nicht von Rechtsvorschriften in Bezug genommene technische Regelwerke wie zB die DIN 4150 „Erschütterungen im Bauwesen“ nicht die Bedeutung und Wirkung von Rechtsnormen.[25]

---

17 Bei gezielter baulicher Erweiterung der Kapazität derselben Gleise einer Bahnstrecke zur Erhöhung der Zugfolge und evtl. der Geschwindigkeit wird meist eine rein rechnerische Erschütterungsprognose genügen. Dies gilt aber nicht oder nur eingeschränkt, wenn künftig (auch) andere Fahrzeuge eingesetzt werden.

18 Vgl. hierzu *Geiger* in Ziekow FachplanungsR-HdB § 3 Rn. 82.

19 *Geiger* in Ziekow FachplanungsR-HdB § 3 Rn. 82; *Rockitt* NVwZ 2019, 1318 (1319).

20 LAI-Hinweise 2018, S. 15.

21 Elektro-mechanische Wandler, die Bodenschwingungen in analoge Spannungssignale umwandeln.

22 Vgl. genauer *Herrmann* I+E 6 2001, 302.

23 Bund/Länder-Arbeitsgemeinschaft für Immissionsschutz, Hinweise zur Messung, Beurteilung und Verminderung von Erschütterungsimmissionen, Stand 2018 (https://www.lai-immissionsschutz.de/documents/erschuetterungsleitfaden_veroeffentlicht_stand_2018_1529053753.pdf).

24 Richtlinie 820.2050A02 „Messung und Prognose von Erschütterungseinwirkungen“ der Deutschen Bahn AG (nv; beziehbar über DB Kommunikationstechnik GmbH).

25 Vgl. OLG Celle Urt. v. 17.11.2004 – 4 U 154/04, BauR 2005, 1653, BeckRS 2005, 6229.

Die technischen Regelwerke sind **keine Rechtsnormen** und deshalb für die gerichtliche Bewertung der Zumutbarkeit von Erschütterungen nicht bindend. Sie drücken naturwissenschaftlich-technischen Sachverstand aus.[26] Ihr **Zweck** ist die angemessene Berücksichtigung von Erschütterungen im Immissionsschutz. Nach der Judikatur ist grundsätzlich nichts dagegen einzuwenden, wenn ein Gericht im Rahmen der gebotenen umfassenden Würdigung der Gegebenheiten des Einzelfalls auch die Überschreitung oder Unterschreitung von in solchen Regelwerken vorgegebenen Richtwerten als Indizien in seine Würdigung einbezieht, die von privaten Institutionen unter sachverständiger Beratung und unter Beteiligung der Fachöffentlichkeit aufgestellt werden, wie etwa VDI-Richtlinien, DIN-Normen oder sonstige Regelwerke. Eine weitergehende Bedeutung als die eines Indizes haben solche Richtlinien für die gerichtliche Beurteilung der Erheblichkeit von Immissionen nach der Judikatur aber nicht.[27] 23

Die DIN 4150 (Erschütterungsschutz im Bauwesen) behandelt zur Bestimmung der Einwirkung von Schwingungen auf Gebäude in Teil 1: Vorermittlung von Schwingungsgrößen, Teil 2: Einwirkungen von Schwingungen auf Menschen in Bauwerken und in Teil 3: Einwirkungen von Schwingungen auf Bauwerke. Diese Beurteilungsvorgaben bezieht die DIN 4150 Teil 2 auch auf Erschütterungseinwirkungen durch **Straßenverkehr** (Nr. 6.5.2).[28]

In der DIN 4150 sind nach näher bestimmten Verfahren ermittelte Erschütterungsimmissionen unteren und oberen Anhaltswerten gegenübergestellt, die für Gebiete mit unterschiedlicher Schutzbedürftigkeit sowie für Tages- und Nachtzeit angegeben werden (Nr. 6.3 mit Tabelle 1). Bei Einhaltung der in der DIN 4150 Teil 2 empfohlenen Anforderungen und Anhaltswerte kann idR davon ausgegangen werden, dass erhebliche durch Erschütterungen verursachte Belästigungen vermieden werden. Werden diese Werte überschritten, kann dies dagegen (aber nur) **Indiz** dafür sein, dass Beeinträchtigungen durch Erschütterungen **unzumutbar** sind. Überschreitet die Beurteilungsschwingstärke von Erschütterungen zB die Anhaltswerte der DIN 4150 Teil 2, kann dies aber als Indiz dafür gewertet werden, dass Beeinträchtigungen unzumutbar sind. Für diese Beurteilung ist jedoch eine **wertende Gesamtbeurteilung** unter Berücksichtigung der Umstände des Einzelfalls vorzunehmen.[29] Zu den bei dieser Bewertung der Erheblichkeit und damit Zumutbarkeit von Geräuschimmissionen zu berücksichtigenden Elementen gehören deren Herkömmlichkeit ihre soziale Adäquanz und eine etwaige allgemeine Akzeptanz.[30] Die Erheblichkeitsbeurteilung erfordert dazu eine Güterabwägung der konkreten Gegebenheiten zum einen der emittierenden Nutzung, zum anderen der immissionsbetroffenen Nutzung[31] und zudem der gesetzlichen Wertungen, die den Vorschriften über die Errichtung und den Betrieb der streitigen emittierenden Anlage zugrunde liegen und zu entnehmen sind. 24

Liegen „**Spitzenwerte**", dh maximale Schwingstärken, 25

- unter den **unteren Anhaltswerten**, gelten die Anforderungen der DIN 4150 Teil 2 als erfüllt;
- oberhalb der **oberen Anhaltswerte**, gelten die Anforderungen als nicht erfüllt;[32]
- zwischen oberem und unterem Anhaltswert und handelt es sich nicht nur um seltene und kurzzeitige Einwirkungen, wird aus den Erschütterungswerten nach detaillierten Vorgaben ein Mittelwert über einen längeren Beurteilungszeitraum berechnet und einem Anhaltswert Ar gegenübergestellt.

---

26 BVerwG Beschl. v. 25.5.2005 – 9 B 41.04, BeckRS 2005, 27310.

27 BVerwG Urt. v. 29.4.1988 – 7 C 33/87, juris Rn. 21.

28 OVG Münster Urt. v. 28.10.2010 – 11 A 1648/06, juris Rn. 31.

29 OVG Münster Urt. v. 28.10.2010 – 11 A 1648/06, juris Rn. 30; ebenso bereits Urt. v. 18.1.2001 – 20 D 74/98.AK, juris Rn. 40 ff.; VGH BW, Urt. v. 11.2.2004 – 5 S 387/03, juris Rn. 94 ff.; BayVGH, Beschl. v. 11.7.2007 – 22 ZB 06.1695, NVwZ-RR 2008, 235 f.; BGH, Urt. v. 20.11.1998 – V ZR 411/97, NJW 1999, 1029 f.; OLG Celle, Urt. v. 17.11.2004 – 4 U 154/04, BauR 2005, 1653 (1655 f.); OLG Hamm Urt. v. 14.1.1991 – 6 U 131/90, BauR 1991, 632 (633); OLG Düsseldorf Urt. v. 13.6.1997 – 22 U 259/96, NJWE-MietR 1997, 271 f.; LG Düsseldorf Urt. v. 13.1.1999 – 11 O 247/93, NZM 1999, 1024; zur indiziellen Bedeutung technischer Regelwerke vgl. bereits BVerwG, Urt. v. 29.4.1988 – 7 C 33.87, BVerwGE 79, 254 (259).

30 BVerwG, Urt. v. 29.4.1988 – 7 C 33/87, juris Rn. 16; Urt. v. 21.5.1976 – 4 C 80.74 – BVerwGE 51, 15 (34); Urt. v. 22.5.1987 – 4 C 33-35.83, BVerwGE 77, 285 (289 f.).

31 Urt. v. 21.5.1976 – 4 C 80.74, BVerwGE 51, 15 (29).

32 OVG Münster Urt. v. 28.10.2010 – 11 A 1648/06, juris Rn. 27.

26 Die VDI-RL 2057 zur Messung der Einwirkung mechanischer Schwingungen auf den Menschen behandelt in Blatt 1: Normen für Ganzkörperschwingungen, Blatt 2: Hand-Arm-Schwingungen und Blatt 3: Messung von Arbeitsplätzen in Gebäuden. Auch die **Überschreitung** der Immissionsgrenzwerte der VDI-RL 2057 **indiziert** eine wesentliche Beeinträchtigung im Rechtssinn.[33]

IV. Praktische Geltendmachung

1. Vorklärungen

27 Die Vorgehensweise zur Geltendmachung nachbarlichen Erschütterungsschutzes muss von mehreren Aspekten abhängig gemacht werden, insbesondere:

- Identifizierung des streitauslösenden Ereignisses samt der Ursachenzusammenhänge,
- Art bzw. Anlagenart des Vorhabens, das streitige Erschütterungen verursacht,
- Art des Verfahrens, in dem ein streitiges Vorhaben zugelassen werden soll oder wurde,
- Zeitpunkt, in dem Forderungen gegen Erschütterungen erhoben werden.

28 Die eindeutige Identifizierung des streitauslösenden Ereignisses samt der Ursachenzusammenhänge ist praktische Voraussetzung für die Geltendmachung von Nachbarforderungen gegen Erschütterungen. Sie setzt in tatsächlicher Hinsicht die Klärung und Darlegung der streitigen Erschütterungen und der Ursächlichkeit einer bestimmten Handlung oder Unterlassung der Gegenseite voraus. Diese Darlegung erfordert eine Dokumentation des Hergangs durch genaue Protokollierung[34] des/der störenden Ereignisse/s, weil sich Störungen nur auf Basis der Protokollierung streitiger Ereignisse so genau darlegen lassen, dass Nachbarforderungen nicht bereits durch bloßes Bestreiten abgewehrt werden können.

29 Bei bevorstehenden Störungen ist eine sachverständige Unterstützung idR neben der Darlegung der Umstände unerlässlich, weil sich die streitigen Erscheinungen und v.a. deren erwartete Entwicklung und Unzulässigkeit nur durch sachverständige Messung oder Prognose samt Bewertung hinreichend substantiiert beschreiben und beweisen lassen werden.[35] Deshalb kann die frühzeitige Klärung durch einen Sachverständigen schon vor erster Geltendmachung einer Forderung erforderlich sein.[36] Die gilt vor allem hinsichtlich der Ursachenzusammenhänge. Oft ist nicht ohne sachverständige Beurteilung erkennbar, ob streitige Einwirkungen durch Erschütterungen oder andere Ursachen entstanden sind. Risse an baulichen Anlagen können zB durch Erschütterungen, aber auch durch ungleichmäßige Setzungen des Gebäudes oder ungleichmäßige Dehnungen verschiedener Baumaterialien zB bei Temperaturveränderungen entstehen.[37]

30 Nach der Art bzw. Anlagenart des Vorhabens richtet sich die Art des Verfahrens, in dem ein streitiges Vorhaben zugelassen werden soll oder wurde, das streitige Erschütterungen verursacht, richtet sich, in welchem Verfahren die Geltendmachung gegen emittierende bauliche oder technische Anlagen, ist zu klären,

33 BGH Urt. v. 20.11.1998 – V ZR 411/97, NJW 1999, 1029 (1030); OLG Hamm Urt. v. 14.1.1991 – 6 U 131/90, BauR 1991, 632 (633); OLG Düsseldorf Urt. v. 13.6.1997 – 22 U 259/96, NJWE-MietR 1997, 271 f.; OLG Celle Urt. v. 17.11.2004 – 4 U 154/04, OLGR 2005, 386; LG Düsseldorf Urt. v. 13.1.1999 – 11 O 247/93, NZM 1999, 1024.

34 Beschreibung möglichst anhand objektiver Daten wie Ort, Datum, Uhrzeit, aber auch wahrgenommener Stärke/Intensität, wenngleich diese subjektiv geprägt ist; evtl. Zeugen sollten dokumentiert werden, wegen der subjektiven Prägung der Wahrnehmung aber v.a. für den Beweis der konkreten Störung (Ort und Zeit) dem Grunde nach; zur in diesem Zusammenhang relevanten Problematik uneinheitlicher Erinnerung mehrerer Zeugen vgl. nur LG Stuttgart Urt. 12.12.2011 – 10 U 106/11, juris Rn. 23: „Die (…) zum Ausdruck kommende Variabilität hat die Glaubhaftigkeit der Angaben beeinträchtigt".

35 Zur Unabdingbarkeit der (im entschiedenen Fall unterlassenen) Protokollierung für die Substantiierung eines Tatsachenvortrags vgl. OLG München Urt. v. 18.9.2008 – 23 U 2648/08, juris Rn. 35.

36 Zur vorprozessualen Beauftragung eines Sachverständigen sowohl zur Sachverhaltsaufklärung als auch zur Entscheidungsbildung, ob, gegen wen und in welchem Umfang Forderungen bestehen können siehe *Koeble* in Kniffka/Koeble/Jurgeleit/Sacher Kompendium BauR Teil 14; immer ist zu bedenken, dass ein vorprozessual beauftragter nicht die Funktion eines gerichtlich bestellten Sachverständigen (§ 402 ff. ZPO), sondern dessen sog. Privatgutachten die Qualität eines Parteivortrags hat (vgl. BGH Urt. v. 10.10.2000 – VI ZR 10/00, NJW 2001, 77).

37 So auch LAI, Hinweise 2018, S. 6.

ob deren Zulassung/Rechtmäßigkeit sich (auch) nach Bauplanungs- oder (nur) nach Fachplanungsrecht bestimmt. Die Durchsetzung ausreichenden Erschütterungsschutzes hängt davon ab, von welcher Anlage streitige Erschütterungen ausgehen, in welchem Rechtsbereich deren Zulassung geregelt ist und zu welchem Zeitpunkt der Schutz verlangt wird. Grundsätzlich sind bauliche Anlagen, deren Rechtmäßigkeit Bauplanungs- und Bauordnungsrecht regeln, und Anlagen, deren Rechtmäßigkeit Regelungsgegenstand des Fachplanungsrechts ist, zu unterscheiden.

Der Zeitpunkt der Geltendmachung entscheidet über die zur Wahl stehenden Mittel. 31

Erschütterungen sind als Immissionen ausdrücklicher Regelungsgegenstand des Immissionsschutzrechts 32
und unterliegen daneben fachgesetzlichen Anforderungen v.a. des Bauplanungs- und Bauordnungsrechts und des Fachplanungsrechts. Durch Vorhaben, von denen Erschütterungen ausgehen (können), betroffene Nachbarn müssen ihre potentielle nachteilige Betroffenheit im jeweiligen Verfahren geltend machen. Die Einzelheiten richten sich nach dem Rechtsgebiet und der Art des jeweils durchgeführten Verfahrens.

2. Bauplanungsrecht

a) Grundkonstellationen. Erschütterungen können im Planaufstellungsverfahren zur Aufstellung eines 33
Bebauungsplans (§§ 8 ff. BauGB) oder vorhabenbezogenen Bebauungsplans (§ 12 BauGB) oder von Satzungen nach § 34 Abs. 4 BauGB v.a. in zwei Grundkonstellationen Bedeutung haben und die Abgabe einer Stellungnahme zur Geltendmachung der Forderungen durch planbedingte Erschütterungen negativ betroffener Nachbarn gegenüber der Kommune erforderlich machen:

- wenn ein Plan an eine sensible Nutzung wie v.a. Wohnnutzung heranrückendes Bauland festsetzen soll, auf dem sich Nutzungen ansiedeln können, die Erschütterungen verursachen,[38] und
- in der umgekehrten Konstellation, wenn ein Plan Bauland für sensible Nutzungen wie v.a. Wohnnutzung in der Nachbarschaft bereits bestehender, Erschütterungen verursachender Nutzungen oder solche Nutzungen zulassender Baugebiete oder Infrastrukturanlagen festsetzen soll.

In beiden Konstellationen rücken Bauflächen für womöglich wegen Erschütterungen nicht harmonierender 34
Nutzungen so aneinander heran, dass auf die bereits bestehende (erste Grundkonstellation) oder künftige (zweite Grundkonstellation) sensiblere Nachbarschaft unzulässige Erschütterungen einwirken können. Solche Nachbarschaften sind nicht kategorisch bauplanungsrechtlich unzulässig. Ihre planungsrechtliche Zulässigkeit ist vielmehr eine Frage der konkreten Ausgestaltung des Plans durch Planfestsetzungen aus dem Katalog des § 9 BauGB und der BauNVO.

b) Betroffenenbeteiligung. Durch begründet befürchtete planbedingte Erschütterungen betroffene Nach- 35
barn haben im Aufstellungsverfahren für einen Bebauungsplan oder Satzungen nach § 34 Abs. 4 BauGB im Regelverfahren[39] mehrfach Gelegenheit, sich über die von der Kommune angestrebte Planung zu informieren und durch Erörterung (also mündlich) sowie durch eine Stellungnahme (also schriftlich) auf ihre Betroffenheit samt deren Ursachen hinzuweisen. Für Bebauungspläne schreibt dies § 3 BauGB vor, für Satzungen nach § 34 Abs. 4 BauGB regelt dies § 34 Abs. 6 BauGB. Die Kommune muss die Öffentlichkeit und damit auch Betroffene über diese Möglichkeiten informieren (§ 3 Abs. 2 S. 2 BauGB)

Die Kommune muss zur Information der Öffentlichkeit und damit auch und erst recht betroffener Nachbarn 36
zunächst nach § 3 Abs. 1 Satz 1 Hs. 1 BauGB frühzeitig über Ziele und Zwecke der Planung unterrichten

---

38 Zu der Sonderkonstellation Windenergienutzung vorbereitender Teilflächennutzungsplanung und der möglichen Unverträglichkeit wegen Rotorschwingungen von Windenergieanlagen mit seismologischen Messstationen (über den Turm der Windanlage in die Erde und von dort als Erschütterungen in seismologische Messstationen übertragene Rotorschwingungen stören seismologische Messungen) vgl. *Schrader* NVwZ 2016, 584.

39 Die Kommune kann ein Bauleitplanverfahren kann je nach Planungsziel und Planungsgegenstand abkürzen (vgl. § 3 Abs. 1 BauGB (Absehen von frühzeitiger Öffentlichkeitsbeteiligung) und § 13 BauGB (Vereinfachtes Verfahren) und § 13 a BauGB (Bebauungspläne der Innenentwicklung) sowie § 4 a BauGB (Gemeinsame Vorschriften zur Beteiligung). Maßgeblich sind die Bekanntmachungen der Kommune im Rahmen des konkreten Aufstellungsverfahrens.

und ihnen später nach § 3 Abs. 2 BauGB für die Dauer eines Monats Gelegenheit geben, den konkreten Entwurf des Bauleitplans samt geplanter Festsetzungen und Begründung sowie Umweltbericht (§ 2 Abs. 4 BauGB iVm Anlage 1 zum BauGB) einzusehen. Bei der Einsicht müssen Betroffene prüfen, ob Erschütterungen (bereits) zum Prüfgegenstand der Umweltprüfung gehören.

37 Die Kommune muss Gelegenheit zur Äußerung und Erörterung der nachbarlichen Betroffenheit zunächst nach § 3 Abs. 1 Satz 1 Hs. 2 BauGB im Rahmen der frühzeitigen Unterrichtung über die Ziele und Zwecke der Planung schaffen. Betroffene müssen also bereits im frühen Planstadium Gelegenheit erhalten, den Planentwurf zu erörtern und sich dazu zu äußern. Später muss die Kommune nach § 3 Abs. 2 Satz 2 BauGB im Rahmen der Auslegung Stellungnahmen Betroffener entgegennehmen. Flankierend verpflichtet § 3 Abs. 2 Satz 4 BauGB die Kommune, fristgerechte Stellungnahmen zu prüfen und das Prüfergebnis mitzuteilen. Bei der Erörterung und mittels einer Stellungnahme müssen Betroffene diese Möglichkeiten nutzen und auf potentielle planbedingte Erschütterungen hinweisen, damit die planende Kommune diese im weiteren Planungsprozess berücksichtigt.

38 Dabei gilt, dass die Auslegung des Planentwurfs sog. **Anstoßfunktion** hat.[40] Betroffene müssen deshalb in die Lage versetzt werden, insbesondere zu erkennen, ob eine Planung negative Folgen für sie auslösen könnte und ggf. welche Folgen ein Plan oder seine Umsetzung durch Bebauung für sie haben könnte. Betroffene **müssen** ihre Betroffenheit im Planverfahren vortragen. Es kommt vor, dass Betroffene den Zweck der Verfahrensbeteiligung missverstehen oder falsch deuten und deshalb relevante Fakten in dem Irrglauben zurückhalten, eine unerwünschte Planung später zu Fall bringen zu können, weil die planende Kommune ihre Belange nicht erkannt und nicht berücksichtigt hat. Dies trifft selten zu und ist grundsätzlich **riskant**. Richtig ist, dass Betroffenen- und Öffentlichkeitsbeteiligung im Planaufstellungsverfahren primär der Fehlervermeidung durch Informationsgewährleistung des Plangebers, also der Kommune, dient.[41] Zurückhaltung von Informationen kann daher zu verfahrensrechtlichen Nachteilen führen. Dieses Risiko resultiert aus der Gefahr der Präklusion und daraus, dass die Nichtberücksichtigung auch relevanter Umstände durch die planende Kommune nur zu einem ergebnisrelevanten Fehler führt, wenn diese sich im Planaufstellungsverfahren hätten aufdrängen müssen.[42]

39 **c) Umweltprüfung und Umweltbericht.** Für Betroffene, die (potentielle) planbedingte Erschütterungen geltend machen, haben die **Umweltprüfung** und der **Umweltbericht** nach § 2 a Abs. 4 BauGB iVm Anlage 1 zum BauGB besondere Bedeutung. Betroffene müssen daher im Rahmen der Betroffenenbeteiligung durch entsprechende Stellungnahme dafür sorgen, dass auch potenziell planbedingte Erschütterungen Prüfgegenstand der Umweltprüfung werden. Als Immissionen und Emissionen iSd § 3 Abs. 2 und 3 BImSchG gehören Erschütterungen zu den erheblichen Umweltauswirkungen, die die Kommune als Planungsträgerin im Bebauungsplanverfahren untersuchen (lassen) muss.[43] Diese Pflicht ergibt sich aus § 2 a Abs. 4 BauGB.[44] Die Norm sieht vor, für alle Bebauungspläne eine Umweltprüfung durchzuführen und deren Ergebnis in einem Umweltbericht festzuhalten, dessen Erarbeitung und Inhalte die Anlage 1 zum BauGB verpflichtend vorgibt. Hierbei muss die Kommune dreistufig vorgehen und die **voraussichtlichen erheblichen Umweltauswirkungen** des Bebauungsplans **ermitteln, beschreiben und bewerten**. Der Untersuchungsrahmen der Umweltprüfung wird anfangs des Planverfahrens in einem sog. **Scoping** festgelegt (§ 2 Abs. 2 Satz 2 BauGB). Sich aus Hinweisen in der frühzeitigen Öffentlichkeitsbeteiligung wie auch aus Betroffe-

40 Zur Anstoßfunktion vgl. BVerwG Urt. v. 6.7.1984 – 4 C 22.80, BVerwGE 69, 344.

41 Vgl. den Wortlaut des § 4 a Abs. 1 BauGB, wonach die Vorschriften über die Öffentlichkeitsbeteiligung insbesondere der vollständigen Ermittlung und zutreffenden Bewertung berührter Belange und – in der Norm mit Bedeutung für deren Auslegung erst an zweiter Stelle genannt – der Information der Öffentlichkeit dienen.

42 Für das Bebauungsplanverfahren vgl. BVerwG Urt. v. 21.8.1981 – 4 C 57/80, BVerwGE 64, 33 (38), wonach Mängel des Abwägungsvorgangs nur relevant sind, wenn sie offensichtlich sind, etwa wenn Umstände nicht berücksichtigt werden, die sich aus Akten, Protokollen oder sonstigen Unterlagen ergeben; vgl. genauer *Battis* in Battis/Krautzberger/Löhr BauGB § 214 Rn. 21; für das Fachplanungsverfahren vgl. *Wysk* in Kopp/Ramsauer VwVfG § 74 Rn. 108.

43 Ausführlich zum Inhalt des Umweltberichts: *Schink* in BeckOK BauGB § 2 a Rn. 33 ff.

44 Überblick über die Durchführung: *Finkelnburg/Ortloff/Kment* ÖffBauR I § 6 Rn. 25 ff.

nenstellungnahmen nach § 3 Abs. 2 BauGB ergebende Hinweise auf Erschütterungen muss die Kommune dabei ebenso berücksichtigen wie sie die im Umweltbericht beschriebenen Umweltauswirkungen nach § 2 a Abs. 4 Satz 4 BauGB in der Abwägung über den endgültigen Plan berücksichtigen muss.[45]

d) Einzelne materiellrechtliche Einwendungen. Betroffene können darlegen, dass verbindliche Bauleitplanung auch Instrument des Erschütterungsschutzes ist. Die vollständige Nichtberücksichtigung potenziell von einem Baugebiet ausgehender oder darauf einwirkender Erschütterungen kann deshalb gegen den planungsrechtlichen Trennungs-[46] und den Konfliktbewältigungsgrundsatz und das Abwägungsgebot (§ 1 Abs. 7 BauGB) verstoßen. Eine planende Kommune muss neben diesen auch den bei der Bebauungsplanung dem Schutz der menschlichen Gesundheit dienenden Planungsleitsätze beachten und schließlich die Ermächtigungen des § 9 BauGB zu Festsetzungen nutzen, mittels derer sie Vorsorge auch gegen Erschütterungen, die von im Plangebiet zugelassenen Anlagen ausgehen oder auf im Plangebiet erlaubte sensible Nutzungen einwirken können. 40

Durch planbedingte Erschütterungen Betroffene können Bedenken im Planaufstellungsverfahren mit Verweis auf materiellrechtlichen Anforderungen geltend machen: 41

Nach § 1 Abs. 6 Nr. 1 BauGB in der Abwägung nach § 1 Abs. 7 BauGB[47] erstgenannten **Planungsleitlinie** sind bei der Aufstellung von Bauleitplänen allgemeine Anforderungen an **gesunde Wohn- und Arbeitsverhältnisse** zu berücksichtigen. 42

Nach § 1 Abs. 6 Nr. 7 BauGB sind auch die Belange des **Umweltschutzes** wie auch nach Nr. 7a die Belange der Tiere und insoweit insbesondere **„umweltbezogene Auswirkungen auf den Menschen und seine Gesundheit** sowie die Bevölkerung insgesamt" (lit. c) sowie „die **Vermeidung von Emissionen**" (lit. e) und „die Wechselwirkungen zwischen den einzelnen Belangen des Umweltschutzes nach den Buchstaben a bis d" (lit. i) in der Abwägung zu berücksichtigen. Das Gewicht der Belange des Umweltschutzes verstärkt sich in der Abwägung, je stärker der Umweltschutz in die Nähe zur abwägungsresistenten menschlichen Gesundheit rückt.[48] 43

Die in → Rn. 35 genannten Leitlinien sind Planungsleitlinien. Die planende Kommune hat keinen Beurteilungsspielraum zu bestimmen, was gesunde Wohn- und Arbeitsverhältnisse und umweltbezogene Auswirkungen auf Menschen sind; vielmehr handelt es sich um unbestimmte Rechtsbegriffe, die der vollen gerichtlichen Überprüfbarkeit unterliegen.[49] 44

Wenn Umstände eines Planverfahrens dies v.a. aufgrund der Nachbarschaft zu emittierenden Anlagen oder der Zulassung emittierender Anlagen erfordern, muss eine planende Kommune daher für planerischen Erschütterungsschutz in Betracht kommende Festsetzungsmöglichkeiten des § 9 BauGB und der BauNVO nutzen. Dazu gehören Festsetzungen zur Einschränkung der Art der baulichen Nutzung (§§ 1 bis 15 BauNVO) und dem Erschütterungsschutz dienender Vorgaben der vertikalen Gliederung von Gebäuden (§ 1 Abs. 7 BauNVO). 45

Auch die Festsetzungsmöglichkeiten des § 9 Abs. 1 Nr. 24 BauGB und des § 1 Abs. 4 S. 1 Nr. 2 BauNVO tragen dem Gesundheitsschutz gegen Erschütterungen Rechnung. § 9 Abs. 1 Nr. 24 BauGB ermächtigt ua zur gebietsbezogenen Festsetzung von Flächen 46

- „für besondere Anlagen und Vorkehrungen zum Schutz vor schädlichen Umwelteinwirkungen und sonstigen Gefahren im Sinne des Bundes-Immissionsschutzgesetzes sowie (...)

45 Zur Berücksichtigung in der Abwägung: *Finkelnburg/Ortloff/Kment* ÖffBauR I § 6 Rn. 30.

46 Vgl. OVG Lüneburg Urt. v. 25.6.2001 – 1 K 1850/00, NVwZ-RR 2002, 172.

47 Zur Abwägung vgl. vor allem *Berkemann* ZfBR 2019, 239; *Berkemann* ZUR 2016, 323; *Gierke/Schmidt-Eichstaedt*, Die Abwägung in der Bauleitplanung; *Martini/Finkenzeller* JuS 2012, 126; *Scheidler* KommJur 2019, 405.

48 *Hyckel* ZfBR 2016, 335 (337).

49 BVerwG Urt. v. 12.12.1969 – IV C 105.66, BVerwGE 34, 301 (308).

- zum Schutz vor solchen Einwirkungen oder zur Vermeidung oder Minderung solcher Einwirkungen zu treffenden baulichen und sonstigen technischen Vorkehrungen, einschließlich von Maßnahmen zum Schutz vor schädlichen Umwelteinwirkungen durch Geräusche (…)".[50]

47 Gegenstand eines Bebauungsplans können nach § 1 Abs. 4 S. 1 Nr. 2 BauNVO auch Verfeinerungen und Unterdifferenzierungen der festgesetzten Art der Nutzung der Grundstücke in dessen Geltungsbereich durch textliche Festsetzungen sein. ZB können nur Betriebe als zulässig festgesetzt werden, von deren Anlagen keine schädlich auf Menschen und Gebäude wirkenden Schwingungen und Erschütterungen ausgehen können. Hierzu kann festgesetzt werden, dass die Anhaltswerte der DIN 4150 auf den Grundstücken einzuhalten sind.[51]

48 § 1 Abs. 7 BauNVO ermächtigt festzusetzen, dass „in bestimmten Geschossen, Ebenen oder sonstigen Teilen baulicher Anlagen 1. nur einzelne oder mehrere der in dem Baugebiet allgemein zulässigen Nutzungen zulässig sind, 2. (…) allgemein zulässige Nutzungen unzulässig sind oder als Ausnahme zugelassen werden können." Die Festsetzung unterschiedlicher Nutzung einzelner Geschosse nach Ziff. 1 bedarf zwar besonderer städtebaulicher Rechtfertigung.[52] Der Zweck des Gesundheitsschutzes vor Erschütterungen durch Ausschluss bestimmter Nutzungen setzt den Planungsleitsatz des § 1 Abs. 7 Nr. 1 BauGB um. Eine städtebauliche Rechtfertigung ist also möglich.

49 Die §§ 1 Abs. 5 und 9 BauNVO erlauben, im Bebauungsplan für bestimmte Arten der eigentlich zulässigen baulichen Nutzung[53] bei Wahrung des Gebietscharakters ebenfalls im Interesse des Erschütterungsschutzes nutzbare Sonderregelungen festzusetzen. Vor allem in verdichteten innerstädtischen und auch und gerade dörflich geprägten Bereichen mit gemischter Bebauung und Nutzung können diese Feinwerkzeuge der BauNVO für den planerischen Erschütterungsschutz eingesetzt werden.

50 **e) Grundsatz der Konfliktbewältigung.** Nachbarn können gegen planbedingte Erschütterungen eine Verletzung des Grundsatzes der Konfliktbewältigung geltend machen. Nach dem Grundsatz der Konfliktbewältigung darf eine planende Kommune im Plangebiet vorhandene oder aufgrund der Planung zu erwartende Konflikte nicht ungelöst lassen.[54] Insbesondere darf die Kommune keine neuen Konflikte schaffen. Planerischer Erschütterungsschutz zum Schutz der Nachbarschaft ist daher ein im Rahmen der Planung zu bewältigender Belang. Die Nachbarschaft wegen Erschütterungen unverträglicher Nutzungen muss die Kommune daher durch schützende Festsetzungen oder die Zuordnung der Bauflächen mildern. Ein effektiver nachbarlicher Erschütterungsschutz kann unter Umständen nur gewährleistet sein, wenn bereits auf der Ebene der Bebauungsplanung grundsätzliche Weichenstellungen erfolgen. Weil Erschütterungen häufig in größeren räumlichen Kontexten bestehen, können durch Erschütterungen verursachte Konflikte auf der Ebene der Bauleitplanung grundsätzlich besser geregelt und gelöst werden.[55] Der nur auf dieser Ebene mögliche Ausschluss Erschütterungen emittierender Nutzungen lässt Konflikte gar nicht erst entstehen. So kann die Kommune zugleich den Trennungsgrundsatz (§ 51 BImSchG) umsetzen und Erschütterungsschutz durch Flächenfreihaltung oder Absehen von der Festsetzung unverträglicher Festsetzungen auf benachbarten Flächen deutlich effektiver umsetzen als dies auf der Ebene der Bauordnung möglich ist. Ob ein Bebauungsplan einen bestehenden oder durch ihn geschaffenen Konflikt lösen muss, hängt heute auch davon ab, ob und welche Schutzmaßnahmen zugunsten der Nachbarschaft im nachfolgenden Baugenehmigungsverfahren überhaupt noch angeordnet werden können.[56] Dabei muss die Kommune im Interesse des Erschütterungsschutzes auch bedenken, dass im Zuge der Liberalisierung und De-Bürokratisierung des Bauordnungsrechts zahlreiche baugenehmigungs- oder sogar verfahrensfrei gewordene Bauvorhaben „unterhalb

50 OVG Lüneburg Urt. v. 25.6.2001 – 1 K 1850/00, NVwZ-RR 2002, 172.
51 VGH Kassel Urt. v. 17.3.2003 – 9 N 32332/99, ZfBR 2003, 704.
52 BVerwG Beschl. v. 4.6.1991 – 4 NB 35.89, NVwZ 1992, 373 ff.
53 Dazu BVerwG Beschl. v. 1.11.2007 – 4 BN 43/07, BauR 2008, 325; OVG Münster Beschl. v. 6.9.2011 – 2 A 59/10, BauR 2012, 750.
54 *Finkelnburg/Ortloff/Kment* ÖffBauR I § 5 Rn. 69.
55 So auch *Jaeger* in BeckOK BauordnungsR NRW BauONRW 2018, § 15 Rn. 4.
56 VGH Mannheim Urt. v. 8.5.1990 – 5 S 3064/88, juris Rn. 29, VBlBW 1991, 19 ff.

des Radars" der Bauüberwachung gelangt sind, so dass die Vermeidung von Erschütterungen allein der Eigenverantwortung des Bauherrn überantwortet ist. Das Beispiel in festgesetzten Einfamilienhausgebieten stark zum Einsatz kommender Wärmepumpen belegt, dass Erschütterungsschutz dann mangels bauaufsichtlicher Prüfung auf der Strecke bleibt (s. auch → *Wärmepumpe* Rn. 1 ff.).

f) Abwägungsgrundsatz. Nachbarn können geltend machen, dass eine fehlerfreie Abwägung eines konkreten Planentwurfs wegen unzureichenden Erschütterungsschutzes objektiv unmöglich ist und der beabsichtigte Bebauungsplan deswegen nicht beschlossen bzw. erlassen werden kann. Nach dem Abwägungsgrundsatz iSd § 1 Abs. 7 BauGB ist die Kommune verpflichtet, bei der Aufstellung der Bauleitpläne die öffentlichen und privaten Belange gegeneinander und untereinander gerecht abzuwägen. 51

Abwägungsvorgang und -ergebnis müssen dem Abwägungsgebot genügen. Dies setzt nach der herrschenden Anschauung auch im Hinblick auf etwaig nachbarschaftsschädigende Erschütterungen voraus, dass 52

- überhaupt eine Abwägung erfolgt,
- in diese Abwägung eingestellt wird, was nach Lage der Dinge in sie einzustellen ist, dh welche auf Erschütterungen zurückzuführenden Folgen für bereits bestehende und durch den Plan zugelassene Nachbarschaften auf der einen Seite und durch geplante Festsetzungen von Schutzvorkehrungen zum Schutz gegen Erschütterungen auf der anderen Seite bewirken,
- die Bedeutung der durch die Planung aufgrund von Erschütterungen betroffenen Planungsleitsätze der Schaffung gesunder Wohn- und Arbeitsverhältnisse und des Gesundheits- und Umweltschutzes erkannt wird und schließlich
- der Ausgleich zwischen diesen von der Planung berührten Belangen nicht in einer Weise erfolgt, die zur objektiven Bedeutung des Erschütterungsschutzes außer Verhältnis steht.[57]

Ob und inwieweit ein Bebauungsplan zum Nachteil der Nachbarschaft Belange des Erschütterungsschutzes verletzt, hängt im konkreten Fall davon ab, ob die Abwägung des Plans tatsächlich einen oder mehrere diesen vier Kategorien (Abwägungsausfall, Abwägungsdefizit, Abwägungsfehleinschätzung und Abwägungsdisproportionalität)[58] zuzuordnende Fehler aufweist. Die Judikatur verlangt nicht, alles zu berücksichtigen. Eine Forderung, die darauf hinausliefe, wäre offensichtlich nicht erfüllbar und damit lebensfremd. Bei der planerischen Abwägung könne alles, was objektiv geringwertig oder nicht schutzwürdig sei, unberücksichtigt bleiben. Nicht schutzwürdig seien Interessen auch, wenn sich deren Träger vernünftigerweise darauf einstellen müssten, dass „so etwas geschieht", und deshalb ein Vertrauen in den Fortbestand einer bestimmten Markt- oder Verkehrslage nicht schutzwürdig sei.[59] Das alles führe bei Bebauungsplänen dazu, dass zum notwendigen Abwägungsmaterial alle (privaten) Belange gehören, die „nach Lage der Dinge" in die Abwägung „eingestellt werden" müssen.[60] Das sind aus Sicht betroffener Nachbarn alle privaten Belange, von denen bei der Entscheidung über den Plan mit hinreichender Wahrscheinlichkeit absehbar ist, dass sie als nicht geringwertige und auch schutzwürdige Interessen bestimmter Personen von dem Plan in mehr als geringfügiger Weise betroffen werden.[61] Ob und inwieweit dies hinsichtlich planbedingter Erschütterungen zutrifft, kann dem Ergebnis der Umweltprüfung entnommen werden. 53

3. Bauordnungsrecht

a) Bauordnungsrechtlicher Nachbarschutz gegen Erschütterungen. Alle Bauordnungen regeln den bautechnischen Erschütterungsschutz und schreiben hierzu vor, dass Erschütterungen oder Schwingungen, die von ortsfesten Einrichtungen in baulichen Anlagen oder auf Baugrundstücken ausgehen, so zu dämmen 54

57 Grundlegend: BVerwG Urt. v. 12.12.1969 – BVerwGE 34, 301 (309) und BVerwG Urt. v. 5.7.1974 – IV C 50.72, BVerwGE 45, 309 – Flachglas; vgl. dazu *Berkemann* ZfBR 2019, 239; *Berkemann* ZUR 2016, 323; *Gierke/Schmidt-Eichstaedt*, Die Abwägung in der Bauleitplanung; *Scheidler* KommJur 2019, 405.

58 Dazu *Martini/Finkenzeller* JuS 2012, 126 ff.

59 BVerwG Beschl. v. 9.11.1979 – 4 N 1/78, 4 N 2/79, 4 N 3/79, 4 N 4/79, BVerwGE 59, 87 (104).

60 BVerwG Urt. v. 12.12.1969 – IV C 105.66, BVerwGE 34, 301 (309).

61 Zu schutzwürdigen und aussonderbaren privaten Interessen *Finkelnburg/Ortloff/Kment* ÖffBauR I § 5 Rn. 48 ff.

sind, dass Gefahren oder unzumutbare Belästigungen nicht entstehen.[62] Die Landesnormen konkretisierenden durch **technische Regelwerke** auch erschütterungsspezifische Anforderungen an bauliche Anlagen, technische Bauteile und ortsfeste Einrichtungen auf Grundstücken.

55 **b) Vorgehensweise.** Nachbarschutz gegen deren unzureichende Umsetzung kann geltend gemacht werden gegen

- Bauarbeiten,
- die Gebäudeplanung und
- die Nutzung eines Gebäudes.

Neben einem Nachbarwiderspruch gegen die Baugenehmigung eines streitigen Vorhabens kommt ein Antrag auf behördliches Einschreiten der Bauaufsichtsbehörde in Betracht. Die Landesbauordnungen regeln in Anlehnung an § 79 MBO die Anordnung der Einstellung von Arbeiten durch die Bauaufsichtsbehörde ua dann, wenn ein Vorhaben im Widerspruch zu öffentlich-rechtlichen Vorschriften errichtet, geändert oder beseitigt wird.[63] Die Ermächtigungen dienen der Sicherung legaler Zustände und können somit auch gegen unzulässige Erschütterungen geltend gemacht werden.[64] Drohen oder gehen Erschütterungen von einem genehmigungs- oder verfahrensfreien Bauvorhaben aus, können Betroffene mangels angreifbarer Baugenehmigung nur das Einschreiten der Bauaufsichtsbehörde im Rahmen der Bauüberwachung verlangen. Alle Landesbauordnungen stellen das Einschreiten allerdings in das Ermessen der Behörde (Eingriffsermessen), so dass kein Anspruch auf Einschreiten, sondern lediglich Anspruch auf ermessensfehlfreie Entscheidung über das Einschreiten besteht (siehe auch → *Baustelle* Rn. 22 und 31).

56 **c) Drittschützende Wirkung des landesrechtlichen Erschütterungsschutzes.** Der erforderliche Drittschutz besteht, wenn die jeweilige Landesnorm zumindest auch den Schutz Dritter bezweckt. Dies ist für Niedersachsen aufgrund des von MBO und übrigen Bauordnungen abweichenden Wortlauts eindeutig zu bejahen.[65] Für die übrigen Landesbauordnungen ist der Drittschutz nur teilweise durch publizierte Judikatur belegt. Dass sich Nachbarn gegen unzureichenden baulichen Erschütterungsschutz eines benachbarten Bauvorhabens auf die Erschütterungsregelung der jeweiligen Landesbauordnung berufen können, wird teils mit Verweis auf die Rechtsprechung zum Schallschutz bejaht, weil auch die Pflicht zum Erschütterungsschutz als materielle Polizeipflicht gerade dem Schutz der Rechte und Interessen Einzelner im Sinne der Schutznormtheorie mit der Folge diene, dass ein Dritter infolge der Verletzung das Einschreiten der Bauaufsichtsbehörden verlangen könne.[66]

57 Erschütterungsschutz muss nach den Landesbauordnungen so bemessen sein, dass **keine Gefahren und unzumutbare Belästigungen** entstehen. Die Landesnormen bezwecken gefährliche oder unzumutbare Erschütterungen ausschließenden baulichen Erschütterungsschutz, der gefährliche oder unzumutbare Schwingungen abhält, ohne dass es auf die Nutzungsart der baulichen Anlage ankommt.

58 Vor allem die Beschaffenheit des Baugrunds hat Bedeutung für die Ausbreitung von Schwingungen und muss hierzu bis in die Tiefe durch Bohrungen oder Sondierungen untersucht werden. Baulicher Erschütterungs- und Schwingungsschutz muss auch als Vibration, Druckstoß, Schlag oÄ auftretende Erscheinungen durch geeignete Maßnahmen reduzieren. Möglich ist dies zB durch Trennung direkter Verbindung zwischen Quelle und Anlage, Dämmschichten und/oder Stoßfänger oder -dämpfer.

---

62 Weitestgehend wortgleich mit oder eng gelehnt an § 15 Abs. 3 MBO: § 14 Abs. 1 LBO BW; Art. 13 Abs. 3 BayBO; § 15 Abs. 3 BauO Bln; § 15 Abs. 3 BbgBO; § 15 Abs. 3 BremBO; § 18 Abs. 3 HBauO; § 15 Abs. 3 HBO; § 15 Abs. 3 LBauO M-V; § 15 Abs. 2 NBauO; § 15 Abs. 3 BauO NRW; § 16 Abs. 3 LBauO RhPf; § 15 Abs. 3 LBO Saarl; § 15 Abs. 3 SächsBO; § 15 Abs. 3 BauO LSA; § 16 Abs. 2 LBO Schl.-H.; § 15 Abs. 3 ThürBO.

63 § 79 MBO; § 64 LBO BW; § 79 BbgBO; § 79 BauO Bln; § 81 HBO; § 79 NBauO; § 81 BauO NRW.

64 *Wilke* in Wilke/Dageförde/Knuth/*Meyer*/Broy-Bülow Bauordnung für Berlin § 78 Rn. 1.

65 Vgl. *Kemper* in BeckOK BauordnungsR Nds NBauO § 15 Rn. 59.

66 *Gohde* in BeckOK BauordnungsR Hessen HBO § 15 Rn. 45 mit Verweis auf zum Schallschutz ergangene Judikatur VGH Kassel Beschl. v. 3.3.2016 – 4 B 403/16, NVwZ 2016, 1101 und OVG Münster BeckRS 1995, 9401; ebenfalls für Hessen ähnlich *Hornmann* HBO § 15 Rn. 62.

d) Erschütterungen durch Bauarbeiten. Aus Sicht des Nachbarschutzes kommt es im Einzelfall darauf an, Informationen über die auf einer Baustelle eingesetzte Technologie zu erhalten, weil die Technologie Rückschlüsse auf dadurch verursachte Erschütterungen ermöglichen kann. Materielles Bauordnungsrecht schützt auch gegen Erschütterungen während der Baudurchführung. Während der Baudurchführung können v.a. beim Bodenaushub und erst recht bei der Baugrundverdichtung und beim Baugrubenverbau durch Vibrationsgeräte, Rammen und Rüttler je nach Methodik sehr starke Erschütterungen entstehen. Davon ausgehende Gefahren für Bodenbeschaffenheit benachbarter Grundstücke und Beständigkeit vorhandener baulicher Anlagen müssen ausgeschlossen werden. Die hierfür einschlägige DIN 18304 wurde 2012 redaktionell und fachtechnisch durch Verfahrenstechnologien Präzisierungen auch des Leistungsumfangs aktualisiert. Aufgrund neuer Materialien wird das früher übliche, aber in besonders hohem Grad Schall und Erschütterungen emittierende Rammen inzwischen auf die Einbringung von Spundwänden für Ufersicherungen, Kaimauern, Stütz- und Baugrubenwände beschränkt. Stattdessen werden v.a. innerstädtisch neuere Rüttel- und Pressverfahren eingesetzt, die geringere Schall- und Erschütterungsemission verursachen. Innerstädtisch werden Pfähle und Spundwände heute mittels geräuschärmerer Vibrationsbären und Spundwandpressen eingebracht. 59

Die Bauaufsichtsbehörde kann durch **Nebenbestimmungen zur Baugenehmigung** den Erschütterungsschutz während der Baudurchführung regeln. Solche Regelungen wären aus Sicht des Nachbarschutzes zwar effektiv, kommen jedoch in der Praxis selten vor. Die Baudurchführung ist regelmäßig nicht Regelungsgegenstand der Baugenehmigung.[67] Deshalb besteht Nachbarschutz gegen baubedingte Erschütterungen praktisch nur in der Möglichkeit, die repressive Bauüberwachung zu aktivieren und die Bauaufsichtsbehörde durch entsprechenden Antrag zum Einschreiten zu bringen. 60

Der bauordnungsrechtliche Erschütterungsschutz erfasst wegen der wortgleichen Passage „von ortsfesten Einrichtungen in baulichen Anlagen oder auf Baugrundstücken" aller Ländernormen keine Erschütterungen und Schwingungen aufgrund seismischer (wie **Erdbeben**) oder sonstiger (wie etwa auf **Bergbau**[68] – Erdbewegungen. Bauordnungsrechtlicher Erschütterungsschutz ist ausdrücklich auf von technischen Bauteilen und ortsfesten Einrichtungen ausgehende Erschütterungen beschränkt. 61

4. Fachplanungsrecht

Erschütterungen gehen v.a. von Verkehrs-, insbesondere von Schienenwegen aus. Aufgrund **Straßenverkehrs** treten Erschütterungen idR nur punktuell zB beim Überfahren einer Schwelle auf, denn Luftreifen erzeugen auf glatter Fahrbahn in Abständen von etwa 10 Metern keine nennenswerten Erschütterungen.[69] Eisen- wie Straßenbahnen erzeugen dagegen durch den Rad-Schiene-Kontakt der auf Stahl rollenden Metallräder Schwingungen der Schienen, die über den Boden in Nachbargrundstücke entlang der Strecken und in deren Bebauung übertragen werden.[70] 62

a) Bestimmung der Vorgehensweise. Nachbarschutzansprüche wegen und gegen Erschütterungen aufgrund solcher durch einen Vorhabenträger fachplanungsrechtlich durch Planfeststellung, Plangenehmigung oder Planverzicht angestrebter oder bereits errichteter und betriebener Vorhaben können **vorab** im Rahmen der Beteiligung an den genannten Verfahren oder **auch nachträglich**, dh auch nach Errichtung und selbst nach jahrelangem Betrieb verfolgt werden. Erschütterungsschutz gegen noch nicht errichtete Fachplanungsvorhaben darf allerdings keinesfalls erst auf prozessualem Weg, sondern muss bereits durch Beteiligung im Zulassungsverfahren geltend gemacht werden. 63

67 OVG Münster Beschl. v. 31.7.2015 – 7 B 701/15, juris Rn. 7; BayVGH, Beschl. v. 8.7.2013 – 2 CS 13.807, juris Rn. 15.

68 Auch sog. Fracking unterliegt nicht dem Bauordnungs-, sondern dem Berg- und/oder dem Wasserrecht.

69 *Hermann* I+E 2011, 302 (305).

70 Dazu *Rockitt* NVwZ 2019, 1318; *Hermann* I+E 2011, 302 (305 f.).

64 Ziel des Nachbarschutzes kann sein, ein Erschütterungen verursachendes Vorhaben vollständig zu verhindern oder aber lediglich seinen Betrieb einzuschränken oder Erschütterungen durch dem Vorhabenträger von vornherein oder nachträglich auferlegte Schutzvorkehrungen zu unterbinden oder mindern.

65 Für den nachbarlichen Erschütterungsschutz bestehen dementsprechend in Abhängigkeit von Zulassungsverfahren und Zeitpunkt, in dem Erschütterungen befürchtet oder – deutlich später auch nach Jahren nicht störenden Betriebs – tatsächlich auftreten und erkannt werden, unterschiedliche Möglichkeiten.

66 Grundsätzlich können Fachplanungsrecht unterliegende Anlagen auf drei Verfahrenswegen zur Bauzulassung gelangen, weswegen das Vorgehen zur Erreichung von Nachbarschutz gegen anlagenbedingte Erschütterungen sich grundsätzlich richtungsweisend nach dem durch den Vorhabenträger eingeschlagenen Verfahrensweg richtet.

67 Eine für den Rechtsschutz wesentliche Besonderheit ist, dass die Aufhebung einer Zulassung nicht selbstverständliche Folge der Verletzung von Nachbarrechten durch eine fachplanungsrechtliche Bauzulassung ist, sondern wegen § 75 Abs. 1a S. 2 VwVfG vorrangig ein Anspruch auf Planergänzung, geltend gemacht werden muss.[71] Vollständige Aufhebung kommt jedoch in Betracht, wenn Schutzauflagen so großes Gewicht haben, dass die Ausgewogenheit der zugrundeliegenden Planentscheidung in Frage steht.[72]

68 Ferner muss vorab beurteilt werden, ob die soeben beschriebene, durch § 75 Abs. 1a VwVfG definierte Schwelle überschritten ist und deshalb einer Anfechtungsklage Erfolgsaussicht attestiert werden kann, oder ob ein mittels Verpflichtungsklage anzustrebender Planergänzungsanspruch der sicherere Weg ist.[73]

69 Das BImSchG trägt zur Lösung durch Erschütterungen verursachter Nachbarkonflikte nichts bei. Zwar sind Erschütterungen Emissionen und Immissionen iSd § 3 Abs. 2 und 3 BImSchG, die schädliche Umwelteinwirkungen iSd § 3 Abs. 1 BImSchG auslösen können. Doch ist das **anlagenbezogene BImSchG** auf Verkehrswege nicht anwendbar.[74] §§ 41 bis 43 BImSchG regeln nur den Schutz vor Lärm. § 41 BImSchG erfasst entsprechend seiner Überschrift („Schienenwege") zudem nur Schienenwege von Eisen- und Straßenbahnen.

70 Unzumutbare Erschütterungen können jedoch Anspruch auf **Schutzvorkehrungen** gegen Erschütterungen aus § 74 Abs. 2 S. 2 VwVfG begründen.[75] Anstelle des Anspruchs auf Schutzauflagen können **Ausgleichsansprüche** in Fällen, in denen Schutzvorkehrungen **untunlich** sind, nach § 74 Abs. 3 VwVfG bestehen.

71 **b) Anspruch auf Schutzauflagen.** Nachbarn eines nach Fachplanungsrecht zuzulassenden Vorhabens können von der Planfeststellungsbehörde die Auferlegung von **Schutzvorkehrungen** gegen Erschütterungen aus § 74 Abs. 2 S. 2 VwVfG beanspruchen.[76] Anders als im Bauordnungsrecht setzen fachplanungsrechtliche Planfeststellungsbeschlüsse regelmäßig Schutzmaßnahmen fest.[77] Denn die Anordnung von Schutzauflagen ist gegenüber der Nichtzulassung eines Vorhabens grundsätzlich die iSd Verhältnismäßigkeit weniger einschneidende Entscheidung.

Inhaltlich können Schutzmaßnahmen entsprechend dem Zweck des § 74 Abs. 2 S. 2 VwVfG „das gesamte Spektrum der in Betracht kommenden sachdienlichen Maßnahmen" betreffen.[78] Demnach kommen alle

71 Vgl. BVerfG Beschl. v. 16.12.2015 – 1 BvR 685/12, NVwZ 2016, 524 (525 ff.) zur verfassungsrechtlichen Unbedenklichkeit partieller Unbeachtlichkeit von Abwägungsfehlern.

72 BVerwG Urt. v. 21.02.1992 – 7 C 11/91, BVerwGE 90, 42 (53); auch bereits BVerwG Urt. v. 7.7.1978 – IV C 79.76, BVerwGE 56, 110 (133).

73 Als dritte Variante bleibt die allerdings mit einem besonderen Kostenrisiko verbundene Kombination mit dem Verpflichtungs- als Hilfsantrag.

74 *Jarass* BImSchG § 41 Rn. 1; *Vallendar* in Beck AEG § 18 Rn. 172.

75 Vgl. zu Erschütterungen durch U-Bahn-Bauarbeiten: BVerwG Urt. v. 10.7.2012 – 7 A 11/11, BVerwGE 143, 249.

76 Vgl. zu Erschütterungen durch U-Bahn-Bauarbeiten: BVerwG Urt. v. 10.7.2012 – 7 A 11/11, BVerwGE 143, 249.

77 *Jarass* DÖV 2004, 633 ff.

78 BVerwG Urt. v. 30.05.1984 – 4 C 58/81, BVerwGE 69, 256 (277).

Maßnahmen in Betracht, die **geeignet sind, negative Auswirkungen** des Vorhabens für die Allgemeinheit und/oder für einzelne, insbesondere Anlieger, **aufzuheben, auszugleichen** oder zu **vermindern.**[79]

Ob ein Planfeststellungsbeschluss neben dem Bau einer Anlage auch deren **späteren** Betrieb regeln **darf oder** in Gestalt von Schutzmaßnahmen zugunsten Dritter **sogar muss**, hängt vom jeweiligen Fachplanungsrecht ab.[80] Fachrecht lässt dies oft, aber nicht immer zu. So erlaubt § 18 Abs. 1 AEG die Aufnahme von Betriebsregelungen für eine Eisenbahnstrecke.[81] 72

Hinsichtlich bau-, anlagen- oder betriebsbedingter Erschütterungen ist ständige Praxis der Zulassungsbehörden, dem Vorhabenträger **Kontrollmessungen** aufzugeben. Ein entscheidender Grund hierfür ist die – Erschütterungen von Lärm unterscheidende – Besonderheit, dass sich durch eine dem Fachplanungsrecht, insbesondere § 18 AEG, unterliegende Anlage verursachte Erschütterungen weniger verlässlich prognostizieren lassen. Dies beruht v.a. auf der typischerweise eingeschränkten bzw. eingeschränkt verlässlichen Einschätzbarkeit der Bodenbeschaffenheit des Untergrunds zwischen emittierender Anlage und den betroffenen Immissionsort(en).

Beispiele für Schutzauflagen: 73

- Eine Straße kann mit der Pflicht planfestgestellt werden, dass sie nur mit einer **lärmdämpfenden Decke** gebaut werden oder unter Verzicht auf den Einsatz schwerer Arbeitsgeräte während bestimmter Tageszeiten ausgeführt werden darf;
- eine Schutzauflage kann den Vorhabenträger nicht nur während der Bau-, sondern auch während der gesamten Nutzungsdauer der planfestgestellten Anlage belasten, wenn zB die Fallhöhe bei der **Schrottverladung** in einem Hafen eine festgelegte Grenze nicht überschreiten darf, um Lärm und Erschütterungen gering zu halten;
- eine Nebenbestimmung kann verpflichten, die **AVV Baulärm** einzuhalten und die Bauarbeiten zu unterbrechen, wenn dies nicht (mehr) der Fall ist:
  „b) Der Beklagte hat im Planfeststellungsbeschluss im Hinblick auf Baulärm und **Erschütterungen** unter A. 5.3 (S. 20 f.) verschiedene Nebenbestimmungen angeordnet, die zu einer weitgehenden Minimierung der Immissionsbelastung für die Umgebung führen. Insbesondere hat der Vorhabenträger bei Durchführung der Bauarbeiten die Maßgaben der Allgemeinen Verwaltungsvorschrift zum Schutz gegen Baulärm – AVV Baulärm – vom 19.8.1970 (Beilage zum Bundesanzeiger Nr. 160 vom 1.9.1970) zu beachten. Dem Vorhabenträger ist zur Vermeidung schädlicher Umwelteinwirkungen durch Erschütterungen bei allen Bauarbeiten in der Nähe von Gebäuden jedweder Nutzungsart überdies aufgegeben worden, bestehende Anhaltswerte für Erschütterungen, unterhalb derer schädliche Erschütterungsimmissionen ausgeschlossen werden können, einzuhalten. Für den Fall, dass es während der Bauarbeiten zu Überschreitungen der Anhaltswerte kommt, sind die Arbeiten zu unterbrechen, die Ursache der Überschreitung zu ermitteln und das Bauverfahren gegebenenfalls entsprechend zu modifizieren. Damit ist sichergestellt, dass mögliche Beeinträchtigungen während der Bauphase minimiert werden.“[82]
- **Betriebszeitbeschränkungen** einer Motorsportanlage.

Regelungstechnisch ist die Anordnung von Schutzmaßnahmen entweder **Nebenbestimmung** oder **Inhaltsbestimmung** zum Planfeststellungsbeschluss.[83] Die wesentliche rechtliche Besonderheit liegt darin, dass 74

79 BVerwG, Urt. v. 29.1.1991 – 4 C 51/89, BVerwGE 87, 332 (384); *Wysk* in Kopp/Ramsauer VwVfG § 74 Rn. 108; *Neumann/Külpmann* in Stelkens/Bonk VwVfG § 74 Rn. 88.

80 Zum Fernstraßen- und Eisenbahnrecht: *Klinger* UPR 2003, 342 ff.; zum Straßenrecht: *Sauthoff* in Driehaus-FS, S. 369 ff.

81 BVerwG Beschl. v. 21.11.2013 – 7 A 28/12, 7 A 28/12 (7 A 22/12), NVwZ 2014, 730 Rn. 55; *Krappel* DVBl 2012, 674 (676); sehr kritisch *Vallendar* UPR 2014, 241; einschränkend BVerwG Urt. v. 17.11.2016 – 3 C 5/15, NVwZ 2017, 1138 Rn. 18 ff.

82 OVG Münster Urt. v. 11.9.2019 – 11 D 81/16.AK, juris (sechsstreifiger Ausbau BAB A40 AS Dortmund-Ost (B236) bis AK A1/A44 Dortmund/Unna).

83 *Wysk* in Kopp/Ramsauer VwVfG § 74 Rn. 106; *Hoppe/Schlarmann/Buchner*, Rechtsschutz bei der Planung von Straßen, Rn. 821 ff.

die Judikatur solche Schutzauflagen als sog. **integrale Bestandteile**[84] der „eigentlichen" Planfeststellung betrachtet, was zur Folge hat, dass der Vorhabenträger sie **nicht separat anfechten** kann.

75 Inhaltsbestimmungen sind nicht selbstständig anfechtbare Bestandteile von Regelungen, die deren **Inhalt konkretisieren und insoweit auch einschränken**. Solche Inhaltsbestimmungen dienen idR der Beschleunigung und Verfahrensökonomie, indem sie die Rückgabe der Antragsunterlagen zur Überarbeitung oder gar Rückweisung des Antrags vermeiden. Solche Inhaltsbestimmungen dienen der Anpassung von Einzelheiten. Weicht die Planfeststellung aufgrund solcher textlichen Zusätze jedoch wesentlich vom Antrag bzw. Anlagen ab, können Abgrenzungsschwierigkeiten zB gegenüber **modifizierenden Auflagen** entstehen. Dies gilt zB für Zusätze, die die Nutzung bzw. den Betrieb der Anlage beschränken. Über die rechtliche Einordnung besteht keine Einigkeit.[85] Je nach Bedeutung v.a. für die Nutzung der Anlage kann eine Inhaltsbestimmung eine so gravierende Abweichung bedeuten, dass die genehmigte Anlage als **aliud** und die **Zulassung in Wahrheit als Ablehnung** des beantragten bei gleichzeitiger Genehmigung eines anderen Vorhabens anzusehen ist.[86]

5. Fachplanungsverfahren

76 Ob ein Erschütterungen verursachendes Vorhaben über die Geltendmachung von Schutzauflagen hinaus auch grundsätzlich durch Anfechtung des Planfeststellungsbeschlusses oder der Plangenehmigung angegriffen werden sollte, kann je nach Umständen auch davon abhängen, ob ein Rechtsschutzsuchender „nur" Erschütterungen als tatsächliche Folge des Vorhabens ausgesetzt ist oder durch ein Vorhaben auch durch Entzug von Eigentum mit der Folge betroffen ist, dass Anspruch auf Vollüberprüfung der Vorhabenzulassung besteht.[87]

77 Im Einzelnen sind bei der Geltendmachung nachbarlicher Erschütterungsschutzansprüche folgende dem Fachplanungsrecht unterliegende Konstellationen zu beachten:

78 **a) Planfeststellungsverfahren.** Im Planfeststellungsverfahren gibt es – anders als in der Bauleitplanung – **keine allgemeine Öffentlichkeitsbeteiligung**. Es werden nur durch das Vorhaben *potenziell* Betroffene beteiligt. Ein Plan muss aber gemäß § 73 Abs. 3 S. 1 VwVfG in den Gemeinden, in denen sich das angestrebte Vorhaben voraussichtlich auswirkt, für ***einen Monat*** zur Einsicht ausgelegt werden. Die Auslegung muss von den Gemeinden, in denen der Plan ausgelegt werden muss, *eine Woche* vorab ortsüblich bekanntgemacht werden. Den potenziell Betroffenen muss Gelegenheit zur Prüfung gegeben werden, ob sie in rechtlich relevanten Belangen betroffen sind. An diesem Zweck der Auslegung müssen auch **Art und Umfang** der auszulegenden Unterlagen ausgerichtet werden. Ausgelegt werden müssen alle Unterlagen, die – aus Sicht Betroffener – erforderlich sind, um Betroffenen das Interesse, Einwendungen zu erheben, bewusst zu machen.[88] Betroffene müssen in die Lage versetzt werden, **Einwendungen** zu erheben, die **in groben Zügen** erkennen lassen, welche Rechtsgüter sie als gefährdet ansehen und welche Beeinträchtigungen sie befürchten.[89]

79 Dazu können zwar auch **Gutachten** gehören,[90] doch ist eher selten oder jedenfalls nicht immer zwingend, dass ein Vorhabenträger bereits parallel zur Erarbeitung der Genehmigungsplanung auch vollständige Er-

---

84 BVerwG Urt. v. 14.9.1992 – 4 C 34/89, BVerwGE 91, 17 (19) entgegen BVerwG Urt. v. 17.11.1972 – IV C 21/69, BVerwGE 41, 178 (180).

85 *Ramsauer* in *Kopp*/Ramsauer VwVfG § 36 Rn. 7; *Fluck* DVBl 1992, 862; *Heitsch* DÖV 2003, 367.

86 *Weyreuther* DVBl 1969, 295 ff.; BVerwG Urt. v. 19.2.2004 – 4 C 4.03, BRS 42 Nr. 176.

87 Enteignung setzt nach Art. 14 Abs. 3 S. 1 GG Gemeinnützigkeit des Vorhabens voraus und kann nach Art. 14 Abs. 1 S. 2 GG nur durch Gesetz oder aufgrund eines Gesetzes erfolgen, weshalb die die Enteignung zulassende Planfeststellung oder Plangenehmigung in jeder Hinsicht rechtmäßig sein muss. Zur Gemeinnützigkeit privatnütziger Planfeststellungen vgl. *Achenbach*, Zur Frage der selbstständigen rechtlichen Bedeutung der privatnützigen Planfeststellung, 1992; *v. Brünneck* NVwZ 1986, 435 ff.; *Kemper* D-Spezial 2005; *Kühling* in Sendler-FS, 1991, S. 391 ff.

88 BVerwG Urt. v. 8.6.1995 – 4 C 4/94, BVerwGE 98, 339 (344).

89 BVerfG Beschl. v. 8.7.1982 – 2 BvR 1187/80, BVerfGE 61, 82 (117 f.).

90 BVerwG Urt. v. 27.5.1983 – 4 C 40/81, 4 C 44/81, 4 C 45/81, BVerwGE 67, 206 (213).

schütterungsuntersuchungen erstellen lässt. Sofern eine grobe Vorabschätzung keine Wahrscheinlichkeit ergibt, dass vorhabenbedingte Erschütterungen Gesundheitsgefahr verursachen können, kann sich ein Vorhabenträger auf Abschätzungen und Prognosen eventueller Immissionsorte beschränken. Hauptaugenmerk potenziell Betroffener wird dann auf der Klärung liegen müssen, ob sie als möglicherweise durch vom Vorhaben ausgehende Erschütterungen Betroffene ermittelt wurden. Zusätzlich müssen Betroffene gegenüber der Behörde geltend machen, dass diese dem Vorhabenträger Kontrollmessungen für die Dauer der Baudurchführung und außerdem für eine ausreichend bemessene Zeitspanne nach Betriebsaufnahme auferlegt.

Aus praktischen Erwägungen nicht ausgelegte, aber zur Beurteilung der Auswirkungen notwendige Unterlagen können eingesehen werden. Die technische Ausführungsplanung des Vorhabenträgers muss jedoch schon deswegen nicht ausgelegt werden, weil der Vorhabenträger nicht verpflichtet ist, mit dem Plan auch eine vollständig ausgearbeitete Detailplanung einzureichen. Maßstab des Nötigen bildet der **Stand der Technik**. Der Vorhabenträger muss Unterlagen einreichen, die der Planfeststellungsbehörde ermöglichen zu prüfen, ob der Stand der Technik Lösungen für die zu bewältigenden Probleme bietet, so dass die Planfeststellungsbehörde dem Vorhabenträger die Beachtung der technischen Vorgaben aufgeben kann.[91] 80

Jeder, dessen Belange ein Vorhaben berühren kann, kann bis zu zwei Wochen nach der Auslegungsfrist **Einwendungen** gegen einen Plan erheben. Einwendungen sind alle sachlichen, auf Verhinderung oder Modifizierung des Vorhabens abzielenden Vorbringen.[92] Sie sind keine förmlichen Rechtsmittel. Auch die umgangssprachliche Formulierung, jemand wolle „Widerspruch" oder „Einspruch" gegen eine Planung einlegen, wird von Anhörungsbehörden idR als „einfache" Einwendung behandelt. 81

Betroffene tragen eine **Mitwirkungslast** und müssen deshalb dafür sorgen, abwägungsrelevante Tatsachen, die sich der Behörde *nicht aufdrängen*, in das Verfahren einzubringen. Dagegen kann **taktisches Verschweigen** sich der Behörde nicht aufdrängender Belange zur Folge haben, dass diese Belange bei der Abwägung nicht berücksichtigt werden müssen. Berührte private *Belange* können diejenigen eines Eigentümers, Erbbauberechtigten, Mieters oder Pächters sein. Dazu gehören auch befürchtete Erschütterungen. 82

Präklusionsregelungen regeln den **Ausschluss von Einwendungen** im Verwaltungsverfahren nach Ablauf einer bestimmten Frist oder nach einem Stichtag.[93] Es werden verschiedene Erscheinungsformen unterschieden: formelle und materielle, echte und unechte, Einwendungs- und Anspruchspräklusion. Präklusion beruht auf dem Gedanken der Verwirkung. Nach neuerer Ansicht ist Präklusion eine Sanktion wegen Verletzung einer Mitwirkungspflicht. Die **Einwendungspräklusion** bezeichnet den Wegfall der Möglichkeit zur Geltendmachung einer Einwendung, die **Anspruchspräklusion** den Wegfall des Anspruchs selbst.[94] 83

Nach § 73 Abs. 4 S. 3 VwVfG „sind alle Eiwendungen ausgeschlossen, die nicht auf besonderen privatrechtlichen Titeln beruhen." Dies gilt nur, wenn auf diese Folge hingewiesen wurde. Eine neue Präklusionsregelung enthält das Planungsbeschleunigungsgesetz (PlBeschlG). Danach müssen Klagen gegen Planfeststellungsbeschlüsse und Plangenehmigungen innerhalb **einheitlicher Klagefrist** von zehn Wochen ab Klageerhebung begründet werden. Nach Fristablauf vorgebrachte Erklärungen und Beweismittel sind nur zuzulassen, wenn der Kläger die Verspätung hinreichend entschuldigt (§ 17e Abs. 5 FStrG; § 18f AEG; § 17 WaStrG). 84

Für die Rechtmäßigkeit der Abwägungsentscheidung kommt es auf die **objektive Sicht ex-post** an. Daher reicht die konkrete Möglichkeit aus, dass ein Belang Einfluss auf die Rechtmäßigkeit der Entscheidung hat.[95] 85

---

91 BVerwG Urt. v. 18.3.2009 – 9 A 39.07, BVerwGE 133, 239; *Storost* in Stüer-FS, 2013, S. 481.

92 BVerwG Urt. v. 17.07.1980 – 7 C 101/78, BVerwGE 60, 297.

93 Allgemein zur Präklusion: *Ramsauer* in Kopp/Ramsauer VwVfG § 9 Rn. 25b ff.

94 *Kluth* in Wolf/Bachof/Stober/Kluth, Verwaltungsrecht I, § 62 Rn. 83 ff.

95 Vgl. zur Abwägung im für Erschütterungen wichtigen Eisenbahnrecht: *Schoen* in Kühling/Otte AEG Einf. § 18 Rn. 81 ff.

86 Von Bedeutung für die Rechtmäßigkeit der Entscheidung ist nicht nur ein fehlerfreies Abwägungs**ergebnis**, sondern auch ein fehlerfreier Abwägungs**vorgang**. Aus diesem Grund ist etwa eine verspätet eingereichte Stellungnahme von Bedeutung für die Rechtmäßigkeit der Entscheidung schon dann, wenn mit ihr ein Belang geltend gemacht wird, der in den Abwägungsvorgang einzustellen ist und dessen Nichtberücksichtigung dort zu einem Abwägungsfehler führt. Die Nichtberücksichtigung der verspäteten Stellungnahme darf nicht zu einer Verkürzung des Abwägungsmaterials und dadurch einem inhaltlich fehlerhaften Abwägungsvorgang führen. Abwägungserhebliche Belange sind damit stets zu berücksichtigen.[96]

87 **b) Plangenehmigungsverfahren.** Die Geltendmachung von Erschütterungsschutzforderungen ist erschwert, wenn ein Vorhaben im Wege der Plangenehmigung zugelassen werden kann. § 74 Abs. 6 VwVfG erlaubt, über ein „eigentlich" planfeststellungsbedürftiges Vorhaben anstelle des Planfeststellungs- ein Plangenehmigungsverfahren durchzuführen, wenn

„1. Rechte anderer nicht oder nur unwesentlich beeinträchtigt werden oder die Betroffenen sich mit der Inanspruchnahme ihres Eigentums oder eines anderen Rechts schriftlich einverstanden erklärt haben,
2. mit den Trägern öffentlicher Belange, deren Aufgabenbereich berührt wird, das Benehmen hergestellt worden ist und 3. nicht andere Rechtsvorschriften eine Öffentlichkeitsbeteiligung vorschreiben, die den Anforderungen des § 73 Absatz 3 Satz 1 und Absatz 4 bis 7 entsprechen muss."

88 Aus Sicht des Nachbarschutzes besteht der Hauptunterschied zur Planfeststellung im Wegfall der Betroffenenbeteiligung durch Anhörungsverfahren und Erörterungstermin.

89 Damit entfallen auch weitere planfeststellungstypische Verfahrensetappen und Besonderheiten der Planfeststellung, jedoch nicht die Abwägung. Auch die Entscheidung über die Erteilung einer Plangenehmigung unterliegt dem Abwägungsgebot.[97] Das Plangenehmigungs- ist aber ein **klassisches zweipoliges** Verwaltungsverfahren, an dem nur Antragsteller und Genehmigungsbehörde *unmittelbar* beteiligt sind. Das Planfeststellungsverfahren ist dagegen ein *multipolares* Verfahren mit Öffentlichkeitsbeteiligung und daher zahlreichen Beteiligten, an dessen Ende eine *Abwägung* aller durch das Vorhaben berührten Belange mit- und gegen einander erfolgt. Damit ist die Geltendmachung von Erschütterungsschutz in Plangenehmigungsverfahren erschwert.

90 Es tritt hinzu, dass die (Ermessens-)Entscheidung, **ob** von der Planfeststellung zugunsten der Plangenehmigung abgesehen werden darf, nicht separat angreifbar ist. Hat ein Antragsteller der Behörde das Bestehen aller Antrags- und Genehmigungsvoraussetzungen nachgewiesen, wird sie die beantragte Genehmigung idR erteilen.[98] Ihre Entscheidung über die Verfahrensdurchführung ist als **bloße Verfahrenshandlung** iSd § 44 VwGO *nicht selbstständig angreifbar*. Auch soll kein subjektives öffentliches Recht auf Durchführung eines Planfeststellungsverfahrens bestehen.[99]

91 Eine Vorhabenzulassung durch Plangenehmigung scheidet aus, wenn UVP-Pflicht besteht (vgl. § 65 Abs. 2 S. 1 UVPG). Ausnahmen hiervon regeln § 17b Abs. 1 Nr. 1 FStrG für Straßenbauvorhaben und § 14b Abs. 2 WaStrG für Bundeswasserstraßen. Da Erschütterungen vorwiegend im Bahnbau eine Bedeutung haben, sind diese Ausnahmen für den Erschütterungsschutz eher unbedeutend.

92 Die Plangenehmigung entfaltet **auch Konzentrationswirkung**, kann aber eine anderweitige Planfeststellung nicht ersetzen. Unanwendbar sind § 75 Abs. 2 und Abs. 3 VwVfG, weil der Plangenehmigung als „normalem" im zweipoligen Verfahren ergangenen Verwaltungsakt keine erhöhte Bestandskraft zukommen soll.[100]

96 *Siegel* DÖV 2004, 589.
97 BVerwG Urt. v. 25. 9. 1996 – 11 A 20.96, BVerwGE 102, 74 (76), NVwZ 1997, 919.
98 Dazu *Wysk* in Kopp/Ramsauer VwVfG § 74 Rn. 216.
99 BVerwG Urt. v. 15.1.1982 – 4 C 26/78, BVerwGE 64, 331 ff.; allerdings kann das Ermessen auf Null reduziert sein und der Anspruch auf fehlerfreie Ermessensentscheidung sich zu einem Anspruch auf Durchführung eines Genehmigungsverfahrens verdichten (*Wysk* in Kopp/Ramsauer VwVfG § 74 Rn. 216; *Jarass* DVBl 1997, 797).
100 *Neumann/Külpmann* in Stelkens/Bonk/Sachs VwVfG § 74 Rn. 251–252.

c) Entfallen von Planfeststellung und Plangenehmigung. Erschütterungsschutz ist erst recht praktisch schwer durchsetzbar, wenn die Fachplanungsbehörde nach § 74 Abs. 7 VwVfG auf die Durchführung auf Planfeststellung *und* Plangenehmigung verzichtet. Dies ist nach fast allen Fachgesetzen[101] kraft Gesetzes zulässig und bedarf keiner behördlichen Ermessensentscheidung.[102] Diese Vereinfachung gilt heute nicht mehr nur im Fall von Änderungen oder Erweiterungen bereits bestehender, sondern generell für alle Anlagen von unwesentlicher Bedeutung. Unwesentliche Bedeutung besteht,[103] wenn „1. andere öffentliche Belange nicht berührt sind oder die erforderlichen behördlichen Entscheidungen vorliegen und sie dem Plan nicht entgegenstehen, 2. Rechte anderer nicht beeinflusst werden oder mit den vom Plan Betroffenen entsprechende Vereinbarungen getroffen worden sind und 3. nicht andere Rechtsvorschriften eine Öffentlichkeitsbeteiligung vorschreiben, die den Anforderungen des § 73 Absatz 3 Satz 1 und Absatz 4 bis 7 entsprechen muss.“ 93

Den **Planverzicht** erklärt die Planfeststellungsbehörde auf Antrag des Vorhabenträgers schriftlich durch **Unterbleibensbescheid**.[104] Der Bescheid stellt fest, dass das Vorhaben die Voraussetzungen eines unwesentlichen Falls iSd § 74 Abs. 7 Satz 2 VwVfG erfüllt und der Vorhabenträger deswegen weder ein Planfeststellungs- noch ein Plangenehmigungsverfahren durchführen muss.[105] Der Unterbleibens- ist also ein **Feststellungsbescheid**. Folge der Entbehrlichkeit ist, dass ein Vorhabenträger auch keine der beiden Verfahrensalternativen beanspruchen an, weil für sein Vorhaben keine Planfeststellung angeordnet ist.[106] Sie sind dann unzulässig. 94

Darüber, ob der Unterbleibensbescheid über die Feststellungswirkung (Feststellung des Entfallens der Planfeststellung) auch **Zulassungswirkung** hat, besteht keine Einigkeit. Teils wird dies angenommen; die Planverzichtserklärung ist danach eine **dritte Variante der Zulassung**.[107] Ferner ist nicht endgültig geklärt, ob ein Anspruch auf solch einen Bescheid besteht.[108] 95

d) Vorarbeiten. Erschütterungen können auch bei bzw. durch sog. Vorarbeiten auftreten. Ein Vorhabenträger darf nach den meisten Fachgesetzen für das angestrebte Vorhaben in Frage kommende Flächen betreten und darauf für die Planung „notwendige“ bzw. „erforderliche“ Vorarbeiten und Untersuchungen durchführen.[109] Dies gilt – wenngleich wegen Art. 13 GG mit Einschränkungen – auch für Wohnungen und Arbeits-, Geschäfts- und Betriebsräume. 96

Fast alle Fachgesetze gewähren Vorhabenträgern solche Betretungsrechte und erlegen Eigentümern und Nutzungsberechtigten **Duldungspflichten** auf.[110] Fehlt – wie in manchen Straßengesetzen – eine Regelung, kann der Vorhabenträger ein Betretungsrecht **nicht aus NatSchG oder WaldG** ableiten, weil diese Gesetze die Betretung fremder Grundstücke nur zur Erholung gestatten.[111] Die Betretung zur Vorerkundung wäre aus Sicht dieser Erlaubnisse also zweckwidrig und daher nicht umfasst. Die Betretung kann dann aber aufgrund enteignungsrechtlicher Vorwirkung durch Landes-Enteignungsgesetz erlaubt sein. 97

---

101 Anders § 43 Satz 1 EnWG und § 18 Abs. 1 NABEG. Vgl. zu Verfahrensrechtsänderungen im NABEG Leidinger, NVwZ 2020, 1377 (1378 f.).

102 Einige Fachgesetze enthielten – nicht unbedingt zeitgleich – Ermessensermächtigungen (zB § 17 Abs. 2 FStrG aF, § 36 Abs. 2 BbahnG; § 28 Abs. 2 PBefG aF).

103 Seit Änderung durch das PlanVereinhG v. 31.5.2013, BGBl. I 2013, 1388.

104 *Kümper* NVwZ 2016, 1280 ff.

105 *Kümper* NVwZ 2016, 1280 (1283) mwN.

106 Zur Erforderlichkeit einer gesetzlichen Anordnung siehe *Wysk* in Kopp/Ramsauer VwVfG § 72 Rn. 3 ff.

107 BVerwG Urt. v. 15.1.1982 – 4 C 26/78, BVerwGE 64, 325 nahm für die alte Rechtslage v.a. an: „zugleich auch die öffentlich-rechtliche Zulassung“; zustimmend *Ronellenfitsch* DVBl 1994, 441 (447); aA *Kümper* NVwZ 2016, 1280 (1284).

108 Ausführlich zum Planverzicht *Kümper* NVwZ 2016, 1280 ff.

109 Dazu *Hönig* UPR 2001, 374 ff.

110 § 17 AEG; § 16a FStrG; § 7 LuftVG (aber nur für die Plangenehmigung); § 32 PBefG; § 8 VersAnlG; § 16 WStrG.

111 OVG Schleswig Urt. v. 20.2.1997 – 1 L 294/95, BeckRS 1997, 13244: kein Betretungsrecht im Rahmen der Landschaftsplanung.

98 Berechtigte müssen ***vorab*** über beabsichtigte Vorarbeiten ***unterrichtet*** werden. Dazu ist eine **Bekanntgabe** erforderlich. Die Bekanntgabe erfolgt durch den Vorhabenträger. Die Bekanntgabe konkretisiert die Duldungspflicht, indem sie diese Pflicht und den Umfang der notwendigen Untersuchungen festlegt.[112] Eine erschöpfende Aufzählung aller beabsichtigten Vorarbeiten ist nicht erforderlich.[113] **Schriftlichkeit** ist nicht vorgeschrieben, aber die Regel.[114]

99 Sofern ein betroffener Nachbar Vorarbeiten auf seinem Grundstück etwa wegen zu hoher damit verbundener Erschütterungen nicht duldet, muss – auf Ersuchen des Vorhabenträgers – die Planfeststellungsbehörde die Bekanntgabe der Vorarbeiten vornehmen und eine Duldungsverfügung erlassen oder beides verbinden.[115] Diese behördliche Benachrichtigung ist **als Duldungsanordnung Verwaltungsakt** iSd § 35 VwVfG. Eigentümer oder Nutzungsberechtigte können dem einerseits fundamental, dh grundsätzlich gegen konkrete Vorarbeiten gerichtet, entgegenhalten, diese seien nicht „notwendig" bzw. nicht „erforderlich", andererseits aber auch spezifisch den angeordneten Umfang der Vorarbeiten angreifen und der Anordnung entgegenhalten, diese seien mit zu hohen, vermeidbaren und daher nicht hinzunehmenden Erschütterungen verbunden.[116]

100 Dem Umfang nach erlauben die Normen „**Betreten**" und „**Benutzen**" und dehnen deren Reichweite durch „ähnliche" und „sonstige" Maßnahmen zusätzlich aus (zB § 17 AEG und § 16 a FStrG). Der Begriff „Benutzen" wird weit ausgelegt und umfasst jede Inanspruchnahme, die im Rahmen der Verwirklichung des jeweiligen Betretungszwecks notwendig ist. Erfasst werden alle Maßnahmen, die zur Beseitigung von Ungewissheiten notwendig sind. Zu den Vorarbeiten gehören dementsprechend zB Kartierung, Vermessung, Bodenuntersuchung, Grundwasseruntersuchung, archäologische Prospektionen und Wertermittlung.

101 Eigentümer und Nutzungsberechtigte sind **unmittelbar gesetzlich** zur Duldung solcher Vorarbeiten **verpflichtet.**[117] Duldung ist aber keine Mitwirkung. Nicht umfasst sind Maßnahmen, die bereits Veränderungen schaffen und deswegen nicht mehr den Charakter von Untersuchungs-, sondern von Vorbereitungsmaßnahmen für das Vorhaben haben, also über Untersuchungen hinausgehen wie zB Lagerung von Arbeits- und Baumaterial, Baustelleneinrichtung, Geländefreimachung, Rodung, Grundwasserabsenkung, denn sie sind nicht notwendig, um Ungewissheiten über die Planung auszuräumen.[118]

102 **e) Nachträgliche Schutzauflagen.** Es kommt vor, dass der Betrieb einer Anlage **nicht vorhersehbare** Erschütterungen auslöst. Betroffene können dann nach § 75 VwVfG einen Anspruch auf **nachträgliche Schutzauflagen** haben, die diese nachträglich aufgetretenen Erschütterungen ausschließen. Gerade auch während des Betriebs bzw. der Benutzung des Vorhabens bzw. der Anlage ist ein Vorhabenträger an den Planfeststellungsbeschluss gebunden. Der Planbefolgungsanspruch Betroffener gilt v.a. während des Betriebs. Der Betrieb Erschütterungen emittierender Anlagen wird auch durch Fachbehörden (nicht die Planfeststellungsbehörde) beaufsichtigt. Ein Planfeststellungsbeschluss legitimiert eine Anlage nur im festgestellten, dh durch Text und Pläne beschriebenen Umfang. Deshalb kann ein erneutes Planfeststellungsverfahren erforderlich werden, wenn die Anlage nachträglich verändert wird und deshalb nicht mehr mit den Feststellungen übereinstimmt. Dies gilt auch für die festgestellten und daher durch den Planfeststellungsbeschluss legitimierten Erschütterungen. Eine Planfeststellung ist aber *entbehrlich*, wenn die Änderung nur *unwesentliche* Bedeutung hat. Im **Straßenrecht** soll dies der Fall sein, wenn Umfang und Zweck des Vor-

---

112 HM; vgl. bereits *Hönig* UPR 2001, 374 (377); ebenso *Kirchberg* in Ziekow HdB des FachplanungsR § 2 Rn. 116; *Schütz* in Beck AEG § 17 Rn. 43 ff.

113 VG Minden Urt. v. 5.2.1979 – IX B 732/79, nv.

114 *Kromer* in Müller/Schulz § 16a Rn. 15.

115 So auch *Schütz* in Beck AEG § 17 Rn. 44.

116 Zur Unverhältnismäßigkeit siehe *Hönig* UPR 2001, 374 (379).

117 Streitig; wie hier: *Aust* in Kodal StraßenR-HdB § 37 Rn. 42.1. mit der Maßgabe, die Bekanntmachung als Verwaltungsakt zu bewerten (was im Abfallrecht aber an der dem privaten Träger fehlenden Verwaltungsaktsbefugnis scheitert); ebenso *Hönig* UPR 2001, 374 (376): „dogmatisch wie praktisch sinnvoller". Abweichendes gilt zB im LuftVG. Nach § 7 Abs. 1 LuftVG muss die Behörde Vorarbeiten anordnen, während zB § 17 Abs. 1 AEG Eigentümer und Nutzungsberechtigte ausdrücklich und damit unmittelbar zur Duldung verpflichtet.

118 *Hönig* UPR 2001, 374 (376).

habens unverändert bleiben und zusätzliche belastende Auswirkungen von einigem Gewicht sowohl auf die Umgebung als auch hinsichtlich der Belange Einzelner auszuschließen sind oder der Planfeststellungsbeschluss nur um Schutzauflagen ergänzt werden soll.

Unvorhersehbar sind Wirkungen, mit denen die Beteiligten im Zeitpunkt der Planfeststellung auch bei sachkundiger Einschätzung der Folgen verständiger Weise nicht zu rechnen brauchten.[119] Der Anspruch besteht jedoch nicht, wenn diese Auswirkungen nur faktisch, dh zB wegen unterlassener Prüfung oder Irrtums, nicht vorhergesehen wurden. Die Unvorhersehbarkeit ist objektiv und nicht nach der subjektiven Erkenntnisfähigkeit eines Betroffenen zu bestimmen. Deshalb gelten nur **atypische Folgen** als unvorhersehbar.[120] 103

Treten **nicht vorhersehbare Wirkungen** auf, können Betroffene unter Beachtung der Fristen des § 75 Abs. 3 VwVfG innerhalb von **30 Jahren** nach Herstellung des plankonformen Zustands *und* innerhalb von **drei Jahren** nach Kenntnis nachteiliger Auswirkungen schriftlich von der Planfeststellungsbehörde verlangen, dem Vorhabenträger nachträgliche Schutzvorkehrungen oder, wenn Schutzvorkehrungen untunlich oder mit dem Vorhaben unvereinbar sind, Entschädigungszahlungen aufzuerlegen. 104

35. Fahne und Fahnenmast

Weiß

Literatur: *Kintz*, Assessorexamensklausur – Öffentliches Recht: Anwaltliches Gutachten und Mandantenschreiben – Die BVB-Fahne in Nachbars Garten, JuS 2014, 256; *Muckel*, Bauaufsichtliches Einschreiten gegen einen Fahnenmast mit Fußballclub-Fahne, JA 2014, 76.

I. Einleitung

Mögen Fahnen in einem benachbarten Garten auf den ersten Blick keine weitere Beachtung finden, bergen sie doch einiges Konfliktpotential. So erzeugen Fahnen gerade bei Wind eine kaum überhörbare Geräuschkulisse, die insbesondere zu Ruhezeiten als sehr störend empfunden werden kann. Aber auch der Fahneninhalt bzw. dessen Botschaft kann nachbarliche Streitigkeiten begründen. Sie können für den einen Ausdruck einer besonderen Verbundenheit oder Leidenschaft sein, für den anderen aber eine Provokation darstellen. 1

II. Einwirkungen auf das Nachbargrundstück, § 906 BGB

1. Optische Einwirkungen

Zunächst kann von der Fahne ein Schatten geworfen werden, der je nach Höhe des Mastes auch weit auf das Nachbargrundstück hineinragen kann. Als sog. negative Einwirkung stellt der Entzug von Licht bzw. die **Verschattung** durch die Fahne und deren Mast indes keine Einwirkung im Sinne des § 906 BGB dar.[1] 2

119 BVerwG Urt. v. 1.7.1988 – 4 C 49/86, BVerwGE 80, 7 (8).
120 BVerwG Urt. v. 1.7.1988 – 4 C 49/86, BVerwGE 80, 7 (13).
1 Vgl. BGH Urt. v. 10.7.2015 – V ZR 229/14, NJW-RR 2015, 1425 mwN; → *Rücksichtnahmegebot* Rn. 48.

3 Anders wird dies aber für **Spiegelungen oder Reflexionen von Fahnenbewegungen** gesehen, die auch im peripheren Sehfeld wahrgenommen werden und zu Ablenkungen führen, da man sich diesen optischen Reizen – ähnlich Geräuschen – nicht entziehen kann.[2] Diese sind als sonstige Einwirkung im Sinne des § 906 BGB anzusehen.[3]

4 Die **Größe und Anzahl** der Fahne oder Fahnen dürfte für sich gesehen in der Praxis nur eine untergeordnete Rolle spielen, weil es im Einzelfall immer auf die Wesentlichkeit der Beeinträchtigung und die Ortsüblichkeit ankommt, was nicht pauschal bzw. allein an Größe oder Anzahl festgemacht werden kann. Entscheidend sind wiederum die durch die Fahne hervorgerufenen optischen und akustischen Einwirkungen, die bei großen Fahnen sicherlich auch stärker ausfallen als bei sehr kleinen Fahnen. Es kommt aber v.a. auf die Position der Fahne und deren Einwirkungsbereich an.[4]

2. Geräuschimmissionen

5 Von einer Fahne bzw. dem Fahnenmast können bei Wind auch **akustische Einwirkungen** ausgehen, etwa wenn das Fahnenseil gegen den Mast schlägt oder Fahnenbewegungen im Wind hörbar sind.[5] Dabei handelt es sich zweifelsfrei um eine Einwirkung im Sinne des § 906 BGB. Entscheidend ist dabei die Wesentlichkeit der Beeinträchtigung. Dabei wird es insbesondere auf den Abstand des Fahnenmastes zum Nachbargrundstück,[6] aber auch die Anzahl der Masten ankommen. Inwieweit es zur Verneinung der Wesentlichkeit genügen kann, dass der Eigentümer (glaubhaft) versichert, bei starkem Wind die Fahne einzuholen, muss anhand seiner Zuverlässigkeit beurteilt werden. Ggf. kommt eine Unterlassungsverpflichtung mit Androhung eines Ordnungsgeldes in Betracht, wobei dann aber die Windstärke oder die Lautstärke, ab der eine Fahne nicht mehr gehisst sein darf, hinreichend genau bestimmt werden muss.[7] Unabhängig von der Ausgestaltung dieser Verpflichtung bleibt für den Nachbarn der Nachteil, dass auch dieser Rechtsschutz lediglich eine nachträgliche Sanktionierung (§ 890 ZPO) umfasst und eine zwangsweise Durchsetzung der Unterlassungsverpflichtung im akuten Störfall kaum kurzfristig möglich sein wird.

3. Eindringen in den Luftraum

6 Soweit der Nachbar für den Fahnenmast einen Standort nahe der Grundstücksgrenze gewählt hat, kann die Fahne bei entsprechender Windrichtung in den Luftraum des benachbarten Grundstücks eindringen. Dies stellt grundsätzlich eine Eigentumsbeeinträchtigung im Sinne des § 1004 Abs. 1 BGB dar. Aus praktischer Sicht kommt wegen der Kurzfristigkeit der Beeinträchtigung nur ein **Unterlassungsanspruch** nach § 1004 Abs. 1 Satz 2 BGB in Betracht.[8] Soweit damit keine anderen der oben dargestellten Beeinträchtigungen einhergehen, dürfte es an Schikane im Sinne des § 226 BGB grenzen, wenn dieser Anspruch geltend gemacht wird. Ebenso kommt bei Geringfügigkeit in Betracht, aus dem nachbarrechtliches Gemeinschaftsverhältnis eine **Duldungspflicht** nach § 1004 Abs. 2 BGB abzuleiten (→ *Nachbarschaftliches Gemeinschaftsverhältnis* Rn. 3 ff.).

7 Eine Eigentums- oder Besitzbeeinträchtigung kommt auch durch **umstürzende Fahnenstangen** oder unter Umständen **herabfallende Fahnen** in Betracht. Insoweit kann die Beseitigung der Stange oder Fahne aus § 1004 Abs. 1 Satz 1 BGB verlangt werden. Ein Anspruch auf Störungsbeseitigung (jedenfalls durch Reparatur) kommt auch dann in Betracht, wenn etwa nach einem Sturm eine Fahnenstange geneigt steht und jederzeit umzustürzen droht. Dabei liegt die Beeinträchtigung in der Nutzungsbeschränkung des nachbarlichen Grundstücks, weil der mögliche Umsturzbereich gemieden werden muss.

---

2 LG Düsseldorf Urt. v. 5.3.1997 – 2 b O 39/97, DWW 1997, 188 m. ausf. Erl. zur Funktionsweise des Auges; *Roth* in Staudinger BGB § 906 Rn. 123.

3 Siehe auch OLG Stuttgart Urt. v. 9.2.2009 – 10 U 146/08, MDR 2009, 1099; OLG Karlsruhe Urt. v. 13.12.2013 – 9 U 184/11, MDR 2014, 711.

4 Siehe LG Düsseldorf Urt. v. 5.3.1997 – 2 b O 39/97, DWW 1997, 188.

5 Vgl. OVG Münster Beschl. v. 8.7.2014 – 10 A 1787/13, NVwZ-RR 2014, 801.

6 Siehe OVG Münster Beschl. v. 8.7.2014 – 10 A 1787/13, NVwZ-RR 2014, 801.

7 Siehe bspw. LG Berlin Urt. v. 29.11.2007 – 5 O 162/07, juris Tenor.

8 *Roth* in Staudinger BGB § 1004 Rn. 38.

III. Inhalt der Fahne

Stein des Anstoßes kann auch der Inhalt einer Fahne darstellen. Diese bietet eine Darstellungsmöglichkeit für die verschiedensten Anliegen. Damit ist grundsätzlich der Schutzbereich der Meinungsfreiheit nach Art. 5 Abs. 1 GG eröffnet, insbesondere wenn mit der Fahne eine **politische Meinung oder Gesinnung** zum Ausdruck gebracht werden soll. Dies rechtfertigt indes nicht den Eingriff in Rechte Dritter, wie bspw. das Eigentum des Vermieters, indem vom Mieter Wahlplakate oder Fahnen an der Außenwand der Mietwohnung angebracht werden.[9] Dies gilt jedenfalls dann, wenn gerade in Zeiten politischer Wahlkämpfe hierdurch der Hausfrieden gefährdet wird.[10] Der Dritte kann unter diesen Voraussetzungen ohne den Vorwurf des Rechtsmissbrauchs sein Abwehrrecht aus § 1004 Abs. 1 BGB geltend machen.[11] Insoweit kann aber auch nur der Vermieter gegen die Fahne vorgehen. Die übrigen Mieter sind auf die Mitteilung an den Vermieter verwiesen. 8

Auch **Werbefahnen** muss ein Eigentümer oder ein Sondernutzungsberechtigter nicht auf seinem Grundstück oder an seinem Eigentum (Wände, Zäune etc) hinnehmen.[12] 9

Ohne eine solche Rechtsverletzung stellt sich das Anbringen einer die politische Gesinnung oder Parteianhängerschaft zum Ausdruck bringenden Fahne aber nicht als eine abwehrfähige Einwirkung im Sinne des § 906 BGB dar. Es handelt sich dann um eine bloße sog. **ideelle Einwirkung.**[13] Dies gilt im Grunde auch für die Reichskriegsflagge[14], die für sich betrachtet keiner verbotenen Organisation zugeordnet ist. Es kommt aber je nach Kontext ihrer Verwendung eine strafrechtliche Relevanz in Betracht (→ Rn. 27), die dann auch den Schutzbereich der Meinungsfreiheit, Art. 5 Abs. 2 GG, entfallen lässt.[15] Dennoch bleibt die Einordnung als bloße ideelle Einwirkung erhalten und die Fahne löst auf zivilrechtlicher Ebene keinen Beseitigungs- oder Unterlassungsanspruch aus. 10

Nichts anderes gilt für Fahnen, die **Hobbys oder Leidenschaften**, etwa die Anhängerschaft zu einem Sportverein, zum Ausdruck bringen. Auch zu **besonderen Anlässen** angebrachte Fahnen oder eine etwa auf **Halbmast** gesetzte Fahne stellen demnach grundsätzlich keine beeinträchtigende Einwirkung für den Nachbarn dar. Allerdings kann die Reichskriegsflagge im zeitlichen Kontext zu symbolträchtigen Daten oder im Zusammenhang mit entsprechenden Demonstrationen oder Aufmärschen die bußgeld- oder strafrechtliche Grenze überschreiten (→ Rn. 27).[16] 11

IV. Abwehrmöglichkeiten des Nachbarn

Liegt eine der dargestellten Beeinträchtigungen durch eine Fahne und/oder einen Fahnenmast vor, kann der Nachbar auf verschiedenen Wegen dagegen vorgehen. 12

1. Zivilrecht

Auf der zivilrechtlichen Ebene besteht bei einer Beeinträchtigung im Sinne des § 906 BGB für den Nachbarn ein **Beseitigungs- und Unterlassungsanspruch** gemäß §§ 1004 Abs. 1, 906 BGB[17]. Ein lediglich obligatorisch Berechtigter (v.a. Mieter und Pächter) kann sich nur auf eine Besitzverletzung berufen, hat aber 13

9 BVerfG Urt. v. 15.1.1958 – 1 BvR 184/54, BVerfGE 7, 230.
10 BVerfG Urt. v. 15.1.1958 – 1 BvR 184/54, BVerfGE 7, 230.
11 BVerfG Urt. v. 15.1.1958 – 1 BvR 184/54, BVerfGE 7, 230.
12 LG Berlin Urt. v. 29.11.2007 – 5 O 162/07, juris Rn. 25, 29.
13 BGH Urt. v. 11.7.2003 – V ZR 199/02, NJW-RR 2003, 1313; *Lüke* in Grziwotz/Lüke/Saller, NachbarR-HdB, 3. Teil Rn. 60 ff.: *Dehner*, NachbarR, B § 38 1. d).
14 OLG Koblenz Beschl. v. 14.1.2010 – 2 SsBs 68/09, juris Rn. 4 ff., 11 f.; VGH Mannheim Beschl. v. 15.6.2005 – 1 S 2718/04, NJW 2006, 635.
15 OLG Koblenz Beschl. v. 14.1.2010 – 2 SsBs 68/09, juris Rn. 12; OVG Münster Beschl. v. 22.6.1994 – 5 B 193/94, NJW 1994, 2909.
16 OLG Koblenz Beschl. v. 14.1.2010 – 2 SsBs 68/09, juris Rn. 12; OVG Münster Beschl. v. 22.6.1994 – 5 B 193/94, NJW 1994, 2909.
17 AG Bottrop Urt. v. 22.4.2016 – 20 C 57/15, juris Rn. 18; LG Berlin Urt. v. 29.11.2007 – 5 O 162/07, juris Rn. 23.

nach §§ 862 Abs. 1 Satz 1, 858, 906 BGB[18] gleich gelagerte Ansprüche. Soweit eine Fahnenstange mit einem Gebäude verbunden ist und herab- oder umzustürzen droht, besteht ein **Gefahrbeseitigungsanspruch** nach §§ 908, 836 BGB.

14 Bei **Wohnungseigentümergemeinschaften** können einige Besonderheiten zu beachten sein. Keine Abweichung zu dem bereits Dargestellten ergibt sich aus § 14 WEG, wonach das Sondereigentum so benutzen ist, dass den übrigen Miteigentümern oder deren Mietern keine über das unvermeidliche Maß hinausgehenden Nachteile erwachsen. Insoweit ist eine Abwägung zwischen der Beeinträchtigung und der möglichst freien Nutzung des Sondereigentums vorzunehmen.[19] Dabei ist die visuelle Beeinträchtigung durch eine Fahne oder einen Fahnenmast in die Abwägung nach den oben dargestellten Kriterien einzustellen. Sich daraus ergebende Ansprüche können nicht nur gegenüber dem Wohnungseigentümer, sondern auch direkt gegenüber deren Mietern geltend gemacht werden, wobei in diesem Fall statt des WEG-Gerichtes (§ 43 WEG iVm § 23 Nr. 2 lit. c GVG), das Prozessgericht zuständig ist.[20]

15 Die Errichtung eines Fahnenmastes stellt zudem regelmäßig eine **bauliche Veränderung** im Sinne des § 22 Abs. 1 WEG dar, die der Genehmigung der über das unvermeidliche Maß hinaus beeinträchtigten Miteigentümer bedarf, was bei der optischen Umgestaltung des Gartens alle Miteigentümer betreffen kann.[21] Soweit in der Teilungserklärung die Vornahme von Terrassen- oder Gartengestaltung gestattet ist, unterfällt das Aufstellen einen Fahnenmastes einer solchen Ausnahmeregelung von der Zustimmungspflicht nach § 22 WEG grundsätzlich nicht.[22]

16 Entstehen durch Fahnen oder Fahnenmaste Schäden auf dem Nachbargrundstück, begründet dies **Schadensersatzansprüche**. Diese können zunächst aus **§ 823 Abs. 1 BGB** wegen Eigentums- oder Besitzverletzung folgen, wobei aber dem Geschädigten die Beweislast für das Verschulden obliegt. Günstiger ist die prozessuale Situation nach **§ 836 BGB**, da hier der Schädiger die Einhaltung der erforderlichen Sorgfalt beweisen muss.[23] Fahnenstangen werden als Teile eines Gebäudes angesehen und unterfallen damit § 836 BGB, sofern sie baulich mit einem Gebäude verbunden sind.[24] Die Bestimmung ist nicht anwendbar für im (Vor-) Garten freistehende Masten. Als Schädiger kommen der aktuelle (auch mittelbare), nach § 836 Abs. 2 BGB auch frühere der Eigenbesitzer sowie die in §§ 837, 838 BGB Genannten in Betracht, die ggf. nach § 840 BGB gesamtschuldnerisch haften.

17 § 15a Abs. 1 Satz 1 Nr. 2 EGZPO gibt den Ländern die Möglichkeit, in Streitigkeiten u.a. nach § 906 BGB ein **zwingendes Streitschlichtungsverfahren** vor einer anerkannten Gütestelle zu verlangen (→ *Zwangsschlichtung* Rn. 2 ff.; → *Streitschlichtung, nachbarrechtliche* Rn. 8 ff.). Wurde dieses dann nicht durchgeführt, ist die Klage bereits unzulässig.[25] Von dieser Möglichkeit haben Bayern, Brandenburg, Hessen, Mecklenburg-Vorpommern, Niedersachsen, Nordrhein-Westfalen, Rheinland-Pfalz, Saarland, Sachsen, Sachsen-Anhalt und Schleswig-Holstein Gebrauch gemacht.

2. Öffentliches Recht

18 Das öffentliche Baurecht stellt andere, zum Teil weiter gehende Anforderungen an die Zulässigkeit von Fahnen oder Fahnenmasten und damit zugleich einen weiteren Ansatzpunkt für ein Beseitigungsverlangen des dadurch beeinträchtigten Nachbarn. Zunächst sehen die Landesbauordnungen die Möglichkeit der Baubehörde vor, gegen bauliche Anlagen, die gegen Baurecht verstoßen, einzuschreiten und ggf. deren Beseitigung anzuordnen. Soweit aber auch den Nachbarn schützende, sog. drittschützende Normen nicht eingehalten werden, steht dem Nachbarn regelmäßig ein **Anspruch auf baurechtliches Einschreiten**, der mittels

18 LG Düsseldorf Urt. v. 5.3.1997 – 2 b O 39/97, DWW 1997, 188.
19 *Kreuzer* in Staudinger BGB § 14 WEG Rn. 71.
20 AG Bottrop Urt. v. 22.4.2016 – 20 C 57/15, juris Rn. 17 f.
21 AG Bottrop Urt. v. 22.4.2016 – 20 C 57/15, juris Rn. 19 f.
22 AG München Urt. v. 28.2.2018 – 481 C 793/17 WEG, juris Rn. 37.
23 *Wagner* in MüKoBGB § 836 Rn. 32.
24 *Bernau* in Staudinger BGB § 836 Rn. 28; *Fritzsche* in BeckOK BGB § 908 Rn. 3.
25 OLG Saarbrücken Urt. v. 22.3.2017 – 2 U 7/16, juris Rn. 33 ff.

Verpflichtungsklage gemäß § 42 Abs. 1 Alt. 2 VwGO durchgesetzt werden kann, zu.[26] Insoweit ist das der Baubehörde eingeräumte Ermessen auf Einschreiten regelmäßig auf Null reduziert.[27]

Grundsätzlich unterliegen Fahnenmasten nach den Landesbauordnungen der **Genehmigungsfreiheit**, zB § 62 Abs. 1 Satz 1 Nr. 5 lit. c BauO NRW, § 61 Abs. 1 Satz 1 Nr. 5 lit. b SächsBO, Art. 57 Abs. 1 Satz 1 Nr. 5 lit. b BayBO. Anderes kann aber dann gelten, wenn eine **Werbeanlage** im Sinne der Landesbauordnungen (etwa § 10 BauO NRW, § 10 SächsBO, § 2 Abs. 9 BauO BW, § 50 NBauO) anzunehmen ist.[28] Mögliche Ausnahmetatbestände in den Bauordnungen der Länder (zB § 61 Nr. 12 SächsBO, § 62 Abs. 1 S. 1 Nr. 12 BauO NRW) dürften auf Fahnen nur eingeschränkt zutreffen, nämlich nur dann, wenn es sich um eine Werbeanlage handelt.[29] Naheliegend ist allein die Anwendung auf Aufstellungsorte in Gewerbe- oder Industriegebieten, wobei es dann dort kaum nachbarliche Störungen geben dürfte. Eine Ansichtsfläche bis 1 m2 ist für eine Flagge regelmäßig zu gering.[30] Die Flagge eines (auch börsennotierten) Fußballvereines stellt jedenfalls dann keine Werbeanlage dar, wenn diese im Garten einer Privatperson gezeigt wird.[31] Die Bestimmung über die Genehmigungsbedürftigkeit stellt jedoch keine nachbarschützende Norm dar, so dass der Nachbar allein darauf verwiesen ist, dass die zuständige Baubehörde auf einen Hinweis hin von Amts wegen tätig wird. 19

Ansatzpunkt für einen Anspruch auf baurechtliches Einschreiten kann außerdem das baurechtliche **Gebot der Rücksichtnahme** (§ 34 Abs. 1 BauGB bzw. § 15 Abs. 1 Satz 2 BauNVO) sein, wobei v.a. die Geräuschimmission bei stärkerem Wind als übermäßige Beeinträchtigung in Betracht kommt und wofür der TA Lärm im gerichtlichen Verfahren maßgebliche Bedeutung zukommt.[32] Vorlieben des Nachbarn, die von den eigenen abweichen (etwa beim Fußballverein), stellen keine übermäßige Beeinträchtigung dar.[33] Auch sonstige gelegentliche optische oder akustische Beeinträchtigungen sind in einem Wohngebiet hinzunehmen.[34] 20

Auf die Vorschriften über ein Verbot der **Verunstaltung** (siehe etwa § 9 SächsBO, § 9 BauO NRW, Art. 8 BayBO) kann sich der Nachbar mangels drittschützender Wirkung nicht berufen.[35] 21

Wenn durch die Fahne der Gebietscharakter verändert wird, kommt die Verletzung des **Gebietserhaltungsanspruchs** infrage.[36] Das ist zB der Fall, wenn in einem Gebiet, in dem Gewerbebetriebe nicht zulässig sind, ein Fahnenmast mit einer als Werbeanlage zu qualifizierenden Fahne aufgestellt wird. Denn dann ist diese selbst ein Gewerbebetrieb, den der Nachbar aufgrund des Gebietserhaltungsanspruchs abwehren kann. Wird hingegen in einem Wohngebiet mittels einer Fahne im Schutzbereich des Art. 5 Abs. 1 GG eine Vorliebe, Verbundenheit oÄ zum Ausdruck gebracht, handelt es sich um eine zulässige Nebenanlage im Sinne des § 14 BauNVO, die dem Nutzungszweck des Grundstückes zu dienen bestimmt ist, sofern der Bebauungsplan dies nicht verbietet.[37] 22

---

26 Vgl. VG Neustadt a. d. Weinstraße, Urt. v. 17.10.2012 – 4 K 481/12.NW, juris Rn. 23 ff.; → *Rechtsschutz, verwaltungsrechtliches Hauptsacheverfahren* Rn. 1 ff.; → *Rechtsschutz, vorläufiger* Rn. 15 ff.

27 VG Neustadt a. d. Weinstraße, Urt. v. 17.10.2012 – 4 K 481/12.NW, juris Rn. 23; OVG Münster Urt. v. 13.11.2009 – 7 A 146/08, juris Rn. 55.

28 OVG Münster Beschl. v. 24.7.2006 – NVwZ-RR 2006, 773.

29 OVG Münster Beschl. v. 24.7.2006 – NVwZ-RR 2006, 773.

30 Die kleinste Standardgröße beträgt bereits 120 x 80 cm.

31 OVG Münster Beschl. v. 8.7.2014 – NVwZ-RR 2014, 801; dazu auch *Kintz* JuS 2014, 256.

32 OVG Münster Beschl. v. 8.7.2014 – NVwZ-RR 2014, 801; dazu auch *Kintz* JuS 2014, 256.

33 *Kintz* JuS 2014, 256.

34 VG Arnsberg Urt. v. 15.7.2013 – 8 K 1679/12, juris Rn. 40.

35 VG Arnsberg Urt. v. 15.7.2013 – 8 K 1679/12, juris Rn. 32; *Kintz* JuS 2014, 256; *Muckel* JA 2014, 76; ausf. *Schulte Beerbühl* Rn. 715 ff.

36 Siehe allg. Hierzu *Kintz* JuS 2014, 256 mwN.

37 Siehe BVerwG Beschl. v. 20.6.1988 – 4 B 91/88, juris Rn. 3; VG Arnsberg Urt. v. 15.7.2013 – 8 K 1679/12, juris Rn. 37.

V. Strafrechtliche Bezüge

23 Fahnen können zulasten eines Nachbarn einen strafrechtlich relevanten Inhalt haben. Dies kann Anlass zu einem **Hinweis an Polizei oder Ordnungsbehörde** sein.

1. Keine Pflicht zur Strafanzeige

24 Für Privatpersonen gibt es **grundsätzlich keine Pflicht**, eine Strafanzeige zu erstatten, § 158 StPO.[38] Insoweit ist auch ein Nachbar im Hinblick auf die im Folgenden dargestellten in Betracht kommenden Straftatbestände nicht zur Anzeige verpflichtet, selbstverständlich aber hierzu berechtigt. Dies kann ein Vehikel für die Beseitigung einer konkreten Fahne sein, allerdings nicht für den Fahnenmast insgesamt.

25 Eine **Ausnahme** hiervon, dh eine **Anzeigepflicht** mit Strafandrohung für den Nichtanzeigenden, kann sich lediglich aus den §§ 138, 139 StGB ergeben und greift nur für besonders schwere, dort abschließend aufgeführte Straftaten. Insoweit kommt eine Pflicht nach § 138 Abs. 2 Satz 1 Nr. 2 StGB im Hinblick auf ein Unterstützen oder Werben von Mitgliedern für eine terroristische Vereinigung in Betracht (→ Rn. 28), welches unverzüglich angezeigt werden muss. Eine Strafbarkeit kann nach den Vorgaben von § 139 StGB entfallen.

2. Kein Selbsthilferecht

26 Auch bei Vorliegen einer Straftat durch die gezeigte Flagge ergibt sich indes **kein Recht** für den Nachbarn, **diese selbst zu entfernen**. Für einen rechtfertigenden oder entschuldigenden Notstand (§§ 32, 35 StGB) fehlt es an einem gegenwärtigen Angriff, der abgewehrt werden müsste. § 127 StPO gewährt ohnehin lediglich ein Festhalterecht zur Täterfeststellung, was aber bei einer Flagge des Nachbarn nicht erforderlich ist. Folglich würde sich der selbst zur Tat schreitende Nachbar zumindest des Hausfriedensbruchs und ggf. einer Sachbeschädigung oder eines Diebstahls strafbar machen. Soweit eine Fahne der Bundesrepublik Deutschland oder der Länder gehisst ist, kommt etwa bei einem Verunstalten, Einholen oder etwa Umsägen des Fahnenmastes eine Strafbarkeit nach § 90a Abs. 2 StGB in Betracht, da auch ein Privater eine solche Flagge öffentlich zeigen kann.[39]

3. Mögliche Straftaten und Ordnungswidrigkeiten

27 Offensichtlich ist eine Strafbarkeit nach **§ 86a StGB** bei Verwendung entsprechender verbotener Kennzeichen, v.a. der Hakenkreuzflagge, aber auch Flaggen mit anderen verbotenen Symbolen wie Keltenkreuz oder Sigrunen. Auch die Flagge des sog. Islamischen Staates oder der PKK unterfällt diesem Straftatbestand;[40] die Reichskriegsflagge mangels Organisationsbezuges hingegen nicht.[41]

28 Eine Strafbarkeit nach **§§ 129a Abs. 5, 129b StGB** dürfte durch das bloße Zeigen der Flagge einer solchen terroristischen Organisation (etwa des sog. Islamischen Staates) nicht vorliegen, da selbst für ein bloßes strafbares Unterstützen einer solchen Organisation ein objektiver Vorteil oder eine Nützlichkeit der Handlung für die Vereinigung gegeben sein muss.[42] Eine Sympathiebekundung durch bloßes Flaggezeigen erreicht diese Wirkung indes schwerlich. Wird allerdings durch das Hissen der Flagge der Eindruck erweckt, es bestehe zumindest ein lokaler Einflussbereich der Vereinigung, kann hierin durchaus ein Vorteil für diese gesehen werden.

29 Das Zeigen bestimmter Flaggen kann auch eine Strafbarkeit wegen Volksverhetzung gem. **§ 130 StGB** begründen. Dies kann etwa auch durch eine **Reichskriegsflagge** der Fall sein, wenn hierin ein Aufruf zu sehen ist, die in der Bundesrepublik Deutschland lebenden Ausländer einem Klima der Missachtung, Bedro-

---

38 *Griesbaum* in KK-StPO § 158 Rn. 25.

39 *Sternberg-Lieben* in Schönke/Schröder StGB § 90a Rn. 14, 17.

40 Vgl. VG Braunschweig Urt. v. 19.9.2018 – 5 A 194/16, MMR 2019, 274.

41 *Ellbogen* in BeckOK StGB, 44. Edition 2019, § 86a Rn. 5; vgl. OLG Koblenz Beschl. v. 14.1.2010 – 2 SsBs 68/09, juris Rn. 4 ff.

42 Siehe BGH Beschl. v. 28.6.2018 – StB 10/18, NStZ 2018, 598.

hung und Ausgrenzung auszusetzen.[43] Dies gilt heute umso mehr, als diese Flagge von der rechtsextremen Szene in Deutschland zunehmend vereinnahmt wird und dies auch in der übrigen Bevölkerung überwiegend so wahrgenommen wird.[44] Aufgrund des Grundrechts auf Meinungsfreiheit muss aber der Kontext des Hissens der Flagge mit einbezogen werden. Hierbei kann ein symbolträchtiger Tag oder eine stattfindende Veranstaltung entsprechender Organisationen[45] Anhaltspunkt für eine Strafbarkeit oder zumindest für eine Ordnungswidrigkeit nach **§ 118 OWiG** wegen Beeinträchtigung der öffentlichen Ordnung sein.[46] Liegen diese Voraussetzungen vor, kommt auch eine ordnungs- und polizeirechtliche **Beschlagnahme** der Flagge in Betracht.[47] Allerdings ist das öffentliche Zeigen der Reichsflagge seit Kurzem in Bremen[48], Rheinland-Pfalz[49], Brandenburg[50] und Niedersachsen[51] durch entsprechende Erlasse nach Auffassung der jeweiligen Justizminister dem § 118 OWiG unterworfen und mit einem Bußgeld bedroht.[52] Das Landesparlament in NRW stimmte ebenfalls für ein solches Verbot, wobei dieser Beschluss noch nicht umgesetzt ist.[53] Weitere Bundesländer prüfen eine gleichartige Regelung.

Zeigt der Eigentümer öffentlich eine verunstaltete Flagge der Bundesrepublik Deutschland oder der Bundesländer, macht er sich nach **§ 90a Abs. 1 Nr. 2 StGB** strafbar. 30

Eine Besonderheit besteht für die Dienstflaggen des Bundes und der Länder. Nach § 124 Abs. 1 Nr. 2, Abs. 2 OWiG ist das Zeigen dieser Flaggen den entsprechenden Dienststellen vorbehalten. Benutzt daher eine Privatperson eine solche Flagge oder ein zum Verwechseln ähnliche, ist dies bußgeldbewährt. Eine neben dem Bund separate Dienstflagge führen indes nicht alle Bundesländer, sondern nur die Länder Baden-Württemberg, Hessen, Mecklenburg-Vorpommern, Nordrhein-Westfalen, Sachsen, Schleswig-Holstein und Thüringen. Auf diesen Dienstflaggen ist das sonst auf der Landesflagge nicht enthaltene Landeswappen abgebildet.[54] 31

Neben einer Anzeige bei der Polizei oder Staatsanwaltschaft kommt bei den in § 374 Abs. 1 StPO genannten Delikten (etwa Beleidigung, Hausfriedensbruch, Nötigung, Bedrohung, Sachbeschädigung) auch die **direkte Privatklage** ohne Beteiligung der Staatsanwaltschaft (§§ 374 Abs. 1, 376, 381 StPO) in Betracht.[55] 32

43 OVG Münster Beschl. v. 22.6.1994 – 5 B 193/94, NJW 1994, 2909.

44 So schon OVG Münster Beschl. v. 22.6.1994 – 5 B 193/94, NJW 1994, 2909; OLG Koblenz Beschl. v. 14.1.2010 – 2 SsBs 68/09, juris Rn. 5: „Kampfsymbol"; VGH Mannheim Beschl. v. 15.6.2005 – 1 S 2718/04, NJW 2006, 635: „steht für die entschiedene Ablehnung der freiheitlich-rechtsstaatlichen Demokratie".

45 Vgl. OLG Brandenburg Urt. v. 28.11.2001 – 1 Ss 52/01, NJW 2002, 1440.

46 OLG Koblenz Beschl. v. 14.1.2010 – 2 SsBs 68/09, juris Rn. 11 f.; strenger VGH Mannheim Beschl. v. 15.6.2005 – 1 S 2718/04, NJW 2006, 635.

47 Vgl. VGH Mannheim Beschl. v. 15.6.2005 – 1 S 2718/04, NJW 2006, 635.

48 Erlass des Senators für Inneres vom 14.9.2020; siehe hierzu auch OVG Bremen, Beschl. v. 16.10.2020 – 1 B 323/20, BeckRS 2020, 27545.

49 Das Zeigen der Reichskriegsflagge ist hier bereits seit 1998 erfasst.

50 Erlass vom 10.6.2014, ABl./2014, Nr. 30, 951.

51 S. http://www.mi.niedersachsen.de/startseite/aktuelles/presseinformationen/neuer-erlass-des-innenministeriums-polizei-und-verwaltungsbehorden-konnen-das-schwenken-von-reichs-und-reichskriegsflaggen-in-der-offentlichkeit-unterbinden-193198.html (abgerufen: 02.12.2020).

52 OVG Bremen Beschl. v. 23.10.2020 – 1 B 331/20, juris Rn. 15.

53 S. https://www.lto.de/recht/nachrichten/n/nrw-landtag-abstimmung-verbot-reichskriegsflagge-rechtsextremismus-reichsbuerger/ (abgerufen 01.12.2020).

54 Siehe hierzu die jeweiligen Landesvorschriften zu den Hoheitszeichen bzw. Flaggen; zB Sächsische VwV Beflaggung oder Thüringer Verordnung zur Ausführung des Gesetzes über die Hoheitszeichen des Landes Thüringen.

55 *Horst*, NachbarR-HdB, Rn. 159 ff.

36. Fahrrad

Klose

Literatur: *Bitter*, Verkehrssicherungspflicht auf Waldwegen, VersR 2009, 896; *Czernik*, Die Verkehrssicherungspflicht gegenüber unbefugt ein Grundstück betretenden Kindern, VersR 2010, 1416; *Lorenz*, Grundwissen – Zivilrecht: Besitzschutz, JuS 2013, 776.

I. Fahrrad

1 Fahrräder sind, mit Ausnahme eines Elektroantriebes bei E-Bikes und Pedelecs, nicht motorisierte Zweiräder, die in ihrer Verwendung auch dazu dienen können, das Grundstück einfach zu erreichen. Sie können zudem als Sportgeräte genutzt werden. Für den Nachbarn sind sie von Belang, soweit das eigene Grundstück als Fahrradweg genutzt wird. Wenn er das nicht verhindern kann, unterliegt er möglicherweise einem Haftungsrisiko bei Stürzen des Fahrradfahrers. Auch abgestellte Fahrräder können ebenso stören, wie eine im Freien liegende Ansammlung alter Fahrräder als Ersatzteilreservoir einer „privaten Fahrradwerkstatt", deren Betrieb zudem Lärm entwickeln kann. Werden Fahrräder störend abgestellt, liegt angesichts ihres regelmäßig nur geringen Gewichts die Vornahme einer Selbsthilfe nahe.

II. Nutzung des Nachbargrundstücks als Fahrradweg

2 Der Weg zu dem Grundstück kann auch mit dem Fahrrad zurückgelegt werden. Für den Grundstückseigentümer ist dies dann nicht ohne Belang, wenn das Nachbargrundstück nicht unmittelbar von dem öffentlichen Verkehrsraum, sondern nur über sein Grundstück erreicht werden kann. Lässt ein Grundstückseigentümer seinen Nachbarn mit dem Fahrrad über sein Grundstück fahren, ist er möglichen Haftungsansprüchen ausgesetzt.

1. Fahrt über das Nachbargrundstück

3 Grundsätzlich besteht keine Pflicht des Grundstückseigentümers, seinem Nachbarn das Passieren seines eigenen Grundstücks mit dem Fahrrad zu gestatten. Ist das Grundstück aber nur zu Fuß oder mit dem Fahrrad über eine öffentliche Fläche erreichbar, kann er von seinem Nachbarn verlangen, dass der Transfer von Kraftfahrzeugen,[1] und damit erst recht von Fahrrädern, als Notweg geduldet wird (§ 917 BGB; → *Notweg* Rn. 57 ff.). Ansonsten ist die Nutzung mit dem Fahrrad nur auf der Grundlage einer ausdrücklichen, oder einer konkludenten Gestattung zulässig. Auch wenn bei einer persönlichen Dienstbarkeit lediglich ein „Unterhaltungs- und Wartungsrecht" an einem Fahrradunterstand eingetragen ist, ist davon das Unterstellen von Fahrrädern erfasst.[2]

2. Verkehrssicherungspflicht

4 Grundstückseigentümer unterliegen einer Verkehrssicherungspflicht, die auch gegenüber Fahrradfahrern wirkt, die, berechtigt oder sogar unberechtigt, über ihr Grundstück fahren. Die Eröffnung eines Verkehrs führt zu der begründeten Erwartung des anderen, dass die dadurch entstandenen Gefahren abgewehrt wer-

1 BGH Teilurt. v. 12.12.2008 – V ZR 106/07, NJW-RR 2009, 515 (517).
2 OLG Schleswig Urt. v. 30.8.2018 – 11 U 131/17, juris Rn. 12.

den.[3] Wer eine Gefahrenquelle schafft, ist dazu verpflichtet, auch die zur Abwehr erforderlichen Maßnahmen zu treffen.[4] Der Grundstückseigentümer ist damit auch gegenüber denjenigen Fahrradfahrern, die sein Grundstück passieren, verpflichtet, die Maßnahmen zu treffen, die ein umsichtiger, verständiger und in vernünftigen Grenzen vorsichtiger Mensch für notwendig, aber auch ausreichend ansieht, um andere vor Schäden zu bewahren.[5] Die Verkehrssicherungspflicht besteht dann nicht, wenn das Passieren eines Weges über das Grundstück dazu nicht berechtigten Dritten hinreichend deutlich untersagt worden ist. Dazu können die Gestaltung seiner Abgrenzung, aber auch deutlich sichtbare und eindeutige Verbotsschilder, durch die Dritten das Verbot der Nutzung unmissverständlich mitgeteilt wird, dienen. Wer sein Grundstück durch eine klare Gestaltung, etwa durch Hecken, von anderen Grundstücken abgrenzt, darf darauf vertrauen, dass Dritte diese Grenze auch respektieren.[6] Selbst dann, wenn der Grundstückseigentümer dieses Verbot nicht konsequent durchsetzt, kann dadurch eine Haftung gegenüber den unberechtigten Nutzern vermieden werden. Wird der Verkehr über ein Grundstück durch dessen Eigentümer nicht eröffnet, können sich Dritte, die das Grundstück gleichwohl unbefugt betreten, auch dann nicht auf eine Verkehrssicherungspflicht berufen, wenn der Grundstückseigentümer den Verkehr über sein Grundstück geduldet hat.[7] Etwas anderes kann aber gelten, wenn es dem Grundstückseigentümer aufgrund seiner Erfahrungen bekannt ist, dass er mit einer Missachtung seines Verbotes rechnen muss.[8] Allerdings muss der Grundstückseigentümer auch dann gegenüber Erwachsenen[9] keine Vorsorge für die Abwehr offensichtlicher Gefahren schaffen.[10]

Im Winter kann gegenüber den das Grundstück berechtigt benutzenden Fahrradfahrern eine zumindest ein- 5
geschränkte Streu- und Räumpflicht bestehen. Jedenfalls dann, wenn für Fahrräder eine Stellfläche vorgesehen wird, können Fahrradfahrer erwarten, dass der Zufahrtsweg und die zu nutzende Fläche auch bei kalten Temperaturen gefahrlos genutzt werden kann, mithin hinreichend geräumt und gestreut wird.[11] Es muss jedoch nicht die gesamte Fläche geräumt werden. Vielmehr genügt es, wenn ein sicherer Weg bereit steht.[12] Duldet aber ein Grundstückseigentümer lediglich, dass Nachbarn sein Grundstück als Abkürzung benutzen, besteht diesen Personen gegenüber nicht die Pflicht, den Weg von Eis und Schnee zu räumen.[13] Auf privat genutzten Grundstücksflächen kann nach der Verkehrserwartung nicht verlangt werden, dass diese über die ersichtlich geräumten Wege hinausgehend gestreut und geräumt werden. Stürzt ein Fahrradfahrer außerhalb dieser Flächen, kann er sich nicht erfolgreich auf das Verletzen einer Verkehrssicherungspflicht berufen. Auch ist die Erwartung eines Fahrradfahrers, er könne eine ebene Fläche zum Fahren erwarten, nicht geschützt.[14]

3 OLG Koblenz Urt. v. 13.1.2003 – 12 U 461/02, VersR 2003, 1449 (1449); *Schneider* MDR 2018, 258; *Bittner* VersR 2009, 897.

4 BGH Urt. v. 6.2.2007 – VI ZR 274/05, NJW 2007, 1683 (1684).

5 BGH Urt. v. 25.2.2014 – VI ZR 299/13, NJW 2014, 2104 (2105).

6 OLG Hamm Urt. v. 23.5.2001 – 13 U 253/00, NJW-RR 2002, 233 (234). Erst recht können sich Fahrradfahrer nicht auf die Verletzung einer Verkehrssicherungspflicht berufen, wenn der von ihnen genutzte Weg durch ein der StVO entsprechendes Verbotsschild gesperrt war: LG Mönchengladbach Urt. v. 26.3.2012 – 11 O 328/10, Schadenspraxis 2012, 399 (400).

7 OLG Hamm Urt. v. 1.5.2013 – I 6 U 187/12, MDR 2013, 907 (907).

8 OLG Köln Urt. v. 5.2.1992 – 13 U 236/91, VersR 1992, 1241 (1241) (Kiesgrube).

9 Zu den erhöhten Anforderungen der Verkehrssicherungspflicht gegenüber Kindern: *Czernik* VersR 2010, 1416.

10 OLG Hamm Urt. v. 3.5.2001 – 27 U 189/00, OLG Report 2001, 309 (311). Die Duldung des Verkehrs auf einem öffentlichen Weg kann dagegen eine Verkehrssicherungspflicht begründen: OLG Frankfurt Urt. v. 2.2.2001 – 24 U 21/99, OLG Report 2001, 188 (189).

11 AG München Urt. v. 11.1.2019 – 154 C 20100/17, juris (Ls.).

12 AG Augsburg Urt. v. 5.9.2018 – 74 C 1611/18, juris Rn. 30.

13 OLG Hamm Urt. v. 16.5.2013 – I 6 U 178/12, MDR 2013, 907 (907).

14 Vgl. OLG Braunschweig Urt. v. 25.7.2001 – 3 U 22/01, NZV 2002 93, 93; OLG Dresden Urt. v. 28.1.2000 – 6 U 3282/99, NZV 2002, 92 (93); OLG Celle Beschl. v. 29.10.2012 – 8 U 247/12, juris Rn. 6; OLG Celle Beschl. v. 20.12.2011 – 8 U 226/11, juris Rn. 7.

III. Fahrradstellplatz

6 Fahrräder benötigen ebenso wie Kraftfahrzeuge Stellplätze. Diese können auf dem Grundstück errichtet werden und den Nachbarn wegen ihrer Art und Ausgestaltung stören. Der Nachbar kann aber auch fremde Stellplätze für sein eigenes Fahrrad benutzen. Auch das dauerhafte Abstellen von Fahrrädern auf dem Gehweg vor dem Grundstück kann zu nachbarschaftlichen Konflikten führen.

1. Unbefugtes Abstellen auf dem Grundstück

7 Das unbefugte Abstellen eines Fahrzeugs auf dem Nachbargrundstück ist eine Besitzbeeinträchtigung und unabhängig davon, ob es sich um eine Besitzentziehung oder um eine Besitzstörung handelt,[15] eine verbotene Eigenmacht im Sinne des § 858 Abs. 1 BGB.[16] Hier darf sich der Grundstückseigentümer im Wege der Selbsthilfe nach § 861 BGB wieder in den Besitz versetzten, sofern er durch diese Maßnahme nicht unverhältnismäßig in die Interessen des Eigentümers des Fahrrades eingreift.[17] Diese Schwelle wird bei dem bloßen Umsetzen des Fahrrades noch nicht überschritten. Damit dürfen auf dem eigenen Grundstück abgestellte Fahrräder von diesem verbracht und auf den öffentlichen Verkehrsraum gestellt werden. Müssen dazu jedoch Schlösser aufgebrochen werden, kann dies nur im Ausnahmefall als Selbsthilfe gemäß § 226 BGB oder als Besitzwehr gemäß § 859 Abs. 3 BGB rechtmäßig sein, wenn das Entfernen des Fahrrades in einem engen zeitlichen Zusammenhang zu dem Abstellen erfolgt und der Nutzer des Fahrrades mit dieser Maßnahme rechnen muss. Sonst ist der Beseitigungsanspruch aus § 1004 Abs. 1 BGB geltend zu machen. Regelmäßig wird damit das Aufbrechen des Schlosses unverhältnismäßig und damit jedenfalls dann unzulässig sein, wenn mit einem zeitnahen Entfernen des Rades gerechnet werden kann und sich die Beeinträchtigung auf den konkret entzogenen Besitz beschränkt, die die sonstige Nutzung des Grundstücks nicht, etwa durch das Versperren von Wegen, zusätzlich beeinträchtigt. Hier muss zumindest eine angemessene Frist abgewartet werden. Bei wiederholten Verstößen muss das künftige Aufbrechen des Schlosses und das Umsetzen des Rades angekündigt werden. Wird das Fahrradschloss zu Unrecht aufgebrochen, wird dadurch nicht nur ein Schadensersatzanspruch aus § 823 Abs. 1 BGB wegen des beschädigten Schlosses begründet, sondern auch das Risiko in Kauf genommen, auch für das Abhandenkommen des nunmehr ungesichert abgestellten Rades haften zu müssen.

2. Fahrradständer

8 Fahrradständer dürfen nur von den Personen benutzt werden, für die sie der Grundstückseigentümer erkennbar bereitstellt. Wird dieser eingeräumte Besitz etwa dadurch überschritten, dass bei einer nur für die Tageszeit erfolgten Gestattung auch eine Nutzung des Fahrradständers in der Nacht erfolgt, besteht ein Beseitigungsanspruch aus § 1004 Abs. 1 S. 1 BGB.[18]

3. Fahrräder auf öffentlichem Gehweg

9 Fahrräder dürfen, sofern damit deren Nutzbarkeit bestehen bleibt und Dritte nicht unangemessen beeinträchtigt werden, auf öffentlichen Flächen und Gehwegen abgestellt werden. Während Kraftfahrzeuge gemäß § 12 StVO nicht auf öffentlichen Gehwegen abgestellt werden dürfen, steht dem Abstellen von Fahrrädern auf öffentlichen Gehwegen das Straßenverkehrsrecht nicht entgegen. Das betrifft auch zu Werbezwecken abgestellte Fahrzeuge.[19] Gleiches gilt auch dann, wenn eine Halteverbotszone bestimmt worden ist.

---

15 Zum Besitzschutz: *Lorenz* JuS 2013, 776.

16 BGH Urt. v. 5.6.2009 – V ZR 144/08, NJW 2009, 2530 (2531).

17 Vgl. BGH Urt. v. 5.6.2009 – V ZR 144/08, NJW 2009, 2530 (2531).

18 LG Nürnberg-Fürth Schlussurteil vom 24.5.2011 – 7 S 6720/10.

19 VG Hamburg Beschl. v. 30.7.2008 – 4 E 1996/08, NVwZ-RR 2009, 84 (85). Nach einer älteren höchstrichterlichen Entscheidung dürfen Gewerbetreibende ihre fahrbereiten und betriebsbereiten Kraftfahrzeuge ohne eine straßenverkehrsrechtliche Sondernutzungserlaubnis im öffentlichen Verkehrsraum abstellen: BVerwG Urt. vom 3.6.1982 – 7 C 73/79, NJW 1982, 2332 (2332 f.).

Auch wenn durch entsprechende Sonderzeichen das Abstellen von Fahrrädern untersagt werden kann, betrifft das gerade nicht die Bereiche, die, wie etwa der Gehweg, den Fußgängern vorbehalten sind.[20]

4. WEG

Das Gemeinschaftseigentum darf gemäß § 15 WEG nicht derart genutzt werden, dass der zulässige Mitgebrauch der anderen Miteigentümer erschwert oder ausgeschlossen wird und keine anderweitige Beschlusslage der Eigentümergemeinschaft besteht.[21] Aber auch dann darf durch abgestellte Fahrräder der freie und ungehinderte Verkehr innerhalb des Gemeinschaftseigentums nicht behindert werden. Zudem ist die Schwelle des Verbotes des Abstellens von Fahrrädern an bestimmten Stellen niedrig. Das Verbot oder die Erlaubnis des Abstellens von Fahrrädern an definierten Stellen entspricht regelmäßig dem ordnungsgemäßen Gebrauch. Wird innerhalb einer Wohnungseigentümergemeinschaft (WEG) ein bisher nicht vorhandener Fahrradabstellplatz geschaffen, der zu einer Änderung des optischen Bildes der Wohnanlage führt, stellt dies eine zustimmungspflichtige bauliche Veränderung dar. In der Wohnanlage kann das Errichten von Fahrradständern eine bauliche Veränderung im Sinne des § 20 WEG begründen.[22] Deren Zulässigkeit bestimmt sich wesentlich auch nach der vertraglichen Vereinbarung der Sondereigentümer. Wurde eine Dienstbarkeit eingetragen, die die Nutzung als Pkw-Abstellplatz mit Rangierfläche gestattet, ist davon die Errichtung einer Fahrradkammer nicht erfasst.[23] Wurde ein Fahrradhäuschen genehmigt, wird dadurch kein Sondernutzungsrecht, sondern allein eine Regelung über den Mitgebrauch begründet.[24] 10

5. Mietrecht

Im Mietrecht kann das Fehlen einer Abstellmöglichkeit für Fahrräder ein den Wohnwert minderndes Merkmal sein.[25] Mieter können von dem Vermieter auch erwarten, dass dieser im Winter einen ordnungsgemäß geräumten Weg zu dem Haus auch mit dem Fahrrad ermöglicht. Nach den Grundsätzen des Vertrages mit Schutzwirkung zugunsten Dritter[26] können sich darauf auch die berechtigten Besucher der Mieter berufen.[27] 11

IV. Belästigung des eigenen Grundstücks

Wird das Nachbargrundstück intensiv für den Gebrauch mit Fahrrädern genutzt, kann dies belästigend wirken. Es kann sowohl eine zu laute Fahrradwerkstatt als auch ein Platz betrieben werden, auf dem übermäßig Fahrradschrott abgelagert wird. 12

1. Laute Reparaturen

Gelegentliche Fahrradreparaturen dürfen auf dem Grundstück durchgeführt werden. Der dadurch entstehende Lärm ist gemäß § 906 Abs. 1 BGB außerhalb der üblichen Ruhezeiten hinzunehmen, da er, auch bei Ausreißern in Spitzenzeiten, keine wesentliche Beeinträchtigung begründet. Anderes gilt dann, wenn im dem Nachbarn zugewandten Bereich des Grundstücks dauerhaft über den privaten Gebrauch hinausgehend Fahrradreparaturen durchgeführt werden. Hier kann zumindest das Einhalten der TA Lärm (→ *Lärm, Gewerbe und Industrie (*TA Lärm) Rn. 1 ff.) verlangt werden. 13

---

20 BVerwG Urt. v. 29.1.2004 – 3 C 29/03, NJW 2004, 1815 (1816).
21 AG Dortmund 12.12.2017 – 425 C 6305/17, ZMR 2018, 539 (540).
22 AG Lübeck Urt. v. 28.11.2008 – 35 C 22/08, juris Rn. 28.
23 OLG Düsseldorf Beschl. v. 7.10.2008 – 3 Wx 110/08, OLG Report 2008, 162 (163).
24 OLG Hamburg Beschl. v. 14.3.2001 – 2 Wx 103/98, ZMR 2001, 651 (652).
25 AG Köpenick Urt. v. 22.12.2016 – 5 C 104/16, juris Rn. 12.
26 BGH Urt. v. 2.7.1996 – X ZR 104/94, NJW 1996, 2927 (2928).
27 BGH Urt. v. 22.1.2008 – VI ZR 126/07, NJW 2008, 1440 (1441).

2. Schrottplatz

14 Auch durch die Ansammlung einer Vielzahl von Fahrrädern und Fahrradteilen wird kein Beseitigungsanspruch des Nachbarn begründet. Durch das Abstellen von Schrott auf dem Nachbargrundstück wird, nämlich ohne eine Einwirkung auf das Eigentum hervorzurufen, lediglich das ästhetische Empfinden des Nachbarn beeinträchtigt.[28] Generell scheiden damit Unterlassungs- und Beseitigungsansprüche nach §§ 906, 1004 BGB aus.[29] Eine Ausnahme wegen einer besonders schwerwiegenden ästhetischen Beeinträchtigung kommt auch bei einer für den Nachbarn unschön aussehenden Ansammlung von Metallen und Blechen nicht in Betracht.[30]

V. Öffentliches Recht

15 Öffentlich-rechtlich sind vor allem die Zulässigkeit der Errichtung eines Fahrradschuppens sowie die Umsetzung eines Errichtungszwangs von Fahrradschuppen zu beurteilen.

1. Errichtung von Fahrradschuppen

16 Fahrradschuppen werden von ihrer Art her regelmäßig Geräteschuppen entsprechen. Diese sind gerade in Bebauungsplänen häufig gestattet, sofern sie eine geringe Größe von ca. 15 m^2 nicht übersteigen. Auch werden Fahrradschuppen häufig als Nebenanlagen, also als nicht zu dem Hauptgebäude gehörende, baulich selbstständige, dem Zweck des Grundstücks dienende Baulichkeiten[31] und damit als Nebenanlagen im Sinne von § 14 BauNVO zu bewerten sein. Untergeordnete Bauanlagen dienen ihrer Funktion und räumlich-gegenständlichen Ausgestaltung nach dem primären Nutzungszweck eines Wohngebäudes.[32] Bedarf es einer Genehmigung für einen Fahrradschuppen als Nebenanlage, kann das Schaffen einer Möglichkeit, Fahrräder unterzustellen, als ein für eine Genehmigung sprechender öffentlicher Belang angesehen werden.[33]

2. Errichtungszwang von Fahrradstellplätzen

17 Auch bei einer zunehmenden Verbreitung des Fahrradverkehrs wird dennoch öffentlich-rechtlich die Errichtung von Fahrradabstellplätzen nicht verlangt werden können, soweit dies nicht bereits in den Bauordnungen der Länder, wie etwa in § 48 Abs. 1 BauO NRW, bereits vorgeschrieben ist. Etwas anderes kann dann gelten, wenn für die geplante Nutzung eines Grundstücks, etwa für ein Studentenwohnheim, eine erhebliche Nutzung durch Bewohner mit Fahrrädern zu erwarten ist. Auf etwaige öffentlich-rechtliche Vorschriften, die den Nachbarn dazu verpflichten, neben Pkw- auch Fahrradstellplätze zu errichten, kann sich dessen Nachbar jedoch nicht erfolgreich berufen, weil die bauplanungsrechtliche Regelung über Stellplätze keinen drittschützenden Charakter hat.[34] Gerügt werden kann eine Verletzung dieser Pflicht aber dann, wenn die konkrete Errichtung des Bauvorhabens ohne das Beachten der Stellplatzpflicht auf dem eigenen oder einem öffentlich-rechtlich gesicherten anderen Grundstück gegen die allgemeine Rücksichtnahmepflicht verstößt, also eine Beeinträchtigung begründet, die auch unter Berücksichtigung der Vorbelastung des Grundstücks unzumutbar ist.[35]

VI. Strafrecht

18 Nachbarliche Konflikte dürfen nicht dazu führen, dass in die Integrität eines auf dem Nachbargrundstück aufbewahrten Fahrrades eingegriffen wird. Selbst das Ablassen der Luft kann als Sachbeschädigung gemäß

28 *Plaidt* DWW 1995, 303.
29 BGH Urt. v. 15.5.1970 – V ZR 20/68, BGHZ 54, 57 (59f.).
30 BGH Urt. v. 15.11.1974 – V ZR 83/73, NJW 1975, 170 (170).
31 Vgl. BVerwG Urt. v. 14.12.2017 – 4 C 9/16, NVwZ 2018, 1231 (1232).
32 VGH Mannheim Beschl. v. 9.4.2019 – 8 S 1527/17, BauR 2019, 1285 (1286).
33 VG München Urt. v. 23.11.1998 – M 8 K 96.7044, juris Rn. 22.
34 OVG Magdeburg Beschl. v. 5.9.2016 – 2 M 49/16, NVwZ-RR 2017, 283 (284).
35 OVG Magdeburg Beschl. v. 5.9.2016 – 2 M 49/16, NVwZ-RR 2017, 283 (285).

§ 303 StGB strafbar sein, wenn dieser Eingriff nicht nur geringfügig ist, die Gebrauchstauglichkeit des Fahrrades also ohne nennenswerten Aufwand an Zeit, Arbeit und Kosten wiederhergestellt werden kann.[36] Die Zeit für das Aufpumpen eines Fahrradreifens wurde in der obergerichtlichen Rechtsprechung als so erheblich angesehen, dass der Tatbestand der Sachbeschädigung durch das Ablassen der Luft als erfüllt angesehen wird.[37] Das ist jedoch nicht zwingend, da nach der Rechtsprechung des Bundesgerichtshofes selbst bei dem Ablassen der Luft aus allen vier Rädern eines Pkw keine Sachbeschädigung anzunehmen ist, wenn die Reifen zeitnah und ohne finanziellen Aufwand wieder aufgepumpt werden können.[38] Angesichts des nur geringen Aufwandes, um ein Fahrrad aufzupumpen, sind kaum Fälle vorstellbar, in denen das Ablassen der Luft ohne eine Beschädigung der Substanz des Fahrrades den Straftatbestand der Sachbeschädigung verwirklicht.

37. Fallobst

Marx

I. Regelungszweck und -inhalt

Früchte, die sich von Bäumen oder Sträuchern lösen, können auf das Nachbargrundstück fallen oder rollen. 1
Es liegt nahe, dass es bei einem solchen **Überfall** zu nachbarlichen Streitigkeiten über das Auflesen und Abholen solcher Früchte kommen kann. Dem will die Vorschrift des **§ 911 BGB** vorbeugen.[1] Ohne diese Regelung bliebe der Eigentümer des Baumes oder des Strauches nach § 953 BGB auch Eigentümer des Fallobstes. Unter Beschränkung seiner Rechte macht § 911 BGB hiervon eine Ausnahme und sieht einen originären Eigentumserwerb durch den Eigentümer des anliegenden Nachbargrundstücks vor nach der alten Rechtsregel „Was in des Nachbarn Hof fällt, das ist sein."[2] Das privilegiert das Ausschließungsinteresse des Grundstückseigentümers gegenüber dem Verfolgungsinteresse des Baumeigentümers. Entsprechendes gilt für den Nießbraucher nach § 954 BGB und den Pächter nach § 956 BGB.

Der Begriff **„Früchte"** erstreckt sich nicht auf unmittelbare Sachfrüchte iSv § 99 Abs. 1 BGB, sondern er- 2
fasst nur die Früchte im natürlichen Sinn, dh Obst, Baumblätter wegen ihrer Verwendbarkeit als Dünger oder Eicheln, nicht aber abbrechende Zweige oder Äste.[3] Das Abfallen von Laub, Blüten und Zapfen von Bäumen gehört wie der Nadelwurf (→ *Nadel- und Laubwurf* Rn. 1) zu den „ähnlichen Einwirkungen" im Sinne des § 906 Abs. 1 S. 1 BGB.[4] Unerheblich ist die Ursache des Fruchtfalls, dh ob die Früchte durch Reife, Frost, Wind, den Baumeigentümer oder einen Dritten – außer den Nachbarn – getrennt werden.

Fallen oder rollen die Früchte allerdings auf ein **öffentlich** genutztes Grundstück, zB öffentliche Straßen, 3
Plätze, Flüsse oder Seen, ist nach S. 2 von § 911 BGB die gesetzliche Fiktion nach S. 1 dieser Vorschrift nicht anwendbar. Die Früchte werden grundsätzlich auch nicht herrenlos, sondern bleiben nach § 953 BGB im Eigentum des Baum- bzw. Straucheigentümers.[5] Nicht essbare Kastanien, Eicheln, Tannenzapfen usw.

---

36 BGH Beschl. v. 14.7.1959 – 1 StR 296/59, MDR 1959, 774 (774).
37 BayObLG Urt. v. 21.8.1987 – RReg 1 St 98/87, NJW 1987, 3271 (3272).
38 BGH Beschl. v. 14.7.1959 – 1 StR 296/59, MDR 1959, 774 (775).
1 Mot III 289.
2 *Lüke* in *Grziwotz/Lüke/Saller* NachbarR-HdB Kap. 2 Rn. 417.
3 *Roth* in Staudinger BGB § 911 Rn. 2.
4 BGH Urt. v. 14.11.2003 – V ZR 102/03, BGHZ 157, 33; LG Krefeld Urt. v. 20.4.2018 – 1 S 68/17, Grundeigentum 2018, 824; *Brückner* in MüKoBGB § 906 Rn. 169.
5 *Ring* in NK-BGB § 911 Rn. 17 f.

dürften allerdings nach der Verkehrsauffassung und wegen ihrer Wertlosigkeit als herrenlos anzusehen sein.[6]

II. Verbote

4 Solange die Früchte noch am Baum oder am Strauch hängen, darf der Baumeigentümer das Nachbargrundstück nicht zum Zweck des Aberntens **betreten**.[7] Zwar steht ihm das Eigentum an den Früchten zu, falls der Baumstamm aus seinem Grundstück heraustritt. Das gilt auch dann, wenn die Früchte in das Nachbargrundstück überhängen. So darf er als ihr Eigentümer auch die überhängenden Früchte zB durch Hinübergreifen, Abschütteln in einen darunter gehaltenen Korb oder mit einem Obstpflücker abernten.

5 Der Nachbar handelt seinerseits rechtswidrig, falls er die Früchte von den auf sein Grundstück hineinragenden Zweigen **selbst** pflückt oder abschüttelt. Hierauf ist § 911 BGB nach dem Normzweck nicht anwendbar, so dass der Nachbar grundsätzlich nicht das Eigentum an den Früchten erwirbt. Der Baumeigentümer kann das Verfolgungsrecht des § 867 BGB geltend machen, die Früchte nach §§ 985, 812 Abs. 1 S 1 Alt. 2, 823 herausverlangen und Schadensersatz fordern. Wenn der Nachbar allerdings in Ausübung seines Selbsthilferechts nach § 910 BGB die herüberragenden Zweige abschneidet, erwirbt er ausnahmsweise auch das Eigentum an den daran hängenden Früchten (→ *Anpflanzungen an der Grundstücksgrenze* Rn. 25).[8]

6 Nach dem Ablösen der Früchte hat der Baumeigentümer nach dem Regelungszweck von § 911 BGB kein **Verfolgungsrecht** aus §§ 867, 1005 BGB. Liest der Baumeigentümer gleichwohl die auf das Nachbargrundstück gefallenen Früchte auf, so handelt er rechtswidrig und begeht verbotene Eigenmacht.[9]

7 Fallobst auf einem öffentlichen Weg oder einem anderen, dem Gemeingebrauch dienenden Grundstück darf sich nicht jedermann **aneignen**. Es ist grundsätzlich nicht herrenlos, sondern bleibt im Eigentum des Baum- oder Straucheigentümers. Damit ist es taugliches Objekt eines Diebstahls.[10]

III. Beseitigung und Kostenerstattung

8 § 911 BGB soll den Grundstückseigentümer privilegieren, nicht aber weitergehende Ansprüche auf Unterlassung, (Selbst-) Beseitigung oder Schadensersatz ausschließen (→ *Anpflanzungen an der Grundstücksgrenze* Rn. 24 ff.). Aus dem Eigentumserwerb folgt **keine Duldungspflicht**.[11] So können Fallobst oder Laub eine Beeinträchtigung des nachbarlichen Grundstückseigentums herbeiführen und deshalb Abwehransprüche nach § 1004 BGB auslösen (→ *Überhängen von Zweigen* Rn. 5).[12]

9 Im Umfang eines Beseitigungsanspruchs kann der Nachbar auch eine **Kostenerstattung** verlangen. Sie beschränkt sich allerdings zum einen auf die Beseitigung von unerwünschtem Fallobst oder Laub, das unmittelbar auf sein Grundstück gefallen ist – nicht aber von solchem, das zunächst auf dem Grundstück des Eigentümers zum Ruhen kam und von dort beispielsweise herüber geweht wurde.[13] Zum anderen begrenzen Wesentlichkeit und Ortsüblichkeit nach § 906 BGB den Beseitigungsanspruch.[14] Um eine ortsübliche Einwirkung handelt es sich bei Laubfall vom Nachbargrundstück, sofern eine Baumbepflanzung von Gartengrundstücken – unabhängig davon, ob beispielsweise Pappel oder Birke – dem Charakter der Gegend entspricht.[15] Steht dem Grundstückseigentümer gemäß § 1004 Abs. 1 BGB ein Beseitigungsanspruch gegen den Nachbarn zu, so wird dieser dadurch, dass der Grundstückseigentümer die zur Beseitigung der Störung

6 *Dehner* B § 23; *Lorenz* in Erman BGB § 911 Rn. 1 mwN.
7 *Brückner* in MüKoBGB § 911 Rn. 3.
8 *Roth* in Staudinger BGB § 911 Rn. 3.
9 *Dehner* B § 23; *Horst* NachbarR-HdB Rn. 952.
10 *Brückner* in MüKoBGB § 911 Rn. 7.
11 AG Backnang Urt. v. 31.3.1989 – 3 C 35/89, NJW-RR 1989, 785.
12 *Ring* in NK-BGB § 906 Rn. 243.
13 *Brückner* in MüKoBGB § 911 Rn. 2 f.
14 *Ring* in NK-BGB § 906 Rn. 245 mwN.
15 OLG Frankfurt Urt. v. 14.7.1987 – 14 U 124/86, NJW 1988, 2618.

erforderlichen Arbeiten durchführen lässt und bezahlt, von einer ihm obliegenden Verpflichtung befreit.[16] Die Bereicherung des Nachbarn besteht in der verschafften Schuldbefreiung und erfolgt auf „sonstige Weise“ im Sinne des § 812 Abs. 1 S. 1 BGB. Handelt der Grundstückseigentümer nicht als berechtigter Geschäftsführer ohne Auftrag – dann hat er einen Anspruch aus §§ 683, 670 BGB –, fehlt es am Rechtsgrund, so dass ein Anspruch aus Rückgriffskondiktion nach § 812 Abs. 1 S. 1 Alt. 2 BGB gegen den Nachbarn auf Erstattung der Kosten besteht.

IV. Gütestelle

Nach § 15a Abs. 1 Ziff. 2 EGZPO kann in Streitigkeiten über Ansprüche aus § 911 BGB bestimmt werden, dass die Erhebung der Klage erst zulässig ist, nachdem von einer durch die Landesjustizverwaltung eingerichteten oder anerkannten Gütestelle versucht worden ist, die Streitigkeit einvernehmlich beizulegen. Davon haben die Länder in unterschiedlichem Umfang Gebrauch gemacht. Fünf Bundesländer (Berlin, Bremen, Hamburg, Sachsen, Thüringen) haben kein verpflichtendes Schlichtungsverfahren eingeführt, Baden-Württemberg hat es wieder abgeschafft. Ist durch Landesrecht ein obligatorisches Schlichtungsverfahren vorgeschrieben, ist eine ohne den vorherigen Einigungsversuch erhobene Klage als **unzulässig** abzuweisen (→ *Zwangsschlichtung* Rn. 25).[17] Das streitige Verfahren bei Gericht kann auch nicht zur Nachholung des außergerichtlichen Verfahrens bei der Gütestelle ausgesetzt werden. 10

38. Feuer

Grobe

Literatur: *Staake*, Gesetzliche Schuldverhältnisse, 2014; *Popescu/Majer*, Die abgeirrte Feuerwerksrakete – Vorbeugender Unterlassungsanspruch und nachbarrechtlicher Entschädigungsanspruch, NZM 2010, 231; *Würdinger*, Ausweitung der (mehrfach) analogen Anwendung des § 906 Abs. 2 Satz 2 BGB in der Wohnungseigentümergemeinschaft, Anmerkung zu BGH, Urt. v. 25.10.2013 – V ZR 230/12, JZ 2014, 690.

I. Bedeutung

In der Chemie ist **Feuer** eine Oxidationsreaktion mit Flammenerscheinung. Es betrifft die Flammenbildung bei der **Verbrennung** unter **Abgabe** von **Wärme** und **Licht**. Für das Entstehen als auch das Aufrechterhalten von Feuer sind ein **Brennstoff**, der mindestens die Zündtemperatur erreichen muss, und ein **Oxidationsmittel (Sauerstoff)** erforderlich.[1] 1

Obwohl **Feuer** für die Entwicklung der Menschheit einen wesentlichen Beitrag darstellte, hat seine **Zähmung** noch nicht dazu geführt, dass die von ihm ausgehende **Gefahr** in irgendeiner Weise gemindert wurde. Feuer ist **unberechenbar** und zugleich **faszinierend**. Diese **Unberechenbarkeit** spielt auch im **nachbarschaftlichen Kontext** eine bedeutende Rolle. In den letzten Jahren hat die Rechtsprechung über ver- 2

16 BGH Urt. v. 7.3.1986 – V ZR 92/85, BGHZ 97, 231; *Keukenschrijver* in NK-BGB § 1004 Rn. 155.
17 BGH Urt. v. 23.11.2004 – VI ZR 336/03, BGHZ 161, 145.
1 Zum chemisch-physikalischen Hintergrund siehe https://de.wikipedia.org/wiki/Feuer.

schiedene Sachverhalte geurteilt, die das **Feuer im nachbarrechtlichen Bezug** betrafen (siehe auch → *Brand- und Löschschäden* Rn. 1 ff.).

3 So musste sich der BGH mit **abgeschossenen Feuerwerksraketen**, die das Nachbarhaus in Brand setzten,[2] sowie mit **übergreifendem Feuer** aufgrund von **Dacharbeiten**[3] auseinandersetzen.

II. Fehlender Primärschutz

4 Greift ein Feuer von einem Grundstück auf ein anderes über, besteht grundsätzlich in diesem Zeitpunkt ein **Anspruch auf Beseitigung nach § 1004 Abs. 1 BGB**. Der betroffene Nachbar, auf dessen Grundstück das Feuer übergreift, wird dann vor allem Rettungs- und Schutzmaßnahmen einleiten und nicht einen Beseitigungsanspruch gegenüber dem emittierenden Eigentümer des Nachbargrundstücks geltend machen. Hier ist der **geschädigte Nachbar** aus **tatsächlichen (faktischen) Gründen daran** gehindert, den Beseitigungsanspruch nach § 1004 BGB geltend zu machen.[4] Gleiches gilt im Hinblick auf die auf Beseitigung und Schadensersatz gerichteten Ansprüche nach § 823 Abs. 1 und 2 BGB sowie § 862 BGB oder § 907 BGB.

III. Monetäre Ansprüche

5 Der geschädigte Nachbar wird aus den oben genannten Gründen (→ Rn. 4) vor allem versuchen, Schadens- bzw. Entschädigungsansprüche geltend zu machen.

1. Ansprüche aus dem nachbarschaftlichen Gemeinschaftsverhältnis

6 Das **nachbarrechtliche Gemeinschaftsverhältnis** stellt kein Schuldverhältnis im Sinne des **§ 280 BGB** dar, so dass wegen seiner Verletzung durch Feuer **keine vertraglichen Schadensersatzansprüche** in Betracht kommen. Voraussetzung für ein vertragliches Schuldverhältnis wäre, dass die beteiligten Nachbarn **wirksame Willenserklärungen** abgeben, die das nachbarrechtliche Gemeinschaftsverhältnis begründen. Das Entstehen des nachbarrechtlichen Gemeinschaftsverhältnis ist jedoch vor allem vom **Zufall** abhängig. Der BGH bezeichnet dies als **Reflex des Näheverhältnisses** der Nachbarn (siehe auch → *Nachbarschaftliches Gemeinschaftsverhältnis* Rn. 6).[5]

2. Ansprüche aus Geschäftsführung ohne Auftrag (GoA)

7 Wird jemand für einen Nachbarn bei der **Feuerbekämpfung** tätig und erleidet er einen Schaden, können gegenüber dem Nachbarn als Geschäftsherrn Ansprüche aus **§§ 677, 683, 670 BGB** geltend gemacht werden.[6] Im Einzelfall kann dies selbst dann gelten, wenn das Feuer auf das Grundstück des Helfenden überspringt, da nach Auffassung des BGH bei einem **„auch-fremden" Geschäft** der Fremdgeschäftsführungswille vermutet wird.[7] Ansprüche auf Ersatz bestehen selbst dann, wenn der Geschäftsherr kein Eingreifen durch den Geschäftsführer wünscht, **§ 679 BGB**.

3. Ansprüche aus Delikt

8 Wurde das **Feuer** durch den Grundstückseigentümer rechtswidrig und schuldhaft verursacht und dadurch ein **Rechtsgut des § 823 Abs. 1 BGB** (regelmäßig das Eigentum) verletzt, kann der betroffene Nachbar (verschuldensabhängig) Schadensersatz nach § 823 Abs. 1 BGB verlangen. Zudem kann ein Anspruch auf

---

2 BGH Urt. v. 18.9.2009 – V ZR 75/08, NJW 2009, 3787; *Popescu/Mayer* NZM 2010, 231.

3 BGH Urt. v. 9.2.2018 – V ZR 311/16, NJW 2018, 1542.

4 BGH Urt. v. 22.2.1991 – V ZR 308/89, BGHZ 113, 384 = NJW 1991, 1671; *Brückner* in MüKoBGB § 906 Rn. 211; zuletzt BGH Urt. v. 9.2.2018 – V ZR 311/16, BGH NJW 2018, 1542 Rn. 10.

5 BGH Urt. v. 16.2.2001 – V ZR 422/99, NJW-RR 2001, 1208 (1209); BGH Urt. v. 6.7.2001 – V ZR 246/00, BGHZ 148, 261 = NJW 2001, 3119 (3120).

6 Dazu *Staake*, Gesetzliche Schuldverhältnisse, § 16 Rn. 9 ff.

7 BGH Urt. v. 7.11.1960 – VII ZR 82/59, BGHZ 33, 251 (254 ff.); BGH Urt. v. 20.6.1963 – VII ZR 263/61, BGHZ 40, 28; BGH Urt. v. 8.3.1990 – III ZR 81/88, BGHZ 110, 314; vgl. auch *Staake*, Gesetzliche Schuldverhältnisse, § 15 Rn. 18.

Schadensersatz nach **§ 823 Abs. 2 BGB iVm einem Schutzgesetz** bestehen. Neben den bei Feuer typischen strafrechtlichen Normen der **Brandstiftung** (§§ 306, 306a, 306d StGB) können auch **drittschützende Brandschutznormen** des Baurechts als Schutzgesetz in Betracht kommen, vgl. § 14 SächsBO sowie §§ 24 ff. SächsBO. Eine Verletzung der Normen ist insbesondere dann anzunehmen, wenn der Eigentümer in unzulässiger Weise brennbares Material in der Gebäudeabschlusswand verwendet hat, was dazu führte, dass das Feuer auf das Nachbargebäude übergriff. Wurde der Grundstückseigentümer selbst nicht tätig, sondern beruhte der Ursprung des Feuers auf einem **fehlerhaften Verhalten eines beauftragten Handwerkers**, so ist auch kein Anspruch nach **§ 831 Abs. 1 BGB** anzunehmen, weil der Handwerker grundsätzlich nicht als **Verrichtungsgehilfe** des Eigentümers anzusehen ist.[8] Allen deliktischen Ansprüchen ist jedoch gemein, dass der geschädigte Nachbar die **Darlegungs- und Beweislast** für ein Verschulden des Eigentümers trägt.

4. Nachbarrechtlicher Ausgleichsanspruch nach § 906 Abs. 2 S. 2 BGB analog

a) Ursprung. Nach der höchstrichterlichen **Rechtsprechung** ist ein Anspruch nach § 906 Abs. 2 S. 2 BGB analog gegeben, wenn von einem Grundstück im **Rahmen seiner privatwirtschaftlichen Benutzung rechtswidrige Einwirkungen** auf ein anderes **Grundstück** ausgehen, die **über das Maß** dessen hinausgehen, was ein **Grundstückseigentümer nach den Bestimmungen** des Nachbarrechts **entschädigungslos** hinzunehmen hat, aus besonderen Gründen – rechtlicher oder tatsächlicher Art – jedoch nicht gem. §§ 1004, 862 BGB dagegen vorgehen kann und hierdurch Nachteile erleidet.[9] Diese weite Interpretation durch den BGH und der Umstand, dass der Entschädigungsanspruch ohne Verschuldenserfordernis bestehen soll, sind in der Literatur auf erhebliche Kritik gestoßen.[10] 9

b) Anspruchsinhaber und -gegner; Störer. Der Kreis der Berechtigten des nachbarrechtlichen Ausgleichsanspruchs nach **§ 906 Abs. 2 S. 2 BGB analog** erfasst neben dem **Eigentümer** und **dinglich Berechtigten** auch Besitzer (Mieter, Pächter) des beeinträchtigten Grundstücks.[11] 10

Der **Anspruchsschuldner** muss zugleich als Störer zu qualifizieren sein, da der Entschädigungsanspruch nach **§ 906 Abs. 2 S. 2 BGB analog** nur die Fälle erfasst, in denen eine **rechtswidrige Einwirkung** vorliegt, die zuvörderst mit § 1004 BGB abzuwehren ist.[12] Für die Eigenschaft als Störer ist neben der **kausalen Verursachung** erforderlich, dass die Beeinträchtigung des Nachbargrundstücks zumindest mittelbar auf den Willen des Eigentümers oder Besitzers zurückzuführen ist.[13] 11

Nach der Rechtsprechung ist diese Verantwortlichkeit bereits dann gegeben, wenn ein Brand aufgrund eines **technischen Defekts eines Elektrogeräts** verursacht wird. Hier bejaht der BGH die **Störereigenschaft** des Eigentümers, da die Beeinträchtigung auf **Umständen** beruhe, die dieser **beeinflussen** könne, auch wenn kein konkreter Anlass für ein präventives Tätigwerden bestand.[14] 12

---

8 BGH Urt. v. 18.1.1983 – VI ZR 97/81, NJW 1983, 1108 (1109); BGH Urt. v. 21.6.1994 – VI ZR 215/93, NJW 1994, 2756 (2757); BGH Urt. v. 15.7.2011 – V ZR 277/10, NJW 2011, 3294 Rn. 17 – Dachdecker.

9 BGH Urt. v. 15.6.1967 – III ZR 23/65, BGHZ 48, 98 = NJW 1967, 1857 (1858); BGH Urt. v. 25.1.1973 – III ZR 61/70, BGHZ 60, 119 = NJW 1973, 508 (509); BGH Urt. v. 26.11.1982 – V ZR 314/81, BGHZ 85, 375 = NJW 1983, 872 (874); BGH Urt. v. 1.2.2008 – V ZR 47/07, NJW 2008, 992 (993); BGH Versäumnisurt. v. 10.2.2012 – V ZR 137/11, NJW 2012, 2343 (2344); *Wilhelmi* in Erman BGB § 906 Rn. 43.

10 *Klimke* in BeckOGK BGB § 906 Rn. 370ff.; *Roth* in Staudinger BGB § 906 Rn. 69 mwN.

11 BGH Urt. v. 25.10.2013 – V ZR 230/12, BGHZ 198, 327 = NJW 2014, 458. Dies gilt jedoch wiederum nicht für Mieter untereinander, die sich auf demselben Grundstück befinden BGH Urt. v. 12.12.2003 – V ZR 180/03, BGHZ 157, 188 = NJW 2004, 775.

12 BGH Urt. v. 20.9.2019 – V ZR 218/18, NZM 2019, 890 (893); *Brückner* in MüKoBGB § 906 Rn. 200; *Roth* in Staudinger BGB § 906 Rn. 69.

13 *Klimke* in BeckOGK BGB § 906 Rn. 404; *Roth* in Staudinger BGB § 906 Rn. 69.

14 BGH Urt. v. 11.6.1999 – V ZR 377/98, BGHZ 142, 66 = NJW 1999, 2896 (2897); BGH Urt. v. 1.2.2008 – V ZR 47/07, NJW 2008, 992 Rn. 8.

13 Bei **natürlichen Immissionen** wie Blitzschlag und daraus resultierendem Feuer ist die Zurechenbarkeit hingegen zu verneinen, weil die Einwirkungen durch nicht beherrschbare Naturkräfte auftreten.[15]

14 **c) Voraussetzungen.** Ein **nachbarrechtlicher Ausgleichanspruch** ist gem. § 906 Abs. 2 S. 2 BGB analog nach Auffassung des BGH dann gegeben, „wenn von einem Grundstück im Rahmen privatwirtschaftlicher Benutzung rechtswidrige Einwirkungen auf ein anderes Grundstück ausgehen, die der Eigentümer oder Besitzer des betroffenen Grundstücks nicht dulden muss, jedoch aus rechtlichen oder (…) tatsächlichen Gründen nicht gem. **§§ 1004, 862 BGB** unterbinden kann, sofern er hierdurch Nachteile erleidet, die das zumutbare Maß einer entschädigungslos hinzunehmenden Beeinträchtigung übersteigen."[16] Greift Feuer von einem Grundstück auf ein anderes über, so sind die Voraussetzungen gemeinhin als erfüllt anzusehen.[17]

15 Wesentlich für den **nachbarrechtlichen Ausgleichsanspruch** ist, dass die Einwirkung **grundstücksbezogen** ist. **Grundstücksbezogen** ist die Einwirkung dann, wenn das Eigentum oder der Besitz am Grundstück des Anspruchstellers **gestört** ist. Die Verletzung sonstiger Rechte (Gesundheit, Leben, Sacheigentum) ist nicht erfasst.[18]

16 Ein Grundstücksbezug ist auch hinsichtlich des Grundstücks erforderlich, von dem die **Einwirkung** ausgeht. Dieser Bezug kann sich aus einem **gefahrenträchtigen Zustand des Grundstücks** selbst ergeben oder auf ein **beeinträchtigendes Verhalten** des Grundstücksnutzers zurückzuführen sein.[19] Im letzteren Fall ist ein **Grundstücksbezug** nur gegeben, wenn das Verhalten dem Bereich der konkreten Nutzung des Grundstücks zuzuordnen ist und einen **sachlichen Bezug** zu diesem aufweist.[20] Dies wäre für den Fall zu bejahen, wenn ein **Brand auf dem Nachbargrundstück** aufgrund eines **abgeirrten Feuerwerkskörpers** verursacht wird und das Feuerwerk von einem Vergnügungspark ausgeht. In diesem Fall gehört das **Feuerwerk zum festen Bestandteil der Grundstücknutzung** und weist einen **ortsgebundenen** Charakter auf. Nicht erfasst ist aber ein Verhalten, das durch den Störer nur gelegentlich auf dem Grundstück vorgenommen wird, aber genauso gut an anderer Stelle stattfinden könnte. Dies ist bei dem alljährlichen Silvesterfeuerwerk anzunehmen. In diesem Fall fehlt die **spezifische Beziehung der Grundstückseigentümer bzw. -nutzer** zueinander.[21] Ob dies auch im Hinblick auf ein Feuerwerk aus privatem Anlass besteht, mag man bezweifeln. Einige Stimmen verneinen das **Merkmal der Beliebigkeit** des Ortes, da das Feuerwerk auf dem eigenen Grundstück stattfindet. Dies erscheint plausibel.[22] An einem Grundstücksbezug mangelt es hingegen, wenn **vorsätzliche Schädigungen** Dritter von dem Nachbargrundstück aus vorgenommen werden.[23]

17 Die Einwirkung muss **grenzüberschreitend** sein. Eine Grenzüberschreitung ist nicht gegeben, wenn verschiedene Mieter eines Eigentümers untereinander streiten.[24] Hingegen sind eine Grenzüberschreitung und ein damit verbundener **Ausgleichsanspruch** dann zu bejahen, wenn es sich um Mieter **verschiedener Wohnungseigentümer** handelt.[25]

18 Aufgrund seines Charakters als Sekundäranspruch ist es erforderlich, dass der **primäre Abwehranspruch** nach §§ 1004, 862 BGB gegen die **rechtswidrige Einwirkung** aus rechtlichen oder tatsächlichen Gründen

---

15 BGH Urt. v. 11.6.1999 – V ZR 377/98, BGHZ 142, 66 = NJW 1999, 2896 (2897).
16 So zuletzt BGH Urt. v. 5.7.2019 – V ZR 96/18, NZM 2019, 893 (895).
17 BGH Urt. v. 1.2.2008 – V ZR 47/07, NJW 2008, 992 (993).
18 BGH Urt. v. 18.9.1984 – VI ZR 223/82, BGHZ 92, 143 = NJW 1985, 47; BGH Urt. v. 1.2.2008 – V ZR 47/07, NJW 2008, 992.
19 BGH Urt. v. 22.9.2000 – V ZR 443/9, NJW-RR 2001, 232; BGH Urt. v. 18.9.2009 – V ZR 75/08, NJW 2009, 3787 (3788).
20 BGH Urt. v. 18.9.2009 – V ZR 75/08, NJW 2009, 3787 (3788); *Brückner* in MüKoBGB § 906 Rn. 204.
21 BGH Urt. v. 18.9.2009 – V ZR 75/08, NJW 2009, 3787 (3788); *Brückner* in MüKoBGB § 906 Rn. 204.
22 So bereits *Klimke* in BeckOGK BGB § 906 Rn. 396.1; → *Brand- und Löschschäden* Rn. 22.
23 *Brückner* in MüKoBGB § 906 Rn. 204.
24 BGH Urt. v. 12.12.2003 – V ZR 180/03, BGHZ 157, 188 = NJW 2004, 775; ablehnend *Roth* in Staudinger BGB § 906 Rn. 107; *Klimke* in BeckOGK BGB § 906 Rn. 381 ff. mwN.
25 Dazu *Würdinger* JZ 2014, 690 (692); *Brückner* in MüKoBGB § 906 Rn. 205.

nicht (mehr) möglich ist.[26] Eine rechtliche Verhinderung liegt vor, wenn **privat- oder öffentlich-rechtliche** Duldungspflichten bestehen.[27] Hinsichtlich der **tatsächlichen Verhinderung** hat der BGH anhand verschiedener Einzelfälle seine Rechtsprechung fortentwickelt. Musste der Nachbar mit einer **Schädigung nicht rechnen**, liegt eine **tatsächliche Verhinderung** vor.[28] Bei einem Übergreifen von Feuer wird es grundsätzlich aus faktischen Gründen nicht möglich sein, den präventiven Rechtsschutz nach §§ 1004, 862 BGB geltend zu machen.

d) Rechtsfolge. Sind die Voraussetzungen des **§ 906 Abs. 2 S. 2 BGB analog** gegeben, so ist eine **Entschädigung** zu leisten. Der Entschädigungsanspruch ist kein Schadensersatzanspruch. Daraus folgt, dass er im Umfang abweichen kann, aber nicht muss. Da Schmerzensgeld gem. § 253 Abs. 2 BGB einen Schadensersatzanspruch ieS voraussetzt, ist dieses nicht vom nachbarrechtlichen Ausgleichsanspruch umfasst.[29] Der Rechtsgedanke des § 254 BGB kann entsprechend auf den Mitverursachungsbeitrag des Anspruchsinhabers übertragen werden. 19

IV. Öffentliches Recht

Zu öffentlich-rechtlichen Fragestellungen zur Verhinderung von Bränden und Entschädigungsansprüchen siehe ausführlich → *Brand- und Löschschäden* Rn. 3 f. und → *Brandschutz* Rn. 1 ff.. 20

V. Prozessuales

Das von einigen Landesgesetzgebern eingeführte Schlichtungsverfahren für nachbarrechtliche Ansprüche nach § 15a Abs. 1 S. 1 Nr. 1 EGZPO gilt nicht für den nachbarschaftlichen Ausgleichsanspruch nach § 906 Abs. 2 S. 2 BGB analog.[30] 21

Kommen neben dem **nachbarrechtlichen Ausgleichsanspruch** nach § 906 Abs. 2 Satz 2 BGB analog auch Schadensersatzansprüche in Betracht, so handelt es sich um zwei unterschiedliche Streitgegenstände, die im Wege der **objektiven Klagehäufung** geltend gemacht werden können.[31] 22

Darlegungs- und beweisbelastet für die Voraussetzungen des § 906 Abs. 2 S. 2 BGB analog ist der Anspruchssteller. Ggf. kann ein Anscheinsbeweis im Hinblick auf die Ursache des Brandes greifen.[32] 23

---

26 Vgl. BGH Urt. v. 12.11.1999 – V ZR 229/98, NJW-RR 2000, 537f.; BGH Urt. v. 18.9.2009 – V ZR 75/08, NJW 2009, 3787 (3788); *Brückner* in MüKoBGB § 906 Rn. 196.

27 *Roth* in Staudinger BGB § 906 Rn. 67; siehe auch die aufgeführten Beispiele bei *Fritzsche* in BeckOK BGB § 906 Rn. 91.

28 BGH Urt. v. 22.2.1991 – V ZR 308/89, BGHZ 113, 384 = NJW 1991, 1671; *Brückner* in MüKoBGB § 906 Rn. 211.

29 BGH Urt. v. 23.7.2010 – V ZR 142/09, NJW 2010, 3160.

30 BGH Urt. v. 10.7.2009 – V ZR 69/08, NJW-RR 2009, 1238; BGH Urt. v. 2.3.2012 – V ZR 169/11, NZM 2012, 435; BGH Urt. v. 19.2.2016 – V ZR 96/15, NJW-RR 2016, 823; BGH Urt. v. 27.1.2017 – V ZR 120/16, NJW-RR 2017, 443.

31 *Brückner* in MüKoBGB § 906 Rn. 218.

32 BGH Urt. v. 9.11.1977 – IV ZR 160/76, VersR 1978, 74; ausführlich dazu → *Brand- und Löschschäden* Rn. 40.

39. Frosch

Ring

Literatur: *Regenfus*, Komplexe Prozessführung – Durchsetzung zivilrechtlicher Abwehransprüche bei behördlichen Genehmigungserfordernissen, 2007.

I. Einleitung

1 An das Halten von Fröschen sind strenge Anforderungen zu stellen – und zwar unabhängig davon, ob die Frösche in natürlichen oder in künstlich angelegten Froschteichen leben.[1] Das Ansiedeln bzw. das Ansiedelnlassen von Fröschen beruht nämlich auf menschlichem Verhalten. Es ist somit nicht als ein bloßes Naturereignis zu qualifizieren.[2]

2 Ein Unterlassungsanspruch des in der Benutzung seines Grundstücks beeinträchtigten Grundstückseigentümers gegen Frosch- oder Krötenlärm auf dem Nachbargrundstück nach § 1004 Abs. 1 S. 2 iVm § 906 BGB[3] kann gleichwohl ausgeschlossen sein. Der BGH[4] hat dies in einer Entscheidung zu den nachbarrechtlichen Folgen von Froschquaken (Gleiches muss für ein Krötenquaken gelten) in einem vom Nachbarn künstlich angelegten Gartenteich (Feuchtbiotop) festgestellt. Das Anlegen von Gartenteichen zählt nämlich zur „ortsüblichen Nutzung" des Gartens.[5] Quaken der Frösche (oder der Kröten) begründet zwar eine Beeinträchti-

1 So Staudinger/*Roth* BGB § 906 Rn. 155.

2 So schon BGH Urt. v. 20.11.1992 – V ZR 82/91, BGHZ 120, 239 = NJW 1993, 525. Vgl. auch OLG Naumburg Urt. v. 17.9.2013 – 12 U 143/12, NVwZ-RR 2014, 552; RG Urt. v. 19.9.1910 – VI 403/09, JW 2010, 654.

3 Vgl. im Hinblick auf die Judikatur die Grundsatzentscheidung des BGH Urt. v. 20.11.1992 – V ZR 82/91, BGHZ 120, 239, NJW 1993, 525 (dazu die Ausgangsentscheidung des OLG München vom 21.1.1991 – 17 U 2577/90, MDR 1991, 971 = DWW 1991, 107 = NuR 1991, 502, wonach bei einem Schallpegel von 64 dB(A) ein Froschquaken das Maß des zumutbaren Nachtlärms in der Nachbarschaft erheblich überschreitet und Nachbarn, deren Schlafzimmer 35 m vom Feuchtbiotop entfernt liegt, diesen Lärm grundsätzlich nicht dulden müssen). Vgl. auch LG Hanau Urt. v. 6.11.1984 – 2 S 342/84, NJW 1985, 500 = NuR 1985, 500 (wonach eine zivilrechtliche Verurteilung zu einer naturschutzrechtlich verbotenen und zudem bußgeldbewehrten Handlung in Gestalt einer Beseitigung von Fröschen und Teich unzulässig ist); LG Lüneburg Urt. v. 18.10.1985 – 1 T 184/85, NJW-RR 1986, 502; OLG Schleswig Urt. v. 12.5.1986 – 5 U 202/84, VersR 1986, 978 = NJW-RR 1986, 884; VGH München Urt. v. 8.7.1998 – 9 B 97/468, NJW 1999, 2914 = NZM 1999, 915 (vgl. auch die Ausgangsentscheidung des VG München vom 24.7.1996 – M 9 K 94.3615) und die Nachfolgeentscheidung des BVerwG Urt. v. 14.1.1999 – 6 B 133/98, NJW 1999, 2912 = NZM 1999, 914 (zur Möglichkeit einer naturschutzrechtlichen Befreiung für Maßnahmen gegen Froschlärm); LG Dortmund Urt. v. 3.7.2012 – 6 O 431/09 (erfolgreiche Klage gegen natürlichen Froschteich); OLG Hamm Urt. v. 28.2.2013 – U 24 182/12; OLG Sachsen-Anhalt Urt. v. 17.9.2013 – 12 U 143/12 (wonach, wenn das Naturschutzrecht dem Störer Abhilfemaßnahmen verbietet, dies seiner Unterlassungspflicht dann nicht entgegensteht, wenn öffentlichrechtliche Ausnahmen mit Aussicht auf Erfolg beantragt werden können, wobei das Zivilgericht die Frage, ob dies der Fall ist, selbstständig prüfen kann, und bejahendenfalls daraus eine Verurteilung des Störers unter dem Vorbehalt der Ausnahmegenehmigung möglich ist).

4 BGH Urt. v. 20.11.1992 – V ZR 82/91, BGHZ 120, 239 = NJW 1993, 525. Vgl. dazu die Anmerkungen von *Rehbinder* (kritisch), LM § 823 (Dd) Nr. 20; *Schwabe* JR 1993, 240; *Schwippert* EWiR 1993, 775.

5 Staudinger/*Roth* BGB § 906 Rn. 155. Zweifelhaft bei OLG Schleswig Urt. v. 12.5.1986 – 5 U 202/84, VersR 1986, 978 = NJW-RR 1986, 884.

gung des Nachbargrundstücks. Der beeinträchtigte Grundstückseigentümer kann aber zur Duldung dieser Immission verpflichtet sein. Eine Duldungspflicht besteht dann, wenn die vom störenden Grundstück ausgehenden Geräuschimmissionen für die Benutzung des beeinträchtigten Grundstücks nach § 906 Abs. 1 BGB nur „unwesentlich" sind (was Tatfrage ist)[6] – und zwar auch dann, wenn das Geräusch an sich nicht „ortsüblich" ist.[7]

Roth[8] vertritt hingegen wegen der Erheblichkeit der Belästigung die Auffassung, dass „es für den Grundstückseigentümer regelmäßig zumutbar iSd § 906 Abs. 2 S. 1 BGB (ist), den Teich insgesamt wieder zu entfernen, wenn andere Maßnahmen nicht zu einem störungsfreien Zustand verhelfen": Mit Recht würde darauf hingewiesen, dass der Eigentümer (des Teichs) nur in der Art und Weise der als Ganzes zu sehenden Gartenbenutzung eingeschränkt sei, so dass die Zumutbarkeit der Abwehrmaßnahmen nicht unter dem Gesichtspunkt verneint werden könne, eine ortsübliche Nutzung werde damit überhaupt unmöglich.[9] 3

II. Schutz wildlebender Tierarten, insbesondere von Fröschen

Nach § 44 Abs. 1 des Gesetzes über Naturschutz und Landschaftspflege (Bundesnaturschutzgesetz – BNatSchG)[10] vom 29.7.2009[11] ist es ua verboten, 4

- wildlebenden Tieren der besonders geschützten Arten nachzustellen, sie zu fangen, zu verletzen, zu töten oder ihre Entwicklungsformen aus der Natur zu entnehmen, zu beschädigen oder zu zerstören (Nr. 1),
- wildlebende Tiere der streng geschützten Arten und der europäischen Vogelarten während der Fortpflanzungs-, Aufzucht-, Mauser-, Überwinterungs- und Wanderungszeiten erheblich zu stören; eine erhebliche Störung liegt vor, wenn sich durch die Störung der Erhaltungszustand der lokalen Population einer Art verschlechtert (Nr. 2),
- Fortpflanzungs- bzw. Ruhestätten der wildlebenden Tiere der besonders geschützten Arten aus der Natur zu entnehmen, zu beschädigen oder zu zerstören (Nr. 3).

Nach § 7 Abs. 2 Nr. 13 BNatSchG sind „besonders geschützte Arten": 5

- Tier- und Pflanzenarten, die in Anhang A oder Anhang B der VO (EG) Nr. 338/97 des Rates vom 9.12.1996 über den Schutz von Exemplaren wildlebender Tier- und Pflanzenarten durch Überwachung des Handels[12] aufgeführt sind und
- nicht unter Buchstabe a fallende
  - Tier- und Pflanzenarten, die im Anhang IV 92/43/EWG aufgeführt sind,
  - europäische Vogelarten,
- Tier- und Pflanzenarten, die in einer Rechtsverordnung nach § 54 Abs. 1 BNatSchG aufgeführt sind – mithin Verordnung zum Schutz wildlebender Tier- und Pflanzenarten (Bundesartenschutzverordnung – BArtSchV) vom 16.2.2005.[13]

Die in Anlage 1 Spalte 2 mit einem Kreuz (+) bezeichneten Tier- und Pflanzenarten (**besonders geschützte Tier- und Pflanzenarten**) werden nach § 1 S. 1 BArtSchV unter besonderen Schutz gestellt. Die in Anlage 1 Spalte 3 mit einem Kreuz (+) bezeichneten Tier- und Pflanzenarten werden nach § 1 S. 2 BArtSchV unter strengen Schutz gestellt (**streng geschützte Tier- und Pflanzenarten**). Zu den „wildlebenden Tieren der besonders geschützten Arten" iS § 44 Abs. 1 Nr. 1 BNatSchG gehören nach Anlage 1 zu § 1 BArtSchV alle europäischen Arten der Lurche (Amphibia spp). Damit sind naturschutzrechtlich besonders geschützt die in 6

---

6 OLG Sachsen-Anhalt Urt. v. 17.9.2013 – 12 U 143/12, juris Rn. 6.
7 OLG Schleswig Urt. v. 17.5.1986 – 5 U 202/84, VersR 1986, 978 – unter 1.
8 Staudinger/*Roth* BGB § 906 Rn. 155.
9 Staudinger/*Roth* BGB § 906 Rn. 155.
10 Vgl. auch Art. 17a Abs. 1 Nr. 2 BayNatSchG.
11 BGBl. I 2542, das zuletzt durch Art. 1 des G vom 4.3.2020 (BGBl. I 440) geändert worden ist.
12 ABl. L 61 vom 3.3.1997, 1.
13 BGBl. I 258 (896), zuletzt geändert durch Artikel 10 des Gesetzes vom 21.1.2013, BGBl. I 95.

Deutschland heimischen sieben Frosch-[14] und fünf Krötenarten.[15] Frösche zählen damit generell zu den „wildlebenden Tierarten der besonders geschützten Arten“ iSd Naturschutzrechts.[16] Der Laubfrosch ist sogar als „vom Aussterben bedroht“ gekennzeichnet (vgl. § 1 iVm Anlage 1 Spalte 1 BArtSchV). Auch Tiere, die (nicht zugewandert, sondern die) ein Nachbar selbst auf seinem Grundstück ausgesetzt hat, bewegen sich nunmehr frei und sind deshalb „wildlebend“.[17]

III. Gartenteiche

7 Es spielt keine Rolle, dass ein Gartenteich künstlich angelegt worden ist und damit kein natürlich entstandenes Gewässer darstellt.[18]

1. Gartenteiche im unmittelbaren Wohnbereich und Naturschutz

8 Ein Gartenteich gehört zwar nicht zum unmittelbaren Wohnbereich. Naturschutz beansprucht aber Geltung sowohl im besiedelten als auch im unbesiedelten Bereich (vgl. §§ 1 und 2 BNatSchG). Da sich der besiedelte Bereich ständig ausdehnt und die Umweltbelastung auch im unbesiedelten Bereich immer mehr zunimmt, kann auf die Ausgleichsfunktion – insbesondere der Gärten – zur Sicherung des Naturhaushalts nicht verzichtet werden (vgl. § 2 Abs. 1 Nr. 2 S. 2 BNatSchG aF).[19] Was den Schutz wildlebender Tiere anbelangt, müssen ihre Lebensräume (Biotope) entwickelt und wiederhergestellt werden (vgl. § 1 Abs. 1 Nr. 10 BNatSchG).[20]

9 Wasserflächen müssen erhalten werden und sind „zu vermehren“ (§ 2 Abs. 1 Nr. 6 BNatSchG aF). Damit sind nach Ansicht des BGH[21] mittelbar gerade die durch den Rückgang natürlicher oder naturnaher Feuchtflächen besonders bedrohten Amphibienarten (vgl. § 1 BArtSchV iVm Anlage 1) angesprochen.

10 Die Ziele und Vorgaben des Naturschutzrechts werden teilweise verfehlt, wenn man Gärten aus dem Schutzbereich für besonders geschützte Tierarten herausnimmt. Damit kommt der Anlage von Biotopen (insbesondere von Gartenteichen) in besiedelten Gebieten für den Amphibienschutz eine besondere Bedeutung zu.[22]

2. Künstlich angelegte Gartenteiche

11 Für das Verbot des § 44 Abs. 1 Nr. 1 BNatSchG (unter 1., § 20f Abs. 1 Nr. 1 BNatSchG aF) spielt es keine Rolle, ob ein Gartenteich künstlich angelegt wurde und damit kein natürlich entstandenes Gewässer ist.[23] Das Naturschutzrecht schützt nämlich auch künstlich geschaffene Biotope, und zwar im gleichen Umfang wie die ohne menschliches Zutun entstandene Natur.[24] Für die in § 1 BNatSchG genannten Ziele geht es nicht nur darum, die „freie Natur“ oder einen von Menschenhand unbeeinflussten Bereich – der ohnehin kaum noch in Deutschland anzutreffen ist – zu schützen. Die Schwerpunkte des Naturschutzes liegen heute vielmehr im besiedelten und damit in dem durch menschlichen Einfluss veränderten Bereich von Natur und

14 Grasfrosch, Laubfrosch, Moorfrosch, Seefrosch, Springfrosch, Teichfrosch und Wasserfrosch.
15 Erdkröte, Geburtshelferkröte, Knoblauchkröte, Kreuzkröte und Wechselkröte.
16 Erbs/Kohlhaas/*Lorz* BNatSchG § 20a Anm. 2 a aa).
17 BGH Urt. v. 20.11.1992 – V ZR 82/91, BGHZ 120, 239 = NJW 1993, 525, juris Rn. 9 unter Bezugnahme auf einer Auskunft des Bayerischen Staatsministeriums für Landesentwicklung und Umweltfragen vom 4.10.1990.
18 OLG Sachsen-Anhalt Urt. v. 17.9.2013 – 12 U 143/12, juris Rn. 10 unter Bezugnahme auf BGH Urt. v. 20.11.1992 – V ZR 82/91, BGHZ 120, 239.
19 Erbs/Kohlhaas/*Lorz* BNatSchG § 1 Anm. 2.
20 Vgl. auch Art. 2 Abs. 2 BayNatSchG.
21 BGH Urt. v. 20.11.1992 – V ZR 82/91, BGHZ 120, 239 = NJW 1993, 525, juris Rn. 10.
22 BGH Urt. v. 20.11.1992 – V ZR 82/91, BGHZ 120, 239 = NJW 1993, 525, juris Rn. 10.
23 BGH Urt. v. 20.11.1992 – V ZR 82/91, BGHZ 120, 239 = NJW 1993, 525, juris Rn. 11.
24 OLG Sachsen-Anhalt Urt. v. 17.9.2013 – 12 U 143/12, juris Rn. 10.

Landschaft.[25] Das Entwicklungsgebot von Naturschutz („zu vermehren") zielt somit gerade auf eine Bestandserweiterung.

Das Naturschutzrecht schützt deshalb nach hM[26] auch künstlich geschaffene Biotope – und zwar im gleichen Umfang wie die ohne menschliches Zutun entstandene Natur. Vor diesem Hintergrund spielt es keine Rolle, ob ein Nachbar nach Anlage eines künstlichen Teiches dort Frösche „einsetzt" (oder diese zuwandern). Auch diese Frösche genießen als „wildlebend" Artenschutz. IÜ geht es in entsprechenden Konstellationen meist auch nicht mehr darum, dass Frösche in künstliche Teiche eingesetzt wurden, sondern um einen durch Zeitablauf gewachsenen Bestand – eine Froschpopulation (durch die sich Nachbarn gestört fühlen).[27] 12

3. Entfernen und Umsetzen von Fröschen in einen anderen Lebensraum

Ein Entfernen von Fröschen (bzw. Kröten) und/oder auch nur ihre Umsetzung – auch nur der „besonders lautstarken Exemplare" – in einen anderen Lebensraum verstößt gegen das Verbot nach § 44 Abs. 1 Nr. 1 BNatSchG.[28] 13

Insoweit kommt es nicht darauf an, ob Frösche in allen Entwicklungsphasen auf besondere, eigene Wohn- und Zufluchtsstätten angewiesen sind und ihre Entwicklung durch eine Umsetzung beeinträchtigt wird,[29] sondern darauf, dass eine Umsetzung das „Nachstellen und Fangen" der Tiere voraussetzt, was ohne Rücksicht auf den damit verfolgten Zweck verboten ist.[30] Insbesondere ein Trockenlegen des Teiches führt zur Zerstörung der „Brut-, Wohn- oder Zufluchtsstätten" der Frösche.[31] 14

Beachte: *Roth*[32] ist hingegen anderer Ansicht. Er vertritt die Auffassung, dass die Beseitigung von kleineren künstlich angelegten Teichen – entgegen der Auffassung des BGH[33] (der auch hier gefolgt wird) – nicht gegen naturschutzrechtliche Bestimmungen verstößt:[34] „Ergeben können sich aber zeitliche Einschränkungen für das Beseitigungsverlangen, da es nach naturschutzrechtlichen Regelungen verboten ist, Frösche zu fangen, zu töten oder den Froschlaich einschließlich der Kaulquappen zu zerstören. Der künstlich angelegte Teich muss dann zu einem Zeitpunkt entfernt werden, in dem sich im Teich weder Froschlaich und Kaulquappen, noch Frösche befinden. Es empfiehlt sich daher stets, die Anlegung derartiger Teiche bereits vorbeugend über § 907 [BGB] zu verhindern".[35] Nach *Roth*[36] soll es „unhaltbar [sein], den wesentlich beeinträchtigten Nachbarn unter Hinweis auf naturschutzrechtliche Bestimmungen selbst unter Inkaufnahme von Gesundheitsstörungen schutzlos zu lassen".

---

25 BGH Urt. v. 20.11.1992 – V ZR 82/91, BGHZ 120, 239 = NJW 1993, 525, juris Rn. 11 unter Bezugnahme auf Erbs/Kohlhaas/*Lorz*, Strafrechtliche Nebengesetze, BNatSchG § 1 Anm. 2.

26 So LG Hanau Urt. v. 6.11.1984 – 2 S 343/84, NJW 1985, 500; OLG Hamm Urt. v. 2.3.1989 – 22 U 106/88, NuR 1991, 43 (44) mit Anmerkung *Carlsen*. Vgl. auch *Haarmann* NuR 1976. 11. AA hingegen RG Urt. v. 27.4.1910 – V 319/09, JW 1910, 654; LG Lüneburg Beschl. v. 18.10.1985 – 1 T 184/85, NJW-RR 1986, 502.

27 BGH Urt. v. 20.11.1992 – V ZR 82/91, BGHZ 120, 239 = NJW 1993, 525, juris Rn. 11.

28 BGH Urt. v. 20.11.1992 – V ZR 82/91, BGHZ 120, 239 = NJW 1993, 525, juris Rn. 12 – zur gleichlautenden Norm des § 20f Abs. 1 Nr. 1 BNatSchG aF.

29 BGH Urt. v. 20.11.1992 – V ZR 82/91, BGHZ 120, 239 = NJW 1993, 525, juris Rn. 12.

30 So Erbs/Kohlhaas/*Lorz* BNatSchG § 20f Anm. 2a und § 20d Anm. 3 B a bb).

31 BGH Urt. v. 20.11.1992 – V ZR 82/91, BGHZ 120, 239 = NJW 1993, 525, juris Rn. 12.

32 Staudinger/*Roth* BGB § 906 Rn. 155 unter Bezugnahme auf LG Lüneburg Urt. v. 18.10.1985 – 1 T 184/85, NJW-RR 1986, 502 (503).

33 BGH Urt. v. 20.11.1992 – V ZR 82/91, BGHZ 120, 239 = NJW 1993, 525.

34 Staudinger/*Roth* BGB § 906 Rn. 155.

35 Staudinger/*Roth* BGB § 906 Rn. 155.

36 Staudinger/*Roth* BGB § 906 Rn. 155. AA *Kunz* ZMR 1985, 397; *Schnitzerling* DWW 1985, 172.

IV. Dispens-(Befreiungs-)Möglichkeit nach § 45 Abs. 7 Nr. 4 BNatSchG

15 Ein naturschutzrechtliches Verbot steht einer Unterbindung der von Fröschen verursachten Geräuschimmissionen (konkret: Fang der Tiere) dann nicht entgegen, wenn damit zu rechnen ist, dass die zuständige Behörde dem verpflichteten Grundstückseigentümer eine Befreiung von diesem Verbot erteilen wird.[37]

16 Nach § 45 Abs. 7 S. 1 Nr. 4 BNatSchG können vom Verbot nach § 44 BNatSchG im **Interesse der Gesundheit des Menschen** die nach Landesrecht für Naturschutz und Landschaftspflege zuständigen Behörden im Einzelfall Ausnahmen zulassen. Voraussetzung dafür ist nach § 47 Abs. 7 S. 2 BNatSchG, dass zumutbare Alternativen nicht gegeben sind und sich der Erhaltungszustand der Populationen einer Art nicht verschlechtert, soweit nicht Art. 16 Abs. 1 der Richtlinie 92/43 EWG des Rates vom 21.5.1992 zur Erhaltung der natürlichen Lebensräume sowie der wildlebenden Tiere und Pflanzen (Fauna-Flora-Habitat-Richtlinie) weitergehende Anforderungen aufstellt.[38]

17 Nach Art. 16 Abs. 1 der Richtlinie 92/43 EWG können die Mitgliedstaaten – sofern es keine anderweitige zufriedenstellende Lösung gibt und unter der Bedingung, dass die Populationen der betroffenen Art in ihrem natürlichen Verbreitungsgebiet trotz der Ausnahmeregelung ohne Beeinträchtigung in einem günstigen Erhaltungszustand verweilen – von den Bestimmungen der Art. 12, 13 und 14 sowie des Art. 15a und b der Richtlinie ua im folgenden Sinne abweichen: „*Im Interesse der Volksgesundheit und der öffentlichen Sicherheit oder aus anderen zwingenden Gründen des überwiegenden öffentlichen Interesses, einschließlich solcher sozialer und wirtschaftlicher Art oder positiver Folgen für die Umwelt (lit. c)*".

18 Nach den §§ 25, 1 Abs. 1 Nr. 3 LNaSchG LSA können bspw. in Sachsen-Anhalt die Landkreise als untere Naturschutzbehörden unter den Voraussetzungen des § 45 Abs. 7 BNatSchG Ausnahmen vom Verbot nach § 44 BNatSchG zulassen.

19 Eine Befreiung soll insbesondere dann möglich sein, wenn sich aus anderen Gründen eine **nicht beabsichtigte Härte** ergibt, etwa weil der Normgeber gravierende nachteilige Auswirkungen naturschutzrechtlicher Verbote im Einzelfall nicht vorhergesehen hat und nicht vorhersehen konnte.[39]

20 Grundsätzlich wird (bspw. beim Straßenbau) unter diesen Aspekten problemlos eine Ausnahmegenehmigung erteilt. Im Regelfall können solche Befreiungen aber auch für Maßnahmen gegen unzumutbaren Froschlärm in Wohnsiedlungen in Betracht kommen[40] – wenn im Einzelfall einer **rechtlichen Unausgewogenheit** begegnet werden soll, die sich etwa daraus ergeben kann, dass situationsbezogen der Anwendungsbereich einer Vorschrift und deren materielle Zielrichtung nicht miteinander übereinstimmen. Dann kann der generelle Geltungsanspruch einer naturschutzrechtlichen Vorschrift zugunsten der Einzelfallgerechtigkeit durchbrochen werden.[41]

Beachte: Nach *Roth*[42] muss – entgegen der vom VGH München vertretenen Auffassung[43] – die zuständige Behörde bei (unzumutbarem) Froschlärm die Ausnahmegenehmigung nach § 45 Abs. 7 S. 1 Nr. 4 NatSchG sogar stets erteilen – es bestehe nämlich eine **Ermessensreduzierung auf Null**.[44]

37 LG Dortmund vom 3.7.2012 – 6 O 431/09, juris Rn 39.

38 Zur Erteilung einer Befreiung näher BVerwG Urt. v. 14.1.1999 – 6 B 133/98, NJW 1999, 2912 = NZM 1999, 914; vorgehend VGH München Urt. v. 8.7.1998 – 9 B 97/468, NJW 1999, 2914 = NZM 1999, 915.

39 OLG Sachsen-Anhalt Urt. v. 17.9.2013 – 12 U 143/12, juris Rn. 21.

40 OLG Sachsen-Anhalt Urt. v. 17.9.2013 – 12 U 143/12, juris Rn. 20.

41 OLG Sachsen-Anhalt Urt. v. 17.9.2013 – 12 U 143/12, juris Rn. 20 unter Bezugnahme auf BVerwG Beschl. v. 14.9.1992 – 7 B 130/92, NuR 1993, 28.

42 Staudinger/*Roth* BGB § 906 Rn. 155.

43 VGH München Urt. v. 8.7.1998 – 9 B 97/468, NJW 1999, 2914 = NZM 1999, 915.

44 Zur Problematik näher und grundsätzlich auch *Regenfus*, Komplexe Prozessführung – Durchsetzung zivilrechtlicher Abwehransprüche bei behördlichen Genehmigungserfordernissen, S. 63.

Ob vor einem Dispens gemäß § 45 Abs. 7 S. 1 Nr. 4 BNatSchG dem Betroffenen grundsätzlich passiver Lärmschutz zuzumuten ist, ist aufgrund der Gesamtumstände des Einzelfalls zu würdigen und daher nicht rechtsgrundsätzlich klärungsfähig.[45] 21

1. Grundlagen

Kommt es zu Lärmimmissionen, die an sich nach dem Maßstab des § 906 BGB abwehrfähig sind, verbietet aber das öffentliche Recht die dafür in Betracht kommenden Abhilfemaßnahmen, so kann es dem Störer nicht erlaubt sein, sich hinter dem Verbot des § 31 Abs. 1 BNatSchG zu verschanzen, wenn öffentlich-rechtliche Ausnahmen zugelassen sind, die mit Erfolgsaussicht beantragt werden können.[46] 22

Die Divergenzentscheidung des BVerwG,[47] die sich mit Fragen der Befreiung eines durch die Naturschutzverordnung aF unter Naturschutz gestellten Grundstücks befasst, hat den Rechtssatz aufgestellt, dass die Befreiungsvorschrift des § 31 Abs. 1 S. 1 Nr. 1a BNatSchG aF (§ 45 Abs. 7 S. 1 Nr. 4 BNatSchG nF) einer rechtlichen Unausgewogenheit begegnen soll, die sich daraus ergeben kann, wenn aufgrund besonderer Umstände des jeweiligen Einzelfalls Anwendungsbereich und materielle Zielrichtung einer Vorschrift nicht (mehr) miteinander übereinstimmen. 23

Soweit Verbote zum Schutz wildlebender Tiere der besonders streng geschützten Art den Handlungsspielraum menschlicher Betätigung grundrechtsrelevant einschränken, sind diese Beschränkungen vom Normgeber zwar gewollt und generell auch durch hinreichende Gründe des Gemeinwohls gerechtfertigt, zur Erreichung des Schutzzwecks geeignet und erforderlich. Sie genügen auch dem Grundsatz der Verhältnismäßigkeit.[48] 24

Daraus folgt, dass Bewohner von Wohngebieten, die in der Nähe von Gewässern mit einer größeren Froschpopulation situationsbedingt Lärmbeeinträchtigungen unterliegen, dies in der Regel auch hinnehmen müssen.[49] 25

Allerdings kann dann eine im Einzelfall nicht beabsichtigte Härte vorliegen, wenn in einem Wohngebiet **Änderungen vorgenommen werden** (bspw. durch die Anlage künstlicher Teiche), die zu einer unzumutbaren Beeinträchtigung der Wohnnutzung führen. Ein entsprechend atypischer Extremfall ist für den Normgeber beim Erlass artenschutzrechtlicher Vorschriften nicht voraussehbar gewesen.[50] Er kann deshalb, auch mit Blick auf den Grundsatz der Verhältnismäßigkeit, Anlass für eine Korrektur durch Erteilung einer Befreiung bieten.[51] Für diesen Fall liegt eine Konstellation vor, die dadurch gekennzeichnet ist, dass Anwendungsbereich und materielle Zielrichtung der Verbotsvorschrift nicht miteinander übereinstimmen.[52] 26

Beachte: Das Interesse als unmittelbarer Nachbar auf seinem Wohngrundstück innerhalb eines reinen Wohngebiets davon verschont zu bleiben, dass sich nach einer künstlichen Anlegung von Gartenteichen ausgesprochen lärmintensive Rufkolonien von Froschpopulationen bilden, ist somit als von den Verboten zum Schutz wildlebender Tiere nicht bedachtes **Sonderinteresse** zu qualifizieren, das nach Ansicht des BVerwG[53] unter Bezugnahme auf die Divergenzentscheidung[54] die Erteilung einer Befreiung nach § 31

45 BVerwG Urt. v. 14.1.1999 – 6 B 133/98, NJW 1999, 291 = NZM 1999, 914, juris Rn. 13.
46 BGH Urt. v. 20.11.1992 – V ZR 82/91, BGHZ 120, 239 = NJW 1993, 525, juris Rn. 14.
47 BVerwG Urt. v. 14.9.1992 – 7 B 130.92.
48 VGH München Urt. v. 8.7.1998 – 9 B 97/468, NJW 1999, 2914 = NZM 1999, 915.
49 VGH München Urt. v. 8.7.1998 – 9 B 97/468, NJW 1999, 2914 = NZM 1999, 915; OLG Sachsen-Anhalt Urt. v. 17.9.2013 – 12 U 143/12, juris Rn. 22.
50 VGH München Urt. v. 8.7.1998 – 9 B 97/468, NJW 1999, 2914 = NZM 1999, 915.
51 VGH München Urt. v. 8.7.1998 – 9 B 97/468, NJW 1999, 2914 = NZM 1999, 915.
52 BVerwG Urt. v. 14.1.1999 – 6 B 133/98, NJW 1999, 2912 = NZM 1999, 914, juris Rn. 16.
53 BVerwG Urt. v. 14.1.1999 – 6 B 133/98, NJW 1999, 2912 = NZM 1999, 914, juris Rn. 17: „Im Übrigen liegt auf der Hand, dass es sich bei dem Interesse, als unmittelbarer Nachbar davon verschont zu bleiben, dass sich innerhalb eines reinen Wohngebiets nach der künstlichen Anlegung von Gartenteichen derartig lärmintensive Rufkolonien bilden, um ein von den Verboten zum Schutz wild lebender Tiere nicht bedachte Sonderinteresse handelt".
54 BVerwG Urt. v. 14.9.1992 – 7 B 130.92, NVwZ 1993, 583, juris Rn 5.

Abs. 1 S. 1 Nr. 1a BNatSchG aF (§ 45 Abs. 7 S. 2 Nr. 4 BNatSchG nF) für Lärmschutzmaßnahmen rechtfertigen kann.

27 Zumutbarkeit oder Unzumutbarkeit beurteilt sich – nach Ansicht des BVerwG[55] – einerseits nach der Art und Intensität der Betroffenheit vom Lärmschutz unter Berücksichtigung vorhandener Ausweichmöglichkeiten und andererseits nach der bodenrechtlichen Situation des betroffenen Grundstücks (einschließlich seiner Vorbelastung), sodann auch nach dem Gewicht der betroffenen Belange des Natur- und Artenschutzes (dh nicht nur nach dem Grad der Gefährdung der auf dem fraglichen Grundstück anzutreffenden Froschpopulation durch die vorgesehene Maßnahme, sondern auch nach dem Grad der damit verbundenen Gefährdung des regionalen Vorkommens der Froscharten und der Bedeutung dieses Vorkommens für die allgemeine Gefährdungslage der jeweiligen Froscharten).[56]

28 Das BVerwG[57] folgt auch der Entscheidung des BayVGH[58] dahin gehend, dass die Befreiungsvorschrift einer rechtlichen Unausgewogenheit begegnen soll, die sich ergeben kann, wenn aufgrund „besonderer Umstände des jeweiligen Einzelfalls" Anwendungsbereich und materielle Zielrichtung einer Vorschrift nicht miteinander übereinstimmen – weshalb, soweit die Verbote zum Schutz wildlebender Tiere der besonders streng geschützten Art den Handlungsspielraum menschlicher Betätigung grundrechtsrelevant einschränken, diese Beschränkungen vom Normgeber zwar gewollt und generell durch hinreichende Gründe des Gemeinwohls gerechtfertigt, zur Erreichung des Schutzzwecks auch geeignet und erforderlich sind sowie dem Grundsatz der Verhältnismäßigkeit genügen.[59] Soweit Wohngebiete in der Nähe von Gewässern mit einer größeren Froschpopulation situationsbedingt Lärmbeeinträchtigungen unterliegen, sind diese daher regelmäßig hinzunehmen (dh **Anwendungsbereich und materielle Zielrichtung der Verbotsvorschrift stimmen nicht miteinander überein**). Eine „im Einzelfall aber nicht beabsichtigte Härte" kann aber dann vorliegen, wenn in einem Wohngebiet Änderungen vorgenommen werden, die zu unzumutbaren Beeinträchtigungen der Wohnnutzung führen. Ein derart atypischer Extremfall ist für den Normgeber beim Erlass naturschutzrechtlicher Vorschriften nicht voraussehbar und kann deshalb auch (mit Blick auf den Grundsatz der Verhältnismäßigkeit) Anlass für eine **Korrektur durch Erteilung einer Befreiung** bieten.[60]

29 Im konkret zu entscheidenden Fall war davon auszugehen, dass die Situation vor Anlage des Teiches trotz des in der Artenschutzkartierung ausgewiesenen Vorkommens von Laub- und Seefröschen nicht dadurch geprägt gewesen ist, dass sich im Umfeld der vorhandenen Gewässer größere Populationen von Fröschen gebildet haben und durch Quaken den Rufkolonien bemerkbar gewesen waren. Erst der Gartenteich auf dem Grundstück des Nachbarn hatte eine Konzentration der Froschpopulation mit entsprechenden Lärmauswirkungen bewirkt.[61]

30 Auch der von Lärmimmissionen betroffene Nachbar kann einen entsprechenden Befreiungsantrag bei den zuständigen Behörden stellen.[62]

31 Die Auswahl der möglichen tatsächlichen Maßnahmen muss allerdings dem Störer überlassen bleiben.[63] Er allein soll darüber entscheiden, welche tatsächlichen Maßnahmen er sich genehmigen lassen will.[64] Nur der

---

55 BVerwG Urt. v. 14.1.1999 – 6 B 133/98, NJW 1999, 2912 = NZM 1999, 914, juris Rn. 13.
56 BVerwG Urt. v. 14.1.1999 – 6 B 133/98, NJW 1999, 2912 = NZM 1999, 914, juris Rn. 13.
57 BVerwG Urt. v. 14.1.1999 – 6 B 133/98, NJW 1999, 2912 = NZM 1999, 914, juris Rn. 15.
58 BVerwG Urt. v. 14.1.1999 – 6 B 133/98, NJW 1999, 2912 = NZM 1999, 914, juris Rn. 15.
59 BVerwG Urt. v. 14.1.1999 – 6 B 133/98, NJW 1999, 2912 = NZM 1999, 914, juris Rn. 16.
60 BVerwG Urt. v. 14.1.1999 – 6 B 133/98, NJW 1999, 2912 = NZM 1999, 914, juris Rn. 16.
61 BVerwG Urt. v. 14.1.1999 – 6 B 133/98, NJW 1999, 2912 = NZM 1999, 914, juris Rn. 16.
62 Erbs/Kohlhaas/*Lorz* BNatSchG § 31 Anm. 6.
63 BGH Urt. v. 20.11.1992 – V ZR 82/91, BGHZ 120, 239 = NJW 1993, 525, juris Rn. 14 unter Bezugnahme auf BGH Urt. v. 22.10.1976 – V ZR 36/75, BGHZ 67, 252 (253) = NJW 1977, 146; BGH Urt. v. 24.2.1978 – V ZR 95/75, NJW 1978, 1584 (1585); BGH Urt. v. 17.12.1982 – V ZR 55/82, NJW 1983, 751 (752).
64 OLG Sachsen-Anhalt Urt. v. 17.9.2013 – 12 U 143/12, juris Rn. 15.

Störer allein kann nämlich in Kontakt mit den Naturschutzbehörden am besten beurteilen, welches konkrete Vorgehen Erfolg verspricht und mit den Belangen des Nachbar- und Naturschutzes zu vereinbaren ist.[65]

Eine Antragstellung ist daher nicht die allein in Betracht kommende Abhilfemaßnahmen, zu der der Störer verurteilt werden kann.[66] Das entsprechende Befreiungsverfahren ist vielmehr nur das Mittel zur Aufhebung des bestehenden Verbots für in Betracht kommende Lärmverhinderungsmaßnahmen.[67] 32

Die mit einem Unterlassungsanspruch nach § 1004 iVm § 906 BGB befassten Zivilgerichte haben selbstständig zu entscheiden, ob die Befreiungsvoraussetzungen im konkret zu entscheidenden Fall gegeben sind[68] (**Prüfung der Vorfrage**). Dem steht nicht entgegen, dass die Anwendung öffentlich-rechtlicher Normen in Rede steht und eine Ausnahmegenehmigung nur von bestimmten Behörden erteilt werden kann. Wenn und soweit ein von Verwaltungsgerichten bestätigter ablehnender Bescheid (noch) nicht vorliegt, können und müssen die Zivilgerichte selbstständig die entsprechende Vorfrage prüfen.[69] 33

Sofern die Prüfung durch das Zivilgericht allerdings ergibt, dass keine Befreiungsmöglichkeit besteht, scheidet auch eine Verurteilung zur Unterlassung aus. Der Störer kann nämlich nicht zu Maßnahmen gezwungen werden, die ihm gesetzlich (auf der Grundlage des Naturschutzrechts) verboten sind.[70] 34

Besteht eine Befreiungsmöglichkeit, muss im **Tenor einer Verurteilung** durch das Zivilgericht der **Vorbehalt einer Ausnahmegenehmigung** aufgenommen werden – da nur die Naturschutzbehörden das generelle Verbot über eine Erlaubnis durch Verwaltungsakt aufheben können (nicht aber die Zivilgerichte). Mithin ist es geboten, die Erteilung der Ausnahmegenehmigung dem Zwangsvollstreckungsverfahren vorzubehalten.[71] 35

Falls sich nach einer Einschaltung der zuständigen Naturschutzbehörde ergeben sollte, dass nur eine bestimmte Abwehrmaßnahme als genehmigungsfähig in Betracht kommt, kann im zivilgerichtlichen Unterlassungsverfahren nach § 1004 BGB auch allein dazu verurteilt werden.[72] 36

2. Erteilung der Ausnahmegenehmigung im Zwangsvollstreckungsverfahren

Da die Zivilgerichte das generelle Verbot nicht über eine Erlaubnis aufheben können (vorstehend unter → Rn. 15 ff.), ist es geboten, die Erteilung der Ausnahmegenehmigung dem Zwangsvollstreckungsverfahren vorzubehalten.[73] 37

---

65 BGH Urt. v. 20.11.1992 – V ZR 82/91, BGHZ 120, 239 = NJW 1993, 525, juris Rn. 14.

66 BGH Urt. v. 20.11.1992 – V ZR 82/91, BGHZ 120, 239 = NJW 1993, 525, juris Rn. 14 unter Bezugnahme auf BGH Urt. v. 22.10.1976 – V ZR 36/75, BGHZ 67, 252, 254 = NJW 1977, 146.

67 BGH Urt. v. 20.11.1992 – V ZR 82/91, BGHZ 120, 239 = NJW 1993, 525, juris Rn. 14. Ebenso OLG Sachsen-Anhalt Urt. v. 17.9.2013 – 12 U 143/12, juris Rn. 15.

68 OLG Sachsen-Anhalt Urt. v. 17.9.2013 – 12 U 143/12, juris Rn. 16.

69 OLG Sachsen-Anhalt Urt. v. 17.9.2013 – 12 U 143/12, juris Rn. 16 unter Bezugnahme auf BGH Urt. v. 20.11.1992 – V ZR 82/91, BGHZ 120, 239 = NJW 1993, 525, juris Rn. 15. Vgl. auch BGH Urt. v. 7.2.1992 – V ZR 246/90, NJW 1992, 1384 (1386).

70 BGH Urt. v. 20.11.1992 – V ZR 82/91, BGHZ 120, 239 = NJW 1993, 525, juris Rn. 16 unter Bezugnahme auf MüKo-BGB/*Säcker* § 906 Rn. 116: „Die entsprechenden naturschutzrechtlichen Bestimmungen dienen zur Abwehr einer Bestandsbedrohung besonders gefährdeter Tierarten und dienen zur Abwehr einer Bestandsbedrohung besonders gefährdeter Tierarten und sichern als Maßnahme zum Schutz der Umwelt überragende Gemeinschaftsbelange. Sie sind deshalb auch verfassungsrechtlich nicht zu beanstanden, verstoßen insbesondere nicht gegen Art. 14 Abs. 1 GG, weil sie in zulässiger Weise Inhalt und Schranken des privaten Eigentums bestimmen (Art. 14 Abs. 1 S. 2 GG)". BGH, aaO. Ebenso OLG Sachsen-Anhalt Urt. v. 17.9.2013 – 12 U 143/12, juris Rn. 17.

71 OLG Sachsen-Anhalt Urt. v. 17.9.2013 – 12 U 143/12, juris Rn. 18 unter Bezugnahme auf BGH Urt. v. 20.11.1992 – V ZR 82/91, BGHZ 120, 239 = NJW 1993, 525, juris Rn. 18. Vgl. auch BGH Urt. v. 7.10.1977 – V ZR 131/75, NJW 1978, 1262 (1263).

72 BGH Urt. v. 20.11.1992 – V ZR 82/91, BGHZ 120, 239 = NJW 1993, 525, juris Rn. 20.

73 BGH Urt. v. 20.11.1992 – V ZR 82/91, BGHZ 120, 239 = NJW 1993, 525, juris Rn. 18 unter Bezugnahme auf BGH Urt. v. 24.9.1958 – V ZR 59/57, BGHZ 28, 153, 159 = NJW 1958, 1969; BGH Urt. v. 7.10.1977 – V ZR 131/75, NJW 1978, 1262 (1263).

38 Umstritten ist, ob dieser Vorbehalt einen Anwendungsfall von § 259 ZPO darstellt[74] oder ob es sich um einen bereits bestehenden und auch fälligen gesetzlichen Unterlassungsanspruch handelt, der allerdings ohne entsprechende Ausnahmegenehmigung nicht vollstreckt werden kann.[75]

39 Zur Vermeidung von Schwierigkeiten in der Zwangsvollstreckung (§ 890 ZPO – um der Gefahr zu begegnen, dass ein Störer das erforderliche Verfahren nach § 45 BNatSchG nicht einleitet) wird dem klagenden Nachbarn die Gelegenheit eingeräumt, seine Klage dahin zu erweitern, dass der beklagte Störer zur Stellung eines bestimmten Befreiungsantrags gegenüber der zuständigen Naturschutzbehörde (§ 45 Abs. 7 S. 2 Nr. 4 BNatSchG) verurteilt wird,[76] wobei die als Annex zum Abwehranspruch gedachte Verurteilung zur Antragstellung (§ 894 ZPO) auch für Erklärungen in Betracht kommt, die deutschen Behörden gegenüber abzugeben sind.[77] Trotz einer eigenen Antragsberechtigung für den Befreiungsantrag hat ein klagender Nachbar ein Interesse daran, dass der Störer Verfahrensbeteiligter wird, was nicht zuletzt aus einer eventuell entstehenden Gebührenpflicht und den notwendigen Mitwirkungspflichten folgt.[78]

40 **Exkurs:** Wenn ein Grundstückseigentümer gegenüber seinem Nachbarn in einem gerichtlichen Vergleich die Verpflichtung eingegangen ist, in einem auf seinem Grundstück befindlichen Teich nur weibliche (nicht quakende) Frösche zu halten und männliche Frösche zu beseitigen, soll er auf Dauer verpflichtet sein, alles Erforderliche zu unternehmen, um männliche Frösche abzuhalten oder zu beseitigen. Dies wird von *Roth*[79] wegen fehlender Praktikabilität kritisiert. Kommt der Grundstückseigentümer dieser Verpflichtung nicht nach, so soll ihm auf Antrag Ordnungsgeld und Ordnungshaft nach § 890 ZPO anzudrohen sein.[80]

3. Dispens-(Befreiungs-)Möglichkeit und Unterlassungsanspruch

41 Besteht keine Befreiungsmöglichkeit nach § 45 BNatSchG, scheidet auch eine Verurteilung zur Unterlassung gemäß § 1004 Abs. 1 S. 2 iVm § 906 BGB aus, weil der Störer nicht zu Maßnahmen gezwungen werden kann, die ihm gesetzlich verboten sind.[81]

42 Der gesetzliche Erlaubnisvorbehalt des § 45 BNatSchG ist mit unbestimmten Rechtsbegriffen umschrieben.[82] Die Entscheidung kann nur auf bestimmter Tatsachengrundlage ergehen.[83] Lediglich die zuständige Behörde kann abschließend beurteilen, ob und welche Maßnahmen mit den Belangen des Naturschutzes zu vereinbaren sind. Auf dieser Grundlage ist zu prüfen, ob dem Störer eine Erlaubnis nach § 45 Abs. 7 S. 1 Nr. 4 BNatSchG erteilt werden kann.[84] Nur die Naturschutzbehörden können das generelle Verbot über eine Erlaubnis durch Verwaltungsakt aufheben, nicht aber die Zivilgerichte.[85]

V. Störereigenschaft des Nachbarn

43 Der Tatbestand des § 1004 BGB ist nicht erfüllt, wenn eine abzuwendende Beeinträchtigung ausschließlich auf Naturkräfte zurückgeht. Deshalb begründet allein der Umstand, dass eine Einwirkung von einem be-

74 So BGH Urt. v. 7.10.1977 – V ZR 131/75, NJW 1978, 1262 (1263) für den Fall einer Verurteilung zum Abbruch eines Bauwerks. Zustimmend Stein/Jonas/*Schumann* ZPO § 259 Rn. 2; Zöller/*Stephan* ZPO § 259 Rn. 1; kritisch hingegen Baumbach/Lauterbach/*Hartmann* ZPO § 259 Anm. 1; *Thomas/Putzo* ZPO § 259 Anm. 2.
75 So MüKo-ZPO/*Lüke* § 259 Rn. 6; Palandt/*Bassenge* BGB § 1004 Rn. 28.
76 BGH Urt. v. 20.11.1992 – V ZR 82/91, BGHZ 120, 239 = NJW 1993, 525, juris Rn. 22.
77 So die hM, vgl. etwa Stein/Jonas/*Münzberg* ZPO § 894 Rn. 6 und Rn. 23.
78 BGH Urt. v. 20.11.1992 – V ZR 82/91, BGHZ 120, 239 = NJW 1993, 525, juris Rn. 22.
79 Staudinger/*Roth* BGB § 906 Rn. 155: Dem Froschliebhaber könne wegen fehlender Praktikabilität nicht angesonnen werden, in seinem Teich nur – nicht quakende – weibliche Frösche zu halten.
80 So LG Lüneburg Urt. v. 18.10.1985 – 1 T 184/85, NJW-RR 1986, 502.
81 MüKo-BGB/*Säcker* § 906 Rn. 116.
82 *Bernatzky/Böhm* BNatSchG § 31 Rn. 3; Erbs/Kohlhaas/*Lorz* BNatSchG § 31 Anm. 6; Friedlein/Weidinger/*Graß* BayNatSchG Art. 49 Anm. 3.
83 BGH Urt. v. 20.11.1992 – V ZR 82/91, BGHZ 120, 239 = NJW 1993, 525, juris Rn. 17.
84 BGH Urt. v. 20.11.1992 – V ZR 82/91, BGHZ 120, 239 = NJW 1993, 525, juris Rn. 17.
85 BGH Urt. v. 20.11.1992 – V ZR 82/91, BGHZ 120, 239 = NJW 1993, 525, juris Rn. 18.

stimmten Grundstück ausgeht, noch nicht die Störereigenschaft des Eigentümers. Notwendig ist vielmehr, dass die Beeinträchtigung wenigstens mittelbar auf den Willen des Eigentümers zurückgeht.[86]

Wenn ein Nachbar – auf einer freien Willensbestimmung beruhend – einen Gartenteich anlegt und/oder unterhält, hat er die Bedingungen dafür geschaffen, dass sich dort Frösche ansiedeln können und infolgedessen eine entsprechende Lärmbeeinträchtigung hervorrufen.[87] 44

Möglicherweise kann – allgemein – eine Störereigenschaft deshalb entfallen, weil das Naturschutzrecht erfolgversprechende Maßnahmen zur Beseitigung des Lärms verbietet.[88] Diese Frage kann jedoch dann offenbleiben, dh der einen Teich anlegende Nachbar ist jedenfalls so lange „Störer" iS von § 1004 BGB, wie er mit Aussicht auf Erfolg eine Ausnahmegenehmigung nach § 45 BNatSchG beantragen und so das generelle Verbot aufheben lassen kann.[89] „In einem solchen Fall steht nämlich fest, dass die Lärmbeeinträchtigung auch vom Willen des Beklagten abhängt".[90] 45

VI. Froschlärm als „wesentliche Beeinträchtigung" des Nachbargrundstücks?

Bereits das RG[91] hat entschieden, dass das Quaken von Fröschen eine „wesentliche Grundstücksimmission" darstellen kann. 46

Die neuere Judikatur ist nicht sehr umfänglich. Das LG Hanau[92] hat 1984 bspw. die Frage der „Wesentlichkeit" der Lärmimmission quakender Frösche offengelassen und einen Unterlassungsanspruch der beeinträchtigten Grundstückseigentümer aus naturschutzrechtlichen Gründen verneint. 47

Für die Abgrenzung zwischen wesentlichen und unwesentlichen Geräuschimmissionen gilt ein differenziert-objektiver Maßstab. Ob eine „wesentliche Beeinträchtigung" vorliegt, beurteilt sich nach dem Empfinden eines Durchschnittsbenutzers des betroffenen Grundstücks in seiner durch Natur, Gestaltung und Zweckbestimmung geprägten besonderen Beschaffenheit[93] – wobei eine besondere Empfindlichkeit der gestörten Person (als Los, das jeder selbst zu tragen hat) außer Betracht bleibt.[94] Eine „wesentliche Beeinträchtigung" ist dann anzunehmen, wenn das Wohnen auf einem Wohngrundstück durch die Geräuschimmissionen an Annehmlichkeiten verliert bzw. der Grundstückswert dadurch gemindert ist. 48

Der BGH[95] setzt im Interesse einer Vereinheitlichung zivilrechtlicher und öffentlich-rechtlicher Beurteilungsmaßstäbe den Begriff der „wesentlichen Geräuschimmission" mit jenem der „erheblichen Belästigung" iSd BImSchG gleich. Damit kommt es zu einer Angleichung an die verwaltungsgerichtliche Judikatur, die als „erhebliche Belästigung" alles qualifiziert, was dem Nachbarn – auch unter Würdigung anderer öffentlicher und privater Belange – billigerweise nicht mehr zuzumuten ist.[96] 49

Gesetzliche Wertungen über die Erheblichkeit oder Wesentlichkeit von Lärm müssen beachtet werden, womit die Wesentlichkeit von Lärm im Sinne einer wertenden Abgrenzung auf der Grundlage einer situations- 50

86 BGH Urt. v. 20.11.1992 – V ZR 82/91, BGHZ 120, 239 = NJW 1993, 525, juris Rn. 41 unter Bezugnahme auf BGH Urt. v. 2.3.1984 – V ZR 54/83, BGHZ 90, 255, 266 = NJW 1984, 2207; BGH Urt. v. 12.2.1985 – VI ZR 193/83, WM 1985, 1352; BGH Urt. v. 18.4.1991 – III ZR 1/90, WM 1991, 1609 (1610).

87 So BGH Urt. v. 20.11.1992 – V ZR 82/91, BGHZ 120, 239 = NJW 1993, 525, juris Rn. 41 – womit dieser Sachverhalt anders zu beurteilen sei, „als wenn die Wurzeln eines vom Grundstückseigentümer gepflanzten Baumes in die Abwasserleitung eines Nachbargrundstücks eindringen und sie verstopfen" (dazu BGHZ 106, 142 (144)).

88 BGH Urt. v. 20.11.1992 – V ZR 82/91, BGHZ 120, 239 = NJW 1993, 525, juris Rn. 42.

89 BGH Urt. v. 20.11.1992 – V ZR 82/91, BGHZ 120, 23 = NJW 1993, 525, juris Rn. 42.

90 BGH Urt. v. 20.11.1992 – V ZR 82/91, BGHZ 120, 239, NJW 1993, 525, juris Rn. 42 unter Bezugnahme auf BGH Urt. v. 17.9.1954 – V ZR 35/54, LM BGB § 1004 Nr. 14; BGH Urt. v. 18.2.1959 – V ZR 11/57, BGHZ 29, 314 (317) = NJW 1959, 936; BGH Urt. v. 29.5.1964 – V ZR 58/62, BGHZ 41, 393 (397).

91 RG Urt. v. 27.4.1910 – V 319/09, JW 1910, 654 Nr. 13.

92 LG Hanau Urt. v. 6.11.1984 – 2 S 343/84, NJW 1985, 500 = VersR 1985, 1150 (Ls.).

93 OLG Schleswig Urt. v. 17.5.1986 – 5 U 202/84, VersR 1986, 978 – unter 1.

94 OLG Schleswig Urt. v. 17.5.1986 – 5 U 202/84, VersR 1986, 978 – unter 1.

95 BGH, Urt. v. 23.3.1990 – V ZR 58/89, BGHZ 111, 63 (65 f.) = NJW 1990, 2465.

96 BVerwG, Urt. v. 29.4.1988 – 7 C 33/87, BVerwGE 79, 254 = NJW 1988, 2396 (2397).

bezogenen Abwägung in Bezug auf das Empfinden (nicht eines „normalen“, sondern) eines „verständigen Durchschnittsmenschen“ zu bestimmen ist.[97] „Deshalb (kann) das veränderte Umweltbewusstsein und der im Naturschutzgesetz verankerte Artenschutz bei Fröschen nicht unberücksichtigt bleiben“.[98]

51 Eine „unwesentliche Beeinträchtigung“ durch Geräusche[99] liegt nach § 906 Abs. 1 S. 3 BGB in aller Regel dann vor, wenn die Werte der Technischen Anleitung zum Schutz gegen Lärm (TA Lärm)[100] als allgemeiner Verwaltungsvorschrift, die nach § 48 BImSchG erlassen worden ist und den Stand der Technik wiedergibt, eingehalten werden (→ *Lärm, allgemein* Rn. 1 ff.).

52 Die Wesentlichkeit von Geräuschimmissionen lässt sich nicht allein nach der reinen Lautstärke gemäß der VDI-Richtlinie bzw. der TA Lärm oder der Freizeitlärmrichtlinie[101] beurteilen[102] – maßgeblich ist die subjektive Lästigkeit von Frosch- bzw. Krötengequake für einen Durchschnittsbewohner des beeinträchtigten Grundstücks.

53 Hierfür können Messungen der Lautstärke in dB(A) zwar Anhaltspunkte für die Wesentlichkeit des Geräuschs abgeben – sie sind aber nicht schlechthin entscheidend.[103] Die Frage, ob es sich bei Froschlärm um messfähige Immissionen handelt und ob für die Beurteilung von Lauten in der Natur lebender Tiere – also keiner Nutztiere – Messergebnisse herangezogen werden dürfen, die auf der VDI-Richtlinie 2058 zur Beurteilung vom Arbeitslärm in der Nachbarschaft beruhen, hat der BayVGH[104] insoweit beantwortet, als die im konkreten Fall vom Sachverständigen herangezogene VDI-Richtlinie 2058 zwar nur eingeschränkt zur Beurteilung von Froschgeräuschen geeignet sei: Weil aber die Grenze des gesundheitlich Zumutbaren erreicht sei, wenn Geräuscheinwirkungen auf Dauerlärmpegel von nachts 45 dB(A) überschreiten, sei nicht zweifelhaft, dass der betroffene Nachbar einer nicht mehr zumutbaren Geräuschbelästigung durch Froschlärm ausgesetzt sei. Dies liege darin begründet, dass der Richtwert für reine Wohngebiete von 35 dB(A) nachts mit vor dem Schlafzimmer gemessenen 64 dB(A) um 29 dB(A) im konkreten Fall überschritten würde – auch der Innenraumpegel, der für Wohnzimmer in reinen Wohngebieten als maßgeblich angesehen werde, werde bei geöffneten Fenstern um bis zu 35 dB(A) und bei geschlossenen Fenstern immer noch um bis zu 11 dB(A) überschritten.[105] Das VGH München hat im Übrigen die Dauer der einzelnen „Froschkonzerte“ (bis zu acht Minuten), die stündliche Einwirkungsdauer (zwischen 16 und 29 Minuten) sowie die ungefähre jahreszeitliche und die durchschnittliche ganzjährige Einwirkungshäufigkeit für kühle (mindestens 15 Abende/Nächte) und weniger kühle Jahre (etwa 30 Abende/Nächte) in die Gesamtwürdigung mit einbezogen, weiterhin auch die konkrete Grundstückssituation in der die Nutzung des Außenbereichs (Terrasse und/oder Garten) an lauen Abenden frühzeitig abgebrochen und die Nacht bei geschlosse-

---

97 BGH Urt. v. 20.11.1992 – V ZR 82/91, BGHZ 120, 239 = NJW 1993, 525, juris Rn. 44.

98 BGH Urt. v. 20.11.1992 – V ZR 82/91, BGHZ 120, 239 = NJW 1993, 525, juris Rn. 44.

99 Dazu Grziwotz/Lüke/Saller/*Lüke* NachbarR-HdB S. 203 ff.

100 V. 27.2.1986 (Beilage BAnz Nr. 58).

101 Die beiden zuletzt genannten Regularien zieht das OLG Naumburg Urt. v. 17.9.2013 – 12 U 143/12, juris Rn. 7 heran: In Bezug auf ein reines Wohngebiet gelten nach der TA-Lärm und nach der Freizeitlärm-Richtlinie als zulässige Schallbelastungen 55 dB(A) am Tag (6.00 bis 22.00 Uhr) und 40 dB(A) in der Nacht (22.00 – 6.00 Uhr). Nach LG Dortmund (Urt. v. 3.7.2012 – 6 O 431/09, juris Rn. 33) ist der Eigentümer eines Grundstücks, das in einem allgemeinen Wohngebiet liegt, zur Duldung von nächtlichen Geräuschimmissionen (die durch Froschquaken verursacht werden) nicht verpflichtet, wenn diese die nachts für ein solches Gebiet bestehenden Immissionsrichtwerte von 40 db(A) überschreiten (konkret: 13-maliges Quaken pro Stunde ausgehend vom Gartenteich des Beklagten vor dem Fenster des klägerischen Hauses in der Zeit von 22.00 bis 6.00 – in einer gemessenen Einwirkungszeit von 749 Sekunden mit durchschnittlicher Lautstärke von 53,6 dB(A)). Das OLG Sachsen-Anhalt (Urt. v. 17.9.2013 – 12 U 143/12, juris Rn. 7) erachtet eine Überschreitung der Grenzwerte nachts (teilweise 54 dB(A)) um das 2 ½-fache des zulässigen Schalldrucks (weil jede Maßerhöhung um 10 dB(A) einer Verdoppelung des Schalldrucks entspricht) als „wesentlich“. Nach OLG Hamm (Urt. v. 28.2.2013 – U 24 182/12, juris Rn. 8) besteht im Falle einer Richtwertüberschreitung eine Regelvermutung dafür, dass keine nur unwesentliche Beeinträchtigung vorliegt.

102 OLG Schleswig Urt. v. 17.5.1986 – 5 U 202/84, VersR 1986, 978 – unter 1.

103 BGH Urt. v. 29.6.1966 – V ZR 91/65, BGHZ 46, 35 = NJW 1966, 1858; BGH Urt. v. 17.11.1967 – V ZR 143/66, MDR 1968, 312; BGH Urt. v. 30.11.1970 – V ZR 51/68, MDR 1971, 203.

104 VGH München Urt. v. 8.7.1998 – 9 B 97/468, NJW 1999, 2914 = NZM 1999, 915.

105 VGH München Urt. v. 8.7.1998 – 9 B 97/468, NJW 1999, 2914 = NZM 1999, 915.

nen Lärmschutzfenstern verbracht werden musste.[106] „Das allein schon bedeute einen wesentlichen Verlust an Wohnqualität".[107]

Froschlärm kann – so der BGH – eine massive Überschreitung der Grenzwerte um einen 28-fach höheren Schalldruck bzw. einer um das 7,5-fache höher empfundenen Lautstärke als beim Richtwert (35 dB(A)) begründen, wobei die Lärmbeeinträchtigung hauptsächlich zur Nachtzeit (für die ein besonderes Ruhebedürfnis besteht) auftritt.[108] Zu berücksichtigen ist in diesem Zusammenhang auch, dass das Naturschutzrecht selbst mit seiner Härteregelung in § 45 BNatSchG eine auf den Einzelfall bezogene Konfliktlösung zur Verfügung stellt, die eine anpassungsfähige bundeseinheitliche Ausnahmepraxis gewährleisten soll.[109] „Auch einem dem Umweltschutzgedanken aufgeschlossenen verständigen Nachbarn können deshalb billigerweise nicht massive Störungen seiner Nachtruhe zugemutet werden, die sich mit naturschutzrechtlich ausnahmsweise erlaubten Maßnahmen verhindern lassen".[110] 54

Von einem intensiven Froschquaken ist insbesondere in der Paarungszeit April/Mai/Juni auszugehen, wobei das Abschwellen bis in die Monate September/Oktober weitergeht. Froschlärm ist in kühleren Nächten geringer oder findet gar nicht statt.[111] 55

Froschgeräusche können – unabhängig davon, ob sie für sich allein betrachtet schon als unangenehm empfunden werden – in den Abend-, Nacht- und frühen Morgenstunden einen ruhe- und schlafstörenden Charakter annehmen,[112] wobei für die Nachtzeit im Zusammenhang mit der Beurteilung einer Lärmimmission als „unwesentlich" ein erheblich schärferer Maßstab als tagsüber zugrundezulegen ist:[113] Insbesondere soll es den beeinträchtigten Grundstücksnachbarn regelmäßig nicht zuzumuten sein, nachts bei geschlossenem Fenster zu schlafen[114] oder gar ihr Schlafzimmer zu einer weniger gestörten Seite zu verlegen.[115] 56

Nach *Roth*[116] liegt ein Verstoß gegen das Rücksichtnahmegebot vor, wenn der Froschhalter selbst sein Schlafzimmerfenster zur lärmabgewandten Seite hat oder auf dem betreffenden Grundstück überhaupt nicht wohnt. 57

Die Vorinstanz des BGH, das OLG München,[117] hat 1991 entschieden, dass jedenfalls bei einem Schallpegel von 64 db(A) Froschlärm das Maß des zumutbaren Nachtlärms in der Nachbarschaft erheblich überschritten und daher von einem Nachbarn, dessen Schlafzimmer 35 m vom Feuchtbiotop entfernt ist, grundsätzlich nicht geduldet werden muss. 58

VII. Entschädigungsansprüche

1. Schadensersatzanspruch (§ 823 Abs. 1 BGB)

Solange das generelle naturschutzrechtliche Verbot nicht über eine Ausnahmegenehmigung aufgehoben worden ist und der Störer damit keine erfolgversprechenden Maßnahmen zur Lärmverhinderung treffen darf, ist die entsprechende Einwirkung durch Froschlärm auf das Nachbargrundstück nicht rechtswidrig. Die naturschutzrechtlichen Bestimmungen grenzen – ähnlich wie die nachbarrechtlichen Sondervorschrif- 59

106 VGH München Urt. v. 8.7.1998 – 9 B 97/468, NJW 1999, 2914 = NZM 1999, 915.
107 So BVerwG Urt. v. 14.1.1999 – 6 B 133/98, NJW 1999, 2912 = NZM 1999, 914, juris Rn. 14.
108 BGH Urt. v. 20.11.1992 – V ZR 82/91, BGHZ 120, 239 = NJW 1993, 525, juris Rn. 45.
109 BGH Urt. v. 20.11.1992 – V ZR 82/91, BGHZ 120, 239 = NJW 1993, 525, juris Rn. 45.
110 BGH Urt. v. 20.11.1992 – V ZR 82/91, BGHZ 120, 239 = NJW 1993, 525, juris Rn. 45.
111 BGH Urt. v. 20.11.1992 – V ZR 82/91, BGHZ 120, 239 = NJW 1993, 525, juris Rn. 49.
112 OLG Schleswig Urt. v. 12.5.1986 – 5 U 202/84, VersR 1986, 978.
113 Vgl. dazu Erman/*Hagen* BGB § 906 Rn. 10.
114 Dazu RG JW 1932, 402.
115 OLG Schleswig Urt. v. 12.5.1986 – 5 U 202/84, VersR 1986, 978.
116 Staudinger/*Roth* BGB § 906 Rn. 155.
117 OLG München 21.1.1991 – 17 U 2577/90, MDR 1991, 971 = DWW 1991, 107 = NuR 1991, 502. Vgl. dazu auch die Besprechungen von *Gerauer* NuR 1991, 478; *Kleffner* NJ 1992, 541; *Tausch* NuR 1991, 480.

ten[118] – den rechtmäßigen vom rechtswidrigen Gebrauch des Grundstücks ab.[119] Damit bestimmen sie zugleich den Anwendungsbereich der §§ 823 ff. BGB, was unabhängig davon gilt, ob und für welche Maßnahmen eine Ausnahmegenehmigung hätte erteilt werden können. Nur eine Genehmigung der Naturschutzbehörden kann das bestehende Verbot aufheben.[120]

60 Eine zum Schadensersatz verpflichtende Eigentumsverletzung iS von § 823 Abs. 1 BGB durch den Störer liegt dann nicht in der Anlage eines Gartenteichs, wenn und soweit er bei der Anlage des Teichs eine Lärmbeeinträchtigung durch zuwandernde Frösche nicht hat voraussehen können: Für diesen Fall kommt ein Verschulden nicht in Betracht.[121] Etwas anderes gilt ggf. dann, wenn der Störer nach Fertigstellung des Teichs selbst Frösche in diesen eingesetzt hat.

2. Nachbarrechtlicher Ausgleichsanspruch analog § 906 Abs. 2 S. 2 BGB

61 Der nachbarrechtliche Ausgleichsanspruch nach § 906 Abs. 2 S. 2 BGB analog ist gegenüber dem Schadensersatzanspruch nach § 823 BGB subsidiärer Natur.[122]

62 Eine unmittelbare Anwendung von § 906 Abs. 2 S. 2 BGB im Falle von Froschlärm kann im gegebenen Fall bereits schon wegen der Ortsunüblichkeit des Lärms ausscheiden.[123]

63 Sofern ein Beseitigungsanspruch wegen naturschutzrechtlicher Vorgaben (zunächst) aus Rechtsgründen ausgeschlossen ist, kann ein verschuldensunabhängiger bürgerlich-rechtlicher Aufopferungsanspruch bestehen, „der sich auf vorangegangenes rechtswidriges Tun des Störers stützt".[124] Eine analoge Anwendung von § 906 Abs. 2 S. 2 BGB kommt also nur dann in Betracht, wenn der Nachbar aus besonderen Gründen rechtlich (oder auch tatsächlich) daran gehindert war, den ihm zustehenden Primärrechtsschutz nach § 1004 Abs. 1 S. 2 iVm § 906 BGB geltend zu machen.[125] Sofern dies möglich oder gar naheliegend ist, muss der primäre Abwehranspruch nicht verfolgt werden. Sind bspw. die Voraussetzungen für eine Befreiung nach § 45 BNatSchG gegeben, steht dem Nachbarn ein Abwehranspruch zu, neben dem er keinen Ausgleich in Geld verlangen kann.[126]

Beachte: Nach *Roth*[127] soll sich die **Rechtswidrigkeit** – entgegen der Auffassung der Judikatur (insbesondere des BGH)[128] – aus der Ansiedlung der Frösche selbst ergeben. Der von ihm vertretenen Tendenz nähere sich die neuere Rechtsprechung (in ausdrücklicher Abgrenzung zum BGH)[129] auch an: „Wenn der Grundstückseigentümer eine Gefahrenlage geschaffen hat (Beseitigung des Windschutzes für Bäume durch Rodung), an deren Beseitigung er durch Vorschriften des Naturschutzes gehindert ist (Fällungsver-

---

118 BGH Urt. v. 22.2.1991 – V ZR 308/89, BGHZ 113, 384 (390) = NJW 1991, 1671.
119 BGH Urt. v. 20.11.1992 – V ZR 82/91, BGHZ 120, 239 = NJW 1993, 525, juris Rn. 26.
120 BGH Urt. v. 20.11.1992 – V ZR 82/91, BGHZ 120, 239 = NJW 1993, 525, juris Rn. 26.
121 BGH Urt. v. 20.11.1992 – V ZR 82/91, BGHZ 120, 239 = NJW 1993, 525, juris Rn. 28.
122 BGH Urt. v. 8.3.1980 – III ZR 141/88, BGHR BGB § 906 Abs. 2 S. 2 – Ausgleichsanspruch 2; BGH Urt. v. 26.10.1978 – III ZR 26/77, BGHZ 72, 289 (295) = NJW 1979, 164; Erman/*Hagen* BGB § 906 Rn. 29.
123 BGH Urt. v. 20.11.1992 – V ZR 82/91, BGHZ 120, 239 = NJW 1993, 525, juris Rn. 29.
124 Staudinger/*Roth* BGB § 906 Rn. 55.
125 BGH Urt. v. 20.11.1992 – V ZR 82/91, BGHZ 120, 239 = NJW 1993, 525, juris Rn. 29. Vgl. auch BGH, Urt. v. 26.11.1982 – V ZR 314/81, BGHZ 85, 375 (384) = NJW 1983, 872; BGH, Urt. v. 2.3.1984 – V ZR 54/83, BGHZ 90, 255 (262) = NJW 1984, 2207; BGH, Urt. v. 20.4.1990 – V ZR 282/88, BGHZ 111,158 (162 ff.) = NJW 1990, 1910. So auch LG Dortmund Urt. v. 3.7.2012 – 6 O 431/09, juris Rn. 44.
126 BGH Urt. v. 20.11.1992 – V ZR 82/91, BGHZ 120, 239 = NJW 1993, 525, juris Rn. 29; LG Dortmund Urt. v. 3.7.2012 – 6 O 431/09, juris Rn. 45 unter Bezugnahme auf BGH Urt. v. 20.11.1992 – V ZR 82/91, BGHZ 120, 239 = NJW 1993, 525, juris Rn. 25.
127 Staudinger/*Roth* BGB § 906 Rn. 155, der die entgegenstehende Rechtsprechung als Verstoß gegen Art. 14 GG qualifiziert. Ebenso MüKo-BGB/*Medicus* § 1004 Rn. 47.
128 BGH Urt. v. 20.11.1992 – V ZR 82/91, BGHZ 120, 239 = NJW 1993, 525.
129 BGH Urt. v. 20.11.1992 – V ZR 82/91, BGHZ 120, 239 = NJW 1993, 525.

bot), ist er bei Verwirklichung der Gefahr dem Nachbarn im Wege des bürgerlich-rechtlichen Aufopferungsanspruchs ausgleichspflichtig“.[130]

Möglicherweise von der Verwaltung oder auch von den Gerichten zu verantwortende Verzögerungen begründen im Hinblick auf die Frage der Möglichkeit Primärrechtsschutz zu erlangen noch keinen faktischen Duldungszwang.[131] 64

Beachte: Aber auch für den Fall, dass eine Ausnahmegenehmigung nach § 45 BNatSchG nicht erteilt wird, besteht gleichermaßen kein Ausgleichsanspruch gegen den Störer:[132] In einem solchen Fall steht nämlich nicht nur fest, dass der Nachbar den Lärm dulden muss, sondern auch, dass dem Störer die Beseitigung der Lärmstörung naturschutzrechtlich nicht gestattet ist. Eine analoge Anwendung des Gesetzes käme aber nur dann in Betracht, wenn der zu beurteilende Sachverhalt mit dem vergleichbar ist, den der Gesetzgeber geregelt hat. Aus diesem Grunde genügt es nicht, dass auf der Seite eines Beteiligten (konkret: des Nachbarn) das gleiche Interesse vorliegt (Ausschluss des Primäranspruchs), das der Gesetzgeber im Fall des § 906 Abs. 2 S. 2 BGB schützen will. Bei einer solchen Betrachtung würden nämlich die Interessen des anderen Beteiligten (konkret: des beklagten Störers) in ungebührlicher Weise vernachlässigt.[133] Vielmehr muss geprüft werden, ob der Gesetzgeber bei einer Interessenabwägung, bei der er sich von den gleichen Grundsätzen wie beim Erlass der entsprechend anzuwendenden Vorschrift hätte leiten lassen, zu dem gleichen Abwägungsergebnis gekommen wäre.[134]

Bei Zugrundelegung dieses Maßstabs unterscheidet sich die Konstellation allerdings in einem wesentlichen Punkt von dem unmittelbaren Anwendungsbereich des § 906 Abs. 2 S. 2 BGB und den ihm von der Judikatur gleichgestellten Sachverhalten eines sonstigen rechtlichen oder auch faktischen Duldungszwangs:[135] In den entsprechenden Konstellationen muss der gestörte Nachbar die Einwirkung zwar dulden, dem Störer ist es aber unbenommen, diese zu unterlassen oder abzustellen. Kollidieren in einem Gebiet mehrere ortsübliche und auch sonst zulässige (bzw. faktisch nicht rechtzeitig veränderbare) Nutzungen miteinander, erscheint es billig, dem Störer einen Ausgleich dafür aufzuerlegen, dass ihm in seinem eigenen Interesse gestattet wird, ein anderes Grundstück unzumutbar zu beeinträchtigen.[136] 65

Wenn allerdings im Falle von Froschlärm das Naturschutzrecht erfolgversprechende Abwehrmaßnahmen verbietet, kann der Störer die Einwirkung nicht unterlassen, weil er dies aus Gründen des Allgemeinwohls (Artenschutz) nicht darf.[137] Er müsste damit eine Entschädigung für die Folgen einer gesetzlichen Regelung zahlen, die der Gesetzgeber nicht im Interesse des Störers, sondern im Allgemeininteresse zur Arterhaltung bestimmter Tiere für notwendig hält. Dies kann nach Auffassung des BGH[138] nicht rechtens sein. Allein der Umstand, dass der Störer den Teich selbst angelegt hat, ändert an diesem Ergebnis nichts, da er damit nur einigen der Zielsetzungen des Naturschutzrechts entsprochen hat.[139] 66

Es kommt daher im Kontext mit der Nichtgewährung eines nachbarrechtlichen Ausgleichsanspruchs nicht auf das Bestehen eines Abwehr- als Primäranspruchs an.[140] 67

130 Staudinger/*Roth* BGB § 906 Rn. 155 und Rn. 67 unter Bezugnahme auf BGH Urt. v. 17.9.2004 – V ZR 230/03, BGHZ 160, 232 = NJW 2004, 3701.
131 OLG Hamm Urt. v. 28.2.2013 – U 24 182/12, juris Rn. 20.
132 BGH Urt. v. 20.11.1992 – V ZR 82/91, BGHZ 120, 239 = NJW 1993, 525, juris Rn. 30.
133 BGH Urt. v. 20.11.1992 – V ZR 82/91, BGHZ 120, 239 = NJW 1993, 525, juris Rn. 30.
134 BGH Urt. v. 20.11.1992 – V ZR 82/91, BGHZ 120, 239 = NJW 1993, 525, juris Rn. 30 unter Bezugnahme auf BGH Urt. v. 13.7.1988 – IVa ZR 55/87, BGHZ 105, 140 (143) = NJW 1988, 2734.
135 Dazu näher NK-BGB/*Ring* § 906 Rn. 262 ff.
136 BGH Urt. v. 20.11.1992 – V ZR 82/91, BGHZ 120, 239 = NJW 1993, 525, juris Rn. 31.
137 BGH Urt. v. 20.11.1992 – V ZR 82/91, BGHZ 120, 239 = NJW 1993, 525, juris Rn. 31.
138 BGH Urt. v. 20.11.1992 – V ZR 82/91, BGHZ 120, 239 = NJW 1993, 525, juris Rn. 31.
139 BGH Urt. v. 20.11.1992 – V ZR 82/91, BGHZ 120, 239 = NJW 1993, 525, juris Rn. 31.
140 BGH Urt. v. 20.11.1992 – V ZR 82/91, BGHZ 120, 239 = NJW 1993, 525, juris Rn. 31.

68 Allerdings wirft der BGH[141] zu Recht die Frage auf, ob der Staat, falls er die Ausnahmegenehmigung verweigert, nicht seinerseits eine Entschädigung für den zu duldenden Froschlärm zahlen müsste.

69 Gegenüber einem (parallel) geltend gemachten Schadensersatzanspruch ist der bürgerlich-rechtliche Aufopferungsanspruch iSd § 308 ZPO kein „Weniger".[142]

40. Funkantenne

Jeromin/Schröter

Literatur: *Boeddinghaus,* Probleme bei der Übertragung der landesrechtlichen Vollgeschossregelungen in die Baunutzungsverordnung, BauR 2011, 1263; *Dietrich*, Mobilfunksendeanlagen und ihre öffentlichen Grundlagen, 2005; *Gehrken/Kahle/Mechel*, Mobilfunkanlagen im öffentlichen Immissionschutz- und Baurecht, ZUR 2006, 72; *Hermes*, Gesetzliche Grundlage für Errichtung von Mobilfunkstationen verfassungswidrig?, NVwZ 2012, 1509.

I. Einführung

1 Unter sehr verschiedenen Bezeichnungen und mit unterschiedlichen Begriffen, wie Sendemasten, Funkantennen, Mobilfunkmasten, UMTS-Anlagen, etc werden bauliche und technische Anlagen erfasst, die alle in ihrer spezifischen Weise dem Betrieb und der Funktionstauglichkeit eines Funknetzes zu dienen bestimmt sind.[1] Wegen des Ziels der **Gewährleistung eines** möglichst ununterbrochenen und **leistungsfähigen Funknetzes** bedarf es der Errichtung und des Betriebs von Funkantennen an zahlreichen und recht unterschiedlichen Standorten. Werden derartige Anlagen in bewohnten Bereichen aufgestellt, befürchten Anwohner häufig, durch die hiervon ausgehende Strahlung geschädigt zu werden oder fühlen sich durch die Höhe der Anlagen beeinträchtigt. Aus nachbarlicher Sicht geht es somit zum einen um die baurechtlichen Zulässigkeitsfragen und zum anderen um die spezifische Strahlungswirkung beim Betrieb solcher Anlagen, die durch die erforderliche Standortbescheinigung geregelt wird.

II. Öffentlich-rechtliche Abwehransprüche

1. Anfechtungsklage des Nachbarn gegen die erteilte Baugenehmigung

2 Grundsätzlich kann der Nachbar gegen eine erteilte Baugenehmigung im Wege der Anfechtungsklage vorgehen, soweit er in eigenen subjektiv-öffentlichen Rechten verletzt ist. Dabei ist zu berücksichtigen, dass die jeweiligen Landesbauordnungen für Antennen bzw. Masten als solche keine Baugenehmigung verlan-

141 BGH Urt. v. 20.11.1992 – V ZR 82/91, BGHZ 120, 239 = NJW 1993, 525, juris Rn. 31.
142 BGH Urt. v. 20.11.1992 – V ZR 82/91, BGHZ 120, 239 (249); Staudinger/*Roth* BGB § 906 Rn. 75.
1 Vgl. zur eisenbahnrechtlichen Plangenehmigung für einen Funksendemast OVG Lüneburg Urt. v. 17.7.2007 – 7 MS 107/07.

gen.[2] In der Regel steht jedoch die **Gesamtanlage aus Empfangsstation, Antennenmast und daran angebrachter Funkantennen** zur Genehmigung, die je nach Höhe einer Baugenehmigungspflicht unterliegen kann. Die Antenne ist insoweit mit zu berücksichtigen, weil der Antennenträger Teil einer Gesamtanlage ist, die nur mit der Antenne funktionsfähig wird.[3] Die nachfolgende Darstellung erfassen sowohl die Auswirkungen, die von einem ggf. mit genehmigten Sendemasten (zB optisch bedrängende Wirkung etc) ausgehen, als auch diejenigen, die sich auf die eigentlichen Sendeanlagen beziehen. Allerdings sind Rundfunk- und Fernsehantennen (einschließlich der sog. Satellitenschüsseln) in gewöhnlichen Abmessungen demgegenüber keine eigenständigen baulichen Anlagen iSv § 29 Abs. 1 BauGB.[4] Die Ausführungen sind daher auf dieses Zubehör einer Wohnnutzung nicht übertragbar.

Im Rahmen einer Anfechtungsklage kann sich der Nachbar nicht alleine auf eine objektive Rechtswidrigkeit einer Baugenehmigung stützen, vielmehr muss er sich auf ein drittschützendes Recht berufen können.[5] 3

a) Verstoß gegen den Gebietsschutz. Wird die Mobilfunksendeanlage in einem festgesetzten (§ 30 Abs. 1 BauGB) oder faktischen (§ 34 Abs. 2 BauGB) Baugebiet genehmigt, so kann sich der Nachbar grundsätzlich auf seinen Gebietserhaltungsanspruch berufen.[6] Dieser berechtigt ihn, Bauvorhaben unabhängig von tatsächlichen Betroffenheiten abzuwehren, die im Baugebiet ihrer Art nach bauplanungsrechtlich unzulässig sind. Der Anspruch auf Erhaltung des Baugebietes nach der Art der baulichen Nutzung greift gegenüber Vorhaben ein, die im Baugebiet weder planungsrechtlich regelhaft zulässig sind noch nach § 31 Abs. 1 oder 2 BauGB im Wege einer Ausnahme oder Befreiung zugelassen werden könnten. Dies führt zu der Frage, in welchen Baugebieten Mobilfunksendeanlagen allgemein oder ausnahmsweise zulassungsfähig sind. 4

aa) Einordnung als untergeordnete Nebenanlage iSv § 14 Abs. 1 Satz 1 BauNVO. In allen Baugebieten sind untergeordnete Nebenanlagen und Einrichtungen zulässig, die dem Nutzungszweck der in dem Baugebiet gelegenen Grundstücke oder des Baugebiets selbst dienen und seiner Eigenart nicht widersprechen. Mobilfunkstationen sind jedoch in aller Regel jedoch nicht als derartige baugrundstücks- und baugebietsbezogenen Nebenanlagen einzuordnen, weil sie regelmäßig nur in geringem Umfang dem Nutzungszweck eines Baugebiets oder Baugrundstücks dienend zu- und untergeordnet sind. Als Bestandteile eines Kommunikationssystems stellen sie unabhängig vom jeweiligen Nutzungszweck eines Baugebiets zum einen die lückenlose Erbringung von Kommunikationsdienstleistungen an diejenigen Personen sicher, die sich in dem Baugebiet ständig oder vorübergehend aufhalten, und dienen zum anderen dazu, derartige Dienstleistungen für Personen zu erbringen, die keinerlei Verbindung zu dem Baugebiet haben, aber auf eine Durchleitung von Gesprächen und weiteren Kommunikationsinhalten angewiesen sind. Dem Nutzungszweck „Wohnen" – wie er in § 3 Abs. 1 BauNVO genannt ist – zu- und untergeordnet sind Mobilfunksendeanlagen daher nur, soweit sie es den im Baugebiet Wohnenden ermöglichen, als Ausprägung ihrer Wohnnutzung an der mobilen drahtlosen Kommunikation teilzuhaben; diese Funktion einer Mobilfunkstation tritt jedoch gegenüber den weiteren genannten Funktionen so weit in den Hintergrund, dass sich eine Einstufung als Nebenanlage regelmäßig verbietet.[7] 5

bb) Einordnung als Nebenanlage iSv § 14 Abs. 2 BauNVO. Das BVerwG hat mit Entscheidung vom 3.1.2012 jedoch in Übereinstimmung mit der hierzu bereits vorher ergangenen obergerichtlichen Rechtsprechung klargestellt, dass eine **Mobilfunksendeanlage**, die bezogen auf das gesamte infrastrukturelle Versorgungsnetz eine untergeordnete Funktion hat, eine **fernmeldetechnische Nebenanlage** iSv § 14 6

2 Vgl. zB § 62 Abs. 1 Nr. 4 lit. b LBauO RhPf; § 50 Abs. 1 Nr. 1 LBO BW iVm Nr. 5 lit. c des Anhangs.

3 Vgl. zu diesen Erwägungen: VGH München Beschl. v. 28.9.2001 – 1 CS 01.1205, BeckRS 2001, 24938 Rn. 15.

4 VGH München Urt. v. 17.12.2003 – 25 N 99.2264, juris Rn. 22.

5 BVerwG Urt. v. 6.10.1989 – 4 C 14.87, BVerwGE 82, 343; VGH München Urt. v. 24.3.2009 – 14 CS 08.3017, juris Rn. 20; VG München Urt. v. 27.2.2017 – M 8 SN 17/496, BeckRS 2017, 108913 Rn. 14; ausf. → *Rechtsschutz, verwaltungsrechtliches Hauptsacheverfahren* Rn. 7 ff.

6 Demgegenüber kann sich gegenüber der Errichtung einer Mobilfunkanlage in einem faktischen reinen Wohngebiet ein Nachbar, dessen Grundstück sich in einem festgesetzten reinen Wohngebiet befindet, nicht auf einen Gebietserhaltungsanspruch berufen, VGH München Beschl. v. 20.9.2011 – 2 ZB 11.577, ZfBR 2012, 168.

7 OVG Münster Beschl. v. 6.5.2005 – 10 B 2622/04, juris Rn. 9.

Abs. 2 Satz 2 BauNVO ist.[8] Denn der Gesetzgeber hat mit § 14 Abs. 2 Satz 2 BauNVO (2013) eine von § 14 Abs. 1 BauNVO abweichende Spezialregelung geschaffen, die dazu dient, diesen speziellen Infrastruktursystemen einen erleichterten Zugang zu allen Baugebieten zu verschaffen. Der Begriff der Nebenanlage dient damit in erster Linie einem instrumentell-technischem Zweck, der mit dem Begriffsinhalt, der ihm sonst in der BauNVO zukommt, nicht übereinstimmt.

7 **cc) Zugleich Einordnung als nicht störender Gewerbebetrieb?** Der VGH München hat zudem erwogen, ob eine Mobilfunkbasisstation zugleich gewerbliche Hauptanlage, als auch fernmeldetechnische Nebenanlage sein könne und dies im Ergebnis bejaht, weil – wie ausgeführt – § 14 Abs. 2 Satz 2 BauNVO ein anderes begriffliches Verständnis der Nebenanlage zugrunde liege. Während es bei den üblichen – auch § 14 Abs. 1 BauNVO immanenten – Differenzierungen zwischen Haupt- und Nebenanlage darauf ankommt, ob eine Anlage einer selbstständigen Regelung iSd §§ 2–13 BauNVO zugänglich ist, habe der Begriff in § 14 Abs. 2 BauNVO einen anderen Sinngehalt, indem er Teile von Infrastruktursystemen betrifft, die über die Grenzen des Baugebiets hinaus reichen könnten.[9] Dies hat zur Folge, dass Mobilfunksendeanlagen in bestimmten Gebieten als nicht störender Gewerbebetrieb bereits allgemein zulässig, in anderen Baugebieten, in denen selbst nicht störende Gewerbetriebe ausgeschlossen sind (also idR nur die reinen Wohngebiete gemäß § 3 BauNVO), im Wege der Erteilung einer Ausnahme als Nebenanlage zugelassen werden müssen.[10]

8 **dd) Folgen für den Nachbarschutz.** Der **Gebietserhaltungsanspruch** eines Nachbarn kann nach den vorstehenden Erwägungen nur dann zum Erfolg führen, wenn eine allgemeine Zulässigkeit im betroffenen Baugebiet ausscheidet und die Behörde ihr Ermessen mit Blick auf die Erteilung der Ausnahme nach § 14 Abs. 2 Satz 2 BauNVO nicht ordnungsgemäß ausgeübt hat. Da die spezifische Zweckbestimmung eines Baugebietes auch durch den ihm jeweils zugeordneten Ausnahmekatalog von Nutzungen bestimmt wird, insofern ein gewollter funktionaler Zusammenhang besteht,[11] kann der Nachbar im Rahmen des ihm zustehenden Gebietserhaltungsanspruchs auch eine ermessensfehlerhafte Zulassung einer Ausnahme rügen. Die behördliche Ermessensentscheidung ergeht insoweit auch ihm gegenüber und kann im Fall eines Ermessensfehler als belastender Verwaltungsakt von ihm angefochten werden. In der Rechtsprechung wird insoweit auch die Möglichkeit bejaht, eine Ausnahme für die gewerbliche Hauptanlage in allgemeinen Wohngebieten zu erteilen, obwohl auch eine solche wegen der gleichzeitigen Einordnung als fernmeldetechnische Nebenanlage ebenfalls möglich ist.[12] An einer ordnungsgemäßen Ermessensausübung kann es aber fehlen, wenn die Genehmigungsbehörde im Rahmen der Beurteilung eines Vorhabens in einem im Zusammenhang bebauten Ortsteils (§ 34 Abs. 1, Abs. 2 BauGB) fälschlicherweise von einem faktischen allgemeinen statt einem faktischen reinen Wohngebiet ausgeht und ihre Ausnahmeentscheidung nicht auf § 14 Abs. 2 Satz 2 BauNVO, sondern den für ein allgemeines Wohngebiet in § 4 Abs. 3 Nr. 2 BauNVO enthaltenen Ausnahmetatbestand stützt. Eine fehlerfreie **Ermessensentscheidung** setzt nämlich voraus, dass die Behörde sich im Klaren ist, welche Ausnahme sie zulässt.[13] Das Ausnahmeermessen kann daneben dann verletzt sein, wenn der ausnahmsweise zugelassenen Anlage eine prägende Wirkung für das Gebiet zukommt. Dies scheidet jedenfalls dann aus, wenn es sich um die erste und einzige Mobilfunksendeanlage im Gebiet handelt.[14]

---

8 BVerwG Beschl. v. 3.1.2012 – 4 B 27.11, NVwZ 2012, 579 unter Verweis auf die obergerichtlichen Judikate: OVG Lüneburg Beschl. v. 6.12.2004 – 1 ME 256/04, BRS 67 Nr. 64; VGH Kassel Urt. v. 6.12.2004 – 9 UE 2582/03 BRS 67 Nr. 65; OVG Münster Beschl. v. 6.5.2005 – 10 B 2622/04, BRS 69 Nr. 83; VGH München Urt. v. 1.7. 2005 – 25 B 01.2747, BRS 69 Nr. 85; OVG Koblenz Beschl. v. 5.2.2010 – 1 B 11356/09, BRS 76 Nr. 178; VGH Mannheim Beschl. v. 26.4.2010 – 8 S 33/10, BRS 76 Nr. 82.

9 VGH München Urt. v. 1.7.2005 – 25 B 01.2747, ZfBR 2005, 803 (805); so wohl auch BVerwG Beschl. v. 3.1.2012 – 4 B 27.11, NVwZ 2012, 579.

10 So zutreffend differenzierend *Zieger* in Brügelmann BauNVO § 14 Rn. 139 f.

11 So BVerwG Beschl. v. 28.2.2008 – 4 C 60.07, BauR 2008, 954.

12 VGH München Beschl. v. 7.2.2007 – 25 ZB 05.1105, BeckRS 2007, 29173 Rn. 8.

13 OVG Koblenz Beschl. v. 5.2.2010 – 1 B 11356/09, NJOZ 2010, 1746.

14 VGH München Urt. v. 19.5.2011 – 2 B 11.397, NVwZ-RR 2011, 851, bestätigt durch BVerwG Beschl. v. 3.1.2012 – 4 B 27.11, NVwZ 2012, 579.

Darüber hinaus kann der Gebietserhaltungsanspruch relevant werden, wenn der neu gefasste § 14 Abs. 2 Satz 2 BauNVO (2013) wegen des Alters des Bebauungsplans denknotwendig noch nicht als vom Willen des Plangebers erfasst in den Bebauungsplan einbezogen werden konnte. Denn nach dem Grundsatz der statischen Verweisung der Vorschriften zur Nutzungsart in der BauNVO kommt es stets auf diejenige Fassung der BauNVO an, die zum Zeitpunkt des Inkrafttretens des Bebauungsplans galt.[15] Jedenfalls in reinen Wohngebieten ist in diesen Fällen nicht lediglich die Erteilung einer Ausnahme nach § 31 Abs. 1 BauGB, sondern einer Befreiung nach § 31 Abs. 2 BauGB erforderlich.[16] 9

b) Verstoß gegen das Abstandsflächenerfordernis. Als Verletzung eines drittschützenden Rechts kommt schließlich ein Verstoß gegen das Abstandsflächengebot in Betracht. Das Landesrecht sieht in der Regel vor, dass nicht nur Gebäude Abstandsflächen zu benachbarten Grundstücken einhalten müssen, sondern auch andere bauliche Anlagen, von denen **Wirkungen wie von oberirdischen Gebäuden** ausgehen. Es ist allgemein anerkannt, dass Antennenträger und Sendeanlagen für Mobilfunk Wirkungen wie Gebäude haben und dabei Nachbarn beeinträchtigen können, wenn sie aufgrund ihrer Höhe und ihres Umfangs bestimmte Maße überschreiten.[17] Ein Mast kann Abstandspflichten nur insoweit auslösen, als er einen Durchmesser von einer bestimmten Gewichtigkeit hat, weil er nur dann die Belichtung, Besonnung und Belüftung auf dem Nachbargrundstück spürbar nachteilig beeinflussen kann. Dies wird in der Regel bei einem Durchmesser von mehr als 1,10 m anzunehmen sein.[18] Derartige Auswirkungen gehen aber nicht von einer Funkantenne als solcher, sondern nur von den Sendemasten bzw. Antennenträgern aus, an denen sie angebracht sind. Nach Ansicht des VG Minden[19] liegt es nahe, die optischen Auswirkungen eines Mobilfunksendemastes mit denen eines Gebäudes zu vergleichen. Dabei hat die Höhe der Anlage für die Frage des optischen Erscheinungsbildes eine vorrangige Bedeutung.[20] Nur wenn ein Mast im Grundriss und im weiteren Querschnitt so geringe Dimensionen aufweist, dass seine Auswirkungen auf die Umgebung nicht entscheidend durch eine auch im weiteren Sinne flächenhafte Wirkung charakterisiert ist, ist eine gebäudegleiche Wirkung zu verneinen.[21] 10

Bei einem Mobilfunksendemast, der die Höhe von 35,15 m erreicht und mit der Führungsschiene sowie der zweifachen Kabelhochführung einen Durchmesser von durchgehend fast 1 m erreicht, kann nicht ausgeschlossen werden, dass die Anlage das nähere (Wohn-)Umfeld eines Ortsteils optisch dominiert und sich einem Betrachter unweigerlich aufdrängt.[22] Eine derartig **prägende Anlage muss Abstandsflächen einhalten** und kann nicht unmittelbar an der Grundstücksgrenze errichtet werden.[23] Denn bei der Frage, ob ein Mobilfunksendemast „optisch dominierend" wirkt, kommt es auch nicht darauf an, ob ein angrenzender Bereich tatsächlich mit Wohngebäuden bebaut oder dem dauerhaften Aufenthalt von Menschen bestimmt ist. Entscheidend ist die optisch beengende Wirkung der Anlage.[24] Von einer Mobilfunksendeanlage kann mithin aufgrund ihrer optischen Dominanz eine „gebäudegleiche Wirkung" ausgehen mit der Notwendigkeit der Anforderungen des Abstandsflächenrechts.[25] 11

---

15 BVerwG Urt. v. 5.12.1986 – 4 C 31.85, BVerwGE 72, 266 (266); Urt. v. 27.2.1992 – 4 C 43.87, BauR 1992, 472 (476f.); umstritten ist allerdings, ob die statische Verweisung auch für die Maßvorschriften der BauNVO zB landesrechtlicher Vollgeschossbegriff gilt, vgl. *Boeddinghaus* BauR 2011, 1263 (1264).

16 So die Konstellation VGH München Urt. v. 1.7.2005 – 25 B 01.2747, ZfBR 2005, 803 (805).

17 OVG Lüneburg Urt. v. 23.11.1982 – 6 A 44/81, BRS 39 Nr. 122; OVG Münster Beschl. v. 10.2.1999 – 7 B 974/98, BauR 1999, 1172.

18 VGH München Beschl. v. 23.8.2016 – 15 ZB 15.2668, juris Rn. 16.

19 VG Minden Beschl. v. 27.10.2006 – 1 L 656/06, juris Rn. 21.

20 Ebenso OVG Münster Urt. v. 29.8.1997 – 7 A 629/95, BRS 59 Nr. 110; Beschl. v. 28.2.2001 – 7 B 214/01, BRS 64 Nr. 124; Beschl. v. 10.2.1999 – 7 B 974/98, BRS 62 Nr. 133.

21 OVG Münster Urt. v. 27.6.2000 – 7 A 3558/96, BauR 2001, 232; Beschl. v. 9.1.2004 – 7 B 2482/03, BauR 2004, 792; Beschl. v. 12.10.2004 – 7 B 2073/04; OVG Schleswig Urt. v. 29.8.1995 – 1 L 132/94, juris Rn. 71.

22 VG Minden Beschl. v. 27.10.2006 – 1 L 656/06, juris Rn. 25.

23 VG Minden Beschl. v. 27.10.2006 – 1 L 656/06, juris Rn. 25 unter Bezugnahme auf OVG Münster Beschl. v. 23.12.2004 – 10 A 2918/02; OVG Bautzen Beschl. v. 17.12.1997 – 1 S 746/86, BRS 59 Nr. 118.

24 VG Minden Beschl. v. 27.10.2006 – 1 L 656/06, juris Rn. 27.

25 OVG Münster Urt. v. 20.3.2009 – 7 A 473/08, juris Rn. 4.

12 Der nachbarliche Wohnfriede, der die Einhaltung eines angemessenen „Sozialabstands" erfordert, gehört nach vorherrschender Auffassung zu den Schutzgütern der Abstandsflächenvorschriften.[26] Unter Berücksichtigung dieses Schutzzwecks können auch von einem Schleuderbetonmast mit einem Basisdurchmesser von weniger als 1 m gebäudegleiche Wirkungen ausgehen, so dass er gegenüber Nachbargrenzen Abstandsflächen einhalten muss.[27]

13 **c) Verstoß gegen immissionsschutzrechtliche Bestimmungen.** Im Rahmen der Erteilung einer Baugenehmigung sind regelmäßig die sonstigen öffentlich-rechtlichen Vorschriften zu prüfen, so dass auch immissionsschutzrechtliche Vorgaben relevant sein können. Bei einer Funkantenne/Mobilfunksendeanlage handelt es sich um eine nicht nach den §§ 4 ff. BImSchG genehmigungspflichtige Anlage.[28] Die Pflichten der Betreiber nicht genehmigungsbedürftiger Anlagen sind in § 22 BImSchG geregelt. Nach § 22 Abs. 1 Nr. 1 BImSchG sind nicht genehmigungsbedürftige Anlagen so zu errichten und zu betreiben, dass schädliche Umwelteinwirkungen verhindert werden, die nach dem Stand der Technik vermeidbar sind. Nach § 3 Abs. 1 BImSchG sind schädliche Umwelteinwirkungen im Sinne des BImSchG Immissionen, die nach Art, Ausmaß oder Dauer geeignet sind, Gefahren, erhebliche Nachteile oder erhebliche Belästigungen für die Allgemeinheit oder die Nachbarschaft – hieraus leitet sich der relevante Drittschutz her – herbeizuführen. Derartige Einwirkungen sind den davon Betroffenen grundsätzlich unzumutbar.

14 Die 26. BImSchV[29] konkretisiert das vom Normgeber für erforderlich gehaltene Maß dessen, was an Umwelteinwirkungen zumutbar ist. Bei Einhaltung der darin enthaltenen Grenzwerte sind daher schädliche Umwelteinwirkungen durch Sendeanlagen abzulehnen.[30]

15 Nach ständiger Rechtsprechung besteht derzeit keine Veranlassung, die in der 26. BImSchV festgelegten Grenzwerte in Zweifel zu ziehen. Sie genügen nach dem heutigen Stand der Wissenschaft den dem Gesetzgeber nach Art. 2 Abs. 2 Satz 1 GG obliegenden Schutzpflichten.[31]

16 Die immissionsschutzrechtliche Besonderheit von Mobilfunkanlagen besteht darin, dass neben einer zu erteilenden Baugenehmigung auch eine sogenannte **Standortbescheinigung der Bundesnetzagentur** für die Errichtung und die vollständige Inbetriebnahme einer Mobilfunkanlage erforderlich ist, die nicht Teil des Regelungsgegenstands einer Baugenehmigung ist, sondern als **eigenständiger Verwaltungsakt** anzusehen ist.[32] Die Rechtmäßigkeit der immissionsschutzrechtlichen Vorgaben bezogen auf die elektromagnetische Strahlung von Hochfrequenzanlagen, wie beispielsweise Mobilfunkbasisstationen mit entsprechenden Immissionsgrenzwerten, kann mithin nicht im Rahmen der Drittanfechtung der Baugenehmigung gerügt und gerichtlich überprüft werden. Vielmehr muss ein betroffener Nachbar diesen Aspekt durch die gesonderte Anfechtung der Standortbescheinigung der Bundesnetzagentur klären lassen. Die Standortbescheinigung stellt einen Verwaltungsakt **auch gegenüber dem Nachbarn** dar, den dieser isoliert anfechten muss. Falls die erforderliche Standortbescheinigung nicht vorliegt, muss der Nachbar mit einem Antrag auf behördliches Einschreiten vorgehen. Zuständig hierfür ist jedoch nicht die Baugenehmigungsbehörde, sondern die Bundesnetzagentur. Im Rahmen der Prüfung sind die allgemeinen Voraussetzungen einer Ermessensreduzierung auf Null für ein behördliches Einschreiten relevant, insbesondere eine unzumutbare Beeinträchti-

---

26 OVG Weimar Urt. v. 11.9.2019 – 1 KO 597/17, BauR 2020, 241; aA und kritisch: *Jeromin* LBauO RhPf § 8 Rn. 5 mwN, soweit der Berechnungsfaktor für Abstandsflächen bei 0,4 H wie in der MBO vorgeschlagen gilt, so auch: OVG Bautzen Urt. v. 28.3.2006 – 1 B 335/04, BRS 70 Nr. 119.

27 OVG Weimar Urt. v. 11.9.2019 – 1 KO 597/17, BauR 2020, 241.

28 Vgl. für eine Prüfung im Rahmen des Rücksichtnahmegebots VGH München Beschl. v. 23.8.2016 – 15 ZB 15.2668, BeckRS 2016, 12935 Rn. 9; zur ausschließlichen Prüfkompetenz der für die Erteilung der Standortbescheinigung zuständigen Behörde vgl. VG Münster Urt. v. 10.1.2008 – 2 K 1324/07, juris Rn. 19 ff.

29 Sechsundzwanzigste Verordnung zur Durchführung des Bundes-Immissionsschutzgesetzes (Verordnung über elektromagnetische Felder – 26. BImSchV).

30 Vgl. zum vorstehenden ausführlich und mwN VG Gießen Beschl. v. 8.7.2002 – 1 G 2239/02, NVwZ-RR 2003, 196.

31 Vgl. zB BVerfG Beschl. v. 28.2.2002 – 1 BvR 1676/01, NJW 2002, 1638; OVG Münster Beschl. v. 9.1.2009 – 13 A 2023/08, DÖV 2009, 336; EGMR Urt. v. 3.7.2007 – 32015/02, NVwZ 2008, 1215 zu einem möglichen Verstoß gegen Art. 8 und 6 EMRK (abgelehnt).

32 VG Münster Urt. v. 10.1.2008 – 2 K 1324/07, juris Rn. 21.

gung für den Nachbarn, was bei einem Verstoß gegen die Grenzwerte der 26. BImSchV der Fall sein dürfte.

2. Anfechtungsklage der Standortgemeinde gegen eine ihr gemeindliches Einvernehmen ersetzende Baugenehmigung

Die Standortgemeinde kann gegen die für eine Mobilfunksendeanlage erteilte Baugenehmigung grundsätzlich vorgehen, ohne Grundstücksnachbar im eigentlichen Sinne, dh im engen räumlichen Umfeld einer solchen Anlage zu sein. Ihre Drittanfechtung setzt ebenfalls voraus, in eigenen Rechten verletzt zu sein. Hierfür kommt es auf die **Verletzung der Planungshoheit** iSv Art. 28 Abs. 2 GG an. Die Gemeinde kann sich unter Berufung auf ihre Planungshoheit – anders als der private Nachbar – regelmäßig auch gegen die Genehmigung einer Mobilfunkanlage im Außenbereich wehren. Die Voraussetzungen des § 35 Abs. 1 BauGB sind nach ständiger Rechtsprechung des BVerwG in vollem Umfang nachprüfbar.[33] Zwar ist nach § 35 Abs. 1 Nr. 3 BauGB auch ein Vorhaben privilegiert, dass der öffentlichen Versorgung mit Telekommunikationsdienstleistungen dient. Wegen des Standortbezugs des § 35 Abs. 1 Nr. 3 BauGB[34] kommt es jedoch für das Eingreifen des Privilegierungstatbestands darauf an, ob das konkrete Vorhaben statt im Außenbereich auch im Innenbereich verwirklicht werden könnte.[35] In einem zweiten Schritt ist zu prüfen, ob öffentliche Belange – insbesondere die in § 35 Abs. 3 Satz 1 Nr. 1–8 BauGB aufgezählten – dem Vorhaben nicht entgegenstehen. 17

3. Verpflichtungsklage auf bauaufsichtsrechtliches Einschreiten

Der Nachbar kann sich an die Bauaufsichtsbehörde mit dem Antrag auf bauaufsichtsrechtliches Einschreiten wenden, wenn keine die Mobilfunksendeanlage legalisierende Baugenehmigung vorliegt, gegen die er vorgehen könnte. Das kommt in Betracht, wenn eine Baugenehmigung nach dem jeweiligen Landesrecht wegen der (geringen) Höhe der Anlage nicht erforderlich ist oder der Bauherr sie nicht beantragt und erhalten hat.[36] 18

Der Entscheidung über ein bauaufsichtliches Einschreiten aufgrund landesrechtlicher Ermächtigungsgrundlagen steht grundsätzlich im Ermessen der Behörde (sog. Entschließungsermessen), so dass eine Verpflichtungsklage auf Einschreiten nur bei einer Ermessensreduzierung auf Null Erfolg hat. Nach der Rechtsprechung des BVerwG beantwortet sich diese Frage grundsätzlich nach Landesrecht.[37] Die obergerichtliche Rechtsprechung stellt für eine **Ermessenreduzierung auf Null** nicht lediglich auf einen bloßen Verstoß gegen nachbarrechtliche Vorschriften, sondern darüber hinaus auf eine **unzumutbare Beeinträchtigung für den Nachbarn** ab.[38] Verstößt ein Vorhaben gegen nachbarschützende Vorschriften, ist ein Einschreiten auf Antrag des Nachbarn geboten, wenn nicht außergewöhnliche Umstände vorliegen, die ein Absehen rechtfertigen können. Das Ermessen der Aufsichtsbehörde ist in diesem Fall nicht frei, sondern ein grundsätzlich auf eine Beseitigung der Störung gerichtetes, intendiertes Ermessen. Von einem Einschreiten darf die Bauaufsichtsbehörde nur absehen, wenn eine atypische Fallkonstellation vorliegt, etwa wenn der Nachbar ausnahmsweise nicht spürbar beeinträchtigt ist.[39] 19

33 Vgl. zB BVerwG Urt. v. 20.5.2010 – 4 C 7.09, BVerwGE 137, 74.

34 Das BVerwG verlangt für die dort genannten Anlagen der öffentlichen Versorgung einen spezifischen Standortbezug vgl. BVerwG Urt. v. 21.1.1977 – IV C 28.75, DVBl 1977, 526.

35 VG Augsburg Urt. v. 22.11.2012 – Au 5 K 11.1539, juris Rn. 30 ff.

36 VG Düsseldorf Urt. v. 18.4.2002 – 4 K 2104/01, BeckRS 2015, 52616.

37 BVerwG Urt. v. 10.12.1997 – 4 B 204.97, NVwZ 1998, 395.

38 VGH Mannheim Urt. v. 24.3.2014 – 8 S 1938/12, BeckRS 2014, 52773 (Ls.); OVG Lüneburg Urt. v. 9.10.2007 – 1 LB 5.07, NVwZ-RR 2008, 374, juris Rn. 10; abstellend auf eine qualifizierte Störung OVG Bremen Urt. v. 4.5.2001 – 1 A 436/00, NVwZ-RR 2002, 488.

39 BVerwG Urt. v. 6.6.2019 – 4 C 10.18, NVwZ 2019, 1456 unter Bezugnahme auf OVG Bautzen Urt. v. 18.10.2018 – 1 A 84/16, LKV 2019,82.

4. Anfechtungsklage gegen die Standortbescheinigung der Bundesnetzagentur

20 Grundsätzlich kann der **Nachbar** auch die dem Betreiber erteilte sogenannte Standortbescheinigung anfechten, wenn sein **Grundstück im Einwirkungsbereich der Mobilfunkanlage** liegt.[40] Wann eine Lage im Einwirkungsbereich und damit die Klagebefugnis anzunehmen ist, kann nicht pauschal bestimmt werden,[41] sondern beurteilt sich nach verschiedenen Gesichtspunkten wie Sendeleistung und geographischen Gegebenheiten.[42]

21 Nach § 4 Abs. 1 Satz 1 der Verordnung über das Nachweisverfahren zur Begrenzung elektromagnetischer Felder vom 28.8.2002 (**BEMFV**),[43] die aufgrund des Gesetzes über Funkanlagen und Telekommunikationssendeeinrichtungen (FTEG) erlassen worden ist, darf eine ortsfeste Funkanlage mit einer äquivalenten isotropen Strahlungsleistung von 10 Watt und mehr nur betrieben werden, wenn für den Standort eine gültige Standortbescheinigung vorliegt – Satz 2 regelt darüber hinaus weitere Anwendungsfälle. Die Standortbescheinigung hat die Bundesnetzagentur nach § 5 Abs. 2 BEMFV zu erteilen, wenn der **standortbezogene Sicherheitsabstand**, der zur Einhaltung der Grenzwerte des § 3 BEMFV erforderlich ist, innerhalb des kontrollierbaren Bereichs liegt. Dies ist nach § 2 Nr. 7 BEMFV der Bereich, in dem der Betreiber über den Zutritt oder Aufenthalt von Personen bestimmen kann oder in dem aufgrund der tatsächlichen Verhältnisse der Zutritt von Personen ausgeschlossen wird. Dieser Begriff ist so auszulegen, dass Personen sich dort nur vorübergehend aufhalten.[44]

22 Es kommt daher entscheidend darauf an, ob die Grenzwerte der 26. BImSchV im vom Betreiber kontrollierbaren Bereich eingehalten werden; auf Nachbargrundstücken dürfen sie im Umkehrschluss grundsätzlich nicht überschritten werden. Dabei ist **kein kreisförmiger Schutzabstand um die Sendeanlage** einzuhalten, da sich elektromagnetische Felder je nach Ausrichtung der Antennen unterschiedlich ausdehnen.[45] Es besteht daher keine Verpflichtung, den in der Standortbescheinigung festgelegten Sicherheitsabstand für die Hauptfunkrichtung in alle Richtungen hin zu beachten. Eine Verletzung des Bestimmtheitsgebot ist hier grundsätzlich nicht zu besorgen, da es möglich ist, die unterschiedlichen Schutzabstände exakt zu bezeichnen und grafisch darzustellen – dies muss jedoch im konkreten Fall auch geschehen sein.

III. Zivilrechtliche Abwehransprüche

23 Neben öffentlich-rechtlichen Anfechtungsrechten bestehen für den Grundstücksnachbarn unter Umständen auch zivilrechtliche Abwehransprüche gegen Mobilfunkanlagen und Funksendemasten.

1. Unterlassungsanspruch nach § 1004 Abs. 1 Satz 2 BGB

24 Auf dem Zivilrechtsweg ist es grundsätzlich möglich, einen Unterlassungsanspruch gegen den Betreiber gemäß § 1004 Abs. 1 Satz 2 BGB geltend zu machen. Die von **elektromagnetischen Feldern ausgehenden Strahlungen** sind jedoch als „ähnliche von einem anderen Grundstück ausgehende Einwirkungen" von § 906 Abs. 1 BGB erfasst und daher zu **dulden**, wenn sie zu keiner oder nur zu einer bloß unwesentlichen Beeinträchtigung führen, wobei auf die Zumutbarkeit für einen verständigen Durchschnittsmenschen abzustellen ist. Eine unwesentliche Beeinträchtigung liegt nach § 906 Abs. 1 Satz 2 BGB in der Regel vor, wenn die in Gesetzen oder Rechtsverordnungen festgelegten Grenzen oder Richtwerte von den nach diesen Vorschriften ermittelten und bewerteten Einwirkungen nicht überschritten werden. Dabei sind zwar die zivilrechtlichen Grundsätze der Darlegungs- und Beweislast zu beachten, die grundsätzlich der Störer im Hinblick auf die Unwesentlichkeit der Beeinträchtigung trägt. Dieser Grundsatz erfährt jedoch eine Ein-

---

40 VGH München Beschl. v. 24.3.2004 – 21 CS 03.1536, BeckRS 2004, 33998.
41 So etwa *Dietrich*, 2005, 96 ff., so zitiert in *Gehrken/Kahle/Mechel* ZUR 2006, 72 (77).
42 VGH München Beschl. v. 3003.2004 – 21 CS 03.1053, BeckRS 2004, 14579; *Gehrken/Kahle/Mechel* ZUR 2006, 72, (77).
43 Vgl. zur Verfassungswidrigkeit der BEMFV *Hermes* NVwZ 2012, 1509.
44 So abgelehnt etwa für das Dach eines Wohnhauses OVG Koblenz Urt. v. 16.3.2010 – 6 A 10813/09, BauR 2010, 1069.
45 OVG Koblenz Urt. v. 16.3.2010 – 6 A 10813/09, BauR 2010, 1069.

schränkung, wenn nach der Regel des Satz 2 ein einschlägiger **Grenzwert** – hier der 26. BImSchV – nicht überschritten wird. Dies bewirkt zwar keine Beweislastumkehr, jedoch eine **Indizwirkung für das Vorliegen einer unwesentlichen Beeinträchtigung**, die der Tatrichter zu beachten hat. Er darf die öffentlich-rechtlichen Grenzwerte jedoch nicht schematisch anwenden, sondern kann im Rahmen seines Beurteilungsspielraums von dem Regelfall abweichen, wenn besondere Umstände des Einzelfalls dies gebieten. Darzulegen und gegebenenfalls zu beweisen sind solche die Indizwirkung erschütternde Umstände von demjenigen, der trotz Einhaltung der Grenzwerte eine wesentliche Beeinträchtigung geltend macht; der Gestörte muss indes nicht nachweisen, dass die Beeinträchtigung auch wesentlich ist.[46]

Gemessen an diesen Grundsätzen käme eine Erschütterung der Indizwirkung nur in Betracht, wenn ein wissenschaftlich begründeter Zweifel an der Richtigkeit der in der 26. BImSchV enthaltenen Grenzwerte bestünde oder ein fundierter **Verdacht einer Gesundheitsgefährdung** unterhalb dieser Werte erhoben werden könnte. Dies ist jedoch nach dem derzeitigen Stand der Wissenschaft und Forschung nicht der Fall. Entsprechend ist auch einem auf die Einholung eines Sachverständigengutachtens gerichteten Beweisantritt zur Klärung der Frage von gesundheitlichen Auswirkungen durch elektromagnetische Felder derzeit als unzulässiger Ausforschungsantrag nicht nachzugehen. Jedenfalls könnte aus der 26. BImSchV ggf. eine Offenkundigkeit bezüglich des Bestehens oder Nichtbestehens der Beweistatsache abgeleitet werden. Denn eine Beweisaufnahme könnte nur diesen Stand der Forschung wiedergeben und wäre daher nicht geeignet, neue Erkenntnisse zu vermitteln. Angesichts dessen verlangt die Durchsetzung des Justizgewährungsgebots keine Beweisaufnahme, „die doch wiederum nur den bestehenden Zustand der Ungewissheit, eine wissenschaftlich nicht verläßlich explorierte komplexe Gefährdungslage, spiegeln könnte."[47] Es bleibt damit allein Aufgabe des Verordnungsgebers, die Entwicklung zu beobachten und etwaigen neuen Erkenntnissen durch engere oder weitere Grenzen Rechnung zu tragen. 25

Werden die Grenzwerte der 26. BImSchV eingehalten, hat daher auch ein zivilrechtlicher Unterlassungsanspruch derzeit keine Aussicht auf Erfolg, obwohl diesen Grenzwerten im Zivilrecht nur eine Indizwirkung für die Unwesentlichkeit der Beeinträchtigung zukommt. 26

2. Anderer Prüfungsmaßstab bei Wohnungseigentümergemeinschaft

Auch der Wohnungseigentümer kann entsprechend § 15 Abs. 3 WEG, § 1004 Abs. 1 BGB einen Gebrauch der im Sondereigentum stehende Gebäudeteile und des gemeinschaftlichen Eigentums verlangen, der dem Gesetz, den Vereinbarungen und Beschlüssen und, soweit sich die Regelung hieraus nicht ergibt, dem Interesse der Gesamtheit der Wohnungseigentümer nach billigem Ermessen entspricht.[48] Gemäß § 14 Nr. 1 WEG ist jeder Wohnungseigentümer verpflichtet, von im Sondereigentum stehenden Gebäudeteilen sowie vom Gemeinschaftseigentum nur in solcher Weise Gebrauch zu machen, dass dadurch keinem der anderen Wohnungseigentümer über das bei einem geordneten Zusammenleben unvermeidliche Maß hinaus ein Nachteil erwächst. Unter einem Nachteil ist jede nicht ganz unerhebliche Beeinträchtigung zu verstehen. Diese ist nach objektiven Kriterien zu bestimmen. Eine erhebliche Beeinträchtigung oder gar Gefährdung ist nicht erforderlich. Nur ganz geringfügige Beeinträchtigungen bleiben, was schon aus § 242 BGB folgt, außer Betracht. Die geschützte Rechtsposition der anderen Wohnungseigentümer ergibt sich aus der Gemeinschaftsordnung und dem Nachbarschaftsverhältnis. 27

Ein Unterlassungsanspruch im Hinblick auf angebrachte Funkantennen kann gemessen an diesen Grundsätzen selbst dann gegeben sein, wenn die Zustimmungspflicht für bauliche Veränderungen – häufig werden Antennen auch noch einmal gesondert genannt – zulässigerweise in der Gemeinschaftsordnung abbedungen ist. Die Freistellung baulicher Veränderungen von der Zustimmungspflicht des beeinträchtigten Wohnungseigentümers erfasst nämlich nicht zwingend den Unterlassungsanspruch aus § 15 Absatz 3 WEG, § 1004 Absatz 1 BGB hinsichtlich solcher Beeinträchtigungen, die nicht auf der baulichen Veränderung 28

46 Vgl. hierzu und zum Nachfolgenden grundlegend BGH Urt. v. 13.2.2004 – V ZR 217/03, NJW 2004, 1317.

47 BGH Urt. v. 13.2.2004 – V ZR 217/03, NJW 2004, 1317 unter Verweis aus BVerfG Beschl. v. 28.2.2002 – 1 BvR 1676/01, NJW 2002, 1638.

48 Vgl. hierzu ausführlich BayObLG Beschl. v. 20.3.2002 – 2Z BR 109/01, juris Rn. 13 ff.

selbst, sondern auf deren Auswirkungen beim Betrieb, etwa in Form von Immissionen, beruhen. Ob der in der Gemeinschaftsordnung enthaltene Ausschluss des Zustimmungserfordernisses auch solche Nachteile mitumfasst, die (objektiv) geeignet sind, die Gesundheit eines Wohnungseigentümers zu beeinträchtigen, lässt sich nur durch Auslegung der maßgeblichen Vereinbarung ermitteln. Dabei ist jedoch im Grundsatz der allgemeine Erfahrungssatz zu berücksichtigen, dass niemand den sich durch Rechtsnormen gewährten Schutz seiner körperlichen Unversehrtheit schmälern lässt. Kann sich die elektromagnetische Strahlung damit überhaupt auf Benutzer der Raumeigentums auswirken, so ist ein Unterlassungsanspruch dann aber – anders als sonst im Nachbarrecht – gerade nicht an die Nichteinhaltung der Anforderungen des § 22 BImSchG und der 26. BImSchV geknüpft.[49] Vielmehr muss sich der Wohnungseigentümer – je nach Ausgestaltung des Vertrages – auch einem verbleibenden Restrisiko nicht aussetzen.

41. Garage und Stellplatz

Schulte Beerbühl

Literatur: *Hirsch*, Abwehr unzumutbarer Stellplätze durch den Nachbarn, Anm. zu NdsOVG , Beschluss vom 6.5.2019 – 1 ME 37/19, jurisPR-ÖffBauR 8/2019; *Scheidler*, Die Regelungen des § 12 BauNVO für Stellplätze und Garagen, BauR 2019, 1247; *Scheidler*, Stellplätze und Garagen in der Baunutzungsverordnung – eine Betrachtung des § 12 BauNVO –, ZfBR 2017, 328.

I. Allgemeines

1 Garagen und Stellplätze sind zwar im Vergleich zur Hauptnutzung, der sie dienen, in der Regel weniger bedeutend. Dennoch sind sie mit ihren Standorten, ihren Maßen und ihrer konkreten Nutzungsweise immer wieder Anlass zu Nachbarstreitigkeiten. Die genannten Schwerpunkte haben bauplanungsrechtliche und bauordnungsrechtliche Aspekte.

II. Aspekte des Bauplanungsrechts

1. Der Grundsatz des § 12 BauNVO

2 Die bauplanungsrechtliche Unzulässigkeit einer Garage oder eines Stellplatzes an einem bestimmten Standort hat gleichsam reflexartig zur Folge, dass einem Nachbarn (→ *Nachbar in öffentlich-rechtlicher Sicht* Rn. 2 ff.) ein subjektives öffentliches Abwehrrecht zusteht. Denn die Bestimmungen der Baunutzungsverordnung in Verbindung mit der **Festsetzung eines Baugebietes** oder der Existenz eines **faktischen Bauge-**

49 Vgl. zu den reduzierten Anforderungen für das Verhältnis der Wohnungseigentümer untereinander OLG Köln Beschl. v. 12.5.1997 – 16 Wx 67/97, juris Rn. 9.

biets verschaffen diesem einen auch hierauf bezogenen Gebietserhaltungsanspruch → *Gebietsschutz und Baugebietsverträglichkeit* Rn. 3 ff.

§ 12 BauNVO erlaubt grundsätzlich Stellplätze und Garagen **in allen Baugebieten**, in Kleinsiedlungsgebieten, reinen Wohngebieten und allgemeinen Wohngebieten sowie Sondergebieten, die der Erholung dienen, jedoch (nur) für den durch die zugelassene Nutzung verursachten Bedarf. In reinen Wohngebieten sind Stellplätze und Garagen für **Lastkraftwagen** und **Kraftomnibusse** sowie für Anhänger dieser Kraftfahrzeuge unzulässig, in Kleinsiedlungsgebieten und allgemeinen Wohngebieten sind Stellplätze und Garagen für Kraftfahrzeuge mit einem Eigengewicht über 3,5 Tonnen sowie für Anhänger dieser Kraftfahrzeuge unzulässig.[1] 3

2. Einschränkung durch das Rücksichtnahmegebot

Die durch § 12 BauNVO gewährte weitgehende Freiheit wird wesentlich durch das in § 15 Abs. 1 Satz 2 BauNVO ausgesprochene **Rücksichtnahmegebot eingeschränkt**. Danach sind auch Stellplätze und Garagen im Einzelfall unzulässig, wenn sie nach Anzahl, Lage, Umfang oder Zweckbestimmung der Eigenart des Baugebiets widersprechen. Sie sind auch unzulässig, wenn von ihnen Belästigungen oder Störungen ausgehen können, die nach der Eigenart des Baugebiets im Baugebiet selbst oder in dessen Umgebung unzumutbar sind.[2] 4

3. Das Problem der Anordnung der Stellplätze und Garagen

a) Rechtliche Herleitung. Einige (Landes-) Bauordnungen enthalten Bestimmungen über die **Anordnung von Stellplätzen und Garagen**. Diese bestimmen beispielsweise: „Durch ihre Benutzung darf die Gesundheit nicht geschädigt sowie das Wohnen und Arbeiten, die Ruhe und Erholung in der Umgebung nicht unzumutbar beeinträchtigt werden.“, so § 47 Abs. 7 S. 2 LBauO RhPf. 5

In einigen Bundesländern ist die früher ausdrückliche Pflicht aus dem Gesetzestext gestrichen worden (so etwa in der BauO NRW). Soweit die (Landes-) Bauordnungen keine (ausdrücklichen) Verbote (mehr) enthalten, leiten die jeweiligen Verwaltungsgerichte den Nachbarrechtsschutz aus dem Planungsrecht ab. Bisweilen werden bauordnungsrechtliche und bauplanungsrechtliche Bestimmungen nebeneinander und ergänzend angewandt. Hierbei wird in einem im Zusammenhang bebauten Ortsteil auf das in dem Einfügungsgebot des § 34 Abs. 1 BauGB enthaltene und bei einem Standort im Geltungsbereich eines Bebauungsplans das in § 15 BauNVO ausdrücklich angesprochene Rücksichtnahmegebot abgestellt. Insoweit wird ausgeführt: § 12 Abs. 1 BauNVO bestimme, dass Stellplätze und Garagen in allen Baugebieten zulässig seien, soweit sich aus den Absätzen 2 bis 6 nichts anderes ergebe. Deshalb seien das mit der zulässigen Nutzung eines Grundstücks verbundene Abstellen von Kraftfahrzeugen auf dem Grundstück und die normalerweise sich daraus ergebenden Störungen von den Anwohnern grundsätzlich hinzunehmen.[3] Insbesondere stellten sich in einem (reinen oder allgemeinen) Wohngebiet ein Stellplatz, ein Carport oder eine Garage, die zum Abstellen des eigenen Pkw des Bauherrn dienen, als „**Zubehör zum Wohnen**“ zu der Nutzungsart dar.[4] Auch aus deren allgemeiner Gebietsverträglichkeit folge, dass die typischerweise mit solchen Anlagen verbundenen Störungen grundsätzlich hinzunehmen seien.[5] Der Verordnungsgeber mute deshalb den Anwohnern auch in reinen und allgemeinen Wohngebieten zu, das mit einer zulässigen Nutzung verbundene Abstellen und Einparken von Kraftfahrzeugen und das damit einhergehende Lärmaufkommen **sozialadäquat** seien[6]. 6

1 Hierzu *Scheidler* BauR 2019, 1247; *Scheidler* ZfBR 2017, 328.
2 Zu dieser Problematik im Allgemeinen *Hirsch* jurisPR-ÖffBauR 8/2019.
3 VG Cottbus Beschl. v. 16.2.2016 – 3 L 193/15, juris Rn. 28, unter Hinweis auf BVerwG Urt. v. 7.12.2006 – 4 C 11/15, juris Rn. 16; vgl. auch BVerwG Beschl. v. 20.3.2003 – 4 B 59.02, NVwZ 2013, 1516.
4 VG Bremen Urt. v. 13.5.2015 – 1 K 798/12, juris Rn. 25; *Stock* in Ernst/Zinkahn/Bielenberg/Krautzberger BauNVO § 12 Rn. 57.
5 VG Bremen Beschl. v. 2.5.2013 – 1 V 2110/12, juris Rn. 32; BVerwG Urt. v. 7.12.2006 – 4 C 11.05, juris Rn. 16.
6 VG Mainz Beschl. v. 4.5.2007 – 3 L 159/07.MZ, juris Rn. 5 unter Verweis auf OVG Koblenz Urt. v. 8.8.2002 – 8 A 11289/00.OVG, juris Rn 21.

7 Auch wenn bei der Anordnung und der Beschaffenheit der Stellplätze und Garagen etwaige landesrechtliche Vorgaben eingehalten sind, hindert das nicht die Anwendung des § 15 BauNVO. Denn zwischen den landesrechtlichen Bestimmungen und § 15 Abs. 1 BauNVO besteht schon wegen ihrer Zugehörigkeit zu verschiedenen Rechtsgebieten mit unterschiedlicher Zweckrichtung und unterschiedlicher Gesetzgebungskompetenz kein lex-specialis-Verhältnis.[7] Unterschiede können sich dann ergeben, wenn aufgrund einer besonderen Fallgestaltung die landesrechtliche Bestimmung ausnahmsweise keinen Nachbarschutz vermittelt.[8] In der Regel stimmen allerdings die Vorgaben des Rücksichtnahmegebotes und der jeweiligen landesrechtlichen Bestimmung überein, soweit sie gebieten, dass von Stellplätzen **keine unzumutbaren Beeinträchtigungen für die Nachbarschaft** ausgehen dürfen.[9]

8 **b) Inhalt des Rechts und der Pflicht. aa) Grundsätze des Bundesverwaltungsgerichts.** Zu den Prüfungsmaßstäben hinsichtlich der durch Garagen und Stellplätzen verursachten Belästigungen und Störungen hat das Bundesverwaltungsgericht[10] ausgeführt:

„Sie sind vor allem dann unzulässig, wenn ihre Nutzung zu unzumutbaren Beeinträchtigungen für die Nachbarschaft führt. Dabei kommt der Zufahrt eine besondere Bedeutung zu, weil – jedenfalls bei Wohnbebauung – der Zu- und Abgangsverkehr die Nachbarschaft regelmäßig am stärksten belastet. Demgemäß begegnen Garagen und Stellplätze in ruhigen rückwärtigen Gartenbereichen hinter Wohnhäusern oft rechtlichen Bedenken. Ob sie im Sinne des § 15 Abs. 1 Satz 2 BauNVO unzumutbar sind, richtet sich gleichwohl nach der Eigenart des Baugebiets. Eine generelle, für alle Standorte von Stellplätzen im rückwärtigen (Wohn-) Bereich geltende Beurteilung ist nicht möglich; sie hängt immer von den Umständen des jeweiligen Einzelfalls ab. Daraus folgt, dass die Nachbarn die von den Stellplätzen einer rechtlich zulässigen Wohnbebauung ausgehenden Emissionen im Regelfall hinzunehmen haben, dass aber besondere örtliche Verhältnisse auch zu dem Ergebnis führen können, dass die Errichtung von Stellplätzen auf dem Baugrundstück nicht oder nur mit Einschränkungen genehmigt werden kann. Dabei ist der in § 12 Abs. 2 BauNVO enthaltenen Grundentscheidung Rechnung zu tragen. Dies entbindet das Tatsachengericht jedoch nicht von der Prüfung, ob im Einzelfall unzumutbare Beeinträchtigungen zu erwarten sind. Die besonderen Umstände des Einzelfalls können es […] erforderlich machen, die Beeinträchtigung der Nachbarschaft auf das ihr entsprechend der Eigenart des Gebiets zumutbare Maß zu mindern. Hierfür kommen beispielsweise die bauliche Gestaltung der Stellplätze und ihrer Zufahrt, eine Anordnung, die eine Massierung vermeidet, der Verzicht auf Stellplätze zugunsten einer Tiefgarage oder Lärmschutzmaßnahmen an der Grundstücksgrenze in Betracht. Im Übrigen müssen selbst notwendige Stellplätze nach allgemeinen bauordnungsrechtlichen Grundsätzen nicht auf dem Baugrundstück selbst errichtet werden (vgl. das Senatsurteil vom 16.9.1993 – BVerwG 4 C 28.91 – BVerwGE 94, 151 <162→ = BRS 55 Nr. 110).“[11]

9 **bb) Die Umstände des Einzelfalls.** Einigkeit besteht darüber, dass maßgeblich die **Umstände des Einzelfalls** sind. Trotz der zur Beurteilung der Frage anerkannten Grundsätze steht stets die – von der Genehmigungsbehörde und im Streitfall vom Gericht vorzunehmende – Würdigung im Vordergrund, ob den Bauherrninteressen oder den Nachbarinteressen oder allgemeinen öffentlichen Interessen Vorrang einzuräumen ist.

10 Soweit es die **Bauherrninteressen** betrifft, ist zu berücksichtigen, dass das Eigentumsrecht nur im Rahmen des geltenden Rechts schutzwürdig ist. Deshalb müssen einem Bauvorhaben auch dann die Grenzen aufgezeigt werden, wenn es allein daran scheitert, dass eine nachbarverträgliche Anordnung der rechtlich erforderlichen Stellplätze nicht möglich ist. Wäre aus bauordnungs- und bauplanungsrechtlicher Sicht eine intensive Ausnutzung eines Grundstücks, zB mit einer großen Zahl von Wohneinheiten, zulässig, und müssten dafür aber einige Stellplätze (oder auch nur ein einziger Stellplatz) in einer für den Nachbarn unzumutbaren Weise angeordnet werden, ist das gesamte Vorhaben unzulässig. Ist die Genehmigung der Stellplätz-

7 So BVerwG Urt. v. 7.12.2000 – 4 C 3/00, NVwZ 2001, 813.

8 Zu einem solchen Fall s. OVG Lüneburg Urt. v. 2.7.1999 – 1 L 5277/96, BRS 62 Nr. 147.

9 BVerwG Urt. v. 7.12.2000 – 4 C 3.00, NVwZ 2001, 813; BVerwG Urt. v. 7.12.2006 – 4 C 11.05, BRS 70 Nr. 78.

10 BVerwG Beschl. v. 20.3.2003 – 4 B 59/02, juris Rn. 6 f.

11 Siehe dazu auch: VGH München 25.5.2010 – 15 CS 10.982, juris Rn. 8 ff.

oder Garagenanlage nur ein Teil eines umfangreicheren Vorhabens, das einen entsprechenden Stellplatzbedarf hervorruft, handelt es sich also um notwendige Stellplätze, ist eine isolierte Aufhebung dieses Teils nicht möglich. Denn es bliebe ein „Torso" übrig, der mit dem Bauordnungsrecht nicht vereinbar wäre. Gegenstand des Rechtsbehelfs des Nachbarn kann deshalb nicht allein die Anordnung der Stellplätze/Garagen sein, sondern das gesamte Vorhaben, wenn auch im Mittelpunkt der gerichtlichen Überprüfung allein die Angriffe gegen diese Anordnung sind.

(1) Schutzwürdigkeit. Das maßgebliche Kriterium für die **Nachbarinteressen** liegt in deren Schutzwürdigkeit. Diese wird unter anderem durch die oben genannten (→ Rn. 2 ff. und 5 ff.) gesetzlichen Wertungen vorgezeichnet. Die Regelungen über Abstandsflächen erlauben die privilegierte Errichtung und Nutzung von Gebäuden und sonstigen baulichen Anlagen für das Abstellen von Kraftfahrzeugen an der Grenze nebst deren erforderlicher Zuwegung. Darin kommt die Entscheidung des Gesetzgebers zum Ausdruck, dass diese Grundstücksnutzung im Regelfall dem Nachbarn zuzumuten ist. Dies bedeutet zugleich, dass auch die mit der Benutzung der Garage notwendigerweise verbundenen Geräusche (Öffnen und Schließen des Garagentores, Motorengeräusch des ein- und ausfahrenden PKW, Türenschlagen, Gespräche vor der Garage etc) und die von dem PKW bei der Zu- und Abfahrt zur Garage verursachten Abgase nach der **gesetzgeberischen Wertung** auch und gerade an der Nachbargrenze grundsätzlich als zumutbar anzusehen sind.[12] 11

Des Weiteren wird die Schutzwürdigkeit der Position des Nachbarn durch den Baugebietstyp sowie die ausgeübte und/oder mögliche Nutzung des betroffenen Bereichs geprägt. Dabei ist die Grenze des Zumutbaren umso niedriger anzusetzen, je empfindlicher und schutzwürdiger der Bereich ist, in dessen Nähe die Stellplätze errichtet werden sollen. Dabei ist nicht nur ein Wohngebäude – insbesondere auch die Nutzung der betroffenen Räume – schutzwürdig, sondern auch ein rückseitiger, der Ruhe und Erholung dienender Hausgarten.[13] 12

(2) Vorbelastung. Ist die Umgebung des Baugrundstücks bereits durch bauliche Nutzungen für Stellplätze **vorbelastet**, kann ein Nachbar nicht damit rechnen, bei einer Neubebauung von jeglicher Störung durch derartige Nutzungen befreit zu werden. Dabei kommt es nicht darauf an, dass für den Nachbarn bislang keine tatsächliche merkbare Belastung durch die im Umfeld seines Grundstücks bereits vorhandenen Garagen einschließlich der Zufahrten gegeben war. Entscheidend für die Zumutbarkeitsbewertung ist vielmehr der Umstand, inwieweit der betreffende Bereich bereits auf anderen Grundstücken im näheren Umfeld als Standort für Stellplätze und Garagen und damit zugleich als Quelle von Kfz-bedingten Immissionen oder durch sonstige Störungen wie eine Straße oder Eisenbahntrasse vorgeprägt ist.[14] 13

cc) Bedeutung der TA Lärm und der VDI-Richtlinie 2058. Von Teilen der Rechtsprechung wird die TA Lärm unmittelbar angewandt, zum Teil wird sie mittelbar herangezogen. Andere Gerichte wiederum lehnen die (unmittelbare oder mittelbare) Anwendung strikt ab: So wendet etwa das VG Bremen[15] die TA Lärm an. Das Bundes-Immissionsschutzgesetz und die TA Lärm konkretisierten die gebotene Rücksichtnahme auf die Nachbarschaft allgemein und damit auch für das Baurecht.[16] Strikt ablehnend stehen hingegen das OVG Bautzen[17] und das OVG Münster[18] einer Anwendung der TA Lärm und der VDI-Richtlinie 2058 gegenüber. Technisch-rechnerisch ermittelte Immissionswerte seien nicht ausschlaggebend.[19] 14

12 VG Gelsenkirchen Beschl. v. 25.2.2013 – 5 L 1464/12, juris Rn. 16.
13 OVG Berlin-Brandenburg Beschl. v. 19.8.2014 – OVG 10 S 57.12, juris Rn. 5.
14 So auch OVG Münster Urt. v. 6.7.2016 – 7 A 1027/15, juris Rn. 38, OVG Münster Beschl. v. 5.11.2015 – 10 B 1041/15, juris Rn. 15.
15 Beschl. v. 2.11.2004 – 1 V 2119/04, 1 V 2120/04, juris Rn. 38.
16 Ähnlich OVG Greifswald Beschl. v. 24.2.2005 – 3 M 185/04, juris Rn. 38.
17 Urt. v. 25.9.2003 – 1 B 786/00, juris Rn. 37.
18 Urt. v. 25.1.2008 – 7 A 270/07, juris Rn. 47.
19 Anders auch das VG Düsseldorf Urt. v. 3.9.2015 – 9 K 5926/14, juris Rn. 54, unter Hinweis auf das Urt. d. BVerwG v. 29.11.2012 – 4 C 8/11, NVwZ 2013, 372.

dd) Beispiele für gerichtliche Abwägungen

15 **Beispiel für eine Bewertung der Anordnung als (noch) zumutbar:**[20] Die sechs vorgesehenen Stellplätze wirken zwar auf den Gartenbereich des Nachbarn ein, liegen aber von dem besonders schützenswerten Terrassenbereich mit darüber liegendem Schlafzimmer über 20 m Luftlinie entfernt. Zudem werden, auch wenn einige der Garagen voraussichtlich nicht in einem Zug angefahren werden können, aufgrund des großzügig bemessenen Garagenvorplatzes gleichwohl keine schwierigen und damit besonders lärmträchtigen Rangiervorgänge erforderlich sein. Diese Vorgänge sind zudem gegenüber dem Terrassenbereich des Nachbarn durch die Garagen selbst abgeschirmt. Außerdem hat das Gericht berücksichtigt, dass Garagen sich für den Nachbarn weniger störend auswirken als Stellplätze, da sie gegen die Schallausbreitung etwa beim Starten des Motors oder beim Zuschlagen von Fahrzeugtüren abschirmen. Auch die Zufahrt, die auf der Strecke von der Straße bis zum Garagenvorplatz mit einem weitestgehend gleichmäßigen Gefälle von ca. 7 % den durch das natürliche Gelände vorgegebenen Höhenunterschied von 2,45 m überwindet, sah das Gericht als zumutbar an. Es sei nicht erkennbar, dass diese Konstruktion allein aufgrund der bestehenden Steigung zu einer ungewöhnlichen Lärmentstehung führen werde. Vielmehr sei bereits durch die geringe Breite der Zufahrt von nur etwas über drei Metern sichergestellt, dass – gerade im Bereich der Terrasse des Nachbarn – keine zu starken Beschleunigungen erfolgen. Schließlich würden lediglich drei Einzelgaragen über die Zufahrt an der Grundstücksgrenze zum Antragsteller angefahren, während die daneben befindliche Mehrfachgarage mit weiteren drei Stellplätzen über die Zufahrt auf der anderen – dem Grundstück des Nachbarn abgewandten – Grundstücksseite angefahren werde.

16 **Beispiel für eine Bewertung der Anordnung als nicht zumutbar:**[21] Die geplante Zufahrt führt über eine Länge von 7 m unmittelbar an dem rückwärtigen Bereich des Grundstücks der Nachbarn entlang. Dieser Abschnitt der Zufahrt mit einer maximalen Fläche von nur 7 m x 6 m muss auch für Rangiervorgänge vor der Doppelgarage genutzt werden. Angrenzend an diese Fläche sind auf dem Grundstück der Nachbarn im Abstand von rund 5 m mit der etwa 0,4 m tiefer als die Zufahrt gelegenen Terrasse und dem Wohnzimmer lärmempfindliche, der Erholung der Bewohner dienende Nutzungen genehmigt. Das Gericht ging davon aus, dass wegen der konkreten Ausgestaltung der geplanten, nur 3 m breiten Zufahrt zu der Doppelgarage, die im Winkel von 90 Grad um die Ecke des Hauptgebäudes führt, regelmäßig Rangiervorgänge erforderlich werden. „Das beim Ein- oder Ausfahren erforderlich werdende Vor- und Zurücksetzen der Kraftfahrzeuge steigert die für die Antragsteller mit dem einzelnen Gesamtvorgang verbundene Lästigkeit des Lärms und der Gerüche der Abgase und führt wegen der Nähe der Rangierfläche zu den besonders schutzbedürftigen Bereichen auf dem Nachbargrundstück zu unzumutbaren Störungen im Sinne des § 51 Abs. 7 BauO NRW."[22]

III. Aspekte des Bauordnungsrechts

1. Die abstandsflächenrechtliche Privilegierung von Garagen und Stellplätzen

17 **a) Die Grundzüge des Abstandflächenrechts.** Das Abstandsflächenrecht ist in den 16 Bundesländern in der Detailausführung sehr unterschiedlich geregelt; nur in Teilen decken die Bestimmungen sich mit der Regelung in der Musterbauordnung. Eine genaue Darstellung des materiellen Rechts ist in diesem Zusam-

---

20 VG Gelsenkirchen Beschl. v. 25.2.2013 – 5 L 1464/12, juris Rn. 20 ff.

21 OVG Münster Beschl. v. 5.11.2015 – 10 B 1041/15, juris Rn. 5 ff.; vgl auch: OVG Koblenz, Urt. v. 23.5.2020 – 1 A 11371/18, juris Rn. 39 ff: Von den insgesamt 68 Stellplätzen für ein Studentenwohnheim liegen 36 im mittleren und rückwärtigen Drittel des insgesamt etwa 130 m tiefen Baugrundstück. Die ca. 40 bis 80 m lange Zufahrt verläuft unmittelbar entlang der Grundstücksgrenze der Kläger oder in nur geringem Abstand davon. Aufgrund dieser Länge ist bei ihrem Befahren mit Schalt- wie auch mit Bremsvorgängen und den hieraus resultierenden Emissionen zu rechnen. Außerdem liegen 9 im vorderen Bereich des Baugrundstücks genehmigte Stellplätze zwischen etwa 15 und 40 m von der Straße und zwischen 5 und 25 Meter vom Wohngrundstück der Kläger entfernt. Deswegen und wegen der baulichen Gegebenheiten (insbesondere Schallreflektionen) seien die zu erwartenden Immissionen für die Kläger unzumutbar.

22 BauO NRW 2000; nach Streichung der Vorschrift ist – ohne Abstriche in den Aussagen – § 15 BauNVO anzuwenden.

menhang nicht möglich. Sie ist auch nicht erforderlich, weil die im Einzelnen bestehenden Unterschiede – insofern muss auf die jeweiligen landesrechtlichen Vorschriften sowie die dazu ergangene Rechtsprechung und die Literatur verwiesen werden – sich nicht auf die grundsätzlichen Fragen des Nachbarschutzes auswirken. Steht das Vorhaben **in Übereinstimmung mit den Vorschriften des Abstandsflächenrechts** des Bundeslandes, in dem es verwirklicht werden soll, kann der Nachbar keine Rechtsverletzung geltend machen. Steht es nicht damit in Übereinstimmung und ist es auch nicht im Wege einer Abweichung oder Befreiung genehmigungsfähig, kann der Nachbar sich zumeist auf die **objektive Rechtswidrigkeit** stützen, weil sie gleichsam automatisch zur **subjektiven Rechtsverletzung** führt.

Die Abstandsfläche hat – auch und insbesondere – die Aufgabe, eine ausreichende Besonnung, Belichtung, Belüftung und einen effektiven Brandschutz des Nachbargrundstücks und seiner Bebauung zu gewährleisten sowie durch einen sog. **Sozialabstand** die **Wahrung des nachbarlichen Wohnfriedens** zu fördern.[23] Daneben haben die Abstandsflächenvorschriften das städtebauliche Ziel, einer geordneten Bebauung im Interesse gesunder Wohn- und Arbeitsverhältnisse zu dienen.[24] 18

Die Vorschriften über die einzuhaltenden Abstände und die freizuhaltenden Abstandsflächen sind gewissermaßen die klassischen **nachbarschützenden Bestimmungen** des Bauordnungsrechts. Dass sie eine solche Funktion haben, ist nicht ernsthaft zu bezweifeln.[25] Die (fast) uneingeschränkte nachbarschützende Wirkung der Abstandsflächenvorschriften[26] bedeutet, dass ein Abwehrrecht gegen Genehmigungen oder faktische Zustände unabhängig vom Umfang des Verstoßes besteht. 19

Im Bereich des Abstandsflächenrechts (aber nicht nur hier) wird die Frage diskutiert, welche Folgen für die Ausübung eines Nachbarrechts sich ergeben, wenn nicht nur der **Bauherr** gegen zwingende Rechtsvorschriften – insbesondere solche, die dem Nachbarschutz dienen – verstößt, sondern auch der **Nachbar** selbst. Dies ist allerdings nicht eine Frage des materiellen Rechts, sondern der **Befugnis, dieses Recht auszuüben.** Auf sie wird deshalb im Zusammenhang mit der Frage der fehlenden Berechtigung zur Ausübung des Nachbarrechts eingegangen (→ *Rechtsverlust und unzulässige Rechtsausübung* Rn. 40 ff.). 20

b) Die Aufgabe der Abstandsflächenvorschriften. Im Hinblick auf das Nachbarrecht geben die Abstandsflächenvorschriften in ihrem wesentlichen Kern die Antwort auf diese Frage: Welchen Abstand einer fremden baulichen Anlage zu seinem Grundstück und zu seiner eigenen baulichen Anlage muss der Nachbar **erdulden**? 21

Vorrangig legt das Planungsrecht durch Bebauungspläne und, soweit solche nicht bestehen, durch das Faktische (§ 34 Abs. 1 BauGB) mithilfe von Aussagen über die **zulässige Bauweise** fest, was dem jeweils benachbarten Grundstückseigentümer an Nähe zuzumuten ist. Die Abstandsflächenvorschriften regeln in dem vom Planungsrecht für bauordnungsrechtliche Regelungen gelassenen Spielraum in ihrer Zielrichtung nicht, wie weit der Bauherr seine Anlagen an die Nachbargrenze heranbauen darf, sondern legen fest, welches Heranbauen (dh in welchem Umfang und bei welchen Anlagen) der Nachbar zu dulden verpflichtet ist. Wenn beide Aspekte sich auch bedingen und zwei Seiten derselben Münze darstellen, ist doch diese Erkenntnis bedeutsam für den Charakter der Abstandsflächenvorschriften und die in ihnen enthaltenen Ausnahmen und Privilegierungen und die Folgen von Verstößen gegen sie. 22

---

23 Allgemeine Meinung, vgl. nur: OVG Berlin Urt. v. 22.5.1992 – 2 B 22.90, juris Rn. 36; VGH Mannheim Urt. v. 10.10.2002 – 5 S 1655/01, juris Rn. 27; VGH Kassel Urt. v. 31.1.2002 – 4 UE 2231/95, juris Rn. 35; OVG Saarlouis Urt. v. 6.3.1987 – 2 R 180/84, BRS 47 Nr. 100; OVG Koblenz Urt. v. 7.7.1994 – 1 A 11939/93, BRS 56 Nr. 103.

24 S. dazu *Reichel/Schulte* BauordnungsR-HdB 3. Kapitel Rn. 40.

25 Vgl. etwa OVG Münster Beschl. v. 1.8.1994 – 7 B 1626/94, juris Rn. 21; OVG Magdeburg Beschl. v. 6.2.1996 – 1 M 27/95, juris Rn. 6 ff.; VGH München Beschl. v. 17.4.2000 – GrS 1/1999, 14 B 97.2901, NVwZ-RR 2001, 291; OVG Berlin Beschl. v. 19.12.2012 – OVG 2 S 44.12, NVwZ-RR 2013, 400; VGH Kassel Beschl. v. 20.2.2014 – 3 B 265/14, juris Rn. 15.

26 Einschränkend wirkt allerdings § 6 Abs. 5 Satz 3 BremLBO, wo es (nach der Angabe der erforderlichen Tiefe der Abstandsflächen) heißt: „Nachbarschützende Wirkung kommt nur Dreiviertel der Tiefe der nach Satz 1 bis 3 erforderlichen Abstandsfläche, mindestens jedoch einer Tiefe von 2,50 m zu.“

23 Auszugehen ist von dem Grundsatz, dass ein möglichst großer **Abstand** wünschenswert wäre, um Gefahren und Störungen jeglicher Art zu vermeiden. Die Gefahren können beispielsweise in einer gegenseitigen Brandübertragung und die Störungen in Beeinträchtigungen der Besonnung, Belichtung und Belüftung und allgemein des **Sozialabstandes** zum eigenen Grundstück bestehen. Dem Gesetzgeber der Abstandsflächenvorschriften ist bewusst, dass ein in Grenznähe stehender Baukörper immer, also auch wenn die in der Abstandsregelung verlangte Abstandfläche gewahrt wird, eine Gefährdung und/oder Beeinträchtigung des Nachbarn zur Folge haben kann. Dem Nachbarn sollen aber im Hinblick auf sein Betroffensein nur dann Abwehrrechte eingeräumt werden, wenn die verlangten **Abstandsmaße unterschritten** werden oder dort der Art oder Bauausführung nach nicht zugelassene Anlagen errichtet werden. Mit der Beschränkung des Nachbarschutzes auf ein bestimmtes Maß der Abstandsflächentiefe oder einen bestimmten Baukörper bestimmt der Gesetzgeber die Grenzen dessen, was einem Grundstückseigentümer durch die Bebauung eines Nachbargrundstücks (noch) zugemutet werden kann.[27] Mit anderen Worten: Indem das Gesetz dem Bauherrn und der Baugenehmigungsbehörde die Einhaltung exakt berechenbarer Maße der Tiefe der Abstandsflächen und die Fernhaltung nicht privilegierter Anlagen gebietet, kommt die grundsätzliche Wertung des Gesetzes zum Ausdruck, dass die Nichteinhaltung der gebotenen Abstände abstrakt-generell auch unmittelbar die geschützten Nachbarinteressen an einem **effektiven Brandschutz**, einer ausreichenden **Licht- und Luftzufuhr** und allgemein einem einzuhaltenden Sozialabstand beeinträchtigt.[28] Sind nicht alle Voraussetzungen einer (weitergehenden) Privilegierung erfüllt, gilt folglich die grundsätzliche Aussage des Verbots und der Nachbarrechtsverletzung.

24 **c) Die Folgen des Unterschreitens des vorgeschriebenen Abstands.** Bei Verletzung nachbarschützender Bestimmungen des öffentlichen Baurechts hat der Nachbar in aller Regel einen **Anspruch auf Einschreiten**. Entsprechend löst die Nichteinhaltung der erforderlichen Abstandflächen unabhängig vom Grad der mit der Abstandflächenunterschreitung verbundenen Beeinträchtigung des Nachbarn grundsätzlich einen nachbarlichen Abwehranspruch aus, dem die Bauaufsichtsbehörde – beispielsweise mit einer Abrissverfügung – Rechnung tragen muss.[29] Denn der Gesetzgeber hat dadurch, dass er feste und durch Messung überprüfbare Maße bestimmt hat, gleichzeitig bestimmt, was der Nachbar hinzunehmen und was er nicht hinzunehmen hat. Diese Grenze ist bereits überschritten, wenn die Abstandsfläche auch nur **im Zentimeterbereich** nicht eingehalten wird. „Mit der Abstandsflächenregelung unterstellt der Gesetzgeber nicht, dass eine Beeinträchtigung des Nachbarn bei einem die Abstandflächenregelungen nicht vollständig ausnutzenden Bauwerk völlig fehlt und erst dann abrupt einsetzt, wenn die Abstandswerte unterschritten werden. Es wurde lediglich gesetzlich verankert, dass das Heranrücken eines Bauwerks und die damit verbundene Beeinträchtigung des Nachbarn erst dann rechtlich mit der Folge des Entstehens eines nachbarlichen Abwehranspruchs relevant werden, wenn die gesetzlich festgelegten Abstandswerte unterschritten werden."[30]

25 Allenfalls **in besonders gelagerten Einzelfällen** kann auch die Entscheidung, aufgrund der speziellen Situation von einem Einschreiten abzusehen, ausnahmsweise noch ermessensgerecht sein. Hierzu bedarf es allerdings besonderer Gründe, die es rechtfertigen, auch unter Berücksichtigung der vom Abstandflächen-

27 VGH Mannheim Beschl. v. 8.10.1996 – 8 S 2566/96, juris Rn. 13; zu der damaligen Regelung in § 6 Abs. 4 Nr. 2 LBO BW, heute § 6 Abs. 3 S. 2 LBO BW.

28 OVG Münster Beschl. v. 18.5.2015 – 2 A 126/15, juris Rn. 16.

29 OVG Münster Beschlüsse v. 5.2.2019 – 2 A 3131/18, juris Rn. 11, Beschl. v. 19.12.2016 – 2 B 1168/16, juris Rn. 11 und v. 18.5.2015 – 2 A 126/15, juris Rn. 24 ff.

30 OVG Münster Urt. v. 14.1.1994 – 7 A 2002/92, BRS 56 Nr. 196; vergl. auch OVG Saarlouis Urt. v. 6.3.1987 – 2 R 180/84, juris Orientierungssatz 2: „Auch ein dem Bauwichgebot unterworfenes Gebäude, das statt der vorgeschriebenen 3 m nur einen Grenzabstand von 2,99 m einhält, verstößt gegen die ‚zentimeterscharfe' Abstandsverpflichtung."

recht vorgenommenen Bewertung der nachbarlichen Interessen von der Durchsetzung des Nachbarschutzes (vorerst) abzusehen.[31]

d) Die Privilegierung bestimmter Anlagen (besonders Garagen und Stellplätzen). Der Nachbar, dem das Gesetz zumutet, ein Heranrücken bestimmter baulicher Anlagen an sein Grundstück hinzunehmen, kann geltend machen, er brauche ein konkretes Vorhaben an einem konkreten Standort nicht zu dulden, wenn und weil es dafür die **Privilegierung** nicht in Anspruch nehmen könne. Denn der Gesetzgeber hat sich in dem Interessengeflecht zwischen Bauherrn und Nachbarn zwar für bestimmte Vorhaben zugunsten des Bauherrn und zulasten des Nachbarn entschieden. Er hat dafür aber dezidierte Regeln aufgestellt, die der Bauherr einhalten muss, damit die rechtspolitische Entscheidung ihre Rechtfertigung behält. Hält der Bauherr sich nicht an die Regeln, ist er also nicht aus der Sicht des Gesetzgebers in dem Interessenkonflikt bevorzugungswürdig, gewinnen wieder die Interessen des Nachbarn Vorrang. Das gilt auch für eine an der Grenze privilegierte Anlage, beispielsweise eine Grenzgarage, die im **Zentimeterbereich** das Höchstmaß (an Höhe, Länge oder Dachneigung oder Aufbau auf die Garage) nicht einhält. Auch Anlagen, die nach ihrer Zweckbestimmung oder konkreten Nutzungsweise nicht unter die Privilegierung fallen, können die (weitergehende) Privilegierung nicht in Anspruch nehmen und, was unter Nachbarrechtsgesichtspunkten wesentlich ist, diese braucht der Nachbar in der Abstandsfläche nicht zu erdulden. 26

Das Privilegierungssystem und der von einer spürbaren Beeinträchtigung unabhängige Abwehranspruch wird besonders deutlich, wenn zwar an der zum Nachbarn gelegenen Grundstücksseite alle gesetzlichen Voraussetzungen für die Inanspruchnahme der Privilegierung erfüllt sind, aber das Gesetz hierfür mit Blick auf die übrigen Grenzen weitere Anforderungen stellt, die nicht erfüllt sind; denn auch dann besteht der Abwehranspruch. 27

Beispiel:[32] Die Regelung über die maximal zulässige Länge einer Grenzgarage beträgt nach § 6 Abs. 8 Satz 5 BauO NRW (und nach den meisten anderen landesrechtlichen Regelungen) 9 m und die maximal zulässige Länge der gesamten Grenzbebauung 15 m. Dies ist das Maß dessen, was allen unmittelbaren Nachbarn eines Grundstücks an privilegierter Grenzbebauung abstandsflächenrechtlich zuzumuten ist. Wird die Gesamtlänge solcher (im Grundsatz privilegierter) Anlagen überschritten, entfällt die Privilegierung, und zwar für jede der Anlagen. Infolge dessen kann sich jeder Nachbar, an dessen Grenze eine dieser Anlagen steht, gegen die Genehmigung einer dieser Anlagen zur Wehr setzen bzw. deren Beseitigung verlangen, ohne dass es auf die Länge der Grenzbebauung an seiner Seite ankommt. Dabei ist auch unerheblich, ob sich die anderen Grenznachbarn mit der Überschreitung des Zulässigen an ihrer Seite abgefunden haben. 28

e) Die Bedeutung des nachbarlichen Einverständnisses. Weil die im Abstandsflächenrecht zu berücksichtigenden städtebaulichen Aspekte nicht zur Disposition Einzelner stehen und deshalb eine „Vereinbarung unter Nachbarn" diese Aspekte nicht überwinden kann, ist es mehr als bedenklich, wenn – was in der Praxis nicht unüblich ist – aufgrund solcher nachbarlichen Einverständniserklärungen abstandsflächenrechtliche Rechtsverstöße als überwindbar angesehen werden. Denn die Regelungen über Abstände und Abstandsflächen dienen nicht allein dem Nachbarschutz. Sie haben auch eine städtebauliche Funktion. 29

2. Stellplatzpflicht

Die Stellplatzpflicht (vgl. insofern etwa § 49 Musterbauordnung: „Die notwendigen Stellplätze und Garagen sowie Abstellmöglichkeiten für Fahrräder (§ 86 Abs. 1 Nr. 4) sind auf dem Baugrundstück oder in zumutbarer Entfernung davon auf einem geeigneten Grundstück herzustellen, dessen Benutzung für diesen 30

31 Vgl. OVG Münster Beschl. v. 7.8.2014 – 7 A 2263/13, juris Rn. 2; OVG Münster Urt. v. 25.10.2010 – 7 A 290/09, juris Rn. 30 (betreffend den Fall, dass das von dem Abstandflächenverstoß betroffene Grundstück nicht in einer Weise genutzt wird, die im Hinblick auf die vom Abstandflächenrecht geschützten Belange schutzbedürftig sind und eine solche Nutzung auch nicht absehbar ist); OVG Münster Beschl. v. 14.2.2012 – 2 A 2463/11, juris Rn. 13 (verbliebene geringfügige Mauerreste).

32 Nach OVG Münster Beschl. v. 7.9.2010 – 10 B 846/10, juris Rn. 16.

Zweck öffentlich-rechtlich gesichert wird.") hat keine **nachbarschützende Wirkung**. Die Verpflichtung des Bauherrn, bei der Errichtung von Anlagen, bei denen Kraftfahrzeugverkehr zu erwarten ist, Stellplätze und Garagen zu schaffen, soll vielmehr verhindern, dass der öffentliche Verkehrsraum über den Gemeingebrauch hinaus durch das Abstellen von Fahrzeugen belastet und dadurch die öffentliche Sicherheit gefährdet wird.[33] Sie dient damit ausschließlich und allein dem Schutz öffentlicher Interessen.

31 Allerdings kann ein **Mangel an Stellplätzen** eines Bauvorhabens gegen das **Rücksichtnahmegebot** verstoßen. Das setzt voraus, dass mit dem Vorhaben eine Verschärfung der Verkehrssituation für Nachbargrundstücke, die durch Straßen- und Parksuchverkehr situationsvorbelastet sind, verbunden ist und die sich hieraus ergebende **Gesamtbelastung** die Eigentümer der Nachbargrundstücke bei Abwägung aller Belange unzumutbar trifft.[34] Das ist eine Frage des Einzelfalls (→ *Rücksichtnahmegebot* Rn. 41 ff.).

42. Garten

Weiß

Literatur: *Baur*, Anmerkung zu BGH Urt. v. 7.3.1969 – V ZR 169/65, JZ 1969, 432.

I. Einführung

1 Der Garten ist für den Grundstückseigentümer regelmäßig ein Rückzugsort und bietet ihm Möglichkeiten zur Selbstverwirklichung. Für andere kann der Garten aber auch der Stein des Anstoßes für nachbarlichen Unmut oder gar Streit sein. Dabei bietet ein Garten zahlreiche Anknüpfungspunkte für den Verdruss der Nachbarschaft; angefangen von Lärm, über den Zustand oder die Gestaltung des Gartens bis hin zu Aktivitäten im Garten. Aufgrund dieser Themenvielfalt ergeben sich an dieser Stelle zahlreiche Überschneidungen zu anderen (spezielleren) Stichwörtern in diesem Kommentar. Entsprechend finden sich im Verlauf dieser Kommentierung Verweisungen auf Ausführungen unter anderen Stichwörtern.

II. Lärm

2 Beim Blick auf mögliche Störungen aus einem benachbarten Garten kommen unweigerlich Geräuschemissionen in den Sinn. Sei es durch Garten- oder Bauarbeiten, (sportliche) Aktivitäten, spielende Kinder oder Partys und Feten, in allen Fällen können sich Nachbarn je nach Lautstärkeintensität, Häufigkeit und Uhrzeit gestört fühlen. Siehe dazu auch die spezielleren Stichwörter in diesem Kommentar: → *Bauarbeiten* Rn. 1 ff.; → *Rasenmäher* Rn. 1 ff.; → *Kind* Rn. 5 ff.; → *Party* Rn. 1 ff.; → *Musik* Rn. 1 ff.; → *Lärm, allgemein* Rn. 1 ff.; → *Fahne und Fahnenmast* Rn. 5, 12 ff. Ebenso werden auch Tiergeräusche oftmals als stö-

33 So der Gesetzeszweck nach den amtlichen Begründungen zu den Entwürfen der nordrhein-westfälischen Landesregierung zu § 64 Abs. 2 BauO NW 1962, LT-Drs. 4/327, 117, und zu § 47 idF des 4. Änderungsgesetzes, LT-Drs. 11/3928, 10.

34 VG Düsseldorf Urt. v. 3.9.2015 – 9 K 5926/14, juris Rn. 46; OVG Münster Urt. v. 10.7.1998 – 11 A 7238/95, NWVBl 1999, 141; vgl. ferner zu den entsprechenden Vorschriften in den Bauordnungen anderer Länder zB VGH München Urt. v. 2.2.1977 – 380 II 74, BRS 32 Nr. 110; VGH Kassel Urt. v. 14.12.1992 – 4 TH 1204/92, BRS 55 Nr. 171; OVG Lüneburg Urt. v. 14.3.1997 – 1 M 6589/96, juris Rn. 17 ff.

rend empfunden (siehe dazu auch: → *Tierhaltung* Rn. 1 ff.; → *Frosch* Rn. 46 ff.; → *Hund* Rn. 19 ff.; → *Katze* Rn. 12 ff.; → *Tauben* Rn. 10 ff.). Dies hat der Gesetzgeber in §§ 1004 Abs. 1, 906 Abs. 1 BGB abgebildet, so dass bei wesentlicher Beeinträchtigung ein Beseitigungs- oder Unterlassungsanspruch in Betracht kommt.

III. Gerüche und Rauch

Gleichsam zu nachbarlichem Lärm bietet ein Garten zahlreiche Quellen unangenehmer Gerüche. Diese zählen ebenso wie Rauch, der häufig etwa beim Grillen (→ *Grillen* Rn. 1 ff.) oder bei Lagerfeuern (→ *Feuer* Rn. 1 ff.)[1] mit den Gerüchen einhergeht, zu den unwägbaren Stoffen im Sinne des § 906 BGB, so dass dem Nachbar grundsätzlich ein Unterlassungsanspruch aus § 1004 Abs. 1 Satz 2 BGB zustehen kann, wenn die Beeinträchtigung wesentlich und nicht ortsüblich ist. Derartige Gerüche treten häufig auch bei Komposthäufen, Tieren, Düngen mit Pferdemist etc[2] oder unter Umständen bei abgelagertem Müll auf (→ *Komposthaufen* Rn. 5 ff.; → *Kläranlage* Rn. 19 ff.; → *Kamin* Rn. 25 ff.; → *Tierhaltung* Rn. 1 ff.; → *Müll* Rn. 1 ff.). 3

IV. Ideelle Beeinträchtigung

Ein besonderes Augenmerk soll bei diesem Stichwort auf sog. ideelle Beeinträchtigungen gelegt werden, die zwar nicht körperlich auf das Nachbargrundstück einwirken, aber **optisch wahrgenommen** werden können und deshalb das **seelische Empfinden**, etwa in ästhetischer oder moralisch/sittlicher Hinsicht, stören. Eine solche Störung des Nachbarn kann sich aus bestimmten Vorgängen oder Zuständen des Nachbargartens ergeben. 4

Rechtsprechung und Literatur beschäftigen sich seit Langem mit dieser Art der Beeinträchtigung,[3] ohne zu einem breiteren Konsens[4] gelangt zu sein. Als Grundproblem stellt sich die **Subjektivität dieser Störungen** dar, die naturgemäß unterschiedlich wahrgenommen werden. Einfaches Beispiel ist hierfür ein nicht gärtnerisch bearbeiteter Garten, den der eine als ungepflegt und verwildert, ein anderer hingegen als schön und naturbelassen empfindet. Ähnliches gilt für Kunstinstallationen, deren Ästhetik sprichwörtlich im Auge des Betrachters liegt. 5

1. Abwehransprüche aus §§ 1004 Abs. 1, 906 BGB

Zu Recht lehnt die Rechtsprechung eine direkte oder analoge Anwendung des eigentumsrechtlichen **Beseitigungs- und Unterlassungsanspruchs** auf ideelle Immissionen ab, da diese, mangels Einwirkung, weder Stoffe im Sinne des § 906 Abs. 1 BGB darstellen, noch mit solchen Immissionen vergleichbar sind.[5] Das Gesetz schränkt insoweit nur die Zuführung unwägbarer Stoffe ein und belässt es im Übrigen beim Grundsatz des § 903 BGB. Auch der tatsächliche Eintritt einer Wertminderung des Grundstücks wurde als Kriterium abgelehnt.[6] Bezöge man ideelle Immissionen in den Anwendungsbereich ein, bestünde zudem die Gefahr der nahezu uferlosen Ausweitung des Unterlassungs- und Beseitigungsanspruchs auf der Grund- 6

1 Zum Verbrennen von Garten- und Pflanzenabfällen, insbes. den landesrechtlichen Regelungen der Pflanzenabfall-VO: *Horst* NachbarR-HdB Rn. 730 ff.

2 Hierzu *Horst* NachbarR-HdB Rn. 757 f.

3 Bspw. RG Urt. v. 8.4.1911 – V 328/10, RGZ 76, 130, juris; BGH Urt. v. 11.7.2003 – V ZR 199/02, NJW-RR 2003, 1313; OLG Hamm Urt. v. 19.5.2014 – 5 U 190/13, NZG 2015, 431; siehe Literaturnachw. bei *Thole* in Staudinger BGB § 1004 Rn. 215 ff.

4 Der BGH verteidigt die Rechtsprechung gegen die teils scharfe Kritik aus dem Schrifttum, zuletzt BGH Urt. v. 11.7.2003 – V ZR 199/02, NJW-RR 2003, 1313; BGH Urt. v. 15.5.1970 – V ZR 20/68, BGHZ 54, 56 = NJW 1970, 1541.

5 BGH Urt. v. 11.7.2003 – V ZR 199/02, NJW-RR 2003, 1313; OLG Hamm Urt. v. 19.5.2014 – 5 U 190/13, NZG 2015, 431; BGH Urt. v. 12.7.1985 – V ZR 172/84, BGHZ 95, 307 = NJW 1985, 2823; *Horst* NachbarR-HdB Rn. 1068; zu einem Ausnahmefall OLG Karlsruhe Urt. v. 4.6.1971 – 1 W 31/71, MDR 1971, 926.

6 BGH Urt. v. 12.7.1985 – V ZR 172/84, BGHZ 95, 307 = NJW 1985, 2823 (Bordell); kritisch: *Lüke* in Grziwotz/Lüke/Saller, NachbarR-HdB, 3. Teil Rn. 61 f.; *Raff* in MüKoBGB § 1004 Rn. 148, 152.

lage einer sehr niedrigen Verbotsschwelle.[7] Diese Erweiterung des Anwendungsbereichs ist indes auch nicht erforderlich, da sich zahlreiche Fallgestaltungen mit anderen Rechtsinstituten sachgerecht bewältigen lassen, wie im Folgenden erörtert wird.

7 Gleiches ergibt sich für **gemeinschaftliche Einfriedungen** aus § 922 BGB, der insbesondere in Satz 3 eine Beseitigung oder Veränderung ohne Zustimmung des Nachbarn untersagt, wenn dieser ein Interesse am Fortbestand der Einfriedung hat. Ein Verstoß führt zu einem Wiederherstellungsanspruch aus §§ 1004 Abs. 1 Satz 1, 922 Satz 3 BGB,[8] was sich auch auf das äußere Erscheinungsbild der Einfriedung erstreckt.[9] Dieser Anspruch steht jedoch dem Anspruch auf eine ortsübliche Einfriedung (→ Rn. 16) nicht entgegen, denn sonst liefen die landesrechtlichen Vorschriften sämtlich leer. Insoweit unterliegt § 922 BGB den nach Art. 124 EGBGB möglichen Einschränkungen durch landesrechtliche Vorschriften. Die Errichtung einer ortsüblichen Einfriedung kann aber nur verlangt, nicht eigenständig durchgesetzt werden; ein Selbsthilferecht besteht nach dem Rechtsgedanken des § 922 Satz 3 BGB gerade nicht. Die Rechtsprechung des BGH führt dabei **ausnahmsweise** zu einem **Abwehranspruch** wegen ästhetischer Beeinträchtigungen, da diese das Errichten einer zusätzlichen Einfriedung (etwa als Sichtschutz) – auch gänzlich auf dem eigenen Grundstück – als unzulässig ansieht.[10]

2. §§ 823 Abs. 1, 2, 249 BGB und § 1004 Abs. 1 BGB analog

8 Insbesondere in der Literatur wird eine stärkere Berücksichtigung des **allgemeinen Persönlichkeitsrechts** befürwortet, bis hin zu einer entsprechenden „Aufladung" des Eigentumsschutzes.[11] Eines solchen veränderten Gehalts der §§ 1004, 906 BGB bedarf es indes nicht. Das allgemeine Persönlichkeitsrecht ist inzwischen einhellig als sonstiges Recht im Sinne des § 823 Abs. 1 BGB anerkannt und gewährt über eine analoge Anwendung des § 1004 Abs. 1 BGB einen sog. **quasinegatorischen Rechtsschutz**.[12] Neben einem Beseitigungsanspruch kommt daher auch ein Schadensersatzanspruch auf Naturalrestitution gemäß §§ 823 Abs. 1, 249 Abs. 1 BGB in Betracht, wobei der quasinegatorische Schutz den (prozessualen) Vorteil der Verschuldensunabhängigkeit bietet. Das allgemeine Persönlichkeitsrecht umfasst auch den Schutz vor Belästigungen, wozu auch ideelle Immissionen zählen können.[13]

9 Die grundsätzliche Eröffnung dieses Rechtsschutzes darf aber nicht über die bereits dargestellte Grundproblematik der ideellen Immissionen hinwegtäuschen. Es muss eine **angemessene Eingriffsschwelle** gefunden werden, welche das individuelle Persönlichkeitsrecht ausreichend achtet, zugleich aber Andere nicht überbordend in ihrem Eigentum einschränkt.

10 Damit müssen zunächst solche Fälle aus dem Anwendungsbereich herausgenommen werden, in denen sich ein Einzelner zur „Sittenpolizei" aufschwingt und durch gezielte Konfrontation Belange der Allgemeinheit zu seinen eigenen macht.[14] Es ist vielmehr ein **Bezug zu den Individualinteressen** erforderlich, welcher aber beim Garten des Nachbarn immer dann vorliegen dürfte, wenn der Zustand bzw. das Verhalten ohne größeren Aufwand wahrnehmbar ist.

11 **Ästhetische Beeinträchtigungen** dürften hingegen kaum die Schwelle erreichen, um eine Verletzung des Persönlichkeitsrechts annehmen zu können. Die hierdurch hervorgerufenen Belastungen fallen ohnehin in

---

7 BGH Urt. v. 7.3.1969 – V ZR 169/65, BGHZ 51, 390 = NJW 1969, 1208; zustimmend *Thole* in Staudinger BGB § 1004 Rn. 218; abl. *Raff* in MüKoBGB § 1004 Rn. 146.

8 *Vollkommer* in BeckOGK BGB § 922 Rn. 18 ff.; *Horst* NachbarR-HdB Rn. 1079.

9 BGH Urt. v. 20.10.2017 – V ZR 42/17, NJW-RR 2018, 528.

10 BGH Urt. v. 20.10.2017 – V ZR 42/17, NJW-RR 2018, 528; krit. hierzu *Vollkommer* in BeckOGK BGB § 922 Rn. 15 ff.; aA LG Landshut Urt. v. 18.1.2017 – 13 S 2208/15, juris Rn. 29 ff.

11 Vor allem *F. Baur* JZ 1969, 432; weitere Nachweise bei *Thole* in Staudinger BGB § 1004 Rn. 216.

12 BGH Urt. v. 8.6.1989 – I ZR 135/87, BGH Urt. v. 12.7.1985 – V ZR 172/84, BGHZ 95, 307 = NJW 1985, 2823; BGHZ 107, 384 = NJW 1990, 1986; BVerfG Beschl. v. 25.10.2005 – 1 BvR 1696/98, BVerfGE 114, 339 = NJW 2006, 207; *Thole* in Staudinger BGB § 1004 Rn. 8; *Hager* in Staudinger BGB § 823 Rn. C 258, 270.

13 *Hager* in Staudinger BGB § 823 Rn. C 232, 238.

14 BGH Urt. v. 14.4.1975 – VI ZR 93/73, BGHZ 64, 178 = NJW 1975, 1161 – Porno-Schriften.

der Regel sehr gering aus,[15] so dass ein Beseitigungs- und Unterlassungsanspruch auch vor dem Hintergrund des Rechts des Nachbarn auf persönliche Entfaltung nicht gerechtfertigt ist.[16] Daher lösen bspw. Kunstinstallationen, Müllablagerungen oder auch der vollgelagerte Garten eines Nachbarn mit dem sog. Messi-Syndrom keinen Beseitigungs- oder Unterlassungsansprüche aus.[17] Ausnahmen können sich diesbezüglich aber aus Schikaneaspekten (→ Rn. 14) oder dem Landesrecht (→ Rn. 15 ff.) ergeben.

Eine beachtliche Störung des allgemeinen Persönlichkeitsrechts wird vornehmlich bei **sittlichen bzw. moralischen Immissionen** in Betracht zu ziehen sein. Diesbezüglich finden sich in der Rechtsprechung v.a. Fälle der Ausübung körperlicher oder sexueller Freiheit[18], durch die sich Nachbarn in ihrem Schamgefühl gestört sehen. Über die in der Rechtsprechung bereits behandelten Fälle hinaus sind hier entsprechende Fallgestaltungen, wie nacktes Sonnenbaden oder eine Sauna in Nachbars Garten, aus der Personen unbekleidet heraustreten, einzuordnen. Angelehnt an die Entscheidungen zu Bordellen kommt es hinsichtlich sexueller Handlungen zunächst auf deren Wahrnehmbarkeit (optisch und/oder akustisch) an[19], was sich auch aus der strafrechtlichen Erheblichkeit einer solchen Störung des § 183a StGB (Erregung öffentlichen Ärgernisses)[20] ergibt. Für die unter der strafrechtlichen Schwelle liegenden, eigentumsrechtlichen Störungen dürfte die Wahrnehmbarkeit durch den regelmäßig begrenzten und bestimmbaren Kreis der Nachbarn ausreichen. Zur Störung des seelischen Empfindens an sich wird man die Grenze jedenfalls bei sexuellen Handlungen ziehen müssen, wenn man die strafrechtlichen Wertungen zu Grunde legt. Bloßes Nacktsein reicht hingegen nach der Rechtsprechung nicht aus, was vor dem Hintergrund des heute gesellschaftlich akzeptierten Umgangs mit Nacktheit und Freizügigkeit erst recht gelten muss. 12

Das bloße Hervorrufen von **Furcht** durch ein potenziell gefahrträchtiges Gewerbe (zB Petroliumraffinerie, Kernkraftwerk, Gasfabrik, pyrotechnisches Gewerbe oÄ)[21] oder **Schaudern** (Leichenhalle, Friedhof, Krematorium)[22] führt ebenso wenig wie eine ästhetische Einwirkung zu einer dinglich relevanten Beeinträchtigung. Hinsichtlich einer sog. Gefahr drohenden Anlage bietet **§ 907 BGB** eine Spezialregelung (→ *Gefahr drohende Anlagen* Rn. 1 ff.). Als unzulässige Einwirkungen in diesem Sinne werden aber ebenfalls nur die von § 906 BGB erfassten angesehen, mithin keine ideellen Immissionen.[23] 13

3. §§ 826, 249, 226 BGB (Schikane, Beleidigung)

Liegt in einer spezifischen Gestaltung des Gartens des Nachbarn oder einzelnen Gegenständen eine offenkundige **Provokation, Beleidigung oder Schikane** vor, so kann dem ein auf Beseitigung gerichteter Schadensersatzanspruch wegen sittenwidriger Schädigung entgegengehalten werden.[24] Dies kann gegeben sein, wenn ein hässlicher Anblick derart angebracht wird, dass er nur für den Nachbarn sichtbar ist und diesem 14

15 *Thole* in Staudinger BGB § 1004 Rn. 218.

16 Vgl. BGH Urt. v. 15.11.1974 – V ZR 83/73, NJW 1975, 170; BGH Urt. v. 11.7.2003 – V ZR 199/02, NJW-RR 2003, 1313; BGH Urt. v. 7.3.1969 – V ZR 169/65, BGHZ 51, 390 = NJW 1969, 1208; OLG Brandenburg Urt. v. 16.9.2003 – 6 U 144/02, juris Rn. 33, 37; OLG Hamm Urt. v. 19.5.2014 – 5 U 190/13, NZG 2015, 431.

17 BGH Urt. v. 7.3.1969 – V ZR 169/65, BGHZ 51, 390 = NJW 1969, 1208 (gelagertes Baumaterial); BGH Urt. v. 15.5.1970 – V ZR 20/68, BGHZ 54, 56 = NJW 1970, 1541 (Schrottautos neben Hotel); → *Müll* Rn. 3 ff.; → *Komposthaufen* Rn. 5 ff.

18 RG Urt. v. 8.4.1911 – V 328/10, RGZ 76, 130, juris (Nacktbaden und -herumlaufen im benachbarten Freibad); BGH Urt. v. 12.7.1985 – V ZR 172/84, BGHZ 95, 307 = NJW 1985, 2823 (Bordell im Nachbarhaus).

19 BGH Urt. v. 12.7.1985 – V ZR 172/84, BGHZ 95, 307 = NJW 1985, 2823; vgl. zu diesem Aspekt auch *Raff* in MüKoBGB § 1004 Rn. 156.

20 Hierfür genügen auch Entblößungshandlungen, wobei aber insgesamt eine öffentliche Handlung vorliegen muss, was je nach Einsehbarkeit des Gartens zu beurteilen ist, vgl. *Fischer* StGB § 183a Rn. 3 f.

21 RG Urt. v. 27.2.1902 – V 403/01, RGZ 50, 227; zu Recht auf die heute zu erfüllenden besonderen Anforderung nach den §§ 5 ff. BImSchG: *Dehner* B § 38 S. 8c Fn. 14.

22 Zu beidem *Roth* in Staudinger BGB § 906 Rn. 131; *Thole* in Staudinger BGB § 1004 Rn. 221.

23 BGH Urt. v. 7.3.1969 – V ZR 169/65, BGHZ 51, 390 = NJW 1969, 1208; *Roth* in Staudinger BGB § 907 Rn. 21.

24 Ebenso *Thole* in Staudinger BGB § 1004 Rn. 218; *Raff* in MüKoBGB § 1004 Rn. 145; *Roth* in Staudinger BGB § 906 Rn. 130; *Dehner* B § 38 S. 11 f.

missfallen soll.[25] Ebenso sind hierunter Fälle zu fassen, die provokative bzw. beleidigende Botschaften an den Nachbarn darstellen.[26] Soweit Gerichte bislang explizit auf diese Anspruchsgrundlage abgestellt haben, kam es auf die gezielte Kränkung des Nachbarn an, um die Sittenwidrigkeit zu bejahen. Im Einzelfall kann es insoweit schwierig sein, dies zu beweisen, insbesondere wenn der Nachbar sich auf Grundrechte oder andere (vermeintlich lautere) Motive beruft.[27] Bei lebensnaher Betrachtung lassen sich solche Einwände indes oftmals als bloße Schutzbehauptungen entlarven, wobei die Sichtbarkeit oder auch der zeitlich und situative Zusammenhang zum Aufstellen berücksichtigt werden sollten.

4. Landesnachbarrecht

15 Nach den Landesnachbargesetzen können ideelle Immissionen hingegen als Störung angesehen werden und folglich auch zu einem Unterlassungs- oder Beseitigungsanspruch des Nachbarn gemäß § 1004 Abs. 1 BGB iVm der verletzten Norm des Nachbarrechts[28] führen. Dies kann der Fall sein, wenn eine Regelung zum **Mindestabstand**, die neben Gebäuden[29] auch Pflanzen[30], Aufschichtungen, Fenster, Balkone[31] oder auch störende Anlagen wie Bienenstöcke, Ställe umfasst (etwa §§ 9, 18 SächsNRG; §§ 1, 41 f. NachbG NRW; §§ 6, 7, 8, 12, 15, 16 NRG BW; §§ 23, 50 NNachbG), nicht beachtet wurde, da in diesem Fall der Nachbar nicht über eine Bagatellschwelle der Beeinträchtigung letztlich zur Duldung oder Zustimmung zur Abstandsunterschreitung verpflichtet werden soll.[32] Gleiches gilt für die Abstandsvorgabe der **Landesbauordnungen** (zB § 6 SächsBO, § 6 ThürBO, § 6 BauO Bln), auf deren unbedingte Einhaltung ein subjektiv-öffentliches Recht besteht.[33]

16 Weiterhin kann die Beseitigung von **Einfriedungen** verlangt werden, wenn diese gegen entsprechende Regelungen der Landesnachbargesetze (zB § 28 NNachbG, § 4 SächsNRG, § 15 HessNRG, § 39 LNRG RhPf) verstoßen.[34] Diese Vorschriften stellen regelmäßig auch auf die Ortsüblichkeit der Einfriedung ab. Soweit eine solche im jeweiligen Vergleichsgebiet festgestellt werden kann, muss die zu beurteilende Einfriedung von dieser abweichen. Darüber hinaus ist für den Beseitigungsanspruch die wesentliche Störung des Erscheinungsbildes einer ortsüblichen Einfriedung erforderlich.[35] Eine bestehende ortsübliche Einfriedung darf der Nachbar zudem nicht durch weitere (Grenz-) Anlagen in ihrer **optischen Gestaltung** ortsunüblich verändern, weil dem Nachbarn durch die Festlegung auf die Ortsüblichkeit zugleich auch eine „nur" ortsübliche ästhetische Auswirkung zugemutet werden kann.[36] Insoweit ist allerdings streitig, ob die Vorgabe der Ortsüblichkeit nur für auf Verlangen des Nachbarn errichtete oder sämtliche Einfriedungen Anwendung findet.[37] Dieser Streit betrifft zunächst nur die landesrechtlichen Vorschriften, die eine Einfriedungspflicht vorsehen (zB § 22 NbG) und nicht die, welche lediglich ein Einfriedungsrecht vorsehen (soweit ersichtlich

---

25 So der Fall AG Münster Urt. v. 10.5.1983 – 29 C 80/83, NJW 1983, 2886 (Abschirmen durch Palisadenzaun).
26 So der „Frustzwerge"-Fall des AG Grünstadt Urt. v. 11.2.1994 – 2a C 334/93, NJW 1995, 889; hierzu auch LG Frankenthal Urt. v. 2.11.1994 – 4 S 272/94, BeckRS 1994, 07164; AG Elze Urt. v. 18.10.1999 – 4 C 210/99, ZMR 2001, 625 (verbundener erhobener Mittelfinger); weiterhin Aufstellung eines Galgens LG Limburg Urt. v. 19.2.1986 – 3 S 262/85, NJW-RR 1987, 81; → *Gartenzwerg* Rn. 5 ff.
27 So im Fall des AG Grünstadt Urt. v. 11.2.1994 – 2a C 334/93, NJW 1995, 889: Frustzwerge „zur eigenen Erbauung"; ebenso *Dehner* B § 38 S. 8c Fn. 19.
28 Siehe BGH Urt. v. 17.1.2014 – V ZR 292/12, NJW-RR 2014, 973.
29 Zur Abgrenzung OLG Hamm Urt. v. 19.5.2014 – 5 U 190/13, NZG 2015, 431 (Kinderspielturm); → *Abstandsflächen und Grenzabstand* Rn. 1 ff.
30 → *Anpflanzungen an der Grundstücksgrenze* Rn. 3 ff.; → *Hecke* Rn 4 ff.
31 → *Balkon* Rn. 13 ff.
32 BGH Urt. v. 26.3.1976 – V ZR 155/74, MDR 1976, 747.
33 Statt vieler OVG Münster Beschl. v. 5.3.2007 – 10 B 274/07, NVwZ-RR 2007, 510; OVG Bautzen Beschl. v. 6.9.1994 – 1 S 275/94, SächsVB.l 1994, 285.
34 BGH Urt. v. 17.1.2014 – V ZR 292/12, NJW-RR 2014, 973; → *Zaun* Rn. 17 ff; → *Grenzwand* Rn. 10 ff.; → *Mauer* Rn. 17 ff.
35 BGH Urt. v. 17.1.2014 – V ZR 292/12, NJW-RR 2014, 973.
36 BGH Urt. v. 9.2.1979 – V ZR 108/77, BGHZ 73, 272 = NJW 1979, 1408 (Mauer neben ortsüblichem Zaun); AG Brandenburg Urt. v. 29.11.2019 – 31 C 121.18 – juris Rn. 150.
37 Zum Streitstand OLG Naumburg Urt. v. 12.10.2015 – 12 U 165/14, NVwZ-RR 2016, 367.

nur § 4 SächsNRG). Die erstgenannte Ansicht überzeugt, da diese auch ortsunübliche Einfriedungen zulässt, solange der Nachbar dies akzeptiert und daher eine geringere Einschränkung des Eigentumsrechts darstellt.[38] Bei bereits seit langer Zeit bestehenden Zäunen ist ein Bestandsschutz gegeben, sofern der Zaun bei seiner Errichtung den gemeindlichen Vorgaben entsprach und die Einfriedung noch ihre Funktion erfüllt.[39]

5. Baurechtliches Verunstaltungsverbot

Einen gewissen Grundschutz gegen unästhetische Anblicke bietet schon das in den meisten Landesbauord- 17
nungen enthaltene **Verunstaltungsverbot** (so etwa Art. 8 BayBO, § 9 SächsBO, § 4 SaarlBO, § 12 HBauO).[40] Auf Grundlage dieser Vorschriften kann aber grundsätzlich mangels nachbarschützender Wirkung[41] nur die Baubehörde vorgehen, die im Rahmen ihrer Ermessensentscheidung auch nachbarliche Belange berücksichtigen muss. Nur in engen Ausnahmefällen wird eine nachbarschützende Wirkung einer die Gestaltung regelnden öffentlich-rechtlichen Bestimmung angenommen, die sich etwa aus den Festsetzungen eines Bebauungsplanes oder einer örtlichen Gestaltungssatzung ergeben müsste.[42] Aus den gleichen Gründen besteht auch kein Anspruch aus §§ 1004, 823 Abs. 2 BGB iVm der entsprechenden bauordnungsrechtlichen Vorschrift.[43] Diese Gestaltungsvorschriften liegen allein im Interesse der Allgemeinheit. Auch das Verunstaltungsverbot im Außenbereich, § 35 Abs. 3 Satz 1 Nr. 5 BauGB, entfaltet keine drittschützende Wirkung.[44]

6. WEG-Recht

In einer **Wohnungseigentümergemeinschaft** werden nach § 14 Abs. 1 Nr. 2 WEG die Grenzen der Stö- 18
rung sehr niedrig angesetzt und etwa auch lediglich **optisch störende Veränderungen** erfasst, deren Beseitigung dann gemäß § 1004 Abs. 1 BGB iVm §§ 14 Abs. 1 Nr. 1 und 2 WEG verlangt werden kann.[45] Damit soll im Interesse aller Miteigentümer das Erscheinungsbild der Gesamtanlage erhalten bleiben.[46] Im Hinblick auf Gärten kommen etwa der Bau von Wintergärten, das Anbringen von Sonnensegeln, das Aufstellen von Pflanzkübeln[47], die Errichtung von (unansehnlichen) Gartenhäusern[48] oder auch der Bau oder die Vergrößerung einer Terrasse[49] oder deren Überdachung[50] in Betracht. Diesen Anspruch können die Wohnungseigentümer auch direkt gegen den Mieter einer Wohnung in der Anlage geltend machen.[51] Nach der Neuregelung durch die WEG-Novelle 2020 in § 3 Abs. 2 WEG kann nunmehr auch Sondereigentum an Gartenflächen begründet werden, und dementsprechend stehen etwaige Abwehransprüche in diesem Fall auch nur dem jeweiligen Sondereigentümer zu. Anders als bei Stellplätzen (→ *Parken* Rn. 38) ergibt sich aus der Formulierung „erstrecken auf“, dass an solchen Freiflächen kein isoliertes Sondereigentum begründet werden kann, sondern die Fläche vielmehr Räumen zugeordnet sein muss, die die wirtschaftliche Hauptsache darstellen.[52]

38 Siehe auch Argumentation bei OLG Naumburg Urt. v. 12.10.2015 – 12 U 165/14, NVwZ-RR 2016, 367.
39 AG Brandenburg Urt. v. 29.11.2019 – 31 C 121.18, juris Rn. 105.
40 *Thole* in Staudinger BGB § 1004 Rn. 218; *Raff* in MüKoBGB § 1004 Rn. 153.
41 OVG Münster Beschl. v. 6.8.2019 – 7 B 525/19, juris Rn. 3; OVG Münster Urt. v. 3.5.2007 – 7 A 2364/06, NVwZ-RR 2007, 744; *Schulte Beerbühl* Rn. 714 ff.
42 OVG Münster Urt. v. 3.5.2007 – 7 A 2364/06, NVwZ-RR 2007, 744; ausf. *Schulte Beerbühl* Rn. 715 ff.
43 OLG Naumburg Urt. v. 12.10.2015 – 12 U 165/14, NVwZ-RR 2016, 367.
44 VGH München Beschl. v. 14.6.2013 – 15 ZB 13.612, NVwZ 2013, 1238.
45 LG Hamburg Urt. v. 30.5.2012 – 318 S 176/11, juris Rn. 21, 26 ff. (Rolladen); LG Karlsruhe Urt. v. 8.8.2014 – 11 S 34/14, ZWE 2015, 45 (Sonnensegel); weitere Beispiele bei *Kreuzer* in Staudinger WEG § 14 Rn. 46.
46 BGH Urt. v. 18.11.2016 – V ZR 49/16, NJW 2017, 2184.
47 AG Pinneberg Urt. v. 6.6.2017 – 60 C 2/17, juris Rn. 18 ff.
48 AG München Urt. v. 7.3.2017 – 484 C 22917/16, juris Rn. 19.
49 Siehe etwa zur Erheblichkeitsgrenze AG Esslingen Urt. v. 27.9.2917 – 1 C 783/17 WEG, juris Rn. 12.
50 BGH Urt. v. 7.2.2014 – V ZR 25/13, NJW 2014, 1090.
51 BGH Urt. v. 25.10.2019 – V ZR 271/18, NJW 2020, 921.
52 Begründung RegE, BT-Drs. 19/18791, 39; *Hügel/Elzer* WEG § 3 Rn. 66 ff.

19 Weiterer Anknüpfungspunkt kann die **Teilungserklärung** sein, die etwa eine Veränderung der Außenfront an die Zustimmung aller Wohnungseigentümer knüpft.[53] Hiervon sind auch oder mitunter vor allem optische Veränderungen erfasst, deren Beseitigung auf dieser Grundlage verlangt werden kann.

V. Der Garten im Mietrecht

1. Gartenpflege und -gestaltung

20 Ein Garten trägt auch bei Mietwohnungen zu einem teils erheblichen Gewinn an Wohnkomfort bei.

21 Insbesondere die Pflege und Gestaltung eines Gartens erlangt auch mietrechtliche Relevanz. Hierfür muss bei Mehrfamilienhäusern aber die **Gartenpflege** mietvertraglich dem Mieter auferlegt werden.[54] Wird dabei auf § 2 Nr. 10 BetrKV Bezug genommen, umfasst dies auch aufwendigere Arbeiten wie das Anlegen neuer Rasenflächen, das Beschneiden von Bäumen und Sträuchern und ggf. das Entfernen morscher oder kranker Bäume.[55] Ohne diesen Bezug sind nur einfache Arbeiten, wie Rasenmähen, Laub entfernen und Unkraut jäten erfasst.[56] Ein Direktionsrecht des Vermieters besteht bei Abwälzung dieser Pflichten nicht.[57]

22 Damit besteht für die Nachbarn zumindest die Möglichkeit, sich an den **Vermieter** zu wenden, wenn dessen Mieter die ihm auferlegte Gartenpflege unterlässt und den Garten verwildern lässt, um diesen dazu zu veranlassen, seinen Mieter zur Einhaltung seiner mietvertraglichen Pflichten anzuhalten. Der Vermieter kann die Verpflichtung durch Abmahnung, nachfolgende Unterlassungsklage gemäß § 541 BGB[58], ordentliche Kündigung nach § 573 Abs. 2 Nr. 1 BGB[59] oder nach einer Aufforderung zur Beendigung des vertragswidrigen Gebrauchs durch Ersatzvornahme und Kostenforderung[60] durchsetzen.

23 Grundsätzlich kommt wegen der Vernachlässigung des Gartens keine **außerordentliche Kündigung** nach § 543 Abs. 2 Nr. 2 BGB in Betracht.[61] Eine Gefährdung der Mietsache wird man – parallel zu den Fällen der Vermüllung einer Wohnung[62] – erst annehmen können, wenn die Bausubstanz bedroht ist. Dies kann der Fall sein, wenn bspw. ein morscher Baum auf ein Gebäude der Mietsache zu stürzen droht. Erforderlich ist dann aber die Pflicht des Mieters zu umfangreicheren Gartenarbeiten (→ Rn. 21 f.).

24 Für Mieter im selben Gebäude kann der von einem hierzu verpflichteten Mitmieter vernachlässigte Garten Grund für eine **Mietminderung** nach § 536 BGB sein.[63] Gleiches gilt, wenn der Vermieter selbst die Gartenpflege vornimmt oder ausführen lässt.[64]

2. Gartennutzung

25 Ist die **Nutzung des Gartens** zum Mietobjekt allen oder mehreren Mietern gestattet und verhindert ein Mieter die Mitnutzung der anderen Mieter oder ist der Garten überhaupt nicht nutzbar, stellt dies einen Mangel der Mietsache dar, der ebenfalls zur Mietminderung berechtigt.[65] Inwieweit ein Mangel wegen feh-

---

53 AG Essen-Borbeck Beschl. v. 30.12.1999 – 19 II 35/99 WEG, NJW-RR 2000, 461 (exhibitionistischer Gartenzwerg); → *Gartenzwerg* Rn. 1 ff.

54 *Horst* NachbarR-HdB Rn. 1832 ff.

55 LG Frankfurt Urt. v. 2.11.2004 – 2/11 S 64/04, NJW-RR 2005, 663.

56 OLG Düsseldorf Urt. v. 7.10.2004 – 10 U 70/04, NJW-RR 2005, 13; AG Neustadt an der Weinstraße Urt. v. 13.2.2009 – 5 C 73/08, NJW-RR 2010, 231: LG Wuppertal Urt. v. 16.9.1997 – 16 S 54/97, juris Rn. 15 f.

57 LG Köln Urt. v. 21.10.2010 – 1 S 119/09, ZMR 2011, 955; LG Köln Urt. v. 10.1.1995 – 12 S 185/94, juris Rn. 15.

58 *Lützenkirchen* in Erman BGB § 541 Rn. 35.

59 LG Oldenburg Urt. v. 30.6.1995 – 2 S 415/95, ZMR 1995, 597; *Horst* NachbarR-HdB Rn. 1834.

60 Hierzu BGH Beschl. v. 29.9.2008 – VIII ZR 124/08, NZM 2009, 27.

61 *V. Emmerich* in Staudinger BGB § 543 Rn. 35.

62 Hierzu LG Berlin Urt. v. 28.2.2011 – 67 S 109/10, ZMR 2011, 873; LG Frankfurt Urt. v. 18.1.2012 – 2/17 S 90/11, ZMR 2012, 352.

63 *V. Emmerich* in Staudinger BGB § 536 Rn. 41; vgl. AG Dresden Urt. v. 4.3.2016 – 141 C 1707/15, juris Rn. 22.

64 AG Dresden Urt. v. 13.6.2006 – 140 C 4830/05, juris Rn. 6.

65 Siehe BGH Beschl. v. 25.10.2011 – VIII ZR 125/11, NJW 2012, 382.

lender Nutzungsmöglichkeit des Gartens in den Wintermonaten ausgeschlossen ist,[66] ist im Einzelfall und insbesondere nach der Witterungslage in den konkreten Monaten zu beurteilten, denn in den heute zunehmend milderen Wintern ist die Nutzung des Gartens etwa für Kinder zum Spielen auch im Januar oder Februar möglich; ganz davon abgesehen, dass auch in strengen Wintern gerade das Spielen im Schnee für Kinder große Freude bedeutet.

Durch die Aufstellung größerer Gegenstände im zur Mietsache gehörenden Garten (Gartenhaus, Aufstell- 26
schwimmbecken etc) kann der Mietgebrauch durch eine bauliche Veränderung überschritten sein. In diesen Fällen ist eine Duldung durch den Vermieter nur verpflichtend, wenn hierdurch weder eine Substanzverletzung noch eine ästhetische Beeinträchtigung hervorgerufen wird.[67]

VI. Verschiedenes

Wie bereits eingangs angesprochen, weist der vorliegende Kommentar zahlreiche speziellere Stichwörter 27
auf, die Themen im Zusammenhang mit Gärten näher behandeln und auf die an dieser Stelle verwiesen werden soll: → *Anpflanzungen an der Grundstücksgrenze* Rn. 1 ff.; → *Ball* Rn. 1 ff.; → *Bienen* Rn. 1 ff.; → *Einfriedung* Rn. 1 ff.; → *Fahne und Fahnenmast* Rn. 1 ff.; → *Fallobst* Rn. 1 ff.; → *Niederschlagswasser* Rn. 1 ff.; → *Kind* Rn. 1 ff.; → *Ranken* Rn. 1 ff.; → *Nadel- und Laubwurf* Rn. 1 ff.; → *Samenflug* Rn. 1 ff.; → *Überhängen von Zweigen* Rn. 1 ff.; → *Ungeziefer* Rn. 1 ff.; → *Photovoltaikanlage* Rn. 1 ff.; → *Satellitenschüssel* Rn. 2 ff.; → *Swimmingpool* Rn. 1 ff.; → *Stützmauer* Rn. 9 ff.; → *Mauer* Rn. 1 ff.; → *Wurzeln* Rn. 1 ff.; → *Zaun* Rn. 1 ff.; → *Rücksichtnahmegebot* Rn. 48.

VII. Prozessuales

§ 15a Abs. 1 Satz 1 Nr. 2 EGZPO eröffnet den Ländern die Möglichkeit, in Streitigkeiten ua nach § 906 28
BGB ein **zwingendes Streitschlichtungsverfahren** vor einer anerkannten Gütestelle zu verlangen (→ *Zwangsschlichtung* Rn. 2 ff.; → *Streitschlichtung, nachbarrechtliche* Rn. 8 ff.). Wurde dieses dann nicht durchgeführt, ist die Klage bereits unzulässig.[68] Von dieser Möglichkeit haben Bayern, Brandenburg, Hessen, Mecklenburg-Vorpommern, Niedersachsen, Nordrhein-Westfalen, Rheinland-Pfalz, Saarland, Sachsen, Sachsen-Anhalt und Schleswig-Holstein Gebrauch gemacht. Wird ein Abwehrrecht aus einer öffentlich-rechtlichen Bestimmung abgeleitet, ist der Rechtsweg zu den Verwaltungsgerichten gemäß § 40 VwGO gegeben.

Wird der geltend gemachte Anspruch aus dem WEG-Recht abgeleitet, ist das besondere **WEG-Gericht** 29
gemäß § 43 Abs. 2 Nr. 1 WEG zuständig.[69]

66 So AG Münster Urt. v. 4.3.2011 – 5 C 335/10, juris Rn. 3.
67 BGH Urt v. 16.5.2007 – VIII ZR 207/04, NJW-RR 2007, 1243; AG München Urt. v. 13.12.2018 – 472 C 16138/18, juris Rn. 35; AG Schöneberg Urt. v. 12.2.2018 – 5 C 208/17, juris Rn. 16.
68 OLG Saarbrücken Urt. v. 22.3.2017 – 2 U 7/16, juris Rn. 33 ff.
69 KG Berlin Beschl. v. 11.9.1987 – 24 W 2634/87, NJW-RR 1988, 586.

43. Gartenzwerg

Umbach

Literatur: *Horst*, Ausgewählte Fragen zum nachbarlichen Grundstücksgebrauch, MDR 1998, 685; *Junker*, Gartenzwerge und Artenschutz, JZ 1988, 1012; *Kurbjuhn*, Anmerkung zum Beschluss des OLG Hamburg vom 20.4.1988 (2 W 7/87), VersR 1988, 1180; *Neuner*, Das nachbarliche Haftungssystem, JuS 2005, 487; *Riecke*, Anmerkung zu AG Elze vom 18.10.1999 – 4 C 210/99, WE 2001, 229; *Riecke/Ormanschick*, Die Gartenzwerge – jetzt ein europäisches Problem, WE 2001, 260; *Rüscher*, Vom Absurden im Nachbarverhältnis der Wohnungseigentümer, NZM 2004, 539; *Schmittmann*, Gartenzwerge vor Gericht – Tendenzen und Entwicklungen in der neueren Rechtsprechung, MDR 2000, 753; *Swoboda*, Nachbarschaft mit Gartenzwerg, Jura 2007, 224; *Wieser*, Zur Pfändung von Gartenzwergen, NJW 1990, 1971; *Würdinger*, Humoristisches Nachbarrecht, NJW 2009, 732; *Würdinger*, Scherz und Ernst im Nachbarrecht?, NJW 2019, 1194.

I. Einführung

1 Gartenzwerge gab es bereits in barocken Gärten des 17. Jahrhunderts; sie erfreuen sich mit Schwankungen bis heute großer Beliebtheit. Die Figuren werden aus verschiedenen Materialien, wie Ton, Holz oder Kunststoff, in unterschiedlichen Größen und Gestaltungen hergestellt. Klassische Gartenzwerge meist mit roten Zipfelmützen, die im 19. Jahrhundert weite Verbreitung fanden, stellen Gärtner oder Bergleute dar. In unserer Zeit kennt die Vielfalt der **Figurenmotive** keine Grenzen. Die Bandbreite reicht von traditionellen Darstellungen, über kreative, phantasievolle, humoristische oder auch personenbezogene Modelle bis hin zu solchen mit beleidigenden Gesten oder provozierendem Aussehen.[1] Auch wenn der „Zwergenkult" häufig mit dem „Spießbürgertum" in Verbindung gebracht wird, gehen Schätzungen davon aus, dass sich in deutschen Gärten mehr als 20 Millionen Exemplare finden. Angesichts dieser hohen Anzahl und der vielfältigen gestalterischen Möglichkeiten, bestimmte Empfindungen, Einstellungen und Vorhaltungen zum Ausdruck zu bringen, liegt es auf der Hand, dass nachbarrechtliche Konfliktfälle auftreten können. Es ist daher auch nicht überraschend, dass der Gartenzwerg wiederholt die Rechtsprechung beschäftigte.[2]

II. Befugnisse des Eigentümers

2 Jedem Grundstückseigentümer steht es nach der Grundnorm des § 903 Satz 1 BGB frei, nach Belieben mit seinem Grundstück und den darauf befindlichen Gebäuden und Anlagen zu verfahren. Dies gewährleisten ihm – soweit erlassen – im Ausgangspunkt zugleich die landesrechtlichen Nachbarrechtsgesetze. Die Be-

1 Vgl. zB die Sachverhalte bei LG Frankenthal Urt. v. 2.11.1994 – 4 S 272/94, BeckRS 1994, 07164; AG Grünstadt Urt. v. 11.2.1994 – 2a C 334/93, NJW 1995, 889; LG Limburg Urt. v. 19.2.1986 – 3 S 262/85, NJW-RR 1987, 81; AG Elze Urt. v. 18.10.1999 – 4 C 210/99, ZMR 2001, 625; siehe auch KG Urt. v. 29.1.1991 – 5 U 6609/90, juris Rn. 14. Siehe auch *Junker* JZ 1988, 1012 (1012 f.).

2 Vgl. die Zusammenstellungen bei *Schmittmann* MDR 2000, 753 (753 f.); *Würdinger* NJW 2009, 732 (733); *Würdinger* NJW 2019, 1194 (1196); Riecke, WE 2001, 229 (230); *Riecke/Ormanschick* WE 2001, 260. Siehe auch die Erwähnung in BGH Urt. v. 20.1.1981 – VI ZR 162/79, NJW 1981, 1089.

fugnis zur sichtbaren Aufstellung von Gartenzwergen in eigenen Gärten und Räumlichkeiten sowie auf Anlagen[3] ist daher vom Recht auf **freie Eigentumsnutzung** umfasst. Durch die Präsentation von Gartenzwergen können auch Aspekte etwa der allgemeinen Handlungsfreiheit nach Art. 2 Abs. 1 GG des Eigentümers oder Nutzungsberechtigten berührt[4] sowie Elemente der Meinungsfreiheit des Art. 5 Abs. 1 Satz 1 GG angesprochen sein.[5] Einstellungen, Gedanken und Gefühle gleichsam durch eigenwillige Formen der Dekoration und Gestaltung des eigenen Grundstücks zum Ausdruck zu bringen, genießt den Schutz der Rechtsordnung. Sogar künstlerische Freiheiten im Sinne des Art. 5 Abs. 3 Satz 1 GG können bei der Herstellung und Präsentation von Gartenzwergen betroffen sein.[6]

Ihre Grenze finden die Eigentümerbefugnisse in unterschiedlichen Vorschriften des privaten Rechts. Orientierende Bedeutung für das Verhältnis zwischen Grundstücksnachbarn erlangen dabei die aus § 242 BGB abgeleiteten Grundsätze des nachbarlichen Gemeinschaftsverhältnisses, vor allem das Gebot zur Rücksichtnahme auf die schutzwürdigen Belange und Interessen benachbarter Eigentümer und Nutzungsberechtigter.[7] Korrespondierend greifen die landesrechtlich normierten Pflichten zur nachbarlichen Rücksicht. Einzelne Formen der Gestaltung und Platzierung von Gartenzwergen sind geeignet, das gedeihliche Zusammenleben zwischen Nachbarn zu stören, so dass ihre Verwendung das Rücksichtnahmegebot verletzen kann. Begrenzende Bedeutung erlangen weitere vor allem im Bürgerlichen Gesetzbuch normierte, auf das Nachbarrecht ausstrahlende Maßgaben, etwa das Schikaneverbot des § 226 BGB. In den Fokus gelangen im behandelten Kontext auch aus dem allgemeinen Persönlichkeitsrecht des Nachbarn resultierende Rechtspositionen, die Beschränkungen bei der Aufstellung von Gartenzwergen bedingen.[8] 3

Soweit ebenfalls öffentlich-rechtliche Vorschriften die Eigentümerbefugnisse begrenzen können, haben diese in der Rechtsprechung bei der Behandlung von „Zwergenfällen" weder eine nennenswerte Rolle gespielt, noch existieren spezifisch auf Gartenzwerge zugeschnittene Vorgaben. Allerdings vermögen strafrechtliche Tatbestände die Eigentümerbefugnisse zu beschränken und damit den Nachbarschutz zu beeinflussen; dies erhellt sich insbesondere mit Blick auf die in §§ 185 ff. StGB geregelten Beleidigungsdelikte. Schließlich kann das Eigentümerrecht zur freien Aufstellung von Gartenzwergen durch vertragliche oder sonst privatautonome Festlegungen eingeschränkt sein, was insbesondere im Rahmen von Eigentümergemeinschaften, einschließlich Wohnungseigentümergemeinschaften, relevant werden kann. 4

III. Bürgerlich-rechtliche Abwehr-, Beseitigungs- und Unterlassungsansprüche unter Grundstücksnachbarn

Abgesehen von Fallkonstellationen, in denen Gartenzwerge bewusst oder versehentlich zu Unrecht auf einem fremden Nachbargrundstück platziert werden und deswegen unmittelbare Beseitigungs- oder Unterlassungsansprüche gemäß § 1004 Abs. 1 oder § 862 Abs. 1 BGB in Betracht kommen, betreffen nachbarrechtliche Streitfälle gewöhnlich Sachverhalte, bei denen eine direkte Grundstücksbeeinträchtigung nicht in Rede steht. Vielmehr besteht die Eigenheit des im Nachbarverhältnis beanstandeten Nachteils regelmäßig darin, dass der Betroffene daran Anstoß nimmt, dass durch die Gestaltung des benachbarten Anwesens oder Gartens sein **ästhetisches**, respektive **sittliches Empfinden** beeinträchtigt wird.[9] Fühlt sich ein Nachbar entsprechend durch die Aufstellung und Gestaltung einzelner oder mehrerer Gartenzwerge auf dem benach- 5

3 Zur Platzierung auf einem Garagendach vgl. AG Essen-Borbeck Beschl. v. 30.12.1999 – 19 II 39/19 WEG, NJW-RR 2000, 461; vgl. auch *Würdinger* NJW 2019, 1194 (1196).

4 AG München Urt. v. 28.2.2018 – 481 C 793/17 WEG, ZMR 2018, 458 (461).

5 *Swoboda* Jura 2007, 224 (225); vgl. allgemein BVerfG Beschl. v. 13.5.1980 – 1 BvR 103/77, NJW 1980, 2069.

6 Vgl. AG Grünstadt Urt. v. 11.2.1994 – 2a C 334/93, NJW 1995, 889; LG Frankenthal Urt. v. 2.11.1994 – 4 S 272, BeckRS 1994, 07164; siehe auch LG Hamburg Urt. v. 12.12.2012 – 318 S 31/12, ZMR 2013, 301 (303); *Swoboda* Jura 2007, 224 (225).

7 BGH Urt. v. 24.1.2008 – IX ZR 216/06, NJW-RR 2008, 610 (611).

8 AG Grünstadt Urt. v. 11.2.1994 – 2a C 334/93, NJW 1995, 889; Horst MDR 1998, 685 (687); *Schmittmann* MDR 2000, 753 (754).

9 Vgl. BGH Urt. v. 12.7.1985 – V ZR 172/84, NJW 1985, 2823 (2824); Urt. v. 11.7.2003 – V ZR 199/12, NJW-RR 2003, 1313 (1314); Staudinger/*Kaiser* BGB § 1004 Rn. 211 ff.

barten Grundstück in seinen Belangen beeinträchtigt, stehen ihm verschiedene Anspruchsgrundlagen zur Verfügung, um sich hiergegen zur Wehr zu setzen. Dabei vermag er jedoch angesichts begrenzter Normanwendungsbereiche nicht das gesamte Repertoire des privaten Nachbarrechtschutzes auszuschöpfen. Im Rahmen von Wohnungseigentümergemeinschaften gelten besondere Maßstäbe, die tendenziell weiterreichenden Rechtsschutz bieten.[10]

1. Abwehranspruch aus § 907 Abs. 1 BGB

6 Ein Grundstückseigentümer oder Nutzungsberechtigter kann eine Abwehr der Verwendung von Gartenzwergen auf Nachbargrundstücken gewöhnlich nicht auf § 907 Abs. 1 BGB stützen. Denn diese stellen in der Regel schon **keine Anlage** im Sinne der Norm dar. Für eine Qualifizierung als Anlage bedarf es nach der Rechtsprechung der Schaffung eines künstlichen Werks von gewisser Selbstständigkeit und Dauer.[11] Einzelne bewegliche Sachen, so auch Zwergenfiguren, erfüllen diese Anforderungen regelmäßig nicht.[12]

2. Beseitigungs- und Unterlassungsanspruch nach § 1004 Abs. 1 BGB

7 Die Norm des § 1004 Abs. 1 BGB verbürgt verschuldensunabhängige Ansprüche auf Beseitigung (Satz 1) und Unterlassung (Satz 2) von Beeinträchtigungen des Eigentums. Voraussetzung eines negatorischen Abwehranspruchs ist ein dem Inhalt des Eigentums (§ 903 BGB) widersprechender Eingriff in die tatsächliche oder rechtliche Herrschaftsmacht des Eigentümers,[13] wobei eine unmittelbare Einwirkung auf die Sachsubstanz kein zwingendes Erfordernis darstellt. Allerdings entspricht es, obgleich umstritten,[14] der in der Rechtsprechung herrschenden Auffassung, dass mit sogenannten **ideellen** respektive **immateriellen Einwirkungen** keine Beeinträchtigungen im Sinne des § 1004 Abs. 1 BGB einhergehen. Ein Handeln des Berechtigten auf seinem Grundstück, welches allein das ästhetische oder sittliche Empfinden oder sonst das Gefühlsleben des Nachbarn negativ beeinflusst, ist nicht direkt über § 1004 Abs. 1 BGB abwehrbar.[15] Dies gilt selbst dann, wenn derart störende Einflüsse geeignet sind, den Wert des Nachbargrundstücks zu mindern.[16] Entsprechende Maßstäbe gelten im Rahmen des Besitzstörungsrechts für § 862 Abs. 1 BGB.[17] Es stehen demgemäß auch keine Zuführungen unwägbarer Stoffe im Sinne des § 906 Abs. 1 Satz 1 BGB in Rede, so dass sich die Duldungspflichten nicht nach den Maßgaben des § 906 Abs. 1 und 2 BGB bestimmen lassen.

8 Da die Aufstellung von Gartenzwergen regelmäßig nur infolge der visuellen Wahrnehmbarkeit dazu beitragen kann, Störungen des Nachbarn herbeizuführen, denen keine physischen Einwirkungen zugrunde liegen, können die Tatbestände des § 1004 Abs. 1 BGB und konsequent des § 862 Abs. 1 BGB **keine Beseitigungs- oder Unterlassungsansprüche** begründen. Von Gartenzwergen ausgehende Nachteile resultieren aus ästhetischen und sittlichen Empfindungen und Gefühlsvorstellungen, die allein psychisch vermittelt werden. Zivilrechtlicher Schutz gegen solche Art von Störungen ist über andere Anspruchsgrundlagen zu suchen, ohne dass deswegen nachhaltige Rechtsschutzlücken drohen müssen.

---

10 OLG Hamburg Beschl. v. 20.4.1988 – 2 W 7/87, NJW 1988, 2052. Näher dazu unten → Rn. 22 ff.

11 BGH Urt. v. 30.4.1965 – V ZR 17/63, WM 1965, 1009 (1011). Vgl. auch AG München Urt. v. 28.2.2018 – 481 C 793/17 WEG, ZMR 2018, 458 (459).

12 RG Urt. v. 20.4.1912 – V 491/11, JW 1912, 752; Palandt/*Herrler* BGB § 907 Rn. 1. Zur Pfändung von Gartenzwergen vgl. *Wieser* NJW 1990, 1971.

13 Vgl. BGH Urt. v. 1.3.2013 – V ZR 14/12, NJW 2013, 1809 (1810).

14 Vgl. etwa Erman/*Ebbing* BGB § 1004 Rn. 22; Staudinger/*Kaiser* BGB § 1004 Rn. 215 ff.

15 BGH Urt. v. 12.7.1985 – V ZR 172/84, NJW 1985, 2823 (2824); Urt. v. 11.7.2003 – V ZR 199/12, NJW-RR 2003, 1313 (1314); offengelassen für besondere schwerwiegende Beeinträchtigungen BGH Urt. v. 15.11.1974 – V ZR 83/73, NJW 1975, 170.

16 BGH Urt. v. 11.7.2003 – V ZR 199/12, NJW-RR 2003, 1313 (1314).

17 Vgl. Palandt/*Herrler* BGB § 903 Rn. 10.

3. Beseitigungs- und Unterlassungsanspruch analog § 1004 Abs. 1 BGB

a) Quasinegatorischer Anspruch. Obgleich § 1004 Abs. 1 BGB unmittelbar nur das Eigentum schützt, ist anerkannt, dass aufgrund vergleichbarer Interessenlagen und Schutzbedürfnisse eine analoge Anwendung der Norm auf andere absolute Rechte im Sinne des § 823 Abs. 1 BGB eröffnet ist, so dass verschuldensunabhängige Beseitigungs- und Unterlassungsansprüche gleichermaßen bei eingetretenen oder drohenden Beeinträchtigungen absolut geschützter Rechtsgüter durchgesetzt werden können.[18] Für das Nachbarrecht erlangt darüber hinaus Bedeutung, dass ein analoger Rückgriff auf § 1004 Abs. 1 BGB gleichermaßen bezüglich weiterer nach § 823 Abs. 2 BGB besonders geschützter Rechtspositionen in Betracht kommt.[19] Gerade diese deliktischen oder **quasinegatorischen Abwehransprüche** bieten Reaktionsmöglichkeiten im Hinblick auf von Gartenzwergen ausgehende ideell oder immateriell vermittelte Störungen im Nachbarverhältnis. 9

b) Allgemeines Persönlichkeitsrecht. Zu den geschützten absoluten Rechtsgütern im Sinne des § 823 Abs. 1 BGB zählt insbesondere das **allgemeine Persönlichkeitsrecht**.[20] Gewährleistet wird das Recht des einzelnen auf Achtung seiner personalen und sozialen Identität sowie auf Entfaltung seiner individuellen Persönlichkeit. Umfasst sind dabei der Schutz der persönlichen Ehre und die soziale Anerkennung (Sozialsphäre). Wird im Rahmen einer nachbarschaftlichen Rechtsbeziehung in den Schutzbereich in rechtswidriger Weise eingegriffen, stehen dem betroffenen Nachbarn mithin Abwehrrechte gemäß § 1004 Abs. 1 analog iVm § 823 Abs. 1 BGB zu. Unter Rückgriff auf diese Anspruchsgrundlage werden in der Rechtsprechung die Streitfälle zur Aufstellung von Gartenzwergen in Nachbargärten einer meist sachgerechten Lösung zugeführt. Da kein abschließend normierter oder sonst fest umrissener Schutzbereich des allgemeinen Persönlichkeitsrechts existiert, hängt die Feststellung eines rechtswidrigen Eingriffs jeweils von den Umständen des Einzelfalls und einer umfassenden Abwägung der wechselseitigen Belange ab.[21] 10

Ein Grundstückseigentümer greift nicht in ungerechtfertigter Weise in das allgemeine Persönlichkeitsrecht des Nachbarn ein, wenn er „normale“ oder sonst unanstößige Gartenzwerge in einsehbarer Form aufstellt.[22] Zwar mag der Nachbar derartige Dekorationen als Kitsch, als optische Beeinträchtigung oder sonst ästhetisch störend empfinden. Eine abwehrfähige Verletzung seiner Persönlichkeitsrechte ist hiermit indes nicht verbunden. Ein Eigentümer oder Nutzungsberechtigter hat grundsätzlich keinen Anspruch darauf, dass ihm der **Ausblick** auf das Nachbargrundstück einen ästhetisch befriedigenden Eindruck vermittelt.[23] Außerdem überwiegen die durch § 903 Satz 1 BGB und die Handlungsfreiheiten zugunsten des Zwergenliebhabers gewährleisteten Befugnisse die Persönlichkeitsbelange des Nachbarn. Jeder Eigentümer darf seinen Garten und seine Anlagen nach individuellen ästhetischen Vorstellungen frei gestalten,[24] zumal sich über Geschmack ohnehin nicht streiten lässt. 11

Das allgemeine Persönlichkeitsrecht erlangt seine Bedeutung mithin vor allem dann, wenn die Gestaltung und Präsentation von Gartenzwergen als Vehikel eingesetzt wird, um negativen Bekundungen zu dem Nachbarn zu transportieren. Hier liegt der Hauptanwendungsfall des betreffenden Abwehranspruchs. Behandelt wird dies in der Rechtsprechung häufig unter dem Stichwort sogenannter „**Frustzwerge**“.[25] Wird eine Zwergenfigur als Erklärungsbote genutzt, um Beleidigungen, Missachtungen, Beschimpfungen oder 12

---

18 Vgl. BGH Urt. v. 25.4.1958 – I ZR 97/57, NJW 1958, 1043; Urt. v. 20.12.2011 – VI ZR 261/10, NJW 2012, 771; Palandt/*Herrler* BGB § 1004 Rn. 4.

19 Vgl. allg. BGH Urt. v. 17.7.2008 – I ZR 219/05, NJW 2008, 3565 (3565 f.).

20 BGH Urt. v. 20.12.2011 – VI ZR 261/10, NJW 2012, 771.

21 BGH Urt. v. 8.5.2012 – VI ZR 217/08, NJW 2012, 2197 (2199); MüKoBGB/*Wagner* § 823 Rn. 417; Palandt/*Sprau* BGB § 823 Rn. 86.

22 Vgl. auch AG Recklinghausen Beschl. v. 18.10.1995 – 9 II 65/95, NJW-RR 1996, 657; AG Hamburg-Harburg Beschl. v. 31.12.1985 – 610a II 17/85, jeweils für den Bereich einer Wohnungseigentümergemeinschaft.

23 Vgl. BGH Urt. v. 7.3.1969 – V ZR 169/65, NJW 1969, 1208 (1209); Urt. v. 15.5.1970 – V ZR 20/68, NJW 1970, 1541.

24 Vgl. *Dehner* B § 38, S. 10.

25 AG Grünstadt Urt. v. 11.2.1994 – 2a C 334/93, NJW 1995, 889; *Schmittmann* MDR 2000, 753 (754); *Würdinger* NJW 2019, 1194 (1196); *Würdinger* NJW 2009, 732 (733).

sonstige Unwerturteile an die Nachbarschaft zu adressieren, kommt eine Persönlichkeitsverletzung umso eher in Betracht, als ein direkter Bezug zu konkreten Personen bzw. Anliegern hergestellt wird oder dieser unverkennbar ist. Erst recht gilt dies, wenn zielgerichtet die Absicht verfolgt wird, den Nachbarfrieden hierdurch nachhaltig zu stören.[26] Ehrverletzende oder beleidigende Wirkungen können von Gartenzwergen ausgehen, die unmittelbar wahrnehmbare Erklärungen zum Ausdruck bringen, etwa Schilder mit verunglimpfenden oder drohenden Beschriftungen hochhalten.[27] Häufig resultiert die das Persönlichkeitsrecht tangierende Beeinträchtigung aber aus bestimmten Gesten, Körperhaltungen oder sonstigen besonderen Gestaltungsformen der Frustzwerge.[28] Als Beispiele seien Gartenzwerge genannt, welche eine sogenannte „fuck-you-Geste" zeigen, also einen ausgestreckten Mittelfinger.[29] Weitere abwehrfähige Posen können in einem „Vogel-Zeigen", einer herausgestreckten Zunge oder einer anstößigen Präsentation eines entblößten Hinterteils der Zwergenfigur liegen.[30] Auch die Gesamtaufmachung einer Figur vermag im Einzelfall einen relevanten Erklärungswert zum Ausdruck zu bringen, etwa die Darbietung eines Scharfrichters oder galgentragenden Gartenzwergs.[31] Ob im Hinblick auf Frustzwerge ein Beseitigungs- und Unterlassungsanspruch nach § 1004 Abs. 1 analog iVm § 823 Abs. 1 BGB anzuerkennen ist, hängt jeweils von einer einzelfallbezogenen Gesamtabwägung der wechselseitig betroffenen Belange ab. Maßgebend sind immer der konkrete Verwendungszusammenhang, die spezifische Gestaltung und Größe der Zwergenfigur, der Aufstellort sowie die weiteren, unter Umständen bereits in der nachbarschaftlichen Rechtsbeziehung wurzelnden Begleitumstände.[32] Allein die Tatsache, dass provokante, allgemein ehranrührige oder geschmacklose Gartenzwerge auf dem Nachbargrundstück präsentiert werden, führt in den meisten Fällen nicht zu einem aus dem Persönlichkeitsrecht des Nachbarn ableitbaren Abwehrrecht. Erst wenn die Grenzen des Persönlichkeitsrechts durch qualifizierte oder zielgerichtete Missachtungskundgaben feststellbar überschritten sind, kommt eine Anspruchsberechtigung in Betracht. Dabei können differenzierte Bewertungsergebnisse angezeigt sein. So hat das AG Elze[33] in Abgrenzung zu dem Urteil des AG Grünstadt vom 11.2.1994[34] entschieden, dass die von einem Gartenzwerg mit ausgestrecktem Mittelfinger ausgehende beleidigende Wirkung entfalle, wenn dieser mit einem Verband versehen und einer Blume verziert sei. Es muss sich ein konkreter Nachbarbezug ergeben, so etwa wenn Gartenzwerge dort platziert werden, wo sie der Aufsteller selbst nicht wahrnehmen kann, sondern gerade der Nachbar.[35] Praktisch sinnvoll ist es, den Blick auf eine mögliche Stellvertreterfunktion zu lenken, also zu fragen, was gelten müsste, wenn anstelle des Gartenzwergs der Aufsteller persönlich dort stehen und entsprechende Verhaltensweisen an den Tag legen würde.[36]

13 **c) Ehrschutz.** Da Beseitigungs- und Unterlassungsansprüche analog § 1004 Abs. 1 BGB ebenfalls im Fall einer Beeinträchtigung von durch § 823 Abs. 2 BGB deliktisch geschützten Rechtspositionen in Betracht kommen, erlangt der **strafrechtliche Ehrschutz** parallele Bedeutung für die Abwehr vor allem von Frust-

26 AG Grünstadt Urt. v. 11.2.1994 – 2a C 334/93, NJW 1995, 889.

27 Vgl. beispielsweise LG Limburg Urt. v. 19.2.1986 – 3 S 262/85, NJW-RR 1987, 81, zu einer an einem Galgen befestigten Pupe mit der Aufschrift „Ich bin ein Drecksack". Siehe auch AG Grünstadt Urt. v. 11.2.1994 – 2a C 334/93, NJW 1995, 889.

28 AG Grünstadt Urt. v. 11.2.1994 – 2a C 334/93, NJW 1995, 889; vgl. *Neuner* JuS 2005, 487 (487 f.).

29 AG Grünstadt Urt. v. 11.2.1994 – 2a C 334/93, NJW 1995, 889; AG Elze Urt. v. 18.10.1999 – 4 C 210/99, ZMR 2001, 625.

30 *Schmittmann* MDR 2000, 753 (754); vgl. auch AG Grünstadt Urt. v. 11.2.1994 – 2a C 334/93, NJW 1995, 889.

31 *Schmittmann* MDR 2000, 753 (754); vgl. auch LG Limburg Urt. v. 19.2.1986 – 3 S 262/85, NJW-RR 1987, 81; siehe auch *Rüscher* NZM 2004, 539 (540) zu einer mit Nadeln durchbohrten Voodoo-Puppe.

32 LG Frankenthal Urt. v. 2.11.1994 – 4 S 272, BeckRS 1994, 07164; AG Grünstadt Urt. v. 11.2.1994 – 2a C 334/93, NJW 1995, 889.

33 AG Elze Urt. v. 18.10.1999 – 4 C 210/99, ZMR 2001, 625.

34 AG Grünstadt Urt. v. 11.2.1994 – 2a C 334/93, NJW 1995, 889.

35 AG Grünstadt Urt. v. 11.2.1994 – 2a C 334/93, NJW 1995, 889.

36 LG Frankenthal Urt. v. 2.11.1994 – 4 S 272/94, BeckRS 1994, 07164; AG Grünstadt Urt. v. 11.2.1994 – 2a C 334/93, NJW 1995, 889; *Würdinger* NJW 2009, 732 (734).

zwergen.[37] Beleidigungen im Sinne des § 185 Alt. 1 StGB, insbesondere in der Form ehrverletzender Werturteile, können – wie im vorstehenden Kontext des allgemeinen Persönlichkeitsrechts behandelt – sowohl mittels Gesten, Posen, Beschilderungen oder anderen besonderen Gestaltungsformen zum Ausdruck gebracht werden.[38] Denkbar ist etwa bei Beschriftungen oder Beschilderungen außerdem, dass durch Zwergfiguren beleidigende oder unwahre Tatsachenbehauptungen transportiert werden, so dass weitere Tatbestände der §§ 185, 186 und 187 StGB einschlägig sein können. In Bezug auf Gartenzwerge mit exhibitionistischen Posen kann aufgrund des Eigenhändigkeitscharakters der Delikte nach § 183 Abs. 1 und § 183a StGB eine Tatbegehung nicht in mittelbarer Form durch Aufstellung derartiger Figuren verwirklicht werden,[39] so dass über § 823 Abs. 2 BGB insoweit ein gesondertes Abwehrrecht nicht begründet werden kann.

d) Schikaneverbot. Ein Recht, vom Nachbar die Beseitigung störender Gartenzwerge und im Falle einer Wiederholungsgefahr entsprechende Unterlassung zu verlangen, kann sich darüber hinaus unter den Voraussetzungen des § 226 BGB ergeben. Das Schikaneverbot als besondere Ausprägung des Verbots einer unzulässigen Rechtsausübung ist Schutzgesetz im Sinne des § 823 Abs. 2 BGB,[40] so dass ein Rückgriff auf § 1004 Abs. 1 BGB eröffnet ist.[41] Gerade die auffällige Platzierung von Frustzwergen im Blickfang des Nachbarn kann dann, wenn es dem Aufsteller ersichtlich darum geht, diesen zu verärgern, zu beschimpfen oder zu beleidigen, ein rechtsmissbräuchliches nachbarliches Verhalten darstellen, bei welchem dieser keine berechtigten eigenen Interessen verfolgt, sondern sich nach den Einzelfallumständen ein anderer Handlungszweck als die Schadenszuführung objektiv nicht feststellen lässt.[42] Eine entsprechende Zielrichtung ist etwa in Betracht zu ziehen, wenn die Aufstellung von Frustzwergen im Kontext konkreter nachbarlicher Auseinandersetzungen oder als Reaktion auf die Ergreifung bestimmter rechtlicher Maßnahmen des Nachbarn erfolgt.[43] 14

e) Sittenwidrigkeit. Da vorsätzlich sittenwidrige Schädigungen gleichermaßen Abwehransprüche gemäß § 1004 Abs. 1 BGB auszulösen vermögen,[44] können von Gartenzwergen ausgehende **sittenwidrige Belästigungen** nach den Maßstäben des § 826 BGB unterbunden werden.[45] Zu beachten ist dabei allerdings, dass allein das ästhetische Empfinden des Nachbarn verletzende Anblicke gewöhnlich nicht zu einem Verstoß gegen das Anstandsgefühl aller billig und gerecht Denkenden führen.[46] Es bedarf vielmehr konkreter Anknüpfungen, weshalb im Einzelfall eine Beeinträchtigung rechtlich anerkannter Interessen infolge eines vorsätzlichen Sittenverstoßes anzunehmen ist. Objektiv sittenwidrig ist ein Verhalten, das nach Inhalt und Gesamtcharakter mit den grundlegenden Wertungen der Rechts- und Sittenordnung unvereinbar ist, wobei eine Verwerflichkeit des Verhaltens im Hinblick auf das verfolgte Ziel, das eingesetzte Mittel oder die zutage getretene Gesinnung hinzutreten muss. 15

Tatbestandlich in diesem Sinne können Fallgestaltungen sein, in welchen Verunglimpfungen, Bedrohungen oder Beleidigungen zielgerichtet durch eine auf die Nachbarschaft bezogene Aufstellung von Frustzwergen 16

---

37 *Horst* MDR 1998, 685 (687). Zur strafrechtlichen Relevanz von Gartenzwergen vgl. auch *Swoboda* Jura 2007, 224. Vgl. auch AG Elze Urt. v. 18.10.1999 – 4 C 210/99, ZMR 2001, 625.

38 Schönke/Schröder/*Eisele/Schittenhelm* StGB § 185 Rn. 13; LG Frankenthal Urt. v. 2.11.1994 – 4 S 272/94, BeckRS 1994, 97164.

39 *Schmittmann* MDR 2000, 753 (754); vgl. auch LG Koblenz Urt. v. 30.10.1996 – 2103 Js 48515/94, NStZ-RR 1997, 104.

40 MüKoBGB/*Grothe* § 226 Rn. 14.

41 Vgl. Palandt/*Herrler* BGB § 903 Rn. 10.

42 Vgl. allgemein OLG Saarbrücken Urt. v. 2.10.2019 – 5 U 15/19, NJW-RR 2020, 141 (144); vgl. auch MüKoBGB/*Grothe* § 226 Rn. 10.

43 Vgl. den Sachverhalt des LG Frankenthal Urt. v. 2.11.1994 – 4 S 272/94, BeckRS 1994, 07164, bei dem die Aufstellung der Gartenzwerge ihren Ausgangspunkt in der Erhebung einer Klage wegen Lärmbelästigung fand. Siehe auch LG Limburg Urt. v. 19.2.1986 – 3 S 262/85, NJW-RR 1987, 81.

44 Palandt/*Herrler* BGB § 903 Rn. 10.

45 LG Limburg Urt. v. 19.2.1986 – 3 S 262/85, NJW-RR 1987, 81.

46 BGH Urt. v. 7.3.1969 – V ZR 169/65, NJW 1969, 1208 (1210); vgl. auch BGH Urt. v. 15.5.1970 – V ZR 20/68, WM 1970, 990 (991).

adressiert werden.[47] Einen zusätzlichen Anwendungsfall können Gartenzwerge mit sittlich anstößigen, vor allem exhibitionistischen Handlungen oder Posen bilden.[48] Abhängig von der konkreten Verwendungssituation derartiger Zwergenfiguren sowie den besonderen Begleitumständen ist denkbar, dass von diesen eine den guten Sitten widersprechende Beeinträchtigungswirkung zulasten des Nachbarn ausgeht. Erforderlich ist aber, dass die Tathandlung, dh die Aufstellung betreffender Gartenzwerge, einen zurechenbaren und unmittelbaren Bezug zu dem Nachbar als Geschädigten aufweist. Über § 826 BGB wird keine allgemeine Sittenkontrolle durch den Nachbarn in Bezug auf Gestaltungen des benachbarten Grundstücks eröffnet.

4. Abwehrrechte aus dem nachbarlichen Gemeinschaftsverhältnis

17 Da im Verhältnis zwischen Grundstücksnachbarn das für ein gesetzliches Schuldverhältnis typische Geflecht wechselseitiger Duldungs-, Mitwirkungs- und Leistungspflichten fehlt, können Abwehrrechte in Bezug auf Gartenzwerge auf dieser Grundlage nicht abgeleitet werden[49] und es kann insofern auch nicht auf § 280 Abs. 1 BGB zurückgegriffen werden. Allerdings hat die Rechtsprechung aus dem nachbarlichen Gemeinschaftsverhältnis vor allem das **Gebot zur Rücksichtnahme** auf die schutzwürdigen Belange und Interessen benachbarter Eigentümer und Nutzungsberechtigter aus § 242 BGB entwickelt, dabei aber dessen Auffangfunktion betont.[50] Beseitigungs- oder Unterlassungsansprüche unter Rückgriff auf das durch § 242 BGB geprägte nachbarliche Gemeinschaftsverhältnis kommen ausnahmsweise dann in Betracht, wenn die gesetzlichen Regelungen keinen Ausgleich der widerstreitenden Interessen ermöglichen. Mit Blick hierauf erscheint ein Rückgriff im Rahmen der Zwergenproblematik kaum veranlasst, aber nicht ausgeschlossen.[51] Ein weitergehender Schutz als über die dargestellten, insbesondere aus dem Persönlichkeitsschutz resultierenden Abwehrmöglichkeiten, wird allerdings regelmäßig nicht geboten sein. Die Prinzipien von Treu und Glauben rechtfertigen keine restriktiveren Beschränkungen der Nutzungs- und Gestaltungsfreiheiten von Zwergenliebhabern nach § 903 Satz 1 BGB.

5. Deliktische Ansprüche

18 Es kommen schließlich deliktische Schadenersatzansprüche nach § 823 Abs. 1 BGB insbesondere wegen Verletzung des allgemeinen Persönlichkeitsrechts sowie nach § 823 Abs. 2 BGB oder § 826 BGB in Betracht, die auf eine Naturalrestitution im Sinne des § 249 Abs. 1 BGB gerichtet sein können und damit auch Störungsbeseitigungen eröffnen.[52] Auf die bereits im Kontext des § 1004 Abs. 1 BGB analog behandelten Aspekte kann insofern verwiesen werden (→ Rn. 9 ff.).

IV. Bürgerlich-rechtliche Abwehr-, Beseitigungs- und Unterlassungsansprüche in Eigentümergemeinschaften

19 In **Eigentümergemeinschaften**, vor allem in **Wohnungseigentümergemeinschaften**, bestehen regelmäßig engere Bindungen zwischen den Teilhabern, die durch vertraglich oder gesetzlich ausgestaltete Schuldverhältnisse geprägt werden. Diese können weiterreichende Beschränkungen der Nutzungsmöglichkeiten bedingen und damit die Aufstellung von Gartenzwergen zusätzlich begrenzen.

1. Bruchteilsgemeinschaften

20 Besteht an einem Grundstück **Miteigentum** mehrerer nach Bruchteilen im Sinne des § 1008 BGB oder steht sonst eine **Gemeinschaft nach Bruchteilen** gemäß § 741 BGB in Rede, ist es den Teilhabern grundsätzlich freigestellt, die Verwaltung und Nutzung des gemeinschaftlichen Gegenstands privatautonom zu regeln.[53] Die Norm des § 745 Abs. 2 BGB setzt explizit die Möglichkeit entsprechender Vereinbarungen

47 LG Limburg Urt. v. 19.2.1986 – 3 S 262/85, NJW-RR 1987, 81.
48 Offengelassen AG Essen-Borbeck Beschl. v. 30.12.1999 – 19 II 35/99, NJW-RR 2000, 461.
49 Vgl. BGH Urt. v. 15.7.2011 – V ZR 277/10, NJW 2011, 3294.
50 BGH Urt. v. 24.1.2008 – IX ZR 216/06, NJW-RR 2008, 610 (611); Palandt/*Herrler* BGB § 903 Rn. 13.
51 Vgl. LG Limburg Urt v. 19.2.1986 – 3 S 262/85, NJW-RR 1987, 81.
52 LG Limburg Urt. v. 19.2.1986 – 3 S 262/85, NJW-RR 1987, 81.
53 Palandt/*Sprau* BGB § 741 Rn. 5.

voraus.[54] Mangelt es an solchen Festlegungen, vermögen die Teilhaber nähere Maßgaben für eine ordnungsgemäße Grundstücksbenutzung mit Stimmenmehrheit zu beschließen. Als Auffangregelung bestimmt § 745 Abs. 2 BGB, dass bei fehlenden Vereinbarungen oder Beschlussfassungen jeder Teilhaber über eine Nutzungsbefugnis nach billigem Ermessen verfügt. Was sich als ermessensgerechter Gebrauch darstellt, hängt vor der Art und Belegenheit des Grundstücks, von den Interessenlagen und der Billigkeit ab; dies ist unter Berücksichtigung aller Einzelfallumstände zu bestimmen.

Ausgehend hiervon sind verschiedenartige Anknüpfungspunkte für Beschränkungen zur Aufstellung von Gartenzwergen durch einzelne Teilhaber auf Gemeinschaftsgrundstücken denkbar. Da im Innenverhältnis zwischen den Teilhabern ein durch die Gemeinschaft vermitteltes gesetzliches Schuldverhältnis besteht, können Verstöße gegen festgelegte Nutzungsvorgaben oder Ermessenüberschreitungen als Pflichtverletzungen nach § 280 Abs. 1 BGB verfolgt und auf diesem Wege Beseitigungsverlangen durchgesetzt werden.[55] Im Übrigen entspricht es herrschender Auffassung, dass das Miteigentum nach § 1004 Abs. 1 BGB auch im Verhältnis der Miteigentümer untereinander geschützt ist.[56] 21

2. Wohnungseigentümergemeinschaften

Im Hinblick auf **Wohnungseigentümergemeinschaften** sahen sich Gerichte wiederholt veranlasst, Streitigkeiten bezüglich der Aufstellung von Gartenzwergen zu entscheiden.[57] Nach § 15 Abs. 3 WEG in der bis zum 30.11.2020 gültigen Fassung (WEG aF) kann jeder Wohnungseigentümer verlangen, dass der Gebrauch des gemeinschaftlichen Eigentums und der im Sondereigentum stehenden Gebäudeteile dem Gesetz, den Vereinbarungen und Beschlüssen der Wohnungseigentümergemeinschaft sowie – bei fehlenden Festlegungen – dem Interesse der Gesamtheit der Wohnungseigentümer nach billigem Ermessen entspricht. Nach der zum 1.12.2020 in Kraft getretenen Änderung des Wohnungseigentumsgesetzes ist der betreffende Anspruch nunmehr in § 18 Abs. 2 Nr. 2 WEG geregelt. Durch § 10 Abs. 1 Satz 2 iVm § 14 Abs. 1 Nr. 1 und 2 WEG (§ 15 Abs. 1 WEG aF) ist es den Wohnungseigentümern gewährleistet, Vereinbarungen zur Nutzung beider Eigentumsbereiche abzuschließen und darin auch Vorgaben für die Gestaltung und Dekoration des Außenbereichs, einschließlich der Aufstellung von Gartenzwergen, zu statuieren. Im Übrigen steht es ihnen frei, im Wege einer Beschlussfassung nach § 19 Abs. 1 WEG (§ 15 Abs. 2 WEG aF) mit Stimmenmehrheit einen der Beschaffenheit des Sondereigentums und des gemeinschaftlichen Eigentums entsprechenden ordnungsgemäßen Gebrauch sicherzustellen. Was hiervon umfasst ist, bestimmt sich ua nach § 14 Abs. 1 Nr. 2 iVm § 18 Abs. 2 Nr. 2 WEG (§ 14 Nr. 1 WEG aF), die die Pflichten jedes Wohnungseigentümers im Rahmen der Gemeinschaft ausgestalten. Danach darf ein Wohnungseigentümer von seinem Sondereigentum und von dem gemeinschaftlichen Eigentum nur in einer solchen Weise Gebrauch machen, dass dadurch keinem anderen Wohnungseigentümer über das bei einem geordneten Zusammenleben unvermeidliche Maß hinaus ein Nachteil erwächst. 22

a) Anspruchsgrundlagen. Vor diesem Hintergrund kommen in Fällen, in denen sich andere Wohnungseigentümer durch die Präsentation von Gartenzwergen in ihrem ästhetischen Empfinden belästigt oder in ihren Nutzungsrechten gestört fühlen, unterschiedliche Anspruchsgrundlagen für Abwehrbegehren in Betracht.[58] Gestützt auf § 18 Abs. 2 Nr. 2 WEG (§ 15 Abs. 3 WEG aF) kann die Beseitigung von Beeinträchtigungen, dh eine Erfüllung der Pflichten des § 14 Abs. 1 Nr. 2 WEG (§ 14 Nr. 1 WEG aF), verlangt werden. Daneben kommt ein Rückgriff auf die § 1004 Abs. 1 und § 862 Abs. 1 BGB in Betracht, wenn von einem 23

54 MüKoBGB/*Schmidt* § 745 Rn. 15.

55 Palandt/*Sprau* BGB § 741 Rn. 9.

56 MüKoBGB/*Schmidt* § 1008 Rn. 16. Vgl. auch AG Wiesbaden Urt. v. 5.12.2016 – 93 C 4622/13, BeckRS 2016, 135541.

57 OLG Hamburg Beschl. v. 20.4.1988 – 2 W 7/87, NJW 1988, 2052; AG Recklinghausen Beschl. v. 18.10.1995 – 9 II 65/95, NJW-RR 1996, 657; AG Hamburg-Harburg Beschl. v. 30.12.1985 – 610a II 17/85, juris; AG München Urt. v. 28.2.2018 – 481 C 793/17 WEG, ZMR 2018, 458 (460 f.); AG Essen-Borbeck Beschl. v. 30.12.1999 – 19 II 35/99, NJW-RR 2000, 461; LG Hamburg Urt. v. 12.12.2012 – 318 S 31/12, ZMR 2013, 301 (302 f.).

58 OLG Hamburg Beschl. v. 20.4.1988 – 2 W 7/87, NJW 1988, 2052.

Wohnungseigentümer ausgehende Störungen in Rede stehen.[59] Eine Verletzung der Pflichten nach § 14 Abs. 1 Nr. 2 WEG (§ 14 Nr. 1 WEG aF) kann zudem Schadenersatzansprüche nach § 280 Abs. 1 BGB begründen[60] und schließlich aufgrund des Schutzgesetzcharakters der Norm deliktische Ansprüche nach § 823 Abs. 2 BGB rechtfertigen.[61] Umgekehrt sind genauso Streitkonstellationen denkbar, in denen der Aufsteller von Gartenzwergen Rechtsschutz gegen Maßnahmen der Gemeinschaft der Wohnungseigentümer sucht, sich etwa gegen Mehrheitsbeschlüsse zur Wehr setzt, die ihn zur Beseitigung aufgestellter Gartenzwerge auffordern;[62] die Anspruchsgrundlage bildet dann § 13 Abs. 1 oder § 14 Abs. 2 Nr. 2 WEG (§ 13 Abs. 1 oder 2 WEG aF).

24 **b) Abwägung.** Bei der Beurteilung, ob die Aufstellung von Gartenzwergen eine abwehrfähige Beeinträchtigung darstellt, sind die wechselseitigen Belange der Wohnungseigentümer einzelfallbezogenen gegeneinander **abzuwägen**. Im Ausgangspunkt kann sich der Zwergenliebhaber auf seine ihm verbürgten Eigentümerbefugnisse berufen. Danach ist ihm grundsätzlich gemäß § 13 Abs. 1 WEG (§ 13 Abs. 1 WEG aF) gewährleistet, nach freiem Belieben mit dem ihm zugewiesenen Sondereigentum zu verfahren. Zum Mitgebrauch des gemeinschaftlichen Eigentums ist er nach den Maßgaben des § 14 Abs. 1 Nr. 2 iVm § 18 Abs. 2 Nr. 2 WEG (§ 13 Abs. 2 WEG aF) befugt. Seine Rechtsposition kann bei der Aufstellung von Gartenzwergen durch weitere grundrechtliche Gewährleistungen, beispielsweise die Kunstfreiheit, verstärkt sein.[63]

25 Die schutzwürdigen Belange der anderen Teilhaber der Wohnungseigentümergemeinschaft erfahren durch § 14 Abs. 1 Nr. 2 WEG (§ 14 Nr. 1 WEG aF) eine besondere gesetzliche Ausgestaltung. Abwehrfähig sind danach alle **Nachteile**, die aus der Art der Nutzung des Sondereigentums und des gemeinschaftlichen Eigentums resultieren. Aufgrund dieses Maßstabs und des Bestehens eines gesetzlichen Schuldverhältnisses existieren damit anders als im Verhältnis zwischen Grundstücksnachbarn weiterreichende Abwehrmöglichkeiten.[64] Ein abwehrfähiger Nachteil ist nach der Rechtsprechung bereits dann anzunehmen, wenn angesichts der Nähe und Intensität des Nachbarverhältnisses im Rahmen von Wohnungseigentümergemeinschaften nicht ganz unerhebliche oder geringfügige Beeinträchtigungen in Rede stehen.[65] Nachteile im Sinne des § 14 Abs. 1 Nr. 2 WEG (§ 14 Nr. 1 WEG aF) können auch Störungen der Harmonie des Gesamteindrucks der Wohnanlage oder ästhetische Beeinträchtigungen darstellen.[66]

26 **c) Gemeinschaftliches Eigentum.** Für die Nutzung des **gemeinschaftlichen Eigentums** müssen die Interessen des Zwergenliebhabers daher in der Regel zurückstehen, sofern sich andere Wohnungseigentümer durch die Aufstellung von Gartenzwergen in ihrem ästhetischen Empfinden gestört fühlen oder eine Beeinträchtigung des optischen Gesamteindrucks der Wohnanlage rügen.[67] In dieser Hinsicht hat das OLG Hamburg entschieden, dass bereits normale Gartenzwerge mit leuchtend roten Zipfelmützen geeignet sind, die Gefühle von Menschen im ästhetischen Bereich nachteilig zu berühren und angesichts der teilweise ideologisch überfrachteten Diskussion abwehrfähigen Anstoß zu erregen.[68] Damit wird die Grenze einer nicht unerheblichen Beeinträchtigung durchaus niedrigschwellig angesetzt.[69] Andere Gerichte haben weniger strenge Maßstäbe angelegt.[70] Im Ergebnis verbleibt es bei dem Erfordernis einer einzelfallbezogenen Bestimmung der Erheblichkeit eines geltend gemachten Nachteils. In jedem Fall können andere Wohnungseigen-

---

59 Vgl. OLG Hamburg Beschl. v. 20.4.1988 – 2 W 7/87, NJW 1988, 2052.
60 Palandt/*Wicke* BGB § 14 WEG Rn. 13.
61 Palandt/*Wicke* BGB § 14 WEG Rn. 13.
62 AG Recklinghausen Beschl. v. 18.10.1995 – 9 II 65/95, NJW-RR 1996, 657.
63 Vgl. LG Hamburg Urt. v. 12.12.2012 – 318 S 31/12, ZMR 2013, 301 (303).
64 OLG Hamburg Beschl. v. 20.4.1988 – 2 W 7/87, NJW 1988, 2052.
65 OLG Hamburg Beschl. v. 20.4.1988 – 2 W 7/87, NJW 1988, 2052.
66 OLG Hamburg Beschl. v. 20.4.1988 – 2 W 7/87, NJW 1988, 2052 (2053).
67 Vgl. LG Hamburg Beschl. v. 11.5.1989 – 20 T 17/89, WuM 1989, 653; *Riecke/Ormanschick* WE 2001, 260.
68 OLG Hamburg Beschl. v. 20.4.1988 – 2 W 7/87, NJW 1988, 2052 (2053).
69 Vgl. *Schmittmann* MDR 2000, 753; *Kurbjuhn* VersR 1988, 1180 (1181).
70 Zur Entbehrlichkeit der Einholung einer Aufstellungserlaubnis für (normale) Gartenzwerge vgl. AG Hamburg-Harburg Beschl. v. 30.12.1985 – 610a II 17/85, juris; vgl. *Kurbjuhn* VersR 1988, 1180 (1181); siehe auch MüKo-BGB/Engelhardt, 8. Aufl., 2020, § 22 WEG Rn. 60.

tümer die Aufstellung anstößiger, beleidigender oder exhibitionistischer Gartenzwerge im Bereich des gemeinschaftlichen Eigentums verhindern.[71]

d) Sondereigentum. Für den Bereich des **Sondereigentums** kann wegen § 13 Abs. 1 WEG (§ 13 Abs. 1 WEG aF) in Teilen eine andere Betrachtung angezeigt sein.[72] So hat das AG Recklinghausen angenommen, dass die Aufstellung einiger „normaler" Gartenzwerge auf Flächen, die Sondernutzungsrechtsbereichen zuzuordnen sind, nicht abgewehrt werden kann.[73] Weder die Größe noch das Aussehen normaler Gartenzwerge erlaube einen zureichenden Rückschluss auf eine Störung des optischen Gesamtbilds der Wohnungseigentumsanlage oder auf eine drohende Wertminderung. Ähnlich hat das AG München entschieden, dass auch das Aufstellen sogenannter Fan-Zwerge keine relevante Beeinträchtigung oder Gefahrenlage bedingt, die unter § 14 Abs. 1 Nr. 2 WEG (§ 14 Nr. 1 WEG aF) falle, so dass es auch einer Zustimmung der übrigen Eigentümer nicht bedürfe, zumal ohnehin nicht von baulichen Veränderungen im Sinne des § 20 Abs. 1 WEG (§ 22 Abs. 1 WEG aF) auszugehen sei.[74] Anderes kann gelten, wenn das Erscheinungsbild der Wohnungseigentumsanlage durch die Gestaltung des Sondereigentums in einer Weise beeinflusst wird, die als nicht mehr unerhebliche optische Beeinträchtigung des Gesamteindrucks zu qualifizieren ist. Etwa die Anlegung eines umfangreichen „Skulpturengartens" kann als ein über das in § 14 Abs. 1 Nr. 2 iVm § 18 Abs. 2 Nr. 2 WEG (§ 14 Nr. 1 WEG aF) bestimmte Maß hinausgehender Nachteil eingestuft werden.[75] Verwendet der sondernutzungsberechtigte Wohnungseigentümer anstößige, exhibitionistische Gartenzwerge oder Frustzwerge überschreitet auch dies je nach Erheblichkeit die Grenzen der Nutzungsberechtigung, so dass andere Wohnungseigentümer deren Aufstellungen in Bereichen des Sondereigentums abzuwehren vermögen.[76] 27

V. Prozessuale Fragestellungen

Ein Grundstückseigentümer oder Nutzungsberechtigter, der gemäß § 1004 Abs. 1 Satz 1 BGB analog die Beseitigung ihn störender Gartenzwerge auf dem Nachbargrundstück verlangt, trägt die **Darlegungs- und Beweislast** für das Vorliegen der tatbestandlichen Voraussetzungen, insbesondere für einen zurechenbaren und rechtswidrigen Eingriff in sein allgemeines Persönlichkeitsrecht. Dabei hat er auch diejenigen Umstände vorzutragen und nachzuweisen, die einen ehrverletzenden oder sonst persönlichkeitsbeeinträchtigenden Bezug gerade zu seiner Person herstellen, also den Rückschluss darauf zulassen, dass er zurechenbar Adressat einer abwehrfähigen Beleidigung oder Bekundung des Nachbarn ist.[77] Bei der Geltendmachung von Unterlassungsansprüchen gemäß § 1004 Abs. 1 Satz 2 BGB analog ist dem zusätzlichen Erfordernis einer Widerholungsgefahr bei der Anspruchsbegründung Rechnung zu tragen.[78] Antragstellungen haben den Grundsatz der Bestimmtheit zu wahren, um eine sachgerechte Vollstreckung zu ermöglichen,[79] was bedingt, die störenden Gartenzwerge und ihren Standort genau zu umschreiben. Sinnvoll erscheinen eine bildliche Dokumentation der konkreten Verwendungssituation und deren Vorlage im Prozess. 28

Soweit die Bundesländer nach Art. 15a Abs. 1 Satz 1 Nr. 2 EGZPO ermächtigt sind, für bestimmte Nachbarstreitigkeiten obligatorische **Streitschlichtungsverfahren** einzuführen, bezieht sich dies auf Streitigkeiten im Zusammenhang mit den §§ 910, 911, 923 BGB und § 906 BGB.[80] Die genannten Bestimmungen sind jedoch bei Auseinandersetzungen um die Aufstellung von Gartenzwergen grundsätzlich nicht berührt. 29

71 AG Essen-Borbeck Beschl. v. 30.12.1999 – 19 II 35/99, NJW-RR 2000, 461.
72 AG München Urt. v. 28.2.2018 – 481 C 793/17 WEG, ZMR 2018, 458 (460 f.).
73 AG Recklinghausen Beschl. v. 18.10.1995 – 9 II 65/95, NJW-RR 1996, 657.
74 AG München Urt. v. 28.2.2018 – 481 C 793/17 WEG, ZMR 2018, 458 (460 f.).
75 LG Hamburg Urt. v. 12.12.2012 – 318 S 31/12, ZMR 2013, 301 (302 f.).
76 Vgl. *Schmittmann* MDR 2000, 753.
77 Vgl. AG Grünstadt Urt. v. 11.2.1994 – 2a C 334/93, NJW 1995, 889.
78 AG Grünstadt Urt. v. 11.2.1994 – 2a C 334/93, NJW 1995, 889.
79 LG Frankenthal Urt. v. 2.11.1994 – 4 S 272, BeckRS 1994, 07164.
80 MüKoBGB/*Brückner* § 906 Rn. 215.

30 Die **Streitwerte** in die Abwehr von Gartenzwergen betreffenden Prozessen wurden von den befassten Gerichten im niedrigschwelligen Bereich angesetzt,[81] so dass regelmäßig amtsgerichtliche Zuständigkeiten begründet waren. Für ein Vorgehen gegen Frustzwerge bestimmten Gerichte die Streitwerte in einer Größenordnung von ca. 2.000 EUR.[82] Dabei ist insbesondere das Ausmaß der Persönlichkeitsverletzung in die Wertbetrachtungen einzubeziehen. In Auseinandersetzungen im Rahmen von Wohnungseigentümergemeinschaften fanden dann, wenn kein spezifischer Persönlichkeitsbezug bestand, geringere Wertannahmen statt; so setzte das AG München für den die Aufstellung eines Gartenzwergs betreffenden Streitpunkt einen Wert von lediglich 100 EUR fest.[83]

VI. Öffentlich-rechtlicher Nachbarschutz

31 Der öffentlich-rechtliche Nachbarschutz erlangt im Kontext der Aufstellung von Gartenzwergen untergeordnete Bedeutung.

32 Die in den Landesbauordnungen geregelten **Verunstaltungsverbote** untersagen es, bauliche Anlagen derart zu errichten, dass sie das Straßen-, Orts- oder Landschaftsbild verunstalten (vgl. § 9 Abs. 1 Satz 2 MBO). Da es im Hinblick auf Gartenzwerge an einer entsprechenden Anlagenbezogenheit fehlt, kann im Nachbarverhältnis schon vor diesem Hintergrund keine bauordnungsrechtlich vermittelte Abwehrposition erlangt werden. Hinzu kommt, dass die bauordnungsrechtlichen Verunstaltungsverbote ohnehin keinen Drittschutz vermitteln.[84]

33 Eine Präsentation von Gartenzwergen kann, wie ein vom AG Wiesbaden entschiedener Fall zeigt, mit denkmalschutzrechtlichen Anforderungen in Konflikt geraten.[85] Allerdings vermitteln die landesgesetzlichen Vorschriften zum **Denkmalschutz**, insbesondere im Rahmen der Bestimmungen zu den Überwachungs- und Anordnungsbefugnissen sowie der Genehmigungsverfahren etwa im Hinblick auf Umgestaltungen von Kulturdenkmalen, grundsätzlich keinen subjektiv-öffentlichen Drittschutz. Der Denkmalschutz und die -pflege dienen einer Verwirklichung der öffentlichen Aufgabe, die Kulturdenkmale zu schützen, zu bewahren und zu pflegen.[86]

34 Im Falle der Aufstellung von Frustzwergen, die darauf abzielen, den Nachbarn in seinen Persönlichkeitsrechten zu verletzen, liegt insbesondere dann, wenn strafrechtlich relevante Beeinträchtigungen in Rede stehen, eine Störung der **öffentlichen Sicherheit und Ordnung** vor, so dass ein ordnungsbehördliches oder polizeilichen Einschreiten auf der Grundlage der Generalklausel in Betracht kommt. Die Eingriffsermächtigung gegenüber dem störenden Aufsteller eines Frustzwergs dient in diesem Zusammenhang auch der Verwirklichung eines Schutzanspruchs hinsichtlich der Abwehr subjektiver Rechtsverletzungen. In besonderen Einzelfällen ist es daher denkbar, dass bei einer entsprechenden Ermessenreduzierung ein Anspruch auf Einschreiten gegen den Störer besteht.

81 Vgl. *Schmittmann* MDR 2000, 753 (754).

82 LG Frankenthal Urt. v. 2.11.1994 – 4 S 272, BeckRS 1994, 07164; AG Grünstadt Urt. v. 11.2.1994 – 2a C 334/93, NJW 1995, 889.

83 AG München Urt. v. 28.2.2018 – 481 C 793/17 WEG, ZMR 2018, 458 (461).

84 VGH München Beschl. v. 14.6.2013 – 15 ZB 13.612, NVwZ 2013, 1238 (1239); OLG Naumburg Urt. v. 12.10.2015 – 12 U 165/14, NVwZ-RR 2016, 367 (368).

85 AG Wiesbaden Urt. v. 5.12.2016 – 93 C 4622/13, BeckRS 2016, 135541.

86 Das AG Wiesbaden Urt. v. 5.12.2016 – 93 C 4622/13, BeckRS 2016, 135541, leitete allerdings hinsichtlich eines auf die Wiederaufstellung von Gartenzwergen gerichteten Beseitigungsanspruchs im Sinne des § 1004 Abs. 1 BGB ab, dass sich eine Anspruchsdurchsetzung als rechtlich unmöglich darstellt (§ 275 BGB), sofern diese zu einem objektiven Verstoß gegen denkmalschutzgesetzliche Vorschriften führen würde.

44. Gebäudeeinsturz

Kieß

Literatur: *Otto,* Brandenburgische Bauordnung, 4. Aufl. 2016.

I. Einführung

Für den Grundstückseigentümer kann ein einsturzgefährdetes Gebäude auf dem Nachbargrundstück eine Gefahr darstellen, wenn sich Gebäudeteile aus dem Gebäude lösen und auf das Grundstück des Eigentümers gelangen. 1

Stürzen ein Gebäude oder Gebäudeteile vom Nachbargrundstück auf das Grundstück des Eigentümers, so hat dieser nach §§ 836 ff. BGB einen **Schadensersatzanspruch** gegen den Besitzer des Nachbargrundstücks. 2

Einen solchen Gebäudeeinsturz kann man aber auch oft schon kommen sehen. Ein Gebäude wird zwar errichtet, damit es steht und nicht einstürzt. Im Regelfall stürzt daher ein Gebäude nur durch menschliche oder natürliche **Gewalteinwirkung**, wie im Krieg oder bei einem Erdbeben, ein. Der Gebäudeeinsturz kann aber durchaus Folge einer mangelhaften Tragwerksplanung sein. Der natürliche Zerfall eines Gebäudes mit der Folge einer drohenden konkreten Einsturzgefahr ist hingegen langsam und meist vorhersehbar. Der natürliche Zerfall kann auch durch äußere Einflüsse, wie etwa dem Abrutschen eines Gebäudes an einem Hang, beschleunigt werden. 3

Da die durch den Einsturz eines Gebäudes entstehenden, wie dargelegt meist vorhersehbaren Schäden beträchtlich sein können, gewährt § 908 BGB einen **verschuldensunabhängigen vorbeugenden Abwehranspruch**, der dem Schadensersatzanspruch aus §§ 836 ff. BGB vorgelagert ist. Dieser Anspruch schränkt die Befugnisse des Nachbarn aus § 903 BGB ein.[1] Der Anspruch aus § 908 BGB gehört zum Inhalt des Eigentums des bedrohten Grundstücks.[2] 4

II. Tatbestandsvoraussetzungen

Die Tatbestände der §§ 836 ff. und § 908 BGB entsprechen sich im Wesentlichen, so dass sie gemeinsam erörtert werden können: Beide knüpfen an den Einsturz eines Gebäudes oder eines „anderen Werkes" oder von Teilen dieser beiden Elemente an. 5

1. Gefahrquellen

Ein **Gebäude** ist nach zivilrechtlichem Verständnis ein Bauwerk, das durch räumliche Umfriedung gegen äußere Einflüsse Schutz gewährt und den Eintritt von Menschen gestattet und mit dem Erdboden mindestens durch seine Schwere verbunden ist.[3] Es ist unerheblich, ob das Gebäude tatsächlich bewohnt oder genutzt wird; auch Rohbauten oder Ruinen fallen darunter.[4] Die Landesbauordnungen enthalten eine abwei- 6

1 *Herrler* in Palandt BGB § 908 Rn. 1.

2 *Saller* in Grziwotz/Lüke/Saller, NachbarR-HdB, 3. Teil Rn. 186.

3 BGH Urt. v. 22.9.1972 – V ZR 8/71, MDR 1973, 39, Rn. 28 zu § 912 BGB; OLG Rostock Urt. v. 15.9.2003 – 3 U 58/03, NJW-RR 2004, 825 Rn. 21 (Messezelt).

4 *Saller* in Grziwotz/Lüke/Saller, NachbarR-HdB, 3. Teil Rn. 187.

chende Definition. Nach etwa § 2 Abs. 2 BauO NRW sind Gebäude „*selbständig benutzbare, überdeckte bauliche Anlagen, die von Menschen betreten werden können und geeignet oder bestimmt sind, dem Schutz von Menschen, Tieren oder Sachen zu dienen.*“

7 Unter **andere Werke** versteht man Sachen, die zu einem bestimmten Zweck nach technischen Regeln hergestellt und mit dem Grundstück – sei es nur vorübergehend oder nur durch die Schwerkraft[5] – verbunden sind.

8 Unter den Begriff der anderen Werke fallen etwa Baugerüste,[6] Carport, Dämme,[7] Denkmäler, ein auf Laufschienen fest montierter Drehkran,[8] Grabsteine, Jagdhochsitz, Kanalisationsrohre,[9] Kanäle, Mauern, Öltanks,[10] Pavillon, Schleusen, Steinbrüche, Strom- und Telefonmasten,[11] Tore, Tragegerüst für die Zuschauerbänke eines Zirkuszeltes Verkehrsschilder,[12] Versorgungsleitungen,[13] Wohnwagen mit Anbau und Zäune (auch Bauzäune).

9 Nicht darunter fallen Erdaufschüttungen oder Abgrabungen, die nicht nach „*gewissen Regeln der Kunst und Erfahrung erfolgen*“, wie etwa zusammengeschüttete Schlammhaufen oder Erdmassen.[14] Auch der natürliche Zustand eines Grundstücks, wie etwa gewachsener Fels[15] oder altersschwache Bäume, fallen nicht unter § 908 BGB.[16]

10 **Teile von Gebäuden oder anderen Werken** sind dem jeweiligen Ganzen gleichgestellt. Ein Teil eines Gebäudes liegt etwa vor, wenn es zur Herstellung in ein Gebäude eingefügt ist oder in einem so festen baulichen Zusammenhang mit dem Gebäude steht, dass sich daraus nach der Verkehrsanschauung die Zugehörigkeit zum Bauganzen ergibt.[17] Solche Teile wurden in der Rechtsprechung bei abgebundenen Betondecken, Brandmauern, Balkonen, Schornsteinen, Dachziegel, Dachpappen, Duschkabinen und Fensterläden angenommen.[18] Unerheblich ist, ob es sich um wesentliche Bestandteile im Sinne der §§ 93 ff. BGB handelt.[19] Dem Schnee oder Eis auf dem Dach fehlt aber diese Zugehörigkeit zum Bauganzen, so dass drohende Dachlawinen nicht durch § 908 BGB abgewehrt werden können.

2. Gefährdende Handlungen

11 Ein **Einsturz** liegt vor, wenn der Schaden verursacht wurde, indem das Gebäude oder Werk zusammenbricht. Der geplante Abbruch fällt nicht darunter; hier ist der Eigentümer durch § 1004 BGB geschützt.[20]

12 **Ablösung von Teilen** ist jede Trennung oder Lockerung der Verbindung mit dem Ganzen: herabfallende Ziegel, brechende Bretter, austretendes Wasser, Öl oder Gas. Unter § 908 BGB fallen aber nur die Vorgän-

5 Markisenkonstruktion: vgl. OLG Koblenz Urt. v. 8.2.2008 – 8 U 397/07, juris Rn. 55 f; insofern bestätigt von BGH Urt. v. 19.5.2009 – VI ZR 56/08 BGHZ 181,160,161.

6 BGH Urt. v. 27.4.1999 – VI ZR 174/98, NJW 1999, 2593; OLG Stuttgart Urt. v. 28.4.2009 – 6 U 56/08, NJW-RR 2010, 451.

7 BGH Urt. v. 8.2.1972 – VI ZR 155/70, NJW 1972, 724.

8 OLG Düsseldorf Urt. v. 22.4.1975 – 4 U 183/74, BB 1975, 942.

9 BGH Urt. v. 17.3.1983 – III ZR 116/81, VersR 1983, 588, Rn. 9.

10 BGH Urt. v. 14.6.1976 – III ZR 81/74, WM 1976, 1056.

11 RG Urt. v. 11.4.1935 – VI 540/34, RGZ 147, 353, 356.

12 OLG Koblenz Urt. v. 9.2.2004 – 12 U 11/03, VersR 2005, 982, Rn. 21.

13 *Saller* in Grziwotz/Lüke/Saller, NachbarR-HdB, 3. Teil Rn. 188.

14 *Bernau* in Staudinger BGB § 908 Rn. 25.

15 RG Urt. v. 13.11.1935 – V 99/35, RGZ 149, 205, 210.

16 Hier hilft dem Eigentümer nur ein Anspruch aus § 1004 BGB. Liegen selbst diese Voraussetzungen nicht vor, wie etwa bei drohendem Schädlingsbefall, darf der bedrohte Eigentümer aufgrund des nachbarschaftlichen Gemeinschaftsverhältnisses die Gefahr auf eigene Kosten beseitigen; vgl. dazu BGH Urt. v. 7.7.1995 – V ZR 213/94, NJW 1995, 2633 Rn. 11; BGH Urt. v. 16.2.2001 – V ZR 422/99, NJW-RR 2001.

17 BGH Urt. v. 12.3.1985 – VI ZR 215/83, VersR 1985, 666, Rn. 12.

18 Nachweise bei *Sprau* in Palandt BGB § 836 Rn. 6.

19 *Roth* in Staudinger BGB § 908 Rn. 3.

20 *Roth* in Staudinger BGB § 908 Rn. 7.

ge, bei denen der Schaden durch die bewegend wirkende Kraft, wenn auch durch Vermittlung dadurch in Bewegung gesetzter anderer Massen, verursacht wird, etwa Wassermassen, die sich auf das Nachbargrundstück ergießen und dadurch zu Schäden führen. Führt die Flüssigkeit, wie etwa Öl, zur Kontamination des Grundstücks, entsteht der Schaden nicht durch die Bewegung, sondern durch die Zusammensetzung der Flüssigkeit. Das fällt nicht unter das Ablösen der Teile.[21] Auch das planvolle Abbrechen wird nicht als Ablösen behandelt.

3. Gefahr

Die **Gefahren** müssen von dem Nachbargrundstück ausgehen. Der Begriff ist funktional zu verstehen: Es kommt nicht darauf an, dass das bedrohte Grundstück unmittelbar an das Nachbargrundstück angrenzt. Es muss vielmehr nur im Gefährdungsbereich des Nachbargrundstücks liegen.[22] 13

Die Gefahr muss, anders als bei § 907 BGB, nicht bereits sicher vorhersehbar sein; vielmehr genügt die nicht ganz entfernte Möglichkeit des Schadenseintritts. Insofern ist auch die Lage des Grundstücks von Bedeutung: Gefahren, die sich aufgrund Erdbeben verwirklichen können, sind in diesem Zusammenhang nur in Erdbebengebieten zu berücksichtigen; ebenso sind Hochwassergefahren nur in Überschwemmungsgebieten zu berücksichtigen.[23] Mit außergewöhnlichen Naturereignissen muss hingegen nicht gerechnet werden. 14

Die Gefahr muss somit auf der Baufälligkeit, mithin der Beschaffenheit und dem Erhaltungszustand des Gebäudes oder Werks beruhen. Auslöser der Gefahr kann menschliches Handeln oder ein Naturereignis sein. Es ist dabei unerheblich, ob die Gefahr auf der fehlerhaften Errichtung oder auf einem Verschulden des Verpflichteten beruht. 15

III. Verpflichteter

Hinsichtlich des **Verpflichteten** verweist § 908 auf §§ 836 ff. BGB. Es handelt sich nicht um eine Rechtsgrundverweisung, vielmehr wird nur die Person des Verpflichteten festgelegt.[24] 16

Ersatzpflichtig ist der gegenwärtige (§ 836 Abs. 1 BGB) oder frühere (§ 836 Abs. 2 BGB) Eigenbesitzer, letzterer aber nur, wenn der Schaden innerhalb eines Jahres nach Besitzaufgabe eingetreten ist. 17

Eigenbesitzer ist nach § 872 BGB, wer die Sache als ihm gehörend besitzt, sei es als unmittelbarer Eigenbesitzer oder als mittelbarer Besitzer.[25] Eigenbesitz setzt kein Recht zum Besitz voraus: Der Dieb hat Eigenbesitz; der Gerüstbauer, der ein vorhandenes Gerüst einer anderen Gerüstbaufirma – auch unberechtigt – abbauen und an einer neuen Stelle errichten lässt, ist ebenfalls Eigenbesitzer.[26] 18

Die Haftung des Eigenbesitzers ist nach § 837 BGB ausgeschlossen, wenn ein Dritter in Ausübung eines Rechts – wie etwa eines Nießbrauchs, Erbbaurechts, einer Dienstbarkeit oder als Mieter oder Pächter – Eigenbesitz an einem Gebäude oder Werk hat und für die Fehlerhaftigkeit des Werkes oder Gebäudes verantwortlich ist.[27] Denn dann hat auch nur dieser Dritte die Möglichkeit, die zur Gefahrenabwehr notwendigen Maßnahmen zu treffen.[28] 19

---

21 BGH Urt. v. 14.6.1976 – III ZR 81/74, WM 1976, 1056, Rn. 20; BGH Urt. v. 17.3.1983 – III ZR 116/81, VersR 1983, 588, Rn. 9.
22 *Roth* in Staudinger BGB § 908 Rn. 6.
23 *Saller* in Grziwotz/Lüke/Saller, NachbarR-HdB, 3. Teil Rn. 193.
24 *Roth* in Staudinger BGB § 908 Rn. 8.
25 OLG München Urt. v. 12.8.2020 – 20 U 6670/19, juris Rn. 6.
26 OLG Stuttgart Urt. v. 28.4.2009 – 6 U 56/08, NJW-RR 2010, 451 (452).
27 BGH Urt. v. 19.6.1990 – VI ZR 197/89, NJW-RR 1990, 1423 (1424).
28 *Sprau* in Palandt BGB § 837 Rn. 1.

20 Neben dem Eigenbesitzer (§ 836 BGB) oder dem Gebäudebesitzer (§ 837 BGB) haftet auch derjenige, der die Unterhaltung des Gebäudes oder Werks vertraglich übernommen hat (§ 838 BGB)[29] oder aufgrund eines gesetzlichen Schuldverhältnisses für die Unterhaltung verantwortlich ist. So sind etwa die Länder nach § 20 Abs. 1 FStrG für den Unterhalt der Autobahnen verantwortlich und haften für herabfallende Verkehrsschilder.[30]

21 Mehrere Verpflichtete haften als Gesamtschuldner nach § 840 BGB.

IV. Anspruch aus § 908 BGB

22 Der Eigentümer des bedrohten Grundstücks kann vom Verpflichteten die zur Abwendung der Gefahr erforderlichen Vorkehrungen verlangen, wenn ein Schaden nur droht, aber noch nicht eingetreten ist. Er kann von dem Verpflichteten aber nicht verlangen zu verhindern, dass das Gebäude auf dem Nachbargrundstück nicht einstürzt oder Teile sich nicht ablösen. Er kann nur verlangen, dass sein Grundstück nicht beschädigt wird.

23 Was das bedeutet, bleibt zunächst dem Verpflichteten überlassen, da er sich frei zwischen Reparatur und Abriss entscheiden kann.[31] Insofern handelt es sich um eine gesetzliche Wahlschuld des Verpflichteten, da der Verpflichtete die Modalitäten der Leistung bestimmen darf.[32] Lediglich wenn nur eine ganz bestimmte Form der Gefahrenbeseitigung zum Erfolg führt, hat der Eigentümer darauf einen Anspruch.

24 Die Höhe der Kosten für die Vorkehrungen ist unerheblich. Schließlich steht es dem Bauherrn frei, sich zwischen aufwändigen Erhaltungsmaßnahmen und einem möglicherweise günstigeren Abriss zu entscheiden.

25 Der Abwehranspruch aus § 908 BGB **verjährt** nicht (§ 924 BGB).

V. Schadensersatzanspruch

26 Ist der Schaden eingetreten, hat der Geschädigte einen Anspruch aus § 836 Abs. 1 Satz 1 BGB, wenn die Ursache in der fehlerhaften Errichtung oder mangelhaften Unterhaltung liegt.

27 § 836 BGB stellt einen speziellen Fall der auf § 823 BGB beruhenden Verkehrssicherungspflichten dar.[33] Er erleichtert aber die Durchsetzung des Schadensersatzanspruches durch die für den Geschädigten günstige Beweislastverteilung: Das Verschulden des Verpflichteten wird vermutet; dieser kann sich aber entlasten, wenn er die erforderliche Sorgfalt beachtet hatte (§ 836 Abs. 1 Satz 2 BGB). Der Eigenbesitzer muss dann nachweisen, dass er alle Maßnahmen getroffen hat, die aus technischer Sicht geboten sind, die Gefahr des Einsturzes oder des Ablösens rechtzeitig zu erkennen und dieser Gefahr zu begegnen.[34] Der Eigenbesitzer hat, soweit es um die Erkennbarkeit geht, mit extremen Wetterverhältnissen zu rechnen, nur bei außergewöhnlichen Naturereignissen entfällt seine Haftung.

28 Die Kausalität zwischen dem Sorgfaltspflichtverstoß und dem Einsturz wird hingegen nicht vermutet.[35] Es spricht aber der Beweis des ersten Anscheins dafür, dass Mängel am Gebäude, die nach dem natürlichen Verlauf der Dinge und nach der Erfahrung des Lebens geeignet sind, einen bestimmten Schaden zu begüns-

---

29 Mieter: OLG Dresden Urt. v. 17.4.2007 – 5 U 8/07, NJW-RR 2007, 1603; Gebäudeverwalter: BGH Urt. v. 19.6.1990 – VI ZR 197/89, BGHZ 6, 315, 318; WEG-Verwalter: BGH Urt. v. 23.2.1993 – VI ZR 176/92, NJW 1993, 1782 (nach dem **neuen WEG-Recht** haftet im Außenverhältnis die Gemeinschaft der Wohnungseigentümer).

30 OLG Koblenz Urt. v. 9.2.2004 – 12 U 11/03, VersR 2005, 982.

31 RG Urt. v. 9.1.1907 – V 517/06, RGZ 65, 73, 76; *Roth* in Staudinger BGB § 908 Rn. 14.

32 Dazu *Bitter/Kolbe* in Staudinger BGB § 262 Rn. 2.

33 Etwa BGH Urt. v. 11.12.1984 – VI ZR 218/83, NJW 1985, 336, Rn. 11.

34 BGH Urt. v. 27.4.1999 – VI ZR 174/98, NJW 1999, 2593.

35 Anders *Sprau* in Palandt BGB § 836 Rn. 1.

tigen diesen auch verursacht haben. Dann muss der Verpflichtete darlegen und beweisen, dass ein atypischer Schadensverlauf gegeben ist, der Schaden mithin nicht auf dem Sorgfaltspflichtverstoß beruht.[36]

§ 908 BGB ist darüber hinaus auch ein Schutzgesetz im Sinne des § 823 Abs. 2 BGB. 29

Der Schadensersatzanspruch verjährt nach drei Jahren (§§ 195, 199 BGB). Ersetzt der nach § 836 BGB haftende Vermieter dem Geschädigten den Schaden und nimmt er den gesamtschuldnerisch und nach § 838 BGB haftenden Mieter im Wege des Regresses in Anspruch, so kann sich der Mieter nicht auf die kurze Verjährung des § 548 BGB berufen.[37] 30

VI. Selbsthilfe

In Ausnahmefällen kann der Eigentümer des bedrohten Grundstücks auch **Selbsthilfe** im Sinne der §§ 228, 229 BGB üben. Das gilt aber nur, wenn weder durch den Eigentümer des Nachbargrundstücks noch durch die Ordnungsbehörden rechtzeitig Hilfe erlangt werden kann.[38] In diesem Fall steht dem Eigentümer dann ein Ausgleichsanspruch wegen § 679 BGB nach den Regeln der berechtigten Geschäftsführung ohne Auftrag (§§ 683 Satz 1, 670 BGB) zu.[39] 31

VII. Entschädigungsanspruch

Hat der Eigentümer die drohende Gefahr als hoheitliche Maßnahme zu dulden, kommen Ansprüche aus enteignendem oder enteignungsgleichem Eingriff in Betracht.[40] 32

VIII. Ausschluss des Anspruchs

Der Anspruch aus § 908 BGB und §§ 836 ff. BGB kann aufgrund von Billigkeitserwägungen entfallen, etwa wenn beabsichtigt ist, die Gefahr durch eine bevorstehende Sanierung ohnehin zu beseitigen oder wenn Sachschäden von nur geringem Wert drohen, die zur Sanierung notwendigen Maßnahmen aber sehr teuer sind.[41] Er kann aber auch entfallen, weil notwendige Maßnahmen faktisch nicht ergriffen werden können: wenn es etwa zu einem Wasserrohrbruch kam und das Wasser sich bereits auf das Grundstück ergoss.[42] 33

Der Bundesgerichtshof hat in beiden Fällen dem Geschädigten dann einen verschuldensunabhängigen nachbarrechtlichen Ausgleichsanspruch nach § 906 Abs. 2 BGB analog zugebilligt.[43] Das ist für den Fall der vorübergehenden Duldungspflicht richtig; soweit der Eigentümer den Schaden faktisch zu dulden hat, überzeugt dieser Ansatz nicht, weil dies einen Wertungswiderspruch zur verschuldensabhängigen Haftung nach § 836 BGB darstellen würde.[44] 34

IX. Beweislast

Der Eigentümer des bedrohten Grundstücks trägt die Darlegungs- und Beweislast für alle Tatbestandselemente des § 908 BGB und die Verantwortlichkeit des Verpflichteten nach §§ 836 ff. BGB.[45] 35

---

36 OLG München Urt. v. 12.8.2020 – 20 U 6670/19, juris Rn. 9.
37 OLG Dresden Urt. v. 17.4.2007 – 5 U 8/07, NJW-RR 2007, 1603 (1604).
38 *Saller* in Grziwotz/Lüke/Saller, NachbarR-HdB, 3. Teil Rn. 197.
39 RG Urt. v. 13.11.1935 – V 99/34, RGZ 149, 205, 208 ff.
40 *Saller* in Grziwotz/Lüke/Saller, NachbarR-HdB, 3. Teil Rn. 203 und 5. Teil Rn. 100; *Roth* in Staudinger BGB § 908 Rn. 13.
41 Dazu BGH Urt. v. 8.2.1972 – VI ZR 155/70, NJW 1972, 724: es war ein Neubau eines Deiches geplant, es waren nur geringe Sachschäden angefallen.
42 Dazu BGH Urt. v. 19.4.1985 – V ZR 33/84, VersR 1985, 740.
43 Vgl. Fn. 41 und 42; → *Nachbarschaftliches Gemeinschaftsverhältnis* Rn. 16 ff.
44 So auch *Roth* in Staudinger BGB § 908 Rn. 13, 19.
45 Dazu *Bernau* in Staudinger BGB § 836 Rn. 105 ff.

36 Für den Anspruch aus § 908 BGB muss der Anspruchsteller nicht vortragen, worauf der baufällige Zustand beruht oder ob der Zustand schuldhaft herbeigeführt wurde, da die Norm nur an die Gefahr anknüpft. Der Verpflichtete muss beweisen, dass er die zur Abwendung der Gefahr erforderlichen Maßnahmen getroffen hat.[46]

37 Macht der Eigentümer Schadensersatzansprüche nach §§ 836 ff. BGB geltend, muss der Verpflichtete darlegen und beweisen, dass er die im Verkehr erforderliche Sorgfalt beobachtet hat (§ 836 Abs. 1 Satz 2 BGB).

X. Klageantrag/Urteil

38 Der Anspruch richtet sich darauf, dass der Verpflichtete „erforderliche Vorkehrungen" trifft. Der Klageantrag darf daher – da es sich um eine Wahlschuld des Verpflichteten handelt (→ Rn. 23) –die erforderlichen Vorkehrungen nicht benennen, muss aber die abzuwehrende Gefahr näher bezeichnen.

39 Der Tenor würde etwa lauten:

„Der Beklagte wird verurteilt, durch geeignete Maßnahmen die Gefahr einer Beschädigung des im Grundbuch von ..., Blatt ... eingetragenen Flurstücks Nr. ... durch die herabstürzenden Mauerkronen von dem im Grundbuch von ..., Blatt ... eingetragenen Flurstück Nr. ... abzuwenden."

40 Bei der vorläufigen Vollstreckbarkeit ist § 709 Satz 2 ZPO nicht anwendbar, da es sich nicht um eine Geldforderung handelt. Die Höhe der Sicherheitsleistung bestimmt sich nach der Höhe eines möglichen Anspruches aus § 717 Abs. 2 ZPO.[47] Insofern sind die Kosten für den Rückbau der beantragten Maßnahmen anzusetzen.

XI. Zwangsvollstreckung

41 Die Zwangsvollstreckung richtet sich nach § 887 ZPO. Der Gläubiger kann sich vom Prozessgericht erster Instanz ermächtigen lassen, die Handlung selbst auf Kosten des Schuldners vorzunehmen. Die Kosten der Maßnahme sind dann notwendige Kosten der Zwangsvollstreckung im Sinne des § 788 ZPO. Sie sind vom Gericht im Rahmen des Kostenfestsetzungsverfahrens festzusetzen.[48]

42 Im Rahmen der Ersatzvornahme kann nunmehr der Gläubiger die geeignete Maßnahme selbst auswählen.[49]

43 Ist aber für die Handlung die Zustimmung eines Dritten, wie etwa eines Mieters notwendig, kann der Gläubiger die Handlung nicht selbst vornehmen oder vornehmen lassen. Dann richtet sich die Zwangsvollstreckung nach § 888 ZPO.[50]

44 In der Zwangsvollstreckung ist der Erfüllungseinwand schon im Verfahren nach §§ 887, 888 ZPO zu berücksichtigen; der Verpflichtete muss also keine Vollstreckungsgegenklage erheben.[51]

XII. Einstweiliger Rechtsschutz

45 Liegt ein Verfügungsgrund vor, kann der Eigentümer des bedrohten Grundstücks auch den Erlass einer einstweiligen Verfügung nach §§ 935, 940 ZPO beantragen. Hier kann und sollte das Gericht selbst im Rahmen des § 938 ZPO die vorzunehmende Maßnahme konkret anordnen, damit der Verpflichtete nicht durch Verzögerung der Auswahl die Maßnahme verschleppt.[52]

---

46 BGH Beschl. v. 10.5.2012 – V ZR 215/11, juris Rn. 9; *Brückner* in MüKoBGB § 908 Rn. 9.

47 *Götz* in MüKoZPO § 709 Rn. 8; OLG Dresden Urt. v. 6.3.2018 – 4 U 1403/17, NJW-RR 2018, 675.

48 *Seibel* in Zöller ZPO § 887 Rn. 9.

49 *Herrler* in Palandt BGB § 908 Rn. 2; *Saller* in Grziwotz/Lüke/Saller, NachbarR-HdB, 3. Teil Rn. 207; *Roth* in Staudinger BGB 908 Rn. 14. So auch bei der Wahlschuld § 264 Abs. 1 S. 1 BGB.

50 *Seibel* in Zöller ZPO § 888 Rn. 2.

51 BGH Beschl. v. 5.11.2004 – IXa 32/04, NJW 2005, 367 Rn. 11.

52 *Brückner* in MüKoBGB § 908 Rn. 10.

XIII. Öffentliches Recht

Nach den Landesbauordnungen (vgl. etwa § 12 BauO NRW) muss jede Anlage „*im Ganzen und in ihren einzelnen Teilen für sich allein standsicher sein*“. Diese Norm ist nachbarschützend, soweit die bauliche Anlage Leben und Gesundheit des Nachbarn oder die Standsicherheit baulicher Anlagen auf dem Nachbargrundstück gefährdet wird.[53] 46

45. Gebietsschutz und Baugebietsverträglichkeit

Schulte Beerbühl

Literatur: *Berkemann*, Der schwierige § 15 BauNVO: Anleitung zu einer strukturierten Prüfung, jM 2014, 209; *Dünchheim/Schleiden*, Der Gebietserhaltungsanspruch – Nachbarrechtliche Abwehransprüche gegen planwidrige Vorhaben, DVBl 2019, 1361; *Kirchberg*, Zur Problematik gebietsfremder Vorhaben nach der BauNVO, VBlBW 2015, 225; *Petz*, Aktuelle Rechtsprechung des Bundesverwaltungsgerichts zum Rücksichtnahmegebot, ZfBR 2015, 644.

I. Allgemeines

Das Bauplanungsrecht gewährleistet Nachbarn in einem weiten Umfang Schutz gegen die Zulassung und das Vorhandensein von **Nutzungsarten**, die planungsrechtlich nicht zulässig sind. Dieser Schutz ist indessen nicht – im wahrsten Sinne des Wortes – unbegrenzt, sondern beschränkt sich auf den Bereich des **Baugebiets**. Innerhalb des von ihm erfassten Rahmens ist er allerdings sehr umfassend und geht sogar über den unmittelbaren Wortlaut der einschlägigen Bestimmungen hinaus. Er betrifft den Schutz zugunsten aller Arten schutzwürdiger und gegen alle Arten von rechtswidriger baulicher Nutzung. 1

In Bezug auf das Merkmal der **Art der baulichen Nutzung** (und nur hierfür) gilt der sogenannte **Gebietserhaltungsanspruch**, Gebietsgewährleistungsanspruch oder Gebietsbewahrungsanspruch. Diese Begriffe werden synonym und auch innerhalb der Bundesländer unterschiedlich verwandt; eine inhaltlich verschiedene Bedeutung haben sie nicht. Im Rahmen dieser Darstellung wird der Begriff des Gebietserhaltungsanspruchs verwandt, weil dieser das Wesen und den Zweck am besten beschreibt.[1] 2

---

53 *Otto* Brandenburgische Bauordnung Rn. 544; OVG Berlin Beschl. v. 2.6.1998 – 2 S 4.98, BRS 60 Nr. 118; OVG Koblenz Beschl. v. 25.9.2000 – 1 A 11357/00; OVG Magdeburg Urt. v. 18.2.2015 – 2 L 22/13, juris.

1 Zur Problematik des Gebietserhaltungsanspruchs unter anderem *Dünchheim/Schleiden* DVBl 2019, 1361.

II. Die Grundzüge des Gebietserhaltungsanspruchs

1. Der Gebietserhaltungsanspruch im Geltungsbereich eines Bebauungsplans (§ 30 BauGB)

3 In der Rechtsprechung ist seit dem Urteil des Bundesverwaltungsgerichts vom 16.9.1993[2] anerkannt, dass **Festsetzungen** in einem Bebauungsplan über die **Art der baulichen Nutzung** stets auch dem Nachbarschutz dienen.[3] Die Festsetzungen haben aus sich heraus **nachbarschützenden Charakter,** einer besonderen „Verleihung“ bedarf es nicht.[4]

4 Das Bundesverwaltungsgericht begründet den Gebietserhaltungsanspruch so:

„Insbesondere bei der Festsetzung der Baugebiete kann es nicht vom Willen der Gemeinde abhängen, ob die Planfestsetzung nachbarschützend ist. Zu den Aufgaben des Bauplanungsrechts gehört es, die einzelnen Grundstücke einer auch im Verhältnis untereinander verträglichen Nutzung zuzuführen. Indem es in dieser Weise auf einen Ausgleich möglicher Bodennutzungskonflikte zielt, bestimmt es zugleich den Inhalt des Grundeigentums. Bauplanungsrechtlicher Nachbarschutz beruht demgemäß auf dem Gedanken des wechselseitigen Austauschverhältnisses. Weil und soweit der Eigentümer eines Grundstücks in dessen Ausnutzung öffentlich-rechtlichen Beschränkungen unterworfen ist, kann er deren Beachtung grundsätzlich auch im Verhältnis zum Nachbarn durchsetzen.[5] Der Hauptanwendungsfall im Bauplanungsrecht für diesen Grundsatz sind die Festsetzungen eines Bebauungsplans über die Art der baulichen Nutzung. Durch sie werden die Planbetroffenen im Hinblick auf die Nutzung ihrer Grundstücke zu einer rechtlichen Schicksalsgemeinschaft verbunden. Die Beschränkung der Nutzungsmöglichkeiten des eigenen Grundstücks wird dadurch ausgeglichen, dass auch die anderen Grundeigentümer diesen Beschränkungen unterworfen sind.[6] Soweit die Gemeinde durch die Baunutzungsverordnung zur Festsetzung von Baugebieten ermächtigt wird, schließt die Ermächtigung deshalb ein, dass die Gebietsfestsetzung grundsätzlich nachbarschützend sein muss. Eine nicht nachbarschützende Gebietsfestsetzung würde gegen das Abwägungsgebot des § 1 Abs. 6 BauGB verstoßen.“

5 Auf **flächenhafte Festsetzungen**, die die Nutzungsart nur im weiteren Sinn regeln, sind diese Grundsätze nicht übertragbar. Denn etwa die Festsetzung einer Gemeinbedarfsfläche nach § 9 Abs. 1 Nr. 5 BauGB und die Festsetzung von Verkehrsflächen und Parkflächen im Sinn von § 9 Abs. 1 Nr. 11 BauGB begründen kein wechselseitiges Austauschverhältnis im Sinn der Rechtsprechung des Bundesverwaltungsgerichts. Gerade bei der Festsetzung von Gemeinbedarfsflächen und öffentlichen Park- und Verkehrsflächen steht regelmäßig der Nutzen für die Allgemeinheit im Vordergrund.[7]

6 Rechtliche Konsequenz aus dem Dogma über den Gebietserhaltungsanspruch ist, dass jeder Verstoß gegen eine Festsetzung zur Art der baulichen Nutzung zur **Rechtsverletzung zulasten der Grundeigentümer** (oder sonst dinglich Berechtigten) aus diesen Baugebiet führt, es sei denn, die Erteilung einer **Ausnahme** (§ 31 Abs. 1 BauGB) oder einer **Befreiung** (§ 31 Abs. 2 BauGB) ist erfolgt oder hätte erfolgen können (s. dazu ab → Rn. 15).

2. Kein gebietsübergreifender Schutz

7 Da der Kern des Gebietserhaltungsanspruchs darin liegt, sich gegen eine schleichende Umwandlung des Gebiets durch Zulassung einer gebietsfremden Nutzung zur Wehr zu setzen,[8] scheidet ein **gebietsübergreifender Schutz** des Nachbarn vor gebietsfremden Nutzungen im angrenzenden Baugebiet unabhängig von

---

2 4 C 28.91, DVBl 94, 284.

3 S. dazu auch *Kirchberg* VBlBW 2015, 225.

4 Siehe dazu auch: OVG Münster Urt. v. 25.10.2010 – 7 A 1298/09, juris Rn. 37.

5 BVerwG Urt. v. 11.5.1989 – BVerwG 4 C 1.88, BVerwGE 82, 61.

6 Vgl. OVG Berlin-Brandenburg Beschl. v. 25.2.1988 – 2 S 1.88, BRS 48 Nr. 167.

7 VGH München Beschl. v. 14.6.2016 – 2 CS 16.836, juris Rn. 4.

8 BVerwG Beschl. v. 18.12.2007 – 4 B 55.07, juris Rn. 5 mwN; BVerwG Urt. v. 23.8.1996 – 4 C 13.94, BVerwGE 101, 364; OVG Münster Urt. v. 9.3.2012 – 2 A 1626/10, BauR 2012, 1223.

konkreten Beeinträchtigungen grundsätzlich aus.[9] Der Nachbarschutz zugunsten eines außerhalb der Grenzen des Baugebiets gelegenen Grundstücks bestimmt sich nur nach dem in § 15 Abs. 1 Satz 2 BauNVO[10] enthaltenen **Gebot der Rücksichtnahme**.[11]

Etwas anderes gilt indes dann, wenn aus dem Bebauungsplan mit hinreichender Deutlichkeit hervorgeht, 8
dass die jeweilige Festsetzung gerade auch **im Interesse der Grundstückseigentümer** des sich anschließenden Baugebiets erlassen wurde, diesen also ebenfalls ein subjektives öffentliches Recht verschafft werden sollte.[12]

Ein Abwehrrecht besteht auch dann nicht, wenn die **verschiedenen Baugebiete in demselben Bebauungs-** 9
plan festgesetzt sind. Denn es ist nicht der Plan, der die Schicksalsgemeinschaft begründet, sondern die Zusammenfassung in ein Baugebiet mit den gemeinsamen Rechten und Pflichten. Deshalb besteht ein Gebietserhaltungsanspruch selbst dann nicht, wenn ein Bebauungsplan zwei Sondergebiete festsetzt und das Grundstück des Nachbarn in dem einen und das Vorhabengrundstück in dem anderen liegt, der Plan aber für die Gebiete unterschiedliche Arten der baulichen Nutzung bestimmt.[13]

Allerdings ist nicht ausgeschlossen, dass die Gemeinde mit einer Baugebietsfestsetzung den Zweck ver- 10
folgt, auch **„Gebietsnachbarn"** einen Anspruch auf Gebietserhaltung zu verschaffen. Ob einer Baugebietsfestsetzung eine derartige, über die Gebietsgrenze hinausreichende drittschützende Wirkung zukommt, hängt davon ab, ob dies der Wille des Plangebers war. Ein entsprechender **Planungswille der Gemeinde** kann sich der Begründung des Bebauungsplans oder anderen Unterlagen des Planaufstellungsverfahrens entnehmen lassen.[14] Allein der Umstand, dass der Plangeber im Bebauungsplan nachbarschützende Festsetzungen für die in dem Plangebiet gelegenen Grundstücke getroffen hat, genügt nicht, um einen entsprechenden Planungswillen für einen baugebietsübergreifenden Gebietserhaltungsanspruch annehmen zu können. Denn insoweit handelt es sich gerade um einen Ausnahmefall.[15] Die Festsetzung eines eingeschränkten Gewerbegebiets in unmittelbarer Nachbarschaft zu einem allgemeinen Wohngebiet zur Vermeidung unzumutbarer Immissionen genügt für sich genommen ebenfalls nicht als Beleg für einen entsprechenden Willen. Sie erfolgt stattdessen regelmäßig, um den objektiv-rechtlichen planungsrechtlichen Anforderungen an das **Trennungsgebot** (§ 50 BImSchG) zu entsprechen und die **Abwägungsentscheidung** nach § 1 Abs. 7 BauGB umzusetzen.[16]

Ansonsten, dh wenn ein gebietsübergreifender Gebietserhaltungsanspruch nicht bejaht werden kann, be- 11
stimmt sich der Nachbarschutz eines außerhalb der Grenzen des Plangebiets belegenen Grundstückseigentümers nur nach dem in § 15 Abs. 1 Satz 2 BauNVO enthaltenen **Gebot der Rücksichtnahme**. Diesbezüglich ist anerkannt, dass in Bereichen, in denen Baugebiete von unterschiedlicher Qualität und unterschiedlicher Schutzwürdigkeit zusammentreffen, in denen die Grundstücksnutzung mit einer gegenseitigen Pflicht zur Rücksichtnahme belastet ist, der Belästigte Nachteile hinnehmen muss, die er außerhalb eines derarti-

9 BVerwG Beschl. v. 18.12.2007 – 4 B 55.07, juris Rn. 5 f.; OVG Münster Urt. v. 4.5.2016 – 7 A 615/14, juris Rn. 29; OVG Münster Beschl. v. 27.3.2017 – 7 B 223/17, juris Rn. 5; OVG Münster Beschl. v. 28.11.2002 – 10 B 1618/02, BRS 66 Nr. 168, und OVG Münster Beschl. v. 27.3.2017 – 7 B 223/17, juris Rn. 5; VGH München Beschl. v. 31.8.2012 – 14 CS 12.1373 ua, juris Rn. 27 mwN; VGH München Urt. v. 14.7.2006 – 1 BV 03.2179 ua, BauR 2007, 505; VGH München Beschl. v. 12.7.2010 – 14 CS 10.327, juris Rn. 29 ff. mwN; VGH München Beschl. v. 24.3.2009 – 14 CS 08.3017, juris Rn. 29.

10 Zu dieser Bestimmung im Allgemeinen *Berkemann* jM 2014, 209.

11 Vgl. BVerwG Beschl. v. 18.12.2007 – 4 B 55/07, juris Rn. 5 f.; OVG Münster Beschl. v. 27.3.2017 – 7 B 223/17, juris Rn. 5.

12 VGH München Beschl. v. 12.7.2010 – 14 CS 10.327, juris Rn. 31 mwN.

13 Vgl. zu einem solchen Fall VGH Mannheim Beschl. v. 23.6.2016 – 5 S 634/16, juris Rn. 6.

14 VGH München Beschl. v. 31.3.2008 – 1 ZB 07.1062, juris Rn. 11; OVG Koblenz Urt. v. 14.1.2000 – 1 A 11751/99, BauR 2000, 527; OVG Lüneburg Beschl. v. 26.4. 2001 – 1 MB 1190/01, ZfBR 2002, 280.

15 BVerwG Beschl. v. 10.1.2013 – 4 B 48/12, juris Rn. 5, der auch entsprechend deutliche Anhaltspunkte erfordert; VGH München Beschl. v. 24.3.2009 – 14 CS 08.3017, juris Rn. 29.

16 VGH München Beschl. v. 2.5.2016 – 9 ZB 13.2048 ua, juris Rn. 1.

gen Grenzbereichs nicht hinzunehmen müsste.[17] In diesem Rahmen kommt es auf die **konkreten örtlichen Verhältnisse** an.

3. Gebietsprägungserhaltungsanspruch?

12 In der verwaltungsgerichtlichen Rechtsprechung findet sich der Hinweis, dass in § 15 Abs. 1 Satz 1 BauNVO nicht nur das Gebot der Rücksichtnahme (dazu eingehend ab → Rn. 41) verankert sei, sondern auch ein Anspruch auf **Aufrechterhaltung der typischen Prägung eines Baugebiets** (Gebietsprägungserhaltungsanspruch).

13 In der Tat hat das Bundesverwaltungsgericht in der Vergangenheit gelegentlich formuliert, es bestehe ein Anspruch auf Aufrechterhaltung der **gebietstypischen Prägung**, dem § 15 Abs. 1 Satz 1 BauNVO ebenfalls zu dienen bestimmt sei.[18] Hierauf beruft sich das OVG Hamburg in seinem Beschluss vom 4.5.2009[19] wenn es dem Eigentümer eines im Plangebiet gelegenen Grundstücks unabhängig von konkreten Beeinträchtigungen einen kraft Bundesrechts zustehenden Gebietserhaltungsanspruch zuspricht. Auch der VGH Mannheim meint, dass § 15 Abs. 1 Satz 1 BauNVO eine einzelfallbezogene „Feinabstimmung" bezwecke, indem er Anlagen und Nutzungen, die nach der „Grobabstimmung" der §§ 2 bis 14 BauNVO zulässig sind, unter den genannten Voraussetzungen als nicht genehmigungsfähig bewerte.[20] Nach diesem speziellen Gebietsprägungserhaltungsanspruch könne ein allgemein oder ausnahmsweise zulässiges, also im Einklang mit den Vorgaben der Baunutzungsverordnung zur Gebietsart stehendes Vorhaben dennoch unzulässig sein wegen Widerspruchs zur **allgemeinen Zweckbestimmung** des maßgeblichen Baugebiets. Ein solches Vorhaben könne damit vom Nachbarn ohne konkrete und individuelle Betroffenheit abgewehrt werden.

14 Dies ist jedoch abzulehnen. Eine derartige Konstruktion ist zum einen konturenlos und nicht rechtssicher handhabbar und zum anderen nicht erforderlich, weil die Gebietsprägung durch die nach Planungsrecht zulässige Nutzungsart erfolgt und der anerkannte Gebietserhaltungsanspruch, das Gebot der **Gebietsverträglichkeit** (s. dazu ab → Rn. 38) sowie das **Rücksichtnahmegebot** des § 15 BauNVO einen hinreichenden planungsrechtlichen Schutz des Nachbarn gewähren.[21]

4. Keine Ausnahme oder Befreiung möglich

15 Da der Gebietserhaltungsanspruch nur in dem Umfang einen Rechtsschutz gewährt, in dem ein Vorhaben der Art der baulichen Nutzung nach in dem Baugebiet weder **regelmäßig** noch **ausnahmsweise** noch im Wege einer **Befreiung** zulässig ist, ist im jeweiligen Fall zu prüfen, ob die rechtlichen Voraussetzungen für die Erteilung einer Ausnahme oder einer Befreiung vorliegen.[22] Dies gilt auch dann, wenn solche nicht ausdrücklich ausgesprochen worden sind. Denn dann ist zwar ein rechtlicher Fehler gegeben, dieser liegt jedoch allein in einem verfahrensmäßigen Rechtsverstoß; verfahrensrechtliche Fehler kann ein Dritter jedoch grundsätzlich nicht rügen, weil die **Verfahrensbestimmungen** nicht seinem Schutz dienen.[23]

16 **a) Ausnahme zur Art der baulichen Nutzung.** Die Bestimmungen der Baunutzungsverordnung über die zulässigen Nutzungen in den Baugebieten nach den §§ 2 bis 9 BauNVO regeln in den dortigen Absätzen 3, welche Ausnahmen (§ 31 Abs. 1 BauGB) zulässig sind. Die Erteilung einer Ausnahme setzt allerdings stets voraus, dass der Bebauungsplan die Ausnahme dem Grunde nach zulässt, diese also **nicht ausgeschlossen** hat.

---

17 BVerwG Urt. v. 12.12.1975 – IV C 71.73, BRS 29 Nr. 135, und BVerwG Beschl. v. 5.3.1984 – 4 B 171.83, BRS 42 Nr. 66.

18 BVerwG Beschl. v. 13.5.2002 – 4 B 86/01, NVwZ 2002, 1384.

19 2 Bs 154/08, juris Rn. 13.

20 Urt. v. 27.7.2001 – 5 S 1093.00, juris Rn. 39; weitere Hinweise in VG München Urt. v. 17.5.2016 – M 1 K 16.629, juris Rn. 29 ff.

21 Ablehnend auch: VG Ansbach Beschl. v. 13.1.2016 – AN 3 S 15.02436, juris Rn. 46.

22 OVG Münster Urt. v. 25.10.2010 – 7 A 1298/09, BauR 2011, 475.

23 OVG Münster Urt. v. 25.10.2010 – 7 A 1298/09, BauR 2011, 475; VG München Beschl. v. 9.6.2016 – M 11 SN 15.266, juris Rn. 97.

Die Zulassung einer Ausnahme setzt nicht das Vorliegen eines Sonderfalls voraus. Es ist jedoch im Wege einer ergänzenden Prüfung nach der **Gebietsverträglichkeit** (→ Rn. 38) der jeweiligen Nutzung zu fragen. Das Erfordernis der Gebietsverträglichkeit gilt nach der Rechtsprechung des BVerwG auch und insbesondere für die ausnahmsweise Zulassung von Vorhaben. Denn: „*Zwischen der jeweiligen spezifischen Zweckbestimmung des Baugebietstypus und dem jeweils zugeordneten Ausnahmekatalog besteht ein gewollter funktionaler Zusammenhang. Das bedeutet: Die normierte allgemeine Zweckbestimmung ist auch für Auslegung und Anwendung der tatbestandlich normierten Ausnahmen bestimmend.*“[24] In diesem Zusammenhang sind die Anforderungen des jeweiligen Vorhabens an ein Gebiet, die Auswirkungen des Vorhabens auf ein Gebiet und die Erfüllung des spezifischen Gebietsbedarfs von besonderer Bedeutung. Entscheidend ist, ob ein Vorhaben dieser Art generell geeignet ist, ein „**bodenrechtlich beachtliches Störpotenzial**“ zu entfalten, das sich mit der Zweckbestimmung des Baugebiets nicht verträgt. Im Rahmen dieser Beurteilung kommt es nicht auf die konkrete Bebauung in der Nachbarschaft an. So hat etwa das BVerwG in seinem Urteil vom 2.2.2012[25] ein **Krematorium mit Abschiedsraum** in einem Gewerbegebiet für nicht zulässig gehalten. Zwar ist dies eine Anlage für kulturelle Zwecke, die in einem Gewerbegebiet ausnahmsweise zulässig ist, sein Betrieb ist aber mit einem Gewerbegebiet, das von Handel und Produktion gekennzeichnet ist, nicht vereinbar. Das Gericht hob auf die Klage eines Nachbarn die Genehmigung auf. 17

Darüber hinaus darf eine Ausnahme nicht zugelassen werden, wenn das Vorhaben nicht mit § 15 Abs. 1 BauNVO vereinbar ist. Diese Bestimmung gilt nicht nur für Vorhaben, die den Festsetzungen des Bebauungsplans nicht widersprechen, sondern – erst recht – für Vorhaben, die nur im Wege einer **Ausnahme** zugelassen werden können.[26] 18

b) Befreiung hinsichtlich der Art der baulichen Nutzung. Einerseits haben Festsetzungen über die Art der baulichen Nutzung immer nachbarschützenden Charakter, weshalb Genehmigungen unter – nicht durch Ausnahmen überwindbarem – Verstoß gegen solche Festsetzungen jedenfalls „auf den ersten Blick“ den Nachbarn in seinen subjektiven öffentlichen Rechten verletzen; andererseits ist aber stets ergänzend zu prüfen ist, ob „ auf den zweiten Blick“ die Rechtsverletzung durch eine **rechtmäßige Befreiung** (§ 31 Abs. 2 BauGB) vermieden werden konnte. 19

Während die Frage der Zulassung einer Ausnahme dem **Rechtssetzungsakt der Gemeinde** zuzuordnen ist und der Verwaltung auf der Ebene des Verwaltungsvollzugs diesbezüglich nur wenig Gestaltungsraum bleibt, kann die Baugenehmigungsbehörde durch eine **einzelfallbezogene Befreiung** etwaigen Besonderheiten im Einzelfall Rechnung tragen. Dies ist veranlasst, wenn eine schematische Anwendung der Festsetzungen in dem Bebauungsplan zu Ergebnissen führen würde, die in dieser Form mit dem **Willen des Satzungsgebers** nicht vereinbar wären. Anders als dies bei Ausnahmen der Fall ist, kann die Gemeinde, ist der Bebauungsplan erst einmal erlassen, auf die Möglichkeit von Befreiungen keinen Einfluss mehr nehmen. Weil die Möglichkeit einer Befreiung von gesetzlichen Voraussetzungen abhängig ist und der Satzungsgeber sich nicht über das Gesetz stellen kann, kann in dem Bebauungsplan die Zulassung von Befreiungen weder ausgeschlossen noch generell (im Sinne einer großzügigen Handhabung) erlaubt werden. Mittelbare Einflussmöglichkeiten bestehen allerdings insofern, als die Gemeinde in der Begründung des Bebauungsplans ihren Planungswillen zum Ausdruck bringen kann und damit, je nach Sachlage, der Genehmigungsbehörde den Weg zur Bejahung des Merkmals „die Grundzüge der Planung werden nicht berührt“ (§ 31 Abs. 1 Hs. 1 BauGB) erleichtern oder erschweren kann. Eine darüberhinausgehende Einflussnahme auf die Zulassung oder Verweigerung von Befreiungen seitens der Genehmigungsbehörde ist nicht möglich; einschränkende oder lenkende Zusätze wie „soll“ oder „kann“ verbieten sich im Zusammenhang mit planerischen Festsetzungen. 20

Eine Befreiung stellt keine Maßnahme dar, bei der zu entscheiden ist, ob öffentlichen oder privaten Belangen der Vorzug zu geben ist. Im Bereich des Baunachbarrechts geht es auch nicht darum, die privaten Inter- 21

24 BVerwG Urt. v. 28.2.2008 – 4 B 60/07, NVwZ 2008, 786.
25 4 C 14.10, NVwZ 2012, 825.
26 BVerwG Urt. v. v. 25.1.2007 – 4 C 1.06, BVerwGE 128, 118; VGH Mannheim Beschl. v. 6.8.2015 – 3 S 1695/15, juris Rn. 17.

essen des Bauherrn (erst recht nicht: öffentlichen, zB wirtschaftlichen Interessen der Gemeinde) mit denjenigen des Nachbarn abzuwägen und etwa dem Bauvorhaben den Vorzug zu geben, weil dessen Interessen dies verdienen. Denn derartige **Abwägungsvorgänge** sind dem Satzungsgeber des Bebauungsplans vorbehalten, dem allein eine solche **„spezifische planerische Gestaltungsfreiheit“** zusteht.[27] Der Nachbarschutz hat sich vielmehr strikt an den gesetzlichen tatbestandlichen Vorgaben zur Zulässigkeit einer Befreiung zu orientieren.

22 Bei der Befreiung von einer nachbarschützenden Festsetzung wie derjenigen zur Art der baulichen Nutzung ist ein Nachbar immer schon dann in seinen Rechten verletzt, wenn eine der Voraussetzungen des § 31 Abs. 2 BauGB nicht erfüllt ist und deshalb die Befreiung objektiv-rechtlich rechtswidrig ist.[28] Dies gilt unabhängig von einer **spürbaren Beeinträchtigung**. Dieser Rechtsprechung liegt der Gedanke zugrunde, dass der Eigentümer eines im Baugebiet gelegenen Grundstücks aufgrund des **Gebietserhaltungsanspruchs** verlangen kann, dass das Eindringen einer mit dem Charakter nicht zu vereinbarenden Nutzung unterbleibt. Um bereits die Anfänge eines **„Umkippens“ des Gebiets** zu verhindern kann er beanspruchen, dass Befreiungen nur in dem Umfang erteilt werden, die das Gesetz in § 31 Abs. 2 BauGB erlaubt. Der Verstoß gegen die Bestimmung indiziert die (beginnende) Beeinträchtigung seines Gebietserhaltungsanspruchs.

23 **aa) Voraussetzungen nach § 31 Abs. 2 BauGB.** Eine Befreiung stellt eine Abweichung von den **Planungsvorstellungen der Gemeinde** dar, wie sie im Bebauungsplan ihren Niederschlag gefunden haben. Einer Befreiung steht eine solche Abweichung allerdings nicht entgegen, sofern die Grundzüge der Planung beachtet werden. Dem entspricht ein Anspruch des Gebietsansässigen darauf, dass keine Abweichung zugelassen wird, die diese Grundzüge missachtet. Sinn des Kriteriums der Bewahrung der **Grundzüge der Planung** ist es, eine Einhaltung des Bebauungsplans nicht auch dort zu erzwingen, wo die Beachtung dieser Festsetzung wegen der besonderen Situation sinnlos wäre. Deshalb müssen nur die wesentlichen Festsetzungen des Bebauungsplans eingehalten werden, während die weniger gewichtigen Festsetzungen weitgehend zur Disposition der Baugenehmigungsbehörde stehen. Eine exakte Grenzziehung zwischen wesentlichen und unwesentlichen Festsetzungen ist allerdings kaum möglich. „Je tiefer die Befreiung in das Interessengeflecht der Planung eingreift, desto eher liegt der Schluss auf eine Änderung in der Planungskonzeption nahe, die nur im Wege der (Um-)Planung möglich ist.“[29]

24 Mit den Grundzügen der Planung ist die dem Bebauungsplan zugrunde liegende **städtebauliche Konzeption** gemeint, nicht etwa die Planungskonzeption für die ganze Gemeinde. Grundzüge der Planung werden berührt, wenn von den die Planung tragenden Festsetzungen abgewichen werden soll[30] oder bei einer Vielzahl anderer Grundstücke mit derselben Begründung eine Befreiung verlangt werden könnte.[31] Denn dann könnte die Gefahr bestehen, dass die planungsrechtliche Lage auf Dauer „kippt“. In beiden Fällen ist ohne eine Änderung des Bebauungsplans eine Genehmigung nicht möglich.[32]

25 Das Erkennen der Grundzüge der Planung setzt eine **Auslegung des Plans** voraus. Hierfür ist vornehmlich auf den Inhalt, so wie er sich aus der Planurkunde ergibt, abzustellen. Aus den textlichen Festsetzungen und den Planzeichen ist darauf zu schließen, welche **Planungsabsichten** den Ortsgesetzgeber veranlasst haben, die eine oder andere Festsetzung zu treffen. Ergänzend sind die Aufstellungsvorgänge und etwaige andere Erkenntnismittel hinzuzuziehen, sofern sie verlässlichen Aufschluss über die Grundzüge der Planung vermitteln.

27 BVerwG Urt. v. 12.12.1969 – IV C 105.66, BVerwGE 34, 301.
28 BVerwG Beschl. v. 8.7.1998 – 4 B 64.98, NVwZ-RR 1999, 8; BVerwG Beschl. v. 27.8.2013 – 4 B 39.13, BauR 2013, 2011.
29 BVerwG Urt. v. 9.6.1978 – 4 C 54.75, BVerwGE 56, 71; BVerwG Beschl. v. 5.3.1999 – 4 B 5.99, NVwZ 1999, 1110.
30 BVerwG Urt. v. 29.1.2009 – 4 C 16/07, NVwZ 2009, 1103.
31 BVerwG Beschl. v. 5.3.1999 – 4 B 5/99, NVwZ 1999, 1110.
32 BVerwG Beschl. v. 20.11.1989 – 4 B 163/89, NVwZ 1990, 556.

Im Rahmen der Einzelfallprüfung kann bedeutsam sein, ob der Plangeber das Baugebiet „**kompromisslos**" gestalten wollte, zB ein festgesetztes reines Wohngebiet von allen gewerblichen und sonstigen Nutzungen freihalten wollte. Eine solche Annahme liegt insbesondere nahe, wenn der Plangeber von der Möglichkeit Gebrauch gemacht hat, gemäß § 1 Abs. 6 Nr. 1 BauNVO sämtliche der in § 3 Abs. 3 BauNVO vorgesehenen ausnahmsweise zulässigen Nutzungen auszuschließen. In einem solchen Fall kann zB schon die Errichtung einer einzelnen gewerblichen Anlage unter Berücksichtigung ihrer Auswirkungen auf die nähere Umgebung, die Grundzüge der Planung berühren.[33] 26

Zeigen sich – etwa erst aus Anlass eines Bauvorhabens oder einer Nachbareinwendung dagegen – Mängel der Planung, ist die Befreiung nicht das Mittel, diese zu beseitigen. Einerseits ist der **Abwägungsvorgang** in der Planungsphase der Ort, solche Erwägungen anzustellen, und führen Mängel zur Unwirksamkeit des Plans. Andererseits setzt eine Befreiung ihrerseits einen wirksamen Plan voraus, von dessen unwirksamen Festsetzungen schon begrifflich nicht – auch nicht „hilfsweise" – befreit werden kann. 27

Gründe des Wohls der Allgemeinheit im Sinne von § 31 Abs. 2 Nr. 1 BauGB erfordern nach der Rechtsprechung des Bundesverwaltungsgerichts[34] dann eine Befreiung, wenn vernünftigerweise eine Abweichung vom Bebauungsplan geboten ist. Eine unabweisbare Notwendigkeit ist nicht erforderlich. 28

Die Regelung des § 31 Abs. 2 Nr. 2 BauGB, nach der eine Befreiung zulässig ist, wenn ein Abweichen vom Bebauungsplan **städtebaulich vertretbar** ist, soll nach dem Willen des Gesetzgebers[35] „Einengungen bei den Befreiungsmöglichkeiten beseitigen, die durch die bisherige Rechtsprechung entstanden sind". Vertretbar ist grundsätzlich jede Bebauung, die gemäß den Grundsätzen des § 1 Abs. 5 bis 7 BauGB im Bebauungsplan hätte festgesetzt werden können.[36] 29

Eine Befreiung wegen **offensichtlich nicht beabsichtigter Härte** nach § 31 Abs. 2 Nr. 3 BauGB ist zulässig, wenn das Grundstück wegen seiner besonderen Verhältnisse bei Einhaltung des Bebauungsplans nicht oder nur schwer bebaut werden kann und diese Beschränkung nicht durch die Zielsetzung des Bebauungsplans gefordert wird.[37] Für die Zulässigkeit einer Befreiung sind nur objektive, grundstücksbezogene Umstände bedeutungsvoll, nicht dagegen die persönlichen oder wirtschaftlichen Verhältnisse des jeweiligen Bauherrn.[38] Für die Art der baulichen Nutzung hat diese Alternative kaum Bedeutung. 30

Ob eine offensichtlich nicht beabsichtigte Härte vorliegt, unterliegt voller **verwaltungsgerichtlicher Kontrolle**.[39] Alle drei Alternativen des § 31 Abs. 2 BauGB erlauben nur dann eine Befreiung, wenn die Abweichung auch unter **Würdigung nachbarlicher Interessen** mit den öffentlichen Belangen vereinbar ist. 31

Die nachbarlichen Interessen sind „zu würdigen", dh gerecht **mit- und gegeneinander abzuwägen**. Sie stehen einer Befreiung nicht von vornherein entgegen. Daher kommt eine Befreiung auch dann in Betracht, wenn der Nachbar durch die Abweichung stärker beeinträchtigt wird als durch ein dem Bebauungsplan entsprechendes Bauvorhaben. Der Interessenausgleich zwischen Bauherrn und Nachbarn hat unter Berücksichtigung der Grundsätze zum **Gebot der Rücksichtnahme** zu erfolgen.[40] 32

Eine **Beeinträchtigung öffentlicher Belange** durch das geplante Vorhaben kann nur im Rahmen einer Bebauungsplanänderung durch Abwägung aller betroffener Belange gelöst werden, nicht durch eine Einzelentscheidung nach § 31 Abs. 2 BauGB. 33

---

33 BVerwG Beschl. v. 29.7.2008 – 4 B 11.08, BauR 2009, 78; VGH München Urt. v. 9.8.2007 – 25 B 05.3055, BRS 71 Nr. 76; OVG Münster Urt. v. 17.12.2008 – 10 A 3000/07, juris Rn. 80.
34 Urt. v. 9.6.1978 – IV C 54.75, BVerwGE 56, 71, und Beschl. v. 5.2.2004 – 4 B 110/03, BRS 67 Nr. 86.
35 BT-Drs. 10/4630, 85.
36 BVerwG Urt. v. 19.9.2002 – 4 C 13/01, BVerwGE 117, 50.
37 BVerwG Urt. v. 9.6.1978 – IV C 54.75, BVerwGE 56, 71.
38 BVerwG Urt. v. 14.2.1991 – 4 C 51/87, NJW 1991, 2783.
39 BVerwG Urt. v. 9.6.1978 – IV C 54.75, BVerwGE 56, 71.
40 BVerwG Urt. v. 19.9.1986 – 4 C 8/84, NVwZ 1987, 409.

34 **bb) Befreiung und Gebietsverträglichkeit.** Auch und gerade für Befreiungen gilt das Gebot der **Beachtung der Gebietsverträglichkeit** (→ Rn. 38). Gerade weil ein Vorhaben in Rede steht, das vom Verordnungsgeber weder als allgemein noch als ausnahmsweise zulässig eingestuft wurde, ist die Gefahr besonders groß, dass auf dem Wege einer Befreiung ein Fremdkörper in das Baugebiet hineingetragen wird.

5. Der Gebietserhaltungsanspruch in einem im Zusammenhang bebauten Ortsteil (§ 34 BauGB)

35 **a) Homogenes Baugebiet.** Das Bundesverwaltungsgericht hat in seinem Urteil vom 16.9.1993[41] die dort entwickelten Grundsätze auf den Bereich ausgedehnt, in denen ein im Zusammenhang bebauter Ortsteil im Sinne des § 34 BauGB besteht und in dem die nähere Umgebung einen der Gebiete der Baunutzungsverordnung entspricht (**faktisches Baugebiet**). In Konsequenz daraus gilt für den Rechtsschutz eines Dritten das zu dem Rechtsschutz in einem beplanten Gebiet Gesagte. Denn dann ersetzt das Faktische den Bebauungsplan, und auch in einem nach § 34 Abs. 2 BauGB zu beurteilenden Gebiet bilden, so die Rechtsprechung, die Grundstückseigentümer eine **Schicksalsgemeinschaft** und stehen untereinander in einem Austauschverhältnis. Die Gleichstellung geplanter und faktischer Baugebiete im Sinne der Baunutzungsverordnung hinsichtlich der Art der baulichen Nutzung bewirkt nämlich konsequenterweise, dass in diesem Umfang auch ein identischer Nachbarschutz schon vom Bundesgesetzgeber festgelegt worden ist.[42]

36 Weil § 34 Abs. 2 Hs. 2 BauGB bestimmt, dass in einem Baugebiet nach § 34 Abs. 2 BauGB iVm der Baunutzungsverordnung auf die nach der Verordnung ausnahmsweise zulässigen Vorhaben § 31 Abs. 1 BauGB, im Übrigen § 31 Abs. 2 BauGB entsprechend anzuwenden ist, gelten die oben beschriebenen Aussagen zu **Ausnahmen** und Befreiungen entsprechend, allerdings mit der Einschränkung, dass naturgemäß Gesichtspunkte wie „Grundzüge der Planung" mangels einer in einem Bebauungsplan zum Ausdruck gekommenen Planung schwerlich geprüft werden können.

37 **b) Gemengelage.** In einer **Gemengelage**, also einem Bereich, der keinem der Baugebiete nach der Baunutzungsverordnung zugeordnet werden kann, gelten die dargestellten Grundsätze über den Gebietserhaltungsanspruch nicht, weil nicht durch die Homogenität die Schicksalsgemeinschaft und das Austauschverhältnis der dinglich Berechtigten begründet wird. In solchen Bereichen hat für das Baunachbarrecht das **Rücksichtnahmegebot** besondere Bedeutung. Dieses ist in dem in § 34 Abs. 1 BauGB ausgesprochenen **Einfügungsgebot** enthalten.[43]

III. Baugebietsverträglichkeit

38 Nach der Rechtsprechung des Bundesverwaltungsgerichts (Urteil vom 21.3.2002[44]) enthalten die Bestimmungen über die Zulässigkeit von Vorhaben in den Baugebieten das ungeschriebene Tatbestandsmerkmal der **Baugebietsverträglichkeit.** Denn der Verordnungsgeber wolle durch Zuordnungen von Nutzungen zu Baugebieten diese oft gegenläufigen Ziele zu einem schonenden Ausgleich im Sinne überlegter Städtebaupolitik bringen.[45] Dieses Ziel könne nur erreicht werden, wenn die vom Verordnungsgeber dem jeweiligen Baugebiet zugewiesene **Zweckbestimmung** den Charakter des Gebietes eingrenzend bestimme.

39 Das Merkmal der Baugebietsverträglichkeit bedeutet, dass das Vorhaben der Eigenart des jeweiligen Baugebiets entsprechen muss, andernfalls ist es – obwohl die Nutzung bei wortgetreuer Lesart zulässig wäre – unzulässig. Insoweit erlangt die allgemeine Zweckbeschreibung in dem jeweiligen ersten Absatz der Baugebietsvorschriften (§§ 2 bis 9 BauNVO) besondere Bedeutung. Insofern ist von Bedeutung, welche Vorha-

41 4 C 28/91, DVBl 94, 284.

42 BVerwG Urt. v. 16.9.1993 – 4 C 28/91, DVBl 94, 284; BVerwG Beschl. v. 18.12.2007 – 4 B 55.07, BRS 71 Nr. 68; OVG Münster Urt. v. 28.2.2012 – 7 A 2444/09, BRS 79 Nr. 171.

43 St. Rspr. seit BVerwG Urt. v. 13.3.1981 – 4 C 1/78, DÖV 1981, 672.

44 4 C 1/02, NVwZ 2002, 1118.

45 BVerwG Urt. v. 12.12.1996 – 4 C 17.95, BVerwGE 102, 351.

ben in dem Baugebiet bei **typisierender Betrachtung** zulässig sind.[46] Das gilt in besonderem Maße für die nur ausnahmsweise zulassungsfähigen Nutzungsarten.[47]

Beispiel:[48] „Gewerbegebiete zeichnen sich dadurch aus, dass in ihnen gearbeitet wird. Nach dem Leitbild der BauNVO sind sie den produzierenden und artverwandten Nutzungen vorbehalten [...]. Ob eine Feuerbestattungsanlage diesem Leitbild widerspricht, wenn in ihr nur der technische Vorgang der Verbrennung stattfindet, kann offen bleiben; denn sie ist zumindest dann nicht gewerbegebietstypisch, wenn sie wie hier und wohl allgemein üblich über eine Pietätshalle verfügt, in der die Hinterbliebenen von dem Verstorbenen Abschied nehmen können. Der traditionelle Standort eines Krematoriums ist – von möglichen Ausnahmen abgesehen – das Friedhofsgelände (*Gröschner*, Menschenwürde und Sepulkralkultur in der grundgesetzlichen Ordnung, S. 55). Friedhöfe sind üblicherweise Orte der Ruhe, des Friedens und des Gedenkens an die Verstorbenen. Sie bieten das kontemplative Umfeld, in das eine pietätvolle Totenbestattung nach herkömmlicher Anschauung und Erwartungshaltung einzubetten ist. Im Gegensatz zu Friedhöfen sind Gewerbegebiete nicht durch Stille und Beschaulichkeit, sondern durch werktägliche Geschäftigkeit geprägt. Deshalb sind Krematorien jedenfalls dann, wenn sie mit Räumlichkeiten für Trauerfeierlichkeiten ausgestattet sind, für Gewerbegebiete nicht charakteristisch."[49] 40

IV. Rücksichtnahmegebot nach § 15 BauNVO

Das **Rücksichtnahmegebot** findet im beplanten Innenbereich seine gesetzliche Ausformung in § 15 BauNVO.[50] Im unbeplanten Innenbereich wird § 15 BauNVO entsprechend angewandt. 41

1. Anwendungsbereich

Die Bestimmung ist nur für die Art der baulichen Nutzung, nicht auch auf das Maß der baulichen Nutzung anwendbar. Allerdings können nach dem Wortlaut der Vorschrift bauliche Anlagen auch ihrem Umfang nach der Eigenart des Baugebietes widersprechen. Das bedeutet aber nicht, dass § 15 Abs. 1 BauNVO auch die Maßfestsetzungen ergänzt. Vielmehr geht die Vorschrift davon aus, dass im Einzelfall **Quantität in Qualität** umschlagen kann, dass also die Größe einer baulichen Anlage die Art der baulichen Nutzung erfassen kann.[51] Allerdings dürfte die Bedeutung solcher Fälle eher gering sein. Denkbar ist etwa, dass eine besonders große Vergnügungsstätte den Charakter des Gebiets verändert,[52] wobei das Überschreiten der Grenze zur Großflächigkeit (800 m^2) bereits von Rechts wegen zu einer anderen Art der baulichen Nutzung führt (vgl. § 11 Abs. 3 S. 1 Nr. 2 BauNVO). 42

2. Eigenart des Baugebiets

Die **Eigenart des Baugebiets** ergibt sich nicht allein aus den typisierenden Regelungen der Baunutzungsverordnung, sondern ist auch unter Berücksichtigung der konkreten örtlichen Situation zu bestimmen.[53] Bei unbeplanten Gebieten im Sinne von § 34 Abs. 2 BauGB, in denen aufgrund der Verweisung die Bestim- 43

46 BVerwG Beschl. v. 20.12.2005 – 4 B 71/05, juris Rn. 7; BVerwG Urt. v. 29.4.1992 – BVerwG 4 C 43.89, BVerwGE 90, 140.

47 Vgl. BVerwG Urt. v. 18.11.2010 – 4 C 10/09, juris Rn. 39.

48 Aus BVerwG Beschl. v. 20.12.2005 – 4 B 71/05, juris Rn. 8 f.; bestätigt durch BVerwG Urt. v. 2.2.2012 – 4 C 14/10, NVwZ 2012, 825.

49 Siehe auch: VG Düsseldorf Urt. v. 22.11.2017 – 28 K 13645/16, juris Rn. 77.

50 S. *Petz* ZfBR 2015, 644.

51 BVerwG Urt. v. 16.3.1995 – 4 C 3.94, BRS 57 Nr. 175; VGH München Beschl. v. 9.12.2015 – 15 CS 15.1935, juris Rn. 20.

52 OVG Münster Urt. v. 10.4.2002 – 10 A 2939/00, juris Rn. 78, unter Hinweis auf BVerwG Urt. v. 16.3.1995 – 4 C 3.94, BRS 57 Nr. 175.

53 BVerwG Urt. v. 16.3.1995 – 4 C 3.94, NVwZ 1995, 899, und BVerwG Beschl. v. 16.12.2008 – 4 B 68.08, juris Rn. 4.

mung ebenfalls anzuwenden ist, ist auf den sich aus den örtlichen Verhältnissen ergebenden besonderen **Gebietscharakter des konkreten Baugebiets** abzustellen.[54]

3. Keine Verpflichtung zur Vermeidung jeglicher Beeinträchtigung

44 Das **Gebot der Rücksichtnahme** beinhaltet nicht die Verpflichtung, jede Beeinträchtigung eines Nachbarn zu vermeiden. Sofern eine Baugenehmigung mit den Planfestsetzungen übereinstimmt, besteht im Allgemeinen kein nachbarlicher Abwehranspruch unter Berufung auf das Gebot der Rücksichtnahme. Denn die hierfür maßgeblichen Erwägungen müssen bereits in den einen rechtsgültigen Bebauungsplan voraussetzenden Abwägungsvorgang eingeflossen sein; ansonsten ist der Plan ungültig. Grundsätzlich kann davon ausgegangen werden, dass der Satzungsgeber ein den Festsetzungen entsprechendes Vorhaben als zumutbar angesehen hat. Diese Entscheidung darf nicht über § 15 Abs. 1 BauNVO korrigiert werden.[55] Insofern ist das Rücksichtnahmegebot von der vorausgegangenen Entscheidung gleichsam „**aufgezehrt**".[56]

4. Würdigung des Einzelfalls

45 Die aufgrund des Gebotes der Rücksichtnahme zu stellenden Anforderungen an ein Vorhaben hängen von den Umständen des jeweiligen **Einzelfalls** ab. Dabei gilt: Je verständlicher und unabweisbarer die mit dem Vorhaben verfolgten Interessen sind, umso weniger braucht derjenige, der das Vorhaben verwirklichen will, Rücksicht zu nehmen. Je empfindlicher und schutzwürdiger die Stellung desjenigen ist, dem die Rücksichtnahme des Bauherrn im gegebenen Zusammenhang zu Gute kommt (also dem Nachbarn), umso mehr kann dieser an Rücksichtnahme verlangen. Abzustellen ist darauf, was einerseits dem Rücksichtnahmeverpflichteten und andererseits dem Rücksichtnahmebegünstigten nach Lage der Dinge zuzumuten ist.[57] Berechtigte Belange muss keiner zurückstellen, um gleichwertige fremde Belange zu schonen.

5. Maßstab bei Immissionen

46 Sind von einem Vorhaben **Immissionen** zu erwarten, ist das Kriterium der Zumutbarkeit in der Regel anhand der Grundsätze und Begriffe des Bundes-Immissionsschutzgesetzes auszufüllen. Denn dieses bestimmt die Grenze der Zumutbarkeit von **Umwelteinwirkungen** für Nachbarn und damit das Maß der gebotenen Rücksichtnahme mit Wirkung auch für das Baurecht allgemein. Immissionen, die das nach § 5 Abs. 1 Nr. 1 BImSchG zulässige Maß nicht überschreiten, begründen auch unter dem Gesichtspunkt des baurechtlichen Rücksichtnahmegebots keine Abwehr- oder Schutzansprüche. Ob Belästigungen im Sinne des Immissionsschutzrechts erheblich sind, richtet sich nach der konkreten Schutzwürdigkeit und Schutzbedürftigkeit der betroffenen Rechtsgüter. Soweit Immissionen auf schutzbedürftige Nutzungen treffen, ist zu berücksichtigen, in welchem Maße die Umgebung schutzwürdig ist und ob tatsächliche oder planerische **Vorbelastungen** vorhanden sind. Ist der Standort schon durch Belästigungen in einer bestimmten Weise vorgeprägt, so vermindern sich entsprechend die Anforderungen des Rücksichtnahmegebots.[58]

6. Abwehrrecht des Verbreiters von Emissionen

47 Daneben muss aber auch demjenigen, der **Emissionen** verbreitet, dafür Raum zur Verfügung gestellt werden, in dem seine Anlage in ihrem Bestand und Betrieb vor Überforderungen durch störungsempfindliche Nachbarn geschützt ist (Gesichtspunkt der heranrückenden Wohnbebauung). Denn ist die Grundstücksnutzung aufgrund der konkreten örtlichen Gegebenheiten mit einer spezifischen gegenseitigen Pflicht zur Rücksichtnahme belastet, führt dies nicht nur zu einer Pflichtigkeit desjenigen, der Immissionen verursacht, sondern auch zu einer Duldungspflicht desjenigen, der sich solchen Immissionen aussetzt.[59] Insofern hat

54 BVerwG Beschl. v. 16.12.2008 – 4 B 68.08, juris Rn. 4.
55 OVG Münster Beschl. v. 19.1.2009 – 10 B 1687/08, BRS 74 Nr. 29.
56 BVerwG Urt. v. 12.9.2013 – 4 C 8.12, BRS 81 Nr. 99; BVerwG Beschl. v. 27.12.1984 – 4 B 278.84, BRS 42 Nr. 183; OVG Münster Beschl. v. 21.12. 2006 – 7 B 2193/06, BRS 70 Nr. 181.
57 BVerwG Urt. v. 23.9.1999 – 4 C 6.98, NVwZ 2000, 1050.
58 Vgl. nur OVG Münster Urt. v. 15.8.1996 – 7 A 1727/93, juris Rn. 47 mwN.
59 BVerwG Urt. v. 29.11.2012 – 4 C 8/11, NVwZ 2013, 372.

das Gebot der Rücksichtnahme nicht nur die Aufgabe, **schädliche Umwelteinwirkungen** von einer störanfälligen Nutzung fernzuhalten, sondern auch, emittierende Betriebe in ihrer Existenz zu sichern. In diesem Sinne fügt sich ein Vorhaben in die Eigenart der unmittelbaren Umgebung nicht ein, wenn es sich schädlichen Umwelteinwirkungen aussetzt, etwa zu nahe an einen vorhandenen emittierenden Betrieb heranrückt. Auf die Unzulässigkeit eines solchen Vorhabens kann sich deshalb auch der Betreiber berufen, von dessen vorhandenem Betrieb die kritischen Immissionen ausgehen.[60] Allerdings fügt sich ein Wohnvorhaben, was die von ihm hinzunehmenden gewerblichen Immissionen angeht, in die vorbelastete Eigenart der näheren Umgebung ein, wenn es nicht stärkeren Belastungen ausgesetzt sein wird als die bereits vorhandene Wohnbebauung. Die gewerbliche Nutzung braucht folglich gegenüber der **hinzukommenden (heranrückenden) Wohnnutzung** nicht mehr Rücksicht zu nehmen als gegenüber der bereits vorhandenen Wohnnutzung.[61]

Der Maßstab dessen, was eine zu einer empfindlichen Nutzung hinzukommende gewerbliche Nutzung oder 48 die zu einem Lärm emittierenden Betrieb hinzukommende störempfindliche Nutzung hinzunehmen hat, ergibt sich aus der TA Lärm.[62] Das Ziel der Einhaltung der Grenzwerte nach der TA Lärm kann unter Umständen durch die Beifügung von **Nebenbestimmungen** erzielt werden. Dabei sind allerdings die unter → *Lärm, allgemein* Rn. 42 dargestellten Gesichtspunkte zur Zulässigkeit und Beachtlichkeit von **Auflagen** zu beachten.

Das Abwehrrecht des emittierenden Betriebes wird nicht dadurch geschmälert, dass der Bauherr sich „frei- 49 willig" in die Nähe des Emittenten begibt oder sich mit **passiven Schutzmaßnahmen** (zB Schallschutzmaßnahmen) – die keine zulässige Maßnahmen im Rahmen einer architektonischen Selbsthilfe darstellen – einverstanden erklärt. „Denn das Bauplanungsrecht regelt die Nutzbarkeit der Grundstücke in öffentlichrechtlicher Beziehung auf der Grundlage objektiver Umstände und Gegebenheiten mit dem Ziel einer möglichst dauerhaften städtebaulichen Ordnung und Entwicklung. Das schließt es aus, das bei objektiver Betrachtung maßgebliche Schutzniveau auf das Maß zu senken, das der lärmbetroffene Bauwillige nach seiner persönlichen Einstellung bereit ist hinzunehmen (…)."[63]

7. Hinreichende Bestimmtheit des genehmigten Vorhabens

Geht aus der Genehmigung nicht hinreichend deutlich hervor, welche Art von Nutzung genehmigt ist, und 50 liegt innerhalb des möglicherweise rechtlich Zulässigen eine Nutzungsart, die einen Gebietserhaltungsanspruch auslösen würde, verstößt die Genehmigung gegen das allgemeine **Rücksichtnahmegebot**. Zwar hat ein Nachbar keinen materiellen Anspruch darauf, dass der Bauantragsteller einwandfreie und vollständige Bauvorlagen einreicht.[64] Nachbarrechte können aber dann verletzt sein, wenn infolge der **Unbestimmtheit** einer Baugenehmigung bzw. der Unvollständigkeit, Unrichtigkeit bzw. Uneindeutigkeit der Bauvorlagen Gegenstand und Umfang der Baugenehmigung nicht eindeutig festgestellt und deshalb nicht ausgeschlossen werden kann, dass das genehmigte Vorhaben gegen nachbarschützendes Recht verstößt.[65]

60 VG Düsseldorf Beschl. v. 12.10.2015 – 9 L 1357/15, Rn. 30, unter Berufung auf BVerwG Urt. v. 23.9.1999 – 4 C 6.98, NVwZ 2000, 1050; BVerwG Beschl. v. 5.9.2000 – 4 B 56.00, NVwZ-RR 2001, 82; OVG Münster Beschl. v. 2.2.1999 -10 B 2558/98, juris Rn. 44.

61 BVerwG Beschl. v. 5.3.1984 – 4 B 171.83, BRS 42 Nr. 66; Beschl. v. 3.12.2009 – 4 C 5.09, BRS 74 Nr. 32.

62 BVerwG Urt. v. 29.11.2012 – 4 C 8/11, NVwZ 2013, 372.

63 Aus: BVerwG Urt. v. 29.11.2012 – 4 C 8/11, NVwZ 2013, 372.

64 VG München Beschl. v. 13.8.2019 – M 8 SN 19.2706, juris Rn. 43.

65 VG München Beschl. v. 13.8.2019 – M 8 SN 19.2706, juris Rn. 43; VGH München Urt. v. 20.5.1996 – 2 B 94.1513, BayVBl. 1997, 405 f.; VGH München Beschl. v. 5.12.2001 – 26 ZB 01.1775 – juris Rn. 11 mwN; VGH Mannheim Beschl. v. 23.11.2017 – 3 S 1933/17 – juris Rn. 8.

46. Gefahr drohende Anlagen

Voß

Literatur: *Baur*, Der Beseitigungsanspruch nach § 1004 BGB, AcP 160 (1961), 465; *Baur*, Bürgerliches Recht. Arbeitsrecht, JZ 1973, 560; *Dehner*, Erddruck als Eigentumsverletzung?, NZM 2005, 172; *Herrmann*, Der Störer nach § 1004 BGB. Zugleich eine Untersuchung zu den Verpflichteten der §§ 907, 908 BGB, 1987; *Hodes*, Das Trümmergrundstück in nachbarrechtlicher Sicht, NJW 1954, 1345; *Horst*, Ausgewählte Fragen zum nachbarlichen Grundstücksgebrauch, MDR 1998, 685; *Pleyer*, Die Haftung des Eigentümers für Störungen aus seinem Eigentum, AcP 156 (1957), 291; *Roth*, Der bürgerlich-rechtliche Aufopferungsanspruch, in: Roth/Lemke/Krohn, Der bürgerlich-rechtliche Aufopferungsanspruch als Problem der Systemgerechtigkeit im Schadensersatzrecht, 2001, 1; *Süss*, Die verschuldensunabhängige Haftung analog § 906 Absatz 2 Satz 2 BGB, 1998, 69; *Stickelbrock*, Angleichung zivilrechtlicher und öffentlich-rechtlicher Haftungsmaßstäbe beim Störerbegriff des § 1004 BGB, AcP 197 (1997), 456; *Stollenwerk*, Gefahrdrohende Anlagen im Nachbarrecht nach § 907 Bürgerliches Gesetzbuch, DWW 1995, 275; *Stollenwerk*, Drohender Gebäudeeinsturz im Nachbarrecht, VersR 1998, 559; *Werneburg*, Das Nachbarrecht bei Grundstücksbauanlagen und Vertiefungen, GrundE 1928, 1112.

I. Einleitendes

1 Zeichnet sich bereits im Vorfeld ab, dass Gebäude, Bauwerksteile oder ähnliche menschlich geschaffene Anlagen mit Sicherheit das Eigentum am Nachbargrundstück in unzulässiger Weise beeinträchtigen werden, so stehen dem Nachbarn nach dem Willen des BGB-Gesetzgebers besondere Rechtsschutzmöglichkeiten jenseits der Grundsätze der §§ 1004, 906 BGB zu. Aus Gründen der Schadensprävention hat er in § 907 BGB ein vorverlagertes Schutzsystem normiert, nach dem derartige Gefahr drohende Anlagen bereits vor Beginn der Störung abgewehrt werden können[1] und die **Beseitigung der Anlage selbst als Störungsursache** verlangt werden kann. Wenngleich dem spezialgesetzlichen Abwehranspruch des § 907 BGB seit der Ausdehnung des allgemeinen negatorischen Rechtsschutzes des § 1004 BGB auf drohende Erstgefahren in zeitlicher Hinsicht kein separater Anwendungsbereich verbleibt (dazu → Rn. 13), resultiert aus seinem weitergehenden Anspruchsinhalt doch eine fortdauernde eigenständige Funktion. Errichtung und Betrieb gefahrträchtiger Anlagen können daneben auch monetäre Entschädigungsansprüche auslösen.

1 Zur gesetzgeberisch intendierten Vorverlagerung des Schutzes gegenüber dem negatorischen Beseitigungs- und Unterlassungsanspruch aus § 1004 BGB siehe Mot. III, S. 294 f.; erläuternd *Ring* in NK-BGB § 907 Rn. 3.

II. Begriff der Gefahr drohenden Anlage iSd § 907 BGB

Einen solchen vorbeugenden Rechtsschutz gewährt der Gesetzgeber für Gefahr drohende Anlagen, dh für solche Anlagen, von denen mit Sicherheit vorauszusehen ist, dass ihr Bestand oder ihre Benutzung eine unzulässige Einwirkung auf das nachbarliche Grundstück zur Folge haben wird (vgl. § 907 Abs. 1 S. 1 BGB). 2

1. Anlage

Unter den regelungskontextualen Anlagenbegriff des § 907 BGB, der nicht mit dem Anlagenterminus der §§ 1020 bis 1022, 1028, 1037 Abs. 2 BGB gleichzusetzen ist,[2] fallen alle **von Menschen geschaffene Werke, denen eine gewisse Dauer und Selbstständigkeit zukommt.**[3] 3

a) Exemplarische Fälle. Auch wenn die so definierte Begrifflichkeit in erster Linie Bauwerke sowie Teile derselben umfasst, kommt es für die Einordnung als Anlage auf die Unbeweglichkeit der Sache, also auf eine feste, die Bestandteileigenschaft der Anlage iSd § 94 BGB begründende Verbindung, nicht an.[4] Vielfach wird aber zumindest eine **gewisse tatsächliche Verbindung mit dem Grundstück** gefordert.[5] Der Schutzzweck der Norm deckt diese Einschränkung indes nicht; von beweglichen Anlagen können in gleicher Weise sicher vorhersehbare Gefahren drohen wie von ortsfesten, solange sie nur für eine gewisse Dauer aufgestellt sind (wie bspw. fahrbare Bienenstände).[6] 4

Als Anlagen werden außerdem **Grundstücksteile** klassifiziert, die künstlich geschaffen oder genutzt werden;[7] das betrifft neben Brunnen, Gräben und Teichen auch Aufschüttungen von Schlamm- oder Erdmassen.[8] Rein natürliche Grundstücksgegebenheiten, wie etwa Felsüberhänge, unterfallen hingegen nicht dem Anlagenbegriff des § 907 BGB,[9] ebenso wenig Straßenerhöhungen.[10] Für Bodenvertiefungen stellt § 909 BGB eine vorrangige Spezialregelung auf. Hingegen werden wasserrechtliche Anlagen grundsätzlich von § 907 BGB umfasst, wenngleich die Voraussetzung der unzulässigen Einwirkung (dazu → Rn. 7 ff.) insoweit vielfach abschließend durch landesrechtliche Spezialnormen geregelt wird.[11] 5

b) Bäume und Sträucher nach Abs. 2. Aus dem Anlagenbegriff des § 907 BGB explizit ausgenommen sind nach Abs. 2 der Norm Bäume und Sträucher. Dem gleichgestellt werden auch Hecken,[12] Efeu oder 6

---

2 Siehe auch *Brückner* in MüKoBGB § 907 Rn. 3. Der Begriff stimmt auch weder mit dem Anlagenbegriff des § 3 Abs. 5 BImSchG (*Saller* in Grziwotz/Lüke/Saller NachbarR-HdB 3. Teil Rn. 158 (Fn. 516)) noch mit dem der „Einrichtung“ iSd § 921 BGB (*Ring* in NK-BGB § 907 Rn. 15; *Roth* in Staudinger BGB § 907 Rn. 10) überein.

3 Vgl. BGH Urt. v. 30.4.1965 – V ZR 17/63, BB 1965, 1125, juris Rn. 15 (Garagen); *Fritzsche* in BeckOK BGB § 907 Rn. 4; *Roth* in Staudinger BGB § 907 Rn. 12; *Vieweg/Regenfus* in jurisPK-BGB § 907 Rn. 13.

4 *Brückner* in MüKoBGB § 907 Rn. 4; *Roth* in Staudinger BGB § 907 Rn. 14; iE auch RG Urt. v. 9.2.1905 – VI 168/04, RGZ 60, 138 (140).

5 RG Urt. v. 30.4.1902 – V 52/02, RGZ 51, 251 (253); in diesem Sinne auch *Herrler* in Palandt BGB § 907 Rn. 1; *Ring* in NK-BGB § 907 Rn. 15; *Saller* in Grziwotz/Lüke/Saller NachbarR-HdB 3. Teil Rn. 158.

6 So insbes. *Roth* in Staudinger BGB § 907 Rn. 14; siehe auch *Brückner* in MüKoBGB § 907 Rn. 2; *Vieweg/Regenfus* in jurisPK-BGB § 907 Rn. 14.

7 RG Urt. v. 4.11.1931 – V 204/31, RGZ 134, 231 (234 f.); so auch *Brückner* in MüKoBGB § 907 Rn. 5; anders hingegen BGH Urt. v. 21.2.1980 – III ZR 185/78, NJW 1980, 2580 (2581).

8 Zu diesen und weiteren Beispielen *Horst* MDR 1998, 685 (687).

9 RG Urt. v. 4.11.1931 – V 204/31, RGZ 134, 231 (234); OLG München Urt. v. 29.9.2005 – 1 U 2278/05, BeckRS 2005, 30363564; *Brückner* in MüKoBGB § 907 Rn. 5; *Roth* in Staudinger BGB § 907 Rn. 13; *Baur* AcP 160 (1961), 465 (479).

10 So die überwiegende Ansicht der Rspr., siehe etwa RG Urt. v. 30.4.1902 – V 52/02, RGZ 51, 251 (253); BGH Urt. v. 11.10.1973 – III ZR 159/71, NJW 1974, 53; Urt. v. 20.5.1976 – III ZR 103/74, NJW 1976, 1840; Urt. v. 21.2.1980 – III ZR 185/78, NJW 1980, 2580; OLG Hamm Urt. v. 9.10.2017 – 5 U 146/16, BeckRS 2017, 148519; so auch *Brückner* in MüKoBGB § 907 Rn. 5; *Fritzsche* in BeckOK BGB § 907 Rn. 4. Anders hingegen *Lorenz* in Erman BGB § 907 Rn. 3; *Roth* in Staudinger BGB § 907 Rn. 24.

11 *Brückner* in MüKoBGB § 907 Rn. 8; *Roth* in Staudinger BGB § 907 Rn. 16. Vgl. auch OLG Oldenburg Urt. v. 8.11.1957 – 1 U 76/57, NJW 1958, 1096 (Wasserleitungen).

12 *Fritzsche* in BeckOK BGB § 907 Rn. 4; *Dehner* B § 17, 3 Fn. 8a.

wilder Wein[13] sowie Weinstöcke bzw. Weinberge.[14] Ratio dieser Bereichsausnahme ist es, Wertungswidersprüche zu den **Abwehransprüchen der §§ 910, 911, 923 BGB sowie zu den Landesnachbargesetzen** zu vermeiden.[15] Auch für die ausgenommenen Gewächse können allerdings negatorische Ansprüche aus § 1004 BGB resultieren, betrifft die Ausnahme doch lediglich den speziellen Abwehranspruch des § 907 BGB.[16]

2. Unzulässige Einwirkungen

7 **a) Begriff und typische Fälle von Einwirkungen.** Unzulässige Einwirkungen auf Nachbargrundstücke, wie sie von Anlagen iSd § 907 BGB mit Sicherheit zu erwarten sein müssen, umfassen nach den allgemeinen eigentumsrechtlichen Vorschriften, insbes. den §§ 903, 905, 906 BGB, **Grobimmissionen wie auch Imponderabilien**, wobei stets positive, die Grundstücksgrenze überschreitende Einwirkungen durch sinnlich wahrnehmbare Stoffe drohen müssen.[17] Das umfasst – wie bei der Eigentumsbeeinträchtigung iSd § 1004 BGB[18] – Geräusche, Gerüche und Lichtreflexe ebenso wie Wasserzuflüsse, Bodenverseuchungen oder auch Infektionen durch Insektenstiche.

8 Hingegen sind Anlagen, die das Nachbargrundstück, etwa durch Entziehung von Licht, Luft oder Aussicht, aber etwa auch durch Abschattung von Funkwellen, lediglich in **negativer oder ideeller Weise** beeinträchtigen, grundsätzlich zu dulden.[19] Derartige negative Immissionen wertet die Rechtsprechung bisweilen allerdings unter Rückgriff auf das nachbarrechtliche Gebot der Rücksichtnahme (dazu näher → *Nachbarrechtliches Gemeinschaftsverhältnis* Rn. 1) als Grundlage eines restriktiv verstandenen Unterlassungsanspruchs; ein solcher Anspruch setzt voraus, dass die Einwirkungen in wirtschaftlich zumutbarer Weise hätten vermieden werden können, mit der störenden Anlage üblicherweise nicht zu rechnen war und der gestörte Nachbar durch die Auswirkungen der Anlage unzumutbare Schäden erleidet.[20]

9 **b) Unzulässigkeit nach öffentlich-rechtlichen und privatrechtlichen Vorschriften.** Wann eine Einwirkung als unzulässig zu gelten hat, bemisst sich nach den allgemeinen Vorschriften des öffentlichen Rechts und des Privatrechts, insbes. nach den eigentumsrechtlichen Normen **§§ 903–906 BGB sowie dem Landesnachbarrecht**. Soweit landesrechtliche Vorschriften bestimmte Einwirkungen adressieren, ohne dabei Untersagungen vorzusehen, sind diese Einwirkungen auch im Rahmen des § 907 BGB als zulässig zu erachten.[21] Genügt eine Anlage, etwa im Hinblick auf Abstandsflächen oder sonstige Schutzmaßnahmen, den landesgesetzlichen Vorschriften, stehen dem Nachbarn Abwehrrechte erst dann zu, wenn tatsächlich eine unzulässige Einwirkung auftritt.[22]

---

13 *Roth* in Staudinger BGB § 907 Rn. 18; *Vieweg/Regenfus* in jurisPK-BGB § 907 Rn. 40.
14 BGH Urt. v. 16.2.2001 – V ZR 422/99, VersR 2001, 1251.
15 *Roth* in Staudinger BGB § 907 Rn. 18.
16 BGH Urt. v. 12.12.2003 – V ZR 98/03, NJW 2004, 1035 (1036); siehe auch BGH Urt. v. 20.9.19 – V ZR 218/18, MDR 2020, 25 (26); *Brückner* in MüKoBGB § 907 Rn. 6.
17 *Brückner* in MüKoBGB § 907 Rn. 11; *Lorenz* in Erman BGB § 907 Rn. 4.
18 Explizite Gleichsetzung der Maßstäbe bei *Fritzsche* in BeckOK BGB § 907 Rn. 6; ähnlich auch *Roth* in Staudinger BGB § 907 Rn. 20.
19 RG Urt. v. 8.1.1920 – VI 349/19, RGZ 98, 15 (17); BGH Urt. v. 21.10.1983 – V ZR 166/82, NJW 1984, 729; Urt. v. 21.2.1991 – IX ZR 133/90, NJW 1991, 1615; Urt. v. 11.7.2003 – V ZR 199/02, NJW-RR 2003, 1313; OLG Frankfurt a. M. Urt. v. 27.10.1988 – 16 U 117/87, NJW-RR 1989, 464.
20 BGH Urt. v. 22.2.1991 – V ZR 308/89, BGHZ 113, 384 (389) (Kaltluftsee); siehe auch *Roth* in Staudinger BGB § 907 Rn. 26.
21 So etwa für wild abfließendes Niederschlagswasser BGH Urt. v. 12.11.1999 – V ZR 229/98, NJW-RR 2000, 537 (538) mwN; OLG Hamm Urt. v. 5.3.2012 – I-5 U 160/11, NVwZ-RR 2012, 510 (Ls.); *Fritzsche* in BeckOK BGB § 307 Rn. 7; *Vieweg/Regenfus* in jurisPK-BGB § 907 Rn. 27.
22 Näher zu § 907 Abs. 1 S. 2 BGB → Rn. 20. Siehe auch BGH Urt. v. 20.9.2019 – V ZR 218/18, WuM 2019, 719, juris Rn. 18; *Herrler* in Palandt BGB § 907 Rn. 1.

3. Maßstab der sicheren Voraussehbarkeit

Die Abwehrmöglichkeiten des Nachbarn im Hinblick auf Gefahr drohende Anlagen setzen zeitlich vor dem Anwendungsbereich des allgemeinen negatorischen Anspruchs des § 1004 BGB an und lassen es genügen, dass von der Anlage mit Sicherheit vorauszusehende unzulässige Einwirkungen auf das Nachbargrundstück drohen. Dieser Maßstab erfordert einen **über die bloße Möglichkeit hinausgehenden Grad an Wahrscheinlichkeit**, aufgrund dessen die Einwirkung nach der allgemeinen Lebenserfahrung bei gewöhnlichem Verlauf der Dinge mit Sicherheit eintritt,[23] wenn auch keine absolute mathematische Gewissheit.[24] Nach dieser Maßgabe erfasst § 907 BGB nur Anlagen, die voraussehbar bereits bei gewöhnlichem Betrieb bzw. kraft ihres bloßen Vorhandenseins schädigend auf das Nachbargrundstück einwirken, nicht aber Anlagen, von denen nur bei Fehlgebrauch oder Betriebsstörungen unzulässige Beeinträchtigungen auszugehen drohen.[25] 10

Die **Rechtsprechung** hat ein derartiges Wahrscheinlichkeitsurteil etwa bejaht bei Sand- und Schlammmassen im Hinblick auf drohende Windverwehungen,[26] bei Garagen, die notwendigerweise die (nicht von einer Dienstbarkeit gedeckte) Benutzung des Nachbargrundstücks erfordern,[27] oder auch bei öffentlichen Toiletten hinsichtlich drohender Geruchsimmissionen.[28] 11

Abhilfemaßnahmen des Störers können der sicheren Vorhersehbarkeit entgegenstehen. Im Hinblick auf Gefahren, die erst aus dem Betrieb der Anlage resultieren, lässt etwa die Abgabe einer strafbewehrten Unterlassungserklärung des Inhalts, der Störer werde die gefahrträchtige Nutzung der Anlage nicht aufnehmen, die sichere Gefahrträchtigkeit entfallen.[29] 12

III. Abwehranspruch nach § 907 Abs. 1 BGB

Gegenüber derartigen Gefahr drohenden Anlagen gewährt § 907 BGB dem Grundstückseigentümer einen vorbeugenden Unterlassungs- und Beseitigungsanspruch, der als positivierter Sonderfall des allgemeinen negatorischen Anspruchs des § 1004 BGB der Abwehr von noch nicht eingetretenen, sich aber sicher abzeichnenden Einwirkungen dienen soll.[30] Gegenüber den Abwehransprüchen aus § 1004 BGB wird der beeinträchtigte Nachbar nach der gesetzgeberischem Intention durch diesen vorbeugenden Anspruch **in doppelter Hinsicht privilegiert**: durch **zeitliche Vorverlagerung der Abwehrrechte** sowie durch **Abwehrmöglichkeiten unmittelbar gegen den Bestand der Anlage**. Die zeitliche Differenzierung zu § 1004 BGB ist allerdings weitgehend eingeebnet, seit die Rechtsprechung den allgemeinen negatorischen Unterlassungsanspruch auch auf die bloß drohende Erstgefahr erstreckt.[31] Da die Maßstäbe für solche Erstbegehungsgefahren iSd § 1004 Abs. 1 BGB niedriger angesetzt werden als die engen Anforderungen an die sichere Voraussehbarkeit iSd § 907 Abs. 1 S. 1 BGB (zu diesem Maßstab → Rn. 10 ff.), erweist sich die praktische Bedeutung der speziellen Abwehrnorm heute als gering. Noch immer geht § 907 BGB aber insoweit über den allgemeinen Beseitigungs- und Unterlassungsanspruch des § 1004 Abs. 1 BGB hinaus, als die Norm auch Rechtsschutz unmittelbar gegen den Bestand der Anlage, dh auf Unterlassen der Errichtung 13

23 Vgl. RG Urt. v. 9.12.1931 – V 228/31, RGZ 134, 254 (255 f.); BGH Urt. v. 11.2.1955 – V ZR 134/54, WM 1955, 99; *Vieweg/Regenfus* in jurisPK-BGB § 907 Rn. 33.

24 BGH Urt. v. 11.2.1955 – V ZR 134/54, WM 1955, 99; *Ring* in NK-BGB § 907 Rn. 28; *Roth* in Staudinger BGB § 907 Rn. 27.

25 RG Urt. v. 13.6.1906 – V 589/05, RGZ 63, 374 (378); BGH Urt. v. 7.3.1969 – V ZR 169/65, NJW 1969, 1208; Urt. v. 11.7.2003 – V ZR 199/02, NJW-RR 2003, 1313 (1314).

26 RG Urt. v. 9.2.1905 – VI 168/04, RGZ 60, 138 (140).

27 BGH Urt. v. 30.4.1965 – V ZR 17/63, WM 1965, 1009 (1011).

28 RG v. 10.7.1900 – 2 ZS 126/1900, JW 1900, 639; einschränkend insoweit *Vieweg/Regenfus* in jurisPK-BGB § 907 Rn. 37.

29 *Roth* in Staudinger BGB § 907 Rn. 34; siehe auch *Vieweg/Regenfuß* in jurisPK BGB § 907 Rn. 59.

30 Mot. III, S. 294 f. Siehe dazu auch *Brückner* in MüKoBGB § 907 Rn. 2; *Ring* in NK-BGB § 907 Rn. 3.

31 AllgM, siehe nur exemplarisch BGH Urt. v. 17.9.2004 – V ZR 230/03, NJW 2004, 3701 (3702); BayObLG Beschl. v. 23.4.1987 – 2 Z 134/86, NJW-RR 1987, 1040; OLG Zweibrücken Urt. v. 4.2.1992 – 8 U 103/91, NJW 1992, 1241; OLG Koblenz Urt. v. 18.1.2001 – 5 U 619/00, NJW-RR 2002, 1031.

einer Anlage oder auf deren Beseitigung gewährt, und nicht lediglich auf Verhinderung der Anlagennutzung zielt.

14 Verstößt die Anlage allerdings gegen Vorschriften der Landesbauordnungen, die Schutzgesetze iSd § 823 Abs. 2 BGB darstellen, kann eine solche Beseitigung der Anlage ebenso im Wege des quasinegatorischen Unterlassungsanspruchs nach §§ 1004 Abs. 1 S. 1 iVm 823 Abs. 2 BGB erreicht werden, ohne dass die engen Anspruchsvoraussetzungen des § 907 BGB vorliegen müssten.[32] Exemplarisch genannt sei etwa die (der Musterbauordnung entsprechende) Vorschrift des § 12 Abs. 1 S. 1 BauO NRW, nach der jede bauliche Anlage im Ganzen und in ihren einzelnen Teilen sowie für sich allein standsicher sein muss. Dabei fallen auch unter den bauordnungsrechtlichen Begriff der baulichen Anlage nicht allein mit dem Erdboden verbundene, aus Bauprodukten hergestellte Anlagen (also insbes. Gebäude), sondern etwa auch Aufschüttungen und Abgrabungen.[33]

1. Vorrangige Spezialvorschriften

15 § 907 BGB ist unanwendbar, soweit vorrangige sondergesetzliche Regelungen abschließend bestimmen, was als unzulässige Einwirkung auf das Nachbargrundstück anzusehen ist. Das betrifft insbes. wassernachbarrechtliche Vorschriften wie **§ 37 WHG**, der den natürlichen Ablauf wild abfließenden Wassers auf ein tiefer liegendes Grundstück gestattet.[34] Für einsturzgefährdete Gebäude trifft **§ 908 BGB** eine Sonderregelung, die das Abwehrrecht des Nachbarn nicht an die sichere Voraussehbarkeit der unzulässigen Beeinträchtigung (dh des Gebäudeeinsturzes) knüpft.

2. Unzulässige Einwirkungen auf das Nachbargrundstück

16 § 907 Abs. 1 S. 1 BGB setzt voraus, dass durch Bestand oder Benutzung der Anlage unzulässige Einwirkungen im og Sinne (→ Rn. 7 ff.) auf ein Nachbargrundstück mit Sicherheit zu erwarten sind. Als **Nachbargrundstück** versteht die Rechtsprechung dabei nicht nur die unmittelbar an die Anlage angrenzenden, sondern alle Grundstücke, die im Gefahrenbereich der Anlage liegen und potenziell deren Einwirkungen ausgesetzt sind.[35] Irrelevant ist dabei, ob die Einwirkung bereits ohne Hinzutreten einer menschlichen Tätigkeit durch den bloßen Bestand der Anlage (wie bspw. bei Feuchtigkeit immitierenden Teichen oder Windverwehungen aufgrund von Sandaufschüttungen) oder erst durch die Benutzung der Anlage (bspw. bei einer Sprengstofffabrik)[36] droht. Soweit einzelne der möglichen Benutzungsarten durch Grunddienstbarkeiten o.ä. dingliche Rechte gedeckt sind und insoweit keine unzulässige Einwirkung darstellen,[37] scheidet ein Beseitigungsanspruch nach § 907 Abs. 1 S. 1 BGB indes aus; möglich bleibt allerdings eine Abwehr der nicht gestatteten Nutzungsformen nach § 1004 Abs. 1 S. 2 BGB.[38]

3. Anspruchsinhaber und Anspruchsgegner

17 **Inhaber des Abwehranspruchs** nach § 907 Abs. 1 S. 1 BGB sind neben dem in der Norm explizit genannten Eigentümer (im Hinblick auf die nahe Verwandtschaft mit § 1004 BGB) auch die Inhaber der sonst negatorisch geschützten Rechte, dh Nießbraucher (§ 1065 BGB), Erbbauberechtigte (§ 11 ErbbauRG), Inhaber von Grunddienstbarkeiten und beschränkt persönlichen Dienstbarkeiten (§§ 1027, 1090 BGB) sowie

32 OLG Frankfurt Urt. v. 26.2.2013 – 25 U 162/12, NJW-RR 2013, 793 (793 f.); dazu auch *Brückner* in MüKoBGB, 8. Aufl. 2020, § 907 Rn. 2.

33 S. nur § 2 Abs. 1 S. 2 Nr. 1 MBauO.

34 BGH Urt. v. 12.11.1999 – V ZR 229/98, NJW-RR 1999, 537 (538); Urt. v. 9.5.2019 – III ZR 388/17, juris Rn. 26.

35 RG Urt. v. 21.4.1941 – V 103/40, RGZ 167, 14 (21) (zu § 909 BGB); OLG Düsseldorf Urt. v. 14.3.2007 – I-18 U 163/06, VersR 2008, 1377 (obiter); ebenso *Bassenge* in Palandt BGB § 907 Rn. 1; *Ring* in NK-BGB § 907 Rn. 2; *Roth* in Staudinger BGB § 907 Rn. 11.

36 RG Urt. v. 15.12.1920 – V 348/20, RGZ 101, 102 (104 f.); RG Urt. v. 16.2.1922 – VI 601/21, RGZ 104, 81 (82 f.).

37 BGH Urt. v. 30.4.1965 – V ZR 17/63, juris Rn. 15 (Grunddienstbarkeit zum „Gehen und Fahren" rechtfertigt nicht die Benutzung des belasteten Grundstücks als Garagenvorplatz).

38 *Roth* in Staudinger BGB § 907 Rn. 32; *Vieweg/Werner* in jurisPK-BGB § 907 Rn. 44.

Dauerwohnberechtigte gem. § 34 Abs. 2 WEG.[39] Teilweise wird dafür plädiert, den Abwehranspruch des § 907 Abs. 1 S. 1 BGB analog **auch auf den bloßen Besitzer**, insbes. Mieter und Pächter, zu erstrecken, habe der Gesetzgeber deren Rechtsschutz nach §§ 858, 862 BGB doch dem Eigentumsschutz nach § 1004 BGB vergleichbar konzipiert.[40] Jedenfalls aber besteht die Möglichkeit einer entsprechenden Ausübungsermächtigung des Besitzers durch den Eigentümer.[41]

Anspruchsverpflichteter ist der Störer, also derjenige, dem die (drohende) Beeinträchtigung als **Handlungs- oder Zustandsstörer iSd § 1004 Abs. 1 S. 1 BGB** zuzurechnen ist.[42] Neben dem Eigentümer des (potenziell zukünftig) störenden Grundstücks kann dies auch der die Anlage betreibende oder errichtende Grundstücksbesitzer bzw. -nutzer, etwa ein Mieter, Pächter oder Nießbraucher, sein.[43] Aus vollstreckungsrechtlichen Erwägungen ist der Anspruch in diesen Fällen **zweckmäßigerweise sowohl gegen den Betreiber der Anlage als auch gegen den Grundstückseigentümer** geltend zu machen.[44] 18

Wird eine gefährliche Anlage (zB nach **Stilllegung**) nicht mehr genutzt, kann grundsätzlich der Grundstückseigentümer als Störer in Anspruch genommen werden.[45] Anderes gilt nur, wenn sich die Anlage infolge von Einwirkungen durch Naturgewalten oder von dritter Seite nicht mehr im Ursprungszustand ihrer Herstellung befindet, die von ihr ausgehende Beeinträchtigung also nicht einmal mittelbar auf den Willen des Eigentümers zurückzuführen ist; in diesen Fällen (etwa bei Trümmergrundstücken nach Bombeneinwirkungen) wird seitens der Rechtsprechung bereits der Anlagenbegriff verneint.[46] 19

4. Präklusionswirkung bei öffentlich-rechtlichen Anlagen

Obgleich der Abwehranspruch des § 907 BGB grundsätzlich auch gegenüber öffentlich-rechtlichen Anlagen besteht, wird er insoweit vielfach durch Normen des öffentlichen Rechts ausgeschlossen oder begrenzt, die in ihrem Regelungsbereich den **privatrechtlichen Immissionsschutz modifizieren** und den gestörten Nachbarn zur Duldung der von der Anlage ausgehenden Beeinträchtigungen verpflichten (die ggf. Entschädigungsansprüche auslöst). Zu nennen sind insoweit insbes. die Legalisierungswirkung des § 14 S. 1 BImSchG für unanfechtbar genehmigte Anlagen iSd Immissionsschutzrechts, daneben auch unanfechtbare Planfeststellungsbeschlüsse nach § 75 Abs. 2 S. 1 VwVfG sowie wasserrechtliche Vorschriften (s. § 16 Abs. 1 S. 2 WHG, § 21 Abs. 1 S. 1 WaStrG).[47] Soweit die Beeinträchtigung gar von hoheitlichen Maßnahmen droht, ist § 907 BGB ohnehin unanwendbar.[48] 20

5. Rechtsfolgen

a) Anspruchsinhalt: Unterlassung oder Beseitigung. Seinem Inhalt nach richtet sich der Anspruch nach § 907 Abs. 1 S. 1 BGB auf **Beseitigung einer bestehenden gefährlichen Anlage** oder im Vorfeld auf **Unterlassung ihrer Errichtung**. Im Vorfeld entsteht der Unterlassungsanspruch nicht erst mit Baubeginn, sondern bereits zu dem Zeitpunkt, in dem mit der Errichtung der Anlage ernstlich zu rechnen ist (etwa mit 21

---

39 Vgl. RG Urt. v. 28.12.1904 – V 272/04, RGZ 59, 326 (327); BGH Urt. v. 11.2.1955 – V ZR 134/54, WM 1955, 998 (999); zur Nähe zu § 1004 BGB in diesem Kontext *Fritzsche* in BeckOK BGB § 907 Rn. 12; vgl. auch *Herrler* in Palandt BGB § 907 Rn. 2.

40 *Brückner* in MüKoBGB § 907 Rn. 23; *Roth* in Staudinger BGB § 907 Rn. 6; *Vieweg/Regenfus* in jurisPK-BGB § 907 Rn. 10. Anders hingegen RG Urt. v. 28.12.1904 – V 272/04, RGZ 59, 326 (327); OLG Bamberg Urt. v. 9.12.1998 – 8 U 53-98, NZM 1999, 1004 (1005); *Herrler* in Palandt BGB § 907 Rn. 2; *Lorenz* in Erman BGB § 907 Rn. 5; *Saller* in Grziwotz/Lüke/Saller NachbarR-HdB 3. Teil Rn. 172.

41 *Herrler* in Palandt BGB § 907 Rn. 2.

42 *Roth* in Staudinger BGB § 907 Rn. 8; *Ring* in NK-BGB § 907 Rn. 11.

43 RG Urt. v. 9.2.1905 – VI 168/04, RGZ 60, 138; vgl. auch *Roth* in Staudinger BGB § 907 Rn. 8 mwN.

44 *Brückner* in MüKoBGB § 907 Rn. 25; *Roth* in Staudinger BGB § 907 Rn. 47.

45 *Ring* in NK-BGB § 907 Rn. 14; *Roth* in Staudinger BGB § 907 Rn. 10.

46 OLG Hamm Urt. v. 20.1.1953 – 5 U 194/53, NJW 1954, 273; OLG Köln Urt. v. 22.6.1956 – 4 U 57/56, NJW 1956, 1564; so auch *Ring* in NK-BGB § 907 Rn. 14; *Saller* in Grziwotz/Lüke/Saller NachbarR-HdB 3. Teil Rn. 174.

47 Eingehend zum Ganzen *Roth* in Staudinger BGB § 906 Rn. 19–28.

48 OLG München Urt. v. 29.9.2005 – 1 U 2278/05, BeckRS 2005, 30363564.

Einreichen der Baupläne bei der Genehmigungsbehörde).[49] Auch bei einer bereits bestehenden Anlage kann sich der gestörte Nachbar – als Minus zu ihrer Beseitigung – allerdings damit begnügen, die Unterlassung ihrer Inbetriebnahme oder der Betriebsfortsetzung zu verlangen.[50]

22 **b) Modifikation bei Einhaltung landesrechtlicher Vorschriften (§ 907 Abs. 1 S. 2 BGB).** § 907 Abs. 1 S. 2 BGB schränkt den Beseitigungsanspruch für die Fälle ein, in denen eine Anlage den landesgesetzlichen Vorschriften genügt; die Beseitigung der Anlage kann dann entgegen den Grundsätzen des Satzes 1 der Norm erst verlangt werden, wenn unzulässige Einwirkungen tatsächlich eintreten (**Einschränkung des Beseitigungsanspruchs**). Ratio dieses Vorbehalts zugunsten landesrechtlicher Regelungen[51] ist die Erwägung, dass bereits die Beachtung derartiger Vorgaben eine Gewähr für das Ausbleiben unzulässiger Störungen bietet; dem Nachbarn wird deshalb zugemutet, den tatsächlichen Eintritt befürchteter schädlicher Einwirkungen abzuwarten.[52] Entgegen dem Wortlaut der Norm greift diese Einschränkung auch für den vorbeugenden Anspruch auf Unterlassung der Herstellung einer Gefahr drohenden Anlage; Unterlassung kann nur verlangt werden, wenn bereits im Vorfeld feststeht, dass der erforderliche Grenzabstand oder andere Schutzvorschriften nicht eingehalten werden.[53]

23 Nach dem Grundgedanken des § 907 Abs. 1 S. 2 BGB unterfallen der Norm – unabhängig von einem etwaigen drittschützenden Charakter – solche Vorschriften, bei deren Einhaltung die Verhinderung der fraglichen störenden Einwirkungen grundsätzlich erwartet werden kann.[54] Das umfasst öffentlich-rechtliche wie privatrechtliche Normen insbes. des **Nachbar- und Bauordnungsrechts**, aber auch feuerpolizei- oder gesundheitsrechtlicher Art.[55] Die historische bedingte[56] Einschränkung auf landesrechtliche Vorschriften ist heute nach allgemeiner Meinung gegenstandslos; auf **bundesrechtliche Normen** entsprechenden Inhalts ist § 907 Abs. 1 S. 2 BGB analog anzuwenden.[57]

24 **c) Unverjährbarkeit des Anspruchs gem. § 924 BGB.** Die Abwehransprüche des § 907 Abs. 1 BGB unterliegen gem. § 924 BGB nicht der Verjährung, denn sie entstehen fortwährend neu.[58]

6. Prozessuales

25 **a) Beweislast.** Nach überwiegend vertretener Auffassung trifft den Anspruchssteller die Darlegungs- und Beweislast für sämtliche Voraussetzungen des Abwehranspruchs des § 907 BGB, **einschließlich der Unzulässigkeit der mit Sicherheit zu erwartenden Einwirkungen**.[59] Damit divergiert die Beweislastverteilung – wohl wegen des Ausnahmecharakters des § 907 BGB – von den im Rahmen des § 906 BGB geltenden

49 Vgl. OLG München Urt. v. 11.1.1954 – 5 U 1736/53, NJW 1954, 513 (514); *Roth* in Staudinger BGB § 907 Rn. 37; *Vieweg/Regenfus* in jurisPK-BGB § 907 Rn. 43; *Dehner* B § 17 III Fn. 50.

50 RG Urt. v. 16.2.1922 – VI 601/21, RGZ 104, 81; *Roth* in Staudinger BGB § 907 Rn. 38; anders offenbar *Brückner* in MüKoBGB § 907 Rn. 19, der für derartige bloße Unterlassungsansprüche auf § 1004 BGB verweist.

51 Diese Restriktion wird teils als Modifikation der Anspruchsvoraussetzungen verstanden (*Fritzsche* in BeckOK BGB § 907 Rn. 11; *Vieweg/Regenfus* in jurisPK-BGB § 907 Rn. 3), teils hingegen als Modifikation der Fälligkeit (*Ring* in NK-BGB § 907 Rn. 41; *Roth* in Staudinger BGB § 907 Rn. 43).

52 Krit. insoweit zu Recht *Roth* in Staudinger BGB § 907 Rn. 39.

53 OLG München Urt. v. 11.1.1954 – 5 U 1736/53, NJW 1954, 513 (514); *Ring* in NK-BGB § 907 Rn. 44; *Roth* in Staudinger BGB § 907 Rn. 39.

54 Prot. III, S. 159; vgl. auch OLG München Urt. v. 11.1.1954 – 5 U 1736/53, NJW 1954, 513 (514); *Brückner* in MüKoBGB § 907 Rn. 21; *Roth* in Staudinger BGB § 907 Rn. 41.

55 Im Einzelnen siehe *Roth* in Staudinger BGB § 907 Rn. 41.

56 Vgl. Art. 124 EGBGB.

57 Siehe nur exemplarisch *Brückner* in MüKo BGB § 907 Rn. 22; *Ring* in NK-BGB § 907 Rn. 43.

58 Dazu im Einzelnen *Baur* JZ 1973, 560. Freilich ist die Regelung des § 924 BGB bei diesem Verständnis überflüssig, da Abwehransprüche bei situativen Zustandsstörungen ohnehin nicht verjähren (dazu *Fritzsche* in BeckOK BGB § 924 Rn. 1; siehe auch *Brückner* in MüKoBGB § 924 Rn. 1).

59 BGH Urt. v. 11.2.1955 – V ZR 134/54, WM 1955, 998 (999); OLG Hamm Urt. v. 19.3.1981 – 5 U 140/80, AgrarR 1981, 317; *Bassenge* in Palandt BGB § 907 Rn. 1; *Lorenz* in Erman BGB § 907 Rn. 5; *Ring* in NK-BGB § 907 Rn. 49.

Grundsätzen.[60] Der Anspruchsgegner bleibt aber hinsichtlich der Anspruchspräklusion durch öffentlich-rechtliche Genehmigung (insbes. nach § 14 S. 1 BImSchG) sowie für die Einhaltung landes- und bundesgesetzlicher Vorschriften iSd § 907 Abs. 1 S. 2 BGB beweisbelastet.[61]

b) Klageantrag und Urteilstenor. Je nachdem, ob die gefährliche Anlage bereits vorhanden oder ihre Errichtung lediglich geplant ist, tenoriert das Gericht die – nach § 887 ZPO oder bisweilen nach § 888 ZPO zu vollstreckende – Verpflichtung zur Beseitigung der Anlage oder verurteilt zum Unterlassen der Herstellung der Anlage (vollstreckbar nach § 890 BGB). Bei Personenverschiedenheit von Grundstückseigentümer und Anlagenbetreiber ist aus vollstreckungsrechtlichen Gründen ggf. ein Titel gegen beide zu erwirken (dazu → Rn. 18). Stellt der Kläger einen auf Beseitigung der Anlage nach § 907 BGB gerichteten Antrag, so kann das Gericht gleichwohl ohne Verstoß gegen den *ne ultra petita*-Grundsatz des § 308 ZPO aus dem **allgemeinen Störungsbeseitigungsanspruch des § 1004 Abs. 1 BGB** verurteilen, wenn lediglich dessen Voraussetzungen, nicht aber die des § 907 BGB erfüllt sind.[62] 26

c) Einstweiliger Rechtsschutz. Angesichts der von gefahrträchtigen Anlagen ausgehenden Risiken ist es möglich und vielfach zweckmäßig, den Abwehranspruch nach § 907 BGB im Wege einstweiligen Rechtsschutzes geltend zu machen. Dabei geht der Unterlassungsanspruch auf vorläufige Nichterrichtung der Anlage bzw. (nach Baubeginn) auf einstweilige Einstellung der Bauarbeiten.[63] Wegen sonst drohender Vorwegnahme der Hauptsache richtet sich der im Wege einer einstweiligen Verfügung verfolgte Beseitigungsanspruch hingegen nicht auf Beseitigung der Anlage selbst, sondern regelmäßig auf **vorläufige Einstellung der Nutzung**. Anderes kann nur gelten, wenn bereits der Bestand der Anlage die unzulässige Einwirkung sicher voraussehbar begründet.[64] 27

IV. Negatorischer Abwehranspruch nach § 1004 Abs. 1 BGB

1. Bedeutung des Anspruchs bei gefahrträchtigen Anlagen

Abwehransprüche gegen den Betrieb Gefahr drohender Anlagen können sich daneben auch aus § 1004 Abs. 1 BGB ergeben, der zu dem Beseitigungs- und Unterlassungsanspruch nach § 907 BGB in **Anspruchskonkurrenz** steht.[65] Da der Unterlassungsanspruch nach § 1004 Abs. 1 S. 2 BGB nach mittlerweile einhelliger Auffassung auch Erstbegehungsgefahren umfasst, ohne dabei eine sichere Vorhersehbarkeit der Störung nach dem strengen Maßstab des § 907 BGB zu verlangen (dazu → Rn. 10 ff.), knüpft der allgemeine negatorische Anspruch entgegen der Intention des historischen Gesetzgebers heute zeitlich früher an als die speziell auf gefährliche Anlagen zugeschnittene Norm des § 907 BGB.[66] Auf Rechtsfolgenseite gewährt § 1004 BGB allerdings kein dem § 907 BGB ebenbürtiges Schutzniveau, weil die Norm nicht die Beseitigung der Anlage selbst, sondern **nur die Unterlassung der Beeinträchtigung** verlangt, wobei dem Störer die Wahl einer konkret geeigneten Maßnahme überlassen bleibt;[67] eine solche Maßnahme wird sich typischerweise in der Einstellung der Benutzung der Anlage oder auch der Umgestaltung des Anlagenbetriebs 28

60 Krit. insoweit *Roth* in Staudinger BGB § 907 Rn. 45; ebenso *Vieweg/Regenfus* in jurisPK-BGB § 907 Rn. 56.

61 RG Urt. v. 16.2.1922 – VI 601/21, RGZ 104, 81 (84); *Saller* in Grziwotz/Lüke/Saller NachbarR-HdB 3. Teil Rn. 181.

62 *Roth* in Staudinger BGB § 907 Rn. 49 mwN.

63 OLG München Urt. v. 11.1.1954 – 5 U 1736/53, NJW 1954, 513 (514); siehe auch *Brückner* in MüKoBGB § 907 Rn. 29.

64 *Saller* in Grziwotz/Lüke/Saller NachbarR-HdB 3. Teil Rn. 184; *Roth* in Staudinger BGB § 907 Rn. 50.

65 AllgM, siehe nur exemplarisch OLG Köln Urt. v. 3.5.1995 – 2 U 135/94, juris Rn. 3 f.; *Roth* in Staudinger BGB § 907 Rn. 3; *Vieweg/Regenfus* in jurisPK-BGB § 907 Rn. 50.

66 So auch OLG Brandenburg Urt. v. 21.6.2012 – 5 U 77/11, juris Rn. 94; *Roth* in Staudinger BGB § 907 Rn. 3, Rn. 27.

67 Zum Wahlrecht des Störers statt vieler BGH Urt. v. 17.12.1982 – V ZR 55/82, NJW 1983, 751 (752); BGH Urt. v. 12.12.2003 – V ZR 98/03, NJW 2004, 1035 (1037).

(etwa durch zusätzliche Sicherungsmaßnahmen) erschöpfen.[68] Im Einzelfall kann sich aber auch der Unterlassungsanspruch des § 1004 Abs. 1 S. 2 BGB auf Entfernung der Anlage selbst richten, wenn nur so der Nichteintritt der drohenden Beeinträchtigung gewährleistet werden kann oder andere Maßnahmen zumindest vernünftigerweise nicht ernsthaft in Betracht kommen.[69]

29 Hat eine gefahrträchtige Anlage bereits Schäden am Nachbargrundstück hervorgerufen, kann sich mitunter die **Abgrenzung zwischen Beseitigungsanspruch** nach § 1004 Abs. 1 S. 1 BGB **und Unterlassungsanspruch** nach S. 2 der Norm als problematisch erweisen. Da § 1004 BGB aber nach Ansicht der Rechtsprechung keinen Anspruch auf Beseitigung der Störungsfolgen (Folgenbeseitigung) gewährt, da andernfalls die Grenzziehung zum deliktischen Schadenersatzanspruch verwischt würde,[70] wird das Anspruchsziel des Gestörten regelmäßig im Unterlassen liegen.[71]

2. Allgemeine Anspruchsvoraussetzungen

30 Tatbestandlich setzt der Unterlassungsanspruch des § 1004 Abs. 1 S. 2 BGB künftige Beeinträchtigungen des Eigentums (oder diesem gleichgestellter beschränkt dinglicher Rechte nach §§ 1027, 1065, 1090 Abs. 2 BGB, § 11 Abs. 1 S. 1 ErbbauRG, oder § 34 Abs. 2 WEG)[72] voraus und lässt dabei – entgegen dem Wortlaut der Norm – bereits die Gefahr einer ersten Störung genügen (sog. vorbeugende Unterlassungsklage). Erforderlich ist – unterhalb des Maßstabs der sicheren Voraussehbarkeit iSd § 907 BGB – lediglich, dass eine **Beeinträchtigung** des nach § 1004 BGB geschützten Rechtsguts **konkret und ernsthaft zu besorgen** ist.[73] Der Anspruch ist ausgeschlossen, wenn der Eigentümer des Nachbargrundstücks (bzw. der sonst dinglich Berechtigte) die drohende Beeinträchtigung zu dulden verpflichtet ist iSd § 1004 Abs. 2 BGB, insbes. aufgrund privatrechtlicher Normen wie den §§ 906 ff. BGB.

3. Anspruchseinschränkungen, insbes. § 907 Abs. 1 S. 2 BGB

31 Neben den allgemeinen Duldungspflichten des § 1004 Abs. 2 BGB und den Besonderheiten öffentlich-rechtlicher Anlagen (dazu → Rn. 20) greift insbes. die **Einschränkung des § 907 Abs. 1 S. 2 BGB**[74] gegenüber Gefahr drohenden Anlagen auch im Rahmen des mit § 907 BGB konkurrierenden Abwehranspruchs nach § 1004 Abs. 1 BGB ein. Denn andernfalls liefe die Ratio der Privilegierung von Anlagen, die im Einklang mit den landesrechtlichen Vorschriften errichtet wurden, weitgehend leer.[75] Auch der Unterlassungsanspruch nach § 1004 Abs. 1 S. 2 BGB greift gegenüber solchen Anlagen deshalb erst dann, wenn eine unzulässige Beeinträchtigung des Nachbargrundstücks tatsächlich eintritt.

32 Hingegen ist der **Ausschlusstatbestand des § 907 Abs. 2 BGB** im Hinblick auf Bäume und Sträucher als rein auf die Vermeidung von Wertungswidersprüchen zu den §§ 910, 911, 923 BGB zielende Sonderrege-

68 Dazu im Einzelnen *Roth* in Staudinger BGB § 907 Rn. 2 mwN; *Vieweg/Regenfus* in jurisPK-BGB § 907 Rn. 6. Auch soweit § 1004 BGB auf Beseitigung der Störungs*ursache* zielt (BGH Urt. v. 4.2.2005 – V ZR 142/04, NJW 2005, 1366; OLG Brandenburg Urt. v. 9.2.2012 – 5 U 29/11, BeckRS 2012, 4307; *Stickelbrock* AcP 197 (1997), 456 (464–466)), meint das nicht notwendig die Anlage insgesamt; Störungsursache ist etwa die Lücke im Damm, durch die Wasser auf ein fremdes Grundstück strömt und die dann zu schließen wäre – nicht aber der gesamte Damm.

69 BGH Urt. v. 12.12.2003 – V ZR 98/03, NJW 2004, 1035 (1037) (grenznaher Baum, dessen Wurzelwerk auf die Garagenwand des Nachbarn drückt); vgl. auch Urt. v. 22.10.1976 – V ZR 36/75, NJW 1977, 146; Urt. v. 11.11.1983 – V ZR 231/82, NJW 1984, 1242.

70 StRspr., siehe nur exemplarisch BGH Urt. v. 1.12.1995 – V ZR 9/94, NJW 1996, 845 (846). Zur problematischen Abgrenzung zum Schadenersatzanspruch *Raff* in MüKoBGB § 907 Rn. 229–241.

71 Zur Abgrenzung von Beseitigung und Unterlassung im Hinblick auf gefahrträchtige Anlagen BGH Urt. v. 12.12.2003 – V ZR 98/03, NJW 2004, 1035 (1036).

72 Siehe den Überblick bei *Berger* in Jauernig BGB § 1004 Rn. 2. Zur Erstreckung des § 907 BGB auf diese Rechtspositionen bereits → Rn. 17.

73 Vgl. BGH Urt. v. 18.9.2009 – V ZR 75/08, NJW 2009, 3787; Urt. v. 8.5.2015 – V ZR 62/14, NJW-RR 2015, 1039 (1040).

74 Zur Anspruchseinschränkung des § 907 Abs. 1 S. 2 BGB bereits → Rn. 22 f.

75 So die ganz hM, siehe nur *Brückner* in MüKoBGB § 907 Rn. 22; *Fritzsche* in BeckOK BGB § 907 Rn. 2; *Roth* in Staudinger BGB § 907 Rn. 4.

lung (dazu → Rn. 6) **nicht verallgemeinerungsfähig**. Abwehransprüche nach § 1004 BGB gegenüber gefahrträchtigen Bäumen, Sträuchern oder vergleichbaren Bepflanzungen bleiben damit möglich.

V. Monetäre Entschädigungsansprüche

Soweit Gefahr drohende Anlagen Schäden am Nachbargrundstück hervorrufen oder – unter engen Voraussetzungen – auch soweit sie entgegen den obigen Grundsätzen ausnahmsweise zu dulden sind, können dem Nachbarn monetäre Ersatzansprüche gegen den schädigenden Anlagenbetreiber oder Grundstückseigentümer zustehen. 33

1. Schadenersatz nach § 823 BGB

Schadenersatzansprüche wegen Beeinträchtigungen seines Grundeigentums können sich für den gestörten Nachbarn insbes. aus § 823 BGB ergeben. Bereits § 907 BGB stellt ein **Schutzgesetz** iSd § 823 Abs. 2 BGB dar.[76] Verstößt die Anlage zudem gegen nachbar- oder baurechtliche Vorschriften iSd § § 907 Abs. 1 S. 2 BGB, so kommen daneben auch diese Normen als verletzte Schutzgesetze in Betracht.[77] Darüber hinaus ist das **dingliche Abwehrrecht** als dem Eigentum entstammendes Recht auch als sonstiges Recht iSd § 823 Abs. 1 BGB geschützt.[78] 34

2. Verschuldensunabhängiger Ausgleichsanspruch analog § 906 Abs. 2 S. 2 BGB

Sofern gegen eine Gefahr drohende Anlage ein Abwehranspruch nach § 907 Abs. 1 BGB tatbestandsmäßig gegeben, der Nachbar aber aus tatsächlichen oder rechtlichen Gründen ausnahmsweise an dessen Geltendmachung gehindert ist, kann ihm ein verschuldensunabhängiger nachbarrechtlicher Aufopferungsanspruch analog § 906 Abs. 2 S. 2 BGB zustehen (dazu näher → *Nachbarrechtliches Gemeinschaftsverhältnis* Rn. 17 ff.).[79] Unter Verweis auf sekundäre Ausgleichsansprüche wird der auf Abwehr gerichtete Anspruch etwa gegenüber (privaten oder öffentlichen) **gemeinwichtigen Anlagen** versagt, dh gegenüber dem öffentlichen Interesse dienenden Betrieben, insbes. aus dem Bereich der Daseinsvorsorge.[80] Daneben sind Fälle denkbar, in denen der Abwehranspruch **rein tatsächlich nicht rechtzeitig durchgesetzt** werden konnte, weil etwa eine abwehrfähige Anlage schuldlos nicht rechtzeitig erkannt wurde.[81] Der subsidiäre Aufopferungsanspruch gewinnt aber nur dann an Bedeutung, wenn mangels Verschuldens die Voraussetzungen eines deliktischen Schadenersatzanspruchs nicht erfüllt sind.[82] Auch bleibt für ihn neben dem speziellen Schadenersatzanspruch des § 14 S. 2 BImSchG kein Raum, wenn Abwehransprüche nach § 907 Abs. 1 S. 1 BGB wegen immissionsschutzrechtlicher Genehmigung der Anlage präkludiert sind (§ 14 S. 1 BImSchG).[83] 35

---

76 Mot. III, S. 295; BGH Urt. v. 22.2 1991 – V ZR 308/89, NJW 1991, 1671; BGH Urt. v. 16.2.2001 – V ZR 422/99, NJW-RR 2001, 1208 (1209).

77 BGH Urt. v. 30.4.1976 – V ZR 188/74, NJW 1976, 1888 (1889); *Roth* in Staudinger BGB § 907 Rn. 53.

78 *Brückner* in MüKoBGB § 907 Rn. 27 mwN; *Vieweg/Regenfus* in jurisPK-BGB § 907 Rn. 7.

79 Siehe insbes. BGH Urt. v. 22.2.1991 – V ZR 308/89, BGHZ 113, 384 (389) (Kaltluftsee) (allerdings außerhalb des Anwendungsbereichs des § 907 BGB). Zum Ganzen *Roth* in Staudinger BGB § 907 Rn. 51; *Lorenz* in Erman BGB § 907 Rn. 5.

80 Vgl. exemplarisch BGH Urt. v. 13.2.1970 – V ZR 27/67, NJW 1970, 856; Urt. v. 11.11.1983 – V ZR 231/82, NJW 1984, 1242; VGH München Urt. v. 5.3.1996 – 20 B 92.1055, NVwZ-RR 1997, 159 (164).

81 BGH Urt. v. 20.4.1990 – V ZR 282/88, BGHZ 111, 158 (163); BGH Urt. v. 21.3.2003 – V ZR 319/02, NJW 2003, 1732 (1733); siehe auch *Roth* in Staudinger BGB § 907 Rn. 51.

82 Allgemein zur Subsidiarität des nachbarrechtlichen Aufopferungsanspruchs BGH Urt. v. 2.7.2004 – V ZR 33/04, BGHZ 160, 18 (20); Urt. v. 17.9.2004 – V ZR 230/03, BGHZ 160, 232 (234). Zur Präklusion nach § 14 S. 1 BImSchG → Rn. 20.

83 So auch *Ring* in NK-BGB § 907 Rn. 52; *Roth* in Staudinger BGB § 907 Rn. 51.

3. Ersatzansprüche bei Schädigungen durch hoheitliche Anlagen

36 Soweit die Gefahr drohende Anlage als hoheitliche Maßnahme geduldet werden muss, können dem Nachbarn auch nach öffentlichem Recht Ersatzansprüche unter den Gesichtspunkten des **enteignenden oder enteignungsgleichen Eingriffs** zustehen.[84]

47. Gewerbliche Nutzung

Schulte Beerbühl

Literatur: *Bank*, Bauplanungsrechtliche Zulässigkeit von bordellartigen Betrieben im GE-Gebiet nach der Art der baulichen Nutzung und deren bauleitplanerische "Verhinderung", BauR 2018, 923; *Engel*, Außengastronomie auf innerstädtischem Straßenraum – Zum Verhältnis von Baugenehmigung, gaststättenrechtlicher Genehmigung und straßenrechtlicher Sondernutzungserlaubnis, VBlBW 2008, 41; *Petz*, Aktuelle Rechtsprechung des Bundesverwaltungsgerichts zum Rücksichtnahmegebot, ZfBR 2015, 644; *Spitzlei*, Die bauplanungsrechtliche Zulässigkeit von Packstationen, BauR 2018, 1064; *Stühler*, Zur Zu- oder Unzulässigkeit von prostitutiven baulichen Vorhaben im urbanen Gebiet gem. § 6 BauNVO, GewArch 2018, 335; *Tillmanns*, Nachbarklage gegen den Betreib eines Bordells im Gewerbegebiet, Anm. zu BayVGH, Urteil vom 13.12.2017 – 2 B 17.1741, jurisPR-ÖffBauR 5/2018.

I. Allgemeines

1 Ein Großteil der Nachbarbeschwerden über Nutzungen auf benachbarten Grundstücken betrifft gewerbliche Tätigkeiten. Diese werden besonders dann als störend empfunden, wenn die eigene Wohnnutzung beeinträchtigt wird. Ob in solchen Fällen ein Abwehrrecht besteht hängt davon ab, ob überhaupt eine gewerbliche Nutzung vorliegt und wenn ja, welche Art gewerblicher Nutzung, sowie ob eine gebietsfremde Nutzung abgewehrt werden kann (zu Letzterem → *Gebietsschutz und Baugebietsverträglichkeit* Rn. 2 ff.).

2 Da das Bauplanungsrecht zwischen verschiedenen Arten gewerblicher Nutzung unterscheidet, die in einzelnen Gebieten zulässig sind, in anderen aber nicht, bedarf es für die Frage des nachbarlichen Abwehrrechts zumeist einer präzisen **Abgrenzung der Gewerbearten** voneinander.

84 *Ring* in NK-BGB § 907 Rn. 54; *Roth* in Staudinger BGB § 907 Rn. 54.

II. Gewerbliche Nutzung

Die Baunutzungsverordnung verwendet **keinen einheitlichen Gewerbebegriff**, sondern differenziert nach dem Störungsgrad und nach seiner **funktionalen Gebietsbezogenheit**. Darüber hinaus haben Unterarten von Gewerbebetrieben in einzelnen Baugebieten eine besondere Berücksichtigung erfahren.[1] 3

1. Zulässigkeit bestimmter Gewerbearten in bestimmten Gebieten

In **Kleinsiedlungsgebieten** können **nicht störende Gewerbebetriebe** ausnahmsweise zugelassen werden (§ 2 Abs. 3 Nr. 4 BauNVO). 4

In **reinen Wohngebieten** sind Gewerbebetriebe **grundsätzlich nicht zulässig**, es sei denn als besondere, **„privilegierte" Unterarten** von Gewerbebetrieben (§ 3 BauNVO). 5

In **allgemeinen Wohngebieten** können („sonstige", dh nicht in § 4 Abs. 2 oder 3 BauNVO genannte) Gewerbebetriebe ausnahmsweise zugelassen werden (§ 4 Abs. 3 Nr. 2 BauNVO). 6

In Dorfgebieten sind nicht wesentlich störende Gewerbebetriebe regelmäßig zulässig. Zwar sind unter § 5 Abs. 2 Nr. 6 BauNVO „sonstige Gewerbebetriebe" einschränkungslos genannt, doch ergibt sich die Einschränkung, dass sie das Wohnen nicht wesentlich stören dürfen, aus § 5 Abs. 1 BauNVO. 7

In **Mischgebieten** sind nicht wesentlich störende Gewerbebetriebe regelmäßig zulässig. Zwar sind unter § 6 Abs. 2 Nr. 4 BauNVO „sonstige Gewerbebetriebe" einschränkungslos genannt, doch ergibt sich die Einschränkung, dass sie das Wohnen nicht wesentlich stören dürfen, aus § 6 Abs. 1 BauNVO. 8

In **Kerngebieten** sind („sonstige") nicht wesentlich störende Gewerbebetriebe regelmäßig zulässig (§ 7 Abs. 2 Nr. 3 BauNVO). 9

In **Gewerbegebieten** sind nicht erheblich belästigende Gewerbebetriebe regelmäßig zulässig. Zwar sind unter § 8 Abs. 2 Nr. 1 BauNVO „Gewerbebetriebe aller Art" genannt, doch ergibt sich die Einschränkung, dass sie nicht erheblich belästigen dürfen, aus § 8 Abs. 1 BauNVO. 10

In **Industriegebieten** (§ 9 BauNVO) sind alle Arten von Gewerbebetrieben zulässig. 11

2. Begriff der gewerblichen Nutzung

a) Definition des Gewerbes. Nach einer vom Bundesverwaltungsgericht im Rahmen des **Gewerberechts** verwendeten Definition ist **Gewerbe** „jede nicht sozial unwertige (generell nicht verbotene), auf Gewinnerzielung gerichtete und auf Dauer angelegte selbstständige Tätigkeit, ausgenommen Urproduktion, freie Berufe (freie wissenschaftliche, künstlerische und schriftstellerische Tätigkeit höherer Art sowie persönliche Dienstleistungen höherer Art, die eine höhere Bildung erfordern) und bloße Verwaltung und Nutzung eigenen Vermögens".[2] 12

aa) Gewerbe. Die **steuerrechtliche Definition** in § 15 Abs. 2 S. 1 und 3 Einkommensteuergesetz (EStG) lautet: „Eine selbstständige nachhaltige Betätigung, die mit der Absicht, Gewinn zu erzielen, unternommen wird und sich als Beteiligung am allgemeinen wirtschaftlichen Verkehr darstellt, ist Gewerbebetrieb, wenn die Betätigung weder als Ausübung von Land- und Forstwirtschaft noch als Ausübung eines freien Berufs noch als eine andere selbstständige Arbeit anzusehen ist. Ein Gewerbebetrieb liegt, wenn seine Voraussetzungen im Übrigen gegeben sind, auch dann vor, wenn die **Gewinnerzielungsabsicht** nur ein Nebenzweck ist." Diese Definition ist im Bauplanungsrecht vorzugswürdiger gegenüber der vom Bundesverwaltungsgericht gegebenen. Denn sie schließt „generell verbotene" Tätigkeiten nicht aus; das ist aber geboten, weil ansonsten bei einer streng von der erstgenannten Definition ausgehenden Betrachtung einer generell verbotenen Tätigkeit (zB Betrieb von verbotenem Glücksspiel) nicht ohne Weiteres entgegen gehalten werden könnte, es handle sich um ein Gewerbe, für das das Gebiet nicht offen sei. 13

---

1 Zu Packstationen s. *Spitzlei* BauR 2018, 1064.
2 BVerwG Urt. v. 1.7.1987 – 1 C 25/85, BVerwGE 78, 6; BVerwG Urt. v. 26.1.1993 – 1 C 25/91, NVwZ 1993, 775.

14 Da allein die Absicht, Gewinn zu erzielen, Wesensmerkmal ist, führt der Umstand, dass kein Gewinn (mehr) erzielt wird, nicht zum Verneinen bzw. Verlust der Gewerbeeigenschaft.

15 Ein **Gewerbebetrieb** ist nach der Definition des Bundesverwaltungsgerichts die organisatorische Zusammenfassung von Betriebsanlagen und Betriebsmitteln zu einem bestimmten Betriebszweck, wobei die Eigentumsverhältnisse außer Betracht bleiben.[3] An das Vorliegen dieser Voraussetzungen sind sehr geringe Anforderungen zu stellen. Bauliche Anlagen, die der Werbung für Produkte dienen, die nicht auf demselben Grundstück vertrieben werden (Außenanlagen der Fremdwerbung), sind Betriebsanlagen und, weil sie der Gewinnerzielung dienen, Gewerbebetriebe. Sie stellen Hauptanlagen dar. Hingegen sind Anlagen der Eigenwerbung, die an der Stätte der Leistung angebracht sind, Nebenanlagen im Sinne von § 14 BauNVO. Auch Mobilfunksendeanlagen sind Gewerbebetriebe.

16 **bb) Land- und Forstwirtschaft.** Wegen der drei negativen Tatbestandsmerkmale (nach Gewerberecht: „nicht Urproduktion, freier Beruf oder Verwaltung eines Vermögens", nach Einkommensteuerrecht: „wenn die Betätigung weder als Ausübung von **Land- und Forstwirtschaft** noch als Ausübung eines **freien Berufs** noch als eine andere selbstständige Arbeit anzusehen ist") zählt Land- und Forstwirtschaft nicht zu Gewerbe im Sinne der Baunutzungsverordnung. Sie wird auch ansonsten im Bauplanungsrecht besonders behandelt (vgl. § 35 Abs. 1 Nr. 1 BauGB). Wirtschaftsstellen land- und forstwirtschaftlicher Betriebe und die dazugehörigen Wohnungen und Wohngebäude sind – außer im Außenbereich, der kein Baugebiet ist – nur in einem Dorfgebiet zulässig (§ 5 Abs. 2 Nr. 1 BauNVO). Sofern allerdings neben der Landwirtschaft ein Hofladen oder eine Gaststätte betrieben wird, stellt sich diese nebenerwerbliche Tätigkeit, wie auch § 15 Abs. 2 S. 3 EStG verdeutlicht, als Gewerbe dar. Für diese Gewerbe trifft § 5 Abs. 2 Nr. 3 BauNVO eine Sonderregelung; im Außenbereich sind sie unter engen Voraussetzungen ebenfalls zulässig.

17 **cc) Freie Berufe.** Für **freie Berufe** enthält § 13 BauNVO eine **Sonderregelung**. Die Bestimmung gilt allerdings nicht nur für die „klassischen" freien Berufe (Ärzte, Rechtsanwälte, Architekten ua), sondern auch für solche „Gewerbetreibenden, die ihren Beruf in ähnlicher Weise ausüben". Diese Privilegierung setzt also einerseits eine gewerbliche Tätigkeit voraus, verlangt aber anderseits eine Vergleichbarkeit mit den freien Berufen, um nicht als Gewerbe zB im Sinne § 8 BauNVO angesehen zu werden.

18 **(1) Privilegierte Berufe.** Die Privilegierung erfolgte mit Blick darauf, dass Dienstleistungen von freien Berufen ihrem Herkommen nach regelhaft in allen Wohngebieten angeboten werden und sich wohnartig ausnehmen, das heißt insbesondere keine weitergehenden Anforderungen an die Räumlichkeiten stellen[4] und vom Störungsgrad und der Störempfindlichkeit im Grundsatz in allen Wohngebieten verträglich sind. Zu den **freiberuflichen Tätigkeiten** gehören insbesondere die selbstständig ausgeübte wissenschaftliche, künstlerische, schriftstellerische, unterrichtende oder erzieherische Tätigkeit, die selbstständige Berufstätigkeit der Ärzte, Zahnärzte, Tierärzte, Rechtsanwälte, Notare, Patentanwälte, Vermessungsingenieure, Ingenieure, Architekten, Handelschemiker, Wirtschaftsprüfer, Steuerberater, der beratenden Volks- und Betriebswirte, der vereidigten Buchprüfer, Steuerbevollmächtigten, Heilpraktiker, Dentisten, Krankengymnasten, Journalisten, Bildberichterstatter, Dolmetscher, Übersetzer und ähnlicher Berufe.

19 Im Hinblick auf die Zulässigkeit in allen Gebieten ist ein eher **restriktives Verständnis** geboten. Deshalb scheidet die Anwendung des § 13 BauNVO für Betriebe oder Betriebsteile des **Handels**, des **Handwerks** oder gar der **Industrie** von vornherein aus. Außerdem bestehen qualitative Anforderungen an eine freiberufliche oder freiberufsähnliche Tätigkeit im Sinne dieser Vorschrift. Nach dem OVG NRW[5] setzt die Annahme einer solchen Tätigkeit zwar nicht zwingend voraus, dass sie auf der Grundlage einer **besonders qualifizierten Ausbildung** betrieben wird, auch wenn dies herkömmlich mit dem Begriff des freien Berufs verbunden wird. Der VGH BW[6] meint allerdings, vor dem Hintergrund des hergebrachten Verständnisses der wesensprägenden Merkmale freier Berufe bedürfe es eines gewissen, nicht allgemeingültig definierba-

---

3 BVerwG Beschl. v. 27.11.1987 – 4 B 230/87, 4 B 231/87, BauR 1988, 184.
4 Vgl. zur Wohnartigkeit: OVG Münster Beschl. v. 7.7.2010 – 7 A 1277/09, juris Rn. 4.
5 Urt. v. 25.8.2011 – 2 A 38/10, NVwZ-RR 2012, 132.
6 Beschl. v. 29.5.2015 – 9 ZB 14.2580, juris Rn. 13.

ren Standards an individueller – namentlich geistiger oder schöpferischer – Qualifikation der Tätigkeit, was bei einer Ausbildung mit einer Dauer von nur wenigen Tagen – wie bei einer Beschäftigung in einem **Nagelstudio** – nicht erfüllt sei. Das deckt sich mit der Definition des Bundesverwaltungsgerichts für „Gewerbe", die freie Berufe ausschließt, wofür eine „höhere Bildung" erforderlich sei.[7]

Einer freiberuflichen Tätigkeit vergleichbar sind: **Handelsvertreter** ohne Auslieferungslager, **Handelsmakler, Versicherungsvertreter, Masseure.**[8] 20

(2) Nutzung von Räumen – Gebäuden. Für die genannten Personengruppen sind in den Baugebieten nach den §§ 2 bis 4 BauNVO **Räume**, in den Baugebieten nach den §§ 4a bis 9 BauNVO auch **Gebäude** zulässig. Damit der Wohncharakter von Wohngebieten nicht beeinträchtigt wird, verlangt das Bundesverwaltungsgericht,[9] dass, selbst wenn es sich nur um die Nutzung von Räumen handelt, weniger als die Hälfte des Gebäudes für freiberufliche Zwecke genutzt wird. Das gilt zum einen für die Zahl der Nutzungseinheiten und zum anderen für die Größe der genutzten Flächen. Zu berücksichtigen sind dabei aber nur die Flächen von Räumen, die als Aufenthaltsräume (vgl. zB § 2 Abs. 5 Musterbauordnung) genutzt werden können.[10] Überschreitet die Fläche das genannte Maß, ist die Nutzung nicht in allen Baugebieten zulässig, sondern nur in denen, in denen diese Nutzungsart als Gewerbebetrieb zulässig ist, was wiederum unter anderem davon abhängt, ob sie (wesentlich) störend ist.[11] 21

b) Wichtige Unterarten von gewerblicher Nutzung. Der weite Gewerbebegriff erfasst auch **Unterarten**, die wegen ihrer städtebaulichen Besonderheiten Sonderregelungen erfahren haben. Dies beruht darauf, dass der Verordnungsgeber entweder wegen eines Bedürfnisses der Nutzer der anderen Grundstücke sie aus Gründen der **Versorgungsnähe** in diesem Gebiet – eigentlich systemwidrig – doch akzeptieren wollte oder aber wegen der von ihnen **typischerweise ausgehenden Störungen** davon fernhalten wollte. 22

aa) „Privilegierte" Gewerbebetriebe. Zu den erstgenannten, **„privilegierten" Gewerbebetrieben** gehören zB „Läden und nicht störende Handwerksbetriebe, die zur Deckung des täglichen Bedarfs für die Bewohner des Gebiets dienen, sowie kleine Betriebe des **Beherbergungsgewerbes**", die (anders als andere Gewerbebetriebe) nach § 3 Abs. 3 Nr. 1 BauNVO in reinen Wohngebieten ausnahmsweise zugelassen werden können. Dasselbe gilt für der Versorgung des Gebiets dienende Läden, **Schank- und Speisewirtschaften** sowie nicht störende Handwerksbetriebe, die in allgemeinen Wohngebieten regelmäßig zulässig sind (§ 4 Abs. 2 Nr. 2 BauNVO), sowie Tankstellen, die in allgemeinen Wohngebieten ausnahmsweise zugelassen werden können (§ 4 Abs. 3 Nr. 5 BauNVO). Dass Handwerksbetriebe eine Sonderart darstellen, zeigen auch die hierfür geltenden besonderen Zulässigkeitsregeln zB für Kleinsiedlungsgebiete (§ 2 Abs. 2 Nr. 2 BauNVO) und reine Wohngebiete (§ 3 Abs. 3 Nr. 1 BauNVO). 23

bb) Differenzierung nach dem Störungsgrad. Eine weitere Unterscheidung der Gewerbebetriebe erfolgt nach ihrem **Störungsgrad**. Die Baunutzungsverordnung verwendet die Begriffe „nicht störende Gewerbebetriebe" (§ 2 Abs. 3 Nr. 4, § 4 Abs. 3 Nr. 2 BauNVO), „nicht wesentlich störende Gewerbebetriebe" (§ 7 Abs. 2 Nr. 3 BauNVO), „nicht erheblich belästigende Gewerbebetriebe" (als allgemeine Zweckbestimmung in § 8 Abs. 1 BauNVO) sowie „Gewerbebetriebe" (§ 4a Abs. 2 Nr. 3, § 5 Abs. 2 Nr. 6, § 6 Abs. 2 Nr. 4, § 8 Abs. 2 Nr. 1, § 9 Abs. 2 Nr. 1 BauNVO), wobei Industriegebiete nach der in § 9 Abs. 1 BauNVO vorgenommenen Zweckbestimmung der Unterbringung vorwiegend solcher Betriebe dienen, die in anderen Baugebieten unzulässig sind. 24

7 BVerwG Urt. v. 1.7.1987 – 1 C 25/85, BVerwGE 78, 6; BVerwG Urt. v. 26.1.1993 – 1 C 25/91, NVwZ 1993, 775.
8 BVerwG Urt. v. 20.1.1984 – 4 C 56/80, BVerwGE 68, 324, unter Verweis auf BR-Drs. 53/62 vom 25.5.1962, Anlage S. 8.
9 Urt. v. 20.1.1984 – 4 C 56/80, BVerwGE 68, 324, und Urt. v. 18.5.2001 – 4 C 8/00, NVwZ 2001, 1284.
10 OVG Lüneburg Beschl. v. 17.8.2007 – 1 LA 37/07, NVwZ-RR 2008, 22; s. auch OVG Münster Urt. v. 28.8.2013 – 10 A 2085/12, juris Rn. 47 ff.
11 BVerwG Urt. v. 12.12.1996 – 4 C 17/95, BVerwGE 102, 351, zu einem „Ärztehaus".

25 Der Störungsgrad folgt insbesondere aus Luft- und Lärmimmissionen. Aber auch negative **„milieubedingte" Auswirkungen** auf das das Wohnumfeld in dem betreffenden Gebiet prägende soziale Klima sind zu berücksichtigen.[12]

26 Ein Gewerbebetrieb ist nicht „absolut" störend oder nicht oder nicht wesentlich/erheblich störend, sondern nur „relativ", nämlich in Relation zu dem jeweiligen Baugebiet. Entscheidend ist deshalb nicht, ob die mit der Nutzung verbundenen immissionsschutzrechtlichen Lärmwerte eingehalten werden. Handelt es sich um ein beplantes Gebiet (§ 30 Abs. 1 BauGB) oder ein faktisches Baugebiet (§ 34 Abs. 2 BauGB), kommt es allein auf die Frage an, ob ein Vorhaben der beabsichtigten Art generell geeignet ist, das Wohnen in einem solchen Baugebiet so zu stören, dass von einer Gleichgewichtigkeit und **wechselseitigen Verträglichkeit** zwischen Wohnen und Gewerbe nicht die Rede sein kann.

27 **Beispiel:**[13] Die geplante Nutzung von Räumen für ein „Stundenhotel" schließt typischerweise die Nutzung durch Prostituierte ein. In einem Wohngebiet ist dies nicht zulässig und kann folglich von einem Nachbarn abgewehrt werden. Denn es ist zu erwarten, dass die Nutzung zu negativen „milieubedingten" Auswirkungen auf das Wohnumfeld führen wird. Auch ist mit Beeinträchtigungen der Wohnruhe zu rechnen, wenn der Betrieb auf die späten Abendstunden ausgerichtet ist und es dann in den besonders schutzwürdigen Zeiten zu verstärktem Kraftfahrzeugverkehr kommen wird.

28 **Weiteres Beispiel:**[14] Vom Nachtbetrieb eines Swingerclubs und den außen wahrnehmbaren Aktivitäten der Gäste wie Pkw- und Taxianfahrten, Parkplatzsuche, Türen-Schlagen, laute Unterhaltungen etc gehen jedenfalls typischerweise Belästigungen aus, die mit dem intensiven Ruhebedürfnis der Wohnbevölkerung gerade in den Nachtstunden unvereinbar sind. Auch wenn die Besucher des Clubs bestrebt sein mögen, „unauffällig zu bleiben", ist deshalb ein Swingerclub geeignet, das Wohnen in dem allgemeinen Wohngebiet zu stören.

29 Ein Mindestniveau an Immissionen ist für die Zulässigkeit eines Vorhabens in einem stärker belastbaren Gebiet nicht erforderlich. Deshalb ist beispielsweise ein nicht störender Gewerbebetrieb in einem Gewerbegebiet zulässig.[15]

30 **cc) Keine Ausschlusswirkung.** In der Praxis stellt sich mitunter die Frage, ob wegen der **Sonderregelung in einer Baugebietsbestimmung** ihre Zulassung als Gewerbe im Übrigen ausscheidet. Nach der Rechtsprechung des Bundesverwaltungsgerichts ist die Zulässigkeit eines Gewerbebetriebs, der einer spezielleren in der Baunutzungsverordnung geregelten Nutzungsart unterfällt, in Gebietstypen, in deren Nutzungskatalog diese spezielle Nutzungsart nicht genannt wird, nicht von vornherein ausgeschlossen. Er kann in den Baugebieten zulässig sein, wenn er – erstens – von dem in der Baunutzungsverordnung bei der Definition der speziellen gewerblichen Nutzungsart vorausgesetzten Regelfall abweicht und er – zweitens – die Voraussetzungen erfüllt, unter denen „sonstige Gewerbebetriebe" in dem Baugebiet zulässig sind.[16]

31 **Beispiel:**[17] Ein gewerblich betriebener Campingplatz wird wesentlich durch seine Eigenschaft als Campingplatz und damit als Freizeitstätte geprägt und nicht durch seine Eigenschaft als Gewerbebetrieb und damit als Wirtschaftsfaktor und Arbeitsplatz des Platzwarts. Weicht ein Platz nicht von dem so gekennzeichneten Regelfall eines Campingplatzes ab, ist er nicht als sonstiger Gewerbebetrieb in den entsprechenden Baugebieten zulässig (so das OVG Lüneburg zu einem „normalen" Campingplatz in einem Dorfgebiet).

12 OVG Münster Urt. v. 29.10.2012 – 2 A 619/12, juris Rn. 104.
13 Nach BVerwG Beschl. v. 31.7.2013 – 4 B 8/13, juris Rn. 8.
14 Nach VGH München Urt. v. 29.12.2003 – 25 B 98.3582, NVwZ-RR 2005, 15.
15 *Pützenbacher* in Bönker/Bischopink BauNVO § 8 Rn. 28.
16 Zu Beherbergungsbetrieben: BVerwG Urt. v. 29.4.1992 – 4 C 43/89, BVerwGE 90, 140; zu Lagerplätzen: BVerwG Urt. v. 8.11.2001 – 4 C 18.00, juris Rn. 13 ff.
17 Nach OVG Lüneburg Urt. v. 24.7.2013 – 1 LB 245/10, juris (Nachricht).

c) Einzelne „besondere" Gewerbebetriebe. aa) Vergnügungsstätten. Zu den problematischen und deshalb zumeist unerwünschten Gewerbebetrieben zählen **Vergnügungsstätten**. Diese haben zunächst in der Neufassung durch die Änderungsverordnung 1977[18] in dem neu eingeführten § 4a Abs. 3 Nr. 2 BauNVO eine erste besondere Behandlung und sodann mit Blick auf ihre unterschiedliche Ausprägung durch die Änderungsverordnung 1990[19] eine Differenzierung erfahren. Nach dieser sollen sie, wenn sie „kerngebietstypisch" sind, aus bestimmten Gebieten ferngehalten werden (§ 4a Abs. 3 Nr. 2, § 5 Abs. 3, § 6 Abs. 2 Nr. 8 und Abs. 3 BauNVO). 32

(1) Begriff der Vergnügungsstätte. Der **Begriff der Vergnügungsstätte** wird in der Baunutzungsverordnung nicht definiert. Für die Frage, was eine Vergnügungsstätte ist, ist nicht maßgeblich, wie der Begriff umgangssprachlich oder in anderen Rechtsgebieten (zB im Vergnügungssteuerrecht) verwendet wird. Es werden nicht alle Stätten umfasst, in denen sich Menschen nach einer am reinen Wortlaut orientierten Auslegung „vergnügen", dh wo sie einen angenehmen Zeitvertreib erleben. So nennt § 7 Abs. 2 BauNVO als zulässige Nutzungen im Kerngebiet neben Vergnügungsstätten (Nr. 2) in Nr. 4 ua Anlagen für kulturelle und sportliche Zwecke, obwohl diese ebenfalls dazu dienen, Vergnügen im weiten Sinn zu bereiten. 33

Vergnügungsstätte ist ein **eigenständiger planungsrechtlicher Nutzungsbegriff**, der im Zusammenhang mit der städtebaulichen Ordnung steht. Durch die sie betreffenden Regelungen soll erreicht werden, dass städtebauliche Negativwirkungen wie **„Trading-down Effekte"** (Senkung des Warenangebots), Lärmbelästigungen, Beeinträchtigungen des Stadtbildes uÄ im Rahmen der von der Gemeinde vorzunehmenden geordneten städtebaulichen Entwicklung gesteuert und ggfs. verhindert werden.[20] Es handelt sich um eine besondere Nutzungsart, bei der die kommerzielle Unterhaltung der Besucher im Vordergrund steht. Zu diesem Zweck werden durch **Amüsierbetriebe**, **Diskotheken**, **Spielhallen**, **Multiplex-Kinos** etc unter Ansprache (oder Ausnutzung) des Geselligkeits-, Spiel- und/oder Sexualtriebes entsprechende gewinnbringende Dienstleistungen erbracht.[21] Soweit die genannten negativen Auswirkungen im Einzelfall durch Nebenbestimmungen (→ *Rechtsschutz verwaltungsrechtliches Hauptsacheverfahren* Rn. 3) verringert werden können, steht dies der Bewertung eines Betriebs als Vergnügungsstätte anhand der typischen Merkmale nicht entgegen. Vielmehr ist die Tatsache, dass entsprechende Nebenbestimmungen erforderlich sind, gerade ein Anhaltspunkt dafür, dass eine Vergnügungsstätte vorliegen kann.[22] 34

Bordelle[23] sind keine Vergnügungsstätten im Sinne der Baunutzungsverordnung, sondern zählen zu den „Gewerbebetrieben aller Art". Für sie eignet sich im Hinblick auf die sich aus dem „Milieu" ergebenden Begleiterscheinungen eher ein Standort, der außerhalb oder allenfalls am Rande des „Blickfeldes" und der Treffpunkte einer größeren und allgemeinen Öffentlichkeit liegt und auch nicht in der Nachbarschaft von Wohnungen. Die „Nähe" von Bordellen und bordellartigen Betrieben zu anderen Stätten des (sexuellen) Amüsements führt nach Ansicht des Bundesverwaltungsgerichts nicht zu einer bauplanungsrechtlichen Gleichbehandlung solcher Einrichtungen. Denn maßgeblich sei nicht die Motivation der Besucher, sondern seien die städtebaulich bedeutsamen Begleiterscheinungen der Prostitutionsausübung in Bordellen.[24] Bordelle sind deshalb in Kerngebieten nicht zulässig, auch nicht als Gewerbebetriebe, da sie nicht „nicht wesentlich störend sind". Der Unterschied kann auch Bedeutung für ein Industriegebiet haben: Bestimmt der Bebauungsplan, dass die (nach dem Wortlaut des § 8 Abs. 3 Nr. 3 BauNVO eigentlich ausnahmsweise zulässige) Nutzungsart der Vergnügungsstätte unzulässig ist, ist wegen der Einordnung als „Gewerbebetrieb aller Art", der in einem Industriegebiet regelmäßig zulässig ist, der Betrieb eines Bordells zulässig.[25] An- 35

18 BGBl. I 1763, in Kraft ab 1.12.1977.
19 BGBl. I 132, in Kraft ab 27.1.1990.
20 *Fickert/Fieseler* BauNVO § 4a Nr. 22.1.
21 Vgl. *Fickert/Fieseler* BauNVO § 4a Rn. 22.2.
22 So zutreffend VG München Beschl. v. 9.6.2016 – M 11 SN 15.266, juris Rn. 88.
23 S. dazu *Bank* BauR 2018, 923; *Stühler* GewArch 2018, 335; *Tillmanns* jurisPR-ÖffBauR 5/2018.
24 BVerwG Beschl. v. 2.11.2015 – 4 B 32/15, juris Rn. 4, mit Hinweisen auf die umfangreiche Rechtsprechung zu dieser Frage.
25 VGH Mannheim Beschl. v. 5.3.2012 – 5 S 3239/11, BRS 79 Nr. 87.

ders ist es bei **Swingerclubs**, bei denen der Aufenthalt und die währenddessen ausgeübten Aktivitäten im Vordergrund stehen.[26]

36 Vergnügungsstätten sind ua von **Schank- und Speisewirtschaften** abzugrenzen. Einerseits wird eine Vergnügungsstätte nicht dadurch zu einer Schank- und Speisewirtschaft, dass in ihr auch Speisen und Getränke angeboten werden. Andererseits verliert eine Schank- und Speisewirtschaft nicht dadurch ihren planungsrechtlichen Charakter, dass gelegentlich in ihr **Tanzveranstaltungen** durchgeführt werden oder Unterhaltungsmusik geboten wird. Ob eine Vergnügungsstätte oder eine Schank- und Speisewirtschaft vorliegt, ist nach dem Schwerpunkt des Betriebes zu beurteilen. Liegt dieser bei täglich wechselnden, in den Nachtstunden beginnenden Musikprogrammen, handelt es sich um eine Vergnügungsstätte.[27] Es kommt nicht entscheidend darauf an, ob in einem Lokal getanzt wird oder ob es sich lediglich um eine „**Lounge**" handelt.

37 Die Aufführung von Vergnügungsstätten im Katalog allgemein bzw. ausnahmsweise zulässiger Nutzungen im Kerngebiet (§ 7 Abs. 2 Nr. 2 BauNVO) bzw. im besonderen Wohngebiet (§ 4 a Abs. 3 Nr. 2 BauNVO) hat keine **Ausschlusswirkung** für andere Baugebiete, in deren Nutzungsartenkatalog, wie beim Mischgebiet, nur Gewerbebetriebe allgemein aufgeführt sind. Eine Vergnügungsstätte kann deshalb als „sonstiger Gewerbebetrieb" nach § 6 Abs. 2 Nr. 4 BauNVO auch in einem Mischgebiet zulässig sein, vorausgesetzt, es handelt sich nicht um eine „kerngebietstypische Vergnügungsstätte", die wesentliche Störungen für die Wohnruhe vor allem am Abend und in der Nacht mit sich bringt.[28]

38 **(2) Kerngebietstypische Vergnügungsstätte.** Der in § 4a Abs. 3 Nr. 2 BauNVO enthaltene Begriff der „Vergnügungsstätten, soweit sie nicht wegen ihrer Zweckbestimmung oder ihres Umfangs nur in Kerngebieten allgemein zulässig sind [,]" hat über den Anwendungsbereich des § 4a BauNVO hinaus große Bedeutung für die anderen Baugebiete. Denn auf ihn verweisen mehrere andere Bestimmungen der Baunutzungsverordnung. Aus ihm ist der Begriff der **„kerngebietstypischen Vergnügungsstätte"** entstanden.

39 Für die Frage, ob eine Vergnügungsstätte als kerngebietstypisch einzustufen ist, ist eine **typisierende Betrachtungsweise** geboten. Entscheidend ist, ob sie wegen des von ihr regelmäßig ausgehenden **Störungsgrades** in einem besonderen Wohngebiet (§ 4a Abs. 3 Nr. 2 BauNVO) und in einem Mischgebiet (dort in nicht überwiegend durch gewerbliche Nutzungen geprägten Teilen, vgl. § 6 Abs. 2 Nr. 8 BauNVO) nicht als regelmäßig akzeptabel anzusehen ist. Hilfreiches Zuordnungskriterium kann sein, ob die Vergnügungsstätte als **zentraler Dienstleistungsbetrieb** auf dem Unterhaltungssektor für ein größeres und allgemeines Publikum aus einem größeren Einzugsbereich erreichbar ist oder jedenfalls erreichbar sein soll. Bestimmte Erscheinungsformen von Vergnügungsstätten sollen deswegen in Kerngebieten konzentriert sein und nicht in die regelmäßig am Stadtrand gelegenen und für größere Besucherzahlen nicht erschlossenen Gewerbegebiete abgedrängt werden.[29]

40 Der hiermit zum Abgrenzungskriterium erhobene Einzugsbereich einer Vergnügungsstätte hängt von ihrer Größe ab. Die Rechtsprechung knüpft dabei an die jeweilige Nutzfläche an und legt einen „**Schwellenwert**" von 100 m² zugrunde.[30] Das führt in der Praxis oft dazu, dass eine „Aufteilung" erfolgt, wenn zB in Wirklichkeit eine über dieser Schwelle liegende **Spielhalle** errichtet und das Vorhaben der Einstufung als kerngebietstypisch entzogen werden soll. Hier ist eine natürliche Betrachtungsweise vorzunehmen und zu bewerten, ob bei einer städtebaulichen Beurteilung des Vorhabens eine einheitliche Betrachtung als (eine) Spielhalle geboten und damit maßgebend erscheint. Dabei ist in diesen Fällen auf die Wahrnehmung der „Spielhallen" durch die Kunden abzustellen. Entscheidend ist, ob die jeweils konkrete Mehrheit von Spielhallen vom Kunden als einheitliche Vergnügungsstätte empfunden wird, aus dessen Sicht als durch ein ge-

26 VGH Kassel Beschl. v. 27.3.2001 – 4 TZ 742/01, juris Rn. 5.
27 Vgl. *Stock* in Ernst/Zinkahn/Bielenberg/Krautzberger BauNVO § 4 a Rn. 69; OVG Münster Urt. v. 9.12.1992 – 4 A 2033/90, NWVBl 1993, 302.
28 BVerwG Urt. v. 25.11.1983 – 4 C 64/79, BVerwGE 68, 207.
29 Vgl. BVerwG Urt. v. 21.2.1986 – 4 C 31/83, BRS 46 Nr. 51; OVG Münster Beschl. v. 21.2.2011 – 2 A 2250/09, nv.
30 BVerwG Beschl. v. 29.10.1992 – 4 B 103/92, NVwZ-RR 1993, 287.

meinsames Konzept und durch Kooperation miteinander verbunden in Erscheinung tritt und dadurch eine „kerngebietstypisch“ gesteigerte Anziehungskraft auf die Spieler ausübt.[31] Das gilt auch für **Wettbüros**.

Nach Maßgabe der konkreten Umstände des Einzelfalls kann in die Betrachtung der Größe auch eine andere, benachbarte Nutzung einbezogen werden, sofern zwischen diesen ein **räumlicher und funktionaler Zusammenhang** besteht.[32] 41

bb) Betriebe des Beherbergungsgewerbes. Betriebe des **Beherbergungsgewerbes** (**Beherbergungsstätten**) sind in besonderen Wohngebieten (§ 4a Abs. 2 Nr. 2 BauNVO), Dorfgebieten (§ 5 Abs. 2 Nr. 5 BauNVO), Mischgebieten (§ 6 Abs. 2 Nr. 3 BauNVO), Kerngebieten (§ 7 Abs. 2 Nr. 2 BauNVO), Gewerbegebieten (§ 8 Abs. 2 Nr. 1 BauNVO, als Unterfall der Nutzungsart „Gewerbebetriebe aller Art“) und Industriegebieten (§ 9 Abs. 1 Nr. 1 BauNVO, als Unterfall der Nutzungsart „Gewerbebetriebe aller Art“) regelmäßig zulässig. 42

Sie sind in **reinen Wohngebieten** (sofern es sich um „kleine Betriebe des Beherbergungsgewerbes“ handelt, § 3 Abs. 3 Nr. 1 BauNVO) und **allgemeinen Wohngebieten** (§ 4 Abs. 3 Nr. 1 BauNVO) ausnahmsweise zulässig. 43

Ein **Beherbergungsbetrieb** liegt nur vor, wenn die Räume ständig wechselnden Gästen zum **vorübergehenden Aufenthalt** zur Verfügung gestellt werden, ohne dass diese dort ihren häuslichen Wirkungskreis unabhängig gestalten können.[33] Die Beherbergung ist – in Abgrenzung zum Wohnen (→ *Wohnnutzung* Rn. *2 ff.*) – auf einen Kreis von Personen angelegt, die das Zimmerangebot annehmen, ohne dass Veränderungen an Ausstattung und Zuschnitt des Angebots vorgenommen werden. Im Vordergrund steht bei einem Betrieb des Beherbergungsgewerbes die Übernachtungsmöglichkeit. Das ist bei einer stundenweisen Überlassung von Apartments nicht der Fall. Denn dabei geht es allein um die Zurverfügungstellung von Räumlichkeiten zu anderen Zwecken. Auch trifft es auf **Wohnmobilstellflächen**, auf die der Gast seinen eigenen häuslichen Wirkungskreis „mitnimmt“, nicht zu.[34] 44

cc) Läden (Einzelhandelsbetriebe), Schank- und Speisewirtschaften. In **reinen Wohngebieten** können Läden ausnahmsweise zugelassen werden (§ 3 Abs. 3 Nr. 1 BauNVO); Schank- und Speisewirtschaften sind nicht zulässig. 45

In **Kleinsiedlungsgebieten** (§ 2 Abs. 2 Nr. 2 BauNVO) und **allgemeinen Wohngebieten** (§ 4 Abs. 2 Nr. 2 BauNVO) sind der Versorgung des Gebiets dienende Läden und Schank- und Speisewirtschaften regelmäßig zulässig. 46

In **besonderen Wohngebieten** (§ 4a Abs. 2 Nr. 2 BauNVO) sind Läden sowie Schank- und Speisewirtschaften auch ohne die Beschränkung der Gebietsversorgung regelmäßig zulässig. Dasselbe trifft für **Dorfgebiete** (§ 5 Abs. 2 Nr. 5 BauNVO), **Mischgebiete** (§ 6 Abs. 2 Nr. 3 BauNVO) und **Kerngebiete** (§ 7 Abs. 2 Nr. 2 BauNVO) zu; hierbei sind jeweils Läden als Unterart von Einzelhandelsbetrieben anzusehen. 47

In **Gewerbegebieten** (§ 8 BauNVO) und **Industriegebieten** (§ 9 BauNVO) sind Läden und Schank- und Speisewirtschaften als Gewerbebetriebe aller Art regelmäßig zulässig. 48

Soweit in einigen Baugebieten vorausgesetzt wird, dass die Betriebe der **Versorgung des Gebiets** dienen, hängt dies von der jeweiligen konkreten städtebaulichen Situation ab. Es richtet sich nach objektiven Kriterien, nicht nach den Angaben des Bauherrn.[35] Dabei ist das Gebiet, dessen Versorgung der Laden oder die Schank- und Speisewirtschaft zu dienen bestimmt sein muss, nicht mit dem Geltungsbereich eines etwaigen für das betreffende Grundstück festgesetzten Bebauungsplans oder eines faktischen Baugebiets gleich- 49

---

31 OVG Saarlouis Beschl. v. 7.2.2012 – 2 B 422/11, juris Rn. 29.

32 Zu seinem solchen Fall s. VGH München Beschl. v. 13.5.2016 – 9 ZB 14.1419, juris Rn. 10: beantragte Wettannahmestätte und verbleibender Bereich eines Vereinsheims.

33 BVerwG Urt. v. 8.5.1989 – 4 B 78.89, NVwZ 1989, 1060.

34 OVG Lüneburg Urt. v. 24.7.2013 – 1 LB 245/10, juris Rn. 19.

35 BVerwG Urt. v. 29.10.1998 – 4 C 9/97, NVwZ 1999, 417.

zusetzen; es muss nicht an dessen Grenzen enden. Vielmehr ist als räumlicher Maßstab für diese Beurteilung ein zusammenhängender, in seiner tatsächlichen oder planerisch angestrebten Struktur (zB als allgemeines Wohngebiet) gekennzeichneter Bereich maßgebend.[36] Der Versorgung des Gebiets dient der Betrieb dann, wenn er dem Gebiet funktional zugeordnet ist. Für diese Annahme muss beispielsweise eine Schankwirtschaft nach Standort, Größe, Raumeinteilung, Ausstattung und betrieblicher Konzeption objektiv geeignet sein, von den Bewohnern des Gebietes aufgesucht zu werden.[37] Dabei hat die **Betriebskonzeption** indizielle Wirkung.[38]

50 Hinsichtlich Läden ist maßgebend, ob der Laden absehbar nur oder zumindest in einem erheblichen Umfang von den Bewohnern des umliegenden Gebiets aufgesucht wird oder ob ein darüberhinausgehender Kundenkreis zu erwarten ist, der zum Verlust des **Gebietsbezugs** führt.[39]

51 **d) Typisierende Betrachtung und begrenzte Typisierung.** Für die Frage nach der Zulässigkeit eines Vorhabens in einem bestimmten Baugebiet ist regelmäßig auf die typische Erscheinungsform einer solchen baulichen Anlage oder deren Nutzungsart abzustellen, sog. **typisierende Betrachtungsweise** (→ *Rechtsschutz, verwaltungsrechtliches Hauptsacheverfahren* Rn. 43).[40] Bei der Prüfung sind – anders als bei § 15 BauNVO – nicht die konkreten Verhältnisse an Ort und Stelle maßgebend, sondern alle mit dem Vorhaben typischerweise verbundenen Auswirkungen auf die (nähere) Umgebung.[41]

52 Diese Sichtweise rechtfertigt sich daraus, dass die Baunutzungsverordnung die Anforderungen an **gesunde Wohn- und Arbeitsverhältnisse** in Gestalt einer Baugebietstypologie konkretisiert. Typische Nutzungsarten und bauliche Anlagen werden in der Baunutzungsverordnung einem oder mehreren Baugebieten zugeordnet. Relevant für die Beurteilung der Gebietsunverträglichkeit sind alle mit der Zulassung des Betriebes – nach Maßgabe der genauen Betriebsbeschreibung – nach seinem Gegenstand, seiner Struktur und Arbeitsweise typischerweise verbundenen Auswirkungen auf die nähere Umgebung. Kennzeichnend sind insbesondere die Art und Weise der Betriebsvorgänge, der Umfang, die Häufigkeit und die Zeitpunkte dieser Vorgänge, der damit verbundene An- und Abfahrtsverkehr der Kunden, Lieferanten und Beschäftigten sowie der Einzugsbereich des Betriebes,[42] ferner die Dauer dieser Auswirkungen und ihre Verteilung auf die Tages- und Nachtzeiten.

53 Die Typisierung von Betrieben gilt nicht ausnahmslos. Es ist grundsätzlich nicht ausgeschlossen, dass sich ein Betrieb in seiner konkreten Ausgestaltung als atypisch erweist. Wenn der Betrieb nach seiner Art und Betriebsweise von vornherein keine Störungen befürchten lässt und damit seine Gebietsverträglichkeit dauerhaft und zuverlässig sichergestellt ist, ist er auch baurechtlich unbedenklich (sog. **begrenzte Typisierung**).[43] Das setzt voraus, dass dieser Betrieb durch betriebsbezogene Besonderheiten vom typischen Erscheinungsbild eines solchen Betriebs abweicht. Erforderlich ist eine Einzelfallbeurteilung, die die jeweilige Betriebsstruktur in den Blick nimmt, also beurteilt, ob sich die Störwirkungen, die die konkrete Anlage bei funktionsgerechter Nutzung erwarten lässt, innerhalb des Rahmens halten, der durch die Gebietseigenart vorgegeben wird.[44] Sind – je nach dem Arbeitsvorgang und ggfs. der Verwendung von Maschinen – Erscheinungsformen möglich, die von nicht störenden bis hin zu störenden Betrieben reichen, so kann zB

36 OVG Koblenz Urt. v. 28.7.2011 – 1 A 10058/11, NVwZ-RR 2011, 968.
37 Vgl. *Ernst/Zinkahn/Bielenberg/Krautzberger* BauNVO § 2 Rn. 33.
38 OVG Koblenz Urt. v. 28.7.2011 – 1 A 10058/11, NVwZ-RR 2011, 968.
39 Vgl. BVerwG Beschl. v. 3.9.1998 – 4 B 85/98, BauR 1999, 29.
40 BVerwG Beschl. v. 25.3.2004 – 4 B 15/04, BRS 67 Nr. 70; vgl. auch OVG Koblenz Beschl. v. 16.9.2013 – 8 A 10560/13, juris Rn. 8.
41 VGH München Beschl. v. 29.1.2016 – 15 ZB 13.1759, juris Rn. 17.
42 BVerwG Urt. v. 25.11.1983 – 4 C 21/83, BVerwGE 68, 213.
43 BVerwG Urt. v. 24.9.1992 – 7 C 7.92, DVBl 1993, 111, bestätigt durch BVerwG Beschl. v. 2.2.2000 – 4 B 87/99, juris Rn. 8; s. auch VGH Mannheim Beschl. v. 22.10.2015 – 10 S 1773/15, juris Rn. 23.
44 Vgl. *Stock* in Ernst/Zinkahn/Bielenberg/Krautzberger BauNVO § 4 Rn. 73 mwN.

in atypischen Fällen das Störungspotential einer Werkstatt als gering einzustufen sein, wenn nachgewiesenermaßen ausschließlich nichtstörende Arbeiten durchgeführt werden.[45]

Wenn eine Wohnung von vornherein auch zum Zwecke der Ausübung der Prostitution genutzt wird, so dass – neben der Wohnnutzung – von einer gewerbsmäßigen Prostitution im üblichen Sinne auszugehen ist („**Wohnungsprostitution**"), stellt dies im bauplanungsrechtlichen Sinn eine neben die Wohnnutzung tretende gewerbliche Nutzung dar. Erst recht gilt dies, wenn es sich um ein Bordell handelt, in dem die Prostitution im Vordergrund steht und diese mit Wohnnutzung in denselben Räumen verbunden ist.[46] Nach der Rechtsprechung des Bundesverwaltungsgerichts[47] ist ein „klassisches" Bordell grundsätzlich ein gewerblicher Betrieb. 54

III. Besondere Fragestellungen bei einzelnen Baugebieten

1. Mischgebiet (§ 6 BauNVO)

Ein **Mischgebiet** ist dadurch gekennzeichnet, dass es sowohl dem Wohnen als auch der Unterbringung von Gewerbebetrieben, die das Wohnen nicht wesentlich stören, dient. Die beiden Hauptnutzungsarten stehen nicht in einem Rangverhältnis zueinander, sondern als gleichwertige Funktionen nebeneinander. Ihr Verhältnis zueinander ist weder nach der Fläche noch nach Anteilen zu bestimmen.[48] Jedoch darf keine der Nutzungsarten ein deutliches Übergewicht über die andere gewinnen. Das bedeutet auch, dass die gebotene Durchmischung von Wohnen und nicht wesentlich störendem Gewerbe durch ein neues Vorhaben sowohl qualitativ als auch quantitativ gestört sein kann. Nur wenn beides nicht der Fall ist, bleibt die Eigenart des Gebietstyps gewahrt.[49] 55

§ 6 Abs. 2 Nr. 3 BauNVO enthält für das Mischgebiet im Hinblick auf **Schank- und Speisewirtschaften** weder eine Größenbeschränkung noch eine Beschränkung auf die **Versorgungsfunktion** für das Gebiet, wie dies gemäß § 2 Abs. 2 Nr. 2 BauNVO für Kleinsiedlungsgebiete und gemäß § 4 Abs. 2 Nr. 2 BauNVO für allgemeine Wohngebiete bestimmt ist. Deshalb fällt auch ein Gastronomiebetrieb, der fast ausschließlich größeren Gesellschaften zur Verfügung stehen soll, unter den Begriff der „Schank- und Speisewirtschaft" im Sinne von § 6 Abs. 2 Nr. 3 BauNVO. Beschränkungen wegen der Größe oder wegen der besonderen Art des gastronomischen Betriebes können sich allenfalls im Einzelfall bei der Zulassung eines bestimmten Betriebes gemäß § 15 Abs. 1 Satz 1 BauNVO ergeben.[50] 56

Soweit § 6 Abs. 2 BauNVO einzelne Gewerbebetriebe nicht gesondert anspricht, kommt es für die Zulässigkeit solcher Anlagen in einem Mischgebiet darauf an, ob es sich dabei um Gewerbebetriebe handelt, die „das Wohnen nicht wesentlich stören" (§ 6 Abs. 1 BauNVO). Die Antwort auf die Frage, ob zB eine **SB-Autowaschanlage** in einem Mischgebiet zulässig ist, hängt von der konkreten Anlage und deren Betriebsgestaltung sowie von der konkreten Gebietssituation ab.[51] 57

Wohnungsprostitution ist nach der verwaltungsgerichtlichen Rechtsprechung im Mischgebiet nicht generell unzulässig (anders als **Bordelle** oder **bordellartige Betriebe**), da mit ihr nicht typischerweise Auswirkungen auf die Nachbarschaft verbunden sind, die das Wohnen wesentlich stören. Wohnungsprostitution liegt allerdings nur dann vor, wenn die Prostituierten in der Wohnung, in der sie ihrem Gewerbe nachgehen, 58

45 Vgl. VG Neustadt/Weinstraße Beschl. v. 19.8.2015 – 4 L 677/15.NW, juris Rn. 10, zu einer mechatronischen Werkstatt, die als metallverarbeitender Kleinbetrieb keine solchen Besonderheiten aufwies, die es rechtfertigten, hier ausnahmsweise von einem „nicht störenden Gewerbebetrieb" auszugehen; vgl. auch VGH München Urt. v. 8.9.1998 – 27 B 96.1407, BRS 60 Nr. 93 mwN.

46 BVerwG Beschl. v. 28.6.1995 – 4 B 137/95, NVwZ-RR 1996, 84.

47 Urt. v. 25.11.1983 – 4 C 21/83, BVerwGE 68, 213.

48 BVerwG Urt. v. 28.4.1972 – IV C 11.69, BVerwGE 40, 94, und BVerwG Beschl. v. 11.4.1996 – 4 B 51/96, NVwZ-RR 1997, 463.

49 BVerwG Urt. v. 25.11.1983 – 4 C 64/79, BVerwGE 68, 207.

50 BVerwG Beschl. v. 27.12.1995 – 4 NB 33/95, juris Rn. 5; zu Außengastronomie s. *Engel* VBlBW 2008, 41.

51 So für den vergleichbaren Fall einer Kraftfahrzeugwerkstatt: BVerwG Beschl. v. 11.4.1975 – IV B 37.75, BauR 1975, 396.

auch dauerhaft wohnen, die gewerbliche Betätigung nach außen nur wohnähnlich in Erscheinung tritt und dem Gebäude, in dem sie stattfindet, nicht ein Gepräge gibt, das Rückschlüsse auf die Prostitutionsausübung ziehen lässt. Eine Nutzung, die darauf beruht, die betreffenden Räume einem ständig wechselnden Personenkreis gegen Entgelt zu überlassen, weist kein wohnähnliches Erscheinungsbild auf und ist damit als ein das Wohnen wesentlich störendes Gewerbe anzusehen.[52]

59 § 6 Abs. 2 Nr. 8 und Abs. 3 BauNVO treffen für kerngebietstypische Vergnügungsstätten (→ Rn. 38) besondere Regelungen. Diese sind in Mischgebieten allgemein in den Teilen des Gebiets zulässig, die überwiegend durch gewerbliche Nutzungen geprägt sind; sie können außerhalb dieser Gebiete (nur) ausnahmsweise zugelassen werden. Es ist also erforderlichenfalls eine Unterteilung innerhalb eines Mischgebiets vorzunehmen. Die Beurteilung, ob ein Gebietsteil überwiegend durch gewerbliche Nutzung geprägt ist, ist nicht rein rechnerisch (quantitativ) zu ermitteln.[53] Der Bereich muss so weit gezogen werden, wie sich die konkrete Vergnügungsstätte in städtebaulich relevanter Weise auswirken kann. Dies kann dazu führen, dass die an einer Straße liegenden Gebäude einzubeziehen sind, während die an der parallel dazu verlaufenden Nachbarstraße liegenden Gebäude unberücksichtigt bleiben.[54]

2. Gewerbegebiet (§ 8 BauNVO)

60 Nach § 8 Abs. 1 BauNVO dienen **Gewerbegebiete** vorwiegend der Unterbringung von nicht erheblich belästigenden Gewerbebetrieben. Nach § 8 Abs. 2 Nr. 1 BauNVO sind unter anderem **Gewerbebetriebe aller Art** zulässig. Welche Gewerbebetriebe in einem Gewerbegebiet bei **typisierender Betrachtung** allgemein zulässig sind, richtet sich allerdings nicht nur nach dem Wortlaut des § 8 Abs. 2 BauNVO, sondern auch nach der Zweckbestimmung des Gebiets.

61 Gewerbegebiete zeichnen sich dadurch aus, dass in ihnen gearbeitet wird. Nach dem Leitbild der Baunutzungsverordnung sind sie den produzierenden und artverwandten Nutzungen vorbehalten. Deshalb haben das OVG Münster[55] und insofern zustimmend das Bundesverwaltungsgericht[56] eine **Feuerbestattungsanlage** als diesem Leitbild widersprechend angesehen, wenn sie – wie in dem entschiedenen Fall – über einen Raum verfügt, der es Trauergästen ermöglichen soll, in einem würdevollen, dem Anlass angemessenen äußeren Rahmen von dem Verstorbenen Abschied zu nehmen (Abschiedsraum). Das OVG Münster bejahte allerdings die Zulässigkeit des Vorhabens als Anlage für kulturelle Zwecke; das Bundesverwaltungsgericht verneinte dies unter dem Gesichtspunkt der Gebietsverträglichkeit. Als Folge davon wurde einem in dem Gebiet ansässigen Gewerbetreibenden ein das Vorhaben abwehrender Gebietserhaltungsanspruch zuerkannt.

3. Sondergebiet nach § 11 BauNVO

62 Nach § 11 Abs. 1 BauNVO sind als **sonstige Sondergebiete** solche Gebiete darzustellen und festzusetzen, die sich von den Baugebieten nach den §§ 2 bis 10 BauNVO wesentlich unterscheiden. Ein wesentlicher Unterschied zu den Gebieten nach den §§ 2 bis 10 BauNVO besteht, wenn ein Festsetzungsgehalt gewollt ist, der sich keinem der in den §§ 2 ff. BauNVO geregelten Gebietstypen zuordnen und der sich deshalb sachgerecht auch mit einer auf sie gestützten Festsetzung nicht erreichen lässt.[57] Ob sich das festgesetzte Sondergebiet wesentlich von einem Baugebietstyp im Sinne der §§ 2 bis 10 BauNVO unterscheidet, ist insbesondere anhand der **allgemeinen Zwecksetzung** des Baugebiets zu beurteilen.[58] Die konkreten Festsetzungen des Sondergebiets sind mit der jeweiligen „abstrakten“ allgemeinen Zweckbestimmung des Bauge-

52 OVG Münster Beschl. v. 9.2.2010 – 10 A 471/09, juris Rn. 7.
53 BVerwG Beschl. v. 7.2.1994 – 4 B 179/93, UPR 1994, 262.
54 BVerwG Beschl. v. 13.6.2005 – 4 B 36/05, BauR 2005, 1886.
55 Urt. v. 25.10.2010 – 7 A 1298/09, BRS 76 Nr. 71.
56 Urt. v. 2.2.2012 – 4 C 14/10, BVerwGE 142, 1.
57 BVerwG Urt. v. 29.9.1978 – 4 C 30.76, BVerwGE 56, 283.
58 BVerwG Beschl. v. 7.7.1997 – 4 BN 11.97, NVwZ-RR 1998, 416.

bietstyps, wie er sich aus den jeweiligen Absätzen 1 der §§ 2 bis 10 BauNVO ergibt, zu vergleichen.[59] Können die mit der Planung verbundenen Zielsetzungen mit der allgemeinen Zweckbestimmung der anderen Baugebiete nicht in Deckung gebracht werden, unterscheiden sie sich von ihnen wesentlich.[60]

§ 11 Abs. 3 BauNVO enthält eine Sonderregelung für **Einkaufszentren**[61] sowie **großflächige Einzelhandelsbetriebe**. Großflächig ist ein Betrieb bei mehr als 800 m² Verkaufsfläche.[62] Entscheidend für die Anrechnung auf die Verkaufsfläche ist, ob die Fläche für den Kunden zugänglich ist und in unmittelbarem Zusammenhang mit dem Verkaufsvorgang steht. Denn die Attraktivität und die Wettbewerbsfähigkeit und damit die Auswirkungen eines Einzelhandelsbetriebs werden nicht nur von seiner Größe bestimmt, die sich in der Geschossfläche widerspiegelt. Sie wird eher von derjenigen Fläche beeinflusst, auf der Waren präsentiert und gekauft werden können. 63

Großflächige Betriebe, die sich nach Art, Lage oder Umfang auf die **Verwirklichung der Ziele der Raumordnung und Landesplanung** oder auf die **städtebauliche Entwicklung und Ordnung** nicht nur unwesentlich auswirken können, sind nach § 11 Abs. 3 BauNVO außer in Kerngebieten nur in für sie festgesetzten Sondergebieten zulässig.[63] Derartige Auswirkungen werden nach § 11 Abs. 3 Satz 3 BauNVO vermutet, wenn die Geschossfläche mehr als 1.200 m² beträgt, es sei denn, es bestehen gegenteilige Anhaltspunkte (Satz 4). 64

Bei einer (Gewerbe-) Gebietswidrigkeit eines Einkaufszentrums oder eines großflächigen Einzelhandelsbetriebs entsteht ein **Gebietserhaltungsanspruch** eines anderen Grundeigentümers dieses Gebiets. Denn auch in dieser Fallgestaltung gerät durch die Zulassung einer baugebietswidrigen Nutzung das durch die Festsetzungen eines Bebauungsplans über die Art der baulichen Nutzung geschaffene wechselseitige Austauschverhältnis aus dem Gleichgewicht.[64] 65

48. Graben

Ring

I. Einleitung

Der Graben erlangt in nachbarrechtlicher Hinsicht Bedeutung als Gefahr drohende Anlage iSv § 907 BGB (unter → Rn. 2). Er kann iÜ als Vertiefung auch nach § 909 BGB untersagt sein (→ Rn. 3 ff.), gegen den Weiterwuchs von Wurzeln geeignet (→ Rn. 6) bzw. taugliche Grenzanlage sein (→ Rn. 7 f.). Des Weiteren können sich aus der Existenz eines Grabens auch weitere Unterlassungs- und Schadensersatzansprüche ergeben (→ Rn. 9 ff.). 1

59 BVerwG Urt. v. 23.4.2009 – 4 CN 5.07, BVerwGE 133, 377; BVerwG Urt. v. 11.7.2013 – 4 CN 7.12, BVerwGE 147, 138.
60 Vgl. dazu: BVerwG Beschl. v. 9.6.2016 – 4 B 8/16, juris Rn. 4.
61 S. dazu BVerwG Urt. v. 27.4.1990 – 4 C 16/87, NVwZ 1990, 1074; Urt. v. 1.8.2002 – 4 C 5/01, BVerwGE 117, 25.
62 BVerwG Urt. v. 24.11.2005 – 4 C 10/04, BVerwGE 124, 364.
63 Zum Rechtsschutz der Nachbargemeinden s. VGH Mannheim Urt. v. 27.9.2007 – 3 S 2875/06, NVwZ-RR 2008, 369.
64 VGH München Beschl. v. 21.7.2000 – 25 ZB 99.3662, juris Rn. 118; aA: OVG Lüneburg Urt. v. 29.3.1996 – 1 M 6354/95, BRS 58 Nr. 163, für großflächigen Einzelhandel.

II. Graben als gefahrdrohende Anlage

2 Die Rechtsprechung hat unter den Begriff einer gefahrdrohenden Anlage iSv § 907 BGB etwa auch einen Graben[1] subsumiert. Eine entsprechende Anlage kann schon durch ihren bloßen die Beeinträchtigung herbeiführen.[2]

III. Graben als Vertiefung

3 Eine auch nur eine kurzfristige Vertiefung, etwa das Ausheben eines Grabens[3] zur Verlegung einer Abwasserleitung[4] oder eine zeitlich nur kurz bemessene Aushebung eines **Grabens für Fundamente**[5] kann nach § 909 BGB (dazu → *Vertiefung* Rn. 1 ff.) ebenso untersagt sein wie das Ausheben eines **Kanalgrabens.**[6] Da dafür keine Vertiefung auf Dauer verlangt wird, ist es ohne Bedeutung, dass ein Kanalgraben alsbald nach der Verlegung der Kanalisation wieder verfüllt wird.[7]

4 Im Zusammenhang mit dem Ausheben eines Fundamentgrabens an der Grenze zum Nachbargrundstück muss ein Architekt (oder derjenige, der mit der örtlichen Bauaufsicht beauftragt ist) mit besonderer Sorgfalt darauf achten, dass das Grundstück nicht in Mitleidenschaft gezogen wird, da es gerade durch diese Bodenvertiefung nahe an der Grenze gefährdet ist.[8]

5 Der BGH[9] hat einen Schadensersatzanspruch nach § 823 Abs. 2 iVm § 909 BGB[10] für den Fall verneint, dass das Abrutschen eines Hanges durch einen **Kanalgraben** mitverursacht worden ist, den Beklagten aber im Rahmen privatrechtlich durchgeführter Arbeiten kein Verschulden trifft. Wenn sich der Aushub eines Kanalgrabens nicht unmittelbar auf die Festigkeit des Bodens des Grundstücks und des auf diesem stehenden Gebäudes auswirkt (weil die Gründungssohle des Hauses außerhalb des Einflussbereichs dieses Grabens liegt) und die Kanalisationsarbeiten auch nicht zu einem Absinken des Grundwassers führen, sondern erst die Drainagewirkung der in den Graben eingelegten Betonrohre dem Grundstück Feuchtigkeit entzogen und dadurch die Standfestigkeit des Hauses beeinträchtigt haben, steht dies der Annahme eines adäquaten Ursachenzusammenhangs zwischen Aushub des Kanalgrabens (Vertiefung des Grundstücks) und Beeinträchtigung des Hauses auf dem Nachbargrundstück nicht entgegen: Der Graben ist dann für die Kanalisation ausgehoben worden, die Betonrohre der Kanalisation besaßen wasseraufsaugende Eigenschaften und mussten deshalb auf das sie umgebende feuchte Erdreich als Drainage wirken.[11]

---

1 KG Deutsches Mietrecht 1930, 1033. Vgl. zu einem Wassergraben auch OLG München Urt. v. 21.9.1993 – 25 U 2080/93, juris Rn 7.

2 Motive III, S. 295 (Prot. III, S. 160); wie zB ein Wassergraben, der Feuchtigkeit verbreitet – Staudinger/*Roth* BGB § 907 Rn. 15.

3 Zum Abwehranspruch eines Grundstückseigentümers gegen wild abfließendes Niederschlagswasser nach § 1004 BGB aus einem Graben vom Nachbargrundstück (eingeschränkt durch Vorschriften des Landeswasserrechts gemäß Art. 124 S. 1 EGBGB – zB § 102 Abs. 2 S. 1 WasserG Brandenburg): OLG Brandenburg Urt. v. 15.5.2012 – 2 U 26/11. Zur Beweislast bei einer Grabenvertiefung auch BGH Urt. v. 5.10.1973 – V ZR 163/71, NJW 1973, 2207.

4 BGH Urt. v. 10.11.1977 – III ZR 121/75, NJW 1978, 1051 (1052).

5 RG Urt. v. 17.4.1907 – V 64/02, RGZ 51, 179; RG Urt. v. 17.3.1934 – V 28/34, RGZ 144, 170 (172).

6 BGH Urt. v. 10.11.1977 – III ZR 121/75, NJW 1978, 1051, juris Rn. 26; BGH Urt. v. 20.12.1971 – III ZR 110/69, BGHZ 57, 371 = NJW 1972, 527, juris Rn. 14; OLG Frankfurt a.M. Urt. v. 31.3.2005 – 1 U 257/04, OLGR Frankfurt a.M. 2016, 16 zu Gebäudebeschädigung infolge Tiefbauarbeiten für einen Kanalgraben. Vgl. zum Sorgfaltsmaßstab beim Aushub von Gräben zu Fundamentierungsarbeiten auch BGH Urt. v. 3.10.1969 – V ZR 48/66, MDR 1970, 31.

7 RG Urt. v. 17.3.1934 – V 28/34, RGZ 144, 170 (172); BGH Urt. v. 10.11.1977 – III ZR 121/75, BGHZ 57, 370 (374).

8 BGH Urt. v. 4.12.1964 – VI ZR 186/63, MDR 1965, 197.

9 BGH Urt. v. 18.9.1987 – V ZR 219/85, NJW-RR 1988, 136, juris Rn. 30 ff.; BGH Urt. v. 18.12.1987 – V ZR 223/85, BGHZ 103, 39 = NJW-RR 1988, 585.

10 Zum Schadensersatzanspruch aufgrund Hauseinsturzes auch OLG Köln Urt. v. 6.12.2017 – 16 U 6/17, NJW-RR 2018, 464.

11 BGH Urt. v. 10.11.1977 – III ZR 121/75, NJW 1978, 1051, juris Rn. 27.

IV. Graben und Überhang

Der Gesetzgeber hat dem Eigentümer bereits in den Motiven in Bezug auf einen Überhang nach § 910 BGB (dazu → *Überhang* Rn. 1 ff.) die – allerdings wenig praktikabel[12] – Möglichkeit nahegelegt, sich durch das Ziehen eines Grabens gegen das Weiterwachsen von Wurzeln zu schützen.[13] 6

V. Graben als Grenzanlage

Werden zwei (notwendigerweise aneinandergrenzende)[14] Grundstücke bspw. durch einen Graben, die dem Vorteil beider Grundstücke dient, voneinander geschieden, so wird nach § 921 BGB (dazu → *Grenzanlage* Rn. 1 ff.) vermutet (widerlegliche Rechtszustandsvermutung), dass die Eigentümer der Grundstücke zur Benutzung der Einrichtung gemeinschaftlich berechtigt sind. Die Vermutung wird zerstört, wenn „äußere Merkmale“ darauf hinweisen, dass die Einrichtung einem der Nachbarn allein gehört – bspw. wenn der Aushub eines Grabens nur auf einer Seite liegt.[15] 7

Der Inhalt des Benutzungsrechts nach § 922 S. 1 BGB wird sowohl bestimmt als auch beschränkt durch den Zweck der Grenzeinrichtung, der sich aus objektiven Merkmalen ergibt:[16] „Ein Grenzgraben ist zur Aufnahme von Oberflächenwasser bestimmt“. 8

VI. Sonstige Abwehr- und Schadensersatzansprüche

Ein nachbarrechtlicher Abwehranspruch gegen ein in einen Graben einlaufendes Niederschlagswasser, dass sich dort sammelt und dann in einem Stichkanal hangabwärts Richtung Nachbargrundstück fließt, kommt nicht in Betracht, wenn eine abschließende Regelung (bspw. des Landeswasserrechts) besteht.[17] 9

Einem Grundstückseigentümer kann gegen den Grundstücksnachbarn ein nachbarrechtlicher Ausgleichsanspruch gemäß § 906 Abs. 2 S. 2 BGB analog zustehen, wenn vom Nachbargrundstück aus einem „Versickerungsgraben“ infolge starker Regenfälle Schlammmassen auf sein Grundstück geschwemmt werden.[18] 10

Ein Kanalgraben, der bei Verlegung der Abwasserleitung nicht ordnungsgemäß gegen eine Drainage des Grundwassers ausgerüstet worden ist, ist kein Bestandteil der Anlage selbst, dessen Zustand zu einer Haftung nach § 2 Abs. 1 S. 2 HaftpflG führen könnte.[19] 11

---

12 Staudinger/*Roth* BGB § 910 Rn. 10.
13 Motive III, S. 143.
14 § 921 BGB gelangt nicht zur Anwendung, wenn mehr als zwei Nachbarn von einer gemeinsamen Grenzeinrichtung Nutzen ziehen: Staudinger/*Roth* BGB § 921 Rn. 11; dann ist allerdings eine entsprechende Anwendung der §§ 921, 922 BGB geboten – so Motive III, S. 277.
15 Staudinger/*Roth* BGB § 921 Rn. 14.
16 Staudinger/*Roth* BGB § 922 Rn. 3.
17 KG Urt. v. 22.4.2004 – 25 U 49/04, juris Rn. 19 – auch zum Regelungsgehalt und Umfang von § 66 WasserG Berlin beim Eintritt von Niederschlagswasser auf ein tiefergelegenes Nachbargrundstück.
18 OLG Thüringen Urt. v. 23.7.2013 – 5 U 639/12, BzAR 2013, 466.
19 BGH Urt. v. 3.3.1994 – III ZR 183/92, VersR 1994, 864.

49. Grenzanlage*

Ring

Literatur: *Glaser*, Die gemeinschaftliche Giebelmauer, JR 1976, 495.

I. Einleitung

1 Werden zwei (notwendigerweise aneinander grenzende)[1] Grundstücke durch einen Zwischenraum, Rain, Winkel, einen Graben, eine Mauer, eine Hecke, eine Planke oder eine andere Einrichtung (zB gemeinschaftliche Einfahrt, gemeinsame Dachrinnen oder sonstige Wasserableitungen), die dem Vorteil beider Grundstücke dient, voneinander geschieden, so wird nach § 921 BGB widerleglich vermutet, dass die Eigentümer der Grundstücke zur Benutzung der Einrichtung gemeinschaftlich berechtigt sind. Etwas anderes gilt dann, wenn äußere Merkmale darauf hinweisen, dass die Einrichtung einem der Nachbarn allein gehört. § 922 BGB regelt die Art der Benutzung und die Unterhaltung der Grenzanlage.[2]

2 Die §§ 921, 922 BGB erfassen nach den Art. 173, 181 EGBGB auch Einrichtungen, die vor Inkrafttreten des BGB errichtet worden sind oder bestanden.[3]

3 Bei einer schon länger bestehenden Einrichtung, die sich wegen ihrer Vorteilhaftigkeit für beide Seiten objektiv als Grenzeinrichtung darstellt, spricht eine Vermutung dafür, dass sie mit dem Willen beider Nachbarn errichtet worden ist, weshalb sie ohne Zustimmung des Nachbarn auch nicht verändert werden darf.[4]

Beachte: § 921 BGB erfasst nicht **Einfriedungen** (dh Umfriedungen oder Scheidungen), mit denen sich ein Grundstückseigentümer (aufgrund der §§ 903, 905 BGB) auf seinem eigenen Grund und Boden zur Grenzsicherung oder zum Schutz gegen einen unbefugten Zutritt von Menschen oder ein Eindringen von Tieren umfriedet.[5] Diese stehen im Alleineigentum des Grundstückseigentümers und werden von landesbaurechtlichen bzw. landesnachbarrechtlichen Vorschriften[6] konkretisiert, die zT entsprechende Einfriedungen (unter Bestimmung der Kostentragungsverpflichtung) vorschreiben oder auch untersagen. Nur

---

* Die Bearbeitung basiert auf der Kommentierung des Verfassers im NK-BGB (Bd. 3, 4. Aufl. 2016) zu den §§ 921, 922 BGB und ist à-jour-geführt.

1 § 921 BGB gelangt nicht zur Anwendung, wenn mehr als zwei Nachbarn von einer gemeinsamen Grenzeinrichtung Nutzen ziehen: Staudinger/*Roth* BGB § 921 Rn. 11. Dann ist aber eine entsprechende Anwendung der §§ 921, 922 BGB geboten – so Motive III, S. 277.

2 Die §§ 921, 922 BGB regeln ein nachbarrechtliches Rechtsverhältnis, das auch durch die Bestellung von entsprechenden Grunddienstbarkeiten begründet werden könnte: Motive, Bd. III S. 274.

3 RG Urt. v. 17.1.1903 – V 348/02, RGZ 53, 307 (311); Staudinger/*Roth* BGB § 921 Rn. 1.

4 BGH Urt. v. 20.10.2017 – V ZR 42/17, NJW-RR 2018, 528 – Ls. 2; BGH Urt. v. 23.11.1984 – V ZR 176/83, NJW 1985, 1458.

5 Staudinger/*Roth* BGB § 921 Rn. 58. Wenn Hecken und Holzzäune sowie Metallzäune mit und ohne Einflechtungen im Vergleichsgebiet „ortsüblich" und vertreten sind, können die Nachbarn zwischen diesen Möglichkeiten wählen (BGH Urt. v. 9.2.1979 – V ZR 108/77 BGHZ 73, 272 = NJW 1979, 1408 (1409); BGH Urt. v. 22.5.1992 – V ZR 93/91, NJW 1992, 2569). Sind verschiedene Einfriedungen bei benachbarten Grundstücken festzustellen, darf der Bauwillige wählen, welche Einfriedung er errichten will: Er muss nicht die am häufigsten vorkommende Ausführungsart auswählen und umsetzen: LG Oldenburg Urt. v. 13.6.2017 – 5 S 550/16, ZMR 2017, 779 – Ls. 1 und 2.

6 Näher Staudinger/*Albrecht* EGBGB Art. 124 Rn. 31 ff.

eine Grundstückseinfriedung auch in Gestalt eines Zauns, die die Grenzlinie schneidet (dh auf der Grenze verläuft) ist „Grenzeinrichtung" iSd § 921 BGB.

Beachte: Die Nachbarwand[7] (halbscheidige Giebel- oder Kommunmauer)[8] ist die wichtigste Ausprägung einer Grenzeinrichtung (→ *Nachbarwand* Rn. 1 ff.). Sie ist dadurch gekennzeichnet, dass sie von einem Grundstückseigentümer regelmäßig hälftig auf seinem und hälftig auf dem Nachbargrundstück errichtet worden ist (wobei es auf die genaue Beachtung der Hälftigkeit nicht ankommt), nachdem dies zwischen den Grundstückseigentümern so vereinbart worden ist, oder der Bauende zumindest erwartete, dass der Nachbar die Mauer (gleichzeitig oder später) bei der Errichtung seines Hauses zum Anbau benutzen würde.[9]

II. Anwendungsbereich

§ 921 BGB regelt sowohl den Fall, dass der konkrete Grenzverlauf sicher ist, als auch den (nicht ausdrücklich geregelten) Fall der Unsicherheit[10] (scheinbare Grenzeinrichtung). Für beide Konstellationen gilt zur Streitvermeidung die widerlegliche Vermutung eines gemeinschaftlichen Benutzungsrechts.[11] Die ggf. nur scheinbare Grenzeinrichtung gilt somit für die gemeinschaftliche Benutzung als wirklich.[12] 4

§ 921 BGB kommt eine doppelte Vermutungswirkung zu:[13] 5

- Dient die Einrichtung äußerlich dem Vorteil beider Grundstücke, gilt, dass die Einrichtung beide Nachbarn zu ihrer Benutzung gemeinschaftlich berechtigt.
- Die beiden Grundstücken vorteilhafte Einrichtung gilt tatsächlich von der Grenze als durchschnitten.

§ 921 BGB trifft keine Regelung in Bezug auf die Eigentumsverhältnisse.[14] Die Duldungspflicht ist gesetzliche Eigentumsbeschränkung.[15] 6

An einer Grenzanlage besteht nach hM vertikal gespaltenes Eigentum entsprechend dem Verlauf der Grundstückgrenze.[16] Für eine Ufermauer zwischen dem Ufergrundstück und einem Gewässer gilt nichts anderes.[17] 7

7 Eine Gebäudewand auf der Grundstücksgrenze ist „Nachbarwand" und somit Grenzeinrichtung iSv § 921: OLG Brandenburg Urt. v. 21.4.2011 – 5 U 51/09, BauR 2011, 1382.
8 Dazu Grziwotz/Lüke/Saller/*Grziwotz* NachbarR-HdB S. 68 ff.
9 Staudinger/*Roth* BGB § 921 Rn. 19.
10 LG Heidelberg Urt. v. 26.10.1984 – 1 O 104/83, DWW 1985, 182.
11 Staudinger/*Roth* BGB § 921 Rn. 2.
12 Motive III, S. 275 f.; zudem BGH Urt. v. 2.7.2004 – V ZR 33/04, BGHZ 143, 1 (4); Staudinger/*Roth* BGB § 921 Rn. 2.
13 Staudinger/*Roth* BGB § 921 Rn. 2.
14 Motive III, S. 275 – arg.: Bei der Möglichkeit einer gemeinschaftlichen Benutzung ist die Eigentumsfrage oft nur von untergeordneter Bedeutung.
15 So Motive III, S. 274.
16 BGH Urt. v. 27.3.2015 – V ZR 216/13, BGHZ 204, 364, juris Rn. 8 unter Bezugnahme auf RG Urt. v. 7.12.1939 – V 125/39, RGZ 162, 209 (212); OLG Düsseldorf Urt. v. 13.4.1977 – 9 U 289/76, OLGZ 1978, 190 (191 f.) und OLG Düsseldorf Urt. v. 5.12.1990 – 9 U 101/90, NJW-RR 1991, 656 (657); LG Gießen Urt. v. 13.7.1994 – 1 S 163/94, NJW-RR 1995, 77; Palandt/*Herrler* BGB § 921 Rn. 4; Staudinger/*Roth* BGB § 921 Rn. 17. So BGH Urt. v. 2.7.2004 – V ZR 33/04 (BGHZ 160, 18 (21 f.)) bereits zum ungefällten Grenzbaum iSv § 923 BGB bzw. beim unentschuldigten Überbau für die Kommunmauer vor dem Anbau durch den Nachbarn (BGH Urt. v. 17.1.2014 – V ZR 292/12, NJW-RR 2014, 973 Rn. 25 f.).
17 BGH Urt. v. 27.3.2015 – V ZR 216/13, BGHZ 204, 364, juris Rn. 9 f.

III. Grenzeinrichtung

8 Der Begriff der Grenzeinrichtung ist in § 921 BGB nicht legal definiert. Das BGB benennt nur einige Beispiele von Grenzeinrichtungen – Gräben (Schluchten), Hecken,[18] eine Kaimauer,[19] Mauern[20] (zB Nachbarwände),[21] Planken, Raine, ein Wassergraben,[22] Winkel, Zwischenräume (zwischen zwei Häusern), oder andere (vergleichbare) Einrichtungen –, da sich Zwecke einer Grenzeinrichtung und die entsprechenden verschiedenen Arten der Beschaffenheit nicht spezialisieren, sondern sich nur durch Beispiele verdeutlichen lassen.[23]

9 Eine zur gemeinsamen Benutzung verwendete und eingerichtete Fläche (iS eines Zwischenraums, auf dessen Breite oder Größe es nicht ankommen soll)[24] wurde in folgenden Fällen angenommen: Baumreihen,[25] Brunnen,[26] gemeinsame Dachrinnen,[27] Durchfahrt zwischen zwei Grundstücken,[28] gemeinsame Garagenzufahrt,[29] gemeinsam genutzte Einfahrt zwischen zwei Häusern (deren Fläche jeweils zur Hälfte im Alleineigentum der Nachbarn steht), die auch als Zufahrt zu den hinter dem Haus eines Eigentümers gelegenen Stellplätzen genutzt wird,[30] Mauer,[31] Steinwälle,[32] Wassergräben[33] sowie Zäune[34] oder Zufahrten.[35]

10 Es kommt nicht auf das Vorhandensein einer baulichen Anlage an, „sondern es genügt, dass eine zur gemeinsamen Benutzung verwendete und eingerichtete Fläche vorliegt".[36] Gefordert wird auch nicht, dass die entsprechende Grenzeinrichtung von Alters her bestanden hat oder von den Grundstückseigentümern hergestellt worden ist.[37] Allerdings muss die Einrichtung sich durch eine gewisse Selbstständigkeit und Dauer auszeichnen.[38]

18 BGH Urt. v. 15.10.1999 – V ZR 77/99, BGHZ 143, 1; OLG Düsseldorf Urt. v. 13.4.1977 – 9 U 289/76, OLGZ 1978, 190; LG Gießen Urt. v. 13.7.1994 – 1 S 163/94, MDR 1995, 41; AG Hannover Urt. v. 23.4.2009 – 414 C 6373/08, NdsRpfl 2010, 125 (eine zwischen zwei Grundstücken seit 20 Jahren bestehende acht bis zehn Meter lange und 1,70 Meter hohe Weißdornhecke als Grenzanlage).

19 AG Hamburg Urt. v. 6.9.2019 – 9 C 521/18, ZMR 2019, 1007.

20 BGH Urt. 26.2.1964 – V ZR 59/61, BGHZ 41, 177; OLG Düsseldorf Urt. v. 5.12.1990 – 9 U 101/96, OLGZ 1992, 113.

21 OLG Brandenburg Urt. 21.4.2011 – 5 U 51/09, BauR 2011, 1382, juris Rn. 34.

22 VGH München Urt. v. 7.9.1982 – 8 VIII 76, DÖV 1983, 948.

23 Motive III, S. 275.

24 Staudinger/*Roth* BGB § 921 Rn. 5.

25 LG Frankfurt a.M. Urt. v. 23.8.1990 – 2/22 O 60/90, NJW-RR 1992, 88.

26 OLG Dresden ZBlFG 5, 256.

27 Staudinger/*Roth* BGB § 921 Rn. 5.

28 BGH Urt. v. 22.6.1990 – V ZR 3/89, BGHZ 112, 1.

29 LG Zweibrücken Urt. v. 26.9.1995 – 33205/95, MDR 1996, 46.

30 OLG Koblenz Urt. v. 11.3.2003 – 10/356/02, BauR 2004, 485.

31 OLG Dresden Urt. v. 1.7.2009 – 11 U 568/08, OLGR 2009, 937: Mauer, die zwei Grundstücke auf eine Länge von 35 Meter voneinander trennt, als zur Gänze gemeinsame Grenzeinrichtung (auch wenn nur auf einer Länge von 20 Meter die Grundstücksgrenze im Inneren des Mauerkörpers verläuft). Vgl. auch OLG Karlsruhe Urt. v. 9.4.2008 – 6 U 199/06, MDR 2008, 855, zur Tragung der Unterhaltskosten nach § 922 S. 2 BGB.

32 Staudinger/*Roth* BGB § 921 Rn. 5.

33 VGH München Urt. v. 26.4.1983 – 8 B 80 A.1595, NuR 1984, 28.

34 BGH Urt. 23.11.1984 – V ZR 176/83, NJW 1985, 1458; LG Bochum Urt. v. 17.3.1992 – 9 D 497/91, NJW-RR 1992, 913.

35 LG Hamburg Urt. v. 16.12.2015 – 318 S 33/15, ZMR 2016, 238: Eine auf der Grundstücksgrenze befindliche Zufahrt ist nur dann Grenzeinrichtung, wenn sie für beide Grundstücke bei Herstellung vorteilhaft war: Eine von der Grenze zweier Nachbargrundstücke durchschnittene Durchfahrt ist dann Grenzeinrichtung, wenn sie zwischen den Grundstücken liegt.

36 So Motive III, S. 275; aA der Definitionsansatz von Soergel/*Baur* BGB § 921 Rn. 1: „einverständlich getroffene Veranstaltung" (aA Staudinger/*Roth* BGB § 921 Rn. 5: „zu eng").

37 Staudinger/*Roth* BGB § 921 Rn. 5: wild wachsende Hecke.

38 Staudinger/*Roth* BGB § 921 Rn. 5.

1. Grenzeinrichtung und „Anlage"

Eine Grenzeinrichtung muss im Unterschied zu einer Anlage (iSv § 907 BGB) nicht künstlich von Menschenhand geschaffen worden sein.[39] Kennzeichen einer Grenzeinrichtung ist, dass sie von der Grundstücksgrenze – nicht notwendigerweise in der Mitte – durchschnitten wird[40] und beiden Grundstücken nutzt, auf denen sie errichtet worden ist.[41] Ein mit einer Trennfuge verschlossener schmaler Zwischenraum zwischen eigenständigen, auf unterschiedlichen Grundstücken befindlichen Grenzmauern eines Doppelhauses ist Grenzeinrichtung.[42] Ein Zwischenraum iSv § 921 BGB umfasst insbesondere Zwischenräume zwischen zwei Gebäuden (zB ein unbebauter Grenzstreifen, eine enge Reihe, ein Winkel oder eine Schlucht).[43] 11

Gebäude (auch wenn sie über die Grenze gebaut sind) sind (anders als Nachbarwände) keine Grenzeinrichtungen. Damit kommt dem Überbau nach § 912 BGB im Kontext mit § 921 BGB keine Bedeutung zu.[44] 12

2. Grenzscheidende Wirkung der Einrichtung?

Die Grenzeinrichtung muss idR aktuell[45] von der Grenze (nicht unbedingt mittig)[46] zu einem nicht unerheblichen Teil[47] geschnitten sein. Es reicht nicht aus, wenn die Grenze sich vollumfänglich neben der Grenzlinie (dh in Gänze nur auf einem der beiden Grundstücke) befindet.[48] Der entsprechende Nachweis kann durch Berufung auf § 891 BGB geführt werden[49] (zB bei einer Grenzwand). Für diesen Fall kann ein Benutzungs-(Anbau-)Recht mit dinglicher Wirkung nur mittels Grunddienstbarkeit begründet werden.[50] Auf im Miteigentum stehende Zwischengrundstücke gelangt nicht § 921 BGB, sondern die §§ 1009, 741 ff. BGB zur Anwendung.[51] 13

---

39 Staudinger/*Roth* BGB § 921 Rn. 5.

40 LG Hamburg Urt. v. 16.12.2015 – 318 S 33/15, ZMR 2016, 238, juris Rn. 25 unter Bezugnahme auf BGH Urt. v. 15.10.1999 – V ZR 77/99, BGHZ 143, 1 (3) = NJW 2000, 512.

41 LG Hamburg Urt. v. 16.12.2015 – 318 S 33/15, ZMR 2016, 238, juris Rn. 25 unter Bezugnahme auf BGH Urt. v. 21.10.2011 – V ZR 10/11, NJW-RR 2012, 346; BGH Urt. v. 18.5.2001 – V ZR 119/00, WM 2001, 1903 (1905).

42 OLG Köln Urt. v. 7.5.2015 – I-18 U 206/14, MDR 2015, 1127.

43 Staudinger/*Roth* BGB § 921 Rn. 5 unter Bezugnahme auf RG Recht 1916 Nr. 1123; MüKoBGB/*Brückner* § 921 Rn. 2.

44 Weil der Überbau nicht (wie eine Grenzanlage) sowohl für das eine wie das andere Grundstück vorteilhaft ist. RG Urt. v. 20.1.1909 – V 438/08, RGZ 70, 200 (205); BGH Urt. v. 18.5.2001 – V ZR 119/00, WM 2001, 1903 (1905) = NJW-RR 2001, 1528: Die Grenzanlage nutzt beide Grundstücke, auf denen sie errichtet ist – Staudinger/*Roth* BGB § 921 Rn. 4.

45 Dh – zB bei einer Hecke – nicht zum Zeitpunkt der Anpflanzung: BGH Urt. v. 15.10.1999 – V ZR 77/99, BGHZ 143, 1 (4 f.) – wobei nicht erforderlich ist, dass die Hecke in ihrem gesamten Verlauf Grenzeignung hat. Es reicht aus, dass einige Stämme der Hecke beim Bodenaustritt von der Grenzlinie durchschnitten werden.

46 BGH Urt. v. 15.10.1999 – V ZR 77/99, BGHZ 143, 1 (3) Rn. 35.

47 So LG Aachen Urt. v. 20.3.1998 – 5 S 330/97, MDR 1998, 591 – Bruchsteinmauer, die zT vollständig auf einem der beiden Grundstücke steht; vgl. auch BGH Urt. v. 22.6.1990 – V ZR 3/89, BGHZ 112, 1 = NJW 1990, 2555: Zwischenräume, Einfahrten, Hohlräume oder Wege können nur dann als Grenzeinrichtung qualifiziert werden, wenn die Fläche teils zum einen, teils zum anderen Grundstück gehört.

48 So RG Urt. v. 20.1.1909 – V 438/08, RGZ 70, 200 (203); BGH Urt. v. 26.2.1964 – V ZR 59/61, BGHZ 41, 177; BGH Urt. v. 29.4.1977 – V ZR 71/75, BGHZ 68, 350 (352) = NJW 1977, 1447; Palandt/*Herrler* BGB § 921 Rn. 1; Staudinger/*Roth* BGB § 921 Rn. 6.

49 RG Urt. v. 12.2.1910 – V 72/09, RGZ 73, 125 (129). Staudinger/*Roth* BGB § 921 Rn. 7: Der äußere Anschein soll niemals zur Widerlegung der Vermutung nach § 891 BGB geeignet sein; aA Erman/*Hagen*/*Lorenz* BGB § 921 Rn. 1.

50 BGH Urt. v. 11.2.1977 – I ZR 185/75, BGHZ 68, 350 (352).

51 Staudinger/*Roth* BGB § 921 Rn. 6.

14 Umstritten ist, ob eine Grenzeinrichtung tatbestandlich einer grenzscheidenden Wirkung bedarf. 2003 hat der BGH[52] die Frage – die er bislang offengelassen hatte[53] – dahin gehend entschieden, dass eine Grenzanlage dann vorliegt, **wenn sich die Anlage zumindest teilweise über die Grenze zweier Grundstücke erstreckt und funktionell beiden Grundstücken dient**. Eine grenzscheidende Wirkung braucht der Anlage nicht zuzukommen: Zwar lasse der Wortlaut von § 921 BGB Raum für beide Auslegungen. Es liege aber näher, das Gesetz so zu verstehen, dass die Einrichtung „zwischen den Grundstücken" gelegen, dh von der Grenzlinie durchschnitten sein müsse, ohne dabei eines der Nachbargrundstücke insgesamt zu erfassen.[54] Durch das Beispiel des „Zwischenraums" kommt zum Ausdruck, dass für die Annahme einer Grenzeinrichtung eine zur gemeinsamen Benutzung verwendete und eingerichtete Fläche genügt.[55] Hierunter fällt auch ein von den Grundstücksnachbarn gemeinsam benutzter Zufahrtsweg (selbst wenn er nicht geeignet ist, den genauen Grenzverlauf zu markieren).[56] § 921 BGB will durch die Vermutung eines Rechts zur gemeinschaftlichen Benutzung der Einrichtung Streitigkeiten zwischen den Nachbarn vorbeugen und eine volkswirtschaftlich schädliche Zerstörung von für beide Grundstücke vorteilhaften Anlagen verhindern.[57] Eine Grenzanlage liegt dann nicht vor, wenn die Anlage die Nutzung eines der beiden Grundstücke im Wesentlichen ausschöpft oder der Vorteil für die beiden Grundstücke sich in der Vereinbarung ihrer gemeinschaftlichen Nutzung erschöpft.[58]

15 Wenn § 921 BGB somit eine grenzscheidende Wirkung einer Anlage nicht voraussetzt, kann es sich bei einem teils auf dem einen, teils auf dem Nachbargrundstück gelegenen und bereits von den vormaligen Eigentümern einvernehmlich genutzten Zufahrtsweg um eine „Grenzeinrichtung" handeln.[59]

3. Zustimmungserfordernis

16 Der Nachbar muss – um eine Grenzanlage anzunehmen – der Grenzüberschreitung (ausdrücklich oder zumindest stillschweigend)[60] zugestimmt haben[61] (Einwilligung oder nachträgliche Genehmigung). Eine willkürliche – dem Willen des Nachbarn (dessen Grund und Boden in Anspruch genommen wird und der die

52 BGH Urt. v. 7.3.2003 – V ZR 11/02, BGHZ 154, 139. AA noch RG Urt. v. 20.1.1909 – V 438/08, RGZ 70, 200 (204 f.) (ebenso OLG Celle Urt. v. 22.3.1958 – 4 U 190/57, RdL 1958, 210): Grenzeinrichtungen sind nur solche mit Grund und Boden verbundene, auf der Grenze befindliche Anlagen, die infolge Gestaltung und Lage aneinander grenzende Grundstücke voneinander scheiden und durch ihre Lage auf der Grenze und ihre grundstücksscheidende Wirkung den benachbarten Grundstücken zum Vorteil dienen.

53 BGH Urt. v. 9.11.1965 – V ZR 84/63, WM 1966, 143 (144 f.): Ein weniger als ein Meter breiter begehbarer Zwischenraum zwischen zwei Gebäuden ist „Grenzeinrichtung" angesehen. Bei einem auf der Grundstücksgrenze errichteten Holzspriegelzauns kann eine „Anlage" iSv § 921 BGB auch andere Zwecke als die bloße Grenzscheidung haben: BGH Urt. v. 23.11.1984 – V ZR 176/83, NJW 1985, 1458 (1459). In BGH Urt. v. 22.6.1990 – V ZR 3/89, BGHZ 112, 1 hat der BGH die Frage im Falle einer das gesamte Grundstück des einen Nachbarn erfassenden Durchfahrt offengelassen, da die Einrichtung nicht zwischen den Grundstücken gelegen war. In BGH Urt. v. 18.5.2001 – V ZR 119/00, NJW-RR 2001, 1528 wurde entschieden, dass eine Grenzeinrichtung dadurch gekennzeichnet sei, dass sie von der Grundstücksgrenze durchschnitten wird und beiden Grundstücken nutzt, auf denen sie mit Zustimmung der Nachbarn errichtet ist. Eine Giebelmauer, die allein auf einem Grundstück errichtet ist, wird nicht dadurch zu einer Grenzeinrichtung, dass der Eigentümer des Nachbargrundstücks einen Anbau an die Mauer vornimmt. Vgl. auch OLG Düsseldorf Urt. v. 15.11.1967 – 9 U 79/66, MDR 1968, 322; LG Mannheim Urt. v. 27.11.1963 – 5 S 42/63, NJW 1964, 408 (409); LG Zweibrücken Urt. v. 26.9.1995 – 3 S 205/95, MDR 1996, 46.

54 So bereits BGH Urt. v. 22.6.1990 – V ZR 3/89, BGHZ 112, 1 (2 f.).

55 Motive III, S. 275.

56 So schon OLG Düsseldorf Urt. v. 15.11.1967 – 9 U 79/66, MDR 1968, 322; LG Mannheim Urt. v. 27.11.1963 – 5 S 42/63, NJW 1964, 408 (409); LG Zweibrücken Urt. v. 26.9.1995 – 3 S 205/95, MDR 1996, 46.

57 So bereits BGH Urt. v. 15.10.1999 – V ZR 77/99, BGHZ 143, 1 (3 f.) und Motive III, S. 274.

58 BGH Urt. v. 7.3.2003 – V ZR 11/02, BGHZ 154, 139.

59 BGH Urt. v. 7.3.2003 – V ZR 11/02, BGHZ 154, 139.

60 ZB in Gestalt einer stillschweigenden Akzeptanz oder Mitbenutzung der Grenzanlage: OLG Düsseldorf Urt. v. 5.12.1990 – 9 U 101/90, OLGZ 1992, 113 (115).

61 Staudinger/*Roth* BGB § 921 Rn. 9. Vgl. BGH Urt. v. 25.5.1984 – V ZR 199/82, BGHZ 91, 282 (286 f.); BGH Urt. v. 15.10.1999 – V ZR 71/99, BGHZ 143, 1 (5); BGH Urt. v. 21.10.2011 – V ZR 10/11, NJW-RR 2012, 346 – Rn. 35; 2014, 973 Rn. 40.

Unterhaltungskosten mitzutragen hat) entgegenstehende – Schaffung einer Grenzeinrichtung kommt nicht Betracht.[62] Ein Einzelrechtsnachfolger ist an die einmal erteilte Zustimmung seines Vorgängers gebunden[63]

17 Die Zweckbestimmung einer Nachbarwand (halbscheidige Giebelmauer, Kommunmauer), von jedem der beiden Nachbarn in Richtung auf sein eigenes Grundstück benutzt zu werden, muss nicht bereits schon bei Errichtung vorliegen. Sie kann auch später durch Vereinbarung der Nachbarn getroffen werden.[64] Die Zustimmung des Nachbarn liegt zB vor, wenn die Eigentümer der benachbarten Grundstücke (ggf. in einem Servitutenbuch dokumentiert)[65] sich über die Errichtung und die Unterhaltung einer gemeinschaftlichen Zufahrt über der Grundstücksgrenze vertraglich geeinigt haben.[66]

18 Da § 921 BGB eine Rechtszustandsvermutung normiert, ist es Sache des die Grenzeinrichtung bestreitenden Nachbarn, zu widersprechen.[67]

19 Das grundsätzliche Zustimmungserfordernis ist entbehrlich, wenn schon auf vertraglicher Grundlage eine Duldungsverpflichtung besteht oder eine gesetzliche Duldungspflicht statuiert ist, die sich allein auf der Grundlage von Art. 124 EGBGB aus einer Regelung des Landesnachbarrechts ergibt. Eine Reihe von Nachbarrechtsgesetzen der Länder sehen einen (kompetenzrechtlich unbedenklichen)[68] **Einfriedungszwang** von Grundstücken auf der Grenze vor.[69] Dieser führt zu einer Grenzeinrichtung,[70] deren Beseitigung über § 1004 Abs. 1 S. 1 BGB nicht mehr verlangt werden kann.[71]

4. Der beiderseitige Grundstücksvorteil

20 Die Grenzeinrichtung muss – bei objektiver Betrachtungsweise[72] und auch nach außen hin erkennbar[73] – „zum Vorteil beider Grundstücke" dienen.

21 Als Grundstücksvorteil kommt ein wie auch immer gearteter Vorteil in Betracht.[74] Die bloß grenzscheidende Funktion einer Einrichtung stellt allerdings keinen entsprechenden Vorteil dar.[75] Grenzeinrichtungen, die dem beidseitigen Grundstücksvorteil dienen, sind zB gemeinsame Garagenzufahrten, Dachrinnen oder Lichthöfe sowie Brunnen (auch wenn ihnen eine klare Grenzscheidung fehlt).[76]

---

62 BGH Urt. v. 15.10.1999 – V ZR 71/99, BGHZ 143, 1 (5); BGH Urt. v. 25.5.1984 – V ZR 199/82, BGHZ 91, 282 (286); Staudinger/*Roth* BGB § 921 Rn. 9.

63 BGH Urt. v. 21.10.2011 – V ZR 10/11, NJW-RR 2012, 346 Rn. 35; LG Aachen Urt. v. 20.3.1998 – 5 S 330/97, MDR 1998, 592; Palandt/*Herrler* BGB § 921 Rn. 2; Staudinger/*Roth* BGB § 921 Rn. 9.

64 BGH Urt. v. 17.1.2014 – V ZR 292/12, NJW-RR 2014, 973 – Ls. 2.

65 Auch eine im Servitutenbuch einer württembergischen Gemeinde eingetragene Dienstbarkeit muss – so der BGH (Urt. v. 21.10.2011 – V ZR 10/11, WM 2012, 1004 – Ls. 1) – auf einem gemäß §§ 4 ff. GBV neu angelegten Grundbuchblatt als Belastung eingetragen sein. Ist sie auf das neue Grundbuchblatt nicht übertragen worden, gilt sie nach dem in § 46 Abs. 1 GBO bestimmten Grundsatz als gelöscht (wenngleich materiellrechtlich weiter bestehend).

66 LG Mannheim Urt. v. 27.11.1963 – 5 S 42/63, NJW 1964, 408 (409).

67 Staudinger/*Roth* BGB § 921 Rn. 9.

68 Staudinger/*Roth* BGB § 910 Rn. 10 – arg.: § 921 BGB sagt nichts über die Entstehung von Grenzeinrichtungen aus.

69 Vgl. § 24 S. 2 NachbG Bln; § 33 S. 2 BbgNRG; § 14 Abs. 2 HNRG (vgl. dazu AG Königstein Urt. v. 13.11.2000 – 21 C 365/99-12, NZM 2001, 112); § 30 NNachbG; § 36 NachbG NRW; § 40 Abs. 2 LNRG RhPf; § 4 S. 2 NbG SA; § 24 Abs. 3 NbG SA; § 30 NachbG Schl.-H.

70 Staudinger/*Roth* BGB § 921 Rn. 10.

71 AG Königstein Urt. v. 13.11.2000 – 21 C 365/99-12, NZM 2001, 112.

72 LG Aachen Urt. v. 20.3.1998 – 5 S 330/97, MDR 1998, 591 (592). Was zB bei einem Gebäude über die Grenze hinweg nicht der Fall ist: RG Urt. v. 20.1.1909 – V 438/08, RGZ 70, 200.

73 Staudinger/*Roth* BGB § 921 Rn. 8.

74 Staudinger/*Roth* BGB § 921 Rn. 8 unter Bezugnahme auf BGH Urt. v. 15.10.1999 – V ZR 71/99, BGHZ 143, 1 (5), wonach zB die Sichtschutzfunktion einer Hecke einen entsprechenden „beidseitigen Vorteil" ausmachen soll.

75 BGH Urt. v. 23.11.1984 – V ZR 176/83, NJW 1985, 1458 (1459); ebenso Palandt/*Herrler* BGB § 921 Rn. 1; aA hingegen RG Urt. v. 20.1.1909 – V 438/08, RGZ 70, 200 (205).

76 Beispiele nach Staudinger/*Roth* BGB § 921 Rn. 8.

IV. Rechtsfolgen einer gemeinschaftlichen Benutzung von Grenzanlagen

1. Rechtszustandsvermutung

22 § 921 BGB statuiert eine (widerlegbare)[77] Rechtszustandsvermutung:[78] Beide Grundstückseigentümer – so die Vermutung – sind (unter Beschränkung ihrer jeweiligen Eigentumsbefugnisse)[79] zur Benutzung der Grenzeinrichtung grundsätzlich gemeinschaftlich berechtigt (Mitbenutzungsrecht).[80] Art und Umfang der Benutzung werden in § 922 BGB näher konkretisiert.

23 Im Falle nebeneinander liegender Grundstücke, die entlang einer gemeinsamen Grenze bebaut sind, sowie bestehender zweier Grenzwände ist jeder Grundstückseigentümer für die auf seinem Grundstück errichtete Wand verantwortlich. Der Vorteil, der sich daraus ergibt, dass eine Außenwand solange keines bzw. keines vollständigen Witterungsschutzes bedarf, wie dieser Schutz von der Grenzwand des Nachbargrundstücks geboten wird, wird durch das BGB nicht geschützt, weshalb ein Grundstückseigentümer keinen Anspruch auf Vervollständigung des Witterungsschutzes (konkret: Anbringung einer Wärmedämmung) hat, wenn das Nachbargebäude abgerissen und die dadurch parallel verlaufende Grenzwand beseitigt wird (die dieser Außenmauer bislang Schutz vor Witterungseinflüssen geboten hat).[81] Reicht die nach dem Abriss eines Hauses verbliebene Nachbarwand iSv § 921 BGB nicht mehr aus, um für eine ausreichende Wärmedämmung des stehenbleibenden Gebäudes zu sorgen, ist der abreißende Nachbar verpflichtet, die Wärmedämmung der Nachbarwand so zu verbessern (Pflicht zur Wärmedämmung der Giebelwand des stehen bleibenden Gebäudes im Falle des Abrisses eines Nachbarhauses), dass eine Tauwasserbildung in den Räumen des stehen bleibenden Gebäudes ausgeschlossen ist.[82]

24 Die Rechtszustandsvermutung ist – nach dem ausdrücklichen Wortlaut des § 921 BGB – auch dann widerlegt (v.a. in Fällen unklaren Grenzverlaufs),[83] wenn äußere Merkmale (nicht notwendigerweise an der Grenzanlage selbst) darauf hinweisen, dass die Einrichtung einem der Nachbarn allein gehört. Entsprechenden äußeren Merkmalen steht jedoch dann die Vermutung des § 921 BGB nicht entgegen, wenn die Einrichtung tatsächlich von der Grenzlinie geschnitten wird.[84]

2. Rechtsverhältnisse an Grenzeinrichtungen

25 Die Eigentumsverhältnisse an Grenzeinrichtungen können sich vielfältig gestalten. § 921 BGB trifft keine Regelung der Eigentumsverhältnisse. Dies wirkt sich in der Praxis nicht nachteilig aus, da die Rechtsfolgen der §§ 921, 922 BGB – dh das Mitbenutzungsrecht – die tatsächlichen Eigentumsrechte regelmäßig „überlagern"[85] (nämlich Alleineigentum eines der Nachbarn, gemeinsames Eigentum beider Nachbarn oder auch – und dieser Fall findet in § 921 seine Regelung – eine ungeklärte Eigentumslage).

26 Zu unterscheiden ist dabei nach der Art der Grenzeinrichtung: Bei bloßen Grenzflächen besteht jeweils Eigentum des Nachbarn bis zur Grenzlinie.[86] Bei einer festen Verbindung mit Grund und Boden kommt es

77 ZB durch den Nachweis, dass die Grenzeinrichtung im Alleineigentum eines der Nachbarn steht (weil sie vollumfänglich auf seinem Grundstück steht und von der Grenze nicht durchschnitten wird, womit es bereits am Tatbestandsmerkmal „Grenzanlage" fehlt: so Staudinger/*Roth* BGB § 921 Rn. 13: Motive III, S. 275 f. Vgl. zudem Palandt/*Herrler* BGB § 921 Rn. 3; aA Soergel/*Baur* BGB § 921 Rn. 4. Im Falle von Alleineigentum kommt ein Mitbenutzungsrecht des Nachbarn nur aufgrund einer entsprechenden vertraglichen Einräumung in Betracht: Staudinger/*Roth* BGB § 921 Rn. 15.

78 Staudinger/*Roth* BGB § 921 Rn. 12.

79 Die Eigentumsbeschränkung ist nicht ins Grundbuch eintragungsfähig: Staudinger/*Roth* BGB § 921 Rn. 12.

80 Das vom Eigentum nicht trennbar, mithin nicht gesondert auf Dritte übertragbar ist: Staudinger/*Roth* BGB § 921 Rn. 12 – arg.: § 96 BGB entsprechend.

81 BGH Urt. v. 18.2.2011 – V ZR 137/10, NJW-RR 2011, 515 unter Festhalten an BGH Urt. v. 16.4.2010 – V ZR 171/09, NJW 2010, 1808.

82 OLG Dresden Urt. v. 3.8.2007 – 11 U 19/07, NJW-RR 2008, 613.

83 RG Urt. v. 20.1.1909 – V 438/08, RGZ 70, 203.

84 Staudinger/*Roth* BGB § 921 Rn. 14.

85 BGH Urt. v. 15.10.1999 – V ZR 77/99, BGHZ 143, 1 (4); Staudinger/*Roth* BGB § 921 Rn. 16.

86 Staudinger/*Roth* BGB § 921 Rn. 16: „Grundstücksteilflächen sind nicht wesentliche Bestandteile iSd § 93".

(weil nach den §§ 946, 94 Abs. 1 BGB die Grenze maßgeblich ist) zu einer lotrechten vertikalen Teilung mit der Folge, dass jedem Nachbarn der auf seinem Grundstück liegende Teil der Einrichtung gehört.[87] Bei gemeinsamem Eigentum, aber auch bei ungeklärter Eigentumslage, folgt die gemeinschaftliche Berechtigung aus § 921 BGB mit der Folge eines gemeinsamen Nutzungsrechts. An Grenzeinrichtungen besteht in aller Regel kein nachbarliches Miteigentum.[88] Auch an ideellem Miteigentum nach Bruchteilen wird es idR fehlen, da ein solches nach § 947 BGB eine mit Grund und Boden nicht fest verbundene Anlage fordert (bspw. unmittelbar über der Grenzlinie liegende Teile abgebrochener Grenzeinrichtungen).[89]

3. Gesetzliches Schuldverhältnisses auch bei gemeinschaftlicher Benutzung von Grenzanlagen durch die Nachbarn?

27 Der BGH hat die Annahme eines gesetzlichen Schuldverhältnisses auch bei gemeinschaftlicher Benutzung von Grenzanlagen durch Nachbarn abgelehnt: Die nachbarrechtlichen Sonderregelungen bleiben auch dann maßgeblich, wenn Nachbarn einen Bauteil (bspw. eine Nachbarwand) gemeinsam nutzen:[90] Für die Annahme eines auf einen solchen Bauteil bezogenen gesetzlichen Schuldverhältnisses besteht weder Raum noch Bedürfnis. Im Falle einer rechtswidrigen Einwirkung auf das Eigentum des Nachbarn bestehen Beseitigungs- bzw. Schadensersatzansprüche (§§ 1004 Abs. 1, 823 Abs. 1 und Abs. 2 BGB).

28 Das OLG Hamm[91] hat hingegen entschieden, dass es sachgerecht erscheint, im Verhältnis von Grundstücksnachbarn bei Vorhandensein einer gemeinschaftlichen Grenzeinrichtung jedenfalls in Bezug auf diesen Bauteil ein gesetzliches Schuldverhältnis und damit die Anwendbarkeit der §§ 278 ff. BGB zu bejahen:[92] Nach § 922 S. 4 BGB bestimme sich das Rechtsverhältnis zwischen den Nachbarn „im Übrigen" (dh soweit es nicht in § 922 S. 1 bis 3 BGB geregelt ist) nach den Vorschriften über die Gemeinschaft (§§ 741 ff. BGB).[93] Die Gemeinschaft als Bruchteilsberechtigung begründe als bloßer Tatbestand gemeinsamen Habens zwar kein auf Leistung gerichtetes Schuldverhältnis mit wechselseitigen Erfüllungsansprüchen. Es bestehe aber eine Sonderverbindung unter den Bruchteilsberechtigten – gerichtet auf die ordentliche Erfüllung der sich aus § 743 BGB ergebenden Pflichten. Eine Verletzung der sich hieraus ergebenden Pflichten führe unter den Voraussetzungen der §§ 276, 278 BGB zum Schadensersatz. Zwar gebe es keinen allgemeinen Grundsatz, wonach jede Schädigung eines Teilhabers durch den anderen (insbesondere jede Unterlassung schadensabwehrende Maßnahmen) Pflichtverletzung (§§ 280 Abs. 1, 241 Abs. 2 BGB) wäre. Aber wenn selbst schon die gemeinschaftliche Anbahnung eines Rechtsverhältnisses Sorgfalts- und Rücksichtnahmepflichten begründen könne,[94] werde für die Gemeinschaft nicht grundsätzlich etwas anderes gelten können.[95]

V. Art der Benutzung und Unterhaltung der Grenzanlage

29 In Bezug auf die gemeinschaftliche Berechtigung an Grenzeinrichtungen iSv § 921 BGB – sei es aufgrund der Vermutungswirkung, sei es aufgrund einer vertraglichen Abmachung zwischen den Nachbarn[96] – trifft § 922 BGB Regelungen hinsichtlich ihrer Benutzung und Unterhaltung.

---

87 RG Urt. v. 7.12.1939 – V 125/39, RGZ 162, 209 (212); vgl. MüKoBGB/*Brückner* § 921 Rn. 5 (Grundsatz der Bodenakzession); Palandt/*Herrler* BGB § 921 Rn. 4; Staudinger/*Roth* BGB § 921 Rn. 17: zB freistehende, nicht mit einem Gebäude verbundene Grenzmauern, Zäune und Hecken.

88 Staudinger/*Roth* BGB § 921 Rn. 17 unter Bezugnahme auf Motive III, S. 274.

89 Staudinger/*Roth* BGB § 921 Rn. 18 – zB ein aus losen Steinen aufgeschichteter Steinwall: Soergel/*Baur* BGB § 921 Rn. 9, oder bei Trennung einer auf der Grenze stehenden Pflanze vom Grundstück: RG Urt. v. 20.1.1909 – V 438/08, RGZ 70, 200; Palandt/*Herrler* BGB § 921 Rn. 4.

90 BGH Urt. v. 15.7.2011 – V ZR 277/10, NJW 2011, 3294, juris Rn. 8.

91 OLG Hamm Urt. v. 3.7.2017 – I 5 U 104/16, ZfIR 2018, 107 – Ls.

92 So Staudinger/*Roth* BGB § 921 Rn. 52 und § 922 Rn. 11; Palandt/*Herrler* BGB § 922 Rn. 5; OLG Düsseldorf Beschl. v. 4.11.1958 – 9 W 78/58, MDR 1959, 212.

93 OLG Hamm Urt. v. 3.7.2017 – I 5 U 104/16, ZfIR 2018, 107, juris Rn. 41.

94 BGH Urt. v. 7.7.1980 – II ZR 199/79, NJW 1980, 2464.

95 OLG Hamm Urt. v. 3.7.2017 – I-5 U 140/16, ZfIR 2018, 107, juris Rn. 41.

96 Staudinger/*Roth* BGB § 922 Rn. 1.

30 § 922 BGB ist nur auf Grenzanlagen iSv § 921 BGB anwendbar. Eine entsprechende Anwendung auf Nachbarwände in geschlossener Bebauung kommt nicht in Betracht.[97]

1. Benutzungsrecht

31 Das Benutzungsrecht verschafft jedem Eigentümer (unter Erweiterung wie Beschränkung seines Eigentumsrechts)[98] die Befugnis, die gesamte gemeinschaftliche Grenzeinrichtung (unter Einschluss des grenzüberschreitenden, ihm also nicht gehörenden Teils, nicht jedoch des Nachbargrundstücks als solchen) zu benutzen[99] (zB durch den Anbau einer Nachbarwand). § 922 S. 1 BGB gestattet – im Unterschied zu einigen Regelungen des Landesnachbarrechts[100] – jedoch kein Unterfangen[101]

32 Das Benutzungsrecht umfasst nur die sich aus dem Zweck der Beschaffenheit (dh objektiven Merkmalen)[102] resultierende Nutzung.[103] Sie darf die Mitbenutzung durch den anderen Nachbarn nicht beeinträchtigen.[104] Ansonsten kann der Nachbar einen Unterlassungs-, Beseitigungs- oder Abwehranspruch (§ 1004 Abs. 1 iVm § 1027 BGB analog aufgrund des grunddienstbarkeitsbezogenen Charakters der Nutzungsrechte) geltend machen.[105]

33 Der BGH[106] gewährt Besitzschutz nur bei einem völligen Entzug des Mitbenutzungsrechts (vgl. § 866 BGB). Schadensersatz kann nach § 823 Abs. 2 iVm §§ 1004, 922 S. 3 BGB geltend gemacht werden.[107]

2. Unterhaltungskosten

34 Die Unterhaltungskosten (dh jene Aufwendungen, die erforderlich sind, um die Grenzeinrichtung in einer ihrem Zweck entsprechenden Beschaffenheit zu erhalten)[108] an der Grenzeinrichtung selbst[109] tragen die Nachbarn (unabhängig davon, welche Vorteile ihnen die Einrichtung bietet)[110] nach § 922 S. 2 BGB immer zu gleichen Teilen.[111]

---

97 OLG Sachsen-Anhalt Urt. v. 23.12.2010 – 2 U 79/10, BauR 2011, 1062 entgegen OLG Frankfurt a.M. Urt. v. 8.7.1981 – 17 U 178/80, MDR 1982, 848.
98 RG Urt. v. 17.1.1909 – V 348/02, RGZ 53, 312.
99 Staudinger/*Roth* BGB § 922 Rn. 2.
100 Vgl. etwa § 6 Abs. 2 NachbG Bln in Bezug auf die Nachbarwand und § 20 NNachbG sowie § 22 Abs. 3 NachbG NRW jeweils zur Grenzwand.
101 Staudinger/*Roth* BGB § 922 Rn. 2 – arg.: Der Grund und Boden unter der Mauer ist nicht Teil der Grenzeinrichtung.
102 Motive III, S. 276.
103 Näher Staudinger/*Roth* BGB § 922 Rn. 3 mit Beispielen.
104 Beispiele bei Staudinger/*Roth* BGB § 922 Rn. 4.
105 Palandt/*Herrler* BGB § 922 Rn. 2; Staudinger/*Roth* BGB § 922 Rn. 5. AG Wedding Urt. v. 21.6.2007 – 19 C 396/06, Grundeigentum 2007, 1261: Zur Beseitigung eines an der Grenze errichteten etwa zwei Meter hohen Schilfmattenzaunes, wenn sich auf der Grenze bereits ein Maschendrahtzaun als Grenzeinrichtung befindet (ohne das Recht eine auf dem Nachbargrundstück an der Grenze stehende Ligusterhecke eigenmächtig zurückzuschneiden).
106 BGH Urt. v. 14.1.1959 – V ZR 82/57, BGHZ 29, 372.
107 BGH Urt. v. 15.10.1999 – V ZR 77/99, BGHZ 143, 1 (5).
108 Beispiele bei Staudinger/*Roth* BGB § 922 Rn. 7.
109 Womit Aufwendungen für den Nachbarwandinnenputz (OLG Düsseldorf Urt. v. 8.11.1989 – 9 U 145/89, OLGZ 1992, 198) bzw. eine Nachbarwandisolierung nach Abriss des Anbaus (BGH Urt. v. 28.11.1980 – V ZR 148/79, BGHZ 78, 397 (399 f.)) nicht zu den Unterhaltungskosten zählen.
110 Eine Unterhaltskostenteilung greift selbst dann ein, wenn die Kosten nur von der Benutzung durch einen der Nachbarn herrühren: Soergel/*Baur* BGB § 922 Rn. 5.
111 Staudinger/*Roth* BGB § 922 Rn. 6. OLG Karlsruhe Urt. v. 14.10.1970 – 5 U 115/69, MDR 1971, 1011; OLG Köln Urt. v. 7.5.2015 – 18 U 206/14, MDR 2015, 1127; OLG Karlsruhe Urt. v. 9.4.2008 – 6 U 199/06, MDR 2008, 855: Unterhaltungskosten eines durch Trennfuge verschlossenen schmalen Zwischenraums zwischen eigenständigen (auf unterschiedlichen Grundstücken befindlichen) Grenzmauern eines Doppelhauses.

Nutzt ein Nachbarn die Grenzeinrichtung im Übermaß oder beschädigt bzw. zerstört er sie, hat er die Kosten allein zu tragen[112] (keine Unterhaltungskosten). So besteht kein Ausgleichsanspruch, wenn ein entlang der Grenze benachbarter Grundstücke errichtetes Gebäude abgerissen und dadurch Bodenfeuchtigkeit in das Kelleraußenmauerwerk eindringen kann.[113] 35

Hingegen trägt allein der Erbauer die Errichtungskosten[114] für die Schaffung der Grenzanlage. Nach der Zerstörung einer Grenzeinrichtung (infolge äußerer Umstände) muss diese nicht mehr wieder errichtet werden.[115] Wird sie (mit Zustimmung des Nachbarn) gleichwohl wieder aufgebaut, muss sich dieser (trotz seiner erteilten Zustimmung) nicht an den Wiederaufbaukosten beteiligen.[116] 36

Landesrechtliche Regelungen zur **Unterhaltungspflicht** (auf der Grundlage von Art. 124 EGBGB) in den Nachbarrechtsgesetzen[117] wertet *Roth*[118] als Verstoß gegen übergeordnetes Bundesrecht. 37

3. Bestandsschutz

§ 922 S. 3 BGB bewirkt, dass das Interesse des Nachbarn am Fortbestand der Grenzeinrichtung es verhindert, dass die Einrichtung ohne seine Zustimmung (die nicht formgebunden ist, sondern auch schlüssig erteilt werden kann)[119] beseitigt oder geändert wird (Bestandsschutz).[120] 38

Die Regelung richtet sich nicht nur gegen den Nachbarn, sondern gegen jeden, der an solchen Maßnahmen mitwirkt. Die ohne Zustimmung des Nachbarn durchgeführte Änderung oder Beseitigung einer Grenzeinrichtung verstößt so lange gegen das Verbot des § 922 S. 3 BGB, weil nicht von vornherein diejenigen Maßnahmen getroffen werden, die zur Verhinderung der schnellstmöglichen Beseitigung von Auswirkungen im Nutzungsinteresse des Nachbarn geboten sind. Ist dies nicht der Fall, besteht auch keine Duldungspflicht, die einem Rückgriff auf Hilfspersonen entgegenstehen könnte.[121] 39

Regelungen in Nachbarrechtsgesetzen können das Recht eines Nachbarn zu Eingriffen in eine Grenzeinrichtung nicht an schärfere oder schwächere Voraussetzungen anzuknüpfen oder das Recht gänzlich auszuschließen.[122] 40

Reicht die nach dem Abriss eines Hauses verbliebene Nachbarwand nicht mehr aus, um für eine ausreichende Wärmedämmung des stehenbleibenden Gebäudes zu sorgen, ist der abreißende Nachbar verpflichtet, die Wärmedämmung der Nachbarwand so zu verbessern, dass eine Tauwasserbildung in den Räumen des stehenbleibenden Gebäudes ausgeschlossen ist.[123] 41

Haben Grundstücksnachbarn sich für eine bestimmte Grenzeinrichtung entschieden, kann jeder Nachbar die Erhaltung der Grenzanlage auch in ihrer äußeren Beschaffenheit und in ihrem Erscheinungsbild verlan- 42

---

112 BGH Urt. v. 28.11.1980 – V ZR 148/79, BGHZ 78, 397.

113 LG Itzehoe Urt. v. 9.6.2010 – 6 O 345/109, BauR 2010, 1813.

114 ZB Errichtung einer Stützwand neben der Grenzeinrichtung: OLG Zweibrücken Urt. v. 22.9.1978 – 1 U 228/77, AgrarR 1979, 81; keinen Unterhaltungsaufwand bilden die Kosten einer zusätzlichen Mauer zur Verstärkung nach dem Abriss eines der beiden Gebäude: Soergel/*Baur* BGB § 922 Rn. 5; aA OLG Karlsruhe Urt. v. 14.10.1970 – 5 U 115/69, MDR 1971, 1011.

115 BGH Urt. v. 14.10.1970 – 5 U 115/69, NJW 1985, 1458.

116 Staudinger/*Roth* BGB § 922 Rn. 8.

117 Vgl. etwa § 10 Abs. 2 S. 2 NNachbG; § 8 Abs. 2 LNRG RhPf; § 9 Abs. 2 NachbG Saarl; § 8 Abs. 2 S. 2 NachbG Schl.-H.; § 8 Abs. 2 ThürNRG.

118 Staudinger/*Roth* BGB § 922 Rn. 14: „§ 922 geht allen landesrechtlichen Regelungen vor, welche die Benutzung der gemeinschaftlichen Einrichtung in einem der Einwirkungsmöglichkeit des einzelnen Nachbarn günstigeren oder ungünstigeren Sinn regeln."

119 Staudinger/*Roth* BGB § 922 Rn. 9.

120 BGH Urt. v. 23.11.1984 – V ZR 176/83, NJW 1985, 1458 (1460) – auch bei Änderung des äußeren Erscheinungsbildes. Näher *Glaser* JR 1976, 495.

121 OLG Karlsruhe OLGRsp 2004, 2.

122 Staudinger/*Roth* BGB § 922 Rn. 14.

123 OLG Dresden Urt. v. 3.3.2007 – 11 U 19/07, NJW-RR 2008, 613.

gen. Wird sie in ihrem Erscheinungsbild, bspw. durch einen daneben errichteten Holzzaun, wesentlich beeinträchtigt, kann nach § 922 S. 3 iVm § 1004 BGB dessen Beseitigung verlangt werden.[124]

43 Die Grenzeinrichtung ist auch in ihrer gesamten Beschaffenheit geschützt:[125] Der Bestandsschutz ist nicht auf die Substanz beschränkt. § 922 S. 3 BGB will auch die Aufhebung oder Minderung des Bestimmungszwecks der Einrichtung und deren Brauchbarkeit im bisherigen Umfang für diesen Zweck zum Nachteil des Nachbarn verhindern.[126] Geschützt ist auch das nach außen hervortretende Bild der Grenzanlage vor Veränderungen.[127]

44 Die Gemeinschaftlichkeit einer Wand hindert keinen der Nachbarn an einem Abriss der Bebauung auf seinem Grundstück. Der einseitige Abriss begründet jedoch einen Anspruch auf Schutz der im gemeinschaftlichen oder nach dem Abriss ehemals gemeinschaftlichen Eigentum stehenden Wand.[128] Beeinträchtigt jemand sein an eine Nachbarwand angrenzendes Gebäude und wird diese dadurch in ihrer Funktionsfähigkeit für das Nachbargebäude beeinträchtigt, liegt darin eine gegen § 922 S. 3 BGB verstoßende Änderung dieser Grenzeinrichtung. Etwas anderes gilt nur dann, wenn der Eigentümer des abgerissenen Hauses von vornherein diejenigen Maßnahmen trifft, die zur Verhinderung oder Beseitigung solcher Auswirkungen im Nutzungsinteresse des Nachbarn geboten sind.[129] Hierzu gehören auch die Kosten einer Sicherung, wenn das verbleibende Haus durch den Abriss seine Stütze verliert.[130] Der Abbrechende hat die erforderlichen Stützungsmaßnahmen zu veranlassen und die dadurch entstehenden Kosten allein zu tragen.[131] Die dafür nötigen Aufwendungen sind keine Unterhaltungskosten iSv § 922 S. 2 BGB.[132] So kann ein Nachbar verpflichtet sein, außer für das Aufbringen des Außenputzes auch für das Anbringen der notwendigen Wärmedämmung Sorge zu tragen. Kommt er dieser Verpflichtung nicht nach, kann er vom Grundstücksnachbarn auf Erstattung der dafür anfallenden Kosten in Anspruch genommen werden (§§ 683, 670 bzw. §§ 812, 818 Abs. 2 BGB).

45 Erfolgt eine Beseitigung oder Änderung der Grenzeinrichtung, hat der beeinträchtigte Nachbar einen Anspruch auf Neuerrichtung einer Grenzanlage[133] bzw. (im Verschuldensfalle und ohne Berücksichtigung der Eigentumsfragen an der Grenzeinrichtung auch) einen Wiederherstellungsanspruch gemäß § 823 Abs. 2 iVm §§ 1004, 922 S. 3, 249 S. 1 BGB.[134]

124 BGH Urt. v. 20.10.2017 – V ZR 42/17, NJW-RR 2018, 528, juris Rn. 15 unter Bezugnahme auf BGH Urt. v. 23.11.1984 – V ZR 176/83, NJW 1985,1458 (1459).

125 BGH Urt. v. 20.10.2017 – V ZR 42/17, NJW-RR 2018, 528, juris Rn. 18.

126 BGH Urt. v. 20.10.2017 – V ZR 42/17, NJW-RR 2018, 528, juris Rn. 18 unter Bezugnahme auf BGH Urt. v. 27.7.2012 – V ZR 2/12, Grundeigentum 2012, 1309 Rn. 8: Giebelwand, durch deren Mitte die Grundstücksgrenze verläuft (mithin einer halbscheidigen Giebel- oder Kommunmauer).

127 BGH Urt. v. 20.10.2017 – V ZR 42/17, NJW-RR 2018, 528, juris Rn. 18 unter Bezugnahme auf BGH Urt. v. 23.11.1984 – V ZR 176/83, NJW 1985, 1458 (1460); BGH Urt. v. 9.2.1979 – V ZR 108/77, BGHZ 73, 272 (274 f.).

128 OLG Brandenburg Urt. v. 21.4.2011 – 5 U 51/09, BauR 2011, 1382, juris Rn. 35 unter Bezugnahme auf BGH Urt. v. 16.4.2010 – V ZR 171/09, NJW 2010, 1808.

129 OLG Brandenburg Urt. v. 21.4.2011 – 5 U 51/09, BauR 2011, 1382, juris Rn. 35 unter Bezugnahme auf BGH Urt. v. 28.11.1980 – V ZR 148/79, BGHZ 78, 397 = NJW 1981, 866; OLG Karlsruhe Urt. v. 18.9.2003 – 12 U 42/03, OLGR 2004, 2.

130 OLG Hamm Urt. v. 8.3.1979 – 5 U 158/78, MDR 1979, 757.

131 OLG Frankfurt a.M. Urt. v. 6.9.2004 – 16 U 211/03, MDR 2005, 268.

132 BGH Urt. v. 27.7.2012 – V ZR 2/12, Grundeigentum 2012, 1309, juris Rn. 10.

133 BGH Urt. v. 15.10.1999 – V ZR 77/99, BGHZ 143, 1 (5); Palandt/*Herrler* BGB § 922 Rn. 3 (Anspruch auf Wiederherstellung).

134 BGH Urt. v. 15.10.1999 – V ZR 77/99, BGHZ 143, 1 (5) = NJW 2000, 512; Staudinger/*Roth* BGB § 922 Rn. 10. Der sich als Folge einer rechtswidrigen Beseitigung der Nachbarwand ergebende Anspruch auf deren Wiederherstellung (sei es unmittelbar aus dem Nachbarrecht gemäß § 14 Abs. 6 NachbG NRW iVm § 249 BGB oder gemäß § 1004 Abs. 1 bzw. §§ 823 Abs. 2, 1004, 922 S. 3 BGB (vgl. BGH Urt. v. 15.10.1999 – V ZR 77/99, NJW 2000, 512 (514)) kann durch die Neuerrichtung des abgerissenen Teils erfüllt sein.

Wird durch einen Hausabriss die Nachbarwand in ihrer Funktionsfähigkeit durch den Eintritt von Feuchtigkeit beeinträchtigt, müssen Isolationsvorkehrungen getroffen werden oder es entsteht ein Erstattungsanspruch in Höhe der Isolierungskosten.[135] Wird das äußere Erscheinungsbild der Grenzeinrichtung geändert, gelangen die genannten Ansprüche gleichermaßen zur Anwendung.[136] Der Teilhaber einer Nachbarwand, der diese mit einer Wärmedämmung versehen will, kann vom anderen Teilhaber aber nicht die Duldung baulicher Eingriffe in Gebäudeteile verlangen, die nicht der gemeinsamen Verwaltung unterliegen.[137] 46

Ein Eigentümer, der seine Grenzwand abreißt, wozu er grundsätzlich berechtigt ist (§ 903 BGB),[138] ist für eine nach dem Abriss erforderliche Außenisolierung des Nachbargebäudes nicht verantwortlich:[139] Da eine Grenzwand die Grenze nicht überschreitet, ist sie – im Unterschied zu einer auf der Grenze errichteten halbscheidigen Giebelwand nach einem Anbau – keine Grenzanlage, womit ihr Eigentümer im Verhältnis zu seinen Nachbarn keine Verpflichtung trifft, ihre Funktionsfähigkeit zu erhalten.[140] 47

Jeder Grundstückseigentümer ist iÜ für seine Wand verantwortlich, wenn zwei parallel verlaufende Grenzwände errichtet worden sind. Der Vorteil, der sich daraus ergibt, dass eine Außenwand so lange keines oder keines vollständigen Witterungsschutzes bedarf, wie dieser Schutz von der Grenzwand des Nachbargrundstücks geboten wird, wird durch das BGB nicht geschützt.[141] 48

Was gilt aber für den Fall, dass ein Grundstückseigentümer keine zweite Grenzwand errichtet, sondern die seines Grundstücksnachbarn für seinen Anbau genutzt hat? Ein Grundstückseigentümer, der eine auf dem Nachbargrundstück errichtete Grenzwand beschädigt, indem er ein auf seinem eigenen Grundstück direkt an die Grenzwand angebautes Gebäude abreißt, haftet gemäß § 823 Abs. 1 BGB für die Putz- und Mauerschäden der Grenzwand, die nicht auf einem Fehlverhalten des beauftragten Unternehmens beruhen, sondern aufgrund der baulichen Verbindung der Gebäude unvermeidliche Folge des Abrisses waren, den der Grundstückseigentümer in Auftrag gegeben hat.[142] Durch den Abriss verursachte Feuchtigkeitsschäden an der Grenzwand hat der Grundstückseigentümer im Rahmen eines nachbarrechtlichen Ausgleichsanspruchs (§ 906 Abs. 2 S. 2 BGB analog) zu ersetzen.[143] 49

Eine Gemeinde ist bei Abriss eines Hauses im Wege der Ersatzvornahme nicht verpflichtet, die Bestandsfähigkeit und Funktionsfähigkeit einer Kommunmauer herzustellen.[144] 50

Sollte die Einrichtung gleichwohl einseitig geändert oder beseitigt werden, kann gegen den störenden Nachbarn nach § 1004 BGB vorgegangen werden: Dieser ist zur Wiederherstellung verpflichtet.[145] Für den 51

135 So OLG Köln Urt. v. 29.6.1995 – 5 U 5/95. ZMR 1996, 139; Staudinger/*Roth* BGB § 922 Rn. 10.

136 BGH Urt. v. 23.11.1984 – V ZR 176/83, NJW 1985, 1458.

137 BGH Urt. v. 14.6.2019 – V ZR 144/18, MDR 2019, 1445.

138 BGH Urt. v. 18.5.2001 – V ZR 119/00, NJW-RR 2001, 1528; BGH Urt. v. 16.4.2010 – V ZR 171/09, NJW 2010, 1808, juris Rn. 7. Zu Einschränkungen durch das nachbarliche Gemeinschaftsverhältnis näher BGH Urt. v. 29.4.1977 – V ZR 71/75, BGHZ 68, 350 (253 f.) = NJW 1977, 1447.

139 BGH Urt. v. 18.12.2015 – V ZR 55/15, NJW-RR 2016, 588, juris Rn. 8.

140 BGH Urt. v. 18.12.2015 – V ZR 55/15, NJW-RR 2016, 588, juris Rn. 8 unter Bezugnahme auf BGH Urt. v. 18.5.2001 – V ZR 119/00, NJW-RR 2001, 1528 (1529); BGH Urt. v. 16.4.2010 – V ZR 171/09, NJW 2010, 1808, juris Rn. 8; BGH Urt. v. 18.2.2011 – V ZR 137/10, NJW-RR 2011, 515, juris Rn. 6 f. Insoweit unzutreffend OLG Frankfurt a.M. Urt. v. 8.7.1981 – 17 U 178/80, MDR 1982, 848; OLG Koblenz Urt. v. 11.1.2000 – 1 U 1545/98, OLGR 2000, 304.

141 BGH Urt. v. 18.12.2015 – V ZR 55/15, NJW-RR 2016, 588, juris Rn. 9 unter Bezugnahme auf BGH Urt. v. 16.4.2010 – V ZR 171/09, NJW 2010, 1808; BGH Urt. v. 18.7.2011 – V ZR 137/10, NJW-RR 2011, 515, juris Rn. 6 f. Zu einer solchen Fallkonstellation auch OLG Köln Urt. v. 14.1.1987 – 2 U 69/86, NJW-RR 1987, 529; OLG Naumburg Urt. v. 23.12.2010 – 2 U 79/10, NJOZ 2011, 884 und ähnlich auch LG Berlin Urt. v. 10.1.1992 – 64 S 291/91, GE 1993, 1039.

142 BGH Urt. v. 18.12.2015 – V ZR 55/15, NJW-RR 2016, 588 – Ls. 1.

143 BGH Urt. v. 18.12.2015 – V ZR 55/15, NJW-RR 2016, 588 – Ls. 2.

144 OLG Dresden Urt. v. 11.4.2018 – 1 U 1135/17, MDR 2018, 935 – Ls.

145 BGH Urt. v. 21.4.1989 – V ZR 248/87, MDR 1989, 896; MüKoBGB/*Brückner* § 922 Rn. 4 (Beseitigungsanspruch); Staudinger/*Roth* BGB § 922 Rn. 10.

Fall, dass nebeneinander liegende Grundstücke entlang einer gemeinsamen Grenze bebaut sind und zwei Grenzwände bestehen, ist jeder Grundstückseigentümer für die auf seinem Grundstück errichtete Wand verantwortlich,[146] wobei der Vorteil, der sich daraus ergibt, dass eine Außenwand so lange keines oder keines vollständigen Witterungsschutzes bedarf, wie dieser Schutz von der Grenzwand des Nachbargrundstücks geboten wird, durch das BGB nicht geschützt wird.[147] Damit hat ein Grundstückseigentümer keinen Anspruch auf Vervollständigung des Witterungsschutzes (konkret: Anbringung einer Wärmedämmung), wenn das Nachbargebäude abgerissen und dadurch eine parallel verlaufende Grenzwand beseitigt wird, die dieser Außenmauer bislang Schutz vor Witterungseinflüssen bot.[148] Dass der Abriss eines entlang der Grenze benachbarter Grundstücke errichteten Gebäudes es notwendig macht, ein Gebäude auf dem angrenzenden Grundstück vor Witterungseinflüssen zu schützen, begründet keinen Ausgleichsanspruch des Eigentümers des angrenzenden Grundstücks.[149]

52 Werden Bäume oder Hecken zerstört bzw. beschädigt, gelangt § 251 Abs. 2 S. 1 BGB zur Anwendung, sofern die Neuherstellung nur mit unverhältnismäßigen Kosten möglich ist.[150] Der Störer muss eine Neuanpflanzung (mit jüngeren und ggf. billigeren Bäumen oder Pflanzen) vornehmen.[151]

4. Verweis auf das Bruchteilsgemeinschaftsrecht

53 IÜ (dh sofern sich in § 922 S. 1 bis 3 BGB keine Sonderregelung findet)[152] bestimmt sich das Rechtsverhältnis zwischen den Nachbarn gemäß § 922 S. 4 BGB nach den Vorschriften über die (Bruchteils-)Gemeinschaft (§§ 741 ff. BGB), obgleich die Voraussetzungen der Bruchteilsgemeinschaft nach § 741 BGB eigentlich (mit Ausnahme der im Miteigentum stehenden angebauten Nachbarwand, bei der eine unmittelbare Anwendung der §§ 741 ff. BGB auch schon ohne Verweis in Betracht kommt; → *Nachbarwand*) nicht vorliegen.[153] Infolge der analogen Anwendung der §§ 741 ff. BGB[154] stehen den Teilhabern im Zweifel gleiche Anteile zu. Sie verwalten den gemeinschaftlichen Gegenstand auch gemeinschaftlich.

54 Die Verwaltung der Grenzeinrichtung steht damit beiden Nachbarn gemeinsam zu (§§ 744, 745 BGB analog). Notwendige (dh nicht bloß zweckmäßige) Maßnahmen zur Erhaltung der Grenzanlage können so von

---

146 BGH Urt. v. 18.2.2011 – V ZR 137/10, NJW-RR 2011, 515.

147 Da eine Grenzwand die Grenze nicht überschreitet, ist sie – im Gegensatz zu einer auf der Grenze errichteten halbscheidigen Giebelwand nach einem Anbau – keine „Grenzanlage" iS der §§ 921, 922 BGB. Infolgedessen ist der Eigentümer im Verhältnis zu seinem Nachbarn auch nicht nach § 922 S. 3 BGB verpflichtet, die Funktionsfähigkeit der Grenzwand zu erhalten (BGH Urt. v. 18.12.2015 – V ZR 55/15, NJW-RR 2016, 588, juris Rn. 8 unter Bezugnahme auf BGH Urt. v. 18.5.2001 – V ZR 119/00, NJW-RR 2001, 1528 (1529); BGH Urt. v. 16.4.2010 – V ZR 171/09, NJW 2010, 1808 Rn. 8; BGH Urt. v. 18.7.2011 – V ZR 137/10, NJW-RR 2011, 515 Rn. 6 f.; aA OLG Frankfurt a.M. Urt. v. 8.7.1981 – 17 U 178/80, MDR 1982, 848; OLG Koblenz Urt. v. 11.1.2000 – 1 U 1545/98, OLGR 2000, 304). Jeder Grundstücksnachbar ist für seine Wand verantwortlich, wenn zwei parallel verlaufende Grenzwände errichtet worden sind (BGH Urt. v. 18.12.2015 – V ZR 55/15, NJW-RR 2016, 588, juris Rn. 8): Der Vorteil, der sich daraus ergibt, dass eine Außenwand so lange keines oder keines vollständigen Witterungsschutzes bedarf, wie dieser Schutz von der Grenzwand des Nachbargrundstücks geboten wird, werde durch das BGB nicht geschützt (BGH Urt. v. 18.12.2015 – V ZR 55/15, NJW-RR 2016, 588, juris Rn. 8 unter Bezugnahme auf BGH Urt. v. 16.4.2010 – V ZR 171/09, NJW 2010,1808; BGH Urt. v. 18.2.2011 – V ZR 137/10, NJW-RR 2011, 515 Rn. 6 f.; OLG Köln Urt. v. 14.1.1987 – 2 U 69/86, NJW-RR 1987, 529; OLG Naumburg Urt. v. 23.12.2010 – 2 U 79/10, NJOZ 2011, 884; LG Berlin Urt. v. 16.7.1993 – 53 S 127/93, Grundeigentum 1993, 1039).

148 BGH Urt. v. 18.7.2011 – V ZR 137/10, NJW-RR 2011, 515 unter Festhalten an BGH Urt. v. 16.4.2010 – V ZR 171/09, NJW 2010, 1808.

149 BGH Urt. v. 16.4.2010 – V ZR 171/09, NJW 2010, 1808.

150 BGH Urt. v. 15.10.1999 – V ZR 77/99, BGHZ 143, 1 (8 f.).

151 Staudinger/*Roth* BGB § 922 Rn. 10.

152 Unanwendbar sind damit die §§ 749 ff. BGB über die Aufhebung der Gemeinschaft, da wegen § 922 S. 3 BGB nicht „jederzeit" (wie § 749 Abs. 1 BGB dies gestattet) die Aufhebung verlangt werden kann: Staudinger/*Roth* BGB § 922 Rn. 12.

153 Bei einer Grenzeinrichtung treffen zwei Rechte aufeinander, Motive III, S. 276.

154 Staudinger/*Roth* BGB § 922 Rn. 1.

jedem Nachbar auch allein (dh ohne Zustimmung des anderen) mit der Folge getroffen werden können, dass beide die Kosten zu tragen haben.[155]

Der Teilhaber einer gemeinsamen Giebelwand, der an diese (noch) nicht (vollständig) angebaut hat und derzeit auch nicht anbauen will, muss Maßnahmen des anderen Teilhabers zur Wärmedämmung dulden, die dazu führen, dass der freie Bereich der Wand einem den heutigen Erfordernissen entsprechenden Standard entspricht:[156] Nach § 745 Abs. 2 BGB kann der Anspruchssteller vom Anspruchsgegner die Duldung des Anbringens der Fassadenverkleidung in der geplanten Art und Weise verlangen, wenn diese Maßnahmen dem beiderseitigen Interesse nach billigem Ermessen entsprechen. 55

Nach § 748 BGB analog trägt jeder Nachbar gleichmäßig die Kosten und Lasten der Verwaltung und der gemeinschaftlichen Benutzung. Jedem der Nachbarn gebührt gemäß § 743 Abs. 1 BGB analog ein gleichmäßiger Anteil an den gezogenen Früchten, wobei jedoch zu beachten ist, dass die aus einer dem Nachbarn zugekehrten Seite der Grenzeinrichtung gezogenen Früchte diesem allein zustehen.[157] 56

Für eine notwendige Sanierung einer Grenzfuge kann vom anderen Nachbarn ein Kostenvorschuss nach § 922 S. 4 iVm §§ 744 Abs. 2, 748, 242 BGB analog verlangt werden.[158] 57

Wegen der untrennbaren Verknüpfung von Benutzungsrecht und Eigentum erstreckt sich der Verweis auf Bruchteilsgemeinschaftsrecht nicht auf § 747 S. 1 BGB. Das Benutzungsrecht kann nicht Gegenstand einer besonderen Verfügung sein; es ist sonderrechtsunfähig.[159] Der Verweis soll auch zu einer Anwendung des § 278 BGB im Nachbarverhältnis führen.[160] 58

Da § 1010 BGB nicht zur Anwendung gelangt,[161] können – auch mit Wirkung gegenüber einem Sonderrechtsnachfolger – analog § 746 BGB Regelungen zur Verwaltung und Benutzung getroffen werden, dinglich sicherbar aber nur durch eine Grunddienstbarkeit (§ 1018 BGB). 59

---

155 Ist eine Maßnahme nur „zweckmäßig“, gelangt § 745 Abs. 2 BGB zur Anwendung, der mittels Leistungsklage durchgesetzt werden muss: Staudinger/*Roth* BGB § 922 Rn. 11: „Selbsthilfe ist nicht statthaft.“

156 BGH Urt. v. 11.4.2008 – V ZR 158/07, NJW 2008, 2032.

157 So BGH Urt. v. 2.2.1965 – V ZR 247/62, BGHZ 43, 127 (133); Staudinger/*Roth* BGB § 922 Rn. 11.

158 OLG Köln Urt. v. 7.5.2015 – 18 U 206/14, MDR 2015, 1127 – iÜ kann auch ein Anspruch auf Feststellung einer Nachschusspflicht für die den Vorschuss übersteigenden Kosten der Instandsetzung der Trennfuge bestehen.

159 So zutreffend Staudinger/*Roth* BGB § 922 Rn. 12.

160 Umstr., so aber Staudinger/*Roth* BGB § 922 Rn. 12 und § 921 Rn. 52: „Wenn also beim Wiederaufbau eines zerstörten Hauses der Architekt des Aufbauenden die Nachbarwand so stark belastet, dass sie beschädigt wird, so muss der Bauherr für das Verschulden seines Architekten eintreten“; aA hingegen BGH Urt. v. 25.11.1964 – V ZR 185/62, BGHZ 42, 374.

161 Umstr., so aber Soergel/*Baur* BGB § 922 Rn. 9 (da regelmäßig an der Grenzeinrichtung kein Miteigentum, sondern vertikal geteiltes Eigentum vorliegt: Staudinger/*Roth* BGB § 922 Rn. 13); aA RGRK/*Augustin* BGB § 922 Rn. 9.

50. Grenzbaum und Grenzstrauch

Ring

Literatur: *Kurek*, Grenzbaum wird eigenmächtig gefällt: Kein Schadensersatz!, IMR 2018, 119.

I. Einführung

1 § 923 BGB trifft eine gesetzliche Sonderregelung in Bezug auf den Grenzbaum (nämlich zur Teilung der Früchte und des gefällten Baumes sowie zum Beseitigungsanspruch jedes Nachbarn), wobei nach dessen Abs. 3 die Vorschriften auch für einen auf der Grenze stehen Strauch (Grenzstrauch) gelten.

II. Begriff des Grenzbaums/Grenzstrauchs

2 **Grenzbaum** ist ein auf der Grenze als gemeinsame Grenzeinrichtung stehender Baum, dessen Stamm – ohne Rücksicht auf die Ausbreitung seines Wurzelwerks[1] – an der Stelle, an der er aus dem Boden austritt, von der Grundstücksgrenze durchschnitten wird[2] (→ *Anpflanzungen an der Grundstücksgrenze* Rn. 1 ff.).

3 Bei einem Grenzstrauch iSv § 923 Abs. 3 BGB (ohne einen Zentralstamm) reicht es aus, dass beim Bodenaustritt mindestens einer der Äste auf dem Nachgrundstück ausgetreten ist.[3] Stauden (deren oberirdischer Wuchs im Winter abstirbt) unterfallen nicht dem Begriff des Grenzstrauchs.

4 Ein **windschiefer Baum**, der wegen seines Wuchses die Grenze überragt, ist weder als Grenzbaum iSv § 923 BGB zu qualifizieren, noch wird er nach § 910 BGB (Überhang) behandelt.[4] Vielmehr kann der Nachbar in einem solchen Fall Beseitigung des grenzüberstehenden Teils des Baumes nach § 1004 Abs. 1 BGB verlangen.

III. Eigentumsverhältnisse am Grenzbaum/Grenzstrauch

5 In Bezug auf die Eigentumsverhältnisse ist zu unterscheiden zwischen der Situation vor dem Fällen eines Grenzbaums/Grenzstrauchs (→ Rn. 7 ff.) und danach (→ Rn. 11 ff.).

6 § 923 BGB gelangt insoweit analog zur Anwendung, wenn eine Grenzeinrichtung (iSv § 921 BGB, bei der das Eigentum auf der Grenzlinie gleichermaßen vertikal geteilt wird) abgebrochen oder beseitigt wird und das Wertverhältnis (das dem bisherigen Eigentum entspricht) nicht festgestellt werden kann.[5]

1. Eigentumsverhältnisse vor der Fällung

7 Die Eigentumsverhältnisse am Grenzbaum oder am Grenzstrauch vor einer Fällung sind in § 923 BGB nicht geregelt.

---

1 OLG München Urt. v. 10.6.1992 – 27 U 673/91, NJW-RR 1992, 1369; AG Nordenham Urt. v. 5.6.1992 – 3 C 121/92; OVG Münster Urt. v. 18.11.1992 – 10 A 1668/91.
2 LG München Urt. v. 10.6.1992 – 27 U 673/91, NJW-RR 1992, 1369; Staudinger/*Roth* BGB § 923 Rn. 2.
3 BGH Urt. v. 15.10.1999 – V ZR 77/99, BGHZ 143, 1 (4) = NJW 2000, 512 – für eine Lebensbaumhecke.
4 Staudinger/*Roth* BGB§ 923 Rn. 3.
5 Soergel/*Baur* BGB § 923 Rn. 3; Staudinger/*Roth* BGB § 923 Rn. 11.

Nach hM[6] besteht **vertikal geteiltes (gespaltenes) Eigentum** – nach aA soll auch schon vor der Fällung ideelles Miteigentum[7] bestehen. 8

Folgt man der hA hat dies zur Folge, dass jedem der Grundstücksnachbarn das Eigentum am Baum insoweit gehört, als dieser auf seinem Grundstück steht. Für diesen Fall gehört jedem Grundstückseigentümer der Teil des Baumes, der sich auf seinem Grundstück befindet.[8] Es reicht nicht aus, wenn der Stamm außerhalb der Grenze austritt bzw. der Strauch in Gänze neben der Grenze steht.[9] Der Baum oder der Strauch stehen dann nämlich gemäß § 94 BGB im Alleineigentum des Eigentümers jenes Grundstücks, auf dem er ausgetreten ist.[10] Für herüberragende Zweige und eingedrungene Wurzeln gilt dann § 910 BGB (vgl. dazu → *Überhang von Zweigen* Rn. 1 ff.). Nach *Roth*[11] ist das Recht des jeweiligen Eigentümers gemäß § 923 BGB auch bei einem Grenzbaum entsprechend § 910 Abs. 2 BGB dahin eingeschränkt, dass er Wurzeln und Zweige dann nicht abschneiden darf, wenn diese die Benutzung seines Grundstücks nicht beeinträchtigen. 9

Jeder Grundstückseigentümer ist für den ihm gehörenden Teil eines Grenzbaumes **verkehrssicherungspflichtig**, und zwar wie für einen vollständig auf seinem Grundstück stehenden Baum.[12] Infolgedessen ist wegen des Alleineigentums jedes Grundstückseigentümers an einem Teil des Grenzbaumes jedem (Teil-)Eigentümer auch grundsätzlich nur die Beeinträchtigung als Störer zuzurechnen, die von seinem Baumteil ausgeht – von ihm allein kann ein (dritter) Nachbar, der dadurch in der Benutzung seines Grundstücks beeinträchtigt ist, gemäß § 1004 BGB Beseitigung der Eigentumsstörung verlangen.[13] 10

2. Eigentumsverhältnisse nach der Fällung

Nach der Fällung eines Grenzbaums/Grenzstrauchs (aber auch nach einem Naturereignis, das einen Umsturz des Grenzbaums/Grenzstrauchs bewirkte) steht das Eigentum nach § 923 Abs. 1 BGB beiden Nachbarn zu gleichen Teilen zu. Dh es besteht grundsätzlich **ideelles Miteigentum zur Hälfte**. 11

§ 923 Abs. 1 BGB hat zur Folge, dass die Substanz von Grenzbäumen/Grenzsträuchern (aber auch von Früchten, → Rn. 14 f.) nach ihrer Trennung im Miteigentum der Nachbarn steht mit der Folge, dass aufgrund dieses Gemeinschaftsverhältnisses der einzelne Nachbar in seiner tatsächlichen Verfügungsbefugnis beschränkt ist. Die gesetzliche Anordnung eines ideellen Miteigentums zur Hälfte vermeidet, dass durch eine an sich mögliche Zerstörung eines Teils des Baums/Strauchs (soweit dieser im Alleineigentum des Nachbarn steht) eine gänzliche Vernichtung desselben einhergeht.[14] 12

Von diesem Grundsatz statuiert § 923 Abs. 2 S. 3 Hs. 2 BGB eine Ausnahme: Verlangt ein Nachbar die Beseitigung des Grenzbaums/Grenzstrauchs und verzichtet der andere Nachbar auf sein Eigentum am Baum/Strauch, erwirbt Ersterer mit der Trennung das Alleineigentum. 13

---

6 BGH Urt. v. 2.7.2004 – V ZR 33/04, BGHZ 160, 18 (21 f.) So auch Motive III, S. 278; vgl. etwa Palandt/*Herrler* BGB § 923 Rn. 1; Soergel/*Baur* BGB § 923 Rn. 1; Staudinger/*Roth* BGB § 923 Rn. 4: „§ 94 Abs. 1 (BGB) geht also dem § 93 (BGB) vor." Aus der vertikalen Teilung schließt Staudinger/*Roth* (§ 923 Rn. 6) auch, „dass jeder Nachbar herüberhängende Zweige oder auch eingedrungene Wurzeln schon aufgrund seines Eigentums abschneiden darf". AA *Glaser/Dröschel*, Das Nachbarrecht in der Praxis, S. 251.

7 In diesem Sinne LG München II Urt. v. 10.12.1974 – 9 O 518/74, NJW 1976, 973; ebenso MüKoBGB/*Brückner* BGB § 923 Rn. 4.

8 BGH Urt. v. 2.7.2004 – V ZR 33/04, NJW 2004, 3328 – Ls. 1 und 2; MüKoBGB/*Brückner* BGB § 923 Rn. 2 f.; Staudinger/*Roth* BGB § 923 Rn. 1 und 4.

9 BayObLG Beschl. v. 5.3.1987 – BReg 2 Z 50/86, WuM 1988, 95.

10 Staudinger/*Roth* BGB § 923 Rn. 3.

11 Staudinger/*Roth* BGB § 923 Rn. 6.

12 BGH Urt. v. 22.7.2019 – V ZR 136/18, NJW-RR 2019, 590 = MDR 2019, 608, juris Rn. 8; BGH Urt. v. 2.7.2004 – V ZR 83/04, BGHZ 160, 18 (22).

13 BGH Urt. v. 22.2.2019 – V ZR 136/18, NJW-RR 2019, 590, juris Rn. 8: Der (dritte) Nachbar kann daher allein von jenem seiner Nachbarn Rückschnitt der Äste verlangen, die von dem diesem gehörenden Teil des Grenzbaumes wachsen.

14 Motive III, S. 278; Staudinger/*Roth* BGB § 923 Rn. 1.

IV. Früchte des Grenzbaums/Grenzstrauchs

14 Früchte sind solche im natürlichen Sinne,[15] zB auch dürres Holz.[16] Nach § 923 Abs. 1 BGB gebühren – ebenso wie der Grenzbaum/Grenzstrauch selbst – die Früchte den Nachbarn zu gleichen Teilen.

15 Auf **Früchte** wird auch **nach der Trennung** (Ernte) § 923 Abs. 1 BGB **entsprechend** angewendet.[17] Damit gelangen bei der Teilung die Vorschriften der §§ 752, 753 BGB über die Gemeinschaft zur Anwendung, obgleich in § 923 BGB kein ausdrücklicher gesetzlicher Verweis auf die §§ 741 ff. BGB (Gemeinschaft nach Bruchteilen) erfolgt ist.[18] Der Gesetzgeber ist davon ausgegangen, in § 923 BGB die Gemeinschaft teilweise geregelt zu haben:[19] Teilung in Natur bzw. Teilung durch Verkauf. Jeden Nachbarn trifft damit nach den §§ 744 Abs. 1 und 745 Abs. 2 BGB eine Verpflichtung zur Mitwirkung an der Teilung.

1. Nießbraucher und Pächter

16 Nießbraucher und andere Fruchtziehungsberechtigte erwerben nach § 954 BGB (Erwerb durch dinglich Berechtigte) Miteigentum an geernteten Früchten zu gleichen Teilen mit den anderen Nachbarn – iÜ aber auch am gefällten Baum (der als „Frucht" iwS zu qualifizieren ist). Damit ist der Nießbraucher Nachbarn iSv § 923 BGB gleichgestellt.[20]

17 Hingegen erwerben Pächter nach § 956 BGB (Erwerb durch persönlich Berechtigte) ideelles Miteigentum an den Früchten. Pächter erlangen allerdings wegen § 581 Abs. 1 S. 1 BGB (der dem Pächter nur den Genuss der Früchte, soweit sie nach den Regeln einer ordnungsgemäßen Wirtschaft als Ertrag anzusehen sind, gestattet) kein Miteigentum am gefällten Baum.[21]

2. Fallobst

18 Für Fallobst gilt § 911 S. 1 BGB mit der Folge, dass Früchte, die von einem Baum oder Strauch auf ein Nachbargrundstück hinüberfallen, grundsätzlich als Früchte dieses (Nachbar-)Grundstücks gelten.

V. Beseitigungsanspruch des Nachbarn

19 Nach § 923 Abs. 2 S. 1 BGB kann jeder der Nachbarn die Beseitigung des Grenzbaums/Grenzstrauchs verlangen. Der Beseitigungsanspruch unterliegt nach § 924 BGB **nicht der Verjährung**. Die Darlegungs- und Beweislast dafür, dass der Baum oder der Strauch auf der Grenze steht, trifft den Anspruchsteller.

1. Anspruch auf Erteilung der Zustimmung des Nachbarn zur Beseitigung

20 § 923 Abs. 2 S. 1 BGB ist ungenau formuliert. Der Anspruch geht nämlich auf (im Weigerungsfalle gerichtlich erzwingbare und mit § 894 ZPO vollstreckbare) Erteilung der Zustimmung durch den Nachbarn zur Beseitigung.

21 Dies bedeutet, dass weder eine eigenmächtige Beseitigung statthaft noch der sich weigernde Nachbar selbst zur Beseitigung verpflichtet ist.

15 Staudinger/*Roth* BGB § 923 Rn. 2.
16 MüKoBGB/*Brückner* § 923 Rn. 3; RGRK/*Augustin* BGB § 923 Rn. 3.
17 So Palandt/*Herrler* BGB § 923 Rn. 1; Staudinger/*Roth* BGB § 923 Rn. 5 problematisiert, dass dies (obwohl es schwer mit dem vertikal geteilten Eigentum am Baum, unter 2.2, vereinbar ist) auch für den Fall eines Obstbaums gilt, „dessen einziger früchtetragender Ast vollständig in das Nachbargrundstück hängt": Nach der Ernte entstünde doch ideelles Miteigentum der Nachbarn an den abgetrennten Früchten.
18 Staudinger/*Roth* BGB § 923 Rn. 5.
19 Motive III, S. 278 f.
20 Staudinger/*Roth* BGB § 923 Rn. 5.
21 Staudinger/*Roth* BGB § 923 Rn. 5.

Beachte (→ *Schlichtungsverfahren*): Nach § 15a Abs. 1 S. 1 Nr. 2 EGZPO (Einigungsversuch vor Gütestelle) kann durch Landesgesetz[22] bestimmt werden, dass die Erhebung der Klage erst zulässig ist, mithin der Klageerhebung eine **außergerichtliche Streitbeilegung** voranzugehen hat, nachdem von einer durch die Landesjustizverwaltung eingerichteten oder anerkannten Gütestelle versucht worden ist, die Streitigkeit einvernehmlich beizulegen. Dies gilt auch für Streitigkeiten aus dem Nachbarrecht nach § 923 BGB (auf Erteilung der Zustimmung zur Beseitigung).

§ 923 Abs. 2 S. 1 BGB statuiert keine weiteren Voraussetzungen für den Beseitigungsanspruch[23] – so reicht es bspw. nicht aus, dass sich ein die Zustimmung verweigernder Nachbar auf ökologische Gründe beruft.[24] Anders ist die Lage nur dann, wenn öffentliches Naturschutzrecht (zB kommunale Baumschutzsatzungen) die Beseitigung untersagen. 22

Jeder Nachbar kann somit gemäß § 923 Abs. 2 S. 1 BGB ohne Angabe von Gründen vom anderen Nachbarn die Zustimmung zur Beseitigung des Grenzbaums/Grenzstrauchs verlangen.[25] 23

2. Kostentragung

Die Kosten der Beseitigung fallen gemäß § 923 Abs. 2 S. 2 den Nachbarn zu gleichen Teilen zur Last. 24

Der Nachbar, der die Beseitigung verlangt, hat jedoch nach § 923 Abs. 2 S. 3 Hs. 1 BGB die Kosten allein zu tragen, wenn der andere auf sein Recht am Grenzbaum/Grenzstrauch (mithin auf seinen Miteigentumsanteil am gefällten Baum oder Strauch gemäß § 923 Abs. 1 BGB) verzichtet,[26] zB deswegen, weil ihn die Beseitigungskosten höher belasten würden als der zu erwartende Gewinn.[27] Der Verzicht kann auch noch erklärt werden, nachdem der Baum gefällt wurde. Der Verzicht wirkt dann auf den Zeitpunkt der Trennung zurück.[28] 25

Der eine Nachbar erwirbt in diesem Falle gemäß § 923 Abs. 2 S. 3 Hs. 2 BGB (in Umkehr des Grundsatzes des § 923 Abs. 1 BGB: ideelles Miteigentum zur Hälfte) mit der Trennung das Alleineigentum am Baum. „*Besteht ein Nießbrauch am Grundstücke, so ist, da der Baum nur eine Frucht (...) ist, nur der Nießbraucher zu der Trennung und zu der Verfügung über die getrennten Stücke des Baumes, welche sein Eigentum werden, berechtigt.*“[29] 26

3. Eigenmächtige Beseitigung

Beseitigt ein Grundstückseigentümer den Grenzbaum/Grenzstrauch, ohne vorab die Zustimmung seines Nachbarn einzuholen (eigenmächtige Beseitigung), und bestand (ausnahmsweise) kein Anspruch auf Erteilung der Zustimmung, macht er sich nach § 823 Abs. 1 BGB schadensersatzpflichtig.[30] Andererseits schei- 27

22 Vgl. Bayerisches Schlichtungsgesetz (BaySchlG) v. 25.4.2000 (GVBl S. 278); Nordrhein-Westfälisches Gütestellen- und Schlichtungsgesetz (GüSchlG NRW) v. 9.5.2000 (GVBl S. 476); Baden-Württembergisches Gesetz zur obligatorischen außergerichtlichen Streitschlichtung und zur Änderung anderer Gesetze v. 28.6.2000 (GBl S. 470); Gesetz zur Einführung einer obligatorischen Streitschlichtung im Land Brandenburg (Brandenburgisches Schlichtungsgesetz – BbgSchlG) v. 5.10.2000 (GVBl I S. 134); Hessisches Gesetz zur Regelung der außergerichtlichen Streitschlichtung v. 6.2.2001 (GVBl I S. 98); vgl. zudem das Saarländische Gesetz vom 21.2.2000 (ABl S. 532); das Sachsen-Anhaltinische Gesetz v. 22.6.2001 (GVBl S. 214) sowie das Schleswig-Holsteinische Gesetz v. 16.11.2001.

23 In besonders gelagerten Ausnahmefällen können allein ggf. einmal die §§ 242 oder 226 BGB einer Beseitigung entgegenstehen, so Staudinger/*Roth* BGB § 923 Rn. 7.

24 OLG München Urt. v. 10.6.1992 – 27 U 673/91, NJW-RR 1992, 1369.

25 Motive III, S. 278 f.

26 Dies kann formlos geschehen, so Staudinger/*Roth* BGB § 923 Rn. 9.

27 Motive III, S. 279.

28 RGRK-BGB/*Augustin* § 923 Rn. 5; Staudinger/*Roth* BGB § 923 Rn. 9.

29 Motive III, S. 279.

30 So Palandt/*Herrler* BGB § 923 Rn. 1; Soergel/*Baur* BGB § 923 Rn. 2; Staudinger/*Roth* BGB § 923 Rn. 2: Die Berufung auf ein rechtmäßiges Alternativverhalten (dh der Anspruch auf Erteilung der Zustimmung wäre gerichtlich durchsetzbar gewesen) ist somit zulässig; aA allerdings LG München II Urt. v. 10.11.1974 – 9 O 518/74, NJW 1976, 973.

den Schadensersatzansprüche des zuvor nicht um Zustimmung ersuchten Nachbarn im Falle einer eigenmächtigen Fällung eines Grenzbaums dann aus, wenn dem Grunde nach ein Zustimmungsanspruch bestanden hat.[31]

28 Dass der Fällung eines Grenzbaums die Gestattung des vermeintlichen Eigentümers zugrunde liegt, lässt das Verschulden auch dann nicht entfallen, wenn er Besitzer der Grundstücksfläche ist, auf dem der Baum stand. Die wahre Eigentumslage muss anhand des Katasters und des Grundbuchs zweifelsfrei geklärt werden.[32]

29 Gegenüber einer vorsätzlichen rechtswidrigen Eigentumsverletzung durch das eigenmächtige Fällen von Grenzbäumen ist wegen des Zustimmungsanspruchs nach § 923 Abs. 2 S. 1 BGB der Einwand des **rechtmäßigen Alternativverhaltens** zulässig:[33] Das gilt jedoch nur, wenn ausgeschlossen ist, dass öffentlich-rechtliche Vorschriften einem Fällen hätten entgegenstehen können. Auf eine drittschützende Wirkung der öffentlich-rechtlichen Vorschriften kommt es in diesem Zusammenhang nicht an.[34]

4. Ausschluss des Beseitigungsanspruchs

30 Der Anspruch auf Beseitigung scheidet nach § 923 Abs. 2 S. 4 BGB ausnahmsweise dann aus, wenn der Grenzbaum/Grenzstrauch als unersetzliches Grenzzeichen dient und den Umständen nach nicht durch ein anderes zweckmäßigeres Grenzzeichen ersetzt werden kann.

31 Wer den Baum/Strauch (als Grenzzeichen im so verstandenen Sinne) beseitigen will, muss darlegen und beweisen, dass er durch ein zweckmäßigeres Grenzzeichen ersetzt werden kann. Wer für den Erhalt eines Baums eintritt, muss darlegen und beweisen, dass dieser als Grenzzeichen dient.

32 § 923 Abs. Abs. 2 S. 4 BGB zielt bspw. darauf ab, in Überschwemmungsgebieten „die Grenzen von Wiesengrundstücken durch sog. Kopfbäume (gekappte Weiden)“ zu sichern.[35]

5. Kein Bestandsschutz für Grenzbäume/Grenzsträucher

33 § 923 BGB schafft grundsätzlich keinen Bestandsschutz für Grenzbäume/Grenzsträucher. Etwas anderes gilt nur dann, wenn der Grenzbaum/Grenzstrauch zugleich eine „Grenzeinrichtung“ (iSv § 911 BGB) bildet oder Teil einer solchen ist,[36] wie im Falle von Grenzhecken oder Baumalleen.[37] Dann geht § 922 S. 3 BGB (Bestandsschutz einer Grenzeinrichtung, wenn der Nachbar am Fortbestand der Einrichtung ein Interesse hat) als lex specialis der Regelung des § 923 Abs. 2 S. 1 BGB vor.[38]

---

31 AG Friedberg 10.3.2017 – 2 C 809/16, juris Rn. 13. So auch LG Itzehoe 9.3.2017 – 10 O 100/16, juris Rn. 14; OLG München Urt. v. 11.5.2016 – 20 U 4831/15, BeckRS 2016, 09995 = SchAZtg 2017, 79; OLG Oldenburg 28.1.2002 – 13 U 107/01; AG Sinsheim Urt. v. 3.7.1986 – 1 C 158/86, NJW-RR 1987, 142; Palandt/*Herrler* BGB § 923 Rn. 1; Staudinger/*Roth* BGB § 923 Rn. 7.

32 OLG Koblenz Beschl. v. 8.12.2011 – 5 U 107/01, DWW 2012, 62 – Ls. 1.

33 OLG Schleswig-Holstein Urt. v. 17.10.2017 – 3 U 24/17, NJW-RR 2018, 269 = NZM 2018, 247 – Ls. Dazu auch *Kurek* IMR 2018, 119. Was allerdings nur dann gilt, wenn dem Zustimmungsanspruch nicht ausnahmsweise Einwendungen entgegenstehen (OLG Schleswig-Holstein Urt. v. 17.10.2017 – 3 U 24/17, NJW-RR 2018, 269, zitiert nach juris Rn. 18). Vgl. auch OLG Oldenburg Urt. v. 28.1.2002 – 13 U 107/01, OLGR 2002, 98; MüKoBGB/*Brückner* § 923 Rn. 5; Staudinger/*Roth* BGB § 923 Rn. 7.

34 OLG Schleswig-Holstein Urt. v. 17.10.2017 – 3 U 24/17, NJW-RR 2018, 269 – Ls. Öffentlich-rechtliche Vorschriften – wie insbesondere eine Baumschutzsatzung – können eine anspruchsausschließende Einwendung nach § 923 Abs. 2 S. 4 BGB begründen (Erman/*Lorenz* BGB § 923 Rn. 3; BeckOK-BGB/*Fritzsche* § 923 Rn. 7; MüKoBGB/*Brückner* BGB § 923 Rn. 7; Palandt/*Herder* BGB § 923 Rn. 1; Staudinger/*Roth* BGB § 923 Rn. 7). Was nach öffentlichem Recht verboten ist, kann auch zivilrechtlich nicht verlangt werden – so MüKoBGB/*Brückner* BGB § 923 Rn. 7; differenzierend Prütting/Wegen/Weinreich/*Lembke* BGB § 923 Rn. 5: Einwand aus öffentlichem Recht nur, wenn dieses keine Ausnahmen zulässt.

35 So Staudinger/*Roth* BGB § 923 Rn. 8 unter Bezugnahme auf Prot. III, S. 133.

36 Motive III, S. 279.

37 Staudinger/*Roth* BGB § 923 Rn. 1.

38 So LG Frankfurt a.M. Urt. v. 23.8.1990 – 2/22 O 60/90, NJW-RR 1992, 88; Palandt/*Herrler* BGB § 923 Rn. 1.

6. Entgegenstehendes Nachbarrecht?

34 Die Beseitigung eines Grenzbaums ist – so das AG Friedberg[39] – nicht nachbarrechtlichen Fristen des Landesrechts (konkret: § 43 HNRG) betreffend die Beseitigung von Grenzanpflanzungen unterworfen. Dies liegt darin begründet, dass die genannte Vorschrift einen anderen Fall regelt und einen anderen Zweck verfolgt. Danach kann der Nachbar im Eigentum des anderen Nachbarn befindliche Anpflanzungen auf dem benachbarten Grundstück beseitigen lassen, wenn die Grenzabstände nicht eingehalten worden sind. Ein Versetzen der Anpflanzungen von der Grundstücksgrenze weg bzw. eine Entfernung der Anpflanzungen auf dem Grundstück des Nachbarn innerhalb des Grenzabstandes kann (wegen der dann durch die Wurzelbildung erschwerten oder gar nicht mehr durchführbaren Verpflanzung) nur binnen drei Jahren verlangt werden.[40]

35 § 923 BGB setzt jedoch einen im Miteigentum der Grundstücksnachbarn stehenden Grenzbaum voraus, dessen Beseitigung deshalb uneingeschränkt und nicht an eine Frist gebunden von jedem Miteigentümer verlangt werden kann. Jeder Nachbar hat als Eigentümer das Recht, die Zustimmung zur Fällung des aus seiner Sicht störenden Baums zu verlangen. Nur wenn öffentlich-rechtliche Belange (bspw. die Ausweisung des Baums als Naturdenkmal) entgegenstehen, läuft der Beseitigungsanspruch ins Leere.[41]

7. Fortbestehende Störung

36 Wenn nach dem Fällen des Grenzbaums/Entfernen des Grenzstrauchs noch ein Baumstumpf oder Wurzelwerk zurückbleibt, trifft den fällenden Nachbarn im Falle einer fortbestehenden Störung eine diesbezügliche Beseitigungspflicht nach § 1004 Abs. 1 S. 1 BGB.[42]

51. Grenzüberschreitendes Nachbarrecht

Wilke

Literatur: *Arif*, Eingriffsnormen und öffentlich-rechtliche Genehmigungen unter der Rom II-VO, ZfRV 2011, 258; *von Bar/Mankowski*, Internationales Privatrecht, Band 1, 2. Auflage 2003; Brand, Die internationale Anerkennung und Vollstreckung verwaltungsgerichtlicher Entscheidungen, IPRax 2020, 210; *Brandt*, Grenzüberschreitender Nachbarschutz im deutschen Umweltrecht, DVBl 1995, 779; *Buchholtz*, Entterritorialisierung des Öffentlichen Rechts, NVwZ 2016, 1353; *Buschbaum*, Privatrechtsgestaltende Anspruchspräklusion im internationalen Privatrecht, 2008; *Calliess/Renner* (Hrsg.), Rome Regulations, 3. Auflage 2020; *Dutta*, Die Durchsetzung öffentlichrechtlicher Forderungen ausländischer Staaten durch deutsche Gerichte, 2006; *Feldmüller*, Die Rechtsstellung fremder Staaten und sonstiger juristischer Personen des ausländischen öffentlichen Rechts im deutschen

39 AG Friedberg 10.3.2017 – 2 C 809/16, juris Rn. 16.
40 AG Friedberg 10.3.2017 – 2 C 809/16, juris Rn. 16.
41 AG Friedberg 10.3.2017 – 2 C 809/16, juris Rn. 16.
42 Staudinger/*Roth* BGB § 923 Rn. 10: § 923 BGB ist „auf diese Überreste nicht anwendbar".

Verwaltungsprozeßrecht, 1999; *Fuchs,* Zum Kommissionsvorschlag einer »Rom II«-Verordnung, GPR 2004, 100; *Grandjot,* Grenzüberschreitende Umweltprüfungen – Änderungen durch das Gesetz zur Modernisierung des Rechts der Umweltverträglichkeitsprüfung, DVBl 2018, 161; *Grohmann,* Rechtsschutz gegen grenzüberschreitende Umweltbeeinträchtigungen, 2005; *Hager/Hartmann,* Internationale Zuständigkeit für vorbeugende Immissionsabwehrklagen, IPRax 2005, 266; *von Hoffmann/Thorn,* Internationales Privatrecht, 9. Auflage 2007; *Junker,* Internationale Umwelthaftung der Betreiber von Energieanlagen nach der Rom II-Verordnung, in: *Klees/Gent* (Hrsg.), FS Salje 2013, 243; *Kadner Graziano,* Das auf außervertragliche Schuldverhältnisse anzuwendende Recht nach Inkrafttreten der Rom II-Verordnung, RabelsZ 73 (2009), 1; *Kahl,* Neuere höchstrichterliche Rechtsprechung zum Umweltrecht – Teil 1, JZ 2016, 666; *Kegel/Seidl-Hohenveldern,* Zum Territorialitätsprinzip im internationalen öffentlichen Recht, in: *Heldrich/Henrich/Sonnenberger* (Hrsg.), FS Ferid, 1978, 233; *Kenntner,* Reichweite und Grenzen des Grundsatzes der gegenseitigen Anerkennung von EU-Führerscheinen, NJW 2020, 1556; *Kment,* Grenzüberschreitendes Verwaltungshandeln, 2010; *Knöfel,* Zur Frage der Gerichtszuständigkeit im Falle von Beeinträchtigungen von Grundstücken durch Betrieb eines Atomkraftwerks im Hoheitsgebiets eines Nachbarstaates, RIW 2006, 627; *Kopp,* Kollisionsrecht im öffentlichen Recht, DVBl 1967, 469; *Lehmann/Eichel,* Globaler Klimawandel und Internationales Privatrecht, RabelsZ 83 (2019), 77; *Leible/Lehmann,* Die neue EG-Verordnung über das auf außervertragliche Schuldverhältnisse anzuwendende Recht ("Rom II"), RIW 2007, 721; *Leidinger/Stickel,* Neuerungen im Recht der Umweltverträglichkeitsprüfung – Eine Bestandsaufnahme nach der UVPG-Novelle 2017, UPR 2019, 327; *Mankowski,* Ausgewählte Einzelfragen zur Rom II-VO: Internationales Umwelthaftungsrecht, internationales Kartellrecht, renvoi, Parteiautonomie, IPRax 2010, 389; *Martiny,* Grenzüberschreitende Umwelthaftung im Schnittfeld zwischen Internationalem Privatrecht und Internationalem Verwaltungsrecht, in: *Knopp/Wolf* (Hrsg.), FS Peine 2016, 181; *Matscher,* Gibt es ein Internationales Verwaltungsrecht?, in: *Sandrock* (Hrsg.), FS Beitzke, 1979, 641; *Matthes,* Umwelthaftung unter der Rom II-VO, GPR 2011, 146; *Mayer,* Internationalisierung des Verwaltungsrechts? Weiße Flecken auf den Landkarten des Verwaltungsrechts und wie man sie findet, in: *Möllers/Voßkuhle/Walter* (Hrsg.), Internationales Verwaltungsrecht, 2007, S. 49; *Menzel,* Internationales Öffentliches Recht, 2011; *Neumeyer,* Internationales Verwaltungsrecht, 1910–1936; *Ohler,* Die Kollisionsordnung des Allgemeinen Verwaltungsrechts, 2005; *Peine,* Internationales Verwaltungsrecht: Bemerkungen zu einem different genutzten Rechtsbegriff, in: *Witzleb et al* (Hrsg.), FS Martiny, 2014, 945; *Postier,* Ziviles Nachbarrecht der Länder – ein Überblick, SchAZtg 1999, 61; *Preu,* Zur Klagebefugnis eines im Ausland lebenden Ausländers gegen eine gemäß AtG § 7 erteilte atomrechtliche Genehmigung, JZ 1987, 354; *Rüppell,* Die Berücksichtigungsfähigkeit ausländischer Anlagegenehmigungen, 2012; *Schack,* Abwehr grenzüberschreitender Immissionen im dinglichen Gerichtsstand?, IPRax 2005, 262; *Thole,* Die internationale Zuständigkeit nach Art. 22 Nr. 1 EuGVVO für Immissionsabwehrklagen, IPRax 2006, 564; *Vesting,* Die Staatsrechtslehre und die Veränderung ihres Gegenstandes, VVDStRL 2004, 41; *Vogel,* Der räumliche Anwendungsbereich der Verwaltungsrechtsnorm, 1965; *Wandt,* Deliktsstatut und Internationales Umwelthaftungsrecht, VersR 1998, 529; *Weber,* Zur Frage der Beteiligung ausländischer Grenznachbarn nach inländischem Umweltschutzrecht, DVBl 1987, 377; *Weitbrecht,* Zur Rechtsstellung ausländischer Grenznachbarn im deutschen Umweltrecht, NJW 1987, 2132; *Wolf,* Deliktsstatut und internationales Umweltrecht, 1995; *Zuleeg,* Öffentliches Kollisionsrecht tut Not, in: *Geis/Lorenz* (Hrsg.), FS Maurer: Staat Kirche Verwaltung, 2001, 1067.

I. Einführung

1 Wer nach (s)einem Nachbarn gefragt wird, wird spontan regelmäßig seinen unmittelbaren Grundstücksnachbarn nennen. Dessen Grundstück wird in den meisten Fällen, die zu Streitigkeiten führen, auch in der gleichen Gemeinde liegen. Dass dann für beide Nachbarn die gleichen öffentlich- wie privatrechtlichen Regelungen bis hin zum Ortsrecht gelten, bedarf praktisch keiner besonderen Betrachtung. Der Nachbar kann sich aber nicht nur jenseits der eigenen Grundstücksgrenze, sondern jenseits der Landes- oder Staatsgrenze befinden. Nachbarrechtliche Regelungen setzen häufig auch nicht das unmittelbare Angrenzen zweier Grundstücke voraus – mit gutem Grund, denn insbes. Einwirkungen beschränken sich nicht unbedingt auf die unmittelbaren Nachbarn (auch → *Nachbar in öffentlich-rechtlicher Sicht* Rn. 6 ff.). Dies verdeutlicht, dass die eigene Grundstücksgrenze nicht erst einem Teil einer Landes- oder Staatsgrenze entsprechen muss, damit man von einem **grenzüberschreitenden Nachbarkonflikt** sprechen kann. Konkret ist etwa an Großprojekte in einem Staat bzw. Land zu denken, die sich auf einen anderen Staat oder ein anderes Land auswirken (zB → *Lärm, Flugzeug* Rn. 1 ff.).

2 Grenzüberschreitende Konflikte werfen grundsätzlich die Fragen nach der gerichtlichen, ggf. behördlichen, Zuständigkeit und dem (in der Sache) anwendbaren Recht auf. Ihnen soll im Folgenden jeweils für das Öf-

fentliche Recht (→ Rn. 3 ff.) und für das Privatrecht (→ Rn. 14 ff.) nachgegangen werden. Zu unterscheiden ist dabei ferner die internationale von der interlokalen Dimension. Erstere betrifft Fälle, in denen Staatsgrenzen, letztere Fälle, bei denen lediglich die Grenzen der Gebiete innerhalb eines Staates – für Deutschland namentlich: die Grenzen der Bundesländer – überschritten werden.

II. Öffentliches Recht

1. Internationale Dimension

a) Prozessuales. Anders als das Internationale Zivilverfahrensrecht ist das **„Internationale Verwaltungsprozessrecht"** kein etabliertes Rechtsgebiet.[1] Inländische öffentlich-rechtliche Streitigkeiten bzw. die Überprüfung deutscher Hoheitsakte auch mit „transnationalem Einschlag" können prinzipiell von den deutschen Verwaltungsgerichten entschieden werden,[2] während für ausländische öffentlich-rechtliche Ansprüche bereits die Zuständigkeit deutscher Gerichte fehlen soll.[3] Ferner kommt eine Klage gegen einen fremden Staat vor deutschen Verwaltungsgerichten, etwa auf Verpflichtung zum Einschreiten gegen einen auf dessen Gebiet befindlichen Bauherrn oder die Anfechtung einer diesem erteilten (Bau-)Genehmigung, nicht in Betracht.[4] Weder Art. 19 Abs. 4 GG noch § 40 VwGO erfasst die ausländische Staatsgewalt; außerdem würde typischerweise der Einwand der Staatenimmunität durchgreifen.[5] 3

Dagegen hängt der Zugang zu deutschen Verwaltungsgerichten natürlich weder von der Staatsangehörigkeit des Klägers noch von dessen Aufenthalt ab. Maßgeblich vor deutschen Verwaltungsgerichten ist wie im Internationalen Zivilverfahrensrecht grundsätzlich die lex fori (→ Rn. 14), insbes. also die VwGO. Der Klage etwa eines Nachbarn von jenseits der Staatsgrenze, zB die Anfechtung einer inländischen Anlagengenehmigung,[6] stehen dabei keine prinzipiellen Bedenken entgegen, auch wenn sich dabei wie generell bei Beteiligten im Ausland ggf. einige praktische Schwierigkeiten ergeben.[7] Was insbes. die Klagebefugnis angeht[8] – die mögliche Verletzung in eigenen Rechten, die in der deutschen Rechtsordnung vorgesehen sind[9] – so steht auch ausländischen natürlichen Personen[10] jedenfalls die allgemeine Handlungsfreiheit nach Art. 2 Abs. 1 GG zu, so dass die sog. Adressatentheorie Anwendung finden kann.[11] Geht es um **Drittschutz**, ist es eine Frage der Auslegung des einfachen Rechts, ob die fragliche Norm auch unabhängig von Staatsangehörigkeit und/oder Inlandswohnsitz (-aufenthalt) entsprechenden Schutz vermittelt.[12] So hat das BVerwG in der wegweisenden Emsland-Entscheidung Mitte der 1980er Jahre atomrechtlichen Drittschutz auch für Betroffene im Ausland bejaht.[13] Die Rechtsprechung wurde sodann auf das Immissionsschutzrecht 4

---

1 *Menzel*, Internationales Öffentliches Recht, S. 691.

2 *Menzel*, Internationales Öffentliches Recht, S. 694; *Kment*, Grenzüberschreitendes Verwaltungshandeln, S. 369.

3 BSG Urt. v. 26.1.1983 – 1 S 2/82, juris Rn. 28 f.; nur iE ebenso *Menzel*, Internationales Öffentliches Recht, 695 f.; *Kegel/Schurig* IPR § 23 I 1 (S. 1092 ff.). Krit. *Dutta*, Durchsetzung öffentlichrechtlicher Forderungen, S. 143 ff.

4 Siehe schon *Neumeyer*, Internationales Verwaltungsrecht, Band IV, S. 157 ff.

5 *Menzel*, Internationales Öffentliches Recht, S. 702.

6 Vgl. BVerwG Urt. v. 17.12.1986 – 7 C 29/85, NJW 1987, 1154; OVG Saarlouis Beschl. v. 25.3.1994 – 8 Q 4/93, NVwZ 1995, 97.

7 Vgl. *Menzel*, Internationales Öffentliches Recht, S. 699 ff.; *Brandt* DVBl 1995, 779 (784).

8 Hierzu auch *Grohmann*, Rechtsschutz gegen grenzüberschreitende Umweltbeeinträchtigungen, 2005, S. 34 ff.

9 *Menzel*, Internationales Öffentliches Recht, S. 700; auch *Brandt* DVBl 1995, 779 (782); bei einer entsprechenden Verweisung könnte sich aber eine Klagebefugnis indes auch aus ausländischem Recht ergeben, *Feldmüller*, Rechtsstellung fremder Staaten, S. 303 ff., va 333 ff.

10 Näher zu ausländischen juristischen Personen *Kment*, Grenzüberschreitendes Verwaltungshandeln, S. 372 f.

11 Vgl. *Kment*, Grenzüberschreitendes Verwaltungshandeln, S. 371 f.

12 Ausführlich *Feldmüller*, Rechtsstellung fremder Staaten, S. 226 ff.

13 BVerwG Urt. v. 17.12.1986 – 7 C 29/85, NJW 1987, 1154 f.; zust. *Kment*, Grenzüberschreitendes Verwaltungshandeln, S. 383 ff.; *Grohmann*, Rechtsschutz gegen grenzüberschreitende Umweltbeeinträchtigungen, 2005, S. 52 f.; *Weitbrecht* NJW 1987, 2132; *Preu* JZ 1987, 354; *Weber* DVBl 1987, 377.

übertragen.[14] Ferner liegt eine Übertragung etwa auf das Abfallrecht nahe.[15] Eine weitere Schwierigkeit stellt die Vollstreckung einer Entscheidung eines deutschen Verwaltungsgerichts (namentlich: eines Kostenfestsetzungsbeschlusses) gegenüber einem Schuldner im Ausland dar,[16] insbesondere in Abwesenheit einer völkervertraglichen Regelung wie des Vertrags zwischen der BRD und Österreich.[17]

5 **b) Verwaltungsverfahren.** In Entsprechung zum prozessualen lex fori-Grundsatz ist davon auszugehen, dass sich das Verwaltungsverfahren deutscher Behörden, selbst wenn sie einmal fremdes Sachrecht anwenden sollten (→ Rn. 9 ff.), nach dem **VwVfG** bzw. dem jeweiligen **Landes-VwVfG** richtet.[18] Umgekehrt beschränkt das Verwaltungsverfahrensrecht seinen Anwendungsbereich sogar ausdrücklich von vornherein auf Behörden des Bundes bzw. des jeweiligen Landes (siehe nur § 1 Abs. 1 VwVfG und Art. 1 Abs. 1 S. 1 BayVwVfG).

6 Auf eine **Verfahrensbeteiligung von Ausländern** ist das VwVfG allerdings teilweise eingestellt.[19] (Die Beteiligung von Personen mit Aufenthalt in Deutschland an ausländischen Verwaltungsverfahren ist naturgemäß jenseits des Zuschnitts dieser Kommentierung.) So richtet sich die Handlungsfähigkeit von Ausländern gem. § 12 Abs. 3 VwVfG iVm dem von § 55 ZPO vorausgesetzten Grundsatz nach dem Heimatrecht des Ausländers; bei Handlungsunfähigkeit nach diesem Recht kann sich über diese Vorschriften die Handlungsfähigkeit nach der lex fori ergeben. § 15 VwVfG betrifft ausdrücklich Beteiligte ohne Wohnsitz oder gewöhnlichen Aufenthalt (etc) im Inland. Schriftstücke in fremder Sprache bleiben trotz deutscher Amtssprache (§ 23 Abs. 1 VwVfG) nicht ohne Wirkung (§ 23 Abs. 2 ff. VwVfG). Akteneinsicht im Ausland ist prinzipiell möglich, § 29 Abs. 3 S. 2 VwVfG.

7 Für das Nachbarrecht bedeutsam ist sodann insbes. die Frage, inwieweit (potenziell) betroffene Nachbarn aus dem Ausland an **Planungs- und Vorhabengenehmigungsverfahren** zu beteiligen sind bzw. beteiligt werden können.[20] Hinzuweisen ist dabei v.a. auf die Umweltverträglichkeitsprüfung, für die §§ 54 bis 64 UVPG[21] Regeln sowohl zur Beteiligung ausländischer Behörden wie der ausländischen Öffentlichkeit bei inländischen Vorhaben als auch zur Beteiligung inländischer Behörden wie der inländischen Öffentlichkeit bei ausländischen Vorhaben vorsehen. Diese Beteiligungsvorschriften sind nach § 4a Abs. 5 S. 2 BauGB auch bei der Aufstellung von Bauleitplänen[22] maßgeblich, wenn diese erhebliche Umweltauswirkungen auf einen anderen Staat haben können. Die entsprechenden UVPG-Vorschriften dienen teilweise der Umsetzung der Espoo-Konvention[23] und des Art. 7 UVP-Richtlinie 2011/92/EU (geändert durch RL 2014/52/EU).[24] Die grenzüberschreitende Behörden- und Öffentlichkeitsbeteiligung nach Maßgabe der §§ 55 bis 57 UVPG findet allerdings nur statt, wenn der andere Staat den Wunsch nach Beteiligung übermittelt, § 54 Abs. 5 UVPG. Geschieht dies nicht, finden gem. § 54 Abs. 6 UVPG für die ausländische Öffentlichkeit nur die regulären Beteiligungsregeln nach §§ 18 ff. UVPG Anwendung. Zu beachten ist, dass eine materielle Präklusion im Planfeststellungsverfahren nach § 73 Abs. 4 S. 3 VwVfG bei UVP-pflichtigen Vorhaben

---

14 OVG Saarlouis Beschl. v. 25.3.1994 – 8 Q 4/93, NVwZ 1995, 97 ff.; zust. *Kment*, Grenzüberschreitendes Verwaltungshandeln, S. 386 f.; zuvor schon *Weitbrecht* NJW 1987, 2132 (2133).

15 *Kment*, Grenzüberschreitendes Verwaltungshandeln, S. 390 ff.; differenzierend *Grohmann*, Rechtsschutz gegen grenzüberschreitende Umweltbeeinträchtigungen, 2005, S. 57 f.

16 Ausführlich *Brand* IPRax 2020, 210.

17 Vertrag zwischen der Bundesrepublik Deutschland und der Republik Österreich über Amts- und Rechtshilfe in Verwaltungssachen vom 31.5.1988, BGBl. 1990 II 358.

18 *Menzel*, Internationales Öffentliches Recht, S. 671.

19 *Menzel*, Internationales Öffentliches Recht, S. 671; auch *Grohmann*, Rechtsschutz gegen grenzüberschreitende Umweltbeeinträchtigungen, 2005, S. 43 ff.; *Brandt* DVBl 1995, 779 (784 f.).

20 Dazu etwa *Menzel*, Internationales Öffentliches Recht, S. 672 f. und 749 ff.

21 Hierzu etwa *Leidinger/Stickel* UPR 2019, 327 (332 f.); *Grandjot* DVBl 2018, 161.

22 Vgl. für Raumordnungspläne, deren Durchführung erhebliche Umweltauswirkungen auf einen Nachbarstaat haben kann, § 9 Abs. 4 S. 3 ROG mit Verweis auf § 60 f. UVPG.

23 Übereinkommen vom 25.2.1991 über die Umweltverträglichkeitsprüfung im grenzüberschreitenden Rahmen BGBl. 2002 II 1407; hierzu etwa *Kment*, Grenzüberschreitendes Verwaltungshandeln, S. 300 ff.

24 BT-Drs. 18/11499, 102.

gem. § 7 Abs. 4 UmwRG grundsätzlich[25] nicht stattfindet; der EuGH hatte darin einen Verstoß gegen die UVP-Richtlinie gesehen.[26] Zur Präklusion zivilrechtlicher Ansprüche noch → Rn. 27 ff.

Eine andere Frage ist diejenige nach der **Wirkung einer ausländischen Verwaltungsentscheidung im Inland.**[27] Es steht außer Frage, dass sich Deutschland staatsvertraglich verpflichten kann bzw. durch EU-Recht[28] verpflichtet wird, ausländische Verwaltungsentscheidungen anzuerkennen. Führerscheine[29] und Diplome sind alltägliche Beispiele. Spezifisch nachbarrechtliche Themen sind insoweit jedoch nicht ersichtlich (zur zivilrechtlichen Präklusionswirkung ausländischer Genehmigungen allerdings noch → Rn. 29 f.). 8

c) In der Sache anwendbares Recht. Ein Regelwerk des **Internationalen Verwaltungsrechts**[30] iSe Kollisionsrechts, das über die Anwendbarkeit des Verwaltungsrechts des einen oder anderen Staates entscheidet,[31] gibt es nicht.[32] Geht man davon aus, dass auch auf dem Gebiet des Verwaltungsrechts eine der Anwendung des Sachrechts vorangehende Anwendungsregel logisch erforderlich ist, müsste man eine ungeschriebene **einseitige**[33] **Kollisionsnorm**[34] des Inhalts „Deutsche Hoheitsträger wenden deutsches Verwaltungsrecht an“ annehmen. Zum Teil wurde in der Tat der gesamte Inhalt eines zum Internationalen Privatrecht (→ Rn. 20) parallelen Internationalen Verwaltungsrechts in diesem einzigen Satz gesehen.[35] Dabei kommen nicht zuletzt traditionell große konzeptionelle Vorbehalte bereits gegenüber der Möglichkeit eines mehrseitigen (also möglicherweise auch fremdes Recht berufenden) öffentlichen Kollisionsrechts zum Ausdruck.[36] Dies führt dazu, dass bei grenzüberschreitenden Sachverhalten wie Bauvorhaben auf der Staatsgrenze für die Praxis bisweilen die Beachtung der Vorschriften sämtlicher tangierter Rechtsordnungen empfohlen wird (→ Rn. 11) – was indessen überhaupt nur dann möglich ist, wenn diese sich widerspruchsfrei komplementieren.[37] 9

Nicht zuletzt letzterer Gedanke zeigt bereits, dass ein öffentliches (mehrseitiges) Kollisionsrecht durchaus praktischen Nutzen hätte.[38] Völlig stimmt die These, dass im deutschen öffentlichen Recht niemals fremdes 10

25 Für missbräuchliche oder unredliche erstmalige Einwendungen siehe aber § 5 UmwRG.

26 EuGH Urt. v. 15.10.2015 – C 137/14, NVwZ 2015, 1665 Rn. 75 ff.; dem folgend etwa BVerwG Urt. v. 22.11.2016 – 9 A 25/15, NVwZ 2017, 627 (628); krit. *Kahl* JZ 2016, 666 (670).

27 Vgl. bereits *Neumeyer*, Internationales Verwaltungsrecht, Band IV, § 29 ff.; außerdem mit Bezug zum hiesigen Kontext etwa *Feldmüller*, Rechtsstellung fremder Staaten, S. 353 ff.; *Matscher* in FS Beitzke, 1979, S. 641 (646 ff.).

28 Vgl. dazu nur *Ohler*, Kollisionsordnung, S. 55 ff.; *Buchholtz* NVwZ 2016, 1353 (1355 ff.).

29 Überblick bei *Kenntner* NJW 2020, 1556; aus der jüngeren Rechtsprechung BVerwG Beschl. v. 24.10.2019 – 3 B 26/19, NJW 2020, 1600; BVerwG Urt. v. 16.1.2020 – 3 B 51/18, NJW 2020, 1603; BVerwG Urt. v. 12.9.2019 – 3 C 26/17, NJW 2020, 1609.

30 Für eine frühe umfassende Darstellung siehe *Neumeyer*, Internationales Verwaltungsrecht, 4 Bände, 1910–1936; dazu auch *Matscher* in FS Beitzke, 1979, S. 641.

31 Zur Terminologie *Peine* in FS Martiny, 2014, S. 957; *Kment*, Grenzüberschreitendes Verwaltungshandeln, S. 204 ff. (mit Präferenz für „öffentliches Kollisionsrecht“); *Ohler*, Kollisionsordnung, S. 2 ff.; *Matscher* in FS Beitzke, 1979, S. 641; *Kegel/Seidl-Hohenveldern* in FS Ferid, 1978, S. 233 (245); knapp *Mayer* in Möllers/Voßkuhle/Walter, Internationales Verwaltungsrecht, S. 49 (54 f.).

32 *Ehlers* in Ehlers/Pünder AllgVerwR § 4 Rn. 3; *Kment*, Grenzüberschreitendes Verwaltungshandeln, S. 202; *Feldmüller*, Rechtsstellung fremder Staaten, S. 311.

33 *Neumeyer*, Internationales Verwaltungsrecht, Band IV, § 14 (S. 115 f.).

34 Zur grundsätzlichen Strukturgleichheit zwischen Internationalem Privatrecht und Internationalem Öffentlichen Recht *Kegel/Schurig* IPR § 2 IV 1 (S. 148).

35 Vgl. *Vogel*, Der räumliche Anwendungsbereich, S. 310 f.; auch *Ehlers* in Ehlers/Pünder AllgVerwR § 4 Rn. 4. Ferner *von Bar/Mankowski* IPR AT I § 4 Rn. 53 („Das öffentliche Recht kennt die Frage nach dem anwendbaren Recht im Sinne eine Auswahl überhaupt nicht.“) und Rn. 61 (zur Einseitigkeit). Betonung der Einseitigkeit ebenso bei *von Hoffmann/Thorn* IPR § 1 Rn. 131.

36 Vgl. die Übersicht bei *Kment*, Grenzüberschreitendes Verwaltungshandeln, S. 222 ff.; für die grundsätzliche Möglichkeit dagegen *Kegel/Schurig* IPR § 2 IV 1 (S. 148) und § 23 I 3 (S. 1096); knapp zur völkerrechtlichen Zulässigkeit der Anwendung fremden öffentlichen Rechts auch *Ehlers* in Ehlers/Pünder AllgVerwR § 4 Rn. 4.

37 Vgl. auch *Kment*, Grenzüberschreitendes Verwaltungshandeln, S. 239.

38 Zu Anwendungsbereichen *Kment*, Grenzüberschreitendes Verwaltungshandeln, S. 203; schon *Kopp* DVBl 1967, 469 (470 f.).

Recht anzuwenden wäre, ohnehin nicht.[39] Auch das BVerwG hat schon Mitte der 1960er Jahre zumindest mit der prinzipiellen Möglichkeit der Anwendung ausländischen Rechts argumentiert.[40] Es gab und gibt im Übrigen immer wieder Stimmen, die sich für ein mehrseitiges öffentliches Kollisionsrecht aussprechen.[41]

11 Für das geltende (öffentliche Nachbar-)Recht folgt aus solch theoretischen Überlegungen und Reformanstößen freilich wenig. Ein Internationales Verwaltungsrecht wäre ungeachtet seiner potenziell irreführenden Bezeichnung[42] grundsätzlich Teil des deutschen Rechts.[43] Demokratie- und Rechtsstaatsprinzip des Grundgesetzes, dabei insbes. der **Vorbehalt des Gesetzes**, verlangen eine präzise gesetzgeberische Ausgestaltung von (mehrseitigen) öffentlich-rechtlichen Verweisungsnormen.[44] In Ermangelung entsprechender geschriebener Vorschriften ist daher im Wesentlichen bei der oben genannten (→ Rn. 9) einseitigen Kollisionsnorm stehenzubleiben. Konkret für das Baurecht ist also etwa von der Anwendbarkeit deutschen Baurechts (zur interlokalen Komponente sogleich → Rn. 13) für Bauvorhaben in Deutschland auszugehen.[45] Ein Vorhaben, das teils auf der einen, teils auf der anderen Seite der Staatsgrenze liegt, muss wohl die Vorschriften beider Staaten erfüllen. Bei technischer Teilbarkeit könnte man freilich auch von einem separaten Nebeneinander ausgehen (→ Rn. 13). Etwa für eine Gaststättengenehmigung bleibt nur die Kumulation.[46] Deutsches Umweltrecht findet auf Vorhaben in Deutschland Anwendung, auch wenn etwa eine Beteiligung der Öffentlichkeit jenseits der Staatsgrenze stattfindet (→ Rn. 7).[47]

2. Interlokale Dimension

12 **a) Prozessuales.** In prozessualer Hinsicht wirft die interlokale Dimension keine Schwierigkeiten auf: Die örtliche Zuständigkeit der Verwaltungsgerichte (wie prinzipiell auch der Oberverwaltungsgerichte/Verwaltungsgerichtshöfe)[48] bestimmt sich nach § 52 VwGO. (Für länderübergreifende Pläne und Programme iSd § 1 Abs. 1 S. 1 Nr. 4 UmwRG siehe für die örtliche Zuständigkeit aber auch § 7 Abs. 3 S. 3 UmwRG, ggf. iVm Abs. 6.) Für das Verfahren gilt unabhängig vom Sitz des jeweiligen Gerichts die VwGO.

13 **b) In der Sache anwendbares Recht.** Die Ausführungen zum anwendbaren Recht in der internationalen Dimension (→ Rn. 9 ff.) lassen sich im Wesentlichen auf die interlokale Dimension übertragen. Festzuhalten ist, dass Verwaltungsgerichte durchaus einmal das Recht eines anderen Bundeslands anwenden müssen[49] – ohne dass allerdings gerade nachbarrechtliche Beispiele ersichtlich wären. Die Landesbehörden

---

39 So weist *Kment*, Grenzüberschreitendes Verwaltungshandeln, S. 239 m. Fn. 234, auf das – freilich sehr spezielle – Beispiel des Art. 4 Abs. 6 des Karlsruher Abkommens vom 23.1.1996 hin, wonach eine grenzüberschreitende Kooperationsvereinbarung das anwendbare Recht bestimmen muss. Zu anderen Formen der Relevanz ausländischen Rechts im Verwaltungsprozess *Menzel*, Internationales Öffentliches Recht, S. 705 f.; *Kegel/Schurig* IPR § 23 I 3 und 4 (S. 1096 ff.). Zur Anwendung ausländischen Rechts in Verwaltungssachen auch schon *Neumeyer*, Internationales Verwaltungsrecht, Band IV, § 20 ff. Schließlich auch *Kegel/Seidl-Hohenveldern* in FS Ferid, 1978, S. 233 (239 f.).

40 BVerwG Beschl. v. 30.1.1964 – II ER 402.63, BVerwGE 18, 26, juris Rn. 5; ebenso aus jüngerer Zeit VG Göttingen Beschl. v. 16.2.2012 – 3 A 15/12, juris Rn. 1.

41 Ausführlich *Kment*, Grenzüberschreitendes Verwaltungshandeln, S. 202 ff., insbes. 241 ff. zur konkreten Ausgestaltung; *Feldmüller*, Rechtsstellung fremder Staaten, S. 303 ff.; *Menzel*, Internationales Öffentliches Recht, passim (allerdings nicht nur auf Kollisionsrecht im hiesigen Sinne bezogen, vgl. S. 10 f.); wohl auch *Peine* in FS Martiny, 2014, S. 945 (957); *Kopp* DVBl 1967, 469; von einem weiten Begriff des Kollisionsrecht ausgehend *Zuleeg* in FS Maurer, 2001, S. 1067; wohl auch *Vesting* VVDStRL 2004, 41 (66).

42 Vgl. zur Problematik des Begriffs des „Internationalen Privatrechts“ nur *Kegel/Schurig* IPR § 1 VI (S. 24).

43 Vgl. auch *Ehlers* in Ehlers/Pünder AllgVerwR § 4 Rn. 6.

44 *Ehlers* in Ehlers/Pünder AllgVerwR § 4 Rn. 6; *Kment*, Grenzüberschreitendes Verwaltungshandeln, S. 219 ff. und 256 ff.; ausführlich zum Vorbehalt des Gesetzes *Ohler*, Kollisionsordnung, S. 267 ff.

45 *Menzel*, Internationales Öffentliches Recht, S. 709 ff., auch zu etwaigen – sehr speziellen – Ausnahmen.

46 *Kopp* DVBl 1967, 469 (472) (zum Purtschellerhaus auf der deutsch-österreichischen Grenze).

47 Vgl. *Menzel*, Internationales Öffentliches Recht, S. 746 ff., der – anders als in Bezug auf das Baurecht – die Anwendung fremden Rechts nicht einmal erwägt.

48 VGH München Beschl. v. 12.9.1990 – 4 N 88.1300, NVwZ-RR 1991, 332.

49 BVerwG Beschl. v. 30.1.1964 – II ER 402.63, BVerwGE 18, 26, juris Rn. 5; VG Göttingen Beschl. v. 16.2.2012 – 3 A 15/12, juris Rn. 1.

wenden ihr eigenes Landesverfahrensrecht an (→ Rn. 5). Insbes. die Bauordnungen gehen wie selbstverständlich vom Grundsatz der Territorialität aus.[50] Entsprechend nimmt die Literatur an, dass eine Bauordnung sich auf die von ihr sachlich erfassten Regelungsobjekte in räumlicher Hinsicht nur erstreckt, wenn diese auf dem jeweiligen Landesgebiet liegen.[51] Ein Überbau der Landesgrenzen ist allerdings etwa aus Sicht des bayerischen Baurechts zulässig, so dass eine bauliche Anlage ggf. mehreren Bauordnungen, nämlich denen der betroffenen Länder, entsprechen muss, sofern sie sich nicht technisch-statisch teilen lässt.[52] Bei Abstandsflächen, die sich auch auf das Gebiet eines Nachbarlandes erstrecken, soll das strengere der beiden Rechte einzuhalten sein.[53]

III. Privatrecht

1. Internationale Dimension

a) Prozessuales. Den Ablauf des gerichtlichen Verfahrens regelt grundsätzlich die lex fori.[54] Freilich sind bei grenzüberschreitenden Fällen Besonderheiten zu beachten. Nur kurz hinzuweisen ist zunächst auf das allgemeine Erfordernis der **deutschen Gerichtsbarkeit** iSd Gerichtshoheit, von der ein Störer nur in seltenen Fällen befreit ist. Einzelheiten dazu ergeben sich aus § 18 ff. GVG und den dort in Bezug genommenen Regeln des Völkerrechts (Art. 25 Abs. 1 GG) bzw. den völkerrechtlichen Verträgen. Besondere Erwähnung verdient allerdings, dass bei dinglichen Klagen in Bezug auf im Forumstaat belegene Grundstücke völkerrechtlich eine Ausnahme von diesen Befreiungen besteht (vgl. Art. 9 Europäisches Übereinkommen über Staatenimmunität, Art. 31 Abs. 1 lit. a Wiener Übereinkommen über diplomatische Beziehungen).[55] 14

Für Beklagte mit Wohnsitz in einem Mitgliedstaat der EU gelten in Bezug auf die internationale Zuständigkeit regelmäßig die Regeln der **Brüssel Ia-VO,**[56] Art. 4 Abs. 1 iVm Art. 6 Abs. 1 Brüssel Ia-VO. Sie ist gem. Art. 81 Brüssel Ia-VO in zeitlicher Hinsicht anwendbar für alle seit dem 10.1.2015 anhängig gemachten Rechtsstreitigkeiten. In sachlicher Hinsicht ist sie anwendbar in Zivil- und Handelssachen (Art. 1 Abs. 1 S. 1 Brüssel Ia-VO) und damit insbesondere nicht für Staatshaftung für Handlungen oder Unterlassungen im Rahmen der Ausübung hoheitlicher Rechte (Art. 1 Abs. 1 S. 2 Brüssel Ia-VO). Letzteres Kriterium ist ohnehin entscheidend für die (negative) Auslegung der „Zivil- und Handelssachen" durch den EuGH: Der sachliche Anwendungsbereich der Brüssel Ia-VO ist nicht eröffnet, wenn es um einen Rechtsstreit mit einer Behörde im Zusammenhang mit der Ausübung hoheitlicher Befugnisse geht.[57] (Da es sich hierbei um einen Begriff des Unionsrechts handelt, ist es theoretisch möglich, dass trotz autonomer Bejahung der Gerichtsbarkeit mangels hoheitlichen Handelns dennoch gleichfalls die „Ausübung hoheitlicher Rechte" zu bejahen ist.) Für Beklagte mit Wohnsitz insbes. in der Schweiz ist aus deutscher Perspektive dagegen v.a. das – nach der Neufassung der Brüssel I-VO i.F.d. Brüssel Ia-VO nur noch teilweise, in Bezug auf die hier angerissenen Fragen aber hinreichend – parallele **Lugano-Übereinkommen** maßgeblich, Art. 64 Abs. 2 lit. a LugÜ.[58] 15

Brüssel Ia-VO und LugÜ dürften aus geografischen Gründen viele Fälle grenzüberschreitender Nachbarrechtsstreitigkeiten mit deutscher Beteiligung erfassen; Liechtenstein ist der einzige halbwegs nahe gelegene Staat, den die genannten Regelwerke nicht erfassen. In einer globalisierten Welt ist aber natürlich des Weiteren auch denkbar, dass der Beklagte seinen **Wohnsitz in einem Drittstaat** hat, etwa bei Klagen gegen den Eigentümer eines in Deutschland belegenen Grundstücks, der diese Immobilie (zB als Vermieter) 16

50 *Menzel*, Internationales Öffentliches Recht, S. 710.
51 Vgl. nur *Spannowsky* in BeckOK BauordnungsR BW § 1 Rn. 4; *Dirnberger/Lechner* in Simon/Busse BayBO Art. 1 Rn. 7.
52 *Dirnberger/Lechner* in Simon/Busse BayBO Art. 1 Rn. 9.
53 *Dirnberger/Lechner* in Simon/Busse BayBO Art. 1 Rn. 9 aE.
54 *Kegel/Schurig* IPR § 22 III (S. 1055).
55 *Touissant* in BeckOK ZPO § 24 Rn. 21.1; bereits RG Urt. v. 12.12.1905 – II 193/05, RGZ 62, 165 (167).
56 ZT auch nach ihren Gegenständen EuGVVO (Europäische Gerichtsstands- und Vollstreckungsverordnung) (nF) genannt.
57 EuGH Urt. v. 14.10.1976 – 29/76, NJW 1977, 489 (490).
58 Im Folgenden nicht mehr einzeln erwähnt.

gar nicht oder zB nur kurzfristig bewohnt oder sie anderweitig aus der Ferne nutzt. In diesen Fällen wäre nach Art. 6 Abs. 1 Brüssel Ia-VO das autonome deutsche Zuständigkeitsrecht (die doppelfunktionalen, also neben der örtlichen auch die international Zuständigkeit regelnden § 12 ff. ZPO,[59] insbesondere etwa § 24 ZPO[60]) heranzuziehen. Dies gilt im Allgemeinen allerdings nur vorbehaltlich der Art. 24 bis 26 Brüssel Ia-VO. Da insbes. der dingliche Gerichtsstand gem. Art. 24 Nr. 1 Brüssel Ia-VO vielfach gerade nicht einschlägig ist (→ Rn. 17), könnte die Brüssel Ia-VO ohne Beklagtenwohnsitz in einem Mitgliedstaat bei einer Gerichtsstandsvereinbarung (Art. 25) oder einer – nach europäischem Verständnis als stillschweigende Gerichtsstandsvereinbarung zu verstehenden –[61] rügelosen Einlassung (Art. 26)[62] relevant werden.

17 Der ausschließliche **dingliche Gerichtsstand des Art. 24 Nr. 1 Brüssel Ia-VO** erfasst unabhängig vom Wohnsitz des Beklagten Klagen, die „darauf gerichtet sind, Umfang oder Bestand einer unbeweglichen Sache, das Eigentum, den Besitz oder das Bestehen anderer dinglicher Rechte hieran zu bestimmen und den Inhabern dieser Rechte den Schutz der mit ihrer Rechtsstellung verbundenen Vorrechte zu sichern".[63] Der Gerichtsstand erfasst aber keine Klagen, bei denen dingliche Rechte nur inzidente Bedeutung haben. Dies betrifft – in Abweichung von der Rechtslage nach § 24 ZPO (→ *Tauben* Rn. 19) – namentlich (Nachbar-)Klagen zur Abwehr[64] von Immissionen auf das Grundeigentum.[65] Für eine Feststellungsklage des vermeintlich störenden Nachbarn dahingehend, dass er sich im Rahmen seiner Eigentümerbefugnisse hält, könnte man das vielleicht noch anders sehen; der hier dargestellten Stoßrichtung der Rechtsprechung mit Fokus auf das gestörte Grundstück dürfte es jedoch nicht entsprechen. Ferner betrifft dieser Gerichtsstand nicht Schadensersatzklagen wegen Beeinträchtigung eines dinglichen Rechts.[66] Art. 24 Nr. 1 Brüssel Ia-VO dürfte aber einschlägig sein für Grenzberichtigungsklagen[67] oder Feststellungsklagen in Bezug auf einen Überbau.[68] Anders als man vermuten könnte,[69] regelt Art. 24 Nr. 1 Brüssel Ia-VO schon seinem Wortlaut nach allein die internationale Zuständigkeit, so dass sich die örtliche Zuständigkeit nach nationalem Recht richtet; insoweit kann es auf § 24 ZPO ankommen.[70]

18 **Immissionsabwehrklagen** sind auf Grundlage der Brüssel Ia-VO vielmehr deliktisch zu qualifizieren, so dass der besondere Gerichtsstand nach Art. 7 Nr. 2 Brüssel Ia-VO maßgeblich ist.[71] Das Gleiche gilt für nachbarliche Schadensersatzklagen, etwa wegen Eigentumsverletzungen oder gar Umweltschädigungen (→ Rn. 24);[72] denn dieser Deliktsgerichtsstand erfasst bei autonomer Auslegung alle Klagen, „mit denen eine Schadenshaftung (…) geltend gemacht wird und die nicht an einen ‚Vertrag' iS von [Art. 7 Nr. 1

59 Siehe nur BGH Urt. v. 18.1.2011 – X ZR 71/10, NJW 2011, 2056; BGH Urt. v. 17.2.1997 – II ZR 343/95, NJW 1997, 2245 mwN; BGH Urt. v. 18.4.1985 – VII ZR 359/83, NJW 1985, 2090.

60 Hierzu *Touissant* in BeckOK ZPO § 24 Rn. 21.

61 EuGH Urt. v. 20.5.2010 – C-111/09, EuZW 2010, 678 Rn. 21; EuGH Urt. v. 7.3.1985 – 48/84, NJW 1985, 2893 Rn. 13.

62 *Stadler* in Musielak/Voit ZPO EuGVVO Art. 6 nF Rn. 1 m. Fn. 6; *Gottwald* in MüKoZPO Brüssel Ia-VO Art. 6 Rn. 4.

63 EuGH Urt. v. 10.1.1990 – C-115/88, IPRax 1991, 45.

64 Man hätte freilich die Abwehrbefugnis durchaus als „Vorrecht" der Eigentümerstellung ansehen können: *Stadler* in Musielak/Voit ZPO EuGVVO Art. 24 nF Rn. 3; *Thole* IPRax 2006, 564 (566).

65 EuGH Urt. v. 18.5.2006 – C-343/04, EuZW 2006, 435 (436 f.); *Mankowski* in Rauscher EuZPR/EuIPR Brüssel Ia-VO Art. 24 Rn. 24; *Martiny* in FS Peine, 2016, S. 181 (185); krit. *Knöfel* RIW 2006, 627.

66 BGH Urt. v. 18.7.2008 – V ZR 11/08, NJW 2008, 3502 (3503); *Mankowski* in Rauscher EuZPR/EuIPR Brüssel Ia-VO Art. 24 Rn. 22.

67 *Mankowski* in Rauscher EuZPR/EuIPR Brüssel Ia-VO Art. 24 Rn. 15; *Thole* IPRax 2006, 564 (567).

68 *Thole* IPRax 2006, 564 (567).

69 Krit. auch *Mankowski* in Rauscher Brüssel Ia-VO EuZPR/EuIPR Art. 24 Rn. 10.

70 *Heinrich* in Musielak/Voit ZPO § 24 Rn. 15.

71 *Leible* in Rauscher EuZPR/EuIPR Brüssel Ia-VO Art. 7 Rn. 111; *Mankowski* in Rauscher EuZPR/EuIPR Brüssel Ia-VO Art. 24 Rn. 25; *Stadler* in Musielak/Voit ZPO EuGVVO Art. 24 nF Rn. 3; *Martiny* in FS Peine, 2016, S. 181 (185); *Thole* IPRax 2006, 564 (567); *Hager/Hartmann* IPRax 2005, 266 (268 f.); *Schack* IPRax 2005, 262 (265); vgl. BGH Urt. v. 24.10.2005 – II ZR 329/03, NJW 2006, 389 (für § 1004 Abs. 1 S. 2 BGB; allerdings kein nachbarrechtlicher Kontext).

72 *Leible* in Rauscher EuZPR/EuIPR Brüssel Ia-VO Art. 7 Rn. 110.

Brüssel Ia-VO] anknüpfen".[73] Für den Vertragsbegriff ist dabei eine freiwillig eingegangene Verpflichtung maßgeblich.[74] Auch der Anspruch (analog) § 906 Abs. 2 S. 2 BGB fällt somit in den Deliktsgerichtsstand der Brüssel Ia-VO (anders als im autonomen Recht, → *Brand- und Löschschäden* Rn. 38).[75]

International und örtlich ist nach Art. 7 Nr. 2 Brüssel Ia-VO das **Gericht des Ortes** zuständig, an dem das **schädigende Ereignis eingetreten ist oder einzutreten droht**. Das freilich bedeutet nach Auslegung des EuGH ein Wahlrecht, weil dieser Ort den Handlungs- wie den Erfolgsort bezeichne.[76] § 24 ZPO steht der Zuständigkeit deutscher Gerichte für Klagen, die ausländische Grundstücke betreffen, nicht entgegen.[77] 19

b) In der Sache anwendbares Recht. aa) Überblick. Die Bestimmung des anwendbaren nationalen Privatrechts erfolgt nach den Regeln des **Internationalen Privatrechts (IPR)** des zuständigen Gerichts. Aus der Perspektive eines deutschen Gerichts kommen als Rechtsquellen vornehmlich, wie Art. 3 EGBGB konstatiert, völkerrechtliche Vereinbarungen, soweit sie unmittelbar anwendbares innerstaatliches Recht geworden sind, unmittelbar anwendbares EU-Recht und die Vorschriften des zweiten Kapitels des EGBGB selbst in Betracht. Für das Nachbarrecht bedeutsam sind insoweit die Vorschriften des Internationalen Deliktsrechts der Rom II-VO, nicht zuletzt, weil von einer europäisch-autonomen deliktischen Qualifikation etlicher nachbarrechtlicher Ansprüche auszugehen ist, die nach deutschem Verständnis dinglicher Natur sind (→ Rn. 17 f.). Im Immissionsbereich ist ferner zu beachten, dass der deutsche Gesetzgeber verbleibende dinglich zu qualifizierende Ansprüche gem. Art. 44 EGBGB seinerseits der Rom II-VO unterstellt (→ Rn. 33). Für das übrige private Nachbarrecht (also die Bereiche, die weder aus Sicht des EU-Rechts deliktisch zu qualifizieren sind noch Immissionen betreffen) wird in der Regel Art. 43 EGBGB eingreifen und das Recht des Belegenheitsorts zur Anwendung berufen (→ Rn. 36); soweit der Anwendungsbereich der Rom II-VO für deliktische Ansprüche einmal nicht eröffnet ist (→ Rn. 22), kommt schließlich das autonome Internationale Deliktsrecht[78] zur Anwendung (Art. 40 ff. EGBGB). 20

Da Art. 44 EGBGB auf die Rom II-VO verweist, kann im praktischen Regelfall offenbleiben, ob sich die Anwendbarkeit der Rom II-VO aus sich heraus oder erst qua Verweisung des deutschen Rechts ergibt. Allerdings ergibt sich ein Unterschied[79] in Bezug auf den etwaigen **Vorrang ausschließlich zwischen Mitgliedstaaten geschlossener staatsvertraglicher Regelungen**: Nach Art. 28 Abs. 2 Rom II-VO hat die Verordnung nämlich Vorrang vor derartigen Staatsverträgen, während der Staatsvertrag Vorrang vor Art. 44 EGBGB und damit dem Verweis auf die Rom II-VO hat (Art. 3 Nr. 2 EGBGB). Allerdings gibt es überhaupt nur wenige, sehr spezielle Staatsverträge, die im grenzüberschreitenden Nachbarrecht relevant werden könnten.[80] Ausdrücklich hinzuweisen ist an dieser Stelle allein auf den deutsch-österreichischen Vertrag über den Flughafen Salzburg vom 19.12.1967.[81] Nach dessen Art. 4 Abs. 3 hat ein im Hoheitsgebiet Deutschlands Geschädigter bezüglich Einwirkungen des Flugplatzverkehrs oder des Flughafenbetriebs ein Wahlrecht zwischen deutschem und österreichischem Recht. Soweit diese Ansprüche aus Sicht der Rom II-VO deliktisch zu qualifizieren sind, findet diese Regelung gem. Art. 28 Abs. 2 Rom II-VO keine Anwendung; für dingliche Ansprüche beansprucht sie aber nach Art. 3 Nr. 2 EGBGB Vorrang vor Art. 44 EGBGB.[82] 21

---

73 EuGH Urt. v. 27.9.1988 – 189/87, NJW 1988, 3088 (3089).

74 Siehe nur EuGH Urt. v. 21.1.2016 – C 359/14, C-475/14, NJW 2016, 1005 Rn. 44.

75 *Leible* in Rauscher EuZPR/EuIPR Brüssel Ia-VO Art. 7 Rn. 111; *Schack* IPRax 2005, 262 (265).

76 EuGH Urt. v. 30.11.1976 – 21/76, NJW 1977, 493.

77 Vgl. BGH Urt. v. 25.9.1997 – II ZR 113/96, NJW 1998, 1321; *Schultzky* in Zöller ZPO § 24 Rn. 6.

78 Zum Verhältnis zu Art. 44 EGBGB *Mansel* in Staudinger EGBGB Art. 44 Rn. 117 ff.

79 *Prütting* in BeckOGK EGBGB Art. 44 Rn. 3, erwägt außerdem, dass sich ein Unterschied in Bezug auf den „Allgemeinen Teil" ergeben könnte: europäische allgemeine Lehren im originären Anwendungsbereich der Rom II-VO, deutsche allgemeine Lehren im Bereich der Verweisung durch Art. 44 EGBGB. Zumindest für die in der Rom II-VO explizit normierten allgemeinen Lehren erschließt sich mir das nicht, denn der Verweis in Art. 44 EGBGB erfasst auch diese (explizit ausgenommen ist ja nur Kapitel III der Verordnung); für letztere auch *Mansel* in Staudinger EGBGB Art. 44 Rn. 93.

80 Näher *Mansel* in Staudinger EGBGB Art. 44 Rn. 49 ff.

81 BGBl. 1974 II 13.

82 *Wendehorst* in MüKoBGB EGBGB Art. 44 Rn. 4.

22 **bb) Rom II-VO. (1) Anwendungsbereich und Überblick.** Der sachliche Anwendungsbereich der Rom II-VO nach ihrem Art. 1 ist im Ausgangspunkt parallel zu dem der Brüssel Ia-VO (→ Rn. 15) ausgestaltet. Die wesentliche Einschränkung gegenüber der Brüssel Ia-VO liegt in derjenigen auf **außervertragliche Schuldverhältnisse**. Damit sind Schuldverhältnisse bezeichnet, die nicht auf einer freiwillig eingegangenen Verpflichtung beruhen (vgl. die Zuständigkeit nach Art. 7 Nr. 2 Brüssel Ia-VO → Rn. 18) und ihren Ursprung in einem der in Art. 2 Rom II-VO genannten Ereignisse (unerlaubte Handlung, ungerechtfertigte Bereicherung,[83] Geschäftsführung ohne Auftrag und Verschulden bei Vertragsverhandlungen) haben.[84] Die Verordnung **erfasst** dabei insbes. jedoch gem. Art. 1 Abs. 2 lit. f und lit. g Rom II-VO zwei für Nachbarstreitigkeiten ganz unterschiedlicher Art potenziell relevante Bereiche **nicht**: Schäden durch Kernenergie und Persönlichkeitsrechtsverletzungen (→ *Dashcam* Rn. 2; → *Videoüberwachung* Rn. 15). Hier sind dann entweder entsprechende Staatsverträge oder die Vorschriften des EGBGB einschlägig. Da nach Art. 2 Abs. 2 und Abs. 3 Rom II-VO generell auch wahrscheinlich entstehende Schuldverhältnisse bzw. wahrscheinlich eintretende schadensbegründende Ereignisse und Schäden erfasst sind, gilt die Rom II-VO auch für den präventiven Rechtsschutz, insbes. Unterlassungsansprüche.

23 Für die Bestimmung des anwendbaren Rechts in den hier interessierenden Nachbarrechtsfällen dürften v.a. Art. 14 Rom II-VO (Rechtswahl: vorrangig!), Art. 7 (Umweltschädigung) und Art. 4 (als allgemeine Kollisionsnorm), ggf. auch Art. 11 Rom II-VO (Geschäftsführung ohne Auftrag) und Art. 18 (zum Direktanspruch gegen den Versicherer des Haftenden) relevant sein.[85] An dieser Stelle kann überblicksweise nur auf Art. 4 und Art. 7 Rom II-VO sowie auf Fragen des Allgemeinen Teils eingegangen werden; alles Übrige ist der Spezialliteratur zur Rom II-VO bzw. zum IPR vorzubehalten.

24 **(2) Umweltschädigung, Art. 7 Rom II-VO.** Art. 7 Rom II-VO hat **Vorrang**[86] **vor der Grundanknüpfung** des Art. 4 Rom II-VO (→ Rn. 31), was zur praktischen Folge hat, dass weder der gemeinsame gewöhnliche Aufenthaltsort von Schädiger und Geschädigtem (Art. 4 Abs. 2 Rom II-VO) noch eine engere Verbindung, und wenn sie auf einem bestehenden Rechtsverhältnis beruhe (Art. 4 Abs. 3 Rom II-VO), für die Bestimmung des anwendbaren Rechts maßgeblich ist.[87] Art. 7 Rom II-VO erfasst sowohl die Umweltschädigung selbst als auch den „aus einer solchen Schädigung herrührenden Personen- oder Sachschaden". Nach hM erfasst Art. 7 Rom II-VO über den Wortlaut hinaus auch reine Vermögensschäden.[88]

25 Dabei ist eine Umweltschädigung iSd Art. 7 Rom II-VO nach ErwGr 24 Rom II-VO als „eine **nachteilige Veränderung einer natürlichen Ressource**, wie Wasser, Boden oder Luft, eine Beeinträchtigung einer Funktion, die eine natürliche Ressource zum Nutzen einer anderen natürlichen Ressource oder der Öffentlichkeit erfüllt, oder eine Beeinträchtigung der Variabilität unter lebenden Organismen" zu verstehen.[89] Art. 2 Nr. 1 Umwelthaftungsrichtlinie 2004/35/EG ist zur Konkretisierung heranzuziehen.[90] Damit erfasst die Rom II-VO hier insbes. etliche Immissionsabwehransprüche gem. § 1004 (ggf. iVm § 906) BGB. Vor dem dargestellten Hintergrund kann etwa auch Lärm eine Umweltschädigung darstellen, nämlich wenn er in einer Gesundheitsschädigung resultiert.[91] Laubfall, Insektenbefall, Gerüche und Erschütterungen sind dagegen regelmäßig keine Umweltschädigungen im Sinne der Vorschrift.[92]

---

83 Insofern ist allerdings zu beachten, dass das auf die Folgen nichtiger Verträge anwendbare Recht wegen Art. 12 Abs. 1 lit. e Rom I-VO eben nach der Rom I-VO zu bestimmen ist.

84 EuGH Urt. v. 21.1.2016 – C 359/14, C-475/14, NJW 2016, 1005 Rn. 45 f.

85 Vgl. (aus Perspektive des Art. 44 EGBGB) *Mansel* in Staudinger EGBGB Art. 44 Rn. 90.

86 *Thorn* in Palandt Rom II-VO Art. 7 Rn. 2; *Mansel* in Staudinger EGBGB Art. 44 Rn. 97.

87 *Junker* in MüKoBGB Rom II-VO Art. 7 Rn. 6.

88 *Thorn* in Palandt Rom II-VO Art. 7 Rn. 2; *Junker* in MüKoBGB Rom II-VO Art. 7 Rn. 12.

89 Dass der Erwägungsgrund dabei statt von „Umweltschädigung" von „Umweltschaden" spricht, ist eine Besonderheit der deutschen Übersetzung und ohne weitere Relevanz. In anderen Sprachfassungen ist die Terminologie von Normtext (nicht immer aber wiederum auch bezüglich der amtlichen Überschrift) und Erwägungsgrund identisch.

90 *Thorn* in Palandt Rom II-VO Art. 7 Rn. 2; *Junker* in MüKoBGB Rom II-VO Art. 7 Rn. 10.

91 Vgl. *Spickhoff* in BeckOK BGB Rom II-VO Art. 7 Rn. 3; auch *Junker* in MüKoBGB Rom II-VO Art. 7 Rn. 14 („ausnahmsweise").

92 Vgl. *Mansel* in Staudinger EGBGB Art. 44 Rn. 109.

Die Rechtsfolge des Art. 7 Rom II-VO liegt nach **Alt. 1** in der Anwendung des **Rechts des Erfolgsorts** gem. Art. 4 Abs. 1 Rom II-VO (→ Rn. 31). Allerdings gibt **Art. 7 Alt. 2 Rom II-VO** dem Geschädigten die Möglichkeit, das **Recht des Handlungsorts zu wählen** (was natürlich nur bei grenzüberschreitenden Distanzdelikten eine Rolle spielt). In dieser Hinsicht ist Art. 46a EGBGB zu beachten, wonach – was die Rom II-VO zulässt, siehe EG 25 S. 2 Rom II-VO –[93] von dieser Option nur im ersten Rechtszug bis zum Ende des frühen ersten Termins oder dem Ende des schriftlichen Vorverfahrens Gebrauch gemacht werden kann. Freilich könnte eine Rechtswahlvereinbarung (Art. 14 Rom II-VO) auch noch später geschlossen werden.[94] 26

Ein gerade bei Art. 7 Rom II-VO virulent werdendes Problem[95] betrifft **öffentlich-rechtliche Genehmigungen mit privatrechtlicher Gestaltungswirkung**. Es geht um die Frage, ob diese Wirkung – etwa: Ausschluss des zivilrechtlichen Unterlassungsanspruchs im Hinblick auf Immissionen einer Anlage – **auch außerhalb des Belegenheitsstaates der Anlage** eintritt. Die Antwort hängt mit Grundlagenfragen des IPR zusammen, namentlich mit der Qualifikation der Genehmigung (bzw. ihrer normativen Grundlage) und damit einhergehend mit der Reichweite des Verweisungsbefehls, mit der Definition und Behandlung insbes. ausländischer Eingriffsnormen sowie mit dem Verständnis von Sicherheits- und Verhaltensregeln iSd Art. 17 Rom II-VO. Je nach Positionierung in Bezug auf diese Punkte ergeben sich ganz unterschiedliche Ansätze, die das Meinungsspektrum unübersichtlich machen. 27

Handelt es sich um eine **deutsche Genehmigung für eine Anlage in Deutschland**, die zu Schäden im Ausland führt und ist der Fall nach ausländischem Recht zu beurteilen, ist davon auszugehen, dass der deutsche Richter gleichwohl die Genehmigung beachten muss. Konstruktiv lässt sich dies erreichen, indem man die Genehmigung bzw. die gesetzliche Anordnung der entsprechenden Wirkung[96] als Eingriffsnorm des Forumstaates (Art. 16 Rom II-VO) ansieht.[97] 28

Handelt es sich dagegen um eine **ausländische Anlage mit ausländischer Genehmigung**, die **in Deutschland einen Schaden verursacht**, wobei aber infolge der klägerischen Wahl (Art. 7 Alt. 2 Rom II-VO) **ausländisches Recht anzuwenden ist**, erweist sich die Beurteilung als schwieriger. Im Ausgangspunkt überzeugt es nicht, aus der Anwendbarkeit des jeweiligen ausländischen Rechts auf die Maßgeblichkeit der ausländischen Genehmigung zu schließen (Einheitsanknüpfung), folgt deren Wirkung doch aus ausländischem öffentlichem Recht, auf das die Rom II-VO nicht verweist (zum Anwendungsbereich schon → Rn. 22).[98] Die „Eingriffsnormenlösung" (→ Rn. 28) wird jedoch dadurch verkompliziert, dass Art. 16 Rom II-VO, anders als Art. 9 Rom I-VO, keine Aussage zu ausländischen Eingriffsnormen trifft. Die Meinungen sind geteilt, ob dieses Schweigen eine Sonderanknüpfung ausländischer Eingriffsnormen im Bereich der Rom II-VO ausschließt oder ob diese unter Rückgriff auf autonomes Recht zulässig ist.[99] Im Ergebnis freilich soll die Wirkung beachtlich sein,[100] was jedenfalls im praktischen Resultat überzeugt. Verneint man die 29

93 Krit. aber *von Plehwe* in NK-BGB Art. 7 Rom II Rn. 29 ff.

94 *Junker* in MüKoBGB EGBGB Art. 46a Rn. 6 und 11.

95 Es ist freilich nicht auf Art. 7 Rom II-VO oder überhaupt die Rom II-VO beschränkt, vgl. *Mansel* in Staudinger EGBGB Art. 43 Rn. 1332 ff.

96 *Martiny* in FS Peine, 2016, S. 181 (188); *Kment*, Grenzüberschreitendes Verwaltungshandeln, S. 432; *Buschbaum*, Privatrechtsgestaltende Anspruchspräklusion, S. 137 ff.; vgl. schon *Wandt* VersR 1998, 529 (535).

97 *Junker* in MüKoBGB Rom II-VO Art. 7 Rn. 30 mwN; *von Hein* in Calliess/Renner, Rome Regulations, Art. 7 Rome II Rn. 26; *Martiny* in FS Peine, 2016, S. 181 (190 f.); *Kment*, Grenzüberschreitendes Verwaltungshandeln, S. 438 f.; krit. *Wandt* VersR 1998, 529 (535 f.).

98 Das ist freilich auch nicht unumstritten. Wie hier *Junker* in MüKoBGB Rom II-VO Art. 7 Rn. 32; *Junker* in FS Salje, 2013, S. 243 (258 f.); *Arif* ZfRV 2011, 258 (263 f.); aA *von Plehwe* in NK-BGB Rom II Art. 7 Rn. 23; *Kadner Graziano* RabelsZ 73 (2009), 1 (49); *Buschbaum*, Privatrechtsgestaltende Anspruchspräklusion, S. 224 ff.; ausdrücklich gegen eine Zuordnung der Präklusionsvorschriften zum öffentlichen Recht *Wandt* VersR 1998, 529 (534); ähnlich, iE pro Einheitsanknüpfung *Wolf*, Deliktsstatut und internationales Umweltrecht, S. 232 ff.

99 Dafür etwa *Buschbaum*, Privatrechtsgestaltende Anspruchspräklusion, S. 231 ff.; zw. *von Hein* in Calliess/Renner, Rome Regulations, Art. 7 Rome II Rn. 32; dagegen etwa *Arif* ZfRV 2011, 258 (262 f.).

100 *Junker* in MüKoBGB Rom II-VO Art. 7 Rn. 32; *Junker* in FS Salje, 2013, S. 243 (258 f.), jeweils mwN.

„Eingriffsnormenlösung", könnte man auch Art. 17 Rom II-VO heranziehen[101] (wie es verbreitet in der (nach)folgenden Konstellation getan wird).

30 Schwierig ist schließlich die Beurteilung der Konstellation, in der eine **ausländische Anlage mit ausländischer Genehmigung in Deutschland einen Schaden verursacht** und nach der Grundregel des Art. 7 Alt. 1 Rom II-VO **nach deutschem Recht** zu behandeln ist. An sich stellt sich hier wiederum die Problematik forumsfremder Eingriffsnormen, allerdings gewissermaßen noch schärfer, weil es sich zugleich – anders als in der gerade in → Rn. 29 dargestellten Konstellation – um statutsfremde Eingriffsnormen handeln würde. Die Rechtsprechung, die ausländische Genehmigungen als auf fremdes Gebiet bezogene Hoheitsakte schlicht unberücksichtigt ließ,[102] gilt in der Literatur jedenfalls zu Recht als überholt bzw. verfehlt.[103] Der EuGH hat sich im (von der Rom II-VO ja nicht erfassten, → Rn. 22) Spezialgebiet des Atomrechts dahingehend geäußert, dass ausländische Genehmigungen nicht grundsätzlich unbeachtlich bleiben dürfen, wenn inländische für das Verfahren relevant sind.[104] Die konkrete Argumentation lässt sich freilich kaum verallgemeinern.[105] Häufig wird dagegen mit Art. 17 Rom II-VO gearbeitet,[106] nach dem „faktisch und soweit angemessen Sicherheits- und Verhaltensregeln zu berücksichtigen [sind], die an dem Ort und zu dem Zeitpunkt des haftungsbegründenden Ereignisses in Kraft sind". Der Wortlaut legt diese Lösung beim ersten Zugriff zwar nicht nahe. Allerdings war bereits die Kommission von einem entsprechenden Zusammenhang zwischen der Genehmigungsthematik und dem heutigen Art. 17 Rom II-VO ausgegangen.[107] Vom Ergebnis her betrachtet hat diese Lösung den Vorteil, über das Kriterium der Angemessenheit die Berücksichtigung der Genehmigung davon abhängig machen zu können, ob die Genehmigungsvoraussetzungen im Wesentlichen denen des Forumstaates entsprechen und die in Deutschland Betroffenen am Genehmigungsverfahren partizipieren konnten.[108]

31 **(3) Deliktische Grundregel, Art. 4 Rom II-VO.** Geht es um ein außervertragliches Schuldverhältnis (aus unerlaubter Handlung) im Verhältnis von Nachbarn, das nicht aus einer Umweltschädigung im dargestellten Sinne (→ Rn. 24 ff.) resultiert, kommt es zur Anwendung der **Grundregel nach Art. 4 Rom II-VO**. Hierbei ist vorrangig Art. 4 Abs. 2 Rom II-VO zu beachten, der bei gleichem gewöhnlichem Aufenthaltsstaat von Schädiger und Geschädigtem das Recht dieses Staates zur Anwendung beruft. Haben die Nachbarn dagegen ihren gewöhnlichen Aufenthalt in unterschiedlichen Staaten, ist gem. Art. 4 Abs. 1 Rom II-VO das Recht desjenigen Staates anzuwenden, „in dem der Schaden eintritt": also das Recht des Erfolgsorts. Eine einseitige Wahlmöglichkeit, insbes. zugunsten des Rechts des Handlungsorts, gibt es hier nicht. Bei einer sich aus der Gesamtheit der Umstände ergebenden offensichtlich engeren Verbindung der uner-

101 So auch *von Hein* in Calliess/Renner, Rome Regulations, Art. 7 Rome II Rn. 25.

102 Vgl. BGH Beschl. v. 10.3.1978 – V ZR 73/76, DVBl 1979, 226 (227); OLG Saarbrücken Urt. v. 22.10.1957 – 2 U 45/57, NJW 1958, 752 (754).

103 *Spickhoff* in BeckOK-BGB Rom II-VO Art. 7 Rn. 6; krit. auch *Lehmann/Eichel* RabelsZ 83 (2019), 77 (99); *Martiny* in FS Peine, 2016, S. 181 (192); *Matthes* GPR 2011, 146 (150); *Kadner Graziano* RabelsZ 73 (2009), 1 (49 f.); *Wandt* VersR 1998, 529 (533 f.).

104 EuGH Urt. v. 27.10.2009 – C-115/08, EuZW 2010, 26; krit. *Matthes* GPR 2011, 146 (150).

105 *Mankowski* IPRax 2010, 389 (393); *Junker* in MüKoBGB Rom II-VO Art. 7 Rn. 35; *Junker* in FS Salje, 2013, S. 243 (260 f.); anders wohl *von Hein* in Calliess/Renner, Rome Regulations, Art. 7 Rome II Rn. 24; aA *Lehmann* in NK-BGB Art. 17 Rom II Rn. 72.

106 *Thorn* in Palandt Rom II-VO Art. 7 Rn. 9; *Huber* in BeckOGK Rom II-VO Art. 7 Rn. 66; *Spickhoff* in BeckOK-BGB Rom II-VO Art. 7 Rn. 6; *Mansel* in Staudinger EGBGB Art. 43 Rn. 1347 f.; *von Hein* in Calliess/Renner, Rome Regulations, Art. 7 Rome II Rn. 33 ff.; *Rüppell*, Berücksichtigungsfähigkeit ausländischer Anlagengenehmigungen, S. 173 ff.; *Lehmann/Eichel* RabelsZ 83 (2019), 77 (97 ff.); *Kadner Graziano* RabelsZ 73 (2009), 1 (50); *Leible/Lehmann* RIW 2007, 721 (725); differenzierend *Arif* ZfRV 2011, 258 (264 ff.); krit. *Mankowski* IPRax 2010, 389 (390) f.; abl. *Junker* in MüKoBGB Rom II-VO Art. 7 Rn. 37; *Junker* in FS Salje, 2013, S. 243 (261 f.); *von Plehwe* in NK-BGB Art. 7 Rom II Rn. 23 aE; *Matthes* GPR 2011, 146 (150 f.); *Fuchs* GPR 2004, 100 (103).

107 KOM(2003) 427 endg., 22.

108 Vgl. nur *Thorn* in Palandt Rom II-VO Art. 7 Rn. 9; *Huber* in BeckOGK Rom II-VO Art. 7 Rn. 66; *Rüppell*, Berücksichtigungsfähigkeit ausländischer Anlagengenehmigungen, S. 199 ff.; differenzierend *Lehmann/Eichel* RabelsZ 83 (2019), 77 (100); iE vergleichbar *von Plehwe* in NK-BGB Rom II Art. 7 Rn. 24; *Matthes* GPR 2011, 146 (151 f.).

laubten Handlung zum Recht eines anderen Staates als dem, dessen Recht qua Art. 4 Abs. 2 oder Abs. 1 Rom II-VO anzuwenden ist, ist allerdings nach der Ausweichklausel in Art. 4 Abs. 3 S. 1 Rom II-VO das Recht dieses anderen Staates anzuwenden.

(4) Allgemeiner Teil. Das nach der Rom II-VO bestimmte Recht ist unabhängig davon anzuwenden, ob es sich um das Recht eines Mitgliedstaates (Art. 1 Abs. 4 Rom II-VO) handelt, Art. 3 Rom II-VO. Art. 15 Rom II-VO steckt beispielhaft den **Geltungsbereich des anzuwendenden Rechts** ab. Dieses bestimmt etwa nach Art. 15 lit. a Rom II-VO die Deliktsfähigkeit (was ua aus dem englischen Wortlaut klarer hervorgeht), nach Art. 15 lit. a und lit. c Rom II-VO den Umfang der Haftung und nach Art. 15 lit. h Rom II-VO die Verjährung. Die Rom II-VO spricht gem. Art. 24 Rom II-VO Sachnormverweisungen aus. Mit anderen Worten ist ein *renvoi* (Rück- oder Weiterverweisung durch das IPR des Staates, dessen Recht für anwendbar erklärt wird) ausgeschlossen, es kommt vielmehr das materielle Recht des entsprechenden Staates zur Anwendung. Bei Mehrrechtsstaaten, dh Staaten, deren Gebietseinheiten jeweils eigene Rechtsnormen für außervertragliche Schuldverhältnisse haben, ist nach Art. 25 Abs. 1 Rom II-VO jede Gebietseinheit als Staat iSd Verordnung anzusehen. Die Kollisionsnormen sind also so zu lesen, dass das „Recht des Staates" das Recht der jeweiligen Gebietseinheit bezeichnet. Nur bei offensichtlicher Unvereinbarkeit des Ergebnisses der Anwendung fremden Rechts mit dem *ordre public* des Forumstaates kann nach Art. 26 Rom II-VO diese Anwendung versagt werden. 32

cc) EGBGB. Für von einem Grundstück ausgehende Einwirkungen gibt es im autonomen Recht die besondere Kollisionsnorm des **Art. 44 EGBGB**, deren Rechtsfolge freilich in der entsprechenden Anwendung der Deliktskollisionsnormen der Rom II-VO, insbes. Art. 7 und 4 Rom II-VO (→ Rn. 24 ff.) besteht. Überhaupt kommt die Vorschrift nur zur Anwendung, soweit nicht die Rom II-VO entsprechende Konstellationen erfasst (→ Rn. 20 f.). Ein Immissionsabwehranspruch nach § 1004 BGB (ggf. iVm § 906 BGB) etwa wird zwar nach deutschem Verständnis dinglich qualifiziert. Soweit er allerdings bei europäisch-autonomer Qualifikation unmittelbar Art. 7 Rom II-VO unterfällt (→ Rn. 25), kommt es auf Art. 44 EGBGB nicht an.[109] 33

Der Begriff der „beeinträchtigenden Einwirkungen" des Art. 44 EGBGB ist weit, insbesondere weiter als in § 906 BGB zu verstehen. Erfasst sind sowohl **Fein- und Grobimmissionen als auch negative und ideelle Einwirkungen.**[110] Auch wenn nach deutschem Sachrecht in einigen der gerade genannten Konstellationen ein Anspruch ausscheiden würde (etwa → *Blumenkasten* Rn. 2; → *Fahne und Fahnenmast* Rn. 10), könnte Art. 44 EGBGB iVm der Rom II-VO in diesen Fällen zu einem Recht führen, das Ansprüche vorsieht. 34

Die Einwirkung iSd Art. 44 EGBGB muss von einem Grundstück ausgehen (aber nicht notwendigerweise gerade ein anderes Grundstück betreffen). Dies erfasst nach hM nicht nur Einwirkungen, die aus einem **bestimmten Zustand** oder einer **dauerhaften Nutzung** des Grundstücks selbst folgen, sondern auch solche, die von einer **mobilen Anlage** hervorgerufen werden.[111] Der Wortlaut erfasst letztere ohne weiteres. Vielfach wird sich die Beeinträchtigung durch die mobile Anlage außerdem als solche der Nutzung des Grundstücks darstellen.[112] Nicht zuletzt unterscheidet man ja auch im Rahmen des § 906 BGB, der zT die gleiche Terminologie verwendet („von einem anderen Grundstück ausgehende Einwirkung"), nicht prinzipiell danach, ob etwa die Geräusche von sich bewegenden Tieren oder fest verbauten Maschinen ausgehen. Kritischer ist da schon die Frage, ob auch Einwirkungen von mobilen Anlagen außerhalb eines Grundstücks, die aber durch die Nutzung des Grundstücks verursacht werden (wie Einwirkungen durch Flugzeu- 35

109 Vgl. ausführlich *Mansel* in Staudinger EGBGB Art. 44 Rn. 39 ff.

110 *Thorn* in Palandt EGBGB Art. 44 Rn. 1; *Wendehorst* in MüKoBGB EGBGB Art. 44 Rn. 15–17; *Mansel* in Staudinger EGBGB Art. 44 Rn. 69–71.

111 *Wendehorst* in MüKoBGB EGBGB Art. 44 Rn. 21 f.; *Mansel* in Staudinger EGBGB Art. 44 Rn. 75 f.; aA *Thorn* in Palandt EGBGB Art. 44 Rn. 1.

112 *Wendehorst* in MüKoBGB EGBGB Art. 44 Rn. 21 (allerdings mit Einschränkung auf Einwirkungen umweltrechtlicher Relevanz); *Mansel* in Staudinger EGBGB Art. 44 Rn. 75.

ge mit Kurs auf den Flughafen, Einwirkungen von Kfz auf dem Weg zu einem Werk etc), noch vom Wortlaut erfasst sind.[113] Näher liegt eine Analogie.[114]

36 Seinem Wortlaut und der Gesetzgebungsgeschichte nach betrifft Art. 44 EGBGB allein den privatrechtlichen Immissionsschutz. Fragen des **Anliegerrechts** – betreffend Notwege, Überfall, Überwuchs, Überbau, Grundstücksgrenzen etc – regelt dagegen das idR qua **Art. 43 Abs. 1 EGBGB** zu ermittelnde Sachstatut.[115] Denn hierbei geht es im Wesentlichen um den Inhalt des (Grund-)Eigentums.[116] Anzuwenden ist daher regelmäßig das Recht des Belegenheitsorts des betroffenen bzw. desjenigen Grundstücks, in Bezug auf welches potenzielle Duldungspflichten bestehen.[117] Ergänzt wird Art. 43 EGBGB durch die Regeln des Allgemeinen Teils in Art. 4 ff. EGBGB (sogleich → Rn. 37).

37 Zur begrenzten Relevanz des Deliktskollisionsrechts in Art. 40 ff. EGBGB schon → Rn. 20. Soweit Art. 40 ff. EGBGB anwendbar sind, können die allgemeinen Regeln des autonomen IPR Relevanz haben, namentlich Art. 4 Abs. 1 f. EGBGB *(renvoi)*, Art. 4 Abs. 3 EGBGB (Rechtsspaltung), Art. 5 EGBGB (Staatsangehörigkeit und gewöhnlicher Aufenthalt), Art. 6 EGBGB *(ordre public)*.

2. Interlokale Dimension

38 **a) Prozessuales.** Besondere Schwierigkeiten wirft die interlokale Dimension für das Zivilverfahren nicht auf. Die örtliche Zuständigkeit richtet sich nach § 12 ff. ZPO. Unabhängig vom Sitz des Gerichts gelten für das Verfahren ZPO, GVG etc.

39 Eine Besonderheit sogar innerhalb einiger Bundesländer besteht indes bei Schlichtungsverfahren (→ *Streitschlichtung, nachbarrechtliche* Rn. 8 ff.). Die meisten Schlichtungsgesetze sehen eine **geografische Beschränkung des Schlichtungserfordernisses** in Nachbarrechtsstreitigkeiten vor. Nach § 2 HSchlG etwa ist ein Einigungsversuch nur erforderlich, wenn die Parteien in Hessen wohnen bzw. dort ihren Sitz oder ihre Niederlassung haben.[118] Eine leichte Verschärfung stellt § 2 LSchlG (Rheinland-Pfalz) dar, wonach sich der (Wohn-)Sitz bzw. die Niederlassung der Parteien in demselben oder benachbarten Landgerichtsbezirk(en) befinden muss. Nach Art. 2 S. 1 BaySchlG, § 2 BbgSchlG, § 54 JustG NRW und § 1 Abs. 2 S. 2 SchlHLSchliG muss sich der (Wohn-)Sitz bzw. die Niederlassung der Parteien in demselben Landgerichtsbezirk[119] befinden. Ein (Wohn-)Sitzerfordernis der Parteien in demselben Landgerichtsbezirk gilt auch in Niedersachsen gem. § 1 Abs. 4 NSchlG, dort allerdings ergänzt um die Alternative zweier angrenzender Amtsgerichtsbezirke (verschiedener Landgerichtsbezirke). Demgegenüber verlangt § 34a Abs. 2 Nr. 1 MVSchStG, dass das Nachbarrechtsverhältnis auf dem Gebiet des Landes besteht und für die betreffende Gemeinde (örtliche Zuständigkeit nach § 34b Nr. 1 MVSchStG) überhaupt eine Schiedsstelle vorhanden ist.

40 **b) In der Sache anwendbares Recht.** Innerhalb Deutschlands soll das BGB eine im Verhältnis zum Landesrecht grundsätzlich abschließende Kodifikation des Privatrechts darstellen, insbes. treten nach **Art. 55 EGBGB** die privatrechtlichen Vorschriften der Landesgesetze grundsätzlich außer Kraft (vgl. dazu auch Art. 1 Abs. 2 EGBGB und Art. 218 EGBGB).[120] Die Relevanz des Interlokalen Privatrechts – das Recht, das regelt, welchen innerhalb eines Staates befindlichen Gebietes Recht anzuwenden ist[121] – ist daher in

113 Dafür *Mansel* in Staudinger EGBGB Art. 44 Rn. 76.
114 So auch *Wendehorst* in MüKoBGB EGBGB Art. 44 Rn. 22 aE.
115 Jeweils mwN und näher *Wendehorst* in MüKoBGB EGBGB Art. 44 Rn. 18 f.; *Mansel* in Staudinger EGBGB Art. 44 Rn. 87.
116 *Mansel* in Staudinger EGBGB Art. 43 Rn. 606.
117 *Mansel* in Staudinger EGBGB Art. 43 Rn. 87.
118 So auch § 34a Abs. 3 LSASchStG.
119 Beachte: Nach Art. 2 S. 2 BaySchlG gelten die Bezirke der Landgerichte München I und München II als ein einziger Bezirk.
120 Was freilich eine Frage des Verfassungsrechts darstellt, vgl. *Merten* in Staudinger EGBGB Vor Art. 55 Rn. 10 ff. Siehe heute Art. 72 Abs. 1, 74 Abs. 1 Nr. 1 Var. 1 GG.
121 Zum Begriff etwa *Kegel/Schurig* IPR § 1 VII 1 a (S. 26).

Deutschland, zumal nach Wiederherstellung der deutschen Einheit,[122] gering. Allerdings besteht gerade im Nachbarrecht ein **Vorbehalt für privates Landesrecht**: Nach Art. 122, 123 und 124 EGBGB bleiben landesgesetzliche Vorschriften für bestimmte nachbarrechtliche Fragen „unberührt". Art. 1 Abs. 2 EGBGB stellt klar, dass damit – über die eigentliche Bedeutung der Wendung hinaus[123] – auch gemeint ist, dass neue Landesgesetze erlassen werden können. Praktisch relevant ist insofern insbes. Art. 124 EGBGB (→ *Einfriedung* Rn. 4, 8 ff.; → *Grenzwand* Rn. 10); denn Landesgesetze im Bereich des Art. 123 EGBGB gibt es nicht,[124] während der Vorbehalt des Art. 122 EGBGB allein Baden-Württemberg betrifft.[125]

Allerdings sieht das geschriebene deutsche Recht **keine Kollisionsnormen** für insoweit zu klärende interlokale Rechtsanwendungsfragen vor. Da es inhaltlich um Rechtsverhältnisse mit Grundstücksbezug geht, erscheint das **Anknüpfungsmoment des Belegenheitsorts** sachgerecht.[126] Anwendung findet demnach das Nachbarrecht desjenigen Landes, in dessen Gebiet das Grundstück liegt, für das besondere Beschränkungen geltend gemacht werden. Das heißt, dass landesfremde Nachbarn in den Genuss der landesrechtlichen Beschränkungen des Nachbargrundstücks kommen, sich umgekehrt aber auch nicht auf das Recht ihres Landes, das immerhin für ihr eigenes Grundstück gilt, berufen können. Freilich wären die Alternativen, das Anknüpfen an die Lage des betroffenen Grundstücks oder den gewöhnlichen Aufenthalt des Störers, nicht interessengerecht, weil für ein Grundstück dann zwei Nachbarrechte gleichzeitig anwendbar sein könnten: im Verhältnis zu landesinternen Störern das Nachbarrecht dieses Landes, im Verhältnis zu landesexternen Störern das Nachbarrecht deren Landes. 41

Soweit es um eine für das private Nachbarrecht relevante interlokale **Rechtsspaltung innerhalb eines anderen Staates** geht, siehe für die Frage des dann (aus deutscher Perspektive) anwendbaren Rechts insbes. Art. 25 Rom II-VO (→ Rn. 32) und Art. 4 Abs. 3 EGBGB (→ Rn. 37). 42

52. Grenzverwirrung

Staake

I. Einführung

1 Sehr frei nach Ludwig Wittgenstein lässt sich sagen: „Die Grenzen meines Grundstücks bedeuten die Grenzen meiner Welt."[1] – Der Machtbereich eines Grundstückseigentümers (vgl. § 903 BGB) endet an der Grundstücksgrenze. Bisweilen ist der Grenzverlauf zwischen zwei Grundstücken aber unklar und auch nicht ohne Weiteres feststellbar. Dies sind die Fälle der sog. Grenzverwirrung. § 920 BGB enthält Regelungen zur zivilrechtlichen „Entwirrung" und gibt den betroffenen Grundstückseigentümer die Möglichkeit, den Grenzverlauf durch eine sog. **Grenzverwirrungsklage** (auch: **Grenzscheidungsklage**) durch richterliches Gestaltungsurteil verbindlich festlegen zu lassen.

---

122 Vgl. zum Interlokalen Privatrecht im deutsch-deutschen Verhältnis und zu den Auswirkungen der deutschen Wiedervereinigung *Looschelders* in Staudinger IPR Einl. Rn. 269 ff.; *Kegel/Schurig* IPR § 1 VII 1 a (S. 27 ff.).

123 Vgl. *Merten* in Staudinger EGBGB Art. 1 Rn. 53.

124 *Säcker* in MüKoBGB EGBGB Art. 123 Rn. 1.

125 *Säcker* in MüKoBGB EGBGB Art. 122 Rn. 2.

126 *Ludwig* in jurisPK-BGB EGBGB Art. 3 Rn. 88; so wohl iE auch *Postier* SchAZtg 1999, 61 (62).

1 Im Original bei *Wittengstein* Logisch-Philosophische Abhandlung, Ziff. 5.6: „Die Grenzen meiner Sprache bedeuten die Grenzen meiner Welt."

II. Begriff der Grenzverwirrung

2 Eine Grenzverwirrung liegt vor, wenn der Grenzverlauf zwischen benachbarten Grundstücken **unklar** ist und auch **nicht** anhand der Eintragung im Liegenschaftskataster **bestimmt werden kann**. Im Gegensatz zur Abmarkung und zum hierzu in § 919 BGB geregelten Abmarkungsanspruch sind bei der Grenzverwirrung also die Fälle des **umstrittenen Grenzverlaufs** gemeint, in denen es keinem der beteiligten Nachbarn gelingt, den behaupteten Grenzverlauf zu beweisen. Solange eine Grenzverwirrung vorliegt, scheidet eine Abmarkung aus, weshalb der Abmarkungsanspruch aus § 919 BGB nicht besteht, solange die Grenzverwirrung nicht aufgelöst ist.

III. Handlungsoptionen der Grundstückseigentümer bei streitigem Grenzverlauf

3 Besteht zwischen den Nachbarn Streit über den Grenzverlauf, stehen den Beteiligten verschiedene Handlungsoptionen zur Verfügung, um zu einer verbindlichen Klärung zu kommen. Jeder Eigentümer kann eine auf die Feststellung seines Eigentums an der streitigen Fläche gerichtete **Feststellungsklage** erheben (§ 256 Abs. 1 ZPO).[2] Alternativ oder kumulativ ist zudem eine **Herausgabeklage** aus § 985 BGB möglich.[3] Auch eine **Unterlassungsklage** aus § 1004 Abs. 1 S. 2 BGB kann in Betracht kommen.[4] Der Erfolg dieser Klagen hängt jeweils davon ab, dass es dem klagenden Eigentümer gelingt, sein Eigentum an der im Streit stehenden Fläche zu beweisen. Dabei kommen wegen § 891 BGB der Eintragung im Liegenschaftskataster und der Abmarkung ein hoher Beweiswert zu. Kommt das angerufene Gericht im Rahmen der freien Beweiswürdigung nach § 286 ZPO zu der Erkenntnis, dass der Grenzverlauf feststeht, liegt **kein Fall der Grenzverwirrung** vor. Folglich ist dann auch für eine Grenzverwirrungsklage kein Raum mehr.[5]

4 Die **Grenzverwirrungsklage** kommt daher nur **subsidiär** in Betracht. Sie kann auch hilfsweise für den Fall erhoben werden, dass der behauptete Grenzverlauf nicht nachgewiesen werden kann. Es handelt sich um eine Gestaltungsklage, mittels der die Unklarheit über den Grenzverlauf beseitigt werden kann. Das Gericht soll den **Grenzverlauf verbindlich festlegen**. § 920 BGB enthält hierfür verschiedene Entscheidungsmaßstäbe.

5 Die Nachbarn können schließlich auch eine einvernehmliche Lösung anstreben und den Grenzverlauf durch einen **Grenzfeststellungsvertrag** (auch: Grenzscheidungsvertrag) regeln. Eine notarielle Beurkundung ist dabei wegen § 311b BGB nur erforderlich, wenn eine Vertragspartei davon ausgeht, Eigentum an die andere zu übertragen.[6] Ein Grenzfeststellungsvertrag kann auch in einem gerichtlichen Vergleich enthalten sein[7] oder mit der Unterzeichnung eines Abmarkungsprotokolls zustande kommen.[8] Der Grenzfeststellungsvertrag beseitigt die Grenzverwirrung, indem er den Grenzverlauf festlegt. Die Festlegung ist **verbindlich**, wenn ausdrücklich bestimmt ist oder es sich durch Auslegung ergibt, dass damit eine „endgültige" Festlegung der Grenze gewollt war.[9] Eine Korrektur ist dann nur noch nach Maßgabe des § 313 BGB möglich, etwa wenn bekannt wird, dass der Vertrag auf einer technisch fehlerhaften Vermessung beruhte.[10]

---

2 BGH Urt. v. 11.3.2005 – V ZR 160/04, NJW-RR 2005, 965.
3 *Vollkommer* in BeckOGK BGB, Stand 1.10.2020, § 920 Rn. 4.
4 *Vollkommer* in BeckOGK BGB, Stand 1.10.2020, § 920 Rn. 4.1.
5 *Vollkommer* in BeckOGK BGB, Stand 1.10.2020, § 920 Rn. 5; *Ring* in NK-BGB § 920 Rn. 2; *Grziwotz* in Grziwotz/Lüke/Saller, NachbarR-HdB, Teil 2 Rn. 28 f.
6 *Roth* in Staudinger BGB § 920 Rn. 22.
7 *Vollkommer* in BeckOGK BGB § 920 Rn. 18.
8 *Roth* in Staudinger BGB § 920 Rn. 22; *Fritzsche* in BeckOK BGB § 920 Rn. 19.
9 *Roth* in Staudinger BGB § 920 Rn. 9; *Vollkommer* in BeckOGK BGB § 920 Rn. 18; *Fritzsche* in BeckOK BGB § 920 Rn. 19; *Ring* in NK-BGB § 920 Rn. 3; aA aber *Grziwotz* in Grziwotz/Lüke/Saller, NachbarR-HdB, Teil 2 Rn. 52 (nur bei notarieller Beurkundung).
10 *Fritzsche* in BeckOK BGB § 920 Rn. 19.

IV. Grenzverwirrungsklage

1. Parteien

Als Parteien der Grenzverwirrungsklage kommen nur die **Eigentümer der betroffenen Nachbargrundstücke** in Betracht. **Miteigentümer** können nach hM analog § 1011 BGB zwar allein klagen.[11] Vorzugswürdig ist indes die Annahme einer notwendigen Streitgenossenschaft (§ 62 Abs. 1 Alt. 1 ZPO) nicht nur auf Beklagten-, sondern auch auf Klägerseite.[12] Inhaber sonstiger dinglicher Recht an den betroffenen Grundstücken können weder Kläger noch Beklagte sein.[13] 6

2. Zuständiges Gericht

Für Grenzverwirrungsklagen ist nach § 24 ZPO das Gericht ausschließlich **örtlich** zuständig, in dessen Bezirk die streitgegenständlichen Grundstücke gelegen sind. Liegen diese in verschiedenen Bezirken, ist eine Gerichtsstandsbestimmung nach § 36 Abs. 1 Nr. 4 ZPO zu treffen. Die sachliche Zuständigkeit richtet sich nach dem Streitwert (§ 23 Nr. 1 GVG, § 71 GVG, § 3 ZPO), wobei der Verkehrswert der vom Kläger beanspruchten Grundstücksfläche maßgeblich ist.[14] 7

3. Klageantrag und Widerklage

Die Grenzverwirrungsklage zielt auf eine gestaltende Entscheidung ab. Der Klageantrag ist daher auf die **Grenzziehung durch das Gericht** zu richten. Dabei muss der Kläger keinen bestimmten Grenzverlauf behaupten. Zur Bestimmung des Streitwertes soll aber eine Größenordnung der mindestens verlangten Fläche anzugeben sein.[15] Beantragt der Kläger die Festlegung eines bestimmten Grenzverlaufs, soll das Gericht zwar einen abweichenden Grenzverlauf festsetzen, dem Kläger wegen § 308 ZPO aber nicht mehr als die beantragte Fläche zusprechen können. Der Nachbar kann im Wege der **Widerklage** eine eigene Grenzverwirrungsklage erheben. Dies kann sinnvoll sein, um eine Kostenteilung zu erreichen.[16] 8

4. Gerichtliche Grenzfestlegung

Das Gericht entscheidet die Grenzverwirrungsklage durch **Gestaltungsurteil**, in dem der Grenzverlauf verbindlich festgelegt wird. Die Maßstäbe, anhand derer die Entscheidung zu treffen ist, sind in § 920 BGB festgelegt. 9

Das Gericht soll idealerweise die **richtige Grenze**, also den wahren Grenzverlauf ermitteln. Dabei kann das Gericht im Rahmen der freien Beweiswürdigung nach § 286 ZPO alle von den Parteien beigebrachten Beweismittel berücksichtigen. Als Beweismittel kommen dabei insbesondere Grenzzeichen und das Liegenschaftskataster, aber auch Zeugen und Sachverständige Betracht.[17] Beigebrachte Privatgutachten können im Rahmen der Würdigung des Parteivortrags berücksichtigt werden. Die Chancen der Ermittlung des Grenzverlaufs sind hier höher als bei einer Eigentumsfeststellungsklage, da der Beklagte – zumindest bei nicht konkretisiertem Antrag – ebenfalls im eigenen Interesse an der Feststellung mitwirken wird. Die Beweiserhebung kann dabei für den Kläger günstiger sein als bei den anderen Klagearten, da der Beklagte hier aus eigenem Interesse an der Feststellung mitwirken dürfte.[18] 10

Lässt sich die richtige Grenze nicht ermitteln, ist gemäß § 920 Abs. 1 S. 1 BGB grundsätzlich der **aktuelle Besitzstand** maßgeblich. Ist der Besitz einer der Parteien fehlerhaft, weil er durch eine verbotene Eigen- 11

---

11 *Roth* in Staudinger BGB § 920 Rn. 7; *Ring* in NK-BGB § 920 Rn. 8; *Fritzsche* in BeckOK BGB § 920 Rn. 6.

12 So auch *Vollkommer* in BeckOGK BGB § 920 Rn. 8.

13 *Vollkommer* in BeckOGK BGB § 920 Rn. 8.

14 Vgl. OLG Hamm Urt. v. 24.11.2011 – 5 U 132/10, BeckRS 2012, 02856; *Vollkommer* in BeckOGK BGB § 920 Rn. 9.

15 *Vollkommer* in BeckOGK BGB § 920 Rn. 10.

16 *Vollkommer* in BeckOGK BGB § 920 Rn. 10; *Ring* in NK-BGB § 920 Rn. 20.

17 *Fritzsche* in BeckOK BGB § 920 Rn. 10; *Herrler* in Palandt BGB § 920 Rn. 3; vgl. auch OLG Brandenburg Urt. v. 7.8.2008 – 5 U 89/07, BeckRS 2008, 16459.

18 Ebenso *Fritzsche* in BeckOK BGB § 920 Rn. 10.

macht erlangt wurde, ist auf den vorherigen Besitzstand abzustellen. Dies gilt auch dann, wenn Besitzschutzansprüche wegen § 864 Abs. 2 BGB nicht mehr geltend gemacht werden können.[19] Kann der Besitzstand nicht festgestellt werden, so ist jedem der Grundstücke ein **gleich großes Stück** der streitigen Fläche zuzuteilen (§ 920 Abs. 1 S. 2 BGB). Eine Interessenabwägung muss dabei nicht stattfinden, weshalb es auf den Wert der Teilflächen nicht ankommt.[20] Soweit eine nach diesen Maßstäben festzulegende Grenze zu einem Ergebnis führt, das mit den ermittelten Umständen, insbesondere mit der feststehenden Größe der Grundstücke, nicht übereinstimmt, ist die Grenze so zu ziehen, wie es unter Berücksichtigung dieser Umstände der **Billigkeit** entspricht (§ 920 Abs. 2 BGB). Umstände, die eine solche Billigkeitskorrektur gebieten, können sich sowohl aus tatsächlichen Verhältnissen auf der Grundfläche (zB Mauerreste oder Bachverläufen) als auch aus vorhandenen Urkunden ergeben.[21]

12 Im Urteilstenor muss die festgestellte Grenze **genau bezeichnet** werden. Es empfiehlt sich dabei eine Bezugnahme auf einen dem Urteil beigefügten Plan. Ist dies nicht möglich, muss der Grenzverlauf möglichst genau beschrieben werden.[22]

13 Das Urteil wirkt **konstitutiv**, sofern es zwischen den tatsächlichen Eigentümern ergeht.[23] Es wirkt aber nicht nur **gegenüber** den am Rechtsstreit beteiligten **Eigentümern** und ihren **Rechtsnachfolgern**, sondern auch gegenüber allen **Inhabern dinglicher Rechte** an den betroffenen Grundstücken und deren Rechtsnachfolgern sowie gegenüber der Vermessungsbehörde.[24] Weicht die Festlegung der Fläche von der bis dahin richtigen (wenn auch nicht mehr feststellbaren) Grenze ab, erwirbt der von der Abweichung Begünstigte originär Eigentum an der „hinzugewonnen" Fläche.[25]

53. Grenzwand

Ring

Literatur: *Mnich*, Das Nachbarrecht in Nordrhein-Westfalen im Überblick, SchAZtg 2011, 121.

I. Einleitung

1 Die Eigentumsverhältnisse bei der bei der sog. Grenzwand (Grenzmauer) sind anders als bei der Nachbarwand (→ *Nachbarwand*): Nur einer der Nachbarn errichtet allein auf seinem Grundstück eine Mauer.[1] Dies

19 OLG Koblenz Urt. v. 10.12.1974 – 6 U 650/72, OLGZ 1975, 216; *Fritzsche* in BeckOK BGB § 920 Rn. 11; aA *Roth* in Staudinger BGB § 920 Rn. 11.
20 *Roth* in Staudinger BGB § 920 Rn. 12; *Fritzsche* in BeckOK BGB § 920 Rn. 12.
21 *Roth* in Staudinger BGB § 920 Rn. 13; *Vollkommer* in BeckOGK BGB § 920 Rn. 17; vgl. auch OLG Hamm Urt. v. 24.11.2011 – 5 U 132/10, BeckRS 2012, 02856.
22 *Roth* in Staudinger BGB § 920 Rn. 15; *Fritzsche* in BeckOK BGB § 920 Rn. 14.
23 *Roth* in Staudinger BGB § 920 Rn. 19; *Herrler* in Palandt BGB § 920 Rn. 3.
24 *Fritzsche* in BeckOK BGB § 920 Rn. 15; *Herrler* in Palandt BGB § 920 Rn. 3; anders aber *Roth* in Staudinger BGB § 920 Rn. 19; siehe auch OVG Koblenz Urt. v. 13.1.2016 – 1 A 10955/13.OVG, NVwZ-RR 2016, 530.
25 *Fritzsche* in BeckOK BGB § 920 Rn. 15.
1 Staudinger/*Roth* BGB § 921 Rn. 54.

begründet keine Grenzeinrichtung iSv § 921 BGB.[2] So führt auch der Bau einer Wand, die ohne eine auf dem Nachbargrundstück als Grenzwand errichtete Giebelwand nicht standfest ist, nicht zum Entstehen von Miteigentümern an der aus beiden Wänden gebildeten einheitlichen Wand.[3]

II. Eigentumsverhältnisse an der Grenzwand

Die Grenzwand steht im Alleineigentum des sie errichtenden Grundstückseigentümers. Dieser Grundstückseigentümer kann die Grenzwand grundsätzlich – es sei denn, Grundsätze von Treu und Glauben nach § 242 BGB gebieten ausnahmsweise etwas anderes[4] – auf seinem Grundstück auch jederzeit wieder abreißen. 2

Bricht der Grundstückseigentümer ein vom ihm an die Grenzwand angebautes Gebäude (unter Fortbestand der Grenzwand) ab, verbleibt es bei seinem Alleineigentum an der Mauer, selbst wenn er den Anbau errichtet hat.[5] 3

Damit steht eine Grenzwand und keine Grenzanlage iS von § 921 BGB (sog. Nachbarwand bzw. Kommunmauer) in Rede, wenn die Wand ausschließlich und vollständig auf dem Grundstück des Grundstücksnachbarn liegt und daher in dessen Alleineigentum steht.[6] Man bezeichnet diese Wand dann auch als **Grenzwand im engeren Sinne**.[7] 4

III. Anbau an die Grenzwand

Durch einen Anbau wird diese Wand weder Miteigentum noch Grenzeinrichtung iS von § 921 BGB.[8] Auch bei einem Abriss des Gebäudes des Eigentümers ohne die Wand ändert sich an der rechtlichen Einordnung nichts.[9] Lässt der Eigentümer die Wand stehen, ist er insbesondere nicht verpflichtet, diese etwa gegen Witterungseinflüsse[10] oder Ähnliches zu schützen bzw. sonstige Maßnahmen zu treffen.[11] 5

Der Eigentümer eines Grundstücks hat nur einen Überbau durch Bauteile zu dulden, die wegen des Anbringens einer Wärmedämmung an der Grenzwand des Nachbarn auf sein Grundstück hinüberragen – wohingegen er Veränderungen an seinem Gebäude, die infolge der Anbringung einer Wärmedämmung notwendig werden, nicht dulden muss.[12] 6

---

2 BGH Urt. v. 26.2.1964 – V ZR 58/61, BGHZ 41, 177 (182).

3 BGH Urt. v. 18.5.2001 – V ZR 119/00, NJW-RR 2001, 1528 – Ls.

4 BGH Urt. v. 29.4.1977 – V ZR 71/75, BGHZ 68, 350 – Ls. 1: Wer im Rahmen der Errichtung eines Neubaus auf seinem Grundstück eine Grenzwand (iSv § 19 NachbG NRW) abreißen möchte, davon aber ausnahmsweise wegen der Auswirkungen des Grundsatzes von Treu und Glauben absehen muss, weil der Rechtsvorgänger des Nachbarn vor langen Jahren unter nicht mehr aufklärbaren Umständen ein Haus an die Grenzwand angebaut hat und deren Niederreißen zu unzumutbaren Beeinträchtigungen für den Nachbarn führen müsste, kann dann Schadloshaltung in Geld verlangen.

5 Staudinger/*Roth* BGB § 921 Rn. 56.

6 OLG Rostock Urt. v. 17.3.2015 – 3 U 37/14, MDR 2015, 1386, juris Rn. 42.

7 Dazu näher Palandt/*Herrler* BGB § 921 Rn. 5 ff. und 13 ff.

8 OLG Rostock Urt. v. 17.3.2015 – 3 U 37/14, MDR 2015, 1386, juris Rn. 42 unter Bezugnahme auf Palandt/*Herrler* BGB § 921 Rn. 15.

9 OLG Rostock Urt. v. 17.3.2015 – 3 U 37/14, MDR 2015, 1386, juris Rn. 42 unter Bezugnahme auf Palandt/*Herrler* BGB § 921 Rn. 15.

10 BGH Urt. v. 16.4.2010 – V ZR 171/09, NJW 2010, 1808 zum Anspruch des Nachbarn auf Witterungsschutz für seine stehenbleibende Grenzwand: Dass der Abriss eines entlang der Grenze benachbarter Grundstücke errichteten Gebäudes es notwendig macht, ein Gebäude auf dem angrenzenden Grundstück vor Witterungseinflüssen zu schützen, begründet keinen Ausgleichsanspruch des Eigentümers des angrenzenden Grundstücks.

11 OLG Rostock Urt. v. 17.3.2015 – 3 U 37/14, MDR 2015, 1386, juris Rn. 43 unter Bezugnahme auf BGH Urt. v. 18.2.2011 – V ZR 137/10, NJW-RR 2011, 515; BGH Urt. v. 16.4.2010 – V ZR 171/09, NJW 2010, 1808; OLG Naumburg Urt. v. 23.12.2010 – 2 U 79/10, BauR 2011, 1062; Palandt/*Herrler* BGB § 921 Rn. 15.

12 BGH Urt. v. 14.6.2019 – V ZR 144/18, MDR 2019, 1445 – Ls. 1. Der Teilhaber einer gemeinsamen Giebelwand (Nachbarwand), der diese mit einer Wärmedämmung versehen will, kann von dem anderen Teilhaber nicht die Duldung baulicher Eingriffe in Gebäudeteile verlangen, die nicht der gemeinsamen Verwaltung unterliegen (Ls. 2).

7 Auch ein Anbau des Nachbarn an die Grenzwand – der nur aufgrund einer Zustimmung des Eigentümers erfolgen darf – verwandelt die Grenzwand nicht in eine „Grenzeinrichtung“ iSv § 921 BGB. Folglich hat auch der Eigentümer der Mauer an einem nicht angebauten Teil der Grenzwand ein alleiniges Nutzungsrecht.[13] Auch wird durch den Anbau an der Wand (selbst wenn diese parallel dazu im Wesentlichen von ihrem ursprünglichen Bauherren erhöht wird) kein Miteigentum begründet – vielmehr steht der Anbau im Eigentum des anbauenden Nachbarn.[14]

8 Hat der Eigentümer der Grenzwand seine Zustimmung nicht erteilt, steht ihm gegen den Anbauenden ein Beseitigungsanspruch nach § 1004 Abs. 1 S. 1 BGB bzw. ggf. – sofern er durch den Anbau einen Schaden erleidet – ein Schadensersatzanspruch wegen Eigentumsverletzung nach § 823 Abs. 1 BGB[15] zu. Ist der Beseitigungsanspruch ausnahmsweise aufgrund der Vorgaben des nachbarlichen Gemeinschaftsverhältnisses ausgeschlossen, besteht ein verschuldensunabhängiger bürgerlich-rechtlicher Ausgleichsanspruch (Aufopferungsanspruch – entsprechend § 906 Abs. 2 S. 2 BGB).[16]

IV. Verantwortlichkeit für die Grenzwand

9 Wenn entlang einer gemeinsamen Grenze nebeneinander liegende Grundstücke bebaut sind, bestehen zwei Grenzwände. In diesem Fall ist jeder Grundstückseigentümer für die auf seinem Grundstück errichtete Grenzwand verantwortlich. Vorteile, die sich daraus ergeben, dass eine Außenwand solange keines oder keines vollständigen Witterungsschutzes bedürfen, wie dieser Schutz von der Grenzwand des Nachbargrundstücks geboten wird, schützt das BGB nicht (→ *Grenzanlage* Rn. 1 ff.). Infolgedessen hat ein Grundstückseigentümer keinen Anspruch auf Vervollständigung des Witterungsschutzes (konkret: Anbringung einer Wärmedämmung), wenn das Nachbargebäude abgerissen und dadurch eine parallel verlaufende Grenzwand beseitigt wird, die dieser Außenmauer bislang Schutz vor Witterungseinflüssen bot[17] (→ *Grenzanlage* Rn. 1 ff.).

V. Grenzwand und Landesnachbarrecht

10 Auf der Grundlage des Art. 124 EGBGB spezifizieren Regelungen des Landesnachbarrechts (mit Ausnahme der Länder Bayern, Bremen und Hamburg) die Grenzwand hinsichtlich ihrer Errichtung, Unterhaltung[18]

13 Staudinger/*Roth* BGB § 921 Rn. 56.

14 BGH Urt. v. 26.7.1964 – V ZR 59/61, BGHZ 41, 177 (182); ebenso Staudinger/*Roth* BGB § 921 Rn. 54.

15 BGH Urt. v. 18.12.2015 – V ZR 55/15, NJW-RR 2016, 588 zur Haftung eines Grundstückseigentümers bei Beschädigung einer auf dem Nachbargrundstück errichteten Grenzwand durch Abriss eines angebauten Gebäudes: Haftung für Putz- und Mauerschäden der Grenzwand, die nicht auf einem Fehlverhalten des beauftragten Unternehmens beruhen, sondern aufgrund der baulichen Verbindung der Gebäude unvermeidliche Folge des Abrisses waren, den der Grundstückseigentümer in Auftrag gegeben hat.

16 BGH Urt. v. 18.12.2015 – V ZR 55/15, NJW-RR 2016, 588 zum Ersatz von durch einen Abriss verursachten Feuchtigkeitsschäden an einer Grenzwand durch den Grundstückseigentümer; BGH Urt. v. 29.4.1977 – V ZR 71/75, BGHZ 68, 350 = NJW 1977, 1447; vgl. zudem Staudinger/*Roth* BGB § 921 Rn. 55.

17 BGH Urt. v. 18.7.2011 – V ZR 137/10, NJW-RR 2011, 515; BGH Urt. v. 16.4.2010 – V ZR 171/09, NJW 2010, 1808.

18 Aus § 13 Abs. 3 NbG SA ist kein Vorschussanspruch gegen den Nachbarn hinsichtlich der Unterhaltungskosten einer Grenzwand abzuleiten – ist an eine Grenzwand angebaut worden, tragen die Nachbarn deren Unterhaltungskosten hälftig, unabhängig davon, ob die Ursache für die Instandhaltungsmaßnahmen außerhalb der Grenzwand liegt: OLG Sachsen-Anhalt Urt. v. 22.10.2019 – 12 U 110/19, juris Ls. 1 und 2.

oder des Anbaus.[19] Exemplarisch soll das Landesnachbarrecht NRW[20] (§§ 19 ff. NachbG NRW)[21] dargestellt werden.[22]

1. Der landesnachbarrechtliche Begriff der Grenzwand

Grenzwand ist nach § 19 NachbG NRW die unmittelbar der Grenze zum Nachbargrundstück auf dem Grundstück des Erbauers errichtete Wand. 11

2. Grenzwand durch Anbau

Der Eigentümer des Nachbargrundstücks darf gemäß § 20 Abs. 1 S. 1 NachbG NRW eine Grenzwand durch Anbau nutzen, wenn 12

- der Eigentümer der Grenzwand schriftlich eingewilligt und
- der Anbau öffentlich-rechtlich zulässig ist.

a) Anbau. Anbau definiert § 20 Abs. 1 S. 2 NachbG NRW legal als Mitbenutzung der Grenzwand als Abschlusswand oder zur Unterstützung oder Aussteifung der neuen baulichen Anlage. 13

b) Vergütung. Der anbauende Eigentümer des Nachbargrundstücks hat (als Kompensat für die Vorteile, die ihm die Grenzwand gewährt) nach § 20 Abs. 2 NachbG NRW eine Vergütung in Höhe des halben Wertes der Grenzwand, soweit sie durch den Anbau genutzt ist, zu zahlen und ferner eine Vergütung dafür zu leisten, dass er für den für die Errichtung einer eigenen Grenzwand erforderlichen Baugrund einspart. Die Vergütung wird nach § 20 Abs. 3 S. 1 NachbG NRW mit der Fertigstellung des Anbaus im Rohbau fällig. Bei der Berechnung des Wertes der Grenzwand ist von den zu diesem Zeitpunkt üblichen Baukosten auszugehen (so § 20 Abs. 3 S. 2 NachbG NRW). Abzuziehen sind gemäß § 20 Abs. 3 S. 3 NachbG NRW die durch eine besondere Bauart bedingten Mehrkosten. Das Alter und der bauliche Zustand der Wand sind nach § 20 Abs. 3 S. 4 NachbG NRW zu berücksichtigen. Auf Verlangen ist Sicherheit in Höhe der voraussichtlich zu gewährenden Vergütung zu leisten (so § 20 Abs. 3 S. 5 NachbG NRW). Der Anbau darf gemäß § 20 Abs. 3 S. 6 NachbG NRW dann erst nach Leistung der Sicherheit begonnen oder fortgesetzt werden. Die Sicherheit kann in einer Bankbürgschaft bestehen. 14

Nach dem Anbau sind die Unterhaltskosten für den gemeinsam genutzten Teil der Grenzwand nach § 20 Abs. 4 NachbG NRW von den beiden Grundstückseigentümern zu gleichen Teilen zu tragen. 15

3. Besondere Gründung der Grenzwand

Auf Verlangen des Eigentümers des Nachbargrundstücks hat der Erbauer nach § 21 Abs. 1 NachbG NRW die Grenzwand so zu gründen, dass bei der Bebauung des Nachbargrundstücks zusätzliche Baumaßnahmen vermieden werden. 16

Der Eigentümer des zur Bebauung vorgesehenen Grundstücks hat dem Eigentümer des Nachbargrundstücks unter Übersendung des Bau- und Lageplans sowie unter Mitteilung des Namens und der Anschrift des Bauherrn gemäß § 21 Abs. 2 S. 1 NachbG NRW schriftlich anzuzeigen, dass eine Grenzwand errichtet 17

19 Vgl. etwa §§ 7 f. NRG BW; §§ 14 ff. NachbG Bln; §§ 16 ff. (Die Duldungspflicht nach § 16a Abs. 1 gilt nicht für eine die Grundstücksgrenze überschreitende Wärmedämmung einer Grenzwand, mit der der benachbarte Grundstückseigentümer erstmals die Anforderungen der bei der Errichtung des Gebäudes bereits geltenden Energieeinsparverordnung erfüllt, wobei der BGH es offengelassen hat, ob § 16a Abs. 1 verfassungsgemäß ist: BGH MDR 2017, 269); BbgNRG; §§ 8 ff. HNRG; § 16 ff. NNachbG; §§ 19 ff. NachbG NRW; §§ 13 ff. LNRG RhPf; §§ 15 ff. NachbG Saarl; §§ 11 ff. NbG SA; §§ 11 ff. NachbG Schl.-H.; §§ 13 ff. ThürNRG. Näher auch Fruhner VIZ 1998, 649; *Ring* NotBZ 2007, 341.

20 Vgl. dazu auch OLG Hamm Urt. v. 6.9.2018 – 5 U 57/18, MDR 2019, 221 zur Durchführung eines Schlichtungsverfahrens im Falle einer Grenzwand bei einer nachbarrechtlichen Streitigkeit nach den §§ 19 ff. NachbG NRW.

21 Die keinen Schadensersatzanspruch vorsehen, wenngleich ein Schadensersatzanspruch aus § 906 Abs. 2 S. 2 BGB analog folgen kann: so OLG Hamm Urt. v. 12.2.2015 – I-5 U 68/14.

22 *Mnich* SchAZtg 2011, 121.

werden soll. Die Anzeige an den Nutzungsberechtigten und den unmittelbaren Besitzer des Nachbargrundstücks genügt nach § 21 Abs. 2 S. 2 NachbG NRW, wenn dessen Eigentum nicht bekannt, nur schwer feststellbar oder er unbekannten Aufenthalts ist und wenn er infolge Aufenthalts im Ausland nicht alsbald erreichbar ist und er auch keinen Vertreter bestellt hat. Wird die Anzeige schuldhaft unterlassen, so hat der Eigentümer des zur Bebauung vorgesehenen Grundstücks gemäß § 21 Abs. 2 S. 3 NachbG NRW dem Eigentümer des Nachbargrundstücks den daraus entstehenden Schaden zu ersetzen.

18 Der Eigentümer des Nachbargrundstücks kann gemäß § 21 Abs. 3 NachbG NRW das Verlangen nach § 21 Abs. 1 NachbG NRW nur innerhalb von zwei Monaten nach Erstattung der Anzeige dem Bauherrn gegenüberstellen.

19 Die durch das Verlangen nach § 21 Abs. 1 NachbG NRW entstehenden Mehrkosten sind dem Bauherrn nach § 21 Abs. 4 S. 1 NachbG NRW zu erstatten, sobald der Vergütungsanspruch des Bauunternehmers gegen den Bauherrn fällig wird. In Höhe der voraussichtlich erwachsenden Mehrkosten ist auf Verlangen binnen zwei Wochen gemäß § 21 Abs. 4 S. 2 NachbG NRW Vorschuss zu leisten. Der Vorschuss ist bis zu seiner Verwendung mit 4 % zugunsten des Zahlenden zu verzinsen (so § 21 Abs. 4 S. 3 NachbG NRW). Der Anspruch über die besondere Gründung erlischt nach § 21 Abs. 4 S. 4 NachbG NRW, wenn der Vorschuss nicht fristgerecht geleistet wird.

20 Soweit der Bauherr die besondere Gründung auch zum Vorteil seiner baulichen Anlage ausnutzt, beschränkt sich die Erstattungspflicht des Eigentümers des Nachbargrundstücks nach § 21 Abs. 5 S. 1 NachbG NRW entsprechend. Bereits erbrachte Leistungen können gemäß § 21 Abs. 5 S. 2 NachbG NRW zurückgefordert werden.

4. Errichten einer zweiten Grenzwand

21 Steht auf einem Grundstück eine bauliche Anlage unmittelbar an der Grenze und wird später auf dem Nachbargrundstück an dieser Grenze eine bauliche Anlage errichtet, aber ohne konstruktiven Verbund angebaut, so ist deren Erbauer nach § 22 Abs. 1 S. 1 NachbG NRW verpflichtet, den entstandenen Zwischenraum auf seine Kosten in geeigneter Weise so zu schützen, dass Schäden im Bereich des Zwischenraumes, insbesondere durch Gebäudebewegungen und Witterungseinflüsse, an der zuerst errichteten baulichen Anlage vermieden werden. Die hierzu notwendigen Anschlüsse haben sich gemäß § 22 Abs. 1 S. 2 NachbG NRW hinsichtlich der verwendeten Werkstoffe der vorhandenen baulichen Anlage anzupassen.

22 Der Erbauer ist gemäß § 22 Abs. 2 NachbG NRW berechtigt, auf eigene Kosten durch Übergreifen der Bauteile einen den öffentlich-rechtlichen Vorschriften entsprechenden Anschluss an die bestehende bauliche Anlage herzustellen.

23 Muss der Nachbar zur Ausführung seines Bauvorhabens seine Grenzwand tiefer als die zuerst errichtete Grenzwand gründen, so darf er nach § 22 Abs. 3 NachbG NRW diese unterfangen,[23] wenn

- dies nach den allgemein anerkannten Regeln der Baukunst notwendig (Nr. 1) und
- das Bauvorhaben öffentlich-rechtlich zulässig ist (Nr. 2).

24 In den Fällen des § 22 Abs. 2 und 3 NachbG NRW gelten die §§ 16 und 17 NachbG NRW über die Anzeige und den Schadensersatz bei der Nachbarwand (§§ 7 ff. NachbG NRW) entsprechend.

5. Einseitige Grenzwand

25 Bauteile, die in den Luftraum eines Grundstücks übergreifen, sind nach § 23 NachbG NRW zu dulden, wenn

23 Zur Duldungspflicht aufgrund nachbarlichen Gemeinschaftsverhältnisses bei Einbringung einer Rückverankerung zu Unterfangung des Grundstücks im Zuge einer Neubebauung des Nachbargrundstücks OLG Köln Urt. v. 13.1.2017 – 19 U 77/16.

- nach den öffentlich-rechtlichen Vorschriften nur auf dem Nachbargrundstück bis an die Grenze gebaut werden darf (Nr. 1),
- die übergreifenden Bauteile öffentlich-rechtlich zulässig sind (Nr. 2),
- sie die Benutzung des anderen Grundstücks nicht oder nur unwesentlich beeinträchtigen (Nr. 3) und
- sie nicht zur Vergrößerung der Nutzfläche dienen (Nr. 4).

6. Wärmedämmung und grenzständige Gebäude

Der Eigentümer eines Grundstücks hat die Überbauung seines Grundstücks aufgrund von Maßnahmen, die 26
an bestehenden Gebäuden für Zwecke der Wärmedämmung vorgenommen werden, nach § 23a Abs. 1 S. 1 NachbG NRW zu dulden, wenn diese über die Bauteileanforderungen in der Energieeinsparverordnung vom 24.4.2007[24] nicht hinausgeht, eine vergleichbare Wärmedämmung auf andere Weise mit vertretbarem Aufwand nicht vorgenommen werden kann und die Überbauung die Benutzung des Grundstücks nicht oder nur unwesentlich beeinträchtigt. Eine wesentliche Beeinträchtigung ist gemäß § 23a Abs. 1 S. 2 NachbG NRW insbesondere dann anzunehmen, wenn die Überbauung die Grenze zum Nachbargrundstück in der Tiefe um mehr als 0,25 m überschreitet. Die Duldungspflicht erstreckt sich nach § 23a Abs. 1 S. 3 NachbG NRW auch auf die mit der Wärmedämmung zusammenhängenden notwendigen Änderungen der Bauteile. In einem solchen Fall ist die öffentlich-rechtliche Frage des Bebauens zweier Grundstücke mit einem Gebäude in analoger Weise geklärt: Ein Gebäude auf mehreren Grundstücken ist nur zulässig, wenn öffentlich-rechtlich gesichert ist, dass dadurch keine Verhältnisse eintreten können, die Vorschriften der BauO NRW oder den aufgrund der BauO NRW erlassenen Vorschriften zuwiderlaufen (so § 4 Abs. 2 S. 3 BauO NRW). Dies gilt bei bestehenden Gebäuden nicht für eine Außenwand- und Dachdämmung, die über die Bauteilanforderungen der Energieeinsparverordnung für bestehende Gebäude nicht hinausgeht – was entsprechend für die mit der Wärmedämmung zusammenhängenden notwendigen Änderungen von Bauteilen gilt.

Im Falle der Wärmedämmung ist der duldungsverpflichtete Nachbar gemäß § 23a Abs. 2 NachbG NRW 27
berechtigt, die Beseitigung der Wärmedämmung zu verlangen, wenn und soweit er selbst zulässigerweise an die Grenzwand anbauen will. Der Begünstigte muss die Wärmedämmung in einem ordnungsgemäßen und funktionsgerechten Zustand erhalten (so § 23a Abs. 3 S. 1 NachbG NRW), wobei er nach § 23a Abs. 3 S. 2 NachbG NRW zur baulichen Unterhaltung der wärmegedämmten Grenzwand verpflichtet ist.

Die §§ 21 Abs. 2 und 3, 23 Nr. 2 bis 4 NachbG NRW und § 24 NachbG NRW gelten gemäß § 23a Abs. 4 28
NachbG NRW entsprechend mit der Maßgabe, dass die Anzeige Art und Umfang der Baumaßnahmen umfassen muss. Dem Eigentümer des betroffenen Grundstücks ist nach § 23a Abs. 5 S. 1 NachbG NRW ein angemessener Ausgleich in Geld zu leisten. Die Ausgleichszahlung darf gemäß § 23a Abs. 5 S. 2 NachbG NRW die Höhe des Bodenrichtwertes nicht übersteigen. Sofern nichts anderes vereinbart wird, gelten die §§ 912 Abs. 2, 913, 914 und 915 BGB entsprechend (so § 23a Abs. 5 NachbG NRW).

§ 23a Abs. 1 bis 5 NachbG NRW gelten für die Nachbarwand gemäß den §§ 7 und 8 NachbG NRW ent- 29
sprechend (so § 23a Abs. 6 NachbG NRW).

24 BGBl. I 1519 in der jeweils geltenden Fassung.

54. Grillen

Marx

Literatur: *Horst,* Abwehr und Duldung nachbarlicher Immissionen, ZAP 2019, 847.

I. Beeinträchtigungen durch das Grillen

1 Grillen gehört zu den beliebtesten Freizeitbeschäftigungen in Deutschland. Sobald es die wärmere Jahreszeit zulässt, setzt das Grillen im Freien ein und ist vom Nachbarn hinzunehmen, wenn es sich nur als sozialadäquate, unwesentliche oder jedenfalls ortsübliche, in zumutbarer Weise nicht verhinderbare Beeinträchtigung darstellt. Mit dem Grillen können aber auch wesentliche Beeinträchtigungen infolge der Einwirkungen durch Rauch, Gerüche und Geräusche einhergehen. Beim Grillen auf offenem Feuer entwickelt sich **Rauch** bis hin zur Brandgefahr. Wird keine Folie verwendet, tropft zudem das Fett in das Feuer ab und verursacht Qualm. Auch der Grillanzünder und Verschmutzungen können zur Rauchentwicklung beitragen. Das Grillgut verbreitet **Gerüche** und vor allem bei Verwendung eines Holzkohlegrills kommt es überdies zu starkem Geruch durch Rauch und Kohle. Mit dem Grillen sind auch **Geräusche** verbunden, weil es regelmäßig gemeinsam mit Gästen zB im Rahmen einer Party stattfindet (→ *Party* Rn. 1 ff.). Bei dem Rauch, den Gerüchen und Geräuschen handelt es sich um **Immissionen** im Sinne von § 906 Abs. 1 BGB, da die Einwirkungen von einem anderen Grundstück ausgehen und die Grundstücksbenutzung des Nachbarn nach ihrer Intensität nicht, unwesentlich oder wesentlich beeinträchtigen können.

2 Bundeseinheitlich geregelte Vorschriften zur Begrenzung und Beurteilung des Grillens gibt es nicht. Regelungen werden aber oftmals durch die Kommunen oder auch in Hausordnungen getroffen (→ *Hausordnung* Rn. 36). Zu unterscheiden ist zunächst danach, ob das Grillen vom Grundstück bzw. der Wohnung des Nachbarn ausgeht, so dass zivilrechtliche Abwehransprüche im Raum stehen, oder von einem als gemeindliche Einrichtung betriebenen Grillplatz mit der Folge, dass es sich um einen öffentlich-rechtlichen Nachbarstreit handelt, der vor den Verwaltungsgerichten auszutragen ist.

II. Duldungspflicht

3 Der Nachbar hat das Grillen nach § 906 Abs. 1 S. 1 BGB zu dulden, wenn der Rauch, Geruch oder Lärm ihn in der Nutzung seines Grundstücks nur unwesentlich beeinträchtigt. Entspricht das Grillen ortsüblicher Benutzung, sind auch wesentliche Beeinträchtigungen nach § 906 Abs. 2 S. 1 BGB hinzunehmen, sofern Abwehrmaßnahmen unzumutbar sind. Die Grenze der im Einzelfall zu duldenden Belästigung lässt sich dabei nicht mathematisch exakt, sondern nur aufgrund wertender Beurteilung festsetzen.[1] Wann die Beeinträchtigungen durch das Grillen die Wesentlichkeitsschwelle überschreiten, beurteilt sich nach dem Empfinden eines **verständigen Durchschnittsmenschen** und dem, was diesem unter Würdigung anderer öffentlicher und privater Belange zuzumuten ist.[2]

1 BGH Urt. v. 26.10.2018 – V ZR 143/17, NJW 2019, 773.
2 BGH Urt. v. 13.12.2019 – V ZR 152/18, MDR 2020, 282.

1. Geruchsimmissions-Richtlinie

Gemäß § 906 Abs. 1 S. 2 und 3 BGB ist es im Ausgangspunkt ein Indiz für eine wesentliche Beeinträchtigung, wenn die Immissionen die zulässigen Richtwerte überschreiten. Die Geruchsimmissions-Richtlinie (GIRL)[3] legt zwar Beurteilungsmaßstäbe und Richtwerte für die relative Häufigkeit des Auftretens störender Gerüche, ausgedrückt durch das Verhältnis von Geruchsstunden zu Jahresstunden, fest. Die Erheblichkeitsschwelle liegt dabei etwa nach Nr. 3.1 der GIRL für Wohngebiete bei einer relativen Häufigkeit der Geruchsstunden von über 10 % der Jahresstunden. Als besonderes Regelwerk zur Beurteilung der Geruchsimmissionen ist diese Richtlinie aber nur auf Anlagen anwendbar, die der Genehmigung nach dem BImSchG bedürfen. Zudem unterfällt die Geruchsimmissionsrichtlinie, die zwar in mehreren Bundesländern durch Verwaltungsvorschriften verbindlich gemacht wurde, aber kein formelles Gesetz darstellt, nicht § 906 Abs. 1 S. 2 u. 3 BGB. Im Rahmen einer Baunachbarklage gegen eine Baugenehmigung für einen gewerblichen Grillbereich bietet sie zur Beurteilung der Frage, ob Geruchsbelästigungen für die Nachbarschaft zumutbar sind, eine sachgerechte Entscheidungshilfe.[4] Für privates Grillen, das ohne Anlagenbezug nur verhaltensbezogen zu bewerten ist, sind die Richtwerte indessen **nicht anwendbar**. Außerhalb ihres Anwendungsbereichs lässt sich allerdings die Geruchsimmissionsrichtlinie mit ihren Beurteilungsmaßstäben zum Vergleich zwischen anlagenbezogenen und rein verhaltensbezogenen Gerüchen und insoweit als **Entscheidungshilfe** heranziehen, wenn die Einschränkung und die daraus folgenden Besonderheiten berücksichtigt werden.[5] 4

2. Umstände des Einzelfalls

Für den immissionsrechtlichen Unterlassungsanspruch kann die Messbarkeit von Einwirkungen ohnehin nicht die allein entscheidende Rolle spielen. Die Beeinträchtigung der Grundstücksbenutzung hängt von der komplexen Auswirkung ab, deren Gesamtbild auch von Faktoren bestimmt ist, die sich nicht messtechnisch erfassen lassen. Maßgebend sind vielmehr alle Umstände des konkreten Einzelfalles. Dies gilt erst recht, wenn für die Ermittlung und Bewertung der auf die Nachbarschaft einwirkenden Geräusche keine bestimmten Mess- und Berechnungsverfahren oder Werte vorgegeben sind. 5

Notwendig ist eine umfassende Würdigung aller **Umstände des Einzelfalls**. Hierzu können beim Grillen gehören: 6

- Häufigkeit des Grillens,
- Zeitpunkt – in derselben Saison, Wochenende,
- Dauer,
- Grillart (Holzkohlengrill, Elektrogrill, Propangrill, Lavagrill),
- Größe des Grundstücks,
- Enge der Bebauung,
- Grillen auf dem Balkon, der Terrasse, im Garten,
- Entfernung des Grills vom Nachbargrundstück,
- Windrichtung,
- Geruchsart,
- Rauchentwicklung,
- Geräusche,
- Schutz der Ruhe- und Nachtzeit sowie von Sonn- und Feiertagen,
- bauliche Nutzung im Einwirkungsbereich,
- Bedeutung des Anlasses für das Grillen.

3 In der Fassung der Bund/Länderarbeitsgemeinschaft für Immissionsschutz (LAI) vom 29.2.2008 mit einer Ergänzung vom 10.9.2008.

4 OVG Koblenz Urt. v. 16.4.2018 – 8 A 10486/18, juris Rn. 30.

5 Vgl. BGH Urt. v. 5.2.1993 – V ZR 62/91, BGHZ 121, 248, 253; OLG Karlsruhe Urt. v. 9.5.2001 – 6 U 223/00, NJW-RR 2001, 1236; *Brückner* in MüKoBGB § 906 Rn. 157.

3. Ortsüblich

7 Auch eine wesentliche Beeinträchtigung des Grundstücks muss gemäß § 906 Abs. 2 S. 1 BGB hingenommen werden, falls sie durch ein **ortsübliches** Grillen von dem Nachbargrundstück herbeigeführt wird. Abzustellen ist auf das beeinträchtigende Grundstück des Nachbarn. Dabei ist von der Frage auszugehen, ob eine Mehrheit von Grundstücken in der Umgebung in annähernd gleicher Weise, dh mit einer der Art und dem Maß nach einigermaßen gleichen beeinträchtigenden Einwirkung auf fremde Grundstücke benutzt werden; es ist demnach erforderlich, dass die Einwirkung öfter vorkommt.[6] Maßgeblich sind in erster Linie die tatsächlichen Verhältnisse in dem Vergleichsgebiet.[7] Die Grenze des Vergleichsgebiets kann je nach Lage des Falles im Einzelfall enger oder weiter gezogen werden und braucht sich auch nicht unbedingt mit der Gemeindegrenze zu decken.[8] Grillen im Freien gehört zur Freizeitgestaltung und erfreut sich seit langem zumindest gleichbleibender Beliebtheit. In reinen oder allgemeinen Wohngebieten kann eine Ortsüblichkeit für das Grillen im Garten deshalb regelmäßig nicht mit Erfolg in Abrede gestellt werden.[9]

III. Grillfrequenz

8 Streit entsteht regelmäßig über die Frage, **wie oft** in einer Saison gegrillt werden darf. Das hängt davon ab, ob im Garten, auf der Terrasse oder einem Balkon gegrillt wird (→ *Terrasse* Rn. 20, → *Balkon* Rn. 13). Bei der Bestimmung der zulässigen **Grillfrequenz** verbietet sich ein schematisches Vorgehen. Selbst wenn erst zum zweiten Mal in der Saison im Gartengrundstück gegrillt wird, kann das unzulässig sein, wenn es bis 1 Uhr dauert, der Holzofengrill direkt an der Grundstücksgrenze platziert wird usw. Maßgeblich sind die zu berücksichtigenden Umstände des Einzelfalls, die mit der zulässigen Häufigkeit des Grillens in einer Wechselbeziehung stehen.

1. Garten

9 Gelegentliches Grillen im Garten des Wohngrundstücks ohne übermäßigen Rauch und Lärm ist vom Nachbarn hinzunehmen.[10] Ortsüblich im Sinne von § 906 Abs. 2 S. 1 BGB kann das Grillen im Rahmen einer Party im Hinblick auf die Lärmimmissionen bis zu viermal im Jahr und sozialadäquat im kleineren Rahmen für ca. zwei Stunden bis ca. 21 Uhr im Hinblick auf die Geruchsimmissionen ca. 20 bis 25 mal pro Jahr sein (→ *Party* Rn. 15 f.).[11] Als ortsüblich kann bei einer Grillparty im Garten auch eine wesentliche Beeinträchtigung bis 22 Uhr zu dulden sein, erst recht bei Sommerfesten am Wochenende oder an den Abenden vor den Feiertagen.[12] Anderes gilt jedoch, wenn der beim Grillen entstehende Qualm in konzentrierter Weise in Wohn- und Schlafzimmer unbeteiligter Nachbarn eindringt, zumal dann auch das Landesimmissionsschutzrecht eingreifen kann.[13] Auch bei beengten räumlichen Verhältnissen muss ein Nachbar Gerüche und Geräusche, die von nächtlichem Grillen im Garten herrühren, zum Schutz der Nachtruhe nach 22 Uhr regelmäßig nicht hinnehmen.[14] Die Verlegung der Party – keinesfalls aber eines Holzkohlegrills (Gefahr der Kohlenmonoxidvergiftung) – in die Wohnräume ist anzuraten,[15] weil im Innern wesentliche Beeinträchtigungen des Nachbarn leichter vermieden werden können. Eine die Nachtruhe zwischen 22 Uhr und 6 Uhr

6 BGH Urt. v. 5.4.1959 – V ZR 3/58, NJW 1959, 1867 (1868); BGH Urt. v. 15.4.1959 – V ZR 3/58, BGHZ 30, 273, 277; BGH Urt. v. 10.11.1992 – V ZR 82/91, BGHZ 120, 239; *Roth* in Staudinger BGB § 906 Rn. 208.

7 BGH Urt. v. 17.12.1982 – V ZR 55/82, NJW 1983, 751; BGH Urt. v. 15.1.1971 – V ZR 110/68, WM 1971, 624.

8 BGH Urt. v. 28.4.1967 – V ZR 216/64, WM 1967, 727 (728).

9 LG München Urt. v. 12.1.2004 – 15 S 22735/ 03, WuM 2004, 368.

10 *Lüke* in Grziwotz/Lüke/Saller NachbarR-HdB Kap. 3 Rn. 149; *Brückner* in MüKoBGB § 906 Rn. 161.

11 *Ring* in NK-BGB § 906 Rn. 107, 184.

12 *Horst* NachbarR-HdB Rn. 801; *Alheit* NachbarR S. 85; *Lüke* in Grziwotz/Lüke/Saller NachbarR-HdB Kap. 3 Rn. 127.

13 OLG Düsseldorf Beschl. v. 26.5.1995 – 5 Ss (OWi) 149/95, ZMR 1995, 415; Horst ZAP 2019, 847 (851).

14 OLG Oldenburg Urt. v. 29.7.2002 – 13 U 53/02, OLGR Oldenburg 2002, 217; *Ring* in NK-BGB § 906 Rn. 184.

15 *Horst* NachbarR-HdB Rn. 801.

störende Betätigung ist nicht „ausnahmsweise" aus Anlass von persönlichen, beruflichen oder familiären Feiern zulässig.[16]

Auch in einer Wohnungseigentumsgemeinschaft hängt es von den Gegebenheiten des Einzelfalles ab, ob das Grillen auf Holzkohlenfeuer im Garten uneingeschränkt zu verbieten, zeitlich oder örtlich begrenzt zu erlauben oder ohne Einschränkungen zu gestatten ist; maßgebend sind insbesondere Lage und Größe des Gartens, die Häufigkeit des Grillens und das verwendete Grillgerät.[17] So kann es nach § 1004 Abs. 1 S. 2 BGB, § 15 Abs. 3, § 13 Abs. 1, § 14 Nr. 1 WEG unzulässig sein, in dem einem Sondernutzungsrecht unterliegenden Teil des Gartens mit einem Holzkohlengrill öfter als **fünfmal** im Jahr und in einem Bereich, der weniger als etwa 25 m von der Wohnung der anderen Wohnungseigentümer entfernt ist, zu grillen.[18] 10

2. Balkon oder Terrasse

Die Rechtsprechung hat bis Anfang der 90er Jahre dazu geneigt, das Grillen mit Holzkohlegrill auf Balkonen wegen der Brandgefahr sowie den Rauch- und Geruchsimmissionen ganz zu verbieten.[19] Später trat eine Lockerung ein, wobei zwischen Mietverhältnissen in Mehrfamilienhäusern und Wohnungseigentum zu unterscheiden ist. 11

a) Mehrfamilienhaus. In der **Hausordnung** kann für ein Mehrfamilienhaus zur Unterbindung stets zu erwartender Streitigkeiten über das Grillen auf Balkonen von vornherein ein darauf bezogenes Grillverbot ausgesprochen werden (→ *Hausordnung* Rn. 36). Unabhängig davon, ob dort mittels eines Holzkohlegrills oder eines Elektrogrills auf dem Balkon gegrillt wird, sind dabei auftretende Immissionen in Form von Rauch und Geruch grundsätzlich dazu geeignet, die Mitmieter zu belästigen.[20] Ohne Regelung im Mietvertrag kann die Abwägung der Umstände des Einzelfalls dazu führen, dass der Mieter in der Zeit von April bis September **einmal monatlich** auf dem Balkon oder der Terrasse grillen darf, wenn er die übrigen Mieter im Haus, deren Belästigung durch Rauchgase unvermeidlich ist, 48 Stunden vorher informiert.[21] 12

b) Wohnungseigentümergemeinschaft. In einer Wohnungseigentümergemeinschaft ist das Grillen auf dem Balkon oder der Terrasse häufig durch Beschluss geregelt. Ob die Wohnungseigentümerversammlung durch Mehrheitsbeschluss das Grillen auf Terrassen, Balkonen und Rasenflächen der Wohnanlage vollkommen untersagen kann, ist streitig.[22] Im Wege des Mehrheitsbeschlusses kann ein Verbot des Grillens auf offener Flamme zum Schutz vor Brand und Rauch in die Hausordnung (→ *Hausordnung* Rn. 36), die der Konkretisierung der sich aus § 14 WEG ergebenden Verpflichtungen dient, aufgenommen werden.[23] Ohne einen solchen Beschluss stellt das Betreiben eines Gartengrills auf der einem Sondernutzungsrecht unterliegenden Terrasse jedenfalls dann keinen Nachteil iSd § 14 Nr. 1 WEG dar, wenn dieses nur dreimal im Jahr ausgeübt wird, so dass ein Unterlassungsanspruch nicht gegeben ist.[24] Das OLG Frankfurt hat ein Unterlassungsbegehren sogar abgewiesen, das auf ein Grillen auf einer 5 Meter entfernten Terrasse maximal **fünfmal** jährlich, einmal kalendermonatlich und nach einer Vorankündigung von mindestens 48 Stunden gerichtet war, weil es sich nicht um einen über das bei einem geordneten Zusammenleben unvermeidliche Maß hinausgehenden Nachteil im Sinne des § 14 Nr. 1 WEG handele.[25] 13

16 OLG Düsseldorf Beschl. v. 26.5.1995 – 5 Ss (OWi) 149/95, ZMR 1995, 415; aA OLG Oldenburg Urt. v. 29.7.2002 – 13 U 53/02, OLGR Oldenburg 2002, 217.
17 BayObLG Beschl. v. 18.3.1999 – 2Z BR 6/99, NZM 1999, 575.
18 BayObLG Beschl. v. 18.3.1999 – 2Z BR 6/99, NZM 1999, 575.
19 LG Düsseldorf Beschl. v. 9.11.1990 – 25 T 435/90, NJW-RR 1991, 1170; AG Wuppertal Beschl. v. 25.10.1976 – 47 UR II 7/76, RPfleger 1977, 455; AG Hamburg Urt. v. 7.7.1973 – 40 C 229/72, MDR 1973, 853.
20 LG Essen Urt. v. 7.2.2002 – 10 S 438/01, ZMR 2002, 597.
21 AG Bonn Urt. v. 29.4.1997 – 6 C 545/96, NJW-RR 1998, 10; *Lützenkirchen* in Erman BGB § 541 Rn. 42.
22 Dafür OLG Zweibrücken Beschl. v. 6. 4. 1993 – 3 W 50/93; LG Düsseldorf Beschl. v. 9.11.1990 – 25 T 435/90, NJW-RR 1991, 1170; aA *Demharter* ZWE 2008, 433.
23 LG München Urt. v. 10.1.2013 – 36 S 8058/12, ZWE 2013, 413.
24 LG Stuttgart Beschl. v. 14.8.1996 – 10 T 359/96, ZMR 1996, 624.
25 OLG Frankfurt Beschl. v. 10.4.2008 – 20 W 119/06, NJW-RR 2008, 1396.

IV. Zivilrechtliche Ansprüche beim unzulässigen Grillen

14 Im Mittelpunkt zivilrechtlicher Ansprüche gegen einen Nachbarn, der beim Grillen den Duldungsrahmen des § 906 BGB verlässt, steht der **Unterlassungsanspruch** aus § 1004 Abs. 1 S. 2 BGB. Ist das Grillen nicht ortsüblich und führt es zu einer wesentlichen Beeinträchtigung des Grundstücks, kann der Nachbar nach § 1004 Abs. 1 S. 2 BGB oder § 862 Abs. 1 S. 2 iVm § 906 BGB auf Unterlassung in Anspruch genommen werden. Entsprechendes gilt bei wesentlichen, verhinderbaren, aber nicht verhinderten Beeinträchtigungen durch eine ortsübliche Benutzung.

1. Unterlassungsanspruch

15 Der Eigentümer eines durch das Grillen beeinträchtigten Grundstücks kann gestützt auf **§ 1004 Abs. 1 S. 2 BGB** verlangen, dass die durch den Rauch, Geruch und Lärm des Grillens gegen seinen Willen verursachten Beeinträchtigungen unterlassen werden. Nach § 1004 Abs. 2 BGB ist dieser Anspruch allerdings ausgeschlossen, wenn der Eigentümer zur Duldung verpflichtet ist. Eine solche Duldungspflicht kann sich als rechtshindernde Einwendung aus § 906 Abs. 1 BGB ergeben, wonach der Eigentümer eines Grundstücks ua solche Einwirkungen nicht verbieten kann, die die Benutzung seines Grundstücks nicht oder nur unwesentlich beeinträchtigen. Beruht das Grillen, das die Benutzung des betroffenen Grundstücks mehr als unwesentlich beeinträchtigt, auf einer nicht ortsüblichen Benutzung des nachbarlichen Grundstücks, besteht keine Duldungspflicht aus § 906 Abs. 2 S. 1 BGB. Gleiches gilt für ortsübliche wesentliche, aber vermeidbare Einwirkungen. Entsprechend stellt sich die Rechtslage für den Grundstücks- oder Raumbesitzer, insbesondere den Mieter bzw. Pächter, aus dem Besitzschutz nach **§ 862** iVm § 906 BGB dar.[26]

16 **Anspruchsberechtigt** ist nach § 1004 Abs. 1 BGB der Eigentümer unabhängig vom Besitz, nach § 1011 BGB auch der Miteigentümer gegenüber Dritten, die außerhalb seines Grundstücks grillen. Kraft Verweisung stehen die Abwehransprüche aus § 1004 Abs. 1 BGB auch dem Inhaber beschränkter dinglicher Rechte zu, zB dem Erbbauberechtigten nach § 11 Abs. 1 ErbbauRG (vgl. auch §§ 1027, 1065, 1090 Abs. 2 BGB, § 34 Abs. 2 WEG). Mieter oder Pächter können sich auf § 862 Abs. 1 BGB stützen.[27]

17 Anspruchsverpflichtet ist der **Störer**. Handlungsstörer ist derjenige, der das Grillen veranstaltet, Zustandsstörer der Eigentümer des nachbarlichen Wohngrundstücks bzw. Mieter der Wohnung nebst zugehörigem Garten. Als solcher ist er dafür verantwortlich, dass von dem von ihm veranstalteten Grillen und damit auch von seinen Gästen keine unzulässigen Immissionen ausgehen.[28] Es kommt nicht darauf an, ob er selbst oder für ihn ein anderer das Grillen übernimmt.[29]

18 Da § 906 BGB eingehend regelt, inwieweit der Grundstückseigentümer von dem Nachbargrundstück ausgehende Beeinträchtigungen durch das Grillen hinnehmen muss, ergeben sich insoweit aus dem **nachbarrechtlichen Gemeinschaftsverhältnis** keine weitergehenden Duldungspflichten (→ *Nachbarschaftliches Gemeinschaftsverhältnis* Rn. 5). Dieses Rechtsinstitut darf nicht dazu dienen, die nachbarrechtlichen Regelungen in ihr Gegenteil zu verkehren.[30] Anderes gilt, wenn § 906 BGB nicht anwendbar ist. § 906 BGB setzt voraus, dass die Störung von einem Grundstück auf ein anderes erfolgt,[31] es sich also um einen Eingriff von außen handelt. Das ist im Verhältnis von Wohnungseigentümern untereinander zwar der Fall, weil es sich bei dem grundstücksgleichen Recht des Wohnungseigentums um „echtes Eigentum" im Sinne von § 903 BGB handelt und eine vom Sondereigentum herrührende Beeinträchtigung von außen kommt.[32] Das Verhältnis von **Mietern** untereinander findet aber in diesem grundstücksbezogenen Regelungszusam-

26 BGH Urt. v. 16.1.2015 – V ZR 110/14, NJW 2015, 2023; BGH Urt. v. 29.4.2015 – VIII ZR 197/14, BGHZ 205, 177; *Bub/Treier* MietR-HdB Kap III Rn. 2581.
27 BGH Urt. v. 14.10.1994 – II ZR 95/93, NJW 1995, 132.
28 OLG Düsseldorf Beschl. v. 26.5.1995 – 5 Ss (OWi) 149/95, ZMR 1995, 415.
29 OLG Düsseldorf Beschl. v. 26.5.1995 – 5 Ss (OWi) 149/95, ZMR 1995, 415.
30 BGH Urt. v. 13.12.2019 – V ZR 152/18, MDR 2020, 282; *Brückner* in MüKoBGB § 903 Rn. 43 ff.
31 BGH Urt. v. 12.12.2003 – V ZR 180/03, BGHZ 157, 188, 190.
32 BGH Urt. v. 25.10.2013 – V ZR 230/12, BGHZ 198, 327.

menhang des § 906 BGB keine Berücksichtigung.[33] Auch im Verhältnis von Bruchteilseigentümern eines Hausgrundstücks fehlt es bei Immissionen, die von einem Nutzungsbereich auf einen anderen einwirken, an dieser vorausgesetzten Grenzüberschreitung.[34] Entsprechendes gilt, wenn die Grillimmissionen nur vom Gemeinschaftseigentum auf das Sondereigentum derselben Wohnungseigentumsanlage ausgehen.[35]

Der Unterlassungsanspruch zielt beim Grillen auf die Verhinderung künftiger Störungen. Grundsätzlich hat der Störer zu entscheiden, ob und wie er die durch das Grillen verursachten Rauch-, Geruchs- und Lärmimmissionen auf das nach § 906 BGB zulässige Maß begrenzt. Hierfür kommen mehrere Mittel in Betracht – Elektrogrill statt Holzkohlegrill, Verringerung der Häufigkeit des Grillens, Verlegung des Grills an andere Stelle, Schutzmaßnahmen etc. Der beeinträchtigte Nachbar kann demnach in der Regel nur die Vornahme von Abhilfemaßnahmen verlangen, die geeignet sind. Dementsprechend lautet der Urteilstenor nur allgemein auf Unterlassung von Störungen durch das Grillen in einer bestimmten Häufigkeit, zu bestimmten Zeiten und an bestimmten Orten.[36] 19

2. Verkehrssicherungspflicht

Im Falle einer schuldhaften Gesundheitsverletzung ergibt sich ein Anspruch auf Schadensersatz aus § 823 Abs. 1 BGB. So stellt es eine nach § 823 Abs. 1 BGB zum Schadensersatz verpflichtende Verkehrssicherungspflichtverletzung dar, einen flüssigen Grillanzünder auf bereits angezündete Grillkohle zu spritzen, wodurch es zu einer Stichflamme und Verpuffung kommt.[37] Nach § 823 Abs. 1 BGB haftet wegen Verkehrssicherungspflichtverletzung auch der Hersteller eines fehlerhaften Flaschenverschlusses, wenn sich deswegen die Brennpaste entzünden und einen Flammenrückschlag auslösen konnte und der Geschädigte schwere Verbrennungen von der brennenden Paste erlitten hat.[38] Der bloße **Teilnehmer** einer Grillparty ist grundsätzlich nicht verkehrssicherungspflichtig. Aus der Stellung als **Veranstalter** eines Grillfestes ergibt sich aber eine Garantenstellung, die ihn kraft Organisationspflichtet dazu verpflichtet, Gefährdungen für die Rechtsgüter anderer durch das Grillfest zu vermeiden. Hieraus folgt auch die Verpflichtung, für eine sichere Aufbewahrung von gefährlichen Gegenständen wie einer Flasche mit Brennspiritus zu sorgen. Verkehrssicherungspflichtig ist auch der Eigentümer der Spiritusflasche als Überwachungsgarant aufgrund seines Eigentums.[39] Schadensersatzansprüche können sich bei unzulässigen Grillimmissionen auch aus § 823 Abs. 2 BGB ergeben, weil es sich bei § 906 BGB um ein Schutzgesetz handelt.[40] 20

3. Weitere Ansprüche

Der **Beseitigungsanspruch** nach § 1004 Abs. 1 S. 1 BGB zielt nur auf die Beseitigung bestehender Beeinträchtigungen durch das Grillen als Störungsquelle. Ist das Grillen bei der Geltendmachung des Anspruchs – wie in aller Regel – mittlerweile beendet, sind Rauch und Geruch verzogen und der Lärm verklungen, so dass der Anspruch auf Beseitigung unbeschadet des Unterlassungsanspruchs ins Leere geht. Möglich ist aber beispielsweise als Anspruchsziel die Beseitigung eines Grillkamins vor dem Schlafzimmer.[41] 21

Aus dem konkreten **Mietvertrag** ergibt sich, welchen Einwirkungen der Mieter vertragsgemäß ausgesetzt werden darf und welche Belästigungen das Mietverhältnis von Anfang an prägen.[42] Beeinträchtigungen durch das Grillen, die vom Nachbarmieter bzw. Nachbareigentümer ausgehen und nach Häufigkeit und Intensität über kaum zu vermeidende Beeinträchtigungen hinausgehen, können einen Mangel der Mietsache 22

---

33 BGH Urt. v. 29.4.2015 – VIII ZR 197/14, BGHZ 205, 177; BGH Urt. v. 12.12.2003 – V ZR 180/03, BGHZ 157, 188, 190; *Bassenge* in Palandt BGB § 906 Rn. 4.
34 BGH Urt. v. 10.12.2012 – V ZR 137/11, NJW 2012, 2343.
35 BGH Urt. v. 25.10.2013 – V ZR 230/12, BGHZ 198, 327.
36 BGH Urt. v. 21.10.2005 – V ZR 169/04, NJW-RR 2006, 237.
37 LG Bonn Urt. v. 26.10.2018 – 2 O 20/18, RuS 2019, 729.
38 OLG Hamm Urt. v. 21.12.2010 – 21 U 14/08, NJW-RR 2011, 893.
39 LG Bochum Urt. v. 9.7.2004 – 5 O 310/01, juris Rn. 39.
40 BGH Urt. v. 6.2.1986 – III ZR 109/84, NJW 1986, 2309 mwN.
41 BayObLG Beschl. v. 20.3.2002 – 2Z BR 16/02, NZM 2002, 533.
42 BGH Urt. v. 29.4.2015 – VIII ZR 197/14, BGHZ 205, 177.

nach § 536 BGB begründen.[43] Das gilt nicht bei nachträglich erhöhten Grillimmissionen, wenn auch der Vermieter die Immissionen ohne eigene Abwehrmöglichkeit als unwesentlich oder ortsüblich hinnehmen muss.[44] Bei wiederkehrenden Beeinträchtigungen genügt grundsätzlich eine Beschreibung, aus der sich ergibt, um welche Art von Beeinträchtigungen es geht (Rauch, Geruch, Partygeräusche; → *Musik* Rn. 38), zu welchen Tageszeiten, über welche Zeitdauer und in welcher Frequenz diese ungefähr auftreten. Dagegen braucht er weder das Maß der Gebrauchsbeeinträchtigung oder einen bestimmten Minderungsbetrag vorzutragen, noch ein Protokoll vorzulegen.[45] Grillt der Mieter zu häufig und verfährt so auch nach einer Abmahnung durch den Vermieter weiter, kann ihm gekündigt werden.[46]

23 Entsteht am Grundstück des Geschädigten aufgrund vom Immissionen, welche von einem Nachbargrundstück ausgehen, ein Schaden, und hatte der Geschädigte keine Möglichkeit, die Immission zu verhindern, besteht ein verschuldensunabhängiger nachbarrechtlicher **Ausgleichsanspruch** nach § 906 Abs. 2 S. 2 BGB insoweit, als der Grundstückseigentümer in der Benutzung seines Grundstücks über das zumutbare Maß hinaus beeinträchtigt worden ist. Ein solcher Anspruch kommt etwa in Betracht, wenn ein Grillfeuer durch Funkenflug von einem Grundstück auf ein Nachbargrundstück übergreift.[47]

V. Gemeindlicher Grillplatz

24 Der Abwehranspruch eines Nachbarn gegen den Rauch, Geruch und Lärm von einem Grillplatz, der als öffentliche Einrichtung jedermann zur Verfügung und schlicht-hoheitlich betrieben wird, ist öffentlich-rechtlicher Natur. Hierfür ist der Verwaltungsrechtsweg gegeben. Bei einem Grillplatz als Freizeitanlage handelt es sich um eine nicht genehmigungsbedürftige Anlage im Sinne von § 22 Abs. 1 BImSchG (→ *Lärm, Freizeit* Rn. 10).[48] Aus einer etwaigen Verletzung des immissionsschutzrechtlichen Vermeidungsgebots gemäß § 22 Abs. 1 S. 1 Nr. 1 BImSchG ergibt sich aber kein Unterlassungsanspruch des Nachbarn. Die §§ 22 ff. wie auch die §§ 4 ff. BImSchG begründen Rechte und Pflichten im Verhältnis zwischen der für die Genehmigung und Überwachung emittierender Anlagen zuständigen Behörde und dem Errichter und Betreiber der Anlage sowie – soweit die Vorschriften drittschützend sind – zwischen Behörde und Drittbetroffenem. Die Grundpflichten des § 22 Abs. 1 S. 1 Nr. 1 BImSchG begründen aber keine unmittelbaren Abwehransprüche im Nachbarschaftsverhältnis zwischen Gestörtem und öffentlichem Hoheitsträger als Störer. Als Anspruchsgrundlage für ein Lärmminderungsbegehren von Nachbarn kommt vielmehr allein der allgemeine **öffentlich-rechtliche Abwehranspruch** in Betracht, der sich aus einer analogen Anwendung von §§ 1004, 906 BGB ableiten lässt.[49] Er richtet sich darauf, dass erhebliche Belästigungen aus dem Betrieb der Anlage unterbleiben oder auf ein Mindestmaß beschränkt werden.

25 § 22 Abs. 1 iVm § 3 Abs. 1 BImSchG bildet in einem solchen öffentlich-rechtlichen Nachbarstreit allerdings den Maßstab dafür, ob Immissionen wesentlich und deshalb nicht zu dulden sind.[50] Der Maßstab führt im öffentlich-rechtlichen Nachbarschaftsverhältnis **zu demselben Ergebnis** wie der nach §§ 906, 1004 BGB im privat-rechtlichen Nachbarschaftsverhältnis.[51] Nach § 22 Abs. 1 Satz 1 BImSchG sind immissionsschutzrechtlich nicht genehmigungsbedürftige Anlagen, zu denen ein Grillplatz mit Feuerstelle, Tischen und Bänken als sonstige ortsfeste Einrichtung im Sinne des § 3 Abs. 5 Nr. 1 BImSchG zählt, so zu errichten und zu betreiben, dass schädliche Umwelteinwirkungen verhindert werden, die nach dem Stand der Technik vermeidbar sind, und, sofern dies nicht der Fall ist, auf ein Mindestmaß zu

43 Vgl. BGH Urt. v. 22.8.2017 – VIII ZR 226/16, NJW-RR 2017, 1290; BGH Urt. v. 29.2.2012 – VIII ZR 155/11, NJW 2012, 1647.
44 BGH Urt. v. 29.4.2015 – VIII ZR 197/14, BGHZ 205, 177. *Brückner* in MüKoBGB § 906 Rn. 63.
45 BGH Urt. v. 29.2.2012 – VIII ZR 155/11, NJW 2012, 1647.
46 LG Essen Urt. v. 7.7.2002 – 10 S 438/01, ZMR 2002, 597.
47 OLG Hamm Urt. v. 18.4.2013 – I-24 113/12, NJW-RR 2014, 328.
48 VGH Mannheim Urt. v. 11.4.1994 – 1 S 1081/93, MDR 1994, 917.
49 BVerwG Urt. v. 29.4.1988 – 7 C 33/87, BVerwGE 79, 254; BVerwG Urt. v. 19.1.1989 – 7 C 77/87, BVerwGE 81, 197.
50 BVerwG Urt. v. 29.4.1988 – 7 C 33/87, BVerwGE 79, 254.
51 BVerwG Urt. v. 19.1.1989 – 7 C 77/87, BVerwGE 81, 197.

beschränken. § 3 Abs. 1 BImSchG definiert schädliche Umwelteinwirkungen als Immissionen, die nach Art, Ausmaß oder Dauer geeignet sind, Gefahren, erhebliche Nachteile oder erhebliche Belästigungen für die Allgemeinheit oder die Nachbarschaft herbeizuführen. Beschränkungen, die der Minderung (nur) erheblicher Belästigungen dienen, dürfen nicht unverhältnismäßig sein.[52]

26 Ob Immissionen als schädlich anzusehen sind, lässt sich nicht nach einem festen und einheitlichen Maßstab für jegliche Art von Rauch, Geruch und Geräusch bestimmen. Insofern ist unter Ausgleich widerstrebender Interessen eine umfassende **Abwägung** aller Umstände des **Einzelfalls** vorzunehmen. Dabei sind die Wirkungen der Immissionen für die Nachbarn zu berücksichtigen. Die Bewertung der Zumutbarkeit richtet sich danach ausschließlich nach den jeweiligen Besonderheiten des Einzelfalles, insbesondere nach der durch die Gebietsart und die tatsächlichen Verhältnisse bestimmten Schutzwürdigkeit und Schutzbedürftigkeit. Zu berücksichtigen sind dabei wertende Elemente wie allgemeine Akzeptanz und soziale Adäquanz. Diese Umstände müssen im Sinne einer Güterabwägung in eine wertende Gesamtbetrachtung einfließen.[53] In diesem Zusammenhang sind technische Regelwerke zur Beurteilung von Lärmimmissionen heranzuziehen, wenn sie für die Beurteilung der Erheblichkeit der Lärmbelästigung im konkreten Streitfall brauchbare Anhaltspunkte liefern. Sofern für die Ermittlung und Bewertung der auf die Nachbarschaft einwirkenden Geräusche keine bestimmten Mess- und Berechnungsverfahren oder Lärmwerte rechtlich verbindlich vorgegeben sind, bleiben die Umstände des konkreten Einzelfalls maßgeblich.[54]

27 Betreibt eine Gemeinde den Grillplatz als öffentliche Einrichtung, so sind ihr grundsätzlich die von den Benutzern ausgehenden Immissionen **zuzurechnen**. Allein durch den Erlass einer **Grillplatzordnung**, die ua die Benutzungszeiten regelt, wird dieser Zurechnungszusammenhang nicht unterbrochen. Das gilt unabhängig von der Rechtsnatur der Grillplatzordnung. Wurde sie vom Gemeinderat beschlossen, kann ihr Satzungscharakter zukommen. Möglich ist auch, dass sie als Polizeiverordnung erlassen wurde, so dass sie als Rechtsverordnung qualifiziert werden kann. Andernfalls handelt es sich um eine Allgemeinverfügung, da sie die Widmung des Grillplatzes beschränkt.

28 Als Betreiberin der Anlage und Zustandsstörerin hat eine Gemeinde gegebenenfalls **weitere** Maßnahmen als den Erlass einer Grillplatzordnung zu ergreifen, um eine missbräuchliche Nutzung eines Grillplatzes zu verhindern. So kann sie den Polizeivollzugsdienst veranlassen, den Grillplatz zu kontrollieren, oder auch eigene Kontrollen durch besonderes Ordnungspersonal durchführen. Bei Erlass einer entsprechenden Polizeiverordnung kann sie Verstöße auch mit Bußgeld bewehren, so dass kontrollierende Polizeibeamte über Ermahnungen hinausgehende gebührenpflichtige Verwarnungen verhängen bzw. Bußgeldbescheide veranlassen können. Die Belegungshäufigkeit lässt sich durch eine Anmeldepflicht steuern.

VI. Prozessuales

1. Darlegungs- und Beweislast

29 Dem Anspruchsteller obliegt es, die Inhaberschaft des geltend gemachten Anspruchs darzulegen und zu beweisen (Eigentum bzw. Besitz). Gleiches gilt für die Einwirkung und Beeinträchtigung durch das Grillen.[55] Um der Behauptungslast hinsichtlich der Beeinträchtigung zu genügen, genügt grundsätzlich eine Beschreibung, aus der sich ergibt, um welche Art von Beeinträchtigungen es geht und zu welchen Tageszeiten, über welche Zeitdauer und in welcher Frequenz diese ungefähr auftreten.[56] Die Belästigung kann auch mit jedem zulässigen Beweismittel, insbesondere auch durch Vernehmung der betroffenen Nachbarn nachgewiesen werden.[57] Sache des Störers ist es sodann, darzulegen und gegebenenfalls zu beweisen, dass sich

52 BVerwG Urt. v. 19.1.1989 – 7 C 77/87, BVerwGE 81, 197.
53 BVerwG Urt. v. 30.4.1992 – 7 C 25/91, BVerwGE 90, 163.
54 BVerwG Urt. v. 17.7.2003 – 4 B 55/03, NJW 2003, 3360; VGH Mannheim Beschl. v. 23.5.2014 – 10 S 249/14, VBlBW 2015, 81.
55 *Lüke* in Grziwotz/Lüke/Saller NachbarR-HdB Kap. 3 Rn. 88.
56 BGH Urt. v. 22.8.2017 – VIII ZR 226/16, NJW-RR 2017, 1290.
57 OLG Düsseldorf Beschl. v. 26.5.1995 – 5 Ss (OWi) 149/95, ZMR 1995, 415.

eine Beeinträchtigung nur als **unwesentlich** darstellt.[58] Zur Entlastung kann er aufzeigen, welche konkreten Maßnahmen er getroffen hat, um die von seinem Grillen ausgehenden Beeinträchtigungen auf ein vom Nachbar zu bestimmten Zeiten hinzunehmendes Maß zu reduzieren.

2. Verfahren

30 Bei Immissionen durch das Grillen ist es regelmäßig nicht möglich, mit Worten das Maß unzulässiger Einwirkungen hinreichend zu bestimmen. Überdies ist die Messbarkeit von Rauch, Gerüchen und Lärm – so überhaupt möglich – jedenfalls nicht allein maßgeblich, so dass eine Angabe von eindeutigen Grenzwerten nicht möglich ist.[59] Für die immissionsrechtliche Unterlassungsklage sind deshalb Anträge mit dem Gebot, allgemein Störungen bestimmter Art, beispielsweise durch das Grillen, zu unterlassen, nicht unbestimmt, sondern nach § 253 Abs. 2 Nr. 2 ZPO zulässig. So kann beispielsweise beantragt werden, den Beklagten zu verurteilen,

- es zu unterlassen, öfter als zweimal im Monat, beschränkt auf zehnmal im Jahr, mit seinem an der Grundstücksgrenze zum Kläger befindlichen Grillkamin zu grillen.[60]
- durch geeignete Maßnahmen zu verhindern, dass vom Grillen auf seinem Grundstück Rauch, Gerüche und Lärm auf das Grundstück der Klägerin dringen, die dessen Benutzung beeinträchtigen und ihre Gesundheit, insbesondere durch nächtliche Ruhestörungen, verletzen.

Der Antrag auf Unterlassung von Beeinträchtigungen ist dahin zu verstehen, dass er entsprechend dem Gesetzeswortlaut nur wesentliche Beeinträchtigungen abwehren will. Das Gericht darf dann auch bestimmte Grenzwerte festlegen, die dem technischen Stand entsprechen, ohne dadurch gegen § 308 ZPO zu verstoßen.[61] Möglich ist deshalb beispielsweise der Tenor:

- Der Beklagte wird verurteilt, es zu unterlassen, dass vom Grillen auf seinem Grundstück x ausgehender Rauch und Gerüche das Grundstück der Klägerin wesentlich beeinträchtigen[62] und hierauf Geräusche einwirken, die – gemessen 0,5 m vor den Fenstern des klägerischen Wohnhauses – zwischen 20.00 Uhr und 24.00 Uhr einen Beurteilungspegel von 70 dB(A) und eine Geräuschspitze von 90 dB(A) sowie zwischen 24.00 Uhr und 08.00 Uhr einen Beurteilungspegel von 55 dB(A) und eine Geräuschspitze von 65 dB(A) überschreiten.[63]

31 Das Gericht ist, wenn es um die Zumutbarkeit von Geräuscheinwirkungen geht, gerade in Grenzbereichen gehalten, sich durch einen **Ortstermin** einen eigenen Eindruck von der Art und Intensität der Geräusche zu verschaffen.[64] Die Klageschrift sollte deshalb stets den Beweisantritt des Augenscheins in Form eines Ortstermins enthalten.[65] Im Rahmen einer Gesamtwürdigung aller die jeweiligen Immissionen des Einzelfalls charakterisierenden Umstände hat das Gericht zu beurteilen, ob die Beeinträchtigungen „wesentlich" oder „unwesentlich" sind.

32 Lautet der Unterlassungstitel auf Unterlassung von bestimmten Grillimmissionen, ist hierauf die **Unterlassungsvollstreckung** nach § 890 ZPO anwendbar. Trotz seines Wortlauts kann der Schuldner einem solchen Unterlassungsgebot regelmäßig jedoch nicht durch bloßes Nichtstun genügen, sondern allein durch **aktives** Handeln, zB durch die Verlegung des Grillstandorts usw Die Frage, welches aktive Handeln erforderlich ist, hat zunächst der Schuldner selbst zu beantworten.[66] Unter Umständen wird ihn im Vollstreckungsver-

58 BGH Urt. v. 10.11.1992 – V ZR 82/91, BGHZ 120, 239; BGH Urt. v. 23.3.1990 – V ZR 58/89, BGHZ 111, 63 (69).
59 BGH Urt. v. 30.10.1998 – V ZR 64/98, BGHZ 140, 1; BGH Urt. v. 5.2.1993 – V ZR 62/91, BGHZ 121, 248.
60 AG Westerstede Urt. v. 30.6.2009 – 22 C 614/09, NZM 2010, 366.
61 BGH Urt. v. 5.2.1993 – V ZR 62/91, BGHZ 121, 248.
62 BGH Urt. v. 30.10.1998 – V ZR 64/98, BGHZ 140, 1.
63 BGH Urt. v. 26.9.2003 – V ZR 41/03, NJW 2003, 3699.
64 BGH Urt. v. 26.10.2018 – V ZR 143/17, NJW 2019, 773.
65 *Horst* NachbarR-HdB Rn. 792.
66 BGH Urt. v. 4.2.1993 – I ZR 42/91, BGHZ 121, 242 – TRIANGLE.

fahren nach § 890 ZPO das Prozessgericht hierüber belehren müssen, wobei ihn das Verschuldenserfordernis vor ungerechtfertigten Ordnungsmitteln schützt.[67]

Trifft der Schuldner freiwillig oder zwangsweise Abhilfe, tritt zwar insoweit Erfüllung ein. Der Unterlassungsanspruch ist aber stets auf die Verhinderung künftiger Störungen gerichtet und erlischt deshalb nicht. 33
Ein nach § 890 ZPO zu vollstreckender Unterlassungstitel ist – im Unterschied zu einem Beseitigungstitel – demnach **nicht verbraucht**, sondern weiterhin Grundlage dafür, erneute unzulässige Grillimmissionen abzuwehren.

55. Grundwasser

Jeromin

I. Begriff und Gegenstand

1 Nach der gesetzlichen Begriffsdefinition in § 3 Nr. 3 WHG ist Grundwasser das unterirdische Wasser in der Sättigungszone, das in unmittelbarer Berührung mit dem Boden oder dem Untergrund steht. Etwas verständlicher **definiert die DIN 4049** Grundwasser als unterirdisches Wasser, das die Hohlräume der Erdrinde zusammenhängend ausfüllt und dessen Bewegung ausschließlich oder nahezu ausschließlich von der Schwerkraft und den durch die Bewegung selbst ausgelösten Reibungskräften bestimmt wird.

2 Das Grundwasser ist als zusammenhängendes Ganzes und damit als Einheit aufzufassen, das sich weder einzelnen Grundstücken, unter denen es sich befindet bzw. fließt, noch dem Herrschaftsbereich einzelner Grundstückseigentümer rechtlich zuordnen lässt. Insofern normiert § 4 Abs. 2 WHG, dass **Grundwasser nicht eigentumsfähig** ist, sondern der besonderen, dem öffentlichen Recht zuzuordnenden Rechtsordnung untersteht.[1] Gleichwohl können naturbedingte oder anthropogene Veränderungen des Grundwasserspiegels oder der Grundwasserbeschaffenheit über die jeweiligen Grundstücksgrenzen hinausgehen, unabhängig von dem jeweiligen Einwirkungsort. Damit ist der sachliche Zusammenhang zwischen Grundwasser und Nachbarschutz beschrieben.

1. Wasserrechtliche Haftungsordnung

3 Die Nutzung und **Bewirtschaftung des Grundwassers ist hoheitlich** durch das Erfordernis einer Bewilligung oder Erlaubnis (§ 8 WHG) **ausgestaltet**, aber zugleich auch in die wasserrechtliche Haftungsordnung eingebettet, die abgesehen von dem Schadensersatzanspruch aus der Gefährdungshaftung nach § 89 WHG, durch privatrechtliche Beseitigungs-, Unterlassungs- und Schadensersatzansprüche aus unerlaubter Handlung als die maßgeblichen Tatbestände bestimmt ist.[2] Die öffentlich-rechtlichen Bestimmungen mit ihren im Wasserwirtschaftsrechts geltenden prinzipiellen Erlaubnis- oder Bewilligungspflichten im Sinne eines repressiven Verbotes mit Befreiungsvorbehalt verdrängen das private Nachbarrechtsverhältnis in diesen Bereichen nicht. Insoweit wird auch der **öffentlich-rechtliche Nachbarschutz faktisch mit Ansprüchen**

67 *Böhm*, Die Zwangsvollstreckung nach § 890 ZPO, S. 74.
1 *Dehner* B § 26 lit. a I.
2 *Breuer/Gärditz* WasserR Rn. 1381.

aus dem privaten Nachbarrechtsverhältnis durchgesetzt. Vergleichbar den Regelungen im öffentlichen Baurecht, werden wasserrechtliche Erlaubnisse bzw. Zulassungsentscheidungen ebenfalls unbeschadet privater Rechte Dritter (Nachbarn) erteilt.

2. Nachbarrechtliche Relevanz

4 In Bezug auf den Nachbarschutz ist Grundwasser in sehr unterschiedlicher Weise von Bedeutung. Zum einen kann es um Gefahren und Schäden für die Beschaffenheit und Qualität von Grundwasser durch nachbarliche Einwirkungen gehen. Zum anderen können durch **Veränderung des Grundwasserspiegels** Gefahren für die **Standsicherheit** von Grundstücken und baulichen Anlagen für Nachbarn entstehen. In unterschiedlichen Konstellationen kommt dem Grundwasser im nachbarschaftlichen Verhältnis von Grundstückseigentümern zueinander eine haftungsrelevante Bedeutung zu, die Schadensersatz-, Unterlassungs- und Abwehransprüche nach dem allgemeinen Nachbarrecht auslösen können. Hierzu zählen die durch bestimmte (ggf. bauliche) Maßnahmen bewirkte Anhebung des Grundwasserspiegels oder dessen Absenkung, sowie die **Verunreinigungen durch physikalische, chemische oder biologische Einwirkungen** auf das Grundwasser, wenn dadurch die Benutzung eines anderen Grundstücks erheblich beeinträchtigt wird. Die Rechtsschutzmöglichkeiten des Nachbarn sind im Wasserrecht, wie auf vielen Gebieten des Nachbarrechts, zweigleisig ausgestaltet: Teilweise sind sie im öffentlich-rechtlichen Weg geltend zu machen, teilweise sind sie zivilrechtlich in der ordentlichen Gerichtsbarkeit gegen den Eigentümer des Grundstücks unmittelbar durchzusetzen.

II. Ausschluss privatrechtlicher Abwehransprüche nach § 16 WHG

5 Da wasserrechtlich behördliche Zulassungsentscheidungen unbeschadet privater Rechte Dritter erteilt werden, regelt das **WHG einen sachlichen Vorrang der öffentlich-rechtlichen Zulassungsentscheidung gegenüber privatrechtlichen Abwehransprüchen** Dritter nach dem allgemeinen Grundsatz, was öffentlich-rechtlich gestattet ist, kann nicht zivilrechtlich verboten sein bzw. werden. Diesem Konkurrenzverhältnis mit einem Vorrang des öffentlichen Rechts vor dem Zivilrecht folgt die Regelung in § 16 WHG, wonach bei einer wasserrechtlichen Bewilligung mit ihrer Unanfechtbarkeit sämtliche privatrechtlichen Unterlassungs-, Beseitigungs- und Schadensersatzansprüche Dritter ausgeschlossen sind (16 Abs. 2 S. 1 WHG), während bei einer gehobenen Erlaubnis ihre Unanfechtbarkeit lediglich Ansprüche auf Einstellung der Benutzung verhindert (§ 16 Abs. 1 S. 1 WHG). Sowohl die wasserrechtliche Bewilligung als auch die gehobene Erlaubnis verlagern den Nachbarrechtsschutz folglich mit der Möglichkeit zur Erhebung von Einwendungen auf die vorgeschaltete Ebene des wasserrechtlichen Zulassungsverfahrens. Denn eine wasserrechtliche Bewilligung kommt nur in Betracht, wenn nachteilige Auswirkungen für Nachbarn durch Inhalts- und Nebenbestimmungen vermieden oder ausgeglichen werden können.

6 Der in seinen subjektiv-öffentlichen Rechtspositionen betroffene Grundstücksnachbar ist wegen der Ausschlussregelung des § 16 WHG deshalb gehalten, durch Einlegung von Rechtsbehelfen (Widerspruch und Klage) die formelle Bestandskraft einer wasserrechtlichen Zulassungsentscheidung (gehobene Erlaubnis/Bewilligung) im Zusammenhang mit der Nutzung des Grundwassers zu verhindern und seine Rechte geltend zu machen. Im **Verwaltungsrechtsweg werden dann die Einwendungen und Belange des Grundstücksnachbarn** im Hinblick auf ihre angemessene Berücksichtigung **bei der wasserbehördlichen Zulassungsentscheidung** geprüft und gegebenenfalls korrigiert. Legt der Grundstücksnachbar fristgerecht Widerspruch gegen eine Bewilligung ein und erhebt gleichzeitig gegen den Benutzer im Zivilrechtswege Unterlassungsklage ist der Zivilprozess jedoch bis zur rechtskräftigen Entscheidung über die Rechtmäßigkeit der Bewilligung in der Verwaltungsgerichtsbarkeit auszusetzen. Denn **Bewilligung** und gehobene Erlaubnis sind **privatrechtsgestaltende Verwaltungsakte**, mit deren Bestandskraft nicht nur gleichartige öffentlich-rechtliche Ansprüche ausgeschlossen sind, sondern die bezogen auf die privaten Rechte auch einen neuen Rechtszustand begründen.[3] Folglich sind **Zivilklagen wegen der durch § 16 WHG angeordneten materi-**

3 *Czychowski/Reinhardt* WHG § 16 Rn. 2.

ellrechtlichen Präklusion zivilrechtlicher Ansprüche auf Beseitigung der Störung, Unterlassung der Benutzung, auf Herstellung von Schutzeinrichtungen und Schadensersatz als **unbegründet** abzuweisen.[4]

Der Rückgriff auf die zivilrechtlichen Ansprüche des Nachbarn nach den §§ 906 ff., 823 Abs. 2 BGB ist im Zusammenhang mit dem Grundwasser erst dann eröffnet, wenn die Einwendungsmöglichkeit im Bewilligungsverfahren verfahrensfehlerhaft nicht bestand, in der Bekanntmachung nicht auf den Ausschluss von zivilrechtlichen Ansprüchen hingewiesen wurde oder eine Bekanntmachung gänzlich unterblieben ist (§ 11 Abs. 2 WHG) oder Veränderungen des Grundwassers bzw. des Grundwasserspiegels ohne eine erforderliche Bewilligung – rein faktisch – verursacht werden.[5] 7

III. Kein privates Eigentum am Grundwasser, § 4 Abs. 2 WHG

Gemäß § 4 Abs. 2 WHG gibt es am Grundwasser selber **kein privates Eigentum**, sondern gegebenenfalls eine **ausschließliche Verfügungsbefugnis**, die deutlich hinter der allgemeinen Herrschaftsbefugnis eines Grundeigentümers nach § 903 BGB zurückbleibt und insoweit auch keine zivilrechtlichen Abwehransprüche gegen Eingriffe durch Dritte nach §§ 1004, 861 BGB begründet. Ein Grundwasserbenutzungsrecht gewährt deshalb kein Recht auf Zufluss von Wasser bestimmter Menge und Beschaffenheit (vgl. § 10 Abs. 2 WHG) und damit kein Abwehrrecht gegen Beeinträchtigungen des Grundwasserzustands.[6] So stellt beispielsweise die Möglichkeit aus einem Brunnen (→ *Brunnen* Rn. 1 ff.) für den Bedarf einer Gärtnerei geeignetes Grundwasser zu entnehmen, keine vom Schutzbereich des Art. 14 GG erfasste Rechtsposition dar. Die bloße Beeinträchtigung des Grundwassers beispielsweise durch Verunreinigungen ist regelmäßig nicht mit einer Substanzbeeinträchtigung des betroffenen, darüber liegenden Grundstücks verbunden, so dass mangels Eigentumsverletzung kein Abwehranspruch nach § 1004 Abs. 1 BGB gegeben ist. Einwirkungen auf das Grundwasser durch Dritte/Nachbarn, die zu einer Verschlechterung des Grundwasserzustandes führen, sind nicht privatrechtlich durch den negatorischen Anspruch aus § 1004 BGB oder einem Schadensersatzanspruch wegen einer Eigentumsverletzung nach § 823 Abs. 1 BGB abwehrfähig bzw. ausgleichbar. Ihnen kann nur (mittelbar) mit einem Antrag bei der zuständigen Gewässeraufsichtsbehörde auf wasserrechtliches Einschreiten begegnet werden. Nach der maßgeblichen Eingriffsnorm des § 100 Abs. 1 Satz 2 WHG ordnet die zuständige Wasserbehörde nach pflichtgemäßen Ermessen die Maßnahmen an, die im Einzelfall notwendig sind, um Beeinträchtigungen des Wasserhaushalts zu vermeiden oder zu beseitigen, wozu auch die Gefahr einer Grundwasserverunreinigung zählt.[7] 8

IV. Gefährdungshaftung nach § 89 Abs. 1 WHG

§ 89 Abs. 1 WHG begründet eine Haftung für Gewässerveränderungen, die in der Rechtsfolge einen Schadensersatzanspruch nach den allgemeinen zivilrechtlichen Regelungen der §§ 249 ff. BGB begründet, wobei der Schaden nicht alleine auf einer konkreten Rechtsgutsverletzung des Ersatzberechtigten, wie Gesundheit, Eigentum, etc beruhen muss, sondern auch direkte Vermögensschäden erfasst.[8] 9

1. Anwendungsbereich

Die Haftungsregelung des § 89 Abs. 1 WHG bezieht sich nicht nur auf oberirdische Gewässer und Küstengewässer, sondern nach **Auffassung des BGH**[9] **auch** auf das **Grundwasser**, dessen Verunreinigung zum Schadensersatz führen kann. Rechtsdogmatisch widerspricht diese Einbeziehung zwar dem Nassauskie- 10

4 BGH Urt. v. 12.7.1984 – III ZR 65/83, BGHZ 92, 114.

5 In diesem Sinne auch: *Dehner* B § 26 a V Nr. 2, der dem beeinträchtigten Nachbarn gegen die unerlaubte Nutzung des Grundwassers eine auf §§ 823 Abs. 2, 1004 Abs. 1 S. 2 BGB gestützte Unterlassungsklagemöglichkeit zuerkennt.

6 BGH Urt. v. 20.1.1994 – III ZR 166/92, BGHZ 124, 394.

7 Vgl. OVG Magdeburg Beschl. v. 24.7.2019 – 2 M 47/19, juris Rn. 15.

8 *Czychowski/Reinhardt* WHG § 89 Rn. 47.

9 BGH Urt. v. 20.1.1994 – III ZR 166/92, BGHZ 124, 394 (395).

sungsbeschluss des BVerfG[10], der eine klare Trennung des Oberflächeneigentums von dem der öffentlich-rechtlichen Ordnung unterstellten Grundwasser verlangt. Gleichwohl ist mit Verweis auf § 2 Abs. 2 S. 2 WHG verdeutlicht, dass der Gesetzgeber bundesgesetzlich eine umfassende Haftung für Gewässerveränderungen nach § 89 WHG, einschließlich des Grundwassers angeordnet hat.

2. Haftungstatbestand

11 Tatbestand des **verschuldensunabhängigen Schadensersatzanspruchs** des § 89 Abs. 1 WHG ist das Einbringen oder das Einleiten in ein Gewässer oder das Einwirken auf ein Gewässer durch denjenigen, der die tatsächliche Sachherrschaft ausübt. Anknüpfungspunkt für die Haftung ist mithin ein bestimmtes Tun, ohne dass gleichzeitig eine positive Kenntnis der Folgen auf das Grundwasser vorliegen muss. Während die Handlungsformen des Einbringens und des Einleitens ein zielgerichtetes Handeln voraussetzen, bedeutet Einwirken ein Verhalten, das bloß mittelbar ein Gewässer oder das Grundwasser (negativ) beeinflussen kann, wobei die rein kausale Verursachung von Wirkungen allerdings nicht genügen soll.[11] Der **BGH verlangt** insofern ein **zweckgerichtetes Verhalten**, also ein voluntatives Element.[12] Danach reicht die bloße Verursachung im Sinne des Hineingelangens in das Grundwasser nicht aus. Ein haftungsbegründendes Handeln im Sinne der Vorschrift liegt erst bei einem Tun (oder Unterlassen) vor, das nach seiner objektiven Eignung darauf abzielt, dass Stoffe in oberirdische Gewässer oder in das Grundwasser gelangen, wobei ein funktioneller Zusammenhang mit einer Gewässerbenutzung vorliegen muss. Dies ist regelmäßig nur der Fall bei Handlungen, die unmittelbar auf ein Gewässer einwirken, nicht auch bei solchen, die lediglich mittelbar die Beschaffenheit des Wassers beeinflussen.

12 Beispielhaft für eine (bejahte) Gefährdungshaftung nach § 89 Abs. 1 WHG im Zusammenhang mit einer Verunreinigung des Grundwassers ist die Entscheidung des OLG Koblenz.[13] Der Schaden in einem Verbindungssammler eines Abwasserkanals führte insofern unmittelbar zu einer Verseuchung des Grundwassers mit Fäkalienbakterien, was zur Folge hatte, dass der Betriebsbrunnen im Zustrom der unterirdischen Fließrichtung des Grundwassers zur Versorgung mit Trinkwasser stillgelegt und über eine Notwasserleitung die Versorgung des Außenbereichsgrundstücks mit einem Hotel sichergestellt werden musste. Dem Merkmal der **gewässerbezogenen Finalität** kommt bei der Anwendung des § 89 Abs. 1 WHG die entscheidende Bedeutung zu. Der BGH[14] hat im Zusammenhang mit einer Grundwasserverunreinigung den Tatbestand der wasserrechtlichen Gefährdungshaftung verneint, wenn im Zuge des winterlichen Räum- und Streudienstes auf einer Bundesstraße Salz auf die Fahrbahn ausgebracht wird, das sich mit Oberflächenwasser vermischt und im angrenzenden Erdreich versickert und damit in das Grundwasser gelangt. Das **Ausbringen von Streusalz** auf die Bundesstraße im Zuge des winterlichen Räum- und Streudienstes dient der Erhaltung der Verkehrssicherheit auf der Straße. Zweck des Streuens ist nicht das Hineingelangen salzhaltiger Stoffe in das Grundwasser. Eine unmittelbar auf eine Gewässerbenutzung gerichtete, darauf zweckbestimmt abzielende Handlung liegt nicht vor.[15] Dasselbe gilt trotz objektiv eingetretener Verunreinigung des Grundwassers, wenn im Auftrag eines Bahnunternehmens **Herbizide auf der Bahnstrecke versprüht** werden, die auch in das Grundwasser gelangen. Eine unmittelbare Einwirkung fehle nach Auffassung des BGH[16], wie bei einem Einsatz von **Dünger- und Pflanzenschutzmitteln in der Landwirtschaft**, die in das Grundwasser gelangen. Die gewässerbezogene Ausrichtung des Handelns fehlt. Entscheidend in diesem Zusammen-

10 BVerfG Beschl. v. 15.7.1981 – 1 BvL 77/78, BVerfGE 58, 300.

11 *Czychowski/Reinhardt* § 89 Rn. 28, ebenso: *Breuer/Gärditz*, Rn. 1473, die auf ein zweckgerichtetes, gewässerbezogenes Verhalten abstellen.

12 BGH Urt. 13.12.2019 – V ZR 152/18, juris Rn. 27: mittelbar auf den Willen zurückgehend; zuvor: BGH Urt. 4.2.2005 – V ZR 142/04, juris Rn. 13; auch: LG Halle Urt. v. 20.12.2012 – 4 O 490/11, juris Rn. 31.

13 OLG Koblenz Urt. v. 17.8.2017 – 1 U 729/15, juris Rn. 34.

14 BGH Urt. v. 20.1.1994 – III ZR 166/92, BGHZ 124, 394.

15 Ebenso: LG Düsseldorf Urt. v. 2.8.2016 – 7 O 242/15, juris Rn. 53: Setzt ein Flughafenbetreiber PFT-haltigen Löschschaum ein, der letztlich in das Grundwasser auf dem Betriebsgelände gelangt, so ist darin nicht eine zweckgerichtete Handlung zu sehen, die als Einbringen, Einleiten oder Einwirken zu charakterisieren ist.

16 BGH Urt. v. 31.5.2007 – III ZR 3/06, BGHZ 172, 287: Haftung für Wasserqualität, Besprühen des Bodens mit Unkrautvernichtungsmittel.

hang ist, dass eine Haftung nach § 89 Abs. 1 WHG zwar nicht davon abhängt, dass dem Grundwasser von außen schädliche Stoffe zugeführt werden[17], jedoch muss eine zweckgerichtete Handlung vorliegen, die als Einbringen, Einleiten oder Einwirken zu charakterisieren ist. Als Konsequenz aus der umfassenden Gefährdungshaftung ergeben sich zudem Haftungsbegrenzungen und -beschränkungen durch Einwirkungen infolge höherer Gewalt oder solche Einwirkungen, die grundsätzlich ungeeignet sind, die Beschaffenheit des Grundwassers nachteilig zu verändern.[18]

V. Nachbarrechtlicher Ausgleichsanspruch analog §§ 906 Abs. 2, 909 BGB

Der wie § 89 Abs. 1 WHG ebenfalls verschuldensunabhängige nachbarrechtliche Ausgleichsanspruch (vgl. → *Nachbarschaftliches Gemeinschaftsverhältnis* Rn. 16) in entsprechender Anwendung des § 906 Abs. 2 Satz 2 iVm § 909 BGB gewährt einen finanziellen Ausgleich, wenn von einem Grundstück im Rahmen privatwirtschaftlicher Benutzung rechtswidrige Einwirkungen auf ein anderes Grundstück ausgehen, die der Eigentümer oder Besitzer des betroffenen Grundstücks zwar nicht dulden muss, jedoch nicht gemäß §§ 1004 Abs. 1, 862 Abs. 1 BGB als Eigentums- oder Besitzstörung unterbinden kann, sofern er hierdurch Nachteile erleidet, die das zumutbare Maß einer entschädigungslos hinzunehmenden Beeinträchtigung übersteigen.[19] In der höchstrichterlichen Rechtsprechung ist geklärt, dass der Ausgleichsanspruch nicht nur die Fälle der Immissionen im Sinne des § 906 BGB[20] erfasst, sondern auch bei Vertiefungen gemäß § 909 BGB Anwendung findet, die unmittelbare Auswirkungen auf die Standsicherheit baulicher Anlagen auf dem Nachbargrundstück haben. Hierzu zählt auch die durch Baumaßnahmen verursachte **Absenkung des Grundwasserspiegels**, die auf dem Nachbargrundstück zu Setzungen der vorhandenen Bausubstanz führen kann.[21] 13

1. Veränderungen des natürlichen Grundwasserstandes

Während der – berechtigte – Nutzer von Grundwasser (zB Brunnenbesitzer und -nutzer) keine zivilrechtlichen Abwehransprüche gegenüber Nachbarn hat, die direkt oder mittelbar nachteilige Auswirkungen auf die Wasserqualität und die vorhandene Wassermenge verursachen, besteht ein nachbarschaftlicher Abwehranspruch des Grundstückseigentümers, wenn Einwirkungen auf das Grundwasser erfolgen, die den natürlichen Grundwasserspiegel verändern, entweder durch Absenkung des Grundwassers oder durch eine Grundwassererhöhung.[22] **Schutzgut** ist insofern das **Privateigentum an dem Grundstück** und an den aufstehenden Gebäuden und baulichen Anlagen, **nicht jedoch das Grundwasser selber**, welches physikalische Veränderungen erfährt. Von daher kommt es auf die Auswirkungen an, die durch die Veränderung des Grundwasserspiegels auf die Schutzgüter entstehen. Die Grundwasserabsenkung kann zu einer Beeinträchtigung der Stütze eines Grundstücks infolge der Veränderung des Bodendrucks führen, weil der Boden zusammen mit dem Grundwasser in der Regel eine Stütze bedeutet, die mit einer Absenkung entzogen oder verringert wird.[23] 14

Der **Stabilitätsverlust für ein Nachbargrundstück** infolge der Veränderung des Grundwasserspiegels kann durch eine unmittelbare Grundwasserentnahme ebenso bewirkt werden wie durch Tiefbauarbeiten oder den Bau von Dränagen bzw. Entwässerung und Kanalisationsanlagen, die eine **Dränagewirkung** für 15

17 BGH Urt. v. 13.11.2003 – III ZR 368/02, ZfW 2004, 184: Schadenersatz- bzw. Aufwendungsersatzanspruch eines Wasserkraftwerkbetreibers wegen der Beseitigung abgemähter und angeschwemmter Wasserpflanzen.

18 *Czychowski/Reinhardt* WHG § 89 Rn. 33.

19 Seit BGH Urt. v. 8.2.1972 – VI ZR 155/70, BGHZ 58,149 (152); BGH Urt. v. 23.2.2001 – V ZR 389/99, BGHZ 147, 45 (49 ff.).

20 BGH Urt. v. 2.3.1984 – V ZR 54/83, BGHZ 90, 255: Immissionen durch Herbizide. Unterirdischer oder oberirdischer Wasserzufluss als sog. Grobimmission zählt als solcher nicht zu den Immissionen im Sinne des § 906 Abs. 1 BGB.

21 LG Freiburg Urt. v. 20.10.2017 – 11 O 15/17, juris Rn. 3.

22 *Saller* NachbarR-HdB Teil 3 Rn. 14.

23 BGH Urt. v. 20.12.1971 – III ZR 79/69, BGHZ 57, 370 (374); BGH Urt. v. 27.5.1987 – V ZR 69/86, BGHZ 101, 106 (109).

das Nachbargrundstück erzeugen. Sämtliche Vorgänge können als (unzulässige) Vertiefung unter den Tatbestand des § 909 BGB gefasst werden und stellen gleichzeitig ein Schutzgesetz im Sinne des § 823 Abs. 2 BGB dar, der einen umfassenden Schadensersatzanspruch des betroffenen Grundstückseigentümers gemäß §§ 249 ff. BGB begründet, der über den nachbarlichen Ausgleichsanspruch hinausgehen kann.

16 Ein Unterlassungsanspruch aus § 1004 Abs. 1 Satz 2 BGB kann dem Eigentümer eines Grundstücks ferner zustehen, wenn durch bauliche oder sonstige Maßnahmen oder die Gestaltung des Nachbargrundstücks (mittels Auffüllung, Bebauung, Teilversiegelung, Herstellung von Versickerungsanlagen und dergleichen) unmittelbar eine Erhöhung des Grundwasserstandes bewirkt wird, die zu Schäden an seinem Grundstück, dem Erdboden oder die auf ihm befindlichen Bauten führt oder die landwirtschaftliche bzw. gärtnerische Nutzung des Grundstücks wesentlich beeinträchtigt. Die **Veränderung des Grundwassersstandes** oder der Grundwasserströmung mit der Folge eines Ansteigens des Grundwasserspiegels kann auch auf den bloß **unterirdischen Zufluss von vermehrtem Sickerwasser** zurückzuführen sein.[24] Steigendes Grundwasser muss insofern aber auf konkrete Maßnahmen und Eingriffe zurückzuführen sein und darf nicht geogen bedingt auf natürlichen Einflüssen beruhen. Der BGH[25] fordert insoweit eine Einschränkung, als nicht jeder vermehrte, dh über die natürlichen Gegebenheiten hinausgehender Zufluss relevant ist. Er muss vielmehr zu einer Beeinträchtigung des Nachbargrundstücks führen.

2. Landesgesetzliche Schutz- und Abwehransprüche

17 Einige Bundesländer[26] enthalten in ihren Landesnachbarrechtsgesetzen (NRG) Bestimmungen, die Einwirkungen auf das Grundwasser mit nachteiligen Folgen für Nachbargrundstücke untersagen. Beispielhaft lautet die Regelung im hessischen Nachbarrechtsgesetz: *„Der Eigentümer und die Nutzungsberechtigten eines Grundstücks dürfen auf dessen Untergrund mit physikalischen oder schädlichen Mitteln nicht in der Weise einwirken, dass der Grundwasserspiegel steigt oder sinkt und dadurch auf einem Nachbargrundstück erhebliche Beeinträchtigungen hervorgerufen werden.“*

18 Soweit Grundwassernutzungen auf öffentlich-rechtlichen Zulassungsentscheidungen beruhen, insbesondere dem Nutzer durch eine Bewilligung nach § 8 WHG gestattet ist, Grundwasser zu entnehmen, werden von dem Ausschluss nach § 16 Abs. 1 WHG auch die auf den Landesnachbarrechtsgesetzen beruhenden Abwehr- und Unterlassungsansprüche erfasst. Von daher ist folgerichtig in den Bestimmungen der Länder Niedersachsen, Schleswig-Holstein und Sachsen-Anhalt geregelt, dass das öffentlich-rechtliche Benutzungsregime des WHG (mit Erlaubnis und Bewilligung) den landesgesetzlichen Anforderungen vorgeht und die nachbarrechtlichen Regelungen zu Veränderungen des Grundwassers nicht gelten. Daher ist die praktische Bedeutung der landesgesetzlichen Bestimmungen zu Einwirkungen auf das Grundwasser gering.[27]

24 BGH Urt. v. 12.6.2015 – V ZR 168/14, BauR 2015, 1844.
25 BGH Urt. v. 12.6.2015 – V ZR 168/14, BauR 2015, 1844.
26 Hessen (§ 20 HNRG), Niedersachsen (§ 38 NNachbG), Schleswig-Holstein (§ 27 NachbG Schl.-H.) sowie Sachsen-Anhalt (§ 29 NbG).
27 *Dehner* B § 26 a IV Nr. 2.

56. Hammerschlags- und Leiterrecht

Kieß

Literatur: *Kirchhof*, Durchsetzung und Abwehr nachbarrechtlicher Ansprüche auf Duldung von Baumaßnahmen am fremden Grundstück, NZBau 2012, 206.

I. Einführung

Unter dem Hammerschlags- und Leiterrecht (im Folgenden kurz: Hammerschlagsrecht) wird das Recht des Eigentümers verstanden, das Nachbargrundstück im Einzelfall zu nutzen, weil bestimmte Handlungen am eigenen Grundstück nur vom Nachbargrundstück aus vorgenommen werden können. Dieses Recht ist insbesondere von Bedeutung, wenn Grundstücke bis zur Grundstücksgrenze bebaut sind, die notwendigen Handlungen aber nicht aus dem Inneren des eigenen Gebäudes heraus durchgeführt werden können.[1] Hauptanwendungsbereich sind Bau- und Instandsetzungsarbeiten am eigenen Gebäude vom Nachbargrundstück aus. 1

Auf der Grundlage von Art. 124 S. 1 EGBGB haben praktisch alle Bundesländer in den Nachbarrechtsgesetzen und vereinzelt auch in den Landesbauordnungen ausdrückliche Regelungen zum Hammerschlagsrecht getroffen. Die speziellen landesrechtlichen Regelungen[2] gehen daher in diesen Ländern den Grundsätzen des nachbarschaftlichen Gemeinschaftsverhältnisses vor (→ *Nachbarschaftliches Gemeinschaftsverhältnis* Rn. 4 f.); auf diese Grundsätze ist nur in Bremen und Mecklenburg-Vorpommern zurückzugreifen. 2

II. Anspruchsvoraussetzungen

1. Gebäude oder sonstige bauliche Anlagen

Das Hammerschlags- und Leiterrecht steht dem Eigentümer nur für Bau- und Instandsetzungsarbeiten an **Gebäuden oder sonstigen baulichen Anlagen** zu, mithin für – nur vorübergehende[3] – Arbeiten zur Errichtung, Änderung, Unterhaltung und Beseitigung der baulichen Anlagen.[4] Der zulässige Anlass ergibt sich insoweit aus dem jeweiligen Landesgesetz.[5] Die unterschiedlichen Voraussetzungen sind zu beachten.[6] 3

1 Vgl. auch *Kirchhof* NZBau 2012, 206.

2 § 7d NRG BW; Art. 46b BayAGBGB; §§ 17 f. NachbG Bln; §§ 23 f.; BbgNRG; § 74 HBauO; § 28 f. HNRG; §§ 47 f. NNachbG; §§ 24 f. NachbG NRW; §§ 21 ff. LNRG RhPf; §§ 24 ff. NachbG Saarl; § 24 SächsNRG; §§ 18 ff. NbG; §§ 17 ff. NachbG Schl.H.; §§ 21 ff. ThürNRG; für Bremen und Mecklenburg-Vorpommern existiert keine gesetzliche Regelung.

3 OLG Koblenz Urt. v. 5.3.2020 – 1 U 960/18, JurBüro 2020, 276, juris Rn. 54.

4 Beispiele: Abrissarbeiten (OLG Hamm Beschl. v. 13.10.2011 – 5 W 48/11, juris Rn. 3, 13), Wärmedämmung (BGH Urt. v. 11.4.2008, V ZR 158/07 – NJW 2008, 2032), Verputzarbeiten. Zur Nutzung des Luftraums durch den Schwenkarm eines auf dem Baugrundstück stehenden Baukrans vgl. → Rn. 12. Gartenarbeiten oder Fensterputzen fallen in der Regel nicht unter dieses Recht; vgl. aber § 24 Abs. 1 SächsNRG zur Reinigung.

5 Vgl. insofern § 7d Abs. 1 NRG BW; Art. 46b Abs. 1 BayAGBGB; § 17 Abs. 1 NachbG Bln; § 23 Abs. 1 BbgNRG; § 74 Abs. 1 HBauO; § 28 Abs. 1 HNRG; § 47 Abs. 1 NNachbG; § 24 Abs. 1 NachbG NRW; § 21 LNRG RhPf; § 24 Abs. 1 NachbG Saarl; § 24 Abs. 1 SächsNRG; § 18 Abs. 1 NbG; § 17 Abs. 1 NachbG Schl.-H.; § 21 Abs. 1 ThürNRG.

6 BGH Urt. v. 14.12.2012 – V ZR 49/12, MDR 2013, 396, Rn. 7.

2. Bau- und Instandsetzungsarbeiten

4 Allen Landesgesetzen ist gemeinsam, dass **Bau- und Instandsetzungsarbeiten vom Nachbargrundstück aus** zulässig sind. Manche Landesrechte erwähnen ausdrücklich noch die **Vorbereitungshandlungen**,[7] des Weiteren erlauben manche Landesrechte auch das Betreten des Nachbargrundstücks zur Beseitigung baulicher Anlagen.[8] Schließlich wird auch die Reinigung baulicher Anlagen in einigen Landesrechten als Betretensgrund angesehen.[9] In manchen Landesrechten ist im Zusammenhang mit dem Hammerschlagsrecht auch das **Schaufelschlagsrecht** geregelt, wonach der Nachbar das Lagern von Aushub zu dulden hat.[10] Die Arbeiten müssen aber immer einen Bezug zum Grundstück des Eigentümers haben.[11] Arbeiten an pflanzlichen Anlagen sind vom Hammerschlagsrecht ebenso wenig erfasst, wie etwa das Anbringen einer Werbetafel.[12]

3. Nutzung gewidmeter Straßen

5 Das Hammerschlagsrecht berechtigt zum Betreten von Grundstücken in privater und öffentlicher Hand.[13] Muss für die Arbeiten eine öffentlich gewidmete Straße oder ein öffentlich gewidmeter Weg in Anspruch genommen werden, richtet sich die Befugnis nicht nach den privatrechtlichen Landesrechten, sondern nach den in den jeweiligen Straßenrechten der Länder vorgesehenen Regelungen zum Gemeingebrauch, Anliegergebrauch oder zur Sondernutzung.[14] Dabei spielt keine Rolle, wer Eigentümer der Straße ist.

4. Rechtmäßigkeit der baulichen Maßnahme

6 Die beabsichtigte Baumaßnahme muss – wie auch die meisten Landesgesetze ausdrücklich vorgeben – rechtmäßig sein. Der Eigentümer kann das Hammerschlagsrecht für eine nicht **rechtmäßige Baumaßnahme** nicht beanspruchen. Will der Eigentümer einen nicht berechtigten Überbau instand setzen, steht ihm das Hammerschlagsrecht daher nicht zu.[15] Ebenso wenig kann der Eigentümer das Recht für einen Schwarzbau, eine unberechtigt errichtete Grenzwand[16] oder für eine bauliche Anlage verlangen, die die baurechtlich vorgegebenen Abstandsflächen nicht einhält.

7 Schließlich muss die Maßnahme auch öffentlich-rechtlich zulässig sein.[17] Der Nachbar kann das Einhalten der einschlägigen Vorschriften über die Einrichtung von Baustellen und Unfallverhütungsvorschriften aber nur dann verlangen, wenn das Nichteinhalten sein Grundstück gefährdet. Denn es ist nicht Aufgabe des Nachbars, die Einhaltung dieser Normen durchzusetzen.

5. Notwendigkeit der Maßnahme

8 Der Eigentümer kann das Nachbargrundstück nur nutzen, wenn die beabsichtigte Maßnahme **notwendig** ist. Bei der Prüfung der Notwendigkeit ist auch zu klären, ob das Nachbargrundstück in Anspruch genom-

7 § 17 Abs. 1 NachbG Bln; § 23 Abs. 1 BbgNRG; § 47 Abs. 1 S. 1 NNachbG; § 24 Abs. 1 NachbG Saarl; § 17 Abs. 1 NachbG Schl.-H.; § 18 Abs. 1 NbG.

8 § 7d Abs. 1 NRG BW; Art. 46b Abs. 1 S. 1 BayAGBGB; § 28 Abs. 1 HNRG; § 21 Abs. 1 LNRG RhPf; § 24 Abs. 1 SächsNRG; § 21 Abs. 1 ThürNRG.

9 § 21 Abs. 1 LNRG RhPf; § 24 Abs. 1 SächsNRG; § 21 Abs. 1 ThürNRG.

10 Vgl. etwa Art. 46b Abs. 1 S. 1 Bay AGBGG; § 28 Abs. 1 HNRG; § 24 Abs. 2 SächsNRG. Dazu *Thomas/Schlüter* SächsNRG § 24 Anm. 1.

11 Sie dürfen daher nicht der Bekämpfung von „Gemeingefahren" dienen; OLG Hamm Urt.. v. 16.3.1989 – 5 U 55/89, ZfB 1990, 78.

12 *Thomas/Schlüter* SächsNRG § 24 Anm. 3.

13 *Saller* in *Grziwotz*/Lüke/Saller, NachbarR-HdB, 4. Teil Rn. 122.

14 Vgl. dazu ausdrücklich etwa Art. 46b Abs. 2 BayAGBGB; § 17 Abs. 5 NachbG Bln; § 47 Abs. 3 NNachbG; § 24 Abs. 4 NachbG NRW; BGH Urt. v. 13.8.1980 – III ZR 156/78, VersR 1980, 650, Rn. 14.

15 BGH Urt. v. 28.1.2011 – V ZR 147/10, NJW 2011, 1069, Rn. 28.

16 OLG Hamm Urt. v. 4.1.1984 – 14 W 238/83, MDR 1984, 847; *Thomas/Schlüter* SächsNRG § 24 Anm. 4a.

17 Insofern ist der Eigentümer darlegungs- und beweisbelastet; er wird diesen Beweis aber durch die Vorlage einer Baugenehmigung führen können, vgl. KG Urt. v. 9.12.2004 – 19 U 46/04, NJOZ 2005, 2353. Der Nachweis kann aber auch ohne Baugenehmigung geführt werden; vgl. *Thomas/Schlüter* SächsNRG § 24 Anm. 4b.

men werden muss oder ob es andere Lösungsmöglichkeiten gibt. Die meisten Landesrechte gewähren dem Eigentümer das Hammerschlagsrecht aber auch, wenn die Arbeiten ohne Nutzung des Nachbargrundstücks **unverhältnismäßig hohe Kosten** verursachen würden. Diese Fragen sind im Streitfall mithilfe eines Sachverständigen zu klären.[18]

Auch dürfen die mit der Ausübung des Rechts für den Nachbarn verbundenen Nachteile und Belästigungen nicht außer Verhältnis zum erstrebten Vorteil stehen. Insofern sind die Interessen des Eigentümers und des Nachbarn umfassend abzuwägen (vgl. etwa §§ 24, 21 SächsNRG). Bei der Abwägung dürfen aber nur solche Belange eingestellt werden, die durch das Beanspruchen des Nachbargrundstücks entstehen. Baulärm ist daher regelmäßig nicht zu berücksichtigen, soweit dieser auch bei Arbeiten vom Grundstück des Eigentümers aus hinzunehmen wäre. 9

III. Inhalt des Hammerschlagsrechts

Welche Rechte der Eigentümer auf dem Nachbargrundstück hat, ergibt sich aus dem jeweiligen Landesrecht: Die Gesetze sprechen meist von einem Recht, das **Nachbargrundstück zu betreten oder zu benutzen**. Bisweilen ist auch ausdrücklich das Aufstellen von Gerüsten oder Geräten geregelt (vgl. etwa § 7d Abs. 1 NRG BW). 10

Ist die Nutzung auf bestimmte Arten beschränkt, ist eine analoge Anwendung auf weitere Nutzungsformen ausgeschlossen.[19] So ist etwa das **Lagern von Baustoffen** vorbehaltlich landesrechtlicher Regelungen[20] nicht vom Hammerschlagsrecht umfasst, soweit die Lagerung nicht technologisch notwendig ist. Hingegen stellt das kurzzeitige vorübergehende Lagern von Erdaushub eine zulässige Nutzung dar. 11

Soweit auch das **Aufheben von Erdreich** für die Arbeiten notwendig ist – wie etwa bei einer vertikalen Abdichtung eines bis an die Grenze gebauten Gebäudes –, ist das nach Auffassung des Bundesgerichtshofs vom Hammerschlagsrecht umfasst.[21] Das dürfte zu weit gehen, da es weit über den Wortlaut der landesgesetzlich geregelten Befugnisse hinausgeht. Im Einzelfall dürfte aber ein Anspruch auf den Erdaushub aus Treu und Glauben bestehen.[22] Das OLG Frankfurt nimmt etwa an, es sei vom Hammerschlagsrecht gedeckt, wenn der Eigentümer einen Baukran über das Nachbargrundstück schwenkt.[23] Auch diese analoge Anwendung ist abzulehnen. Vielmehr handelt es sich um eine gegebenenfalls nach § 905 S. 2 BGB hinzunehmende Einwirkung auf den Luftraum.[24] 12

Die Landesrechte enthalten die Einschränkung, dass die Arbeiten nur in dem **erforderlichen Umfang** durchgeführt werden dürfen.[25] Auch diese Voraussetzung ist streng zu prüfen, so dass der Nachbar auch die fehlende Sinnhaftigkeit der Maßnahme rügen kann:[26] einem Nachbarn kann die Nutzung seines Grundstücks also nur zugemutet werden, wenn sie notwendig im engeren Sinne ist. 13

18 BGH Urt. v. 14.12.2012 – V ZR 49/12, MDR 2013, 396, Rn. 7 ff.

19 OLG Stuttgart Urt. v. 2.12.1993 – 7 U 23/93, NJW 1994, 739, Rn. 60.

20 Vgl. etwa Art. 46b Abs. 1 S. 1 Bay AGBGG, § 28 Abs. 1 HNRG: „Niederlegen von Baustoffen". So sieht etwa § 24 Abs. 1 SächsNRG nur vor, dass Gegenstände über das Grundstück des Eigentümers „transportiert" werden dürfen.

21 BGH Urt. v. 13.8.1980 – III ZR 156/78, VersR 1980, 650, Rn. 11. So auch LG Saarbrücken Urt. v. 24.7.2003 – 11 S 339/02, juris Rn. 9.

22 So OLG Düsseldorf Beschl. v. 31.7.1991 – 9 W 79/91, MDR 1992, 53. *Thomas/Schlüter* SächsNRG § 24 SächsNRG Anm. 5 b leitet das Recht in Sachsen aus dem ausdrücklich in § 24 Abs. 2 SächsNRG geregelten Schaufelschlagrecht her.

23 OLG Frankfurt Beschl. v. 11.1.2011 – 4 W 43/10, MDR 2011, 844; Beschl. v. 16.4.2018 – 8 U 108/17 juris Rn. 39. So auch OLG München Urt. v. 15.10.2020 – 8 U 5531/20, NZM 2020, 999, Rn. 13; *Thomas/Schlüter* SächsNRG § 24 Anm. 5a.

24 So OLG Düsseldorf Urt. v. 26.2.2007 – 9 W 105/06, NZM 2007, 582.

25 § 7d Abs. 1 NRG BW; Art. 46b Abs. 1 BayAGBGB; § 17 Abs. 1 NachbG Bln; § 23 Abs. 1 BbgNRG; § 74 Abs. 1 HBauO; § 28 Abs. 1 HNRG; § 47 Abs. 1 NNachbG; § 24 Abs. 1 NachbG NRW; § 21 LNRG RhPf; § 24 Abs. 1 NachbG Saarl ; § 24 Abs. 1 SächsNRG; § 18 Abs. 1 NbG; § 17 Abs. 1 NachbG Schl.-H.; § 21 Abs. 1 ThürNRG.

26 Andres wohl *Saller* in Grziwotz/Lüke/Saller, NachbarR-HdB, 4. Teil Rn. 123.

14 Das Hammerschlagsrecht berechtigt den Eigentümer zum **Betreten des Grundstückes**, nicht aber von Gebäuden oder gar der nach Art. 13 GG geschützten Wohnung.[27] Ein solches Recht kann allenfalls über § 904 BGB hergeleitet werden.

15 Das Recht ist **schonend** auszuüben und darf auch **nicht zur Unzeit** ausgeübt werden. So hat der Eigentümer die Nutzung des Grundstücks durch den Nachbarn (etwa bei landwirtschaftlichen Grundstücken) zu beachten. Solche Nutzungsrechte sind in der Regel vorrangig zu beachten. Daher hat der Eigentümer die saisonalen Planungen des Nachbarn zu berücksichtigen.

16 Es versteht sich von selbst, dass der Eigentümer die Nutzung des Grundstücks auf ein Minimum der Zeit und Fläche zu beschränken hat und notwendige Schutzmaßnahmen (etwa Abdecken einer Rasenfläche, schützendes Ummanteln eines gefährdeten Baumes usw.) durchzuführen hat. Unvorhergesehene Bauabläufe hat der Nachbar aber hinzunehmen.

17 Unter Umständen – insbesondere bei starken persönlichen Spannungen zwischen den Nachbarn – darf das Recht nicht durch den Berechtigten selbst, sondern nur durch einen Dritten ausgeübt werden.[28]

IV. Anzeigepflicht

18 Das Hammerschlagsrecht darf nach allen landesrechtlichen Vorschriften nur nach einer entsprechenden **Anzeige** ausgeübt werden, die – außer bei Gefahr in Verzug – zwischen zwei Wochen und zwei Monaten im Voraus dem Nachbarn gegenüber erklärt werden muss. Zum Teil genügt eine formlose Anzeige; manche Landesrechte verlangen eine schriftliche Anzeige (vgl. etwa § 27 Abs. 2 SächsNRG). Adressat der Anzeige sind Eigentümer und Nutzungsberechtigte. Soweit das Nachbarverhältnis konfliktbeladen ist, empfehlen sich immer eine schriftliche Anzeige und der Nachweis des Zugangs der Anzeige.

19 Die Anzeige hat über das Formelle hinaus auch eine materielle Bedeutung. Sie ist **Voraussetzung für die Ausübung des Rechts.**[29] Nur wenn die Arbeiten angezeigt worden sind, ist der Eigentümer überhaupt berechtigt, das Nachbargrundstück zu betreten. Sinn der Anzeige ist nämlich, dass der Nachbar nunmehr das Recht hat zu prüfen, ob er die Maßnahme dulden will oder nicht.[30] Er kann sich zudem auch auf die geplanten Arbeiten einstellen.

20 Erklärt sich der Nachbar in der Frist nicht oder stimmt er der Maßnahme ausdrücklich zu, darf der Eigentümer sein Recht ohne Weiteres ausüben. Verweigert der Nachbar dem Eigentümer das Recht, kann dieser es nunmehr gerichtlich durchsetzen. Nur dann darf er das Grundstück nutzen. Ihm steht – außer im Fall des Notstandes aufgrund § 904 BGB – kein Selbsthilferecht für den Fall zu, dass die Weigerung des Nachbarn unberechtigt ist.[31]

21 Etwas anderes gilt nur bei Gefahr in Verzug. Dann entfällt nach einigen Landesrechten ohnehin die Anzeigepflicht (vgl. etwa Art. 46b Abs. 5 Bay AGBGB).

22 Der Inhalt und der Umfang der Anzeige orientiert sich an dem gerade dargestellten Zweck: Der Eigentümer hat den Beginn der Arbeiten nach Tag und Uhrzeit anzugeben, die geplanten Arbeiten so konkret wie möglich darzustellen und die voraussichtliche Dauer der Arbeiten anzugeben.[32] Nur so wird der Nachbar in die Lage versetzt, sich auf die geplanten Arbeiten einzustellen.

---

27 SächsVerfGH Urt. v. 25.10.1996 – Vf. 29-IV-96, Vf. 30-IV-96, DtZ 1997, 138. Vgl. dazu *Thomas/Schlüter* SächsNRG § 24 Anm. 5d.

28 AG Ludwigsburg Urt. v. 3.2.2010 – 1 C 2138/19, DWW 2010, 191; *Albrecht* in Staudinger BGB EGBGB § 124 Rn. 31.

29 BGH Urt. v. 14.12.2012 – V ZR 49/12, MDR 2013, 396, Rn. 15.

30 BGH Urt. v. 14.12.2012 – V ZR 49/12, MDR 2013, 396, Rn. 13.

31 OLG München Urt. v. 15.10.2020 – 8 U 5531/20, NZM 2020, 999 Rn. 17; *Saller* in Grziwotz/Lüke/Saller, NachbarR-HdB, 4. Teil Rn. 129; *Thomas/Schlüter* SächsNRG § 27 Anm. 1.

32 BGH Urt. v. 14.12.2012 – V ZR 49/12, NZM 2013, 243.

V. Gerichtliche Durchsetzung des Rechts

Soweit der Eigentümer nicht ohnehin aufgrund einer – vorrangigen – ausdrücklichen vertraglichen Vereinbarung die Nutzung des Grundstücks gestattet,[33] oder nach entsprechender Anzeige der Nutzung zustimmt oder nicht widerspricht, muss der Bauherr den Anspruch auf Duldung gerichtlich durchsetzen. 23

Erhebt der Bauherr, mithin der Eigentümer oder Nutzungsberechtigte – soweit das Landesrecht dies vorsieht –, in der Hauptsache eine Klage, muss sich sein Klageantrag auf Duldung der Maßnahme richten. Dabei stellt spätestens die Klageerhebung die Anzeige dar. Der Klageantrag hat zwangsläufig denselben Inhalt wie die Anzeige.[34] Ein solches Vorgehen hilft dem Bauherrn aber nur dann, wenn er die Maßnahme mit genügendem zeitlichem Vorlauf planen kann. Die Klage muss sich gegen den Eigentümer und den Nutzungsberechtigten richten, soweit nach den landesrechtlichen Vorschriften letzterem die Arbeiten auch angezeigt werden müssen.[35] Die Darlegungs- und Beweislast für die Anspruchsvoraussetzungen liegt beim Kläger.[36] 24

Der Klageantrag könnte lauten: 25

▶ „Der Beklagte wird verurteilt, es zu dulden, dass der Kläger die in der Anlage ... genauer bezeichnete Fläche auf dem im Grundbuch von ..., Blatt ... eingetragenen Flurstück Nr. ... in der Zeit vom 1. bis zum 15.3.2020 Malerarbeiten an der Ostfassade seines auf dem im Grundbuch von ..., Blatt ... eingetragenen Flurstück Nr. ... gelegenen Wohnhauses durchführt." ◀

VI. Zwangsvollstreckung

Die Zwangsvollstreckung richtet sich nach § 890 ZPO, auch wenn das Urteil den Verpflichteten zu einem Tun (Verschaffen des Zugangs) verpflichtet.[37] Soweit der Verpflichtete das Betreten nicht duldet, ist ein Ordnungsgeld zu verhängen. 26

VII. Einstweiliger Rechtsschutz

Entsteht im Rahmen eines Bauvorhabens unvermittelt die Notwendigkeit, das Nachbargrundstück zu betreten, stellt sich die Frage, ob das Hammerschlagsrecht auch im Wege des einstweiligen Rechtsschutzes durchgesetzt werden kann. Umfangreiche Maßnahmen können aber hier nicht durchgesetzt werden, da der Anspruch immer auf das Betreten des Grundstücks gerichtet ist und dies die Hauptsache unzulässigerweise vorwegnähme. Einstweiliger Rechtsschutz dürfte daher nur bei einer kurzfristigen Inanspruchnahme in Frage kommen.[38] 27

VIII. Duldungspflicht des Eigentümers

Der Eigentümer hat die Arbeiten des Bauherrn zu dulden, soweit den Arbeiten keine tatsächlichen Hindernisse entgegenstehen. Er ist aber nicht verpflichtet, sein Grundstück so zu belassen oder zu verändern, dass die Arbeiten überhaupt durchgeführt werden können.[39] 28

---

33 Dazu *Kirchhof* NZBau 2012, 206 (207).

34 BGH Urt. v. 14.12.2012 – V ZR 49/12, MDR 2013, 396, Rn. 16.

35 Anders *Saller* in Grziwotz/Lüke/Saller, NachbarR-HdB, 4. Teil Rn. 277 Rn. 129 unter Verweis auf BGH Urt. v. 24.1.2008 – IX ZR 216/06, NJW-RR 2008, 610: Es mag zwar sein, dass ein Anspruch, der sich gegen den Eigentümer richtet, auch gegen den Nutzungsberechtigten besteht. Ein Urteil gegen den Eigentümer würde aber keine Rechtskraft gegen den Nutzungsberechtigten entfalten.

36 *Saller* in Grziwotz/Lüke/Saller, NachbarR-HdB, 4. Teil Rn. 129.

37 BGH Urt. v. 25.1.2007 – I ZB 58/06, NJW-RR 2007, 863 Rn. 16 ff.

38 So auch *Kirchhof* NZBau 2012, 206 (207).

39 BGH Urt. v. 13.8.1980 – III ZR 156/78, VersR 1908, 650, Rn. 11; *Thomas/Schlüter* SächsNRG § 24 Anm. 3. Diese Verpflichtung ergibt sich allenfalls aus § 242 BGB, wenn die Veränderungen zugunsten des Hammerschlagsrechts kurzfristig zurückgestellt werden können.

IX. Ansprüche des duldenden Eigentümers

1. Schadensersatzanspruch des duldenden Eigentümers

29 Nach den Landesrechten hat der duldende Eigentümer einen verschuldensunabhängigen Anspruch auf Schadensersatz (vgl. etwa § 7d Abs. 3 S. 1 NRG BW; § 23 HNRG): Der Bauherr hat das Nachbargrundstück wieder in den Zustand vor der Nutzung zu versetzen und Folgeschäden zu ersetzen. Im Falle eines Schadenseintritts muss der duldende Eigentümer sich ein Mitverschulden anrechnen lassen (vgl. etwa § 28 Abs. 1 S. 2 SächsNRG). Der Schadensersatzanspruch hängt nicht davon ab, dass der Bauherr rechtmäßig handelte; vielmehr muss erst recht der Bauherr, der unrechtmäßig das Grundstück nutzt, Schadensersatz leisten.[40] Der Bauherr muss aber bewusst ein Hammerschlagsrecht ausüben wollen.[41] Die Höhe des Schadensersatzes ergibt sich aus den allgemeinen Vorschriften der §§ 249 ff. BGB.

30 Nach den meisten Landesrechten kann der duldende Eigentümer vor Beginn der Arbeiten eine **Sicherheit** in Höhe des voraussichtlich entstehenden Schadens verlangen (vgl. etwa § 17 Satz 2 NachbG NRW). Die Art und Höhe der Sicherheit können die Nachbarn vereinbaren; ansonsten richtet sie sich nach §§ 232 ff. BGB.

31 Verlangt der duldende Eigentümer die Sicherheitsleistung, darf der Bauherr die Arbeiten erst beginnen, wenn er die Sicherheit geleistet hat.[42] Soweit der Beklagte im Rahmen einer Klage auf Duldung die Sicherheit verlangt, ist der Klageanspruch allenfalls Zug-um-Zug gegen das Stellen der Sicherheit zuzusprechen.

2. Nutzungsentschädigung des duldenden Eigentümers

32 Die meisten Landesrechte billigen dem duldenden Eigentümer bei einer längerfristigen Nutzung eine Nutzungsentschädigung zu, soweit ihm kein Schadensersatz wegen der entgangenen Nutzung gezahlt wird.[43] Die Höhe des Ersatzanspruchs richtet sich nicht nach der Wertminderung, sondern nach dem Nutzungswert.[44]

3. Abwehransprüche des duldenden Eigentümers

33 Soweit die Voraussetzungen des Hammerschlagsrechts (noch) nicht vorliegen, kann der Eigentümer das Betreten des Grundstücks durch den Bauherrn mit Besitzschutzansprüchen und aufgrund § 1004 BGB auch im Wege der einstweiligen Verfügung untersagen lassen.[45]

X. Schadensersatzanspruch des berechtigten Bauherrn

34 Liegen die Voraussetzungen für das Hammerschlagsrecht vor, so kann deren Durchsetzung durchaus langwierig sein. Wie dargelegt, kann das Recht in der Regel nicht mithilfe einer einstweiligen Verfügung durchgesetzt werden. Soweit sich aber bei Baumaßnahmen ein kurzfristiger Bedarf für das Hammerschlagsrecht ergibt und der Nachbar seine Zustimmung zu Unrecht verweigert, stellt sich die Frage, ob dem berechtigten Bauherrn ein Schadensersatzanspruch zusteht.[46] Ein solcher Schaden kann etwa in einem Verzögerungsschaden bestehen, bei Bauvorhaben ggf. in beträchtlicher Höhe.

35 Es ist einhellige Meinung, dass das Hammerschlagsrecht kein Schutzgesetz im Sinne des § 823 Abs. 2 BGB darstellt.[47] Es wird jedoch ein Anspruch aus § 280 BGB aufgrund des nachbarschaftlichen Gemein-

40 *Thomas/Schlüter* SächsNRG § 28 Anm. 2; LG Tübingen Urt. v. 20.11.2008 – 1 S 233/05, juris Rn. 10.
41 *Thomas/Schlüter* SächsNRG § 28 Anm. 2.
42 OLG Frankfurt Beschl. v. 11.1.2011 – 4 W 43/10, MDR 2011, 844.
43 Vgl. etwa Art. 46b Abs. 6 BAY AGBGB: ab dem 8. Tag; § 18 Abs. 1 NachbG Bln: nach zwei Wochen.
44 *Thomas/Schlüter* SächsNRG § 29 Anm. 2.
45 Dazu *Kirchhof* NZBau 2012, 206 (208 f.).
46 Vgl. dazu *Kirchhof* NZBau 2012, 206 (207 f.).
47 *Saller* in Grziwotz/Lüke/Saller, NachbarR-HdB, 4. Teil Rn. 131; OLG Düsseldorf Urt. v. 23.1.1998 – 22 U 119/97, NJW-RR 1999, 102.

schaftsverhältnisses bejaht.[48] Selbst wenn man einen solchen Anspruch bejaht, hilft dieser aber nicht wirklich weiter: Soweit der duldende Eigentümer seine gesetzlichen Rechte geltend macht, fehlt es am Verschulden. So ist es nicht schuldhaft, wenn der duldende Eigentümer das Abwarten der Anzeigefrist verlangt. Ein solcher Schadensersatzanspruch dürfte nur zu bejahen sein, wenn die Weigerung des Eigentümers, den Bauherrn das Grundstück betreten zu lassen, offensichtlich rechtsmissbräuchlich ist.

57. Hausordnung

Al-Deb'i/Weidt

Literatur: *Artz*, Änderung des Mietvertrags durch konkludentes Verhalten, NZM 2005, 367; *Artz/Brinkmann/Pielsticker*, Wohnraummietrecht in Zeiten der Corona-Pandemie, MDR 2020, 527; *Blank*, Die Hausordnung, FS Seuß, 1987, S. 53; *Börstinghaus/Pielsticker*, Möglichkeit und Grenzen von Rauchverboten in der Wohnraummiete, WuM 2012, 480; *Harsch*, Zur Zulässigkeit von Rauchverboten im Mietvertrag, WuM 2009, 76; *Häublein*, Einbeziehung der wohnungseigentumsrechtlichen Hausordnung in Wohnraummietverträge, WuM 2009, 435; *Henke*, Das „häusliche Musizieren“ oder: Trompeter im Reihenhaus, Anmerkung zu BGH Urt. v. 26.10.2018 – V ZR 143/17, NJW 2019, 777; *Herrlein*, Die Rechtsprechung zur Wohnraummiete im ersten Halbjahr 2019, NJW 2019, 2819; *Hitpaß/Kappus*, Winterdienst & Co. – Temporäre Verkehrssicherungspflichten im Praxistest der Immobilienwirtschaft, NJW 2013, 565; *Horst*, Corona-Infektion im Mehrfamilienhaus: Und jetzt?, NZM 2020, 956; *Horst*, Der nächste Winterdienst kommt bestimmt! – Rechtsfragen rund um (übertragene) Räum- und Streupflichten in Miete und Wohnungseigentum, NZM 2012, 513; *Krebs/Becker* (Hrsg.), Lexikon des Wettbewerbsrechts, 2015; *Leist*, „Lebensraum“ Treppenhaus: Die (un-)zulässige Nutzung von Gemeinschaftsräumen, NZM 2019, 658; *Lorenz*, Privates Abschleppen – Besitzschutz oder „Abzocke“?, NJW 2009, 1025; *Mayer/Eichel/Klinck*, Hausordnung im Mietverhältnis, NZM 2018, 689; *Meyer-Abich*, Gebrauchsrechte des Mieters – Mietermodernisierung, Gestaltung der Mietsache, Nutzungskonflikte (insbesondere Rauchen), NZM 2015, 520; *Müller*, Nutzung und Gebrauch von Sonder- und Gemeinschaftseigentum bei Vermietung von Wohnungs- und Teileigentum, ZMR 2001, 506; *Paschke*, Rauchverbote im Mietverhältnis, NZM 2008, 265; *Rathjen*, Gleichbehandlung und Mietrecht, MDR 1980, 713; *Schmid*, Die Hausordnung in Miete und Wohnungseigentum, NJW 2013, 2145; *Schmid*,

48 Eingehend *Kirchhof* NZBau 2012, 206 (207 f.); *Saller* in Grziwotz/Lüke/Saller, NachbarR-HdB, 4. Teil Rn. 131; OLG Braunschweig Urt. v. 26.11.1970 – 2 U 36/69, NdsRPfl 1971, 231 (233); → *Nachbarschaftliches Gemeinschaftsverhältnis* Rn. 16 ff.

Die Hausordnung in Mietshäusern, WuM 1987, 71; *Stapel*, Rauchende Mieter – ja und?, NZM 2000, 595; *Weidt*, Garagenstellplätze als „Ersatzkeller"? – Ein Überblick über gesetzliche und vertragliche Restriktionen, NZM 2019, 847; *Zunft*, Erfüllungsgehilfen und Vertrag zugunsten Dritter im Mietrecht, AcP 153 (1954), 373.

I. Regelungsbedürfnis

1 Obwohl die Hausordnung begrifflich in den mietrechtlichen Vorschriften (§§ 535 ff. BGB) gar nicht vorkommt, ist sie aus der Praxis nicht wegzudenken. In aller Regel verfolgt ein Vermieter hiermit den Zweck, in Ergänzung zu den mietvertraglichen Regelungen das **Zusammenleben** der **Hausgemeinschaft** zu regeln.[1] Sie konkretisiert damit auch den unbestimmten Begriff des Hausfriedens (§§ 569 Abs. 2, 578 Abs. 2 BGB).[2] Das Bedürfnis, hierfür einen einheitlichen Verhaltenskodex[3] zu erstellen hat der Gesetzgeber jedenfalls bzgl. der WEG erkannt und die Aufstellung einer Hausordnung als Teil der ordnungsgemäßen Verwaltung festgelegt, § 21 Abs. 4, 5 Nr. 1 WEG. In einer WEG ist das Zusammenleben verschiedener Menschen noch „endgültiger" als in einem Mietshaus.[4] Eine Hausordnung ist daher als „Zusammenfassung von Gebrauchs- und Verwaltungsregeln"[5] unbedingt erforderlich.

1. Gebot der Rücksichtnahme

2 Der Hausordnung kommt entscheidende Bedeutung an der Stelle zu, wo gemeinschaftliche Einrichtungen betroffen sind,[6] zB Treppenhaus, Zuwegungen und Waschkeller. Darüber hinaus greift sie idR auch dort ein, wo aus einer Wohneinheit Immissionen auf andere Wohneinheiten übergreifen, etwa bei Lärm, Tabakrauch und Grillgeruch.[7] Ein Regelungsbedürfnis besteht überall dort, wo das Entfaltungsrecht des einzelnen Mieters in die Sphäre anderer Hausbewohner hineinreicht. Die Hausordnung konkretisiert insofern das Gebot gegenseitiger Rücksichtnahme[8] im nachbarschaftlichen Verhältnis.

3 Hausordnungen gehen jedoch über das rein interne Rücksichtnahmegebot dort hinaus, wo sie nicht nur die Nutzung von Gemeinschaftsflächen regeln, sondern auch deren **Pflege**. Dies ist etwa bei der Übernahme von Reinigungs- und Streupflichten sowie der Pflicht zur Gartenarbeit durch die Mieter der Fall. Hier sind nicht nur nachbarschaftliche Interessen betroffen, sondern auch Belange externer Dritter (Besucher, Postboten etc.), so dass die Verortung in der Hausordnung umstritten ist (→ Rn. 12 ff.; → Rn. 39 ff.).

2. Bindungswirkung

4 Die Gebote der Hausordnung wirken zum einen im Verhältnis **Vermieter-Mieter**. Der Vermieter muss dabei dem übergeordneten Zweck – Zusammenleben innerhalb der Hausgemeinschaft – Rechnung tragen und die Interessen der Bewohner im Blick behalten.[9] Die Fürsorgepflicht des Vermieters (§ 241 Abs. 2 BGB)[10] verbietet über § 242 BGB das Aufstellen **willkürlicher Regelungen**.[11] Eine **Ungleichbehandlung** ohne sachlichen Grund ist mithin bei Regelungen von **„kollektivem Charakter"** unzulässig.[12] Der Vermieter darf beispielsweise den Bewohnern keine unterschiedlichen Ruhezeiten auferlegen oder unterschiedlich lange Zeiträume für die Nutzung des Gartens oder der Waschküche einräumen. Das Willkürverbot ist jedoch nicht zwangsläufig gleichbedeutend mit einer Pflicht zur Gleichbehandlung. **Kapazitätsausschöp-**

1 *Mayer/Eichel/Klinck* NZM 2018, 689; *Schmid* NJW 2013, 2145; *Gramlich* in Gramlich BGB § 535 Rn. 15; BayObLG Beschl. v. 23.8.2001 – 2Z BR 96/01, NJW 2001, 3635.
2 *Häublein* in MüKoBGB § 535 Rn. 172.
3 *Schmid* NJW 2013, 2145.
4 BGH Beschl. v. 10.9.1998 – V ZB 11/98, NJW 1998, 3713.
5 *Wicke* in Palandt BGB WEG § 21 Rn. 13.
6 *Eisenschmid* in Schmidt-Futterer BGB § 535 Rn. 375; *Schmid* NJW 2013, 2145.
7 *Gramlich* in Gramlich BGB § 535 Rn. 15.
8 *Eisenschmid* in Schmidt-Futterer BGB § 535 Rn. 375.
9 *Eisenschmid* in Schmidt-Futterer BGB § 535 Rn. 105, 376.
10 Etwa BGH Urt. v. 22.10.2008 – NJW 2009, 142; BGH Urt. v. 12.12.2012 – NZM 2013, 191; *Häublein* in MüKoBGB § 535 Rn. 146.
11 *Eisenschmid* in Schmidt-Futterer BGB § 535 Rn. 104 f.
12 *Häublein* in MüKoBGB § 535 Rn. 148; *Rathjen* MDR 1980, 713 (715).

fung, Belastbarkeitsgrenzen und Gemeinverträglichkeit sind triftige Gründe für eine Ungleichbehandlung.[13] Der Vermieter muss also nicht das Abstellen eines (weiteren) Pkw im Hof tolerieren, wenn die vorhandenen Parkmöglichkeiten ausgeschöpft sind.[14] Der Grundsatz der Privatautonomie lässt darüber hinaus **individualvertragliche** Regelungen zu.[15] So ist der Vermieter zB nicht verpflichtet, für jede Wohnung den gleichen Mietzins zu verlangen und die gleiche Ausstattung zu gewährleisten.[16] Jene nicht-kollektiven Regelungen unterliegen der Vertragsfreiheit der Parteien.

Das Gebot der Rücksichtnahme führt auch zu einer horizontalen Bindung der **Mieter untereinander**.[17] 5
Diese haben ua über § 328 BGB einen unmittelbaren und einklagbaren Anspruch gegen die anderen Mieter auf Einhaltung der Hausordnung.[18]

II. Einbeziehung in den Mietvertrag

IdR wird eine Hausordnung in Form von AGB[19] als Anlage zum Mietvertrag genommen und durch eine 6
entsprechende Klausel vertraglich mitvereinbart.[20] Mitunter entsteht jedoch während der Mietdauer Änderungsbedarf oder aufgrund sich ändernder Verhaltensweisen der Bewohner überhaupt erst ein Regelungsbedürfnis.[21]

1. Form

Obgleich Mietverträge im Regelfall schriftlich geschlossen werden, gilt das Schriftformerfordernis des 7
§ 550 BGB grundsätzlich[22] nur für befristete Mietverträge mit einer Dauer von länger als einem Jahr. Da Wohnraummietverhältnisse regelmäßig unbefristet sind und damit keine Schriftform erforderlich wäre, ist auch die Hausordnung ebenfalls formfrei vereinbar. Schon aufgrund der Beweisfunktion sollte die Hausordnung jedoch in schriftlicher Form als Anlage zum Mietvertrag genommen werden,[23] insbesondere dann, wenn deren Pflichten über die gesetzlichen Bestimmungen hinausgehen und nicht rein deklaratorisch sind.[24]

In Fällen, in denen ein schriftformbedürftiger Mietvertrag – befristet mit einer Dauer von länger als einem 8
Jahr – vereinbart wurde und die Befristung auch zulässig war, ist die Hausordnung ist dem schriftlichen Mietvertrag beizufügen. Ansonsten sind die Regelungen nicht nur unwirksam, es tritt sogar eine Entfristung des gesamten Mietvertrages ein.[25] Eine Ausnahme hiervon besteht nur, wenn die Hausordnung nur unwesentliche Bestimmungen zum Mietvertrag enthält oder gesetzliche Regelungen wiederholt.[26]

13 AG Andernach Urt. v. 12.6.1990 – WuM 1990, 492; *Eisenschmid* in Schmidt-Futterer BGB § 535 Rn. 105.
14 LG Berlin Beschl. v. 26.5.2011 – BeckRS 2011, 21552; AG Offenbach Beschl. v. 4.12.2013 – ZMR 2014, 297.
15 *Häublein* in MüKoBGB § 535 Rn. 148.
16 LG Köln Urt. v. 8.5.2008 – ZMR 2008, 718; LG Berlin Urt. v. 7.2.2001 – NZM 2002, 289; AG Potsdam Urt. v. 17.2.2000 – WuM 2000, 179.
17 *Mayer/Eichel/Klinck* NZM 2018, 689 (692); *Schmid* WuM 1987, 71; OLG München Urt. v. 21.1.1992 – NJW-RR 1992, 1097.
18 BGH Urt. v. 12.12.2003 – NJW 2004, 775 (777); *Schmid* NJW 2013, 2145 (2148); *Mayer/Eichel/Klinck* NZM 2018, 689 (695); → Rn. 65.
19 *Häublein* in MüKoBGB § 535 Rn. 173; *Schmid* NJW 2013, 2145 (2148); *Mayer/Eichel/Klinck* NZM 2018, 689 (691).
20 *Unnützer* in FA-MietR Kap. 7 Rn. 72; *Häublein* in MüKoBGB § 535 Rn. 173; *Armbrüster* ZWE 2004, 217 (223).
21 Zu einer schleichenden „negativen Vorbildfunktion" bei der Garagennutzung *Weidt* NZM 2019, 847 (849) mwN.
22 Zu den Ausnahmen *Weidenkaff* in Palandt BGB § 550 Rn. 7.
23 *Mayer/Eichel/Klinck* NZM 2018, 689 (691); *Schmid* NJW 2013, 2145 (2147 f.).
24 BGH Urt. v. 30.6.1999 – XII ZR 55/97, NJW 1999, 2591.
25 *Lehr* in MAH MietR § 54 Rn. 40.
26 *Lehr* in MAH MietR § 54 Rn. 44; *Mayer/Eichel/Klinck* NZM 2018, 689 (691).

2. Einseitige Regelung des Vermieters

9 Vermieter gehen mitunter davon aus, dass ein Aushang im Hausflur für die Aufstellung einer Hausordnung ausreichend ist.[27] Die Literatur ist teilweise der Ansicht, dass bindende Regelungen nur dann entstehen können, wenn eine vertragliche – zweiseitige – Vereinbarung vorliegt.[28] Zu Recht wird dem jedoch entgegengehalten, dass auch eine einseitige Regelung in engen Grenzen zulässig ist.[29] Dies wird zum einen mit dem **Eigentumsrecht** des Vermieters aus § 903 BGB begründet. Alle nicht vertraglich der Mietnutzung zugewiesenen Flächen, die gleichsam im Herrschaftsbereich des Vermieters verbleiben, dürfen hinsichtlich Ihrer Nutzung eingeschränkt werden.[30] So darf etwa Wäschetrocknung auf dem Dachboden untersagt werden. Ferner sollen einseitige Bestimmungen zulässig sein, soweit lediglich vertragsimmanente **Schutzpflichten** (§ 241 Abs. 2 BGB) **konkretisiert** werden.[31] Der Eigentümer eines Hauses muss im Lichte seiner Fürsorgepflicht berechtigt sein, im Sinne eines friedlichen Zusammenlebens einseitig Verhaltensbestimmungen vorzunehmen, wenn dies die Hausgemeinschaft nicht alleine schafft.[32] Dies ist etwa dann der Fall, wenn im Mietvertrag geregelt ist, dass die Gartenpflege gemeinsam übernommen wird. Stellt der Vermieter dann einen Plan auf, weil die selbstständige Organisation nicht funktioniert, dient dies lediglich zur Konkretisierung vertraglicher Pflichten. Ebenso liegt der Fall bei der Festlegung von Ruhezeiten.[33] Ferner ist eine einseitige „Bekanntmachung" im Hausflur zulässig, wenn lediglich **deklaratorisch gesetzliche Bestimmungen** wiedergegeben werden.[34]

3. AGB

10 Im Regelfall wird die Hausordnung dem Mieter jedoch in Form von vorformulierten Vertragsbedingungen vorgegeben.[35] Das Vermieterinteresse an einem standardisierten Regelwerk ist vor allem dann besonders stark, wenn er Eigentümer eines Anwesens mit mehreren Mietwohnungen ist. Um dem Ziel der Hausordnung – rücksichtsvolles Zusammenleben der Hausgemeinschaft – Rechnung zu tragen, sind einheitliche Regelungen zwar nicht zwingend geboten (→ Rn. 4). Sie schaffen jedoch Rechtsfrieden, wenn niemand bei der Nutzung von Gemeinschaftsflächen unangemessen bevorzugt wird.

11 **a) Einbeziehung.** § 305 Abs. 2 BGB erfordert für die Einbeziehung von AGB in den Mietvertrag entweder einen ausdrücklichen Hinweis oder einen deutlich sichtbaren Aushang am Ort des Vertragsschlusses sowie die Möglichkeit, in zumutbarer Weise vom Inhalt Kenntnis zu nehmen. Ferner muss der anderen Vertragspartei die Möglichkeit zur Kenntnisnahme verschafft werden und sie muss mit der Geltung einverstanden sein, § 305 Abs. 2 letzter Hs. Für das Einverständnis genügt es jedoch, wenn das Verhalten des Vertragspartners aus den Umständen ersichtlich wird.[36] Nach hM ist für die Einbeziehung ein mietvertraglicher Verweis auf eine im Hausflur aushängende Hausordnung nicht ausreichend.[37] Der Vermieter muss die Hausordnung entweder unmittelbar in der Mietvertragsurkunde abdrucken oder bei Vertragsschluss ein Exemplar aushändigen.[38]

---

27 S. a. *Eisenschmid* in Schmidt-Futterer BGB § 535 Rn. 378.
28 *Schmid* NJW 2013, 2145 (2147); *Müller* ZMR 2001, 506 (508); *Häublein* in MüKoBGB § 535 Rn. 173.
29 *Eisenschmid* in Schmidt-Futterer BGB § 535 Rn. 379; *Mayer/Eichel/Klinck* NZM 2018, 689 (692).
30 *Mayer/Eichel/Klinck* NZM 2018, 689 (690).
31 *Blank* in FS Seuß, 1987, S. 53 (56, 60); *Mayer/Eichel/Klinck* NZM 2018, 689 (691).
32 Ähnlich selbst *Schmid* NJW 2013, 2145 (2147), der ansonsten von strengem Formzwang ausgeht; *Mayer/Eichel/Klinck* NZM 2018, 689 (691); *Hitpaß/Kappus* NJW 2013, 565 (569).
33 *Mayer/Eichel/Klinck* NZM 2018, 689 (691); → Rn. 24.
34 *Weidt* NZM 2019, 847 (849); dies ist nur dann eine Frage der AGB-Kontrolle, wenn gesetzliche Bestimmungen vertraglich vereinbart wurden, § 307 Abs. 3 BGB, vgl. auch *Mayer/Eichel/Klinck* NZM 2018, 689 (692).
35 *Mayer/Eichel/Klinck* NZM 2018, 689 (691).
36 BT-Drs. 7/3919, 18; dem Merkmal wird in der Literatur allgemein wenig Bedeutung beigemessen, vgl. etwa *Basedow* in MüKoBGB § 305 Rn. 95.
37 *Mayer/Eichel/Klinck* NZM 2018, 689 (691) mwN.
38 LG Karlsruhe Urt. v. 30.5.2006 – 2 O 324/06, ZMR 2006, 698.

b) Überraschende Klausel. Gem. § 305c Abs. 1 BGB werden solche Klauseln nicht Vertragsbestandteil, die so ungewöhnlich sind, dass der Mieter vernünftigerweise nicht mit ihnen zu rechnen braucht.[39] Dies ist bei der Hausordnung insbesondere dann der Fall, wenn eine Unvereinbarkeit mit dem Leitbild des Mietvertrages[40] oder dem äußeren Erscheinungsbild der Hausordnung[41] vorliegt. Damit sind nicht nur die typischen Pflichten des Mietvertrages zu berücksichtigen, sondern auch, was sich der durchschnittliche Mieter unter dem Begriff Hausordnung vorstellt. Insofern dürfte allgemein bekannt sein, dass die Hausordnung insbesondere ein rücksichtsvolles und friedliches Zusammenleben der Hausgemeinschaft sicherstellen soll. 12

Es ist daher nicht möglich, unter der **falschen Überschrift** „Hausordnung" Pflichten zu „verstecken", die Haupt- und Nebenleistungen betreffen und damit den konkreten, wohnungsinternen Mietgebrauch regeln.[42] Dies sind insbesondere Pflichten zum positiven Tun, etwa die Zahlung des Mietzinses,[43] die Pflicht zu Schönheitsreparaturen[44] und nach wohl hM auch die Pflicht zur Reinigung des Treppenhauses.[45] Teilweise wird sogar gefordert, eine Hausordnung dürfe lediglich Unterlassungspflichten beinhalten.[46] Dies ist jedoch abzulehnen, da auch Handlungspflichten ausschließlich das Zusammenleben regeln können, etwa die Pflicht zum nächtlichen Verschließen der Haupteingangstür (→ Rn. 53). 13

Ob eine Pflicht daher unter der – mit dem Mietvertrag fest verbundenen oder darin abgedruckten – Hausordnung oder in einer anderen formularmäßigen Klausel geregelt ist, kann für ihre Wirksamkeit entscheidend sein. Die Rechtsprechung scheint hier zwar teilweise einen gewissen Spielraum einzuräumen, wenn der **Rechtskreis des gemeinschaftlichen Zusammenlebens** (mit)betroffen ist.[47] Gleichwohl sind insbesondere Handlungspflichten möglichst unter einer separaten Überschrift im Mietvertrag zu regeln. Insgesamt gilt folgender **Grundsatz**: Je einschneidender und individueller eine Pflicht für den Mieter ist, desto eher muss sie mietvertraglich vereinbart werden. 14

c) Inhaltskontrolle. Klauseln, die wirksam in den Mietvertrag einbezogen wurden, unterliegen der Inhaltskontrolle des § 307 BGB. Soweit lediglich deklaratorisch Schutzpflichten iSd § 241 Abs. 2 BGB (zB Ruhezeiten) konkretisiert werden, halten sie dieser Prüfung idR stand.[48] Hierbei ist jedoch zu berücksichtigen, dass die Hausordnung nicht nur im Verhältnis Vermieter – Mieter (Vertikalverhältnis) wirkt, sondern durch die gleichgelagerten Regelungen auch eine horizontale Wirkung der Mieter untereinander besteht.[49] Dann kommt es nicht nur auf die inhaltliche Angemessenheit der Regelung im Vertikalverhältnis an, sondern zum Ausgleich der Individualinteressen innerhalb der häuslichen Gemeinschaft auch auf eine weitgehende Gleichbehandlung bzw. Diskriminierungsfreiheit.[50] 15

d) Änderungsvorbehalte. Behält sich der Vermieter in der Hausordnung vor, einzelne Regelungen einseitig ändern zu können, wird die **einseitige Setzungskompetenz** (→ Rn. 9) vertraglich festgelegt. Solche Klauseln sind jedoch nur in engen Grenzen zulässig.[51] Sie unterliegen bei Individualverträgen der Billig- 16

39 *Stadler* in Jauernig BGB § 305c Rn. 2.
40 BGH Urt. v. 22.12.1992 – VI ZR 341/91, NJW 1993, 779.
41 BGH Urt. v. 8.5.1987 – V ZR 89/86, NJW 1987, 2228.
42 *Mayer/Eichel/Klinck* NZM 2018, 689 (692).
43 *Schmid* NJW 2013, 2145 (2147).
44 *Mayer/Eichel/Klinck* NZM 2018, 689 (692).
45 Streitig, bejahend *Schmid* NJW 2013, 2145 (2147); ablehnend wohl *Gramlich* in Gramlich BGB § 535 Rn. 15; näher → Rn. 39 ff.
46 *Schmid* NJW 2013, 2145 (2147); *Hannemann* in MAH MietR § 10 Rn. 360, 362; *Emmerich* in Staudinger, 2018, BGB § 535 Rn. 33.
47 Etwa Rauchen: BGH Urt. v. 16.1.2015 – V ZR 110/14, NJW 2015, 2023; Musizieren: BGH Urt. v. 26.10.2018 – V ZR 143/17, NJW 2019, 773 mAnm *Henke*, Winterdienst (str.): OLG Frankfurt am Main Urt. v. 22.9.1988 – 16 U 123/87, NJW 1989, 41.
48 *Mayer/Eichel/Klinck* NZM 2018, 689 (692), hierin liegt jedoch kein Fall des § 307 Abs. 3 BGB, da nicht eine bloße Wiedergabe von gesetzlichen Regelungen erfolgt.
49 Dieses Phänomen wird im Kartellrecht als Hub & Spoke bezeichnet, vgl. etwa *Krebs/Becker*, WettbR, Stichwort Hub & Spoke.
50 *Mayer/Eichel/Klinck* NZM 2018, 689 (692).
51 *Schmid* NJW 2013, 2145 (2147).

keitskontrolle des § 315 BGB und bei AGB der Regelung des § 308 Nr. 4 BGB, nach der ein Änderungsvorbehalt nur wirksam ist, wenn er für den anderen Vertragsteil zumutbar ist.[52] Dies ist etwa dann der Fall, wenn die Änderungen aufgrund sich ändernder rechtlicher Rahmenbedingungen vorbehalten wird.[53] Eine zulässige Klausel könnte etwa lauten:

▶ **Formulierungsvorschlag:**
Der Vermieter ist berechtigt, eine Hausordnung zu erlassen, deren Inhalt er nach billigem Ermessen gem. § 315 BGB bestimmen darf und die für den Mieter zumutbar ist. Der Vermieter ist zu Änderungen bzw. Ergänzungen insbesondere aufgrund der Änderung bestehender Rechtsnormen, öffentlich-rechtlicher Vorgaben etc. berechtigt. Hierüber wird der Mieter entsprechend unterrichtet.[54] ◀

17 Anders, wenn auch nicht ganz so weitreichend, ist die **einseitige Konkretisierung** bestimmter Rechte und Pflichten, die bereits vertraglich geregelt sind, zu beurteilen. Der Vermieter kann bei entsprechendem vertraglichem Vorbehalt etwa einen Reinigungsplan für das Anwesen aufstellen, die Gartenpflege über einen Plan organisieren oder die Benutzung der Waschküche regeln. Solche Regelungen sind grundsätzlich ebenfalls zulässig.[55] Die konkreten Pläne können jedoch unwirksam sein, wenn sich hieraus eine unangemessene Benachteiligung Einzelner ergibt.[56] Zulässig wäre daher folgende Regelung: Nach einem vom Vermieter aufgestellten Reinigungsplan müssen die Mieter abwechselnd Flure, Treppen, Fenster und Dachbodenräume, Zugangswege außerhalb des Hauses, den Hof, den Standplatz der Müllgefäße und den Bürgersteig vor dem Haus reinigen.

4. Konkludente Vertragsänderungen

18 In langjährig gleichbleibenden Hausgemeinschaften kommt es immer wieder vor, dass sich Dinge „einschleifen", die vertraglich gar nicht oder anders geregelt sind.[57] Dieses Phänomen ist mit der im Arbeitsrecht bekannten **„betriebliche Übung"** vergleichbar.[58] Fraglich ist dann, ob hierdurch ebenfalls Pflichten begründet werden, die für die Parteien verbindlich sind. Eine solche Vertragsänderung ist jedoch **restriktiv** zu behandeln, es müssen folgende Voraussetzungen kumulativ erfüllt sein: (1) Der Wille der Vertragsparteien muss sich auf die rechtliche Umgestaltung des bestehenden Vertrags richten;[59] (2) ihnen muss bewusst sein, durch ihr Verhalten rechtsgeschäftlich tätig zu werden.[60] Beides ist idR jedoch selbst bei langjährigen und dauerhaften Übernahmen bestimmter Aufgaben innerhalb der Hausgemeinschaft (zB Schneeräumen durch Mieter des Erdgeschoss) nicht der Fall.

III. Besonderheiten in der WEG

19 In einer Wohnungseigentümergemeinschaft wird die Hausordnung durch Vereinbarung oder Beschluss der Wohnungseigentümer aufgestellt (§§ 15 Abs. 2, 21 Abs. 3, 5 Nr. 1 WEG).[61] Auf die gleiche Weise erfolgt auch ihre Änderung.[62] Ist ein Miteigentümer mit einer Regelung in der Hausordnung nicht einverstanden, kann er gem. § 46 WEG Anfechtungsklage gegen den Beschluss der Eigentümerversammlung erheben. In diesem Rahmen prüft das Gericht allerdings nur **Ermessensfehler** bei der Beschlussfassung.[63] Im Gegen-

52 Näher *Mayer/Eichel/Klinck* NZM 2018, 689 (692 f.) mwN.
53 *Lehr* in MAH MietR § 54 Rn. 38.
54 Ähnlich auch *Lehr* in MAH MietR § 54 Rn. 38.
55 *Blank* in FS-Seuß, 1987, S. 53 (56); *Eisenschmid* in Schmidt-Futterer BGB § 535 Rn. 379; *Mayer/Eichel/Klinck* NZM 2018, 689 (692).
56 *Horst* NZM 2012, 513 (516); LG Marburg Urt. v. 1.8.1990 – 5 S 58/90, NJW-RR 1990, 1484; LG Köln Urt. v. 25.7.2013 – 1 S 201/12, BeckRS 2014, 2641.
57 Eingehend *Artz* NZM 2005, 367.
58 Etwa BAG Urt. v. 19.8.2015 – 5 AZR 450/14, BeckRS 2016, 65017 mwN.
59 *Artz* NZM 2005, 367.
60 *Artz* NZM 2005, 367.
61 *Schmid* NJW 2013, 2145 (2146); *Commichau* in MüKoBGB WEG § 15 Rn. 32.
62 OLG Frankfurt a.M. Beschl. v. 6.8.2003 – 20 W 22/02, NZM 2004, 31; *Schmid* NJW 2013, 2145 (2146).
63 BGH Beschl. v. 10.9.1998 – V ZB 11/98, NJW 1998, 3713 mwN.

satz zu Mietverhältnissen werden Regelungen nämlich nicht einseitig oktroyiert, so dass für eine Inhaltskontrolle iSd § 307 BGB kein Raum ist. Einer WEG steht aufgrund ihres Selbstorganisationsrechts bei der Aufstellung von Gebrauchsregelungen ein Ermessensspielraum zu.[64] Dieser ist nach den Grundsätzen von § 242 BGB nur dann überschritten, wenn innerhalb der eigenen Wohnung ein **sozial übliches Verhalten** (faktisch) **verboten** wird.[65] Die nachfolgenden Einzelfälle (→ Rn. 23 ff.), die in erster Linie mietvertragliche Hausordnungen im Blick haben, sind daher nur eingeschränkt auf eine WEG übertragbar (Vertiefend hierzu → *WEG* Rn. 13 f.).

Anders liegt der Fall wiederum, wenn ein WEG-Mietglied seine Wohnung weitervermietet und die beschlossene Hausordnung an den Mieter „weitergibt". Im Verhältnis Mieter-Vermieter ist das Regelwerk dann selbstverständlich kontrollfähig und kann zu einer „Zwickmühle"[66] des Vermieters führen. Eigentümerversammlungen sollten daher für den Fall einer geplanten Vermietung die diesbezügliche Zulässigkeit der Hausordnung berücksichtigen. 20

Es ist umstritten, ob im Verhältnis zwischen Sondereigentümer und dessen Mieter eine **dynamische Verweisung** auf die jeweils aktuelle Fassung der Hausordnung zulässig ist. Nach den oben entwickelten Grundsätzen für Änderungsvorbehalte (→ Rn. 16) wäre eine solche dynamische Verweisung in AGB an § 308 Nr. 4 BGB zu messen, individualvertraglich an § 315 BGB. Im zweiten Fall dürften keine Zweifel an der Wirksamkeit bestehen.[67] Fraglich ist jedoch, ob der dynamische Verweis auf ein Regelwerk zulässig ist, was nach og Grundsätzen lediglich einer Ermessenskontrolle unterliegt (→ Rn. 19). Damit sind auch solche Gebrauchseinschränkungen möglich und zulässig, die die mietvertragliche Inhaltskontrolle nicht bestehen würden. Gem. § 308 Nr. 4 BGB muss jedoch die dynamische Verweisung für den anderen Vertragsteil „zumutbar" sein. Dies wäre aber selbst dann nicht der Fall, wenn sich die Eigentümergemeinschaft im Rahmen dessen halten würde, was der mietvertraglichen Inhaltskontrolle standhält. Für die Zumutbarkeit kommt es nämlich nur auf die Änderungskompetenz an, nicht die konkrete Änderung selbst. Eine solche einseitige Befugnis ist mithin so weitreichend, dass die Zulässigkeit einer dynamischen Verweisung in ABG abzulehnen ist.[68] 21

IV. Einzelfälle

Hinsichtlich einzelner Rechte/Pflichten/Verhaltensweisen, die für ein reibungsloses Zusammenleben innerhalb der Hausgemeinschaft typischerweise essenziell sind, hat sich eine dezidierte Einzelfallrechtsprechung entwickelt. Die nachfolgenden Punkte finden sich besonders häufig in den gängigen Hausordnungen (etwa von Haus & Grund,[69] DMB[70]), die von Vermietern meist ohne genaue Prüfung den Mietverträgen beigefügt werden. 22

1. Ruhestörungen und sonstige Immissionen

Die Einhaltung von Ruhezeiten ist ein häufiger Streitpunkt innerhalb von Mehrparteienhäusern. Besonders problematisch sind dabei spezielle und als besonders störend empfundene Geräusche wie zB das Spielen von Musikinstrumenten. Weitere Immissionen sind insbesondere Gerüche, die durch Grillen oder Tabakrauch verursacht werden und auf Nachbarwohnungen bzw. -balkone einwirken können. 23

64 OLG Frankfurt a.M. Beschl. v. 6.8.2003 – 20 W 22/02, NZM 2004, 31.

65 BGH Beschl. v. 10.9.1998 – V ZB 11/98, NJW 1998, 3713; BayObLG Beschl. v. 28.2.2002 – 2Z BR 141/01, NZM 2002, 492.

66 In anderem Zusammenhang *Mayer/Eichel/Klinck* NZM 2018, 689 (693).

67 So auch *Mayer/Eichel/Klinck* NZM 2018, 689 (693).

68 So auch AG Schorndorf Urt. v. 5.7.2012 – 6 C 1166/11, BeckRS 2012, 19795; *Mayer/Eichel/Klinck* NZM 2018, 689 (693); *Christensen* in Ulmer/Brandner/Hensen (32) Mietverträge Rn. 8; AA wohl nur *Häublein* WuM 2009, 435 (436 f.).

69 Abrufbar unter https://hug-hochsauerland.de/sites/default/files/imce_files/PDFs/hausordnung.pdf.

70 Abrufbar unter https://www.mieterbund.de/fileadmin/user_upload/hausordnung.pdf.

24 **a) Ruhezeiten.** Bereits aus dem Gebot der gegenseitigen Rücksichtnahme ergibt sich die Einhaltung von üblichen Ruhezeiten. Hierfür kann man sich an den Vorgaben der jeweiligen Landesimmissionsschutzgesetze orientieren, so dass im Grundsatz von Ruhezeiten zwischen 13:00 Uhr und 15:00 Uhr sowie zwischen 22:00 Uhr und 6:00 Uhr auszugehen ist.[71] Abweichende Regelungen sind gleichwohl zulässig, da der Vermieter berechtigt ist, das Gebot der Rücksichtnahme in der Hausordnung zu konkretisieren.[72] Die Regelungen unterliegen dann der Inhaltskontrolle. Dabei sind mehrere Faktoren zu berücksichtigen: Alter der Bewohner, Abstand der Wohnungen, Hellhörigkeit, Schallschutz, Umgebungsgeräusche.[73] Grundsätzlich ist es mithin möglich, die allgemeinen Ruhezeiten weiter oder enger zu fassen. So wurde etwa eine Nachtruhezeit von 20:00 Uhr bis 8:00 Uhr für zulässig gehalten.[74] Orientierung für angemessene Regelungen bieten stets die öffentlich-rechtlichen Regelungen.

25 **b) Lärm.** Nicht nur während der Ruhezeiten ist solcher Lärm zu vermeiden, der geeignet ist, eine **unzumutbare Störung** des Hausfriedens hervorzurufen. Dies ist zwar nicht bei jeder Störung der Fall. Mieter haben jedoch einen Anspruch darauf, nicht ständig durch Geräusche aus dem Treppenhaus oder Nachbarwohnungen in ihrer Privatsphäre gestört zu werden.[75] Insofern ist jedenfalls während der Ruhezeiten lautes Türenschlagen, Herumbrüllen, die Nutzung von Rundfunkgeräten oder Stereoanlangen mit übermäßiger Lautstärke sowie Bohrmaschinen zu unterlassen. Eine **Orientierungshilfe**[76] bieten die Immissionsrichtwerte in **Ziffer 6.1 der TA Lärm**.[77] Hiernach sind etwa in allgemeinen Wohngebieten tagsüber 55 dB(A) und nachts 40 dB(A), in reinen Wohngebieten tagsüber 50 dB(A) und nachts 35 dB(A) zulässig. Einzelne kurzzeitige Geräuschspitzen dürfen die Immissionsrichtwerte am Tage um nicht mehr als 30 dB(A) und in der Nacht um nicht mehr als 20 dB(A) überschreiten. Der BGH weist allerdings zurecht darauf hin, dass trotz Einhaltung der Grenzwerte bestimmte Geräusche lästig sein können.[78] Es kommt mithin für die Zumutbarkeit der Lärmbelästigung auf die tatrichterliche Würdigung an.[79] Ferner muss berücksichtigt werden, dass bestimmte Geräusche zu jeder Zeit als **sozialadäquat** anzusehen sind.[80] So hat die Rechtsprechung mehrfach dem Verbot des **Duschens** und Badens während der Nachtzeit eine Absage erteilt,[81] jedenfalls dann, wenn hierbei eine Dauer von 30 Minuten nicht überschritten wird.[82]

26 Die gängigen Hausordnungen formulieren insofern eher weiche Klauseln, die in Ansehung der öffentlich-rechtlichen Vorgaben durchaus auch konkreter und damit rechtssicherer gefasst sein könnten. Zunächst dürfte ein generalklauselartiges Verbot von Überschreitungen der Grenzwerte der TA Lärm zweckdienlich sein. Sodann sollten Ausnahmen für Sozialadäquanz und einzelne spezielle Beeinträchtigungen (dazu gleich, → Rn. 27 ff.) vorgesehen werden.

▶ **Formulierungsvorschlag:**

Lärm, der für das Zusammenleben der Hausgemeinschaft unzumutbar ist, ist grundsätzlich derart zu vermeiden, dass die Immissionsrichtwerte der TA Lärm [landesrechtliche Richtwerte einfügen] eingehalten werden. Während der gesetzlichen Ruhezeiten [landesrechtliche Zeiten einfügen] ist besondere Rück-

71 *Eisenschmid* in Schmidt-Futterer BGB § 535 Rn. 366 (jedoch für Nachtruhe bis 7:00 Uhr); etwa § 9 Abs. 1 LImSchG NRW: Nachtruhe 22:00 Uhr bis 6:00 Uhr, kommunale Regelungen NRW oder etwa § 8 I LImSchG RLP: Mittagsruhe idR 13:00 Uhr bis 15:00 Uhr.
72 *Mayer/Eichel/Klinck* NZM 2018, 689 (692).
73 BGH Beschl. v. 10.9.1998 – V ZB 11/98, NJW 1998, 3713.
74 BGH Beschl. v. 10.9.1998 – V ZB 11/98, NJW 1998, 3713.
75 *Eisenschmid* in Schmidt-Futterer BGB § 535 Rn. 365.
76 BGH Urt. v. 26.10.2018 – V ZR 143/17, NJW 2019, 773.
77 Sechste Allgemeine Verwaltungsvorschrift zum Bundes-Immissionsschutzgesetz (Technische Anleitung zum Schutz gegen Lärm – TA Lärm) v. 16.8.1998, GMBl Nr. 26/1998, 503.
78 BGH Urt. v. 26.10.2018 – V ZR 143/17, NJW 2019, 773.
79 BGH Urt. v. 26.10.2018 – V ZR 143/17, NJW 2019, 773.
80 *Eisenschmid* in Schmidt-Futterer BGB § 535 Rn. 367.
81 OLG Düsseldorf Beschl. v. 25.2.1991 – 5 Ss (OWi) 411/90 – (OWi) 181/90 I NJW 1991, 1625; LG Köln Urt. v. 24.2.2017 – 1 S 32/15, ZMR 2017, 565; LG Köln Urt. v. 17.4.1997 – 1 S 304/96, NJW-RR 1997, 1440.
82 OLG Düsseldorf Beschl. v. 25.2.1991 – 5 Ss (OWi) 411/90 – (OWi) 181/90 I NJW 1991, 1625; *Eisenschmid* in Schmidt-Futterer BGB § 535 Rn. 367.

sichtnahme geboten. Ausnahmen gelten insofern, als Überschreitungen im Rahmen der allgemeinen Lebensführung entstehen oder Geräusche trotz Einhaltung der Richtwerte unzumutbar sind. ◀

c) Musizieren. Nachdem in der Vergangenheit viel über das Musizieren (vgl. auch → *Musik* Rn. 33) in Mietwohnungen gestritten wurde,[83] hat der BGH im Jahr 2018 erstmals konkrete Leitlinien für ein Reihenhaus festgelegt,[84] die nach hM auch für Mietverhältnisse Anwendung finden.[85] Danach kann als **Richtwert** „eine Beschränkung auf **zwei bis drei Stunden an Werktagen** und **ein bis zwei Stunden an Sonn- und Feiertagen**, jeweils unter Einhaltung üblicher Ruhezeiten" dienen. Dabei kommt es nicht darauf an, ob es sich um einen Hobby- oder Profimusiker handelt. Ferner braucht sich ein Musiker nicht in Dachgeschoss- oder Kellerräume verweisen lassen, sondern darf in den Haupträumlichkeiten seiner Wohnung musizieren. 27

Die spezielle Ausgestaltung einer zeitlichen oder räumlichen Beschränkung durch den Vermieter unterliegt gleichwohl „den **Umständen des Einzelfalls**, insbesondere dem Ausmaß der Geräuscheinwirkung, der Art des Musizierens und den örtlichen Gegebenheiten."[86] Es empfiehlt sich daher, in einer Hausordnung den Stundenrichtwert des BGH nicht ungeprüft zu übernehmen, sondern Besonderheiten des Einzelfalls zu beachten. So dürfte etwa in einem Studentenwohnheim mit engen Parzellen und dünnen Wänden eine weitergehende Einschränkung möglich sein. Anders läge der Fall wiederum, wenn es sich um das Wohnheim einer Musikhochschule handelt. 28

Der BGH stellt auch klar, dass es beim Musizieren gerade nicht auf die Überschreitung von Immissionsrichtwerten ankommt.[87] Ein unbefangenes Musizieren sei nicht möglich, wenn leise Töne erlaubt, laute dagegen verboten wären. Ferner könne Musik auch bei Unterschreitung der Richtwerte aufgrund der Besonderheiten des Übens (zB durch abrupte Pausen, Wiederholungen, Fehler) lästig sein.[88] Damit liegt ein wichtiger Ausnahmefall der allgemeinen Ruhezeitenregelung für Musik als sozialadäquatem Verhalten vor, der sich zwingend in einer Hausordnung wiederfinden muss. 29

▶ **Formulierungsvorschlag:**

Das Spielen von Musikinstrumenten ist während der Ruhezeiten grundsätzlich für eine Dauer von zwei bis drei Stunden an Werktagen und ein bis zwei Stunden an Sonn- und Feiertagen gestattet. ◀

d) Teppichklopfen/Staubsaugen. In vielen Muster-Hausordnungen findet sich eine Regelung zum Teppichklopfen.[89] Dem vergleichbar dürfte auch das Staubsaugen sein,[90] welches das Teppichklopfen weitestgehend abgelöst haben dürfte. Da es sich jeweils um sozialadäquate Reinigungstätigkeiten handelt, sind beide Verhaltensweisen außerhalb der allgemeinen Ruhezeiten hinzunehmen.[91] Die „Lärmgeneralklausel" bedarf insofern keiner Ergänzung. 30

e) Rauchen. Ein rauchender Mieter weckt das Regulierungsinteresse des Vermieters in mehrerlei Hinsicht. Zum einen besteht ein Interesse daran, dass nicht innerhalb der Wohnung geraucht wird, um aufwändige Renovierungsarbeiten zu vermeiden. Zum anderen ergibt sich ggf. aus der Fürsorgepflicht des Vermieters (§ 241 Abs. 2 BGB),[92] die nicht rauchenden Hausbewohner vor Gesundheitsgefahren zu bewahren und in- 31

83 Exemplarisch etwa BGH Beschl. v. 10.9.1998 – V ZB 11/98, NJW 1998, 3713; LG Frankfurt a.M. Urt. v. 4.10.2017 – 2-13 S 131/16, NJW-RR 2018, 76; LG Dortmund Urt. v. 11.7.2017 – 1 S 282/16, NJW-RR 2017, 1292; BayObLG Beschl. v. 28.3.1985 – BReg 2 Z 8/85, NJW 1985, 2138.
84 BGH Urt. v. 26.10.2018 – V ZR 143/17, NJW 2019, 773.
85 *Herrlein* NJW 2019, 2819; *Henke* NJW 2019, 777.
86 BGH Urt. v. 26.10.2018 – V ZR 143/17, NJW 2019, 773.
87 BGH Urt. v. 26.10.2018 – V ZR 143/17, NJW 2019, 773.
88 BGH Urt. v. 26.10.2018 – V ZR 143/17, NJW 2019, 773.
89 Haus & Grund: https://hug-hochsauerland.de/sites/default/files/imce_files/PDFs/hausordnung.pdf; DMB: https://www.mieterbund.de/fileadmin/user_upload/hausordnung.pdf; vgl. auch *Gramlich* in Gramlich BGB § 535 Rn. 15.
90 *Blank* in Blank/Börstinghaus BGB § 535 Rn. 552.
91 *Blank* in Blank/Börstinghaus BGB § 535 Rn. 552.
92 Etwa BGH Urt. v. 22.10.2008 – XII ZR 148/06, NJW 2009, 142; BGH Urt. v. 12.12.2012 – XII ZR 6/12, NZM 2013, 191; *Häublein* in MüKoBGB § 535 Rn. 146; *Paschke* NZM 2008, 265.

sofern das Rauchen auf Balkonen und Gemeinschaftsflächen zu verbieten. Beides könnte man zum Anlass nehmen, das Rauchen im gesamten Mietobjekt zu verbieten.

32 **Innerhalb der Wohnung** ist ein Rauchverbot individualvertraglich zulässig.[93] In AGB, noch dazu innerhalb der Hausordnung, dürfte ein solches Verbot jedoch entweder überraschend sein oder der Inhaltskontrolle nicht standhalten, da das Rauchen trotz der Gesundheitsgefahren sozialadäquat und grundsätzlich zum **vertragsgemäßen Gebrauch** einer Mietsache gehört.[94] Lediglich „exzessives Rauchen" (Richtwert: über 20 Zigaretten pro Tag)[95] gehört nicht mehr zum vertragsgemäßen Gebrauch.[96] Nach Ansicht des BGH ist die übliche Nutzung jedenfalls dann überschritten, wenn durch das Rauchen „Verschlechterungen der Wohnung verursacht werden, die sich nicht mehr durch Schönheitsreparaturen (…) beseitigen lassen, sondern darüberhinausgehende Instandsetzungsarbeiten erfordern".[97]

33 Das Rauchen **auf dem Balkon** durch die Hausordnung zu regeln hat der BGH in einem *obiter dictum* für grundsätzlich zulässig erklärt.[98] Insofern dürfte sowohl ein vollständiges Verbot als auch die Erlaubnis in zeitlich geregeltem Umfang möglich sein.[99] Ohne solche Regelungen besteht unter den Bewohnern eine gegenseitige Pflicht zur Rücksichtnahme. Ist eine gegenseitige Verständigung nicht möglich, ist im Lichte der Gesundheitsgefahren eine Gebrauchsregelung für die Zeiten, in denen beide Mieter an einer Nutzung ihrer Balkone interessiert sind, zu bestimmen. Der nichtrauchende Mieter hat dabei einen Anspruch auf die Freihaltung von Zeiträumen, in denen er seinen Balkon unbeeinträchtigt von Rauchbelästigungen nutzen kann, während dem rauchenden Mieter Zeiten einzuräumen sind, in denen er auf dem Balkon rauchen darf. Die rechtssicherste und gemeinhin sozialverträglichste[100] Regelung dürfte daher ein vollständiges Verbot sein.

34 Im **Treppenhaus** und sonstigen Gemeinschaftsräumen kann das Rauchen ebenfalls mittels Hausordnung untersagt werden. Hierzu gehört auch das Rauchen innerhalb der Wohnung, dessen Immissionen etwa durch übermäßig große Spaltmaße oder zu lange geöffnete Türen in den Hausflur dringen.[101] Hier ist der Mieter zur entsprechenden Abdichtung verpflichtet. Selbst wenn bzgl. des Treppenhauses keine vertragliche Regelung existiert, ergibt sich aus dem Rücksichtnahmegebot ein unmittelbarer Unterlassungsanspruch des Vermieters und der Mitmieter gegenüber dem Raucher aus §§ 862 Abs. 1, 858 Abs. 1, 1004 BGB.[102]

▶ **Formulierungsvorschlag:**
Das Rauchen auf Balkonen, im Treppenhaus und sonstigen Gemeinschaftsräumen ist untersagt. ◀

35 **f) Grillen.** Sofern vertraglich nichts vereinbart ist, gehört Grillen (vgl. auch → *Grillen* Rn. 1 ff.) grundsätzlich zum vertragsgemäßen Gebrauch des Balkons und des Gartens.[103] Gerade beim Grillen sind jedoch öffentlich-rechtliche Beschränkungen zu beachten. So verbietet etwa § 7 Abs. 1 S. 1 LImSchG NRW das

93 Umkehrschluss zu BGH Urt. v. 18.2.2015 – VIII ZR 186/14, NJW 2015, 1239; BGH Urt. v. 5.3.2008 – VIII ZR 37/07, NJW 2008, 1439.

94 *Weidenkaff* in Palandt BGB § 535 Rn. 28; *Stapel* NZM 2000, 595 (596); *Harsch* WuM 2009, 76; *Börstinghaus/Pielsticker* WuM 2012, 480; LG Köln Urt. v. 19.8.1998 – 9 S 188/98, NZM 1999, 456 (457); LG Saarbrücken Urt. v. 25.7.1997 – 13 BS 87/97, WuM 1998, 689 (690); LG Köln Urt. v. 10.1.1991 – 1 S 307/90, NJW-RR 1991, 1162.

95 *Stapel* NZM 2000, 595 (598).

96 BGH Urt. v. 5.3.2008 – VIII ZR 37/07, NJW 2008, 1439; LG Koblenz Urt. v. 27.10.2005 – 14 S 76/05, ZMR 2006, 288; LG Baden-Baden Urt. v. 15.6.2001 – 2 S 138/00, WuM 2001, 603; LG Paderborn Urt. v. 23.3.2000 – 1 S 2/00, NJW-RR 2000, 1110.

97 BGH Urt. v. 5.3.2008 – VIII ZR 37/07, NJW 2008, 1439.

98 BGH Urt. v. 16.1.2015 – V ZR 110/14, NJW 2015, 2023; vgl. auch *Meyer-Abich* NZM 2015, 520 (527).

99 *Meyer-Abich* NZM 2015, 520 (527).

100 Mehr als ¾ der Menschen in Deutschland sind Nichtraucher (Raucherquote 2019: 23,8 %), vgl. Bundesministerium für Gesundheit, Glossar: Stichwort „Rauchen", Stand 19.12.2019, https://tinyurl.com/vlfgkx7.

101 BGH Urt. v. 18.2.2015 – VIII ZR 186/14, NJW 2015, 1239.

102 *Stapel* NZM 2000, 595 (597); AG Hannover Beschl. v. 21.1.2000 – 70 II 414/99, NZM 2000, 520; wohl auch BGH Urt. v. 18.2.2015 – VIII ZR 186/14, NJW 2015, 1239.

103 LG Saarbrücken Urt. v. 25.7.1997 – 13 BS 87/97; WuM 1998, 690; LG Stuttgart Beschl. v. 14.8.1996 – 10 T 359/96, NJWE-MietR 1997, 37; AG Esslingen Urt. v. 12.11.2004 – 1 C 254/04, ZMR 2005, 199; *Börstinghaus/Pielsticker* WuM 2012, 480; *Zehelein* in BeckOK BGB § 535 Rn. 389.

Verbrennen von Gegenständen im Freien, soweit die Nachbarschaft oder die Allgemeinheit erheblich belästigt werden.

In einer Hausordnung kann das Grillen mittels Gas- oder Holzkohlegrill jedoch untersagt werden, insbesondere vor dem Hintergrund starker Geruchsbelästigungen der Mitmieter und etwaiger Brandgefahr.[104] Das Grillen mit Elektrogeräten kann jedoch nach hM nicht eingeschränkt werden.[105] Analog zum Rauchen und Musizieren ist als „Minus" auch eine Regelung bestimmter Zeiten oder Zuweisung bestimmter Flächen im Garten möglich, in/auf denen das Grillen erlaubt ist. 36

▶ **Formulierungsvorschlag:**

Auf Balkonen ist das Grillen mit Holzkohle- und Gasgrills untersagt. Im Garten [ggf. genauere Bezeichnung des Gartens] stehen gekennzeichnete Feuerstellen zur Verfügung, auf denen das Grillen erlaubt ist, soweit die Nachbarschaft oder die Allgemeinheit dadurch nicht erheblich belästigt werden. ◀

g) Kinder. Kinderlärm, wie Weinen und Schreien von Kleinkindern, ist grundsätzlich hinzunehmen (vgl. auch → *Kind* Rn. 11 ff.).[106] Auch größeren Kindern ist gelegentlicher Lärm in der Wohnanlage zuzugestehen.[107] Einschränkungen in der Hausordnung sind daher unwirksam, es sei denn, der Lärm resultiert aus unvernünftigen Erziehungsmaßnahmen der Eltern.[108] Kinderlärm ist deshalb ausschließlich bei einem „Organisationsverschulden" bzw. einer Aufsichtspflichtverletzung iSd § 832 Abs. 1 BGB (analog) der Eltern zu verbieten. 37

▶ **Formulierungsvorschlag:**

Kinder sind so zu beaufsichtigen, dass nicht altersgemäßes Lärmen vermieden wird. ◀

2. Reinigungs- und Streupflichten

Der wohl häufigste Streitpunkt innerhalb von Mietverhältnissen dürften auf die Mieter übertragene Reinigungs-, Ordnungs- sowie Instandhaltungspflichten bzgl. der Gemeinschaftsflächen sein. Insbesondere Vermieter von Wohnobjekten mit mehr als zwei Mietparteien gehen daher vermehrt zu einer Auslagerung dieser Pflichten auf einen (professionellen) Dritten und Kostenübertragung auf die Mieter über. 38

a) Hausreinigung. Umstritten ist bereits, ob die Pflicht zur Hausreinigung in einer Hausordnung auf den Mieter abgewälzt werden kann. Eine Regelung im Mietvertrag ist – auch wenn die Reinigungspflicht formularmäßig geregelt ist – unproblematisch. Gegen die Berechtigung zur Übertragung der Reinigungspflicht durch eine formularmäßig vorgegebene Hausordnung wird von der wohl hM ins Feld geführt, diese dürfe keine Pflicht zum positiven Tun beinhalten.[109] Sie sei gewissermaßen nur eine Gebrauchs- und keine Handlungsanweisung.[110] Andere Stimmen lassen eine Übertragung der Reinigungspflicht via Hausordnung dann zu, wenn diese Teil der schriftlichen Mietvertragsurkunde ist.[111] Unrichtig dürfte zwar sein, dass eine Hausordnung nur Unterlassungspflichten beinhalten darf (→ Rn. 12). Eine turnusmäßige Reinigungspflicht ist jedoch für den Mieter so weitreichend, dass sie unter der Überschrift Hausordnung wohl überraschend sein dürfte. In Ansehung der unklaren Rechtslage ist insofern Vorsicht geboten und im Zweifel eine unmittelbare vertragliche Vereinbarung zu treffen. 39

---

104 *Müller* in Müller Wohnungseigentum 5. Teil Rn. 225.

105 *Müller* in Müller Wohnungseigentum 5. Teil Rn. 225.

106 LG Lübeck Urt. v. 31.1.1984 – 6 S 354/83, WuM 1989, 627; AG Bergisch Gladbach Urt. v. 18.5.1982 – 26 C 14/82, WuM 1983, 236.

107 OLG Düsseldorf 6.6.1997 – 3 Wx 420/96, ZMR 1997, 181.

108 *Blank* in Blank/Börstinghaus BGB § 535, Rn. 552.

109 *Schmid* NJW 2013, 2145 (2147); *Hannemann* in MAH MietR § 10 Rn. 360, 362; *Emmerich* in Staudinger BGB § 535 Rn. 33; ähnlich auch AG Frankfurt Main-Höchst Urt. v. 23.10.1987 – Hö 3 C 3337/87, WuM 1988, 153; wohl auch *Mayer/Eichel/Klinck* NZM 2018, 689 (691 f.).

110 *Schmid* NJW 2013, 2145 (2147).

111 *Gramlich* in Gramlich BGB § 535 Rn. 15; *Burgmair* in MAH MietR § 16 Rn. 180 f.; AG München Urt. v. 30.9.1999 – 412 C 13.623/99, NZM 2000, 35; offenlassend *Häublein* in MüKoBGB § 535 Rn. 216.

40 Ist die Pflicht zur Hausreinigung wirksam vereinbart, wird es in der Folge für zulässig gehalten, in der Hausordnung einen Zeitplan aufzustellen. Dies ist sogar einseitig möglich,[112] da auf veränderte Wohnungsbelegungen Rücksicht genommen werden muss und insofern eine fortlaufende Anpassung erforderlich ist. Ein solcher Plan ist nach dem Grundsatz der Gleichbehandlung aufzustellen.[113]

41 **b) Winterdienst.** Ähnlich wie bei der Hausreinigung liegt der Fall des Winterdienstes (vgl. auch → *Winterdienst* Rn. 1 ff.). Auch diesbezüglich dürfte eine Übertragung der Streu- und Verkehrssicherungspflicht in der Hausordnung unwirksam sein,[114] so dass eine vertragliche Regelung erforderlich ist. Es empfiehlt sich, ausdrücklich auch die Verkehrssicherungspflicht zu übertragen, da ansonsten eine laufende Kontrolle durch den Vermieter stattfinden muss.[115] Zur Ausgestaltung sind dann in der Hausordnung Regelungen bzgl. der jeweiligen Zeiten und der Aufteilung innerhalb der Hausgemeinschaft möglich.

42 In der Vergangenheit hatten Gerichte immer wieder mit der Frage zu tun, ob eine einseitige Auferlegung des Winterdienstes auf den **Erdgeschossmieter** zulässig ist. Überwiegend wurde dies – zurecht – für unzulässig gehalten.[116] Entsprechende Regelungen in einer Hausordnung oder in einem vorformulierten Mietvertrag sind so ungewöhnlich, dass der Mieter nicht mit ihnen rechnen muss.[117] Auch aus dem Grundsatz der Gleichberechtigung folgt, dass alle Mieter im Anwesen gleichmäßig mit dem Winterdienst belastet werden.[118] Zulässig ist eine Ungleichbehandlung nur dann, wenn der die Mehrarbeit leistende Mieter angemessen finanziell entschädigt wird.[119]

43 Streitig ist bisweilen auch die Bereitstellung von Ausrüstung und Streugut.[120] Hier ist ebenfalls eine vertragliche Regelung geboten.[121]

3. Nutzung von Gemeinschaftsflächen

44 Die Nutzung von Gemeinschaftsflächen ist ein klassisches Regelungsfeld der Hausordnung, da hier keine Pflichten zum aktiven Handeln vorgegeben werden, sondern nur eine allgemeingültige Festschreibung des ordnungsgemäßen Gebrauchs erfolgt.

45 **a) Treppenhaus.** Da das Treppenhaus häufig zum Abstellen derjenigen Gegenstände genutzt wird, die für die Wohnung entweder zu sperrig oder zu schmutzig sind, ist eine Gebrauchsregelung schon aus Gründen der Rechtssicherheit und zur Verhinderung einer negativen Vorbildfunktion geboten.

46 Die Praxis der Rechtsprechung lässt sich im Wesentlichen so zusammenfassen, dass das Abstellen von **personenbezogenen Hilfsmitteln** (insbesondere Kinderwagen, Rollstühlen, Rollatoren) gemeinhin als vertragsgemäß angesehen wird.[122] Eine diesbezügliche Einschränkung hält der AGB-rechtlichen Inhaltskontrolle regelmäßig nicht stand, da für den Fall, dass ein Mieter für sein tägliches Leben ggf. auf die Benut-

---

112 *Eisenschmid* in Schmidt-Futterer BGB § 535 Rn. 379; *Schmid* NJW 2013, 2145 (2147); *Mayer/Eichel/Klinck* NZM 2018, 689 (691).
113 *Schmid* ZMR 1999, 301 (302); *Eisenschmid* in Schmidt-Futterer BGB § 535 Rn. 377.
114 Ausführlich *Hitpaß/Kappus* NJW 2013, 565 (569) mwN; aA nur OLG Frankfurt am Main Urt. v. 22.9.1988 – 16 U 123/87, NJW 1989, 41.
115 *Hitpaß/Kappus* NJW 2013, 565 (570).
116 *Burgmair* in MAH MietR § 16 Rn. 180 f.; AG Schwelm Urt. v. 14.11.1990 – 27 C 32/90, WuM 1991, 86; AG Köln Urt. v. 14.9.2011 – 221 C 170/11, Mietrecht kompakt 2011, 200; aA wohl nur LG Marburg Urt. v. 1.8.1990 – 5 S 58/90, NJW-RR 1990, 1484.
117 AG Köln Urt. v. 14.9.2011 – 221 C 170/11, MietRkompakt 2011, 200.
118 *Hitpaß/Kappus* NJW 2013, 565 (569).
119 Näher *Hitpaß/Kappus* NJW 2013, 565 (569); s. a. LG Frankfurt am Main Urt. v. 3.11.1987 – 2/11 S 136/87, NJW-RR 1988, 782.
120 Bereitstellungspflicht des Mieters: AG Ebersberg Urt. v. 7.12.1979 – C 563/79, WuM 1985, 258; des Vermieters: AG Solingen Urt. v. 13.9.1978 – 11 C 235/78, WuM 1979, 239.
121 *Hitpaß/Kappus* NJW 2013, 565 (570).
122 LG Berlin Urt. v. 15.9.2009 – 63 S 487/08, BeckRS 2010, 145; LG Hamburg Urt. v. 6.8.1991 – 316 S 110/91, BeckRS 1991, 30929784; AG Hannover Urt. v. 13.5.2005 – 503 C 3987/05, NZM 2006, 819; LG Hannover Urt. v. 17.10.2005 – 20 S 39/05, NZM 2007, 245; eingehend *Leist* NZM 2019, 658.

zung dieser Hilfsmittel angewiesen ist, der Gebrauch der Wohnung als Lebensmittelpunkt faktisch ausgeschlossen wird.[123] Möglich dürfte eine Einschränkung für die Fälle sein, in denen das Hilfsmittel für längere Zeit nicht (mehr) benötigt wird, Kapazitätsengpässe bestehen oder brandschutzrechtliche Vorgaben nicht eingehalten werden. Der Aspekt des **Brandschutzes** wird von der Rechtsprechung mitunter wenig ernst genommen,[124] obgleich sie den Vermieter damit in einen kaum aufzulösenden Zwiespalt zwischen Vertragsbruch und Haftungsrisiko für ein potenzielles Feuer bringt.[125] Richtig wäre daher, die Nutzung von Treppenhäusern so einzuschränken, dass sie jedenfalls im Fall eines Brandes als geeignete Rettungswege zur Verfügung stehen. § 36 Abs. 2 S. 1 BauO NRW regelt etwa hinsichtlich der Breite von notwendigen Fluren, *„dass sie für den größten zu erwartenden Verkehr ausreichen müssen"*. Dies dürfte Indizwirkung für das gesamte Treppenhaus entfalten. Eine unzumutbare Verengung der Flure liegt jedenfalls dann vor, wenn Durchgänge **weniger als 80 cm breit** sind.[126]

Das Abstellen aller übrigen Gegenstände darf durch AGB grundsätzlich untersagt werden. Dies betrifft insbesondere **Dekorationen, Schuhregale, Pflanzen, Fahrräder** und das Anbringen von **Kameras** (vertiefend hierzu → *Videoüberwachung* Rn 39 f.).[127] Ausnahmen gelten lediglich für Dinge, die faktisch kein Beeinträchtigungspotenzial haben, wie etwa ein Willkommensschild an der Wohnungstür.[128] 47

▶ Formulierungsvorschlag:

Das Abstellen von Gegenständen im Treppenhaus ist grundsätzlich untersagt, es sei denn von ihnen geht faktisch keine Beeinträchtigung aus (zB Willkommens-/Namensschilder an der Wohnungstür). Personenbezogene Hilfsmittel wie Kinderwagen, Rollstühle und Rollatoren sind insoweit zulässig, als für ihre Nutzung tatsächlicher Bedarf besteht und ein Abstellen keine Verengung des Treppenhauses mit sich bringt, dass sie einem im Brandfall für den größten zu erwartenden Verkehr ausreichen. Letzteres ist regelmäßig dann der Fall, wenn Durchgänge weniger als 80 cm breit sind. Übersteigt der Bedarf an Hilfsmitteln den verfügbaren Raum, trifft der Vermieter eine Entscheidung, die den Bedürfnissen der Mieter in angemessener Weise Rechnung trägt. ◀

b) Waschräume. Insbesondere bei Kapazitätsengpässen sollte der Vermieter eine Regelung zur Benutzung der Wasch- und Trockenräume treffen. Grundsätzlich ist auch hierbei der Grundsatz der Gleichbehandlung zu beachten. 48

▶ Formulierungsvorschlag:

Die Reihenfolge der Benutzung der Waschküche und des Trockenraumes bestimmt der Vermieter unter Einhaltung des Gleichbehandlungsgrundsatzes in einer separaten Waschordnung. Familien mit kleinen Kindern können angemessen bevorzugt werden. Waschküche und Trockenraum sind vor Ablauf der dem Mieter zugeteilten Benutzungsfrist zu reinigen. ◀

c) Außenanlagen. In ähnlicher Weise kann auch die Benutzung der Außenanlagen und insbesondere ihre Pflege geregelt werden. Die Pflicht zur Pflege sollte – ähnlich wie bei der Treppenhausreinigung – bereits im Mietvertrag selbst festgelegt werden. Der Turnus kann dann in einer separaten Gartenordnung bestimmt werden. 49

Der Umfang der Pflegearbeiten sollte näher konkretisiert werden. Zulässig ist etwa eine Bezugnahme auf § 2 Nr. 10 BetrKV.[129] Dies hätte zur Folge, dass der Mieter die weitreichende „Pflege gärtnerisch angelegter Flächen einschließlich der Erneuerung von Pflanzen und Gehölzen, der Pflege von Spielplätzen einschließlich der Erneuerung von Sand und der Pflege von Plätzen, Zugängen und Zufahrten, die dem nicht 50

123 AG Düsseldorf Urt. v. 27.3.2012 – 22 C 15963/12, WuM 2013, 348; LG Berlin Urt. v. 15.9.2009 – 63 S 487/08, BeckRS 2010, 145; LG Hamburg Urt. v. 6.8.1991 – 316 S 110/91, BeckRS 1991, 30929784.

124 AG Hameln Beschl. v. 29.3.2004 – 12 II 12/04 WEG BeckRS 2004, 9050.

125 Kritisch daher zurecht *Leist* NZM 2019, 658 (660).

126 Entsprechend DIN 18065, Tabelle 1 Nr. 6.1; vgl. auch *Leist* NZM 2019, 658 (662).

127 *Leist* NZM 2019, 658 (662) mwN.

128 LG Hamburg Urt. v. 7.5.2015 – 333 S 11/15, BeckRS 2015, 10845; allerdings nicht, wenn hiermit politische oder weltanschauliche Botschaften verbreitet werden sollen, vgl. *Leist* NZM 2019, 658 (662).

129 LG Frankfurt a.M. Urt. v. 2.11.2004 – 2/11 S 64/04, NZM 2005, 338.

öffentlichen Verkehr dienen" übernommen hatte.[130] Fehlt eine solche Konkretisierung umfasst der Begriff der Gartenpflege lediglich einfache Arbeiten wie Rasenmähen, Unkrautjäten und das Entfernen von Laub.[131]

51 **d) Garagen und Pkw-Stellplätze.** Ähnlich wie in einem Treppenhaus kann auch die Nutzung von Tiefgaragen und Pkw-Stellplätzen (vgl. auch → *Garagen und Stellplätze*) zweckwidrig sein. Dies ist etwa dann der Fall, wenn dort anstellte von Kraftfahrzeugen Hausrat abgestellt wird. Ohne eine entsprechende Haus- bzw. Garagenordnung ist der mietvertragliche Nutzungsumfang auszulegen. Als Interpretationshilfe können die bauordnungsrechtlichen Garagenverordnungen oder Sonderbauverordnungen der Länder dienen.[132] Diese erlauben auf (Tiefgaragen-)Stellplätzen lediglich das **Abstellen von Kfz** und teilweise von Zubehör.[133] Hausrat darf hingegen nicht gelagert werden.[134] Selbst das Abstellen von E-Bikes oder Pedelecs ist ohne eine entsprechende Regelung unzulässig.[135] In Einzel- und Doppelgaragen sind die Gebrauchsmöglichkeiten hingegen weniger stark eingeschränkt.[136] Da die Verordnungen jedoch weitgehend unbekannt sein dürften, ist es im jedem Fall sinnvoll, den Nutzungsumfang in einer (deklaratorischen) Garagenordnung festzuhalten, um Streitigkeiten und die negative Vorbildfunktion zweck- und ggf. brandschutzwidrigen[137] Gebrauchs zu verhindern.[138]

▶ **Formulierungsvorschlag:**

Kraftfahrzeuge aller Art (Kraftwagen, Motorräder, Roller, Mopeds) dürfen nur auf den dafür vorgesehenen Stellplätzen abgestellt werden. Das Waschen der Fahrzeuge auf dem Grundstück ist nicht gestattet. Die Stellplätze dienen ausschließlich zum Abstellen von Kfz. Jegliche Lagerung von sonstigen Gegenständen (zB Fahrräder, Hausrat, Gartengeräte, Müll) ist untersagt. ◀

4. Sonstiges

52 Weitere Regelungen in der Hausordnung beziehen sich auf Sicherheitsvorgaben und die zulässige Tierhaltung. Wenngleich es sich bei letzterem eher um den Gebrauch der Wohnung selbst handelt, ist eine Aufnahme in die Hausordnung üblich, da auch Gemeinschaftsflächen und Mitmieter von den Tieren betroffen sein können.

53 **a) Sicherheit.** Sicherheitsaspekte betreffen insbesondere den sicheren Umgang mit Gemeinschaftsflächen sowie gemeinsame Zugänge zum Mietobjekt. Insofern sind Regelungen über den Umgang mit offenem Feuer oder brennbarem Material sinnvoll. Ebenfalls sollte bei Mehrparteienhäusern eine Regelung über die Verwendung der **Tagesentriegelung** der Haustür getroffen werden. Es dürfte grundsätzlich zulässig sein, die Nutzung generell zu untersagen. Möglich ist jedoch auch, bestimmte Zeiten festzulegen, in denen der „Schnapper" festgestellt sein muss. Eine andere Frage ist, in welcher Weise die Pflicht zum (nächtlichen) **Abschließen** geregelt werden kann. Das LG Frankfurt hat einen Beschluss einer Wohnungseigentümergemeinschaft für ungültig erklärt, durch den eine Regelung in die Hausordnung aufgenommen werden sollte, nach der die Haustür nachts verschlossen zu halten ist. Der Schutz des Lebens (Sicherstellung von Flucht-

---

130 LG Frankfurt a.M. Urt. v. 2.11.2004 – 2/11 S 64/04, NZM 2005, 338.
131 *Blank* in Blank/Börstinghaus BGB § 535 Rn. 414.
132 Ausführlich *Weidt* NZM 2019, 847; s. a. *Eisenschmid* in Schmidt-Futterer BGB § 535 Rn. 340; LG Hamburg Urt. v. 17.6.2015 – 318 S 167/14, NZM 2016, 58 mAnm *Häublein*; AG München Urt. v. 21.11.2012 – 433 C 7448/12, NZM 2013, 541; AG Stuttgart Urt. v. 1.4.2016 – 37 C 5953/15, WuM 2016, 346.
133 *Weidt* NZM 2019, 847 mwN.
134 AG München Urt. v. 21.11.2012 – 433 C 7448/12, NZM 2013, 541; AG Stuttgart Urt. v. 1.4.2016 – 37 C 5953/15, WuM 2016, 346.
135 LG Hamburg Urt. v. 17.6.2015 – 318 S 167/14, NZM 2016, 58 mAnm *Häublein*.
136 *Weidt* NZM 2019, 847 (849).
137 Zu Abhilfemöglichkeiten ausführlich *Weidt* NZM 2019, 847 (851).
138 *Weidt* NZM 2019, 847 (849).

wegen) sei vorrangig vor dem des Eigentums (Einbruchschutz).[139] Türen müssen daher jederzeit ohne Schlüssel von innen geöffnet werden können

Formulierungsvorschlag:

Bei Zugangstüren zum Mietobjekt darf nur in der Zeit von 8:00 Uhr bis 18:00 Uhr die sogenannte „Tagesentriegelung" verwendet werden. Außerhalb dieser Zeiten ist die Tür so einzustellen, dass sie von außen nur unter Verwendung des Schlüssels geöffnet werden kann. Von innen muss die Tür jederzeit ohne Schlüssel geöffnet werden können. ◄

b) Tierhaltung. Tierhaltung ist weder in einer Hausordnung noch unmittelbar im Mietvertrag abschließend regelbar (vgl. auch → *Hund* Rn. 1 ff.; → *Katze* Rn. 1 ff.; → *Tierhaltung* Rn. 1 ff.). Der BGH verlangt eine umfassende **Einzelfallabwägung** unter Berücksichtigung zahlreicher Faktoren: Interessen des Mieters und des Vermieters, Art/Größe/Verhalten/Anzahl der Tiere, Art/Größe/Zustand/Lage der Wohnung, Lage des Anwesens (ländlicher Raum mit Garten oder Innenstadt), Alter und berechtigte Interessen der Mitbewohner und Nachbarn.[140] 54

Die Haltung sogenannter **Kleintiere** (etwa Kanarienvögel, Hamster, Meerschweinchen, Fische) zu untersagen ist stets unwirksam, da sie „mietrechtlich irrelevant" ist.[141] Aufgrund der Haltung in Käfigen, Aquarien bzw. Terrarien liegt faktisch nicht mehr als das Aufstellen eines Möbelstücks vor.[142] 55

Problematisch ist stets die Untersagung von **Katzen- und Hundehaltung**. Auch hier hat der BGH einem generellen formularvertraglichen Ausschluss eine Absage erteilt und folgende Klauseln für unwirksam gehalten: „Das Mitglied ist verpflichtet, keine Hunde und Katzen zu halten"[143]; „Jede Tierhaltung, insbesondere von Hunden und Katzen, mit Ausnahme von Ziervögeln und Zierfischen, bedarf der Zustimmung des Vermieters".[144] Grundsätzlich erkennt er zwar das Interesse des Vermieters an einem Verbot an, wenn durch die Tiere Beeinträchtigungen der Mietsache (zB Beschädigungen) und Störungen anderer Hausbewohner drohen. Gibt es jedoch zB wegen der ausschließlichen Haltung in einem Käfig kein vermieterseitiges Interesse oder überragt in Härtefällen (Blindenhund) das Interesse des Vermieters, muss eine Klausel dem angemessen Rechnung tragen.[145] 56

Eine formularvertragliche Regelung, die einen **Erlaubnisvorbehalt** des Vermieters nach dessen freiem Ermessen vorsieht, ist ebenfalls unwirksam, da in diesem Fall keine überprüfbaren Beurteilungskriterien bestehen und der Vermieter willkürlich entscheiden kann.[146] Wirksam ist dagegen eine Klausel, nach der die Erteilung der Erlaubnis auf einer Abwägung der og Kriterien basiert.[147] 57

Formulierungsvorschlag:

Der Mieter darf Haustiere mit Ausnahme von Kleintieren (Ziervögel etc) nur mit Zustimmung des Vermieters halten. Die Zustimmung ist zu versagen bzw. kann widerrufen werden, wenn durch die Tiere andere Hausbewohner oder Nachbarn belästigt werden oder eine Beeinträchtigung der Mieter oder des Grundstücks zu befürchten ist.[148] ◄

139 LG Frankfurt a.M. Urt. v. 12.5.2015 – 2-13 S 127/12, NZM 2015, 597; aA aber AG Hannover Urt. v. 20.3.2007 – 544 C 8633/06.

140 BGH Urt. v. 14.11.2007 – VIII ZR 340/06, NZM 2008, 78.; Auflistung ähnlich *Meyer-Abich* NZM 2015, 520 (528).

141 BGH Urt. v. 14.11.2007 – VIII ZR 340/06, NZM 2008, 78; BGH Urt. v. 20.1.1993 – VIII ZR 10/92, NJW 1993, 1061.

142 *Meyer-Abich* NZM 2015, 520 (528).

143 BGH Urt. v. 20.3.2013 – VIII ZR 168/12, NZM 2013, 378.

144 BGH Urt. v. 14.11.2007 – VIII ZR 340/06, NZM 2008, 78.

145 BGH Urt. v. 20.3.2013 – VIII ZR 168/12, NZM 2013, 378; BGH Beschl. v. 25.9.2012 – VIII ZR 329/11, NZM 2013, 380.

146 *Meyer-Abich* NZM 2015, 520 (528); BGH Urt. v. 20.3.2013 – VIII ZR 168/12, NZM 2013, 378.

147 BGH Beschl. v. 25.9.2012 – VIII ZR 329/11, NZM 2013, 380; *Meyer-Abich* NZM 2015, 520 (528); *Häublein* in MüKoBGB § 535 Rn. 111.

148 Klausel ausdrücklich zulässig gem. BGH Beschl. v. 25.9.2012 – VIII ZR 329/11, NZM 2013, 380.

58 Stellt der Mieter eine Anfrage bzgl. der Haltung größerer Tiere, ist die für den Vermieter rechtssicherste Lösung eine schriftliche Bescheidung der Anfrage, die mit einer umfassenden Begründung unter Abwägung der entsprechenden Kriterien versehen ist.

59 Neben der allgemeinen Tierhaltungsbestimmung sollte eine Regelung über die Tierhaltung auf den Gemeinschaftsflächen getroffen werden.

▶ **Formulierungsvorschlag:**

Ist die Tierhaltung gestattet, dürfen die Tiere sich nicht ohne Aufsicht in den Außenanlagen, im Treppenhaus oder anderen Gemeinschaftseinrichtungen aufhalten. Verunreinigungen sind sofort zu entfernen. ◀

60 **c) Infektionsschutz.** Die **Corona-Pandemie** macht auch vor vermieteten Anwesen nicht Halt. Es stellt sich daher die Frage, ob Infektionsschutzmaßnahmen auch in der Hausordnung implementiert werden können. Ein Anspruch des Mieters bzw. eine Verpflichtung des Vermieters hierzu besteht freilich nicht.[149] Denkbar sind jedoch Präventionsmaßnahmen wie **Abstands- und Maskenpflichten** sowie regelmäßiges Lüften auf den Gemeinschaftsflächen. Gegen eine Implementierung in der Hausordnung wird eingewandt, dass es für private Wohnhäuser keine entsprechenden öffentlich-rechtlichen Vorgaben[150] gebe, insbesondere nicht zum Tragen einer Mund-Nasen-Bedeckung.[151] Eine Verpflichtung zum Aufsetzen einer Maske im Hausflur sei daher wohl schon gem. § 305c Abs. 1 BGB überraschend, jedenfalls aber unangemessen iSd § 307 Abs. 1 BGB.[152] Dem kann jedenfalls während einer omnipräsenten epidemiologischen Lage iSd § 5 IfSG nicht gefolgt werden.[153] In anderen Bereichen – etwa bei den Ruhezeiten (→ Rn. 24) – ist ebenfalls anerkannt, dass Vermieter über öffentlich-rechtliche Vorgaben hinausgehen darf. Der Vermieter darf die Rücksichtnahmepflichten aus § 241 Abs. 2 BGB einseitig (→ Rn. 9) konkretisieren.[154] Hierzu gehört auch der gegenseitige Gesundheitsschutz.[155] Mithin können auch Infektionsschutzmaßnahmen auf Gemeinschaftsflächen in der Hausordnung geregelt werden.[156] Dies wird besonders in Ansehung von Seniorenwohneinrichtungen deutlich, die nicht unter spezielle und strenge Vorgaben der Coronaschutzverordnungen[157] fallen. Die Möglichkeit entsprechender Ordnungsvorschriften muss dann so lange bestehen, wie entsprechende landesrechtliche Verordnung in Kraft sind, die die Maßnahmen für einen vorübergehenden Zeitraum nachvollziehbar machen. Eine entsprechende Änderung sollte für die Bewohner und deren Besucher zusätzlich mit Aushängen bzw. Aufklebern verdeutlicht werden.

▶ **Formulierungsvorschlag:**

Bewohner unterschiedlicher Wohnungen sowie sämtliche Besucher sind verpflichtet, auf Gemeinschaftsflächen einen Mindestabstand von mindestens 1,5 Metern einzuhalten und eine Mund-Nasen-Bedeckung zu tragen. ◀

61 Möglich wäre auch, in Hausordnungen eine **Generalklausel** für den Fall einer **allgemeinen epidemiologischen Lage** aufzunehmen. Die Wirkung wäre freilich geringer als bei einer vorübergehenden Regelung, da die Klausel aufgrund der verschiedenen Maßnahmen in § 28a IfSG keine konkreten Vorgaben enthalten könnte. Die Hausordnung ist den Mietern in ihren Einzelheiten ohnehin nicht dauerhaft präsent, so dass

---

149 *Horst* NZM 2020, 956 (958) mwN; *Artz/Brinkmann/Pielsticker* MDR 2020, 527 (529 f.); eine Ausnahme besteht nur für Vermieter bzw. Betreiber von Einrichtungen iSd § 5 Abs. 1 CoronaSchVO NRW vom 30.11.2020: „[...] besondere Wohnformen der Eingliederungshilfe, Einrichtungen und Dienste der Wohnungslosenhilfe sowie ähnliche Einrichtungen".

150 Vgl. etwa § 3 CoronaSchVO NRW vom 30.11.2020.

151 *Horst* NZM 2020, 956 (958).

152 *Horst* NZM 2020, 956 (958).

153 So wohl auch *Artz/Brinkmann/Pielsticker* MDR 2020, 527 (531).

154 *Mayer/Eichel/Klinck* NZM 2018, 689 (692).

155 Zum Rauchen → Rn. 31 mwN; aA wohl *Horst* NZM 2020, 956 (958).

156 *Artz/Brinkmann/Pielsticker* MDR 2020, 527 (531) gehen sogar davon aus, dass die Corona-Schutzmaßnahmen zu den allgemeinen Rücksichtnahmepflichten der Mieter untereinander gehören.

157 Etwa § 5 Abs. 1 CoronaSchVO NRW vom 30.11.2020, für derartige Einrichtungen gelten spezielle Schutzmaßnahmen nach den Empfehlungen des RKI.

eine Generalklausel ohne das scharfe Schwert einer Abmahnung oder anderweitige Hinweise wohl verpuffen würde.

▶ **Formulierungsvorschlag:**

Während einer epidemiologischen Lage, bei der die Landesregierung infektionsschutzrechtliche Maßnahmen anordnet, sind die Bewohner auch auf den Gemeinschaftsflächen des Anwesens zu den im öffentlichen Raum geltenden Regelungen verpflichtet. ◀

Ob für Gemeinschaftsflächen ein allgemeines **Hausverbot** für Besucher (nicht Hausbewohner) mit **Krankheitssymptomen** in Betracht kommt, erscheint dagegen zweifelhaft.[158] Jenseits von kaum vorhandenen Überwachungsmöglichkeiten würde dies die Besuchsmöglichkeiten der Mieter übermäßig einschränken. In diesen Fällen wie auch bei Infektionen innerhalb der Hausgemeinschaft kommen in Form von Meldepflichten[159] und Quarantäneanordnungen[160] öffentlich-rechtlichen Vorschriften zur Anwendung. Die Missachtung dieser Pflichten ist straf- und bußgeldbewährt.[161] Werden hierdurch Mitmieter gefährdet, liegt eine Straftat im Zusammenhang mit dem Mietverhältnis vor, die den Hausfrieden erheblich stört und durch Abmahnung (→ Rn. 72) bzw. Kündigung (→ Rn. 77 ff.) sanktioniert werden kann.[162] Eine Regelung in der Hausordnung ist daher nicht opportun, zumal ein berechtigtes Interesse des Mieters an einem Verlassen der Wohnung gegeben sein kann. Man denke nur an den Fall eines Arztbesuchs oder einer Einlieferung ins Krankenhaus. Die öffentlich-rechtlichen Regelungen vermitteln daher der Hausgemeinschaft – und sei es über § 241 Abs. 2 BGB[163] – ausreichenden Schutz. 62

V. Konsequenzen bei Verstößen

Wird die Hausordnung nicht eingehalten, ist fraglich, wie Vermieter und Mitmieter hiermit umgehen können. Offenkundig sind die vermieterseitigen Konsequenzen wie zB Abmahnung und Kündigung. Wohnt der Vermieter jedoch nicht im gleichen Objekt und bekommt er die Verstöße nicht aus erster Hand mit, kann dies der Durchsetzung mitunter praktisch entgegenstehen. Mieter sind jedoch nicht schutzlos. 63

1. Mieter

Mieter und ggf. Untermieter sind als Nachbarn des störenden Mitbewohners idR viel unmittelbarer betroffen als ein Vermieter, der nicht im Mietobjekt lebt. Die Einhaltung der Hausordnung kann ein Mieter sowohl gegenüber dem Vermieter als auch gegenüber Mitmietern durchsetzen. 64

a) Ansprüche gegen den Vermieter. Allein aus Kostengründen dürfte der Mieter die Durchsetzung der Hausordnung am ehesten dem Vermieter überlassen wollen. Er hat ihm gegenüber gem. § 535 Abs. 1 S. 2 BGB einen Anspruch auf Gewährung des vertragsgemäßen Gebrauchs, so dass der Vermieter die Hausordnung durchsetzen muss.[164] Bei einer nicht nur unerheblichen Beeinträchtigung der Tauglichkeit kann die Miete gem. § 536 Abs. 1 S. 2, 3 BGB gemindert sein. Für den Mieter besteht jedoch gem. § 536c Abs. 1 S. 1 BGB eine Hinweispflicht, damit der Vermieter Abhilfe schaffen kann. Ansonsten scheidet eine Minderung gem. § 536c Abs. 2 S. 2 Nr. 1 BGB aus.[165] 65

---

158 So jedoch *Horst* NZM 2020, 956 (962).

159 § 6 Abs. 1 S. 1 Nr. 1 lit. t IfSG: bereits bei Verdacht auf eine Covid19-Infektion.

160 § 30 IfSG: „Absonderung".

161 Verstoß gegen Meldepflicht des § 6 IfSG ordnungswidrig gem. § 73 Abs. 1a Nr. 2 mit Geldbuße bis zu 25.000 EUR; Verstoß gegen Absonderungsanordnung des § 30 IfSG strafbar gem. § 75 Abs. 1 Nr. 1 mit Freiheitsstrafe bis zu zwei Jahren oder Geldstrafe.

162 *Blank/Börstinghaus* in Blank/Börstinghaus BGB § 569 Rn. 20; LG Berlin WuM 2016, 419; AG München WuM 2018, 84; AG Melsungen WuM 2018, 87.

163 *Artz/Brinkmann/Pielsticker* MDR 2020, 527 (531 f.).

164 *Schmid* WuM 1987, 71 (73); *Schmid* NJW 2013, 2145 (2148).

165 *Mayer/Eichel/Klinck* NZM 2018, 689 (694).

66 Möglich ist auch die Geltendmachung von Schadenersatzansprüchen gem. § 536a Abs. 1 BGB. Entstehen bei einem Bewohner etwa durch übermäßigen Lärm eines Wohnungsnachbarn gesundheitliche Beeinträchtigungen, hat der Vermieter bei Unterlassen der Beseitigung Schadensersatz zu leisten.[166]

67 Der Mieter kann überdies das Mietverhältnis bei gravierenden Störungen gem. § 543 Abs. 1, 2 BGB außerordentlich kündigen.[167] Ferner kann er gem. § 536a Abs. 1 BGB bzw. § 280 Abs. 1 BGB einen Kündigungsfolgeschaden[168] geltend machen, weil etwa Umzugskosten, höhere Miete etc. angefallen sind.

68 **b) Ansprüche gegen den Störer.** Für den Mieter besteht auch die Möglichkeit, unmittelbar gegen den störenden Nachbarn vorzugehen. Die finanziell sinnvollste Art dürfte sein, den Mangel (dh die Störung) nach fruchtloser Anzeige beim Vermieter selbst durch Aufforderungsschreiben/anwaltliches Schreiben/gerichtlichen Unterlassungstitel beseitigen zu lassen und hierfür Aufwendungsersatz vom Vermieter zu verlangen, § 536a Abs. 2 BGB.[169] Der Vermieter hätte dann die Kosten der Rechtsverfolgung zu tragen.

69 Nach hM ist die Hausordnung (auch) ein **Vertrag zugunsten Dritter** iSd § 328 BGB.[170] Da hiermit das rücksichtsvolle Zusammenleben der Hausbewohner geregelt werden soll, kann jeder Mieter von den jeweils anderen die Einhaltung verlangen und notfalls gerichtlich durchsetzen.[171] Der praktische Anwendungsbereich für dieses Vorgehen dürfte jedoch begrenzt sein, da das Insolvenzrisiko der Gegenseite bzgl. der entstehenden Rechtsverfolgungskosten nicht dem Vermieter aufgebürdet werden kann. Allenfalls dort, wo die Störung unter die Schwelle der Unerheblichkeit des § 536 Abs. 1 S. 3 BGB fällt, dürfte ein Vorgehen aus § 328 BGB sinnvoll sein.

70 Schließlich kommt im Fall einer Besitzbeeinträchtigung auch ein Anspruch aus § 862 BGB in Betracht. Ist zB der Zutritt eines Mieters zu seiner Wohnung versperrt, weil ein Nachbar vor der Tür Hausrat abgestellt hat, liegt eine Besitzstörung durch verbotene Eigenmacht (§ 858 BGB) vor.[172] Der gestörte Mieter kann dann sogar sein **Selbsthilferecht** aus § 859 Abs. 1, 3 BGB ausüben und die Besitzstörung selbst beseitigen (lassen).[173] Die dafür erforderlichen Kosten kann er nach den Regeln der GoA,[174] über § 823 Abs. 1 BGB[175] oder § 823 Abs. 2 BGB[176] ersetzt verlangen. Dieses Vorgehen ist insbesondere dann sinnvoll, wenn unmittelbares Einschreiten erforderlich ist.

2. Vermieter

71 Die Hauptlast zur Durchsetzung der Hausordnung trägt der Vermieter. Er kann insbesondere über die Instrumente der Abmahnung, des Unterlassungsanspruchs aus § 541 BGB sowie der Kündigung Verstöße gegen die Hausordnung zu unterbinden. Teilweise ist auch eine Selbstvornahme zulässig.

72 **a) Abmahnung.** Ausgangspunkt von Konsequenzen vertragswidrigen Verhaltens ist grundsätzlich eine Abmahnung. Hierbei handelt es sich um eine rechtsgeschäftsähnliche, einseitige empfangsbedürftige Wil-

166 *Mayer/Eichel/Klinck* NZM 2018, 689 (694) mit weiteren Beispielen; *Schmid* WuM 1987, 71 (73).
167 *Schmid* NJW 2013, 2145 (2148).
168 Hierzu näher BGH Urt. v. 2.11.2016 – XII ZR 153/15, NJW 2017, 1104.
169 *Schmid* WuM 1987, 71 (73).
170 BGH Urt. v. 12.12.2003 – V ZR 180/03, NJW 2004, 775; OLG München Urt. v. 21.1.1992 – 13 U 2289/91, NJW-RR 1992, 1097; *Mayer/Eichel/Klinck* NZM 2018, 689 (695); *Schmid* NJW 2013, 2145 (2148).
171 Denselben Anspruch haben auch Wohnungseigentümer aus § 1004, BGH Urt. v. 25.10.2019 – V ZR 271/18, MDR 2020, 84.
172 *Herrler* in Palandt BGB § 862 Rn. 3.
173 BGH Urt. v. 5.6.2009 – V ZR 144/08, NJW 2009, 2530; BGH Urt. v. 11.3.2016 – V ZR 102/15, NJW 2016, 2407; *Herrler* in Palandt BGB § 859 Rn. 4; *Lorenz* NJW 2009, 1025.
174 BGH Urt. v. 11.3.2016 – V ZR 102/15, NJW 2016, 2407; *Sprau* in Palandt BGB § 677 Rn. 6.
175 *Sprau* in Palandt BGB § 823 Rn. 7; AG Erkelenz Urt. v. 16.1.2007 – 6 C 446/06, NJW-RR 2007, 1031.
176 BGH Urt. v. 5.6.2009 – V ZR 144/08, NJW 2009, 2530.

lenserklärung.[177] Diese ist gem. § 541 BGB sowohl bei einer Unterlassungsklage als auch gem. § 543 Abs. 3 S. 1 BGB bei einer außerordentlichen Kündigung grundsätzlich zwingend vorzuschalten. Sie soll den Mieter davon in Kenntnis setzen, welches tatsächliche Verhalten vom Vermieter als vertragswidrig angesehen wird (**Warnfunktion**) und diesem die Mieter Gelegenheit zur Abhilfe geben.[178] Eine spezielle Form ist nicht erforderlich, sie kann auch mündlich ausgesprochen werden.[179] Das Fehlverhalten muss so präzise angegeben werden, dass der Mieter sich danach richten kann (**Dokumentationsfunktion**).[180] Rein formelhafte Hinweise auf die Einhaltung von Pflichten sind nicht ausreichend.[181] Es ist jedoch auch nicht erforderlich, präzise Datum und Uhrzeit der Verstöße zu nennen; die Vertragsverstöße müssen lediglich hinreichend deutlich werden, zumal insbesondere bei dauerhaften Verstößen ein Anfangszeitpunkt oftmals nicht mehr festgestellt werden kann. Eine Fristsetzung zur Abstellung sowie eine Androhung der Folgen sind grundsätzlich entbehrlich,[182] unterstreichen jedoch die Warnfunktion der Abmahnung. Liegt eine unberechtigte bzw. unwirksame Kündigung vor, kann diese gem. § 140 BGB (analog) in eine Abmahnung umgedeutet werden, sofern die entsprechenden Voraussetzungen vorliegen.[183]

b) Gerichtliche Handlungs- oder Unterlassungstitel. Verstößt ein Mieter – ungeachtet eines Verschuldens[184] – gegen eine Verhaltenspflicht der Hausordnung, hat der Vermieter aus **§ 541 BGB** einen klagbaren Unterlassungsanspruch, sofern er den vertragswidrigen Gebrauch zuvor abgemahnt hat.[185] Ist der Vermieter Eigentümer, ergibt sich dieses Recht zusätzlich aus § 1004 BGB.[186] 73

c) Selbstvornahme und Schadensersatz. Bei Handlungspflichten kommt eine Selbstvornahme in Betracht. Ist etwa die Pflicht zur Hausreinigung wirksam vereinbart, kann ein Vermieter nach erfolgloser Fristsetzung die Reinigung selbst vornehmen (lassen) und vom Mieter Schadensersatz statt der Leistung gem. §§ 280 Abs. 1, 3, 281 BGB verlangen.[187] 74

Ein Schadensersatzanspruch nach § 280 Abs. 1 BGB kann auch ohne Selbstvornahme bestehen, wenn der Vermieter in Folge einer Mietminderung des gestörten Mieters wirtschaftliche Einbußen erleidet.[188] Problematisch können hierbei jedoch die Kausalität und die Schadensminderungspflicht sein. Hat ein Mieter bereits den Mangel angezeigt und hat der Vermieter gleichwohl Abhilfemaßnahmen unterlassen (§ 536 Abs. 2 Nr. 1 BGB), dürfte er für die Kürzungen jedenfalls mitverantwortlich sein. Eine Mietminderung kann daher nur dann an den Störer weitergegeben werden, wenn dieser trotz geeigneter Maßnahmen des Vermieters – insbesondere Abmahnung oder Unterlassungsklage – weiter stört. 75

d) Vertragsanpassung. Bei fortlaufender Zuwiderhandlung gegen Handlungspflichten der Hausordnung wird teilweise auch ein Anspruch auf Vertragsänderung iSd **§ 313 Abs. 1 BGB** dahin gehend gefordert, dass der Vermieter die Handlungspflicht – insbesondere Verkehrssicherungspflichten – wieder an sich ziehen und die Miete um die Kosten der Ersatzvornahme durch einen Dritten erhöhen kann.[189] Ein solches Vorgehen kann dann sinnvoll sein, wenn die Voraussetzungen einer Kündigung nicht vorliegen oder der 76

177 *Blank* in Schmidt-Futterer § 541 Rn. 4; wird die Abmahnung durch einen Vertreter (idR Hausverwalter Rechtsanwalt) ausgesprochen, ist zwingend eine Originalvollmacht beizufügen, § 174 BGB gilt entsprechend, *Ellenberger* in Palandt BGB § 174 Rn. 2; OLG Nürnberg Beschl. v. 4.1.1991 – 3 W 3523/90, NJW-RR 1991, 1393.

178 *Blank* in Schmidt-Futterer § 541 Rn. 4.

179 *Blank* in Schmidt-Futterer § 541 Rn. 5.

180 BGH Urt. v. 20.2.2008 – VIII ZR 139/07, NJW 2008, 1303; BGH Urt. v. 18.11.1999 – III ZR 168/98, NJW-RR 2000, 717.

181 RG Urt. v. 13.10.1911 – Rep III 465/10, RGZ 77, 117.

182 *Weidenkaff* in Palandt BGB § 541 Rn. 8.

183 KG Urt. v. 20.12.2004 – 8 U 66/04, IBRRS 2005, 0306; *Blank* in Schmidt-Futterer § 541 Rn. 5.

184 *Weidenkaff* in Palandt BGB § 541 Rn. 6.

185 *Weidt* NZM 2019, 847 (850); *Mayer/Eichel/Klinck* NZM 2018, 689 (695); *Schmid* NJW 2013, 2145 (2148).

186 AG München Urt. v. 21.11.2012 – 433 C 7448/12, NZM 2013, 541; *Weidt* NZM 2019, 847 (850).

187 *Mayer/Eichel/Klinck* NZM 2018, 689 (695).

188 *Mayer/Eichel/Klinck* NZM 2018, 689 (695).

189 AG Frankfurt/Oder Urt. v. 30.1.1997 – 2.2 C 1295/96, WuM 1997, 432; *Mayer/Eichel/Klinck* NZM 2018, 689 (695).

Vermieter den Mieter – zB wegen ausreichender Solvenz – im Mietverhältnis halten will. Im Gegensatz zum Schadensersatzanspruch statt der Leistung ist es bei einer Vertragsanpassung nicht erforderlich, dass bei jeder versäumten turnusmäßigen Pflicht eine Fristsetzung erfolgen muss, um die Kosten der Ersatzvornahme geltend machen zu können.[190]

77 **e) Kündigung.** Liegt eine beharrliche Zuwiderhandlung gegen die Hauordnung vor, kann, da es sich hierbei um mietvertragliche Verpflichtung handelt, eine Kündigung durchgreifen.

78 Eine **ordentliche Kündigung** ist gem. § 573 Abs. 1 BGB bei berechtigtem Interesse des Vermieters möglich. Ein solches liegt nach § 573 Abs. 2 Nr. 1 BGB insbesondere dann vor, wenn der Mieter seine vertraglichen Pflichten schuldhaft nicht unerheblich verletzt hat. Eine Interessenabwägung muss auf Mieterseite in einem ersten Schritt lediglich das generelle Interesse, die Wohnung als Lebensmittelpunkt nicht zu verlieren und nicht mit den hieraus resultierenden (Umzugs-)Kosten belastet zu werden, berücksichtigen.[191] Erst nach Widerspruch durch den Mieter sind im Rahmen der Härteregelung des § 574 BGB die individuellen Belange zu prüfen.[192] Einer Abmahnung bedarf die ordentliche Kündigung grundsätzlich nicht.[193] Nur im Ausnahmefall kann ihr für die Kündigung Bedeutung zukommen, sofern erst „ihre Missachtung durch den Mieter dessen Vertragsverletzung das für die Kündigung erforderliche Gewicht verleiht".[194] Liegt lediglich ein Versehen des Mieters vor oder durfte dieser berechtigterweise eine Duldung des Vermieters vermuten, ist die Abmahnung ein Indiz dafür, dass eine schuldhafte, nicht unerhebliche Pflichtverletzung des Mieters vorliegt.[195]

79 Regelmäßig dürfte die ordentliche mit einer **außerordentlichen Kündigung** gem. §§ 543 Abs. 1, 569 Abs. 2 BGB verbunden werden.[196] Liegen beharrliche Verstöße gegen die Hausordnung vor, kann der **Hausfrieden nachhaltig gestört** sein. Gem. § 543 Abs. 1, 3 S. 1 BGB ist hierfür eine Abmahnung erforderlich, sofern keine Ausnahme nach § 543 Abs. 3 S. 2 Nr. 1 bis 3 BGB vorliegt. Im Gegensatz zu § 573 BGB erfordern §§ 543 Abs. 1, 569 Abs. 2 BGB von vornherein eine umfassende Abwägung der beiderseitigen Interessen. Hierbei ist insbesondere zu berücksichtigen, ob die Interessen des Vermieters nicht durch eine Ersatzvornahme oder Vertragsänderung hinreichend gewahrt sind.[197]

80 Insbesondere bei **Handlungspflichten** des Mieters ist daher iRd Interessenabwägung zu prüfen, ob nicht ein milderes Mittel zur Kündigung zur Verfügung steht. Die Rechtsprechung hat zB außerordentliche Kündigungen wegen unterlassener Hausreinigung[198] oder unterlassenem Verschließen der Eingangstür[199] als unwirksam angesehen, weil mittels Ersatzvornahme oder Vertragsanpassung bei gleichzeitiger Weitergabe der Kosten an den Mieter das Ziel ebenfalls erreicht werden könne. Anders kann der Fall nur liegen, wenn die vorübergehende Nichtvornahme nicht nur ästhetisch lästig, sondern auch gefährlich ist.[200] Möglich dürfte gleichwohl eine ordentliche Kündigung sein, da hierbei das Interesse des Vermieters, keinen Dritten mit der Ersatzvornahme beauftragen zu müssen, ein stärkeres Gewicht hat.

---

190 *Mayer/Eichel/Klinck* NZM 2018, 689 (695).
191 BGH Urt. v. 29.3.2017 – VIII ZR 45/16, NJW 2017, 2018 mwN; *Scheuch* in HK-BGB § 573 Rn. 2.
192 BGH Urt. v. 29.3.2017 – VIII ZR 45/16, NJW 2017, 2018.
193 BGH Urt. v. 28.11.2007 – VIII ZR 145/07, NJW 2008, 508; *Häublein* in MüKoBGB § 573 Rn. 66.
194 BGH Urt. v. 28.11.2007 – VIII ZR 145/07, NJW 2008, 508.
195 BGH Urt. v. 28.11.2007 – VIII ZR 145/07, NJW 2008, 508.
196 So auch BGH Urt. v. 28.11.2007 – VIII ZR 145/07, NJW 2008, 508.
197 *Mayer/Eichel/Klinck* NZM 2018, 689 (695).
198 AG Wiesbaden Urt. v. 1.7.1999 – 91 C 2213/99-19, NZM 2001, 334.
199 LG Trier Urt. v. 25.8.1992 – 1 S 77/92, WuM 1993, 192.
200 Etwa bei unterlassenem Winterdienst, vgl. *Horst* NZM 2012, 513 (523).

Bei **Unterlassungspflichten** besteht dagegen Einigkeit, dass eine erfolglose Abmahnung zur außerordentlichen Kündigung berechtigen kann.[201] Beispiele: ruhestörender Lärm,[202] Rauchen,[203] Grillen,[204] unberechtigtes Parken,[205] Tierhaltung,[206] nicht jedoch Kinderlärm.[207] 81

f) Verstöße Dritter. Verstöße gegen die Hausordnung durch Familienmitglieder, Besucher etc. muss sich ein Mieter über **§§ 276, 278 BGB** zurechnen lassen, da sie nach ganz hM seine Erfüllungsgehilfen sind.[208] Für ihr Fehlverhalten haftet der Mieter in gleicher Weise wie für eigenes Verschulden.[209] Ein Mieter, der Menschen in seine Wohnung aufnimmt, übernimmt die Verantwortung dafür, dass diese sich ebenso wie er selbst in die Hausgemeinschaft einfügen,[210] zumal er dies auch durch entsprechende Einflussnahme (Hausrecht)[211] steuern kann. Insofern wären sämtliche Maßnahmen des Vermieters auch dann möglich, wenn die Störung von einem Dritten ausgeht, der sich mit Wissen und Wollen des Mieters im Anwesen aufhält. 82

58. Hausrecht

Grobe

201 *Bieber* in MüKoBGB § 543 Rn. 12; *Scheuch* in HK-BGB § 543 Rn. 5; *Weidenkaff* in Palandt BGB § 569 Rn. 13 f.
202 Lesenswert AG Brandenburg Urt. v. 24.5.2017 – 31 C 125/16, BeckRS 2017, 110791 mwN; OLG München Urt. v. 3.9.1991 – 25 U 1838/91, NJW-RR 1991, 1492; OLG Düsseldorf Beschl. v. 26.5.1995 – 5 Ss (OWi) 149/95 – (OWi) 79/95, ZMR 1995, 415; AG Köln Urt. v. 5.10.1973 – 152 C 276/73, BeckRS 1973, 00008.
203 BGH Urt. v. 18.2.2015 – VIII ZR 186/14, NJW 2015, 1239; LG Düsseldorf Urt. v. 28.9.2016 – 23 S 18/15, NJW-RR 2016, 1482.
204 *Weidenkaff* in Palandt BGB § 569 Rn. 14.
205 LG Essen Urt. v. 7.2.2002 – 10 S 438/01, BeckRS 2002, 31047357.
206 AG Heilbronn Urt. v. 1.3.2005 – 5 C 5478/04, BeckRS 2005, 30996139.
207 AG Frankfurt am Main Urt. v. 9.9.2005 – 33 C 3943/04-13, WuM 2005, 764.
208 RG Urt. v. 2.1.1923 – III 151/22, RGZ 106, 133 (134); BGH Urt. v. 21.5.2010 – V ZR 244/09, NJW 2010, 2341 (2342); *Zunft* AcP 153 (1954), 373 (379 f.).
209 AG Brandenburg Urt. v. 24.5.2017 – 31 C 125/16, BeckRS 2017, 110791.
210 AG Brandenburg Urt. v. 17.7.2001 – 32 C 169/00, BeckRS 2001, 30996309.
211 Vgl. hierzu etwa BGH Urt. v. 4.6.2014 – VIII ZR 289/13, NJW 2014, 2566.

Literatur: *Bahls,* Zum Rechtsweg für eine Klage gegen ein behördliches Hausverbot im Rahmen von Forschungs- und Entwicklungsaufträgen, DVBl 1971, 271; *Baldus*, Das Private Hausrecht: ein Phantom, JZ 2016, 449; *Beaucamp*, Das Hausrecht von Behörden als Rechtsproblem, JA 2003, 231; *von Bressensdorf*, Das private „Hausrecht", 2020; *Brüning*, Von öffentlichen Zwecken und privaten Rechten – Hausverbote für Gebäude der öffentlichen Verwaltung zwischen Scylla und Charybdis, DÖV 2003, 389; *Christensen*, Taschenkontrolle im Supermarkt und Hausverbot – BGHZ 124, 39, JuS 1996, 873; *Finger/P. Müller*, Privates Hausrecht auf öffentlichen Straßen? NVwZ 2004, 953; *Geißler*, Räumungsvollstreckung bei Hausbesetzungen, DGVZ 2011, 37; *Henseler*, Die rechtlichen Dimensionen des bundesweiten Stadionverbots, 2016; *Hofmann*, Das System des privatrechtlichen Hausrechts, JURA 2014, 141; *Kianfar*, Sachfotografie und Hausrecht, 2015; *Klingbeil*, Die Not- und Selbsthilferechte, 2017; *Knemeyer*, Januskõpfiges Hausrecht? – Zum Hausrechtsurteil des BVerwG vom 1970–03–13 VII C 80.67, DÖV 1971, 303; *Lehmann-Richter*, Possessorische Besitzschutzansprüche und petitorische Einwendungen im einstweiligen Rechtsschutz, NJW 2003, 1717; *Lisken*, Räumungstitel gegen „Unbekannt"? NJW 1982, 1136; *Löwisch/Rieble*, Besitzwehr zur Durchsetzung eines Hausverbots, NJW 1994, 2596; *Nemeczek*, Hausverbot und schuldrechtliche Bindung, JURA 2013, 393; *Orth/Schiffbauer*, Die Rechtslage beim bundesweiten Stadionverbot, RW 2011, 177; *Peters/Lux*, Öffentliche Gebäude und Hausrecht: Inhalt und Rechtsgrundlagen, LKV 2018, 17; *Raeschke-Kessler*, Einstweilige Verfügung gegen Unbekannt – ein Mittel gegen Hausbesetzer? NJW 1981, 663; *Schmid*, Die Hausordnung in Miete und Wohnungseigentum, NJW 2013, 2145; *Schmidt*, Virtuelles Hausrecht und Webrobots, 2011; *Schmitt*, Das bundesweite Fußball-Stadionverbot, 2013; *Schulze*, Das private Hausrecht, JZ 2015, 381; *Schulze*, Schlusswort zu Christian Baldus, JZ 2016, 453; *Staake*, Gesetzliche Schuldverhältnisse, 2013; *Stelkens*, Das Behördliche Hausrecht, JURA 2010, 363; *Weimar*, Inwieweit sind Hausverbote des Hauseigentümers berechtigt? JR 1970, 58; *Weller/Schulz*, Anmerkung zu BGH v. 29.5.2020 – V ZR 275/18, NJW 2020, 3385; *Zeising*, Petitorische Durchbrechung des possessorischen Besitzschutzes, JURA 2010, 248.

I. Grundlegendes zum Hausrecht

1 Obwohl der Begriff des „**Hausrechts**" in der Alltagssprache bekannt ist, fällt eine Bestimmung, welche Befugnisse mit ihm verbunden sind, schwer. Das BGB selbst verwendet diesen Begriff nicht. Dass das Hausrecht an Bedeutung gewonnen hat und damit sein bisher fristendes Schattendasein verlassen konnte, liegt vor allem daran, dass die **höchstrichterliche** und **verfassungsrechtliche Rechtsprechung** vermehrt das private Hausrecht in ihren Entscheidungen aufgegriffen hat.[1] Auf der Strecke geblieben ist dabei die **dogmatische Einordnung**. Dieser Zustand führte dazu, dass in den letzten Jahren in der Literatur über die grundlegende Frage der privatrechtlichen Verankerung des Hausrechts trefflich gestritten wurde.[2]

2 Umgangssprachlich umfasst das Hausrecht die **Befugnis des Besitzers** oder des **Bewohners** einer Wohnung oder eines Hauses, jemandem zu verbieten, die Wohnung oder das Haus zu betreten oder sich darin aufzuhalten.[3] Nach *von Bressensdorf* handelt es sich um die Befugnis darüber zu entscheiden, wer ein **Grundstück betreten** und sich dort **aufhalten** darf.[4] Dabei wird bereits deutlich, dass die aus dem Hausrecht resultierenden Befugnisse sowohl aus der **Eigentümerstellung nach § 903 BGB** als auch aus der **Stellung als Besitzer nach § 854 BGB** hergeleitet werden können.[5] Erfasst sind Konstellationen, die den Zutritt und den Aufenthalt betreffen. Das BGB kennt – ohne an den Begriff des Hausrechts anzuknüpfen – verschiedene Abwehransprüche wie **§§ 859, 861, 862 oder 1004 BGB**, die im Hinblick auf diese Konstellationen zur Anwendung kommen können und deshalb auch später hinreichend dargestellt werden (→ Rn. 38).

---

1 Beispielhaft BVerfG Urt. v. 22.2.2011 – 1 BvR 699/06, BVerfGE 128, 226; BGH Beschl. v. 14.3.1990 – KVR 4/88, BGHZ 110, 371 = NJW 1990, 2815; BGH Urt. v. 8.11.2005 – KZR 37/03, BGHZ 165, 62 = NJW 2006, 377; BGH Urt. v. 30.10.2009 – V ZR 253/08, NJW 2010, 534; BGH Urt. v. 9.3.2012 – V ZR 115/11, NJW 2012, 1725; BAG Urt. v. 22.9.2009 – 1 AZR 972/08, BAGE 132, 140 = NJW 2010, 631.

2 Zuletzt *Schulze* JZ 2015, 381; daraufhin Replik von *Baldus* JZ 2016, 449; im Anschluss wieder *Schulze* JZ 2016, 453.

3 *Duden*, Deutsches Universalwörterbuch, 8. Aufl. 2015, Hausrecht.

4 *von Bressensdorf*, Das private „Hausrecht", 2020, S. 19.

5 BGH Urt. v. 8.11.2005 – KZR 37/03, BGHZ 165, 62 = NJW 2006, 377; BGH Urt. v. 20.1.2006 – V ZR 134/05, NJW 2006, 1054; *Löwisch/Rieble* NJW 1994, 2596; *Brückner* in MüKoBGB § 903 Rn. 53.

Neben dem **privatrechtlichen Hausrecht** wird das Hausrecht sowohl im **Strafrecht** als auch im **öffentlichen Recht** behandelt. Im öffentlichen Recht findet das **Hausrecht** seinen Ausdruck in **Art. 13 GG**. Danach ist die **persönliche Lebens- und Privatsphäre** gegen staatliche Eingriffe geschützt.[6] 3

Der grundrechtliche Schutzbereich des Art. 13 GG ist sehr weit gefasst. Nach diesem ist es maßgeblich, ob der jeweilige Raum als Bereich der **individuellen Lebensgestaltung** und des **privaten Rückzugs** ausgewiesen ist.[7] Danach wären der gekündigte bzw. zur Räumung verpflichtete Mieter als auch der Hausbesetzer vom Schutzbereich des Art. 13 GG umfasst.[8] Obwohl auch die **einfachgesetzlichen Schutzbereiche** von Straf- und Zivilrecht der verfassungskonformen Auslegung unterliegen, sind sie enger gefasst als der Schutzbereich des Art. 13 GG. So ist aus privatrechtlicher Sicht die Entfernung eines Eindringlings von der Besitzwehr nach § 859 Abs. 1 BGB geschützt, wobei die Gewaltanwendung erforderlich sein muss.[9] Die Schranken des **allgemeinen Notwehrrechts** nach § 227 BGB gelten jedoch nicht.[10] In strafrechtlicher Hinsicht verwirklicht der gekündigte Mieter den **Tatbestand des § 123 StGB**, wenn er einen neuen vom Vertragsverhältnis unabhängigen Entschluss fasst, in der Wohnung zu bleiben und damit eine neue Besitzposition begründet wird.[11] **§ 123 StGB** verwirklicht, wer *„in die Wohnung, in die Geschäftsräume oder in das befriedete Besitztum eines anderen oder in abgeschlossene Räume, welche zum öffentlichen Dienst oder Verkehr bestimmt sind, widerrechtlich eindringt, oder (...), wenn er ohne Befugnis darin verweilt, auf die Aufforderung des Berechtigten sich nicht entfernt*“. Vorläufer dieser Regelung sind §§ 525 ff. ALR II 20.[12] Das Strafrecht schützt damit die persönliche Freiheitssphäre des **Hausrechtsinhabers,**[13] wobei sich der Schutz – im Gegensatz zum Zivilrecht – nicht auf **unbefriedete Grundstücke** erstreckt.[14] Da das Merkmal der Widerrechtlichkeit die Frage aufwirft, wer Inhaber des Hausrechts ist, kommt man nicht umhin, auf die zivilrechtliche Berechtigung abzustellen, da nichts bestraft werden kann, was zivilrechtlich erlaubt ist.[15] 4

Im weiteren – auch rechtlichen – Sprachgebrauch haben sich verwandte Begriffe wie **„Hausverweis“** und **„Hausverbot“** etabliert, die teilweise synonym verwendet werden.[16] Auch diese Praxis hat dazu beigetragen, dass eine dogmatische Einordnung schwerfällt. Unter einem **Hausverweis** versteht man die **punktuelle Ausübung** der hausrechtlichen Befugnis im Sinne eines Rauswurfs. Diese Ausübung kann als Besitzwehr nach § 859 Abs. 1 BGB, aber auch als Verwirklichung eines **Beseitigungsanspruchs** nach § 862 Abs. 1 S. 1 BGB oder § 1004 Abs. 1 S. 1 BGB eingeordnet werden (zu diesen → Rn. 73).[17] Ein **Hausverbot** liegt vor, wenn der Entfernte bis auf weiteres der Wohnung bzw. dem Grundstück fernbleiben soll.[18] Da es sich dabei um einen **Unterlassungsanspruch** handelt, kann das **Hausverbot** auf § 862 Abs. 1 S. 2 BGB oder § 1004 Abs. 1 S. 2 BGB gestützt werden.[19] 5

II. Die zivilrechtliche Verankerung des Hausrechts und seiner Inhaberschaft

Der grundsätzliche Streit, der sich in den letzten Jahren intensiviert hat, behandelt die Frage, ob das „Hausrecht“ ein **eigenständiges Rechtsinstitut** darstellt.[20] Es bietet sich daher an, nachzuzeichnen, wie die 6

6 *Hermes* in Dreier GG Art. 13 Rn. 12.
7 *Schulze* JZ 2015, 381 (382).
8 *Papier* in Maunz/Dürig GG (Stand Februar 2020) Art. 13 Rn. 12.
9 *Schulze* JZ 2015, 381.
10 *Schulze* JZ 2015, 381.
11 OLG Düsseldorf Urt. v. 26.9.1990 — 2 Ss 208/90 – 41/90 III, NJW 1991, 186; OLG Hamburg Beschl. v. 2.3.2006 — III-3/06, NJW 2006, 2131; *Heger* in Lackner/Kühl StGB § 123 Rn. 10.
12 Vgl. *Schulze* JZ 2015, 381 (382).
13 Ganz hM, siehe *Sternberg-Lieben/Schnittenhelm* in Schönke/Schröder StGB § 123 Rn. 1; *Heger* in Lackner/Kühl StGB § 123 Rn. 1.
14 *Lakkis* in BeckOGK BGB § 903 Rn. 227.
15 Vgl. *Luderssen* in FS Ernst-Joachim Lampe, 2003, S. 727 (729).
16 Vgl. *Maume* in Staake/von Bressensdorf Wohngemeinschaften-HdB § 16 Rn. 8.
17 Vgl. auch *Hofmann* JURA 2014, 141 (146 ff.).
18 *von Bressensdorf*, Das private „Hausrecht“, 2020, § 6 S. 120.
19 Vgl. *Nemeczek* JURA 2013, 393 (396).
20 Zum Problemaufriss: *Hofmann* JURA 2014, 141 f.

Rechtsprechung den Begriff verwendet und geprägt und die Literatur versucht hat, eine klare Dogmatik zu entwickeln.

1. Die Entwicklung in der Rechtsprechung

7 Der Ursprung des Ausdrucks „Hausrecht" liegt in der **Rechtsprechung** des **Reichsgerichts** zu **§ 123 StGB.**[21] Dabei ist bemerkenswert, dass vereinzelt bereits **besitzrechtliche** Aspekte wie die **Selbsthilfe** nach **§ 859 BGB** aufgegriffen und vertieft wurden.[22] Erst in den 1960er Jahren setzte sich die zivilrechtliche höchstrichterliche Rechtsprechung mit dem Begriff des Hausrechts auseinander,[23] wobei noch keine eindeutige **dogmatische Struktur** erkennbar war. Während der I. Zivilsenat des BGH das Hausrecht in der Entscheidung *Rundfunkempfang im Hotelzimmer* dem § 123 StGB entlehnte und damit allein im Strafrecht verortete,[24] entwickelte der II. Zivilsenat das Hausrecht zu einer **eigenständigen sachenrechtlichen Kategorie** fort und grenzte es vom historischen strafrechtlichen Verständnis ab.[25] Das Hausrecht umfasse danach die Befugnisse, die der **Hauseigentümer** oder der über einen Raum **Verfügungsberechtigte** aufgrund seines **Eigentums- oder Gebrauchsrechts** vornehmlich gegenüber Außenstehenden habe.[26] Andere Senate vermieden die Verwendung des Begriffs Hausrecht und sprachen vom „Recht über den Zutritt von Gebäuden und Anlagen, (…) das zu den Befugnissen des Eigentümers nach §§ 903, 1004 BGB" gehört.[27]

8 Der BGH hat seit 1990 dazu beigetragen, dass das Hausrecht **als selbstständiges Institut** wahrgenommen wird.[28] Auffallend ist dabei, dass die Ausführungen zum **Hausrecht** aus einer Not geboren wurden. So hatte der Kartellsenat des BGH im Jahr 1990 darüber zu entscheiden, ob und wie Veranstalter von **Sportereignissen** exklusive **Fernsehübertragungsrechte** einräumen können. Da es sowohl an einem urheberechtlichen als auch sonstigen **immaterialgüterrechtlichen Schutzrecht** mangelte, entwickelte der BGH die **Verwertungsbefugnis** aus dem Hausrecht. So könne nach Ansicht des BGH der Besitzer oder Eigentümer des Veranstaltungsorts ferner sein **Hausrecht** (§§ 858, 1004 BGB) gegenüber einem Dritten geltend machen, der ohne seine Genehmigung versuche, die Veranstaltung aufzuzeichnen und durch Rundfunk zu übertragen.[29] Die Erweiterung dieser Rechtsprechung erfolgte wiederum durch den Kartellsenat im Jahr 2005. In der sog. *Hörfunkrechte*-Entscheidung stellte sich die Frage, ob ein Sportveranstalter einen Hörfunksender von der **unentgeltlichen Wahrnehmung** des von ihm veranstalteten Spiels ausschließen kann. Der Kartellsenat des BGH stellte fest, dass den Veranstaltern das aus §§ 858 ff., 1004 BGB abzuleitende Hausrecht zur Seite stehe und sich aus dem Grundstückseigentum oder -besitz ergebe sowie der Wahrung der äußeren Ordnung in dem Gebäude oder der Örtlichkeit, auf die sich das Hausrecht erstrecke, diene. Der Inhaber des Hausrechts könne frei darüber entscheiden, wem er **Zutritt** zur **Örtlichkeit** gestatte oder nicht. Das schließe das Recht ein, den Zutritt nur zu bestimmten Zwecken zu erlauben oder rechtswirksam von **Bedingungen** wie der Zahlung eines Entgelts abhängig zu machen.[30]

9 Die in der ***Hörfunkrechte*-Entscheidung** aufgestellten Grundsätze manifestierten sich in den Folgeentscheidungen („Fraport" aus 2006,[31] „Flashmob-Aktion" aus 2009,[32] „Stadionverbot" aus 2009,[33] „Hart-

---

21 Vgl. RG v. 16.6.1903 – IV 1361/03, RGSt 36, 311 (322); RG Urt. v. 27.10.1922 – IV 347/22, RGSt 57, 139; RG Urt. v. 22.11.1926 – II 834/26, RGSt 61, 33.
22 Vgl. RG v. 16.6.1903 – IV 1361/03, RGSt 36, 311 (323).
23 Vgl. BGH Urt. v. 28.11.1961 – I ZR 56/60, BGHZ 36, 171 (177).
24 BGH Urt. v. 28.11.1961 – I ZR 56/60, BGHZ 36, 171 (177).
25 Vgl. BGH Urt. v. 7.11.1960 – VII ZR 168/59, BGHZ 33, 245.
26 Vgl. BGH Urt. v. 7.11.1960 – VII ZR 168/59, BGHZ 33, 245 (251).
27 So ausdrücklich BGH Urt. v. 6.6.1967 – VI ZR 214/65, NJW 1967, 1911 (1912); vgl. auch BGH Urt. v. 26.10.1960 – V ZR 122/59, BGHZ 33, 230 = NJW 1961, 308.
28 Vgl. BGH Beschl. v. 14.3.1990 – KVR 4/88, BGHZ 110, 371 = NJW 1990, 2815; kritisch dazu *von Bressensdorf*, Das private „Hausrecht", 2020, § 3 S. 68 f.
29 BGH Beschl. v. 14.3.1990 – KVR 4/88, BGHZ 110, 371 (383 f.) = NJW 1990, 2815.
30 BGH Urt. v. 8.11.2005 – KZR 37/03, BGHZ 165, 62 = NJW 2006, 377.
31 BGH Urt. v. 20.1.2006 – V ZR 134/05, NJW 2006, 1054.
32 BAG Urt. v. 22.9.2009 – 1 AZR 972/08, BAGE 132, 140 = NJW 2010, 631.
33 BGH Urt. v. 30.10.2009 – V ZR 253/08, NJW 2010, 534, 535.

platzhelden.de“ aus 2010,[34] „Hotelier“ aus 2012[35] und „Preußische Gärten und Parkanlagen II“ aus 2013[36]) von **BGH und BAG zur ständigen Rechtsprechung**, wobei der BGH bereits in der *Fraport*-Entscheidung zur Begründung des Hausverbots ergänzend § 903 BGB heranzog.[37] Mit der *Ordensleute gegen Ausgrenzung*-Entscheidung stellte der V. Zivilsenat des BGH allein auf § 903 S. 1 BGB ab, ohne auf die Rechte aus §§ 858 ff. BGB und § 1004 BGB einzugehen.[38] Diese Entwicklung ist deshalb interessant, da der V. Zivilsenat in den vorherigen Entscheidungen aufgrund der Herleitung über **§§ 858 ff., § 1004 BGB** und zuletzt **ergänzend § 903 BGB** einen erheblichen Anteil daran hatte, dass einige Stimmen in der Literatur von der Verselbständigung des Hausrechts durch den BGH sprachen.[39] Ob damit eine Änderung der Rechtsprechung verbunden ist, kann gegenwärtig noch nicht beantwortet werden. Zuletzt hat das BAG in der Entscheidung „Streikmobilisierung auf Firmenparkplatz“ aus dem Jahr 2018 für die Begründung des Hausrechts angeführt, dass sowohl **bloßer Besitz** als auch **bloßes Eigentum** genügen.[40]

Da der BGH Hausverbote mit Ansprüchen aus **§§ 862, 1004 BGB** gleichsetzt, zudem keine, je nach Anspruchsgrundlagen differenzierende Prüfung vornimmt und damit teilweise unterschiedliche Voraussetzungen vermischt, deuten einige Autoren diese Vorgehensweise dahin gehend, dass der BGH eine **Verselbständigung des Hausrechts** propagiert.[41] Ob dies wirklich der Fall ist, werden künftige Fälle zeigen. 10

2. Bewertung durch das Schrifttum

Die hL schließt sich überwiegend der Rechtsprechung an, wobei vereinzelt begriffliche Differenzierungen vorgenommen werden.[42] Nur wenige setzen sich vertieft mit der **Dogmatik** eines Hausrechts auseinander. Während einige[43] den Besitz nach § 854 Abs. 1 BGB als Grundlage des Hausrechts betrachten, ordnen andere[44] das Hausrecht als eine besondere **Erscheinungsform** des Eigentums ein. Nach *G. Schulze* wiederum handelt es sich um ein **dingliches Gebrauchsrecht** des Raumeigentümers, das auf **§ 903 S. 1 iVm § 854 Abs. 1 BGB** zurückzuführen sei und als ein Produkt der **Rechtsfortbildung** ein eigenständiges dingliches Recht darstelle.[45] *Baldus* wiederum verneint die **Existenz** des „Hausrechts“. Das BGB sehe dieses weder vor, noch sei es erforderlich, eine „paragesetzliche Kategorie“ einzuführen.[46] Kürzlich hat sich *von Bressensdorf* umfassend mit dem privaten Hausrecht befasst und herausgearbeitet, dass dieses keinen eigenen **Regelungsgehalt** habe und damit **kein eigenständiges Recht** darstelle.[47] Der alleinige Zweck des Begriffs liege in der **Ordnung** und **Systematisierung** des Rechtsstoffs, der bei Konflikten über den Zutritt und Aufenthalt eines Grundstücks einschlägig sei. Er differenziert dabei nach verschiedenen Typen von Inhabern, die sich an der Eigentums- und Besitzlage orientieren. Überzeugend ist dabei, dass er den von der Rechtsprechung entwickelten sachenrechtlichen Schutz gegen die **kommerzielle Verwertung** von ungenehmigten Fotografien nicht vom Hausrecht umfasst sieht.[48] 11

34 BGH Urt. v. 28.10.2010 – I ZR 60/09, BGHZ 187, 255 = NJW 2011, 1811.
35 BGH Urt. v. 9.3.2012 – V ZR 115/11, NJW 2012, 1725.
36 BGH Urt. v. 1.3.2013 – V ZR 14/12, NJW 2013, 1809.
37 BGH Urt. v. 20.1.2006 – V ZR 134/05, NJW 2006, 1054.
38 BGH Urt. v. 26.6.2015 – V ZR 227/14, NJW 2015, 2892.
39 *von Bressensdorf*, Das private „Hausrecht“, 2020, § 2 S. 63; davor bereits *Hofmann* JURA 2014, 141 (146).
40 BAG Urt. v. 20.11.2018 – 1 AZR 189/17, BAGE 164, 187 = NJW 2019, 1097.
41 Zuletzt durch *von Bressensdorf*, Das private „Hausrecht“, 2020, § 2 S. 63; davor bereits *Hofmann* JURA 2014, 141 (146); dogmatisch überzeugend BAG Urt. v. 20.11.2018 – 1 AZR 189/17, BAGE 164, 187 = NJW 2019, 1097.
42 Vgl. *Christensen* JuS 1996, 873; *Orth/Schiffbauer* RW 2011, 177 (195); *Löwisch/Rieble* NJW 1994, 2596; *Nemeczek* JURA 2013, 393 (394); *Brückner* in MüKoBGB § 903 Rn. 53.
43 So zB *Hofmann* JURA 2014, 141 (148).
44 *Weimar* JR 1970, 58; *Finger/P. Müller* NVwZ 2004, 95 (954); *Lakkis* in BeckOGK BGB § 903 Rn. 112; ähnlich *Raff* in MüKoBGB § 1004 Rn. 26.
45 *Schulze* JZ 2015, 381 (385).
46 *Baldus* JZ 2016, 449 (453 f.).
47 *von Bressensdorf*, Das private „Hausrecht“, 2020, § 3 S. 70.
48 *von Bressensdorf*, Das private „Hausrecht“, 2020, § 6 S. 138 ff.; *Hofmann* JURA 2014, 141, nach welchem die Einwilligung iSd § 858 BGB jedoch stets rein tatsächlicher und nie rechtsgeschäftlicher Natur ist.

3. Eigene Bewertung

12 Die von *Baldus* und von *von Bressensdorf* vorgebrachten Bedenken gegen das Hausrecht als eigenständiges dingliches Recht überzeugen. Dabei ist es gar nicht notwendig, auf das schwache Argument der Nichterwähnung im BGB zurückzugreifen. Das Hausrecht nimmt eine **Ordnungsfunktion** wahr und umfasst alle Befugnisse, die entweder dem Eigentümer oder dem unmittelbaren Besitzer aufgrund der jeweiligen Rechtsstellung erwachsen. Die den Inhabern zukommenden Befugnisse ergeben sich aus dem Gesetz. So stehen dem „bloßen" unmittelbaren Besitzer Ansprüche aus **§§ 859, 861 und 862 BGB** zu, während der besitzende Eigentümer daneben aus **§ 1004 BGB** vorgehen kann. Das Hausrecht kann demnach als diejenige **Befugnis** des Grundstückseigentümers oder Grundstücksbesitzers definiert werden, die den Zutritt und Aufenthalt des Grundstücks in **Konfliktlagen** regelt und die sich aus der jeweiligen Rechtsstellung des Rechtinhabers (Eigentum oder Besitz) ergibt, **jedoch kein eigenständiges Recht** darstellt, sondern bloße **Ordnungs- und Systematisierungsfunktion** aufweist.

III. Befugnisse des Hausrechtsinhabers

13 Der Inhalt des Hausrechts erfasst neben der **Gestattung von Zutritt** und **Aufenthalt** die Frage, unter welchen Voraussetzungen Personen vom Grundstück **verwiesen** werden können (**Hausverweis**) und ob ihnen der künftige Zutritt **dauerhaft verweigert** werden kann (**Hausverbot**).

14 Die Gestattung von Zutritt und Aufenthalt kann **rechtsgeschäftlich** oder durch **tatsächliche Einwilligung** erfolgen.[49] Verpflichtet sich der Inhaber des Hausrechts, einem Dritten dauerhaft oder für einen bestimmten Zeitraum Zutritt zu verschaffen und Aufenthalt zu gewähren, so liegt darin zugleich eine **konkludente Gestattung**.[50] Durch diese Gestattung sind alle **petitorischen Abwehransprüche** aus **Besitz** und **Eigentum** ausgeschlossen.[51] Dies gilt allerdings **grundsätzlich nicht** für die **possessorischen** Befugnisse, da in dieser Hinsicht eine **Einwilligung** im Sinne von **§ 858 BGB** erforderlich ist.[52] So verpflichtet sich der Hotelbetreiber grundsätzlich zur Überlassung des Hotelzimmers gegenüber dem Reisegast. Eine ausdrückliche Einwilligung im Sinne von § 858 BGB erfolgt nicht. Üblicherweise wird man im Wege der **Auslegung** aber feststellen, dass **rechtsgeschäftliche Gestattungen** zugleich tatsächliche Einwilligungen enthalten.[53] Nach der hM wird der **Fortbestand** der **tatsächlichen Gestattung vermutet**.[54] Die Gestattung, das Grundstück zu betreten und sich dort aufzuhalten wirkt dann solange fort, bis der **unmittelbare Besitzer** sie **widerruft**, indem er ein **konstitutives Hausverbot** oder einen **konstitutiven Hausverweis** erteilt.[55]

15 Auf **rechtsgeschäftliche** Vereinbarungen finden die **allgemeinen** Vorschriften über das **Zustandekommen von Verträgen** Anwendung.[56] **Ausgestaltungen** und **Schranken** über Aufenthalt und Zutritt wie etwa das Verbot, Speisen und Getränke zu verzehren oder das Verbot, zu fotografieren bzw. auch das allgemeine Gebot, sich friedlich zu verhalten, können im Wege von **Hausordnungen** erfolgen, deren Zulässigkeit **als AGB am Maßstab von §§ 305 ff. BGB** gemessen wird.[57] Hausordnungen beinhalten Regeln über Zutritt und Aufenthalt und sind vom Hausrechtsinhaber in einem Gesamtwerk kodifiziert, indem er sie in einer Vielzahl von Fällen vereinbart und/oder als solche präsentiert.[58] Sie wirken in **materiellrechtlicher Hinsicht** entweder **dinglich**, dh dass die Bedingungen und Verhaltensregeln die Gestattung von Zutritt und Aufenthalt **unmittelbar** betreffen,[59] oder **schuldrechtlich**. Dinglich wirkende Bestimmungen machen die

---

49 *von Bressensdorf*, Das private „Hausrecht", 2020, § 6 S. 113.
50 *von Bressensdorf*, Das private „Hausrecht", 2020, § 6 S. 113.
51 *von Bressensdorf*, Das private „Hausrecht", 2020, § 6 S. 113.
52 *von Bressensdorf*, S. 113 spricht insofern davon, dass Besitz- und Eigentumsschutz asymmetrisch ausgeprägt sind.
53 Vgl. *Hofmann* JURA 2014, 141 (147 f.).
54 RG Urt. v. 4.12.1934 – III 201/34, RGZ 146, 182; *Gutzeit* in Staudinger BGB § 858 Rn. 18; *Schäfer* in MüKoBGB § 858 Rn. 7.
55 *von Bressensdorf*, Das private „Hausrecht", 2020, § 6 S. 114.
56 *von Bressensdorf*, Das private „Hausrecht", 2020, § 6 S. 114.
57 *von Bressensdorf*, Das private „Hausrecht", 2020, § 6 S. 115.
58 *von Bressensdorf*, Das private „Hausrecht", 2020, § 6 S. 119 mit Beispielen für Erscheinungsformen.
59 *Kianfar*, Sachfotografie und Hausrecht, 2015, S. 113.

Erteilung und Aufrechterhaltung der Gestattung von der jeweiligen Bedingung bzw. Verhaltensregelung abhängig. Beispiele für diese Bestimmungen sind **Taschenkontrollen** oder **Leibesvisitationen**, die im Vorfeld eines Fußballspiels stattfinden.[60] Sind diese rechtsgeschäftlich vereinbart, so ist ihre Wirksamkeit an den allgemeinen Bestimmungen wie **§§ 138, 242 BGB bzw. bei AGB** nach **§§ 305 ff. BGB** zu messen.[61] Sind die Bestimmungen unwirksam, so hat dies nur Auswirkungen auf die **petitorischen**, nicht jedoch auf die **possessorischen Abwehransprüche**, da die **tatsächliche Einwilligung nach § 858 BGB** von der petitorischen Rechtslage entkoppelt ist.[62] Der unmittelbare Besitzer kann daher die Bestimmungen weiter durchsetzen, während der Betroffene auf Sekundäransprüche und eine nachträgliche Feststellungsklage verwiesen wird, die nach Auffassung des BGH darauf gerichtet ist, ob dem beklagten Hausrechtinhaber „kein Recht zustand, den Zugang (…) zu untersagen".[63] Das rechtliche Interesse an der Feststellung eines vergangenen Rechtsverhältnisses kommt nur ausnahmsweise in Betracht, wenn sich aus der Feststellung noch Rechtsfolgen für die Gegenwart und die Zukunft ergeben können.[64] Dies ist nur dann der Fall, wenn an der Feststellung des vergangenen Rechtsverhältnisses ein **gegenwärtiges Feststellungsinteresse** besteht.[65] Dieses ist bei ausschließlich wirtschaftlichen oder persönlichen Interessen zu verneinen.[66] Zudem muss das Rechtsverhältnis durch eine tatsächliche Unsicherheit gefährdet sein und das Feststellungsurteil muss geeignet sein, die Gefährdung zu beseitigen.[67] Ein rechtliches Interesse wird angenommen, wenn ein **Interesse auf Rehabilitierung** und ein Anspruch auf **effektiven Rechtsschutz** besteht.[68]

16 **Schuldrechtliche Wirkung** entfalten Regelungen, die von der Erteilung der Einwilligung bzw. der Aufrechterhaltung dieser, **unabhängige weitere Pflichten** statuieren.[69] Rein schuldrechtlichen Charakter weisen **mietrechtliche Hausordnungen** auf, die allein den **vertragsgemäßen Gebrauch** regeln.[70]

17 **Rechtsgeschäftliche Vereinbarungen** wirken nicht nur relativ zwischen den beteiligten Parteien, sondern können von Beginn an als **Vertrag zugunsten Dritter nach § 328 BGB** ausgestaltet sein oder über **§ 986 Abs. 1 Alt. 2 BGB analog** auch gegenüber Dritten Wirkung entfalten.[71] So wirkt eine konkludent **vereinbarte obligatorische Duldungspflicht** auch gegenüber dem künftigen Erwerber einer Fabrik nach **§ 328 BGB**,[72] wenn der ursprüngliche Eigentümer ein Grundstücksteil zum Zwecke der Errichtung dieser Immissionen verursachenden Fabrik veräußert und sich damit **stillschweigend zur Duldung** der voraussehbaren **Einwirkungen** verpflichtet.[73] Zudem findet auf den **negatorischen Beseitigungsanspruch § 986 Abs. 1 S. 2 BGB** entsprechende Anwendung.[74] Daher ist es dem Störer auch gestattet, sich auf **§ 986 Abs. 2 BGB** zu berufen, weil ein anderer dem Eigentümer gegenüber zur Einwirkung berechtigt ist und dieser dem Störer die Einwirkung gestattet, sofern der andere dazu berechtigt ist.[75] So kann der **Noch-Eigentümer** eines Grundstücks keine Abwehransprüche wegen der **Nutzung des Grundstücks** geltend machen, wenn er die-

---

60 *von Bressensdorf*, Das private „Hausrecht", 2020, § 6 S. 119.
61 *von Bressensdorf*, Das private „Hausrecht", 2020, § 6 S. 119.
62 *von Bressensdorf*, Das private „Hausrecht", 2020, § 6 S. 119 f.
63 Vgl. BGH v. 17.6.2016 – V ZR 272/15 = NJW-RR 2016, 1404, 1405; kritisch *von Bressensdorf*, Das private „Hausrecht", 2020, § 14 S. 272.
64 Vgl. BGH Urt. v. 5.6.1981 – V ZR 80/80, WM 1981, 1050 (1051) = BeckRS 1981, 31073667; BAG Beschl. v. 20.1.2015 – 1 ABR 1/14, NZA 2015, 765 (767); s. aus der Literatur nur *Greger* in Zöller ZPO § 256 Rn. 3 a.
65 Vgl. *Becker-Eberhardt* in MüKoZPO § 256 Rn. 30.
66 Seiler in Thomas/Putzo ZPO § 256 Rn. 13.
67 BGH Urt. v. 19.11.2014 – VIII ZR 79/14, NJW 2015, 873 Rn. 29; *Bacher* in BeckOK ZPO § 256 Rn. 20.
68 Vgl. BGH v. 17.6.2016 – V ZR 272/15 = NJW-RR 2016, 1404, 1406.
69 *Kianfar*, Sachfotografie und Hausrecht, 2015, S. 113, 115 f.
70 *Schmid* NJW 2013, 2145 (2147); Vgl. *von Bressensdorf*, Das private „Hausrecht", 2020, § 6 S. 120 mit weiteren Beispielen.
71 Vgl. *Nemeczek* JURA 2013, 393 (399).
72 RG Urt. v. 11.5.1907 – V 483/06, RGZ 66, 126 (127 f.); *Thole* in Staudinger BGB § 1004 Rn. 543.
73 *Thole* in Staudinger BGB § 1004 Rn. 543.
74 BGH, Urt. v. 17.9.1958 – V ZR 63/58, NJW 1958, 2061 (2062); BGH, Urt. v. 10.7.1998 – V ZR 60/97, NJW 1998, 3273; *Thole* in Staudinger BGB, § 1004 Rn. 554; *Raff* in MüKoBGB § 1004 Rn. 222; *Wolff/Raiser* SachenR § 87 I 5.
75 *Thole* in Staudinger BGB § 1004 Rn. 554; *Spohnheimer* in BeckOGK BGB § 1004 Rn. 235.

ses an den Käufer bereits übergeben hat und der Käufer es an einen Dritten weiterverpachtet hat.[76] Aus dem **Kaufvertrag** folgt nach der Übergabe des Grundstücks das Recht zur beliebigen Nutzung und diese Nutzung auch Dritten zu gestatten.[77] Ebenso steht es einem Unternehmen zu, dass dem Grundstückspächter die Tankstelleneinrichtung überlassen hat, sich gegenüber dem Grundstückseigentümer mit der aus dem **Pachtvertrag** folgenden Duldungspflicht nach **§ 986 Abs. 1 S. 2 BGB analog** zu verteidigen.[78] Befährt der **Grundstückspächter** ein **fremdes** Grundstück, so kann er dem Eigentümer das **Notwegerecht nach § 917 BGB** seines Verpächters und das daraus abgeleitete Benutzungsrecht entgegenhalten.[79]

18 Wie bereits ausgeführt, kann im Wege der **Auslegung** ermittelt werden, dass die **rechtsgeschäftliche Einwilligung** zugleich eine **tatsächliche Einwilligung** enthält (→ Rn. 14). Die Gestattung von **Zutritt** und **Aufenthalt** kann aber auch unabhängig und neben der rechtsgeschäftlichen Vereinbarung durch **tatsächliche Einwilligung** erfolgen.[80] Die **Gestattung** stellt dann einen **selbstständigen Akt** dar. Sie liegt vor, wenn Zutritt und Aufenthalt aufgrund eines Gefälligkeitsverhältnisses, wegen Publikumsverkehr oder auch im Interesse des Berechtigten gewährt werden.[81] Nach hM werden durch die Einwilligung **possessorische und petitorische Ausschließungs- und Abwehrrechte** ausgeschlossen.[82]

19 Bei einer **tatsächlichen Einwilligung** handelt es sich um die Kundgabe des **natürlichen Willens**,[83] so dass es **nicht** auf die **Geschäftsfähigkeit** des Kundgebenden ankommt. Allerdings finden die **allgemeinen Vorschriften über Rechtsgeschäfte** entsprechend Anwendung.[84] Die Einwilligung kann im Voraus erteilt werden.[85] Sie muss im Zeitpunkt des Zutritts und für die Dauer des gesamten Aufenthalts vorliegen.[86] Sie ist **frei widerruflich** und wirkt solange fort, bis der Widerruf gegenüber dem Adressaten zugegangen ist. Geht der Widerruf zu, ist dieser als **konstitutiver** Hausverweis bzw. **konstitutives** Hausverbot zu sehen.[87] Erfolgt die Einwilligung erst nachträglich, so liegt darin ein Verzicht auf die Geltendmachung der **petitorischen** und **possessorischen** Ausschließungs- und Abwehrrechte.[88] Zur Durchsetzung der Befugnisse kann sich der Hausrechtsinhaber der **Einbeziehung Dritter** (Besitzdiener, mittelbare Besitzer, andere Hilfspersonen) bedienen, die nach **§ 164 ff. BGB analog** agieren.[89]

20 Auch im Rahmen der **tatsächlichen Einwilligung** ist es dem Hausrechtsinhaber möglich, **Zutritt** und **Aufenthalt** inhaltlich zu beschränken.[90] Dies kann im Wege von Vorgaben oder Bedingungen **analog § 158 BGB** erfolgen. Die damit erzeugten Bindungen folgen nur dann aus der tatsächlichen Einwilligung, wenn ein **tatsächlicher Bezug** zur Einräumung oder zum Widerruf der Einwilligung in die **Besitzstörung** gege-

---

76 *Thole* in Staudinger BGB § 1004 Rn. 555.

77 BGH, Urt. v. 10.7.1998 – V ZR 60/97, NJW 1998, 3273; *Thole* in Staudinger BGB § 1004 Rn. 555; *Spohnheimer* in BeckOGK BGB § 1004 Rn. 235.1.

78 BGH, Urt. v. 17.9.1958 – V ZR 63/58, NJW 1958, 2061 (2062); *Thole* in Staudinger BGB § 1004 Rn. 555; *Spohnheimer* in BeckOGK BGB § 1004 Rn. 235.2.

79 BGH, Urt. v. 10.7.1963 – V ZR 32/62, NJW 1963, 1917 (1918); *Thole* in Staudinger BGB § 1004 Rn. 559; *Spohnheimer* in BeckOGK BGB § 1004 Rn. 235.5.

80 *von Bressensdorf*, Das private „Hausrecht“, 2020, § 6 S. 116.

81 *von Bressensdorf*, Das private „Hausrecht“, 2020, § 6 S. 116; *Raff* in MüKoBGB § 1004 Rn. 216.

82 Vgl. *von Bressensdorf*, Das private „Hausrecht“, 2020, § 6 S. 116 mwN.

83 *Gutzeit* in Staudinger BGB § 858 Rn. 18; *Schäfer* in MüKoBGB § 858 Rn. 8; *Westermann/Gursky/Eickmann* SachenR S. 153 f.; *Fritzsche* in BeckOK BGB § 858 Rn. 18; aA *Baur/Stürner* SachenR § 9 Rn. 5; *Prütting*, SachenR, Rn. 109; *Wilhelm*, SachenR, Rn. 343.

84 Vgl. *Gutzeit* in Staudinger BGB § 858 Rn. 18; *Schäfer* in MüKoBGB § 858 Rn. 7.

85 Vgl. *Götz* in BeckOGK BGB § 858 Rn. 41.

86 *von Bressensdorf*, Das private „Hausrecht“, 2020, § 6 S. 117.

87 *von Bressensdorf*, Das private „Hausrecht“, 2020, § 6 S. 117.

88 Vgl. *Gutzeit* in Staudinger BGB § 858 Rn. 10; *Götz* in BeckOGK BGB § 858 Rn. 43.

89 *Gutzeit* in Staudinger BGB § 858 Rn. 16; ähnlich *Stadler* in Soergel BGB § 858 Rn. 9.

90 Str., ob es dafür überhaupt einer analogen Anwendung von § 158 Abs. 1 BGB bedarf. Dafür: *Stadler* in Soergel BGB § 858 Rn. 10, *Gutzeit* in Staudinger BGB § 858 Rn. 20, aA *F. Schäfer* in MüKoBGB § 858 Rn. 7. Offen gelassen von BGH Urt. v. 18.12.2015 – V ZR 160/14, NJW 2016, 863.

ben ist. Daraus folgt, dass **Einräumung** und **Aufrechterhaltung** der Einwilligung unmittelbar von der Einhaltung der Vorgaben abhängig sein können.[91]

Willensmängel haben grundsätzlich keine Auswirkungen auf die Wirksamkeit der Einwilligung.[92] Die Einwilligung kann daher nur für die Zukunft (**ex nunc**) widerrufen werden. Eine Anfechtung wegen Irrtums oder Täuschung ist nicht möglich.[93] Etwas anderes will die Rechtsprechung nur im Hinblick auf eine Drohung mit gewisser Intensität zulassen. In einem solchen Fall sei **keine freie Willensausübung** des Hausrechtsinhabers gegeben.[94] Eine „gewisse Intensität" sei nach Auffassung des BGH gegeben, wenn „*unter einem unwiderstehlicher physischer Gewalt gleichen seelischen Zwang*" gehandelt wurde.[95] 21

Ob die Gestattung auch gegenüber dem **Rechtsnachfolger** des Eigentümers oder Besitzers gilt, ist differenziert zu betrachten: Erfolgt der Übergang im Wege der **Gesamtrechtsnachfolge** (§§ 857, 563 f., 1922 BGB), so gilt die Einwilligung fort. Im Fall der **Sonderrechtsnachfolge** gilt dies nur, wenn das Gesetz eine entsprechende Regelung (bspw. zur Wohnraummiete gem. §§ 566, 578 Abs. 1 BGB) vorsieht, die ein Eintreten anordnet.[96] Ist eine solche Regelung nicht vorhanden, so ist der Rechtsnachfolger nicht gebunden. 22

IV. Beschränkungen des Hausrechts

Beschränkungen des Hausrechts können **vertraglicher**[97] und **einfachgesetzlicher**[98] Natur sein, aber sich auch aus der **mittelbaren Drittwirkung** der Grundrechte[99] ergeben. 23

1. Vertragliche Beschränkungen des Hausrechts

Eine vertragliche Beschränkung ergibt sich beispielsweise aus dem **Mietvertrag**. Dieser schränkt sowohl das Hausrecht des Vermieters als auch das des Mieters ein. Grundsätzlich ist der Vermieter damit nicht berechtigt, Gästen des Mieters einen **Hausverweis** bzw. **Hausverbot** zu erteilen, es sei denn, es kommt zu nachhaltigen und wiederholten Störungen des Hausfriedens.[100] 24

In der Rechtsprechung hat sich der V. Zivilsenat des BGH im **Stadionverbot-Urteil**[101] und in der **Hotelier-Entscheidung**[102] mit rechtsgeschäftlichen Bindungen auseinandergesetzt. Die jeweiligen Urteile sind in sich widersprüchlich. Während sich der V. Zivilsenat im Stadionverbot-Urteil von 2009 noch ablehnend zu **rechtsgeschäftlichen Bindungen** geäußert hat, sprach der gleiche Senat der vorherigen vertraglichen Bindung eine zentrale Bedeutung zu. Kritisiert wurde in der Literatur, dass es so scheint, als versuche der BGH das Verhältnis von Hausrecht und Vertragsrecht im „luftleeren Raum" zu klären.[103] Dieser Eindruck fußt auf dem Makel der Rechtsprechung, den **Begriff des Hausrechts** nicht klar definiert zu haben. 25

---

91 Vgl. *Kianfar*, Sachfotografie und Hausrecht, 2015, S. 113.

92 Hierüber herrschte lang Streit: Überblick bei *Gutzeit* in Staudinger BGB § 858 Rn. 21 mwN.

93 RG Urt. v. 21.1.1921 – VII 360/20, RGZ 101, 224 (225); BGH Urt. v. 15.11.1951 – III ZR 21/51, BGHZ 4, 10 (38) = NJW 1952, 738; BGH Urt. v. 11.6.1953 – IV ZR 181/52, BGHZ 10, 81 = NJW 1953, 1506 (1507).

94 BGH Urt. v. 15.11.1951 – III ZR 21/51, BGHZ 4, 10 = NJW 1952, 738; BGH Urt. v. 11.6.1953 – IV ZR 181/52, BGHZ 10, 81 = NJW 1953, 1506; *Götz* in BeckOGK BGB § 858 Rn. 38.

95 Siehe BGH Urt. v. 15.11.1951 – III ZR 21/51, BGHZ 4, 10 = NJW 1952, 738; kritisch dazu *von Bressensdorf*, Das private „Hausrecht", 2020, § 6 S. 118.

96 *von Bressensdorf*, Das private „Hausrecht", 2020, § 6 S. 117. Zur Rechtsnachfolge vgl. auch *Stadler* in Soergel BGB § 857 Rn. 1.

97 *von Bressensdorf*, Das private „Hausrecht", 2020, § 7 S. 142 ff.

98 *von Bressensdorf*, Das private „Hausrecht", 2020, § 8 S. 150 ff.

99 *von Bressensdorf*, Das private „Hausrecht", 2020, § 9 S. 160 ff.

100 Vgl. *Eisenschmid* in Schmidt-Futterer § 535 Rn. 296; AG Wetzlar Urt. v. 21.2.2008 – 38 C 1281/07, ZMR 2008, 634; AG München Urt. v. 19.11.2015 – 432 C 8687/15, ZMR 2015, 140. Ebenso zu schwerwiegenden Gründen: OLG Düsseldorf v. 28.2.1991 – 5 U 279/90, FamRZ 1991, 1181 f.

101 BGH Urt. v. 30.10.2009 – V ZR 253/08, NJW 2010, 534 (535).

102 BGH Urt. v. 9.3.2012 – V ZR 115/11, NJW 2012, 1725.

103 So *von Bressensdorf*, Das private „Hausrecht", 2020, § 7 S. 145.

26 Im Stadionverbot-Urteil heißt es, dass der Hinweis des Störers auf die in § 241 Abs. 2 BGB verankerte **vertragliche Schutzpflicht** nach Auffassung des V. Zivilsenats „nicht weiter [führe]".[104] Überdies „spiele es keine Rolle", ob der Störer infolge des Stadionverbots an der **Ausübung der Rechte** aus einem **Heim- und Auswärtsdauerkartenvertrag** gehindert sei.[105] In einem Obiter Dictum ergänzt der BGH, dass ein **berechtigtes Stadionverbot** zugleich eine **berechtigte Kündigung des Dauerkartenvertrags** nach **§ 314 Abs. 1 BGB** darstellen könne.[106] Die aufgestellten Grundsätze sind fernab vom Gesetz entwickelt und überzeugen nicht.[107] In dem nur drei Jahre später entschiedenen Hotelier-Urteil führt der gleiche Senat[108] aus, dass der Inhaber des Hausrechts dieses nicht frei ausüben könne, wenn er sich vorher vertraglich verpflichtet habe, dem Adressaten **Zutritt und Aufenthalt** zu gewähren.[109] Dies folgt nach Auffassung des Senats aus der **Abwägung der jeweiligen Grundrechtspositionen**, wobei der vertraglichen Bindung eine wesentliche Rolle zukomme. So verliere die Position des Hausrechtsinhabers, der sich auf die **Privatautonomie (Art. 2 Abs. 1 GG)**, die **unternehmerische Freiheit (Art. 12 Abs. 1 GG)** und die **Ausübung der Eigentumsrechte (Art. 14 GG)** berufe, deutlich an Gewicht, wenn er sich im Vorfeld zivilrechtlich binde, da diese **Gestaltung freiwillig** und **autonom** erfolge.[110] Im Rahmen der **Abwägung** treten diese Grundrechte hinter das **Persönlichkeitsrecht (Art. 2 Abs. 1 GG)** des vom Hausverbot betroffenen und das **Diskriminierungsverbot (Art. 3 GG)** zurück.[111] Über die zivilrechtlichen Generalklauseln der **§§ 138, 242 BGB** wirken die Grundrechte mittelbar auf das Zivilrecht ein. Aufgrund der Abwägung bedürfe ein den Vertrag vereitelndes Hausverbot der Rechtfertigung durch **besondere wichtige Sachgründe**.[112] Üblicherweise ist ein solcher Grund gegeben, wenn der Besucher gegen die **Hausordnung** verstößt oder in einem Supermarkt des **Diebstahls** überführt wird.[113] In einer neueren Entscheidung aus dem Mai 2020 verneint der BGH eine vertragliche Bindung des Ausstellers einer Eintrittskarte, die ein sog. kleines Inhaberpapier nach § 807 BGB darstellt, da diese nicht mit der vertraglichen Bindung bei einem gebuchten und bestätigten Hotelaufenthalt zu vergleichen sei.[114] Die Begründung ist äußerst fragwürdig, da die getroffene Differenzierung der Bindungswirkung zwischen verbrieften und unverbrieften vertraglichen Erfüllungsansprüchen dem Zivilrecht fremd ist.[115]

27 Sowohl das Stadionverbot-Urteil als auch die Hotelier-Entscheidung sind in der Literatur kritisiert worden. Besonders auffällig ist, dass der **V. Zivilsenat**, obwohl er beide Fälle zu entscheiden hatte, den vorhandenen Widerspruch nicht thematisiert hat.[116] Während *Nemeczek* darauf abstellt, dass das **Trennungsprinzip** die Einwirkung eines **schuldrechtlichen Anspruchs** auf das **sachenrechtliche Hausrecht** verbiete und allein die – jederzeit **frei widerrufbare – Einwilligung** des Haurechtsinhabers maßgeblich sei,[117] kritisiert *Hofmann*, dass das Sachgrunderfordernis der *Hotelier*-Entscheidung eine **faktische Loslösung von den**

104 BGH Urt. v. 30.10.2009 – V ZR 253/08, NJW 2010, 534 (535).
105 BGH Urt. v. 30.10.2009 – V ZR 253/08, NJW 2010, 534 (537).
106 BGH Urt. v. 30.10.2009 – V ZR 253/08, NJW 2010, 534 (537).
107 Ebenso bereits *von Bressensdorf*, Das private „Hausrecht", 2020, § 7 S. 143 ff.; kritisch ebenfalls *Nemeczek* JURA 2013, 393 (401 f.); *P. Hofmann* JURA 2014, 141 (144).
108 So stellt *von Bressensdorf*, Das private „Hausrecht", 2020, § 7 S. 143 Fn. 509 fest, dass drei der fünf Richter, die im Stadionverbot-Urteil entschieden hatten, auch im Hotelier-Fall urteilten.
109 BGH Urt. v. 9.3.2012 – V ZR 115/11, NJW 2012, 1725.
110 BGH Urt. v. 9.3.2012 – V ZR 115/11, NJW 2012, 1725 (1726).
111 BGH Urt. v. 9.3.2012 – V ZR 115/11, NJW 2012, 1725 (1726).
112 BGH Urt. v. 9.3.2012 – V ZR 115/11, NJW 2012, 1725 (1726); zuletzt zum Sachgrunderfordernis BGH Urt. v. 29.5.2020 – V ZR 275/18, NJW 2020, 3382.
113 Vgl. BGH Urt. v. 3.11.1993 – VIII ZR 106/93, BGHZ 124, 39 = NJW 1994, 188; *Brückner* in MüKoBGB § 903 Rn. 55.
114 BGH Urt. v. 29.5.2020 – V ZR 275/18, NJW 2020, 3382.
115 Ebenso kritisch *Weller/Schul*, NJW 2020, 3385.
116 So vor allem *von Bressensdorf*, Das private „Hausrecht", 2020, § 7 S. 143.
117 *Nemeczek* JURA 2013, 393 (401 f.).

vertraglichen Pflichten mittels eines Hausverbots ermöglicht.[118] Eine solche Loslösung sei allein Aufgabe des Vertragsrechts.[119]

Die Kritik aus der Literatur ist berechtigt und wurde zuletzt durch *von Bressensdorf* verstärkt. Mit ihm ist das Verhältnis des Hausrechts zu den **rechtsgeschäftlichen Pflichten** durch **Gesetzesauslegung** zu ermitteln,[120] wobei allerdings die von *Hofmann* vorgeschlagene Beschränkung auf die **besitzrechtliche Seite** des Hausrechts nicht gänzlich überzeugt.[121] Das Hausrecht – so wurde bereits eingangs ausgeführt – beinhaltet sowohl Befugnisse aus der Eigentumsstellung als auch aus der Stellung als Besitzer. Eine reine auf den Besitz bezogene Betrachtung verkennt, dass die **besitzschutzrechtlichen Ausschließungs- und Abwehrbefugnisse** in ihrem Umfang hinter ihren **eigentumsrechtlichen Pendants** zurückbleiben.[122] Für diejenigen Rechtspositionen des Hausrechts, die auf dem **Eigentum** oder dem **berechtigten Besitz** und deren Ausübung in Form von **Hausverboten und Hausverweisen** beruhen, führt die rechtsgeschäftliche (schuldrechtliche und dingliche) Pflicht, **Zutritt und Aufenthalt** zu verschaffen, zu einer **Duldung** nach **§ 1004 Abs. 2 BGB**.[123] Diese Duldungspflicht kann nur durch **Anfechtung, Kündigung, Rücktritt** oder **sonstige Beendigungsmöglichkeiten (Aufhebungsvertrag)** aus der Welt geschafft werden.[124] Für die **besitzrechtlichen Grundlagen** des Hausrechts gilt dies nicht. Das Besitzschutzrecht gewährt dem Besitzer Befugnisse, die er so ausüben kann, dass er die Grenzen dessen überschreitet, was er dem Störer **rechtsgeschäftlich** zugestanden hat.[125] Die damit erzeugte **Unabhängigkeit des Besitzschutzes** von der materiellen Rechtslage ist vom Regelungskonzept der §§ 858 ff. BGB umfasst.[126] Die maßgebliche Norm für die Beurteilung, in welchem Verhältnis **Besitz, Einwilligung in die Besitzstörung** und **rechtsgeschäftlicher Anspruch auf Zutritt** stehen, ist **§ 858 BGB**.[127] Danach handelt derjenige **widerrechtlich**, der den Besitzer ohne dessen Willen im Besitz stört, sofern nicht das **Gesetz die Entziehung** oder die **Störung gestattet**. In die Besitzstörung kann nur der **unmittelbare Besitzer** einwilligen.[128] Fehlt es an der Einwilligung, so ist ein Übergehen seines Willens aufgrund **rechtsgeschäftlicher Bindung** nur in den vom Gesetz bestimmten Fällen möglich, die eine Besitzstörung als solche gestatten.[129] Eine solche Gestattung gewährt das Gesetz nur als **Selbsthilferecht** dem **Vermieter bzw. Verpächter** für den Fall der **Gefährdung des Pfandrechts**, vgl. **§§ 562b, 592 BGB**.[130] Daraus folgt, dass sowohl für **deklaratorische** als auch für **konstitutive Hausverbote und Hausverweise** der aus einem Rechtsgeschäft resultierende Anspruch auf Zutritt und Aufenthalt in der Regel **unbeachtlich** ist.[131] Die **Einrede nach § 242 BGB** wegen widersprüchlichen Verhaltens ist **nicht anwendbar**.[132] Die damit erzeugte **Asymmetrie** von **Besitzschutz** und **rechtsgeschäftlicher Bindung** entspricht dem gesetzlichen **Regelungszweck,** der auf das **individuelle Kontinuitätsinteresse** des Besitzers und den **allgemeinen Rechtsfrieden** abzielt.[133] Die Gewährung von Besitzschutz, ohne die peti- 28

118 *P. Hofmann* JURA 2014, 141 (144).

119 Zum Gegenentwurf von *Hofmann*, der insbesondere auf die besitzrechtlichen Befugnisse abstellt, siehe *P. Hofmann* JURA 2014, 141 (145); zuvor bereits *R. Stürner* JZ 1977, 312; *Löwisch/Rieble* NJW 1994, 2596; *Christensen* JuS 1996, 873 (875).

120 *von Bressensdorf*, Das private „Hausrecht", 2020, § 7 S. 145.

121 Ebenso *von Bressensdorf*, Das private „Hausrecht", 2020, § 7 S. 145.

122 So bereits *von Bressensdorf*, Das private „Hausrecht", 2020, § 7 S. 145 mit umfassender Begründung.

123 Dazu umfassend *Thole* in Staudinger BGB § 1004 Rn. 541 ff. mwN.

124 *von Bressensdorf*, Das private „Hausrecht", 2020, § 7 S. 146.

125 So *von Bressensdorf*, Das private „Hausrecht", 2020, § 7 S. 147.

126 *von Bressensdorf*, Das private „Hausrecht", 2020, § 7 S. 147.

127 *von Bressensdorf*, Das private „Hausrecht", 2020, § 7 S. 146.

128 Vgl. KG v. 3.5.1999 – 25 U 1675/99, ZMR 2000, 818; *Götz* in BeckOGK BGB, § 858 Rn. 34 m.w.N.

129 Vgl. *von Bressensdorf*, Das private „Hausrecht", 2020, § 7 S. 147.

130 In Ausnahmefällen können Notwehr, Notstand und Selbsthilfe zur Verteidigung bzw. Durchsetzung rechtsgeschäftlicher Ansprüche herangezogen werden; vgl. auch *von Bressensdorf*, Das private „Hausrecht", 2020, § 7 S. 147.

131 So *von Bressensdorf*, Das private „Hausrecht", 2020, § 7 S. 147.

132 Vgl. *Christensen*, JuS 1996, 873 (875).

133 Vgl. *Stadler* in Soergel BGB § 858 Rn. 1; *Götz* in BeckOGK BGB § 858 Rn. 2; *Gutzeit* in Staudinger BGB § 858 Rn. 1.

torische Rechtslage zu berücksichtigen, hindert die eigenmächtige Rechtsdurchsetzung und stärkt das staatliche Gewaltmonopol.[134]

29 Davon zu trennen ist die Frage, ob das **Hausverbot bzw. der Hausverweis rechtmäßig** ergangen sind, da sie **lediglich vorläufig wirksam** sind. So kann der Ausgeschlossene im Klagewege seinen **petitorischen Anspruch** geltend machen bzw. **nachträgliche Feststellungsklage** erheben und bei Vorliegen eines Schadens entsprechende **Ersatzansprüche** geltend machen.[135]

2. Einfachgesetzliche Beschränkungen des Hausrechts

30 In verschiedener Art und Weise kann das Hausrecht aufgrund **einfachgesetzlicher** Grundlage beschränkt werden. So sieht § 962 S. 1 BGB ein Verfolgungsrecht des Eigentümers eines **Bienenschwarms** vor, das das **eigenmächtige Betreten** eines fremden Grundstücks erlaubt. Einige Regelungen sehen eine entsprechende Befugnis vor wie etwa die **Notwehr (§ 227 BGB)** und der **Notstand (§§ 228, 904 BGB)**, das allgemeine **Selbsthilferecht (§ 229 BGB)**, die **GoA (§§ 683, 677, 680 BGB)** ua.[136] Auch aus dem **nachbarrechtlichen Gemeinschaftsverhältnis** wird eine entsprechende Befugnis abgeleitet.[137] (→ zum *nachbarrechtlichen Gemeinschaftsverhältnis* Rn. 2 ff.)

31 Neben den einfachgesetzlichen Befugnissen, die eine **eigenmächtige, ohne den Willen des Besitzers** erfolgende **Besitzstörung** zulassen, existieren **petitorische Rechte**, die lediglich einen schuldrechtlichen Anspruch auf Gewährung von Zutritt und Aufenthalt vermitteln. Zu diesen zählen ua[138] das **Verfolgungsrecht des Eigentümers** (§ 1005 iVm § 867 S. 1 BGB) und des **Besitzers** (§ 867 S. 1 BGB), das **Besichtigungsrecht** (§ 809 BGB) und das **Notwegerecht** (§ 917 Abs. 1 S. 1 BGB).

32 Überdies kennt das **öffentliche Recht** eine Vielzahl von entsprechenden **polizeilichen** oder dem **Verwaltungszwang** zugehörigen Eingriffsbefugnissen.[139] Vereinzelt finden sich auch in anderen Bereichen des öffentlichen Rechts entsprechende Befugnisse (§ 758 Abs. 1 ZPO für den Gerichtsvollzieher; § 29 Abs. 2 GewO und § 29 Abs. 2 ProstSchG für die jeweiligen Beauftragten etc)[140]. Das BAG hat **richterrechtliche Grundsätze** über das **Arbeitskampfrecht** entwickelt, die eine gesetzliche Gestattung von § 858 Abs. 1 BGB darstellen.[141]

33 Besonderer Relevanz kommt **§ 19 Abs. 1 Nr. 1 AGG** zu, der eine **Benachteiligung** aus Gründen der **Rasse, wegen der ethnischen Herkunft, des Geschlechts, der Religion, einer Behinderung, des Alters oder der sexuellen Identität** bei der **Begründung**, **Durchführung** und **Beendigung** bei **zivilrechtlichen Massengeschäften** verbietet. Nach § 19 Abs. 1 Nr. 1 AGG sind Massengeschäfte zivilrechtliche Schuldverhältnisse, die typischerweise ohne Ansehen der Person zu vergleichbaren Bedingungen in einer Vielzahl von Fällen zustande kommen. Gleiches gilt hinsichtlich der Rasse oder der ethnischen Herkunft auch bei **Nichtmassegeschäften**, wenn es um Zugang zu und die Versorgung mit Gütern und Dienstleistungen geht, die der Öffentlichkeit zur Verfügung stehen, gem. **§§ 19 Abs. 2 iVm § 2 Abs. 1 Nr. 8 AGG**. Die Rechtspraxis hat sich vor allem mit rassistischen Diskriminierungen bei Einlass in **Clubs** und **Diskotheken** beschäftigt.[142] Nach **§ 21 Abs. 1 AGG** steht dem Betroffenen ein Anspruch auf Unterlassung und Beseitigung zu, so dass eine Pflicht zum Abschluss eines Vertrages besteht.[143]

---

134 BGH v. 21.01.1981 – VIII ZR 41/80, BGHZ 79, 232 (237); *von Bressensdorf*, Das private „Hausrecht“, 2020, § 7 S. 148.

135 *von Bressensdorf*, Das private „Hausrecht“, 2020, § 7 S. 148; *P. Hofmann* JURA 2014, 141 (150 f.).

136 Vgl. *von Bressensdorf*, Das private „Hausrecht“, 2020, § 8 S. 151 ff. mwN.

137 Vgl. OLG Köln Urt. v. 17.9.1982 – 20 U 44/82, NJW 1985, 2338 bezüglich des Betretens durch Katzen.

138 Ausführlich bei *von Bressensdorf*, Das private „Hausrecht“, 2020, § 8 S. 153.

139 Siehe *Fritzsche* in BeckOK BGB § 858 Rn. 22 mwN.

140 Ein Überblick bei *Gutzeit* in Staudinger BGB § 858 Rn. 28 ff.

141 BAG Urt. v. 20.11.2018 – 1 AZR 189/17, BAGE 164, 187 = NJW 2019, 1097.

142 Vgl. OLG Stuttgart Urt. v. 12.12.2011 – 10 U 106/11, NJW 2012, 1085; AG Bremen Urt. v. 20.1.2011 – 25 C 278/10, NJW-RR 2011, 675.

143 Zum Streitstand: *Groß* in BeckOGK AGG § 21 Rn. 30 ff.

Daneben können sich verschiedene Ansprüche aus dem **Lauterkeitsrecht**, dem **Kartellrecht** und dem **öffentlichen Recht** ergeben.[144] 34

3. Einschränkungen aufgrund (un-)mittelbarer Drittwirkung

Darüber hinaus können die Befugnisse aus dem privaten Hausrecht im Wege der **mittelbaren Drittwirkung** beschränkt werden. Dem Inhaber des Hausrechts steht der Grundrechtsschutz nach **Art. 14 Abs. 1 GG**[145] sowie **Art. 12 Abs. 1 GG**[146] und **Art. 2 Abs. 1 GG**[147] zu. Er ist daher grundsätzlich darin frei, ein Hausverweis bzw. Hausverbot auszusprechen. Diese unbeschränkte Befugnis gilt jedoch nicht, wenn es sich um eine **Örtlichkeit** des **allgemeinen Publikumsverkehrs** handelt.[148] Hier fordert die Rechtsprechung einen **sachlichen Grund** als Rechtfertigung, wobei die jeweiligen Begründungen der Gerichte variieren.[149] Zuletzt hat der BGH das Sachgrunderfordernis dahingehend modifiziert, dass es sich nicht nur um eine Örtlichkeit des allgemeinen Publikumsverkehrs handeln müsse, sondern als weitere Voraussetzung angeführt, dass die Verweigerung des Zutritts für die Betroffenen in **erheblichen Umfang über die Teilnahme am gesellschaftlichen Leben** entscheide.[150] Maßgeblich sei dabei nicht die Perspektive des einzelnen Besuchers, sondern die **objektive Sicht** desjenigen, der die **Einrichtung dem öffentlichen Publikumsverkehr** öffnet.[151] Er habe sich dabei zu fragen, welche **Funktion die von ihm willentlich eröffnete und betriebene Einrichtung** bei typisierender Betrachtung habe.[152] Für den Besuch einer Therme verneint der BGH den erheblichen Umfang über die Teilnahme am gesellschaftlichen Leben.[153] 35

In der *Fraport*-Entscheidung war der Sachverhalt ein anderer: Dort war die **Hausrechtsinhaberin** selbst unmittelbar **grundrechtsgebunden**, da ihre Gesellschafter in der Mehrheit **öffentlich-rechtliche Körperschaften** waren.[154] Das BVerfG hat hier Einschränkungen des Hausrechts aus der in **Art. 8 GG** niedergelegten Versammlungsfreiheit hergeleitet. Die **Demonstrationsverbote** wurden aufgehoben. 36

Gegenwärtig sind in der Rechtsprechung des EuGH Tendenzen erkennbar, die eine **unmittelbare Drittwirkung** höherrangiger Vorschriften offen gegenübersteht. Vereinzelt wird darauf hingewiesen, dass diese Entwicklung auch Einfluss auf die nationale Dogmatik nehmen wird.[155] 37

V. Durchsetzung des Hausrechts

1. Selbsthilfe- und Notwehrrechte, §§ 859, 227 BGB

a) Selbsthilferecht nach § 859 BGB. Von praktischer Relevanz für das Hausrecht sind die § 859 Abs. 2 und 3 BGB in den sog. **Hausbesetzerfällen**, wenn es um die **sofortige Entsetzung** der Hausbesetzer geht.[156] 38

144 Ausführlich *von Bressensdorf*, Das private „Hausrecht", 2020, § 8 S. 154 f.

145 Vgl. BGH Urt. v. 9.3.2012 – V ZR 115/11, NJW 2012, 1725; BAG Urt. v. 20.11.2018 – 1 AZR 189/17, BAGE 164, 187 = NJW 2019, 1097, hier wird auf Art. 12 Abs. 1 und Art. 14 Abs. 1 GG, nicht jedoch auf Art. 2 Abs. 1 GG Bezug genommen.

146 Vgl. BGH Urt. v. 8.11.2005 – KZR 37/03, BGHZ 165, 62 = NJW 2006, 377, hier wird das Hausrecht insbes. aus der Eigentumsgarantie des Art. 14 GG und der in Art. 2 I GG verorteten Privatautonomie abgeleitet. Vgl. auch BAG Urt. v. 20.11.2018 – 1 AZR 189/17, BAGE 164, 187 = NJW 2019, 1097.

147 Vgl. BGH Urt. v. 8.11.2005 – KZR 37/03, BGHZ 165, 62 = NJW 2006, 377.

148 Vgl. BGH Urt. v. 3.11.1993 – VIII ZR 106/93, BGHZ 124, 39 = NJW 1994, 188; BGH Urt. v. 20.1.2006 – V ZR 134/05, NJW 2006, 1054; BGH Urt. v. 9.3.2012 – V ZR 115/11, NJW 2012, 1725.

149 Vgl. BGH Urt. v. 30.10.2009 – V ZR 253/08, NJW 2010, 534; BGH Urt. v. 9.3.2012 – V ZR 115/11, NJW 2012, 1725; die Literatur hat vereinzelt Kritik im Zusammenhang mit dem Sachgrunderfordernis geübt, vgl. etwa *Nemeczek* JURA 2013, 393 (397); *Baur/Stürner* SachenR § 9 Rn. 14; *Löwisch/Rieble* NJW 1994, 2596.

150 Vgl. BGH Urt. v. 29.5.2020 – V ZR 275/18, NJW 2020, 3382 (3383).

151 BGH Urt. v. 29.5.2020 – V ZR 275/18, NJW 2020, 3382 (3383 f.).

152 BGH Urt. v. 29.5.2020 – V ZR 275/18, NJW 2020, 3382 (3383 f.).

153 BGH Urt. v. 29.5.2020 – V ZR 275/18, NJW 2020, 3382 (3383 f.).

154 BVerfG Urt. v. 22.2.2011 – 1 BvR 699/06, BVerfGE 128, 226.

155 So etwa bei *Raff* in MüKoBGB § 1004 Rn. 31.

156 Vgl. OLG Brandenburg Urt. v. 14.5.1996 – 2 U 141/95, NJW 1998, 1717; *Schäfer* in MüKoBGB § 859 Rn. 14.

39 Jegliche Form der Ausübung des **possessorischen** Besitzschutzes unterliegt dem Gebot der **Erforderlichkeit**, § 242 BGB.[157] Die objektiv erforderliche Gewalt gegen den Störer zur Abwehr der Besitzstörung ist nur mit dem am **wenigsten belastenden** Mittel erlaubt.[158] Eine **Güterabwägung** muss dabei nicht erfolgen. Nach der Rechtsprechung ist maßgeblich, dass dem Störer **keine unverhältnismäßig großen Nachteile** zugefügt werden, die bei der Anwendung gleich geeigneter Mittel ausgeblieben wären.[159] Es ist dabei der jeweilige Einzelfall zu betrachten. Grundsätzlich sind das **gewaltsame Abwehren** des Betretens als auch das **gewaltsame Entfernen** erlaubt, sofern diese Mittel **nicht unverhältnismäßig** sind. Von einer **Unverhältnismäßigkeit** ist auszugehen, wenn ein Wanderer einen nicht abgesperrten Privatweg betritt und mit Schusswaffen bedroht wird.[160]

40 Im Schrifttum wird diskutiert, ob und inwiefern die **zeitliche Grenze** des **§ 859 Abs. 3 BGB** auf **§ 859 Abs. 1 BGB** Anwendung findet.[161] So wollen einige Stimmen aus Rechtsprechung und Literatur die in **§ 859 Abs. 3 BGB** manifestierte enge zeitliche Schranke dann anwenden, wenn der Besitz an einem Grundstücksteil entzogen wird und dadurch zugleich der Besitz am **Gesamtgrundstück** gestört wird, was insbesondere bei **Abschleppfällen** der Fall ist.[162] Auch für **Hausrecht-Konstellationen** (Zuschauerverträge über konkrete Steh- und Sitzplätze über einen längeren Zeitraum) wird die Übertragung dieser Ideen in Erwägung gezogen.[163] Obschon die Argumente nicht von der Hand zu weisen sind, können sie bei genauerer Betrachtung nicht überzeugen. So ist der **vollständige Entzug der Nutzungsmöglichkeit** einerseits nicht mit der **Besitzbegründung** andererseits gleichzusetzen.[164] Insbesondere verbleiben dem unmittelbaren Besitzer des Grundstücks auch weiterhin **Zugriffsmöglichkeiten**, so dass im Parken oder Aufenthalt zwar eine Störung des Besitzes am Grundstück gegeben ist, jedoch diese keine **Entziehung** darstellt, die der Wortlaut von § 859 Abs. 3 BGB („Entsetzung") ausdrücklich verlangt.[165]

41 **b) Selbsthilfe- und Notwehrrecht nach §§ 227 f. BGB.** Daneben berechtigt das **Notwehrrecht** nach **§ 227 BGB** zur Abwehr eines **gegenwärtigen unmittelbaren Angriffs** auf ein Rechtsgut, wobei zum Kreis der geschützten Rechtsgüter allein das **Eigentum** und der **berechtigte Besitz** zählen.[166] Nicht erfasst ist der unberechtigte Besitz, da die **bloße Sachherrschaft** kein eigenständiges Rechtsgut darstellt.

42 Danach kann der Eigentümer – ohne **selbst mittelbarer** oder **unmittelbarer Besitzer** zu sein – aufgrund von **§ 227 BGB** den Zutritt durch Dritte unterbinden. Gleiches gilt für Dritte, die dem Eigentümer oder berechtigten Besitzer **„Nothilfe"** leisten und dadurch das Hausrecht des Eigentümers oder berechtigten Besit-

157 BGH Urt. v. 5.6.2009 – V ZR 144/08, BGHZ 181, 233 = NJW 2009, 2530; *Fritzsche* in BeckOK BGB § 859 Rn. 8 mwN.

158 BGH Urt. v. 5.6.2009 – V ZR 144/08, BGHZ 181, 233 = NJW 2009, 2530; *Herrler* in Palandt BGB § 859 Rn. 2; *Schäfer* in MüKoBGB § 859 Rn. 6 ff.

159 BGH Urt. v. 5.6.2009 – V ZR 144/08, BGHZ 181, 233 = NJW 2009, 2530; vgl. auch *Gutzeit* in Staudinger BGB § 859 Rn. 9 mwN.

160 BayObLG Urt. v. 5.8.1964 – RReg. 1 a St 632/63, NJW 1965, 163; dazu *von Bressensdorf*, Das private „Hausrecht", 2020, § 11 S. 242 f. mit weiteren Beispielen.

161 Dafür etwa BGH Urt. v. 19.10.1966 – I b ZR 156/64, NJW 1967, 46; *Gutzeit* in Staudinger BGB § 859 Rn. 21; *Götz* in BeckOGK BGB § 859 Rn. 22. In Bezug auf Abschleppfälle auch LG Frankfurt Urt. v. 22.6.1983 – 2/1 S 59/83, NJW 1984, 183; AG München Urt. v. 23.11.1995 – 261 C 23952/95, NJW 1996, 853. Dagegen etwa *Fritzsche* in BeckOK BGB § 859 Rn. 10; *Schäfer* in MüKoBGB § 859 Rn. 5; *Klingbeil*, Die Not- und Selbsthilferechte, 2017, S. 219 ff.; *von Bressensdorf*, Das private „Hausrecht", 2020, § 11 S. 243.

162 LG Frankfurt Urt. v. 22.6.1983 – 2/1 S 59/83, NJW 1984, 183; AG München Urt. v. 23.11.1995 – 261 C 23952/95, NJW 1996, 853.

163 Zusammenfassend *von Bressensdorf*, Das private „Hausrecht", 2020, § 11 S. 243.

164 So bereits *von Bressensdorf*, Das private „Hausrecht", 2020, § 11 S. 243.

165 Vgl. *Klingbeil*, Die Not- und Selbsthilferechte, 2017, S. 219 f.; *von Bressensdorf*, Das private „Hausrecht", 2020, § 11 S. 243; *Fritzsche* in BeckOK BGB § 859 Rn. 10.

166 Vgl. *Grothe* in MüKoBGB § 859 Rn. 7. Zur Anwendbarkeit des § 227 BGB bei Angriffen auf das Hausrecht: OLG Düsseldorf Urt. v. 29.8.1997 – 22 U 17/97, NJW 1997, 3383; OLG Nürnberg Urt. v. 13. 2.2012 – 4 U 2003/11, NJW-RR 2012, 1373; *Löwisch/Rieble* NJW 1994, 2596.

zers verteidigen.[167] Voraussetzung ist, dass die **Notwehrhandlung** erforderlich war, **keiner sonstigen Einschränkung** unterliegt und ein **Verteidigungswille** gegeben ist.[168] Insofern kommt dem § 227 BGB gegenüber § 859 BGB eigenständige Bedeutung zu.[169]

Daneben kann zudem der Anwendungsbereich von **§ 228 BGB (Defensivnotstand),** von **§ 904 BGB (Offensivnotstand)** sowie dem **strafrechtlichen Notstand nach § 34 StGB** eröffnet sein.[170] Ein eigener Bedeutungsgehalt kommt ihnen nur dann zu, wenn eine Gefahr besteht, die weder als gegenwärtige Störung im Sinne von §§ 859 Abs. 1 BGB noch als gegenwärtiger Angriff nach § 227 BGB eingeordnet werden kann. Da in solchen Fällen zumeist ein Vorrang **hoheitlichen Handelns** besteht, ist der Anwendungsbereich gering.[171] 43

c) Die Berechtigung zu Taschenkontrollen. Im Rahmen des **possessorischen Besitzschutzes** ist es streitig, ob **Taschenkontrollen** oder vergleichbare Maßnahmen bei Betreten und/oder Verlassen des Grundstücks aufgrund von **Hausordnungen** durchgeführt werden können. 44

Erfolgen **Einlasskontrollen** zum Grundstück, so ist der **Inhaber des Hausrechts** berechtigt, den Zutritt und Aufenthalt zu verwehren, wenn sich der Besucher diesen Kontrollen verweigert.[172] Dem Hausrechtsinhaber steht es in solchen Fällen frei, **vertragliche** Bindungen durch **Kündigung, Anfechtung oder Rücktritt** bzw. durch **Widerruf** der besitzrechtlichen Einwilligung nach § 858 Abs. 1 BGB zu beenden.[173] Gleiches gilt für solche Situationen, in denen sich der Besucher bereits auf dem Grundstück befindet. Etwas anderes gilt jedoch für das **Erzwingen** der Kontrolle selbst.[174] 45

Kontrollen beim Verlassen des Grundstücks können aufgrund der Selbsthilfe- und Notwehrrechte nur durchgeführt werden, wenn im jeweiligen Einzelfall eine **Besitz- oder Eigentumsverletzung** (bspw. Diebstahl) vorliegt.[175] Der bloße **Verdacht** reicht nicht. Deshalb ist es überzeugender, in diesen Situationen auf **das allgemeine Festnahmerecht nach § 127 Abs. 1 S. 1 StPO** abzustellen, wonach ein **dringender Tatverdacht** zur vorläufigen Festnahme genügt, wenn der Verdächtige auf frischer Tat angetroffen wird und Fluchtverdacht besteht.[176] 46

d) Rechtsfolgen. Sind die Voraussetzungen der **Selbsthilfe- und Notwehrrechte** gegeben, sind die ihnen zugrundeliegenden Handlungen nicht rechtswidrig.[177] Damit scheiden **Schadensersatzansprüche nach § 823 Abs. 1 sowie Abs. 2 BGB** in Hinblick auf die Verteidigungshandlungen aus. Nach h. M. kann der Hausrechtsinhaber diejenigen Kosten ersetzt verlangen, die ihm aufgrund der Einschaltung Dritter zur Durchsetzung des Hausrechts (§ 859 BGB) , entstanden sind.[178] Strittig ist dabei jedoch, welche Anspruchsgrundlage in Betracht kommt. Diese richtet sich nach der **Fallgestaltung** und der **Entstehung der Kosten**. Teilweise wird dafür plädiert, einen Schadensersatzanspruch über die **Geschäftsführung ohne Auftrag** nach **§§ 677, 683 S. 1, 670 BGB analog** zu gewähren.[179] Dagegen spricht jedoch, dass die Annahme eines Fremdgeschäftsführungswillens beim Verteidigen gegen **Besitz- und Eigentumsstörungen** als **reine Fiktion** anzusehen ist und zudem nicht mit dem **altruistischen Charakter** der Geschäftsführung oh- 47

167 Vgl. *von Bressensdorf*, Das private „Hausrecht", 2020, § 11 S. 244; *Repgen* in Staudinger BGB § 227 Rn. 43.
168 Vgl. *Grothe* in MüKoBGB § 227 Rn. 12 ff. Zum Erfordernis des Verteidigungswillen: BGH Urt. v. 30.10.1984 – VI ZR 74/83, BGHZ 92, 357 (359) = NJW 1985, 490; BGH Urt. v. 22.11.2000 – 3 StR 331/00, NJW 2001, 1075.
169 *von Bressensdorf*, Das private „Hausrecht", 2020, § 11 S. 244.
170 *von Bressensdorf*, Das private „Hausrecht", 2020, § 11 S. 244.
171 Siehe *Repgen* in Staudinger BGB § 227 Rn. 21 ff.; für das Selbsthilferecht nach § 229 BGB gilt das Gleiche.
172 *von Bressensdorf*, Das private „Hausrecht", 2020, § 11 S. 247.
173 *von Bressensdorf*, Das private „Hausrecht", 2020, § 11 S. 247.
174 *von Bressensdorf*, Das private „Hausrecht", 2020, § 11 S. 247.
175 Vgl. AG Regensburg Urt. v. 5.2.1999 – 9 C 2783/98, NJW-RR 1999, 1402; *Fritzsche* in BeckOGK BGB § 859 Rn. 3, 11; *Christensen* JuS 1996, 873 (878).
176 Vgl. BGH Urt. v. 18.11.1980 – VI ZR 151/78, NJW 1981, 745; *Krauß* in BeckOK StPO § 127 Rn. 3 mwN.
177 *Gutzeit* in Staudinger BGB; § 859 Rn. 13; *Götz* in BeckOGK BGB § 859 Rn. 25.
178 Vgl. *Schäfer* in MüKoBGB § 859 Rn. 17; *Götz* in BeckOGK BGB § 859 Rn. 51.
179 So vor allem die Rechtsprechung BGH Urt. v. 11.3.2016 – V ZR 102/15, NJW 2016, 2407 (2408); *Fritzsche* in BeckOK BGB, § 859 Rn. 22.

ne Auftrag zu vereinbaren ist.[180] Andere befürworten wiederum einen Schadensersatzanspruch aus **Deliktsrecht nach § 823 Abs. 1 sowie § 823 Abs. 2 iVm § 858 iVm § 859 BGB.**[181] Dies überzeugt, sofern der Störer **schuldhaft Eigentum** und **berechtigten Besitz** verletzt hat. Jedoch sind nach §§ 249 ff. BGB nur solche Kosten ersetzbar, die **kausal** aufgrund der **Rechts- bzw. Schutzgutsverletzung** angefallen sind.[182] **Vorhalte- und Vorsorgekosten** sind nur ersatzfähig, wenn der Dritte anlassbezogen eingesetzt wurde oder die Prämien für die Durchsetzung des Hausrechts fällig geworden sind;[183] im Übrigen nicht. Andere wiederum schlagen vor, die Vorschriften über die **Prozesskosten** nach **§ 91 ZPO bzw. die Kosten der Zwangsvollstreckung nach §§ 887 Abs. 1, 788 Abs. 1 iVm § 91 ZPO** heranzuziehen.[184] Zwar kann man damit argumentieren, dass die **Selbsthilferechte** das **außerprozessuales Pendant zur Selbstvornahme des § 887 Abs. 1 ZPO** darstellen, jedoch ist zweifelhaft, ob das Prozessrecht als bloßes Mittel zur Durchsetzung des materiellen Rechts geeignet ist, eigene materiell-rechtliche Anspruchsgrundlagen hervorzubringen.[185]

48 Werden die **Grenzen** der **Selbsthilfe- und Notwehrrechte** überschritten, so können sich Schadensersatzansprüche aus **§ 280 Abs. 1 iVm § 858 Abs. 1 BGB oder § 1004 Abs. 1 BGB** ergeben.[186] Gleiches gilt, wenn ein Vertrag zwischen den Beteiligten besteht. Daneben bestehen deliktische Ansprüche nach §§ 823 ff. BGB.[187]

2. Ansprüche nach §§ 861, 862, § 985 und § 1004 BGB (analog)

49 **a) Allgemeines.** Dem Inhaber des Hausrechts steht es zudem frei, dieses **gerichtlich** gegenüber dem Störer **durchzusetzen.** In der Praxis stellt diese Vorgehensweise die Ausnahme dar, da in den meisten Fällen der Störer das Grundstück bereits verlassen hat und damit die Störung weggefallen ist.[188] In **Hausbesetzerfällen**, in denen eine dauerhafte Störung vorliegt, ist eine prozessuale Durchsetzung möglich,[189] wobei es hier wiederum problematisch sein kann, wenn die Störer unbekannt sind und damit die **Vollstreckung** erschwert ist.[190] In allen anderen Fällen stellen die **Selbsthilfe- und Notwehrrechte** hinreichende Hilfsmittel dar, die Störung zu beseitigen. Einer zusätzlichen Feststellung, dass dieses Handeln rechtmäßig war, bedarf es nicht.[191] Zu Klagen kommt es vor allem dann, wenn der vermeintliche Störer gegen den Hausverweis bzw. das Hausverbot vorgehen will.[192] Vorteile einer Klage des Hausrechtsinhabers können sich jedoch aus dem jeweiligen Einzelfall ergeben.[193]

50 **b) Voraussetzungen.** Will der Inhaber des Hausrechts dieses klageweise durchsetzen, so ist zu unterscheiden: Für einen **Hausverweis** kommen als Anspruchsgrundlage der **Beseitigungs- bzw. Herausgabean-**

---

180 So bereits *Bergmann*, Geschäftsführung ohne Auftrag als Subordinationsverhältnis, 2010, S. 178; *Klingbeil*, Die Not- und Selbsthilferechte, 2017, S. 216 f.; *Staake*, Gesetzliche Schuldverhältnisse, 2013, S. 411 f.; *von Bressensdorf*, Das private „Hausrecht“, 2020, § 11 S. 248.

181 BGH Urt. v. 5.6.2009 – V ZR 144/08, BGHZ 181, 233 = NJW 2009, 2530; BGH Urt. v. 2.12.2011 – V ZR 30/11, NJW 2012, 528; BGH Urt. v. 4.7.2014 – V ZR 229/13, NJW 2014, 3727; *Staake*, Gesetzliche Schuldverhältnisse, 2013, S. 411 f.

182 Dazu *Staake*, Gesetzliche Schuldverhältnisse, 2013, S. 259 ff. und S. 341 f.

183 *Staake*, Gesetzliche Schuldverhältnisse, 2013, S. 259 ff. und S. 342 ff.

184 *Repgen* in Staudinger BGB § 229 Rn. 49; *Grothe* in MüKoBGB, 2018, § 229 RN. 49; *Klingbeil*, Die Not- und Selbsthilferechte, 2017, S. 216 f.

185 Ebenfalls kritisch *von Bressensdorf*, Das private „Hausrecht“, 2020, § 11 S. 249.

186 Vgl. *Fritzsche* in BeckOK BGB § 858 Rn. 26 und § 859 Rn. 9 mwN.

187 *von Bressensdorf*, Das private „Hausrecht“, 2020, § 11 S. 250.

188 *von Bressensdorf*, Das private „Hausrecht“, 2020, § 12 S. 251.

189 *von Bressensdorf*, Das private „Hausrecht“, 2020, § 12 S. 251.

190 Vgl. *von Bressensdorf*, Das private „Hausrecht“, 2020, § 12 S. 258 f. mwN.

191 *von Bressensdorf*, Das private „Hausrecht“, 2020, § 12 S. 251 f.

192 Insofern kommt es zu einer Umkehr der Klagelast vgl.: *von Bressensdorf*, Das private „Hausrecht“, 2020, § 12 S. 252.

193 Vgl. nur LG Köln Urt. v. 16.10.2013 – 9 S 123/13, NJW-RR 2014, 796; AG Langenfeld Urt. v. 19.1.2009 – 25 C 82/08, BeckRS 2010, 10173.

spruch nach §§ 861, 862, 985 und/oder § 1004 Abs. 1 S. 1 BGB analog in Betracht.[194] Ein **Hausverbot** ist als **Unterlassungsanspruch** nach **§§ 862 Abs. 1 S. 2, 1004 Abs. 1 S. 2 BGB** durchzusetzen. Welche Anspruchsgrundlage im jeweiligen Einzelfall einschlägig ist, hängt davon ab, in welcher Rechtsposition der Hausrechtsinhaber verletzt ist.

Beseitigungsansprüche sind dann gegeben, wenn eine gegenwärtige Störung des Besitzes durch verbotene Eigenmacht (§ 862 Abs. 1 S. 1 BGB) oder des Eigentums (§ 1004 Abs. 1 S. 1 BGB) gegeben ist. 51

Für **Herausgabeansprüche** nach §§ 861 Abs. 1, 985 BGB ist es erforderlich, dass der Anspruchsgegner im Besitz der Sache ist. 52

Da bei **Unterlassungsansprüchen** eine gegenwärtige Störung nicht mehr gegeben ist, ist auf die Besorgnis erstmaliger Störung (Erstbegehungsgefahr) bzw. weiterer Störungen (Wiederholungsgefahr) abzustellen. 53

Anspruchsgegner bei Unterlassungs- und Beseitigungsansprüchen nach § 1004 Abs. 1 BGB ist der **Handlungsstörer**, dem die Beeinträchtigung **zurechenbar** sein muss.[195] Neben dem unmittelbaren Handlungsstörer kann auch ein **mittelbarer Handlungsstörer** als Anspruchsgegner in Betracht kommen, wenn dieser die Störung durch Dritte veranlasst hat.[196] Der aus dem Deliktsrechts stammende Rechtsgedanke des **§ 830 Abs. 1 S. 2 BGB** kann bei **Störermehrheiten** herangezogen werden.[197] 54

c) Auswirkung der prozessualen Durchsetzung auf die Besitzschutzrechte. Die grundsätzlich bestehende **Asymmetrie** zwischen den **besitzschutzrechtlichen** Befugnissen und den **petitorischen** Ansprüchen kann im gerichtlichen Verfahren durch § 864 Abs. 2 BGB aufgehoben werden. § 864 Abs. 2 BGB stellt damit eine Ausnahme des Grundsatzes zu § 863 BGB dar. Nach § 864 Abs. 2 BGB erlöschen Besitzansprüche, wenn nach der Ausübung der **verbotenen Eigenmacht** durch rechtskräftiges Urteil festgestellt wird, dass dem Täter ein Recht an der Sache zusteht, vermöge dessen er die Herstellung eines seiner Handlungsweise entsprechenden Besitzstands verlangen kann. Obwohl der Wortlaut damit nur dingliche Rechte nennt, sind nach herrschender Auffassung ebenso **schuldrechtliche Ansprüche**, **öffentlich-rechtliche Rechtspositionen** und auch **nachbarrechtliche Duldungsansprüche** erfasst, sofern sie dem Täter die durch verbotene Eigenmacht herbeigeführte Besitzposition zuweisen.[198] Entsprechendes gilt nach dem bisher Gesagten auch für Ansprüche, die sich aus der **(un-)mittelbaren Grundrechtsbindung** ergeben.[199] 55

Nach der überwiegenden Auffassung umfassen **rechtskräftige Urteile** im Sinne von § 864 Abs. 2 BGB **stattgebende Leistungs- und Feststellungsurteile** sowie entsprechende **Widerklagen.**[200] Im Hinblick auf Leistungsklagen genügt ihre **vorläufige Vollstreckbarkeit. Einstweilige Verfügungen** sind ebenfalls erfasst.[201] 56

Ob und inwiefern **abweisende Urteile** von **§ 864 Abs. 2 BGB** erfasst sind, muss anhand des jeweiligen Einzelfalls entschieden werden. Maßgeblich ist hierbei, wie weit die **materielle Rechtskraft** reicht.[202] Bei einem **entsprechend formulierten Antrag** wird dies bei der Abweisung einer **negatorischen Feststellungsklage** zu bejahen sein, da in einem solchen Fall das **kontradiktorische Gegenteil in Rechtskraft** 57

---

194 Ansprüche aus §§ 861, 862 BGB erlöschen nach einem Jahr: 864 I BGB.

195 *Thole* in Staudinger BGB § 1004 Rn. 254; *Raff* in MüKoBGB § 1004 Rn. 157; *Schulte-Nölke* in HK-BGB § 1004 Rn. 5.

196 *Fritzsche* in BeckOK BGB § 1004 Rn. 18 mwN.

197 LG Köln Urt. v. 13.2.1990 – 5 O 331/89, NJW-RR 1990, 865 (866); *Berger* in Jauernig BGB § 1004 Rn. 18; *Fritzsche* in BeckOK BGB § 1004 Rn. 27.

198 *Götz* in BeckOGK BGB § 864 Rn. 22.

199 *von Bressensdorf*, Das private „Hausrecht", 2020, § 12 S. 255.

200 So etwa *Stadler* in Soergel BGB § 864 Rn. 6; *Herrler* in Palandt BGB § 864 Rn. 5; *Schäfer* in MüKoBGB § 864 Rn. 8.

201 *Götz* in BeckOGK BGB § 864 Rn. 38 mwN.

202 *Götz* in BeckOGK BGB § 864 Rn. 28.

erwächst.[203] Nach überwiegender Auffassung soll auch die **Abweisung einer Leistungsklage für § 864 Abs. 2 BGB** genügen.[204]

VI. Das Hausrecht im Strafrecht

58 Das Hausrecht ist im Strafrecht vor allem bei dem Tatbestand des **Hausfriedensbruchs** von Bedeutung, § 123 StGB. Wie bereits einleitend dargestellt wurde, knüpfte das Reichsgericht am **strafrechtlichen Begriff** des **Hausrechts** in § 123 StGB an und ebnete damit die Verwendung im Zivilrecht (→ Rn. 7).[205] Jedoch sind die jeweiligen Begriffe **nicht deckungsgleich**, obwohl das Strafrecht für die Frage der Innehabung des Hausrechts im Sinne von § 123 StGB auf die zivilrechtlichen Verhältnisse abstellt.[206]

59 Nach § 123 StGB sind Wohnung, Geschäftsräume, das befriedete Besitztum sowie abgeschlossene Räume, die zum öffentlichen Verkehr bestimmt sind, geschützt. Hausrecht im Sinne von § 123 StGB **meint das Interesse an ungestörter Betätigung des eigenen Willens** in der **Wohnung** oder den übrigen **Schutzbereichen** unter dem Aspekt, nicht durch die Anwesenheit Unbefugter gestört zu werden.[207] **Wohnung** bezeichnet eine baulich und sonst abgeschlossene Räumlichkeit, die einem oder mehreren Menschen zumindest vorübergehend Unterkunft gewährt.[208] Ein **Geschäftsraum** muss dazu bestimmt sein, für eine gewisse Dauer zum Betrieb von Geschäften irgendwelcher, also nicht notwendig erwerbswirtschaftlicher Art zu dienen.[209] Erfasst sind auch für jedermann erkennbar räumlich-funktional zugeordnete **Nebenräume**.[210] **Befriedetes Besitztum** ist ein in äußerlich erkennbarer Weise gegen Betreten durch zusammenhängende, nicht notwendig ganz lückenlose, Schutzwehren gesichertes bebautes oder unbebautes Grundstück, jedoch nicht lediglich ein beweglicher Gegenstand.[211] Abgeschlossene, dh **baulich abgegrenzte**, Räume sind zum öffentlichen Dienst bestimmt, wenn in ihnen Tätigkeiten aufgrund **öffentlich-rechtlicher Vorschriften** ausgeübt werden (**Behördenräume, Kirchen, Schulen, Universitäten, Wahllokale**).[212] Zum öffentlichen Verkehr bestimmt sind Räume, die dem Personen- oder Gütertransportverkehr dienen und allgemein zugänglich sind (Bahnabteile, Straßenbahnwagen, Flugzeuge, Bahnhofshallen).[213]

60 Neben dem **Eigentümer** und **unmittelbaren Besitzer** als Inhaber des Hausrechts kommt auch derjenige in Betracht, dem die bloße Befugnis zusteht, über Zugang und Aufenthalt zu bestimmen und insoweit ein **stärkeres Recht als der Störer** hat.[214] Der Mieter hat daher grundsätzlich ein **stärkeres Hausrecht als der Vermieter**, so dass auch der Vermieter § 123 StGB verwirklichen kann.[215] Gleiches gilt im Verhältnis **Untermieter – Mieter**. Sind mehrere Personen Inhaber des Hausrechts, so ist die Anwesenheit Dritter nur im Rahmen des Zumutbaren zu dulden.[216] In der Regel werden **nächtliche Besuche eines Ehegatten** gegen den ausdrücklichen Willen des anderen mit dem Wesen der Ehe nicht zu vereinbaren sein, während ein längerer ausgedehnter Besuch guter Freunde und Bekannter im allgemeinen nicht zu beanstanden sein

203 BGH Urt. v. 17.3.1995 – V ZR 178/93, NJW 1995, 1757; *Stadler* in Soergel BGB § 864 Rn. 6.
204 *Stadler* in Soergel BGB § 864 Rn. 6; vgl. *Schäfer* in MüKoBGB § 864 Rn. 8.
205 Vgl. BGH Urt. v. 28.11.1961 – I ZR 56/60, BGHZ 36, 171.
206 Vgl. *Lilie* in LK-StGB § 123 Rn. 27.
207 So die hM, vgl. OLG Frankfurt a. M. NJW 06, 1746 (1749); *Maurach/Schroeder/Maiwald*, StrafR BT 1, 30/2; *Sternberg-Lieben/Schittenhelm* in Schönke/Schröder StGB § 123 Rn. 1; *Heger* in Lackner/Kühl StGB § 123 Rn. 1.
208 Vgl. *Schäfer* in MüKoStGB § 123 Rn. 11 mwN.
209 RG Urt. v. 16.11.1899 – 3175/99, RGSt 32, 371; *Sternberg-Lieben/Schittenhelm* in Schönke/Schröder StGB § 123 Rn. 5.
210 *Heger* in Lackner/Kühl StGB § 123 Rn. 3.
211 Vgl. OLG Köln Urt. v. 13.7.1982 – 1 Ss 304/82, NJW 1982, 2674; OLG Frankfurt a.M., Beschl. v. 16.3.2006 – 1 Ss 189/05, NJW 2006, 1746 (1747).
212 *Heger* in Lackner/Kühl StGB § 123 Rn. 4; *Sternberg-Lieben/Schittenhelm* in Schönke/Schröder StGB § 123 Rn. 8.
213 Vgl. *Rackow* in BeckOK StGB § 123 Rn. 11 mwN.
214 *Heger* in Lackner/Kühl StGB § 123 Rn. 2. mwN.
215 Vgl. RG Urt. v. 29.3.1887 – 539/87, RGSt 15, 391; etwas anderes gilt für sog. Gemeinflächen und Wirtschaftsräume, die allen Mietern und dem Vermieter zugänglich sind (bspw. Heizungskeller).
216 OLG Hamm Urt. v. 20.1.1955 – (2) Ss 1554/54, NJW 1955, 761 und OLG Hamm Urt. v. 22.4.1965 – 2 Vs 1/65, NJW 1965, 2067; *Heinrich* JR 97, 89; *Heger* in Lackner/Kühl StGB § 123 Rn. 2.

wird.[217] Im Verhältnis untereinander kann der eine Hausrechtsinhaber dem anderen nicht verbieten, die Räumlichkeiten zu betreten.[218]

Neben der Tatbestandsvariante des **widerrechtlichen Eindringens** ist auch das **unbefugte Verweilen** strafbar. Letztere ist grundsätzlich subsidiär und hat dann eine eigenständige Bedeutung, wenn kein widerrechtliches Eindringen vorliegt.[219] 61

Der subjektive Tatbestand setzt zumindest **bedingten Vorsatz** voraus. Rechtswidrig handelt der Täter, wenn er das fremde Hausrecht verletzt, ohne sich auf ein stärkeres Hausrecht berufen zu können.[220] Als **Rechtfertigungsgrund** kommt grundsätzlich der **Notstand nach § 34 StGB** in Betracht. Daneben können sich weitere Rechtfertigungsgründe aus staatlichen Befugnissen zum Betreten von Räumen **(§ 102 StPO)** oder zum Anbringen von Abhöreinrichtungen **(§ 100c StPO)** ergeben. Ebenfalls erfasst sind die Befugnisse des Gerichtsvollziehers nach § 758 Abs. 1 ZPO. 62

Bei § 123 StGB handelt es sich um ein **absolutes Antragsdelikt**, so dass die strafrechtliche Verfolgung nur erfolgt, wenn ein **entsprechender Antrag (§§ 77 ff. StGB)** gestellt wird. Unterlässt es der Antragsberechtigte, den Antrag innerhalb einer Frist von drei Monaten zu stellen, so wird die Tat nicht verfolgt, **§ 77b Abs. 1 S. 1 StGB**. **Antragsberechtigt** ist der jeweilige Hausrechtsinhaber. Bei mehreren Hausrechtsinhabern ist jeder für sich berechtigt, den Antrag zu stellen.[221] 63

VII. Das Hausrecht im öffentlichen Recht

Juristische Personen des **öffentlichen Rechts** können sich sowohl auf das **private**[222] als auch auf das **öffentlich-rechtliche Hausrecht**[223] berufen, wobei nach der hM das öffentlich-rechtliche Hausrecht das privatrechtliche Hausrecht überlagert und damit diesem vorgeht.[224] Dies ist in der Literatur nicht unumstritten.[225] Im Gegensatz zum privaten Hausrecht kommt dem öffentlich-rechtlichen Hausrecht ein **eigener Regelungsgehalt** zu.[226] Nach der hM ergibt es sich aus **ungeschriebenen** Grundsätzen.[227] 64

Handelt die **öffentliche Hand in Gestalt einer privatrechtlichen Rechtsform**, kann sie sich auch nur auf die privatrechtlichen Handlungsformen berufen, die aus dem privaten Hausrecht resultieren.[228] Allerdings unterliegt die öffentliche Hand auch bei diesen Betätigungsformen **weitreichenden Bindungen**.[229] 65

217 Vgl. OLG Hamm Urt. v. 20.1.1955 – (2) Ss 1554/54, NJW 1955, 761.
218 *Sternberg-Lieben/Schittenhelm* in Schönke/Schröder StGB § 123 Rn. 27.
219 Vgl. BGH Urt. v. 14.12.1966 – 2 StR 346/66, BGHSt 21, 224 (225) = NJW 1967, 941; *Heger* in Lackner/Kühl § 123 Rn. 13; *Lilie* in: LK-StGB § 123 Rn. 60.
220 Vgl. *Schäfer* in MüKoStGB § 123 Rn. 48 mwN.
221 *Sternberg-Lieben/Schittenhelm* in Schönke/Schröder StGB § 123 Rn. 38; *Schäfer* in MüKoStGB § 123 Rn. 74.
222 *Stelkens* JURA 2010, 363; RG Urt. v. 25.10.1893 – V 165/93, RGZ 32, 188 (189 ff.); BGH Urt. v. 22.3.1966 – V ZR 126/63, NJW 1966, 1360.
223 *Maurer/Waldhoff*, Allg. VerwR, § 3 Rn. 35; *Erbguth/Guckelberger*, Allg. VerwR, § 5 Rn. 20.
224 Vgl. *Stelkens* JURA 2010, 363 (364 ff.) mwN.
225 AA noch VGH München Beschl. v. 9.7.1980 – Nr. 9 CS 80 A. 268, NJW 1980, 2722; kritisch auch *Stelkens* JURA 2010, 363 (367).
226 Vgl. *Peters/Lux* LKV 2017, 17 (17 f.).
227 Vgl. BVerwG Beschl. v. 17.5.2011 – 7 B 17/11, NJW 2011, 2530; teilw. wird argumentiert, das Hausrecht ergebe sich aus Annexkompetenz zur Sachkompetenz der Behörde bzw. der Organisationskompetenz des Behördenleiters, vgl. OVG Berlin-Brandenburg Urt. v. 26.10.2010 – OVG 10 B 2.10, juris Rn. 56; OVG Münster Beschl. v. 11.2.2014 – 15 B 69/14, DÖV 2014, 940; *Peters/Lux* LKV 2017, 17 (18). Andere meinen, das öffentlich-rechtliche Hausrecht baue auf dem privaten Hausrecht auf, vgl. BGH Urt. v. 29.11.1956 – II ZR 156/55, BGHZ 22, 230 (231) oder es ergebe sich aus einer Gesamtanalogie aus den geschriebenen öffentlich-rechtlichen Hausrechtsvorschriften, vgl. *Beaucamp* JA 2003, 231 (234).
228 Vgl. *Stelkens* JURA 2010, 363 (367 ff.).
229 Ausführlich *von Bressensdorf*, Das private „Hausrecht", 2020, § 10 S. 224 ff.

66 Die Abgrenzung zwischen **öffentlich-rechtlichem Hausrecht und privatem Hausrecht** erfolgt nach der **Widmung der Sache** und dem **Zweck der Maßnahme.**[230] Zum einen beruhen Hausverweis und Hausverbot auf dem öffentlich-rechtlichen Hausrecht, wenn sie gegenüber Personen erfolgen, die aufgrund der **Zweckbestimmung** der öffentlichen Sache dazu berechtigt sind, diese zu betreten und sich dort aufzuhalten (**Nutzer der Bibliothek, Querulanten in frei zugänglichen Amtsräumen**).[231] Zum anderen ist das öffentlich-rechtliche Hausrecht einschlägig, wenn es um Maßnahmen geht, die gegenüber Personen ergriffen werden, die die **eröffneten Zutrittsmöglichkeiten** zu einem anderen Zweck als den **widmungsgemäßen missbrauchen** und den **ordnungsgemäßen** Verwaltungsbetrieb stören (**aggressive Werbung eines Fotografen im Rathaus**).[232]

67 Die Geltendmachung des privaten Hausrechts durch juristische Personen des öffentlichen Rechts beschränkt sich damit auf **ungewollte wirtschaftliche Randnutzungen** und kleinere Beeinträchtigungen ohne Relevanz für den Verwaltungsbetrieb (Verteilen von Werbeflyern an Universitäten).[233]

VIII. Prozessuale Fragen

1. Gerichtliche Geltendmachung von Beseitigungs- und Unterlassungsansprüchen des Hausrechtinhabers

68 **a) Statthafte Klageart, einstweiliger Rechtsschutz, zuständiges Gericht.** Will der Inhaber des Hausrechts **Beseitigungs-** bzw. **Unterlassungsansprüche** geltend machen, so hat er eine **Leistungsklage** zu erheben.[234] Entfällt vor Klageerhebung die Störung, so ist allein die **Feststellungsklage** nach **§ 256 Abs. 1 ZPO** statthafte Klageart, wenn der Hausrechtsinhaber ein **rechtliches Interesse** nachweist.[235] Entfällt **nach Rechtshängigkeit** die Störung, so finden die Grundsätze über die **einseitige oder übereinstimmende Erledigungserklärung** Anwendung.[236]

69 Die hausrechtlichen (petitorischen sowie possessorischen) Befugnisse können auch im Wege des **einstweiligen Rechtsschutzes** geltend gemacht werden, §§ 935, 940, 940a ZPO. Umstritten ist dabei, ob petitorische Gegenrechte im Rahmen des einstweiligen Verfügungsverfahrens zu berücksichtigen sind.[237] Die hM lehnt dies ab und verweist auf **den Erhalt des possessorischen Schutzes** nach **§§ 863, 864 Abs. 2 BGB**.[238] Vereinzelt finden sich auch Stimmen in Rechtsprechung und Literatur, die petitorische Gegenrechte nicht unberücksichtigt lassen wollen.[239] Das einstweilige Rechtsschutzverfahren dürfe nicht dazu dienen, einen Anspruch durchzusetzen, der im Hauptsacheverfahren eine sichere Abweisung erfahren würde.[240] Andere wiederum befürworten die Durchführung zweier selbstständiger Verfahren, wobei die **vorläufig vollstreck-**

---

230 Siehe VGH München Beschl. v. 9.7.1980 – Nr. 9 CS 80 A. 268, NJW 1980, 2722; OVG Münster Urt. v. 14.10.1988 – 15 A 188/86, NVwZ-RR 1989, 316; VGH Kassel Beschl. v. 29.11.1989 – 6 TH 2982/89, NJW 1990, 1250; OVG Münster Beschl. v. 13.5.2011 – 16 E 174/11, NJW 2011, 2379, *Stelkens* JURA 2010, 363 (367 f.), *Erbguth/Guckelberger*, Allg. VerwR, § 5 Rn. 20.

231 Vgl. *Stelkens* JURA 2010, 363 (365) mit Beispielen.

232 Vgl. *Stelkens* JURA 2010, 363 (367); BGH Urt. v. 26.10.1960 – V ZR 122/59, BGHZ 33, 230 = NJW 1961, 308 – Rathausverbot für Fotowerber.

233 Vgl. *Beaucamp* JA 2003, 231 (232 f.); *Stelkens* JURA 2010, 363 (367). Zum Werbeflyer-Beispiel: OLG Hamm Urt. v. 16.11.2000 – 5 U 2/00, BeckRS 2009, 24376 = NWVBl. 2001, 447.

234 Ganz hM, vgl. *Fritzsche* in BeckOK BGB § 1004 Rn. 130.

235 Vgl. *Bacher* in BeckOK ZPO § 256 Rn. 20 f. Ein rechtliches Interesse liegt im Einzelfall jedenfalls vor, wenn der Störer die Rechtmäßigkeit der Maßnahme in Frage gestellt hat, vgl. *von Bressensdorf*, Das private „Hausrecht", 2020, § 12 S. 256.

236 Vgl. *Rosenberg/Schwab/Gottwald* ZivilProzR § 91 Rn. 37 f.

237 Ausführlicher bei *von Bressensdorf*, Das private „Hausrecht", 2020, § 12 S. 257.

238 Vgl. OLG Düsseldorf v. 26.3.1971 – 12 W 44/71, MDR 1971, 1011; OLG Köln Urt. v. 9.8.1995 – 19 U 296/94, MDR 1995, 1215; OLG Koblenz RdL 2000, 236; *Schäfer* in MüKoBGB § 863 Rn. 12; *Zeising* JURA 2010, 248 (253 f.).

239 Vgl. KG Berlin Beschl. v. 3.5.1999 – 25 U 1675/99, ZMR 2000, 818; *Lehmann-Richter* NJW 2003, 1717 (1718).

240 So *Lehmann-Richter* NJW 2003, 1717 (1718).

bare Entscheidung, durch die das **petitorische Gegenrecht** gerichtlich anerkannt wird, einer **einstweiligen Verfügung** auf Grundlage besitzschutzrechtlicher Ansprüche entgegensteht.[241]

In den weit überwiegenden Fällen wird der Streitwert die Schwelle von **5.000 EUR** nicht übersteigen, so dass gem. **§ 1 ZPO iVm §§ 23 Nr. 1, 71 GVG** das Amtsgericht sachlich zuständig sein wird. Die örtliche Zuständigkeit bei unbeweglichen Sachen folgt ausschließlich aus **§ 24 Abs. 1 Var. 1, Var. 3 ZPO**, sofern es um Klagen zur **Geltendmachung des Eigentums (Var. 1)**[242] und **Besitzklagen**[243] geht. Für die **Not- und Selbsthilferechte** gelten die üblichen allgemeinen und besondere Zuständigkeitsregeln. Liegt zudem eine Nachbarstreitigkeit vor, ist in einigen Bundesländern vor Erhebung der Klage ein obligatorisches Schlichtungsverfahren gem. **§ 15a EGZPO** durchzuführen.[244] (→ *Zwangsschlichtung* Rn. 1 ff.) 70

b) Vollstreckungsrechtliche Fragen. Bereits an anderer Stelle ist angeklungen, dass es in der **Vollstreckungspraxis** problematisch ist, gegen unbekannte Störer – vor allem in Hausbesetzerfällen – vorzugehen (→ Rn. 49). Nach **§ 750 Abs. 1 ZPO** darf die Zwangsvollstreckung nur beginnen, wenn die Personen, gegen die die Zwangsvollstreckung stattfinden soll, im Urteil (bzw. anderen Titeln) oder der beigefügten Vollstreckungsklausel **namentlich** bezeichnet sind. Dies ist unproblematisch, wenn sich ausschließlich die im Klageantrag bezeichneten Personen auf dem Grundstück befinden. Problematisch ist der Fall, in dem sich weitere, unbekannte Störer auf dem Grundstück aufhalten. Bei einem solchen **unbekannten Personenkreis** ist die Bestimmung im Titel hingegen nahezu unmöglich. Aus diesem Grund haben einige Stimmen in der Literatur und zum Teil auch Rechtsprechung gefordert, weitergefasste Titel zuzulassen.[245] Der BGH hat diesem Ansinnen jedoch eine Absage erteilt und die Betroffenen darauf verwiesen, **Ordnungs- und Polizeibehörden** in Anspruch zu nehmen.[246] 71

Zu Recht wird in diesem Zusammenhang kritisch hinterfragt, ob nicht bereits die ursprüngliche Klage wegen **fehlender hinreichender Bestimmtheit** (§ 253 Abs. 2 Nr. 1 ZPO: unzureichende Bezeichnung der Parteien) abzuweisen ist.[247] 72

2. Rechtsschutz gegen Hausverweise und Hausverbote

a) Einschlägiger Rechtsweg. Möchte der vermeintliche Störer gegen einen ihm gegenüber **ausgesprochenen Hausverweis** bzw. ein ihm **ausgesprochenes Hausverbot** vorgehen, so ist grundsätzlich der ordentliche Rechtsweg zu den Zivilgerichten eröffnet, wenn der Inhaber des Hausrechts eine natürliche Person, eine juristische Person des Privatrechts oder eine rechtsfähige Personengesellschaft ist. Will der Kläger gegen eine entsprechende Maßnahme einer **öffentlich-rechtlichen Körperschaft** vorgehen, so kann entweder die ordentliche oder die verwaltungsrechtliche Gerichtsbarkeit eröffnet sein.[248] In Literatur und Rechtsprechung ist strittig, wann **behördliche Hausverbote** als öffentlich-rechtlich oder privatrechtlich einzuordnen sind.[249] Das BVerwG hat in einer frühen Entscheidung aus dem Jahr 1970 dazu ausgeführt, dass eine Abgrenzung im Einzelfall unter Berücksichtigung der besonderen Umstände und des **Zwecks des Hausverbots** erfolge.[250] Maßgeblich sei danach der durch den Besuch verfolgte Zweck und damit die Rechtsnatur des Hauptaktes. Literatur und jüngere verwaltungsrechtliche Rechtsprechung lehnen diese Einordnung ab. So sei nicht auf den vom **Besucher verfolgten Zweck** abzustellen, sondern auf den **Zweck, den die Ver-** 73

241 Vgl. OLG Naumburg JW 1932, 1401; OLG Kiel JW 1932, 3640; OLG Stuttgart Beschl. v. 22.11.2011 – 10 W 47/11, NJW 2012, 625; OLG Karlsruhe Urt. v. 22.3.2017 – 6 U 172/14, ZMR 2017, 660 (662 f.).
242 *Toussaint* in BeckOK ZPO § 24 Rn. 6.
243 *Toussaint* in BeckOK ZPO § 24 Rn. 15.
244 Siehe dazu *Gruber* in MüKoZPO EGZPO § 15a Rn. 30 ff. mwN.
245 So etwa *Raeschke-Kessler* NJW 1981, 663; *Geißler* DGVZ 2011, 37 (49); *Lisken* NJW 1982, 1136 (1137).
246 BGH Beschl. v. 13.7.2017 – I ZB 103/16, NJW 2018, 399 (400).
247 Vgl. *Dierck* NJW 2018, 401.
248 BVerwG Urt. v. 13.3.1970 – VII C 80/67, BVerwGE 35, 103 (106) = DVBl 1971, 111.
249 Vgl. zum Streitstand *Ehlers/Schneider* in Schoch/Schneider/Bier VWGO Rn. 328 ff.
250 BVerwG Urt. v. 13.3.1970 – VII C 80/67, BVerwGE 35, 103 (106) = DVBl 1971, 111.

waltung mit dem Verbot verfolge.[251] Liege der Zweck des Hausverbots in der Aufrechterhaltung des **ungestörten Dienstbetriebs** der Behörde, was die Regel sein dürfte, sei das Hausverbot als öffentlich-rechtlich einzuordnen.[252] Die Gegenauffassung überzeugt nicht, , wenn der Besucher keinen konkreten Zweck verfolgt bzw. dieser nicht nachweisbar ist.[253] Hausverbote sind dem **Privatrecht** zuzuordnen, wenn sie allein Sachen des Finanzvermögens betreffen, bspw. bei **fiskalischer Nutzung** (Vermietung von Grundstücken durch die Kommune) oder bei Nutzung einer privatrechtlich organisierten Einrichtung.[254]

74 **b) Statthafte Klageart.** Die Rechtsprechung differenziert nach **gegenwärtigen** und **erledigten** Hausverboten;[255] zu Hausverweisen findet sich keine Rechtsprechung. Begehrt der Kläger Aufhebung, Widerruf oder die Rücknahme eines gegenwärtigen Hausverbots, so ist die **Leistungsklage** statthafte Klageart.

75 In der Literatur hat die Rechtsprechung vereinzelt Kritik erfahren. Einige Stimmen wollen im Hinblick auf **gegenwärtige Hausverbote** darauf abstellen, dass etwaige Klagen generell auf Verschaffung des Zutritts (durch Erteilung einer Einwilligung iSd **§ 858 Abs. 1 S. 1 BGB)** und damit immer auf Leistung zu richten seien,[256] sehen andere generell die **Feststellungsklage** als statthafte Klageart, da ein rechtswidriges Hausverbot stets nichtig sei und nicht rückgängig gemacht werden müsse.[257]

76 Hat sich das **Hausverbot** erledigt, dürfte es dem Kläger im Einzelfall darauf ankommen, die Rechtswidrigkeit des Hausverbots feststellen zu lassen. Statthafte Klageart ist dann die Feststellungsklage nach **§ 256 Abs. 1 ZPO**. Das erforderliche **gegenwärtige Feststellungsinteresse** kann sich entweder aus dem **Rehabilitationsinteresse** oder bei **tiefgreifenden Grundrechtseingriffen** aus **Art. 19 Abs. 4 GG** ergeben. Ist die Beklagte die öffentliche Hand, so ist ein Feststellungsinteresse entbehrlich, da zu erwarten steht, dass diese auch ein Feststellungsurteil befolgen wird.[258] Begehrt der Kläger die **künftige Verhinderung** eines erneuten Hausverbots, so ist ebenfalls die Leistungsklage statthaft mit dem Ziel, ein künftiges Hausverbot zu unterlassen.

77 Obwohl nach hM bei bundesweiten **Stadionverboten** die Stadionverbot-GbR als Beklagte angesehen wird,[259] ist es überzeugender, den Anspruch auf Beseitigung und Unterlassung der Benachteiligung gegen den einzelnen **Verein** bzw. **Verband** zu richten, der das bundesweite Stadionverbot ausgesprochen hat.[260]

78 **c) Einstweiliger Rechtsschutz.** Ist ein Hausverbot ausgesprochen und damit die Teilnahme an einer Veranstaltung gefährdet, ist die Erhebung einer **Leistungsklage ungeeignet**, da absehbar ist, dass ein erledigendes Ereignis eintritt, bevor ein rechtskräftiges Urteil vorliegt.[261] Gleiches gilt – wenn der Kläger unbedingt die Teilnahme an der Veranstaltung begehrt – hinsichtlich der nach Erledigung der Hauptsache statt-

---

251 VGH München Beschl. v. 9.7.1980 – Nr. 9 CS 80 A. 268, NJW 1980, 2722 (2723); OVG Münster, Urt. v. 14.10.1988 – 15 A 188/86, NVwZ-RR 1989, 316; OVG Münster Beschl. v. 13.5.2011 – 16 E 174/11, NJW 2011, 2379; *Bahls* DVBl 1971, 275; *Knemeyer* DÖV 1971, 303; *Beaucamp* JA 2003, 231 (233); *Ehlers* in: Ehlers/Schoch, Rechtsschutz im Öffentlichen Recht, § 21 Rn. 99.

252 *Beaucamp* JA 2003, 231 (233).

253 *Brüning* DÖV 2003, 389 (390).

254 *Ehlers/Schneider* in Schoch/Schneider/Bier VWGO Rn. 331.

255 Zu gegenwärtigen Hausverboten vgl. BGH Urt. v. 6.6.1967 – VI ZR 214/65, NJW 1967, 1911; BGH Urt. v. 3.11.1993 – VIII ZR 106/93, BGHZ 124, 39 = NJW 1994, 188; BGH Urt. v. 20.1.2006 – V ZR 134/05, NJW 2006, 1054; LG München I Urt. v. 27.10.2009 – 13 S 9552/09, NJW-RR 2010, 760. Zu erledigten Hausverbote vgl. BGH Urt. v. 30.10.2009 – V ZR 253/08, NJW 2010, 534; BGH Urt. v. 9.3.2012 – V ZR 115/11, NJW 2012, 1725; BGH Urt. v. 17.6.2016 – V ZR 272/15, NJW-RR 2016, 1404.

256 So *Hofmann* JURA 2014, 141 (149).

257 So *Nemeczek* JURA 2013, 393 (394).

258 Vgl. BGH Urt. v. 9.6.1983 – III ZR 74/82, NJW 1984, 1118 (1119); BGH v. 17.6.2016 – V ZR 272/15 = NJW-RR 2016, 1404 (1405).

259 So etwa *Schmitt*, Das bundesweite Fußball-Stadionverbot, 2013, S. 412 f.; *Henseler*, Die rechtlichen Dimensionen des bundesweiten Stadionverbots, 2016, S. 171. Offen gelassen wurde diese Frage von BGH Urt. v. 30.10.2009 – V ZR 253/08, NJW 2010, 534.

260 So überzeugend *von Bressensdorf*, Das private „Hausrecht“, 2020, § 14 S. 277 f.

261 *Berger* in Berger Einstweiliger Rechtsschutz-HdB Kap. 1 Rn. 4.

haften **Feststellungsklage**. Hilfreich ist daher allein ein Antrag auf **einstweiligen Rechtsschutz**, wobei es sich beim **Vorgehen gegen Hausverbote- und -verweise** um eine Leistungsverfügung handelt.[262] Neben dem **Verfügungsanspruch** (Anspruch auf Verschaffung von Zutritt und Aufenthalt) sind im Rahmen des **Verfügungsgrundes** die widerstreitenden Interessen abzuwägen, wobei in **grundrechtssensiblen** Bereichen überwiegend das **Interesse des Antragstellers** überwiegen wird.[263] Die Rechtsprechung hat in verschiedenen Fällen dem Antrag auf einstweiligen Rechtsschutz stattgegeben, so etwa bei Hausverboten gegenüber Vereinsfunktionären,[264] unter Mitbesitzern[265] und im Bierdosen-Flashmob-Fall.[266]

d) Zuständiges Gericht. Nach **§§ 937, 943 ZPO** ist das Gericht der **Hauptsache** für den Erlass der einstweiligen Verfügung sachlich zuständig, so dass dies üblicherweise das **Amtsgericht** sein wird, da der Streitwert die Schwelle von 5.000 EUR in den meisten Fällen nicht überschreiten wird.[267] Die örtliche Zuständigkeit kann sich aus **§§ 29, 32 ZPO** bzw. **§ 26 Alt. 1 ZPO** ergeben. 79

59. Hecke

Al-Deb'i/Weidt

Literatur: *Breloer,* Die Methode Koch im Rechtsprechungskommentar. Anmerkung zu OLG Zweibrücken, Der Sachverständige 2005, 217; *Koch/Hötzel/Hund,* Aktualisierte Gehölzwerttabellen, 3. Aufl. 2001; *Stöber*, Das obligatorische Schlichtungsverfahren nach § 15a EGZPO, JA 2014, 607.

I. Definition der Hecke

Eine Hecke wird allgemein als **eine Anpflanzung** an bzw. in der Nähe der **Grundstücksgrenze** verstanden, die vom Nachbarn aus als eine **wandartige**, in **sich geschlossene Formation** ohne erkennbare wesentliche Lücke wirkt.[1] Nach herrschender Meinung sind **ein Dichtschluss** der Bepflanzung und der Zusam- 1

262 *von Bressensdorf,* Das private „Hausrecht", 2020, § 14 S. 276.
263 Vgl. *Boemke* in Berger Einstweiliger Rechtsschutz-HdB Kap. 5 Rn. 51.
264 LG Chemnitz v. 17.09.2018 – 2 O 1032/18 EV, 2 = 1041/18 EV (Pressemitteilung), juris.
265 LG Magdeburg v. 23.09.2009 – 9 O 1286/09 (347), juris Rn. 13.
266 Erstinstanzlich AG Passau v. 13.07.2015 – 17 C 1163/15, ZVR-Online-Dok. Nr. 25/2015; weitere Beispiele dazu bei *von Bressensdorf,* Das private „Hausrecht", 2020, § 14 S. 277.
267 Vgl. LG Duisburg Urt. v. 22.7.2005 – 7 S 63/05, BeckRS 2005, 9099 (4000 EUR); LG München I Urt. v. 27.10.2009 – 13 S 9552/09, BeckRS 2009, 86923 (2000 EUR); LG Dortmund v. 23.9.2014 – 1 S 299/13, juris Rn. 29 (2000 EUR); AG Langenfeld Urt. v. 19.1.2009 – 25 C 82/08, BeckRS 2010, 10173 (1500 EUR); AG Brühl v. 12.10.2010 – 26 C 140/10, juris Rn. 13 (2500 EUR); AG Bremen-Blumenthal v. 23.8.2010 – 42 C 0043/10, juris Rn. 1 ff. (4000 EUR); AG Spaichingen Urt. v. 13.1.2016 – 2 C 477/15, BeckRS 2016, 3401 (1000 EUR).
1 LG Konstanz Urt. v. 7.9.2000 – 1 S 34/00B, NJOZ 2001, 240; *Schäfer/Fink-Jamann/Peter* NachbarG NRW § 42 Rn. 2.

menhang der einzelnen Pflanzen untereinander erforderlich.[2] Hecken werden daher in der Regel aus in schmalen, längeren Reihen wachsenden Sträuchern oder beschnittenen Bäumen bestehen.[3] Die Pflanzenart ist insoweit nicht entscheidend. Es kommt vielmehr darauf an, ob eine Anpflanzung vorliegt, die nach Pflanzensorte und Pflanzweise bei entsprechender Pflege zu einer Hecke gezogen werden kann.[4] Unschädlich ist es deswegen auch, wenn ein Teil der Bepflanzung aus **Bambusstöcken** besteht.[5] Nach der botanischen Definition wird Bambus zwar Gräsern zugerechnet. Eine Hecke kann jedoch auch aus botanisch verschiedenartigen Gehölzen bestehen.[6] Eindeutig um Hecken handelt es sich in der Regel, wenn **heckentypische Pflanzenarten** in schmalen längeren Reihen ohne größere Lücken in einem optischen Dichtschluss angepflanzt werden. Typischerweise werden dabei Scheinzypressen (Chamaecyparis), der Abendländische Lebensbaum (Thuja occidentalis), der Feld-Ahorn (Acer campestre), die Europäische Eibe (Taxus baccata), die Lorbeerkirsche (Prunus laurocerasus), der Liguster (Ligustrum) oder die Rotbuche verwendet. Umstritten ist, ob Voraussetzung für das Vorliegen einer Hecke, das Vorhandensein eines **formgebenden Beschnittes** ist.[7] Zum Teil finden sich in den Nachbarrechtsgesetzen dazu entsprechende Regeln. In § 49 Abs. 2 NachbG Saarl ist beispielsweise normiert, dass Hecken Schnitt- und Formhecken sind, und zwar auch dann, wenn sie im Einzelfall nicht geschnitten werden. Überhaupt nicht beschnittene Pflanzen können insoweit aber nur dann als Hecken eingeordnet werden, wenn es sich um **typische Heckenpflanzen** handelt, die auch ohne besondere Behandlung Dichtschluss und in Reihe wachsen mit der Folge, dass sie als Hecke wahrgenommen werden.[8] Bei nicht beschnittenen in einer Reihe wachsenden Fichten oder Pappeln ist dies nicht der Fall.[9]

1. Keine Regelungen zu Art und Abständen von Bäumen und Pflanzen im BGB

2 In den Vorschriften der §§ 903 bis 924 BGB ist das zwischen Nachbarn geltende Recht nicht abschließend geregelt. Das BGB schreibt insbesondere **keine Grenzabstände** für Bäume, Pflanzen oder Hecken vor. Der Eigentümer kann daher wegen der Regelung des § 903 BGB sein Grundstück in der Regel nach Belieben bepflanzen (→ *Anpflanzungen an der Grundstücksgrenze* Rn. 1 ff.).

2. Rechtsgrundverweisung auf § 1004 BGB aus den Nachbarrechtsgesetzen der Länder

3 Einschränkungen bezüglich der Anpflanzung von Hecken auf dem eigenen Grundstück ergeben sich zwar nicht aus dem BGB, wohl aber aus den Regelungen der landesrechtlichen Nachbargesetze (→ *Anpflanzungen an der Grundstücksgrenze* Rn. 1 ff.), die es in allen Bundesländern bis auf Mecklenburg-Vorpommern gibt. In **Hamburg** sind teilweise Regelungen in der Landesbauordnung enthalten. Für Hecken findet sich darin jedoch keine Regelung. In Hamburg kann der Nachbar daher in der Regel (vgl. aber insoweit zu Ausnahmen → Rn. 11) gegen den Abstand und die Höhe einer Hecke keine Ansprüche geltend machen. Ähnliches gilt in **Bremen**, wo es kein eigenes Nachbarrechtsgesetz gibt, sondern lediglich im AGBGB v. 18.7.1899 Normen mit nachbarrechtlichem Inhalt gelten, wobei der Abstand und die Höhe einer Hecke nicht geregelt sind. Eine **Eigentumsstörung** kann sich aus der Verletzung nachbarschützender rechtlicher Normen gem. §§ 1004 Abs. 1 BGB iVm den einschlägigen Vorschriften der landesrechtlichen Nachbar-

---

2 LG Konstanz Urt. v. 7.9.2000 – 1 S 34/00B, NJOZ 2001, 240; *Schäfer/Fink-Jamann/Peter* NachbarG NRW § 42 Rn. 2.

3 *Schäfer/Fink-Jamann/Peter* NachbarG NRW § 42 Rn. 2.

4 BGH Urt. v. 18.11.1977 – V ZR 151/75, BeckRS 1977, 31117291 Rn. 11.

5 AG Schwetzingen Urt. v. 19.4.2000 – 51 C 39/00, NJW-RR 2000, 1468; LG Konstanz Urt. v. 7.9.2000 – 1 S 34/00B NJOZ 2001, 240; AG Baden-Baden Urt. v. 9.7.2013 – 7 C 40/13, NJOZ 2015, 452 (453); OLG Karlsruhe Urt. v. 25.7.2014 – 12 U 162/13, NJW-RR 2015, 148.

6 LG Konstanz Urt. v. 7.9.2000 – 1 S 34/00B, NJOZ 2001, 240.

7 So LG Frankfurt/Main Urt. v. 21.1.19986 – 2/8 S 150/85, NJW-RR 1986, 503; *Hodes/Dehner* Hessisches Nachbarrecht § 39 Rn. 1; *Schäfer/Fink-Jamann/Peter* NachbarG NRW § 42 Rn. 3; aA AG Gießen 16.6.2017 – 41 C 49/14, BeckRS 2017, 117985.

8 *Schäfer/Fink-Jamann/Peter* NachbarG NRW § 42 Rn. 3.

9 LG Saarbrücken Urt. v. 3.2.1988 – 17 S 79/87, VersR 1988, 1129; *Schäfer/Fink-Jamann/Peter* NachbarG NRW § 42 Rn. 3.

rechtsgesetze ergeben. Die in der Regel in den Nachbarrechtsgesetzen enthaltene Verweisungsvorschriftvorschrift (bspw. § 50 NachbG NRW) bildet insoweit als **Rechtsgrundverweisung** die Brücke zwischen einem im Nachbarrechtsgesetz geregelten Verbot und dem im BGB geregelten Beseitigungsanspruch.[10] Eine relevante Eigentumsstörung läge daher bei einem Verstoß gegen die nachbarschützenden Bestimmungen zu den **Grenzabständen von Hecken** vor.

II. Einzuhaltende Grenzabstände von Hecken

4 In allen Bundesländern, die Nachbarrechtsgesetze erlassen haben, finden sich Regelungen über die Einhaltung von Grenzabständen. Oftmals haben die einzuhaltenden Grenzabstände für Hecken eigene Regelungen erfahren. Zum Teil werden Hecken aber auch mit Sträuchern und Bäumen gleichgesetzt. Der einzuhaltende **Grenzabstand** hängt dabei von der Höhe der Hecke ab. **Ausnahmen** sehen die Nachbarrechtsgesetze in der Regel zugunsten von angrenzenden Grundstücken vor, die landwirtschaftlich, gärtnerisch oder durch Weinbau genutzt oder zu diesen Zwecken vorübergehend nicht genutzt sind und im Außenbereich liegen oder durch Bebauungsplan der landwirtschaftlichen, gärtnerischen oder weinbaulichen Nutzung vorbehalten sind. Zugunsten derartiger Grundstücke muss der Nachbar dann höhere Abstände einhalten. Bei Anpflanzungen hinter **geschlossenen Einfriedigungen** muss dagegen bis zur Höhe der Einfriedigung kein Grenzabstand eingehalten werden. Dasselbe gilt bei einer Hecke als **gemeinsame Einfriedigung**. Schließlich werden in der Regel auch bei Anpflanzungen an den Grenzen zu öffentlichen Verkehrsflächen, zu öffentlichen Grünflächen und Gewässern oder auf öffentlichen Straßen und auf Uferböschungen Ausnahmen mit geringeren Abständen normiert (vgl. → *Anpflanzungen an der Grundstücksgrenze* Rn. 1 ff.).

1. Grenzabstand in Abhängigkeit von der Höhe der Hecke

5 Die Höhe der Anpflanzung (→ *Anpflanzungen an der Grundstücksgrenze* Rn. 4 ff.) bestimmt nach den Nachbargesetzen der Länder im Grundsatz den einzuhaltenden Grenzabstand. Die danach grundsätzlich einzuhaltenden Grenzabstände sind in den einzelnen Bundesländern zum Teil sehr unterschiedlich ausgestaltet. Schematisch können die **einzuhaltenden Grenzabstände** der nachfolgenden Tabelle entnommen werden:

Bundesland	**Regelung**
Baden-Württemberg, § 12 NRG BW	bis 1,80 m = 0,50 m Grenzabstand
	höher als 1,80 m: Höhe in cm – 130 cm = Grenzabstand
Bayern, Art. 47 BayAGBGB	bis 2,00 m = 0,50 m Grenzabstand
	höher als 2,0 m = 2,00 m Grenzabstand
Berlin, § 28 NachbG Bln	bis 2,00 m = 0,50 m Grenzabstand
	ab 2,00 m = 1,00 m Grenzabstand
Brandenburg, § 31 BbgNRG	Grenzabstand = ⅓ der Gesamthöhe oder mehr
Bremen	keine gesetzlichen Grundlagen verankert
Hamburg	keine gesetzlichen Grundlagen verankert
Hessen, § 39 HNRG	bis 1,20 m = 0,25 m Grenzabstand
	bis 2,00 m = 0,50 m Grenzabstand
	höher als 2,00 m = 0,75 m Grenzabstand
Mecklenburg-Vorpommern	keine gesetzlichen Grundlagen verankert

10 Vgl. *Schäfer/Fink-Jamann/Peter* NachbarG NRW § 50 Rn. 3.

Bundesland	Regelung
Niedersachsen, § 50 NNachbG	bis 1,20 m = 0,25 m Grenzabstand
	bis 2,00 m = 0,50 m Grenzabstand
	bis 3,00 m = 0,75 m Grenzabstand
Nordrhein-Westfalen, § 42 NachbG NRW	bis 2,00 m = 0,50 m Grenzabstand
	höher als 2,00 m = 1,00 m Grenzabstand
Rheinland-Pfalz, § 45 LNRG RhPf	bis 1,00 m = 0,25 m Grenzabstand
	bis 1,50 m = 0,50 m Grenzabstand
	bis 2,00 m = 0,75 m Grenzabstand
	höher als 2,00 m = 1,25 m Grenzabstand
Saarland, § 49 NachbG Saarl	bis 1,00 m = 0,25 m Grenzabstand
	bis 1,50 m = 0,50 m Grenzabstand
	über 1,50 m = 0,75 m Grenzabstand
Sachsen, § 9 SächsNRG	bis 2,00 m = 0,50 m Grenzabstand
	über 2,00 m = 2,00 m Grenzabstand
Sachsen-Anhalt, § 34 NbG SA	bis 1,50 m = 0,50 m Grenzabstand
	bis 3,00 m = 1,00 m Grenzabstand
	bis 5,00 m = 1,25 m Grenzabstand
	bis 15,00 m = 3,00 m Grenzabstand
	höher als 15,00 m = 6,00 m Grenzabstand
Schleswig-Holstein, § 37 NachbG Schl.-H.	höher als 1,20 m = 1/3 der Gesamthöhe = Grenzabstand
Thüringen	bis 1,00 m – 0,25 m Grenzabstand
	bis 1,50 m – 0,50 m Grenzabstand
	bis 2,00 m – 0,75 m Grenzabstand
	höher als 2,00 m = 1,25 m Grenzabstand

2. Grenzabstand bei einer Hecke als gemeinsame Einfriedung

6 Wird eine Hecke als **gemeinsame Einfriedigung** gepflanzt, ist die Einhaltung eines Grenzabstands nicht sinnvoll. Dementsprechend sehen die meisten Nachbarrechtsgesetze der Länder eine ausdrückliche **Ausnahme** hinsichtlich des nicht einzuhaltenden Grenzabstands bei Anpflanzung einer Hecke zum **Zwecke der gemeinsamen Einfriedigung** der angrenzenden Grundstücke vor. Wird die Hecke als gemeinsame Einfriedigung auf der gemeinsamen Grenze gepflanzt, liegt eine Grenzanlage iSd § 921 BGB vor mit der Folge, dass einige Besonderheiten zu beachten sind (→ Rn. 17 ff.).

3. Berechnung des Grenzabstands

7 Soweit der einzuhaltende Abstand der Hecke ermittelt worden ist, stellt sich die Frage, wie der Abstand nach dem jeweiligen Nachbarrecht der Länder gemessen werden muss. Insoweit müssen bestimmte Messpunkte beachtet werden. Einige Länder haben diesbezüglich für Hecken spezielle Regelungen vorgesehen, um die maßgeblichen **Messpunkte** zu bestimmen. So ist etwa in **Nordrhein-Westfalen** in § 46 S. 2 NachbG NRW geregelt, dass bei Hecken von der Seitenfläche aus zu messen ist. Damit ist die dem Nachbarn zugewandte **Seitenfläche**, also die am nächsten zum Nachbarn gelegenen Äste mit Blättern bzw. Nadeln

gemeint.[11] Bei Hecken kommt es in einer solchen Regelungskonstellation **nicht** auf den **Fußpunkt** der Pflanze oder deren Stamm an mit der Folge, dass der Abstand von vornherein nicht zu knapp bemessen werden sollte, damit eine problemlose Pflege möglich ist und die Hecke nicht ständig zurückgeschnitten werden muss.[12] Denn die Frage, ob und inwieweit die Anpflanzung den vorgeschriebenen Abstand einhält, hängt damit nicht nur vom Grenzabstand der Einzelpflanzen bei der Setzung, sondern auch von der Höhen- und Breitenentwicklung der Anpflanzung ab, welche wiederum innerhalb der biologisch bedingten Möglichkeiten durch die Qualität und Häufigkeit geeigneter Rückschnittmaßnahmen bestimmt wird.[13] Ähnlich wie in Nordrhein-Westfalen ist die Regelung in **Brandenburg** (§ 37 Abs. 1 S. 4 BbgNRG).[14] In den Bundesländern **Baden-Württemberg (**§ 22 Abs. 1 NRG BW), **Bayern** (Art. 49 AGBGB), **Berlin** (§ 30 NachbG Bln), **Hessen** (§ 41 HNRG), **Niedersachsen** (§ 51 NNachbG), **Rheinland-Pfalz** (§ 47 LNRG RhPf), **Saarland** (§ 51 NachbG Saarl), **Sachsen** (§ 13 SächsNRG), **Sachsen-Anhalt** (§ 36 NbG SA), **Thüringen** (§ 47 ThürNRG) wird dagegen auf die **Mitte des Punktes**, wo die Heckenpflanze aus dem Boden austritt abgestellt und von dort aus gesehen waagerecht und rechtwinklig gemessen. Unklar ist dagegen der Bezugspunkt in **Schleswig-Holstein**. In § 37 Abs. 1 S. 2 NachbG Schl.-H.ist lediglich bestimmt, dass der Abstand waagerecht und rechtwinklig zur Grenze gemessen wird. Ob damit wie in Nordrhein-Westfalen bei Hecken der Messpunkt an der Seitenfläche der Hecke oder wie überwiegend in den vorgenannten Bundesländern der Punkt, wo die jeweiligen Heckenpflanzen aus dem Boden austreten, gemeint ist, wird damit nicht eindeutig geregelt. In der Rechtsprechung wurde dazu bislang keine Unterscheidung vorgenommen.[15]

Bei Grundstücken mit unterschiedlichen Höhen des **Bodenniveaus** hat der BGH bei Anpflanzungen auf dem tiefer gelegenen Grundstück klargestellt, dass bei einer Grenzbepflanzung eines Grundstücks, das tiefer liegt als das Nachbargrundstück, die nach den nachbarrechtlichen Vorschriften zulässige Pflanzenwuchshöhe von dem höheren Geländeniveau des Nachbargrundstücks aus zu messen ist.[16] Ein Anspruch auf Rückschnitt entstehe daher erst dann, wenn die Pflanze unter Hinzurechnung der Differenz zwischen dem Geländeniveau des tiefer gelegenen Grundstücks, auf dem sie stehen, und dem des höher gelegenen Grundstücks die zulässige Pflanzenwuchshöhe überschritten hat.[17] Bei einer Bepflanzung des **tiefer gelegenen Grundstücks** widerspräche eine Messung von der Austrittsstelle der Pflanze dem Sinn und Zweck von Art. 47 Abs. 1 BayAGBGB mit der Folge, dass der Anwendungsbereich der Vorschrift im Wege teleologischer Reduktion zugunsten des tiefer liegenden Grundstücks einzuschränken sei.[18] Wie die Messung im umgekehrten Fall zu erfolgen habe, also bei einer Grenzbepflanzung **auf dem höher gelegenen Grundstück**, hat der BGH ausdrücklich offen gelassen.[19] Richtigerweise dürfte das Geländeniveau in diesen Fällen, sofern es dem natürlichen Geländeverlauf entspricht und nicht Ergebnis von Bodenerhöhungen oder Abgrabungen ist, keine Rolle spielen.[20]

4. Ansprüche des Nachbarn bei Nichteinhaltung der Grenzabstände

Wird der vorgeschriebene Grenzabstand bereits beim Anpflanzen der Hecke nicht eingehalten, kann der Nachbar gem. § 1004 BGB die Beseitigung der Hecke verlangen.[21] Dabei hängt der **Beseitigungsanspruch** grundsätzlich nicht davon ab, ob der Nachbar durch die Nichteinhaltung der Abstände konkret beeinträchtigt wird.[22] Unbenommen bleibt dem Störer in diesem Fall, die Hecke unter Einhaltung des zulässigen 8

11 *Schäfer/Fink-Jamann/Peter* NachbarG NRW § 46 Rn. 3.
12 Vgl. *Schäfer/Fink-Jamann/Peter* NachbarG NRW § 46 Rn. 3.
13 Vgl. BGH Urt. v. 18.11.1977 – V ZR 151/75, MDR 1978, 565.
14 Vgl. jedoch zur bis zum 4.6.2014 geltenden Regelung LG Frankfurt/Oder Beschl. v. 18.5.2011 – 19 S 2/09, BeckRS 2011, 14323.
15 AG Husum Urt. v. 16.6.2009 – 2 C 243/09, juris Rn. 21.
16 BGH Urt. v. 2.6.2017 – V ZR 230/16, NJW-RR 2017, 1427 (1428).
17 BGH Urt. v. 2.6.2017 – V ZR 230/16, NJW-RR 2017, 1427 (1428).
18 BGH Urt. v. 2.6.2017 – V ZR 230/16, NJW-RR 2017, 1427 (1428).
19 BGH Urt. v. 2.6.2017 – V ZR 230/16, NJW-RR 2017, 1427 (1428).
20 AA *Schäfer/Fink-Jamann/Peter* NachbarG NRW § 42 Rn. 7 f.
21 *Schäfer/Fink-Jamann/Peter* NachbarG NRW § 42 Rn. 10.
22 Vgl. *Schäfer/Fink-Jamann/Peter* NachbarG NRW § 47 Rn. 1 und § 41 Rn. 21.

Grenzabstands zu versetzen. Sofern der zulässige Abstand infolge des natürlichen Wachstums der Heckenpflanzen bei zugleich unzureichenden Pflegeschnitten dazu führt, dass der Grenzabstand nicht mehr eingehalten wird, kann der Nachbar den Störer gestützt auf § 1004 BGB auf Einhaltung des gesetzlichen Mindestabstands durch Ergreifung geeigneter Maßnahmen in Anspruch nehmen. Dies können ein Rückschnitt, die **Versetzung oder die Beseitigung der Heckenpflanzen** sein. Die zu ergreifenden Maßnahmen dürfen dem Störer im Erkenntnisverfahren grundsätzlich nicht vorgegeben werden.[23] Denn nach der Rechtsprechung des BGH kann der Störer regelmäßig zwischen verschiedenen **zur Abhilfe geeigneten Maßnahmen** wählen.[24] Ihm bleibt es grundsätzlich überlassen, auf welche Weise er die bevorstehende Eigentumsbeeinträchtigung abwendet.[25] Dadurch sollen die Rechte des Störers nicht weitergehend eingeschränkt werden, als dies der Schutz des Berechtigten vor Beeinträchtigungen seines Eigentums erfordert.[26] **Der Klageantrag** und der entsprechende Urteilstenor sollten daher in der Regel **nur allgemein auf Unterlassung von Störungen** bestimmter Art lauten.[27] Andererseits steht einer Verurteilung zu einer konkreten Maßnahme aber dann nichts im Wege, wenn nur sie den Nichteintritt der drohenden Beeinträchtigung gewährleistet.[28] Dasselbe gilt, wenn weitere Maßnahmen zwar möglich sind, vernünftigerweise aber nicht ernsthaft in Betracht gezogen werden können.[29] Denn in diesem Fall wird ein schutzwürdiges Eigeninteresse des Störers, zwischen verschiedenen Abhilfemaßnahmen wählen zu können, und das Beharren auf einer solchen nur formalen Position ohne materiellen Gehalt von der Rechtsordnung nicht mehr geschützt.[30]

9 In **Nordrhein-Westfalen** und **Brandenburg** kann die Einhaltung des Grenzabstands bis zu einer Höhe der Hecke von 2 m prinzipiell durch einen **seitlichen Rückschnitt** erfolgen, wenn die Hecke nach dem Rückschnitt den seitlichen Grenzabstand von 0,50 m einhält. Sofern die Hecke über 2 m ist, muss der seitliche Rückschnitt stets bis auf 1 m oder mehr erfolgen. In Brandenburg beträgt der einzuhaltende Grenzabstand 1/3 der Gesamthöhe. Demnach dürfte es in der Regel allein mit einem seitlichen Rückschnitt der Heckenpflanzen nicht getan sein. Auf Ähnliches dürfte es in den Bundesländern, in denen der Grenzabstand von der Mitte der gesetzten Einzelpflanzen zu messen ist, hinauslaufen. Danach wird das **dauerhafte Einhalten** der Grenzabstände nur durch einen **höhenmäßigen Rückschnitt** der Heckenpflanzen **gewährleistet sein**. Seitlich wird dadurch jedoch keine Einschränkung vorgenommen, weil Messpunkt nicht die Seitenfläche, sondern die Mitte der Einzelpflanze ist. In diesem Fall kann es also durchaus zu einem Überhang von Zweigen der Hecke kommen, ohne dass dadurch der Grenzabstand verletzt ist. In **Nordrhein-Westfalen** stellt sich dagegen die Frage, ob Hecken bei Einhaltung eines seitlichen Abstands von 1 m der Höhe nach unbegrenzt wachsen dürfen (→ Rn. 11). Um die Einhaltung des Grenzabstands im gerichtlichen Verfahren nicht mehrmals klären zu müssen, sollte stets geprüft werden, ob der Antrag so formuliert werden kann, dass der Nachbar wiederkehrend zur Einhaltung des Grenzabstands verurteilt wird (→ Rn. 21).

---

23 BGH Urt. v. 12.12.2003 – V ZR 98/03, NJW 2004, 1035 (1037).
24 BGH Urt. v. 12.12.2003 – V ZR 98/03, NJW 2004, 1035 (1037).
25 BGH Urt. v. 17.12.1982 – V ZR 55/82, NJW 1983, 751 (752); BGH Urt. v. 20.11.1992 – V ZR 82/91, BGHZ 120, 239 (248); BGH Urt. v. 12.12.2003 – V ZR 98/03, NJW 2004, 1035 (1037).
26 BGH Urt. v. 22.10.1976 – V ZR 36/75, BGHZ 67, 252 (253); BGH Urt. v. 12.12.2003 – V ZR 98/03, NJW 2004, 1035 (1037).
27 BGH Urt. v. 17.12.1982 – V ZR 55/82, NJW 1983, 751, BGH Urt. v. 12.12.2003 – V ZR 98/03, NJW 2004, 1035 (1037).
28 Vgl. BGH Urt. v. 22.10.1976 – V ZR 36/75, BGHZ 67, 252 (253); BGH Urt. v. 11.11.1983 – V ZR 231/82, NJW 1984, 1242, BGH Urt. v. 12.12.2003 – V ZR 98/03, NJW 2004, 1035 (1037).
29 BGH Urt. v.12.12.2003 – V ZR 98/03, NJW 2004, 1035 (1037).
30 BGH Urt. v. 14.7.1988 – V ZR 308/86, BGHZ 105, 154 (158); BGH Urt. v. 25.2.1987 – VIII ZR 47/86 BGHZ 100, 95 (105); BGH Urt. v. 12.12.2003 – V ZR 98/03, NJW 2004, 1035 (1037).

5. Ausschluss des Beseitigungsanspruchs

Ansprüche auf Beseitigung oder Rückschnitt von Hecken können nach einer bestimmten Zeit aufgrund spezieller nach dem Nachbarrecht geltender Fristen **ausgeschlossen bzw. verjährt** sein.[31] So ist beispielsweise der Anspruch auf Beseitigung einer nicht den gesetzlichen Abstand einhaltenden Hecke gem. § 47 Abs. 1 NachbG NRW ausgeschlossen, wenn nicht binnen sechs Jahren nach dem Anpflanzen Klage auf deren Beseitigung erhoben wird. **Diese Ausschlussfrist** beginnt grundsätzlich mit dem Anpflanzen der Gewächse und Hölzer; ein nur mündliches oder schriftliches Verlangen unterbricht die Frist nicht.[32] Bei Hecken, die bei der Anpflanzung den gesetzlichen Abstand einhalten und erst infolge des natürlichen Wachstums und wegen Pflegemängeln zu einem beliebigen Zeitpunkt nach Ablauf von sechs Jahren seit dem Anpflanzen zur Unterschreitung der gesetzlichen Grenzabstände führen, ist nach der Rechtsprechung des BGH auszuschließen, dass der Nachbar die Beseitigung dieses rechtswidrigen Zustandes nicht mehr verlangen dürfen soll, weil er die sich zunächst im Rahmen des Gesetzes haltende Anpflanzung sechs Jahre lang geduldet hat. Der Beseitigungsanspruch des Nachbarn aus § 1004 BGB iVm §§ 42, 50 NachbG NRW entsteht in diesem Falle erst, **sobald infolge des Heckenwachstums ein nachbarrechtswidriger Zustand eintritt.**[33] Die Ausschlussfrist nach § 47 NachbG NRW beginnt mit dem Eintritt dieses Zustands.[34] Erfolgt nach Unterschreiten der Abstände ein Rückschnitt der Hecke mit der Folge der Einhaltung eines gesetzmäßigen Abstands, **entsteht der Anspruch** auf Rückschnitt nach jedem Nachwachsen über die höchstzulässige Höhe **wieder neu.**[35] In **Schleswig-Holstein** ist die Frist besonders kurz. Nach § 40 Abs. 1 NachbG Schl.-H. ist der Anspruch auf Zurückschneiden von Anpflanzungen ausgeschlossen, wenn diese über die nach dem Gesetz zulässige Höhe oder den zulässigen Abstand hinausgewachsen sind und nicht bis zum Ablauf des zweiten darauffolgenden Kalenderjahres Klage auf Zurückschneiden erhoben worden ist. Bei der genannten Frist handelt es sich um eine materielle Ausschlussfrist, die den Untergang des Anspruchs auf Rückschnitt zur Folge hat.[36] In **Sachsen-Anhalt** ist die Frist für Hecken, die bei der Anpflanzung noch den gesetzlichen Abstand eingehalten haben, besonders lang. Der Anspruch auf Zurückschneiden von Anpflanzungen ist gem. § 40 Abs. 2 NbG SA erst dann ausgeschlossen, wenn die Anpflanzungen über die nach diesem Gesetz zulässige Höhe hinauswachsen und nicht spätestens bis zum **Ablauf des zehnten** auf die ununterbrochene Überschreitung folgenden Kalenderjahres Klage auf Zurückschneiden erhoben worden ist. Von den Ausschluss- bzw. Verjährungsfristen werden die Rechte des Nachbarn aus den §§ 910 und 1004 BGB, wenn Zweige und Äste über die Grenze wachsen, nicht erfasst. Diese Ansprüche werden bspw. durch § 47 Abs. 1 NachbG NRW nicht ausgeschlossen, da diese Vorschrift nur Beeinträchtigungen durch Unterschreiten des vom Gesetzgeber vorgeschriebenen Grenzabstandes betrifft.[37] 10

III. Höhenbegrenzung von Hecken trotz Ablauf der Ausschluss- bzw. Verjährungsfristen

Trotz Ablaufs der Ausschlussfrist ist der Nachbar nicht in jedem Fall rechtlos. Hecken dürfen nicht immer bis zum **natürlichen Ende ihres Wachstums in beliebige Höhe** wachsen. Eine bestimmte **Höhenbegrenzung** schreibt bspw. das NachbG NRW nicht vor. Im Einzelfall muss der Tatrichter unter Berücksichtigung der örtlichen Gegebenheiten entscheiden, ob die Anpflanzungen, die über 2 m hinausgehen, noch den Charakter einer Hecke erfüllen. Denn nach ständiger Rechtsprechung des BGH haben die Rechte und Pflichten von Grundstücksnachbarn insbesondere durch die Vorschriften der §§ 905 ff. BGB und die Bestimmungen der Nachbarrechtsgesetze der Länder, zwar eine ins Einzelne gehende Sonderregelung erfahren. Auch auf sie ist allerdings der allgemeine Grundsatz von **Treu und Glauben (§ 242 BGB)** anzuwenden mit der Fol- 11

31 Vgl. Art. 52 Abs. 1 BayAGBGB; § 32 NachbG Bln; § 43 S. 2 HNRG; § 54 NNachbG; § 47 Abs. 1 NachbG NRW; § 51 Abs. 3 LNRG RhPf; § 55 NachbG Saarl; § 31 SächsNRG; § 40 NbG SA; § 40 Abs. 1 NachbG Schl.-H.; § 51 Abs. 3 ThürNRG.

32 *Schäfer/Fink-Jamann/Peter* NachbarG NRW § 47 Rn. 2.

33 BGH Urt. v. 18.11.1977 – V ZR 151/75, MDR 1978, 565. So auch explizit § 32 S. 2 NachbG Bln.

34 BGH Urt. v. 18.11.1977 – V ZR 151/75, MDR 1978, 565.

35 Vgl. BGH Beschl. v. 6.10.2011 – V ZB 72/11, NJW-RR 2012, 82 Rn. 7; BGH Urt. v. 2.6.2017 – V ZR 230/16, NJW-RR 2017, 1427 (1428).

36 Vgl. BGH Urt. v. 8.12.2017 – V ZR 16/17, NJW-RR 2018, 394 (395).

37 Vgl. *Schäfer/Fink-Jamann/Peter* NachbarG NRW § 47 Rn. 2.

ge, dass daraus für die Nachbarn eine Pflicht zur **gegenseitigen Rücksichtnahme** folgt, deren Auswirkungen im Einzelfall unter dem Begriff des **nachbarlichen Gemeinschaftsverhältnisses** zusammengefasst werden. Eine solche Pflicht ist jedoch im Hinblick auf die nachbarrechtlichen Sonderregelungen eine Ausnahme und kann nur dann zur Anwendung kommen, wenn ein über die gesetzliche Regelung hinausgehender **billiger Ausgleich** der widerstreitenden Interessen dringend geboten erscheint. Wenn diese Voraussetzungen vorliegen, kann die Ausübung gewisser aus dem Eigentum fließender Rechte aber ganz oder teilweise unzulässig werden.[38] Eine Hecke kann daher auf dieser Grundlage nicht bis **ins Unermessliche** wachsen, ohne den Charakter einer Hecke zu verlieren. Insoweit wird in der Literatur und Rechtsprechung vermehrt eine Obergrenze von 3 m[39] bzw. 3,5 m[40] für erforderlich gehalten. In diesen Fällen kann der Nachbar aber in der Regel vom Eigentümer nur einen Rückschnitt und nicht die Beseitigung verlangen, wenn die Fristen für die Beseitigung der Hecke abgelaufen sind. Denn ein Ausnahmefall, aus dem sich eine Verpflichtung des Eigentümers ergibt, eine Hecke trotz Fristablauf von der Grenze zurückzusetzen, ist in der Regel nicht gegeben. Dies beruht darauf, dass das allgemeine Zivilrecht hinsichtlich der Bepflanzung von Grundstücken keine Beschränkungen vorsieht und der Eigentümer trotz der mitunter erheblichen Beeinträchtigungen, die durch die Schattenwirkungen von Hecken verursacht werden können, sein Grundstück grundsätzlich nach Belieben begrünen darf. Die Grenze ist erst dann erreicht, wenn die **Ausübung des Herrschaftsrechts missbräuchlich** wäre, wobei der Eigentümer aber grundsätzlich nicht gehalten ist, bei Bestehen verschiedener Möglichkeiten für die Nutzung seines Grundstücks diejenige zu wählen, die seinen Nachbarn nicht benachteiligt. Soweit die Nachteile damit zusammenhängen, dass Hecken möglicherweise den Mindestabstand nicht einhalten, ist bei der Interessenabwägung außerdem zu berücksichtigen, dass der Nachbar den ihm zustehenden Beseitigungsanspruch nicht rechtzeitig geltend gemacht hat (vgl. → Rn. 10).

IV. Ansprüche bei Überhang der Hecke

12 Hecken, bei denen die für die Einhaltung des Grenzabstands geltenden Ausschlussfristen abgelaufen sind, können aufgrund des natürlichen Wuchses und bei nicht ausreichender Anzahl von Pflegeschnitten zu einem Überhang führen. Bei ungebremstem Wachstum kann es aber auch – je nach Art der verwendeten Pflanze – zu einem Wachsen von Trieben über die Grenze hinaus kommen, mit der Folge, dass unter Umständen sogar eine Grenzeinrichtung vorliegt (→ Rn. 17).

1. Anspruch auf Beseitigung des Überhangs – Fristsetzung

13 Bei einem Überhang von Zweigen kann der Nachbar unter den Voraussetzungen des § 910 BGB verpflichtet sein, den Überhang trotz des Ablaufs entsprechender Ausschlussfristen für die Einhaltung des Grenzabstands zu beseitigen (→ *Überhängen von Zweigen* Rn. 2). In jedem Falle sollte dem Nachbarn, sofern Beeinträchtigungen durch den Überhang vorliegen, eine angemessene Frist für die Beseitigung des Überhangs gesetzt werden. Nach erfolglosem Ablauf der Frist ist der Nachbar berechtigt, den Überhang auf Kosten des Störers zu beseitigen (vgl. → *Überhängen von Zweigen* Rn. 4, 80). Bevor der Nachbar den Eigentümer auffordert oder nach Ablauf der Frist selbst tätig wird, stellt sich die Frage, ob nicht durch landesrechtliche Bestimmungen zugunsten des Naturschutzes die angestrebte Maßnahme verboten ist. Das Land **Nordrhein-Westfalen** hat in § 45 des Landschaftsgesetzes den Schutz des Baumbestandes den Gemeinden überlassen. Viele Gemeinden haben bereits Baumschutzsatzungen erlassen, nach denen bestimmte Bäume nicht gefällt, geschädigt oder in ihrem Aufbau wesentlich verändert werden dürfen. Bevor der Nachbar vom Grundstückseigentümer die Beseitigung von Ästen oder Wurzelwerk verlangt oder selbst Hand anlegt,

38 Vgl. BGH Urt. v. 26.4.1991 – V ZR 346/89, NJW 1991, 2826 (2827); BGH Urt. v. 6.7.2001 – V ZR 246/00, NJW 2001, 3119 (3120 f.); BGH Urt. v. 31.1.2003 – V ZR 143/02, NJW 2003, 1392, BGH Urt. v. 11.7.2003 – V ZR 199/02, NJW-RR 2003, 1313 (1314); BGH Urt. v. 24.1.2008 – IX ZR 216/06, NJW-RR 2008, 610 (611).

39 Vgl. dazu LG Saarbrücken Urt. v. 3.2.1988 – 17 S 79/87, MDR 1988, 777 f.; LG Saarbrücken Urt. v. 18.10.1990 – 2 S 65/90, NJW-RR 1991, 406; *Schäfer/Fink-Jamann/Peter* NachbarG NRW § 42 Rn. 4.

40 AG Gießen Urt. v. 16.6.2017 – 41 C 49/14, BeckRS 2017, 117985 Rn. 36.

muss also bei der Gemeinde in Erfahrung gebracht werden, ob nicht eine Baumschutzsatzung den Eingriff verbietet.

2. Betretungsrecht zum Zwecke des Rückschnitts der Hecke

Eine zu nah an der Grenze gepflanzte oder zu weit gewachsene Hecke kann in manchen Fällen nicht mehr ohne Betreten des Nachbargrundstücks zurückgeschnitten werden. Dann stellt sich die Frage, ob der ggf. den Rückschnitt im Hinblick auf § 910 BGB verlangende Nachbar verpflichtet ist, das **Betreten** seines Grundstücks zum Zwecke der Vornahme von Rückschnittmaßnahmen aufgrund des in den Nachbarrechtsgesetzen normierten Hammer- und Leiterrechts (bspw. gem. § 24 NachbG NRW) bzw. gem. § 242 BGB zu dulden (→ *Betreten des Nachbargrundstücks* Rn. 1 ff.; → *Hammerschlags- und Leiterrecht* Rn. 1 ff.). Im Ergebnis wird dies zu verneinen sein. Allein die Aufforderung zur Beseitigung des Überhangs begründet im Hinblick auf das nach Fristablauf entstehende Selbsthilferecht nach § 910 BGB keinen Duldungsanspruch zugunsten des Störers. Ein Betretungsrecht steht dem nach § 910 BGB verpflichteten Eigentümer nicht zu und lässt sich auch nicht aus dem nachbarschaftlichen Gemeinschaftsverhältnis über § 242 BGB entnehmen. Dies stellt nämlich kein gesetzliches Schuldverhältnis und keine Anspruchsgrundlage dar, sondern dient nur in Ausnahmefällen dem gerechten Ausgleich widerstreitender Interessen zwischen Nachbarn im Einzelfall. Ein solcher Ausnahmefall liegt aber nicht vor und kann insbesondere nicht daraus resultieren, dass die gesetzlichen Vorschriften über die Abstände der Bepflanzung von der Grundstücksgrenze nicht eingehalten sind. Es verbleibt vielmehr bei dem Grundsatz, dass das Nachbargrundstück nur mit Einwilligung des jeweiligen Eigentümers betreten werden darf. Dass eine Abweichung von diesem Grundsatz über § 242 BGB in solchen Fällen zwingend geboten ist, dürfte kaum zu begründen sein. Es mag zwar durchaus sein, dass das Beschneiden der Hecke vom Grundstück des Nachbarn aus leichter zu bewerkstelligen ist. Das allein rechtfertigt aber ein Betretungsrecht nicht. Vielmehr ist der Eigentümer der Hecke in erster Linie verpflichtet, seine Hecke so zu gestalten und zu halten, dass ihm die Pflege von seinem Grundstück aus möglich ist. § 242 BGB statuiert dagegen kein Recht zum Betreten des Grundstücks des Nachbarn, um der gesetzlichen Verpflichtung zur Beseitigung des Überhangs nachzukommen.[41] **Ein Duldungsanspruch** resultiert auch nicht aus einem **Hammerschlags- und Leiterrecht** (vgl. § 24 NachbG NRW; → *Hammerschlags- und Leiterrecht* Rn. 1 ff.). Umstritten ist zwar, ob das Beschneiden einer Hecke als Instandsetzungsarbeit im Sinne dieser Vorschrift anzusehen ist.[42] Die Vorschrift, die immerhin einen Eingriff in das grundgesetzlich geschützte Eigentum darstellt, bezieht sich jedoch vom Wortlaut her nur auf **Bau- und Instandsetzungsarbeiten**. Instandsetzungsarbeiten dienen hierbei der Erneuerung schadhaft gewordener Bauteile, wobei hierzu auch Schönheitsreparaturen wie ein neuer Anstrich, nicht aber Reinigungsarbeiten (zB Fensterputzen) gehören. Bei dem **Beschneiden einer Hecke** geht es letztlich nicht um die Erneuerung schadhaft gewordener Bauteile, sondern ähnlich wie es bei den Reinigungsarbeiten der Fall ist, um routinemäßige Maßnahmen. Vor diesem Hintergrund sprechen die besseren Argumente dafür, einen Duldungsanspruch nicht aus einem Hammer- und Leiterrecht herzuleiten. Die diesbezüglich getroffene Unterscheidung[43] nach kleinen und großen Hecken ist mit Unsicherheiten behaftet und überzeugt deswegen nicht. 14

3. Einwand rechtmäßigen Alternativverhaltens

Wird die Hecke des Nachbarn ohne Fristsetzung eigenmächtig zurückgeschnitten, werden in der Praxis häufig wegen der Beschädigung des Grundstücks Schadensersatzansprüche geltend gemacht. Der Rückschnitt stellt zwar eine Verletzung des Grundstückseigentums dar, da die Hecke gemäß § 94 Abs. 1 Satz 2 BGB wesentlicher Bestandteil des Grundstücks ist. Die Eigentumsverletzung wird in der Regel auch rechtswidrig sein, wenn zuvor keine Frist gesetzt oder die erfolglose Nachfristsetzung nicht nachgewiesen werden kann. Denn dann war der Schädiger nicht aufgrund des in § 910 Abs. 1 S. 2 BGB geregelten Selbsthilferechts befugt, die Hecke zurückzuschneiden (§ 910 Abs. 1 S. 2 BGB; vgl. → *Überhängen von Zweigen* 15

41 Vgl. LG München II Urt. v. 10.3.1987 – 2 S 2115/86, WuM 1988, 163 ff.; *Roth* in Staudinger BGB § 910 Rn. 25.
42 Vgl. zum Meinungsstand *Schäfer/Fink-Jamann/Peter* NachbarG NRW § 24 Rn. 10.
43 *Schäfer/Fink-Jamann/Peter* NachbarG NRW § 24 Rn. 10.

Rn. 89). Fraglich kann jedoch sein, ob auch der für einen Schadensersatzanspruch erforderliche **Pflichtwidrigkeitszusammenhang** vorliegt. Insoweit ist in der Literatur und in der Rechtsprechung anerkannt, dass, sofern die Frist nach § 910 Abs. 1 S 2 nicht gesetzt worden ist, die Selbsthilfevoraussetzungen aber im Übrigen vorliegen und der Eigentümer auch bei Einhaltung von § 910 Abs. 1 S. 2 BGB das Abschneiden und seine Ausführung nicht vermeiden kann, dem Selbsthilfeberechtigten die Berufung auf **rechtmäßiges Alternativverhalten** möglich ist.[44] Die verletzte Pflicht aus § 910 Abs. 1 S. 2 BGB will die Selbsthilfe nicht ganz ausschließen, sondern nur verschieben.[45] Es fehlt in diesen Fällen an dem erforderlichen Pflichtwidrigkeitszusammenhang.[46]

4. Berechnung des Schadensersatzes bei unrechtmäßigem Rückschnitt einer Hecke

16 Sofern kein rechtmäßiges Alternativverhalten vorliegt, stellt sich die Frage, wie ein etwaiger Schadensersatz zu ermitteln ist. Grundsätzlich ist bei der Beschädigung einer Sache – hier des Grundstücks – Schadensersatz durch Wiederherstellung (§ 249 Abs. 1 BGB) oder durch Ersatz des hierzu erforderlichen Geldbetrags (§ 249 Abs. 2 Satz 1 BGB) zu leisten. **Eine denkbare Ersatzbeschaffung** der Heckenpflanzen ist allerdings gemäß § 251 Abs. 2 Satz 1 BGB regelmäßig ausgeschlossen, weil sie mit **unverhältnismäßigen Kosten** verbunden wäre.[47] Dem kann der Kläger dadurch Rechnung tragen, dass er sein Begehren auf die Kosten für Heckenpflanzen mit einer üblichen, im Handel erhältlichen Höhe beschränkt. Letzteres dürfte aber ebenfalls ausgeschlossen sein, wenn der Sachverständige zu dem Ergebnis gekommen ist, dass die Heckenpflanzen auf dem Grundstück zwar geschädigt, aber nicht zerstört sind. Der Geschädigte ist dann auf die Geltendmachung der **Kosten der Sofort- und Nachbehandlung** durch einen Gärtner und den Ersatz der Wertminderung gemäß § 251 Abs. 2 Satz 1 BGB beschränkt.[48] Die Ermittlung und Schätzung des Minderwertes des Grundstücks steht dabei zwar gemäß § 287 Abs. 1 ZPO im freien **Ermessen des Tatrichters**. Die Bemessung darf jedoch nicht abstrakt erfolgen und muss dem jeweiligen Einzelfall Rechnung tragen. Die Frage, ob eine Beweisaufnahme durchzuführen ist und in welchem Umfang diese durchgeführt wird, steht im pflichtgemäßen Ermessen des Gerichts. Die Anwendung des bei Baumbeschädigungen durchzuführenden Sachwertverfahrens nach der „**Methode Koch**" erfordert regelmäßig die **Einholung eines Gutachtens eines Baum- oder Gehölzsachverständigen**.[49] Bei dieser Wertermittlungsmethode handelt es sich um ein modifiziertes Sachwertverfahren. Der Wertverlust wird bestimmt, indem die für die Herstellung des geschädigten Gehölzes bis zu seiner Funktionserfüllung erforderlichen Anschaffungs-, Pflanzungs- und Pflegekosten sowie das Anwachsrisiko berechnet und kapitalisiert werden; der danach errechnete Wert wird gegebenenfalls mit Blick auf eine Alterswertminderung, Vorschäden und sonstige wertbeeinflussende Umstände bereinigt.[50] Wie bei der Teilschädigung von Gehölzen im Grundsatz zu verfahren ist und ob die „Methode Koch" auch insoweit zur Schadensberechnung geeignet ist, hat der BGH im Jahre 2013 entschieden.[51] Danach ist die „Methode Koch" auch in Fällen der Teilschädigung geeignet, um den Minderwert zu errechnen.[52] Bei dem unbefugten Beschneiden von Pflanzen sei eine angemessene Wertminderung für die Zeit bis zu dem Nachwachsen zu berechnen.[53]

V. Besonderheiten bei Vorliegen einer Grenzhecke

17 Wird eine Hecke auf oder in der Nähe der Grenze gepflanzt, kann es vorkommen, dass sich die Hecke zum Teil auf beiden Grundstücken der Nachbarn befindet. Für diesen Fall geht die Rechtsprechung in der Regel

44 LG Gießen Urt. v. 2.10.1996 – 1 S 230/96, NJW-RR 1997, 655; *Roth* in Staudinger BGB § 910 Rn. 30.
45 LG Gießen Urt. v. 2.10.1996 – 1 S 230/96, NJW-RR 1997, 655; *Roth* in Staudinger BGB § 910 Rn. 30.
46 LG Gießen Urt. v. 2.10.1996 – 1 S 230/96, NJW-RR 1997, 655; *Roth* in Staudinger BGB § 910 Rn. 30.
47 Vgl. BGH Urt. v. 13.5.1975 – VI ZR 85/74, NJW 1975, 2061.
48 BGH Urt. v. 25.1.2013 – V ZR 222/12, BGHZ 196, 111 Rn. 5.
49 BGH Urt. v. 25.1.2013 – V ZR 222/12, BGHZ 196, 111 Rn. 13.
50 *Koch*, Aktualisierte Gehölzwerttabellen, S. 19 ff., 25 ff.; *Breloer* Der Sachverständige 2005, 217 f.
51 BGH Urt. v. 25.1.2013 – V ZR 222/12, BGHZ 196, 111 Rn. 13.
52 BGH Urt. v. 25.1.2013 – V ZR 222/12, BGHZ 196, 111 Rn. 13; OLG Düsseldorf Urt. v. 18.10.1991 – 22 U 220/90, NVwZ-RR 1992, 216 (217).
53 KG Urt. v. 22.2.1999 – 25 U 6860/98, NJW-RR 2000, 160 (161).

davon aus, dass eine Hecke insgesamt **Grenzeinrichtung** iS von § 921 BGB ist, wenn auch nur einige Stämme der Heckenpflanzen, dort wo sie aus dem Boden heraustreten, von der Grenze durchschnitten werden.[54] Darauf, ob dieser Zustand auch schon bei Anpflanzung der Hecke bestand, kommt es dabei nicht an.[55] Mit der Bewertung als Grenzeinrichtung ist aber zugleich die **gesetzliche Vermutung** verknüpft, dass die Eigentümer der Nachbargrundstücke zur Benutzung der Errichtung nur **gemeinschaftlich berechtigt** sind (§ 921 BGB). Inwieweit die Grenzeinrichtung dem einen oder dem anderen Nachbarn gehört, spielt für die Vermutung des **gemeinschaftlichen Benutzungsrechts** keine Rolle, solange nur keine äußeren Merkmale auf Alleineigentum eines Nachbarn an der gesamten Einrichtung hinweisen. Widerlegt ist die Vermutung lediglich dann, wenn das Alleineigentum eines Nachbarn feststeht. Anderenfalls besteht gemäß § 921 BGB ein gemeinschaftliches Benutzungsrecht der Parteien mit der Folge, dass die Nachbarn gemeinsam zur Unterhaltung der Hecke verpflichtet sind und keiner den ihm gehörenden Teil der Grenzeinrichtungen ohne Zustimmung des anderen entfernen kann und auch in Bezug auf den dem jeweils anderen gehörenden Teil der Grenzeinrichtungen nicht verlangen kann, dass dieser entfernt wird. Im Gegenteil macht sich der Nachbar schadensersatzpflichtig, wenn er das Nutzungsrecht des anderen auf Fortbestand der Hecke verletzt.[56] Der Anspruch kann dabei sowohl auf § 1004 Abs. 1 BGB als auch auf § 823 Abs. 2 iVm §§ 1004, 922 S. 3, 249 S. 1 BGB gestützt werden, wenn ein schuldhaftes Handeln vorliegt.[57] Dieser Anspruch ist jedoch unabhängig von seiner Rechtsgrundlage unter dem **Gesichtspunkt der Zumutbarkeit** begrenzt. Wenn die Herstellung nur mit unverhältnismäßig hohen Aufwendungen möglich ist, dann besteht kein Anspruch auf Wiederherstellung des früheren Zustands. Dies hat die Rechtsprechung gerade in Fällen der Zerstörung oder Beschädigung von Bäumen in aller Regel angenommen und aus dem Rechtsgedanken von § 251 Abs. 2 S. 1 BGB abgeleitet.[58]

VI. Öffentliches Recht

18 Enthält ein Bebauungsplan oder eine sonstige Satzung nach dem Baugesetzbuch oder dem Maßnahmengesetz zum Baugesetzbuch Festsetzungen über Hecken, so bestimmt insbesondere das in **Baden-Württemberg** geltende Nachbarrecht in § 27 NRG BW, dass die nach Nachbarrechtsgesetz vorgeschriebenen Abstände insoweit nicht eingehalten werden müssen, als es die Verwirklichung der planerischen Festsetzungen erfordert. Bevor Anpflanzungen beschnitten oder ihr Wurzelwerk entfernt wird, muss zudem geprüft werden, ob dies überhaupt erlaubt ist. Durch landesrechtliche Bestimmungen zugunsten des Naturschutzes kann dies nämlich im Einzelfall verboten sein. Das Land **Nordrhein-Westfalen** hat in § 45 des Landschaftsgesetzes den Schutz des Baumbestandes den Gemeinden überlassen. Viele Gemeinden haben bereits Baumschutzsatzungen erlassen, nach denen bestimmte Bäume nicht gefällt, geschädigt oder in ihrem Aufbau wesentlich verändert werden dürfen. Bei der zuständigen Gemeinde kann diesbezüglich in Erfahrung gebracht werden, ob nicht eine Baumschutzsatzung den Eingriff verbietet.

VII. Prozessuale Hinweise

19 Nach § 15a EGZPO kann durch Landesgesetz bestimmt werden, dass die Erhebung der Klage erst zulässig ist, nachdem von einer durch die Landesjustizverwaltung eingerichteten oder anerkannten Gütestelle versucht worden ist, die Streitigkeit einvernehmlich beizulegen.[59] Davon haben die folgenden Länder für Streitigkeiten aus dem Nachbarrecht Gebrauch gemacht: **Bayern** (Art. 1 Nr. 1 BaySchlG), **Brandenburg** (§ 1 Abs. 1 Nr. 2 BbgSchlG), **Hessen** (§ 1 Nr. 1 HessSchlG), **Mecklenburg-Vorpommern** (§ 34 a Abs. 1 Nr. 1 SchStG M-V), **Niedersachsen** (§ 1 Abs. 2 Nr. 1, 2 Niedersächsisches Schlichtungsgesetz – NSchlG), **Nordrhein-Westfalen** (§ 53 Abs. 1 Nr. 1 JustG NRW), **Rheinland-Pfalz** (§ 1 Abs. 1 Nr. 1 Landesschlichtungsgesetz – LSchlG), **Saarland** (Landesschlichtungsgesetz – § 37a Abs. 1 Nr. 1 LSchlG), **Sachsen-**

54 BGH Urt. v. 15.10.1999 – V ZR 77/99, NJW 2000, 512.
55 BGH Urt. v. 15.10.1999 – V ZR 77/99, NJW 2000, 512.
56 Vgl. BGH Urt. v. 15.10.1999 – V ZR 77/99, NJW 2000, 512 ff.
57 BGH Urt. v. 15.10.1999 – V ZR 77/99, NJW 2000, 512 (514).
58 BGH Urt. v. 15.10.1999 – V ZR 77/99, NJW 2000, 512 (514).
59 Vgl. dazu *Stöber* JA 2014, 607 ff.

Anhalt (§ 34a Abs. 1 Nr. 2 LSASchStG) und **Schleswig-Holstein** (§ 1 Abs. 1 S. 1 Nr. 1 Landesschlichtungsgesetz – SchlHLSchliG). Da das Schlichtungsverfahren vor Klageerhebung erfolglos durchgeführt worden sein muss, ist eine ohne erfolgloses Schlichtungsverfahren erhobene Klage unzulässig, sofern mit der Klage keine reinen Zahlungsanträge verfolgt werden. Der Einigungsversuch hat der Klageerhebung insoweit vorauszugehen. Er kann nicht nach der Klageerhebung nachgeholt werden. Eine ohne den Einigungsversuch erhobene Klage ist als unzulässig abzuweisen.[60] Die Notwendigkeit der Durchführung einer außergerichtlichen Streitschlichtung muss dabei aus den vorgenannten landesrechtlichen Vorschriften folgen (bspw. § 53 Abs. 1 Nr. 1 JustG NRW). Sofern lediglich – gestützt auf die Verletzung nachbarrechtlicher Vorschriften – Schadensersatz in Geld eingeklagt wird, ist eine erfolglose Streitschlichtung nach der Rechtsprechung des BGH nicht erforderlich.[61]

20 Für den Ausschlusskatalog des § 15 a Abs. 2 S. 1 Nr. 1 EGZPO und für die wortgleichen Vorschriften in den Schlichtungsgesetzen der Länder gilt nach der Rechtsprechung des BGH, dass es sich bei der materiellen Ausschlussfrist für nachbarrechtliche Ansprüche nicht um eine gesetzlich angeordnete Frist zur Klageerhebung handelt, die die Durchführung eines obligatorischen Schlichtungsverfahrens ausschließt.[62] Für den Fall des drohenden Ablaufs der Ausschlussfrist gilt dann aber zugleich in entsprechender Anwendung von § 204 Abs. 1 Nr. 4 lit. a BGB, dass der Güteantrag den Lauf der Ausschlussfrist hemmt.[63]

21 Die Antragstellung zur Durchsetzung von Ansprüchen nach § 1004 BGB muss stets gut durchdacht sein. Einerseits dürfen dem Störer die zu ergreifenden Maßnahmen grundsätzlich nicht vorgegeben werden.[64] Andererseits sollte stets beachtet werden, dass die Streitigkeit im Hinblick auf den natürlichen Wuchs der Pflanzen nie ein Ende finden wird. Deswegen bietet es sich an, den Klageantrag stets auf **wiederkehrendes Zurückschneiden** der Hecke zu richten. **Die Zulässigkeit eines derartigen Klageantrags** ist insoweit nach der Rechtsprechung des BGH anerkannt.[65] Im Fall des BGH hat der Kläger seine Nachbarn darauf in Anspruch genommen, die auf ihrem Grundstück befindliche Thujahecke so zurückzuschneiden, dass sie die Höhe von 2 m nicht übersteigt.[66] Die zwischen den Parteien umstrittene Verpflichtung zum Zurückschneiden der Hecke auf eine Höhe von 2 m qualifizierte der BGH als eine **wiederkehrende Leistung**.[67] Die Beklagten müssten ihre Hecke nach jedem Hinauswachsen über die Höchstgrenze beschneiden lassen. Dazu würde es jedes Jahr nach der Wachstumsperiode kommen. Dass die Häufigkeit von dem Wuchs abhänge, ändere an dem Charakter als wiederkehrende Verpflichtung nichts. Die Anwendung von § 9 ZPO scheitere auch nicht daran, dass das Zurückschneiden keine „Leistung" iS dieser Vorschrift wäre.[68] Der Begriff der Leistung entspreche dem Begriff der Leistung in § 241 Abs. 1 BGB. Dieser umfasse auch das wiederkehrende Zurückschneiden einer Hecke.[69] Sofern auf wiederkehrendes Zurückschneiden geklagt wird, muss insoweit jedoch stets geprüft werden, ob das jeweils geltende Nachbarrechtsgesetz vorsieht, dass der Eigentümer auch in der Zeit vom 1. März bis 30. September zum Rückschnitt verpflichtet ist. Sofern der Nachbar den Rückschnitt nämlich nicht in der Zeit vom 1. März bis zum 30. September vorzunehmen braucht, müssen derartige Einschränkungen in der konkreten Antragsstellung bzw. Verurteilung ihren Niederschlag finden.[70] Insoweit kann am Ende des Antrags die Einschränkung auf die Weise vorgenommen werden, dass der Antrag dadurch eingeschränkt wird, indem man die Zeit vom 1. März bis 30. September ausnimmt („nicht jedoch in der Zeit vom 1. März bis zum 30. September"). Schließlich ist in diesem Zusammenhang zu beachten, dass der auf Verkürzung in Anspruch genommene Eigentümer, den Rückschnitt im Zeitraum vom 1.10. bis zum 28./29.2. nicht vorsorglich so weit vorzunehmen hat, dass innerhalb der von § 39 Abs. 5

60 BGH Urt. v. 23.11.2004 – VI ZR 336/03, NJW 2005, 437.
61 Vgl. BGH Urt. v. 2.3.2012 – V ZR 169/11, NZM 2012, 435.
62 BGH Urt. v. 8.12.2017 – V ZR 16/17, NZM 2018, 239 (240).
63 BGH Urt. v.8.12.2017 – V ZR 16/17, NZM 2018, 239 (240).
64 BGH Urt. v. 12.12.2003 – V ZR 98/03, NJW 2004, 1035 (1037).
65 BGH Beschl. v. 6.10.2011 – V ZB 72/11, NJW-RR 2012, 82.
66 Vgl. BGH Beschl. v. 6.10.2011 – V ZB 72/11, NJW-RR 2012, 82.
67 BGH Beschl. v. 6.10.2011 – V ZB 72/11, NJW-RR 2012, 82 (83).
68 BGH Beschl. v. 6.10.2011 – V ZB 72/11, NJW-RR 2012, 82 (83).
69 BGH Beschl. v. 6.10.2011 – V ZB 72/11, NJW-RR 2012, 82 (83).
70 BGH Urt. v. 6.10.2011 – V ZB 72/11, NJW-RR 2012, 82 (84).

Nr. 2 BNatSchG geschützten Wachstumsperiode (1. März bis 30. September) die maximal zulässige Höhe nicht überschritten wird.[71]

Die **Darlegungs- und Beweislast** für eine Unterschreitung des Grenzabstands trägt nach allgemeinen zivilprozessualen Grundsätzen der Kläger. In der Praxis wird häufig der Streit um den Grenzabstand der Hecke zugleich zum Anlass genommen, sich auch über den Grenzverlauf zu streiten. In der Regel wird in solchen Konstellationen ein Sachverständigengutachten eingeholt und der Sachverständige erstattet unter Berücksichtigung des Auszuges aus dem Liegenschaftskataster und des darin verzeichneten Grenzverlaufs sein Gutachten. Hierbei ist zu beachten, dass sich die **Richtigkeitsvermutung des Grundbuchs** auch auf den sich aus dem Liegenschaftskataster ergebenden Grenzverlauf bezieht. Denn im Rechtsverkehr muss Klarheit darüber bestehen, auf welchen konkreten Teil der Erdoberfläche sich ein eingetragenes Recht bezieht. Nach § 2 Abs. 2 GBO werden die Grundstücke im Grundbuch nach dem Liegenschaftskataster benannt. Der Grenzverlauf kann danach in aller Regel über die in Spalte 3 b des Bestandsverzeichnisses des Grundbuches eingetragenen Parzellennummern in Verbindung mit der Katasterkarte erschlossen werden.[72] Die Grenzen der Flurstücke werden also durch die zeichnerische Darstellung in der zum Liegenschaftskataster gehörenden Flurkarte definiert. Damit ist für die räumliche Begrenzung des Grundstücks letzten Endes die zeichnerische Darstellung der im Bestandsverzeichnis benannten Flurstücke in der Flurkarte mit den dort festgelegten Linien maßgebend. Nur wenn die Angaben in der Flurkarte in sich widerspruchsvoll oder ersichtlich mehrdeutig sind, ist diese amtliche Karte für sich allein nicht als Grundlage für den öffentlichen Glauben geeignet.[73] Zwar steht dem Eigentümer grundsätzlich der Nachweis offen, dass die Grenzen seines Grundstücks bei der Einrichtung des Katasters falsch aufgenommen worden sind.[74] Für eine Widerlegung des aus § 891 Abs. 1 BGB in Verbindung mit § 2 Abs. 2 GBO vermuteten Grenzverlaufs genügt allerdings nicht, dass die **Vermutung erschüttert** wird. Vielmehr muss der **volle Beweis des Gegenteils** erbracht werden.[75] 22

60. Hund

Marx

Literatur: *Böhm,* Die Zwangsvollstreckung nach § 890 ZPO, Mannheim 1971; *Scheidler,* Zivilrechtliche Unterlassungs- und Abwehransprüche gegen Immissionen durch Tiere, MDR 2009, 242.

71 LG Freiburg Urt. v. 7.12.2017 – 3 S 171/16, NJW-RR 2018, 271 (272).
72 Vgl. BGH Urt. v. 2.12.2005 – V ZR 11/05, NJW-RR 2006, 662 (663); OLG Hamm Urt. v. 5.6.2014 – 5 U 207/13, BeckRS 2014, 13892.
73 Vgl. OLG Brandenburg Urt. v. 28.6.2012 – 5 U 151/09, juris Rn. 20.
74 Vgl. BGH Urt. v. 1.3.1973 – III ZR 69/70, NJW 1973, 1077.
75 BGH Urt. v. 2.12.2005 – V ZR 11/05, NJW-RR 2006, 662 (663); OLG Hamm Urt. v. 5.6.2014 – 5 U 207/13, BeckRS 2014, 13892.

I. Hundehaltung

1 Grundsätzlich ist das Halten eines Hundes als Tierhaltung Ausdruck üblicher **Wohnnutzung** und vom Nachbarn hinzunehmen (→ *Tierhaltung* Rn. 6, → *Wohnnutzung* Rn. 2).[1] Unter bestimmten Voraussetzungen stehen dem Nachbarn allerdings zivilrechtliche Abwehransprüche zu. Besondere Einschränkungen können sich dabei im Verhältnis zwischen Vermieter und Mieter und zwischen den Wohnungseigentümern sowie Mietern untereinander ergeben. Es kann aber auch ein Einschreiten der Ordnungs- oder Polizeibehörde geboten sein. So enthalten die Landesimmissionsschutzgesetze Bestimmungen zum Halten von Haustieren und Ermächtigungsgrundlagen für die Kommunen, hierzu Regelungen zu erlassen. Auch kann der Baunachbar ein bauordnungsrechtliches Vorgehen gegen die Hundehaltung veranlassen.

1. Im Wohngebiet

2 Widerspricht das Halten einer bestimmten Anzahl von Hunden in einem Wohngebiet dem Gebietscharakter, kann es untersagt werden (zum Dorfgebiet → *Tierhaltung* Rn. 19). So ist in einem Wohngebiet bei Zwingern **im Freien** eine Haltung von mehr als **zwei** Hunden in der Regel unzulässig (→ *Tierhaltung* Rn. 18).[2] **In Wohnräumen** ist dagegen das Halten von bis zu **drei** Hunden grundsätzlich von der Baugenehmigung zur Wohnnutzung gedeckt, auch wenn für deren zeitweisen Auslauf der Gartenbereich genutzt wird (→ *Hausordnung* Rn. 56).[3] Auf einem Grundstück können auch noch mehr Hunde gehalten werden, wenn sie der Freizeittierhaltung unterschiedlicher Wohneinheiten zuzuordnen sind. Grenzen setzt aber auch hier das Rücksichtnahmegebot nach § 15 BauNVO.

3 Grenzen ergeben sich auch, wenn die Tierhaltung in den Wohnräumen **gewerblicher** Nutzung dient und/oder das Wohnen in den Hintergrund treten lässt. So ist eine gewerbsmäßige Hundezucht (drei oder mehr Würfe pro Jahr) in einem Wohngebiet regelmäßig nicht ortsüblich und unzulässig.[4] Zulässig kann eine (Hobby-)Hundezucht im Wohngebiet allerdings mit bis zu sechs Welpen sein.[5]

2. Gefährliche Hunde

4 Wird in der Nachbarschaft ein Kampfhund oder ein anderer gefährlicher Hund gehalten, führt das oftmals zu einem erhöhten Sicherheitsbedürfnis, dem durch eine Erlaubnispflicht („Hundeführerschein") oder Leinen- und Maulkorbzwang entsprochen werden kann. Zum präventiven Schutz vor **Kampfhunden** und anderen gefährlichen Hunden gelten in den Bundesländern Hundegesetze und -verordnungen. Sie legen regelmäßig eine Liste von Hunderassen fest, bei denen aufgrund spezifischer Merkmale, Zucht oder Ausbildung von einer gesteigerten Aggressivität und Gefährlichkeit gegenüber Menschen oder Tieren auszugehen ist.

5 Begibt sich ein Kampfhund auf das Grundstück des Nachbarn, steht diesem ein Abwehranspruch gegen das Eindringen auch entsprechend § 1004 Abs. 1 S. 2 bzw. § 862 Abs. 1 S. 2 BGB jeweils iVm § 823 Abs. 1 BGB wegen der Gefahr einer Verletzung der Gesundheit zu. Erleidet der Nachbar durch einen Kampfhund, der sich als gefährlich erwiesen hatte, Bisswunden, haftet nicht nur der Hundehalter nach § 833 S. 1 BGB, sondern auch die Gemeinde, die zuvor untätig geblieben war, unter dem Aspekt der **Amtspflichtverletzung** nach §§ 839 Abs. 1, 253 BGB S. 1 iVm GG Art. 34 auf Schadensersatz und Schmerzensgeld. Der Vermieter kann die Entfernung eines Kampfhundes und die Unterlassung seiner Haltung nach § 541 BGB vom Mieter verlangen, es sei denn, die vermutete Gefährlichkeit wird durch ein Negativzeugnis widerlegt. Jeder Wohnungseigentümer kann auch ohne Mehrheitsbeschluss einen Kampfhundehalter auf Unterlassung

1 *Ring* in NK-BGB § 906 Rn. 202 ff.

2 OVG Saarlouis Beschl. v. 18.4.2019 – 2 A 2/18, NVwZ-RR 2019, 857; VGH München Beschl. v. 23.8.2010 – 2 ZB 10.1618, juris Rn. 8; OVG Lüneburg Beschl. v. 19.11.2008 – 1 ME 233/08, BauR 2009, 210.

3 VGH Mannheim Urt. v. 17.12.2019 – 8 S 2711/19, BauR 2020, 619.

4 OLG Nürnberg Urt. v. 25.4.1991 – 8 U 99/91, NJW-RR 1991, 1230; *Lüke* in Grziwotz/Lüke/Saller NachbarR-HdB Kap. 3 Rn. 137.

5 *Brückner* in MüKoBGB § 906 Rn. 147.

in Anspruch nehmen, den Kampfhund ohne Leine und Maulkorb in gemeinschaftlich genutzten Kellerräumen frei laufen zu lassen.[6]

Jedenfalls aufgrund der polizeilichen Generalklausel kann die Behörde einem Gefahrenverdacht nachgehen, der von einem Hund ausgeht, der zwar nicht von Gesetzes wegen zu den gefährlichen Hunden gehört, aber durch ein konkretes Verhalten den Verdacht einer Gefährlichkeit begründet. Im Einzelfall genügt bereits ein Beißvorfall, um einen Hund als gefährlich einzustufen.[7] Darüber hinaus geht auch ohne Beißvorfall von **großen Hunden**, die in der Nachbarschaft frei herumlaufen, oder vom Führen derartiger Hunde durch eine nicht befähigte Person in der Regel eine konkrete Gefahr für Leben und Gesundheit Dritter aus, so dass ein Leinenzwang angeordnet werden kann. Reicht der Leinenzwang nicht aus, um die konkrete Gefahr für andere Menschen und Hunde auszuschließen, ist die Anordnung des Maulkorbzwangs verhältnismäßig. Ein allgemeines Hundehaltungsverbot kommt bei einem unzuverlässigen Hundehalter in Betracht, der beharrlich und rücksichtslos gegen Halterpflichten verstößt.[8] Nach § 1004 Abs. 1 S. 2 BGB kann ein Hundehalter von einem Nachbarn, dessen Hund sich wiederholt aggressiv verhalten hat, verlangen, durch geeignete und zumutbare Maßnahmen zu verhindern, dass der eigene Hund angefallen und gebissen wird, auch wenn dieser sich ebenso aggressiv gezeigt hat.[9] 6

3. Wohnungseigentümer

Die Möglichkeit der Hundehaltung gehört **nicht zum wesentlichen Inhalt** der Nutzung von Wohnungseigentum. Die Wohnungseigentümer können demgemäß ein generelles Verbot der Hundehaltung im Wege einer Vereinbarung, die die Zustimmung aller Wohnungseigentümer erfordert, festlegen (→ *Hausordnung* Rn. 19, 59).[10] Hingegen treffen den Mieter dann solche Verpflichtungen nicht, § 15 WEG.[11] Selbst wenn die Teilungserklärung keine Beschränkung vorsieht, braucht der Miteigentümer einer Wohnungseigentumsanlage – ebenso wenig wie ein sonstiger Nachbar – die mit der Haltung mehrerer Hunde (zB vier Schäferhunde, Hundezucht) verbundene Besorgnis von Geruchs- oder Geräuschbelästigungen nach §§ 14 Abs. 2 Nr. 1, 18 Abs. 2 Nr. 2 WEG iVm § 1004 BGB nicht hinzunehmen.[12] 7

4. Mieter

Handelt es sich nicht um einen gefährlichen Hund, dessen Haltung unzulässig ist, kann die Hundehaltung nicht durch Formularvertrag, wohl aber individualvertraglich im Mietvertrag ganz ausgeschlossen werden (→ *Hausordnung* Rn. 56). Ist sie dort nicht geregelt worden, ist eine einzelfallabhängige **Interessenabwägung** erforderlich, um zu bestimmen, ob die Hundehaltung zum vertragsgemäßen Gebrauch iSv § 535 BGB gehört. Zu berücksichtigen sind dabei insbesondere Art, Größe, Verhalten und Anzahl der Hunde, Art, Größe, Zustand und Lage der Wohnung und des Hauses in dem sich die Wohnung befindet, Anzahl, persönliche Verhältnisse, namentlich Alter und berechtigte Interessen der Mitbewohner und Nachbarn, Anzahl und Art anderer Tiere im Haus, bisherige Handhabung durch den Vermieter sowie besondere Bedürfnisse des Vermieters.[13] Aus dem Anspruch des Mieters auf Gewährung des Gebrauchs der Mietsache nach § 535 Abs. 1 BGB kann sich so etwa ein Anspruch auf Zustimmung zur Haltung von zwei Labrador-Hunden auf einer Quadratmeterfläche von knapp 50 m^2 ergeben.[14] 8

Eine solche umfassende Interessenabwägung im Einzelfall ist auch erforderlich, will der Vermieter aufgrund eines vertraglichen **Genehmigungsvorbehalts** die Genehmigung verweigern. Kann der Vermieter 9

---

6 KG Berlin Beschl. v. 22.7.2002 – 24 W 65/02, MDR 2003, 150.

7 VGH Mannheim Beschl. v. 3.3.1993 – 1 S 986/92, NVwZ-RR 1993, 411.

8 VGH Mannheim Beschl. v. 12.4.2011 – 1 S 2849/10, VBlBW 2011, 425.

9 LG Coburg Urt. v. 14.6.2002 – 33 S 46/02, NJW-RR 2003, 20.

10 BGH Beschl. v. 4.5.1995 – V ZB 5/95, BGHZ 129, 329.

11 AG Hannover Urt. v. 28.4.2016 – 541 C 3858/15, ZMR 2017, 898.

12 OLG Zweibrücken Beschl. v. 24.8.1999 – 3 W 164/99, ZMR 1999, 853.

13 BGH Urt. v. 20.3.2013 – VIII ZR 168/12, NJW 2013, 1526.

14 AG Reinbek Urt. v. 4.6.2014 – 11 C 15/14, WuM 2014, 480; aA AG München Schlussurt. v. 12.5.2014 – 424 C 28654/13, ZMR 2015, 390.

hierfür keine sachlichen Gründe vorbringen, kann der Mieter gestützt auf § 535 BGB auf Erteilung der Genehmigung klagen. Umgekehrt kann der Vermieter auf Unterlassung der Hundehaltung klagen, nicht aber kündigen und räumen. Die erteilte Erlaubnis kann nur aus wichtigen Gründen widerrufen werden, zB wenn der Hund einen anderen Mieter beißt, in fremde Wohnungen eindringt oder der Mieter einen Bullterrier hält.[15]

10 Einen Mietmangel im Sinne von § 536 BGB begründen in einem Mehrfamilienhaus gelegentlich auftretende, sozial adäquate Lärmbeeinträchtigungen wie Hundegebell nicht ohne Weiteres.[16] Ist ein Mieter im Miethaus allerdings erheblichen Geruchsbelästigungen und einer Verunreinigung des Treppenhauses durch den Hund des Nachbarn ausgesetzt, verringert das den Wohnwert und berechtigt zur **Mietminderung** nach § 536 Abs. 1 BGB.[17] Entsprechendes gilt für unzumutbares Hundegebell auf dem Nachbargrundstück. Der Vermieter kann vom Störer auf dem Nachbargrundstück Schadensersatz aus §§ 823 Abs. 2, 1004 Abs. 1 BGB in Höhe der erlittenen Mietminderung beanspruchen.[18] Nachträglich erhöhte Geräuschimmissionen wie Hundelärm, der von einem Nachbargrundstück ausgeht, begründen bei Fehlen anderslautender Beschaffenheitsvereinbarungen grundsätzlich keinen gemäß § 536 Abs. 1 S. 1 BGB zur Mietminderung berechtigenden Mangel der Mietwohnung, wenn auch der Vermieter die Immissionen ohne eigene Abwehr- oder Entschädigungsmöglichkeit nach § 906 BGB als unwesentlich oder ortsüblich hinnehmen muss, weil der Wohnungsmieter an der jeweiligen Situationsgebundenheit des Mietgrundstücks teilhat.[19]

II. Die tierschutzrechtliche Kontrolle der Hundehaltung

11 Das nachbarliche Verhältnis ist oftmals nicht nur durch das Verlangen nach Begrenzung und Abwehr des Haltens und Verhaltens von Hunden, sondern auch durch Aspekte des Tierschutzes gekennzeichnet. Regelmäßig sind es gerade die Nachbarn, die Missstände in der Hundehaltung erkennen und durch Beschwerden zu behördlichen Maßnahmen beitragen, die das Verhältnis zum Nachbarn und dessen Hundehaltung umgestalten. Dem Tierschutz kommt dabei Verfassungsrang zu, wie sich aus Art. 20a GG ergibt. Die **Tierschutz-Hundeverordnung** – TierSchHuV – bestimmt allgemeine Anforderungen an das Halten von Hunden, zB dass einem Hund ausreichend Auslauf im Freien außerhalb eines Zwingers oder einer Anbindehaltung sowie ausreichend Umgang mit der Betreuungsperson zu gewähren ist. Ferner werden besondere Anforderungen an das Halten von Hunden im Freien, im Zwinger, in Räumen und in der Anbindehaltung festgelegt.

12 Rechtsgrundlage für eine behördliche **Haltungs- und Betreuungsuntersagung** ist § 16a Abs. 1 S. 1 iVm S. 2 Nr. 3 TierSchG. Danach kann die zuständige Behörde demjenigen, der den Vorschriften des § 2, einer Anordnung nach Nr. 1 oder einer Rechtsverordnung nach § 2a wiederholt oder grob zuwidergehandelt und dadurch den von ihm gehaltenen oder betreuten Tieren erhebliche oder länger anhaltende Schmerzen oder Leiden oder erhebliche Schäden zugefügt hat, das Halten oder Betreuen von Tieren einer bestimmten oder jeder Art untersagen, wenn Tatsachen die Annahme rechtfertigen, dass er weiterhin derartige Zuwiderhandlungen begehen wird. Bei der Frage, ob Verstöße vorgelegen haben oder erhebliche und länger anhaltende Leiden, Schmerzen und Schäden einem Hund zugefügt worden sind, kommt den Amtstierärzten eine besondere Beurteilungskompetenz zu.

III. Die Haftung des Hundehalters

13 § 833 S. 1 BGB begründet eine **Gefährdungshaftung** des Hundehalters für den Fall, dass ein anderer – wie der Nachbar – durch den Hund an Leben, Gesundheit oder Eigentum verletzt wird. Der Grund für diese strenge Haftung liegt in dem unberechenbaren oder aber auch instinktgemäßen selbsttätigen Verhalten und

15 LG Nürnberg-Fürth Urt. v. 2.2.1990 – 7 S 3264/90, NJW-RR 1991, 460; AG Hamburg Urt. v. 26.9.1989 – 316 a C 97/89, WuM 1989, 624.
16 BGH Urt. v. 29.2.2012 – VIII ZR 155/11, NJW 2012, 1647.
17 AG Münster Urt. v. 22.6.1995 – 8 C 749/94, WuM 1995, 534.
18 AG Köln Urt. v. 4.4.2001 – 130 C 275/00, WuM 2001, 493.
19 BGH Beschl. v. 22.8.2017 – VIII ZR 226/16, NJW-RR 2017, 1290.

damit der typischen Gefahr eines Hundes. Verletzungen durch **Hundebisse** sind grundsätzlich der spezifischen Tiergefahr zuzurechnen.[20] Sie verwirklicht sich nur nicht, wenn keinerlei eigengesteuerte Energie des Hundes an dem Geschehen beteiligt ist. Sieht etwa eine 86-jährige Frau einen Schäferhund schwanzwedelnd auf sich zulaufen und verletzt sich aufgrund ihres schreckhaften Zurückweichens bei einem Sturz, so haftet der Hundehalter auf Schadensersatz und Schmerzensgeld.[21] Eine in einer Tierarztpraxis beschäftigte Angestellte, die bei der Behandlung eines Hundes von diesem in den Unterarm gebissen wird, handelt nicht auf eigene Gefahr, sondern in Erfüllung des Behandlungsvertrages, so dass sie gemäß §§ 833 Abs. 1, 253 Abs. 1 BGB gegen den Tierhalter einen Anspruch auf Schmerzensgeld hat – hier in Höhe von 2.700 EUR.[22]

Hundehalter ist, wer über die Verwendung des Hundes bestimmt und daraus einen Nutzen zieht. So bleibt die Tierhalterhaftung auch bei länger andauernder Überlassung des Tieres an eine Hundepension erhalten, wenn derjenige, der sich des Tieres begibt, weiterhin für die Kosten der Tierhaltung aufkommt, den allgemeinen Wert und Nutzen des Tieres für sich in Anspruch nimmt und das Risiko seines Verlustes trägt.[23] Die Hundehaltereigenschaft endet als tatsächliche, nicht rechtliche Beziehung auch nicht mit dem Entlaufen des Hundes, weil sich gerade darin die besondere Tiergefahr verwirklicht.[24] 14

Die strenge Gefährdungshaftung entfällt nach § 833 S. 2 BGB nur für Hunde, die dem Beruf (Jagdhund des Försters), der Erwerbstätigkeit (Wachhund) oder dem Unterhalt (Blindenhund) des Tierhalters zu dienen bestimmt sind. Der Hundehalter haftet für ein solches **Nutztier** auch nach § 833 S. 2 BGB nicht, wenn er sich **entlasten** kann, indem er darlegt und beweist, bei der Beaufsichtigung des Tieres die im Verkehr erforderliche Sorgfalt beobachtet zu haben oder dass der Schaden auch bei Anwendung dieser Sorgfalt entstanden wäre. Die Anbringung eines Schilds mit der Aufschrift „Vorsicht bissiger Hund“ schließt nicht grundsätzlich die Haftung für Schäden aus, die ein auf dem Grundstück frei herumlaufender Hund einem Besucher zufügt.[25] So darf etwa der Wachhund für Gebäude oder Grundstücke zur Bewachung des Objekts nur insoweit frei umherlaufen, als er dabei andere Personen nicht verletzen kann.[26] Ist mit dem Zutritt dritter Personen zu rechnen, ist ein gefährlicher Hund anzuleinen oder wegzusperren. 15

IV. Das Eindringen eines Hundes

Im Hinblick auf das Eindringen eines Hundes auf das Grundstück stehen dem Nachbarn nicht nur Abwehr-, sondern auch Schadensersatzansprüche zu. Der Grundstückseigentümer kann nach § 1004 Abs. 1 S. 2 BGB vom Nachbarn verlangen, dass dessen Hund nicht auf seinem Grundstück freilaufen, urinieren bzw. koten gelassen wird.[27] Entsprechendes ergibt sich aus § 862 Abs. 1 BGB für den Grundstücks- oder Raumbesitzer. Das Betreten des Nachbargrundstücks durch Hunde stellt keine der Zuführung unwägbarer Stoffe ähnliche Einwirkung iSd § 906 Abs. 1 BGB dar (→ *Betreten des Nachbargrundstücks* Rn. 14).[28] Die Befugnis, das Eindringen eines Hundes **abzuwehren**, ist deshalb nicht nach § 906 BGB eingeschränkt. Unerheblich ist demnach, ob die Nutzung des Grundstücks nicht oder nur unwesentlich beeinträchtigt wird oder Ortsüblichkeit vorliegt. 16

Sorgt der Nachbar nicht entweder durch eine ausreichende Beaufsichtigung oder eine ausreichend sichere Einzäunung seines Grundstücks dafür, dass sein Hund nicht entweichen kann und verletzt der Hund einen anderen Hund, liegt darin eine Eigentumsverletzung (§§ 90a S. 3, 823 Abs. 1 BGB), die zum Ersatz der 17

20 BGH Urt. v. 25.3.2014 – VI ZR 273/13, NJW 2014, 2434.
21 OLG Nürnberg Urt. v. 8.2.1991 – 6 U 2394/90, NJW-RR 1991, 741.
22 AG Frankenthal Urt. v. 7.7.2016 – 3a C 66/16, juris Rn. 19.
23 BGH Urt. v. 25.3.2014 – VI ZR 273/13, NJW 2014, 2434.
24 BGH Urt. v. 28.9.196 – IV ZR 94/64, NJW 1965, 2397.
25 OLG Düsseldorf Urt. v. 20.6.1980 – 4 U 98/79, VersR 1981, 1035.
26 BGH Urt. v. 3.5.2005 – VI ZR 238/04, VersR 2005, 1254.
27 LG Berlin Urt. v. 7.12.2016 – 35 O 215/16, Grundeigentum 2017, 354.
28 *Roth* in Staudinger BGB § 906 Rn. 118 mwN.

noch als verhältnismäßig zu erachtenden Tierbehandlungskosten verpflichtet.[29] Das Bekoten des Grundstücks durch den eindringenden Hund stellt eine Beschädigung und Verunstaltung des Grundstücks, mithin nach § 823 Abs. 1 BGB eine Substanzverletzung des Eigentums dar. Der Eigentümer hat deshalb gegen den Hundehalter einen Anspruch auf Zahlung der Kosten für die Beseitigung des **Hundekots** von seinem Grundstück gemäß § 823 Abs. 1 BGB.[30]

18 Bei einer im Gemeinschaftseigentum stehenden Gartenfläche wahrt eine Gebrauchsregelung die Interessen der übrigen Miteigentümer in hinreichender Weise, wenn die Hunde angeleint sind, eine Nutzung der Gartenfläche als Hundetoilette untersagt und der Hundehalter verpflichtet wird, Hundekot umgehend selbst zu beseitigen.[31] Ein vom Vermieter genehmigter junger – ungefährlicher, verspielter – Hund darf ohne angeleint zu sein in der Wohnungseigentumsanlage und im Gebäude herumlaufen,[32] ein großer Hund muss dagegen angeleint und von einer mindestens 16-jährigen Person begleitet werden.[33]

V. Hundelärm

19 Bei der Abwehr von Hundelärm ist zwischen zivilrechtlichen Ansprüchen des Nachbarn und dem Einschreiten von Ordnungs- und Polizeibehörden zu unterscheiden.

1. Zivilrechtliche Abwehr von Hundelärm

20 Zivilrechtlich stehen dem Nachbarn als Grundstückseigentümer bzw. Grundstücks- oder Raumbesitzer aus § 1004 Abs. 1 BGB und § 862 Abs. 1 BGB iVm § 906 BGB **Abwehransprüche** gegen Hundelärm zu. Als Eigentümer des beeinträchtigten Grundstücks kann der Nachbar aus § 1004 Abs. 1 BGB verlangen, dass die durch das Gebell des Hundes gegen seinen Willen verursachten Beeinträchtigungen beseitigt und unterlassen werden. Nach § 1004 Abs. 2 BGB ist dieser Anspruch allerdings ausgeschlossen, wenn der Eigentümer zur Duldung verpflichtet ist. Eine solche Duldungspflicht kann sich aus § 906 Abs. 1 BGB ergeben, wonach der Eigentümer eines Grundstücks ua solche Geräusche nicht verbieten kann, die die Benutzung seines Grundstücks nicht oder nur unwesentlich beeinträchtigen. Wesentliche Beeinträchtigungen müssen nach § 906 Abs. 2 BGB hingenommen werden, wenn sie ortsüblich sind und nicht durch wirtschaftlich zumutbare Maßnahmen verhindert werden können. Entsprechend stellt sich die Rechtslage für den Mieter bzw. Pächter aus dem Besitzschutz nach § 862 Abs. 1 BGB iVm § 906 BGB dar.

21 Inwieweit der Grundstückseigentümer von dem Nachbargrundstück ausgehende Beeinträchtigungen durch Hundelärm hinnehmen muss, ist demnach in § 906 BGB eingehend geregelt; aus dem **nachbarlichen Gemeinschaftsverhältnis** ergeben sich insoweit keine weitergehenden Duldungspflichten, weil dieses Rechtsinstitut nicht dazu dienen darf, die nachbarrechtlichen Regelungen in ihr Gegenteil zu verkehren.[34]

22 **a) Beeinträchtigung.** Bei den Lauten eines Hundes (Gebell, Winseln, Jaulen) handelt es sich um Geräusche, die generell störend für den Nachbarn sein können, und damit um Immissionen im Sinne von § 906 Abs. 1 BGB. Der Grundstückseigentümer kann verlangen, dass eine wesentliche Beeinträchtigung durch Hundelaute unterbleibt, wenn sie in einer Dauer und Häufigkeit auftreten, die das ortsübliche Maß überschreiten.

23 **aa) Wesentliche Beeinträchtigung.** Nach § 906 Abs. 1 BGB muss der Nachbar störende Hundelaute hinnehmen, soweit sie ihn in der Nutzung seines Grundstücks nur unwesentlich beeinträchtigen. Für die Frage, ob die von Hundelärm ausgehenden Störungen der Nachbarschaft unwesentlich iSv § 906 Abs. 1 BGB sind, kann nicht auf die in Regelwerken wie der TA Lärm und einschlägigen VDI-Richtlinien enthaltenen Im-

29 BGH Urt. v. 27.10.2015 – VI ZR 23/15, NJW 2016, 1589.
30 LG Berlin Urt. v. 7.12.2016 – 35 O 215/16, Grundeigentum 2017, 354.
31 OLG Hamburg Beschl. v. 20.8.2007 – 2 Wx 72/07, ZMR 2008, 151.
32 AG München Urt. v. 23.10.2014 – 113 C 19711/13, ZMR 2015, 164.
33 OLG Karlsruhe Beschl. v. 20.5.2008 – 14 Wx 22/08, NJW-RR 2008, 1607; OLG Düsseldorf Beschl. v. 23.8.2006 – I-3 Wx 64/06, WuM 2006, 582.
34 BGH Urt. v. 13.12.2019 – V ZR 152/18, MDR 2020, 282; *Brückner* in MüKoBGB § 903 Rn. 43 ff.

missionsrichtwerte abgestellt werden. Deshalb bedarf es auch keiner Lärmpegelmessung, ob geltende Immissionsrichtwerte durch das Bellen der Hunde überschritten werden. Vielmehr können substantiierte **Beschwerden** von Nachbarn genügen, die sich durch das Hundegebell auf ihren Grundstücken erheblich belästigt fühlten. Eine wesentliche Beeinträchtigung von Nachbarn ist auch bei deutlich geringeren als den in der TA Luft oder in den VDI-Richtlinien vorgegebenen Grenzwerten möglich.[35] Bei Geräuschimmissionen unterhalb der Schwelle der Gesundheitsgefahr kommt es nicht allein auf die Höhe eines messbaren Geräuschpegels an. Anstelle von solchen Grenzwerten ist bei Hundegebell für die Wesentlichkeitsschwelle vielmehr auf dessen Intensität abzustellen sowie auf die Häufigkeit, die Dauer, den Zeitpunkt oder den Zeitraum des Hundegebells.

Als unwesentliche Beeinträchtigung sind solche Hundelaute nicht schon deshalb anzusehen, weil sie auf 24
das Grundstück nur mit einer Lautstärke dringen, deren Phonzahl bei Verkehrs- und Industriegeräuschen noch hinnehmbar ist.[36] Hundelaute beeinträchtigen schon bei einer geringeren Lautstärke, weil sie die Aufmerksamkeit besonders auf sich ziehen und sich in das Bewusstsein desjenigen drängen, der sie nicht hören will. Die Grenze der im Einzelfall **wesentlichen** Lärmbelästigung kann nicht mathematisch exakt, sondern nur aufgrund wertender Beurteilung festgesetzt werden. Maßgeblich ist, ob im konkreten Fall von dem Grundstück des Hundehalters Hundelaute ausgehen, die sich nach dem Empfinden eines „verständigen Durchschnittsmenschen" als wesentlich darstellen.[37]

Unwesentlich sind die Hundelaute aber, wenn sie nur außerhalb der üblichen Ruhezeiten zu hören sind, 25
nicht länger als 10 Minuten ununterbrochen und nicht länger als insgesamt 30 Minuten täglich dauern.[38] Während der Feierabendruhe und Nachtzeit von 19 bis 8 Uhr,[39] mindestens aber von 22 bis 6 Uhr,[40] sowie von 13 bis 15 Uhr braucht der Nachbar allerdings störendes Hundegebell nicht nach § 906 Abs. 1 BGB als nur unwesentliche Beeinträchtigung hinzunehmen. Teilweise wird auch die Auffassung vertreten, es bestehe kein Anspruch, dass ein Nachbar zu bestimmten Zeiten jegliches Gebell seines Hundes unterbindet.[41]

bb) Ortsübliche Beeinträchtigung. Auch eine wesentliche Beeinträchtigung des Grundstücks muss ge- 26
mäß § 906 Abs. 2 S. 1 BGB hingenommen werden, falls sie durch einen **ortsüblichen** Hundelärm auf dem Nachbargrundstück herbeigeführt wird. Für die Ortsüblichkeit ist maßgebend, ob eine Mehrheit von Grundstücken in der Umgebung mit einer nach Art und Ausmaß einigermaßen gleich beeinträchtigenden Einwirkung auf andere Grundstücke durch Hundelärm benutzt wird.[42] Zu berücksichtigen ist dabei nicht nur die Lautstärke, sondern auch die Art des Bellens, die bei einem großen Hund anders stört als bei einem kleinen.[43] Ob die Benutzung eines Grundstücks ortsüblich ist, bestimmt sich nicht entscheidend nach Bauplanungsrecht, sondern in erster Linie nach den tatsächlichen Verhältnissen in dem maßgeblichen Vergleichsgebiet.[44]

In einem Wohngebiet gehört die Haltung von Hunden in einem üblichen Rahmen zur typischen Freizeitnut- 27
zung; gelegentliches Hundegebell einzelner Hunde haben Anwohner deshalb hinzunehmen.[45] Häufiges,

---

35 VGH München Beschl. v. 29.8.2013 – 10 CS 12.2495, juris Rn. 4; OLG Düsseldorf Urt. v. 24.11.1993 – 9 U 111/93, NJW-RR 1995, 542; OLG Köln Urt. v. 7.6.1993 – 12 U 40/93, MDR 1993, 1083; *Viehweg/Regenfus* in jurisPK-BGB § 906 BGB Rn. 57.

36 OLG Hamm Urt. v. 11.4.1988 – 22 U 265/87, WuM 1990, 123.

37 BGH Urt. v. 21.10.2005 – V ZR 169/04, NJW-RR 2006, 235.

38 OLG Hamm Urt. v. 16.11.1989 – 22 U 249/89, NJW-RR 1990, 335; *Ring* in NK-BGB § 906 Rn. 202; *Scheidler* MDR 2009, 242.

39 OLG Hamm Urt. v. 16.11.1989 – 22 U 249/89, MDR 1988, 966.

40 OLG Köln Urt. v. 7.6.1993 – 12 U 40/93, MDR 1993, 1083; *Horst* ZAP 2019, 847 (854).

41 OLG Düsseldorf Urt. v. 24.11.1993 – 9 U 111/93, NJW-RR 1995, 542; LG Schweinfurt Urt. v. 21.2.1997 – 3 S 57/96, NJW-RR 1997, 1104.

42 BGH Urt. v. 20.11.1992 – V ZR 82/91, BGHZ 120, 239; *Roth* in Staudinger BGB § 906 Rn. 208.

43 LG Darmstadt Urt. v. 6.11.1992 – 1 O 404/92, DWW 1993, 19 (schäferhundgroßer Airdaile-Terrier).

44 BGH Urt. v. 17.12.1982 – V ZR 55/82, NJW 1983, 751; BGH Urt. v. 15.1.1971 – V ZR 110/68, WM 1971, 624.

45 VG Neustadt Beschl. v. 19.12.2018 – 5 L 1573/18, juris Rn. 18.

übermäßig lautes Bellen ist dagegen in einem Wohngebiet nicht ortsüblich.[46] Hundegebell eines außerhalb des Hauses gehaltenen Hundes, das über anlassbezogenes Anschlagen hinausgeht, kann in einem Mischgebiet, erst recht in einem Wohngebiet, während der nächtlichen Ruhezeiten untersagt werden.[47] Auch ein Wachhund muss so gehalten werden, dass durch sein Bellen die Anwohner nicht mehr als ortsüblich gestört werden; eine „Bell-Freiheit" für Wachhunde gibt es nicht.[48] In einer ländlichen Gegend hat der Nachbar eines Hundebesitzers indessen eine weitergehende Beeinträchtigung durch Hundegebell zu dulden. Ist die ländliche Gegend jedoch inzwischen zunehmend durch reine Wohnzwecke und nur noch nachrangig durch landwirtschaftliche Zwecke geprägt, ist ein häufiges und minutenlanges Bellen der Hunde nicht mehr als ortsüblich anzusehen, weil es auf die derzeitigen Verhältnisse ankommt.[49]

28 **b) Beseitigung und Unterlassung.** Der durch den Hundelärm gestörte Nachbar hat es in der Hand, ob er nach § 1004 Abs. 1 BGB iVm § 906 BGB einen Beseitigungs- oder einen Unterlassungsanspruch oder sogar diese beiden Abwehransprüche nebeneinander geltend macht.

29 Der **Beseitigungsanspruch** nach § 1004 Abs. 1 S. 1 BGB zielt bei Hundelärm auf die Beseitigung bestehender Störungen, überlässt aber die Wahl des geeigneten Mittels hierzu dem Störer. Grundsätzlich hat der Störer zu entscheiden, ob und wie er seine Emissionen auf das nach § 906 BGB zulässige Maß begrenzt.[50] Hierfür kommt eine ganze Reihe von Möglichkeiten in Betracht – von Hundetraining über Schallschutzmaßnahmen oder die Beschränkung der Auslaufzeit bis zum Verkauf des Hundes.

30 Der **Unterlassungsanspruch** aus § 1004 Abs. 1 S. 2 BGB zielt bei Hundelärm auf die Verhinderung künftiger Störungen. Auch hier ist es zunächst Sache des Störers, von sich aus zwischen verschiedenen zur Abhilfe geeigneten Maßnahmen auszuwählen. Daher kann der beeinträchtigte Nachbar in der Regel lediglich die Vornahme geeigneter Abhilfemaßnahmen verlangen und der Urteilsausspruch nur allgemein auf Unterlassung von Störungen durch bestimmten Hundelärm lauten.[51] Möglich ist allerdings eine zeitliche Eingrenzung, zB

„Der Beklagte wird verurteilt, seine Hunde so zu halten, dass Hundegebell, Winseln oder Jaulen auf dem Grundstück des Klägers in x nur außerhalb der Zeitspannen von 13.00 Uhr bis 15.00 Uhr sowie von 22.00 Uhr bis 6.00 Uhr, und zwar nicht länger als 10 Minuten ununterbrochen und insgesamt 30 Minuten täglich, zu hören ist."[52]

31 **Anspruchsberechtigt** ist nach § 1004 Abs. 1 BGB der Eigentümer unabhängig vom Besitz, nach § 1011 BGB auch der Miteigentümer gegenüber Dritten. Kraft Verweisung stehen die Abwehransprüche aus § 1004 Abs. 1 BGB auch dem Inhaber beschränkter dinglicher Rechte zu, zB dem Erbbauberechtigten nach § 11 Abs. 1 ErbbauRG oder dem Dauerwohnberechtigten nach § 34 Abs. 2 WEG (vgl. auch §§ 1027, 1065, 1090 Abs. 2 BGB). Mieter oder Pächter können ihren Anspruch auf § 862 Abs. 1 BGB stützen. Die Abwehrbefugnis des Mieters oder Pächters reicht nicht weiter als die des Eigentümers, so dass sich auch für sie die Zulässigkeit des Hundelärms entsprechend § 906 BGB bemisst. Anspruchsgegner ist der **Störer**. Der Halter eines Hundes trägt jedenfalls durch die Hundehaltung zu einem störenden Hundelärm bei und ist deshalb mittelbarer Handlungsstörer.[53]

2. Behördliches Einschreiten gegen Hundelärm

32 Die Behörde darf einschreiten, wenn das Hundegebell das ortübliche Maß nach Häufigkeit, Intensität, Dauer und Zeitpunkt übersteigt. So kann sie anordnen, dass der Hund in den gesetzlichen Ruhezeiten (...) in

46 *Brückner* in MüKoBGB § 906 Rn. 147.
47 *Roth* in Staudinger BGB § 906 Rn. 157; OLG Brandenburg NZM 2018, 238.
48 OLG Düsseldorf Beschl. v. 6.6.1990 – 5 Ss (OWi) 170/ 90, NJW 1990, 3160.
49 OLG Düsseldorf Beschl. v. 8.6.1989 – 5 Ss (OWi) 220/89, DWW 1989, 365.
50 *Keukenschrijver* in NK-BGB § 1004 Rn. 191.
51 BGH Urt. v. 21.10.2005 – V ZR 169/04, NJW-RR 2006, 235.
52 OLG Köln Urt. v. 7.6.1993 – 12 U 40/93, MDR 1993, 1083.
53 *Herrler* in Palandt BGB § 1004 Rn. 18.

einem geschlossenen Gebäude (...) unterzubringen ist, in dieser Zeit nicht im Garten umherlaufen darf oder keine Anreize gesetzt werden dürfen, die den Hund zu diesen Zeiten zum Bellen animieren. Hundelärm kann eine erhebliche Belästigung der Nachbarschaft darstellen und damit **ordnungswidrig** sein. Nach § 117 Abs. 1 OWiG handelt ordnungswidrig, wer ohne berechtigten Anlass oder in einem unzulässigen oder nach den Umständen vermeidbaren Ausmaß Lärm erregt, der geeignet ist, die Allgemeinheit oder die Nachbarschaft erheblich zu belästigen oder die Gesundheit eines anderen zu schädigen. Nicht nur die Ordnungsbehörde, sondern auch die Polizei kann einem Verstoß gegen § 117 OWiG nachgehen. Er begründet eine Gefahr für die öffentliche Sicherheit, so dass zu ihrer Abwehr auch die Polizei aufgrund der Generalklausel (zB § 3 PolG BW) innerhalb der durch das Recht gesetzten Schranken die erforderlichen Maßnahmen treffen kann.

Für das Vorliegen des Ordnungswidrigkeitentatbestands nach § 117 OWiG kommt es nicht darauf an, ob sich die gesamte Nachbarschaft gleichermaßen gestört fühlt. Es genügt, dass das Hundegebell zur Belästigung von mindestens **zwei** Nachbarn geeignet ist.[54] Ebenso unerheblich ist, ob die vom Hundegebell – auch nachts – ausgehenden Störungen der Nachbarschaft eine derartige Intensität erreichen, dass die Immissionsrichtwerte, die in den Regelwerken wie der TA Lärm und einschlägigen VDI-Richtlinien festgelegt sind, überschritten werden.[55] **Beschwerden von einem Nachbarn**, der sich durch das Hundegebell auf seinen Grundstücken erheblich belästigt fühlt, kommt auch dann Bedeutung zu, wenn durch das Hundegebell die Immissionsrichtwerte nicht (nachweislich) überschritten werden. Behördliche Maßnahmen, zB die Anordnung, den Hund zu bestimmten Zeiten ins Haus zu nehmen, können nicht nur dann rechtmäßig sein, wenn sie dazu dienen, die Gesundheit der vom Hundegebell betroffenen Nachbarn vor Schaden zu bewahren, sondern auch schon dann, wenn dadurch erhebliche Belästigungen anderer Menschen unterbunden werden sollen. 33

Belästigungen sind Beeinträchtigungen des körperlichen Wohlbefindens, die noch keine Gesundheitsschäden bewirken. Lautes Hundegebell ist bereits aufgrund seiner Eigenart als ungleichmäßiges, die Aufmerksamkeit auf sich ziehendes Geräusch dazu geeignet, das körperliche Wohlbefinden eines verständigen Durchschnittsmenschen zu beeinträchtigen. Die Belästigungen durch Hundegebell sind dann erheblich, dh nicht mehr geringfügig, wenn sie das übliche und zumutbare Maß übersteigen. Dabei ist auf die Stärke, Häufigkeit und Dauer des Hundelärms sowie auf den konkreten Zeitpunkt und die Ortsüblichkeit abzustellen. Häufiges und länger anhaltendes Hundegebell insbesondere zur Nachtzeit und an Sonn- und Feiertagen kann für Nachbarn eine erhebliche Belästigung darstellen.[56] Kurzzeitiges und nur gelegentliches Hundegebell stellt hingegen eher keine Belästigung dar, sondern ist als sozialadäquate Geräuschkulisse hinzunehmen.[57] Dies gilt umso mehr in Randlagen von Wohngebieten und Dorfgebieten, in denen Wachhunde eingesetzt werden. 34

VI. Prozessuales

Der Anspruchsteller hat sein Eigentum bzw. seinen Besitz, die Einwirkung von Hundelärm und als deren kausale Folge eine Beeinträchtigung **darzulegen und ggfs. zu beweisen**.[58] Um der Behauptungslast hinsichtlich der Beeinträchtigung zu genügen, ist das störende Hundegebell nach Art, Umfang und Häufigkeit nachvollziehbar darzulegen, vorzugsweise anhand von Lärmprotokollen oder Beschwerden zweier Nachbarn.[59] Die für den Unterlassungsanspruch erforderliche Wiederholungsgefahr wird aufgrund der Beeinträchtigung vermutet. 35

54 *Gürtler* in Göhler OWiG § 117 Rn. 14.
55 VGH München Urt. v. 1.12.1988 – 21 B 88.01683, juris Rn. 24; VG Augsburg Beschl. v. 19.11.2020 – Au 8 S 20.2142, juris Rn. 50.
56 OVG Lüneburg Beschl. v. 5.7.2013 – 11 ME 148/13, NJW 2013, 2922; VG Gelsenkirchen Urt. v. 18.9.2014 – 8 K 3784/13, juris Rn. 35.
57 OLG Düsseldorf Urt. v. 24.11.1993 – 9 U 111/93, NJW-RR 1995, 542.
58 *Lüke* in Grziwotz/Lüke/Saller NachbarR-HdB Kap. 3 Rn. 88.
59 *Roth* in Staudinger BGB § 906 Rn. 199.

36 Nach der sich aus § 906 Abs. 1 BGB ergebenden Beweislastverteilung obliegt es sodann dem Hundehalter, darzulegen und gegebenenfalls zu beweisen, dass das Gebell sich gar nicht oder nur unwesentlich störend auf das Grundstück des Klägers ausgewirkt hat. Zur Entlastung kann er darlegen, welche konkreten Maßnahmen er zB zum Aufenthalt des Hundes zu welchen Zeiten getroffen hat, um die von seinem Hund ausgehende Geräuschbelästigung auf ein vom Nachbar hinzunehmendes Maß zu reduzieren.

37 Fraglich ist, ob sich die Zwangsvollstreckung bei Titeln zur Vermeidung von Hundelärm nach der Handlungsvollstreckung nach §§ 887 f. ZPO oder der Unterlassungsvollstreckung nach § 890 ZPO richtet.[60] Hat der Kläger eine Beseitigung von Störungen oder konkrete, vertretbare Maßnahmen beantragt, die auch tituliert wurden, ist regelmäßig die **Handlungsvollstreckung** durch Ersatzvornahme nach § 887 ZPO anwendbar. Dabei darf der Gläubiger spätestens im Vollstreckungsantrag die geplanten Maßnahmen, zu denen er sich ermächtigen lassen will, im Einzelnen bezeichnen, wenn ihm dies möglich und zumutbar ist.[61] Wird der Hundelärm freiwillig oder zwangsweise beseitigt, erlischt der Beseitigungsanspruch und ist ein Titel hierüber verbraucht, bei erneutem Hundelärm eine Vollstreckung hieraus also nicht mehr möglich.[62]

38 Die **Unterlassungsvollstreckung** ist nach § 890 ZPO beim Prozessgericht, das den nur auf Unterlassung von Störungen durch bestimmten Hundelärm lautenden Titel geschaffen hat, durchzuführen. Trotz seines Wortlauts kann der Schuldner einem solchen Unterlassungsgebot nicht durch bloßes Nichtstun genügen, sondern allein durch aktives Handeln. Die Frage, welches **aktive** Handeln durch dieses Unterlassen gefordert wird, ist nicht durch den Verbotsausspruch zu beantworten, sondern vom Schuldner selbst.[63] Unter Umständen wird ihn im Vollstreckungsverfahren nach § 890 ZPO das Prozessgericht hierüber belehren müssen, wobei ihn das Verschuldenserfordernis vor ungerechtfertigten Ordnungsmitteln schützt.[64] Der Gläubiger jedenfalls braucht diese Antwort nicht vorab und – im Unterschied zur Handlungsvollstreckung – auch nicht im Vollstreckungsantrag zu geben. Andererseits kann er damit vom Nachbarn eine konkrete Maßnahme wie das Verbot der Hundehaltung nur verlangen, wenn allein diese Maßnahme die Beeinträchtigung beseitigt oder wenn weitere Maßnahmen zwar möglich sind, vernünftigerweise jedoch nicht ernsthaft in Betracht gezogen werden können.

39 Trifft der Schuldner Abhilfe, tritt zwar insoweit Erfüllung ein. Der Unterlassungsanspruch ist aber stets auf die Verhinderung künftiger Störungen gerichtet und erlischt deshalb nicht. Ein nach § 890 ZPO zu vollstreckender Unterlassungstitel ist demnach nicht verbraucht, sondern weiterhin Grundlage dafür, erneuten Hundelärm abzuwehren.

60 OLG München Beschl. v. 24.8.1981 – 25 W 1644/81, OLGZ 82, 101; OLG München Beschl. v. 31.1.1990 – 25 W 2336/89, MDR 1990, 442; OLG Köln Urt. v. 7.6.1993 – 12 U 40/93, MDR 1993, 1083.

61 OLG Köln Beschl. v. 2.5.1990 – 2 W 61/90, NJW-RR 1990, 1087 mwN.

62 *Berger* in Jauernig BGB § 1004 Rn. 9; *Fritzsche* in BRHP § 1004 Rn. 148.

63 BGH Urt. v. 4.2.1993 – I ZR 42/91, BGHZ 121, 242 – TRIANGLE.

64 *Böhm*, Die Zwangsvollstreckung nach § 890 ZPO, S. 74.

61. Infraschall

J. Kerkmann

I. Bedeutung und Definition von Infraschall

Im nachbarschaftlichen Kontext kommt der Lärmabwehr eine besondere Funktion und Bedeutung zu, die alle Formen von akustischen Immissionen betrifft. In besonderer Weise hat sich das Phänomen des sogenannten Infraschalls im nachbarlichen Konflikt der Wohnnutzung gegenüber Windenergieanlagen herausgebildet. 1

Schall setzt sich in physikalischer Hinsicht aus der Frequenz (Tonhöhe) und dem Schalldruckpegel, also der Lautstärke zusammen. Mit Blick auf das Phänomen des Infraschalls ist insbesondere die Tonhöhe von Bedeutung. Der Hörsinn des Menschen ist grundsätzlich in der Lage, Schall zu erfassen, dessen Frequenz zwischen rund 20 Hertz (Hz) und 20.000 Hz liegt.[1] Niedrige Frequenzen entsprechen den tiefen, große den hohen Tönen. Schall unterhalb des Hörbereichs, also mit Frequenzen von weniger als 20 Hz, nennt man Infraschall. **Infraschall ist somit Schall, dessen Frequenz unterhalb der menschlichen Hörfläche**, also unterhalb von rund 20 Hz **liegt.**[2] Als tieffrequent bezeichnet man Geräusche, wenn ihre vorherrschenden Anteile im Frequenzbereich unter 100 Hz liegen. Infraschall ist also ein Teil des tieffrequenten Schalls. 2

Infraschall kommt in der natürlichen Umgebung in vielen Bereichen vor, zB wird er durch Wind erzeugt, wenn dieser böig oder verwirbelt ist. Es gibt aber auch künstliche Ursachen, beispielsweise können Transformatorenstationen oder Pumpen tieffrequente Geräusche ebenso verursachen, wie das Verkehrswesen oder Windkraftanlagen. Auch haushaltseigene Geräte, zB Waschmaschinen, Kühlschränke, Öl- und Gasheizungen kommen als Quelle in Betracht. Eine wichtige Infraschallquelle ist ebenfalls der Verkehr. 3

Die wissenschaftliche Erkenntnisdichte zum Infraschall wird nach wie vor als wenig aussagekräftig angesehen. Zwar gilt es als sicher, dass viele Anlagen Infraschall emittieren, ob und in welcher Entfernung dieser wahrnehmbar ist, ist allerdings zurzeit noch nicht verbindlich geklärt. Im Hinblick auf akustische Effekte kann für die Infraschallbelastung zB durch **Windenergieanlagen** nach heutigem Stand der Forschung davon ausgegangen werden, dass diese im Vergleich mit anderen (natürlichen und anthropogenen) Quellen sehr gering ist, so dass es hierbei **nicht zu negativen Auswirkungen auf die Gesundheit** kommt. 4

II. Bestehendes Schutzniveau im Öffentlichen Recht

Sowohl für genehmigungsbedürftige als auch für nicht genehmigungsbedürftige Anlagen nach BImSchG bestehen die sog. Betreiberpflichten, vgl. §§ 5 und 22 BImSchG. Von den Anlagen dürfen im Grundsatz keine schädlichen Umwelteinwirkungen ausgehen. Für Lärm gibt es verschiedene Konkretisierungen, insbesondere die TA Lärm, in der auch der Infraschall Berücksichtigung findet. Nach der **Nr. 7.3 der TA Lärm** wird zB eine **Berücksichtigung von tieffrequenten Geräuschen** (also Geräusche unter 90 Hz) verlangt. Relevant ist in diesem Zusammenhang aber auch der Verweis auf die Aussage in Nr. A.1.5 des Anhangs zur TA Lärm sowie den dort zu findenden Verweis auf die DIN 45680,[3] aus der sich im Ergebnis ergibt, dass Immissionen und damit auch Infraschall ohnehin erst ab 10 Hz erfasst werden. Relevant ist somit ausschließlich der Frequenzbereich zwischen 10 und 20 Hz. 5

Insbesondere in gerichtlichen Verfahren gegen Windkraftanlagen wird hieran regelmäßig Kritik geäußert. Die TA Lärm ist allerdings als normkonkretisierende Verwaltungsvorschrift für Genehmigungsbehörden 6

1 „Hertz" ist die Einheit der Frequenz, die Zahl steht für die Schwingungen pro Sekunde.
2 Geräusche oberhalb des Hörbereichs, also mit Frequenzen über 20.000 Hz, sind hingegen als Ultraschall bekannt.
3 DIN 45680 (1997) – Messung und Bewertung tieffrequenter Geräuschimmissionen in der Nachbarschaft.

und Gerichte bindend. Die in ein technisches Regelwerk eingeflossenen wissenschaftlichen Erkenntnisse nehmen in Verbindung mit der TA Lärm an deren Verbindlichkeit als normkonkretisierende Verwaltungsvorschrift teil.[4] Eine Ausnahme kommt nur in Betracht, wenn gesicherte neue Erkenntnisse vorliegen oder die Normen gegen höherrangiges Recht verstoßen. Beides ist vorliegend zurzeit nicht ersichtlich.

III. Sonderfall: Windenergieanlagen

7 Insbesondere im Zusammenhang mit Windenergieanlagen wird vermehrt gerügt, dass diese Infraschall hervorrufen, der zu Beeinträchtigungen führe. Die Rechtsprechung geht davon aus, dass bei den heute üblichen Abständen zwischen Windenergieanlagen und Wohnbebauung diese maßgebliche Schwelle nicht erreicht oder überschritten wird.

8 Tieffrequenter Schall durch Windenergieanlagen liegt im Allgemeinen unterhalb der Wahrnehmungsschwelle des menschlichen Gehörs und führt nach dem bisherigen Stand wissenschaftlicher Erkenntnisse grundsätzlich nicht zu Gesundheitsgefahren.[5] Konkretisierend wird in der Rechtsprechung beispielsweise ausgeführt, dass der Infraschall schon in der näheren Umgebung zu einer Windkraftanlage (bei 250 m bzw. 300 m Entfernung) deutlich unter der Hör- und Wahrnehmungsschwelle liege und bei einer Entfernung von 700 m kaum noch gemessen werden könne.[6] Weiter wird angenommen, dass die von Windenergieanlagen ausgehenden Schallanteile im tieffrequenten Bereich auf der Grundlage des derzeitigen Standes der Wissenschaft typischerweise nicht derart ausgeprägt sind, um in immissionsrelevanter Entfernung (≤ 300 m) zu schädlichen Umwelteinwirkungen oder zu einer erheblichen Belästigung der Nachbarschaft zu führen.[7]

IV. Zivilrechtliche Ansprüche

9 Etwaige Abwehransprüche des Grundstückseigentümers im Zusammenhang mit Beeinträchtigungen wegen Infraschalls können sich insbesondere aus den §§ 906, 1004 Abs. 1 BGB ergeben.

10 **Grundsätzlich** kann gemäß § 1004 Abs. 1 BGB der Eigentümer eines Grundstücks von jedem, der sein Eigentum anders als durch Besitzentziehung beeinträchtigt, Beseitigung oder – sind für die Zukunft weitere Beeinträchtigungen zu erwarten – Unterlassung verlangen. In vielen Fällen kann die Unterlassung künftiger Störungen nur durch die Beseitigung oder durch **Beschränkungen der Betriebszeiten der Störungsquelle** erzielt werden. In der Praxis werden entsprechende Anträge regelmäßig gestellt. Der Unterlassungsanspruch des § 1004 Abs. 1 Satz 2 BGB ist für den Eigentümer grundsätzlich dann eröffnet, wenn zukünftig noch weitere Beeinträchtigungen zu befürchten sind. Die konkrete Gefahr der Wiederholung dieser Beeinträchtigung ist eine materiell-rechtliche Voraussetzung des Unterlassungsanspruches. Unabhängig davon, dass die Rechtswidrigkeit der vorangegangenen Beeinträchtigung regelmäßig für die Vermutung einer Wiederholungsgefahr ausreicht, werden Anlagen regelmäßig dauerhaft betrieben, so dass an der Wiederholungsgefahr keinerlei Zweifel bestehen dürfte.

1. Einschränkung durch § 14 BImSchG

11 Dabei ist für immissionsschutzrechtliche Genehmigungen, die im förmlichen Genehmigungsverfahren erteilt worden sind, § 14 BImSchG zu berücksichtigen, wonach aufgrund privatrechtlicher, nicht auf besonderen Titeln beruhender Ansprüche zur Abwehr benachteiligender Einwirkungen von einem Grundstück auf ein benachbartes Grundstück nicht die Einstellung des Betriebs verlangt werden kann, deren Genehmigung unanfechtbar geworden ist. Diese Vorschrift soll den Bestand von förmlich genehmigten Anlagen gegen-

4 So ausdrücklich VGH München Beschl. v. 7.10.2019 – 22 CS 19.1355, BeckRS 2019, 27057 zur DIN 45680.

5 OVG Münster Beschl. v. 6.5.2016 – 8 B 866/15, BauR 2016, 1760. Aktueller und sehr ausführlich: OVG Münster Beschl. v. 21.2.2020 – 8 A 3269/18, juris Rn 56 ff.

6 Vgl. zB: VGH Mannheim Beschl. v. 20.7.2018 – 10 S 2378/17, NuR 2018, 639.

7 So zB OVG Koblenz Beschl. v. 17.10.2017 – 8 B 11345/17, UPR 2018, 272, ebenso: OVG Lüneburg Beschl. v. 19.12.2016 – 12 ME 85/16, RdL 2017, 130; OVG Saarlouis Beschl. v. 3.11.2017 – 2 B 584/17, BauR 2018, 497 jeweils mwN; vgl. auch: Bayerisches Landesamt für Umwelt und Bayerisches Landesamt für Gesundheit und Lebensmittelsicherheit, Windenergieanlagen – beeinträchtigt Infraschall die Gesundheit?.

über privatrechtlichen Ansprüchen sichern, da der Schutz betroffener Nachbarn durch den Beteiligungsanspruch des § 10 BImSchG gewährleistet wird. Ein Unterlassungs- und Beseitigungsanspruch kann daher in diesen Fällen nur auf Grundlage von § 1004 Abs. 1 BGB analog iVm § 823 Abs. 1 BGB wegen Beeinträchtigung der Gesundheit und der körperlichen Unversehrtheit in Betracht kommen, den § 14 Abs. 1 Satz 1 Hs. 1 BImSchG nicht ausschließt.[8] Hierfür wird jedoch ein substantiierter Vortrag vorausgesetzt, dass und welche gesundheitlichen und körperlichen Beeinträchtigungen, die auf den Betrieb der streitgegenständlichen Anlagen gestützt werden müssen, in der Vergangenheit aufgetreten sind. Diese müssen die Besorgnis begründen, dass auch künftig mit derartigen Beeinträchtigungen zu rechnen ist.

Von § 14 Abs. 1 Satz 1 BImSchG ebenfalls nicht ausgeschlossen wird ein Anspruch auf Erlass von Schutz- 12
vorkehrungen.

2. Bestehen einer Duldungspflicht

Der Anspruch ist gemäß § 1004 Abs. 2 BGB jedoch ausgeschlossen, wenn eine Duldungspflicht besteht. 13
Gemäß § 906 Abs. 1 BGB ist der Eigentümer eines Grundstückes zur Duldung von Emissionen, die von einem anderen Grundstück ausgehen, verpflichtet, wenn die Einwirkung dieser die Benutzung seines Grundstücks nicht oder nur unwesentlich beeinträchtigt. Ob sich eine Beeinträchtigung als nur unwesentlich in diesem Sinne darstellt, beurteilt sich nach dem Empfinden eines verständigen Durchschnittsmenschen und danach, was ihm unter Würdigung anderer öffentlicher und privater Belange zuzumuten ist.[9]

Hinsichtlich der Darlegungs- und Beweislast gilt: 14

1. Liegt eine Beeinträchtigung (unstreitig) vor, ist die Unwesentlichkeit grundsätzlich vom Störer darzulegen und zu beweisen. Nach § 906 Abs. 1 Satz 2, 3 BGB liegt eine unwesentliche Beeinträchtigung in der Regel vor, wenn die in Gesetzen oder Rechtsverordnungen festgelegten Grenz- oder Richtwerte von den nach diesen Vorschriften ermittelten und bewerteten Einwirkungen nicht überschritten werden.[10] Eine Überschreitung dieser Richtwerte hat eine Indizwirkung für das Vorliegen einer wesentlichen Beeinträchtigung und umgekehrt.
2. Der Richter kann jedoch von dieser Indizwirkung abweichen, wenn besondere Umstände des Einzelfalls dies gebieten. Darzulegen und ggf. zu beweisen sind solche die Indizwirkung erschütternden Umstände von demjenigen, der trotz der Einhaltung der Grenzwerte eine wesentliche Beeinträchtigung geltend macht. Er braucht indes nicht nachzuweisen, dass die Beeinträchtigung auch wesentlich ist.[11]

Da wie oben ausgeführt in der verwaltungsgerichtlichen Rechtsprechung schädliche Umwelteinwirkungen 15
durch Infraschall bei den schon aus Gründen des Lärmschutzes erforderlichen üblichen Entfernungen zu Wohnbebauung ausgeschlossen werden, liegen hierzu häufig – anders als für Lärmeinwirkungen – keine gutachterlichen Feststellungen vor. Das OLG Schleswig hatte daher eine vorinstanzliche Entscheidung aufgehoben, weil das Landgericht die Klage ohne die Einholung eines diesbezüglichen Sachverständigengutachtens abgewiesen hatte. Die Schwierigkeit des medizinischen Nachweises entbehre nicht der Notwendigkeit, zunächst einmal die Belastungen des Grundstücks durch Infraschall festzustellen.[12] Anders hat es nun allerdings für einen Fall entschieden, in dem eine sachverständige Stellungnahme vorgelegt wurde, nach der am Wohnhaus des Klägers keine Belästigungen durch tieffrequente Geräusche zu erwarten seien. In seiner Begründung dieser Entscheidung hat das OLG Schleswig nunmehr auch ausführlich Bezug auf die einhellige verwaltungsgerichtliche Rechtsprechung genommen. Jedenfalls bei **Entfernungen von mehr als 1.000 m zwischen Windenergieanlage und betroffener Wohnbebauung** sei einem **Beweisantrag** auf Einholung eines gerichtlichen Sachverständigengutachtens zu den gesundheitlichen Folgen von Infraschall **nicht nachzugehen**, da das Beweismittel derzeit ungeeignet sei. Das Gericht stellt insoweit einen Bezug

8 OLG Schleswig Urt. v. 4.12.2019 – 9 U 152/18, BeckRS 2019, 35972; *Giesberts* in BeckOK UmweltR BImSchG § 14 Rn. 1.
9 BGH Urt. v. 26.10.2018 – V ZR 143/17, NJW 2019, 773.
10 vgl. LG Freiburg Urt. v. 3.3.2005 – 3 S 19/01, juris Rn. 9.
11 Vgl. BGH Urt. v. 13.2.2004 – V ZR 217/03, NJW 2004, 1317 (1318 f.) mwN.
12 OLG Schleswig Urt. v. 13.6.2019 – 7 U 140/18, BeckRS 2019, 15501.

zur Entscheidung des BGH zu elektromagnetischen Feldern[13] her, wonach die Durchsetzung des Justizgewährungsgebots keine Beweisaufnahme verlange, die allenfalls den bestehenden Zustand der Ungewissheit, eine wissenschaftlich nicht verlässlich explorierte kumulative Gefährdungslage, spiegeln könnte. Ein Sachverständigengutachten zu den gesundheitlichen Auswirkungen von Infraschall, der durch Windenergieanlagen erzeugt wird, könne nur den derzeitigen Stand der wissenschaftlichen Forschung wiedergeben und sei nicht geeignet, neue Erkenntnisse zu vermitteln, auf deren Grundlage sich ein Gericht eine Überzeugung davon bilden könnte, dass trotz der gegebenen Entfernung gesundheitliche Beeinträchtigungen konkret zu befürchten seien. Das OLG Rostock hatte in der Vergangenheit überdies in einer anderen Fallkonstellation bereits entschieden, dass, wenn – wie es zurzeit im Bereich des Infraschalls der Fall ist – keine gesicherten wissenschaftlichen Erkenntnisse über die Auswirkungen von Emissionen bestehen, derjenige, der einen Anspruch aus § 906 BGB geltend macht, den Kausalitätsbeweis der Beeinträchtigung nicht geführt hat, wenn nicht ausgeschlossen werden kann, dass die behaupteten Beeinträchtigungen auch andere Ursachen haben könnten.[14] Dieser Beweis dürfte angesichts des derzeitigen Forschungsstands und der Vielzahl der in Betracht kommenden Emissionsquellen – in Betracht kommen auch andere bestehende Windenergieanlagen – kaum zu führen sein.

V. Prozessuale Hinweise

16 Innerhalb eines gerichtlichen Verfahrens kann und darf ein Gericht seiner Würdigung ausschließlich gesicherte wissenschaftliche Erkenntnisse zugrunde legen. Das BVerfG hat entschieden, dass es nicht Aufgabe der Tatsachengerichte ist, neuartigen Forschungsergebnissen und Thesen zum Durchbruch zu verhelfen.[15] Das Gericht ist daher auch nicht gehalten, weitere Gutachten auf diesem Forschungsgebiet einzuholen.[16] Dem Gericht ist es durch Art. 19 Abs. 4 Satz 1 GG auch nicht auferlegt, außerrechtliche tatsächlich bestehende Erkenntnisdefizite aufzulösen. Gerichte sind nicht in der Lage, fachwissenschaftliche Erkenntnislücken selbstständig zu schließen, und auch nicht verpflichtet, über Ermittlungen im Rahmen des Stands der Wissenschaft hinaus Forschungsaufträge zu erteilen.[17] Vielmehr ist es Sache des Gesetzgebers, den weiteren Stand der Forschung zu beobachten und ihm durch die Einführung oder Verschärfung von Grenzwerten Rechnung zu tragen.

13 BGH Beschl. v. 13.2.2014 – V ZR 217/03, NJW 2004, 1317 (1319).

14 Vgl. ua OLG Rostock Urt. v. 13.5.2009 – 3 U 3/08, juris Rn. 56.

15 BVerfG Beschl. v. 17.2.1997 – 1 BvR 1658/96, NJW 1997, 2509.

16 OLG Rostock Urt. v. 13.5.2009 – 3 U 3/08, juris Rn. 52; insbesondere im Zusammenhang mit Windkraftanlagen zeigt sich, dass sämtliche Studien (zB: *Schomer* u. a., *„A theory to explain some physiological effects of the infrasonic emissions at some wind farm sites“* oder van Kamp/van den Berg, *„Health Effects Related to Wind Turbine Sound, Including Low-Frequency Sound and Infrasound“* sowie die Publikation Nr. 8738 des belgischen Superior Health) lediglich Teil des wissenschaftlichen Diskurses sind, der allerdings bisher keinen begründeten Ansatz für relevante tieffrequente Immissionen oder Infraschall durch Windenergieanlagen oder nachweisbare gesundheitsschädliche Auswirkungen ergibt, so: OVG Münster Beschl. v. 21.2.2020 – 8 A 3269/18, juris Rn. 56 ff., siehe auch: OVG Münster Urt. v. 20.12.2018 – 8 A 2971/17, juris Rn. 179 ff. mwN; Beschl. v. 19. 12. 2019 – 8 B 858/19, juris Rn. 20 f. mwN; OVG Saarlouis Beschl. v. 13.11. 2019 – 2 B 278/19, juris Rn. 18; VGH München Beschl. v. 7.10. 2019 – 22 CS 19.1355, juris Rn. 41 f.; VGH Kassel Beschl. v. 6.11.2018 – 9 B 765/18, juris Rn. 58; VGH Mannheim Beschl. v. 20.7. 2018 – 10 S 2378/17, juris Rn. 25.

17 BVerfG Beschl. v. 23.10.2018 – 1 BvR 2523/13, BVerfGE 149, 407; BVerwG Urt. v. 7.4.2016 – 4 C 1.15, BVerwGE 154, 377; BVerwG Urt. v. 22.9.2016 – 4 C 6.15, BVerwGE 156, 136; BVerwG Urt. v. 17.1.2007 – 9 A 20.05, BVerwGE 128, 1.

62. Jalousie und Rollladen

Klose

Literatur: *Horst*, Nächtliche Lärmbelastung – Praxisrelevante Einzelfälle im Mietrecht, MDR 2012, 70; *Horst*, Grenzüberbau durch Wärmedämmung, NJW 2010, 122; *Pfeifer*, Lärmabwehr auch ohne objektive Kriterien, DWW 1990, 264.

I. Einführung

Jalousien und Rollläden dienen dazu, die Lichteinstrahlung, aber auch den Lärm von außen abzumildern. 1
Nachbarn oder Miteigentümer können diese optisch ablehnen oder durch die mit der Bedienung der Jalousie verbundenen Geräusche gestört werden. Die Möglichkeit sie anzubringen, kann aber auch die Schutzbedürftigkeit im Hinblick auf die Einwirkungen vom Nachbargrundstück beeinflussen.

II. Einfluss auf das Nachbargrundstück

Jalousien können sowohl körperlich als auch optisch und akustisch auf das Nachbargrundstück oder andere 2
Wohnungen einwirken.

1. Überbau

Ragt eine Außenjalousie ganz oder teilweise in das Nachbargrundstück hinein, kann dies gemäß § 905 S. 2 BGB 3
in oberen Stockwerken zu dulden sein. Ein Überbau im Sinne des § 912 BGB setzt voraus, dass durch eine bauliche Maßnahme mit einem nachträglich angebauten Gebäudeteil die Grundstücksgrenze überschritten wird.[1] Er ist dann rechtswidrig, wenn sein Erfordernis bereits bei der Errichtung des Gebäudes bekannt und daher eine das Nachbargrundstück nicht beeinträchtigende Planung und Bauausführung möglich war. Das gilt auch dann, wenn die Jalousie nachträglich angebracht worden ist.[2] Nur dann, wenn die Jalousien fest in das Mauerwerk eingefügt und ohne dessen nachhaltige Beschädigung nicht entfernt werden können, also ein Gebäudebestandteil im Sinne des § 94 BGB geworden sind,[3] sind die Voraussetzungen eines, dann allerdings möglicherweise gemäß § 912 Abs. 2 S. 1 BGB zu entschädigenden, Überbaus gegeben, sofern das überbauende Errichten der Jalousie nicht vorsätzlich oder grob fahrlässig erfolgt ist. Sonst kann gemäß § 1004 Abs. 1 S. 1 BGB der Rückbau verlangt werden.[4] Für die Anwendbarkeit des § 912 BGB kommt es nicht darauf an, ob bereits das Erdgeschoss oder erst höhere Geschosse von dem Überbau betroffen sind.[5] Neben dem gutgläubigen Überbau ist erst recht der Überbau rechtmäßig, der auf einer Vereinbarung der Nachbarn beruht.[6] Die nach § 912 Abs. 2 S. 1 BGB geschuldete Überbaurente richtet sich nach dem Verkehrswert der überbauten Grundstücksfläche.[7] Von vornherein ist der Nachbar an dem Durchsetzen des Verlangens der Beseitigung gehindert, wenn dieses rechtsmissbräuchlich ist. Das ist im Fall einer Wärmedämmung bei einer Grundstücksüberschreitung um 11 cm angenommen worden, die mit bloßem Auge nicht zu erkennen war.[8] Für Rollläden, die ebenfalls auch der Wärmedämmung dienen, kann nichts anderes gelten.

---

1 OLG Rostock Urt. v. 30.7.2015 – 3 U 82/14, NJOZ 2017, 401 (404).
2 BGH Urt. v. 15.7.2016 – V ZR 195/15, NJW-RR 2016, 1489 (1491).
3 BGH Urt. v. 28.11.2011 – V ZR 147/10, NJW 2011, 1069 (1070).
4 Vgl. BGH Urt. v. 19.10.2012 – V ZR 263/11, NJW-RR 2013, 652 (653).
5 *Horst* NJW 2010, 123.
6 BGH Urt. v. 2.6.2017 – V ZR 196/16, NZBau 2017, 656 (657).
7 BGH Urt. v. 28.11.2011 – V ZR 147/10, NJW 2011, 1069 (1071).
8 OLG Köln Urt. v. 15.11.2002 – 10 U 75/02, NZM 2003, 296 (296).

2. Beeinträchtigung durch Jalousien und Rollläden

4 Durch ihre Bauart, aber auch durch ihre Verwendung, können Jalousien das Nachbargrundstück in physischer, optischer und akustischer Hinsicht beeinträchtigen. Sie können aber auch dazu geeignet sein, sonstige Beeinträchtigungen vom Nachbargrundstück abzuwenden. Sie zu diesem Zweck anzubringen, kann dem Nachbarn jedoch nur im Ausnahmefall zugemutet werden.

5 **a) Optische Beeinträchtigung.** Die Gestaltung der Jalousien und Rollläden ist für den Nachbarn dann nicht unerheblich, wenn diese so erfolgt, dass er sich beeinträchtigt fühlt. Jedoch ist sie regelmäßig hinzunehmen. Bloße optische Beeinträchtigungen durch die Ausgestaltung der gegenüberliegenden Hausfassade und der Fensterverkleidung begründen allenfalls ideelle Einwirkungen ästhetischer oder optischer Art und damit keine Immissionen im Sinne des § 906 Abs. 1 BGB.[9] Eine Einschränkung gilt jedoch dann, wenn die Jalousie mit einem reflektierenden Material ausgestaltet ist. Sind die Außenseiten der Jalousien so ausgestaltet, dass sie eine Blendwirkung entfalten können, müssen die Nachbarn diese nur im Rahmen des Ortsüblichen hinnehmen, wenn sie im Sinne des § 906 Abs. 1 BGB wesentlich sind.[10] Lichtreflexionen begründen Immissionen im Sinne des § 906 BGB, die der Nachbar nicht hinnehmen muss, wenn diese auch mit zumutbaren Maßnahmen nicht ausgeschlossen, oder auf ein zumutbares Maß beschränkt werden können.[11] Da die äußere Gestaltung der Jalousien und deren Funktion die Verwendung einer reflektierenden Verkleidung nicht zwingend erfordert, kann der Nachbar regelmäßig das Unterlassen jeglicher störenden Blendung durch Jalousien oder Rollläden verlangen.

6 **b) Verhinderung ungewollter Einblicke.** Wird in unmittelbarer Nähe einer bereits vorhandenen Bebauung eine Nachbarbebauung genehmigt und errichtet,[12] können auch dadurch Konflikte entstehen, dass in das Nachbargebäude Einblick genommen werden kann. Gerade in dicht bebauten Bereichen sind Einblickmöglichkeiten kaum zu vermeiden. Auch durch das Umgestalten bestehender Baulichkeiten können derartige Konflikte hervorgerufen werden. Der Einblick in die Räume des auf dem Nachbargrundstück errichteten Gebäudes kann gerade dann eine Belastung begründen, wenn das Nachbargrundstück, etwa für Pflegeeinrichtungen, gewerblich genutzt wird. Hier kommt es auf die Umstände des Einblicks an. Ein Unterlassungsanspruch aus § 1004 Abs. 1 BGB besteht jedenfalls dann, wenn der Blick in das andere Gebäude das Wahrnehmen von Geschehnissen ermöglicht, die auch die Betroffenen zur Wahrung ihres eigenen Persönlichkeitsrechts nicht hinnehmen müssen. Trotz einer bestehenden Einblickmöglichkeit kann ein Entschädigungsanspruch aus § 906 BGB deshalb ausgeschlossen sein, weil ihm durch das Anbringen von Jalousien entgegengetreten werden kann.[13] Allerdings muss dafür das Nutzen der Jalousie auch zumutbar sein. Daran wird es regelmäßig fehlen, wenn diese auch zu der Tagzeit geschlossen werden müsste, die betroffenen Räume also nicht mit dem sonst vorhandenen Tageslicht genutzt werden könnten. Auch unter dem bauplanungsrechtlichen Gebot des Einfügens sind die gewährten Möglichkeiten zum Einblick regelmäßig nicht relevant.[14] Es ist dem Nachbarn auch bauordnungsrechtlich zuzumuten, sich durch das Anbringen entsprechender Vorrichtungen, etwa von Jalousien, zu behelfen.[15] Wird jedoch, was gerade bei einer Doppelhausbebauung der Fall sein kann, im Einzelfall gegen das Rücksichtnahmegebot verstoßen, können unzumutba-

9 Vgl. BGH Urt. v. 15.11.1974 – V ZR 83/73, NJW 1975, 170 (170); BGH Urt. v. 15.5.1970 – V ZR 20/68, BGHZ 54, 57 (59).

10 OLG Hamm Urt. v. 9.7.2019 – 24 U 27/18, MDR 2019, 1311 (1311).

11 OLG Stuttgart Urt. v. 9.2.2009 – 10 U 146/08, ZMR 2010, 684 (685); OLG Düsseldorf Urt. v. 21.7.2017 – 9 U 35/17, MDR 2017, 1297 (1297).

12 Die Einblickmöglichkeit ist regelmäßig städtebaulich nicht relevant, so dass das Bauplanungsrecht auch keinen generellen Schutz vor unerwünschten Einblicken bieten kann: VGH München Beschl. v. 10.1.2020 – 15 ZB 19.425, IBR 2020, 204.

13 OLG Karlsruhe Urt. v. 12.4.2007 – 14 U 43/06, NJW 2007, 3443 (3444).

14 BVerwG Beschl. v. 24.4.1989 – 4 B 72/89 NVwZ 1989, 1060 (1060).

15 OVG Koblenz Beschl. v. 22.6.2016 – 8 B 10411/16, BauR 2016, 1732 (1735).

re Einblickmöglichkeiten bestehen.[16] Dann kann das Rücksichtnahmegebot die Planung eines Sichtschutzes erfordern, um die Einsichtnahmemöglichkeiten zu begrenzen.[17]

c) Lärm. Das Verwenden der Jalousien und Rollläden kann jedenfalls dann, wenn sie außen angebracht 7 sind, einen den Nachbarn beeinträchtigenden Lärm erzeugen. Welcher Lärm gemäß § 906 Abs. 1 BGB hinzunehmen ist, ist an den Maßstäben eines verständigen Durchschnittsmenschen zu messen.[18] Ob eine Störung vorliegt, ist vom subjektiven Empfinden[19] und zudem auch maßgeblich von dem Gebiet, in dem die Lärmbeeinträchtigung auftritt, abhängig.[20] Für die subjektive Beeinträchtigung kommt es wesentlich auf die Lästigkeit und Häufigkeit der Geräuschbeeinträchtigung an.[21] Die Duldungspflicht orientiert sich zudem an der Vorbelastung und dem Ausmaß des Ortsüblichen.[22] Im Hinblick auf den Schallschutz bietet die DIN 4109[23] für elektrische Rollläden eine Orientierung,[24] ohne jedoch ein abschließendes Bild über die Zumutbarkeit einer Lärmbeeinträchtigung zu vermitteln.[25] Da das Benutzen von Rollläden und Jalousien selbst in allgemeinen Wohngebieten üblich ist, können Nachbarn das Betreiben von Jalousien grundsätzlich nicht verhindern. Werden diese jedoch im Einzelfall besonders störend verwendet, kann dagegen ein Abwehranspruch bestehen. Generell gehört das Betätigen von Rollläden, das typischerweise zur Nachtzeit erfolgt, trotz der dadurch begründeten Lärmentwicklung zu dem normalen Gebrauch einer Wohnung.[26] Auch das gilt jedoch nicht grenzenlos. Jedenfalls in den üblichen Ruhezeiten des Nachts kann das lautstarke Verwenden einer Jalousie eine abwehrfähige Ruhestörung begründen.[27] Maßgeblich ist, ob die Jalousie lediglich funktional oder schikanös gebraucht wird. In einer lediglich funktionsgerechten Verwendung von Jalousien in den zu den allgemeinen Ruhezeiten gehörenden Zeiten kann eine im Sinne von §§ 1004, 862 BGB relevante Störung gesehen werden, wenn dadurch der Schlafrhythmus der Nachbarn beeinträchtigt wird.[28] Wird eine Jalousie über das notwendige Maß hinaus etwa durch ein mehrfaches Hochziehen und Fallenlassen dazu verwandt, absichtlich Lärm hervorzurufen, kann dadurch neben einem Abwehranspruch aus § 1004 Abs. 1 BGB auch eine Ordnungswidrigkeit[29] gegeben sein.[30] Eine Mietminderung wird dadurch jedoch regelmäßig nicht begründet, wenn die Lärmbelästigung nicht auf der baulichen Ausgestaltung der Jalousien, sondern auf dem Verhalten der Nutzer beruht.[31] Von dem Mieter wird verlangt, dass er die Jalousien zu einem Zeitpunkt herunterlässt, zu dem die Kinder in der Nachbarschaft nicht gestört werden.[32]

3. Miete

Werden ordnungsgemäß angebrachte Außenjalousien lautstark störend verwendet, trägt die Verantwortung 8 dafür der Nutzer und nicht der Vermieter, so dass eine Minderung dadurch nicht begründet wird.[33] Waren die Mieträume ursprünglich mit Außenjalousien ausgestattet, begründet deren nachträgliches Entfernen durch den Vermieter einen Mietmangel im Sinne des § 535 Abs. 1 BGB, wenn deren Wirkung nicht vollständig durch andere Maßnahmen, etwa eine Innenjalousie verbunden mit einer verbesserten Dämmung der

---

16 VGH München Beschl. 10.11.2000 – 26 CS 99.2102, BauR 2001, 372 (373).
17 VGH München Urt. v. 3.12.2004 – 1 B 14.819, NVwZ-RR 2015, 365 (366); VG München Beschl. v. 16.3.2015 – M 8 SN 15.88, juris Rn. 35.
18 BGH Urt. v. 6.7.2001 – V ZR 246/00, NJW 2001, 3119 (3119 f.).
19 OLG Celle Urt. v. 29.6.2010 – 4 U 199/09, NJW-RR 2001, 1585 (1586), *Horst* MDR 2012, 69.
20 *Horst* MDR 2012, 69.
21 *Horst* MDR 2012, 69.
22 BVerwG Urt. v. 23.5.1991 – 7 C 19/90, NVwZ 1991, 886 (887).
23 DIN 4109: Schallschutz im Hochbau.
24 OLG Frankfurt Urt. v. 9.8.2009 – 16 U 197/07, NJW-RR 2010, 26 (27).
25 BGH Urt. v. 14.6.2007 – VII ZR 45/06. NJW 2007, 2983 (2984); *Horst* MDR 2012, 70; *Pfeifer* DWW 1990, 265.
26 AG Düsseldorf Urt. v. 29.11.2010 – 55 C 7723/10, WUM 2011, 172 (173 f.).
27 OLG Köln Beschl. v. 30.8.2000 – 16 Wx 115/00, NZM 2001, 53 (55); *Horst* MDR 2012, 70.
28 *Horst* MDR 2012, 73.
29 AG Düsseldorf Urt. v. 3.7.1991 – 301 OWi/906 Js 552/91, DWW 1992, 27 (27).
30 *Horst* MDR 2012, 73.
31 OLG Oranienburg Urt. v. 19.11.2001 – 29 C 262/01; GE 2001, 1678 (1778 f.).
32 AG Düsseldorf Urt. v. 29.11.2010 – 55 C 7723/10, WUM 2011, 17e (173 f.); *Horst* MDR 2012, 73.
33 AG Oranienburg Urt. v. 19.11.2001 – 29 C 262/01, juris (Ls.).

Fenster, zumindest ersetzt wird.[34] Allein durch eine Innenjalousie darf der Vermieter gegen den Willen des Mieters eine ehemals angebrachte Außenjalousie nicht ersetzen.[35] Wird der Hauseigentümer selbst von Grundstücksnachbarn in Anspruch genommen, eine belästigende Außenjalousien zu beseitigen, kann er deshalb im Verhältnis zu seinem Mieter einer Mietminderung ausgesetzt sein. Wird nämlich der Sicht- und Sonnenschutz eines Außenrolladens nicht vollständig durch eine für sie angebrachte Innenjalousie ersetzt, kann die Miete wegen des dadurch begründeten Mangels gemindert sein.[36] Die Pflege der Rollladenaußenseite obliegt regelmäßig dem Vermieter.[37]

4. WEG

9 Außenjalousien dienen der äußeren Gestaltung des Gebäudes und gehören damit zum Gemeinschaftseigentum,[38] sofern sie in der Teilungserklärung nicht ausdrücklich zum Sondereigentum erklärt worden[39] oder nicht in die Außenwand integriert sind und ohne eine Beeinträchtigung der äußeren Gestalt montiert und demontiert werden können.[40] Gleiches gilt regelmäßig auch für Rollladenkästen,[41] soweit durch sie die äußere Gestaltung des Gebäudes beeinflusst wird. Ihr nachträgliches Anbringen begründet eine bauliche Veränderung,[42] die der Zustimmung der Eigentümergemeinschaft bedarf,[43] sofern sie nicht zur ordnungsgemäßen Instandhaltung des Gemeinschaftseigentums erforderlich ist.[44] Wohnungseigentümer mussten nach dem alten Recht das nachträgliche Anbringen von Verschattungsanlagen durch andere Wohnungseigentümer dulden, wenn die Wohnungseigentümer bereits einen Grundsatzbeschluss gemäß § 22 Abs. 1 WEG getroffen hatten, der es den Wohnungseigentümer gestattet, Jalousien oder andere Verschattungsanlagen fachgerecht an den Türen und Fenstern zu installieren.[45] Unter § 20 Abs. 1 WEG wird nichts anderes gelten. Ein Nachteil ist dabei nicht jede ganz unerhebliche Beeinträchtigung zu verstehen.[46] Ist die Außenjalousie etwa an der Rückseite des Baukörpers im obersten Stockwerk angebracht, kann die durch sie begründete Beeinträchtigung belanglos und nicht erheblich sein.[47] Betrifft sie jedoch einen schwer einsehbaren innenliegenden Balkon und war die Fassade schon vorher nicht einheitlich, begründet sie keinen Nachteil, der über das unvermeidliche Maß hinausgeht.[48] Werden Außenjalousien ohne die erforderliche Genehmigung der Wohnungseigentümer angebracht, kann jeder Miteigentümer die Beseitigung dieser eigenmächtigen Veränderung verlangen,[49] wenn das Anbringen der Jalousie die Miteigentümer im Sinne des § 20 Abs. 1 WEG unbillig beeinträchtigt.[50]

34 LG Berlin Urt. v. 22.3.2010 – 67 S 306/09, juris Rn. 9.

35 LG Berlin Urt. v. 19.6.1997 – 61 S 449/96, NZM 1998, 432 (Ls.); AG München Urt. v. 22.3.2019 – 473 C 22571/18, ZMR 2019, 693 (694 f.).

36 LG Düsseldorf Urt. v. 18.6.2014 – 23 S 241/13, ZMR 2014, 982 (983).

37 AG München Urt. v. 30.0.1999 – 412 C 13623/99, NZM 2000, 35 (35).

38 AG Hannover Urt. v. 19.11.2018 – 481 C 6801/18, ZMR 2019, 225 (225).

39 KG Berlin Beschl. v. 19.6.1985 – 24 W 4020/84, ZMR 1985, 344 (345).

40 AG Würzburg Urt. v. 22.1.2015 – 30 C 1212/14, ZMR 2015, 420 (422).

41 OLG Saarbrücken Beschl. von 4.10.1996 – 5 W 286/95, ZMR 1997, 31 (32); AG Würzburg Beschl. v. 12.4.2016 – 30 C 820/15, IMR 2017, 110.

42 LG Hamburg Urt. v. 30.5.2012 – 318 S 176/11, ZMR 2012, 808 (809); AG Oldenburg, Urt. v. 16.7.2015 – 10 C 29/14, ZMR 2015, 974 (975); OLG Celle Beschl. v. 25.11.1997 – 4 W 223/97, OLGR 1998, 62 (63).

43 OLG Düsseldorf Beschl. v. 6.10.1999 – 3 Wx 259/99, ZMR 2000, 118 (119); OLG Düsseldorf Beschl. v. 10.7.1995 – 3 Wx 99/95, NJW-RR 1995, 1418 (1418 f.).

44 AG Aachen Beschl. v. 10.10.2002 – 12 UR II 124/01, WuM 2003, 474 (475).

45 *Riecke* MDR 2019, 271; BGH Urt. v. 20.7.2018 – V ZR 56/17, NJW-RR 2018, 1165 (1166) = MDR 2019, 1366 (1366) = IMR 2018, 424.

46 BGH Urt. v. 21.10.2011 – V ZR 265/10, ZWE 2012, 83 (84); vgl. BGH Urt. v. 18.2.2011 – V ZR 82/10, NZM 2011, 281 (282).

47 *Riecke* MDR 2017, 124; LG Aurich Urt. v. 18.12.2015 – 4 S 188/15, NJOZ 2016, 1473 (1474).

48 AG Hannover, Urt. v. 19.11.2018 – 481 C 6801/18, ZMR 2019, 225 (225).

49 Grundsätzlich muss der Miteigentümer weder bauliche Veränderungen an dem Gemeinschafts- noch am Sondereigentum dulden, die den optischen Gesamteindruck des Gebäudes verändern: BGH Urt. v. 18.11.2016 – V ZR 49/16, NJW 2017, 2184 (2186).

50 BGH Urt. v. 18.11.2016 – V ZR 49/16, NJW 2017, 2184 (2186) zu § 22 Abs. 1 S. 2 WEG aF.

III. Haftung

Für am äußeren Baukörper angebrachte Jalousien und Rollladenkästen besteht eine Verkehrssicherungspflicht, so dass bei herabfallenden Teilen der Jalousie eine Haftung des Grundstückseigentümers aus § 823 Abs. 1 BGB besteht. Auch eine Haftung aus § 836 Abs. 1 BGB kommt dann in Betracht. Da die Jalousie nach der Verkehrsauffassung den Charakter des Gebäudes erst bestimmt und als wesentlicher Bestandteil des Gebäudes im Sinne des § 94 Abs. 2 BGB angesehen wird,[51] handelt es sich bei herabstürzenden Teilen einer ehemals fest in das Gebäude eingefügte Jalousie um einen Gebäudeteil. 10

IV. Prozessuales

Unzumutbare Belästigungen durch Jalousien und Rollläden können mit einer Klage aus §§ 1004, 862 BGB abgewehrt werden. Der Antrag darf zur Vermeidung seiner Unzulässigkeit nicht so weit gefasst sein, dass er auch zulässiges Verhalten miterfasst.[52] Die Beweislast für die Beeinträchtigung trägt der Betroffene, diejenige für die Unwesentlichkeit der Verwender der Jalousie. Wird der Antrag auf Unterlassen auf eine unzumutbare Lärmbeeinträchtigung gestützt, wird deren subjektiv zu beurteilendes Vorhandensein regelmäßig ohne die Durchführung eines Ortstermins nicht bewiesen werden können. Durch Zeugen kann aber die Zeit und die Häufigkeit der Störungen bewiesen werden. 11

63. Kamin

Gohde

Literatur: *Kahl*, Klimaschutz durch die Kommunen – Möglichkeiten und Grenzen, ZUR 2010, 395; *Stollenwerk*, Der qualmende Kamin des Nachbarn, KommJur 2015, 326.

51 RG Urt. v. 8.5.1905 – VI 388/04, RGZ 60, 421 (422).
52 LG München Urt. v. 15.7.1998 – 14 S 3243/98, DWW 1999, 326 (326).

I. Begriff und mögliche Beeinträchtigungen

1 Ein **Kamin** ist eine innerhalb eines Gebäudes festinstallierte, zum Verbrennen von festen Brennstoffen[1] vorgesehene Feuerstelle mit Rauchabzug. Im Gegensatz zu einer Heizungsanlage wird mit einem Kamin nur ein Raum innerhalb eines Gebäudes unmittelbar beheizt, wobei die durch den Kamin ausgestrahlte Wärme als angenehmer und behaglicher als bei einer Heizung empfunden wird.

2 Für die rechtlichen Anforderungen und infolgedessen auch für die nachbarrechtlichen Abwehransprüche ist zwischen offenen und geschlossenen Kaminen zu unterscheiden. **Offene Kamine** sind dadurch gekennzeichnet, dass sie mit einem offenen Feuerraum betrieben werden und das Feuer, die von ihm ausgehende Wärme sowie infolge einer unvollständigen Verbrennung der Brennmaterialien auch Ruß, Rauch und Gerüche in die Räume des Gebäudes hineinwirken und -gelangen können.[2] Hingegen erfolgt bei einem **geschlossenen Kamin** die Verbrennung in einer geschlossenen Brennkammer.[3] Maßgeblich für die rechtliche Einordnung ist die bestimmungsgemäße Ausgestaltung der Kamine, vgl. § 2 Nr. 12 1. BImSchV. Hierbei sind vor allem die Konstruktion, zB selbstschließende Feuertüren, und der Inhalt der Betriebsanleitung des Herstellers zu berücksichtigen.[4] Unter Beachtung dieser Aspekte sind auch die in den meisten Baumärkten zu erwerbenden „Kaminöfen" als offene Kamine einzuordnen, da eine Verbrennung zwar in erster Linie bei geschlossener Feuertür erfolgen soll, aber eine Nutzung des „**Kaminofens**" auch bei offener Feuertür möglich ist.[5]

3 Mit der Nutzung eines Kamins gehen auch für die Nachbarschaft **mögliche Beeinträchtigungen in Form von Rauch, Ruß oder Brandgerüchen** einher. Als Ursachen hierfür kommen ua die Nutzung eines nicht mehr dem Stand der Technik entsprechenden Kaminofens, die Verwendung nicht zugelassener Brennmaterialien, bauliche Mängel am Schornstein sowie eine Verwendung über den zulässigen Gebrauch hinaus in Betracht.

II. Immissionsschutzrechtliche Abwehransprüche

4 Die Errichtung und der Betrieb von Kaminen wird nicht von der Anlage 1 der 4. BImSchV erfasst und stellt daher **kein genehmigungsbedürftiges Vorhaben** nach § 4 BImSchG dar, so dass ein Einschreiten der zuständigen Immissionsschutzbehörde bzw. eine ermessensfehlerfreie Entscheidung hierüber durch den Nachbarn nur auf der Grundlage von § 24 S. 1 BImSchG verlangt werden kann.[6] Gem. § 24 S. 1 BImSchG kann die Immissionsschutzbehörde die erforderlichen Maßnahmen zur Durchsetzung der Betreiberpflichten des § 22 BImSchG sowie der Pflichten einer auf dem BImSchG beruhenden Rechtsverordnung erlassen.

5 Die **Betreiberpflichten des § 22 BImSchG** umfassen ua die Verpflichtung zur Errichtung und zum Betrieb dergestalt, dass schädliche Umwelteinwirkungen verhindert werden, die nach dem Stand der Technik vermeidbar sind. Bei Feuerungsanlagen, zu denen auch Kamine gehören, geht das BVerwG diesbezüglich davon aus, dass der Betrieb unter den Einhaltungen der **Vorgaben der 1. BImSchV** idR zu keiner unzumutbaren Beeinträchtigung der Nachbarschaft führt.[7] Da die 1. BImSchV keine abschließende Konkretisierung des § 22 BImSchG darstellt (§ 21 1. BImSchV), ist in begründeten Einzelfällen ein Einschreiten möglich.[8]

---

1 Feuerstätten, die mit Brenngel aus Ethanol oder flüssigen Ethanol betrieben werden, sind nicht Gegenstand der nachfolgenden Ausführungen.
2 OVG Koblenz Beschl. v. 12.4.1991 – 7 B 10342/91, NVwZ 1992, 280; *Stollenwerk* KommJur 2015, 326 (329).
3 OVG Koblenz Beschl. v. 12.4.1991 – 7 B 10342/91, NVwZ 1992, 280.
4 BVerwG Beschl. v. 16.11.2010 – 7 B 41/10, NVwZ 2011, 306; *Stollenwerk* KommJur 2015, 326 (329).
5 OVG Koblenz Beschl. v. 12.4.1991 – 7 B 10342/91, NVwZ 1992, 280; OVG Koblenz Urt. v. 24.3.2010 – 1 A 10876/09, juris Rn. 28 ff.; *Stollenwerk* KommJur 2015, 326 (329).
6 BVerwG Urt. v. 18.5.1995 – 4 C 20/94, NVwZ 1996, 379; OVG Magdeburg Beschl. v. 18.10.2016 – 2 L 69/15, NVwZ-RR 2017, 325; *Stollenwerk* KommJur 2015, 326 (327).
7 BVerwG Beschl. v. 28.7.1999 – 4 B 38/99, NVwZ 2000, 552; VG Aachen Urt. v. 12.9.2014 – 6 K 2087/13, juris Rn. 46; *Heilshorn/Sparwasser* in Landmann/Rohmer Umweltrecht BImSchG § 22 Rn. 19.
8 BVerwG Beschl. v. 25.8.1999 – 4 B 55/99, NVwZ-RR 2000, 90; OVG Koblenz Urt. v. 24.3.2010 – 1 A 10876/09, juris Rn. 38; OVG Hamburg Beschl. v. 17.11.2011 – 2 Bs 177/11, juris Rn. 66; OVG Bremen Urt. v. 14.4.2015 – 1 A 214/13, juris Rn. 52.

1. Bei offenen Kaminen

a) Aufgrund eines Verstoßes gegen § 4 Abs. 4 1. BImSchV – gelegentliche Nutzung offener Kamine. Nach § 4 Abs. 4 S. 1 1. BImSchV dürfen offene Kamine (→ Rn. 2) nur **gelegentlich genutzt** werden. Den unbestimmten Rechtsbegriff „gelegentlich" legt die Rechtsprechung in Anlehnung an den allgemeinen Sprachgebrauch („ab und zu", „manchmal" sowie „bei passenden Umständen") sowie der unausgesprochenen Überlegung der 1. BImSchV, dass die primäre Wärmeerzeugung nicht durch den offenen Kamin erfolgt, dahin gehend aus, dass ein offener Kamin nach unterschiedlich langen Zeiträumen des Nichtbetreibens aufgrund besonderer Umstände genutzt wird.[9] Die Häufigkeit und die Dauer der zulässigen Nutzung sind von den Umständen des Einzelfalls abhängig. Durch die Verwaltungsgerichte wurden Anordnungen der Immissionsschutzbehörden, einen offenen Kamin nicht mehr als acht Tage im Monat für fünf Stunden zu betreiben, als hinreichende Konkretisierung des § 4 Abs. 4 S. 1 1. BImSchV im Einzelfall angesehen.[10] 6

b) Aufgrund eines Verstoßes gegen § 4 Abs. 4 1. BImSchV – Verwendung von naturbelassenem stückigen Holz als Brennstoff. Neben der Beschränkung der Nutzungsdauer auf eine gelegentliche Nutzung sieht § 4 Abs. 4 1. BImSchV in Satz 2 eine **Einschränkung bezüglich der zu verfeuernden Brennstoffe** vor. Demnach dürfen nur naturbelassenes stückiges Holz sowie Presslinge in Form von Holzbriketts in offenen Kaminen verfeuert werden. Nach § 3 Abs. 1 Nr. 4 1. BImSchV umfasst der Begriff des naturbelassenen stückigen Holzes neben Scheitholz und Hackschnitzeln auch Reisig und Zapfen. Als Holzbriketts gelten nach § 3 Abs. 1 Nr. 5 lit. a 1. BImSchV Presslinge aus naturbelassenem Holz nach DIN 51731, Ausgabe Oktober 1996, oder gleichwertiger Qualität. Die Holzbriketts dürfen nach § 3 Abs. 4 1. BImSchV nicht unter Verwendung von Bindemitteln – ausgenommen aus Stärke, pflanzlichen Stearin, Melasse und Zellulosefasern – hergestellt werden. Des Weiteren ist zu beachten, dass sowohl naturbelassenes stückiges Holz als auch Holzbriketts nur dann als Brennmaterialien eingesetzt werden dürfen, wenn sie einen Feuchtegehalt unter 25 Prozent bezogen auf das Trocken- und Darrgewicht aufweisen, vgl. § 3 Abs. 3 S. 1 1. BImSchV. 7

2. Bei geschlossenen Kaminen

Die Beschränkungen des § 4 Abs. 4 1. BImSchG gelten nicht für geschlossene Kamine (→ Rn. 2). Aufgrund dessen dürfen geschlossene Kamine grundsätzlich **auf Dauer betrieben** werden, sofern sie sich in einem ordnungsgemäßen technischen Zustand befinden, § 4 Abs. 1 S. 1 1. BImSchV. Der ordnungsgemäße technische Zustand hinsichtlich der Einhaltung der Emissionsgrenzwerte und des Mindestwirkungsgrades nach Anlage 4 zur 1. BImSchV muss durch eine **Typprüfung des Herstellers** für geschlossene Kamine, die ab dem 22.3.2010 errichtet worden sind, belegt sein. Liegt eine solche Typprüfung des Herstellers nicht vor, so ist der Betrieb des geschlossenen Kamins nach § 4 Abs. 3 1. BImSchV nicht gestattet. 8

Für geschlossene Kamine, die vor dem 22.3.2010 errichtet worden sind, sieht § 26 1. BImSchV **Übergangsregelungen** für die Anforderungen nach § 4 Abs. 1 und 3 1. BImSchV vor. Demnach dürfen geschlossene Kamine nur noch weiterbetrieben werden, wenn nachgewiesen wird, dass für Staub ein Grenzwert von 0,15 g je Kubikmeter und für Kohlenmonoxid ein Grenzwert von 4 g je Kubikmeter nicht überschritten wird, § 26 Abs. 1 S. 1 1. BImSchV. Sofern der Nachweis nach § 26 Abs. 1 S. 1 1. BImSchV bis zum 31.12.2013 nicht geführt werden konnte, sind die geschlossenen Kamine nach § 26 Abs. 2 1. BImSchV entweder außer Betrieb zu nehmen oder durch eine Einrichtung zur Reduzierung der Staubemissionen nach dem Stand der Technik nachzurüsten. Für die Außerbetriebnahme und die Nachrüstung gelten, in Abhängigkeit des Datums auf dem Typschild, die folgenden Zeitpunkte: 9

---

9 OVG Koblenz Beschl. v. 12.4.1991 – 7 B 10342/91, NVwZ 1992, 280; OVG Koblenz Beschl. v. 30.11.1993 – 7 A 12014/92, juris Rn. 30 ff.; LG Dortmund Urt. v. 3.4.2009 – 3 O 29/08, juris Rn. 43.

10 OVG Koblenz Beschl. v. 12.4.1991 – 7 B 10342/91, NVwZ 1992, 280; OVG Koblenz Beschl. v. 30.11.1993 – 7 A 12014/92, juris Rn. 30 ff.

Datum auf dem Typschild	Zeitpunkt der Nachrüstung oder Außerbetriebnahme
bis einschließlich 31.12.1974 oder Datum nicht mehr feststellbar	31.12.2014
1.1.1975 bis 31.12.1984	31.12.2017
1.1.1985 bis 31.12.1994	31.12.2020
1.1.1995 bis einschließlich 21.3.2010	31.12.2024

Tabelle: Übersicht über die Übergangsfristen nach § 26 Abs. 2 1. BImSchV.

10 Hinsichtlich des **Brennmaterials** ergeben sich Beschränkungen lediglich aus den Vorgaben des jeweiligen Herstellers. Denn nach § 4 Abs. 1 S. 2 1. BImSchV dürfen geschlossene Kamine nur mit den Brennstoffen nach § 3 Abs. 1 1. BImSchV betrieben werden, für deren Einsatz die Kamine nach den Herstellerangaben geeignet sind.[11]

3. Bei Verstößen gegen § 19 1. BImSchV

11 Für offene und geschlossene Kamine, die nach dem 22.3.2010 errichtet oder wesentlich geändert werden,[12] gelten die Vorgaben des § 19 Nr. 1 1. BImSchV bezüglich der **Austrittsöffnung von Schornsteinen**. Demnach muss die Austrittsöffnung den Dachfirst immer mindestens um 40 cm überragen. Alternativ hierzu können die Austrittsöffnungen auch in einem Abstand zur Dachfläche errichtet werden. Der Mindestabstand ist **von der Dachneigung abhängig**. Bei Dächern bis einschließlich 20 Grad müssen die Austrittsöffnungen mindestens einen Meter von der Dachfläche entfernt sein, § 19 Nr. 1 lit. a 1. BImSchV. Bei einer Dachneigung von mehr als 20 Grad erhöht sich der Abstand nach § 19 Nr. 1 lit. b1. BImSchV auf mindestens 2,3 Meter.

12 Des Weiteren müssen die Austrittsöffnungen von Feuerungsanlagen mit einer Gesamtleistung bis 50 kW die Oberkanten von Lüftungsöffnungen, Fenstern oder Türen in einem Umkreis von 15 Metern um mindestens einen Meter überragen, § 19 Nr. 2 1. BImSchV.[13]

4. Bei Verstößen gegen auf Landesimmissionsschutzgesetzen beruhendem Ortsrecht

13 Neben den Vorgaben der 4. BImSchV können sich Einschränkungen für den Betrieb von Kaminen aus den Immissionsschutzgesetzen der Länder ergeben. Zwar enthalten diese keine direkten Vorgaben für die Nutzung von Kaminen, sie beinhalten idR jedoch eine **Ermächtigungsgrundlage zum Erlass von Ortsrecht**. Aufgrund dieser Ermächtigungsgrundlage können die Gemeinden bezogen auf die besondere Schutzbedürftigkeit des Gebietes zur Vermeidung von schädlichen Umwelteinwirkungen **den Betrieb bestimmter Anlagen oder die Durchführung bestimmter Tätigkeiten**[14] sowie **die Verwendung von bestimmten Brennstoffen untersagen oder beschränken**[15] (näher hierzu → Rn. 19).

III. Baurechtliche Abwehrmöglichkeiten

14 Neben dem Verlangen auf ein Einschreiten der zuständigen Immissionsschutzbehörde aufgrund der Nichteinhaltung von immissionsschutzrechtlichen Vorgaben (→ Rn. 4 ff.) besteht für Nachbarn grundsätzlich die Möglichkeit, **gegen Kamine infolge von baurechtlichen Verstößen vorzugehen**. In Betracht kommen ein

11 VG Aachen Urt. v. 12.9.2014 – 6 K 2087/13, juris Rn. 30.
12 Ob die Anforderungen auch für Kamine, die vor dem 22.3.2010 errichtet worden sind, gelten, ist nicht abschließend geklärt; bejahend: OVG Magdeburg Beschl. v. 18.10.2016 – 2 L 69/15, NVwZ-RR 2017, 325; verneinend: OVG Münster Urt. v. 9.3.2012 – 2 A 2732/10, juris Rn. 43.
13 OVG Magdeburg Beschl. v. 18.10.2016 – 2 L 69/15, NVwZ-RR 2017, 325.
14 Art. 7 Abs. 1 S. 1 Nr. 1 und 2 BayImSchG, § 5 Abs. 1 lit. a und c LImSchG NRW, § 3a Abs. 1 Nr. 1 LImSchG RhPf.
15 Art. 7 Abs. 1 S. 1 Nr. 1 BayImSchG, § 5 Abs. 1 lit. b LImSchG NRW; § 3a Abs. 1 Nr. 2 LImSchG RhPf.

Vorgehen gegen die Baugenehmigung (→ Rn. 15 ff.), ein Verlangen auf Einschreiten gegen die Nutzung eines genehmigungsfreien Kamins, gegen die Nutzung eines Notkamins (→ Rn. 24) sowie der Verwendung unzulässiger Brennstoffe (→ Rn. 22).

1. Nachbarliches Vorgehen gegen die Baugenehmigung

Die Errichtung und der Betrieb eines Kamins sind idR von der für die bauliche Anlage erforderlichen Baugenehmigung mitumfasst. Infolgedessen können Nachbarn, soweit drittschützende Normen betroffen sind, gegen die Baugenehmigung durch Einlegung eines Widerspruchs und ggf. Erhebung einer Anfechtungsklage vorgehen (→ *Rechtsschutz, verwaltungsrechtliches Hauptsacheverfahren* Rn. 1 ff.). 15

a) Aufgrund eines Verstoßes gegen Bauplanungsrecht. Für den Betrieb eines Kamins können sich aus bauplanungsrechtlicher Sicht Einschränkungen aufgrund der **Festsetzungsmöglichkeit des § 9 Abs. 1 Nr. 23 lit. a BauGB** ergeben. Demnach kann in einem Bebauungsplan festgesetzt werden, dass zum Schutz vor schädlichen Umwelteinwirkungen im Sinne von § 3 Abs. 1 BImSchG bestimmte luftverunreinigende Stoffe in genau bezeichneten Gebieten nicht oder nur beschränkt verwendet werden dürfen. Aufgrund des rechtsstaatlichen Bestimmtheitsgebots sind sowohl die Gebiete als auch die nicht oder nur beschränkt zu verwendenden Stoffe genau zu bezeichnen.[16] 16

Für den Betrieb von Kaminen ist hierbei zu beachten, dass die Festsetzung nach § 9 Abs. 1 Nr. 23 lit. a BauGB nicht nur die nach § 3 Abs. 1 1. BImSchV für geschlossene Kamine sowie die nach § 4 Abs. 4 S. 1 1. BImSchV für offene Kamine zulässigen Brennstoffe wiedergeben darf, sondern diese vielmehr **weitergehend einschränken** muss. Andernfalls fehlt es der Festsetzung an der bauplanungsrechtlichen Erforderlichkeit.[17] Die Umsetzung des Festsetzungsinhalts erfolgt durch eine entsprechende Nebenbestimmung in der Baugenehmigung.[18] 17

b) Aufgrund eines Verstoßes gegen Bauordnungsrecht. Kamine müssen als **Feuerstätten nach den Landesbauordnungen**[19] betriebs- und brandsicher sein. Des Weiteren sind die Abgase von Feuerstätten durch Abgasanlagen so abzuleiten, dass keine Gefahren oder unzumutbaren Belästigungen entstehen können.[20] Konkretisiert werden die Anforderungen an die Betriebs- und Brandsicherheit sowie an die Abgasanlagen durch die **Feuerungsverordnungen der einzelnen Bundesländer.**[21] Aus nachbarlicher Sicht sind hierbei vor allem die Vorgaben für die Höhe von Mündungen von Abgasanlagen über dem Dach von besonderer Bedeutung, da hierdurch auch sichergestellt wird, dass die Nachbarn durch Rauch, Ruß und Gerü- 18

16 VGH Mannheim Beschl. v. 30.5.1994 – 5 S 1190/93, juris Rn. 33; VGH Kassel Beschl. v. 3.11.2011 – 4 B 1940/11, juris Rn. 8; *Söfker* in Ernst/Zinkahn/Bielenberg/Krautzberger BauGB § 9 Rn. 193.

17 *Spannowsky* in BeckOK BauGB § 9 Rn. 94.3.

18 *Söfker* in Ernst/Zinkahn/Bielenberg/Krautzberger BauGB § 9 Rn. 196.

19 Baden-Württemberg (§ 32 Abs. 1 LBO BW), Bayern (Art. 40 Abs. 1 BayBO), Berlin (§ 42 Abs. 1 BauO Bln), Brandenburg (§ 42 Abs. 1 BbgBO), Bremen (§ 42 Abs. 1 BremBO), Hamburg (§ 41 Abs. 1 HBauO), Hessen (§ 45 Abs. 1 HBO), Mecklenburg-Vorpommern (§ 42 Abs. 1 LBauO M-V), Niedersachsen (§ 40 Abs. 1 NBauO), Nordrhein-Westfalen (§ 42 Abs. 1 S. 1 BauO NRW), Rheinland-Pfalz (§ 39 Abs. 1 S. 1 LBauO RhPf), Saarland (§ 41 Abs. 1 LBO Saarl), Sachsen (§ 42 Abs. 1 SächsBO), Sachsen-Anhalt (§ 41 Abs. 1 BauO LSA), Schleswig-Holstein (§ 43 Abs. 1 LBO Schl.-H.) und Thüringen (§ 42 Abs. 1 ThürBO).

20 Baden-Württemberg (§ 32 Abs. 3 LBO BW), Bayern (Art. 40 Abs. 3 BayBO), Berlin (§ 42 Abs. 3 BauO Bln), Brandenburg (§ 42 Abs. 3 BbgBO), Bremen (§ 42 Abs. 3 BremBO), Hamburg (§ 41 Abs. 3 HBauO), Hessen (§ 45 Abs. 3 HBO), Mecklenburg-Vorpommern (§ 42 Abs. 3 LBauO M-V), Niedersachsen (§ 40 Abs. 3 NBauO), Nordrhein-Westfalen (§ 42 Abs. 4 BauO NRW), Rheinland-Pfalz (§ 39 Abs. 4 LBauO RhPf), Saarland (§ 41 Abs. 3 LBO Saarl), Sachsen (§ 42 Abs. 3 SächsBO), Sachsen-Anhalt (§ 41 Abs. 3 BauO LSA), Schleswig-Holstein (§ 43 Abs. 3 LBO Schl.-H.) und Thüringen (§ 42 Abs. 3 ThürBO).

21 Baden-Württemberg (§ 9 FeuV BW), Bayern (§ 9 BayFeuV), Brandenburg (§ 9 BbgFeuV), Hamburg (§ 9 HFeuV), Hessen (§ 9 HFeuV), Mecklenburg-Vorpommern (§ 9 FeuV M-V), Niedersachsen (§ 9 NFeuV), Nordrhein-Westfalen (§ 9 FeuV NRW), Rheinland-Pfalz (§ 9 FeuV RhPf, Saarland (§ 9 FeuV Saarl), Sachsen (§ 9 SächsFeuV), Sachsen-Anhalt (§ 8 FeuV LSA), Schleswig-Holstein (§ 9 FeuV Schl.-H.) und Thüringen (§ 9 ThürFeuV). In Berlin und Bremen wurden die Vorgaben als Technische Baubestimmung (jeweils Nr. A 2.2.1.12 VV-TB) eingeführt.

che keinen Gefahren oder unzumutbaren Beeinträchtigungen ausgesetzt sind.[22] Demnach müssen Mündungen von Abgasanlagen den Dachfirst mindestens um 40 cm überragen oder bei Flachdächern von der Dachfläche mindestens einen Meter entfernt sein. Bei Dachaufbauten, Gebäudeteilen, Öffnungen zu Räumen oder ungeschützten Bauteilen aus brennbaren Baustoffen, sofern deren Abstand zu den Schornsteinen und Abgasleitungen weniger als 1,5 Metern beträgt, müssen die Mündungen diese mindestens um einen Meter überragen. Sofern die Bedachung überwiegend nicht die bauordnungsrechtlichen Anforderungen an eine harte Bedachung erfüllt, müssen Abgasanlagen am Dachfirst austreten und ihn mindestens um 80 cm überragen.

19 Die Länder Bremen,[23] Hessen[24], Rheinland-Pfalz[25] und Saarland[26] sahen in ihren jeweiligen Landesbauordnungen alter Fassung die Möglichkeit vor, dass die Gemeinden durch **örtliche Bauvorschriften** bestimmen konnten, dass bestimmte Brennstoffe nicht verwendet werden dürfen.[27] Inhaltlich entspricht dies der Festsetzungsmöglichkeit nach § 9 Abs. 1 Nr. 23 lit. a BauGB (→ Rn. 16 f.). Sofern die Gemeinden von der Ermächtigung Gebrauch gemacht haben, sind die entsprechenden örtlichen Bauvorschriften auch nach Wegfall der Ermächtigungsgrundlage weiterhin gültig und anwendbar,[28] sofern die örtlichen Bauvorschriften nicht durch die Gemeinden oder durch Gesetz[29] aufgehoben wurden. Es gibt aber auch Einschränkungen der Benutzung von Kaminen nach dem LImSchG der Länder, zB § 3a LImSchG RhPf mit einer Satzungsermächtigung der Gemeinden.

20 Im Zusammenhang mit der Erhebung eines Widerspruchs und einer Anfechtungsklage gegen eine erteilte Baugenehmigung ist bezüglich etwaiger Verstöße gegen das Bauordnungsrecht zu beachten, dass alle Landesbauordnungen – mit Ausnahme der Bauordnung Sachsen-Anhalt[30] – **vereinfachte oder einfache Baugenehmigungsverfahren**, bei denen das Bauordnungsrecht entweder gar nicht[31] oder nur eingeschränkt[32] geprüft wird, beinhalten. Sollte die Baugenehmigung in einem solchen vereinfachten bzw. einfachen Verfahren erteilt worden sein und die Regelungen über Feuerstätten sowie örtliche Bauvorschriften insofern nicht zum Prüfprogramm der Bauaufsichtsbehörden gehören, so können Verstöße hiergegen auch nicht im Zusammenhang mit dem etwaigen Widerspruch, sofern in dem Bundesland ein solcher dem Klageverfahren vorgeschaltet sein muss, und der Anfechtungsklage gegen die Baugenehmigung geltend gemacht werden, sondern mittels eines Antrags auf bauaufsichtliches Einschreiten (→ *Rechtsschutz, verwaltungsrechtliches Hauptsacheverfahren* Rn. 66 ff.).

21 **c) Aufgrund eines Verstoßes gegen sonstige öffentlich-rechtliche Vorschriften.** Inwiefern Nachbarn Verstöße gegen **sonstige öffentlich-rechtliche Vorschriften** durch die Errichtung und den Betrieb eines

22 Baden-Württemberg (§ 32 Abs. 3 LBO BW), Bayern (Art. 40 Abs. 3 BayBO), Berlin (§ 42 Abs. 3 BauO Bln), Brandenburg (§ 42 Abs. 3 BbgBO), Bremen (§ 42 Abs. 3 BremBO), Hamburg (§ 41 Abs. 3 HBauO), Hessen (§ 45 Abs. 3 HBO), Mecklenburg-Vorpommern (§ 42 Abs. 3 LBauO M-V), Niedersachsen (§ 40 Abs. 3 NBauO), Nordrhein-Westfalen (§ 42 Abs. 4 BauO NW), Rheinland-Pfalz (§ 39 Abs. 4 LBauO RhPf), Saarland (§ 41 Abs. 3 LBO Saarl), Sachsen (§ 42 Abs. 3 SächsBO), Sachsen-Anhalt (§ 41 Abs. 3 BauO LSA), Schleswig-Holstein (§ 43 Abs. 3 LBO Schl.-H.) und Thüringen (§ 42 Abs. 3 ThürBO).

23 § 85 Abs. 2 BremBO in der Fassung des Gesetzes vom 6.10.2009 (Brem.GBl. S. 401).

24 § 81 Abs. 2 HBO in der Fassung des Gesetzes vom 18.6.2002 (HGVBl. S. 274).

25 § 88 Abs. 4 Nr. 3 LBauO RhPf.

26 § 85 Abs. 2 Nr. 1 LBO Saarl in der Fassung des Gesetzes vom 18.2.2004 (SaarAmtsbl.S. 822).

27 Zu den hiermit verbundenen Problemen, *Kahl* ZUR 2010, 395.

28 Grundlegend hierzu BVerfG Beschl. v. 27.7.1971 – 2 BvL 9/70, BVerfGE 31, 357 (362 f.) mwN sowie BVerfG Beschl. v. 10.5.1988 – 1 BvR 482/84, BVerfGE 78, 179 (198 f.) = NJW 1988, 2290.

29 In Hessen wurden alle entsprechenden örtlichen Bauvorschriften zum 3.12.2010 durch § 78 Abs. 7 HBO in der Fassung des Gesetzes vom 25.11.2010 (HGVBl. S. 429) aufgehoben.

30 Vgl. § 62 BauO LSA.

31 Berlin (§ 63 BauO Bln), Brandenburg (§ 63 Abs. 3 BbgBO), Bremen (§ 63 BremBO), Hessen (§ 65 Abs. 1 S. 1 HBO), Mecklenburg-Vorpommern (§ 63 LBauO M-V), Sachsen (§ 63 SächsBO), Schleswig-Holstein (§ 69 Abs. 1 LBO Schl.-H.) und Thüringen (§ 62 Abs. 1 ThürBO).

32 Baden-Württemberg (§ 52 Abs. 1 LBO BW), Bayern (Art. 59 S. 1 Nr. 1 lit. b und c BayBO), Hamburg (§ 61 Abs. 2 S. 1 Nr. 2 HBauO), Niedersachsen (§ 63 Abs. 1 S. 2 Nr. 2 NBauO), Nordrhein-Westfalen (§ 64 Abs. 1 S. 1 Nr. 3 BauO NRW), Rheinland-Pfalz (§ 66 Abs. 4 S. 1 LBauO RhPf) und Saarland (§ 64 Abs. 2 S. 1 Nr. 2 LBO Saarl).

Kamins im Rahmen eines Widerspruchs und einer Anfechtungsklage gegen die Baugenehmigung geltend machen können, hängt maßgeblich davon ab, ob die Bauaufsichtsbehörden zur Prüfung von sonstigen öffentlich-rechtlichen, insbes. immissionsschutzrechtlichen, Vorschriften verpflichtet sind. Sieht die Landesbauordnung vor, dass die Baugenehmigung erst erteilt werden kann, wenn neben dem Bauplanungs- und Bauordnungsrecht auch die Vereinbarkeit mit sonstigen öffentlich-rechtlichen Vorschriften gegeben ist,[33] muss die Bauaufsichtsbehörde die Vereinbarkeit hiermit entweder selbst prüfen oder die entsprechende zuständige Behörde am Baugenehmigungsverfahren beteiligen. Beschränkt sich die Prüfung der Bauaufsichtsbehörde hingegen auf sonstige baurechtliche Vorschriften,[34] so wird die Baugenehmigung unabhängig von der Vereinbarkeit mit sonstigen nicht-baurechtlichen Vorschriften erteilt, mit der Folge, dass sich die Nachbarn auf entsprechende Verstöße im Rahmen des Widerspruchsverfahrens oder der Anfechtungsklage gegen die Baugenehmigung nicht berufen können.

2. Verlangen auf baurechtliches Einschreiten aufgrund der Verwendung von unzulässigen Brennstoffen

Hat die Gemeinde von ihrer **Festsetzungsmöglichkeit nach § 9 Abs. 1 Nr. 23 lit. a BauGB** (→ Rn. 16 f.) oder von der Möglichkeit zum Erlass einer örtlichen Bauvorschrift gleichen Inhalts (→ Rn. 19) Gebrauch gemacht, können Nachbarn bei Verstößen hiergegen gegenüber der zuständigen Bauaufsichtsbehörde ein Einschreiten bzw. eine ermessensfehlerfreie Entscheidung hierüber verlangen. Auf der Grundlage der örtlichen Bauvorschriften kann dies jedoch nur verlangt werden, wenn der Satzungsgeber hiermit auch gerade den Schutz der Nachbarschaft bezwecken wollte und sich mithin aus der örtlichen Bauvorschrift ein subjektiv-öffentliches Recht ableiten lässt. Des Weiteren ist zu beachten, dass sowohl die Regelungen der Festsetzungsmöglichkeit nach § 9 Abs. 1 Nr. 23 lit. a BauGB als auch die Regelungen einer örtlichen Bauvorschrift gleichen Inhalts nur für solche Kamine gelten, die erstmalig nach dem Inkrafttreten der Regelungen errichtet worden sind. Die vor dem Inkrafttreten der Regelung errichteten Kamine genießen grundsätzlich **Bestandsschutz**.[35] 22

3. Verlangen auf baurechtliches Einschreiten aufgrund nicht ordnungsgemäßer Abgasanlagen

Werden die Vorgaben der landesrechtlichen Feuerungsverordnungen bezüglich der Abgasanlagen (→ Rn. 18) nicht eingehalten, so kann der Nachbar diesbezüglich ein Einschreiten der zuständigen Bauaufsichtsbehörde bzw. eine ermessensfehlerfreie Entscheidung hierüber verlangen.[36] 23

4. Verlangen auf baurechtliches Einschreiten aufgrund der dauerhaften Nutzung eines Notkamins

Sofern die Errichtung und der Betrieb eines Kamins nur als Notkamin, dh nur für die Fälle, in denen die primäre Heiz- und Wärmequelle nicht funktionstüchtig ist, genehmigt worden ist, können Nachbarn gegenüber der zuständigen Bauaufsichtsbehörde ein Einschreiten bzw. eine ermessensfehlerfreie Entscheidung hierüber bei einer **dauerhaften Nutzung des Notkamins** verlangen. Dies setzt jedoch voraus, dass mit der Genehmigung als Notkamin gleichzeitig ein Schutz der Nachbarn, bspw. der Schutz vor erheblichen Umweltbeeinträchtigungen[37], verfolgt wird. 24

---

33 Baden-Württemberg (§§ 52 Abs. 3 Nr. 3, 58 Abs. 1 S. 1 LBO BW), Brandenburg (§§ 63 Abs. 3 Nr. 3, 64 Nr. 3 BbgBO), Bremen (§ 64 S. 1 Nr. 3 BremBO), Hamburg (§§ 61 Abs. 2 S. 1 Nr. 1a-5, 62 Abs. 1 S. 1 Nr. 3 HBauO), Niedersachsen (§§ 63 Abs. 1 S. 2 Nr. 3, 64 S. 1 NBauO), Nordrhein-Westfalen (§§ 64 Abs. 1 S. 1 Nr. 5, 65 S. 1 BauO NRW), Rheinland-Pfalz (§§ 66 Abs. 4 S. 1, 70 Abs. 1 S. 1 LBauO RhPf), Saarland (§§ 64 Abs. 2 S. 1 Nr. 1, 65 S. 1 LBO Saarl), Sachsen-Anhalt (§§ 62 S. 1 lit. c, 63 S. 1 Nr. 3 BauO LSA) und Schleswig-Holstein (§ 73 Abs. 1 S. 1 LBO Schl.-H.).

34 Bayern (Art. 59 S. 1 Nr. 3, 60 S. 1 Nr. 3 BayBO), Berlin (§§ 63 S. 1 Nr. 3, 64 S. 1 Nr. 3 BauO Bln), Hessen (§§ 65 Abs. 1 S. 1 Nr. 3, 66 1 S. 1 Nr. 3 HBO), Mecklenburg-Vorpommern (§§ 63 Abs. 1 S. 1 Nr. 3, 64 S. 1 Nr. 3 LBauO M-V), Sachsen (§§ 63 S. 1 Nr. 3, 64 S. 1 Nr. 3 SächsBO), Thüringen (§§ 62 Abs. 1 S. 2 Nr. 3, 63 S. 1 Nr. 3 ThürBO).

35 *Söfker* in Ernst/Zinkahn/Bielenberg/Krautzberger BauGB § 9 Rn. 192.

36 OVG Münster Urt. v. 9.3.2012 – 2 A 2732/10, juris Rn. 28 ff.; VGH München Beschl. v. 9.9.2009 – 15 ZB 08.3355, juris Rn. 9 ff.; VG Regensburg Urt. v. 9.12.2015 – RO 7 K 14.1904, juris Rn. 15 ff.

37 vgl. BGH Urt. v. 27.9.1996 – V ZR 335/95, NJW 1997, 55.

IV. Zivilrechtliche Abwehrmöglichkeiten

1. Unterlassungsanspruch nach § 1004 Abs. 1 S. 2 BGB

25 Aus zivilrechtlicher Sicht können Eigentümer benachbarter Grundstücke gegen den Betrieb eines Kamins vor allem mit der Geltendmachung eines **Unterlassungsanspruchs nach § 1004 Abs. 1 S. 2 BGB** vorgehen. Demnach können Eigentümer infolge einer Beeinträchtigung ihres Eigentums – sofern es sich nicht um eine Entziehung oder Vorenthaltung des Besitzes handelt – auf Unterlassung der Beeinträchtigung klagen, soweit kein Duldungsanspruch besteht.

26 Bezüglich der durch einen Kamin verursachten Beeinträchtigungen in Form von Rauch, Ruß und Gerüchen könnte sich ein **Duldungsanspruch aus § 906 Abs. 1 S. 1 BGB** ergeben. Gemäß § 906 Abs. 1 S. 1 BGB besteht eine Duldungspflicht, wenn die Einwirkungen durch Rauch, Ruß und Gerüche die Nutzung des Grundstücks nicht oder nur unwesentlich beeinträchtigen. Eine **unwesentliche Beeinträchtigung** liegt idR vor, wenn die in Gesetzen, Rechtsverordnungen oder allgemeinen Verwaltungsvorschriften nach § 48 BImSchG festgelegten Grenz- oder Richtwerte nicht überschritten werden, § 906 Abs. 1 S. 2, 3 BGB. Für den Betrieb von Kaminen sind mithin auch zivilrechtlich die Vorgaben der 1. BImSchV maßgeblich (→ Rn. 6 ff.), da die Nichteinhaltung der Vorgaben im Grundsatz zu einer wesentlichen Beeinträchtigung führt. Infolgedessen haben die Zivilgerichte einen Unterlassungsanspruch nach § 1004 Abs. 1 BGB bei offenen Kaminen bejaht, wenn offene Kamine öfter als acht Tage im Monat für fünf Stunden betrieben werden, da hierin kein gelegentlicher Betrieb nach § 4 Abs. 4 S. 1 1. BImSchV zu sehen ist.[38]

27 Wurde die **Wesentlichkeit der Beeinträchtigung** bejaht, so ist nach § 906 Abs. 2 S. 1 BGB dennoch ein Duldungsanspruch der betroffenen Eigentümer gegeben, wenn die Beeinträchtigung durch eine **ortsübliche Benutzung** herbeigeführt wurde und nicht durch wirtschaftlich zumutbare Maßnahmen verhindert werden kann. Für die Ortsüblichkeit der Kaminnutzung ist durch den Eigentümer des Kamins nachzuweisen, dass auch eine Mehrheit von Grundstücken in der Umgebung mit einer nach Art und Maß einigermaßen gleichen beeinträchtigenden Einwirkung benutzt wird.[39] Bei der Beurteilung der Ortsüblichkeit ist auf die derzeitige und nicht auf eine frühere Sachlage abzustellen. Aufgrund dessen verneinte das LG Dortmund auch die Ortsüblichkeit der täglichen Nutzung eines offenen Kamins in einer ehemaligen Zechensiedlung, da das tägliche Heizen nunmehr mittels Gas- oder Ölheizungen erfolgt.[40]

2. Quasinegatorischer Unterlassungsanspruch nach §§ 1004 Abs. 1 S. 2, 823 Abs. 2 BGB analog iVm Auflagen einer Baugenehmigung

28 Neben dem Verlangen auf das Einschreiten der zuständigen Bauaufsichtsbehörde zur **Durchsetzung von drittschützenden Auflagen einer Baugenehmigung** bzw. der ermessensfehlerfreien Entscheidung hierüber (→ Rn. 24) können Nachbarn die entsprechenden Auflagen auch im Wege eines quasinegatorischen Unterlassungsanspruchs nach §§ 1004 Abs. 1 S. 2, 823 Abs. 2 BGB analog geltend machen.[41]

V. Zivilprozessuale Besonderheit bezüglich der Antragsstellung

29 Im Rahmen der Unterlassungsklage nach § 1004 Abs. 1 S. 2 BGB ist nach § 253 Abs. 2 Nr. 2 ZPO grundsätzlich ein **hinreichend bestimmter Klageantrag** zu stellen. Da es jedoch bei Rauchimmissionen keine Immissionswerte gibt, die ohne Weiteres messbar und mithin zur Grundlage des Unterlassungsanspruchs gemacht werden können, kann sich der Klageantrag auf ein allgemeines, an den Gesetzeswortlaut angelehntes Unterlassungsgebot beschränken.[42]

---

38 LG Dortmund Urt. v. 3.4.2009 – 3 O 29/08, juris Rn. 34, 45; KG Berlin Urt. v. 26.3.2013 – 21 U 131/08, juris Rn. 52.

39 BGH Urt. v. 23.3.1990 – V ZR 58/89, NJW 1990, 2465.

40 LG Dortmund Urt. v. 3.4.2009 – 3 O 29/08, juris Rn. 50.

41 BGH Urt. v. 27.9.1996 – V ZR 335/95, NJW 1997, 55.

42 KG Berlin Urt. v. 26.3.2013 – 21 U 131/08, juris Rn. 59.

64. Katze

Marx

Literatur: *Horst,* Abwehr und Duldung nachbarlicher Immissionen, ZAP 2019, 847.

I. Hauskatzen

1. Katzenhaltung

Katzen zählen mittlerweile zu den beliebtesten Haustieren in Deutschland. Im Jahr 2019 lebten ca. 14,7 Millionen Katzen in den Haushalten im Bundesgebiet.[1] Die Haltung einer Katze in einer Wohnung entspricht grundsätzlich üblicher **Wohnnutzung** und ist wie generell das Halten von Haustieren Ausfluss der allgemeinen Handlungsfreiheit, die den Einzelnen im Rahmen der Gesetze berechtigt, das Wohnen als bedeutenden Teil seiner Existenz nach seinen Vorstellungen zu gestalten (→ *Wohnnutzung* Rn. 2, → *Tierhaltung* Rn. 6).[2] Wohnungskatzen leben typischerweise gemeinsam mit den Tierhaltern in mehreren oder allen auch im Übrigen zum Wohnen genutzten Räumen. Die Genehmigung zur Wohnnutzung deckt diese Art der Nutzung, solange die Haltung der Katzen nicht gewerblicher Nutzung dient und dem Wohnen zu- und untergeordnet ist. 1

Ob eine Katzenhaltung in Wohnräumen in diesem Sinne dem Wohnen nicht mehr zu- und untergeordnet ist, muss anhand der konkreten Umstände des Einzelfalls festgestellt werden. Dabei ist zu berücksichtigen, welche Katzenhaltung ortsüblich ist.[3] Anhalt für die ortsübliche Nutzung bieten die bauordnungsrechtlichen Planungen. Sind die Grundstücke im Bebauungsplan beispielsweise als „reines Wohngebiet" ausgewiesen, dienen sie dem Wohnen; zulässig sind Wohngebäude, § 1 Abs. 2 Nr. 2 und § 3 BauNVO. Dafür ist die Haltung von **zwei** Katzen auf dem Grundstück als ortsüblich bewertet worden.[4] Ist der Wohnbereich ausreichend groß (zB 290 m²), kann auch noch bei **sechs** Katzen ohne Weiteres von einer dem Wohnen untergeordneten Hobby- und Freizeittierhaltung auszugehen sein.[5] Gegen die Haltung einer solchen Anzahl von Katzen in der Wohnung kann der Baunachbar ein bauordnungsrechtliches Einschreiten der Behörde nicht veranlassen. Auch aus § 1004 Abs. 1 BGB kann er eine anderweitige Unterbringung der Katzen und die Unterlassung weiterer Katzenhaltung nicht vom Nachbarn verlangen. 2

Etwas anderes würde nur dann gelten, wenn mit diesen Katzen eine **gewerbliche** Zucht betrieben würde. Auch sind mit einer Haltung von beispielsweise 27 oder 40 Katzen Belästigungen in einem Umfang verbunden, der in den für eine Wohnnutzung in Frage kommenden Baugebieten – mit Ausnahme eines Dorfgebietes – nicht vereinbar ist.[6] Zu beachten ist, dass der Grundstückseigentümer dagegen vorgehen kann, dass mehr als eine freilaufende Katze des Nachbarn sein Grundstück betreten.[7] 3

1 Zentralverband Zoologischer Fachbetriebe e.V., IVH e.V., Der deutsche Heimtiermarkt, Struktur und Umsatzdaten 2019.
2 Vgl. OVG Münster Urt. v. 18.2.2016 – 10 A 985/14, BauR 2016, 1123.
3 *Lüke* in Grziwotz/Lüke/Saller NachbarR-HdB Kap. 3 Rn. 136.
4 OLG München Urt. v. 26.6.1990 – 5 U 7178/89, MDR 1990, 1117; *Horst* ZAP 2019, 847 (849).
5 VGH Mannheim Urt. v. 17.12.2019 – 8 S 2711/19, BauR 2020, 619.
6 OLG München Urt. v. 26.6.1990 – 5 U 7178/89, MDR 1990, 1117; vgl. auch OVG Koblenz Urt. v. 11.12.2002 – 8 A 10975/02, juris Rn. 17.
7 OLG Köln Urt. v. 17.9.1982 – 20 U 44/82, NJW 1985, 2338.

2. Mietwohnung

4 Besondere Beschränkungen können sich aus dem Mietverhältnis ergeben (→ *Hausordnung* Rn. 56). Eine Allgemeine Geschäftsbedingung in einem **Mietvertrag** über Wohnräume, die den Mieter verpflichtet, „keine Katzen zu halten", ist wegen unangemessener Benachteiligung des Mieters unwirksam, weil sie ihm eine Katzenhaltung in jeder nur denkbaren Fallkonstellation versagt und damit zugleich gegen den wesentlichen Grundgedanken der Gebrauchsgewährungspflicht des Vermieters (§ 535 Abs. 1 BGB) verstößt.[8] Individualvertraglich lässt sich im Mietvertrag eine Katzenhaltung allerdings ganz ausschließen. Ist sie dort nicht geregelt worden, ist eine einzelfallabhängige **Interessenabwägung** erforderlich, um zu bestimmen, ob die Katzenhaltung zum vertragsgemäßen Gebrauch iSv § 535 BGB gehört. Zu berücksichtigen sind dabei insbesondere Art, Größe, Verhalten und Anzahl der Katzen, Art, Größe, Zustand und Lage der Wohnung und des Hauses, in dem sich die Wohnung befindet, Anzahl, persönliche Verhältnisse, namentlich Alter und berechtigte Interessen der Mitbewohner und Nachbarn, Anzahl und Art anderer Tiere im Haus, bisherige Handhabung durch den Vermieter sowie besondere Bedürfnisse des Vermieters.[9]

5 Eine solche umfassende Interessenabwägung im Einzelfall ist auch erforderlich, wenn der Vermieter aufgrund eines vertraglichen **Genehmigungsvorbehalts** die Genehmigung verweigern will. Hierfür bedarf er sachlicher Gründe. Fehlen sie, kann der Mieter gestützt auf § 535 BGB auf Erteilung der Genehmigung klagen. Umgekehrt kann der Vermieter auf Unterlassung der Katzenhaltung klagen, nicht aber kündigen und räumen. Die erteilte Erlaubnis kann nur aus wichtigen Gründen widerrufen werden.

6 Die durch eine übermäßige Katzenhaltung verursachten Geruchsbelästigungen können zur **Mietminderung** des Nachbarn nach § 536 Abs. 1 BGB berechtigen. Sie stellten dann auch eine rechtswidrige und schuldhafte Einwirkung auf das Eigentum am Nachbargrundstück bzw. die Sondereigentumsräume dar, so dass der Katzenhalter für den daraus entstandenen Schaden nach §§ 823 Abs. 2, 1004 Abs. 1 BGB in Höhe der erlittenen Mietminderung einzustehen hat.[10]

3. Wohnungseigentum

7 Ein generelles Verbot der Katzenhaltung können die Wohnungseigentümer im Wege einer Vereinbarung, die die Zustimmung aller Wohnungseigentümer erfordert, festlegen.[11] Denn zum wesentlichen Inhalt der Nutzung von Wohnungseigentum gehört die Möglichkeit der Katzenhaltung nicht. Eine solche Vereinbarung gilt aber nur im Innenverhältnis der Wohnungseigentümer zueinander. Den Mieter treffen solche Verpflichtungen nicht, § 15 WEG.[12] Ein Wohnungseigentümer überschreitet das bei einem geordneten Zusammenleben unvermeidliche Maß an Beeinträchtigungen im Sinne von § 14 Abs. 2 Nr. 1 WEG jedenfalls durch die Haltung von mehr als **vier** Katzen in einer 42 m² großen Ein-Zimmer-Wohnung; eine solche Haustierhaltung stellt nicht mehr einen ordnungsgemäßen Gebrauch der im Sondereigentum stehenden Gebäudeteile und des gemeinschaftlichen Eigentums dar, der dem Interesse der Gesamtheit der Wohnungseigentümer nach billigem Ermessen entspricht, § 18 Abs. 2 Nr. 2 WEG (→ *Hausordnung* Rn. 19).[13] Ein Wohnungseigentümer verletzt das in § 14 WEG normierte Rücksichtnahmegebot durch das Anfüttern von Katzen, wenn eine nicht kontrollierbare Anzahl von Katzen über das gemeinschaftliche Gartengrundstück an das Futter gelangt und dabei zu einer vermehrten Verschmutzung (Kot) und erhöhten Geräuschentwicklung beiträgt.[14]

---

8 BGH Urt. v. 20.3.2013 – VIII ZR 168/12, NJW 2013, 1526.
9 BGH Urt. v. 20.3.2013 – VIII ZR 168/12, NJW 2013, 1526; zum Anbringen eines Katzennetzes am Balkon AG Tempelhof-Kreuzberg Urt. v. 24.9.2020 – 18 C 336/19, Grundeigentum 2020, 1324.
10 KG Beschl. v. 3.6.1991 – 24 W 6272/90, NJW-RR 1991, 1116.
11 BGH Beschl. v. 4.5.1995 – V ZB 5/95, BGHZ 129, 329.
12 AG Hannover Urt. v. 28.4.2016 – 541 C 3858/15, ZMR 2017, 898.
13 KG Beschl. v. 3.6.1991 – 24 W 6272/90, NJW-RR 1991, 1116.
14 AG Bottrop Urt. v. 10.1.2013 – 20 C 55/12, ZMR 2014, 488.

II. Freier Auslauf

Der freie Auslauf einer Katze führt erfahrungsgemäß zu einem Streunen auf andere Grundstücke. § 1004 Abs. 1 BGB gibt an sich dem Grundstückseigentümer ein Verbietungsrecht hinsichtlich des Betretens seines Grundstücks durch Katzen des Nachbarn. Für den Grundstücks- oder Raumbesitzer folgt das aus § 862 Abs. 1 BGB. Unerheblich hierfür ist, ob es infolge des Betretens zu Beschädigungen oder Verschmutzungen kommt. Das **Betreten** eines Nachbargrundstücks durch eine Katze ist keine Einwirkung iSd § 903 BGB, so dass sich der Nachbar nicht auf eine Duldungspflicht nach § 906 Abs. 1 BGB berufen kann, selbst wenn die Einwirkung unwesentlich oder ortsüblich ist (→ *Betreten des Nachbargrundstücks* Rn. 14). 8

Das damit an sich uneingeschränkte Verbietungsrecht wird jedoch unter dem Gesichtspunkt des **nachbarrechtlichen Gemeinschaftsverhältnisses** weitgehend ausgeschlossen (→ *Nachbarschaftliches Gemeinschaftsverhältnis* Rn. 3).[15] Ist nämlich der Regelungsbereich des § 906 BGB wie hier nicht betroffen, kann ausnahmsweise eine Beeinträchtigung des eigenen Grundstücks aufgrund des nachbarrechtlichen Gemeinschaftsverhältnisses hinzunehmen sein.[16] Das nachbarrechtlichen Gemeinschaftsverhältnis begründet als Ausprägung des Grundsatzes von Treu und Glauben (§ 242 BGB) für Nachbarn die Pflicht zur gegenseitigen Rücksichtnahme und kann im Einzelfall dazu führen, dass die Ausübung eines an sich gegebenen Rechts als unzulässig erscheint. Andernfalls hätte es ein Grundstückseigentümer in der Hand, die gesamte Katzenhaltung innerhalb eines Wohngebiets untersagen zu lassen. Entsprechendes gilt für Mieter bzw. Eigentümer von Sondereigentumseinheiten derselben Wohnungseigentumsanlage. Deshalb besteht eine **Duldungspflicht** für das Betreten durch **wenigstens eine** Katze.[17] Dies gilt jedenfalls für das bloße Freilaufen im Außenbereich des Nachbargrundstücks auch auf Terrasse oder Balkon, nicht aber für den Wohnungsinnenbereich.[18] Eine Duldungspflicht wird allerdings auch für den Garten in einem Wohn-Vorort bejaht, wenn die Katze an der dort angelegten Vogeltränke Vögel gejagt hat und zweimal in mehreren Monaten kurz einige Meter ins Haus eingedrungen ist.[19] Unter Berücksichtigung der örtlichen Verhältnisse hält die Rechtsprechung teilweise sogar ein Betreten durch zwei Katzen für zumutbar.[20] 9

Über das Eindringen hinaus müssen jedoch **weitergehende** Beeinträchtigungen nicht hingenommen werden. So kann der Grundstückseigentümer mit Erfolg dagegen vorgehen, dass die Katze des Nachbarn den Außenbereich seines Grundstücks durch Kot oder Erbrochenes verschmutzt oder Kratzer an seinem Kraftfahrzeug verursacht.[21] 10

Begehrt ein Grundstückseigentümer nach § 1004 Abs. 1 S. 2 BGB das Verbot des **Anfütterns wilder Katzen** auf dem Nachbargrundstück in einem Wohngebiet, so hat er den vollen Beweis dafür zu erbringen, dass durch diese Futterstelle angelockte wilde Katzen über sein Grundstück laufen.[22] Auch das Anfüttern von Hauskatzen kann nach § 1004 Abs. 1 S. 2 BGB untersagt werden, wenn dadurch zB zehn Hauskatzen auf das Nachbargrundstück gelockt werden und stören.[23] Dagegen müssen in einem Kleingartengelände je- 11

15 OLG Köln Urt. v. 17.9.1982 – 20 U 44/82, NJW 1985, 2338.

16 BGH Urt. v. 21.10.1983 – V ZR 166/82, NJW 1984, 729.

17 OLG Köln Urt. v. 17.9.1982 – 20 U 44/82, NJW 1985, 2338; in einem Gebiet mit Vorortcharakter bei Reihenhäusern mit Gärten OLG Celle Urt. v. 27.3.1986 – 4 U 64/85, MDR 1986, 672; LG Oldenburg Beschl. v. 15.11.1985 – 9 T 1009/85, NJW-RR 1986, 883; LG Kassel Urt. v. 27.8.1986 – 6 O 204/86, AgrarR 1987, 58; AG Rheinberg Urt. v. 28.11.1991 – 10 C 415/91, NJW-RR 1992, 408; AG Offenbach Urt. v. 25.7.2012 – 380 C 268/11, BeckRS 2013, 7660; *Brückner* in MüKoBGB § 906 Rn. 168: ein bis zwei Katzen.

18 LG Bonn Urt. v. 6.10.2009 – 8 S 142/09, NJW-RR 2010, 310.

19 LG Augsburg Urt. v. 24.8.1984 – 4 S 2099/84, NJW 1985, 499.

20 LG Nürnberg/Fürth Urt. v. 18.12.1985 – 11 S 7844/84, unveröffentlicht; jedenfalls in einem ländlichen Wohngebiet: LG Oldenburg Urt. v. 29.7.2011 – 8 S 578/10, NZM 2012, 440. Nicht aber das Eindringen von 4 Katzen: LG Darmstadt Urt. v. 17.3.1993 – 9 O 597/92, NJW-RR 1994, 147.

21 LG Bonn Urt. v. 6.10.2009 – 8 S 142/09, NJW-RR 2010, 310; LG Lüneburg Urt. v. 27.1.2000 – 1 S 198/99, NZM 2001, 397; *Roth* in Staudinger BGB § 906 Rn. 118 mwN; teilweise aA AG Neu-Ulm Urt. v. 3.11.1998 – 2 C 947/98, NJW-RR 1999, 892.

22 OLG Hamm Urt. v. 17.10.1991 – 5 U 122/91, OLGR Hamm 1992, 30. Zudem dürfte auch die Gefahr einer Übertragung von Infektionskrankheiten durch die wildlebenden Katzen zu berücksichtigen sein.

23 OLG Köln Urt. v. 23.11.1988 – 13 U 199/88, NJW-RR 1989, 205.

denfalls zwei wild streunende Katzen von den betroffenen Grundstückseigentümern hingenommen werden, auch wenn ein Nachbar sie durch gelegentliches Füttern anlockt.[24]

III. Geruchs- und Geräuschimmissionen

12 Von dem baubehördlichen Einschreiten gegen Katzenhaltung ist die Frage zu unterscheiden, ob der Grundstückseigentümer bzw. Raumbesitzer unmittelbar zivilrechtlich gegen den Nachbarn wegen Geruchs- und Geräuschbelästigungen, die von dessen Grundstück durch dessen Katzen ausgehen, nach **§ 1004 Abs. 1 BGB und § 862 Abs. 1 BGB jeweils iVm § 906 BGB** vorgehen kann. Das hängt auch von der Anzahl der vom Nachbarn gehaltenen Katzen ab. Obgleich in der Wohnung nach öffentlichem Recht eventuell auch sechs Katzen gehalten werden dürfen,[25] können sich zivilrechtliche Ansprüche umso eher ergeben, als mit der steigenden Anzahl der Katzen ihre Immissionen durch Kot, Urin, Haare, Jaulen und sonstige Beeinträchtigungen des Nachbargrundstücks zunehmen. Dem Nachbarn steht dann als Eigentümer des beeinträchtigten Grundstücks aus § 1004 Abs. 1 BGB der Anspruch zu, dass die durch den Geruch und die Geräusche der Katzen gegen seinen Willen verursachten Beeinträchtigungen beseitigt und unterlassen werden. Nach § 1004 Abs. 2 BGB ist dieser Anspruch jedoch ausgeschlossen, wenn der Eigentümer zur Duldung verpflichtet ist. Eine solche Duldungspflicht kann sich aus § 906 Abs. 1 BGB ergeben, wonach der Eigentümer eines Grundstücks ua solche Gerüche und Geräusche nicht verbieten kann, die die Benutzung seines Grundstücks nicht oder nur unwesentlich beeinträchtigen. Wesentliche Beeinträchtigungen müssen nach § 906 Abs. 2 BGB hingenommen werden, wenn sie ortsüblich sind und nicht durch wirtschaftlich zumutbare Maßnahmen verhindert werden können. Entsprechend stellt sich die Rechtslage für den Mieter bzw. Pächter aus dem Besitzschutz nach § 862 Abs. 1 BGB iVm § 906 BGB dar.

13 Inwieweit der Grundstückseigentümer von dem Nachbargrundstück ausgehende Beeinträchtigungen durch Katzenimmissionen hinnehmen muss, ist demnach in § 906 BGB eingehend geregelt. Aus dem nachbarlichen Gemeinschaftsverhältnis ergeben sich insoweit keine weitergehenden Duldungspflichten, weil dieses Rechtsinstitut nicht dazu dienen darf, die nachbarrechtlichen Regelungen in ihr Gegenteil zu verkehren.[26]

1. Katzengeruch und -gejaule

14 Der Grundstückseigentümer und Raumbesitzer kann gegen **Katzenkot und -urin**, die auf dem eigenen Grundstück oder in der eigenen Wohnung von einer Katze des Nachbarn hinterlassen werden, nach §§ 1004 Abs. 1 BGB und § 862 Abs. 1 BGB jeweils iVm § 906 BGB vorgehen. Werden Katzenkot und -urin indessen auf dem Grundstück oder der Wohnung des Nachbarn abgesondert, kommt es darauf an, in welcher Intensität und welchem Ausmaß der Geruch auf das eigene Grundstück bzw. in die eigene Wohnung dringt. Bei solchem vom Nachbargrundstück herüberdringenden Geruch von Katzen handelt es sich ebenso wie bei ihren – zumal wegen der Nachtaktivität nächtlichen – Lauten (**Katzengejaule, Katzenjammer, Kratzen**) um Einwirkungen, die generell störend für den Nachbarn sein können, und damit um Immissionen im Sinne von § 906 Abs. 1 BGB. Stellen sie eine wesentliche Beeinträchtigung dar, haben sie nach §§ 1004 Abs. 1, 862 Abs. 1 BGB iVm § 906 BGB zu unterbleiben, wenn sie in einer Intensität, Dauer und Häufigkeit auftreten, die das ortsübliche Maß überschreiten.

15 **a) Wesentliche Beeinträchtigung.** Nach § 906 Abs. 1 BGB muss der Nachbar störenden Katzengeruch und -lärm hinnehmen, soweit er ihn in der Nutzung seines Grundstücks nur unwesentlich beeinträchtigt. Soweit der durch Katzenkot und -urin verursachte Geruch durch Katzentoiletten und Katzenstreu abgebunden werden kann, dringt er allenfalls noch unwesentlich zum Nachbarn. Katzengejaule, -jammer oder -kratzen ist nicht schon deshalb unwesentlich, weil es auf das Nachbargrundstück nur mit einer Lautstärke dringt, deren Phonzahl bei Verkehrs- und Industriegeräuschen noch hinnehmbar ist. Katzengejaule beeinträchtigt schon bei einer geringeren Lautstärke, weil es die Aufmerksamkeit besonders auf sich zieht und sich in das Bewusstsein desjenigen drängt, der es nicht hören will. Die Grenze der im Einzelfall **wesentli-**

24 OLG Schleswig Urt. v. 14.7.1988 – 4 U 91/87, NJW-RR 1988, 1360.
25 VGH Mannheim Urt. v. 17.12.2019 – 8 S 2711/19, BauR 2020, 619.
26 BGH Urt. v. 13.12.2019 – V ZR 152/18, MDR 2020, 282; *Brückner* in MüKoBGB § 903 Rn. 43 ff.

chen Lärmbelästigung kann nicht mathematisch exakt, sondern nur aufgrund wertender Beurteilung nach Intensität, Häufigkeit, Dauer und Zeitpunkt festgesetzt werden. Maßgeblich ist, ob im konkreten Fall von dem Nachbargrundstück Katzenlaute ausgehen, die sich nach dem Empfinden eines „verständigen Durchschnittsmenschen“ als wesentlich darstellen.[27] So kann etwa die Haltung von fünf Katzen eine unzumutbare Geruchsbelästigung für die übrigen Wohnungseigentümer verursachen.[28]

b) Ortsübliche Beeinträchtigung. Auch eine wesentliche Beeinträchtigung des Grundstücks muss gemäß § 906 Abs. 2 S. 1 BGB hingenommen werden, falls sie durch einen **ortsüblichen** Katzengeruch oder -lärm auf dem Nachbargrundstück herbeigeführt wird. Für die Ortsüblichkeit ist maßgebend, ob eine Mehrheit von Grundstücken in der Umgebung mit einer nach Art und Ausmaß einigermaßen gleich beeinträchtigenden Einwirkung auf andere Grundstücke benutzt wird.[29] So ist beispielsweise die Haltung von 27, 40 oder mehr Katzen regelmäßig mit einem derart penetranten Geruch und auch nächtlichen Lärmimmissionen verbunden, dass sie in einem reinen Wohngebiet nicht ortsüblich ist.[30] 16

2. Beseitigungs- und Unterlassungsanspruch

Der durch den Katzendreck und -lärm gestörte Nachbar kann wählen, ob er nach § 1004 Abs. 1 BGB iVm § 906 BGB einen Beseitigungs- oder einen Unterlassungsanspruch oder sogar beide Ansprüche nebeneinander geltend macht. 17

Grundsätzlich hat der Störer zu entscheiden, ob und wie er seine Emissionen auf das nach § 906 BGB zulässige Maß begrenzt. Der **Beseitigungsanspruch** nach § 1004 Abs. 1 S. 1 BGB richtet sich bei Katzengeruch und -lärm deshalb nur auf das Ziel, dh die Beseitigung bestehender Störungen, überlässt aber die Wahl des geeigneten Mittels hierzu dem Störer. Hierfür kommt eine ganze Palette von Möglichkeiten in Betracht – von Katzentraining über Schallschutzmaßnahmen oder die Beschränkung der Auslaufzeit bis zum Verkauf der Katze. 18

Der **Unterlassungsanspruch** aus § 1004 Abs. 1 S. 2 BGB zielt bei Katzengeruch und -lärm auf die Verhinderung künftiger Störungen. Auch hier ist es zunächst Sache des Störers, von sich aus zwischen verschiedenen zur Abhilfe geeigneten Maßnahmen auszuwählen. Daher kann der beeinträchtigte Nachbar in der Regel lediglich die Vornahme geeigneter Abhilfemaßnahmen verlangen und der Urteilsausspruch nur allgemein auf Unterlassung von Störungen durch bestimmten Katzengeruch oder -lärm lauten.[31] Möglich ist allerdings eine zeitliche Eingrenzung, zB 19

▶ Der Beklagte wird verurteilt, seine Katzen so zu halten, dass Katzengejaule und -kratzen auf dem Grundstück des Klägers in x nur außerhalb der Zeitspannen von 13.00 Uhr bis 15.00 Uhr sowie von 22.00 Uhr bis 6.00 Uhr, und zwar nicht länger als 30 Minuten ununterbrochen und insgesamt 60 Minuten täglich, zu hören ist. ◀

Der Anspruch aus § 1004 Abs. 1 BGB steht dem Eigentümer unabhängig vom Besitz zu, nach § 1011 BGB auch dem Miteigentümer gegenüber Dritten. Kraft Verweisung gilt das auch für die Inhaber beschränkter dinglicher Rechte (zB § 11 Abs. 1 ErbbauRG, § 34 Abs. 2 WEG, §§ 1027, 1065, 1090 Abs. 2 BGB). Mieter oder Pächter können sich auf § 862 Abs. 1 BGB stützen. Die Abwehrbefugnis des Mieters oder Pächters reicht nicht weiter als die des Eigentümers, so dass sich auch für sie die Zulässigkeit des Katzengeruchs und -lärms entsprechend § 906 BGB bemisst. Anspruchsgegner ist der **Störer**. Der Halter einer Katze ist mittelbarer Handlungsstörer, weil er jedenfalls durch die Katzenhaltung zu einem störenden Geruch und Lärm beiträgt.[32] 20

27 BGH Urt. v. 21.10.2005 – V ZR 169/04, NJW-RR 2006, 235.
28 BayObLG Beschl. v. 2.5.1991 – BReg 2 Z 15/91, WuM 1991, 614.
29 BGH Urt. v. 20.11.1992 – V ZR 82/91, BGHZ 120, 239; *Roth* in Staudinger § 906 Rn. 208.
30 OLG München Urt. v. 26.6.1990 – 5 U 7178/89, MDR 1990, 1117; vgl. auch OVG Koblenz Urt. v. 11.12.2002 – 8 A 10975/02, juris Rn. 17. *Horst* ZAP 1990, 847 (849).
31 BGH Urt. v. 21.10.2005 – V ZR 169/04, NJW-RR 2006, 235.
32 *Herrler* in Palandt BGB § 1004 Rn. 18.

IV. Tierschutzrechtliches Einschreiten

21 Oftmals will der Grundstückseigentümer oder Raumbesitzer als Nachbar nicht das Halten und Verhalten von Katzen des Nachbarn, sondern Missstände in der Katzenhaltung beseitigen. Dem Tierschutz kommt dabei Verfassungsrang zu, wie sich aus Art. 20a GG ergibt. Rechtsgrundlage für eine behördliche **Haltungs- und Betreuungsuntersagung** ist § 16a Abs. 1 S. 1 iVm S. 2 Nr. 3 TierSchG. Danach kann die zuständige Behörde demjenigen, der ua den Vorschriften des § 2 Nr. 1 – Nr. 3 TierSchG wiederholt oder grob zuwidergehandelt und dadurch den von ihm gehaltenen oder betreuten Tieren erhebliche oder länger anhaltende Schmerzen oder Leiden oder erhebliche Schäden zugefügt hat, das Halten oder Betreuen von Tieren einer bestimmten oder jeder Art untersagen, wenn Tatsachen die Annahme rechtfertigen, dass er weiterhin derartige Zuwiderhandlungen begehen wird. Gewährleistet etwa ein sog. Tierhorter, der eine Vielzahl von Tieren sammelt und auf engem Raum hält, nicht die Mindestanforderungen an Nahrung, Hygiene oder tierärztliche Versorgung und fügt er den Katzen dadurch erhebliche Schmerzen und Leiden zu, muss die Tierschutzbehörde einschreiten.[33]

V. Haftung des Katzenhalters

22 Katzenhalter ist, wer für die Kosten der Katzenhaltung aufkommt, den allgemeinen Wert und Nutzen der Katze für sich in Anspruch nimmt und das Risiko ihres Verlustes trägt. Das gilt auch für zugelaufene Katzen. **§ 833 S. 1 BGB** begründet für den Katzenhalter eine strenge Haftung wegen der verwirklichten Tiergefahr durch das unberechenbare oder aber auch instinktgemäße selbsttätige tierische Verhalten und der dadurch hervorgerufenen Gefährdung von Leben, Gesundheit und Eigentum Dritter.[34] Diese **Gefährdungshaftung** des Katzenhalters greift verschuldensunabhängig für den Fall ein, dass durch die Katze Leben oder Gesundheit eines anderen verletzt oder eine Sache beschädigt wird. Allerdings muss der Katzenhalter nur für die Schäden einstehen, die sich als Konkretisierung gerade der spezifischen Tiergefahr darstellen .

23 Dazu zählt das **Urinieren** von Katzen als instinktgemäßes selbsttätiges Verhalten.[35] Das Urinieren einer Katze, durch das die Mietwohnung nach Auszug des Mieters erheblich nach Katzenurin riecht, stellt eine Beschädigung des Mietobjektes dar, für die der Mieter nicht nur aus dem Mietvertrag, sondern auch als Tierhalter nach § 833 S. 1 BGB einzustehen hat.[36] Entsprechendes gilt zB für Kratzspuren auf dem Mobiliar oder Parkett. Auch haftet der Katzenhalter für die Folgen einer durch einen Biss seiner Katze verursachten Verletzung, etwa wenn die Katze in ein fremdes Hotelzimmer eingedrungen ist und dort einen Hotelgast beim Versuch, die Katze aus dem Zimmer zu entfernen, in die Hand gebissen hat. Der Geschädigte handelt bei dem Versuch, die Katze zu verscheuchen, weder auf eigene Gefahr noch trifft ihn ein Mitverschulden.[37] Ein Mitverschulden von zB 40 % muss sich allerdings der von **Biss- und Kratzverletzungen** Geschädigte anrechnen lassen, wenn er die für ihn fremde Katze streichelte und dadurch den Angriff veranlasste.[38]

24 Die strenge Gefährdungshaftung entfällt nach § 833 S. 2 BGB etwa für Katzen, die in landwirtschaftlichen Betrieben zum Schutz von Vorräten gegen Ratten oder Mäuse gehalten werden, weil es sich um Haustiere handelt, die dem Unterhalt des Tierhalters zu dienen bestimmt sind. Der Katzenhalter haftet für ein solches **Nutztier** auch nach § 833 S. 2 BGB nicht, wenn er sich entlasten kann, indem er darlegt und beweist, bei der Beaufsichtigung des Tieres die im Verkehr erforderliche Sorgfalt beobachtet zu haben oder dass der Schaden auch bei Anwendung dieser Sorgfalt entstanden wäre.

33 VG Potsdam Beschl. v. 25.11.2019 – 3 L 760/19, juris Rn. 11.
34 BGH Urt. v. 25.3.2014 – VI ZR 372/13, NJW 2014, 2434.
35 OLG Karlsruhe Urt. v. 22.3.1994 – 3 U 17/93, MDR 1994, 453; *Eberl-Borges* in Staudinger BGB § 833 Rn. 64 mwN.
36 AG Bremen Urt. v. 22. 12. 2014 – 19 C 479/13, juris Rn. 32.
37 LG Bielefeld Urt. v. 21.3.2012 – 21 S 38/11, NJW-RR 2012, 1112.
38 LG Rottweil Urt. v. 25.5.1987 – 1 O 166/87, NJW-RR 1988, 539.

VI. Prozessuales

Die Darlegungs- und Beweislast für das Eigentum, die Einwirkung von Katzengeruch und -lärm und als deren Folge eine Beeinträchtigung trifft den Anspruchsteller. Die Gerüche und der Lärm durch die Katzen des Nachbarn sind dabei nach Art, Umfang und Häufigkeit nachvollziehbar darzulegen, zB vorzugsweise anhand von **Beschwerden** mindestens zweier Nachbarn.[39] Die für den Unterlassungsanspruch erforderliche Wiederholungsgefahr wird aufgrund der Beeinträchtigung vermutet. 25

Dem Katzenhalter obliegt es sodann nach der sich aus § 906 Abs. 1 BGB ergebenden Beweislastverteilung, darzulegen und gegebenenfalls zu beweisen, dass die Gerüche und der Lärm sich gar nicht oder nur unwesentlich störend auf das Grundstück des Anspruchstellers ausgewirkt haben. Hierzu kann er darlegen, welche konkreten Maßnahmen er zB durch Katzentoiletten, Katzenstreu und Reinigung oder zum Aufenthalt der Katze zu welchen Zeiten getroffen hat, um die von der Katze ausgehende Geruchs- und Geräuschbelästigung auf ein vom Nachbarn hinzunehmendes Maß zu reduzieren. 26

Hat der Kläger eine Beseitigung von Störungen oder konkrete, vertretbare Maßnahmen beantragt, die auch tituliert wurden, ist regelmäßig die **Handlungsvollstreckung** durch Ersatzvornahme nach § 887 ZPO anwendbar. Dabei darf der Gläubiger spätestens im Vollstreckungsantrag die geplanten Maßnahmen, zu denen er sich ermächtigen lassen will, im Einzelnen bezeichnen, wenn ihm dies möglich und zumutbar ist. 27

Der Gläubiger kann vom Nachbarn eine konkrete Maßnahme, wie das Verbot der Katzenhaltung, nur verlangen, wenn allein diese Maßnahme die Beeinträchtigung beseitigt oder wenn weitere Maßnahmen zwar möglich sind, vernünftigerweise jedoch nicht ernsthaft in Betracht gezogen werden können. Regelmäßig ist das nicht der Fall, so dass der Unterlassungstitel nur allgemein auf Unterlassung von Störungen durch bestimmten Katzengeruch und -lärm lautet. Hierauf ist die **Unterlassungsvollstreckung** nach § 890 ZPO anwendbar. Trotz seines Wortlauts kann der Schuldner einem solchen Unterlassungsgebot jedoch nicht durch bloßes Nichtstun genügen, sondern allein durch aktives Handeln. Die Frage, welches aktive Handeln durch dieses Unterlassen gefordert wird, ist nicht durch den Verbotsausspruch oder den Gläubiger zu beantworten, sondern vom Schuldner selbst.[40] Unter Umständen wird ihn im Vollstreckungsverfahren nach § 890 ZPO das Prozessgericht hierüber belehren müssen, wobei ihn das Verschuldenserfordernis vor ungerechtfertigten Ordnungsmitteln schützt.[41] 28

65. Kind

Weiß

39 *Roth* in Staudinger BGB § 906 Rn. 199.
40 BGH Urt. v. 4.2.1993 – I ZR 42/91, BGHZ 121, 242 – TRIANGLE.
41 *Böhm*, Die Zwangsvollstreckung nach § 890 ZPO, S. 74.

Literatur: *Bernau,* Führt die Haftungsprivilegierung des Kindes in § 828 II BGB zu einer Verschärfung der elterlichen Aufsichtshaftung aus § 832 I BGB?, NZV 2005, 234; *Bernau,* Die Haftung von Aufsichtspflichtigen aus § 832 BGB – Eine Übersicht der aktuellen Rechtsprechung, FamRZ 2017, 166; *Blank,* Umwelt- und Umfeldmängel – Aktuelle Rechtsentwicklung und Tendenzen, MDR 2015, 1114; *Börstinghaus,* Verwahrlosung, Lärm und Nachbarstreit im Wohnraummietrecht Der Umgang mit Beschwerden aus rechtlicher Sicht, NZM 2004, 48; *Czernik,* Die Verkehrssicherungspflicht gegenüber unbefugt ein Grundstück betretender Kinder, VersR 2010, 1416; *Dötsch/Greiner,* Wahrnehmung der Verkehrssicherungspflicht, ZWE 2014, 343; *Flatow,* Mitbenutzung von Gemeinschaftsflächen durch den Mieter – Treppenhäuser ua als Konfliktfläche, NZM 2007, 432; *Flatow,* Die rechtliche Beurteilung von Mängeln wegen Lärms, DWW 2015, 122 und 162; *Janda,* Mehrheiten von Schuldnern und unterschiedliche Haftungsmaßstäbe – Ein Beitrag zur Überwindung des „gestörten Gesamtschuldnerausgleichs", VersR 2012, 1078; *Leist,* „Lebensraum" Treppenhaus: Die (un-)zulässige Nutzung von Gemeinschaftsräumen, NZM 2019, 658; *Meyer-Abich,* Gebrauchsrechte des Mieters – Mietermodernisierung, Gestaltung der Mietsache und Nutzungskonflikte, NZM 2015, 520; *Nierhauve,* Kinderlärm und die Grenzen der Toleranz, ZMR 2018, 298; *Schmid,* Der behinderte Mieter in der Wohnungseigentumsanlage, NJW 2014, 1201; *Stollenwerk,* Kinderlärm im Miet-, Wohnungseigentums- und Nachbarrecht, NZM 2004, 289.

I. Einführung

1 Jede Gesellschaft ist auf eine ausreichende Zahl an Kindern und Jugendlichen angewiesen, sind sie doch die künftigen Generationen, die nach dem aktuellen Generationenvertrag für die Versorgung der älteren Generationen verantwortlich sind. Mindestens ebenso wichtig ist deren künftige Rolle in den Führungs- und Lenkungspositionen der Gesellschaft und Wirtschaft. Für diese Aufgaben sind eine gute, gesunde und nachhaltige Entwicklung, Bildung und persönliche Reifung unabdingbar. Nun geht diese Entwicklung jedes Einzelnen im Kindesalter aber nicht ohne für manchen Dritten störende Verhaltensweisen einher, über deren Wirkungen sich Kinder naturgemäß in aller Regel noch keine Gedanken machen und auch nicht machen müssen. Nach heutigem Verständnis sollten Kinder möglichst unbeschwert aufwachsen können. Gleichsam muss die Gesellschaft Einrichtungen für die Bildung, die Betreuung und auch für das Spielen bereitstellen, um diese Entwicklung zu ermöglichen und zu fördern. Auch hierbei ergeben sich Generation um Generation Konflikte und Reibungspunkte, für die es auch und gerade im Nachbarrecht einen gerechten Ausgleich zu finden gilt.

II. Verantwortlichkeit von Kindern

2 Hinsichtlich verschiedener Aspekte der im Folgenden dargestellten Ansprüche ist eine Differenzierung zwischen Kindern und Jugendlichen oder, genauer gesagt, eine **Unterscheidung** nach der jeweiligen **Verantwortlichkeit** Minderjähriger vorzunehmen. Dabei stellen die gesetzlichen Regelungen kontextabhängig auf ganz unterschiedliche Alter oder Kriterien ab. Zunächst wird hinsichtlich der **Geschäftsfähigkeit** nach den §§ 1, 106 BGB mit dem vollendeten siebenten Lebensjahr die beschränkte Geschäftsfähigkeit nach Maßgabe der §§ 107 ff. BGB erreicht. Vertragliche Beziehungen zu Kindern oder Jugendlichen spielen indes in der folgenden Kommentierung keine weitere Rolle.

3 Im Nachbarrecht bedeutsam ist aber die **Deliktsfähigkeit**. Hierbei regelt **§ 828 BGB** drei Altersstufen. Bis zum vollendeten siebenten Lebensjahr ist ein Kind nicht für anderen zugefügte Schäden verantwortlich, § 828 Abs. 1 BGB. Nach Abs. 2 dieser Vorschrift wird ein Haftungsprivileg im Altersbereich zwischen dem siebenten und dem vollendeten zehnten Lebensjahr bei Unfällen und Schäden im Straßenverkehr festgelegt. Dabei hat der Gesetzgeber die entwicklungspsychologischen Erkenntnisse zugrunde gelegt, dass Kinder vor Vollendung des zehnten Lebensjahres die besonderen Gefahren – insbesondere die Einschätzung von Entfernungen und Geschwindigkeiten – des motorisierten Straßenverkehrs nicht erkennen oder sich entsprechend verhalten können.[1] Dies führt grundsätzlich zu einer Beschränkung des Anwendungsbereichs dieser Privilegierung nach deren Sinn und Zweck auf den fließenden Straßenverkehr, da hier die typischen

1 RegE BT-Drs. 14/7752, 16.

Überforderungssituationen auftreten können.[2] Hingegen ist eine Anwendung im ruhenden Verkehr, insbesondere bei Unfällen mit parkenden Pkw auf besondere Ausnahmefälle beschränkt.[3] Gleiches gilt für die Anwendung von § 828 Abs. 2 BGB auf ein etwaiges Mitverschulden, § 254 BGB.[4] In der Altersstufe zwischen dem vollendeten zehnten Lebensjahr und dem vollendeten 18. Lebensjahr (bzw. ab dem vollendeten siebenten Lebensjahr außerhalb des Straßenverkehrs) entscheidet sich das Vorliegen einer Verantwortlichkeit nach der Einsichtsfähigkeit des Minderjährigen, wobei es allein auf die Fähigkeit ankommt, sich der Gefährlichkeit des eigenen Tuns und der Verantwortung für dessen Folgen bewusst zu sein.[5]

Des Weiteren kommt es auch im Zivilrecht auf die **Schuldfähigkeit** von Kindern und Jugendlichen an, soweit es auf schuldhaftes Handeln im Sinne des Strafrechts ankommt, etwa bei § 890 ZPO (→ Rn. 65 f.) oder § 380 ZPO. Dafür wird **§ 19 StGB** herangezogen, wonach eine Schuldfähigkeit erst ab dem vollendeten 14. Lebensjahr besteht. 4

III. Kinderlärm

Eines der Hauptärgernisse für Nachbarn ist wohl der von Kindern beim Spielen, Herumtoben, Streiten oder Weinen verursachte Lärm. Je nach Hellhörigkeit des Gebäudes wähnt man sich „mehr mittendrin statt nur dabei". Je jünger das Kind, desto weniger haben die Eltern nachhaltigen Einfluss auf die verursachten Geräusche des Kindes. Ebenso ist das immer mit einem gewissen Lärm verbundene Spiel von Kindern zwingend erforderlich für eine gesunde geistige und motorische Entwicklung. So wurde Kinderlärm auch schon als „die Musik der Zukunft" beschrieben.[6] 5

1. Abwehranspruch aus §§ 1004 Abs. 1, 906 BGB und §§ 862 Abs. 1, 858, 906 BGB

Von Kindern verursachter Lärm ist zunächst als Geräuschimmission im Sinne des § 906 Abs. 1 BGB einzustufen und gehört somit grundsätzlich zu den abwehrfähigen Einwirkungen auf ein Grundstück. Derartige Einwirkungen kann sowohl der (Wohnungs-)Eigentümer nach § 1004 Abs. 1 BGB als auch der Mieter (einer Wohnung) nach § 862 Abs. 1 BGB[7] abwehren. Für den von Kindern verursachten Lärm ist aber die besondere Wertung des Gesetzgebers in **§ 22 Abs. 1a BImSchG** zu beachten, der auch eine Ausstrahlungswirkung auf § 906 BGB zukommt.[8] Darüber hinaus besteht aber schon seit langen im Wesentlichen ein Konsens, dass durch altersgerechtes, kindliches Verhalten hervorgerufene Geräuschimmissionen **grundsätzlich sozialadäquat**[9] sind und daher von Dritten eine erhöhte Toleranz verlangt werden kann. Hiervon wird auch Kinderlärm erfasst, der nicht von den in § 22 Abs. 1a BImSchG genannten Einrichtungen aus- 6

2 BGH Urt. v. 30.11.2004 – VI ZR 335/03, BGHZ 161, 180 = NJW 2005, 354; BGH Urt. v. 30.11.2004 – VI ZR 365/03, NJW 2005, 356; *Oechsler* in Staudinger BGB § 828 Rn. 14 f.

3 BGH Urt. v. 30.11.2004 – VI ZR 335/03, BGHZ 161, 180 = NJW 2005, 354; BGH Urt. v. 30.11.2004 – VI ZR 365/03, NJW 2005, 356.

4 BGH Urt. v. 30.11.2004 – VI ZR 335/03, BGHZ 161, 180 = NJW 2005, 354; BGH Urt. v. 30.11.2004 – VI ZR 365/03, NJW 2005, 356.

5 BGH Urt. v. 30.11.2004 – VI ZR 335/03, BGHZ 161, 180 = NJW 2005, 354; BGH Urt. v. 30.11.2004 – VI ZR 365/03, NJW 2005, 356; OLG Celle Urt. v. 19.2.2020 – 14 U 69/19, NJW-RR 2020, 407.

6 Stadt Herten Pressemitteilung vom 17.5.1999; hierzu *Börstinghaus* NZM 2004, 48 (51, Fn. 38); AG Hamburg-Bergedorf Urt. v. 11.11.2008 – 409 C 285/08, juris Rn. 14; dies aufgreifend *Horst* DWW 2015, 122 (127), dediziert auch OVG Münster Urt. v. 8.7.1986 – 11 A 1288/85, juris Rn. 8: „Wer Kinderlärm als lästig empfindet, hat selbst eine falsche Einstellung zu Kindern, die als selbst gesetzte Ursache rechtlich nicht relevant sein kann."

7 Siehe hierzu BGH Urt. v. 16.1.2015 – V ZR 110/14, NJW 2015, 2023.

8 RegE BT-Drs. 17/4836, 7 (wonach bei einer nicht ausreichenden Wirkung eine Änderung des § 906 BGB in Aussicht gestellt wird); BGH Beschl. v. 22.8.2017 – VIII ZR 226/16, NJW-RR 2017, 1290; BGH Urt. v. 29.4.2015 – VIII ZR 197/14, BGHZ 205, 177 = NJW 2015, 2177 (beide für das Mietrecht); BGH Urt. v. 13.7.2012 – V ZR 204/11, NJW-RR 2012, 1292; BGH Urt. v. 13.12.2019 – V ZR 203/18, NJW 2020, 1354 (beide für das WEG-Recht); *Klimke* in BeckOGK BGB § 906 Rn. 238; *Roth* in Staudinger BGB § 906 Rn. 193, 162.

9 BGH Beschl. v. 22.8.2017 – VIII ZR 226/16, NJW-RR 2017, 1290; LG Berlin Urt. v. 19.2.2019 – 63 S 303/17, juris Rn. 25 f.; AG München Urt. v. 23.5.2017 – 283 C 1132/17, juris Rn. 10; *Horst*, NachbarR-HdB, Rn. 854 ff.

geht[10] oder von Jugendlichen[11] verursacht wird. Dieses Toleranzgebot wirkt sich etwa bei höheren Grenzwerten für den hinzunehmenden Lärm aus, hat aber auch Grenzen,[12] die einzelfallabhängig nach der Art, Qualität, Dauer, Zeit, dem Kindesalter und Gesundheitszustand sowie der Vermeidbarkeit durch zumutbare erzieherische oder bauliche Maßnahmen zu beurteilen sind.[13] Dabei darf auch berücksichtigt werden, dass Kindern (in altersangemessener Art und Weise) die Rücksichtnahme auf andere beigebracht werden muss und Kinder ausreichenden (Nacht-)Schlaf benötigen[14]. Die Grenze ist jedenfalls in Schikanefällen (§ 226 BGB), also absichtlich und mit dem Zweck der Störung verursachtem Lärm, überschritten.[15] Diese Wertung hat zur Folge, dass Geräuschimmissionen durch Kinderlärm grundsätzlich als unwesentliche oder jedenfalls ortsübliche Beeinträchtigung im Sinne des § 906 Abs. 1 Satz 1 bzw. Abs. 2 Satz 1 BGB einzustufen sind. Erst bei Überschreitung der aufgezeigten Grenzen besteht ein Abwehranspruch. Geräuschimmissionen von auf einer Spielstraße spielenden Kindern, sind ebenso hinzunehmen, da in diesen verkehrsberuhigten Bereichen das Spielen nach § 42 Abs. 2 StVO iVm Anlage 3 Nr. 12 (Zeichen 325.1) überall erlaubt ist.[16]

7 Diese Wertung gilt selbstverständlich und erst recht für von **Babys** verursachten Lärm, also v.a. durch Weinen und Schreien, und zwar auch nachts.[17] Erst wenn das Schreien durch fehlende Aufmerksamkeit, Zuwendung oder Pflege der Eltern bedingt ist, wird das Maß der Sozialadäquanz überschritten.[18]

8 Bei Besitzstörungen ist grundsätzlich die **Besitzwehr** nach § 859 Abs. 1 BGB zulässig. Diese setzt aber gerade bei Kinderlärm voraus, dass die ergriffenen Gegenmaßnahmen geeignet sind, die Besitzstörung zu beenden. So ist der beeinträchtigte Nachbar bei eigenen Maßnahmen auf das Ansprechen oder Anschreiben der Eltern des Kindes beschränkt, um diese auf die Störung sowie deren erzieherische Pflichten hinzuweisen.[19] Unzulässig, weil wiederum verbotene Eigenmacht im Sinne des § 858 BGB, ist das Verursachen von **Gegenlärm**.[20] Hierunter fallen das fast schon klischeehafte Klopfen mit dem Besen an die Decke, Schreien, auf den Boden Stampfen oder auch das Schlagen eines metallischen Gegenstandes gegen den Heizkörper.[21]

9 Neben eventuellen baurechtlichen Einwendungen gegen den Betrieb eines Kindergartens auf einem Grundstück (→ *Öffentliche Einrichtungen und Anlagen* Rn. 25 ff.) kann sich auch ein Anspruch auf **Unterlassen des Betriebes** aus §§ 1004 Abs. 1 Satz 2, 906 BGB ergeben.[22] Hierbei ist aber die direkt geltende Privilegierung des § 22 Abs. 1a BImSchG zu beachten, die es verbietet, auf die Grenzwerte der verschiedenen Lärmrichtlinien (v. a. TA Lärm und LAI-Richtlinien) zurückzugreifen. Folglich ist in aller Regel bei der

10 *Klimke* in BeckOGK BGB § 906 Rn. 239.

11 Die Altersgrenze wird vom Gesetzgeber in Anlehnung an § 7 Abs. 1 Nr. 1 SGB VIII bei 14 Jahren gezogen, RegE BT-Drs. 17/4836, 6; dennoch sind strengere Maßstäbe anzulegen: *Klimke* in BeckOGK BGB § 906 Rn. 240; *Roth* in Staudinger BGB § 906 Rn. 162; „pubertätsbedingte Aufsässigkeiten": *Stollenwerk* NZM 2004, 289 (290); wohl auch BGH Urt. v. 29.4.2015 – VIII ZR 197/14, BGHZ 205, 177 = NJW 2015, 2177.

12 BGH Beschl. v. 22.8.2017 – VIII ZR 226/16, NJW-RR 2017, 1290 mAnm *Nierhauve* ZMR 2018, 298; LG Berlin Urt. v. 5.9.2016 – 67 S 41/16, juris Rn. 21 ff.; LG Berlin Urt. v. 19.2.2019 – 63 S 303/17, juris Rn. 25 ff. (Rennen und Springen auf Dielenböden); Sozialadäquanz verneint: LG Berlin Urt. v. 11.1.1999 – 62 S 290/98, juris Rn. 7 (laute Geräusche und Erschütterungen zur Nacht- bzw. Ruhezeit); OLG Saarbrücken Beschl. v. 11.6.1996 – 5 W 82/96, ZMR 1996, 566 (Tennisspielen in der Wohnung); OLG Düsseldorf Beschl. v. 19.8.2009 – 3 Wx 233/08, NJW 2009, 3377 (Geschrei, Trampeln, Springen, Möbelrücken, Türknallen).

13 BGH Beschl. v. 22.8.2017 – VIII ZR 226/16, NJW-RR 2017, 1290 mwN (dort halfen selbst Ohrstöpsel nicht und auch eine schwerhörige Mitmieterin fühlte sich ohne Hörgerät gestört).

14 Siehe *Horst* DWW 2015, 162 (167).

15 *Stollenwerk* NZM 2004, 289 (290).

16 OLG Düsseldorf Urt. v. 11.10.1995 – 9 U 51/95, NJW-RR 1996, 211; *Horst*, NachbarR-HdB, Rn. 857, 2134.

17 OLG Düsseldorf Urt. v. 29.1.1997 – 9 U 218/96, NJWE-MietR 1997, 198; AG Wiesbaden Urt. v. 13.4.2011 – 92 C 3781/07, juris Rn. 12; *Stollenwerk* NZM 2004, 289 (290); *Horst*, NachbarR-HdB, Rn. 856.

18 *Horst*, NachbarR-HdB, Rn. 856; *Stollenwerk* NZM 2004, 289 (290).

19 AG Hamburg Urt. v. 28.11.1995 – 47 C 1789/95, juris Rn. 12.

20 Hierzu auch *Horst* DWW 2015, 162 (168).

21 So der Fall bei AG Hamburg Urt. v. 28.11.1995 – 47 C 1789/95, juris Rn. 3, 12.

22 LG Hamburg Urt. v. 8.8.2005 – 325 O 166/99, BeckRS 2005, 10700 allerdings mit zweifelhafter Wertung.

bau- bzw. immissionsschutzrechtlichen Zulässigkeit von Kindergärten auch der zivilrechtliche Abwehranspruch nicht gegeben.

Ginge man nach dem dargestellten besonderen Toleranzgebot bzgl. Kinderlärm davon aus, dass die fehlende Wesentlichkeit der Beeinträchtigung faktisch einer Duldungspflicht im Sinne des § 906 Abs. 2 Satz 1 BGB entspricht,[23] könnte auch ein **Ausgleichsanspruch nach § 906 Abs. 2 Satz 2 BGB** in Betracht gezogen werden. Soweit ersichtlich, sind hierzu für Kinderlärm noch keine Gerichtsentscheidungen ergangen und auch in der Literatur wird dies bisher nicht diskutiert. Angesichts der gesetzgeberischen Wertung hinsichtlich des Kinderlärms als grundsätzlich sozialadäquat, wird man aber davon ausgehen müssen, dass es sich um einen Fall des allgemeinen Lebensrisikos handelt, der nicht zu einer Ausgleichspflicht führt, da dies sonst Familien mit Kindern übermäßig beeinträchtigen würde, wenn diese allen Nachbarn einen Ausgleich zahlen müssten. Dies würde letztlich auch der gesetzgeberischen Intention zuwiderlaufen. 10

2. Mietvertragliche Auswirkungen

Eine ganz maßgebliche Rolle spielen Störungen durch Kinderlärm im Mietrecht. Hierbei wird diese Thematik unter dem Aspekt von Mängeln der Mietwohnung aufgrund von sog. **Umweltmängeln** (§ 536 BGB), also von außerhalb der Mietwohnung liegenden Quellen ausgehende Störungen, behandelt.[24] 11

Eine Besonderheit folgt hier aus der regelmäßig vorliegenden **Dreiecksbeziehung** zwischen Vermieter, störendem Mieter und beeinträchtigtem Mieter. Im Verhältnis zwischen den Mietern findet **§ 906 BGB** nach den oben dargestellten Maßgaben analoge Anwendung,[25] hingegen nicht in der Rechtsbeziehung des Mieters zum Vermieter.[26] Letzterer hat neben der Überlassungs- auch eine Erhaltungspflicht aus § 535 Abs. 1 Satz 2 BGB, die auch die Sicherstellung eines von Dritten unbeeinträchtigten Gebrauchs umfasst, was wiederum zu einem Mangel gemäß § 536 Abs. 1 BGB führen kann. Nach der Rechtsprechung des VIII. Zivilsenates des BGH strahlt § 906 BGB aber insoweit in das Verhältnis der Mietvertragsparteien aus, dass – vorbehaltlich anders lautender Beschaffenheitsvereinbarungen – kein Mangel begründet wird, wenn der Vermieter eine nach Vertragsschluss eingetretene oder erhöhte Beeinträchtigung von außen nach § 906 BGB hinnehmen muss.[27] Dies hat wiederum gerade bei Kinderlärm, wie oben dargestellt, besondere Relevanz, gerade in Mehrfamilienhäusern oder kinderreichen Wohngebieten, in denen jeder Bewohner mit Kinderlärm – auch bei nachträglich eingezogenen Familien mit Kindern[28] – rechnen muss. 12

Die Störung durch Kinderlärm kann im Prinzip die ganze Palette der mietrechtlichen Konsequenzen auslösen. Sie reicht vom **Unterlassungsbegehren** (§ 541 BGB), **Abmahnung**[29] und ordentlicher oder fristloser **Kündigung** durch den Vermieter (§§ 573 Abs. 2 Nr. 1, 543 Abs. 2 Nr. 2, Abs. 3, § 543 Abs. 1 iVm § 569 Abs. 2, 4 BGB)[30] oder beeinträchtigten Mieter (§§ 543 Abs. 1 Satz 1, Abs. 2 Nr. 1, 569 Abs. 1 BGB), über **Schadensersatz** (§§ 280 Abs. 1, 241, 282/286, 249, 253, 823 BGB) einschließlich Mietausfall[31] und 13

23 Vgl. *Klimke* in BeckOGK BGB § 906 Rn. 237 ff.

24 Siehe etwa *Börstinghaus* NZM 2004, 48.

25 BGH Urt. v. 16.1.2015 – V ZR 110/14, NJW 2015, 2023; *Klimke* in BeckOGK BGB, Stand 1.1.2020, § 906 Rn. 75; *Börstinghaus* NZM 2004, 48 (49).

26 BGH Urt. v. 29.4.2015 – VIII ZR 197/14, BGHZ 205, 177 = NJW 2015, 2177; *Börstinghaus* NZM 2004, 48 (49).

27 BGH Urt. v. 29.4.2015 – VIII ZR 197/14, BGHZ 205, 177 = NJW 2015, 2177; anders noch BGH Urt. v. 23.4.2008 – XII ZR 62/06, BGHZ 176, 191 = NJW 2008, 2497; ablehnend aber LG Berlin Urt. v. 16.6.2016 – 67 S 76/16, NJW-RR 2016, 1162; LG Berlin Urt. v. 12.7.2018 – 67 S 105/18, ZMR 2019, 23; hingegen dem BGH folgend LG Berlin Urt. v. 14.6.2017 – 65 S 90/17, ZMR 2017, 974.

28 Vgl. LG Berlin Urt. v. 5.9.2016 – 67 S 41/16, juris Rn. 23; siehe auch AG München Urt. v. 7.10.1999 – 412 C 23697/99, BeckRS 2010, 9217.

29 Deren Erforderlichkeit ist für § 573 Abs. 2 Nr. 1 BGB strittig, hierzu *Horst* DWW 2015, 122 (123, Fn. 19); nach hM grundsätzlich nicht erforderlich; BGH Urt. v. 28.11.2007 – VIII ZR 145/07, NJW 2008, 508; aA *Blank* in Schmidt-Futterer BGB § 573 Rn. 13a; *Stollenwerk* NZM 2004, 289 (290).

30 Ggf. folgt aus § 536 BGB sogar ein Anspruch des beeinträchtigten Mitmieters, dies vom Vermieter zu verlangen: LG Berlin Urt. v. 11.1.1999 – 62 S 290/98, juris Rn. 3 ff.

31 Vgl. LG Berlin Urt. v. 11.1.1999 – 62 S 290/98, juris Rn. 9.

Schmerzensgeld[32] sowie **Mietminderung** (§ 536 BGB)[33] oder Schadensersatz (§ 536a BGB) durch beeinträchtigte Mieter bis hin zu Anzeigen bei der Polizei (wegen § 117 OWiG, §§ 223, 325a StGB).[34] Im Falle der wirksamen Kündigung besteht der Rückgabeanspruch des Vermieters aus § 546 Abs. 1 BGB[35], ggf. mit den schadensersatzrechtlichen Folgeansprüchen aus §§ 546a, 571 BGB.

14 Erscheinen Mieter mit Kindern nach dem vorgenannten regelmäßig als die „Unruhestifter", kann sich dieses Bild auch umkehren, wenn andere Mieter sich auch von zulässigem Kinderlärm übermäßig gestört fühlen und durch **ständiges Beschweren** oder gar **Gegenlärm** (→ Rn. 8) versuchen, in Eigeninitiative für die ihrer Meinung nach gebotene Ruhe zu sorgen. Solche Mieter sind im Rahmen der erforderlichen erhöhten Toleranz zunächst darauf zu verweisen, sich Wohnraum zu suchen, der keinem oder nur wenig Kinderlärm ausgesetzt ist.[36] Wird eine Wohnung gegenüber den Eltern als kinderfreundlich beworben und trifft dies aufgrund solcher Nachbarn aber nicht zu, können diese den Mietvertrag nach §§ 142, 119 Abs. 2 BGB wegen eines Eigenschaftsirrtums anfechten[37] oder auch die Miete mindern. In derartigen Fällen stehen dann wiederum dem Vermieter gegen den „Nörgelnachbar" Schadensersatzansprüche, etwa wegen entgangener Miete aus §§ 280 Abs. 1, 282, 241 Abs. 2 BGB, zu oder berechtigen jedenfalls zur ordentlichen Kündigung nach § 573 Abs. 2 Nr. 1 BGB.

15 Eine Mietminderung können Mitmieter aber nicht damit begründen, dass ihnen vermieterseitig zugesichert worden sei, die Wohnanlage werde „von Kindern freigehalten", da es sich hierbei um eine **sittenwidrige Zusicherung** handelt, die nach § 138 Abs. 1 BGB unwirksam ist.[38]

16 Ebenso kann nicht ohne Weiteres eine (konkludente) **Beschaffenheitsvereinbarung** der Mietvertragsparteien angenommen werden, wonach Störungen aus dem Umfeld der Mietsache nicht größer werden als bei Vertragsbeginn. Hierfür ist bei Vorliegen einer (geäußerten) einseitigen Vorstellung des Mieters jedenfalls eine irgendwie geartete zustimmende Reaktion erforderlich, da auch zu berücksichtigen ist, dass der Vermieter mit einer solchen Vereinbarung ein Risiko für einen von ihm regelmäßig nicht beherrschbaren Umstand übernehmen würde.[39]

17 Adressat von Ansprüchen der Mitmieter oder Sanktionen des Vermieters sind in erster Linie die Eltern, die auch die Mietvertragspartei sind. Den **Eltern** obliegt grundsätzlich die **Aufsichtspflicht** für ihre Kinder, die auch umfasst, auf die Einhaltung der üblichen Ruhezeiten zu achten und die erhöhte Toleranzgrenze überschreitenden Lärm zu verhindern. Dies gilt indes nur soweit, wie es die altersabhängige Einsichtsfähigkeit des Kindes zulässt.[40] Folglich kann von den Eltern nur die zumutbare erzieherische Einwirkung und Zuwendung verlangt werden. Dies gilt auch in Sonderfällen, wie bei gehörlosen Eltern, die dann nicht gegen ihre mietvertraglichen Pflichten verstoßen, wenn sie die zumutbaren Vorkehrungen getroffen haben, um Emissionen durch Kinderlärm zu verringern oder zu verhindern.[41] Ebenso ist Kinderlärm im Treppenhaus beim Verlassen und Erreichen der Wohnung sozialadäquat.[42]

18 Eine Regelung in der **Hausordnung**, wonach jedes unnötige und störende Geräusch (innerhalb festgelegter Ruhezeiten) zu unterlassen ist, ist auch im Hinblick auf Kinderlärm zu unbestimmt und daher unwirksam.[43]

---

32 AG Dortmund Urt. v. 6.9.1993 – 122 C 6541/93, NJW-RR 1993, 910.

33 BGH Beschl. v. 22.8.2017 – VII ZR 226/16, NJW-RR 2017, 1290; BGH Urt. v. 29.4.2015 – VIII ZR 197/14, BGHZ 205, 177 = NJW 2015, 2177; LG München I Urt. v. 24.2.2005 – 31 S 20796/04, NJW-RR 2005, 598; LG Hamburg Urt. v. 26.6.2014 – 307 S 11/14, juris Rn. 13, 22 (10 % bei Bolzplatz).

34 Eine Übersicht findet sich auch bei *Horst* DWW 2015, 122 (123).

35 LG Regensburg Urt. v. 12.1.1999 – 2 S 229/98, NZM 1999, 220 (noch zu § 556 BGB aF).

36 OLG Düsseldorf Urt. v. 11.10.1995 – 9 U 51/95, NJW-RR 1996, 211; *Blank* MDR 2015, 1114 (1116).

37 LG Essen Urt. v. 20.7.2004 – 15 S 56/04, NZM 2006, 294.

38 AG München Urt. v. 7.10.1999 – 412 C 23697/99, BeckRS 2010, 9217.

39 BGH Urt. v. 29.4.2015 – VIII ZR 197/14, BGHZ 205, 177 = NJW 2015, 2177.

40 *Eisenschmid* in Schmidt-Futterer BGB § 535, 406, 410 und § 536 Rn. 133; *Stollenwerk* NZM 2004, 289 (290).

41 LG Regensburg Urt. v. 12.1.1999 – 2 S 229/98, NZM 1999, 220.

42 LG München I Urt. v. 24.2.2005 – 31 S 20796/04, NJW-RR 2005, 598.

43 OLG Düsseldorf Beschl. v. 19.8.2009 – 3 Wx 233/08, NJW 2009, 3377; → *Hausordnung* Rn. 37.

19 Das erhöhte Toleranzgebot für Kinderlärm gilt nicht nur für Kinderlärm in Wohnungen, sondern auch auf **Außenflächen** und in der Nähe befindlicher Anlagen für Kinder und Jugendliche.[44] Inwieweit solche Flächen der Mietanlage von Kindern zum Spielen genutzt werden dürfen, bestimmt sich regelmäßig nach der **Zweckbestimmung** der Fläche. Eine solche Nutzung von Zier-/Vorgärten oder der Erholung dienender Rasenflächen kann wirksam untersagt werden; hingegen nicht bei Hof- und anderweitigen Grünflächen.[45] Auf solche Flächen dürfen dann auch Kinder von Dritten zum Spielen eingeladen werden.[46] Dabei ist auch Kinderlärm hinzunehmen, wenn diese im Hof der Wohnanlage statt auf einem nahegelegenen **Spielplatz**[47] spielen.[48] Da Spielplätze für kleinere Kinder in der Nähe der Wohnanlagen zu errichten sind, um den Eltern die Wahrnehmung ihrer Aufsichtspflicht zu ermöglichen, ist der Betreiber des Spielplatzes auch nicht zu Schallschutzmaßnahmen verpflichtet.[49] **Kindertagesstätten** unterfallen dem unmittelbaren Anwendungsbereich des § 22 Abs. 1a BImSchG (→ *Anlagen für bestimmte Zwecke* Rn. 24 f.; → *Öffentliche Einrichtungen und Anlagen* Rn. 25 ff.). Bei Spielanlagen (auch) für größere Kinder oder Jugendliche, wie **Bolzplätze oder Skateranlagen,** gilt die Privilegierung aus § 22 Abs. 1a BImSchG nicht, so dass strengere Maßstäbe, schon aufgrund der grundsätzlich größeren persönlichen Reife, anzunehmen sind.[50]

20 Weitere Abwägungskriterien sind bei **Lärm von behinderten Kindern** zu berücksichtigen. So ist auch von diesen Kindern verursachter Lärm grundsätzlich als sozialadäquat hinzunehmen (zusätzlich nach Art. 3 Abs. 3 Satz 2 GG); dies gilt insbesondere, wenn einem solchen Kind eine andere Artikulation als etwa durch Schreien, Kreischen oder Klopfen nicht möglich ist.[51] Den Eltern können zwar alle rechtlich, wirtschaftlich und tatsächlich zumutbaren Maßnahmen zur Reduzierung des Lärms zuzumuten sein.[52] Jedoch ist ein solcher Unterlassungsanspruch nicht durchsetzbar, wenn die einzig erfolgversprechenden Maßnahmen menschenunwürdig sind (v.a. wesensverändernde Medikamentengabe).[53] Insoweit kann nur von den Eltern unmittelbar Unterlassung verlangt werden, soweit diese selbst mit Schreien und unnötigem Lärm auf das kindliche Verhalten reagieren.[54]

21 Eine **Berufsausübung** in allein zu Wohnzwecken bestimmten Räumen, ist nur dann zulässig und es besteht auch nur dann ein Anspruch gegen den Vermieter zur Gestattung, wenn von der beruflichen oder gewerblichen Nutzung keine weitergehenden Einwirkungen auf die Mitmieter ausgehen als bei einer gewöhnlichen Wohnnutzung.[55] Die entgeltliche Betreuung fremder Kinder als **Tagesmutter** überschreitet indes häufig die Emissionen der üblichen Wohnnutzung aufgrund des erhöhten Lärmpegels, erhöhtem Besucherverkehr so-

44 Zu Bolzplatz BGH Urt. v. 29.4.2015 – VIII ZR 197/14, BGHZ 205, 177 = NJW 2015, 2177; AG Schöneberg Urt. v. 19.7.1995 – 6 C 343/94, MM 1995, 397; *Horst* DWW 2015, 162 (168); *Börstinghaus* NZM 2004, 48 (51); *Stollenwerk* NZM 2004, 289 (290).

45 *Eisenschmid* in Schmidt-Futterer BGB § 535 Rn. 408 f.; LG Heidelberg Urt. v. 23.10.1996 – 8 S 2/96, NJWE-MietR 1997, 234; einschränkend: OLG Saarbrücken Beschl. v. 24.10.1989 – 5 W 187/89, NJW-RR 1990, 24 (zumindest Verbot von Ballspielen).

46 *Eisenschmid* in Schmidt-Futterer BGB § 535 Rn. 408; LG Heidelberg Urt. v. 23.10.1996 – 8 S 2/96, NJWE-MietR 1997, 234; nicht aber die Nutzung durch Gruppen aus nahegelegener Kita: LG Hamburg Urt. v. 6.1.2018 – 318 S 40/15, ZWE 2016, 260.

47 Zu privaten Spielplätzen: *Horst,* NachbarR-HdB, Rn. 858; zu öffentlichen Spielplätzen: → *Anlagen für bestimmte Zwecke* Rn. 20 ff. → *Öffentliche Einrichtungen und Anlagen* Rn. 25 ff.; siehe auch LG Berlin Urt. v. 20.7.1999 – 64 S 47/99, ZMR 1999, 763.

48 LG Wuppertal Urt. v. 29.7.2008 – 16 S 25/08, juris Rn. 3.

49 *Lüke* in Grziwotz/Lüke/Saller, NachbarR-HdB, 3. Teil Rn. 127; *Horst,* NachbarR-HdB, Rn. 858.

50 *Horst,* NachbarR-HdB, Rn. 859 f.; BayObLG Beschl. v. 27.9.1989 – BReg 2 Z 67/89, juris Rn. 25 f.

51 AG Braunschweig Beschl. v. 11.9.2006 – 34 II 10/04, NZM 2008, 172; LG Münster Urt. v. 26.2.2009 – 8 O 378/08, NJW 2009, 3730; *Wöstmann* in BeckOK BGB § 569 Rn. 11.

52 AG Braunschweig Beschl. v. 11.9.2006 – 34 II 10/04, NZM 2008, 172.

53 AG Braunschweig Beschl. v. 11.9.2006 – 34 II 10/04, NZM 2008, 172.

54 AG Braunschweig Beschl. v. 11.9.2006 – 34 II 10/04, NZM 2008, 172.

55 BGH Urt. v. 10.4.2013 – VIII ZR 213/12, NJW 2013, 1806; *Meyer-Abich* NZM 2015, 520 (524).

wie vermehrtem Schmutz.[56] Bei der Bewertung der von einer solcher Nutzung ausgehenden Einwirkungen ist die besondere Wertung des § 22 Abs. 1a BImSchG zu berücksichtigen, der hinsichtlich einer Kindertageseinrichtung ähnlicher Einrichtungen nicht zu eng gefasst werden darf, um der gesetzgeberischen Intention einer grundsätzlichen Privilegierung gerecht zu werden.[57] Daher ist in grundsätzlich als Geschäfts- oder Ladenräume vorgesehenen Einheiten eines Mietshauses oder WEG-Anlagen auch die Nutzung als **Eltern-Kind-Zentrum** zulässig.[58]

22 Von der gewerblichen Berufsausübung abzugrenzen ist die Betreuung fremder Kinder bei Besuch von Freunden (des Kindes) oder im Rahmen der **Nachbarschaftshilfe**. Dies ist vom üblichen Wohnzweck umfasst, da es sich um bloße Gefälligkeiten handelt, denen der Erwerbscharakter fehlt.[59]

3. Wohnungseigentümergemeinschaften

23 Die zu Mietwohnungen dargestellten Grundsätze gelten ebenso in Wohnungseigentumsanlagen, wobei der Anspruch der Miteigentümer auf Unterlassen von Lärmbeeinträchtigungen aus § 14 Abs. 1 Nr. 1 und 2 WEG iVm § 1004 Abs. 1 Satz 2 BGB folgt.

24 Inwieweit **Flächen der Wohnungseigentumsanlage** zum Spielen von Kindern benutzt werden können, ist zunächst anhand der in der Teilungserklärung vorgesehenen Nutzung zu klären. Dabei ist aber auch zu berücksichtigen, dass Kinderspiel ohne ein ausdrückliches Verbot auf Flächen zulässig ist, wenn deren Nutzungszweck hierdurch nicht beeinträchtigt wird.[60] Gerade auf Rasenflächen ist regelmäßig auch von einer Bestimmung zum Spielen für Kinder auszugehen.[61] Sofern ein Spielplatz in der Wohnanlage vorhanden ist, dürfen neben den dort wohnenden Kindern auch fremde Kinder dort spielen, es sei denn diese kommen aus einer Kindertageseinrichtung, selbst wenn diese sich in der Wohnanlage befindet.[62]

25 Die Nutzung einer Wohneinheit für eine **gewerbliche Tätigkeit** als Tagesmutter ist vom Wohnzweck nicht mehr umfasst.[63] In der Teilungserklärung kann insoweit festgelegt werden, dass eine solche Tätigkeit der Zustimmung des Verwalters oder Eigentümergemeinschaft bedarf. Insoweit ist bei einer Ablehnung der Genehmigung durch die Eigentümerversammlung regelmäßig von einer gleichzeitigen Untersagung einer solchen Tätigkeit auszugehen.[64] Ist die gewerbliche Tätigkeit der Kinderbetreuung nicht gestattet, ist aber zu prüfen, ob die konkrete Nutzung stärkere Beeinträchtigungen der Nachbarn mit sich bringt, als eine zulässige übliche Nutzung.[65] Dabei ist auf eine Familie mit mehreren Kindern abzustellen, wobei die Auswirkungen unterschiedlich beurteilt werden.[66] Sind Einheiten einer WEG-Anlage aber als Ladenfläche ausgewiesen, ist der Betrieb etwa eines Eltern-Kind-Zentrums zulässig, da aufgrund der Privilegierung des § 22

---

56 LG Köln Urt. v. 11.8.2011 – 29 S 285/10, MDR 2012, 457; wohl auch BGH Urt. v. 13.7.2012 – V ZR 204/11, NJW-RR 2012, 1292 (bei fünf betreuten Kindern); aA AG Bonn Urt. v. 25.1.2018 – 27 C 111/17, ZWE 2018, 212 (bei zwei bis drei Kindern); AG Bremen-Blumenthal Urt. v. 27.9.2013 – 44 C 2015/13, ZWE 2014, 452 (bis zwei Kinder); hierzu auch *Horst* DWW 2015, 162 (169); hinsichtlich Musikunterricht → *Musik* Rn. 20, 35.

57 BGH Urt. v. 13.12.2019 – V ZR 203/18, NJW 2020, 1354.

58 BGH Urt. v. 13.12.2019 – V ZR 203/18, NJW 2020, 1354.

59 BGH Urt. v. 13.7.2012 – V ZR 204/11, NJW-RR 2012, 1292.

60 BayObLG Beschl. v. 27.9.1989 – BReg 2 Z 67/89, juris Rn. 21 ff. (Garagenhof); KG Beschl. v. 29.4.1998 – 24 W 1107/98, NJW-RR 1998, 1546 (Zufahrtsweg).

61 OLG Frankfurt Beschl. v. 17.5.1991 – 20 W 362/90, NJW-RR 1991, 1360; schwieriger bei Ziergärten: AG München Urt. v. 8.11.2017 – 485 C 12677/17, juris Rn. 24 (Trampolin), aA LG Hamburg Urt. v. 27.1.2016 – 318 S 5/15, ZMR 2016, 562 (abstellend auf das Haftungsrisiko).

62 LG Hamburg Urt. v. 6.1.2016 – 318 S 40/15, ZMR 2016, 308; BayObLG Beschl. v. 9.10.1997 – 2 Z BR 90/97, ZMR 1998, 182.

63 BGH Urt. v. 13.7.2012 – V ZR 204/11, NJW-RR 2012, 1292; → Rn. 21; AG Düsseldorf Urt. v. 15.1.2020 – 291a C 22/19, ZMR 2020, 438.

64 BGH Urt. v. 13.7.2012 – V ZR 204/11, NJW-RR 2012, 1292.

65 BGH Urt. v. 13.12.2019 – V ZR 203/18, NJW 2020, 1354.

66 Großzügig: AG Düsseldorf Urt. v. 15.1.2020 – 291a C 22/19, ZMR 2020, 438; strenger LG Koblenz Urt. v. 23.12.2019 – 2 S 34/19, Mitt. bei juris.

Abs. 1a BImSchG nicht von einer stärkeren Einwirkung auf die anderen Bewohner auszugehen ist.[67] Umgekehrt ist in einer Wohnungseigentumsanlage, deren Zweck ausschließlich die Nutzung für berufliche oder gewerbliche Zwecke ist, eine Wohnnutzung aufgrund deren höheren Emissionen, etwa durch Kinderlärm, nicht zulässig und kann untersagt werden.[68] Soweit ein Miteigentümer meint, eine Änderung der Nutzungsregelungen beanspruchen zu können, muss er dies erst bewirken, etwa durch Klage gegen die Miteigentümer, kann dies aber nicht bereits zuvor einredeweise geltend machen.[69] Die Wohnungseigentümer können die Unterlassung der zweckwidrigen Nutzung einer Wohnung unmittelbar vom Mieter dieser Wohnung verlangen.[70]

Beim **Kauf** einer Eigentumswohnung sind die dargestellten Grundsätze zur Beurteilung von Kinderlärm ebenfalls zu beachten. Durch Kinderlärm wird **kein Sachmangel** der Wohnung begründet, jedenfalls soweit sich die Beschaffenheit nach § 434 Abs. 1 Satz 2 Nr. 2 BGB beurteilt.[71] Soweit eine Beschaffenheitsvereinbarung zulässig ist, kann Kinderlärm ausgeschlossen werden, aber regelmäßig wohl nur insoweit, als der Verkäufer hierauf auch Einfluss nehmen kann (→ Rn. 16). Grundsätzlich bestehen daher weder Minderungs- noch Schadensersatzansprüche des Käufers. Seitens des Verkäufers besteht insbesondere auch keine vorvertragliche Aufklärungspflicht, dass Kinder in der Nachbarschaft leben.[72] 26

IV. Verletzungen spielender Kinder, insbes. auf Spielplätzen

1. Errichtung von Spielanlagen

Gerade in größeren Mehrfamilienhäusern oder Wohnanlagen werden häufig auch einzelne Spielgeräte oder ganze Spielplätze für die dort wohnenden Kinder errichtet. Dabei richtet sich die Zulässigkeit der **Errichtung** grundsätzlich nach den baurechtlichen Vorschriften (hierzu ausf. → *Anlagen für bestimmte Zwecke* Rn. 20 ff.; → *Öffentliche Einrichtungen und Anlagen* Rn. 25 ff.; → *Ball* Rn. 4 ff.). Für auf Privatgrundstücken aufgebaute Spielanlagen sind neben der bauplanungsrechtlichen Zulässigkeit in dem jeweiligen Baugebiet insbesondere die Abstandsvorschriften relevant. Dabei unterfallen etwa Kinderspieltürme oder Spielhäuser nicht ohne Weiteres diesen Vorgaben, da es sich weder um Gebäude noch um Gebäudeteile oder Aufschichtungen von Holz im Sinne dieser (landesrechtlichen) Vorschriften handelt.[73] 27

Sollen in einer **Wohnungseigentumsanlage** ein Spielplatz oder Spielgeräte errichtet werden, beurteilt sich dies grundsätzlich nach § 20 Abs. 1 WEG als bauliche Veränderung.[74] Da es hierbei wiederum auf das Maß der Beeinträchtigung (§ 14 Abs. 1 Nr. 2 WEG) ankommt, ist die Privilegierung von Kinderlärm zu berücksichtigen (→ Rn. 6). Soll ein in der Baugenehmigung vorgesehener Spielplatz erstmals errichtet werden, bedarf es wegen dieser öffentlich-rechtlichen Verpflichtung nicht der Zustimmung aller beeinträchtigten Wohnungseigentümer, sondern es genügt ein Mehrheitsbeschluss (§ 19 Abs. 1 WEG).[75] Ohne eine solche Verpflichtung sind Spielanlagen für Kinder in der Regel eine bauliche Veränderung im Sinne des § 20 Abs. 1 WEG, da regelmäßig schon eine optische Beeinträchtigung anzunehmen ist.[76] Bei einzelnen Spielgeräten ist die Beeinträchtigung im Einzelfall zu beurteilen, welche aber häufig nicht über das übliche Maß 28

67 BGH Urt. v. 13.12.2019 – V ZR 203/18, NJW 2020, 1354; einschränkender KG Beschl. v. 15.4.1992 – 24 W 3386/91, NJW-RR 1992, 1102.
68 BGH Urt. v. 23.3.2018 – V ZR 307/16, NJW-RR 2018, 782.
69 BGH Urt. v. 23.3.2018 – V ZR 307/16, NJW-RR 2018, 782.
70 BGH Urt. v. 25.10.2019 – V ZR 271/18, NJW 2020, 921.
71 LG Münster Urt. v. 26.2.2009 – 8 O 378/08, NJW 2009, 3730.
72 Für autistisches Kind: LG Münster Urt. v. 26.2.2009 – 8 O 378/08, NJW 2009, 3730.
73 OLG Hamm Urt. v. 19.4.2014 – 5 U 190/13, NZM 2015, 431.
74 *Stollenwerk* NZM 2004, 289 (291).
75 BayObLG Beschl. v. 25.6.1998 – 2Z BR 10/98, NZM 1998, 817; LG Wuppertal Beschl. v. 3.3.2006 – 10 T 113/04, ZMR 2006, 725.
76 LG Frankfurt Urt. v. 12.6.2014 – 2-09 S 79/13, ZWE 2015, 183; OLG Schleswig Beschl. v. 10.10.2001 – 2 W 53/01, MDR 2002, 449; KG Beschl. v. 18.7.1990 – 24 W 2488/90, MDR 1990, 1017; LG Mannheim Beschl. v. 26.7.1974 – 4 T 35/73, juris Rn. 19 ff.

hinausgeht.[77] Als bloße Instandsetzung ist die Erneuerung bereits vorhandener Spielgeräte, selbst bei leichter Veränderung des Standortes, anzusehen.[78]

29 Letztlich eine Selbstverständlichkeit besteht darin, dass der Wohnungseigentümer bei **Vermietung** seiner Wohnung auch sein Recht der **Mitnutzung** von Gemeinschaftsflächen übertragen darf.[79]

2. Sicherungspflichten

30 Wer einen Spielplatz zugänglich macht, hat **Verkehrssicherungspflichten** im Sinne des § 823 Abs. 1 BGB[80] zu beachten, um Verletzungen spielender Kinder oder Schäden an deren Sachen zu vermeiden. Bei einem Spielplatz handelt es sich nämlich um eine Gefahrenquelle, die auch gerade aufgrund des kindlichen Übermutes, Neugier, Unerfahrenheit und Fehlverhaltens besteht und daher hohe Anforderungen an den Betreiber stellt.[81] Zwar müssen nicht jegliche Risiken beseitigt werden, jedoch dürfen nur für die jüngsten in Betracht kommenden Benutzer[82] überschaubare und kalkulierbare Risiken bleiben, denen ein erzieherischer Wert beigemessen werden kann.[83] Wird in einer WEG-Anlage ein Spielplatz betrieben, obliegt die Verkehrssicherungspflicht der gesamten Wohnungseigentümergemeinschaft (§ 9a WEG), wobei aber im Innenverhältnis die Verantwortlichkeit einzelnen Mitgliedern der Gemeinschaft übertragen werden kann; etwa den die Errichtung vorantreibenden Familien mit Kindern.[84]

31 Daher muss der Betreiber **Vorkehrungen** treffen, etwa gegen Herabstürzen (zB dämpfende Bodenbeläge), Stoßen an Spielgeräten (keine hervorstehenden Ecken, scharfen Kanten oder Holzsplitter etc).[85] Dies gilt auch gegenüber Erwachsenen, die die Spielgeräte gemeinsam mit den Kindern nutzen (Eltern, Großeltern etc); wobei dann aber regelmäßig ein nicht unerhebliches Mitverschulden anzunehmen sein dürfte.[86] Ebenso ist auf eine **sichere Umgebung** zu achten; so muss zu einer Straße ein nicht leicht zu überwindender Zaun vorhanden sein, im Umfeld dürfen keine giftigen Pflanzen, Pilze etc wachsen. Absätze, Gräben, Böschungen sind ebenfalls zu sichern, bestenfalls zu beseitigen.[87] Witterungsbedingten Gefahren (gefrorener Boden, wegen Nässe rutschige Klettergeräte, durch Sonneneinstrahlung aufgeheizte Metallteile etc) muss der Betreiber aber nicht begegnen und etwa Geräte absperren.[88]

---

77 LG München Beschl. v. 20.12.2017 – 1 S 17182/17 WEG, juris Rn. 6 f. (Trampolin); diff. LG Hamburg Urt. v. 27.1.2016 – 318 S 5/15, juris Rn. 15 f.

78 OLG Schleswig Beschl. v. 10.10.2001 – 2 W 53/01, MDR 2002, 449; KG Beschl. v. 18.7.1990 – 24 W 2488/90, MDR 1990, 1017.

79 BayObLG Beschl. v. 9.10.1997 – 2 Z BR 90/97, ZMR 1998, 182; *Stollenwerk* NZM 2004, 289 (291).

80 Grundsätzlich auch für öffentliche Betreiber: BGH Urt. v. 21.4.1977 – III ZR 200/74, NJW 1977, 1965.

81 BGH Urt. v. 1.3.1988 – VI ZR 190/87, BGHZ 103, 338 = NJW 1988, 2667; OLG Hamm Urt. v. 19.3.2009 – 6 U 157/08, juris Rn. 33; OLG Naumburg Urt. v. 22.11.2013 – 10 U 1/13, NJW-RR 2014, 664; *Spindler* in BeckOGK BGB § 823 Rn. 413, 467 f.

82 *Spindler* in BeckOGK BGB § 823 Rn. 467.

83 BGH Urt. v. 1.3.1988 – VI ZR 190/87, BGHZ 103, 338 = NJW 1988, 2667.

84 LG Hamburg Urt. v. 27.1.2016 – 318 S 5/15, ZMR 2016, 562; *Wagner* in MüKoBGB § 823 Rn. 638, 594; *Müller* in BeckOK WEG § 10 Rn. 523; vgl. OLG Celle Urt. v. 10.12.1986 – 9 U 5/86, NJW-RR 1987, 283; ausf. *Dötsch/Greiner* ZWE 2014, 343 ff.

85 BGH Urt. v. 1.3.1988 – VI ZR 190/87, BGHZ 103, 338 = NJW 1988, 2667 (dämpfender Bodenbelag bei Fallhöhe von 1,5 m); OLG München Urt. v. 15.2.2007 – 1 U 5048/06, NJW-RR 2007, 746 (umfallgeschütztes Tor); OLG Düsseldorf Urt. v. 13.11.1997 – 18 U 75/97, NJW-RR 1999, 1621 (Überprüfung Holzgeräte; Erneuerung Schutzanstrich); LG Ravensburg Urt. v. 30.9.1998 – 1 S 193/98, NJW-RR 1999, 534 (geprüfte Metallrutsche).

86 OLG Hamm Urt. v. 19.3.2009 – 6 U 157/08, juris Rn. 1, 5, 24, 42 ff.; OLG Naumburg Urt. v. 22.11.2013 – 10 U 1/13, NJW-RR 2014, 664; OLG Hamm Urt. v. 19.6.1995 – 13 U 25/95, VersR 1996, 1517.

87 BGH Urt. v. 21.4.1977 – III ZR 200/74, NJW 1977, 1965; LG Braunschweig Urt. v. 10.11.1989 – 12 S 85/89, NJW-RR 1990, 471; *Spindler* in BeckOGK BGB § 823 Rn. 467; *Wagner* in MüKoBGB § 823 Rn. 639.

88 *Förster* in BeckOK BGB § 823 Rn. 500; OLG Karlsruhe Urt. v. 4.12.1997 – 4 U 88/97, NJW-RR 1998, 1323; siehe auch AG Ludwigshafen Urt. v. 11.12.1996 – 2 c C 118/96, NJW-RR 1998, 319; LG Ravensburg Urt. v. 30.9.1998 – 1 S 193/98, NJW-RR 1999, 534.

Bei den Spielgeräten sind die einschlägigen **technischen Regeln** (etwa DIN-EN 1176–2008) als Mindeststandard zu beachten.[89] Insoweit darf sich ein Betreiber auf die Prüfbescheinigung des Herstellers oder des TÜV verlassen und es spricht dann eine Vermutung für die Einhaltung der Verkehrssicherungspflicht.[90] Ebenso spricht hierfür eine langjährige unfallfreie Benutzung.[91] Darüber hinaus muss aber der Spielplatzbetreiber für die bauliche Einpassung der Geräte auf dem Spielplatz achten, insbesondere dass Betonfundamente ausreichend bedeckt sind oder keine Balken hervorstehen.[92] Der Zustand des Spielplatzes und der Spielgeräte muss durch laufende **Sicht- und Funktionskontrollen** und eine jährliche Hauptprüfung beobachtet[93] und die Geräte müssen regelmäßig **gewartet** werden.[94] Übertriebene Anforderungen, wie eine tägliche Kontrolle, sind an die Erhaltungspflicht aber nicht zu stellen.[95] 32

Die Verkehrssicherungspflicht gegenüber Kindern bei Spielplätzen ist offensichtlich, weil diese zur Benutzung durch Kinder bestimmt sind. Solche Sicherungspflichten bestehen aber auch dann, wenn Kinder (beim Spielen) **unbefugt fremde Grundstücke betreten.**[96] Hierbei ist zu beachten, dass Kinder (und Jugendliche) eine natürliche Neugier und einen Entdeckungsdrang haben, wobei auch das Eingehen von Risiken entwicklungsförderlich ist.[97] So ist es nicht verwunderlich und auch gemeinhin bekannt, dass gerade verwildertes Gelände oder heruntergekommene Gebäude und Ruinen eine nahezu unwiderstehliche Anziehungskraft auf Kinder haben. Um hier ein Ausufern der Haftungsrisiken für die Eigentümer solcher Grundstücke zu verhindern, hat die Rechtsprechung mehrere Eingrenzungen der Sicherungspflichten vorgenommen. So muss es zunächst naheliegen, dass Kinder das Grundstück unbefugt betreten.[98] Weiterhin muss eine Gefahrenquelle vorliegen, was nach den oben dargestellten Grundsätzen zu beurteilen ist, insbesondere auch im Hinblick darauf, welche Risiken gesichert werden müssen.[99] Der Verantwortliche muss Kenntnis von der Gefahrenquelle haben oder hätte Kenntnis von dieser haben müssen.[100] Dabei können sich Probleme ergeben, wenn die Gefahrenquelle durch Dritte oder die Kinder selbst erst geschaffen werden. Dann bedarf es besonderer Verdachtsmomente für den Verantwortlichen, um eine Kontrollpflicht auszulösen.[101] Letztlich muss ein Fehlverhalten von Kindern naheliegen, was in der Praxis zu erheblichen Abgrenzungsschwierigkeiten führen kann,[102] und die Sicherung der Gefahrenquelle muss zumutbar sein, was sich v.a. an der Schwere der möglichen Verletzungsfolgen orientiert.[103] 33

Sind die **Eltern** mit vor Ort, stellt sich die Frage nach einem **Mitverschulden** an Verletzungen ihrer Kinder. Die Eltern genießen zunächst die Haftungsprivilegierung des § 1664 Abs. 1 BGB gegenüber ihren Kindern. Nach Ansicht des BGH besteht (auch aufgrund von Hinweisschildern auf dem Spielplatz) keine schuldrechtliche Beziehung des Kindes mit dem Spielplatzbetreiber, in der eine Mitverschuldenszurechnung nach §§ 254, 278 BGB erfolgen könnte.[104] Ebenso wenig ist ein Ausgleich nach den Grundsätzen der 34

89 OLG Hamm Urt. v. 19.3.2009 – 6 U 157/08, juris Rn. 36 ff.; *Spindler* in BeckOGK BGB § 823 Rn. 468; *Förster* in BeckOK BGB § 823 Rn. 498; vgl. auch BGH Urt. v. 14.3.1995 – VI ZR 34/94, NJW 1995, 2631.
90 *Spindler* in BeckOGK BGB § 823 Rn. 468.1; OLG Celle Urt. v. 28.5.2003 – 9 U 7/03, NJW 2003, 2544; siehe auch OLG Hamm Urt. v. 19.6.1995 – 13 U 25/95, VersR 1996, 1517.
91 OLG Koblenz Urt. v. 20.10.2005 – 5 U 216/05, NJW-RR 2005, 1611 (hier allerdings zusätzlich TÜV-geprüft).
92 *Wagner* in MüKoBGB § 823 Rn. 643.
93 Vgl. OLG Hamm Urt. v. 19.3.2009 – 6 U 157/08, juris Rn. 36 ff.
94 *Wagner* in MüKoBGB § 823 Rn. 640.
95 LG Wiesbaden Urt. v. 13.2.2020 – 9 O 178/19, juris Rn. 19 ff.
96 BGH Urt. v. 20.9.1994 – VI ZR 162/93, NJW 1994, 3348; BGH Urt. v. 14.3.1995 – VI ZR 34/94, NJW 1995, 2631; *Czernik* VersR 2010, 1416 (1417 ff.).
97 BGH Urt. v. 25.4.1978 – VI ZR 194/76, VersR 1978, 739; darauf aufbauend *Czernik* VersR 2010, 1416 (1420).
98 OLG Hamm Urt. v. 28.2.1991 – 27 U 187/90, VersR 1992, 208.
99 *Czernik* VersR 2010, 1416 (1417); → Rn. 30.
100 BGH Urt. v. 22.10.1974 – VI ZR 149/73, NJW 1975, 108; *Czernik* VersR 2010, 1416 (1418).
101 OLG Stuttgart Urt. v. 8.10.1965 – 2 U 58/65, VersR 1966, 1086; Schwab, JZ 1975, 286.
102 Hierzu instruktiv mit Fallgruppenbildung und Nachw. aus der Rspr. *Czernik* VersR 2010, 1416 (1418 ff.).
103 BGH Urt. v. 20.9.1994 – VI ZR 162/93, NJW 1994, 3348.
104 BGH Urt. v. 1.3.1988 – VI ZR 190/87, BGHZ 103, 338 = NJW 1988, 2667; OLG Stuttgart Urt. v. 4.10.2010 – 5 U 60/10, NJW-RR 2011, 239; OLG Schleswig-Holstein Urt. v. 7.8.1997 – 11 U 141/95, juris Rn. 10; *Wagner* in MüKoBGB § 823 Rn. 645.

gestörten Gesamtschuld vorzunehmen.[105] Anders ist dies aber zu beurteilen, wenn die Privilegierung des § 1664 Abs. 1 BGB nicht eingreift.[106] Ebenso kann die üblicherweise gebotene Aufsichtspflicht Rückwirkungen auf die Sicherungspflichten des Betreibers haben, etwa dahin, dass besondere Sicherungsmaßnahmen nicht erforderlich sind, weil die erforderliche Beaufsichtigung zu erwarten ist.[107]

35 Ob ein **eigenes Mitverschulden** des Kindes nach § 254 BGB zu berücksichtigen ist, hängt von dessen Alter und Einsichtsfähigkeit nach § 828 BGB ab.[108]

36 **Übernehmen Dritte**, etwa Tagesmütter oder Großeltern, die Aufsicht über Kinder, obliegt ihnen die gleiche **Aufsichtspflicht** wie den Eltern (§ 1631 Abs. 1 BGB) und diese haften den Eltern gegenüber gemäß § 823 Abs. 1 BGB bei Verletzungen oder gar dem Tod des Kindes, auch auf Schmerzensgeld, ohne dass die Haftungsprivilegierung nach § 1664 BGB zur Anwendung kommt.[109]

V. Haftung bei durch Kinder verursachten Schäden

37 Gerade bei jüngeren Kindern fehlt es entwicklungsbedingt noch an einem ausreichenden Gefahrenbewusstsein und der Fähigkeit, die Folgen des eigenen Handelns umfassend abzuschätzen. Schließlich besteht ein deutlich höheres Risiko für Fehlhandlungen. So können in vielen denkbaren Situationen Schäden an Rechtsgütern Dritter entstehen, etwa wenn beim Spielen Dinge geworfen werden, Kinder mit Fahrrädern oder Rollern unterwegs sind oder auch durch Urheberrechtsverletzungen im Internet. Dann stellt sich die Frage der Haftung.

38 Ob und inwieweit das **Kind**, welches den Schaden verursacht hat, selbst haftet, bestimmt sich nach § 828 BGB anhand des Alters und der Einsichtsfähigkeit.[110]

39 Die Praxis beschäftigt oftmals auch die Haftung der **Aufsichtspflichtigen** für durch Minderjährige verursachte Schäden, welche in **§ 832 BGB** eine eigene Regelung gefunden hat. Im öffentlichen Recht bietet **§ 839 BGB iVm Art. 34 GG** die Anspruchsgrundlage gegen die Träger öffentlicher Kinderbetreuungseinrichtungen. § 832 BGB etabliert nach allgemeiner Meinung eine Haftung für vermutetes Verschulden.[111] Minderjährige Kinder sind generell aufsichtsbedürftig. Die Aufsichtspflicht obliegt den Sorgeberechtigten (§ 1626 Abs. 1 BGB), also regelmäßig beiden Elternteilen, sonst demjenigen Elternteil, dem das alleinige Sorgerecht übertragen wurde.[112] Aber auch der umgangsberechtigte Elternteil (§ 1684 BGB) ist während des Umgangs (faktisch) aufsichtspflichtig.[113] Ein Mitverschulden nach § 254 BGB müssen sich Aufsichtspflichtige bei Ansprüchen gegen Dritte (oder den Aufsichtsbedürftigen) nur entgegenhalten lassen, wenn ein solches tatsächlich feststeht und nicht bloß nach § 832 BGB vermutet wird.[114]

40 Das **Maß der gebotenen Aufsicht** bestimmt sich nach Alter, Eigenart und Charakter des Kindes sowie danach, was den Eltern in ihren jeweiligen Verhältnissen zugemutet werden kann. Entscheidend ist, was verständige Eltern nach vernünftigen Anforderungen in der konkreten Einzelfallsituation unternehmen müssen, um die Schädigung Dritter durch ihr Kind zu verhindern.[115] Mithin sind im Wesentlichen der Entwick-

105 BGH Urt. v. 1.3.1988 – VI ZR 190/87, BGHZ 103, 338 = NJW 1988, 2667.
106 BGH Urt. v. 16.1.1979 – VI ZR 243/76, BGHZ 73, 190 = NJW 1979, 973; zur Problematik auch *Janda* VersR 2012, 1078 (1085 ff.).
107 BGH Urt. v. 20.9.1994 – VI ZR 162/93, NJW 1994, 3348; LG Itzehoe Urt. v. 3.12.2009 – 4 O 102/09, NJW-RR 2010, 1181.
108 OLG Schleswig-Holstein Urt. v. 7.8.1997 – 11 U 141/95, juris Rn. 10; → Rn. 3.
109 OLG Köln Urt. v. 13.8.2015 – 8 U 67/14, NJW-RR 2016, 401; OLG Koblenz Urt. v. 25.2.2015 – 12 W 753/14, juris Rn. 3, 7; zu den Anforderungen → Rn. 34.
110 OLG Schleswig-Holstein Urt. v. 7.8.1997 – 11 U 141/95, juris Rn. 10; → Rn. 3.
111 *Bernau* in Staudinger BGB § 832 Rn. 5 f. mwN.
112 *Bernau* in Staudinger BGB § 832 Rn. 9, 11 ff. auch zu weiteren Fallgruppen.
113 Ausf. *Bernau* in Staudinger BGB § 832 Rn. 15.
114 BGH Urt. v. 20.3.2012 – VI ZR 3/11, NJW 2012, 2425.
115 BGH Urt. v. 24.3.2009 – VI ZR 51/08, NJW 2009, 1952; BGH Urt. v. 20.3.2012 – VI ZR 3/11, NJW 2012, 2425; *Bernau* in Staudinger BGB § 832 Rn. 65; *Horst*, NachbarR-HdB, Rn. 1621 (Kfz); *Bernau* FamRZ 2017, 166.

lungsstand des Kindes und die Schadensgeneigtheit der Umgebung und des Verhaltens zu berücksichtigen. Dementsprechend lassen sich verallgemeinerte Anforderungen nur schwer aufstellen, da jede Situation, jedes Kind in aller Regel Besonderheiten aufweist, die es zu berücksichtigen gilt.[116]

Lediglich als grobe Grundlinien lassen sich dabei folgende Kriterien und insbesondere Altersgruppen ableiten.[117] Zunächst besteht die Aufsichtspflicht aus der **Beaufsichtigung und** (alters- und entwicklungsgerechten) **Belehrung** des Kindes.[118] Neigt ein Kind zu üblen Streichen oder gar Straftaten, begründet dies für die Eltern eine erhöhte Aufsichtspflicht. Ohne besondere Anhaltspunkte ist aber von einem normal entwickelten Kind auszugehen.[119] 41

Kleinkinder bedürfen in aller Regel ständiger Aufsicht, da diese weder zur Gefahrenabschätzung, Eigensicherung noch Impulskontrolle in der Lage sind.[120] In einer geschlossenen Wohnung reicht es zumindest bei Dreijährigen aus, wenn sich die Eltern in Hörweite aufhalten.[121] 42

Dabei kann einem Kind **ab vier Jahren** ein gewisser Freiraum belassen werden, in dem es sich frei bewegen kann und nur etwa im Abstand von 15 bis maximal 30 Minuten kontrolliert werden muss.[122] 43

Ab einem Alter von **sieben Jahren** ist auch eine Kontrolle in kürzeren Abständen nicht mehr erforderlich, sondern dem Kind darf und soll ein großer Freiraum zum Entdecken und Lernen gelassen werden, wobei die Eltern nur in groben Zügen sich über das Handeln des Kindes einen Überblick verschaffen müssen.[123] Auch die Möglichkeit eines jederzeitigen Eingreifens ist nicht erforderlich.[124] Dabei dürfen sich Kinder in diesem Alter bei ausreichender Beherrschung der Verkehrsregeln und ggf. des Fahrradfahrens auch zeitweise unbeaufsichtigt im (verkehrsberuhigten) Straßenbereich bewegen, wobei aus § 828 Abs. 2 BGB keine generelle Verschärfung der Aufsichtspflicht im Straßenverkehr zu folgern ist.[125] Dies korrespondiert mit einer erhöhten Sorgfaltspflicht für Autofahrer in einem verkehrsberuhigten Bereich, die jederzeit mit plötzlich auf die Straße tretenden Kindern rechnen müssen.[126] 44

Weitere Freiheiten sollen Kindern **ab elf Jahren** gewährt werden, die dann auch allein außerhalb der Wohnung unterwegs sein dürfen.[127] Ab einem Alter von **13 Jahren** sinkt die Aufsichtspflicht deutlich ab und die Belehrungspflicht wird bedeutsamer, da Kinder in diesem Alter in der Lage sind, sich dieser anzunehmen und danach zu handeln.[128] **Ab dem 14. Lebensjahr** können Kinder bzw. Jugendliche auch über mehrere Stunden ihre Freizeit eigenverantwortlich und ohne Kontrolle gestalten.[129] 45

Bei Jugendlichen, auch bis kurz vor der Volljährigkeit, obliegen den Eltern insbesondere bei der heute völlig selbstverständlichen und oft auch zeitintensiven Nutzung des (mobilen) **Internets** besondere Beleh- 46

116 Siehe Kasuistik bei *Wellenhofer* in BeckOGK BGB § 832 Rn. 51 ff.; *Wagner* in MüKoBGB § 832 Rn. 31 ff.
117 Zu den Altersgruppen ausf. *Bernau* in Staudinger BGB § 832 Rn. 76 ff.
118 BGH Urt. v. 24.3.2009 – VI ZR 51/08, NJW 2009, 1952; BGH Urt. v. 20.3.2012 – VI ZR 3/11, NJW 2012, 2425 (Umgang mit Feuer).
119 BGH Urt. v. 10.7.1984 – VI ZR 273/82, NJW 1984, 2574; *Bernau* in Staudinger BGB § 832 Rn. 74.
120 OLG Stuttgart Urt. v. 12.3.2008 – 4 U 58/07, NZV 2009, 191; OLG Düsseldorf Urt. v. 15.9.2000 – 22 U 19/00, NJW-RR 2002, 235.
121 OLG Düsseldorf Beschl. v. 26.4.2018 – 4 U 15/18, NJW-RR 2018, 1190.
122 BGH Urt. v. 24.3.2009 – VI ZR 51/08, NJW 2009, 1952.
123 BGH Urt. v. 20.3.2012 – VI ZR 3/11, NJW 2012, 2425; BGH Urt. v. 24.3.2009 – VI ZR 51/08, NJW 2009, 1952; BGH Urt. v. 18.3.1997 – VI ZR 91/96, NJW 1997, 2047; OLG München Urt. v. 29.7.2019 – 21 U 2981/19, NJW-RR 2020, 88 (Überlassen eines Schnitzmessers).
124 BGH Urt. v. 20.3.2012 – VI ZR 3/11, NJW 2012, 2425.
125 Zum Streitstand: *Bernau* in Staudinger BGB § 832 Rn. 81; *Bernau* NZV 2005, 234 ff.
126 OLG Hamm Urt. v. 9.6.200 – 9 U 226/99, NJW-RR 2002, 236; OLG Karlsruhe Beschl. v. 14.4.2004 – 1 Ss 150/03, NJW 2004, 1887; AG Mönchengladbach-Rheydt Urt. v. 22.2.2012 – 11 C 106/11, NZV 2012, 387 mAnm *Wittmann* NZV 2012, 371.
127 OLG Zweibrücken Urt. v. 28.9.2006 – 4 U 37/05, NJW-RR 2007, 173.
128 *Bernau* in Staudinger BGB § 832 Rn. 84.
129 OLG Frankfurt Urt. v. 30.6.2005 – 1 U 185/04, NJW-RR 2005, 1188.

rungspflichten und sie haften für Urheberrechtsverletzungen daher ggf. nach § 832 BGB.[130] Ohne konkrete Anhaltspunkte besteht keine Verpflichtung zur Kontrolle, Nutzungseinschränkung (durch verbale Verbote oder den Einsatz entspr. Software) oder gar Sperrung des Computers eines Jugendlichen.[131] Dem Anschlussinhaber obliegt eine sekundäre Darlegungslast über die Nutzer des Internetanschlusses, um eine eigene Haftung abzuwehren.[132]

47 Dritte können die Aufsichtspflicht für minderjährige Kinder auch vertraglich übernehmen und müssen dann nach § 832 Abs. 2 BGB für Schäden einstehen. Bei reinen **Gefälligkeiten**, also der Aufsicht im Rahmen der **Nachbarschaftshilfe** oder durch Verwandte, besteht eine solche Vertragsbeziehung mit dem erhöhten Haftungsrisiko aber nicht.[133] Gleiches gilt bei der Betreuung durch Dritte im Rahmen eines Kindergeburtstags oder bei Besuchen anderer Kinder.[134]

48 Anders liegt dies bei einer **entgeltlichen Betreuung** durch eine Tagesmutter[135] oder Erzieher/Erzieherinnen in (öffentlichen) Kindergärten (im Rahmen des § 839 BGB iVm Art. 34 GG).[136] Hier besteht aufgrund der übernommenen Aufsichtspflicht die Verantwortung für Schäden am Eigentum Dritter. Insbesondere findet auch bei öffentlich-rechtlichen Trägern die Beweislastregel des § 832 BGB Anwendung.[137]

49 Soweit noch keine Schäden entstanden sind, kann ein Nachbar darüber nachdenken, **gefahrträchtiges Verhalten von Kindern** (etwa das Steinewerfen auf sein Grundstück) **vorbeugend** zu unterbinden. Dies könnte über einen **Unterlassungsanspruch** nach §§ 1004 Abs. 1 Satz 2, 906 BGB oder §§ 862 Abs. 1 Satz 2, 858 BGB möglich sein. Dieser Anspruch wird in der Praxis aber an der fehlenden Vollstreckbarkeit scheitern, da gegen die Kinder (unter 14 Jahren) selbst nicht nach § 890 ZPO vollstreckt werden kann (→ Rn. 65) und den Erziehungsberechtigten nur ihnen und den Kindern (vgl. § 1631 Abs. 2 BGB) zumutbare Maßnahmen abverlangt werden können, die aber regelmäßig keine absolute Gewähr für ein Unterbleiben solcher Verhaltensweisen bieten kann.[138]

VI. Kinderwagen

50 Für Eltern mit Babys und Kleinkindern, die noch einen Kinderwagen benötigen, kann es eine enorme Erleichterung und auch Wohnkomfort bedeuten, wenn der Kinderwagen nicht in die Wohnung gebracht werden muss, sondern im Treppenhaus bzw. Flur abgestellt werden kann, ganz besonders, wenn bis zur Wohnung Treppen überwunden werden müssten. Dabei ist aber zu bedenken, dass diese Gemeinschaftsflächen für das Abstellen von Kinderwägen an sich nicht bestimmt sind und insbesondere auch im Hinblick auf den Brandschutz sogar Gefahrenquellen darstellen und Nachbarn behindern können.[139]

51 Dennoch wird das Abstellen von Kinderwagen als Teil der üblichen Wohnnutzung grundsätzlich als **zulässig** erachtet,[140] auch wenn die Mitbenutzung der Gemeinschaftsflächen nicht explizit gestattet wurde.[141]

---

130 LG Düsseldorf Urt. v. 24.8.2011 – 12 O 177/10, juris Rn. 22 ff.; *Bernau* in Staudinger BGB § 832 Rn. 152.
131 BGH Urt. v. 15.11.2012 – I ZR 74/12, NJW 2014, 1441; BGH Urt. v. 11.6.2015 – I ZR 7/14, NJW 2016, 950; zur Abgrenzung zu volljährigen Kindern: BGH Urt. v. 8.1.2014 – I ZR 169/12, BGHZ 200, 76 = NJW 2014, 2360.
132 BGH Urt. v. 8.1.2014 – I ZR 169/12, BGHZ 200, 76 = NJW 2014, 2360; siehe auch EuGH Urt. v. 18.10.2018 – C-149/17, NJW 2019, 33.
133 BGH Urt. v. 2.7.1968 – VI ZR 135/67, NJW 1968, 1874; LG Oldenburg Urt. v. 10.1.2007 – 5 O 1003/06, juris Rn. 16 ff.; *Bernau* in Staudinger BGB § 832 Rn. 39; *Horst*, NachbarR-HdB, Rn. 1696 ff.
134 BGH Urt. v. 2.7.1968 – VI ZR 135/67, NJW 1968, 1874; OLG Celle Urt. v. 1.7.1987 – 9 U 36/86, NJW-RR 1987, 1384; *Bernau* in Staudinger BGB § 832 Rn. 40.
135 *Horst*, NachbarR-HdB, Rn. 1698; *Bernau* in Staudinger BGB § 832 Rn. 42.
136 BGH Urt. v. 13.12.2012 – III ZR 226/12, BGHZ 196, 35 = NJW 2013, 1233; OLG Düsseldorf Urt. v. 1.7.1993 – 18 U 30/93, NVwZ-RR 1994, 427; *Dehner*, NachbarR, B § 17a S. 11.
137 BGH Urt. v. 13.12.2012 – III ZR 226/12, BGHZ 196, 35 = NJW 2013, 1233.
138 OLG Düsseldorf Urt. 21.5.1986 – 9 U 31/86, NJW 1986, 2512; *Thole* in Staudinger BGB § 1004 Rn. 334.
139 Hierzu *Leist* NZM 2019, 658 (659 f.); LG Berlin Urt. v. 15.9.2009 – 63 S 487/08, BeckRS 2010, 145.
140 BGH Urt. v. 10.11.2006 – V ZR 46/06, NJW 2007, 146; LG Berlin Urt. v. 15.9.2009 – 63 S 487/08, BeckRS 2010, 145; *Leist* NZM 2019, 658 (661 ff.); *Flatow* NZM 2007, 432; *Horst*, NachbarR-HdB, Rn. 1816.
141 *Flatow* NZM 2007, 432 (436).

Dabei ist aber zu beachten, dass die Breite des Hausflures ausreichend sein muss und Türen, Notausgänge, Briefkästen o. Ä. nicht blockiert werden. Solange die diesbezüglichen öffentlich-rechtlichen Vorgaben der Bauordnungen und der entsprechenden DIN-Vorschriften eingehalten werden, ist die Verengung der Flure und die zusätzliche Brandlast zumutbar.[142] Erst wenn diese Vorschriften verletzt werden, können die Mitmieter jedenfalls vom Vermieter verlangen, dass die Sicherheitsvorgaben eingehalten werden. Zudem ist das Anketten in aller Regel unzulässig.[143] Rücksicht ist auch auf andere Mieter zu nehmen, die noch dringender auf diese Nutzung der Flures angewiesen sind, etwa zum Abstellen eines Rollators oder Rollstuhls, die insoweit den Vorrang genießen, wenn die Fläche nicht für solche Hilfen und Kinderwagen ausreicht bzw. durch den Kinderwagen die Wegbreite nicht mehr ausreicht.[144]

Im Mietvertrag oder v.a. in einer **Hausordnung**, welche regelmäßig als AGB einzustufen sind, kann die 52
Nutzung der Gemeinschaftsflächen geregelt werden (→ *Hausordnung* Rn. 1 ff.; 44 ff.). Neben der Gestattung zum Abstellen von Gegenständen kann dies auch untersagt werden. In Bezug auf Kinderwagen ist eine Untersagung aber selten wirksam, denn bei ausreichendem Platz ist dies unzulässig und eine generelle Verbotsklausel ohne Differenzierung hinsichtlich besonderer Gruppen, wozu auch Eltern mit Kinderwagen zählen, ist ebenfalls unwirksam.[145]

In **Wohnungseigentumsanlagen** gelten im Wesentlichen dieselben Maßstäbe, wobei sich die Nutzung 53
bzw. deren Untersagung nach § 14 Abs. 1 Nr. 2 WEG richtet.[146] Unzulässig ist die pauschale Beschränkung des Abstellens von Gegenständen (u. a. Kinderwagen, (Kinder-)Fahrräder → *Hausordnung* Rn. 44 ff.) nur auf bestimmte, gekennzeichnete Flächen.[147] Werden im Aufteilungsplan lediglich die Vorschläge des Architekten übernommen, handelt es sich grundsätzlich nicht um eine verbindliche Zweckbestimmung (§§ 5 Abs. 4, 10 Abs. 1 WEG) und hindert daher einen Beschluss nach § 19 Abs. 1 WEG für eine abweichende Nutzung nicht.[148]

Ein **Mehrheitsbeschluss** nach § 19 Abs. 1 WEG, der ohne konkrete Gründe das Abstellen von Kinderwa- 54
gen oder generell von Gegenständen im Treppenhaus untersagt, kann anfechtbar sein, weil dieses Verbot nicht ordnungsgemäßer Verwaltung entspricht, da keine ausreichende Rücksicht auf (kinderreiche) Familien genommen wird.[149] Anders dürfte dies nur dann sein, wenn ein gut erreichbarer, ausreichend dimensionierter Raum hierfür vorhanden ist.

Soweit **bauliche Veränderungen** im Raum stehen (zB eine Treppenrampe für Kinderwagen oder ein Auf- 55
zug) ist ergänzend § 20 Abs. 1 WEG zu berücksichtigen. Hierbei wird grundsätzlich die Zustimmung aller betroffenen Wohnungseigentümer erforderlich sein, da solche baulichen Veränderungen im Treppenhaus bzw. Flur über die übliche Beeinträchtigung durch die Wohnnutzung hinausgehen.[150]

VII. Kindergarten und Schule

Sofern sich in der Nachbarschaft ein Kindergarten oder eine Schule befindet, gelten in zivilrechtlicher Hin- 56
sicht die oben dargestellten Grundsätze für Kinderlärm (unter besonderer Berücksichtigung des § 22 Abs. 1a BImSchG) sowie für durch Kinder verursachte Schäden. Auf die öffentlichen Aspekte, insbesondere hinsichtlich der baurechtlichen Zulässigkeit und der **öffentlich-rechtlichen Bewertung** von Emissionen soll an dieser Stelle verzichtet werden (hierzu ausf. → *Öffentliche Anlagen und Einrichtungen* Rn. 25 ff.).

142 *Leist* NZM 2019, 658 (662).
143 LG Berlin Urt. v. 15.9.2009 – 63 S 487/08, BeckRS 2010, 145; *Leist* NZM 2019, 658 (662).
144 *Flatow* NZM 2007, 432 (435 f.); *Leist* NZM 2019, 658 (662); *Schmid* NJW 2014, 1201.
145 AG Düsseldorf Urt. v. 27.3.2013 – 22 C 15963/12, juris Rn. 5 ff.; *Flatow* NZM 2007, 432 (436); *Leist* NZM 2019, 658 (663).
146 AG Dortmund Urt. v. 12.12.2017 – 425 C 6305/17, juris Rn. 20 ff.; *Leist* NZM 2019, 658 (663 ff.).
147 BayObLG Beschl. v. 23.10.2003 – 2Z BR 63/03, ZMR 2005, 132.
148 OLG Schleswig-Holstein Beschl. v. 30.10.2002 – 2 W 39/02, ZMR 2004, 68.
149 *Horst*, NachbarR-HdB, Rn. 1995.
150 BGH Urt. v. 13.1.2017 – V ZR 96/16, MDR 2017, 511; AG München Urt. v. 9.8.2013 – 481 C 21932/12 WEG, juris Rn. 17 f. (erhöhte Sturzgefahr durch Rampe).

VIII. Prozessuales

57 Wird gegen eine Kinderbetreuungseinrichtung oder einen Spielplatz ein Unterlassungsanspruch geltend gemacht, kann sich die Frage des richtigen **Rechtsweges** stellen, da ein solcher Anspruch sowohl eine zivilrechtliche als auch öffentlich-rechtliche Grundlage haben kann. Für diese Differenzierung ist zunächst entscheidend, wer Träger der Einrichtung ist. Bei einem privatrechtlichen Träger ist stets der Zivilrechtsweg eröffnet, auch wenn dieser Aufgaben der Daseinsvorsorge erfüllt.[151] Ist Träger hingegen eine Körperschaft des öffentlichen Rechts, kommt es darauf an, ob sich die Gemeinde bei der Nutzung ihres Grundstücks öffentlich-rechtlicher oder privatrechtlicher Rechtssätze bedient,[152] also etwa Entscheidungen als Verwaltungsakte trifft oder die Nutzung auf Antrag durch Genehmigung bzw. Nutzungsvertrag erlaubt.[153]

58 Die **Beweislast** verteilt sich nach den allgemeinen Grundsätzen. So hat im Rahmen der §§ 1004, 906 BGB der beeinträchtigte Nachbar insbesondere die Störung, der störende Nachbar, die Unwesentlichkeit der Beeinträchtigung oder eine etwaige Duldungspflicht zu beweisen.[154] Hierbei ist zu beachten, dass § 906 Abs. 1 Satz 2 und 3 BGB nicht zu einer Beweislastumkehr bei Einhaltung der einschlägigen Grenzwerte führt.[155] Bei Ansprüchen aus unerlaubter Handlung liegt die Beweislast für den Haftungstatbestand beim Anspruchsteller. Lediglich im Rahmen des § 832 BGB und der Amtshaftung wegen Aufsichtspflichtverletzung[156] gilt eine Beweislastumkehr hinsichtlich der Verletzung der Aufsichtspflicht und deren Kausalität für den Schaden.[157] Hierbei ist auch darauf hinzuweisen, dass es sich bei den konkreten Anforderungen an Aufsichtsmaßnahmen um eine Rechtsfrage handelt, die somit einer Beweislastentscheidung nicht zugänglich ist.[158]

59 Um eine Lärmbeeinträchtigung nachzuweisen, bedarf es bei wiederkehrenden Beeinträchtigungen nicht der Vorlage eines **Lärmprotokolls**, sondern es genügt eine (verallgemeinernde) Beschreibung der Art, Dauer, Zeitpunkt und Frequenz der Lärmbeeinträchtigung.[159]

60 Zur Beurteilung von Geräuschimmissionen ist regelmäßig ein **Ortstermin** durch das Gericht erforderlich, um sich einen eigenen Eindruck von der Einwirkung und auch deren Lästigkeit bzw. Wesentlichkeit zu verschaffen.[160] Bei von Kindern verursachten Beeinträchtigungen kommt zu der ohnehin schon bestehenden Schwierigkeit einer eingeschränkten Momentaufnahme[161] hinzu, dass sich bei jüngeren Kindern allein durch die Anwesenheit des Gerichts eine gewöhnliche Spielsituation kaum erreichen lassen wird, wodurch aber die Aussagefähigkeit eines Ortstermins in Frage gestellt werden kann.[162] Auch wenn dies kein Vorwand für das Absehen von einem Ortstermin sein soll, sollte sich das Gericht aber jedenfalls Gedanken darüber machen, wie es diesen Umständen begegnet und sich eine Verfälschung des Eindrucks vermeiden lässt.

61 § 15a Abs. 1 Satz 1 Nr. 2 EGZPO eröffnet den Ländern die Möglichkeit, in Streitigkeiten u. a. nach §§ 910, 906 BGB ein **zwingendes Streitschlichtungsverfahren** vor einer anerkannten Gütestelle zu verlangen (→ *Zwangsschlichtung* Rn. 2 ff.; → *Streitschlichtung, nachbarrechtliche* Rn. 8 ff.). Wurde dieses dann nicht

151 *Roth* in Staudinger BGB § 906 Rn. 51 f. mwN.
152 OLG Karlsruhe Urt. v. 11.12.1985 – 6 U 178/85, NVwZ 1986, 964; OLG Koblenz Urt. v. 5.2.1987 – 5 U 1135/86, NVwZ 1987, 1021; VGH Kassel Urt. v. 25.11.2011 – 9 A 125/11, NVwZ-RR 2012, 21; *Roth* in Staudinger BGB § 906 Rn. 53; *Thole* in Staudinger BGB § 1004 Rn. 568; *Dehner* NachbarR B § 17a S. 8.
153 Siehe etwa OLG Koblenz Urt. v. 5.2.1987 – 5 U 1135/86, NVwZ 1987, 1021.
154 LG Hamburg Urt. v. 8.8.2005 – 325 O 166/99, BeckRS 2005, 10700; *Brückner* in MüKoBGB § 906 Rn. 219.
155 BGH Urt. v. 13.2.2004 – V ZR 217/03, NJW 2004, 1317.
156 BGH Urt. v. 13.12.2012 – III ZR 226/12, BGHZ 196, 35 = NJW 2013, 1233.
157 *Wagner* in MüKoBGB § 832 Rn. 45.
158 *Wagner* in MüKoBGB§ 832 Rn. 2, 45.
159 BGH Beschl. v. 22.8.2017 – VII ZR 226/16, NJW-RR 2017, 1290; BGH Urt. v. 29.2.2012 – VIII ZR 155/11, NJW 2012, 1647; *Horst*, NachbarR-HdB, Rn. 807.
160 BGH Urt. v. 5.2.1993 – V ZR 62/91, BGHZ 121, 248 = NJW 1993, 1656.
161 *Brückner* in MüKoBGB § 906 Rn. 221; siehe auch BGH Urt. v. 30.10.1998 – V ZR 64/98, BGHZ 140, 1 = NJW 1999, 356 zur Wiederholung eines Ortstermins.
162 Siehe LG Hamburg Urt. v. 8.8.2005 – 325 O 166/99, BeckRS 2005, 10700.

durchgeführt, ist die Klage bereits unzulässig.[163] Für Ansprüche im Zusammenhang mit Kinderlärm findet dieses Verfahren Anwendung und zwar unabhängig davon, ob dieser auf Eigentum, Mietrecht oder Wohnungseigentum gestützt wird.[164] Zudem fallen auch mit Kinderlärm begründete Zahlungsansprüche in den Anwendungsbereich.[165] Von dieser Möglichkeit haben Bayern, Brandenburg, Hessen, Mecklenburg-Vorpommern, Niedersachsen, Nordrhein-Westfalen, Rheinland-Pfalz, Saarland, Sachsen, Sachsen-Anhalt und Schleswig-Holstein Gebrauch gemacht. Eine Mediation vor dem Güterichter im Sinne des § 278 Abs. 5 ZPO dürfte dem Schlichtungserfordernis genügen, da der Zweck der Vorschrift durch den Schlichtungsversuch erreicht wurde.[166] Das Schlichtungsverfahren ist auch dann obligatorisch, wenn sich der Kläger zwar nicht explizit auf nachbarrechtliche Vorschriften beruft, deren Regelungsbereich aber erkennbar betroffen ist.[167]

Gerade im Mietrecht ergibt sich bei Störungen durch Kinderlärm oftmals eine Dreieckskonstellation zwischen Vermieter und zwei oder mehr Mietern. Um hier unterschiedliche Ergebnisse zu vermeiden, insbesondere aus Sicht des Vermieters, der zunächst bspw. auf Mietminderung in Anspruch genommen wird und dann gegen den störenden Mieter vorgeht, ist eine **Streitverkündung**, §§ 72 ff. ZPO, gegenüber dem störenden Mieter anzuraten.[168] Hiermit kann dann die Interventionswirkung nach §§ 74 Abs. 1, 68 ZPO herbeigeführt und erreicht werden, dass die Beurteilung von Kinderlärm als (ausnahmsweise) wesentliche Beeinträchtigung des erstbefassten Gerichts auch im zweiten Prozess erhalten bleibt. 62

Nachbarn, die sich durch Kinder gestört fühlen und hiergegen gerichtlich vorgehen, können keine Rechte Dritter, etwa der Eltern gegenüber ihren Kindern, im Wege der gewillkürten **Prozessstandschaft** geltend machen, da hierfür regelmäßig das erforderliche eigene Interesse fehlen soll.[169] Dies ist aber gerade bei beeinträchtigten Nachbarn durchaus fraglich. Vielmehr dürfte es bereits an der wirksamen Ermächtigung zur Geltendmachung fehlen. 63

Wie bei jeder Klage ist darauf zu achten, dass der **Klageantrag hinreichend bestimmt** ist, mithin einen vollstreckungsfähigen Inhalt hat, § 253 Abs. 2 Nr. 2 ZPO. Wird die Unterlassung bestimmter Störungshandlungen begehrt, müssen die zu unterlassenden Handlungen (Steinewerfen, Beleidigungen, Trampeln, Türenschlagen etc) konkret benannt werden.[170] Ansonsten ist es bei Unterlassungsklagen regelmäßig dem Störer überlassen, mit welchen Maßnahmen er die Beeinträchtigung (durch Kinderlärm) verhindert, so dass diese grds. auch nicht im Klageantrag oder Tenor aufgenommen werden.[171] 64

Eine **Klage gegen** die störenden **Kinder** auf Unterlassung ist jedenfalls bei Kindern unter 14 Jahren mangels Rechtsschutzbedürfnis unzulässig, da eine Vollstreckung, die nur nach **§ 890 ZPO** möglich ist, mangels Schuldfähigkeit nicht möglich wäre.[172] 65

Erlangt der Nachbar einen Unterlassungstitel, besteht für die **Eltern** auch die Pflicht, ihre Kinder zur Einhaltung des gerichtlichen Verbotes anzuhalten, da minderjährige Kinder von ihnen abhängig sind.[173] Diese Verpflichtung kann dann nach **§ 890 ZPO** durchgesetzt werden. 66

---

163 OLG Saarbrücken Urt. v. 22.3.2017 – 2 U 7/16, juris Rn. 33 ff.; *Horst*, NachbarR-HdB, Rn. 24.

164 LG Dortmund Urt. v. 11.7.2017 – 1 S 282/16, NJW-RR 2017, 1292; *Börstinghaus* NZM 2004, 48 (57).

165 *Gruber* in MüKoZPO § 15a EGZPO Rn. 32; *Börstinghaus* NZM 2004, 48 (57); offen gelassen von BGH Urt. v. 19.2.2016 – V ZR 96/15, NJW-RR 2016, 823 mwN zum Streitstand.

166 LG Nürnberg-Fürth Urt. v. 2.10.2014 – 8 O 10468/10, juris Rn. 67 f.; siehe zu diesem Verfahren auch *Greger/Weber* MDR 2019, 1 ff.

167 OLG Hamm Urt. 6.9.2018 – 5 U 52/18, MDR 2019, 221.

168 Ebenso *Börstinghaus* NZM 2004, 48 (57).

169 So OLG Düsseldorf Urt. v. 21.5.1986 – 9 U 31/86, NJW 1986, 2512.

170 OLG Düsseldorf Urt. v. 21.5.1986 – 9 U 31/86, NJW 1986, 2512.

171 BGH Urt. v. 5.2.1993 – V ZR 62/91, BGHZ 121, 248 = NJW 1993, 1656; *Thole* in Staudinger BGB § 1004 Rn. 575 f.

172 OLG Düsseldorf Urt. v. 11.10.1995 – 9 U 51/95, NJW-RR 1996, 211; LG Bonn Beschl. v. 11.5.2006 – 6 T 110/06, NJOZ 2006, 4471; vgl. auch OLG Bremen Beschl. v. 14.4.2015 – 4 UF 10/15, juris Rn. 6 (zu § 20 StGB).

173 OLG München Beschl. v. 19.3.1986 – 21 W 698/86, NJW-RR 1986, 638 (Musizierverbot).

66. Kläranlage

Gohde

Literatur: *Scheidler*, Die Abwägung als Kernstück der gemeindlichen Bauleitplanung, KommJur 2019, 405; *Seibert*, Die gerichtliche Kontrolle von Verfahrensvorschriften nach § 4 UmwRG, NVwZ 2019, 337.

I. Begriff der Kläranlage und mögliche Beeinträchtigungen

1 Kläranlagen sind Abwasseranlagen, in denen Abwasser physikalisch, biologisch und chemisch behandelt und wiederaufbereitet werden. In der Regel erfolgt die Abwasserbehandlung in zentralen Kläranlagen. Sie kann jedoch auch für die einzelnen baulichen Anlagen dezentral, auf dem jeweiligen Grundstück in Kleinkläranlagen erfolgen. Die Abwasserbehandlung kann neben **Lärmbeeinträchtigungen** (→ *Lärm* Rn. 1 ff.) vor allem zu **Geruchsbelästigungen** bei Nachbarn durch infolge der Abwasserbehandlung entstehenden Ammoniak, Schwefelwasserstoff, organischen Stickstoffen oder Schwefelverbindungen[1] führen.

II. Öffentlich-rechtliche Abwehrmöglichkeiten gegen die Errichtung und den Betrieb einer Kläranlage

2 Hinsichtlich der öffentlich-rechtlichen Abwehrmöglichkeiten der Nachbarn gegen eine Kläranlage sind zeitlich **zwei grundlegende Situationen** zu unterscheiden. Zum einen können Nachbarn bereits gegen die Errichtung und den Betrieb einer Kläranlage vorgehen (→ Rn. 3 ff.), wobei dies auch eine mögliche Planung der Gemeinde durch einen Bebauungsplan umfasst (→ Rn. 12 ff.), und zum anderen können nachbarliche Ansprüche auf ein behördliches Einschreiten bzw. die ermessensfehlerfreie Entscheidung hierüber während des Betriebs einer Kläranlage entstehen (→ Rn. 16 ff.).

1. Widerspruch und Anfechtung gegen die erteilte Genehmigung zur Errichtung und zum Betrieb der Kläranlage nach § 60 Abs. 3 S. 1 WHG

3 Die Errichtung und der Betrieb sowie die wesentliche Änderung einer Kläranlage bedürfen nach § 60 Abs. 3 S. 1 WHG einer Genehmigung, sofern für die Kläranlage eine Pflicht zur Umweltverträglichkeitsprüfung besteht (Nr. 1) oder in der Kläranlage Abwasser aus Anlagen nach § 3 4. BImSchV (Anlagen nach der Industrieemissions-Richtlinie) behandelt werden, die nicht unter die kommunale Abwasserbehandlungsrichtlinie (RL 91/271/EWG) fallen (Nr. 2), oder in der Kläranlage Abwasser aus einer Deponie nach § 3 Abs. 27 KrWG mit einer Aufnahmekapazität von mind. 10 t am Tag oder einer Gesamtkapazität von

1 Beispielhafte Aufzählung in VG Ansbach Urt. v. 28.7.2011 – AN 18 K 11.00777, juris Rn. 45.

mind. 25.000 t behandelt werden und die Abwasser nicht unter die kommunale Abwasserbehandlungsrichtlinie (RL 91/271/EWG) fallen (Nr. 3). Durch § 60 Abs. 7 S. 1 WHG wird den Ländern gestattet, in ihren Wassergesetzen weitere Fälle der Genehmigungserforderlichkeit zu schaffen.[2]

Die **Genehmigung ist nach § 60 Abs. 3 S. 2 WHG zu versagen**, wenn die Kläranlage nicht die Betriebsanforderungen (§ 60 Abs. 1 WHG) erfüllt oder dies aus sonstigen öffentlich-rechtlichen Vorschriften erforderlich ist. Während die Betriebsanforderungen nach § 60 Abs. 1 WHG nur dem Gewässerschutz dienen[3] und damit keinen Drittschutz vermitteln, können sich aus den sonstigen öffentlich-rechtlichen Vorschriften, insbes. dem Bauplanungs- (→ Rn. 5 f.), Bauordnungs- (→ Rn. 7) und Immissionsschutzrecht (→ Rn. 8), drittschützende Vorschriften, deren Verletzung im Wege eines Widerspruchs oder einer Anfechtungsklage geltend gemacht werden kann, ergeben. Bei Kläranlagen, bei denen eine Umweltverträglichkeitsprüfung durchgeführt werden muss, können sich hieraus ebenfalls nachbarliche Abwehrmöglichkeiten ergeben (→ Rn. 9). 4

a) Bauplanungsrecht. Beurteilt sich die bauplanungsrechtliche **Zulässigkeit nach § 30 Abs. 1, 2 oder 3 BauGB**, darf die Kläranlage den Festsetzungen des qualifizierten, vorhabenbezogenen oder einfachen Bebauungsplans nicht widersprechen und die Erschließung muss gesichert sein. Die einzelnen Festsetzungen des Bebauungsplans können hierbei auch dem Schutz von Dritten dienen, so dass Widersprüche und Klagen gegen diese mithin gegen die Genehmigung durch die Nachbarn angeführt werden können. Ob eine einzelne Festsetzung auch dem Schutz von Dritten dient, ist jedoch vom Festsetzungsinhalt und ggf. vom Willen der planenden Gemeinde abhängig und lässt sich nur im Einzelfall bestimmen. Betrifft allerdings eine Festsetzung die Art der baulichen Nutzung, hat sie stets nachbarschützenden Charakter, so dass ein Gebietsnachbar einen Verstoß dagegen rügen kann (→ *Gebietsschutz, Baugebietsverträglichkeit und Rücksichtnahmegebot* Rn. 3 ff.). 5

Wird die Kläranlage **innerhalb eines im Zusammenhang bebauten Ortsteils nach § 34 Abs. 1 BauGB** errichtet und betrieben und werden von ihr schädliche Umwelteinwirkungen (→ Rn. 8) hervorgerufen, kann sich eine nachbarliche Abwehrmöglichkeit zum einem aus dem im Einfügungsgebot des § 34 Abs. 1 S. 1 BauGB enthaltenden Gebot der Rücksichtnahme ergeben (→ *Rücksichtnahmegebot* Rn. 14 ff.). Im Rahmen des baurechtlichen Gebots der Rücksichtnahme werden die Auswirkungen eines Vorhabens auf die durch das Vorhaben Betroffenen betrachtet. Die vom Vorhaben Betroffenen müssen unzumutbare Nachteile durch das Vorhaben nicht hinnehmen.[4] Bezüglich der Zumutbarkeit von Immissionsbelastungen durch Kläranlagen sind die Grundsätze und Begriffe des BImSchG heranzuziehen, da diese die Zumutbarkeitsgrenzen für Umwelteinwirkungen auf Nachbarn allgemein bestimmen, wobei diesbezüglich die Schutzwürdigkeit des Gebiets an sich und etwaige Vorbelastungen von besonderer Bedeutung sind.[5] Zum anderen kann sich eine nachbarliche Abwehrmöglichkeit aus dem in § 34 Abs. 1 S. 2 BauGB enthaltenen Gebot der Wahrung gesunder Wohn- und Arbeitsverhältnisse ergeben.[6] Demnach darf eine Kläranlage, die ungesunde Wohn- oder Arbeitsverhältnisse verursacht, nicht an Wohnbebauungen oder andere schutzwürdige Bebauung heranrücken.[7]

Soll die Kläranlage im **Außenbereich** errichtet und betrieben werden, richtet sich die Zulässigkeit nach § 35 BauGB. Eine Kläranlage stellt ein privilegiertes Vorhaben im Sinne von § 35 Abs. 1 Nr. 3 BauGB ("Abwasserwirtschaft") dar.[8] Sie ist damit zulässig, wenn keine öffentlichen Belange entgegenstehen und die ausreichende Erschließung gesichert ist. Als drittschützender öffentlicher Belang kommt neben der 6

2 Umsetzung in den einzelnen Ländern: Baden-Württemberg (§ 48 Abs. 1 S. 1 WasG BW), Berlin (§ 38 Abs. 1 S. 1 WasG Bln), Brandenburg (§ 71 Abs. 2 BbgWasG), Bremen (§ 48 Abs. 4 BremWasG), Hamburg (§ 13a HAbwG), Rheinland-Pfalz (§ 62 Abs. 1 S. 1 WasG RhPf) und Sachsen (§ 55 Abs. 2 SächsWasG).

3 *Ganske* in Landmann/Rohmer UmweltR WHG § 60 Rn. 3.

4 *Schulte Beerbühl* Rn. 377.

5 Ausführliche allgemeine Ausführungen hierzu bei *Schulte Beerbühl* Rn. 376 ff.

6 *Spannowsky* in BeckOK-BauGB § 34 Rn. 102.

7 *Schulte Beerbühl* Rn. 393.

8 *Söfker* in Ernst/Zinkahn/Bielenberg/Krautzberger BauGB § 35 Rn. 52.

Hervorrufung von schädlichen Umwelteinwirkungen (→ Rn. 8; → *Rücksichtnahmegebot* Rn. 24 ff.) nach § 35 Abs. 3 S. 1 Nr. 3 BauGB der ungeschriebene **öffentliche Belang des Planungserfordernisses** in Betracht. Ein Planungserfordernis ist gegeben, wenn die Kläranlage einen Koordinierungsbedarf auslöst, der nicht mit dem Konditionalprogramm des § 35 BauGB gelöst, sondern dem nur durch eine Abwägung im Rahmen einer förmlichen Bebauungsplanung angemessen Rechnung getragen werden kann.[9]

7 b) **Bauordnungsrecht.** Für die Errichtung und den Betrieb einer Kläranlage sind aus dem Bauordnungsrecht für Nachbarn insbes. Anforderungen bezüglicher schädlicher Umwelteinwirkungen[10] von Bedeutung. Eine bauliche Anlage muss hiernach so angeordnet, beschaffen und gebrauchstauglich sein, dass durch **schädliche Umwelteinwirkungen**, ua Gerüche, **keine Gefahren oder unzumutbaren Beeinträchtigungen entstehen**. Als Gefahr ist hierbei jeder Sachverhalt, der bei ungehindertem, natürlichem Weiterverlauf mit an Sicherheit grenzender Wahrscheinlichkeit zu einem Schaden führt, anzusehen. Führt die Geruchsbelästigung zu einer Beeinträchtigung des körperlichen und seelischen Wohlbefindens oder der Leistungsfähigkeit ohne jedoch die Schwelle zu einer Gesundheitsgefahr zu überschreiten, ist eine Belästigung gegeben.[11] Gemäß den bauordnungsrechtlichen Vorschriften sind nur solche Belästigungen bedeutsam, die unzumutbar sind. Die Zumutbarkeit ist insofern Ausdruck des das nachbarschaftliche Verhältnis prägenden Gebots der Rücksichtnahme. Die Zumutbarkeit ist überschritten, wenn eine Güterabwägung zu dem Ergebnis kommt, dass der betroffene Nachbar die Geruchseinwirkungen bereits unterhalb einer Gesundheitsgefahr nicht mehr hinzunehmen hat.[12] Dies beurteilt sich nach den **Umständen des Einzelfalls**, insbes. den tatsächlichen Verhältnissen und der Schutzwürdigkeit. Hierbei ist auf „einen verständigen Durchschnittsbürger" und nicht die individuelle Empfindsamkeit abzustellen.[13]

8 c) **Immissionsschutzrecht.** Die Errichtung und der Betrieb einer Kläranlage stellt **kein genehmigungspflichtiges Vorhaben nach § 4 BImSchG** dar, so dass sich die Betreiberpflichten nach § 22 Abs. 1 BImSchG richten. Hiernach sind nicht genehmigungspflichtige Anlagen so zu errichten und zu betreiben, dass **schädliche Umwelteinwirkungen, die nach dem Stand der Technik vermeidbar sind**, verhindert werden sowie unvermeidbare schädliche Umwelteinwirkungen auf ein Mindestmaß beschränkt werden. Bei Geruchsbelästigungen stellen sich hierbei zwei grundlegende Probleme. Zum einen sind Geruchsbelästigungen nicht nur von der Konzentration, sondern auch von der Geruchsqualität, der Geruchsintensität, der Hedonik, der tages- und jahreszeitlichen Verteilung der Einwirkungen, dem Belästigungsrhythmus sowie der Nutzung des betroffenen Gebiets abhängig.[14] Zum anderen bestehen für Gerüche derzeit keine Grenz- oder Richtwerte, nach denen die Erheblichkeit und damit die Schädlichkeit von Gerüchen beurteilt werden kann. Bis zum Erlass bundesrechtlicher Vorschriften kann zur Bestimmung der Erheblichkeit auf die **Geruchsimmissions-Richtlinie (GIRL) als Orientierungshilfe** zurückgegriffen werden.[15] Die Geruchsimmissions-Richtlinie ist eine technische Norm, die auf den Erkenntnissen und Erfahrungen von Sachverständigen beruht und der insoweit die Bedeutung von allgemeinen Erfahrungssätzen und antizipier-

9 OVG Münster Beschl. v. 15.7.1982 – 7 B 1009/82, BauR 1982, 554; grundsätzlich hierzu BVerwG Urt. v. 1.8.2002 – 4 C 5/01, NVwZ 2003, 86; *Söfker* in Ernst/Zinkahn/Bielenberg/Krautzberger BauGB § 35 Rn. 112.

10 Baden-Württemberg (§ 14 Abs. 2 LBO BW), Bayern (Art. 11 BayBO), Berlin (§ 13 S. 1 BauO Bln), Brandenburg (§ 13 S. 1 BbgBO), Bremen (§ 13 Abs. 1 BremBO), Hamburg (§ 16 S. 1 HBauO), Hessen (§ 13 S. 1 HBO), Mecklenburg-Vorpommern (§ 13 S. 1 LBauO M-V), Niedersachsen (§ 13 S. 1 NBauO), Nordrhein-Westfalen (§ 13 S. 1 BauO NRW), Rheinland-Pfalz (§ 14 S. 1 LBauO RhPf), Saarland (§ 14 S. 1 LBO Saarl), Sachsen (§ 13 Abs. 1 S. 1 SächsBO), Sachsen-Anhalt (§ 13 S. 1 BauO LSA), Schleswig-Holstein (§ 14 LBO Schl.-H.) und Thüringen (§ 13 Abs. 1 ThürBO).

11 BVerwG Urt. v. 5.11.1968 – I C 29.67, BVerwGE 31, 15.

12 Zur Zumutbarkeit von Lärmbeeinträchtigungen: BVerwG Urt. v. 29.4.1988 – 7 C 33/87, BVerwGE 79, 254 = NJW 1988, 2396; VGH Mannheim Urt. v. 8 11.2000 – 10 S 2317/99, NVwZ 2001, 1184; VGH Mannheim Beschl. v. 8.6.1998 – 10 S 3300/96, NVwZ-RR 1999, 569.

13 BGH Urt. v. 20.11.1992 – V ZR 82/91, BGHZ 120, 239 = NJW 1993, 925.

14 Nr. 1 Geruchsimmissions-Richtlinie (GIRL) in der Fassung vom 29.2.2008 und einer Ergänzung vom 10.9.2008.

15 Vgl. OVG Münster Urt. v. 21.3.2017 – 8 A 1105/15, juris Rn. 80 ff., mwN; zur Anwendbarkeit der GIRL siehe auch BVerwG Urt. v. 27.6.2017 – 4 C 3.16, BVerwGE 159, 187 = ZfBR 2017, 791.

ten Sachverständigengutachten zukommt.[16] Die Geruchsimmissions-Richtlinie beinhaltet für Baugebiete Immissionswerte als Maßstab für die höchstzulässige Geruchsimmission. Die Ermittlung der zu erwartenden Geruchshäufigkeit setzt grds. eine Prognose anhand der oben genannten Kriterien voraus und ist vom jeweiligen Einzelfall und den Gegebenheiten vor Ort abhängig.[17]

d) Abwehrmöglichkeiten nach dem UmwRG. Ist für die Errichtung und den Betrieb der Kläranlage eine Umweltverträglichkeitsprüfung durchzuführen, können die Nachbarn **die Aufhebung einer Genehmigung** nach § 60 Abs. 3 S. 1 WHG verlangen, wenn die Umweltverträglichkeitsprüfung nicht durchgeführt wurde, § 4 Abs. 1 S. 1 Nr. 1 UmwRG, eine nach § 18 UVPG erforderliche Öffentlichkeitsbeteiligung weder durchgeführt noch nachgeholt wurde, § 4 Abs. 1 S. 1 Nr. 2 UmwRG, oder ein anderer Verfahrensfehler vorliegt, der nicht geheilt wurde, nach Art und Schwere mit den anderen beiden Fällen vergleichbar ist und der betroffenen Öffentlichkeit die Möglichkeit der Beteiligung genommen wurde, § 4 Abs. 1 S. 1 Nr. 3 UmwRG. Sollte einer dieser absoluten Verfahrensfehler bejaht werden, ist die Entscheidung auch ohne die Verletzung von drittschützenden Normen aufzuheben. Diesbezüglich ist jedoch zu beachten, dass die Frage, welche Verfahrensfehler von § 4 Abs. 1 S. 1 Nr. 3 UmwRG erfasst werden, derzeit noch nicht abschließend geklärt ist und einer ständigen Weiterentwicklung unterliegt.[18] 9

2. Widerspruch und Anfechtungsklage gegen eine erteilte Baugenehmigung

Ist eine Genehmigung nach § 60 Abs. 3 S. 1 WHG nicht erforderlich (→ Rn. 3), bedürfen **die Errichtung und der Betrieb einer Kläranlage einer Baugenehmigung** nach den jeweiligen Bauordnungen der Länder. Hinsichtlich der im Rahmen der Baugenehmigung zu prüfenden Aspekte des Bauplanungs- und Bauordnungsrechts wird auf die obigen Ausführungen verwiesen (→ Rn. 5 ff.). Bezüglich dezentraler Kleinkläranlagen ist zu beachten, dass diese nach bauordnungsrechtlichen Vorschriften[19] so zu entlüften sind, dass keine Gesundheitsschäden oder unzumutbare Belästigungen entstehen können (zu den unzumutbaren Belästigungen → Rn. 8). 10

3. Widerspruch und Anfechtung der wasserrechtlichen gehobenen Erlaubnis zur Einleitung des aufbereiteten Abwassers

Die **Einleitung des in der Kläranlage aufbereiteten Abwassers** bedarf nach §§ 9 Abs. 1 Nr. 4, 14 Abs. 1 Nr. 4 WHG einer **wasserrechtlichen Erlaubnis**. Wurde die Erlaubnis als gehobene Erlaubnis iSv § 15 Abs. 1 WHG erteilt, kann den Nachbarn, sofern ihnen wasserrechtliche Rechte zustehen, ein Abwehrrecht nach §§ 15 Abs. 2, 14 Abs. 3 WHG zustehen, da die gehobene Erlaubnis nur erteilt werden darf, wenn nachteilige Wirkungen auf die **Rechte Dritter** nicht durch Inhalts- oder Nebenbestimmungen vermieden oder ausgeglichen werden können.[20] 11

4. Nachbarliche Beteiligung und Abwehrmöglichkeiten bei der Steuerung durch Bebauungsplanung

Die Standortgemeinde kann die Errichtung und den Betrieb einer Kläranlage durch einen entsprechenden Bebauungsplan steuern. Die Nachbarschaft kann ihre Rechte und Interessen hierbei im Rahmen der **förmlichen Öffentlichkeitsbeteiligung** nach §§ 3 Abs. 2, 4a BauGB einbringen. Demnach hat die Gemeinde den Entwurf des Bebauungsplans einschließlich der Begründung und der vorhandenen umweltbezogenen Informationen für die Dauer eines Monats öffentlich auszulegen. In dieser Zeit können durch die Öffentlichkeit 12

16 BVerwG Beschl. v. 5.8.2015 – 4 BN 28/15, juris Rn. 5.
17 Zur Vorgehensweise nach der Geruchsimmissions-Richtlinie, s. *Schulte Beerbühl* Rn. 597 ff.
18 Umfangreiche Darstellung der aktuellen Entwicklung bei *Seibert* NVwZ 2019, 337.
19 Berlin (§ 44 Abs. 2 S. 4 BauO Bln), Brandenburg (§ 44 S. 4 BbgBO), Bremen (§ 44 S. 4 BremBO), Hamburg (§ 42 Abs. 1 S. 4 HBauO), Hessen (§ 47 S. 4 HBO), Mecklenburg-Vorpommern (§ 44 S. 4 LBauO M-V), Rheinland-Pfalz (§ 42 Abs. 2 S. 4 LBauO RhPf), Saarland (§ 42 Abs. 3 S. 4 LBO Saarl), Sachsen (§ 44 S. 4 SächsBO), Sachsen-Anhalt (§ 43 S. 4 BauO LSA), Schleswig-Holstein (§ 45 Abs. 1 S. 4 LBO Schl.-H.) und Thüringen (§ 44 S. 4 ThürBO).
20 Siehe für Fischereirechte, VG Ansbach Urt. v. 17.1.2018 – AN 9 K 16.01362, juris Rn. 21 ff.

Stellungnahmen zum Entwurf des Bebauungsplans abgegeben werden, mit welchen sich die Gemeinde im weiteren Planungsverfahren, insbes. in der Abwägung nach § 1 Abs. 7 BauGB, auseinandersetzen muss.

13 Unabhängig von den Stellungnahmen der Öffentlichkeit ist die planende Gemeinde nach § 1 Abs. 7 BauGB verpflichtet, die **öffentlichen und privaten Belange gegen- und untereinander gerecht abzuwägen**. Zu den in die Abwägung einzustellenden Belangen gehören ua die Anforderungen an gesunde Wohn- und Arbeitsverhältnisse und mithin auch der Schutz vor unzumutbaren Geruchsbelästigungen infolge des Betriebs einer Kläranlage. Die Abwägung ist hierbei ua durch das **Gebot der Konfliktbewältigung** geprägt. Demnach muss der Bebauungsplan die durch ihn verursachten oder verstärkten Konflikte grds. auch lösen, sofern nicht eine Verlagerung in nachfolgende Genehmigungsverfahren möglich ist und eine Konfliktlösung mit den durch das BauGB und die BauNVO zur Verfügung gestellten Handlungsmöglichkeiten, insbes. den abschließenden Festsetzungskatalog des § 9 BauGB, möglich ist.[21] Eine Konkretisierung des Gebots der Konfliktbewältigung erfolgte ua im Trennungsgebot des § 50 Abs. 1 BImSchG.

14 Aufgrund des Gebots der Konfliktbewältigung ist die planende Gemeinde verpflichtet, alle Konflikte, die im Zusammenhang mit der Errichtung und dem Betrieb einer Kläranlage entstehen können, zu ermitteln und einer Lösung durch den Bebauungsplan zuzuführen. Aus nachbarlicher Sicht sind diesbezüglich vor allem Lösungen für die durch den Betrieb verursachten Geruchsbelästigungen relevant. In Betracht kommen bspw. ein vorgesehener Abstand zwischen Kläranlage und potenziell Betroffenen[22] sowie Bepflanzungen zur Ausbreitungsverhinderung.[23] Bezüglich des Gebots der Konfliktbewältigung ist jedoch zu beachten, dass eine Geltendmachung von Verstößen nur möglich ist, wenn ein Verstoß gleichzeitig einen **Abwägungsfehler nach der von der Rechtsprechung entwickelten Abwägungsfehlerlehre**[24] darstellt.

15 **Verstöße** gegen die förmliche Öffentlichkeitsbeteiligung nach § 3 Abs. 2 BauGB sowie gegen das Gebot der gerechten Abwägung nach § 1 Abs. 7 BauGB führen, sofern sie nach den Vorschriften der Planerhaltung nach den §§ 214, 215 BauGB beachtlich sind, zur **Unwirksamkeit des Bebauungsplans**. Die Unwirksamkeit kann sowohl durch einen Normenkontrollantrag nach § 47 VwGO als auch inzident im Rahmen einer Anfechtungsklage nach § 40 Abs. 2 VwGO gegen die erteile Genehmigung zur Errichtung und zum Betrieb der Kläranlage (→ Rn. 3 und 10) gerichtlich geltend gemacht werden.

III. Öffentlich-rechtliche Abwehrmöglichkeiten während des Betriebs

1. Anspruch auf Betriebseinstellung nach § 60 Abs. 5 WHG

16 Führt der Betrieb einer Kläranlage nach § 60 Abs. 3 S. 1 Nr. 2 oder 3 WHG (→ Rn. 3) infolge der Verletzung einer Pflicht einer Nebenbestimmung oder einer abschließend bestimmten Pflicht aus einer Rechtsverordnung zu einer **unmittelbaren Gesundheitsgefahr**, ist gem. § 60 Abs. 5 WHG der Betrieb der Kläranlage insgesamt oder eines Teils davon durch die zuständige Behörde **bis zur Pflichterfüllung einzustellen**. Besteht die Gesundheitsgefahr für die Nachbarschaft, so kann diese die Einstellung nach § 60 Abs. 5 WHG durch die zuständige Behörde verlangen und ggf. gerichtlich durch eine einstweilige Anordnung nach § 123 Abs. 1 VwGO (→ Rechtsschutz vorläufiger Rn. 72 ff.) bzw. einer Verpflichtungsklage (→ *Rechtsschutz, verwaltungsrechtliches Hauptsacheverfahren* Rn. 66 ff.) geltend machen.

21 BVerwG Urt. v. 1.11.1974 – IV C 38/71, NJW 1975, 841; BVerwG Beschl. v. 17.2.1984 – 4 B 191/83, NVwZ 1984, 235; BVerwG Urt. v. 11.3.1988 – 4 C 56/84, NVwZ 1989, 659; BVerwG Beschl. v. 16.3.2010 – 4 BN 66/09, NVwZ 2010, 1246; BVerwG Urt. v. 7.5.2014 – 4 CN 5.13, ZfBR 2014, 694 mwN; *Söfker/Runkel* in Ernst/Zinkahn/Bielenberg/Krautzberger BauGB § 1 Rn. 215 ff.

22 *Söfker/Runkel* in Ernst/Zinkahn/Bielenberg/Krautzberger BauGB § 1 Rn. 230; Abstandserforderlichkeit im Zusammenhang mit Tierhaltungsbetrieben ua bejaht durch VGH München Urt. v. 11.7.1994 – 14 N 92.2397, BRS 56 Nr. 19; VGH Kassel Urt. v. 12.3.2002 – 4 N 2171/96, NVwZ-RR 2002, 830.

23 Zur Abwägung bei der Errichtung von Kläranlagen nach alter Rechtslage: VGH Mannheim Urt. v. 22.6.1990 – 8 S 458/90, juris Rn. 28 ff.

24 Grundlegend BVerwG Urt. v. 12.12.1969 – IV C 105/66, BVerwGE 34, 301; *Scheidler* KommJur 2019, 405 (407 ff.).

2. Anspruch auf immissionsschutzrechtliches/bauaufsichtliches Einschreiten infolge von Geruchsbelästigungen

Kommt es infolge der Verletzung von immissionsschutz- (→ Rn. 8) oder baurechtlichen (→ Rn. 5 ff.) 17
Pflichten zu Geruchsbeeinträchtigungen durch den Betrieb der Kläranlage, so können die Nachbarn hiergegen ein **Einschreiten der zuständigen Immissionsschutzbehörde** nach § 24 Abs. 1 BImSchG bzw. der zuständigen **Bauaufsichtsbehörde** nach den Eingriffsbefugnissen der jeweiligen Landesbauordnung bzw. eine **ermessensfehlerfreie Entscheidung** hierüber verlangen (→ *Rechtsschutz, verwaltungsrechtliches Hauptsacheverfahren* Rn. 66 ff.).[25]

3. Öffentlich-rechtlicher Unterlassungsanspruch nach § 1004 Abs. 1 S. 2 BGB analog

Sofern die immissionsschutzrechtlichen Einwirkungen (→ Rn. 8) von einem **schlicht-hoheitlichen Handeln** der Gemeinde oder eines anderen Hoheitsträger ausgehen, kann den betroffenen Nachbarn auch ein **öffentlich-rechtlicher Unterlassungsanspruch** nach § 1004 Abs. 1 S. 2 BGB analog (→ Rn. 19 ff.) zustehen.[26] 18

IV. Zivilrechtliche Abwehrmöglichkeiten während des Betriebs

1. Unterlassungsanspruch nach § 1004 Abs. 1 S. 2 BGB

Aus zivilrechtlicher Sicht können Eigentümer benachbarter Grundstücke gegen den Betrieb einer Kläranlage vor allem mit der Geltendmachung eines **Unterlassungsanspruchs nach § 1004 Abs. 1 S. 2 BGB** vorgehen. Demnach können Eigentümer infolge einer Beeinträchtigung ihres Eigentums – sofern es sich nicht um eine Entziehung oder Vorenthaltung des Besitzes handelt – auf Unterlassung der Beeinträchtigung klagen, soweit kein Duldungsanspruch besteht. 19

Bezüglich der durch eine Kläranlage verursachten Geruchsbelästigungen könnte sich ein **Duldungsanspruch aus § 906 Abs. 1 S. 1 BGB** ergeben. Gem. § 906 Abs. 1 S. 1 BGB besteht eine Duldungspflicht, wenn die Einwirkungen durch die Gerüche die Nutzung des Grundstücks nicht oder nur unwesentlich beeinträchtigen. Für die Bestimmung der Wesentlichkeit der Geruchsbeeinträchtigung kann die GIRL als Orientierungshilfe herangezogen werden (→ Rn. 8).[27] Der Geruchsimmissions-Richtlinie kommt diesbezüglich aber lediglich eine Indizwirkung für die Wesentlichkeit der Geruchsbelästigungen zu. Neben den Immissionswerten der Geruchsimmissions-Richtlinie sind vor allem die Qualität und Intensität der Geruchswahrnehmung bei der Bestimmung der Wesentlichkeit miteinzubeziehen.[28] 20

Wurde die **Wesentlichkeit der Beeinträchtigung** bejaht, ist nach § 906 Abs. 2 S. 1 BGB dennoch ein Duldungsanspruch der betroffenen Eigentümer gegeben, wenn die Beeinträchtigung durch eine **ortsübliche Benutzung** herbeigeführt wurde und nicht durch wirtschaftlich zumutbare Maßnahmen verhindert werden kann. Für die Ortsüblichkeit des Betriebs der Kläranlage ist durch den Eigentümer der Kläranlage nachzuweisen, dass auch eine Mehrheit von Grundstücken in der Umgebung mit einer nach Art und Maß einigermaßen gleichen beeinträchtigenden Einwirkung benutzt wird.[29] Bei der Beurteilung der Ortsüblichkeit ist auf die derzeitige und nicht auf eine frühere Sachlage abzustellen. 21

Ist für die Errichtung und den Betrieb der Kläranlage eine Genehmigung nach § 60 Abs. 3 S. 1 WHG oder aufgrund von Vorschriften nach den Wassergesetzen der Länder erforderlich (→ Rn. 3), so ist bei der Geltendmachung des Unterlassungsanspruchs nach § 1004 Abs. 1 S. 2 BGB zu beachten, dass die **erteilte Genehmigung zivilrechtliche Ansprüche auf Stilllegung** nach § 60 Abs. 3 S. 3 iVm § 16 Abs. 1 WHG **aus-** 22

25 Grundlegend hierzu *Schulte Beerbühl* Rn. 777 ff.
26 BVerwG Urt. v. 2.11.1973 – IV C 36.72, NJW 1974, 817.
27 OLG Hamm Urt. v. 6.9.2016 – I-24 U 4/15, juris Rn. 57 ff.; OLG Celle Urt. v. 26.11.2008 – 4 U 91/08, juris Rn. 7; OLG Karlsruhe Urt. v. 9.5.2001 – 6 U 223/00, NJW-RR 2001, 1236.
28 OLG Hamm Urt. v. 6.9.2016 – I-24 U 4/15, juris Rn. 61; OLG Celle Urt. v. 26.11.2008 – 4 U 91/08, juris Rn. 8; OLG Karlsruhe Urt. v. 9.5.2001 – 6 U 223/00, NJW-RR 2001, 1236.
29 BGH Urt. v. 19.2.1976 – III ZR 13/74, NJW 1976, 1204.

schließt. Infolgedessen können lediglich Maßnahmen, die die nachteiligen Geruchsbelästigungen ausschließen, verlangt werden, §§ 60 Abs. 3 S. 3, 16 Abs. 1 S. 2 WHG.

2. Quasinegatorischer Unterlassungsanspruch nach §§ 1004 Abs. 1 S. 2, 823 Abs. 2 BGB analog iVm Auflagen einer Genehmigung

23 Wurde die Genehmigung nach § 60 Abs. 3 WHG oder die Baugenehmigung mit **drittschützenden Auflagen** erteilt, können Nachbarn die Einhaltung dieser Auflagen auch im Wege eines **quasinegatorischen Unterlassungsanspruchs** nach §§ 1004 Abs. 1 S. 2, 823 Abs. 2 BGB analog geltend machen.[30]

V. Entschädigungsansprüche infolge des Betriebs einer Kläranlage

24 Infolge der Geruchsbelästigungen durch den Betrieb einer Kläranlage können den Nachbarn verschiedene Entschädigungsansprüche zustehen. In Betracht kommen neben dem **Entschädigungsanspruch wegen der Duldungsverpflichtung einer wesentlichen Eigentumsbeeinträchtigung** nach § 906 Abs. 2 S. 2 BGB[31] (ggf. iVm § 16 Abs. 1 S. 3 WHG bei nach § 60 Abs. 3 WHG genehmigungspflichtigen Kläranlagen) **Entschädigungsansprüche infolge eines enteignungsgleichen Eingriffs**[32] sowie ein **Amtshaftungsanspruch bei Nichtdurchsetzung drittschützender Auflagen** einer Genehmigung.[33]

67. Komposthaufen

Wilke

Literatur: *Horst,* Nachbarliche Wildnis, GE 2000, 781; *Keinhorst,* Komposthaufen an Nachbarsgrenze, GE 2000, 1236; *Schink,* Öffentliche und private Entsorgung, NVwZ 1997, 435; *Wenzel,* Der Störer und seine verschuldensunabhängige Haftung im Nachbarrecht, NJW 2005, 241; *Zandonella/Thärichen,* Bioabfälle zwischen öffentlicher und privater Entsorgung: Zum Begriff der „überwiegenden öffentlichen Interessen" in § 13 III 1 Nr. 3 KrW-/AbfG, NVwZ 1998, 1160.

I. Einführung

1 Einen Komposthaufen anzulegen verspricht eine **Geldersparnis**, denn weder muss eine Biotonne vorgehalten noch Dünger käuflich erworben werden. Die Anschaffungskosten für einen Komposter sind für einfachste Ausführungen aus Holzlatten sehr überschaubar. Die anvisierte „Rotte" mag zwar im Prinzip von selbst ablaufen – ganz ohne Fallstricke ist das Kompostieren indes nicht. Wenn die in diversen Gartenratgebern leicht verfügbaren Grundregeln nicht eingehalten werden, drohen **negative Begleiterscheinungen**, die

30 Grundsätzlich hierzu BGH Urt. v. 26.2.1993 – V ZR 74/92, BGHZ 122, 1 = NJW 1993, 1580.
31 OLG Celle Urt. v. 4.8.1987 – 4 U 98/85, NJW-RR 1988, 1040; BGH Urt. v. 19.2.1976 – III ZR 13/74, NJW 1976, 1204.
32 LG Konstanz Urt. v. 25.8.1978 – 4 O 294/77, MDR 1980, 667; BGH Urt. v. 29.3.1984 – III ZR 11/83, BGHZ 91, 20 = NJW 1984, 1876.
33 BGH Urt. v. 6.2.1986 – III ZR 109/84, BGHZ 97, 97 = NVwZ 1986, 963.

auch schnell für einen Nachbarn zum Problem werden können. So kann es insbes. zu einer störenden Geruchsentwicklung kommen; auch können unerwünschte Tiere bis hin zu Nagern angelockt werden (→ *Ungeziefer* Rn. 2 ff.).[1] Das Eigenkompostieren ist zwar abfallrechtlich grundsätzlich zulässig, der von einem Kompost beeinträchtigte Nachbar kann aber ggf. dennoch auf öffentlich-rechtlichen Schutz zählen (→ Rn. 2 ff.). Daneben besteht die Möglichkeit, privatrechtliche Ansprüche auf Beseitigung und/oder Unterlassung im Hinblick auf den Komposthaufen geltend zu machen (→ Rn. 5 ff.).

II. Komposthaufen im öffentlichen (Nachbar-)Recht

1. Abfallrecht

Die **Verwertung von Abfällen aus privaten Haushaltungen** – und damit eine Ausnahme von der Pflicht zur Überlassung an öffentlich-rechtliche Entsorgungsträger – ist nach § 17 Abs. 1 S. 1 KrWG zulässig, soweit die Abfallerzeuger oder -besitzer hierzu auf den von ihnen zur privaten Lebensführung genutzten Grundstücken in der Lage sind. Das betrifft namentlich die Eigenkompostierung.[2] Sie sind allerdings nur dann dazu „in der Lage", wenn die Verwertung iSd § 7 Abs. 3 KrWG ordnungsgemäß und schadlos erfolgt, was bei der Eigenkompostierung insbes. im Falle der Geruchsbelästigungen oder dem Anziehen von Ungeziefer zu verneinen sein kann (→ *Ungeziefer* Rn. 2 ff.).[3] Ein Nachbar kann also ggf. ein behördliches Einschreiten (§ 62 KrWG) anregen, damit die Überlassungspflicht nach § 17 Abs. 1 KrWG durchgesetzt wird.[4] 2

Aufgrund der Ermächtigung des § 28 Abs. 3 KrWG gibt es speziell für die Beseitigung pflanzlichen Abfalls einige **Landesverordnungen**, die explizit die **Zulässigkeit des Kompostierens** anordnen. So nennt etwa § 2 Abs. 1 S. 1 PflAbfVO BW die Möglichkeit, pflanzliche Abfälle auf landwirtschaftlich oder gärtnerisch genutzten Grundstücken durch Kompostieren zu beseitigen, wobei nach S. 2 keine Geruchsbelästigungen auftreten dürfen. Ebenfalls ausdrücklich genannt wird das Kompostieren von § 2 Abs. 1 S. 1, S. 3 PflanzAbfVO Sachsen; hier „sollen" nach S. 4 Geruchsbelästigungen vermieden werden. In §§ 2–4 PflAbfV Bayern ist der Kompost nicht konkret genannt, die Rede ist aber davon, die Pflanzenabfälle zur Verrottung zu bringen.[5] Die Grenze liegt hier erst bei erheblichen Geruchsbelästigungen für Bewohner angrenzender Grundstücke (was ziemlich deutlich Drittschutz vermittelt).[6] Angesichts der abfallrechtlichen Unterscheidung zwischen Verwertung und Beseitigung (§ 3 Abs. 1 S. 2 KrWG) und der Einordnung des Kompostierens durch den Bundesgesetzgeber als Verwertung (→ Rn. 2 mN) dürfte freilich § 17 KrWG die letztlich maßgebliche Norm für die Kompostierung bilden. 3

2. Baurecht

Komposthaufen können als bauliche Anlage iSd jeweiligen (→ *Grenzüberschreitendes Nachbarrecht* Rn. 13) Bauordnung anzusehen sein. Sie sind allerdings typischerweise genehmigungs- bzw. verfahrensfrei, in Bayern etwa gem. Art. 57 Abs. 1 Nr. 6 lit. f bzw. Nr. 16 lit. f BayBO.[7] Wenn ein Komposthaufen dem 4

1 Nach dem LG München I Urt. v. 23.12.1986 – 23 O 14452/86, NJW-RR 1988, 205 (206), soll es sogar „allgemein bekannt [sein], daß von einem Komposthaufen, in dem Gartenabfälle verrotten, regelmäßig Geruchsbelästigungen ausgehen und gehäuft Insekten auftreten"; *Keinhorst* GE 2000, 1236; eher gegensätzlich AG Hersbruck Urt. v. 30.10.1996 – 9 C 1635/96, BWGZ 1997, 749.

2 Für die Vorgängervorschrift § 13 Abs. 1 S. 1 KrW-/AbfG BVerwG Urt. v. 18.6.2009 – 7 C 16/08, NVwZ 2009, 1292 (1294); BT-Drs. 12/5672, 44; *Horst* NachbarR-HdB Rn. 759; *Zandonella/Thärichen* NVwZ 1998, 1160; *Schink* NVwZ 1997, 435 (437).

3 *Giesberts* in BeckOK UmweltR KrWG § 17 Rn. 12; für die Vorgängervorschriften des KrW-/AbfG OVG Münster Urt. v. 10.8.1998 – 22 A 5429/96, NVwZ 1999, 91.

4 Vgl. für die Reichweite des § 62 KrWG *Queitsch* in BeckOK UmweltR KrWG § 62 Rn. 2.

5 Etwa ging das LG München I Urt. v. 23.12.1986 – 23 O 14452/86, NJW-RR 1988, 205 (206), von der grundsätzlichen öffentlich-rechtlichen Zulässigkeit des privaten Kompostierens auf dieser Grundlage aus.

6 So auch *Grziwotz/Saller* BayNachbarR 3. Teil Rn. 85; *Meisner/J. Ring/W. Ring/Götz* Nachbarrecht in Bayern § 13 Rn. 35.

7 Vgl. *Lechner/Busse* in Simon/Busse BayBO Art. 57 Rn. 210 bzw. 378. Vgl. die parallelen Regelungen etwa in § 62 Abs. 1 S. 1 Nr. 6 lit. e bzw. Nr. 15 lit. e BauO NRW, § 50 Abs. 1 LBO BW iVm Nr. 6 lit. f bzw. Nr. 12 Anhang; anders § 60 Abs. 1 NBauO iVm Nr. 5.6. Anhang (Verfahrensfreiheit für Behälter bis zu 50m³ Inhalt).

Baurecht zuwiderlaufen sollte – wohl nur in Ausnahmefällen wegen Verstößen in Bezug auf Abstand und Abstandsflächen (keine gebäudegleiche Wirkung), schon eher gegen den Schutz vor Einwirkungen[8] –, kommt die Anregung und uU sogar die Verpflichtung der Baubehörde zum Einschreiten in Betracht (etwa → *Tauben* Rn. 5 ff.; auch → *Abstandsflächen und Grenzabstand* Rn. 5 ff.).

III. Komposthaufen im privaten Nachbarrecht

5 Als wesentliche Anspruchsgrundlagen des Nachbarn gegenüber einem kompostierenden Grundstückeigentümer sind § 907 BGB (→ Rn. 6 ff.) und § 1004 BGB (→ Rn. 16 ff.) zu nennen. Beide stehen nebeneinander (→ *Tauben* Rn. 10). Ein Grundstücksbesitzer, namentlich ein Mieter oder Pächter, kann unter weitgehend parallelen Voraussetzungen zu § 1004 BGB Beseitigung und Unterlassung nach § 862 Abs. 1 BGB verlangen (passim bei → Rn. 16 ff.). In Ausnahmefällen sind auch Schadensersatz- bzw. Entschädigungsansprüche denkbar (→ Rn. 29). Teils greifen schließlich Abstandsvorschriften im privaten Nachbarrecht ein (→ Rn. 30).

1. Abwehranspruch nach § 907 BGB

6 **a) Tatbestand.** Bei Anlagen iSd § 907 BGB (auch → *Gefahr drohende Anlagen* Rn. 13 ff.) handelt es sich um **künstlich geschaffene Werke von gewisser Selbständigkeit und Beständigkeit**.[9] Dies erfasst insbes. Bauwerke bzw. Teile davon, aber auch den hier interessierenden Komposthaufen.[10] Allenfalls bei „wilden Komposthaufen" – ohne äußere körperliche Begrenzung – könnte man daran zweifeln,[11] setzt die hM doch zusätzlich eine gewisse tatsächliche Verbindung mit dem Grundstück voraus.[12] Soweit damit einzelne, leicht bewegliche Sachen vom Anwendungsbereich der Vorschrift ausgenommen werden sollen,[13] dürfte auch unstr. sein, dass einzelner, auf dem Grundstück hinterlassener Grünschnitt keine „Anlage" darstellt. Für einen veritablen „Haufen" Kompost (in spe) mag man das aber mangels leichter Beweglichkeit anders sehen, zumal § 907 BGB, anders als etwa der unmittelbar folgende § 908 BGB, eine Verbindung mit dem Grundstück nicht ausdrücklich voraussetzt. Auch nach dem Schutzzweck der Norm spielt es für den Nachbarn keine Rolle, ob die Immissionen von einem befestigten oder unbefestigten Haufen herrühren,[14] sofern letzterer eben nicht gleichsam flüchtiger Natur ist.[15] Allerdings bleibt ohnehin § 1004 BGB als mögliche Anspruchsgrundlage (→ Rn. 16 ff.).

7 Zwar findet § 907 Abs. 1 BGB nach seinem Abs. 2 auf Bäume und Sträucher (was etwa auch Hecken[16] und Ranken einschließt) keine Anwendung, → *Ranken* Rn. 20. Doch dies erfasst nicht den auf dem Komposthaufen liegenden Baum-, Strauch- und sonstigen Grün*schnitt*. Denn in § 907 Abs. 2 BGB geht es um die Vermeidung von Widersprüchen zu §§ 910, 911, 923 BGB und zu Landesnachbarrecht (Art. 122, 124 EGBGB).[17] Diese aber betreffen allesamt (noch) angepflanzte, also mit dem Boden verbundene Gewächse.

8 Die von § 907 BGB erfassten **unzulässigen Einwirkungen** sind auf solche beschränkt, die „in sinnlich wahrnehmbarer Weise über die Grundstücksgrenze auf das Nachbargrundstück unmittelbar positiv einwir-

---

8 Im konkreten Fall verneinend allerdings VGH München Beschl. v. 13.3.1998 – 1 ZS/CS 97.3288, juris Rn. 21.

9 BGH Urt. v. 30.4.1965 – V ZR 17/63, WM 1965, 1009 (1011); BayObLG Beschl. v. 15.4.2004 – 2Z BR 221/03, NJW-RR 2004, 1460; RG Urt. v. 30.4.1902 – V 52/02, RGZ 51, 251 (253); *Herrler* in Palandt BGB § 907 Rn. 1.

10 LG München I Urt. v. 23.12.1986 – 23 O 14452/86, NJW-RR 1988, 205 (206); *Vollkommer* in BeckOGK BGB § 907 Rn. 3.1; *Saller* in Grziwotz/Lüke/Saller NachbarR-HdB Kap. 3 Rn. 158; *Keinhorst* GE 2000, 1236.

11 Ohne Eingehen auf § 907 BGB *Horst* GE 2000, 781 (783).

12 RG Urt. v. 20.4.1912 – V 491/11, JW 1912, 752; *Saller* in Grziwotz/Lüke/Saller NachbarR-HdB Kap. 3 Rn. 158; *Vollkommer* in BeckOGK BGB § 907 Rn. 3; offengelassen für Lagerplatz von Baumaterialien und -geräten von BGH Urt. v. 7.3.1969 – V ZR 169/65, NJW 1969, 1208 (1209).

13 *Saller* in Grziwotz/Lüke/Saller NachbarR-HdB Kap. 3 Rn. 158.

14 Vgl. allgemein *Roth* in Staudinger BGB § 907 Rn. 14.

15 Vgl. *Meisner/J. Ring/W. Ring/Götz* Nachbarrecht in Bayern § 14 Rn. 5.

16 *Saller* in Grziwotz/Lüke/Saller NachbarR-HdB Kap. 3 Rn. 160.

17 BGH Urt. v. 18.7.2014 – V ZR 151/13, NJW 2014, 3780 (Rn. 15); RG Urt. v. 30.4.1902 – V 52/02, RGZ 51, 251 (254).

ken können".[18] Erfasst sind die Imponderabilien des § 906 BGB wie auch Grobimmissionen.[19] Grenzüberschreitende Geruchs- und Schädlingsbelästigungen durch einen Komposthaufen erfüllen dieses Merkmal daher ohne Weiteres. Der störende Anblick eines Komposthaufens als solcher stellt damit freilich keine nach dieser Vorschrift abzuwehrende Einwirkung dar (auch → *Swimmingpool* Rn. 20).[20]

Eine Einwirkung ist für die Zwecke des § 907 BGB unzulässig, wenn sie nach § 1004 Abs. 1 BGB abgewehrt werden könnte (→ Rn. 16 ff.).[21] 9

Der Anspruch besteht nur, wenn die Einwirkungen **mit Sicherheit**, also mit einer der Gewissheit gleichkommenden hohen Wahrscheinlichkeit,[22] **vorauszusehen sind.** Dies kann nach der Rechtsprechung nur dann der Fall sein, wenn sie Folge des normalen Zustands der Anlage sowie deren ordnungsmäßigen Benutzung sind.[23] Geht man davon aus, dass ein korrekt bewirtschafteter Komposthaufen keine störenden Gerüche absondert und keine Schädlinge anlockt,[24] müsste der Anspruch nach § 907 BGB an dieser Stelle regelmäßig scheitern. Freilich ist nicht recht einzusehen, warum bei mit entsprechender Sicherheit vorhersehbarer fehlerhafter Benutzung eines Komposthaufens der Anspruch nach § 907 BGB ausscheiden soll.[25] Nicht zuletzt bejahen ja einige Stimmen in Rechtsprechung und Literatur die Möglichkeit eines Beseitigungsanspruchs gerade nach § 907 BGB für Komposthaufen.[26] In einer konkreten Situation (Luftströme, typischer Inhalt des Komposthaufens, Nähe etwa zur nachbarlichen Terrasse oÄ) mag außerdem eine unzulässige Einwirkung selbst bei ordnungsgemäßer Bewirtschaftung in der Tat unumgänglich sein. 10

Berechtigt aus § 907 BGB ist der (Mit-)Eigentümer, der Erbbauberechtigte, Nießbraucher, Dienstbarkeitsberechtigte sowie nach hM auch obligatorisch berechtigte Grundstücksbesitzer. Die Vorschrift **verpflichtet** iE den Störer iSd § 1004 BGB. Näher → *Tauben* Rn. 15 f. 11

b) Rechtsfolgen; Verjährung. Liegen die Voraussetzungen vor, besteht ein Anspruch auf **Unterlassung der Errichtung** oder (praktisch wahrscheinlicher) auf **Beseitigung eines bereits errichteten Komposthaufens**. Verjährung tritt wegen § 924 BGB nicht ein. Die Einschränkung des Beseitigungsanspruchs nach § 907 Abs. 1 S. 2 BGB für Abstands- oder sonstige Schutzregeln des Landesrechts kann für Komposthaufen relevant werden (→ Rn. 30). 12

c) Prozessuales. Die **örtliche Zuständigkeit** ergibt sich für den klagenden Eigentümer aus § 24 Abs. 1 ZPO,[27] im Übrigen aus § 12 ff. ZPO oder (§ 35 ZPO) aus § 26 iVm § 24 ZPO.[28] Ein ausdrückliches Erfordernis einer **vorangehenden Schlichtung** (→ *Streitschlichtung, nachbarrechtliche* Rn. 8 ff.) besteht für § 907 BGB **nicht** (auch in der Ermächtigung des § 15a Abs. 1 Nr. 2 EGZPO erscheint § 907 BGB nicht). Kommt es allerdings inzident auf unzulässige Einwirkungen iSd § 906 BGB an, so ist – parallel zur Rechtslage bei § 1004 BGB, → Rn. 27 – von der Notwendigkeit einer Schlichtung auszugehen. 13

18 BGH Urt. v. 22.2.1991 – V ZR 308/89, NJW 1991, 1671 f.; von „aktiver" Einwirkung spricht *Horst* NachbarR-HdB Rn. 1116.

19 *Brückner* in MüKoBGB § 907 Rn. 11; *Roth* in Staudinger BGB § 907 Rn. 21; *Meisner/J. Ring/W. Ring/Götz* Nachbarrecht in Bayern § 14 Rn. 10.

20 *Horst* GE 2000, 781 (782); *Keinhorst* GE 2000, 1236 f.; allgemein BGH Urt. v. 7.3.1969 – V ZR 169/65, NJW 1969, 1208 (1209); *Saller* in Grziwotz/Lüke/Saller NachbarR-HdB Kap. 3 Rn. 163.

21 *Herrler* in Palandt BGB § 907 Rn. 1.

22 BGH Urt. v. 11.2.1955 – V ZR 134/54, WM 1955, 998 (999); BGH Urt. v. 30.4.1965 – V ZR 17/63, WM 1965, 1009 (1011).

23 BGH Urt. v. 7.3.1969 – V ZR 169/65, NJW 1969, 1208 (1209).

24 Dafür AG Hersbruck Urt. v. 30.10.1996 – 9 C 1635/96, BWGZ 1997, 749; dagegen LG München I Urt. v. 23.12.1986 – 23 O 14452/86, NJW-RR 1988, 205 (206).

25 In diesem Sinne (allgemein) auch *Roth* in Staudinger BGB § 907 Rn. 30; der Tendenz nach auch *Saller* in Grziwotz/Lüke/Saller NachbarR-HdB Kap. 3 Rn. 167.

26 LG München I Urt. v. 23.12.1986 – 23 O 14452/86, NJW-RR 1988, 205 (206); *Keinhorst* GE 2000, 1236.

27 *Schultzky* in Zöller ZPO § 24 Rn. 8.

28 *Vollkommer* in BeckOGK BGB § 907 Rn. 36; *Touissant* in BeckOK ZPO § 26 Rn. 3.

14 Im **Klageantrag** und daran anschließend im **Tenor** ist die Verpflichtung zur Unterlassung der Errichtung (Vollstreckung nach § 890 ZPO) bzw. Beseitigung (Vollstreckung regelmäßig nach § 887 ZPO) eines bestimmten (§ 253 Abs. 2 Nr. 2 ZPO) Komposthaufens zu bezeichnen.[29] Zweckmäßigerweise sind bei **Mehrheit von Störern** alle als Streitgenossen zu verklagen.[30] Die **Beweislast** für die mit Sicherheit voraussehbaren Einwirkungen durch den Komposthaufen und – abweichend von § 906 BGB – deren Unzulässigkeit trägt der Anspruchsberechtigte.[31]

15 Der auf § 907 BGB gestützte Antrag **enthält den Störungsbeseitigungsantrag nach § 1004 BGB**, so dass ohne Verstoß gegen § 308 ZPO auch aus letzterem verurteilt werden kann.[32] Der Unterlassungsanspruch kann im Wege einer einstweiligen Verfügung geltend gemacht werden,[33] während bei einem bereits errichteten Komposthaufen wegen des Verbots der Vorwegnahme der Hauptsache grundsätzlich nur eine Benutzungsuntersagung in Betracht kommt.[34]

2. Beseitigungs- und Unterlassungsanspruch nach § 1004 BGB (§ 862 BGB)

16 **a) Voraussetzungen.** Jegliche Immission (Geruch, Ungeziefer) – nicht aber der womöglich störende Anblick, → *Swimmingpool* Rn. 20 – eines Komposthaufens auf ein benachbartes Grundstück stellt prinzipiell eine Beeinträchtigung des Eigentums iSd § 1004 Abs. 1 BGB dar.[35] Sie ist ebenfalls eine Besitzstörung iSd § 862 Abs. 1 BGB.[36]

17 Die Ansprüche nach § 1004 Abs. 1 BGB bzw. § 862 Abs. 1 BGB richten sich jeweils gegen den Störer, der bei beiden Vorschriften parallel verstanden wird.[37] Die Einzelheiten sind allerdings str., etwa → *Luftverunreinigungen* Rn. 15 ff.

18 Wer einen Komposthaufen nutzt und durch die abgelagerten Stoffe der **Geruchsentwicklung** (beim Verrotten) Vorschub leistet, ist als (Handlungs-)Störer anzusehen. Wenn allerdings die unmittelbare Beeinträchtigung in vom Komposthaufen ausgehenden **Schädlingen** liegt, wird die Verantwortlichkeit des Grundstückseigentümers und selbst eines personenverschiedenen Besitzers nicht immer einfach zu bejahen sein. Zwar ist der Anspruch aus § 1004 BGB nicht schon ausgeschlossen, wenn die unmittelbare Störung in einem Naturereignis liegt, aber immerhin dann, wenn der vermeintliche Störer durch sein Tun oder Unterlassen keine konkrete Gefahrenlage geschaffen hat, die sich später verwirklicht hat.[38] MaW besteht der Anspruch nicht, wenn die Einwirkungen auf ein zufälliges Naturereignis zurückgehen, das alle Grundstückseigentümer als allgemeines Risiko betrifft und auch nicht durch eine besondere Grundstücksnutzung begünstigt wurde.[39] Eine solche Begünstigung ist bei Komposthaufen nicht automatisch anzunehmen, selbst wenn die einwirkenden Schädlinge im gegebenen Fall tatsächlich von dem Haufen stammen. Denn auch der Hau-

29 Vgl. *Herrler* in Palandt BGB § 907 Rn. 2.
30 *Vollkommer* in BeckOGK BGB § 907 Rn. 27.1.
31 BGH Urt. v. 11.2.1955 – V ZR 134/54, WM 1955, 998 (999); *Herrler* in Palandt BGB § 907 Rn. 2; *Schuschke* in Baumgärtel/Laumen/Prütting Beweislast-HdB BGB § 907 Rn. 2; *Saller* in Grziwotz/Lüke/Saller NachbarR-HdB Kap. 3 Rn. 181; aA *Roth* in Staudinger BGB § 907 Rn. 45.
32 OLG Marienwerder Urt. v. 14.11.1901 – 1. Zivilsenat, OLGE 4, 59 (61); *Roth* in Staudinger BGB § 907 Rn. 49.
33 Vgl. beispielhaft OLG München Urt. v. 11.1.1954 – 5 U 1736/53, NJW 1954, 513 f.
34 *Roth* in Staudinger BGB § 907 Rn. 50; *Saller* in Grziwotz/Lüke/Saller NachbarR-HdB Kap. 3 Rn. 185.
35 Vgl. *Herrler* in Palandt BGB § 1004 Rn. 4; *Keukenschrijver* in NK-BGB § 1004 Rn. 62.
36 Vgl. *Herrler* in Palandt BGB § 862 Rn. 3.
37 BGH Urt. v. 26.9.2006 – VI ZR 166/05, NJW 2006, 3628 (3630); *Herrler* in Palandt BGB § 862 Rn. 8.
38 BGH Urt. v. 4.2.2005 – V ZR 142/04, NJW 2005, 1366 (1368 f.); BGH Urt. v. 2.3.1984 – V ZR 54/83, NJW 1984, 2207 (2209); *Wenzel* NJW 2005, 241 (242).
39 BGH Urt. v. 7.7.1995 – V ZR 213/94, NJW 1995, 2633 (2634) – Wollläuse.

fen selbst mag zufällig befallen sein, also – anders als etwa ein Teich für die Ansiedlung von Fröschen (→ *Frosch* Rn. 44)[40] – keine besondere Anlockungswirkung gehabt haben (zur Beweislast → Rn. 28).[41]

b) Keine Duldungspflicht des Beeinträchtigten, § 1004 Abs. 2 BGB. Der Anspruch ist nach § 1004 Abs. 2 BGB bei einer Duldungspflicht in Bezug auf die Beeinträchtigung ausgeschlossen. Diese könnte sich etwa aus einer privatautonomen Abrede unter den Nachbarn über die Nutzung des Komposthaufens ergeben.[42] Eine solche Abrede würde – ohne dingliche Belastung des Grundstücks – einen Einzelrechtsnachfolger nicht binden (→ *Rechtsnachfolge* Rn. 6).[43] 19

Duldungspflichten können sich insbes. aber – auch für den im Wortlaut nicht aufgeführten Besitzer[44] – aus § 906 BGB ergeben. Nach § 906 Abs. 1 S. 1 BGB sind (mehr oder weniger) unwägbare Einwirkungen zu dulden, wenn sie die Nutzung des Grundstücks nicht oder nur unwesentlich beeinträchtigen. Für Komposthaufen sind insoweit die ausdrücklich genannten **„Gerüche"** wie möglicherweise angelockte Insekten als **„ähnliche Einwirkungen"** relevant (→ *Bienen* Rn. 8).[45] Teile der Literatur bejahen selbst für Mäuse, Ratten und dgl. die Anwendbarkeit des § 906 BGB.[46] 20

Die **Wesentlichkeit einer Beeinträchtigung** beurteilt sich dabei nach dem Empfinden eines verständigen Durchschnittsmenschen und dem, was diesem unter Würdigung anderer öffentlicher und privater Belange zuzumuten ist.[47] Den „verständigen" Durchschnittsmenschen prägt auch ein geändertes Umweltbewusstsein.[48] Relevant ist ferner die konkrete Beschaffenheit des betroffenen Grundstücks,[49] was dessen Lage und die Prägung der Umgebung einschließt.[50] Gerüche sind jedenfalls dann unwesentlich, wenn ein durchschnittlicher Mensch sie „praktisch kaum noch empfindet".[51] 21

Vor diesem Hintergrund stellt sich eine nur leichte geruchliche Einwirkung durch einen Komposthaufen auf das benachbarte Grundstück als unwesentlich dar und ist zu dulden.[52] Bei einer ländlichen Prägung der Umgebung wird man zudem nicht vorschnell von der Wesentlichkeit einer Geruchsbelästigung durch einen Komposthaufen ausgehen können.[53] Auch das Umweltbewusstsein kann dafür sprechen, die Grenzen für wesentliche Belästigungen nicht zu niedrig anzusetzen. Maßgeblich sind hier aber naturgemäß die konkreten **Umstände des Einzelfalls** und deren tatrichterliche Wahrnehmung (→ Rn. 28). Gerichte haben die Geruchs- und Schädlingseinwirkung durch einen Komposthaufen auch schon ohne weiteres als wesentlich eingestuft.[54] 22

---

40 In diesem Sinne BGH Urt. v. 20.11.1992 – V ZR 82/91, NJW 1993, 925 (929).

41 So zu Dickmaulrüsselkäfern OLG Stuttgart Urt. v. 8.11.2004 – 5 U 74/04, NJOZ 2004, 4474 (4476); vgl. auch (für die Zuwanderung von Bibern) OLG Nürnberg Beschl. v. 14.1.2014 – 4 U 2123/13, NJW-RR 2014, 792 (739); *Horst* GE 2000, 781 (782), der darauf abstellt, dass der Komposthaufen die Schädlinge anzieht; allgemein *Horst* NachbarR-HdB Rn. 1107.

42 Vgl. *Herrler* in Palandt BGB § 1004 Rn. 36.

43 Vgl. BGH Urt. v. 29.2.2008 – V ZR 31/07, NJW-RR 2008, 827.

44 Siehe nur BGH Urt. v. 21.10.2005 – V ZR 169/04, NJW-RR 2006, 235 (236).

45 Für Fliegen RG Urt. v. 22.6.1939 – V 212/38, RGZ 160, 381 (382 f.); für Raupen vgl. LG Coburg Urt. v. 8.2.1991 – 3 S 65/90, NJW-RR 1991, 716.

46 *Klimke* in BeckOGK BGB § 906 Rn. 47 (allerdings mit möglicher Ausnahme für Ratten); dagegen explizit auch für Ratten *Ring* in NK-BGB § 906 Rn. 237, der freilich für die „Bejahung" durch die Rechtsprechung nur eine ablehnende Entscheidung anführt; *Roth* in Staudinger BGB § 906 Rn. 168; aA *Herrler* in Palandt BGB § 906 Rn. 11.

47 Siehe nur aus jüngerer Zeit BGH Urt. v. 26.10.2018 – V ZR 143/17, NJW 2019, 773 (774).

48 BGH Urt. v. 20.11.1992 – V ZR 82/91, NJW 1993, 925 (929).

49 Siehe wiederum BGH Urt. v. 26.10.2018 – V ZR 143/17, NJW 2019, 773 (775).

50 *Herrler* in Palandt BGB § 906 Rn. 17; vgl. BGH Urt. v. 30.10.1998 – V ZR 64/98, NJW 1999, 356.

51 BGH Urt. v. 30.10.1981 – V ZR 191/80, NJW 1982, 440 (441).

52 AG Hersbruck Urt. v. 30.10.1996 – 9 C 1635/96, BWGZ 1997, 749.

53 Vgl. für den „üblen und widerwärtigen Gestank" der – allerdings zeitlich beschränkten – Ablagerung von Pferdemist in einer ländlichen Umgebung AG Neuss Urt. v. 13.10.1989 – 36 C 337/89, NJW-RR 1991, 18; Übertragung auf Komposthaufen auch von *Keinhorst* GE 2000, 1236 (1237).

54 LG München I Urt. v. 23.12.1986 – 23 O 14452/86, NJW-RR 1988, 205.

23 Auch eine wesentliche Beeinträchtigung wäre aber ggf. nach § 906 Abs. 2 S. 1 BGB (bei Unzumutbarkeit: gegen Ausgleich gem. S. 2) zu dulden, wenn sie bei ortsüblicher Benutzung entsteht und nicht mit wirtschaftlich zumutbaren Maßnahmen verhindert werden kann. Maßgeblich ist hier der Einzelfall. Von der **Ortsüblichkeit der Beeinträchtigung durch einen Komposthaufen** wurde etwa ausgegangen, als und weil 80 % der Bewohner des betreffenden Ortsteils Eigenkompostierer waren.[55] Es kann jedoch davon ausgegangen werden, dass in vielen Fällen dann **wirtschaftlich zumutbare Verhinderungsmaßnahmen**[56] bei fortdauernder Nutzung des Komposthaufens in Betracht kommen werden (auch → *Tauben* Rn. 30 f.).

24 **c) Rechtsfolgen, Verjährung.** Die Rechtsfolge des § 1004 Abs. 1 S. 1 BGB (§ 862 Abs. 1 S. 1 BGB) liegt in einem Anspruch auf Beseitigung der Störung. Dies ist nicht notwendig die völlige Beseitigung des Komposthaufens, sondern zunächst nur das **Abstellen seiner Einwirkungen**, sei es durch eine ordnungsgemäße Benutzung des Komposthaufens,[57] durch Verwendung eines anderen Komposters (mit Deckel oder anderen Schutzvorrichtungen) oder durch Verlegung des Komposthaufens an einen neuen Standort. Über die Art der Störungsbeseitigung entscheidet grds. der Störer selbst, → *Ranken* Rn. 27.

25 Nach § 1004 Abs. 1 S. 2 BGB (§ 862 Abs. 1 S. 2 BGB) kann, wenn weitere Beeinträchtigungen zu besorgen sind, deren **Unterlassung** gefordert werden, wobei eine vorangehende rechtswidrige Beeinträchtigung die tatsächliche Vermutung der Wiederholungsgefahr begründet.[58] Freilich genügt entgegen des Wortlauts auch eine erstmals ernsthaft – nicht potenziell, sondern konkret – drohende Beeinträchtigung.[59] Unterlassung bedeutet nicht notwendig Nichtstun, sondern kann auch aktives Eingreifen in Form geeigneter Maßnahmen zur Verhinderung der Beeinträchtigung bedeuten.[60]

26 Die **Verjährung** bestimmt sich nach §§ 195, 199 Abs. 1, Abs. 4, Abs. 5 BGB. Nach ständiger Rechtsprechung findet § 902 BGB keine Anwendung.[61]

27 **d) Prozessuales. Gerichtsstand** ist für den klagenden Grundeigentümer ausschließlich der dingliche Gerichtsstand gem. § 24 Abs. 1 ZPO,[62] ebenso für den Grundstücksbesitzer („Besitzklage" in § 24 ZPO).[63] Im Übrigen steht der allgemeine Gerichtsstand gem. § 12 ff. ZPO zur Verfügung. Der Klageerhebung muss, wenn es um Einwirkungen iSd § 906 BGB geht, je nach Landesrecht ggf. ein **erfolgloser Schlichtungsversuch** vorangehen (→ *Streitschlichtung, nachbarrechtliche* Rn. 8 ff.);[64] denn die Ermächtigung nach § 15a Abs. 1 Nr. 2 EGZPO meint mit der Formulierung „Ansprüche … nach § 906 [BGB]" auch und insbes. Ansprüche, bei denen § 906 BGB inzident relevant wird.[65] Da und soweit grundsätzlich mehrere Maßnahmen zur Beseitigung der Störung in Betracht kommen (→ Rn. 24), muss in Antrag und Tenor keine konkrete Maßnahme bezeichnet werden; näher → *Ranken* Rn. 33.

---

55 AG Hersbruck Urt. v. 30.10.1996 – 9 C 1635/96, BWGZ 1997, 749 (obiter); offenbar für generelle Üblichkeit in einem Garten AG Regensburg Urt. v. 30.9.1983 – 7 C 1956/83, WuM 1985, 242.

56 Unklar *Horst* NachbarR-HdB Rn. 764, der bei Ortsüblichkeit Abwehransprüche versagen will, wenn bei der Standortwahl für den Komposthaufen auf die berechtigten Belange des Nachbarn Rücksicht genommen wurde.

57 So AG Regensburg Urt. v. 30.9.1983 – 7 C 1956/83, WuM 1985, 242; bestätigt von LG Regensburg Urt. v. 27.3.1984 – S 320/83. Vgl. zu Müllbehältern OLG Koblenz Urt. v. 28.11.1979 – 1 U 62/79, MDR 1980, 578 (579).

58 Siehe nur BGH Urt. v. 17.12.2010 – V ZR 46/10, ZUM 2011, 333 (336).

59 BGH Urt. v. 9.5.2019 – III ZR 388/17, NJW-RR 2019, 1035; BGH Urt. v. 5.7.2019 – V ZR 96/18, NZM 2019, 893 (396).

60 BGH Urt. v. 9.5.2019 – III ZR 388/17, NJW-RR 2019, 1035.

61 Insbes. BGH Urt. v. 28.1.2011 – V ZR 141/10, NJW 2011, 1068 mwN zur verbreiteten Kritik aus der Literatur.

62 BayObLG Beschl. v. 31.1.1996 – 1Z AR 5/96, BayObLGZ 1996, 14 (15); *Keukenschrijver* in NK-BGB § 1004 Rn. 185.

63 *Schultzky* in Zöller ZPO § 24 Rn. 17.

64 *Heßler* in Zöller EGZPO § 15a Rn. 5.

65 Vgl. auch OLG Hamm Urt. v. 6.9.2018 – 5 U 52/18, MDR 2019, 221; LG Bückeburg Urt. v. 7.11.2012 – 1 S 40/12, juris Rn. 15 ff.

Der Kläger muss sein Eigentum[66] (ggf. Vermutung gem. § 891 Abs. 1 BGB) bzw. den Besitz[67] am beeinträchtigten Grundstück **beweisen**, wie auch die Verantwortlichkeit des Beklagten.[68] Gelingt es ihm also etwa nicht, beim Gericht die Überzeugung zu begründen, dass gerade der Komposthaufen bestimmte Schädlinge angelockt hat, ist der entsprechende Antrag abzuweisen.[69] Die Beweislast für die Unwesentlichkeit der Einwirkung trägt der Störer[70] ebenso wie für deren Ortsüblichkeit[71] und Nichtverhinderbarkeit mit wirtschaftlich zumutbaren Maßnahmen.[72] Zur Beurteilung der Wesentlichkeit von Einwirkungen wird regelmäßig ein Ortstermin (§ 371 ZPO) erforderlich sein, näher etwa → *Tauben* Rn. 37. 28

3. Schadensersatz, Entschädigung

Entstehen infolge des Komposthaufens, insbes. in Konsequenz angelockter Schädlinge, Schäden, kommt bei Verschulden des Unterlassungs- und/oder Beseitigungspflichtigen zunächst ein Anspruch aus **§ 823 Abs. 1 BGB** in Betracht, und zwar sowohl unter dem Gesichtspunkt einer Eigentums- oder Gesundheitsverletzung als auch nach hM unter dem Gesichtspunkt einer Verletzung des dinglichen Abwehrrechts aus § 907 BGB als „sonstigen Rechts".[73] Letzteres ist freilich zweifelhaft, konkretisiert doch § 907 BGB die Ausschließungsbefugnis kraft Eigentums gem. § 903 BGB.[74] Jedenfalls stellt § 907 BGB ein Schutzgesetz iSv **§ 823 Abs. 2 BGB** dar,[75] so dass auch letzterer zur Anspruchsbegründung herangezogen werden kann. Dies ist für den Kläger günstig, weil insofern das **fehlende Verschulden vom Beklagten zu beweisen** sein soll.[76] Auch § 1004 BGB ist im Übrigen ein solches Schutzgesetz,[77] wobei allerdings nicht von einer entsprechenden Beweislastumkehr auszugehen ist (→ *Ranken* Rn. 37). In besonders gelagerten Fällen mag schließlich der verschuldensunabhängige nachbarrechtliche Ausgleichsanspruch (analog) § 906 Abs. 2 S. 2 BGB eingreifen (→ *Brand- und Löschschäden* Rn. 10 ff.). 29

4. Grenzabstände

In Baden-Württemberg und Sachsen bestehen ausdrückliche landesnachbarrechtliche Vorschriften zum **Grenzabstand von Komposthaufen** (§ 8 Abs. 1 NRG BW, § 18 SächsNRG). In Brandenburg und Nordrhein-Westfalen dürften insofern die Regeln über den Grenzabstand von Aufschichtungen einschlägig sein.[78] Dazu auch → *Garten* Rn. 15. 30

---

66 *Laumen* in Baumgärtel/Laumen/Prütting Beweislast-HdB BGB § 1004 Rn. 2.

67 *Herrler* in Palandt BGB § 862 Rn. 12 iVm BGB § 861 Rn. 12.

68 OLG Saarbrücken Urt. v. 11.10.2011 – 4 U 479/10–148, MDR 2011, 1345 (1346); *Schmidt-Eichhorn* in Baumgärtel/Laumen/Prütting Beweislast-HdB § 862 Rn. 1; *Laumen* in Baumgärtel/Laumen/Prütting Beweislast-HdB BGB § 1004 Rn. 3.

69 OLG Stuttgart Urt. v. 8.11.2004 – 5 U 74/04, NJOZ 2004, 4474 (4476).

70 BGH Urt. v. 14.11.2003 – V ZR 102/03, NJW 2004, 1037 (1040); BGH Urt. v. 20.11.1992 – V ZR 82/91, NJW 1993, 925 (929).

71 BGH Urt. v. 20.11.1992 – V ZR 82/91, NJW 1993, 925 (929); BGH Urt. v. 23.3.1990 – V ZR 58/89, NJW 1990, 2465 (2467).

72 BGH Urt. v. 18.9.1984 – VI ZR 223/82, NJW 1985, 47 (48) – Kupolofen.

73 Zu letzterem RG Urt. v. 13.7.1934 – VII 33/34, RGZ 145, 107 (115); *Vollkommer* in BeckOGK BGB § 907 Rn. 46; *Roth* in Staudinger BGB § 907 Rn. 53; *Saller* in Grziwotz/Lüke/Saller NachbarR-HdB Kap. 3 Rn. 179; *Meisner/J. Ring/W. Ring/Götz* Nachbarrecht in Bayern § 14 Rn. 34.

74 *Fritzsche* in BeckOK BGB § 907 Rn. 16.

75 BGH Urt. v. 16.2.2001 – V ZR 422/99, NJW-RR 2001, 1208 (1209); RG Urt. v. 13.7.1934 – VII 33/34, RGZ 145, 107 (115 f.); *Herrler* in Palandt BGB § 907 Rn. 3.

76 RG Urt. v. 13.7.1934 – VII 33/34, RGZ 145, 107 (116); *Saller* in Grziwotz/Lüke/Saller NachbarR-HdB Kap. 3 Rn. 179.

77 BGH Urt. v. 16.3.1988 – VIII ZR 184/87, NJW 1988, 1778 (1780); RG Urt. v. 4.6.1928 – VI 513/27, RGZ 121, 185 (189).

78 *Horst* NachbarR-HdB Rn. 764 aE; vgl. § 27 BbgNRG, § 31 NachbG NRW.

68. Kosten

Muthorst (ZR)/Schulte Beerbühl (ÖR)

Literatur: *Burgi*, Die Erledigung des Rechtsstreits in der Hauptsache als Problem der verwaltungsprozessualen Dogmatik, DVBl 1991, 193; *Gatz*, Erstattungsfähigkeit der Kosten von Sachverständigen für deren Teilnahme an einer mündlichen Verhandlung, Anm. zu BVerwG, Beschluss vom 8.10.2008 – 4 KSt 2000/08, und Beschluss vom 8.10.2008 – 4 A 2001/06, jurisPR-BVerwG 26/2008; *Gatz*, Erstattungsfähigkeit von Aufwendungen privater Sachverständiger, Anm. zu BVerwG, Beschluss vom 24.7.2008 – 4 KSt 1008/07, und Beschluss vom 24.7.2008 – 4 A 1073/04, jurisPR-BVerwG 20/2008; *Just*, Der Kostentenor im Falle der Beiladung, NVwZ 2011, 202; *Seith*, Kostenerstattungsfragen im Verwaltungsverfahren und im Verwaltungsprozess, VBlBW 2015, 145.

I. Privatrechtlicher Nachbarrechtsstreit

1 Der privatrechtliche Nachbarrechtsstreit ist ein bürgerlicher Rechtsstreit i.S.v. § 13 GVG, also ein Zivilprozess, für den die ordentlichen Gerichte sachlich zuständig und die Vorschriften der **ZPO** anwendbar sind (§ 3 EGZPO). Die Kostenpflicht bestimmt sich daher für das Erkenntnisverfahren (Hauptsache und einstweiliger Rechtsschutz) nach §§ 91–101 ZPO, die Kostenfestsetzung nach §§ 103–107 ZPO. Für die Zwangsvollstreckung gelten (unter anderem) §§ 788 und 891 ZPO. Für Beschlussklagen in WEG-Sachen enthält § 44 Abs. 4 WEG eine Sonderregelung. Kosten der Gütestelle bei obligatorischer Streitschlichtung (→ *Streitschlichtung, nachbarrechtliche* Rn. 1 ff.), die insbesondere gemäß § 15a Abs. 1 S. 1 Nr. 2 EGZPO in Betracht kommt, können gemäß § 91 Abs. 3 ZPO Kosten des Rechtsstreits sein.

1. Streitwert

2 Vorfrage für den Kostenpunkt ist der Streitwert. Nach ihm richten sich sowohl die Gerichtsgebühren (§ 3 Abs. 1 GKG) als auch die Gebühren für die anwaltliche Tätigkeit (§ 23 Abs. 1 RVG). Einheitlich bemisst sich der Streitwert gemäß § 48 GKG im Ausgangspunkt nach §§ 3 ff. ZPO und wird demnach vom Gericht nach freiem Ermessen durch Beschluss (§ 63 GKG) festgesetzt.

3 Kommt es auf den **Besitz** einer Sache an, wird der Streitwert gemäß § 6 S. 1, 1. Fall ZPO durch den Wert der Sache bestimmt. Entsprechendes gilt nach allgemeiner Meinung bei Streitigkeiten betreffend das **Eigentum.**[1] Im Fall der **Besitzstörungsklage** wird hingegen mit § 3 ZPO auf den Wert des Gebrauchs der Sache, mithin das Beseitigungsinteresse abgestellt.[2] Ebenso ist für **Immissionsschutzklagen** die ua nach der erwarteten Dauer der Beeinträchtigung zu schätzende Wertminderung des betroffenen klägerischen Grundstücks maßgebend.[3] Entsprechendes gilt im Fall des **Überbaus.**[4]

4 Für **Wohnungseigentumssachen** gelten die Höchstgrenzen des § 49a GKG.

1 *Heinrich* in Musielak/Voit ZPO § 6 Rn. 2 mwN.
2 *Heinrich* in Musielak/Voit ZPO § 6 Rn. 2 mwN zum Streitstand.
3 OLG Dresden Beschl. v. 25.11.2014 – 14 W 1278/14, NJOZ 2015, 258.
4 BGH Beschl. v. 10.12.2009 – V ZB 115/09, NZM 2010, 215.

Im Fall einer **einstweiligen Verfügung** ist der nach pflichtgemäßem Ermessen (§ 53 Abs. 1 Nr. 1 GKG, § 3 ZPO) zu bestimmende Wert im Ausgangspunkt üblicherweise ein Bruchteil des Wertes der Hauptsache.[5] 5

2. Gerichtskosten

Für die Gerichtskosten (Gebühren und Auslagen) des bürgerlichen Rechtsstreits gilt das **GKG** (§ 1 Abs. 1 S. 1 Nr. 1). Für die erste Instanz einschließlich des Urteils beträgt der Gebührensatz 3,0 (Nr. 1210 KV GKG), unter anderem bei Abschluss des Verfahrens durch Klagerücknahme, Anerkenntnis- und Verzichtsurteil oder Abschluss eines Prozessvergleichs nur 1,0 (Nr. 1211 KV GKG). Für die Berufungs- und Revisionsinstanz beträgt der Gebührensatz 4,0 bzw. 5,0 (Nr. 1220, 1230 KV GKG), ebenfalls mit Ermäßigungstatbeständen. In Eilverfahren beträgt der Gebührensatz 1,5 (Nr. 1410 KV GKG). Die Höhe der Gebühr richtet sich grundsätzlich danach, in welche Wertklasse der Streitgegenstand dem Streitwert nach einzuordnen ist (vgl. § 3 Abs. 1 GKG), bspw. beträgt bei einem Streitwert bis 5.000 Euro die Gebühr 146 Euro, bei einem Streitwert bis 19.000 Euro beträgt sie 319 Euro (Anlage 2 zu § 34 Abs. 1 S. 3 GKG). Eine Klage soll dem Beklagten erst zugestellt werden, wenn der Kläger die 3,0-Gebühr nach Nr. 1210 KV GKG vorausgezahlt hat (§ 12 Abs. 1 S. 1 GKG). 6

Als **Auslagen** des Gerichts kommen im bürgerlichen Rechtsstreit vor allem die Pauschalen für Dokumente, Zustellungen sowie die Erstattungen für Zeugen und Sachverständige in Betracht (Nr. 9000 ff. KV GKG). 7

3. Rechtsanwaltsvergütung

Die Vergütung (Gebühren und Auslagen) für Rechtsanwältinnen und Rechtsanwälte bemisst sich, soweit sie anwaltlich tätig sind, nach dem **RVG**. Wenn nichts anderes vereinbart ist, erhalten die Rechtsanwälte gesetzliche Gebühren nach einem Vergütungsverzeichnis (§ 2 RVG). Demnach erhält der Rechtsanwalt für die außergerichtliche Vertretung eine Geschäftsgebühr von 0,5 bis 2,5 – der anzuwendende Gebührensatz bestimmt sich gemäß § 14 RVG nach billigem Ermessen – (Nr. 2300 VV RVG), eine Gebühr von 1,3 für das Verfahren erster Instanz (Nr. 3100 VV RVG) und eine Gebühr von 1,2 für jeden Termin (Nr. 3104 VV RVG), ferner im Fall der gütlichen Einigung eine Einigungsgebühr von 1,0 (Nr. 1003 VV RVG), wobei jeweils Anrechnungs-, Erhöhungs- und Ermäßigungstatbestände zu beachten sind. Die Höhe bestimmt sich, wie bei der Gerichtsgebühr, nach der Streitwertstufe. Bspw. beträgt bei einem Streitwert bis 5.000 Euro die Gebühr 303 Euro, bei einem Streitwert bis 19.000 Euro beträgt sie 696 Euro (Anlage 2 zu § 13 Abs. 1 S. 3 RVG). 8

Als **Auslagen** der Anwälte kommen vor allem die Pauschalen für Dokumente, Post und Telekommunikation, ferner Reisekosten und abzuführende Umsatzsteuer in Frage (Nr. 7000 ff. VV RVG). 9

Vereinbart werden kann hingegen auch eine von den gesetzlichen Vorschriften abweichende Vergütung, zB eine Pauschale oder eine auf Stunden- oder Tagessatzbasis bemessene Vergütung (§ 3a RVG). Ein Erfolgshonorar ist nur in den Grenzen des § 4a RVG zulässig. 10

4. Kostenerstattung

Grundsätzlich trägt jede Partei zunächst selbst die ihr entstehenden Kosten des Rechtsstreits, insbesondere die von ihr zu zahlenden Gerichtskosten, die Rechtsanwaltsvergütung und ihre eigenen Auslagen. In Betracht kommt aber ein **prozessualer Kostenerstattungsanspruch** gegen den Prozessgegner. Das setzt voraus, dass der Gegner in die Kosten verurteilt ist.[6] 11

Grundsätzlich wird die in der Hauptsache **unterliegende Partei** in die Kosten verurteilt.[7] Sie hat daher ihre Kosten zu tragen und alle Kosten des Gegners zu erstatten, die zur zweckentsprechenden Rechtsverfolgung oder Rechtsverteidigung notwendig waren (§ 91 Abs. 1 S. 1 ZPO). Dazu gehören vor allem die verauslag- 12

5 *Hartmann/Toussaint* GKG § 53 Rn. 2: 1/3–1/2; *Heinrich* in Musielak/Voit ZPO § 3 Rn. 26 „einstweilige Verfügung“: 1/6 bis 1/3.

6 *Rosenberg/Schwab/Gottwald* ZivilProzR ZPO § 84 Rn. 1.

7 Zum Unterliegen im Fall der Grenzscheidungsklage *Roth* in Staudinger BGB § 920 Rn. 20.

ten Gerichtskosten, aber auch die gesetzlichen Gebühren und Auslagen des Rechtsanwalts (§ 91 Abs. 2 ZPO). Vom Gegner verauslagte Privatgutachterkosten sind nur zu erstatten, wenn das Gutachten prozessbezogen und notwendig war, d.h. das Gutachten muss aus der Ex-ante-Sicht einer vernünftigen Partei erforderlich gewesen sein, um eine schlüssige Klage zu erheben, substantiiert vorzutragen, sich zum Vortrag der Gegenseite zu erklären, ein Gutachten eines gerichtlich bestellten Sachverständigen zu erschüttern oder eine gerichtliche Auflage zu erfüllen.[8] Zu erstatten sind auch die Kosten eines Nebenintervenienten, der dem Rechtsstreit auf der Seite des Gegners beigetreten ist (§ 101 ZPO).

13 Ausnahmsweise hat der obsiegende Kläger die Kosten des Rechtsstreits zu tragen, insbesondere wenn der Beklagte den Rechtsstreit durch sein vorprozessuales Verhalten nicht veranlasst hatte und den Anspruch prozessual **sofort anerkannt** hat (§ 93 ZPO). Daher kann es zwar materiell-rechtlich unschädlich sein, einen Beseitigungs- oder Unterlassungsanspruch ohne vorherige Abmahnung einzuklagen, es kann aber zur Kostenlast des obsiegenden Klägers führen.

14 Wird der Rechtsstreit von den Parteien **übereinstimmend für erledigt erklärt**, entscheidet das Gericht über die Kosten nach billigem Ermessen (§ 91a ZPO), d.h. vor allem unter Berücksichtigung der Erfolgsaussichten der Klage bis zum erledigenden Ereignis. Dasselbe gilt, wenn der Anlass zur Klage weggefallen ist, bevor die Klage zugestellt wurde, und der Kläger die Klage daher zurücknimmt (§ 269 Abs. 3 S. 3 ZPO). Nimmt der Kläger die Klage später zurück, trägt grundsätzlich er die Kosten (§ 269 Abs. 3 S. 2 ZPO). In einem gerichtlichen Vergleich können die Parteien die Kostentragung frei vereinbaren. Treffen sie keine Vereinbarung und besteht keine anderweitige rechtskräftige Kostengrundentscheidung, kommt es zur Kostenaufhebung (§ 98 ZPO), d.h. jede Partei trägt ihre eigenen Kosten und die Gerichtskosten werden geteilt. Zur Kostenaufhebung oder zu einer Bildung von Kostenquoten kommt es ferner, wenn jede Partei teils obsiegt, teils unterliegt (§ 92 ZPO).

15 Grundsätzlich wird über die gesamten Kosten einheitlich entschieden; insbesondere im Fall der schuldhaften Säumnis, eines besonderen erfolglosen Angriffs- oder Verteidigungsmittels oder eines erfolglosen Rechtsmittels kommt aber eine **Kostentrennung** in Betracht (§§ 95 ff. ZPO). Besteht die kostenpflichtige Partei aus Streitgenossen, haften diese grundsätzlich als Gesamtschuldner (§ 100 ZPO).

16 Aufgrund der Verurteilung in die Kosten erfolgt die **Kostenfestsetzung**, d.h. die Festlegung des dem Gegner zu erstattenden Betrages durch Beschluss (§§ 103 ff. ZPO).

5. Prozesskosten-/Beratungshilfe

17 Eine Partei, die nach ihren persönlichen und wirtschaftlichen Verhältnissen die Kosten der Prozessführung nicht, nur zum Teil oder nur in Raten aufbringen kann, soll darum nicht von der Rechtsverfolgung oder Rechtsverteidigung absehen müssen. Das Gesetz sieht vor, dass sie für Prozesse, die hinreichende Aussicht auf Erfolg bieten und nicht mutwillig erscheinen, **Prozesskostenhilfe** erhält (§§ 114 ff. ZPO). Hinreichende Aussicht auf Erfolg hat die beabsichtigte Rechtsverfolgung in der Regel schon dann, wenn die Entscheidung von der Beantwortung schwieriger Rechts- und Tatfragen abhängt.[9] Für den Anspruch ist zudem maßgebend, dass keine hinreichenden eigenen Mittel aus dem Nettoeinkommen und aus dem Vermögen eingesetzt werden können. Ggf. erhält die Partei Prozesskostenhilfe gegen monatliche Raten.

18 Ist einer Partei Prozesskostenhilfe gewährt worden, können Gerichts- und Anwaltskosten nur eingeschränkt gegen sie geltend gemacht werden (§ 122 Abs. 1 ZPO). Auch der Gegner ist einstweilen von Gerichtskosten befreit (§ 122 Abs. 2 ZPO). Obsiegt der Gegner, kann er seine Prozesskosten erstattet verlangen (§ 123 ZPO). Der beigeordnete Rechtsanwalt hat einen Honoraranspruch gegen die Staatskasse (§ 45 Abs. 1 RVG).

19 Während Prozesskostenhilfe für gerichtliche Verfahren gewährt wird, kommt **Beratungshilfe** gem. BerHG in Betracht, wenn einkommensschwache Parteien eine außergerichtliche Rechtsberatung benötigen.

---

8 *Flockenhaus* in Musielak/Voit ZPO§ 91 Rn. 59 ff.

9 BVerfG Beschl. v. 4.5.2015 – 1 BvR 2096/13, NJW 2015, 2173 (2174), Rn. 14.

6. Materiell-rechtliche Kostenerstattung

Außer gemäß §§ 91 ff. ZPO kommt eine Kostenerstattung auch nach **materiellem Recht** in Betracht, insbesondere als Schadensersatz gemäß §§ 280 ff. oder 823 ff. BGB. Ein solcher Anspruch setzt aber eine zu vertretende Pflichtverletzung (insbesondere Verzug) oder eine unerlaubte Handlung des Gegners voraus. Prozessual nicht erstattungsfähige Kosten sind allerdings i.d.R. auch nicht materiell-rechtlich ersatzfähig.[10] 20

7. Rechtsschutzversicherung

Die Wahrnehmung rechtlicher Interessen aus „dinglichen Rechten", die Grundstücke zum Gegenstand haben, kann im Rahmen einer Wohnungs- und Grundstücks-Rechtsschutzversicherung gedeckt sein.[11] Gemäß § 125 VVG ist der Versicherer verpflichtet, die für die Wahrnehmung der rechtlichen Interessen des Versicherungsnehmers oder des Versicherten erforderlichen Leistungen im vereinbarten Umfang zu erbringen. Der Versicherungsnehmer hat gegen Versicherer einen **Befreiungsanspruch**, soweit der Versicherungsnehmer wegen für die Interessenwahrnehmung erforderlichen Kosten in Anspruch genommen wird. Erbringt der Versicherer Vorschusszahlungen, geht der Kostenerstattungsanspruch auf ihn über (§ 86 Abs. 1 VVG).[12] 21

II. Öffentlich-rechtliche Streitigkeiten

Die Kosten des verwaltungsgerichtlichen Verfahrens sind die Gerichtskosten und die zur zweckentsprechenden Rechtsverfolgung oder Rechtsverteidigung notwendigen Aufwendungen der Beteiligten einschließlich der Kosten des Vorverfahrens (§ 162 VwGO). 22

1. Streitwert

Für die Höhe der Kosten ist, nicht anders als in Verfahren vor den Zivilgerichten, der Streitwert maßgeblich. Dieser bestimmt sich nach den §§ 52, 53 GKG. Die Gerichtspraxis ist indes uneinheitlich und wegen der entsprechend den gesetzlichen Vorgaben regelmäßig nicht erfolgten näheren Begründungen der einzelnen Entscheidungen über den Streitwert oft kaum nachvollziehbar. 23

a) Klageverfahren. Für Klageverfahren ist nach § 52 GKG eine schrittweise Prüfung vorzunehmen: 24

- Betrifft der Antrag des Klägers eine bezifferte Geldleistung oder einen hierauf bezogenen Verwaltungsakt, ist deren Höhe maßgebend (§ 52 Abs. 3 Satz 1 GKG). Eine solche Situation ist in öffentlich-rechtlichen Baunachbarstreitigkeiten kaum vorstellbar.
- Ansonsten ist der Streitwert nach der sich aus dem Antrag des Klägers für ihn ergebenden Bedeutung der Sache – zu dieser Angabe bei der Klageerhebung ist der Kläger nach § 61 Satz 1 GKG verpflichtet – nach Ermessen zu bestimmen (§ 52 Abs. 1 GKG).

Die wörtliche Anwendung dieser Regelung auf Baunachbarstreitigkeiten kann indes unangemessen sein. Denn oftmals wird geltend gemacht, durch das bauliche Geschehen auf dem Nachbargrundstück sei ein ungestörtes Wohnen praktisch ausgeschlossen oder sogar, das eigene Grundstück werde völlig entwertet. Würde das Gericht die Streitwertentscheidung allein auf diesen Vortrag stützen und der Streitwertbemessung den Gesamtwert des Grundstücks zugrunde legen, wären der Wert und die daraus abzuleitenden Gebühren unvertretbar hoch. Das entspricht allerdings weitgehend nicht der Gerichtspraxis. Stattdessen orientieren die Gerichte sich zumeist an dem Streitwertkatalog für die Verwaltungsgerichtsbarkeit.[13] 25

b) Verfahren auf Gewährung vorläufigen Rechtsschutzes. Gemäß § 53 Abs. 2 Nr. 1 GKG gelten die Vorgaben des § 52 Abs. 1 und 2 GKG auch in Verfahren über einen Antrag auf Erlass, Abänderung oder Aufhebung einer einstweiligen Anordnung nach § 123 VwGO und Verfahren auf Wiederherstellung oder 26

---

10 *Jacoby* ZivilProzR Rn. 832.
11 Dazu *Heinrichs* in Halm/Engelbrecht/Krahe VersR-HdB Kap. 34 Rn. 60 ff.
12 Heinrichts in Halm/Engelbrecht/Krahe VersR-HdB Kap. 34 Rn. 197 aE.
13 Streitwertkatalog für die Verwaltungsgerichtsbarkeit in der Fassung der am 31.5./1.6.2012 und am 18.7.2013 beschlossenen Änderungen, NVwZ-Beilage 2013, 58.

Anordnung der aufschiebenden Wirkung eines Widerspruchs oder einer Klage nach § 80 Absatz 5 bis 8, § 80a Absatz 3 oder § 80b Absatz 2 und 3 VwGO.

27 Nach Nummer 1.5 des Streitwertkatalogs beträgt der Streitwert in Verfahren des vorläufigen Rechtsschutzes in der Regel die Hälfte des für das Hauptsacheverfahren anzunehmenden Streitwertes und kann der Streitwert in Verfahren des vorläufigen Rechtsschutzes, die die Entscheidung in der Sache ganz oder zum Teil vorwegnehmen, bis zur Höhe des für das Hauptsacheverfahren anzunehmenden Streitwerts angehoben werden.

28 **c) Wertfestsetzung für die Gerichtsgebühren und Fälligkeit.** Gemäß § 63 Abs. 1 GKG setzt das Gericht, für den Fall, dass Gebühren, die sich nach dem Streitwert richten, mit der Einreichung der Klage-, Antrags-, Einspruchs- oder Rechtsmittelschrift oder mit der Abgabe der entsprechenden Erklärung zu Protokoll fällig sind, sogleich den Wert durch Beschluss vorläufig fest, es sei denn Gegenstand des Verfahrens ist eine bestimmte Geldsumme in Euro ist oder gesetzlich ist ein fester Wert bestimmt.

29 In Prozessverfahren vor den Verwaltungsgerichten wird die Verfahrensgebühr mit der Erhebung der Klage fällig (§ 6 Abs. 1 Satz 1 Nr. 5 GKG). Die fehlende Einzahlung der Kosten hat indes für die Wirksamkeit der Klageerhebung keine Bedeutung. Insbesondere ist die Zustellung der Klage an den Beklagten und den etwaigen Beigeladenen nicht hiervon abhängig.

2. Gerichtskosten

30 Für die Gerichtskosten gelten die ab → Rn. 11 im Rahmen der Kosten bei privatrechtlichen Streitigkeiten dargestellten Grundsätze entsprechend (Kostenverzeichnis ab Nr. 5110).

31 Auch hier besteht die Möglichkeit einer Ermäßigung auf 1,0 durch Beendigung des gesamten Verfahrens durch

- Zurücknahme der Klage vor dem Schluss der mündlichen Verhandlung oder, wenn eine solche nicht stattfindet, vor Ablauf des Tages, an dem das Urteil oder der Gerichtsbescheid der Geschäftsstelle übermittelt wird, oder im Fall des § 93a Abs. 2 VwGO vor Ablauf der Erklärungsfrist nach § 93a Abs. 2 Satz 1 VwGO,
- Anerkenntnis- oder Verzichtsurteil,
- gerichtlichen Vergleich oder
- Erledigungserklärungen nach § 161 Abs. 2 VwGO, wenn keine Entscheidung über die Kosten ergeht oder die Entscheidung einer zuvor mitgeteilten Einigung der Beteiligten über die Kostentragung oder der Kostenübernahmeerklärung eines Beteiligten folgt,

wenn nicht bereits ein anderes als eines der in Nummer 2 genannten Urteile oder ein Gerichtsbescheid vorausgegangen ist.

32 Ähnliche Regeln gelten für Berufungs- und Revisionsverfahren: In Verfahren von dem Oberverwaltungsgericht/Verwaltungsgerichtshof reduziert sich die Gebühr von 4,0 auf 2,0, in Verfahren vor dem Bundesverwaltungsgericht von 5,0 auf 3,0.

3. Rechtsanwaltsvergütung

33 Wegen der Rechtsanwaltsvergütung wird auf die Ausführungen unter → Rn. 8 ff. sowie die entsprechenden Nummern in dem Kostenverzeichnis zum RVG verwiesen.

4. Kostenerstattung

34 Ein prozessualer Kostenerstattungsanspruch[14] gegen den Prozessgegner setzt, wie im Zivilprozess, voraus, dass der Gegner zur Kostenzahlung verurteilt worden ist.

14 S. hierzu auch *Seith* VBlBW 2015, 145.

Kosten sind Gerichtskosten und die zur zweckentsprechenden Rechtsverfolgung oder Rechtsverteidigung notwendigen Aufwendungen der Beteiligten einschließlich der Kosten des Vorverfahrens (§ 162 VwGO). 35

a) Grundsatz der Kostenlast. Unterliegt der Kläger mit seinem Begehren, so trägt er die Gerichtskosten grundsätzlich alleine. Er hat auch die außergerichtlichen Kosten des Beklagten zu tragen. Das Gleiche gilt in der umgekehrten Situation.[15] 36

b) Besonderheiten bei Beteiligung eines Dritten. Dies gilt im Grundsatz auch für Verfahren, an denen neben dem Kläger und dem Beklagten noch ein Dritter beigeladen ist, beispielsweise in einem Klageverfahren gegen die einem Bauherrn erteilte Genehmigung dieser Bauherr. Insoweit ergeben sich für eine Klage oder ein Verfahren auf Gewährung vorläufigen Rechtsschutzes im Bereich des öffentlichen Baunachbarrechts keine Besonderheiten gegenüber einem Verfahren in einer zweipoligen Situation, etwa einer Klage auf Erteilung einer Genehmigung oder gegen eine Ordnungsverfügung. 37

Ob in dem Fall, dass der Kläger obsiegt, auch der Beigeladene an den Kosten beteiligt werden kann – mit der Folge, dass beispielsweise die Kosten dem Beklagten und dem Beigeladenen je zur Hälfte oder gar dem Beigeladenen ganz auferlegt werden -, hängt davon ab, ob dieser einen Sachantrag gestellt hat (§ 154 Abs. 3 VwGO). Ein Beigeladener kann also das Kostenrisiko dadurch nahezu sicher ausschließen, dass er keinen Antrag stellt und kein Rechtsmittel einlegt. Etwas anderes gilt allerdings dann, wenn Kosten durch sein Verschulden entstanden sind; diese können auch dem Beigeladenen, der keinen Antrag gestellt hat, aufgebürdet werden (§ 154 Abs. 4 iVm § 155 Abs. 4 VwGO). Abweichende Kostenregelungen sind möglich, wenn dafür besonderer Anlass besteht. 38

Besonderheiten bestehen mit Blick auf die Erstattungsfähigkeit der außergerichtlichen Kosten eines Beigeladenen im Falle dessen (auch: teilweisen) Obsiegens. Der Beigeladene kann die Erstattung seiner außergerichtlichen Kosten (oder auch nur eines Teils davon) nur dann beanspruchen, wenn das Gericht eine entsprechende Entscheidung trifft. Denn gemäß § 162 VwGO sind die außergerichtlichen Kosten des Beigeladenen nur erstattungsfähig, wenn das Gericht sie aus Billigkeit der unterliegenden Partei oder der Staatskasse auferlegt. Dies setzt voraus, dass das Gericht der Auffassung ist, dass dies der Billigkeit entspricht. Dabei wird diese Frage oft danach entschieden, ob der Beigeladene einen Antrag gestellt hat oder nicht: Es wird argumentiert, er habe sich mit der Antragstellung einem eigenen Kostenrisiko nach § 154 Abs. 3 VwGO ausgesetzt; deshalb entspreche es der Billigkeit, im Falle seines Obsiegens die Erstattungsfähigkeit seiner außergerichtlichen Kosten auszusprechen.[16] 39

5. Erledigung der Hauptsache

Ist die Hauptsache von den (ausreichend: Haupt-)Beteiligten für erledigt erklärt worden, ist dadurch das Verfahren von Rechts wegen erledigt; das Gericht hat nur noch über die Verteilung der Kosten zu entscheiden.[17] 40

Auch bei Erledigung der Hauptsache gilt, dass der Beigeladene nicht mit Kosten belastet werden kann, soweit er keinen Antrag gestellt und kein Rechtsmittel eingelegt hat. Hat er einen Antrag gestellt oder ein Rechtsmittel eingelegt, besteht für ihn auch ein Kostenrisiko. 41

15 S. auch *Gatz* jurisPR-BVerwG 26/2008; *Gatz* jurisPR-BVerwG 20/2008.

16 Vgl. einerseits OVG Münster Urt. v. 16.8.2019 – 7 A 1277/18, juris Rn. 38: „Die Kosten des Beigeladenen sind von ihm selbst zu tragen, dies entspricht der Billigkeit, weil er keinen Antrag gestellt und sich damit selbst einem prozessualen Kostenrisiko nicht ausgesetzt hat (vgl. § 154 Abs. 3 VwGO).", andererseits VG Neustadt (Weinstraße) Urt. v. 26.3.2019 – 5 K 1482/18.NW, juris Rn. 52: „Die Kläger haben gemäß § 162 Abs. 3 VwGO auch die außergerichtlichen Kosten der Beigeladenen zu tragen, denn diese hat ihrerseits dadurch, dass sie in der mündlichen Verhandlung einen Antrag zur Sache gestellt hat, ein Kostenrisiko nach § 154 Abs. 3 VwGO übernommen."

17 S. hierzu *Burgi* DVBl 1991, 193.

6. Kostenverteilung nach Vereinbarung

42 Die Beteiligten können in jeder Phase des gerichtlichen Verfahrens eine Vereinbarung über den Streitgegenstand treffen und auf diese Weise das Verfahren beenden. Lediglich eine Klagerücknahme nach Stellung der Anträge in der mündlichen Verhandlung setzt die Einwilligung des Beklagten voraus, § 92 Abs. 1 Satz 2 VwGO. Die Vereinbarung kann durch einen gerichtlichen Vergleich (§ 106 VwGO) oder einen außergerichtlichen Vergleich erfolgen. Während der gerichtliche Vergleich unmittelbar das Verfahren beendet, bedarf es bei einem außergerichtlichen Vergleich – er ist lediglich eine Vereinbarung zwischen den Beteiligten – noch einer prozessbeendenden Erklärung. Diese kann in den beiderseitigen Erklärungen, dass die Hauptsache erledigt sei, oder in einer Klagerücknahme liegen. Dabei ist auch eine Vereinbarung über die Kostentragungspflicht möglich und aus Gründen der Ersparnis von Gerichtskosten sinnvoll. Die Kostenverteilung kann aber auch in das Ermessen des Gerichts gestellt werden.

7. Verfahren auf Gewährung vorläufigen Rechtsschutzes

43 Die vorstehenden Ausführungen gelten in entsprechender Weise für Verfahren auf Gewährung vorläufigen Rechtsschutzes nach §§ 80 Abs. 5, 80a, 123 VwGO.

69. Kraftwerk

Gohde

Literatur: *Köck*, Anmerkung zu OVG Weimar, Beschl. v. 22.1.2006 – 1 EO 708/05, ZUR 2006, 481; *Müller-Wiesenhaken/Kubicek*, Tieffrequenter Schall als zu bewältigender Konflikt u. a. bei der Genehmigung von Biogasanlagen und Blockheizkraftwerken in der Nachbarschaft zur Wohnbebauung, ZfBR 2011, 217; *Murswiek*, Anmerkung zu BVerwG, Urt. v. 11. 12. 2003 – 7 C 19/02, JuS 2004, 1026; *Roller*, Drittschutz im Atom- und Immissionsschutzrecht – Bestandsaufnahme und aktuelle Entwicklung der Rechtsprechung, NVwZ 2010, 990; *Seibert*, Die gerichtliche Kontrolle von Verfahrensvorschriften nach § 4 UmwRG, NVwZ 2019, 337.

I. Begriff und mögliche Beeinträchtigungen

1 Kraftwerke sind technische Anlagen zur Stromerzeugung,[1] bei denen mechanische oder thermische Energie durch Generatoren in elektrische Energie umgewandelt wird. Die zum Antrieb der Generatoren erforderli-

1 Duden, Stichwort Kraftwerk, abrufbar unter https://www.duden.de/rechtschreibung/Kraftwerk.

che Energie kann ua durch die Verbrennung von Kohle, Erdöl, Erdgas, Biomasse oder Müll, aus Wasser- oder Windkraft sowie aus Dämpfen oder Gasen gewonnen werden. Mit der Errichtung und dem Betrieb ist eine Vielzahl möglicher Beeinträchtigungen der Nachbarschaft, insbes. Lärm-, Luft- und Geruchsbeeinträchtigungen (→ Rn. 4 ff.), verbunden. Beeinträchtigungen im Zusammenhang mit der Stromerzeugung aus atomaren Stoffen in Kernkraftwerken werden in den nachfolgenden Ausführungen nicht näher erläutert.

II. Öffentlich-rechtliche Abwehrmöglichkeiten gegen die Errichtung und den Betrieb eines Kraftwerks

1. Aufgrund einer immissionsschutzrechtlichen Genehmigung

Für Kraftwerke, die in der Anlage 1 zur 4. BImSchV aufgezählt sind, ist grds. ein **immissionsschutzrechtliches Genehmigungsverfahren** nach § 4 Abs. 1 BImSchG durchzuführen. Hinsichtlich der konkreten Ausgestaltung des Genehmigungsverfahrens ist danach zu differenzieren, ob das zu realisierende Kraftwerksvorhaben in der Anlage 1 zur BImSchV in der Spalte 1 mit einem „G" oder einem „V" gekennzeichnet ist. Für Vorhaben, die mit einem „G" gekennzeichnet sind, ist das **Genehmigungsverfahren nach § 10 BImSchG**, welches in der 9. BImSchV näher ausgestaltet ist, durchzuführen. Hingegen wird für Vorhaben, die mit einem „V" gekennzeichnet sind, ein **vereinfachtes Genehmigungsverfahren gem. § 19 BImSchG** durchgeführt. Die für die Geltendmachung nachbarlicher Rechte und Interessen wesentlichen Unterschiede zwischen den Genehmigungsverfahren bestehen darin, dass für das Verfahren nach § 10 BImSchG eine förmliche Öffentlichkeitsbeteiligung durch Auslegung der Antragsunterlagen sowie die Möglichkeit der Erhebung von Einwendungen vorgesehen sind, vgl. § 10 Abs. 3 BImSchG iVm §§ 8 ff. 9. BImSchV. Alle Einwendungen, die nicht innerhalb von zwei Wochen nach Ende der Auslegungsfrist gegenüber der zuständigen Immissionsschutzbehörde erhoben werden, sind aufgrund der in § 10 Abs. 3 S. 5 BImSchG vorgesehenen **formellen Präklusion** für das weitere Genehmigungsverfahren ausgeschlossen. Für das vereinfachte Verfahren nach § 19 BImSchG ist eine solche Beschränkung nachbarlicher Rechte nicht vorgesehen. 2

Die immissionsschutzrechtliche Genehmigung ist nach § 6 Abs. 1 BImSchG zu erteilen, wenn die Betreiberpflichten nach § 5 BImSchG eingehalten werden, die Einhaltung der sich aus einer auf § 7 BImSchG beruhenden Rechtsverordnung ergebenden Betreiberpflichten sichergestellt ist und andere öffentlich-rechtliche Vorschriften sowie Vorschriften des Arbeitsschutzes nicht entgegenstehen. Im Rahmen des Widerspruchs oder einer Anfechtungsklage gegen die Errichtung und den Betrieb eines Kraftwerks können sich nachbarliche Abwehrrechte vor allem aus der **drittschützenden Schutzpflicht nach § 5 Abs. 1 Nr. 1 BImSchG**,[2] anderen **drittschützenden Betreiberpflichten aus Rechtsverordnungen nach § 7 BImSchG** (→ Rn. 4 ff.) sowie aus **drittschützenden Vorschriften des Bauplanungsrechts** (→ Rn. 12 ff.) ergeben. 3

a) Drittschützende immissionsschutzrechtliche Betreiberpflichten. aa) Lärm. Kraftwerke können je nach baulicher Ausgestaltung und räumlicher Lage Quelle von **schädlichen Geräuschbeeinträchtigungen** in Form von Lärm sein.[3] Die für Kraftwerke zur Bestimmung der Schädlichkeit maßgeblichen Immissionswerte beinhaltet die **TA Lärm**, die hierfür in Nr. 6.1. TA Lärm zwischen einzelnen Baugebieten sowie zwischen Tag- und Nachtwerten unterscheidet. Bei der Ermittlung der Baugebiete ist grds. auf die Festsetzungen im maßgeblichen Bebauungsplan abzustellen, vgl. Nr. 6.6 TA Lärm. Sofern kein Bebauungsplan, insbes. im bauplanungsrechtlichen Außenbereich nach § 35 BauGB, gegeben ist, ist die Schutzbedürftigkeit des Gebiets für die Einordnung in die in Nr. 6.1 TA Lärm genannten Gebiete maßgeblich. Bei der Ermittlung der Immissionswerte ist weiterhin zu beachten, dass gem. Nr. 3.2.1 TA Lärm bereits vorhandene Vor- 4

2 BVerwG Urt. v. 30.9.1983 – 4 C 74.78, NVwZ 1984, 509; BVerwG Beschl. v. 7.9.1988 – 4 N 1.87, NJW 1989, 467; *Jarass* BImSchG § 5 Rn. 133 mwN; *Dietlein* in Landmann/Rohmer UmweltR BImSchG § 5 Rn. 114 ff. mwN.

3 Bejaht durch VG Augsburg Beschl. v. 24.3.2009 – Au 5 S 09.32, juris Rn. 37 ff.; verneinend: VG München Urt. v. 11.2.2010 – M 11 K 09.2811, juris Rn. 32 ff.; VGH Kassel Beschl. v. 10.4.2014 – 9 B 2156/13, juris Rn. 27 ff.; VG Augsburg Urt. v. 11.10.2012 – Au 5 K 10.1779, juris Rn. 51 ff.

belastungen im Einzelfall zu berücksichtigen sind[4] (zu den Einzelheiten zur TA Lärm, → *Lärm, Gewerbe und Industrie (TA Lärm)* Rn. 7 ff.).

5 Bei Kraftwerken ist die Ermittlung und Bewertung von **tieffrequenten Geräuschen** von besonderer Bedeutung.[5] Als tieffrequente Geräusche sind nach Nr. 7.3 TA Lärm solche Geräusche anzusehen, deren vorherrschender Energieanteil im Frequenzbereich unter 90 Hz liegt. Im Gegensatz zu mittel- oder hochfrequenten Geräuschen nimmt der Mensch tieffrequente Geräusche nicht als Lärm, sondern vielmehr in Form von Kopfschmerzen, Angstgefühlen, ein im Kopf auftretendes Dröhn-, Schwingungs- oder Druckgefühl, als Schlafstörung oder als Ermüdung wahr, welche wiederum zu einer Herabsetzung der Leistungsfähigkeit oder allgemeinem Unwohlsein führen können.[6] Tieffrequente Geräusche können nach Nr. 7.3 TA Lärm unter Berücksichtigung der örtlichen Gegebenheiten schädliche Umwelteinwirkungen darstellen, sofern bei deutlich wahrnehmbaren tieffrequenten Geräuschen in schutzbedürftigen Räumen[7] bei geschlossenen Fenstern die Differenz zwischen L_{Ceq} und L_{Aeq} einen Wert von 20 dB überschreitet. Die Berechnung der Differenz $L_{Ceq} - L_{Aeq}$ erfolgt nach Nr. A.1.5 des Anhangs zur TA Lärm.[8]

6 **bb) Luftverunreinigungen.** Die Schutzpflicht des § 5 Abs. 1 Nr. 1 BImSchG umfasst auch den Schutz von Nachbarn vor schädlichen Luftverunreinigungen. Diesbezüglich kann **nicht auf die 13. BImSchV**, welche Vorgaben für Großfeuerungs-, Gasturbinen- und Verbrennungsmotoranlagen beinhaltet, **Bezug genommen werden** , da die 13. BImSchV lediglich Emissionswerte festlegt und mithin Ausdruck des Vorsorgegrundsatzes des § 5 Abs. 1 Nr. 2 BImSchG ist, welche keine nachbarschützenden Pflichten begründet.[9]

7 Für **Müllheizkraftwerke** könnten sich nachbarschützende Anforderungen aus der Verordnung über die Verbrennung und die Mitverbrennung von Abfällen (**17. BImSchV**) ergeben. Zwar beinhaltet auch die 17. BImSchV nur Vorgaben für die einzuhaltenden Emissionswerte für bestimmte krebserregende Stoffe und ist folglich der **nicht nachbarschützenden Vorsorgepflicht** des § 5 Abs. 1 Nr. 2 BImSchG zuzuordnen,[10] jedoch führte das BVerwG in einer Entscheidung vom 11.12.2003[11] aus, dass bei potenziell gesundheitsgefährdenden Stoffen, für die nach naturwissenschaftlichen Erkenntnissen keine Wirkungsschwelle für Gesundheitsverletzungen ermittelt werden kann, die erlassenen Emissionsbegrenzungen auch der Minimierung des Gesundheitsrisikos dienen. Sofern auf der Grundlage des § 48 BImSchG keine Immissionswerte bestimmt wurden, zielen solche Minimierungsgebote nicht nur auf die allgemeine Verbesserung der Umweltverhältnisse ab, sondern dienen auch dem Schutz eines individualisierbaren Personenkreises im Einwirkungsbereich der Anlage. Aufgrund dessen könnte ein **Betroffener gegen die Genehmigung anführen, dass im Rahmen des Vorsorgegebots erlassene Emissionsgrenzwerte zur Minimierung seines Gesundheitsrisikos eingehalten werden** müssen. Diese Schutzpflicht ist jedoch nicht einschlägig, sofern das durch den emittierenden Betrieb verursachte Gesundheitsrisiko aufgrund einer sachverständigen Risikoabschätzung infolge der bestehenden Vorbelastung als irrelevant einzustufen ist.[12] Bei der Anwendung dieser Rechtsprechung ist aber zu beachten, dass sie sich auf die TA Luft 1986 bezieht. Die TA Luft 2002 legt in Nr. 4.2.1 nunmehr für den krebserregenden Stoff Benzol einen Immissionswert fest, für weitere krebserregende Stoffe bleibt es jedoch bei der Festlegung von Emissionswerten. Daher argumentiert das OVG Weimar, dass der Gesetzgeber die Emissionswerte für krebserregende Stoffe eindeutig dem nicht nachbar-

4 Vgl. hierzu VG München Beschl. v. 11.3.2009 – M 11 SN 08.5594, juris Rn. 22 ff.; VGH München Beschl. v. 20.6.2011 – 22 CS 11.1012, juris Rn. 24.

5 VGH Mannheim Urt. v. 28.7.1998 – 10 S 3242/96, NVwZ 1999, 85; OVG Münster Urt. v. 22.5.2014 – 8 A 1220/12, juris Rn. 138 ff.; *Müller-Wiesenhaken/Kubicek* ZfBR 2011, 217 mwN.

6 *Müller-Wiesenhaken/Kubicek* ZfBR 2011, 217 (217).

7 Hierzu OVG Berlin-Brandenburg Urt. v. 11.12.2014 – OVG 11 A 23.13, juris Rn. 80, demnach nur Wohn-, Schlaf-, Unterrichts- und Büroräume (ausgenommen Großraumbüros), ferner Praxis-, Sitzungs- und ähnliche Arbeitsräume zu den schutzbedürftigen Räumen zählen.

8 Ausführlich hierzu *Müller-Wiesenhaken/Kubicek* ZfBR 2011, 217 (219 f.).

9 BVerwG Urt. v. 18.5.1982 – 7 C 42.80, NVwZ 1983, 32.

10 VGH Kassel Urt. v. 7.8.2007 – 2 A 716/06, juris Rn. 73.

11 BVerwG Urt. v. 11.12.2003 – 7 C 19.02, NVwZ 2004, 610.

12 BVerwG Urt. v. 11.12.2003 – 7 C 19.02, NVwZ 2004, 610.

schützenden Vorsorgebereich zuordnen wollte.[13] Hiergegen ist allerdings einzuwenden, dass die Konkretisierung der TA Luft grds. nach den immissionsschutzrechtlichen Grundsätzen zu erfolgen hat und diese nicht zur Disposition des untergesetzlichen Normgebers stehen.[14] Des Weiteren verzichtet der Gesetzgeber – ausgenommen für Benzol – weiterhin auf die Festlegung von Luftqualitätsnormen, welche das zumutbare Risiko bei krebserregenden Stoffen regeln, so dass die durch das BVerwG angestellten Überlegungen zur Schutzfunktion der vorsorgenden Emissionswerte für krebserregende Stoffe auch auf die TA Luft 2002 und die 17. BImSchV anzuwenden sind.[15]

Für die Beurteilung der **Schädlichkeit von luftverunreinigenden Stoffen** ist in erster Linie die **TA Luft** maßgeblich. Diese beinhaltet in den Nr. 4.2 und 4.4. für Stoffe in der Luft, in Nr. 4.3 für Staubniederschlag sowie in Nr. 4.5 für Schadstoffdepositionen Immissionswerte, bei deren Einhaltung grds. davon auszugehen ist, dass eine schädliche Umwelteinwirkung nicht hervorgerufen wird. Die Prüfung erfolgt hierbei durch einen Vergleich der tatsächlichen oder zu erwartenden Immissionen mit den Immissionswerten der Nr. 4.2, 4.3 und 4.4 TA-Luft. Der Vergleich ist anhand der Gesamtbelastung, also Vorbelastung und Zusatzbelastung, durch das zu realisierende Kraftwerk, vorzunehmen.[16] 8

cc) Gerüche. Bei Geruchsbelästigungen stellen sich hierbei zwei grundlegende Probleme. Zum einen sind Geruchsbelästigungen nicht nur von der Konzentration, sondern auch von der Geruchsqualität, der Geruchsintensität, der Hedonik, der tages- und jahreszeitlichen Verteilung der Einwirkungen, dem Belästigungsrhythmus sowie der Nutzung des betroffenen Gebiets abhängig.[17] Zum anderen bestehen für Gerüche derzeit keine Grenz- oder Richtwerte, nach denen die Erheblichkeit und damit die Schädlichkeit von Gerüchen beurteilt werden kann. Bis zum Erlass bundesrechtlicher Vorschriften kann zur Bestimmung der Erheblichkeit auf die **Geruchsimmissions-Richtlinie (GIRL) als Orientierungshilfe** zurückgegriffen werden.[18] Die GIRL ist eine technische Norm, die auf den Erkenntnissen und Erfahrungen von Sachverständigen beruht und der insoweit die Bedeutung von allgemeinen Erfahrungssätzen und **antizipierten Sachverständigengutachten** zukommt.[19] Die GIRL beinhaltet für Baugebiete Immissionswerte als Maßstab für die höchstzulässige Geruchsimmission. Die Ermittlung der zu erwartenden Geruchshäufigkeit setzt grds. eine Prognose anhand der og Kriterien voraus und ist vom jeweiligen Einzelfall und den Gegebenheiten vor Ort abhängig.[20] Erschwerend kommt hinzu, dass die GIRL nicht für alle Baugebiete, insbes. nicht für den bauplanungsrechtlich als Außenbereich nach § 35 BauGB einzuordnen Bereich, Festlegungen beinhaltet. Die nicht erfassten Gebiete sind nach den Grundsätzen des Planungsrechts einem von der GIRL erfassten Gebiet zuzuordnen.[21] 9

Der GIRL kommt vor allem im Zusammenhang mit **Biogasanlagen** eine besondere Bedeutung zu.[22] Für die von Gerüchen einer Biogasanlage belasteten Gebieten sieht Nr. 3.1 GIRL für Wohn-/Mischgebiete Immissionswerte von 0,10 und für Industrie-/Gewerbegebiete Immissionswerte von 0,15 vor. Der Immissionswert von 0,15 gilt ebenfalls für Dorfgebiete, sofern die Gerüche durch Tierhaltungsanlagen verursacht werden. Die Beurteilung der Erheblichkeit der Geruchsbelästigungen ist mithin maßgeblich von der Gebietsbeurteilung abhängig. Für den bauplanungsrechtlich als Außenbereich nach § 35 BauGB zu beurteilenden Be- 10

13 OVG Weimar Beschl. v. 22.2.2006 – 1 EO 708/05, ZUR 2006, 479.

14 *Murswiek* JuS 2004, 1026 (1029); *Köck* ZUR 2006, 481 (482); *Roller* NVwZ 2010, 990 (994 f.).

15 *Murswiek* JuS 2004, 1026 (1029); *Köck* ZUR 2006, 481 (482); *Roller* NVwZ 2010, 990 (994 f.); indirekt auch das OVG Weimar: Beschl. v. 22.2.2006 – 1 EO 708/05, ZUR 2006, 479, sofern es ausführt, dass mit der Einhaltung der Emissionswerte zugleich und erst recht dem Schutzgebot des § 5 Abs. 1 Nr. 1 BImSchG Genüge getan ist.

16 OVG Münster Urt. v. 9.12.2009 – 8 D 6/08.AK, juris Rn. 86 ff.

17 Nr. 1 Geruchsimmissions-Richtlinie (GIRL) in der Fassung vom 29.2.2008 und einer Ergänzung vom 10.9.2008.

18 Vgl. OVG Münster Urt. v. 21.3.2017 – 8 A 1105.15, juris Rn. 80 ff., mwN; zur Anwendbarkeit der GIRL s. auch BVerwG Urt. v. 27.6.2017 – 4 C 3.16, BVerwGE 159, 187.

19 BVerwG Beschl. v. 5.8.2015 – 4 BN 28.15, juris Rn. 5.

20 Zur Vorgehensweise nach der Geruchsimmissions-Richtlinie s. *Schulte Beerbühl* Rn. 597 ff.

21 Nr. 3.1 Geruchsimmissions-Richtlinie (GIRL) in der Fassung vom 29.2.2008 und einer Ergänzung vom 10.9.2008.

22 Siehe hierzu ua die zahlreichen Nachweise in den Entscheidungsgründen des VG Würzburg Urt. v. 9.9.2008 – W 4 K 08.652, juris Rn. 53.

reich wird durch die Rechtsprechung idR aufgrund der Ansiedlung landwirtschaftlicher Betriebe sowie von Vorhaben, die aufgrund ihrer nachteiligen Auswirkungen im Außenbereich realisiert werden sollen, der Immissionswert eines Dorfgebiets von 0,15 herangezogen.[23] Für den Außenbereich ist weiterhin zu beachten, dass für landwirtschaftliche Gerüche bei Vorliegen besonderer Umstände, bspw. die Ortsüblichkeit und Siedlungsstruktur, die Nutzung des betreffenden Gebäudes, die historische Entwicklung sowie die besondere Ortsgebundenheit von Immissionsquellen, im Einzelfall ein Immissionswert von 0,25 gelten kann.[24] Unabhängig hiervon können höhere als die in Nr. 3.1 GIRL genannten Immissionswerte im Einzelfall aufgrund der nach Nr. 5 GIRL zu berücksichtigenden Ortsüblichkeit der Gerüche in Betracht kommen.[25]

11 **dd) Störfälle.** Die Schutzpflicht des § 5 Abs. 1 Nr. 1 BImSchG erfasst nicht nur schädliche Umwelteinwirkungen, sondern auch sonstige Gefahren, erhebliche Nachteile und Belästigungen. Dies umfasst auch den Schutz vor Störungen durch betriebliche und umgebungsbedingte Gefahrenquellen sowie Störungen infolge von Eingriffen Unbefugter, vgl. § 3 Abs. 2 12. BImSchV. Zur Abwehr solcher Gefahren kann durch Nachbarn die Ergreifung entsprechender Vorkehrungen gefordert werden, soweit die Gefahrenquellen oder Eingriffe als Ursachen nicht vernünftigerweise ausgeschlossen werden können.[26] Der Störfallschutz des § 5 Abs. 1 Nr. 1 BImSchG beschränkt sich nicht auf die Anlagen der 12. BImSchV, sondern gilt vielmehr für alle immissionsschutzrechtlichen Anlagen, von denen entsprechende Störfälle ausgehen können.[27] Gleichzeitig ist jedoch zu beachten, dass durch die Nachbarn auf der Grundlage des § 5 Abs. 1 Nr. 1 BImSchG kein bestimmter Abstand zwischen der Anlage und der schutzbedürftigen Bebauung verlangt werden kann, da dies keine Aufgabe des Immissionsschutzrechts, sondern des Bauplanungsrechts darstellt.[28]

12 **b) Drittschützende bauplanungsrechtliche Vorschriften.** Die bauplanungsrechtliche Zulässigkeit eines Kraftwerks richtet sich je nach Größe und Gebietscharakter nach den §§ 30 ff. BauGB. Sofern sich die **Zulässigkeit nach § 30 Abs. 1, 2 oder 3 BauGB** beurteilt, darf das Kraftwerk den Festsetzungen des qualifizierten, vorhabenbezogenen oder einfachen Bebauungsplans nicht widersprechen und die Erschließung muss gesichert sein. Die einzelnen Festsetzungen des Bebauungsplans können hierbei auch dem Schutz von Dritten dienen, so dass Widersprüche gegen diese mithin gegen die Genehmigung durch die Nachbarn angeführt werden können. Mit der Festsetzung über die Art der baulichen Nutzung ist nach ständiger Rechtsprechung des BVerwG[29] ein Schutz der Nachbarn innerhalb des festgesetzten Baugebiets in Form des **Gebietserhaltungsanspruchs** (→ *Gebietsschutz, Baugebietsverträglichkeit und Rücksichtnahmegebot* Rn. 3 ff.) verbunden. Denn durch die Festsetzung eines Baugebiets zielt die Gemeinde auf einen Ausgleich möglicher Nutzungskonflikte und bestimmt gleichzeitig den Inhalt des Grundeigentums. Infolge des so geschaffenen gegenseitigen Austauschverhältnisses können Nachbarn die für sie bestehenden **öffentlich-rechtlichen Beschränkungen durch die Art der baulichen Nutzung auch gegenüber ihren Nachbarn durchsetzen.**[30] Infolgedessen können die Nachbarn die Einhaltung der durch die Festsetzung des Baugebiets vorgegeben Art der baulichen Nutzung im gesamten Baugebiet verlangen.[31] Ob darüber hinaus auch die weiteren Festsetzungen eines Bebauungsplans dem Schutz von Dritten dienen, ist vom Festsetzungsinhalt und ggf. vom Willen der planenden Gemeinde abhängig und lässt sich nur im Einzelfall bestimmen.

13 Wird das Kraftwerksvorhaben **innerhalb eines im Zusammenhang bebauten Ortsteils nach § 34 Abs. 1 BauGB** realisiert, kann sich eine nachbarliche Abwehrmöglichkeit lediglich aus dem im Einfügungsgebot

---

23 VGH Kassel Beschl. v. 10.4.2014 – 9 B 2156/13, juris Rn. 82; OVG Münster Urt. v. 12.8.2015 – 8 A 799/14, juris Rn. 90; OVG Münster Beschl. v. 22.5.2015 – 8 B 1029/14, juris Rn. 55 f.

24 OVG Münster Urt. v. 12.8.2015 – 8 A 799/14, juris Rn. 90 ff.; OVG Münster Beschl. v. 22.5.2015 – 8 B 1029/14, juris Rn. 55 f.

25 VGH Kassel Beschl. v. 10.4.2014 – 9 B 2156/13, juris Rn. 82.

26 *Roller* NVwZ 2010, 990 (995).

27 VGH Mannheim Beschl. v. 11.12.2014 – 10 S 473/14, juris Rn. 19; VGH Mannheim Urt. v. 12.3.2015 – 10 S 1169/13, juris Rn. 80.

28 *Jarass* BImSchG § 5 Rn. 45.

29 Grundlegend hierzu BVerwG Urt. v. 16.9.1993 – 4 C 28/91, BVerwGE 94, 151 = NJW 1994, 1546.

30 BVerwG Urt. v. 16.9.1993 – 4 C 28/91, BVerwGE 94, 151 = NJW 1994, 1546.

31 S. hierzu OVG Münster Urt. v. 22.5.2014 – 8 A 1220/12, juris Rn. 63 ff.

des § 34 Abs. 1 BauGB enthaltenden **Gebot der Rücksichtnahme**[32] ergeben (→ *Rücksichtnahmegebot* Rn. 14 ff.).[33] Im Rahmen des baurechtlichen Gebots der Rücksichtnahme werden die **Auswirkungen eines Vorhabens auf die durch das Vorhaben Betroffenen** betrachtet. Die vom Vorhaben Betroffenen müssen unzumutbare Nachteile durch das Vorhaben nicht hinnehmen.[34] Bezüglich der Zumutbarkeit von Immissionsbelastungen durch Kraftwerke sind die Grundsätze und Begriffe des BImSchG heranzuziehen, da diese die Zumutbarkeitsgrenzen für Umwelteinwirkungen auf Nachbarn allgemein bestimmen, wobei diesbezüglich die Schutzwürdigkeit des Gebiets an sich und etwaige Vorbelastungen[35] von besonderer Bedeutung sind.[36]

Sofern die Eigenart der näheren Umgebung einem Baugebiet der BauNVO entspricht, bestimmt sich das Einfügen des Kraftwerksvorhaben in die Eigenart der näheren Umgebung hinsichtlich der Art der baulichen Nutzung nur nach den Vorgaben der allgemeinen Zulässigkeit für das jeweilige Baugebiet nach der BauNVO, vgl. § 34 Abs. 2 BauGB. Für dieses sog. **faktische Baugebiet** gelten die Ausführungen zum **Gebietserhaltungsanspruch** (→ Rn. 12) entsprechend.[37] 14

Soll das Kraftwerk im **Außenbereich nach § 35 BauGB** errichtet und betrieben werden, richtet sich die Zulässigkeit nach § 35 Abs. 1 BauGB, wenn das Kraftwerk ein privilegiertes Vorhaben nach § 35 Abs. 1 Nr. 1 bis 8 BauGB darstellt. Im Einzelfall kann ein privilegiertes Vorhaben nach § 35 Abs. 1 Nr. 3, 4, 5 oder 6 BauGB gegeben sein.[38] Sofern das zu realisierende Kraftwerk ein privilegiertes Vorhaben iSv § 35 Abs. 1 BauGB darstellt, ist es zulässig, wenn keine öffentlichen Belange entgegenstehen und die Erschließung ausreichend gesichert ist. Lässt sich das Kraftwerksvorhaben nicht unter einem Privilegierungstatbestand des § 35 Abs. 1 BauGB subsumieren, ist es als sonstiges Vorhaben iSv § 35 Abs. 2 BauGB zulässig, wenn keine öffentlichen Belange beeinträchtigt werden und die Erschließung gesichert ist. Als drittschützender öffentlicher Belang (→ *Rücksichtnahmegebot* Rn. 24 ff.) kommt neben der **Hervorrufung von schädlichen Umwelteinwirkungen**[39] (→ Rn. 4 ff.) nach § 35 Abs. 3 S. 1 Nr. 3 BauGB der ungeschriebene **öffentliche Belang des Planungserfordernisses** in Betracht. Ein Planungserfordernis ist gegeben, wenn das Kraftwerk einen Koordinierungsbedarf auslöst, der nicht mit dem Konditionalprogramm des § 35 BauGB gelöst, sondern dem nur durch eine Abwägung im Rahmen einer förmlichen Bebauungsplanung angemessen Rechnung getragen werden kann.[40] 15

2. Aufgrund einer Baugenehmigung

Ist eine Genehmigung nach § 4 Abs. 1 BImSchG nicht erforderlich (→ Rn. 2), so bedürfen die Errichtung und der Betrieb eines Kraftwerks grds. einer Baugenehmigung nach den jeweiligen Bauordnungen der Länder. Hinsichtlich der im Rahmen der Baugenehmigung zu prüfenden Aspekte des Bauplanungsrechts wird auf die vorhergehenden Ausführungen verwiesen (→ 12 ff.). 16

---

32 BVerwG Urt. v. 13.3.1981 – 4 C 1/78, ZfBR 1981, 149; *Söfker* in Ernst/Zinkahn/Bielenberg/Krautzberger BauGB § 34 Rn. 48 ff.

33 OVG Münster Beschl. v. 24.5.2012 – 8 B 225/12, juris Rn. 23 ff.; VG Saarlouis Beschl. v. 13.9.2006 – 5 F 19/06, juris Rn. 20; VG Saarlouis Urt. v. 9.4.2008 – 5 K 1030/07, juris Rn. 43 ff.; OVG Schleswig Beschl. v. 3.8.1995 – 1 M 59/95, juris Rn. 20 ff.; VG Augsburg Urt. v. 11.10.2012 – Au 5 K 10.1779, juris Rn. 43 ff.; VGH Mannheim Beschl. v. 3.5.2006 – 3 S 771/06, ZfBR 2006, 579.

34 *Schulte Beerbühl* Rn. 377.

35 OVG Magdeburg Beschl. v. 26.1.1998 – C 2 S 247/96, juris Rn. 38 ff.

36 Ausführliche allgemeine Ausführungen hierzu bei *Schulte Beerbühl* Rn. 378 ff.; OVG Saarlouis Beschl. v. 26.1.2007 – 2 W 27/06, juris Rn. 23 ff.; VG Saarlouis Urt. v. 9.4.2008 – 5 K 1030/07, juris Rn. 43 ff.

37 VG Düsseldorf Beschl. v. 20.1.2012 – 3 L 1852/11, juris Rn. 15 ff.

38 Offen gelassen OVG Münster Urt. v. 12.6.2012 – 8 D 38/08.AK, ZfBR 2012, 768.

39 VG München Urt. v. 11.2,2010 – M 11 K 09.2811, juris Rn. 31 ff.; VG München Urt. v. 10.5.2012 – M 11 K 11.823, juris Rn. 32 ff.; VG Ansbach Beschl. v. 14.7.2011 – AN 18 S 11.01238, juris Rn. 42 ff.; VG Würzburg Urt. v. 8.12.2009 – W 4 K 09.916, juris Rn. 142 ff.

40 OVG Münster Urt. v. 12.6.2012 – 8 D 38/08.AK, ZfBR 2012, 768; grds. hierzu BVerwG Urt. v. 1.8.2002 – 4 C 5/01, NVwZ 2003, 86; *Söfker* in Ernst/Zinkahn/Bielenberg/Krautzberger BauGB § 35 Rn. 112.

17 Für die Errichtung und den Betrieb eines Kraftwerks sind aus dem Bauordnungsrecht für Nachbarn insbes. die Anforderungen bezüglicher schädlicher Umwelteinwirkungen[41] von Bedeutung. Eine bauliche Anlage muss hiernach so angeordnet, beschaffen und gebrauchstauglich sein, dass durch **schädliche Umwelteinwirkungen keine Gefahren oder unzumutbaren Beeinträchtigungen entstehen**. Für die Beurteilung der schädlichen Umwelteinwirkungen kann auf die immissionsschutzrechtlichen Vorgaben (→ Rn. 4 ff.) verwiesen werden, sofern diese auch für immissionsschutzrechtlich nicht genehmigungspflichtige Vorhaben Pflichten beinhalten.

18 Inwiefern Nachbarn Verstöße gegen **sonstige öffentlich-rechtliche Vorschriften** durch die Errichtung und den Betrieb eines Kraftwerks im Rahmen eines Widerspruchs und einer Anfechtungsklage gegen die Baugenehmigung geltend machen können, hängt maßgeblich davon ab, ob die Bauaufsichtsbehörden zur Prüfung von sonstigen öffentlich-rechtlichen, insbes. immissionsschutzrechtlichen (→ Rn. 4 ff.), Vorschriften verpflichtet sind. Sieht die Landesbauordnung vor, dass die Baugenehmigung erst erteilt werden kann, wenn neben dem Bauplanungs- und Bauordnungsrecht auch die Vereinbarkeit mit sonstigen öffentlich-rechtlichen Vorschriften gegeben ist,[42] muss die Bauaufsichtsbehörde die Vereinbarkeit hiermit entweder selbst prüfen oder die entsprechende zuständige Behörde am Baugenehmigungsverfahren beteiligen. Beschränkt sich die Prüfung der Bauaufsichtsbehörde hingegen auf sonstige baurechtliche Vorschriften,[43] wird die Baugenehmigung unabhängig von der Vereinbarkeit mit sonstigen nicht baurechtlichen Vorschriften mit der Folge erteilt, dass sich die Nachbarn auf entsprechende Verstöße im Rahmen des Widerspruchsverfahrens oder der Anfechtungsklage gegen die Baugenehmigung nicht berufen können (→ *Rechtsschutz, verwaltungsrechtliches Hauptsacheverfahren* Rn. 17 ff.).

3. Aufgrund des UmwRG

19 Ist für die Errichtung und den Betrieb oder die Änderung eines Kraftwerks eine Umweltverträglichkeitsprüfung durchzuführen, können die Nachbarn **die Aufhebung der Genehmigung** verlangen, wenn die **Umweltverträglichkeitsprüfung** nicht durchgeführt wurde, § 4 Abs. 1 S. 1 Nr. 1 UmwRG, eine nach § 18 UVPG erforderliche Öffentlichkeitsbeteiligung weder durchgeführt noch nachgeholt wurde, § 4 Abs. 1 S. 1 Nr. 2 UmwRG, oder ein anderer Verfahrensfehler vorliegt, der nicht geheilt wurde, nach Art und Schwere mit den anderen beiden Fällen vergleichbar ist und der betroffenen Öffentlichkeit die Möglichkeit der Beteiligung genommen wurde, § 4 Abs. 1 S. 1 Nr. 3 UmwRG. Sollte einer dieser absoluten Verfahrensfehler bejaht werden, ist die Entscheidung auch ohne die Verletzung von drittschützenden Normen aufzuheben. Diesbezüglich ist jedoch zu beachten, dass die Frage, welche Verfahrensfehler von § 4 Abs. 1 S. 1 Nr. 3 UmwRG erfasst werden, derzeit noch nicht abschließend geklärt ist und einer ständigen Weiterentwicklung unterliegt.[44]

---

41 **Baden-Württemberg:** § 14 Abs. 2 LBO BW; **Bayern:** Art. 11 BayBO; **Berlin:** § 13 S. 1 BauO Bln; **Brandenburg:** § 13 S. 1 BbgBO; **Bremen:** § 13 Abs. 1 BremBO; **Hamburg:** § 16 S. 1 HBauO; **Hessen:** § 13 S. 1 HBO; **Mecklenburg-Vorpommern:** § 13 S. 1 LBauO M-V; **Niedersachsen:** § 13 S. 1 NBauO; **Nordrhein-Westfalen:** § 13 S. 1 BauO NRW; **Rheinland-Pfalz**: § 14 S. 1 LBauO RhPf; **Saarland:** § 14 S. 1 LBO Saarl; **Sachsen:** § 13 Abs. 1 S. 1 SächsBO; **Sachsen-Anhalt:** § 13 S. 1 BauO LSA; **Schleswig-Holstein:** § 14 LBO Schl.-H. und **Thüringen:** § 13 Abs. 1 ThürBO.

42 **Baden-Württemberg:** §§ 52 Abs. 3 Nr. 3, 58 Abs. 1 S. 1 LBO BW; **Brandenburg:** §§ 63 Abs. 3 Nr. 3, 64 Nr. 3 BbgBO; **Bremen:** § 64 S. 1 Nr. 3 BremBO; **Hamburg:** §§ 61 Abs. 2 S. 1 Nr. 1a-5, 62 Abs. 1 S. 1 Nr. 3 HBauO; **Niedersachsen:** §§ 63 Abs. 1 S. 2 Nr. 3, 64 S. 1 NBauO; **Nordrhein-Westfalen:** §§ 64 Abs. 1 S. 1 Nr. 5, 65 S. 1 BauO NRW; **Rheinland-Pfalz:** §§ 66 Abs. 4 S. 1, 70 Abs. 1 S. 1 LBauO RhPf; **Saarland:** §§ 64 Abs. 2 S. 1 Nr. 1, 65 S. 1 LBO Saarl und **Sachsen-Anhalt:** §§ 62 S. 1 lit. c, 63 S. 1 Nr. 3 BauO LSA und **Schleswig-Holstein:** § 73 Abs. 1 S. 1 LBO Schl.-H.

43 **Bayern:** Art. 59 S. 1 Nr. 3, 60 S. 1 Nr. 3 BayBO; **Berlin:** §§ 63 S. 1 Nr. 3, 64 S. Nr. 3 BauO Bln; **Hessen:** §§ 65 Abs. 1 S. 1 Nr. 3, 66 1 S. 1 Nr. 3 HBO; **Mecklenburg-Vorpommern:** §§ 63 Abs. 1 S. 1 Nr. 3, 64 S. 1 Nr. 3 LBauO M-V; **Sachsen:** §§ 63 S. 1 Nr. 3, 64 S. 1 Nr. 3 SächsBO und **Thüringen:** §§ 62 Abs. 1 S. 2 Nr. 3, 63 S. 1 Nr. 3 ThürBO.

44 Umfangreiche Darstellung der aktuellen Entwicklung bei *Seibert* NVwZ 2019, 337.

III. Nachbarliche Beteiligung und Abwehrmöglichkeiten bei der Steuerung durch Bebauungsplanung

Die Standortgemeinde kann die Errichtung und den Betrieb eines Kraftwerks durch einen entsprechenden Bebauungsplan steuern. Die Nachbarschaft kann ihre Rechte und Interessen hierbei im Rahmen der **förmlichen Öffentlichkeitsbeteiligung** nach §§ 3 Abs. 2, 4a BauGB einbringen. Demnach hat die Gemeinde den Entwurf des Bebauungsplans einschließlich der Begründung und der vorhandenen umweltbezogenen Informationen für die Dauer eines Monats öffentlich auszulegen. In dieser Zeit können durch die Öffentlichkeit Stellungnahmen zum Entwurf des Bebauungsplans abgegeben werden, mit welchen sich die Gemeinde im weiteren Planungsverfahren, insbes. in der Abwägung nach § 1 Abs. 7 BauGB, auseinandersetzen muss. 20

Unabhängig von den Stellungnahmen der Öffentlichkeit ist die planende Gemeinde nach § 1 Abs. 7 BauGB verpflichtet, die **öffentlichen und privaten Belange gegen- und untereinander gerecht abzuwägen**. Zu den in die Abwägung einzustellenden Belangen gehören ua die Anforderungen an gesunde Wohn- und Arbeitsverhältnisse und mithin auch der Schutz vor unzumutbaren Lärm-[45], Luft- und Geruchsbelästigungen[46] infolge der Planung eines Kraftwerks. Die Abwägung ist hierbei ua durch das **Gebot der Konfliktbewältigung** geprägt. Demnach muss der Bebauungsplan die durch ihn verursachten oder verstärkten Konflikte grds. auch lösen, sofern nicht eine Verlagerung in nachfolgende Genehmigungsverfahren möglich ist und eine Konfliktlösung mit den durch das BauGB und die BauNVO zur Verfügung gestellten Handlungsmöglichkeiten, insbes. den abschließenden Festsetzungskatalog des § 9 BauGB, möglich ist.[47] Eine Konkretisierung des Gebots der Konfliktbewältigung erfolgt im Trennungsgebot des § 50 Abs. 1 BImSchG, welches auch bei der Planung von Kraftwerken von besonderer Bedeutung ist, da es sich bei Kraftwerken regelmäßig um Störfallbetriebe nach der Seveso-III-Richtlinie (RL 2012/18/EU) handelt.[48] 21

Aufgrund des Gebots der Konfliktbewältigung ist die planende Gemeinde verpflichtet, alle Konflikte, die im Zusammenhang mit der Errichtung und dem Betrieb eines Kraftwerks entstehen können, zu ermitteln und einer Lösung durch den Bebauungsplan zuzuführen. Aus nachbarlicher Sicht sind diesbezüglich vor allem Lösungen für die durch den Betrieb verursachten Lärm-, Luft- und Geruchsbelästigungen relevant. Bezüglich des Gebots der Konfliktbewältigung ist jedoch zu beachten, dass eine Geltendmachung von Verstößen nur möglich ist, wenn ein Verstoß gleichzeitig einen **Abwägungsfehler nach der von der Rechtsprechung entwickelten Abwägungsfehlerlehre**[49] darstellt.[50] 22

Verstöße gegen die förmliche Öffentlichkeitsbeteiligung nach § 3 Abs. 2 BauGB sowie gegen das Gebot der gerechten Abwägung nach § 1 Abs. 7 BauGB führen, sofern sie nach den Vorschriften der Planerhaltung nach den §§ 214, 215 BauGB beachtlich sind, zur **Unwirksamkeit des Bebauungsplans**. Die Unwirksamkeit kann sowohl durch einen Normenkontrollantrag nach § 47 VwGO als auch inzident im Rahmen einer Anfechtungsklage nach § 40 Abs. 2 VwGO gegen die erteile Genehmigung zur Errichtung und zum Betrieb des Kraftwerks (→ Rn. 2 und 16) gerichtlich geltend gemacht werden. 23

---

45 Vgl. OVG Schleswig Beschl. v. 25.1.2017 – 1 MR 5/16, juris Rn. 11 ff.

46 Vgl. VGH Mannheim Urt. v. 21.4.2015 – 3 S 2094/13, juris Rn. 55 ff.; OVG Berlin-Brandenburg Urt. v. 13.4.2016 – OVG 10 A 9.13, juris Rn. 53 ff.

47 BVerwG Urt. v. 1.11.1974 – IV C 38/71, NJW 1975, 841; BVerwG Beschl. v. 17.2.1984 – 4 B 191/83, NVwZ 1984, 235; BVerwG Urt. v. 11.3.1988 – 4 C 56/84, NVwZ 1989, 659; BVerwG Beschl. v. 16.3.2010 – 4 BN 66.09, NVwZ 2010, 1246; BVerwG Urt. v. 7.5.2014 – 4 CN 5.13, ZfBR 2014, 694 mwN; *Söfker/Runkel* in Ernst/Zinkahn/Bielenberg/Krautzberger BauGB § 1 Rn. 215 ff.

48 Vgl. hierzu die Ausführungen des OVG Münster Urt. v. 3.9.2009 – 10 D 121/07.NE, DVBl 2009, 1385; OVG Lüneburg Urt. v. 27.9.2017 – 1 KN 168/15, juris Rn. 164 ff.; OVG Lüneburg Urt. v. 6.8.2013 – 1 KN 217/11, juris Rn. 68 ff.; OVG Berlin-Brandenburg Urt. v. 13.4.2016 – OVG 10 A 9.13, juris Rn. 47 ff.

49 Grundlegend BVerwG Urt. v. 12.12.1969 – IV C 105/66, BVerwGE 34, 301; *Scheidler* KommJur 2019, 405 (407 ff.).

50 Vgl. hierzu die Ausführungen des OVG Münster Urt. v. 3.9.2009 – 10 D 121/07.NE, DVBl 2009, 1385.

IV. Öffentlich-rechtliche Abwehrmöglichkeiten während des Betriebs

1. Anspruch auf nachträgliche Anordnung nach § 17 Abs. 1 BImSchG

24 Werden bei nach § 4 Abs. 1 BImSchG genehmigungspflichtigen Vorhaben die immissionsschutzrechtlichen Vorgaben (→ Rn. 4 ff.) nicht eingehalten, stehen der zuständigen Immissionsschutzbehörde die Eingriffsmittel der nachträglichen Anordnung nach § 17 Abs. 1 BImSchG, der Betriebsuntersagung nach § 20 Abs. 1 BImSchG sowie der Betriebsuntersagung im Hinblick auf schwere Störfälle nach § 20 Abs. 1a BImSchG zur Verfügung. Sofern gegen drittschützende Vorschriften verstoßen wird, können Drittbetroffene den **Erlass von nachträglichen Anordnungen nach § 17 Abs. 1 BImSchG**[51] sowie hinsichtlich der **Betriebsuntersagung nach § 20 Abs. 1 oder Abs. 1a BImSchG** eine **ermessensfehlerfreie Entscheidung**[52] hierüber verlangen.

2. Anspruch auf immissionsschutzrechtliches/bauaufsichtliches Einschreiten bei immissionsschutzrechtlich nicht genehmigungspflichtigen Vorhaben

25 Kommt es bei nicht nach § 4 Abs. 1 BImSchG genehmigungspflichtigen Vorhaben infolge der Verletzung von immissionsschutz- (→ Rn. 4 ff.) oder baurechtlichen (→ Rn. 12 ff.) Pflichten zu schädlichen Umwelteinwirkungen durch den Betrieb des Kraftwerks, können die Nachbarn hiergegen ein **Einschreiten der zuständigen Immissionsschutzbehörde** nach § 24 Abs. 1 BImSchG bzw. der zuständigen **Bauaufsichtsbehörde** nach den Eingriffsbefugnissen der jeweiligen Landesbauordnung bzw. eine **ermessensfehlerfreie Entscheidung** hierüber verlangen (→ *Rechtsschutz, verwaltungsrechtliches Hauptsacheverfahren* Rn. 66 ff.).[53]

V. Zivilrechtliche Abwehrmöglichkeiten während des Betriebs

1. Beseitigungs- oder Unterlassungsanspruch nach § 1004 Abs. 1 S. 2 BGB

26 Aus zivilrechtlicher Sicht können Eigentümer benachbarter Grundstücke gegen den Betrieb eines Kraftwerks vor allem mit der Geltendmachung **eines Beseitigungs- oder Unterlassungsanspruchs nach § 1004 Abs. 1 S. 2 BGB** vorgehen. Demnach können Eigentümer infolge einer Beeinträchtigung ihres Eigentums – sofern es sich nicht um eine Entziehung oder Vorenthaltung des Besitzes handelt – auf Unterlassung der Beeinträchtigung klagen, soweit kein Duldungsanspruch besteht.

27 Bezüglich der durch ein Kraftwerk verursachten Luft-, Lärm- und Geruchsbelästigungen könnte sich ein **Duldungsanspruch aus § 906 Abs. 1 S. 1 BGB** ergeben. Gem. § 906 Abs. 1 S. 1 BGB besteht eine Duldungspflicht, wenn die Einwirkung durch Gase, Dämpfe, Gerüche, Rauch, Ruß, Wärme, Geräusche, Erschütterungen oder ähnlichen von einem anderen Grundstück ausgehende Einwirkungen die Nutzung des Grundstücks nicht oder nur unwesentlich beeinträchtigt. Eine **unwesentliche Beeinträchtigung** liegt idR vor, wenn die in Gesetzen, Rechtsverordnungen oder allgemeinen Verwaltungsvorschriften nach § 48 BImSchG festgelegten Grenz- oder Richtwerte nicht überschritten werden, § 906 Abs. 1 S. 2, 3 BGB. Für den Betrieb von Kraftwerken sind mithin auch zivilrechtlich die Vorgaben des § 5 Abs. 1 Nr. 1 BImSchG bzw. die Konkretisierungen in der TA Lärm, TA Luft, den immissionsschutzrechtlichen Verordnungen sowie der GIRL maßgeblich (→ Rn. 4 ff.), da die Nichteinhaltung der Vorgaben im Grundsatz zu einer wesentlichen Beeinträchtigung führt.[54]

28 Wurde die **Wesentlichkeit der Beeinträchtigung** bejaht, ist nach § 906 Abs. 2 S. 1 BGB dennoch ein Duldungsanspruch der betroffenen Eigentümer gegeben, wenn die Beeinträchtigung durch eine **ortsübliche Benutzung** herbeigeführt wurde und nicht durch wirtschaftlich zumutbare Maßnahmen verhindert werden kann. Für die Ortsüblichkeit des Kraftwerksbetriebs ist durch den Eigentümer des Kraftwerks nachzuwei-

---

51 *Jarass* BImSchG § 17 Rn. 83.
52 *Jarass* BImSchG § 20 Rn. 22 und 36.
53 Grundlegend hierzu *Schulte Beerbühl* Rn. 777 ff.
54 *Dietlein* in Landmann/Rohmer UmweltR BImSchG § 5 Rn. 36.

sen, dass auch eine Mehrheit von Grundstücken in der Umgebung mit einer nach Art und Maß einigermaßen gleichen beeinträchtigenden Einwirkung benutzt wird.[55]

Sofern die immissionsschutzrechtliche Genehmigung in einem **förmlichen Genehmigungsverfahren** nach § 10 BImSchG erteilt wurde, ist zu beachten, dass der **Beseitigungs- oder Unterlassungsanspruch** nach § 1004 Abs. 1 S. 2 BGB mit **Eintritt der Unanfechtbarkeit der Genehmigung nach § 14 S. 1 BImSchG ausgeschlossen** ist. An die Stelle des Anspruchs nach § 1004 Abs. 1 S. 2 BGB tritt ein **Anspruch auf Schutzvorkehrungen nach § 14 S. 1 BImSchG** oder, sofern die Schutzvorkehrungen nicht durchführbar oder wirtschaftlich vertretbar sind, ein **Anspruch auf Schadensersatz nach § 14 S. 2 BImSchG.**[56] 29

2. Quasinegatorischer Unterlassungsanspruch nach §§ 1004 Abs. 1 S. 2, 823 Abs. 2 BGB analog iVm Auflagen einer Genehmigung

Wurde die immissionsschutzrechtliche Genehmigung oder die Baugenehmigung mit **drittschützenden Auflagen** erteilt, können Nachbarn die Einhaltung dieser Auflagen auch im Wege eines **quasinegatorischen Unterlassungsanspruchs** nach §§ 1004 Abs. 1 S. 2, 823 Abs. 2 BGB analog geltend machen.[57] 30

70. Kurgebiet

Gohde

I. Begriff des Kurorts

Kurorte sind Gemeinden, die aufgrund besonderer klimatischer Gegebenheiten oder wegen des Vorhandenseins von Heilquellen oder -mitteln zur **Durchführung von Kuren** geeignet sind. Die Kurortgesetze der Länder unterscheiden zwischen verschiedenen Artbezeichnungen für Kurorte, ua Heilbad, Heilklimatischer Kurort oder Luftkurort. Diese Gesetze regeln auch die Anerkennungsvoraussetzungen und das Anerkennungsverfahren. **Besondere Vorschriften zum Schutz der Nachbarschaft**, insbes. vor Lärm oder Gerüchen, die im Zusammenhang mit der Durchführung einer Kur ggf. erforderlich sind, **beinhalten die Kurortgesetze jedoch nicht**. Dies hat zur Folge, dass für die Frage von nachbarlichen Abwehrmöglichkeiten auf die jeweiligen Fachgesetze und die hierzu entwickelte Rechtsprechung abgestellt werden muss. Diesbezüglich ist jedoch zu beachten, dass die Fachgesetze idR nicht auf den gesamten Kurort, sondern lediglich auf **Kurgebiete** abstellen (→ Rn. 2 f.). 1

II. Ermittlung des Kurgebiets

Bei Kurgebieten handelt es sich um Gebiete, die durch **Einrichtungen für die Durchführung einer Kur**, insbes. Kurhaus, Kurmittelhaus, Kurheim, Kurverwaltung oder Sanatorium, und die in der Nähe befindlichen **Beherbergungseinrichtungen zur Unterbringung der Kurgäste** geprägt sind.[1] Das Vorliegen von Kurgebieten ist nicht zwingend davon abhängig, dass sie sich in anerkannten Kurorten befinden, vielmehr 2

55 *Brückner* in MüKoBGB § 906 Rn. 90 ff.
56 Ausführlich hierzu *Jarass* BImSchG § 14 Rn. 12 ff.
57 Grundsätzlich hierzu BGH Urt. v. 26.2.1993 – V ZR 74/92, BGHZ 122, 1.
1 *Söfker* in Ernst/Zinkahn/Bielenberg/Krautzberger BauNVO § 11 Rn. 36.

können **Kurgebiete auch in solchen Gemeinden gegeben sein, die keinen anerkannten Kurort** darstellen.[2]

3 Maßgeblich für das Vorliegen eines Kurgebiets ist die **bauplanungsrechtliche Beurteilung**. Sofern die Gemeinde von ihrer **Festsetzungsmöglichkeit** nach § 11 BauNVO bzgl. der Ausweisung von **sonstigen Sondergebieten in Form eines Kurgebiets** Gebrauch gemacht hat, ist das Kurgebiet hierdurch grds. konkret bestimmt. Innerhalb **eines im Zusammenhang bebauten Ortsteils** nach § 34 Abs. 1 BauGB ist es entscheidend, ob die Eigenart der näheren Umgebung von Kureinrichtungen und Beherbergungseinrichtungen zur Unterbringung von Kurgästen geprägt wird. Ausschlagegebend sind hierfür **die tatsächlichen örtlichen Gegebenheiten** im Einzelfall.[3] Gleichzeitig ist festzuhalten, dass es ein **„faktisches Kurgebiet" iSv § 34 Abs. 2 BauGB nicht geben** kann, da ein Kurgebiet als sonstiges Sondergebiet nicht durch die BauNVO bezeichnet wird, sondern die Frage nach der allgemeinen und ausnahmsweisen Zulässigkeit von Vorhaben durch die Gemeinde im Einzelfall festgesetzt werden muss.[4] Die Verneinung der Möglichkeit eines „faktischen Kurgebiets" hat zur Folge, dass es Nachbarn verwehrt ist, einen Gebietsschutz durch Berufung auf einen **Gebietserhaltungsanspruch** (→ Rn. 15 f.) geltend zu machen.

III. Kurort im öffentlichen Recht

1. Immissionsschutzrecht

4 Bezüglich des Immissionsschutzrechts, insbes. des Schutzes vor Lärm und Gerüchen, ist aufgrund der Verteilung der Gesetzgebungskompetenzen in den Art. 70 ff. GG zwischen **dem anlagen-** (→ Rn. 4 ff.) **und dem verhaltensbezogenen** (→ Rn. 12 f.) **Immissionsschutzrecht zu differenzieren**.

5 **a) Anlagenbezogenes Immissionsschutzrecht.** Der anlagenbezogene Immissionsschutz wird vor allem durch das BImSchG und die hiernach erlassenen Rechtsverordnungen und Verwaltungsvorschriften geregelt.

6 **aa) Lärm.** Zum Schutz vor Lärmbelästigungen setzen die **Immissionsschutzverordnungen**, die **TA Lärm** sowie die als Orientierung heranzuziehende **Freizeitlärm-Richtlinie**[5] die folgenden Tag- und Nachtwerte fest (bzgl. Einzelheiten → *Lärm, allgemein* Rn. 1 ff.).

	Tagwerte	Nachtwerte
§ 2 Abs. 1 Nr. 1 16. BImSchV	57 dB(A)	47 dB(A)
§ 2 Abs. 2 Nr. 5 18. BImSchV	45 dB(A)	35 dB(A)
Nr. 6.1 TA Lärm	45 dB(A)	35 dB(A)
Nr. 4.1 Freizeitlärm-Richtlinie	45 dB(A)	35 dB(A)

Tabelle: Tag- und Nachtwerte Lärm.

7 Hierbei ist zu beachten, dass die **Grenzwerte der 16. BImSchV** nur für den Bau und die wesentliche Änderung einer Straße oder eines Schienenweges gelten und ansonsten lediglich als **Orientierungswert** für eine Beeinträchtigung infolge von Verkehrslärm angesetzt werden können.[6]

2 VG Stuttgart Urt. v. 5.2.2003 – 16 K 4544/00, juris Rn. 56.

3 Grds. zur Ermittlung der Eigenart der näheren Umgebung, *Söfker* in Ernst/Zinkahn/Bielenberg/Krautzberger BauGB § 34 Rn. 34 ff.

4 Grundlegend hierzu BVerwG Urt. v. 16.9.2010 – 4 C 7/10, NVwZ 2011, 436; zu „faktischen Kurgebieten" VGH München Beschl. v. 26.1.2011 – 1 CS 10.2338, juris Rn. 16; VGH München Urt. v. 25.2.2011 – 1 N 09.1068, juris Rn. 24; VG Augsburg Urt. v. 31.5.2017 – Au 4 K 17.103, juris Rn. 35.

5 Freizeitlärm-Richtlinie des LAI, Stand: 6.3.2005.

6 OVG Schleswig Urt. v. 9.11.2017 – 2 LB 22/13, juris Rn. 107 zur Anwendung im Zusammenhang mit Verkehrsbeschränkungen nach § 45 Abs. 1 S. 2 Nr. 3 StVO; OVG Greifswald Beschl. v. 1.2.2005 – 3 M 298/04, juris Rn. 43 mwN.

Der Schutz vor Lärmbelästigungen kann nicht nur durch die Vorgaben von Grenz- und Richtwerten, sondern auch durch die **Beschränkung der Nutzungszeiten** erfolgen. So sieht § 8 Abs. 1 Nr. 1 32. BImSchV in einem Kurgebiet ein Nutzungsverbot für alle Geräte und Maschinen des Anhangs zur 32. BImSchV an Sonn- und Feiertagen sowie an allen Werktagen zwischen 20 Uhr und 7 Uhr vor. Für Geräte und Maschinen nach Nr. 2, 24, 34 und 35 des Anhangs zur 32. BImSchV wird eine Benutzung auch in der Zeit von 7 bis 9 Uhr, von 13 bis 15 Uhr sowie von 17 bis 20 Uhr untersagt, sofern sie nicht mit einem bestimmten Umweltzeichen gekennzeichnet sind, § 8 Abs. 1 Nr. 2 32. BImSchV. 8

Im Falle einer Überschreitung der Tag- und Nachtwerte sowie einer Überschreitung der Nutzungszeiten der 32. BImSchV können die betroffenen Nachbarn ein **Einschreiten der zuständigen Immissionsschutzbehörde** nach § 24 Abs. 1 BImSchG beantragen oder, falls das Ermessen nicht auf Null reduziert ist, eine ermessensfehlerfreie Entscheidung über den Antrag verlangen.[7] 9

Sofern die Lärmbelästigung von einem **schlicht-hoheitlichen Handeln** der Gemeinde oder eines anderen Hoheitsträgers, zB dem Betreiben eines Parkplatzes vor einem Kurhaus,[8] ausgeht, kann den betroffenen Nachbarn auch ein **öffentlich-rechtlicher Unterlassungsanspruch** nach § 1004 Abs. 1 S. 2 BGB analog zustehen. 10

bb) Gerüche. Bei Geruchsbelästigungen stellen sich zwei grundlegende Probleme. Zum einen sind Geruchsbelästigungen nicht nur von der Konzentration, sondern auch von der Geruchsqualität, der Geruchsintensität, der Hedonik, der tages- und jahreszeitlichen Verteilung der Einwirkungen, dem Belästigungsrhythmus sowie der Nutzung des betroffenen Gebiets abhängig.[9] Zum anderen bestehen für Gerüche derzeit keine Grenz- oder Richtwerte, nach denen die Erheblichkeit und damit die Schädlichkeit von Gerüchen beurteilt werden kann. Bis zum Erlass bundesrechtlicher Vorschriften kann zur Bestimmung der Erheblichkeit auf die **Geruchsimmissions-Richtlinie (GIRL)** als Orientierungshilfe zurückgegriffen werden.[10] Die Geruchsimmissions-Richtlinie ist eine technische Norm, die auf den Erkenntnissen und Erfahrungen von Sachverständigen beruht und der insoweit die Bedeutung von allgemeinen Erfahrungssätzen und **antizipierten Sachverständigengutachten** zukommt.[11] Die Geruchsimmissions-Richtlinie beinhaltet für Baugebiete Immissionswerte als Maßstab für die höchstzulässige Geruchsimmission. Die Ermittlung der zu erwartenden Geruchshäufigkeit setzt grds. eine Prognose anhand der oben genannten Kriterien voraus und ist vom jeweiligen Einzelfall und den Gegebenheiten vor Ort abhängig.[12] Für Kurgebiete kommt bei der Anwendung erschwerend hinzu, dass die Geruchsimmissions-Richtlinie für Kurgebiete keine Festlegungen beinhaltet. Das Kurgebiet ist daher nach den Grundsätzen des Planungsrechts einem von der Geruchsimmissions-Richtlinie erfassten Gebiet zuzuordnen,[13] wobei die Auslegungshinweise zur Geruchsimmissions-Richtlinie bei Kurgebieten Immissionswerte zwischen 0,06/6 % und 0,10/10 % der Jahresstunden empfehlen[14] 11

b) Verhaltensbezogenes Immissionsschutzrecht. Der verhaltensbezogene Immissionsschutz wird in erster Linie durch die **Immissionsschutzgesetze der Länder** geregelt. Diese sehen ua die Einhaltung einer **Nachtruhe** von 22 bis 6 Uhr[15] sowie teilweise die Einhaltung einer Sonn- und Feiertagsruhe[16] vor. Die 12

---

7 VG Minden Urt. v. 15.6.2005 – 11 K 2311/04, juris Rn. 16 ff.; VG Minden Urt. v. 10.7.2002 – 11 K 3074/00, juris Rn. 21 ff.

8 VGH München Urt. v. 3.2.2000 – 1 B 98.1603, juris Rn. 63 ff.; BVerwG Beschl. v. 23.10.2000 – 7 B 71/00, DVBl 2001, 642.

9 Nr. 1 Geruchsimmissions-Richtlinie (GIRL) in der Fassung vom 29.2.2008 und einer Ergänzung vom 10.9.2008.

10 Vgl. OVG Münster Urt. v. 2.12.2013 – 2 A 2652/11, ZfBR 2014, 378; zur Anwendbarkeit der GIRL siehe auch BVerwG Urt. v. 27.6.2017 – 4 C 3.16, BVerwGE 159, 187 = ZfBR 2017, 791.

11 BVerwG Beschl. v. 5.8.2015 – 4 BN 28/15, juris Rn. 5.

12 Zur Vorgehensweise nach der Geruchsimmissions-Richtlinie, s. *Schulte Beerbühl* Rn. 597 ff.

13 Nr. 3.1 Geruchsimmissions-Richtlinie (GIRL) in der Fassung vom 29.2.2008 und einer Ergänzung vom 10.9.2008.

14 OVG Münster Urt. v. 2.12.2013 – 2 A 2652/11, ZfBR 2014, 378; VG Würzburg Urt. v. 19.10.2010 – W 4 K 07.1422, juris Rn. 231.

15 § 3 ImSchG Bln, § 10 Abs. 1 BbgImSchG, § 9 Abs. 1 LImSchG NRW, § 4 Abs. 1 LImSchG RhPf.

16 § 4 ImSchG Bln.

Einhaltung dieser Vorgaben kann durch die Nachbarn ebenfalls durch das **Verlangen eines Einschreitens der zuständigen Immissionsschutzbehörde** bzw. einer ermessensfehlerfreien Entscheidung hierüber geltend gemacht werden.

13 Darüber hinaus beinhalten einige Immissionsschutzgesetze der Länder die **Ermächtigungsgrundlage zum Erlass von Ortsrecht**. Aufgrund dieser Ermächtigungsgrundlage können die Gemeinden bezogen auf die besondere Schutzbedürftigkeit des Gebietes zur Vermeidung von schädlichen Umwelteinwirkungen **den Betrieb bestimmter Anlagen oder die Durchführung bestimmter Tätigkeiten**[17] sowie **die Verwendung von bestimmten Brennstoffen untersagen oder beschränken**.[18] In Baden-Württemberg sieht § 8 Abs. 1 KurortG BW ausdrücklich eine entsprechende Regelung für anerkannte Kur- und Erholungsorte vor. Da die Ermächtigungsgrundlagen den Erlass nur zur Vermeidung von schädlichen Umwelteinwirkungen vorsehen, ist mit dem jeweiligen Ortsrecht auch immer ein Schutz der Nachbarschaft verbunden, mit der Folge dass die Nachbarschaft die Einhaltung des Ortsrechts gegenüber der zuständigen Behörde verlangen kann.

2. Baurecht

14 Baurechtlich ist das Kurgebiet für Nachbarn vor allem unter dem Gesichtspunkt des **Gebietserhaltungsanspruchs** (→ Rn. 15 f.) und des **Gebots der Rücksichtnahme** (→ Rn. 17) relevant.

15 **a) Gebietserhaltungsanspruch.** Mit der Festsetzung eines sonstigen Sondergebiets in Form eines Kurgebiets ist nach ständiger Rechtsprechung des BVerwG[19] ein Schutz der Nachbarn innerhalb des festgesetzten Kurgebiets in Form des Gebietserhaltungsanspruchs (→ *Gebietsschutz, Baugebietsverträglichkeit und Rücksichtnahmegebot* Rn. 3 ff.) verbunden. Denn durch die Festsetzung eines Baugebiets zielt die Gemeinde auf einen Ausgleich möglicher Nutzungskonflikte und bestimmt gleichzeitig den Inhalt des Grundeigentums. Infolge des so geschaffenen gegenseitigen Austauschverhältnisses können Nachbarn die für sie bestehenden **öffentlich-rechtlichen Beschränkungen durch die Art der baulichen Nutzung auch gegenüber ihren Nachbarn durchsetzen**.[20] Infolgedessen können die Nachbarn die Einhaltung der durch die Festsetzung des Kurgebiets vorgegeben Art der baulichen Nutzung im gesamten Kurgebiet verlangen.

16 Der Gebietserhaltungsanspruch bezieht sich im Grundsatz **nur auf das jeweils festgesetzte Kurgebiet** (→ *Gebietsschutz, Baugebietsverträglichkeit und Rücksichtnahmegebot* Rn. 35). Eine Abwehrmöglichkeit gegenüber außerhalb des Kurgebiets geplanten Bauvorhaben lässt sich aus dem Gebietserhaltungsanspruch nicht ableiten.[21] Eine solche Abwehrmöglichkeit kann sich entweder nur daraus ergeben, dass die Gemeinde mit der Festsetzung des Kurgebiets auch einen Nachbarschutz über das Kurgebiet hinaus verfolgen wollte,[22] oder aus dem baurechtlichen Gebot der Rücksichtnahme[23] (→ Rn. 17).

17 **b) Gebot der Rücksichtnahme.** Für ein Kurgebiet besteht aufgrund seines Zwecks – der Ermöglichung einer Kur – ein besonderer Schutz, welcher sich im baurechtlichen Gebot der Rücksichtnahme[24] niederschlagen kann. Im Rahmen des baurechtlichen Gebots der Rücksichtnahme werden die **Auswirkungen eines Vorhabens auf die durch das Vorhaben Betroffenen** betrachtet. Die vom Vorhaben Betroffenen müssen unzumutbare Nachteile durch das Vorhaben nicht hinnehmen.[25] Auf das baurechtliche Gebot der Rücksichtnahme können sich die Betroffenen jedoch nur berufen, wenn das Gebot sich in einer **materiellen**

17 Art. 7 Abs. 1 S. 1 Nr. 1 und 2 BayImSchG, § 5 Abs. 1 lit. a und c LImSchG NRW, § 3a Abs. 1 Nr. 1 LImSchG RhPf.
18 Art. 7 Abs. 1 S. 1 Nr. 1 BayImSchG, § 5 Abs. 1 lit. b LImSchG NRW; § 3a Abs. 1 Nr. 2 LImSchG RhPf.
19 Grundlegend hierzu BVerwG Urt. v. 16.9.1993 – 4 C 28/91, BVerwGE 94, 151 = NJW 1994, 1546.
20 BVerwG Urt. v. 16.9.1993 – 4 C 28/91, BVerwGE 94, 151 = NJW 1994, 1546.
21 BVerwG Beschl. v. 10.1.2013 – 4 B 48/12, juris Rn. 6 f.; BVerwG Beschl. v. 22.12.2011 – 4 B 32.11, ZfBR 2012, 378; BVerwG Beschl. v. 18.12.2007 – 4 B 55/07, NVwZ 2008, 427; *Schulte Beerbühl* Rn. 165 mwN.
22 BVerwG Beschl. v. 18.12.2007 – 4 B 55/07, NVwZ 2008, 427; VGH München Beschl. v. 31.8.2012 – 14 CS 12.1373, juris Rn. 26 ff.; OVG Koblenz Urt. v. 14.1.2000 – 1 A 11751/99, juris Rn. 22 ff.; *Schulte Beerbühl* Rn. 167 mwN.
23 VG Minden Urt. v. 12.11.2015 – 9 K 3413/13, juris Rn. 51 ff.
24 Ausf. hierzu *Schulte Beerbühl* Rn. 442 ff.
25 *Schulte Beerbühl* Rn. 442.

Vorschrift des öffentlichen Rechts niedergeschlagen hat.[26] Einen Ausdruck hat das baurechtliche Gebot der Rücksichtnahme ua in § 15 BauNVO,[27] im Gebot des Einfügens nach § 34 Abs. 1 BauGB[28] sowie als ungeschriebenes Gebot der öffentlichen Belange iSv § 35 Abs. 3 BauGB[29] gefunden (→ *Rücksichtnahmegebot* Rn. 1 ff.).

IV. Kurort im Zivilrecht

Im Zivilrecht kommt dem Kurort, genauer gesagt dem **Kurgebiet**, vor allem im Zusammenhang mit einem 18
Unterlassungsanspruch nach § 1004 Abs. 1 S. 2 BGB und der Frage, ob ein **Duldungsanspruch nach § 906 BGB** besteht, besondere Bedeutung zu. Gemäß § 906 Abs. 1 S. 1 BGB besteht eine Duldungspflicht, wenn Gase, Dämpfe, Gerüche, Rauch, Ruß, Wärme, Geräusche, Erschütterungen oder ähnliche Einwirkungen die Nutzung des Grundstücks nicht oder nur unwesentlich beeinträchtigen. Eine **unwesentliche Beeinträchtigung** liegt idR vor, wenn die in Gesetzen, Rechtsverordnungen oder allgemeinen Verwaltungsvorschriften nach § 48 BImSchG festgelegten Grenz- oder Richtwerte nicht überschritten werden, § 906 Abs. 1 S. 2, 3 BGB. Sofern ein Kurgebiet gegeben ist (→ Rn. 2 f.), sind die für ein Kurgebiet vorgegebenen Grenz- und Richtwerte (→ Rn. 6 ff.) einzuhalten.[30] Hierbei ist zu beachten, dass § 906 Abs. 1 S. 2, 3 BGB nur Grenz- und Richtwerte in Parlamentsgesetze und förmlichen Rechtsverordnungen des Bundes und der Länder erfasst,[31] nicht jedoch Grenz- und Richtwerte in gemeindlichen Satzungen und Rechtsverordnungen (→ Rn. 13).

71. Ladestation

Klose

Literatur: *Burgmair*, Ladestationen für Elektrofahrzeuge in der Wohnungseigentumsanlage, ZWE 2018, 237; *Günther*, Überspannungsschäden und -haftung nach der NAV und dem ProdHaftG, VersR 2019, 922; *Häublein*, Solarbetriebene Ladestation für Elektrofahrzeuge als Modernisierungsmaßnahme, ZWE 2015, 255; *Schultzky*, WEG-Reform 2020: Die Änderungen für die Verwaltung des Wohnungseigentums und das Verfahrensrecht durch das WEMoG, MDR 2020, 1473.

I. Einführung

Die zunehmende Verbreitung von Elektroautos wird zu vermehrten Bemühungen führen, diese Fahrzeuge 1
nicht nur im öffentlichen Bereich, sondern, vor allem über Nacht, auch im häuslichen Bereich aufladen zu können. Auch wenn die Aufladung grundsätzlich an der normalen Steckdose erfolgen kann, wird dies im Regelfall keine Dauerlösung darstellen können. Der Ladevorgang an der Haussteckdose dauert zwischen

26 *Schulte Beerbühl* Rn. 444.
27 OVG Schleswig Beschl. v. 26.8.2011 – 1 MB 11/11, juris Rn. 6; VG Minden Urt. v. 12.11.2015 – 9 K 3413/13, juris Rn. 51 ff.; *Söfker* in Ernst/Zinkahn/Bielenberg/Krautzberger BauNVO § 15 Rn. 1.
28 *Söfker* in Ernst/Zinkahn/Bielenberg/Krautzberger BauGB § 34 Rn. 48 ff.
29 *Mitschang/Reidt* in Battis/Krautzberger/Löhr BauGB § 35 Rn. 79 mwN.
30 LG Kempten Urt. v. 22.8.1985 – 2 O 1860/83 T, DWW 1986, 18.
31 *Herrler* in Palandt BGB § 906 Rn. 19.

acht und vierzehn Stunden. Regelmäßig sind zudem die Hausleitungen nicht auf so hohe Dauerbelastungen ausgelegt. Daher wird für das Aufladen häufig der Anschluss einer an die Starkstromleitung anzuschließende Wallbox, also einer für Elektroautos entwickelten Ladestation, vorgesehen. Diese dosiert die abzugebende elektrische Energie und ist in der Lage, ein Mittelklasseelektroauto mit einer Ladeleistung von 11 bis 22 Kilowatt binnen ein bis vier Stunden wieder aufzuladen. Sie ist mit den klassischen auch im öffentlichen Verkehr verwandten Ladekabeln und dem genormten Typ-2-Stecker versehen. Die durch das Errichten von Vorrichtungen für das Aufladen von Elektrofahrzeugen auf dem eigenen Grundstück entstehenden Konflikte hängen davon ab, ob die Ladestation auf dem Nachbargrundstück oder in einem Objekt, das mehrere Mieter oder Miteigentümer nutzen, angeschlossen werden soll.

II. Die auf dem Nachbargrundstück errichtete Ladestation

2 Wird auf dem Nachbargrundstück eine Ladestation errichtet, kann dadurch die Gefahr begründet werden, dass der in das Gebiet gelieferte Strom nicht mehr zu einer gleichmäßigen Versorgung des Gebietes ausreicht. Weiter kann die Sorge bestehen, dass schädliche elektrische Felder entstehen. Beides wird aber im Regelfall nicht zu einem Unterlassungsanspruch des Nachbarn führen können.

1. Einwirkungen auf den Stromkreis des Nachbargrundstücks

3 Mit der Begründung, dass durch das Anbringen einer Ladestation das öffentliche Stromnetz überlastet wird, kann der Nachbar die Errichtung einer Ladestation auf dem Nachbargrundstück regelmäßig nicht verhindern.

4 **a) Zivilrecht.** Für möglicherweise auftretende Engpässe und Spannungsschwankungen bei der Versorgung mit Elektrizität ist nicht der Nachbar, sondern allein das Versorgungsunternehmen verantwortlich. Die jeweilige Stromlieferung erfolgt auf der Grundlage eines Vertrages mit dem Versorgungsunternehmen. Dieses ist gemäß § 18 Abs. 1 S. 1 EnWG dazu verpflichtet, den Letztverbraucher an die Energieversorgungsnetze anzuschließen[1] und muss den Strom unabhängig von den Abnahmemengen anderer Nutzer störungsfrei zur Verfügung zu stellen.[2] Der Anspruch auf Stromlieferung richtet sich also unabhängig von dessen Verpflichtungen gegenüber anderen Abnehmern jeweils gegen den Netzbetreiber, der gemäß § 16 NAV[3] verpflichtet ist, dem Anschlussnehmer die Nutzung des Netzanschlusses im Rahmen des vorgesehenen Umfangs jederzeit zu ermöglichen. Der Nachbar ist auch aus dem nachbarschaftlichen Gemeinschaftsverhältnis heraus nicht dazu verpflichtet, in deren Interesse weniger Strom als gewollt abzunehmen. Die Lieferung ihm gegenüber hat nämlich keinen Einfluss auf die Verpflichtung des Versorgungsunternehmens im Hinblick auf die Belieferung Dritter mit Strom. Treten Lieferengpässe auf, ist das Versorgungsunternehmen vertraglich verpflichtet, diese zu beseitigen.

5 **b) Öffentliches Recht.** Soll auf dem Nachbargrundstück ein Anlage mit einer Ladestation für Elektrofahrzeuge errichtet werden, kann dies jedenfalls dann zu einer im Rahmen der Drittanfechtung einer Baugenehmigung zu rügenden Beeinträchtigung führen, wenn die Errichtung genehmigungsbedürftig und durch sie eine Verletzung des Rücksichtnahmegebotes zu besorgen ist. Diese kann darauf begründet sein, dass sie zu einer erheblichen Verschlechterung der Erschließungssituation führt, die nach Abwägung aller Umstände für den Nachbarn unzumutbar,[4] etwa die vorhandene Erschließung nicht mehr ausreichend ist. Jedenfalls

---

1 Ein Anschlussbegehren an das Mittelspannungsnetz darf dagegen gemäß § 17 Abs. 2 EnwG verweigert werden, wenn dieser dem Netzbetreiber wirtschaftlich nicht zumutbar ist. Dazu: LG Nürnberg-Fürth Urt. v. 25.7.2007 – 4Hk 3005/06, CuR 2007, 156 (157).

2 Die Spannung und die Frequenz muss gemäß § 16 Abs. 2 NAV möglichst gleichbleibend derart gehalten werden, dass allgemein übliche Verbrauchsgeräte einwandfrei betrieben werden können.

3 Gemäß § 7 NAV beträgt die zu liefernde Spannung am Ende des Netzanschlusses bei Drehstrom etwa 400 oder 230 Volt und bei Wechselstrom etwa 230 Volt, so dass die Stromlieferung auch für den für den Ladevorgang erforderlichen Starkstrom der NAV unterliegt.

4 VGH Mannheim Beschl. v. 15.11.2017 – 8 S 2101/17, NVwZ-RR 2018, 298 (299); OVG Münster Urt. v. 15.5.2013 – 2 A 3009/11, BauR 2013, 1640 (1642); VG Neustadt/Weinstraße Beschl. v. 4.12.2018 – 5 L 1465/18.NW, juris Rn. 23.

dann, wenn die Ladestation zu einem zusätzlichen Verkehr auf den Erschließungsstraßen führen wird, weil die Ladestation auch von Personen mit ihren Fahrzeugen genutzt werden soll, die bisher zu dem Grundstück keinen Bezug hatten,[5] oder weil in einem Umfang Ladestationen errichtet werden sollen, die zu einer wahrscheinlichen Überlastung des Stromnetzes führen, kann diese Voraussetzung erfüllt sein. Bei dem Umfang der Stromlieferung setzt das jedoch weiter voraus, dass der Netzbetreiber nicht dazu verpflichtet ist, eine überlastungsbedingte Störung gemäß § 16 Abs. 1 S. 2 NAV zu beseitigen. Das kann etwa dadurch begründet sein, dass dem Versorgungsunternehmen aus wirtschaftlichen Gründen das Verlegungen von Leitungen mit einer größeren Kapazität nicht zugemutet werden kann.[6]

c) Schäden durch Leistungsschwankungen. Führt das vermehrte Abfordern von elektrischer Energie 6
durch Ladestationen zu schädlichen Spannungsschwankungen[7] und dadurch zu Überspannungsschäden, stehen den Geschädigten, wenn teilweise auch auf einen Höchstbetrag beschränkt, sowohl Ersatzansprüche aus dem ProdHaftG,[8] als auch aus §§ 280 Abs. 1, 823 BGB zur Seite.[9] Gemäß § 18 Abs. 1 NAV wird das Verschulden des Netzbetreibers widerlegbar vermutet.[10] Führen die durch den Ladevorgang entstehenden elektrischen Felder zum Ausfallen von elektronischen Geräten auf dem Nachbargrundstück, werden dadurch aber keine Ersatzansprüche aus § 823 Abs. 2 BGB iVm der 26. BImSchV begründet. Diese Verordnung regelt nämlich allein die Einwirkungen der Felder auf Personen und nicht auf Sachen.[11]

2. Elektrische Felder

Werden Ladestationen für Elektrofahrzeuge betrieben, entstehen dadurch notwendig elektrische und ma- 7
gnetische Felder. Diese haben ihre Ursache in den bei der Aufladung entstehenden Potential- und Ladungsdifferenzen. Sie können die Funktionsfähigkeit moderner EDV-Geräte beeinflussen[12] und stehen im Verdacht, gesundheitliche Beeinträchtigungen hervorrufen zu können. Rechtlich werden Immissionen von elektromagnetischen Feldern wie „ähnliche von einem anderen Grundstück ausgehende Einwirkungen" im Sinne von § 906 Abs. 1 S. 1 BGB behandelt.[13] Wie auch bei Sendemasten (→ *Funkantenne* Rn. 24)[14] und Trafostationen[15] können die von den Ladestationen ausgehenden Strahlungen aber nur dann als unzumutbare Einwirkungen im Sinne des § 906 BGB gewertet werden, wenn ihre Schädlichkeit nachgewiesen wird. Hierfür sind wissenschaftliche Untersuchungen erforderlich. Bisher sind keine Untersuchungen bekannt, die eine derartige Schädlichkeit bestätigen. Ein wissenschaftlicher Nachweis dafür, dass durch Starkstrom „Elektrosmog" abgestrahlt wird, ist bisher nicht geführt worden. Bei einer Mobilfunkanlage werden die von ihr ausgehenden Strahlen als unwesentlich angesehen, wenn sie die Grenzwerte der 26. BImSchV nicht

5 Zum möglichen Verstoß gegen das Rücksichtnahmegebotes durch eine vorhabenbezogene mögliche Überlastung einer Straße: OVG Magdeburg Beschl. v. 1.10.2012 – 2 M 114/12, NJOZ 2013, 184 (185).

6 LG Neuruppin Urt. v. 28.3.2018 – 31 O 222/17, juris Rn. 24 zu Unverhältnismäßigkeit einer ca. 1.100 m langen Freileitung.

7 Abgelehnt wurde diese Haftung für kurzzeitige Stromunterbrechungen: LG Kiel Urt. v. 13.5.2009 – 5 O 100/08, juris Rn. 24.

8 BGH Urt. v. 25.2.2014 – VI ZR 144/13, MDR 2014, 525 (525); OLG Brandenburg Urt. v. 26.2.2019 – 6 U 26/18, VersR 2019, 958 (959); *Günther* VersR 2019, 922.

9 OLG Brandenburg Urt. v. 26.2.2019 – 6 U 26/18, VersR 2019, 958 (958); *Günther* VersR 2019, 922.

10 Zu den Anforderungen an den Entlastungsbeweis: *Günther* VersR 2019, 923; OLG Brandenburg Urt. v. 26.2.2019 – 6 U 26/18, VersR 2019, 958 (959).

11 OLG Stuttgart Urt. v. 5.4.2001 – 1 U 2/01, OLG Report 2001, 363 (364); BVerwG Urt. v. 1.9.1999 – 11 A 2/98, NVwZ 2000, 68 (69).

12 Vgl. BVerwG Urt. v. 1.9.1999 – 11 A 2/98, NVwZ 2000, 68 (68).

13 BGH Urt. v. 13.2.2004 – V ZR 217/03, NJW 2004, 1317 (1318); OLG Stuttgart Urt. v. 5.4.2001 – 1 U 2/01, OLG Report 2001, 363 (364); LG München Urt. v. 25.6.1996 – 3 O 911/96, NJW-RR 1997, 465 (465); OLG Stuttgart Urt. v. 5.4.2001 – 1 U 2/01, OLG Report 2001, 363 (364); LG München Urt. v. 25.6.1996 – 3 O 911/96, NJW-RR 1997, 465 (465).

14 Dazu: VG Göttingen Urt. v. 6.6.2019 – 4 A 345/17, juris Rn. 33.

15 BVerfG Beschl. v. 17.2.1997 – 1 BvR 1658/96, NJW 1997, 2509 (2910).

übersteigen.[16] Diese legt die Grenzwerte normativ fest und ist bei der Auslegung gemäß § 906 BGB zu berücksichtigen.[17] Erst recht gilt das für die deutlich niederfrequenteren Strahlen von Ladestationen für Elektrofahrzeuge. Ein Anspruch darauf, diese nachteiligen Folgen auf Kosten des Betreibers der Ladestation durch technische Maßnahmen abzuwenden, besteht daher in der Regel nicht. Auch ein Anspruch entsprechend § 906 BGB setzt nicht nur voraus, dass der Nachbar keinen Abwehranspruch gegen die Strahlung hat. Zudem muss auch die Schwelle überschritten sein, bis zu der der Eingriff entschädigungslos zu dulden ist.[18] Angesichts der erst beginnenden Verbreitung der Elektromobilisierung wird dagegen das Argument der Ortsüblichkeit zumindest derzeit noch nicht durchgreifend sein.[19]

3. Unerlaubte Entnahme von Strom aus der Ladestation

8 Die Entnahme von Ladestrom auf dem Nachbargrundstück ohne die Genehmigung des Berechtigten des Nachbargrundstücks ist nicht gemäß § 248c StGB strafbar, sofern die für die Entnahme vorgesehenen Vorrichtungen der Ladestation dafür genutzt werden. Durch § 248c Abs. 1 StGB ist nämlich nur die unberechtigte Entnahme von Energie durch eine nicht zur ordnungsgemäßen Entnahme bestimmten Einrichtung als Tathandlung definiert.[20] Es kommt damit darauf an, ob ein vom Berechtigten als solcher nicht vorgesehener Leiter zum Aufladen des Pkw verwendet worden ist.[21] Wird die Ladevorrichtung technisch bestimmungsgemäß benutzt, scheidet damit eine Strafbarkeit nach § 248c StGB aus. Zivilrechtlich kann der Berechtigte der Ladestation jedoch zumindest einen Bereicherungsanspruch aus § 812 Abs. 1 S. 1 Alt. 2 BGB verfolgen.

III. Die Ladestation im WEG und im Mietrecht

9 In der WEG und im Mietrecht ist vor allem klärungsbedürftig, ob der einzelne Eigentümer oder der Mieter von der Eigentümergemeinschaft oder dem Vermieter das Anbringen einer Ladestation oder die Zustimmung dazu verlangen kann.

1. WEG

10 In Wohneigentumsanlagen mit eigenen Parkplätzen wird sich, sei es im Sondereigentum oder sei es im Gemeinschaftseigentum, das Problem der Errichtung von Ladestationen zunehmend stellen,[22] sofern für diese neue Kabel verlegt, Starkstromanschlüsse geschaffen oder neue Ladesteckdosen angebracht werden müssen. In diesem Fall wird eine bauliche Veränderung im Sinne des § 20.[23] Nach altem Recht war streitig, ob dies der Zustimmung aller Eigentümer bedurfte,[24] zumal die Maßnahme für den einzelnen Wohnungseigentümer, der den Elektroanschluss nicht wünscht, auch nachteilig sein konnte.[25] Regelmäßig wird das Errichten zu einer optischen Veränderung führen. Der Stromanschluss muss gelegt werden und kann dazu führen, dass der Hausanschluss der Wohnanlage überlastet wird, neue Zuleitungen, Kurzschlüsse und Kabelbrände sind zu besorgen.[26] Diese Frage ist jedoch durch die Neufassung des WEG und die in § 20 Abs. 2 Nr. 2

16 BGH Urt. v. 13.2.2004 – V ZR 217/03, NJW 2004, 1317 (1318); OLG Frankfurt a. M. Urt. v. 23.6.2005 – 16 U 6/05, NJW-RR 2005, 1544 (1544). Im öffentlichen Recht gilt dies ebenfalls: BVerwG Urt. v. 26.6.2019 – 4 A 5/18, juris Rn. 87; BVerwG Urt. v. 17.12.2013 – 4 A 1.13, NVwZ 2014, 669 (672).

17 BVerfG Beschl. v. 17.2.1997 – 1 BvR 1658/96, NJW 1997, 2509 (2909).

18 OLG Stuttgart Urt. v. 5.4.2001 – 1 U 2/01, OLG Report 2001, 363 (364).

19 Vgl. BVerfG Beschl. v. 17.2.1997 – 1 BvR 1658/96, NJW 1997, 2509 (2910).

20 RG Urt. v. 14.7.1907 – I 682/06, RGSt 39, 436 (438); RG Urt. v. 29.4.1940 – 2 D 153/40, RGSt 74, 243 (244).

21 RG Urt. v. 29.4.1940 – 2 D 153/40, RGSt 74, 243 (244).

22 Dazu *Burgmair* ZWE 2018, 237.

23 *Burgmair* ZWE 2018, 238; *Häublein* ZMR 2015, 255; LG Düsseldorf Urt. v. 4.8.2020 – 25 S 134/19, ZMR 2020, 870 (870). AA AG München Urt. v. 17.12.2014 – 482 C 12592/14, ZMR 2015, 632 (632), das die Installation einer Aufladestation für Elektrofahrzeuge als zu dem Mindeststandart im Sinne des § 21 Abs. 5 Nr. 6 WEG betrachtet; zweifelnd: LG München Endurt. v. 21.1.2016 – 36 S 2041/15 WEG, ZMR 2016, 569 (570).

24 *Häublein* ZMR 2015, 256; AG Düsseldorf Urt. v. 25.11.2019 – 290a 76/19, ZMR 2020, 151 (151f.).

25 AG Berlin-Schöneberg Urt. v. 5.4.2015 – 771 C 87/14, ZMR 2017, 431 (432).

26 *Burgmair* ZWE 2018, 238.

WEG geregelte Privilegierung von baulichen Veränderungen, die dem Laden elektrisch betriebener Fahrzeuge dienen, geklärt worden. Danach können Miteigentümer die Errichtung einer Ladstation regelmäßig durchsetzen.[27]

2. Im Mietrecht

Auch der Mieter kann, wenn er keine anderweitige vertragliche Vereinbarung getroffen hat, von seinem Vermieter nicht verlangen, dass elektromagnetische Einwirkungen über das Maß der einschlägigen technischen Normen hinaus verhindert werden. Für elektromagnetische Felder wird diese Grenze erst durch die 26. BImSchV definiert, auf die zur Abgrenzung auch im Mietrecht zurückgegriffen werden darf.[28] 11

72. Landwirtschaft und gewerbliche Tierhaltungsanlagen

Schulte Beerbühl

Literatur: *Arnold*, Aktuelle Probleme der bau- und immissionsschutzrechtlichen Zulassungsvoraussetzungen von Tierhaltungsanlagen, NVwZ 2017, 497; *Arnold/Klinck*, Geruchsimmissionen – zumutbar im Rahmen der Vorbelastung, Besprechung des Urteils des BVerwG vom 27.6.2017 – 4 C 3.16, BauR 2017, 1938; *Halmschlag*, Grundsatzurteil zur Zumutbarkeit von landwirtschaftlichen Gerüchen im Außenbereich, jurisPR-UmwR 11/2015; *Hirsch*, Nachbarschutz gegen landwirtschaftlichen Betrieb im unbeplanten Innenbereich. Anm. zu OVG Saarl, Urteil vom 1.2.2018, 2 A 185/16, jurisPR-ÖffBauR 4/2018; *Kremer*, Landwirtschaftliche Privilegierung einer Nebenerwerbsstelle, Anm. zu BayVGH, Urteil vom 23.11.2018 – 15 B 15.1376, jurisPR-ÖffBauR 3/2019; *Kümper*, Zur Privilegierung gewerblicher Tierhaltungsanlagen im Außenbereich und zu den Möglichkeiten ihrer bauleitplanerischen Steuerung, NVwZ 2019, 206; *Rebler*, Mittelwertbildung contra heranrückende Wohnbebauung beim Aneinandergrenzen von Gebieten, DVBl 2019, 1515; *Thiel*, Bedeutung der Immissionswerte der Geruchsimmissions-Richtlinie für Gewerbe- und Industriegebiete (GIRL), jurisPR-ÖffBauR 4/2019.

I. Allgemeines

Landwirtschaftliche Betriebe und gewerbliche Tierhaltungsanlagen[1] haben in nachbarrechtlicher Hinsicht unter dem Gesichtspunkt des Bauplanungsrechts und des Immissionsschutzrechts eine Besonderheit: Sie sind zumeist im Außenbereich gelegen (zu Ausnahmen → Rn. 8), wo lagebedingt **Geruchs- und Lärmimmissionen** oft, aber nicht immer, unproblematisch und deshalb zumeist von Nachbarn hinzunehmen sind; 1

27 *Schultzky* MDR 2020, 1476.
28 BGH Urt. v. 15.3.2006 – VIII ZR 74/05, NJW-RR 2006, 879 (880).
1 Zu deren planungsrechtlicher Zulässigkeit s. *Kümper* NVwZ 2019, 206.

sie bedürfen unter Umständen aber gerade deswegen des besonderen Schutzes, damit ihr Fortbestand gesichert sein kann (→ Rn. 47 ff.).[2]

2 Im Hinblick auf das **Bauordnungsrecht** gelten für die hier anzusprechenden Anlagen keine Besonderheiten. Sie haben die Regeln des Bauordnungsrechts einzuhalten, und nachbarliche Abwehransprüche bestehen nach denselben Grundsätzen wie für andere Anlagen und Betriebe.

II. Begriff der Landwirtschaft und der gewerblichen Tierhaltungsanlagen

3 Die von Rechts wegen bestehenden (auch: nachbarrechtlichen) **Privilegierungen** können landwirtschaftliche Betriebe und gewerbliche Tierhaltungsanlagen nur dann in Anspruch nehmen, wenn die für diese jeweiligen Nutzungsarten geforderten Merkmale erfüllt sind.

4 § 201 BauGB enthält eine **Legaldefinition** für die „**Landwirtschaft**", die für das gesamte Bauplanungsrecht Anwendung findet. Nach der Begriffsbestimmung ist Landwirtschaft „insbesondere der Ackerbau, die Wiesen- und Weidewirtschaft einschließlich Tierhaltung, soweit das Futter überwiegend auf den zum landwirtschaftlichen Betrieb gehörenden, landwirtschaftlich genutzten Flächen erzeugt werden kann, die gartenbauliche Erzeugung, der Erwerbsobstbau, der Weinbau, die berufsmäßige Imkerei und die berufsmäßige Binnenfischerei".[3] Für einen landwirtschaftlichen Betrieb ist im Außenbereich ein Vorhaben zulässig, wenn öffentliche Belange nicht entgegenstehen, die ausreichende Erschließung gesichert ist, es diesem Betrieb dient und nur einen untergeordneten Teil der Betriebsfläche einnimmt (§ 35 Abs. 1 Nr. 1 BauGB).

5 Gerade das Merkmal „einschließlich Tierhaltung, soweit das Futter überwiegend auf den zum landwirtschaftlichen Betrieb gehörenden, landwirtschaftlich genutzten Flächen erzeugt werden kann" grenzt landwirtschaftliche Betriebe gegenüber **gewerblichen Tierhaltungsanlagen ab**, die ihrerseits Gegenstand der Regelung in § 35 Abs. 1 Nr. 4 BauGB sind. Für gewerbliche Tierhaltungsanlagen im Außenbereich ist ein Vorhaben zulässig, wenn öffentliche Belange nicht entgegenstehen, die ausreichende Erschließung gesichert ist und wenn es wegen seiner besonderen Anforderungen an die Umgebung, wegen seiner nachteiligen Wirkung auf die Umgebung oder wegen seiner besonderen Zweckbestimmung nur im Außenbereich ausgeführt werden soll, es sei denn, es handelt sich um die Errichtung, Änderung oder Erweiterung einer baulichen Anlage zur Tierhaltung, die dem Anwendungsbereich der Nummer 1 (landwirtschaftlicher Betrieb) nicht unterfällt und die einer Pflicht zur Durchführung einer standortbezogenen oder allgemeinen Vorprüfung oder einer Umweltverträglichkeitsprüfung nach dem Gesetz über die Umweltverträglichkeitsprüfung (sog. UVP-pflichtige Vorhaben) unterliegt, wobei bei kumulierenden Vorhaben für die Annahme eines engen Zusammenhangs diejenigen Tierhaltungsanlagen zu berücksichtigen sind, die auf demselben Betriebs- oder Baugelände liegen und mit gemeinsamen betrieblichen oder baulichen Einrichtungen verbunden sind (§ 35 Abs. 1 Nr. 4 BauGB).

6 Auf eine **Differenzierung** zwischen landwirtschaftlichen Betrieben und gewerblichen Tierhaltungsanlagen kann im Nachfolgenden weitgehend verzichtet werden, da sie für die nachbarrechtlichen Fragen zumeist keine Rolle spielt. Allerdings ist die Unterscheidung für die Anwendbarkeit der TA Lärm bedeutsam, weil diese für nicht dem Immissionsschutzrecht unterfallende landwirtschaftliche Betriebe nicht anwendbar ist (→ *Lärm, Gewerbe und Industrie* (*TA Lärm)* Rn. 4).

III. Landwirtschaftliche Betriebe in einem festgesetzten oder faktischen Baugebiet

7 In einem durch Bebauungsplan **festgesetzten** (§ 30 BauGB) oder einem **faktischen** (§ 34 Abs. 2 BauGB) **Baugebiet** ist unter dem Gesichtspunkt des Nachbarrechts mit Blick auf landwirtschaftliche und vergleichbare Betriebe vorrangig die **objektiv-rechtliche Zulässigkeit** in den Blick zu nehmen. Denn ein Betrieb, der sich nicht in dem objektiv-rechtlichen Rahmen hält, verletzt wegen des Verstoßes gegen den **Gebietser-**

2 Eingehend zur Problematik der Immissionsbelästigung durch Landwirtschaft und gewerbliche Tierhaltungsanlagen: *Arnold* NVwZ 2017, 497; *Arnold/Klinck* BauR 2017, 1938; *Halmschlag* jurisPR-UmwR 11/2015.

3 Zur Landwirtschaft im Nebenerwerb *Kremer* jurisPR-ÖffBauR 3/2019.

haltungsanspruch eines Nachbarn *(→ Gebietsschutz)* diesen gleichzeitig in dessen subjektiv-öffentlichen Rechten. Diesem steht stets ohne Weiteres ein Abwehrrecht zu.

In **Kleinsiedlungsgebieten** sind nach § 2 BauNVO landwirtschaftliche Nebenerwerbsstellen zulässig. In **Dorfgebieten**, die nach § 5 BauNVO vornehmlich der Unterbringung der Wirtschaftsstellen land- und forstwirtschaftlicher Betriebe dienen, sind unter anderem Wirtschaftsstellen land- und forstwirtschaftlicher Betriebe und die dazugehörigen Wohnungen und Wohngebäude, Kleinsiedlungen einschließlich Wohngebäude mit entsprechenden Nutzgärten und landwirtschaftliche Nebenerwerbsstellen sowie Betriebe zur Be- und Verarbeitung und Sammlung land- und forstwirtschaftlicher Erzeugnisse zulässig. Auf die Belange der land- und forstwirtschaftlichen Betriebe einschließlich ihrer Entwicklungsmöglichkeiten ist vorrangig Rücksicht zu nehmen (§ 5 Abs. 1 S. 2 BauNVO).[4] Soweit sich landwirtschaftliche Betätigung in diesem Rahmen hält und der Grundsatz der Gebietsverträglichkeit beachtet wird (→ *Gebietsschutz und Baugebietsverträglichkeit* Rn. 38) kann in diesen Gebieten unter bauplanungsrechtlichen Gesichtspunkten kein Abwehrrecht gegen eine landwirtschaftliche Nutzung geltend gemacht werden. 8

Davon bleiben allerdings Fragen des **Immissionsschutzes** unberührt. Denn auch planungsrechtlich zulässige Anlagen sind im konkreten Einzelfall unzulässig, wenn die von ihnen ausgehenden Emissionen zulasten der Nachbarschaft unzumutbar sind. 9

IV. Schutz vor Immissionen von landwirtschaftlichen Betrieben und gewerblichen Tierhaltungsanlagen im Außenbereich

Im Außenbereich besteht kein Gebietserhaltungsanspruch. Denn der Außenbereich ist kein Baugebiet. Eigentümer dort gelegener Grundstücke befinden sich, anders als in einem Baugebiet, nicht in einer „**Schicksalsgemeinschaft**“. Deshalb folgt nicht aus einer objektiv-rechtlich rechtswidrigen Art der Nutzung sogleich eine subjektive Rechtsverletzung. Dem Nachbarn steht aus diesem Grunde kein allgemeiner Abwehranspruch gegen eine lediglich objektiv-rechtlich rechtswidrige Zulassung eines landwirtschaftlichen Bauvorhabens zu. 10

Maßstab für die subjektiv-rechtliche Rechtsverletzung ist das **Rücksichtnahmegebot**. Dieses kann zu einer Unzulässigkeit des Bauvorhabens im Einzelfall führen, wenn von dem konkreten Vorhaben Beeinträchtigungen oder Störungen ausgehen können, die nach der Eigenart der Umgebung – wozu auch der Außenbereich gehören kann – unzulässig sind. Dabei müssen die Interessen im Einzelfall abgewogen werden. Der Umfang der dem Nachbarn des Bauvorhabens aufgrund der Eigenart der näheren Umgebung **zuzumutenden Beeinträchtigungen und Störungen** bestimmt sich unter Berücksichtigung der Schutzwürdigkeit der Umgebung und ihrer bebauungsrechtlichen Prägung sowie den tatsächlichen oder planerischen Vorbelastungen.[5] 11

1. Das Rücksichtnahmegebot und seine gesetzliche Ausformung

Das Rücksichtnahmegebot ist, soweit Immissionen von im Innenbereich gelegenen Betrieben ausgehen, in § 15 BauNVO verankert;[6] soweit sie von im Außenbereich gelegenen Betrieben oder Betriebsteilen ausgehen, ist es in § 35 Abs. 2, 3 S. 1 Nr. 3 BauGB enthalten. In der letztgenannten Bestimmung wird es dahin gehend konkretisiert, dass öffentliche – damit auch nachbarliche – Belange nicht beeinträchtigt werden dürfen und eine Beeinträchtigung öffentlicher Belange insbesondere vorliegt, wenn das Vorhaben **schädliche Umwelteinwirkungen** hervorrufen kann, aber auch, wenn es solchen ausgesetzt wird. 12

Soweit das Rücksichtnahmegebot **schädliche Umwelteinwirkungen** als Maßstab für ein Abwehrrecht anlegt, gilt die Begriffsbestimmung in § 3 Abs. 1 BImSchG.[7] Danach sind Immissionen unzumutbar, die im Sinne des § 3 Abs. 1 BImSchG geeignet sind, erhebliche Belästigungen für die Nachbarschaft hervorzuru- 13

4 Vgl. BR-Drs. 354/89, 49 f. zu § 5 BauNVO 1990.
5 Vgl. BVerwG Urt. v. 14.1.1993 – 4 C 19/90, DVBl 1993, 652.
6 S. hierzu *Hirsch* jurisPR-ÖffBauR 4/2018.
7 BVerwG Beschl. v. 2.8.2005 – 4 B 41/05, BRS 69 Nr. 102; BVerwG Urt. v. 23.9.1999 – 4 C 6.98, BVerwGE 109, 314.

fen. Wo die Erheblichkeitsgrenze verläuft, richtet sich nach der Schutzwürdigkeit und der Schutzbedürftigkeit der Umgebung.[8] Hierbei kommt es auf **Art, Ausmaß und Dauer der Immissionen** an, wobei ein **objektiver Maßstab** anzulegen ist. Weiterhin sind die Art des Gebiets und zum Teil auch eventuelle Vorbelastungen zu berücksichtigen. Die Erheblichkeit von Nachteilen und Belästigungen setzt hierbei voraus, dass das übliche und zumutbare Maß überschritten wird.

14 **a) Lärmimmissionen.** Die **TA Lärm** (→ *Lärm, Gewerbe- und Industrielärm (TA Lärm)* Rn. 1 ff.) gilt für landwirtschaftliche Nutzung nicht uneingeschränkt: Wegen der besonderen **Privilegierung der Landwirtschaft** sind gemäß Nr. 1 Abs. 2 lit. c TA Lärm nicht nach Immissionsschutzrecht genehmigungsbedürftige landwirtschaftliche Anlagen ausdrücklich **von ihrem Anwendungsbereich ausgenommen**. Nach dem Baurecht zu beurteilende landwirtschaftlichen Anlagen sind Anlagen, die, wie Lüftungsanlagen für Ställe, Melkmaschinen, Mähdrescher oder Traktoren im Rahmen der Urproduktion (vgl. § 201 BauGB), der Gewinnung landwirtschaftlicher Erzeugnisse oder der Zubereitung, Verarbeitung und Verwertung selbst gewonnener derartiger Erzeugnisse dienen.[9] Eine immissionsschutzrechtliche Genehmigungsbedürftigkeit sieht beispielsweise die 4. BImSchV iVm Nr. 7.1.5 ihres Anhangs 1 für Ställe mit 600 oder mehr Rinderplätzen vor.

15 Die Herausnahme aus dem Anwendungsbereich der TA Lärm schließt es aber nicht aus, die TA Lärm im Einzelfall auch auf von landwirtschaftlichen Betrieben herrührenden Lärm entsprechend anzuwenden, wenn die Geräuschimmissionen ihrer Art nach den gewerblichen Emissionen entsprechen.[10]

16 **Beispiel:**[11] Die von der Nutzung einer Lager- und Verladehalle ausgehenden Geräusche durch den An- und Abfahrverkehr, die Ladegeräusche, die Geräusche der Kühlanlage, des Tank-/und Waschplatzes sowie die Geräusche der Verpackungsmaschinen entsprechen ihrer Art nach gewerblichen Emissionen. Da die Vorbelastung nach den Ausführungen der schallimmissionsschutztechnischen Untersuchungen nicht bekannt war und auch nicht ermittelt wurde, setzte das vom Beigeladenen, dem Bauherrn, beauftragte Ingenieurbüro bei der Berechnung des Immissionsbeitrags, der durch das (Erweiterungs-) Vorhaben verursacht wird, einen um 6 dB(A) reduzierten Immissionsrichtwertanteil von 49 dB(A) an, der am nächst gelegenen Wohngebäude des Antragstellers um 3 dB(A) unterschritten wird. Ein solches Vorgehen ist unter entsprechender Heranziehung der Nr. 3.2.1 Abs. 2 TA Lärm im Grundsatz nicht zu beanstanden.[12] (Allerdings war in dem entschiedenen Fall mangels hinreichender Angaben im Bauantrag nicht gewährleistet, dass der angesetzte Immissionsrichtwertanteil im regelmäßigen Betrieb auch eingehalten werden kann. Damit verstieß die Genehmigung gegen das Rücksichtnahmegebot und erwies sich als zulasten des Nachbarn rechtswidrig.)

17 **b) Geruchsimmissionen.** In der Praxis spielen von Tierhaltungsbetrieben ausgehende Geruchsimmissionen eine bedeutende Rolle. Allerdings gibt es für die Beurteilung der Zumutbarkeit keine allgemein gültigen Regelungen. Die Praxis greift auf Regelwerke als **Orientierungshilfe** zurück, die in der landwirtschaftlichen Praxis entwickelt wurden.

18 **aa) TA Luft.** Die TA Luft enthält zwar **Abstandsregelungen** zur Vorsorge gegen schädliche Umwelteinwirkungen durch Geruchsimmissionen und konkretisiert die Anforderungen des Bundes-Immissionsschutzgesetzes für genehmigungsbedürftige und nicht genehmigungsbedürftige Anlagen; auf

---

8 Vgl. BVerwG Urt. v. 27.8.1998 – 4 C 5.98, BauR 1999, 152.

9 Vgl. VGH München Beschl. v. 3.5.2016 – 15 CS 15.1576, juris Rn. 23, mwN; VG München Urt. v. 24.1.2017 – M 1 K 16.4690, juris Rn. 20.

10 Vgl. VGH München Beschl. v. 4.9.2019 – 1 ZB 17.662, juris Rn. 5; VGH München Beschl. v. 3.5.2016 – 15 CS 15.1576, juris Rn. 23; vgl. aber OVG Münster Urt. v. 16.8.2019 – 7 A 1276/18, juris Rn. 27, das für den von der nächtlichen Anlieferung von Stroh und Heu verursachten Lärm die TA Lärm anwendet und hierbei kritisiert, dass die Richtwertüberschreitung von 48 dB(A) auftrete und dies sich auch nicht durch eine entsprechende Anwendung von Nr. 7.2 TA Lärm rechtfertige.

11 Nach VGH München Beschl. v. 18.5.2018 – 9 CS 18.10, juris Rn. 16.

12 Vgl. VGH München Beschl. v. 21.3.2018 – 9 ZB 16.2081, juris Rn. 11; BVerwG Urt. v. 24.10.2013 – 7 C 36.11 juris Rn. 37 ff. zur immissionsschutzrechtlichen Änderungsgenehmigung, jeweils mwN.

letztere „sollen" ihre Vorgaben gem. Nr. 4 TA Luft angewandt werden. Allerdings wird in Nr. 1 Abs. 3 TA Luft ausdrücklich darauf hingewiesen, dass der Schutz vor Geruchsimmissionen in ihr nicht geregelt wird. Sie enthält im Hinblick auf genehmigungsbedürftige Anlagen Emissionsanforderungen und legt zugleich den Stand der Technik fest, die zur Bestimmung dieser Anforderungen geeignet sind.

Seit 2014 arbeitet das BMU an der Novellierung der Vorschrift. Ein Referentenentwurf wurde Mitte Juli 2018 veröffentlicht. Die Ressortabstimmungen haben im Jahr 2019 stattgefunden. Mit dem Inkrafttreten der „Neufassung der Ersten Allgemeinen Verwaltungsvorschrift zum Bundes-Immissionsschutzgesetz (Technische Anleitung zur Reinhaltung der Luft – TA Luft)" ist im Jahr 2021 zu rechnen. Ziel der Neufassung ist unter anderem, mit der geplanten **Konzentration der Anforderungen in der TA Luft** ein erhöhtes Maß an Rechtssicherheit und Übersichtlichkeit erleichtern. Dies soll unter anderem erreicht werden durch Konkretisierungen der GIRL (Anhang 7 der TA Luft), Regelungen zur Prüfung der Stickstoff- und Säureeinträge in Gebiete von gemeinschaftlicher Bedeutung (Anhang 8 der TA Luft), Regelungen zur Prüfung der Stickstoffeinträge auf empfindliche Pflanzen und Ökosysteme (Anhang 9 der TA Luft) und Regelungen Prüfung der Bioaerosolimmissionen, die von Anlagen ausgehen (Anhang 10 der TA Luft). 19

bb) Geruchsimmissions-Richtlinie. Bei der Beurteilung, ob landwirtschaftliche Gerüche, beispielsweise von einem Güllebehälter ausgehende Geruchsimmissionen, als **schädliche Umwelteinwirkungen** zu qualifizieren sind, wird insbesondere auf die **Geruchsimmissions-Richtlinie (GIRL)** zurückgegriffen. Sie dient auch als Arbeitsgrundlage für die Immissionsschutzbehörden gemäß § 3 BImSchG. 20

Die GIRL wurde, ebenso wie die Freizeitlärm-Richtlinie (→ *Lärm, Freizeit* Rn. 1 ff.), vom Länderausschuss für Immissionsschutz (LAI) entwickelt. Die erste Fassung aus dem Jahr 1989 wurde in den folgenden Jahren überarbeitet und mit einer Begründung und Auslegungshinweisen versehen. Der Text wurde zuletzt am 10.9.2008 ergänzt. 21

Mit der GIRL wird dem Umstand Rechnung getragen, dass die **belästigende Wirkung** von Geruchsimmissionen in erheblichem Maße von der Sensibilität und subjektiven Faktoren abhängt. Anhand der GIRL sollen **Massekonzentrationen** mithilfe physikalisch-chemischer Messverfahren objektiv nachgewiesen werden. Während die Messung und Berechnung von Immissionskonzentrationen möglich ist, ist die Erfassung und Messung von Geruchsimmissionen in einem solchen Verfahren kaum möglich (so Nr. 1. Allgemeines der GIRL). Der Belästigungsgrad hängt von Faktoren wie **Geruchsart (Hedonik)**, der tages- und jahreszeitlichen Verteilung der Einwirkungen, dem Rhythmus und insbesondere der **Geruchshäufigkeit** ab. Letzteres ist nach der GIRL das entscheidende Kriterium, um den Belästigungsgrad der Anwohner zu beschreiben. 22

Die GIRL „kann" (nach ihren eigenen Worten) auf **nicht genehmigungsbedürftige Anlagen** angewandt werden. Dabei sind für die Bemessung der Vorbelastung die Anteile, die durch ausschließlich baurechtlich genehmigungsbedürftige Anlagen verursacht werden, ebenso zu berücksichtigen wie die Anteile, die von Anlagen im Sinne des § 4 BImSchG ausgehen (Begründung und Auslegungshinweise zu Nr. 1 GIRL). 23

Ergänzend dazu kann die **VDI-Richtlinie 3894 Blatt 1 und Blatt 2** herangezogen werden, die die früheren VDI-Richtlinien 3471 und 3472 ersetzt hat. Die bisher gültigen Richtlinien VDI 3471 und VDI 3472 hatten sich als Vorschrift etabliert, mit der einerseits in der Tierhaltung verwendete und verfügbare Techniken bewertet und andererseits durch eine Abstandsregelung ein Bezug zu den Auswirkungen auf das Umfeld eines Stalles (durch Gerüche) hergestellt werden konnte.[13] Die neue Richtlinie VDI 3894 Blatt 2 stellt eine „Methode zur Abstandsbestimmung (Geruch)" zur Verfügung. 24

(1) Bedeutung der GIRL. Wie andere technische Regelwerke erzeugt auch die GIRL[14] für die Behörden und Gerichte **keine Bindungswirkung**, weil der Gesetzgeber sie nicht in seinen Regelungswillen aufgenommen hat. Es handelt sich nicht um eine normkonkretisierende Verwaltungsvorschrift im Sinne der §§ 48, 51 BImSchG, da sie nicht nach den dort vorgesehen besonderen Verfahrensvorschriften von der 25

13 Vgl. www.landwirtschaftskammer.de/landwirtschaft/technik/immissionsschutz/vdi-3894.
14 Allgemein zur GIRL *Thiel* jurisPR-ÖffBauR 4/2019.

Bundesregierung erlassen worden ist. Die Regelungen dürfen aber im Einzelfall im Rahmen der tatrichterlichen Bewertung herangezogen werden, und zwar unabhängig davon, ob sie, wie etwa in NRW[15], im jeweiligen Bundesland umgesetzt sind.[16] Sie wurde in anderen Bundesländern teilweise verbindlich durch entsprechende Erlasse oder **Verwaltungsvorschriften** eingeführt. In den Bundesländern, in denen sie nicht als Verwaltungsvorschrift eingeführt worden ist, wird sie dennoch im Einzelfall als **Orientierungshilfe** herangezogen.[17] Die Anwendung der GIRL ist keine Rechtsanwendung, sondern Tatsachenfeststellung.[18]

26 Die GIRL wird allgemein als **antizipiertes generelles Sachverständigengutachten** angesehen, welches auf fachwissenschaftlichen Untersuchungen beruht und allgemeine Erfahrungssätze auflistet, die in vielfältigen Verfahren erprobt, zur Diskussion gestellt und ergänzt worden sind. Die in ihr niedergelegten Erkenntnisse geben dem Prüfer ein Instrumentarium an die Hand, alle zur Beurteilung schädlicher Einwirkungen maßgeblichen Umstände wie Oberflächengestaltung, Hedonik, Vorbelastungen rechtlicher und tatsächlicher Art sowie Intensität der Geruchseinwirkungen zu beurteilen.[19] Berechnungen auf der Basis der GIRL stellen ein im Sinne einer konservativen Prognosesicherheit komfortables **„worst-case-Szenario"** dar, und das gefundene Ergebnis liegt auf der „sicheren Seite".[20]

27 **(2) Vorgehensweise nach der GIRL.** Ähnlich dem Vorgehen im Bereich des Lärms werden in der GIRL für Baugebiete Immissionswerte als regelmäßiger Maßstab für die höchstzulässige Geruchsimmission festgelegt. Zur Ermittlung der zu erwartenden Geruchshäufigkeit bedarf es grundsätzlich einer Prognose, bei der aus der **Vor- und der Zusatzbelastung** im Wege einer Ausbreitungsrechnung die **voraussichtliche Gesamtbelastung** ermittelt wird.[21]

28 Die Richtlinie enthält Regelungen, nach denen eine Genehmigung nicht versagt werden soll, wenn zwar der Immissionswert überschritten wird, dies aber bereits durch die bisherige Belastung geschieht oder bereits durch andere Quellen herbeigeführt wird (**Kriterien der Irrelevanz**) oder wegen anderer Kriterien die Geruchsbelästigung nicht als erheblich zu qualifizieren ist. Auf eine Heranziehung der GIRL wird verzichtet, wenn die Abstände der TA Luft und der einschlägigen VDI-Richtlinien (zB VDI-Richtlinie 3471, VDI-Richtlinie 2310, VDI-Richtlinie 3894) eingehalten werden.

29 **(3) Immissionswerte nach der GIRL.** Die nachstehenden Ausführungen stellen die Regelungen nach der GIRL dar, so wie sie der Länderausschuss für Immissionsschutz ursprünglich am 12.1.1993 beschlossen hat. Sie ist später überarbeitet und mit einer Begründung und Auslegungshinweisen versehen und schließlich im Mai 1999 zur **Anwendung in der Verwaltungspraxis** empfohlen worden; die Werte weichen zum Teil von Länderregelungen ab.

30 Nr. 3.1 Tabelle 1 der GIRL nennt die **Immissionswerte** (IW = relative Häufigkeit der Geruchsstunden) für Wohn-/Mischgebiete (0,10 = 10 % der Jahresgeruchsstunden), Gewerbe-/Industriegebiete (0,15 = 15 % der Jahresgeruchsstunden) und Dorfgebiete (0,15 = 15 % der Jahresgeruchsstunden), die nicht überschritten werden sollen. Andere Zuordnungen sind möglich.

---

15 RdErl. des Ministeriums für Umwelt und Naturschutz, Landwirtschaft und Verbraucherschutz vom 5.11.2009 – MBl. NW 2009, 534.

16 BVerwG Beschl. v. 28.7.2010 – 4 B 29/10, BRS 76 Nr. 191; vgl. zur Verbindlichkeit auch: BGH Urt. v. 21.6.2001 – III ZR 313/99, juris Rn. 15; OVG Münster Urt. v. 1.6.2015 – 8 A 1760/13, juris Rn. 58; OVG Magdeburg Urt. v. 24.3.2015 – 2 L 184/10, juris Rn. 95; VGH Mannheim Urt. v. 12.3.2015 – 10 S 1169/13, juris Rn. 54; zur Anwendung in Bayern, wo sie nicht als Verwaltungsvorschrift eingeführt wurde: VGH München Beschl. v. 3.5.2016 – 15 CS 15.1576, juris Rn. 13 mwN.

17 Vgl. VGH München Beschl. v. 3.5.2016 – 15 CS 15.1576, juris Rn. 13; OVG Magdeburg Urt. v. 24.3.2015 – 2 L 184/10, juris Rn. 95; OVG Münster Beschl. v. 10.5.2010 – 8 B 992/09, juris Rn. 36; BVerwG Beschl. v. 7.5.2007 – 4 B 5.07, juris Rn. 4.

18 BVerwG Beschl. v. 5.8.2015 – 4 BN 28/15, juris Rn. 5; zu DIN-Normen: BVerwG Beschl. v. 30.9.1996 – 4 B 175/96, NVwZ-RR 1997, 214.

19 Vgl. VGH Kassel Urt. v. 1.4.2014 – 9 A 2030/12, juris Rn. 53.

20 VGH München Beschl. v. 15.11.2010 – 15 CS 10.2131, BauR 2013, 1816 ff.; OVG Koblenz Beschl. v. 7.2.2014 – 1 B 11320/13, juris Rn. 20.

21 OVG Münster Beschl. v. 10.5.2010 – 8 B 992/09, juris Rn. 36.

Einen Immissionswert für im **Außenbereich** gelegene Grundstücke gibt die GIRL nicht ausdrücklich vor. Sonstige Gebiete, in denen sich Personen nicht nur vorübergehend aufhalten, sind entsprechend den Grundsätzen des Planungsrechts den einzelnen Spalten der Tabelle 1 (Nr. 3.1. der GIRL) zuzuordnen. Auch im Außenbereich ist daher der für das Dorfgebiet geltende Immissionswert von 0,15/15 % Jahresgeruchsstunden für **Tierhaltungsgerüche** maßgeblich. 31

Allerdings ist es „möglich, unter Prüfung der **speziellen Randbedingungen des Einzelfalls** bei der Geruchsbeurteilung im Außenbereich einen Wert bis zu 0,25 für landwirtschaftliche Gerüche heranzuziehen." In jedem Fall kann und ggfs. muss unter Berücksichtigung der konkreten örtlichen Gegebenheiten – hierzu zählt auch, dass die Umgebung des Vorhabens noch hinreichend landwirtschaftlich geprägt ist – begründet werden, warum der Nachbarschaft eine Geruchsbelastung von bis 25 % der Jahresstunden (oder sogar darüber hinaus)[22] zumutbar sei.[23] Im Rahmen der Einzelfallbetrachtung kann der Umstand eine entscheidende Rolle spielen, dass das fragliche Wohnbauvorhaben an einen ehemaligen landwirtschaftlichen Betrieb anknüpft und die seinerzeit bestehenden besonderen **Duldungspflichten** im Sinne einer nachwirkenden, grundstücksbezogenen landwirtschaftlichen Schicksalsgemeinschaft[24] nicht erloschen sind. Das gilt insbesondere dann, wenn die Genehmigung für die Nachfolgenutzung auf der Grundlage des § 35 Abs. 4 Satz 1 Nr. 1 BauGB erteilt wurde; denn wer einerseits eine Wohngenehmigung im Außenbereich in Nachfolge einer landwirtschaftlichen Nutzung erlangt, muss andererseits in Kauf nehmen, dass er sich deren Nachteile zurechnen lassen muss.[25] 32

Abzustellen ist auf die Geruchsbelästigungen im Bereich von (zulässiger Weise genutzten) Gebäuden oder sonstigen zum dauernden Aufenthalt von Menschen bestimmter Anlagen. Das sind insbesondere Wohngebäude. Auch ein begrenzter **Außenwohnbereich** – wie etwa Außenanlagen zur Freizeitgestaltung und Erholung an den Gebäuden (Terrassen oder Balkone), die entsprechend allgemeiner Wohngewohnheiten im Zusammenhang mit der Nutzung regelmäßig genutzt werden („Wohnen im Freien") – ist nach allgemein vertretener Ansicht geschützt, darüber hinausgehende Flächen dagegen nicht. Es stehe nämlich nicht im freien Belieben eines Grundstückseigentümers, sein gesamtes Grundstück mit Außenwohnbereichen zu versehen und vom benachbarten Anlagenbetreiber zu verlangen, er habe darauf uneingeschränkt Rücksicht zu nehmen.[26] Vielmehr könnten Außenwohnbereiche nur in dem Umfang geschützt werden, wie dies den mit der Eigenart des Baugebiets berechtigterweise verbundenen Wohnerwartungen und Wohngewohnheiten auch außerhalb des Wohngebäudes entspreche.[27] Dem ist zuzustimmen. Denn Schutzobjekt ist nicht das Grundstück als unbewegliche Sache, sondern die Nutzung des aufstehenden Gebäudes zu Wohnzwecken. Der Begriff des Wohnens umfasst sowohl das Leben innerhalb der Gebäude als auch die angemessene Nutzung der Außenwohnbereiche wie Balkone, Terrassen, Hausgärten, Kinderspielplätze und sonstigen Grün- und Freiflächen.[28] 33

cc) VDI-Richtlinie 3894. Die **VDI-Richtlinie 3894** mit ihren beiden Blättern[29] können bei der tatrichterlichen Bewertung der Erheblichkeit von Geruchsbelastungen als Orientierungshilfe herangezogen wer- 34

22 OVG Lüneburg Urt. v. 16.8.2018 – 1 LC 180/16, juris Rn. 19 unter Hinweis auf OVG Münster Beschl. v. 18.3.2002 – 7 B 315/02, NVwZ 2002, 1390, OVG Münster Beschl. v. 16.3.2009 – 10 A 259/08, juris Rn. 25: „je nach Lage der Dinge Geruchsstundenhäufigkeiten bis zu 50 % und sogar darüber".

23 Vgl. dazu OVG Münster Urt. v. 18.5.2016 – 2 B 1443/15, juris Rn. 10.

24 OVG Lüneburg Urt. v. 16.8.2018 – 1 LC 180/16, juris Rn. 22.

25 OVG Lüneburg Urt. v. 16.8.2018 – 1 LC 180/16, juris Rn. 22.

26 So VGH Mannheim Beschl. v. 25.4.2016 – 3 S 1784/15, juris Rn. 28; ebenso: OVG Lüneburg Beschl. v. 30.8.2004 – 1 LA 277/03, NVwZ-RR 2005, 455 ff.

27 So auch VGH München Beschl. v. 7.2.2013 – 15 CS 12.743, juris Rn. 28; OVG Lüneburg Beschl. v. 30.8.2004 – 1 LA 277/03, NVwZ-RR 2005, 455.

28 Vgl. BVerwG Urt. v. 21.5.1976 – IV C 80.74, DVBl 76, 779.

29 Blatt 1 Emissionen und Immissionen aus Tierhaltungsanlagen – Haltungsverfahren und Emissionen – Schweine, Rinder, Geflügel, Pferde von September 2011 und Blatt 2 Emissionen und Immissionen aus Tierhaltungsanlagen – Methode zur Abstandsbestimmung – Geruch von November 2012.

den.[30] Die dort enthaltenen Abstandsregelungen sind aber nicht im Sinne der Definition einer Grenze der Zumutbarkeit zu verstehen. Vielmehr dienen sie, wie sich aus den Ausführungen zu Zielsetzung und Geltungsbereich der Richtlinie ergibt, der Vorsorge, indem sie mit einer vereinfachten schematischen Betrachtung den Abstand liefern, bei dem mit hinreichender Sicherheit eine bestimmte Geruchstundenhäufigkeit eingehalten wird. VDI-Richtlinien (wie auch DIN-Normen) erzeugen für die Behörden und Gerichte keine Bindungswirkung, wenn der Gesetzgeber sie nicht in seinen Regelungswillen aufnimmt. Sie dürfen aber wie die GIRL im Einzelfall im Rahmen der tatrichterlichen Bewertung als Orientierungshilfe herangezogen werden. Entfernungen zwischen dem landwirtschaftlichen Emissionsort und dem Immissionsort von weniger als 50 Metern fallen nicht in den Anwendungsbereich der VDI Richtlinie 3894.[31]

35 **dd) Sonstige Regelwerke.** Neben der Geruchsimmissionsrichtlinie wendet zB der VGH München in seiner ständigen Rechtsprechung[32] die Erhebungen der Bayerischen Landesanstalt für Landtechnik der Technischen Universität München/Weihenstephan „**Geruchsimmissionen aus Rinderställen**" vom März 1994 („Gelbes Heft 52") und „Geruchsfahnenbegehung an Rinderställen" vom Juni 1999 („Gelbes Heft 63") sowie die „Abstandsregelung für Rinderhaltungen" des bayerischen Arbeitskreises „Immissionsschutz in der Landwirtschaft" vom Oktober 2002, fortgeschrieben März 2009 und Oktober 2013, an, um die Schädlichkeit von Geruchsimmissionen auf Wohnbebauung ermitteln zu können.

36 **c) Bioaerosole.** Unter **Bioaerosolen** sind nach der Definition in dem Entwurf der VDI-Richtlinie 4250, Blatt 1, alle im Luftraum befindlichen Ansammlungen von Partikeln zu verstehen, denen Pilze (Sporen, Konidien, Hyphenbruchstücke), Bakterien, Viren und/oder Pollen sowie deren Zellwandbestandteile und Stoffwechselprodukte (zB Endotoxine, Mykotoxine) anhaften bzw. die diese beinhalten oder bilden. Es ist möglich, dass von Tierhaltungsbetrieben ausgehende luftgetragene Schadstoffe wie insbesondere Stäube-, Mikroorganismen, beispielsweise Pilzsporen und Endotoxine, grundsätzlich geeignet sind, nachteilig auf die Gesundheit zu wirken. Es gibt aber weder ein anerkanntes Ermittlungsverfahren noch verallgemeinerungsfähige Untersuchungsergebnisse über die gesundheitliche Gefährdung der Nachbarschaft durch eine landwirtschaftliche oder gewerbliche Tierhaltung. Messtechnische Untersuchungen, die das nordrhein-westfälische Landesamt für Naturschutz, Umwelt und Verbraucher (LANUV) seit dem Jahre 2007 an Schweineställen und Legehennenställen betreibt, haben ergeben, dass sich eine Erhöhung bestimmter Parameter – insbesondere von Staphylokokken – an der in Windrichtung gelegenen Seite eines Legehennenstalls gegenüber der windabgewandten Seite, die der jeweiligen örtlichen Hintergrundbelastung entspricht, noch in einer Entfernung von bis zu 500 m nachweisen lässt.[33] Allerdings lagen die ermittelten Immissionskonzentrationen nach Einschätzung des LANUV auf einem vergleichsweise niedrigen Niveau und erreichten bei weitem nicht die Konzentrationen, wie sie an Arbeitsplätzen gemessen werden.

37 Die – aktuelle – TA Luft sieht keine **Immissionswerte oder Emissionswerte für Bioaerosole** vor. Insbesondere enthält sie in Bezug auf Bioaerosole kein Emissionsminderungsgebot. Es gibt bislang auch keine sonstigen Grenzwerte oder Orientierungswerte, die die Schädlichkeitsschwelle für Bioaerosole beschreiben. In Betracht kommt daher allenfalls eine **Sonderfallprüfung** nach Nr. 4.8 der TA Luft, wenn hinreichende Anhaltspunkte dafür bestehen, dass ein Vorhaben schädliche Umwelteinwirkungen hervorruft.[34]

38 Solange und soweit nach alledem ungewiss ist, ob mit einem Schadenseintritt durch Bioaerosole zu rechnen ist, greifen die immissionsschutzrechtliche Schutzpflicht und das bauplanungsrechtliche Rücksichtnahmegebot als Instrumente der Gefahrenabwehr nicht ein. Bioaerosole sind danach allenfalls potenziell schädliche Umwelteinwirkungen. Ein nur möglicher Zusammenhang zwischen Emissionen und Schadens-

---

30 Vgl. OVG Münster Beschl. v. 10.5.2010 – 8 B 992/09, juris Rn. 40 ff., zur Vorläuferfassung, den VDI-Richtlinien 3471 und 3472 (Emissionsminderung Tierhaltung – Schweine bzw. Geflügel) mit zahlreichen weiteren Nachweisen.
31 Vgl. VG München Urt. v. 23.7.2014 – M 9 K 12.4357, juris Rn. 42.
32 Vgl. Beschl. v. 11.3.2013 – 14 ZB 12.2073, juris Rn. 13 mwN.
33 Zitiert nach OVG Münster Urt. v. 11.10.2015 – 8 A 1031/15, juris Rn. 100ff.
34 BVerwG Beschl. v. 20.11.2014 – 7 B 27/14, NVwZ-RR 2015, 94.

eintritt oder ein generelles Besorgnispotential können nur Anlass für Vorsorgemaßnahmen sein. Auf deren Einhaltung hat ein Nachbar aber grundsätzlich keinen Anspruch.[35]

2. Erschlossensein

Der Nachbar kann mit Blick auf eine fremde, nicht hinreichend erschlossene bauliche Anlage aus dem objektiv-rechtlichen Erfordernis des Erschlossenseins des landwirtschaftlichen Betriebes grundsätzlich für sich keine Rechte herleiten. Denn das Erfordernis dient auch im Außenbereich nur den öffentlichen Interessen und hat keine nachbarschützende Funktion.[36] 39

Im Außenbereich spielt die Frage des Erschlossenseins unter dem Gesichtspunkt des Nachbarrechts allerdings ausnahmsweise dann eine bedeutende Rolle, wenn in Ermangelung einer „herkömmlichen" Erschließung die Frage der Erschließung über einen **Notweg** in Rede steht: Der Nachbar kann insoweit ein Abwehrrecht allenfalls dann haben, wenn eine anderweitige Erschließung fehlt, er ein Notwegerecht nach § 917 Abs. 1 BGB dulden muss und die Baugenehmigung deshalb in sein durch Art. 14 Abs. 1 GG geschütztes Eigentumsrecht eingreift.[37] 40

Die Inanspruchnahme einer Fläche im Sinne eines Notwegs ist indes nur dann erforderlich, wenn ansonsten eine hinreichende Erschließung nicht gegeben ist. Gründe der **Bequemlichkeit oder Zweckmäßigkeit** können ein Notwegerecht nicht rechtfertigen. Von einer vorhandenen anderweitigen Verbindungsmöglichkeit muss der Grundstückseigentümer auch dann Gebrauch machen, wenn sie umständlicher, weniger bequem oder kostspieliger ist als ein Weg über das Nachbargrundstück. 41

In diesem Zusammenhang ist – gerade auch im Außenbereich – entscheidend, welche konkreten Anforderungen an die wegemäßige Erschließung in tatsächlicher Hinsicht zu stellen sind. Die planungsrechtlichen Anforderungen an die Erschließung bestimmen sich in Art und Umfang nach dem jeweiligen Vorhaben, insbesondere auch nach dem zu erwartenden Ziel- und Quellverkehr.[38] Es kommt hierbei auf die Auswirkungen und Bedürfnisse des jeweiligen Bauvorhabens, insbesondere auf das durch dessen Nutzung zu erwartende Verkehrsaufkommen, an. So sind beispielsweise an die Sicherung der Erschließung eines im Außenbereich liegenden landwirtschaftlichen Betriebs herkömmlicherweise nur geringe Anforderungen zu stellen. Gleiches gilt auch für Windkraftanlagen, die nur gelegentlich, insbesondere zu Wartungszwecken, erreichbar sein müssen.[39] Wenn lediglich eine **minderwertige**, den Bedürfnissen nicht gerecht werdende Erschließung gegeben ist, ist das Grundstück als nicht – hinreichend – erschlossen anzusehen, kann ein Anspruch auf ein Notwegerecht bestehen. Dies kann allerdings unter den rechtlichen Voraussetzungen des § 917 BGB einen Anspruch auf einen Notweg auslösen. 42

Unabhängig hiervon muss die **Erreichbarkeit** nicht nur tatsächlich möglich, sondern auch rechtlich gesichert sein. In diesem Sinne rechtlich gesichert ist die wegemäßige Erschließung nur dann, wenn damit zu rechnen ist, dass sie auf Dauer zur Verfügung stehen wird.[40] Dies ist insbesondere dann anzunehmen, wenn die Zuwegung als öffentliche Straße gewidmet ist. 43

Unter Umständen kann von einer Widmung durch **unvordenkliche Verjährung** ausgegangen werden. Eine solche auf Gewohnheitsrecht beruhende Widmung setzt die Nutzung des Weges seit mindestens 80 Jahren durch die Öffentlichkeit voraus, sowie die Überzeugung von der Rechtmäßigkeit der Wegenutzung. Fehlt es an einer förmlichen Widmung durch Allgemeinverfügung, kann eine tatsächliche Freigabe des Weges für den öffentlichen Verkehr diese nicht ersetzen. Einzelheiten hierzu folgen aus dem Straßen- und Wege- 44

35 BVerwG Beschl. v. 9.4.2008 – 7 B 2/08, NVwZ 2008, 789; Urt. v. 11.12.2003 – 7 C 19/02, NVwZ 2004, 610.
36 BVerwG Beschl. v. 28.7.2010 – 4 B 19/10, juris Rn. 3.
37 BVerwG Beschl. v. 11.5.1998 – 4 B 45.98, BRS 60 Nr. 182; Urt. v. 13.6.1969 – IV C 234.65, BVerwGE 32, 173, und Urt. v. 26.3.1976 – IV C 7.74, BVerwGE 50, 282.
38 Vgl. BVerwG Urt. 30.8.1985 – 4 C 48/81, NVwZ 86, 38.
39 VG Magdeburg Urt. v. 30.10.2012 – 2 A 3/11, juris Rn. 32 f.
40 Vgl. BVerwG Urt. v. 8.5.2002 – 9 C 5/01, NVwZ-RR 2002.

recht der jeweiligen Bundesländer. Auch ein sog. Interessentenweg kann die anderweitige, ausreichende Erschließung gewährleisten.[41]

V. Schutz des landwirtschaftlichen Betriebes im Außenbereich

1. Rücksichtnahmegebot als Maßstab

45 Im Außenbereich besteht für einen Landwirt, ebenso wie für jeden anderen Eigentümer eines Grundstücks, ein **Abwehrrecht** gegen ein Bauvorhaben nur dann, wenn zum einen gegen eine Rechtsnorm verstoßen wird, zum anderen diese Norm (zumindest auch) den Zweck hat, subjektive Rechte zu seinen Gunsten zu begründen und zu schützen. Infolgedessen ist ein lediglich objektiv-rechtlicher Rechtsverstoß eines benachbarten Vorhabens im Außenbereich nachbarrechtlich unbeachtlich.[42]

46 Maßgeblich ist insoweit allein das **Rücksichtnahmegebot**. Dieses wird durch eine zugelassene Nutzung zulasten des landwirtschaftlichen (oder vergleichbaren) Betriebes unter anderem dann verletzt, wenn durch das geplante Vorhaben die Nutzung des Betriebsgrundstücks unzumutbar beeinträchtigt wird, also unter Berücksichtigung der Schutzwürdigkeit der Betroffenen, der Intensität der Beeinträchtigung und der wechselseitigen Interessen das Maß dessen überschritten wird, was der Inhaber billigerweise hinnehmen muss.[43] Dabei ist der Schutzanspruch nicht derselbe, wie ihn eine Nutzung im Innenbereich in Anspruch nehmen kann. Das gilt insbesondere mit Blick auf Lärmimmissionen und Geruchsimmissionen. Ursache für beides können Anlagen sein, die dem Baurecht (zB landwirtschaftliche Betriebe) oder dem Immissionsschutzrecht (zB gewerbliche Tierhaltungsanlagen) unterfallen.

2. Schutz vor „heranrückender Wohnbebauung"

47 Der im Außenbereich aufgrund einer Genehmigung ansässige Betrieb, der durch seine Emissionen schädliche Umwelteinwirkungen hervorruft, hat eine schutzbedürftige und schutzwürdige Stellung inne. Denn der Rücksicht bedarf nicht nur, wer von Immissionen wie Lärm oder Geruch betroffen wird; auch demjenigen, der in zulässiger Weise Emissionen verbreitet, muss dafür **Raum zur Verfügung gestellt werden**, indem seine Anlage in ihrem Bestand und Betrieb vor Überforderungen durch störungsempfindliche Nachbarn geschützt ist (sog. **Schutz gegen heranrückende Wohnbebauung**).[44]

48 **a) Schutz des Bestandes.** Das Bundesverwaltungsgericht hat bereits mit Urteil vom 21.10.1968[45] betont, § 35 Abs. 1 BBauG (heute: BauGB) sei seiner Struktur und Funktion nach dem § 30 BBauG vergleichbar. Die durch § 35 Abs. 1 BBauG vermittelte Begünstigung liege in der Privilegierung, so dass sich der Anspruch des Begünstigten nur auf ungehinderte Ausnutzung des privilegierten Bestandes richten könne. Daraus folge, dass sich der Privilegierte nur auf diejenigen öffentlichen Belange berufen könne, deren Nichtbeachtung in Verbindung mit der daraus folgenden Zulassung eines neuen Vorhabens die **weitere Ausnutzung seiner Privilegierung** und insbesondere seines privilegierten Baubestandes (faktisch) in Frage stellen oder gewichtig beeinträchtigen würden.

49 Ob das neue Vorhaben dabei seinerseits **privilegiert oder nicht privilegiert ist**, spielt in diesem Zusammenhang keine Rolle; entscheidend ist nur der Störungseffekt für den bereits vorhandenen privilegierten Bestand, also die Frage, ob der privilegierte Bestand und das beabsichtigte Vorhaben unvereinbar sind. Stört das geplante Vorhaben nicht in dem Sinne, dass es die weitere Ausnutzung der Privilegierung nicht in Frage stellt oder gewichtig beeinträchtigt, dann kann auch der Privilegierte nicht das nicht privilegierte Vorhaben unter Berufung auf angeblich beeinträchtigte öffentliche Belange abwehren. Stört das Vorhaben

41 VG Münster Beschl. v. 23.7.2015 – 10 L 766/15, nv.
42 BVerwG Urt. v. 28.10.1993 – 4 C 5/93, NVwZ 1994, 686.
43 Vgl. BVerwG Beschl. v. 10.1.2013 – 4 B 48/12, BRS 81 Nr. 182.
44 S. hierzu auch *Rebler* DVBl 2019, 1515.
45 IV C 13.68, BBauBl 1970, 25.

hingegen, kann sich der Privilegierte auf die entgegenstehenden öffentlichen Belange selbst gegenüber dem privilegierten Vorhaben berufen.[46]

Der Schutzanspruch vor heranrückender Wohnbebauung ist nicht auf im Außenbereich angesiedelte **neue Wohnbebauung beschränkt**. Er gilt auch (und erst recht) mit Blick auf Wohnbebauung, die durch einen Bebauungsplan erlaubt werden soll (§ 30 BauGB), und solche, die nach § 34 BauGB genehmigt wird. 50

b) Schutz bei Erweiterungsabsicht. Mit den vorstehend dargelegten Grundsätzen steht aber lediglich fest, dass dem im Außenbereich privilegiert ansässigen, emittierenden (zB landwirtschaftlichen) Betrieb auf der Grundlage des in § 35 Abs. 3 Satz 1 Nr. 3 BauGB enthaltenen drittschützenden Rücksichtnahmegebotes ein Abwehranspruch gegen ein im Außenbereich oder sogar im Innenbereich geplantes Vorhaben unter dem Gesichtspunkt zusteht, dass das Vorhaben schädlichen Umwelteinwirkungen ausgesetzt sein wird. Werden die einschlägigen Immissionswerte mit Blick auf die heranrückende Wohnnutzung derzeit (noch) eingehalten, kommt aber eine **Erweiterung des Betriebes** in Betracht, die zu dann nicht mehr zumutbaren Werten führen wird, besteht in gewissem Umfang auch das Recht des Betreibers, deswegen die heranrückende Wohnbebauung abzuwehren. 51

Das Bundesverwaltungsgericht hat mit Beschluss vom 5.9.2000[47] die bis dahin umstrittene Frage nach einem Schutz von Erweiterungsabsichten eingeschränkt bejaht. Unter die Privilegierung des § 35 Abs. 1 BauGB falle nicht jedes beliebige Erweiterungsinteresse. Auch bei der Bauleitplanung sei zwar das Bedürfnis nach einer künftigen Betriebsausweitung im Rahmen einer normalen Betriebsentwicklung abwägungsbeachtlich, nicht jedoch eine unklare oder unverbindliche Absichtserklärung.[48] Erst recht brauche bei der Zulassung eines Vorhabens im Außenbereich nicht schon auf **vage Erweiterungsinteressen** eines Landwirts Rücksicht genommen zu werden. 52

Die Tatsache, dass Erweiterungsabsichten nicht **hinreichend konkret** sind, kann unter Umständen aus dem Verhalten des Landwirts abgeleitet werden, der zB erst Monate nach der von ihm angefochtenen Baugenehmigung für ein heranrückendes Wohnbauvorhaben eine Bauvoranfrage oder einen Bauantrag zur Errichtung oder Erweiterung vorhandener landwirtschaftlicher Anlagen gestellt hat. 53

Beispiel:[49] Mit Bescheid vom 8.8.2013 genehmigte das Landratsamt den Neubau eines Einfamilienwohnhauses mit drei Garagen im Außenbereich. Mit Antrag vom 16.1.2014 begehrte ein benachbarter Landwirt, der sich mit seiner Klage gegen das Wohnbauvorhaben wehrt, die Genehmigung der Errichtung eines Hähnchenmaststalls. Nach seinem Plan soll der bisherige Rinderstall umgenutzt und ein weiterer Masthähnchenstall neu gebaut werden. Aus einer Stellungnahme des Amtes für Ernährung, Landwirtschaft und Forsten ergibt sich, dass zwar seit 2009 mehrere Beratungsgespräche über die Geflügelhaltung stattgefunden haben sollen. Allerdings sei bei den ersten Gesprächen die Legehennenhaltung oder Junghennenaufzucht im bestehenden Rindviehstall angedacht gewesen. Erst seit Mitte 2012 sei auch über die Geflügelmast gesprochen worden. Aus dieser Bestätigung folgerte das Gericht, dass die Erweiterungspläne des Klägers noch zum Zeitpunkt der Baugenehmigung nur vage gewesen sind. Der Kläger habe noch im Jahr 2013 keinerlei konkrete Vorstellungen von der Erweiterung seines Betriebes gehabt. Für eine konkrete Betriebserweiterung unabdingbar hätte zumindest dargelegt werden müssen, welche Tierart mit welcher Stückzahl zukünftig auf dem klägerischen Hof gehalten werden solle. Das Landratsamt musste zum Zeitpunkt der Genehmigungserteilung nicht mit konkreten Erweiterungsabsichten des Klägers rechnen und diese in seine Überlegungen mit einbeziehen.[50] 54

Die Frage nach der Zulässigkeit der geplanten Erweiterung stellt sich allerdings nur, wenn bei der Erweiterung des legalen Betriebes eine **Verschlechterung der Immissionslage** zu erwarten ist; Veränderungen, die 55

46 BVerwG Urt. v. 21.10.1968 – IV C 13.68, BBauBl 1970, 25.
47 4 B 56/00, NVwZ-RR 2001, 82.
48 BVerwG Urt. v. 16.4.1971 – 4 C 66.67, DVBl 1971, 746.
49 Nach: VG Augsburg Urt. v. 12.11.2014 – Au 4 K 13.1369, juris Rn. 36.
50 S. auch OVG Münster Urt. v. 1.3.2016 – 2 A 2106/15, juris Rn. 7: Bauvoranfrage drei Monate nach Erteilung der Baugenehmigung für die heranrückende Wohnbebauung.

keine Auswirkungen auf die Immissionsbelastung der schon vorbelasteten Umgebung haben, sind nach der Rechtsprechung des Bundesverwaltungsgerichts unbeachtlich.[51]

56 Ist der Betriebsinhaber auch ohne weitere Maßnahmen **bereits nach geltendem Recht verpflichtet**, die Emissionen seines Betriebes zu begrenzen, weil sie schon jetzt nicht dem Stand der Technik entsprechen oder weil auf schon vorhandene nähere Nutzung Rücksicht genommen werden muss, ist die Genehmigung der neu heranrückenden Nutzung ihm gegenüber nicht rücksichtslos.[52]

73. Lärm, allgemein

Schulte Beerbühl

Literatur: *Gatz*, Keine zwingende Festlegung von aktivem Schallschutz zur Vermeidung von Lärmbelästigungen in allgemeinen Wohngebieten, Anm. zu BVerwG, Urteil vom 22.3.2007 – 4 CN 2/06, jurisPR-BVerwG 14/2007; *Haaß*, Lärmschutz in der Abwägung bei unsicherer Prognose, UPR 2017, 241; *Hellriegel/Teichmann*, Weiterentwicklung der architektonischen Selbsthilfe – Das Schöneberger Modell, BauR 2016, 1716; *Mitschang*, Lärmschutz und Bebauungsplan, UPR 2016, 81.

I. Allgemeines

1 *„Lärm ist ein Stressfaktor. Er aktiviert das autonome Nervensystem und das hormonelle System. Als Folge kommt es zu Veränderungen bei Blutdruck, Herzfrequenz und anderen Kreislauffaktoren. [...] Zu den möglichen Langzeitfolgen chronischer Lärmbelastung gehören neben den Gehörschäden auch Änderungen bei biologischen Risikofaktoren (zB Blutfette, Blutzucker, Gerinnungsfaktoren). Auch Herz-Kreislauf-Erkrankungen wie arteriosklerotische Veränderungen („Arterienverkalkung"), Bluthochdruck und bestimmte Herzkrankheiten, einschließlich Herzinfarkt, können durch Lärm verursacht werden."*[1]

51 BVerwG Urt. v. 22.6.1990 – 4 C 6.87, NVwZ 1991, 64; s. auch BVerwG Beschl. v. 7.4.2016 – 4 B 37/15 ua, BauR 2016, 1285.

52 OVG Lüneburg Urt. v. 10.11.2009 – 1 LB 45/08, BRS 74 Nr. 185.

1 S. https://www.umweltbundesamt.de/themen/verkehr-laerm/laermwirkung/stressreaktionen-herz-kreislauf-erkrankungen#textpart-1.

Schutz vor **unzumutbarem Lärm** ist grundsätzlich Aufgabe des Immissionsschutzrechts, **ebenso wie der Schutz vor Luftschadstoffen und der Schutz vor gesundheitsschädlichen** Strahlungen. Wesentliche Regelungsinstrumente sind das Bundes-Immissionsschutzgesetz (BImSchG) und die auf dessen Grundlage erlassenen Verwaltungsvorschriften, die Landesimmissionsschutzgesetze sowie für Teilbereiche Sondergesetze, wie etwa das Gesetz zum Schutz gegen Fluglärm (→ *Lärm, Flugzeug* Rn. 1 ff.). Ziel des BImSchG ist nach dessen § 1 Abs. 1, Menschen, Tiere und Pflanzen, den Boden, das Wasser, die Atmosphäre sowie Kultur- und sonstige Sachgüter vor schädlichen Umwelteinwirkungen zu schützen und dem Entstehen schädlicher Umwelteinwirkungen vorzubeugen. 2

Die Fragen des nachbarlichen Rechtsschutzes gegen (lärm-)emittierende Anlagen spielen insbesondere, aber nicht nur für solche Anlagen eine Rolle, die einer **immissionsschutzrechtlichen Genehmigung** bedürfen. **Bauliche Anlagen**, die nicht immissionsrechtlich genehmigungsbedürftig sind, müssen ebenfalls immissionsschutzrechtlich unbedenklich sein. § 22 BImSchG stellt hierfür konkrete Anforderungen auf. Soweit diese Bestimmung schädliche Umwelteinwirkungen anspricht und nach dem öffentlichen Baurecht unzumutbare Belästigungen oder Störungen unzulässig sind (§ 15 BauNVO oder nach dem allgemeinen Rücksichtnahmegebot), ist der Zulässigkeitsmaßstab immer derselbe: Erhebliche Störungen und Belästigungen sind unzumutbar, unerhebliche sind zumutbar. 3

II. Lärmimmissionen

Als Lärm werden **Schallereignisse** (Töne, Klänge oder Geräusche) bezeichnet, die der Mensch als unangenehm, lästig, störend oder sogar gesundheitsgefährdend empfindet. 4

1. Begriffliches und Auswirkungen von Lärm

Schall stellt physikalisch eine sich im Raum ausbreitende Schallwelle dar. Die wichtigste Grundgröße zur Beschreibung der Schalleigenschaft ist der Schalldruck; je höher der (Schall-)Druck ist, desto lauter ist der Schall. Der Druck der Schallwelle nimmt mit der Entfernung ab. Im idealisierten Fall sinkt der Schallpegel innerhalb des Direktschallfeldes wie bei ungehinderter Schallausbreitung bei Punktschallquellen um 6 dB(A) je Entfernungsverdoppelung, bei Linienschallquellen wie viel befahrenen Straßen um 3 dB(A). Änderungen der Lautstärke um 1 dB(A) kann der Mensch unter bestimmten Voraussetzungen wahrnehmen; eine Pegeländerung 10 dB(A) entspricht etwa einer Verdopplung bzw. Halbierung der subjektiv empfundenen Lautstärke. Wird die Schalleistung verdoppelt, indem eine zweite identische Schallquelle hinzukommt, erhöht sich der Schalldruckpegel um 3 dB(A). **Witterungseinflüsse** wie Wind, Luftfeuchtigkeit oder Temperaturverteilung haben bei zunehmenden Abständen zur Schallquelle große Auswirkungen auf den Schalldruckpegel. 5

- Wird der Abstand zur Schallquelle verdoppelt, hat dies im Freien eine Schalldruckpegelverringerung von 6 dB(A) zur Folge. Umgekehrt gilt, dass bei einer Halbierung des Abstandes zur Schallquelle mit einer Erhöhung um 6 dB zu rechnen ist. Dies gilt für Punktschallquellen, wie einzelne Fahrzeuge. Viel befahrene Straßen können dagegen als Linienschallquellen angesehen werden; hier ergibt sich bei Halbierung oder Verdoppelung des Abstands eine Pegeldifferenz von 3 dB(A) oder -3 dB(A).
- Bei zunehmenden Abständen zur Schallquelle haben Witterungseinflüsse wie Wind, Luftfeuchtigkeit oder Temperaturverteilung eine große Auswirkung auf den Schalldruckpegel. So kann dieser bei einem Abstand von 200 m um bis zu 20 dB(A) schwanken.
- Reiner Lkw-Verkehr bewirkt bei einer zulässigen Höchstgeschwindigkeit von 100 km/h eine Schalldruckpegelerhöhung um ca. 10 dB(A) gegenüber reinem Pkw-Verkehr.

Neben dem Schalldruck ist für die Schallwahrnehmung auch die **Tonhöhe**, die Schwingungsfrequenz der Schallwellen, maßgeblich. 6

In der nachstehenden Tabelle sind die **Lautstärke** und die zugehörige **Geräuschempfindung** einiger typischer Geräuscharten aufgeführt.[2] 7

2 Aus http://www.bmub.bund.de/themen/luft-laerm-verkehr/laermschutz/laermschutz-im-ueberblick/was-ist-laerm/.

Lärmstufe	Geräuschart	Lautstärke	Geräuschempfinden
I 30–65 dB(A) Psychische Reaktion	Ticken einer leisen Uhr, feiner Landregen, Flüstern	30 dB(A)	sehr leise
	Nahes Flüstern, ruhige Wohnstraße	40 dB(A)	ziemlich leise
	Unterhaltungssprache	50 dB(A)	normal
	Unterhaltungssprache in 1 m Abstand, Bürolärm	60 dB(A)	normal bis laut
II 65–90 dB(A) Physiologische Reaktion	Laute Unterhaltung, Rufen, Pkw in 10 m Abstand	70 dB(A)	laut bis sehr laut
	Straßenlärm bei starkem Verkehr	80 dB(A)	sehr laut
III 90–120 dB(A) Gehörschaden, Ohr-Schmerz	Laute Fabrikhalle	90 dB(A)	sehr laut
	Autohupen in 7 m Abstand	100 dB(A)	sehr laut bis unerträglich
	Kesselschmiede	110 dB(A)	sehr laut bis unerträglich
	Flugzeugtriebwerk	120 dB(A)	unerträglich bis schmerzhaft
		130 dB(A)	Schmerzschwelle

8 Die Bewertung von Lärm erfolgt anhand **akustischer Kenngrößen**, wie:[3]

Schalldruck	Er gibt an, wie sich durch eine Schalimmission am Ort der Messung der Luftdruck ändert.
Schalldruckpegel	Das ist das in dB angegebene logarithmische Verhältnis des jeweiligen Schalldrucks zu der Ruhehörschwelle von 0 dB.
Frequenz	Das ist die in Hertz angegebene Anzahl der Schwingungen in einer Sekunde.
Schallbewertungskurve A	Der mit der Frequenzbewertung „A" versehene Schallpegel stellt eine Annäherung an die menschliche Lautstärkenempfindung dar. Mit der Einheit dB(A) werden die Unterschiede in der Hörbarkeit sehr hoher, mittlerer und sehr tiefer Töne berücksichtigt. Zur Beurteilung der Geräuschsituation über einen längeren Zeitraum wird zumeist der energieäquivalente Mittelungspegel nach der DIN 45641 verwendet.
Zuschläge	Zuschläge werden vergeben für besondere Geräuschmerkmale, bei denen ihr Ton, ihr Klang und ihr Informationsgehalt die Lästigkeit beeinflussen.
Dauerschallpegel	Er gibt – unter Nichtberücksichtigung auffälliger Einzeltöne und Impulsen – den über eine bestimmte Zeit gemittelten Wert des Schalldruckpegels an.
Beurteilungspegel	Er kennzeichnet die Einwirkung des Schalls auf den Immissionsort und ergibt sich aus dem Schalleistungspegel und dem Pegelverlust auf dem Ausbreitungsweg zum Immissionsort.

9 Die **Lärmreaktionen** sind nicht nur von der Höhe des Schalldrucks und der Tonhöhe abhängig, sondern werden auch durch **individuelle Empfindlichkeiten** und die **Umgebungsbedingung** beeinflusst; es tritt also zu dem objektiven, physikalischen Phänomen eine bewertende Komponente hinzu.

3 Nach: *Laubinger/Storost* in Ule/Laubinger/Repkewitz BImSchG § 3 Rn. C 58 ff.

2. Lärmarten

Im Allgemeinen wird zwischen den folgenden Lärmarten unterschieden, die insgesamt als **Umgebungslärm** bezeichnet werden: 10

- Gewerbelärm und Industrielärm (→ *Lärm, Gewerbe und Industrie (TA Lärm)* Rn. 1 ff.),
- Nachbarschaftslärm, Freizeitlärm (→ *Lärm, Freizeit* Rn. 1 ff.) und Sportlärm (→ *Lärm, Sport* Rn. 1 ff.) sowie Lärm durch sonstige öffentliche Veranstaltungen,
- Baustellenlärm (→ *Lärm, Baustelle* Rn. 1 ff.),
- Verkehrslärm, zu dem Straßenverkehrslärm (→ *Lärm, Straßenverkehr* Rn. 1 ff.), Schienenverkehrslärm und Fluglärm (→ *Lärm, Flugzeug* Rn. 1 ff.) zählt.

3. Infraschall und tieffrequenter Schall

Als **Infraschall** wird der Luftschall zwischen 0,1 und 20 Hz bezeichnet. Er ist in der Umwelt ein allgegenwärtiges Phänomen, das durch zahlreiche Quellen hervorgerufen wird und im Allgemeinen unterhalb der Wahrnehmungsschwelle des menschlichen Gehörs liegt. (→ *Infraschall* Rn. 1 ff.) **Tieffrequenter Schall** liegt bei einer Frequenz von unterhalb von 100 Hz.[4] Beide Phänomene spielen insbesondere bei Rechtsschutzbegehren gegen **Windkraftanlagen**, die zumeist dem Immissionsschutzrecht unterfallen, eine Rolle. Aber auch von einzelnen dem Baurecht unterfallenden Anlagen geht Infraschall aus. 11

Die **Rechtsprechung** der Obergerichte geht davon aus, dass Infraschall durch Windenergieanlagen im Allgemeinen unterhalb der **Wahrnehmungsschwelle** des menschlichen Gehörs liegt und nach dem bisherigen Stand wissenschaftlicher Erkenntnisse grundsätzlich nicht zu Gesundheitsgefahren führt.[5] Wissenschaftlich gesicherte Hinweise dafür, dass zB von dem von Windenergieanlagen verursachten Infraschallanteil, der unterhalb der Wahrnehmungsschwelle des menschlichen Gehörs liegt, eine Gesundheitsgefahr oder eine erhebliche Belästigung ausgeht, liegen nicht vor. Das Umweltbundesamt führt hierzu in einer im Jahre 2014 veröffentlichten Studie[6] aus, dass für eine negative Auswirkung von Infraschall unterhalb der Wahrnehmungsschwelle bislang keine wissenschaftlich gesicherten Erkenntnisse gefunden wurden, auch wenn zahlreiche Forschungsbeiträge entsprechende Hypothesen postulieren.[7] 12

4. Bewertung des Lärms im Wege einer Prognose

Im Rahmen einer Bauleitung und eines Genehmigungsverfahrens ist eine **Prognose** anzustellen.[8] Die beispielsweise in der TA Lärm vorgegebene Methode zur Prognose des zu erwartenden Lärms kann allerdings naturgemäß die Auswirkungen eines Vorhabens oder einer Straßenplanung nicht exakt vorherbestimmen. 13

Deshalb begnügt die **verwaltungsgerichtliche Rechtsprechung** sich in der Regel mit einer Beantwortung der Fragen, ob die schalltechnische Untersuchung keine erheblichen Mängel aufweist und ob sie methodisch einwandfrei ist. Die Gerichte überprüfen, ob die Prognose mit den im maßgebenden Zeitpunkt verfügbaren Erkenntnismitteln unter Beachtung der für sie erheblichen Umstände sachgerecht erarbeitet wor- 14

---

4 S. https://www.umweltbundesamt.de/themen/verkehr-laerm/laermwirkung/tieffrequente-geraeusche#tieffrequenter-schall-und-infraschall.

5 Vgl. OVG Münster Urt. v. 11.12.2017 – 8 A 928/16, juris Rn. 65 ff.; OVG Münster Beschl. v. 30.1.2018 – 8 B 1060/17, juris Rn. 38 f.; VGH Kassel Beschl. v. 6.11.2018 – 9 B 765/18, juris Rn. 58 f.; VGH Mannheim Beschl. v. 20.7.2018 – 10 S 2378/17, juris Rn. 25; VGH München Beschl. v. 28.9.2017 – 22 CS 17.1506, juris Rn. 25 ff.; OVG Lüneburg Beschl. v. 19.12.2016 – 12 ME 85/16, juris Rn. 22; OVG Schleswig Urt. v. 31.7.2015 – 1 MB 14/15, juris Rn. 30; OVG Greifswald Beschl. v. 21.5.2014 – 3 M 236/13, juris Rn. 20.

6 Machbarkeitsstudie zu Wirkungen von Infraschall – Entwicklung von Untersuchungsdesigns für die Ermittlung der Auswirkungen von Infraschall auf den Menschen durch unterschiedliche Quellen (2014), abrufbar unter http://www.umweltbundesamt.de/publikationen/machbarkeitsstudie-zu-wirkungen-von-infraschall.

7 Vgl. auch Nr. 5.2.1.1 Buchstabe b des Erlasses für die Planung und Genehmigung von Windenergieanlagen und Hinweise für die Zielsetzung und Anwendung vom 8.5.2018 (Windenergieerlass NRW), wonach nach dem aktuellem Kenntnisstand die Infraschall-Immissionen selbst im Nahbereich bei Abständen zwischen 150 und 300 m deutlich unterhalb der menschlichen Wahrnehmungsschwelle liegen.

8 Hierzu *Haaß* UPR 2017, 241.

den ist. Sie überprüfen insoweit die Wahl einer **geeigneten fachspezifischen Methode**, die zutreffende Ermittlung des der Prognose zugrunde liegenden **Sachverhalts** und ob das Ergebnis **einleuchtend begründet** worden ist. Ferner hinterfragen sie, ob die mit jeder Prognose verbundene Ungewissheit künftiger Entwicklungen in einem **angemessenen Verhältnis** zu den Eingriffen steht, die mit ihr gerechtfertigt werden sollen. (Die Prognose muss „**auf der sicheren Seite liegen**".) Es ist hingegen nicht Aufgabe des Gerichts, das Ergebnis einer auf diese Weise sachgerecht erarbeiteten Prognose als solches darauf zu überprüfen, ob die prognostizierte Entwicklung mit Sicherheit bzw. größerer oder geringerer Wahrscheinlichkeit eintreten wird oder kann.[9]

15 **Beispiel für eine rechtswidrige Baugenehmigung, die auf einer nicht fachgerechten Prognose beruht:**[10] Ein Schallgutachten zur Beurteilung des von einer Autowaschanlage zu erwartenden Lärms für die Nachbarschaft legt der Bestimmung der Beurteilungspegel nicht die maximal zu erwartende Zahl an Fahrzeugen zugrunde, sondern nur eine „mittlere Maximalauslastung". Dabei wird zwar mehr als die durchschnittliche Belastung angesetzt; einige Tage mit außergewöhnlich hoher Auslastung sind jedoch nicht berücksichtigt. Dies ist nach der TA Lärm nicht zulässig. Denn diese sieht eine Mittelung über längere Zeiträume – etwa alle Tage eines Jahres – nicht vor. Der (Tages-) Beurteilungspegel ist vielmehr für den Tag mit den größten Geräuschimmissionen bei bestimmungsgemäßem Betrieb der Anlage durch Mittelung über die Tagesbeurteilungszeit zu bestimmen. Der Gutachter hat die wenigen Tagen des Jahres, an denen die von ihm angenommene „mittlere Maximalauslastung" überschritten wird, als „seltene Ereignisse" im Sinne von Ziffer 7.2 der TA Lärm außer Betracht gelassen. Dem Gutachter steht es jedoch nicht zu, selbst Tage außergewöhnlicher Auslastung einer Autowaschanlage, die nur beim Zusammentreffen spezieller Tage des Jahres mit entsprechenden Straßen- und Wetterzuständen zu erwarten sind, als seltene Ereignisse zu behandeln und von vornherein außer Betracht zu lassen. Denn für die Entscheidung, ob und in welchem Umfang eine Überschreitung der Immissionsrichtwerte an Tagen mit „seltenen Ereignissen" unter Würdigung nachbarlicher Interessen zugelassen werden kann, ist nach Ziffer 7.2 der TA Lärm die Genehmigungsbehörde zuständig. Diese hat in der Baugenehmigung zudem Bestimmungen über zugelassene „seltene Ereignisse" und ihre Eingrenzung zu treffen, wenn von Ziffer 7.2 der TA Lärm Gebrauch gemacht werden soll.

III. Lärmschutz in der Bauleitplanung und im Genehmigungsverfahren

1. Bauleitplanung

16 Oftmals sind nachbarrelevante Konflikte, die durch starken Lärm ausgelöst werden, bereits in der **Bauleitplanung** angelegt. Wird in einem Bebauungsplan die Ansiedlung eines **lärmintensiven Gewerbe- oder Industriebetriebs** oder **-gebiets** ermöglicht, ist bereits in diesem Stadium von Seiten betroffener Nachbarn zu gegenwärtigen, was sie zu erwarten haben. Dasselbe gilt für **(zusätzlichen) Straßenverkehr**, den ein Vorhaben auslösen kann. In besonderem Maße trifft das für Straßen- oder Schienenverkehr zu, wenn neue Straßen geplant oder vorhandene wesentlich geändert werden sollen. Ist eine Rüge nicht mehr möglich, bleibt allenfalls noch die Überprüfung der jeweiligen Genehmigung, wobei der Nachbar sich eventuell entgegenhalten lassen muss, dass er den Bebauungsplan nicht angefochten hat. Deshalb ist bereits in einem frühen Stadium eine rechtliche Überprüfung geboten, um sich im Falle einer drohenden unzumutbaren Lärmbelästigung gegen den Plan zu wehren.

17 **a) Lärm als Abwägungsbelang.** Im Rahmen der Bauleitplanung, insbesondere bei Erlass eines (auch: vorhabenbezogenen)[11] Bebauungsplans, ist insbesondere eine **Abwägung öffentlicher und privater Belange** vorzunehmen.[12] Das Gebot gerechter Abwägung der von der Bauleitplanung betroffenen öffentlichen

9 Vgl. OVG Münster Urt. v. 10.3.2016 – 7 A 409/14, juris Rn. 55.
10 Nach VG Gelsenkirchen Urt. v. 10.11.2015 – 6 K 6069/13, juris Rn. 47.
11 Vgl. OVG Münster Urt. v. 24.2.2016 – 7 D 83/14.NE, juris Rn. 80 mwN.
12 S. dazu insbes. BVerwG Urt. v. 5.7.1974 – IV C 50.72, BVerwGE 45, 309 („Flachglasurteil"). Zur Problematik allgemein s. *Mitschang* UPR 2016, 81.

und privaten Belange ist nach der Rechtsprechung des BVerwG[13] nicht nur aus § 1 Abs. 7 BauGB („Bei der Aufstellung der Bauleitpläne sind die öffentlichen und privaten Belange gegeneinander und untereinander gerecht abzuwägen.") abzuleiten; es ist vielmehr Ausdruck des in Art. 20 Abs. 3 GG verankerten Rechtsstaatsprinzips und des in ihm enthaltenen Grundsatzes der Verhältnismäßigkeit.

aa) Zusammenstellung des Abwägungsmaterials. Die Gemeinde kann nur dann eine dem rechtsstaatlichen Abwägungsgebot entsprechende Planungsentscheidung treffen, wenn sie alle von der Planung betroffenen öffentlichen und privaten Belange in ihre Abwägung einstellt. Hierbei hat die Gemeinde nicht nur die positiven Aspekte der Bauleitplanung zu berücksichtigen, sondern auch die mit der Planung verbundenen negativen Auswirkungen. Zur Verwirklichung des Gebots gebietet § 2 Abs. 3 BauGB, dass bei der Aufstellung der Bauleitpläne die Belange, die für die Abwägung von Bedeutung sind (**Abwägungsmaterial**), zu ermitteln und zu bewerten sind. Nach § 214 Abs. 1 S. 1 Nr. 1 BauGB liegt eine beachtliche Verletzung einer Verfahrensvorschrift vor, wenn entgegen § 2 Abs. 3 BauGB die von der Planung berührten Belange, die der Gemeinde bekannt waren oder hätten bekannt sein müssen, in wesentlichen Punkten nicht zutreffend ermittelt oder bewertet worden sind und wenn der Mangel offensichtlich und auf das Ergebnis des Verfahrens von Einfluss gewesen ist. In der Praxis bereitet dieses Gebot des fehlerfreien Zusammenstellens des Abwägungsmaterials Schwierigkeiten und führt häufig zu Abwägungsfehlern mit der Folge der Nichtigkeit des Bebauungsplans. Dies gilt insbesondere für eine fehlerhafte Einschätzung der Planungsfolgen mit Blick auf eine Zunahme des Straßenverkehrs und die dadurch bedingte Erhöhung des Straßenverkehrslärms (dazu → *Lärm, Straßenverkehr* Rn. 1 ff.). 18

Hinsichtlich der öffentlichen Belange enthält § 1 Abs. 6 BauGB gleichsam eine Checkliste. Genannt seien hier: privates Eigentum, Beibehaltung des bisherigen Zustandes, Vermeidung von Verkehrslärm, Schutz vor heranrückender Wohnbebauung, Schutz vor Immissionen. Für die Abwägungsbeachtlichkeit eines Interesses kommt es in zeitlicher Hinsicht grundsätzlich auf die Sach- und Rechtslage im Zeitpunkt der Beschlussfassung über den Bebauungsplan an.[14] 19

In die Abwägung müssen auch solche Interessen eingestellt werden (und deshalb zuvor als „Material" gesammelt werden), die kein subjektives Recht darstellen.[15] Denn § 1 Abs. 7 BauGB spricht von privaten „Belangen" und nicht von privaten Rechten. 20

bb) Abwägungsvorgang. Die Planungsentscheidung hält sich nur dann in den verfassungsrechtlich vorgezeichneten Grenzen, wenn der Plangeber alle sachlich beteiligten Belange und Interessen der Entscheidung zugrunde gelegt sowie **umfassend und in nachvollziehbarer Weise abgewogen** hat. Denn Art. 14 Abs. 1 S. 1 GG fordert, dass Vorkehrungen getroffen werden, die eine unverhältnismäßige Belastung des Eigentümers verhindern.[16] Dem privaten Eigentum (Art. 14 Abs. 1 GG) kommt im Rahmen der Abwägung eine besondere Bedeutung zu. Dazu gehört auch ein ausreichender Schutz der Nachbarschaft. 21

Das Abwägungsgebot ist verletzt, wenn eine sachgerechte Abwägung überhaupt nicht stattfindet (sog. **Abwägungsausfall**), in die Abwägung Belange nicht eingestellt werden, die nach Lage der Dinge hätten eingestellt werden müssen (sog. **Abwägungsdefizit**), die Bedeutung der betroffenen Belange verkannt wird (sog. **Abwägungsfehleinschätzung**) oder der Ausgleich zwischen den von der Planung berührten Belangen in einer Weise vorgenommen wird, die zur objektiven Gewichtigkeit einzelner Belange außer Verhältnis steht (sog. **Abwägungsdisproportionalität**). 22

Innerhalb des so gezogenen Rahmens ist dem Abwägungserfordernis genügt, wenn sich die zur Planung berufene Gemeinde im Widerstreit verschiedener Belange für die Bevorzugung des einen und damit notwendigerweise für die Zurückstellung des anderen Belangs entscheidet. Dabei geht das BauGB grundsätzlich von der **planerischen Freiheit** der Gemeinde aus, und zwar bis zur Entscheidung des Gemeinderats 23

13 BVerwG Urt. v. 20.10.1972 – IV C 14.71, BVerwGE 41, 67.
14 OVG Münster Urt. v. 6.4.2003 – 7a D 46/02.NE, juris Rn. 46.
15 BVerwG Urt. v. 24.9.1998 – 4 CN 2/98, BVerwGE 107, 215.
16 BVerfG Urt. v. 19.12.2002 – 1 BvR 1402/01, NVwZ 2003, 727.

nach Anhörung der betroffenen Bevölkerung (§ 3 BauGB) sowie der betroffenen Fachbehörden (§ 4 BauGB).

24 **b) Berücksichtigung von erwartbarem Betriebslärm.** Gegenstand einer gerechten Abwägung (vgl. § 1 Abs. 7 BauGB) sind bei einem Bebauungsplan, der die planungsrechtliche Grundlage für ein lärmintensives Vorhaben schafft, auch die Belange des Schutzes der Nachbarschaft vor mehr als nur geringfügigen Beeinträchtigungen durch erwartbaren Betriebslärm.

25 **aa) Trennungsgebot.** Dabei ist das Gebot der Rücksichtnahme bereits bei der Aufstellung der Bauleitpläne zu beachten. So ist zB der vom BVerwG im sog. **Flachglasurteil**[17] entwickelte Grundsatz, dass Wohnbebauung und immissionsträchtige gewerbliche Nutzung räumlich zu trennen sind (**Trennungsgebot**, vgl. auch § 50 BImSchG), letztlich auf das **Gebot der Rücksichtnahme** zurückzuführen: Ein Bebauungsplan, der in unmittelbarer Nachbarschaft eines Wohngebiets ein großes Industrieunternehmen vorsieht, verstößt gegen das Gebot und ist nichtig.[18]

26 **bb) Gebot der Problembewältigung.** Der Bebauungsplan muss zumindest diejenigen Festsetzungen enthalten, die zur Bewältigung der vorhandenen oder durch die vorgesehene Bodennutzung neu entstehenden städtebaulichen Konflikte notwendig sind („**Gebot der Problembewältigung**"). Die von der Planung berührten Belange müssen in ihm in einen gerechten Ausgleich gebracht werden; ein lösungsbedürftiges Problem darf nicht ausgeklammert werden.[19] Das gilt etwa für die Bewältigung immissionsschutzrechtlicher Fragen infolge der Nachbarschaft von gewerblicher Nutzung und Wohnbebauung.[20]

27 **cc) Konfliktlösungstransfer.** Dies schließt eine Verlagerung von Problemlösungen aus dem Bebauungsplanverfahren auf nachfolgendes Verwaltungshandeln allerdings nicht grundsätzlich aus. Vielmehr können Festsetzungen eines Bebauungsplans auch Ausdruck einer „planerischen Zurückhaltung" sein. Der Satzungsgeber ist in begrenztem Umfang berechtigt, die Konfliktbewältigung dem nachfolgenden Baugenehmigungsverfahren oder dem immissionsschutzrechtlichen Genehmigungsverfahren zu überlassen. Eine solche **Konfliktverlagerung („Konfliktlösungstransfer"**) auf die Ebene des Planvollzugs ist allerdings nicht zulässig, wenn bereits im Planungsstadium absehbar ist, dass sich der offen gelassene Interessenkonflikt in einem nachfolgenden Verfahren nicht sachgerecht wird lösen lassen. Vielmehr muss die Durchführung der konfliktlösenden Maßnahmen auf einer nachfolgenden Stufe möglich und sichergestellt sein, wenn auch nur mithilfe des § 15 BauNVO oder durch nachträgliche Schutzmaßnahmen.[21] Das bedarf einer **prognostischen Beurteilung.**[22]

28 Deshalb ist ein Bebauungsplan wegen **unterbliebener Konfliktbewältigung** unwirksam, wenn eine nachträgliche Problemlösung nicht mehr möglich ist, etwa die Immissionsbelastung durch eine Industrieanlage so hoch ist, dass sie auch durch Schallschutzmaßnahmen nicht auf ein zumutbares Maß reduziert werden kann. Andererseits braucht beispielsweise ein Bebauungsplan, der eine Fläche für eine Schule vorsieht, nicht bereits festzulegen, wo die für den Nachbarn besonders störenden Sportanlagen der Schule errichtet werden sollen; das kann in dem Baugenehmigungsverfahren geschehen.[23]

29 **c) Vorhabenbedingter Straßenverkehrslärm.** Im Zusammenhang mit der Aufstellung eines Bebauungsplans sind im Rahmen der Abwägung auch die Belange des Schutzes der Nachbarschaft vor mehr als nur geringfügigen Beeinträchtigungen durch **Verkehrslärm,**[24] etwa eine planbedingte Überlastung einer Erschließungsstraße einzustellen.[25] Bei Überschreitung vorgegebener Immissionsgrenzwerte sind bereits in

17 BVerwG Urt. v. 5.7.1974 – IV C 50.72, BVerwGE 45, 309.
18 BVerwG Urt. v. 5.7.1974 – IV C 50.72, BVerwGE 45, 309.
19 BVerwG Urt. v. 8.10.1998 – 4 CN 7/97, NVwZ 1999, 414.
20 OVG Berlin-Brandenburg Urt. v. 13.4.2016 – OVG 10 A 9.13, NVwZ 1984, 188.
21 So BVerwG Beschl. v. 28.8.1987 – 4 N 1/86, NVwZ 1988, 351 für Lärmbelästigungen durch eine Straße.
22 BVerwG Urt. v. 5.5.2015 – 4 CN 4/14, NVwZ 2015, 1537.
23 BVerwG Urt. v. 11.3.1988 – 4 C 56/84, BauR 1988, 448.
24 Vgl. OVG Münster Urt. v. 6.2.2014 – 2 D 104/12.NE, BRS 82 Nr. 34.
25 Vgl. BVerwG Beschl. v. 6.12.2000 – 4 BN 59.00, BRS 63 Nr. 47.

der Planungsphase entsprechende bauliche Lärmschutzmaßnahmen (beispielsweise **Lärmschutzwände**) vorzusehen.

aa) Berücksichtigung der Vorbelastung. Eine unzureichende Ermittlung, Bewertung und Abwägung der Belange kann darin liegen, dass die durch den Rat getroffene Abwägung in dem für die Beurteilung maßgeblichen **Zeitpunkt des Satzungsbeschlusses** (vgl. § 214 Abs. 3 Satz 1 BauGB) in wesentlicher Hinsicht in Bezug auf den Schutz der Plannachbarschaft vor Verkehrslärm und die Sicherstellung der äußeren verkehrlichen Erschließung des überplanten Bereichs auf ungesicherten Annahmen zur **Vorbelastung** der Erschließungsstraße durch Verkehr beruht.[26] Dabei ist die Beeinträchtigung durch eine Steigerung des Verkehrslärms auch dann abwägungsrelevant, wenn die **Zumutbarkeitsgrenze** der VerkehrslärmschutzVO (siehe dazu → *Lärm, Straßenverkehr* Rn. 4 ff.) nicht überschritten wird. 30

bb) Bagatellgrenze. Ist allerdings der Lärmzuwachs nur geringfügig, oder wirkt er sich nur unwesentlich auf das Nachbargrundstück aus, muss er nicht in die Abwägung eingestellt werden. Die planende Gemeinde muss nicht stets umfangreiche gutachterliche Ermittlungen anstellen, um die konkrete Größenordnung der planbedingten Lärmauswirkungen exakt zu bestimmen. Dies gilt insbesondere dann, wenn schon eine grobe Abschätzung eindeutig erkennen lässt, dass wegen des ersichtlich geringen Ausmaßes zusätzlicher planbedingter Verkehrsbewegungen beachtliche nachteilige Lärmbeeinträchtigungen offensichtlich ausscheiden.[27] Das Bundesverwaltungsgericht hat in seiner Rechtsprechung die Verkehrszunahme aus der Errichtung von 20 bis 30 Einzel- oder Doppelwohnhäusern bei Berücksichtigung der örtlichen Verhältnisse als geringfügig angesehen.[28] In der Regel wird die **Bagatellgrenze** nicht überschritten sein, wenn mit der Planung **nicht mehr als 200 zusätzliche Fahrzeugbewegungen pro Tag** zu erwarten sein werden.[29] 31

Liegt andererseits die Belastung eines der Wohnnutzung dienenden Grundstücks durch Verkehrslärm bereits im Ist-Zustand im grundrechtskritischen Bereich, muss der Rat abwägend prüfen, ob zusätzliche planbedingte Erhöhungen des Verkehrslärms im Hinblick auf den gebotenen Schutz der Bewohner vor **Gesundheitsgefahren** überhaupt noch hingenommen werden können, auch wenn die in Rede stehenden Erhöhungen der Immissionspegel unterhalb der Wahrnehmbarkeitsschwelle liegen.[30] 32

d) Straßen- und Schienenplanung. Auch im Rahmen der Straßenplanung ist primär das Trennungsgebot des § 50 BImSchG zu beachten, wonach schädliche Umwelteinwirkungen auf Wohngebiete oder sonstige schutzwürdige Gebiete durch eine entsprechende Trennung konfligierender Nutzungen „soweit wie möglich" zu vermeiden sind. Darüber hinaus ist nach § 41 Abs. 1 BImSchG zur Vermeidung schädlicher Umwelteinwirkungen vorrangig aktiver Schallschutz in Form insbesondere von Lärmschutzwänden und -wällen („nach dem Stand der Technik") vorgesehen. Die in §§ 41, 43 BImSchG in Bezug genommenen Grenzwerte der 16. BImSchV (siehe dazu → *Lärm, Straßenverkehr* Rn. 4 ff.) sind zu beachten. Ist im Falle des § 41 BImSchG aktiver Schallschutz[31] nicht möglich, oder kann nach § 41 Abs. 2 BImSchG davon abgesehen werden, weil die Kosten der Schutzmaßnahme außer Verhältnis zum angestrebten Schutzzweck stehen würden, hat die Gemeinde zunächst zu prüfen, ob hinreichend gewichtige Verkehrsbelange die Straßenplanung rechtfertigen. Bejaht sie dies, so muss auf der dritten Stufe sichergestellt sein, dass die Betroffenen durch Maßnahmen des passiven Lärmschutzes gemäß § 42 BImSchG vor unzumutbaren Beeinträchtigungen durch Verkehrslärm bewahrt werden. Das gilt auch für eine bereits vorhandene Bebauung. Andernfalls sind durch Maßnahmen des passiven Lärmschutzes jedenfalls Innenpegel zu gewährleisten, die den betroffenen Straßennachbarn eine gegen unzumutbare Lärmbeeinträchtigungen abgeschirmte Gebäudenutzung ermöglichen. Nach den Erkenntnissen der Lärmforschung wird diesem Erfordernis Genüge getan, wenn der Innenpegel in Wohnräumen 40 dB(A) und in Schlafräumen 30 dB(A) nicht übersteigt.[32] § 42 BImSchG 33

26 Vgl. zu einem solchen Fall OVG Münster Urt. v. 12.4.2018 – 7 D 53/16.N, juris Rn. 44.
27 Vgl. VGH München Urt. v. 27.4.2016 – 9 N 13.1408, juris Rn. 24.
28 Vgl. BVerwG Urt. v. 21.10.1999 – 4 CN 1.98, BauR 2000, 848.
29 Vgl. VGH München Beschl. v. 28.11.2019 – 1 NE 19.1502, juris Rn. 21.
30 OVG Münster Urt. v. 26.11.2018 – 10 D 25/16.NE, juris Rn. 128.
31 Zur Frage des aktiven Schallschutzes s. *Gatz* jurisPR-BVerwG 14/2007.
32 BVerwG Beschl. v. 17.5.1995 – 4 NB 30.94, DVBl 1995, 1010.

räumt in diesen Fällen einen zweckgebundenen Anspruch auf angemessene Entschädigung in Geld in Höhe der Aufwendungen für die Maßnahmen des **passiven Lärmschutzes** sowie ggf. einen **Anspruch auf angemessenen Ausgleich** für die Beeinträchtigung der Nutzung des Außenwohnbereichs ein.[33] Eine Festsetzung im Bebauungsplan nach § 9 Abs. 1 Nr. 24 BauGB ist daher in aller Regel nicht erforderlich.

34 **e) Berücksichtigung der DIN 18005 Beiblatt 1 Schallschutz im Städtebau.** Im Rahmen der Bauleitplanung kann die DIN 18005 Beiblatt 1 **Schallschutz im Städtebau** als **antizipiertes Sachverständigengutachten** mit – auch im Rahmen einer Bauleitplanung abwägungsfähigen – Orientierungswerten Hinweise zur Berücksichtigung des Schallschutzes geben. Die Aussagen sind Zielvorstellungen für die städtebauliche Planung, sie gilt nicht für die Anwendung in Genehmigungs- und Planfeststellungsverfahren. Das Beiblatt 1 zu DIN 18005-1 enthält insofern auch keine Grenzwerte. Bei der Planung von schutzbedürftigen Nutzungen im Einwirkungsbereich von Straßen- und Schienenwegen ist allerdings die Einhaltung dieser Orientierungswerte anzustreben.

35 Für die Beurteilung ist tagsüber der Zeitraum von 6.00 Uhr bis 22.00 Uhr und nachts von 22.00 Uhr bis 6.00 Uhr zugrunde zu legen. Die Orientierungswerte sollen bereits auf den Rand der Bauflächen bezogen werden.

Nutzungen	**Tag**	**Nacht**
Reine Wohngebiete (WR) Wochenendhausgebiete, Ferienhausgebiete	**50**	**40**
Allgemeine Wohngebiete (WA) Kleinsiedlungsgebiete (WS) Campingplatzgebiete	**55**	**45**
Friedhöfe, Kleingarten- u. Parkanlagen	**55**	**55**
Besondere Wohngebiete (WB)	**60**	**45**
Dorfgebiete (MD), Mischgebiete (MI)	**60**	**50**
Kerngebiet (MK), Gewerbegebiet (GE)	**65**	**55**
Sonstige Sondergebiete, soweit sie schutzbedürftig sind, je nach Nutzungsart	**45–65**	**35–65**

36 Die im April 2017 beschlossene Änderung der BauNVO mit Einführung des „Urbanen Gebiets (MU)" ist in der DIN 18005 nicht berücksichtigt. Es bietet sich an, analog zu den Änderungen in den Verwaltungsvorschriften (zB TA Lärm) die Orientierungswerte für ein Mischgebiet am Tag um 3 dB(A) zu erhöhen und im Nachtzeitraum die Orientierungswerte für ein Mischgebiet zu belassen.

37 Die genaue Berechnung erfolgt beim Straßenverkehr nach der RLS-90. Für einige **Arten von Verkehrswegen** sind in der Norm beispielhaft Abstände angegeben, die bei ungehinderter Schallausbreitung ohne Schallschutz ungefähr erforderlich sind, um bestimmte Beurteilungspegel nachts nicht zu überschreiten. Die nachstehende Tabelle zeigt den ungefähr erforderlichen Abstand von Verkehrswegen, um bei ungehinderter Schallausbreitung den angegebenen Beurteilungspegel nachts nicht zu überschreiten.

33 Vgl. hierzu BVerwG Beschl. v. 30.11.2006 – 4 BN 14.06, BRS 70 Nr. 26 mwN.

Art des Verkehrsweges	Beurteilungspegel nachts (in dB(A))			
	55	50	45	40
	(=GE)	(=MI)	(=WA)	(=WR)
	Abstand von der Achse (m)			
Straße:				
■ Bundesautobahn	450	800	1300	1800
■ Bundesstraße	100	200	450	800
■ Landesstraße	40	70	150	330
■ Gemeindestraße		20	40	90
Schiene:				
■ Fernverkehrsstrecke	190	400	750	1200
■ Nahverkehrsstrecke	100	240	500	850
■ Nahverkehrsstrecke ohne Güterverkehr	20	40	100	220
■ Straßenbahnlinie		10	20	40

Bei **Parkplätzen** wird ebenfalls auf die RLS-90 verwiesen, soweit es sich um öffentliche Parkplätze und um Parkplätze handelt, die nicht genehmigungsbedürftigen Sportanlagen zuzuordnen sind. Für andere Parkplätze wird auf das Berechnungsverfahren der **Parkplatzlärmstudie** hingewiesen, da diese den Regelungen der TA Lärm unterliegen. 38

2. Sicherstellung von Lärmschutz in der Genehmigung

a) Sicherstellung durch Vorhabenplanung. Jedes Vorhaben, unabhängig davon ob es einer **immissionsschutzrechtlichen Genehmigung** oder lediglich einer Baugenehmigung oder gar keiner Genehmigung bedarf, ist nur dann zulässig, wenn es mit den in diesem Zusammenhang relevanten öffentlich-rechtlichen Vorschriften im Einklang steht. Insofern gebietet § 22 Abs. 1 BImSchG auch für nach dem Bundes-Immissionsschutzgesetz nicht genehmigungsbedürftige Anlagen, diese so zu errichten und zu betreiben, dass schädliche, nach dem Stand der Technik vermeidbare Umwelteinwirkungen verhindert oder nach dem Stand der Technik unvermeidbare schädliche Umwelteinwirkungen auf ein Mindestmaß beschränkt werden. 39

Gemäß § 3 Abs. 1 BImSchG sind **schädliche Umwelteinwirkungen** Immissionen, die nach Art, Ausmaß oder Dauer dafür geeignet sind, Gefahren, erhebliche Nachteile oder erhebliche Belästigungen für die Allgemeinheit oder die Nachbarschaft herbeizuführen. **Immissionen** im Sinne des BImSchG sind auf Menschen, Tiere und Pflanzen, den Boden, das Wasser, die Atmosphäre sowie Kultur- und sonstige Sachgüter einwirkende Luftverunreinigungen, Geräusche, Erschütterungen, Licht, Wärme, Strahlen und ähnliche Umwelteinwirkungen, § 3 Abs. 2 BImSchG. Dem von einem Vorhaben betroffenen Nachbarn steht ein subjektiv-öffentliches, dh bei Nichtbeachtung einklagbares Recht auf Einhaltung dieser Regeln zu. 40

Vorrangig ist es Aufgabe des Bauherrn, seinen Bauwunsch so zu entwickeln, dass **unzumutbare Lärmimmissionen** zulasten benachbarter Grundstücke nicht entstehen. Soweit erforderlich, muss er durch die Stellung der Baukörper, die Festlegung von Betriebszeiten und die Anordnung von Öffnungen und Lärmschutzwänden dafür Sorge tragen. Insofern spielen die auf der Grundlage der TA Lärm prognostizierten Immissionswerte eine entscheidende Rolle. Der Schutz kann aber erforderlichenfalls auch durch Ergänzungen seitens der Baugenehmigungsbehörde erfolgen: 41

b) Sicherstellung durch Inhaltsbestimmungen und Auflagen. Zum Schutz vor auf die Nachbarschaft einwirkendem Lärm kann eine von dem Bauantrag abweichende Genehmigung erteilt werden oder in die Genehmigung zu dem Vorhaben nähere Vorgaben oder Nebenbestimmungen (§ 36 VwVfG) aufgenommen 42 werden. Diese Maßnahmen sind oft sinnvoll und bewegen sich zumeist im Rahmen des rechtlich Zulässigen, aber nicht immer.

43 **aa) Änderungen und Ergänzungen durch die Baugenehmigung.** „**Modifizierende Auflagen**" verändern das Vorhaben in einem oder mehreren wesentlichen Punkten. Anstatt den so nicht genehmigungsfähigen Bauantrag abzulehnen, wird das Vorhaben durch sogenannte Grüneintragungen in den Bauzeichnungen und entsprechende textliche Ausführungen in der Genehmigung in ein genehmigungsfähiges modifiziert und sogleich genehmigt. Sinngemäß erklärt die Genehmigungsbehörde mit der modifizierenden Auflage, dass das Vorhaben „so nicht" genehmigungsfähig ist, „stattdessen" aber ein (etwas) anderes Vorhaben genehmigungsfähig wäre und gewissermaßen mit der Genehmigung „angeboten" wird. Das ist rechtlich problematisch, weil sich damit die Genehmigungsbehörde als Bauherr geriert, was nicht dem System der Baugenehmigung als **mitwirkungsbedürftigem Verwaltungsakt** entspricht.

44 Von der modifizierenden Auflage ist die „**Inhaltsbestimmung**"[34] abzugrenzen. Mit ihr werden zu dem insofern defizitären Bauantrag **Rahmenbedingungen** vorgegeben, um das Vorhaben – insbesondere auch unter dem Gesichtspunkt der Nachbarverträglichkeit – genehmigungsfähig zu machen, etwa durch die Vorgabe nicht zu überschreitender Lärmwerte.

45 Eine sogenannte **echte Auflage** im Sinne von § 36 VwVfG ist nur anzunehmen, wenn deutlich erkennbar neben die – uneingeschränkte – Genehmigung des beantragten Bauvorhabens selbstständig ein weiteres bauaufsichtliches Verlangen tritt. Die Behörde erklärt in diesem Fall, dass das Vorhaben genehmigt wird, aber außerdem noch etwas anderes geschehen muss („Ja, aber außerdem: ..."). Solche Auflagen, die diesen Namen wirklich verdienen, sind eher selten.

46 Ob eine modifizierende Auflage, eine Inhaltsbestimmung oder eine „echte Auflage" vorliegt, ist im Wege einer **Auslegung** zu ermitteln; der von der Behörde benutzte Begriff stellt allenfalls ein Indiz dar.[35]

47 Aus der Sicht des Nachbarn ist die Unterscheidung zwischen modifizierender Auflage, Inhaltsbestimmung und „echter" Auflage von eher geringer prozessualer Bedeutung. In allen Fällen richtet sich der **Rechtsschutz des Nachbarn** gegen die Genehmigung. Das Begehren ist begründet, wenn die Genehmigung rechtswidrig ist und der Nachbar dadurch in seinen Rechten verletzt wird (→ *Rechtsschutz, verwaltungsrechtliches Hauptsacheverfahren* Rn. 8). Das kann im Falle einer Genehmigung, die das Vorhaben modifiziert, ebenso der Fall sein wie bei einer ergänzenden Inhaltsbestimmung, die den Nachbarschutz nicht hinreichend gewährleistet. Schließlich kann der Nachbar geltend machen, die Genehmigung einschließlich der beigefügten Auflage sei zu seinen Lasten rechtswidrig, weil die Auflage nicht geeignet sei, seine Rechte zu wahren.

48 Wird das Vorhaben verwirklicht und macht der Nachbar geltend, die Auswirkungen verletzten ihn in seinen Rechten, kann er nicht mehr die Rechtswidrigkeit der Genehmigung geltend machen, sondern ein **bauaufsichtliches Einschreiten** begehren, gegebenenfalls auf **Durchsetzung der Auflage**, wenn der Bauherr sie nicht erfüllt.

49 **bb) Rechtmäßigkeit der Änderung/Ergänzung. (1) Eignung zur Wahrung von Nachbarrechten.** Die **Modifikation** des Bauantrags oder die der Genehmigung beigefügte **Ergänzung** muss geeignet sein, Nachbarrechte ausreichend zu wahren. Andernfalls kann sie keinen wirksamen Beitrag zur Rechtmäßigkeit der Genehmigung leisten. Die Zielvorgabe unrealistischer oder nicht kontrollierbarer Werte ist nicht geeignet, Nachbarrechte zu schützen und deshalb unbeachtlich (dazu sogleich unter (2), → Rn. 54 ff.). Sie muss zur Konfliktbewältigung realistischer Weise geeignet sein[36]; andernfalls ist die Baugenehmigung rechtswidrig und vom Nachbarn mit Erfolg anfechtbar. Die prognostische Einschätzung der Auswirkungen der zuzulassenden Anlage muss zugunsten der zu schützenden Betroffenen „**auf der sicheren Seite**" liegen.[37]

34 OVG Magdeburg Urt. v. 20.4.2016 – 2 L 64/14, juris Rn. 48; zur Abgrenzung s. auch BVerwG Urt. v. 17.10.2012 – 4 C 5/11, BVerwGE 144, 341.

35 Beispiele zur Abgrenzung bei *Schulte Beerbühl* Rn. 48 f.

36 Vgl. zB VG Hamburg Beschl. v. 12.2.2016 – 7 E 6816/15, juris Rn. 95.

37 Vgl. zu allem OVG Münster Urt. v. 14.2.2019 – 2 A 2584/14, juris Rn. 78 mwN.

Wird in eine Baugenehmigung die Bestimmung aufgenommen, dass „der Beurteilungspegel der vom Gesamtbetrieb einschließlich des Fahrverkehrs ausgehenden Geräusche an den nördlich des Betriebsgeländes gelegenen **Wohngebäuden den Immissionsrichtwert** für die Nacht von 45 dB(A) **nicht überschreiten**" darf, so ist eine derartige Bestimmung im Grundsatz zum Nachbarschutz geeignet, wenn die Anlage bei regelmäßigem Betrieb so genutzt werden kann, dass die entstehenden Immissionen die für die Nachbarschaft maßgebliche Zumutbarkeitsgrenze nicht überschreiten. 50

Auch die Vorgabe, „Fenster und Türen eines Veranstaltungsraumes **nachts stets geschlossen zu halten**", ist emissionswirksam und üblich. Auch die Einhaltung des Verbotes einer Nutzung einer zugehörigen Dachterrasse während der Nachtstunden, erscheint nicht von vorneherein ausgeschlossen. Mögliche Bedenken gegen die **Einhaltung der Nebenbestimmungen** in der Baugenehmigung sind nicht geeignet, von vorneherein eine Rechtswidrigkeit der Baugenehmigung zu begründen. 51

Eine **Inhaltsbestimmung** oder **Auflage** ist hingegen **unbeachtlich**, wenn sie die Geräusche nicht wirksam auf ein dem Nachbarn zumutbares Maß begrenzt. Überschreiten die bei der Nutzung einer Anlage entstehenden Immissionen **bei regelmäßigem Betrieb** die für die Nachbarschaft maßgebliche Zumutbarkeitsgrenze, dann genügt es zur Sicherung der Nachbarrechte nicht, in der Baugenehmigung den maßgeblichen Immissionsrichtwert als Grenzwert festzulegen (und womöglich „weitere Nebenbestimmungen vorzubehalten"). Vielmehr muss die genehmigte Nutzung schon in der Baugenehmigung durch konkrete Regelungen eingeschränkt werden.[38] Eine Auflage „Ausschluss einer Nutzung der Außenbereiche nach 22.00 Uhr (Parkplatz)" und „Sicherstellung, dass kein lärmintensives Verlassen der Gaststätte durch Gäste erfolgt" – ungeachtet der Bestimmtheitsfragen – ist nicht geeignet, wirksamen Lärmschutz zu gewährleisten, weil das Verhalten der Gäste kaum beeinflussbar ist.[39] 52

Verstöße des Bauherrn gegen die geeigneten und erfüllbaren Regelungen berühren die **Rechtmäßigkeit der Baugenehmigung nicht**, sondern betreffen allenfalls deren **Vollzug**. Sie sind gegebenenfalls ordnungsrechtlich zu verfolgen und zu ahnden und führen nicht zur Rechtswidrigkeit der Baugenehmigung mit ihren Nebenbestimmungen.[40] 53

(2) Maßgeschneiderte Baugenehmigung/typisierende Betrachtung. Auflagen, die das gewerbliche Vorhaben so weit verändern, dass das zur Genehmigung gestellte Vorhaben nicht mehr **dem wirklichen Typ solcher Gewerbebetriebe entspricht**, sind nachbarrechtswidrig und unzulässig. Diese rechtlich gebotene, sogenannte typisierende Betrachtung entspricht einem praktischen Bedürfnis bei der Rechtsanwendung. Denn nur bei Anwendung dieser Grundsätze ist eine klare Unterscheidung der in einer bestimmten Umgebung zulässigen Vorhaben von den unzulässigen möglich. Durch eine stark individualisierte, **„maßgeschneiderte" Baugenehmigung** mit zahlreichen Nebenbestimmungen, mit der ein Vorhaben für eine an sich ungeeignete Umgebung passend gemacht werden soll, entstehen unweigerlich Schwierigkeiten bei der späteren Überwachung des Betriebes.[41] Die Einhaltung immissionsrelevanter Nebenbestimmungen bedarf nämlich einer ständigen, nur schwer praktikablen Überwachung. Das stellt einen Verstoß gegen das **Rücksichtnahmegebot** dar und kann zB in einem im Zusammenhang bebauten Bereich (§ 34 BauGB) dazu führen, dass das Vorhaben in dem Wohngebiet trotz bescheinigter Einhaltung der Immissionsrichtwerte sich nach der Art der baulichen Nutzung nicht in die nähere Umgebung einfügt.[42] 54

(3) Vereinbarkeit mit der TA Lärm. Soweit die Maßnahmen die Vermeidung von unzumutbarem Lärm bezwecken, ist zu berücksichtigen, dass sie **im Einklang mit der TA Lärm** (→ *Lärm, Gewerbe und Industrie (TA Lärm)* Rn. 1 ff.) stehen müssen; ihr zuwiderlaufende Regelungen/Auflagen in einer Baugenehmigung sind nicht geeignet, einen hinreichenden Lärmschutz sicherzustellen und deshalb unbeachtlich. Als 55

38 OVG Münster Beschl. v. 29.1.2016 – 2 A 2423/15, juris Rn. 13; VGH München Urt. v. 18.7.2002 – 1 B 98.2945, BRS 65 Nr. 190.
39 OVG Münster Urt. v. 10.8.2007 – 10 B 401/07, juris Rn. 21.
40 VG Ansbach Beschl. v. 29.3.2016 – AN 9 S 15.02341, juris Rn. 103.
41 BVerwG Beschl. v. 25.3.2004 – 4 B 15/04, BRS 67 Nr. 70; ausführlich hierzu: *Schulte Beerbühl* Rn. 102 f.
42 Zu einem solchen Fall vgl. OVG Münster Urt. v. 21.3.1995 – 11 A 1089/91, juris Rn. 10 ff.

vom Nachbarn zur Vermeidung von unzumutbaren Lärmimmissionen zu erwartende Maßnahmen kommen – im Einklang mit der TA Lärm – insbesondere die Stellung des Gebäudes, der äußere Zuschnitt des Hauses oder die Anordnung der Räume oder der notwendigen Fenster in Frage.[43] Auch können nicht zu öffnende Fenster eingebaut oder verlangt werden, sofern dies im konkreten Fall bauordnungsrechtlich zulässig ist.

56 **cc) Auflage in einer immissionsschutzrechtlichen Genehmigung.** Nach § 12 Abs. 1 BImSchG kann eine immissionsschutzrechtliche Genehmigung unter Bedingungen erteilt und mit Auflagen verbunden werden, soweit dies erforderlich ist, um die Erfüllung der in § 6 BImSchG genannten Genehmigungsvoraussetzungen sicherzustellen.

57 Nach § 20 Abs. 1 BImSchG kann die zuständige Behörde – ähnlich den Regelungen nach dem Verwaltungsverfahrensgesetz bei einer Baugenehmigung –, falls der Betreiber einer **genehmigungsbedürftigen Anlage** einer Auflage, einer vollziehbaren nachträglichen Anordnung oder einer abschließend bestimmten Pflicht aus einer Rechtsverordnung nach § 7 BImSchG nicht nachkommt und die Auflage, die Anordnung oder die Pflicht die Beschaffenheit oder den Betrieb der Anlage betreffen, den **Betrieb ganz oder teilweise** bis zur Erfüllung der Auflage, der Anordnung oder der Pflichten aus der Rechtsverordnung nach § 7 BImSchG **untersagen.** Sie hat den Betrieb ganz oder teilweise nach zu untersagen, wenn ein Verstoß gegen die Auflage, Anordnung oder Pflicht eine unmittelbare Gefährdung der menschlichen Gesundheit verursacht oder eine unmittelbare erhebliche Gefährdung der Umwelt darstellt. Sie darf nach § 21 BImSchG eine nach diesem Gesetz erteilte rechtmäßige Genehmigung, auch nachdem sie unanfechtbar geworden ist, ganz oder teilweise mit Wirkung für die Zukunft unter anderem dann widerrufen, wenn mit der Genehmigung eine Auflage verbunden ist und der Begünstigte diese nicht oder nicht innerhalb einer ihm gesetzten Frist erfüllt hat.

IV. Architektonische Selbsthilfe

58 Mitunter vermag eine sogenannte **architektonische Selbsthilfe**[44] zur Verringerung oder Beseitigung der Störung beitragen. Es ist anerkannt, dass sowohl im Baunachbarrecht als auch im Immissionsschutzrecht im Rahmen des Rücksichtnahmegebotes solche Mittel des passiven Lärmschutzes, des Schutzes vor Lichtimmissionen oder anderweitigen Immissionsschutzes zu berücksichtigen ist, wenn durch eine zumutbare Maßnahme der Konflikt gelöst und damit die Erteilung der Baugenehmigung für das Vorhaben eines Dritten oder ein eigenes Vorhaben (im Falle des beabsichtigten Heranrückens an einen emittierenden Betrieb) ermöglicht wird.[45] Deshalb sind etwa bei Lichtimmissionen dem betroffenen Nachbarn Maßnahmen zur **Lichtdämpfung** zuzumuten.[46] Die Rechtfertigung hierfür liegt darin, dass das Rücksichtnahmegebot sowohl für die hinzukommende als auch für die vorhandene Nutzung nicht nur Rechte, sondern auch Duldungspflichten und unter Umständen sogar **Obliegenheiten zum Tätigwerden** begründet.

59 Soweit die Maßnahmen die Vermeidung von unzumutbarem Lärm bezwecken, ist allerdings zu berücksichtigen, dass sie im Einklang mit der TA Lärm stehen müssen; ihr zuwiderlaufende Regelungen/Auflagen in einer Genehmigung sind nicht geeignet, einen hinreichenden Lärmschutz sicherzustellen und deshalb unbeachtlich. Als vom Nachbarn zur Vermeidung von unzumutbaren Lärmimmissionen zu erwartende Maßnahmen kommen – im Einklang mit der TA Lärm – insbesondere die Stellung des Gebäudes, der äußere Zuschnitt des Hauses oder die Anordnung der Räume oder der **notwendigen Fenster** in Frage.[47] Auch können nicht zu öffnende Fenster eingebaut oder verlangt werden, sofern dies im konkreten Fall bauordnungsrechtlich zulässig ist.

---

43 BVerwG Urt. v. 29.11.2012 – 4 C 8/11, NVwZ 2013, 372, und Urt. v. 23.9.1999 – 4 C 6/98, NVwZ 2000, 1050.

44 S. hierzu *Hellriegel/Teichmann* BauR 2016, 1716.

45 BVerwG Urt. v. 29.11.2012 – 4 C 8/11, NVwZ 2013, 372.

46 OVG Münster Beschl. v. 12.5.2003 – 10 B 145/03, juris Rn. 29; OVG Lüneburg Urt. v. 26.2.2003 – 1 LC 75/02, BRS 66 Nr. 146; VGH München Urt. v. 7.10.2010 – 2 B 09.328, juris Rn. 30 (Anbringen von Jalousien).

47 BVerwG Urt. v. 29.11.2012 – 4 C 8/11, NVwZ 2013, 372 und v. 23.9.1999 – 4 C 6/98, NVwZ 2000, 1050.

74. Lärm, Baustelle

Schulte Beerbühl

Literatur: *Dziallas/Kullick*, Bauen ohne Lärm?, NZBau 2011, 544; *Fricke*, Aktuelles zur Allgemeinen Verwaltungsvorschrift zum Schutz gegen Baulärm (AVV Baulärm), Ein Rechtsprechungsüberblick und eine Darstellung ungeklärter Rechtsfragen, BauR 2016, 444; *Kemper*, Nachbar kann Anordnung von geeigneten Maßnahmen gegen Baulärm verlangen!, Anmerkung zur Entscheidung des VGH Mannheim vom 5.2.2015 – 10 S 2471/14, IBR 2015, 224; *Müller/Zabel/Jansen*, Baulärm im Zivil- und Öffentlichen Recht, ZfIR 2011, 862; *Thiele/Strohbusch*, Immissionsschutzrechtliche Bewertung der Zumutbarkeit von Baulärm, NVwZ 2014, 1333.

I. Die normativen Grundlagen

Der Schutz der Nachbarschaft vor unzumutbarem Baulärm (oder Baustellenlärm)[1] ist ein wesentliches Element des Immissionsschutzrechts.[2] 1

Dem Schutz von Nachbarn vor unzumutbarem Baulärm oder Baustellenlärm dienen 2

- die allgemeinen Bestimmungen des **BImSchG**,
- die **Allgemeine Verwaltungsvorschrift zum Schutz gegen Baulärm – Geräuschimmissionen – (AVV Baulärm)** vom 19.8.1970 (Beilage zum BAnz. Nr. 160 vom 1.9.1970); sie gilt gemäß § 66 Abs. 2 BImSchG auch nach Inkrafttreten des BImSchG fort,
- die **Geräte- und Maschinenlärmschutzverordnung** vom 29.8.2002 (32. BImSchV, BGBl. I 3478), die zuletzt durch Artikel 83 der Verordnung vom 31.8.2015 (BGBl. I 1474) geändert worden ist und neben der AVV Baulärm die zweite maßgebende gesetzliche Vorgabe zur Konkretisierung von Lärmschutzfragen im Zusammenhang (auch) mit Bauarbeiten darstellt und auch die EU-Richtlinie 2000/14/EG umsetzt,
- die Richtlinie 2000/14/EG des Europäischen Parlaments und des Rates vom 8.5.2000 zur Angleichung der Rechtsvorschriften der Mitgliedstaaten über umweltbelastende Geräuschemissionen von **zur Verwendung im Freien vorgesehenen Geräten und Maschinen**, Amtsblatt der Europäischen Gemeinschaften L 162/1 vom 3.7.2000.

Im Vordergrund der vorliegenden Darstellung stehen die mit Abstand wichtigsten Normen der AVV Baulärm.[3] 3

Die AVV Baulärm trifft Regelungen im Bereich von Baustellen. **Baustellen** sind nach Nr. 2.1. der Bereich, in dem Baumaschinen zur Durchführung von Bauarbeiten Verwendung finden, einschließlich der Plätze, auf denen Baumaschinen zur Herstellung von Bauteilen und zur Aufbereitung von Baumaterial für bestimmte Bauvorhaben betrieben werden. **Bauarbeiten** sind nach Nr. 2.3. Arbeiten zur Errichtung, Änderung oder Unterhaltung von baulichen Anlagen sowie Abbrucharbeiten. Bauarbeiten sind nicht Arbeiten im Rahmen der Aufsuchung, Gewinnung oder Aufbereitung von Bodenschätzen, auch solcher Bodenschätze, die als Baustoffe bei der Herstellung baulicher Anlagen Verwendung finden (Steine, Sand, Kies usw). 4

---

1 S. zu dieser Problematik auch *Dziallas/Kullick* NZBau 2011, 544.
2 Allgemein zum Baulärm: *Müller/Zabel/Jansen* ZfIR 2011, 862; *Thiele/Strohbusch* NVwZ 2014, 1333.
3 BVerwG Urt. v. 10.7.2012 – 7 A 11/11, juris Rn. 26; s. zur AVV auch *Fricke* BauR 2016, 444.

II. Eingriffsbefugnisse

5 Während § 22 BImSchG die Pflichten zur Verhinderung von vermeidbaren und zur Beschränkung von unvermeidbaren **schädlichen Umwelteinwirkungen** auf die Betreiber nicht genehmigungsbedürftiger Anlagen (Baumaschinen sowie zumindest mehrmonatige Baustellen als solche werden nach § 3 Abs. 5 Nr. 2 bzw. 3 BImSchG als (nicht genehmigungsbedürftige) Anlagen eingeordnet)[4] überträgt, enthalten die §§ 24 bis 25a BImSchG Ermächtigungen für Maßnahmen im Einzelfall durch die zuständige Behörde. Die **Eingriffsbefugnisse und -pflichten** und damit die Abwehransprüche der Nachbarschaft hängen vor allem von der Intensität der Einwirkung auf die betroffene Nachbarschaft ab.

1. Maßnahmen auf der Grundlage von § 25 Abs. 2 BImSchG

6 Nach § 25 Abs. 2 BImSchG soll die zuständige Behörde die Errichtung oder den Betrieb einer Anlage ganz oder teilweise **untersagen**, wenn die von der Anlage hervorgerufenen schädlichen Umwelteinwirkungen das Leben oder die Gesundheit von Menschen oder bedeutende Sachwerte gefährden, soweit die Allgemeinheit oder die Nachbarschaft nicht auf andere Weise ausreichend geschützt werden kann. In der Rechtsprechung ist anerkannt, dass die Vorschrift betroffenen Dritten bei Vorliegen der tatbestandlichen Voraussetzungen einen **Rechtsanspruch auf ein Einschreiten** verschafft, soweit kein atypischer Fall anzunehmen ist.

7 Die Eingriffsvoraussetzungen sind erfüllt, wenn „eine über eine bloße erhebliche Belästigung im Sinne einer Beeinträchtigung des körperlichen und seelischen Wohlbefindens hinausgehende **Gesundheitsschädigung** im immissionsschutzrechtlichen Sinne[5] gegeben ist. Das ist der Fall, „wenn durch unmittelbare Einwirkung von Lärm funktionelle oder morphologische Veränderungen des menschlichen Organismus auftreten, die die natürliche Variationsbreite signifikant überschreiten. Eine Gefahr für die Gesundheit ist in diesem Zusammenhang anzunehmen, wenn der Eintritt des Schadens im Sinne eines Krankheitszustandes aufgrund der konkreten Umstände überwiegend wahrscheinlich ist, ohne jedoch unmittelbar bevorstehen zu müssen. Geschützt sind dabei auch besonders empfindliche Personengruppen wie Kinder, Kranke und alte Menschen, nicht aber eine **besondere, atypische Empfindlichkeit Einzelner**."[6]

8 Zwar nennt die AVV Baulärm in ihrer Nr. 3.1.1. Immissionsrichtwerte (dazu → Rn. 18 ff.) Diese Werte liegen jedoch **unterhalb der Schwelle der Gesundheitsgefahr**. Sie zeigen lediglich auf, ab wann von **erheblichen Belästigungen** im Sinne der §§ 3 Abs. 1, 22 Abs. 1 Satz 1 Nr. 1 und 2 BImSchG auszugehen ist.[7]

9 Deshalb setzt ein Anspruch auf immissionsschutzrechtliches Einschreiten auf der Grundlage von § 25 Abs. 2 BImSchG voraus, dass aufgrund der noch ausstehenden künftigen Bauarbeiten über das bloße Überschreiten der genannten Immissionsrichtwerte hinaus eine Gesundheitsgefahr besteht oder, im Falle eines Antrags auf Einschreiten nach § 123 VwGO, das für die Glaubhaftmachung nach § 123 Abs. 3 VwGO iVm §§ 920 Abs. 2, 294 Abs. 1 ZPO erforderliche Maß der überwiegenden Wahrscheinlichkeit dargetan werden kann.

10 Es ist davon auszugehen, dass die **grundrechtliche Zumutbarkeitsgrenze** zum Schutz der Gesundheit (Art. 2 Abs. 2 Satz 1 GG) regelmäßig bei Lärmwerten von mehr als 70 dB(A) tagsüber bzw. 60 dB(A) zur Nachtzeit liegt.[8]

---

4 Vgl. VGH Mannheim Beschl. v. 5.2.2015 – 10 S 2471/14, juris Rn. 26; s. auch *Kemper* IBR 2015, 224; *Jarass* BImSchG § 3 Rn. 83 sowie § 22 Rn. 11.

5 Vgl. OVG Münster Beschl. v. 14.6.2018 – 8 B 594/18, juris Rn. 18; BVerwG Urt. v. 19.1.1989 – 7 C 77.87, juris Rn. 35.

6 Vgl. OVG Münster Beschl. v. 14.6.2018 – 8 B 594/18, juris Rn. 18; BVerwG Urt. v. 19.1.1989 – 7 C 77.87, juris Rn. 35; VGH Mannheim Urt. v. 21.9.1993 – 10 S 1735/91, juris Rn. 31: VGH Mannheim Urt. v. 4.11.2014 – 10 S 1663/11, juris Rn. 37.

7 Vgl. *Hansmann* in Landmann/Rohmer UmweltR BImSchG § 66 Rn. 5.

8 Vgl. BVerwG Beschl. v. 30.7.2013 – 7 B 40.12, juris Rn. 10; BVerwG Urt. v. 26.1.2000 – 4 VR 19.99, 4 A 53.99, juris Rn. 12, jeweils mwN; offenlassend hinsichtlich einer „dauerhafte[n] mittlere[n] Lärmbelastung" oberhalb von 60–65 dB(A) tagsüber: VGH Mannheim Beschl. v. 5.2.2015 – 10 S 2471/14, juris Rn. 30.

2. Maßnahmen auf der Grundlage von § 24 Satz 1 BImSchG

§ 24 BImSchG ermächtigt die zuständige Behörde, im Einzelfall die zur Durchführung des § 22 und der auf das BImSchG gestützten Rechtsverordnungen **erforderlichen Anordnungen** zu treffen. Kann das Ziel der Anordnung auch durch eine Maßnahme zum Zwecke des Arbeitsschutzes erreicht werden, soll diese angeordnet werden. Ein – erforderlichenfalls gerichtlich durchsetzbarer – Anspruch setzt voraus, dass zum einen die tatbestandlichen Eingriffsvoraussetzungen erfüllt sind und zum anderen hieraus zugunsten des Nachbarn ein Anspruch ergibt, was nur dann der Fall ist, wenn das **Ermessen** („kann") **auf Null reduziert** ist. 11

a) Tatbestandsmerkmale des § 24 Satz 1 BImSchG. Schädliche Umwelteinwirkungen im Sinne des § 22 BImSchG sind nach der Legaldefinition des auch in diesem Zusammenhang einschlägigen § 3 Abs. 1 BImSchG nicht nur Gefahren, sondern auch erhebliche Nachteile oder erhebliche Belästigungen. Ob Immissionen als erhebliche Belästigungen in diesem Sinne anzusehen sind, richtet sich insbesondere nach der durch die Gebietsart und die tatsächlichen Verhältnisse bestimmten Schutzwürdigkeit und Schutzbedürftigkeit, wobei wertende Elemente wie die Herkömmlichkeit, die soziale Adäquanz und die allgemeine Akzeptanz mitbestimmend sind.[9] 12

b) Ermessen im Rahmen des § 24 Satz 1 BImSchG. Das im Falle des Vorliegens der Tatbestandsmerkmale eröffnete Ermessen bezieht sich zum einen auf die Frage, **ob überhaupt eingeschritten wird** (Einschreitensermessen), sowie bejahendenfalls auf die Maßnahme. 13

Allerdings ist das (Einschreitens-) Ermessen der zuständigen Behörde **stets auf Null reduziert**, wenn die in § 25 Abs. 2 BImSchG (siehe dazu → Rn. 6 ff.) bezeichnete Grenze (Gefahr für Leben und Gesundheit) überschritten ist. 14

In dem darunter liegenden Bereich verbleibt der Behörde ein **Ermessensspielraum**, bei dessen Ausübung sie sich an den übliche verwaltungsverfahrensrechtlichen Erfordernissen zu orientieren hat und dessen Einhaltung in einem etwaigen gerichtlichen Verfahren nach Maßgabe des § 114 VwGO überprüft wird. Dies gilt auch für Immissionen, welche die Nachbarschaft (lediglich) erheblich belästigen. § 24 BImSchG lässt sich nichts dafür entnehmen, dass das Ermessen der Behörde bei **erheblichen Belästigungen** dahin gebunden sein könnte, dass es ihr bei solchen stets obliege, den „Nachbarstreit" über den Baulärm durch hoheitliche Anordnungen zu regeln.[10] 15

Im Rahmen des Ermessensspielraums ist die Entscheidungsfreiheit dabei umso mehr eingeschränkt, je schwerer sich die Beeinträchtigung durch die Immissionen darstellt, etwa wenn die Grenze der Wohnunverträglichkeit erreicht wird. Ein Grundstück bzw. Wohnhaus ist im Sinne einer „Güterabwägung" umso schutzwürdiger, je mehr es nach der Gebietsart berechtigterweise Schutz vor Immissionen erwarten kann und je weniger es durch andere Störfaktoren tatsächlich **vorbelastet** ist.[11] 16

Eine Reduzierung des Ermessens bei Geräuschimmissionen kommt danach erst dann in Betracht, wenn sie dem Einwirkungsbereich mit Rücksicht auf dessen durch die Gebietsart und die konkreten tatsächlichen Verhältnisse bestimmte **Schutzwürdigkeit und Schutzbedürftigkeit** nicht mehr zugemutet werden können. 17

9 Vgl. BVerwG Urt. v. 30.4.1992 – 7 C 25.91, juris Rn. 11; BVerwG, Urt. v. 29.4.1988 – 7 C 33.87, juris Rn. 15 f.; OVG Münster Beschl. v. 10.2.2006 – 8 A 2621/04, juris Rn. 10 f., jeweils mwN.

10 Vgl. BVerwG Urt. v. 18.5.1995 – 4 C 20.94, juris Rn. 27, BVerwG Beschl. v. 21.10.1988 – 7 B 154.88, juris Rn. 4; OVG Münster Beschl. v. 24.1.2005 – 21 A 4049/03, juris Rn. 11; *Jarass* BImSchG § 24 Rn. 16.

11 Vgl. BVerwG Urt. v. 18.5.1995 – 4 C 20.94, juris Rn. 27; VGH Mannheim Urt. v. 21.9.1993 – 10 S 1735/91, juris Rn. 60; BVerwG Urt. v. 7.7.1978 – 4 C 79.76, juris Rn. 89; VGH Mannheim Beschl. v. 8.6.1998 – 10 S 3300/96, juris Rn. 5; VGH Mannheim Urt. v. 21.9.1993 – 10 S 1735/91, juris Rn. 60.

18 **aa) Immissionsrichtwerte nach der AVV Baulärm.** Zur Beurteilung der Zumutbarkeit können die Vorgaben der AVV Baulärm[12] über die Immissionsrichtwerte herangezogen werden:

„3.1.1. Als Immissionsrichtwerte werden festgesetzt für

a) Gebiete, in denen nur gewerbliche oder industrielle Anlagen und Wohnungen für Inhaber und Leiter der Betriebe sowie für Aufsichts- und Bereitschaftspersonen untergebracht sind,	*70 dB (A)*
b) Gebiete, in denen vorwiegend gewerbliche Anlagen untergebracht sind,	*tagsüber 65 dB (A) nachts 50 dB (A)*
c) Gebiete mit gewerblichen Anlagen und Wohnungen, in denen weder vorwiegend gewerbliche Anlagen noch vorwiegend Wohnungen untergebracht sind,	*tagsüber 60 dB (A) nachts 45 dB (A)*
d) Gebiete, in denen vorwiegend Wohnungen untergebracht sind,	*tagsüber 55 dB (A) nachts 40 dB (A)*
e) Gebiete, in denen ausschließlich Wohnungen untergebracht sind,	*tagsüber 50 dB (A) nachts 35 dB (A)*
f) Kurgebiete, Krankenhäuser und Pflegeanstalten	*tagsüber 45 dB (A) nachts 35 dB (A)*

3.1.2. Als Nachtzeit gilt die Zeit von 20 Uhr bis 7 Uhr.

3.1.3. Der Immissionsrichtwert ist überschritten, wenn der nach Nummer 6 ermittelte Beurteilungspegel den Richtwert überschreitet. Der Immissionsrichtwert für die Nachtzeit ist ferner überschritten, wenn ein Meßwert oder mehrere Meßwerte (Nummer 6.5) den Immissionsrichtwert um mehr als 20 dB(A) überschreiten. [...]

Für die Zuordnung zu den in Nummer 3.1.1 genannten Gebieten gelten die in der AVV Baulärm unter Nr. 3.2. aufgeführten Grundsätze. Diese Gebietszuordnungen weisen einen gröberen Differenzierungsgrad als die Gebietseinteilung der später erlassenen Baunutzungsverordnung auf. Dabei ist nicht auf den konkreten Immissionsort, sondern – wie sich aus Nr. 3.2.2. AVV Baulärm herleiten lässt – auf den Einwirkungsbereich der Anlage abzustellen.[13]

3.2.1. Sind im Bebauungsplan Baugebiete festgesetzt, die den in Nummer 3.1.1 aufgeführten Gebieten entsprechen (auf die Baunutzungsverordnung vom 26.6.1962 – Bundesgesetzbl. I S. 429 – in der Fassung der Verordnung vom 26.11.1968 – Bundesgesetzbl. I S. 1233 – wird hingewiesen), so ist vom Bebauungsplan auszugehen.

3.2.2. Weicht die tatsächliche bauliche Nutzung im Einwirkungsbereich der Anlage erheblich von der im Bebauungsplan festgesetzten baulichen Nutzung ab, so ist von der tatsächlichen baulichen Nutzung des Gebietes auszugehen.

3.2.3. Ist ein Bebauungsplan nicht aufgestellt, so ist die tatsächliche bauliche Nutzung zugrunde zu legen.“

19 Bei der Beurteilung des (Entschließungs-) Ermessens der Antragstellerin ist weiter der sogenannte **Eingreifwert** nach Nr. 4.1. der AVV Baulärm zu berücksichtigen. Danach sollen Maßnahmen zur Minderung der Geräusche angeordnet werden, wenn der Beurteilungspegel den Immissionsrichtwert (von hier 60 dB(A) tagsüber) um mehr als 5 dB(A) überschreitet. Der Sache nach wirkt sich dieser Zuschlag wie ein Messabschlag zugunsten des Bauunternehmers aus.

12 S. http://www.verwaltungsvorschriften-im-internet.de/bsvwvbund_19081970_IGI7501331.htm.

13 Vgl. BVerwG Urt. v. 10.7.2012 – 7 A 11.11, juris Rn. 27; VGH Kassel Beschl. v. 31.5.2011 – 9 B 1111/11, juris Rn. 8.

bb) Berücksichtigung der Vorbelastung. In die Beurteilung der Zumutbarkeit einer Immissionsbelastung ist die tatsächliche **Vorbelastung** einzustellen (vgl. auch Nr. 4.1. Satz 3 der AVV Baulärm, nicht nur gelegentlich einwirkende Fremdgeräusche). Das BVerwG[14] hat klargestellt, dass eine Vorbelastung auch nicht deshalb außer Betracht hätte bleiben muss, weil **Verkehrslärm und Baulärm** nicht von den **gleichen Lärmquellen** herrühren. Denn der Begriff „Vorbelastung" im Sinne der AVV Baulärm sei nur im natürlichen Wortsinn zu verstehen. Deswegen komme es nicht darauf an, von welcher Lärmquelle die Vorbelastung verursacht sei. Deshalb kann eine Vorbelastung auch durch eine stark und mit hoher Geschwindigkeit befahrene Straße hervorgerufen sein.[15] 20

Überschreitet der von einer Baustelle ausgehende Lärm die in der AVV Baulärm festgelegten „Eingreif-Richtwerte" an der Wohnung eines Nachbarn, muss die Immissionsschutzbehörde auf Antrag des Nachbarn geeignete Maßnahmen zur Begrenzung des Baulärms anordnen, deren Auswahl in ihrem **Ermessen** stehe. Der Nachbar kann darüber hinaus konkrete Einzelmaßnahmen verlangen, wenn sich behördlich angeordnete Maßnahmen als unwirksam erweisen.[16] 21

3. Untersagung des Betriebs (§ 25 Abs. 1 BImSchG)

Nach § 25 Abs. 1 BImSchG kann der Betrieb einer Anlage ganz oder teilweise untersagt werden, wenn der Anlagenbetreiber einer vollziehbaren Anordnung nach § 24 Satz 1 BImSchG nicht nachgekommen ist. Die **Untersagungsverfügung** setzt also tatbestandlich das Vorliegen einer – vollziehbaren – Anordnung voraus, sowie die in einem gerichtlichen Verfahren nachweisbare Tatsache, dass der Betreiber der Anordnung nicht nachgekommen ist. Eine solche Anordnung kann in einem Gebot oder Verbot betreffend die Art und Weise der Bauausführung, den Einsatz bestimmter Maschinen, die Uhrzeit der Arbeiten oder begleitende Maßnahmen wie das Geschlossen halten von Fenstern und Türen bestehen.[17] 22

14 Urt. v. 10.7.2012 – 7 A 11.11, juris Rn. 32.

15 Zu einem solche Fall OVG Münster Beschl. v. 14.6.2018 – 8 B 594/18, juris Rn. 50, bei dem eine Vorbelastung von 65–70 dB(A) anzunehmen war; vgl. auch BVerwG Urt. v. 10.7.2012 – 7 A 11.11, juris Rn. 39: Erhöhung des maßgeblichen Immissionsrichtwerts von 65 dB(A) wegen der im Einwirkungsbereich der Baustelle vorhandenen tatsächlichen Vorbelastung durch Verkehrslärm um 3 dB(A) auf 68 dB(A).

16 VGH Mannheim Beschl. v. 5.2.2015 – 10 S 2471/14, juris Rn. 31: Die Bauherrinnen hatten die nach der AVV Baulärm in einem Mischgebiet zulässigen Lärmwerte hartnäckig und für eine beträchtliche Zeitdauer überschritten. Das sei durch zahlreiche schalltechnische Messungen nachgewiesen. Die Antragstellerin werde dadurch irreversibel Lärmimmissionen ausgesetzt, die sich zumindest an der Grenze zur Gesundheitsgefahr bewegten. Der Grundsatz effektiven Rechtschutzes gebiete daher, die Immissionsschutzbehörde zu einem weitergehenden Einschreiten zu verpflichten und ihr auch konkrete Einzelmaßnahmen aufzugeben.

17 Zu einem solche Fall OVG Münster Beschl. v. 14.6.2018 – 8 B 594/18, juris Rn. 31 ff.

75. Lärm, Flugzeug

Gohde

Literatur: *Deutsch*, „Flugrouten" – Verfahren, Maßstäbe, Rechtsfragen, in: Ziekow (Hrsg.), Aktuelle Probleme des Luftverkehrs-, Planfeststellungs- und Umweltrechts 2011, 2012, 61; *Görgens*, Nachtflugregelungen auf dem Prüfstand, NVwZ 2009, 432; *Heß*, Flugverfahren im luftrechtlichen Mehrebenensystem, 2019; *Kaienburg*, Aktuelle Entscheidungen zur Festlegung von Flugverfahren, ZLW 2015, 615; *Kämper*, Kein Nachtflugverkehr mehr über Deutschland?, NVwZ 2013, 8; *Kukk*, Fluglärm in der neueren Rechtsprechung des 4. Senats des Bundesverwaltungsgerichts – Entwicklung und Ausblick, DVBl 2015, 532; *Lieber*, Rechtliche Bindungen zwischen der Planfeststellung von Flughäfen und der Flugroutenplanung, NVwZ 2014, 397; *Pfaff/Heilshorn*, Die Flugroutenfestlegung als Abwägungsentscheidung, NVwZ 2004, 412; *Rubel*, Rechtsschutz gegen Flugrouten, DVBl 2015, 525; *Wöckel*, Schutz vor Fluglärm bei der Festlegung von Flugverfahren, NVwZ 2016, 347; *Wöckel*, Festlegung von Flugverfahren, 2013.

I. Begriff und Bedeutung des Fluglärms

1 Der **Begriff des Fluglärms** umfasst sämtlichen Lärm, welcher von Luftfahrzeugen, insbes. Flugzeugen, erzeugt wird. Aufgrund dieses weiten Verständnisses wird nicht nur der Lärm, welcher infolge des Betriebs eines Luftfahrzeugs in der Luft entsteht, sondern auch derjenige Lärm, der durch den Betrieb am Boden verursacht wird, erfasst. Fluglärm gehört aufgrund des steigenden Passagieraufkommens[1] und damit der Zunahme von Flugbewegungen zu den größten immissionsschutzrechtlichen Problemen (zu den gesundheitlichen Folgen und Problemen, → *Lärm, allgemein* Rn. 5 ff.). Fluglärm und dessen Bewältigung führen regelmäßig zu Rechtsstreitigkeiten zwischen Flughafenbetreibern, der zuständigen Luftverkehrsbehörde und den durch Fluglärm Betroffenen, insbes. im Zusammenhang mit einer (baulichen) Erweiterung eines bestehenden Flugplatzes.

---

1 Die Zahl von Fluggästen auf den Hauptverkehrsflughäfen in Deutschland betrug im Jahr 2017 ca. 212, 5 Mio., Statistisches Bundesamt, Fachserie 8, Reihe 1.2, 2017, S. 125 (https://www.destatis.de/DE/Themen/Branchen-Unternehmen/Transport-Verkehr/Publikationen/Downloads-Querschnitt/verkehr-ueberblick-2080120177004.pdf?__blob=publicationFile).

II. Öffentlich-rechtliche Abwehrmöglichkeiten gegen die Entstehung von Fluglärm

Das nachbarliche Interesse ist zunächst grundsätzlich darauf gerichtet, die Entstehung von Fluglärm zu verhindern. Anknüpfungspunkt des öffentlich-rechtlichen Nachbarrechts ist hierbei nicht der Fluglärm, welcher beim eigentlichen Betrieb von Luftfahrzeugen im Luftraum entsteht, sondern allein der Fluglärm im Zusammenhang mit Start- und Landemaßnahmen sowie den erforderlichen Bodenbewegungen. Mithin richten sich nachbarliche Abwehrmöglichkeiten im Zusammenhang mit der **Entstehung von Fluglärm zunächst gegen die Zulassungsentscheidung für die Errichtung und den Betrieb eines Flugplatzes** sowie dessen wesentliche Änderung (→ Rn. 3 f.). Für die Entstehung von Fluglärm ist des Weiteren **die Festlegung von Flugverfahren** und dem damit verbundenen Verhalten bei Start- und Landemaßnahmen von Belang (→ Rn. 11 ff.). Von besonderer Bedeutung sind weiterhin die Anforderungen an die **Zulassung von Nachtflügen** (→ Rn. 15 ff.). Schließlich können sich öffentlich-rechtliche **Abwehrmöglichkeiten aus dem UmwRG** ergeben (→ Rn. 19). 2

1. Vorgehen gegen eine Genehmigung nach § 6 Abs. 1 S. 1 LuftVG

Die Anlegung und der Betrieb eines Flugplatzes bedarf nach § 6 Abs. 1 S. 1 LuftVG einer luftverkehrsrechtlichen Genehmigung. Diese stellt sowohl eine überwachungsrechtliche Unternehmergenehmigung als auch eine **Planungsentscheidung** und damit eine **Abwägungsentscheidung** dar.[2] Im Rahmen der Abwägung hat die zuständige Luftverkehrsbehörde alle öffentlichen und privaten Belange gegen- und untereinander gerecht abzuwägen. Zu den in die **Abwägung einzustellenden Belangen** gehört nach § 6 Abs. 2 S. 1 LuftVG ausdrücklich der **Schutz vor Fluglärm**. Hierbei sind die Werte des § 2 Abs. 2 FlugLG in der Abwägung zu beachten (siehe hierzu → Rn. 33), § 8 Abs. 1 S. 3, 6 LuftVG. Fehler im Zusammenhang mit der Abwägung können die durch Fluglärm Betroffenen jedoch nur geltend machen, wenn ein Verstoß gleichzeitig einen **Abwägungsfehler nach der von der Rechtsprechung entwickelten Abwägungsfehlerlehre**[3] darstellt. Die durch Fluglärm Betroffenen können mithin gegen die luftverkehrsrechtliche Genehmigung vorbringen, dass eine Abwägung nicht stattgefunden hat (Abwägungsausfall), der sie betreffende Fluglärm nicht (Abwägungsdefizit) oder nicht ausreichend berücksichtigt wurde (Abwägungsfehleinschätzung) oder dass es zu keinem gerechten Ausgleich zwischen dem Fluglärm und den anderen öffentlichen und privaten Belangen gekommen ist (Abwägungsdisproportionalität).[4] 3

Neben der erstmaligen Anlegung eines Flugplatzes bedürfen auch **die wesentliche Änderung nach § 6 Abs. 4 S. 2 LuftVG sowie die Umnutzung eines militärischen Flugplatzes in einen zivilen Flugplatz nach § 8 Abs. 4 LuftVG einer Genehmigung**, bei welcher wiederum der Fluglärm in der Abwägung zu berücksichtigen ist. 4

Verfahrensrechtlich ist zu beachten, dass sowohl ein Widerspruch als auch eine Anfechtungsklage gegen die luftverkehrsrechtliche Genehmigung, sofern für den Flugplatz eine Planfeststellung nach § 8 Abs. 1 LuftVG erforderlich ist, **keine aufschiebende Wirkung** hat, § 6 Abs. 4 S. 2, 5 iVm § 10 Abs. 4 LuftVG. **Anträge auf Anordnung der aufschiebenden Wirkung** nach § 80 Abs. 5 VwGO **sind innerhalb eines Monats** nach Zustellung des Genehmigungsbescheids **zu stellen und zu begründen**. Eine Anfechtungsklage ist nach § 6 Abs. 4 S. 2 iVm § 10 Abs. 5 LuftVG innerhalb von sechs Wochen unter Angabe der Beweismittel zu begründen. 5

2. Vorgehen gegen einen Planfeststellungsbeschluss nach § 8 Abs. 1 S. 1 LuftVG

Die Anlegung von Flughäfen sowie von Landeplätzen mit beschränktem Bauschutzbereich nach § 17 LuftVG bedürfen nach § 8 Abs. 1 S. 1 LuftVG einer Planfeststellung. Während des Planfeststellungsverfahrens nach den §§ 72 ff. VwVfG können die vom Lärm Betroffenen ihre Rechte und Interessen hierbei **im** 6

2 *Wysk* in Ziekow FachplanungsR-HdB S. 471.

3 BVerwG Urt. v. 14.2.1975 – IV C 21.74, BVerwGE 48, 56 = NJW 1975, 1373; BVerwG Urt. v. 7.7.1978 – IV C 79.76, BVerwG 56, 110 = NJW 1979, 64; *Ziekow* in Ziekow FachplanungsR-HdB S. 178 ff.

4 BVerwG Urt. v. 14.2.1975 – IV C 21.74, BVerwGE 48, 56 = NJW 1975, 1373; BVerwG Urt. v. 7.7.1978 – IV C 79.76, BVerwG 56, 110 = NJW 1979, 64; *Ziekow* in Ziekow FachplanungsR-HdB S. 178 ff.

Anhörungsverfahren im Rahmen der förmlichen Öffentlichkeitsbeteiligung nach § 73 Abs. 3 bis 5 VwVfG einbringen. Die Anhörungsbehörde hat demnach die Planunterlagen für einen Monat in den Gemeinden, in denen sich das Vorhaben voraussichtlich auswirken könnte,[5] öffentlich auslegen zu lassen. Durch die Auslegung sollen die Betroffenen zur Prüfung veranlasst werden, ob sie gegen das Planungsvorhaben Einwendungen, insbes. aufgrund von möglichen Fluglärmbeeinträchtigungen, erheben möchten. Entsprechende Einwendungen müssen gemäß § 73 Abs. 4 S. 1 VwVfG innerhalb von zwei Wochen nach Ablauf der Auslegungsfrist erhoben werden. Für die von Fluglärm Betroffenen ist die Beteiligung im Rahmen der förmlichen Öffentlichkeitsbeteiligung von grundsätzlicher Bedeutung, da sämtliche Einwendungen, die nicht innerhalb der Frist nach § 73 Abs. 4 S. 1 VwVfG geltend gemacht werden, sowohl im späteren Planungsverfahren als auch im ggf. sich anschließenden Gerichtsverfahren ausgeschlossen sind, vgl. § 73 Abs. 4 S. 3 VwVfG (**materielle Präklusion**). Diesbezüglich ist jedoch zu berücksichtigen, dass die materielle Präklusion nach § 73 Abs. 4 S. 3 VwVfG nach der Rechtsprechung des EuGH[6] nicht für solche Planfeststellungsverfahren eintritt, die ein UVP-pflichtiges Vorhaben zum Gegenstand haben.

7 Unabhängig von den Stellungnahmen der Öffentlichkeit ist die Planfeststellungsbehörde nach § 8 Abs. 1 S. 2 LuftVG verpflichtet, die **öffentlichen und privaten Belange gegen- und untereinander gerecht abzuwägen**. Zu den in die Abwägung einzustellenden Belangen gehört nach § 8 Abs. 1 S. 3 LuftVG ua der Schutz der Allgemeinheit und der Nachbarschaft vor schädlichen Umwelteinwirkungen durch Fluglärm. Die Abwägung ist hierbei ua durch das **Gebot der Konfliktbewältigung** geprägt. Demnach muss der Planfeststellungsbeschluss die durch ihn verursachten oder verstärkten Konflikte grds. auch lösen, sofern nicht eine Verlagerung in nachfolgende Verwaltungsverfahren möglich ist.[7] Eine Geltendmachung von Verstößen, insbes. im Zusammenhang mit dem Gebot der Konfliktbewältigung, ist nur möglich, wenn ein Verstoß gleichzeitig einen **Abwägungsfehler nach der von der Rechtsprechung entwickelten Abwägungsfehlerlehre**[8] darstellt (→ Rn. 3).

8 § 8 Abs. 1 S. 3 LuftVG beinhaltet einen ausdrücklichen Verweis auf **die jeweils anwendbaren Werte des § 2 Abs. 2 FlugLG** (zu den Werten im Einzelnen: → Rn. 33). Dies führt jedoch nicht dazu, dass die Werte des § 2 Abs. 2 FlugLG abwägungsfeste Grenzwerte oder eine Abwägungsdirektive im Rahmen der Planfeststellung darstellen.[9] Hiergegen spricht bereits der Wortlaut des § 8 Abs. 1 S. 3 LuftVG, wonach die Werte des § 2 Abs. 2 FlugLG in der Abwägung zu beachten sind. Mithin kommt ihnen zunächst keine höhere Gewichtung als anderen Abwägungsbelangen zu.[10] Zum anderen ist der Wille des Gesetzgebers gegen die Einstufung als abwägungsfeste Grenzwerte anzuführen. Durch den Verweis auf § 2 Abs. 2 FlugLG soll lediglich sichergestellt werden, dass keine anderen als die für die Lärmschutzbereiche relevanten Werte für Fluglärmproblematik zugrunde gelegt werden.[11] Hierdurch soll der Bezug auf im Einzelfall angelegte Immissionswerte[12] und folglich ein Widerspruch zwischen dem Planfeststellungsbeschluss und den Vorgaben des FlugLG vermieden werden.

9 Durch den in § 8 Abs. 1 S. 3 LuftVG beinhalteten Verweis auf die Werte des § 2 Abs. 2 FlugLG wird nicht nur sichergestellt, dass einheitliche Immissionswerte angesetzt werden, sondern hieraus lassen sich auch grundsätzliche **Gewichtungsvorgaben ableiten**. Umso mehr sich die ermittelten Fluglärmwerte den Werten des § 2 Abs. 2 FlugLG annähern oder diese erreichen, umso größer muss die Gewichtung sein, mit wel-

---

5 BVerwG Urt. v. 31.7.2012 – 4 A 5000/10, BVerwGE 144, 1 = NVwZ 2013, 284; BVerwG Urt. v. 31.7.2012 – 4 A 7001/11, BVerwGE 144, 44 = NVwZ 2013, 297.

6 EuGH Urt. v. 15.10.2015 – C-137/14, NVwZ 2015, 1665.

7 *Fischer* in Ziekow FachplanungsR-HdB S. 125 f.

8 BVerwG Urt. v. 14.2.1975 – IV C 21.74, BVerwGE 48, 56 = NJW 1975, 1373; BVerwG Urt. v. 7.7.1978 – IV C 79.76, BVerwG 56, 110 = NJW 1979, 64; *Ziekow* in Ziekow FachplanungsR-HdB S. 178 ff.

9 *Schladebach* EurUP 2016, 102 (109).

10 *Schladebach* EurUP 2016, 102 (109).

11 BT-Drs. 16/508, 24.

12 BVerwG Urt. v. 13.10.2011 – 4 A 4001/10, BVerwGE 141, 1 = NVwZ 2012, 432; BVerwG Urt. v. 4.4.2012 – 4 C 8/09, BVerwGE 142, 234 = NVwZ 2012, 1314; VGH München Urt. v. 19.2.2014 – 8 A 11.40040, juris Rn. 461 mwN.

cher der Fluglärm in die Abwägung eingeht.[13] Hieraus folgt eine entsprechend größere Argumentationslast der Planfeststellungsbehörde, wenn sie trotz der Fluglärmwerte bestimmte lärmmindernde Maßnahmen nicht ergreift.[14] Dies gilt erst recht, wenn die Werte des § 2 Abs. 2 FlugLG überschritten werden, da dies lediglich zu einem erhöhten Argumentationsaufwand, **nicht** jedoch **zu einem Planungsverbot führt**. Ein solches ist aufgrund von § 9 FlugLG ausgeschlossen, wonach ein Überschreiten der Werte des § 2 Abs. 2 FlugLG einen Anspruch auf Festsetzung von Lärmschutzbereichen (→ Rn. 29 ff.) begründet.[15]

Verfahrensrechtlich ist zu beachten, dass eine gegen den luftverkehrsrechtlichen Planfeststellungsbe- 10
schluss gerichtete **Anfechtungsklage keine aufschiebende Wirkung** hat, § 10 Abs. 4 S. 1 LuftVG. Eine Anfechtungsklage ist nach § 10 Abs. 5 LuftVG innerhalb von sechs Wochen unter Angabe der Beweismittel zu begründen. **Anträge auf Anordnung der aufschiebenden Wirkung** nach § 80 Abs. 5 VwGO **sind innerhalb eines Monats** nach Zustellung des Planfeststellungsbeschlusses **zu stellen und zu begründen**, § 10 Abs. 4 S. 2 LuftVG.

3. Vorgehen gegen die Festlegung von Flugverfahren

Während die luftverkehrsrechtliche Genehmigung sowie der Planfeststellungsbeschluss die Anlegung und 11
den Betrieb eines Flugplatzes regeln und hierdurch die Möglichkeit von Flugverkehr eröffnen, erfolgt die Festlegung von Flugwegen, Mindesthöhen, Meldepunkten sowie weiteren von Luftfahrzeugführern einzuhaltenden Verhaltensweisen erst durch die Festlegung von Flugverfahren nach § 33 Abs. 1 LuftVO.[16] Diese „Flugrouten" legen im Ergebnis den Bereich fest, in welchem grds. der Flugverkehr abgewickelt wird und mithin mit erhöhten Fluglärm zu rechnen ist.[17] Das Flugverfahren wird gemäß § 33 Abs. 2 LuftVO durch das Bundesaufsichtsamt für Flugsicherung durch Rechtsverordnung festgelegt. Eine Beteiligung der vom Fluglärm Betroffenen erfolgt nicht.[18]

Die Festlegung des Flugverfahrens stellt eine **Planungs-** und damit eine **Abwägungsentscheidung**[19] dar. 12
Die **planerische Gestaltungsfreiheit** ist jedoch aufgrund des vorangegangenen Planfeststellungsbeschlusses **eingeschränkt**. Die zuständige Planfeststellungsbehörde hat grundsätzlich die durch den Flughafen verursachten Fluglärmprobleme zu lösen und ist insoweit auf eine Prognose der künftigen Flugverfahren angewiesen. Werden andere Flugverfahren festgelegt oder bestehende Flugverfahren geändert, wird eine im Luftverkehrsrecht angelegte Unsicherheit verwirklicht. Dieser Unsicherheit begegnet das BVerwG durch eine **Koordinierung des Verhältnisses von Planfeststellungsbeschluss und der Flugverfahrensfestlegung**.[20] Zum einen dürfen durch die Festlegung der Flugverfahren die grundlegenden und die Abwägung tragenden Gründe des Planfeststellungsbeschlusses nicht konterkariert werden,[21] insbes. kann durch die Flugverfahrensfestlegung kein Einfluss auf den vorgegebenen Umfang des Flugbetriebes genommen werden.[22] Zum anderen muss die dem Planfeststellungbeschluss zugrundeliegende Prognose der Flugverfahren

13 Ausführlich hierzu *Schladebach* EurUP 2016, 102 (109 f.).
14 *Schladebach* EurUP 2016, 102 (109).
15 *Schladebach* EurUP 2016, 102 (109).
16 *Deutsch* in Ziekow, Aktuelle Probleme des Luftverkehrs-, Planfeststellungs- und Umweltrechts, 2011, S. 62 ff.; *Heß*, Flugverfahren im luftrechtlichen Mehrebenensystem, S. 35 ff.; *Kaienburg* ZLW 2015, 615 (617 ff.); grundlegend hierzu *Wöckel*, Festlegung von Flugverfahren, 2013.
17 *Rubel* DVBl 2015, 525 (525).
18 BVerwG Urt. v. 26.6.2014 – 4 C 3/13, BVerwGE 150, 114 = NVwZ 2015, 220; zu den möglichen, im Ergebnis nicht einschlägigen Rechtsgrundlagen für eine Öffentlichkeitsbeteiligung siehe *Wöckel*, Festlegung von Flugverfahren, S. 307 ff. und *Deutsch* in Ziekow, Aktuelle Probleme des Luftverkehrs-, Planfeststellungs- und Umweltrechts, 2011, S. 68 ff.
19 BVerwG Urt. v. 24.6.2004 – 4 C 11/03, BVerwGE 121, 152 = NVwZ 2004, 1229; BVerwG Beschl. v. 4.5.2005 – 4 C 6/04, BVerwGE 123, 322 = NVwZ 2005, 1061 mwN.
20 BVerwG Urt. v. 13.10.2011 – 4 A 4001/10, BVerwGE 141, 1 = NVwZ 2012, 432; BVerwG Urt. v. 31.7.2012 – 4 A 5000/10, BVerwGE 144, 1 = NVwZ 2013, 284; *Rubel* DVBl 2015, 525 (528); kritisch zur rechtlichen Grundlage *Lieber* NVwZ 2014, 397 (398 f.).
21 BVerwG Urt. v. 31.7.2012 – 4 A 5000/10, BVerwGE 144, 1 = NVwZ 2013, 284; *Rubel* DVBl 2015, 525 (528).
22 *Wöckel* NVwZ 2016, 347 (350); BVerwG Urt. v. 24.6.2004 – 4 C 11/03, BVerwGE 121, 152 = NVwZ 2004, 1229.

die Modalitäten der Flugverfahren hinreichend konkret abbilden und mit dem Bundesaufsichtsamt für Flugsicherung abgestimmt sein.[23] Um ein späteres Infragestellen der Abwägungsentscheidung des Planfeststellungsbeschlusses zu verhindern, können durch den Planfeststellungsbeschluss auch **bestimmte Flugverfahren verbindlich für das Flugverfahrensfestlegungsverfahren ausgeschlossen** werden.[24] Sofern diesem **drittschützende Wirkung** zukommt, kann er von Nachbarn gegen die Festlegung von Flugverfahren geltend gemacht werden.[25]

13 Die dargestellten Einschränkungen führen dazu, dass das Bundesaufsichtsamt für Flugsicherung bei der Festlegung der Flugverfahren auf das eigentliche Objekt der Störung nicht zugreifen und daher den entstehenden Fluglärm nur bewirtschaften kann.[26] Dies wirkt sich auch auf die durchzuführende **Abwägung** aus, auf welche die im Fachplanungsrecht entwickelten Anforderungen nach der Rechtsprechung des BVerwG nicht vollumfänglich übertragbar sind.[27] Im Rahmen der Abwägung hat das Bundesaufsichtsamt für Flugsicherung auch den **entstehenden Fluglärm zu berücksichtigen**. Dies folgt grundsätzlich aus § 29b Abs. 2 LuftVG, wonach die Luftfahrtbehörden und die Flugsicherungsorganisation auf den Schutz der Bevölkerung vor unzumutbarem Fluglärm hinzuwirken haben. Nach der Rechtsprechung des BVerwG folgt aus § 29b Abs. 2 LuftVG nicht, dass Flugverfahren, die unzumutbaren Lärm hervorrufen, unzulässig sind.[28] Vielmehr beinhaltet § 29b Abs. 2 LuftVG eine **Regelverpflichtung** zum Schutz vor unzumutbarem Lärm, von welcher aus zwingenden Gründen Ausnahmen zugelassen werden können.[29] Zwingende Gründe können sich hierbei nur aus dem Erfordernis einer sicheren, geordneten und flüssigen Abwicklung des Flugverkehrs ergeben.[30] Hat das Bundesaufsichtsamt für Flugsicherung die Wahl zwischen Flugverfahren mit zumutbarem Fluglärm und Flugverfahren mit unzumutbarem Fluglärm, so können letztere nur aufgrund besonderer Sicherheitserwägungen gewählt werden. Gleichzeitig folgt aus § 29b Abs. 2 LuftVG jedoch nicht, dass jeder zumutbare Fluglärm hinzunehmen ist. Auch bei zumutbarem Fluglärm ist das Bundesaufsichtsamt für Flugsicherung grundsätzlich gehalten, diesen soweit wie möglich zu reduzieren.[31] Der Schutz vor zumutbarem Lärm darf nur aus sachlich einleuchtenden Gründen der Sicherheit des Flugverkehrs zurückgestellt werden.[32] Sollten nur Flugverfahren mit unzumutbarem Fluglärm in Betracht kommen, hat das Bundesaufsichtsamt für Flugsicherung eine Entscheidung im Einzelfall dahin gehend zu treffen, ob hinsichtlich der Belastung auf die räumliche Betroffenheit oder die Zahl der betroffenen Bewohner abgestellt wird sowie welches Gewicht der unzumutbaren Lärmbelastung zukommt.[33] Die Abgrenzung zwischen zumutbarem und unzumutbarem Fluglärm erfolgt anhand der Werte des § 2 Abs. 2 FlugLG.[34] Verstöße gegen diese von der Rechtsprechung des BVerwG entwickelten Abwägungsdirektiven können von den von Fluglärm Betroffenen im verwaltungsprozessualen Rechtsschutz gegen die Flugverfahrensfestlegung geltend gemacht werden.

14 Die Flugverfahren werden für die jeweiligen Flughäfen gemäß § 33 Abs. 2 LuftVO durch das Bundesamt für Flugsicherung durch **Rechtsverordnung** festgelegt. Als Bundesrechtsverordnung kann die Festlegung

---

23 BVerwG Urt. v. 13.10.2011 – 4 A 4001/10, BVerwGE 141, 1 = NVwZ 2012, 432; *Rubel* DVBl 2015, 525 (528).
24 BVerwG Urt. v. 31.7.2012 – 4 A 5000/10, BVerwGE 144, 1 = NVwZ 2013, 284; BVerwG Urt. v. 26.6.2014 – 4 C 3/13, BVerwGE 150, 114 = NVwZ 2015, 220; BVerwG Urt. v. 19.12.2013 – 4 C 14/12, BVerwGE 149, 17 = NVwZ 2014, 1097; *Rubel* DVBl 2015, 525 (528).
25 BVerwG Urt. v. 28.6.2000 – 11 C 13/99, BVerwGE 111, 276 = NJW 2000, 3584; *Rubel* DVBl 2015, 525 (529).
26 BVerwG Urt. v. 31.7.2012 – 4 A 5000/10, BVerwGE 144, 1 = NVwZ 2013, 284; BVerwG Urt. v. 18.12.2014 – 4 C 35/13, NVwZ 2015, 656; *Rubel* DVBl 2015, 525 (531).
27 BVerwG Urt. v. 28.6.2000 – 11 C 13/99, BVerwGE 111, 276 = NJW 2000, 3584; kritisch hierzu *Pfaff/Heilshorn* NVwZ 2004, 412 (418); *Wöckel* NVwZ 2016, 347 (352).
28 BVerwG Urt. v. 24.6.2004 – 4 C 11/03, BVerwGE 121, 152 = NVwZ 2004, 1229; *Rubel* DVBl 2015, 525 (531).
29 BVerwG Urt. v. 24.6.2004 – 4 C 11/03, BVerwGE 121, 152 = NVwZ 2004, 1229; *Rubel* DVBl 2015, 525 (531).
30 BVerwG Urt. v. 24.6.2004 – 4 C 11/03, BVerwGE 121, 152 = NVwZ 2004, 1229; *Rubel* DVBl 2015, 525 (531).
31 *Rubel* DVBl 2015, 525 (531).
32 BVerwG Urt. v. 24.6.2004 – 4 C 11/03, BVerwGE 121, 152 = NVwZ 2004, 1229; OVG Münster Urt. v. 13.11. 2008 – 20 D 124/06.AK, juris Rn. 44; OVG Berlin-Brandenburg Urt. v. 28.9.017 – OVG 6 A 29.14, juris Rn. 62 ff.
33 BVerwG Urt. v. 12.11.2014 – 4 C 37/13, BVerwGE 150, 286 = NVwZ-RR 2015, 292; *Rubel* DVBl 2015, 525 (531).
34 BVerwG Urt. v. 12.11.2014 – 4 C 37/13, BVerwGE 150, 286 = NVwZ-RR 2015, 292.

verwaltungsprozessual nicht mit einem Normenkontrollantrag nach § 47 VwGO angegriffen werden, da der Normenkontrollantrag ua nur für Landesrechtsverordnungen statthaft ist. Statthafte Rechtsschutzform ist mithin lediglich die **Feststellungsklage.**[35]

4. Vorgehen gegen die Zulassung von Nachtflügen

Gegenstand der **Abwägungsentscheidung** im Zusammenhang mit einer Genehmigung nach § 6 LuftVG oder einem Planfeststellungsbeschluss nach § 8 LuftVG ist auch die Frage, ob und ggf. in welchem Umfang Nachtflüge zugelassen werden.[36] Ausgangspunkt der Abwägungsentscheidung ist insoweit § 29b Abs. 1 S. 2 LuftVG, wonach auf die Nachtruhe der Bevölkerung in besonderer Weise Rücksicht genommen werden muss. Ging das BVerwG zunächst noch davon aus, dass § 29b Abs. 1 S. 2 LuftVG kein allgemeines Verbot von Nachtflügen beinhalten würde, sondern vielmehr eine generelle Zulässigkeit von Nachtflügen enthalten würde,[37] wird nunmehr eine **Differenzierung zwischen der Kernzeit der Nacht und den Nachtrandstunden** vorgenommen.[38] Das BVerwG sieht daher in § 29b Abs. 1 S. 2 LuftVG eine Gewichtungsvorgabe für die Abwägung, aus welcher eine gesteigerte Rechtfertigung für die Zurückdrängung der Lärmschutzinteressen der Nachbarschaft im Fall der Zulassung von Nachtflügen abgeleitet wird.[39] 15

In der **Kernzeit der Nacht**, also dem Zeitraum zwischen 0:00 und 5:00 Uhr, ist grundsätzlich von einem **Nachtflugverbot** auszugehen.[40] Ausnahmen können lediglich aufgrund eines **standortspezifischen Verkehrsbedarfs** zugelassen werden.[41] Hierbei handelt es sich um eine besondere Rechtfertigung, welche sich am tatsächlichen Bedarf orientieren muss und keine reine Vorratsplanung darstellen darf.[42] Einen standortspezifischen Bedarf hat das BVerwG bisher im zivilen Flugverkehr lediglich für den Flughafen Leipzig/Halle aufgrund dessen Ausbaus zu einem Frachtdrehkreuz bejaht.[43] Der standortspezifische Bedarf wurde hierbei jedoch nicht vollumfänglich als gegeben gesehen, sondern zunächst lediglich für den Expressfrachtverkehr bejaht.[44] Denn ein solcher Frachtverkehr ist durch die Tatsache, dass eine Auslieferung am nächsten Tag erfolgen soll, auf den Nachtsprung angewiesen ist.[45] In einer späteren Entscheidung zum Flughafen Leipzig/Halle bestätigte das BVerwG die vorgenommene Erweiterung von Nachtflügen für jeden Luftfrachtverkehr.[46] Zum einen könne Nicht-Expressfracht aus vernünftigen Gründen mit Expressfracht gemeinsam transportiert werden und zum anderen könne der standortspezifische Bedarf für Expressfracht andere Luftfrachtverkehre mitziehen, wenn die Beschränkung nur auf den Expressfrachtverkehr die Funktionsfähigkeit des Frachtdrehkreuzes in Frage stellen würde.[47] Im Übrigen hat das BVerwG einen standort- 16

35 BVerwG Urt. v. 28.6.2000 – 11 C 13/99, BVerwGE 111, 276 = NJW 2000, 3584; BVerwG Urt. v. 26.11. 2003 – 9 C 6/02, BVerwGE 119, 245, = NVwZ 2004, 473; BVerwG Urt. v. 24.6.2004 – 4 C 11/03, BVerwGE 121, 152 = NVwZ 2004, 1229; ausführlich hierzu *Wöckel*, Festlegung von Flugverfahren, S. 323 ff.

36 BVerwG Urt. v. 20.4.2005 – 4 C 18/03, BVerwGE 123, 261 = NVwZ 2005, 933.

37 BVerwG Urt. v. 29.1.1991 – 4 C 51/89, BVerwGE 87, 332 = NVwZ-RR 1991, 601.

38 Zur Entwicklung der Rechtsprechung, siehe *Kukk* DVBl 2015, 532 (534 ff.).

39 BVerwG Urt. v. 16.3.2006 – 4 A 1075/04, BVerwGE 125, 116 = NVwZ 2006, Beilage Nr. I 8, 1; BVerwG Urt. v. 9.11.2006 – 4 A 2001/06, BVerwGE 127, 95 = NVwZ 2007, 445.

40 BVerwG Urt. v. 16.3.2006 – 4 A 1075/04, BVerwGE 125, 116 = NVwZ 2006, Beilage Nr. I 8, 1.

41 BVerwG Urt. v. 16.3.2006 – 4 A 1075/04, BVerwGE 125, 116 = NVwZ 2006, Beilage Nr. I 8, 1; ablehnend für den gewerblichen Passagierverkehr BVerwG Beschl. v. 1.11.2007 – 4 VR 3000/07 = NVwZ 2008, 217; BVerwG Urt. v. 24.7.2008 – 4 A 3001/07, BVerwGE 131, 316 = NVwZ 2009, 109.

42 BVerwG Urt. v. 20.4.2005 – 4 C 18/03, BVerwGE 123, 261 = NVwZ 2005, 933; BVerwG Urt. v. 24.7.2008 – 4 A 3001/07, BVerwGE 131, 316 = NVwZ 2009, 109.

43 BVerwG Urt. v. 9.11.2006 – 4 A 2001/06, BVerwGE 127, 95 = NVwZ 2007, 445; ablehnend für den Flughafen Frankfurt/Main BVerwG Urt. v. 4.4.2012 – 4 C 8/09, BVerwGE 142, 234 = NVwZ 2012, 1314; kritisch hierzu *Kämper* NVwZ 2013, 8 (13 f.).

44 BVerwG Urt. v. 9.11.2006 – 4 A 2001/06, BVerwGE 127, 95 = NVwZ 2007, 445.

45 BVerwG Urt. v. 9.11.2006 – 4 A 2001/06, BVerwGE 127, 95 = NVwZ 2007, 445.

46 BVerwG Urt. v. 24.7.2008 – 4 A 3001/07, BVerwGE 131, 316 = NVwZ 2009, 109.

47 BVerwG Urt. v. 24.7.2008 – 4 A 3001/07, BVerwGE 131, 316 = NVwZ 2009, 109; kritisch hierzu *Görgens* NVwZ 2009, 432 (434 f.).

spezifischen Verkehrsbedarf für den Luftfrachtverkehr ohne Frachtdrehkreuz sowie den generellen Passagierverkehr bisher als nicht gegeben angesehen.[48]

17 Im Bereich des **militärischen Flugverkehrs** erkennt das BVerwG grundsätzlich einen **standortbezogenen Nachtflugbedarf für Sonderverkehre** aufgrund militärischer Anforderungen an.[49] Ein solcher Sonderflugverkehr entzieht sich einer regelhaften Planung, da die Einsatzpläne kurzfristig zusammengestellt werden. Die konkrete Flugplanung orientiert sich hierbei ua an den Anforderungen des weltweiten Einsatzes von Personal und Material, den unterschiedlichen Zeitzonen, den Vorgaben für die Be- und Entladung der Transportgüter, vorgegebenen Zeitfenstern für Starts und Landungen, an Vorgaben der jeweils zuständigen Luftverkehrsbehörden sowie den Möglichkeiten gemeinsamer Nutzung der Flugzeuge mit verschiedenen Teilnehmernationen.[50] Gleichzeitig ist jedoch zu beachten, dass die militärischen Anforderungen einen standortbezogenen Nachtflugbedarf nur rechtfertigen können, wenn es keinen besser geeigneten Flughafen gibt.[51]

18 Im Gegensatz zur Kernzeit der Nacht kommt dem **Lärmschutz in den Nachtrandstunden**, also dem Zeitraum zwischen 22:00 und 0:00 Uhr sowie zwischen 5:00 und 6:00 Uhr, nicht dasselbe hohe Gewicht zu.[52] Aufgrund dessen können sich plausibel nachgewiesene sachliche Gründe in der Abwägung gegen die Belange des Lärmschutzes durchsetzen.[53] Solche sachlichen Gründe können ua eine effektive Umlaufplanung im Charterflugverkehr, die Rückführung zu Heimatflughäfen oder die Besonderheiten des interkontinentalen Flugverkehrs sein.[54] Gleichzeitig ist jedoch zu beachten, dass dem Lärmschutz ein höheres Gewicht zukommt, umso mehr sich die zugelassenen Flugbewegungen der Nachtkernzeit annähern.[55] Daher dürfen gewerblicher Passierflugverkehr idR nur zwischen 22:00 und 23:30 Uhr, verspätete Fluge bis 0:00 Uhr, sowie zwischen 5:30 und 6:00 Uhr, verfrühte Flüge bereits ab 5:00 Uhr, durchgeführt werden.[56]

5. Vorgehen gegen die Genehmigung oder den Planfeststellungsbeschluss aufgrund des UmwRG

19 Ist für die Errichtung und den Betrieb oder die Änderung eines Flugplatzes eine Umweltverträglichkeitsprüfung durchzuführen, können die Nachbarn **die Aufhebung der Genehmigung oder des ggf. erforderlichen Planfeststellungsbeschlusses** verlangen, wenn die **Umweltverträglichkeitsprüfung** nicht durchgeführt wurde, § 4 Abs. 1 S. 1 Nr. 1 UmwRG, eine nach § 18 UVPG erforderliche Öffentlichkeitsbeteiligung weder durchgeführt noch nachgeholt wurde, § 4 Abs. 1 S. 1 Nr. 2 UmwRG, oder ein anderer Verfahrensfehler vorliegt, der nicht geheilt wurde, nach Art und Schwere mit den anderen beiden Fällen vergleichbar ist und der betroffenen Öffentlichkeit die Möglichkeit der Beteiligung genommen wurde, § 4 Abs. 1 S. 1 Nr. 3 UmwRG. Sollte einer dieser absoluten Verfahrensfehler bejaht werden, so ist die Entscheidung auch ohne die Verletzung von drittschützenden Normen aufzuheben. Diesbezüglich ist jedoch zu beachten, dass die Frage, welche Verfahrensfehler von § 4 Abs. 1 S. 1 Nr. 3 UmwRG erfasst werden, derzeit noch nicht abschließend geklärt ist und einer ständigen Weiterentwicklung unterliegt.[57]

48 BVerwG Urt. v. 9.11.2006 – 4 A 2001/06, BVerwGE 127, 95 = NVwZ 2007, 445; BVerwG Urt. v. 24.7.2008 – 4 A 3001/07, BVerwGE 131, 316 = NVwZ 2009, 109.

49 BVerwG Urt. v. 24.7.2008 – 4 A 3001/07, BVerwGE 131, 316 = NVwZ 2009, 109; zustimmend hierzu *Görgens* NVwZ 2009, 432 (433).

50 BVerwG Urt. v. 24.7.2008 – 4 A 3001/07, BVerwGE 131, 316 = NVwZ 2009, 109.

51 BVerwG Urt. v. 24.7.2008 – 4 A 3001/07, BVerwGE 131, 316 = NVwZ 2009, 109.

52 BVerwG Urt. v. 16.3.2006 – 4 A 1075/04, BVerwGE 125, 116 = NVwZ 2006, Beilage Nr. I 8, 1; BVerwG Urt. v. 9.11.2006 – 4 A 2001/06, BVerwGE 127, 95 = NVwZ 2007, 445.

53 BVerwG Urt. v. 16.3.2006 – 4 A 1075/04, BVerwGE 125, 116 = NVwZ 2006, Beilage Nr. I 8, 1; BVerwG Urt. v. 9.11.2006 – 4 A 2001/06, BVerwGE 127, 95 = NVwZ 2007, 445.

54 BVerwG Urt. v. 16.3.2006 – 4 A 1075/04, BVerwGE 125, 116 = NVwZ 2006, Beilage Nr. I 8, 1; BVerwG Beschl. v. 1.11.2007 – 4 VR 3000/07, NVwZ 2008, 217.

55 BVerwG Urt. v. 16.3.2006 – 4 A 1075/04, BVerwGE 125, 116 = NVwZ 2006, Beilage Nr. I 8, 1; BVerwG Urt. v. 9.11.2006 – 4 A 2001/06, BVerwGE 127, 95 = NVwZ 2007, 445.

56 BVerwG Urt. v. 24.7.2008 – 4 A 3001/07, BVerwGE 131, 316 = NVwZ 2009, 109; kritisch hierzu *Görgens* NVwZ 2009, 432 (433 f.).

57 Umfangreiche Darstellung der aktuellen Entwicklung bei *Seibert* NVwZ 2019, 337.

III. Öffentlich-rechtliche Ansprüche infolge von bestehendem Fluglärm

Kommt es infolge von Flugbewegungen an Flugplätzen zu Fluglärm, so stehen den von Fluglärm Betroffenen grundsätzlich **aktive und passive Lärmschutzmaßnahmen** zu. Hinsichtlich der **passiven Lärmschutzmaßnahmen** ist zu beachten, dass sich Ansprüche auf Erstattung von Aufwendungen des baulichen Schallschutzes (→ Rn. 47 ff.) sowie Entschädigungsansprüche für Beeinträchtigungen des Außenwohnbereichs in der Umgebung von neuen oder wesentlich baulich erweiterten Flugplätzen (→ Rn. 56 ff.) seit dem 7.6.2007 allein nach den **Vorschriften des FlugLG** richten und daher nicht mehr Gegenstand einer Genehmigung nach § 6 LuftVG oder eines Planfeststellungsbeschlusses nach § 8 LuftVG sein können, vgl. § 13 Abs. 1 S. 1 FlugLG.[58] 20

1. Anspruch auf Einhaltung von drittschützenden Regelungen

Sofern die Genehmigung nach § 6 LuftVG oder der Planfeststellungsbeschluss nach § 8 LuftVG drittschützende Nebenbestimmungen beinhaltet, können die vom Fluglärm Betroffenen die Einhaltung dieser drittschützenden Regelungen gegenüber der zuständigen Luftverkehrsbehörde einfordern.[59] 21

2. Anspruch auf Genehmigungs- bzw. Planergänzung

a) Schutzmaßnahmen nach § 74 Abs. 2 S. 2 VwVfG. Sollten von dem Flugplatz **nachteilige Auswirkungen** in Form von Fluglärm ausgehen, die durch eine gerechte Abwägung (→ Rn. 2 ff.) nicht überwindbar sind, so sind im Planfeststellungsbeschluss die **erforderlichen Schutzmaßnahmen** als Nebenbestimmung nach § 36 VwVfG zu treffen, § 74 Abs. 2 S. 2 VwVfG.[60] Beinhaltet der Planfeststellungsbeschluss bzw. die Genehmigung **keine oder nicht ausreichende Schutzmaßnahmen**, können die vom Fluglärm Betroffenen eine Ergänzung des Planfeststellungsbeschlusses verlangen und ggf. gerichtlich durchsetzen.[61] 22

Sind die nach § 74 Abs. 2 S. 2 VwVfG **erforderlichen Schutzmaßnahmen** unverhältnismäßig oder **nicht mit dem Flugplatzvorhaben vereinbar** und wurde der Planfeststellungsbeschluss abwägungsfehlerfrei erlassen, wandelt sich der Anspruch auf Schutzmaßnahmen nach § 74 Abs. 2 S. 3 VwVfG in einen **Anspruch auf angemessene Entschädigung** in Geld.[62] Über den Entschädigungsanspruch ist dem Grunde nach bereits im Planfeststellungsbeschluss zu entscheiden.[63] Beinhaltet der Planfeststellungsbeschluss keine Entscheidung zum Entschädigungsanspruch, so können die vom Fluglärm Betroffenen eine Planergänzung verlangen und diese ggf. gerichtlich durchsetzen. 23

Sind mit dem Neubau bzw. dem Ausbau eines Flugplatzes derartige Fluglärmbeeinträchtigungen verbunden, die ein Wohnungsgrundstück entweder derart verlärmen, dass es seine Wohnqualität einbüßt und unbewohnbar wird oder dazu führen, dass ein Dauerschallpegel von mehr als 70 dB(A) tags und 60 dB(A) nachts gegeben ist, und werden dadurch die verfassungsrechtlichen Grenzen des Art. 14 Abs. 1 S. 1 bzw. Art. 2 Abs. 2 GG überschritten, so können die hiervon Betroffenen die **Übernahme ihres Grundstücks** als besondere Ausprägung des Entschädigungsanspruchs nach § 74 Abs. 3 S. 2 VwVfG verlangen.[64] 24

---

58 BVerwG Urt. v. 4.4.2012 – 4 C 8/09, BVerwGE 142, 234 = NVwZ 2012, 1314; BVerwG Beschl. v. 5.2.2020 – 4 B 32/18, juris Rn. 14; OVG Berlin-Brandenburg Urt. v. 18.9.2014 – OVG 6 A 22.14, juris Rn. 28 ff.

59 VGH München Urt. v. 18.4.2000 – 20 A 99.40019, 20 A 99.40020, 20 A 99.40021, juris Rn. 33 ff.

60 *Neumann/Külpmann* in Stelkens/Bonk/Sachs VwVfG § 74 Rn. 168.

61 *Neumann/Külpmann* in Stelkens/Bonk/Sachs VwVfG § 74 Rn. 177.

62 *Neumann/Külpmann* in Stelkens/Bonk/Sachs VwVfG § 74 Rn. 188.

63 *Neumann/Külpmann* in Stelkens/Bonk/Sachs VwVfG § 74 Rn. 196.

64 BVerwG Urt. v. 16.3.2006 – 4 A 1075/04, BVerwGE 125, 116 = NVwZ 2006, Beilage Nr. I 8, 1 mwN; BVerwG Urt. v. 9.11.2006 – 4 A 2001/06, BVerwGE 127, 95 = NVwZ 2007, 445; *Reidt/Schiller* in Landmann/Rohmer UmweltR FluglärmG § 13 Rn. 21.

25 Für die **luftverkehrsrechtliche Genehmigung** nach § 6 Abs. 1 oder Abs. 4 S. 1 LuftVG gelten die vorhergehenden Anforderungen entsprechend. Dies folgt aus § 6 Abs. 1 S. 4 LuftVG, wonach die Genehmigung mit Auflagen verbunden werden kann.[65]

26 **b) Nachträgliche Schutzmaßnahmen nach § 75 Abs. 2 S. 2 VwVfG.** Mit der **Unanfechtbarkeit des Planfeststellungsbeschlusses** nach § 8 Abs. 1 LuftVG sind Ansprüche auf Ergänzung des Planfeststellungsbeschlusses bzw. der Genehmigung nach § 74 Abs. 2 S. 2 und 3 VwVfG (→ Rn. 22 ff.) ausgeschlossen. Für **nicht voraussehbare Wirkungen** und die hierdurch verursachten nachteiligen Auswirkungen gewährt § 75 Abs. 2 S. 2 VwVfG innerhalb von 30 Jahren nach Unanfechtbarkeit des Planfeststellungsbeschlusses einen Anspruch auf nachträgliche Schutzauflagen.[66] Hierdurch sollen die vom Fluglärm Betroffenen so gestellt werden, als ob die nachträglich auftretenden nachteiligen Wirkungen bereits bei der Planfeststellung vorausgesehen worden wären.[67]

27 Sind die nachträglichen Schutzmaßnahmen unverhältnismäßig oder mit dem Vorhaben unvereinbar, so wird der Schutzanspruch durch § 75 Abs. 2 S. 4 VwVfG in einen **Entschädigungsanspruch modifiziert**.[68] Als besondere Ausprägung des Entschädigungsanspruchs nach § 75 Abs. 2 S. 4 VwVfG kann den von Fluglärm Betroffenen auch ein Anspruch auf Übernahme des Grundstücks zustehen (→ Rn. 24).[69]

28 Wie bei den Schutzvorkehrungen nach § 74 Abs. 2 S. 2 VwVfG gelten die Ausführungen zu § 75 Abs. 2 S. 2 und 4 VwVfG auch für die luftrechtliche Genehmigung nach § 6 Abs. 1 und 4 S. 1 LuftVG (→ Rn. 40 ff.).

3. Ausweisung von Lärmschutzbereichen nach den §§ 2 bis 4 FlugLG

29 Die Ausweisung von Lärmschutzbereichen nach den §§ 2 bis 4 FlugLG stellt das **Hauptinstrument des FlugLG** dar, denn die Ausweisung ist Voraussetzung für die in den §§ 5 bis 9 FlugLG vorgesehenen passiven Lärmschutzmaßnahmen (→ Rn. 40 ff.).

30 **a) Anwendungsbereich.** Lärmschutzbereiche umfassen Gebiete außerhalb von Flugplätzen, in denen die Grenzwerte des § 2 Abs. 2 FlugLG überschritten werden, vgl. § 2 Abs. 1 FlugLG. Die in § 2 Abs. 1 FlugLG grundlegende **Verpflichtung zur Festsetzung** von Lärmschutzbereichen wird durch **§ 4 FlugLG näher konkretisiert**. Gem. § 4 Abs. 1 FlugLG sind Lärmschutzbereiche für Verkehrsflughäfen mit Fluglinien- oder Pauschalflugreiseverkehr (Nr. 1)[70], für Verkehrslandeplätze von über 25.000 Bewegungen pro Jahr (Nr. 2)[71], für militärische Flugplätze, die dem Betrieb von Flugzeugen mit Strahlbetriebswerken zu dienen bestimmt sind (Nr. 3)[72] sowie für militärische Flugplätze, die dem Betrieb von Flugzeugen mit einer höchstzulässigen Startmasse von mehr als 20 t zu dienen bestimmt sind, mit einem Verkehrsaufkommen von über 25.000 Bewegungen pro Jahr (Nr. 4)[73] festzulegen. Durch **§ 4 Abs. 8 FlugLG wird der Anwendungsbereich** dahin gehend **erweitert**, dass auch für Flugplätze, die nicht unter § 4 Abs. 1 FlugLG fallen, ein Lärmschutzbereich ausgewiesen werden soll, wenn der Schutz der Allgemeinheit eine Festsetzung erfordert. Ein solcher Schutz wird idR anzunehmen sein, wenn die in § 2 Abs. 2 FlugLG genannten Grenz-

65 OVG Koblenz Urt. v. 1.7.1997 – 7 C 11843/93, juris Rn. 204; OVG Bremen Urt. v.11.6.1996 – 1 G 5/94, NVwZ-RR 1997, 214; OVG Bremen Beschl. v. 5.11.1993 – 1 (G) T 2/93, NVwZ-RR 1994, 189.

66 Anspruch nicht bejaht OVG Berlin-Brandenburg Urt. v. 18.9.2014 – OVG 6 A 22.14, juris Rn. 31 ff.; VGH Kassel Urt. v. 14.7.2004 – 12 A 1517/01, juris Rn. 35 ff.

67 BVerwG Beschl. v. 21.1.2004 – 4 B 82/03, juris Rn. 8; OVG Berlin-Brandenburg Urt. v. 18.9.2014 – OVG 6 A 22.14, juris Rn. 29.

68 Anspruch nicht bejaht VGH Kassel Urt. v. 13.6.2007 – 11 A 2061/06, NVwZ-RR 2008, 88.

69 VGH Kassel Urt. v. 2. 4.2003 – 2 A 2646/01, NVwZ-RR 2003, 729.

70 Ausführliche Definition bei *Reidt/Fellenberg* in Landmann/Rohmer UmweltR FluglärmG § 4 Rn. 9 ff.

71 Ausführliche Definition bei *Reidt/Fellenberg* in Landmann/Rohmer UmweltR FluglärmG § 4 Rn. 13 ff.

72 Ausführliche Definition bei *Reidt/Fellenberg* in Landmann/Rohmer UmweltR FluglärmG § 4 Rn. 17 f.

73 Ausführliche Definition bei *Reidt/Fellenberg* in Landmann/Rohmer UmweltR FluglärmG § 4 Rn. 19.

werte erreicht werden und der auszuweisende Lärmschutzbereich den Flugplatzbereich substanziell überschreiten wird.[74]

Die Festsetzung von Lärmschutzbereichen ist nach § 4 Abs. 7 S. 1 FlugLG **entbehrlich**, wenn der Flugplatz innerhalb von zehn Jahren nach Vorliegen des Festsetzungserfordernisses geschlossen werden soll und das Verwaltungsverfahren zur Schließung bereits begonnen hat. Ebenso ist die Entbehrlichkeit gegeben, wenn der Flugplatz dauerhaft die Merkmale nach § 4 Abs. 1 FlugLG nicht mehr erfüllt, § 4 Abs. 7 S. 3 FlugLG. In diesem Fall kann sich jedoch ggf. die Verpflichtung zur Festsetzung eines Lärmschutzbereichs aus § 4 Abs. 8 FlugLG ergeben (→ Rn. 30).[75] 31

b) Formelle Anforderungen. Nach § 4 Abs. 1 S. 1 FlugLG werden die Lärmschutzbereiche **durch eine Rechtsverordnung der jeweiligen Landesregierung** festgesetzt. Vorgaben für das Aufstellungsverfahren beinhaltet § 4 FlugLG nicht, insbes. ist **keine Beteiligung der von Fluglärm Betroffenen** vorgesehen. 32

c) Materielle Anforderungen. Die Verpflichtung zur Festsetzung von Lärmschutzbereichen ist inhaltlich vom **Überschreiten der Grenzwerte des § 2 Abs. 2 FlugLG** abhängig, vgl. § 4 Abs. 3 FlugLG. § 2 Abs. 2 FlugLG differenziert zwischen neuen oder wesentlichen baulich erweiterten, bestehenden zivilen und militärischen Flugplätzen sowie zwischen der Tag-Schutzzone 1, der Tag-Schutzzone 2 und der Nacht-Schutzzone. Die **Tag-Schutzzonen 1 und 2** (Zeitraum zwischen 6:00 und 22:00 Uhr) werden durch die Ermittlung eines äquivalenten Dauerschallpegels $L_{Aeq\ Tag}$ ermittelt.[76] Hingegen wird die **Nacht-Schutzzone** (Zeitraum zwischen 22:00 und 6:00 Uhr) durch die Kombination eines äquivalenten Dauerschallpegels $L_{Aeq\ Nacht}$ und eines Häufigkeits-Maximalpegelkriterium L_{Amax} ermittelt.[77] Die Berechnung der Lärmwerte erfolgt nach der Anlage zum FlugLG, § 3 Abs. 1 FlugLG. 33

	Tag-Schutzzone 1	Tag-Schutzzone 2	Nacht-Schutzzone
Neue oder wesentlich baulich erweiterte zivile Flugplätze	$L_{Aeq\ Tag}$ = 60 dB(A)	$L_{Aeq\ Tag}$ = 55 dB(A)	$L_{Aeq\ Nacht}$ = 53 dB(A), L_{Amax} = 6 Mal 57 dB(A) (bis 31.12.2010) $L_{Aeq\ Nacht}$ = 50 dB(A), L_{Amax} = 6 Mal 53 dB(A) (ab 1.1.2011)
Bestehende zivile Flugplätze	$L_{Aeq\ Tag}$ = 65 dB(A)	$L_{Aeq\ Tag}$ = 60 dB(A)	$L_{Aeq\ Nacht}$ = 55 dB(A), L_{Amax} = 6 Mal 57 dB(A)
Neue oder wesentlich baulich erweiterte militärische Flugplätze	$L_{Aeq\ Tag}$ = 63 dB(A)	$L_{Aeq\ Tag}$ = 58 dB(A)	$L_{Aeq\ Nacht}$ = 53 dB(A), L_{Amax} = 6 Mal 57 dB(A) (bis 31.12.2010) $L_{Aeq\ Nacht}$ = 50 dB(A), L_{Amax} = 6 Mal 53 dB(A) (ab 1.1.2011)
Bestehende militärische Flugplätze	$L_{Aeq\ Tag}$ = 68 dB(A)	$L_{Aeq\ Tag}$ = 63 dB(A)	$L_{Aeq\ Nacht}$ = 55 dB(A), L_{Amax} = 6 Mal 57 dB(A)

Tabelle 1: Darstellung der relevanten Grenzwerte nach § 2 Abs. 2 FlugLG, eigene Darstellung

74 *Reidt/Fellenberg* in Landmann/Rohmer UmweltR FluglärmG § 4 Rn. 20; *Ekardt/Heß* in HK-FluglärmG § 4 Rn. 10.
75 *Ekardt/Heß* in HK-FluglärmG § 4 Rn. 14.
76 Siehe hierzu *Reidt/Fellenberg* in Landmann/Rohmer UmweltR FluglärmG § 2 Rn. 12 ff.; *Ekardt/Heß* in HK-FluglärmG § 2 Rn. 4 ff.
77 Siehe hierzu *Reidt/Fellenberg* in Landmann/Rohmer UmweltR FluglärmG § 2 Rn. 17 ff.; *Ekardt/Heß* in HK-FluglärmG § 2 Rn. 4 ff.

34 Für **neue oder wesentlich baulich erweiterte Flugplätze** ergibt sich die Festsetzungsverpflichtung aus § 4 Abs. 3 S. 1 und 2 FlugLG. Neue oder wesentlich baulich erweiterte Flugplätze sind nach § 2 Abs. 2 S. 3 FlugLG alle Flugplätze, für die ab dem 7.6.2007 eine Genehmigung nach § 6 LuftVG oder ein Planfeststellungsbeschluss nach § 8 LuftVG für die Anlegung, den Bau einer neuen Start oder Landebahn oder eine sonstige wesentliche bauliche Erweiterung erteilt wurde. Eine wesentliche bauliche Erweiterung ist hierbei nur gegeben, wenn die bauliche Erweiterung zu einer Erhöhung des äquivalenten Dauerschallpegels L_{Aeq} Tag an der Grenze der Tag-Schutzzone 1 oder des äquivalenten Dauerschallpegels L_{Aeq} Nacht an der Grenze der Nacht-Schutzzone um mindestens 2 dB(A) führt, § 2 Abs. 2 S. 4 FlugLG. In zeitlicher Hinsicht wird die Festsetzungsverpflichtung nach § 4 Abs. 3 S. 4 FlugLG auf den Zeitpunkt der Erteilung der Genehmigung oder des Planfeststellungsbeschlusses verlegt.

35 Sofern kein neuer oder wesentlich baulich erweiterter Flugplatz nach § 2 Abs. 2 S. 3 FlugLG gegeben ist, liegt ein **bestehender Flugplatz** vor, § 2 Abs. 2 S. 5 FlugLG. Für bestehende Flugplätze waren Lärmschutzbereiche nach § 4 Abs. 4 S. 1 FlugLG bis Ende 2009 unter Berücksichtigung der Grenzwerte des § 2 Abs. 2 FlugLG neu oder erstmalig festzusetzen.

36 Derzeit **bestehende Lärmschutzbereiche** sind nach § 4 Abs. 5 S. 1 FlugLG neu festzusetzen, wenn es infolge einer Änderung in der Anlage oder des Betriebs des Flugplatzes zu einer wesentlichen Veränderung der Lärmbelastung kommt. Eine wesentliche Veränderung ist insbes. gegeben, wenn sich der äquivalente Dauerschallpegel an der Grenze der Tag-Schutzzone 1 oder an der Grenze der Nacht-Schutzzone um mindestens 2 dB(A) ändert.[78] Diesbezüglich ist auch die in § 4 Abs. 6 FlugLG vorgesehene Monitoring-Verpflichtung zu berücksichtigen. Demnach muss alle zehn Jahre geprüft werden, ob sich die Lärmbelastung wesentlich verändert hat oder voraussichtlich innerhalb von zehn Jahren verändern wird. Wenn es besondere Umstände erfordern, kann eine Prüfung auch vor Ablauf von zehn Jahren erfolgen.

37 **d) Rechtsfolgen.** Sofern eine Verpflichtung zur Festsetzung von Lärmschutzbereichen besteht, sind diese mit den **Tag-Schutzzonen 1 und 2 sowie der Nacht-Schutzzone festzusetzen**. Ein Abwägungs- oder Entscheidungsspielraum besteht insofern nicht.[79] Die **Abgrenzung der einzelnen Schutzzonen** hat schematisch anhand der ermittelten Messwerte und der Grenzwerte des § 2 Abs. 2 FlugLG zu erfolgen.[80] Durch die Festsetzung der Schutzzonen werden Bauverbote nach § 5 FlugLG, Schallschutzanforderungen nach den §§ 6, 7 FlugLG sowie Aufwendungs- und Entschädigungsansprüche nach den §§ 8, 9 FlugLG (→ Rn. 40 ff.) begründet.

38 **e) Rechtsschutz.** Da die Festsetzung von Lärmschutzbereichen durch eine Landesrechtsverordnung erfolgt, ist hiergegen ein **Normenkontrollantrag nach § 47 VwGO** statthaft, sofern das einschlägige Landesrecht einen Normenkontrollantrag gegen Landesrechtsverordnungen zulässt, vgl. § 47 Abs. 1 Nr. 2 VwGO.[81] Die mit einem Normenkontrollantrag verfolgte Aufhebung der Festsetzung eines Lärmschutzbereichs kommt vor allem aufgrund der Beschränkungen durch die Bauverbote nach § 5 FlugLG oder der Schallschutzanforderungen nach §§ 6, 7 FlugLG in Betracht.

39 Hingegen können vor allem die Aufwendungs- und Entschädigungsansprüche des § 9 FlugLG, die von der Festsetzung von Lärmschutzbereichen abhängig sind, das Bedürfnis nach **Erlass oder Änderung der Festsetzung eines Lärmschutzbereichs** begründen. Ein entsprechender **Anspruch auf Normenerlass** kann verwaltungsprozessual geltend gemacht werden, wenn die Ermächtigung auch der Befriedigung individuel-

78 Zu Fällen, in denen auch bei Nichterreichen der Schwelle von 2 dB(A) eine Neufestsetzung in Betracht kommt, siehe hierzu *Reidt/Fellenberg* in Landmann/Rohmer UmweltR FluglärmG § 4 Rn. 69.

79 *Reidt/Fellenberg* in Landmann/Rohmer UmweltR FluglärmG § 4 Rn. 49.

80 *Reidt/Fellenberg* in Landmann/Rohmer UmweltR FluglärmG § 4 Rn. 50.

81 Entsprechende Regelungen eingeführt haben die Länder Baden-Württemberg (§ 4 AGVwGO BW), Bayern (Art. 5 BayAGVwGO), Brandenburg (§ 4 Absatz 1 BbgVwGG), Bremen (§ 7 Abs. 1 BremAGVwGO), Hessen (§ 15 HAGVwGO), Mecklenburg-Vorpommern (§ 13 AGGerStrG M-V), Niedersachsen (§ 75 NJG), Nordrhein-Westfalen (§ 109a JustizG NRW), Rheinland-Pfalz (§ 4 AGVwGO RP), Saarland (§ 18 AGVwGO Saarl), Sachsen (§ 24 SächsJG), Sachsen-Anhalt (§ 10 AGVwGO LSA), Schleswig-Holstein (§ 67 LJG Schl.-H.) und Thüringen (§ 4 ThürAGVwGO). In den Ländern Berlin und Hamburg fehlen entsprechende Regelungen.

ler Interessen dient.[82] Dies ist für die Verordnungsermächtigung des § 4 Abs. 2 FlugLG zu bejahen.[83] Für die Normenerlassklage ist nach § 48 Abs. 1 Nr. 6 VwGO das **Oberverwaltungsgericht** bzw. der Verwaltungsgerichtshof **erstinstanzlich zuständig**.[84]

4. Anspruch auf Entschädigung wegen Wertverlustes nach § 8 Abs. 1 S. 1 FlugLG

Für die infolge der Festsetzung eines Lärmschutzbereichs bestehenden Bauverbote nach § 5 Abs. 1 S. 1 und 2 oder Abs. 2 S. 1 FlugLG kann dem Eigentümer als **Entschädigungsberechtigtem** gegen den Flugplatzhalter als **Entschädigungsverpflichteten,** § 12 Abs. 1 FlugLG, ein Entschädigungsanspruch nach § 8 Abs. 1 S. 1 FlugLG zustehen. 40

Voraussetzung des Entschädigungsanspruchs nach § 8 Abs. 1 S. 1 FlugLG ist zunächst das Bestehen eines **Bauverbots** für besonders schutzwürdige Einrichtungen nach § 5 Abs. 1 S. 1 und 2 FlugLG oder für Wohnungen nach § 5 Abs. 2 FlugLG sowie das Nichtvorliegen einer der zahlreichen Ausnahmen in § 5 Abs. 3 oder 4 FlugLG. Des Weiteren muss infolge (Kausalität) des Bauverbots **die bisherige bauliche Nutzung aufgehoben** werden. Die bisherige Nutzung bestimmt sich nach der bauplanungsrechtlichen Einordnung nach den §§ 30 ff. BauGB.[85] Die so gegebene bauliche Nutzung wird aufgehoben, wenn sie nicht mehr aufgrund des Bauverbots vollzogen werden kann.[86] Durch die Aufhebung (Kausalität) muss eine **nicht unwesentliche Wertminderung des Grundstücks** eingetreten sein. Die Wesentlichkeit der Wertminderung ist nach objektiven Maßstäben grundstücksbezogen zu ermitteln.[87] Wertminderungen von mehr als 10 % werden idR nicht mehr als unwesentlich angesehen.[88] 41

Als **Rechtsfolge** sieht § 8 Abs. 1 S. 1 FlugLG die Entschädigung des nicht unwesentlichen Grundstückswertverlustes vor. Der Umfang der Entschädigung bemisst sich grundsätzlich nach dem Verkehrswert des Grundstücks, § 8 Abs. 2 FlugLG iVm §§ 95 Abs. 1, 194 BauGB.[89] Neben dem Grundstückswertverlust werden nach § 8 Abs. 2 FlugLG iVm § 96 BauGB auch sonstige Vermögensnachteile erfasst, sofern diese durch den Entschädigungsberechtigten nicht mitverschuldet wurden. Gleichzeitig sind Vermögensvorteile, die dem Entschädigungsberechtigten durch das Bauverbot entstehen, ebenso zu berücksichtigen, § 8 Abs. 2 FlugLG iVm § 93 Abs. 4 BauGB.[90] 42

Für das **Entschädigungsverfahren** verweist § 8 Abs. 2 FlugLG auf bestimmte Vorschriften des Schutzbereichgesetzes (SchBerG)[91]. Das Entschädigungsverfahren wird durch die Stellung eines entsprechenden Antrags durch den Entschädigungsberechtigten bei der durch Landesgesetz zu bestimmenden **Entschädigungsbehörde**[92] eingeleitet, § 8 Abs. 1 FlugLG sowie § 8 Abs. 2 FlugLG iVm § 23 Abs. 1 S. 2 SchBerG. Die Entschädigungsbehörde hat zunächst zu versuchen, mit den Beteiligten eine **gütliche Einigung** herbeizuführen, § 8 Abs. 2 FlugLG iVm § 18 Abs. 1 SchBerG. Kommt eine solche nicht zustande, setzt die Entschädigungsbehörde die Entschädigung durch schriftlichen **Festsetzungsbescheid** fest, § 8 Abs. 2 FlugLG iVm § 19 Abs. 1 SchBerG. 43

---

82 *Reidt/Fellenberg* in Landmann/Rohmer UmweltR FluglärmG § 4 Rn. 75 f.; *Ekardt/Heß* in HK-FluglärmG § 4 Rn. 18.
83 *Reidt/Fellenberg* in Landmann/Rohmer UmweltR FluglärmG § 4 Rn. 76.; *Ekardt/Heß* in HK-FluglärmG § 4 Rn. 18.
84 BVerwG Beschl. v. 24.7.2014 – 4 B 37/13, juris Rn. 5.
85 *Reidt/Schiller* in Landmann/Rohmer UmweltR FluglärmG § 8 Rn. 9; *Ekardt/Heß* in HK-FluglärmG § 8 Rn. 4.
86 *Reidt/Schiller* in Landmann/Rohmer UmweltR FluglärmG § 8 Rn. 12; *Ekardt/Heß* in HK-FluglärmG § 8 Rn. 4.
87 *Reidt/Schiller* in Landmann/Rohmer UmweltR FluglärmG § 8 Rn. 13; *Ekardt/Heß* in HK-FluglärmG § 8 Rn. 4.
88 Ausführlich hierzu *Reidt/Schiller* in Landmann/Rohmer UmweltR FluglärmG § 8 Rn. 28.
89 *Reidt/Schiller* in Landmann/Rohmer UmweltR FluglärmG § 8 Rn. 13 mwN; *Ekardt/Heß* in HK-FluglärmG § 8 Rn. 6.
90 Ausführlich hierzu *Reidt/Schiller* in Landmann/Rohmer UmweltR FluglärmG § 8 Rn. 30 ff.
91 Infolge der in 8 Abs. 2 FlugLG enthaltenen statischen Verweisung ist das Schutzbereichsgesetz v. 7.12.1956 (BGBl. I 899) in der Fassung der Änderungen durch Art. 1 Abs. 6 der Verordnung v. 5.4.2002 (BGBl. I 1250) anzuwenden.
92 Übersicht über die entsprechenden Landesgesetze bei *Reidt/Schiller* in Landmann/Rohmer UmweltR FluglärmG § 8 Rn. 45.

44 Die **Rechtsschutzmöglichkeiten** der Beteiligten richten sich nach § 8 Abs. 2 FlugLG iVm §§ 24, 25 SchBerG. Für die Durchsetzung der Vereinbarung der **gütlichen Einigung** ist die allgemeine Leistungsklage zum Verwaltungsgericht statthaft, da es sich bei der gütlichen Einigung um einen öffentlich-rechtlichen Vertrag nach den §§ 54 ff. VwVfG handelt.[93] Gegen den **Festsetzungsbescheid** können die Beteiligten nach § 8 Abs. 2 FlugLG iVm § 24 Abs. 1, 2 SchBerG innerhalb von zwei Wochen nach Zustellung **Beschwerde** bei der zuständigen Aufsichtsbehörde der Entschädigungsbehörde erheben. Gegen die Beschwerdeentscheidung kann innerhalb von zwei Monaten nach deren Zustellung **Klage beim Landgericht** erhoben werden, § 8 Abs. 2 FlugLG iVm § 25 SchBerG.

5. Anspruch auf Entschädigung wegen hinfällig gewordener Aufwendungen nach § 8 Abs. 1 S. 2 FlugLG

45 Neben dem Entschädigungsanspruch nach § 8 Abs. 1 S. 1 FlugLG (→ Rn. 40 ff.) kann dem Entschädigungsberechtigten gegen den Entschädigungsverpflichteten (→ Rn. 40) ein Entschädigungsanspruch wegen hinfällig gewordener Aufwendungen nach § 8 Abs. 1 S. 2 FlugLG zustehen. Der Entschädigungsanspruch setzt voraus, dass ein **Bauverbot** nach § 5 Abs. 1 S. 1 und 2 oder § 5 Abs. 2 FlugLG besteht (→ Rn. 41). Weiterhin muss der Entschädigungsberechtigte **Aufwendungen für die Vorbereitung der baulichen Nutzung des Grundstücks** getroffen haben. Zu den Aufwendungen gehören ua Kosten für die Grundstücksteilungen, -vermessungen, Bodenuntersuchungen, Architekten- oder Ingenieurhonorare für Planentwürfe, Bau- und Finanzierungskosten.[94] Von § 8 Abs. 1 S. 2 FlugLG werden nur solche Aufwendungen erfasst, die in einem unmittelbaren Zusammenhang für die Verwirklichung von Nutzungsmöglichkeiten stehen, die unter das Bauverbot fallen.[95] Infolge des Bauverbots (Kausalität) müssen die Aufwendungen an **Wert verlieren**. Im Gegensatz zu § 8 Abs. 1 S. 1 FlugLG kommt es hierbei nicht auf die Wesentlichkeit des Wertverlustes an. Weiterhin muss der Entschädigungsberechtigte auf **den Bestand der bisherigen zulässigen Nutzung vertraut haben.**[96]

46 Hinsichtlich der **Rechtsfolgen**, dem **Entschädigungsverfahren** und der **Rechtsschutzmöglichkeiten** wird auf die Ausführungen zum Entschädigungsanspruch nach § 8 Abs. 1 S. 1 FlugLG verwiesen (→ Rn. 42 ff.).

6. Anspruch auf Aufwendungserstattung in der Tag-Schutzzone 1 nach § 9 Abs. 1 FlugLG

47 Dem **Grundstückseigentümer**[97] kann unter den Voraussetzungen des § 9 Abs. 1 FlugLG gegen den **Flugplatzhalter** als Verpflichteten ein Anspruch auf Erstattung von Aufwendungen für bauliche Schallschutzmaßnahmen zustehen.

48 **Voraussetzung** des Erstattungsanspruchs nach § 9 Abs. 1 FlugLG ist zunächst, dass zum Zeitpunkt der Festsetzung eines Lärmschutzbereichs eine **besonders schutzbedürftige Einrichtung nach § 5 Abs. 1 S. 1 und 2 FlugLG** oder eine **Wohnung** tatsächlich errichtet ist oder die Errichtung einer baulichen Anlage nach § 5 Abs. 4 FlugLG zulässig ist. Weiterhin müssen sowohl **das Grundstück als auch die bauliche Anlage selbst innerhalb der festgesetzte Tag-Schutzzone 1 liegen**.[98] Des Weiteren müssen die Aufwendungen für die baulichen Schallschutzmaßnahmen bereits getätigt worden sein. Es besteht mithin eine **Vorleistungspflicht** des Grundstückseigentümers.

49 Hinsichtlich des **Entstehungszeitpunkts** des Anspruchs ist nach den Maßgaben des § 9 Abs. 1 S. 2 bis 5 FlugLG zwischen den Flugplatztypen und der Intensität der Fluglärmbelastung zu differenzieren. Im Er-

93 *Reidt/Schiller* in Landmann/Rohmer UmweltR FluglärmG § 8 Rn. 50.
94 *Reidt/Schiller* in Landmann/Rohmer UmweltR FluglärmG § 8 Rn. 16.
95 *Reidt/Schiller* in Landmann/Rohmer UmweltR FluglärmG § 8 Rn. 16.
96 Zur Frage des Vertrauensschutzes ausführlich *Reidt/Schiller* in Landmann/Rohmer UmweltR FluglärmG § 8 Rn. 18 ff. und *Ekardt/Heß* in HK-FluglärmG § 8 Rn. 11.
97 Neben dem Grundstückseigentümer können auch der Erbbauberechtigte oder der Wohnungseigentümer unter den Voraussetzungen des § 9 Abs. 7 S. 1 FlugLG Anspruchsinhaber sein.
98 Zur Problematik des nachträglichen Wegfalls der Schutzzonenzuordnung, siehe *Reidt/Schiller* in Landmann/Rohmer UmweltR FluglärmG § 9 Rn. 7 ff. und *Ekardt/Heß* in HK-FluglärmG § 9 Rn. 5.

gebnis entsteht der Erstattungsanspruch entweder sofort mit Festsetzung des Lärmschutzbereichs oder erst mit Beginn des sechsten Jahres nach der Festsetzung des Lärmschutzbereichs.

	Fälligkeit mit Festsetzung des Lärmschutzbereichs	Fälligkeit mit Beginn des sechsten Jahres nach Festsetzung des Lärmschutzbereichs
Bestehender ziviler Flugplatz	$L_{Aeq\ Tag} \rightarrow 70$ dB(A)	$L_{Aeq\ Tag} \leq 70$ dB(A)
Neuer oder wesentlich baulich erweiterter ziviler Flugplatz	$L_{Aeq\ Tag} \rightarrow 65$ dB(A)	$L_{Aeq\ Tag} \leq 65$ dB(A)
Bestehender militärischer Flugplatz	$L_{Aeq\ Tag} \rightarrow 73$ dB(A)	$L_{Aeq\ Tag} \leq 73$ dB(A)
Neuer oder wesentlich baulich erweiterter militärischer Flugplatz	$L_{Aeq\ Tag} \rightarrow 68$ dB(A)	$L_{Aeq\ Tag} \leq 68$ dB(A)

Tabelle 2: Entstehungszeitpunkte nach den Maßgaben des § 9 Abs. 1 S. 2 bis 5 FlugLG, eigene Darstellung

Der Erstattungsanspruch ist bei Vorliegen eines **Ausschlussgrundes** nach § 9 Abs. 3 oder Abs. 7 S. 2 FlugLG nicht gegeben. Gemäß § 9 Abs. 3 S. 1 FlugLG ist die Erstattung ausgeschlossen, wenn infolge der Neufestsetzung eines Lärmschutzbereichs nach § 4 Abs. 3, 4 oder 5 FlugLG (→ Rn. 29 ff.) das Grundstück und die bauliche Anlage nunmehr der Tag-Schutzzone 1 zugeordnet werden und die bestehenden baulichen Anlagen nach § 5 Abs. 1 S. 1 und 2 FlugLG sowie Wohnungen bei der Errichtung in der bis zur Neufestsetzung geltenden Tag-Schutzzone 2 den Schallschutzanforderungen nach § 6 FlugLG genügen mussten und die erforderlichen Schallschutzmaßnahmen sich im Rahmen der 2. FlugLSV halten. Hierdurch soll verhindert werden, dass sich ein Grundstückseigentümer, welcher seiner Pflicht nach § 6 FlugLG nicht oder erst verspätet nachkommt, nunmehr die Aufwendungen vom Flugplatzhalter erstattet bekommt.[99] Der Ausschluss des § 9 Abs. 3 S. 1 FlugLG greift jedoch nicht für solche Aufwendungen, die zur Angleichung an das Schallschutzniveau der Tag-Schutzzone 1 erforderlich sind.[100] Weiterhin ist der Erstattungsanspruch nach § 9 Abs. 3 S. 2 FlugLG ausgeschlossen, wenn der **Flugplatzhalter** bereits auf **freiwilliger Basis Aufwendungen** im ausreichenden Maße erstattet hat. Hierdurch soll eine doppelte Inanspruchnahme verhindert werden.[101] Schließlich wird durch § 7 S. 2 FlugLG eine **Ausschlussfrist** statuiert. Demnach kann der Erstattungsanspruch fünf Jahre nach Entstehung nicht mehr geltend gemacht werden. 50

Als **Rechtsfolge** sieht § 9 Abs. 1 FlugLG die Erstattung der Aufwendungen für bauliche Schallschutzmaßnahmen vor. Diesbezüglich ist zu beachten, dass der Umfang der zu erstattenden Aufwendungen nach § 9 Abs. 4 S. 1 FlugLG durch eine nach § 7 FlugLG zu erlassende Rechtsverordnung begrenzt wird. Gleichzeitig kann die Bundesregierung durch eine Rechtsverordnung, die der Zustimmung des Bundesrats bedarf, den Höchstbetrag der Erstattung je Quadratmeter Wohnfläche sowie weitere Einzelfragen klären, § 9 Abs. 4 S. 2 FlugLG. Der Verordnungsgeber ist dem durch § 5 2. FlugLSV nachgekommen. **Bauliche Schallschutzmaßnahmen** sind nach § 5 Abs. 1 S. 1 2. FlugLSV bauliche Verbesserungen des Schallschutzes von Umfassungsbauteilen von Aufenthaltsräumen, die die Einwirkung von Fluglärm mindern. Als **Nebenleistung** umfasst der Erstattungsanspruch auch die Ermittlung der erforderlichen Bauschalldämm-Maße und die für den Aus- und Einbau erforderlichen Arbeiten einschließlich der Putz- und Anstricharbeiten. Der **Höchstbetrag** für die Erstattung von Aufwendungen einschließlich der Nebenleistungen wird durch § 5 Abs. 4 2. FlugLSV auf 150 EUR je Quadratmeter Wohnfläche festgelegt. 51

99 *Reidt/Schiller* in Landmann/Rohmer UmweltR FluglärmG § 9 Rn. 46 und *Ekardt/Heß* in HK-FluglärmG § 9 Rn. 13.
100 *Reidt/Schiller* in Landmann/Rohmer UmweltR FluglärmG § 9 Rn. 51 und *Ekardt/Heß* in HK-FluglärmG § 9 Rn. 13.
101 *Reidt/Schiller* in Landmann/Rohmer UmweltR FluglärmG § 9 Rn. 52 und *Ekardt/Heß* in HK-FluglärmG § 9 Rn. 13.

52 Das **Verwaltungsverfahren** zur Festsetzung der Höhe der zu erstattenden Aufwendungen richtet sich nach § 10 FlugLG. Demnach bestimmt die nach Landesrecht zuständige Behörde[102] auf Antrag und nach Anhörung der Beteiligten die Höhe der zu erstattenden Aufwendungen. Gegen den Festsetzungsbescheid sind Widerspruch sowie Anfechtungsklage für den Anspruchsverpflichteten bzw. Verpflichtungsklage für den Anspruchsberechtigten statthaft. Für die Klage ist erstinstanzlich das Oberverwaltungsgericht bzw. der Verwaltungsgerichtshof zuständig.[103]

7. Anspruch auf Aufwendungserstattung in der Nacht-Schutzzone nach § 9 Abs. 2 FlugLG

53 Dem **Grundstückseigentümer**[104] kann nach § 9 Abs. 2 FlugLG gegen den Flugplatzhalter als Verpflichteten ein Anspruch auf Erstattung für bauliche Schallschutzmaßnahmen zustehen. Der Anspruch nach § 9 Abs. 2 FlugLG setzt voraus, dass eine **besonders schutzbedürftige Einrichtung** nach § 5 Abs. 1 S. 1 FlugLG oder **Wohnung** bei Festsetzung des Lärmschutzbereichs in der **Nacht-Schutzzone** tatsächlich errichtet ist oder die Errichtung einer solchen baulichen Anlage nach § 5 Abs. 4 FlugLG zulässig ist. Sowohl **das Grundstück als auch die bauliche Anlage** müssen selbst **innerhalb der festgesetzten Nacht-Schutzzone** liegen.[105] Weiterhin muss der Grundstückseigentümer seiner **Vorleistungspflicht** durch das Tätigen von Aufwendungen für bauliche Schallschutzmaßnahmen nachgekommen sein. Außerdem dürfen **keine Ausschlussgründe** nach § 9 Abs. 3 oder Abs. 7 S. 2 FlugLG bestehen (→ Rn. 50).

54 Hinsichtlich des **Entstehungszeitpunkts** des Anspruchs ist nach den Maßgaben des § 9 Abs. 2 S. 2 und 3 FlugLG zwischen Flugplatztypen und der Intensität der Fluglärmbelastung zu differenzieren. Im Ergebnis entsteht der Erstattungsanspruch entweder sofort mit Festsetzung des Lärmschutzbereichs oder erst mit Beginn des sechsten Jahres nach der Festsetzung des Lärmschutzbereichs.

	Fälligkeit mit Festsetzung des Lärmschutzbereichs	Fälligkeit mit Beginn des sechsten Jahres nach Festsetzung des Lärmschutzbereichs
Bestehender ziviler oder militärischer Flugplatz	$L_{Aeq\ Nacht} \rightarrow 60$ dB(A)	$L_{Aeq\ Nacht} \leq 60$ dB(A)
Neuer oder wesentlich baulich erweiterter ziviler oder militärischer Flugplatz	$L_{Aeq\ Nacht} \rightarrow 58$ dB(A) (bis 31.12.2010) $L_{Aeq\ Nacht} \rightarrow 55$ dB(A) (ab 1.1.2011)	$L_{Aeq\ Nacht} \leq 58$ dB(A) (bis 31.12.2010) $L_{Aeq\ Nacht} \leq 55$ dB(A) (ab 1.1.2011)

Tabelle 3: Entstehungszeitpunkte nach den Maßgaben des § 9 Abs. 2 S. 2 und 3 FlugLG, eigene Darstellung

55 Als **Rechtsfolge** sieht § 9 Abs. 2 FlugLG die Erstattung der Aufwendungen für **bauliche Schallschutzmaßnahmen** für Räume vor, die nicht im unwesentlichen Umfang als **Schlafräume** genutzt werden. In Lärmschutzbereichen **ziviler Flugplätze** umfasst der Erstattungsanspruch auch die Aufwendungen für den **Einbau von Belüftungseinrichtungen**. Hinsichtlich des **Umfangs der zu erstattenden Aufwendungen**, dem **Verwaltungsverfahren** und den **Rechtsschutzmöglichkeiten** wird auf die Ausführungen im Zusammenhang mit § 9 Abs. 1 FlugLG verwiesen (→ Rn. 51 f.).

---

102 Übersicht über die entsprechenden Landesgesetze bei *Reidt/Schiller* in Landmann/Rohmer UmweltR FluglärmG § 10 Rn. 5.

103 VGH Kassel Urt. v. 3.5.2018 – 9 C 2037/14.T, juris Rn. 3 und 27.

104 Neben dem Grundstückseigentümer können auch der Erbbauberechtigte oder der Wohnungseigentümer unter den Voraussetzungen des § 9 Abs. 7 S. 1 FlugLG Anspruchsinhaber sein.

105 *Reidt/Schiller* in Landmann/Rohmer UmweltR FluglärmG § 9 Rn. 16.

8. Anspruch auf Entschädigung für Beeinträchtigungen des Außenwohnbereichs nach § 9 Abs. 5 FlugLG

Für Beeinträchtigungen des Außenwohnbereichs kann dem Grundstückseigentümer[106] als **Entschädigungsberechtigtem** nach § 9 Abs. 5 FlugLG gegen den Flugplatzhalter als **Entschädigungsverpflichteten** ein Entschädigungsanspruch zustehen. 56

Der Entschädigungsanspruch nach § 9 Abs. 5 FlugLG **setzt voraus**, dass das Grundstück **in der Tag-Schutzzone 1** eines Lärmschutzbereichs eines **neuen oder wesentlich baulich erweiterten Flugplatzes** iSv § 2 Abs. 2 S. 2 Nr. 1 und 3 FlugLG liegt. Des Weiteren müssen auf dem Grundstück zum Zeitpunkt der Festsetzung des Lärmschutzbereichs **besonders schutzbedürftige Einrichtungen** nach § 5 Abs. 1 S. 1 und 2 FlugLG oder **Wohnungen** tatsächlich errichtet sein oder nach § 5 Abs. 4 FlugLG zulässig sein. Weiterhin muss zum Zeitpunkt der Festsetzung des Lärmschutzbereichs auch der Außenwohnbereich bereits bestanden haben.[107] Als **Außenwohnbereich** gelten die außerhalb von Wohngebäuden vorhandenen Flächen, die nicht bloß der Verschönerung des Grundstücks dienen,[108] sondern in Ergänzung zur Gebäudenutzung für Wohnen im Freien geeignet und bestimmt sind.[109] Zum Außenwohnbereich gehören nach § 3 Abs. 1 3. FlugLSV Balkone, Dachgärten und Loggien, die mit der baulichen Anlage verbunden und aufgrund ihrer Größe und Beschaffenheit zum regelmäßigen Aufenthalt geeignet sind, Terrassen, Grillplätze und Gärten sowie ähnliche Außenanlagen, die der Wohnnutzung im Freien dienen. 57

Hinsichtlich des **Entstehungszeitpunktes** ist wie bei den Erstattungsansprüchen nach § 9 Abs. 1 und 2 FlugLG (→ Rn. 49 und 54) nach den Maßgaben des § 9 Abs. 5 S. 2 und 3 FlugLG zwischen Flugplatztypen und der Intensität der Fluglärmbelastung zu differenzieren. Im Ergebnis entsteht der Erstattungsanspruch entweder sofort mit Festsetzung des Lärmschutzbereichs oder erst mit Beginn des sechsten Jahres nach der Festsetzung des Lärmschutzbereichs. 58

	Fälligkeit mit Festsetzung des Lärmschutzbereichs	Fälligkeit mit Beginn des sechsten Jahres nach Festsetzung des Lärmschutzbereichs
Neuer oder wesentlich baulich erweiterter ziviler Flugplatz	$L_{Aeq\ Tag} \rightarrow 65$ dB(A)	$L_{Aeq\ Tag} \leq 65$ dB(A)
Neuer oder wesentlich baulich erweiterter militärischer Flugplatz	$L_{Aeq\ Tag} \rightarrow 68$ dB(A)	$L_{Aeq\ Tag} \leq 68$ dB(A)

Tabelle 4: Entstehungszeitpunkte nach den Maßgaben des § 9 Abs. 5 S. 2 und 3 FlugLG, eigene Darstellung

Aufgrund der **Ausschlussfrist** des § 7 S. 2 FlugLG kann der Entschädigungsanspruch fünf Jahre nach der Entstehung nicht mehr geltend gemacht werden. 59

Als **Rechtsfolge** sieht § 9 Abs. 5 FlugLG die **Gewährung einer angemessenen Entschädigung** nach Maßgabe der auf § 9 Abs. 6 S. 1 FlugLG beruhenden 3. FlugLSV vor. Gemäß § 2 3. FlugLSV bestimmt sich die 60

106 Neben dem Grundstückseigentümer können auch der Erbbauberechtigte oder der Wohnungseigentümer unter den Voraussetzungen des § 9 Abs. 7 S. 1 FlugLG Anspruchsinhaber sein.

107 *Reidt/Schiller* in Landmann/Rohmer UmweltR FluglärmG § 9 Rn. 52 und *Ekardt/Heß* in HK-FluglärmG § 9 Rn. 19.

108 Aufgrund dessen schließt § 3 Abs. 2 3. FlugLSV ausdrücklich Balkone und Vorgärten, die aufgrund ihrer Größe oder Beschaffenheit nicht für den regelmäßigen Aufenthalt geeignet sind, sowie reine Nutzgärten und sonstige Flächen, die anderen Zwecken als der Wohnnutzung im Freien dienen oder deren Nutzung für das Wohnen im Freien nicht zulässig ist, aus.

109 BVerwG Urt. v. 16.3.2006 – 4 A 1075/04, BVerwGE 125, 116 = NVwZ 2006, Beilage Nr. I 8, 1; BVerwG Urt. v. 9.11.2006 – 4 A 2001/06, BVerwGE 127, 95 = NVwZ 2007, 445.

Entschädigung nach der Schutzwürdigkeit des Außenwohnbereichs und nach der Wertminderung durch die Fluglärmbelastung unter Berücksichtigung der Intensität der Fluglärmbelastung, der Vorbelastung und der Art der baulichen Nutzung der betroffenen Flächen. Für die Bestimmung der Intensität der Fluglärmbelastung werden für die Tag-Schutzzone 1 nach § 4 Abs. 1 3. FlugLSV zwei Isophonen-Bänder festgelegt. Der Bereich der Tag-Schutzzone 1, in welchem bei zivilen Flugplätzen der fluglärmbedingte äquivalente Dauerschallpegel für den Tag ($L_{Aeq\ Tag}$) den Wert von 65 dB(A) überschreitet, umfasst das Isophonen-Band 1. Bei militärischen Flugplätzen wird auf einen fluglärmbedingten äquivalenten Dauerschallpegel für den Tag ($L_{Aeq\ Tag}$) von 65 dB(A) abgestellt. Der übrige Bereich der Tag-Schutzzone 1 umfasst das Isophonen-Band 2, vgl. § 4 Abs. 2 3. FlugLSV. Durch § 5 3. FlugLSV werden für Ein-, Zwei-, Mehrfamilienhäuser und Eigentumswohnungen Entschädigungspauschalen festgelegt, deren Höhe von den Isophonen-Bändern abhängig ist. Die Entschädigung beträgt nach § 6 Abs. 1 3. FlugLSV 2,00 % des Verkehrswertes im Isophonen-Band 1 bzw. 1,48 % des Verkehrswertes im Isophonen-Band 2, wenn der Entschädigungsberechtigte nachweisen kann, dass eine so ermittelte Entschädigung die Entschädigungspauschalen des § 5 3. FlugLSV übersteigt. Gleichzeitig ist zu berücksichtigen, dass die Entschädigungshöhe nach den §§ 5 oder 6 3. FlugLSV um die Hälfte gemindert wird, wenn das Grundstück in einem Industriegebiet nach § 9 BauNVO oder in einem der in § 7 Abs. 1 Nr. 1 lit. a bis d genannten Sondergebiete liegt und der fluglärmbedingte äquivalente Dauerschallpegel für den Tag ($L_{Aeq\ Tag}$) den Wert von 70 dB(A) nicht erreicht, § 7 Abs. 1 Nr. 1 3. FlugLSV. Dies gilt ebenso für Grundstücke, die in einem Gewerbegebiet nach § 8 BauNVO liegen und der fluglärmbedingte äquivalente Dauerschallpegel für den Tag ($L_{Aeq\ Tag}$) den Wert von 65 Dezibel (A) nicht erreicht wird, § 7 Abs. 1 Nr. 2 3. FlugLSV. Sofern besondere Umstände des Einzelfalls gegeben sind, kann nach § 8 Abs. 1 3. FlugLSV eine höhere oder geringere Entschädigung festgesetzt werden. Für Grundstücke im Isophonen-Band 1 oder 2 mit besonders schutzbedürftigen Einrichtungen nach § 5 Abs. 1 S. 1 und 2 FlugLG wird die Entschädigung durch § 9 Abs. 1 3. FlugLSV pauschal auf die Werte des § 5 Abs. 1 Nr. 1 und 2 3. FlugLSV festgelegt. Hierbei sind Erhöhungen der Pauschalen unter den Voraussetzungen des § 9 Abs. 2 3. FlugLSV möglich. Des Weiteren sind die Regelungen der §§ 6 bis 8 3. FlugLSV entsprechend anzuwenden, § 9 Abs. 3 3. FlugLSV.

61 Das **Entschädigungsverfahren** und der **Rechtsschutz** richten sich gemäß § 9 Abs. 6 S. 2 FlugLG nach den Enteignungsgesetzen der Länder.[110]

IV. Zivilrechtliche Ansprüche infolge von Fluglärm

62 Aus zivilrechtlicher Sicht könnten den von Fluglärm Betroffenen Ansprüche nach §§ 1004 Abs. 1 S. 2, 823 Abs. 2 oder 906 Abs. 2 S. 2 BGB zustehen. Diesbezüglich ist jedoch zu beachten, dass bei Flugplätzen, für die ein unanfechtbarer Planfeststellungsbeschluss nach § 8 Abs. 1 LuftVG gegeben ist, aufgrund der **Duldungswirkung des Planfeststellungsbeschluss** nach § 75 Abs. 2 S. 1 VwVfG Ansprüche auf Unterlassung des Vorhabens, auf Beseitigung oder Änderung der Anlagen oder auf Unterlassung ihrer Benutzung ausgeschlossen sind.[111]

63 Hinsichtlich des Betriebes eines Flugplatzes ist darüber hinaus § 11 LuftVG, welcher auf § 14 BImSchG verweist, zu beachten. Demnach ist der **Beseitigungs- oder Unterlassungsanspruch** nach § 1004 Abs. 1 S. 2 BGB mit **Eintritt der Unanfechtbarkeit der Genehmigung ausgeschlossen**. Anstelle des Anspruchs nach § 1004 Abs. 1 S. 2 BGB tritt stattdessen ein **Anspruch auf Schutzvorkehrungen nach § 14 S. 1 BImSchG** oder, sofern die Schutzvorkehrungen nicht durchführbar oder wirtschaftlich vertretbar sind, ein **Anspruch auf Schadensersatz nach § 14 S. 2 BImSchG.**[112]

110 Ausführlich hierzu *Reidt/Schiller* in Landmann/Rohmer UmweltR FluglärmG § 9 Rn. 87 ff.
111 BGH Urt. v. 10.12.2004 – V ZR 72/04, BGHZ 161, 323 = NJW 2005, 660.
112 Ausführlich hierzu *Jarass* BImSchG § 14 Rn. 12 ff.

76. Lärm, Freizeit

Schulte Beerbühl

Literatur: *Berkemann*, Sport und Freizeitaktivitäten in der gerichtlichen Auseinandersetzung, NuR 1998, 565; *Koch/Maaß*, Die rechtlichen Grundlagen zur Bewältigung von Freizeitlärmkonflikten, NuR 2000, 69; *Rudolph*, Aktuelle Rechtsprechung und Hinweise zur Umsetzung der Freizeitlärm-Richtlinie, KommJur 2004, 41.

I. Überblick über die Regelwerke

Die Bund/Länderarbeitsgemeinschaft für Immissionsschutz, hat eine zuletzt am 6.3.2015 aktualisierte 1
Richtlinie zur Beurteilung von Freizeitlärm (LAI-Freizeitlärm-Richtlinie) beschlossen. Einige Bundesländer haben hierauf aufbauend eigene Freizeitlärm-Richtlinien erlassen, andere haben die LAI-Freizeitlärm-Richtlinie, zT in modifizierter Fassung, als Landesrecht eingeführt oder ganz von einer Normierung abgesehen. Beispiele:

- Bayern: Für Bayern hat das Bayerische Staatsministerium für Wirtschaft und Medien, Energie und Technologie mit Erlass vom 15.5.2015 empfohlen, bei Volksfesten „*unter Berücksichtigung der konkreten Umstände des Einzelfalls [...] die Freizeitlärm-Richtlinie [...] als Erkenntnisquelle heranzuziehen*". Außerdem gilt in Bayern die Bayerische Biergartenverordnung vom 20.4.1999 (GVBl. S. 142).
- Baden-Württemberg: Die Neufassung der Freizeitlärmrichtlinie wurde mit Erlass vom 3.9.2015 vom Baden-Württembergischen Ministerium für Umwelt, Klima und Energiewirtschaft bekanntgegeben und für die Anwendung empfohlen.
- Niedersachsen: Es gilt die Freizeitlärm-Richtlinie (Gem. RdErl. vom 20.11.2017 – 40502/7.0 – VORIS 28500 –), wonach Freizeitanlagen hinsichtlich des von ihnen ausgehenden Lärms wie nicht genehmigungsbedürftige gewerbliche Anlagen iS der TA Lärm betrachtet werden. Ihre Beurteilung und Messung erfolgen, mit einigen Ausnahmen, nach den Vorgaben der TA Lärm.
- Nordrhein-Westfalen: In Nordrhein-Westfalen gilt der Runderlass des Ministeriums für Umwelt und Naturschutz, Landwirtschaft und Verbraucherschutz vom 23.10.2006 zu „Messung, Beurteilung und Verminderung von Geräuschimmissionen bei Freizeitanlagen" (Freizeitlärmrichtlinie, MBl. NRW. 2006 S. 566) in der Fassung vom 13.4.2016[1]; darin wird den Kommunen empfohlen, für neue Veranstaltungen (Feste, Konzerte oder ähnliches), die in einer Kommune erstmalig stattfinden, die Freizeitlärm-Richtlinie der Bund/Länder Arbeitsgemeinschaft für Immissionsschutz vom 6.3.2015 zu berücksichtigen.

Eine ähnliche **Empfehlung** gilt in Hessen, Sachsen und Sachsen-Anhalt. 2

- Berlin: Es gelten das Landes-Immissionsschutzgesetz (2005) mit Ausführungsvorschrift (AV LImSchG Bln – Ausführungsvorschriften zum Landes-Immissionsschutzgesetz Berlin – vom 9.12.2015, ABl. Nr. 53 vom 30.12.2015 S. 2982) und die Veranstaltungslärm-Verordnung vom 30.9.2015.
- Brandenburg: Für Brandenburg ist die Leitlinie des Ministers für Umwelt, Naturschutz und Raumordnung zur Ermittlung, Beurteilung und Verminderung von Geräuschimmissionen vom 12.8.1996, Anhang B Freizeitrichtlinie, Amtsblatt für Brandenburg S. 878 (891), anzuwenden.
- Mecklenburg-Vorpommern: Mecklenburg-Vorpommern hat am 3.7.1998 – VIII 520 -5724.0.06 – eine eigene Freizeitlärm-Richtlinie erlassen.
- Saarland: Für Musikveranstaltungen gilt die Verordnung zum Schutz vor Geräuschimmissionen durch Musikdarbietungen bei Volksfesten vom 10.6.2003 (ABl. S. 1642); ansonsten wird die Freizeitlärm-Richtlinie als Erkenntnisquelle empfohlen.

1 MBl. NRW. 2016, S. 239.

II. Die Freizeitlärm-Richtlinie

3 Die Freizeitlärm-Richtlinie entspricht in ihrer Konzeption im Wesentlichen der **TA Lärm**. Im Gegensatz zu dieser ist sie aber nicht auf Anlagen zugeschnitten, die dem Arbeitsleben zuzurechnen sind, sondern auf Anlagen, die von Personen aufgesucht werden, die sich durch Aktivitäten in Freizeitanlagen erholen wollen.[2] **Sportanlagen** sich ausdrücklich aus dem Anwendungsbereich ausgenommen; für die Ausübung von Sport auf Sportanlagen gilt die Sportanlagenlärmschutzverordnung.

1. Anwendungsbereich

4 Der Anwendungsbereich der LAI-Freizeitlärm-Richtlinie vom 6.3.2015 wird in ihrer Nr. 1 beschrieben. Danach sind **Freizeitanlagen** Einrichtungen im Sinne des § 3 Abs. 5 Nr. 1 oder 3 BImSchG, die dazu bestimmt sind, von Personen zur Gestaltung ihrer Freizeit genutzt zu werden. Grundstücke gehören zu den Freizeitanlagen, wenn sie nicht nur gelegentlich zur Freizeitgestaltung bereitgestellt werden. Dies können auch Grundstücke sein, die sonst zB der Sportausübung, dem Flugbetrieb oder dem Straßenverkehr dienen. Die Richtlinie betrifft insbesondere **Anlagen mit einem größeren Einzugsbereich**.

5 Ob eine Freizeitanlage **gewerblich** betrieben wird oder nicht, spielt für die Anwendung der Freizeitlärm-Richtlinie keine Rolle. Abzustellen ist insoweit ausschließlich auf den **primären Freizeitbezug**.[3]

6 Um einen **Abenteuerspielplatz**, der nicht unter die Freizeitlärm-Richtlinie fällt („Abenteuerspielplätze, namentlich Robinson- und Aktiv-Spielplätze"), handelt es sich nur dann, wenn die Anlage hinsichtlich Art und Umfang mit den anderen in Ziffer 1 genannten Anlagen vergleichbar ist, es sich also um eine größere Anlage handelt, die über den nahen Einzugsbereich hinausgehende Besucher anzieht.

7 **Beispiel:**[4] Auf einem **Spielplatz** befinden sich neben einem Basketballspielfeld unter anderem ein Kombinationsspielgerät, ein Spielhaus, zwei Wipptiere und eine Sandbaustelle. Dies sind die üblichen auf Kinderspielplätzen, die die Wohnnutzung in einem bestimmten Gebiet ergänzen, anzutreffenden Spielgeräte. Einen Abenteuerspielplatz, Robinson- oder Aktiv-Spielplatz hat das Gericht deshalb nicht angenommen.

8 **Beispiel für die Anwendung der Richtlinie auf eine gewerbliche Hundeschule unter dem Gesichtspunkt „Hundedressurplatz":**[5] Eine Hundeschule kann eine Freizeitanlage sein, obwohl sie, worauf sich die Klägerin in dem entschiedenen Verfahren berufen hatte, nicht der Ausübung eines Hobbys und nicht der Erholung von Menschen dient. Entscheidend war für das Gericht, „dass die Hundeschule der Beigeladenen von Personen frequentiert wird, die einen Hund halten und sich mit diesem näher beschäftigen, und dass diese Beschäftigung mit dem Hund regelmäßig keinen Bezug zum Erwerbsleben dieser Personen hat, sondern in deren Freizeit stattfindet. Hierfür sprechen insbesondere die Betriebszeiten der Hundeschule im Sommer mittwochs und freitags, im Winter nur freitags in den frühen Abendstunden sowie im Übrigen ganzjährig schwerpunktmäßig am Wochenende. Die Lärmemissionen (Hundegebell, Kommandos, Pfiffe) finden damit zu Zeiten statt, die von der Bevölkerung überwiegend zur Freizeitgestaltung genutzt werden, und es macht für diese wie auch den Antragsteller keinen Unterschied, ob die Geräusche von einem gewerblichen oder von einem vereinsbetriebenen Hundeplatz ausgehen."

9 Die Freizeitlärm-Richtlinie hat über das Baurecht mit seinen immissionsschutzrechtlichen Bezügen (§ 22 Abs. 1 Satz 1 BImSchG) hinaus auch für das **Gaststättenrecht** Bedeutung. Denn soweit die Veranstaltung dem Gaststättenrecht unterliegt, muss sie sich an den rechtlichen Vorgaben des Gaststättengesetzes, insbesondere auch des Gebotes des Schutzes der Allgemeinheit und der Nachbarschaft vor **schädlichen Umwelteinwirkungen** messen lassen. Dabei ist der Begriff der schädlichen Umwelteinwirkungen identisch mit demjenigen in § 3 Abs. 1 BImSchG. Das Gebot des Schutzes vor schädlichen Umwelteinwirkungen ist auch im Rahmen einer erleichterten Gestattung aus besonderem Anlass zu beachten. Dabei ist nach einhelliger, auch zivilrechtlicher Rechtsprechung bei der Bestimmung der Schwelle der „erheblichen" Nachteile

---

2 S. auch: *Berkemann* NuR 1998, 565; *Koch/Maaß* NuR 2000, 69; *Rudolph* KommJur 2004, 41.
3 Vgl. OVG Münster Urt. v. 6.9.2011 – 2 A 2249/09, juris Rn. 108.
4 Nach VG Aachen Urt. v. 30.10.2015 – 6 K 1111/15, juris Rn. 49.
5 OVG Bautzen Beschl. v. 25.11.2013 – 1 B 433/13, NVwZ-RR 2014, 38.

und Belästigungen im Sinne von § 3 Abs. 1 BImSchG der besondere Anlass und der nur vorübergehende Charakter des zu gestattenden Gaststättenbetriebs zu berücksichtigen.[6]

2. Bedeutung der Richtlinie als „Orientierungshilfe"

Die Freizeitlärm-Richtlinie beansprucht keine unmittelbare Geltung. Insofern unterscheidet sie sich von der 10
18. BImSchV (als Rechtsnorm) und der TA Lärm (als Verwaltungsvorschrift). Die im Rahmen der Anwendung des § 22 Abs. 1 Satz 1 BImSchG vorzunehmende Beurteilung der Erheblichkeit der Lärmbelästigung durch Freizeitanlagen ist vielmehr aufgrund einer umfassenden Würdigung aller Umstände des Einzelfalls und insbesondere der speziellen Schutzwürdigkeit des jeweiligen Baugebiets zu bestimmen. Dabei können auch technische Regelwerke zur Beurteilung von Lärmimmissionen herangezogen werden, wenn sie für die Beurteilung der Erheblichkeit der Lärmbelästigung im konkreten Streitfall brauchbare Anhaltspunkte liefern.[7] Allerdings bieten technische Regelwerke im Rahmen der gebotenen Einzelfallprüfung nur eine Orientierungshilfe oder einen ‚groben Anhalt'; eine nur schematische Anwendung bestimmter Mittelungs- oder Grenzwerte ist unzulässig.[8] Das Bundesverwaltungsgericht hat entschieden, dass zu den Regelwerken, die als Orientierungshilfe in Betracht kommen, auch die Freizeitlärm-Richtlinie zählt.[9]

3. Überblick über die Bestimmungen

Die Richtlinie besagt in ihrer Nr. 3, dass bei der Ermittlung der durch Freizeitanlagen verursachten Geräu- 11
schimmissionen auf die allgemein anerkannten **akustischen Grundregeln**, wie sie in der TA Lärm und der Sportanlagenlärmschutzverordnung (18. BImSchV) festgehalten sind, zurückgegriffen werden kann. Der **Messort** ist entsprechend den schutzwürdigen Nutzungen in der Nachbarschaft der Anlage auszuwählen. Dabei sollen die Regelungen des Anhangs der 18. BImSchV herangezogen werden.

Ferner trifft die Richtlinie Regelungen über **Zuschläge** für Impulshaltigkeit und/oder auffällige Pegelverän- 12
derungen, Tonhaltigkeit und Informationshaltigkeit. Unter Nr. 4.1 setzt die Freizeitlärm-Richtlinie die **Immissionsrichtwerte** fest.

Die Immissionsrichtwerte „**Außen**" betragen für Immissionsorte außerhalb von Gebäuden 13

a) Industriegebieten	
tags an Werktagen außerhalb der Ruhezeit	70 dB(A)
tags an Werktagen innerhalb der Ruhezeit und an Sonn- und Feiertagen	70 dB(A)
nachts	70 dB(A)
b) in Gewerbegebieten	
tags an Werktagen außerhalb der Ruhezeit	65 dB(A)
tags an Werktagen innerhalb der Ruhezeit und an Sonn- und Feiertagen	60 dB(A)
nachts	50 dB(A)
c) in Kerngebieten, Dorfgebieten und Mischgebieten	
tags an Werktagen außerhalb der Ruhezeit	60 dB(A)
tags an Werktagen innerhalb der Ruhezeiten und an Sonn- und Feiertagen	55 dB(A)
nachts	45 dB(A)
d) in allgemeinen Wohngebieten, Kleinsiedlungsgebieten	
tags an Werktagen außerhalb der Ruhezeit	55 dB(A)
tags an Werktagen innerhalb der Ruhezeit und an Sonn- und Feiertagen	50 dB(A)
nachts	40 dB(A)

6 Vgl. BGH Urt. v. 26.9.2003 – V ZR 41/03, NJW 2003, 3699; BVerwG Urt. v. 4.7.1989 – 1 C 11.88, BVerwGE 82, 189; VGH München Beschl. v. 17.9.2014 – 22 CS 14.2013, juris Rn. 12.

7 Vgl. BVerwG Urt. v. 29.4.1988 – 7 C 33.87, BVerwGE 79, 254.

8 BVerwG Beschl. v. 27.1.1994 – 4 B 16/94, juris Rn. 3.

9 BVerwG Beschl. v. 17.7.2003 – 4 B 55/03, NJW 2003, 3360; s. auch BVerwG Urt. v. 16.5.2001 – 7 C 16.00, NVwZ 2001, 1167, und Beschl. v. 17.7.2003 – 4 B 55/03, NJW 2003, 3360; BGH Urt. v. 26.9.2003 – V ZR 41/03, NJW 2003, 3699.

e) in reinen Wohngebieten
tags an Werktagen außerhalb der Ruhezeit 50 dB(A)
tags an Werktagen innerhalb der Ruhezeit und an Sonn- und Feiertagen 45 dB(A)
nachts 35 dB(A)

f) in Kurgebieten, für Krankenhäuser und Pflegeanstalten
tags an Werktagen außerhalb der Ruhezeit 45 dB(A)
tags an Werktagen innerhalb der Ruhezeit und an Sonn- und Feiertagen 45 dB(A)
nachts 35 dB(A)

14 Nr. 4.3 ergänzt dies um eine Regelung zu einzelnen **Geräuschspitzen** (Maximalpegel). Nr. 3.3 stellt klar, dass ein über die Festlegung **ruhebedürftiger Zeiten** hinausgehender Zuschlag nicht erfolgt.

15 Die Beurteilungszeiten sind in der Nr. 3.4 der Freizeitlärm-Richtlinie geregelt: Einzelne **Geräuschspitzen** sollen die Immissionsrichtwerte „Außen" tags um nicht mehr als 30 dB(A) sowie nachts um nicht mehr als 20 dB(A) überschreiten. Ferner sollen einzelne Geräuschspitzen die Immissionsrichtwerte „Innen" um nicht mehr als 10 dB(A) überschreiten.

16 Ebenso wie die TA Lärm und die 18. BImSchV trifft die LAI-Freizeitlärm-Richtlinie eine Regelung für die Zumutbarkeit von Geräuschen und Körperschall **innerhalb von Gebäuden**. Der Schutz der ruhebedürftigen Zeiten und der Sonn- und Feiertage wird durch die in Nr. 4.1 für Ruhezeiten und Sonn- und Feiertage genannten niedrigeren Immissionsrichtwerte berücksichtigt. Ein **Zuschlag** für Ruhezeiten kommt nicht in Betracht.

17 Besondere Bedeutung hat die umfangreiche Regelung zu einer gebotenen „Sonderfallbeurteilung bei seltenen Veranstaltungen mit hoher **Standortgebundenheit** oder **sozialer Adäquanz**", bei der die zuständige Behörde zunächst die Unvermeidbarkeit und Zumutbarkeit der zu erwartenden Immissionen prüft, was schriftlich nachvollziehbar zu begründen ist.

18 **Beispiel für eine solche „seltene Veranstaltung":**[10] Eine genehmigte und von einem Nachbarn angegriffene Jugendtanzveranstaltung ist Bestandteil des einmal im Jahr für wenige Tage stattfindenden Schützenfests, das ein traditioneller, allgemein akzeptierter Ausdruck des Gemeindelebens ist. Schützenfeste stärken Identität und Zusammenhalt der örtlichen Gemeinschaft und besitzen deshalb für viele Bewohner einen hohen Stellenwert. Damit einhergehende Geräusche sind daher aus der insoweit maßgeblichen Sicht eines verständigen Durchschnittsbetrachters in höherem Umfang zumutbar als andere Immissionen.

19 Über die materiellrechtlichen Voraussetzungen hinaus verlangt die Richtlinie für die privilegierte Zulassung einer solchen Veranstaltung dem Veranstalter eine konkrete verfahrensrechtliche Vorgehensweise ab: Sofern bei seltenen Veranstaltungen Überschreitungen des Beurteilungspegels vor den Fenstern im Freien von 70 dB(A) tags und/oder 55 dB(A) nachts zu erwarten sind, ist deren Zumutbarkeit explizit zu begründen.

20 Zur Gewährleistung einer Zumutbarkeit gibt die Richtlinie der zuständigen Behörde die Befugnis, von dem Veranstalter verschiedene Maßnahmen abzuverlangen. Solche Maßnahmen sind im Rahmen der Abwägung der Interessen des Betreibers und derjenigen der Nachbarn aber nur dann geeignet, den Nachbarn einen hinreichenden Lärmschutz zu gewähren, wenn sie rechtssicher und genügend bestimmt sind. Nicht kontrollierbare Vorgaben sind unbeachtlich.

10 Aus OVG Münster Beschl. v. 25.5.2016 – 4 B 581/16, juris Rn. 13.

77. Lärm, Gewerbe und Industrie (TA Lärm)

Schulte Beerbühl

Literatur: *Hünnekens/Thiery*, Lärmtechnische Regelwerke und ihre Bedeutung in der Bauleitplanung, I+E 2019, 22; *Lemberg*, Beurteilung der Lärmimmissionen einer Außengastronomie – Anwendungsbereich der TA Lärm, Anm. zu OVG NRW, Beschluss vom 24.1.2020 – 4 A 2193/16, jurisPR-ÖffBauR 4/2020; *Rebler*, Mittelwertbildung contra heranrückende Wohnbebauung beim Aneinandergrenzen von Gebieten, DVBl 2019, 1515; *Reidt*, Die Bedeutung der TA Lärm für die Bauleitplanung, BauR 2020, 204; *Reidt*, Der Einwirkungsbereich von gewerblichen Anlagen nach der TA Lärm, UPR 2020, 41.

I. Allgemeines

Zur Beurteilung der Zumutbarkeit der von Betrieben ausgehenden Lärmimmissionen ist in vielen Fällen auf die **auf der Grundlage von § 48 BImSchG** erlassene Sechste Allgemeine Verwaltungsvorschrift zum Bundes-Immissionsschutzgesetz (Technische Anleitung zum Schutz gegen Lärm – TA Lärm) vom 26.8.1998[1] abzustellen. Obwohl sie auf den von **gewerblichen Anlagen** ausgehenden Lärm zugeschnitten ist, hat sie darüber hinaus große Bedeutung. An ihren Berechnungsmethoden ist in den vergangenen Jahren zunehmend Kritik geübt worden. Diese setzt daran an, dass nach der TA Lärm der Lärm **1 m vor dem geöffneten Fenster** gemessen wird, es aber um den Schutz im Innern der Räume gehe. Dem wird entgegengehalten, dass andere Messmethoden nicht praktikabel seien und sich die gängige Methode durch langjährige Erfahrung bewährt habe. Die Rechtsprechung, auch die des Bundesverwaltungsgerichts,[2] wendet die TA Lärm problemlos an.[3] 1

II. Zweck und Anwendungsbereich der TA Lärm

Zweck und Anwendungsbereich der TA Lärm sind in ihrer Nr. 1 abschließend beschrieben. Aus der Regelung wird ihre Bedeutung auch für dem Baurecht unterliegende bauliche Anlagen und deren Nutzung („**nicht genehmigungsbedürftige Anlagen**") deutlich erkennbar. 2

Einige Anlagen sind ausdrücklich **aus dem Anwendungsbereich herausgenommen** (Nr. 1 Satz 2 TA Lärm): 3

a) Sportanlagen, die der Sportanlagenlärmschutzverordnung (18. BImSchV) unterliegen,
b) sonstige nicht genehmigungsbedürftige Freizeitanlagen sowie Freiluftgaststätten,
c) nicht genehmigungsbedürftige landwirtschaftliche Anlagen,
d) Schießplätze, auf denen mit Waffen ab Kaliber 20 mm geschossen wird,
e) Tagebaue und die zum Betrieb eines Tagebaus erforderlichen Anlagen,
f) Baustellen,
g) Seehafenumschlagsanlagen,
h) Anlagen für soziale Zwecke.

Trotz der Regelung unter lit. c wird die TA Lärm in weiten Bereichen auch bei von **landwirtschaftlichen Betrieben ausgehendem Lärm** angewandt, allerdings nur soweit dieser eher **gewerbetypisch** ist; Einzelheiten dazu unter → *Landwirtschaft und gewerbliche Tierhaltungsanlagen* Rn. 3 ff. 4

---

1 GMBl 1998 Nr. 26, S. 503, zuletzt geändert durch Verwaltungsvorschrift vom 1.6.2017 (BAnz AT 8.6.2017 B5).
2 ZB Urt. v. 29.11.2012 – 4 C 8/11, NVwZ 2013, 372.
3 *Hünnekens/Thiery* I+E 2019, 22; *Lemberg* jurisPR-ÖffBauR 4/2020; *Reidt* BauR 2020, 204.

5 Die Bedeutung der TA Lärm ist nicht auf die Frage der **Genehmigungsfähigkeit einer emittierenden Anlage** beschränkt und nicht nur dann heranzuziehen, wenn die Frage zu beantworten ist, ob eine schutzwürdige vorhandene Nutzung in unzumutbarer Weise durch die hinzukommende, Lärm verursachende Anlage gestört wird. Vielmehr beanspruchen ihre Aussagen Gültigkeit auch in der umgekehrten Situation, dass eine **Nutzung sich einem emittierenden Betrieb nähert** (sog. heranrückende Wohnbebauung). „Denn das Bundesimmissionsschutzrecht und damit auch die auf der Grundlage von § 48 BImSchG erlassene TA Lärm legen die Grenze der Zumutbarkeit von Umwelteinwirkungen für den Nachbarn und damit das Maß der gebotenen Rücksichtnahme mit Wirkung auch für das Baurecht im Umfang seines Regelungsbereichs grundsätzlich allgemein fest.“[4]

6 Die TA Lärm ist als Allgemeine Verwaltungsvorschrift auf die Anwendung durch die Verwaltung zugeschnitten. Sie wird aber von der Rechtsprechung regelmäßig (als **„antizipiertes Sachverständigengutachten“**) als verbindlich angesehen. Jedenfalls soweit sie unmittelbar anzuwenden ist, dient sie als Maßstab für die Frage der Zumutbarkeit bzw. der Erheblichkeit von Immissionen. „Für eine einzelfallbezogene Beurteilung der Schädlichkeitsgrenze aufgrund tatrichterlicher Würdigung lässt das **normkonkretisierende Regelungskonzept der TA Lärm** nur insoweit Raum, als es insbesondere durch Kann-Vorschriften (zB Nr. 6.5 Satz 3 und Nr. 7.2) und Bewertungsspannen (zB A.2.5.3) Spielräume eröffnet.“[5]

III. Überblick über die wichtigsten Regelungen

7 Unter Nr. 6.1 trifft die TA Lärm eine Regelung für die Zumutbarkeit von Geräuschen und bestimmt, an welcher Stelle zu messen ist.

1. Immissionsort

8 Wie sich aus Nr. 6.1 ergibt, sind für die Beurteilung der Zumutbarkeit der Lärmbeeinträchtigung außerhalb der betroffenen Gebäude gelegene Immissionsorte maßgeblich.[6] Nr. 2.3 bestimmt den maßgeblichen **Immissionsort** und verweist im Einzelnen auf Nr. A.1.3 des Anhangs. Diese Orte können durch **passive Schallschutzmaßnahmen** gegen von außen wirkenden Luftschall (zB Anordnung von Schallschutzfenstern mit Belüftungseinrichtungen und einem Schalldämmmaß von mindestens 41 dB(A) für alle schutzbedürftigen Räume in einer Baugenehmigung) nicht beeinflusst werden. Solche Maßnahmen sieht die TA Lärm nicht vor. Zulässige Schallschutzmaßnahmen sind insofern nicht zu öffnende Fenster oder Schallschutzwände.[7]

2. Immissionsrichtwerte

9 Nr. 6.1 nennt – als zentrale Vorschrift der TA Lärm – **die Immissionsrichtwerte für bestimmte Baugebiete** nach der Baunutzungsverordnung und darüber hinaus für Kurgebiete und (als besonders schutzwürdige Nutzungen) für Krankenhäuser und Pflegeanstalten.

10 **a) Immissionsrichtwerte für bestimmte Baugebiete.** Die Immissionsrichtwerte für den **Beurteilungspegel** betragen für Immissionsorte außerhalb von Gebäuden

a) in Industriegebieten		70 dB(A)
b) in Gewerbegebieten		
	tags	65 dB(A)
	nachts	50 dB(A)

4 BVerwG Urt. v. 29.11.2012 – 4 C 8/11, NVwZ 2013, 372.
5 BVerwG Urt. v. 29.11.2012 – 4 C 8/11, NVwZ 2013, 372; Urt. v. 29.8.2007 – 4 C 2/07, BVerwGE 129, 209.
6 Zum Einwirkungsbereich *Reidt* UPR 2020, 41.
7 S. zu öffenbaren Fenstern OVG Münster Beschl. v. 7.4.2016 – 2 B 1261/15, juris Rn. 42 ff.; BVerwG Urt. v. 29.11.2012 – 4 C 8/11, NVwZ 2013, 372.

c) in Kerngebieten, Dorfgebieten und Mischgebieten

tags	60 dB(A)
nachts	45 dB(A)

d) in allgemeinen Wohngebieten und Kleinsiedlungsgebieten

tags	55 dB(A)
nachts	40 dB(A)

e) in reinen Wohngebieten

tags	50 dB(A)
nachts	35 dB(A)

f) in Kurgebieten, für Krankenhäuser und Pflegeanstalten

tags	45 dB(A)
nachts	35 dB(A)

Einzelne **kurzzeitige Geräuschspitzen** dürfen die Immissionsrichtwerte am Tage um nicht mehr als 30 dB(A) und in der Nacht um nicht mehr als 20 dB(A) überschreiten.

Über die in 6.1 genannten Immissionsrichtwerte hinaus ist in besonders schutzbedürftigen Gebieten ein 11
Zuschlag für Tageszeiten mit erhöhter Empfindlichkeit vorzunehmen. Für folgende Zeiten ist in Gebieten nach Nummer 6.1 lit. d–f bei der Ermittlung des Beurteilungspegels die **erhöhte Störwirkung von Geräuschen** durch einen Zuschlag zu berücksichtigen:

1. an Werktagen	06.00 – 07.00 Uhr
	20.00 – 22.00 Uhr
2. an Sonn- und Feiertagen	06.00 – 09.00 Uhr
	13.00 – 15.00 Uhr
	20.00 – 22.00 Uhr

Der **Zuschlag** beträgt 6 dB. Von der Berücksichtigung des Zuschlags kann abgesehen werden, soweit dies wegen der **besonderen örtlichen Verhältnisse** unter Berücksichtigung des Schutzes vor schädlichen Umwelteinwirkungen erforderlich ist.

Sonstige in Bebauungsplänen festgesetzte Flächen für Gebiete und Einrichtungen sowie Gebiete und Ein- 12
richtungen, für die keine Festsetzungen bestehen, sind nach Nummer 6.1 entsprechend der Schutzbedürftigkeit zu beurteilen.

b) Gemengelage. Für Gemengelagen können geeignete Zwischenwerte zwischen den Immissionsrichtwer- 13
ten für Wohngebiete und angrenzenden Gebietstypen gebildet werden, indem die für die zum Wohnen dienenden Gebiete geltenden Immissionsrichtwerte auf einen geeigneten Zwischenwert der für die aneinandergrenzenden Gebietskategorien erhöht werden, „*soweit dies nach der gegenseitigen Pflicht zur Rücksichtnahme erforderlich ist*".[8] Für die Höhe des Zwischenwertes nach Absatz 1 ist die konkrete Schutzwürdigkeit des betroffenen Gebietes maßgeblich. Wesentliche Kriterien sind die Prägung des Einwirkungsgebiets durch den Umfang der Wohnbebauung einerseits und durch Gewerbe und Industriebtriebe andererseits, die Ortsüblichkeit eines Geräusches und die Frage, welche der unverträglichen Nutzungen zuerst verwirklicht wurde. Liegt ein Gebiet mit erhöhter Schutzwürdigkeit nur in einer Richtung zur Anlage, so ist dem durch die Anordnung der Anlage auf dem Betriebsgrundstück und die Nutzung von Abschirmungsmöglichkeiten Rechnung zu tragen.

c) Immissionsrichtwerte im und nahe zum Außenbereich. Zur Lösung von **Immissionskonflikten im** 14
Außenbereich enthält die TA Lärm enthält keine Richtwerte. Da aber die Situation im Außenbereich hinsichtlich der Schutzbedürftigkeit derjenigen in einem Kern-, Dorf- oder Mischgebiet vergleichbar ist, wer-

8 S. hierzu *Rebler* DVBl 2019, 1515.

den die für diese Gebiete geltenden Immissionsrichtwerte der TA Lärm im Allgemeinen auch für die Beurteilung von Immissionskonflikten im Außenbereich herangezogen.[9]

15 Liegt ein reines Wohngebiet **am Rande zum Außenbereich**, weicht die Rechtsprechung – abhängig von den Umständen des Einzelfalls – von den Richtwerten für reine Wohngebiete ab. Denn der Eigentümer eines Grundstücks am Rande zum Außenbereich kann nicht damit rechnen, dass in seiner Nachbarschaft keine emittierende Nutzung oder allenfalls eine reine Wohnnutzung entsteht. Er darf grundsätzlich nur darauf vertrauen, dass im angrenzenden Außenbereich keine Nutzung entstehen wird, die mit der Wohnnutzung nicht mehr verträglich ist. Lediglich eine Lärmbelastung, die über das Maß hinausgeht, das in einem ebenso dem Wohnen dienenden Misch- und Dorfgebiet zulässig ist, ist mit der Wohnnutzung nicht mehr verträglich. Nach der Rechtsprechung ist dem Schutzbedürfnis des Eigentümers eines in einem (faktischen oder festgesetzten) reinen Wohngebiet gelegenen Grundstücks, das an den Außenbereich angrenzt, gegenüber Außenbereichsvorhaben regelmäßig dann genügt, wenn der entsprechende Immissionsrichtwert für allgemeine Wohngebiete nach Nr. 6.1 lit. d TA Lärm von 40 dB(A) nachts gewahrt ist.[10]

16 **d) Beurteilungszeiten.** Die in den vorgenannten Regelungen genannten **Beurteilungszeiten** („tags" und „nachts") sind in Nr. 6.4 beschrieben. Die Immissionsrichtwerte nach den Nummern 6.1 bis 6.3 beziehen sich auf folgende Zeiten:

1. tags 06.00 bis 22.00 Uhr
2. nachts 22.00 bis 06.00 Uhr.

17 Die **Nachtzeit** kann bis zu einer Stunde hinausgeschoben oder vorverlegt werden, soweit dies wegen der besonderen örtlichen oder wegen zwingender betrieblicher Verhältnisse unter Berücksichtigung des Schutzes vor schädlichen Umwelteinwirkungen erforderlich ist. Eine achtstündige Nachtruhe der Nachbarschaft im Einwirkungsbereich der Anlage ist sicherzustellen.

18 Die Immissionsrichtwerte nach den Nummern 6.1 bis 6.3 gelten während des Tages für eine Beurteilungszeit von 16 Stunden. Maßgebend für die Beurteilung der Nacht ist die volle Nachtstunde (zB 1.00 bis 2.00 Uhr) mit dem höchsten Beurteilungspegel, zu dem die zu beurteilende Anlage relevant beiträgt.

19 Von einer „achtstündigen Nachtruhe" kann nicht gesprochen werden, „wenn die Möglichkeit ungestörten Schlafens während einer zusammenhängenden Zeitspanne von acht Stunden in einem Ausmaß beeinträchtigt ist, die bei den Betroffenen zu gesundheitlichen Beeinträchtigungen führen kann."[11] Die Grenze zur Gesundheitsgefährdung ist erreicht, wenn ein aus allen Geräuschen, die auf einen zum Schlafen bestimmten Raum einwirken, zu bildender **Summenpegel** über eine ins Gewicht fallende Zeitspanne hinweg 60 dB(A) überschreitet.[12]

3. Schallereignisse innerhalb von Gebäuden und „seltene Ereignisse"

20 Die Zumutbarkeit von **Geräuschen und Körperschall innerhalb von Gebäuden** ist in Nr. 6.2 angesprochen. Danach betragen bei Geräuschübertragungen innerhalb von Gebäuden oder bei Körperschallübertragung die Immissionsrichtwerte für den Beurteilungspegel für betriebsfremde schutzbedürftige Räume

1. tags 35 dB(A)
2. nachts 25 dB(A).

Einzelne **kurzzeitige Geräuschspitzen** dürfen die Immissionsrichtwerte um nicht mehr als 10 dB(A) überschreiten.

9 OVG Münster Urt. v. 18.11.2002 – 7 A 2127/00, juris Rn. 34.

10 Vgl. OVG Münster Beschl. v. 6.5.2016 – 8 B 866/15, juris Rn. 30; VGH Mannheim Urt. v. 23.04. 2002 – 10 S 1502/01, NVwZ 2003, 365; VGH Kassel Urt. v. 30.10.2009 – 6 B 2668/09, juris Rn. 12.

11 VGH München Urt. v. 25.11.2015 – 22 BV 13.1686, juris Rn. 67.

12 BVerwG Urt. v. 23.2.2005 – 4 A 4.04, BVerwGE 123, 37; BVerwG Urt. v. 13.5.2009 – 9 A 72.07, BVerwGE 134, 45.

Eine privilegierende Sonderregelung gilt für sogenannte **seltene Ereignisse**: Ist wegen voraussehbarer Besonderheiten beim Betrieb einer Anlage zu erwarten, dass in seltenen Fällen oder über eine begrenzte Zeitdauer, aber an nicht mehr als zehn Tagen oder Nächten eines Kalenderjahres und nicht an mehr als an jeweils zwei aufeinander folgenden Wochenenden, die Immissionsrichtwerte nach den Nummern 6.1 und 6.2 auch bei Einhaltung des Standes der Technik zur Lärmminderung nicht eingehalten werden können, kann eine Überschreitung im Rahmen des Genehmigungsverfahrens für genehmigungsbedürftige Anlagen zugelassen werden (7.2 TA Lärm). Bei solchen seltenen Ereignissen betragen die Immissionsrichtwerte für den Beurteilungspegel für Immissionsorte außerhalb von Gebäuden in Gebieten 21

1. tags 70 dB(A)
2. nachts 55 dB(A).

Einzelne **kurzzeitige Geräuschspitzen** dürfen diese Werte 22

- in Gebieten nach Nummer 6.1 Buchstabe b am Tag um nicht mehr als 25 dB(A) und in der Nacht um nicht mehr als 15 dB(A),
- in Gebieten nach Nummer 6.1 lit. c–f am Tag um nicht mehr als 20 dB(A) und in der Nacht um nicht mehr als 10 dB(A)

überschreiten.

78. Lärm, Sport

Schulte Beerbühl

Literatur: *Berkemann*, Sport und Freizeitaktivitäten in der gerichtlichen Auseinandersetzung, NuR 1998, 565; *Deutsch/Tusch*, Lärmprobleme bei der Modernisierung von Sportanlagen, BauR 2009, 1840; *Dury*, Zur Anwendbarkeit der Sportanlagen-Lärmschutzverordnung im zivilrechtlichen Nachbarstreit, NJW 1994, 302; *Hesselbarth*, Die Zweite Verordnung zur Änderung der Sportanlagenlärmschutzverordnung (18. BImSchV) – Großer Wurf oder verpasste Chancen?, UPR 2017, 479; *Ketteler*, Die Anwendbarkeit der 18. BImSchV (SportanlagenlärmschutzVO) und der BauNVO auf Bolzplätze und vergleichbare Anlagen zur sportlich-spielerischen Betätigung, BauR 1997, 959: *Scheidler*, Anpassung der Sportanlagenlärmschutzverordnung (18. BImSchV) an den neuen Baugebietstypus Urbane Gebiete (§ 6a BauNVO), UPR 2017, 475; *Schink*, Bau- und immissionsschutzrechtliche Probleme beim Sportstättenbau in Wohngebieten, DVBl 1992, 515; *Schmitz*, Privat- und öffentlich-rechtliche Abwehransprüche gegen Sportlärm, NVwZ 1991, 1126; *Spindler/Spindler*, Die Sportanlagenlärmschutz-Verordnung in ihrer praktischen Anwendung, NVwZ 1993, 225; *Stüer*, Sportanlagen im Wohnbereich, Lösung von Umweltkonflikten zwischen Wohnung und Sportanlagen, Rechtswissenschaftliches Fachgespräch in Köln, BauR 1985, 362; *Uechtritz*, Zur baurechtlichen Bedeutung der Sportanlagenlärmschutzverordnung (18. BImSchV) besonders in Gemengelagen, NVwZ 2000, 1006.

I. Allgemeines

Der von Sportanlagen ausgehende Lärm ist in besonderem Maße nachbarrechtlich relevant. Denn Sport wird oft gerade dann betrieben, wenn in der Umgebung schutzbedürftige Nutzungen ausgeübt werden, etwa wenn in den Abendstunden, oder an Sonn- und Feiertagen Ruhe erstrebt wird. Insoweit treffen Sportanlagen auf dieselbe Problematik wie Freizeitanlagen, unterscheiden sich aber wesentlich von betrieblichen Anlagen, die überwiegender Regelungsgegenstand der TA Lärm sind. Außerdem werden die von Sportan- 1 lagen ausgehenden Immissionen wegen ihrer auffallenden **Pegelveränderungen** und ihrer **Informationshaltigkeit** als besonders störend empfunden. Allerdings besteht die Besonderheit, dass die Störungen teilweise nur an wenigen Tagen im Jahr auftreten. Bedeutend ist auch, dass ein großes gesundheits- und sozialpolitisches Interesse an der Ausübung von Sport besteht. Diesen und den nachfolgenden Gesichtspunkten will die **Sportanlagenlärmschutzverordnung** Rechnung tragen.[1]

2 Die Sportanlagenlärmschutzverordnung (18. BImSchV) vom 18.7.1991[2], zuletzt geändert durch Artikel 1 der Verordnung vom 1.6.2017[3] trägt den Besonderheiten des Lärms, der von Sportanlagen ausgeht, in begünstigender Weise Rechnung. Anlass für die 18. BImSchV[4] war unter anderem die sog. Tegelsbarg-Entscheidung des Bundesverwaltungsgerichts[5], deren Gegenstand die von einer Bezirkssportanlage ausgehende nachbarliche Lärmbelästigung war[6], stellte die Entscheidung auf den Rechtsbehelf eines Nachbarn hin strenge Regeln für die **Zumutbarkeit von Sportlärm** auf, lehnte eine schematische Anwendung der TA Lärm ab und forderte eine einzelfallbezogene Betrachtung. Auf der Grundlage der Ermächtigung in § 23 Abs. 1 BImSchG und nach streitiger Diskussion mit dem Bundesrat wurde die Verordnung am 18.7.1991 in Kraft gesetzt. Aus Anlass der Durchführung der FIFA-Fußballweltmeisterschaft im Jahr 2006 in Deutschland erging eine Überarbeitung. Die Durchführung internationaler und nationaler Sportveranstaltungen, die oft spätabends beginnen und bis in die Nachtstunden hineinreichen, wurde als gefährdet angesehen. Es wurden unter anderem Ausnahmen für internationale und nationale Veranstaltungen von herausragender Bedeutung im öffentlichen Interesse zugelassen. Ferner wurde im Anhang unter 1.1 die Regelung über die zuzurechnenden Geräusche ergänzt um Aussagen zu Verkehrsgeräuschen. Dies hatte sich als erforderlich herausgestellt, da der Besuch von Sportstätten, zumal im Rahmen von sportlichen Großveranstaltungen, in der Regel mit zum Teil erheblichem Ziel- und Quellverkehr verbunden ist. Da dieser Verkehr unmittelbar durch die Veranstaltungen hervorgerufen wird, ist er ihm in der Regel zuzurechnen. Ein Rechtsmittel gegen solche Veranstaltungen kann aus diesem Grunde erfolgreich sein, wenn der Verkehr für Anlieger unzumutbar ist. Die Zumutbarkeit zu regeln, ist Zweck des Anhangs.

II. Sport – Sportanlage – Sportausübung

3 Der **Anwendungsbereich** der 18. BImSchV wird in ihrem § 1 beschrieben. Danach gilt die Verordnung für die Errichtung, die Beschaffenheit und den Betrieb von Sportanlagen, soweit sie zum Zwecke der Sportausübung betrieben werden und einer Genehmigung nach § 4 BImSchG nicht bedürfen. **Sportanlagen** sind ortsfeste Einrichtungen im Sinne des § 3 Abs. 5 Nr. 1 BImSchG, die zur Sportausübung bestimmt sind. Zur Sportanlage zählen auch Einrichtungen, die mit der Sportanlage in einem engen räumlichen und betrieblichen Zusammenhang stehen. Zur Nutzungsdauer der Sportanlage gehören auch die Zeiten des An- und Abfahrverkehrs sowie des Zu- und Abgangs.

4 Es existiert keine allgemein anerkannte Definition des **Begriffs Sport** und damit auch der Begriffe Sportanlage und Sportausübung.[7] Das führt zu Abgrenzungsschwierigkeiten, insbesondere bei der Abgrenzung zu Betätigungen, die in Regelwerken angesprochen sind, die Freizeitanlagen betreffen (zB LAI-Freizeitlärm-Richtlinie). Diese Abgrenzung ist erforderlich, weil sich aus den Regelwerken **unterschiedliche Zulässigkeitskriterien**, zB unterschiedliche Immissionsrichtwerte, ergeben.

5 Es ist immerhin anerkannt, dass das Phänomen „Sport" durch bestimmte Wesensmerkmale definiert wird. Zu diesen gehören die körperliche Bewegung, Wettkampf- bzw. Leistungsstreben, das Vorhandensein von

1 S. hierzu allgemein: *Berkemann* NuR 1998, 565; *Deutsch/Tusch* BauR 2009, 1840; *Schmitz* NVwZ 1991, 1126; *Spindler/Spindler* NVwZ 1993, 225.

2 BGBl. I 1588.

3 BGBl. I 1468.

4 Wegen der Einzelheiten der Entstehung der aktuellen Fassung siehe *Reidt/Schiller* in Landmann/Rohmer UmweltR 18. BImSchV Vorb. 2.18 Rn. 8 ff.

5 Urt. v. 19.1.1989 – 7 C 77/87, BVerwGE 81, 197.

6 Vgl. BT-Drs. 17/91, 32 ff., 34.

7 S. VG Köln Urt. v. 2.2.2016 – 2 K 2808/15, juris Rn. 17.

Regeln und Organisationsformen und die Betätigung als Selbstzweck ohne produktive Absichten.[8] Sportausübung kann auch dann vorliegen, wenn einzelne Voraussetzungen nicht erfüllt sind. Insbesondere beim Freizeit- und Breitensport kann beispielsweise das Leistungsprinzip nur eingeschränkte Geltung beanspruchen.[9] Andererseits wollte der Verordnungsgeber ersichtlich nicht jedwede Freizeitbetätigung privilegieren, die von dem Betreffenden als – im weitesten Sinne – sportliche Betätigung angesehen wird. Im Einzelfall kann zur Abgrenzung die gegenüber dem Anwendungsbereich der 18. BImSchV erheblich genauer definierende Aufzählung in der **LAI-Freizeitlärm-Richtlinie** herangezogen werden. Die dort bezeichneten Anlagen unterfallen, selbst wenn der Aufenthalt dort als sportliche Betätigung angesehen werden mag (zB Badeplätze, Erlebnisbäder, auch soweit sie in Verbindung mit Hallenbädern als Außenanlage betrieben werden; vgl. Nr. 1 der LAI-Freizeitlärm-Richtlinie) lediglich dieser Richtlinie und nicht jener Verordnung.

Beispiel für die Abgrenzung von Sportanlagen zu Freizeitanlagen:[10] Ein **Minigolfplatz** ist keine Sportanlage. Zwar mögen auch hierbei körperliche Bewegung, das Wettkampf- bzw. Leistungsstreben, das Vorhandensein von Regeln und Organisationsformen und die Betätigung als Selbstzweck ohne produktive Absicht gegeben sein. Zur Sportausübung bestimmt ist eine Anlage aber nur dann, wenn sie primär, dh von ihrem Hauptzweck her der Durchführung von Wettkampfsport und/oder der körperlichen Ertüchtigung dienen soll. Bei einer Minigolfanlage überwiegt jedoch der Freizeitaspekt deutlich. Die körperliche Ertüchtigung ist vielmehr von allenfalls untergeordneter Bedeutung. 6

Schließlich ist bei der Abgrenzung im Einzelfall auch die Entstehungsgeschichte der Verordnung zu berücksichtigen. Anlass für den Erlass der Verordnung war nicht in erster Linie die Absicht, organisierten Wettkampfsport zu privilegieren, sondern den von der Bevölkerung ausgeübten Breitensport. Entsprechend heißt es in der amtlichen Begründung zu § 1 18. BImSchV (**Anwendungsbereich**): „[…] Damit sind fast alle Arten von Sportanlagen erfasst: zB Fußballstadien, Tennisplätze, Schwimmbäder, Eislaufbahnen, Bowlingbahnen, Sportplätze, Kegelbahnen, Turnhallen […]".[11] 7

1. Merkmale von Sportanlagen

Aus diesen geschriebenen und ungeschriebenen Merkmalen ergibt sich: 8

- Das Merkmal „**ortsfeste Einrichtungen**" schließt es aus, auch solchen Sportbereichen die Privilegierung zugutekommen zu lassen, die nur durch eine vorübergehende Aufstellung von „Einrichtungen" (zB mobile Badminton- oder Beachvolleyballnetze oder Fußballtore) zur Sportanlage werden.
- Kleinräumige Anlagen, die ausschließlich für die körperliche Freizeitbetätigung von Kindern bis zum Alter von 14 Jahren bestimmt sind, können nach Ansicht des Bundesverwaltungsgerichts nicht als Sportanlagen im Sinne der Verordnung eingeordnet werden.[12] Das ergebe sich aus deren wörtlicher, systematischer und historischer Auslegung. Der Verordnungsgeber habe sich am Leitbild einer Sportanlage orientiert hat, die dem Vereinssport, Schulsport oder vergleichbar organisiertem Freizeitsport dient. Die Verpflichtungen des Betreibers, bestimmte Anforderungen an Lautsprecheranlagen und ähnliche technische Einrichtungen zu beachten (Nr. 1), Vorkehrungen zur Minderung des von Zuschauern verursachten Lärms zu treffen (Nr. 3) sowie An- und Abfahrtswege und Parkplätze durch Maßnahmen betrieblicher und organisatorischer Art lärmmindernd zu gestalten (Nr. 4), passten nicht auf kleinräumige Anlagen, die auf regelmäßig unorganisierte, ohne nennenswerte Beteiligung von Zuschauern und ohne Schiedsrichter oder Sportaufsicht stattfindende **körperlich-spielerische Aktivitäten von Kindern** zugeschnitten seien. Sie würden der Eigenart speziell für Kinder bestimmter besonderer Ballspielplätze und ähnlicher Spieleinrichtungen, die dadurch gekennzeichnet seien, dass sie wegen ihrer sozialen Funktion regelmäßig wohngebietsnah sein müssen, nicht in jedem Fall gerecht. Ausweislich der Entste-

8 Vgl. *Reidt/Schiller* in Landmann/Rohmer 18. BImSchV UmweltR 2.18, Rn. 27.
9 Vgl. *Kuchler* NuR 2000, 77 mwN.
10 Nach VG Freiburg Beschl. v. 5.8.2011 – 3 K 1170/11, juris Rn. 7.
11 BT-Drs. 17/91, 37; zum Anwendungsbereich auch: *Dury* NJW 1994, 302; *Hesselbarth* UPR 2017, 479; *Ketteler* BauR 1997, 959.
12 BVerwG Beschl. v. 11.2.2003 – 7 B 88/02, NVwZ 2003, 751.

hungsgeschichte der Sportanlagenlärmschutzverordnung sei der Verordnungsgeber davon ausgegangen, dass „Kinderspielplätze und freizeitsportliche Aktivitäten auf Sportgelegenheiten wie Wegen, Plätzen, Spielstraßen und Freiflächen (...) nicht erfasst" würden.[13]

9 **Beispiel für eine Bolzanlage, die keine Sportanlage im Sinne der Sportanlagenlärmschutzverordnung ist:**[14] Zwar handelt es sich vorwiegend um einen in der Örtlichkeit als solchen erkennbaren Spielplatz mit der zusätzlichen Möglichkeit, dort Fußball zu spielen. Dennoch ist der Bolzplatz keine Sportanlage im Sinne des § 1 Abs. 2 18. BImSchV. „Die Beklagte hat zwar eine Nutzung auch durch ältere Jugendliche (bisher) nicht ausgeschlossen. Dies ändert indes nichts daran, dass der auf einer Teilfläche eines im Übrigen auch als Spielplatz genutzten Grundstücks errichtete Platz dem sich aus der Sportanlagenlärmschutzverordnung ergebenden Leitbild einer Sportanlage in keiner Weise entspricht. Denn besondere technische Einrichtungen (wie etwa Lautsprecheranlagen oder auch nur eine Platzbeleuchtung), Vorkehrungen für Zuschauer, Stellplätze oder sonstige Nebeneinrichtungen fehlen gänzlich und die geringen Abmessungen der vorhandenen Spielfelder und der erheblich hinter den Abmessungen eines „normalen" Fußballtores zurückbleibenden Bolzplatztore lassen eine organisierte, zB an den Regeln der Fußballverbände ausgerichtete Sportausübung mit Schiedsrichtern bzw. Trainern oder Betreuern nicht zu, sondern sind gerade für unorganisierte „freizeitsportliche Aktivitäten" geeignet und bestimmt [...]."

10 Ein **Schwimmbad** erfüllt auch dann den Sportanlagenbegriff der 18. BImSchV, wenn die Ausübung des Breitensports „Schwimmen" durch die Allgemeinheit im Vordergrund steht. Einzelne Elemente eines Erlebnis- oder Spaßbads ändern daran nichts, solange sie bei einer Gesamtbetrachtung den Charakter der Anlage nicht prägen.[15] Jedenfalls können Freibäder dann Sportanlagen im Sinne der 18. BImSchV sein, wenn es sich um „sportorientierte" Bäder handelt, die in erster Linie zur Nutzung für Wettkämpfe bzw. für den Schul- oder Vereinssport bestimmt sind und daneben auch der Öffentlichkeit zur Verfügung stehen. Eine Abgrenzung von sog. Sport-Freibädern zu (bloßen) Freizeitbädern würde zu sehr auf eine Forderung nach Wettkampforientiertheit hinauslaufen. Nach *Reidt/Schiller*[16] sind Freizeitbäder Sportanlagen, sofern sie im konkreten Fall auch zur Nutzung durch den Schul- und Schwimmsport bestimmt sind, Spaß- und Erlebnisbäder hingegen nicht, da der Hauptzweck nicht das Schwimmen, sondern die Ruhe und Entspannung sind.

11 Einrichtungen für den **Schulsport** fallen in der Regel nicht unter den Anwendungsbereich der 18. BImSchV. Sie sind Teile der Schulen und damit Anlagen des Gemeinbedarfs, die im Rahmen einer sinnvollen städtebaulichen Ordnung und Entwicklung ihren Standort in Wohnbereichen oder deren Nähe haben sollen.[17]

12 **Weitere Beispiele aus der Praxis:**[18]

- Anwendung der Bestimmungen der 18. BImSchV auf den Betrieb eines Sportplatzes neben einem reinen Wohngebiet, der lediglich als Schulsportanlage genehmigt wurde, auf dem aber auch Fußball außerhalb des Vereinssports von sog. **Freizeitmannschaften** gespielt wird;[19]
- Anwendung der Bestimmungen der 18. BImSchV auf den Betrieb einer offenen Eissporthalle, in der ua **Meisterschaftsspiele eines Eishockeyvereins** ausgetragen werden.[20]

13 Vgl. dazu auch VG Frankfurt (Oder) Urt. v. 17.1.2013 – 5 K 449/09, juris Rn. 34.
14 Nach VG Frankfurt (Oder) Urt. v. 17.1.2013 – 5 K 449/09, juris Rn. 34 f.
15 VGH München Urt. v. 24.8.2007 – 22 B 05.2870, BayVBl 2008, 405.
16 *Reidt/Schiller* in Landmann/Rohmer UmweltR 18. BImSchV § 1 Rn. 32.
17 BVerwG Urt. v. 24.4.1991 – 7 C 12/90, NVwZ 1991, 884; s. dazu auch siehe OVG Koblenz Urt. v. 29.8.1989 – 7 A 26/89, NVwZ 1990, 279.
18 Eine beispielhafte Übersicht über Sportanlagen findet sich bei *Reidt/Schiller* in Landmann/Rohmer UmweltR 18. BImSchV 2.18 Rn. 32.
19 OVG Münster Urt. v. 29.11.1993 – 11 A 773/90, NWVBl 1994, 385.
20 OVG Münster Urt. v. 28.5.1993 – 21 A 1532/90, NVwZ 1994, 1018.

2. Enger räumlicher und betrieblicher Zusammenhang

Die Einbeziehung von „Einrichtungen, die mit der Sportanlage in einem engen **räumlichen und betrieblichen Zusammenhang** stehen", ist Ausdruck der Privilegierung von Sportanlagen. In der BR-Drs. 17/91, 38 hat der Verordnungsgeber als Beispiele für einen betrieblichen Zusammenhang mit einer Sportanlage **Umkleideräume, Restaurationsbetriebe und Parkplätze** genannt. 13

Beispiel:[21] Eine **Vereinsgaststätte** steht in einem betrieblichen Zusammenhang mit der Sportanlage. Dies rechtfertigt sich durch die Absicht der Privilegierung von Sport (im weitesten Sinne), zu dem auch dessen Vorbereitung (Vereinssitzungen etc.) und die Geselligkeit im Zusammenhang mit der Sportausübung zählt. Auch ein ca. 95 m² großen „Mehrzweckraum", dem eine „Küche" mit knapp 10 m² räumlich zugeordnet ist, nimmt an der Privilegierung teil. 14

Bei einer **Zusammenfassung mehrerer Anlagenteile**, von denen einer eine **Sportanlage** darstellt, andere Teile aber nicht, würde eine „segmentierende Betrachtung [...] den tatsächlichen Verhältnissen dann nicht mehr gerecht, wenn mehrere in räumlichem Zusammenhang stehende Anlagen trotz ihrer organisatorischen Trennung vom Betreiber im Sinne eines integrativen Konzepts zu einer Einheit zusammengefasst worden sind, etwa einem Betriebsbereich nach § 3 Abs. 5 a BImSchV vergleichbar".[22] Indizien für eine gebotene einheitliche Betrachtung können nach der Rechtsprechung sein: Die Weiterführung einer überkommenen verbundenen Nutzung (alte Turn- und Festhalle, Jugendheim), die einheitliche Planung auf einer dafür ausgewiesenen Gemeinbedarfsfläche, die gemeinschaftliche Bewältigung des Zufahrtsverkehrs durch eine alle Anlagen erfassenden Parkeinrichtung sowie eine einheitliche, auf das Gesamtvorhaben bezogene Baugenehmigung, die darauf hinweist, dass dieses auch im Hinblick auf seine Wirkungen auf die Umgebung zur einheitlichen genehmigungsrechtlichen Beurteilung gestellt worden ist.[23] 15

Diese Betrachtungsweise führt dazu, dass je nach der Beantwortung der Frage nach der **konzeptionellen Einheitlichkeit** 16

- einerseits bei einer gebotenen getrennten Betrachtung der „Sportteil" nach der 18. BImSchV und der übrige Teil nach anderen Grundsätzen, ggf. nach der Freizeitlärm-Richtlinie, zu beurteilen ist und
- andererseits bei einer gebotenen einheitlichen Betrachtung sich die Einheit öffentlicher Einrichtungen als „Freizeitbereich" darstellt, bei dem der Freizeitbereich die Nutzung des Sportbereichs umfasst und diesem aus immissionsschutzrechtlicher Sicht seinen eigenständigen Charakter nimmt.[24]

III. Bedeutung der Privilegierung

Die baunachbarrechtliche **Privilegierung einer Sportanlage** hat bereits bei ihrer Errichtung und einer Erweiterung eine Bedeutung, da eine geringere Distanz zu einer schutzbedürftigen Nutzung eingeplant werden kann. Dabei ergeben sich mit Blick auf das Bauplanungsrecht und das Bauordnungsrecht keine Besonderheiten, sondern nur hinsichtlich der von ihr – bei genehmigungskonformer Nutzung – ausgehenden Lärmimmissionen. Darüber hinaus sind die Besonderheiten des Lärmschutzes im Falle einer an die Sportanlage heranrückenden Wohnbebauung insofern von Bedeutung, als auch hier geringe Abstände möglich sind. In all diesen Fällen beansprucht die Verordnung unmittelbare Geltung und ist bei der Erteilung einer Genehmigung zwingend zu beachten. Schließlich wird bereits bei der Errichtung der Anlagen sowie bei ihrer Beschaffenheit, insbesondere hinsichtlich der fortdauernden Funktionsfähigkeit von lärmmindernden Anlagenteilen und Werkstoffen, zu beachten sein, dass den Lärmschutzanforderungen auch auf Dauer entsprochen werden muss. 17

21 Nach: OVG Münster Beschl. v. 22.7.2004 – 10 B 925/04, NVwZ-RR 2005, 102.

22 BVerwG Urt. v. 16.5.2001 – 7 C 16/00, NVwZ 2001, 1167.

23 So BVerwG Urt. v. 16.5.2001 – 7 C 16/00, NVwZ 2001, 1167.

24 Vgl. auch VGH Mannheim Urt. v. 26.6.2002 – 10 S 1559/01, BRS 65 Nr. 181, zu einem öffentlich-rechtlichen Anspruch auf Unterlassung von Lärmimmissionen aus kommunalen Einrichtungen, hier: Jugendhaus, Stadthalle und Sporthalle.

18 Mit der ausdrücklichen Beschränkung auf die Nutzung „zum Zwecke der Sportausübung" im Zusammenhang mit dem Begriff der Sportanlage hat der Verordnungsgeber deutlich gemacht, dass nicht maßgeblich ist, ob die Anlage zu irgendeinem Zeitpunkt der Sportausübung dient, sondern dass in den Genuss der Privilegierung **nur die Sportausübung** selbst kommen sollte.[25] Eine **Musikveranstaltung oder Party in einer Turnhalle** genießt daher nicht die Vorteile der 18. BImSchV.

IV. Verbindlichkeit der 18. BImSchV

19 Soweit die 18. BImSchV anwendbar ist und Regelungen enthält, ist sie **abschließend und verbindlich**. Denn „die Sportanlagenlärmschutzverordnung zielt gerade darauf, die bisherige einzelfallbezogene Beurteilung anhand unbestimmter Rechtsbegriffe durch ein differenziertes Regelungssystem zu ersetzen, das auf der Grundlage allgemeingültiger Immissionsrichtwerte und Beurteilungsgrundsätze eine interessengerechte und gleichmäßige Bewertung der belästigenden Wirkung von Sportlärm ermöglicht."[26]

20 Ein Rückgriff auf die **TA Lärm** und die **Freizeitlärm-Richtlinie** ist, soweit die Verordnung einschlägig ist, nicht mehr zulässig. Allerdings sieht § 4 18. BImSchV vor, dass „weitergehende Vorschriften, vor allem zum Schutz der **Sonn- und Feiertags-, Mittags- und Nachtruhe** oder zum Schutz besonders empfindlicher Gebiete, (unberührt)" bleiben. Damit wird einerseits dem Bund und den Ländern die rechtliche Möglichkeit eingeräumt, ihren Gestaltungswillen auszuüben, andererseits wird dem Umstand Rechnung getragen, dass ohne eine solche Öffnungsklausel wegen des Grundsatzes, dass Bundesrecht vor Landesrecht geht (Art. 30 GG), Bedenken gegen abweichende landesrechtliche Regelungen bestünden.

V. Anwendung der Grundsätze über den Anwendungsbereich hinaus

21 Trotz des beschriebenen Privilegierungscharakters der Verordnung ist eine Anwendung einzelner ihrer Bestimmungen über ihren ausdrücklich bestimmten **Anwendungsbereich** hinaus (zB für rein spielerische Betätigung) nicht ausgeschlossen. Eine Anwendung der Regelungen über das Ermittlungs- und Messverfahren ist nicht nur rechtssystematisch unbedenklich, sondern auch sinnvoll. Denn dieses wird den Besonderheiten nicht nur der sportlichen, sondern auch der **spielerischen Betätigung** gerecht. Zur Berücksichtigung der Grundsätze der 18. BImSchV auch außerhalb ihres unmittelbaren Anwendungsbereichs stellt das BVerwG[27] klar, dass der Ausschluss einer unmittelbaren Anwendung der Sportanlagenlärmschutzverordnung auf kindgerechte Ballspielplätze und vergleichbare Anlagen ihrer entsprechenden Heranziehung im Einzelfall nicht von vornherein entgegenstehe. Es biete sich namentlich an, die von solchen Anlagen ausgehenden Geräuschimmissionen mangels geeigneterer Vorschriften nach dem in der Sportanlagenlärmschutzverordnung festgelegten Ermittlungs- und Messverfahren zu bestimmen, das der Besonderheit der bei Sport und Spiel auftretenden Geräusche Rechnung trage. Die Beurteilung der Zumutbarkeit von Geräuschen, die von anderen, vergleichbaren Anlagen ausgehen, müsse jedoch wegen deren Atypik und Vielgestaltigkeit weitgehend der tatrichterlichen Wertung im Einzelfall vorbehalten bleiben. Diese richte sich insbesondere nach der durch die Gebietsart und die tatsächlichen Verhältnisse bestimmten Schutzwürdigkeit und Schutzbedürftigkeit; dabei seien wertende Elemente wie Herkömmlichkeit, soziale Adäquanz und allgemeine Akzeptanz mitbestimmend.[28]

22 Es ist aber stets zu prüfen, ob die Lärmbelästigung mit Blick auf den durch Art. 1 des Gesetzes vom 20.7.2011 mit Wirkung vom 28.7.2011 neu eingefügten § 22 Abs. 1a BImSchG und das dort normierte Toleranzgebot *(→ Öffentliche Einrichtungen und Anlagen* Rn. 25 ff.) zumutbar ist. Danach sind Geräuscheinwirkungen, die von Kindertagesstätten, Kinderspielplätzen und ähnlichen Einrichtungen wie beispielsweise **Ballspielplätzen** durch Kinder hervorgerufen werden, im Regelfall keine schädliche Umwelteinwirkung. Bei der Beurteilung solcher Geräuscheinwirkungen dürfen Immissionsgrenz- und Richtwerte nicht heran-

25 *Reidt/Schiller* in Landmann/Rohmer UmweltR 18. BImSchV 2.18 Rn. 2.

26 Vgl. Begr. des Regierungsentwurfs, BR-Drs. 17/91, 33 ff.; vgl. auch BVerwG Beschl. v. 8.11.1994 – 7 B 73/94, NVwZ 1995, 993.

27 BVerwG Beschl. v. 11.2.2003 – 7 B 88/02, juris Rn. 4 ff.

28 Ähnlich OVG Berlin-Brandenburg Urt. v. 11.11.2010 – OVG 11 B 24.08, NVwZ 2011, 574.

gezogen werden. Unzweifelhaft soll diese Regelung den von Kindertageseinrichtungen, Kinderspielplätzen und ähnlichen Einrichtungen ausgehenden Kinderlärm privilegieren, mithin zum Ausdruck bringen, dass Kinderlärm unter einem besonderen Toleranzgebot der Gesellschaft steht.[29]

Unter **Kinderspielplätzen und ähnlichen Einrichtungen** sind allerdings lediglich kleinräumige Einrichtungen zu verstehen, die auf spielerische oder körperlich-spielerische Aktivitäten von Kindern zugeschnitten sind, und die wegen ihrer sozialen Funktion regelmäßig wohngebietsnah gelegen sein müssen. Ballspielflächen für Kinder gehören hierzu; sie werden exemplarisch angeführt. Davon zu unterscheiden sind indes Spiel- und Bolzplätze sowie Skateranlagen und Streetballfelder für Jugendliche, die großräumiger angelegt sind und ein anderes Lärmprofil haben als Kinderspielplätze. Diese Anlagen werden von der Privilegierung nicht erfasst. 23

Auf **Grünflächen**, die als „Generationsübergreifendes Spielgelände für Jung und Alt" angelegt sind, ist nach Ansicht des VG Frankfurt[30] (unter Hinweis auf die Rechtsprechung des VGH Kassel)[31] die Sportanlagenlärmschutzverordnung wegen ihres engen Anwendungsbereichs nicht – auch nicht im Wege der Analogie – anwendbar. 24

VI. Überblick über Regelungen Sportanlagenlärmschutzverordnung

§ 2 Abs. 1 18. BImSchV bestimmt, dass Sportanlagen so zu errichten und zu betreiben sind, dass die in den Absätzen 2 bis 4 genannten **Immissionsrichtwerte** unter Einrechnung der Geräuschimmissionen anderer Sportanlagen nicht überschritten werden. 25

§ 2 Abs. 2 18. BImSchV nennt die Immissionsrichtwerte: Diese betragen für **Immissionsorte außerhalb von Gebäuden** 26

1. in Gewerbegebieten
   tags außerhalb der Ruhezeiten 65 dB(A),
   tags innerhalb der Ruhezeiten am Morgen 60 dB(A), im Übrigen 65 dB(A),
   nachts 50 dB(A),

1a. in urbanen Gebieten[32]
   tags außerhalb der Ruhezeiten 63 dB(A),
   tags innerhalb der Ruhezeiten am Morgen 58 dB(A), im Übrigen 63 dB(A),
   nachts 45 dB(A),

2. in Kerngebieten, Dorfgebieten und Mischgebieten
   tags außerhalb der Ruhezeiten 60 dB(A),
   tags innerhalb der Ruhezeiten am Morgen 55 dB(A), im Übrigen 60 dB(A),
   nachts 45 dB(A),

3. in allgemeinen Wohngebieten[33] und Kleinsiedlungsgebieten
   tags außerhalb der Ruhezeiten 55 dB(A),
   tags innerhalb der Ruhezeiten am Morgen 50 dB(A), im Übrigen 55 dB(A),
   nachts 40 dB(A),

4. in reinen Wohngebieten
   tags außerhalb der Ruhezeiten 50 dB(A),
   tags innerhalb der Ruhezeiten am Morgen 45 dB(A), im Übrigen 50 dB(A),
   nachts 35 dB(A),

29 Vgl. Entwurf eines 10. Gesetzes zur Änderung des BImSchG – Privilegierung des von Kindertageseinrichtungen und Kinderspielplätzen ausgehenden Kinderlärms, BT-Drs. 17/5709, 17/4836, Begründung S. 4.
30 Urt. v. 27.5.2019 – 7 K 4666/15.F, juris Rn. 48.
31 Urt. v. 30.11.1999 – 2 UE 263/97, juris Rn. 48.
32 Hierzu *Scheidler* UPR 2017, 475.
33 Hierzu: *Schink* DVBl 1992, 515; *Stüer* BauR 1985, 362.

5. in Kurgebieten, für Krankenhäuser und Pflegeanstalten
tags außerhalb der Ruhezeiten 45 dB(A),
tags innerhalb der Ruhezeiten 45 dB(A),
nachts 35 dB(A).

27 Ähnlich wie Nr. 6.1 TA Lärm enthält die Verordnung in § 2 Abs. 4 eine Bestimmung zu **kurzzeitigen Geräuschspitzen**. Diese sollen tags um nicht mehr als 30 dB(A) sowie nachts um nicht mehr als 20 dB(A) überschreiten; ferner sollen einzelne kurzzeitige Geräuschspitzen die Immissionsrichtwerte nach Absatz 3 um nicht mehr als 10 dB(A) überschreiten. Anders als die TA Lärm trifft die Verordnung keine Regelung zu einem Zuschlag für Tageszeiten mit erhöhter Empfindlichkeit.

28 § 2 Abs. 5 18. BImSchV bestimmt, auf welche **Beurteilungszeiten** die Vorgaben zu den Immissionsrichtwerten sich beziehen, nämlich auf:

1. tags	an Werktagen	6.00 bis 22.00 Uhr,
	an Sonn- und Feiertagen	7.00 bis 22.00 Uhr,
2. nachts	an Werktagen	0.00 bis 6.00 Uhr
	und	22.00 bis 24.00 Uhr,
	an Sonn- und Feiertagen	0.00 bis 7.00 Uhr
	und	22.00 bis 24.00 Uhr,
3. Ruhezeiten	an Werktagen	6.00 bis 8.00 Uhr
	und	20.00 bis 22.00 Uhr,
	an Sonn- und Feiertagen	7.00 bis 9.00 Uhr, 13.00 bis 15.00 Uhr
	und	20.00 bis 22.00 Uhr.

29 Die **Ruhezeit** von 13.00 bis 15.00 Uhr an Sonn- und Feiertagen ist nur zu berücksichtigen, wenn die Nutzungsdauer der Sportanlage oder der Sportanlagen an Sonn- und Feiertagen in der Zeit von 9.00 bis 20.00 Uhr vier Stunden oder mehr beträgt.

30 Für die Bestimmung des nach § 2 Abs. 2 18. BImSchV maßgeblichen **Gebietscharakters** trifft § 2 Abs. 6 eine ähnliche Regelung wie Nr. 6.6 TA Lärm. Die Art der in Absatz 2 bezeichneten Gebiete und Anlagen ergibt sich aus den Festsetzungen in den Bebauungsplänen. Sonstige in Bebauungsplänen festgesetzte Flächen für Gebiete und Anlagen sowie Gebiete und Anlagen, für die keine Festsetzungen bestehen, sind nach Absatz 2 entsprechend der Schutzbedürftigkeit zu beurteilen. Weicht die tatsächliche bauliche Nutzung im Einwirkungsbereich der Anlage erheblich von der im Bebauungsplan festgesetzten baulichen Nutzung ab, ist von der tatsächlichen baulichen Nutzung unter Berücksichtigung der vorgesehenen baulichen Entwicklung des Gebietes auszugehen.

31 Eine Regelung zur Beurteilung von **Gemengelagen** enthält die 18. BImSchV – anders als die TA Lärm und die LAI-Freizeitlärm-Richtlinie – nicht. Eine analoge Anwendung der Regelung in der TA Lärm bietet sich jedoch an und ist von der Rechtsprechung akzeptiert worden.[34]

32 In § 2 Abs. 3 trifft die 18. BImSchV eine Regelung für die Zumutbarkeit von Geräuschen und **Körperschall** innerhalb von Gebäuden. In § 5 bestimmt die Verordnung die Pflicht und das Recht zum Erlass von **Nebenbestimmungen und Anordnungen im Einzelfall**; dort findet sich auf eine Bestimmung über die Festsetzung von Betriebszeiten bei **seltenen Ereignissen** (§ 5 Abs. 5 BImSchV). § 6 ermächtigt die zuständige Behörde zur Zulassung von **Ausnahmen** von den Bestimmungen des § 5 Abs. 5 18. BImSchV.

33 Die Verordnung gewährt in ihrem § 5 Abs. 4 einen sog. **Altanlagenbonus** im Sinne einer Art Bestandsschutzregelung. Dieser privilegiert Anlagen, die vor dem Inkrafttreten, also am 18.7.1991 errichtet wurden. Sie beantwortet aber nicht die Frage, welche Bauvorhaben zum Verlust dieses Bonus führen und bei welchen er erhalten bleibt. Die Errichtung von Ballfangzäunen und das Auswechseln des Belags auf Sport-

34 BVerwG Urt. v. 12.8.1999 – 4 CN 4/98, NVwZ 2000, 550; s. hierzu auch *Uechtritz* NVwZ 2000, 1006.

und Spielflächen werden ebenso wenig zu einem Verlust führen wie einfache Instandhaltung- und Sanierungsarbeiten. Maßnahmen, die so erheblich sind, dass sie den Charakter der Anlage ändern (zu einem „aliud“ führen) lassen nach allgemeinen Grundsätzen über den Untergang des Bestandsschutzes diesen auch bei einer „alten“ Sportanlage untergehen, so etwa bei dem Neubau eines Vereinsheims, der Erweiterung der Sanitär- und Umkleidebereiche oder der erstmaligen Errichtung einer Flutlichtanlage.

§ 3 der Verordnung gibt dem Betreiber zur Erfüllung seiner Pflichten Maßnahmen auf, die insbesondere **technische Einrichtungen und Kontrollen** betreffen, wie **Schallpegelbegrenzer**, technische und bauliche Schallschutzmaßnahmen, Vorkehrungen betreffend das Verhalten von Zuschauern und zu Anfahrts- Abfahrtswegen und Parkplätzen. 34

In ihrem Anhang beschreibt die Verordnung das anzuwendende **Ermittlungs- und Beurteilungsverfahren**. 35

- Für die Beurteilung von Geräuschen bei neu zu errichtenden Sportanlagen sind die Geräuschimmissionen nach einem näher beschriebenen **Prognoseverfahren**, bei bestehenden Sportanlagen in der Regel durch Messung zu bestimmen.
- Treten während einer Beurteilungszeit unterschiedliche Emissionen, jeweils unter Einschluss der Impulshaltigkeit, auffälliger Pegeländerungen, der Ton- und Informationshaltigkeit sowie kurzzeitiger Geräuschspitzen, auf, ist zur Ermittlung der Geräuschimmission während der gesamten Beurteilungszeit diese in geeigneter Weise in **Teilzeiten** aufzuteilen, in denen die Emissionen im Wesentlichen gleichartig sind. Eine solche Unterteilung ist zB bei zeitlich abgrenzbarem unterschiedlichem Betrieb der Sportanlage erforderlich.
- Enthält das zu beurteilende Geräusch während einer Teilzeit der Beurteilungszeit **Impulse** und/oder auffällige **Pegeländerungen**, wie zB Aufprallgeräusche von Bällen, Geräusche von Startpistolen, Trillerpfeifen oder Signalgebern, ist für diese Teilzeit ein Zuschlag zum Mittelungspegel zu berücksichtigen.
- Zur Gewährleistung eines hinreichenden Nachbarschutzes bieten sich bereits bei der Planung aktive, auf dem Betriebsgelände zu realisierende **Schallschutzmaßnahmen** an, die die Verursachung unzumutbarer Lärmbelästigung bereits im Bereich der **Quelle** verhindern und so das Störpotential reduzieren: Schalltechnisch sinnvolle Situierung der Lärmquellen, Abschirmung durch Betriebsgebäude oder sonstige Schallhindernisse sowie technische Maßnahmen an Ballfangzäunen und Lautsprecheranlagen.

79. Lärm, Straßenverkehr

Schulte Beerbühl

Literatur: *Jäcker-Cüppers/Stenschke*, Straßenverkehrslärm – Hauptquelle von Störungen im Wohnumfeld, Beeinträchtigungen, Rechtsschutz und Minderungsmaßnahmen, BBauBl 2000, Nr. 12, 34; *Ramsauer*, Die Herstellung der Zumutbarkeit von Straßenverkehrslärm durch Schutzauflagen und Ausgleichszahlungen bei der Straßenplanung durch Bebauungsplan, NuR 1990, 349.

I. Allgemeines

Der vom Straßenverkehr ausgehende Lärm wird durch den Betrieb von Kraftfahrzeugen und Straßenbahnen erzeugt. Er ist unter anderem abhängig von den Merkmalen des jeweiligen Fahrzeugs und der Fahrbahn, der Fahrweise, der Anzahl der Fahrzeugbewegungen und der Umgebungsbebauung. Trotz immissi- 1 onsschutzrechtlicher Bestimmungen hierzu (zB § 38 BImSchG) hat der einzelne **Straßenanlieger** keinen Einfluss auf bestimmte Merkmale von Kraftfahrzeugen. Im Bereich des Nachbarrechts spielen deshalb die zur Emissionsminderung erlassenen Regelungen über **Betriebseigenschaften von Fahrzeugen** keine Rolle.

2 Auch mit Blick auf die Fahrweise sind die Einflussmöglichkeiten von Nachbarn begrenzt. Allenfalls kann über eine **Geschwindigkeitsbegrenzung und Fahrverbote** für bestimmte Fahrzeuggruppen ein mittelbarer Erfolg erzielt werden. Übertretungen der Verbote sind bei der Entscheidung über die Zulässigkeit einer Straße unbeachtlich, so dass sie nicht im Wege eines nachbarlichen Rechtsbehelfs vorgebracht werden können, weder gegen die Anlage der Straße noch gegen ein Vorhaben, für das die Straße in Anspruch genommen wird. Ihnen muss vielmehr mit den Mitteln des allgemeinen Ordnungsrechts begegnet werden. Allerdings hat unter Umständen die Gemeinde gegen die jeweilige Fachbehörde einen einklagbaren Anspruch auf Umsetzung rechtmäßig festgelegter Lärmminderungsmaßnahmen; die Straßenverkehrsbehörde ist an die Festlegung einer Geschwindigkeitsbegrenzung in einem Lärmaktionsplan gebunden, wenn die straßenverkehrsrechtlichen Anordnungsvoraussetzungen vorliegen und die Maßnahme unter Berücksichtigung der Belange der betroffenen Verkehrsteilnehmer verhältnismäßig ist.[1]

3 Im Vordergrund von Rechtsschutzmöglichkeiten gegen Straßenverkehrslärm stehen **planungsrechtliche Entscheidungen** zugunsten von Anlagen, die eine deutlich höhere **Verkehrsbelastung** als bisher bewirken, sowie Vorhaben, die **Ziel- und Quellverkehr** bewirken, der über die Straße abgewickelt wird. Dabei wird wegen der Problematik des Lärmschutzes in der Bauleitplanung unter den Gesichtspunkten des vorhabenbedingten Straßenverkehrslärms und der Straßen- und Schienenplanung auf die Ausführungen unter → *Lärm, allgemein* Rn. 16 verwiesen.

II. Anwendungsbereich der Verkehrslärmschutzverordnung und der Verkehrswege-Schallschutzmaßnahmenverordnung

4 Bei einer Straßenplanung auf der Grundlage von § 9 Abs. 1 Nr. 11 BauGB durch einen Bebauungsplan haben insbesondere die 16. Verordnung zur Durchführung des Bundes-Immissionsschutzgesetzes (**Verkehrslärmschutzverordnung** – 16. BImSchV)[2], und die 24. Verordnung zur Durchführung des Bundes-Immissionsschutzgesetzes (**Verkehrswege-Schallschutzmaßnahmenverordnung** – 24. BImSchV) vom 4.2.1997[3], die durch Artikel 3 der Verordnung vom 23.9.1997[4] geändert worden ist, Bedeutung.

5 Die 16. BImSchV gilt nach ihrem § 1 Abs. 1 für den Bau oder die **wesentliche Änderung von öffentlichen Straßen sowie von Schienenwegen** der Eisenbahnen und Straßenbahnen (Straßen und Schienenwege).

6 Eine Änderung ist **wesentlich**, wenn

1. eine Straße um einen oder mehrere durchgehende Fahrstreifen für den Kraftfahrzeugverkehr oder ein Schienenweg um ein oder mehrere durchgehende Gleise baulich erweitert wird oder
2. durch einen erheblichen baulichen Eingriff der Beurteilungspegel des von dem zu ändernden Verkehrsweg ausgehenden Verkehrslärms um mindestens 3 dB(A) oder auf mindestens 70 dB(A) am Tage oder mindestens 60 dB(A) in der Nacht erhöht wird (Abs. 2).

7 Eine Änderung ist auch **wesentlich**, wenn der Beurteilungspegel des von dem zu ändernden Verkehrsweg ausgehenden Verkehrslärms von mindestens 70 dB(A) am Tage oder 60 dB(A) in der Nacht durch einen erheblichen baulichen Eingriff erhöht wird; dies gilt nicht in Gewerbegebieten.

---

1 VGH Mannheim Urt. v. 17.7.2018 – 10 S 2449/17, UPR 2019, 72–78.
2 Vom 12.6.1990 (BGBl. I 1036), zuletzt geändert durch Art. 1 VO vom 18.12.2014 (BGBl. I 2269).
3 BGBl. I 172, 1253.
4 BGBl. I 2329.

III. Immissionsgrenzwerte zum Schutz vor Verkehrslärm

Die 16. BImSchV definiert unter anderem **Immissionsgrenzwerte** zum Schutz vor Verkehrslärm. Bei den Grenzwerten wird danach unterschieden, welche Gebiete betroffen sind. 8

Immissionsgrenzwerte in dB(A) für **Lärmvorsorge**: 9

Nutzungsart	bei Tag	bei Nacht
Krankenhäuser, Schulen, Altenheime	57	47
reine und allgemeine Wohngebiete[5]	59	49
Kern-, Dorf- und Mischgebiete	64	54
Gewerbegebiete	69	59

Die **Art der bezeichneten Anlagen und Gebiete** ergibt sich aus den Festsetzungen in den Bebauungsplänen. Sonstige in **Bebauungsplänen** festgesetzte Flächen für Anlagen und Gebiete sowie Anlagen und **Gebiete, für die keine Festsetzungen bestehen**, sind nach Absatz 1, bauliche Anlagen im **Außenbereich** nach Absatz 1 Nr. 1, 3 und 4 entsprechend der Schutzbedürftigkeit zu beurteilen (§ 2 Abs. 2 16. BImSchV). 10

Auslösewerte in dB(A) für Lärmsanierung: 11

Nutzungsart	bei Tag	bei Nacht
Krankenhäuser, Schulen, Altenheime	67	57
reine und allgemeine Wohngebiete	67	57
Kern-, Dorf- und Mischgebiete	69	59
Gewerbegebiete	72	62

Wird ein Neubau oder eine wesentliche Änderung einer Straße geplant, wird ein **Beurteilungspegel** ermittelt. Hierfür ist zunächst unter Berücksichtigung der maßgeblichen stündlichen **Verkehrsstärke** und des maßgeblichen **LKW-Verkehrs** am Gesamtverkehr ein Mittelungspegel zu bestimmen, der sodann, wiederum unter Berücksichtigung von Höchstgeschwindigkeit, Fahrbahnoberfläche und anderen Faktoren, zu korrigieren ist. Ergeben sich hiernach Überschreitungen gegenüber dem zulässigen Grenzwert, sind Maßnahmen zur Absenkung des Beurteilungspegels zu ergreifen. 12

IV. Vorgehensweise bei Überschreiten der Immissionsgrenzwerte

- Zunächst hat die Gemeinde eine Trennung konfligierender Nutzungen entsprechend dem Trennungsgebot des § 50 BImSchG zu versuchen. Danach muss geprüft werden, ob aktiver Schallschutz möglich oder gemäß § 41 BImSchG davon abgesehen werden kann, weil die Kosten der Schutzmaßnahme außer Verhältnis zum angestrebten Schutzzweck stehen würden. 13
- Sodann hat die Gemeinde zunächst zu prüfen, ob hinreichend gewichtige Verkehrsbelange die Straßenplanung rechtfertigen.
- Bejaht sie auch dies, muss auf der dritten Stufe sichergestellt sein, dass die Betroffenen durch Maßnahmen des passiven Lärmschutzes gemäß § 42 BImSchG vor unzumutbaren Beeinträchtigungen durch Verkehrslärm bewahrt werden. Das gilt auch für bereits vorhandene Bebauung.

Lässt sich der angestrebte Schutz nicht dadurch erreichen, dass Außenschallpegel eingehalten werden, die geeignet sind, die Voraussetzungen für ein **ungestörtes Wohnen** zu schaffen, so entspricht es dem Lärmschutzkonzept der §§ 41 ff. BImSchG, durch **Maßnahmen des passiven Lärmschutzes** jedenfalls Innenpegel zu gewährleisten, die den betroffenen Straßennachbarn eine gegen unzumutbare Lärmbeeinträchtigungen abgeschirmte Gebäudenutzung ermöglichen. 14

5 Zur Störung von Wohnruhe s. insbesondere *Jäcker-Cüppers/Stenschke* BBauBl 2000, Nr. 12, 34.

15 Nach den Erkenntnissen der Lärmforschung wird diesem Erfordernis Genüge getan, wenn der Innenpegel in Wohnräumen 40 dB(A) und in Schlafräumen 30 dB(A) nicht übersteigt.[6] § 42 BImSchG räumt in diesen Fällen einen zweckgebundenen Anspruch auf **angemessenen Entschädigung in Geld** in Höhe der Aufwendungen für die Maßnahmen des passiven Lärmschutzes sowie ggf. einen Anspruch auf angemessenen Ausgleich für die Beeinträchtigung der Nutzung des Außenwohnbereichs ein.[7] Absolute Schranken für die Planung sind unzumutbare Gesundheitsgefahren (Art. 2 Abs. 2 Satz 1 GG) und Eigentums-(Substanz-)Verletzungen (Art. 14 Abs. 1 GG). Mittelungspegel von 70 dB(A) tags und 60 dB(A) nachts nähern sich den oben genannten Grundrechtsschwellen. Kann deren Überschreitungen auch durch aktiven und passiven Lärmschutz nicht vermieden werden und scheiden Planungsalternativen aus, muss die Gemeinde von der Planung letztendlich Abstand nehmen.[8]

80. Leitungsrecht

Klose

Literatur: *Ahnis/Bartsch*, Überblick über Leitungsrechte in der Energiewirtschaft, IR 2013, 122; *Bartsch/Rieke*, Ansprüche und Kostentragung bei Überbauung, Verlegung und Stilllegung von Versorgungseinrichtungen Strom und Gas, EnWZ 2016, 159; *Hoeren*, Wegerechte auf dem Prüfstand § 57 TKG und die Nachverlegung von Lichtwellenleiterkabeln, MMR 1998, 1; *Rathgeb*, Die (unentgeltliche) Inanspruchnahme öffentlicher Wege durch Telekommunikationsunternehmen, NVwZ 2012, 270; *Schneider/Theobald*, Recht der Energiewirtschaft, 4. Aufl. 2013; *Schütz*, Wegerechte für Telekommunikationsnetze – Chancen für mehr Wettbewerb auf den liberalisierten Telekommunikationsmärkten, NVwZ 1996, 1053.

I. Einführung

1 Um Grundstücke gewerblich oder zum Wohnen nutzen zu können, müssen sie nicht nur wegemäßig, sondern auch mit Strom, Gas, Wasser-, Telekommunikations- und weiteren Medien ver- und entsorgt, also erschlossen werden.[1] Die Erschließung eines Grundstücks ist gemäß § 34 Abs. 1 S. 1 BauGB eine der Voraussetzungen der Erteilung einer öffentlich-rechtlichen Baugenehmigung.[2] Die Erschließungsleitungen liegen weitestmöglich auf öffentlichem Grund, in der Regel unterirdisch parallel zu den Straßen angeordnet. Nachbarrechtliche Probleme treten dann auf, wenn ein Grundstück keinen unmittelbaren Zugang zu den öffentlichen Versorgungsleitungen hat, sondern allein über ein anderes Grundstück erreicht werden kann, oder die Erschließung über das eigene Grundstück im Verhältnis zu derjenigen über das Nachbargrundstück unverhältnismäßig viel teurer ist. In diesen Fällen kann eine Verpflichtung des einen Grundstücksnachbarn

6 BVerwG Beschl. v. 17.5.1995 – 4 NB 30.94, DVBl 1995, 1010.

7 Vgl. hierzu BVerwG Beschl. v. 30.11.2006 – 4 BN 14.06, BRS 70 Nr. 26 mwN.; s. dazu: Ramsauer, Die Herstellung der Zumutbarkeit von Straßenverkehrslärm durch Schutzauflagen und Ausgleichszahlungen bei der Straßenplanung durch Bebauungsplan, NuR 1990, 349.

8 BVerwG Beschl. v. 30.11.2006 – 4 BN 14.06, BRS 70 Nr. 26 mwN.

1 BayObLG Beschl. v. 23.6.1988 – Breg. 2 Z 47/88, DNotZ 1989, 568 (569).

2 BVerwG Urt. v. 26.3.1976 – IV C 7/74, NJW 1976, 1987 (1988). Fehlt etwa die Erschließung mit einem Wasseranschluss, wird dadurch ein Sachmangel eines Grundstücks begründet: BGH Urt. v. 8.4.2011 – V ZR 185/10, NJW 2011, 2128 (2128).

bestehen, eine Versorgungsleitung für das Nachbargrundstück auf seinem Grundstück zu dulden. Die möglichen Verpflichtungen und Berechtigungen durch Leitungsrechte ergeben sich zunächst, soweit diese dies regeln (→ *Notweg* Rn. 104 f.), aus den Landesrechten, aber auch aus einer entsprechenden Anwendung von § 917 BGB und aus Sonderregelungen für Versorgungsdienstleister.

II. Landesrechtliche Leitungsrechte

In Art. 124 S. 1 EGBGB ist den Bundesländern die Befugnis eingeräumt, landesrechtliche Regelungen für ein Leitungsrecht zu schaffen. Davon haben die Bundesländer in einem unterschiedlichen Umfang Gebrauch gemacht. 2

In **Baden-Württemberg** regelt § 7 f. NRG BW für den Fall, dass der Anschluss eines Grundstücks an eine Versorgungsleitung, Abwasserleitung oder Vorfluter ohne die Benutzung eines fremden Grundstücks nicht oder nicht mit einem vertretbaren Aufwand gewährleistet werden kann, eine Duldungspflicht des Eigentümers des Grundstücks, über das diese Anschlüsse möglich sind. Liegen auf seinem Grundstück bereits Leitungen, kann er aber verlangen, dass diese gegen eine Kostenbeteiligung mitbenutzt werden. Weiter sind Kostentragungs- und Ersatzansprüche geregelt. Das Notleitungsrecht aus § 7e NRG BW entsteht nur dann, wenn das Grundstück materiellrechtlich bebaubar ist.[3] Aus § 7e Abs. 1 S. 3 NRG BW kann nur der Eigentümer des belasteten Grundstücks einen Anspruch auf den Anschluss an bestehende Ver- und Entsorgungsleitungen begehren, nicht jedoch der Eigentümer des begünstigten Grundstücks.[4] 3

Für **Bayern** sieht das BayAGBGB keine Sonderregelungen für Leitungsrechte vor. Gleiches für das NachbG Bln in **Berlin**. 4

Für **Brandenburg** regeln die §§ 44 bis 51 BbgNRG ein Recht des Nachbarn, auf seine Kosten Versorgungs- und Abwasserleitungen über das Nachbargrundstück zu führen, wenn der Anschluss eines im Übrigen bauplanungsrechtlich bebaubaren Grundstücks ohne diese Durchleitung nicht möglich und die durch die Durchleitung begründeten Einschränkungen nicht erheblich sind. Für den Fall bereits vorhandener Leitungen sind ebenso Regelungen getroffen worden, wie für Schadensersatz- und Entschädigungsansprüche. 5

Das Land **Bremen** hat kein Nachbarrechtsgesetz erlassen. Gleiches gilt für den Stadtstaat **Hamburg**. 6

In **Hessen** sehen die §§ 30 bis 35 HNRG Regelungen für Versorgungs- und Abwasserleitungen vor. Diese muss der Nachbar dulden, wenn eine Versorgung des Grundstücks anders nicht zweckmäßig und verhältnismäßig gewährleistet werden kann. Ergänzend sind Regelungen für Unterhaltung, Schadensersatz, Anschlussrechte und öffentliche Straßen vorgesehen. 7

In **Niedersachsen** sind im NNachbG keine Sonderregelungen für Leitungsrechte getroffen. Gleiches gilt für das NachbG NRW in **Nordrhein-Westfalen**. 8

Für **Rheinland-Pfalz** sehen die §§ 26 bis 33 LNRG RhPf Regelungen für Leitungsrechte vor. Der Nachbar muss Wasser- und Abwasserleitungen über sein Grundstück dulden, wenn ihn dies nicht erheblich beeinträchtigt und das andere Grundstück sonst nicht wirtschaftlich genutzt werden kann. Geregelt sind neben Unterhalts- und Schadensersatzpflichten auch Anschluss und Betretungsrechte. Die §§ 26 ff. LNRG RhPf regeln nicht lediglich das Neuverlegen von Leitungen, sondern auch das Dulden der Nutzung bereits vorhandener Leitungen.[5] Dem Berechtigten steht nicht das Recht zu, zwischen einer neuen Leitung und dem Anschluss an eine bereits vorhandene Leitung zu wählen.[6] 9

Für das **Saarland** sehen die §§ 27 bis 34 NachbG Saarl Sonderregelungen für Leitungsrechte vor. Auch hier muss der Nachbar für ihn zumutbare Wasserversorgungs- und Abwasserleitungen dulden. Geregelt 10

3 BGH Urt. v. 22.6.1990 – V ZR 59/89, NJW 1991, 176 (177).
4 OLG Karlsruhe Urt. v. 15.2.2001 – 4 U 72/00, ZWE 2001, 451 (452).
5 OLG Koblenz Urt. v. 26.9.2002 – 5 U 186/02, NJOZ 2003, 981 (983).
6 OLG Koblenz Urt. v. 26.9.2002 – 5 U 186/02, NJOZ 2003, 981 (983).

sind weiter Unterhaltungs- und Schadensersatzpflichten sowie ein Betretungsrecht und eine Nutzungsentschädigung. Außerdem ist der Anschluss an eine Fernheizung geregelt.

11 Für **Sachsen** bestimmen die §§ 19 bis 23 SächsNRG eine Duldungspflicht für die Durchleitung notwendiger Wasserversorgungs- und Abwasserleitungen. Weiter geregelt sind Unterhalts- und Betretungsrechte sowie der Anschluss an andere Leitungen.

12 Die Nachbargesetze der Bundesländer **Sachsen-Anhalt** und **Schleswig-Holstein** sehen keine Sonderregelungen für Leitungsrechte vor.

13 In **Thüringen** sind in den §§ 26 bis 33 **ThürNRG** Regelungen über die Pflicht getroffen worden, Abwasser- und Wasserversorgungsleitungen über ein Grundstück zu dulden. Gleiches gilt für Anzeigepflichten, sowie Anschuss- und Betretungsrechte.

III. Notleitungsrechte

14 Wenn aus dem Landesrecht oder vertraglichen Vereinbarungen keine Berechtigung hervorgeht,[7] kann aus einer entsprechenden Anwendung des vom Gesetzeswortlaut her nicht unmittelbar anwendbaren Notwegerechts aus § 917 BGB für die Fälle ein Notleitungsrecht abgeleitet werden (→ *Notweg* Rn. 32).[8] Dieses ist damit durch das Gesetz begründet.

1. Inhalt des Notleitungsrechts

15 Sein Inhalt wird nicht durch die Vereinbarung der Grundstücksnachbarn, sondern durch die objektiven Gegebenheiten bestimmt.[9] Es besteht für ein sonst nicht erschlossenes Grundstück für den notwendigen Zugang zu dem öffentlichen Leitungsnetz,[10] das Notleitungsrecht muss für die ordnungsgemäße Nutzung des Grundstücks erforderlich sein.[11] Es kann auch beinhalten, dass Leitungen durch ein Gebäude geführt werden, wenn dabei das Grundstück des betroffenen Nachbarn möglichst wenig belastet wird.[12]

2. Voraussetzungen des Notleitungsrechts

16 Das Notleitungsrecht entsprechend § 917 BGB besteht dann, wenn das Grundstück wirtschaftlich genutzt werden soll, aber keine Verbindung zu den öffentlichen Versorgungsnetzen hat.[13] An die Notlage sind strenge Anforderungen zu stellen. Es darf keine andere Verbindungsmöglichkeit zur Verfügung stehen, die die ordnungsgemäße Nutzung des Grundstücks[14] ermöglichen kann. Das Nachbargrundstück ist möglichst

7 BGH Urt. v. 4.7.2008 – V ZR 172/07, NVwZ 2008, 1150 (1151).

8 BGH Urt. v. 26.1.2018 – V ZR 47/17, NJW-RR 2018, 913 (913); BGH Urt. v. 4.7.2008 – V ZR 172/07, NVwZ 2008, 1150 (1151). Aus dem nachbarschaftlichen Gemeinschaftsverhältnis kann das Notleitungsrecht dagegen nicht abgeleitet werden: BGH Urt. v. 15.4.1964 – V ZR 134/62, NJW 1964, 1321 (1322); OLG Koblenz Urt. v. 26.9.2002 – 5 U 186/02, NJOZ 2003, 981 (984); OLG Düsseldorf Urt. v. 28.11.1990 – 9 U 109/90, NJW-RR 1991, 403 (404); BGH Urt. v. 22.6.1990 – V ZR 59/89, NJW 1991, 176 (176 f.).

9 BGH Urt. v. 30.1.1981 – V ZR 6/80, NJW 1981, 1036 (1037).

10 Die bundesrechtliche Regelung für das Notwegerecht steht der Gesetzgebungskompetenz der Länder nicht entgegen, weil der Gesetzeswortlaut von § 917 BGB das Notleitungsrecht gerade nicht erfasst: BGH Urt. v. 26.6.1990 – VI ZR 233/89, NJW 1991, 176 (177). Nicht nur neu zu verlegende, sondern auch bereits verlegte Leitungen können von den landesrechtlichen Vorschriften erfasst sein: OLG Koblenz Urt. v. 26.9.2002 – 5 U 186/02, NJOZ 2003, 981 (982).

11 OLG München Urt. v. 21.9.1993 – 25 U 2080/93, OLG Report 1994, 217 (219).

12 BGH Urt. v. 26.1.2018 – V ZR 47/17, NJW-RR 2018, 913 (914); OLG Schleswig Urt. v. 26.1.2017 – 11 U 61/16, juris Rn. 21; aA LG Kiel Urt. v. 10.5.2016 – 6 O 185/13, BeckRS 2016, 131164.

13 BGH Urt. v. 26.1.2018 – V ZR 47/17, NJW-RR 2018, 913 (914); BGH Urt. v. 30.1.1981 – V ZR 6/80, NJW 1980, 1036 (1037).

14 Das kann auch das Betreiben eines Fischteichs beinhalten: OLG München Urt. v. 21.9.1993 – 25 U 2080/93, OLG-Report 1994, 217 (217).

wenig zu belasten.[15] Liegt bereits eine Leitung auf dem verpflichteten Grundstück, kann der Berechtigte darauf verwiesen werden, seine Versorgung über diese Leitung zu gewährleisten.[16] Das Notleitungsrecht kann daher auch darauf beschränkt gerichtet sein, eine auf dem Nachbargrundstück liegende Leitung mitnutzen zu dürfen.[17] Wenn eine mögliche Leitungsführungvariante lediglich umständlicher oder kostspieliger als die Nutzung des Nachbargrundstücks ist, reicht das nicht aus, um die Nutzung des Nachbargrundstücks zu rechtfertigen. Sind die Erschwernisse jedoch so groß, dass die Nutzung des Grundstücks durch sie wirtschaftlich faktisch aufgehoben oder in unzumutbarer Art- und Weise geschmälert wird, kann der Nachbar verpflichtet sein, die Nutzung seines Grundstücks zu dulden.[18] Steht einem Grundstückseigentümer ein Notleitungsrecht über ein anderes Grundstück zu, kann der Eigentümer des belasteten Grundstücks in entsprechender Anwendung von § 1023 Abs. 1 BGB die Verlegung der Leitung an eine andere Stelle auf seine Kosten verlangen, wenn er selbst die Leitungen für die Entsorgung verlegt und bei der Veräußerung des Grundstücks die Gelegenheit hatte, den durch die Leitungen begründeten Minderwert des belasteten Grundstücks bei der Kaufpreisfindung zu berücksichtigen.[19]

3. Art der Leitungen

Das Notleitungsrecht ist in entsprechender Anwendung von § 1020 BGB möglichst schonend auszuüben.[20] 17
Damit wird es regelmäßig keinen Anspruch dazu begründen können, oberirdische Leitungen zu verlegen. Ein Hinterlieger kann von dem Eigentümer des an die Straße angrenzenden Grundstücks verlangen, dass ihm ein Notleitungsrecht eingeräumt wird, in dessen Umsetzung er über Leitungen, etwa Frisch- und Abwasserleitungen, an das öffentliche Versorgungsnetz angeschlossen wird.[21] Es beinhaltet auch die Duldung von Versorgungsleitungen wie Wasser- und Gasrohre und Fernsehkabel.[22] Ein Notleitungsrecht für einen unterirdischen Abwasserkanal kann bestehen, wenn eine zur ordnungsgemäßen Nutzung notwendige Verbindung fehlt,[23] oder das Abwasser nur mit übermäßig hohem Aufwand äußerst unwirtschaftlich in das öffentliche Abwassernetz gepumpt werden kann.[24] Ein Notleitungsrecht kann auch dann begründet sein, wenn Abwässer nicht in ein öffentliches Kanalsystem, sondern in ein öffentliches Gewässer eingeleitet werden sollen.[25]

4. Notleitungsrente

Für die Verpflichtung des Nachbarn eine Notleitung zu dulden, ist dieser zu entschädigen. Die Rente be- 18
misst sich wie die Notwegerente[26] und ist an dem Minderwert des Grundstücks zu orientieren.[27] Verpflichtet den Nachbarn das Notleitungsrecht dazu, die Mitbenutzung seiner Leitungen zu dulden, kann dieser an den Kosten der Unterhaltung der Leitung beteiligt werden.[28] Dieser Anspruch kann aber nach einer Grundstücksteilung gemäß § 918 Abs. 2 BGB dadurch ausgeschlossen sein, dass der Eigentümer Abwasserleitun-

---

15 Nicht zuletzt davon hängt es auch ab, ob die Leitungen Leitung ober- oder unterirdisch zu führen ist. Vgl. BGH Urt. v. 26.1.2018 – V ZR 47/17, NJW-RR 2018, 913 (914); RG Urt. v. 5.5.1938 – V 241/37, RGZ 1157, 305 (309).
16 Vgl. BGH Urt. v. 8.4.2011 – V ZR 185/10, NJW 2011, 2128 (2129).
17 BGH Urt. v. 4.7.2008 – V ZR 172/07, NVwZ 2008, 1150 (1151).
18 BGH Urt. v. 15.4.1964 – V ZR 134/62, NJW 1964, 1321 (1322).
19 BGH Urt. v. 30.1.1981 – V ZR 6/80, NJW 1980, 1036 (1037).
20 BGH Urt. v. 22.6.1990 – V ZR 59/89, NJW 1991, 176 (178).
21 OLG Hamm Urt. v. 8.7.1991 – 5 U 49/91, NJW-RR 1992. 723 (723).
22 BGH Urt. v. 4.11.1959 – V ZR 49/58, MDR 1960, 124 (124).
23 BGH Urt. v. 4.7.2008 – V ZR 172/07, NVwZ 2008, 1150 (1151); BGH Urt. v. 15.4.1964 – V ZR 134/62, NJW 1964, 1321 (1322); LG Wuppertal Urt. v. 14.7.2009 – 1 O 34/09, juris Rn. 31. Kann diese Verbindung später hergestellt werden, ist es auch möglich, das Notleitungsrecht bis zu diesem Zeitpunkt zu befristen: LG Wuppertal Urt. v. 3.4.2014 – 1 O 332/13, juris Rn. 24.
24 BGH Urt. v. 4.11.1959 – V ZR 49/58, MDR 1960, 124 (124).
25 OLG Köln Urt. v. 15.11.2002 – 19 U 75/02, OLGReport 2003, 41 (43).
26 OLG Hamm Urt. v. 8.7.1991 – 5 U 49/91, NJW-RR 1992, 723 (723.
27 BGH Urt. v. 4.7.2008 – V ZR 172/07, NVwZ 2008, 1150 (1152); BGH Urt. v. 16.11.1990 – V ZR 297/89, NJW 1991, 564 (564).
28 BGH Urt. v. 4.7.2008 – V ZR 172/07, NVwZ 2008, 1150 (1152).

gen in später von ihm veräußerte Grundstücke verlegt und damit die Möglichkeit gehabt hatte, mit dem Kaufpreis einen finanziellen Ausgleich zu erhalten.[29]

IV. Schuldrechtliche Leitungsrechte

19 Schuldrechtliche Leitungsrechte können vielfältig vereinbart werden.

1. Ungesicherte Leitungsrechte

20 Leitungsrechte können ausdrücklich, aber auch durch konkludent abgeschlossene privatrechtliche Verträge vereinbart werden. Erfolgt hier keine weitergehende Sicherung, kann ihr Fortbestand insbesondere dann gefährdet sein, wenn bei dem belasteten Grundstück ein Eigentümerwechsel vollzogen wird. Wurde eine Abwasserleitung von einem Grundstückseigentümer langjährig geduldet, kann das für einen Leihvertrag sprechen, der jedoch, wenn keine andere Abrede getroffen wurde, gemäß § 604 Abs. 2 BGB jederzeit kündbar ist.[30]

2. Eingetragene Leitungsrechte

21 Wer sein Grundstück nur über ein benachbartes Grundstück mit Strom, Wasser, Gas und Telekommunikationsleistungen versorgen kann,[31] hat ein erhebliches Interesse an einer dauerhaften Sicherung, die durch das Eintragen einer Grunddienstbarkeit in das Grundbuch erfolgen kann.[32] Bei der Eintragung ist für die hinreichende Bestimmtheit des eingetragenen Leitungsrechts zu sorgen. Zumindest aus der Eintragungsbewilligung muss klar hervorgehen, auf welchen Teil des Grundstücks sich das Leitungsrecht erstrecken soll.[33] Die Grunddienstbarkeit kann, da die jeweilige Art der Leitung von dem aktuellen Stand der Technik abhängig ist, allgemein für „Anlagen der Ver- und Entsorgung" bezeichnet werden, um dem Bestimmtheitsgebot zu genügen.[34] Bei der Auslegung des Inhalts der eingetragenen Dienstbarkeit kommt dem Grundbucheintrag eine hervorgehobene Bedeutung zu.[35] Danach ist auf den Sinn und Zweck der Grundbucheintragung und die in Bezug genommene Eintragungsbewilligung abzustellen. Soweit Lagepläne beigefügt sind, dürfen auch diese berücksichtigt werden.[36] Der Umfang der Mitberechtigung des Eigentümers des dienenden Grundstücks kann mit eingetragen werden. Jedenfalls für diesen Fall ist auch eine ausdrückliche Einigung über die Kostenverteilung sachgerecht. Der Eigentümer des berechtigten Grundstücks benötigt zudem die Sicherung von Zutrittsrechten für die Errichtung, Wartung und Sanierung der Leitung. Der dafür notwendige Inhalt des Leitungsrechts ist mit dem Lauf der Zeit Veränderungen unterworfen und kann sich dementsprechend mit den Anforderungen des herrschenden Grundstücks ausdehnen.[37] Diese Entwicklungsmöglichkeit muss bereits bei der Eintragung der Grunddienstbarkeit berücksichtigt werden. Mit dem Ende des Erbbaurechts wird das Leitungsrecht Teil des (ehemaligen) Erbbaugrundstücks.[38]

29 BGH Urt. v. 4.7.2008 – V ZR 172/07, NVwZ 2008, 1150 (1153).
30 OLG Köln Beschl. v. 14.4.2011 – 2 U 65/10, BeckRS 2011, 14500.
31 Auch dann, wenn das Leitungsrecht nicht dem Eigentümer des Nachbargrundstücks, sondern einem bestimmten Versorgungsunternehmen gegenüber eingeräumt werden soll, ist eine beschränkt persönliche Dienstbarkeit einzutragen: Vgl. BGH Urt. v. 19.11.1999 – V ZR 321/98, NJW 2000, 803 (803).
32 OLG Stuttgart Urt. v. 1.3.1962 – 2 U 176/01, ZMR 1965, 122 (122).
33 OLG Hamm Beschl. v. 29.8.1967 – 15 W 335/67, OLGZ 1967, 456 (459).
34 BayObLG Beschl. v. 23.6.1988 – Breg. 2 Z 47/88, DNotZ 1989, 568 (569). Selbst die Bezeichnung als „Benützungsrecht" kann in Verbindung mit anderen Umständen hinreichend klar sein: BayObLG Beschl. vom 17.4.1986 – Breg. 2 Z 79/85, NJW-RR 1986, 882 (882).
35 BGH Urt. v. 28.11.1975 – V ZR 9/74, NJW 1976, 417 (417); OLG Nürnberg Urt. v. 15.2.2000 – 1 U 3359/99, NJW-RR 2000. 1257 (1257); OLG Dresden Urt. v. 20.12.2011 – 9 U 1214/11, BeckRS 2012, 17407.
36 BGH Urt. v. 3.7.1992 – V ZR 218/91, NJW 1992, 2885 (2886); BGH Beschl. v. 9.5.1972 – V ZB 19/71, NJW 1972, 1283 (1283); OLG Dresden Urt. v. 20.12.2011 – 9 U 1214/11, BeckRS 2012, 17407.
37 OLG Köln Beschl. v. 7.6.2013 – 19 U 4/13, juris Rn. 12.
38 BGH Urt. v. 17.2.2012 – V ZR 102/11, NZM 2012, 471 (472).

3. Gemeinschaftliche Leitungen

Betreiben mehrere Grundstückseigentümer über alle Grundstücke verlaufende Ver- und Entsorgungswasserleitungen gemeinsam, bilden sie auch ohne eine ausdrückliche Vereinbarung eine Bruchteilsgemeinschaft im Sinne der §§ 741 ff. BGB.[39] Aus der Zweckbestimmung der gemeinsamen Abwasserleitung kann dann auch ohne eine dahin gehende ausdrückliche Vereinbarung abgeleitet werden, dass die Kündigung ausgeschlossen und die Vereinbarung damit nur aus wichtigem Grund kündbar sein soll.[40] Wurden benachbarte Grundstücke über ein einheitliches Rohrsystem entwässert und lösen deren Eigentümer diese Rechtsgemeinschaft später dergestalt auf, dass ein Teilhaber die Leitung künftig alleine nutzt, kann dieser dazu verpflichtet sein, sich an den Kosten für die Erstellung des Leitungssystems für den anderen ehemaligen Teilhaber zu beteiligen.[41] 22

V. Leitungen von Versorgungsdienstleistern

Für die Versorgung mit Strom, Gas, Elektrizität und sonstige Medien müssen über eine Vielzahl von Grundstücken Leitungen verlegt werden, von denen die einzelnen Grundstücke versorgt werden. Grundstückseigentümer können auch dazu verpflichtet werden, Versorgungsleitungen der Versorgungsdienstleiter über ihr Grundstück zu dulden. In diesem Umfang wird die aus § 903 BGB erwachsende Befugnis der Grundstückseigentümer, mit ihrem Eigentum nach Belieben zu verfahren, eingeschränkt.[42] Auch wenn die Leitungen über Privatgrundstücke verlaufen, verbleibt das Eigentum daran bei dem Versorger.[43] Die in die Grundstücke eingebrachten Leitungen sind Scheinbestandteile des Grundstücks im Sinne von § 95 BGB.[44] Bis zu den Hausanschlüssen sind die Anschlüsse für Strom, Gas und Wasser dem Verteilungsnetz der Versorger zuzurechnen.[45] Der Eigentümer des Grundstücks, das über ein anderes Grundstück versorgt wird (Anschlussnehmer), ist insoweit weder unmittelbarer noch mittelbarer Störer.[46] Die Eigentümer von selbst an die öffentlichen Versorgungsleitungen angeschlossenen Grundstücken müssen die Nutzung ihres Grundstückes regelmäßig ohne Entschädigung hinnehmen. Dies ist auch verfassungsrechtlich unbedenklich, weil diese Verpflichtung lediglich eine Konkretisierung der Sozialbindung des Eigentums ist.[47] Liegen dagegen Versorgungsleitungen unberechtigt in einem Grundstück, kann dem Grundeigentümer ein Beseitigungsanspruch aus § 1004 Abs. 1 BGB zustehen.[48] Werden die Leitungen nicht mehr benutzt, kann der Grundstückseigentümer deren Rückbau verlangen.[49] 23

39 OLG Hamm Urt. v. 8.11.2012 – I 5 U 100/12, BeckRS 2013, 3837.

40 OLG Hamm Urt. v. 8.11.2012 – I 5 U 100/12, BeckRS 2013, 3837.

41 OLG Hamm Urt. v. 5.5.1994 – 5 U 213/93, OLGReport 1994, 251 (252).

42 Werden sie beschädigt, sind sie unabhängig davon als „sonstiges Recht" und damit als ein von § 823 Abs. 1 BGB geschütztes Rechtsgut zu behandeln, wenn der Eingriff grundstücksbezogen erfolgt ist: BGH Urt. v. 7.2.2012 – VI ZR 29/11, NJW-RR 2012, 1048 (1048).

43 BGH Urt. v. 2.12.2011 – V ZR 119/11, MDR 2012, 276 (276 f.); AG Brandenburg Urt. v. 20.12.2019 – 31 C 193/18, juris Rn. 105.

44 BGH Urt. v. 10.6.2011 – V ZR 233/10, NJW-RR 2011, 1458 (1458); BGH Urt. v. 19.9.2003 – V ZR 319/01, NJW 2003, 3762 (3762); BGH Urt. v. 1.2.1994 – VI ZR 229/92, NJW 1994, 999 (999).

45 BGH Urt. v. 2.12.2011 – V ZR 119/11, NZM 2013, 204 (205).

46 BGH Urt. v. 2.12.2011 – V ZR 120/11, MDR 2012, 459 (459).

47 BVerfG Beschl. v. 25.8.1999 – 1 BvR 1499/97, NJW 2000, 798 (799); BGH Urt. v. 28.4.2010 – VIII ZR 223/09, NJW 2010, 2802 (2803); OLG Düsseldorf Urt. v. 11.6.1986 – 9 U 7/86, NJW-RR 1986, 1208 (1208).

48 BGH Urt. v. 1.2.1994 – VI ZR 229/92, NJW 1994, 999 (1001). Anderes soll jedoch dann gelten, wenn die Leitungen in einer Tiefe liegen, die die bauliche Ausnutzbarkeit des Grundstücks nicht mehr berührt. Das soll bei einer Lage von zwei bis 2,3 m unterhalb der Erdoberfläche noch nicht der Fall sein: BGH Urt. v. 1.2.1994 – VI ZR 229/92, NJW 1994, 999, (1001).

49 BGH Urt. v. 24.1.2003 – V ZR 175/02, NJW-RR 2003, 953 (954). Mit dem Rückbau nicht mehr benötigter Versorgungsanlagen befassen sich: *Bartsch/Rieke* EnWZ 2016, 159.

1. Durchleitung von Wasser und Abwasser

24 Gemäß § 93 WHG ist die Wasserbehörde dazu berechtigt, nach gescheiterten Verhandlungen der unmittelbar Beteiligten über ein Durchleitungsrecht zu angemessenen Bedingungen,[50] gegenüber einem Grundstückseigentümer anzuordnen, das Durchleiten von Wasser und Abwasser sowie die das Errichten und Unterhalten dazu dienender Anlagen zu dulden, soweit dies für die Wasserversorgung anderer Grundstücke und deren Be- und Entwässerung erforderlich ist, und das Vorhaben nicht anders ebenso zweckmäßig oder nur mit erheblichem Mehraufwand durchgeführt werden kann.[51] Voraussetzung einer solchen Anordnung ist ein öffentliches Interesse an der Erfüllung wichtiger wasserwirtschaftlicher Aufgaben.[52] Zudem muss der von dem Vorhaben zu erwartende Nutzen größer sein, als der Nachteil für den Betroffenen.

25 Gemäß § 94 WHG ist es der Behörde gestattet, von dem Betreiber einer Wasserversorgungs- und Abwasseranlage zu verlangen, dass er anderen Personen gestattet, diese mitzubenutzen, sofern die Belieferung anders nicht zweckmäßig oder nur mit erheblichem Mehraufwand realisiert werden kann und der Betrieb der Anlage nicht wesentlich beeinträchtigt wird. Die mitbenutzende Person kann zur Übernahme eines Teils der Kosten für die Errichtung, den Betrieb und die Unterhaltung verpflichtet sein. Führen die vorgenannten Verpflichtungen zu unzumutbaren Beschränkungen, ist gemäß § 95 WHG eine Entschädigung zu leisten. Die Anordnung nach § 93 WHG setzt voraus, dass ein öffentliches Interesse an der Erfüllung wichtiger wasserwirtschaftlicher Aufgaben besteht.[53]

2. Telekommunikationsleitungen

26 Telekommunikationsunternehmen können gemäß 68 Abs. 1 TKG ihre Leitungen für eine öffentliche Nutzungsberechtigung unentgeltlich[54] an öffentlichen Wegen verlegen, wenn dadurch nicht der Widmungszweck des Verkehrsweges beeinträchtigt wird.[55] Das Leitungsrecht betrifft nur die Telekommunikationsleitung, nicht jedoch den letzten Anschluss der einzelnen Kunden.[56] Wird ein Verkehrsweg eingezogen, erlischt damit gemäß § 72 Abs. 2 TKG die Nutzungsberechtigung mit der Folge, dass der Grundstückseigentümer gemäß § 1004 BGB die Beseitigung der Telekommunikationsleitung verlangen kann.[57]

27 Aus § 76 Abs. 1 TKG, der zum 26.6.2004 den bis dahin geltenden im wesentlichen inhaltsgleichen § 57 TKG abgelöst hat, kann auch der private Eigentümer eines Grundstücks, das kein Verkehrsweg ist, dazu verpflichtet sein, Telekommunikationsleitungen[58] über sein Grundstück zu dulden, wenn bereits eine anderweitige Anlage[59] oder Leitung vorhanden ist, oder sein Grundstück durch diese Benutzung nicht unzumut-

50 OVG Lüneburg Beschl. v. 18.3.2020 – 13 LA 40/19, juris Rn. 22.
51 Dazu: OVG Lüneburg Beschl. v. 18.3.2020 – 13 LA 40/19, juris Rn. 6.
52 VGH München Beschl. v. 26.10.2015 – 8 ZB 14.2356, juris Rn. 6.
53 OVG Magdeburg Beschl. v. 8.10.2018 – 4 L 139/18, juris Rn. 11.
54 Durch die Unentgeltlichkeit sollen einheitliche Lebensverhältnisse bei den Informationswegen hergestellt werden: BVerwG Beschl. v. 7.5.2001 – 6 B 55/00, NVwZ 2001, 1170 (1170).
55 *Rathgeb* NVwZ 2012, 270;*Schütz* NVwZ 1996, 1053.
56 BGH Urt. v. 26.9.2003 – V ZR 51/03, NJW-RR 2004, 231 (232).
57 BGH Urt. v. 1.2.1994 – VI ZR 229/92, NJW 1994, 999 (1000).
58 Dazu gehören die zu den Telekommunikationslinien dienende Schaltkästen nicht: OVG Münster Beschl. v. 7.2.2019 – 11 B 1033/18, NVwZ-RR 2019, 502 (502); aA für Multifunktionsgehäuse: AG Erkelenz Urt. v. 31.1.2017 – 15 C 176/16, MMR 2017, 720 (Ls.).
59 Der Anlagenbegriff des § 57 TKG ist weit auszulegen: BGH Urt. v. 23.11.2001 – V ZR 426/00, MMR 2002, 305 (306).

bar[60] beeinträchtigt wird.[61] Durch die aufgenommene Nutzung eines verlegten Kabels wird der Besitz am Grundstück nicht zusätzlich gestört.[62] Die Telekommunikationsunternehmen benötigen für das Verlegen der Leitungen keine Duldungstitel,[63] das Verlegen ohne die Zustimmung des Eigentümers ist keine verbotene Eigenmacht.[64] Eine zu duldende Leitung muss der Grundstückseigentümer auch dann hinnehmen, wenn der Betreiber diese eigenmächtig und gegen den Willen des Grundstückseigentümers eingebracht hat.[65] Die eingetragene Duldungspflicht erfasst nicht nur die erstmalige Errichtung, sondern auch die Wartung und bei Erfordernis auch den Ausbau der Leitungen und deren Neuerrichtung in dem geschützten Bereich.[66]

Telekommunikationsunternehmen sind nicht dazu verpflichtet, ihre Leitungen vorrangig nicht über private 28
Grundstücke zu verlegen.[67] Kann der Anschluss auch allein über das Grundstück des Anschlussnehmers gewährleistet werden, darf das Versorgungsunternehmen grundsätzlich Grundstücke Dritter nicht in Anspruch nehmen.[68] Die Duldungspflicht betrifft auch nicht die auf dem Grundstück stehenden Gebäude und die dort befindlichen Anschlussvorrichtungen.[69] Der Umfang des Nutzungsrechts kann unabhängig von der gesetzlichen Regelung durch einen Vertrag detailliert geregelt durch eine Dienstbarkeit abgesichert werden.[70] Eine grundbuchlich gesicherte Duldungspflicht im Bereich eines definierten Schutzstreifen, in dem eine Erdgasleitung mit Zubehör verlegt werden darf, kann auch das Verlegen neuer Kabelschutzrohre für Telekommunikationskabel umfassen.[71] Wurde ein Schutzstreifen für die Verlegung von Leitungen eingetragen, dürfen die Leitungen darin auch verlegt werden.[72]

Die Nutzung ist – auch von dem Besitzer[73] – generell unentgeltlich zu dulden. Wird das Grundstück durch 29
die Benutzung mit unterirdischen Telekommunikationsleitungen aber über das zumutbare Maß hinaus beeinträchtigt, kann dies auch in den Fällen der Duldungspflicht aus § 76 Abs. 2 S. 1 TKG einen Ausgleichsanspruch begründen.[74] Die Beurteilung der Wesentlichkeit entspricht derjenigen in § 906 Abs. 1 S. 1 BGB.[75] Unwesentlich ist eine Beeinträchtigung durch ein unterirdisch verlegtes Schutzrohr, das so weit unterhalb der Oberfläche verlegt worden ist, dass eine Beeinträchtigung der Oberflächennutzung ausgeschlos-

60 Für die Unzumutbarkeit sind die Grundsätze zu § 906 BGB heranzuziehen: BGH Urt. v. 14.5.2004 – V ZR 292/03, NJW-RR 2004, 1314 (1315). Unzumutbar ist etwa die durch die Leitungsrechte begründete Einschränkung des Eigentums, wenn der Eigentümer dieses Grundstück nicht mehr so nutzen kann, wie ihm dies vor der Inanspruchnahme des Grundstücks möglich war. Das kann etwa durch das Aufbringen von oberirdisch aufgestellten Anlagen wie Fernmeldemasten und oder Kabelverzweigers, nicht aber durch lediglich das Grundstück im Luftraum kreuzende Leitungen begründet sein: BVerfG Beschl. v. 25.8.1999 – 1 BvR 1499/97, NJW 2000, 798 (800).

61 Die Voraussetzungen, unter denen den Grundstückseigentümer eine Duldungspflicht trifft, wurden in § 57 Abs. 1 Nr. 1 TKG hinreichend klar definiert: BVerfG Beschl. v. 26.8.2002 – 1 BvR 142/02, NJW 2003, 196 (197). Das gilt auch für den nunmehr geltenden § 76 TGG.

62 OLG Frankfurt a.M. Urt. v. 26.6.1997 – 1 U 18/97, NJW 1997, 3030 (3031).

63 Durch § 76 TKG wird ein gesetzliches Schuldverhältnis begründet: LG Bonn Urt. v. 31.10.2007 – 5 S 66/07, MMR 2008, 489 (489).

64 Die Duldungspflicht aus § 76 Abs. 1 TKG betrifft aber allein die öffentlichen Kommunikationsleitungen, nicht jedoch den Zugang von den Abnehmern zu ihnen: BGH Urt. v. 8.5.2015 – V ZR 62/14, NJW-RR 2015, 1039 (1041).

65 BGH Urt. v. 7.7.2000 – V ZR 435/98, NJW 2000, 3206 (3208).

66 BGH Urt. v. 23.11.2001 – V ZR 19/00, NJW 2002, 678 (679); BVerfG Beschl. v. 25.8.1999 – 1 BvR 1499/97, NJW 2000, 798 (800); OLG München Urt. v. 19.1.2000 – 20 U 6247/99, juris Rn. 13 f. Zur nachträglichen Verlegung: *Hoeren* MMR 1998, 1.

67 LG Bonn Urt. v. 31.10.2007 – 5 S 66/07, MMR 2008, 489 (490).

68 BGH Urt. v. 11.3.1992 – VIII ZR 219/91, NJW-RR 1993, 141 (142).

69 BGH Urt. v. 2.9.2003 – V ZR 51/03, NW-RR 2004, 231 (232).

70 BGH Urt. v. 7.11.2014 – V ZR 305/13, NJW-RR 2015, 181 (183).

71 OLG Oldenburg Urt. v. 26.5.1998 – 5 U 20/98, NJW 1999, 957 (958); OLG Düsseldorf Beschl. v. 13.7.1998 – 9 U 47/98, NJW 1999, 956 (956); OLG München Urt. v. 19.1.2000 – 20 U 6247/99, juris Rn. 16 ff.

72 BGH Urt. v. 23.11.2001 – V ZR 419/00, NJW 2002, 678 (679).

73 BGH Urt. v. 12.7.2002 – V ZR 441/00, NJW-RR 2002, 1576 (1577).

74 BGH Urt. v. 14.5.2004 – V ZR 292/03, NJW-RR 2004, 1314 (1315); BGH Urt. v. 12.7.2002 – V ZR 441/00, NJW-RR 2002, 1576 (1577.

75 BGH Urt. v. 14.5.2004 – V ZR 292/03, NJW-RR 2004, 1314 (1314).

sen werden kann.[76] Der Ausgleichsanspruch richtet sich gegen denjenigen, der das Leitungsnetz unterhält.[77] Die Höhe der Nutzungsentschädigung wird durch den Marktpreis für die Einräumung von Nutzungsrechten zu Telekommunikationszwecken bestimmt.[78]

3. Anschlussverordnungen und Allgemeine Versorgungsbedingungen

30 In Art. 243 Abs. 1 EGBGB ist eine Verordnungsermächtigung für Allgemeine Bedingungen für die Versorgung mit Wasser und Fernwärme sowie die Entsorgung von Abwasser geregelt. Auch hierdurch kann dem Grundstückseigentümer das Recht aus § 1004 Abs. 1 BGB, die Beseitigung von in sein Grundstück eingebrachten Versorgungsleitungen zu verlangen, entzogen werden. Damit können für diese Bereiche verbindliche Allgemeine Bestimmungen erlassen werden, die inhaltlich wie Allgemeine Geschäftsbedingungen wirken, jedoch der Kontrolle nach den §§ 305 ff. BGB nicht unterliegen.[79]

31 In § 18 Abs. 1 S. 1 EnWG ist eine Pflicht der Betreiber von Energieversorgungsnetzten geregelt,[80] jedermann zu allgemeinen Bedingungen an ihr Energieversorgungsnetz mit Niederspannung oder Niederdruck anzuschließen.[81] Diese Anschlusspflicht besteht bis zur Grenze der Unzumutbarkeit.[82] In den Allgemeinen Bedingungen für den Netzanschluss und dessen Nutzung in der Niederspannung (NAV) und den Allgemeinen Bedingungen für den Netzanschluss und dessen Nutzung für die Gasversorgung in Niederdruck (NDAV) wird den Grundstückseigentümern auferlegt, die Nutzung ihres Grundstückes für die Versorgung zu dulden.[83] Dadurch wird ein Beseitigungsanspruch aus § 1004 BGB ausgeschlossen.[84] Das Besitzrecht des Energieversorgers wird gegenüber jedem neuen Eigentümer neu begründet.[85] Aus § 12 Abs. 1 NAV und § 8 Abs. 1 AVBWasserV müssen Grundstückseigentümer, wenn sie auch Anschlussnehmer sind, die Nutzung ihres Grundstücks für Leitungen kostenlos dulden.[86] Begehrt der Grundstückseigentümer die Beseitigung einer Versorgungsleitung, richtet sich dieser Anspruch nicht gegen den angeschlossenen Nachbarn, sondern gegen das Versorgungsunternehmen.[87] Auf die ebenfalls bestehende Nutzungsmöglichkeit eines anderen Grundstücks muss sich der Versorgungsträger nicht verweisen lassen.[88] Ist die Lage der Versorgungsleitung für den Grundstückseigentümer an der konkreten Stelle nicht mehr zumutbar, kann er gemäß § 9 Abs. 3 NAV und § 8 Abs. 3 AVBWasserV deren Verlegung auf Kosten des Versorgungsunternehmens verlangen, wenn die Versorgungsleitung nicht ausschließlich der Versorgung des Grundstücks dient. Unzu-

---

76 BGH Urt. v. 14.5.2004 – V ZR 292/03, NJW-RR 2004, 1314 (1315).
77 BGH Urt. v. 17.6.2005 – V ZR 202/04, NJW-RR 2005, 1683 (1684).
78 BGH Urt. v. 16.9.2005 – V ZR 242/04, NJW-RR 2006, 384 (385); BGH Urt. v. 7.7.2000 – V ZR 435/98, NJW 2000, 3206 (3211); BVerfG Beschl. v. 20.1.2005 – 1 BvR 290/01, NJW-RR 2005, 741 (742).
79 KG Urt. v. 13.7.1984 – 4 U 2544/83, VersR 1985, 288 (288).
80 In § 8 Abs. 1 AVBEltV war bis zum 7.11.2006 für Kunden und Anschlussnehmer eine Duldungspflicht für über- und unterirdische zum Zwecke der Versorgung mit Niederstrom geregelt: OLG Düsseldorf Urt. v. 11.6.1986 – 9 U 7/86, NJW-RR 1986, 1208 (1208). Diese Einschränkung war als Inhalts- und Schrankenbestimmung des Eigentums gerechtfertigt: BVerfG Beschl. v. 3.7.2001 – 1 BvR 432/00, NZM 2001, 750 (750); BGH Urt. v. 28.4.2010 – VIII ZR 223/09, NJW 2010, 2802 (2803). Diese Berechtigung bezog sich jedoch allein auf die Eigentümer, die Kunden und Anschlussnehmer des Versorgers waren. In einer Eigentümergemeinschaft durfte daher nur die Eigentümer herangezogen werden, die selbst von dem Netz profitieren: BVerfG Beschl. v. 3.7.2001 – 1 BvR 432/00, NZM 2001, 750 (751). Die an das Netz angeschlossenen Elektroanschlussnehmer stellten insoweit eine Solidargemeinschaft dar. Standen dem Elektrizitätsunternehmen sowohl öffentliche als auch private Grundstücke zur Verfügung, waren die Elektrizitätsunternehmen in ihrem Auswahlermessen nicht auf die öffentlichen Grundstücke beschränkt: BGH Urt. v. 28.4.2010 – VIII ZR 223/09, NJW 2010, 2802 (2803).
81 AG Dippoldiswalde Urt. v. 24.1.2020 – 1 C 10/18, GE 2020, 404 (404).
82 LG Düsseldorf Urt. v. 26.10.2016 – 23 S 277/11, juris Rn. 14.
83 *Hermes* in Schneider/Theobald, Energiewirtschaft, § 10 Rn. 7.
84 BGH Urt. v. 28.4.2010 – VIII ZR 233/09, NJW 2010, 2802 (2802).
85 BGH Urt. v. 2.12.2011 – V ZR 119/11, MDR 2012, 276 (277).
86 BGH Urt. v. 2.12.2011 – V ZR 120/11, MDR 2012, 459 (460); OLG Hamm Urt. v. 30.9.1991 – 2 U 34/91, NJW-RR 1992, 346 (346).
87 OLG Karlsruhe Urt. v. 9.7.1997 – 6 U 200/96, OLGReport 1997, 109 (110).
88 BGH Urt. v. 13.3.1991 – VIII ZR 373/89, MDR 1991, 637 (637).

mutbar ist die ursprüngliche Lage der Leitungen, wenn diese einer geplanten Bebauung entgegenstehen.[89] Die Duldungspflicht entfällt erst dann, wenn der Eigentümer durch die Leitungen mehr als notwendig oder unzumutbar beeinträchtigt wird.[90]

81. Leuchtreklame

Klose

Literatur: *Blank,* Umwelt- und Umfeldmängel, MDR 2015, 1114; *Dziallas,* Nachbarschutz gegen Lichtimmissionen, NZBau 2007, 428; *Ellbogen/Schneider*, Blendattacken mit Laserpointern, NZV 2011, 63; *Engel,* Die Gestaltung des Mietvertrages für Einzelhandelsimmobilien, MDR 2012, 1268; *Horst,* Lichteinwirkung und Lichtentzug bei Grundstücken und Wohnungen, DWW 1997, 361; *Jäde,* Schnittpunkte Bauordnungsrecht und Bauplanungsrecht am Beispiel von Werbeanlagen, ZfBR 2010, 34; *Kinne,* Lichter der Großstadt – ein Minderungsrund? Grundeigentum 2007, 694; *Schröer,* Wie hell darf ein Gebäude strahlen?, NZBau 2008, 636.

I. Leuchtreklame

1 Eine Leuchtreklame auf dem Nachbargrundstück kann vor allem dann beeinträchtigend wirken, wenn das von ihr ausgestrahlte Licht auch unabhängig von dem Inhalt der Reklame belästigend wirkt. Hier ist es für den Betreiber der Leuchtreklame ebenso wie für den sich durch diese gestört fühlenden Nachbarn erheblich, ob diese Leuchtreklame so genutzt werden darf. Weiter sind Besonderheiten im Mietverhältnis zu betrachten. Wurde eine Leuchtreklame genehmigt oder nicht genehmigt, kann dies im Falle der öffentlich-rechtlichen Unzulässigkeit oder Zulässigkeit verwaltungsgerichtlich erfolgversprechend angegriffen werden, wenn subjektiv-öffentliche Rechte verletzt werden. Weiter kann der Nachbar die Beschädigung seines Grundstücks durch eine nicht hinreichend befestigte Leuchtreklame befürchten.

II. Privatrechtliche Zulässigkeit

2 Die Zulässigkeit einer Leuchtreklame bemisst sich im privaten Nachbarrecht nach dem Regime der §§ 906, 1004 BGB. Lichtimmissionen sind ähnliche Einwirkungen im Sinne des § 906 Abs. 1 S. 1 BGB, also unwägbare, aber sinnlich wahrnehmbare Einwirkungen, die auf die Bewohner schädigend einwirken können.[1] Eine Beeinträchtigung, die bereits durch eine bloße Außenleuchte begründet sein kann,[2] kann durch das

89 BGH Urt. v. 2.4.1998 – III ZR 251/96, VIZ 1998, 401 (402).
90 BGH Urt. v. 11.3.1992 – VIII ZR 219/91, NJW-RR 1993, 141 (142); vgl. OLG Düsseldorf Urt. v. 19.12.2003 – I-16 U 29/03, OLGReport 2003, 254 (258).
1 BGH Urt. v. 21.10.1983 – V ZR 166/82, NJW 1984, 729 (729); OLG Zweibrücken Urt. v. 29.1.2001 – 7 U 161/00, MDR 2001, 984 (985).
2 LG Wiesbaden Urt. v. 19.12.2001 – 10 S 46/01, NZM 2002, 86 (88).

Blenden,[3] oder ein regelmäßiges Aufflackern (Blinken) ausgelöst werden.[4] Wird die Lichtquelle gezielt auf das Nachbargrundstück gerichtet, handelt es sich bei ihr um eine Einwirkung auf das Nachbargrundstück, die der Zustimmung des Eigentümers bedarf.[5]

1. Beseitigungsanspruch

3 Ein Beseitigungsanspruch aus § 1004 Abs. 1 BGB besteht dann, wenn die Beeinträchtigung nicht im Sinne von § 906 Abs. 1 S. 2 BGB unwesentlich ist. Daneben wird auch ein Beseitigungsanspruch aus § 862 Abs. 1 BGB angenommen, wenn der Besitz durch das Einwirken des Lichtes von der Leuchtreklame gestört wird.[6] Grundsätzlich gehören ideelle Einwirkungen ästhetischer oder optischer Art nicht zu den Immissionen im Sinne des § 906 Abs. 1 BGB.[7] Das gilt grundsätzlich selbst dann, wenn durch diese eine offensichtliche Wertminderung des Grundstücks herbeigeführt wird.

4 **a) Unerhebliche Beeinträchtigung.** Nach § 906 Abs. 1 S. 2 BGB muss der Nachbar unerhebliche Beeinträchtigungen hinnehmen. Stehen die Beeinträchtigungen fest, ist eine einzelfallbezogene Bewertung der Wesentlichkeit erforderlich. Dafür sind etwa die Dauer einer Blendwirkung, die Intensität der Einwirkung und die daraus resultierenden Auswirkungen auf die Nutzbarkeit des Grundstücks maßgeblich.[8] Abzustellen ist hier auf das Empfinden eines verständigen Durchschnittsmenschen.[9]

5 Eine wesentliche Beeinträchtigung kann insbesondere dadurch begründet werden, dass der Lichteinfall den nächtlichen Ruhebereich betrifft.[10] Auch kurzfristige Lichtreflexe können den ungehinderten Gebrauch des Eigentums stören.[11] In die Bewertung der Wesentlichkeit einer Beeinträchtigung ist es auch einzustellen, ob die Leuchtwerbung so angebracht wird, dass sie das Nachbargrundstück beeinträchtigt, obwohl sie auch so angebracht werden könnte, dass sie nur das Grundstück beeinträchtigt, auf dem sie angebracht ist.[12] Für die Wesentlichkeit kann es auch eine Bedeutung haben, ob die Leuchtreklame statisch oder dynamisch ausgestaltet ist, da ein bewegliches Objekt die Aufmerksamkeit in einem höheren Maße in Anspruch nimmt als ein statisches.[13]

6 **b) Ortsüblichkeit.** Eine wesentliche Beeinträchtigung scheidet regelmäßig jedenfalls dann aus, wenn die Leuchtreklame ortsüblich ist. Die Ortsüblichkeit der Beeinträchtigung hängt davon ab, ob sie in ähnlicher Art und Intensität für Nachbarn in dem konkreten Gebiet üblich sind.[14] Hier wird in einem Industrie-, Gewerbe- oder Mischgebiet regelmäßig mit einer Leuchtreklame zu rechnen sein, wohingegen in reinen oder allgemeinen Wohngebieten eine Leuchtreklame nicht ortsüblich ist.

7 **c) Eigene Schutzmaßnahmen des beeinträchtigten Nachbarn.** Nicht jede Beeinträchtigung kann der davon betroffene Nachbar abwehren. Von ihm kann nämlich erwartet werden, dass er die für sozial übliche Abwehrmaßnahmen geeigneten Vorrichtungen, wie etwa Vorhänge oder Jalousien („architektonische Selbsthilfe"), verwendet.[15] Auch das muss ihm aber zumutbar sein. Hindert eine Jalousie, etwa durch eine unzumutbare Verschattung, die Nutzbarkeit eines Grundstücks, kann ihr Anbringen vom Grundstückseigentümer nicht verlangt werden. Beeinträchtigt die Leuchtreklame dagegen, wie regelmäßig, nur bei Dun-

---

3 OLG Düsseldorf Urt. v. 21.7.2017 – I 9 U 35/17, MDR 2017, 1297 (1298).

4 LG Heidelberg Urt. v. 15.5.2009 – 3 S 21/08, NZM 2010, 919 (Ls.).

5 RG Urt. v. 8.4.1911 – V 328/10, RGZ 76, 130, 132; *Horst* DWW 1997, 370.

6 LG Düsseldorf Urt. v. 5.3.1997 – 2 b O 39/97, DWW 1997, 188 (189).

7 BGH Urt. v. 15.11.1974 – V ZR 83/73, NJW 1975, 170 (170); BGH Urt. v. 15.5.1970 – V ZR 20/68, BGHZ 54, 57 (59).

8 OLG Düsseldorf Urt. v. 21.7.2017 – I 9 U 35/17, MDR 2017, 1297 (1297) – Photovoltaikanlage.

9 BGH Urt. v. 14.11.2003 – V ZR 102/03, NJW 2004, 1037 (1040); OLG Stuttgart Urt. v. 9.2.2009 – 10 U 146/08, OLG Report 2009, 458 (459).

10 LG Wiesbaden Urt. v. 19.12.2001 – 10 S 46/01, NZM 2002, 86 (88).

11 OLG Stuttgart Urt. v. 9.2.2009 – 10 U 146/08, OLG Report 2009, 458 (459).

12 OLG Hamburg Urt. v. 27.7.1972 – 6 U 39/72, MDR 1972, 1034 (1034).

13 LG Düsseldorf Urt. v. 5.3.1997 – 2 b O 39/97, DWW 1997, 188 (189 f.).

14 OLG Karlsruhe Urt. v. 13.12.2013 – 9 U 184/11, MDR 2014, 711 (711).

15 OLG Karlsruhe Urt. v. 20.2.2018 – 12 U 40/17, MDR 2018, 790 (791).

kelheit, wird die Nutzung eines Grundstücks durch das Erfordernis des Verwendens einer Jalousie nicht spürbar beeinträchtigt. Daher kann dies von dem Grundstückseigentümer erwartet werden.

d) Politische Äußerungen. Mittels optischer Geräte können auch politische Äußerungen auf helle Außenwände gestrahlt werden, die der Anschauung des benachbarten Grundstücksnutzers nicht entsprechen. Da die Substanz des Hauses durch die Projektion nicht verändert wird, wird das Eigentum an dieser Wand nicht beeinträchtigt. Gleichwohl kommt eine unzumutbare Störung in Betracht. Das Bestrahlen einer Außenwand über einen Zeitraum von zwei und einer halben Stunde mit einer politischen Äußerung soll eine Eigentumsbeeinträchtigung im Sinne des § 1004 Abs. 1 BGB begründen.[16] Diese sei auch nicht nach § 906 BGB gerechtfertigt, da auch Lichtimmissionen vom Nachbargrundstück dann nicht hingenommen werden müssen, wenn dies gezielt benutzt wird, politische Äußerungen zu verbreiten.[17] Ob das Anstrahlen jedoch eine rechtswidrige Eigentumsbeeinträchtigung begründet, hängt davon ab, ob diese von der Meinungsfreiheit gedeckt ist.[18] 8

e) Mietminderung. Wirken sich Lichtimmissionen störend auf Wohnungen aus, können Mieter deshalb gegenüber ihren Vermietern Gewährleistungs- und Mangelbeseitigungsansprüche verfolgen. Sieht sich ein Mieter durch die Lichteinstrahlung beeinträchtigt, kann der Vermieter von ihm regelmäßig nicht verlangen, dass er die von außen an ihn herantretende Beeinträchtigung selbst durch das Schließen von Gardienen oder Vorhängen abmildert oder beseitigt.[19] Nicht jedes Eindringen einer Beleuchtung begründet aber einen zur Minderung berechtigenden Mietmangel. Jedenfalls in einer Umgebung in einer Großstadt, in der Gewerbezentren in der Nähe liegen, muss mit Lichteinflüssen von den dort angebrachten Leuchtwerbeanlagen gerechnet werden.[20] Das kann insbesondere dann angenommen werden, wenn durch eine blinkende Leuchtreklame auf dieses Gewerbe hingewiesen wird.[21] Die Miete kann auch dann gemindert werden, wenn auch in der Nacht durch eine Leuchtreklame auf einen Bordellbetrieb hingewiesen wird.[22] 9

f) Gewerblichen Miete. Für die gewerbliche Nutzung von Mieträumen ist die Außenwerbung oft unverzichtbar. Jedenfalls das Anbringen einer Leuchtreklame ist aber regelmäßig von der Zustimmung des Vermieters abhängig.[23] Damit kann dieser von seinen gewerblichen Mietern auch nicht gegen seinen Willen dazu gezwungen werden, eine von ihm nicht gewollte, andere Mieter beeinträchtigende Leuchtreklame zuzulassen. Stimmt er dieser dennoch zu, kann er sich auf die dadurch begründete Verpflichtung gegenüber den anderen Mietern und Nachbarn nicht berufen. 10

g) Besitzstörung. Eine wesentliche Beeinträchtigung im Sinne des § 906 BGB begründet auch eine Besitzstörung im Sinne von § 862 BGB, mit der Folge, dass auch anderen Mitmietern gegen den störenden Hauseigentümer ein Abwehranspruch zusteht.[24] 11

h) Lichterketten. Lichterketten dürfen, auch wenn sie mit Werbeaufdrucken versehen sind, regelmäßig auch außerhalb der Weihnachtszeit auf Balkonen angebracht werden, da nach der Verkehrsauffassung der Schmuck mit Lichterketten eine weit verbreitete Sitte und damit vom Vermieter zu dulden ist.[25] 12

---

16 OLG Dresden Urt. v. 7.4.2005 – 9 U 263/05, NJW 2005, 1871 (1871).
17 OLG Dresden Urt. v. 7.4.2005 – 9 U 263/05, NJW 2005, 1871 (1871).
18 OLG Dresden Urt. v. 7.4.2005 – 9 U 263/05, NJW 2005, 1871 (1872).
19 LG Düsseldorf Urt. v. 5.3.1997 – 2 b O 39/97, DWW 1997, 188 (189 f.); *Blank* MDR 2015, 1119.
20 LG Berlin Urt. v. 19.12.2003 – 64 S 353/03, Grundeigentum 2004, 352 (352); *Kinne* Das Grundeigentum 2007, 694.
21 AG Tempelhof Urt. v. 4.6.2015 – 23 C 25/15, juris Rn. 10.
22 LG Berlin Urt. v. 4.3.2008 – 65 S 131/07, Grundeigentum 2008, 671 (672).
23 *Engel* MDR 2012, 1271.
24 OLG Hamburg Urt. v. 27.7.1972 – 6 U 39/72, MDR 1972, 1034 (1034); *Horst* DWW 1997, 372.
25 AG Eschweiler Urt. v. 1.8.2014 26 C 43/14, juris Rn. 17.

2. Sonderregelungen in der WEG und im Mietrecht

13 Nicht nur die Eigentümer als Grundstücksnachbarn, sondern auch die Miteigentümer einer Wohnungseigentümergemeinschaft (im Folgenden: WEG) und Parteien eines Mietverhältnisses können von auf dem Nachbargrundstück oder in der Nachbarwohneinheit angebrachten Leuchtreklamen betroffen sein.

14 Zudem kann das nachbarschaftliche Verhältnis im Rahmen einer WEG anderen Regelungen unterliegen. Das ohnehin in der vertraglichen Vereinbarung der Miteigentümer nicht vorgesehene Anbringen einer Leuchtreklame zu Werbezwecken am Gemeinschaftseigentum ist eine bauliche Veränderung im Sinne des § 20 WEG und bedarf daher der Mitwirkung der Miteigentümer, sofern die Werbung nicht ortsüblich und angemessen ist.[26]

15 Durch auf im Umfeld befindlichen Gebäuden angebrachte Leuchtreklamen kann eine Störung durch Licht hervorgerufen werden, die eine Mietminderung zur Folge hat.[27] Hier kann der Grundstückseigentümer die Beseitigung der Leuchtreklame oder eine Entschädigung nach § 906 Abs. 2 BGB verlangen. Auf der anderen Seite kann der gewerbliche Mieter ein Interesse daran haben, auch mit Hilfe einer Leuchtreklame für seine Leistungen zu werben

III. Haftungsansprüche

16 Der Betreiber einer Leuchtreklame kann Haftungsansprüchen ausgesetzt sein, wenn deren Betrieb oder die Folgen von deren nicht sturzsicherer Befestigung bei Dritten Schäden verursacht. Aber auch das letztlich unrechtmäßige Verhindern der Errichtung einer Leuchtreklame ist nicht risikolos.

1. Beschädigungen der oder durch die Leuchtreklame

17 Wird ein Leuchtelement durch einen Orkan abgerissen und beschädigt es dadurch das Eigentum Dritter, kann der Beweis des ersten Anscheins für eine unzureichenden Befestigung und damit für eine schuldhafte Schadensverursachung sprechen.[28] Wenn die Leuchtreklame im Außenbereich eines Gebäudes angebracht ist, ist sie nicht nur den Umwelteinflüssen, sondern auch den Maßnahmen Dritter ausgesetzt. Wird durch die städtische Feuerwehr ein Schneebrett über der Leuchtreklame abgeschlagen und wird diese dadurch beschädigt, begründet das Abschlagen zumindest dann eine fahrlässige Schädigung, wenn einfache und zumutbare Schutzmaßnahmen unterlassen werden.[29]

2. Schäden durch Blendwirkung

18 Werden Werbeanlagen so angebracht, dass sie die Sicherheit des Verkehrs beeinträchtigen, können daraus nicht nur zivilrechtliche Schadensersatzansprüche, sondern auch eine strafrechtliche Verantwortlichkeit, etwa wegen des gefährlichen Eingriffs in den Straßenverkehr hervorgehen. Das Blenden durch Lichtanlagen kann einen verkehrsfremden Eingriff im Sinne des § 315b Abs. 1 Nr. 3 StGB begründen, wenn der Fahrer durch die Leuchtreklame physisch oder psychisch so stark beeinträchtigt wird, dass er sein Fahrzeug nicht mehr sicher beherrscht. Dazu kann das Verursachen einer Sichtbehinderung mit einer blendenden Lichtquelle führen.[30]

3. Unrechtmäßige Versagung

19 Wird das Errichten einer Leuchtreklame rechtswidrig untersagt, kann dies einen zur Entschädigungspflicht führenden enteignungsgleichen Eingriff begründen.[31] Daneben kommen Schadensersatzansprüche dann in Betracht, wenn die Verhinderung der Leuchtreklame als arglistig sittenwidrige Schädigung im Sinne von

26 BayObLG Urt. v. 6.10.2000 – 2 Z BR 74/00, WuM 2000, 686.
27 *Blank* MDR 2015, 1119.
28 OLG Koblenz Urt. v. 5.7.2002 – 10 U 251/02, OLGR 2002, 446 (447) = VersR 2003, 517 (Ls.).
29 OLG Brandenburg Urt. v. 23.8.2011 – 2 U 55/10, NJW-RR 2012, 96 (96).
30 *Ellbogen/Schneider* NZV 2011, 66.
31 BGH Urt. v. 8.7.1965 – III ZR 6/64, NJW 1965, 1912 (1912).

§ 826 BGB zu bewerten ist. Vertragliche Ansprüche kommen dagegen regelmäßig allein im Mietverhältnis in Betracht, weil das bloße nachbarschaftliche Gemeinschaftsverhältnis zur Begründung von Schadensersatzansprüchen aus § 280 BGB nicht ausreicht.

IV. Öffentliches Recht

Das Anbringen einer Leuchtreklame[32] bedarf, sofern sie nicht von der jeweiligen Landebauordnung geneh- 20
migungsfrei gestellt ist, einer Baugenehmigung, soweit diese eine bauliche Anlage im Sinne von § 29 BauGB, also ein Vorhaben darstellt, das baulich dauerhaft errichtet und künstlich mit dem Erdboden verbunden ist.[33] Aber auch wenn die Leuchtreklame keine bauliche Anlage darstellt, können ihrem Betrieb öffentlich-rechtliche Regelungen entgegenstehen, die regelmäßig daraus abzuleiten sind, dass von der Leuchtreklame – auch unterhalb der Schwelle einer Gesundheitsschädigung – eine unzumutbare Lichtimmission ausgeht oder die Verkehrssicherheit gefährdet.[34]

Für die öffentlich-rechtliche Rechtmäßigkeit der Errichtung einer Leuchtreklame kommt es wesentlich auf 21
den Gebietscharakter an. Drittschutz entfaltet aber etwa das aus § 34 Abs. 1 S. 2 BauGB abzuleitende Gebot, gesunde Wohn- und Arbeitsverhältnisse zu schaffen. Dieses kann auch dann verletzt sein, wenn sich die Situation durch die Leuchtreklame verschlechtert, das Gebiet also nicht ohnehin bereits vorbelastet war.

Die inhaltliche Qualität der Leuchtreklame hat auf deren Genehmigungsfähigkeit regelmäßig keinen Ein- 22
fluss. Es kommt weniger auf das (anlagebezogene) ästhetische Empfinden des Betrachters, sondern vor allem darauf an, ob auch gegen das umgebungsbezogene Verunstaltungsverbot, dessen Verletzung durch den Nachbarn jedoch regelmäßig nicht gerügt werden kann, verstoßen wird, der Gegensatz der geplanten Leuchtreklame von dem Betrachter in der Umgebung also als belastend und unlusterregend empfunden wird.[35] Ziel dieser Einschränkungen ist aber nicht das Durchsetzen ästhetischer Wertvorstellungen, sondern das Verhindern von Auswüchsen.[36] Wendet sich ein Nachbar gegen eine Leuchtreklame, hängt seine Schutzbedürftigkeit auch davon ab, welcher Aufwand betrieben werden muss, um die Lichtstrahlen abzuschirmen.[37]

1. Genehmigungsfreie Leuchtreklame

Auch wenn sie nicht genehmigungsbedürftig ist, muss jede Werbeanlage[38] den öffentlich-rechtlichen Vor- 23
schriften entsprechen.[39]

2. Beplanter Bereich

Liegt ein Bebauungsplan vor, entfalten dessen Festsetzungen über die Art der baulichen Nutzung einen 24
Drittschutz.[40] In einem Gewerbe- und Industriegebiet dürfen Werbeanlagen nicht generell untersagt werden.[41] In anderen Gebietsarten ist zu überprüfen, ob diese einen störenden Eingriff begründen.[42] Bei einem

32 Zur baurechtlichen Behandlung von Werbeanlagen: *Dziallas* NZBau 2009, 436; *Jäde* ZfBR 2010, 38.
33 BVerwG Urt. v. 31.8.1973 – IV C 33.71, juris Rn. 20.
34 Vgl. OVG Lüneburg Urt. v. 13.9.1993 – 12 L 68/90, NVwZ 1994, 713 (713) – Straßenlaterne.
35 VG Berlin Urt. v. 5.10.2018 – 19 K 59.18, juris Rn. 24.
36 VG Ansbach Urt. v. 23. Juli 2013 AN 9 K 12.00790, juris Rn. 39.
37 BVerwG Beschl. v. 17.3.1999 – 4 B 14/99, BauR 1992, 1279 (1279).
38 Für diese gilt unabhängig davon, ob sie bauliche Anlagen sind oder nicht, dass sie weder das Straßenbild verunstalten noch die Sicherheit und Leichtigkeit des Verkehrs gefährden dürfen: *Jäde* ZfBR 2010, 37.
39 *Dziallas* NZBau 2009, 436.
40 BVerwG Beschl. v. 18.12.2007 – 4 B 55/07, NVwZ 2008, 427 (428); BVerwG Beschl. v. 2.2.2000 – 4 B 87/99, NVwZ 2000, 679 (679).
41 BVerwG 28.4.1972 – IV C 11/69, MDR 1972, 975 (976); BVerwG Urt. v. 22.2.1980 – IV C 44/76, NJW 1980, 2091, 2091; VG Münster Urt. v. 6.2.1992 – 11 A 2232/89, NVwZ 1993, 87 (89).
42 BVerwG Urt. v. 16.3.1995 – 4 C 3/94, NVwZ 1995, 899 (900).
VG Minden Urt. v. 13.6.2013 – 9 K 1624/12, juris Rn. 32.

Misch- und[43] Kerngebiet werden Lichtwerbeanlagen grundsätzlich als zulässig angesehen.[44] Gerechtfertigt ist ein Verbot von der Errichtung von Werbeanlagen nur dann, wenn dies von gestalterischen Vorgaben des Gesetzgebers erfordert wird.[45] In einem reinen Baugebiet ist eine bewegte Lichtleiste wegen der visuellen Unruhe für die Nachbarschaft unzumutbar.[46] Grenzen ein reines Wohngebiet und ein gewerblich genutztes Baugebiet aneinander an, besteht kein Schutzanspruch des Wohngebietes vor Lichteinstrahlungen von Werbeanlagen aus dem Gewerbegebiet.[47] Im unbeplanten Bereich entfalten die Normen einen Drittschutz, die sich mit der Art der baulichen Nutzung befassen.[48]

3. Unbeplanter Bereich

25 Die Schutzbedürftigkeit des Grundstückseigentümers wird durch die Gebietsart geprägt, die einem der in der BauNVO geregelten Gebietsarten entspricht.[49] Die Errichtung eines großflächigen beleuchteten Werbepylons kann gegen das Gebot der Rücksichtnahme verstoßen, wenn die von diesem ausgehende Beleuchtung zu einer Blendung auf dem Nachbargrundstück führt.[50] Insbesondere darf die Leuchtreklame keine erdrückende Wirkung zur Folge haben. Ein Verstoß gegen das Rücksichtnahmegebot kann auch dadurch begründet sein, dass von der Anlage unzumutbare Lichtimmissionen ausgehen.[51] Lichtreflexionen mit Blendwirkung können eine schädliche Umwelteinwirkung zur Folge haben, die nachbarrechtlich zu beachten ist.[52] Dies wiederum hängt davon ab, welche Zimmer durch die Lichteinstrahlung betroffen sind. Hier ist etwa das gerade nachts und damit zu einem Zeitpunkt, zu dem die Lichteinstrahlung besonders nachteilig einwirkt, genutzte Schlafzimmer besonders schutzbedürftig. Allerdings kann von den Betroffenen erwartet werden, dass sie selbst die ortsüblichen sozialadäquaten zumutbaren Abschirmmaßnahmen unternehmen.[53]

26 Entspricht das Gebiet keinem der in der BauNVO vorgesehenen Baugebiete, besteht ein Schutz nur aus dem planübergreifenden in § 34 Abs. 1 BauGB verankerten[54] Rücksichtnahmegebot. Dieser Schutz besteht in dem Umfang, in dem die Beeinträchtigung unzumutbar ist.[55]

V. Prozessuales

27 Wird die Einwirkung der Leuchtreklame auf das Nachbargrundstück bewiesen, obliegt dem Emittenten die Beweislast dafür, dass diese Einwirkung nicht wesentlich ist.[56] Unabhängig davon, dass objektive Richtwerte für den zulässigen Lichteinfall nicht zur Verfügung stehen,[57] kommt es regelmäßig auf den konkreten Einzelfall an. Als Beweismittel steht jeweils der Augenschein, Zeugenaussagen, aber auch ein Sachverständigengutachten zur Verfügung.[58]

43 VGH München Beschl. v. 30.8.2019 – 1 ZB 17.1540, juris Rn. 4.
44 OVG Münster Urt. v. 20.2.2004 – 10 A 3279/02, NVwZ-RR 2004, 560 (560); VG Minden Urt. v. 13.6.2013 – 9 K 1624/12, juris Rn 46.
45 VG Gelsenkirchen Urt. v. 12.1.2019 – K 5295/17, juris Rn. 35.
46 VG Stuttgart Urt. v. 17.9.2014 – 13 K 308/14.
47 OVG Münster Urt. v. 15.3.2007 – 10 A 998/06, GewArch 2009, 42 (44).
48 VGH Kassel Beschl. v. 28.8.2013 – 3 B 1486/13. juris Rn. 4.
49 VGH Mannheim Urt. v. 29.3.2012 – 3 S 2658/10, juris Rn. 33.
50 VG Aachen Urt. v. 28.8.2012 – 3 K 2277/10, juris Rn. 50.
51 Vgl. *Dziallas* NZBau 2007, 428.
52 VG Neustadt, Urt. v. 17.10.2012 – 4 K 481/12, juris Rn. 28.
53 BVerwG Beschl. v. 17.3.1999 – 4 B 14.99, ZfBR 1999, 358 (358); VG Gelsenkirchen Urt. v. 23.8.2012 – 5 K 329/12, juris Rn. 39.
54 VGH Mannheim Urt. v. 29.3.2012 – 3 S 2658/10, juris Rn. 33.
55 BVerwG Urt. v. 14.1.1993 – 4 C 19/90, NVwZ 1993, 1184 (1885).
56 BGH Urt. v. 20.11.1992 – V ZR 82/91 NJW 1993, 925 (930).
57 *Schröer* NZBau 2008, 637.
58 LG Wiesbaden Urt. v. 19.12.2001 – 10 S 46/01, NZM 2002, 86 (87).

82. Luftverunreinigungen

Grobe

Literatur: *Diederichsen*, Zivilrechtliche Probleme des Umweltschutzes, in FS R. Schmidt, 1976, S. 1; *Marburger*, Regeln der Technik im Recht, 1979; *Popescu/Majer*, Der nachbarrechtliche Ausgleichsanspruch – Grenzen der Analogie zu § 906 II 2 BGB mit Fallübersicht, NZM 2009, 181; *Staake*, Gesetzliche Schuldverhältnisse, 2014; *Stollenwerk*, Der qualmende Kamin des Nachbarn, KommJur 2015, 326; *Würdinger*, Ausweitung der (mehrfach) analogen Anwendung des § 906 Abs. 2 S. 2 BGB in der Wohnungseigentümergemeinschaft, Anmerkung zu BGH, Urt.v.25.10.2013 – V ZR 230/12, JZ 2014, 690.

I. Begriffsbestimmung

Die in § 906 Abs. 1 BGB exemplarisch aufgezählten Einwirkungen (Gase, Dämpfe, Rauch) können unter den Oberbegriff „**Luftverunreinigungen**" gefasst werden. Eine Abgrenzung der Begriffe **Dampf**, **Rauch** und **Staub** ist umso schwieriger, weil in den meisten Fällen mehrere Merkmale gleichzeitig verwirklicht werden. Für die Rechtsanwendung selbst kommt der Differenzierung ohnehin keine besondere Bedeutung zu.[1] **Dampf** und **Rauch** werden von § 906 BGB ausdrücklich erwähnt. Für **Staub** ist allgemein anerkannt, dass es sich bei seiner Zuführung um eine **ähnliche Einwirkung** nach § 906 BGB handelt, da die hM die **Vergleichbarkeit** mit dem ebenfalls in § 906 Abs. 1 BGB aufgeführten **Ruß** bejaht.[2] 1

Zu den einzelnen Begriffen: 2

- **Gas** ist Materie, die sich frei im Raum bewegen kann, also weder fest noch flüssig ist.[3]
- **Rauch** besteht aus sichtbaren, in einem Trägergas dispergierten festen Stoffen.[4]

1 *Klimke* in BeckOGK BGB § 906 Rn. 24.
2 BGH Urt. v. 1.3.1974 – V ZR 82/72, BGHZ 62, 186 (187) = NJW 1974, 987; *Berger* in Jauernig BGB § 906 Rn. 2; *Herrler* in Palandt BGB § 906 Rn. 8; *Fritzsche* in BeckOK BGB § 906 Rn. 24, 31.
3 *Jarass* BImSchG § 3 Rn. 4.
4 *Jarass* BImSchG § 3 Rn. 4.

- Als **Dämpfe** werden Stoffe in gasförmigem Aggregatzustand bezeichnet, die jedoch nicht weit vom Sättigungszustand bzw. der Kondensation entfernt sind und somit häufig als Gemisch von gasförmigen und flüssigen Substanzen auftreten.[5]
- **Staub** sind in der Luft verteilte, disperse Feststoffe beliebiger Form, Struktur und Dichte mit einer Korngröße zwischen 0,01 und 50 µm. Er wird nach **Fein-** (Teilchendurchmesser ≤10 µm) und **Grobstaub** (Teilchendurchmesser →10 µm) unterteilt.[6]

II. Beseitigungs- und Unterlassungsansprüche

1. Abwehransprüche nach § 1004 Abs. 1 S. 1, S. 2 iVm § 906 BGB

3 Wird das Eigentum durch die Zuführung von Luftverunreinigungen in nicht zumutbarer Weise beeinträchtigt, kann dem Nachbarn ein Anspruch auf Beseitigung und künftige Unterlassung dieser Immissionen nach § 1004 Abs. 1 S. 1, S. 2 iVm § 906 BGB zustehen.

4 **a) Eigentumsbeeinträchtigung durch Immissionen.** Eine Beeinträchtigung durch **Immissionen** liegt bei jedem dem Inhalt des Eigentums widersprechenden, nach Dauer und Intensität nicht nur unerheblichen Eingriff in die **rechtliche** oder **tatsächliche** Herrschaftsmacht des Eigentümers vor.[7] Ob eine solche Beeinträchtigung gegeben ist, muss im jeweiligen Einzelfall entschieden werden.

5 Im Hinblick auf die Intensität, die eine Beeinträchtigung aufweisen muss, kann vorliegend offenbleiben, ob bereits eine **Duldungspflicht** nach § 906 BGB vorliegen muss, da diese Frage rein dogmatischer Natur ist und keine wesentlichen Auswirkungen hat.[8]

6 **aa) Einwirkungen nach § 906 Abs. 1 BGB.** Im Hinblick auf **Gase** bejaht die Rechtsprechung eine Beeinträchtigung bei **Abgasen** von Kraftfahrzeugen, die von Kfz-Abstellplätzen herrührten,[9] von **Fluorgasen**, die von einer benachbarten Ziegelei abgehen und dazu führen, dass Nadelgehölze beschädigt werden,[10] bei **karzinogenen (krebserregenden) Ausdünstungen** einer Einfriedung aus Eisenbahnschwellen,[11] bei der Freisetzung von **Ammoniak** aus Gülle,[12] bei aus einer Wäscherei entweichendem **Perchlorethylen** in die Raumluft einer benachbarten Wohnung,[13] bei von benachbarten Fabriken freigesetztem **Schwefeldioxyd**[14] sowie hinsichtlich der entweichenden Abgase von **Ölheizungen**.[15]

7 Bezüglich der Luftverunreinigung durch **Rauch** hat sich die Rechtsprechung insbesondere mit Emissionen durch **Zigarettenrauch**,[16] durch **Grillen**,[17] durch **Kamine und Kaminöfen**,[18] durch **Holzfeuerungsanla-**

5 *Schulte/Michalk* BeckOK UmweltR § 3 Rn. 20 mwN.
6 *Schulte/Michalk* BeckOK UmweltR § 3 Rn. 17 mwN.
7 Vgl. *Fritzsche* in BeckOK BGB § 1004 Rn. 35.
8 Zu den dogmatischen Hintergründen *Thole* in Staudinger BGB § 1004 Rn. 16 ff.; *Spohnheimer* in BeckOGK BGB § 1004 Rn. 84 f.
9 Vgl. BGH Urt. v. 16.6.1959 – V ZR 47/58, NJW 1959, 1632.
10 BGH Urt. v. 16.12.1977 – V ZR 91/75, BGHZ 70, 102 = NJW 1978, 419.
11 OLG Köln Urt. v. 3.5.1995 – 2 U 135/94, VersR 1997, 121.
12 OLG Düsseldorf Urt. v. 28.7.1995 – 11 U 24/94, NJW-RR 1995, 1482.
13 OLG Köln Urt. v. 3.12.1992 – 1 U 17/91, NJW-RR 1993, 598; KG Berlin Urt. v. 17.11.1989 – 9 U 1846/89, r+s 1990, 338.
14 BGH Urt. v. 29.10.1954 – V ZR 53/53, BGHZ 15, 146 = NJW 1955, 19; BGH Urt. v. 15.4.1959 – V ZR 3/58, BGHZ 30, 273 (275) = NJW 1959, 1867.
15 BGH Urt. v. 4.12.1970 – V ZR 79/68, WM 1971, 278 = BeckRS 1970, 31123682; OLG Düsseldorf Urt. v. 11.5.1977 – 9 U 183/75, MDR 1977, 931 = BeckRS 1977, 01607.
16 BGH Urt. v. 16.1.2015 – V ZR 110/14, NJW 2015, 2023; *Klimke* in BeckOGK BGB § 906 Rn. 223 f.
17 OLG Oldenburg Urt. v. 29.7.2002 – 13 U 53/02, BeckRS 2007, 16858; OLG Hamm Urt. v. 20.3.2007 – 34 U 86/03, NVwZ-RR 2007, 756 (759); *Roth* in Staudinger BGB § 906 Rn. 137; *Klimke* in BeckOGK BGB § 906 Rn. 222.
18 LG Dortmund Urt. v. 3.4.2009 – 3 O 29/08, BeckRS 2009, 19311; KG Urt. v. 26.3.2013 – 21 U 131/08, NZM 2013, 742; dazu auch *Stollenwerk* KommJur 2015, 326.

gen,[19] durch **Rauchgase** aufgrund eines Brands auf dem Nachbargrundstück[20] und Emissionen einer **Erzgrube**[21] auseinandergesetzt.

Eine Beeinträchtigung im Zusammenhang mit **Dämpfen** bejaht die Rechtsprechung bei **Teerdämpfen**, die bei Bauarbeiten entstehen,[22] aber auch bei **Stärke- und Wasserdampf**, der aus einer **Knäckebrotfabrik** herrührt.[23] 8

bb) „Ähnliche Einwirkungen". Neben den ausdrücklich in § 906 Abs. 1 BGB aufgeführten Immissionen kann eine Beeinträchtigung auch bei **„ähnlichen Einwirkungen"** vorliegen. Erfasst sind damit grundsätzlich positive Einwirkungen, die nicht ausdrücklich in § 906 Abs. 1 BGB genannt werden.[24] Was unter einer **ähnlichen Einwirkung** zu verstehen ist, ist allerdings strittig. Nach der überwiegenden Ansicht in Rechtsprechung und Literatur handelt es sich um ähnliche Einwirkungen im Sinne von § 906 Abs. 1 BGB, wenn sie in ihrer **Ausbreitung** weithin **unkontrollierbar und unbeherrschbar** sind, in ihrer **Intensität schwanken** und dadurch andere Grundstücke **überhaupt nicht**, **unwesentlich** oder **wesentlich** beeinträchtigen können.[25] Zudem sind **Grobimmissionen** nach herrschender Meinung nicht erfasst.[26] Nach *Jauernig* ist allein die **schwankende Intensität der Einwirkung** maßgeblich. Eine Heranziehung der Begriffe **„Beherrschbarkeit"** und **„Größe der einwirkenden Stoffe"** führe zu unsicheren und teilweise widersprüchlichen Ergebnissen.[27] 9

Wie bereits im Rahmen der Begriffsbestimmung ausgeführt, handelt es sich bei **Staub** um eine **ähnliche Einwirkung** nach § 906 Abs. 1 BGB, da nach hM eine Vergleichbarkeit zum in § 906 Abs. 1 BGB aufgeführten Ruß bejaht wird.[28] Legt man zudem die oben angeführte Definition zugrunde, so gilt im Hinblick auf **Staubimmissionen**, dass diese in ihren **Auswirkungen variabel** sind und **nicht notwendig wesentliche Beeinträchtigungen** hervorrufen.[29] Die Rechtsprechung hat eine ähnliche Einwirkung bei Staubimmissionen eines Zementwerks[30] sowie einer ICE-Baustelle[31] bejaht. 10

b) Anspruchsinhaber/Anspruchsgegner. Inhaber des Beseitigungsanspruchs nach § 1004 Abs. 1 S. 1 BGB ist grundsätzlich der beeinträchtigte **Eigentümer**,[32] der **nicht unmittelbarer Besitzer** sein muss.[33] Statt des Eigentümers können der **Insolvenzverwalter** (§§ 80, 85 InsO), **Zwangsverwalter** oder **Testamentsvollstrecker** (§§ 2112, 2113 BGB) berechtigt sein.[34] Bei schlichtem **Miteigentum** ist jeder Miteigen- 11

---

19 OLG Oldenburg Urt. v. 6.11.1990 – 5 U 72/90, NJW-RR 1991, 653.
20 OLG Bamberg Urt. v. 5.5.2011 – 1 U 122/09, BeckRS 2012, 5169.
21 BGH Urt. v. 15.4.1959 – V ZR 3/58, BGHZ 30, 273 (275) = NJW 1959, 1867.
22 BGH Urt. v. 15.4.1959 – V ZR 3/58, WM 1968, 1106 – Bitumenmischanlage; BGH Urt. v. 5.7.1971 – III ZR 196/68, MDR 1971, 912.
23 OLG München Urt. v. 19.1.2009 – 19 U 3826/08, BeckRS 2009, 4150.
24 *Klimke* in BeckOGK BGB § 906 Rn. 34.
25 BGH Urt. v. 24.1.1992 – V ZR 274/90, BGHZ 117, 110 (112) = NJW 1992, 1389; BGH Urt. v. 14.11.2003 – V ZR 102/03, BGHZ 157, 33 = NJW 2004, 1037 (1039); *Brückner* in MüKoBGB § 906 Rn. 45, 49; *Roth* in Staudinger BGB § 906 Rn. 116.
26 BGH Urt. v. 8.10.1958 – V ZR 54/56, BGHZ 28, 225 (228 f.) = NJW 1959, 97; BGH Urt. v. 17.9.2004 – V ZR 230/03, BGHZ 160, 232 (236) = NJW 2004, 3701; OVG Bremen Urt. v. 19.1.1993 – 1 BA 11/92, NVwZ-RR 1993, 468 (473); OLG Naumburg, Urt. v. 23.11.2015 – 12 U 184/14, NJOZ 2017, 398; vgl. *Fritzsche* in BeckOK BGB § 906 Rn. 33 f. mwN; kritisch dazu *Klimke* in BeckOGK BGB § 906 Rn. 37 ff.
27 *Jauernig* JZ 1986, 605 (607).
28 BGH Urt. v. 1.3.1974 – V ZR 82/72, BGHZ 62, 186 (187) = NJW 1974, 987; *Berger* in Jauernig BGB § 906 Rn. 2; *Herrler* in Palandt BGB § 906 Rn. 8; *Fritzsche* in BeckOK BGB § 906 Rn. 24, 31.
29 So bereits *Klimke* in BeckOGK BGB § 906 Rn. 39.
30 BGH Urt. v. 1.3.1974 – V ZR 82/72, BGHZ 62, 186 (187) = NJW 1974, 987.
31 OLG München Urt. v. 18.9.2008 – 23 U 2648/08, NZM 2008, 821 (nicht rechtskräftig).
32 *Thole* in Staudinger BGB § 1004 Rn. 239; *Spohnheimer* in BeckOGK BGB § 1004 Rn. 56; *Staake*, Gesetzliche Schuldverhältnisse, § 13 Rn. 8.
33 Vgl. *Thole* in Staudinger BGB § 1004 Rn. 239.
34 *Fritzsche* in BeckOK BGB § 1004 Rn. 12.

tümer berechtigt, den Anspruch gegenüber Dritten nach § 1004 BGB selbst geltend zu machen, § 1011 BGB.[35]

12 Für die **WEG** ist zu differenzieren: Bei Beeinträchtigungen des **Sondereigentums** stehen dem Wohnungseigentümer gem. § 13 Abs. 1 WEG sämtliche Abwehransprüche des Eigentums zu. Für Beeinträchtigungen des **gemeinschaftlichen** Eigentums kann der einzelne Wohnungseigentümer gegenüber Dritten – entsprechend der Regelungen zum Miteigentum – in Ansehung der Sache den Anspruch nach § 1004 BGB geltend machen, **§ 16 Abs. 1 S. 3 WEG**. Nach dem neu geschaffenen § 9a Abs. 2 WEG übt die Gemeinschaft der Wohnungseigentümer die sich aus dem gemeinschaftlichen Eigentum ergebenden Rechte sowie solche Rechte der Wohnungseigentümer aus, die eine einheitliche Rechtsverfolgung erfordern, und nimmt die entsprechenden Pflichten der Wohnungseigentümer wahr. Das Konzept der zuvor in § 10 Abs. 6 S. 3 WEG aF enthaltenen Unterscheidung zwischen geborener und gekorener Aktivlegitimation wurde mit der WEG-Reform 2020 aufgegeben.[36]

13 Kraft Verweisung stehen dem Berechtigten einer **Grunddienstbarkeit** (§ 1027 BGB), dem Berechtigten einer **persönlichen Dienstbarkeit** (§§ 1090 Abs. 2, 1027 BGB), dem **Nießbraucher** (§ 1065 BGB) und dem **Erbbauberechtigten** (§ 11 Abs. 1 ErbbauRG) ein Anspruch nach § 1004 Abs. 1 BGB zu.

14 Eine Geltendmachung des § 1004 Abs. 1 BGB auf Unterlassung bzw. Beseitigung rechtswidriger Immissionen ist für **bloß obligatorisch Berechtigte** wie **Mieter** und **Pächter** nicht möglich.[37] Diesen wird jedoch zum einen ein gleichlaufender Schutz durch § 862 BGB zuteil,[38] zum anderen können sie den **Vermieter/Verpächter** aufgrund des zugrundeliegenden Schuldverhältnisses und über § 1004 Abs. 1 BGB verpflichten, gegen den Störer nach § 1004 BGB vorzugehen.

15 **Anspruchsgegner** und damit zur Beseitigung nach § 1004 I BGB verpflichtet, ist der **Störer**. Obwohl der Begriff des Störers umstritten ist, besteht Einigkeit dahingehend, dass die Beeinträchtigung dem Störer **zurechenbar** sein muss.[39] Die hM differenziert nach **Handlungs-** und **Zustandsstörer**.[40] **Handlungsstörer** ist, wer die Beeinträchtigung durch sein (un-)mittelbares[41] Verhalten, also durch aktives Tun oder pflichtwidriges Unterlassen adäquat verursacht hat.[42] Zustandsstörer ist, wer die Beeinträchtigung zwar nicht durch sein Verhalten verursacht hat, durch dessen **maßlichen Willen** der beeinträchtigende Zustand aber aufrechterhalten wird.[43] Die Verantwortlichkeit des Zustandsstörers resultiert aus seiner **Verantwortlichkeit** gegenüber einer **Gefahrenquelle**.[44] Eine solche ist nach Ansicht des BGH nicht bereits gegeben, wenn man Eigentümer oder Besitzer einer Sache bzw. Anlage ist.[45] Die Beeinträchtigung muss auf dem **maßgeblichen Willen** des Eigentümers oder Besitzers beruhen.[46] Eine Haftung des Zustandsstörers kommt nach § 1004 Abs. 1 BGB nur in Betracht, wenn dieser die **Störungsquelle** beherrscht und deshalb die Störung

35 BGH Urt. v. 25.10.1991 – V ZR 196/90, WM 1992, 313 (315); *Thole* in Staudinger BGB § 1004 Rn. 240.

36 Vgl. Entwurf eines Gesetzes zur Förderung der Elektromobilität und zur Modernisierung des Wohnungseigentumsgesetzes (Wohnungseigentumsmodernisierungsgesetz – WEModG), S. 47.

37 *Spohnheimer* in BeckOGK BGB § 1004 Rn. 65.

38 Vgl. BGH Urt. v. 12.3.2003 – IV ZR 278/01, BGHZ 154, 154 (162) = NJW 2003, 1596; BGH Urt. v. 26.9.2006 – VI ZR 166/05, NJW 2006, 3628 (3630); BGH Urt. v. 16.1.2015 – V ZR 110/14, NJW 2015, 2023 (2024); *Keukenschrijver* in NK-BGB § 1004 Rn. 35; *Thole* in Staudinger BGB § 1004 Rn. 249.

39 *Thole* in Staudinger BGB § 1004 Rn. 254; *Raff* in MüKoBGB § 1004 Rn. 157; *Schulte-Nölke* in HK-BGB § 1004 Rn. 5.

40 *Berger* in Jauernig BGB § 1004 Rn. 15.

41 Vgl. *Sponheimer* in BeckOGK BGB § 1004 Rn. 142.2.,142.3.

42 *Schulte-Nölke* in HK-BGB § 1004 Rn. 5; *Thole* in Staudinger BGB § 1004 Rn. 256.

43 BGH NJW 2007, 432 mwN; vgl. *Berger* in Jauernig BGB § 1004 Rn. 17; *Fritzsche* in BeckOK BGB § 1004 Rn. 20.

44 *Sponheimer* in BeckOGK BGB § 1004 Rn. 142.4; *Fritzsche* in BeckOK BGB § 1004 Rn. 21.

45 BGH Urt. v. 25.11.1955 – V ZR 37/54, BGHZ 19, 126 = NJW 1956, 382; BGH Urt. v. 9.7.1958 – V ZR 202/57, BGHZ 28, 110 = NJW 1958, 1580.

46 BGH Urt. v. 17.9.1954 – V ZR 35/54, BeckRS 1954, 31200531; BGH Urt. v. 20.11.1992 – V ZR 82/91, NJW 1993, 925 mwN.

beenden kann.[47] Eine **Entziehung der Haftung** aufgrund von **Besitzaufgabe** oder **Dereliktion** ist nicht möglich.[48]

Kommen mehrere Personen als Handlungs- bzw. Zustandsstörer in Betracht, steht dem Berechtigten gegenüber jedem ein **individueller Beseitigungsanspruch** zu.[49] 16

Inwiefern der **Rechtsnachfolger** zur Beseitigung herangezogen werden kann, ist sehr umstritten[50] und hängt grundsätzlich davon ab, ob eine **Gesamtrechtsnachfolge** oder **Einzelrechtsnachfolge** vorliegen. Bei der Gesamtrechtsnachfolge sind die Erben gem. §§ 1922, 1967 BGB verpflichtet, wenn der Erblasser zur Beseitigung gem. § 1004 Abs. 1 BGB verpflichtet war.[51] Für den Erwerber einer Sache kann die **Pflicht zur Beseitigung** nicht darauf gestützt werden, dass der Veräußerer **beseitigungspflichtig** war, jedoch kann er aufgrund der **Beschaffenheit der Sache** originär als Störer anzusehen sein, wenn er den störenden Zustand aufrecht erhält, obwohl er die Störung beseitigen könnte.[52] 17

c) Duldungspflichten nach §§ 1004 Abs. 2, 906 BGB. Handelt es sich bei den **zugeführten Luftverunreinigungen** nur um eine **geringfügige** Eigentumsbeeinträchtigung, so ist diese vom Nachbarn nach § 1004 Abs. 2 iVm § 906 Abs. 1 S. 1 BGB zu **dulden**. Das Gleiche für **wesentliche Immissionen**, die sich aus einer **ortsüblichen** Benutzung des anderen Grundstücks ergeben, § 906 Abs. 2 S. 1 BGB. 18

aa) Unwesentliche Eigentumsbeeinträchtigungen nach § 906 Abs. 1 S. 1 BGB. Eine **unwesentliche Beeinträchtigung** ist immer dann anzunehmen, wenn die Einwirkung dem Empfinden eines verständigen Durchschnittsmenschen bei wertender Beurteilung zumutbar ist, also nicht über eine im **nachbarrechtlichen Gemeinschaftsverhältnis sozialadäquate** bloße Belästigung hinausgeht.[53] Die Beurteilung, wann eine Immission als **unwesentlich** einzuordnen ist, wird vornehmlich **objektiv** durch Feststellung ihres **Ausmaßes** bestimmt.[54] Grundsätzlich gilt nach § 906 Abs. 1 S. 2 und 3 BGB, dass eine Immission unwesentlich ist, wenn die in den Gesetzen, Verordnungen oder allgemeinen Verwaltungsvorschriften nach **§ 48 BImSchG** festgelegten **Grenz- bzw. Richtwerte** nicht überschritten werden. Während unter die von § 906 Abs. 1 S. 2 BGB gefassten Vorschriften die Verordnungen fallen, die ihre Grundlage in **§§ 7, 23 BImSchG** haben, zählt zu den allgemeinen Verwaltungsvorschriften nach § 906 Abs. 1 S. 3 BGB die **TA Luft**.[55] 19

Bei der Zuführung von Luftverunreinigungen ist aufgrund der technischen Möglichkeiten ein objektives Mess-Verfahren vorhanden. Die **TA Luft** schreibt das jeweils anzuwendende Messverfahren vor[56]. **§ 3 Abs. 4 BImSchG sowie Nr. 2.1 TA Luft**[57] definieren die sog. **Luftverunreinigungen**. Die Ermittlung der Schwere der Immission erfolgt durch Messung der Masse der luftverunreinigten Stoffe, bezogen auf das Volumen der verunreinigten Luft und als Massenkonzentration in mg/m³ (Staub), als Massenstrom in kg/h (Rauch) oder als Massenverhältnis kg/t (Staub). 20

---

47 *Fritzsche* in BeckOK BGB § 1004 Rn. 15; vgl. auch BGH Urt. v. 20.12.1988 – VI ZR 182/88, NJW 1989, 902 (903); BGH Urt. v. 20.11.1992 – V ZR 82/91, BGHZ 120, 239 = NJW 1993, 925 (930).

48 BGH Urt. v. 29.5.1964 – V ZR 58/62, BGHZ 41, 393 = NJW 1964, 1794; BGH Urt. v. 30.3.2007 – V ZR 179/06, NJW 2007, 2182.

49 *Fritzsche* in BeckOK BGB § 1004 Rn. 27; *Berger* in Jauernig BGB § 1004 Rn. 18.

50 Vgl. *Berger* in Jauernig BGB § 1004 Rn. 30.

51 LG München I Beschl. v. 3.8.2009 – 1 T 13291/05, BeckRS 2009, 2751.

52 BGH Urt. v. 19.1.1996 – V ZR 298/94, NJW-RR 1996, 659; *Fritzsche* in BeckOK BGB § 1004 Rn. 30 mwN.

53 Vgl. BGH Urt. v. 16.12.1977 – V ZR 91/75, BGHZ 70, 102 (110) = NJW 1978, 419; BGH Urt. v. 23.3.1990 – V ZR 58/89, BGHZ 111, 63 (65) = NJW 1990, 2465; BGH Urt. v. 6.7.2001 – V ZR 246/00, BGHZ 148, 261 (265) = NJW 2001, 3119; BGH Urt. v. 27.10.2006 – V ZR 2/06, NJW-RR 2007, 168 (169).

54 RG Urt. v. 20.2.1909 – V 311/08, RGZ 70, 311–313, BGH Urt. v. 18.6.1958 – V ZR 49/57, NJW 1958, 1393; OLG Oldenburg Urt. v. 6.11.1990 – 5 U 72/90, NJW-RR 1991, 653; OLG Hamm Urt. v. 20.3.2007 – 34 U 86/03, NVwZ-RR 2007, 756 (759).

55 *Brückner* in MüKoBGB § 906 Rn. 69; *A. Staudinger* in HK-BGB § 906 Rn. 8.

56 *Brückner* in MüKoBGB § 906 Rn. 149; siehe 2.1 – 2.4 TA Luft.

57 *Brückner* in MüKoBGB § 906 Rn. 149.

21 Bei den in § 906 Abs. 1 S. 2 und 3 BGB aufgezählten Vorschriften handelt es sich um **Regelbeispiele**, so dass bei Überschreiten der dort festgelegten Grenzwerte die **Wesentlichkeit** der Beeinträchtigung **indiziert** wird.[58] Diese Ausgestaltung von § 906 Abs. 1 S. 2 und 3 BGB gewährt dem jeweiligen Tatrichter genügend Spielraum, um die **Besonderheiten des Einzelfalls** hinreichend zu berücksichtigen.[59]

22 Hinsichtlich der Einzelfallbetrachtung stellt der BGH auf einen „**differenziert-objektiven Maßstab**" ab. In Angleichung an die verwaltungsgerichtliche Rechtsprechung[60] ist entscheidend, „was dem **verständigen Durchschnittsmenschen** unter Würdigung anderer öffentlicher und privater Belange **zuzumuten** ist".[61]

23 Legt man dies zugrunde, wird der verständige Durchschnittsmensch eine „**situationsbezogene Abwägung**"[62] vornehmen, in dem **Natur** und **Zweckbestimmung** der im **Einflussgebiet** der Immissionsquelle gelegenen Grundstücke festgestellt werden.[63] Die Wesentlichkeit der Beeinträchtigung kann nur im **Zusammenhang mit dem betroffenen Grundstück** erfolgen, da Aspekte der Abwägung wie Sozialadäquanz, Wahrnehmbarkeit und Belästigung danach variieren, ob sich das Grundstück in der Stadt oder auf dem Land befindet.[64] Nachdem ein „**Beobachtungsbezirk**"[65] gebildet wurde, kann festgestellt werden, welche **Störanfälligkeiten** bestehen und vom Nachbarn zu berücksichtigen sind und in welcher **Art und Weise** die tatsächliche **Zweckbestimmung** des Grundstücks gestört ist.[66] Bewohnern von Gebieten, die **industriell** oder **verkehrsmäßig** geprägt sind, wird eine umfassendere Duldungspflicht gegenüber dort vorkommenden Immissionen auferlegt.

24 Als weiteres Beurteilungskriterium neben den Erkenntnissen aus dem Messverfahren tritt das **Erscheinungsbild** von Nutztieren- und -pflanzen. Maßgeblich ist dabei, ob etwaige Schäden sichtbar sind oder die **Speicherung von Schadstoffen** festgestellt werden kann.[67] Für den Menschen ergibt sich die Wesentlichkeit der Beeinträchtigung vor allem aufgrund einer **ernstlichen Geruchsbelästigung**.[68]

25 Im Hinblick auf die **Intensität** der Immission ist eine **dauernde Beeinträchtigung** nicht entscheidend. Maßgeblich ist, inwiefern die Immission im **jeweiligen Einzelfall** noch als **hinnehmbar** angesehen werden kann, wobei Umstände wie Windrichtung, Jahreszeit und Wetterlage mit zu berücksichtigen sind.[69] Auch eine **einmalige Immission** kann als wesentliche Beeinträchtigung eingeordnet werden, wenn durch diese ein **erheblicher** Schaden verursacht wird.[70]

---

58 OLG Oldenburg Urt. v. 6.11.1990 – 5 U 72/90, NJW-RR 1991, 653 (654) – Rauchbelästigung durch Holzfeuerungsanlage.

59 Vgl. BT-Drs. 12/7425, 89 f.; BGH Urt. v. 26.9.2003 – V ZR 41/03, NJW 2003, 3699 (3700) – Rockkonzert.

60 Vgl. BVerwG Urt. v. 12.12.1975 – IV C 71/73, BVerwGE 50, 49 = MDR 1976.

61 BGH Urt. v. 6.7.2001 – V ZR 246/00, BGHZ 148, 261 = NJW 2001, 3119; BGH Urt. v. 15.2.2008 – V ZR 222/06, BGHZ 175, 253 = NJW 2008, 1810 (1813).

62 BGH Urt. v. 18.6.1958 – V ZR 49/57, NJW 1958, 1393; BGH Urt. v. 20.11.1992 – V ZR 82/91 BGHZ 120, 239 = NJW 1993, 925 (930).

63 BGH Urt. v. 20.11.1992 – V ZR 82/91 BGHZ 120, 239 = NJW 1993, 925 (930); *Brückner* in MüKoBGB § 906 Rn. 72 mwN.

64 *Brückner* in MüKoBGB § 906 Rn. 75.

65 *Brückner* in MüKoBGB § 906 Rn. 76.

66 BGH Urt. v. 16.12.1977 – V ZR 91/75, BGHZ 70, 102 = NJW 1978, 419; BGH Urt. v. 2.3.1984 – V ZR 54/83, BGHZ 90, 255 = NJW 1984, 2207 (2208).

67 OLG Hamm Urt. v. 13.7.1987 – 5 U 155/86, NJW 1988, 1031 – Thalliumimmissionen; OLG Rostock Urt. v. 20.7.2006, NJW 2006, 3650 (3652).

68 BGH Urt. v. 30.10.1998 – V ZR 64-98, NJW 1999, 356 (357 f.) – Geruchsbelästigung durch Schweinemästerei; OLG Celle Urt. v. 4.8.1987 – 4 U 98/85, NJW-RR 1988, 1040 – Geruchsbelästigung durch Kläranlage; OLG München Urt. v. 26.6.1990 – 5 U 7178/89, NJW-RR 1991, 17 – unerträgliche geruchliche Belästigung durch Katzen.

69 Vgl. BGH Urt. v. 16.12.1977 – V ZR 91/75, BGHZ 70, 102 = NJW 1978, 419 (420) zur Berücksichtigung von Wetterlagen; OLG München Urt. v. 26.6.1990 – 5 U 7178/89, NJW-RR 1991, 17 zur Bedeutung der Windrichtung; *Brückner* in MüKoBGB § 906 Rn. 152.

70 BGH Urt. v. 2.6.1958 – III ZR 35/57, BeckRS 1958, 31205450; BGH Urt. v. 20.11.1998 – V ZR 411/97, NJW 1999, 1029 (1030); OLG Koblenz Urt. v. 25.1.1989 – 7 U 1686/87, BeckRS 1989, 30852563; *Brückner* in MüKoBGB § 906 Rn. 80.

26 Die Frage, in welcher Häufigkeit man sich im Jahr **Grillgerüchen** aussetzen muss, wird in der Rechtsprechung unterschiedlich diskutiert. Legt man **Ziff. 3.1 der Geruchsimmissions-Richtlinie (GIRL)** zugrunde, so ist eine Geruchsbelastung in Wohngebieten in bis zu 10 % der Jahresstunden unbeachtlich.[71] Dies hätte für die Sommermonate zur Folge, dass man tägliches Grillen zu dulden habe. Sowohl in Rechtsprechung als auch Literatur werden daher **weitergehende Einschränkungen** befürwortet, wobei die Regelmäßigkeit an die örtlichen Gegebenheiten anzupassen ist.[72] Grundsätzliche Übereinstimmung herrscht hingegen, dass **nächtliches Grillen** wegen der gesteigerten Belästigung nicht hinzunehmen ist (→ *Grillen* Rn. 1 ff.).[73]

27 Unter welchen Umständen **Zigarettenrauch** zu dulden ist, muss anhand der jeweiligen Einzelfälle entschieden werden. Da die **Nichtraucherschutzvorschriften** des Bundes und der Länder sich nur auf das Rauchen in **geschlossenen Räumen** beschränken, wird nach Auffassung des BGH damit **indiziert**, dass Rauchen im Freien grundsätzlich **keine Gefahr für Dritte** darstellt und daher **zu dulden** ist.[74] Allerdings kann auch diese Indizwirkung erschüttert werden, wenn der Betroffene darlegt und beweist, dass der Tabakrauch auf seinem Grundstück zu einer für die **Gesundheit gefährlichen Feinstaubkonzentration** führt. Deutlich wahrnehmbarer Tabakrauch stellt – unabhängig von der Rauchdauer – stets eine **wesentliche Beeinträchtigung** im Sinne von § 906 Abs. 1 S. 1 BGB dar.[75] Zudem ist es für die Bestimmung der Wesentlichkeit nicht erforderlich, dass der Geruch wahrnehmbar ist, wenn von diesem eine **konkrete Gefahr einer Gesundheitsschädigung** ausgeht.[76] Da bislang der BGH nur darüber entschieden hat, wann eine **wesentliche Beeinträchtigung** durch Tabakrauch zwischen Mietern eines einheitlichen Grundstücks gegeben ist, fehlen entsprechende Orientierungen aus der Rechtsprechung für § 906 BGB.[77] Jedoch hat der BGH unter **Hinzuziehung des Rücksichtnahmegebots nach § 242 BGB** in diesen Fällen Grenzen für Abwehransprüche hergeleitet, die auch auf § 906 BGB zu übertragen sind (siehe zur Ortsüblichkeit bei Tabakrauch → Rn. 27; → *Hausordnung* Rn. 2 f.).

28 In Anlehnung an die verwaltungsgerichtliche Rechtsprechung zu **Lärmbeeinträchtigungen** durch historische, kulturelle oder kommunale Veranstaltungen können **Rauch-** und **Geruchsimmissionen** zu dulden sein, weil im Rahmen der Abwägung von einer wesentlichen Beeinträchtigung nicht auszugehen ist.[78] Der Nachbarschaft kann es unter gewissen Voraussetzungen zugemutet werden, etwaige Störungen an wenigen Tagen im Jahr hinzunehmen, wenn die Veranstaltung für Gemeinde oder Stadt eine **gewichtige Bedeutung** einnimmt.[79] Dies ist insbesondere anhand von Bedeutung und Charakter der Veranstaltung, von Häufigkeit, Dauer und Ablauf als auch von Zweck und Nutzungsart zu beurteilen. Ferner ist zu berücksichtigen, welcher **Gesamtbelastung** das beeinträchtigte Grundstück ausgesetzt ist.

29 Wirken **mehrere unwesentliche Immissionsquellen** gleicher Immissionsart[80] in einer Nachbarschaft in der Weise zusammen, dass sie eine wesentliche Beeinträchtigung hervorrufen, so ist der Eigentümer berechtigt, von **jedem Emittenten Unterlassung** zu verlangen, bis die **Schwelle zur Wesentlichkeit** wieder unterschritten ist.[81]

---

71 So OLG Hamm Urt. v. 20.3.2007 – 34 U 86/03, NVwZ-RR 2007, 756 (759).

72 Während nach dem LG München I Beschl. v. 12.1.2004 – 15 S 22735/03, WuM 2004, 368 es zu dulden sei, wenn 20–25-mal jährlich gegrillt wird, soll nach dem AG Westerstede Beschl. v. 30.6.2009 – 22 C 614/09, NZM 2010, 336 monatlich nicht mehr als zweimal und jährlich nicht mehr als zehnmal gegrillt werden; vgl. *Klimke* in BeckOGK BGB § 906 Rn. 222.

73 Siehe OLG Oldenburg Urt. v. 29.7.2002 – 13 U 53/02, BeckRS 2007, 16858; *Roth* in Staudinger BGB § 906 Rn. 137; *Klimke* in BeckOGK BGB § 906 Rn. 222.

74 Siehe BGH Urt. v. 16.1.2015 – V ZR 110/14, NJW 2015, 2023 (2025); *Roth* LMK 2015, 371622.

75 BGH Urt. v. 16.1.2015 – V ZR 110/14, NJW 2015, 2023 (2025).

76 BGH Urt. v. 16.1.2015 – V ZR 110/14, NJW 2015, 2023 (2025).

77 Dazu auch *Klimke* in BeckOGK BGB § 906 Rn. 224.

78 VG Braunschweig Urt. v. 30.9.2008 – 2 A 50/08, NVwZ-RR 2009, 198 – Osterfeuer.

79 BGH Urt. v. 26.9.2003 – V ZR 41/03, NJW 2003, 3699 (3700) – Rockkonzert.

80 *Fritzsche* in BeckOK BGB § 906 Rn. 53; *Klimke* in BeckOGK BGB § 906 Rn. 102.

81 OLG Frankfurt Urt. v. 30.4.1985 – 8 U 63/83, DWW 1985, 208; *Brückner* in MüKoBGB § 906 Rn. 81; *Roth* in Staudinger BGB § 906 Rn. 278; *Herrler* in Palandt BGB § 906 Rn. 31; aA *Wilhelmi* in Erman BGB § 906 Rn. 21.

30 **Keine Auswirkungen** auf das Bestehen eines Abwehranspruchs hinsichtlich der Wesentlichkeit der Beeinträchtigung durch Luftverunreinigungen hat der Umstand, dass der gestörte Nachbar **keine eigenen Gegenmaßnahmen** zur Abwendung der Störung veranlasst hat.[82] Zum einen folgt die zivilrechtliche Rechtsprechung der aus dem Verwaltungsrecht stammenden **„architektonischen Selbsthilfe"**[83] bei passiven Lärmschutzmaßnahmen sowie Lichtimmissionen nicht,[84] zum anderen ist im Hinblick auf **Luftverunreinigungen** nicht erkennbar, welche **konkreten Obliegenheiten** für den gestörten Nachbarn bestehen sollen. Das bloße Schließen der Fenster erscheint zwar geeignet, jedoch insgesamt unverhältnismäßig, wenn der Beeinträchtigte über einen gewissen Zeitraum in seiner privaten Umgebung sich nicht so verhalten kann, wie es sozial adäquat und üblich ist. Etwas anderes liegt vor, wenn der gestörte Nachbar sich **bewusst und freiwillig** der Gefahr einer Beeinträchtigung ausgesetzt hat, die sich dann später realisiert hat und von ihm auch (durch Bebauung eines Grundstücks) herbeigeführt worden ist.[85]

31 **bb) Ortsüblichkeit und wirtschaftliche Zumutbarkeit der Immission nach § 906 Abs. 2 S. 1 BGB.** Stellt die Zuführung von Luftverunreinigungen eine **wesentliche Beeinträchtigung** dar, hat der Eigentümer diese nach § 906 Abs. 2 S. 1 BGB zu dulden, wenn sie durch eine **ortsübliche Benutzung** des anderen Grundstücks herbeigeführt werden und nicht durch Maßnahmen verhindert werden können, die Benutzern dieser Art wirtschaftlich zumutbar sind. Das Merkmal der Ortsüblichkeit verlangt, dass im **maßgeblichen Vergleichsbezirk** mehrere Grundstücke mit nach Art und Umfang annähernd gleicher Beeinträchtigungswirkung genutzt werden.[86] Maßgeblich ist das **„Gepräge"** der betrachteten Grundstücke (Prägetheorie).[87] Dabei ist im Rahmen des Vergleichs auf die **gewöhnliche, typische Nutzung** abzustellen. Von einem häufigen tatsächlichen Auftreten einer Immission in einem Gebiet ist idR dann auszugehen, wenn die **Mehrheit der Vergleichsgrundstücke** so genutzt wird, dass diese nach **Art und Maß in annähernd gleicher Weise** wie das störende, fremde Grundstück **Beeinträchtigungen der Umgebung** zur Folge haben.[88]

32 Bei **Tabakrauch** als wesentlicher Beeinträchtigung ist das oben angesprochene **Rücksichtnahmegebot** ebenfalls heranzuziehen.[89] Aufgrund der Tatsache, dass Rauchen in der Bevölkerung immer noch weit verbreitet ist, dürfte in **Gegenden dichter Bebauung** Tabakrauch als **ortsüblich** anzusehen sein.[90] Aufgrund des nachbarschaftlichen Rücksichtnahmegebots (§ 242 BGB) kann der emittierende Eigentümer jedoch gehalten sein, die Beeinträchtigung durch **zumutbare Maßnahmen** im Sinne des § 906 Abs. 2 S. 1 BGB zu verhindern.[91] Darunter fallen **zeitliche** wie auch **örtliche** Beschränkungen. Zugleich muss aber berücksichtigt werden, dass dem rauchenden Grundstückseigentümer das Rauchen im Freien nicht völlig verwehrt werden kann. Dies folgt aus **Art. 2 Abs. 1 GG.**[92] Ist eine örtliche Beschränkung („Raucherstelle") nicht

---

82 Vgl. BGH Urt. v. 11.11.1983 – V ZR 231/82, NJW 1984, 1242f.; BGH Urt. v. 23.3.1990 – V ZR 58/89, BGHZ 111, 63 = NJW 1990, 2465 (2467) für Lärmimmissionen; siehe auch *Brückner* in MüKoBGB § 906 Rn. 85.

83 BVerwG Urt. v. 29.11.2012 – 4 C 8/11 BVerwGE 145, 145 = NVwZ 2013, 372; OVG Lüneburg Urt. v. 26 2.2003 – 1 LC 75/02, NVwZ-RR 2003, 820.

84 Siehe OVG Münster Urt. v. 15.3.2007 – 10 A 998/06, ZfBR 2008, 697 im Vergleich zu OLG Karlsruhe Urt. v. 13.12.2013 – 9 U 184/11, NJOZ 2014, 1010 bezüglich der Abwehr von Lichtimmissionen; bezüglich Lärmschutzmaßnahmen siehe BVerwG Beschl. v. 7.6.2012 – 4 BN 6.12, ZfBR 2012, 578 und *Brückner* in MüKoBGB § 906 Rn. 87.

85 OLG Koblenz Urt. v. 15.1.2003 – 1 U 1612/99, NJW-RR 2003, 805.

86 RG Urt. v. 4.10.1922 – V 611/21, RGZ 105, 213; RG Urt. v. 26.11.1932 – V 203/32, RGZ 139, 29; BGH Urt. v. 29.10.1954 – V ZR 53/53, BGHZ 15, 146 = NJW 1955, 19; BGH Urt. v. 15.4.1959 – V ZR 3/58, BGHZ 30, 273 = NJW 1959, 1867; BGH Urt. v. 30.10.1970 – V ZR 150/67, BGHZ 54, 384 (389) = NJW 1971, 94; BGH Urt. v. 24.1.1992 – V ZR 274/90, BGHZ 117, 110 (113) = NJW 1992, 1389; *Baur* in Soergel BGB § 906 Rn. 118; *Herrler* in Palandt BGB § 906 Rn. 23.

87 BGH Urt. v. 19.2.1976 – III ZR 13/74, NJW 1976, 1204 (1205); OLG Frankfurt Urt. v. 14.7.1987 – 14 U 124/86, NJW 1988, 2618.

88 BGH Urt. v. 17.12.1982 – V ZR 55/82, NJW 1983, 751; BGH Urt. v. 23.3.1990 – V ZR 58/89, BGHZ 111, 63 = NJW 1990, 2465 (2467).

89 So bereits *Klimke* in BeckOGK BGB § 906 Rn. 225.

90 Vgl. *Klimke* in BeckOGK BGB § 906 Rn. 225.

91 Vgl. *Klimke* in BeckOGK BGB § 906 Rn. 225.

92 *Klimke* in BeckOGK BGB § 906 Rn. 226.

möglich, sind ihm Rauch-Zeiten zu gewähren. Fehlt es an der **Ortsüblichkeit**, besteht keine Duldungspflicht nach § 906 Abs. 2 S. 1 BGB. Allerdings muss wiederum das **Rücksichtnahmegebot nach § 242 BGB** dahingehend herangezogen werden, dass es dem rauchenden Eigentümer auch in einem solchen Fall nicht völlig versagt werden kann, auf seinem Grundstück zu rauchen. Insofern ist auch hier der **Abwehranspruch** in seiner **Reichweite** zu beschränken (→ *Hausordnung* Rn. 31 ff.).[93]

Die **wirtschaftliche Zumutbarkeit** technischer und betriebswirtschaftlicher Maßnahmen, die die Beeinträchtigung verhindern oder unter das Maß der Wesentlichkeit des § 906 Abs. 1 BGB fallen lassen, bemisst sich nach einem **differenziert-objektivem Maßstab** ohne Rücksicht auf die individuelle Leistungsfähigkeit, dh ausgehend von einem durchschnittlichen Betrieb der betreffenden Branche bzw. einer durchschnittlichen Privatperson.[94] 33

cc) Über § 906 Abs. 1 und 2 BGB hinausgehende Duldungspflichten. Neben den Duldungspflichten aus § 906 Abs. 1 und Abs. 2 BGB können sog. **privatrechtsgestaltende Normen des öffentlichen Rechts** den Abwehranspruch nach §§ 1004 Abs. 1, 906 BGB versagen oder zumindest einschränken, obwohl die Voraussetzung eigentlich gegeben sind;[95] dem betroffenen Eigentümer können dann jedoch Entschädigungsansprüche zustehen. Zu diesen Normen zählt **§ 14 BImSchG**. Die Vorschrift bezweckt die Sicherung des Bestands von förmlich genehmigten gefährlichen Anlagen nach **§§ 4 ff. BImSchG** gegen privatrechtliche Ansprüche.[96] Begründet wird die Regelung mit der **Beteiligungsmöglichkeit im Genehmigungsverfahren** nach § 10 BImSchG, die den betroffenen Nachbarn zur Verfügung steht.[97] Während **§ 14 S. 1 BImSchG** Ansprüche ausschließt, die die Einstellung des Betriebes bezwecken, regelt **§ 14 S. 1 Hs. 2 BImSchG** ausdrücklich, dass **Abwehransprüche nach § 1004 Abs. 1 BGB,** die auf die **Errichtung von Schutzvorkehrungen** gerichtet sind, nicht berührt sind,[98] sofern die beeinträchtigende Einwirkung über den Rahmen des § 906 BGB hinausgeht.[99] 34

Eine weitere Duldungspflicht ergibt sich aus **unanfechtbaren Planfeststellungsbeschlüssen**, **§ 75 Abs. 2 S. 1 VwVfG**. Diese schließen sowohl den Beseitigungsanspruch nach §§ 1004 Abs. 1, 906 BGB als auch den Ausgleichsanspruch nach § 906 Abs. 2 S. 2 BGB aus.[100] Der Ausschluss gilt auch dann, wenn der Träger des Vorhabens die den Nachbar schützenden Planvorgaben nicht einhält.[101] Nicht erfasst sind hingegen Ansprüche aus Enteignungsentschädigung nach Art. 14 Abs. 3 GG.[102] 35

Von der Rechtsprechung anerkannt,[103] aber in der Literatur heftig kritisiert,[104] sind Duldungspflichten, die den Abwehranspruch nach § 1004 Abs. 1 S. 1 BGB versagen, wenn die durch einen **Privaten verursachten** 36

93 Ebenso *Klimke* in BeckOGK BGB § 906 Rn. 227.
94 *Brückner* in MüKoBGB § 906 Rn. 102; *Roth* in Staudinger BGB § 906 Rn. 237.
95 *Roth* in Staudinger BGB § 906 Rn. 19.
96 *Roth* in Staudinger BGB § 906 Rn. 20; *Baur/Stürner* SachenR § 25 Rn. 30.
97 Vgl. BVerwG Urt. v. 24.10.1967 – I C 64/65, BVerwGE 28, 131 = NJW 1967, 2325; *Roth* in Staudinger BGB § 906 Rn. 22.
98 OLG Frankfurt Urt. v. 22.4.1980 – 22 U 159/78, VersR 1983, 41.
99 *Roth* in Staudinger BGB § 906 Rn. 23.
100 *Roth* in Staudinger BGB § 906 Rn. 27; *Fritzsche* in BeckOK BGB § 906 Rn. 77.
101 Vgl. BGH Urt. v. 30.10.2009 – V ZR 17/09, NJW 2010, 1141.
102 BGH Urt. v. 15.2.1996 – III ZR 143/94, BGHZ 132, 63 (69); BGH Urt. v. 21.1.1999 – III ZR 168/97, BGHZ 140, 285; BGH Urt. v. 20.9.2012 – III ZR 264/11VersR 2013, 1404.
103 Vgl. BGH Urt. v. 18.2.1959 – V ZR 11/57, BGHZ 29, 314 (317) = NJW 1959, 936 (937); BGH Urt. v. 21.9.1960 – V ZR 89/59, NJW 1960, 2335 – Bushaltestellen; BGH Urt. v. 28.4.1967 – V ZR 216/64, BeckRS 1967, 30393098 = BB 1967, 812 – Wasserstraßenbau; BGH Urt. v. 15.6.1967 – III ZR 23/65, BGHZ 48, 98 (104), BGH Urt. v. 2.7.1969 – 2 StR 686/68, NJW 1969, 1912 (1914) – Betrieb von Autobahnen; BGH Urt. v. 30.10.1970 – V ZR 150/67, BGHZ 54, 384 (388) = NJW 1971, 94; BGH Urt. v. 25.1.1973 – III ZR 61/70, BGHZ 60, 119 (122) = NJW 1973, 508 f. – Hochspannungsmasten; BGH Urt. v. 18.3.1974 – II ZR 167/72, BGHZ 62, 220 (222) mwN; BGH Urt. v. 20.3.1975 – III ZR 215/71, NJW 1975, 1406 – Lärmbelästigung durch Fernstraßenbau; zustimmend *Augustin* in RGRK-BGB § 906 Rn. 69; *Baur* in Soergel BGB § 903 Rn. 120; *Gursky* in Staudinger BGB § 1004 Rn. 192.
104 *Fritzsche* in BeckOK BGB § 906 Rn. 79; *Roth* in Staudinger BGB § 906 Rn. 30; *Säcker* in MüKoBGB § 906 Rn. 154 ff.; *Wilhelmi* in Erman BGB § 906 Rn. 72.

Immissionen von einem dem **öffentlichen Interesse dienenden, lebens- oder gemeinwichtigen Betrieb** ausgehen.[105] Zu Recht wird hierbei kritisiert, dass der Gesetzgeber ohne gesetzliche Grundlage aufgrund des öffentlichen Wohls in die Rechte Privater eingreift.[106]

37 **d) Rechtsfolge.** Nach § 1004 Abs. 1 BGB kann der Eigentümer die Beseitigung der Beeinträchtigung verlangen, soweit **die Schwelle der unwesentlichen Beeinträchtigung** überschritten wird. Grundsätzlich genügt im Tenor das Gebot, allgemein Störungen bestimmter Art (zB Gerüche) zu unterlassen.[107] Der **Bestimmtheitsgrundsatz** gilt als gewahrt, wenn er das Verbot enthält, *„das Grundstück der Klägerin durch vom Schweinemastbetrieb ausgehende Gerüche wesentlich zu beeinträchtigen"*.[108] Im Hinblick auf Luftverunreinigungen ermöglicht der Stand der Technik das Heranziehen vorhandener **Richtwerte der TA Luft** zur Konkretisierung von Klageantrag und Urteilstenor. Obwohl die Rechtsprechung zu Luftverunreinigungen und Lärmbelästigungen uneinheitlich ist,[109] ist hinsichtlich der TA Luft eine möglichst konkrete Bezeichnung der zu beseitigenden Beeinträchtigung in Antrag und Tenor zu fordern. So besteht nicht nur die Gefahr, dass aufgrund eines **unbestimmten Antrags** und eines darauf beruhenden **unbestimmten Tenors** eine Verlagerung in das **Zwangsvollstreckungsverfahren** stattfindet,[110] sondern der Tenor wegen Unbestimmtheit von vornherein nicht vollstreckbar ist.

2. Abwehranspruch nach § 907 BGB

38 Die typischen Fälle von **Luftverunreinigungen** werden in der Praxis im Rahmen von § 1004 Abs. 1 BGB behandelt. Nur aus diesem Grund ist es erklärbar, dass **§ 907 BGB** im Hinblick auf Luftverunreinigungen keine Erwähnung findet, obwohl denkbare Sachverhalte nicht vollkommen fernliegen. Die Norm steht zwar in Anspruchskonkurrenz zu § 1004 Abs. 1 BGB, hat jedoch nur **wenig praktische Relevanz**.[111]

39 Nach § 907 Abs. 1 S. 1 BGB kann der Eigentümer eines Grundstücks verlangen, dass auf dem Nachbargrundstück **nicht Anlagen hergestellt oder gehalten** werden, von denen mit **Sicherheit vorauszusehen** ist, dass ihr **Bestand** oder ihre **Benutzung** eine **unzulässige Einwirkung auf sein Grundstück zu Folge hat**. Bei Anlagen handelt es sich nach hM um von Menschenhand **künstlich geschaffene Werke** von gewisser Selbstständigkeit und Dauer.[112] Im Hinblick auf Luftverunreinigungen kommen dabei vor allem solche Anlagen in Betracht, die aufgrund ihrer **Benutzungsart** Luftverunreinigungen erzeugen (Fabriken, Schornsteine etc). Von der Anlage geht eine unzulässige Einwirkung aus, wenn sinnlich **wahrnehmbare Stoffe**[113] **unmittelbar**[114] **durch die Anlage vermittelt**[115] **und mit Sicherheit vorauszusehen** sind.[116] Eine sichere Voraussicht verlangt dabei **keine unbedingte Gewissheit**, sondern es genügt eine hohe Wahrscheinlichkeit.[117] Auszugehen ist dabei von einem **normalen Zustand** der Anlage und ihrer **ordnungsgemäßen Benutzung**. Die bloße Erwartung, eine technische Anlage könne versagen oder sei reparaturbedürftig, genügt nicht.[118]

---

105 Umfassend dazu *Roth* in Staudinger BGB § 906 Rn. 29.
106 *Roth* in Staudinger BGB § 906 Rn. 30; *Säcker* in MüKoBGB § 906 Rn. 158.
107 BGH, Urt. v. 5.2.1993 – V ZR 62/91, BGHZ 121, 248 (251) – Jugendzeltplatz; OLG Celle Urt. v. 29.6.2011 – 4 U 199/09, NJW-RR 2011, 1585; OLG Düsseldorf NJW 2009, 3377 – Kinderlärm.
108 BGH Urt. v. 30.10.1998 – V ZR 64/98, BGHZ 140, 1 (3); KG Urt. v. 26.3.2013 – 21 U 131/08, KG NZM 2013, 742.
109 Zur Fassung des Urteilstenors siehe *Roth* in Staudinger BGB § 906 Rn. 283 f.
110 Vgl. *Roth* in Staudinger BGB § 906 Rn. 284.
111 *Brückner* in MüKoBGB § 907 Rn. 1; *Vollkommer* in BeckOGK BGB § 907 Rn. 2; *Fritzsche* in BeckOK BGB § 907 Rn. 1.
112 *Brückner* in MüKoBGB § 907 Rn. 3 mwN.
113 *Vollkommer* in BeckOGK BGB § 907 Rn. 10.
114 BGH Urt. v. 22.2.1991 – V ZR 308/89, BGHZ 113, 384 = NJW 1991, 1671 (1672); BGH Urt. v. 11.7.2003 – V ZR 199/02, NJW-RR 2003, 1313 (1314).
115 *Vollkommer* in BeckOGK BGB § 907 Rn. 17; *Roth* in Staudinger BGB § 907 Rn. 25.
116 *Brückner* in MüKoBGB § 907 Rn. 15; *Fritzsche* in BeckOK BGB § 907 Rn. 8.
117 BGH Urt. v. 11.2.1955 – V ZR 134/54, BeckRS 1955, 31198912.
118 Vertiefend *Roth* in Staudinger BGB § 907 Rn. 29 ff.

Sind die Voraussetzungen gegeben, richtet sich der Anspruch entweder auf **Unterlassung der Herstellung der Anlage** oder, wenn die Anlage bereits vorhanden ist, auf deren **Beseitigung,**§ 907 Abs. 1 S. 1 BGB. Der Anspruch ist nach § 907 Abs. 1 S. 2 BGB dahin gehend beschränkt, dass die Beseitigung einer Anlage, die den landesgesetzlichen Vorschriften, die einen bestimmten Abstand von der Grenze oder sonstige Schutzmaßregeln vorschreiben, genügt, erst verlangt werden kann, wenn die **unzulässige Einwirkung** tatsächlich hervortritt.[119] 40

3. Abwehransprüche nach §§ 1004, 823 Abs. 2 iVm §§ 5 Abs. 1 Nr. 1, 22 Abs. 1 Nr. 1 und 2, 3 Abs. 1 BImSchG sowie anderen drittschützenden Normen

Neben den Ansprüchen aus §§ 1004, 907 BGB gewährt die hM **einen quasinegatorischen Unterlassungsanspruch** aus §§ 1004, 823 Abs. 2 BGB iVm §§ 5 Abs. 1 Nr. 1, 22 Abs. 1 Nr. 1 und 2, 3 Abs. 1 BImSchG sowie anderen drittschützenden Normen.[120] Dies folgt aus der **spezifischen und abstrakten Regelungsfunktion** der Schutznorm. Diese würde fehlgehen, wenn die Maßstäbe des § 906 BGB auch hier herangezogen werden müssten.[121] Die vom BGH in diesem Zusammenhang entwickelte **Rechtsprechung zur Lärmbelästigung** ist ohne Weiteres auch auf Luftverunreinigungen anzuwenden. 41

Strittig ist, ob auch der **Verstoß gegen Auflagen eines Genehmigungsbescheids** oder **sonstige Verfügungen der Behörde**, die im jeweiligen Einzelfall die Betreiberpflichten konkretisieren, eine **Schutzgesetzverletzung nach § 823 Abs. 2 BGB** darstellen.[122] Nach der Rechtsprechung wird über die **entsprechende Verhaltensanordnung** der Verwaltungsbehörde auf gesetzlicher Grundlage ein abstrakter Gefährdungstatbestand normiert, der **den Schutz des Nachbarn vorverlagert**, ohne dass an einem Verletzungserfolg angeknüpft werden muss.[123] Die Gegenauffassung kritisiert, dass der BGH nicht die im **BImSchG normierten Bestimmungen** (§§ 5 Abs. 1 Nr. 1, 22 Abs. 1 Nr. 1 und 2, 3 Abs. 1 BImSchG) heranzieht, sondern auf die jeweiligen Behördenentscheidungen abstellt.[124] Mit Recht wird dabei vorgebracht, dass der **Vertrauensschutz des Anlagenbetreibers** genügend durch **§ 14 S. 1 BImSchG** berücksichtigt werde. Dem Deliktsrecht komme eine Ergänzungs- und Korrekturfunktion im Sinne des Schutzes eines **Kernbestands privater Rechte** gegenüber „notwendigerweise grobkörnigen und von mancherlei konfligierenden politischen Interessen beeinflussten Entscheidungen von Verwaltungsbehörden zu".[125] 42

4. Sonstige Abwehransprüche

Daneben können dem gestörten Nachbarn weitere Abwehransprüche zustehen. So kann der berechtigte Besitzer nach **§ 862 Abs. 1 S. 1 BGB** die **Beseitigung der Störung** verlangen, wenn er durch **verbotene Eigenmacht (§ 858 BGB)** im Besitz gestört wird. Nach § 862 Abs. 1 S. 2 BGB kann der Besitzer auf Unterlassung klagen, wenn weitere Störungen zu besorgen sind. Berechtigt sind damit nicht nur Eigentümer und andere dinglich Berechtigte, sondern auch Mieter und Pächter.[126] 43

Ebenso können dem gestörten Nachbarn Ansprüche aus **§ 823 Abs. 2 BGB** sowie **§ 823 Abs. 1 BGB** zustehen, da die **Naturalrestitution** nach § 249 Abs. 1 BGB auch auf die Wiederherstellung des ursprünglichen (störungsfreien) Zustands gerichtet sein kann. Der deliktische Abwehranspruch aus § 823 Abs. 1 BGB 44

---

119 Zum Hintergrund der Regelung siehe *Roth* in Staudinger BGB § 907 Rn. 39 ff.
120 BGH Urt. v. 26.2.1993 – V ZR 74/92, BGHZ 122, 1 = NJW 1993, 1580 (1581); *Roth* in Staudinger BGB § 906 Rn. 16 f.; vgl. auch BGH Urt. v. 14.10.1994 – V ZR 76/93, NJW 1995, 132.
121 BGH Urt. v. 26.2.1993 – V ZR 74/92, BGHZ 122, 1 = NJW 1993, 1580 (1581); BGH Urt. v. 27.9.1996 – V ZR 335/95, NJW 1997, 55.
122 Bejahend BGH Urt. v. 26.2.1993 – V ZR 74/92, BGHZ 122, 1 = NJW 1993, 1580; *Wagner* in MüKoBGB § 823 Rn. 892 mwN.
123 BGH Urt. v. 26.2.1993 – V ZR 74/92, BGHZ 122, 1 = NJW 1993, 1580 (1581); *Roth* in Staudinger BGB § 906 Rn. 18.
124 *Wagner* in MüKoBGB § 823 Rn. 892; *Diederichsen* in FS R. Schmidt, 1976, S. 1 (14); *Marburger*, Regeln der Technik im Recht, 483 ff.
125 So *Wagner* in MüKoBGB § 823 Rn. 892.
126 *Herrler* in Staudinger BGB § 862 Rn. 1; *Fritzsche* in BeckOK BGB § 862 Rn. 7.

kommt bei einer **schuldhaften Eigentums- oder Gesundheitsverletzung** in Betracht.[127] Gleiches gilt für die Verletzung des **berechtigten Besitzes als sonstiges Recht** im Sinne von § 823 Abs. 1 BGB. Im Gegensatz zu § 823 Abs. 2 BGB ist vorliegend ein Anspruch auf Beseitigung nur gegeben, wenn **kein Rechtfertigungsgrund** eingreift. Bei **Grundstücksnachbarn** sind daher die Wertungen des **§ 906 BGB** zur Bestimmung der Rechtswidrigkeit heranzuziehen.[128]

III. Monetäre Haftungsansprüche

1. Vertragliche Schadensersatzansprüche

45 Aus dem **nachbarrechtlichen Gemeinschaftsverhältnis** leiten sich keine Schadensersatzansprüche nach § 280 Abs. 1 BGB ab, da dafür ein Schuldverhältnis erforderlich wäre. Ob mit einem Grundstücksnachbarn ein nachbarrechtliches Gemeinschaftsverhältnis begründet wird, fußt nicht auf der **Existenz wirksamer Willenserklärungen**, sondern hängt vielmehr vom **Zufall** ab. Der BGH spricht insofern von einem **Reflex des Näheverhältnisses** der Nachbarn.[129] Insofern ist das nachbarrechtliche Gemeinschaftsverhältnis nicht als Schuldverhältnis anzusehen.

2. Deliktische Ansprüche

46 Treten aufgrund der rechtswidrigen Zuführung von Luftverunreinigungen **Verletzungen von Körper oder Gesundheit** auf oder kommt es durch diese Zuführung zu **Beschädigungen des Grundeigentums** oder von **anderen (beweglichen) Gegenständen**, die sich auf dem Grundstück befinden, ist eine Haftung nach § 823 Abs. 1 BGB gegeben.[130] Anknüpfungspunkt ist hierbei die **Verletzung von Verkehrssicherungspflichten**, die die Zuführung von Luftverunreinigungen erst ermöglicht. Wann eine solche Immission als rechtswidrig anzusehen ist, bemisst der BGH an den **Wertungen des § 906 BGB**. Dies führt dazu, dass es an einer rechtswidrigen Immission fehlt, wenn es sich zwar um eine **wesentliche, aber ortsübliche** und mit **vertretbaren Schutzvorkehrungen** nicht vermeidbare Beeinträchtigung handelt.[131] Den Grundstücksnachbarn stehen in diesem Fall die **Entschädigungsansprüche nach § 906 Abs. 2 S. 2 BGB zu**. Benachteiligt sind allerdings die **Fahrniseigentümer** und sonstigen an der Gesundheit Geschädigten.[132] Gleiches gilt im Hinblick auf die Duldungspflicht nach § 14 S. 1 BImSchG. Dritte sind vom Anwendungsbereich des Aufopferungsanspruchs nach § 14 S. 2 BImSchG nicht umfasst.

47 Daneben stehen dem Geschädigten Schadensersatzansprüche wegen **Verletzung eines Schutzgesetzes** nach § 823 Abs. 2 BGB zu (zu den Voraussetzungen siehe bereits die Ausführungen unter → Rn. 42).

3. Ausgleichsanspruch bei bestehender Duldungspflicht, § 906 Abs. 2 S. 2 BGB

48 Nach § 906 Abs. 2 S. 2 BGB kann der Eigentümer einen **angemessenen Ausgleich** in Geld verlangen, wenn er eine **wesentliche Immission** dulden muss, deren Einwirkung die ortsübliche Nutzung seines Grundstücks über das zumutbare Maß hinaus beeinträchtigt.[133] Neben dem Eigentümer und den anderen per gesetzlicher Anordnung erfassten Berechtigten (**Nießbraucher, § 1065 BGB, Dienstbarkeitsberech-**

---

127 *Roth* in Staudinger BGB § 906 Rn. 57.

128 BGH Urt. v. 2.3.1984 – V ZR 54/83, BGHZ 90, 255 = NJW 1984, 2207 (2208); BGH Urt. v. 23.7.2010 – V ZR 142/09, NJW 2010, 3160 (3161); *Roth* in Staudinger BGB § 906 Rn. 57.

129 BGH Urt. v. 16.2.2001 – V ZR 422/99, NJW-RR 2001, 1208 (1209); BGH Urt. v. 6.7.2001 – V ZR 246/00, BGHZ 148, 261 = NJW 2001, 3119 (3120).

130 Vgl. BGH Urt. v. 18.9.1984 – VI ZR 223/82, BGHZ 92, 143 = NJW 1985, 47 (48) für die Beschädigung von Fahrzeugen durch Staubimmissionen.

131 BGH Urt. v. 18.9.1984 – VI ZR 223/82, BGHZ 92, 143 = NJW 1985, 47; BGH Urt. v. 23.7.2010 – V ZR 142/09, NJW 2010, 3160.

132 BGH Urt. v. 18.9.1984 – VI ZR 223/82, BGHZ 92, 143 = NJW 1985, 47; BGH Urt. v. 1.2.2008 – V ZR 47/07, NJW 2008, 992 lehnen einen Anspruch aus § 906 Abs. 2 BGB des Fahrniseigentümers ab, wenn dieser nicht zugleich Eigentümer oder Besitzer des betroffenen Grundstücks ist. Kritisch hierzu *Wagner* in MüKoBGB § 823 Rn. 75.

133 *Brückner* in MüKoBGB § 906 Rn. 179; *Wilhelmi* in Erman BGB § 906 Rn. 35.

tigter, §§ 1027, 1090 Abs. 2 BGB und Erbbauberechtigter, § 11 ErbbauRG) ist auch der besitzende Nachbar befugt, den Ausgleichsanspruch geltend zu machen, da ihm ein Besitzstörungsanspruch nach **§ 862 BGB** gegen den Störer zustehen könnte.[134] Machen die **Mieter** im **Verhältnis untereinander Besitzstörungsansprüche** geltend, besteht kein Ausgleichsanspruch, da eine von einem **anderen Grundstück herrührende Einwirkung** nicht vorliegt.[135] Der Anspruch ist gegen den Nutzer des Nachbargrundstücks gerichtet. Dieser ist nicht Störer, da es sich um eine rechtmäßige Immission handelt.[136] Neben dem **allein nutzenden Eigentümer** können sowohl dinglich Berechtigte als auch Besitzer wie Mieter und Pächter Anspruchsgegner sein.[137]

Die Norm setzt voraus, dass die zu **duldende Luftverunreinigung** die **ortsübliche** Nutzung des Grundstücks oder den **Grundstücksertrag über das objektiv zumutbare Maß** hinaus **beeinträchtigt**. Wann dies der Fall ist, bestimmt sich nach den gleichen **(„differenziert-objektiven")** Kriterien wie bei der Frage nach der **Wesentlichkeit** einer Beeinträchtigung.[138] Abzustellen ist dabei auf einen **verständigen durchschnittlichen Benutzer** des Grundstücks. Heranzuziehen ist die **fachplanungsrechtliche Erheblichkeitsschwelle (vgl. §§ 3 Abs. 1, 22 Abs. 1 und 42 Abs. 2 S. 1 BImSchG)**,[139] nicht die **enteignungsrechtliche Zumutbarkeitsschwelle**.[140] Existieren keine umweltschutzrechtlichen Zumutbarkeitsgrenzen, ist eine **umfassende Abwägung** der **bestehenden Interessen** vorzunehmen, wobei **Art, Auswirkung, Dauer und Intensität der Beeinträchtigung** auf das gestörte Grundstück sowie ein mögliches Eigenverschulden des Betroffenen zu berücksichtigen sind.[141] 49

Sind die Voraussetzungen des **§ 906 Abs. 2 S. 2 BGB** gegeben, ist **eine angemessene Entschädigung** in Geld zu leisten. Im **Unterschied** zu einem **Schadensersatzanspruch**, der nach § 249 Abs. 1 BGB die **Wiederherstellung des Zustands** erreichen soll, der vor dem schädigenden Ereignis bestand, soll die **Entschädigung nach § 906 Abs. 2 S. 2 BGB** nur die **Vermögenseinbuße** beseitigen, die durch die zu **duldende Einwirkung** eingetreten ist.[142] Es sind daher **weder** alle **entstandenen** und **zukünftigen Vermögenseinbußen** noch solche Ansprüche erfasst, die wegen **Aufopferung privater Rechte** zugunsten höher bewerteter Interessen anderer auf **Schadloshaltung** gerichtet sind.[143] Der Ausgleich erfasst nur den **unzumutbaren Teil der Beeinträchtigung**, da die **sonstigen Einwirkungen** bis zur Grenze der Zumutbarkeit hinzunehmen sind.[144] Da der Anspruch nach **§ 906 Abs. 2 S. 2 BGB** ein aus dem Grundstück abgeleiteter Anspruch ist, sind nur solche **vermögenswerten Nachteile** auszugleichen, die ihre **Ursache in der Eigentums- und Besitzstörung** haben.[145] Folgeschäden sind daher nur erfasst, soweit sie sich aus der **Sub-** 50

134 BGH Urt. v. 15.4.1959 – V ZR 3/58, BGHZ 30, 273 = NJW 1959, 1867; BGH Urt. v. 23.2.2001 – V ZR 389/99, BGHZ 147, 45 = NJW 2001, 1865; *Fritzsche* in BeckOK BGB § 906 Rn. 97.

135 BGH Urt. v. 12.12.2003 – V ZR 180/03, BGHZ 157, 188 = NJW 2004, 775; *Brückner* in MüKoBGB § 906 Rn. 60, 205.

136 *Brückner* in MüKoBGB § 906 Rn. 183.

137 BGH Urt. v. 1.4.2011 – V ZR 193/10, NJW-RR 2011, 739 (740) mwN; *Brückner* in MüKo BGB § 906 Rn. 183.

138 BGH Urt. v. 27.10.2006 – V ZR 2/06, NZM 2007, 98 (99); BGH Urt. v. 19.9.2008 – V ZR 28/08, BGHZ 178, 90 = NJW 2009, 762 (765).

139 So bereits BVerwG Urt. v. 29.4.1988 – 7 C 33/87, BVerwGE 79, 254 = NJW 1988, 2396; die zivilrechtliche Rechtsprechung hat diese Grundsätze übernommen BGH Urt. v. 25.3.1993 – III ZR 60/91, NJW 1993, 1700 (1701); *Brückner* in MüKoBGB § 906 Rn. 186.

140 BGH Urt. v. 25.3.1993 – III ZR 60/91, NJW 1993, 1700 (1701); BGH Urt. v. 27.10.2006 – V ZR 2/06, NJW-RR 2007, 168 (169 f.).

141 BGH Urt. v. 22.12.1967 – V ZR 11/67, BGHZ 49, 148 = NJW 1968, 549 (550); BGH Urt. v. 8.2.1972 – VI ZR 155/70, BGHZ 58, 149 = NJW 1972, 724 (726); BGH Urt. v. 31.5.1974 – V ZR 114/72, BGHZ 62, 361 = NJW 1974, 1869 (1872).

142 *Brückner* in MüKoBGB § 906 Rn. 188; *Fritzsche* in BeckOK BGB § 906 Rn. 84.

143 BGH Urt. v. 31.5.1974 – V ZR 114/72, BGHZ 62, 361 = NJW 1974, 1869 (1872); *Popescu/Majer* NZM 2009, 181 (183).

144 BGH Urt. v. 19.9.2008 – V ZR 28/08, BGHZ 178, 90 = NJW 2009, 762 (765); BGH Urt. v. 25.10.2013 – V ZR 230/12, BGHZ 198, 327 = NJW 2014, 458 (462).

145 BGH Urt. v. 23.2.2001 – V ZR 389/99, BGHZ 147, 45 = NJW 2001, 1865 (1867); BGH Urt. v. 18.9.2009 – V ZR 75/08, NJW 2009, 3787 (3788) mwN.

stanz oder **Nutzung** des betroffenen Grundstücks selbst entwickeln.[146] Kommt es hingegen aufgrund der **Luftverunreinigung** zu unmittelbaren Schäden an beweglichen Sachen, die nicht über das Grundstück herbeigeführt werden, ist kein Ersatzanspruch nach **§ 906 Abs. 2 S. 2 BGB** gegeben.[147]

51 Der Umfang der nachbarrechtlichen Entschädigung beruht auf **wertenden Entscheidungen** unter Berücksichtigung des jeweiligen Einzelfalls.[148] So kann es vorkommen, dass die Entschädigung infolge einer **Substanzschädigung** auf den vollen Schadensersatz geht und darüber hinaus die Folgen erfasst sind, die sich aus der Beeinträchtigung der Nutzung des betroffenen Grundstücks entwickeln.[149] Da Entschädigung und Schadensersatz jedoch **nicht deckungsgleich** sind, kann die **Höhe der nachbarrechtlichen Entschädigung** auch hinter einem Schadensersatzanspruch zurückbleiben.[150] So ist auch ein etwaiges **Mitverschulden** nach **§ 254 BGB analog** bei der Entschädigungshöhe zu berücksichtigen.[151]

52 Grundsätzlich orientiert sich die **Höhe des Entschädigungsanspruchs** am **Verkehrswert** der **entzogenen Substanz**.[152] Eine hypothetische Vermögensentwicklung bleibt hingegen unberücksichtigt.[153] Wurde das betroffene Grundstück gewerblich benutzt, umfasst die Entschädigung regelmäßig die Ertragseinbuße, die aus dem schädigenden Ereignis folgt.[154]

4. Nachbarrechtlicher Ausgleichsanspruch nach § 906 Abs. 2 S. 2 BGB analog

53 **a) Herleitung und Hintergrund.** Der **nachbarrechtliche Ausgleichsanspruch** findet seinen Ursprung bereits in der **Rechtsprechung des RG** und hat sich seitdem zu einem **allgemein anerkannten richterrechtlichen Institut** entwickelt.[155] Nach der Definition des BGH liegt er vor, wenn von einem Grundstück im **Rahmen seiner privatwirtschaftlichen Benutzung rechtswidrige Einwirkungen** auf ein anderes **Grundstück** ausgehen, die **über das Maß** dessen hinausgehen, was ein **Grundstückseigentümer nach den Bestimmungen** des Nachbarrechts **entschädigungslos** hinzunehmen hat, aus besonderen Gründen – rechtlicher oder tatsächlicher Art – jedoch nicht gem. §§ 1004, 862 BGB dagegen vorgehen kann und hierdurch Nachteile erleidet.[156] Da nach dieser Definition der Anspruchsberechtigte zunächst **primäre Abwehransprüche** verfolgen müsste, um die Beeinträchtigung zu verhindern, handelt es sich bei dem nachbarrechtlichen Ausgleichsanspruch um einen **Sekundäranspruch**.[157]

146 BGH Urt. v. 18.9.1984 – VI ZR 223/82, BGHZ 92, 143 = NJW 1985, 47; *Fritzsche* in BeckOK BGB § 906 Rn. 85.
147 BGH Urt. v. 18.9.1984 – VI ZR 223/82, BGHZ 92, 143 = NJW 1985, 47.
148 BGH Urt. v. 31.5.1974 – V ZR 114/72, BGHZ 62, 361 = NJW 1974, 1869 (1872).
149 BGH Urt. v. 18.9.1984 – VI ZR 223/82, BGHZ 92, 143 = NJW 1985, 47; BGH Urt. v. 4.7.1997 – V ZR 48/96, NJW-RR 1997, 1374; BGH Urt. v. 11.6.1999 – V ZR 377-98, BGHZ 142, 66 = NJW 1999, 2896 (2897).
150 BGH Urt. v. 30.5.2003 – V ZR 37/02, BGHZ 155, 99 = NJW 2003, 2377 (2380).
151 BGH Urt. v. 18.9.1987 – V ZR 219/85, NJW-RR 1988, 136 (138); BGH Urt. v. 18.9.2009 – V ZR 75/08, NJW 2009, 3787 (3789).
152 BGH, Urt. v. 26.6.1972 – III ZR 203/68, NJW 1972, 1574 (1575); BGH Urt. v. 31.5.1974 – V ZR 114/72, BGHZ 62, 361 = NJW 1974, 1869 (1872); *Fritzsche* in BeckOK BGB § 906 Rn. 85.
153 BGH, Urt. v. 26.6.1972 – III ZR 203/68, NJW 1972, 1574 (1575); BGH Urt. v. 31.5.1974 – V ZR 114/72, BGHZ 62, 361 = NJW 1974, 1869 (1872); *Brückner* in MüKoBGB § 906 Rn. 189.
154 BGH Urt. v. 20.12.1971 – III ZR 79/69, BGHZ 57, 359, = NJW 1972, 243; BGH Urt. v. 23.2.2001 – V ZR 389/99, BGHZ 147, 45 = NJW 2001, 1865 f.
155 Vgl. RG Urt. v. 15.12.1919 – VI 258/19, RGZ 97, 290; RG Urt. v. 1.7.1920 – VI 24/20, RGZ 100, 69; *Roth* in Staudinger BGB § 906 Rn. 66; *Brückner* in MüKoBGB § 906 Rn. 195.
156 BGH Urt. v. 15.6.1967 – III ZR 23/65, BGHZ 48, 98 = NJW 1967, 1857 (1858); BGH Urt. v. 25.1.1973 – III ZR 61/70, BGHZ 60, 119 = NJW 1973, 508 (509); BGH Urt. v. 26.11.1982 – V ZR 314/81, BGHZ 85, 375 = NJW 1983, 872 (874); BGH Urt. v. 1.2.2008 – V ZR 47/07, NJW 2008, 992 (993); BGH, Versäumnisurt. v. 10.2.2012 – V ZR 137/11, NJW 2012, 2343 (2344); *Wilhelmi* in Erman BGB § 906 Rn. 43.
157 Vgl. BGH Urt. v. 12.11.1999 – V ZR 229/98, NJW-RR 2000, 537 f.; BGH Urt. v. 18.9.2009 – V ZR 75/08, NJW 2009, 3787 (3788); *Brückner* in MüKoBGB § 906 Rn. 196.

§ 906 Abs. 2 S. 2 BGB analog setzt **kein Verschulden** voraus.[158] Dieser Umstand hat im Schrifttum zu erheblicher Kritik geführt, da die Rechtsprechung den Anwendungsbereich dahin gehend erweitert hat, dass bisweilen von einer **ufer- und konturenlosen Etablierung** einer **grundstücksbezogenen Gefährdungshaftung** die Rede ist.[159] 54

b) Anspruchsberechtigte und -gegner; Störerbegriff. Der Kreis der Berechtigten des nachbarrechtlichen Ausgleichsanspruchs entspricht dem Personenkreis des Ausgleichsanspruchs bei bestehender Duldungspflicht. Neben dem **Eigentümer** sind **dinglich Berechtigte** und sogar Besitzer (Mieter, Pächter) befugt, den Anspruch nach **§ 906 Abs. 2 S. 2 BGB analog** geltend zu machen.[160] 55

Gleiches gilt für die Frage, wer Schuldner des Ausgleichsanspruchs ist. Auch hier gilt derjenige als Adressat, der die **Nutzungsart des beeinträchtigenden Grundstücks** bestimmt.[161] Darunter fallen das Grundstück allein nutzende Eigentümer, sonstige dinglich Berechtigte und Besitzer. Da der nachbarrechtliche Ausgleichsanspruch nach § 906 Abs. 2 S. 2 BGB jedoch nur diejenigen Fälle erfasst, in denen eine **rechtswidrige Einwirkung** vorliegt, die primär mit § 1004 BGB abzuwehren ist, muss der Anspruchsgegner zugleich als **Störer zu qualifizieren** sein.[162] 56

Wie bereits schon im Rahmen von § 1004 BGB ausgeführt wurde (→ Rn. 15), ist neben der **kausalen Verursachung** erforderlich, dass die Beeinträchtigung des Nachbargrundstücks zumindest mittelbar auf den Willen des Eigentümers oder Besitzers zurückzuführen ist.[163] Erst dann ist der Schuldner zugleich Störer im Sinne der Regelung. Bei **natürlichen Immissionen** ist die Zurechenbarkeit hingegen zu verneinen, wenn die Einwirkungen durch nicht beherrschbare Naturkräfte auftreten. 57

c) Weitere Voraussetzungen. **§ 906 Abs. 2 S. 2 BGB analog** setzt voraus, dass eine **grundstücksbezogene** Einwirkung gegeben ist. Luftverunreinigungen sind als **unwägbare Stoffe** (Imponderabilien) bereits als Einwirkung einzuordnen, sofern ihre **Einwirkung nicht unerheblich** ist. 58

Grundstücksbezogen ist die Einwirkung dann, wenn das Eigentum oder der Besitz am Grundstück des Anspruchstellers **gestört** sind. Die Verletzung sonstiger Rechte (Gesundheit, Leben, Sacheigentum) ist nicht erfasst.[164] Ein Grundstücksbezug ist auch hinsichtlich des Grundstücks erforderlich, von dem die **Einwirkung** ausgeht. Dieser Bezug kann sich aus einem **gefahrenträchtigen Zustand des Grundstücks** selbst ergeben oder auf ein **beeinträchtigendes Verhalten** des Grundstücksnutzers zurückzuführen sein.[165] Im letzteren Fall ist ein **Grundstücksbezug** nur gegeben, wenn das Verhalten dem Bereich der konkreten Nutzung des Grundstücks zuzuordnen ist und einen **sachlichen Bezug** zu diesem aufweist.[166] Nicht erfasst ist daher ein Verhalten, das nur gelegentlich auf dem Grundstück durch den Störer vorgenommen wird, aber genauso gut an anderer Stelle stattfinden könnte. In diesem Fall fehlt die **spezifische Beziehung der Grundstückseigentümer bzw. -nutzer** zueinander.[167] An einem Grundstücksbezug mangelt es auch, wenn **vorsätzliche Schädigungen** von dem Nachbargrundstück aus vorgenommen werden.[168] 59

158 BGH Urt. v. 8.3.1990 – III ZR 141/88, NJW 1990, 3195 (3196); BGH Urt. v. 30.5.2003 – V ZR 37/02, BGHZ 155, 99 = NJW 2003, 2377.

159 *Klimke* in BeckOGK BGB § 906 Rn. 370ff.; *Roth* in Staudinger BGB § 906 Rn. 69 mwN.

160 BGH Urt. v. 25.10.2013 – V ZR 230/12, BGHZ 198, 327 = NJW 2014, 458. Dies gilt jedoch wiederum nicht für Mieter untereinander, die sich auf demselben Grundstück befinden, BGH Urt. v. 12.12.2003 – V ZR 180/03, BGHZ 157, 188 = NJW 2004, 775.

161 BGH Urt. v. 16.7.2010 – V ZR 217/09, NJW 2010, 3158 (3159) mwN.

162 BGH Urt. v. 20.9.2019 – V ZR 218/18, NZM 2019, 890 (893); *Brückner* in MüKoBGB § 906 Rn. 200; *Roth* in Staudinger BGB § 906 Rn. 69.

163 *Klimke* in BeckOGK BGB § 906 Rn. 404; *Roth* in Staudinger BGB § 906 Rn. 69.

164 BGH Urt. v. 18.9.1984 – VI ZR 223/82, BGHZ 92, 143 = NJW 1985, 47; BGH Urt. v. 1.2.2008 – V ZR 47/07, NJW 2008, 992.

165 BGH Urt. v. 22.9.2000 – V ZR 443/99, NJW-RR 2001, 232; BGH Urt. v. 18.9.2009 – V ZR 75/08, NJW 2009, 3787 (3788).

166 BGH Urt. v. 18.9.2009 – V ZR 75/08, NJW 2009, 3787 (3788); *Brückner* in MüKoBGB § 906 Rn. 204.

167 BGH Urt. v. 18.9.2009 – V ZR 75/08, NJW 2009, 3787 (3788); *Brückner* in MüKoBGB § 906 Rn. 204.

168 *Brückner* in MüKoBGB § 906 Rn. 204.

60 Die Einwirkung durch **Luftverunreinigungen** muss **grenzüberschreitend** sein. Hier gilt das bereits zu **§ 906 Abs. 1 S. 1 BGB Gesagte**. Eine Grenzüberschreitung ist nicht gegeben, wenn verschiedene Mieter eines Eigentümers untereinander streiten.[169] Hingegen ist eine Grenzüberschreitung und ein damit verbundener **Ausgleichsanspruch** dann zu bejahen, wenn es sich um Mieter **verschiedener Wohnungseigentümer** handelt.[170]

61 Aufgrund seines Charakters als Sekundäranspruch ist es erforderlich, dass der **primäre Abwehranspruch** nach §§ 1004, 862 BGB gegen die **rechtswidrige Einwirkung** aus rechtlichen oder tatsächlichen Gründen **nicht (mehr)** möglich ist.[171] Eine rechtliche Verhinderung liegt vor, wenn **privat- oder öffentlich-rechtliche** Duldungspflichten bestehen.[172] Hinsichtlich der **tatsächlichen Verhinderung** hat der BGH anhand verschiedener Einzelfälle seine Rechtsprechung fortentwickelt. Musste der Eigentümer mit einer **Schädigung nicht rechnen**, liegt eine **tatsächliche Verhinderung** vor.[173] Diesen Ansatz hat der BGH dahingehend erweitert, dass selbst dann ein **Ausgleichsanspruch** besteht, wenn der Eigentümer das **Einwirken von dem Nachbargrundstück wahrgenommen** hat, aber die dadurch **hervorgerufene Schädigung nicht erkannte** und mit dieser auch **nicht rechnen musste**.[174] Selbst die **Zusage des Eigentümers**, die **Beeinträchtigung zu beseitigen** und das Vertrauen auf die **Durchsetzung verwaltungsrechtlicher Auflagen** genügt nach Auffassung des BGH für das Vorliegen tatsächlicher Hindernisse.[175]

62 **d) Rechtsfolge.** Liegen die Voraussetzungen nach **§ 906 Abs. 2 S. 2 BGB analog** vor, ist eine **Entschädigung** zu leisten, die in ihren Grundsätzen dem **Ausgleichsanspruch** bei direkter Anwendung des § 906 Abs. 2 S. 2 BGB entspricht. Insoweit kann auf diese Ausführungen verwiesen werden, so dass auch vorliegend **eine Parallelität mit einem Schadensersatzanspruch** gegeben ist. Fraglich ist allerdings, ob auch vorliegend eine Beschränkung der Entschädigung auf den **„unzumutbaren" Teil** vorzunehmen ist. Zu Recht ist davon Abstand zu nehmen, da es sich bei der **analogen Anwendung des § 906 Abs. 2 S. 2 BGB** um eine rechtswidrige Einwirkung handelt, die **nicht zu dulden** ist.[176]

IV. Öffentliches Recht

63 Neben den **privatrechtlichen Beseitigungs- und Entschädigungsansprüchen** können dem Eigentümer auch **öffentlich-rechtliche Abwehr- und Entschädigungsansprüche** zustehen. Bei der Beurteilung von Luftverunreinigung sind das **UmweltHG** und das **BImSchG** von besonderer Bedeutung.

1. Einstehen nach § 1 UmweltHG

64 Wird durch eine **Umwelteinwirkung**, die von einer im Anhang 1 des UmweltHG genannten Anlage ausgeht, jemand getötet, sein Körper oder seine Gesundheit verletzt oder eine Sache beschädigt, so ist der **Inhaber der Anlage** verpflichtet, dem Geschädigten den daraus **entstehenden Schaden** zu ersetzen, § 1 UmweltHG. Nach § 3 UmweltHG entsteht „[e]in Schaden durch eine Umwelteinwirkung, wenn er durch

---

169 BGH Urt. v. 12.12.2003 – V ZR 180/03, BGHZ 157, 188 = NJW 2004, 775; ablehnend *Roth* in Staudinger BGB § 906 Rn. 107; *Klimke* in BeckOGK BGB § 906 Rn. 381 ff. mwN.

170 Dazu *Würdinger* JZ 2014, 690 (692); *Brückner* in MüKo BGB § 906 Rn. 205.

171 Vgl. BGH Urt. v. 12.11.1999 – V ZR 229/98, NJW-RR 2000, 537 f.; BGH Urt. v. 18.9.2009 – V ZR 75/08, NJW 2009, 3787 (3788); *Brückner* in MüKoBGB § 906 Rn. 196.

172 *Roth* in Staudinger BGB § 906 Rn. 67; siehe auch die aufgeführten Beispiele bei *Fritzsche* in BeckOK BGB § 906 Rn. 91.

173 BGH Urt. v. 22.2.1991 – V ZR 308/89, BGHZ 113, 384 = NJW 1991, 1671; *Brückner* in MüKoBGB § 906 Rn. 211.

174 BGH Urt. v. 26.11.1982 – V ZR 314/81, BGHZ 85, 375 = NJW 1983, 872.

175 BGH Urt. v. 18.11.1994 – V ZR 98/93, NJW 1995, 714; *Brückner* in MüKoBGB § 906 Rn. 211.

176 So *Brückner* in MüKoBGB § 906 Rn. Rn. 214; die hM scheint jedoch davon auszugehen, dass bezüglich des Anspruchsumfangs die gleichen Grundsätze wie bei der unmittelbaren Anwendung des § 906 Abs. 2 S. 2 BGB gelten: BGH Urt. v. 2.3.1984 – V ZR 54/83, BGHZ 90, 255 = NJW 1984, 2207 (2208); BGH Urt. v. 18.11.1994 – V ZR 98/93, NJW 1995, 714; BGH Urt. v. 25.10.2013 – V ZR 230/12, BGHZ 198, 327 = NJW 2014, 458 (461); *Wilhelmi* in Erman BGB § 906 Rn. 45.

(…) Gase, Dämpfe, Wärme oder sonstige Erscheinungen verursacht wird, die sich in (…) Luft (…) ausgebreitet haben". **Rauch** und **Staub** sind als **sonstige Erscheinungen** anzusehen. Schäden nach § 1 UmweltHG sind nur zu ersetzen, wenn die **Einwirkungen nicht nach §§ 1004, 906 BGB zu dulden** sind.[177]

2. Öffentlich-rechtlicher (Dritt-)Schutz gegenüber privaten Nachbarn

Gehen von dem Grundstück eines privaten Eigentümers **luftverunreinigende Immissionen** aus oder besteht die Möglichkeit, dass durch den Bau einer entsprechenden Anlage solche Immissionen zu befürchten sind, kann der **beeinträchtigte Nachbar** die zuständige Behörde veranlassen, gegen die (künftigen) Beeinträchtigungen vorzugehen, wenn ihm Drittschutz zuteilwird.[178] 65

a) Drittschutz hinsichtlich genehmigungsbedürftiger Anlagen, § 5 Abs. 1 Nr. 1, Nr. 2 BImSchG. Für **genehmigungsbedürftige Anlagen** normiert § 5 Abs. 1 Nr. 1 BImSchG die Pflicht, sie so zu errichten und zu betreiben, dass zur Gewährleistung eines hohen Schutzniveaus für die Umwelt insgesamt **schädliche Umwelteinwirkungen** und **sonstige Gefahren**, erhebliche Nachteile und erhebliche Belästigungen für die Allgemeinheit und die Nachbarschaft nicht hervorgerufen werden können. Die Bestimmung ist unmittelbar für den Nachbarn drittschützend.[179] 66

Die in **§ 5 Abs. 1 Nr. 2 BImSchG** geregelte Vorsorgepflicht ist **grundsätzlich nicht drittschützend.**[180] 67 Ihre Verletzung gewährt Nachbarn nicht die Möglichkeit, diese gerichtlich geltend zu machen. Etwas anderes gilt dann, wenn **konkretisierende Regelungen** mit Immissionswerten zum **Schutz der Gesundheit in Rechtsverordnungen** oder **Verwaltungsvorschriften** fehlen, aber **entsprechende Vorsorgewerte** festgelegt wurden (**TA Luft**). Der Nachbar kann dann **die Einhaltung der Vorsorgewerte** als Ersatz der Schutzwerte verlangen.[181] Wichtig ist in diesem Zusammenhang, dass auch EU-Normen, die eine Beschränkung der Luftverschmutzung zum Schutz der Gesundheit bezwecken, als **subjektive Rechte angesehen** werden und damit Drittschutz vermitteln.[182] § 5 Abs. 1 Nr. 3 und Nr. 4 BImSchG haben keinen drittschützenden Charakter.[183]

b) Drittschutz bei nicht genehmigungsbedürftigen Anlagen, § 22 Abs. 1 Nr. 1, Nr. 2 BImSchG. Die Betreiberpflichten für nicht genehmigungsbedürftige Anlagen nach **§ 22 Abs. 1 Nr. 1 und Nr. 2 BImSchG stellen drittschützende Normen** dar.[184] Liegt ein Verstoß gegen § 22 Abs. 1 Nr. 1 oder Nr. 2 BImSchG vor, kann der (dinglich berechtigte[185]) Nachbar die erteilte Baugenehmigung im Wege der **Drittanfechtungsklage** angreifen, wenn es nach dem Prüfungsmaßstab der Baugenehmigung auf die Einhaltung von **§ 22 BImSchG** ankommt.[186] Sowohl dem dinglich als auch dem obligatorisch berechtigten Nachbarn kann ein Anspruch auf Erlass einer Anordnung nach § 24 BImSchG zustehen.[187] Da § 22 Abs. 1 Nr. 3 BImSchG allein das öffentliche Interesse betrifft, liegt in diesem Fall kein Drittschutz vor. 68

177 *Roth* in Staudinger BGB § 906 Rn. 49 mwN.
178 Vgl. BVerwG Urt. v. 4.7.1986 – 4 C 31/84, BVerwGE 74, 315 = NJW 1987, 1713 (1716); *Enders* in BeckOK UmweltR BImSchG § 22 Rn. 32.
179 *Schmidt-Kötters* in BeckOK UmweltR BImSchG § 5 Rn. 88.
180 BVerwG Urt. v. 18.5.1982 – 7 C 42/80, BVerwGE 65, 313 = NVwZ 1983, 32; BVerwG Urt. v. 11.12.2003 – 7 C 19/02, BVerwGE 119, 329 = NVwZ 2004, 610 (611); *Schmidt-Kötters* in BeckOK UmweltR BImSchG § 5 Rn. 121.
181 BVerwG Urt. v. 11.12.2003 – 7 C 19/02, BVerwGE 119, 329 = NVwZ 2004, 610 (611); BVerwG Urt. v. 27. 9. 2007 – 7 C 36/07, BVerwGE 128, 278 = NVwZ 2007, 695 (697); *Jarass* in BImSchG § 5 Rn. 135.
182 *Jarass* BImSchG § 5 BImschG Rn. 136; siehe auch *Schink* NVwZ 2017, 337 (344).
183 *Schmidt-Kötters* in BeckOK UmweltR, § 5 BImSchG Rn. 149, 156; differenziert: *Jarass* BImSchG § 5 Rn. 138.
184 BVerwG Urt. v. 4.7.1986 – 4 C 31/84, BVerwGE 74, 315 = NJW 1987, 1713; BVerwG Urt. v. 7.5.1996 – 1 C 10/95, BVerwGE 101, 157 = NVwZ 1997, 276 (277); OVG Lüneburg Urt. v. 26.4.2007 – 12 LB 62/07, BeckRS 2007, 24783.
185 BVerwG Urt. v. 11.5.1989 – 4 C 1/88, BVerwGE 82, 61 = NVwZ 1989, 1163 (1167); VGH München Beschl. v. 9.5.2017 – 9 CS 16.1241, BeckRS 2017, 110485.
186 *Enders* in BeckOK UmweltR BImSchG § 22 Rn. 32; *Jarass* in BImSchG § 22 Rn. 65.
187 VGH München Beschl. v. 9.5.2017 – 9 CS 16.1241, BeckRS 2017, 110485; *Enders* in BeckOK UmweltR BImSchG § 22 Rn. 32.

3. Schutz gegenüber hoheitlichen Immissionen[188]

69 Handelt es sich bei den Luftverunreinigungen um **hoheitliche Immissionen**, kann der beeinträchtigte Nachbar analog §§ 1004, 906 BGB Beseitigung bzw. Unterlassung verlangen, sofern keine Duldung vorliegt.[189] Zudem steht auch im Hinblick auf hoheitlich betriebene Anlagen dem Nachbarn ein Anspruch nach § 24 BImSchG zu.[190]

V. Strafrecht

70 Kommt es zur Freisetzung **gesundheitsschädlicher Luftverunreinigungen**, kann neben den Tatbeständen §§ 211 ff., 223 ff. StGB auch § 325 StGB verwirklicht sein. Diese stehen zueinander in Tateinheit.[191]

VI. Prozessuales

1. Obligatorisches Güteverfahren nach § 15a Abs. 1 S. 1 Nr. 2 EGZPO

71 Sofern die Landesgesetzgeber eine entsprechende Regelung im Sinne von **§ 15a Abs. 1 S. 1 Nr. 1 EGZPO** getroffen haben,[192] müssen **nachbarrechtliche** Ansprüche nach §§ 1004, 906 BGB zunächst ein **Schlichtungsverfahren** durchlaufen, bevor Klage erhoben wird. Erfolgt dies nicht, ist die Klage als unzulässig abzuweisen.[193] Für Zahlungsansprüche nach § 906 Abs. 2 S. 2 BGB (direkt oder analog) gilt dies nach Auffassung des BGH hingegen nicht.[194] Nicht geklärt ist, ob ein Schlichtungsverfahren durchzuführen ist, wenn nicht alle Klageanträge Gegenstand in diesem waren.[195]

2. Antrag und Tenor

72 Die Besonderheiten der immissionsrechtlichen Unterlassungsklage machen es erforderlich, dass die Anträge von dem **Bestimmtheitserfordernis nach § 253 Abs. 2 Nr. 2 ZPO** abweichen. Dies ist in der Rechtsprechung anerkannt mit der Folge, dass eine teilweise Verlagerung ins **Vollstreckungsverfahren** erforderlich ist.[196] Grundsätzlich genügt daher im Tenor das Gebot, allgemein Störungen bestimmter Art (zB Gerüche) zu unterlassen.[197] Der Bestimmtheitsgrundsatz gilt als gewahrt, wenn er das Verbot enthält, „*das Grundstück der Klägerin durch vom Schweinemastbetrieb ausgehende Gerüche wesentlich zu beeinträchtigen*".[198] Im Hinblick auf Luftverunreinigungen ermöglicht der Stand der Technik das Heranziehen vorhandener Richtwerte der TA Luft zur Konkretisierung von **Klageantrag** und **Urteilstenor**. Obwohl die Rechtsprechung zu Luftverunreinigungen und Lärmbelästigungen uneinheitlich ist,[199] ist hinsichtlich der TA Luft eine möglichst konkrete Bezeichnung der zu beseitigenden Beeinträchtigung in Antrag und Tenor zu fordern. So besteht nicht nur die Gefahr, dass aufgrund eines unbestimmten Antrags und eines darauf beruhen-

188 Siehe auch → *Öffentliche Einrichtungen und Anlagen* Rn. 10.
189 BVerwG Urt. v. 29.4.1988 – 7 C 33/87, BVerwGE 79, 254 = NJW 1988, 2396; VGH Mannheim Urt. v. 23.5.2014 – 10 S 249/14, BeckRS 2014, 52254.
190 *Enders* in BeckOK UmweltR BImSchG § 22 Rn. 33a.
191 *Alt* in MüKoStGB § 325 Rn. 70; *Witteck* in BeckOK StGB, § 325 Rn. 45.
192 Siehe *Brückner* in MüKoBGB § 906 Rn. 215 für eine Übersicht.
193 BGH Urt. v. 23.11.2004 – VI ZR 336/03, BGHZ 161, 145 = NJW 2005, 437; BGH Urt. v. 2.3.2012 – V ZR 169/11, NZM 2012, 435.
194 BGH Urt. v. 10.7.2009 – V ZR 69/08, NJW-RR 2009, 1238; BGH Urt. v. 2.3.2012 – V ZR 169/11, NZM 2012, 435; BGH Urt. v. 19.2.2016 – V ZR 96/15, NJW-RR 2016, 823; BGH Urt. v. 27.1.2017 – V ZR 120/16, NJW-RR 2017, 443.
195 Vgl. LG Dortmund Urt. v. 8.6.2017 – 1 S 451/15, NZM 2018, 251.
196 BGH Teilversäumnis- und Schlussurt. v. 12.12.2003 – V ZR 98/03, NJW 2004, 1035.
197 BGH Urt. v. 5.2.1993 – V ZR 62/91, BGHZ 121, 248 (251) – Jugendzeltplatz; OLG Celle Urt. v. 29.6.2011 – 4 U 199/09, NJW-RR 2011, 1585; OLG Düsseldorf Beschl. v. 19.8.2009 – I-3 Wx 233/08, 3 Wx 233/08, NJW 2009, 3377 – Kinderlärm.
198 BGH Urt. v. 30.10.1998 – V ZR 64/98, BGHZ 140, 1 (3); KG Urt. v. 26.3.2013 – 21 U 131/08, KG NZM 2013, 742.
199 Zur Fassung des Urteilstenors siehe *Roth* in Staudinger BGB § 906 Rn. 283 f.

den unbestimmten Tenors, eine Verlagerung in das Zwangsvollstreckungsverfahren stattfindet,[200] sondern der Tenor wegen Unbestimmtheit von vornherein nicht vollstreckbar ist.

Kommen neben dem **nachbarrechtlichen Ausgleichsanspruch** nach § 906 Abs. 2 S. 2 BGB analog auch Schadensersatzansprüche in Betracht, so handelt es sich um zwei unterschiedliche Streitgegenstände, die im Wege der **objektiven Klagehäufung** geltend gemacht werden können.[201] 73

3. Darlegungs- und Beweislast

Während der Nachbar, dh der **Eigentümer** des beeinträchtigten Grundstücks, die **Darlegungs- und Beweislast** für die **Einwirkung**, die **Beeinträchtigung** und für die **Kausalität zwischen Einwirkung und Beeinträchtigung** trägt,[202] ist der **emittierende Eigentümer** für die Zulässigkeit der Einwirkung **beweispflichtig** und hinsichtlich der **Unwesentlichkeit** der Beeinträchtigung **darlegungs- und beweispflichtig.**[203] Die Beeinträchtigung ist dann als unwesentlich anzusehen, wenn die **öffentlich-rechtlichen Grenz- und Richtwerte** im Sinne von § 906 Abs. 1 S. 2 und 3 BGB **nicht überschritten** sind.[204] Werden diese Richtwerte jedoch überschritten, so ist damit eine **starke Indizwirkung** gegeben, dass eine **wesentliche** Beeinträchtigung vorliegt.[205] In diesem Fall muss der Eigentümer die Einhaltung der öffentlich-rechtlichen Grenzwerte darlegen und beweisen.[206] Kann der Eigentümer die **Unwesentlichkeit** der Beeinträchtigung nicht beweisen, trifft ihn die Darlegungs- und Beweislast, dass die **Grundstücksnutzung ortsüblich** ist und die Beeinträchtigungen nicht durch wirtschaftliche Maßnahmen verhindert werden können.[207] 74

83. Mauer

Al-Deb'i/Weidt

Literatur: *Stöber*, Das obligatorische Schlichtungsverfahren nach § 15a EGZPO, JA 2014, 607.

---

200 Vgl. *Roth* in Staudinger BGB § 906 Rn. 284.
201 *Brückner* in MüKoBGB § 906 Rn. 218.
202 BGH Urt. v. 12.7.1985 – V ZR 172/84, NJW 1985, 2823; *Brückner* in MüKoBGB § 906 Rn. 219.
203 BGH Urt. v. 20.11.1992 – V ZR 82/91, NJW 1993, 925, *Brückner* in MüKoBGB § 906 Rn. 219.
204 BGH Urt. v. 13.2.2004 – V ZR 217/03, NJW 2004, 1317 (1318 f.).
205 BGH Urt. v. 6.7. 2001 – V ZR 246/00, BGHZ 148, 261 (265) = NJW 2001, 3119.
206 BGH Urt. v. 13.2.2004 – V ZR 217/03, NJW 2004, 1317 (1318 f.); *Fritz*, NJW 1996, 753; *Brückner* in MüKoBGB § 906 Rn. 220.
207 *Brückner* in MüKoBGB § 906 Rn. 221.

I. Definition und Zweck der Mauer

1 Eine Legaldefinition für eine **Mauer** findet sich im Gesetz nicht. Eine wandartige Mauer ist eine künstlich geschaffene Formation, die aus aufeinander gesetzten Natur- oder künstlichen Steinen besteht. Als Bindeglied zwischen den einzelnen Steinen dient häufig Mörtel oder spezieller Kleber. Es gibt aber auch Mauern, die ohne Verwendung von Mörtel oder Kleber gebaut und Trockenmauern genannt werden. Natursteinmauern aus Bruchsteinen werden in der Regel als Trockenmauern ausgeführt. L-Steine, Winkelsteine, Winkelstützen, L-Betonsteine, Mauerscheiben oder Stützwinkel sind eine bestimmte Art von Bauelementen, die L-förmig abgewinkelt sind und aus Stahl-Sichtbeton bestehen. Die spezielle Bauform erlaubt es, die L-Steine variabel einzusetzen und aneinandergereiht entsteht dadurch eine Mauer, die sich besonders gut dazu eignet, Erdreich abzufangen, welches sonst Abrutschen würde. Ähnlich gut lässt sich Erdreich auch mit Gabionen, also einem mit Steinen gefüllten Drahtkorb, abfangen. **Hauptzweck** von Mauern ist das **Abfangen** von Erdreich nach künstlich geschaffenen Aufschüttungen oder Abgrabungen. Zum Teil werden Mauern aber auch lediglich als **Sichtschutz oder Einfriedung** errichtet.

1. Überblick über die Regelungen im BGB

2 In den Vorschriften der §§ 903 bis 924 BGB ist das zwischen Nachbarn geltende Recht nicht abschließend geregelt. Das BGB schreibt insbesondere keine Grenzabstände für Mauern vor. **Der Eigentümer** kann daher nach dem BGB wegen der Regelung des § 903 BGB sein Grundstück nach Belieben mit Mauern versehen. Grenzabstände und Höhenbeschränkungen ergeben sich allerdings aus den Nachbargesetzen der Länder und dem öffentlichen Recht (→ Rn. 2 ff.). Aus § 909 BGB kann sich eine Pflicht des Eigentümers ergeben, nach einer Vertiefung seines Grundstücks eine Mauer zu errichten (→ *Vertiefung* Rn. 1 ff.)

2. Nachbarrechtsgesetze der Länder

3 Im Anwendungsbereich der Nachbarrechtsgesetze der Länder entscheidet sich beim Streit zwischen den Nachbarn anhand der Regelungen über Einfriedungen, ob eine Mauer auf der gemeinsamen Grenze als gemeinsame Einfriedung errichtet werden muss. Einigen sich die Nachbarn insoweit nicht über Art und Höhe der Einfriedung, muss eine ortübliche Einfriedung errichtet werden. Letzteres kann auch eine Mauer sein, wenn sie im betroffenen Ortsteil oder in einer geschlossenen Siedlung häufiger als Einfriedung vorkommt (vgl. → *Einfriedung* Rn. 17 ff.). Bei der Vornahme von Bodenerhöhungen muss der Eigentümer eine Schädigung des Nachbargrundstückes, insbesondere durch Abstürzen oder Abschwemmen, ausschließen und zu diesem Zweck ist notfalls eine Stützmauer zu setzen (vgl. → *Aufschüttung* Rn. 1 ff.)

II. Höhe und Abstand von Mauern auf dem eigenen Grundstück

4 Mauern, die nach Vertiefungen oder Bodenerhöhungen errichtet werden, muss der Eigentümer auf seinem eigenen Grundstück errichten. Hierbei sind im Einzelfall nach den Bauordnungen der Länder oder geltenden Bebauungsplänen **Höhenbeschränkungen** und ggf. **Abstandsflächen** einzuhalten. Anforderungen an Einfriedungen und Mauern sind häufig auch in örtlichen Bauvorschriften und städtebaulichen Satzungen (zB Bebauungsplänen) bestimmt. Insbesondere können auf diese Weise die Notwendigkeit, die Art der Gestaltung und die Höhe von Einfriedungen geregelt sein.[1] Dabei gilt es jedoch im Verhältnis zwischen den jeweiligen Nachbarn zu beachten, dass **Festsetzungen in Bebauungsplänen** – abgesehen von der Art der baulichen Nutzung nach § 9 Abs. 1 Nr. 1 BauGB – nicht kraft Gesetzes nachbarschützend sind[2] und Festsetzungen über das Maß der baulichen Nutzung nur dann Drittschutz vermitteln können, wenn sie nach dem

1 Vgl. dazu VG Gelsenkirchen Urt. v. 30.10.2018 – 9 K 931/14, BeckRS 2018, 32611; VG Würzburg Urt. v. 15.12.2011 – W 5 K 10.1324, BeckRS 2012, 47309; VG München Urt. v. 19.1.2010 – M 1 K 09.2671, BeckRS 2010, 35446; VG Augsburg U/B v. 2.5.2005 – Au 8 K 04.948, BeckRS 2005, 37224; VG Bayreuth Urt. v. 10.10.2002 – B 2 K 02.129, BeckRS 2002, 30052.

2 Vgl. VGH Mannheim Beschl. v. 1.8.2018 – 5 S 272/18, BeckRS 2018, 17861; VGH München Beschl. v. 4.4.2012 – 2 CS 12.394, juris Rn. 5; VGH München Beschl. v. 24.3.2009 – 14 CS 08.3017, juris Rn. 34.

Willen der Gemeinde als Planungsträgerin diese Funktion haben sollen.[3] Ob die Mauer gegen das bauordnungsrechtliche **Verunstaltungsverbot** (bspw. § 12 Abs. 1 BauO NRW) verstößt, ist im Verhältnis zwischen den Nachbarn irrelevant, da dieses keinen Nachbarschutz vermittelt.[4] Hinsichtlich etwaiger Verletzungen des Bauplanungsrechts sind Mauern, wenn diese dem Wohngebäude untergeordnet sind, **Nebenanlagen** nach § 14 BauNVO mit der Folge, dass ein Dritter bei einem Verstoß gegen diese Norm, insbesondere bei Nichteinhaltung der Anforderungen an eine Nebenanlage, in seinen Rechten verletzt wird (vgl. → *Gebietsschutz, Baugebietsverträglichkeit und Rücksichtnahmegeboet* Rn. 3 ff.).[5] Ein darüber hinausgehender **Drittschutz** aus dem bauplanungsrechtlichen **Rücksichtnahmegebot** ergibt sich jedoch für Mauern nicht, wenn sie die Abstandsflächen einhalten.[6]

1. Höhe und Abstand der Mauer

Bezüglich der **Höhe** der Mauer muss von vornherein nach dem Zweck, dem die Mauer dienen soll, differenziert werden. Denn es ergeben sich bei Bodenerhöhungen, Vertiefungen und Errichtung von Mauern zum Zwecke der Einfriedung und des Sichtschutzes durchaus unterschiedliche rechtliche Rahmenbedingungen. 5

a) Bodenerhöhungen. Bei Bodenerhöhungen soll die Mauer in der Regel nur die zuvor oder gleichzeitig erfolgte **Erhöhung des Bodenniveaus** abfangen. Die Mauer wird praktisch nicht höher als die Bodenerhöhung selbst sein und sich daher aus tatsächlichen Gründen an der rechtlich zulässigen Höhe der Bodenerhöhung orientieren. Deswegen werden Stützmauern, die zur Sicherung des natürlichen Geländes oder einer Bodenerhöhung vor einem Abrutschen des Erdreichs errichtet werden, nicht unter die Regelungen über Einfriedungen (bspw. Art. 6 Abs. 9 S. 1 Nr. 3 BayBO) gefasst. Stattdessen werden derartig errichtete Mauern als Bestandteil eines einheitlichen Vorhabens, nämlich einer Bodenerhöhung qualifiziert.[7] Bodenerhöhungen führen dazu, dass Flächen entstehen, die geeignet sind, von **Menschen betreten zu werden**. In Nordrhein-Westfalen sind solche **Bodenaufschüttungen** ohne Einhaltung von Abstandsflächen gem. § 6 Abs. 1 S. 2 Nr. 2 BauO NRW nur bis zu einer Höhe von 1 m zulässig. 6

Ob es sich bei der zum **Abfangen der Bodenerhöhung** errichteten Mauer um eine Anlage handelt, die dazu geeignet ist, von Menschen betreten zu werden, wurde in der Rechtsprechung in einzelnen Fällen aber verneint.[8] In diesen Fällen sind die Aufschüttung und die Mauer nicht als Einheit betrachtet worden. Im Fall des VG Gelsenkirchen war die Aufschüttung unter 1 m und die Mauer höher als 1 m. Im Fall des LG Köln war die Stützmauer unabhängig von der im Nachhinein erfolgten Aufschüttung anstatt der bisherigen Bruchsteinmauer zur Absicherung des natürlichen Geländegefälles errichtet worden.[9] 7

Natürlich können eine Mauer und der darauf installierte Zaun von Menschen betreten oder bestiegen werden. Dies ist aber – anders als bei Anlagen nach § 6 Abs. 1 S. 2 Nr. 2 BauO NRW – nicht der **eigentliche Bestimmungszweck**.[10] Deswegen werden Einfriedigungen nach § 6 Abs. 1 S. 2 Nr. 1 BauO NRW beurteilt mit der Folge, dass sie nur dann Abstandsflächen auslösen, wenn sie höher als 2 m über der Geländeober- 8

3 VG Ansbach Urt. v. 5.6.2013 – AN 3 K 12.01278, BeckRS 2013, 52609.
4 Vgl. OLG Naumburg Urt. v. 12.10.2015 – 12 U 165/14, juris Rn. 32.
5 OVG Münster Urt. v. 25.4.2005 – 10 A 773/03, NJOZ 2006, 776.
6 OLG Naumburg Urt. v. 12.10.2015 – 12 U 165/14, juris Rn. 24.
7 Vgl. OVG Münster Urt. v. 6.6.2014 – 2 A 2757/12, BeckRS 2014, 55846 Rn. 71 ff.; VG Würzburg Beschl. v. 27.7.2012 – W 5 S 12.617, BeckRS 2012, 56550; VGH München Beschl. v. 22.2.2017 – 15 CS 16.1883, BeckRS 2017, 106570 Rn. 26 ff., allerdings mit der Einschränkung, dass es sich um Auffüllungen handeln muss, die erforderlich sind, um eine angemessene und zulässige Nutzung des Baugrundstücks zu ermöglichen.
8 VG Gelsenkirchen Urt. v. 18.5.2010 – 6 K 2592/07, juris Rn. 25; LG Köln Urt. v. 20.1.2010 – 9 S 164/09, juris Rn. 6.
9 LG Köln Urt. v. 20.1.2010 – 9 S 164/09, juris Rn. 6.
10 Vgl. *Kockler* in BeckOK BauordnungsR NRW BauO NRW § 6 Rn. 14; *Boeddinghaus/Hahn/Schulte* BauO NRW 3. Anlagen, von denen Wirkungen wie von Gebäuden ausgehen, Rn. 121.

fläche sind und von ihnen Wirkungen wie von Gebäuden ausgehen.[11] **Aufschüttungen** beurteilen sich hingegen nach § 6 Abs. 1 S. 2 Nr. 2 BauO NRW und lösen nur dann Abstandsflächen aus, wenn sie höher als 1 m über der Geländeoberfläche sind und dazu geeignet sind, von Menschen betreten zu werden. In Hessen gilt nach § 6 Abs. 8 Nr. 2 HBO ähnliches, wobei das Land Hessen zugleich auch die zur Bodenaufschüttung gehörende Stützmauer aufführt. Für Stützmauern zur Sicherung des natürlichen Geländes gilt dagegen die Regelung des § 6 Abs. 10 Nr. 7 HBO. In Bayern muss auf der Grundlage des Art. 6 Abs. 2 S. 2 BayBO geprüft werden, ab welcher Höhe eine Bodenerhöhung gebäudegleiche Wirkung hat. Dies kann jedenfalls bereits deutlich unterhalb einer Höhe von 2 m gegeben sein.[12] Ragt eine Mauer jedoch über die Bodenerhöhung hinaus, muss der überragende Teil etwaige in dem Bundesland bestehende Höhen- und Abstandsbegrenzungen einhalten.[13] Der überragende Teil ist somit anhand der Vorschriften über **Einfriedungen** zu beurteilen.

9 **b) Vertiefungen.** Bei einer **Vertiefung des Grundstücks** ist dies gleichsam umgekehrt zu beachten. Höhenprobleme bezüglich der errichteten Mauer wird es insoweit kaum geben, da die zulässige Höhe der Mauer nach den Landesbauordnungen der Länder in der Regel von der natürlichen Geländeoberfläche, also dem nicht vertieften Geländeniveau aus gemessen wird und dementsprechend nicht wesentlich höher als die Vertiefung selbst sein wird mit der Folge, dass es insoweit nicht zu rechtlichen Problemen mit dem Nachbarn wegen der Höhe der Mauer kommen dürfte.

10 **c) Einfriedung.** Bei der Errichtung der Mauer zum Zwecke der **Einfriedung und des Sichtschutzes** sieht dies dagegen anders aus. Die ohne Einhaltung von Abstandsflächen zulässige Höhe der Mauer kann insoweit der nachfolgenden Tabelle für die Landesbauordnungen der jeweiligen Bundesländer entnommen werden. Soweit Mauern höher sind als nach dem maßgeblichen Landesrecht ohne Einhaltung von Abstandsflächen zulässig, stellt sich in der Regel die Frage, ob von der Mauer eine gebäudeähnliche Wirkung ausgeht. In der Tabelle sind diesbezüglich unter Ausklammerung der vorgenannten Frage die jeweiligen Mindestabstände nach den entsprechenden landesrechtlichen Vorschriften aufgeführt. Häufig sehen die Landesbauordnungen für die Industrie- und Gewerbegebiete aber auch zu öffentlichen Verkehrs-, Grün- und Wasserflächen (vgl. § 6 Abs. 5 S. 3 BauO NRW) besondere Abstände vor.

Baden-Württemberg, § 11 Abs. 2 NRG BW	bis 1,50 m = 0,00 m Grenzabstand
	höher als 1,51 m: Höhe in m – 1,50 m = Grenzabstand
Bayern, Art. 6 Abs. 9 Satz 1 Nr. 3 BayBO	bis 2,00 m = 0,00 m Grenzabstand
	höher als 2,0 m = mind. 3,00 m Grenzabstand
	in Gewerbe- und Industriegebieten ohne Begrenzung der Höhe zulässig
Berlin, § 6 Absatz 8 Nr. 3 BauO Bln	bis 2,00 m – 0,00 m Grenzabstand
	höher als 2,00 m = mind. 3,00 m Grenzabstand
	in Gewerbe- und Industriegebieten ohne Begrenzung der Höhe zulässig
Brandenburg, § 6 Abs. 8 Nr. 3 BbgBO	bis 2,00 m – 0,00 m Grenzabstand
	höher als 2,00 m = mind. 3,00 m Grenzabstand
	in Gewerbe- und Industriegebieten ohne Begrenzung der Höhe zulässig

11 Vgl. *Kockler* in BeckOK BauordnungsR NRW BauO NRW § 6 Rn. 14; *Boeddinghaus/Hahn/Schulte* BauO NRW 3. Anlagen, von denen Wirkungen wie von Gebäuden ausgehen, Rn. 121.

12 Vgl. *Schönfeld* in BeckOK BauordnungsR Bayern BayBO Art. 6 Rn. 244; VGH Kassel Beschl. v. 15.6.2004 – 3 ZU 2302/02, ZFBR 2004, 587; vgl. dazu auch zur Berliner Bauordnung: OVG Berlin Beschl. v. 7.8.2015 – OVG 10 S 12/15, NJOZ 2015, 1825 ff.

13 OLG Stuttgart Beschl. v. 28.7.2016 – 1 U 80/16, BeckRS 2016, 109835 Rn. 31.

<table>
<tr><td rowspan="3">Bremen,
§ 6 Abs. 8 Nr. 3 BremBO</td><td>bis 2,00 m = 0,00 m Grenzabstand</td></tr>
<tr><td>höher als 2,0 m = mind. 3,00 m Grenzabstand</td></tr>
<tr><td>in Gewerbe- und Industriegebieten ohne Begrenzung der Höhe zulässig</td></tr>
<tr><td rowspan="3">Hamburg,
§ 6 Abs. 7 Nr. 3 HBauO</td><td>bis 2,00 m = 0,00 m Grenzabstand</td></tr>
<tr><td>höher als 2,0 m = mind. 2,50 m Grenzabstand</td></tr>
<tr><td>in Gewerbe- und Industriegebieten ohne Begrenzung der Höhe zulässig</td></tr>
<tr><td rowspan="2">Hessen,
6 Abs. Abs. 10 Nr. 6 HBO</td><td>bis 2,00 m = 0,00 m Grenzabstand</td></tr>
<tr><td>höher als 2,0 m = mind. 3,00 m Grenzabstand</td></tr>
<tr><td rowspan="3">Mecklenburg-Vorpommern,
§ 6 Abs. 8 Nr. 3 LBauO M-V</td><td>bis 2,00 m = 0,00 m Grenzabstand</td></tr>
<tr><td>höher als 2,0 m = mind. 3,00 m Grenzabstand</td></tr>
<tr><td>in Gewerbe- und Industriegebieten ohne Begrenzung der Höhe zulässig</td></tr>
<tr><td rowspan="2">Niedersachsen,
§ 8 S. 1 Nr. 1b NBauO</td><td>bis 2,00 m = 0,00 m Grenzabstand</td></tr>
<tr><td>höher als 2,0 m = mind. 3,00 m Grenzabstand</td></tr>
<tr><td rowspan="3">Nordrhein-Westfalen,
§ 6 Abs. 1 S. 2 Nr. 1, Abs. 8 Nr. 3 BauO NRW</td><td>bis 2,00 m = 0,00 m Grenzabstand</td></tr>
<tr><td>höher als 2,00 m = mind. 3,00 m Grenzabstand</td></tr>
<tr><td>in Gewerbe- und Industriegebieten ohne Begrenzung der Höhe zulässig</td></tr>
<tr><td rowspan="3">Rheinland-Pfalz,
§ 8 Abs. 8 S. 3 LBauO RhPf</td><td>bis 2,00 m = 0,00 m Grenzabstand</td></tr>
<tr><td>höher als 2,0 m = mind. 3,00 m Grenzabstand</td></tr>
<tr><td>in Gewerbe- und Industriegebieten ohne Begrenzung der Höhe zulässig</td></tr>
<tr><td rowspan="2">Saarland,
§ 7 Abs. 7 Nr. 1 LBO Saarl</td><td>bis 2,00 m = 0,00 m Grenzabstand</td></tr>
<tr><td>höher als 2,00 m -= mind. 3,00 m Grenzabstand</td></tr>
<tr><td rowspan="3">Sachsen,
§ 6 Abs. 8 Nr. 3 SächsBO</td><td>bis 2,00 m = 0,00 m Grenzabstand</td></tr>
<tr><td>höher als 2,0 m = mind. 3,00 m Grenzabstand</td></tr>
<tr><td>in Gewerbe- und Industriegebieten ohne Begrenzung der Höhe zulässig</td></tr>
<tr><td rowspan="3">Sachsen-Anhalt,
§ 6 Abs. 7 Nr. 5 LBO Schl.-H.</td><td>bis 1,50 m = 0,00 m Grenzabstand</td></tr>
<tr><td>höher als 1,5 m = mind. 3,00 m Grenzabstand</td></tr>
<tr><td>in Gewerbe- und Industriegebieten ohne Begrenzung der Höhe zulässig</td></tr>
</table>

2. Erhaltungspflichten gegenüber dem Nachbarn

Sofern der Eigentümer allein wegen einer **Bodenerhöhung oder einer Vertiefung** seines Grundstücks zur Errichtung der Mauer verpflichtet war, trifft ihn zugleich auch die Pflicht, die errichtete Mauer zugunsten seines Nachbarn zu erhalten und die dafür notwendigen Unterhaltungskosten zu tragen. Bei Vorliegen **einer Grenzeinrichtung bzw. einer gemeinsamen Einfriedung** tragen die Nachbarn die Unterhaltungskosten gem. § 922 S. 2 BGB bzw. den jeweils einschlägigen Nachbarrechtsgesetzen der Länder zu gleichen Teilen. 11

Zudem darf die Mauer gem. § 922 S. 3 BGB als Grenzeinrichtung **nicht ohne Zustimmung** des Nachbarn beseitigt oder geändert werden, solange er an dem Fortbestand der Einrichtung ein Interesse hat.

3. Entfernung einer vorhandenen Mauer als Vertiefung des Grundstücks

12 Inzwischen ist höchstrichterlich geklärt, dass der Abriss einer Mauer selbst dann keine Vertiefung des eigenen Grundstücks iSd § 909 BGB darstellt, wenn das Nachbargrundstück dadurch seinen Halt verliert.[14] Gemäß § 909 BGB darf ein Grundstück zwar nicht in der Weise vertieft werden, dass der Boden des Nachbargrundstücks die erforderliche Stütze verliert, es sei denn, dass für eine genügende anderweitige Befestigung gesorgt ist. Bei Zuwiderhandlung kann der Eigentümer als Störer auf Unterlassung der Vertiefung in Anspruch genommen werden.[15] **Die Entfernung einer Stützmauer** selbst stellt aber **keine Vertiefung** iS von § 909 BGB dar, weil damit keine Senkung des Bodenniveaus verbunden ist, sondern nur eine Entfernung oberirdischer Gebäudeteile vorliegt.[16] Sofern die Mauer jedoch nach einer vorgenommenen Vertiefung des Grundstücks zum Zwecke der Befestigung errichtet wurde, müsste der sein Grundstück vertiefende Eigentümer das Grundstück des Nachbarn gem. § 909 BGB auch weiterhin abstützen und hätte den ersatzlosen Abriss zu unterlassen. Hat dagegen der Nachbar sein Grundstück aufgeschüttet oder ist nicht feststellbar, worauf der **Höhenunterschied** beruht, scheidet eine Verpflichtung des Eigentümers nach § 909 BGB aus. Ein Unterlassungsanspruch lässt sich in diesem Fall auch nicht aus einer analogen Anwendung von § 909 BGB herleiten. **Die Entfernung der Mauer ist nicht einer Vertiefung gleichzusetzen.** Der Eigentümer darf vielmehr mit seinem Grundstück nach Belieben verfahren, auch wenn dies nachteilige Auswirkungen auf das Nachbargrundstück hat, solange ihm das Nachbarrecht seine Handlung nicht verbietet.[17] Aus dem **nachbarrechtlichen Gemeinschaftsverhältnis** kann in einer solchen Konstellation nur die Pflicht zu einer **Ankündigung derartiger Abrissarbeiten** hergeleitet werden, die so rechtzeitig erfolgen muss, dass sie den Grundstücksnachbarn in die Lage versetzt, vorher **eigene Stützungsmaßnahmen** zu treffen.[18]

III. Überbau oder gemeinschaftliche Einrichtung

13 Sofern eine errichtete Mauer nicht vollständig auf dem eigenen Grundstück errichtet wurde, sondern teilweise auch auf dem Grundstück des Nachbarn steht, mithin von der gemeinsamen Grenze ganz oder teilweise geschnitten wird, kann der hiervon beeinträchtigte Eigentümer grundsätzlich **den Rückbau verlangen**. Anspruchsgrundlage für den Rückbau ist **§§ 1004 Abs. 1 S. 1, 903 S. 1 BGB**. Die durch die Mauer mit einer Grenzüberschreitung verbundene Benutzung des eigenen Grundstücks muss gem. § 903 Abs. 1 S. 1 BGB nicht hingenommen werden. Der Eigentümer kann daher grundsätzlich die Beseitigung der Mauer als Beeinträchtigung seines Eigentums nach § 1004 Abs. 1 S. 1 BGB verlangen.[19]

1. Duldungspflicht gem. §§ 1004 Abs. 2, 922 S. 3 BGB

14 Unter den Voraussetzungen des § 922 S. 3 BGB kann im Einzelfall die Beeinträchtigung des Eigentums gem. § 1004 Abs. 2 BGB zu dulden sein. Die **Duldungspflicht** ergibt sich aus § 922 S. 3 BGB, wenn es sich bei der Mauer um eine gemeinschaftliche Einrichtung iSv § 921 BGB handelt. Nach § 922 S. 3 BGB darf eine **Grenzanlage iSv § 921 BGB** nicht ohne Zustimmung des Nachbarn beseitigt oder geändert werden, solange der Nachbar an dem Fortbestand der Einrichtung ein Interesse hat. Bei § 921 BGB handelt es sich um eine **Rechtszustandsvermutung.**[20] Danach wird vermutet, dass die Eigentümer der Grundstücke zur Benutzung der Einrichtung **gemeinschaftlich berechtigt** sind, wenn zwei Grundstücke durch einen

---

14 BGH Urt. v. 29. 6. 2012 – V ZR 97/11, NJW-RR 2012, 1160.
15 Vgl. BGH Urt. v. 25.5.1984 – V ZR 199/82, BGHZ 91, 282 (285) = NJW 1984, 2463.
16 Vgl. BGH Urt. v. 19.9.1979 – V ZR 22/78, NJW 1980, 224 (225); RG Urt. v. 20.1.1909 – V 438/08, RGZ 70, 200 (206).
17 BGH Urt. v. 12.11.1999 – V ZR 229/98, NJW-RR 2000, 537 f.
18 BGH Urt. v. 29. 6. 2012 – V ZR 97/11, NJW-RR 2012, 1160 (1162).
19 Vgl. *Herrler* in Palandt BGB § 903 Rn. 7, 8.
20 OLG Hamm Urt. v. 4.2.2016 – 5 U 148/14, NJOZ 2016, 1363 (1365).

Zwischenraum, Rain, Winkel, einen Graben, eine Mauer, Hecke, Planke oder eine andere Einrichtung, die zum Vorteil beider Grundstücke dient, voneinander geschieden werden.

Die Vermutung des § 921 BGB hat die Bedeutung, dass eine Grenzeinrichtung, die sich zumindest teilweise über die Grenze zweier Grundstücke erstreckt und deren rechtliche Zuordnung zu einem der beiden Grundstücke schwer zu klären ist, **gemeinschaftlich** genutzt werden kann.[21] Derjenige, der sich für die von ihm beanspruchte Benutzung einer Grenzeinrichtung auf die Vermutung beruft, hat deswegen die in § 921 Hs. 1 BGB beschriebenen Voraussetzungen zu beweisen.[22] Eine Mauer dient in den meisten Fällen dem Vorteil der jeweiligen Grundstücke, wenn sie ein Abrutschen aufgeschütteter Erdmassen auf das Nachbargrundstück verhindert oder zum Abfangen einer Vertiefung errichtet wurde.[23] Wird die Mauer dabei von der Grenzlinie beider Grundstücke geschnitten, was nicht durchweg mittig der Fall sein muss, liegen die Voraussetzungen des § 921 Hs. 1 BGB vor. Gleichwohl kann nicht von einer Grenzeinrichtung iSd §§ 921, 922 BGB ausgegangen werden, wenn nicht **die Zustimmung des** Nachbarn beim Bau der Mauer vorgelegen hat.[24] Hierbei hat derjenige, der die Mauer durch Überschreiten der Grundstücksgrenze geschaffen hat, die Zustimmung des Nachbarn zu beweisen, um von einer Grenzanlage iSd §§ 921, 922 BGB ausgehen zu können. Es soll nämlich nicht der Willkür eines Grundstückseigentümers überlassen bleiben, ohne oder gar gegen den Willen seines Nachbarn eine Grenzeinrichtung zu schaffen, dafür Grund und Boden des Nachbarn in Anspruch zu nehmen und diesen auch noch mit Unterhaltskosten zu belasten.[25] Einer ausdrücklichen Vereinbarung bedarf es an dieser Stelle jedoch nicht.[26] Es reicht aus, wenn sich eine **Kenntnis des Nachbarn** von der Grenzüberschreitung durch den Bau der Mauer und eine damit verbundene **stillschweigende Zustimmung** feststellen lässt.[27] 15

2. Verjährung

Häufig treten Rechtsstreitigkeiten im Zusammenhang mit der Errichtung einer Mauer erst nach vielen Jahren und zwischenzeitlich eingetretener Eigentümerwechsel auf. Etwaige Beseitigungsansprüche sind dann häufig **verjährt**. Die **Verjährung des Beseitigungsanspruchs** wegen Überbau mit einer Mauer gem. § 1004 Abs. 1 BGB verjährt nach dem BGB grundsätzlich in der **regelmäßigen Verjährungsfrist** nach § 195 BGB von drei Jahren. Die 30jährige Frist in § 197 Abs. 1 Nr. 1 BGB gilt nur für die Ansprüche auf Herausgabe aus Eigentum (§ 985 BGB) und anderen dinglichen Rechten, jedoch nicht für die Abwehransprüche nach § 1004 BGB.[28] Die kenntnisunabhängige Verjährungsfrist beträgt gem. § 199 Abs. 4 BGB zehn Jahre. Mit dem **Wechseln des Eigentums** an dem gestörten Grundstück ist **kein Neubeginn** der Verjährungsfristen verbunden.[29] Da die Errichtung von Mauern viele Jahre zurückliegen kann, ist in Bezug auf die Modernisierung des Schuldrechts und der seinerzeit geltenden Verjährungsfrist von 30 Jahren gem. §§ 194 Abs. 1, 195, 198 BGB aF die Überleitungsvorschrift in Art. 229 § 6 EGBGB zu beachten. Für bereits vor dem 1.1.2002 verjährte Ansprüche verbleibt es dabei. Ist die Verjährungsfrist nach der seit dem 1.1.2002 geltenden Fassung länger als nach dem BGB in der bis zu diesem Tag geltenden Fassung, so ist gem. Art. 229 § 6 Abs. 3 BGB die Verjährung mit dem Ablauf der im BGB in der bis 1.1.2002 geltenden Fassung bestimmten Frist vollendet. Die **Beseitigung der Störung** auf eigene Kosten ist dagegen auch nach Eintritt und ggf. erhobener Einrede der Verjährung zulässig.[30] 16

21 OLG Hamm Urt. v. 4.2.2016 – 5 U 148/14, NJOZ 2016, 1363 (1365).
22 OLG Hamm Urt. v. 4.2.2016 – 5 U 148/14, NJOZ 2016, 1363 (1365).
23 OLG Hamm Urt. v. 4.2.2016 – 5 U 148/14, NJOZ 2016, 1363 (1365).
24 OLG Hamm Urt. v. 4.2.2016 – 5 U 148/14, NJOZ 2016, 1363 (1365).
25 Vgl. BGH Urt. v. 25.4.1984 – V ZR 199/82, BGHZ 91, 282 (286) = NJW 1984, 2463.
26 OLG Hamm Urt. v. 4.2.2016 – 5 U 148/14, NJOZ 2016, 1363 (1365).
27 Vgl. BGH Urt. v. 25.4.1984 – V ZR 199/82, BGHZ 91, 282 = NJW 1984, 2463.
28 BT-Drs. 16/6040, 105 f.; BGH Urt. v. 28.1.2011 – V ZR 147/10, NJW 2011, 1069.
29 Vgl. BGH Urt. v. 23.2.1973 – V ZR 109/71, BGHZ 60, 235 = NJW 1973, 703; BGH Urt. v. 18.9.1986 – III ZR 227/84, BGHZ 98, 235 = NJW 1987, 187.
30 *Herrler* in Palandt BGB § 1004 Rn. 45.

IV. Zivilrechtliche Ansprüche bei Abstandsflächenverstößen

17 Dem Nachbar steht gegen den Eigentümer ein Anspruch auf (teilweise) Beseitigung der Mauer gem. §§ 1004 Abs. 1 S. 1, 823 Abs. 2 iVm Vorschriften über Abstandsflächen (bspw. § 6 Abs. 1 S. 2 Nr. 1 oder Nr. 2 BauO NRW) zu, wenn es zu **Abstandsflächenverstößen** kommt. Die meist in den Landesbauordnungen enthaltenen Vorschriften über Abstandsflächen sind als **Schutzgesetz** gem. § 823 Abs. 2 BGB zu qualifizieren, deren Verletzung den **quasinegatorischen Beseitigungsanspruch** gem. § 1004 Abs. 1 S. 1 BGB auslöst.[31] Soweit Mauern höher sind als nach dem maßgeblichen Landesrecht ohne Einhaltung von Abstandsflächen zulässig, stellt sich in der Regel die Frage, ob die Mauer höher als 2 m (NRW) über der Geländeoberfläche ist und von ihr eine gebäudeähnliche Wirkung ausgeht.

1. Bestimmung der Höhe der Mauer über der Geländeoberfläche

18 **Die Wandhöhe** ist in der Regel (vgl. bspw. § 6 Abs. 4 BauO NRW) in der maßgeblichen Landesbauordnung definiert. Danach bemisst sich etwa in NRW die **Tiefe der Abstandfläche** nach der Wandhöhe und wird senkrecht zur Wand gemessen. Als Wandhöhe gilt das Maß von der Geländeoberfläche bis zur Schnittlinie der Wand mit der Dachhaut oder bis zum oberen Abschluss der Wand. Besteht eine Außenwand aus Wandteilen unterschiedlicher Höhe, so ist die Wandhöhe je Wandteil zu ermitteln. Bei geneigter Geländeoberfläche ist die im Mittel gemessene Wandhöhe maßgebend; diese ergibt sich aus den Wandhöhen an den Gebäudekanten oder den vertikalen Begrenzungen der Wandteile. Das sich für die weitere Bestimmung der Abstandsfläche ergebende Maß bezeichnet die Bauordnung mit H (vgl. bspw. § 6 Abs. 4 S. 8 BauO NRW). Dabei wird der Begriff der **„Geländeoberfläche"** wiederum in § 2 Abs. 4 BauO NRW legaldefiniert als die Fläche, die sich aus der Baugenehmigung oder den Festsetzungen des Bebauungsplanes ergibt, im Übrigen die natürliche Geländeoberfläche. Am Beispiel des Landes NRW soll insoweit aufgezeigt werden, worauf es diesbezüglich für die Feststellung einer einzuhaltenden Abstandsfläche ankommt. In der Regel muss die Frage der Abstandsflächeneinhaltung auf der Grundlage eines vermessungstechnischen Sachverständigengutachtens ermittelt werden.

19 **a) Festlegung der Geländeoberfläche.** Schwierigkeiten entstehen häufig bereits dabei, die maßgebliche **Geländeoberfläche** festzustellen. In Bebauungsplänen sind entsprechende Festsetzungen oftmals nicht enthalten. Dasselbe gilt bezüglich der für das Bauvorhaben erteilten Baugenehmigung. Darin sind in der Praxis selten Regelungen hinsichtlich der Geländeoberfläche für Einfriedigungen im Gartenbereich enthalten. Sofern aber die Baugenehmigung Regelungen zur Höhe baulicher Anlagen trifft, sind diese auch dann maßgeblich, wenn sie den tatsächlichen Verhältnissen widersprechen.[32] Ohne Regelungen in der Baugenehmigung kommt es auf die natürliche Geländeoberfläche an.

20 **b) Ermittlung der Wandhöhe.** Ausgehend von der festgestellten Geländeoberfläche berechnet sich die Wandhöhe. Bei unterschiedlichen Wandhöhen und eines ggf. vorliegenden Gefälles muss dies nach Maßgabe von § 6 Abs. 4 S. 3 und S. 4 BauO NRW erfolgen. Für die Ermittlung der Höhe ist von besonderer Bedeutung, dass die Höhe eines **Podestes/Fundaments**, auf der die Mauer steht, mit in die Höhenberechnung einzubeziehen ist, weil Bezugsebene der Messung die **Geländeoberfläche** ist.[33]

2. Gebäudeähnliche Wirkung

21 Die Mauer müsste schließlich – um bspw. nach § 6 Abs. 4 BauO NRW eine Abstandsfläche auszulösen – eine **gebäudeähnliche Wirkung** haben. Dafür kommt es auch maßgeblich darauf an, wie sich die Mauer aus Sicht des Nachbargrundstücks darstellt.[34] Für eine auf einer Länge von mehreren Metern über 2 m hohe

---

31 BGH Urt. v. 11.10.1996 – V ZR 3/96, NJW-RR 1997, 16 (17).

32 Vgl. VG Gelsenkirchen Urt. v. 13.8.2015 – 5 K 334/14, juris Rn. 31.

33 *Kockler* in BeckOK BauordnungsR NRW BauO NRW § 6 Rn. 17.

34 Vgl. OVG Münster Beschl. v. 5.8.2008 – 7 A 2854/07, BeckRS 2008, 38479; *Kockler* in BeckOK BauordnungsR NRW BauO NRW § 6 Rn. 18; *Boeddinghaus/Hahn/Schulte* BauO NRW 3. Anlagen, von denen Wirkungen wie von Gebäuden ausgehen, Rn. 120 f.

Mauer hat das OVG Münster dies bejaht.[35] Insbesondere bei nur **geringfügigen Überschreitungen** und Grundstücken mit Gefälle kann dies aber **nicht stets angenommen werden**. Pauschal kann in der Regel keine Aussage getroffen werden. Es muss vielmehr eine ausführliche Würdigung des Einzelfalls stattfinden, bei der es nicht allein auf die **zentimetergenaue Einhaltung** oder Überschreitung der zulässigen Höhe ankommt. Bei der Beurteilung der gebäudeähnlichen Wirkung der errichteten Mauer aus der Sicht des Nachbargrundstücks kann dabei einer **durch den Nachbar** selbst vorgenommenen **Erhöhung der Geländeoberfläche** eine entscheidende Bedeutung zukommen.[36]

3. Tiefe der Abstandsfläche

Wenn eine gebäudeähnliche Wirkung bejaht wird, hat dies zur Folge, dass eine Abstandsfläche einzuhalten 22
ist, deren Tiefe sich wiederum nach § 6 Abs. 5 BauO NRW bemisst. Wurde die Mauer dagegen ohne Abstandsflächen errichtet, liegt ein **Abstandsflächenverstoß** vor, und es stellt sich die Frage, welche Rechtsfolgen daraus resultieren.

4. Rechtsfolge

Eine Verletzung der Abstandsfläche wegen einer zu hoch errichteten Mauer führt auf der Rechtsfolgenseite 23
nicht zu einem Anspruch auf **Abriss der Mauer**, sondern lediglich auf eine **Reduzierung der Mauer** auf die zulässige Höhe von in der Regel 2 m. Das auf – vollständigen Abriss – gerichtete Klagebegehren stellt demgegenüber lediglich ein Mehr, kein Aliud, dar.[37]

V. Prozessuale Hinweise

Nach § 15a EGZPO kann durch Landesgesetz bestimmt werden, dass die Erhebung der Klage erst zulässig 24
ist, nachdem von einer durch die Landesjustizverwaltung eingerichteten oder anerkannten Gütestelle versucht worden ist, die Streitigkeit einvernehmlich beizulegen (vgl. → *Streitschlichtung, nachbarrechtliche* Rn. 1 ff.).[38] Davon haben die folgenden Länder für Streitigkeiten aus dem Nachbarrecht Gebrauch gemacht: **Bayern** (Art. 1 Nr. 1 BaySchlG), **Brandenburg** (§ 1 I Nr. 2 BbgSchlG), **Hessen** (§ 1 Nr. 1 HessSchlG), **Mecklenburg-Vorpommern** (§ 34 a Abs. 1 Nr. 1 SchStG M-V), **Niedersachsen** (§ 1 Abs. 2 Nr. 1, 2 NSchlG), **Nordrhein-Westfalen** (§ 53 Abs. 1 Nr. 1 JustG NRW), **Rheinland-Pfalz** (§ 1 Abs. 1 Nr. 1 RhPfLSchlG), **Saarland** (§ 37a Abs. 1 Nr. 1 LSchlG Saarl), **Sachsen-Anhalt** (§ 34a Abs. 1 Nr. 2 LSASchStG) und **Schleswig-Holstein** (§ 1 Abs. 1 S. 1 Nr. 1 SchlHLSchliG). Da das Schlichtungsverfahren vor Klageerhebung erfolglos durchgeführt worden sein muss, ist eine ohne erfolgloses Schlichtungsverfahren erhobene Klage unzulässig, sofern mit der Klage keine reinen Zahlungsanträge verfolgt werden. Der Einigungsversuch hat der Klageerhebung insoweit vorauszugehen. Er kann nicht nach der Klageerhebung nachgeholt werden. Eine ohne den Einigungsversuch erhobene Klage ist als unzulässig abzuweisen.[39] Die Notwendigkeit der Durchführung einer außergerichtlichen Streitschlichtung muss dabei aus den vorgenannten landesrechtlichen Vorschriften folgen (bspw. § 53 Abs. 1 Nr. 1 JustG NRW). Sofern lediglich – gestützt auf die Verletzung nachbarrechtlicher Vorschriften – **Schadensersatz in Geld** eingeklagt wird, ist eine **erfolglose Streitschlichtung** nach der Rechtsprechung des BGH **nicht erforderlich**.[40]

Für den Ausschlusskatalog des § 15 a Abs. 2 S. 1 Nr. 1 EGZPO und für die wortgleichen Vorschriften in 25
den Schlichtungsgesetzen der Länder gilt nach der Rechtsprechung des BGH, dass es sich bei der materiellen Ausschlussfrist für nachbarrechtliche Ansprüche **nicht** um eine **gesetzlich angeordnete Frist** zur Klageerhebung handelt, die die Durchführung eines obligatorischen Schlichtungsverfahrens ausschließt.[41] Für

35 OVG Münster Urt. v. 27.11.1989 – 11 A 195/88, juris Rn. 15.
36 Vgl. dazu OVG Münster Beschl. v. 5.8.2008 – 7 A 2854/07, BeckRS 2008, 38479.
37 BGH Urt. v. 11.10.1996 – V ZR 3/96, juris Rn. 21.
38 Vgl. dazu *Stöber* JA 2014, 607 ff.
39 BGH Urt. v. 23.11.2004 – VI ZR 336/03, NJW 2005, 437.
40 Vgl. BGH Urt. v. 2.3.2012 – V ZR 169/11, NZM 2012, 435.
41 BGH Urt. v. 8.12.2017 – V ZR 16/17, NZM 2018, 239 (240).

den Fall des drohenden Ablaufs der Ausschlussfrist gilt dann aber zugleich in entsprechender Anwendung von § 204 Abs. 1 Nr. 4a BGB, dass der **Güteantrag** den Lauf der **Ausschlussfrist hemmt.**[42] Bei Klagen auf Vornahme geeigneter Vorkehrungen im Zusammenhang mit einer Bodenerhöhung oder Einhaltung des vorgeschriebenen Abstandes muss ein obligatorisches Schlichtungsverfahren durchgeführt werden, sofern es sich nicht um Einwirkungen von einem gewerblichen Betrieb handelt.[43] Dasselbe gilt hinsichtlich Klagen auf Mitwirkung zur Errichtung einer Mauer als **gemeinsame Einfriedung**. Denn eine Rechtsstreitigkeit über Ansprüche wegen im Nachbarrechtsgesetz geregelter Rechte iSv § 15a Abs. 1 S. 1 Nr. 2 EGZPO ist schon dann gegeben, wenn das Nachbarrechtsgesetz Regelungen enthält, die für den **Interessenkonflikt der Nachbarn von Bedeutung sind.**[44] Bei Klagen auf **Beseitigung einer Mauer** wegen Überbau ist in der Regel **kein obligatorisches Schlichtungsverfahren** durchzuführen. Denn es gelangen weder die in den § 15a Abs. 1 Nr. 2 EGZPO aufgeführten §§ 906, 910, 911, 923 BGB zur Anwendung, noch stützt sich der Anspruch auf die in den Nachbarrechtsgesetzen geregelten Nachbarrechte. Bei Klagen auf **Unterlassung einer unzulässigen Bodenvertiefung** oder Errichtung geeigneter Stützungsmaßnahmen nach einer unzulässigen Vertiefung ist ebenfalls **kein Schlichtungsverfahren** durchzuführen, da § 909 BGB in § 15a Abs. 1 Nr. 2 EGZPO nicht aufgeführt ist.

26 Bei einer Klage auf Beseitigung bzw. Rückbau einer Mauer wegen **Überbau** hat der Kläger den Überbau zu beweisen. Verteidigt sich der Beklagte dagegen mit einer Duldungspflicht wegen Vorliegens einer gemeinschaftlichen Grenzeinrichtung, muss er die in § 921 Hs. 1 BGB beschriebenen Voraussetzungen darlegen und beweisen.[45]

27 Bei Unterlassungsklagen im Zusammenhang mit beabsichtigten **Bodenvertiefungen** muss der Kläger beweisen, dass die **Gefahr eines Stützverlustes** in Aussicht steht.[46] Bei Klagen auf Vornahme geeigneter Stützungsmaßnahmen nach bereits erfolgter Bodenvertiefung trägt der Beklagte die Darlegungs- und Beweislast dafür, dass er **ausreichende Maßnahmen** zur Abstützung des Nachbargrundstücks ergriffen hat.[47] Hat er zu diesem Zweck eine Mauer errichtet, muss er deren Dimensionierung, Aufbau und die daraus resultierende Eignung als genügende Abstützung darlegen und beweisen. Die Klage wird dabei, damit sie zulässig ist, **nicht** auf Vornahme **bestimmter Maßnahmen** gerichtet sein. Denn dem Störer dürfen im Erkenntnisverfahren die zu ergreifenden Maßnahmen grundsätzlich nicht vorgegeben werden.[48] Ähnlich verhält es sich bei Klagen im Zusammenhang mit Bodenerhöhungen, soweit durch die Art und Weise der Bodenerhöhung eine Schädigung des Nachbargrundstückes, insbesondere durch Abstürzen oder Abschwämmen, in Rede steht.

28 Bei Klagen im Zusammenhang mit dem Verlangen auf Mitwirkung an der Schaffung einer **ortsüblichen Einfriedung** kann zwar prinzipiell auch auf Errichtung einer Mauer in einer bestimmten Höhe als gemeinsame Grenzeinrichtung geklagt werden. Der Kläger trägt in diesem Fall aber die Darlegungs- und Beweislast dafür, dass eine Mauer in der beantragten Höhe als ortsübliche Einfriedung im betroffenen Ortsteil oder in einer geschlossenen Siedlung häufiger vorkommt. In der Praxis wird letzteres regelmäßig durch einen Augenschein festgestellt werden. Sollte eine Mauer in der beantragten Höhe dabei nicht als ortsüblich festgestellt werden, hat der Kläger keinen Anspruch auf deren Errichtung. Im umgekehrten Fall kann die Beseitigung einer Mauer als gemeinsame Grenzeinrichtung nur dann verlangt werden, wenn deren Ortsunüblichkeit sicher festgestellt werden kann, wobei der Kläger in dieser Konstellation die **Ortsunüblichkeit darlegen und beweisen muss.**[49]

42 BGH Urt. v. 8.12.2017 – V ZR 16/17, NZM 2018, 239 (240).
43 Vgl. OLG Köln Urt. v. 28.6.2011 – 24 U 128/10.
44 Vgl. BGH Urt. v. 22.10.2004 – V ZR 47/04, NJW-RR 2005, 501 ff.
45 OLG Hamm Urt. v. 4.2.2016 – 5 U 148/14, NJOZ 2016, 1363 (1365).
46 Vgl. *Roth* in Staudinger BGB § 909 Rn. 39.
47 Vgl. *Roth* in Staudinger BGB § 909 Rn. 41.
48 BGH Urt. v. 12.12.2003 – V ZR 98/03, NJW 2004, 1035 (1037).
49 LG Oldenburg Urt. v. 13.6.2017 – 5 S 550/16, juris Rn. 45 ff.

84. Müll

Klose

Literatur: *Grziwotz*, Zivilrechtliche Probleme bei der Aneignung von Müll – Der Müll in Nachbars Tonne, MDR 2008, 726; *Horst*, Ausgewählte Fragen zum nachbarlichen Grundstücksgebrauch, MDR 1998, 685; *Horst*, Das „Messie-Syndrom" im Immobilienrecht, NJW 2010, 827; *Kropp*, Umfang und Dauer der abfallrechtlichen Verantwortung des Abfallerzeugers und -besitzers, ZUR 2008 Heft 9, 401; *Neuner*, Jörg, Das nachbarrechtliche Haftungssystem, JuS 2005, 487; *Stollwerk*, Ideelle oder negative Einwirkungen vom Nachbargrundstück, DWW 1995, 303.

I. Einführung

1 Abfall und Müll auf dem Nachbargrundstück oder in benachbarten Miet- bzw. Eigentumswohnungen können in ästhetischer Hinsicht, aber auch wegen der auftretenden Gerüche belastend wirken. Mülltonnen können so aufgestellt werden, dass sie den Grundstücksnachbarn, Mitmieter oder anderen Wohnungseigentümer akustisch oder olfaktorisch stören. Jeweils können im Einzelfall Abwehransprüche aus § 1004 Abs. 1 BGB bestehen.

II. Auf das fremde Grundstück verbrachter Müll

2 Legt der Grundstücksnachbar oder ein sonstiger Dritter Müll auf ein fremdes Grundstück, hat dessen Eigentümer gegen diesen einen Anspruch auf Beseitigung aus § 1004 Abs. 1 BGB. Das Eigentum ist gegen jegliche Störung und damit auch gegen das Verbringen von Müll auf dieses geschützt.[1]

III. Auf dem Nachbargrundstück verwahrter Schrott und Müll

3 Lagert der Grundstücksnachbar auf seinem Grundstück Schrott oder Müll, ist dies weitgehend von seinem Recht aus § 903 BGB, mit seinem Eigentum nach Belieben zu verfahren, erfasst. Der Nachbar kann nur in engen Ausnahmefällen durchsetzen, dass diese Stoffe beseitigt werden. Wird auf dem Nachbargrundstück Schrott, etwa alte Auto- und Fahrradteile, Baumaterialien, Blech und sonstiges Gerümpel gelagert, begründet das für den Nachbarn nur rein ästhetische Einwirkungen, gegen die kein Abwehranspruch aus §§ 1004 Abs. 1, 906 BGB besteht.[2] Gleiches gilt für Müll. Generell darf der Grundstückseigentümer auf seinem Grundstück auch Gegenstände und Stoffe verwahren, die nicht mehr verwertet werden können. Ein Abwehranspruch kann aber bestehen, wenn durch den Müll, etwa durch einen durch die Müllansammlung begründeter Ungezieferbefall, ordnungsbehördlich relevante Gefahren hervorgerufen werden.[3] Auch kann sich aus landesrechtlichen Vorschriften, die etwa ein Einfügen vorschreiben, ein Unterlassungsanspruch er-

1 *Neuner* JuS 2005, 477.
2 BGH Urt. v. 7.3.1969 – V ZR 169/65, NJW 1969, 1208 (1209); BGH Urt. v. 15.11.1974 – V ZR 83/73, NJW 1975, 170 (170); BGH Urt. v. 15.5.1970 – V ZR 20/68, NJW 1970, 1541 (1542); *Horst* MDR 1998, 687; *Horst* NJW 2010, 828; *Stollwerk* DWW 1995, 303; aA AG Münster Urt. v. 10.5.1983 – 29 C 0/83, NJW 1983, 2886 (2887). Anderes gilt dann, wenn eine sittenwidrige Schädigung beabsichtigt ist: LG Limburg Urt. v. 19.2.1986 – 3 S 262/85, NJW-RR 1987, 81 (81).
3 BVerwG Urt. v. 19.1.1989 – 7 C 82/87, NJW 1989, 1295 (1296); *Horst* NJW 2010, 628.

geben.[4] Beseitigungsansprüche können auch dann bestehen, wenn die Ablagerung Ausdruck einer Verwahrlosung oder öffentlich- oder strafrechtlich relevant ist.

1. Öffentlich-rechtlich

4 Öffentlich-rechtlich besteht eine Pflicht aus dem KrW-/AbfG Müll zu verwerten, oder den Entsorgern zur Verfügung zu stellen.[5] Erfüllt der Abfallbesitzer diese Pflicht nicht, kann deren Erfüllung auch mit Zwangsmitteln durchgesetzt werden.[6] Auch derjenige, der das Zumüllen seines Grundstücks durch Dritte nicht verhindert, kann dazu herangezogen werden, den Müll zu beseitigen.[7] So kann das Beräumen von auf dem Grundstück gelagerten großen Papiermengen angeordnet werden, wenn durch das gelagerte Papier das Betreten des Hauses und das Benutzen der Treppen und Aufenthaltsräume erheblich erschwert und die Rettungswege im Brandfall nicht sicher genutzt werden können (→ *Brandschutz* Rn. 9, 34).[8] Gehen von in der Wohnung verwahrtem Müll Gesundheitsgefahren für andere Mieter aus, kann dessen Beseitigung im Zuge der Gefahrenabwehr durchgesetzt werden.[9] Bei durch Naturgewalten auf das Grundstück angelandetem Müll ist der Grundstückseigentümer Abfallbesitzer im Sinne von § 3 Abs. 6 KrW-/AbfG.[10] Als Abfallbesitzer ist er auch Störer. Eine krankhafte Sammelneigung des Verpflichteten führt nicht zum Entfallen einer bestehenden Beseitigungspflicht.[11] Auch durch den Verlust des Abfallbesitzes entfällt die Entsorgungspflicht des (ehemaligen) Abfallbesitzers dann nicht, wenn der Abfallbesitzer einen Dritten mit der Entsorgung beauftragt hatte.[12]

2. Straf- und ordnungswidrigkeitenrechtlich

5 Das Verwahren von Abfällen auf dem eigenen Grundstück in großem Umfang begründet nur dann eine Straftat nach § 327 Abs. 2 Nr. 3 StGB, wenn das Grundstück auch nach außen erkennbar als Müllplatz genutzt wird.[13] Der Grundstücksberechtigte muss dazu das Grundstück als Abfalllagerstelle bestimmt oder diese Nutzung trotz einer Garantenstellung nicht verhindert haben.[14] Der Grundstückseigentümer kann zudem eine Ordnungswidrigkeit als Abfallbesitzer nach § 3 Abs. 3 Nr. 2 KrW-/AbfG verüben, wenn er auf seinem Grundstück lagernde Abfälle entgegen der ihm als Grundstückseigentümer und Abfallbesitzer obliegenden Ordnungspflicht[15] nicht fristgerecht entsorgt.

IV. WEG

6 In ihrem Sondereigentum dürfen die Wohnungseigentümer Müll und Schrott so lange verwahren, wie dadurch die anderen Miteigentümer nicht beeinträchtigt werden. Eine solche Beeinträchtigung kann durch Gerüche, aber auch durch von dem Müll angezogenes Ungeziefer begründet werden. Außerhalb der dafür vorgesehenen Flächen ist das Lagern von Müll auf den Gemeinschaftsflächen regelmäßig unzulässig. Innerhalb einer Wohnungseigentümergemeinschaft steht dem einzelnen Wohnungseigentümer aus § 14 Abs. 1

4 OLG Hamm Urt. v. 21.2.1975 – 19 U 210/74, NJW 1975, 1035 (1035).

5 Abfallerzeuger im Sinne des § 3 Abs. 5 KrW-/AbfG ist derjenige, der als Inhaber der tatsächlichen Sachherrschaft die letzte Ursache für die Umwandlung der Sache in Müll gesetzt hat: BVerwG Urt. v. 15.10.2014 – 7 C 1.13, ZUR 2015, 236 (237).

6 VGH München Beschl. v. 8.12.2014 – 22 CE 14.2388, NVwZ-RR 2015, 326 (327); OVG Münster Beschl. v. 12.5.2010 – 13 A 97/09, juris Rn. 7.

7 OVG Koblenz Beschl. v. 6.5.2003 – 8 B 10668/03, IBR 2003, 330.

8 VG Arnsberg Beschl. v. 20.8.2008 – 3 L 547/08, juris Rn. 10.

9 VG Arnsberg Beschl. v. 9.5.2008 – 3 L 336/08, NZM 2008, 814 (815).

10 *Horst* NJW 2010, 828.

11 OVG Lüneburg Beschl. v. 7.4.2009 – 7 LA 13/09, NZM 2009, 404 (404), NordÖR 2009, 264 (264f.).

12 BVerwG Urt. v. 28.6.2007 – 7 C 5/07, NVwZ 2007, 1185 (1186); dazu: *Kropp* ZuR 2008, 401; *Grziwotz* MDR 2008, 726.

13 LG Frankfurt a.M. 8.6.2005 – 5/33 Ns 8910 Js 219753/03, NZM 2005, 679 (679).

14 BayObLG Beschl. v. 19.11.1991 – Rreg. 4 St 166/91, NJW 1992, 925 (925).

15 BVerwG Urt. v. 11.12.1997 – 7 C 58/96, NJW 1998, 1004 (1005); BVerwG Urt. v. 19.1.1989 – 7 C 82/87, NJW 1989, 1295 (1296).

WEG iVm § 1004 Abs. 1 BGB ein Unterlassungsanspruch zur Seite, wenn er durch von den anderen aufbewahrten Müll beeinträchtigt wird. Stellt ein Wohnungseigentümer regelmäßig abredewidrig Müll in den zum Gemeinschaftseigentum gehörenden Eingangsbereich ab, kann darin eine nicht mehr von § 14 Abs. 2 Nr. 1 WEG erfasste und für das geordnete Zusammenleben vermeidbare Beeinträchtigung gesehen werden, die von den anderen Miteigentümern abgewehrt werden kann.[16]

V. Mietverhältnisse

In Miethäusern entwickeln sich rechtliche Konflikte zwischen Mietern und Vermietern in beiden Richtungen. Während ein Mieter ein Interesse daran haben kann, von anderen als Müll empfundene Gegenstände in seinen Mieträumen und auch im Bereich der Gemeinflächen abzustellen und zu lagern, können andere Mieter sich dadurch beeinträchtigt fühlen und eine Mietminderung durchzusetzen versuchen. Dagegen kann sich der Vermieter im Extremfall darum bemühen, durch eine Kündigung des Mietverhältnisses mit dem störenden Mieter Abhilfe zu schaffen. 7

1. In der Wohnung

Mieter sind grundsätzlich dazu berechtigt, in ihren Mieträumen auch die Gegenstände aufzubewahren, die dritte Personen als Müll definieren würden, so lange dadurch die Gefährdung der Mietsubstanz selbst nicht begründet wird und nach außen keine Beeinträchtigungen wie üble Gerüche und Ungeziefer treten.[17] Das gilt auch für das Abstellen eine Biomülltonne auf einer Terrasse, so lange von dieser keine andere Mieter belästigenden Gerüche ausgehen.[18] 8

2. Müll auf Gemeinflächen

In einem Miethaus ist es dem einzelnen Mieter regelmäßig nicht gestattet, Müll im Treppenhaus oder Keller zu lagern. Gegen ihn entsteht dann ein Beseitigungs- und Unterlassungsanspruch des Vermieters aus § 541 BGB. 9

3. Reaktionsmöglichkeiten

Wird von einem Mieter Müll an falschen Stellen oder mit der Folge im Übermaß aufbewahrt, dass sich dadurch schädliche Einwirkungen für andere Mieter ergeben, kann der Vermieter Ansprüchen seiner anderen Mieter ausgesetzt sein. Dann liegt es auch nahe, das Vertragsverhältnis jedenfalls mit den Mietern zu beenden, die nicht bereit sind, Abhilfe zu schaffen. Mieter wiederum können sich auf eine geminderte Miete berufen, wenn ihr Mietgebrauch durch die Art der Verwahrung von Müll durch den Vermieter oder Dritte beeinträchtigt wird. 10

a) Beseitigungsanspruch. Fühlen sich Mitmieter durch Müllansammlungen anderer Mieter beeinträchtigt, können sie gegen diese Beseitigungs- und Unterlassungsansprüche aus § 862 Abs. 1 BGB verfolgen.[19] Sie können sich deswegen aber auch an den Vermieter wenden und, wenn die Störung ihren Mietgebrauch erheblich einschränkt, eine Mietminderung durchsetzen. Ist ein anderer Mieter für die Störung verantwortlich, kann der Vermieter zur Beseitigung der Störung herangezogen werden, wenn es ihm nicht unmöglich ist, den Mieter davon abzuhalten, die Mietsache in einer für fremdes Eigentum beeinträchtigenden Art und Weise zu nutzen.[20] 11

b) Mietminderung. Nicht jede dem Mieter nicht gefallende Art der Verwahrung von Müll rechtfertigt eine Mietminderung. Diese tritt nämlich nur dann ein, wenn der vertraglich geschuldete Mietgebrauch erheblich beeinträchtigt wird. Das kommt vor allem dann in Betracht, wenn von dem von Dritten verwahrten Müll 12

16 OLG Düsseldorf Beschl. v. 22.5.1996 – 3 Wx 88/96, OLGReport 1996, 213 (213).
17 LG Berlin Urt. v. 18.4.2011 – 67 S 502/10, Grundeigentum 2011, 691 (692).
18 AG Hamburg-Blankenese Urt. v. 19.5.1999 – 509 C 445/98, WuM 2000, 181 (181 f.).
19 *Horst* NJW 2010, 828.
20 BGH Urt. v. 12.7.1985 – V ZR 172/84, NJW 1985, 2823 (2824).

unzumutbare Lärm- oder Geruchsbelästigungen ausgehen, oder die Verwahrung sogar dazu führt, dass Ungeziefer angelockt wird. Wird ein Müllplatz verlegt und dadurch der Ausblick eines Mieters negativ beeinträchtigt, stellt dies dagegen, sofern weder eine Geruchs- noch eine Lärmbelästigung zu verzeichnen ist, regelmäßig allein eine nur unerhebliche Minderung der Gebrauchstauglichkeit der Mietsache im Sinne des § 536 Abs. 1 S. 3 BGB dar.[21]

13 **c) Kündigung.** Eine wiederholte Störung durch das unzulässige Lagern von Müll kann auch zur Kündigung berechtigen (§§ 543 Abs. 1, 2 S. 1 Nr. 2, 569 Abs. 2, 573 Abs. 2 Nr. 1 BGB).[22] Hält sich ein Mieter nicht an seine Zusage, seine Wohnung von Müll zu beräumen, kann das auch eine fristlose Kündigung rechtfertigen.[23] Werden alte Kleidung und Sperrmüll in einer Wohnung abgelagert, kann allein damit keine fristlose Kündigung gerechtfertigt werden, wenn die Sicherheit des Hauses durch das Lagern nicht beeinträchtigt wird.[24] Das Verbreiten unerträglicher Gerüche kann zur außerordentlichen Kündigung berechtigten.[25] Diese Voraussetzung ist auch dann erfüllt, wenn der Mieter eine Wohnung in einen derart unhygienischen Zustand versetzt, dass aus dieser unzumutbare Gerüche in das Treppenhaus und andere Wohnungen eindringen.[26] Allein ein durch die Ansammlung von Gegenständen hervorgerufener muffiger und unerträglicher Geruch lediglich in der Wohnung genügt dafür aber nicht.[27] Einer Kündigung steht auch nicht entgegen, dass der Mieter an dem „Messie-Syndrom" erkrankt ist, wenn er deshalb erheblich gegen seine mietvertraglichen Pflichten verstößt.[28]

14 **d) Verwahrlosung.** Von Verwahrlosung kann gesprochen werden, wenn der Nachbar, Mieter oder Miteigentümer sein Eigentum, das Gemeinschaftseigentum, gemeinschaftliche Räume, aber auch seine eigenen Räume übermäßig mit Müll anfüllt. Gehören dazu auch Lebensmittel, besteht die Gefahr entstehender penetranter Geruchsbelästigungen und der Ansiedlung von Ungeziefer. Drohen Gesundheitsgefahren, können deshalb Mietverhältnisse gekündigt und öffentliche Stellen, insbesondere das Gesundheits- und Ordnungsamt zum Einschreiten veranlasst werden. Sind die betroffenen Personen nicht mehr in der Lage, dieses Problem eigenständig zu beherrschen, kann möglicherweise durch die Anordnung der Betreuung Abhilfe geschaffen werden. Wird eine Betreuung für Wohnungsangelegenheiten eingerichtet, ist der Betreuer berechtigt, auch zwangsweise in die Wohnung einzudringen und diese zu kontrollieren.[29]

VI. Müllbehälter

15 Auch die Lagerung des Mülls bis zur planmäßigen Entsorgung kann zu Konflikten führen, wenn die Müllbehälter auf dem Nachbargrundstück oder im Bereich des Gemeinschaftseigentums störend aufgestellt sind oder verlegt werden.

1. Störung des Nachbargrundstücks

16 Bei dem Aufstellen von Müllcontainern sind die nach dem Stand der Technik vermeidbaren schädlichen Umwelteinflüsse zu verhindern oder zumindest auf ein Mindestmaß zu beschränken.[30] Werden Müllbehälter auf dem Nachbargrundstück in einer Weise aufgestellt, dass sie zu einer unzumutbaren Lärm- oder Geruchsbelästigung führen, kann deshalb aus einer analogen Anwendung der §§ 1004, 906 BGB auch ein

21 AG Bandenburg Urt. v. 13.10.2017 – 31 C 156/16, NZM 2018, 464 (466).
22 LG Berlin Urt. v. 28.2.2011 – 67 S 109/10, ZMR 2011, 873 (874); AG Hamburg-Harburg Urt. v. 18.3.2011 – 641 C 363/10, ZMR 2010, 644 (645).
23 AG Rheine Urt. v. 26.2.2008 – 4 C 731/07, WuM 2008, 218 (218).
24 AG Friedberg Urt. v. 16.1.1991 – C 1690/90, WuM 1991, 686 (687).
25 AG Wetzlar Urt. v. 8.1.2013 – 38 C 1389/12, NZM 2014, 238 (238).
26 AG Münster Urt. v. 8.3.2011 – 3 C 4334/10, IMR 2012, 447.
27 AG München Urt. v. 12.12.2002 – 453 C 29264/02, NJW-RR 2003, 944 (944).
28 AG Neustadt/Aisch Urt. v. 25.8.2016 – 1 C 321/15, IMR 2017, 235. Das gilt auch dann, wenn der Mieter an dem „Messie-Syndrom" erkrankt ist und die Vermüllung zu einem Befall mit Kakerlaken führt: AG Berlin-Schöneberg Urt. v. 16.6.2009 – 11 C 507/08, GE 2009, 1501 (1501).
29 LG Freiburg Beschl. v. 25.2.2000 – 4 T 349/99, FamRZ 2000, 1316 (1319f.).
30 Vgl. BVerwG Urt. v. 19.1.1989 – 7 C 77/87, NJW 1989, 1291 (1292).

öffentlich-rechtlicher Abwehranspruch[31] bestehen.[32] Ein Anspruch auf Beseitigung setzt jedoch voraus, dass die Einwirkungen wesentlich sind. Das ist jedenfalls bei einer Entfernung der Abfallbehältnisse zur Wohnbebauung von 12 m nicht anzunehmen.[33] Der Müllbehälter darf nicht auf einem fremden Grundstück aufgestellt werden. Auch eine Baugenehmigung, die dies ausweist, räumt dem Grundstückseigentümer nicht das Recht ein, seine Mülltonne auf einem fremden Grundstück abzustellen.[34] Die Baugenehmigung legitimiert dies nicht, weil sie „unbeschadet der Privaten Rechts Dritter" ergeht. Jeweils besteht ein Abwehranspruch aus § 1004 Abs. 1 BGB.

2. WEG

Auch der Ort des Müllplatzes kann für die Wohnungseigentümer relevant sein. Beim Bestimmen des Müllplatzes steht der Eigentümergemeinschaft grundsätzlich ein weites Ermessen zu. Dabei sind aber die allseitigen Interessen zu beachten. Der ausgewählte Müllplatz darf nicht einen der Wohnungseigentümer in nicht hinnehmbarer Art und Weise beeinträchtigen.[35] Ein Wohnungseigentümer kann daher verlangen, dass die Mülltonnen an dem einzigen Ort positioniert werden, an dem sie keinen Eigentümer in besonderer Weise bei der Nutzung ihres Gemeinschafts- oder Sondereigentums beeinträchtigen.[36] Soll ein bestehender Müllplatz verlegt werden, begründet dies eine bauliche Veränderung im Sinne des § 20 Abs. 1 WEG. Der Zugang zum gemeinsamen Müllraum darf durch einen Mehrheitsbeschluss der Wohnungseigentümer auch nicht zeitlich eingeschränkt werden.[37] 17

3. Mietverhältnis

Der Zugang zu den Müllbehältnissen gehört zum Mietgebrauch[38] und darf daher nicht formularmäßig beschränkt werden.[39] Mülltonnen dürfen auch außerhalb der Mieträume auf einem geeigneten Platz der Gemeinflächen abgestellt werden.[40] Sie sind jedoch so anzuordnen, dass von ihnen keine Geruchsbelästigung für andere Mieter entsteht.[41] Der Abstellort der Müllbehälter muss auch dem dadurch beeinträchtigten Mieter zumutbar sein.[42] Befindet sich ein Müllbehälter vor dem Hauseingang, wird dadurch kein Mietmangel begründet, wenn der Abstellplatz nicht zur Mietsache gehört.[43] Wird der Müll jedoch für einen Mieter störend zur Nachtzeit entsorgt, kann dies eine Mietminderung begründen.[44] Gleiches gilt auch dann, wenn die Mülltonnen ständig überfüllt sind.[45] Es besteht kein Anspruch darauf, dass die Mülltonnen erst an dem Tag ihrer Abholung an die Straße gestellt werden.[46] Die ungünstige Lage eines Müllplatzes, der verlegt worden 18

31 BVerwG Urt. v. 19.1.1989 – 7 C 77/87, NJW 1989, 1291 (1292).
32 Vgl. BVerwG Urt. v. 19.1.1989 – 7 C 77/87, NJW 1989, 1291 (1292).
33 VG Osnabrück Urt. v. 21.3.2003 – 2 A 142/01, NVwZ 2003, 1010 (1011).
34 OLG München Urt. v. 16.8.2017 – 20 U 749/17, NJOZ 2018, 901 (902).
35 LG Hamburg Urt. v. 23.7.2014 – 318 S 78/13, ZMR 2015, 50 (51); AG Itzehoe Urt. v. 30.1.2017 – 97 C 12/16, ZWE 2017, 290 (290f.); LG Bremen Beschl. v. 5.6.1997 – 2 T 553/96, NZM 1998, 725 (725); LG Bremen Beschl. v. 5.6.1997 – 2 T 553/96, NZM 1998, 725 (725).
36 LG Hamburg Urt. v. 23.7.2014 – 318 S 78/13, ZWE 2015, 184 (185). Auch durch eine Wertstoffsammelstelle in der Nähe einer Eigentumswohnung wird noch kein Mangel begründet: OLG Düsseldorf Urt. v. 21.1.2020 – I 21 U 46/19, BauR 2020, 1685 (1686).
37 AG Aachen Beschl. v. 17.7.2002 – 12 UR 53/02, ZMR 2004, 70 (71).
38 AG Wuppertal Urt. v. 26.7.1979 – 30 C 64/79, WuM 1980, 136 (136). Wird ihm keine „Blaue Tonne" zur Verfügung gestellt, sollte dies nur einen unerheblichen und daher nicht zur Minderung der Miete führenden Mangel begründen, AG Hamburg-Blankenese Urt. v. 19.2.2010 – 518 C 399/09, NZM 2011, 312 (313).
39 LG Berlin Urt. v. 7.2.1992 – 64 S 335/91, WuM 1992, 599 (599).
40 AG Brühl Urt. v. 4.4.1997 – 23 C 193/96, WuM 1997, 549 (549); LG Köln Urt. v. 1.6.1978 – 1 S 305/77, WuM 1985, 261 (261).
41 LG Osnabrück Urt. v. 18.6.1997 – 11 S 402/96, WuM 1997, 431 (432).
42 AG Hamburg Urt. v. 5.2.2002 – 48 C 322/01, WuM 2002, 487 (488).
43 LG Köln Urt. v. 1.6.1978 – 1 S 305/77, WuM 1985, 261 (261).
44 LG Dresden Urt. v. 10.6.1997 – 15 S 143/97, NJWE-MitR 1997, 197 (197).
45 AG Potsdam Urt. v. 9.3.1995 – 26 C 406/94, WuM 1996, 760 (760); AG Köln Urt. v. 17.5.1977 – 155 C 3424/75, WuM 1985, 261 (261).
46 AG Köln Urt. v. 28.12.1989 – 205 C 397/89, WuM 1991, 343 (343).

ist, begründet einen erheblichen Mangel, wenn der Mieter deswegen für die Müllentsorgung einen erheblich längeren Weg zurücklegen muss.[47] Der Vermieter darf jedoch die Art der Müllentsorgung, etwa von einer zur Müllabwurfanlage zur Mülltrennung umstellen, wenn er sich eine Änderung vorbehalten hat und zwingende Gründe für die Umstellung sprechen.[48]

85. Musik

Weiß

Literatur: *Horst*, Abwehr und Duldung nachbarlicher Emissionen, ZAP 2019, 847; *Meyer-Abich*, Gebrauchsrechte des Mieters – Mietermodernisierung, Gestaltung der Mietsache, Nutzungskonflikte (insbesondere Rauchen), NZM 2015, 520; *Thiessen*, Geigen und Trompeten – reihenhausrechtlich, JZ 2019, 824; *Zuck*, Das Empfinden für Lärm ist situationsbezogen – Der Schutz der Ruhe zwischen Abwehr von Belästigung und Gesundheitsgefährdung, ZRP 2012, 253.

I. Einführung

1 Schon Wilhelm Busch wusste: „Musik wird oft nicht als schön empfunden, weil sie stets mit Geräusch verbunden."[1] und „Musik ist angenehm zu hören, doch ewig braucht sie nicht zu währen."[2] Beides illustriert die nachbarrechtliche Problemlage von Musik und das ihr innewohnende Konfliktpotential, welches in Zeiten abnehmender Verbreitung und Toleranz gerade selbstgemachter Musik wohl stetig ansteigt.[3] Wenngleich für Musizierende der Vergleich von Musik mit (profanem) Lärm einen Affront ob des künstlerischen Gehaltes der Musik darstellt, empfindet es der Nachbar wohl oft als genau das: ruhestörenden Lärm.[4] Eine Reduzierung der Musik auf bloße technische Schallpegel oÄ würde jedoch dem kulturellen und gesellschaftlichen Wert der Musik nicht gerecht.

II. Unterlassungsanspruch, §§ 1004 Abs. 1 Satz 2, 906 Abs. 1 Satz 1 Alt. 7 BGB

2 Hinsichtlich der Beeinträchtigungen durch (laute) Musik ist der Anspruch aus § 1004 Abs. 1 BGB der Anknüpfungspunkt für die nachbarlichen Rechte. Eine **Differenzierung** ist hierbei zunächst hinsichtlich der Musikerzeugung vorzunehmen. Das bloße Abspielen von Musik über Wiedergabeanlagen ist weniger

47 AG Köpenick Urt. v. 28.11.2012 – 6 C 258/12, GE 2013, 215 (215); AG Köln Urt. v. 24.8.1977 – 154 C 3168/77, WuM 1985, 261 (261).

48 LG Mainz Urt. v. 13.1.1999 – 3 S 193/98, WuM 1999, 215 (216); LG Hamburg Urt. v. 12.1.1995 – 334 S 62/94, WuM 1999, 600; AG Wedding Urt. v. 6.1.2011 – 85 C 25/09, GE 2011, 271 (272); vgl. AG Hamburg Urt. v. 31.1.1984 – 37a C 344/83, WuM 1985, 260 (261) ZMR 2011, 561; einschränkend: AG Potsdam Urt. v. 3.2.2000 – 26 C 371/99, WuM 2000, 182 (182).

1 *Busch*, Bildergeschichten, Dideldum, Der Maulwurf.

2 *Busch*, Aphorismen, Reime und Sinnsprüche.

3 Siehe auch *Thiessen* JZ 2019, 824 (827).

4 Siehe auch *Zuck* ZRP 2012, 253 mit Verweis auf die Unterschiede der Wahrnehmungsperspektiven.

schutzwürdig als das eigene Musizieren. Insoweit ist die Un- bzw. Wesentlichkeit der Beeinträchtigung unterschiedlich zu beurteilen.

Hingegen steht die **Störereigenschaft** in aller Regel nicht in Frage und wird, soweit ersichtlich, in gerichtlichen Entscheidungen auch nicht problematisiert. Inhaber des Anspruchs ist neben dem **Eigentümer** auch der **Besitzer** (§§ 858 Abs. 1, 862 BGB iVm § 906 Abs. 1 BGB analog)[5]. 3

1. Musikanlagen

Eine Situation, die sicherlich jeder kennt, ist das **Abspielen lauter Musik** durch den Nachbarn, sei es bei geöffnetem Fenster, auf dem Balkon, der Terrasse oder auch in einer Lautstärke, der selbst geschlossene Fenster keinen Einhalt gebieten können. Dies kann natürlich schlimmstenfalls in den Abend- oder gar Nachtstunden vorkommen. Ebenso kann Musik aus **Gaststätten** oder **Diskotheken** in der Nachbarschaft für Unmut sorgen. Bei diesen Störungen durch Musik zieht die Rechtsprechung grundsätzlich die Grenzwerte der TA-Lärm (akt. Fassung vom 1.6.2017), VDI-Richtlinie 2058 sowie der LAI Freizeitlärmrichtlinie (akt. Fassung vom 6.3.2015) jedenfalls als Indiz für die Wesentlichkeit der Beeinträchtigung heran (antizipiertes Sachverständigengutachten),[6] wobei die jeweiligen Immissionsrichtwerte ohnehin im Wesentlichen übereinstimmen. Demnach gelten für allgemeine Wohn- und Kleinsiedlungsgebiete tags 55 dB (A), in den Ruhezeiten sowie sonn- und feiertags 50 dB (A) und nachts 40 dB (A). In reinen Wohngebieten liegen die Grenzwerte jeweils um 5 dB (A) niedriger. Werden diese Werte überschritten, liegt ein starkes Indiz für die Wesentlichkeit der Beeinträchtigung vor. Aber auch geringere Lautstärken können zu einer wesentlichen Beeinträchtigung führen, wenn weitere Umstände, etwa in der Art der Musik hinzukommen. So werden die häufige Wiederholung derselben Lieder,[7] hohe Frequenzen, das „Erwartungsgeräusch“ bei Wiederholungen[8] oder auch die besondere Betonung der rhythmischen Impulse durch intensive Basstöne[9] oder das durch wechselnde Rede- und Musikbeiträge gekennzeichnete Radioprogramm[10] als besonders lästig beurteilt. 4

Unabhängig von den oben genannten dB(A)-Immissionsrichtwerten wird gerade bei lediglich abgespielter Musik eine wesentliche Beeinträchtigung und damit ein Abwehranspruch angenommen, wenn diese über die **Zimmerlautstärke** hinausgeht.[11] Die Zimmerlautstärke ist nicht mit einem besonderen Dezibel-Schallpegel definiert und bedeutet auch nicht, dass keinerlei Geräusche aus dem Zimmer dringen dürfen. Vielmehr kommt es darauf an, dass die Musik zu einer Beeinträchtigung führt, die vom Nachbarn nicht mehr hinzunehmen ist, weil die Musik deutlich zu vernehmen ist und die Nachbarn dadurch gestört werden,[12] etwa bei Gesprächen oder anderen mit Hören verbundenen Tätigkeiten (Fernsehen, Telefonieren etc). Dies hängt zudem auch von der Art, Intensität, Dauer, Häufigkeit, Vorhersehbarkeit ab. 5

Musik- oder Radiogeräusche stellen stets eine wesentliche Beeinträchtigung dar, wenn sie auf einer **Terrasse, einem Balkon** und natürlich im **Garten** abgespielt werden und in der Nachbarwohnung deutlich hörbar 6

5 BGH Urt. v. 6.6.1969 – V ZR 53/66, MDR 1969, 744.
6 BGH Urt. v. 23.3.1990 – V ZR 58/89, BGHZ 111, 63 = NJW 1990, 2465; *Brückner* in MüKoBGB § 906 Rn. 136; *Roth* in Staudinger BGB § 906 Rn. 192 f.; *Lüke* in Grziwotz/Lüke/Saller, NachbarR-HdB, 3. Teil Rn. 130.
7 Siehe etwa AG Dieburg Urt. v. 14.9.2016 – 20 C 607/16, juris Rn. 5, 20.
8 BGH Urt. v. 6.6.1969 – V ZR 53/66, MDR 1969, 744; *Brückner* in MüKoBGB § 906 Rn. 137.
9 BGH Urt. v. 16.10.1970 – V ZR 10/68, MDR 1971, 119; AG Brandenburg Urt. v. 24.5.2017 – 31 C 125/16, juris Rn. 85 („Fühlbarkeit“ solcher Töne hervorhebend); *Brückner* in MüKoBGB § 906 Rn. 137.
10 OLG München Urt. v. 3.9.1991 – 25 U 1838/91, NJW-RR 1991, 1492.
11 LG Dortmund Urt. v. 14.6.2017 – 1 S 62/16, juris Rn. 39; AG Dieburg Urt. v. 14.9.2016 – 20 C 607/16, juris Rn. 17; LG Kleve Urt. v. 1.10.1991 – 6 S 70/90, BeckRS 1991, 30946859; zum Mietrecht LG München Urt. v. 8.11.1990 – 25 O 7514/89, DWW 1991, 111.
12 AG Dieburg Urt. v. 14.9.2016 – 20 C 607/16, juris Rn. 19; LG Dortmund Urt. v. 14.6.2017 – 1 S 62/16, juris Rn. 40; vgl. auch OLG München Urt. v. 3.9.1991 – 25 U 1838/91, NJW-RR 1991, 1492 („nur mit Mühe zu hören“).

sind, da das Abspielen von Musik und auch ein laufendes Fernsehgerät ortsüblich nur innerhalb der Wohnung erfolgen.[13]

7 Auf eine **Interessenabwägung** zwischen einer bestimmten Grundstücksnutzung des störenden Nachbarn und des Ruhebedürfnisses des beeinträchtigten Nachbarn kommt es für die Beurteilung der Wesentlichkeit der Beeinträchtigung **nicht** an.[14]

8 Keine Besonderheiten, insbesondere nicht hinsichtlich der Störereigenschaft, ergeben sich bei einer **automatischen oder aus der Ferne gesteuerten Musikwiedergabe** bei eigener Ortsabwesenheit. Diese etwa als Einbruchschutz gedachte Vorgehensweise (kombiniert mit angeschaltetem Licht), um den Eindruck der Anwesenheit bspw. während eines Urlaubes oder einer Dienstreise zu erwecken, lässt sich über Zeitschaltuhren, programmierbare Anlagen oder über SmartHome-Steuerungen realisieren. Da auch hierbei die Zimmerlautstärke eingehalten werden kann und auch der Zweck keine besondere Duldungspflicht der Nachbarn begründet, kann der Nachbar die Unterlassung einer solchen wesentliche Beeinträchtigung verlangen.

9 Hinsichtlich der häufig bei **Feiern und Partys** verursachten Störung durch Musiklärm wird auf das entsprechende Stichwort verwiesen (→ *Party* Rn. 1 ff.).

2. Hausmusik

10 **a) Beurteilungsmaßstab.** Hinsichtlich der Zumutbarkeit bzw. Wesentlichkeit von Beeinträchtigungen ist bei Hausmusik, dh beim eigenhändigen Musizieren, ein anderer Maßstab anzulegen, da bei diesem die freie Entfaltung der Persönlichkeit nach Art. 2 Abs. 1 iVm Art. 1 Abs. 1 GG zu berücksichtigen ist.[15] Das häusliche Musizieren zählt zu den sozialadäquaten und üblichen Formen der Freizeitbeschäftigung, weil es nicht nur dem eigenen Vergnügen dient, sondern in seiner Bedeutung als Teil des Lebensinhalts und Ausdruck der Lebensfreude und des Gefühlslebens weit darüber hinaus geht.[16] Daher erkennt der Bundesgerichtshof das häusliche Musizieren als Bestandteil des täglichen Lebens an, welches auch am Ort des Lebensmittelpunktes ausgeübt werden darf.[17] Diese gegenüber der bloßen Wiedergabe von Musik hervortretende Bedeutung verlangt dem Nachbarn eine **erhöhte Duldungspflicht** ab.

11 Selbstverständlich hat auch der Nachbar ein berechtigtes Interesse an der Nutzung seiner Wohnung zur Erholung, Entspannung und häuslichen Tätigkeiten, wofür die jeweils notwendige möglichst ungestörte Ruhe gegeben sein muss.[18] Diese regelmäßig entgegenstehenden **Interessen** erfordern einen **Ausgleich**, der nach gefestigter Rechtsprechung nur mittels einer (gerichtlich) festgelegten zeitlichen Begrenzung der Dauer des Musizierens erfolgen kann.[19] Zugleich sind die möglichen schweren gesundheitlichen Beeinträchtigungen durch laute Musik, insbesondere in den Nachtstunden,[20] zu berücksichtigen, weshalb neben der Dauer auch Ruhezeiten festgelegt werden müssen.

12 Für die Beurteilung der Wesentlichkeit der Beeinträchtigung ist vor dem aufgezeigten Hintergrund kein zu strenger Beurteilungsmaßstab anzulegen. Insbesondere ist die Störung durch Hausmusik nicht bereits dann wesentlich, wenn diese in der Nachbarwohnung hörbar ist.[21] Es ist vielmehr auf einen **verständigen**

---

13 OLG München Urt. v. 3.9.1991 – 25 U 1838/91, NJW-RR 1991, 1492; *Lüke* in Grziwotz/Lüke/Saller, NachbarR-HdB, 3. Teil Rn. 131.

14 OLG München Urt. v. 3.9.1991 – 25 U 1838/91, NJW-RR 1991, 1492; vgl. BGH Urt. v. 10.6.1977 – V ZR 242/74, BGHZ 69, 118 = NJW 1977, 1920.

15 BGH Urt. v. 26.10.2018 – V ZR 143/17, NJW 2019, 773 (775); LG Kleve Urt. v. 1.10.1991 – 6 S 70/90, BeckRS 1991, 30946859; *Lüke* in Grziwotz/Lüke/Saller, NachbarR-HdB, 3. Teil Rn. 130.

16 BGH Urt. v. 26.10.2018 – V ZR 143/17, NJW 2019, 773 (775); BGH Beschl. v. 10.9.1998 – V ZB 11/98, BGHZ 139, 288 = NJW 1998, 3713; BVerfG Beschl. v. 17.11.2009 – 1 BvR 2717/08, NJW 2010, 754; *Roth* in Staudinger BGB § 906 Rn. 159.

17 BGH Urt. v. 26.10.2018 – V ZR 143/17, NJW 2019, 773 (775).

18 BGH Urt. v. 26.10.2018 – V ZR 143/17, NJW 2019, 773 (775).

19 BGH Urt. v. 26.10.2018 – V ZR 143/17, NJW 2019, 773 (775).

20 AG Dieburg Urt. v. 14.9.2016 – 20 C 607/16, juris Rn. 20.

21 BGH Urt. v. 26.10.2018 – V ZR 143/17, NJW 2019, 773 (775).

Durchschnittsmenschen abzustellen und danach zu fragen, was ihm unter Würdigung anderer öffentlicher und privater Belange zuzumuten ist.[22] Dieser Durchschnittsmensch ist insbesondere auch bereit „wegzuhören“.[23] Zudem ist auf die konkrete Wohnung mit deren ggf. vorhandener Schallisolierung abzustellen. Mithin kann die Unwesentlichkeit nicht daraus gefolgert werden, dass weitere Schallisolierungsmaßnahmen möglich sind.[24] Der (Nicht-)Einhaltung der LAI/TA Lärm-Immissionsrichtwerte kommt aber auch hier Indizwirkung für die (Un-)Wesentlichkeit der Lärmeinwirkung zu.[25]

Des Weiteren wird durch diesen Maßstab eine Objektivierung auch hinsichtlich der Störempfindlichkeit des Nachbarn erreicht. Eine **besondere Lautstärkeempfindlichkeit**, etwa durch eine Erkrankung (zB ein Hörsturz) oder aufgrund besonderer Arbeitszeiten (v.a. Nachtschichten) ist **grundsätzlich nicht zu berücksichtigen**, da sonst jede mit Geräuschen verbundene Freizeitbeschäftigung unterbleiben müsste, wenn die Arbeitszeiten zweier Nachbarn auseinanderliegen.[26] Gleiches gilt auch für Kinder und insbesondere auch Babys in der Nachbarwohnung. Auch Personen mit einer derartigen besonderen Empfindlichkeit müssen zeitweises Musizieren dulden. In Ausnahmefällen können derartige Umstände indes weitere (zeitliche) Einschränkungen des Musizierens rechtfertigen.[27] 13

Einen Abwehranspruch hat das AG München bei **musizierenden minderjährigen Kindern** verneint, selbst wenn die Ruhezeiten verletzt werden, da vor dem Hintergrund des Art. 6 GG die gesunde Entwicklung junger Menschen Vorrang genieße und die Einhaltung von Regeln gerade nicht ohne Einschränkung verlangt werden könne, da es in der Natur der Kindheit und des Erwachsenwerdens liege, Grenzen zu überschreiten.[28] Sicherlich ist diese grundgesetzliche Wertung in die Abwägung einzubeziehen, indes wird man dieser Entscheidung nicht ohne Weiteres oder nur in Ausnahmefällen folgen können. Für den beeinträchtigten Nachbarn begründet es regelmäßig keinen Unterschied, ob ein Kind, ein Jugendlicher oder ein Erwachsener musiziert, so dass auch in derartigen Fällen eine Wesentlichkeitsgrenze gezogen werden muss.[29] 14

b) Rechtsfolgen. Im Rahmen der dargestellten Interessenabwägung durch das Tatgericht muss eine zeitliche Regelung gefunden werden, die weder den musizierenden Nachbarn über Gebühr einschränkt, noch den Nachbarn in dessen Ruhebedürfnis übermäßig benachteiligt. Keinesfalls hat der Nachbar einen Anspruch darauf, dass überhaupt nicht mehr oder nur in Zimmerlautstärke oder unter Einhaltung bestimmter Schallwerte musiziert werden darf, da letzteres ein freies Musizieren, das gerade auch von der musikalischen Gestaltung eines Werkes lebt, unmöglich machen würde.[30] 15

Hinsichtlich der **Dauer** des Musizierens muss sichergestellt werden, dass auch unter Berücksichtigung der üblichen Arbeitszeiten eine angemessene Zeit zum Üben und Musizieren verbleibt. Dabei sind aber die Umstände des Einzelfalles, wie Art der Musik (Vortragsstücke, Etüden, Übungen, das häufige, übende 16

22 BGH Urt. v. 26.10.2018 – V ZR 143/17, NJW 2019, 773 (775); BGH Urt. v. 26.9.2003 – V ZR 41/03, NJW 2003, 3699.
23 OLG Karlsruhe Urt. v. 13.4.1988 – 6 U 30/87, NJW-RR 1989, 1179; LG Kleve Urt. v. 1.10.1991 – 6 S 70/90, BeckRS 1991, 30946859.
24 BGH Urt. v. 26.10.2018 – V ZR 143/17, NJW 2019, 773 (775).
25 OLG Celle Urt. v. 29.6.2011 – 4 U 199/09, NJW-RR 2011, 1585.
26 BGH Urt. v. 26.10.2018 – V ZR 143/17, NJW 2019, 773 (776).
27 BGH Urt. v. 26.10.2018 – V ZR 143/17, NJW 2019, 773 (776).
28 AG München Entsch. v. 29.3.2017 – 171 C 14312/16, juris Mitteilung (vier minderjährige Kinder, die Schlagzeug, Tenorhorn und Saxofon spielen).
29 Ebenso LG Berlin Urt. v. 15.3.2011 – 65 S 59/10, BeckRS 2011, 16477; vgl. auch OLG München Beschl. v. 19.3.1986 – 21 W 698/86, NJW-RR 1986, 638.
30 BGH Urt. v. 26.10.2018 – V ZR 143/17, NJW 2019, 773 (776); LG Kleve Urt. v. 1.10.1991 – 6 S 70/90, BeckRS 1991, 30946859; OLG Frankfurt Beschl. v. 22.8.1984 – 20 W 148/84, NJW 1985, 2138.

Wiederholen von Sequenzen, zahlreiche Fehler und Misstöne usw), Art des Instruments,[31] Ausmaß der Geräuscheinwirkung[32] und die örtlichen Gegebenheiten (zB vorhandener Schallschutz oder Ausweichmöglichkeiten in Nebenräume, von denen geringere Geräuscheinwirkungen ausgehen) zu berücksichtigen und es darf keine schematische Lösung geben.[33] Als **Richtwert** erkennt der BGH jedoch eine Beschränkung auf zwei bis drei Stunden an Werktagen und auf ein bis zwei Stunden an Sonn- und Feiertagen als zulässig an.[34] Entschieden wurde auch eine Aufteilung der Höchstdauer auf Vor- und Nachmittag.[35] Denkbar ist auch eine Differenzierung nach Räumen, wobei das Musizieren in den den Lebensmittelpunkt bildenden Haupträumen nicht vollständig untersagt werden darf, aber bei vorhandenen Nebenräumen (Dachgeschoss, Kellerräume, Probenraum etc), die eine geringere Beeinträchtigung des Nachbarn ermöglichen, stärker eingeschränkt werden kann.[36] Auch kann berücksichtigt werden, ob die Musik etwa in den Schlafräumen des Nachbarn besonders laut oder leise zu vernehmen ist.

17 Durch eine individualvertragliche Vereinbarung zwischen Vermieter und Mieter ist auch ein vollständiges **Musizierverbot** zulässig, auf dessen Einhaltung die Mieter dann auch gegenüber ihren Kindern zu achten haben.[37] Auf das grundsätzliche Recht zum Musizieren kann folglich verzichtet werden. Lediglich ein einseitiges Verbot durch den Vermieter ist nicht zulässig.

18 Für die Bestimmung der einzuhaltenden **Ruhezeiten** muss zunächst – soweit mit entsprechenden Vorgaben vorhanden – die Hausordnung, ansonsten müssen die üblichen Ruhezeiten herangezogen werden (→ *Hausordnung* Rn. 27 ff.). Demnach wird in aller Regel eine Mittags- und die Nachtruhezeit festzulegen sein. Auch insoweit ist die Berufstätigkeit oder auch Schulpflicht des musizierenden Nachbarn zu berücksichtigen. Durch die Ruhezeiten muss zudem ein Musizieren auch in den Abendstunden und am Wochenende möglich sein, da diese Personen gerade dann Zeit zum Musizieren finden.[38] In der Rechtsprechung wird häufig eine Mittagsruhe von zwei Stunden im Zeitrahmen von 12 Uhr bis 15 Uhr sowie eine Nachtruhe von mindestens zehn Stunden zwischen 20 Uhr und 8 Uhr als angemessen angesehen, wobei aber wiederum die Besonderheiten des Einzelfalles berücksichtigt werden müssen.[39] Hingegen ist es nicht zulässig, Musizier-

---

31 OLG Karlsruhe Urt. v. 13.4.1988 – 6 U 30/87, NJW-RR 1989, 1179 (Klavier, Klarinette & Saxophon); OLG Düsseldorf Urt. v. 19.12.2005 – I-9 U 32/05, juris Rn. 15 (Klavier); vgl. BGH Urt. v. 23.3.1990 – V ZR 58/89, BGHZ 111, 63 = NJW 1990, 2465; AG München Urt. v. 28.6.2018 – 484 C 14424/16, ZMR 2020, 445; LG Freiburg Beschl. v. 19.3.2003 – 4 T 20/03, juris Rn. 12; LG Nürnberg-Fürth Urt. v. 17.9.1991 – 13 S 5296/90, juris Rn. 8 (sämtlich Schlagzeug); OLG Celle Urt. v. 29.6.2011 – 4 U 199/09, NJW-RR 2011, 1585 (Orgel); LG Essen Beschl. v. 11.9.1969 – 4 O 244/69, MDR 1970, 505 (Posaunenchor); LG Kleve Urt. v. 1.10.1991 – 6 S 70/90, BeckRS 1991, 30946859 (Akkordeon & Keyboard).

32 Etwa mehrere Instrumente: LG Essen Beschl. v. 11.9.1969 – 4 O 244/69, MDR 1970, 505 (Posaunenchor mit acht bis zwölf Instrumenten).

33 BGH Urt. v. 26.10.2018 – V ZR 143/17, NJW 2019, 773 (777).

34 BGH Urt. v. 26.10.2018 – V ZR 143/17, NJW 2019, 773 (777); OLG Karlsruhe Urt. v. 13.4.1988 – 6 U 30/87, NJW-RR 1989, 1179 (2 Stunden werktags, eine Stunde sonntags); LG Kleve Urt. v. 1.10.1991 – 6 S 70/90, BeckRS 1991, 30946859 (1,5 Stunden); OLG Frankfurt Beschl. v. 22.8.1984 – 20 W 148/84, NJW 1985, 2138 (1,5 Stunden); OLG Hamm Beschl. v. 10.11.1980 – 15 W 122/80, NJW 1981, 465 (ohne besondere Umstände mind. zwei Stunden).

35 LG Freiburg Beschl. v. 19.3.2003 – 4 T 20/03, juris Rn. 10 (für Schlagzeug je eine Stunde); fraglich LG Nürnberg-Fürth Urt. v. 17.9.1991 – 13 S 5296/90, juris Rn. 10 (Ausgleich stärkerer Einschränkung im Sommerhalbjahr durch längeres Spielen im Winterhalbjahr).

36 BGH Urt. v. 26.10.2018 – V ZR 143/17, NJW 2019, 773 (777); siehe auch LG Essen Beschl. v. 11.9.1969 – 4 O 244/69, MDR 1970, 505 (Posaunenchor darf nicht bei geöffnetem Fenster proben); → *Anlagen für bestimmte Zwecke* Rn. 14 ff.

37 OLG München Beschl. v. 19.3.1986 – 21 W 698/86, NJW-RR 1986, 638.

38 BGH Urt. v. 26.10.2018 – V ZR 143/17, NJW 2019, 773 (777).

39 BGH Urt. v. 26.10.2018 – V ZR 143/17, NJW 2019, 773 (776); OLG Karlsruhe Urt. v. 13.4.1988 – 6 U 30/87, NJW-RR 1989, 1179 (22 bis 8 Uhr und 13 bis 15 Uhr); LG Kleve Urt. v. 1.10.1991 – 6 S 70/90, BeckRS 1991, 30946859 (22 bis 9 Uhr und 13 bis 15 Uhr); *Lüke* in Grziwotz/Lüke/Saller, NachbarR-HdB, 3. Teil Rn. 130 (22 bis 7 Uhr und 12 bis 14 Uhr); fraglich OLG Düsseldorf Urt. v. 19.12.2005 – I-9 U 32/05, juris Rn. 15 (Ausdehnung bis 10 Uhr wegen fehlender Berufstätigkeit der Nachbarn); OLG Zweibrücken Beschl. v. 15.8.1990 – 3 W 48/90, MDR 1990, 1121 (unzulässige Beschränkung des Musizierens auf 10 bis 12 und 15 bis 17 Uhr); *Roth* in Staudinger BGB § 906 Rn. 159 (Nachtruhe jedenfalls 20 bis 10 Uhr).

zeiten zu fixieren, da hierdurch die individuelle Flexibilität und die mitunter relevante Gemütsverfassung unberücksichtigt blieben.[40]

Keine Unterscheidung wird bei der zeitlichen Beschränkung des Musizierens zwischen **Berufs- und Hobbymusikern** vorgenommen.[41] Ein erhöhter Übungsbedarf oder das unterschiedliche musikalische Niveau spielen insoweit keine Rolle, da dies für die Beeinträchtigung des Nachbarn regelmäßig irrelevant ist. 19

Soweit der Nachbar in seiner Wohnung auch **Musikunterricht** erteilt, was häufig bei Berufsmusikern der Fall sein dürfte, kann dieser ggf. stärker eingeschränkt werden, jedenfalls soweit der Unterricht in der Wohnung des Lehrers stattfindet.[42] Unterricht rechtfertigt zunächst keine Erhöhung der Höchstdauer des täglichen Musizierens.[43] Wird durch den Unterricht eine stärkere Beeinträchtigung hervorgerufen – bspw. beim gemeinsamen Musizieren von Lehrer und Schüler oder von mehreren Schülern (größere Lautstärke), häufigere Fehler (erhöhte Lästigkeit) –, wird eine gesonderte Regelung hierfür zu treffen sein. Der Unterricht kann ggf. vollständig auf vorhandene Nebenräume beschränkt werden oder wenn diese sich nicht dafür eignen, der Unterricht auf wenige Stunden wöchentlich beschränkt werden.[44] Soweit der Unterricht in der Wohnung des Schülers stattfindet, wird eine stärkere Einschränkung nicht angezeigt sein, da der Unterricht für den Schüler regelmäßig einen wesentlichen Teil seines Musizierens ausmacht und dieser somit auch in den Haupträumen der Wohnung stattfinden darf. In der Lehrerwohnung bedarf es regelmäßig der Zustimmung des Vermieters zur entgeltlichen Unterrichtserteilung.[45] 20

Dem Nachbarn steht kein Anspruch auf bestimmte **Schallisolierungsmaßnahmen** zu, da der störende Nachbar frei entscheiden kann, wie er die Beeinträchtigung beseitigt.[46] Durch derartige Maßnahmen kann jedoch die Höchstdauer des Musizierens angehoben oder dessen Beschränkung ggf. gänzlich beseitigt werden.[47] Ebenso kann der Nachbar nicht beanspruchen, dass nur in bestimmten Nebenräumen musiziert werden darf oder gar auf außerhalb der Wohnung liegende (Proben-)Räume ausgewichen werden muss, die ggf. angemietet werden müssten.[48] Dies gilt selbst dann, wenn solche Räume ohne weiteren Kostenaufwand zur Verfügung stehen. 21

Selbst bei langjähriger Duldung der Geräuscheinwirkungen kommt eine **Verwirkung** des Abwehranspruches nicht in Betracht, da die bisherige Gestattung jederzeit widerrufen werden kann.[49] 22

c) Möglichkeiten der Konfliktvermeidung. Wie bei jedem nachbarschaftlichen Konflikt bestehen gerade bei der Hausmusik auch über die eben dargestellte Rechtsprechung hinausgehende, geeignete Möglichkeiten, solche zu vermeiden oder die gegenläufigen Interessen angemessen auszugleichen. Dies betrifft insbesondere solche Maßnahmen, die der beeinträchtigte Nachbar nicht beanspruchen kann (→ Rn. 21), aber der Musizierende im Sinne eines guten nachbarschaftlichen Verhältnisses freiwillig ergreifen kann. Soweit entsprechende Räumlichkeiten vorhanden sind, kann man sich selbstverständlich zum Musizieren in diese zurückziehen, wenn der Nachbar dann weniger oder bestenfalls überhaupt nicht gestört wird. In Betracht kommen auch **Schallschutzmaßnahmen**, die nicht zwingend mit größeren Ausgaben einhergehen müssen. 23

---

40 OLG Hamm Beschl. v. 10.11.1980 – 15 W 122/80, NJW 1981, 465; ähnlich auch OLG Zweibrücken Beschl. v. 15.8.1990 – 3 W 48/90, MDR 1990, 1121.

41 BGH Urt. v. 26.10.2018 – V ZR 143/17, NJW 2019, 773 (776); OLG Frankfurt Beschl. v. 6.8.2003 – 20 W 22/02, NJW-RR 2004, 14 (auch Musikstudenten); BayObLG Beschl. v. 28.3.1995 – BReg 2 Z 8/85, MDR 1985, 676 (für WEG); LG Freiburg Beschl. v. 19.3.2003 – 4 T 20/03, juris Rn. 10; wohl aA *Lüke* in Grziwotz/Lüke/Saller, NachbarR-HdB, 3. Teil Rn. 130 aE; *Brückner* in MüKoBGB § 906 Rn. 139.

42 Siehe auch BGH Urt. v. 10.4.2013 – VIII ZR 213/12, NJW 2013, 1806 (Gitarrenunterricht).

43 BGH Urt. v. 26.10.2018 – V ZR 143/17, NJW 2019, 773 (777).

44 BGH Urt. v. 26.10.2018 – V ZR 143/17, NJW 2019, 773 (775, 777).

45 BGH Urt. v. 10.4.2013 – VIII ZR 213/12, NJW 2013, 1806.

46 BGH Urt. v. 26.10.2018 – V ZR 143/17, NJW 2019, 773 (775); OLG Celle Urt. v. 29.6.2011 – 4 U 199/09, NJW-RR 2011, 1585.

47 BGH Urt. v. 26.10.2018 – V ZR 143/17, NJW 2019, 773 (775).

48 BGH Urt. v. 26.10.2018 – V ZR 143/17, NJW 2019, 773 (777).

49 OLG München Urt. v. 3.9.1991 – 25 U 1838/91, NJW-RR 1991, 1492; siehe auch BGH Urt. v. 16.5.2014 – V ZR 181/13, NJW-RR 2014, 1043; → *Rechtsverlust und unzulässige Rechtsausübung* Rn. 40 ff.

So kann durch das Anbringen von Eierkartons an der zum Nachbarn gerichteten Wand oder allen Wänden aufgrund der Schallbrechung eine erhebliche Reduzierung der nach außen dringenden Lautstärke erreicht werden. Dies wird aber aufgrund der optischen Nachteile ernsthaft nur für reine Probenräume in Betracht kommen. Ähnlich geformte andere Schallisolierungsmaterialien oder auch Schaumstoff sind ebenso denkbar. Weiterhin ist eine Reduzierung der Schallübertragung auf Wände und Fußböden möglich, indem die direkte Verbindung durch dämpfende Materialien unterbrochen wird.[50]

24 Wesentlich flexibler einsetzbar und v.a. raumunabhängig sind die für nahezu alle (gängigen) Instrumente verfügbaren **Übedämpfer**, die ein nahezu uneingeschränktes freies Musizieren bei gleichbleibendem Spielgefühl in Zimmerlautstärke ermöglichen. Auch für die bekanntermaßen lauten Blechblasinstrumente sind solche Dämpfer vorhanden.

25 Als weitere Möglichkeit steht der Rückgriff auf ein **elektronisches Instrument** zur Verfügung, da es mittlerweile eine Vielzahl von Instrumenten auch in Bauvarianten gibt, die eine elektronische Verstärkung erfordern, aber andererseits etwa auch das Musizieren mit **Kopfhörern** und damit ohne störende Außengeräusche ermöglichen.[51]. Die Palette solcher Instrumente reicht vom E-Piano (mit inzwischen teils hervorragenden Tastaturen und Klängen) über Streichinstrumente bis hin zum Schlagzeug. Je nach Instrument und Qualität der Kopfhörer ist auf diesem Wege sogar eine Klangverbesserung möglich.

26 Letztlich sind noch die Instrumente zu nennen, die naturgemäß mit **Verstärker** gespielt werden (etwa die E-Gitarre) oder die (nachbarfreundlich) eher leisere Töne erzeugen (etwa Konzertgitarre). Hier kann unproblematisch die Zimmerlautstärke eingehalten werden, so dass im Idealfall der Nachbar vom Musizieren überhaupt nichts mitbekommt.

3. Musikveranstaltungen

27 Bei **Open-Air-Konzertveranstaltungen oder Volksfesten**[52] (→ *Volksfest* Rn. 1 ff.) sind grundsätzlich Schallwerte der LAI-Freizeitlärm-Richtlinie (→ Rn. 4) als Richtwerte einzuhalten und Anwohner haben auf deren Einhaltung auch einen Anspruch. Eine Ausnahme hiervon wird indes bei Musikveranstaltungen mit **kommunaler Bedeutung** gemacht.[53] Finden solche Veranstaltungen nur einmalig oder vereinzelt statt, können die Schallrichtwerte großzügiger gehandhabt werden und einzelne Überschreitungen müssen nicht zu einer wesentlichen Beeinträchtigung führen.[54] Auch die insbesondere in der LAI-Freizeitlärm-Richtlinie möglichen Überschreitungen der Schallwerte bei seltenen Störereignissen (an bis zu 18 Tagen im Jahr) sind hinsichtlich der Anzahl und der Überschreitung anhand des Maßstabes des verständigen Durchschnittsmenschen (→ Rn. 12) zu beurteilen.[55] Hierbei ist auch die Bedeutung der Veranstaltung zu berücksichtigen. So werden kommunale Festveranstaltung wie Volks- und Gemeindefeste, Umzüge, Kirmes, Vereinsfeiern etc. als gemeinhin akzeptierte Formen des gemeindlichen und städtischen Lebens angesehen, da sie den Zusammenhalt der örtlichen Gemeinschaft und deren Identität stärken.[56] Legitime kommunale Zwecke können aber auch die Bekanntheitsgradsteigerung, Anziehung auswärtiger Besucher oder das Erreichen einer umfangreichen Medienberichterstattung sein.[57] Daher geht die Rechtsprechung von einer hohen Akzeptanz solcher Veranstaltungen in der Bevölkerung aus und leitet eine höhere Bereitschaft ab, Lärmstörungen hinzunehmen. Dabei ist der Veranstalter, eine etwaige langjährige Übung oder eine vorhandene auch überre-

50 OLG Karlsruhe Urt. v. 13.4.1988 – 6 U 30/87, NJW-RR 1989, 1179 (Gummiklötze unter Klavierfüßen).
51 Siehe bspw. LG Kleve Urt. v. 1.10.1991 – 6 S 70/90, BeckRS 1991, 30946859 (Keyboard).
52 Zu den gewerblichen Voraussetzungen: *Dehner* B § 39a S. 18a ff.
53 BGH Urt. v. 26.9.2003 – V ZR 41/03, NJW 2003, 3699 (Rockkonzert bei Sommerfest eines Sportvereins); OLG Oldenburg Beschl. v. 26.7.2010 – 5 W 51/10, MDR 2010, 1388 (Musikfestival); vgl. noch BGH Urt. v. 6.6.1969 – V ZR 53/66, MDR 1969, 744 (Operettenaufführung auf Freilichtbühne).
54 BGH Urt. v. 26.9.2003 – V ZR 41/03, NJW 2003, 3699.
55 BGH Urt. v. 26.9.2003 – V ZR 41/03, NJW 2003, 3699; BGH Urt. v. 23.3.1990 – V ZR 58/89, BGHZ 111, 63 = NJW 1990, 2465.
56 BGH Urt. v. 26.9.2003 – V ZR 41/03, NJW 2003, 3699; → *Volksfest* Rn. 4 ff.
57 OLG Oldenburg Beschl. v. 26.7.2010 – 5 W 51/10, MDR 2010, 1388.

gionale Bedeutung unerheblich.[58] Gleiches gilt, wenn ein neu zugezogener Nachbar sich gegen eine bereits viele Jahre stattfindende Veranstaltung zur Wehr setzt.[59] Die Privilegierung solcher Veranstaltungen gilt auch für die Nachtstunden nach 22 Uhr, jedenfalls bis 24 Uhr, auch in der Nähe besonders lärmempfindlicher Einrichtungen (zB Krankenhäuser) und kann v.a. bei historischer oder kultureller Bedeutung das in dieser Zeit grundsätzlich vorrangige Interesse an einer ungestörten Nachtruhe überwiegen.[60] In solchen Fällen kann es zur Abwehr möglicher gesundheitlicher Gefahren dem Nachbarn zumutbar sein, für den relativ kurzen Zeitraum, in dem er solche Lärmimmissionen zu dulden hat, Vorsichtsmaßnahmen bis hin zu einer kurzfristigen Ortsabwesenheit, zu ergreifen.[61]

Die **Abwägung** hat auch hier **im Einzelfall** zu erfolgen und die maßgeblichen Umstände wie Bedeutung der Veranstaltung, ihr Ablauf, Häufigkeit und Dauer, Nutzungsart, Gesamtbelastung und der zeitliche Abstand zu anderen ähnlichen Ereignissen sind zu berücksichtigen.[62] Relevant ist auch, ob eine Verlegung des Standorts unter Wahrung des Charakters der Veranstaltung und mit zumutbarem wirtschaftlichem Aufwand möglich ist und zu einer Reduzierung der Lärmimissionen führt.[63] In Betracht kommen zudem Auflagen an den Veranstalter, die die Verwendung von sog. Begrenzern für Lautsprecher, gezieltere Flächenbeschallung durch mehrere kleinere Lautsprecher oder eine bestimmte Bühnenausrichtung beinhalten können.[64] Vom beeinträchtigten Nachbar können jedenfalls keine eigenen Schallschutzmaßnahmen, wie das Geschlossenhalten der Fenster, verlangt werden.[65] 28

Je seltener solche Ereignisse stattfinden und an je weniger Tagen diese stattfinden, desto großzügiger kann die Überschreitung der Grenzwerte gehandhabt werden.[66] 29

4. Besonderheiten bei Wohnungseigentümergemeinschaften

a) Hausordnung/Gemeinschaftsbeschluss, § 19 Abs. 1 WEG. In Wohnungseigentümergemeinschaften können Einschränkungen der Musikausübung in der Hausordnung bzw. durch einen (Mehrheits-)Beschluss der Miteigentümer (§ 19 Abs. 1 und 2 Nr. 1 WEG) geregelt werden. Hierbei ist im Unterschied zum individuellen Abwehranspruch (→ Rn. 2 ff.) zu berücksichtigen, dass sich die Regelung an sämtliche Bewohner der Anlage richtet.[67] Ein solcher Beschluss unterliegt der **gerichtlichen Wirksamkeitskontrolle** und kann bei Verstößen für ungültig erklärt werden, § 23 Abs. 4 WEG. Dabei ist neben der erforderlichen Bestimmtheit[68] die Kontrolle darauf gerichtet, ob der Beschluss ein Musizierverbot oder eine dem faktisch gleich kommende Regelung enthält.[69] Insoweit gelten die oben (→ Rn. 15) dargestellten Wertungen gleichermaßen. Ein solches ist auch dann anzunehmen, wenn die Musikausübung von der Verwaltergenehmigung abhängig gemacht wird und auf diese kein Anspruch besteht.[70] Die Besonderheiten der jeweiligen Wohnanlage, insbesondere die Bewohnerstruktur, sind neben den baulichen Besonderheiten zu berücksichtigen.[71] 30

58 BGH Urt. v. 26.9.2003 – V ZR 41/03, NJW 2003, 3699.
59 BGH Urt. v. 6.6.1969 – V ZR 53/66, MDR 1969, 744.
60 BGH Urt. v. 26.9.2003 – V ZR 41/03, NJW 2003, 3699; BGH Urt. v. 23.3.1990 – V ZR 58/89, BGHZ 111, 63 = NJW 1990, 2465.
61 OLG Oldenburg Beschl. v. 26.7.2010 – 5 W 51/10, MDR 2010, 1388.
62 BGH Urt. v. 26.9.2003 – V ZR 41/03, NJW 2003, 3699.
63 BGH Urt. v. 23.3.1990 – V ZR 58/89, BGHZ 111, 63 = NJW 1990, 2465.
64 Siehe LAI-Richtlinie vom 6.3.2015 Nr. 4.4 und 5.
65 BGH Urt. v. 23.3.1990 – V ZR 58/89, BGHZ 111, 63 = NJW 1990, 2465; BGH Urt. v. 6.6.1969 – V ZR 53/66, MDR 1969, 744.
66 BGH Urt. v. 26.9.2003 – V ZR 41/03, NJW 2003, 3699.
67 Vgl. BGH Urt. v. 26.10.2018 – V ZR 143/17, NJW 2019, 773 (776).
68 BGH Beschl. v. 10.9.1998 – V ZB 11/98, BGHZ 139, 288 = NJW 1998, 3713.
69 BGH Beschl. v. 10.9.1998 – V ZB 11/98, BGHZ 139, 288 = NJW 1998, 3713; BayObLG Beschl. v. 28.3.1995 – BReg 2 Z 8/85, MDR 1985, 676; OLG Frankfurt Beschl. v. 22.8.1984 – 20 W 148/84, NJW 1985, 2138; OLG Hamm Beschl. v. 10.11.1980 – 15 W 122/80, NJW 1981, 465; OLG Hamm Beschl. v. 7.11.1985 – 15 W 181/85, NJW-RR 1986, 500 (beide Nichtigkeit nach § 138 BGB bei faktischem Musizierverbot).
70 OLG Hamm Beschl. v. 7.11.1985 – 15 W 181/85, NJW-RR 1986, 500.
71 BGH Beschl. v. 10.9.1998 – V ZB 11/98, BGHZ 139, 288 = NJW 1998, 3713.

Gleichermaßen können Ruhezeiten und eine Höchstdauer festgelegt werden.[72] Für Lärmbelästigungen außerhalb der Ruhezeiten darf das Musizieren nicht anders als andere Geräuschquellen behandelt werden[73] und die Musikausübung außerhalb der Ruhezeiten nicht pauschal auf eine nicht belästigende Weise und Lautstärke beschränkt werden.[74] Solche Beschlüsse werden wie Grundbucheintragungen objektiv und grds. aus sich heraus ausgelegt, da sie auch Wirkungen für die Sonderrechtsnachfolger entfalten, § 10 Abs. 3 WEG.[75] Die Unwirksamkeit eines Teils der Regelung über Lärmimmissionen führt regelmäßig trotz § 139 BGB zur Gesamtunwirksamkeit der Regelung.[76] Teilbar sind aber die Regelungen zur Ruhezeit und zur Höchstdauer.[77] Soweit eine durchführbare Regelung noch zu erkennen ist und keine Widersprüche aufweist, führt dies nicht zur Nichtigkeit, sondern zur Anfechtbarkeit nach § 23 Abs. 4 Satz 2 WEG.[78] Auf gesonderten Antrag kann das Gericht eine eigene Gebrauchsregelung nach § 18 Abs. 2 Nr. 2 WEG treffen, § 44 Abs. 1 Satz 2 WEG.[79]

31 Ebenso kann nach § 1004 Abs. 1 Satz 2 BGB iVm § 18 Abs. 2 Nr. 2 WEG die zweckwidrige **Nutzung von Räumen** untersagt werden. Dies ist im Hinblick auf Musikausübung aber dann nicht möglich, wenn etwa die Nutzung als Probenraum oder Musikzimmer zu keinen größeren Störungen führt als die der Zweckbestimmung entsprechende Nutzung.[80] So kann ein durch Schallisolierungsmaßnahmen nach außen gedämpftes Kellerabteil durchaus auch als Probenraum genutzt werden.[81] Ein etwaiger Unterlassungsanspruch kann dabei von der Wohnungseigentümergemeinschaft unmittelbar gegenüber dem Mieter einer Wohneinheit geltend gemacht werden.[82]

32 **b) Vereinbarung, § 10 Abs. 1 Satz 2 WEG/Teilungserklärung.** Anders als durch einen Mehrheitsbeschluss ist es nach überwiegender Ansicht zulässig, in der Teilungserklärung (§ 3 Abs. 1 WEG)[83] bzw. in einer einstimmigen Vereinbarung nach § 10 Abs. 1 Satz 2 WEG (Gemeinschaftsordnung)[84] sämtlicher Wohnungseigentümer ein **Musizierverbot** festzulegen. Dies verdient Zustimmung. In diesen Fällen besteht das Verbot von Beginn an und jeder Kaufinteressent kann sich hierauf einstellen bzw. diesen Umstand zum Teil seiner Kaufentscheidung machen, wobei ein dennoch getätigter Kauf als Verzicht auf das betroffene (Grund-)Recht aufzufassen ist.[85] Eine Grenze dieser Gestaltungsfreiheit nach §§ 134, 138, 242 BGB[86] ist im Hinblick auf das Musizieren nicht betroffen, da hier aufgrund der potenziellen Störwirkung stets ein berechtigtes Interesse der Wohnungseigentümer anzuerkennen ist.[87]

---

72 BGH Urt. v. 26.10.2018 – V ZR 143/17, NJW 2019, 773 (776); BGH Beschl. v. 10.9.1998 – V ZB 11/98, BGHZ 139, 288 = NJW 1998, 3713 (Ruhezeiten von 20 bis 8 Uhr und 12 bis 14 Uhr zulässig); BayObLG Beschl. v. 28.3.1995 – BReg 2 Z 8/85, MDR 1985, 676 (Nachtruhe von 20 bis 10 Uhr unzulässig).

73 BGH Beschl. v. 10.9.1998 – V ZB 11/98, BGHZ 139, 288 = NJW 1998, 3713; LG Frankfurt Urt. v. 4.10.2017 – 2-13 S 131/16, NJW-RR 2018, 76.

74 BGH Beschl. v. 10.9.1998 – V ZB 11/98, BGHZ 139, 288 = NJW 1998, 3713.

75 BGH Beschl. v. 10.9.1998 – V ZB 11/98, BGHZ 139, 288 = NJW 1998, 3713.

76 BGH Beschl. v. 10.9.1998 – V ZB 11/98, BGHZ 139, 288 = NJW 1998, 3713.

77 BayObLG Beschl. v. 28.3.1995 – BReg 2 Z 8/85, MDR 1985, 676.

78 BGH Beschl. v. 10.9.1998 – V ZB 11/98, BGHZ 139, 288 = NJW 1998, 3713.

79 BGH Beschl. v. 10.9.1998 – V ZB 11/98, BGHZ 139, 288 = NJW 1998, 3713.

80 BayObLG Beschl. v. 31.8.2000 – 2 Z BR 83/00, NZM 2000, 1237.

81 BayObLG Beschl. v. 31.8.2000 – 2 Z BR 83/00, NZM 2000, 1237 (mit einer Orgel).

82 BGH Urt. v. 25.10.2019 – V ZR 271/18, NJW 2020, 921.

83 OLG Hamm Beschl. v. 7.11.1985 – 15 W 181/85, NJW-RR 1986, 500; OLG Hamm Beschl. v. 10.11.1980 – 15 W 122/80, NJW 1981, 465.

84 *Kreuzer* in Staudinger WEG § 15 Rn. 8; *Schultzky* in Jennißen WEG § 15 Rn. 59; OLG Hamm Beschl. v. 10.11.1980 – 15 W 122/80, NJW 1981, 465.

85 OLG Hamm Beschl. v. 7.11.1985 – 15 W 181/85, NJW-RR 1986, 500; grundlegend BGH Beschl. v. 22.1.2004 – V ZB 51/03, BGHZ 157, 322 = NJW 2994, 937.

86 Siehe BGH Beschl. v. 22.1.2004 – V ZB 51/03, BGHZ 157, 322 = NJW 2004, 937; BGH Urt. v. 10.12.2010 – V ZR 60/10, NJW 2011, 679.

87 Ebenso *Schultzky* in Jennißen WEG § 15 Rn. 59.

5. Mietvertragliche Auswirkungen

Sind in einer → *Hausordnung* Rn. 27 ff. Einschränkungen des Musizierens (→ Rn. 18) enthalten, so kann die Nichteinhaltung dieser Regelungen für die übrigen Mieter einen **Mietmangel** gemäß § 536 Abs. 1 Satz 1 BGB wegen Lärmbelästigung begründen, wobei irrelevant ist, von wem die Störung ausgeht.[88] Hierdurch wird die Nutzung der Mietwohnung zum Ruhen und zur Entspannung nicht nur unerheblich beeinträchtigt. Dies löst dann die üblichen Mieterrechte aus, wie insbesondere das Recht zur **Mietminderung**, § 536 Abs. 1 Satz 2 BGB. Deren Umfang bestimmt sich nach dem Umfang der Beeinträchtigung im Einzelfall.[89] Relevant kann hierbei v.a. sein, ob die Lärmbeeinträchtigung bei Mietvertragsschluss bereits vorhanden und für den Mieter erkennbar war, so dass dieser sich darauf einstellen musste.[90] Ggf. ist ein Vermieter verpflichtet, für die Einhaltung der Hausordnung zu sorgen und gegen den störenden Mieter (gerichtlich) vorzugehen.[91] 33

Ein **Musizierverbot** ist zulässig, wenn dieses vor Mietvertragsabschluss in der Hausordnung enthalten war, da sich ein potenzieller Mieter dann darauf einstellen bzw. diesen Umstand zum Gegenstand seiner Mietentscheidung machen kann.[92] Hingegen kann ein solches Verbot nicht nachträglich (einseitig) aufgenommen werden. 34

Soweit das Erteilen von **Musikunterricht** die Ausübung einer Erwerbstätigkeit darstellt, begründet dies grundsätzlich eine in einer Mietwohnung unzulässige Nutzung der Mieträume.[93] Diese Nutzungsart muss ein Vermieter ohne vorherige Vereinbarung auch nicht dulden, da bei Musikunterricht in aller Regel größere Beeinträchtigungen der Mitmieter ausgehen als von der Wohnnutzung.[94] Allerdings gehört das Musizieren und damit auch das Erhalten von Musikunterricht zur üblichen Wohnnutzung des Schülers in dessen (elterlichen) Wohnung (→ Rn. 20).[95] 35

Wird einem Berufsmusiker mietvertraglich die Musikausübung für eine bestimmte Zeit erlaubt, sollen damit nur Unterlassungsansprüche der Mitmieter ausgeschlossen werden, nicht aber das Recht des Mieters etabliert werden, von den Mitmietern eine Einschränkung ihres Wohnverhaltens fordern zu können, um ungestört musizieren zu können.[96] Ebenso berechtigt dann nicht jede Störung des Musizierens zur Mietminderung oder gar zur Kündigung.[97] 36

6. Prozessuales

§ 15a Abs. 1 Satz 1 Nr. 2 EGZPO eröffnet den Ländern die Möglichkeit, in Streitigkeiten u. a. nach §§ 910, 906 BGB ein **zwingendes Streitschlichtungsverfahren** vor einer anerkannten Gütestelle zu verlangen (→ *Zwangsschlichtung* Rn. 2 ff.; → *Streitschlichtung, nachbarrechtliche* Rn. 8 ff.). Wurde dieses dann nicht durchgeführt, ist die Klage bereits unzulässig.[98] Für Ansprüche im Zusammenhang mit Lärmimmissionen durch Musik findet dieses Verfahren Anwendung und zwar unabhängig davon, ob dieser auf Eigentum, Mietrecht oder Wohnungseigentum gestützt wird.[99] Zudem fallen auch mit Musik begründete Zahlungsan- 37

88 LG Berlin Urt. v. 15.3.2011 – 65 S 59/10, BeckRS 2011, 16477.
89 LG Berlin Urt. v. 15.3.2011 – 65 S 59/10, BeckRS 2011, 16477 (5 % bei E-Gitarren- und Schlagzeugspiel in den Abendstunden); LG Berlin Urt. v. 18.12.2015 – 65 S 238/15, juris Rn. 21 (10 % bei benachbarter Gaststätte); AG Bergheim Urt. v. 11.7.2012 – 23 C 147/12, juris Rn. 9 (10 % bei lauter Musik zur Nachtzeit).
90 LG Berlin Urt. v. 18.12.2015 – 65 S 238/15, juris Rn. 19.
91 *Eisenschmid* in Schmidt-Futterer § 536 Rn. 135.
92 OLG Hamm Beschl. v. 10.11.1980 – 15 W 122/80, NJW 1981, 465.
93 BGH Urt. v. 10.4.2013 – VIII ZR 213/12, NJW 2013, 1806; *Meyer-Abich* NZM 2015, 520 (524).
94 BGH Urt. v. 10.4.2013 – VIII ZR 213/12, NJW 2013, 1806 (Gitarrenunterricht).
95 *Meyer-Abich* NZM 2015, 520 (524); → Rn. 20.
96 LG Saarbrücken Urt. v. 17.7.2015 – 10 S 203/14, NJW-RR 2015, 1164.
97 LG Saarbrücken Urt. v. 17.7.2015 – 10 S 203/14, NJW-RR 2015, 1164.
98 OLG Saarbrücken Urt. v. 22.3.2017 – 2 U 7/16, juris Rn. 33 ff.; *Horst*, NachbarR-HdB, Rn. 24.
99 LG Dortmund Urt. v. 11.7.2017 – 1 S 282/16, NJW-RR 2017, 1292; LG Saarbrücken Urt. v. 15.5.2020 – 5 S 24/19, juris Rn. 19; *Börstinghaus* NZM 2004, 48 (57).

sprüche in den Anwendungsbereich.[100] Von dieser Möglichkeit haben Bayern, Brandenburg, Hessen, Mecklenburg-Vorpommern, Niedersachsen, Nordrhein-Westfalen, Rheinland-Pfalz, Saarland, Sachsen, Sachsen-Anhalt und Schleswig-Holstein Gebrauch gemacht. Eine Mediation vor dem Güterichter im Sinne des § 278 Abs. 5 ZPO dürfte dem Schlichtungserfordernis genügen, da der Zweck der Vorschrift durch den Schlichtungsversuch erreicht wurde.[101] Das Schlichtungsverfahren ist auch dann obligatorisch, wenn sich der Kläger zwar nicht explizit auf nachbarrechtliche Vorschriften beruft, deren Regelungsbereich aber erkennbar betroffen ist.[102]

38 Neben der Festlegung bestimmter Ruhezeiten und einer Höchstdauer ist in den **Antrag** und den **Urteilstenor** die Verpflichtung zur Unterlassung von störendem Lärm während der Ruhezeiten aufzunehmen.[103] Hierbei ist der Begriff der „Zimmerlautstärke" anerkannt und als hinreichend bestimmt anzusehen.[104] Da sich hieraus indes für die Vollstreckung Schwierigkeiten ergeben können, soll es zulässig sein, daneben auch einen konkreten Dezibel-Schallwert in den Tenor aufzunehmen, wobei auf die Werte etwa der TA-Lärm/LAI-Freizeitlärm-Richtlinie zurückgegriffen werden könnte.[105] Dann wäre es dem klagenden Nachbarn durch eigene Messungen, etwa mit gängigen Handy-Apps, möglich, Zuwiderhandlungen gegen das Urteil für die Zwangsvollstreckung (§ 890 ZPO) nachzuweisen.[106] Die vorzugswürdige Gegenauffassung, die auf Begriffe wie „deutliche Wahrnehmbarkeit" zurückgreift, beschränkt den Nachbarn in der Vollstreckung zwar auf den Zeugenbeweis.[107] Dies berücksichtigt indes den Inhalt der Zimmerlautstärke bzw. wesentlichen Beeinträchtigung, der gerade keine konkreten Schallwerte vorsieht, sondern auf die Beeinträchtigung durch die Hörbarkeit abstellt.[108] Insoweit wäre auch bei Messungen des Schallpegels wohl ohnehin stets der weitere Zeugenbeweis erforderlich, um die Störung bzw. deren Wesentlichkeit im Einzelfall zu belegen. Der Zusatz „und damit eine nicht nur unwesentliche Beeinträchtigung der Kläger mit sich bringt" neben festgelegten Schallwerten wurde als zulässig erachtet.[109]

39 Aufgrund der einzig möglichen Vollstreckung nach § 890 ZPO wird regelmäßig die **Androhung eines Ordnungsgeldes** nach § 890 Abs. 2 ZPO in den Tenor aufzunehmen sein.

40 Aufgrund der zu berücksichtigenden Umstände des Einzelfalles ist regelmäßig ein **Ortstermin** erforderlich, bei dem sich das Gericht einen eigenen Eindruck von der Lärmbeeinträchtigung verschaffen kann.[110]

41 Die **Beweislast** verteilt sich entsprechend den allgemeinen Grundsätzen. Die klagende Partei hat die Immission, die Beeinträchtigung ihres Eigentums bzw. Besitzes sowie die Kausalität zu beweisen.[111] Hingegen obliegt es dem störenden Nachbarn, die Unwesentlichkeit der Beeinträchtigung[112] oder deren Ortsüb-

100 *Gruber* in MüKoZPO § 15a EGZPO Rn. 32; *Börstinghaus* NZM 2004, 48 (57); offen gelassen von BGH Urt. v. 19.2.2016 – V ZR 96/15, NJW-RR 2016, 823 m.w.N. zum Streitstand.
101 LG Nürnberg-Fürth Urt. v. 2.10.2014 – 8 O 10468/10, juris Rn. 67 f.; siehe zu diesem Verfahren auch *Greger/Weber* MDR 2019, 1 ff.
102 OLG Hamm Urt. 6.9.2018 – 5 U 52/18, MDR 2019, 221.
103 OLG Celle Urt. v. 29.6.2011 – 4 U 199/09, NJW-RR 2011, 1585; BGH Urt. v. 5.2.1993 – V ZR 62/91, BGHZ 121, 248 = NJW 1993, 1656; Beispiel: LG Freiburg Beschl. v. 19.3.2003 – 4 T 20/03, juris Rn. 10.
104 LG Dortmund Urt. v. 11.7.2017 – 1 S 282/16, juris Rn. 40; AG Dieburg Urt. v. 14.9.2016 – 20 C 607/16, juris Rn. 21; OLG München Urt. v. 3.9.1991 – 25 U 1838/91, NJW-RR 1991, 1492.
105 AG Dieburg Urt. v. 14.9.2016 – 20 C 607/16, juris Rn. 21; → Rn. 4; aA OLG München Urt. v. 3.9.1991 – 25 U 1838/91, NJW-RR 1991, 1492.
106 So AG Dieburg Urt. v. 14.9.2016 – 20 C 607/16, juris Rn. 22.
107 OLG München Urt. v. 3.9.1991 – 25 U 1838/91, NJW-RR 1991, 1492.
108 Explizit: BGH Urt. v. 5.2.1993 – V ZR 62/91, BGHZ 121, 248 = NJW 1993, 1656; hierzu auch *Thole* in Staudinger BGB § 1004 Rn. 577 ff.
109 BGH Urt. v. 6.6.1969 – V ZR 53/66, MDR 1969, 744.
110 BGH Urt. v. 26.10.2018 – V ZR 143/17, NJW 2019, 773 (776); BGH Urt. v. 6.6.1969 – V ZR 53/66, MDR 1969, 744; OLG Celle Urt. v. 29.6.2011 – 4 U 199/09, NJW-RR 2011, 1585.
111 OLG Celle Urt. v. 29.6.2011 – 4 U 199/09, NJW-RR 2011, 1585.
112 OLG Celle Urt. v. 29.6.2011 – 4 U 199/09, NJW-RR 2011, 1585.

lichkeit zu belegen. Hinsichtlich Musikveranstaltungen liegt die Beweislast für die etwaige Unzumutbarkeit eines Ausweichplatzes beim beklagten Veranstalter.[113]

III. Schikanefälle, §§ 826, 249 BGB

In besonderen Fällen kommt neben dem Anspruch aus § 1004 Abs. 1 Satz 1 BGB auch ein auf Störungsun- 42
terlassung gerichteter Schadensersatzanspruch in Betracht. Ein solcher setzt aber als Schikaneaspekt die **bewusste oder gar absichtliche Störung** durch den Nachbarn durch laute Musik (zu Ruhezeiten) voraus, was in der Praxis schwer zu beweisen sein dürfte.[114]

IV. Schmerzensgeld

Bekanntermaßen können durch Lärm und v.a. dadurch verursachte Schlafstörungen zu teils erheblichen 43
psychischen und physischen **gesundheitlichen Beeinträchtigungen** führen.[115] Dies kann sogar die Schwelle zur Körperverletzung überschreiten.[116] Folglich liegt es nahe, in derart gravierenden Fällen auch ein Schmerzensgeld in Betracht zu ziehen.[117] Ein solcher Anspruch ergibt sich bei einer unerlaubten Handlung aus §§ 823, 253 BGB und bei der Verletzung (miet-)vertraglicher Pflichten aus §§ 280 Abs. 1, 282, 241 Abs. 2, 253 Abs. 2 BGB.

V. Öffentliches Recht

Weiterhin hat das öffentliche **Baurecht** Relevanz für Lärmemissionen durch Musik. Werden hierdurch bau- 44
rechtliche Vorschriften verletzt, kann gegenüber der Bauaufsichtsbehörde ein Anspruch auf bauaufsichtliches Einschreiten (zB aus Art. 76 Abs. 1 Satz 2 BayBO, § 80 Abs. 1 Satz 2 SächsBO, § 72 Abs. 1 Satz 2 HBO) bestehen.[118] Ein Anspruch kann ggf. auch aus §§ 24 Satz 1, 22 Abs. 1 Satz 1 BImSchG folgen.[119] Anknüpfungspunkt ist bzgl. Musik in aller Regel das baurechtliche **Rücksichtnahmegebot** (§ 34 Abs. 1 BauGB iVm § 15 Abs. 1 Satz 2 BauNVO) oder der **Gebietserhaltungsanspruch**, sofern keine Gemengelage vorliegt.[120] Auch insoweit gelten die Grenzwerte der TA-Lärm und der LAI-Freizeitlärm-Richtlinie (→ Rn. 4) als Orientierungshilfe, die die Besonderheiten des Baugebietes nicht ausblendet.[121] Die LAI-Freizeitlärm-Richtlinie kann dabei auch für Veranstaltungen in geschlossenen Räumen oder auch Musik-

---

113 BGH Urt. v. 23.3.1990 – V ZR 58/89, BGHZ 111, 63 = NJW 1990, 2465.

114 Siehe aber AG Ratingen Urt. v. 19.9.1988 – 22 Cs 909 Js 1977/87, DWW 1989, 394, wo sogar eine vorsätzliche Körperverletzung durch Radiolärm angenommen wurde.

115 Überblick bei: https://www.aerzteblatt.de/nachrichten/53547/Wie-Schlafmangel-der-Gesundheit-schadet (abgerufen am 6.8.2020); mit Links zu aktuellen Studien: https://www.geo.de/wissen/gesundheit/19536-rtkl-gesundheit-studien-zeigen-wie-ungesund-zu-wenig-schlaf-wirklich-ist.

116 KG Berlin Beschl. v. 1.4.1999 – Zs 1412/98-3 Ws 35/99, juris Rn. 4; AG Ratingen Urt. v. 19.9.1988 – 22 Cs 909 Js 1977/87, DWW 1989, 394; für § 117 OWiG: *Rogall* in KK-OWiG § 117 Rn. 1.

117 AG Dortmund Urt. v. 6.9.1993 – 122 C 6541/93, NJW-RR 1994, 910 (1.000 DM); *Horst*, NachbarR-HdB, Rn. 1803; *Horst* ZAP 2019, 847 (853); siehe auch: BGH Urt. v. 25.9.1970 – V ZR 155/67, MDR 1971, 37; vgl. auch für Lichtimmissionen im Schlafzimmer: OLG Karlsruhe Urt. v. 20.2.2018 – 12 U 40/17, MDR 2018, 790.

118 BVerwG Beschl. v. 17.7.2003 – 4 B 55/03, NJW 2003, 3360; VG München Beschl. v. 29.3.2016 – M 8 E1 16.286, juris Rn. 60.

119 VGH Kassel Beschl. v. 28.8.2015 – 9 B 1586/15, juris Rn. 3.

120 VG München Beschl. v. 29.3.2016 – M 8 E1 16.286, juris Rn. 61, 64 f., 75; OVG Bautzen Beschl. v. 13.2.2020 – 1 B 283/19, juris Rn. 33; → *Rücksichtnahmegebot, nachbarliches* Rn. 8 ff.; → *Gebietsschutz und Baugebietsverträglichkeit* Rn. 3 ff.

121 BVerwG Beschl. v. 17.7.2003 – 4 B 55/03, NJW 2003, 3360; VGH Mannheim Urt. v. 4.8.2016 – 8 S 136/14, juris Rn. 69; VGH Kassel Beschl. v. 28.8.2015 – 9 B 1586/15, juris Rn. 4; *Schulte Beerbühl* Rn. 572 ff.

schulen bzw. Musikunterrichts- und Orchesterprobenräumen[122] als Orientierungshilfe herangezogen werden.[123]

45 Bei **Wohnungseigentümergemeinschaften** stehen die öffentlich-rechtlichen Abwehrrechte nur der Gesamtheit der Wohnungseigentümer zu, § 9a WEG, es sei denn das Sondereigentum ist beeinträchtigt.[124]

46 Es stellt keinen Rechtsfehler dar, wenn die **Zumutbarkeit** von Lärmimissionen durch zivil- und Verwaltungsgerichte **unterschiedlich beurteilt** werden, sofern beide Rechtswege eröffnet sind.[125]

47 Bei angekündigten Musikveranstaltungen kann schon um **vorbeugenden Rechtsschutz** ersucht werden, um durch in die Sondernutzungserlaubnis aufzunehmende Auflagen die Einhaltung der Lärmschutzvorgaben als öffentlich-rechtlichen Abwehranspruch sicherzustellen.[126] Insbesondere bei sich (jährlich) wiederholenden Musikveranstaltungen besteht das erforderliche qualifizierte Rechtsschutzinteresse, da andernfalls ein effektiver (nachträglicher) Rechtsschutz kaum möglich ist.[127]

48 Zu den Besonderheiten an Sonn- und Feiertagen sowie den Feiertagsgesetzen der Länder → *Lärm, Freizeit* Rn. 1 ff.

VI. Ordnungswidrigkeitenrecht

49 Eine weitere Regelung, die Musik im nachbarlichen Verhältnis betrifft, findet sich im Ordnungswidrigkeitenrecht. Nach **§ 117 OWiG** sowie einigen **landesrechtlichen,** bußgeldbewährten Immissionsschutzvorschriften (§§ 6 Abs. 1, 13 Abs. 1 Nr. 3 LImSchG RLP; §§ 11 Abs. 1, 23 Abs. 1 Nr. 8 LImSchG NRW; §§ 5, 15 Abs. 1 Nr. 5 LImSchG Bln; §§ 11 Abs. 1, 23 Abs. 1 Nr. 8 LImSchG Bbg; §§ 3 Abs. 1, 9 Abs. 1 Nr. 3 HmbLärmSchG; Art. 14, 18 Abs. 3 Nr. 3 BayImSchG [Gemeindeverordnungen]) wird die störende bzw. belästigende Lärmverursachung sanktioniert, wobei die genannten landesrechtlichen Vorschriften explizit auch Musikinstrumente nennen. Hierbei ist die Subsidiarität nach § 117 Abs. 2 OWiG zu beachten.

50 Auch zulässige Geräusche, wie das **Abspielen von Musik** in der eigenen Wohnung, können ordnungswidrig sein, wenn diese ein vermeidbares Ausmaß annehmen, wobei Musikhören über Zimmerlautstärke regelmäßig vermeidbar ist.[128] Dabei ist zu berücksichtigen, dass die bloße Hörbarkeit außerhalb des Zimmers nicht genügt, sondern darüber hinaus eine gewisse Störungsqualität vorliegen muss (→ Rn. 5),[129] da die strafrechtlich und ordnungswidrigkeitenrechtlich relevante Schwelle einer Lärmbeeinträchtigung nicht unterhalb der zivilrechtlichen liegen kann.

51 Für das **häusliche Musizieren** müssen hingegen auch für das Ordnungswidrigkeitenrecht die für das Zivilrecht entwickelten Maßstäbe gelten, da diese aus den Grundrechten abgeleiteten Grundsätze sonst unterlaufen würden und zudem der Charakter des Straf- und Ordnungswidrigkeitenrechts als schärfstes staatliches Sanktionsmittel (ultima ratio) verloren ginge. Folglich ist auch hier eine gewisse Dauer des Musizierens unter Einhaltung der üblichen Ruhezeiten als nicht tatbestandsgemäß anzuerkennen (→ Rn. 18). Dabei handelt es sich um einen berechtigten Anlass bzw. ein zulässiges und nicht vermeidbares Ausmaß des Lärms im Sinne des § 117 Abs. 1 OWiG. Im Hinblick auf die landesrechtlichen Vorschriften fehlt es in diesem Umfang an der Erheblichkeit der Belästigung.

---

122 Hierzu OVG Münster Urt. v. 6.9.2011 – 2 A 2249/09, juris Rn. 101 ff.; VG Münster Urt. v. 14.4.2016 – 2 K 1348/15, juris Rn. 45 ff.; VG Frankfurt/Oder Urt. v. 19.4.2017 – 5 K 549/13, juris Rn. 53 f.; → *Anlagen für bestimmte Zwecke* Rn. 18 ff.; zweifelnd für private Unterrichtsräume OVG Münster, Beschl. v. 31.8.2017 – 7 B 652/17, juris Rn. 4.

123 VGH Mannheim Urt. v. 4.8.2016 – 8 S 136/14, juris Rn. 74.

124 VG München Beschl. v. 29.3.2016 – M 8 E1 16.286, juris Rn. 63.

125 BVerwG Beschl. v. 17.7.2003 – 4 B 55/03, NJW 2003, 3360.

126 VG Göttingen Urt. v. 23.2.2005 – 1 A 1214/02, juris Rn. 48, 50.

127 VG Göttingen Urt. v. 23.2.2005 – 1 A 1214/02, juris Rn. 48.

128 AG Zweibrücken Urt. v. 29.10.2018 – 1 OWi 4235 Js 7742/18, juris Rn. 3.

129 AA AG Zweibrücken Urt. v. 29.10.2018 – 1 OWi 4235 Js 7742/18, juris Rn. 3.

Die Ahndung dieser Ordnungswidrigkeiten liegt in der **Zuständigkeit** der Ordnungsbehörden der Städte und Gemeinden und subsidiär der Polizei. So ist häufig bei einer (wiederholten) Ruhestörung der erste Schritt die Verständigung der Polizei, was häufig auch die einzige Möglichkeit darstellt, eine gegenwärtige Störung zu beenden, wenn ein persönliches Gespräch mit dem Nachbar nicht zum Erfolg geführt hat. 52

Neben der Untersagung lauter Musik kommt zudem in Fällen besonders renitenter Nachbarn, v.a. zur Nachtzeit, auch die **Beschlagnahme** der Musikanlage und sofern dies, etwa aufgrund der Größe oder Verkabelung, nicht möglich ist, sogar die **Ingewahrsamnahme** des Störers in Betracht.[130] Liegt eine deutliche Wiederholungsgefahr vor, kann die Ordnungsbehörde auch per Verfügung das Abspielen von Musik unter Zwangsgeldandrohung auf Zimmerlautstärke begrenzen.[131] 53

86. Nachbar in öffentlich-rechtlicher Sicht

Schulte Beerbühl

Literatur: *Jeromin*, Baunachbarrechtsschutz 3.0, BauR 2016, 925; *Heinemann*, Nachbarschutz für obligatorisch Berechtigte durch § 35 Abs. 3 Satz 1 Nr. 3 BauGB (§ 35 Abs. 3 Satz 1 Nr. 3 BauGB), UPR 2018, 212.

I. Allgemeines

Eigentümer und Nutzer baulicher Anlagen beklagen oft Störungen, die von anderen Anlagen und/oder deren Benutzung ausgehen.[1] Diese haben aber nur dann Konsequenzen, wenn ihnen deshalb, unabhängig von der Frage, ob die Störung unter dem Gesichtspunkt der Intensität dem „Nachbarn“ überhaupt zuzumuten ist, Abwehrrechte zustehen können. Denn nicht jedem, der sich von einer Störung betroffen fühlt, steht ein öffentlich-rechtlich geschütztes Abwehrrecht zu, sondern nur demjenigen, den das Recht als **schutzwürdigen „Nachbarn“** behandelt. 1

Der Begriff des „Nachbarn“ – im öffentlich-rechtlichen Sinne – ist deshalb ein zentraler Begriff des öffentlichen Nachbarrechts. Soweit in diesem Werk unter dem Blickwinkel des Öffentlichen Baunachbarrechts auf **öffentlich-rechtliche Abwehrrechte von Nachbarn** eingegangen wird, ist dieser Begriff stets in dem Sinne zu verstehen, in dem er in diesem Kapitel erläutert wird. 2

II. Subjektiver Schutzbereich im öffentlichen Baurecht

Nicht jeder aus der Allgemeinheit oder der Bevölkerung („quivis ex populo“) ist berechtigt, die vermeintliche Rechtswidrigkeit eines baurechtlichen Geschehens zu rügen, sondern nur, wer durch das Geschehen in seinen **subjektiven öffentlichen Rechten verletzt** sein kann. Erst recht gilt das für die **Begründetheit** ei- 3

130 VG Schleswig Urt. v. 15.6.1999 – 3 A 209/97, NJW 2000, 970; VG Freiburg Urt. v. 13.5.2004 – 4K/1034/02, juris Rn. 20 ff.
131 VG Regensburg Urt. v. 23.5.2015 – RO 4 K14.1378, juris Rn. 8 ff., 24, 32 ff.
1 Allgemein zum Baunachbarrecht auch *Jeromin* BauR 2016, 925.

nes Rechtsbehelfs: Diese setzt nicht nur die Möglichkeit, sondern die **tatsächliche Verletzung** eines subjektiven öffentlichen Rechts voraus.

1. Nachbar – Dritter

4 Im Allgemeinen wird, wenn im öffentlichen Recht oder im privaten Recht von den Rechten eines Dritten gesprochen wird, dieser als „Nachbar“ bezeichnet. Allerdings ist dieser Begriff unscharf. Denn soweit es um die Abwehrrechte eines Dritten gegen ein Bauvorhaben geht, passt der eher **umgangssprachliche Begriff „Nachbar“** wenig. Besser könnte von den subjektiven öffentlichen **Rechten des „Drittbetroffenen“** gesprochen werden. Weil sich aber der Begriff des Nachbarn eingebürgert hat, wird hier daran festgehalten, dies zumal deshalb, weil er auch in vielen Gesetzen verwandt wird:

5 Das Bauplanungsrecht etwa verwendet den Begriff des Nachbarn mehrfach, ohne ihn zu definieren, so etwa in § 31 Abs. 2 BauGB und in § 34 Abs. 3a Satz 1 Nr. 3 BauGB („unter **Würdigung nachbarlicher Interessen**“). Auch in den bauordnungsrechtlichen Bestimmungen über die einzuhaltenden Abstände und Abstandsflächen verwenden Landesbauordnungen den Begriff des „Nachbarn“ (zB „Nachbargrundstück“, „Nachbargrenzen“ und „nachbarliche Belange“), ebenso in den Regeln über die erforderliche Ausgestaltung von Brandwänden zB in § 29 Abs. 3 BauO NRW und Art. 28 Abs. 10 BayBO („Nachbargebäude“ und „Nachbargrenze“). Mit Blick auf die jeweilige bauordnungsrechtliche Beteiligungsvorschrift verwenden die Landesbauordnungen bei der Beschreibung des von der Beteiligungsvorschrift begünstigten Personenkreises unterschiedliche Begriffe; teilweise wird der Begriff des **„Angrenzers“** benutzt und gesetzlich definiert. Die Verwaltungsgerichtsordnung schließlich spricht von einem „Dritten“ (§§ 80 Abs. 1 Satz 2 und 80a VwGO). Diese Bezeichnung findet sich auch in § 212a BauGB.

2. Nachbar als „nahe Bauer“

6 Der Begriff Nachbar suggeriert, dass eine mehr oder weniger große Nähe zu dem Baugeschehen zu verlangen ist; denn der Begriff Nachbar rührt etymologisch von dem althochdeutschen Begriff nāhgibūr(o), das ist der „nahe Bauer“, also der, der nahe gebaut hat oder der nahebei wohnt.[2] Allgemeinsprachlich wird unter dem Nachbarn derjenige verstanden, der **in jemandes (unmittelbarer) Nähe wohnt**, dessen Haus, Grundstück in der (unmittelbaren) Nähe von jemandes Haus, Grundstück liegt. Das ist im Grundsatz richtig, kann aber, wie aus dem Nachstehenden hervorgeht, zu Missverständnissen führen. Denn unter Umständen kann auch zur Geltendmachung eines Abwehrrechts berechtigt sein, wessen Grundstück von dem Baugeschehen recht weit entfernt liegt.

3. „Relativer“ Schutzbereich

7 Für die Fragen des Baunachbarrechts ist eine einheitliche, nach **mathematisch-geographischen Gesichtspunkten** vorzunehmende Grenzziehung, bis wohin die Nachbarschaft im Sinne des öffentlichen Baunachbarrechts noch reicht, nicht möglich. Denn der Bereich ist unterschiedlich je nach der **Art der Betroffenheit**.

8 Der **Schutzbereich**, in dessen Genuss der Nachbar (oder besser: der dinglich Berechtigte an einem Nachbargrundstück) kommen kann, ist – erstens – davon abhängig, ob eine Norm grundsätzlich in materiellrechtlicher Hinsicht einem Nachbarn ein spezifisches Abwehrrecht verleihen will. Ist dies der Fall und ist – zweitens – das Grundstück, für das der Schutz in Anspruch genommen werden soll, im Schutzbereich dieser **„nachbarschützenden Norm“** gelegen, ist der **Grundeigentümer** in diesem Sinne Nachbar. Nachbar ist also derjenige, den eine nachbarschützende Norm des Bauplanungsrechts oder des Bauordnungsrechts als im Schutzbereich dieser Norm befindlich ansieht; das hängt davon ab, wovor die Norm schützen will. Schützt die Norm alle Eigentümer von Grundstücken in einem Baugebiet, ist der Schutzbereich identisch mit dem des Baugebiets. Schützt eine Norm ersichtlich allein den Eigentümer des Grundstücks jenseits der gemeinsamen Grenze, ist nur dieser „Nachbar“.[3]

---

2 S. https://www.duden.de/rechtschreibung/Nachbar.

3 VG Gießen Beschl. v. 14.12.2018 – 1 L 5402/18.GI, juris Rn. 71; *Reidt* in Battis/Krautzberger/Löhr, BauGB Vorb. zu §§ 29–31 Rn. 27.

Wegen dieser Relativität des Schutzbereichs nachbarschützender Bestimmungen kann im Sinne des öffentlichen Baunachbarrechts auch Nachbar sein, wessen Grundstück etliche Straßenzüge von dem Vorhabengrundstück entfernt liegt, sofern es im **Geltungsbereich desselben Bebauungsplans** liegt und soweit es um die Verletzung einer Norm geht, die alle Grundstückseigentümer dieses Bebauungsplans zu einer Schicksalsgemeinschaft zusammenführt. Andererseits kann ein Grundeigentümer von einem Abwehrrecht zB im Zusammenhang mit der Anordnung von Stellplätzen oder Garagen ausgeschlossen sein, weil sein Grundstück nicht das unmittelbar angrenzende, sondern das übernächste ist oder auf der anderen Straßenseite als das Vorhabengrundstück liegt. 9

4. Inhaber des Abwehrrechts

a) Abwehrrechte dinglich Berechtigter. Im öffentlichen Baunachbarrecht werden die Grundstücke **„durch ihre Eigentümer repräsentiert"**. Dabei ist unerheblich, ob dies ein Privater oder eine Gemeinde ist. Denn Gemeinden haben, soweit es die Verteidigung gegen unrechtmäßige Eigentumsbeeinträchtigungen betrifft, nicht weniger Rechte als ein Privateigentümer.[4] 10

Dem Eigentümer ist gleichzustellen, wer in eigentumsähnlicher Weise an einem Grundstück dinglich berechtigt ist. Das ist 11

- der Inhaber eines Erbbaurechts,[5]
- der Nießbraucher,[6]
- der Käufer eines Grundstücks, auf den der Besitz sowie Nutzungen und Lasten übergegangen sind und zu dessen Gunsten eine Auflassungsvormerkung in das Grundbuch eingetragen ist.[7]

b) Keine Abwehrrechte obligatorisch Berechtigter. Wer, wie etwa ein Mieter oder ein Pächter lediglich ein **obligatorisches Recht** an einem Grundstück hat, ist nach der Rechtsprechung[8] nicht berechtigt, Nachbarrechte geltend zu machen. Das gilt auch für Gewerbetreibende, deren Betrieb sich auf einem nur gemieteten oder gepachteten Grundstück befindet.[9] 12

Dies wird zum einen damit begründet, dass Baunachbarrecht **Grundstücks- und Grundstücksnutzungsrecht** sei. Zum anderen sei es nicht verträglich, wenn einerseits der Eigentümer und andererseits der Mieter oder Pächter Rechte geltend machen könnten. Es würde zu unerträglichen Ergebnissen führen, wenn etwa der Eigentümer keine Rechte geltend machen wolle, der Mieter bzw. Pächter aber schon. Schließlich würde der Kreis der Inhaber schutzwürdiger Interessen für die Genehmigungsbehörde und den Bauherrn unübersehbar, wenn nicht mehr allein der dinglich Berechtigte Rechte geltend machen könnte. Bezeichnend ist schließlich auch, dass die Landesbauordnungen mit Blick auf **Beteiligungsrechte** stets nur an die Eigentümerstellung anknüpfen. Es kann nicht richtig sein, dass einerseits die Beteiligungsrechte ausschließlich zugunsten der Eigentümer bestehen, andererseits Abwehrrechte aber auch von deren Mietern und Pächtern geltend gemacht werden können. Schließlich ist der Mieter nicht schutzlos; er kann sich bei einer Beeinträchtigung des Grundstücks, soweit er betroffen ist, an den Verpächter oder Vermieter halten und gegebenenfalls gemäß § 536 Abs. 1 BGB die **Miete mindern**. 13

Das gilt trotz des Beschlusses des Bundesverfassungsgerichts vom 26.5.1993[10], wonach das Besitzrecht des Mieters an der gemieteten **Wohnung Eigentum** im Sinne von Art. 14 Abs. 1 Satz 1 GG ist. Denn „mit dieser Verankerung des Mietrechts in Art. 14 GG ist angesichts der gesetzgeberischen Ausgestaltung der der Eigentumsgarantie unterfallenden Rechte noch keinerlei Aussage darüber getroffen, ob und inwieweit der 14

4 BVerwG Urt. v. 30.5.1984 – 4 C 58/81, NVwZ 1984, 718.
5 BVerwG Beschl. v. 11.1.1988 – 4 CB 49/87, juris Rn. 5.
6 BVerwG Urt. v. 14.5.1992 – 4 C 9/89, NVwZ 1993, 477.
7 BVerwG Urt. v. 29.10.1982 – 4 C 51.79, NJW 1983, 1626.
8 BVerwG Urt. v. 16.9.1993 – 4 C 9/91, NVwZ 1994, 682; BVerwG Beschl. v. 20.4.1998 – 4 B 22/98, BRS 60 Nr. 174; OVG Münster Beschl. v. 8.1.2008 – 7 B 1775/07, juris Rn. 7.
9 VGH Mannheim Beschl. v. 27.10.2015 – 3 S 1985/15, juris Rn. 7; BVerwG Beschl. v. 11.7.1989 – 4 B 33.89, juris Rn. 4, mwN.
10 1 BvR 208/93, BVerfGE 89, 1.

Mieter eigentumsrechtlichen Schutz gegenüber der Erteilung einer Baugenehmigung für das Nachbargrundstück genießt. Dem Wohnungsmieter oder -pächter bleibt nur die Möglichkeit, sein auf Aufhebung bzw. Suspendierung der Baugenehmigung gerichtetes Drittinteresse über den Grundstückseigentümer durchzusetzen."[11] Im Übrigen ist jene Entscheidung des Bundesverfassungsgerichts in einer zivilrechtlichen Mietstreitigkeit zwischen Mieter und Vermieter ergangen. Das Gericht hat mit keinem Wort zum Ausdruck gebracht, dass damit ein wehrhaftes Recht gegenüber dem Bauherrn eines Vorhabens auf einem benachbarten Grundstück begründet werden sollte.

15 Ein unmittelbarer Rückgriff auf Art. 2 Abs. 2 Satz 1 GG zur Begründung eines Abwehranspruchs wegen befürchteter **Gesundheitsbeeinträchtigungen** zugunsten lediglich obligatorisch Berechtigter ist im öffentlichen Baunachbarrecht nicht geboten, auch nicht unter dem Gesichtspunkt des Gebotes zur Gewährung effektiven Rechtsschutzes. Zwar sind die durch Art. 2 Abs. 2 GG geschützten höchstpersönlichen Rechtsgüter im Prinzip nicht weniger gewichtig als das durch Art. 14 GG geschützte Eigentum. Es ist aber Aufgabe des Gesetzgebers, durch das „einfache Gesetzesrecht" die im Eigentumsrecht **konkurrierenden Positionen** zu einem sachgerechten Ausgleich zu bringen und über die Verteilung der Freiheitschancen zu entscheiden.[12] Jedenfalls dann, wenn andere spezialgesetzliche Regelungen einen umfassenden, die Interessenlage der Betroffenen angemessen berücksichtigenden Rechtsanspruch – wenn auch mit konkreten rechtlichen Voraussetzungen versehen – auch Inhabern nichtdinglicher Rechte gewähren, sind diese auf entsprechende Rechtsschutzmöglichkeiten zu verweisen.[13]

16 Keine dem Eigentümer gleichzustellende Rechtsposition haben dementsprechend

- der Inhaber eines **dinglichen Wohnrechts**,[14]
- der Inhaber eines **Vorkaufsrechts**, selbst wenn es grundbuchrechtlich gesichert ist,[15]
- der **Pächter** und **erbvertraglich eingesetzte Hoferbe** eines landwirtschaftlichen Betriebes,[16]
- ein **Besucher**, der eine Anlage lediglich vorübergehend nutzt (zB der Kunde eines Geschäfts oder eines Sportstudios), ebenso wenig die Arbeitnehmer in einem Betrieb.

17 **c) Kein wettbewerbsrechtlicher Nachbarschutz.** Ob auch der Inhaber eines **eingerichteten und ausgeübten Gewerbebetriebes** ein Nachbarrecht gegen eine Nutzung geltend machen kann, die den Betrieb in seiner Geschäftsausübung beeinträchtigt, ist zweifelhaft. Zwar ist in der Rechtsprechung anerkannt, dass ein solcher Betrieb eine durch Art. 14 Abs. 1 Satz 1 GG gewährleistete Rechtsposition innehaben kann.[17] Das Bundesverwaltungsgericht lehnt jedoch den Nachbarschutz zugunsten eines Gewerbetreibenden ab. Die mit dem Grundeigentum verknüpften Nachbarrechte könnten nicht zum Vermögensbestand des Gewerbebetriebes gehören.[18]

5. Wohnungseigentümer und Miterbe

18 Der **Wohnungseigentümer** kann gegenüber einer Beeinträchtigung seines Sondereigentums durch andere Bauvorhaben einen öffentlich-rechtlichen Abwehranspruch geltend machen. Ebenso kann er als Miteigentümer eine Beeinträchtigung des gemeinschaftlichen Eigentums abwehren.[19] Im Hinblick auf die am 1.7.2007 in Kraft getretenen Regelungen in Art. 1 des Gesetzes zur Änderung des Wohnungseigentumsgesetzes (WEG) und anderer Gesetze vom 26.3.2007[20] kann auch die Gemeinschaft der Wohnungseigentümer als rechtsfähiger Verband sui generis jedenfalls insoweit baurechtliche Nachbarrechte geltend machen, als

11 VG Gelsenkirchen Urt. v. 30.9.2010 – 5 K 4586/09, juris Rn. 18, unter Hinweis auf BVerwG Beschl. v. 20.4.1998 – 4 B 22/98, BRS 60 Nr. 174.
12 OVG Münster Beschl. v. 11.4.1997 – 7 A 879/97, BRS 59 Nr. 194.
13 VG München Beschl. v. 16.8.2011 – M 8 SN 11.2458, juris Rn. 42 und 52 ff.
14 BVerwG Urt. v. 16.9.1993 – 4 C 9/91, NVwZ 1994, 682.
15 VGH Mannheim Beschl. v. 12.8.1994 – 8 S 1198/94, NJW 1995, 1308.
16 BVerwG Urt. v. 11.5.1989 – 4 C 1/88, NVwZ 1989, 1163.
17 BVerfG Beschl. v. 22.5.1979 – 1 BvL 9/75, BVerfGE 51, 193.
18 BVerwG Beschl. v. 11.7.1989 – 4 B 33/89, NJW 1989, 2766.
19 BVerwG Urt. v. 4.5.1988 – 4 C 20/85, BRS 48 Nr. 154.
20 BGBl. I 2007, 370.

es um die Beeinträchtigung des gemeinschaftlichen Eigentums geht.[21] Dagegen können Streitigkeiten **innerhalb der Wohnungseigentümergemeinschaft** hinsichtlich der Nutzung einzelner Wohnungen oder des gemeinschaftlichen Eigentums nicht vor dem Verwaltungsgericht ausgetragen werden, weil hierfür ausschließlich das WEG (→ *Wohnungseigentum* Rn. 1 ff.) maßgeblich und damit nach § 43 WEG das Amtsgericht zuständig ist.[22]

Miterben können nur gemeinsam und nicht jeder für sich allein Rechtsmittel wegen der Beeinträchtigung eines geerbten Grundstücks einlegen.[23] 19

III. Subjektiver Schutzbereich im Immissionsschutzrecht

Schutzobjekt des Immissionsschutzrechts sind die Allgemeinheit und die Nachbarschaft; diese Begriffe verwenden §§ 3 Abs. 1, 4 Abs. 1 Satz 1 und 5 Abs. 1 Nr. 1 BImSchG. 20

1. Maßgeblich: der Einwirkungsbereich

Wie im Baurecht ist in räumlich-geographischer Hinsicht der **Einwirkungsbereich der Störung**, um deren Abwehr es geht, maßgeblich. Der Einwirkungsbereich ist die Umgebung einer Quelle, in der der von der Quelle ausgehende Immissionsbeitrag bei Normalbetrieb und bei Betriebsstörungen noch belegbar ist. Das BVerwG begründet dies damit, dass der Schutz des Bundes-Immissionsschutzgesetzes **anlagenbezogen** und der Nachbarschaftsbegriff daher weiter auszulegen sei als im Baurecht.[24] Der weite Begriff der **Nachbarschaft** solle „den Kreis derjenigen Personen abgrenzen, denen über den objektiven Schutz hinaus, den das Bundes-Immissionsschutzgesetz der Allgemeinheit und damit letztlich auch jedem einzelnen als Teil dieser Allgemeinheit gegen von genehmigungsbedürftigen Anlagen hervorgerufene schädliche Umwelteinwirkungen und sonstige Gefahren vermittelt, auch die subjektive Rechtsmacht eingeräumt werden soll, einen solchen Schutz gegenüber der mit dem Vollzug des Gesetzes betrauten Behörde gegebenenfalls verwaltungsgerichtlich durchzusetzen."[25] 21

2. Enge räumliche und zeitliche Beziehung

Nachbarschaft im Sinne des Immissionsschutzrechts kennzeichnet ein 22

„qualifiziertes Betroffensein, das sich deutlich abhebt von den Auswirkungen, die den Einzelnen als Teil der Allgemeinheit treffen können; sie setzt im Interesse klarer und überschaubarer Konturen und damit letztlich im Interesse der Rechtssicherheit ein besonderes Verhältnis zur Anlage im Sinne einer engeren räumlichen und zeitlichen Beziehung des Bürgers zum Genehmigungsgegenstand voraus".[26] „Eine solche Beziehung kann einmal vermittelt werden durch Rechte an einer Sache oder einer Sachgesamtheit (beispielsweise an einem Grundstück oder an einem Gewerbebetrieb), die derart im Einwirkungsbereich der Anlage belegen sind, dass sie durch diese in einer von § 5 Nr. 1 BImSchG missbilligten Weise betroffen sein können. Entsprechendes gilt, wenn eine Person sich solchen Auswirkungen nicht oder jedenfalls nicht nachhaltig entziehen kann, so dass sie ihnen auf eine solche Dauer ausgesetzt bleibt, die es rechtfertigt, ihr einen besonderen Schutz zuteilwerden zu lassen. Gerade ein solcher dauernder Aufenthalt ist eines der Merkmale, an die der Begriff der Nachbarschaft anknüpft. Nachbar ist nach der Grundbedeutung dieses Wortes ein „Nebenwohner" (vgl. Brockhaus Enzyklopädie, 17. Auflage 1971, Stichwort „Nachbar"); in diesem Sinne wird der Begriff auch heute noch in der Umgangssprache gebraucht und verstanden. Er kennzeichnet also nicht die mehr oder weniger flüchtige Begegnung, sondern die Gebundenheit an einen Ort, wie sie für das Wohnen charakteristisch ist. [...] Zur Nachbarschaft gehören damit nur solche Perso-

21 Vgl. OVG Münster Urt. v. 20.11.2013 – 7 A 2341/11, juris Rn. 38 und 61.
22 BVerwG Urt. v. 4.5.1988 – 4 C 20/85, BRS 48 Nr. 154.
23 VGH Mannheim Beschl. v. 10.7.1991 – 8 S 1589/91, BRS 52 Nr. 174.
24 BVerwG Urt. v. 22.10.1982 – 7 C 50/78, NJW 1983, 1507.
25 Zum weiten immissionsschutzrechtlichen Nachbarbegriff siehe auch OVG Münster Urt. v. 6.12.2009 – 8 D 6/08.NE, juris Rn. 33.
26 BVerwG Urt. v. 22.10.1982 – 7 C 50/78, NJW 1983, 1507.

nen, die nach ihren Lebensumständen den Einwirkungen der Anlage in einer vergleichbaren Weise, wie sie der Wohnort vermittelt, ausgesetzt sind; […]. Bloß gelegentliche Aufenthalte – etwa aufgrund von Freizeitgewohnheiten oder sporadische Besuche aus Anlass der Berufsausübung – begründen dagegen kein zur Klage berechtigendes Nachbarschaftsverhältnis im Sinne von § 5 Nr. 1 BImSchG.“

23 Auf dem Betriebsgelände einer Anlage **beschäftigte Arbeitnehmer** sind keine Nachbarn im immissionsschutzrechtlichen Sinn. Weil aber nach § 6 Abs. 1 Nr. 2 BImSchG die Genehmigung nur zu erteilen ist, wenn (unter anderem) **Belange des Arbeitsschutzes** der Errichtung und dem Betrieb der Anlage nicht entgegenstehen, hat ein Arbeitnehmer unter Umständen **eigene Abwehrrechte**.[27]

3. Baugenehmigung mit immissionsschutzrechtlichem Prüfprogramm

24 Die vorstehenden Gesichtspunkte gelten aber nur, soweit eine **immissionsschutzrechtliche Genehmigung** erteilt worden ist. Wird für eine Baugenehmigung die Übereinstimmung mit immissionsschutzrechtlichen Gesichtspunkten nur inzidenter geprüft und mit der Erteilung bejaht, geschieht dies allein im Zusammenhang mit dem **Rücksichtnahmegebot**. Dann reicht nicht allein wegen dieser Erweiterung des Prüfungsgegenstandes auch der Schutzbereich über den baurechtlichen hinaus. In Fällen einer baurechtlichen Genehmigung bleibt es dabei, dass der Inhaber eines lediglich obligatorischen Rechts, der dieses von dem Eigentümer ableitet, kein öffentlich-rechtliches Abwehrrecht aus den Vorschriften des zu berücksichtigenden Immissionsschutzrechts herleiten kann und sich auch nicht auf die Verletzung des Rücksichtnahmegebotes berufen kann.[28]

87. Nachbarschaftliches Gemeinschaftsverhältnis

Klose

Literatur: *Bruns,* Der nachbarrechtliche Ausgleichsanspruch im Spiegel der BGH-Rechtsprechung, NJW 2020, 3493; *Kirchhof,* Durchsetzung und Abwehr nachbarrechtlicher Ansprüche auf Duldung von Baumaßnahmen am fremden Grundstück, NZBau 2012, 206; *Lieder,* Die Anwendung schuldrechtlicher Regeln im Sachenrecht, JuS 2011, 874; *Meier/Bornheim,* Das nachbarschaftliche Gemeinschaftsverhältnis – ein gesetzliches Schuldverhältnis?, JA 1995, 978; *Neuner,* Das nachbarschaftliche Haftungssystem, JuS 2005, 385.

I. Einführung

1 Die wechselseitigen zivilrechtlichen Rechte der Nachbarn sind wesentlich durch das Sachenrecht geprägt und dort vor allem in den §§ 906 bis 924 BGB geregelt. Auch wenn diese gesetzlichen Bestimmungen detailliert die wechselseitigen Rechte der Grundstücksnachbarn beschreiben, treten daneben eine Reihe von

---

27 *Storost* in Ule/Laubinger/Repkewitz BImSchG § 6 Rn. F 6.

28 VGH Mannheim Beschl. v. 14.7.2015 – 15 ZB 14.1067, juris Rn. 5; OVG Münster Beschl. v. 11.4.1997 – 7 A 879/97, BRS 59 Nr. 194.

Lebenssachverhalten auf, in denen das bestehende Recht zu unbefriedigenden Ergebnissen führt. Diese regulierende vertragliche Abreden zwischen den Grundstücksnachbarn bestehen in der Regel nicht. Um diese Lücke auszufüllen, können weitergehende verschuldensunabhängige Rechte aus dem nachbarschaftlichen Gemeinschaftsverhältnis abgeleitet werden.[1] Er beruht auf dem allgemeinen Grundsatz von Treu und Glauben, aus dem eine Pflicht der Nachbarn zur wechselseitigen Rücksichtnahme abgeleitet werden kann.[2] Das nachbarschaftliche Gemeinschaftsverhältnis wird daher auch als die **Generalklausel des Nachbarrechts** bezeichnet.[3] Darauf beruhend können im Hinblick auf Einwirkungen vom Nachbargrundstück über das gesetzlich geregelte Nachbarrecht hinausgehend ausnahmsweise Pflichten oder Nutzungsbeschränkungen sowie ausnahmsweise Entschädigungsansprüche begründet werden.

II. Gegenstand und Voraussetzungen

Die Rechtsnatur des nachbarschaftlichen Gemeinschaftsverhältnisses ist nicht unumstritten. Überwiegend wird in ihm keine schuldrechtliche Sonderbeziehung der Grundstücksnachbarn gesehen.[4] 2

1. Gegenstand

Dem aus § 242 BGB abgeleiteten[5] nachbarschaftlichen Gemeinschaftsverhältnis[6] liegt der Gedanke zu Grunde, dass aus einem dauerhaften Zusammenleben auf engem Raum gesteigerte Rücksichtnahmepflichten und damit ein besonderes Gemeinschaftsverhältnis der Nachbarn untereinander hervorgeht,[7] das auch über die Regelungen des BGB in den §§ 903 ff. BGB und des Landesnachbarrechts hinausgehende[8] Rechte und Pflichten begründen kann.[9] Voraussetzung eines Anspruchs aus dem nachbarschaftlichen Gemeinschaftsverhältnisses ist, dass die gesetzlichen Regelungen, insbesondere § 906 BGB, diesen Schutz in bestimmten Konstellationen nicht hinreichend gewährleisten können und deshalb das Bestehen einer Grundlage für einen gerechten Ausgleich der wechselseitigen Interessen zwingend geboten erscheint,[10] was aber nur in Ausnahmefällen anzunehmen ist.[11] Die nachbarrechtlichen Vorschriften dürfen durch die Anwendung des nachbarschaftlichen Gemeinschaftsverhältnisses nicht in ihr Gegenteil verkehrt werden.[12] Die so gesteigerte Rücksichtnahmepflicht kann, wegen der darin begründeten geringeren Schutzbedürftigkeit, auch dadurch (negativ) beeinflusst werden, dass das Grundstück in Kenntnis der Belästigung erworben worden ist.[13] 3

a) Regelungslücken. Auf das nachbarschaftliche Gemeinschaftsverhältnis wird zurückgegriffen, wenn die sachenrechtlichen Regelungen zu keinem befriedigenden Ergebnis führen. Die daraus hervorgehenden Pflichten können in den Fällen, in denen eine Vorgehensweise des Störers zulässig ist, die den Nachbarn aber beeinträchtigt, zumindest erfordern, dass der Störer den anderen rechtzeitig warnt und ihm so die Ge- 4

1 BGH Urt. v. 31.1.2003 – V ZR 143/02, NJW 2003, 1392 (1392).
2 BGH Urt. v. 24.1.2008 – IX ZR 216/06, NJW 2008, 610 (611); BGH Urt. v. 13.1.2005 – V ZR 83/04, NZM 2005, 318 (318); BGH Urt. v. 26.4.1991 – V ZR 346/89, NJW 1991, 2826 (2827); BGH Urt. v. 21.10.1983 – V ZR 166/82, NJW 1984, 729 (730).
3 *Ring* in: NK-BGB § 903 Rn. 86.
4 BGH Urt. v. 29.6.2012 – V ZR 97/11, NZM 2012, 735 (736); BGH Urt. v. 24.1.2008 – IX ZR 216/06, NJW-RR 216/08, NJW-RR 2008, 610 (611); *Neuner* JuS 2005, 386; aA *Maier/Bornheim* JA 1995, 978 (981 f.); *Ring* in: NK-BGB § 903 Rn. 85.
5 BGH Urt. v. 11.7.2003 – V ZR 199/02, NJW-RR 2003, 1313 (1314) = NZM 2003, 727 (727).
6 BGH Urt. v. 31.1.2003 – V ZR 143/02, NJW 2003, 1392 (1392).
7 BGH Urt. v. 11.7.2003 – V ZR 199/02, NJW-RR 2003, 1313 (1314) = NZM 2003, 727 (727); BGH Urt. v. 22.2.1991 – V ZR 308/89, NJW 1991, 1671 (1672); *Lieder* JuS 2011, 877.
8 OLG Brandenburg Urt. v. 8.2.2018 – 5 U 109/16, NJ 2018, 158 (Ls.).
9 Diese gesteigerte Rücksichtnahmepflicht kann auch dadurch beeinflusst werden, dass das Grundstück in Kenntnis der Belästigung erworben worden ist: BGH Urt. v. 6.7.2001 – V ZR 246/00, NJW 2001, 3119 (3121).
10 BGH Urt. v. 8.2.2013 – V ZR 56/12, NJW-RR 2013, 650 (651).
11 BGH Urt. v. 31.1.2003 – V ZR 143/02, NJW 2003, 1392 (1392).
12 BGH Urt. v. 15.11.2013 – V ZR 24/13, NJW 2014, 311 (313).
13 BGH Urt. v. 6.7.2001 – V ZR 246/00, NJW 2001, 3119 (3121).

legenheit dazu verschafft, die Gefahr für sein Grundstück anderweitig abzuwehren.[14] Dem Störer werden also in Ausnahmefällen Handlungs-, Unterlassungs- oder Duldungspflichten auferlegt. Diese können insbesondere auch eine Pflicht ergeben, Belästigungen vom Nachbargrundstück im Rahmen der zulässigen Richtwerte hinzunehmen. Das nachbarschaftliche Gemeinschaftsverhältnis kann dem Durchsetzen eines Unterlassungsanspruchs aus § 1004 Abs. 1 BGB entgegenstehen, wenn Interessen des Störers vorrangig sind.[15]

5 **b) Ausnahmecharakter.** Angesichts der umfassenden Regelungen des Sachenrechts kommen die Grundsätze des nachbarschaftlichen Gemeinschaftsverhältnisses **nur in seltenen Ausnahmefällen** zur Anwendung.[16] Das nachbarschaftliche Gemeinschaftsverhältnis kann nur dann sonst bestehende Rechte der Nachbarn beschränken und nicht ausdrücklich geregelte Rechte gewähren, wenn dies von dem Schutzbedürfnis des einen Nachbarn geboten[17] und dem anderen Nachbarn zumutbar ist.

2. Anspruchsvoraussetzungen

6 **a) Keine vertragliche Schadensersatzansprüche.** Aus dem nachbarschaftlichen Gemeinschaftsverhältnis können keine Schadensersatzansprüche aus § 280 Abs. 1 BGB abgeleitet werden, auch wenn dieser schuldrechtliche Ersatzanspruch nicht nur auf vertragliche Ansprüche Anwendung findet.[18] Das nachbarschaftliche Gemeinschaftsverhältnis begründet nämlich keine schuldrechtliche Beziehung, sondern ist lediglich Reflex des Näheverhältnisses der Nachbarn.[19]

7 **b) Keine Zurechnung nach § 278 BGB.** Für fremdes Verschulden muss der Grundstückseigentümer gegenüber seinem Nachbarn nicht auf der Grundlage des nachbarschaftlichen Gemeinschaftsverhältnisses eintreten. Die Zurechnungsnorm des § 278 BGB wird schon deshalb nicht angewandt, weil das nachbarschaftliche Gemeinschaftsverhältnis aus dem Sachenrecht abgeleitet wird und sein Inhalt nicht hinreichend klar abgegrenzt werden kann.[20] Im Verhältnis von Wohnungseigentümern besteht jedoch eine schuldrechtliche Sonderverbindung, so dass dort auch eine Zurechnung nach § 278 BGB erfolgen kann.[21]

8 **c) Nachbarn.** Das nachbarschaftliche Gemeinschaftsverhältnis setzt grundsätzlich eine unmittelbare Nachbarschaft der betroffenen Nutzer der Grundstücke voraus. Das gilt jedoch nicht ausnahmslos. Es kann auch Sachverhalte betreffen, in denen die Nachbarn keine Eigentümer benachbarter Grundstücke sind.

9 **aa) Benachbarte Grundstückseigentümer.** Berechtigt und verpflichtet sind der Eigentümer des Grundstücks sowie dessen Benutzer, nicht jedoch eine Person, die lediglich begünstigt ist.[22]

10 **bb) Historische Entwicklung.** Die Nachbarschaft wird durch die Grundstücksgrenzen geprägt, die ihren Niederschlag im Grundbuch gefunden haben. Sie können deshalb jedoch insbesondere durch eine **Grundstücksteilung** eine Veränderung erfahren haben. Daher kann das nachbarschaftliche Gemeinschaftsverhält-

---

14 BGH Urt. v. 29.6.2012 – V Z 97/11, NJW-RR 2012, 1160 (1161).
15 BGH Urt. v. 31.1.2003 – V ZR 143/02, NJW 2003, NJW 2003, 1392 (1392).
16 BGH Urt. v. 29.6.2012 – V ZR 97/11, NZM 2012, 735 (736); BGH Urt. v. 22.2.1991 – V ZR 308/89, NJW 1991, 1671 (1672); BGH Urt. v. 21.10.1983 – V ZR 166/82, NJW 1984, 729 (730); BGH Urt. v. 30.3.1965 – V ZR 43/63, NJW 1965, 1228 (1228).
17 BGH Urt. v. 8.2.2013 – V ZR 56/12, NJW-RR 2013, 650 (651); BGH Urt. v. 31.1.2003 – V ZR 143/02, NJW 2003, 1392 (1392).
18 *Kirchhof* NZBau 2012, 206.
19 BGH Urt. v. 6.7.2001 – V ZR 246/00, NJW 2001, 3119 (3120); BGH Urt. v. 16.2.2001 – V ZR 422/99, NJW-RR 2001, 1208 (1209).
20 BGH Urt. v. 10.11.2006 – V ZR 62/06, NJW 2007, 292 (293); BGH Urt. v. 25.11.1964 – V ZR 185/62, NJW 1965, 789 (390); BGH Urt. v. 24.6.1964 – V ZR 162/61, NJW 1964 (1965); BGH Urt. v. 30.10.1959 – VI ZR 156/58, NJW 1960, 335 (335).
21 BGH Urt. v. 10.11.2006 – V ZR 62/06, NJW 2007, 292 (293).
22 BGH Urt. v. 10.7.1987 – V ZR 285/85, NJW 1987, 2808 (2809).

nis auch über die konkreten Grundstücksgrenzen hinaus bestehen, wenn die Verpflichtung aus einem nunmehr geänderten Zustand abzuleiten ist, der vor der Grundstücksteilung nicht rechtswidrig war.[23]

cc) Mieter. Die Grundsätze des nachbarschaftlichen Gemeinschaftsverhältnisses gelten auch im Verhältnis zweier in einem einheitlichen Gebäude arbeitender und wohnender Mieter.[24] 11

dd) WEG und Bruchteilseigentümer. Bei Miteigentümern einer WEG und bei Bruchteilseigentümern, denen Sondernutzungsrechte zugewiesen sind, bestehen andere schuldrechtliche Verpflichtungen als zwischen „bloßen" Grundstücksnachbarn. Diese beinhalten im Hinblick auf die WEG weitergehende Rücksichtnahmepflichten als im Nachbarrecht von Grundstückseigentümern. Aber auch für die Bruchteilseigentümer können die Vorschriften des Nachbarrechts Anwendung finden.[25] Damit können auch zwischen ihnen Rechte aus dem nachbarschaftlichen Gemeinschaftsverhältnis abgeleitet werden. 12

3. Entschiedene Fallgruppen

Die Rechtsprechung zum nachbarschaftlichen Gemeinschaftsverhältnis betont stets den Ausnahmecharakter. Sie begründet daher ein Fallrecht, dessen künftige Ausgestaltung abseits der bereits höchstrichterlich entschiedenen Sachverhalte nur annäherungsweise zu prognostizieren ist. Letztlich ist es Aufgabe des Tatrichters zu entscheiden, ob eine selbstständige Verpflichtung aus dem nachbarschaftlichen Gemeinschaftsverhältnis erforderlich ist, einen billigen Ausgleich zwischen den Nachbarn zu schaffen.[26] Einige Fälle, die bei den entsprechenden Stichworten vertieft behandelt werden, werden zur Erläuterung der Rechtsfolgen des nachbarschaftlichen Gemeinschaftsverhältnisses knapp dargestellt. 13

a) Bestehende Ansprüche. Angenommen wurden Ansprüche aus dem nachbarschaftlichen Gemeinschaftsverhältnis in folgenden Fällen: Auch wenn die Abschattung, also das bloße Abhalten von Wind eine rein tatsächliche Einwirkung und damit nicht abwehrfähig ist, kann das **Errichten einer Windkraftanlage** auf dem einen Grundstück mit der Folge, dass diese den Wind für das Nachbargrundstück insgesamt ableitet und damit das Betreiben einer Windkraftanlage auf diesem Grundstück verhindert, unter Anwendung der Grundsätze des nachbarschaftlichen Gemeinschaftsverhältnisses unzulässig sein.[27] Ansprüche aus dem nachbarschaftlichen Gemeinschaftsverhältnis können ausnahmsweise[28] dann vorliegen, wenn ein **Abwasserrohr** mit der Billigung des alten Eigentümers verlegt und das dienende Grundstück danach veräußert worden ist. Der neue Eigentümer hat sein Grundstück dann mit dem situationsbedingten Nachteil der verlegten Leitung erworben.[29] Waren die Grundstücke ursprünglich ein einheitliches Grundstück, kann die dadurch begründete Erwartung, dass **Fenster** durch auf dem Grundstück aufstehende Gebäude nicht zugebaut werden, im nachbarschaftlichen Gemeinschaftsverhältnis geschützt sein und damit das Errichten eines verschattenden und den Grundstückswert erheblich mindernden Wintergartens jedenfalls dann hindern, wenn es für den einen Bau planenden Nachbarn eine zumutbare Alternative gibt. Das Recht des Grundstückseigentümers, mit seinem Eigentum nach Belieben zu verfahren (§ 903 BGB), kann durch das nachbarschaftliche Gemeinschaftsverhältnis auch dann eingeschränkt werden, wenn durch Bauvorhaben oder (negative) Immissionen schützenswerte Belange beeinträchtigt werden.[30] Das nachbarschaftliche Gemeinschaftsverhältnis kann dazu verpflichten, Immissionen vom Nachbargrundstück, die im Rahmen der zulässigen Richtwerte liegen, hinzunehmen. Es kann dann dem Durchsetzen eines Unterlassungsanspruchs aus § 1004 Abs. 1 BGB entgegenstehen, wenn Interessen des Störers vorrangig sind.[31] Der Grundstückseigentümer 14

23 BGH Urt. v. 31.1.2003 – V ZR 143/02, NJW 2003, 1392 (1393).
24 Vgl. BGH Urt. v. 16.1.2015 – V ZR 110/14, NJW 2015, 2023 (2024); BGH Urt. v. 4.4.1954 – VI ZR 35/53.
25 BGH Urt. v. 28.9.2007 – V ZR 276/06, ZWE 2008, 50 (51).
26 BGH Urt. v. 13.7.2018 – V ZR 308/17, NJW-RR 2019, 78 (79).
27 OLG Frankfurt a.M. Beschl. v. 12.2.1998, ZMR 2000, 378 (379).
28 OLG Karlsruhe Beschl. v. 10.2.2016 – 9 U 118/14, VersR 2017, 434 (435).
29 BGH Urt. v. 31.1.2003 – V ZR 143/02, NJW 2003, 1392 (1393).
30 BGH Urt. v. 10.7.2015 – V ZR 229/14, NJW-RR 2015, 1425 (1426); BGH Urt. v. 8.2.1972 – VI ZR 155/70, NJW 1972, 724 (726).
31 BGH Urt. v. 31.1.2003 – V ZR 143/02, NJW 2003, 1392 (1392).

kann dazu verpflichtet sein, auf seinem Grundstück in einer einheitlich bebauten Wohnsiedlung keine andere Bungalows verschattende Antennenlage zu errichten.[32]

15 **b) Vorrang der sachenrechtlichen Regelungen.** Da die Ansprüche aus dem nachbarschaftlichen Gemeinschaftsverhältnis nur in Ausnahmefällen bestehen können, stehen ihnen die allgemeinen (sachenrechtlichen) Vorschriften in einer Vielzahl von Konstellationen entgegen. Ein unterbliebener Baumschnitt ist in den §§ 906, 910 Abs. 1 S. 2 BGB sowie in den Nachbargesetzen der Länder **abschließend geregelt**. Ein Zurückgreifen auf die Grundsätze des nachbarschaftlichen Gemeinschaftsverhältnisses ist hier nicht erforderlich.[33] Auch der Umfang der hinzunehmenden Bienenhaltung ist in den allgemeinen Regelungen des BGB abschließend geregelt, so dass aus dem nachbarschaftlichen Gemeinschaftsverhältnis kein Anspruch auf das Unterlassen der Bienenhaltung abgeleitet werden kann.[34] Gleiches gilt für eine dauerhafte Müllablagerung auf dem Nachbargrundstück.[35] Der Errichtung eines bauordnungsrechtlich zulässigen Freisitzes in einer Reihenhauszeile steht das nachbarschaftliche Gemeinschaftsverhältnis jedenfalls dann nicht entgegen, wenn deren Nutzung keine erhöhte Geräuschs- und Geruchskulisse erwarten lässt.[36] Im Hinblick auf die Mitbenutzung eines Grundstücks sind die wechselseitigen Rechte in § 917 BGB geregelt, so dass darüberhinausgehende Ansprüche aus dem nachbarschaftlichen Gemeinschaftsverhältnis ausscheiden.[37] Das Mitbeheizen der benachbarten Doppelhaushälfte kann allenfalls dann verlangt werden, wenn der Eigentümer der Doppelhaushälfte darauf zwingend angewiesen ist.[38] Die bloße bisherige Nichtnutzung des Nachbargrundstücks führt nicht dazu, dass der Grundstückseigentümer nunmehr die Nutzung seines Grundstücks durch den Nachbarn dulden muss.[39] Besteht ein Notwegerecht, kann aus dem nachbarschaftlichen Gemeinschaftsverhältnis regelmäßig nicht abgeleitet werden, dass die Zuwegung den geänderten tatsächlichen Verhältnissen anzupassen ist.[40] Das Zuführen unwägbarer Stoffe hat in § 906 BGB eine abschließende Sonderregelung erfahren, so dass das nachbarschaftliche Gemeinschaftsverhältnis bei der Einwirkung unwägbarer Stoffe auf das Nachbargrundstück keine Anwendung findet.[41] Das Errichten eines Grillkamins unmittelbar vor einem Schlafzimmerfenster kann dagegen gegen des Rücksichtnahmegebot verstoßen.[42] Wird ein Grundstück in Kenntnis der lediglich schuldrechtlich abgesicherten Wasserversorgung erworben, hat der Erwerber in Kauf genommen, dass die ursprüngliche Form der Versorgung enden kann und er möglicherweise eine andere Art der Wasserversorgung herbeiführen muss.[43]

III. Nachbarschaftlicher Ausgleichsanspruch

16 Eine Besonderheit des nachbarrechtlichen Gemeinschaftsverhältnisses ist der wesentlich darauf beruhende[44] nachbarschaftliche Ausgleichsanspruch[45]. Nach der Rechtsprechung des Bundesgerichtshofs kann dem Betroffenen in den stetig zunehmenden[46] Fällen, in denen der Nachbar in Umsetzung der Grundsätze des nachbarschaftlichen Gemeinschaftsverhältnisses verpflichtet gewesen wäre, eine das Eigentum des Nachbarn schädigende Maßnahme zu unterlassen, ein unmittelbar aus § 242 BGB abgeleiteter Anspruch auf einen **angemessenen Ausgleich** zustehen, der ihm auch dann zustehen würde, wenn die Maßnahme im

32 OLG Frankfurt a.M. Urt. v. 27.10.1988 – 16 U 117/87, NJW-RR 1989, 464 (464 f.).
33 BGH Urt. v. 13.1.2005 – V ZR 83/04, NZM 2005, 318 (318).
34 LG Memmingen Urt. v. 25.2.1987 – 1 S 550/86, NJW-RR 1987, 530 (530f.).
35 OLG München Endurt. vom 16.8.2017 – 20 U 749/17, NJOZ 2018, 901 (902).
36 LG Itzehoe Urt. v. 12.11.2014 – 2 O 54/14, ZMR 2016, 666 (667).
37 OLG Koblenz Hinweisbeschl. v. 29.10.2012 – 2 U 1124/11, NJOZ 2013, 553 (555).
38 BGH Urt. v. 8.2.2013 – V ZR 56/12, NJW-RR 2013, 650 (651).
39 BGH Urt. v. 17.12.1999 – V ZR 144/98, NJW 2000, 1719 (1720).
40 BGH Urt. v. 15.2.1974 – V ZR 47/72, WM 1974, 429 (430).
41 BGH Urt. v. 23.3.1990 – V ZR 58/89, NJW 1990, 2465 (2468); BGH Urt. v. 28.9.1962 – V ZR 233/60, NJW 1962, 2341 (2343).
42 BayObLG, Beschl. vom 20.3.2002 – 2Z BR 16/02, NZM 2002, 533 (533).
43 BGH Urt. v. 13.7.2018 – V ZR 308/17, NJW-RR 2019, 78 (79).
44 BGH Urt. v. 21.5.2010 – V ZR 10/10, NJW 2010, 2347 (2349).
45 Dazu: *Bruns* NJW 2020, 3493.
46 *Lüneborg* NJW 2012, 3745.

Sinne des § 906 Abs. 2 BGB hinzunehmen gewesen wäre.[47] Auch dieser aus dem Eigentum abgeleitete[48] Anspruch ist ein **subsidiärer Auffangtatbestand**,[49] der nur dann angewandt wird, wenn der Eigentümer und der Besitzer die Beeinträchtigungen nicht gemäß §§ 1004 Abs. 1, 862 Abs. 1 BGB hätte unterbinden können.[50] Er besteht also angesichts der nachbarrechtlichen Sonderregelungen nur in engen Ausnahmefällen und nur dann, wenn die gesetzlichen Regelungen nicht zu einem billigen Ausgleich der widerstreitenden Interessen führen.[51] Subsidiär bedeutet jedoch nicht, dass der Anspruch nur dann verfolgt werden kann, wenn der Verpflichtete nicht ohnehin deliktisch haftet. Es kann dem Gesetzgeber nämlich nicht unterstellt werden, dass er nur für den Fall des Verschuldens eine Haftung des Nachbarn regeln wollte.[52]

1. Anspruchsvoraussetzungen

Der nachbarschaftliche Ausgleichsanspruch setzt voraus, dass von einem Grundstück im Rahmen von dessen privatrechtlicher Benutzung eine rechtswidrige Einwirkung auf ein anderes Grundstück erfolgt, die der Eigentümer des betroffenen Grundstücks nicht dulden muss, jedoch weder nach § 1004 noch nach § 862 Abs. 1 BGB unterbinden kann, sofern er dadurch Nachteile erleidet, die das zumutbare Maß einer entschädigungslos hinzunehmenden Beeinträchtigung übersteigen.[53] Maßgeblich ist, dass die Beeinträchtigung nicht anders abgewendet werden konnte. Jedenfalls dann, wenn sich die Beeinträchtigungen erst lange nach dem Abschluss der sie möglicherweise verursacht habenden Maßnahmen zeigen, liegt ein triftiger Grund dafür vor, der das Nichteinschreiten gegen diese Maßnahmen rechtfertigt.[54] Das beeinträchtigende Verhalten muss dem Bereich der konkreten Nutzung des Grundstücks zuzuordnen und einen sachlichen Bezug dazu aufweisen, also nicht lediglich bei einem gelegentlichen Grundstücksaufenthalt erfolgt sein.[55] 17

a) Anspruchsinhaber. Inhaber des Anspruchs entsprechend § 906 Abs. 2 BGB ist der von der Einwirkung betroffene Eigentümer oder Besitzer[56] des Nachbargrundstücks.[57] Der Besitzer ist deshalb geschützt, weil der Ausgleichsanspruch für den Ausschluss der primären Abwehransprüche auch des Besitzers gewährt wird.[58] Der bloße Benutzer des Grundstücks kann diese Ansprüche dagegen nicht verfolgen.[59] 18

b) Anspruchsgegner. Der nachbarschaftliche Ausgleichsanspruch setzt voraus, dass der Grundstückseigentümer als Verursacher zu qualifizieren,[60] die Beeinträchtigung also zumindest mittelbar auf den Willen des Eigentümers oder Besitzers zurückzuführen ist.[61] Wenn der Eigentümer den Besitz an dem Grundstück an einen Dritten, etwa einen Mieter, überlassen hat, ist er nur dann als dafür verantwortlich zu behandeln, wenn er dem Mieter die Erlaubnis zu der störenden Handlung erteilt oder es unterlassen hat, den Mieter 19

---

47 BGH Urt. v. 22.2.1991 – V ZR 308/89, NJW 1991, 1671 (1673).

48 BGH Urt. v. 18.9.2009 – V ZR 75/08, NJW 2009, 3782 (3788).

49 BGH Urt. v. 8.3.1990 – III ZR 141/88, NJW 1990, 3195 (3196).

50 BGH Urt. v. 25.10.2013 – V ZR 230/12, JZ 2014, 687 (688), BGH Urt. v. 30.5.2003 – V ZR 37/02, NJW 2003, 2337 (2338); BGH Urt. v. 21.10.1983 – V ZR 166/82, NJW 1984, 729 (731).

51 BGH Urt. v. 10.7.2015 – V ZR 229/14, NJW-RR 2015, 1425 (1426).

52 BGH Urt. v. 26.10.1978 – III ZR 26/77, NJW 1979, 164 (165).

53 BGH Urt. v. 9.2.2018 – V ZR 311/16, VersR 2018, 488 (489); BGH Urt. v. 14.11.2003 – V ZR 102/03, NJW 2004, 1037 (1040); BGH Urt. v. 18.9.2009 – V ZR 75/08, NJW 2009, 3782 (3788); BGH Urt. v. 1.2.2008 – V ZR 47/07, NJW 2008, 992 (993); BGH Urt. v. 19.9.1985 – V ZR 33/84, VersR 1985, 740 (740).

54 BGH Urt. v. 18.9.1987 – V ZR 219/85, NJW-RR 1988, 136 (138).

55 BGH Urt. v. 18.9.2009 – V ZR 75/08, NJW 2009, 3782 (3788).

56 BGH Urt. v. 23.2.2001 – V ZR 389/99, NJW 2001, 1865 (1866); BGH Urt. v. 10.11.1977 – III ZR 157/75, NJW 1978, 373 (375).

57 BGH Urt. v. 10.11.1977 – III ZR 157/75, NJW 1978, 373 (375).

58 BGH Urt. v. 23.2.2001 – V ZR 389/99, NJW 2001, 1865 (1866).

59 BGH Urt. v. 18.9.1984 – VI ZR 223/82, NJW 1985, 47 (47).

60 BGH Urt. v. 27.1.2006 – V ZR 26/05, NJW 2005, 992 (993). Der nachbarliche Ausgleichsanspruch richtet sich nicht gegen den Begünstigten, sondern gegen denjenigen, der die Beeinträchtigung verursacht hat: BGH Urt. v. 5.7.1968 – V ZR 224/64, MDR 1968, 912 (912).

61 BGH Urt. v. 9.2.2018 – V ZR 311/16, VersR 2018, 488 (489); BGH Urt. v. 1.2.2008 – V ZR 47/07, NJW 2008, 992 (993); OLG Naumburg Urt. v. 14.1.2016 – 4 U 52/15, VersR 2017, 1151 (1153).

davon abzuhalten, entgegen des Mietvertrages fremdes Eigentum zu beeinträchtigen.[62] Bei dem Einwirken von Naturkräften wird auch darauf abgestellt, ob für diese Einwirkungen ein eigenes Handeln oder Unterlassen des Grundstückseigentümers ursächlich geworden ist.[63] Dritte, auch Architekten und Bauunternehmer,[64] sind dagegen regelmäßig nicht aus dem nachbarschaftlichen Ausgleichsanspruch, sondern nur dann verpflichtet, wenn ihre Mithaftung, etwa aus einer deliktischen Haftung, begründet worden ist.[65]

2. Fallgruppen

20 Auch für den nachbarschaftlichen Ausgleichsanspruch wurden von der höchstrichterlichen Rechtsprechung eine Vielzahl von Fällen herausgearbeitet, in denen der nicht ausdrücklich gesetzlich geregelte Anspruch besteht. Maßgeblich ist vor allem, ob es dem betroffenen Grundstückseigentümer **möglich war, die Beeinträchtigung abzuwenden**, vor allem bei Grob- und Feinimmissionen und Vertiefungen.[66] Das war etwa nicht der Fall bei Brandschäden als Folge des Defektes eines elektrischen Geräts,[67] dem Entzug von Licht und Luft durch Anpflanzungen,[68] über die Grundstücksgrenze gelangtes, den Boden nachteilig beeinträchtigende Schrotblei einer Schießanlage,[69] einer durch Ausschachtungen einer öffentlichen Straße verminderten Standfestigkeit eines Hauses,[70] Wasserschäden durch einen Wasserrohrbruch auf dem Nachbargrundstück,[71] Setzungserscheinungen durch eine Grundstücksvertiefung[72] und die Beeinträchtigung der Standfestigkeit einer Mauer durch eindringende Baumwurzeln.[73] Auch das einmalige Abfeuern einer Feuerwerksrakete, das auch von anderen, auch öffentlichen, Orten hätte erfolgen können, beruht nicht auf einem nachbarschaftlichen Nutzungskonflikt.[74]

3. Rechtsfolge

21 In der Rechtsfolge dient der nachbarrechtliche Ausgleichsanspruch entsprechend § 906 Abs. 2 BGB der Kompensation des Ausschlusses der primären Abwehransprüche. Damit schützt er neben dem Eigentum auch den Besitz an dem Nachbargrundstück, so dass auch vermögenswerte Nachteile, die auf der Besitzstörung beruhen, auszugleichen sind.[75] Es ist also nach den Grundsätzen über eine Enteignungsentschädigung[76] eine angemessene Entschädigung in Geld zu leisten.[77] Dieser Entschädigungsanspruch ist damit kein Schadensersatzanspruch.[78] Er beschränkt sich auf die Beseitigung der durch die Störung hervorgerufenen Vermögenseinbuße.[79] Es sind also die durch die Beeinträchtigung verursachten Vermögensnachteile auszugleichen. Damit scheidet etwa ein Schmerzensgeldanspruch aus. Bei Besitzstörungen ist der Vermögenswert zu entschädigen, der auf dem Recht, den Besitz innezuhaben, beruht.[80] Nutzt der Nachbar sein

---

62 BGH Urt. v. 7.1.2006 – V ZR 26/05, NJW 2006, 992 (993).
63 BGH Urt. v. 14.11.2003 – V ZR 102/03, NJW 2004, 1037 (1039).
64 BGH Urt. v. 16.7.2010 – V ZR 217/09, NJW 2010, 3158 (3159).
65 BGH Urt. v. 16.7.2010 – V ZR 217/09, NJW 2010, 3158 (3159); BGH Urt. v. 26.11.1982 – V ZR 314/81, NJW 1983, 872 (874).
66 *Ring* in: NK-BGB § 906 Rn. 265.
67 BGH Urt. v. 11.6.1999 – V ZR 377/98, VersR 1999, 1139.
68 BGH Urt. v. 10.7.2015 – V ZR 229/14, NJW-RR 2015, 1425 (1426).
69 BGH Urt. v. 20.4.1990 – V ZR 282/88, NJW-RR 1990, 1910 (1911 f.).
70 BGH Urt. v. 26.10.1978 – III ZR 26/77, NJW 1979, 164 (165).
71 BGH Urt. v. 30.5.2003 – V ZR 37/02, NJW 2003, 2377 (2328); BGH Urt. v. 19.9.1985 – V ZR 33/84, VersR 1985, 740 (740).
72 BGH Urt. v. 4.7.1997 – V ZR 48/96, NJW-RR 1997, 1374 (1374).
73 BGH Urt. v. 8.3.1990 – III ZR 141/88, NJW 1990, 3195 (3196 f.).
74 BGH Urt. v. 18.9.2009 – V ZR 75/08, NJW 2009, 3782 (3789).
75 BGH Urt. v. 1.2.2008 – V ZR 47/07, NJW 2008, 992 (993).
76 BGH Urt. v. 23.2.2001 – V ZR 389/99, NJW 2001, 1865 (1867); BGH Urt. v. 4.7.1997 – V ZR 48/96, NJW-RR 1997, 1374 (1374).
77 BGH Urt. v. 18.11.1994 – V ZR 98/93, NJW 1995, 714. (715); BGH Urt. v. 18.9.1987 – V ZR 219/85, NJW-RR 1988, 136 (138).
78 BGH Urt. v. 25.10.2013 – V ZR 230/12, JZ 2014, 687 (690).
79 BGH Urt. v. 23.2.2001 – V ZR 389/99, NJW 2001, 1865 (1867).
80 BGH Urt. v. 23.2.2001 – V ZR 389/99, NJW 2001, 1865 (1867).

Grundstück derart, dass es einer erhöhten Beeinträchtigungsgefahr unterliegt, ist er dazu ohne Weiteres berechtigt, muss sich aber möglicherweise entsprechend § 254 BGB ein Mitverschulden entgegenhalten lassen.[81] Für die Höhe der Entschädigung kommt es damit, unabhängig von einem Mitverschulden, auch auf den Zustand des betroffenen Grundstücks an.[82] Hat die Einwirkung zu einer Beschädigung der Substanz geführt, kann der Anspruch auf Entschädigung auch den vollen Schadensersatz erfassen.[83]

Haben mehrere Grundstückseigentümer die Beeinträchtigung jeweils herbeigeführt, haften sie nicht ge- 22
samtschuldnerisch, sondern gleichmäßig.[84] Eine gesamtschuldnerische Haftung besteht jedoch dann, wenn mehrere Beteiligte für die gleiche Einwirkung verantwortlich sind.[85]

4. Miet- und Wohnungseigentumsrecht

Im Mietrecht bestehen durch den Mietvertrag begründete Rechte zwischen den Mietern und den Vermie- 23
tern. Die diese betreffenden gesetzlichen Regelungen bestimmen jedoch das Verhältnis zwischen verschiedenen Mietern nicht. Auch eine entsprechende Anwendung der Regelung des § 906 BGB für das Verhältnis zwischen Mietern verschiedener benachbarter Mietobjekte hat der Bundesgerichtshof abgelehnt.[86] Gleiches gilt für sondernutzungsberechtigte Bruchteilseigentümer:[87] Zwischen benachbarten Wohnungseigentümern kann der nachbarrechtliche Ausgleichsanspruch jedoch bestehen.[88] Diese Beeinträchtigung kommt nämlich für den jeweiligen Wohnungseigentümer von außen.[89] Wird dagegen das Sondereigentum durch einen Mangel des Gemeinschaftseigentums beeinträchtigt, kommt eine entsprechende Anwendung von § 906 Abs. 2 S. 2 BGB nicht in Betracht.[90]

5. Verjährung und Beweislast

Der Anspruch verjährt in der Regelverjährungsfrist der §§ 195, 199 BGB.[91] Der Anspruchsinhaber ist für 24
die über das zulässige Maß hinausgehende Einwirkung, die Beeinträchtigung der Nutzbarkeit seines Grundstückes oder dessen Ertrag, darlegungs- und beweisbelastet. Die Beweislast dafür, dass sich die Beeinträchtigungen im Rahmen des Ortsüblichen halten und alle wirtschaftlich zumutbaren Vorkehrungen getroffen wurden, um die Beeinträchtigung zu verhindern, obliegt dem Anspruchsgegner.[92]

---

81 BGH Urt. v. 18.4.1997 – V ZR 28/96, NJW 1997, 2234 (2235).
82 BGH Urt. v. 18.9.1987 – V ZR 219/85, NJW-RR 1988, 136 (138).
83 BGH Urt. v. 11.6.1999 – V ZR 377/98, VersR 1999, 1139; BGH Urt. v. 4.7.1997 – V ZR 48/96, NJW-RR 1997, 1374 (1375).
84 BGH Urt. v. 26.10.1978 – III ZR 26/77, NJW 1979, 164 (166).
85 BGH Urt. v. 26.11.1982 – V ZR 314/81, NJW 1983, 872 (874).
86 BGH Urt. v. 12.12.2003 – V ZR 180/03, NJW 2004, 775 (776) aA OLG Düsseldorf Urt. v. 7.5.2003 – 15 U 152/02, NJW-RR 2003, 1521 (1521f.). Für eine entsprechend § 906 BGB zu verschuldensunabhängigen Ansprüchen führende nachbarschaftliche Rechtsbeziehung: *Siems* JuS 2005, 886.
87 BGH Versäumnisurt. v. 10.2.2012 – V ZR 137/11, NJW 2012, 2343 (2344).
88 BGH Urt. v. 25.10.2013 – V ZR 230/12, JZ 2014, 687 (689); BGH Beschl. v. 4.3.2010 – V ZB 130/09, NJW-RR 2010, 807 (808).
89 BGH Urt. v. 25.10.2013 – V ZR 230/12, JZ 2014, 687 (689).
90 BGH Urt. v. 21.5.2010 – V ZR 10/10, NJW 2010, 2347 (2348).
91 *Ring* in: NK-BGB § 906 Rn. 278.
92 BGH Urt. v. 18.9.1984 – VI ZR 223/82, NJW 1985, 47 (48).

88. Nachbarwand

Marx

Literatur: *Brinkmann,* Abriss einer Nachbarwand, Schlichtungsverfahren erforderlich!, IMR 2012, 346; *Hodes*, Der Anbau an die Giebelmauer, NJW 1962, 773; *Scherer*, Die Eigentums- verhältnisse an der gemeinsamen Giebelmauer, MDR 1963, 548.

I. Voraussetzungen

1 Bei der Nachbarwand, die auch als halbscheidige Giebelwand oder **Kommunmauer** bezeichnet wird, handelt es sich um eine Mauer, die auf der Grundstücksgrenze und deshalb teilweise auf zwei benachbarten Grundstücken steht (→ *Mauer* Rn. 13).[1] Sie ist aufgrund einer – auch nachträglich und konkludent möglichen – beiderseitigen Verabredung der Nachbarn oder wenigstens einseitiger Erwartung dazu bestimmt, von jedem der beiden Nachbarn in Richtung auf sein eigenes Grundstück benutzt zu werden.[2] Die Grundstücksgrenze muss die Wand durchschneiden – regelmäßig, aber nicht notwendig in der Mitte („halbscheidig") und nicht auf der gesamten Länge der Wand und der Grenze.[3]

2 Im Unterschied zur Nachbarwand befindet sich die **Grenzwand** zwar unmittelbar an der Grenze zum Nachbargrundstück, überschreitet sie aber nicht (→ *Grenzwand* Rn. 1). Sie steht gemäß § 94 Abs. 1 Satz 1 BGB im alleinigen Eigentum des jeweiligen Grundstückseigentümers, auch wenn von dem angrenzenden Grundstück aus angebaut wird.[4] Sie ist keine Grenzanlage im Sinne der §§ 921, 922 BGB (→ *Grenzanlage* Rn. 14), so dass ihr Eigentümer im Verhältnis zu seinem Nachbarn allein zur Nutzung berechtigt und nicht gemäß § 922 Satz 3 BGB verpflichtet ist, die Funktionsfähigkeit der Grenzwand zu erhalten.[5]

II. Rechtliche Einordnung

3 Die Rechtsverhältnisse an der Nachbarwand unterscheiden sich grundlegend danach, ob allenfalls von einer (→ Rn. 5 ff.) oder bereits von beiden Seiten (→ Rn. 9 ff.) an sie angebaut wurde.[6] **Ohne** beidseitigen Anbau sind eine eventuelle Zustimmung des Nachbarn zum Überbau und bei ihrem Fehlen §§ 912 ff. BGB maßgeblich (→ *Überbau* Rn. 24 ff.). Das **mit** dem beidseitigen Anbau begründete Rechtsverhältnis der Nachbarn bestimmt sich nach §§ 921, 922 BGB (→ *Grenzanlage* Rn. 30 ff.).[7] Hilfsweise gelten über § 922 Satz 4 BGB die Vorschriften über die Gemeinschaft, insbesondere § 745 Abs. 2 BGB.[8]

1 BGH Urt. v. 27.7.2012 – V ZR 2/12, Grundeigentum 2012, 1309 Rn. 7.
2 BGH Urt. v. 17.1.2014 – V ZR 292/12, MDR 2014, 460 Rn. 26; *Ring* in NK-BGB § 921 Rn. 27.
3 BGH Urt. v. 17.1.2014 – V ZR 292/12, MDR 2014, 460 Rn. 35.
4 BGH Urt. v. 18.5.2011 – V ZR 119/00, NJW-RR 2001, 1528 Rn. 7; *Roth* in Staudinger BGB § 921 Rn. 54.
5 BGH Urt. v. 18.12.2015 – V ZR 55/15, NJW-RR 2016, 588 Rn. 8.
6 *Grziwotz* in Grziwotz/Lüke/Saller NachbarR-HdB Kap. 2 Rn. 100; *Lorenz* in Erman BGB § 921 Rn. 6.
7 BGH Urt. v. 18.2.2011 – V ZR 137/10, NJW-RR 2011, 515 Rn. 8.
8 BGH Urt. v. 14.6.2019 – V ZR 144/18, MDR 2019, 1445 Rn. 20 (Überbau durch außenseitige Fassadendämmung).

Daneben enthalten die meisten Nachbarrechtsgesetze **landesrechtliche** Regelungen zur Nachbarwand.[9] Sie setzen die schuldrechtliche Einigung der benachbarten Grundstückseigentümer voraus und betreffen insbesondere die Errichtung, Beschaffenheit, Erhöhung, Beseitigung und Verteilung der Baukosten, nicht aber die Eigenschaft als Grenzeinrichtung und die Eigentumslage.[10] 4

III. Überbau

Hat der Erbauer die Mauer auch auf das Nachbargrundstück gebaut und ist allenfalls auf seiner Seite, nicht aber auf derjenigen des Nachbarn angebaut worden, unterscheidet sich die Rechtslage danach, ob es sich bei der Mauer um einen rechtmäßigen oder rechtswidrigen Überbau handelt (→ *Überbau* Rn. 24). 5

1. Rechtmäßiger Überbau

Stimmt der Nachbar der Errichtung der Nachbarwand zu, liegt ein rechtmäßiger Überbau vor (→ *Überbau* Rn. 24).[11] Die überbaute Grundstücksfläche verbleibt im Eigentum des Nachbarn.[12] Dass er hierauf den fremden Gebäudeteil dulden muss, findet den Rechtsgrund in seiner **Zustimmung**.[13] Durch die – formfrei, stillschweigend und auch nachträglich mögliche – Zustimmung häufig abbedungen sind eine Überbaurente und das Recht auf Abkauf, vgl. §§ 912 Abs. 2, 915 BGB.[14] Der Überbauende wird **Alleineigentümer** der von ihm errichteten Mauer mit dem einseitigen Anbau .[15] Die Gebäudeeinheit erweist sich damit stärker als die Einheit von Boden und Gebäude.[16] Der Eigentümer der Nachbarwand trägt allein die Kosten der Errichtung und Unterhaltung, worauf der Nachbar allerdings keinen Anspruch hat.[17] Der Eigentümer der Wand darf sie nutzen, zB auch zu Reklamezwecken auf der Nachbarseite, und beseitigen. § 922 BGB steht dem nicht entgegen, weil es sich vor dem beidseitigen Anbau nicht um eine Grenzeinrichtung im Sinne von § 921 BGB handelt.[18] 6

2. Rechtswidriger Überbau

a) Rechtswidriger, entschuldigter Überbau. Handelt der Erbauer der Mauer mit allenfalls einseitigem Anbau beim Überbau höchstens leicht fahrlässig und liegen weder eine Zustimmung noch ein sofortiger Widerspruch des Nachbarn vor, stellt sie einen rechtswidrigen, aber **entschuldigten** Überbau dar (→ *Überbau* Rn. 32 ff.). Hierauf sind vor einem beidseitigen Anbau **§§ 912 ff. BGB** anwendbar.[19] Demnach beruht die Duldungspflicht des Nachbarn auf § 912 Abs. 1 BGB, wofür er mit einer Überbaurente nach § 912 Abs. 2 BGB zu entschädigen ist.[20] Ist der hinübergebaute Gebäudeteil zu dulden, bleibt er entsprechend § 95 Abs. 1 S. 2 BGB als Scheinbestandteil des überbauten Grundstücks gemäß §§ 93, 94 Abs. 2 BGB wesentlicher Bestandteil des Grundstücks, von welchem aus übergebaut wurde, und damit im **Alleineigentum** des Überbauenden.[21] Auch Nutzung und Unterhaltung gestalten sich wie beim rechtmäßigen Überbau 7

9 **Baden-Württemberg:** §§ 7b, 7c NRG BW; **Berlin:** §§ 4–13 NachbG Bln; **Brandenburg:** §§ 5–15 BbgNRG; **Hessen:** §§ 1–7 NRG; **Niedersachsen:** §§ 3–15 NNachbG; **Nordrhein-Westfalen:** §§ 7–18 NachbG NRW; **Rheinland-Pfalz:** §§ 3–12 LNRG RhPf; **Saarland:** §§ 3–14 NachbG Saarl; **Sachsen-Anhalt:** §§ 5–10 NbRG; **Schleswig-Holstein:** §§ 4–10 NachbG Schl-H. und **Thüringen:** §§ 3–12 ThürNRG. Keine Regelungen zur Nachbarwand gibt es in **Hamburg**, **Mecklenburg-Vorpommern** und **Sachsen.**

10 *Horst* NachbarR-HdB Rn. 1544; *Roth* in Staudinger BGB § 921 Rn. 20.

11 *Grziwotz* in Grziwotz/Lüke/Saller NachbarR-HdB Kap. 2 Rn. 105.

12 *Roth* in Staudinger BGB § 921 Rn. 21.

13 BGH Urt. v. 16.1.2004 – V ZR 243/03, BGHZ 157, 301 (304).

14 BGH Urt. v. 22.4.1974 – V ZR 103/73, BGHZ 62, 141 (144); *Fritzsche* in BeckOK BGB § 921 Rn. 17.

15 BGH Urt. v. 30.4.1958 – V ZR 178/56, BGHZ 27, 197, 199.

16 BGH Urt. v. 16.1.2004 – V ZR 243/03, BGHZ 157, 301, 304.

17 *Roth* in Staudinger BGB § 921 Rn. 21.

18 *Herrler* in Palandt BGB § 921 Rn. 7; *Fritzsche* in BeckOK BGB, § 921 Rn. 22; offen BGH Urt. v. 25.11.1964 – V ZR 185/62, BGHZ 42, 374.

19 *Ring* in NK-BGB § 921 Rn. 33.

20 Zur Bemessung BGH Urt. v. 4.4.1986 – V ZR 17/85, BGHZ 97, 292, 296 f.

21 BGH Urt. v. 23.2.1990 – V ZR 231/88, BGHZ 110, 298 (300).

(→ Rn. 6). Eine Grenzeinrichtung iSv § 921 BGB liegt nicht vor, weil das Grundstück des Nachbarn andernfalls ohne oder gar gegen dessen Willen in Anspruch genommen und er auch noch nach § 922 S. 2 BGB mit den Unterhaltungskosten belastet würde (→ *Grenzanlage* Rn. 34).[22]

8 **b) Rechtswidriger, unentschuldigter Überbau.** Ein rechtswidriger, **unentschuldigter** Überbau liegt bei der allenfalls einseitig angebauten Nachbarwand vor, wenn der Erbauer mit der Mauer ohne Zustimmung des Nachbarn (so dass es sich nicht um eine Grenzeinrichtung iSv § 921 BGB handelt) die Grundstücksgrenze bewusst bzw. grob fahrlässig oder unter sofortigem Widerspruch des Nachbarn überschreitet (→ *Überbau* Rn. 69 ff., → *Mauer* Rn. 13). Grob fahrlässig handelt der Erbauer, wenn ihm bewusst ist, im Bereich der Grenze zu bauen, und er nicht vor der Bauausführung feststellt, ob der für die Bebauung vorgesehene Grund auch ihm gehört, oder er während der Bauausführung nicht – gegebenenfalls unter Hinzuziehung eines Vermessungsingenieurs – darauf achtet, dass er die Grenzen seines Grundstücks nicht überschreitet.[23] Eine solche unrechtmäßige und unentschuldigte Giebelwand braucht der Nachbar nicht zu dulden. Ihm steht aus § 1004 Abs. 1 S. 1 BGB ein Anspruch auf **Beseitigung** des Überbaus zu.[24] Dies gilt auch bei einem Bebauungsplan, der die Bebauung mit Doppel- oder Reihenhäusern vorschreibt, da auch zwei Grenzwände möglich sind.[25]

9 Da der übergebaute Gebäudeteil vom Nachbarn nicht geduldet werden muss, gilt er nach § 94 Abs. 1 BGB als wesentlicher Bestandteil seines überbauten Grundstücks.[26] Wird es unrechtmäßig und unentschuldigt in Anspruch genommen, sollen ihn nicht noch Verpflichtungen aus Miteigentum treffen. Vielmehr steht jedem der beiden Grundstückseigentümer das entlang der Grenze **vertikal geteilte (Allein-)Eigentum** an demjenigen Teil der Nachbarwand zu, der auf seinem Grundstück steht.[27] Der Nachbar kann deshalb auch nach § 985 BGB verlangen, dass ihm der Erbauer an dem auf seinem Grundstück stehenden Teil der Nachbarwand **den Besitz überlässt.**[28] Er kann die Nachbarwand jederzeit auf seiner Seite nutzen, hat aber auch die Unterhaltungskosten für seinen Teil der Wand zu tragen.

IV. Beidseitiger Anbau

10 Der Anbau auch von dem überbauten Grundstück aus bildet eine **Zäsur** für die Rechtsverhältnisse hinsichtlich der Nachbarwand.

1. Anbau

11 Ein **Anbau** setzt voraus, dass die Nachbarwand wesentlicher Bestandteil des auf dem Nachbargrundstück neu errichteten Bauwerks wird.[29] So bildet eine statisch unselbständige Abschlusswand, der die Giebelmauer die notwendige Standsicherheit vermittelt, einen solchen Anbau.[30] Angebaut wird auch, wenn die Giebelmauer unmittelbar bautechnisch in Anspruch genommen und dadurch ein körperlicher Zusammenhang hergestellt wird, etwa durch das Auflegen von Tragebalken oder ihre Nutzung als Abschlusswand oh-

22 BGH Urt. v. 25.5.1984 – V ZR 199/82, BGHZ 91, 282; *Grziwotz* in Grziwotz/Lüke/Saller NachbarR-HdB Kap. 2 Rn. 108.
23 RG Urt. v. 15.1.1916 – V 260/15, RGZ 88, 39, 42 ; BGH Urt. v. 19.9.2003 – V ZR 360/02, BGHZ 156, 170, 171.
24 BGH Urt. v. 11.4.2003 – V ZR 323/02, NJW 2003, 3622.
25 *Fritzsche* in BeckOK BGB § 921 Rn. 18.
26 BGH Urt. v. 28.1.2011 – V ZR 147/10, NJW 2011, 1069 Rn. 17.
27 BGH Urt. v. 25.5.1984 – V ZR 199/82, BGHZ 91, 282; BGH Urt. v. 2.2.1965 – V ZR 247/62, BGHZ 43, 127 (129); *Grziwotz* in Grziwotz/Lüke/Saller NachbarR-HdB Kap. 2 Rn. 109.
28 BGH Urt. v. 28.1.2011 – V ZR 147/10, NJW 2011, 1069 Rn. 17.
29 BGH Urt. v. 25.10.1962 – V ZR 30/60, BGHZ 36, 46; BGH Urt. v. 8.5.1963 – V ZR 173/61, NJW 1963, 1868; *Hodes* NJW 1962, 773; *Scherer* MDR 1963, 548.
30 BGH Urt. v. 25.10.1962 – V ZR 30/60, BGHZ 36, 46, 51; *Grziwotz* in Grziwotz/Lüke/Saller NachbarR-HdB Kap. 2 Rn. 131.

ne tragende Funktion.[31] Dagegen genügt nicht das bloße Nebeneinander – mit oder ohne Luftspalt – standsicherer Baukörper.[32]

Aus **landesrechtlichen** Regelungen ergibt sich keine Befugnis zur Errichtung der Kommunmauer, wohl aber – in den meisten Nachbargesetzen – das **Recht zum Anbau** daran. Sie setzen das Bestehen einer Nachbarwand und damit eine Zustimmung des betroffenen Nachbarn zu deren Errichtung voraus. Dann darf er die Wand seinerseits zum Anbau als Abschlusswand oder zur Unterstützung oder Aussteifung seines neuen Bauwerks nutzen.[33] 12

Bestehen keine landesrechtlichen Regelungen,[34] kann eine Abrede nicht nur für den rechtmäßigen Überbau (→ Rn. 6), sondern auch für ein eventuelles Anbaurecht des Nachbarn maßgeblich sein. Das Recht zum Anbau vom überbauten Grundstück ergibt sich dann aus der **Vereinbarung** zwischen den Nachbarn. Fehlt beim rechtswidrigen, entschuldigten Überbau (→ Rn. 8) die Zustimmung, darf die im Alleineigentum des Überbauenden stehende Wand nicht für einen Anbau durch den Nachbarn verwendet werden.[35] Beim rechtswidrigen, unentschuldigten Überbau (→ Rn. 9) ergibt sich das Anbaurecht des Nachbarn aus dem Alleineigentum an demjenigen Teil der lotrecht geteilten Wand, der auf seinem Grundstück steht.[36] 13

Der Nachbar ist **nicht verpflichtet**, an eine Nachbarwand anzubauen. Unterlässt er einen Anbau, hat er allerdings nach einem Teil der Landesrechte die Mehrkosten gegenüber einer Grenzwand zu ersetzen sowie den Zwischenraum zu verschließen und die Dachfläche dicht an die Nachbarwand anzuschließen.[37] 14

2. Miteigentum

Verwendet der Nachbar eine halbscheidige Giebelmauer für sein eigenes Bauvorhaben, indem er an sie anbaut, wird sie in ihrem gesamten Umfang wesentlicher Bestandteil beider Grundstücke.[38] Der Grundsatz, dass das Eigentum am Gebäude dem Eigentum am Grund und Boden folgt (§ 94 BGB), tritt dann dazu in Widerspruch, dass wesentliche Bestandteile einer Sache nicht Gegenstand besonderer Rechte sein können (§ 93 BGB). Deshalb wandelt sich die bisherige Eigentumslage mit der Fertigstellung des Rohbaus in ideelles **Miteigentum** nach Bruchteilen gemäß §§ 1008 ff. BGB beider Grundstücksnachbarn an der Nachbarwand um.[39] Das gilt sowohl im Fall des rechtmäßigen als auch des unrechtmäßigen, entschuldigten oder unentschuldigten Überbaus.[40] Auch macht es keinen Unterschied, ob der Nachbar nachträglich oder gleichzeitig anbaut.[41] Die Miteigentumsquote bestimmt sich nach dem Umfang, in dem die Nachbarwand in die Gebäude einbezogen wird. Nutzt der Anbau die Wandfläche beispielweise zu 1/3, beträgt die Miteigentumsquote die Hälfte dieses Verhältnisses, dh 1/6.[42] Auf die Höhe des Miteigentumsanteils kommt es allerdings nach Maßgabe von § 1011 BGB nicht an, soweit Rechte aus der Verletzung des Miteigentums gegen- 15

31 BGH Urt. v. 25.10.1962 – V ZR 30/60, BGHZ 36, 46; OLG Köln Urt. v. 15.11.1995 – 2 U 92/95, VersR 1997, 368; OLG Karlsruhe NJW 1967, 1232.

32 OLG Frankfurt a.M. Urt. v. 29.3.2010 – 4 U 29/10; *Fritzsche* in BeckOK BGB § 921 Rn. 20.

33 § 6 NachbG Bln; § 7 BbgNRG; § 3 Abs. 1 HNRG; § 7 Abs. 1 NNachbG; § 12 Abs. 1 NachbG NRW; § 5 Abs. 1 LNRG RhPf; § 6 Abs. 1 NachbG Saarl; § 7 NbG; § 6 Abs. 1 NachbG Schl.-H.; § 5 ThürNRG.

34 In Baden-Württemberg, Bayern, Bremen, Hamburg, Mecklenburg-Vorpommern, Sachsen.

35 BGH Urt. v. 17.1.2014 – V ZR 292/12, MDR 2014, 460 Rn. 40; *Herrler* in Palandt BGB § 921 Rn. 6: nur mit Zustimmung des Erbauers; aA *Lorenz* in Erman BGB § 921 Rn. 8; *Roth* in Staudinger BGB § 921 Rn. 30: Eine Nutzung durch beidseitigen Anbau ist im Überbau angelegt, der das nachbarliche Gemeinschaftsverhältnis konkretisiert.

36 *Ring* in NK-BGB § 921 Rn. 36.

37 § 10 NachbG Bln; § 12 BbgNRG ; § 4 HNRG; § 13 NachbG NRW; § 9 LNRG RhPf; § 10 NachbG Saarl; § 9 ThürNRG.

38 *Lorenz* in Erman BGB § 921 Rn. 10.

39 BGH Urt. v. 30.4.1958 – V ZR 178/56, BGHZ 27, 197 (201); BGH Urt. v. 26.2.1964 – V ZR 59/61, BGHZ 41, 177 (179).

40 BGH Urt. v. 17.1.2014 – V ZR 292/12, MDR 2014, 460 Rn. 26, 38; BGH Urt. v. 28.11.1980 – V ZR 148/79, NJW 1981, 866; *Roth* in Staudinger BGB § 921 Rn. 36.

41 BGH Urt. v. 30.4.1958 – V ZR 178/56, BGHZ 27, 197; *Lorenz* in Erman BGB § 921 Rn. 10.

42 BGH Urt. v. 25.10.1962 – V ZR 30/60, BGHZ 36, 46 (54); *Fritzsche* in BeckOK BGB § 921 Rn. 24.

über Dritten von jedem Miteigentümer allein zur Gänze geltend gemacht werden können.[43] Die unter der Nachbarwand liegenden Grundstücksflächen bleiben im Alleineigentum des betreffenden Nachbarn.[44] Das Miteigentum lässt vorbehaltlich anderer Umstände auf Mitbesitz an der Mauer schließen.[45]

16 Der Nachbar ist um den erworbenen Eigentumsanteil, auf den er keinen Anspruch hat, auf Kosten des Grundstückseigentümers, der sein Alleineigentum an der Wand verliert, bereichert. Dem Überbauenden erwächst deshalb gegen den anbauenden Nachbarn ein Entschädigungsanspruch aus §§ 951Abs. 1 S. 1, 812 Abs. 1 S. 1 Alt. 2, 818 Abs. 2 BGB.[46] Dieser Vergütungsanspruch auf **Giebelmauerabgeltung** bemisst sich nach der Quote des erworbenen Miteigentums vom objektiven Mauerwert zur Zeit des Anbaus, nicht nur nach den infolge der Mitbenutzung der Giebelmauer ersparten Baukosten und ohne Abzug der fortan ersparten Überbaurente.[47] Er entsteht erst mit der Fertigstellung des Rohbaus und wird vom Gläubiger bei der Übereignung seines Grundstücks regelmäßig stillschweigend abgetreten.[48] Landesrechtliche Regelungen[49] bestimmen beim rechtmäßigen Überbau Einzelheiten zu den Ausgleichszahlungsverpflichtungen.[50]

3. Mitbenutzung

17 Durch den Anbau von der überbauten Seite aus wird die Nachbarwand zu einer **gemeinschaftlichen Grenzeinrichtung** im Sinne von § 921 BGB (→ *Grenzanlage* Rn. 8 ff.).[51] Beide Nachbarn sind deshalb grundsätzlich zur **Mitbenutzung** berechtigt. Diese Benutzungsvermutung nach § 921 BGB ist widerlegt, wenn das Alleineigentum feststeht oder äußere Umstände wie ein Graben auf nur einer Seite darauf hindeuten. Art und Umfang der Mitbenutzung bestimmen sich nach § 922 BGB. Demnach ist jeder Nachbar berechtigt, die ganze Nachbarwand zu dem sich aus ihrer Beschaffenheit ergebenden Zweck insoweit zu benutzen, als nicht die Mitbenutzung des andern beeinträchtigt wird. Das erstreckt sich allerdings nicht auf das Nachbargrundstück, das hierzu deshalb nicht betreten werden darf.[52] Erträge der Nutzung stehen regelmäßig beiden Nachbarn je zur Hälfte zu, es sei denn, sie fallen wie bei einer Nutzung zu Reklamezwecken nur auf einer Seite an.[53]

18 Die **Unterhaltskosten** der Nachbarwand tragen die Nachbarn – mangels abweichender Vereinbarung – nach § 922 S. 2 BGB zu gleichen Teilen. Dazu gehören die erforderlichen Aufwendungen, um die gemeinschaftliche Nutzung der Nachbarwand zum Vorteil beider Grundstücke zu erhalten, beispielsweise Aufwendungen für die Sanierung, nicht aber der jeweilige Innenputz der Mauer.[54] Ebenfalls nicht zu teilen sind die Kosten für einen Außenanstrich oder die Sanierung von Putz- und Feuchtigkeitsschäden hinsichtlich des über dem Anbau befindlichen Teils. Denn bei einem nur teilweisen Anbau ist die hälftige Teilung gegenständlich auf den zum Anbau genutzten Teil der Nachbarwand beschränkt; Unterhaltskosten, die nicht auf diesen genutzten Teil entfallen, hat der Erstbauende allein zu tragen.[55]

43 OLG Köln Urt. v. 30.5.2014 – 19 U 179/13, juris Rn. 18.
44 *Grziwotz* in Grziwotz/Lüke/Saller NachbarR-HdB Kap. 2 Rn. 136.
45 BGH Urt. v. 14.1.1959 – V ZR 82/57, BGHZ 29, 372 (377).
46 BGH Urt. v. 30.4.1958 – V ZR 178/56, BGHZ 27, 197 (203); BGH Urt. v. 10.10.1969 – V ZR 131 /66, BGHZ 53, 5 (8).
47 BGH Urt. v. 25.10.1962 – V ZR 30/60, BGHZ 36, 46 (54); *Lorenz* in Erman BGB § 921 Rn. 11.
48 OLG Köln Urt. v. 15.11.1995 – 2 U 92/95, VersR 1997, 368 (369); *Herrler* in Palandt BGB § 921 Rn. 10.
49 § 8 NachbG Bln; § 9 BbgNRG; § 3 HNRG; § 7 NNachbG; § 12 Abs. 1 NachbG NRW; § 7 LNRG RhPf; § 8 NachbG Saarl; § 7 NbG; § 6 NachbG Schl.-H.; § 7 ThürNRG.
50 *Grziwotz* in Grziwotz/Lüke/Saller NachbarR-HdB Kap. 2 Rn. 114. Krit. im Hinblick auf die Kompetenz *Roth* in Staudinger BGB § 921 Rn. 41.
51 BGH Urt. v. 17.1.2014 – V ZR 292/12, MDR 2014, 460 Rn. 26; *Ring* in NK-BGB § 921 Rn. 37.
52 *Grziwotz* in Grziwotz/Lüke/Saller NachbarR-HdB Kap. 2 Rn. 82, 137.
53 BGH Urt. v. 2.2.1965 – V ZR 247/62, BGHZ 43, 127 (134).
54 OLG Düsseldorf Urt. v. 8.11.1989 – 9 U 145/89, OLGZ 1992, 198.
55 OLG Karlsruhe Urt. v. 25.4.1990 – 6 U 233/89, NJW-RR 1990, 1164; OLG Düsseldorf Urt. v. 8.11.1989 – 9 U 145/89, OLGZ 1992, 198; *Roth* in Staudinger BGB § 921 Rn. 35; aA *Fritzsche* in BeckOK BGB § 922 Rn. 8.

Die **Verwaltung** steht beiden Nachbarn nach §§ 922 S. 4, 744 BGB gemeinschaftlich zu. Eine zweckmäßige Maßnahme kann ein Teilhaber nicht allein vornehmen, sondern muss sie nach §§ 922 S. 4, 745 Abs. 2 BGB gegebenenfalls mit der Leistungsklage verfolgen. So ist das Anbringen einer **Wärmedämmung** auf eine Nachbarwand, damit ihr freier Bereich dem heutigen Standard entspricht, grundsätzlich als Verwaltungsmaßnahme im Sinne von § 745 Abs. 2 BGB hinzunehmen.[56] Dagegen kann der Teilhaber hierfür nicht die Duldung baulicher Eingriffe in Gebäudeteile verlangen, die nicht der gemeinsamen Verwaltung unterliegen, wie eine Öffnung des Dachs.[57] Die Kosten haben beide Parteien nach § 922 Satz 4 BGB iVm §§ 742, 748 BGB im Zweifel je zur Hälfte zu tragen. 19

V. Bauliche Veränderungen

1. Nachbarwand

Eine **Erhöhung** oder Verstärkung der Nachbarwand ist in landesrechtlichen Vorschriften vorgesehen.[58] Nach den meisten Nachbarrechten dürfen der Erstbauende ebenso wie der Anbauende die Nachbarwand ohne Zustimmung des Nachbarn erhöhen. Das Eigentum an dem Aufbau steht dem Erbauer der Nachbarwand bis zum Anbau zu; danach entsteht daran Miteigentum.[59] Dagegen bedarf nach Bundesrecht die Erhöhung der Zustimmung beider Eigentümer.[60] Eine Verstärkung der Nachbarwand ist vor einem Anbau zulässig, anschließend jedenfalls auf dem eigenen Grundstück.[61] 20

Die meisten Nachbarrechte regeln den **Abriss** der Nachbarwand.[62] Je nach Landesrecht ist dafür vor dem Anbau die Einwilligung oder das Fehlen eines Widerspruchs bzw. einer Anzeige der Anbauabsicht des Nachbarn erforderlich. Die Erhebung einer Klage kann zB nach §§ 15a Abs. 1 Nr. 2 EGZPO, 10 a Abs. 1 Nr. 1 lit. e GüSchlG NRW erst im Anschluss an die Durchführung eines Schlichtungsverfahrens zulässig sein.[63] Greift Landesrecht nicht ein, ist die Beseitigung der im Alleigentum stehenden Nachbarwand vor dem Anbau ohne Zustimmung des Nachbarn zulässig und danach von der Zustimmung beider Teilhaber abhängig.[64] Durch den **Wiederaufbau** einer zerstörten Nachbarwand entsteht Alleineigentum, das sich mit einem Anbau in Miteigentum umwandelt.[65] 21

2. Gebäude

Nach § 903 BGB ist jeder der Nachbarn auch ohne Zustimmung des anderen zum **Abbruch** seines an die Kommunmauer grenzenden Gebäudes befugt, muss dabei aber das Recht des Nachbarn auf eine ungehinderte Weiterbenutzung der Giebelmauer gewährleisten.[66] Probleme ergeben sich daraus, dass die bisher als Innenwand genutzte Seite der Nachbarwand nunmehr zur Außenwand wird.[67] Wird etwa die Giebelwand durch den Abriss eines angebauten Hauses freigelegt und ungeschützt der Witterung ausgesetzt, so dass sie für den Nachbarn nicht mehr ausreichend als Hausabschlusswand nutzbar ist, verstößt das gegen § 922 S. 3 BGB.[68] Der abbrechende Eigentümer hat deshalb eine **Wärmedämmung** anzubringen, deren Kosten nicht als Unterhaltungskosten im Sinne von § 922 S. 2 BGB von beiden Nachbarn gleichmäßig, zu tragen sind; 22

56 BGH Urt. v. 11.4.2008 – V ZR 158/07, NJW 2008, 2032.
57 BGH Urt. v. 14.6.2019 – V ZR 144/18, MDR 2019, 1445.
58 § 12 NachbG Bln; § 14 BbgNRG; § 6 HNRG; § 12 NNachbG; § 15 NachbG NRW; § 11 LNRG RhPf; § 12 NachbG Saarl; § 8 NbG; § 10 NachbG Schl.-H.; § 11 ThürNRG.
59 *Grziwotz* in Grziwotz/Lüke/Saller NachbarR-HdB Kap. 2 Rn. 145.
60 BGH Urt. v. 11.4.1975 – V ZR 165/73, BGHZ 64, 273 (276).
61 *Grziwotz* in Grziwotz/Lüke/Saller NachbarR-HdB Kap. 2 Rn. 149.
62 § 11 NachbG Bln; § 13 BbgNRG; § 5 HNRG; § 11 NNachbG; § 14 NachbG NRW; § 10 LNRG RhPf; § 11 NachbG Saarl; § 9 NbG; § 9 NachbG Schl.-H.; § 10 ThürNRG.
63 *Brinkmann* IMR 2012, 346.
64 *Grziwotz* in Grziwotz/Lüke/Saller NachbarR-HdB Kap. 2 Rn. 161.
65 BGH Urt. v. 30.4.1958 – V ZR 178/56, BGHZ 27, 197 (203).
66 BGH Urt. v. 28.11.1980 – V ZR 148/79, BGHZ 78, 397 (399).
67 *Grziwotz* in Grziwotz/Lüke/Saller NachbarR-HdB Kap. 2 Rn. 151.
68 BGH Urt. v. 21.4.1989 – V ZR 248/87, NJW 1989, 2541; OLG Dresden Urt. v. 3.8.2007 – 11 U 19/07, NJW-RR 2008, 613.

vielmehr kann der beeinträchtigte Nachbar nach §§ 922 S. 3, 1004 Abs. 1 S. 1 BGB Beseitigung der Störung verlangen oder sie selbst beseitigen und Erstattung vom Nachbarn nach §§ 683, 670 BGB oder §§ 812 Abs. 1 S. 1 Alt. 2, 818 Abs. 2 BGB fordern.[69]

23 Durch – auch nur teilweisen – freiwilligen Abriss oder unfreiwillige Zerstörung eines oder beider angebauten Gebäude ändert sich das **Mauereigentum** nicht.[70] Diese Änderungen lassen das Miteigentum an einer einigermaßen erhaltenen Nachbarwand unberührt, insbesondere wenn der Wiederaufbau des Gebäudes geplant ist oder sich die Nachbarwand beispielsweise durch einen Nachbarn auf der seinem Grundstück zugewandten Seite zu Reklamezwecken nutzen lässt.[71] Die stehengebliebene Mauer bleibt im Mitbesitz beider Nachbarn und Grenzanlage im Sinne von § 921 BGB (→ *Grenzanlage* Rn. 38).[72] Aus Landesrecht kann sich ein Anspruch auf Beseitigung der durch den Abbruch entstandenen **Schäden** ergeben.[73] Auch hat danach der Eigentümer des abgebrochenen Gebäudes die Außenfläche des bisher gemeinsam genutzten Teils der Nachbarwand in eine für eine Außenwand geeigneten Zustand zu versetzen.[74]

89. Nadel- und Laubwurf

Ring

Literatur: *Armbrüster,* Eigentumsschutz durch den Beseitigungsanspruch nach § 1004 I 1 BGB und durch Deliktsrecht, NJW 2003, 3087; *Herrmann,* Natureinflüsse und Nachbarrecht (§§ 1004, 906 BGB) – drei Entscheidungen, NJW 1997, 153; *Horst,* Nachbarrechtliche Ansprüche aus Laubfall und Überhang, DWW 1991, 322; *Otto,* Zivilrechtliche Auswirkungen von Baumschutzregelungen, NJW 1989, 1783; *K. Schmidt,* Anmerkung zu OLG Karlsruhe, Urt. v. 9.3.1983 – 6 U 150/82, JuS 1984, 224.

I. Einleitung

1 Als „ähnliche Einwirkung" iS von § 906 Abs. 1 S. 1 BGB kommt auch ein Nadel- und Laubabfall[1] (ebenso wie ein Samenflug, Blüten- und Pollenflug oder ein Zapfenfall) auf das Nachbargrundstück in

---

69 BGH Urt. v. 27.7.2012 – V ZR 2/12, Grundeigentum 2012, 1309; *Grziwotz* in Grziwotz/Lüke/Saller NachbarR-HdB Kap. 2 Rn. 156.

70 BGH Urt. v. 2.2.1965 – V ZR 247/62, BGHZ 43, 127, 130; BGHZ 78, 397 (398); *Roth* in Staudinger BGB § 921 Rn. 48: unabhängig von einer Absicht zum Wiederaufbau.

71 BGH Urt. v. 19.11.1971 – V ZR 100/69, BGHZ 57, 245, 247.

72 BGH Urt. v. 14.1.1959 – V ZR 82/57, BGHZ 29, 372, 377.

73 § 9 NachbG Bln; § 11 BbgNRG Brandenburg, § 11 NachbG Saarl, § 10 NbG, § 8 NachbG Schl.-H.; § 8 ThürNRG.

74 Zusätzlich zu den Nachbarrechten in der vorherigen Fußnote noch § 9 NNachbG, § 8 LNRG RhPf.

1 Vgl. OLG Nürnberg Urt. v. 25.5.1971 – 7 U 29/70, RdL 1972, 36 (37); OLG Karlsruhe Urt. v. 9.3.1983 – 6 U 150/82, NJW 1983, 2886; OLG Stuttgart Urt. v. 22.5.1985 – 13 U 290/84, NJW 1986, 2768; OLG Stuttgart Urt. v. 28.10.1987 – 9 U 161/87, NJW-RR 1988, 204; OLG Frankfurt a. M. Urt. v. 14.7.1987 – 14 U 124/86, NJW 1988, 2618 (2619); OLG Frankfurt a. M. Urt. v. 13.6.1991 – 1 U 122/89, NJW-RR 1991, 1364 (1365); BayObLG Urt. v. 16.12.1991 – RReg 1 Z 428/90, AgrarR 1992, 312 (313) Staudinger/*Roth* BGB § 906 Rn. 153; Soergel/*Baur* BGB § 906 Rn. 74; RGRK-BGB/*Augustin* § 906 Rn. 23; *Horst* DWW 1991, 322 (323); 1988, 2587 mit Rechtsprechungsbeispielen. Zweifelnd OLG Düsseldorf Urt. v. 25.10.1989 – 9 U 51/89, NJW-RR 1990, 144 (145).

Betracht.[2] Pflanzliche Immissionen fallen unter den Begriff der den sog. Imponderabilien ähnlichen Einwirkungen.[3]

Ein Anspruch auf Beseitigung oder Unterlassung der Immissionen gemäß § 1004 iVm § 906 Abs. 1 BGB kommt aber nur in Betracht, wenn es sich um eine „wesentliche“ Beeinträchtigung handelt. Bei Laub- und Nadelfall trifft dies in der Regel nicht zu. Ist aber die Beeinträchtigung nicht „wesentlich“, besteht auch kein Ausgleichsanspruch nach § 906 Abs. 2 S. 2 BGB. 2

II. Laub- und Nadelfall als „natürliche Ursache“?

Der Fall von Laub,[4] (Kiefern-) Nadeln[5] (Nadelflug) und -zapfen[6] (Zapfenfall von Bäumen und Sträuchern), Blütenstaub, Bucheckern,[7] Samen-, Blüten- und Pollenflug[8] auf ein Nachbargrundstück geht als Beeinträchtigung zwar auf Wachstumsvorgänge von Pflanzen und damit auf eine **natürliche Ursache** zurück.[9] 3

Ein Abwehranspruch des Nachbarn gegen den Grundstückeigentümer nach den §§ 1004 Abs. 1, 906 Abs. 1 BGB steht dem jedoch grundsätzlich nicht entgegen: § 906 BGB regelt nämlich nicht nur den Ausgleich zwischen den Interessen der Grundstückseigentümer bei Beeinträchtigungen durch unwägbare Immissionen. Auch Dämpfe, Gase, Rauch und Ruß sind grundsätzlich wägbar.[10] Die von § 906 BGB erfassten Einwirkungen stimmen darin überein, dass sie in ihrer Ausbreitung weithin unkontrollierbar und unbeherrschbar sind, in ihrer Intensität schwanken und damit andere Grundstücke überhaupt nicht, unwesentlich oder aber wesentlich beeinträchtigen können.[11] 4

Ohne Bedeutung ist auch, ob die Immissionen unmittelbar **auf menschliches Handeln zurückzuführen** sind oder eine **natürliche Ursache** haben. Ausreichend, aber auch erforderlich, ist, dass von Pflanzen auf einem bestimmten Grundstück störende Wirkungen ausgehen, die in Gerüchen, Samen-, Blatt-, Nadel- oder Fruchtfall bestehen können. Diese Wirkungen sind beherrschbar. Die störenden Pflanzen können jederzeit entfernt werden. Auch durch Naturereignisse ausgelöste Störungen können dem Grundstückseigentümer (Störer) zurechenbar sein. 5

2 NK-BGB/*Ring* § 906 Rn. 29. Vgl. dazu näher auch *Küstler* RdL 1984, 238; *K. Schmidt* JuS 1984, 224; Staudinger/*Roth* BGB § 906 Rn. 169; Staudinger/*Gursky* § 1004 Rn. 57; MüKoBGB/*Säcker* § 906 Rn. 147.

3 OLG München vom 20.12.1988 – 25 U 6367/87, juris Rn. 26 unter Bezugnahme auf OLG Frankfurt a.M. Urt. v. 10.6.187 – 21 U 57/86, NJW-RR 1987, 1101.

4 OLG Hamm Urt. v. 1.12.2008 – 5 U 161/08, NJW-RR 2009, 739 = NZM 2009, 335.

5 LG Berlin Urt. v. 26.11.2009 – 53 S 187/09, Grundeigentum 2010, 62.

6 BGH Urt. v. 14.11.2003 – V ZR 102/03, BGHZ 157, 33 = NJW 2004, 1037.

7 OLG Hamm Urt. v. 1.12.2008 – 5 U 161/08, NJW-RR 2009, 739 = NZM 2009, 335.

8 So Staudinger/*Roth* BGB § 906 Rn. 169; aA LG Kleve/Urt. v. 13.10.1981 – 3 S 203/81, DWW 1984, 39.

9 OLG Frankfurt a. M. Urt. v. 14.7.1987 – 14 U 124/86, NJW 1988, 2618 (2619); OLG Karlsruhe Urt. v. 9.3.1983 – 6 U 150/82, NJW 1983, 2886; LG Saarbrücken Urt. v. 5.6.1986 – 2 S 185/84, NJW-RR 1986, 1341; aA, nach der ein Untätigbleiben gegenüber Naturkräften keine Störerhaftung begründen könne: OLG Düsseldorf Urt. v. 29.6.1994 – 9 U 53/94, VersR 1995, 1446; LG Stuttgart Urt. v. 28.5.1980 – 13 S 15/80, NJW 1980, 2087.

10 NK-BGB/*Ring* § 906 Rn. 27.

11 BGH Urt. v. 14.11.2003 – V ZTR 107/03, BGHZ 157, 33 = NJW 2004, 1037, juris Rn. 23; BGH Urt. v. 24.1.1992 – V ZR 274/90, BGHZ 117, 110 (112) = NJW 1992, 1389.

6 So hat der BGH in den Fällen des Eindringens von Baumwurzeln in die Abwasserleitungen des Nachbarn den Eigentümer für verantwortlich gehalten, weil er den Baum gepflanzt[12] bzw. unterhalten hat.[13]

7 Erforderlich ist also, dass der Grundstückseigentümer für den Nadel- und Laubwurf **verantwortlich** ist.[14] Dies ist dann der Fall, wenn die auf natürlichen Vorgängen beruhende Einwirkung – dh die durch ein Naturereignis ausgelöste Störung – dem Grundstückseigentümer zugerechnet werden kann.[15]

8 In dem **Froschlärm-Fall** hat der BGH darauf abgestellt, dass der Eigentümer mit der auf seinem Willen beruhenden Anlage und Unterhaltung des Gartenteichs die Bedingungen dafür geschaffen hat, dass sich dort Frösche ansiedeln konnten[16] (dazu auch → *Frosch* Rn. 11 f.).

9 In der **Wollläuse-Entscheidung**[17] hat der BGH die Störereigenschaft eines Eigentümers hingegen verneint, weil er die Störung weder durch eigene Handlungen ermöglicht noch durch ein pflichtwidriges Unterlassen herbeigeführt hat, sondern die Einwirkung durch ein zufälliges und zusätzliches Naturereignis ausgelöst wurde (→ *Ungeziefer* Rn. 5) und → *Überhängen von Zweigen* Rn. 10 f.).

10 Diese Differenzierung ist in der Literatur zwar auf Kritik gestoßen.[18] Die Judikatur bejaht aber eine Anwendung von § 906 BGB sogar bei einem **Mehltaubefall**, der von nicht mehr genutzten Weinbergbrachen herrührt.[19] In dieser Entscheidung hat der BGH den der Wollläuse-Entscheidung zugrunde liegenden Gedanken, dass beim Einwirken von Naturkräften eine Störung nur bei einem **pflichtwidrigen Unterlassen** in Betracht kommt, weitergeführt. Er hat darauf abgestellt, ob sich aus der Art der Nutzung des Grundstücks, von dem die Störung ausgeht, eine „Sicherungspflicht" (mithin eine Verpflichtung zur Verhinderung möglicher Beeinträchtigungen) ergibt.[20]

11 Das trägt den Ansätzen der Kritik in der Literatur[21] Rechnung. Insoweit gilt für **natürliche Immissionen** nichts anderes[22] als für Immissionen aufgrund eines technischen Defekts.[23] Ob eine solche Sicherungspflicht des Grundstücksnachbarn besteht, ist jeweils anhand der Umstände des Einzelfalls zu prüfen. Maßgebend sind hierbei vor allem die Konfliktlösungsregeln des öffentlichen und des privaten Nachbarrechts sowie die Art der Nutzung der benachbarten Grundstücke und die vorbeugende Beherrschbarkeit der Störung. Dabei ist bei natürlichen Immissionen ua entscheidend, ob die Nutzung des störenden Grundstücks sich im **Rahmen ordnungsgemäßer Bewirtschaftung** hält.[24]

---

12 BGH Urt. v. 7.3.1986 – V ZR 92/85, BGHZ 97, 231 = NJW 1986, 2640; BGH Urt. v. 2.12.1988 – V ZR 26/88, BGHZ 106,142 = NJW 1989, 1032; BGH Urt. v. 26.4.1991 – V ZR 346/89, NJW 1991, 2826; BGH Urt. v. 18.4.1997 – V ZR 28/96, BGHZ 135, 235 = NJW 1997, 2234.

13 BGH Urt. v. 21.10.1994 – V ZR 12/94, NJW 1995, 395 (396). Vgl. auch AG Hamburg- Altona Urt. v. 7.12.2012 – 317a C 146/11, ZMR 2013, 448: Danach hat der Grundstücksnachbar es zu unterlassen, dass Wurzeln seiner Bäume in das Nachbargrundstück eindringen und dort Schäden an der Auffahrt verursachen. Kann eine Befreiungsmöglichkeit nach dem Naturschutzrecht in Betracht kommen und will der Nachbar sogar den Baum im Rahmen einer Behandlung der Wurzeln ggf. erhalten, hat (auch ohne entsprechenden Hilfsantrag) eine Verurteilung unter dem Vorbehalt einer Ausnahmegenehmigung der Behörde zu erfolgen (zum Vorbehalt wegen Genehmigung der Naturschutzbehörde vgl. auch AG Hamburg-Blankenese Urt. v. 7.11.2012 – 531 C 6/12, ZMR 2013, 122).

14 BGH Urt. v. 14.11.2003 – V ZR 102/03, BGHZ 157, 33 = NJW 2004, 1037, juris Rn. 24.

15 BGH Urt. v. 14.11.2003 – V ZR 102/03, BGHZ 157, 33 = NJW 2004, 1037, juris Rn. 24.

16 BGH Urt. v. 20.11.1992 – V ZR 82/91, BGHZ 120, 239 (254) = NJW 1993, 925.

17 BGH Urt. v. 7.7.1995 – V ZR 213/94, NJW 1995, 2633 (2634).

18 Vgl. *Herrmann* NJW 1997, 153 (154).

19 BGH Urt. v. 16.2.2001 – V ZR 422/99, NJW-RR 2001, 1208 = WM 2001, 1295.

20 Vgl. auch BGH Urt. v. 2.3.1984 – V ZR 54/83, BGHZ 90, 255 = NJW 1984, 2207 – Niederschlagswasser.

21 *Herrmann* NJW 1997, 153 (154); *Armbrüster* NJW 2003, 3087 (3088 f.).

22 BGH Urt. v. 14.11.2003 – V ZR 107/03, BGHZ 157, 33 = NJW 2004, 1037, juris Rn. 24.

23 Dazu BGH Urt. v. 30.5.2003 – V ZR 37/02, NJW 2003, 2377 – Wasserrohrbruch.

24 BGH Urt. v. 14.11.2003 – V ZR 102/03, BGHZ 157, 33, juris Rn. 24 = NJW 2004, 1037.

III. Laubabwurf und Nadelflug als Beeinträchtigung iS von § 1004 iVm § 906 BGB?

Die Regelung der Abwehr von Immissionen, die von einem Nachbargrundstück ausgehen und damit nicht mit diesem verbunden sind, bestimmt sich nach § 906 BGB. Eine Beeinträchtigung durch Immissionen, die von einem Grundstück auf ein anderes einwirken, unterliegt – wie gerade ausgeführt – nur dort nicht einer Abwehrmöglichkeit und der Interessenausgleichsregelung des § 906 BGB, wo diese Beeinträchtigung auf Naturkräfte zurückzuführen ist, die nicht mit der Nutzung des Grundstücks, von dem die Störungen ausgehen, im Zusammenhang steht und nicht beherrschbar ist (wie zB im Falle vulkanischer Dämpfe und dergleichen)[25] (→ *Anpflanzungen an der Grundstücksgrenze*). 12

Nach § 906 Abs. 1 S. 1 BGB kann der Eigentümer eines Grundstücks die Zuführung von ähnlichen von einem anderen Grundstück ausgehenden Einwirkungen insoweit nicht verbieten, als die Einwirkung die Benutzung seines Grundstücks nicht oder nur unwesentlich beeinträchtigt. Umgekehrt kommt damit ein Unterlassungsanspruch nach § 1004 iVm § 906 BGB dann in Betracht, wenn eine „wesentliche Beeinträchtigung" in Rede steht. 13

Auch § 910 BGB bildet insoweit keine Beschränkung. Die Befugnis des Beeinträchtigten, überragende Äste (oder eindringende Wurzeln) zurückzuschneiden, hat das Recht zum Gegenstand, in mit Grund und Boden des Nachbargrundstücks fest verbundene Bestandteile eingreifen zu dürfen (→ *Wurzeln* Rn. 2 ff.). 14

Wie § 907 Abs. 2 BGB zu entnehmen ist, ist es ohne Bedeutung, ob ein Baum, Strauch oder eine Pflanze, von dem die Immission ausgeht, auf natürlichem Wege angewachsen oder vom Grundstückseigentümer angepflanzt worden ist.[26] Entscheidend ist somit nur, ob der Bewuchs mit seiner natürlichen Emission „ordnungsgemäßer Grundstücksbewirtschaftung" und dem das Nachbarrecht bestimmenden Gebot der gegenseitigen Rücksichtnahme entspricht.[27] 15

Dabei kann offenbleiben, ob schon allein das Anpflanzen oder Unterhalten von Waldbäumen (konkret: Kiefern) in einem Wohngebiet bei der gebotenen Rücksichtnahme auf die Nachbarinteressen „ordnungsgemäßer Bewirtschaftung" entspricht. Maßgeblich ist, ob die Bäume unter Verletzung der einschlägigen **landesrechtlichen Bestimmungen über den Grenzabstand** unterhalten werden.[28] 16

Dass ein Nachbar wegen Fristablaufs nicht mehr eine Beseitigung oder ein Zurückschneiden der Bäume auf die zulässige Höhe verlangen kann, hat nicht zur Folge, dass der Bewuchs nunmehr „ordnungsgemäßer Bewirtschaftung" entspricht. In einem solchen Fall bleibt der Nachbar vielmehr weiter für die von seinen Bäumen ausgehenden natürlichen Immissionen verantwortlich.[29] 17

Der Grundstücksnachbar trägt die **Darlegungs- und Beweislast** für die Unwesentlichkeit der Beeinträchtigungen.[30] 18

Bei der Beurteilung, ob eine Beeinträchtigung „wesentlich" iSd § 906 BGB ist, muss auf das Empfinden eines „verständigen Durchschnittsmenschen" und das, was diesem unter Würdigung anderer öffentlicher und privater Belange zuzumuten ist, abgestellt werden.[31] Dabei können auch wertende Momente (wie bspw. die Beachtung des Naturschutzes und des Umweltbewusstseins der Bevölkerung) in die Beurteilung mit einbezogen werden.[32] Dies kann jedoch nicht dazu führen, dass die „Wesentlichkeit" auch dann zu verneinen ist, wenn die Einwirkungen von dem Nachbargrundstück objektiv feststellbare physische Auswir- 19

25 NK-BGB/*Ring* § 906 Rn. 244.
26 BGH Urt. v. 14.11.2003 – V ZR 102/03, BGHZ 157, 33, juris Rn. 25 = NJW 2004, 1037; Staudinger/*Gursky* BGB § 1004 Rn. 58.
27 BGH Urt. v. 14.11.2003 – V ZR 102/03, BGHZ 157, 33, juris Rn. 25.
28 BGH Urt. v. 14.11.2003 – V ZR 102/03, BGHZ 157, 33, juris Rn. 25.
29 BGH Urt. v. 14.11.2003 – V ZR 102/03, BGHZ 157, 33, juris Rn. 25.
30 BGH Urt. v. 14.11.2003 – V ZR 102/03, BGHZ 157, 33, juris Rn. 27; BGH Urt. v. 20.11.1992 – V ZR 82/91, BGHZ 120, 239 (257).
31 BGH Urt. v. 6.7.2001 – V ZR 246/00, BGHZ 148, 261 (264).
32 BGH Urt. v. 20.11.1992 – V ZR 82/91, BGHZ 120, 239 (255).

kungen auf das Eigentum des betroffenen Grundstückseigentümers haben.[33] In einem solchen Fall ist die Grenze von der „Unwesentlichkeit" zur „Wesentlichkeit" der Beeinträchtigung überschritten.[34]

20 Wenn bspw. die von Kiefern abfallenden Nadeln die Dachrinnen und Dachläufe eines Wohnhauses verstopfen, führt dies zu Schäden, womit eine „wesentliche Beeinträchtigung" vorliegt[35] – ebenso wenn der Nachbar wegen des Nadelfalls seinen Gartenteich verschließen muss.[36]

Beachte: Auch die Auswirkungen einer nicht abwehrbaren Bepflanzung auf die Nachbarschaft können rechtswidrig sein (arg.: § 906 Abs. 2 S. 2 BGB, wonach, wenn der Grundstückseigentümer „wesentliche" Einwirkungen dulden muss, die von einer iÜ rechtmäßigen Nutzung des Nachbargrundstücks ausgehen, er dann aber einen Ausgleichsanspruch geltend machen kann).

21 Wenn ein Nadel- und Laubfall die Benutzung des Grundstücks „wesentlich" beeinträchtigt, hängt die Begründetheit des Anspruchs nach § 906 Abs. 2 S. 2 BGB weiter davon ab, ob die Beeinträchtigung auf eine „ortsübliche Benutzung" des Grundstücks zurückzuführen ist und nicht durch wirtschaftlich zumutbare Maßnahmen verhindert werden kann.

22 Zweifel an einer Ortsüblichkeit der Grundstücksbenutzung bestehen bereits dann, wenn der gebotene **Grenzabstand** in Bezug auf die in Rede stehenden Bäume und Sträucher nicht eingehalten wird.

23 Im Hinblick auf eine Qualifikation pflanzlicher Immissionen als „ortsübliche" Benutzung des Nachbargrundstücks ist nicht darauf abzustellen, ob eine in Rede stehende konkrete emittierende Baumart „ortsüblich" ist – vielmehr genügt es, dass die Benutzung des Grundstücks als Standort von Bäumen „ortsüblich" ist.[37]

24 Regelmäßig ist jedoch anzunehmen, dass durch Laub- oder Nadelfall verursachte Einwirkungen, wenn sie nicht schon „unwesentlich",[38] oft doch „ortsüblich" sind[39] und damit nicht abgewehrt werden können.[40] In einer Gegend mit Gärten, Grünanlagen und Bäumen sind pflanzliche Immissionen (zB Dachverschmutzungen durch Birkensämlinge), auch wenn ihre Beseitigung Zeit oder eigenes Geld kostet, grundsätzlich als „ortsüblich" hinzunehmen.[41] Wenn Nadelbäume in einer bestimmten Wohngegend „ortsüblich" sind, muss ein Grundstückseigentümer den Nadelbefall vom Nachbargrundstück dulden (wenn und soweit der Nachbar nicht zum Fällen der Bäume verpflichtet ist).[42]

---

33 BGH Urt. v. 20.11.1998 – V ZR 411/97, WM 1999, 554 (555).
34 BGH Urt. v. 14.11.2003 – V ZR 102/03, BGHZ 157, 33, juris Rn. 27.
35 OLG Frankfurt a. M. Urt. v. 14.7.1987 – 14 U 124/86, NJW 1988, 2618.
36 BGH Urt. v. 14.11.2003 – V ZR 102/03, BGHZ 157, 33, juris Rn. 27.
37 OLG München Urt. v. 20.12.1988 – 25 U 6367/87, juris Rn. 27.
38 OLG Stuttgart Urt. v. 28.10.1987 – 9 U 161/87, NJW-RR 1988, 204; AG Frankfurt a. M. Urt. v. 28.7.1989 – 32 C 2723/88-19, NJW-RR 1990, 146.
39 Vgl. OLG Nürnberg Urt. v. 25.5.1971 – 7 U 29/70, RdL 1972, 36; LG Wiesbaden Urt. v. 6.7.1978 – 1 S 421/77, NJW 1979, 2617 = VersR 1980, 982 (Blüten- und Samenflug von Birken) mit Anmerkung *Spieß* JuS 1980, 100; OLG Karlsruhe Urt. v. 9.3.1983 – 6 U 150/87, NJW 1983, 2886; LG Karlsruhe Urt. v. 9.12.1983 – 9 S 248/83, MDR 1984, 401: Laubfall einer einzigen Birke entspricht der Ortsüblichkeit; LG Stuttgart Urt. v. 16.7.1985 – 27 O 310/85, NJW 1985, 2340: Zumutbarkeit einer Dachverschmutzung durch Birkensämlinge von drei Birken; OLG Frankfurt a. M. Urt. v. 14.7.1987 – 14 U 124/86, NJW 1988, 2618: Laubfall, Samenfall und Zweige, die von drei Pappeln herrühren; LG Saarbrücken Urt. v. 25.9.1987 – 11 S 363/86, AgrarR 1988, 140 = MDR 1988, 54.
40 Staudinger/*Roth* BGB § 906 Rn. 169. Vgl. auch LG Dortmund Urt. v. 10.9.2010 – 3 O 140/10, Grundeigentum 2011, 1160, juris Rn. 44 (unter Bezugnahme auf OLG Hamm Urt. v. 1.12.2008 – 5 U 161/08, NJW-RR 2009, 739), wonach eine Beseitigungspflicht des Nadelbefalls von nicht grenzüberschreitenden Ästen und Zweigen dann nicht besteht, wenn es sich beim Laub- oder Nadelbefall um eine „unwesentliche" Beeinträchtigung (§ 906 Abs. 1 BGB) und/oder um eine „wesentliche aber ortsübliche" Beeinträchtigung (§ 906 Abs. 2 BGB) handelt.
41 OLG Stuttgart Urt. v. 28.5.1980 – 13 S 15/80, NJW 1980, 2087; OLG Nürnberg Urt. v. 25.5.1971 – 7 U 29/70, RdL 1972, 36.
42 LG Arnsberg Urt. v. 4.2.2003 – 3 S 208/02, juris Rn. 4.

Das gilt besonders auch dann, wenn der gestörte Nachbar sein Grundstück unbebaut erworben und dabei die beim Erwerb schon vorhandenen Bäume auf dem Nachbargrundstück gekannt hat. 25

Das AG Schöneberg[43] hat konstatiert, dass im Bezirk Berlin-Zehlendorf der Bewuchs mit Kiefern zur „Ortsüblichkeit" gehört, weshalb ein Grundstückseigentümer Beeinträchtigungen durch Kiefernadeln vom Nachbargrundstück zu dulden habe (und vom Nachbarn auch nicht den Ersatz der Kosten für die Reinigung der Dachrinne verlangen könne): Die Beeinträchtigung sei nicht „unzumutbar", da der Eigentümer sich den Lagevorteil („Wohnen im Grünen") gegenüber dem Reinigungsaufwand anrechnen lassen müsse. 26

Beachte: *Roth*[44] vertritt zu Recht die Auffassung, dass aber auch die bloße Einhaltung des nach Landesrecht maßgeblichen Grenzabstands noch keinen Abwehranspruch nach den §§ 1004 Abs. 1, 906 BGB ausschließt und § 907 BGB (Gefahr drohende Anlagen) auch keine Verpflichtung zur Duldung konkreter Immissionen statuiert.[45] § 910 BGB bildet insoweit gleichermaßen keine Beschränkung.

IV. Nachbarrechtlicher Ausgleichsanspruch nach § 906 Abs. 2 S. 2 BGB analog

1. Grundlagen

Hat der Eigentümer eine Einwirkung zu dulden, kann er nach § 906 Abs. 2 S. 2 BGB vom Benutzer des anderen Grundstücks einen **angemessenen Ausgleich in Geld** verlangen, wenn die Einwirkung eine „ortsübliche" Benutzung seines Grundstücks oder dessen Ertrag über das „zumutbare Maß" hinaus beeinträchtigt. 27

Der nachbarrechtliche Ausgleichsanspruch setzt voraus, dass von einem Grundstück im Rahmen privatwirtschaftlicher Benutzung auf ein benachbartes Grundstück Einwirkungen ausgehen, die zwar rechtswidrig sind und deshalb nicht geduldet werden müssten, der betroffene Eigentümer wegen besonderer Gründe daran gehindert ist, solche Störungen nach § 1004 Abs. 1 BGB zu unterbinden. 28

Ein Anspruch aus § 906 Abs. 2 S. 2 BGB scheidet dann aus, wenn der Anspruch auf Beseitigung durch eine **Baumschutzsatzung** ausgeschlossen ist:[46] Wie die Wortwahl „hiernach" in § 906 Abs. 2 S. 2 BGB zeigt, besteht der Ausgleichsanspruch nur, wenn die Duldungspflicht auf § 906 Abs. 1 und Abs. 2 S. 1 BGB beruht. Dem liegt zugrunde, dass derjenige, der die ihn bindende öffentlich-rechtliche Verpflichtung, den Baumbestand zu erhalten, befolgt, nicht zugleich wegen des von diesem zwangsläufig ausgehenden Laubfalles privatrechtlich haftbar gemacht werden kann. Er ist nämlich selbst gehindert, die Ursache für die Zahlungspflicht zu beseitigen. Nicht allein ist er aus seinem Eigentum sozialpflichtig in der Weise, den Baum dulden zu müssen, sondern auch in der Weise, dass er die Einwirkung des Baumes ohne Ausgleichsanspruch hinnehmen muss.[47] 29

---

43 AG Schöneberg Urt. v. 4.5.2009 – 18 C 39/09, Grundeigentum 2009, 851, juris Rn. 10.

44 Staudinger/*Roth* BGB § 906 Rn. 170.

45 AA Staudinger/*Gursky* BGB § 1004 Rn. 58. Ebenso OLG Frankfurt a. M. Urt. v. 26.2.2013 – 25 U 162/12, NJW-RR 2013, 793 = NZM 2013, 880, juris Rn. 26: Der sog. quasinegatorische Beseitigungsanspruch gemäß § 1004 Abs. 1 S. 1 iVm § 823 Abs. 2 steht dem Eigentümer gegen denjenigen zu, der ein seinen Schutz bezweckendes Gesetz objektiv verletzt. Zu den Schutzgesetzen iSv § 823 Abs. 2, deren Verletzung der Eigentümer gemäß § 1004 Abs. 1 S. 1 abwehren kann, gehören insbesondere die landesrechtlichen Vorschriften des Bauordnungsrechts über den Grenzabstand, weil sie auch dem Interesse des Nachbarn an ausreichender Belichtung und Belüftung seines Grundstücks, an einem freien Ausblick und an der Vermeidung von Lärmimmissionen dienen (so auch BGH Urt. v. 9.7.1976 – V ZR 256/75, NJW 1976, 1888 (1889); BGH Urt. v. 11.10.1996 – V ZR 3/96, NJW-RR 1997, 16 (17); BayObLG Urt. v. 23.1.2001 – 2 ZBT 116/00, NJOZ 2001, 2125 (2127); OLG Frankfurt a. M. Urt. v. 7.1.1988 – 3 U 189/86, NJW-RR 1988, 403 (404); OLG Frankfurt a. M. Urt. v. 9.3.2000 – 15 U 118/99, NJW-RR 2000, 1542; OLG Karlsruhe Urt. v. 9.9.1992 – 6 U 45/92, NJW-RR 1993, 665 (666); OVG Münster Urt. v. 18.4.1991 – 11 A 2428/89, ZfBR 1992, 50).

46 OLG Hamm Urt. v. 1.12.2008 – 5 U 161/08, NJW-RR 2009, 739 = NZM 2009, 335.

47 OLG Hamm Urt. v. 1.12.2008 – 5 U 161/08, NJW-RR 2009, 739 unter Bezugnahme auf OLG Frankfurt a. M. Urt. v. 13.6.1991 – 1 U 122/89, NJW-RR 1991, 1364; LG Berlin Urt. v. 6.8.1986 – S 155/86, NJW 1987, 1271; LG Dortmund Urt. v. 12.3.1986 – 7 AZR 20/83, NJW-RR 1987, 1101. Zudem *Otto* NJW 1989, 1783. AA RGRK/*Augustin* BGB § 906 Rn. 23. Vgl. zu einem möglichen Anspruch auf eine Geldrente wegen Abwurfs von Laub eines an der Grundstücksgrenze stehenden Baumes auch AG München Urt. v. 26.2.2013 – 114 C 31118/12 mit Anmerkung *Klimesch* IMR 2014, 36.

30 Anspruchsvoraussetzung ist, dass der Betroffene infolge der Einwirkung Nachteile erleidet, die das **„zumutbare Maß“** einer entschädigungslos hinzunehmenden Beeinträchtigung übersteigen.[48] Dieser allgemein für das Nachbarrecht entwickelte Grundsatz ist nicht etwa nur auf andere als die von § 906 Abs. 1 BGB erfassten Einwirkungen beschränkt.[49] Der Grundsatz gilt gleichermaßen für Einwirkungen iS von § 906 BGB, wenn der beeinträchtigte Eigentümer eine solche Einwirkung trotz ihrer Rechtswidrigkeit nicht verhindern kann, denn maßgeblicher Gesichtspunkt ist in diesen Fällen nicht die Art der Einwirkung, sondern der Umstand, dass eine „unzumutbare Beeinträchtigung des Eigentums“ eintritt.[50]

2. Beispielsfälle aus der Judikatur

31 **a) Laub- und Blütenfall.** Nur in seltenen Ausnahmefällen (Verpflichtung zur Hinnahme von Laub-, Nadel-, Blütenstaub- und Zapfenfall bei Ortsüblichkeit auch bei wesentlichem Umfang) wird ein Anspruch auf angemessenen Geldausgleich[51] anzunehmen sein.[52] So ist zB der während etwa fünf Monaten im Jahr von einem angrenzenden städtischen Grünstreifen ausgehende Laubfall vom Eigentümer entschädigungslos zu dulden, wenn der Grünstreifen nach gültigem Flächennutzungsplan aus gesundheitspolitischen und städtebaulichen Gründen angelegt worden ist, seine Durchforstung von der Stadt ordentlich durchgeführt wird und weitere Maßnahmen zur Einschränkung des Laubfalls nicht zumutbar sind.[53]

32 Beim Streit um einen Geldausgleich nach § 906 Abs. 2 S. 2 BGB wegen Laubfalls von Bäumen der „grünen Lunge“ einer Stadt auf ein angrenzendes Privatgrundstück kann auch die ökologische Bedeutung der Grünanlage dazu führen, dass der Reinigungsaufwand keine unzumutbare Beeinträchtigung der Nutzung des angrenzenden Grundstücks darstellt. In dem Zusammenhang gewinnt zudem der Gesichtspunkt wieder an Bedeutung, dass derjenige, der die mit dem „Wohnen im Grünen“ verbundenen Annehmlichkeiten wie zB den auf Bäume und Sträucher zurückzuführenden Sicht-, Schall- und Windschutz sowie reine und sauerstoffreiche Luft für sich in Anspruch nimmt, bis zu einem gewissen Grad auch die damit verbundenen Nachteile (jedenfalls soweit sie auf natürlichen Gegebenheiten beruhen) in Kauf nehmen muss.[54] Gleiches gilt für das gewachsene Umweltbewusstsein weiter Kreise der Bevölkerung, welches das Anpflanzen und Halten von Bäumen auch in Wohngebieten jedenfalls dann, wenn nachbarrechtliche Grenzabstände eingehalten werden oder das Gebot der ordnungsgemäßen Bewirtschaftung des Grundstücks befolgt wird, als erstrebenswert ansieht.

48 BGH Urt. v. 14.11.2003 – V ZR 107/03, BGHZ 157, 33 = NJW 2004, 1037, juris Rn. 30; BGH Urt. v. 30.5.2003 – V ZR 37/02, WM 2003, 1969 (1970).

49 Wie bspw. Grobimmissionen (BGH Urt. v. 8.2.1972 – VI ZR 155/70, BGHZ 58, 149 (158 f.); BGH Urt. v. 20.4.1990 – V ZR 282/88, 111, 158, 162), Vertiefungsschäden (BGH Urt. v. 26.10.1978 – III ZR 26/77, BGHZ 72, 289 (292); BGH Urt. v. 26.11.1982 – V ZR 314/81, BGHZ 85, 375 (384)), Wasserschäden infolge Rohrbruchs auf dem Nachbargrundstück (BGH Urt. v. 19.4.1985 – V ZR 33/84, WM 1985, 1041) oder durch technischen Defekt an elektrischen Leitungen verursachter Brandschaden am benachbarten Haus (BGH Urt. v. 11.6.1999 – V ZR 377/98, WM 1999, 2168 (2189)).

50 BGH Urt. v. 14.112003 – V ZR 102/03, BGHZ 157, 33 = NJW 2004, 1037, juris Rn. 30; BGH Urt. v. 2.3.1984 – V ZR 54/83, BGHZ 90, 255 (262 f.).

51 Etwa im Fall OLG Karlsruhe Urt. v. 9.3.1983 – 6 U 150/82, OLGZ 1983, 449 = NJW 1983, 2886 = Grundeigentum 1984, 485; LG Lübeck Urt. v. 2.9.1986 – 14 S 122/85, NJW-RR 1987, 532 (wonach ein Grundstückseigentümer für die in seinen Garten fallenden Nadeln einer Kiefer im Nachbargarten vom Nachbarn einen angemessenen Geldausgleich nach § 906 Abs. 2 S. 2 BGB beanspruchen kann, wenn die Einwirkung die „ortsübliche“ Nutzung seines Grundstücks über das zumutbare Maß hinaus beeinträchtigt); dazu *K. Schmidt* JuS 1984, 224.

52 Dazu auch MüKoBGB/*Säcker* § 906 Rn. 165 f.; Staudinger/*Roth* BGB § 906 Rn. 169; *Spieß* JuS 1980, 100 (102).

53 OLG Stuttgart Urt. v. 22.5.1985 – 13 U 290/84, NJW 1986, 2768.

54 OLG Frankfurt a.M. Urt. v. 14.7.1987 – 14 U 124/86, NJW 1988, 2618 (2620); OLG Frankfurt a.M. Urt. v. 13.6.1991 – 1 U 122/89, NJW-RR 1991, 1364 (1366 f.); OLG Düsseldorf U v. 23.8.1995 – 9 U 10/95, NJWE-MietR 1996, 2 (3).

Eine „Beeinträchtigung" durch Zweige folgt noch nicht allein aus einem bloßen Überhang.[55] Hinzukommen muss ein Laub- oder Blütenfall aufgrund des Überhangs, der zB Dachrinnen verstopft, Gehwege und Ähnliches verschmutzt oder den natürlichen Wuchs eigener Pflanzen hemmt. 33

Die Judikatur geht über den Wortlaut des § 906 Abs. 2 BGB hinaus[56] und schließt ein Selbsthilferecht auch dann aus, wenn die Grundstücksbenutzung „nur ganz unerheblich" beeinträchtigt wird.[57] Einen solchen Fall hat die Rechtsprechung etwa bei nur geringem Laub- oder Blütenbefall angenommen, da insoweit eine gravierende Grundstücksbeeinträchtigung kaum angenommen werden kann.[58] 34

b) Nadelfall. Ein Grundstücksnachbar hat nach § 906 Abs. 2 S. 2 BGB keinen Anspruch auf Kostenerstattung für die Reinigung seiner Dachrinne von Kiefernnadeln des Nachbarbaumes, wenn es sich nur um eine jahreszeitlich bedingte und beschränkte Einwirkung, mithin „keine wesentliche Beeinträchtigung" handelt:[59] Der Anspruch ist auch dann ausgeschlossen, wenn ein Beseitigungsanspruch hinsichtlich des Baumes durch eine Baumschutzsatzung ausgeschlossen ist, da ein Ausgleichsanspruch nur besteht, wenn die Duldungspflicht auf § 906 Abs. 1 und Abs. 2 S. 1 BGB beruht. 35

Ein Anspruch auf Ersatz der Kosten einer durch Nadelfall notwendig gewordenen Dachreinigung besteht nach § 906 Abs. 2 S. 2 BGB dann nicht, wenn in einer ländlichen Wohngegend Nadelfall keine „wesentliche Beeinträchtigung", sondern nur eine „normale Beeinträchtigung" darstellt.[60] 36

Die Beeinträchtigung eines landwirtschaftlich genutzten Grundstücks durch Laub- und Nadelbefall kann in der Regel **nicht** als „wesentlich angesehen" werden, so dass (ein Beseitigungs- oder Unterlassungsanspruch nicht besteht und auch) ein Ausgleichsanspruch ausscheidet.[61] 37

Reichen vom Grundstück des Nachbarn entlang der gemeinsamen Grundstücksgrenze Äste von Laub- und Nadelbäume bis zu 7 m auf das Grundstück herüber, wird die Grundstücksnutzung für den Kläger nicht nur „unerheblich" beeinträchtigt.[62] Weisen zwei Eichen, deren Kronen überwiegend auf das Nachbargrundstück reichen, Laub im Umfang von etwa 3 m^3 auf und reicht ein Teil der Zweige einer ebenfalls 10 bis 12 m hohen Kiefer mehrere Meter über die Grundstücksgrenze und führt dort zu einem Nadelbefall auch auf das Hausdach, so dass der Grundstückseigentümer verstärkt mit der Reinigung von Dach und Dachrinnen sowie des Grundstücks belastet ist, so entsteht durch das Herabfallen von (Laub und) Kiefernnadeln eine Beeinträchtigung, die nicht „unerheblich" ist.[63] 38

c) Brennnesselmeer und Nadelflug. Anders verhält es sich nur dann, wenn ein Nachbar sein Grundstück verwildern lässt (Brennnesselmeer) bzw. von kranken Pflanzen oder Bäumen Immissionen (Nadelflug) ausgehen (zB von mit einer Pilzkrankheit befallenen Föhren).[64] In solch außergewöhnlichen Fällen kann, wenn 39

55 Staudinger/*Roth* BGB § 910 Rn. 20, unter Hinweis auf LG Saarbrücken Urt. v. 5.6.1986 – 2 S 185/84, NJW-RR 1986, 1341: Fall eines Herüberhängens von Zweigen in 3 m Höhe, ohne dass über diese Tatsache hinaus weitere Beeinträchtigungen vorlagen.

56 Vgl. OLG Köln Urt. v. 22.5.1996 – 11 U 6/96, NJW-RR 1997, 656; OLG Köln Urt. v. 17.5.1989 – 13 U 113/88, NJW-RR 1989, 1177.

57 Ablehnend: Staudinger/*Roth* BGB § 910 Rn. 18 unter Bezugnahme auf den eindeutigen Wortlaut der Norm, der keine richterlichen Billigkeitsentscheidungen rechtfertige – ebenso AG Königstein Urt. v. 19.4.2000 – 21 C 113/00, NJW-RR 2000, 1256.

58 LG Kleve Urt. v. 13.10.1981 – 3 S 203/81, MDR 1982, 230.

59 LG Berlin Urt. v. 26.11.2009 – 53 S 187/09, Grundeigentum 2010, 62 unter Bezugnahme auf OLG Hamm Urt. v. 1.12.2008 – 5 U 161/08, NJW-RR 2009, 739.

60 LG Arnsberg Urt. v. 4.2.2003 – 3 S 208/02: Kein Anspruch auf Kostenersatz einer durch Nadelfall notwendig gewordenen Dachreinigung. Arg.: In einer ländlichen Wohngegend stellt Nadelfall keine „wesentliche", sondern nur eine „normale" Beeinträchtigung dar.

61 BayObLG Urt. v. 16.12.1991 – RReg 1 Z 428/90, BayVBl 1992, 412 = AgrarR 1992, 312 – Ls. 1.

62 So OLG Koblenz Beschl. v. 8.10.2013 – 3 U 631/13, MDR 2014, 25 = SchAZtg 2014, 251.

63 OLG Brandenburg Urt. v. 17.8.2015 – 5 U 109/13, NJW-RR 2015, 1427 = NZM 2015, 798 = MDR 2016, 366.

64 So Staudinger/*Roth* BGB § 906 Rn. 153; OLG Nürnberg RdL 1972, 36 verneinte Ansprüche im Falle des Nadelflugs bei von Pilzkrankheiten befallenen Föhren.

nicht schon ein Beseitigungsanspruch gegeben ist, ein Ausgleichsanspruch nach § 906 Abs. 2 S. 2 BGB bestehen.

40 **d) Tannenzapfen und Abtropfen klebriger Baumsäfte.** Keine Beeinträchtigung liegt auch vor beim Fall nur weniger Blätter (→ Rn. 31 ff.) oder Tannenzapfen auf ein Nachbargrundstück (im Unterschied zu erheblichem Laubfall, der einen erheblichen Reinigungsaufwand erfordert) bzw. dem Abtropfen klebriger Baumsäfte.[65]

41 **Exkurs:** Auch einen Wohnungseigentümer, der Pflanzkübel auf einem zum gemeinsamen Eigentum gehörenden Vordach aufgestellt hat, trifft die Verpflichtung, von sich aus dafür zu sorgen, dass abfallende Blätter und Nadeln von Kübelpflanzen das zur Entwässerung des Vordachs angebrachte Abflussrohr nicht verstopfen. Verletzt er die Verpflichtungen aus § 14 Abs. Nr. 1 und 4 WEG, haftet er auf Schadensersatz.[66]

90. Niederschlagswasser

Jeromin

I. Allgemeines

1 Einem schadlosen Ableiten des anfallenden Niederschlagswassers kommt im Nachbarschaftsrecht eine besondere Bedeutung zu. Eine Vielzahl von nachbarschaftlichen Konflikten entsteht durch den Übertritt oder den Zufluss von Niederschlagswasser auf Nachbargrundstücke und die damit möglicherweise verbundenen nachteiligen Auswirkungen. Dass **Wasser** generell ein **hohes Schadenspotenzial** – auch für benachbarte Grundstücke – beinhaltet, wird durch die vielfältigen gesetzlichen Regelungen sowohl im privaten Nachbarrecht wie auch im öffentlichen Bau- und Wasserrecht verdeutlicht. So bestimmt beispielsweise § 37 WHG als grundlegende Anforderung an einen ordnungsgemäßen Wasserabfluss, dass dieser weder zum Nachteil eines höherliegenden Nachbargrundstücks behindert noch zum Nachteil eines tieferliegenden Grundstücks verstärkt oder auf andere Weise verändert werden darf. Damit ist die nachbarschützende Ausrichtung der vormals in Landeswassergesetzen und landesnachbarrechtlichen Bestimmungen enthaltenen Anforderungen über das wild abfließende Wasser mit der bundesgesetzlichen Aufnahme in das WHG 2010 beibehalten worden, einschließlich der verbliebenen inhaltlichen Zuordnung überwiegend zum materiellen privaten Nachbarrecht.[1]

65 Staudinger/*Roth* BGB § 910 Rn. 20.
66 BayObLG Beschl. v. 10.5.1988 – BReg 2 Z 101/87, ZMR 1988, 345 = WuM 1988, 322 (Ls. 1 und 3).
1 BT- Drs. 16/12275, 62; *Czychowski/Reinhardt* WHG § 37 Rn. 2.

II. Begrifflichkeiten

1. Niederschlagswasser

Nach der gesetzlichen Definition in § 54 WHG gilt das von Niederschlägen aus dem Bereich von bebauten oder befestigten Flächen gesammelt abfließende Wasser als Abwasser mit einer daraus folgenden grundsätzlichen Verpflichtung, dieses gefahrlos für den Wasserhaushalt und/oder die Nachbarschaft zu beseitigen. Die Verpflichtung ergibt sich grundsätzlich aus § 56 WHG, wobei nach § 56 S. 2 WHG die Landeswassergesetze für regelmäßig nicht mit Schadstoffen belastetes Niederschlagswasser Ausnahmen von der öffentlich-rechtlichen Abwasserbeseitigungspflicht vorsehen und damit die Verantwortung demjenigen zuweisen, auf dessen baulich genutztem Grundstück der Niederschlag anfällt. Niederschlag außerhalb bebauter oder befestigter Flächen, der aufgrund der natürlichen Gestaltung des Bodens einen direkten Abfluss auf benachbarte Grundstücksflächen bewirkt, begründet keine Verpflichtung zum Ergreifen von Gegenmaßnahmen, soweit nicht durch bauliche Anlagen auf dem Grundstück vermehrt Niederschlagswasser dem Nachbargrundstück zugeführt wird.[2] 2

In Abgrenzung zu wild abfließendem Wasser iSd § 37 WHG, welches das auf einem Grundstück aus Quellen entspringende oder sich auf sonstige Weise dort angesammeltes Wasser erfasst, ist vorliegend der Begriff Niederschlagswasser auf Traufwasser zu beschränken, das nicht unmittelbar in Form von Regen, Schnee, Hagel, Tau, Nebel etc auf den Boden auftrifft und dort versickert, sondern zunächst auf eine bebaute oder befestigte Fläche trifft und dort „gesammelt" (zB durch Dachrinnen oder Sammelkanäle) abfließt und damit zugleich den Begriff „Abwasser" im Sinne des § 54 Abs. 1 S. 1 Nr. 2 WHG erfüllt. Niederschlagswasser, das „wild" in den Wasserhaushalt gelangt, beispielsweise durch natürliches Versickern oder durch natürlichen Abfluss in ein oberirdisches Gewässer, ist nicht als Abwasser einzustufen.[3] 3

Ergänzend zu öffentlich-rechtlichen Anforderungen regeln die Nachbarrechtsgesetze der Länder, teils unter Verwendung des Begriffs Traufwasser/Dachtraufe, gleichermaßen das Verbot, dem Nachbargrundstück in einer gezielten Art und Weise Niederschlagswasser zuzuführen (vgl. → Rn. 12 ff.). 4

2. Nachbarrechtliches Niederschlagswasser/Traufwasser

Niederschlagswasser im nachbarrechtlichen Verständnis ist das von Niederschlägen, unabhängig vom jeweiligen Aggregatzustand, herrührende Wasser, wenn es auf bebaute oder befestigte Flächen trifft und gesammelt abfließt. Bebaut in diesem Sinne sind Flächen, auf denen sich Gebäude befinden, von deren Dächern oder anderen Gebäudeteilen das Niederschlagswasser auftrifft. Befestigt sind Flächen, deren natürliche Beschaffenheit durch bauliche Maßnahmen so verändert worden ist, dass auftretendes Niederschlagswasser nicht auf natürliche Weise versickern kann. Hierunter fallen beispielsweise betonierte, asphaltierte, gepflasterte oder mit einem anderen Material befestigte Oberflächen. Entscheidend ist, dass der Ausschluss bzw. die Verminderung des natürlichen Versickerns des Wassers auf anthropogenen Eingriffen beruhen muss, so dass natürlich verdichtete Flächen, die eine Versickerung des Niederschlags erschweren, nicht erfasst werden.[4] Unter **Traufwasser** versteht man dasjenige Niederschlagswasser, das allein auf (idR geneigte) Dachflächen trifft und von dort aus abfließt. 5

Auf die Streitfrage, ob das abwasserrechtliche Tatbestandsmerkmal des „Sammelns" von Niederschlagswasser zusätzlich durch das Vorhandensein von Dachrinnen, Anschlusskanälen oder anderen bautechnischen Einrichtungen erfüllt sein muss,[5] kommt es nicht an, weil es im nachbarrechtlichen Kontext alleine um die Abwehr des Gefährdungspotenzials des abfließenden Wassers geht. Von diesem Verständnis gehen auch die **Nachbarrechtsgesetze** der Länder aus, die **Niederschlagswasser und Traufwasser synonym** 6

2 *Dehner* B § 26 III 1b.
3 *Praml* in Jeromin/Kerkmann LWG RhPf Vor §§ 57–63 Rn. 19; *Saller* in Grziwotz/Lüke/Saller NachbarR-HdB 3. Teil Rn. 278.
4 *Czychowski/Reinhardt* WHG § 54 Rn. 15; OVG Münster Urt. v. 17.2.2017 – 15 A 687/15, juris Rn. 39.
5 So zutreffend: *Praml* in Jeromin/Kerkmann LWG Vor §§ 57–63 Rn. 23; aA: *Ganske* in Landmann/Rohmer UmweltR WHG § 54 Rn. 18.

verwenden (vgl. zB § 45 NRG Nds) und auf das bloße Ableiten von Niederschlagswasser zur Abwehr von Beschädigungen eines Bauwerks (zB durch künstliches Gefälle oder in Dachrinnen ohne Fallrohre und Anschlusskanäle) abstellen.

III. Öffentlich-rechtliche Anforderungen an die Niederschlagswasserbeseitigung

7 § 54 Abs. 1 Nr. 2 WHG bestimmt neben einer Legaldefinition von Niederschlagswasser auch seine Zuordnung zum Abwasser, mit den daraus folgenden wasserwirtschaftlichen Anforderungen an seine ordnungsgemäße Beseitigung. Die Grundsätze für die Abwasserbeseitigung von Niederschlagswasser enthält die Vorschrift des § 55 Abs. 2 WHG. Danach soll das Niederschlagswasser ortsnah versickert, verrieselt oder direkt oder über eine Kanalisation ohne Vermischung mit Schmutzwasser in ein Gewässer eingeleitet werden. Diese Abwasserbeseitigungsmöglichkeiten stehen unter dem Vorbehalt, dass wasserrechtliche oder sonstige öffentlich-rechtliche Vorschriften bzw. wasserwirtschaftliche Belange im Einzelfall nicht entgegenstehen. Jeder **Grundstückseigentümer** ist **verpflichtet**, das Gebot zur **schadlosen Beseitigung von Abwasser**, einschließlich des Niederschlagswassers zu beachten, soweit er Abwasser beseitigt. Die dafür zur Verfügung stehenden, in § 55 Abs. 2 WHG aufgeführten vier Modalitäten sollen eine gewässerschutzverträgliche Rückführung des Wassers in den Wasserkreislauf gewährleisten.[6] Aus den gesetzlich normierten Ausschlussgründen einer solchen Abwasserbeseitigung folgt, dass die gesetzlichen Anforderungen nur im Interesse der Allgemeinheit bestehen und keinen Drittschutz vermitteln. Folglich sind Verstöße gegen die **Grundanforderungen** der schadlosen Abwasserbeseitigung in **§ 55 Abs. 1 S. 1 WHG** durch Maßnahmen der Gewässeraufsicht zu begegnen. Sie sind mithin auch **keine Schutzgesetze iSd § 823 Abs. 2 BGB**.[7]

8 Das nach dem einschlägigen Landeswasserrecht als Gemeingebrauch zulässige schadlose Einleiten von Niederschlagswasser in ein oberirdisches Gewässer (§ 25 S. 3 Nr. 1 WHG) durch den jeweiligen Grundstückseigentümer begründet keine unmittelbaren drittgerichteten Rechte zugunsten eines Grundstücksnachbarn. Dies gilt auch dann, wenn in einem Bebauungsplan die Niederschlagswasserbeseitigung mittels einer ortsnahen Verrieselung ausdrücklich vorgesehen ist. Denn Festsetzungen zur Niederschlagsentwässerung betreffen die Erschließung von Baugrundstücken und haben grundsätzlich keine drittschützende Wirkung. Deshalb kann ein Nachbar nicht mit der Rüge, die Niederschlagswasserbeseitigung auf einem Baugrundstück sei nicht gesichert, in Form einer präventiven Schadensabwehr durchdringen.[8]

IV. Öffentlich-rechtliche Abwehrrechte

1. Wasserrechtliches Einschreiten

9 Ein Grundstückseigentümer kann Beeinträchtigungen seines Grundstücks und seines Eigentums durch zufließendes Niederschlagswasser vom Nachbargrundstück grundsätzlich nicht durch einen Antrag auf wasserbehördliches Einschreiten abwehren. Die Aufgaben der **Gewässeraufsicht** im Sinne des § 100 Abs. 1 WHG bestehen **regelmäßig im öffentlichen Interesse**.[9] Die Anforderungen an die ordnungsgemäße Niederschlagswasserbeseitigung ihrerseits sind in den Wassergesetzen ausschließlich zur Vermeidung von Beeinträchtigungen des Wohls der Allgemeinheit normiert. Insoweit fehlt es in den gesetzlichen Regelungen hierzu an einer ausdrücklichen Einbeziehung von „Betroffenen" oder von „anderen", was Anlass für eine nachbarschützende Ausrichtung sein könnte.[10] Denn der öffentlich-rechtliche Nachbarschutz ist grundsätzlich auch im Wasserrecht nur aus Rechtsnormen abzuleiten, die der Behörde den Schutz bestimmter nach-

6 *Czychowski/Reinhardt* WHG § 55 Rn. 23.
7 *Czychowski/Reinhardt* WHG § 55 Rn. 13 und 7 ff.
8 VG München Urt. v. 29.1.2019 – M 1 K 18. 3705.
9 *Breuer/Gärditz* WasserR Rn. 1031.
10 So jedenfalls: BVerwG Urt. v. 7.6.1967 – IV C 208.65 (Ls. 5), BVerwGE 27, 176; ähnlich: *Czychowski/Reinhardt* WHG § 100 Rn. 54; aA: *Breuer/Gärditz* WasserR Rn. 1031.

barlicher Belange auferlegen.[11] Der Grundstücksnachbar bleibt diesbezüglich auf seine **privatrechtlichen Abwehransprüche gegen den Störer** im Zivilrechtsweg angewiesen (§ 1004 Abs. 1 BGB).[12]

2. Bauaufsichtliches Einschreiten

Wegen eines verstärkten Abfließens von Oberflächen- und Niederschlagswasser von einem Grundstück kann nur ausnahmsweise ein öffentlich-rechtlichen Abwehranspruch des Nachbarn in Form eines Anspruchs auf bauaufsichtliches Einschreiten bestehen, wenn es infolge des Wasserzuflusses zu einer qualifizierten Beeinträchtigung des Eigentums oder der Gesundheit kommen kann.[13] Voraussetzung eines Anspruchs auf bauaufsichtliches Einschreiten ist zunächst ein unmittelbarer Zusammenhang zwischen einem baulichen Geschehen (Errichtung, Änderung, Instandsetzung etc einer baulichen Anlage) und einem – verstärkten – Abfluss von Niederschlagswasser auf ein (Nachbar-)Grundstück. Ferner liegt eine qualifizierte Beeinträchtigung nur dann vor, wenn die Standsicherheit von Gebäuden oder anderen baulichen Anlagen oder die Tragfähigkeit des Baugrunds des Nachbargrundstücks in drittschützender Weise gefährdet werden könnte (§ 12 MBO). Ebenso sind hier die physikalischen Einwirkungen durch Wasser und Feuchtigkeit auf bauliche Anlagen und Einrichtungen, wie sie als nachbarschützende Vorschriften in den Landesbauordnungen geregelt sind, zu nennen, soweit damit Gefahren oder unzumutbare Belästigungen oder Nachteile für den Grundstücksnachbarn entstehen könnten (§ 13 MBO). Nicht jede durch ein Vorhaben verursachte Veränderung des Wasserabflusses begründet zugleich eine unzumutbare Beeinträchtigung nachbarlicher Rechte; gewisse Veränderungen der Wasserverhältnisse durch ein in der Nähe des eigenen Grundstücks geplantes Vorhaben muss der Nachbar grundsätzlich hinnehmen.[14] Eine unzumutbare Beeinträchtigung liegt jedoch vor, wenn das Niederschlagswasser auf das Grundstück des Nachbarn abgeleitet wird und dort zu Überschwemmungen führt.[15] Die generalklauselartigen Bestimmungen in den Landesbauordnungen[16] des Schutzes baulicher Anlagen vor schädlichen Einwirkungen, insbesondere auch durch Wasser, sind ebenfalls **nachbarschützende Vorschriften**, die Anlass und Voraussetzung für ein bauaufsichtliches Einschreiten zur Abwehr von zufließenden Niederschlagswasser sind. 10

Soweit das Niederschlagswasser mittels technischer Anlagen (zB Rigolen, Mulden, Rohre und Schächte) auf dem Grundstück ortsnah versickert oder verrieselt wird, kann gegen einen unzulässigen Abfluss auf Nachbargrundstücke mit einem Antrag auf bauaufsichtliches Einschreiten vorgegangen werden. Einige Bauordnungen der Länder enthalten diesbezüglich ein unmittelbar nachbar- und drittschützendes Gebot,[17] nach dem Abwasseranlagen so anzuordnen herzustellen und instand zu halten sind, dass sie betriebssicher sind und keine Gefahren oder unzumutbare Belästigungen entstehen.[18] 11

V. Zivilrechtliche Unterlassungs-, Abwehr- und Beseitigungsansprüche

1. Bundesrecht

a) Abwehr- und Unterlassungsansprüche. Dem Grundstückseigentümer steht privatrechtlich nicht die Befugnis zu, das auf seinen baulichen Anlagen oder befestigten Flächen auftreffende Niederschlagswasser 12

11 Grundlegend: BVerwG Urt. v. 20.10.1972 – IV C 107.67, BVerwGE 41, 58; Urt. v. 15.7.1987 – 4 C 56.83, BVerwGE 78, 40.

12 VGH München Beschl. v. 24.7.2014 – 15 CS 14.949 14, ZMR 2015, 499: In der Regel kein Verstoß gegen das einfachgesetzliche bauplanungsrechtliche Rücksichtnahmegebot, wenn die Entsorgung von Niederschlagswasser auf dem Baugrundstück nicht wie im Bebauungsplan vorgesehen gewährleistet ist (offen gelassen: vgl. VGH München Beschl. v. 24.1.2006 – 20 CS 05.3147; Beschl. v. 11.9.2012 – 15 CS 12.634).

13 VG Saarlouis Urt. v. 31.7.2019 – 5 K 2421/17, juris Rn. 43.

14 VGH München Beschl. v. 22.2.2017 – 15 CS 16.1883, BayVBl. 2018, 526; OVG Magdeburg Beschl. v. 12.12.2018 – 2 M 82.18, juris Rn. 51.

15 VG Cottbus Urt. v. 12.9.2019 – 3 K 1477/14, juris Rn. 33.

16 Vgl. Art. 11 BayBO; § 16 BauO NRW; § 14 LBauO RhPf; ua: *Saller* in Grziwotz/Lüke/Saller NachbarR-HdB 3. Teil Rn. 292.

17 *Jeromin* LBauO RhPf § 41 Rn. 27; *Saller* in Grziwotz/Lüke/Saller NachbarR-HdB 3. Teil Rn. 292.

18 Vgl. § 33 Abs. 1 BauO BW; Art. 41 Abs. 1 BayBO; § 39 HBO; § 42 Abs. 2 NdsBauO; § 41 Abs. 3 LBauO RhPf.

auf benachbarte Grundstücke zu leiten oder auf diese ablaufen zu lassen. Dies ist durch § 903 BGB ausgeschlossen.[19] Denn soweit durch die Benutzung des eigenen Grundstücks Grenzüberschreitungen (durch Menschen oder körperliche Gegenstände) erfolgen, stehen Rechte Dritter entgegen. Da das zugeführte **Niederschlagswasser** nicht als unwägbarer Stoff im Sinne des § 906 BGB anzusehen ist, sondern als sog. **Grobimmission**, kann die Ableitung von Niederschlagswasser durch den betroffenen Nachbarn gemäß § 1004 BGB uneingeschränkt abgewehrt werden, ohne auf den Einwand der Ortsüblichkeit eingehen zu müssen.[20] Der Tatbestand des § 1004 Abs. 1 BGB ist allerdings nur erfüllt, wenn die abzuwendende **Beeinträchtigung nicht ausschließlich auf Naturkräfte zurückzuführen** ist. Sie muss wenigstens mittelbar auf den Willen des Anspruchsgegners zurückgehen, das heißt, dieser muss die durch Naturereignisse ausgelöste Störung durch seine Handlung (mit) ermöglicht oder die Beeinträchtigung erst durch ein pflichtwidriges Unterlassen (mit) herbeigeführt haben.[21] So muss der Grundstückseigentümer eines hangabwärts gelegenen Grundstücks es grundsätzlich hinnehmen, dass dieses durch die natürliche Gefällelage durch wild abfließendes Niederschlagswasser stärker beeinträchtigt wird als andere Grundstücke. Die wasserrechtlichen Vorschriften des § 37 WHG und entsprechende Regelungen in den Landeswassergesetzen finden nur auf wild abfließendes Wasser Anwendung, also auf Wasser, das unmittelbar auf den unversiegelten Boden fällt. Hiervon zu unterscheiden ist sog. Baulichkeitswasser, das von einem auf dem Nachbargrundstück stehenden Gebäude bzw. einer baulichen Anlage auf das bebaute Grundstück abgeläuft und von dort auf das Nachbargrundstück gelangt.

13 **b) Beseitigungsansprüche.** Die Wiederherstellung des vom abfließenden Niederschlagswasser beeinträchtigten Grundstücks (zB Abrutschungen des Geländes, Ab- und Unterspülungen des Grundstücks, Verlust der Standsicherheit baulicher Anlagen, Überschwemmungen, Erhöhung des Grundwasserstands etc) kann der Nachbar entweder nach § 1004 Abs. 1 S. 1 BGB (Beseitigung der eingetretenen Störung) oder – gegebenenfalls auch im Wege der Anspruchskonkurrenz – in Form eines Schadensersatzanspruchs auf deliktrechtlicher Grundlage nach §§ 823, 249 ff. BGB geltend machen.[22] Auf die in ihren Einzelheiten nicht abschließend geklärte Abgrenzung zwischen dem verschuldensunabhängigen Beseitigungsanspruch und dem verschuldensabhängigen Schadensersatzanspruch[23] kommt es insoweit nicht an.

14 Abwehr- und Beseitigungsansprüche des Nachbarn bestehen ausnahmsweise nicht, wenn zwischen den benachbarten Grundstückseigentümern eine vertraglich übernommene Duldungspflicht mit einem korrespondierenden sog. Traufrecht besteht.[24]

15 **c) Schadensersatz- und Ausgleichsansprüche.** Während zivilrechtliche Unterlassungsansprüche gegen eine rechtswidrige, weil nicht zu duldende Ableitung von Niederschlagswasser verschuldensunabhängig durchgesetzt werden können (§ 1004 Abs. 1 BGB), besteht bei der Geltendmachung von Schadensersatzansprüchen gemäß § 823 BGB die praktische Schwierigkeit des Nachweises eines kausalen materiellen Schadens durch das vom Nachbargrundstück übertretende Niederschlagswasser. Schäden durch den Übertritt von Wasser auf ein Nachbargrundstück sind nur insoweit ersatzfähig, als sie abgrenzbar gerade durch die rechtswidrige Verstärkung des Wasserzuflusses infolge von baulichen Anlagen entstanden sind.[25]

---

19 *Saller* in Grziwotz/Lüke/Saller NachbarR-HdB 3. Teil Rn. 272; *Dehner* B § 26 III.

20 BGH Urt. v. 2.3.1984 – V ZR 54/83, BGHZ 90, 255: Als sog. Grobimmission zählt der Wasserzufluss als solcher nicht zu den Immissionen im Sinne des § 906 Abs. 1 BGB. Etwas anderes gilt nur, wenn eine unwägbare Substanz im Sinne der Vorschrift in abfließendes Regenwasser gerät und auf diese Weise dem Nachbargrundstück zugeführt wird.

21 BGH Urt. v. 31.10.2019 – III ZR 64/18, BGHZ 223, 317 unter Verweis auf Urt. v. 18.4.1991 – III ZR 1/90, BGHZ 114, 183, mwN.

22 Vgl. hierzu: BGH Urt. v. 26.10.2018 – V ZR 328/17, NJW 2019, 1216; Urt. v. 12.11.1999 – V ZR 229/98, NJW-RR 2000, 537.

23 Vgl. dazu: BGH Urt. v. 18.4.1997 – V ZR 28/96, BGHZ 135, 235; Urt. v. 1.12.1995 – V ZR 9/94, NJW 1996, 845.

24 Hierzu: *Saller* in Grziwotz/Lüke/Saller NachbarR-HdB 3. Teil Rn. 274; *Dehner* B § 26 II aE: Bestellung durch schuldrechtlichen Vertrag oder einer Dienstbarkeit, wobei die Beweislast für das Bestehen einer solchen Befugnis zur Zuführung von Traufwasser auf das Nachbargrundstück den jeweiligen Grundstückseigentümer trifft.

25 OLG Schleswig Urt. v. 14.11.2018 – 12 U 48/18, juris Rn. 60.

Lässt sich der Unterlassungsanspruch nicht (zeitgerecht) aus rechtlichen oder tatsächlichen Gründen durchsetzen, steht dem betroffenen Grundstücksnachbarn ein Sekundäranspruch nach § 906 Abs. 2 S. 2 BGB analog zu. Als nachbarrechtlicher Ausgleichsanspruch ist er unter bestimmten Voraussetzungen auch auf Wasser entsprechend anwendbar.[26] Er gewährt als Sekundäranspruch eine finanzielle Kompensation für bestehende primäre Abwehransprüche, die nicht durchgesetzt werden können. Ausgeglichen wird die Vermögenseinbuße, die der Ausgleichsberechtigte erleidet, wobei ersetzbar nur die Aufwendungen für die Beseitigung der Beeinträchtigung sind.[27] 16

2. Landesrecht

Der bundesgesetzlichen Rechtslage folgend, enthalten die meisten Länder konkretisierende Regelungen in den Nachbarrechtsgesetzen, nach denen der Eigentümer und der Nutzungsberechtigte eines Grundstücks verpflichtet sind, bauliche Anlagen so einzurichten, dass Niederschlagswasser nicht auf das Nachbargrundstück tropft, abgeleitet wird oder auf dieses übertritt.[28] In Niedersachsen regelt die landesgesetzliche Bestimmung, die insoweit in § 45 NNRG mit „Traufwasser" überschrieben ist, nur das unmittelbar von dem Dach abtropfende Niederschlagswasser (= Traufwasser) und unterwirft es dem gesetzlichen Verbot eines Ableitens. Der landesgesetzliche Verbotstatbestand ist in Brandenburg (§ 54 BbgNRG) demgegenüber sachlich erweitert, indem neben dem bloßen Niederschlagswasser auch Abwässer und andere Flüssigkeiten tatbestandlich erfasst werden. Gleichermaßen sieht das Nachbarschaftsgesetz des Landes Sachsen-Anhalt in § 33 vor, dass nicht bloß ein Übertreten von Traufwasser auf benachbarte Grundstücke verboten ist, sondern auch das von Abwässer und andere Flüssigkeiten.[29] Die Bundesländer Baden-Württemberg, Bayern, Berlin, Bremen, Hamburg und Mecklenburg-Vorpommern haben keine landesgesetzlichen Regelungen bezüglich der Behandlung bzw. Entsorgung nachbarschaftsrechtlichen Niederschlagswassers, so dass unmittelbar die bundesgesetzlichen Abwehr- und Ausgleichsrechte nach §§ 1004, 823 oder 906 Abs. 2 BGB analog anwendbar sind. 17

a) Vorrang landesgesetzlicher Normen. Soweit die Landesnachbarrechtsgesetze Regelungen zur Ableitung von Niederschlagswasser treffen, gehen diese Bestimmungen als lex specialis den allgemeinen bundesgesetzlichen Normen vor. § 26 Abs. 1 NachbG Schl.-H. regelt in seinem Anwendungsbereich als Schutzgesetz in Verbindung mit § 823 Abs. 2 BGB mögliche Schadensersatzansprüche wegen übertretendem Wasser auf ein Nachbargrundstück abschließend, so dass eine entsprechende Anwendung von § 906 Abs. 2 S. 2 BGB (sog. nachbarrechtlicher Ausgleichsanspruch) daneben ausscheidet. Niederschlagswasser ist vom Anwendungsbereich des § 26 NachbG Schl.-H. umfasst, wenn es zunächst auf das eigene Grundstück abgeleitet wird und von dort aufgrund der Beschaffenheit baulicher Anlagen oberirdisch oder unterirdisch auf das Nachbargrundstück übertritt. Zwar besteht keine grundsätzliche Pflicht des Eigentümers eines Grundstücks, den Ablauf des Niederschlagswassers auf das Nachbargrundstück zu verhindern.[30] Soweit die natürliche Gestaltung des Bodens einen solchen Abfluss bewirkt, besteht keine Pflicht dem durch das Ergreifen von besonderen Maßnahmen entgegenzuwirken. Es obliegt dem Eigentümer des Nachbargrundstücks, sich um den Schutz seines Grundstücks zu kümmern.[31] Werden jedoch durch den Eigentümer bauliche Anlagen errichtet oder der Boden versiegelt und wird dadurch dem Nachbargrundstück vermehrt Niederschlagswasser zugeführt, stellt dies einen Eingriff in den natürlichen Ablauf des Wassers dar, der haftungsbegründend ist. Einschränkend fordert der BGH,[32] dass der über die natürlichen Begebenheiten hinausgehende Zufluss von Niederschlagswasser nur dann haftungsrelevant wird, wenn er zu einer Beeinträchtigung des Nachbargrundstücks führt. 18

26 BGH Urt. v. 25.10.2013 – V ZR 230/12, BGHZ 198, 327.
27 OLG Schleswig Urt. v. 14.11.2018 – 12 U 48/18, juris Rn. 39.
28 Brandenburg: § 52; Hessen: § 26; Niedersachsen: § 45; Nordrhein-Westfalen: § 27; Rheinland-Pfalz: § 37; Saarland: § 41; Sachsen: § 25; Sachsen-Anhalt: § 33; Schleswig-Holstein: § 26; Thüringen: § 37.
29 *Dehner* B § 26 Nr. 5, sieht in dieser Vorschrift nicht ein bloßes Störungsverbot, sondern ein Gebot, durch die Gestaltung der zu errichtenden baulichen Anlagen Störungen durch Traufwasser, Abwässer oder andere Flüssigkeiten insoweit zu unterbinden, als sie bereits vorher vorhanden waren.
30 BGH Urt. v. 12.6.2015 – V ZR 168/14, BauR 2015, 1844; ebenso: *Dehner* B § 26 III 1b.
31 BGH Urt. v. 18.4.1991 – III ZR 1/90, BGHZ 114, 183; Urt. v. 17.10.2013 – V ZR 15/13, NZM 2014, 366.
32 BGH Urt. v. 12.6.2015 – V ZR 168/14, BauR 2015, 1844.

19 **b) Umfassende Auslegung des Wasserübertritts.** Soweit in den Nachbarrechtsgesetzen der Länder im gesetzlichen Tatbestand bezogen auf Niederschlagswasser wie in Brandenburg (§ 52 Abs. 1), Hessen (§ 26 Abs. 1), Nordrhein-Westfalen (§ 27 Abs. 1), Rheinland-Pfalz (§ 37 Abs. 1), Saarland (§ 41 Abs. 1), Schleswig-Holstein (§ 26 Abs. 1) und Sachsen (§ 25 Abs. 1) auch ein „Übertreten" auf das Nachbargrundstück erfasst wird, findet keine Unterscheidung zwischen oberirdischem und unterirdischem Wasserzufluss statt.[33] Entscheidend ist allein, dass baulichen Anlagen auf einem Grundstück die Ursache dafür sind, dass mehr Sickerwasser auf das Nachbargrundstück gelangt, als dies ohne die baulichen Anlagen der Fall wäre. Bereits im Leitsatz hat der BGH festgehalten: „*Ein Übertritt von Niederschlagswasser im Sinne des § 37 Abs. 1 LNRG Rheinland-Pfalz setzt keinen oberirdischen Zufluss voraus. Dem Eigentümer eines Grundstücks steht auch dann ein Unterlassungsanspruch gemäß § 1004 Abs. 1 S. 2 BGB iVm § 37 Abs. 1 LNRG Rheinland-Pfalz zu, wenn infolge baulicher Anlagen auf dem Nachbargrundstück (unterirdisch) vermehrt Sickerwasser auf sein Grundstück gelangt.*"[34] Mit dem Begriff des „Übertretens" wird bloß eine Modalität der Ortsveränderungen des Wassers von dem einen Grundstück auf das andere beschrieben. Begrifflich ist diese Modalität nicht auf einen oberirdischen Zufluss beschränkt, weil es nach der ratio legis auf die Auswirkung des übertretenden Wassers auf die Integrität des Nachbargrundstücks ankommen muss.

91. Notweg*

Ring

Literatur: *Karding*, Beiträge zur Lehre vom Notweg, AcP 99 (2006), 407; *Säcker/Paschke*, Der Notweg im System des nachbarrechtlichen Zivilrechts, NJW 1981, 1009.

---

33 BGH Urt. v. 12.6.2015 – V ZR 168/14, BauR 2015, 1844 zu § 37 Abs. 1 LNRG RhPf: entgegen früherer Entscheidungen des OLG Köln Urt. v. 14.5.2010 – 19 U 120/09, juris Rn. 46 und des OLG Frankfurt Urt. v. 14.5.1998 – 1 U 90/95, juris Rn. 39.

34 Ebenso: OLG Schleswig Urt. v. 14.11.2018 – 12 U 48/18, juris Rn. 44.

* Die Bearbeitung basiert auf der Kommentierung des Verfassers im NK-BGB (Bd. 3, 4. Aufl. 2016) zu § 917 BGB und ist à-jour-geführt.

I. Einleitung

Fehlt einem Grundstück die zur ordnungsgemäßen Benutzung notwendige Verbindung mit einem öffentlichen Weg, kann der Grundstückseigentümer von den Nachbarn nach § 917 Abs. 1 S. 1 BGB – in Durchbrechung des allgemeinen Grundsatzes (§§ 903, 1004 BGB), dass der benachbarte Grundstückseigentümer berechtigt ist, andere von jeder Einwirkung auf sein Grundstück auszuschließen – verlangen, dass sie bis zur Behebung des Mangels die Benutzung ihrer Grundstücke zur Herstellung der erforderlichen Verbindung des verbindungslosen „gefangenen Grundstücks" zum öffentlichen Weg dulden (**Duldungspflicht**).[1] Die Richtung des Notwegs sowie der Umfang des Benutzungsrechts (als Betretungsrecht) wird, sofern der Grundstückseigentümer mit seinen Nachbarn kein Einvernehmen erzielen kann, gemäß § 917 Abs. 1 S. 2 BGB von den Gerichten („erforderlichenfalls durch Urteil") bestimmt. 1

Wenn dem Grundstückseigentümer ein Notwegrecht eingeräumt wird, haben der/die Nachbar(n), über deren Grundstück(e) der Notweg führt, einen Anspruch auf Entschädigung in Form einer Geldrente (§ 917 Abs. 2 S. 1 BGB) als verschuldensunabhängiger bürgerlich-rechtlicher Aufopferungsanspruch.[2] Auf die Geldrente finden nach § 917 Abs. 2 S. 2 BGB die Vorschriften des § 912 Abs. 2 S. 2 und der §§ 913, 914 sowie § 916 BGB entsprechende Anwendung. 2

Die Verpflichtung zur Duldung des Notwegs tritt nach § 918 Abs. 1 BGB nicht ein, wenn die bisherige Verbindung des Grundstücks mit dem öffentlichen Weg durch eine willkürliche Handlung des Eigentümers aufgehoben wird. Wird infolge der Veräußerung eines Teils des Grundstücks der veräußerte oder der zurückbleibende Teil von der Verbindung mit dem öffentlichen Weg abgeschnitten, hat der Eigentümer desjenigen Teils, über welchen die Verbindung bisher stattgefunden hat, gemäß § 918 Abs. 2 S. 1 BGB den Notweg zu dulden.[3] Der Veräußerung eines Teils steht die Veräußerung eines von mehreren demselben Eigentümer gehörenden Grundstücken gleich (so § 918 Abs. 2 S. 2 BGB). 3

Das „gefangene Grundstück" befindet sich, da es vom öffentlichen Wegenetz abgeschnitten ist, in einer Notstandssituation.[4] Im Interesse einer wirtschaftlichen Ausnutzung des verbindungslosen Grundstücks wird dem Nachbarn die Duldung des Notwegs zugunsten der Privatinteressen des Berechtigten auferlegt (Prinzip des überwiegenden Interesses).[5] Der durch § 917 Abs. 1 BGB verdrängte Beseitigungsanspruch nach § 1004 Abs. 1 S. 1 BGB wird zu einem Geldrenten-Entschädigungsanspruch gemäß § 917 Abs. 2 S. 1 BGB kompensiert. 4

Das Notwegerecht nach § 917 BGB ist als gesetzlich vorgegebene Sozialbindung des Eigentums nach Art. 14 Abs. 2 GG zu qualifizieren.[6] 5

Bei Waldgrundstücken und für Versorgungsleitungen hat das Notwegrecht im Landesrecht eine gesonderte Regelung erfahren. Diese ist im dort geregelten Umfang vorrangig. Nur wenn sich im Landesrecht keine Sondervorschriften finden, gelten auch für die Benutzung von Waldgrundstücken oder für die Verlegung/Mitbenutzung von Versorgungsleitungen die Vorgaben über das allgemeine Notwegrecht (§§ 917 f. BGB).[7] Davon unberührt bleibt ein Nutzungsrecht nach Maßgabe von § 904 BGB.[8] 6

---

1 Staudinger/*Roth* BGB § 917 Rn. 1.
2 Dazu *Roth*, Der bürgerlich-rechtliche Aufopferungsanspruch, S. 2; Staudinger/*Roth* BGB § 917 Rn. 1.
3 Dazu BGH Urt. v. 23.1.1970 – V ZR 2/67, BGHZ 53, 166.
4 Motive III, S. 289; vgl. auch OLG Koblenz Urt. v. 11.7.1991 – 5 U 1808/90, DWW 1992, 77 (78).
5 Staudinger/*Roth* BGB § 917 Rn. 1.
6 So *Säcker/Paschke* NJW 1981, 1009; aA *Caronie/Rudolf*, Der Notweg, S. 42 und 48.
7 BGH Urt. v. 30.1.1981 – V ZR 6/80, NJW 1981, 1036; OLG Hamm Urt. v. 8.7.1991 – 5 U 49/91, NJW-RR 1992, 723.
8 Palandt/*Herrler* BGB § 917 Rn. 1.

II. Anspruch auf ein Notwegrecht nach § 917 Abs. 1 BGB

7 Der verbindungslose Grundstückseigentümer hat bei Vorliegen der Voraussetzungen des § 917 Abs. 1 BGB ein subjektives Recht in Gestalt eines gegen den Nachbarn gerichteten Anspruchs (§ 194 BGB) – der nach § 924 BGB nicht der Verjährung unterworfen ist – auf Duldung der Benutzung.[9]

8 Der Anspruch kann jedoch nicht auch für einen künftigen Einzelrechtsnachfolger verlangt werden.[10]

9 Voraussetzung ist ein entsprechendes Duldungsverlangen, das (sofern keine einvernehmliche Regelung möglich ist) gerichtlich geltend gemacht, seinen Niederschlag in einem nach den §§ 890, 892 ZPO vollstreckbaren Duldungsurteil findet.

10 Der Duldungsanspruch berechtigt den Anspruchsinhaber nicht zu einer eigenmächtigen Benutzung (entsprechend § 858 BGB iS eines subjektiven Selbsthilferechts).[11] Selbst wenn die Anspruchsvoraussetzungen des § 917 BGB vorliegen, darf der Anspruchsinhaber (bei Weigerung des Nachbarn) das Notwegrecht erst nach einer gerichtlicher Geltendmachung nutzen. Ein Selbsthilferecht scheidet selbst dann aus, wenn nur eine einzige Notwegemöglichkeit überhaupt besteht.[12] Ansonsten begeht der Anspruchsberechtigte „verbotene Eigenmacht“ iSv § 858 Abs. 1 BGB.

11 Kommen mehrere gleichwertige Benutzungsmöglichkeiten in Betracht, ergeht das Duldungsurteil als Gestaltungsurteil[13] – bei nur einer einzigen Benutzungsmöglichkeit als Feststellungsurteil (§ 256 ZPO).

III. Die Voraussetzungen des Notwegrechts (§ 917 Abs. 1 S. 1 BGB)

1. Fehlen einer Verbindung zum öffentlichen Weg

12 Dem Grundstück[14] – unabhängig davon, wo dieses belegen ist[15] – muss es an einer Verbindung (iS einer tatsächlichen oder rechtlichen Zugangsmöglichkeit)[16] zu einem öffentlichen Weg fehlen.[17]

13 Die Ursache hierfür ist ebenso ohne Bedeutung[18] wie die zeitliche Dauer der fehlenden Verbindung.[19] Wenn es bei der Bearbeitung von Teilungsplänen durch das Grundbuchamt zu Fehlern kommt (zB dass ein gefangener Raum mit einer Nummer versehen wird), entsteht trotz fehlender Zugangsmöglichkeit durch diesen konstitutiven Akt Sondereigentum an diesem Raum, womit dem Sondereigentümer des gefangenen Raumes in entsprechender Anwendung des § 917 BGB ein Notwegerecht zusteht.[20] Eine „gesicherte Er-

9 Staudinger/*Roth* BGB § 917 Rn. 2: nicht jedoch einen Anspruch auf Einräumung einer Wegedienstbarkeit.

10 BGH Urt. v. 7.3.2014 – V ZR 137/13, MDR 2014, 710 – Ls. 2.

11 Staudinger/*Roth* BGB § 917 Rn. 2; aA LG Hannover Urt. v. 6.3.1991 – 11 S 254/90, MDR 1991, 870; MüKoBGB/*Brückner* § 917 Rn. 23.

12 Staudinger/*Roth* BGB § 917 Rn. 2.

13 Staudinger/*Roth* BGB § 917 Rn. 2: Eintritt der Gestaltungswirkung mit ex-nunc-Wirkung im Zeitpunkt der formellen Rechtskraft.

14 Unter Grundstück kann tatbestandsmäßig auch ein See zu verstehen sein, nicht jedoch eine selbstständige Gerechtigkeit iSv Art. 187 EGBGB: Staudinger/*Roth* BGB § 917 Rn. 9. Das Grundstück muss im Grundbuch eingetragen sein, so LG Düsseldorf Urt. v. 4.7.1954 – 3 O 203/51, NJW 1954, 681; aA hingegen Staudinger/*Roth* BGB § 917 Rn. 9 („maßgeblich ist (…), ob ihm als einheitlich genutztes Wirtschaftsgrundstück ein Zugang fehlt“); ebenso MüKo-BGB/*Brückner* § 917 Rn. 7.

15 Staudinger/*Roth* BGB § 917 Rn. 15; zweifelnd OLG München Urt. v. 28.1.1992 – 25 U 4543/91, NJW-RR 1993, 474 (Grundstück in der Stadt versus Grundstück auf dem Lande).

16 Als rechtliche Zugangsmöglichkeit kommt zB ein Wegerecht in Betracht: OLG Braunschweig OLGE 26, 29.

17 Das Fehlen einer Verbindung zu einer Eisenbahnstrecke oder zu einem öffentlichen Wasserweg (selbst wenn dies für eine Grundstücksnutzung erforderlich sein sollte) ist für den Tatbestand des § 917 BGB irrelevant, nachdem der Landesgesetzgeber von der ihm nach Art. 123 EGBGB eingeräumten Möglichkeit keinen Gebrauch gemacht hat: Staudinger/*Roth* BGB § 917 Rn. 10. Zur Frage des Notwegs an einer Wasserstraße auch BGH Urt. v. 16.6.1967 – V ZR 122/64, MDR 1967, 749.

18 Staudinger/*Roth* BGB § 917 Rn. 9: Etwas anderes gilt nur hinsichtlich der Voraussetzungen des § 918 BGB.

19 Staudinger/*Roth* BGB § 917 Rn. 15.

20 OLG München Beschl. v. 8.12.2008 – 32 Wx 156/08, MietRB 2009, 108.

schließung" iSd Bauplanungsrechts verlangt, dass die Zugänglichkeit des Baugrundstücks rechtlich ausreichend ist, die Erschließung also auf Dauer zur Verfügung stehen muss. Ein Notwegerecht nach § 917 Abs. 1 BGB genügt hierfür grundsätzlich nicht.[21]

a) Der öffentliche Weg. „Öffentlicher Weg" ist ein solcher, der nach Bundes- oder Landesstraßenrecht dem öffentlichen Verkehr ausdrücklich gewidmet ist.[22] So sind zB nach § 2 Abs. 1 des Straßen- und Wegegesetzes NRW[23] all jene Straßen, Wege und Plätze „öffentliche Straßen", die dem öffentlichen Verkehr gewidmet sind, mithin nach § 6 Abs. 1 des Gesetzes durch Allgemeinverfügung die Eigenschaft einer öffentlichen Straße verliehen bekommen haben (vgl. auch § 2 Abs. 1 FStrG). 14

Fehlt eine ausdrückliche Widmung, reicht es auch aus, wenn ein (privater) Weg – mit stillschweigender Duldung (des Grundstückseigentümers, des Trägers der Baulast sowie der Ordnungsbehörde) – dem (öffentlichen) Verkehr dient.[24] Ein Privatweg erlangt jedoch durch die bloße Duldung des öffentlichen Verkehrs durch den Eigentümer allein noch nicht den Status eines öffentlichen Wegs.[25] 15

Die Beurteilung, ob ein „öffentlicher Weg" (nach Maßgabe der Vorgaben des Straßenrechts) vorliegt, fällt in die Vorfragenkompetenz der ordentlichen Gerichtsbarkeit.[26] 16

Kein öffentlicher Weg ist grundsätzlich ein Privatweg – gleichermaßen auch die Verbindung zu einem nichtöffentlichen Weg (zB in Gestalt eines gemeindlichen Wirtschaftswegs).[27] Unerheblich ist aber der Ausbaustand eines öffentlichen Wegs.[28] Neben einer ausgebauten öffentlichen Straße schließt zB auch eine Verbindung zu einem öffentlichen Feldweg nach § 917 BGB ein Notwegrecht aus. § 35 BauGB setzt jedoch für Vorhaben im Außenbereich eine „ausreichende" Erschließung voraus. Die Erschließung muss somit den Anforderungen des jeweiligen Vorhabens genügen. In der Folge kann ggf. ein Weg in einem unzureichenden Zustand den Anforderungen nicht genügen (bspw. ein Weg, der für die landwirtschaftlichen Fahrzeuge, für die er gedacht ist, zu schmal ist). 17

b) Fehlen einer Verbindung nach außen. Das eingeschlossene Grundstück muss sich in einer Notlage befinden, die durch das Fehlen einer Verbindung nach außen hervorgerufen wird. Eine Notlage fehlt, wenn der Eigentümer über andere in seinem Eigentum stehende Grundstücke Zugang zur öffentlichen Straße hat[29] – oder (trotz fehlender Verbindung) zwar ein dingliches Wegerecht[30] bzw. (zumindest) ein darauf gerichteter Anspruch[31] besteht, davon aber kein Gebrauch gemacht wird.[32] 18

Das Notwegrecht ist geeignet, eine tatsächliche Zugangsmöglichkeit eines Hinterliegergrundstücks zur gereinigten Straße im straßenreinigungsrechtlichen Sinne (§ 3 Abs. 1 des Gesetzes über die Reinigung öffent- 19

---

21 OVG Magdeburg Beschl. v. 26.10.2012 – 2 M 124/12, LKV 2012, 571 – Ls. 3. Eine Ausnahme von diesem Grundsatz kann sich nur in besonders gelagerten Einzelfällen unter dem Gesichtspunkt des nachbarlichen Gemeinschaftsverhältnisses ergeben: OVG Bremen Urt. v. 30.9.2003 – 1 A 251/01, NordÖR 2003, 495.

22 *Jauernig/Berger* BGB § 917 Rn. 1; MüKoBGB/*Brückner* § 917 Rn. 6; Staudinger/*Roth* BGB § 917 Rn. 10.

23 IdF der Bekanntmachung vom 23.9.1995 (GV NW 1995, 1028).

24 Staudinger/*Roth* BGB § 917 Rn. 10.

25 OLG Hamm Urt. v. 16.4.2007 – 5 U 176/06, NJW 1953, 1519; OLG München Urt. v. 11.6.1953 – 4 U 36/53, NJW 1954, 1452.

26 Staudinger/*Roth* BGB § 917 Rn. 10.

27 Staudinger/*Roth* BGB § 917 Rn. 10.

28 Er muss aber den Anforderungen einer ordnungsgemäßen Benutzung genügen. Ein unbrauchbarer, bei feuchtem Wetter vom Fahrzeugverkehr nicht nutzbarer Weg reicht nicht aus; Staudinger/*Roth* BGB § 917 Rn. 10.

29 „Auch wenn diese wirtschaftlich selbstständig gegen das eingeschlossene Grundstück abgegrenzt sind": Staudinger/*Roth* BGB § 917 Rn. 13; BGH MDR 1964, 325.

30 OLG Celle RdL 1964, 157 (160). Ein bloß schuldrechtliches Wegerecht kann die Notlage nur dann beheben, wenn dieses als ausreichende Sicherung des Zugangs zu qualifizieren ist (RG Urt. v. 5.5.1938 – V 241/37, RGZ 157, 305 (308)). Zu einem Wegerecht aufgrund eines Leihvertrags näher OLG Köln Urt. v. 23.2.1992 – 11 U 231/92, NJW-RR 1992, 1497.

31 OLG Braunschweig OLGE 26, 29.

32 Staudinger/*Roth* BGB § 917 Rn. 14.

licher Straßen[33] – StrReinG NRW) rechtlich zu sichern.[34] Allerdings resultiert aus der Pflicht des Nachbarn, einen Garagenüberbau zu dulden (§ 912 Abs. 1 BGB), nicht zugleich das Recht des Eigentümers zur Nutzung der (teilweise) auf dem Grundstück des Nachbarn gelegenen Garagenzufahrt.[35]

20 Ein Grundstück ist **ohne Zugang**, wenn es (weil durch dazwischen liegende Grundstücke völlig abgeschnitten) überhaupt keine Verbindung zu einem öffentlichen Weg hat,[36] oder wenn eine vorhandene Verbindung für eine ordnungsgemäße Benutzung im Hinblick auf eine sinnvolle wirtschaftliche Ausnutzung des eingeschlossenen Grundstücks nicht ausreicht.[37]

21 Verliert der ursprüngliche Eigentümer dreier Grundstücke das Eigentum nacheinander durch Rechtsgeschäft oder Zwangsversteigerung und hat das zuletzt veräußerte Grundstück nur über jeweils eines der anderen beiden Grundstücke Zugang zu einem öffentlichen Weg, hat der Erwerber dieses Grundstücks nur gegen den Erwerber des Grundstücks einen Anspruch auf Einräumung eines Notwegs, über das der ursprüngliche Eigentümer aller drei Grundstücke zuletzt den öffentlichen Weg erreichte.[38]

22 **c) Die zur ordnungsgemäßen Benutzung notwendige Verbindung.** „Ordnungsgemäße[39] Benutzung" iS einer Bewirtschaftung (iS Gebrauch oder Ausbeutung)[40] eines eingeschlossenen Grundstücks[41] beurteilt

---

33 Vom 19.12.1975 (GV NW 1975, 706).

34 OVG Münster Urt. v. 12.4.2011 – 9 A 2599/10, NWVBl 2011, 405: Ein Notwegerecht ist nicht gemäß § 917 BGB dadurch ausgeschlossen, dass der Eigentümer des berechtigten Grundstücks, der zugleich Eigentümer des verpflichteten Grundstücks ist, dieses mit einem Erbbaurecht belastet und keine vertragliche Vorsorge dafür trifft, dass der Zugang des berechtigten Grundstücks zur öffentlichen Straße weiterhin gesichert ist.

35 BGH Urt. v. 15.11.2013 – V ZR 24/13, NJW 2014, 311 (Ls. 2).

36 Motive III, S. 291.

37 BGH Urt. v. 11.6.1954 – V ZR 20/53, NJW 1954, 1321: bei großflächig bebautem Grundstück ist zusätzliche weitere Verbindung erforderlich (aA LG Düsseldorf Urt. v. 4.2.1954 – 3 O 203/51, NJW 1954, 681); MüKoBGB/*Brückner* § 917 Rn. 7; *Reinicke* MDR 1948, 358; Staudinger/*Roth* BGB § 917 Rn. 11; OLG Köln Urt. v. 4.11.1991 – 2 U 160/91, NJW-RR 1992, 213.

38 OLG Stuttgart Urt. v. 9.1.2013 – 3 U 78/12, RdL 2013, 118 – Ls. Gegen den zeitlich früheren Erwerber des anderen den Zugang vermittelnden Grundstücks und seine Rechtsnachfolger besteht kein Anspruch auf Einräumung eines Notwegs (auch wenn die Rechtsnachfolge nach der Veräußerung des letzten Grundstücks durch den ursprünglichen Eigentümer erfolgt ist).

39 „Ordnungsgemäß" ist eine Benutzung auch nur dann, wenn sie den gesetzlichen Vorgaben (zB kein Schwarzbau) sowie den auch ungeschriebenen Rechtsätzen des öffentlichen wie des privaten Rechts (zB kein Verstoß gegen eine Grunddienstbarkeit) folgt: Staudinger/*Roth* BGB § 917 Rn. 20, der unter Bezugnahme auf OLG Düsseldorf (Urt. v. 12.4.1989 – 9 U 252/88, OLGZ 1992, 208 (213)) ein Notwegrecht für den Fall ablehnt, dass es erst den Zugang zu einem Grundstück eröffnen soll, das zum öffentlichen Gemeingebrauch genutzt werden soll. Hier helfe nur eine Enteignung des den Zugang sperrenden Grundstücks, aber kein Notwegerecht über dasselbe. Daher kann auch die Absicht, ein bislang unbebautes Grundstück zu bebauen, kein Notwegerecht auslösen: Die Landesbauordnungen verlangen nämlich (was im Rahmen der Erteilung einer Baugenehmigung zu prüfen ist) einen Anschluss des Baugrundstücks an einen öffentlichen Verkehrsweg. Ein Verstoß gegen öffentliches Baurecht begründet aber keine ordnungsgemäße Grundstücksnutzung: Palandt/*Herrler* BGB § 917 Rn. 4; vgl. auch Staudinger/*Roth* (BGB § 917 Rn. 25) zum Fall einer gleichwohl erteilten (rechtswidrigen) Baugenehmigung. Zum Notwegrecht für den durch eine rechtswidrige Baugenehmigung Begünstigten BVerwG Urt. v. 26.3.1976 – IV C 7/74, BVerwGE 50, 282.

40 Staudinger/*Roth* BGB § 917 Rn. 18.

41 Es findet hingegen keine Abwägung der Interessen zwischen eingeschlossenem Grundstück und Nachbargrundstück unter Berücksichtigung des Verhältnismäßigkeitsgrundsatzes und der Auswirkungen auf das Nachbargrundstück statt: BGH Urt. v. 15.4.1964 – V ZR 134/62, NJW 1964, 1321 (1323); Staudinger/*Roth* BGB § 917 Rn. 19; aA hingegen MüKoBGB/*Brückner* § 917 Rn. 14: ggf. Begründung eines nach den Voraussetzungen des § 917 BGB nicht bestehenden Notwegrechts aufgrund nur geringfügiger Beeinträchtigung des Nachbargrundstücks.

sich nach den Umständen des konkreten Einzelfalls[42] und objektiv gegebenen Bedürfnissen praktischer Wirtschaft[43] (dh nach einem objektiven Maßstab).

23 **aa) Einzelheiten.** Ein Notwegrecht kann zB im Zuge einer technischen oder wirtschaftlichen Fortentwicklung zur Aufrechterhaltung eines rentablen Wirtschaftsbetriebs durch Steigerung der Benutzung des Grundstücks entstehen.[44] Regelmäßig scheidet eine bloße Parkplatzzufahrt bei einem Wohngrundstück aus.[45] Nur besondere Umstände des Einzelfalles können die Notwendigkeit einer Zufahrt zum Zweck des Abstellens rechtfertigen.[46] Für die Frage, ob ein Grundstück „ordnungsgemäß" genutzt wird, ist es ohne Belang, aus welchen Gründen ihm die Verbindung zu einem öffentlichen Weg fehlt. Hat der Eigentümer die Ursache selbst gesetzt, kann dies nur im Rahmen von § 918 BGB Bedeutung erlangen.[47]

24 Die ordnungsmäßige Nutzung richtet sich nach objektiven Gesichtspunkten:[48] Maßgebend ist die angemessene, den wirtschaftlichen Verhältnissen des Grundstücks entsprechende Nutzung. Daher kann ein Notwegerecht auch gegeben sein, wenn sich die Benutzungsart des Grundstücks ändert und erst dadurch die Inanspruchnahme eines Notwegs erforderlich wird. Die geänderte Nutzungsart muss allerdings objektiv und nach vernünftigem Ermessen den naturgegebenen Verhältnissen des Grundstücks entsprechen und rechtlich zulässig sein.[49]

25 Die generelle Erweiterung einer nach § 912 BGB bestehenden Duldungspflicht um eine sog. „Funktionsfläche", die einem Wege- oder Fahrrecht gleichkommt, ist nicht möglich.[50] Eine Verbindung ist nur dann notwendig,[51] wenn sie erst die ordnungsgemäße Benutzung erlaubt[52] bzw. wenn die vorhandene Verbindung für eine ordnungsgemäße Benutzung unzulänglich ist.[53]

42 RG Urt. v. 5.5.1938 – V 241/37, RGZ 157, 305 (309); BGH Urt. v. 15.4.1964 – V ZR 134/62, NJW 1964, 1321. Zum Umfang eines Notwegerechts bei Betrieb einer Kiesgrube durch den Notwegeberechtigten LG Leipzig Urt. v. 20.1.2017 – 2 O 368/16, ZfB 2017, 206.

43 RG Urt. v. 20.3.2012 – V 316/11, RGZ 79, 116 (119); BGH Urt. v. 9.11.1979 – V ZR 85/78, BGHZ 75, 315 (317); BGH Urt. v. 15.4.1964 – V ZR 134/62, NJW 1964, 1321; *Glaser* ZMR 1984, 361; OLG Koblenz Urt. v. 5.7.1991 – 5 U 531/91, DWW 1992, 77 (78).

44 BGH Urt. v. 21.12.1965 – V ZR 35/63, BB 1966, 639; Palandt/*Herrler* BGB § 917 Rn. 4; Staudinger/*Roth* BGB § 917 Rn. 23.

45 Umstr.; so aber BGH Urt. v. 9.11.1979 – V ZR 85/78, BGHZ 75, 315 (317). Auch bei einem Waldgrundstück soll bei schwierigem Zugang nicht immer ein Anspruch auf Zugang „mit Pkw" bestehen, Staudinger/*Roth* BGB § 917 Rn. 27.

46 BGH Urt. v. 9.11.1979 – V ZR 85/78, BGHZ 75, 315; OLG Hamm Urt. v. 16.10.2000 – 5 U 108/00, SchAZtg 2002, 79; OLG Saarbrücken Urt. v. 24.7.2002 – 1 U 81/02, NJW-RR 2002, 1385; OLG Karlsruhe Urt. v. 25.1.1995 – 6 U 198/93, NJW-RR 1995, 1042.

47 BGH Urt. v. 9.10.2014 – IX ZR 41/4, NJW 2015, 342 – Ls. und juris Rn. 17. Die geänderte Nutzungsart müsse allerdings objektiv und nach vernünftigem Ermessen den naturgegebenen Verhältnissen des Grundstücks entsprechen und rechtlich zulässig sein.

48 BGH Urt. v. 24.4.2015 – V ZR 138/14, NJW-RR 2015, 1234, juris Rn. 17.

49 BGH Urt. v. 24.4.2015 – V ZR 138/14, NJW-RR 2015, 1234, juris Rn. 17; BGH Urt. v. 18.10.2013 – V ZR 278/12, NJW-RR 2014, 398 Rn. 11; BGH Urt. v. 7.1.1966 – V ZR 94/65, WM 1966, 346 (347); BGH Urt. v. 4.11.1959 – V ZR 49/58, WM 1959, 1461; MüKoBGB/*Brückner* § 917 Rn. 9; Palandt/*Herrler* BGB § 917 Rn. 8.

50 OLG Hamm Info N 2013, 140 – Ls.

51 Das Kriterium der „Notwendigkeit" schützt das Ausschlussinteresse des in Anspruch genommen Grundstücks, so MüKoBGB/*Brückner* § 917 Rn. 15; Staudinger/*Roth* BGB § 917 Rn. 17.

52 *Jauernig/Berger* BGB § 917 Rn. 2. Dazu auch OLG Schleswig-Holstein Urt. v. 27.4.2011 – 5 U 16/11, MDR 2011, 974: Die vorgesehene Bebauung eines unbebauten Grundstücks kann die Inanspruchnahme eines Notwegerechts nicht rechtfertigen, wenn die Errichtung gegen öffentliches Baurecht verstößt und damit keine ordnungsgemäße Nutzung des Grundstücks darstellt.

53 BGH Urt. v. 15.4.1964 – V ZR 134/62, NJW 1964, 1321.

26 In beiden Fällen ist aber wegen des aus dem Notwegrecht resultierenden schweren Eingriffs in das Grundeigentum des Nachbarn ein strenger Maßstab an die „Notwendigkeit“ einer ordnungsgemäßen Benutzung anzulegen.[54]

27 Eine Änderung der (bisherigen) Benutzungsart ist dann ordnungsgemäß, wenn sie der technischen und wirtschaftlichen Entwicklung sowie örtlichen Verhältnissen Rechnung trägt[55] und selbst eine nach vernünftigem Ermessen nahe liegende Bewirtschaftung darstellt. Dies bedeutet, dass eine Verbindung auch dann fehlen kann, wenn eine vorhandene Zugangsmöglichkeit unter wirtschaftlichen Gesichtspunkten nicht in Betracht kommt – was dann zu bejahen ist, wenn eine technisch mögliche Verbindung unter Berücksichtigung des Verhältnisses der entstehenden Kosten zum Gesamtertrag des Grundstücks (nicht zu den Kosten des Notwegs) mit unzumutbar hohen Aufwendungen verbunden wäre.[56]

28 Die „Notwendigkeit einer ordnungsgemäßen Benutzung“ beurteilt sich unter Berücksichtigung von Benutzungsart, Größe, Kulturart, Lage und Umgebung des Grundstücks[57] (mithin die dort übliche Nutzung sowie eine nach vernünftigem Ermessen nahe liegende Bewirtschaftung)[58] – nicht hingegen nach den persönlichen Bedürfnisse des Eigentümers[59] (und danach, was bauordnungsrechtlich und bauplanungsrechtlich zulässig ist). Kann ein Grundstück unter Berücksichtigung dieser Umstände nur dann sachgemäß bewirtschaftet werden, wenn es den verlangten Notweg erhält? Ob ein Grundstück unter Berücksichtigung dieser Umstände nur dann sachgemäß bewirtschaftet werden kann, wenn es den begehrten Notweg erhält, hängt von den Gegebenheiten zum Zeitpunkt der letzten mündlichen Tatsachenverhandlung ab.[60]

29 Ein Notwegrecht soll nicht aufgrund nur vorübergehender außergewöhnlicher Bedürfnisse (zB zu Rettungseinsätzen) entstehen können:[61] Hier kann ggf. § 904 BGB (der neben § 917 BGB anwendbar bleibt) weiterhelfen[62] oder öffentlich-rechtlich ausgestaltete Befugnisse von Rettungsdiensten. Unabhängig davon besteht ein befristetes Notwegrecht zur Befriedigung eines gewöhnlichen, aber nur vorübergehenden (dh zeitgebundenen) Bedürfnisses.[63]

30 Für ein Notwegrecht reicht aber auch eine vorübergehende[64] Verbindungslosigkeit (zB im Falle einer eigentlich ausreichenden, infolge Überschwemmungen aber häufiger unterbrochenen Verbindung)[65] aus.[66]

---

54 BGH Urt. v. 9.11.1979 – V ZR 85/78, BGHZ 75, 315 (319) = NJW 1980, 585; BGH Urt. v. 15.4.1964 – V ZR 134/62, NJW 1964, 1321; BGH Urt. v. 11.11.1959 – V ZR 98/58, NJW 1960, 93. Vgl. MüKoBGB/*Brückner* § 917 Rn. 15; Palandt/*Herrler* BGB § 917 Rn. 5. Nach Staudinger/*Roth* BGB § 917 Rn. 17 soll dies selbst dann gelten, wenn das belastete Grundstück keine Wertminderung erleidet; aA OLG Frankfurt a. M. Urt. v. 10.3.1981 – V 8 U 219/80, MDR 1981, 932.

55 Palandt/*Herrler* BGB § 917 Rn. 4; Staudinger/*Roth* BGB § 917 Rn. 24.

56 BGH Urt. v. 15.4.1964 – V ZR 134/62, NJW 1964, 1321; RG Urt. v. 21.3.1925 – V 531/24, JW 1925, 474: zB wenn ohne Notweg ein 7 km langer Umweg in Kauf genommen werden müsste; vgl. auch Staudinger/*Roth* BGB § 917 Rn. 11.

57 BGH Urt. v. 19.4.1985 – V ZR 152/83, LM § 917 BGB Nr. 12 und 13.

58 RG Urt. v. 20.3.1912 – V 316/11, RGZ 79, 116 (119); BGH Urt. v. 15.4.1964 – V ZR 134/62, NJW 1964, 1321; Palandt/*Herrler* BGB § 917 Rn. 4; Staudinger/*Roth* BGB § 917 Rn. 18.

59 RG Urt. v. 20.3.1912 – V 316/11, RGZ 79, 116 (119); BGH Urt. v. 26.5.1978 – V ZR 72/77, LM § 917 BGB Nr. 14; BGH Urt. v. 26.5.1978 – V ZR 72/77, DNotZ 1979, 24; BayOLG SeuffArch 62, Nr. 41; MüKoBGB/*Brückner* § 917 Rn. 9; Staudinger/*Roth* BGB § 917 Rn. 18.

60 Staudinger/*Roth* BGB § 917 Rn. 29.

61 Wenn sich bei ordnungsgemäßer Zufahrt Zeitverzögerungen ergeben würden: BGH Urt. v. 6.12.1965 – VII ZR 149/63, WM 1966, 145 = NJW 1966, 549; Staudinger/*Roth* BGB § 917 Rn. 21.

62 So RGRK/*Augustin* BGB § 917 Rn. 2.

63 Staudinger/*Roth* BGB § 917 Rn. 22: „zB für die Dauer von Hausreparaturen, Straßenbauarbeiten oder des Auftretens von Schneeverwehungen“.

64 Nicht jedoch kurzfristig bestehende Verbindungslosigkeit wegen bloßer Zeitverzögerung für Rettungsfahrzeuge, so OLG Köln Urt. v. 4.11.1991 – 2 U 160/91, NJW-RR 1992, 213.

65 RG Urt. v. 20.3.1912 – V 316/11, RGZ 79, 116 (120).

66 Staudinger/*Roth* BGB § 917 Rn. 12.

Ein Notwegrecht ist idR dann nicht statthaft, wenn es lediglich auf eine Abkürzung von zumutbaren Umwegen, der Kostenreduktion einer bisher kostspieligeren Zufahrt bzw. auf die Vermeidung von Unannehmlichkeiten (Unbequemlichkeiten) abzielt.[67] 31

bb) Insbesondere: Notleitungsrecht. In Aufgabe seiner bisherigen Judikatur[68] hat der BGH 2018 entschieden, dass das **Notleitungsrecht** auch dazu berechtigen kann, Leitungen durch ein Gebäude zu führen – eine Einschränkung ergebe sich nur aus dem Gebot, die für den Duldungspflichtigen geringstmögliche Belastung zu wählen.[69] Der Wortlaut des § 917 Abs. 1 BGB nimmt eine Beschränkung auf bestimmte Flächen eines Grundstücks, die in Anspruch genommen werden können, nicht vor:[70] § 917 Abs. 1 S. 1 BGB spricht nur allgemein davon, dass der Eigentümer des notleidenden Grundstücks vom Nachbarn verlangen kann, die Benutzung ihrer Grundstücke zur Herstellung der erforderlichen Verbindung zu dulden. Danach kann das gesamte Grundstück, gleich ob es bebaut ist oder nicht, in Anspruch genommen werden. Dies stehe auch im Einklang mit Sinn und Zweck der Regelung, der der Notlage eines vom Zugang zu einem öffentlichen Weg abgeschnittenen Grundstücks abhelfen will. Dieser Zweck ließe sich nur verwirklichen, wenn die Inanspruchnahme des Nachbargrundstücks uneingeschränkt möglich sei.[71] Daher ist im Rahmen des unmittelbaren Anwendungsbereichs der Vorschrift anerkannt, dass der Notweg nicht nur über den Grund und Boden selbst führen, sondern auch **über diesem**[72] oder **unter dem Boden** hergestellt werden kann.[73] 32

Somit kann auch eine Untertunnelung (bspw. zur Herstellung einer Tiefgaragenausfahrt) in Betracht kommen.[74] Für das Notleitungsrecht gilt nichts anderes:[75] Es ermöglicht nicht nur die Mitbenutzung der auf dem belasteten Grundstück vorhandenen Leitungen,[76] sondern auch die ober- und unterirdische Herstellung von Leitungen auf dem Nachbargrundstück.[77] Grundsätzlich können die Leitungen auch durch bestehende Gebäude hindurchgeführt werden, ohne dass es auf die Art der Gebäudenutzung ankommt.[78] Der BGH[79] hält damit seit 2018 nicht mehr daran fest, dass das Notleitungsrecht analog § 917 BGB nicht die Befugnisse zur Inanspruchnahme von Wohngebäuden umfasst.[80] Im Rahmen der Ausübung eines Notleitungsrechts ist allerdings der Verlauf zu wählen, der für den Duldungspflichtigen die geringstmögliche Belastung darstellt,[81] da die inhaltliche Beschränkung des Eigentumsrechts des Nachbarn nur so weit reichen kann, wie sie zur Behebung der Notlage des gefangenen Grundstücks erforderlich ist. Das folgt aus dem in in § 1020 S. 1 BGB enthaltenen Rechtsgedanken, dass das Eigentum am belasteten Grundstück tunlichst zu schonen ist.[82] Dieser Rechtsgedanke gilt auch im Kontext mit § 917 Abs. 1 BGB, weil die Regelung eine zulässige Eigentumsschranke iS von Art. 14 Abs. 1 S. 2 GG darstellt.[83] Daher muss das Interesse des Notleitungsberechtigten an dem für ihn effizientesten Verlauf hinter dem Interesse des Duldungsverpflichteten zurückste- 33

67 So auch MüKoBGB/*Brückner* § 917 Rn. 15.
68 BGH Urt. v. 10.6.2011 – V ZR 233/10, Grundeigentum 2011, 1365 = NJW-RR 2011, 1458 Rn. 12.
69 BGH Urt. v. 26.1.2018 – V ZR 47/17, NJW-RR 2018, 913 (vorgehend OLG Schleswig-Holstein Urt. v. 26.1.2017 – 11 U 61/16, SchlHA 2018, 224).
70 BGH Urt. v. 26.1.2018 – V ZR 47/17, NJW-RR 2018, 913, juris Rn. 9.
71 BGH Urt. v. 26.1.2018 – V ZR 47/17, NJW-RR 2018, 913, juris Rn. 9.
72 BGH Urt. v. 26.1.2018 – V ZR 47/17, NJW-RR 2018, 913, juris Rn. 10; RG Recht 1914 Rspr. Nr. 211: Drehbrücke im Luftraum des Nachbargrundstücks.
73 RG Urt. v. 5.5.1938 – V 241/37, RGZ 157, 305 (309).
74 Staudinger/*Roth* BGB § 917 Rn. 34. Zum Notwegrecht an einer Zuwegung zur Tiefgarage einer Wohnungseigentumsanlage OLG Frankfurt a. M. Urt. v. 27.5.1999 – 3 U 86/97, ZfIR 2000, 124.
75 BGH Urt. v. 26.1.2018 – V ZR 47/17, NJW-RR 2018, 913, juris Rn. 10.
76 Dazu BGH Urt. v. 4.7.2008 – V ZR 172/07, BGHZ 177, 165 Rn. 7; Dazu BGH Urt. v. 30.1.1981 – V ZR 6/80, BGHZ 79, 307 (308 f.); BGH Urt. v. 22.6.1990 – V ZR 59/89, NJW 1991, 176.
77 BGH Urt. v. 11.11.1959 – V ZR 98/58, BGHZ 31, 159 (161) = MDR 1960, 124.
78 BGH Urt. v. 26.1.2018 – V ZR 47/17, NJW-RR 2018, 913, juris Rn. 10.
79 BGH Urt. v. 26.1.2018 – V ZR 47/17, NJW-RR 2018, 913, juris Rn. 10.
80 BGH Urt. v. 10.6.2011 – V ZR 233/10, Grundeigentum 2011, 1365 Rn. 12.
81 BGH Urt. v. 26.1.2018 – V ZR 47/17, NJW-RR 2018, 913, juris Rn. 11; Staudinger/*Roth* BGB § 917 Rn. 36.
82 BGH Urt. v. 22.6.1990 – V ZR 59/89, NJW 1991, 176 (178).
83 BGH Urt. v. 26.1.2018 – V ZR 47/17, NJW-RR 2018, 913, juris Rn. 11.

hen, wobei im Rahmen der Abwägung auf objektive Gesichtspunkte (wie zB die Nutzungsart und der Zuschnitt der Grundstücke) abzustellen ist.[84] Eine Inanspruchnahme von Gebäuden zum Zwecke der Verlegung von Versorgungsleitungen kommt daher grundsätzlich nur dann in Betracht kommen, wenn eine Verbindung zum öffentlichen Leitungsnetz anders auf dem Nachbargrundstück nicht hergestellt werden kann.[85]

34 **cc) Erreichbarkeit mit Kraftfahrzeugen.** Die zur Benutzung eines Wohnungsgrundstücks notwendige Erreichbarkeit mit Kraftfahrzeugen ist dann gegeben, wenn die Kraftfahrzeuge in der Nähe des Grundstücks abgestellt werden können und das Grundstück über einen mit Lasthilfen begehbaren Verbindungsweg zumutbar erreichbar ist.[86]

35 Die ordnungsgemäße Benutzung eines Grundstücks beurteilt sich nämlich nach objektiven Gesichtspunkten am Maßstab der Bedürfnisse einer praktischen Wirtschaft, wobei es auf die Benutzungsart und Größe des Grundstücks, seine Umgebung und die sonstigen Umstände des Einzelfalles ankommt.[87] Gesichtspunkte der Bequemlichkeit und der Zweckmäßigkeit rechtfertigen nicht die Inanspruchnahme des Nachbargrundstücks.[88]

36 Bei Wohngrundstücken[89] ist die Erreichbarkeit mit Kraftfahrzeugen zwar idR notwendig, ua für die Versorgung mit Energie (Öllieferung) und die Entsorgung von Müll.[90] Zur ordnungsgemäßen Benutzung gehört auch die Möglichkeit, ein Wohngrundstück zur Anlieferung von Gegenständen des täglichen Lebensbedarfs mit dem eigenen Kfz anfahren zu können – jedenfalls dann, wenn es nicht nur um das (objektiv nicht erforderliche) Abstellen von Kraftfahrzeugen auf dem Grundstück selbst, sondern um dessen Erreichbarkeit mit dem Fahrzeug geht.[91]

37 Aus dem Umstand, dass es heute weitgehend üblich ist, mit dem Fahrzeug direkt auf das eigene Grundstück zu fahren, kann jedoch nicht der rechtliche Schluss gezogen werden, dass eine ordnungsgemäße Benutzung des Grundstücks zu Wohnzwecken immer dann nicht mehr gewährleistet ist und es der Einräumung eines Notweges bedarf, wenn eine direkte Befahrbarkeit des eigenen Grundstücks mit dem Pkw aufgrund der Lage des Grundstücks nicht möglich ist. Die bloße Befriedigung des Interesses des Eigentümers mit dem Fahrzeug möglichst nahe an sein Haus zu gelangen, ist zur ordnungsgemäßen Benutzung des Grundstücks nicht notwendig.[92] Gerade im innerstädtischen Bereich (aber auch in dörflichen, historisch gewachsenen Ortskernlagen) sind die Fälle nicht selten, in denen ein Wohngrundstück nicht direkt mit dem Pkw angefahren, sondern nur fußläufig erreicht werden kann.[93]

38 Die Annahme einer Zugangsnot iSv § 917 BGB in den Fällen, in denen eine Anfahrt mit dem Pkw „bis vor die Haustür" nicht gewährleistet ist, stellt eine Umkehrung des der Regelung des § 917 BGB zugrundeliegenden Regel-Ausnahme-Verhältnisses dar, wonach bei Anlegung des gebotenen strengen Maßstabes die Zubilligung des Notwegrechts auf die Fälle beschränkt bleiben soll, bei denen eine Notstandssituation auf dem abgeschnittenen Grundstück die Einrichtung des Notwegs erfordert. Für die Beurteilung der Bedürf-

84 So Staudinger/*Roth* BGB § 917 Rn. 38.

85 BGH Urt. v. 26.1.2018 – V ZR 47/17, NJW-RR 2018, 913, juris Rn. 11.

86 OLG Karlsruhe Urt. v. 7.1.2013 – 12 U 205/11, MDR 2013, 397 – Ls. Vgl. auch LG Wuppertal Urt. v. 24.5.2018 – 9 S 212/17, MDR 2018, 989.

87 OLG Karlsruhe Urt. v. 7.1.2013 – 12 U 205/11, MDR 2013, 397, juris Rn. 23; BGH Urt. v. 15.4.1964 – V ZR 134/62, NJW 1964, 1321 (1322).

88 Vgl. BGH Urt. v. 9.11.1979 – V ZR 85/78, BGHZ 75, 315 (319): Grundstück mit Wohnhaus, bei dem nur der hinter dem Haus gelegene Teil des Grundstücks zum Abstellen von Pkws geeignet ist und Kfz nur über ein Nachbargrundstück gelangen können; Staudinger/*Roth* BGB § 917 Rn. 27: „Ein öffentliches Interesse iS eines allgemeinen Bedarfs an Abstellflächen auf privaten Grundstücken wurde zutreffend als nicht ausschlaggebend erachtet"; aA hingegen MüKoBGB/*Brückner* § 917 Rn. 14.

89 Zur notwendigen Anbindung an den öffentlichen Weg: BGH Urt. v. 18.10.2013 – V ZR 278/12, NJW-RR 2014, 398.

90 Vgl. BGH Urt. v. 12.12.2008 – V ZR 106/07, NJW-RR 2009, 515, juris Rn. 24.

91 BGH Urt. v. 12.12.2008 – V ZR 106/07, NJW-RR 2009, 515, juris Rn. 24.

92 OLG Karlsruhe Urt. v. 25.1.1995 – 6 U 198/93, NJW-RR 1995, 1042.

93 BGH Urt. v. 9.11.1979 – V ZR 85/78, BGHZ 75, 315 (319).

nisse des verbindungslosen Grundstücks, insbesondere Art und Umfang der Erreichbarkeit mit Kfz, ist daher stets auf die Umstände des Einzelfalls abzustellen.[94]

Etwas anderes wird ggf. bei (nicht privater, sondern) gewerblicher Grundstücksnutzung anzunehmen sein. 39
Hier wird die Notwendigkeit einer Pkw-Zufahrt eher zu bejahen sein,[95] ggf. aber nicht für die Gäste,[96] sondern nur für Anlieferer, dh ein Be- und Entladen, das aber nicht auf dem Nachbargrundstück erfolgen darf,[97] dessen Nutzung als Parkplatz ist gleichermaßen nicht statthaft.[98]

dd) Zugang zu Wohngrundstücken. Einem Wohngrundstück fehlt die zur ordnungsgemäßen Benutzung 40
notwendige Verbindung mit einem öffentlichen Weg, wenn es nur zu Fuß oder mit dem Fahrrad über eine öffentliche Fläche erreicht werden kann.

In diesem Fall kommt ein Anspruch des Grundstückseigentümers gegen seine Nachbarn auf Duldung der 41
Benutzung ihrer Grundstücke zum Befahren mit Kraftfahrzeugen in Betracht, damit er mit diesen sein Grundstück erreichen kann:[99] Die zur ordnungsgemäßen Benutzung eines Wohngrundstücks notwendige Verbindung mit einem öffentlichen Weg besteht, wenn das Grundstück mit einem Kraftfahrzeug unmittelbar erreicht werden kann. Auf die Erreichbarkeit des Hauseingangsbereichs kommt es grundsätzlich nicht an.[100]

Zur „ordnungsgemäßen Benutzung" eines Wohngrundstücks gehört zwar normalerweise die Erreichbarkeit 42
mit Kraftfahrzeugen, also die Möglichkeit einer Anfahrt bis zur Grundstücksgrenze oder in die Nähe des Grundstücks, idR jedoch nicht die Zufahrt auf das Grundstück, um dort Fahrzeuge abzustellen. Eine Zufahrt über ein Nachbargrundstück kann daher idR nicht auf ein Notwegerecht gestützt werden.[101] Das Abstellen von Kraftfahrzeugen gehört auch dann nicht ohne Weiteres zur „ordnungsgemäßen Benutzung", wenn sich auf dem Grundstück (öffentlich-rechtlich zulässige) Garagen befinden.[102]

2. Not„weg"

Der Begriff Notweg ist unpräzise, da die herzustellende Verbindung zum öffentlichen Weg nämlich nicht 43
selbst auch ein Weg sein muss.[103] „Notweg" (iS einer Herstellung der erforderlichen Verbindung) kann auch in der Gewährung der Verlegung von Versorgungsleitungen (zB unterirdischer Abwasserkanäle, Wasser- und Gasrohre, Strom- und Postkabel)[104] bestehen, um den Anschluss an das öffentliche Versorgungsnetz, das sich idR im öffentlichen Wegebereich befindet, zu ermöglichen.[105]

---

94 So OLG Karlsruhe Urt. v. 7.1.2013 – 12 U 205/11, MDR 2013, 397, juris Rn. 23.
95 Staudinger/*Roth* BGB § 917 Rn. 28: Allerdings soll eine bloße Gewinnsteigerungsabsicht zur Bejahung der „Notwendigkeit" nicht ausreichen.
96 BGH Urt. v. 15.4.1964 – V ZR 134/62, LM § 917 BGB Nr. 2.
97 BGH Urt. v. 11.11.1959 – V ZR 98/58, BGHZ 31, 159 (161) – dies wäre vom Notwegrecht nicht gedeckt.
98 So Staudinger/*Roth* BGB § 917 Rn. 31; aA hingegen OLG Frankfurt a. M. Urt. v. 10.3.1981 – 8 U 291/80, MDR 1981, 932.
99 BGH Urt. v. 12.12.2008 – V ZR 106/07, NJW-RR 2009, 515.
100 BGH Urt. v. 18.10.2013 – V ZR 278/12, NJW-RR 2014, 398 – Ls.
101 BGH Urt. v. 12.12.2008 – V ZR 106/07, NJW-RR 2009, 515 (517); OLG Karlsruhe Urt. v. 25.4.2013 – 9 U 173/10, DWW 2013, 261 (Ls. 1); OLG Karlsruhe Urt. v. 25.1.1995 – 6 U 198/93, NJW-RR 1995, 1042.
102 OLG Karlsruhe Urt. v. 25.4.2013 – 9 U 173/10, DWW 2013, 261 (Ls. 2).
103 *Jauernig/Berger* BGB § 917 Rn. 3: Not„weg" sei daher irreführend.
104 BGH Urt. v. 30.1.1981 – V ZR 6/80, BGHZ 79, 307 (308 f.).
105 Dieses sog. Notleitungsrecht folgt aus einer analogen Anwendung des § 917 Abs. 1 S. 1 (so BGH Urt. v. 22.6.1990 – V ZR 59/89, NJW 1991, 176); OLG Köln Urt. v. 24.11.1993 – 11 U 136/93, ZMR 1994, 1145 (116); aA BGH Urt. v. 30.1.1981 – V ZR 6/80, BGHZ 79, 307 (309): unmittelbare Anwendung von landesgesetzlichen Regelungen; für eine unmittelbare Anwendung des § 917 BGB sind *Jauernig/Berger* BGB § 917 Rn. 4; Staudinger/*Roth* BGB § 917 Rn. 4.

44 Ist ein Weg aber als Feuerwehrzufahrt (§ 12 Abs. 1 Nr. 5 StVO) ausgewiesen, ist er für die Nutzung als Notweg zur Verschaffung einer privaten Grundstückszufahrt nicht geeignet, da ein solcher Weg jederzeit freizuhalten ist.[106]

45 § 917 BGB findet nur dann auf Drainageleitungen entsprechende Anwendung, wenn ein Anschluss an die allgemeinen Entwässerungsanlagen begehrt wird.[107] Aus § 917 BGB kann sich die Befugnis ergeben, Abwässer eines Grundstücks über ein fremdes anderes Grundstück der öffentlichen Kanalisation zuzuführen.[108] Inhalt eines solchen Notleitungsrechts kann auch die Mitbenutzung der auf dem belasteten Grundstück vorhandenen Leitungen sein.[109] Diese Rechtsprechung dient der Lückenfüllung im Wege analoger Rechtsfortbildung, soweit entsprechende landesrechtliche Regelungen fehlen.[110] Unmittelbar regeln die §§ 917 f. BGB nämlich nur das Notwegerecht, und für ihre analoge Anwendung besteht eigentlich kein Bedürfnis, wenn das Landesrecht die Voraussetzungen des Notleitungsrechts entsprechend dem Vorbehalt in Art. 124 EGBGB in eigenständiger Weise regelt (wie bspw. in den Nachbarrechtsgesetzen Baden-Württemberg (§ 7 f.), Brandenburg (§ 44), Hessen (§ 30), Rheinland-Pfalz (§ 26), Saarland (§ 27), Sachsen (§ 19) und Thüringen (§ 26)). Die ganz hM[111] ist dem gefolgt, wohingegen nach aA § 917 BGB sogar unmittelbare Anwendung finden soll.[112]

46 Eine für die Entstehung der sachlichen Beitragspflicht notwendige dingliche Sicherung der Anschlussmöglichkeit kann bezüglich des in einer Privatstraße als Teil der öffentlichen Einrichtung gelegenen Hauptsammlers nicht über die Voraussetzungen eines sog. Notleitungsrechts nach § 917 BGB hergestellt werden.[113]

3. „Verlangen" als Tatbestandsmerkmal

47 Mit dem tatsächlich gestellten Verlangen des Anspruchsinhabers als Tatbestandsmerkmal[114] des § 917 Abs. 1 S. 1 BGB gelangt der Duldungsanspruch erst zur Entstehung. Es begründet jedoch kein Selbsthilferecht entsprechend § 858 BGB. Einer Duldungsklage geht ein (gescheiterter) Einigungsversuch des Berechtigten mit dem Nachbarn voraus. Ohne einen Einigungsversuch ist die Duldungsklage als unbegründet abzuweisen. Das Duldungsverlangen löst auch den Rentenanspruch nach § 917 Abs. 2 BGB aus.

48 Allein eine langjährige unbeanstandete Nutzung des über ein fremdes Grundstück verlaufenden Weges begründet hingegen kein Notwegrecht.[115]

---

106 LG Wuppertal Urt. v. 23.6.2016 – 9 S 66/16, MDR 2017, 26.

107 OLG Koblenz Urt. v. 18.6.2014 – 5 U 399/14, DWW 2014, 305 – Ls. 2: Die Norm sei zwar auf Leitungen entsprechend anwendbar (vgl. Palandt/*Herrler* BGB § 917 Rn. 1). Voraussetzung sei aber, dass die Herstellung eines Anschlusses an das öffentliche Netz eingefordert wird.

108 BGH Urt. v. 4.7.2008 – V ZR 172/07, BGHZ 177, 165; BGH Urt. v. 31.1.2003 – V ZR 143/02, NJW 2003, 1392; BGH Urt. v. 22.6.1990 – V ZR 59/89, NJW 1991, 176; BGH Urt. v. 15.4.1964 – V ZR 134/62, NJW 1964, 1321 (1322); BGH Urt. v. 24.1.1968 – V ZR 175/64, WM 1968, 434 (435); BGH Urt. v. 4.11.1959 – V ZR 49/58, WM 1959, 1461 (1462); BGH Urt. v. 30.1.1981 – V ZR 6/80, BGHZ 79, 307 (308 f.).

109 BGH Urt. v. 30.1.1981 – V ZR 6/80, BGHZ 79, 307 (308 f.).

110 BGH Urt. v. 22.6.1990 – V ZR 59/89, NJW 1991, 176.

111 OLG Düsseldorf Urt. v. 17.7.1983 – 18 U 234/82, AgrarR 1984, 20; OLG Düsseldorf Urt. v. 28.11.1990 – 9 U 109/90, NJW-RR 1991, 403 (404); OLG Hamm Urt. 8.7.1991 – 5 U 49/91, NJW-RR 1992, 723; OLG Koblenz Urt. v. 26.9.2002 – 5 U 186/02, BauR 2003, 1881; OLG Köln Urt. v. 12.7.1985 – 22 U 41/85, BauR 1986, 727; OLG Köln Urt. v. 24.11.1993 – 11 U 136/93, ZMR 1994, 115 (116); OLG Köln Urt. v. 15.11.2002 – 19 U 75/02, VersR 2004, 1143 (1145); OLG München Urt. v. 21.9.1993 – 25 U 2080/93, OLGR 1994, 217; LG Freiburg Urt. v. 15.7.1980 – 9 S 108/80, MDR 1981, 229; LG Hamburg Urt. v. 10.5.1978 – 14 O 562/77, ZMR 1980, 344; LG Köln Urt. v. 9.7.1969 – 4 O 246/69, MDR 1969, 1011; BVerwG Urt. v. 26.3.1976 – IV C 7/74, BVerwGE 50, 282 (289); BeckOK-BGB/*Fritzsche* § 917 Rn. 48.

112 So Staudinger/*Roth* BGB § 917 Rn. 4.

113 VG Magdeburg Gemeindehaushalt 2013, 48 – Ls.

114 So BGH Urt. v. 19.4.1985 – V ZR 152/83, BGHZ 94, 160 (162); BGH Urt. v. 22.6.1990 – V ZR 3/89, NJW 1990, 2555 (2556); Staudinger/*Roth* BGB § 917 Rn. 3; aA MüKoBGB/*Brückner* § 917 Rn. 19.

115 OLG Saarbrücken Urt. v. 3.5.2017 – 1 U 81/16, ZMR 2017, 1026.

IV. Darlegungs- und Beweislast

49 Die Darlegungs- und Beweislast für das Fehlen der erforderlichen Verbindung zum öffentlichen Weg bzw. dass kein anderes Wegerecht besteht, trägt derjenige, der den Notweg verlangt.[116]

V. Parteien des Notwegrechts

1. Anspruchsinhaber

50 Anspruchsinhaber ist der Eigentümer (auch der Wohnungseigentümer) des eingeschlossenen Grundstücks.[117] Mehrere Miteigentümer können einen Anspruch – in Abweichung von § 1011 BGB – nur gemeinsam geltend machen.[118]

51 Daran ändert sich nicht dadurch etwas, dass das zuwegungslose Grundstück nach dem WEG geteilt ist.[119] Das Recht auf einen Notweg wird durch die Lage des Grundstücks und nicht durch das mit den Miteigentumsanteilen an dem Grundstück verbundene Sondereigentum an den Wohnungen oder den zu anderen Zwecken genutzten Räumen in dem aufstehenden Gebäude begründet.[120]

52 Anspruchsberechtigt sind auch Inhaber grundstücksgleicher Rechte, wie zB Erbbauberechtigte[121] (§ 11 ErbbauVO) und Berechtigte nach Art. 68 EGBGB.[122] Verfügungsberechtigte, zB der Insolvenzverwalter (§ 80 InsO), der Zwangsverwalter[123] oder ein Testamentsvollstrecker,[124] können das Notwegrecht (gerichtlich in gesetzlicher Prozessstandschaft wie außergerichtlich) im eigenen Namen geltend machen.[125] Das Notwegrecht steht dem Eigentümer auch dann zu, wenn er sein Grundstück nicht selbst bewirtschaftet, sondern es einem Pächter zur Benutzung überlassen hat.

53 Der bloße Nutzer des Grundstücks (dh obligatorisch Berechtigte – zB der Nießbraucher, Mieter[126] oder Pächter) hat kein eigenes Recht auf Duldung des Notwegs.[127] Er kann das dem Eigentümer eingeräumten Notweg aber benutzen[128] und das Notwegrecht des Eigentümers dem Nachbarn einredeweise entgegenhal-

116 Staudinger/*Roth* BGB § 917 Rn. 16.

117 BGH Urt. v. 22.6.1990 – V ZR 3/89, NJW 1990, 2555 (2556); mehrere Eigentümer (trotz § 1011 BGB) nur gemeinschaftlich wegen der Rentenpflicht: (da ansonsten einer der Miteigentümer die alle Miteigentümer belastende Rentenpflicht nach § 917 Abs. 2 BGB begründen könnte): so Palandt/*Herrler* BGB § 917 Rn. 8; Staudinger/*Roth* BGB § 917 Rn. 32; aA hingegen MüKoBGB/*Brückner* § 917 Rn. 16.

118 So BGH Urt. v. 7.7.2006 – V ZR 159/05, NJW 2006, 3426: Anderenfalls könnte ein einzelner Miteigentümer die Verpflichtung der anderen Miteigentümer zur Zahlung der gemeinsam geschuldeten Notwegrente begründen, die nach § 917 Abs. 2 S. 1 BGB mit dem Notwegrecht entsteht und für die nach §§ 917 Abs. 2 S. 2, 914 Abs. 3, 1107 BGB das gemeinsame Grundstück haftet. Eine solche Rechtsmacht räumt § 1011 BGB den einzelnen Miteigentümern nicht ein. Ebenso Staudinger/*Roth* BGB § 917 Rn. 32; aA hingegen MüKoBGB/*Brückner* § 917 Rn. 16. Noch offen gelassen von BGH Urt. v. 28.5.1976 – V ZR 195/74, WM 1976, 1061 (1062).

119 MüKoBGB/*Schmidt* § 1011 Rn. 3.

120 So BGH Urt. v. 7.7.2006 – V ZR 159/05, NJW 2006, 3426.

121 HM; vgl. etwa BGH Urt. v. 19.4.1985 – V ZR 152/83, BGHZ 94, 160 (162); *Jauernig/Berger* BGB § 917 Rn. 4.

122 RG Urt. v. 20.3.1912 – V 316/11, RGZ 79, 116 (118).

123 LG Landau Urt. v. 2.7.1968 – 1 S 2/68, NJW 1968, 2013.

124 S. auch Staudinger/*Roth* BGB § 917 Rn. 32.

125 Staudinger/*Roth* BGB § 917 Rn. 32.

126 Allerdings – so der BGH (Urt. v. 16.1.2014 – V ZB 12/13, NJW-RR 2014, 526 = NZM 2014, 267, juris Rn. 11) – sei geklärt, dass ein Anspruch auch dann im Wege der gewillkürten Prozessstandschaft geltend gemacht werden kann, wenn er nicht abtretbar ist, was der BGH (Urt. v. 2.10.1987 – V ZR 182/86, NJW-RR 1988, 126 (127)) auch für den Herausgabeanspruch nach § 985 BGB entschieden und dies gleichermaßen für den Anspruch auf Einräumung eines Notwegrechts nach § 917 Abs. 1 BGB zugrunde gelegt hat (BGH Urt. v. 5.5.2006 – V ZR 139/05, NJW-RR 2006, 1160).

127 AllgM; so BGH Urt. v. 10.7.1963 – V ZR 32/62, NJW 1963, 1917 (1918); OLG Hamburg Urt. v. 17.12.1963 – 2 U 196/63, MDR 1964, 325; Palandt/*Herrler* BGB § 917 Rn. 8; Staudinger/*Roth* BGB § 917 Rn. 32.

128 BGH Urt. v. 10.7.1963 – V ZR 32/62, NJW 1963, 1917 (1918) = LM § 917 BGB Nr. 6.

ten.[129] Dadurch wird dieser Personenkreis jedoch nicht zum Schuldner der Notwegrente.[130] Eine Berechtigung steht dem Besitzer (als bloßem Nutzer) also nicht zu[131] (arg: Die Frage des Zugangs zu einem gemieteten/gepachteten Grundstück ist im Verhältnis zwischen Mieter/Pächter und Vermieter/Verpächter zu klären).[132] Wenn der Eigentümer des angrenzenden Grundstücks den Zugang über sein Grundstück dulden muss, kann der Mieter des zugangslosen Grundstücks dem Eigentümer des duldungspflichtigen Grundstücks ein bereits bestehendes Notwegrecht entsprechend § 986 Abs. 1 S. 1 BGB[133] entgegenhalten.[134] Ein eigenes Recht des Besitzers folgt daraus aber nicht, weil das Verlangen des Eigentümers Tatbestandsmerkmal sowohl für das Entstehen des Notwegrechts als auch für die Verpflichtung zur Entrichtung der Notwegrente ist.[135]

2. Anspruchsgegner

54 Anspruchsgegner (Duldungsverpflichteter) ist/sind der bzw. die Eigentümer aller Grundstücke (als notwendige Streitgenossen, die nur gemeinsam in Anspruch genommen werden können),[136] über deren Grundstück(e) der Notweg führen muss.[137] Es spielt keine Rolle, ob sie unmittelbar an das eingeschlossene Grundstück angrenzen oder nicht.[138] Die jeweiligen Eigentümer mehrerer betroffener Grundstücke können vom Notwegberechtigten einzeln in Anspruch genommen werden.[139]

55 Bloße Besitzer (zB Pächter oder Mieter) oder dinglich Berechtigte können nicht in Anspruch genommen werden.[140] Ist das Notwegerecht einmal zur Entstehung gelangt, entfaltet es auch gegenüber diesen Nutzungsberechtigten Wirkung.[141]

56 Besteht die Möglichkeit, dass ein notwendiger Notweg sowohl über das eine als auch über das andere Grundstück geführt werden kann, hat der Notwegberechtigte kein Wahlrecht, über wessen Grundstück letztlich der Notweg führen soll.[142] Sein Anspruch hat sich an einer Abwägung zwischen dem Interesse an geringster Belastung durch den Notweg und dem Interesse an größter Effektivität zu orientieren.[143]

VI. Rechtsfolgen eines Notwegrechts

57 Rechtsfolgen eines Notwegrechts sind die Duldungspflicht des Nachbarn (nicht aber eine Pflicht zur Herstellung oder Unterhaltung des Notwegs)[144] gemäß § 917 Abs. 1 BGB und das Rentenrecht nach § 917 Abs. 2 BGB.[145]

129 BGH Urt. v. 5.5.2006 – V ZR 139/05, NJW-RR 2006, 1160, juris Rn. 6.
130 Staudinger/*Roth* BGB § 917 Rn. 32.
131 RG Urt. v. 20.3.1912 – V 316/11, RGZ 79, 116 (118); BGH Urt. v. 10.7.1963 – V ZR 32/63, NJW 1963, 1917 (1918); Staudinger/*Roth* BGB § 917 Rn. 32.
132 BGH Urt. v. 5.5.2006 – V ZR 139/05, BGHRep 2006, 949.
133 BGH Urt. v. 17.9.1958 – V ZR 63/58, NJW 1958, 2061 (2062).
134 BGH Urt. v. 10.7.1963 – V ZR V ZR 32/62, NJW 1963, 1917 (1918).
135 BGH Urt. v. 19.4.1985 – V ZR 152/83, BGHZ 94, 160 (162 f.).
136 BGH Urt. v. 29.11.1961 -V ZR 181/60, BGHZ 36, 187; BGH Urt. v. 16.2.1984 – V ZB 8/83, BGHZ 90, 181 = NJW 1984, 2210; Staudinger/*Roth* BGB § 917 Rn. 33; aA hingegen LG Nürnberg-Fürth NJW 1980, 2477.
137 Palandt/*Herrler* BGB § 917 Rn. 8; Staudinger/*Roth* BGB § 917 Rn. 33.
138 Mugdan III, S. 974.
139 Staudinger/*Roth* BGB § 917 Rn. 33.
140 OLG Braunschweig SeuffArch 56 Nr. 150; MüKoBGB/*Brückner* § 917 Rn. 18.
141 Palandt/*Herrler* BGB § 917 Rn. 8; Staudinger/*Roth* BGB § 917 Rn. 33.
142 RG Urt. v. 30.3.1939 – V 121/38, RGZ 160, 184; aA Soergel/*Baur* BGB § 917 Rn. 8.
143 LG Verden Urt. v. 2.7.1957 – 1 S 53/57, MDR 1957, 547; MüKoBGB/*Brückner* § 917 Rn. 30 ff.
144 *Jauernig/Berger* BGB § 917 Rn. 5 – arg.: § 917 Abs. 1 S. 1 aE.
145 BGH Urt. v. 16.11.1990 – V ZR 287/89, BGHZ 113, 32 (34 f.).

1. Duldungspflicht der Nachbarn

a) Inhalt der Duldungspflicht. Der Nachbar muss eine notwendige – an den Bedürfnissen des eingeschlossenen Grundstücks orientierte – Benutzung seines Grundstücks dulden (Duldung der Benutzung des Grundstücks zur Herstellung der Verbindung des Notwegs, verbunden ggf. mit einer Schlüsselaushändigung).[146] Ein eigenmächtiges Recht zum Betreten fremder Grundstücke bzw. zur Nutzung derselben in sonstiger Weise als Verbindung besteht nicht[147] (Recht zur Benutzung des Verkehrsgrundstücks, dass ein Zugang zwischen eingeschlossenem Grundstück und öffentlichem Weg über das Verkehrsgrundstück hinweg eröffnet wird).[148] 58

Es ist nicht erforderlich, dass der Notweg über den Grund und Boden des Nachbargrundstücks verläuft. 59 Eine Verbindung kann auch unter oder über dem Boden geführt werden[149] (zB Untertunnelung in Gestalt einer Tiefgarage[150] oder einer Seilbahnverbindung).[151]

Verboten ist alles, was über eine bloße Wegebenutzung[152] hinausgeht[153] (zB ein Verweilen oder die Vornahme von Handlungen auf dem Nachbargrundstück, was über die bloße Wegebenutzung hinausgeht). Unzulässig ist zB das Be- oder Entladen von Fahrzeugen auf dem Nachbargrundstück.[154] Die Einräumung eines (bloß) beschränkten Notwegerechts (mit Restriktionen in Bezug auf die Benutzungszeit, den Umfang oder den berechtigten Kreis der Nutzer) ist möglich.[155] 60

b) Auswahl des Notwegs. Bestehen auf dem in Anspruch genommenen Grundstück mehrere Möglichkeiten oder sind mehrere Verbindungsgrundstücke notwegtauglich, muss der Berechtigte grundsätzlich jene Möglichkeit wählen „die nach den örtlichen Gegebenheiten naturgemäß in Betracht kommt".[156] 61

Es besteht kein Anspruch auf Einräumung des Notwegs als kürzeste Verbindung zwischen Grundstück und öffentlichem Weg. Umfang und Richtung des Notwegs sind unter Berücksichtigung der Interessen von Grundstückseigentümer und Nachbarn zu bestimmen[157] (Abwägung zwischen größter Effektivität für den Berechtigten und geringster Belastung für den Eigentümer,[158] dessen Interessen beim Abwägungsprozess bis zur Grenze der wirtschaftlichen Unzumutbarkeit für den Eigentümer des eingeschlossenen Grundstücks[159] ein Vorrang einzuräumen ist). 62

Bei einer Auswahl zwischen mehreren Grundstücken muss der Nutzungsberechtigte jenes Grundstück in Anspruch nehmen, dessen Eigentümer durch das Notwegrecht durch eine Inanspruchnahme die geringsten Nachteile erleidet.[160] 63

146 Staudinger/*Roth* BGB § 917 Rn. 34.
147 So bereits KG Recht 1909, 846.
148 Staudinger/*Roth* BGB § 917 Rn. 30.
149 RG Urt. v. 5.5.1938 – V 241/37, RGZ 157, 305 (309).
150 Staudinger/*Roth* BGB § 917 Rn. 34.
151 Soergel/*Baur* BGB § 917 Rn. 11; aA RGRK/*Augustin* BGB § 917 Rn. 15.
152 Dh in beiderlei Richtung des Notwegs zu gehen, zu fahren (auch mit schweren oder schwersten Fahrzeugen), zu reiten, Fässer zu rollen bzw. Baumstämme zu schleifen: Staudinger/*Roth* BGB § 917 Rn. 30.
153 BGH Urt. v. 11.11.1959 – V ZR 98/58, BGHZ 31, 159 (161).
154 BGH Urt. v. 11.11.1959 – V ZR 98/58, BGHZ 31, 159; MüKoBGB/*Brückner* § 917 Rn. 36.
155 Staudinger/*Roth* BGB § 917 Rn. 30.
156 Staudinger/*Roth* BGB § 917 Rn. 38; OLG Nürnberg RdL 1968, 78.
157 RG Urt. v. 1.3.1902 – V 409/1, RGZ 50, 319 (322); OLG Nürnberg Urt. v. 19.12.1967 – 7 U 132/67, RdL 1968, 78; BayObLGZ 7, 230; OLG Koblenz Urt. v. 5.7.1991 – 5 U 531/91, NJW-RR 1992, 724; MüKoBGB/*Brückner* § 917 Rn. 32.
158 Palandt/*Herrler* BGB § 917 Rn. 6; Staudinger/*Roth* BGB § 917 Rn. 38.
159 Staudinger/*Roth* BGB § 917 Rn. 38; aA MüKoBGB/*Brückner* § 917 Rn. 33.
160 Staudinger/*Roth* BGB § 917 Rn. 38; aA hingegen MüKoBGB/*Brückner* § 917 Rn. 33 (Fn. 98).

64 Selbst bei Gleichwertigkeit der Möglichkeiten hat der Notwegberechtigte kein freies Wahlrecht: Nach hM ist dann eine konstitutive Gerichtsentscheidung nach § 917 Abs. 1 S. 2 BGB erforderlich.[161]

65 Wird bei mehreren möglichen Grundstücken eines für das Notwegrecht in Anspruch genommen, werden alle anderen von der Duldungspflicht frei (da nunmehr die erforderliche Verbindung hergestellt ist).[162]

66 Die Duldungspflicht ist begrenzt durch das wirtschaftliche Bedürfnis, das sie rechtfertigt. Für die Frage der Zumutbarkeit ist das Verhältnis der für die Schaffung einer Zuwegung notwendigen Kosten zu der Wirtschaftlichkeit der Nutzung des Grundstücks entscheidend:[163] Auf die Beeinträchtigung Nachbarn ist in diesem Zusammenhang nicht abzustellen. Nach der Nutzungsart des umschlossenen Grundstücks orientiert sich zB die Breite des Notwegs, aber auch die Art und Häufigkeit seiner Nutzung.[164]

67 Die Duldungspflicht erlischt mit Wegfall der tatbestandsmäßigen Voraussetzungen des § 917 BGB.[165]

68 **c) Verlangen des Notwegberechtigten.** Das Verlangen des Notwegberechtigten ist eine empfangsbedürftige (aber nicht formbedürftige) Willenserklärung, durch die der Inhalt des Notwegrechts aber noch nicht bestimmt wird: „Deshalb entsteht der Duldungsanspruch unter den gegebenen Voraussetzungen auch dann, wenn objektiv ein falscher Weg verlangt wird, der den Verpflichteten übermäßig belastet."[166] Adressat der Willenserklärung ist der Duldungspflichtige, bei mehreren ist sie gegenüber allen abzugeben.

69 Kommt es auf das Verlangens hin zu einer nachbarlichen Einigung über den Notwegverlauf,[167] bindet dieser Vertrag (dem nach hM lediglich deklaratorische Wirkung zukommt) nur die Grundstücksnachbarn, nicht auch deren Sonderrechtsnachfolger (es sei denn eine entsprechende Grunddienstbarkeit wurde eingetragen).[168]

70 Mit der vertraglichen Verpflichtung, Hinterleger fortwährend die Durchfahrt auf einem Grundstück zu gestatten, entsteht ein Dauerschuldverhältnis mit Dauerverpflichtung. Der Verjährung unterliegen weder das Dauerschuldverhältnis als solches[169] noch (solange es besteht) die immer wieder neu entstehende Dauerverpflichtung.[170]

71 Wenn Grundstücksnachbarn ein schuldrechtliches Wegerecht vereinbaren, beschränken sich die rechtlichen Wirkungen auf die beiden Vertragspartner:[171] Wird das Grundstück des Verpflichteten an einen Dritten verkauft, der die örtlichen Verhältnisse und die Bedeutung der Zufahrt für den Nachbarn kennt, kann jedoch unter Umständen eine ergänzende Vertragsauslegung des Kaufvertrags in Betracht kommen, aus der sich der Eintritt des Käufers in die schuldrechtlichen Verpflichtungen des Verkäufers gegenüber dem Nachbarn ergibt.

---

161 So Palandt/*Herrler* BGB § 917 Rn. 10; Staudinger/*Roth* BGB § 917 Rn. 38; aA hingegen *Karding* AcP 99 (1906), Beiträge zur Lehre vom Notweg, S. 407, 413.

162 Staudinger/*Roth* BGB § 917 Rn. 39.

163 OLG Celle Urt. v. 11.2.2009 – 4 U 36/08, BauR 2009, 1341; BGH Urt. v. 7.7.2006 – V ZR 159/05, NJW 2006, 3426 (3427); BGH Urt. v. 15.4.1964 – V ZR 134/62, NJW 1964, 1321 (1322); OLG Koblenz Urt. v. 5.7.1991 – 5 U 531/91, NJW-RR 1992, 724; OLG Frankfurt a. M. Urt. v. 27.5.1999 – 3 U 86/97, OLGR 1999, 262.

164 RG Urt. v. 20.3.1912 – V 316/11, RGZ 79, 116 (120); BGH Urt. v. 11.11.1959 – V ZR 98/58, BGHZ 31, 159.

165 Staudinger/*Roth* BGB § 917 Rn. 40 – zB fehlendes Bedürfnis für einen Notweg nach Geschäftsaufgabe.

166 Staudinger/*Roth* BGB § 917 Rn. 41: Liegen die tatbestandsmäßigen Voraussetzungen des § 917 BGB nicht vor, duldet der in Anspruch Genommene jedoch stillschweigend eine unentgeltliche Zufahrt, soll nur ein Leihverhältnis (§§ 598 ff. BGB) begründet worden sein, das ohne Begründung jederzeit wieder gekündigt werden kann; OLG Brandenburg Urt. v. 13.6.1996 – 5 U 109/95, DtZ 1996, 389.

167 Zur Auslegung der Verpflichtung zur Gewährung von Durchfahrt für beteiligte Hinterleger in einer einvernehmlich nach dem Muster des Formblatts Nr. 8/1979 der Oberforstdirektion München ausgestalteten Vereinbarung: BGH Urt. v. 22.4.2016 – V ZR 189/15, NJW-RR 2017, 210.

168 Palandt/*Herrler* BGB § 917 Rn. 2; Staudinger/*Roth* BGB § 917 Rn. 42.

169 So BGH Urt. v. 26.6.2008 – I ZR 221/05, NJW 2008, 2995, juris Rn. 16.

170 BGH Urt. v. 22.4.2016 – V ZR 189/15, NJW-RR 2017, 210 – Ls. 2.

171 OLG Karlsruhe Urt. v. 28.7.2016 – 9 U 24/15, DWW 2017, 66 – Ls. 1.

Der Inanspruchgenommene kann die Duldung des Notwegs auf seinem Grundstück davon abhängig machen, dass ihm vorab die Notwegrente gezahlt wird.[172] 72

Setzt der Duldungsberechtigte seinen Anspruch mittels verbotener Eigenmacht (§ 858 BGB), dh weder im Einvernehmen mit dem Duldungspflichtigen noch unter Inanspruchnahme von gerichtlichem Rechtsschutz, durch, steht dem Inanspruchgenommenen im Falle eines rechtswidrigen Angriffs (vgl. als Ausnahmetatbestand: § 904 BGB) ein Notwehrrecht (§ 227 BGB) zur Seite. 73

d) Notwegklage. Kommt es zu keiner gütlichen Einigung über die Einräumung oder den Umfang eines Notwegrechts, so kann nach § 917 Abs. 1 S. 2 BGB (auch durch den Pächter, der sich auf ein Notwegrecht seines Verpächtereigentümers beruft)[173] der Klageweg beschritten werden.[174] 74

Der Streitwert einer Klage auf Duldung der Benutzung von Nachbargrundstücken bemisst sich in entsprechender Anwendung von § 7 1. Alt. ZPO nach dem gemäß § 3 ZPO zu schätzenden Interesse des Klägers an der Duldungspflicht des Nachbarn.[175] Der Gerichtsstand bestimmt sich nach § 24 ZPO. 75

Das Notwegrecht kann im Rahmen einer Widerklage verteidigungsmäßig gegen einen Anspruch auf Unterlassung der Benutzung des Wegs nach § 1004 Abs. 1 S. 2 BGB geltend gemacht werden;[176] bei einer Klage wegen verbotener Eigenmacht (§§ 861, 862 BGB) ist wegen § 863 BGB nur eine petitorische Duldungs- und Widerklage statthaft.[177] Dann bestimmt das Urteil Bestehen bzw. Umfang des Notwegrechts.[178] Maßgeblich sind die Verhältnisse im Zeitpunkt der letzten Tatsacheninstanz.[179] 76

Ein Notwegberechtigter, der sein Grundstück während des Prozesses veräußert, kann nach § 265 ZPO den Prozess fortführen.[180] Ausnahmsweise muss der Verwaltungsrechtsweg beschritten werden, wenn das in Anspruch genommene Grundstück hoheitlichen Zwecken dient.[181] Aus einem der Notwegklage stattgebenden Urteil kann nach den §§ 890, 892 ZPO die Zwangsvollstreckung betrieben werden. Ändern sich im Laufe der Zeit die im Urteil festgestellten Verhältnisse, die die Duldungspflicht begründen, wesentlich, so kann jede Partei eine Änderung des Urteilsausspruchs verlangen. 77

e) Herstellungs- und Unterhaltungskosten des Notwegs. Der Berechtigte (Begünstigte) – nicht der duldungspflichtigen Eigentümer – hat die Kosten der Herstellung und der Unterhaltung des Notwegs zu tragen.[182] Ihn trifft im Winter auch die Streupflicht.[183] 78

Der Grundstückseigentümer darf den Notweg mitbenutzen, sofern dadurch die Interessen des eingeschlossenen Grundstücks nicht vereitelt werden. Bei Mitbenutzung eines bestehenden Wegs als Notweg haben 79

---

172 BGH Urt. v. 19.4.1985 – V ZR 157/83, LM § 917 BGB Nr. 12 und 13. So kann zB in der Geltendmachung eines Zurückbehaltungsrechts das Einverständnis des in Anspruch Genommenen gegen korrespondierende Rentenzahlung liegen: Staudinger/*Roth* BGB § 917 Rn. 42.

173 BGH Urt. v. 28.5.1976 – V ZR 195/74, LM BGB § 917 Rn. 6 = WM 1976, 1061.

174 Dazu näher Soergel/*Baur* BGB § 917 Rn. 13 ff.

175 BGH Urt. v. 17.1.2014 – V ZR 292/12, MDR 2014, 461 (Ls.): Der Wert dieses Interesses entspreche der Wertsteigerung, welche das Grundstück durch die Gewährung des Notwegerechts erfährt.

176 Palandt/*Herrler* BGB § 917 Rn. 14.

177 Näher Staudinger/*Roth* BGB § 917 Rn. 45.

178 Vgl. auch zur Zulässigkeit eines Feststellungsantrags, eine Wegenutzung sei kraft Dienstbarkeit zu nutzen, hilfsweise als Notweg zu dulden: RG Urt. v. 2.3.1934 – III 117/33, RGZ 144, 71.

179 BGH Urt. v. 25.11.1964 – V ZR 187/62, NJW 1965, 537.

180 BGH Urt. v. 19.4.1985 – V ZR 157/83, LM § 917 BGB Nr. 12 und 13.

181 Dazu OLG Koblenz Urt. v. 18.3.1981 – 1 U 444/80, MDR 1981, 671; BGH Urt. v. 16.5.1969 – V ZR 86/68, MDR 1969, 650.

182 BayObLG SeuffArch 1962 Nr. 41: Zur Herstellung und Unterhaltung des Notwegs ist der Duldungspflichtige nicht verpflichtet; BGH Urt. v. 6.4.1995 – III ZR 27/94, WM 1995, 1195 (1198); OLG Hamm Urt. v. 31.3.2014 – I 5 U 168/13, BauR 2014, 1833 (Ls. 2); BGH Urt. v. 4.7.2008 – V ZR 172/07, NVwZ 2008, 1150; BGH Urt. v. 12.12.2008 – V ZR 106/07, NZM 2009, 253 (254).

183 Staudinger/*Roth* BGB § 917 Rn. 35.

der Notwegberechtigte und der Eigentümer sich die Unterhaltungskosten gemäß § 748 BGB analog nach den Grundsätzen einer Gemeinschaft zu teilen.[184]

80 **f) Zusammentreffen mehrerer Notwegrechte.** Beim Zusammentreffen mehrerer Notwegrechte findet § 1024 BGB analoge Anwendung.[185] Die einzelnen Notwegrechte sind analog § 1020 BGB schonend auszuüben. Eine Verlegung eines der Notwegrechte kann der Duldungspflichtige analog § 1023 Abs. 1 S. 1 Hs. 1 BGB an eine für den Berechtigten ebenso geeignete Stelle verlangen, wenn die Ausübung an der bisherigen Stelle für ihn besonders beschwerlich ist,[186] wobei er dann allerdings analog § 1023 Abs. 1 S. 1 Hs. 2 BGB die Kosten der Verlegung zu tragen und vorzuschießen hat.[187]

81 **g) Verteidigung des Notwegrechts.** Der Berechtigte kann das Notwegrecht nach § 1004 BGB gegen jedermann verteidigen[188] (zB gegen Behinderungen der Zufahrt oder des Zugangs durch den Eigentümer des Verbindungsgrundstücks).[189] Mangels Sachherrschaft besteht ein Besitzschutz nur entsprechend § 1029 BGB.[190]

82 Mitbesitz am Notweg besteht nur bei gemeinsamer Benutzung des Wegs durch den Notwegberechtigten und den Grundstückseigentümer. Letzterer genießt jedoch keinen generellen Besitzschutz, da sich seine Besitzschutzansprüche nach §§ 861, 862 BGB nicht „ohne Weiteres" auf den Notweg erstrecken.[191] Der Notwegberechtigte wird (jedenfalls bei nur gelegentlicher Benutzung des Notwegs) daran keine Sachherrschaft iSv § 854 BGB ausüben – gleichwohl räumt ihm die hM Besitzschutz analog § 1029 BGB als Teil des Eigentums am verbindungslosen Grundstück ein.[192]

83 **h) Grundbuchfähigkeit der Duldungspflicht?** Die Notwegduldungspflicht ist als gesetzliche Eigentumsbeschränkung im Grundbuch nicht eintragbar.[193] Das Notwegerecht kann im Grundbuch nicht eingetragen werden:[194] Allerdings kann eine vom gesetzlichen Inhalt des Notwegrechts abweichende Ausgestaltung des Notwegrechts[195] als Grunddienstbarkeit eingetragen werden.[196] Bei Zweifeln über die gesetzliche Duldungspflicht soll auch eine klarstellende Grunddienstbarkeit eintragbar sein.[197] Die Pflicht des Nachbarn, einen Überbau zu dulden, kann nach einem Eigengrenzüberbau Inhalt einer Grunddienstbarkeit sein, um mögliche künftige Streitigkeiten über das Eigentum an dem Bauwerk und über die Duldungspflicht des Nachbarn auszuschließen.[198] Eine Grunddienstbarkeit des Inhalts, dass auf einen nach § 917 BGB zu duldenden Notweg verzichtet wird, ist im Grundbuch des durch den Verzicht belasteten Grundstücks einzutragen.[199] Aus der grundsätzlichen Nichteintragbarkeit des Notwegrechts folgt, dass es auch dem guten Glauben (§ 892 BGB) nicht zugänglich ist und zu anderen Rechten kein Rangverhältnis zu begründen vermag.[200]

184 Staudinger/*Roth* BGB § 917 Rn. 35.
185 Die Analogie rührt daher, dass das Notwegrecht keine gesetzliche Grunddienstbarkeit, sondern eine Eigentumserweiterung des eingeschlossenen Grundstücks begründet, Staudinger/*Roth* BGB § 917 Rn. 36.
186 Dazu auch BGH Urt. v. 30.1.1981 – V ZR 6/80, BGHZ 79, 307; *Jauernig/Berger* BGB § 917 Rn. 5.
187 Krit. dazu Staudinger/*Roth* BGB § 917 Rn. 36.
188 OLG Koblenz Urt. v. 5.7.1991 – 5 U 531/91, NJW-RR 1992, 724; Palandt/*Herrler* BGB § 917 Rn. 14.
189 Staudinger/*Roth* BGB § 917 Rn. 46.
190 Umstr.; so aber BGH Urt. v. 19.4.1985 – V ZR 157/83, LM § 917 BGB Nr. 12 und 13.
191 So Staudinger/*Roth* BGB § 917 Rn. 47; aA hingegen Soergel/*Baur* BGB § 917 Rn. 15.
192 Palandt/*Herrler* BGB § 917 Rn. 14; Staudinger/*Roth* BGB § 917 Rn. 48.
193 KG JFG 4, 388; Staudinger/*Roth* BGB § 917 Rn. 37.
194 OLG Hamm Urt. v. 31.3.2014 – I 5 U 168/13, BauR 2014, 1833, juris Rn. 68. So auch MüKoBGB/*Säcker* § 917 Rn. 23.
195 Dazu auch OLG Düsseldorf Urt. v. 7.2.1996 – 9 U 126/95, RdL 1997, 35.
196 Palandt/*Herrler* BGB § 917 Rn. 11.
197 So OLG Düsseldorf Urt. v. 10.10.1977 – 3 W 157/77, OLGZ 1978, 19; Staudinger/*Roth* BGB § 917 Rn. 37.
198 BGH Urt. v. 18.7.2013 – IX ZR 198/10, NJW 2014, 311 – Ls.
199 BGH Urt. v. 7.3.2014 – V ZR 137/13, MDR 2014, 710 – Ls. 1: Aus einer Eintragung im Grundbuch des durch das Notwegrecht belasteten Grundstücks kann sich hingegen ein dinglich wirkender Verzicht nicht ergeben.
200 Staudinger/*Roth* BGB § 917 Rn. 37.

i) Verjährung. Der Duldungsanspruch und das Recht auf den eingeräumten Notweg (das nicht als Anspruch iSv § 194 BGB zu qualifizieren ist)[201] unterliegen nach § 924 BGB nicht der Verjährung. 84

2. Rentenrecht

Die Nachbarn, über deren Grundstücke der Notweg führt, haben wegen der Beschränkung ihrer Eigentümerstellung[202] nach § 917 Abs. 2 S. 1 BGB einen Anspruch auf Entschädigung durch eine Geldrente (die gemäß § 917 Abs. 2 S. 2 BGB rechtlich wie die Überbaurente ausgestaltet ist). 85

Die Notwegrente ist gemäß § 917 Abs. 2 S. 2 iVm § 913 Abs. 2 BGB jährlich im Voraus zu zahlen. Das Notwegrentenrecht ist nach § 96 BGB wesentlicher Bestandteil der Nachbargrundstücke (dh des herrschenden wie des dienenden Grundstücks),[203] womit es nicht ohne diese übertragen werden kann. Eine Eintragung des Rentenrechts im Grundbuch ist – wie eine solche der Duldungspflicht – weder möglich noch erforderlich. Anders verhält es sich mit einem Verzicht auf die Notwegrente (§ 917 Abs. 2 S. 2 iVm § 914 Abs. 2 S. 2 BGB). 86

Ein Notwegrentenrecht besteht allerdings nicht bei einem historisch (durch Gewohnheitsrecht) begründeten Wegerecht.[204] 87

Schuldner der Notwegrente ist der jeweilige Eigentümer (nicht der Nutzungsberechtigte, zB ein Pächter) des zugangslosen Grundstücks (§ 917 Abs. 2 S. 2 iVm § 913 Abs. 1 BGB). Gläubiger ist der jeweilige Eigentümer (vgl. auch den Berechtigtenkreis nach § 917 Abs. 2 S. 2 iVm § 916 BGB) des Verbindungsgrundstücks (§ 917 Abs. 2 S. 2 iVm § 913 Abs. 1 BGB). 88

Beginn und Höhe der Rentenpflicht orientieren sich am Zeitpunkt, zu dem die Duldungspflicht beginnt.[205] Bei einer Versteigerung des rentenpflichtigen Grundstücks bleibt die Rente bestehen.[206] Die Höhe der Rente bemisst sich nach dem Nachteil (Nutzungsverlust),[207] den der Nachbar durch die Duldungsverpflichtung des Notwegs erleidet, nicht hingegen nach den Vorteilen oder dem Nutzen des Eigentümers des zuganglosen Grundstücks.[208] 89

Maßgeblich ist (im Unterschied zur Überbaurente) die Minderung des Verkehrswerts des gesamten in Anspruch genommenen Grundstücks infolge des Notwegrechts[209] im Zeitpunkt der Entstehung des Notweg- und damit des Rentenrechts (§ 917 Abs. 2 S. 2 iVm § 912 Abs. 2 S. 2 BGB).[210] 90

---

201 Staudinger/*Roth* BGB § 917 Rn. 40.

202 Motive III, S. 292; RG Urt. v. 21.12.1915 – III 244/15, RGZ 87, 424 (425); BGH Urt. v. 16.11.1990 – V ZR 297/89, BGHZ 113, 32 (35).

203 Soergel/*Baur* BGB § 917 Rn. 17.

204 So OLG Schleswig Urt. v. 10.10.2006 – 3 U 41/06, OLGR Schleswig 2006, 894.

205 Umstr.; wie hier BGH Urt. v. 19.4.1985 – V ZR 152/83, BGHZ 94, 160 (162) = NJW 1985, 1952; BGH Urt. v. 26.11.1971 – V ZR 11/70, BGHZ 57, 305 = WM 1972, 134; MüKoBGB/*Brückner* § 917 Rn. 40 (unter Bezugnahme auf Prot. III, S. 156); aA Soergel/*Baur* BGB § 917 Rn. 18.

206 Staudinger/*Roth* BGB § 917 Rn. 50.

207 Zur Bemessung des Nutzungsverlusts des Eigentümers nach Notwegrentenansprüchen BGH Urt. v. 6.4.1995 – III ZR 27/94, NJW 1995, 2483.

208 Individualisierender Maßstab: BGH Urt. v. 16.11.1990 – V ZR 297/89, BGHZ 113, 32 (34); BGH Urt. v. 6.4.1995 – III ZR 27/94, WM 1995, 1195 (1198); MüKoBGB/*Brückner* § 917 Rn. 40 unter Bezugnahme auf Prot. III, S. 155 f.

209 BGH Urt. v. 16.11.1990 – V ZR 297/89, BGHZ 113, 32 (35 f.) Nach Staudinger/*Roth* (BGB § 917 Rn. 52) sind als Faktoren, die die Wertminderung beeinflussen können, zB Größe, Lage und Zuschnitt des Grundstücks oder der beanspruchten Teilfläche sowie Art und Intensität der Nutzung durch den Nutzungsberechtigten bzw. Nutzungsrechte anderer Nachbarn zu berücksichtigen.

210 BGH Urt. v. 16.11.1990 – V ZR 297/89, BGHZ 113, 32 (36); Palandt/*Herrler* BGB § 917 Rn. 15; zur Frage einer nachträglichen Änderung der Notwegrente näher Staudinger/*Roth* BGB § 917 Rn. 52.

91 Durch den nicht erfolgten Verweis in § 917 Abs. 2 S. 2 auf § 915 BGB hat der Nachbar gegen den Notwegberechtigten keinen Anspruch auf Kapitalabfindung gegen Übertragung der für den Notweg in Anspruch genommenen Fläche.

VII. Notwegrecht an Waldgrundstücken und zugunsten von Versorgungsleitungen

92 Das Landesrecht gewährt in einigen Wald- und Forstgesetzen[211] ein Notwegrecht an Waldgrundstücken. Obgleich diese landesrechtlichen Regelungen nach hA für rechtmäßig erachtet werden,[212] bestehen nicht unerhebliche Bedenken im Hinblick auf die Gesetzgebungskompetenz der Länder und die Konformität dieser Vorschriften mit Art. 124 S. 1 EGBGB.

93 Einige landesrechtliche Nachbarrechtsgesetze[213] gewähren gleichermaßen ein Notwegrecht für Versorgungsleitungen,[214] das einen (gegenüber den strengen Voraussetzungen des § 917 BGB) erleichterten Grundstücksanschluss an Versorgungsleitungen, Abwasserleitungen oder Vorfluter bei Inanspruchnahme von Nachbargrundstücken ermöglicht. Diese Regelungen des Landesrechts sollen als Sondervorschriften den §§ 917 f. BGB vorgehen.[215] Dies würde jedoch eine landeskompetenzrechtliche Zulässigkeit der nachbarrechtlichen Regelungen voraussetzen, was – entgegen der hM, die von einer Zulässigkeit des parallelen, aber modifizierten Landesrechts ausgeht[216] – nicht der Fall ist: Auch hier bietet Art. 124 EGBGB keine ausreichende Ermächtigungsgrundlage, da die Materie unmittelbar von § 917 BGB umfassend und abschließend geregelt worden ist. Art. 124 EGBGB gestattet den Ländern nur, dem Eigentümer andere Beschränkungen zugunsten seiner Nachbarn aufzuerlegen als jene, die bereits im BGB selbst normiert sind. Unzulässig ist aber, was in einigen Nachbarrechtsgesetzen gleichwohl geschehen ist, eine Modifikation der Beschränkungen des (bundesrechtlichen) BGB. Folge ist die Nichtigkeit des entsprechenden Landesrechts.[217]

94 Weder die Kompetenzvorschrift der Art. 70 bis 74 GG noch die Regelung in § 18a WHG bzw. das Recht des Landes NRW stehen der entsprechenden Anwendung von § 917 BGB auf das Notleitungsrecht entgegen.[218] Mit Art. 65 EGBGB ist die entsprechende Anwendung der §§ 917 f. BGB vereinbar. Auch das maßgebliche Recht des Landes NRW schließt eine entsprechende Anwendung von § 917 BGB nach hM nicht aus,[219] da ein privates Notleitungsrecht weder im Nachbarrechtsgesetz noch im Wassergesetz dieses Landes vorgesehen ist.

VIII. Sonderreglungen für den Telekommunikations- und Versorgungsbereich

95 Sonderregelungen finden sich bundesgesetzlich auch für den Telekommunikationsbereich und den Versorgungsbereich im Hinblick auf Gas- und Elektrizität sowie Wasser und Fernwärme, nach denen im Hinblick

211 Vgl. etwa § 15 LWaldG Bbg; § 28 Abs. 2 LWaldG BaWü; § 15 LWaldG Hess; § 17 LWaldG M-V; § 22 LWaldG Rh-Pf; § 15 LWaldG Saarl; § 26 LWaldG Sachsen bzw. § 26 LWaldG Thür.

212 So Palandt/*Herrler* BGB § 917 Rn. 1; aA (wie hier) Staudinger/*Roth* BGB § 917 Rn. 8.

213 Zu diesen näher NK-BGB/*Ring* § 903 Rn. 81.

214 Vgl. etwa § 7 lit. f NRG BW (dazu BGH Urt. v. 22.6.1990 – V ZR 59/89, NJW 1991, 176; OLG Karlsruhe Urt. v. 15.2.2001 – 4 U 72/00, ZfIR 2001, 311; AG Rastatt Urt. v. 14.1.1999 – 1 C 148/98, BWNotZ 1999, 177); § 44 NachbG Bbg; § 30 HNRG; § 125 WasserG Nds aF (dazu *Glaser* ZMR 1984, 361 (365)); § 26 LNRG RhPf; § 27 NachbG Saarl; §§ 19 ff. SächsNRG; §§ 26 ff. ThürNRG.

215 Palandt/*Herrler* BGB § 917 Rn. 1.

216 BGH Urt. v. 22.6.1990 – V ZR 172/07, NJW 1991, 176; LG Freiburg Urt. v. 15.7.1980 – 9 S 108/80, MDR 1981, 644; Palandt/*Herrler* BGB § 917 Rn. 1.

217 So Staudinger/*Albrecht* EGBGB Art. 124 Rn. 27; Staudinger/*Roth* BGB § 917 Rn. 7. MüKoBGB/*Brückner* § 917 Rn. 36 erachtet dies nur als problematisch.

218 BGH Urt. v. 4.7.2008 – V ZR 109/90, BGHZ 177, 165 = NVwZ 2008, 1150.

219 OLG Düsseldorf Urt. v. 28.11.1990 – 9 U 109/90, NJW-RR 1991, 403 (404); OLG Hamm Urt. v. 8.7.1991 – 5 U 49/91, NJW-RR 1992, 723; Dröschel/*Glaser*, Das Nachbarrecht in Nordrhein-Westfalen, § 29 Rn. 2; Schäfer/Fink-Jamann/Peter/*Schäfer* NachbarG NRW § 27 Rn. 6 und § 29 Rn. 2; aA hingegen OLG Köln Urt. v. 15.11.2002 – 19 U 75/02, VersR 2004, 1143 (1145) = NJW-RR 2003, 376.

auf die Erbringung von Telekommunikationsdienstleistungen und Versorgungsleistungen ein Rückgriff auf das Notwegrecht nach § 917 BGB nicht erforderlich ist.

1. Telekommunikationsbereich

Gemäß § 76 Abs. 1 TKG[220] kann der Eigentümer eines Grundstücks, das nicht Verkehrsweg iSv § 68 Abs. 1 S. 2 TKG ist, die Errichtung, den Betrieb und die Erneuerung von Telekommunikationslinien auf seinem Grundstück insoweit nicht verbieten, als auf dem Grundstück eine durch ein Recht gesicherte Leitung oder Anlage auch für die Errichtung, den Betrieb und die Erneuerung einer Telekommunikationslinie genutzt und hierdurch die Nutzbarkeit des Grundstücks nicht dauerhaft zusätzlich eingeschränkt wird (Nr. 1)[221] oder das Grundstück durch die Benutzung nicht unzumutbar beeinträchtigt wird (Nr. 2) (→ *Leitungsrecht*).[222] 96

Hat der Grundstückseigentümer eine Einwirkung nach § 76 Abs. 1 TKG zu dulden, gewährt ihm § 76 Abs. 2 TKG einen Ausgleichsanspruch: Er kann vom Betreiber der Telekommunikationslinie bzw. vom Eigentümer des Leitungsnetzes einen angemessenen Ausgleich in Geld verlangen, wenn durch die Errichtung, Erneuerung oder durch Wartungs-, Reparatur- oder vergleichbare, mit dem Betrieb der Telekommunikationslinie unmittelbar zusammenhängende Maßnahmen eine Benutzung seines Grundstücks oder dessen Ertrag über das zumutbare Maß hinaus beeinträchtigt wird. Für eine erweiterte Nutzung zu Zwecken der Telekommunikation kann darüber hinaus ein einmaliger Ausgleich in Geld verlangt werden, sofern bisher keine Leitungswege vorhanden waren, die zu Zwecken der Telekommunikation benutzt werden konnten. Wird das Grundstück oder sein Zubehör durch die Ausübung der aus dieser Vorschrift folgenden Rechte beschädigt, so hat der Betreiber auf seine Kosten den Schaden zu beseitigen. 97

IÜ ist der Bund nach § 68 Abs. 1 TKG befugt, Verkehrswege (dh öffentliche Wege, Plätze und Brücken sowie öffentliche Gewässer) für die öffentlichen Zwecken dienenden Telekommunikationslinien unentgeltlich zu benutzen, soweit nicht dadurch der Widmungszweck der Verkehrswege dauernd beschränkt wird.[223] 98

2. Versorgungsbereich

Vergleichbare Regelungen treffen für den Bereich der Energieversorgung folgende, auf der Grundlage von § 11 Abs. 2 des alten EnWG[224] erlassene Verordnungen: 99

- VO über Allgemeine Bedingungen für den Netzanschluss und dessen Nutzung für die Gasversorgung in Niederdruck (Niederdruckanschlussverordnung – NADV)[225] (vormals VO über Allgemeine Bedingungen für die Gasversorgung von Tarifkunden – AVBGasV),[226]
- VO über Allgemeine Bedingungen für die Versorgung mit Wasser (AVBWasserV),[227]
- VO über Allgemeine Bedingungen für die Versorgung mit Fernwärme (AVBFernwärmeV)[228] sowie
- (die nicht erlassene) VO über Allgemeine Bedingungen für die Entsorgung von Abwasser.

Danach sind angeschlossene (Versorgungs-)Abnehmer ua verpflichtet, Leitungen zum Zweck der örtlichen Versorgung auf ihren im gleichen Versorgungsgebiet liegenden Grundstücken (beim Vorliegen bestimmter Voraussetzungen) unentgeltlich zu dulden. Das jeweilige Versorgungsunternehmen ist im Anwendungsbe- 100

220 V. 22.6.2004 (BGBl. I 1190).
221 BGH Urt. v. 7.7.2000 – V ZR 435/98, NJW 2000, 3206.
222 Dazu BVerfG Urt. v. 25.8.1999 – 1 BvR 1499/97, NJW 2000, 798.
223 Zur Verfassungsgemäßheit dieser Norm: BVerfG Kammerbeschl. v. 7.1.1999 – 2 BvR 929/97, NVwZ 1999, 520.
224 V. 24.4.1998 (BGBl. I 730) – vgl. nunmehr das neue Gesetz über die Elektrizitäts- und Gasversorgung v. 7.7.2005 (BGBl. I 1970, ber. S. 3621).
225 V. 1.11.2006 (BGBl. I 2477, 2485).
226 V. 21.6.1979 (BGBl. I 676) – aufgehoben durch Art. 4 VO v. 1.11.2006 (BGBl. I 2477).
227 V. 20.6.1980 (BGBl. I 750, ber. 1067).
228 V. 20.6.1980 (BGBl. I 742).

reich der einschlägigen Verordnung hinsichtlich der Verlegung von Leitungen unter Inanspruchnahme von Zwischengrundstücken nicht auf § 917 BGB angewiesen.[229]

101 Weiterhin bestimmt § 46 EnwG (vergleichbar § 68 Abs. 1 TKG), dass Gemeinden ihre öffentlichen Verkehrswege für die Verlegung und den Betrieb von Leitungen (einschließlich Fernwirkleitungen zur Netzsteuerung und Zubehör) zur unmittelbaren Versorgung von Letztverbrauchern im Gemeindegebiet diskriminierungsfrei durch Vertrag zur Verfügung zu stellen haben (gemeindliche Verpflichtung zum Abschluss von Wegenutzungsverträgen).

102 Grundstücke von Nichtabnehmern können allerdings nur nach einer entsprechenden Gestattung des Eigentümers oder nach Maßgabe des § 917 BGB in Anspruch genommen werden. Als letzter Schritt kommt auch eine Enteignung nach § 45 EnWG in Betracht.

103 Sofern die genannten Sondervorschriften keine Regelung treffen, unterfällt ein Notleitungsrecht[230] (zB für unterirdische Abwasserkanäle, Wasser- und Gasröhren sowie Stromkabel) unmittelbar § 917 BGB.[231] Der Anspruch aus § 917 BGB auf ein Notleitungsrecht kann sich zB auch auf die Mitbenutzung einer bereits bestehenden Abwasserleitung des Nachbarn richten.[232]

IX. Betretungsrechte nach Landesrecht

104 Das Landesrecht gestattet (unabhängig von § 917 BGB) im Rahmen von Sondervorschriften auf der Grundlage von Art. 124 EGBGB das Betreten von Nachbargrundstücken zu besonderen Zwecken: zB Anwenderrechte (Art. 53 BayAGBGB, § 31 NachbG Nds); Hammerschlags- und Leiterrechte (→ *Hammerschlags- und Leiterrechte*);[233] Schaufelschlagsrechte; Schwengel- und Trepprechte.

105 Fehlen entsprechenden landesrechtliche Regelungen zum Betreten des Nachbargrundstücks zu „besonderen Zwecken" ganz oder teilweise (wie zB in Bayern) kann auf die Grundsätze des nachbarlichen Gemeinschaftsverhältnisses zurückgegriffen werden.[234]

X. Betretungsrechte aus Gewohnheitsrecht und aus unvordenkbarer Verjährung

106 Betretungsrechte können sich auch aus **Gewohnheitsrecht** ergeben.[235] Einen Unterfall bildet die sog. Observanz, bei der es sich um ein örtlich begrenztes Gewohnheitsrecht handelt.[236] So handelt es sich bspw. bei dem Inwiekenrecht um ein örtlich geltendes Gewohnheitsrecht, weil unter den Einwohnern des Fehngebiets um Rhauderfehn nach wie vor die spätestens seit Mitte des 19. Jahrhunderts geübte Praxis besteht, entlang der Inwieken einen Randstreifen als Zugang für die Nutzer der dahinter liegenden Grundstücke freizuhal-

229 Staudinger/*Roth* BGB § 917 Rn. 6.

230 Weshalb die Bezeichnung Not„weg" irreführend ist, so *Jauernig/Berger* BGB § 917 Rn. 3; vgl. auch OLG Hamm Urt. v. 8.7.1991 – 5 U 49/91, NJW-RR 1992, 723.

231 So BGH Urt. v. 30.1.1981 – V ZR 6/80, BGHZ 79, 307 (309); Staudinger/*Roth* BGB § 917 Rn. 4; aA BGH Urt. v. 22.6.1990 – V ZR 59/89, NJW 1991, 176 f.: Das Notleitungsrecht basiert auf einer analogen Anwendung von § 917 BGB. Vgl. auch BGH Urt. v. 10.6.2011 – V ZR 233/10, NJW-RR 2011, 1458, wonach im Falle des Erwerbs eines Grundstücks durch den Eigentümer des angrenzenden Grundstücks ein Beseitigungsanspruch wegen Eigentumsbeeinträchtigung nicht in Betracht kommt, wenn die Parteien beim Abschluss des Grundstückskaufvertrages vereinbart haben, dass der Veräußerer, ohne eine ordentliche Kündigungsmöglichkeit des Erwerbers, zur unentgeltlichen dauerhaften Nutzung des Erwerbergrundstücks für die Versorgungsleitungen berechtigt sein sollte. War die Nutzungsgestattung nur mündliche Nebenabrede des Grundstückskaufvertrags, erlangt sie mit der Grundbucheintragung Wirksamkeit.

232 BGH Urt. v. 12.12.1980 – V ZR 168/78, NJW 1981, 1036.

233 Vgl. etwa Art. 46b BayAGBGB; § 7 lit. d NRG BW; § 17 NachbG Bln; § 23 BbgNRG; § 28 HNRG; § 47 NNachbG; § 24 NachbG NRW; § 21 LNRG RhPf; § 24 NachbG Saarl; § 24 SächsNRG; § 18 NbG SA; § 17 NachbG Schl.-H.; § 21 ThürNRG.

234 Staudinger/*Roth* BGB § 917 Rn. 54.

235 BGH Urt. v. 21.11.2008 – V ZR 35/08, NJW-RR 2009, 311; vorgehend OLG Oldenburg Urt. v. 11.2.2008 – 1 S U 55/07, DWW 2008, 314.

236 BGH Die niedersächsische Gemeinde 1966, 196 (198).

ten, wobei dies auch seitens der Behörden und Gerichte nahezu ausnahmslos als allgemein verbindliches Recht angesehen und beachtet wird.[237]

Liegen ihre Voraussetzungen des **Rechtsinstituts der unvordenkbaren Verjährung** vor, wird unwiderleglich vermutet, dass ein bestimmtes Recht in früherer Zeit entstanden ist – selbst wenn dies nicht mehr nachgewiesen werden kann.[238] So kann zB aufgrund unvordenklicher Verjährung angenommen werden, dass ein über ein privates Grundstück führender Weg in früherer Zeit durch die zuständige Obrigkeit ausdrücklich oder stillschweigend als öffentlicher Weg gewidmet wurde und von der Allgemeinheit entsprechend genutzt werden durfte. Dies gilt auch dann, wenn die Widmung nicht mehr nachweisbar ist.[239] Das Institut ersetzt damit nicht die Widmung – sondern entbindet nur davon, den Widmungsakt nachzuweisen. Nachgewiesen werden müssen jedoch die Voraussetzungen der unvordenklichen Verjährung.[240] 107

Dafür ist erforderlich, dass der als Recht beanspruchte Zustand in einem Zeitraum von 40 Jahren als Recht besessen worden ist und dass weitere 40 Jahre vorher keine Erinnerung an einen anderen Zustand seit Menschengedenken bestand.[241] Das Rechtsinstitut ist im BGB nicht geregelt und gilt idR für Rechtsgebiete, die im Bundesrecht keine Regelung erfahren haben – insbesondere im Straßen- und Wegerecht, im Wasser- und im Nachbarrecht.[242] 108

XI. Notwegrecht und nachbarrechtliches Gemeinschaftsverhältnis

Bei § 917 BGB handelt es sich um eine abschließende Regelung.[243] Daher können die tatbestandlichen Voraussetzungen idR – sofern im konkreten Einzelfall einzelne Voraussetzungen fehlen sollten – nicht durch die Grundsätze des nachbarschaftlichen Gemeinschaftsverhältnisses kompensiert werden.[244] Das nachbarliche Gemeinschaftsverhältnis begründet idR nämlich keine selbstständigen Ansprüche, sondern wirkt sich nur als Schranke der Rechtsausübung aus.[245] 109

Eine aus dem nachbarlichen Gemeinschaftsverhältnis folgende selbstständige Verpflichtung (konkret: Versorgung des Nachbargrundstücks mit Wasser) ist daher mit Rücksicht auf die nachbarrechtlichen Sonderregelungen eine begrenzte Ausnahme und kann nur ausnahmsweise dann angenommen werden, wenn ein über die gesetzliche Regelung hinausgehender billiger Ausgleich der widerstreitenden Interessen zwingend geboten erscheint.[246] 110

Der Gesichtspunkt des nachbarrechtlichen Gemeinschaftsverhältnisses (Gesichtspunkt von Treu und Glauben nach § 242 BGB) verpflichtet einen Grundstückseigentümer nicht, eine Überfahrt über sein Grundstück zu dulden, da er nur dann rechtliche Bedeutung gewinnt, wenn und soweit bestimmte nachbarschaftliche Rechtsfragen nicht abschließend gesetzlich geregelt sind. 111

237 BGH Urt. v. 21.11.2008 – V ZR 35/08, NJW-RR 2009, 311.
238 OLG Hamm Urt. v. 3.3.2016 – 5 U 125/15, NJW-RR 2016, 1112 – Ls.
239 OLG Hamm Urt. v. 3.3.2016 – 5 U 125/15, NJW-RR 2016, 1112, juris Rn. 48. Zur verfassungsrechtlichen Einordnung des Rechtsinstituts in Bezug auf Art. 14 GG: BVerfG Urt. v. 15.4.2009 – 1 BvR 3478/08, NVwZ 2009, 1158, juris Rn. 23.
240 OLG Hamm Urt. v. 3.3.2016 – 5 U 125/15, NJW-RR 2016, 1112, juris Rn. 49.
241 BGH Teilurt. v. 12.12.2008 – V ZR 106/07, MDR 2009, 374 = NJW-RR 2009, 515 (Weg), juris Rn. 14 und BGH Urt. v. 4.2.1955 – V ZR 112/52, BGHZ 16, 234 (Wehr), juris Rn. 54 ff.
242 OLG Hamm Urt. v. 3.3.2016 – 5 U 125/15, NJW-RR 2016, 1112, juris Rn. 50.
243 So OLG Brandenburg Urt. v. 13.6.1996 – 5 U 109/95, DtZ 1996, 389 (390 f.); OLG Köln Urt. v. 4.11.1991 – 2 W 160/91, NJW-RR 1992, 213.
244 Staudinger/*Roth* BGB § 917 Rn. 1.
245 OLG Hamm Urt. v. 27.2.2012 – I 5 U 77/11, MDR 2012, 838 – Ls.
246 BGH Urt. v. 13.7.2018 – V ZR 308/17, NJW-RR 2019, 78 – Ls. 1; BGH Urt. v. 8.2.2013 – V ZR 56/12, NJW-RR 2013, 650.

112 Wenn die Voraussetzungen eines Notwegerechts in § 917 Abs. 1 BGB geregelt sind, kommt eine Erweiterung der Rechte des Nachbarn unter dem Gesichtspunkt von Treu und Glauben grundsätzlich nicht in Betracht.[247]

113 § 242 BGB in seiner Ausprägung als nachbarliches Gemeinschaftsverhältnis kommt ebenfalls als Anspruchsgrundlage für die Einräumung einer Zuwegungsbaulast[248] nicht in Betracht. Es kommt auch nicht darauf an, in welchem Umfang der zur Duldung Verpflichtete oder einer seiner Rechtsvorgänger in der Vergangenheit eine Überfahrt über ihr Grundstück geduldet haben. Denn auch eine langjährige Duldung kann ein Notwegerecht grundsätzlich nicht begründen.[249]

XII. Recht der neuen Bundesländer

114 Für Wege- und Überfahrtrechte nach Maßgabe der §§ 321 f. ZGB gilt Art. 233 § 5 EGBGB.[250] Die Begründung einer Dienstbarkeit zur Sicherung des Zugangs zu einem mit einer Jagdhütte bebauten Waldgrundstück kann nach § 116 SachenRBerG nicht verlangt werden, wenn der Errichtung der Jagdhütte ein Erholungsnutzungsvertrag nach § 312 ZGB DDR zugrunde lag.[251] Bebauungen eines Grundstücks aufgrund eines Miet-, Pacht- oder sonstigen Nutzungsvertrags (im konkreten Fall: Verkaufskioske) nach § 2 Abs. 1 Nr. 2 SachenRBerG unterfallen nicht der Sachenrechtsbereinigung mit der Folge, dass Nutzungen, die auf der Grundlage entsprechender Verträge erfolgen, nicht zu weitergehenden Rechten nach dem SachenRBerG führen können, weshalb auch nicht die Einräumung eines Überfahrtrechts verlangt werden kann.[252]

92. Oberirdische Gewässer

Jeromin

Literatur: *Reinhardt*, Hochwasserschutz zwischen Enteignungsentschädigung und Amtshaftung; Bau- und wasserrechtliche Grundlagen der staatlichen Haftung für Überschwemmungsschäden und notleidende Schutzmaßnahmen, NuR 2004, 427.

247 OLG Saarbrücken Urt. v. 24.7.2002 – 1 U 81/02-19, NJW-RR 2002, 1385.
248 Zur Duldung der Begehung/Befahrung eines Grundstücks aufgrund einer Baulast OLG Hamm Urt. v. 6.7.2017 – 5 U 152/16, MDR 2017, 1356.
249 OLG Karlsruhe Urt. v. 25.4.2013 – 9 U 173/10, DWW 2013, 261, juris Rn. 26; BGH Urt. v. 12.12.2008 – V ZR 106/07, NJW-RR 2009, 515 (516); OLG Saarbrücken Urt. v. 24.7.2002 – 1 U 81/02-19, NJW-RR 2002, 1385.
250 *Jauernig/Berger* BGB § 917 Rn. 6.
251 BGH Urt. v. 5.6.2009 – V ZR 117/08, NJW-RR 2010, 445.
252 LG Potsdam Beschl. v. 13.11.2009 – 10 S 6/08, ZOV 2010, 26.

I. Allgemeines

1 Wasser kann in sehr unterschiedlichen Formen und Erscheinungsweisen ein hohes Schadenspotenzial – auch für benachbarte Grundstücke – besitzen. Das gilt nicht nur für Grundwasser und wildabfließende Niederschläge (zB Regen, Schnee, Hagel etc), sondern allgemein für oberirdische Gewässer mit schadensstiftenden Potenzialen wie Hochwässer (vgl. § 72 WHG: „Hochwasser ist eine zeitlich beschränkte Überschwemmung von normalerweise nicht mit Wasser bedecktem Land, (…)"). Hydraulische Kräfte können ebenso wie die bauphysikalischen Wirkungen durch Feuchtigkeit auf benachbarte bauliche Anlagen und Einrichtungen in vielfältiger Weise eindringen und einwirken. Soweit diese schädigenden Einwirkungen auf rein natürlichen Ursachen und dem **Wirken von Naturkräften** beruhen, realisiert sich darin **das allgemeine Lebensrisiko** für Betroffene, ohne dafür Dritte haftbar machen zu können oder Abwehransprüche gegenüber anderen zu begründen. In diesen Fällen muss jeder für sich selbst mögliche Beeinträchtigungen seines Eigentums durch geeignete Maßnahmen und Schutzvorkehrungen abwenden oder mindern.

2 Ein nachbarlicher Anspruch gegenüber Dritten auf Abwehr oder Schadensersatz infolge von Schädigungen durch Wasserzuflüsse und Wassereinflüsse setzt mithin voraus, dass die schadensbegründende Situation wenigstens mittelbar auf den Willen des Anspruchsgegners zurückgeht, das heißt, die durch Naturereignisse ausgelöste Störung muss durch seine Handlung ermöglicht oder die Beeinträchtigung erst durch ein **pflichtwidriges Unterlassen** herbeigeführt sein.[1]

3 Bei oberirdischen Gewässern sind die öffentlich-rechtlichen Anforderungen an die ordnungsgemäße Gewässerunterhaltung sowie die zivilrechtlich ausgestalteten Verkehrssicherungspflichten Anknüpfungspunkte für Rechtsschutzmöglichkeiten und Schadensersatzansprüche von Nachbarn. Trotz der öffentlich-rechtlichen Natur der Unterhaltungspflichten bei Gewässern sind nachbarliche Abwehr- und Beseitigungsansprüche sowie Schadensersatzansprüche nur **im ordentlichen Rechtsweg** vor den Zivilgerichten durchzusetzen.[2]

4 Der bestehende Dualismus des privaten und öffentlichen Rechts beruht im Wasserrecht auf dem Umstand, dass oberirdische Gewässer nach der Rechtsordnung öffentlichen Sachen im Gemeingebrauch sind und alle relevanten Benutzungen dem öffentlich-rechtlichen Benutzungsregime[3] des WHG bzw. der Landeswassergesetze unterliegen.

II. Begrifflichkeiten

1. Oberirdische Gewässer

5 Nach der gesetzlichen Definition in § 3 Nr. 1 WHG zählt das ständig oder zeitweilig in Betten fließende oder stehende oder aus Quellen wild abfließende Wasser zu den oberirdischen Gewässern. Damit ist aus der wasserwirtschaftlichen Benutzungsordnung und den dadurch verbundenen Unterhaltungspflichten für oberirdische Gewässer nur das aus Niederschlägen oder durch Schneeschmelze wild abfließende Wasser ausgenommen bis dieses in das Grundwasser, in das gefasste oberirdische Wasser oder in Küstengewässer übergetreten ist.[4] In der nachbarlichen Praxis kommt den oberirdischen Gewässern, die in Betten gefasst sind (zB Ströme, Flüsse, Bäche und Seen), eine besondere Bedeutung zu. Ein Gewässerbett wird als eine äußerlich erkennbare natürliche oder künstliche Begrenzung des Wassers in einer Eintiefung an der Erdoberfläche verstanden.[5] Sie werden in bestimmte Gewässerordnungen (regelmäßig in zwei bis drei Ordnungsklassen) eingeteilt, die der jeweiligen wasserwirtschaftlichen Bedeutung folgen und in deren Abhängigkeit die

---

1 BGH Urt. v. 31.10.2019 – III ZR 64/18, BGHZ 223, 317 unter Verweis auf Urt. v. 18.4.1991 – III ZR 1/90, BGHZ 114, 183 mwN.

2 *Czychowski/Reinhardt* WHG § 39 Rn. 79 ff.; *Breuer/Gärditz* WasserR Rn. 1147.

3 Ausnahmen gelten gemäß §§ 25 und 26 WHG für den Gemeingebrauch und den Eigentümer- und Anliegergebrauch.

4 Anders eine Vielzahl an Landeswassergesetzen, die das „nicht aus Quellen abfließende Wasser" in ihren Geltungsbereich einbezogen haben, so zB § 1 Abs. 1 LWG RhPf; vgl. *Breuer/Gärditz* WasserR Rn. 228 mwN.

5 *Faßbender* in Landmann/Rohmer UmweltR WHG § 3 Rn. 11; BVerwG Urt. v. 31.10.1975 – IV C 43.73, BVerwGE 49, 293 (299).

bestehenden Unterhaltungspflichten normiert sind. Eine Unterscheidung zwischen natürlichen und künstlichen oder erheblich veränderten Gewässern[6] ist hierbei ebenso wenig von Relevanz wie die Abgrenzung zwischen fließenden und stehenden Gewässern.[7]

6 **a) Abgrenzung zu Abwasseranlagen.** Für mögliche Haftungsfragen, einschließlich der Störerauswahl bzw. des Verantwortlichen und der Passivlegitimation, bleibt die nach wie vor diffizile Abgrenzung von oberirdischen Gewässern und Abwasseranlagen von Bedeutung. Besonders in innerörtlichen Siedlungsgebieten kann sich diese Fragestellung ergeben, wenn ein vormals bestehender Wasserlauf in die Ortskanalisation einbezogen ist und seine natürliche Vorfluterfunktion verliert. Denn während für oberirdische Gewässer die wasserwirtschaftlichen Unterhaltungspflichten gelten, unterliegen Abwasseranlagen den jeweiligen anstaltsrechtlichen Benutzungsordnungen. Dabei sind folgende Grundsätze maßgebend: Ein oberirisches Fließgewässer verliert seine Gewässereigenschaft nicht, wenn es abschnittsweise durch Rohre, Tunnel oder Düker geführt wird. Die unterirdisch verlaufenden Teilstrecken bleiben Bestandteile derjenigen oberirdischen Gewässer, in deren Verlauf sie fallen.[8] Umgekehrt liegt kein Gewässer vor, wenn das Wasser in Rohrleitungen, Wasserbecken und Behältnissen, wie beispielsweise in Schwimmbecken und Zierteichen, Speicherbecken, Löschteichen etc. gefasst ist. Der natürliche Zusammenhang mit dem Wasserhaushalt ist dann nicht mehr gegeben, was Kernbedingung für die Gewässereigenschaft ist.[9] Allerdings muss das oberirdische Gewässer vor und nach einer unterirdischen Wasserführung in einem Schacht oder Rohr nicht identisch sein. Denn der natürliche Wasserkreislauf wird nicht dadurch funktional unterbrochen, dass die unterirdische Wasserführung das Wasser von einem Gewässer in das nächste oberirdische Gewässer leitet.

7 **b) Abgrenzung zum Grundwasser.** Oberirdische Gewässer müssen von ihrem Wesen her eine gewisse Dauerhaftigkeit bzw. Regelmäßigkeit der Wasserführung haben (vgl. § 3 Nr. 1 WHG), so dass zeitweilige Wasseransammlungen, wie „nasse Stellen" in einem zum Teil versumpften und verschilften Gelände, keine oberirdischen Gewässer im Sinne des WHG darstellen.[10] Bei der Gewinnung von Bodenschätzen, insbesondere bei der Kies- und Sandausbeutung oder obertägigem Braunkohleabbau, kann Wasser zutage treten, wenn der Grundwasserspiegel unterschritten wird. Die hierbei entstehenden typischen Baggerseen können Teil des Grundwassers bleiben oder ein neues künstlich geschaffenes oberirdisches Gewässer bilden. Soll der Baggersee dauerhaft erhalten bleiben, handelt es sich nicht um ein bloß vorübergehendes Freilegen von Grundwasser, sondern um ein oberirdisches Gewässer.[11] Ein vorübergehender und bloß hingenommener Baggersee ist nicht mehr dem Grundwasser zuzuordnen, wenn die freigelegte Wasseransammlung im Zuge einer Nassauskiesung entstanden und die Wiederverfüllung erst nach einer Dekade oder länger geplant ist.[12]

2. Eigentumsverhältnisse an oberirdischen Gewässern

8 Das Wasser von fließenden oberirdischen Gewässern ist, ebenso wie das Grundwasser nicht eigentumsfähig (§ 4 Abs. 2 WHG). Das privatrechtliche Eigentum im Sinne der §§ 903 ff. BGB an oberirdischen Gewässern erstreckt sich mithin auf den Gewässergrund bzw. das Gewässerbett oder den Meeresboden sowie auf die Ufer einschließlich der Häfen und sonstige Anlagen, die mit den Gewässern eine rechtliche wie tat-

6 Von Bedeutung für ökologische Anforderungen und Bewirtschaftungsziele, nicht jedoch aus nachbarlicher Sicht.

7 Zu Recht weisen *Breuer/Gärditz* WasserR Rn. 231 darauf hin, dass diese Unterscheidung bei der Frage des Vorliegens eines Gewässers gegebenenfalls eine Bedeutung haben kann.

8 *Faßbender* in Landmann/Rohmer UmweltR WHG § 3 Rn. 12 mwN.

9 BVerwG Urt. v. 27.1.2011 – 7 C 3.10, NVwZ 2011, 696 unter ausdrücklicher Abweichung von BVerwG Urt. v. 31.10.1975 – IV C 43.73, BVerwGE 49, 293.

10 BVerwG Beschl. v. 17.2.1969 – I VB 220.68, ZfW 1969, 116 (st. Rspr., zuletzt: BVerwG Urt. v. 27.1.2011 – 7 C 3.10, NVwZ 2011, 696); *Faßbender* in Landmann/Rohmer UmweltR WHG § 3 Rn. 27.

11 Allg. Meinung: *Breuer/Gärditz* WasserR Rn. 255 mit ausführlichen Nachweisen in Fn. 86; *Faßbender* in Landmann/Rohmer UmweltR WHG § 3 Rn. 16; *Czychowski/Reinhardt* WHG § 3 Rn. 52.

12 OVG Münster Urt. v. 27.3.1991 – 7 A 1927/87, ZfW 1992, 455.

sächliche Einheit bilden.[13] Durch diese gesetzliche Regelung kommt die Überlagerung des privaten Eigentums durch das öffentlich-rechtliche Regelungsregime zum Ausdruck und prägt das Wesen aller **Gewässer als öffentliche Sachen**, die die Berechtigung des Grundeigentümers zur privaten Nutzung beschränken.

Die Einteilung der oberirdischen Gewässer in die entsprechenden Ordnungsklassen begründet die jeweiligen Eigentumsverhältnisse und die daraus abgeleiteten persönlichen Unterhaltungspflichten mit korrespondierenden Haftungstatbeständen. Eigentümer der Gewässer erster Ordnung mit Ausnahme der Bundeswasserstraßen, deren Eigentümer der Bund ist (Art. 89 Abs. 1 GG, § 4 Abs. 1 WHG), ist das jeweilige Bundesland (vgl. etwa ausdrücklich § 4 Abs. 1 WG RhPf). Nach § 4 Abs. 5 WHG bestimmen die landesrechtlichen Vorschriften das Eigentum an Gewässern der zweiten und der dritten Ordnung. Die meisten Landeswassergesetze bestimmen bei Gewässern der zweiten und, soweit eingeführt, der dritten Ordnung den jeweiligen Eigentümer des Ufergrundstücks bzw. den Eigentümer des Grundstücks, auf dem sich das Gewässer befindet,[14] zum Eigentümer des oberirdischen Gewässers. In einigen Landeswassergesetzen sind die Gemeinden Eigentümer der Gewässer zweiter und dritter Ordnung.[15] 9

3. Unterhaltungspflichten bei oberirdischen Gewässern

Bei Bundeswasserstraßen obliegt die Unterhaltungspflicht dem Bund (§§ 7, 8 WaStrG), bei den Gewässern erster Ordnung dem jeweiligen Bundesland. Gemäß § 40 Abs. 1 Satz 1 WHG sind die Eigentümer der oberirdischen Gewässer grundsätzlich für deren Unterhaltung verantwortlich, soweit diese Aufgaben nicht nach landesrechtlichen Vorschriften Gebietskörperschaften, Wasser- und Bodenverbänden, kommunalen Zweckverbänden oder sonstigen Körperschaften des öffentlichen Rechts zufallen. Die landesgesetzlichen Zuordnungen der Unterhaltungspflichten bei oberirdischen Gewässern zweiter und/oder dritter Ordnung sind sehr unterschiedlich ausgestaltet und benennen, teilweise noch differenzierend zwischen Gewässern der zweiten Ordnung und der dritten Ordnung, Gemeinden, Landkreise und kreisfreien Städte, Wasser- und Bodenverbände oder private Grundstücks-, Anlagen- und Gewässereigentümer. Schließlich kann aufgrund einer Vereinbarung mit Zustimmung der jeweiligen Wasserbehörde die öffentlich-rechtliche Gewässerunterhaltung durch Dritte übernommen bzw. auf Dritte übertragen werden. 10

Diese Vielfalt möglicher Unterhaltungspflichtiger für Gewässer zweiter und dritter Ordnung nach den landesgesetzlichen Vorgaben erschwert in der Praxis die Inanspruchnahme des Verantwortlichen, wenn durch die Verletzung der bestehenden Unterhaltungspflicht in das geschützte Eigentum eines Dritten eingegriffen wird, beispielsweise durch Ausspülung des benachbarten Ufergrundstücks, Ausschwemmen des Anliegergrundstücks, Überschwemmungen oder fortschreitende Vernässung benachbarter Grundstücke etc. 11

III. Nachbarschutz bei oberirdischen Gewässern

Oberirdische Gewässer sind zwar in eine umfassende öffentlich-rechtliche Benutzungsordnung nach dem WHG und den Landeswassergesetzen eingebunden, was Auswirkungen auf die allgemeine Haftungsordnung im Wasserrecht hat. Allerdings wird durch das öffentlich-rechtliche Benutzungsregime mit seinen gestattenden Verwaltungsakten, die auch die nachbarschaftlichen Belange regelmäßig mit in die Verwaltungsentscheidung einbeziehen, das privatrechtlich ausgestaltete Nachbarrecht nicht ausgeschlossen oder verdrängt. Denn mit Ausnahme der Gefährdungshaftung nach § 89 WHG und der Regelung des Wasserabflusses wild abfließenden Wassers nach § 37 WHG enthält das Wasserrecht des Bundes und der Länder keine weiteren rechtlichen Grundlagen zur Regelung wechselseitiger Abwehr- und Unterlassungsansprüche sowie Schadensersatzansprüchen von privaten Grundstücksnachbarn untereinander. In der Auseinander- 12

13 *Czychowski/Reinhardt* WHG § 4 Rn. 9; BGH Urt. v. 22.6.1989 – III ZR 226/87, BGHZ 108,110 (Eigentumsverhältnisse der Küstengewässer) und Urt. v. 14.12.1989 – III ZR 288/88, BGHZ 110,148 (Bundeseigentum an überfluteten Flächen an Bundeswasserstraßen).

14 Vgl. Art. 6 Abs. 1 BayWG; § 4 BWG; § 5 Abs. 2 BremWG; § 4 HambWG; § 50 LaWG MV; § 3 Abs. 2 LWG NRW; § 4 Abs. 2 WG RhPf; § 4 Abs. 1 SaarWG; § 71 Abs. 2 WG LSA; § 89 Abs. 1 WG SH.

15 Vgl. § 3 Abs. 2 HWG; § 4 Abs. 2 ThürWG oder § 6 BWWG: Öffentliches Eigentum der Gemeinde am Bett eines öffentlichen Gewässers zweiter Ordnung.

setzung über Benutzungen, Gefährdungen und Schädigungen der Gewässer bzw. durch Gewässer gibt im privaten Nachbarrechtsverhältnis die privatrechtliche Haftungsordnung den rechtlichen Rahmen gemäß §§ 906 ff. BGB vor, der durch öffentlich-rechtliche Regelungen im Hinblick auf die spezifischen wasserwirtschaftlichen Sachverhalte auszufüllen ist.

13 Das **nachbarrechtliche Verhältnis zwischen Ober- und Unterlieger** im Konfliktfall durch wild abfließendes Wasser, was nach der gesetzlichen Begriffsbestimmung in § 3 Nr. 1 WHG ebenfalls als oberirdisches Gewässer gilt, wird im Wesentlichen durch die Bestimmung zum Wasserabfluss in § 37 WHG[16] geregelt, soweit der natürliche Ablauf abfließenden Wassers verändert oder verstärkt wird (→ *Wasser, wild abfließendes* Rn. 5). Ein Verstoß gegen § 37 Abs. 1 WHG begründet einen Unterlassungsanspruch gemäß § 1004 BGB sowie ein Schadensersatzanspruch nach § 823 BGB gegenüber dem Störer.

1. Bipolares Nachbarrechtsverhältnis

14 In der nachbarlichen Auseinandersetzung zwischen privaten Grundstückseigentümern und Gewässereigentümern von oberirdischen Gewässern gibt es zwei entgegengesetzte Blickrichtungen. Zum einen geht es um die Störung der Benutzung bzw. die Beeinträchtigung des oberirdischen Gewässers durch benachbarte Dritte. Hierbei stellt sich die Frage, inwieweit dem Gewässereigentümer bzw. dem Gewässernutzer Ansprüche auf Störungsbeseitigung oder Unterlassung gegenüber Nachbarn zur Seite stehen. Zum anderen sind Ansprüche denkbar, die ein Nachbar gegenüber dem Gewässerverantwortlichen wegen schädigender Eingriffe durch Wasser oder eine Gewässerbenutzung in sein grundgesetzlich geschütztes Eigentum geltend macht.

15 In der nachbarrechtlichen Auseinandersetzung, in der der private Nachbar als Anspruchsgegner auf der Passivseite gegen den Eigentümer eines oberirdischen Gewässers steht, sind, von wenigen Ausnahmen abgesehen,[17] mögliche privatrechtliche Ansprüche auf Abwehr oder Schadensersatz gemäß § 1004 BGB und § 823 BGB praktisch bedeutungslos. Denn das Gewässereigentum hat für den Privaten von vornherein nicht das Ziel mit seiner Befugnis im Sinne des § 903 BGB, Einwirkungen Fremder auf das Eigentum auszuschließen. Durch die Wassergesetze des Bundes und der Länder wird der Inhalt des Eigentums vielmehr zugunsten einer zugelassenen oder erlaubnisfreien Benutzungen Dritter begrenzt. Soweit öffentliches Eigentum an oberirdischen Gewässern besteht, können Verletzungen des Eigentumsrechts oder der wasserwirtschaftlichen Nutzungsbefugnis, bestimmt durch den jeweiligen öffentlich-rechtlichen Widmungszweck, einseitig durch hoheitliche Maßnahmen abgewehrt werden.

16 Von praktischer Bedeutung ist die umgekehrte Konstellation, in der der Eigentümer einer nichtwasserwirtschaftlichen Nutzung eine **Störungsbeseitigung** oder Unterlassung gegenüber einem Gewässereigentümer bzw. -unterhaltungspflichtigen geltend macht. In diesen rechtlichen Auseinandersetzungen, bei denen der private Grundstückseigentümer als Anspruchsteller auf der Aktivseite steht, gelten die bundesgesetzlichen Anspruchstatbestände des allgemeinen privaten Nachbarrechts (§§ 1004, 823 BGB).

17 Dieser nachbarliche Rechtsschutz wird fast ausnahmslos[18] auf dem ordentlichen Rechtsweg vor den Zivilgerichten gewährleistet. Dies gilt unabhängig davon, dass die Gewässerunterhaltung als öffentlich-rechtliche Verpflichtung normiert ist und wer Träger der Unterhaltungslast gemäß § 40 WHG ist.[19]

---

16 § 37 Abs. 4 WHG erweitert den Anwendungsbereich darüber hinaus auch auf nicht aus Quellen abfließende Oberflächenwasser (zB aus Niederschlägen).

17 OLG Bremen Urt. v. 8.11.1972 – 3 U 28/72, VersR 1977, 327: Unterlassungsanspruch der Bundesrepublik als Eigentümerin einer Bundeswasserstraße gegenüber einem privaten Dritten Wasserflächen und Landflächen als Anlegeplatz und Schiffsliegeplatz zu benutzen.

18 Ausnahme: Öffentlich-rechtlicher Folgenbeseitigungsanspruch, § 40 Abs. 1 S. 1 VwGO, soweit sich der Anspruch gegen eine öffentlich-rechtliche Körperschaft als Gewässereigentümerin richtet.

19 BGH Urt. v. 25.2.1993 – III ZR 9/92, BGHZ 121, 374 (Zulässigkeit des Zivilrechtswegs für die Restitutionsklage bezüglich eines durch einen öffentlichen Wasserlauf geschädigten Grundstücks); BGH Urt. v. 24.2.1994 – III ZR 4/93, BGHZ 125, 186 (Verbandsgemeinde als Trägerin der Unterhaltungslast eines Gewässers dritter Ordnung).

2. Haftung bei mangelhafter Gewässerunterhaltung

a) Kein Erfüllungsanspruch. Die in § 39 Abs. 1 S. 1 WHG normierte Pflicht zur ordnungsgemäßen Gewässerunterhaltung stellt eine öffentlich-rechtliche Verpflichtung des betreffenden Eigentümers der Gewässer dar, die keinen Anspruch Drittbetroffener auf Erfüllung oder Durchführung bestimmter Unterhaltungsmaßnahmen begründet. Die beispielhafte Benennung einzelner Unterhaltungsmaßnahmen in § 39 Abs. 1 S. 2 WHG verdeutlicht die ausschließlich wasserwirtschaftliche, am Wohl der Allgemeinheit orientierte Ausrichtung der Gewässerunterhaltung. Die Unterhaltungspflichten können bei etwaigen Verstößen oder mangelhafter Umsetzung durch die Wasserbehörde zwar mit den Mitteln der Gewässeraufsicht, und soweit Körperschaften des öffentlichen Rechts Unterhaltungspflichtige sind, im Wege der Rechts- und Fachaufsicht durchgesetzt werden. Ein subjektiv-öffentlicher Anspruch auf wasserbehördliches Einschreiten besteht aber für den Nachbarn nicht.[20] 18

b) Öffentlich-rechtlicher Abwehr- und Folgenbeseitigungsanspruch. Trotz des Fehlens eines im Verwaltungsrechtsweg durchsetzbaren Erfüllungsanspruchs der öffentlich-rechtlichen Unterhaltungspflicht,[21] kann der Grundstücksnachbar bei schweren und unerträglichen Beeinträchtigung seines Grundeigentums infolge einer mangelhaften Gewässerunterhaltung gegen den Unterhaltungspflichtigen, sofern die Unterhaltungspflicht einer Körperschaft des öffentlichen Rechts obliegt und von dieser als öffentliche Aufgabe wahrgenommen wird, im Wege eines öffentlich-rechtlichen Abwehr- oder Folgenbeseitigungsanspruchs gemäß § 1004 BGB analog gegenüber dem Unterhaltungspflichtigen vorgehen. Dieser allgemein anerkannte und aus dem Rechtsstaatsgebot des Art. 20 Abs. 3 GG abgeleitete Anspruch ist im Wege der allgemeinen Leistungsklage (somit ohne verwaltungsgerichtliches Vorverfahren) im Verwaltungsrechtsweg gemäß § 40 VwGO geltend zu machen. Typische Eingriffe in das durch Art. 14 Abs. 1 GG geschützte Eigentumsrecht eines Nachbarn können ihre Ursachen in der unzureichenden oder unterlassenen Erhaltung des Gewässerbettes oder eines ordnungsgemäßen Wasserabflusses eines oberirdischen Fließgewässers finden, indem übermäßig Wasser abgeleitet bzw. zugeführt wird. Die Verursachung einer **übermäßigen Durchnässung von benachbarten Grundstücken** infolge einer unverträglichen Überstauung eines Wasserlaufs ist beispielhaft zu nennen (Versumpfung von Grundstücken und der damit einhergehende Verlust oder wirtschaftliche Minderung einer landwirtschaftlichen Nutzung).[22] 19

c) Zivilrechtlicher Abwehranspruch wegen Eigentumsverletzung. Beruht ein schwerer und unzumutbarer Eingriff in das nachbarliche Eigentum auf einer mangelhaften Erfüllung der Unterhaltungspflicht durch einen Privaten, steht dem Grundstückseigentümer ein negatorischer Anspruch nach § 1004 Abs. 1 BGB zu, der trotz der öffentlich-rechtlichen Natur der Unterhaltungspflicht (vgl. § 39 Abs. 1 S. 1 WHG) gemäß § 13 GVG im Zivilrechtsweg durchzusetzen ist. 20

d) Deliktsrechtliche Haftung auf Schadensersatz. Neben den negatorischen Abwehransprüchen nach § 1004 BGB besteht bei schuldhaftem Verhalten des Gewässereigentümers eine deliktsrechtliche Haftung für Schäden am Eigentum des Nachbarn. 21

aa) Verletzung der Verkehrssicherungspflicht, § 823 Abs. 1 BGB. Ein Schadensersatzanspruch kann sich aus § 823 Abs. 1 BGB ergeben und ist im Zivilrechtsweg gegen den Störer (Gewässerunterhaltungspflichtigen) geltend zu machen. Er bezieht sich im Wesentlichen auf wasserwirtschaftlich bedingte Beeinträchtigungen des Grundeigentums und von Gebäuden infolge einer zurechenbaren Verfehlung des für den Wasserabfluss notwendigen Gewässerzustands, wie er gemäß § 39 WHG zu wahren ist.[23] 22

---

20 *Czychowski/Reinhardt* WHG § 39 Rn. 80; *Breuer/Gärditz* WasserR Rn. 1143.

21 *Czychowski/Reinhardt* WHG § 39 Rn. 78, 80; *Breuer/Gärditz* WasserR Rn. 1449.

22 Vgl. *Breuer/Gärditz* WasserR Rn. 1413 mit Beispielen aus der Rechtsprechung.

23 BGH Urt. v. 24.2.1994 – III ZR 4/93, BGHZ 125,186; OLG Düsseldorf Urt. v. 9.1.2013 – I-18 U 18/12, juris Rn. 149.

23 Hierzu hat der BGH in seiner Grundsatzentscheidung vom 25.2.1993 festgehalten, dass ein unterhaltungspflichtiger Gewässereigentümer nach den von der Rechtsprechung entwickelten Grundsätzen wegen **Verletzung der Verkehrssicherungspflicht** haftet.[24] Wörtlich führt der BGH (Rn. 36) aus:

„Gewässerunterhaltungspflicht und Verkehrssicherungspflicht können ineinander übergehen. Sie sind aber nicht identisch (...). Die Verkehrssicherungspflicht steht selbständig neben den sonstigen die Gewässer betreffenden Pflichten, insbesondere neben der Gewässerunterhaltungspflicht. Es handelt sich bei ihr nur um einen auf die Gewässer bezogenen Unterfall der allgemeinen Verkehrssicherungspflicht, die auf dem Gedanken beruht, daß jeder, der in seinem Verantwortungsbereich eine Gefahrenquelle oder einen gefahrdrohenden Zustand schafft oder andauern läßt, die Pflicht hat, alle ihm zumutbaren Maßnahmen und Vorkehrungen zu treffen, um eine Schädigung anderer zu verhindern."

24 Einschränkend muss man in diesem Zusammenhang jedoch verdeutlichen, dass sich die zuvor vom BGH beschriebene Verkehrssicherungspflicht nicht auf das üblicherweise einem Gewässer innewohnende allgemeine Risiko erstreckt und somit Gefahren, die aus der Natur eines Gewässers selber ergeben können, nicht der Verkehrssicherungspflicht unterliegen.[25]

25 Der Schadensersatzanspruch nach §§ 823 Abs. 1, 249 BGB kann dazu führen, dass im Wege der Naturalrestitution beispielsweise ein Grundstück so wiederherzustellen ist, dass ein oberirdisches Fließgewässer nicht mehr als früher auf dem betroffenen Nachbargrundstück verläuft und dass zwischenzeitlich eingetretene Unterspülungen beseitigt werden.[26]

26 **bb) Keine Haftung nach § 823 Abs. 2 BGB.** Da die gewässerrechtlichen Unterhaltungspflichten ausschließlich im öffentlichen Interesse bestehen,[27] stellen die Anforderungen nach § 39 WHG keine Schutzgesetze im Sinne des § 823 Abs. 2 BGB zugunsten privater Dritter dar. Ein deliktischer Schadensersatzanspruch kann mithin nicht auf diese Anspruchsnorm gestützt werden.[28]

27 **cc) Keine Amtshaftung nach § 839 BGB iVm Art. 34 GG.** Im Schrifttum wird zum Teil die Ansicht vertreten, dass eine öffentlich-rechtliche Körperschaft bei Verletzung der ihr obliegenden Unterhaltungspflicht für Schäden bei Dritten unter dem rechtlichen Gesichtspunkt der Amtshaftung nach § 839 BGB iVm Art. 34 GG einzustehen habe.[29] Zwar ist im Zusammenhang mit einer fehlerhaften Bauleitplanung unter Missachtung eines erforderlichen Hochwasserschutzes ein Amtshaftungsanspruch gegenüber der planenden Gemeinde durch den BGH anerkannt.[30] Die dabei verletzte drittbezogene Amtspflicht beruht auf dem planerischen Belang des Hochwasserschutzes und der Hochwasservorsorge gemäß § 1 Abs. 6 Nr. 12 BauGB, der bei der Bauleitplanung zwingend zu berücksichtigen ist. Demgegenüber fehlt ein unmittelbarer Schutz einzelner oder eines abgegrenzten Personenkreises bei der allein im öffentlichen Interesse der Allgemeinheit liegenden Gewässerunterhaltung gemäß § 39 WHG. Auch in der praktischen Durchsetzung des Anspruchs aus § 839 BGB im Hinblick auf eine bloß subsidiäre Haftung der öffentlichen Hand sowie weiterer einschränkender Tatbestandsvoraussetzungen (zB Vorrang des Primärrechtsschutzes, sog. Kollegialgerichtsrichtlinie bei fahrlässiger Amtspflichtverletzung etc) und der Rechtsfolge einer Entschädigung in Geld (keine Naturalrestitution), erweist sich ein Vorgehen gegen einen hoheitlichen Amtsträger in Zusammenhang mit einer mangelhaften Gewässerunterhaltung unter dem Gesichtspunkt der Amtshaftung als nicht geeignet.

---

24 BGH Urt. v. 25.2.1993 – III ZR/92, BGHZ 121, 367.

25 Zutreffend: *Czychowski/Reinhardt* WHG § 39 Rn. 48.

26 So: BGH Urt. v. 25.2.1993 – III ZR 9/92, BGHZ 121, 367.

27 Ausnahmen: § 30 Abs. 2 BWWG und § 55 SaarWG bei privaten oder künstlichen Gewässern.

28 BGH Urt. v. 21.12.1970 – II ZR 133/68, BGHZ 55, 153 (158) ebenso: *Breuer/Gärditz* WasserR Rn. 1447; *Czychowski/Reinhardt* WHG § 39 Rn. 88.

29 *Reinhardt* NuR 2004, 427; ebenso *Czychowski/Reinhardt* WHG § 39 Rn. 83; zustimmend im Zusammenhang mit Hochwasserschutz und Überschwemmungsschäden: OLG München Urt. v. 25.1.1990 – 1 U 2558/89, VersR 1991, 776; OLG Düsseldorf Urt. v. 9.1.2013 – 18 U 18/12, juris Rn. 146 ff. aA: BGH Urt. v. 25.2.1993 – III ZR 9/92, BGHZ 121, 367 (374); BGH Urt. v. 24.2.1994 – III ZR 4/93, BGHZ 125, 186 (188).

30 Grundsatzentscheidung des BGH Urt. v. 18.2.1999 – III ZR 172/96, BGHZ 140, 380.

93. Öffentliche Einrichtungen und Anlagen

Schulte Beerbühl

Literatur: *Guckelberger*, Geräuschemissionen von Kinder- und Jugendeinrichtungen aus öffentlich-rechtlicher Sicht, UPR 2010, 241; *Petz*, Aktuelle Rechtsprechung des Bundesverwaltungsgerichts zum Rücksichtnahmegebot, ZfBR 2015, 644; *Scheidler*, Privilegierung von Kinderlärm, Immissionsschutz 2014, 22.

I. Allgemeines

Das öffentliche Recht räumt dem Privaten einen Rechtsschutz gegen eine öffentliche Einrichtung oder Anlage ein, unabhängig davon, ob diese aufgrund eines (vorangegangenen) Verwaltungsaktes (§ 35 VwVfG, zB Baugenehmigung) oder **„schlicht hoheitlich"** betrieben wird. 1

Das gilt im Grundsatz auch für Spielplätze und andere für die Benutzung durch Kinder vorgesehene Einrichtungen. Dass der von Kindern und deren Spiel ausgehende Lärm je nach Intensität, Art und Uhrzeit von Nachbarn als störend empfunden werden kann, kann kaum ernsthaft bestritten werden. Andererseits steht ebenso fest, dass kindliches Spiel natürlich und förderungsbedürftig ist und dabei entstehende Geräusche aus sozialpolitischen Gründen nicht mehr begrenzt werden sollten, als dies dringend nötig erscheint. Das in diesem Konfliktbereich schwierige Thema wird dadurch nicht gerade vereinfacht, dass zum einen viele der Anlagen in kommunaler Trägerschaft sind und oft lediglich faktisch, dh ohne Genehmigung betrieben werden. Zum anderen verlocken einige der Anlagen gerade dazu, über die eigentliche **Zweckbestimmung** hinaus genutzt zu werden, was wiederum die Frage nach der Verantwortlichkeit für solche Geschehnisse hervorruft. 2

II. Rechtsschutzmöglichkeiten

1. Betrieb aufgrund einer Genehmigung

Ist für die Anlage eine (baurechtliche) Genehmigung erlassen worden, ist hiergegen wie gegen die Genehmigung zugunsten eines Privaten, Rechtsschutz im Wege einer **Anfechtungsklage** gegeben. Das gilt im Übrigen unabhängig davon, ob die Anlage von einem Privaten betrieben werden soll oder ob es sich um eine öffentliche Einrichtung handelt. 3

2. Betrieb ohne Genehmigung

Ist **keine Genehmigung** erlassen, beschränken sich die Rechtsschutzmöglichkeiten auf anlassbezogenes Handeln. 4

Beispiel:[1] Eine Gemeinde betreibt einen **Grillplatz** als öffentliche Einrichtung. Hierbei handelt es sich um eine nicht nach Immissionsschutzrecht genehmigungsbedürftige Anlage im Sinne von § 22 Abs. 1 BImSchG. Der Gemeinde sind grundsätzlich die von den Benutzern ausgehenden **Lärmimmissionen** zuzu- 5

1 Nach VGH Mannheim Urt. v. 11.4.1994 – 1 S 1081/93, NVwZ 1994, 920.

rechnen. Der Zurechnungszusammenhang wird allein durch den Erlass einer Grillplatzordnung, die ua die Benutzungszeiten regelt, nicht unterbrochen.

6 In diesen Fällen kann das sachgerechte Rechtsschutzziel in dem Verlangen nach (beispielsweise Lärm mindernden) **Auflagen** bestehen, unter Umständen aber sogar in dem Streben nach einer vollständigen Nutzungsuntersagung. Aber auch hier gilt, dass das allgemeine Polizei- und Ordnungsrecht nicht grundsätzlich verdrängt wird.

7 Für all diese Rechtsschutzbegehren ist der Verwaltungsrechtsweg gemäß § 40 Abs. 1 Satz 1 VwGO eröffnet. Denn da die Einwirkungen auf das Grundstück des Nachbarn durch die Nutzung einer öffentlichen Einrichtung hervorgerufen werden und das beeinträchtigende Geschehen dem öffentlichen Recht zuzuordnen ist, handelt es sich um **öffentlich-rechtliche Streitigkeiten**.

8 **a) Klageart.** Statthafte Klageart bei faktischen öffentlichen **Kinderspielplätzen, Bolzplätzen** und Ähnlichem ist die allgemeine **Leistungsklage**, weil nicht ein Verwaltungsakt abgewehrt (Anfechtungsklage) oder begehrt (Verpflichtungsklage) wird, sondern ein „schlichtes" Handeln abgewehrt oder ein Unterlassen begehrt wird.[2] Geht die Störung von der **künftigen Nutzung** der Anlagen aus, handelt es um eine (vorbeugende) Leistungsklage.[3]

9 **b) Anspruchsgrundlage.** Über die **Anspruchsgrundlage** eines Abwehranspruchs gegen eine hoheitlich betriebene Anlage besteht in Rechtsprechung und Literatur noch weitgehend Unklarheit.[4] Er wird zum Teil aus dem grundrechtlichen Abwehranspruch nach Art. 2 Abs. 2 Satz 1 GG (freie Entfaltung der Persönlichkeit, Recht auf Leben und körperliche Unversehrtheit, Freiheit der Person) und Art. 14 Abs. 1 Satz 1 GG (Eigentum) oder aus dem Rechtsstaatsprinzip (Art. 20 Abs. 3 GG) hergeleitet. Zum Teil wird ein „allgemeiner öffentlich-rechtlicher Abwehr-, Unterlassungs- und (Folgen-) Beseitigungsanspruch" angenommen. Überwiegend wird der Anspruch aber aus einer analogen Anwendung der §§ 1004 und 906 BGB hergeleitet.[5] Das Bundesverwaltungsgericht hat die Frage ausdrücklich offen gelassen.[6]

10 Diesseits wird – in Übereinstimmung mit der wohl herrschenden Rechtsprechung – ein **aus den §§ 906 und 1004 BGB abzuleitender Anspruch** favorisiert.[7] Denn die analoge Anwendung der zivilrechtlichen Vorschriften berücksichtigt zum einen, dass die öffentliche Hand keine geringeren Pflichten hat als der Privateigentümer eines Grundstücks, dem die genannten Bestimmungen entgegengehalten werden können. Zum anderen ermöglichen die zu diesem Rechtsinstitut bestehenden Rechtsgrundsätze durch die Parallele zum Zivilrecht eine ergänzende und sachgerechte Konkretisierung der Rechte und Pflichten, insbesondere auch der Duldungspflicht des Betroffenen. Die entsprechende Anwendung der §§ 906 Abs. 1 Satz 1, 1004 Abs. 1 BGB als Anspruchsgrundlage bietet den sachgerechten Vorteil einer gesetzlich definierten Begrenzung des Anspruchs in Gestalt der Regelung in § 906 Abs. 1 BGB. Eine Festlegung ist zumeist nicht erforderlich, weil die rechtlichen Voraussetzungen nach allen Ansichten weitgehend die gleichen sind.

III. Das Abwehrrecht

1. Hinreichende Bestimmtheit der Genehmigung

11 Ist für den Betrieb der Einrichtung oder Anlage eine Genehmigung erteilt, muss diese sich an den anerkannten rechtlichen Anforderungen an eine Nachbarrechtskonformität messen lassen. So muss sie etwa **hinreichend bestimmt** sein, also **vollständig, klar und unzweide**utig. Der Inhalt der Baugenehmigung

2 VGH München Urt. v. 30.11.1987 – 26 B 82 A.2088, NVwZ 1989, 269.

3 OVG Greifswald Beschl. v. 29.10.2009 – 3 M 154/09, juris Rn. 9.

4 Nachweise zum Streitstand bei *Ossenbühl/Cornils* StaatsHaftR S. 355 f.

5 Vgl. etwa VG Frankfurt Urt. v. 27.5.2019 – 7 K 4666/15.F, juris Rn. 41; OVG Greifswald Beschl. v. 29.10.2009 – 3 M 154/09, juris Rn. 7.

6 Urt. v. 19.1.1989 – 7 C 77.87, BVerwGE 81, 197.

7 So auch: VGH München Urt. v. 11.1.2013 – 22 B 12.2367, juris Rn. 20; VG Koblenz Urt. v. 5.11.2015 – 4 K 877/14.KO, juris Rn. 21; VG Aachen Urt. v. 9.5.2012 – 6 K 1937/09, juris Rn. 32; VG Berlin Urt. v. 18.6.2014 – 10 K 147.13, juris Rn. 18; OVG Koblenz Urt. v. 16.5.2012 – 8 A 10042/12, juris Rn. 26.

bestimmt sich dabei nach der Bezeichnung und den Regelungen im Genehmigungsbescheid, der konkretisiert wird durch die in Bezug genommenen und mit dem Genehmigungsvermerk versehenen **Bauvorlagen**. Das gilt grundsätzlich auch für die **Nutzungszeiten**, es sei denn eine Beschränkung der Nutzungszeit ergibt sich aus der Natur der Sache, etwa den Einrichtungen der Anlage. Ferner kann geregelt werden, dass ein Spielfeld nicht für Jugendliche zum Fußballspielen zur Verfügung gestellt wird, indem die Benutzung der Anlage insgesamt auf Kinder unter 14 Jahren beschränkt wird.

Erforderlichenfalls können im Einzelfall durch **Nebenbestimmungen** weitere Handlungsgebote oder -verbote geregelt werden. So kann beispielsweise vorgegeben werden, dass die aufgestellten Spielgeräte dauerhaft dem Stand der Lärmschutztechnik entsprechen müssen und dass möglichst lärmarme Materialien und Geräte zu verwenden sind.[8] Darauf kann erforderlichenfalls vor Erteilung einer Genehmigung von Seiten der Nachbarn hingewirkt werden. 12

2. Standort

a) Festsetzung einer Gemeinbedarfsanlage. Die Festlegung des **Standortes** für eine öffentliche Einrichtung oder Anlage, beispielsweise für einen Kleinkinderspielplatz, kann in einem Bebauungsplan durch (zusätzliche) Festsetzung von Gemeinbedarfsanlagen (zB Kinderspielplätze nach § 9 Abs. 1 Nr. 5 BauGB) erfolgen. Wird die Anlage an einem Standort genehmigt oder dort ohne Genehmigung betrieben, für den nach der Festsetzung in dem Bebauungsplan für diese Fläche eine **öffentliche Grünfläche** (§ 9 Abs. 1 Nr. 15 BauGB) vorgesehen ist, kommt, unabhängig von der Frage der objektiv-rechtlichen Rechtwidrigkeit,[9] ein Gebietserhaltungsanspruch nicht infrage (→ *Gebietsschutz und Baugebietsverträglichkeit* Rn. 1 ff.), da es sich bei der Festsetzung einer Grünfläche nicht um die Festsetzung eines Baugebietes nach § 9 Abs. 1 Nr. 1 BauGB iVm § 1 Abs. 2 und 3 BauNVO handelt und deshalb die Grundstückseigentümer nicht in einer für den Gebietserhaltungsanspruch typische Schicksalsgemeinschaft im Sinne der Rechtsprechung des Bundesverwaltungsgerichts[10] miteinander verbunden werden. Eine solche Festsetzung entfaltet grundsätzlich für einen Nachbarn keine drittschützende Wirkung, sondern dient allein dem Interesse der Allgemeinheit.[11] 13

b) Standort in einem Baugebiet. Als bauplanungsrechtlich relevante bauliche Anlagen sind Spielplätze und vergleichbare Einrichtungen nur zulässig, wenn das Baunutzungsrecht ihnen einen solchen Standort zuweist. Umgekehrt steht dem Nachbarn aufgrund des **Gebietserhaltungsanspruchs** (→ *Gebietsschutz und Baugebietsverträglichkeit* Rn. 1 ff.) ein subjektives Abwehrrecht zu, sofern die Anlage nach der Art der baulichen Nutzung dort objektiv-rechtlich nicht zulässig ist. 14

Nach § 14 BauNVO sind in den Baugebieten auch **untergeordnete Nebenanlagen und Einrichtungen** zulässig, die dem Nutzungszweck des Baugebiets dienen und die seiner Eigenart nicht widersprechen. Handelt es sich um ein Wohngebiet oder ein Baugebiet in dem Wohnen regelmäßig zulässig ist, dient ein Spielplatz in der Regel dem Nutzungszweck Wohnen und widerspricht seiner Eigenart nicht. Denn es wird sich um eine sozialadäquate Ergänzung der Wohnbebauung handeln.[12] 15

IV. Maßstäbe für die Zumutbarkeit

1. Verbot schädlicher Umwelteinwirkungen

Unabhängig davon, ob für die Einrichtung oder Anlage eine Genehmigung erteilt worden ist oder sie ohne Genehmigung betrieben wird, misst sich das Abwehrrecht mit Blick auf die von ihr ausgehenden tatsächli- 16

8 Zu so einem Fall siehe VG Bayreuth Beschl. v. 30.8.2019 – B 2 Sa 19.594, juris Rn. 42.

9 BVerwG Beschl. v. 25.7.2017 – 4 BN 2/17, juris Rn. 7; BVerwG Beschlüsse v. 22.10.2012 – 4 BN 36.12, juris Rn. 4, und v. 11.4.2017 – 4 B 11.17, juris Rn. 8.

10 BVerwG Urt. v. 16.9.1993 – 4 C 28/91, DVBl 94, 284.

11 Vgl. *Söfker* in Ernst/Zinkahn/Bielenberg/Krautzberger BauGB § 9 Rn. 132; VG Bayreuth Beschl. v. 30.8.2019 – B 2 Sa 19.594, juris Rn. 55.

12 Vgl. OVG Münster Beschl. v. 22.2.2018 – 10 A 2558/16, juris Rn. 4; BVerwG Beschl. v. 29.5.1989 – 4 B 26/89, juris Rn. 3; VGH Mannheim Beschl. v. 6.3.2012 – 10 S 2428/11, juris Rn. 7; OVG Münster Beschl. v. 11.8.2014 – 2 A 2395/13, juris Rn. 9; BVerwG Urt. v. 12.12.1991 – 4 C 5/88, NJW 1992, 1779.

chen Beeinträchtigungen insbesondere danach, ob durch sie schädliche Umwelteinwirkungen hervorgerufen werden.

17 **a) Rechtlicher Maßstab.** Dies folgt im Falle einer Genehmigung unmittelbar aus § 22 Abs. 1 iVm § 3 Abs. 1 BImSchG oder dem in § 15 BauNVO enthaltenen **Rücksichtnahmegebot.**[13] Eine Genehmigung verstößt gegen das Rücksichtnahmegebot, wenn sie nicht hinreichend sicherstellt, dass keine den Klägern unzumutbaren Lärmimmissionen entstehen.[14]

18 Im anderen Fall folgt dies aus **§ 906 Abs. 1 S. 1 iVm § 1004 Abs. 1 BGB**. Danach kann ein Nachbar unter anderem Geräusche, die die Benutzung seines Grundstücks nicht nur unwesentlich beeinträchtigen, abwehren; eine unwesentliche **Beeinträchtigung** liegt gemäß § 906 Abs. 1 S. 2 BGB in der Regel vor, wenn die in Gesetzen oder Rechtsverordnungen festgesetzten Grenz- oder Richtwerte von den nach diesen Vorschriften ermittelten und bewerteten Einwirkungen – etwa durch Lärm – nicht überschritten werden.

19 **b) Immissionsrichtwerte.** In diesem Zusammenhang können auch technische Regelwerke zur Beurteilung von **Lärmimmissionen** herangezogen werden, wenn sie für die Beurteilung der Erheblichkeit der Lärmbelästigung im konkreten Streitfall brauchbare Anhaltspunkte liefern.[15] Allerdings bieten technische Regelwerke wie die TA Lärm (→ *Lärm, Gewerbe und Industrie (TA Lärm)* Rn. 1 ff.) oder die **Freizeitlärm-Richtlinie** (→ *Lärm, Freizeit* Rn. 3 ff.) im Rahmen der Einzelfallprüfung nur eine Orientierungshilfe oder einen „groben Anhalt".[16] Beide Regelwerke entsprechen den vom Bundesimmissionsschutzgesetz gestellten Anforderungen und vollziehen diese regelhaft nach.

20 Zwar bezieht sich die TA Lärm im Wesentlichen auf gewerblichen Lärm. Da sie aber auch für die Beurteilung von **Gaststättenlärm** heranzuziehen ist,[17] kann hier auf die in der TA Lärm geregelten Grundsätze zurückgegriffen werden, wenn im Einzelfall die die zu beurteilenden Geräusche auch einem Gaststättenlärm in Art und Ausmaß vergleichbar sind.[18]

21 Unzulässig ist in jedem Fall eine nur **schematische Anwendung** bestimmter Mittelungs- oder Grenzwerte.[19] In diesem Zusammenhang ist insbesondere zu berücksichtigen, dass die Bestimmung der Schädlichkeitsgrenze von Immissionen vom **bauplanungsrechtlichen Charak**ter des betroffenen Gebiets und von etwaigen **Vorbelastungen** abhängt.[20]

22 **Beispiel:**[21] Ob Nachbarn die von einer Seebühne und deren Vorplatz ausgehenden Geräuschimmissionen hinzunehmen haben, beurteilt sich anhand der Maßstäbe des § 22 Abs. 1, 3 Abs. 1 BImSchG. Auch diese Anlagen fallen als ortsfeste Einrichtung iSv § 3 Abs. 5 Nr. 1 BImSchG unter den weitgefassten Begriff einer Anlage. Kennzeichnend für solche Anlagen ist nämlich, dass es sich um Einrichtungen handelt, die mit Geräuschimmissionen verbunden sind, die zu schädlichen Umwelteinwirkungen führen und damit Rechte Dritter beeinträchtigen können. Das OVG Greifswald hielt unter Anwendung der LAI-Freizeitlärm-Richtlinie das betroffene Grundstück einerseits für vorbelastet und andererseits die zu erwartenden Lärmbelastungen als hinzunehmende seltene Ereignisse. Schließlich seien für die Frage, ob die Lärmbeeinträchtigung für die Nachbarn zumutbar ist, auch wertende Gesichtspunkte, wie etwa der kulturellen Belebung des Seebades einzubeziehen

13 So OVG Münster Beschl. v. 22.2.2018 – 10 A 2558/16, juris Rn. 5; s. auch *Petz* ZfBR 2015, 644.

14 VG Köln Urt. v. 3.11.2016 – 8 K 7320/14, juris Rn. 28.

15 Vgl. BVerwG Urt. v. 29.4.1988 – 7 C 33.87, BVerwGE 79, 254 (264 f.).

16 BVerwG Urt. v. 29.4.1988 – 7 C 33.87, BVerwGE 79, 254 (264 f.); BVerwG Beschl. v. 17.7.2003 – 4 B 55/03, juris Rn. 8; VGH Kassel, Urt. v. 25.2.2005 – 2 UE 2890/04, NVwZ-RR 2006, 531.

17 Vgl. zB VGH Mannheim Urt. v. 27.6.2002 – 14 S 2736/01, NVwZ-RR 2003, 745.

18 VG Gießen Urt. v. 13.9.2006 – 8 E 2264/05, juris Rn. 31.

19 BVerwG Beschl. v. 27.1.1994 – 4 B 16/94, juris Rn. 3; BVerwG Beschl. v. 17.7.2003 – 4 B 55/03, juris Rn. 8; VGH Kassel Urt. v. 25.2.2005 – 2 UE 2890/04, juris Rn. 53.

20 OVG Greifswald Beschl. v. 29.10.2009 – 3 M 154/09, juris Rn. 13.

21 Nach OVG Greifswald Beschl. v. 29.10.2009 – 3 M 154/09, juris Rn. 10; vgl. auch VGH München Beschl. v. 26.7.2006 – 1 CE 06.1937, juris Rn. 27: Belebung der Altstadt.

c) Gebot einer individuellen Würdigung. In jedem Fall ist neben der Berücksichtigung der Immissionsrichtwerte auch eine **individuelle Würdigung** vorzunehmen, die die Umstände des Einzelfalls berücksichtigt.[22] Die Wertung im Einzelfall richtet sich insbesondere auch nach der durch die Gebietsart und die tatsächlichen Verhältnisse bestimmten **Schutzwürdigkeit** und **Schutzbedürftigkeit**. Dabei sind wertende Elemente wie Herkömmlichkeit, soziale Adäquanz und allgemeine Akzeptanz mitbestimmend. Ebenso ist zu berücksichtigen, ob das Grundstück des Immissionsbetroffenen tatsächlich oder rechtlich vorbelastet ist. Alle diese Umstände müssen im Sinne einer „Güterabwägung" in eine wertende Gesamtbetrachtung einfließen.[23] 23

d) Rücksichtnahmegebot. Wie alle baulichen Anlagen, die in einem Baugebiet regelmäßig oder ausnahmsweise zulässig sind, sind solche im Einzelfall unzulässig, wenn von ihnen Belästigungen oder Störungen ausgehen können, die nach der Eigenart des Baugebiets im Baugebiet selbst oder in dessen Umgebung unzumutbar sind (**Rücksichtnahmegebot**, § 15 Abs. 1 S. 2 BauNVO, → *Rücksichtnahmegebot* Rn. 1 ff.). So kann etwa ein „in sehr enger räumlicher Zuordnung zu einem benachbarten Wohnhaus errichtetes Multifunktionsfeld, dessen bestimmungsgemäße Nutzung sich wegen seiner konstruktionsbedingten Besonderheiten (Holzumrandung, die sich im Bereich der Torlinie bis in eine Höhe von ca. 4 m Höhe erstreckt, stählerne Fußballtore) sehr lärmintensiv auswirkt, (…) für die Nachbarn unzumutbar sein, zumal wenn die Anlage in ihrer konkreten Ausgestaltung verglichen mit der Nutzung typischer Bolzplätze zu einem erheblichen ‚Mehr' an Lärmbeeinträchtigungen für die Nachbarschaft führt, das zur Verwirklichung des Zieles, Kindern, Jugendlichen und Heranwachsenden eine Ballspielmöglichkeit zur Verfügung zu stellen, nicht erforderlich ist."[24] 24

2. Privilegierung der Einrichtungen für Kinder

Durch Art. 1 des Gesetzes vom 20.7.2011 hat der Bundesgesetzgeber mit Wirkung vom 28.7.2011 § 22 Abs. 1a in das Bundes-Immissionsschutzgesetz eingeführt. Nach dieser Regelung steht **Kinderlärm** unter einem **besonderen Toleranzgebot** der Gesellschaft; Geräusche spielender Kinder sind Ausdruck der kindlichen Entwicklung und Entfaltung und daher grundsätzlich zumutbar[25] 25

a) Privilegierungsobjekt. Objekt der Privilegierung sind Einrichtungen und Anlagen für Kinder, wie **Kindertageseinrichtungen**, **Kinderspielplätze** und ähnliche Einrichtungen. 26

Die Privilegierungsregelung des § 22 Abs. 1a BImSchG ist allerdings nicht anwendbar, wenn der Benutzerkreis der Anlage von dem Träger nicht verbindlich und nach außen erkennbar auf Kinder unter 14 Jahren im Sinne des § 22 Abs. 1a BImSchG beschränkt worden ist. Nach der Gesetzesbegründung knüpft der in § 22 Abs. 1a BImSchG verwendete Begriff des Kindes an die Definition des § 7 Abs. 1 Nr. 1 SGB VIII an; Kind ist mithin, wer noch nicht 14 Jahre alt ist.[26] Soll die Anlage nach dem erklärten Willen des Trägers **auch der sportlichen Betätigung für Jugendliche und junge Erwachsene** dienen, ist die Bestimmung schon wegen des unterschiedlichen Lärmprofils nicht anwendbar. 27

Nach der Gesetzesbegründung soll die Regelung zwar auf **Ballspielflächen** für Kinder anwendbar sein; diese werden deshalb in § 22 Abs. 1a BImSchG aber lediglich exemplarisch aufgeführt. Davon zu unterscheiden sind nach dem Willen des Gesetzgebers ua **Bolzplätze** sowie **Streetballfelder** für Jugendliche, die großräumiger angelegt sind und ein anderes Lärmprofil haben als Kinderspielplätze; diese Anlagen werden 28

22 BVerwG Beschl. v. 30.7.2003 – 4 B 16.03, BRS 66 Nr. 172; BVerwG Beschl. v. 17.7.2003 – 4 B 55.03, BRS 66 Nr. 167, BVerwG Beschl. v. 11.2.2003 – 7 B 88.02, NVwZ 2003, 75.

23 Vgl. BVerwG, Beschl. v. 11.2.2003 – 7 B 88/02, NVwZ 2003, 751; BVerwG Urt. v. 19.1.1989 – 7 C 77.87, BVerwGE 81, 197 ff.; BVerwG Beschl. v. 11.2.2003 – 7 B 88.02, NVwZ 2003, 751; BVerwG Urt. v. 19.1.1989 – 7 C 77.87, BVerwGE 81, 197.

24 OVG Saarlouis Beschl. v. 6.7.2011 – 2 A 246/10, juris Rn. 11.

25 Vgl. die Begründung des Gesetzesentwurfs zu § 22 Abs. 1a BImSchG, BT-Drs. 17/4836, 4; s. dazu insbesondere: *Guckelberger* UPR 2010, 241; *Scheidler* Immissionsschutz 2014, 22.

26 Vgl. BT-Drs. 17/4836, 6.

von der Privilegierung ausdrücklich nicht erfasst.[27] Die typischen Bolzplätze, die auch und vor allem der spielerischen und sportlichen Betätigung Jugendlicher und junger Erwachsener dienen, unterscheiden sich von Kinderspielplätzen wegen der von ihnen ausgehenden stärkeren Auswirkungen auf ihre Umgebung und erfordern deshalb eine andere bauplanungsrechtliche Beurteilung.[28]

29 **b) Privilegierungsinhalt.** § 22 Abs. 1a BImSchG privilegiert den von den erfassten **Einrichtungen durch Kinder** verursachten Lärm in zweifacher Hinsicht:

30 Zunächst verbietet § 22 Abs. 1a Satz 2 BImSchG die Heranziehung von **Immissionsgrenz- und Richtwerten** bei der Beurteilung von Geräuscheinwirkungen, die von Kindertageseinrichtungen, Kinderspielplätzen und ähnlichen Einrichtungen durch Kinder hervorgerufen werden. Dadurch soll gewährleistet werden, dass für die Beurteilung der Zumutbarkeit solcher Immissionen jeweils eine Entscheidung im Einzelfall getroffen wird, bei der die besonderen Umstände des Einzelfalles berücksichtigt und die widerstreitenden Interessen abgewogen werden.

31 Darüber hinaus enthält § 22 Abs. 1a BImSchG nach dem Willen des Gesetzgebers eine Privilegierungsregelung grundsätzlicher Art, die auf das sonstige Immissionsschutzrecht und über das zivile Nachbarschaftsrecht hinaus Wirkung hat, soweit dies für die Bewertung von Kinderlärm relevant ist. Der Gesetzgeber hat normiert, was bereits als gefestigte Rechtsprechung zum Beurteilungsmaßstab von Kinderlärm zugrunde gelegt worden war, dass nämlich die von wohnortnah gelegenen Spielplätzen und ähnlichen Einrichtungen ausgehenden Lärmeinwirkungen regelmäßig als **ortsübliche, sozialadäquate Lebensäußerungen der Kinder** hinzunehmen sind, hinter die das Ruhebedürfnis Erwachsener zurücktreten muss.[29] Die Nachbarn haben deshalb grundsätzlich die Geräuschimmissionen des Spielplatzbetriebs innerhalb der Öffnungszeiten **bis hin zur Grenze möglicher Gesundheits**beeinträchtigungen als sozialadäquat hinzunehmen.[30]

32 Nicht nur der unmittelbar von Kindern bei Nutzung der Einrichtung erzeugte Lärm wird von der Vorschrift erfasst, sondern auch die zusätzlichen Lärmemissionen, die sich mit der bestimmungsgemäßen Nutzung einer Kindertageseinrichtung oder eines Kinderspielplatzes verbinden. Zu den Geräuscheinwirkungen zählen nicht allein solche, die durch kindliche Laute wie Schreien oder Singen sowie durch körperliche Aktivitäten der Kinder wie Spielen, Laufen, Springen und Tanzen hervorgerufen werden; ebenso gehören hierzu das Sprechen und Rufen von **Betreuerinnen und Betreuern** sowie das **Nutzen kindgerechter Spielzeuge und Spielgeräte**.[31] Da die Art und Weise der Verbringung der Kinder zur Kindertagesstätte eigenständig erfolgt und im alleinigen Verantwortungsbereich der Eltern liegt, wird der hierdurch erzeugte Lärm von der Privilegierung nicht umfasst.[32]

33 **c) Beschränkung des Privilegierungsumfang.** Gemäß § 22 Abs. 1 Satz 1 Nr. 1 und 2 BImSchG ist der Betreiber einer Anlage verpflichtet, diese so zu errichten und zu betreiben, dass schädliche Umwelteinwirkungen verhindert werden, die nach dem Stand der Technik vermeidbar sind und nach dem Stand der Technik unvermeidbare schädliche Umwelteinwirkungen auf ein Mindestmaß beschränkt werden. Deshalb sind zwar mit dem Betrieb einhergehende **unvermeidbare Geräuscheinwirkungen** nach Abs. 1a hinzunehmen, nicht aber auch nach dem **Stand der Technik** vermeidbare[33] Störungen der Nachbarschaft, die letztlich auf einer **unzureichenden Organisation des Betriebsablaufs** beruhen, sind nach Sinn und Zweck der Vorschrift von ihr nicht umfasst. Solche geltend zu machen, ist durch sie nicht ausgeschlossen.[34]

---

27 Vgl. BT-Drs. 17/4836, 6.
28 Zur Abgrenzung siehe VG Köln Urt. v. 3.11.2016 – 8 K 7320/14, juris Rn. 30 ff.
29 VG Aachen, Urt. v. 9.5.2012 – 6 K 1937/09, juris Rn. 59; BVerwG Urt. v. 12.12.1991 – 4 C 5.88, NJW 1992, 1779.
30 VG Aachen, Urt. v. 9.5.2012 – 6 K 1937/09, juris Rn. 59; OVG Münster Beschl. v. 19.8.2008 – 10 A 492/07, juris Rn. 49; VGH München Beschl. v. 21.12.1994 – 22 B 93.2343, juris Rn. 10.
31 VG Gelsenkirchen Urt. v. 14.11.2018 – 10 K 4558/16, juris Rn. 59.
32 So überzeugend auch: VG Gelsenkirchen Urt. v. 14.11.2018 – 10 K 4558/16, juris Rn. 59.
33 Vgl. BVerwG Beschl. v. 5.6. 2013 – 7 B 1/13, juris Rn. 6.
34 VG München Urt. v. 19.3.2018 – M 8 K 16.4726, juris Rn. 37.

3. Zurechnung missbräuchlichen Verhaltens auf einer Spielanlage

Die Nachbarn haben ein berechtigtes Interesse an der Einhaltung der in der Nutzungsordnung der Einrichtung bestimmten und in der Regel auf einem Schild angegebenen Ruhezeiten. Sie brauchen solche Immissionen nicht zu dulden, die durch eine **missbräuchliche Nutzung** von Sport- und Spielanlagen, zB in den Abend- und Nachtstunden sowie an Sonn- und Feiertagen, ausgehen.[35] 34

Die öffentliche Hand ist als Betreiberin für solche Geräusch- und andere Belästigungen nicht verantwortlich, die von den Benutzern einer kommunalen Einrichtung durch eine missbräuchliche Benutzung verursacht werden, sofern zu dieser Art der Benutzung nach den örtlichen Gegebenheiten kein besonderer Anreiz besteht.[36] Der Standort oder die Ausgestaltung der Anlage können allerdings so gelagert sein, dass sie zu einer missbräuchlichen Nutzung und/oder einem nicht zugelassenen Personenkreis geradezu herausfordern.[37] 35

Beispiel für eine Zurechnung der missbräuchlichen Nutzung:[38] Der Missbrauch des Spielplatzes beruht wesentlich auch auf der mit seiner konkreten Lage verbundenen außergewöhnlichen Anziehungskraft. Er liegt innerhalb einer Grünanlage und ist hier wiederum an einer für den öffentlichen Straßenverkehr nur schwer zugänglichen Stelle positioniert. Besucher des Spielplatzes müssen daher nur mit Fußgängerverkehr rechnen, der nachts nahezu zum Erliegen kommt. Dieser Umstand bietet im Vergleich zu anderen Spielplätzen einen besonderen Anreiz für Jugendliche, die sich von Passanten unbeobachtet treffen und ungestört unter sich sein wollen. Dies gilt in ganz besonderem Maße dann, wenn die Jugendlichen sich außerhalb der gemeindlichen oder privaten Jugendeinrichtungen treffen, um dort verbotene oder missbilligte Verhaltensweisen an den Tag zu legen.[39] 36

Welche Regelungen bei erhöhter Missbrauchsgefahr eines Kinderspielplatzes zur Verhinderung unzumutbarer Geräuschimmissionen in die Baugenehmigung aufgenommen werden müssen, kann nicht abstrakt, sondern nur unter Berücksichtigung der Umstände des Einzelfalls bestimmt werden. Die bloße Festlegung von **Öffnungszeiten** sowie die Regelung des Alters der zugelassenen Nutzer des Kinderspielplatzes reichen nach der Rechtsprechung in solchen Fällen aber grundsätzlich nicht aus, auch wenn diese Regelungen durch ein Schild am Eingang des Kinderspielplatzes wiedergegeben werden. Wirkungsvoll sein können demgegenüber die **Einrichtung eines Schließdienstes** sowie **regelmäßige Kontrollen** durch einen Wachdienst, wenn diese Maßnahmen in der Baugenehmigung selbst geregelt werden.[40] 37

Beispiel für die Nichtzurechnung einer missbräuchlichen Nutzung:[41] Das vorgehaltene Spielplatzangebot (zwei Sitzbänke, ein Sandkasten, eine Kleinkinderrutsche, eine Wippe, ein Multifunktionsspielgerät, zwei Rutschen) fordert ein missbräuchliches Verhalten nicht heraus. Der Träger des Spielplatzes hat durch die Aufstellung von Hinweisschildern, die ausgedehnte Erreichbarkeit des Ordnungsamtes (bis 1:15 Uhr, an Freitagen, Samstagen und vor Feiertagen bis 3:15 Uhr) und zahlreiche Kontrollen vor Ort gezeigt, dass er gewillt ist, die Einhaltung der bestimmungsgemäßen Nutzung des Spielplatzes zu gewährleisten. Den- 38

35 BVerwG Beschl. v. 30.1.1990 – 7 B 162/89, NVwZ 1990, 858.

36 OVG Münster Urt. v. 16.9.1985 – 15 A 2856/83, DVBl 1986, 697: missbräuchliche Benutzung einer öffentlichen Parkanlage und einer Parkbank „durch Jugendliche und Stadtstreicher"; VGH München Urt. v. 30.11.1987 – 26 B 82 A.2088, NVwZ 1989, 269.

37 OVG Münster Beschl. v. 13.3.2013 – 7 A 1404/12, juris Rn. 5.

38 Nach VG Aachen Urt. v. 7.9.2009 – 6 K 1755/08, juris Rn. 56.

39 Weiteres Beispiel: VGH Mannheim Beschl. v. 6.3.2012 – 10 S 2428/11, juris Rn. 14; zu einem ähnlichen Fall siehe OVG Münster Beschl. v. 22.2.2018 – 10 A 2558/16, juris Rn. 43 ff.

40 OVG Münster Beschl. v. 22.2.2018 – 10 A 2558/16, juris Rn. 14.

41 OVG Münster Beschl. v. 13.3.2013 – 7 A 1404/12, BRS 49 Nr. 204.

noch stattfindende Störungen können damit nicht mehr dem Verantwortungsbereich dem Träger der Einrichtung zugerechnet werden, sondern unterfallen dem allgemeinen Ordnungs- und Polizeirecht.[42]

39 Auszug aus einem Urteil des VG Köln vom 3.11.2016:[43]

„Der danach vorliegenden erhöhten Missbrauchsgefahr wird die streitgegenständliche Baugenehmigung nicht gerecht. Die Baugenehmigung legt zwar Öffnungszeiten fest und regelt das Alter der zulässigen Nutzer (bis 14 Jahre). Des Weiteren ist vorgegeben, dass am Eingang ein Spielplatzschild mit diesen Informationen aufzustellen ist. Diese Regelungen reichen unter den beschriebenen besonderen Umständen aber nicht aus, um die Missbrauchsgefahr wirkungsvoll zu beseitigen. Zu verlangen sind insoweit zusätzliche verbindliche Regelungen, etwa über die Einrichtung eines Schließdienstes, oder die Durchführung regelmäßiger Kontrollen über einen Zeitraum, der sich als zur Beseitigung der gesetzten Anreize ausreichend erweist. Ohne solche weiteren Nebenbestimmungen in der Baugenehmigung ist eine Rechtsverletzung der Kläger durch unzumutbare Lärmimmissionen nach den obigen Ausführungen nicht hinreichend sicher ausgeschlossen."

V. Kein Anspruch auf eine bestimmte Maßnahme

40 Der Nachbar hat auch im Rahmen eines Anspruchs gegen die bestimmungswidrige Nutzung einer durch schlicht hoheitliches Handeln betriebenen baulichen Anlage keinen Anspruch darauf, dass die Verwaltung eine **bestimmte Maßnahme** ergreift. Grundsätzlich steht es ihr frei, nach ihrem Ermessen darüber zu befinden, auf welche Weise sie ihren rechtlichen Verpflichtungen nachkommt. Aufgrund ihres **Ermessensspielraums** darf sie zunächst bestimmte, grundsätzlich geeignete Maßnahmen ausprobieren und auf ihre konkrete Eignung und Effektivität überprüfen. Im Bedarfsfall darf sie danach andere Maßnahmen ergreifen. Dabei ist in Rechnung zu stellen, dass der Erfolg der Maßnahmen erst nach einem gewissen „Lerneffekt" eintreten mag.[44] Die muss auch in einem etwaigen (gerichtlichen) Antrag zum Ausdruck kommen. Der Antrag kann deshalb sachgerecht nur dahin gehen, dass gegen die (gegebenenfalls: über die Genehmigung hinausgehende) missbräuchliche Nutzung eingeschritten wird.

VI. Prozessrechtliche Empfehlungen zu Anträgen im Klageverfahren

41 Der Antrag des Klägers in einem Klageverfahren bei einem geltend gemachten Anspruch auf Einschreiten wegen der Nutzung einer öffentlichen Einrichtung (Freizeitanlage) könnte etwa lauten:

„1. Die Beklagte wird verurteilt sicherzustellen, dass anlässlich von Veranstaltungen im Bürgerhaus, A-Straße, A-Stadt, Lärmimmissionswerte von

60 dB(A) außerhalb der Ruhezeiten (8.00 h bis 20.00 h),

55 dB(A) innerhalb der Ruhezeiten (20.00 h bis 22.00 h) und

45 dB(A) nachts (22.00 h bis 6.00 h),

nicht überschritten werden, gemessen in einem Abstand von 0,5 m vor dem geöffneten, vom Lärm am stärksten betroffenen Fenster des Wohnhauses der Kläger, A-Straße, A-Stadt, und unter Zugrundelegung des Mess- und Berechnungsverfahrens der LAI-Freizeitlärm-Richtlinie.

---

42 Vgl. OVG Koblenz Urt. v. 24.10.2012 – 8 A 10301/12, juris Rn. 5; VGH Kassel Urt. v. 25.7.2011 – 9 A 125/11, NVwZ-RR 2012, 21; VGH Mannheim Beschl. v. 6.3.2012 – 10 S 2428/11, NVwZ 2012, 837; VGH Mannheim Urt. v. 27.4.1990 – 8 S 1820/89, NVwZ 1990, 988, Leitsätze: „Die Anlage und der Betrieb von Spielplätzen ist so zu organisieren, dass vermeidbare Lärmbelästigungen für die Anwohner vermieden werden. Gegen missbräuchliche Benutzung sind geeignete Vorkehrungen zu treffen."

43 8 K 7320/14, juris Rn. 50.

44 OVG Münster Beschl. v. 20.1.2011 – 7 E 1386/10, juris Rn. 11 ff.

2. Die Beklagte wird unter Androhung eines Zwangsgeldes in Höhe von 1.000,-- EUR für jeden Fall der Nichterfüllung verpflichtet, die Einhaltung der Lärmimmissionswerte zu überwachen und gegebenenfalls zwangsweise durchzusetzen."[45]

In einem Verfahren auf Gewährung vorläufigen Rechtsschutzes ist der Antrag entsprechend den Empfehlungen unter dem Stichwort → *Rechtsschutz, vorläufiger* Rn. 1 ff. anzupassen.

94. Paket

Al-Deb'i/Weidt

Literatur: *Al-Deb'i*, Überseekauf und Abladegeschäft, 2008; *Bühler*, Rechtsfragen bei der nachbarlichen Paket-Annahme, JURA 2017, 1005; *Ernst*, Zur Regelung des Versendungskaufs im Entwurf der Kommission zur Überarbeitung des Schuldrechts, ZIP 1993, 481; *Kuchinke*, Die Haftung des Versendungspflichtigen Verkäufers und Werkunternehmers bei Selbstausführung des Transportes, FS Lange, 1970, S. 259; *Riewert*, Die Rückabwicklung erbrachter Leistungen bei der Kumulation von Rücktritt und Schadensersatz nach § 325 BGB, 2014; *Schultz*, Preisgefahr und Gehilfenhaftung beim Versendungskauf, JZ 1975, 240; *Sennekamp*, Der Diskurs um die Abgrenzung von Kartell- und Regulierungsrecht, 2016; *Stamm*, Rechtsfortbildung der Drittschadensliquidation im Wege eines originären und rein deliktsrechtlichen Drittschadensersatzanspruchs analog § 844 Abs. 1 BGB, AcP 203 (2003) 366; *Stieper*, Gefahrtragung und Haftung des Verkäufers bei Versendung fehlerhaft verpackter Sachen, AcP 208 (2008), 818; *Wertenbruch*, Gefahrtragung beim Versendungskauf nach neuem Schuldrecht, JuS 2003, 625; *Zimmer*, Die Haftung des Verkäufers bei Versendung einer mangelhaft verpackten Sache, BB 1987, 2192.

I. Bedeutung und Problemstellung

Durch den florierenden Online- und Versandhandel ist die Paketbranche ein wachsendes Milliardengeschäft. Allein im Jahr 2019 steigerte sich der deutschlandweite Umsatz auf 18,78 Milliarden Euro – über eine Milliarde mehr als 2018.[1] Dass es hierbei schon aufgrund der Anzahl der Pakete zu juristischen Problemen kommen kann, liegt auf der Hand. Allein die Tatsache, dass mit Versender, Logistiker und Empfänger mindestens drei Personen involviert sind, führt zu komplexen Haftungsfragen. Ist der Empfänger Verbraucher iSd § 13 BGB, sind die Besonderheiten des Verbrauchsgüterkaufs sowie Fernabsatzrecht und E-Commerce zu berücksichtigen. Kommt dann noch ein Nachbar hinzu, an den das Paket wegen Abwesenheit des tatsächlichen Empfängers übergeben wird, wird die Konstellation noch unübersichtlicher. 1

Die Pakete enthalten in den meisten Fällen Gegenstände, die der Empfänger im Regelfall so schnell wie möglich haben möchte. Es stellen sich daher nicht die gleichen Probleme wie bei Briefpost, bei der häufig 2

45 Aus VG Gießen Urt. v. 13.9.2006 – 8 E 2264/05, juris vor Rn. 1.

1 Paketbranche macht fast 19 Milliarden Euro Umsatz, faz.net v. 10.2.2020, https://tinyurl.com/v32kcll.

der Zugang unliebsamer Schreiben (zB Kündigungen) streitig ist.[2] Vielmehr stellt sich die Frage nach der Haftung für **Beschädigungen** – bei Briefen ein eher seltenes Phänomen.

II. Interessenlage

3 Aufgrund der Vielzahl an möglichen Beteiligten sind zunächst abstrakt die verschiedenen Interessenlagen zu klären. Darauf aufbauend stellen sich die Fragen nach den jeweiligen Pflichten und der Haftung.

4 Der **Absender** möchte möglichst durch eine ordnungsgemäße Übergabe an den Transporteur sowohl von seiner Leistungspflicht als auch von der Haftung für den zufälligen (dh von keiner Partei verursachten[3]) Untergang frei werden. Ferner möchte er – sofern vereinbart – vom Empfänger eine Gegenleistung erhalten. Wird das Paket nicht abgenommen, will er einen ordnungsgemäßen Rücktransport.

5 Der **Transporteur** hat ein Interesse daran, das Paket in einer ordnungsgemäßen Verpackung zu erhalten und die Ware in Erfüllung seiner Transportpflicht an den Empfänger oder einen empfangsberechtigten Dritten mangelfrei zu übergeben. Ferner will er, wenn kein Empfänger angetroffen wird oder dieser das Paket nicht annimmt, von der Haftung möglichst weitreichend frei werden.

6 Der **Empfänger** möchte neben einer möglichst schnellen auch eine mangelfreie Lieferung seines Paketes. Die Zustellung kann jedoch daran scheitern, dass er nicht an der Lieferadresse angetroffen wird. Für diesen Fall hat er entweder ein Interesse an einer Ablage am Erfüllungsort oder an der sicheren Aufbewahrung und der Möglichkeit, die Sendung zu einem anderen Zeitpunkt abzuholen. Letzteres gilt ungeachtet dessen, ob der Transporteur das Paket wieder mitnimmt oder ersatzweise an einen Dritten übergibt. Für den Fall der Rücksendung hat er die gleichen Interessen wie ein Versender.

7 Nimmt ein **Dritter** – häufig ein **Nachbar** – das Paket anstelle des abwesenden Empfängers entgegen, möchte dieser nicht mit überbordenden Haftungsrisiken belastet werden. Ferner hat er ein Interesse daran, dass Schäden, die ihm möglicherweise durch seine Annahme verursacht werden durch den Transporteur oder den Empfänger ausgeglichen werden.

III. Pflichten und Haftung der Beteiligten

8 Ausgehend von den unterschiedlichen Interessenlagen sind für jedes Stadium der Zustellung die Pflichten der Beteiligten zu klären. Anschließend stellt sich die Frage der Haftung für Verletzungen dieser Pflichten. Hier spielt etwa eine Rolle, ob sich der Empfänger im Annahmeverzug befindet und welches Rechtsverhältnis zwischen einem Empfänger und dessen Nachbarn, der das Paket annimmt, besteht.

9 Wird ein Paket versendet, geschieht dies in der ganz überwiegenden Zahl der Fälle aufgrund einer **Schickschuld**. Hierbei fallen Leistungs- und Erfolgsort auseinander.[4] Der Wohnsitz des Schuldners (Versenders) ist Leistungsort,[5] der Wohnsitz des Gläubigers (Empfängers) ist Erfolgsort.[6] Hauptanwendungsfall ist der **Versendungskauf,** § 447 BGB (zu den Besonderheiten des Verbrauchsgüterkaufs noch nachstehend → Rn. 17).[7] Möglich ist jedoch auch die Versendung aufgrund eines Rückgewährschuldverhältnisses iSv § 346 Abs. 1 BGB oder § 355 Abs. 3 BGB.

2 Zuletzt etwa BAG Urt. v. 22.8.2019 – 2 AZR 111/19, NJW 2019, 3666.

3 *Saenger* in HK-BGB § 447 Rn. 5, etwa unverschuldeter Verkehrsunfall des Paketdienstes.

4 *Krüger* in MüKoBGB § 269 Rn. 7.

5 BGH Urt. v. 5.12.1990 – VIII ZR 75/90, NJW 1991, 915; den Leistungsort bezeichnet das Gesetz in §§ 447 Abs. 1, 644 Abs. 2 BGB, 29 ZPO auch als Erfüllungsort, dies ist jedoch bei der Schickschuld missverständlich, da Erfüllung erst durch den Leistungserfolg eintritt, *Grüneberg* in Palandt BGB § 269 Rn. 1.

6 *Grüneberg* in Palandt BGB § 269 Rn. 1.

7 *Grüneberg* in Palandt BGB § 269 Rn. 1; *Krüger* in MüKoBGB § 269 Rn. 7.

1. Absender

Beim Versendungskauf iSd § 447 BGB schuldet der Absender idR die Versendung von seinem Wohn-/Geschäftssitz zum Wohn-/Geschäftssitz des Empfängers. Erfolgt die Versendung von einem anderen Ort aus (Streckengeschäft), muss dies entweder ausdrücklich oder konkludent vereinbart sein oder jedenfalls mit Einverständnis des Erwerbers geschehen.[8] Dies ist jedoch regelmäßig der Fall.[9] Wird etwa der Kaufvertrag bei Amazon geschlossen und ist die Plattform direkter Vertragspartner, findet sich dort teilweise die Angabe „Versand durch ...". Im Einzelnen schuldet der Absender zur Leistungserbringung folgende Schritte: 10

a) Verpackung, Adressierung, Versicherung. Die Ware muss durch den Verkäufer zunächst so verpackt werden, dass während eines verkehrsüblichen Transports keine Schäden entstehen.[10] Ein Paket bzw. dessen Inhalt muss daher jedenfalls einer Beförderung im Lkw sowie der maschinellen Verarbeitung in den Verteilerzentren standhalten. Mit einer korrekten Adressierung muss der Versender dafür sorgen, dass Verwechslungen und Fehlleitungen vermieden werden.[11] Der Abschluss einer Transportversicherung ist grundsätzlich nicht erforderlich.[12] Etwas anderes gilt nur dann, wenn dies vereinbart worden, oder eine Versicherung zB aufgrund des Wertes des versendeten Gegenstandes verkehrsüblich ist.[13] Dies ist wiederum dann der Fall ist, wenn die Deckungssumme der Haftpflichtversicherung des Beförderers ausreicht.[14] 11

b) Auslieferung an Transportperson, Beförderungsvertrag. Der Absender schuldet nach dem Wortlaut des § 447 BGB die **Auslieferung** der Sache an den Spediteur, Frachtführer oder einer sonst zur Ausführung der Versendung bestimmten Person oder Anstalt. Diese ist erfolgt, wenn der Verkäufer alles getan hat, um den Transport an die Adresse des Käufers in die Wege zu leiten.[15] Insbesondere muss hierzu die Ware physisch übergeben werden.[16] Als **Transportperson** nennt das Gesetz ausdrücklich Spediteur (§ 453 HGB) und Frachtführer (§ 407 HGB). Mit Anstalten sind insbesondere Post und Bahn gemeint,[17] erfasst sind jedoch auch Kuriere und Boten.[18] Nach wohl hM findet § 447 BGB auch dann Anwendung, wenn eigene Leute des Verkäufers den Transport übernehmen.[19] Weder der Wortlaut noch die ratio legis der Norm geben hierfür jedoch etwas her. Der Käufer soll dann mit der Transportgefahr belastet werden, wenn sich die Beförderung außerhalb des Herrschaftsbereichs des Verkäufers abspielt.[20] Es kann jedoch auch eine Bringschuld vorliegen.[21] Die Transportperson muss durch den Versender sorgfältig **ausgewählt** werden.[22] Mit ihm muss ein **Beförderungsvertrag** (→ Rn. 21 ff.) zu den verkehrsüblichen Bedingungen (zB in Bezug auf Route, Transportmittel) abgeschlossen werden.[23] Die Hauptleistungspflicht des Absenders liegt in der Zahlung der vereinbarten Fracht, § 407 Abs. 2 HGB. 12

---

8 BGH Urt. v. 5.12.1990 – VIII ZR 75/90, NJW 1991, 915; RG Urt. v. 19.5.1925 – II 283/24, RGZ 111, 23.

9 *Westermann* in MüKoBGB § 447 Rn. 5; *Beckmann* in Staudinger BGB § 447 Rn. 15; zur Rechtsfolge ohne Einverständnis → Rn. 14.

10 BGH Urt. v. 7.3.1983 – VIII ZR 331/81, NJW 1983, 1496; *Zimmer* BB 1987, 2192; *Stieper* AcP 208 (2008), 818; *Faust* in BeckOK-BGB § 447 Rn. 24.

11 BGH Urt. v. 27.3.1968 – VIII ZR 10/66, NJW 1968, 1569.

12 *Westermann* in MüKoBGB § 447 Rn. 21.

13 LG Coburg Urt. v. 12.12.2008 – 32 S 69/08, K&R 2009, 135 (bejahend für Goldbarren); *Ernst* ZIP 1993, 481 (485).

14 Zutreffend *Beckmann* in Staudinger BGB § 447 Rn. 31.

15 *Beckmann* in Staudinger BGB § 447 Rn. 20.

16 BGH Urt. v. 5.12.1990 – VIII ZR 75/90, NJW 1991, 915.

17 *Beckmann* in Staudinger BGB § 447 Rn. 23; *Westermann* in MüKoBGB § 447 Rn. 16.

18 *Beckmann* in Staudinger BGB § 447 Rn. 23; *Westermann* in MüKoBGB § 447 Rn. 16.

19 RG Urt. v. 19.9.1919 – VII 181/19, RGZ 96, 258; *Beckmann* in Staudinger BGB § 447 Rn. 23; *Schultz* JZ 1975, 240 (241); *Ernst* ZIP 1993, 481 (488).

20 Ausführlich *Al-Deb'i*, Überseekauf und Abladegeschäft, 2008, S. 95 ff. mwN; *Wertenbruch* JuS 2003, 625 (628 f.); *E. Schmidt* AcP 175 (1975), 165 (167); die Haftung ist gleichwohl anders → Rn. 14 ff.

21 *Beckmann* in Staudinger BGB § 447 Rn. 23; *Schultz* JZ 1975, 240 (241); *Ernst* ZIP 1993, 481 (488).

22 RG Urt. v. 21.12.1920 – VII 315/20, RGZ 101, 152.

23 *Westermann* in MüKoBGB § 447 Rn. 14; *Beckmann* in Staudinger BGB § 447 Rn. 29.

13 **c) Pflichtverletzung.** Unterlaufen dem Verkäufer Fehler bei der Erfüllung der vorbezeichneten Schritte (zB unzureichende Verpackung), liegt eine kaufvertragliche Pflichtverletzung vor, die gem. §§ 433, 280, (281, 286) 249 ff. BGB zum Schadensersatz verpflichtet. Für die Anwendung des § 447 Abs. 1 BGB ist dann kein Raum, da dieser nur den Gefahrübergang regelt.[24] Eine spezielle Form der Pflichtverletzung ist in § 447 Abs. 2 BGB geregelt. Hat der Käufer eine besondere Anweisung über die Art der Versendung erteilt und weicht der Verkäufer ohne dringenden Grund von der Anweisung ab, ist der Verkäufer dem Käufer für den daraus entstehenden Schaden verantwortlich.

14 **d) Gefahrtragung.** Mit der ordnungsgemäßen **Übergabe** an die Transportperson in der Relation B2B (Business-to-Business) und C2C (Consumer-to-Consumer) sowie C2B (Comsumer-to-Business; zu den Besonderheiten nachstehende → Rn. 17) geht gem. § 447 Abs. 1 BGB die Gefahr des zufälligen Untergangs der Sache auf den Käufer über. Der Käufer muss also bei einer unverschuldeten Zerstörung bzw. Verschlechterung den vollen Kaufpreis zahlen, obwohl er die Ware noch nicht erhalten hat.[25] Der Verkäufer hat mit Übergabe an den Transporteur das Seine getan. Insbesondere ist der Logistiker **kein Erfüllungsgehilfe** des Absenders,[26] so dass ihm dessen Verschulden nicht zurechenbar ist. Anders liegt der Fall jedoch, wenn der Transport durch eigene Leute des Absenders durchgeführt wird. Der Verkäufer hat dann Pflichtverletzungen aufgrund einer **garantenähnlichen Obhutspflicht**[27] über §§ 276, 278 BGB zu vertreten, so dass er auch für Schäden beim Transport haftet.[28]

15 Wird die Ware ohne Einverständnis des Käufers (→ Rn. 10) von einem **anderen Ort** als dem Sitz des Versenders auf den Weg gebracht, kommt es darauf an, ob sie zwischenzeitlich noch beim Verkäufer „vorbeikommt". In diesem Fall geht die Transportgefahr über, wenn die Ware von ihm aus weitertransportiert wird.[29] Erfolgt dieser Zwischenschritt nicht, findet § 446 BGB Anwendung,[30] so dass erst mit Übergabe an den Empfänger die Gefahr des zufälligen Untergangs bzw. der Verschlechterung übergeht.

16 Eine wichtige **Ausnahme** von der Gefahrtragungsregel des § 447 Abs. 1 BGB bildet der **Verbrauchsgüterkauf**. Gem. § 475 Abs. 2 BGB findet sie nur dann Anwendung, wenn die Transportperson vom Käufer beauftragt wurde. Dies kommt jedoch kaum vor, da nahezu alle größeren Onlineshops Kooperationen mit Logistikunternehmen haben[31] und die Auswahl des Logistikers selbstständig treffen. Mithin gilt § 446 BGB, so dass der Gefahrübergang erst mit Übergabe an den Erwerber stattfindet. Es spielt daher für den Verbraucher keine Rolle, ob Schäden zufällig oder durch Pflichtverletzungen des Absenders oder des Transporteurs verursacht wurden. Kommt die Ware bei ihm nicht in mangelfreiem Zustand an, kann er beim Verkäufer seine Gewährleistungsansprüche aus § 437 BGB geltend machen.[32] Versendet ein Unternehmer also ein Paket im B2C-Geschäft (Business-to-Comsumer), sind die Regeln über die Vorverlegung des Gefahrübergangs nicht anwendbar. Nur für den Fall des Schadensersatzes, der Verschulden voraussetzt, kann (und muss: § 280 Abs. 1 S. 2 BGB) sich der Verkäufer mit dem Beweis der ordnungsgemäßen Übergabe entlasten.[33]

17 **e) Rechtsfolge.** Bei ordnungsgemäßer Übergabe an die Transportperson geht die Gefahr des zufälligen Untergangs der Sache auf den Käufer über (zur Haftung des Transporteurs → Rn. 36). Nach hM gilt dies

24 *Saenger* in HK-BGB § 447 Rn. 5.
25 *Saenger* in HK-BGB § 447 Rn. 1.
26 RG Urt. v. 21.12.1920 – VII 315/20, RGZ 101, 152; BGH Urt. v. 27.3.1968 – VIII ZR 10/66, BGHZ 50, 32 (35); *Grüneberg* in Palandt BGB § 278 Rn. 15.
27 *Kuchinke* in FS Lange, 1970, S. 259 (271).
28 *Westermann* in MüKoBGB § 447 Rn. 16; *Beckmann* in Staudinger BGB § 447 Rn. 39 mwN.
29 *Beckmann* in Staudinger BGB § 447 Rn. 15.
30 BGH Urt. v. 5.12.1990 – VIII ZR 75/90, NJW 1991, 915; *Berger* in Jauernig BGB § 447 Rn. 8.
31 *Nicolai*, Wie sich Amazon eine eigene Paketzustellung aufbaut, welt.de v. 9.9.2019, https://tinyurl.com/w9wfbfs; „In der Regel versenden wir mit Hermes", https://www.notebooksbilliger.de/infocenter/section/shipping.
32 *Bühler* JURA 2017, 1005 (1009 f.).
33 *Bühler* JURA 2017, 1005 (1010).

jedoch nur für typische Transportschäden (Verkehrsunfall, Schäden beim Ab- und Aufladen, Ablieferung an falschen Empfänger etc).[34] Praktisch hat diese Einschränkung jedoch so gut wie keine Auswirkungen.[35]

f) Kosten. Aus § 269 Abs. 1 BGB, wonach die Leistung im Zweifel am Wohnsitz des Schuldners erfolgen muss, kann nicht geschlossen werden, dass im Regelfall eine Holschuld vorliegt.[36] Auch bei einer Schickschuld ist der Wohnsitz des Schuldners (Versender) Leistungsort.[37] Die Kosten trägt dann grundsätzlich der Schuldner. 18

Anders liegt der Fall jedoch beim Versendungskauf. **§ 448 BGB** bestimmt, dass der Verkäufer die Kosten der Übergabe an die Transportperson trägt, davon umfasst sind etwa auch Verpackungskosten. Der Käufer trägt hingegen die Kosten der Abnahme und der Versendung der Sache nach einem anderen Ort als dem Erfüllungsort, also die klassischen Versandkosten. § 448 BGB ist auch iRd **Verbrauchsgüterkaufs** anwendbar, so dass hier grundsätzlich der Käufer die Versandkosten zu tragen hat. Vertraglich kann freilich eine andere Regelung getroffen werden,[38] so dass häufig mit genereller Versandkostenfreiheit geworben wird oder diese an die Bedingung eines Mindestbestellwertes geknüpft wird. 19

Komplexer ist die Kostenfrage, wenn eine **Rücksendung** vorliegt. Es kommt dann auf den Grund an. Erfolgt bei einem außerhalb von Geschäftsräumen geschlossenen Vertrag (§ 312b BGB) oder einem Fernabsatzvertrag (§ 312c BGB) ein **Widerruf** gem. §§ 312g Abs. 1, 355 BGB, sind die Kosten der Rücksendung gem. § 357 Abs. 6 BGB von Verbraucher zu tragen, sofern er hierüber unterrichtet wurde. Der Unternehmer kann gleichwohl – womit ebenfalls häufig geworben[39] wird – vertraglich die Kostenpflicht übernehmen, § 357 Abs. 6 S. 2 BGB. Hat der Käufer für die Ware aus dem widerrufenen Vertrag bereits die Kosten der Lieferung übernommen, sind ihm diese zurückzugewähren, § 357 Abs. 2 BGB. Liegt ein **Sachmangel** vor und verlangt der Käufer **Nacherfüllung**, hat der Verkäufer gem. § 439 Abs. 2 BGB die hierfür erforderlichen Aufwendungen, insbesondere Transportkosten, zu tragen. Beim **Rücktritt** kann sich eine Erstattungspflicht des Verkäufers bezüglich der Hinsendekosten aus §§ 437 Nr. 3, 280 Abs. 1, 3, 284 BGB ergeben.[40] Bei den Rücksendekosten kommt es auf den Leistungsort an. Dieser liegt nach hM beim Rücktritt dort, wo sich die Ware vertragsgemäß befindet,[41] idR also am (Wohn-)Sitz des Erwerbers. Es liegt mithin eine Holschuld des Verkäufers vor, so dass dieser für den Fall einer Versendung jedenfalls die Versandkosten zu tragen hätte. Gem. § 357 Abs. 7 BGB hat der Verbraucher außerdem Ersatz für einen Wertverlust der Ware zu leisten, wenn dieser auf einen Umgang mit den Waren zurückzuführen ist, der zur Prüfung der Beschaffenheit, der Eigenschaften und der Funktionsweise der Waren nicht notwendig war. 20

2. Transporteur

Der Absender des Paketes schuldet den Abschluss eines Beförderungsvertrages.[42] Hierbei handelt es sich grundsätzlich um einen Werkvertrag.[43] Die diesbezüglichen Normen gelten allerdings nur dann, wenn kei- 21

---

34 BGH Urt. v. 24.3.1965 – VIII ZR 71/63, NJW 1965, 1324; RG Urt. v. 16.10.1926 – I 448/25, RGZ 114, 405 (407); *Faust* in BeckOK-BGB § 447 Rn. 21; aA *Beckmann* in Staudinger BGB § 447 Rn. 26.

35 *Westermann* in MüKoBGB § 447 Rn. 20.

36 *Krüger* in MüKoBGB § 269 Rn. 5.

37 BGH Urt. v. 5.12.1990 – VIII ZR 75/90, NJW 1991, 915; den Leistungsort bezeichnet das Gesetz in §§ 447, I, 644 II BGB, 29 ZPO auch als Erfüllungsort, dies ist jedoch bei der Schickschuld missverständlich, da Erfüllung erst durch den Leistungserfolg eintritt, *Grüneberg* in Palandt BGB § 269 Rn. 1.

38 *Saenger* in HK-BGB § 448 Rn. 5.

39 Zalando-FAQ: Wie sende ich einen Artikel zurück? Schicke ungetragene Artikel innerhalb von 100 Tagen kostenfrei zurück, https://www.zalando.de/faq/Ruecksendung-Rueckerstattung/.

40 BGH Urt. v. 20.7.2005 – VIII ZR 275/04, MDR 2005, 1335; zum Nebeneinander von Schadenersatz und Rücktritt gem. § 325 BGB ausführlich *Riewert*, Die Rückabwicklung erbrachter Leistungen bei der Kumulation von Rücktritt und Schadensersatz nach § 325 BGB, 2014, S. 143 ff.

41 OLG München Urt. v. 4.10.2018 – 24 U 1279/18, BeckRS 2018, 24033 mwN; OLG Düsseldorf Urt. v. 17.7.2013 – I-22 W 19/13, NRWE.de; *Bittner* in Staudinger BGB § 269 Rn. 28; zur alten Rechtslage BGH Urt. v. 9.3.1983 – VIII ZR 11/82, NJW 1983, 1479.

42 *Westermann* in MüKoBGB § 447 Rn. 14; *Beckmann* in Staudinger BGB § 447 Rn. 29.

43 *Busche* in MüKoBGB § 631 Rn. 136 mwN.

ne spezialgesetzlichen Vorschriften Anwendung finden, insbesondere **Frachtvertrag** (§§ 407 ff. HGB) und Speditionsvertrag (§§ 453 ff. HGB). Da Paketdienste die Durchführung des Transports gewöhnlich selbst durchführen und nicht lediglich organisieren, handelt es sich idR um Frachtverträge.[44] Sämtliche Paketdienste verwenden darüber hinaus eigene und jeweils ähnliche **AGB**, die sich an §§ 407 ff. HGB orientieren, teilweise hierauf verweisen.[45] Hierin sind auch die nachbarrechtlich relevanten Konstellationen, wie etwa die Übergabemöglichkeit an einen Ersatzempfänger, geregelt.[46]

22 Als einziger Paketdienst in Deutschland ist DHL ein sogenannter **Universaldienstleister**.[47] Um das Regelungsziel einer flächendeckenden Versorgung des Art. 87f GG zu erreichen, sind im Postgesetz und in der Post-Universaldienstverordnung (PUDLV) die Voraussetzungen für Universaldienste geregelt. Insbesondere müssen eine gewisse Filialabdeckung sowie Qualitätsstandards bei der Zustellung gewährleistet sein. Hierzu gehört etwa die Beförderung an jedermann, auch an abgelegene Orte. Für die Erbringung der Universaldienstleistung gewährt § 4 Nr. 11b UStG eine Umsatzsteuerbefreiung.[48]

23 **a) Annahme.** Ein Transporteur ist aufgrund der **Vertragsfreiheit** nicht verpflichtet, ein Paket anzunehmen. Umstritten ist, ob für den Universaldienstleister DHL ein Kontrahierungszwang besteht. Sowohl PostG als auch PUDLV geben keinen einklagbaren Anspruch auf die einzelnen Universaldienstleistungen.[49] Da DHL Universaldienstleistungen lediglich freiwillig und nicht aufgrund staatlicher Verpflichtung iSd § 13 PostG[50] ausübt, greift auch die Regelung des § 3 PDLV nicht ein. Hiernach wäre ein hoheitlich verpflichtetes Unternehmen sämtlichen Kunden zur Leistungserbringung verpflichtet.[51] Ein Kontrahierungszwang ließe sich allenfalls aus Art. 102 AEUV bzw. §§ 18, 19 GWB iVm § 33 GWB herleiten.[52] Es ist jedoch umstritten, ob PostG und GWB nebeneinander anwendbar sind.[53]

24 Ausgeschlossen von Annahme und Beförderung sind regelmäßig Sendungen, deren Beförderung gegen Verbote verstößt oder die internationalen Gefahrgutvorschriften unterliegen.[54] Namentlich handelt es sich hierbei um Gefahrgüter iSd Europäischen Übereinkommens über die internationale Beförderung gefährlicher Güter auf der Straße (ADR).

25 **b) Transport.** Nach erfolgter Annahme ist die Beförderung der Ware eine der Hauptleistungspflichten des Transporteurs, § 407 Abs. 1 HGB.[55] Geschuldet ist ein Beförderungserfolg, wobei die Wahl des Transport-

44 OLG Köln Urt. v. 8.4.2003 – 3 U 146/02, NJOZ 2003, 1402; OLG Köln Urt. v. 22.6.2004 – 3 U 8/04, NJOZ 2005, 3174.

45 Etwa § 1 III DHL AGB Paket/Express national, Stand 1/2020, https://tinyurl.com/v59ohuq; Ziff. 1.3 Hermes AGB für den Versand von Hermes Päckchen, Paketen und Reisegepäck im Rahmen des Hermes PrivatPaketService, Stand 2/2019, https://tinyurl.com/svoql48; Ziff. 12.1.1 DPD AGB Classic, Stand 1/2020, https://www.dpd.com/de/de/agb/.

46 Etwa Ziff. 4 III DHL AGB Paket/Express national, Stand 1/2020, https://tinyurl.com/v59ohuq; Ziff. 2.4 Hermes AGB für den Versand von Hermes Päckchen, Paketen und Reisegepäck im Rahmen des Hermes PrivatPaketService, Stand 2/2019, https://tinyurl.com/svoql48.

47 Stellungnahme 17/817 der Deutschen Post AG, Anhörung des Ausschusses für Wirtschaft, Energie und Landesplanung des Landtages NRW am 26.9.2018 zum Antrag Drs. 17/2559.

48 Dieser Wettbewerbsvorteil wird durchaus kritisch gesehen, vgl. *Haucap/Kehder*, Unfairer Wettbewerb im Postmarkt, 2016, https://tinyurl.com/s5esn57.

49 Vgl. auch BNetzA, Grundversorgung, https://tinyurl.com/yx2bf5dv.

50 Bei unzureichender Erbringung von Universaldienstleistungen durch den Markt.

51 AA (völlig contra legem und ohne Prüfung der Voraussetzungen des § 3 PDLV) BGH Urt. v. 20.9.2012 – I ZR 116/11, NJW 2013, 72.

52 In Bezug auf E-Mail-Dienste, die keine Universaldienstleistungen sind LG Köln Urt. v. 31.3.2011 – 88 O (Kart) 49/10, MMR 2011, 555.

53 *Sennekamp*, Der Diskurs um die Abgrenzung von Kartell- und Regulierungsrecht, 2016, S. 56 ff.

54 S. a. Ziff. 2 Nr. 1 DHL AGB Paket/Express national, Stand 1/2020, https://tinyurl.com/v59ohuq; Ziff. 4.2.1 Hermes AGB für den Versand von Hermes Päckchen, Paketen und Reisegepäck im Rahmen des Hermes PrivatPaketService, Stand 2/2019, https://tinyurl.com/svoql48.

55 S. a. Ziff. 4 I DHL AGB Paket/Express national, Stand 1/2020, https://tinyurl.com/v59ohuq; Ziff. 2.1 Hermes AGB für den Versand von Hermes Päckchen, Paketen und Reisegepäck im Rahmen des Hermes PrivatPaketService, Stand 2/2019, https://tinyurl.com/svoql48.

mittels unerheblich ist.[56] Gem. § 412 Abs. 1 S. 1 HGB hat der Absender das Gut beförderungssicher zu **verladen**, dh zu laden, zu stauen und zu befestigen.[57] Dies gilt jedoch nur, wenn sich aus den Umständen oder der Verkehrssitte nichts anderes ergibt. So liegt der Fall jedoch bei Paketdiensten. Dort kommt der Beförderungsvertrag bereits durch Einlieferung in einer Annahmestelle oder Abholung zustande,[58] so dass die Verladung durch den Beförderer selbst übernommen wird.

c) Ablieferung. Die Ablieferung ist neben dem Transport die zweite Hauptpflicht des Frachtvertrages. Hier- 26
unter versteht man den Vorgang, durch den der Frachtführer die zur Beförderung erlangte Obhut über das Gut mit ausdrücklicher oder stillschweigender Einwilligung des Verfügungsberechtigten wieder aufgibt und diesen in die Lage versetzt, die tatsächliche Gewalt über das Gut auszuüben.[59] Hinsichtlich der Modalitäten der Lieferung hat der Transporteur einen gewissen Gestaltungsspielraum, der idR durch AGB geregelt wird. Diese dürfen jedoch weder den Vertragspartner der Transportperson (Absender) noch den Empfänger unangemessen benachteiligen.[60]

aa) Lieferfrist. § 423 HGB bestimmt, dass die Lieferfrist zwischen den Parteien zu vereinbaren ist. Liegt 27
keine Vereinbarung vor, gilt eine Frist, die einem sorgfältigen Frachtführer unter Berücksichtigung der Umstände vernünftigerweise zuzubilligen ist. Paketdienste schließen in ihren AGB die Einhaltung einer Lieferfrist aus.[61] Sie geben allenfalls unverbindliche Regellaufzeiten an.[62] Aufgrund seiner Universaldienstleistungsverpflichtung aus der PUDLV schuldet DHL jedoch bei der Beförderung bestimmte Qualitätsstandards. Gem. § 3 Nr. 2 PUDLV müssen im Inland von den an einem Werktag eingelieferten Paketen im Jahresdurchschnitt 80 % bis zum zweiten auf den Einlieferungstag folgenden Werktag ausgeliefert werden. Hierbei handelt es sich jedoch ebenfalls nicht um einen einklagbaren Anspruch. Die Bundesnetzagentur führt lediglich ein regelmäßiges Qualitätsmonitoring durch.[63]

bb) Haupt- und Ersatzempfänger. Die Ablieferung muss bei dem **rechtmäßigen Empfänger** des Gutes 28
erfolgen. Dies ist grundsätzlich derjenige, der im Frachtbrief als Empfänger angegeben ist oder nach § 418 Abs. 3 HGB nachträglich vom Empfänger hierzu bestimmt worden ist.[64] Unproblematisch ist daher, wenn der tatsächlich auf dem Paket angegebene Adressat die Sendung persönlich erhält.

Häufig kommt es jedoch zur Zustellung an einen **Mitbewohner oder Nachbarn**. Hierzu sehen die AGB 29
aller Paketdienste[65] Klauseln folgender Art vor:

▶ Die Zustellung erfolgt an den auf der Sendung angegebenen Adressaten durch persönliche Übergabe gegen Unterschrift des Empfängers. Der Absender ist damit einverstanden, dass die Übergabe auch an in den Räumen des Empfängers anwesende Mitglieder und Angestellte des Haushalts des Empfängers sowie an unmittelbare Nachbarn des Empfängers erfolgen darf, sofern den Umständen nach angenommen werden kann, dass diese zur Annahme der Sendung berechtigt sind („Nachbarschaftsabgabe"). Unmittelbare Nachbarn im vorgenannten Sinne sind alle Personen, die in demselben Gebäude wie der Empfänger oder einem nächstgelegenen Gebäude wohnhaft sind. Ferner ist der Paketdienst berechtigt, die Sendung

56 *Thume* in MüKoBGB § 407 Rn. 25.
57 *Thume* in MüKoBGB § 412 Rn. 5 f.
58 Ziff. 2 I DHL AGB Paket/Express national, Stand 1/2020, https://tinyurl.com/v59ohuq; Ziff. 2.1 Hermes AGB für den Versand von Hermes Päckchen, Paketen und Reisegepäck im Rahmen des Hermes PrivatPaketService, Stand 2/2019, https://tinyurl.com/svoql48.
59 BGH Urt. v. 2.4.2009 – I ZR 16/07, TranspR 2009, 410; BGH Urt. v. 23.10.1981 – I ZR 157/79, NJW 1982, 1284.
60 OLG Düsseldorf Urt. v. 10.4.2014 – I-6 U 132/13, BeckRS 2015, 6623.
61 Ziff. 4 I DHL AGB Paket/Express national, Stand 1/2020, https://tinyurl.com/v59ohuq; Ziff. 2.3 Hermes AGB für den Versand von Hermes Päckchen, Paketen und Reisegepäck im Rahmen des Hermes PrivatPaketService, Stand 2/2019, https://tinyurl.com/svoql48; Ziff. 8 DPD AGB Classic, Stand 1/2020, https://www.dpd.com/de/de/agb/.
62 Ziff. 8 DPD AGB Classic, Stand 1/2020, https://www.dpd.com/de/de/agb/.
63 BNetzA, Grundversorgung, https://tinyurl.com/yx2bf5dv.
64 BGH Urt. v. 13.7.2000 – I ZR 49/98, NJW 2001, 448.
65 Ziff. 4 III DHL AGB Paket/Express national, Stand 1/2020, https://tinyurl.com/v59ohuq; Ziff. 2.4 Hermes AGB für den Versand von Hermes Päckchen, Paketen und Reisegepäck im Rahmen des Hermes PrivatPaketService, Stand 2/2019, https://tinyurl.com/svoql48; Ziff. 7.2 DPD AGB Classic, Stand 1/2020, https://www.dpd.com/de/de/agb/.

an einem vom Empfänger bezeichneten Ort abzulegen, sofern der Empfänger dies gegenüber dem Paketdienst vorab einmalig oder dauerhaft gestattet hat („WunschAblageort"). Wird eine Nachbarschaftsabgabe oder die Ablage am WunschAblageort durchgeführt, erhält der Empfänger (= Adressat) eine Benachrichtigung in Textform oder in Form einer Benachrichtigungskarte mit einem qualifizierten Hinweis zu Zeitpunkt und Ort der Übergabe.[66] ◀

30 Die höchstrichterliche Rechtsprechung hat den ersten Teil der Klausel bzgl. der Nachbarschaftsabgabe für unzulässig gehalten.[67] Der Empfänger könne zum einen nicht erkennen, ob der Frachtführer nach seinen eigenen Maßstäben ordnungsgemäß zugestellt, mithin pflichtgemäß gehandelt habe. Ferner sei die „nach den Umständen zur Annahme berechtigte Person" inhaltlich zu unbestimmt.[68] Die Paketdienste haben ihre AGB in der Folge dahingehend ergänzt, dass der Adressat nunmehr eine Benachrichtigung in Textform oder in Form einer Benachrichtigungskarte mit einem qualifizierten Hinweis zu Zeitpunkt und Ort der Übergabe erhält. Diese Fassung dürfte zulässig sei, weil der Empfänger nunmehr eine Bestätigung über die ordnungsgemäße Übergabe erhält. Ferner ist zu berücksichtigen, dass sowohl § 3 Nr. 3 PUDLV, § 419 Abs. 2 S. 3 HGB als auch §§ 178 ff. ZPO die Möglichkeit der Ersatzzustellung vorsehen. Auch Literatur und Rechtsprechung sehen das Interesse der Versender, der Beförderer wie auch der Empfänger an der grundsätzlichen Zulässigkeit von Ersatzzustellungen zur Beschleunigung und Vereinfachung der Zustellung.[69] Sie erleichtert dem Adressaten die Abholung und spart erhebliche Kosten für Wege und Lagerhaltung.[70] Ferner besteht sowohl seitens des Absenders als auch seitens des Empfängers die Möglichkeit, die Zustellung an einen Nachbarn auszuschließen. Der Absender kann dies vertraglich vereinbaren, der Empfänger kann als „Wunsch-Ablageort" auch einen Wunschnachbarn angeben oder gar den Rücktransport zur Filiale verlangen, so dass die Zustellung an einen undefinierten Nachbarn nicht mehr möglich wäre.

31 Eine Ablage an einem vom Empfänger bestimmten Ort begegnet keinen rechtlichen Bedenken, da diese ohnehin nur nach vorheriger Zustimmung des Adressaten möglich ist.

32 **d) Packstation.** DHL bietet darüber hinaus die Möglichkeit, Pakete an sog. Packstationen liefern zu lassen.[71] Hierbei handelt um eine Art „Postfach" für Pakete, das jedoch weder fest gemietet noch kostenpflichtig ist. Die Stationen befinden sich häufig an zentralen und gut erreichbaren Punkten und können rund um die Uhr geleert werden.[72] Empfänger können sich für die Benutzung der Stationen registrieren und diese bei einer Bestellung als Lieferadresse angeben.[73] Dies eröffnet die Möglichkeit, bei der Zustellung nicht zu Hause sein zu müssen, sondern Sendungen beispielsweise auf dem Arbeitsweg abzuholen.[74] Da seitens des Empfängers auch in diesem Fall eine Einwilligung vorliegt, ist die Zustellung an eine solche Station ebenfalls unbedenklich (zur Lieferung an Packstationen, wenn niemand zur Zustellung angetroffen wird → Rn. 33 f.).

66 Ziff. 2.4 Hermes AGB für den Versand von Hermes Päckchen, Paketen und Reisegepäck im Rahmen des Hermes PrivatPaketService, Stand 2/2019, https://tinyurl.com/svoql48.

67 BGH Beschl. v. 25.1.2017 – I ZR 113/15, BeckRS 2017, 102205; OLG Düsseldorf Urt. v. 10.4.2014 – I-6 U 132/13, BeckRS 2015, 6623; OLG Köln Urt. v. 2.3.2011 – 6 U 165/10, BeckRS 2011, 4703.

68 OLG Düsseldorf Urt. v. 10.4.2014 – I-6 U 132/13, BeckRS 2015, 6623.

69 OLG Köln Urt. v. 2.3.2011 – 6 U 165/10, BeckRS 2011, 4703; OLG Düsseldorf Urt. v. 10.4.2014 – I-6 U 132/13, BeckRS 2015, 6623; *Bühler* JURA 2017, 1005 (1006 f.); *Teutsch* in MüKo HGB Bd. 7 Beförderung durch Universalpostdienstleister Rn. 24.

70 *Bühler* JURA 2017, 1005 (1007); *Teutsch* in MüKo HGB Bd. 7 Beförderung durch Universalpostdienstleister Rn. 24.

71 Ziff. 4 II DHL AGB Paket/Express national, Stand 1/2020, https://tinyurl.com/v59ohuq; DPD sieht diese Möglichkeit in seinen AGB ebenfalls vor, betreibt jedoch in Deutschland soweit ersichtlich kaum solche Einrichtungen.

72 Packstation, dhl.de, https://tinyurl.com/y9zhy7du.

73 Ziff. 4 II DHL AGB Paket/Express national, Stand 1/2020, https://tinyurl.com/v59ohuq.

74 Packstation, dhl.de, https://tinyurl.com/y9zhy7du.

e) Aufbewahrung. Da ein bestimmter Liefertermin bei Paketen idR nicht geschuldet ist, beinhalten die Frachtverträge auch Elemente eines Lagervertrages (§ 467 HGB), die ebenfalls in den AGB der Dienstleister geregelt sind.[75] 33

▶ DHL hält Sendungen, deren Ablieferung (...) nicht erfolgt ist, innerhalb einer Frist von sieben Werktagen (einschl. Samstage), beginnend mit dem Tag, der auf die versuchte Erstablieferung folgt, zur Abholung durch den Empfänger oder einen Empfangsbevollmächtigten in einer Filiale/Paketshop, DHL Packstation oder einer anderen geeigneten Einrichtung bereit.[76] ◀

Die Klausel begegnet ebenfalls keinen Bedenken. Es ist dem Adressaten zumutbar, eine Sendung, die nicht abgeliefert werden konnte, bei einer hierfür vorgesehenen Einrichtung in der Nähe abzuholen. Solche Einrichtungen sind nicht nur die Filialen, sondern auch die Packstationen (→ Rn. 32), die man durch einen QR-Code auf der Benachrichtigung im Briefkasten öffnen kann. 34

f) Unzustellbarkeit und Rücktransport. Nach § 419 Abs. 1 HGB hat der Transporteur Weisungen des Empfängers bzw. des Absenders einzuholen, wenn die Ablieferung nicht vertragsgemäß durchgeführt werden kann. Auch dieses Verfahren wird jedoch durch die AGB der Paketdienste standardisiert. 35

▶ DHL wird unzustellbare Sendungen zum Absender im Inland zurückbefördern, soweit dies [...] für das jeweilige Produkt nicht ausgeschlossen ist; eine (Rück-)Beförderung in das Ausland kann der Absender nicht beanspruchen.

Sendungen sind unzustellbar, wenn keine empfangsberechtigte Person [...] angetroffen wird und die Abholfrist [sieben Tage] fruchtlos verstrichen ist, die Annahme durch den Empfänger oder Empfangsbevollmächtigten verweigert wird oder der Empfänger nicht ermittelt werden kann.[77] ◀

g) Haftung. Für Verletzungen der og Pflichten ist auch der Haftungsumfang in den AGB[78] umfassend geregelt. Diese orientieren sich im Wesentlichen an den gesetzlichen Bestimmungen der §§ 407 ff. HGB.[79] Sie lassen sich für den Fall, dass keine Transportversicherung abgeschlossen wurde, wie folgt grob zusammenfassen: 36

- Unbegrenzte Haftung für Schäden aus Handlung/Unterlassung, die vorsätzlich oder fahrlässig und in dem Bewusstsein, dass ein Schaden mit Wahrscheinlichkeit eintreten werde, verursacht wurden.
- Verschuldensunabhängige Haftung für Verlust und Beschädigung, Schadensersatz nur im Umfang des unmittelbaren vertragstypischen Schadens bis zu den gesetzlichen Haftungsgrenzen;[80] jedoch keine Berufung hierauf, wenn der Schaden unter 500 EUR liegt.[81]
- Haftungsbefreiung, soweit der Schaden auf Umständen beruht, die der Paketdienst auch bei größter Sorgfalt nicht vermeiden und deren Folgen er nicht abwenden konnte (zB Streik, höhere Gewalt).
- Mitverschulden: Hat bei der Entstehung des Schadens ein Verhalten des Absenders oder des Empfängers oder ein besonderer Mangel des Gutes mitgewirkt, so hängen die Verpflichtung zum Ersatz sowie der Umfang des zu leistenden Ersatzes davon ab, inwieweit diese Umstände zu dem Schaden beigetragen haben.[82]

---

75 Etwa Ziff. 2 IV DHL AGB Paket/Express national, Stand 1/2020, https://tinyurl.com/v59ohuq; Ziff. 2.1 Hermes AGB für den Versand von Hermes Päckchen, Paketen und Reisegepäck im Rahmen des Hermes PrivatPaketService, Stand 2/2019, https://tinyurl.com/svoql48.

76 Ziff. 2 IV DHL AGB Paket/Express national, Stand 1/2020, https://tinyurl.com/v59ohuq.

77 Ziff. 2 IV DHL AGB Paket/Express national, Stand 1/2020, https://tinyurl.com/v59ohuq; ähnlich auch Ziff. 7.2 DPD AGB Classic, Stand 1/2020, https://www.dpd.com/de/de/agb/.

78 Etwa Ziff. 6 DHL AGB Paket/Express national, Stand 1/2020, https://tinyurl.com/v59ohuq; Ziff. 6 Hermes AGB für den Versand von Hermes Päckchen, Paketen und Reisegepäck im Rahmen des Hermes PrivatPaketService, Stand 2/2019, https://tinyurl.com/svoql48.

79 Vgl. auch *Teutsch* in MüKoHGB Beförderung durch Universalpostdienstleister Rn. 26.

80 Gem. § 433 HGB das Dreifache des Betrages, der bei Verlust des Gutes zu zahlen wäre.

81 Kulanzregelung für den Bagatellbereich, bei der der Absender besser steht, als er von Gesetzes wegen stünde, *Teutsch* in MüKoHGB Beförderung durch Universalpostdienstleister Rn. 26.

82 Etwa fehlende Wertdeklaration bei hohen Werten, vgl. BGH Urt. v. 3.5.2007 – I ZR 98/05, BeckRS 2007, 14998.

- Liefertermin nicht eingehalten: Haftungsbeschränkung auf das Dreifache der Fracht (Entgelt). Es sind jedoch idR keine Liefertermine geschuldet → Rn. 27.

37 **h) Anspruchsberechtigte.** Die hieraus folgenden Ersatzansprüche hat grundsätzlich nur der Vertragspartner. Gem. § 421 Abs. 1 S. 2 HGB handelt es sich beim Frachtvertrag jedoch um einen **Vertrag zugunsten Dritter**,[83] so dass sowohl der **Absender** als auch der **Empfänger**[84] bei Beschädigung, Verlust oder Verspätung die Ansprüche aus dem Frachtvertrag im eigenen Namen gegen den Frachtführer geltend machen kann,[85] ohne den Umweg über die Drittschadensliquidation[86] gehen zu müssen.

3. Bestimmungsgemäßer Empfänger

38 Mit der Übergabe an den Empfänger tritt der Leistungserfolg einer Schickschuld ein. Mit der Auslieferung, d.h. der Verschaffung des unmittelbaren Besitzes gem. § 854 BGB[87] an den Verkäufer findet die Übergabe iSd § 433 Abs. 1 BGB statt. Ist kein Eigentumsvorbehalt vereinbart, erwirbt der Käufer gem. § 929 S. 1 BGB auch das Eigentum.[88] Die Annahmeerklärung des Empfängers ist gem. § 151 S. 1 BGB entbehrlich.[89] Grundsätzlich ist das Paket persönlich zu übergeben, es sei denn, der Empfänger hat einen **Ablageort** zur Zustellung[90] (zB „Gartenhaus") angegeben. Dies hat sich auch mit der veränderten Zustellpraxis während der **Corona**-Pandemie nicht geändert. Die Paketdienste sind dazu übergegangen, die Sendung vor die Tür zu legen und nach dem Klingeln mindestens 1,5 m Abstand zu nehmen. Nach dem Öffnen der Tür vermerkt dies der Zusteller anstelle der Unterschrift des Adressaten in seinem Gerät. Öffnet niemand, wird das Paket wieder mitgenommen. Der Vermerk des Zustellers ersetzt mithin nicht die Zustimmung zu einem Ablageort. Die fehlende Unterschrift des Adressaten führt lediglich zu einem schlechteren Beweis für die Zustellung. Der Gefahrübergang richtet sich danach, ob ein Verbrauchsgüterkauf vorliegt. Ist dies nicht der Fall, gilt § 447 BGB (ausführlich → Rn. 14 ff.). Ansonsten geht die Gefahr erst mit Zustellung beim Käufer über. Für den Fall, dass es sich bei dem Empfänger um einen Kaufmann handelt und der Vertrags zum Betrieb seines Handelsgewerbes gehört, ist die **Rügeobliegenheit** des § 377 HGB zu beachten.

39 Fraglich ist, ob der Empfänger dadurch, dass er die Sendung nicht annimmt, gem. §§ 293 ff. BGB in den **Verzug der Annahme** geraten kann. Dies dürfte jedenfalls beim erfolglosen **Zustellversuch** nicht der Fall sein, da idR weder die Vertragspartner (zB Online-Shops[91]) noch die Paketdienste (→ Rn. 27) einen festen Termin für die Auslieferung schulden. Nach § 299 BGB liegt dann kein Annahmeverzug vor.[92] Der Empfänger ist lediglich vorübergehend an der Annahme gehindert, von ihm kann nicht erwartet werden, dass er ständig zur Annahme bereit ist.[93] Dies dürfte sich auch nicht dadurch ändern, dass ihm die Sendung vorher per E-Mail angekündigt wird. Zwar ist hierfür unerheblich, ob die Ankündigung durch den Vertragspartner

83 *Thume* in MüKoBGB § 421 Rn. 22.

84 „Doppellegitimation", vgl. *Thume* in MüKoBGB § 421 Rn. 23.

85 *Thume* in MüKoBGB § 421 Rn. 22 f.; *Wertenbruch* JuS 2003, 625 (626); *Stamm* AcP 203 (2003) 366 (395 f.).

86 Hierzu etwa *Beckmann* in Staudinger BGB § 447 Rn. 47 ff.; BGH Urt. v. 29.1.1968 – II ZR 18/65, NJW 1968, 1567; BGH Urt. v. 18.3.2010 – I ZR 181/08, MDR 2010, 1198.

87 *Saenger* in HK-BGB § 433 Rn. 8.

88 *Krüger* in MüKoBGB § 269 Rn. 7.

89 *Herrler* in Palandt BGB § 929 Rn. 3; *Bühler* JURA 2017, 1005 (1007).

90 Etwa „WunschAblageort", Ziff. 2.4 Hermes AGB für den Versand von Hermes Päckchen, Paketen und Reisegepäck im Rahmen des Hermes PrivatPaketService, Stand 2/2019, https://tinyurl.com/svoql48.

91 Etwa „Wir weisen darauf hin, dass sämtliche Angaben zu Verfügbarkeit, Versand oder Zustellung eines Produktes lediglich voraussichtliche Angaben und ungefähre Richtwerte sind. Sie stellen keine verbindlichen bzw. garantierten Versand- oder Liefertermine dar [...].", https://www.paul-hewitt.com/de/de/agb; „Die Lieferzeit beträgt, soweit nicht beim Angebot anders angegeben, 1- 2 Tage.", https://www.babymarkt.de/allgemeine-geschaeftsbedingungen/.

92 AA ohne nähere Begründung *Keller*, 22.8.2018, https://www.it-recht-kanzlei.de/verbraucher-nimmt-ware-nicht-an.html.

93 *Ernst* in MüKoBGB § 299 Rn. 2.

oder einen leistungsbereiten Dritten (Paketdienst) erfolgt.[94] Die Ankündigung ist jedoch unverbindlich.[95] Annahmeverzug dürfte jedoch dadurch eintreten, dass der Empfänger die Sendung trotz entsprechender Ankündigung nicht innerhalb der **Abholfrist** (→ Rn. 35) in der jeweiligen Einrichtung abgeholt hat. Diesbezüglich sehen die gängigen AGB der Paketdienste überraschenderweise keine Regelungen vor, so dass die gesetzlichen Normen greifen. Insofern hat der Empfänger gem. § 300 Abs. 1 BGB jede Zerstörung oder Beschädigung des Paketes zu vertreten, die nicht auf Vorsatz oder grober Fahrlässigkeit beruhen. Verursacht der Paketdienst also beim Rücktransport fahrlässig einen Verkehrsunfall und wird die Sache beschädigt, hat der der Absender gegen ihn aus §§ 280 Abs. 1 BGB einen Anspruch auf Schadensersatz.[96] Ferner muss der Empfänger gem. § 304 dem Absender Mehraufwendungen ersetzen, die er für das erfolglose Angebot sowie für die Aufbewahrung und Erhaltung des geschuldeten Gegenstands machen musste.[97]

40 Sendet der Empfänger das Paket zB aufgrund eines Rücktritts oder eines Widerrufs zurück, treffen ihn die gleichen Pflichten wie den ursprünglichen Absender (→ Rn. 10), sofern das Rückgewährschuldverhältnis eine Schickschuld ist (zur hM beim Rücktritt → Rn. 20). Dazu gehört insbesondere die korrekte Verpackung und Adressierung sowie der Abschluss eines Beförderungsvertrages. Die Gefahr des zufälligen Untergangs geht dann gem. § 447 BGB bereits bei Ablieferung an die Transportperson auf den Empfänger über, da kein Verbrauchsgüterkauf vorliegt.

4. Ersatzempfänger

41 Das Rechtsverhältnis nachbarschaftlicher Paketannahme ist bislang kaum erforscht.[98] Soweit ersichtlich, gibt es trotz der Vielzahl an täglichen Ersatzzustellungen bislang so gut wie keine veröffentlichte Rechtsprechung in diesem Bereich. Dies spricht dafür, dass die **nachbarschaftlichen Beziehungen** bei der Paketannahme grundsätzlich reibungslos **funktionieren**.

42 Nichts desto trotz sollen die rechtlichen Beziehungen kurz dargestellt werden. Wird die Sendung an einen Ersatzempfänger zugestellt, ist zu differenzieren. Möglich ist nämlich nicht nur die Zustellung an einen zufällig verfügbaren und vom Zusteller iRd AGB ausgewählten Nachbarn, sondern auch die Angabe der Adresse eines Nachbarn als Wunschablageort oder die Angabe einer abweichenden Lieferadresse (beides iF „Wunschnachbar").

43 **a) Wunschnachbar.** Mit der Zustellung an einen Wunschnachbarn finden ebenso wie bei anderen Wunschablageorten (→ Rn. 29 ff.) die kaufvertragliche Übergabe (→ Rn. 38) und der Eigentumserwerb (§ 929 S. 1 BGB) über ein antizipiertes Besitzkonstitut statt.[99]

44 Wird ein Wunschnachbar aufgrund einer vorherigen – ausdrücklichen oder konkludenten[100] – Vereinbarung beim Zusteller angegeben, könnte hierin ein unentgeltlicher Verwahrungsvertrag iSd § 688, 690 BGB gesehen werden. Der BGH verlangt hierfür jedoch einen Rechtsbindungswillen, der im Bereich des sog. **Gefälligkeitshandelns des täglichen Lebens** sowie bei Zusagen im gesellschaftlichen Bereich nicht anzunehmen ist.[101] Das nachbarliche Gemeinschaftsverhältnis begründet ebenfalls kein Schuldverhältnis.[102] Ausscheiden dürfte aufgrund der bestehenden Absprache auch eine GoA.[103]

94 *Grüneberg* in Palandt BGB § 299 Rn. 3; *Ernst* in MüKoBGB § 299 Rn. 3.
95 „In der Paketankündigung teilen wir Ihnen lediglich einen voraussichtlichen Zustellzeitpunkt mit. Leider kommt es hin und wieder vor, dass dieser nicht eingehalten werden kann.", dhl.de, Hilfe zur Paketankündigung, https://tinyurl.com/rsqre4g.
96 Zu den Rechtsfolgen beim Handelskauf vgl. auch § 373 HGB.
97 Solche Kosten fallen etwa bei DHL auch tatsächlich an, vgl. Ziff. 5 II DHL AGB Paket/Express national, Stand 1/2020, https://tinyurl.com/v59ohuq.
98 Ausnahme *Bühler* JURA 2017, 1005.
99 *Bühler* JURA 2017, 1005 (1008).
100 Möglich auch durch „ständige Übung".
101 BGH Urt. v. 23.7.2015 – III ZR 346/14, NJW 2015, 2880.
102 BGH NJW 2011, 3294; *Bühler* JURA 2017, 1005 (1011).
103 So auch *Bühler* JURA 2017, 1005 (1012).

45 Der **Aufgabenkreis** reduziert sich mithin darauf, das Paket pfleglich zu behandeln[104] und zur Abholung durch den Adressaten bereitzustellen. Ferner darf nur eine Herausgabe an den tatsächlichen Empfänger oder seinen Vertreter erfolgen. Eine Anzeige für den Fall, dass das Paket nicht abgeholt wird, ist aufgrund der vorherigen Abrede und der Benachrichtigung durch den Paketdienst hingegen nicht erforderlich. Gleichwohl dürfte es opportun sein, denjenigen, der das Paket nicht abholt, durch eine entsprechende Benachrichtigung in Annahmeverzug zu versetzen,[105] um die Haftungsproblematik (dazu sogleich, → Rn. 46) zu umgehen. Grob pflichtwidrig wäre dagegen, dem Empfänger das Paket einfach vor die Tür zu stellen.[106]

46 Die **Haftung** des Wunschnachbarn richtet sich beim Gefälligkeitshandeln nur nach Deliktsrecht.[107] Da der Adressat mit der Übergabe an den Wunschnachbarn Eigentümer wird (→ Rn. 43),[108] wäre etwa im Fall der Beschädigung bzw. Zerstörung des Pakets ein Rechtsgut des § 823 Abs. 1 BGB beeinträchtigt. Dies hätte jedoch zur Folge, dass der Wunschnachbar BGB selbst für leichte Fahrlässigkeit haften würde. In Betracht kommt jedoch eine **analoge Anwendung** des **§ 690 BGB**. Hiernach hat bei unentgeltlicher Aufbewahrung der Verwahrer nur für diejenige Sorgfalt einzustehen, welche er in eigenen Angelegenheiten anzuwenden pflegt. Der Wunschnachbar müsste dann nur für **Vorsatz** und **grobe Fahrlässigkeit** (§ 277 BGB) einstehen.[109] In diesem Fall wäre neben § 823 Abs. 1 BGB auch eine Haftung über § 823 Abs. 2 BGB iVm § 303 Abs. 1 StGB und § 826 BGB möglich.[110] Dies ist interessengerecht. Es liegt sowohl eine vergleichbare Sach- und Rechtslage als auch eine planwidrige Regelungslücke – das Gefälligkeitsverhältnis ist gesetzlich nicht geregelt – vor.[111] Es wäre unbillig, den aus Gefälligkeit handelnden Nachbarn gegenüber jenem mit einem auf die Verwahrung gerichteten Rechtsbindungswillen schlechter zu stellen.[112]

47 Die Problematik dürfte beim Verbrauchsgüterkauf jedoch eher akademischer Natur sein. In der Praxis kommt dem Verbraucher die Regelung des § 477 BGB zugute. Den Absender bzw. Verkäufer trifft innerhalb der ersten sechs Monate nach Gefahrübergang die Beweislast dafür, dass die Sache mangelfrei war. Auch wenn insofern ein Schaden erst beim Nachbarn eingetreten ist, dürfte ein Verkäufer – wenn überhaupt – nur mit unverhältnismäßigem Aufwand den Beweis der ursprünglichen Mangelfreiheit führen können.

48 **b) Sonstiger Nachbar.** Ein Nachbar, der nach den Umständen durch den Paketdienst als „zur Annahme berechtigt angenommen werden kann",[113] unterliegt regelmäßige keiner Gefälligkeitsabrede mit dem Adressaten. Wird die Zustellung an ihn bewirkt, liegt darin kein Eigentumsübergang an den Erwerber vor.[114] Dieser wird erst mit der Übergabe an den Haushalt des bestimmungsgemäßen Empfängers vollzogen.[115] Auch die kaufvertragliche Übergabe – beim Verbrauchsgüterkauf der Gefahrübergang gem. § 446 BGB – findet erst mit der Weitergabe an den Adressaten statt.[116] Der Empfänger hat nämlich bei der Zustellung noch keine Kenntnis über den annehmenden Nachbarn und auch keinen Einfluss auf den Paket-

104 *Bühler* JURA 2017, 1005 (1013).
105 *Bühler* JURA 2017, 1005 (1014).
106 *Bühler* JURA 2017, 1005 (1013).
107 *Bühler* JURA 2017, 1005 (1012); BGH Urt. v. 26.4.2016 – VI ZR 467/15, NJW-RR 2017, 272.
108 *Bühler* JURA 2017, 1005 (1012) steht dem nicht entgegen, er prüft nur den Ersatzanspruch des von Paketdienst ausgewählten Nachbarn.
109 *Bühler* JURA 2017, 1005 (1013 f.).
110 Näher zur Strafbarkeit des parallel gelagerten Falls der unterlassenen Weitergabe eines Briefes → *Datenschutz* Rn. 4.
111 Im Ergebnis auch *Bühler* JURA 2017, 1005 (1013 f.).
112 So auch *Bühler* JURA 2017, 1005 (1014); *Henssler* in MüKoBGB § 690 Rn. 3.
113 Ziff. 4 III DHL AGB Paket/Express national, Stand 1/2020, https://tinyurl.com/v59ohuq; Ziff. 2.4 Hermes AGB für den Versand von Hermes Päckchen, Paketen und Reisegepäck im Rahmen des Hermes PrivatPaketService, Stand 2/2019, https://tinyurl.com/svoql48; Ziff. 7.2 DPD AGB Classic, Stand 1/2020, https://www.dpd.com/de/de/agb/.
114 Näher *Bühler* JURA 2017, 1005 (1008).
115 *Bühler* JURA 2017, 1005 (1008).
116 So wohl auch AG Winsen Urt. v. 28.6.2012 – 22 C 1812/11, NJW-RR 2013, 252; AA *Bühler* JURA 2017, 1005 (1008).

dienst.[117] Es liegt im Risikobereich des Verkäufers, eine solche Zustellung durch einen Vertrag mit dem Paketdienst zu ermöglichen. In den gängigen AGB der Paketdienste ist ausdrücklich die Möglichkeit der persönlichen Ablieferung vorgesehen.[118] Schließlich spricht hierfür auch der Rechtsgedanke des § 178 ZPO. Würde bereits die Übergabe an den Nachbarn ausreichen, würde dies zu einer Verkürzung der Rechte des Käufers führen, zB würde die Zeit der fremden Inhaberschaft auf das Widerrufsrecht und die Zeit der Beweislastumkehr (§ 477 BGB) angerechnet.[119] Dies ist jedoch bei der Abholung in der Filiale auch nicht der Fall.

Fraglich ist, welche Rechtsfolge diese Ansicht auslöst. Auf den ersten Blick scheint es, als fiele der unbestimmte Ersatznachbar vollumfänglich in den Risikobereich des Absenders bzw. des Transporteurs. Man darf jedoch die Gefahrtragungsregeln §§ 446, 447 BGB nicht als Indiz für die Stellung als Erfüllungsgehilfen missverstehen, → Rn. 14 ff.).[120] Die Rechtsprechung stellt zwar fest, dass sich ein Nachbar nicht im Lager des Empfängers befindet.[121] Er ist jedoch mangels Rechtsbindungswillen auch kein Erfüllungsgehilfe des Empfängers.[122] Der Paketdienst dürfte daher mit seiner Auslieferung an den Nachbarn von seiner Pflicht zur Zustellung frei werden,[123] weil das Paket ab diesem Zeitpunkt aus seiner Obhut gibt. Dies schließt freilich den Ersatzanspruch für Transportschäden nicht aus. Er ist jedoch für Schäden, die der Nachbar nachweislich (→ Rn. 54 ff.) verursacht hat, nicht verantwortlich. 49

Der Rechtsbeziehung zwischen dem zufällig ausgewählten Nachbarn und dem bestimmungsgemäßen Empfänger ist ebenso wie beim Wunschnachbarn ein reines **Gefälligkeitsverhältnis** (ausführlich → Rn. 44 f.).[124] Es wird jedoch vorgeschlagen, in diesem Fall **ergänzend** die Vorschriften der **GoA** (§§ 677 ff. BGB) anzuwenden,[125] da sowohl ein Fremdgeschäftsführungswille[126] besteht und der Herausgabeanspruch über §§ 677, 681 S. 2, 667 BGB gesetzlich geregelt wäre. Dass dieser komplizierte und bislang von der Rechtsprechung wohl nicht beschrittene Weg zutreffend ist, zeigt sich an folgender Kontrollüberlegung: Da der Adressat weder Eigentümer geworden ist, noch in Ermangelung einer gesicherten Rechtsposition ein Anwartschaftsrecht an dem Paket erworben hat,[127] hätte er ohne den Rückgriff auf die Vorschriften der GoA keinen Herausgabeanspruch, zB aus § 985 BGB oder § 823 Abs. 1 BGB.[128] Die weiteren Pflichten des Nachbarn ergeben sich ebenfalls aus §§ 677 ff. BGB: pflegliche Behandlung, ggf. Anzeige der Geschäftsführung und Aufforderung zur Abholung.[129] 50

Die Anwendung der GoA ist auch aufgrund unbilliger Ergebnisse bei der **Haftung** für Pflichtverletzungen erforderlich. Diese würde sich allein nach Deliktsrecht richten. § 823 Abs. 1 BGB kommt jedoch mangels tauglichen Rechtsguts – weder Eigentum noch Anwartschaftsrecht – nicht in Betracht. Ein Schutzgesetz iSd § 823 Abs. 2 BGB ist ebenfalls nicht verletzt. Mithin würde der Nachbar über § 826 BGB nur bei vorsätzlicher sittenwidriger Schädigung haften, nicht jedoch für grobe Fahrlässigkeit.[130] Die Vorschriften der GoA ermöglichen hingegen einen Schadensersatzanspruch des Empfängers gegen den Nachbarn aus 51

117 AG Winsen Urt. v. 28.6.2012 – 22 C 1812/11, NJW-RR 2013, 252.
118 Ziff. 4 III DHL AGB Paket/Express national, Stand 1/2020, https://tinyurl.com/v59ohuq.
119 Ähnlich auch AG Winsen Urt. v. 28.6.2012 – 22 C 1812/11, NJW-RR 2013, 252.
120 Der Transporteur ist auch beim Verbrauchsgüterkauf kein Erfüllungsgehilfe des Verkäufers, vgl. *Grüneberg* in Palandt BGB § 278 Rn. 15.
121 AG Winsen Urt. v. 28.6.2012 – 22 C 1812/11, NJW-RR 2013, 252.
122 *Bühler* JURA 2017, 1005 (1011).
123 So sind auch die AGB zu interpretieren etwa Ziff. 4 III DHL AGB Paket/Express national, Stand 1/2020, https://tinyurl.com/v59ohuq.
124 *Bühler* JURA 2017, 1005 (1011); BGH Urt. v. 23.7.2015 – III ZR 346/14, NJW 2015, 2880.
125 Vertiefend *Bühler* JURA 2017, 1005 (1011); aA BGH Urt. v. 23.7.2015 – III ZR 346/14, NJW 2015, 2880.
126 Immerhin besteht die Möglichkeit, die Annahme des Paketes zu verweigern.
127 Näher *Bühler* JURA 2017, 1005 (1012).
128 Ähnlich *Bühler* JURA 2017, 1005 (1012).
129 *Bühler* JURA 2017, 1005 (1013).
130 Viertiefend *Bühler* JURA 2017, 1005 (1012).

§§ 280 Abs. 1, 677 BGB.[131] Hiernach würde der Nachbar jedoch auch für einfache Fahrlässigkeit haften,[132] so dass mit der gleichen Argumentation wie beim Wunschnachbarn eine **analoge** Anwendung des **§ 690 BGB** erforderlich ist, die die Haftung auf **Vorsatz und grobe Fahrlässigkeit** beschränkt (→ Rn. 44 f.).[133] Alles andere würde zu einer unbilligen Überforderung des Nachbarn führen und dessen Bereitschaft zur Annahme aus nachbarlicher Verbundenheit drastisch reduzieren.

52 Die GoA gewährt dem Nachbarn darüber hinaus einen Anspruch gegen den Empfänger auf **Aufwendungsersatz**. Werden durch die Annahme des Paketes Schäden verursacht und realisiert sich das „geschäftsbesorgungsimmanente Risiko" (zB Verunreinigung der Wohnung), kann der Geschäftsführer nach § 683 S. 1 BGB iVm § 670 BGB (analog) entsprechenden Ersatz verlangen.[134] Daneben besteht bei Verletzung eines entsprechenden Rechtsguts auch ein Anspruch aus § 823 Abs. 1 BGB.

53 Bei alldem muss man freilich berücksichtigen, dass der Verkäufer weiterhin Eigentümer ist, und seinerseits Ersatzansprüche gegen den Nachbarn geltend machen könnte. Auch hier wäre jedoch aus og Gründen eine Haftungsprivilegierung vorzugswürdig.

IV. Beweislast

54 Da das Paket die „Hände" von bis zu drei (juristischen und natürlichen) Personen durchläuft, bis es beim Empfänger ankommt, können unter jeder Obhut Schäden entstehen. Ferner kommt es darauf an, ob ein Verbrauchsgüterkauf vorliegt oder nicht.

1. Regelfall

55 Ist – etwa beim B2B- oder C2C-Geschäft – § 447 BGB anwendbar, muss der Absender darlegen und beweisen, dass er die Ware ordnungsgemäß verpackt, adressiert und der Transportperson übergeben hat.[135] Die Beweislast für die Mangelfreiheit der Ware zum Zeitpunkt der Übergabe an die Transportperson richtet sich nach **§ 363 BGB**.[136] Es kommt darauf an, ob der Käufer sie als Erfüllung angenommen hat.[137] Ist dies der Fall, trägt er die Beweislast der Mangelhaftigkeit, anderenfalls der Versender. Der Empfänger sollte daher die Mangelhaftigkeit unmittelbar nach Empfang der Ware rügen. Für Kaufleute gilt insofern ohnehin § 377 HGB.

56 Beruft sich in der Folge eine der Vertragsparteien der Schickschuld auf die (naheliegende) Schadensverursachung durch den Paketdienst, trägt sie hierfür die volle Beweislast[138] nach den allgemeinen Regeln.[139] Bei einem Standardpaket ohne besonders anfällige Ware dürfte der Beweis jedoch dadurch zu führen sein, dass die mangelfreie Übergabe und die ordnungsgemäße Verpackung bewiesen werden. Ist ein Schaden aufgrund der in § 427 Abs. 1 HGB aufgezählten Gefahren (zB ungenügende Verpackung) eingetreten, wird hingegen vermutet, dass dadurch ein Schaden entstanden ist, § 427 Abs. 2 S. 1 HGB.

57 Mit der Auslieferung an den bestimmungsgemäßen wie auch an den Ersatzempfänger wird der Transporteur zwar von seiner Leistungspflicht frei. Kann jedoch durch den Absender der Nachweis ordnungsgemäßer und mangelfreier Übergabe geführt werden, muss der Transporteur beweisen, dass der Schaden nicht

---

131 *Bühler* JURA 2017, 1005 (1012).
132 Gefahrenabwehr iSd § 680 BGB – Haftung dann nur für Vorsatz und grobe Fahrlässigkeit – liegt nicht vor.
133 *Bühler* JURA 2017, 1005 (1013 f.).
134 *Schäfer* in MüKoBGB § 683 Rn. 38; direkte Anwendung von § 670 BGB: BGH Urt. v. 7.11.1960 – VII ZR 82/59, NJW 1961, 359 (360); BGH Urt. v. 4.5.1993 – VI ZR 283/92, NJW 1993, 2234.
135 BGH Urt. v. 5.12.1990 – VIII ZR 75/90, NJW 1991, 915.
136 BGH Urt. v. 2.6.2004 – VIII ZR 329/03, NJW 2004, 2299.
137 *Faust* in BeckOK-BGB § 447 Rn. 27; *Beckmann* in Staudinger BGB § 447 Rn. 75.
138 BGH Urt. v. 26.4.2007 – I ZR 31/05, NJW-RR 2008, 119; *Schaffert* in: Ebenroth/Boujong/Joost/Strohn HGB § 425 Rn. 34.
139 Hierzu etwa *Reichold* in Thomas/Putzo ZPO § 286 Rn. 2 ff.

beim Empfänger entstanden ist. Alles andere würde die Zustände und Gefahren des Transportgewerbes[140] nicht hinreichend abbilden.

2. Verbrauchsgüterkauf

Beim Versendungskauf über Verbrauchsgüter liegt hingegen die Darlegungs- und Beweislast dafür, dass der Mangel der Kaufsache nicht beim Transport entstanden ist, beim Versender. Der Gefahrübergang richtet sich wegen § 475 Abs. 2 BGB nach § 446 BGB (→ Rn. 14 ff.). Stellt der Empfänger den Schaden beim Auspacken des Paketes fest, ist dieser Zeitpunkt zwar der Übergabe nachgelagert. Die Rechtsprechung stellt jedoch insoweit auf die Kontrollmöglichkeit durch den Käufer ab.[141] Selbst wenn man dieser Ansicht nicht folgt, führt die Beweislastumkehr des § 477 BGB dazu, dass zunächst der Verkäufer die Mangelfreiheit beweisen muss. Beruft sich dieser wiederum auf eine Pflichtverletzung des Paketdienstes, wäre er dafür seinerseits beweisbelastet.[142] Gleiches gilt für das Verhältnis zwischen Paketdienst und Ersatzempfänger. 58

95. Parken

Weiß

Literatur: *Baldringer/Jordans*, Beurteilung des „Abschleppfalles" nach bürgerlichem Recht – insbesondere Ersatz der Abschleppkosten bei widerrechtlichem Parken, NZV 2005, 75; *Heitmann*, Garagen und Pkw-Stellplätze – Rechtliche Gestaltungsmöglichkeiten, ZNotP 1998, 415; *Hügel/Elzer*, Sondernutzungsrechte am Sondereigentum – Zugleich Anmerkungen zum Beschl. Des BGH 20.2.2014 – V ZB 116/13, DNotZ 2014, 403; *Lorenz*, Privates Abschleppen – Besitzschutz oder „Abzocke"?, NJW 2009, 1025; *Paal/Guggenberger*, Falschparken, Parkkrallen und private Rechtsdurchsetzung, NJW 2011, 103; *Reinold*, Rechtliche Gestaltungsmöglichkeiten bei Veräußerung von nicht sondereigentumsfähigen Stellplätzen, MittbayNot 2001, 540; *Riemer*, Unterlassungsansprüche wegen Parkverhaltens in einer privaten Wohnanlage, NZV 2019, 99; *Steines*, Die strafbewehrte Unterlassungserklärung: Einziges Mittel zur Beseitigung der Wiederholungsgefahr?, NJW 1988, 1359.

I. Einführung

Die zunehmende Verdichtung der Wohnbebauung und der – trotz (umwelt-) bewusster ÖPNV-Nutzung und verbreiteterem Carsharing – zunehmende Autoverkehr durch immer mehr Fahrzeuge pro Haushalt (sog. Motorisierungsgrad)[1] führt v.a. in den Städten zu immer knapper werdenden Parkplätzen. Aufgrund von Bequemlichkeit und wohl auch einer steigenden Frustration bei der Parkplatzsuche werden dann auch 1

140 Vgl. auch *Westermann* in MüKoBGB § 447 Rn. 27.
141 AG Fürstenwalde Urt. v. 9.6.2005 – 15 C 147/04, NJW 2005, 2717.
142 Vertiefend zur Situation beim verschuldensabhängigen Schadensersatz *Bühler* JURA 2017, 1005 (1010).
1 Siehe hierzu: https://www.umweltbundesamt.de/daten/private-haushalte-konsum/mobilitaet-privater-haushalte#textpart-1.

nicht-öffentliche Stellflächen belegt oder Zufahrten verstellt. Daher stellt sich die Frage, wie sich der Besitzer/Eigentümer eines privaten Parkplatzes gegen derartige Störungen zur Wehr setzen kann.

II. Besetzen privater Parkplätze

1. Beseitigungsanspruch und Selbsthilferecht

2 **a) Anspruchsvoraussetzungen.** Für den Besitzer eines Parkplatzes (v.a. Mieter, Pächter, aber auch der besitzende Eigentümer) kann ein Beseitigungsanspruch aus **§§ 862 Abs. 1 Satz 1, 858 Abs. 1 BGB**, für den Eigentümer aus **§ 1004 Abs. 1 Satz 1 BGB** bestehen. Ebenso steht das Abwehrrecht beschränkt dinglich Berechtigten, wie dem besitzenden Nießbrauchsberechtigten[2], dem Inhaber einer Grunddienstbarkeit, § 1029 BGB, oder einer beschränkt persönlichen Dienstbarkeit, § 1090 Abs. 2 BGB, zu. Der BGH lässt es regelmäßig offen, ob hierin eine Besitzstörung oder eine teilweise Besitzentziehung im Sinne des § 861 Abs. 1 BGB zu sehen ist, da dies keinen Unterschied im Anspruchsinhalt macht.[3]

3 Wird ein privater Park- oder Stellplatz von einem Fahrzeug belegt, dessen Fahrer hierzu nicht berechtigt ist, liegt nach einhelliger Rechtsprechung eine **verbotene Eigenmacht** gemäß § 858 Abs. 1 BGB vor.[4] Die fehlende Berechtigung kann sich daraus ergeben, dass das Parken überhaupt nicht, wie etwa auf Wegen oder Rasenflächen, oder nur für bestimmte Personen – wie etwa Kunden[5] oder einzelne Bewohner – gestattet ist oder das Parken an bestimmte Bedingungen, wie bspw. die Entrichtung einer Parkgebühr (und sichtbares Anbringen des gültigen Parkscheines),[6] die Einhaltung einer Höchstparkdauer[7] oder die Kundeneigenschaft[8] geknüpft ist.[9]

4 Damit eine fehlende Befugnis angenommen werden kann, ist es notwendig, dass der Fahrer dies auch erkennen konnte. Daher muss durch eine entsprechende **Beschilderung** des Parkplatzes auf die Nutzungsbeschränkung[10] oder zunächst durch einen Hinweis in Form eines **Notizzettels** an der Windschutzscheibe[11] auf die fehlende Berechtigung hingewiesen werden. Eines expliziten Hinweises auf das drohende Abschleppen bedarf es jedoch nicht. Wird auf einen Notizzettel zurückgegriffen, kann sich der Berechtigte regelmäßig erst im Wiederholungsfall zur Wehr setzen. Zudem ist der erste Hinweis hinreichend – etwa durch Fotos – zu dokumentieren, um dies in einem etwaigen Prozess nachweisen zu können.

5 Auf gebührenpflichtigen Parkplätzen geht der BGH davon aus, dass der zustande gekommene Mietvertrag über den Parkplatz einer verbotenen Eigenmacht nicht entgegensteht, da bei einem solchen anonymen Massengeschäft die (dingliche) Zustimmung zur Nutzung des Parkplatzes unter dem **Vorbehalt** der Einhaltung der Nutzungsbedingungen, also v.a. der Gebührenzahlung, steht.[12]

6 Als Störer und damit als Anspruchsgegner kommt sowohl der **Fahrer als Handlungsstörer** als auch der **Fahrzeughalter als Zustandsstörer**[13] in Betracht. Letzteres ist insbesondere deshalb bedeutsam, weil oft-

2 *Bayer* in Erman BGB § 1065 Rn. 2.
3 BGH Urt. v. 11.3.2016 – V ZR 102/15, NJW 2016, 2407; BGH Urt. v. 21.9.2012 – V ZR 230/11, NJW 2012, 3781; BGH Urt. v. 5.6.2009 – V ZR 144/08, BGHZ 181, 233 = NJW 2009, 2530.
4 BGH Urt. v. 18.12.2015 – V ZR 160/14, NJW 2016, 863; BGH Urt. v. 21.9.2012 – V ZR 230/11, NJW 2012, 3781; BGH Urt. v. 5.6.2009 – V ZR 144/08, BGHZ 181, 233 = NJW 2009, 2530.
5 Siehe bspw. BGH Urt. v. 4.7.2014 – V ZR 229/13, NJW 2014, 3727 (Fitnessstudio); BGH Urt. v. 2.12.2011 – V ZR 30/11, NJW 2012, 528 (Supermarkt).
6 BGH Urt. v. 18.12.2015 – V ZR 160/14, NJW 2016, 863.
7 BGH Urt. v. 11.3.2016 – V ZR 102/15, NJW 2016, 2407.
8 AG Pfaffenhofen Urt. v. 15.11.2019 – 1 C 552/19, juris Rn. 28.
9 BGH Urt. v. 18.12.2015 – V ZR 160/14, NJW 2016, 863.
10 Siehe etwa BGH Urt. v. 18.12.2015 – V ZR 160/14, NJW 2016, 863; BGH Urt. v. 11.3.2016 – V ZR 102/15, NJW 2016, 2407; BGH Urt. v. 21.9.2012 – V ZR 230/11, NJW 2012, 3781; BGH Urt. v. 2.12.2011 – V ZR 30/11, NJW 2012, 528; BGH Urt. v. 5.6.2009 – V ZR 144/08, BGHZ 181, 233 = NJW 2009, 2530.
11 Vgl. OLG Saarbrücken Urt. v. 10.7.2019 – 1 U 121/18, juris Rn. 31; hierin ist mangels Erheblichkeit keine verbotene Eigenmacht zu sehen, LG Nürnberg-Fürth Beschl. v. 13.3.2019 – 5 T 1214/19, juris Rn. 6 ff.
12 BGH Urt. v. 18.12.2015 – V ZR 160/14, NJW 2016, 863.
13 BGH Urt. v. 18.12.2015 – V ZR 160/14, NJW 2016, 863; BGH Urt. v. 21.9.2012 – V ZR 230/11, NJW 2012, 3781.

mals der Fahrer unbekannt bleibt (auch weil der Halter diesen ggf. nicht benennen will), hingegen eine Halterabfrage (§ 39 StVG) gegen eine geringe Gebühr[14] möglich ist. Dem Halter wird das Fehlverhalten des (personenverschiedenen) Fahrers zugerechnet, wenn der Halter das Fahrzeug freiwillig an einen Dritten zur Benutzung im Straßenverkehr überlassen hat[15] und da er die Störungsquelle beherrscht, weil er das Fahrzeug – ggf. nach Information durch den beeinträchtigten Grundstücksbesitzer – wegfahren kann.[16] Ob und inwieweit die Rechtsprechung die neue Entscheidung[17] zur sekundären Beweislast des Fahrzeughalters hinsichtlich des Fahrers auch auf Abschleppfälle überträgt, bleibt abzuwarten. Aufgrund der bisherigen Rechtsprechung zur Halterverantwortlichkeit als Zustandsstörer bestünde aber kein dringendes praktisches Bedürfnis für eine Übertragung.

b) Rechtsfolgen. Dem berechtigten Besitzer steht zunächst der **Beseitigungsanspruch** aus §§ 862 Abs. 1 Satz 1, 858 BGB, dem Eigentümer aus § 1004 Abs. 1 Satz 1 BGB zu. In der Praxis erweist sich dieser Anspruch allerdings häufig als nutzlos, da unberechtigt geparkte Fahrzeuge in den allermeisten Fällen binnen kurzer Zeit wieder weggefahren werden. Daher ist regelmäßig das in § 859 Abs. 1 und 3 BGB geregelte **Selbsthilferecht** von hoher Relevanz, um die Besitz- oder Eigentumsstörung zeitnah zu beseitigen.[18] 7

Das Selbsthilferecht fordert bei der Besitzentziehung von Grundstücken nach § 859 Abs. 3 BGB dessen sofortige Ausübung. Die Selbsthilfefrist ist beim unberechtigten Parken auch auf die Besitzwehr nach § 859 Abs. 1 BGB entsprechend anzuwenden, da regelmäßig (auch) eine Wiederergreifung der besetzten (Teil-)Grundstücksfläche vorliegt.[19] Die **Selbsthilfefrist** darf aber den Anspruch nicht aushöhlen und muss daher nach den objektiven Umständen des Einzelfalles ohne Berücksichtigung des Zeitpunktes der Kenntniserlangung beurteilt werden, wobei eine gewisse Zeit zur Vorbereitung und Information zuzugestehen ist.[20] In Fällen des Abschleppens unberechtigter Fahrzeuge wird die Frist unterschiedlich beurteilt und bewegt sich zwischen wenigen Stunden bis zum Folgetag 9 Uhr.[21] 8

In aller Regel erfolgt die Ausübung des Selbsthilferechts durch das **Abschleppen** durch einen Abschleppunternehmer. Dies ist wegen des Fehlens einer schonenderen und dennoch gleich effektiven Beseitigungsmöglichkeiten grundsätzlich nicht unverhältnismäßig und stellt sich für den unberechtigt Parkenden auch nicht als überraschende Reaktion dar.[22] 9

Eine **konkrete Behinderung** anderer (etwa des Berechtigten oder dessen Kunden) ist **nicht erforderlich.**[23] Daher kann bei mehreren verfügbaren Parkplätzen gegen das Selbsthilferecht nicht eingewendet werden, dass nur ein kleiner, räumlich abgegrenzter Teil des Grundstücks betroffen ist und der übrige Teil uneinge- 10

14 Soweit ersichtlich werden hierfür pro Kennzeichen 5,10 EUR an Gebühren fällig, Nr. 226.3 Anlage zu § 1 GebOSt. Mit den auf diesem Weg erlangten Daten ist sorgsam umzugehen, da deren nicht zweckentsprechende Verwendung nach § 203 Abs. 2 Satz 2 StGB strafbewehrt ist, BGH Urt. v. 8.10.2002 – 1 StR 150/02, NJW 2003, 226.

15 Der BGH geht hiervon mangels abweichenden Vortrags aus, BGH Urt. v. 18.12.2015 – V ZR 160/14, NJW 2016, 863.

16 BGH Urt. v. 18.12.2015 – V ZR 160/14, NJW 2016, 863; BGH Urt. v. 21.9.2012 – V ZR 230/11, NJW 2012, 3781.

17 BGH Urt. v. 18.12.2019 – XII ZR 13/19, NJW 2020, 755.

18 BGH Urt. v. 5.6.2009 – V ZR 144/08, BGHZ 181, 233 = NJW 2009, 2530; *Dehner* B § 38 S. 3 und B § 40 S. 4.

19 BGH Urt. v. 19.10.1966 – Ib ZR 156/64, NJW 1967, 46; vgl. auch BGH Urt. v. 5.6.2009 – V ZR 144/08, BGHZ 181, 233 = NJW 2009, 2530; BGH Urt. v. 11.3.2016 – V ZR 102/15, NJW 2016, 2407; LG Berlin Urt. v. 15.7.2010 – 9 O 150/10, juris Rn. 16; AG München Urt. v. 2.5.2016 – 122 C 31597/15, juris Rn. 14; zust. *Paal/Guggenberger* NJW 2011, 1036; aA *Schäfer* in MüKoBGB § 859 Rn. 5.

20 OLG Celle Beschl. v. 27.6.2017 – 2 U 63/17, NJOZ 2018, 1179; *Schäfer* in MüKoBGB § 859 Rn. 14; Herrler in Staudinger BGB § 858 Rn. 49 und § 859 Rn. 20.

21 Siehe *Schäfer* in MüKoBGB § 859 Rn. 14; *Baldringer/Jordans* NZV 2005, 75 jeweils mzN aus der Rspr.; herauszuheben sind LG Frankfurt a.M. Urt. v. 12.12.2002 – 2/24 S 145/02, NJW-RR 2003, 311 (nicht in Nachtzeit, Morgenstunden bis 9 Uhr genügen); AG München Urt. v. 23.11.1996 – 261 C 23952/95, NJW 1996, 853 (Abschleppen 7,5 h nach Abstellen zu spät).

22 BGH Urt. v. 5.6.2009 – V ZR 144/08, BGHZ 181, 233 = NJW 2009, 2530.

23 BGH Urt. v. 5.6.2009 – V ZR 144/08, BGHZ 181, 233 = NJW 2009, 2530; BGH Urt. v. 21.9.2012 – V ZR 230/11, NJW 2012, 3781.

schränkt genutzt werden kann.[24] Auch wenn mehrere Parkflächen vorhanden sind, muss das unberechtigt abgestellte Fahrzeug daher nicht auf einen anderen Platz umgesetzt werden, auf dem von diesem keine Beeinträchtigungen ausgehen.[25]

11 Ein **Miteigentümer** und **Mitbesitzer** eines Grundstücks kann den Anspruch auch ohne Zustimmung der übrigen Miteigentümer geltend machen und auch im Wege der Selbsthilfe durchsetzen, § 1011 BGB[26] bzw. § 866 BGB[27]. Ebenso kann der Teilbesitzer gegen die seinen Besitzteil betreffenden Störungen vorgehen, § 865 BGB.

12 Auf privaten Grundstücken ist die **Polizei** oder das örtliche **Ordnungsamt** nicht befugt, Fahrzeuge abschleppen zu lassen, weil diese hier mangels Gefährdung der öffentlichen Sicherheit und Ordnung nicht zuständig bzw. handlungsbefugt sind. Möglich ist lediglich die Identitätsfeststellung des Halters und die telefonische Aufforderung zum Wegfahren, um die Vereitelung privater Rechte zu verhindern (vgl. etwa § 3 Abs. 2 SächsPolG, § 1 Abs. 2 BremPolG, § 2 Abs. 2 ThürOBG). Anders als bei § 229 BGB[28] ist der nach § 859 BGB Berechtigte aber nicht verpflichtet, sich zunächst an die Polizei oder Ordnungsbehörde zu wenden, sondern darf sofort abschleppen lassen.

13 **Rahmenverträge mit Abschleppunternehmen** werden häufig bei größeren Parkflächen, etwa großen Kundenparkplätzen im Einzelhandel, abgeschlossen. Solche Frachtverträge (§ 407 HGB)[29] sind zulässig und können auch die Parkraumüberwachung zur Feststellung von Parkverstößen (siehe aber zur Kostenerstattung → Rn. 19 ff.) umfassen.[30] Dabei schadet es nicht, dass dann in aller Regel der Abschleppunternehmer die Entscheidung über das Abschleppen trifft und insoweit keine gesonderte Auftragserteilung des Berechtigten mehr erfolgt.[31] Es muss allerdings durch die vertraglichen Regelungen sichergestellt sein, dass missbräuchliche und lediglich dem Gewinnstreben dienende Abschleppvorgänge unterbleiben, etwa indem der Abschleppunternehmer zur Prüfung der fehlenden Parkberechtigung und zur Feststellung verpflichtet wird, dass sich der verantwortliche Fahrer nicht in unmittelbarer Fahrzeugnähe befindet oder ein Wegfahren verweigert.[32]

14 Das gelegentlich praktizierte Anbringen einer **Parkkralle** ist **unzulässig**, da es nicht der Störungsbeseitigung dient, sondern die Störung regelmäßig sogar verlängert.[33] Dies gilt auch dann, wenn aufgrund der örtlichen Gegebenheiten ein Abschleppen nicht möglich ist. Vielmehr dürfte dies ebenso wie das Blockieren des unberechtigt geparkten Fahrzeugs den Straftatbestand der Nötigung erfüllen. Auch unter dem Gesichtspunkt der Sicherung der Durchsetzung von (Schadens-) Ersatzansprüchen ist ein Parkkralleneinsatz nicht gerechtfertigt, da regelmäßig die Halterabfrage anhand des Kennzeichens möglich und auch zumutbar ist.[34] Folglich könnte das Anbringen einer Parkkralle nur in den seltenen Fällen zulässig sein, wenn am unberechtigt abgestellten Fahrzeug kein Kennzeichen oder sonstige Hinweise auf den Halter angebracht sind.

2. Unterlassen künftiger Störungen

15 Neben dem Beseitigungsanspruch für die gegenwärtige Besitz- oder Eigentumsstörung steht der Anspruch auf künftige **Unterlassung** erneuter Störungen, §§ 862 Abs. 1 Satz 2, 858 Abs. 1 BGB, § 1004 Abs. 1 Satz 2

24 BGH Urt. v. 5.6.2009 – V ZR 144/08, BGHZ 181, 233 = NJW 2009, 2530.
25 Vgl. aber Sonderkonstellation bei AG Erkelenz Urt. v. 16.1.2007 – 6 C 446/06, juris Rn. 1 ff.
26 OLG Karlsruhe Beschl. v. 7.12.2016 – 9 U 135/15, juris Rn. 5; OLG Saarbrücken Urt. v. 10.7.2019 – 1 U 121/18, juris Rn. 31.
27 *Schäfer* in MüKoBGB § 866 Rn. 13.
28 Hierzu *Repgen* in Staudinger BGB § 229 Rn. 18.
29 LG Augsburg Urt. v. 31.1.2017 – 81 O 1732/15, juris Rn. 29.
30 Vgl. BGH Urt. v. 4.7.2014 – V ZR 229/13, NJW 2014, 3727; BGH Urt. v. 5.6.2009 – V ZR 144/08, BGHZ 181, 233 = NJW 2009, 2530.
31 BGH Urt. v. 5.6.2009 – V ZR 144/08, BGHZ 181, 233 = NJW 2009, 2530.
32 Siehe Feststellungen bei BGH Urt. v. 5.6.2009 – V ZR 144/08, BGHZ 181, 233 = NJW 2009, 2530.
33 Ausf. *Paal/Guggenberger* NJW 2011, 1036.
34 *Paal/Guggenberger* NJW 2011, 1036.

BGB.[35] Ebenso wenig wie für den Beseitigungsanspruch sind für den Unterlassungsanspruch konkrete Nachteile erforderlich – und zwar weder bei der Anlass gebenden Beeinträchtigung, noch müssen künftige tatsächliche Störungen zu erwarten sein.[36]

16 Einzige zusätzliche Voraussetzung ist eine **Wiederholungsgefahr**. Hierbei geht der BGH sehr großzügig vor und folgert gar eine tatsächliche Vermutung für eine solche Gefahr hinsichtlich des Fahrers aus dem erstmaligen unbefugten Abstellen auf einem Privatgrundstück.[37] Demzufolge besteht der Unterlassungsanspruch grundsätzlich immer neben dem Beseitigungsanspruch. Bezüglich des Halters knüpft der BGH wiederum an das freiwillige Überlassen des Fahrzeugs an einen Dritten an und folgert die Wiederholungsgefahr (ohne eine Vermutung anzunehmen) aus dem Schweigen auf die Aufforderung des Berechtigten auf Benennung des Fahrers, da ein solches Verhalten künftige Besitzstörungen wahrscheinlich macht.[38] Ohne eine solche Aufforderung ist eine Wiederholungsgefahr hingegen nicht ohne Weiteres anzunehmen und es müssen für eine solche Gefahr sprechende Umstände vorliegen.[39] Die Wiederholungsgefahr kann etwa dann entfallen, wenn es für das unberechtigte Abstellen einen bestimmten Anlass gab, der sich wahrscheinlich nicht wiederholen wird.[40]

17 Der Fahrer oder Halter kann die **Wiederholungsgefahr** nur durch die Unterzeichnung einer strafbewehrten Unterlassungserklärung **beseitigen**.[41] Eine bloße Ermahnung des Halters an alle potenziellen Nutzer des Fahrzeugs, Besitzstörungen beim Berechtigten zu unterlassen, genügt nicht.[42]

18 Dieser Anspruch eröffnet somit eine Alternative zum Abschleppen lassen. Letzteres ist mit einigen Risiken verbunden. So wird der Störer bei dem zumindest die Anfahrtskosten auslösenden Eintreffen des Abschleppunternehmers bereits weggefahren sein, so dass die Anfahrtskosten aber trotzdem anfallen. Daher kann stattdessen ein Rechtsanwalt damit beauftragt werden, den Störer **abzumahnen** und zur Abgabe einer strafbewehrten Unterlassungserklärung aufzufordern. Trotz bestehender Kostenersatzansprüche (→ Rn. 19 ff.) hat der Berechtigte aber in beiden Fällen als Auftraggeber bzw. Mandant das Kostenrisiko zu tragen, dass der Störer nicht zahlungsfähig ist.

3. Kostenersatz

19 **a) Voraussetzungen.** Nimmt der berechtigte Parkplatzbesitzer oder -eigentümer (auch Pächter und Mieter, ebenso der besitzende Nießbrauchsberechtigte[43], Inhaber einer Grunddienstbarkeit, § 1029 BGB, oder einer beschränkten persönlichen Dienstbarkeit, § 1090 Abs. 2 BGB) sein Selbsthilferecht wahr und lässt das unberechtigt geparkte Fahrzeug abschleppen, steht ihm sowohl gegen den Fahrer als auch den Halter ein **Aufwendungsersatzanspruch aus berechtigter GoA gemäß §§ 677, 670, 683 Satz 1 BGB** zu.[44] Es liegt ein auch-fremdes Geschäft vor, da sowohl der Fahrer als auch der Halter zur sofortigen Beseitigung des Fahrzeugs verpflichtet ist.[45] Das Abschleppen des Fahrzeuges liegt daher im Interesse des Verpflichteten und entspricht auch seinem mutmaßlichen Willen, da weder Halter noch Fahrer in aller Regel zur sofortigen Beseitigung in der Lage sind.[46] Eine Ausnahme gilt naheliegenderweise nur dann, wenn Fahrer oder Halter

---

35 BGH Urt. v. 21.9.2012 – V ZR 230/11, NJW 2012, 3781.
36 OLG Karlsruhe Beschl. v. 7.12.2016 – 9 U 135/15, juris Rn. 3.
37 BGH Urt. v. 18.12.2015 – V ZR 160/14, NJW 2016, 863; BGH Urt. v. 21.9.2012 – V ZR 230/11, NJW 2012, 3781.
38 BGH Urt. v. 18.12.2015 – V ZR 160/14, NJW 2016, 863; noch ohne Einschränkung BGH Urt. v. 21.9.2012 – V ZR 230/11, NJW 2012, 3781.
39 AG Pfaffenhofen Urt. v. 15.11.2019 – 1 C 552/19, juris Rn. 42 f.
40 AG Pfaffenhofen Urt. v. 15.11.2019 – 1 C 552/19, juris Rn. 44 (Umzug).
41 BGH Urt. v. 21.9.2012 – V ZR 230/11, NJW 2012, 3781; BGH Urt. v. 25.7.2012 – IV ZR 201/10, BGHZ 194, 208 = NJW 2012, 3023; krit. *Steines* NJW 1988, 1359 (zum Wettbewerbsrecht).
42 BGH Urt. v. 21.9.2012 – V ZR 230/11, NJW 2012, 3781.
43 *Bayer* in Erman BGB § 1065 Rn. 2.
44 BGH Urt. v. 11.3.2016 – V ZR 102/15, NJW 2016, 2407.
45 BGH Urt. v. 11.3.2016 – V ZR 102/15, NJW 2016, 2407; → Rn. 6.
46 BGH Urt. v. 11.3.2016 – V ZR 102/15, NJW 2016, 2407.

vor Ort sind oder etwa aufgrund eines Notizzettels mit Telefonnummer und Aufenthaltsort[47] binnen kurzer Zeit ermittelt werden können.[48]

20 Daneben besteht ein **Schadensersatzanspruch aus §§ 823 Abs. 2, 858 Abs. 1, 249 Abs. 1 BGB**, da es sich bei § 858 Abs. 1 BGB um ein Schutzgesetz im Sinne des § 823 Abs. 2 BGB handelt.[49] Wer den (berechtigten) Besitz als sonstiges Recht im Sinne des § 823 Abs. 1 BGB ansieht, gelangt zu einem inhaltsgleichen Anspruch aus § 823 Abs. 1 Var. 6 BGB.[50] In beiden Fällen ist aber ein Verschulden erforderlich, insbesondere nach § 823 Abs. 2 Satz 2 BGB für die verbotene Eigenmacht, welches sich für den Fahrer aus dem unberechtigten Abstellen und für den Halter aus der konkreten Vorhersehbarkeit der verbotenen Eigenmacht des Fahrers ergibt.[51] Für den nicht besitzenden (Mit-) Eigentümer folgt der Schadensersatzanspruch aus §§ 823 Abs. 2, 1004 Abs. 1 Satz 1 BGB.[52]

21 Dieser Anspruch kann auch **an den Abschleppunternehmer abgetreten** (§ 398 BGB) und von diesem geltend gemacht werden, wie es häufig bei Rahmenverträgen über das Abschleppen unbefugt abgestellter Fahrzeuge der Fall ist.[53] Dann wandelt sich der eigentlich auf Freistellung (§ 257 Satz 1 BGB) gegenüber dem Abschleppunternehmer gerichtete Anspruch des Grundstücksbesitzers in einen Zahlungsanspruch.[54] An andere Dritte kann der Anspruch wegen Inhaltsänderung, § 399 BGB, indes nicht abgetreten werden.[55] Eine Abtretung ist zulässig, obwohl es sich um zukünftige Ansprüche handelt, da die Ansprüche hinreichend bestimmbar sind.[56] Dem steht insbesondere nicht entgegen, dass der künftige Schuldner im Abtretungszeitpunkt noch unbekannt ist.[57]

22 Bei privaten Parkplätzen kommt durch das Abstellen des Fahrzeugs zwischen dem Betreiber und dem Fahrzeugführer ein Miet- oder Leihvertrag (§§ 535 ff., 598 ff. BGB) zustande, aus dem bei einem Verstoß gegen die Parkbedingungen ein Anspruch auf ein **erhöhtes Parkentgelt**[58] resultiert.[59]

23 **b) Schadenspositionen.** Zunächst sind von dem Aufwendungs- oder Schadensersatzanspruch die **Kosten des reinen Abschleppens** umfasst.[60] Hierbei handelt es sich aufgrund der vorherigen Ankündigung (→ Rn. 4) nicht um eine überraschende Vorgehensweise, die aufgrund des Selbsthilferechts auch vom Gesetz selbst in Zusammenhang mit der Schutzgesetzverletzung gestellt wird.[61] Soweit aufgrund eines Rahmenvertrages ein Pauschalbetrag anfällt, ist dieser nur insoweit ersatzfähig, wie er den ortsüblichen Abschleppkosten entspricht, was das Gericht auch prüfen muss.[62] Hierbei kommt es nicht auf einen Vergleich mit den

47 AG München Urt. v. 2.5.2016 – 122 C 31597/15, juris Rn. 15; vgl. mit Hinweis auf § 226 BGB: AG Erkelenz Urt. v. 16.1.2007 – 6 C 446/06, juris Rn. 5.
48 BGH Urt. v. 11.3.2016 – V ZR 102/15, NJW 2016, 2407.
49 BGH Urt. v. 4.7.2014 – V ZR 229/13, NJW 2014, 3727; BGH Urt. v. 2.12.2011 – V ZR 30/11, NJW 2012, 528; BGH Urt. v. 5.6.2009 – V ZR 144/08, BGHZ 181, 233 = NJW 2009, 2530; BGH Urt. v. 18.12.2015 – V ZR 160/14, NJW 2016, 863; *Saller* in Grziwotz/Lüke/Saller, NachbarR-HdB, 5. Teil Rn. 70, 81.
50 *Lorenz* NJW 2009, 1025; *Wagner* in MüKoBGB § 823 Rn. 229.
51 BGH Urt. v. 18.12.2015 – V ZR 160/14, NJW 2016, 863.
52 OLG Saarbrücken Urt. v. 10.7.2019 – 1 U 121/18, juris Rn. 31.
53 BGH Urt. v. 11.3.2016 – V ZR 102/15, NJW 2016, 2407; zum Schadensersatzanspruch aus § 823 Abs. 2 BGB: BGH Urt. v. 4.7.2014 – V ZR 229/13, NJW 2014, 3727.
54 BGH Urt. v. 11.3.2016 – V ZR 102/15, NJW 2016, 2407; BGH Urt. v. 2.12.2011 – V ZR 30/11, NJW 2012, 528; *Krüger* in MüKoBGB § 257 Rn. 9 mwN zur älteren Rspr.; *Lorenz* NJW 2009, 1025.
55 *Krüger* in MüKoBGB § 257 Rn. 9; *Bittner/Kolbe* in Staudinger BGB § 257 Rn. 12.
56 LG Berlin Urt. v. 15.7.2010 – 9 O 150/10, juris Rn. 16.
57 *Roth/Kieninger* in MüKoBGB § 398 Rn. 80 mwN; BGH Urt. v. 20.9.2012 – IX ZR 208/11, NJW-RR 2013, 248.
58 BGH Urt. v. 18.12.2019 – XII ZR 13/19, NJW 2020, 755, juris Rn. 12 ff.
59 BGH Urt. v. 18.12.2019 – XII ZR 13/19, NJW 2020, 755, juris Rn. 33 ff.
60 BGH Urt. v. 2.12.2011 – V ZR 30/11, NJW 2012, 528.
61 BGH Urt. v. 2.12.2011 – V ZR 30/11, NJW 2012, 528; BGH Urt. v. 5.6.2009 – V ZR 144/08, BGHZ 181, 233 = NJW 2009, 2530.
62 BGH Urt. v. 4.7.2014 – V ZR 229/13, NJW 2014, 3727; BGH Urt. v. 11.3.2016 – V ZR 102/15, NJW 2016, 2407; zu den ersatzfähigen Leistungen im Einzelnen BGH Urt. v. 4.7.2014 – V ZR 229/13, NJW 2014, 3727 (indes dort noch die Halterermittlung anerkannt); OLG Saarbrücken Urt. v. 10.7.2019 – 1 U 121/18, juris Rn. 31.

Kosten des Ordnungsamtes oder der Polizei an, sondern allein auf die Kosten für andere ortsansässige Abschleppunternehmer.[63] Hier dürfte aber keine Verpflichtung zur Wahl des günstigsten Angebotes bestehen.[64]

Nach neuer und geänderter Rechtsprechung des BGH sind die Kosten für die **Halterermittlung** nicht ersatzfähig, da diese nicht dem Willen des Halters entspricht, der in der Regel nicht bekannt werden will, um auf Unterlassung in Anspruch genommen zu werden.[65] Dies betrifft aber nur die Fälle, in denen Kosten nicht in unmittelbarem Zusammenhang mit einem Abschleppen oder ein alleiniger Unterlassungsanspruch geltend gemacht werden.[66] Ist nach dem Abschleppen der Standort des Fahrzeuges dem Halter unbekannt, so liegt die Halterfeststellung hingegen auch in dessen Interesse, damit er sein Fahrzeug wieder in Besitz nehmen kann.[67] 24

Grundsätzlich darf der Berechtigte mit der Abmahnung, Aufforderung zur Abgabe einer strafbewehrten Unterlassungserklärung und Kostengeltendmachung einen Rechtsanwalt beauftragen und dessen **vorgerichtliche Anwaltskosten** vom Störer ersetzt verlangen.[68] Diese Aufwendungen kann der in derartigen Angelegenheiten unerfahrene Berechtigte für erforderlich halten. Anders kann dies allerdings dann liegen, wenn das rechtliche Vorgehen in Fällen unberechtigt abgestellter Fahrzeuge aus früheren (auch anwaltlichen) Abmahnungen bekannt ist.[69] Diese Beurteilung des BGH stammt aus einer Zeit, in der Einzelheiten der Ansprüche des Berechtigten, insbesondere gegen den Halter, auch in der Rechtsprechung nicht geklärt waren. Diese Klärung ist nunmehr durch die höchstrichterliche Rechtsprechung zwar weitgehend herbeigeführt worden. Es bestehen aber Zweifel daran, ob die Erforderlichkeit anwaltlicher Beratung ohne Weiteres anzunehmen ist. In der Regel wird man aber dem juristisch unerfahrenen Berechtigten zumindest bei der ersten Geltendmachung die Inanspruchnahme eines Rechtsanwaltes nicht verwehren können, da neben entsprechendem Wissen auch der Zugang zu Fachliteratur mit Formulierungsmustern fehlt. Anders ist dies indes bei selbst betroffenen Rechtsanwälten, da diese regelmäßig über entsprechende Kenntnisse verfügen und daher auch nicht Anwaltsgebühren für die eigene Tätigkeit beanspruchen können.[70] Hingegen liegt allein die Vermeidung eigenen Zeitaufwandes für die Anspruchsgeltendmachung nicht mehr im Rahmen der Erforderlichkeit. 25

Die Kosten für die **Parkplatzüberwachung** zur Feststellung von Parkverstößen ist nicht ersatzfähig, da diese nicht mit dem konkreten Verstoß in adäquat kausalem Zusammenhang stehen,[71] sondern bereits zuvor entstehen. Solche Maßnahmen, wie etwa vereinbarte Kontrollgänge oder -fahrten durch Mitarbeiter eines Abschleppunternehmens, sind in der Regel nur bei größeren Parkplätzen von Geschäften oder Wohnanlagen sinnvoll. Im kleineren Rahmen wären etwa Kosten für die zulässige Videoüberwachung (anteilige Anschaffung, Strom) etc eines einzelnen Stellplatzes denkbar (→ *Videoüberwachung* Rn. 17 ff.). Soweit diese Kosten Bestandteil eines Pauschalpreises sind, ist dieser Anteil herauszurechnen.[72] 26

Ebenso sind Kosten für die außergerichtliche Abwicklung des Schadensersatzanspruchs nicht erstattungsfähig.[73] Hierzu zählen v.a. **Inkassokosten** oder der eigene (Verwaltungs-)Aufwand für die Anspruchsgeltend- 27

63 BGH Urt. v. 4.7.2014 – V ZR 229/13, NJW 2014, 3727.
64 So in einem obiter dictum BGH Urt. v. 2.12.2011 – V ZR 30/11, NJW 2012, 528.
65 BGH Urt. v. 18.12.2015 – V ZR 160/14, NJW 2016, 863; BGH Urt. v. 11.3.2016 – V ZR 102/15, NJW 2016, 2407; aA noch BGH Urt. v. 4.7.2014 – V ZR 229/13, NJW 2014, 3727 (ausdrücklich aufgegeben).
66 Siehe Fallkonstellation bei BGH Urt. v. 18.12.2015 – V ZR 160/14, NJW 2016, 863 (Geltendmachung nach ca. zwei Jahren).
67 BGH Urt. v. 11.3.2016 – V ZR 102/15, NJW 2016, 2407.
68 BGH Urt. v. 21.9.2012 – V ZR 230/11, NJW 2012, 3781; AG Augsburg Urt. v. 20.12.2007 – 22 C 5276/07, juris Rn. 9 f.
69 BGH Urt. v. 21.9.2012 – V ZR 230/11, NJW 2012, 3781.
70 Siehe BGH Urt. v. 12.12.2006 – VI ZR 175/05, NJW-RR 2007, 856.
71 BGH Urt. v. 4.7.2014 – V ZR 229/13, NJW 2014, 3727; BGH Urt. v. 2.12.2011 – V ZR 30/11, NJW 2012, 528.
72 Vgl. BGH Urt. v. 4.7.2014 – V ZR 229/13, NJW 2014, 3727.
73 BGH Urt. v. 4.7.2014 – V ZR 229/13, NJW 2014, 3727 mwN.

machung, da diese nicht der Störungsbeseitigung dienen.[74] Diese Kosten zählen zur eigenen Mühewaltung des Geschädigten, die er selbst zu tragen hat.

28 Unter dem Gesichtspunkt und unter den Voraussetzungen des Verzuges gemäß §§ 280 Abs. 1, 2, 286 BGB kann der Berechtigte selbstverständlich vorgerichtliche **Mahnkosten** und **Verzugszinsen** (§§ 288, 247 BGB) einfordern.[75]

29 **Standgebühren** für das Abstellen eines abgeschleppten Fahrzeugs etwa auf dem Hof des Abschleppunternehmers stellen in den seltensten Fällen eine ersatzfähige Position dar.[76] Weder dient dies der Störungsbeseitigung (§ 249 Abs. 1 BGB), noch hat der Halter etwas erlangt (Bereicherungsrecht, unberechtigte GoA), noch ist die kostenpflichtige Lagerung zur Funktionserhaltung notwendig oder nützlich (§§ 994, 996 BGB), noch – jedenfalls beim abholwilligen Halter – entspricht das Abstellen dem Willen des Halters (berechtigte GoA). Schließlich kommt auch kein Verwahrvertrag zustande, wenn das Fahrzeug wegen des bestehenden Zurückbehaltungsrechts ohne Begleichung der Kosten nicht herausgegeben wird.[77] Eine andere Wertung ergibt sich auch nicht aus dem dem Berechtigten zustehenden Zurückbehaltungsrecht (→ Rn. 31). Dieses wird nicht dadurch unterlaufen, dass der Fahrer oder Halter das Fahrzeug auf einem frei zugänglichen Parkplatz finden und in Besitz nehmen kann.[78] Eine Erforderlichkeit des Abstellens auf dem Gelände des Abschleppunternehmens und das Entstehen entsprechender Standkosten wird man indes annehmen müssen, wenn es keinen mit zumutbarem (Zeit-) Aufwand auffindbaren kostenfreien Parkplatz gibt. Es kann dann nicht vom Berechtigten verlangt werden, das Fahrzeug auf seinem Parkplatz zu belassen, wodurch sein Störungsbeseitigungsanspruch wertlos würde. In diesen Ausnahmefällen kann auch keine Unverhältnismäßigkeit der Kostengeltendmachung eingewandt werden, da eine andere angemessene Möglichkeit der Störungsbeseitigung nicht in Betracht kommt. Ebenso ist es zu beurteilen, wenn das abgestellte Fahrzeug keine Kennzeichen aufweist und damit nicht im öffentlichen Verkehrsraum abgestellt werden darf.[79]

30 Selbstverständlich sind Bußgelder, aber auch Abschleppkosten, die dem Berechtigten entstehen, weil dieser wiederum sein Fahrzeug in der Nähe seines (besetzten) Parkplatzes parkt, obwohl dies dort nicht gestattet ist, nicht ersatzfähig, da es insoweit an der Kausalität zwischen diesen Kosten und der Pflichtverletzung des Anspruchsschuldners fehlt. Zwar mag eine Kausalität im Sinne einer conditio sine qua non vorliegen, jedoch tritt ein eigenständiges Verhalten des Besitzers oder Eigentümers hinzu, welches den Adäquanzzusammenhang unterbricht.[80] Denn ein ordnungswidriges Parken durfte nicht mehr für erforderlich gehalten werden, auch wenn durch einen weiteren Fußweg eine Unannehmlichkeit entsteht. Der Berechtigte durfte sich zu einem verkehrswidrigen Parken auch nicht herausgefordert fühlen.

31 **c) Zurückbehaltungsrecht.** Aufgrund der soeben dargestellten Kostenersatzansprüche kann der Besitzer oder Eigentümer des Parkplatzes auch ein **Zurückbehaltungsrecht** aus § 273 Abs. 1 BGB gegen den Herausgabeanspruch des Fahrers oder Halters aus §§ 681 Satz 2, 667 Alt. 2 BGB[81] geltend machen.[82] Als gesetzlich zulässiges Druckmittel darf der Berechtigte daher die Information über den neuen Standort des abgeschleppten bzw. umgesetzten Fahrzeuges zurückhalten, sofern die ihm zustehenden Kosten nicht Zug-um-Zug gezahlt werden.[83]

---

74 BGH Urt. v. 5.6.2009 – V ZR 144/08, BGHZ 181, 233 = NJW 2009, 2530.
75 BGH Urt. v. 11.3.2016 – V ZR 102/15, NJW 2016, 2407; AG Erkelenz Urt. v. 16.1.2007 – 6 C 446/06, juris Rn. 6 (aus §§ 823 Abs. 1, 249 BGB).
76 Ausf. OLG Saarbrücken Urt. v. 10.7.2019 – 1 U 121/18, juris Rn. 34 ff.
77 OLG Saarbrücken Urt. v. 10.7.2019 – 1 U 121/18, juris Rn. 49.
78 OLG Saarbrücken Urt. v. 10.7.2019 – 1 U 121/18, juris Rn. 42.
79 LG München Beschl. v. 23.2.2016 – 31 T 2775/16, NJW-RR 2016, 663.
80 *Oetker* in MüKo BGB § 249 Rn. 142 ff.
81 *Lorenz* NJW 2009, 1025 (1027).
82 BGH Urt. v. 4.7.2014 – V ZR 229/13, NJW 2014, 3727; BGH Urt. v. 2.12.2011 – V ZR 30/11, NJW 2012, 528; OLG Saarbrücken Urt. v. 10.7.2019 – 1 U 121/18, juris Rn. 42.
83 BGH Urt. v. 2.12.2011 – V ZR 30/11, NJW 2012, 528; OLG Saarbrücken Urt. v. 10.7.2019 – 1 U 121/18, juris Rn. 42.

Die Ausübung dieses Rechts ist am Grundsatz der **Verhältnismäßigkeit** zu messen.[84] Hiergegen wird nicht verstoßen, obwohl der Wert des zurückbehaltenen Fahrzeugs regelmäßig die Forderung erheblich übersteigt, denn die Hinterlegungsmöglichkeit des § 273 Abs. 3 BGB bietet ein einfaches Mittel um sich Zugang zum Fahrzeug zu verschaffen.[85] Es wäre nach Ansicht der Rechtsprechung hingegen unverhältnismäßig, würde man dem Berechtigten als weitergehendes Druckmittel die Möglichkeit zugestehen, das abgeschleppte Fahrzeug auf einem umschlossenen Gelände „wegzuschließen", um zu verhindern, dass der Fahrer oder Halter dieses durch eigene Suche findet.[86] Eine nähere Begründung lässt sich der Rechtsprechung indes nicht entnehmen. Insoweit ist das Argument nicht von der Hand zu weisen, dass auch in diesem Fall § 273 Abs. 3 BGB eine einfache Abhilfe für den Störer bietet, an sein Fahrzeug zu gelangen. Siehe aber zu den Standkosten → Rn. 29. 32

Das Zurückbehaltungsrecht ist als **Einrede** geltend zu machen. Um den Verzugseintritt zu verhindern, muss dies auch vor der Mahnung geschehen. Bei verspäteter Geltendmachung muss der Berechtigte zur Verzugsbeendigung die Herausgabe des Fahrzeuges Zug-um-Zug gegen die Zahlung der Abschleppkosten anbieten. 33

Solange das Zurückbehaltungsrecht besteht, kann der Halter oder Fahrer des abgeschleppten Fahrzeugs auch **keinen Nutzungsausfallschaden**[87] gemäß §§ 990 Abs. 1 Satz 2, 280 Abs. 1, 2, 286 BGB geltend machen, weil er sein Fahrzeug bis zur Wiederinbesitznahme nicht nutzen konnte.[88] Der Berechtigte befindet sich mangels Fälligkeit (§ 274 Abs. 1 BGB) nicht mit der Fahrzeugherausgabe im Verzug.[89] 34

Verlangt der Halter oder Fahrer die Herausgabe des Fahrzeugs, ohne zur Zahlung der Abschleppkosten bereit zu sein, gerät er selbst in **Gläubigerverzug**, § 298 BGB. Der dann geltende, den Berechtigten entlastende Sorgfaltsmaßstab des § 300 Abs. 1 BGB wird vor allem bei ab diesem Zeitpunkt entstehenden Schäden am abgeschleppten Fahrzeug relevant. 35

4. Besonderheiten WEG

In Wohnungseigentümergemeinschaften richten sich die Abwehrmöglichkeiten gegen unberechtigt abgestellte Fahrzeuge Dritter nach den allgemeinen oben aufgezeigten **Regelungen des BGB**. Soweit ein Stellplatz im Sondereigentum eines Mitglieds der WEG steht bzw. von einem Sondernutzungsrecht erfasst wird, stehen diesem allein die Eigentümerrechte zu. Stellen andere Mitglieder der Miteigentümergemeinschaft ihr Fahrzeug unberechtigt auf einem solchen Stellplatz ab, kann der Sondernutzungsberechtige neben den Besitz- und Eigentumsschutzrechten[90] nach **§ 1004 Abs. 1 BGB iVm § 14 Abs. 1 Nr. 1 WEG** die Einhaltung der Gemeinschaftsregeln einfordern. 36

Zu beachten ist jedoch, dass aus dem Gedanken der gegenseitigen Rücksichtnahme innerhalb der Gemeinschaft die Notwendigkeit einer **tatsächlichen Beeinträchtigung** abgeleitet wird, so dass der bloße Verstoß gegen Bestimmungen der Wohnungseigentümergemeinschaft noch keine Abwehransprüche auslöst.[91] 37

Hinsichtlich des Anspruchsinhabers muss in einer WEG die eigentumsrechtliche Zuordnung gesondert geprüft werden. Hierbei spielt die **Sondereigentumsfähigkeit** nach § 3 WEG von Parkflächen eine zentrale Rolle. Für einzelne, abgeschlossene Garagen aber auch einzelne Stellplätze in (Tief-)Garagen, sofern deren Fläche durch Maßangaben im Aufteilungsplan ersichtlich ist, kann gemäß § 3 Abs. 3 WEG Sondereigen- 38

84 BGH Urt. v. 2.12.2011 – V ZR 30/11, NJW 2012, 528; OLG Saarbrücken Urt. v. 10.7.2019 – 1 U 121/18, juris Rn. 42.
85 BGH Urt. v. 2.12.2011 – V ZR 30/11, NJW 2012, 528.
86 OLG Saarbrücken Urt. v. 10.7.2019 – 1 U 121/18, juris Rn. 42.
87 Hierzu BGH Urt. v. 14.4.2010 – VIII ZR 145/09, NJW 2010, 2426.
88 BGH Urt. v. 2.12.2011 – V ZR 30/11, NJW 2012, 528.
89 BGH Urt. v. 2.12.2011 – V ZR 30/11, NJW 2012, 528; *Artz* in Erman BGB § 273 Rn. 33a; *Bittner/Kolbe* in Staudinger BGB § 273 Rn. 121.
90 *Schultzky* in Jennißen WEG § 15 Rn. 116; LG Dortmund Urt. v. 10.10.2017 – 1 S 357/16, juris Rn. 17.
91 BGH Beschl. v. 21.12.2000 – V ZB 45/00, BGHZ 146, 241 = NJW 2001, 1212; AG Hamburg Urt. v. 10.3.2017 – 22a C 253/15, juris Rn. 20, 24.

tum begründet werden, eine Markierung der Stellflächen ist nicht mehr erforderlich. Diese Stellflächen gelten nach § 3 Abs. 1 Satz 2 WEG nunmehr als Räume. Dies gilt auch für Parkflächen auf einem Dach (etwa Parkdeck) oder im Erdgeschoss eines seitenoffenen Parkhauses.[92] Aufgrund der Neuregelung durch die WEG-Novelle 2020 sind auch Stellplätze im Freien oder zu den Seiten offene Carports sondereigentumsfähig, da deren Zugehörigkeit zu einem Gebäude nach § 3 Abs. 1 Satz 2 WEG fingiert wird.[93] Daneben besteht weiterhin die Möglichkeit, einzelnen Mitgliedern der Wohnungseigentumsgemeinschaft ein Sondernutzungsrecht (§ 10 Abs. 1 und 3 WEG) einzuräumen[94] Stellflächen auf einem ebenerdigen, nicht abgegrenzten Tiefgaragendach sind daher ebenfalls sondereigentumsfähig, da es einer Umgrenzung und damit Abgrenzbarkeit nicht mehr bedarf. Durch die Neuregelung ist auch der bisherige Streit[95] um die Behandlung sog. Duplex-Parker entfallen. § 3 Abs. 1 Satz 2 WEG erfasst alle Arten von Stellflächen, so dass problemlos auch an einzelnen Stellflächen eines Duplexparkers Sondereigentum begründet werden kann.[96] Die technischen Einrichtungen zum Heben und Senken des Duplexparkers stehen dann zwangsläufig im Gemeinschaftseigentum, § 5 Abs. 2 WEG.[97] Eine Zuordnung allein zu den Miteigentümern, die den Duplexparker nutzen, besteht nur über ein Sondernutzungsrecht gem. § 10 Abs. 1 und 3 WEG, wodurch aber auch die Instandhaltung inkl. Kosten entsprechend zugeordnet werde kann.[98]

39 Sind **Gemeinschaftsflächen** von einem unberechtigt geparkten Fahrzeug betroffen, so kann jeder Miteigentümer nach § 1004 Abs. 1 BGB und § 1004 Abs. 1 BGB iVm § 14 Abs. 1 Nr. 1 WEG gegen den unzulässigen Gebrauch vorgehen.[99] Für die Zulässigkeit des Gebrauchs kommt es auf die Regelungen der Teilungserklärung oder in Beschlüssen der Wohnungseigentümergemeinschaft an. Auch eine jahrelange tatsächliche Nutzung zum Parken vermag eine abweichende Gebrauchsregelung grds. nicht zu überlagern, da strenge Maßstäbe für eine konkludente Vereinbarung zur Gebrauchsregelung gelten.[100]

40 Die Gemeinschaft der Wohnungseigentümer kann auch für mit einem **Sondernutzungsrecht** (§ 10 Abs. 1 und 3 WEG) versehene (Stell-)Flächen im Gemeinschaftseigentum **Regelungen zum Gebrauch** treffen, § 19 Abs. 1 WEG.[101] Dabei darf indes der Kern des Sondernutzungsrechtes nicht beschnitten werden, sondern es muss sich um eine Konkretisierung des nach § 14 Abs. 1 Nr. 2 WEG zulässigen Gebrauches und eine ordnungsgemäße Verwaltung nach § 19 Abs. 1 WEG handeln.[102] So darf der Beschluss insbesondere nicht gegen den Gleichheitssatz verstoßen oder willkürlich sein.

41 Das Anbringen von **Park-/Sperrbügeln** auf Stellplätzen, auch durch einen Mieter, kann eine abwehrfähige, weil genehmigungsbedürftige, nicht hinzunehmende bauliche Veränderung im Sinne des § 20 Abs. 1 WEG darstellen.[103]

42 Auf als Pkw- oder Kfz-Stellplätzen ausgewiesenen Parkplätzen dürfen auch **Anhänger** (langfristig) abgestellt werden, es sei denn, die Teilungsvereinbarung oder ein Gemeinschaftsbeschluss untersagt dies explizit.[104]

---

92 *Hügel* in BeckOK BGB § 3 WEG Rn. 10.
93 *Hügel/Elzer* WEG § 3 Rn. 60 ff.
94 Zum alten Recht: *Commichau* in MüKoBGB § 5 WEG Rn. 17 f.; *Rapp* in Staudinger BGB § 5 WEG Rn. 13; grundbuchtechnische Gestaltungsvarianten bei *Heitmann* ZNotP 1998, 415; siehe auch *Reinold* MittbayNot 2001, 540.
95 Siehe hierzu BGH Beschl. v. 20.2.2014 – V ZB 116/13, NJW2014, 1879; ThürOLG Beschl. v. 20.12.2004 – 9 W 654/03, NotBZ 2005, 219; *Zimmer* in Jennißen, WEG § 3 Rn. 24a; aA *Hügel* in BeckOK BGB § 3 WEG Rn. 11; *Rapp* in Staudinger BGB § 3 WEG Rn. 20a ff.; siehe auch *Hügel/Elzer* DNotZ 2014, 403.
96 *Hügel/Elzer* WEG § 3 Rn. 64.
97 *Hügel/Elzer* WEG § 3 Rn. 64.
98 *Commichau* in MüKo BGB § 5 WEG Rn. 33.
99 *Hügel/Elzer,* WEG, § 9a Rn. 113; noch zum alten Recht: BGH Beschl. v. 17.3.2016 – V ZR 185/15, NJW-RR 2016, 587; LG Dortmund Urt. v. 10.10.2017 – 1 S 357/16, juris Rn. 5 ff.
100 LG Dortmund Urt. v. 10.10.2017 – 1 S 357/16, juris Rn. 12 ff.
101 LG Itzehoe Urt. v. 21.12.2018 – 11 S 85/16, juris Rn. 15.
102 LG Itzehoe Urt. v. 21.12.2018 – 11 S 85/16, juris Rn. 15, 17.
103 LG Düsseldorf Urt. v. 14.3.2013 – 19 S 55/12, NJW-RR 2013, 785.
104 LG Hamburg Urt. v. 12.11.2014 – 318 S 107/13, NJOZ 2015, 1086.

5. Prozessuales

Die rechtliche Bewertung der Berechtigung des Abstellens eines Fahrzeugs und etwaiger Ersatzansprüche kann sich in zahlreichen **prozessualen Konstellationen** stellen. Neben der Leistungsklage auf Ersatz der Abschleppkosten kann dieser Anspruch über das Zurückbehaltungsrecht im Rahmen einer Herausgabeklage bzgl. des abgeschleppten Autos oder der Bekanntgabe dessen Standortes relevant werden. Ebenso kann der Störer die Freigabe eines nach § 273 Abs. 3 BGB hinterlegten Geldbetrages fordern, wenn er etwa die geltend gemachten Abschleppkosten für zu hoch erachtet.[105] Zudem sind im Rahmen der Rückforderung des gezahlten Betrages vom (vermeintlich) Berechtigten nach § 812 Abs. 1 Satz 1 Alt. 1 BGB bei der Frage des Rechtsgrundes die Voraussetzungen des Beseitigungsanspruches zu prüfen; dies auch bei Abtretung des Schadensersatzanspruches an den Abschleppunternehmer, da dieser nur als Zahlstelle fungiert hat.[106] 43

Nicht zuletzt können die Beseitigung und das Unterlassen künftiger Störungen in Eilfällen auch im Wege der **einstweiligen Verfügung** nach §§ 935, 938 Abs. 2, 920 Abs. 2, 936, 294 ZPO vorläufig durchgesetzt werden.[107] Die oben dargestellten Ansprüche stellen dabei den Verfügungsanspruch dar; zusätzlich muss ein die Eilbedürftigkeit begründender Verfügungsgrund hinzutreten. Letzterer liegt vor, wenn eine Entscheidung im Hauptsacheverfahren zu spät käme. Der Verfügungsgrund darf aber keinesfalls mit der Wiederholungsgefahr des Unterlassungsgefahr gleichgesetzt werden,[108] wenngleich hierbei häufig ähnliche Erwägungen anzustellen sind. Es müssen konkrete Anhaltspunkte für eine bevorstehende Zuwiderhandlung bestehen, wenn sich etwa der Verfügungsbeklagte im Recht sieht, den Parkplatz benutzen zu dürfen. 44

Unter bestimmten, sehr engen Voraussetzungen ist auch **vorbeugender Rechtsschutz** möglich, wenn die erste Besitz- oder Eigentumsbeeinträchtigung hinreichend wahrscheinlich bevorsteht (Erstbegehungsgefahr).[109] 45

Aufgrund der Möglichkeit der Sicherheitsleistung nach § 273 Abs. 3 BGB bedarf es keines Erlasses einer **einstweiligen Verfügung für den Störer** auf Herausgabe des abgeschleppten Fahrzeugs.[110] 46

Die **Beweislast** verteilt sich nach den allgemeinen Grundsätzen. Der Berechtigte oder im Abtretungsfall der Abschleppunternehmer hat seine Berechtigung (Besitz oder Eigentum), das unberechtigte Abstellen sowie die Schadenshöhe[111] zu beweisen.[112] Hinsichtlich der Wiederholungsgefahr muss der Störer aufgrund der vom BGH angenommenen Vermutung das Gegenteil beweisen (§ 292 ZPO). Dies gilt indes nicht für den Halter, da gegen diesen keine Vermutung aus dem erstmaligen unberechtigten Abstellen spricht, so dass der Berechtigte die Wiederholungsgefahr beweisen muss.[113] Der Störer hat auch eine etwaige Duldungspflicht des Berechtigten zu beweisen. Fordert der Störer nach Bereicherungsrecht die Abschleppkosten (teilweise) zurück, obliegt ihm die Widerlegung des angeführten Rechtsgrundes.[114] Zur Zulässigkeit einer Videoüberwachung von Parkplätzen → *Dashcam* Rn. 2, → *Videoüberwachung* Rn. 17 ff. 47

Insbesondere bei einem **Unterlassungsantrag** ist auf eine hinreichende **Bestimmtheit** gemäß § 253 Abs. 2 Nr. 2 ZPO zu achten, wobei auch durch Auslegung anhand der Klagebegründung die erforderliche Bestimmtheit im Hinblick auf die Vollstreckbarkeit erreicht werden kann.[115] Dies bedeutet bei einer etwaigen 48

---

105 BGH Urt. v. 4.7.2014 – V ZR 229/13, NJW 2014, 3727 (dort die Widerklage).

106 BGH Urt. v. 5.6.2009 – V ZR 144/08, BGHZ 181, 233 = NJW 2009, 2530.

107 LG Kleve Urt. v. 26.5.2009 – 4 O 77/09, BeckRS 2009, 19551.

108 *Vollkommer* in Zöller ZPO § 935 Rn. 10; *Drescher* in MüKo ZPO § 935 Rn. 17; siehe auch OLG Düsseldorf Beschl. v. 6.1.2015 – I-16 W 92/14, NJW 2015, 2050.

109 OLG Stuttgart Beschl. v. 8.11.2006 – 10 W 74/06, NJW-RR 2007, 527; *Schäfer* in MüKoBGB § 862 Rn. 3; *Raff* in MüKoBGB § 1004 Rn. 302 mwN.

110 LG München Beschl. v. 23.2.2016 – 31 T 2775/16, NJW-RR 2016, 663.

111 BGH Urt. v. 4.7.2014 – V ZR 229/13, NJW 2014, 3727.

112 Vgl. *Gutzeit* in Staudinger BGB § 862 Rn. 10.

113 AG Pfaffenhofen Urt. v. 15.11.2019 – 1 C 552/19, juris Rn. 43 f.

114 BGH Urt. v. 5.6.2009 – V ZR 144/08, BGHZ 181, 233 = NJW 2009, 2530.

115 BGH Urt. v. 18.12.2015 – V ZR 160/14, NJW 2016, 863.

Bedingung für die Parkberechtigung (→ Rn. 3), dass deren Nichteinhaltung (Parkschein lösen, Höchstparkdauer etc) im Antrag enthalten sein muss, da diese erst die Besitzstörung auslöst.[116]

49 Für eine mögliche Vollstreckung eines Unterlassungsanspruchs ist die **Androhung von Ordnungsmitteln** (Ordnungsgeld und Ordnungshaft) erforderlich. Diese kann und sollte aus prozessökonomischen Gründen mit dem Klageantrag auf Unterlassung verbunden werden, und kann dann vom Prozessgericht im Urteil oder der einstweiligen Verfügung auch ausgesprochen werden, § 890 Abs. 2 ZPO. Anderenfalls muss die Androhung im Beschlussverfahren nach §§ 890 Abs. 2, 891 ZPO herbeigeführt werden.[117] Für die Androhung genügt hinsichtlich der Höhe des Ordnungsgeldes in der Regel die Bezugnahme auf den Ordnungsgeldrahmen bis 250.000 EUR.[118] Es können Ordnungsgeld und Ordnungshaft zusammen angedroht werden.[119] Die Festsetzung ist schließlich verschuldensabhängig, so dass für den Störer ein Raum für Entschuldigung bleibt.[120] Hinsichtlich der Höhe bzw. Dauer des Ordnungsmittels ist letztlich Art, Dauer, Umfang des Verstoßes, Verschuldensgrad, Vorteil aus der Störungshandlung im Einzelfall zu berücksichtigen.[121] Die Festsetzung erfordert einen Antrag des Gläubigers, der keine bestimmte Höhe oder Dauer des Ordnungsmittels enthalten muss; eine dennoch beantragte, bestimmte Höhe beschränkt aber das Gericht in seiner Ermessensentscheidung, § 308 Abs. 1 ZPO.[122] Das Mindestmaß der Ordnungsmittel ergibt sich aus Art. 6 Abs. 1 bzw. Abs. 2 EGStGB (5 EUR bzw. ein Tag).[123] Zahlungserleichterungen (Zahlungsfrist, Ratenzahlungen) können nach Maßgabe des Art. 7 Abs. 1 Satz 1 EGStGB gewährt werden.

III. Blockieren von Ein- und Zufahrten

1. Beseitigungsanspruch und Selbsthilferecht

50 Ein weiteres, nicht selten auftretendes Ärgernis ist das Blockieren der Zu- bzw. Einfahrt zu einem Grundstück durch geparkte Fahrzeuge. Dabei ist es irrelevant, ob das Fahrzeug schon auf dem Grundstück oder noch auf einer öffentlichen Straße geparkt ist, da ein Grundstückseigentümer im Rahmen des **§ 1004 Abs. 1 Satz 1 BGB analog** auch Zugangsbehinderungen abwehren darf.[124] § 903 BGB umfasst auch die Nutzung der (öffentlichen) Straße im Rahmen des Gemeingebrauchs[125], weil der Eigentümer auf die sein Grundstück erschließende Straße besonders angewiesen ist.[126] Soweit der Mietvertrag auch die Nutzung eines Grundstücks mit dem Kfz umfasst, liegt auch für den Mieter – gleiches gilt für den Pächter – eine Besitzbeeinträchtigung gemäß **§§ 862 Abs. 1, 858 Abs. 1 BGB** vor.[127] Teilweise wird in solchen Fällen die Abgrenzung zu § 985 BGB problematisiert, der im Falle der Besitzentziehung oder -vorenthaltung einschlägig ist.[128] Dies könnte bei einer Blockade sämtlicher Zugänge zu einem Grundstück der Fall sein.[129] In den Parkfällen dürfte eine Besitzentziehung aber regelmäßig deshalb ausscheiden, da zumindest der fußläufige

---

116 BGH Urt. v. 18.12.2015 – V ZR 160/14, NJW 2016, 863.
117 BGH Urt. v. 18.12.2015 – V ZR 160/14, NJW 2016, 863; LG Kleve Urt. v. 26.5.2009 – 4 O 77/09, BeckRS 2009, 19551.
118 VGH München Beschl. v. 3.4.2018 – 22 S 17.2080, juris Rn. 29; siehe Tenor von AG Frankfurt Urt. v. 21.7.2017 – 33 C 767/17, juris vor Rn. 1.
119 BGH Beschl. v. 23.10.2003 – I ZB 45/02, BGHZ 156, 335 = NJW 2004, 506.
120 BVerfG Beschl. v. 4.12.2006 – 1 BvR 1200/04, NJW-RR 2007, 860.
121 BGH Beschl. v. 23.10.2003 – I ZB 45/02, BGHZ 156, 335 = NJW 2004, 506; *Seibel* in Zöller ZPO § 890 Rn. 18.
122 *Seibel* in Zöller ZPO § 890 Rn. 13, 17 f.
123 *Seibel* in Zöller ZPO § 890 Rn. 18.
124 BGH Urt. v. 1.7.2011 – V ZR 154/10, NJW-RR 2011, 1476; BGH Urt. v. 13.3.1998 – V ZR 190/97, NJW 1998, 2058; KG Berlin Beschl. v. 13.7.2015 – 8 U 15/15, MDR 2016, 78; OLG Karlsruhe Urt. v. 7.12.1977 – 1 U 210/77, NJW 1978, 274; *Raff* in MüKoBGB § 1004 Rn. 120.
125 Vgl. bspw. § 14 Abs. 3 SächsStrG, § 14a StrWG NRW, § 10 BerlStrG.
126 BGH Urt. v. 1.7.2011 – V ZR 154/10, NJW-RR 2011, 1476; LG Köln Urt. v. 26.9.2018 – 13 S 162/17, juris Rn. 4; *Thole* in Staudinger BGB § 1004 Rn. 152.
127 Vgl. KG Berlin Beschl. v. 13.7.2015 – 8 U 15/15, MDR 2016, 78.
128 *Ebbing* in Erman BGB § 1004 Rn. 15, 26.
129 *Thole* in Staudinger BGB § 1004 Rn. 236.

Zugang zum Grundstück möglich ist und daher nur eine Beeinträchtigung vorliegt, da lediglich eine bestimmte Nutzung (Befahren mit dem Kfz) beeinträchtigt ist.

Das Abwehrrecht steht neben dem Eigentümer auch allen **beschränkt dinglich Berechtigten** zu.[130] Inwieweit deren Recht beeinträchtigt ist, bestimmt sich nach dem Inhalt des Grundbuches.[131] Der Berechtigte kann den Abwehranspruch auch dann geltend machen, wenn er nicht selbst beeinträchtigt ist, sondern lediglich seine Besucher, Mitarbeiter oder Mieter.[132] 51

Anders als beim unberechtigten Parken auf einem Parkplatz (→ Rn. 10) ist bei der Zugangsbehinderung auf öffentlichen Straßen eine **tatsächliche Behinderung** eines ein- oder ausfahrwilligen Fahrers erforderlich.[133] Dies ergibt sich daraus, dass einem Grundstückseigentümer an der sein Grundstück erschließenden Straße kein umfassendes Herrschaftsrecht im Sinne des § 903 BGB, sondern lediglich ein Nutzungsrecht zusteht.[134] Möchte während der Dauer des Parkens niemand das Grundstück mit einem Fahrzeug verlassen oder erreichen, fehlt es folglich an einer Beeinträchtigung im Sinne des § 1004 Abs. 1 BGB. 52

Die erforderliche **Beeinträchtigung** der Ein- oder Ausfahrt kann sich derart darstellen, dass das störende Fahrzeug unmittelbar – vollständig oder teilweise – vor der Grundstückszufahrt abgestellt ist. Ebenso ist eine Behinderung aber anzunehmen, wenn auf einer engen Straße auf der der Zufahrt gegenüberliegenden Straßenseite geparkt wird.[135] Für das Vorliegen einer Beeinträchtigung kommt es nicht darauf an, ob ein bußgeldbewährter[136] Verstoß gegen § 12 Abs. 2, Abs. 3 Nr. 3 StVO vorliegt.[137] Entscheidend ist allein die tatsächliche Beeinträchtigung des Zugangs bzw. der Zufahrt. Ein bloßes Erschweren der Einfahrt, etwa weil ein Rangieren notwendig wird, erreicht indes die Schwelle der Beeinträchtigung nicht.[138] 53

Der BGH nimmt aber eine **Duldungspflicht** nach § 1004 Abs. 2 BGB bei bloß kurzfristigen bzw. kurzfristig zu beseitigenden Behinderungen aus dem nachbarlichen Gemeinschaftsverhältnis an.[139] So kann der Berechtigte verpflichtet sein, etwa bei Be- und Entladevorgängen, eine kurze Zeit bis zu deren Abschluss zu warten. Bei objektiv erkennbaren Eilfällen muss der Be- oder Entladevorgang aber unterbrochen und die Zufahrt frei gemacht werden, um das unverzügliche Ein- oder Ausfahren zu ermöglichen.[140] 54

Eine Duldungspflicht kann zudem aus dem **Selbsthilferecht des Vermieters** zum Schutz seines Vermieterpfandrechts folgen, §§ 562, 562b Abs. 1 BGB.[141] Dies setzt voraus, dass das Pfandrecht ausgeübt wurde und zudem pfändbare, im Eigentum des Mieters stehende Gegenstände vorhanden sind.[142] Dabei sind die Einschränkungen des Vermieterpfandrechts nach § 562 Abs. 1 Satz 2 BGB iVm § 811 ZPO, § 562a Satz 2 BGB sowie § 562c BGB wie auch die Verhältnismäßigkeit analog § 230 Abs. 1 BGB[143] zu beachten. Da dem Vermieter etwa auch der Schlösseraustausch oder das Verschließen von Türen gestattet ist,[144] dürfte auch das Blockieren von Zufahrten, um etwa das Entfernen von (dem Pfandrecht unterliegenden) Fahrzeu- 55

130 BGH Urt. v. 13.3.1998 – V ZR 190/97, NJW 1998, 2058.
131 LG Köln Urt. v. 26.9.2018 – 13 S 162/17, juris Rn. 6; krit. *Riemer* NZV 2019, 99.
132 BGH Urt. v. 1.7.2011 – V ZR 154/10, NJW-RR 2011, 1476; BGH Urt. v. 13.3.1998 – V ZR 190/97, NJW 1998, 2058.
133 BGH Urt. v. 1.7.2011 – V ZR 154/10, NJW-RR 2011, 1476.
134 BGH Urt. v. 1.7.2011 – V ZR 154/10, NJW-RR 2011, 1476.
135 OLG Karlsruhe Urt. v. 7.12.1977 – 1 U 210/77, NJW 1978, 274.
136 § 49 Abs. 1 Nr. 12 StVO, § 24 StVG.
137 BGH Urt. v. 1.7.2011 – V ZR 154/10, NJW-RR 2011, 1476; anders noch OLG Karlsruhe Urt. v. 7.12.1977 – 1 U 210/77, NJW 1978, 274.
138 LG Köln Urt. v. 26.9.2018 – 13 S 162/17, juris Rn. 4; krit. *Riemer* NZV 2019, 99.
139 BGH Urt. v. 1.7.2011 – V ZR 154/10, NJW-RR 2011, 1476.
140 BGH Urt. v. 1.7.2011 – V ZR 154/10, NJW-RR 2011, 1476.
141 KG Berlin Beschl. v. 13.7.2015 – 8 U 15/15, MDR 2016, 78.
142 KG Berlin Beschl. v. 13.7.2015 – 8 U 15/15, MDR 2016, 78.
143 *Emmerich* in Staudinger BGB § 562b Rn. 9.
144 BGH Urt. v. 14.11.2001 – XII ZR 142/99, NJW-RR 2002, 515; OLG Karlsruhe Urt. v. 11.2.2005 – 10 U 199/03, NZM 2005, 542; *Emmerich* in Staudinger BGB § 562b Rn. 9.

gen[145] zu verhindern, zulässig sein. Ebenso könnte die Ausfahrt eines Transportfahrzeuges, in das der Mieter bereits Möbel oder anderer Wertgegenstände geladen hat, zulässigerweise verhindert werden.

56 Ist hiernach eine nicht zu duldende Beeinträchtigung zu bejahen, kann das **Selbsthilferecht** durch Abschleppen ausgeübt werden und die **Kosten** vom Fahrer oder Halter verlangt werden (→ Rn. 19 ff.).

2. Unterlassungsanspruch

57 Daneben besteht wiederum ein Unterlassungsanspruch nach **§ 1004 Abs. 1 Satz 2 BGB (analog) bzw. § 862 Abs. 1 Satz 2 BGB (analog).**[146] Daher kann der Fahrer oder Halter abgemahnt und zur Abgabe einer (strafbewährten) Unterlassungserklärung aufgefordert werden.

58 Für eine **Wiederholungsgefahr** beim Unterlassungsanspruch besteht ebenfalls aufgrund einer einmaligen Störung eine tatsächliche Vermutung.[147]

3. Sachenrechtliches Wegerecht

59 Nicht selten dürfte die **Zufahrt zu einer Garage** oder überhaupt zu einem Grundstück über ein benachbartes Grundstück führen (→ *Betreten des Nachbargrundstücks* Rn. 8 ff.), da etwa keine eigene Anbindung an das Straßennetz besteht. In diesen Fällen ist für den Nachbarn, der auf die Benutzung des Nachbargrundstücks angewiesen ist, ein Wegerecht wichtig, um Rechtssicherheit hinsichtlich der Benutzung fremden Grund und Bodens zu erlangen.

60 Ein dingliches **Wegerecht** stellt eine **Grunddienstbarkeit** nach § 1018 Var. 1 BGB dar. Diese kann rechtsgeschäftlich vereinbart werden und ist nach §§ 873, 874 BGB im Grundbuch einzutragen. Zumindest für die Eintragung im Grundbuch ist die notarielle Beglaubigung (§ 129 BGB) der Bewilligung und des Antrages erforderlich, §§ 13, 19, 29 GBO, so dass dies auch in einer Urkunde mit der Einräumung der Grunddienstbarkeit erfolgen kann. Der Berechtigte und auch sein Rechtsnachfolger (→ *Rechtsnachfolge* Rn. 15) kann dann Beeinträchtigungen des Wegerechts nach §§ 1027, 1004 BGB, sein Mieter nach §§ 1029, 862, 858 BGB abwehren. Der Inhalt des Wegerechts sollte möglichst genau festgelegt werden, um spätere Streitigkeiten zu vermeiden. Fehlt es an einer näheren Inhaltsbestimmung wird man davon ausgehen müssen, dass das Befahren mit einem Kfz zulässig ist, jedoch der Notweg nicht zum Parken genutzt werden darf.[148]

61 Darüber hinaus kann aber im Rahmen der Privatautonomie die Nutzung eines Grundstücks zur Überfahrt auch allein **vertraglich** vereinbart werden. Dies hat allerdings den Nachteil, dass die Vereinbarung nicht ohne Weiteres für die Rechtsnachfolger des Wegeberechtigten (→ *Rechtsnachfolge* Rn. 15) wirkt. Ein Wegerecht kann nicht aus Gewohnheitsrecht abgeleitet werden, selbst wenn die Nutzung eines Grundstücks als Zuwegung jahrzehntelang geduldet wurde, da es an einer über den Einzelfall hinausgehenden, diesbezüglichen Übung fehlt.[149]

62 Besteht kein solches Wegerecht, so kann sich ein **Notwegerecht** (→ *Notweg* Rn. 1 ff.) nach Maßgabe der §§ 917, 918 BGB ergeben. Voraussetzung ist hier im Wesentlichen das Fehlen einer Verbindung zu öffentlichen Straßen, die die ordnungsgemäße Benutzung des Grundstücks erlaubt. Dies ist insbesondere auch der Fall, wenn das Grundstück zwar fußläufig, aber nicht mit einem Pkw erreicht werden kann[150] oder die Schaffung der erforderlichen Verbindung wirtschaftlich unzumutbar ist.[151] Ist die Nutzung von Garagen auf dem Grundstück beabsichtigt, kommt es aber darauf an, ob diese baurechtlich genehmigt oder genehmigungsfähig sind.[152] Nach § 917 Abs. 2 BGB steht den Eigentümern des in Anspruch genommenen Grund-

145 Hierzu BGH Urt. v. 6.12.2017 – XII ZR 95/16, BGHZ 217, 92 = NJW 2018, 1083.
146 KG Berlin Beschl. v. 13.7.2015 – 8 U 15/15, MDR 2016, 78; zu den Einzelheiten → Rn. 15 ff.
147 BGH Urt. v. 1.7.2011 – V ZR 154/10, NJW-RR 2011, 1476.
148 *Wegmann/Reischl* in BeckOK BGB § 1018 Rn. 54.
149 BGH Urt. v. 24.1.2020 – V ZR 155/18, NJW 2020, 1360.
150 BGH Urt. v. 12.12.2008 – V ZR 106/07, NJW-RR 2009, 515.
151 Vgl. BGH Urt. v. 7.7.2006 – V ZR 159/05, NJW 2006, 3426.
152 BGH Urt. v. 24.1.2020 – V ZR 155/18, NJW 2020, 1360.

stücks (§ 913 BGB) eine sog. Notwegerente zu, die sich allein nach dem Nutzungsverlust dieses Grundstücks bestimmt.[153] Ein Abkaufsrecht nach § 915 BGB besteht mangels Verweisung in § 917 Abs. 2 BGB aber nicht.

Ein Wegerecht kann auch nach jahrzehntelanger tatsächlicher Übung **nicht als Gewohnheitsrecht** entstehen.[154] Es fehlt in solchen Konstellationen an der über das konkrete Rechtsverhältnis hinausreichenden Geltung. Daher kann ein Wegerecht nur durch vertragliche Vereinbarung oder nach § 917 BGB entstehen.[155] 63

4. Besonderheiten in WEG

In Wohnungseigentümergemeinschaften kann sich ein Unterlassungsanspruch gegen andere Mitglieder der Gemeinschaft aus § 1004 Abs. 1 BGB iVm §§ 14 Abs. 1 Nr. 1 und 2 WEG ergeben, wenn Gemeinschaftsflächen unberechtigt zum Parken verwendet werden. Allerdings folgt aus dem Gedanken der gegenseitigen Rücksichtnahme innerhalb der Gemeinschaft die Notwendigkeit einer **tatsächlichen Beeinträchtigung**, so dass nicht der bloße Verstoß gegen Bestimmungen der Wohnungseigentümergemeinschaft bereits Abwehransprüche auslöst.[156] Daher muss durch abgestellte Fahrzeuge tatsächlich die Zufahrt zum Sondereigentum, etwa durch Blockieren oder Verengen, behindert werden.[157] 64

IV. Einwirkungen vom geparkten Fahrzeug

Geparkte Fahrzeuge können störende Emissionen verursachen, die Nachbarn beeinträchtigen. Diese können nach den **§§ 1004 Abs. 1, 906 BGB** abgewehrt werden. Lediglich obligatorisch Berechtigten, wie Mietern, steht dieser Anspruch nicht zu. Sie können aber vom Eigentümer zu deren Geltendmachung ermächtigt werden.[158] 65

Der von einer **Standheizung** ausgehende **Lärm** stellt insbesondere in Wohngebieten zur Nachtzeit oder in den Morgenstunden eine nicht zu duldende Einwirkung dar.[159] Hierdurch können Schlafstörungen hervorgerufen werden, die nicht durch das Interesse des Fahrzeugführers an einem warmen Fahrzeug aufgewogen werden.[160] 66

Aufgrund der Gesundheitsgefahren sind auch die durch ein **Warmlaufenlassen** eines Fahrzeugs erzeugten Abgase, Gerüche und Geräusche nicht hinzunehmen.[161] Hierbei ist auch die Wertung des § 30 Abs. 1 Satz 1 StVO zu berücksichtigen, der ein solches Verhalten sogar unter Bußgeldandrohung (§ 49 Abs. 1 Nr. 25 StVO, § 24 StVG) verbietet. 67

Die beim üblichen Ein- und Ausparken entstehenden **Abgase und Gerüche** sind jedoch hinzunehmen, da diese durch eine ortsübliche Nutzung hervorgerufen werden.[162] 68

Behinderungen können auch deshalb entstehen, weil Fahrzeuge sehr nah an anderen geparkt werden, so dass das Ein- und Aussteigen oder Ein- und Ausparken nicht unerheblich erschwert wird. Ein Stellplatz 69

153 BGH Urt. v. 16.11.1990 – V ZR 297/89, BGHZ 113, 32 = NJW 1991, 564; OLG Brandenburg Urt. v. 21.2.2013 – 5 U 187/08, juris Rn. 62.
154 BGH Urt. v. 24.1.2020 – V ZR 155/18, NJW 2020, 1360.
155 BGH Urt. v. 24.1.2020 – V ZR 155/18, NJW 2020, 1360.
156 BGH Beschl. v. 21.12.2000 – V ZB 45/00, BGHZ 146, 241 = NJW 2001, 1212; AG Hamburg Urt. v. 10.3.2017 – 22a C 253/15, juris Rn. 20, 24.
157 AG Hamburg Urt. v. 10.3.2017 – 22a C 253/15, juris Rn. 25 ff.; siehe auch LG Karlsruhe Urt. v. 26.5.2009 – 11 S 83/08, juris Rn. 10 f. (Verengung Garagenzufahrt); LG Düsseldorf Urt. v. 28.11.2013 – 19 S 25/13, juris Rn. 7 (keine Beeinträchtigung durch bloßes Umfahren eines Fahrzeugs).
158 *Roth* in Staudinger BGB § 910 Rn. 6; *Lüke* in Grziwotz/Lüke/Saller, NachbarR-HdB, 2. Teil Rn. 372.
159 AG München Urt. v. 7.1.2005 – 123 C 3000/03, NZM 2005, 159.
160 AG München Urt. v. 7.1.2005 – 123 C 3000/03, NZM 2005, 159.
161 Ebenso wohl *Horst* NachbarR-HdB Rn. 721.
162 *Horst* NachbarR-HdB Rn. 720.

darf jedoch vom Berechtigten unter Ausnutzung der gesamten **Stellplatzfläche** genutzt werden.[163] Ansonsten wären viele Stellplätze für große und breite Fahrzeuge nicht nutzbar. Dennoch gebietet die Rücksichtnahmepflicht zwischen Nachbarn, soweit möglich, ausreichend Platz zu den angrenzenden Stellplätzen zu lassen. Eine Eigentums- oder Besitzbeeinträchtigung liegt aber erst dann vor, wenn das Fahrzeug die Grenze zum benachbarten Stellplatz überschreitet.

70 Ein geparktes Fahrzeug (etwa auf dem Nachbargrundstück) kann über die **Grundstücksgrenze** in ein Grundstück unberechtigterweise hineinragen und, je nach den örtlichen Gegebenheiten, dessen Nutzung beeinträchtigen. Eine solche Störung kann ebenfalls nach § 1004 Abs. 1 BGB oder § 862 Abs. 1 BGB abgewehrt werden.[164] Dabei hier richtet sich der Anspruch sowohl gegen den Fahrer als unmittelbaren Störer als auch gegen den Halter als mittelbaren Störer, da letzterer die Nutzer seines Grundstücks von Störungen des Nachbargrundstücks abhalten müsste und zudem allein in der Lage zu baulichen Änderungen berechtigt ist, um Störungen zu unterbinden.[165] In diesen Fällen wird aber eine nähere Prüfung der Erheblichkeit der Beeinträchtigung geboten sein.

71 In Ausnahmefällen, nämlich wenn feststeht, dass künftige Störungen nur durch bestimmte Maßnahmen verhindert werden können, kann der Störer, v.a. etwa der Grundstücksnachbar, auch zu konkreten, etwa baulichen oder gärtnerischen **Sicherungsmaßnahmen** verurteilt werden.[166] Je nach den örtlichen Gegebenheiten sind etwa die Pflanzung einer Hecke oder der Bau eines Zaunes denkbar. Eine bewegliche Kette ist als eine solche Maßnahme aber schlechthin ungeeignet, da hiervon lediglich eine psychologische Wirkung ausgeht.[167]

72 In **Wohnungseigentümergemeinschaften** kommt eine gleichgelagerte Störung in Betracht, wenn Fahrzeuge so abgestellt werden, dass sie in **Gemeinschaftsflächen** hineinragen.[168] Dann bestehen die Ansprüche aus § 1004 Abs. 1 BGB iVm § 14 Abs. 1 Nr. 1 WEG und §§ 862 Abs. 1, 858 Abs. 1 BGB (→ Rn. 39). Eine Duldungspflicht (§ 1004 Abs. 2 BGB) bzw. die fehlende Widerrechtlichkeit kann sich aus einem Beschluss der Wohnungseigentümergemeinschaft (§§ 10 Abs. 1, 23 WEG) ergeben, womit eine derartige Nutzung der Gemeinschaftsfläche gestattet wird.[169]

V. Schäden am geparkten Fahrzeug

73 Selbstverständlich sind geparkte Fahrzeuge durch **§ 823 Abs. 1 BGB und ggf. § 7 StVG** geschützt und etwaige Beschädigungen hieran machen den Schädiger und den Halter schadensersatzpflichtig. Dies gilt nicht nur für den Eigentümer des Fahrzeugs, sondern auch für den berechtigten unmittelbaren Besitzer, wie Mieter oder v.a. Leasingnehmer, da auch deren Rechtsposition als sonstiges Recht iS von § 823 Abs. 1 BGB oder auch § 7 StVG geschützt ist.[170] Letztere können jedenfalls einen Haftungsschaden und Nutzungsausfallschaden geltend machen.[171] Umstritten und vom BGH bisher ausdrücklich offengelassen ist die Möglichkeit des obligatorisch Berechtigten, auch den Sachschaden geltend zu machen.[172] Jedenfalls

163 AG München Urt. v. 11.6.2013 – 415 C 3398/13, juris Rn.
164 OLG Karlsruhe Beschl. v. 5.9.2016 – 9 U 135/15, juris Rn. 20.
165 OLG Karlsruhe Beschl. v. 5.9.2016 – 9 U 135/15, juris Rn. 21; Gursky in Staudinger BGB, Neubearbeitung 2012, § 1004 Rn. 122.
166 OLG Karlsruhe Beschl. v. 5.9.2016 – 9 U 135/15, juris Rn. 22; BGH Urt. v. 12.12.2003 – V ZR 98/03, NJW 2004, 1035.
167 OLG Karlsruhe Beschl. v. 7.12.2016 – 9 U 135/15, juris Rn. 8 f. und in Bezug genommener Beschl. v. 5.9.2016 – 9 U 135/15, juris Rn. 26 ff.
168 AG Potsdam Urt. v. 15.7.2014 – 22 C 87/13, juris Rn. 28 f.
169 AG Potsdam Urt. v. 15.7.2014 – 22 C 87/13, juris Rn. 28 f.
170 BGH Urt. v. 29.1.2019 – VI ZR 481/17, NJW 2019, 1669.
171 BGH Urt. v. 29.1.2019 – VI ZR 481/17, NJW 2019, 1669; BGH Urt. v. 5.11.1991 – VI ZR 145/91, BGHZ 116, 22 = NJW 1992, 553.
172 BGH Urt. v. 29.1.2019 – VI ZR 481/17, NJW 2019, 1669 (auch zum Streitstand).

können fiktive Reparaturkosten nur mit Zustimmung des Leasinggebers (§ 182 BGB) und Reparaturkosten vom Haftungsschaden regelmäßig nur bei erfolgter Reparatur geltend gemacht werden.[173]

Neben durch andere Fahrzeuge verursachte Schäden, können Beschädigungen auch **durch Personen** (Kratzen mit einem Schlüssel oder anderen metallischen Gegenständen; Beschädigungen der Reifen etc; Kinder beim Spielen; → *Kinder* Rn. 37 ff.) **oder Tiere**[174] verursacht werden. Im letztgenannten Fall haftet der Tierhalter nach § 833 BGB, soweit sich die spezifische Tiergefahr realisiert hat, was bei freilaufenden Katzen nicht der Fall sein dürfte.[175] Insbesondere bei Katzen greift regelmäßig mangels Nutzcharakter des Tieres § 833 S. 2 BGB nicht ein. 74

Sofern es bereits zu Beschädigungen gekommen ist, besteht zudem ein Anspruch auf **Unterlassung künftiger Beschädigungen** nach § 1004 Abs. 1 Satz 2 BGB bzw. §§ 862 Abs. 1 Satz 2, 858 BGB. Dies gilt auch dann, wenn die Schäden durch ein Haustier des Nachbarn verursacht wurden.[176] Hierbei bestehen in der Praxis aber häufig Beweisschwierigkeiten bzw. erfordert die Beweisführung einen größeren Aufwand.[177] Es besteht keine Pflicht zur Duldung des tierischen Verhaltens nach § 906 Abs. 2 BGB oder aus dem nachbarlichen Gemeinschaftsverhältnis; ebenso wenig muss der Geschädigte durch eigene Maßnahmen (zB eine Abdeckplane) künftige Schäden verhindern.[178] 75

VI. Bezüge zum öffentlichen Recht

Unter zwei Gesichtspunkten bestehen Verbindungen zum öffentlichen Baunachbarrecht, welche sowohl das Bauplanungs- als auch das Bauordnungsrecht betreffen. 76

Zunächst regelt § 12 BauNVO die **Zulässigkeit der Errichtung von Stellplätzen** und Garagen (→ *Garage und Stellplatz* Rn. 2 ff.), die in allen Wohngebieten zulässig sind, mit Einschränkungen für Kleinsiedlungsgebiete, reine und allgemeine Wohngebiete in § 12 Abs. 2 BauNVO. Allerdings kann sich eine Unzulässigkeit aus dem Rücksichtnahmegebot des § 15 Abs. 1 Satz 2 BauNVO ergeben, wenn hierdurch nach den Eigenarten des Baugebietes unzumutbare Beeinträchtigungen, insbesondere durch den An- und Abfahrtsverkehr, entstehen.[179] Liegen solche Beeinträchtigungen vor, kann der Nachbar[180] ein Abwehrrecht geltend machen und im Wege der Anfechtungsklage nach § 113 Abs. 1 Satz 1 VwGO gegen die Baugenehmigung vorgehen (→ *Rechtsschutz, verwaltungsrechtliches Hauptsacheverfahren* Rn. 1 ff.). 77

In den Landesbauordnungen[181] kann zudem eine **Stellplatzpflicht** für neue Bauvorhaben enthalten sein, wonach für den geplanten Gebrauch die erforderlichen Stellplätze zur Entlastung des öffentlichen Verkehrsraumes bereitzustellen sind.[182] Diese Vorschriften sind daher nicht nachbarschützend. 78

Weiterhin finden sich in einigen Bauordnungen[183] Vorgaben für die **Anordnung von Stellplätzen** und Garagen, die eine für Nachbarn wenig belastende Nutzung gewährleisten sollen. Solche Pflichten für die Stell- 79

173 BGH Urt. v. 29.1.2019 – VI ZR 481/17, NJW 2019, 1669.
174 Siehe Sachverhalt bei AG Bremen Urt. v. 8.11.2017 – 19 C 227/16, NJOZ 2019, 637 (Lackkratzer und Verschmutzungen durch Katze des Nachbarn); → *Bienen* Rn. 25 ff.; → *Hund* Rn. 13 ff.; → *Katze* Rn. 22 ff.
175 Vgl. BGH Urt. 31.5.2016 – VI ZR 465/15, NJW 2016, 2737; *Wagner* in MüKoBGB § 833 Rn. 13, 22; *Eberl-Borges* in Staudinger BGB § 833 Rn. 38, 60 ff. (zur Problematik der Erfassung natürlichen Tierverhaltens).
176 AG Bremen Urt. v. 8.11.2017 – 19 C 227/16, NJOZ 2019, 637.
177 Siehe AG Bremen Urt. v. 8.11.2017 – 19 C 227/16, NJOZ 2019, 637 (Videoüberwachung und DNA-Gutachten).
178 AG Bremen Urt. v. 8.11.2017 – 19 C 227/16, NJOZ 2019, 637.
179 BVerwG Beschl. v. 20.3.2003 – 4 B 59/02, NVwZ 2993, 1516; *Schulte Beerbühl* Rn. 243 ff.
180 Zum Begriff: *Schulte Beerbühl* Rn. 21 ff.
181 Siehe etwa § 48 BauO NRW; § 49 SächsBauO; Art. 47 BayBO; ggf. mit Satzungsermächtigung für die Gemeinden, bspw. §§ 49, 85 Abs. 1 Nr. 4 BremLBO; §§ 48, 85 Abs. 1 Satz 4 BauO LSA.
182 *Schulte Beerbühl* Rn. 697 f.
183 Siehe bspw. § 37 Abs. 8 BauO BW; § 47 Abs. 3, 6, 7, 8 BauO RP.

platzanordnung folgen auch aus dem Rücksichtnahmegebot des § 15 BauNVO[184] und haben daher drittschützenden Charakter mit den entsprechenden Rechtsschutzmöglichkeiten des Nachbarn.[185]

80 Der zweite Aspekt betrifft die notwendige und ausreichende **Erschließung** von Grundstücken. Wird durch ein Bauvorhaben die Verkehrssituation für benachbarte Grundstücke durch Straßenüberlastung und Parksuchverkehr erheblich verschärft und ist die Gesamtbelastung für die Nachbarn unzumutbar, kann dies in Ausnahmefällen gegen das baurechtliche Rücksichtnahmegebot verstoßen.[186] Allein die Enge der Straße, die stellenweise ein Abwarten bei Gegenverkehr erfordert, genügt für die Annahme der Unzumutbarkeit noch nicht.[187] Ebenso wenig genügt das verkehrswidrige Parken der Nutzer eines neuen Bauvorhabens, da dieser Situation mit den Mitteln des Polizei- und Ordnungsrechts zu begegnen ist.[188]

96. Party

Marx

Literatur: *Büring*, Partylärm durch Vermietung an Touristen ist Mietmangel, IMR 2016, 500.

I. Partylärm

1 Partylärm ist Teil des Freizeitlärms und entsteht regelmäßig bei Feiern nach Feierabend – mitunter bis in die Abend- oder Nachtstunden – und an Wochenenden bzw. Sonn- und Feiertagen. In diesen lärmsensiblen Zeiträumen suchen die einen Ruhe zur Entspannung, die anderen Geselligkeit und Kommunikation, oftmals aus besonderen Anlässen wie Geburtstagen usw. Partylärm ist auch Nachbarschaftslärm, da die störenden Geräusche (Gespräche, Gelächter, Musik, Parken und Abfahren von Pkw usw.) auch durch das Verhalten von Personen aus der Nachbarschaft erzeugt werden (→ *Musik* Rn. 4; → *Parken* Rn. 65 ff.). Die Begrenzung und Beurteilung von Partylärm ist nicht bundeseinheitlich geregelt, weil der Bund für den Schutz vor **verhaltensbezogenem** Lärm keine Gesetzgebungskompetenz besitzt (→ *Lärm, allgemein* Rn. 3). Vorschriften finden sich allerdings in den Landesimmissionsschutzgesetzen der Bundesländer, in gemeindlichen Satzungen oder auch in Hausordnungen (→ *Hausordnung* Rn. 24 ff.). Dem Nachbarn stehen

184 *Schulte Beerbühl* Rn. 670 ff.; BVerwG Beschl. v. 20.3.2003 – 4 B 59/02, NVwZ 2003, 1516; VG München Urt. v. 8.10.2019 – M 11 K 19.2578, juris Rn. 40 ff.; vgl. auch VG Schleswig Beschl. v. 28.10.2019 – 2 B 45/19, juris Rn. 18.

185 Siehe zu § 43 Abs. BbgBO aF OVG Berlin-Brandenburg Beschl. v. 19.8.2014 – OVG 10 S 57.12, juris Rn. 5 aE; → *Garagen und Stellplatz* Rn. 19.

186 OVG Münster Beschl. v. 17.5.2019 – 7 B 1643/18, juris Rn. 2; OVG Münster Urt. v. 15.5.2013 – 2 A 3009/11, juris Rn. 39, 61 ff. (Einrichtung eines Logistikbetriebes); → *Garage und Stellplatz* Rn. 4, 31.

187 OVG Münster Beschl. v. 17.5.2019 – 7 B 1643/18, juris Rn. 4.

188 OVG Münster Beschl. v. 17.5.2019 – 7 B 1643/18, juris Rn. 4.

zwei Wege zur Verfügung, rechtlich gegen Partylärm vorzugehen. Er kann zum einen zivilrechtliche Abwehransprüche geltend machen oder zum anderen öffentlich-rechtlich die Ordnungs- oder Polizeibehörde zum Einschreiten veranlassen.

II. Zivilrechtliche Abwehr von Partylärm

1. Anspruchsgrundlagen

Dem Nachbarn stehen als Grundstückseigentümer aus **§ 1004 BGB** iVm **§ 906 BGB** Abwehransprüche gegen Partylärm zu. Als Eigentümer des beeinträchtigten Grundstücks kann der Nachbar aus § 1004 Abs. 1 BGB verlangen, dass die durch die Geräusche gegen seinen Willen verursachten Beeinträchtigungen beseitigt und unterlassen werden. Nach § 1004 Abs. 2 BGB ist dieser Anspruch allerdings ausgeschlossen, wenn der Eigentümer zur Duldung verpflichtet ist. Eine solche Duldungspflicht kann sich als rechtshindernde Einwendung aus § 906 Abs. 1 BGB ergeben, wonach der Eigentümer eines Grundstücks ua solche Geräusche nicht verbieten kann, die die Benutzung seines Grundstücks nicht oder nur unwesentlich beeinträchtigen. Wenn die Einwirkung, die die Benutzung des betroffenen Grundstücks mehr als unwesentlich beeinträchtigt, auf einer nicht ortsüblichen Benutzung des Grundstücks des Anspruchsgegners beruht, besteht keine Duldungspflicht aus § 906 Abs. 2 S. 1 BGB. Gleiches gilt für ortsübliche wesentliche, aber vermeidbare Einwirkungen. Entsprechend stellt sich die Rechtslage für den Grundstücks- oder Raumbesitzer, insbesondere den Mieter bzw. Pächter, aus dem Besitzschutz nach **§ 862 BGB** in entsprechender Anwendung von § 906 BGB dar.[1] 2

Inwieweit der Grundstückseigentümer von dem Nachbargrundstück ausgehende Beeinträchtigungen durch Partylärm hinnehmen muss, ist demnach in § 906 BGB eingehend geregelt; aus dem **nachbarrechtlichen Gemeinschaftsverhältnis** ergeben sich insoweit keine weitergehenden Duldungspflichten, weil dieses Rechtsinstitut nicht dazu dienen darf, die nachbarrechtlichen Regelungen in ihr Gegenteil zu verkehren (→ *Nachbarschaftliches Gemeinschaftsverhältnis* Rn. 5).[2] Anderes gilt, wenn § 906 BGB nicht unmittelbar anwendbar ist. § 906 BGB setzt voraus, dass die Störung von einem Grundstück auf ein anderes erfolgt,[3] es sich also um einen Eingriff von außen handelt. Das ist im Verhältnis von Wohnungseigentümern untereinander zwar der Fall, weil es sich bei dem grundstücksgleichen Recht des Wohnungseigentums um „echtes Eigentum" im Sinne von § 903 BGB handelt und eine vom Sondereigentum herrührende Beeinträchtigung von außen kommt.[4] Das Verhältnis von **Mietern** untereinander findet aber in diesem grundstücksbezogenen Regelungszusammenhang des § 906 BGB keine Berücksichtigung.[5] Auch im Verhältnis von Bruchteilseigentümern eines Hausgrundstücks fehlt es bei Immissionen, die von einem Nutzungsbereich auf einen anderen einwirken, an dieser vorausgesetzten Grenzüberschreitung.[6] Entsprechendes gilt, wenn der Partylärm nur vom Gemeinschaftseigentum auf das Sondereigentum derselben Wohnungseigentumsanlage ausgeht. Auch dann besteht eine Identität mit dem beeinträchtigten Grundstückseigentum mit der Folge, dass sich teilweise dieselben Eigentümer zugleich sowohl auf der Störerseite als auch auf Seiten des beeinträchtigten Eigentums befinden.[7] 3

2. Lärmbeeinträchtigungen

Bei den mit einer Party – wie etwa auch mit einem Volksfest – verbundenen Geräuschen handelt es sich um **Immissionen** im Sinne von § 906 Abs. 1 BGB (→ *Volksfest* Rn. 27). Die Geräusche stellen Einwirkungen 4

1 BGH Urt. v. 16.1.2015 – V ZR 110/14, NJW 2015, 221; BGH Urt. v. 29.4.2015 – VIII ZR 197/14, BGHZ 205, 177; *Bub/Treier* MietR-HdB, Kap III Rn. 2581.
2 BGH Urt. v. 13.12.2019 – V ZR 152/18, MDR 2020, 282; *Brückner* in MüKoBGB § 903 Rn. 43 ff.
3 BGH Urt. v. 12.12.2003 – V ZR 180/03, BGHZ 157, 188 (190).
4 BGH Urt. v. 25.10.2013 – V ZR 230/12, BGHZ 198, 327.
5 BGH Urt. v. 29.4.2015 – VIII ZR 197/14, BGHZ 205, 177; BGH Urt. v. 12.12.2003 – V ZR 180/03, BGHZ 157, 188 (190); *Herrler* in Palandt BGB § 906 Rn. 4; für entsprechende Anwendung von § 906 BGB vgl. BGH 16.1.2015 – V ZR 110/14, NJW 2015, 221.
6 BGH Versäumnisurt. v. 10.2.2012 – V ZR 137/11, NJW 2012, 2343.
7 BGH Urt. v. 25.10.2013 – V ZR 230/12, BGHZ 198, 327.

im Sinne von § 903 S. 1 BGB dar, die von einem anderen Grundstück ausgehen und die Grundstücksbenutzung des Nachbarn nach ihrer Intensität nicht, unwesentlich oder wesentlich beeinträchtigen können. Eine Gesundheitsgefährdung oder -beeinträchtigung des Nachbarn ist demnach nicht erforderlich und muss daher von ihm weder behauptet noch bewiesen werden.[8] Abzustellen ist vielmehr auf die Grundstücksbenutzung durch den Nachbarn, die schon im Hinblick auf die Annehmlichkeit des Wohnens durch den Partylärm beeinträchtigt sein kann.

5 **Völlige Stille** kann der Nachbar nicht verlangen. Zwar soll ihm die eigene Wohnung eine möglichst von Umweltgeräuschen ungestörte Ruhe bieten, um sich entspannen, erholen oder auch zuhause arbeiten zu können. Feiern gehört jedoch zu den sozialadäquaten und üblichen Formen der Freizeitbeschäftigung. Es ist von erheblicher Bedeutung für die Lebensfreude und das Gefühlsleben; als übliche Freizeitbeschäftigung hat es an der grundrechtlich geschützten freien Entfaltung der Persönlichkeit gemäß Art. 2 Abs. 1 GG teil.[9] Partygeräusche sind demnach nicht aus dem Grund einzuschränken, dass das Feiern zum persönlichen Vergnügen erfolgt. Vielmehr sind aus dem Feiern ergebende Geräuscheinwirkungen jedenfalls in gewissen Grenzen zumutbar und in diesem Rahmen als unwesentliche Beeinträchtigung des benachbarten Grundstücks im Sinne von § 906 Abs. 1 BGB anzusehen. So wird Partylärm nicht allein dadurch zu einer wesentlichen Beeinträchtigung, dass er auf dem Nachbargrundstück in schwache Zimmerlautstärke zu hören ist. Auf der anderen Seite ergibt sich aus dem Grundrecht auf freie Entfaltung der Persönlichkeit gemäß Art. 2 Abs. 1 GG nicht das Recht, auch nur einmal im Monat zu „überziehen".[10] Die Grenze für die Zulässigkeit von Lärmbeeinträchtigungen gemäß § 906 BGB bestimmt sich nach der Wesentlichkeit der Beeinträchtigung und der Ortsüblichkeit der Benutzung.

3. Unzulässiger Partylärm

6 Der Nachbar hat Partylärm nach § 906 Abs. 1 S. 1 BGB zu dulden, wenn die Geräusche ihn in der Nutzung seines Grundstücks nur unwesentlich beeinträchtigen. Entspricht der Partylärm ortsüblicher Benutzung, sind auch wesentliche Beeinträchtigungen nach § 906 Abs. 2 S. 1 BGB hinzunehmen, sofern Abwehrmaßnahmen unzumutbar sind. Die Grenze der im Einzelfall zu duldenden Geräuschbelästigung lässt sich dabei nicht mathematisch exakt, sondern nur aufgrund wertender Beurteilung festsetzen.[11]

7 **a) Wesentliche Beeinträchtigungen.** Wann Partylärm die Wesentlichkeitsschwelle überschreitet, beurteilt sich nach dem Empfinden eines **verständigen Durchschnittsmenschen** und dem, was diesem unter Würdigung anderer öffentlicher und privater Belange zuzumuten ist.[12]

8 Wesentliche Geräuschimmissionen im Sinne von § 906 Abs. 1 BGB sind identisch mit den erheblichen Geräuschbelästigungen und damit **schädlichen Umwelteinwirkungen** im Sinne von § 3 Abs. 1, § 22 Abs. 1 BImSchG. Die grundlegenden Maßstäbe, mit denen das private und das öffentliche Immissionsschutzrecht die Grenze für eine Duldungspflicht bestimmen, nämlich einerseits Wesentlichkeit und andererseits Erheblichkeit, sind nicht unterschiedlich auszulegen.[13]

9 **aa) Freizeitlärmrichtlinie.** Gemäß § 906 Abs. 1 S. 2 und 3 BGB ist es im Ausgangspunkt ein Indiz für eine wesentliche Beeinträchtigung, wenn die Geräuschimmissionen die zulässigen Richtwerte überschreiten. Als besonderes Regelwerk zur Beurteilung der Lärmimmissionen ist die TA Lärm jedoch nicht anwendbar, da der Partylärm nicht vom Betrieb gewerblicher oder industrieller Anlagen herrührt. Die **Freizeitlärmrichtlinie** (LAI-Hinweise) lässt sich immerhin insoweit heranziehen, als sie auch Grundstücke als Freizeitanlagen erfasst, auf denen Diskothekenpartys, Livemusik-Konzerte, Rockfestivals und ähnliche Veranstaltungen zur Gestaltung der Freizeit im Freien stattfinden (→ *Lärm, Freizeit* Rn. 4). Die Freizeit-

8 *Roth* in Staudinger BGB § 906 Rn. 176.
9 Vgl. nur BVerfG Beschl. v. 27.10.2016 – 1 BvR 458/10, BVerfGE 143, 161.
10 OLG Düsseldorf Beschl. v. 15.1.1990 – 5 Ss (OWi) 197/89, NJW 1990, 1676.
11 BGH Urt. v. 26.10.2018 – V ZR 143/17, NJW 2019, 773.
12 BGH Urt. v. 13.12.2019 – V ZR 152/18, MDR 2020, 282.
13 BGH Urt. v. 25.3.1993 – III ZR 60/91, BGHZ 122, 76; BVerwG Urt. v. 19.1.1989 – 7 C 77/87, NJW 1989, 1291; *Kutscheidt* in Landmann/Rohmer UmweltR BImSchG § 3 Rn. 14a mwN.

lärmrichtlinie unterfällt zwar nicht § 906 Abs. 1 S. 2 u. 3 BGB, kann aber gleichwohl als Entscheidungshilfe dienen.[14] Lärm von einer Party, die im Garten oder Haus stattfindet, ist jedoch nicht einem Anlagenbetrieb, sondern menschlichem Verhalten zuzurechnen. Hierauf ist die Freizeitlärmrichtlinie **nicht unmittelbar anwendbar**.

Ohnehin ersetzen die Immissionsrichtwerte der Freizeitlärmrichtlinie nicht die Prüfung und Würdigung der konkreten Umstände des Einzelfalls. Die Richtwerte lassen aber Raum für ihre Berücksichtigung und geben ihrer Würdigung bei nicht schematischer Anwendung eine Orientierung. Eine Überschreitung der Richtwerte in ihrem Anwendungsbereich indiziert eine wesentliche Beeinträchtigung nach § 906 Abs. 1 BGB,[15] ihre Unterschreitung indiziert, aber zwingt im Einzelfall nicht zur Annahme, die Lärmimmission sei unwesentlich.[16] Außerhalb ihres Anwendungsbereichs lassen sich die Richtwerte zum Vergleich zwischen freizeitanlagenbezogenem und rein verhaltensbezogenem Lärm heranziehen, wenn die Einschränkung und die daraus folgenden Besonderheiten berücksichtigt werden.[17] 10

Nach der Freizeitlärmrichtlinie – eingedenk ihrer nicht unmittelbaren Anwendbarkeit auf rein verhaltensbezogenen Partylärm – können beispielsweise Lärmimmissionen, die von einem Grundstück in einem reinen Wohngebiet ausgehen, für einen Nachbarn grundsätzlich dann nicht mehr zumutbar sein, wenn sie für Immissionsorte außerhalb von Gebäuden 11

- werktags außerhalb der Ruhezeit (8 bis 20 Uhr) einen Beurteilungspegel von 50 dB(A),
- werktags innerhalb der Ruhezeit (6 bis 8 Uhr und 20 bis 22 Uhr)
- sowie an Sonn- und Feiertagen von 45 dB(A) und
- nachts (22 bis 6 Uhr) von etwa 35 dB(A) überschreiten.

In allgemeinen Wohngebieten und Kleinsiedlungsgebieten gilt ein um jeweils 5 dB(A) erhöhter Wert.

bb) Umstände des Einzelfalls. Für den immissionsrechtlichen Unterlassungsanspruch können die Messbarkeit von Lärm und die bestehenden Richtwerte indessen nicht die allein entscheidende Rolle spielen.[18] Die messtechnische Erfassung in dB(A) gilt nur für die Lautstärke. Die Beeinträchtigung der Grundstücksbenutzung hängt aber von der komplexen Auswirkung iS der **Lästigkeit** des Geräuschs ab, deren Gesamtbild auch von anderen Faktoren bestimmt ist, die sich nicht messtechnisch erfassen lassen. Maßgebend sind vielmehr alle Umstände des konkreten Einzelfalles. Dies gilt erst recht, wenn für die Ermittlung und Bewertung der auf die Nachbarschaft einwirkenden Geräusche keine bestimmten Mess- und Berechnungsverfahren oder Lärmwerte vorgegeben sind. 12

Notwendig ist eine umfassende Würdigung aller **Umstände des Einzelfalls**. Hierzu können bei Partylärm gehören: 13

- Lautstärke,
- Zeitpunkt,
- Dauer,
- Schutz der Ruhe- und Nachtzeit sowie von Sonn- und Feiertagen,
- Art der Geräusche und Geräuschquellen (Musik, Gespräche, Gelächter usw; → *Musik* Rn. 5 f.),
- bauliche Nutzung im Einwirkungsbereich,
- Seltenheit/Häufigkeit von Partys des Nachbarn,
- Bedeutung des Anlasses für die Party,
- Erwartungshaltung der Betroffenen,

---

14 BGH Urt. v. 5.2.1993 – V ZR 62/9, BGHZ 121, 248 (253); BVerwG Urt. v. 16.5.2011 – 7 C 16/00, DVBl 2001, 1451 (1453).

15 BGH Urt. v. 23.3.1990 – V ZR 58/89, BGHZ 111, 63 (67); BGH Urt. v. 5.2.1993 – V ZR 62/9, BGHZ 121, 248 (253).

16 BGH Urt. v. 6.7.2001 – V ZR 246/00, BGHZ 148, 261 (264 f.).

17 Vgl. BGH Urt. v. 5.2.1993 – V ZR 62/9, BGHZ 121, 248 (253); LG Hamburg Urt. v. 13.12.2017 – 321 S 65/16, ZMR 2018, 391.

18 BGH Urt. v. 8.5.1992 – V ZR 89/91, WM 1992, 1612 (1613).

- Mithören ungewünschter Informationen,
- Herausheben von Einzeltönen,
- Impulshaltigkeit (Bässe, Applaus etc),
- Frequenzbereiche,
- Geräuschpegelsprünge, Intervalle.

14 So können im Einzelfall die von einer Party ausgehenden Lärmimmissionen, auch wenn sie die Richtwerte der Freizeitlärmrichtlinie überschreiten, unwesentlich im Sinne des § 906 Abs. 1 S. 1 BGB sein – in aller Regel aber nur bis 22 Uhr. Ziff. 4.4.1 der Freizeitlärmrichtlinie sieht für seltene Veranstaltungen mit hoher Standortgebundenheit oder sozialer Adäquanz und Akzeptanz vor, dass diese trotz Überschreitung der allgemeinen Immissionsrichtwerte zulässig sein können.[19] Das kann beispielsweise für eine Vereinsparty oder ein Musikfestival bis 24 Uhr gelten, die nur an einem Tag des Jahres stattfinden und weitgehend die einzige Veranstaltung in der Umgebung bleiben.[20]

15 **cc) Gartenparty.** Fehlt es an einer Überschreitung der Richtwerte, kann gleichwohl wegen der Besonderheiten des Lärms eine wesentliche Beeinträchtigung der Grundstücksbenutzung des Nachbarn vorliegen.[21] Wird bei einer **Gartenparty** beispielsweise Karaoke veranstaltet und unter dem Johlen der Gäste jede Einlage kommentiert und beklatscht, ist das von einem unfreiwilligen Zuhörer schwer zu ertragen. Selbst wenn die Lautstärke im allgemeinen Wohngebiet 55 dB(A) nicht überschreitet, dürfte es sich um eine wesentliche Beeinträchtigung handeln. Entsprechendes gilt im Hinblick auf den Informationsgehalt von Unterhaltungen. Damit ist die Lärmeinwirkung jedoch noch nicht stets unzulässig. Als ortsüblich im Sinne von § 906 Abs. 2 S. 1 BGB kann diese wesentliche Beeinträchtigung bis 22 Uhr zu dulden sein, erst recht bei Sommerfesten am Wochenende und an den Abenden vor den Feiertagen.[22] Das hängt auch von der Häufigkeit solcher Feiern im Freien ab – bis zu **viermal** jährlich werden als ortsüblich angenommen.[23] Andererseits gilt das Gebot der Rücksichtnahme, beispielsweise aufgrund enger Bebauung oder alter und kranker Nachbarn.[24] Ist die Lärmbeeinträchtigung zulässig, besteht umgekehrt ein Abwehranspruch gegen denjenigen Nachbarn, der die unerwünschte Feier seinerseits durch Lärm (zB Betrieb lauter Gartengeräte) zu behindern sucht.[25]

16 Mit dem Eintritt der Nachtzeit, für die ein besonderes Ruhebedürfnis besteht, fehlt es jedoch in aller Regel ab 22 Uhr an der Ortsüblichkeit einer solchen wesentlichen Beeinträchtigung. Zum Schutz der Nachtruhe entfällt dann die Duldungspflicht. Die Party kann im Freien fortgesetzt werden, allerdings nur ohne wesentliche Beeinträchtigungen. Die Verlegung in die Wohnräume ist anzuraten,[26] weil im Innern wesentliche Beeinträchtigungen des Nachbarn leichter vermieden werden können, nicht aber, weil die Nachtruhe hier nicht ebenso eingehalten werden müsste. Eine die Nachtruhe zwischen 22 Uhr und 6 Uhr störende Betätigung ist nicht „ausnahmsweise“ aus Anlass von persönlichen, beruflichen oder familiären Feiern zulässig.[27] Der Nachbar hat auch nicht das Recht, einmal im Monat lautstark zu feiern und die Nachtruhe zu stören.[28] Erst recht kann er sich nicht darauf zurückziehen, der Lärm werde nicht (auch) von ihm persönlich, sondern von seinen Gästen verursacht.[29]

---

19 VGH München Beschl. v. 16. 4. 2018 – 10 ZB 18.310, juris Rn. 11.

20 BGH Urt. v. 26.9.2003 – V ZR 41/03, NJW 2003, 3699; OLG Oldenburg Beschl. v. 26.7.2010 – 5 W 51/10, MDR 2010, 1388.

21 BGH Urt. v. 17.12.1982 – V ZR 55/82, NJW 1983, 751.

22 *Horst* NachbarR-HdB Rn. 801; *Alheit* NachbarR S. 85; *Lüke* in Grziwotz/Lüke/Saller NachbarR-HdB Kap. 3 Rn. 127.

23 *Ring* in NK-BGB § 906 Rn. 184.

24 *Horst* ZAP 2019, 847 (852).

25 *Roth* in Staudinger BGB § 906 Rn. 151.

26 *Horst*, NachbarR-HdB Rn. 801.

27 OLG Düsseldorf Urt. v. 26.5.1995 – 5 Ss (OWi) 149/95, ZMR 1995, 415; *Horst* ZAP 2019, 847 (852).

28 OLG Düsseldorf Beschl. v. 15.1.1990 – 5 Ss (OWi) 197/89, NJW 1990, 1676; *Horst* ZAP 2019, 847 (852); *Lüke* in Grziwotz/Lüke/Saller NachbarR-HdB Kap. 3 Rn. 127; *Alheit* NachbarR S. 77, 174.

29 OLG Düsseldorf Beschl. v. 26.5.1995 – 5 Ss (OWi) 149/95, ZMR 1995, 415; *Horst* ZAP 2019, 847 (852).

b) Ortsübliche Beeinträchtigungen. Auch eine wesentliche Beeinträchtigung des Grundstücks muss gemäß § 906 Abs. 2 S. 1 BGB hingenommen werden, falls sie durch einen **ortsüblichen** Partylärm von dem Nachbargrundstück herbeigeführt wird. Abzustellen ist auf das beeinträchtigende Grundstück des Nachbarn. Dabei ist von der Frage auszugehen, ob eine Mehrheit von Grundstücken in der Umgebung in annähernd gleicher Weise, dh mit einer der Art und dem Maß nach einigermaßen gleichen beeinträchtigenden Einwirkung auf fremde Grundstücke benutzt werden; es ist demnach erforderlich, dass die Einwirkung öfter vorkommt.[30] Sind die Einwirkungen als Lärm in etwa gleich, spielt es keine Rolle, wenn die Immissionen unterschiedlich erzeugt sind, wie etwa Party- oder Sportlärm.[31] Ob die Benutzung eines Grundstücks ortsüblich ist, bestimmt sich nicht entscheidend nach der Planung, die nur als allgemeiner Anhalt für die Ermittlung der ortsüblichen Nutzung dient. Maßgeblich sind in erster Linie die tatsächlichen Verhältnisse in dem maßgeblichen Vergleichsgebiet.[32] Die Grenze des Vergleichsgebiets kann je nach Lage des Falles im Einzelfall enger oder weiter gezogen werden und braucht sich auch nicht unbedingt mit der Gemeindegrenze zu decken.[33] Zumindest bei kleineren Gemeinden ist das aber meist der Fall.[34] 17

Nicht ortsüblich ist beispielsweise Radiolärm im Garten oder vom Balkon in einer Reihenhausanlage wegen des Informationsgehalts und des dadurch ausgelösten Zwangs zum unerwünschten Mithören.[35] Beeinträchtigungen wie gelegentliche Feiern in einem Mehrfamilienhaus sind dagegen sogar als sozialadäquat hinzunehmen.[36] Da es sich nicht um wesentliche Beeinträchtigungen handelt, kommt es auf die Ortsüblichkeit nicht an. Entsprechendes gilt für Partys – gerade im Sommer im Freien – in einem Wohngebiet, wo sie zur typischen Freizeitnutzung gehören. Kommt es dabei zu wesentlichen Lärmbeeinträchtigungen bis 22 Uhr, sind diese wegen der gleichbleibenden Beliebtheit privater Gartenpartys regelmäßig, vor allem am Wochenende und vor Feiertagen, als ortsüblich anzusehen.[37] Im Kern wird es deshalb bei der Frage der Ortsüblichkeit in Bezug auf Partys nicht darum gehen, ob sie in anderen Ortsgemeinden allgemein üblich sind, sondern regelmäßig darum, ob sie nach 22.00 Uhr nach Art und Maß eine Lärmbelästigung der festgestellten Art in unmittelbarer Nähe einer Wohnbebauung entwickeln. 18

4. Rechtsfolgen unzulässigen Partylärms

Stellt der Partylärm eine wesentliche Beeinträchtigung durch eine nicht ortsübliche Benutzung dar, begründet das Abwehrrechte und bei Verschulden auch Schadensersatzansprüche. Entsprechendes gilt bei wesentlichen, verhinderbaren, aber nicht verhinderten Beeinträchtigungen durch eine ortsübliche Benutzung. Sind die Lärmbeeinträchtigungen wesentlich und ortsüblich, aber nicht verhinderbar, kann ein nachbarrechtlicher Ausgleichsanspruch nach § 906 Abs. 2 S. 2 BGB bestehen. Daneben ergeben sich beispielsweise zwischen Mieter und Vermieter besondere Rechtsfolgen. 19

a) Abwehrrechte. Der durch den Partylärm gestörte Grundstückseigentümer oder Grundstücks- bzw. Raumbesitzer kann nach § 1004 Abs. 1 BGB oder § 862 Abs. 1 iVm § 906 BGB einen Beseitigungs- oder einen Unterlassungsanspruch gegen den Nachbarn geltend machen. 20

aa) Anspruchsberechtigter und -verpflichteter. Anspruchsberechtigt ist nach § 1004 Abs. 1 BGB der Eigentümer unabhängig vom Besitz, nach § 1011 BGB auch der Miteigentümer gegenüber Dritten, die außerhalb des Grundstücks Partylärm verursachen. Kraft Verweisung stehen die Abwehransprüche aus § 1004 Abs. 1 BGB auch dem Inhaber beschränkter dinglicher Rechte zu, zB dem Erbbauberechtigten nach § 11 Abs. 1 ErbbauRG (vgl. auch §§ 1027, 1065, 1090 Abs. 2 BGB, § 34 Abs. 2 WEG). Mieter oder Pächter 21

---

30 BGH Urt. v. 15.4.1959 – V ZR 3/58, BGHZ 30, 273 (277); BGH Urt. v. 20.11.1992 – V ZR 82/91, BGHZ 120, 239; *Roth* in Staudinger BGB § 906 Rn. 208.
31 Vgl. BGH Urt. v. 29.6.1966 – V ZR 91/65, BGHZ 46, 35.
32 BGH Urt. v. 17.12.1982 – V ZR 55/82, NJW 1983, 751; BGH Urt. v. 15.1.971 – V ZR 110/68, WM 1971, 624.
33 BGH Urt. v. 28.4.1967 – V ZR 216/64, WM 1967, 727.
34 *Fritzsche* in Bamberger/Roth/Hau/Poseck BGB § 906 Rn. 62.
35 OLG München Urt. v. 3.9.1991 – 25 U 1838/91, NJW-RR 1991, 1492.
36 BGH Urt. v. 29.2.2012 – VIII ZR 155/11, NJW 2012, 1647.
37 *Alheit* NachbarR S. 85.

können sich auf § 862 Abs. 1 BGB stützen.[38] Die Abwehrbefugnis des Mieters oder Pächters reicht nicht weiter als die des Eigentümers. Sie bemisst sich im Hinblick auf Partylärm anderer Mieter in demselben Wohnhaus mangels Grenzüberschreitung nicht nach § 906 BGB. Zum Ausgleich führt hier das nachbarliche Gemeinschaftsverhältnis.

22 Anspruchsverpflichtet ist der **Störer**. Bei Partylärm ist der Veranstalter der Party Handlungsstörer; der Eigentümer des nachbarlichen Wohngrundstücks bzw. Mieter der Wohnung nebst zugehörigem Garten ist Zustandsstörer. Als solcher ist er dafür verantwortlich, dass von der von ihm veranstalteten Party und damit auch von seinen Gästen kein unzulässiger Lärm ausgeht.[39] Es kommt nicht darauf an, ob nur seine Gäste und nicht er selbst den Lärm verursachen.[40]

23 **bb) Unterlassungsanspruch.** Der **Unterlassungsanspruch** aus § 1004 Abs. 1 S. 2 BGB zielt bei Partylärm auf die Verhinderung künftiger Störungen. Grundsätzlich hat der Störer zu entscheiden, ob und wie er den Partylärm auf das nach § 906 BGB zulässige Maß begrenzt. Hierfür kommen mehrere Mittel in Betracht – Reduzierung des Lärmpegels, Abschalten bestimmter Lärmquellen, Verlegung nach innen, Schallschutzmaßnahmen, Beendigung der Party usw. Daher kann der beeinträchtigte Nachbar in der Regel lediglich die Vornahme geeigneter Abhilfemaßnahmen verlangen und der Urteilsausspruch nur allgemein auf Unterlassung von Störungen durch bestimmten Partylärm lauten.[41]

24 **cc) Beseitigungsanspruch.** Der **Beseitigungsanspruch** nach § 1004 Abs. 1 S. 1 BGB zielt richtet sich nur auf die Beseitigung bestehenden Partylärms als Störungsquelle. Ist die Party bei der Geltendmachung des Anspruchs – wie in aller Regel – mittlerweile beendet, geht der Anspruch ins Leere.

25 **b) Schadensersatz.** Verletzt der Nachbar schuldhaft die Pflicht, nicht durch Partylärm, der den Duldungsrahmen des § 906 BGB übersteigt, auf nachbarliches Eigentum einzuwirken, haftet er nach § 823 Abs. 2 BGB auf Schadensersatz, weil es sich bei § 906 BGB um ein Schutzgesetz handelt.[42] Im Falle etwa einer – wegen Partylärms wohl nur selten gegebenen – schuldhaften Gesundheitsverletzung ergibt sich auch ein Anspruch auf Schadensersatz aus § 823 Abs. 1 BGB.[43]

26 **c) Mietminderung.** Für die Frage, ob der Mieter gegenüber dem Vermieter bei wiederholtem Partylärm durch den Nachbarn die Miete mindern kann, kommt §§ 535, 536 BGB der Vorrang vor der Abgrenzung des § 906 BGB zu. Aus dem konkreten Mietvertrag ergibt sich, welchen Einwirkungen der Mieter vertragsgemäß ausgesetzt werden darf und welche Lärmbelästigungen das Mietverhältnis von Anfang an prägen.[44] Partylärm, der vom Nachbarmieter bzw. Nachbareigentümer ausgeht und nach Häufigkeit und Intensität über kaum zu vermeidende Beeinträchtigungen hinausgeht, begründet einen Mangel der Mietsache nach § 536 BGB.[45] Das gilt nicht bei nachträglich erhöhten Geräuschimmissionen, wenn auch der Vermieter die Immissionen ohne eigene Abwehrmöglichkeit als unwesentlich oder ortsüblich hinnehmen muss.[46] Bei wiederkehrenden Beeinträchtigungen durch Lärm genügt grundsätzlich eine Beschreibung, aus der sich ergibt, um welche Art von Beeinträchtigungen (Partygeräusche, Musik) es geht, zu welchen Tageszeiten, über welche Zeitdauer und in welcher Frequenz diese ungefähr auftreten (→ *Musik* Rn. 38). Dagegen braucht er weder das Maß der Gebrauchsbeeinträchtigung oder einen bestimmten Minderungsbetrag vorzutragen noch ein Protokoll vorzulegen.[47]

38 BGH Urt. v. 14.10.1994 – V ZR 76/93, NJW 1995, 132.
39 OLG Düsseldorf Beschl. v. 26.5.1995 – 5 Ss (OWi) 149/95, ZMR 1995, 415.
40 OLG Düsseldorf Beschl. v. 26.5.1995 – 5 Ss (OWi) 149/95, ZMR 1995, 415.
41 BGH Urt. v. 21.10.005 – V ZR 169/04, NJW-RR 2006, 235.
42 BGH Urt. v. 6.2.1986 – III ZR 109/84, NJW 1986, 2309 mwN.
43 Vgl. zu Gewerbelärm BGH Urt. v. 25.9.1970 – V ZR 155/67, MDR 1971, 37.
44 BGH Urt. v. 29.4.2015 – VIII ZR 197/14, NJW 2015, 2177.
45 Vgl. BGH Beschl. v. 22.8.2017 – VIII ZR 226/16, NJW-RR 2017, 1290; BGH Urt. v. 29.2.2012 – VIII ZR 155/11, NJW 2012, 1647.
46 BGH Urt. v. 29.4.2015 – VIII ZR 197/14, BGHZ 205, 177; *Brückner* in MüKoBGB § 906 Rn. 63.
47 BGH Urt. v. 29.2.2012 – VIII ZR 155/11, NJW 2012, 1647.

d) Ausgleichsanspruch. Bei Lärmbeeinträchtigungen, die wesentlich, aber ortsüblich sind, handelt es sich um zulässige Immissionen, wenn Abwehrmaßnahmen bei generalisierender Betrachtungsweise den Benutzern der einwirkenden Grundstücke nicht zumutbar sind. Dann besteht ein verschuldensunabhängiger nachbarrechtlicher Ausgleichsanspruch nach § 906 Abs. 2 S. 2 BGB insoweit, als der Grundstückseigentümer in der Benutzung seines Grundstücks über das zumutbare Maß hinaus beeinträchtigt worden ist. Das ist bei Partylärm, von Ausnahmefällen wie etwa der Nutzung als Pension oÄ abgesehen, nicht gegeben. 27

III. Behördliches Einschreiten gegen Partylärm

1. Ordnungswidrigkeit

Nach § 117 OWiG handelt ordnungswidrig, wer ohne berechtigten Anlass oder in einem unzulässigen oder nach den Umständen vermeidbaren Ausmaß Lärm erregt, der geeignet ist, die Allgemeinheit oder die Nachbarschaft erheblich zu belästigen oder die Gesundheit eines anderen zu schädigen. Partylärm kann zumindest eine erhebliche Belästigung der Nachbarschaft darstellen und damit nach § 117 OWiG **ordnungswidrig** sein. Landesimmissionsschutzgesetze sehen unter anderem Ordnungswidrigkeitentatbestände zum Schutz der Nachtruhe vor, zB § 9 Abs. 1 LImSchG NRW. Dem hat nicht nur die Ordnungsbehörde nachzugehen, wobei der beeinträchtigte Nachbar eine repressive Ahndung nicht erzwingen kann.[48] 28

Der Verstoß begründet zudem eine Gefahr für die öffentliche Sicherheit, so dass zu ihrer präventiven Abwehr – nachrangig – auch die Vollzugspolizei aufgrund der Generalklausel (zB § 3 PolG BW) innerhalb der durch das Recht gesetzten Schranken die erforderlichen Maßnahmen treffen kann. Den allgemeinen Sicherheitsbehörden kommt auch eine Befugnis zum Einschreiten zu, wenn es um den Schutz privater Rechte geht, zumal wenn gerichtlicher Rechtsschutz wie bei Partylärm des Nachbarn nicht rechtzeitig zu erlangen ist.[49] 29

Belästigungen sind Beeinträchtigungen des körperlichen Wohlbefindens, die noch keine Gesundheitsschäden bewirken. Erheblich sind die Belästigungen, wenn sie nicht mehr geringfügig sind, sondern das übliche und zumutbare Maß übersteigen. Die Zumutbarkeitsgrenze ist aufgrund einer umfassenden Würdigung aller Umstände des Einzelfalls und insbesondere der speziellen Schutzwürdigkeit des jeweiligen Baugebiets zu bestimmen. Geschützt werden auch die Nachbarn, worunter diejenigen Personen zu verstehen sind, die in unmittelbarer Nähe zur Lärmquelle wohnen oder sich dort aufhalten.[50] Die allgemeine Polizeibehörde macht von ihrem Ermessen allerdings regelmäßig keinen fehlerhaften Gebrauch, wenn sie gegen vereinzelte mutwillige und übermäßige Störungen der Nachtruhe, die den Tatbestand des § 117 OWiG erfüllen, nur mit vollzugspolizeilichen Überwachungsmaßnahmen und mit Maßnahmen nach §§ 56, 65 OWiG gegen die Ruhestörer einschreitet.[51] 30

2. Öffentlich-rechtlicher Nachbarstreit

Findet eine Party beispielsweise in einer Freizeitanlage oder auf einem Platz statt, die als öffentliche Einrichtung jedermann zur Verfügung stehen und schlicht-hoheitlich betrieben werden, ist der Abwehranspruch eines Nachbarn gegen den von dort ausgehenden Lärm öffentlich-rechtlicher Natur und deshalb vor den Verwaltungsgerichten geltend zu machen. Die maßgeblichen Grundpflichten des § 22 Abs. 1 S. 1 Nr. 1 BImSchG begründen allerdings keine unmittelbaren Abwehransprüche im Nachbarschaftsverhältnis zwischen Gestörtem und öffentlichem Hoheitsträger als Störer. Als Anspruchsgrundlage für ein Lärmminderungsbegehren von Nachbarn kommt vielmehr allein der **allgemeine öffentlich-rechtliche Abwehranspruch** in Betracht, der sich aus einer analogen Anwendung von §§ 1004, 906 BGB ableiten lässt.[52] Er 31

48 OVG Lüneburg Beschl. v. 5. 7. 2013 – 11 ME 148/13, NJW 2013, 2922; VGH München Beschl. v. 29. 2. 2016 – 10 ZB 15.2168, juris Rn. 12.

49 VGH München Beschl. v. 10.8.2009 – 11 CE 09.1795, KommunalPraxis BY 2010, 35.

50 BayObLG Beschl. v.8.5.1981 – 3 Ob OWi 61/81, NuR 1984, 74.

51 VGH Mannheim Urt. v. 27.1.1978 – III 1891/75, BauR 1979, 222.

52 BVerwG Urt. v. 29.4.1988 – 7 C 33/88, BVerwGE 79, 254; BVerwG Urt. v. 19.1.1989 – 7 C 77/87, BVerwGE 81, 197.

richtet sich darauf, dass erhebliche Lärmbelästigungen aus dem Betrieb der Anlage unterbleiben oder auf ein Mindestmaß beschränkt werden.

32 In einem solchen öffentlich-rechtlichen Nachbarstreit beurteilt sich die Frage der Zumutbarkeit von Geräuschen nach den Maßstäben der §§ 3 Abs. 1 und 22 Abs. 1 BImSchG.[53] Danach sind immissionsschutzrechtlich nicht genehmigungsbedürftige Anlagen so zu errichten und zu betreiben, dass schädliche Umwelteinwirkungen verhindert werden, die nach dem Stand der Technik vermeidbar sind. § 3 Abs. 1 BImSchG definiert schädliche Umwelteinwirkungen als Immissionen, die nach Art, Ausmaß oder Dauer geeignet sind, Gefahren, erhebliche Nachteile oder erhebliche Belästigungen für die Allgemeinheit oder die Nachbarschaft herbeizuführen. Ob Immissionen eine **erhebliche Belästigung** darstellen, hängt von einer Vielzahl von Faktoren ab. Insofern ist eine umfassende situationsbezogene Abwägung aller Umstände des Einzelfalls unter Ausgleich widerstrebender Interessen vorzunehmen. Dabei sind die Wirkungen der Immissionen für die Nachbarn, die durch die Gebietsart und die tatsächlichen Verhältnisse bestimmte Schutzwürdigkeit und Schutzbedürftigkeit sowie wertende Elemente wie allgemeine Akzeptanz und soziale Adäquanz zu berücksichtigen.[54] In diesem Zusammenhang sind technische Regelwerke wie die Freizeitlärmrichtlinie zur Beurteilung von Lärmimmissionen heranzuziehen, wenn sie für die Beurteilung der Erheblichkeit der Lärmbelästigung im konkreten Streitfall brauchbare Anhaltspunkte liefern. Sofern für die Ermittlung und Bewertung der auf die Nachbarschaft einwirkenden Geräusche keine bestimmten Mess- und Berechnungsverfahren oder Lärmwerte rechtlich verbindlich vorgegeben sind, bleiben die Umstände des konkreten Einzelfalls maßgeblich.[55]

IV. Prozessuales

1. Klageantrag

33 Der Eigentümer kann vom Nachbarn eine konkrete Maßnahme wie das Verbot von →Musik bei der Party nur verlangen, wenn allein diese Maßnahme die Beeinträchtigung beseitigt oder wenn weitere Maßnahmen zwar möglich sind, vernünftigerweise jedoch nicht ernsthaft in Betracht gezogen werden können. Regelmäßig ist das nicht der Fall. Es ist vielfach auch unmöglich, mit Worten das Maß unzulässiger Einwirkungen hinreichend zu bestimmen. Die Messbarkeit von Lärm und die bestehenden Richtwerte spielen nicht die allein entscheidende Rolle, so dass trotz des technischen Stands der Lärmmessung eine Angabe von eindeutigen Grenzwerten nicht möglich ist.[56] Für die immissionsrechtliche Unterlassungsklage sind deshalb Anträge mit dem Gebot, allgemein Störungen bestimmter Art, beispielsweise durch Partygeräusche, zu unterlassen, nicht unbestimmt, sondern nach § 253 Abs. 2 Nr. 2 ZPO zulässig.[57] Zulässig ist demnach beispielsweise der Antrag,

▶ den Beklagten zu verurteilen, durch geeignete Maßnahmen zu verhindern, dass von seinem Grundstück Partylärm auf das Grundstück der Klägerin dringt, der dessen Benutzung beeinträchtigt und die Gesundheit, insbesondere durch nächtliche Ruhestörungen, verletzt. ◀

Der Antrag auf Unterlassung von Partylärmbeeinträchtigungen ist dahin zu verstehen, dass er entsprechend dem Gesetzeswortlaut nur wesentliche Beeinträchtigungen abwehren will. Das Gericht darf dann bestimmte Grenzwerte festlegen, die dem technischen Stand entsprechen, ohne dadurch gegen § 308 ZPO zu verstoßen.[58] Möglich ist deshalb beispielsweise der Tenor:

▶ Der Beklagte wird verurteilt, es zu unterlassen, dass von seinem Grundstück x bei dem Sommerfest des Sportvereins F. Geräusche auf das Grundstück der Kläger y einwirken, die – gemessen 0,5 m vor den Fens-

53 BVerwG Urt. v. 14.12.1979 – IV C 10.77, BVerwGE 59, 254 (257).

54 BVerwG Urt. v. 24.4.1991 – 7 C 12/90, BVerwGE 88, 143; BVerwG Urt. v. 30.4.1992 – 7 C 25/91, BVerwGE 90, 163; VGH Mannheim Urt. v. 16.4.2002 – 10 S 2443/00, NVwZ-RR 2002, 643.

55 BVerwG Beschl. v. 17.7.2003 – 4 B 55/03, NJW 2003, 3360; VGH Mannheim Urt. v. 23.5.2014 – 10 S 249/14, VBlBW 2015, 81.

56 BGH Urt. v. 5.2.1993 – V ZR 62/91, BGHZ 121, 248.

57 BGH Urt. v. 5.2.1993 – V ZR 62/91, BGHZ 121, 248; *Fritzsche* in Bamberger/Roth/Hau/Poseck § 906 Rn. 62.

58 BGH Urt. v. 5.2.1993 – V ZR 62/91, BGHZ 121, 248.

tern des klägerischen Wohnhauses zwischen 20.00 Uhr und 24.00 Uhr einen Beurteilungspegel von 70 dB(A) und eine Geräuschspitze von 90 dB(A) sowie zwischen 24.00 Uhr und 08.00 Uhr einen Beurteilungspegel von 55 dB(A) und eine Geräuschspitze von 65 dB(A) überschreiten.[59] ◀

2. Darlegungs- und Beweislast

Dem Anspruchsteller obliegt es, die Inhaberschaft des geltend gemachten Anspruchs darzulegen und zu beweisen (Eigentum bzw. Besitz). Gleiches gilt für die Einwirkung von Partylärm und als deren kausale Folge die Lärmbeeinträchtigung.[60] Um der Behauptungslast hinsichtlich der Beeinträchtigung zu genügen, braucht das Maß des von dem Nachbarn bzw. von dessen Gästen verursachten Geräuschpegels nicht angegeben zu werden. Bei wiederkehrenden Beeinträchtigungen durch Lärm bedarf es auch nicht der Vorlage eines detaillierten Lärmprotokolls. Es genügt vielmehr grundsätzlich eine Beschreibung, aus der sich ergibt, um welche Art von Beeinträchtigungen es geht und zu welchen Tageszeiten, über welche Zeitdauer und in welcher Frequenz diese ungefähr auftreten.[61] Die Lärmbelästigung kann auch mit jedem zulässigen Beweismittel, insbesondere auch durch Vernehmung der betroffenen Nachbarn nachgewiesen werden.[62] Anerkannt wird auch eine Lärmmessung durch gängige Handy-Apps.[63] 34

Sache des Störers ist es sodann, darzulegen und gegebenenfalls zu beweisen, dass sich eine Beeinträchtigung nur als **unwesentlich** darstellt.[64] Zur Entlastung kann er darlegen, welche konkreten Maßnahmen er getroffen hat, um die von seiner Party ausgehende Geräuschbelästigung auf ein vom Nachbar zu bestimmten Zeiten hinzunehmendes Maß zu reduzieren. Bleiben danach seine Immissionen unterhalb der in § 906 Abs. 1 S. 2 und 3 BGB genannten Grenz- oder Richtwerte, indiziert dieser Umstand die Unwesentlichkeit der Beeinträchtigung im Sinne von § 906 Abs. 1 BGB.[65] Der Beeinträchtigte, der trotz der Einhaltung der Grenzwerte eine wesentliche Beeinträchtigung geltend macht, hat dann tatsächliche Umstände darzulegen und zu beweisen, die diese Indizwirkung **erschüttern**.[66] Im Rahmen einer Gesamtwürdigung aller die jeweiligen Immissionen des Einzelfalls charakterisierenden Umstände hat das Gericht abschließend zu beurteilen, ob die Beeinträchtigungen „wesentlich" oder „unwesentlich" sind, wobei es an die Grenz- oder Richtwerte nicht gebunden ist.[67] 35

Das Gericht ist, wenn es um die Zumutbarkeit von Geräuscheinwirkungen geht, gerade in Grenzbereichen gehalten, sich durch einen **Ortstermin** einen eigenen Eindruck von der Art und Intensität der Geräusche zu verschaffen.[68] Die Klageschrift sollte deshalb stets den Beweisantritt Ortstermin enthalten.[69] Das gilt allerdings nicht, wenn die Überschreitung der Richtwerte so deutlich ist, dass sie sich nicht mehr in jenem Grenzbereich bewegt, in dem die eigene Wahrnehmung des Tatrichters entscheidungserhebliche Erkenntnisse erbringen kann.[70] 36

3. Zwangsvollstreckung

Lautet der Titel auf Unterlassung von Partylärm bestimmter Lautstärke zu bestimmten Zeiten, ist hierauf die **Unterlassungsvollstreckung** nach § 890 ZPO anwendbar. Trotz seines Wortlauts kann der Schuldner einem solchen Unterlassungsgebot regelmäßig jedoch nicht durch bloßes Nichtstun genügen, sondern allein durch **aktives** Handeln, zB durch die Bitte an die Gäste, sich leiser zu verhalten. Die Frage, welches aktive 37

59 BGH Urt. v. 26.9.2003 – V ZR 41/03, NJW 2003, 3699.
60 *Lüke* in Grziwotz/Lüke/Saller NachbarR-HdB Kap. 3 Rn. 88.
61 BGH Urt. v. 20.6.2012 – VIII ZR 268/11, NJW-RR 2012, 977.
62 OLG Düsseldorf Beschl. v. 26.5.1995 – 5 Ss (OWi) 149/95, ZMR 1995, 415.
63 AG Dieburg Urt. v. 14. 9. 2016 – 20 C 607/16 (23), juris Rn. 22.
64 BGH Urt. v. 20.11.1992 – V ZR 82/91, BGHZ 120, 239 (257); BGH 23.3.1990 – V ZR 58/89, BGHZ 111, 63 (69).
65 BGH Urt. v. 13.2.2004 – V ZR 217/03, NJW 2004, 1317; *Fritzsche* in Bamberger/Roth/Hau/Poseck § 906 Rn. 62.
66 BGH Urt. v. 21.10.2005 – V ZR 169/04, NJW-RR 2006, 235; *Roth* in Staudinger BGB § 906 Rn. 202.
67 OLG Schleswig Urt. v. 13.6.2019 – 7 U 140/18, SchlHA 2019, 269.
68 BGH Urt. v. 26.10.2018 – V ZR 143/17, NJW 2019, 773.
69 *Horst* NachbarR-HdB Rn. 792.
70 BGH Urt. v. 13. 12. 2019 – V ZR 152/18, MDR 2020, 282.

Handeln durch dieses Unterlassen gefordert wird, ist nicht durch den Verbotsausspruch oder den Gläubiger zu beantworten, sondern vom Schuldner selbst.[71] Unter Umständen wird ihn im Vollstreckungsverfahren nach § 890 ZPO das Prozessgericht hierüber belehren müssen, wobei ihn das Verschuldenserfordernis vor ungerechtfertigten Ordnungsmitteln schützt.[72]

38 Trifft der Schuldner freiwillig oder zwangsweise Abhilfe, tritt zwar insoweit Erfüllung ein. Der Unterlassungsanspruch ist aber stets auf die Verhinderung künftiger Störungen gerichtet und erlischt deshalb nicht. Ein nach § 890 ZPO zu vollstreckender Unterlassungstitel ist – im Unterschied zu einem Beseitigungstitel – demnach **nicht verbraucht**, sondern weiterhin Grundlage dafür, erneuten Partylärm abzuwehren.

97. Photovoltaikanlage

Voß

Literatur: *Aigner/Mohr*, Vermietung von Flächen für Photovoltaikanlagen – Chance oder Risiko?, ZfIR 2009, 8; *Böttcher*, Erneuerbare Energien in der notariellen Praxis, notar 2012, 383; *Dietl*, Solaranlagen an und auf Gebäuden im Außenbereich, UPR 2012, 259; *Dilken*, 1 + 1 = 1 – Dauerbrenner Anlagenzusammenfassung von Photovoltaik-Anlagen, IR 2013, 33; *Francastel*, Die Begründung von Sondernutzungsrechten in der notariellen Praxis, RNotZ 2015, 385; *Fricke/Wolter*, Zum öffentlich-rechtlichen Nachbarschutz in Wohnungseigentümergemeinschaften, ZfBR 2013, 218; *Fritsche*, Verwaltungs- und nachbarrechtliche Probleme des Einsatzes von Photo-

71 BGH Urt. v. 4.2.1993 – I ZR 42/91, BGHZ 121, 242 – TRIANGLE.
72 *Böhm*, Die Zwangsvollstreckung nach § 890 ZPO, 1971, S. 74.

voltaikanlagen, LKV 2020, 49; *Fromm/Litzenberger*, Photovoltaik und Blockheizkraftwerke in der steuerrechtlichen Praxis, SteuK 2011, 452; *Grigoleit*, Photovoltaik in der Bauleitplanung, ZfBR 2012, 95; *Jacoby*, Der Begriff des Bauwerks am Beispiel einer Photovoltaikanlage, NJW 2016, 2848; *Jäde*, Nochmals: Die Baugenehmigungsbedürftigkeit von Solaranlagen, LKV 2011, 306; *Kappler*, Photovoltaikanlagen auf fremdem Grund und Boden – Sicherheit für alle Zeiten?, ZfIR 2012, 264; *Kappler*, Vereinbarungen anlässlich der Inbetriebnahme einer Photovoltaikanlage auf fremdem Grund und Boden, ZNotP 2007, 257; *Kleefisch/Durynek*, Umfassender Verbraucherschutz bei Kauf einer Photovoltaikanlage? NZBau 2012, 475; *Kleefisch/Meyer*, Klare Verhältnisse für Aufdach-Photovoltaikanlagen?, NZBau 2016, 684; *Kleefisch*, Die Gewährleistungsfrist bei Aufdach-Photovoltaikanlagen als Gebäude oder Gebäudeteil, NZBau 2016, 340; *Kment*, Regulierungsrechtliche Rahmenbedingungen für Elektrizitätsnetzbetreiber und EEG-Anlagen, NVwZ 2016, 1438; *Lakkis*, Photovoltaikanlagen – die tickenden Verjährungszeitbomben auf dem Dach, NJW 2014, 829; *Lange/Ländner*, Die Photovoltaikanlage an der Schnittstelle zwischen Energie- und Zivilrecht, EnWZ 2017, 160; *Lange/Ländner*, Errichtung und Betrieb von Photovoltaikanlagen in der zivilgerichtlichen Entscheidungspraxis, EnWZ 2019, 99; *Mahnken*, Technische Anlagen als Bauwerke im Sinne von §§ 438 Abs. 1 Nr. 2, 634a Abs. 1 Nr. 2, 650a ff. BGB?, ZfBR 2019, 419; *Matthes/Appel/Fritzsche*, Die baurechtliche Zulässigkeit von Photovoltaikanlagen in Sachsen, SächsVBl. 2013, 81; *Meier*, Sachenrechtliche Probleme von Photovoltaikanlagen bei Grundstücksübertragungen – Teil 1: Die sachenrechtliche Behandlung der Photovoltaikanlage, MittBayNot 2019, 548; Teil 2: Die Bestellung von Dienstbarkeiten zur Lösung der auftretenden Rechtsprobleme, MittBayNot 2020, 1; *Nouvertné*, Die Sicherung schuldrechtlicher Nutzungsrechte durch Dienstbarkeiten, BKR 2012, 52; *Oehlenschläger*, Planung und Zulassung von Photovoltaikanlagen, 2019; *Osthus*, Photovoltaik-Anlage auf dem Dach, NZM 2011, 793; *Peters*, Windkraftanlagen und §§ 93 ff. BGB, WM 2007, 2003; *Philipp*, Die Baugenehmigungsbedürftigkeit von Solaranlagen, LKV 2011, 208; *Reymann*, Fotovoltaikdienstbarkeiten bei Anlagen auf fremden Grundstücken, DNotZ 2010, 84; *Reymann*, Photovoltaikanlage und revoltierende Vormerkung – geeignete Kreditsicherungsmittel?, ZIP 2013, 605; *Schneidewindt*, Aktuelle zivilrechtliche Fragen bei kleinen PV-Anlagen auf Wohngebäuden, ZNER 2014, 234; *Schneidewindt*, Erwerb und Installation einer Photovoltaik-Dachanlage: Kauf- oder Werkvertrag?, NJW 2013, 37521; *Schneidewindt*, Zivilrechtliche Einordnung des Erwerbers und Betreibers einer Photovoltaikanlage – Verbraucher oder Unternehmer?, ER 2013, 53; *Sieghörtner*, Sicherung des Grundstückskäufers bezüglich mitverkaufter Fotovoltaikanlage, in FS 25 Jahre Deutsches Notarinstitut, 2018, S. 257; *Stieper*, Die Energieerzeugungsanlage – Wesentlicher Bestandteil oder Scheinbestandteil des Gebäudes?, WM 2007, 861; *Taplan/Baumgartner*, Inbetriebnahme von Photovoltaikanlagen, NVwZ 2016, 362; *Taplan/Baumgartner*, Der Begriff der Inbetriebnahme bei Photovoltaikanlagen, NZBau 2015, 405; *Welsch/Woinar*, Veräußerung von Immobilien mit Photovoltaikanlagen aus zivilrechtlicher und steuerlicher Sicht, NotBZ 2014, 161; *Wiggers*, Denkmalschutz und Energieeffizienz, NJW-Spezial 2010, 748; *Wihelmy*, Photovoltaik- und andere Anlagen als „Unternehmen" der privaten Immobilieneigentümer, NZM 2010, 561; *Witter*, Eigentum an Windkraftanlagen auf fremden Grund und Boden, ZfIR 2005, 445; *Wittkowski*, Aktuelle Entwicklungen der Besteuerung von Photovoltaik-Anlagen und Batteriesystemen, BC 2020, 177.

I. Allgemeines

Mit der zunehmenden Forcierung nachhaltiger Energiegewinnung mittels erneuerbarer Energien im Zuge der „Energiewende" steigt die Zahl von Photovoltaikanlagen hierzulande kontinuierlich an. Allerdings können sich solche Anlagen, die Sonnenenergie in elektrische Energie umwandeln,[1] auf Nachbargrundstücke störend auswirken, insbes. durch ihre Blendwirkung, mitunter aber auch als ästhetische Beeinträchtigung. In seltenen Fällen mögen solche Anlagen auch Geräuschbelastungen verursachen, die angrenzende Grundstücke empfindlich stören können. 1

Art und Ausmaß der Beeinträchtigungen hängen dabei nicht nur von den räumlichen Gegebenheiten, sondern oft auch von der architektonischen Gestaltung der Anlagen selbst ab. Installiert werden können Photovoltaikpaneele einerseits an Fassaden oder auf Dächern von Privat- oder Wirtschaftsgebäuden – als klassische **Aufdachanlage** oder auch als dachintegriertes Modul (sog. **Indachanlage**) –, andererseits als **Freiflächenanlage** mit unmittelbarer Verankerung auf dem Erdboden, typischerweise in großen Solarparks.[2] Unterschieden werden muss zudem nach dem Verwendungszweck des erzeugten Stroms: Nicht- 2

---

1 Nicht Gegenstand dieser Kommentierung sind Anlagen, die Sonnenenergie in thermische Energie umwandeln (sog. Solarthermieanlagen). Vgl. zu dieser Abgrenzung auch die Begriffsbestimmung in § 3 Nr. 41 EEG mit Kommentierung von *Schaube* in BeckOK EEG, § 3 Nr. 41 Rn. 2.

2 Zu den verschiedenen Anlagentypen *Brück*, Photovoltaikanlagen, Kap. 1.7, S. 40 ff.

netzgekoppelte Photovoltaikanlagen (sog. **Inselsysteme**) dienen allein der Selbstversorgung des Anlagenbetreibers, typischerweise seines Eigenheims, während netzgekoppelte Anlagen (auch als **Verbundanlagen** bezeichnet) den erzeugten Strom in das öffentliche Stromnetz einspeisen. Auswirkungen haben diese Differenzierungen insbes. für die sachenrechtliche Behandlung der Anlagen – für ihre Übertragbarkeit und dingliche Belastbarkeit –, aber auch für die öffentlich-rechtliche Frage nach einem Genehmigungserfordernis für die Errichtung der Solaranlage.

II. Sachenrechtlicher Status von Photovoltaikanlagen

3 Über Status und Qualifikation von Photovoltaikanlagen wird in vielen Bereichen diskutiert. Vertragsrechtlich stellt sich die Frage, ob Verträge über Erwerb und Installation solcher Anlagen kauf- oder werkvertraglich geprägt sind,[3] ob sie als Bauwerk iSd §§ 438 Abs. 1 Nr. 2 lit. a, 634a Abs. 1 Nr. 2 BGB anzusehen sind[4] und ob Private, die durch Dachanlagen auf ihrem Eigenheim Energie erzeugen und diese in das öffentliche Stromnetz einspeisen, insoweit als Unternehmer iSd § 14 BGB zu gelten haben.[5] Aus sachenrechtlicher Sicht hingegen ist insbes. problematisch, ob Photovoltaikanlagen sonderrechtsfähig sind, also unabhängig von Gebäude und Grundstück veräußert oder belastet werden können (dazu → Rn. 4 ff.), welche Bedeutung den häufig anzutreffenden Photovoltaikdienstbarkeiten zukommt (→ Rn. 13) und wie die erzeugte Energie selbst sachenrechtlich zu qualifizieren ist (→ Rn. 14).

1. Sonderrechtsfähigkeit?

4 Die Sonderrechtsfähigkeit einer Photovoltaikanlage zeitigt erhebliche Auswirkungen auf die Reichweite von Verkaufs- und Veräußerungsgeschäften,[6] auf Fragen der Rechtsnachfolge sowie auf Maßnahmen der Einzel- oder Gesamtvollstreckung. So erstreckt sich ein Zwangsversteigerungsverfahren gem. § 55 Abs. 1 iVm § 20 ZVG iVm § 1120 BGB auf die zum **Haftungsverband der Hypothek** gehörenden Gegenstände, also auf wesentliche Bestandteile sowie auf Zubehör, sofern es nicht zuvor zu einer Enthaftung nach §§ 1121, 1122 BGB gekommen ist.[7] Wenn eine Photovoltaikanlage auf einer fremden Immobilie errichtet wird, etwa auf Basis eines Mietvertrags, hängt von der Sonderrechtsfähigkeit der Anlage auch ab, ob der Anlagenbetreiber mit der Errichtung **sein Eigentum an der Anlage gem. § 946 BGB** an den Grundstückseigentümer **verliert**. Dieselben Fragen stellen sich bei Anlagenerrichtung auf eigenem Grund hinsichtlich eines etwaigen Eigentumsvorbehalts des Anlagenverkäufers oder bei einer Sicherungsübereignung der Solaranlage an die kreditgebende Bank.

5 Eine höchstrichterliche Entscheidung zur sachenrechtlichen Einordnung von Photovoltaikanlagen steht bislang noch aus. Nicht zu verwechseln ist die sachenrechtliche Qualifikation mit der **energie- oder umsatzsteuerlichen Behandlung als Bestandteil.**[8]

6 **a) Wesentlicher Grundstücksbestandteil iSd §§ 93 Abs. 1, 94 BGB.** Ausgangspunkt der Beurteilung des sachenrechtlichen Status von Photovoltaikanlagen ist das Akzessorietätsprinzip der §§ 93 ff., 946 BGB, das das rechtliche Schicksal wesentlicher Bestandteile untrennbar an das der Hauptsache knüpft, um so die durch Sachverbindung geschaffenen wirtschaftlichen Werte zu erhalten und eine unwirtschaftliche Zer-

---

3 Eingehend dazu *Schneidewindt* NJW 2013, 3751; *Schneidewindt* ZNER 2014, 234 (234 f.).

4 Siehe nur exemplarisch BGH Urt. v. 2.6.2016 – VII ZR 348/13, NJW 2016, 2876; *Jacoby* NJW 2016, 2848; *Kleefisch/Meyer* NZBau 2016, 684; *Kleefisch* NZBau 2016, 340; *Lakkis* NJW 2014, 829; *Mahnken* ZfBR 2019, 419; *Schneidewindt* ZNER 2014, 234 (239 f.). Vgl. auch *Lange/Ländner* EnZW 2017, 160 (160 f.).

5 Siehe BGH Urt. v. 9.10.2013 – VIII ZR 318/12, NJW 2014, 845 (846); OLG Hamm Urt. v. 24.2.2012 – I-19 U 151/11, BeckRS 2012, 24055; LG München Urt. v. 10.5.2012 – 12 O 18913/11, juris Rn. 66; *Schneidewindt* ZNER 2014, 234 (235–237); *Schneidewindt* ER 2013, 53.

6 Eingehend dazu *Meier* MittBayNot 2019, 548; vgl. auch *Sieghörtner* in FS 25 Jahre Deutsches Notarinstitut, S. 257.

7 Dazu auch OLG Nürnberg Urt. v. 10.10.2016 – 14 U 1168/15, MittBayNot 2017, 146 (148 f.); *Reymann* DNotZ 2010, 84 (98 f.). Siehe auch BGH Beschl. v. 12.6.2018 – XI ZR 579/16, BeckRS 2018, 14802.

8 Dazu *Reymann* DNotZ 2010, 84 (97 f.).

schlagung zu verhindern.[9] Als wesentlicher Bestandteil eines Grundstücks gelten dabei nach § 94 Abs. 1 S. 1 BGB die mit dem Grund und Boden fest verbundenen Sachen. Nach der maßgeblichen Verkehrsanschauung liegt eine solche feste Verbindung vor, wenn die mit dem Grundstück verbundene Sache nicht ohne Zerstörung oder erhebliche Beschädigung abgetrennt werden kann[10] oder aber die Trennung der Sache vom Boden nur mit einem finanziellen Aufwand möglich ist, der zum Wert des Bestandteils außer Verhältnis steht.[11] Bei **Freiflächenanlagen** kommt es deshalb maßgeblich darauf an, ob eine fest mit dem Boden verbundene Unterkonstruktion vorhanden ist.[12] Ein derartiges **fest verankertes Fundament und die darauf verbauten Solarmodule** sind einheitlich als sonderrechtsunfähiger Grundstücksbestandteil anzusehen.[13] Die Möglichkeit einer Demontage der Freiflächenanlage steht der Einordnung als wesentlicher Grundstücksbestandteil indes entgegen.

Ist die Anlage nicht unmittelbar mit dem Grund und Boden verbunden, sondern an oder auf einem Gebäude installiert, ist entscheidend, ob sie nach § 94 Abs. 2 BGB zur Herstellung des Gebäudes eingefügt wurde, also einen wesentlichen Gebäudebestandteil darstellt; das Gebäude gilt nach § 94 Abs. 1 S. 1 BGB wiederum als wesentlicher Grundstücksbestandteil. Zur Herstellung eines Gebäudes eingefügt sind solche Sachen, ohne die das Gebäude nach der Verkehrsanschauung noch nicht fertiggestellt ist, wobei der Gebäudezweck und seine Beschaffenheit in Rechnung zu stellen sind.[14] Hier gilt es nach der Art der Photovoltaikanlage zu differenzieren: Bei **Aufdachanlagen** ist das zur Befestigung über den Dachsparren montierte Grundgerüst **regelmäßig ohne Schwierigkeiten und Beschädigungen abbaubar**, so dass diese nach der Verkehrsanschauung keinen wesentlichen Bestandteil darstellen.[15] Anders gestaltet sich die Situation hingegen bei **dachintegrierten (dh Dachziegel ersetzenden) Photovoltaikanlagen**: Da ein Wohngebäude ohne Dachbedeckung als nicht fertiggestellt anzusehen ist, sind solche Anlagen als **sonderrechtsunfähiger wesentlicher Gebäudebestandteil** zu charakterisieren.[16] Gleiches gilt bei Anlagen, die als zentrales architektonisches Gestaltungselement in die Grundstruktur des jeweiligen Bauwerks eingesetzt sind[17] oder aus anderen Gründen selbstständig als Gebäudeteil fungieren (weil sie etwa Fenstermodule ersetzen).[18] 7

Neben den architektonischen Gegebenheiten kann zur Beurteilung der Wesentlichkeit der Photovoltaikanlage für das Gebäude auch der **Verwendungszweck der erzeugten Energie** herangezogen werden. Dient die Anlage als Inselsystem ausschließlich der Strom- bzw. Warmwasserversorgung des Gebäudes, trägt sie entscheidend zur Herstellung des Gebäudes bei, insbes. wenn die Eigenversorgung nicht bereits durch einen 8

9 Zur Ratio der Sonderrechtsunfähigkeit wesentlicher Bestandteile schon Mot. III, S. 41; BGH Urt. v. 3.3.1956 – IV ZR 301/55, BGHZ 20, 154; BGH Urt. v. 22.5.1985 – VIII ZR 220/84, NJW 1985, 2413 (2415).

10 Vgl. OLG Zweibrücken Urt. v. 1.10.2015 – 4 U 57/15, NJW 2016, 821 (822); OLG Frankfurt a.M. Urt. v. 7.4.1981 – 14 U 80/80, NJW 1982, 653 (654); *Dörner* in HK-BGB § 94 Rn. 2; *Stieper* in Staudinger BGB § 94 Rn. 7.

11 RG Urt. v. 14.11.1938 – V 37/38, RGZ 158, 362 (374 f.); LG Landshut Urt. v. 17.5.1990 – 4 O 366/90, NJW-RR 1990, 1037; LG Flensburg Urt. v. 26.2.1999 – 6 O 13/98, WM 2000, 2112 (2113); *Stresemann* in MüKoBGB § 94 Rn. 4.

12 So auch *Kappler* ZfIR 2012, 264 (266 f.); *Lange/Ländner* EnWZ 2019, 99 (101).

13 *Böttcher* in Böttcher/Faßbender/Waldhoff Erneuerbare Energien § 1 Rn. 54 f.; *Kappler* ZfIR 2012, 264 (266 f.); vgl. für Windkraftanlagen auch *Stieper* in Staudinger BGB § 94 Rn. 12 mwN; *Witter* ZfIR 2005, 445.

14 Siehe nur exemplarisch BGH Urt. v. 13.3.1970 – V ZR 71/67, BGHZ 53, 324 (326); Urt. v. 27.9.1978 – V ZR 36/77, NJW 1979, 712; Urt. v. 25.5.1984 – V ZR 149/83, NJW 1984, 2277 (2278).

15 OLG Nürnberg Urt. v. 10.10.2016 – 14 U 1168/15, MittBayNot 2017, 146 (147 f.); OLG Oldenburg Beschl. v. 27.9.2012 – 12 W 230/12, juris Rn. 4 f.; LG Passau Beschl. v. 28.2.2012 – 2 T 22/12, RNotZ 2012, 511 (512 f.); siehe auch *Lange/Ländner* EnWZ 2019, 99 (101); *Reymann* ZIP 2013, 605; *Welsch/Woinar* NotBZ 2014, 161 (163).

16 *Mauch* in NK-BGB § 946 Rn. 21b; *Stresemann* in MüKoBGB § 94 Rn. 32 mwN; *Meier* MittBayNot 2019, 548 (549); *Welsch/Woinar* NotBZ 2014, 161 (162).

17 *Stieper* in Staudinger BGB § 94 Rn. 31a; *Meier* MittBayNot 2019, 548 (549); *Reymann* DNotZ 2010, 84 (97). Nicht ausreichen soll es nach AG Fürstenwalde Urt. v. 20.2.2007 – 13 C 243/06, juris Rn. 3 hingegen, wenn eine Photovoltaikanlage eine Terrassenüberdachung ersetzt.

18 *Kappler* ZfIR 2012, 264 (266); *Meier* MittBayNot 2019, 548 (549); *Welsch/Woinar* NotBZ 2014, 161 (163). Ebenso sind Solarthermieanlagen zu behandeln: Als Teil der Heizungsanlagen qualifizieren diese regelmäßig als wesentlicher Bestandteil des Gebäudes; dazu *Stresemann* in MüKoBGB § 94 Rn. 27.

Anschluss an das öffentliche Netz gewährleistet ist.[19] Bei Einspeisung in das öffentliche Stromnetz dient die Anlage hingegen von vornherein nicht dem Gebäudezweck, sondern dem hinzugetretenen, gebäudefremden Zweck der Gewinnerzielung.[20] In Grenzfällen, in denen der durch die Photovoltaikanlage erzeugte Strom teils zur Eigenversorgung beiträgt, teils in das Netz eingespeist wird, wird man auf die **überwiegende Nutzung der Anlage** abzustellen haben.[21] Das Schrifttum berücksichtigt mitunter auch, ob die Photovoltaikanlage zumindest im Falle eines Netzausfalls oder einer Unterbrechung der öffentlichen Stromversorgung als Notfallaggregat die Eigenversorgung des Gebäudes sicherstellt.[22]

9 **b) Scheinbestandteil iSd § 95 BGB.** Abweichend von den Grundsätzen der §§ 93, 94 BGB stellt auch eine fest mit dem Boden verbundene oder zur Herstellung des Gebäudes eingefügte Photovoltaikanlage lediglich einen – sonderrechtsfähigen – Scheinbestandteil dar, wenn sie nur zu einem vorübergehenden Zweck mit dem Grundstück bzw. dem Gebäude verbunden ist (§ 95 Abs. 1 S. 1, Abs. 2 BGB). Zu einem nur vorübergehenden Zweck werden Sachen verbunden bzw. eingefügt, die nach dem inneren Willen des Verbindenden nicht dauernd, sondern nur zeitweilig mit Grundstück bzw. Gebäude verbunden werden und später wieder abgetrennt werden sollen; dieser Wille muss dabei mit dem nach außen in Erscheinung tretenden Sachverhalt in Einklang zu bringen sein.[23] Betreibt nicht der Grundstückseigentümer selbst die Anlage, sondern nimmt ein nur schuldrechtlich Berechtigter, etwa ein **Mieter oder Pächter**, die Verbindung vor, so streitet eine **tatsächliche Vermutung** dafür, dass er ausschließlich im Eigeninteresse handelt und die Sache bei Beendigung des Vertragsverhältnisses wieder abtrennen will.[24] Nach der Rechtsprechung des Bundesgerichtshofs steht der Einordnung als Scheinbestandteil dabei auch nicht entgegen, dass die Sache während ihrer gesamten Lebensdauer auf dem Grundstück verbleiben und erst nach ihrem Verbrauch bzw. Verschleiß abgetrennt werden soll.[25] Dass sich der Verbindende beim Einbau abstrakt vorbehält, die Photovoltaikanlage auszubauen, sofern sie technisch unbrauchbar wird, dürfte hingegen nicht ausreichen, um von einem nur vorübergehenden Zweck auszugehen.[26] Der Bundesgerichtshof lässt die Sonderrechtsfähigkeit allerdings wiederaufleben, wenn aufgrund nachträglicher Willensänderung die Bestandteile lediglich vorübergehend mit dem Grundstück verbunden bleiben sollen.[27]

10 Eine fest und dauerhaft mit Grund und Boden verbundene Photovoltaikanlage wird zudem dann nicht zum wesentlichen Bestandteil, wenn sie **in Ausübung eines Rechts an einem fremden Grundstück** vom Berechtigten mit diesem verbunden worden ist (§ 95 Abs. 1 S. 2 BGB). Praktisch relevant ist insbes. die Errichtung einer Anlage in Ausnutzung einer Dienstbarkeit (sog. **Photovoltaikdienstbarkeit**, dazu →

---

19 *Stieper* in Staudinger BGB § 94 Rn. 31a; *Lange/Ländner* EnWZ 2019, 99 (101); *Meier* MittBayNot 2019, 548 (549); *Reymann* DNotZ 2010, 84 (96 f.); *Reymann* ZIP 2013, 605; *Schneidewindt* ZNER 2014, 234 (238).

20 Vgl. LG Passau Beschl. v. 28.2.2012 – 2 T 22/12, RNotZ 2012, 511 (513); *Schneidewindt* ZNER 2014, 234 (238); siehe auch BGH Urt. v. 9.10.2013 – VIII ZR 318/12, NJW 2014, 845 (846).

21 *Böttcher* in Böttcher/Faßbender/Waldhoff Erneuerbare Energien § 1 Rn. 61; *Reymann* DNotZ 2020, 84 (97). Vgl. auch *Welsch/Woinar* NotBZ 2014, 161 (163).

22 *Schneidewindt* ZNER 2014, 234 (238 f.).

23 BGH Urt. v. 20.9.1968 – V ZR 55/66, NJW 1968, 2331; Urt. v. 22.12.1995 – V ZR 334/94, NJW 1996, 916 (916 f.); Urt. v. 26.11.1999 – V ZR 302/98, NJW 2000, 1031 (1032); Urt. v. 7.4.2017 – V ZR 52/16, NJW 2017, 2099 (2099 f.).

24 StRspr., vgl. statt vieler BGH Urt. v. 22.12.1995 – V ZR 334/94, NJW 1996, 916 (917); Urt. v. 21.2.2013 – III ZR 266/12, NJW-RR 2013, 910 (910 f.); Urt. v. 7.4.2017 – V ZR 52/16, NJW 2017, 2099 (2100).

25 BGH Urt. v. 7.4.2017 – V ZR 52/16, NJW 2017, 2099 (2100) (für eine Windkraftanlage); in diesem Sinne auch OLG Schleswig Urt. v. 26.8.2005 – 14 U 9/05, WM 2005, 1909 (1912); *Dörner* in HK-BGB § 95 Rn. 2; *Peters* WM 2007, 2003 (2006). Anders hingegen OLG Celle Urt. v. 25.3.2009 – 4 U 162/08, CuR 2009, 150 (151); *Stieper* in Staudinger BGB § 95 Rn. 11; *Meier* MittBayNot 2019, 548 (550); *Stieper* WM 2007, 861 (864); wohl auch *Welsch/Woinar* NotBZ 2014, 161 (163).

26 So auch *Meier* MittBayNot 2019, 548 (550).

27 BGH Urt. v. 2.12.2005 – V ZR 35/05, BGHZ 165, 184 (188 f.); krit. hingegen *Meier* MittBayNot 2019, 548 (551–554) mwN.

Rn. 13),[28] die regelmäßig das schuldrechtlich eingeräumte Nutzungsrecht des Anlagenbetreibers dinglich absichern soll.[29]

c) Zubehöreigenschaft iSd § 97 Abs. 1 S. 1 BGB. Sofern Photovoltaikanlagen weder einen wesentlichen Bestandteil iSd §§ 93, 94 BGB darstellen noch als Scheinbestandteil iSd § 95 BGB einzuordnen sind,[30] können sie dennoch als Zubehör iSd § 97 Abs. 1 S. 1 BGB gelten. Zubehör sind alle beweglichen Sachen, die – ohne Bestandteil der Hauptsache zu sein – dem wirtschaftlichen Zweck der Hauptsache zu dienen bestimmt sind und die zu ihr in einem räumlichen Verhältnis stehen. Für **Aufdach-Photovoltaikanlagen** ist ein solches **dienendes Verhältnis** seitens der Rechtsprechung anerkannt.[31] Das dürfte auch dann gelten, wenn die Anlage nicht als Insellösung nur das Grundstück mit Strom versorgt, sondern die erzeugte Energie in das öffentliche Stromnetz eingespeist wird; denn dann tritt durch die Montage der Anlage ein zusätzlicher, wohnfremder Zweck des Gebäudes (nämlich eine gewerbliche Nutzung) hinzu, dem die Anlage dient.[32] 11

Gilt eine Aufdachanlage danach als Zubehör, wird sie nach den **Auslegungsregeln der § 311c BGB sowie § 926 Abs. 1 S. 1, S. 2 BGB** sowohl von einem schuldrechtlichen Geschäft als auch von einer Übereignung von Grundstück und Gebäude umfasst, soweit nichts Gegenteiliges bestimmt ist.[33] Im Falle der Zwangsvollstreckung, die sich gem. §§ 20 Abs. 2, 55 Abs. 1, 90 Abs. 2 ZVG iVm § 1120 BGB dann grundsätzlich auch auf die Photovoltaikanlage erstreckt, kann der Eigentümer der sonderrechtsfähigen Anlage sein Eigentumsrecht dann aber jedenfalls nach § 37 Nr. 5 ZVG geltend machen und ggf. auf die Drittwiderspruchsklage nach § 771 Abs. 1 ZPO rekurrieren.[34] 12

2. Photovoltaikdienstbarkeit

Bei Anlagenerrichtung auf fremdem Grund und Boden werden häufig Photovoltaikdienstbarkeiten bestellt, typischerweise in Form beschränkt persönlicher Dienstbarkeiten zugunsten des Anlagenbetreibers. Regelmäßig dienen Dienstbarkeiten dazu, das schuldvertraglich eingeräumte Nutzungsrecht des Anlagenbetreibers aus dem Flächennutzungsvertrag mit dem Grundstückseigentümer dinglich abzusichern (**Nutzungsfunktion** der Dienstbarkeit).[35] Daneben gewährleistet die Bestellung solcher beschränkt dinglicher Rechte auch, dass die Anlage nicht wesentlicher Bestandteil von Gebäude bzw. Grundstück wird, sondern eine selbstständige bewegliche Sache bleibt, so dass das Eigentum an ihr auch nicht *qua* Gesetzes an den Grundstückseigentümer übergeht (vgl. §§ 946, 95 Abs. 1 S. 2 BGB; sog. **Trennungsfunktion**). Angesichts 13

---

28 In Betracht kommen aber auch andere dingliche Rechte wie Erbbaurechte oder Nießbrauch, wobei ein Erbbaurecht gem. § 1 Abs. 1 ErbbauRG stets ein Bauwerk voraussetzt; das kann bei Photovoltaik-Dachanlagen zweifelhaft sein. Siehe dazu BGH Urt. v. 2.6.2016 – VII ZR 348/13, juris Rn. 28; OLG Nürnberg Urt. v. 10.10.2016 – 14 U 1168/15, MittBayNot 2017, 146 (148); siehe auch *Mohr* in MüKoBGB Vor § 1018 Rn. 11; *Reymann* ZIP 2013, 605 (606).

29 *Mohr* in MüKoBGB Vor § 1018 Rn. 11; *Lange/Ländner* EnWZ 2019, 99 (101); *Reymann* DNotZ 2010, 84 (86, 90–92).

30 Vgl. BGH Urt. v. 23.5.1962 – V ZR 238/60, NJW 1962, 1498 (1498 f.).

31 LG Saarbrücken Urt. v. 2.12.2016 – 10 S 42/16, ZfIR 2017, 421 (422); LG Passau Beschl. v. 28.2.2012 – 2 T 22/12, RNotZ 2012, 511 (513); *Stieper* in Staudinger BGB § 97 Rn. 26; *Stresemann* in MüKoBGB § 97 Rn. 33. Vgl. auch LG Heilbronn Beschl. v. 3.3.2014 – 1 T 20/14, juris Rn. 4–9 (im Ergebnis aber die Zubehörseigenschaft verneinend).

32 OLG Oldenburg Beschl. v. 27.9.2012 – 12 W 230/12, juris Rn. 4 f.; LG Passau Beschl. v. 28.2.2012 – 2 T 22/12, RNotZ 2012, 511 (513); LG Saarbrücken Urt. v. 2.12.2016 – 10 S 42/16, ZfIR 2017, 421 (422); *Stieper* in Staudinger BGB § 97 Rn. 26. Restriktiver hingegen OLG Nürnberg Urt. v. 10.10.2016 – 14 U 1168/15, MittBayNot 2017, 146 (147 f.); *Stresemann* in MüKoBGB § 97 Rn. 33; *Welsch/Woinar* NotBZ 2014, 161 (162), die in diesen Fällen von einem einfachen Bestandteil ausgehen.

33 Dennoch dürfte es sich anbieten, einen klarstellenden Hinweis in einen Verkaufs- oder Veräußerungsvertrag aufzunehmen.

34 Siehe dazu auch LG Passau Beschl. v. 28.2.2012 – 2 T 22/12, RNotZ 2012, 511 (512); *Reymann* ZIP 2013, 605; *Reymann* DNotZ 2010, 84 (98 f.).

35 Dabei werden der (miet- bzw. pachtrechtliche) Nutzungsvertrag und die Dienstbarkeit typischerweise durch einen Sicherungsvertrag verknüpft (sog. Sicherungsdienstbarkeit). Näher dazu *Mohr* in MüKoBGB Vor § 1018 Rn. 10; *Reymann* DNotZ 2010, 84 (86–90); siehe auch *Nouvertné* BKR 2012, 52.

ihrer Sonderrechtsfähigkeit kann eine derartige Solaranlage deshalb als Sicherungsmittel für die Finanzierung dienen, etwa durch Sicherungsübereignung an die anlagenfinanzierende Bank. Ob die Qualifizierung der Anlage als Scheinbestandteil zu Sicherungszwecken auch dadurch sichergestellt werden kann, dass eine sog. Eigentümerdienstbarkeit bestellt wird und der Grundstückseigentümer selbst aufgrund dieses Rechts die Verbindung vornimmt, ist bislang nicht abschließend geklärt.[36] Schließlich gewährleistet die Bestellung einer Dienstbarkeit bei Ausscheiden des ursprünglichen Anlagenbetreibers die Nutzung des Grundstücks für dessen Nachfolger oder Erben unter Umgehung der Nichtübertragbarkeit gem. § 1092 Abs. 1 S. 1 BGB (**Nachfolgefunktion**, vgl. § 1095 Abs. 2 BGB).[37]

3. Erzeugte Energie als Fruchtziehung iSd § 99 Abs. 1, Abs. 3 BGB?

14 In einem *obiter dictum* hat der Bundesgerichtshof im Jahr 2018 auch die sachenrechtliche Qualifikation der erzeugten Energie geklärt: Bei ihr handele es sich (mangels Sachqualität) nicht um unmittelbare Sachfrüchte oder eine sonstige Ausbeute des Grundstücks iSd § 99 Abs. 1 BGB;[38] auch die Annahme einer Rechtsfrucht iSd § 99 Abs. 2 BGB oder mittelbarer Fruchtziehung nach § 99 Abs. 3 BGB komme nicht in Betracht, wenn das Grundstück zum Zwecke der Installation und des Betriebs einer Photovoltaikanlage überlassen wird.[39] Bedeutung hat das nicht nur für die Frage, ob ein Nutzungsvertrag zwischen Grundstückseigentümer und Anlagenbetreiber als Miet- oder Pachtverhältnis einzustufen ist (vgl. § 581 BGB),[40] sondern auch für die Reichweite einer Beschlagnahme des Grundstücks gem. §§ 146 Abs. 1, 20 Abs. 2 ZVG iVm § 1120 BGB.

III. Beseitigungs- und Unterlassungsansprüche

1. Abwehransprüche nach § 1004 Abs. 1 S. 1, S. 2 iVm § 906 BGB

15 Wird das Eigentum am Nachbargrundstück durch Installation und Betrieb einer Photovoltaikanlage in nicht zumutbarer Weise, insbes. durch von der Anlage ausgehende Lichtreflexionen, beeinträchtigt, kann dem Nachbarn ein Anspruch auf Beseitigung und zukünftige Unterlassung dieser Immissionen nach § 1004 Abs. 1 S. 1, S. 2 iVm § 906 BGB zustehen.

16 **a) Mögliche Eigentumsbeeinträchtigung, insbes. durch Immission.** Von der Solaranlage ausgehende **Blendwirkungen**, gerade infolge starker Dachneigung, können das Eigentum am Nachbargrundstück empfindlich stören.[41] Wenngleich derartige Lichtreflexe Folge der Sonneneinstrahlung und damit eines Naturereignisses sind, beruht die Beeinträchtigung doch mittelbar auf der Errichtung der reflektierenden Anlage, also auf dem vom Grundstückseigentümer hergestellten und unterhaltenen Zustand seines Gebäudes. Es

36 Für eine (analoge) Anwendung des § 95 Abs. 1 S. 2 BGB auch in diesen Fällen *Stresemann* in MüKoBGB § 95 Rn. 23; *Reymann* ZIP 2013, 605 (607 f.). Dagegen OLG München Beschl. v. 30.9.2011 – 34 Wx 328/11, juris Rn. 23; *Stieper* in Staudinger § 95 Rn. 22.

37 Siehe dazu *Mohr* in MüKoBGB Vor § 1018 Rn. 9, § 1092 Rn. 1; *Reymann* DNotZ 2010, 84 (99); *Reymann* ZIP 2013, 605 (609).

38 BGH Urt. v. 7.3.2018 – XII ZR 129/16, NJW 2018, 1540 (1541); ebenso *Schmidt* in Erman BGB § 99 Rn. 4; *Stresemann* in MüKoBGB § 99 Rn. 5; *Ellenberger* in Palandt BGB § 99 Rn. 2; *Stieper* in Staudinger BGB § 99 Rn. 10; aA *Lange/Ländner* EnWZ 2019, 99 (99–101); skeptisch wohl auch *Fritzsche* in BeckOK BGB § 99 Rn. 7.

39 BGH Urt. v. 7.3.2018 – XII ZR 129/16, NJW 2018, 1540 (1541). Zur davon zu trennenden Frage, ob die erzielte Einspeisevergütung unter § 99 Abs. 2, Abs. 3 BGB gefasst werden kann, siehe *Lange/Ländner* EnWZ 2019, 99 (100) mwN. Bejahend etwa LG Saarbrücken Urt. v. 2.12.2016 – 10 S 42/16, ZfIR 2017, 421 (Rn. 34); *Fritzsche* in BeckOK BGB § 99 Rn. 15.

40 Zur Diskussion um die rechtliche Qualifikation der Nutzungsverträge ausführlich *Lange/Ländner* EnZW 2019, 99 (99–101) mwN.

41 OLG Stuttgart Urt. v. 30.4.2013 – 3 U 46/13, BeckRS 2013, 08348; OLG Düsseldorf Urt. v. 21.7.2017 – I-9 U 35/17, NJOZ 2018, 652 (653); LG Heidelberg Urt. v. 15.5.2009 – 3 S 21/08, BeckRS 2009, 18403; vgl. auch BGH Urt. v. 14.9.2018 – V ZR 267/17, NJW 2019, 310 (313).

handelt sich bei ihnen deshalb nicht um für § 1004 BGB unerhebliche Naturwirkungen,[42] sondern um abwehrfähige positive[43] Einwirkungen. Daneben können größere Anlagen bisweilen **störende Geräusche** verursachen (etwa durch die Kühler oder den Transformator), wenngleich Photovoltaikanlagen grundsätzlich als leise Form der Energiegewinnung gelten dürfen.

Nicht nach § 1004 Abs. 1 BGB abwehrfähig sind nach ständiger Rechtsprechung demgegenüber rein ästhetische, **ideelle Beeinträchtigungen** des Nachbargrundstücks durch die ggf. als optisch störend empfundenen Solarmodule in einer Wohngegend.[44] Ebenso wenig stellt der bloße **Schattenwurf** durch Photovoltaikanlagen als bloße negative Einwirkung eine tatbestandsmäßige Eigentumsbeeinträchtigung dar.[45] 17

b) Anspruchsinhaber und Anspruchsgegner. Da die Blendwirkung kein bloßes Naturereignis darstellt (dazu → Rn. 16), kann nach allgemeinen Grundsätzen der Eigentümer des Grundstücks, auf dem die Photovoltaikanlage angebracht ist, als Zustandsstörer oder aber der Anlagenbetreiber als Handlungsstörer in Anspruch genommen werden. 18

Aktivlegitimiert ist dabei nicht allein der Eigentümer des gestörten, benachbarten Grundstücks, sondern kraft Verweisung auf § 1004 Abs. 1 BGB auch der Erbbauberechtigte (§ 11 Abs. 1 ErbbauRG), der Berechtigte einer Grunddienstbarkeit (§ 1027 BGB) oder einer persönlichen Dienstbarkeit (§§ 1090 Abs. 2, 1027 BGB) sowie der Nießbraucher (§ 1065 BGB). Hingegen können bloß obligatorisch Berechtigte wie Mieter oder Pächter nicht nach § 1004 BGB Unterlassung bzw. Beseitigung der rechtswidrigen Immissionen verlangen; sie genießen typischerweise aber nach allgemeinen Grundsätzen als Besitzer über § 862 BGB einen weitgehend parallelen Schutz.[46] 19

c) Duldungspflichten nach §§ 1004 Abs. 2, 906 BGB. Soweit sich die von der Solaranlage ausgehenden Lichtreflexionen als nur geringfügige Eigentumsbeeinträchtigung darstellen, sind sie vom Nachbarn nach § 1004 Abs. 2 iVm § 906 Abs. 1 S. 1 BGB hinzunehmen. Gleiches gilt auch, soweit die Immissionen sich aus einer ortsüblichen Benutzung des anderen Grundstücks iSd § 906 Abs. 2 BGB ergeben. 20

aa) Unwesentliche Eigentumsbeeinträchtigungen. Von einer nur unwesentlichen Beeinträchtigung ist immer dann auszugehen, wenn die Einwirkung dem Empfinden eines verständigen Durchschnittsmenschen bei wertender Beurteilung zumutbar ist, also über eine im nachbarschaftlichen Gemeinschaftsverhältnis sozialadäquate bloße Belästigung nicht hinausgeht.[47] In Ermangelung verbindlicher Richtwerte 21

---

42 OLG Stuttgart Urt. v. 9.2.2009 – 10 U 146/08, BeckRS 2009, 05428; OLG Karlsruhe Urt. v. 13.12.2013 – 9 U 184/11, NJOZ 2014, 1010 (1011); OLG Düsseldorf Urt. v. 21.7.2017 – I-9 U 35/17, NJOZ 2018, 652 (653); LG Heidelberg Urt. v. 15.5.2009 – 3 S 21/08, BeckRS 2009, 18403; *Lange/Ländner* EnWZ 2019, 99 (102); implizit auch OLG Stuttgart Urt. v. 30.4.2013 – 3 U 46/13, BeckRS 2013, 08348.

43 Die Blendwirkung von Solaranlagen wird ohne Weiteres als im Grundsatz abwehrfähige positive Einwirkung eingeordnet, siehe nur OLG Karlsruhe Urt v. 13.12.2013 – 9 U 184/11, NJOZ 2014, 1010 (1011); vgl. auch RG Urt. v. 8.4.1911 – V 328/10, RGZ 76, 130 (132) (für Lichtreflexe).

44 StRspr., siehe nur exemplarisch BGH Urt. v. 7.3.1969 – V ZR 169/65, BGHZ 51, 396 (398 f.); Urt. v. 15.5.1970 – V ZR 20/68, BGHZ 54, 56 (60 f.); Urt. v. 12.7.1985 – V ZR 172/84, BGHZ 95, 307 (310); Urt. v. 11.7.2003 – V ZR 199/02, NJW-RR 2003, 1313 (1314); OLG Hamm Urt. v. 19.5.2014 – 5 U 190/13, NZM 2015, 431 (432); vgl. auch OLG Hamm Beschl. v. 14.7.1986 – 5 U 51/86, RdE 1986, 230 (ästhetische Beeinträchtigung durch Hochspannungsmasten). Differenzierend hingegen die hL, siehe *Kaiser* in Staudinger BGB § 1004 Rn. 215–217.

45 Vgl. BGH Urt. v. 21.10.1983 – V ZR 166/82, NJW 1984, 729; Urt. v. 10.7.2015 – V ZR 229/14, NJW-RR 2015, 1425 (1426); Urt. v. 27.10.2017 – V ZR 8/17, NZM 2018, 241 (242 f.).

46 Vgl. BGH Urt. v. 12.3.2003 – IV ZR 278/01, BGHZ 154, 161 (162); Urt. v. 26.9.2006 – VI ZR 166/05, NJW 2006, 3628 (3630); Urt. v. 16.1.2015 – V ZR 110/14, NJW 2015, 2023 (2024); *Keukenschrijver* in NK-BGB § 1004 Rn. 35; *Thole* in Staudinger BGB § 1004 Rn. 249.

47 Vgl. BGH Urt. v. 16.12.1997 – V ZR 91/75, BGHZ 70, 102 (110); Urt. v. 23.3.1990 – V ZR 58/89, BGHZ 111, 63 (65); Urt. v. 6.7.2001 – V ZR 246/00, BGHZ 148, 261 (265); BGH Urt. v. 27.10.2006 – V ZR 2/06, NJW-RR 2007, 168 (169).

iSd § 906 Abs. 1 S. 2 BGB, deren Überschreitung die Wesentlichkeit indizieren würde,[48] sind bei der Beurteilung der (Un-)Zumutbarkeit von Lichtimmissionen die konkreten Umstände des Einzelfalls maßgeblich, insbes. **Dauer und Intensität der Lichtreflexe** und die daraus resultierenden Auswirkungen auf die Nutzung des Nachbargrundstücks.[49] Daneben stellt die Rechtsprechung – auch bereits im Rahmen der Wesentlichkeitsprüfung – auf die „nach der durch die Gebietsart und die tatsächlichen Verhältnisse zu bestimmende [...] Schutzwürdigkeit und Schutzbedürftigkeit der betroffenen Nachbarschaft [ab], wobei wertende Elemente wie Herkömmlichkeit, soziale Adäquanz und allgemeine Akzeptanz einzubeziehen sind".[50] Mitunter wird bei der Beurteilung der Wesentlichkeit (wie auch der Ortsüblichkeit) daneben die gesetzgeberische Wertentscheidung zur Förderung erneuerbarer Energien berücksichtigt, freilich ohne dadurch einen Freibrief für Blendwirkungen durch Solaranlagen zu etablieren (der schon mit Art. 14 Abs. 1 GG unvereinbar wäre).[51]

22 Unter Betonung der Intensität der Lichtreflexe ist bereits eine kurzfristige Reflexlichtblendung von 20 bis 30 Minuten am Tag in der Wohnung des Betroffenen und auf dessen Terrasse im Zeitraum von Mitte April bis Mitte September als wesentliche Beeinträchtigung eingestuft worden.[52] Gleiches soll für räumlich erhebliche, über die gesamte Grundstücksbreite reichende Blendwirkungen von bis zu zwei Stunden pro Tag an mehr als 130 Tagen im Jahr gelten.[53] Als geringfügig angesehen wurde demgegenüber eine Blendwirkung im Frühjahr und Herbst von jeweils vier bis sechs Wochen mit einer täglichen Belastung von (maximal) einer Stunde zwischen 14 und 15 Uhr.[54] Dabei stellt die Rechtsprechung auch darauf ab, ob die **betroffenen Bereiche des Nachbargrundstücks** nur kurzzeitig genutzt werden oder aber zum längeren Aufenthalt gedacht sind (wie etwa Wohnzimmer oder Terrasse).

23 In keinem Fall trifft den gestörten Nachbarn eine Obliegenheit, nicht nur unwesentliche Lichtreflexe durch **Selbsthilfemaßnahmen** abzuwenden. Für eine solche Abwägung lassen die §§ 1004 Abs. 1, 906 BGB von vornherein keinen Raum.[55] Anderes gilt lediglich im Hinblick auf den öffentlich-rechtlichen Schutz vor den Verwaltungsgerichten: So kann sich der Nachbar nicht mit Erfolg gegen die baurechtliche Genehmigung von lichtimmitierenden Solaranlagen wehren,[56] wenn es ihm zumutbar ist, die Immission durch eigene Maßnahmen (etwa Jalousien oder Vorhänge) abzuwehren.[57]

24 **bb) Ortsübliche Immissionen.** Eine Duldungspflicht kann sich auch daraus ergeben, dass die von der Photovoltaikanlage ausgehenden Blendwirkungen im jeweiligen Wohngebiet ortsüblich sind und nicht durch wirtschaftlich zumutbare Gegenmaßnahmen verhindert werden können. Dabei setzt die Ortsüblich-

---

48 Vgl. OLG Karlsruhe Urt v. 13.12.2013 – 9 U 184/11, NJOZ 2014, 1010 (1011); OLG Düsseldorf Urt. v. 21.7.2017 – I-9 U 35/17, NJOZ 2018, 652 (653); VG Düsseldorf Urt. v. 12.2.2010 – 25 K 4079/09, juris Rn. 29; *Fritsche* LKV 2020, 49 (53); *Lange/Ländner* EnWZ 2019, 99 (102). Die Vorgaben der LAI gelten nur für großflächige Freiflächenphotovoltaikanlage und lassen einen normativen, allgemeinverbindlichen Charakter vermissen; vgl. die Hinweise zur Messung, Beurteilung und Minderung von Lichtimmissionen vom 13.9.2012, insbes. S. 24.

49 OLG Karlsruhe Urt v. 13.12.2013 – 9 U 184/11, NJOZ 2014, 1010 (1011) mwN; OLG Düsseldorf Urt. v. 21.7.2017 – I-9 U 35/17, NJOZ 2018, 652 (653); *Lange/Ländner* EnWZ 2019, 99 (102).

50 OLG Stuttgart Urt. v. 9.2.2009 – 10 U 146/08, BeckRS 2009, 05428; vgl. auch LG Heidelberg Urt. v. 15.5.2009 – 3 S 21/08, BeckRS 2009, 18403.

51 Siehe etwa OLG Düsseldorf Urt. v. 21.7.2017 – I-9 U 35/17, NJOZ 2018, 652 (653) (im Erg. allerdings dennoch die Wesentlichkeit der Beeinträchtigung bejahend). Krit. hingegen OLG Karlsruhe Urt v. 13.12.2013 – 9 U 184/11, NJOZ 2014, 1010 (1011). Zum Ganzen auch *Fritsche* LKV 2020, 49 (53 f.); *Lange/Ländner* EnWZ 2019, 99 (103) mwN.

52 OLG Stuttgart Urt. v. 9.2.2009 – 10 U 146/08, BeckRS 2009, 05428. Ähnlich auch LG Heidelberg Urt. v. 15.5.2009 – 3 S 21/08, BeckRS 2009, 18403.

53 OLG Düsseldorf Urt. v. 21.7.2017 – I-9 U 35/17, NJOZ 2018, 652 (653).

54 OLG Stuttgart Urt. v. 30.4.2013 – 3 U 46/13, BeckRS 2013, 08348.

55 Siehe OLG Karlsruhe Urt v. 13.12.2013 – 9 U 184/11, NJOZ 2014, 1010 (1012); OLG Düsseldorf Urt. v. 21.7.2017 – I-9 U 35/17, NJOZ 2018, 652 (653 f.); LG Heidelberg Urt. v. 15.5.2009 – 3 S 21/08, BeckRS 2009, 1840 mwN.

56 Zum Genehmigungserfordernis → Rn. 41.

57 OVG Münster Beschl. v. 12.5.2003 – 10 B 145/03, juris Rn. 29; OVG Lüneburg Urt. v. 26.2.2003 – 1 LC 75/02, juris Rn. 53; OVG Münster Urt. v. 15.3.2007 – 10 A 998/06, juris Rn. 82; VG Würzburg Urt. v. 31.1.2008 – W 5 K 07.1055, juris Rn. 26.

keit voraus, dass **im maßgeblichen Vergleichsbezirk** mehrere Grundstücke mit nach Art und Umfang annähernd gleicher Beeinträchtigungswirkung (die insbes. von Ausrichtung und Geländebeschaffenheit abhängt) genutzt werden.[58] Auf die bloße Ortsüblichkeit von Photovoltaikanlagen als solchen im betreffenden Gemeindegebiet oder gar auf den allgemein zunehmenden Betrieb solcher Anlagen in Deutschland kommt es demgegenüber nicht an.[59] Die wirtschaftliche Zumutbarkeit technischer und betriebswirtschaftlicher Maßnahmen, die die Beeinträchtigung verhindern oder jedenfalls unter die Wesentlichkeitsschwelle des § 906 Abs. 1 BGB fallen lassen, bemisst sich nach differenziert-objektivem Maßstab ohne Rücksicht auf die individuelle Leistungsfähigkeit, dh ausgehend von einem durchschnittlichen Betrieb der betreffenden Branche bzw. einem durchschnittlichen Privatmann.[60]

d) Rechtsfolge. Auf Rechtsfolgenseite erfordert der Abwehranspruch des § 1004 Abs. 1 BGB die Beseitigung der Eigentumsbeeinträchtigung (regelmäßig der Blendwirkung), *soweit* diese die Schwelle einer bloß unwesentlichen Beeinträchtigung überschreitet. Einer genaueren Konkretisierbarkeit entzieht sich der Urteilstenor, da verbindliche Richtwerte nicht existieren.[61] Die Abgrenzung zur zulässigen unwesentlichen Einwirkung kann im Vollstreckungsverfahren ggf. eine erneute Gesamtwürdigung im Einzelfall erforderlich machen.[62] 25

2. Abwehr von Beeinträchtigungen nach § 1004 Abs. 1 S. 1 iVm § 823 Abs. 2 BGB

Beseitigungs- und Unterlassungsansprüche können sich daneben auch aus § 1004 Abs. 1 S. 1 iVm § 823 Abs. 2 BGB ergeben, wenn bei Aufbau oder Betrieb von Photovoltaikanlagen Rechtsregeln verletzt werden, die als Schutzgesetz zu qualifizieren sind. Das betrifft insbes. die Unterschreitung von **landesrechtlichen Abstandsregeln**, die auch dem Interesse des Nachbarn an ausreichender Belichtung und Belüftung seines Grundstücks, an unverstelltem Ausblick sowie an der Vermeidung von Lärmimmissionen dienen und insoweit nachbarschützenden Charakters sind.[63] Allerdings ist der Nachbar mit der Geltendmachung des Anspruchs präkludiert, sofern er nachbarrechtliche Fristen zu seiner Geltendmachung nicht einhält;[64] in Fällen verfahrensfreier Anlagen tritt dabei an die Stelle der sonst fristauslösenden Benachrichtigung die Kenntnisnahme des Nachbarn vom (beabsichtigten) Bau der Photovoltaikanlage (siehe im Einzelnen → *Rechtsverlust und unzulässige Rechtsausübung* Rn. 17 ff., 26 ff.).[65] 26

3. Abwehranspruch nach § 907 BGB?

Weitergehende, auf Entfernung der Solaranlage selbst (statt nur auf Beseitigung der von der Anlage ausgehenden Beeinträchtigungen) zielende Abwehransprüche iSd § 907 BGB stehen dem Nachbarn nur in seltenen Fällen zu (zu den Rechtsfolgen der Norm im Einzelnen → *Gefahr drohende Anlagen* Rn. 21). Regelmäßig wird die Solaranlage **keine gefahrdrohende Anlage** iSd Norm darstellen, da kaum mit hinreichender Sicherheit voraussehbar ist, dass von ihr Immissionen jenseits der Wesentlichkeitsschwelle des § 906 27

58 LG Heidelberg Urt. v. 15.5.2009 – 3 S 21/08, BeckRS 2009, 1840 mwN.

59 OLG Karlsruhe Urt v. 13.12.2013 – 9 U 184/11, NJOZ 2014, 1010 (1012); OLG Düsseldorf Urt. v. 21.7.2017 – I-9 U 35/17, NJOZ 2018, 652 (654).

60 *Brückner* in MüKoBGB § 906 Rn. 102; *Roth* in Staudinger BGB § 906 Rn. 237.

61 OLG Düsseldorf Urt. v. 21.7.2017 – I-9 U 35/17, NJOZ 2018, 652 (654); vgl. auch BGH Urt. v. 14.9.2018 – V ZR 267/17, NJW 2019, 310.

62 OLG Düsseldorf Urt. v. 21.7.2017 – I-9 U 35/17, NJOZ 2018, 652 (654); zur Zulässigkeit einer solchen Tenorierung im immissionsschutzrechtlichen Verfahren bereits BGH Urt. v. 5.2.1993 – V ZR 62/91, NJW 1993, 1656 (1657).

63 Vgl. BGH Urt. v. 28.6.1985 – V ZR 43/84, NJW 1985, 2825 (2826 f.); siehe auch *Fritsche* LKV 2020, 49 (54). Zum drittschützenden Charakter der Abstandsregeln Urt. v. 30.4.1976 – V ZR 188/74, NJW 1976, 1888 (1889); BGH Urt. v. 29.4.2011 – V ZR 174/10, juris Rn. 18; OLG Frankfurt Urt. v. 26.2.2013 – 25 U 162/12, juris Rn. 26; OLG Nürnberg Urt. v. 30.1.2017 – 14 U 2612/15, juris Rn. 20.

64 Solche Fristen etablieren etwa § 4 Abs. 2 iVm § 3 Abs. 3 NRG BW; § 62 Abs. Nr. 2 iVm § 61 NNachbG; § 3 Abs. 1 lit. a NachbG NRW; § 43 Abs. 1 Nr. 1, 2 iVm § 42 Abs. 1 NachbG Schl.-H.

65 BGH Urt. v. 29. 4. 2011 – V ZR 174/10, juris Rn. 10–13.

Abs. 1 S. 1 BGB ausgehen werden.[66] Sofern aber im Einzelfall etwa aufgrund eines Sachverständigengutachtens bereits feststeht, dass eine geplante oder im Bau befindliche Photovoltaikanlage Lichtimmissionen in nicht zu duldendem Maße auslösen wird, kann der Nachbar bereits nach § 907 Abs. 1 S. 1 BGB die Unterlassung der Errichtung bzw. der Inbetriebnahme der Anlage verlangen.

4. Abwehransprüche gegenüber Solaranlagen öffentlicher Betreiber

28 Soweit störende Immissionen oder andere Beeinträchtigungen von Solaranlagen öffentlicher Betreiber ausgehen, richtet sich der Rechtsschutz des gestörten Nachbarn nach denselben Grundsätzen; das gilt etwa, wenn auf den Dächern öffentlicher Gebäude in begrenztem Umfang Solarmodule angebracht werden, die den Eigenbedarf decken bzw. jedenfalls die Energieversorgung des Gebäudes ergänzen sollen.[67] Nur wenn der Staat **ausnahmsweise zur Erfüllung öffentlich-rechtlicher Zwecke** Photovoltaikanlagen betreibt und sich die Störung insoweit ihrer Rechtsnatur nach als Folge einer hoheitlichen Tätigkeit darstellt, bemisst sich der Abwehranspruch des Nachbarn nicht nach den privatrechtlichen Normen der §§ 1004, 906, 823 Abs. 2 BGB, sondern **nach öffentlichem Recht**.[68] In Zusammenhang mit Lichtimmissionen hat die Rechtsprechung dies etwa bei gemeindlichen Straßenleuchten angenommen, da diese zum Zwecke der Daseinsvorsorge betrieben werden.[69] Auch beim Betrieb von Photovoltaikanlagen wäre demnach eine vergleichbare Förderung öffentlicher Belange (etwa in Form gemeindlicher Energieversorgung) zu fordern; bedient sich die öffentliche Hand bei dem Betreiben eines Solarparks aber privatrechtlicher Formen (etwa einer Stadtwerke AG), handelt sie wiederum privatrechtlich, selbst wenn sie Aufgaben der öffentlichen Daseinsvorsorge erfüllt.[70]

IV. Monetäre Ersatzansprüche des Nachbarn

1. Deliktische Schadenersatzansprüche

29 Aus erheblichen, von Photovoltaikanlagen ausgehenden Blendwirkungen oder anderen nicht zu duldenden Immissionen können bisweilen Schadenersatzansprüche nach § 823 Abs. 1 BGB resultieren. Bei ungünstiger Dachneigung und starker Sonneneinstrahlung kann die Reflexion zu einer sog. **Absolutblendung** führen, bei der das menschliche Auge bei direktem Blick auf die Solaranlage Schaden nimmt.[71] Für solche Verletzungen an Körper und Gesundheit hat der Eigentümer des beeinträchtigenden Grundstücks bzw. der Anlagenbetreiber einzustehen, wenn er bei Installation bzw. Betrieb der Anlage die ihn treffenden Verkehrssicherungspflichten verletzt, also keine ausreichenden Schutzvorkehrungen gegen gesundheitsschädigende Blendreflexe getroffen hat.[72] Mangels konkaver Krümmung der Solarmodule dürften hingegen Brennglas-Effekte, die Brände verursachen oder Objekte wie Autos, Fahrräder oder Terrassenmöbel aus Plastik hitzebedingt verformen können, kaum je auftreten.

2. Entschädigungsansprüche analog § 906 Abs. 2 S. 2 BGB

30 Auch soweit der Nachbar wesentliche Lichtreflexionen oder andere von Solaranlagen ausgehende Immissionen nach § 906 Abs. 2 S. 2 BGB als ortsübliche Nutzung des Grundstücks zu dulden hat, kann ihm ein

---

66 Zum strengen Maßstab der sicheren Voraussehbarkeit unzulässiger Einwirkungen → *Gefahr drohende Anlagen* Rn. 10 ff.

67 Entscheidend ist nicht bereits, dass die Störung vom Grundstück einer öffentlich-rechtlichen Körperschaft ausgeht; vgl. dazu *Thole* in Staudinger BGB § 1004 Rn. 565 mwN.

68 Zum Abwehranspruch gegenüber öffentlichen Immissionen → *Öffentliche Einrichtungen und Anlagen* Rn. 3 ff.

69 OVG Koblenz Urt. v. 26.9.1985 – 1 A 89/84, NJW 1986, 953; VGH Kassel Urt. v. 26.4.1988 – 11 UE 468/85, NJW 1989, 1500; VGH München Urt. v. 18.12.1990 – 8 B 8703780, NJW 1991, 2660; vgl. auch *Thole* in Staudinger BGB § 1004 Rn. 565.

70 Zu privatrechtlichen Handlungsformen siehe BGH Urt. v. 21.12.1989 – III ZR 26/88, NJW 1990, 978 (980); Beschl. v. 21.11.1996 – V ZB 19/96, NJW 1997, 744 (744 f.); Urt. v. 30.5.2003 – V ZR 37/02, NJW 2003, 2377 (2379); vgl. auch BGH Beschl. v. 18.5.1995 – I ZB 22/94, NJW 1995, 2295 (2296).

71 Vgl. OLG Düsseldorf Urt. v. 21.7.2017 – I-9 U 35/17, NJOZ 2018, 652 (653).

72 Zu Verkehrssicherungspflichten bei Photovoltaikanlagen siehe OLG Dresden Beschl. v. 23.12.2015 – 22 WF 1052/15, NJW 2016, 1027 (1028).

(verschuldensunabhängiger) Anspruch auf angemessenen Ausgleich in Geld nach § 906 Abs. 2 S. 2 BGB zustehen. Das setzt voraus, dass die Beeinträchtigung die ortsübliche Benutzung des Nachbargrundstücks über das zumutbare Maß hinaus beeinträchtigt. Wie bei der Beurteilung der Wesentlichkeit einer Beeinträchtigung nach § 906 Abs. 1 S. 1 BGB kommt es dabei maßgeblich auf das Empfinden eines verständigen durchschnittlichen Grundstücksnutzers unter den konkreten Umständen des Einzelfalls an.[73] Oft wird eine wesentliche Immission zugleich auch das Maß des Zumutbaren iSd § 906 Abs. 2 S. 2 BGB überschreiten.[74]

3. Amtshaftungsansprüche

31 Wenn es unter Verletzung bauordnungsrechtlicher Prüfpflichten (zB hinsichtlich der Abstandsflächen) zum Aufbau von Photovoltaikanlagen kommt, die dann etwa Brände auslösen, stehen dem Nachbarn zudem Amtshaftungsansprüche nach § 839 BGB iVm Art. 34 GG zu. Mit den drittschützenden Baurechtsvorschriften korrespondieren entsprechende Pflichten des Amtsträgers, der sich bei seiner Genehmigungsentscheidung an diese Normen zu halten oder jedenfalls über etwaige Abweichungen ermessensfehlerfrei zu befinden hat; dabei darf dem rechtspolitischen Ziel der Energiewende nicht per se der Vorrang gegenüber den Schutzinteressen des Nachbarn gewährt werden.[75]

V. Miet- und Wohnungseigentumsrecht

1. Errichtung und Nutzung von Solaranlagen in der WEG

32 Wird eine Solaranlage auf einem Grundstück errichtet, das im Eigentum einer Wohnungseigentümergemeinschaft steht, stellen sich zusätzliche Fragen im Hinblick auf Zustimmungserfordernisse der Gemeinschaft (→ Rn. 33 f.) und Sondernutzungsrechte Einzelner (→ Rn. 35). In sachenrechtlicher Hinsicht bleibt es hingegen im Grundsatz bei den allgemeinen Beurteilungsmaßstäben (dazu → Rn. 4 ff.): Eine mit dem Grund und Boden fest verbundene Freiflächenanlage steht als wesentlicher Grundstücksbestandteil automatisch im Gemeinschaftseigentum; mangels Sonderrechtsfähigkeit des Dachs eines WEG-Gebäudes[76] gilt gleiches für eine Aufdachanlage, sofern sie eine hinreichend feste Verbindung mit dem Gebäude aufweist, um als wesentlicher Bestandteil zu gelten.[77]

33 **a) Zustimmungserfordernis der Wohnungseigentümer.** Soll eine Photovoltaikanlage auf dem Dach eines Wohnungseigentumsgebäudes installiert werden, so stellt dies keine bloße modernisierende Instandsetzung, sondern eine Umgestaltung des Gemeinschaftseigentums und damit eine **bauliche Veränderung** dar.[78] Damit bedarf sie grundsätzlich eines zustimmenden Beschlusses der Wohnungseigentümerversammlung, der mit einfacher Mehrheit der abgegebenen Stimmen gefasst werden kann (§§ 20 Abs. 1, 25 Abs. 1 WEG). Alternativ genügt auch das Einverständnis derjenigen Wohnungseigentümer, die durch die konkrete bauliche Veränderung nach der Verkehrsanschauung in nicht nur unerheblichem Maße (dh über das bei einem geordneten Zusammenleben unvermeidliche Maß hinaus) beeinträchtigt werden (§ 20 Abs. 3 WEG). Eine solche Beeinträchtigung ist bereits bei einer **optisch nachteiligen Veränderung des äußeren Erscheinungsbilds** der Wohnanlage gegeben, sofern diese von außen sichtbar ist, dh vom Standort eines Miteigentümers oder für unbefangene Dritte von der Straße oder von Gemeinschaftsflächen aus.[79] An der visuellen Wahrnehmbarkeit kann es allerdings bei kleineren Solaranlagen fehlen, insbes. bei einer Installation

73 BGH Urt. v. 22.12.1967 – V ZR 11/67, BGHZ 49, 148 (153); Urt. v. 31.5.1974 – V ZR 114/72, BGHZ 62, 361 (371); Urt. v. 27.10.2006 – V ZR 2/06, NJW-RR 2007, 168 (169).

74 BGH Urt. v. 27.10.2006 – V ZR 2/06, NJW-RR 2007, 168 (170); *Roth* in Staudinger BGB § 906 Rn. 254.

75 *Fritsche* LKV 2020, 49 (55).

76 Siehe § 5 Abs. 2 WEG. Explizit zum Dach als Gebäudeteil iSd Norm BGH Urt. v. 25.1.2001 – VII ZR 193/99, NJW-RR 2001, 800 (800 f.).

77 *Böttcher* in Böttcher/Faßbender/Waldhoff Erneuerbare Energien § 1 Rn. 70.

78 BayObLG Beschl. v. 23.2.2005 – 2Z BR 167/04, FGPrax 2005, 108 (109 f.); Beschl. v. 19.9.2005 – 34 Wx 76/05, NZM 2005, 825 (827); Beschl. v. 15.10.1992 – 2Z BR 75/92, NJW-RR 1993, 206 (207); *Sauren* in Sauren WEG § 22 Rn. 51. Zu Begriff und Voraussetzungen der baulichen Veränderung im Einzelnen *Hügel* in BeckOK WEG § 22 Rn. 2 f.

79 BGH Urt. v. 18.11.2016 – V ZR 49/16, NJW 2017, 2184 (2185); *Engelhardt* in MüKoBGB § 22 Rn. 40.

auf Flachdächern.[80] Grundsätzlich tragen die der Maßnahme zustimmenden Wohnungseigentümer die Kosten entsprechend dem Verhältnis ihrer Miteigentumsanteile (§ 21 Abs. 3 S. 1 iVm § 16 Abs. 1 S. 2 WEG). Auch Miteigentümer, die der Installation nicht zustimmen, sind nach neuer Rechtslage allerdings anteilig an den Errichtungskosten zu beteiligen, wenn die bauliche Veränderung mit mehr als zwei Dritteln der abgegebenen Stimmen und mehr als der Hälfte der Miteigentumsanteile beschlossen worden ist; anderes gilt nur, sofern die Kosten der Maßnahme unverhältnismäßig sind (§ 21 Abs. 2 S. 1 Nr. 1 WEG).[81]

34 Soweit der Aufbau einer Photovoltaikanlage durch unangefochtenen Beschluss der Wohnungseigentümerversammlung genehmigt worden ist, scheiden Beseitigungsansprüche nach § 1004 BGB aus.[82]

35 **b) Sondernutzungsrechte zur Errichtung einer Photovoltaikanlage.** Einzelnen Wohnungseigentümern kann auch ein Sondernutzungsrecht am Dach (oder anderen im Gemeinschaftseigentum stehenden Flächen iSd § 5 Abs. 2 WEG) zur Errichtung und zum Betrieb einer Photovoltaikanlage eingeräumt werden. Ein solches Sondernutzungsrecht gestattet einzelnen Miteigentümern die Nutzung einer Fläche über das Gemeineigentum hinaus und beschneidet zugleich das Mitgebrauchsrecht der übrigen Wohnungseigentümer.[83] Dabei steht der Einräumung eines Sondernutzungsrechts am Dach nicht entgegen, dass dieses weiterhin seine Hauptfunktion – den Abschluss des Gebäudes nach oben – für alle Wohnungseigentümer erfüllt; es stellt bereits eine ausreichende Beschränkung dar, dass die übrigen Eigentümer vom hinzutretenden Sondernutzungszweck ausgeschlossen bleiben.[84] Hinsichtlich der **Kostentragung** und der Unterhaltspflicht gilt dabei, dass dem bzw. den Sondernutzungsberechtigten allein die Kosten der für die Sondernutzung benötigten Komponenten der Fläche aufzuerlegen sind, während die übrigen Kosten von allen Miteigentümern getragen werden.[85]

2. Mietrechtliche Zulässigkeit des Aufstellens einer Solaranlage

36 Die Zulässigkeit der Errichtung und des Betriebs einer Solaranlage **durch den Mieter** richtet sich nach den Grenzen vertragsgemäßen Gebrauchs, bei deren Überschreitung dem Vermieter ein Unterlassungsanspruch nach § 541 BGB zusteht. Der vertragsgemäße Gebrauch wird sich dabei oft bereits aus den Bestimmungen des Mietvertrags ergeben. Üblich ist eine Klausel, die bauliche Veränderungen der Mietsache einem Zustimmungsvorbehalt des Vermieters unterstellt. Auch eine solche Einschränkung der Nutzung der Mietsache erfasst aber Maßnahmen nicht, mit denen keine Eingriffe in die Bausubstanz einhergehen, die den optischen Gesamteindruck des Gebäudes nicht beeinträchtigen und auch keine sonstigen nachteiligen Veränderungen auf das Bauobjekt befürchten lassen; für zulässig gehalten wurde deshalb die Aufstellung einer Solaranlage auf der Terrasse, die ohne Weiteres wieder abgebaut werden kann.[86] Dieselben Grundsätze gelten auch in Ermangelung einer expliziten vertraglichen Regelung: Die eigenmächtige Vornahme baulicher Veränderungen, etwa durch Installation fest mit der Dachsubstanz verbundener Solarkollektoren, überschreitet den vertragsgemäßen Gebrauch.[87]

80 BayObLG Beschl. v. 17.10.2001 – 2Z BR 147/01, NZM 2002, 74 (75) (für Solarkollektoren von 0,8 m² auf einem Garagenflachdach).

81 BGH Beschl. v. 19.12.1991 – V ZB 27/90, BGHZ 116, 392 (397); BayObLG Beschl. v. 23.2.2005 – 2Z BR 167/04, FGPrax 2005, 108 (110).

82 Siehe *Raff* in MüKoBGB § 1004 Rn. 59.

83 Vgl. OLG Saarbrücken Beschl. v. 10.5.2010 – 5 W 94, 95, 96/10, NJW-RR 2011, 519 (520); OLG Hamm Beschl. v. 21.10.2008 – I-15 Wx 140/08, juris Rn. 35 f. Zum Ganzen auch *Francastel* RNotZ 2015, 385 (386–389).

84 Eingehend zur Möglichkeit der Beschränkung von Sondernutzungsrechten auf einzelne Nutzungszwecke OLG Saarbrücken Beschl. v. 10.5.2010 – 5 W 94, 95, 96/10, NJW-RR 2011, 519 (520); *Francastel* RNotZ 2015, 385 (389 mit Fn. 55).

85 OLG Saarbrücken Beschl. v. 10.5.2010 – 5 W 94, 95, 96/10, NJW-RR 2011, 519 (520); *Commichau* in MüKoBGB WEG § 10 Rn. 33. Vgl. auch OLG München Beschl. v. 27. 9. 2006 – 34 Wx 59/06, NJOZ 2007, 3029 (3030).

86 AG München Urt. v. 4.10.1990 – 214 C 24821/90, BeckRS 1990, 05848.

87 Zur Erfassung von baulichen Veränderungen durch § 541 BGB im Allgemeinen *Bieber* in MüKoBGB § 541 Rn. 8.

Wünscht umgekehrt der **Vermieter**, eine Photovoltaikanlage auf dem Dach eines vermieteten Gebäudes zu installieren, kann dem Mieter ein Anspruch auf Beseitigung der damit einhergehenden baulichen Veränderung zustehen, sofern die äußere Gestaltung des Mietobjekts vertraglich detailliert festgelegt ist.[88] 37

3. Mietverhältnisse über Photovoltaikanlagen

Wird ein Gebäudeobjekt vermietet, auf dessen Dach Photovoltaikanlagen installiert sind, so können diese mitvermietet werden; dem Mieter steht dann die erzielte Einspeisevergütung zu. Regelmäßig wird darin kein eigenständiger Mietvertrag über die Photovoltaikanlage, sondern wegen des engen rechtlichen und wirtschaftlichen Zusammenhangs ein **einheitliches Mietverhältnis über Gebäude und Solarkollektoren** zu sehen sein. Dann erstreckt sich eine Kündigung des Mietvertrags ohne Weiteres auch auf die Miete der Photovoltaikanlage, für eine Teilkündigung iSd § 573b BGB bleibt in diesen Fällen kein Raum.[89] 38

VI. Öffentliches Recht

Neben diesen zivilrechtlichen Regelungen verleiht auch das öffentliche Recht dem in seinen Rechten beeinträchtigten Nachbarn die Möglichkeit, gegen Errichtung und Betrieb von Photovoltaikanlagen vorzugehen. Sofern die Anlage verwaltungsrechtliche Vorgaben verletzt, insbes. zu bauordnungsrechtlichen Normen in Widerspruch steht (dazu → Rn. 40 ff.), können sich im Gleichlauf mit den zivilrechtlichen Schutzansprüchen Abwehrmöglichkeiten des Nachbarn auch auf dem Verwaltungsrechtsweg ergeben (→ Rn. 45 ff.). Auch dem Anlagenbetreiber selbst können öffentlich-rechtliche Abwehransprüche, insbes. wegen Verschattung der Photovoltaikanlage durch ein Nachbargebäude, zustehen (→ Rn. 48).[90] 39

1. Baurechtliche Behandlung von Photovoltaikanlagen

Während Photovoltaikanlagen im immissionsschutzrechtlichen Sinne eine nicht-genehmigungsbedürftige Anlage darstellen und auch keiner Umweltverträglichkeitsprüfung unterfallen,[91] stellen bauordnungs- und bauplanungsrechtliche Normen Vorgaben für die Errichtung und den Betrieb von Solaranlagen auf. 40

a) Genehmigungsbedürftigkeit. Als bauliche Anlagen im bauordnungsrechtlichen Sinne[92] unterliegen Photovoltaikanlagen *prima facie* der Genehmigungspflicht. Allerdings treffen landesrechtliche Vorschriften typischerweise Regelungen zur **Verfahrens- oder Genehmigungsfreiheit** für Photovoltaikanlagen, die nachträglich auf Dächern oder an Außenwänden installiert werden.[93] Auch geht mit der nachträglichen Errichtung einer an das Stromnetz angeschlossenen Solaranlage regelmäßig jedenfalls eine *genehmigungsbedürftige* Nutzungsänderung des Gebäudes nicht einher.[94] Sofern Solaranlagen hingegen im Zusammenhang 41

---

88 LG Bamberg Urt. v. 4.2.2009 – 1 O 226/08, BeckRS 2009, 23133 (hinsichtlich eines Gebäudes, das bei Abschluss des Mietvertrags noch entsprechend einer detaillierten Baubeschreibung zu errichten war).

89 AG Osnabrück Urt. v. 14.12.2012 – 7 C 117/12, BeckRS 2014, 11634. Entsprechend für die Mitvermietung von Garagen BGH Urt. v. 12.10.2011 – VIII ZR 251/10, NJW 2012, 224 (225); OLG Karlsruhe RE v. 30.3.1983 – 3 RE-Miet 1/83, NJW 1983, 1499.

90 Ausgeklammert bleiben hingegen steuerrechtliche Aspekte des Betriebs von Photovoltaikanlagen; dazu etwa *Fromm/Litzenberger* SteuK 2011, 452; *Welsch/Woinar* NotBZ 2014, 161 (168–170) mwN.

91 *Faßbender/Gläß* in Böttcher/Faßbender/Waldhoff Erneuerbare Energien § 8 Rn. 3, 45.

92 Die Einordnung als bauliche Anlage ergibt sich schon im Umkehrschluss aus der Aufführung bestimmter Photovoltaikanlagen als genehmigungsfrei in den Anlagen zu den jew. Landesbauordnungen (dazu sogleich → Rn. 41); denn die Baugenehmigungsfreiheit setzt ihre Eigenschaft als bauliche Anlage oder Teil derselben denknotwendig voraus. Sie folgt zudem zwanglos aus den seitens der Landesbauordnungen etablierten Voraussetzungen baulicher Anlagen, die (auch per Vermittlung durch ein Gebäude) mit dem Erdboden verbunden und aus Bauprodukten hergestellt zu sein haben (vgl. nur exemplarisch § 2 Abs. 1 S. 1 BauO NRW).

93 So etwa § 61 Abs. 1 Nr. 3 lit. b BbgBO/BauO Bln; Art. 57 Abs. 1 Nr. 3 lit. a aa BayBO; Anl. zu § 63 HBO Abschn. I Nr. 3.9.1; § 62 Abs. 1 Nr. 3 lit. a BauO NRW 2018; Anl. zu § 50 Abs. 1 LBO BW Nr. 3 lit. c; § 62 Abs. 1 Nr. 2 lit. e LBauO RhPf; Anh. zu § 60 Abs. 1 NBauO Nr. 2.3; § 60 Abs. 1 Nr. 3 lit. a ThürBO; § 61 Abs. 1 Nr. 3 lit. a SächsBO.

94 So explizit Art. 57 Abs. 1 Nr. 3 lit. a BayBO; § 62 Abs. 1 Nr. 3 lit. a BauO Bln; § 55 HBO iVm Abschn. III Nr. 3 der Anlage 2, § 61 Abs. 1 Nr. 3 lit. a SächsBO; § 63 Abs. 1 Nr. 2 lit. a ThürBO; vgl. aber auch OVG Münster Beschl. v. 20.9.2010 – 7 B 985/10, ZfBR 2011, 45, juris Rn. 3; krit. dazu *Barthels* ZUR 2011, 24 (24 f.).

mit einem genehmigungspflichtigen Bauvorhaben errichtet werden, unterliegen auch sie als Teil des gesamten, einheitlich zu behandelnden Bauvorhabens der Genehmigungspflicht.[95] Gebäudeunabhängige Freiflächenanlagen sind regelmäßig genehmigungsfrei, sofern sie bestimmte Abmessungen nicht überschreiten.[96]

42 **b) Bauordnungs- und bauplanungsrechtliche Zulässigkeit.** In materieller Hinsicht und unabhängig von der Frage der Genehmigungsbedürftigkeit haben die Solaranlagen die **bauordnungsrechtlichen Vorgaben**,[97] etwa spezielle Brandschutzregelungen[98] oder Abstandsgebote,[99] sowie auch sonstige Anforderungen etwa des Denkmal-[100] oder Naturschutzes[101] zu wahren.

43 **Bauplanungsrechtlich** gilt es mit Blick auf die Art der baulichen Nutzung zu differenzieren, ob die Photovoltaikanlage im Geltungsbereich eines Bebauungsplans (§ 30 BauGB), im unbeplanten Innenbereich (§ 34 BauGB) oder im Außenbereich (§ 35 BauGB) errichtet werden soll. Im Außenbereich werden Solaranlagen im Wesentlichen[102] nur innerhalb der engen Grenzen des § 35 Abs. 1 Nr. 8 BauGB – dh nur als baulich untergeordnete Dach- oder Außenwandanlagen – privilegiert,[103] während sie im – beplanten wie im unbeplanten, nach § 34 Abs. 2 BauGB faktisch einem der Baugebiete der BauNVO entsprechenden – Innenbereich grundsätzlich auch dann zumindest als Ausnahmebebauung zulässig sind, wenn ob der Einspeisung der erzeugten Energie ins öffentliche Stromnetz eine gewerbliche Nutzung in Rede steht.[104] In Betracht kommt daneben auch die Festsetzung eines Sondergebiets gemäß § 11 BauNVO mit der Zweckbestimmung „Photovoltaikanlage" (oder auch „Freiflächenphotovoltaikanlage").[105] Im Bereich von Bebauungsplänen lässt § 248 S. 2 BauGB zugunsten von Solaranlagen auf bzw. an Gebäuden im Interesse nachhaltiger Energiegewinnung zudem Abweichungen vom festgesetzten Maß der baulichen Nutzung, der Bauweise und der überbaubaren Grundstücksfläche zu, soweit diese mit nachbarlichen Interessen und baukulturellen Belangen vereinbar sind.

95 VG Regensburg Urt. v. 14.5.2019 – RN 6 K 17.2047, juris Rn. 87.

96 Vgl. etwa Anl. zu § 63 HBO Abschn. I Nr. 3.9.2; § 62 Abs. 1 Nr. 3 lit. b BauO NRW 2018; Art. 57 Abs. 1 Nr. 3 lit. a aa BayBO; § 62 Abs. 1 Nr. 2 lit. e LBauO RhPf; Anh. zu § 60 Abs. 1 NBauO Nr. 2.3; § 60 Abs. 1 Nr. 3 lit. b ThürBO; § 61 Abs. 1 Nr. 3 lit. b SächsBO; § 61 Abs. 1 Nr. 3 lit. b BbgBO/BauO Bln.

97 Siehe zur Geltung der bauordnungsrechtlichen Vorschriften auch bei Verfahrensfreistellung § 50 Abs. 5 LBO BW; Art. 55 Abs. 2 BayBO; § 59 Abs. 2 BbgBO/BauO Bln; § 59 Abs. 2 BremBO; § 59 Abs. 2 HBauO; § 62 Abs. 2 HBO; § 59 Abs. 3 LBauO M-V; § 59 Abs. 3 NBauO; § 60 Abs. 2 BauO NRW; § 62 Abs. 3 LBauO R-P; § 60 Abs. 2 LBO Saarl; § 59 Abs. 2 SächsBO; § 58 Abs. 2 BauO LSA; § 62 Abs. 1 LBO Schl.-H.; § 59 Abs. 2 ThürBO.

98 Etwa § 32 Abs. 3 NBauO; Art. 26 Abs. 3 S. 2, Art. 30 Abs. 5 S. 1, S. 2 BayBO.

99 Art. 6 Abs. 9 S. 1 Nr. 2 BayBO; § 6 Abs. 7 S. 1 Nr. 2 BauO Bln; § 6 Abs. 7 S. 1 Nr. 2 BremBO; § 6 Abs. 7 S. 1 Nr. 2 HBauO; § 6 Abs. 9 Nr. 3, Abs. 10 S. 1 Nr. 9 HBO; § 6 Abs. 7 S. 1 Nr. 2 LBauO M-V; § 5 Abs. 8 S. 2 Nr. 2 NBauO; § 6 Abs. 7 BauO NRW; § 8 Abs. 2 Nr. 4, Nr. 9 LBauO Saarl; § 6 Abs. 7 S. 1 Nr. 2 SächsBO; § 6 Abs. 7 Nr. 2 BauO LSA; § 6 Abs. 7 S. 1 Nr. 4 LBO Schl.-H.; § 6 Abs. 7 S. 1 Nr. 2 ThürBO.

100 Vgl. VGH München Beschl. v. 12.10.2010 – 14 ZB 09.1289, juris Rn. 19–25; VGH Mannheim Urt. v. 10.6.2010 – 1 S 585/10, juris Rn. 17–21; OVG Lüneburg Urt. v. 3.5.2006 – 1 LB 16/05, juris Rn. 34; VG Berlin Urt. v. 9.9.2010 – 16 K 26.10, juris Rn. 32. Zum Ganzen auch *Wiggers* NJW-Spezial 2010, 748 (748 f.).

101 Dazu *Faßbender/Gläß* in Böttcher/Faßbender/Waldhoff Erneuerbare Energien § 8 Rn. 48 f.

102 In Ausnahmefällen kommt auch eine Privilegierung nach § 35 Abs. 1 Nr. 1 BGB in Betracht, sofern die Anlage funktional einem land- oder forstwirtschaftlichen Betrieb zur Energieversorgung zugeordnet ist.

103 Im Einzelnen zu den Anforderungen des § 35 Abs. 1 Nr. 8 BauGB an die bauliche Unterordnung *Söfker* in BeckOK BauGB § 35 Rn. 46a-46g; *Dietl* UPR 2012, 259 ff; s. auch *Grigoleit* ZfBR 2012, 95 ff. Irrelevant ist dabei, ob die erzeugte Energie der Stromversorgung des Gebäudes dient. Vgl. auch OLG Dresden Urt. v. 5.3.2014 – 1 U 635/13, IBR 2015, 281 (keine Privilegierung nach § 35 Abs. 1 Nr. 3, Nr. 4 BauGB).

104 Siehe § 4 Abs. 3 Nr. 2 BauNVO für allgemeine Wohngebiete sowie im reinen Wohngebiet die Sondervorschrift des § 14 Abs. 3 BauNVO. Zur Frage, ob es sich aufgrund der Einspeisung bei einer Photovoltaikanlage um eine selbstständige gewerbliche Nutzung handelt, s. OVG Münster Beschl. v. 20.9.2010 – 7 B 985/10, juris Rn. 3, 17; VGH München Beschl. v. 7.12.2010 – 15 CS 10.2432, juris Rn. 11: „Zu der bislang offenbar landwirtschaftlichen Nutzung der Reithalle tritt eine gewerbliche Nutzung der Dachfläche durch einen Dritten hinzu."

105 Vgl. etwa VG München Urt. v. 20.11.2019 – M 9 K 17.4569, juris Rn. 4; VG Bayreuth Urt. v. 27.2.2019 – B 4 K 17.710, juris Rn. 8; zum Thema auch *Oehlenschläger*, Planung und Zulassung von Photovoltaikanlagen, 2019, S. 88 ff.

Im Einzelfall können sich allerdings aus dem **Gebot der Rücksichtnahme nach § 15 Abs. 1 S. 2 BauNVO** bauplanungsrechtliche Hürden ergeben, wenn infolge von Blendwirkungen, Lichteinfall oder bisweilen auch Lärmimmissionen die Belange des Nachbarn in unzumutbarer Weise beeinträchtigt werden. In Ermangelung normkonkretisierender Vorschriften zum zumutbaren Umfang von Blendwirkungen[106] ist dabei – wie im Rahmen des § 906 BGB – auf das Empfinden eines verständigen, durchschnittlichen Nachbarn abzustellen und eine umfassende Interessenabwägung vorzunehmen.[107] Bei der damit jeweils zu treffenden Einzelfallentscheidung kommt nach der Rechtsprechung neben der Schutzbedürftigkeit des betroffenen Baugebiets[108] auch der Nutzungsart und -dauer der von der Blendung betroffenen Räume[109] wesentliche Bedeutung zu. Deshalb sind etwa im Außenbereich Belästigungen tendenziell hinzunehmen.[110] Sofern allerdings alle im Einzelfall potenziell beeinträchtigten Belange bereits durch bauordnungsrechtliche Vorschriften reguliert sind, dh das Rücksichtnahmegebot insoweit (etwa im Hinblick auf die Abstandsflächen) spezialgesetzlich konkretisiert ist, scheidet bei Einhaltung dieser Normen auch ein Verstoß gegen das Rücksichtnahmegebot des § 15 Abs. 1 S. 2 BauNVO aus.[111] 44

2. Öffentlich-rechtliche Abwehrmöglichkeiten gegenüber privaten Solaranlagen

Gegenüber Störungen durch eine privat betriebene Photovoltaikanlage steht es dem Nachbarn grundsätzlich frei, ob er Abwehransprüche nach § 1004 BGB vor den Zivilgerichten einklagt,[112] seine Ansprüche auf dem Verwaltungsrechtweg geltend macht oder aber beide Rechtswege parallel nebeneinander beschreitet (**Zweigleisigkeit des Rechtsschutzes**).[113] Eine Ausnahme gilt indes für Wohnungseigentumsanlagen: In Ermangelung öffentlich-rechtlicher Nachbarschutzansprüche innerhalb der Gemeinschaft der Miteigentümer steht allein der Zivilrechtsweg offen.[114] 45

Beschreitet der gestörte Nachbar den **Verwaltungsrechtsweg**, kann er entweder – bei erteilter Baugenehmigung – die Genehmigung der Solaranlage im Wege von Widerspruch (§ 68 VwGO, je nach landesrechtlicher Ausgestaltung) und Anfechtungsklage (§ 42 Abs. 1 Alt. 1 VwGO) angreifen oder aber – bei einer verfahrensfrei errichteten Anlage oder einem Verstoß gegen die Genehmigungspflicht – mittels einer Verpflichtungsklage (§ 42 Abs. 1 Alt. 2 VwGO) auf bauaufsichtliches Einschreiten klagen. Anfechtung und Widerspruch unterliegen dabei der Monatsfrist des § 58 VwGO bzw. § 70 Abs. 1 VwGO, beginnend ab Benachrichtigung von der (beabsichtigten) Errichtung der Solaranlage; wird in Ermangelung einer derartigen Benachrichtigung der Fristablauf nicht in Gang gesetzt, unterstellt allein das Rechtsinstitut der Verwirkung als Ausfluss von Treu und Glauben das Widerspruchs- und Klagerecht des Nachbarn zeitlichen Grenzen (dazu im Einzelnen → *Rechtsverlust und unzulässige Rechtsausübung* Rn. 44 ff.)[115] Da mangels aufschiebender Wirkung der Betrieb der Photovoltaikanlage trotz Widerspruchs und Anfechtung grundsätzlich fortgesetzt werden kann (vgl. § 80 Abs. 2 S. 1 Nr. 3 VwGO iVm § 212a Abs. 1 BauGB), steht dem gestörten Nachbarn daneben ein Antrag auf Anordnung der aufschiebenden Wirkung nach §§ 80a Abs. 1 Nr. 2, Abs. 5 S. 1 Alt. 1VwGO offen. 46

---

106 Dazu → Rn. 21. Zur Heranziehbarkeit der Vorgaben der LAI, die eine Belastung mit 30 Stunden im Jahr und 30 Minuten am Tag als noch zumutbar ansehen, VG Regensburg Urt. v. 14.5.2019 – RN 6 K 17.2047, juris Rn. 101 f.

107 BVerwG Urt. v. 23.9.1999 – 4 C 6/98, NVwZ 2000, 1050 (1053); VG Augsburg Urt. v. 27.10.2011 – Au 5 K 11.595, juris Rn. 53.

108 VG Düsseldorf Urt. v. 12.2.2010 – 25 K 4079/09, juris Rn. 24. Abzustellen ist auf die Ortsüblichkeit der Beeinträchtigung, siehe VGH Kassel Urt. v. 26.8.2010 – 4 C 1726/09.N, BauR 2011, 472.

109 VG Regensburg Urt. v. 14.5.2019 – RN 6 K 17.2047, juris Rn. 12.

110 VG Regensburg Urt. v. 26.9.2006 – RO 2 K 06.443, juris Rn. 35.

111 BVerwG Urt. v. 16.9.1993 – 4 C 28/91, juris Rn. 20 f.; VGH München Beschl. v. 18. 6. 2018 – 1 ZB 18.696, juris Rn. 8.

112 Zu den möglichen zivilrechtlichen Abwehransprüchen → Rn. 15 ff.

113 Dazu auch *Albrecht* in Staudinger EGBGB Art. 124 Rn. 5; *Brückner* in MüKoBGB § 906 Rn. 18.

114 BVerwG Urt. v. 14.10.1988 – 4 C 1/86, NVwZ 1989, 250 (251); Beschl. v. 28.2.1990 – 4 B 32/90, NVwZ 1990, 655; krit. hingegen *Fricke/Wolter* ZfBR 2013, 218 ff.

115 BVerwG Urt. v. 25.1.1974 – IV C 2.72, juris Rn. 25; OVG Bautzen Urt. v. 9.3.2017 – 1 A 331/16, juris Rn. 28.

47 Voraussetzung für ein erfolgreiches Beschreiten des Verwaltungsrechtswegs ist dabei stets, dass die Photovoltaikanlage nicht bloß objektiv rechtswidrig errichtet oder betrieben wird, sondern gerade **drittschützende Normen** verletzt und der klagende Nachbar in den geschützten Personenkreis fällt, also iSd §§ 113 Abs. 1 S. 1, 42 Abs. 2 VwGO in eigenen Rechten verletzt ist. Ausgehend von der Schutznormlehre, nach der die maßgebliche Rechtsnorm zumindest neben dem öffentlichen Interesse auch den Individualinteressen eines bestimmten Personenkreises zu dienen bestimmt sein muss,[116] vermitteln neben dem baurechtlichen Rücksichtnahmegebot[117] insbes. die Vorschriften zu den Abstandsflächen[118] Drittschutz, während bloß ästhetischen Vorgaben des Verunstaltungsverbots keine nachbarschützende Wirkung zukommen soll.[119] **Nachbar im Sinne des Baurechts** ist dabei nicht allein derjenige, dessen Grundstück unmittelbar an das mit der Photovoltaikanlage bebaute Grundstück angrenzt, sondern der Eigentümer jedes in räumlicher Nähe gelegenen Grundstücks, das von der Auswirkung betroffen ist (dazu näher → *Nachbar in öffentlich-rechtlicher Sicht* Rn. 6)[120] Geschützt wird allerdings nach ständiger Rechtsprechung allein der dinglich Berechtigte – neben Eigentümern insbes. Wohnungseigentümer, Erbbauberechtigte und Nießbraucher –, grundsätzlich aber nicht der bloße Mieter oder Pächter.[121]

3. Abwehrrechte des Betreibers gegen Verschattung der Photovoltaikanlage

48 Von diesen nachbarlichen Abwehrrechten gegen Solaranlagen zu unterscheiden ist die Frage, ob dem Betreiber der Solaranlage selbst öffentlich-rechtliche Abwehransprüche zustehen können, wenn infolge der Errichtung eines (höheren) Nachbargebäudes die Anlage jedenfalls zu bestimmten Tages- und Jahreszeiten verschattet wird. Wenngleich hier Ertragseinbußen drohen, lehnt die Rechtsprechung es ab, aus dem bauplanungsrechtlichen Gebot der Rücksichtnahme einen Abwehranspruch abzuleiten; zwischen den Nachbarn innerhalb einer städtischen Wohnbebauung bestehe ein gegenseitiges Austauschverhältnis, innerhalb dessen ein Anspruch auf eine einmal gegebene Besonnung des Grundstücks (und damit der Solaranlage) nicht bestehe.[122]

VII. Energierechtliche Rahmenbedingungen

49 Sofern die Photovoltaikanlage nicht als sog. Inselsystem ausschließlich der Selbstversorgung dient, wird die erzeugte Energie aufgrund eines Stromeinspeisungsvertrags mit dem Netzbetreiber zur Gänze oder partiell in das öffentliche Stromnetzwerk eingespeist. Damit gehen für den Betreiber der Solaranlage nicht nur entsprechende Einspeisevergütungen, sondern auch ein verschärfter energierechtlicher Pflichtenkatalog einher.

---

116 StRspr., siehe nur exemplarisch BVerwG Beschl. v. 19.1.1996 – 11 B 90/95, NJW 1996, 1297; Urt. v. 28.11.2007 – 6 C 42/06, NVwZ 2008, 575. Eingehend zum Ganzen *v. Albedyll* in Bader/Funke-Kaiser/Stuhlfauth/von Albedyll VwGO § 42 Rn. 80; *Wahl/Schütz* in Schoch/Schneider/Bier VwGO § 42 Abs. 2 Rn. 114–116.

117 Grundlegend insoweit BVerwG Urt. v. 25.2.1977 – IV C 22/75, NJW 1978, 62 (62 f.); siehe auch Urt. v. 5.8.1983 – 4 C 96/79, NJW 1984, 138 (138 f.).

118 OVG Lüneburg Urt. v. 10.3.1986 – 6 A 133/84, BauR 1987, 74; OVG Berlin Urt. v. 22.5.1992 – 2 B 22.90, juris Rn. 28; zum Ganzen auch *Wahl/Schütz* in Schoch/Schneider/Bier VwGO § 42 Abs. 2 Rn. 121. Vgl. auch explizit § 5 Abs. 7 S. 3 LBO BW.

119 VGH München Beschl. v. 12.2.1988 – 2 CE 88.00071, BauR 1989, 187 (188); krit. insoweit wohl *Wahl/Schütz* in Schoch/Schneider/Bier VwGO § 42 Abs. 2 Rn. 121.

120 StRspr., siehe nur exemplarisch BVerwG Beschl. v. 28.8.1987 – 4 N 3.86, juris Rn. 15; VG Augsburg Urt. v. 27.10.2011 – Au 5 K 11.595, juris Rn. 27.

121 StRspr., siehe etwa BVerwG Urt. v. 29.10.1982 – 4 C 51/79, NJW 1983, 1626; Beschl. v. 11.7.1989 – 4 B 33/89, NJW 1989, 2766; Urt. v. 11.5.1989 – 4 C 1/88, NVwZ 1989, 1163 (1167). Eingehend zum Ganzen, auch zu einer ausnahmsweisen Berechtigung des Mieters bei drohenden Gesundheitsbeeinträchtigungen, *Wahl/Schütz* in Schoch/Schneider/Bier VwGO § 42 Abs. 2 Rn. 143–148.

122 OVG Bautzen Beschl. v. 27.5.2020 – 1 B 95/20, juris Rn. 33; VG Schleswig Beschl. v. 28.10.2019 – 2 B 45/19, juris Rn. 17; vgl. auch OVG Schleswig Beschl. v. 15.10.2019 – 1 MB 20/19, nv.

1. Einspeisevergütung nach dem EEG

In der Absicht, den Anteil mittels erneuerbarer Energien erzeugten Stroms zu erhöhen, hat der Gesetzgeber 50
mit dem EEG finanzielle Anreize zum Betrieb von Photovoltaikanlagen etabliert, insbes. in Form von temporär gesicherter Einspeisevergütungen sowie Abnahmeverpflichtungen des Netzbetreibers.[123] In der Praxis gab bis zur EEG-Novelle 2021 insbes. die **Anlagenzusammenfassung** Probleme auf, dh die für die Bemessung der Einspeisevergütung wirtschaftlich entscheidende Frage, ob auf einem Dach angebrachte Solarkollektoren als eine oder als mehrere Anlagen zu qualifizieren sind.[124] Die Neuregelung des § 24 Abs. 1 S. 4 EEG erteilt einer solchen Zusammenfassung nun eine Absage für Anlagen, die nicht an demselben Netzanschlusspunkt einspeisen. Sofern der Finanzierung der Photovoltaikanlage ein Darlehensvertrag zugrunde liegt, dient – neben der Einräumung dinglicher Rechte an der Anlage (dazu bereits → Rn. 13) – oft auch eine Sicherungsabtretung dieser Einspeiseerlöse der Absicherung der kreditfinanzierenden Bank.[125]

2. Pflichten des Anlagenbetreibers

Speist der Anlagenbetreiber die erzeugte Energie ins Stromnetz ein, hat er die für alle EEG- und KWK- 51
Anlagen geltenden **technischen Mindestanforderungen des § 9 Abs. 1 EEG** einzuhalten, die teilweise durch die Spezialregelungen der § 9 Abs. 2, Abs. 3 EEG zur Anschlusspflicht bei Solaranlagen mit installierten Leistungen von max. 25 Kilowatt modifiziert werden.[126] Ein Verstoß gegen diese Anforderungen, die die Netzsicherheit und -stabilität trotz des vermehrten Rückgriffs auf erneuerbare Energien gewährleisten sollen,[127] kann mit Verringerungen des Zahlungsanspruchs des Einspeisenden nach § 52 EEG geahndet werden. Daneben treffen den Anlagenbetreiber die Informations- und Mitwirkungspflichten des § 9 Abs. 1 SysStabV.

VIII. Prozessuales

1. Rechtsweg; Zuständigkeit; obligatorisches Schlichtungsverfahren

Während dem Nachbarn bei Abwehrklagen gegen Störungen durch Photovoltaikanlagen grundsätzlich ein 52
Wahlrecht zwischen der Inanspruchnahme der Verwaltungsgerichtsbarkeit und dem Zivilrechtsweg zusteht (dazu → Rn. 45), scheidet letzterer für Abwehrklagen gegen einen mit Immissionen verbundenen Gebrauch eines Nachbargrundstücks aus, sofern sich dieser als hoheitliche Verwaltungstätigkeit darstellt.[128]

Auch soweit kein derartiges hoheitliches Handeln vorliegt, steht der Inanspruchnahme des Zivilrechtswegs 53
bisweilen indes das vorrangig zu betreibende **außergerichtliche Schlichtungsverfahren nach § 15a Abs. 1 Nr. 2 EGZPO** entgegen; soweit die Bundesländer ein solches Verfahren eingeführt haben, unterfallen Abwehr- und Beseitigungsansprüche nach den §§ 1004, 906 BGB typischerweise dem Schlichtungszwang (dazu im Einzelnen → *Streitschlichtung, nachbarrechtliche* Rn. 8 ff.). Ob dieser auch für Streitigkeiten unter Nachbarn in einer Wohnungseigentumsanlage gilt, wird in Rechtsprechung und Schrifttum hingegen unterschiedlich beurteilt;[129] jedenfalls aber kann ein derartiges Zwangsverfahren auch in der Gemeinschaftsordnung vereinbart werden.[130] Nicht der obligatorischen außergerichtlichen Schlichtung unterliegen

---

123 Daneben sieht das Gesetz auch Marktprämien und Mieterstromzuschläge vor, vgl. §§ 19–21 EEG. Bzgl. der Abnahmepflicht siehe § 8 Abs. 1 S. 1 EEG.

124 LG Regensburg Urt. v. 2.4.2013 – 3 O 2302/11, BeckRS 2014, 23300; siehe auch *Dilken* IR 2013, 33; *Taplan/Baumgartner* NVwZ 2016, 362; *Taplan/Baumgartner* NZBau 2015, 405.

125 Eingehend dazu *Reymann* DNotZ 2010, 84 (84 f.).

126 Zum Ganzen *Säcker* in BerlKommEnergieR EEG § 9 Rn. 30–36; *Kment* NVwZ 2016, 1438.

127 *Lippert* in BeckOK EEG § 9 Abs. 2 Rn. 1; *Kment* NVwZ 2016, 1438 (1439 f.).

128 BGH Urt. v. 18.2.1959 – V ZR 11/57, BGHZ 29, 314 (317); OLG Nürnberg Beschl. v. 1.8.2013 – 4 W 1247/13, juris Rn. 7; *Thole* in Staudinger BGB § 1004 Rn. 565. Eine hoheitliche Tätigkeit wird im Betrieb von Photovoltaikanlagen aber nur ausnahmsweise zu sehen sein; dazu → Rn. 28.

129 Bejahend etwa LG Dortmund Urt. v. 11.7.2017 – 1 S 282/16, NJW-RR 2017, 1292 (1293 f.); *Heinemann* in NK-BGB Vor §§ 43 ff. WEG Rn. 6; *Engelhardt* in MüKoBGB WEG § 43 Rn. 31; ablehnend hingegen LG Frankfurt a.M. Urt. v. 15.3.2018 – 2-13 S 102/17, BeckRS 2018, 4155.

130 OLG Frankfurt a.M. Beschl. v. 11.6.2007 – 20 W 108/07, NZM 2008, 290 (291).

Entschädigungsansprüche auf der Grundlage von § 906 Abs. 2 S. 2 BGB;[131] gleiches gilt für monetäre Ersatzansprüche aus § 823 BGB. Ist ein Schlichtungsverfahren bereits durchgeführt oder von vornherein nicht zwingend angeordnet, sind Klagen zur Abwehr von Beeinträchtigungen des Grundeigentums vor dem **ausschließlichen dinglichen Gerichtsstand des § 24 ZPO** zu verfolgen.[132]

2. Bestimmter Klageantrag und Besonderheiten bei der Zwangsvollstreckung

54 Der recht offene Anspruchsinhalt von Abwehransprüchen nach § 1004 BGB, die den Anspruchsgegner nicht zu einer konkreten Beseitigungsvariante verpflichten[133] und ihm im Falle des § 906 BGB auch nur eine Unterschreitung der Wesentlichkeitsschwelle aufgeben (vgl. → Rn. 25),[134] konfligiert mit dem Erfordernis eines bestimmten Klageantrags iSd § 253 Abs. 2 Nr. 2 ZPO. Ausreichen soll es nach ständiger Rechtsprechung aber, dass der Kläger geeignete Maßnahmen beantragt, um die Störung zu beseitigen, also den **zu erreichenden Beseitigungserfolg** im Klageantrag hinreichend konkret angibt.[135] Im Zwangsvollstreckungsverfahren muss der Gläubiger indes die Maßnahmen, deren Vornahme er hoheitlich durchsetzen lassen will, konkret angeben.[136]

3. Darlegungs- und Beweislast

55 Die Darlegungs- und Beweislast für die Voraussetzungen eines Abwehranspruchs nach § 1004 BGB, insbes. für die von der Photovoltaikanlage ausgehende Störung sowie für sein Eigentum am beeinträchtigten Grundstück,[137] trifft nach **allgemeinen Grundsätzen** den gestörten Nachbarn. Hingegen obliegt der Nachweis einer etwaigen Duldungspflicht, da die von der Anlage ausgehenden Beeinträchtigungen die Wesentlichkeitsschwelle des § 906 Abs. 1 S. 1 BGB nicht überschreiten oder sich im Rahmen der ortsüblichen Nutzung bewegen,[138] dem störenden Anlagenbetreiber.

---

131 BGH Urt. v. 2.3.2012 – V ZR 169/11, NZM 2012, 435; vgl. auch Urt. v. 8.7.2008 – VI ZR 221/07, NJW-RR 2008, 1662 (1663).

132 BayObLG Beschl. v. 31.1.1996 – 1Z AR 5/96, juris Rn. 4.

133 BGH Urt. v. 19.1.1996 – V ZR 298/94, NJW-RR 1996, 659; Urt. v. 24.2.1978 – V ZR 95/75, NJW 1978, 1584 (1585); siehe auch BGH Urt. v. 12.12.2003 – V ZR 98/03, NJW 2004, 1035 (1037).

134 Siehe auch *Thole* in Staudinger BGB § 1004 Rn. 577.

135 BGH Urt. v. 24.2.1978 – V ZR 95/75, NJW 1978, 1584 (1584 f.); Urt. v. 19.1.1996 – V ZR 298/94, NJW-RR 1996, 659; zum Ganzen auch *Raff* in MüKoBGB § 1004 Rn. 321 f.

136 RG Beschl. v. 8.2.1905 – V 36/05, RGZ 60, 120 (121); Urt. v. 16.2.1929 – I 267/28, RGZ 123, 307 (310); OLG Zweibrücken Beschl. v. 30.10.1973 – 3 W 100/73, OLGZ 1974, 317 (318); *Raff* in MüKoBGB § 1004 Rn. 331; *Thole* in Staudinger BGB § 1004 Rn. 605; anders hingegen OLG Hamm Beschl. v. 7.9.1982 – 14 W 104/82, MDR 1983, 850.

137 Insoweit genügt dem eingetragenen Grundstückseigentümer freilich die Berufung auf die Vermutungswirkung des § 891 Abs. 1 BGB.

138 Vgl. BGH Urt. v. 2.12.1988 – V ZR 26/88, juris Rn. 14; KG Urt. v. 26.3.2013 – 21 U 131/08, NZM 2013, 742 (744); *Hans* in jurisPK-BGB § 1004 Rn. 45.

98. Ranken

Wilke

Literatur: *Braune*, Rankenwerk am Hausgiebel, DWW 1974, 180; *Gaisbauer*, Selbsthilferecht gegenüber (sic!) einer Knöterichhecke, BIGBW 1974, 48; *Horst*, Der „flotte" Rückschnitt von Grenzüberwuchs im Selbsthilferecht: Wer trägt die Entsorgungslast?, NZM 2017, 57; *Klingbeil*, Die Not- und Selbsthilferechte, 2017; *Roth*, Zur Bedeutung des § 906 BGB für deliktische Schadensersatzansprüche – BGH, NJW-RR 2001, 1208, JuS 2001, 1161; *M. J. Schmid*, Unkraut als Rechtsproblem, NJW 1988, 29.

I. Einführung

Unter „Ranken" werden hier **alle Formen von Kletterpflanzen** verstanden. Denn entscheidend für vorliegende Zwecke ist die Perspektive der (potenziellen) Einwirkungen auf Nachbarn, für die es keine Rolle spielt, ob eine (rasch) über die Grundstücksgrenze und zB an Gebäuden emporwachsende Pflanze botanisch als „Ranke", „Liane", sonstige Kletterpflanze oder anderes zu qualifizieren ist. Als konkrete Beispiele mag man an Wilden Wein (Jungfernrebe; Parthenocissus), Efeu (Hedera), Blauregen (Wisteria), Waldreben (Clematis), (Schling-)Knöterich (Fallopia baldschuanica) und Jasmin (Jasminum) denken. Selbstklimmer können dank ihrer Haftscheiben oder -wurzeln an nackten Wänden emporklettern – und dies mit einiger Geschwindigkeit. Das macht sie für die Begrünung von Haus- und Sichtschutzwänden attraktiv, die sie sogar vor Regen, Frost[1] wie auch vor Sonneneinstrahlung schützen können. Selbst mit einer möglichen Schallschutzfunktion wird teils für Ranken geworben. Etliche der Ranken sind zudem recht anspruchslos, was ihre Beliebtheit erhöht. Andererseits können Ranken schon vorgeschädigten Putz[2] weiter verletzen oder anfällige Fugen aufbrechen, so dass Feuchtigkeit eindringen kann. Diese wiederum kann aufgrund der Begrünung schlecht verdunsten. Daher drohen weitere feuchtigkeitsbedingte Nachteile wie Moos-, Algen- oder Schimmelbefall. Die Ranken ziehen womöglich auch Insekten und Spinnen an (auch → *Ungeziefer* Rn. 2 ff.), ebenso vielleicht Vögel. Ranken können Dacheindeckungen lockern oder Dachelemente anheben. Schlingende Ranken können (Dach- oder Regen-)Rinnen regelrecht abwürgen. Da und soweit viele Ranken schnell wachsen, erfordern sie regelmäßigen Rückschnitt, sollen sie nicht zB Fenster oder Türen beeinträchtigen. 1

Ranken können somit relativ schnell auf ein Nachbargrundstück bzw. -haus übergreifen. Der Nachbar, der (über ein Gerüst, einen Zaun, eine Mauer hinüberhängende) Pflanzenteile, eine Zwangsbegrünung und/oder die geschilderten Nachteile abwehren möchte, steht damit vor der Frage, welche Reaktionsmöglichkeiten er einem ihm gegenüber uneinsichtigen/unwilligen oder auch mit der Grünpflege überforderten Eigentümer oder Besitzer hat. Soweit es um unmittelbar am Gebäude oder schlicht „frei" rankende Pflanzen geht, wird in aller Regel nur ein zivilrechtliches Vorgehen Erfolg versprechen (→ Rn. 5 ff.). Steht hingegen eine besondere Klettervorrichtung (Rankgerüst) in Rede, sei sie geplant oder schon errichtet, kann uU auch das 2

1 *Braune* DWW 1974, 180.
2 Vgl. OLG Düsseldorf Urt. v. 17.1.1992 – 22 U 133/91, NJW-RR 1992, 855: „Es kann heute als allgemein bekannt festgestellt werden, dass Wilder Wein intakten Putz nicht beschädigt."

öffentliche Recht fruchtbar gemacht werden (→ Rn. 3 ff.). Zum Ganzen auch → *Anpflanzungen an der Grundstücksgrenze* Rn. 1 ff.

II. Ranken im öffentlichen Nachbarrecht

3 Mit der Ranke als solcher hat das öffentliche Nachbarrecht wenig zu tun. Das gilt insbes. für das Öffentliche Baunachbarrecht; denn Pflanzen sind **keine baulichen Anlagen**. Bekommt die Ranke aber bauliche „Unterstützung" durch ein **(Rank-)Gerüst**, ein Spalier, eine Pergola oder dgl., stellt sich die Frage baurechtlicher Grenzen. Denn insoweit liegt typischerweise eine bauliche Anlage im Sinne jedenfalls des Bauordnungsrechts vor, kommen doch Bauprodukte zum Einsatz und findet eine Verbindung mit dem Erdboden statt. Zwar kann diese bauliche Anlage genehmigungs- bzw. verfahrensfrei sein. So sind zB Pergolen – allseits offene Rankgerüste im Sinne eines typischen, nach oben offenen Laubengangs[3] – nach Art. 57 Abs. 1 Nr. 16 lit. f BayBO verfahrensfrei.[4] Auch sind gem. § 62 Abs. 1 S. 1 Nr. 10 lit. e BauO NRW bauliche Anlagen, die der Gartengestaltung dienen, genehmigungsfrei;[5] wiederum die „Pergola" wird hier sowie in § 62 Abs. 1 S. 1 Nr. 15 lit. e BauO NRW explizit herausgestellt. Doch dies bedeutet keinen Dispens von der Einhaltung baurechtlicher Vorgaben (so ausdrücklich etwa § 60 Abs. 2 BauO NRW).

4 Insbes. kann insofern das – nachbarschützende (→ *Abstandsflächen und Grenzabstand* Rn. 10 ff.) – **Abstandsflächenrecht** relevant werden. Dies gilt zum einen für den Fall, dass das Gerüst eine Bedachung erhält, weil dann uU von einem Gebäude iSd Abstandsflächenrechts auszugehen ist,[6] zum anderen für den Fall, dass (aufgrund der Dimensionen des Gerüsts) eine gebäudegleiche Wirkung anzunehmen ist.[7] Damit einhergehend ist zu beachten, dass nicht jedes Rankgerüst baurechtlich (nur) als solches zu qualifizieren ist. Ein Hinweis darauf lässt sich etwa § 60 Abs. 1 iVm Nr. 9.1 NBauO[8] entnehmen, der zugleich mit der Anordnung der Verfahrensfreiheit für bauliche Anlagen der Gartennutzung etc eine explizite Ausnahme für Gebäude und Einfriedungen enthält. Für letztere gelten zT besondere Anforderungen im Hinblick auf die Genehmigungs- bzw. Verfahrensfreiheit,[9] zT mögen für sie auch örtliche Bauvorschriften bestehen.[10] Ein Rankgerüst kann durchaus Funktionen der Sicherung des Grundstücks gegen unbefugtes Betreten oder Verlassen, gegen Witterungs- und Immissionseinflüsse sowie des Sichtschutzes übernehmen und damit eine Einfriedung darstellen.[11] Immer wieder wurde auch versucht, insbes. Carports, die als solche der Genehmigung bedurften, als genehmigungs- bzw. verfahrensfreie Pergolen auszugeben. Fehlt es aber, etwa aufgrund der Proportionen oder des Standorts, an dem Element der Gartengestaltung, kann nicht von einer Pergola ausgegangen werden.[12] Ein weiteres Gegenindiz kann darstellen, dass das verwendete Material für Pflan-

3 OVG Lüneburg Beschl. v. 6.3.2006 – 9 LA 365/03, juris Rn. 3; VGH München Urt. v. 29.11.1977 – 323 I 74, BayVBl. 1978, 215; VG München Beschl. v. 3.8.2007 – M 9 E 07.2915, juris Rn. 19 mwN.

4 Vgl. auch § 50 Abs. 1 iVm Nr. 8 lit. c Anhang LBO BW: Verfahrensfreiheit für Pergolen, im Außenbereich jedoch nur bis 10 m² Grundfläche.

5 Ebenso für die Verfahrensfreiheit baulicher Anlagen „wie Pergolen" § 60 Abs. 1 iVm Nr. 9.1 NBauO.

6 Vgl. (obiter zu einer „überdachten Pergola" im Kontext einer Terrassenüberdachung) VG München Beschl. v. 14.4.2000 – M 9 S 99.2674, juris Rn. 24 ff.

7 Vgl. zu beiden Gesichtspunkten VGH München Beschl. v. 8.1.1999 – 14 ZS 98.3418, juris Rn. 2. Zur gebäudegleichen Wirkung eines Rankgerüsts (von 16 m Länge und 3 m Höhe) auch OVG Münster Urt. v. 2.3.2001 – 7 A 5020/98, juris Rn. 22 ff.

8 Vgl. auch § 50 Abs. 1 iVm Nr. 8 lit. b Anhang LBO BW.

9 Vgl. § 50 Abs. 1 iVm Nr. 7 lit. b Anhang LBO BW.

10 Vgl. § 74 Abs. 1 S. 1 Nr. 3 LBO BW.

11 Vgl. für ein Rankgerüst von 22 m bzw. 11 m Länge und einer Höhe von knapp 2,5 m VGH Mannheim Urt. v. 18.12.1995 – 3 S 1298/94, juris Rn. 34.

12 OVG Lüneburg Beschl. v. 6.3.2006 – 9 LA 365/03, juris Rn. 4; OVG Münster Beschl. v. 9.5.1996 – 7 B 934/96, juris Rn. 7 f.; VG München Urt. v. 7.10.2008 – M 11 K 07.2972, juris Rn. 64 ff.; VG Würzburg Urt. v. 30.9.2004 – W 5 K 04.662, juris Rn. 25 f.; ähnlich (überdachte Garagenzufahrt) VGH München Urt. v. 17.6.1998 – 2 B 97.171, BayVBl. 1999, 590 (591); (erweiternde Überdachung einer Grenzgarage) VG München Beschl. v. 3.8.2007 – M 9 E 07.2915, juris Rn. 19 f.

zen überhaupt nicht geeignet ist.[13] – Nachbarschützend können im Übrigen auch Vorschriften zur **Standsicherheit** baulicher Anlagen sein,[14] so dass ein Vorgehen gegen ein (schlecht konstruiertes) Rankgerüst unter diesem Gesichtspunkt Aussicht auf Erfolg haben kann.

Zum Vorgehen des Nachbarn je nach Konstellation beispielhaft → *Tauben* Rn. 5 f. 5

III. Ranken im privaten Nachbarrecht

1. Beseitigung von Ranken im Wege der Selbsthilfe

Der Nachbar ist auf sein Grundstück herüberwachsenden Ranken nicht schutzlos ausgeliefert. **§ 910 BGB** 6 gibt ihm ein Selbsthilferecht:[15] Er kann – ohne seinerseits dadurch eine rechtswidrige Eigentumsbeeinträchtigung zu begehen – auf sein Grundstück eindringende Pflanzenbestandteile selbst abschneiden. In dieser Hinsicht auftretende nachbarliche Streitigkeiten sollen so vermieden bzw. wenigstens schnell und unkompliziert erledigt werden.[16] Der Tatbestand des § 910 Abs. 1 BGB spricht zwar nur von „Wurzeln eines Baumes oder eines Strauches" und von „Zweigen". Die Vorschrift ist aber angesichts des Normzwecks und im Einklang mit der amtlichen Überschrift „Überhang" weit auszulegen bzw. analog anzuwenden; sie erfasst nach heute ganz hM insbes. auch Ranken.[17] Wenn der Nachbar schon in Bezug auf typischerweise wertvollere Bäume ein Selbsthilferecht hat, muss ihm dies erst recht für weniger wertvolle Pflanzen zustehen.[18]

Noch nicht abschließend geklärt ist, ob konkret § 910 Abs. 1 S. 1 (→ *Wurzeln* Rn. 15) oder S. 2 (→ *Überhängen von Zweigen* Rn. 32 ff.) BGB für Ranken einschlägig ist. 7 Die Relevanz der Frage ergibt sich daraus, dass S. 2 ein Fristsetzungserfordernis aufstellt. Man könnte an eine Gleichbehandlung der Ranken mit Zweigen denken, weil beide im Gegensatz zu Wurzeln oberirdisch verlaufen. Ob sich allerdings der Verzicht auf eine Fristsetzung schon daher rechtfertigt, dass bei unterirdisch vermittelten Störungen der Gestörte bereits Aufwand zur Ermittlung der Störungsquelle und sodann ein überwiegendes Interesse an zügiger Beseitigung hat, erscheint zweifelhaft.[19] Auch die Gefährlichkeit des Rückschnitts für den verbleibenden Rest der Pflanze scheint nicht relevant zu sein, hätte man dann doch bei den typischerweise für den Fortbestand der Pflanze gefährlich(er)en Eingriffen in den Wurzelbereich ebenfalls die Erforderlichkeit einer Frist erwartet, um dem anderen Gelegenheit zum ggf. schonenderen Schneiden zu geben. Ausschlaggebend ist demgegenüber, dass der andere ein Interesse haben kann, bei Ästen bestimmter (Obst-)Bäume selbst den Schnitt vorzunehmen[20] – wohl damit die Äste (ggf. samt Früchten[21]) nicht in das Eigentum des Selbsthilfeberechtigten fallen (→ Rn. 14). S. 2 erweist sich dann als Ausnahmevorschrift, deren Sinn sich nicht auf Ranken übertragen lässt. Damit ist für den Rückschnitt von Ranken im Wege der Selbsthilfe **keine Frist** zu setzen.[22] Ergänzend zu den hiesigen Ausführungen kann damit insbes. die Kommentierung für Wurzeln herangezogen werden, → *Wurzeln* Rn. 2 ff.

---

13 VGH München Urt. v. 26.6.2012 – 1 B 11.2471, juris Rn. 34 (gleiches Verfahren wie VG München Urt. v. 7.10.2008 – M 11 K 07.2972 aus voriger Fn.).

14 OVG Berlin Beschl. v. 2.6.1998 – 2 S 4.98, GE 1999, 389.

15 Ob dieses aus dem Inhalt des Eigentums – Ausschließungsbefugnis – folgt (*Herrler* in Palandt BGB § 910 Rn. 1; *Roth* in Staudinger BGB § 910 Rn. 1) oder ein vollstreckungsrechtliches Instrument zu dessen Verwirklichung darstellt (so insbes. *Klingbeil*, Die Not- und Selbsthilferechte, S. 230 f.), ist für die hiesigen Zwecke nicht relevant.

16 Vgl. Prot. III, 142.

17 OLG Schleswig Urt. v. 20.11.2009 – 14 U 75/09, NJOZ 2011, 344 (345); LG Nürnberg-Fürth Urt. v. 1.6.1959 – 9 S 20/59 (berichtet von *Gaisbauer* BlGBW 1974, 48 (49)); *Herrler* in Palandt BGB § 910 Rn. 2; *Brückner* in MüKoBGB § 910 Rn. 7; *Lüke* in Grziwotz/Lüke/Saller NachbarR-HdB Kap. 2 Rn. 381; *Horst* NachbarR-HdB Rn. 991; *M.J. Schmid* NJW 1988, 29 (30) (für Unkraut); aA noch *Braune* DWW 1974, 180 (181).

18 *Roth* in Staudinger BGB § 910 Rn. 16.

19 So aber *Klingbeil*, Die Not- und Selbsthilferechte, 2017, 235, der sich auf BGH 28.11.2003 – V ZR 99/03, NJW 2004, 603 (604), beruft. Die Ausführungen des BGH betreffen aber etwaige Einwände gegen die Kostenerstattung nach Bereicherungsrecht (→ Rn. 15) vor dem Hintergrund des § 887 ZPO, nicht unmittelbar das Fristerfordernis.

20 Prot. III, 142.

21 *Herrler* in Palandt BGB § 910 BGB Rn. 1; *Roth* in Staudinger BGB § 910 BGB Rn. 25.

22 So iE wohl auch *Brückner* in MüKoBGB § 910 Rn. 7.

8 **a) Tatbestand.** Die Ranken müssen die **Grundstücksgrenze überschreiten.**[23] Selbsthilfeberechtigt ist der Eigentümer des betroffenen Grundstücks bzw. jeder Miteigentümer (§ 1011 BGB). Ferner steht das Selbsthilferecht nach § 11 Abs. 1 S. 1 ErbbauRG auch dem Erbbauberechtigten zu. In analoger Anwendung der Vorschrift sollen Dienstbarkeitsberechtigte die Befugnis nach hL ebenfalls haben,[24] nicht jedoch obligatorisch Berechtigte.[25] Letztere können aber von dem Berechtigten zur Ausübung ermächtigt werden (auch → Rn. 13).[26] Zu Besonderheiten beim WEG → *Überhängen von Zweigen* Rn. 20 , → *Wurzeln* Rn. 12.[27]

9 **b) Mögliche Ausschlussgründe. aa) Fehlende Beeinträchtigung.** Das Selbsthilferecht besteht gem. § 910 Abs. 2 BGB nicht, wenn die Ranken die **Benutzung des Grundstücks**, auf das sie hinüberwachsen, **nicht beeinträchtigen**. Anzulegen ist ein objektiver Maßstab, unabhängig vom subjektiven Empfinden des betroffenen Grundstückseigentümers,[28] wobei dessen Zweckbestimmung freilich mittelbar darüber entscheidet, welche Nutzung womöglich beeinträchtigt ist.[29] Der Streit, ob eine unerhebliche Beeinträchtigung (entgegen dem Wortlaut) unschädlich ist (→ *Überhängen von Zweigen* Rn. 52, → *Wurzeln* Rn. 10), spielt als solcher keine größere praktische Rolle, denn bei „nur ganz unerheblichen" Fällen könnte man ebenso gut schon das Merkmal der „Beeinträchtigung" verneinen.[30] Je mehr der konkrete Fall den Eindruck einer Bagatelle macht, desto größer ist in jedem Fall das Risiko, dass ein Rechtsstreit zulasten des betroffenen Eigentümers ausgeht. Vorsicht ist deswegen bei lediglich (und womöglich nur wenige Zentimeter) über die Grenze überhängenden Ranken geboten,[31] während bei Ranken, die bereits an Gebäuden, Rinnen etc klettern, zumal aufgrund der eingangs (→ Rn. 1) geschilderten Risiken, eine Beeinträchtigung schwerlich zu verneinen sein dürfte. So wurde in der instanzgerichtlichen Rechtsprechung zu Recht bereits das Festsetzen der „Rankfüßchen"[32] bzw. allgemein das Hochwachsen[33] einer Ranke am benachbarten Gebäude als solches als Eigentumsbeeinträchtigung anerkannt. Beeinträchtigungen sind auch dadurch denkbar, dass die hinüberwachsenden Ranken schlichtweg einigen Platz einnehmen.[34]

10 **bb) Naturschutzrecht.** Soweit ersichtlich wurde bislang kaum diskutiert, ob **Schnittzeiten** für Bäume, Hecken, Gebüsche und andere Gehölze nach Naturschutzrecht (etwa § 39 Abs. 5 S. 1 Nr. 2 BNatSchG, ggf. iVm Landesrecht gem. S. 3) auch auf Ranken Anwendung finden und dann das Selbsthilferecht (temporär) ausschließen.[35] Sinn und Zweck der Schnittzeiten sprechen eher dafür, geht es doch um den Schutz von Lebensstätten für Tierarten und nisten zB Vögel durchaus auch in Ranken, zumal wenn man wie hier einen weiten Begriff der Ranke zugrunde legt.

---

23 KG Urt. v. 22.2.1999 – 25 U 6860/98, NZM 2000, 109. Kurios AG Brandenburg Urt. v. 29.11.2019 – 31 C 121/18, juris Rn. 155 (erfolgloser Antrag auf Entfernung von offenbar allein auf dem Grundstück der *Klägerin* befindlichem Efeu).

24 *Brückner* in MüKoBGB § 910 Rn. 14; *Vollkommer* in BeckOGK BGB § 910 BGB Rn. 5; *Roth* in: Staudinger BGB § 910 Rn. 5; aA *Herrler* in Palandt BGB § 910 Rn. 1.

25 LG Kleve Urt. v. 15.2.2018 – 6 S 92/17, juris Rn. 14, SchAZtg 2018, 153 (mit näherer Begründung); *Herrler* in Palandt BGB § 910 Rn. 1; *Brückner* in MüKoBGB § 910 Rn. 14; *Roth* in Staudinger BGB § 910 Rn. 6; aA *Vollkommer* in BeckOGK BGB § 910 Rn. 5.

26 *Herrler* in Palandt BGB § 910 Rn. 1.

27 Außerdem etwa *Brückner* in MüKoBGB § 910 Rn. 15.

28 BGH Urt. v. 14.11.2003 – V ZR 102/03, NJW 2004, 1037 (1039).

29 Vgl. OLG Schleswig Urt. v. 20.11.2009 – 14 U 75/09, NJOZ 2011, 344 (346).

30 Vgl. *Lüke* in Grziwotz/Lüke/Saller NachbarR-HdB Kap. 2 Rn. 374.

31 Vgl. BGH Urt. v. 14.11.2003 – V ZR 102/03, NJW 2004, 1037 (1039): Ein Zweig, der in einer Höhe von ca. fünf Metern weniger als einen halben Meter auf das Grundstück des Klägers herüberragt, stellt keine Beeinträchtigung dessen Benutzung dar. In diesem Sinne für Ranken in erheblicher Höhe (was – nicht recht nachvollziehbar – allerdings nur § 1004 Abs. 1 BGB, nicht § 910 Abs. 1 BGB ausschließen soll): LG Hamburg Urt. v. 16.12.2015 – 321 S 24/14, juris Rn. 24.

32 LG Saarbrücken Urt. v. 4.7.2014 – 5 S 107/13, ZWE 2014, 361 (362).

33 AG Brandenburg Urt. v. 16.12.2016 – 31 C 298/14, juris Rn. 35.

34 LG Konstanz Urt. v. 27.5.2015 – 4 O 186/13 M, BeckRS 2015, 118301 (I. 1.) (Verkleinerung der Pkw-Stellfläche).

35 Für eine Anwendung offenbar *Horst* NZM 2017, 57 (58 f.); implizit wohl auch AG Brandenburg Urt. v. 20.2.2020 – 31 C 142/18, juris Rn. 97.

cc) Nachbarschaftliches Gemeinschaftsverhältnis. Nur im absoluten Ausnahmefall ist davon auszugehen, dass das nachbarschaftliche Gemeinschaftsverhältnis (→ *Nachbarschaftliches Gemeinschaftsverhältnis* Rn. 1 ff.) das Selbsthilferecht begrenzt. In der Rechtsprechung wurde dies angenommen bei Gefährdung eines alten Baumes im Falle des Rückschnitts durch den Nachbarn.[36] Ranken unterscheiden sich von Bäumen typischerweise derart etwa in Bezug auf gartenbauliche Funktion und Wert, dass eine Übertragung dieser Rechtsprechung kaum einmal in Betracht kommen wird. 11

c) Rechtsfolgen, Kosten. Inhalt des Selbsthilferechts ist das **Abschneiden der Ranken**, wobei die Grundstücksgrenze als vertikale Schnittlinie fungiert.[37] Anders ausgedrückt kommt ein Rückschnitt jenseits der Grundstücksgrenze nicht in Betracht.[38] Grundsätzlich gibt die Vorschrift des Weiteren auch **keine Befugnis zum Betreten des anderen Grundstücks** zur Ausführung des Selbsthilferückschnitts über dem eigenen Grundstück.[39] Das Hammerschlags- und Leiterrecht dürfte hierfür in aller Regel ebenfalls nicht einschlägig sein.[40] Im Einzelfall mag aber das nachbarschaftliche Gemeinschaftsverhältnis (§ 242 BGB) zu einer Gestattung des Betretens zum Zwecke des Rückschnitts führen, etwa wenn die Arbeiten vom Grundstück des selbsthilfeberechtigten Nachbarn aus nicht oder nur mit unverhältnismäßig mehr Aufwand als vom Grundstück des anderen aus durchgeführt werden könnten (→ *Hammerschlags- und Leiterrecht* Rn. 1 ff., 8).[41] 12

Der Selbsthilfeberechtigte muss den Rückschnitt der Ranken **nicht persönlich** vornehmen. So, wie er obligatorisch Berechtigte zur Ausübung ermächtigen (→ Rn. 8) kann, kann er auch Dritte, insbes. Gärtner, zur Ausübung einschalten (zu den Kosten → Rn. 15).[42] Auf diese Weise kann er auch leichter nachteiligen Folgen eines unsachgemäßen oder übermäßigen Rückschnitts (→ Rn. 19) entgehen bzw. hätte ggf. Regressmöglichkeiten. 13

Der Selbsthilfeberechtigte wird – in Abweichung von § 953 BGB – nach § 910 Abs. 1 S. 1 BGB **Eigentümer der abgeschnittenen Rankenteile**.[43] Er muss sich daher auch um die Entsorgung der abgeschnittenen Ranken kümmern, darf sie dabei insbes. nicht auf das andere Grundstück werfen oder auf sonstige Weise dorthin befördern.[44] Er würde damit seinerseits das Eigentum des anderen beeinträchtigen, auch unabhängig von einer etwaigen (konkludenten) Dereliktion.[45] 14

§ 910 BGB sieht als Selbsthilfetatbestand keine Regelung für etwaige dem Berechtigten entstandene **Kosten des Abschneidens** vor. Der Eigentumserwerb an den abgeschnittenen Pflanzenteilen (→ Rn. 14) ist schwerlich als angemessene Kompensation zu verstehen.[46] Allerdings kann der Beeinträchtigte nach hM, sofern zugleich eine (unverjährte)[47] Beseitigungspflicht nach § 1004 Abs. 1 BGB bestand (→ Rn. 20 ff.), gegenüber dem Rankeneigentümer einen Anspruch aus Geschäftsführung ohne Auftrag[48] (im Hinblick auf 15

36 OLG Brandenburg Urt. v. 8.2.2018 – 5 U 109/16, NJW 2018, 1975 (1976 f.).
37 *Horst* NZM 2017, 57 (59).
38 LG Bielefeld Urt. v. 4.11.1959 – 1 S 250/59, NJW 1960, 678; *Herrler* in Palandt BGB § 910 Rn. 1.
39 LG München II Urt. v. 10.3.1987 – 2 S 2115/86, WuM 1988, 163 (164); KG Urt. v. 11.3.1910 – OLGE 26, 72 (73); *Horst* NZM 2017, 57 (60).
40 *Horst* NZM 2017, 57 (60).
41 Vgl. (aber jedenfalls im konkreten Fall ablehnend) LG München II Urt. v. 10.3.1987 – 2 S 2115/86, WuM 1988, 163 (164).
42 *Roth* in Staudinger BGB § 910 Rn. 6; *Lüke* in Grziwotz/Lüke/Saller NachbarR-HdB Kap. 2 Rn. 386.
43 *Herrler* in Palandt BGB § 910 Rn. 1; *Roth* in Staudinger BGB § 910 Rn. 25. Für sonstige dingliche Berechtigte findet § 954 BGB iVm § 910 Abs. 1 S. 1 BGB Anwendung: *Lüke* in Grziwotz/Lüke/Saller NachbarR-HdB Kap. 2 Rn. 387.
44 *Herrler* in Palandt BGB § 910 Rn. 1; *Roth* in Staudinger BGB § 910 Rn. 25; *Horst* NZM 2017, 57 (62). Vgl. zur insoweit hinreichend ähnlichen österreichischen Rechtslage OGH 23.2.2016 – 4 Ob 25/16d, ÖJZ 2016, 730 (731).
45 Vgl. zur Irrelevanz einer Eigentumsaufgabe iRd § 1004 BGB: BGH Urt. v. 4.2.2005 – V ZR 142/04, NJW 2005, 1367 (1368).
46 *Klingbeil*, Die Not- und Selbsthilferechte, 238 f. (ggf. aber Anrechnung); *Lüke* in Grziwotz/Lüke/Saller NachbarR-HdB Kap. 2 Rn. 401.
47 Vgl. BGH Urt. v. 28.1.2011 – V ZR 141/10, NJW 2011, 1068.
48 Vgl. BGH Urt. v. 4.2.2005 – V ZR 142/04, NJW 2005, 1367 (1368).

den Fremdgeschäftsführungswillen zweifelhaft)[49] oder § 812 Abs. 1 S. 1 Alt. 2 BGB geltend machen.[50] Dieser Anspruch kann je nach Menge der abzuschneidenden Ranken oder nach dem Aufwand der Entfernung der notorisch hartnäckigen[51] Haftscheiben wirtschaftlich bedeutsam sein. Allerdings kann der Anspruch bei Mitverursachung (→ Rn. 28) zu kürzen sein.[52] Zum Anspruchsumfang auch → *Wurzeln* Rn. 27.

16 **d) Verjährung, Verwirkung.** Da es sich bei § 910 BGB um keinen Anspruch handelt,[53] kommt eine **Verjährung** gem. §§ 194 ff. BGB von vornherein **nicht in Betracht**. Damit erlangt die Vorschrift besondere Bedeutung, wenn ein Anspruch nach § 1004 Abs. 1 BGB verjährt sein sollte (→ Rn. 31).[54] Unter besonderen Umständen kann aber nach dem Grundsatz von Treu und Glauben gem. § 242 BGB **Verwirkung** (auch → *Rechtsverlust und unzulässige Rechtsausübung* Rn. 44 ff.) eintreten, so dass der Berechtigte das Selbsthilferecht nicht mehr ausüben dürfte.[55]

17 **e) Prozessuales.** Vorrangig vor einer Klage ist ggf. eine **Streitschlichtung nach Landesrecht** durchzuführen (→ *Streitschlichtung, nachbarrechtliche* Rn. 4). § 15a Abs. 1 Nr. 2 EGZPO enthält jedenfalls eine entsprechende Ermächtigung, welche insbes. auch Unterlassungsklagen nach § 1004 BGB[56] oder Schadensersatzklagen nach § 823 BGB[57] erfasst, bei denen § 910 BGB relevant wird (→ Rn. 18). Dies schon deshalb, weil die Vorschrift in Bezug auf den explizit genannten § 910 BGB sonst gar keinen Anwendungsbereich hätte, enthält dieser doch keinen „Anspruch" (→ Rn. 16).

18 **Im Prozess** erlangt § 910 BGB nur **mittelbare Bedeutung**. Zum einen kann der Selbsthilfetatbestand Relevanz für eine Beseitigungs- bzw. Unterlassungsklage (§ 1004 BGB) des an sich Selbsthilfeberechtigten gegen den anderen haben (→ Rn. 22). Zum anderen kann es auf die Rechtmäßigkeit des Zurückschneidens durch den (vermeintlich) Selbsthilfeberechtigten ankommen, wenn der andere diesen seinerseits auf Unterlassung des oder für Schäden infolge des Zurückschneidens in Anspruch nimmt (→ Rn. 19). Die Darlegungs- und Beweislast für das Fehlen einer Beeinträchtigung liegt bei demjenigen, um dessen Ranken es geht.[58]

19 **f) Unberechtigtes Abschneiden von Ranken.** Wer Ranken abschneidet, ohne dazu gem. § 910 BGB berechtigt zu sein – sei es, weil keine Beeinträchtigung anzunehmen ist, sei es, weil die (räumlichen) Grenzen der Befugnis überschritten werden[59] –, begeht eine **rechtswidrige Eigentumsverletzung**. Mithin ist ein

49 So auch *Klingbeil*, Die Not- und Selbsthilferechte, S. 239 mwN.

50 BGH Urt. v. 28.11.2003 – V ZR 99/03, NJW 2004, 603 (604); BGH Urt. v. 7.3.1986 – V ZR 92/85, NJW 1986, 2640 (2641); OLG Koblenz Beschl. v. 8.10.2013 – 3 U 631/13, MDR 2014, 25; *Vollkommer* in BeckOGK BGB § 910 Rn. 27; *Roth* in Staudinger BGB § 910 Rn. 27; *Lüke* in Grziwotz/Lüke/Saller NachbarR-HdB Kap. 2 Rn. 402 f.; ablehnend (ausdrücklich auch gegen den BGH) LG Bonn Urt. v. 3.7.1987 – 4 S 32/87, NJW-RR 1987, 1421; sogar weiter gehend *Klingbeil*, Die Not- und Selbsthilferechte, S. 238 (Ersatz nicht nur der Ersparnis des Anspruchsgegners, sondern der objektiv erforderlichen Selbstvornahmekosten).

51 Vgl. AG Brandenburg Urt. v. 16.12.2016 – 31 C 298/14, juris Rn. 43: Entfernung der „Saug-Füße" nach Gutachten „allenfalls" möglich „mit einem Messer bzw. einer Bohrmaschine mit Topfbürstenaufsatz oder einem Winkelschleifer bzw. durch [A]bflammen mittels Brenner und nachfolgendem [A]bbürsten mit einer Drahtbürste oder durch eine Hochdruckreinigung bzw. Abbeizpaste".

52 BGH Urt. v. 21.10.1994 – V ZR 12/94, NJW 1995, 395 (396).

53 Missverständlich *Lüke* in Grziwotz/Lüke/Saller NachbarR-HdB Kap. 2 Rn. 399; wenig geglückt daher auch der Wortlaut von § 15a Abs. 1 Nr. 2 EGZPO („Ansprüche aus dem Nachbarrecht nach den §§ 910 […] des Bürgerlichen Gesetzbuchs"), auf den sich wohl *Brückner* in MüKoBGB § 910 Rn. 2, bezieht.

54 Vgl. BGH Urt. v. 22.2.2019 – V ZR 136/18, NJW-RR 2019, 590 Rn. 14.

55 *Roth* in Staudinger BGB § 910 Rn. 28.

56 *Heßler* in Zöller EGZPO § 15a Rn. 5; OLG Hamm Urt. v. 6.9.2018 – 5 U 52/18, MDR 2019, 221; LG Bückeburg Urt. v. 7.11.2012 – 1 S 40/12, juris Rn. 15 ff.

57 *Gruber* in MüKoZPO EGZPO § 15a Rn. 32.

58 BGH Urt. v. 13.1.2005 – V ZR 83/04, NZM 2005, 318; BGH Urt. v. 14.11.2003 – V ZR 102/03, NJW 2004, 1037 (1039); *Herrler* in Palandt BGB § 910 Rn. 3; vgl. Prot. III, 141 („Einrede" des Eigentümers der Pflanze).

59 In dieser Hinsicht weiter gehend *Klingbeil*, Die Not- und Selbsthilferechte, S. 239: Anspruch des Selbsthilfegegners gem. §§ 311 Abs. 2 Nr. 3, 280 Abs. 1 BGB (privatrechtliches Vollstreckungsverhältnis); dies würde insbes. bedeuten, dass die Vermutung des § 280 Abs. 1 S. 2 BGB und die Zurechnung nach § 278 BGB eingreifen.

Anspruch des Rankeneigentümers aus § 823 Abs. 1 BGB möglich. Der dafür nötige Verschuldensnachweis dürfte bei klaren Grundstücksgrenzen nicht schwer zu führen sein; allerdings wird ein Schadensersatzanspruch bei abgeschnittenen Ranken selten wirtschaftlich interessant sein. Die Eigentumsverhältnisse am Schnittgut richten sich in diesem Fall nicht nach § 910 BGB, sondern nach § 953 BGB. Droht ein nicht von § 910 BGB gedecktes Zurückschneiden der Ranken, kommt ein Unterlassungsanspruch des Rankeneigentümers nach § 1004 BGB in Betracht.

2. Abwehr- und Beseitigungsanspruch bei eindringenden Ranken, § 1004 BGB (§ 862 BGB)

Der Unterlassungs- bzw. Beseitigungsanspruch aus **§ 907 Abs. 1 BGB** greift **nicht** durch, weil Ranken jedenfalls der Ausnahme für „Bäume und Sträucher" nach dessen Abs. 2 unterfallen.[60] In den wohl seltenen Fällen, in denen eine Ranke auf der Grundstücksgrenze gepflanzt ist bzw. einzelne Ranken ausschließlich auf dem Nachbargrundstück aus dem Boden treten,[61] ist an einen Beseitigungsanspruch (analog) **§ 923 Abs. 2 BGB** zu denken, der sogar die gesamte Pflanze erfassen würde. Bei Vorliegen der Voraussetzungen des § 910 BGB wird allerdings im Übrigen regelmäßig zugleich ein Abwehr- und Beseitigungsanspruch nach **§ 1004 Abs. 1 BGB** bestehen.[62] Dieser steht nach hM neben § 910 BGB (→ *Überhängende Zweige* Rn. 82).[63] Dagegen verdrängt im Verhältnis des Eigentümer-Vermieters zu seinem Mieter § 541 BGB den Anspruch nach § 1004 BGB während der Mietzeit.[64] Für den Besitzer bietet § 862 BGB weitgehend parallelen Schutz zu § 1004 BGB (→ *Komposthaufen* Rn. 5, 16). 20

a) Tatbestand, § 1004 Abs. 1 BGB. Unabhängig von etwaigen Schäden stellen auf das Grundeigentum übergreifende Ranken eine **Beeinträchtigung** iSd § 1004 Abs. 1 S. 1 BGB dar. Dies gilt ebenso für an einer fremden (Grenz-)Wand emporkletternde Ranken,[65] erst recht für das Anbringen eines Rankgitters an einer fremden Wand.[66] Stört sich der Nachbar dagegen lediglich am Anblick einer – möglicherweise ungepflegten – Ranke auf einem anliegenden Grundstück, liegt schon der Tatbestand des § 1004 Abs. 1 BGB nicht vor (→ *Swimmingpool* Rn. 20). 21

Zum Störer als Anspruchsgegner insbes. → *Wurzeln* Rn. 35. Zwar besteht kein Anspruch aus § 1004 Abs. 1 BGB, sofern allein Naturkräfte in Rede stehen (→ *Tauben* Rn. 23). Bei Wurzeln leitet die Rechtsprechung die **Störereigenschaft** jedoch zwanglos **aus § 910 BGB** ab.[67] Etwas ausführlicher heißt es, der Eigentümer müsse „nach dem in § 903 BGB enthaltenen Grundgedanken, der in der Spezialregelung des § 910 BGB eine besondere Ausprägung gefunden hat", dafür Sorge tragen, „dass die Baumwurzeln nicht über die Grenzen seines Grundstücks hinauswachsen".[68] Wenn aber § 910 BGB auch Ranken erfasst (→ Rn. 6), ist die Störereigenschaft hier entsprechend zu begründen. Störer muss nicht die Person sein, die die Ranke gepflanzt hat, sondern kann etwa auch der Eigentümer Grundstücks sein, dessen Mieter die Ranken angepflanzt haben (die natürlich auch Störer sind) und die er nicht davon abgehalten hat.[69] 22

---

60 *Roth* in Staudinger BGB § 907 Rn. 18.

61 Vgl. zum Grenzstrauch iSd § 923 Abs. 3 BGB nur *Grziwotz* in Grziwotz/Lüke/Saller NachbarR-HdB Kap. 2 Rn. 186 f.

62 *Klingbeil*, Die Not- und Selbsthilferechte, S. 234; *Roth* in Staudinger BGB § 910 Rn. 27.

63 Siehe an dieser Stelle nur BGH Urt. v. 28.11.2003 – V ZR 99/03, NJW 2004, 603 (604); *Herrler* in Palandt BGB § 910 Rn. 1; *Klingbeil*, Die Not- und Selbsthilferechte, S. 231.

64 BGH Urt. v. 19.12.2018 – XII ZR 5/18, NJW 2019, 1062. Vgl. zu Fällen mit Ranken AG Bonn Urt. v. 15.7.1993 – 5 C 529/92, WuM 1993, 735; AG Köln Urt. v. 21.2.2014 – 205 C 448/13, juris Rn. 3.

65 LG Berlin Urt. v. 27.2.2007 – 53 S 122/06, GE 2008, 57; AG Brandenburg Urt. v. 20.2.2020 – 31 C 142/18, juris Rn. 86.

66 LG Berlin Urt. v. 9.7.2013 – 55 S 372/11, GE 2014, 57.

67 BGH Beschl. v. 13.1.2005 – V ZR 83/04, NZM 2005, 318; daran anschließend OLG Schleswig Urt. v. 20.11.2009 – 14 U 75/09, NJOZ 2011, 344 (345).

68 BGH Urt. v. 28.11.2003 – V ZR 99/03, NJW 2004, 603 (604).

69 Konkret für Ranken LG Berlin Urt. v. 9.7.2013 – 55 S 372/11, GE 2014, 57 (58); allgemein siehe BGH Urt. v. 27.1.2006 – V ZR 26/05, NJW 2006, 992 (993).

23 **b) Ausschluss bei Duldungspflicht, § 1004 Abs. 2 BGB.** Eine **Duldungspflicht iSd § 1004 Abs. 2 BGB** könnte sich aus einer privatautonomen Abrede unter den Nachbarn über die (Zulässigkeit der) Berankung ergeben.[70] Eine solche Abrede würde – ohne dingliche Belastung des Grundstücks – einen Einzelrechtsnachfolger jedoch nicht binden (→ *Rechtsnachfolge* Rn. 6).[71]

24 Im Übrigen ist zunächst darauf hinzuweisen, dass **§ 910 Abs. 2 BGB** iRd § 1004 BGB **entsprechend anwendbar** ist.[72] Zum Inhalt ersterer Vorschrift bereits → Rn. 9. Nicht anwendbar ist dagegen § 906 (Abs. 2) BGB, so dass auch eine etwaige Ortsüblichkeit der Berankung ohne Relevanz bleibt.[73] In diesem Zusammenhang verdient auch Erwähnung, dass sich etwaige Duldungspflichten qua Gewohnheitsrecht aus Bundesgewohnheitsrecht ergeben müssten, so dass örtliches Gewohnheitsrecht, sollte es bestehen, irrelevant wäre.[74]

25 Zu naturschutzrechtlichen Schnittzeiten schon → Rn. 10. Auch weitere **Tatbestände des Naturschutzrechts** können ggf. eine Duldungspflicht begründen.[75] Zum Ganzen auch → *Frosch* Rn. 15 ff. In Bezug auf Ranken kommt insbes. § 44 Abs. 1 Nr. 3 BNatSchG in Betracht, wonach die Beschädigung oder Zerstörung von Fortpflanzungs- oder Ruhestätten wild lebender Tiere der besonders geschützten Arten verboten ist. Nisten also etwa besonders geschützte Vögel, ggf. mehrjährig, in einer Ranke, könnte dieses Verbot der Beseitigung der Ranke entgegenstehen.[76] Besteht allerdings die Möglichkeit, eine Ausnahmegenehmigung (zB im Kontext des § 44 BNatSchG: nach § 67 Abs. 2 BNatSchG) im Hinblick auf das grundsätzlich verbotene Beseitigungsverhalten zu erhalten, handelt es sich bei einer entsprechenden Antragsstellung um einen Teil der vom Störer vorzunehmenden Maßnahmen; er kann sich dann nicht hinter dem Verbot „verschanzen".[77] Ob eine Ausnahme möglich ist, haben die Zivilgerichte selbstständig zu prüfen, falls über diese Vorfrage nicht bereits konkret verwaltungsgerichtlich entschieden ist.[78] Zu verurteilen wäre bejahendenfalls unter Vorbehalt der Erteilung der Ausnahmegenehmigung, deren Vorliegen dann im Vollstreckungsverfahren zu klären ist.[79] Noch → Rn. 36.

26 **c) Rechtsfolgen.** Zu den Rechtsfolgen des § 1004 Abs. 1 BGB bei Beeinträchtigungen durch Ranken generell → *Wurzeln* Rn. 38 ff.

27 Die **Art der Störungsbeseitigung** gem. § 1004 Abs. 1 S. 1 BGB ist grundsätzlich dem Störer überlassen (auch → Rn. 33), wobei ein Anspruch auf eine konkrete Maßnahme dann besteht, wenn nur diese zum vollständigen Abstellen der Störung führt[80] oder andere mögliche Maßnahmen nicht ernsthaft in Betracht zu ziehen sind.[81] Bei den hier maßgeblichen Einwirkungen durch Ranken wird in der Regel nichts anderes als ein Zurückschneiden (bei „bloßem" Überwuchs) bzw. Entfernen der Ranken (von einem Gebäude) in Betracht kommen. Zur Beseitigung der gesamten Pflanze, dh auch auf dem Grundstück, von dem sie ausgeht,

---

70 Vgl. *Herrler* in Palandt BGB § 1004 Rn. 36.

71 Vgl. BGH Urt. v. 29.2.2008 – V ZR 31/07, NJW-RR 2008, 827.

72 BGH Beschl. v. 13.1.2005 – V ZR 83/04, NZM 2005, 318 (319); BGH Urt. v. 14.11.2003 – V ZR 102/03, NJW 2004, 1037 (1038); BGH Urt. v. 28.11.2003 – V ZR 99/03, NJW 2004, 603 (604).

73 OLG Schleswig Urt. v. 20.11.2009 – 14 U 75/09, NJOZ 2011, 344 (346); vgl. auch BGH Urt. v. 14.6.2019 – V ZR 102/18, NJW-RR 2019, 1356 (1357).

74 Vgl. OLG Celle Urt. v. 2.2.2005 – 4 U 237/04, MDR 2005, 804 (zur angeblichen örtlichen Übung, dass Inhaber von Ackerflächen Überwuchs von Waldflächen im Eigentum der Gemeinde selbst zurückschneiden).

75 *Thole* in Staudinger BGB § 1004 Rn. 530; LG Berlin Urt. v. 9.7.2013 – 55 S 372/11, GE 2014, 57 (58).

76 Vgl. LG Berlin Urt. v. 9.7.2013 – 55 S 372/11, GE 2014, 57 (58) (für den konkreten Fall offengelassen).

77 BGH Urt. v. 20.11.1992 – V ZR 82/91, NJW 1993, 925 (926).

78 BGH Beschl. v. 13.1.2005 – V ZR 83/04, NZM 2005, 318; BGH Urt. v. 20.11.1992 – V ZR 82/91, NJW 1993, 925 (926); LG Berlin Urt. v. 9.7.2013 – 55 S 372/11, GE 2014, 57 (59).

79 BGH Urt. v. 20.11.1992 – V ZR 82/91, NJW 1993, 925 (927).

80 BGH Urt. v. 22.10.1976 – V ZR 36/75, NJW 1977, 146 (zu einer Geruchsbelästigung).

81 BGH Urt. v. 12.12.2003 – V ZR 98/03, NJW 2004, 1035 (1037).

→ Rn. 29. Soweit durch die Beseitigungsmaßnahmen zwangsläufig weitere Beeinträchtigungen (etwa am Putz) entstehen, umfasst der Beseitigungsanspruch bzw. die Kostenerstattung (→ Rn. 15) auch diese.[82]

Zu berücksichtigen ist der **Einwand der Mitverursachung** in analoger Anwendung des § 254 BGB.[83] Diese kann etwa in der Anfälligkeit des betroffenen Bauwerks[84] oder in der Unterlassung von Abwehrmaßnahmen liegen.[85] Verschulden ist nicht erforderlich.[86] Die Annahme der Mitverursachung hat zur Folge, dass zwar zur Beseitigung verurteilt werden kann, aber unter Feststellung der Kostenbeteiligung des Klägers.[87] Bei überwiegender Mitverursachung kann der Beseitigungsanspruch sogar ausgeschlossen sein.[88] 28

Bei einer drohenden Beeinträchtigung durch Ranken kann gem. § 1004 Abs. 1 S. 2 BGB **Unterlassung** verlangt werden. Dies bedeutet nicht notwendig Nichtstun, sondern die Verhinderung der Störung ggf. auch durch positives Tun;[89] bei Ranken wird letzteres sogar regelmäßig der Fall sein (zum Antrag/Tenor → Rn. 33). Gerade angesichts des schnellen Wachstums bestimmter Ranken kann sich die Unterlassungspflicht darauf beziehen, die gesamte Pflanze zu beseitigen.[90] 29

Vorhergehende rechtswidrige Beeinträchtigungen begründen die tatsächliche Vermutung der Wiederholungsgefahr.[91] Sie lässt sich also insbes. aus wiederholtem vorherigem Überwuchs der Ranken herleiten.[92] Freilich genügt entgegen des Wortlauts auch eine erstmals ernsthaft – nicht potenziell, sondern konkret – drohende Beeinträchtigung, um den Unterlassungsanspruch auszulösen.[93] Ob dies der Fall ist, wird im Einzelfall maßgeblich von Art und Ausdehnungsgeschwindigkeit der betreffenden Ranke sowie von deren konkreten Platzierung abhängen. 30

d) Verjährung. Der Anspruch aus § 1004 BGB **verjährt** gem. §§ 195, 199 Abs. 1, Abs. 4, Abs. 5 BGB. § 902 BGB findet keine Anwendung.[94] Es handelt sich bei Überwuchs auch nicht um eine Dauerhandlung, bei der eine Verjährung entweder nicht oder durch ständiges Neuentstehen von Ansprüchen immer wieder neu in Gang gesetzt wird.[95] Der Anspruch entsteht in dem Moment, in dem die Eigentumsbeeinträchtigung (wegen § 910 Abs. 2 BGB nicht notwendigerweise bereits bei Grenzüberschreitung, → Rn. 9) eintritt.[96] Dem Nachbar bleibt dann nur, aber immerhin, das unverjährbare (→ Rn. 16) Selbsthilferecht. 31

e) Prozessuales. Gerichtsstand ist für den klagenden Grundeigentümer ausschließlich der dingliche Gerichtsstand gem. § 24 Abs. 1 ZPO,[97] ebenso für den Grundstücksbesitzer („Besitzklage" in § 24 ZPO).[98] Im Übrigen steht der allgemeine Gerichtsstand gem. §§ 12 ff. ZPO zur Verfügung. 32

82 Vgl. BGH Urt. v. 4.2.2005 – V ZR 142/04, NJW 2005, 1366 (1367 f.); BGH Urt. v. 7.3.1986 – V ZR 92/85, NJW 1986, 2640 (2641 f.).
83 BGH Urt. v. 18.4.1997 – V ZR 28/96, NJW 1997, 2234 (2235).
84 BGH Urt. v. 21.10.1994 – V ZR 12/94, NJW 1995, 395 (396).
85 BGH Urt. v. 18.4.1997 – V ZR 28/96, NJW 1997, 2234 (2236).
86 BGH Urt. v. 26.9.2006 – VI ZR 166/05, NJW 2006, 3628 (3630); BGH Urt. v. 8.3.1990 – III ZR 81/88, NJW 1990, 2058 (2059).
87 BGH Urt. v. 18.4.1997 – V ZR 28/96, NJW 1997, 2234 (2235).
88 BGH Urt. v. 26.9.2006 – VI ZR 166/05, NJW 2006, 3628 (3630).
89 BGH Urt. v. 12.12.2003 – V ZR 98/03, NJW 2004, 1035 (1037).
90 LG Berlin Urt. v. 27.2.2007 – 53 S 122/06, GE 2008, 57 f.; zurückhaltender LG Konstanz Urt. v. 27.5.2015 – 4 O 186/13 M, BeckRS 2015, 118301 (I. 2.).
91 Siehe nur BGH Urt. v. 17.12.2010 – V ZR 46/10, ZUM 2011, 333 (336).
92 LG Berlin Urt. v. 27.2.2007 – 53 S 122/06, GE 2008, 57 f.
93 BGH Urt. v. 9.5.2019 – III ZR 388/17, NJW-RR 2019, 1035; BGH Urt. v. 5.7.2019 – V ZR 96/18, NZM 2019, 893 (396).
94 BGH Urt. v. 22.2.2019 – V ZR 136/18, NJW-RR 2019, 590 (591); BGH Urt. v. 11.12.2015 – V ZR 180/14, NJW 2016, 1735 (1737).
95 BGH Urt. v. 22.2.2019 – V ZR 136/18, NJW-RR 2019, 590 (592); LG Freiburg Urt. v. 22.1.2015 – 3 S 143/14, NJOZ 2015, 727 (728); aA LG Krefeld Urt. v. 20.4.2018 – 1 S 68/17, MDR 2018, 989 f.
96 BGH Urt. v. 22.2.2019 – V ZR 136/18, NJW-RR 2019, 590 (592).
97 BayObLG Beschl. v. 31.1.1996 – 1Z AR 5/96, BayObLGZ 1996, 14 (15); *Keukenschrijver* in NK-BGB § 1004 Rn. 185.
98 *Schultzky* in Zöller ZPO § 24 Rn. 17.

33 Um die Rechte des Störers nicht weiter zu beschneiden, als dies zum Schutz des Eigentums des Anspruchsinhabers erforderlich ist, kann iRd § 1004 BGB allgemein auf Unterlassung von Störungen bestimmter Art geklagt und entsprechend tenoriert werden.[99] Damit ist eine **Bezeichnung der konkreten Abhilfemaßnahme** (Rückschnitt, Beseitigung der Ranke, oder ggf. etwas anderes) **entbehrlich**. Erfolgt sie dennoch, muss dies wegen § 92 Abs. 2 Nr. 1 ZPO nicht zwingend negative (Kosten-)Folgen haben.[100] Sofern allerdings nur eine einzige Maßnahme die vollständige Beseitigung der Störung durch die Ranke gewährleistet, kann eine entsprechende Verurteilung erfolgen.[101] Diese Maßnahme ist dann wiederum möglichst genau zu bezeichnen.[102] Es ist allerdings in jedem Fall darauf zu achten, die örtliche Lage der betreffenden Ranke(n) oder jedenfalls deren Art in Klage (§ 253 Abs. 2 Nr. 2 ZPO) und Tenor zu bezeichnen.[103] Es gibt aber auch Gerichte, die sich großzügiger zeigen[104] – was freilich leicht für eine Fortsetzung des Streits im Vollstreckungsverfahren sorgen kann. Zur Auslegung von dem Wortlaut nach auf Beseitigung gerichteten Anträgen (Titeln) im Hinblick auf die zukünftige Unterlassung gibt es ebenfalls unterschiedlich strenge Auffassungen.[105]

34 Eine **Klage auf Feststellung** der Verpflichtung, künftig herüberwachsende Ranken regelmäßig abzuschneiden, hält die hM grundsätzlich für unzulässig.[106] Im Einzelfall denkbar mag aber (zusätzlich) eine Klage auf wiederkehrende Leistungen (§ 258 ZPO), dh insbes. regelmäßigen Beschnitt, sein.[107] Die **Rechtskraft** einer in der Sache abgewiesenen Klage sperrt bei neuem Wuchs der Ranken keine erneute Beseitigungsklage, handelt es sich doch wegen des neuen Sachverhalts um einen anderen Streitgegenstand.[108]

35 Zur **Beweislast** bei § 1004 BGB (§ 862 BGB) etwa → *Komposthaufen* Rn. 28. Zur Beweiserhebung wird vielfach die richterliche Einnahme des Augenscheins bei einem Ortstermin zweckmäßig sein (§ 371 ZPO).

36 Erfolgt die Verurteilung unter **Vorbehalt der Erteilung einer (naturschutzrechtlichen) Ausnahmegenehmigung** (→ Rn. 25), ohne dass der Kläger dies beantragt hat, liegt kein Verstoß gegen § 308 ZPO vor. Es handelt sich um ein Weniger gegenüber dem Klageantrag.[109] Für den Kläger bietet sich in diesen Fällen allerdings eine Klageerweiterung auf Verpflichtung des Beklagten zur Antragsstellung im Hinblick auf die Genehmigung an, wobei eine stattgebende Entscheidung bei Rechtskraft gem. § 894 ZPO zur Fiktion der Erklärung führt.[110] Der Kläger kann und sollte dann eine Ausfertigung des Urteils der betreffenden Behörde vorlegen.[111] Dieser Weg bietet sich aus Gründen ggf. anfallender Verwaltungsgebühren auch dann an, wenn der Kläger selbst antragsberechtigt ist.

---

99 BGH Urt. v. 2.12.2003 – V ZR 98/03, NJW 2004, 1035 (1037); BGH Urt. v. 8.7.1964 – V ZR 173/63, WM 1964, 1102 f.; BGH Urt. v. 30.4.1958 – V ZR 142/56, NJW 1958, 1776; OLG Köln Urt. v. 3.5.1995 – 2 U 135/94, NuR 1996, 318 (319); siehe schon RG Urt. v. 29.3.1882 – I 705/81, RGZ 6, 217 (220 f.) zum gemeinen Recht; aus neuerer Zeit etwa OLG Karlsruhe Beschl. v. 5.9.2016 – 9 U 135/15, juris Rn. 22.

100 OLG Schleswig Urt. v. 20.11.2009 – 14 U 75/09, NJOZ 2011, 344 (347).

101 BGH Urt. v. 22.10.1976 – V ZR 36/75, NJW 1977, 146 (zu Geruchsbelästigung).

102 Vgl. LG Itzehoe Urt. v. 9.2.1995 – 4 S 154/94, NJW-RR 1995, 978 (Präzisierung des amtsgerichtlichen Tenors auf Abgrabtiefe von 55 cm für Entfernung von Wurzeln).

103 BGH Urt. v. 25.10.1991 – V ZR 196/90, NJW 1992, 1101 (1102).

104 LG Konstanz Urt. v. 27.5.2015 – 4 O 186/13, BeckRS 2015, 118301 („verurteilt, den Überwuchs auf das Grundstück […], der von den Pflanzen, die sich auf dem Grundstück […] befinden, ausgeht, zu beseitigen").

105 Eher großzügig OLG Frankfurt a.M. Urt. v. 7.11.1996 – 15 U 173/95, NJW-RR 1997, 657; streng dagegen OLG Karlsruhe Beschl. v. 8.10.1990 – 6 W 29/90, OLGZ 1991, 448 (449 f.); krit. zu letzterem *Roth* in Staudinger BGB § 910 Rn. 34.

106 LG Bonn Urt. v. 3.7.1987 – 4 S 32/87, NJW-RR 1987, 1421 (fehlendes Feststellungsinteresse, weil Unsicherheit über die zukünftige Beeinträchtigung iSd § 910 Abs. 2 BGB bestehe); so auch *Horst* NZM 2017, 57 (59); *Vollkommer* in BeckOGK BGB § 910 Rn. 36 (wegen zeitlicher Unbestimmtheit); aA *Roth* in Staudinger BGB § 910 Rn. 34.

107 *Vollkommer* in BeckOGK BGB § 910 Rn. 36. Vgl. dazu LG Nürnberg-Fürth Urt. v. 2.10.2014 – 8 O 10468/10, juris (im Tenor VII.–XII.); BGH Beschl. v. 6.10.2011 – V ZB 72/11, NJW-RR 2012, 82 (83).

108 *Lüke* in Grziwotz/Lüke/Saller NachbarR-HdB Kap. 2 Rn. 391.

109 BGH Urt. v. 20.11.1992 – V ZR 82/91, NJW 1993, 925 (927).

110 BGH Urt. v. 20.11.1992 – V ZR 82/91, NJW 1993, 925 (927).

111 Vgl. RG Urt. v. 30.3.1939 – V 193/38, RGZ 160, 321 (324 f.).

3. Ersatz von Schäden durch Ranken

37 Verletzen die Ranken Rechte des Nachbarn, also insbes. sein Eigentum im Wege der (Substanz-)Beschädigung,[112] steht ihm bei Verschulden des Rankenbesitzers (ggf. auch: --eigentümers) ein **Anspruch aus § 823 Abs. 1 BGB** zu.[113] Als in diesem Rahmen geltend zu machender Schaden ist etwa auch an Mietausfälle wegen Minderung infolge einer Beeinträchtigung der Grundstücksmieter zu denken.[114] Ohne größere Relevanz[115] ist demgegenüber ein nach der Rechtsprechung möglicher[116] Anspruch aus **§§ 823 Abs. 2, 1004 BGB**,[117] setzt er doch ebenfalls Verschulden voraus (§ 823 Abs. 2 S. 2 BGB) und dieses ist vom Kläger zu beweisen.[118] Einen Anspruch aus **§ 823 Abs. 2 BGB iVm § 910 BGB** als solchen gibt es dagegen schon im Ansatz **nicht**, denn § 910 BGB ist kein Schutzgesetz.[119] Angesichts des tendenziell weiten Verständnisses der Rechtsprechung vom Umfang der Beseitigungspflicht nach § 1004 Abs. 1 S. 1 BGB (→ Rn. 27) und der Möglichkeit, für eine diesbezügliche Selbstvornahme Ersatz zu erhalten (→ Rn. 15), kann Erstattung etlicher Kosten indes im Ergebnis auch ohne Verschuldensnachweis verlangt werden.

38 Theoretisch kommt auch ein – einem berechtigten Besitzer ebenfalls zustehender – **nachbarrechtlicher Ausgleichsanspruch analog § 906 Abs. 2 S. 2 BGB** (→ *Brand- und Löschschäden* Rn. 10 ff.) in Betracht,[120] wobei es allerdings dem Nachbar bei oberirdisch verlaufenden und damit optisch wahrnehmbaren Ranken in der Regel nicht tatsächlich unmöglich sein wird, die Beeinträchtigung zu verhindern. Bei rechtlicher Unmöglichkeit wegen naturschutzrechtlicher Vorgaben für den Störer, von denen keine Ausnahme in Betracht kommt (→ Rn. 25), ist der Anspruch analog § 906 Abs. 2 S. 2 BGB allerdings nicht von vornherein ausgeschlossen. Denn jedenfalls wenn der Beklagte die Gefahrenlage geschaffen (dh insbes.: die Ranke angepflanzt hat), ist er an sich zum Ausgleich verpflichtet, obwohl er die Beeinträchtigung nun selbst nicht mehr abstellen darf.[121] Die Einschätzung dieser Fallgruppe wird indes dadurch verkompliziert, dass der entsprechenden Entscheidung des BGH mit einer Rodung (wohl) ein Verhalten zugrunde lag, das nicht mit dem Naturschutz in Einklang stand. Demgegenüber hatte der BGH in der Froschlärm-Entscheidung, von der er hier eine Abgrenzung versuchte, den nachbarrechtlichen Ausgleichsanspruch noch verneint, gerade weil der Störer die Störung nicht unterlassen durfte.[122] Das ursächliche Verhalten – Anlegen des Teichs – war dabei dem Naturschutz förderlich gewesen (→ *Frosch* Rn. 63 ff.). Sollte dies wirklich der maßgebliche Gesichtspunkt sein, könnte man zum Schaffen von Biotopen durch Anpflanzen von Ranken

112 Hier ist ggf. gutachterlich feststellen zu lassen, ob und welche Risse im Putz, offene Fugen etc tatsächlich von der Ranke verursacht wurden, vgl. AG Brandenburg Urt. v. 16.12.2016 – 31 C 298/14, juris Rn. 49. Ferner OLG Düsseldorf Urt. v. 17.1.1992 – 22 U 133/91, NJW-RR 1992, 855.

113 *Horst* NachbarR-HdB Rn. 991; *Lüke* in Grziwotz/Lüke/Saller NachbarR-HdB Kap. 2 Rn. 407 (aber: „wird […] regelmäßig am fehlenden Verschulden scheitern").

114 Vgl. LG Konstanz Urt. v. 27.5.2015 – 4 O 186/13 M, BeckRS 2015, 118301 (I.); eine mietrechtliche Minderung für Folgen eines Efeubewuchses (nistende Vögel, Ungeziefer) verneint AG Köpenick Urt. v. 26.4.2013 – 12 C 384/12, WuM 2013, 422.

115 Vgl. *Roth* JuS 2001, 1161 (1163).

116 BGH Urt. v. 16.3.1988 – VIII ZR 184/87, NJW 1988, 1778 (1780); RG Urt. v. 4.6.1928 – VI 513/27, RGZ 121, 185 (189).

117 Zur Zuständigkeit vgl. OLG Frankfurt a.M. Beschl. v. 10.7.2013 – 11 AR 51/13, NZM 2014, 448.

118 *Katzenmeier* in Baumgärtel/Laumen/Prütting Beweislast-HdB § 823 II Rn. 1 und Rn. 5 f. Beweiserleichterungen kommen bei § 823 Abs. 2 BGB zwar in Betracht, aber nur, wenn das Schutzgesetz das geforderte Verhalten bereits so konkret umschreibt, dass mit der Verwirklichung des objektiven Tatbestandes der Schluss auf einen subjektiven Schuldvorwurf naheliegt: BGH Urt. v. 19.11.1991 – VI ZR 171/91, NJW 1992, 1039 (1042). Das ist für § 1004 BGB nicht der Fall.

119 OLG Düsseldorf Urt. v. 5.11.1974 – 4 U 54/74, NJW 1975, 739; *Herrler* in Palandt BGB § 910 Rn. 1.

120 Vgl. für Wurzeln BGH Urt. v. 2.3.1984 – V ZR 54/83, NJW 1984, 2207 (2208).

121 Vgl. der Tendenz nach BGH Urt. v. 17.9.2004 – V ZR 230/03, NJW 2004, 3701 (3702 f.); ausdrücklich *Roth* in Staudinger BGB § 906 Rn. 67.

122 BGH Urt. v. 20.11.1992 – V ZR 82/91, NJW 1993, 925 (928).

eine Parallele ziehen. Das liefe dann aber gleichsam auf Naturschutz auf Nachbars Kosten hinaus, was Zweifel an dieser Argumentation aufwirft.[123]

39 In allen genannten Fällen findet eine **Mitverursachung** des betroffenen Eigentümers (sanierungsbedürftiger Putz, unnötiges Zuwarten etc) Berücksichtigung. Dies ergibt sich für § 823 BGB unmittelbar aus § 254 BGB. Beim nachbarrechtlichen Ausgleichsanspruch findet § 254 BGB wie bei § 1004 BGB (→ Rn. 28) entsprechende Anwendung (→ *Brand- und Löschschäden* Rn. 35). Ferner ist ggf. ein **Abzug „neu für alt“** vorzunehmen, und zwar in den gewöhnlichen Fällen des §§ 823, 249 ff. BGB wie bei § 1004 BGB[124] und auch beim nachbarrechtlichen Ausgleichsanspruch (→ *Brand- und Löschschäden* Rn. 35).

40 Abschließend ist in diesem Zusammenhang noch darauf hinzuweisen, dass eine Haftung gem. § 823 Abs. 1 BGB wegen **Verkehrspflichtverletzung** in Betracht kommt, wenn ein Nachbar sich bei einem – gestatteten – Besuch auf dem anderen Grundstück an einem Rankgerüst verletzt. Allerdings ist allgemein bekannt, dass an Gartenkonstruktionen Nägel herausragen oder Drähte abstehen könnten (etc). Der Anspruch wird daher selten bestehen.[125] Ein Anwendungsfall könnte allerdings das Umstürzen eines Rankgitters sein. Zu Verkehrspflichtverletzungen allgemein und zu Besonderheiten bei der auch hier denkbaren Betroffenheit von Kindern → *Swimmingpool* Rn. 12 ff.

4. Grenzabstand von Ranken

41 Bei in räumlicher Nähe zum Nachbargrundstück befindlichen Ranken mag es sich im Einzelfall begrifflich jedenfalls prima facie um Anpflanzungen an der Grundstücksgrenze handeln. **Landesnachbarrechtliche Beschränkungen in Bezug auf den Grenzabstand** betreffen Ranken indes kaum, geht es bei ihnen doch um (die auch in Art. 124 S. 2 EGBGB genannten) Bäume und Sträucher bzw. auch Rebstöcke und Hecken. Zum Teil definiert das Landesrecht den Begriff der „Anpflanzung“ legal in einem derart beschränkten Sinne,[126] teils gibt es Einzeltatbestände (eben nur) für Bäume, Sträucher, Rebstöcke und Hecken.[127] Näher → *Anpflanzungen an der Grundstücksgrenze* Rn. 4 ff. Eine Ranke ist unter diese Begriffe nicht zu subsumieren: Bäume sind Holzgewächse mit ausgeprägtem Stamm und bevorzugtem Längenwachstum,[128] während ein Strauch ein Holzgewächs mit Erneuerungsknospen an den Zweigen[129] und eine Hecke eine längere, dichte Reihe von Sträuchern oder Bäumchen ist.[130] Man mag zwar streiten, ob eine verholzende Rankenart nicht auch ein „Gehölz“ darstellt[131] – sie stellt aber jedenfalls keine etwa in § 16 NRG BW genannte Gehölzart dar. Da die Grenzabstandsregeln insbes. einer Verschattung vorbeugen sollen,[132] liegt eine analoge Anwendung der einschlägigen Vorschriften fern, soweit diese von Ranken (als solchen) nicht droht.[133] Wenn die Vorschriften nach Höhe der Pflanze differenzieren, passen sie für Ranken ohnehin nicht, die nicht freistehend gen Himmel wachsen können. Anders mag es allerdings liegen, wenn eine Ranke an einem Spalier (schon → Rn. 3 f.) hochgezogen werden soll. Insofern sehen einige Landesnachbargesetze Grenzabstandsregeln vor.[134]

---

123 Unter diesem Gesichtspunkt iE für einen Ausgleichsanspruch *Klimke* in BeckOGK BGB § 906 Rn. 358 ff.; *Ring* in NK-BGB § 906 Rn. 262; *Röthel* JZ 2005, 578 (579 f.).

124 BGH Urt. v. 13.1.2012 – V ZR 136/11, NJW 2012, 1080.

125 Vgl. beispielhaft OLG Karlsruhe Urt. v. 19.12.1979 – 7 U 206/79, VersR 1980, 951.

126 So etwa § 37 Abs. 1 S. 1 NachbG Schl.-H.

127 So etwa § 44 f. LNRG RhPf und Art. 47 BayAGBGB; daher ausdrücklich gegen die Anwendbarkeit auf Ranken *Grziwotz/Saller* BayNachbarR Rn. 107.

128 *Schäfer* NNachbG § 50 Rn. 3; *Grziwotz/Saller* BayNachbarR Rn. 108.

129 *Bruns* BWNRG 16 Rn. 16; ähnlich *Grziwotz/Saller* BayNachbarR Rn. 108; anders *Schäfer* NNachbG § 50 Rn. 3.

130 *Schäfer* NNachbG § 50 Rn. 3; *Grziwotz/Saller* BayNachbarR Rn. 108.

131 Vgl. auch *Bruns* BWNRG § 15 Rn. 21.

132 Vgl. *Kaiser/Kaiser* in Vetter/Karremann/Kahl/Kaiser/Kaiser NRG BW § 12 Rn. 1; *Bruns* BWNRG Vor §§ 11–22 Rn. 1.

133 Vgl. mit anderer Begründung AG Königsstein i.T. Urt. v. 16.8.2000 – 21 C 560/00, SchAZtg 2004, 229 (230). Siehe aber auch OLG Karlsruhe Urt. v. 25.7.2014 – 12 U 162/13, MDR 2014, 1197, nach dem eine Anpflanzung von Bambus im Hinblick insbes. auf ihre Geschlossenheit als „Gehölz“ iSd baden-württembergischen Nachbarrechts anzusehen ist.

134 § 13 NRG BW, § 50 LNRG RhPf, § 54 NachbG Saarl, § 50 ThürNRG.

99. Rasenmäher und Mähroboter

Voß

Literatur: *Drasdo*, Sommer- und Urlaubszeit: Das Miet- und Nachbarverhältnis, NJW-Special 2019, 289; *Glaser*, Schutz des Nachbarn vor Rasenmäherlärm, ZMR 1983, 361; *Horst*, Abwehr und Duldung nachbarlicher Immissionen, ZAP 2019, 847; *Konrad*, Verwaltungsrechtsschutz im Nachbarverhältnis, BayVBl 1984, 33; *Medicus*, Zivilrecht und Umweltschutz, JZ 1986, 778; *Müller*, Praktische Fragen des Wohnungseigentums, 6. Aufl. 2015; *Schimikowski*, Die „Benzinklausel" in der Privathaftpflichtversicherung, r+s 2016, 14; *Tank*, Werktäglicher Einsatz eines Rasenroboters kann zulässig sein!, IMR 2016, 24; *Ternig*, Sitzrasenmäher/Aufsitzmäher; rechtliche Einordnung im Straßenverkehr, DAR 2014, 487; *Uschkereit*, Der sozialadäquate Lärm, NJW-Spezial 2020, 172; *Werner*, Vorläufiger Rechtsschutz in Umweltsachen, NuR 1992, 149.

I. Allgemeines

Mäharbeiten durch traditionelle Rasenmäher oder selbstfahrende, akkubetriebene Mähroboter werden in nahezu jeder Nachbarschaft während der Wachstumsphase des Rasens tagtäglich durchgeführt. Diese Alltäglichkeit darf aber nicht darüber hinwegtäuschen, dass das Mähen den Nachbarn bisweilen empfindlich stören kann: Hinsichtlich der Lärmimmissionen muss ein gerechter Ausgleich zwischen dem legitimen Interesse des Grundstückseigentümers an der Rasenpflege und den Ruheinteressen der umliegenden Nachbarn gefunden werden; auch das private Nachbarrecht zeigt sich hier deutlich durch immissionsschutzrechtliche Vorgaben geprägt. Daneben stellen sich bei Mäharbeiten Fragen nach Umfang und Grenzen der Haftung für Sach- oder Personenschäden, auch soweit sie durch aufgewirbelte Steine oder ähnliche Gegenstände verursacht werden, sowie nach Besonderheiten bei Abwehransprüchen gegenüber Rasenpflegearbeiten durch die öffentliche Hand. 1

II. Abwehransprüche gegen Lärm durch Rasenmäher und Mähroboter

Nach ständiger Rechtsprechung gehören die von Rasenmähern verursachten Geräusche selbst in reinen Wohngebieten gewissermaßen zu den Alltagserscheinungen und sind grundsätzlich vom Nachbarn hinzunehmen.[1] Dieses **Toleranzgebot** unterliegt freilich Grenzen; sind diese überschritten, können dem Nachbarn Abwehransprüche gegen den Betrieb von Rasenmähern wie auch von Mährobotern zustehen. 2

1 OLG Brandenburg Urt. v. 1.2.2007 – 5 U 53/06, juris Rn. 27; OVG Saarlouis Urt. v. 20.8.1991 – 2 R 60/89, juris Rn. 26; VG Saarlouis Urt. v. 8.12.2010 – 5 K 333/10, juris Rn. 58; VG Regensburg Urt. v. 15.11.2012 – RO 2 K 12.1275, juris Rn. 32; VG Augsburg Urt. v. 8.3.2012 – Au 5 K 09.1538, juris Rn. 89.

1. Abwehranspruch nach § 1004 Abs. 1 iVm § 906 BGB

3 Wesentliche Beeinträchtigungen durch Lärmimmissionen von Mäharbeiten kann der Nachbar nach § 1004 Abs. 1 iVm § 906 BGB abwehren und ihre Unterlassung für die Zukunft verlangen. Die Lärmbeeinträchtigung durch Rasenmäher oder Mähroboter stellt als positive Einwirkung stets eine tatbestandsmäßige Beeinträchtigung des Eigentums am Nachbargrundstück dar.[2] Diese ist – auch bei Einsatz eines Mähroboters – zumindest **mittelbar** auf **menschliches Verhalten**, nämlich die Installation und Inbetriebnahme des Roboters, zurückzuführen.[3] Autonomieprobleme stellen sich insoweit nicht.

4 **a) Anspruchsinhaber und Anspruchsgegner. Aktivlegitimiert** ist nicht allein der Eigentümer des gestörten benachbarten Grundstücks, sondern per Verweisung auch der Erbbauberechtigte (§ 11 Abs. 1 ErbbauRG), der Berechtigte einer Grunddienstbarkeit (§ 1027 BGB) oder einer persönlichen Dienstbarkeit (§§ 1090 Abs. 2, 1027 BGB) sowie der Nießbraucher (§ 1065 BGB). Der bloße obligatorisch berechtigte Besitzer (etwa der Mieter oder Pächter des Grundstücks) kann Unterlassung hingegen nicht nach § 1004 BGB verlangen; für ihn normiert § 862 BGB aber einen weitgehend parallellaufenden Besitzstörungsanspruch.[4]

5 **Anspruchsgegner** ist der Handlungs- oder Zustandsstörer, dem die Lärmbeeinträchtigung bei wertender Betrachtung zuzurechnen ist[5] – dh derjenige, der auf dem Nachbargrundstück selbst mäht, einen Gärtner oder Angestellten mit der Rasenpflege beauftragt oder den Mähroboter installiert und in Betrieb genommen hat.

6 **b) Duldungspflicht nach § 906 BGB.** Allerdings ist der Grundstückseigentümer gemäß § 1004 Abs. 2 iVm § 906 Abs. 1 BGB dazu verpflichtet, die Beeinträchtigungen durch Geräuschimmissionen zu dulden, soweit sie sein Grundstück nur unwesentlich oder nur im ortsüblichen, nicht in zumutbarer Weise vermeidbarem Maße beeinträchtigen. Von einer nur unwesentlichen Beeinträchtigung ist immer dann auszugehen, wenn die Einwirkung dem Empfinden eines verständigen Durchschnittsmenschen bei wertender Beurteilung zumutbar ist, also über eine im nachbarschaftlichen Gemeinschaftsverhältnis sozialadäquate bloße Belästigung nicht hinausgeht.[6] Bei Geräuschimmissionen kommt es dabei maßgeblich auf die **Lästigkeit des Lärms** an, der insbesondere von Lautstärke und Lärmfrequenzen abhängt.[7]

7 Eine nur unwesentliche Beeinträchtigung wird grundsätzlich dadurch indiziert, dass die in Gesetzen, Verordnungen und insbes. in allgemeinen Verwaltungsvorschriften nach § 48 BImSchG festgelegten **Grenz- oder Richtwerte** nicht überschritten werden (§ 906 Abs. 1 S. 2 und 3 BGB). Insoweit laufen der privatrechtliche Maßstab der Wesentlichkeit iSd § 906 BGB und die öffentlich-rechtliche Erheblichkeit iSd § 22 BImSchG parallel.[8] Die normative Konkretisierung der Erheblichkeitsgrenze, etwa durch die auf Grundla-

2 BGH Urt. v. 6.7.2001 – V ZR 246/00, NJW 2001, 3119 (3119); *Berger* in Jauernig BGB § 1004 Rn. 4, § 906 Rn. 9; *Schulte-Nölke* in HK-BGB § 1004 Rn. 3.

3 Zum mittelbaren Handlungsstörer im Allgemeinen siehe BGH Urt. v. 16.5.2014 – V ZR 131/13, NJW 2014, 2640 (2641); Urt. v. 14.11.2014 – V ZR 118/13, NJW 2015, 2027 (2028).

4 Vgl. BGH Urt. v. 12.3.2003 – IV ZR 278/01, BGHZ 154, 161 (162); Urt. v. 26.9.2006 – VI ZR 166/05, NJW 2006, 3628 (3630); Urt. v. 16.1.2015 – V ZR 110/14, NJW 2015, 2023 (2024); *Keukenschrijver* in NK-BGB § 1004 Rn. 35; *Thole* in Staudinger BGB § 1004 Rn. 249.

5 S. zum Störerbegriff aus der stRspr. nur exemplarisch RG Urt. v. 4.11.1931 – V 204/31, RGZ 134, 231 (233 f.); BGH Urt. v. 25.11.1955 – V ZR 37/54, BGHZ 19, 126 (129 f.); Urt. v. 9.7.1958 – V ZR 202/57, BGHZ 28, 110 (111); Urt. v. 2.3.1984 – V ZR 54/83, BGHZ 90, 255 (266); Urt. v. 20.11.1992 – V ZR 82/91, BGHZ 120, 239.

6 Vgl. BGH Urt. v. 16.12.1997 – V ZR 91/75, BGHZ 70, 102 (110); Urt. v. 23.3.1990 – V ZR 58/89, BGHZ 111, 63 (65); Urt. v. 6.7.2001 – V ZR 246/00, BGHZ 148, 261 (265); Urt. v. 27.10.2006 – V ZR 2/06, NJW-RR 2007, 168 (169).

7 Vgl. BGH Urt. v. 25.3.1993 – III ZR 60/91, BGHZ 122, 76 (80 f.); Urt. v. 5.2.1993 – V ZR 62/91, BGHZ 121, 248 (251); Urt. v. 20.11.1992 – V ZR 82/91, BGHZ 120, 239, 256; siehe auch *Roth* in Staudinger BGB § 906 Rn. 189.

8 Siehe nur exemplarisch BGH Urt. v. 25.3.1993 – III ZR 60/91, BGHZ 122, 76 (78); Urt v. 26.9.2003 – V ZR 41/03, NJW 2003, 3699; Urt. v. 30.10.2009 – V ZR 17/09, NJW 2010, 1141 (1142); siehe auch *Wilhelmi* in Erman BGB § 906 Rn. 18. Zum öffentlich-rechtlichen Maßstab des § 22 BImSchG näher → Rn. 17 ff.

ge des § 48 BImSchG erlassene TA Lärm,[9] ersetzt dabei zwar keine Einzelfallprüfung; das Gericht hat die dort etablierten Grenzwerte aber als **„antizipiertes Sachverständigengutachten“** als Erkenntnishilfe zu berücksichtigen.[10]

8 **aa) Einschränkung der Betriebszeiten durch die 32. BImSchV.** Die zulässigen Betriebszeiten von Rasenmähern und Mährobotern werden bundeseinheitlich durch die 32. BImSchV, die sogenannte **Geräte- und Maschinenlärmschutzverordnung,**[11] konkretisiert. Die Verordnung, die mit Wirkung zum 6.9.2002 die frühere Rasenmäherlärm-Verordnung[12] ersetzt hat, regelt den Betrieb von Rasenmähern in reinen, allgemeinen und besonderen Wohngebieten, Sondergebieten, die der Erholung dienen, Kur- und Klinikgebieten und Gebieten für die Fremdenbeherbergung iSd §§ 2, 3, 4, 4a, 10, 11 Abs. 2 BauNVO sowie auf dem Gelände von Krankenhäusern und Pflegeanstalten (vgl. § 7 Abs. 1 S. 1 32. BImSchV). Erfasst werden dabei Geräte und Maschinen iSv Art. 3 lit. a der Richtlinie 2000/14/EG,[13] dh solche Geräte, die insbes. „über einen eigenen Antrieb verfügen oder bewegt werden können und unabhängig von der bzw. den Antriebsarten zur typgerechten Verwendung im Freien bestimmt sind und zur Umweltbelastung durch Lärm beitragen.“ Das betrifft motorbetriebene Rasenmäher ebenso wie akkubetriebene Mähroboter, nicht aber Handrasenmäher oder andere nicht motorbetriebene Gartengeräte.[14]

9 Nach der 32. BImSchV ist der Betrieb von Rasenmähern grundsätzlich an Sonn- und Feiertagen ganztägig sowie an Werktagen in der Zeit von 20 Uhr bis 7 Uhr untersagt (§ 7 Abs. 1 S. 1 Nr. 1). Für den Betrieb besonders lauter Geräte wie Laubbläser, Laubsammler und Grastrimmer werden weitergehende **zeitliche Einschränkungen** aufgestellt: Diese dürfen auch werktags in der Zeit zwischen 7 Uhr und 9 Uhr, von 13 Uhr bis 15 Uhr sowie zwischen 17 Uhr und 20 Uhr nicht betrieben werden (§ 7 Abs. 1 S. 1 Nr. 2 iVm Anhang Nr. 02, 24, 34 und 35 32. BImSchV). Diese zusätzliche Betriebseinschränkung greift nur dann nicht, wenn für solche Geräte – aufgrund lärmminimierender Eigenschaften – das gemeinschaftliche Umweltzeichen nach den Art. 7, 9 der Verordnung 1980/2000/EG[15] vergeben worden ist und sie mit dem Umweltzeichen nach Art. 8 dieser Verordnung gekennzeichnet sind. Darüber hinaus können die Länder für den Betrieb in empfindlichen Gebieten zusätzliche, weitergehende Betriebseinschränkungen treffen (§ 8).

10 Dabei lässt die 32. BImSchB ausweislich ihres § 7 Abs. 3 **weitergehende landesrechtliche Schutzvorschriften** unberührt. Dies betrifft etwa landesimmissionsschutzrechtliche Regelungen zur Mittags- und Feierabendruhe[16] oder auch Normen, die das unnötige Laufenlassen von Geräusch erzeugenden Motoren untersagen.[17] Anordnungen zur Mittagsruhe finden sich bisweilen auch in kommunalen Satzungen, in den Hausordnungen von Mietshäusern sowie in den Haus- und Gemeinschaftsordnungen bzw. Beschlüssen von Wohnungseigentümergemeinschaften.

9 Sechste Allgemeine Verwaltungsvorschrift zum Bundes-Immissionsschutzgesetz (Technische Anleitung zum Schutz gegen Lärm – TA Lärm) vom 26.8.1998 (GMBl Nr. 26/1998 S. 503).

10 Gegen eine strikte Bindung der Zivilgerichte an öffentlich-rechtliche Grenzwerte etwa BGH Urt. v. 6.2.1986 – III ZR 96/84, BGHZ 97, 114 (122); Urt. v. 17.4.1986 – III ZR 202/84, BGHZ 97, 361 (365 ff.); *Medicus* JZ 1986, 778 (783). Zur Berücksichtigung der TA Lärm im Allgemeinen siehe → *Lärm, Gewerbe und Industrie (TA Lärm)* Rn. 6.

11 32. Verordnung zur Durchführung des Bundes-Immissionsschutzgesetzes vom 29.8.2002 (BGBl. I 3478), zuletzt geändert durch Art. 83 Zehnte ZuständigkeitsanpassungsVO vom 31.8.2015.

12 Achte Verordnung zur Durchführung des Bundes-Immissionsschutzgesetzes vom 28.7.1976, BGBl. I 1248.

13 Richtlinie 2000/14/EG des Europäischen Parlaments und des Rates vom 8.5.2000 zur Angleichung der Rechtsvorschriften der Mitgliedstaaten über umweltbelastende Geräuschemissionen von zur Verwendung im Freien vorgesehenen Geräten und Maschinen.

14 Siehe auch *Horst* ZAP 2019, 847 (852).

15 Verordnung Nr. 1980/2000 des Europäischen Parlaments und des Rates vom 17.7.2000 zur Revision des gemeinschaftlichen Systems zur Vergabe eines Umweltzeichens (ABl. EG Nr. L 237 S. 1).

16 Siehe etwa Art. 14 Abs. 1, Abs. 2 BayImSchG; § 8 Abs. 1, Abs. 2 LImSchG RhPf.

17 So § 11a LImSchG NRW; § 3 Abs. 2 der Hamburger Verordnung zur Bekämpfung gesundheitsgefährdenden Lärms. Vgl. für Fahrzeugmotoren (wie beim Aufsitzrasenmäher) auf Bundesebene auch § 30 Abs. 1 Satz 2 StVO.

11 **bb) Indizwirkung der TA Lärm bzgl. der Lärmgrenzwerte.** Auch die Grenzwerte der TA Lärm, die hinsichtlich der Immissionsrichtwerte *inter alia* nach Gebietsart, Tageszeit und Geräuschbelastung außerhalb und innerhalb von Gebäuden (vgl. insbes. Nr. 6.1, 6.4 TA Lärm) differenziert (dazu im Einzelnen → *Lärm, Gewerbe und Industrie (TA Lärm)* Rn. 7 ff.), sind vereinzelt explizit für die Beurteilung von durch Mähroboter verursachten Lärm herangezogen worden.[18]

12 Allerdings wird man der Konkretisierung der **Ruhezeiten durch die 32. BImSchV** in ihrem Anwendungsbereich **abschließenden Charakter** zu attestieren haben. Davon ist bei einer in einer Rechtsverordnung getroffenen Regelung immer dann auszugehen, wenn sie „auf sachverständiger Grundlage die Besonderheiten des geregelten Sachbereichs mit der erforderlichen Differenzierung berücksichtigt, den vorgegebenen Wertungsrahmen durch im Einzelfall hinreichende Schutzstandards ausfüllt und – wenn nach Lage der Dinge geboten – bei atypischen Sonderlagen Abweichungen im Einzelfall zulässt."[19] Insbesondere geht die Geräte- und Maschinenlärmverordnung mit ihren absoluten Ruhezeiten über die allgemeinen Vorgaben des unwesentlichen Geräuschpegels hinaus. Richtigerweise sollte ein Mähroboter daher so programmiert werden, dass die Ruhezeiten der 32. BImSchV (sowie darüber hinausgehende landesimmissionsschutzrechtliche Regelungen oder kommunale Vorgaben) eingehalten werden.

13 Für die daneben in der TA Lärm geregelten **Lärmgrenzwerte** trifft die 32. BImSchV hingegen keine expliziten Vorgaben. Sie bestimmt nur, dass Geräte, die die Lärmgrenzwerte des Art. 12 der RL 2000/14/EG nicht einhalten, im Geltungsbereich der 32. BImSchV gar nicht erst in Verkehr gebracht werden dürfen (siehe § 3 Abs. 1 Nr. 5 32. BImSchV). Diese einzuhaltenden Schallleistungspegel bewegen sich, je nach Nutzleistung des Rasenmähers, zwischen 94 und 103 dB(A).[20] Daneben bleibt Raum, die Grenzwerte der TA Lärm bei der Beurteilung der Wesentlichkeit der Lärmimmissionen als Erkenntnishilfe einzubeziehen.

14 **c) Wiederholungs- oder Erstbegehungsgefahr.** Richtet sich das Rechtsschutzbegehren des gestörten Nachbarn auf Unterlassung nach § 1004 Abs. 1 S. 2 BGB (was typischerweise der Fall sein wird), müssen zudem objektive Tatsachen die **nahe liegende Besorgnis zukünftiger, rechtwidriger Beeinträchtigungen** begründen (Wiederholungs- oder auch Erstbegehungsgefahr).[21] Dabei resultiert aus einer vorausgegangenen Verletzung nach ständiger Rechtsprechung regelmäßig eine tatsächliche Vermutung für die Wiederholungsgefahr.[22]

15 **d) Unverjährbarkeit des Anspruchs?** Grundsätzlich unterliegen Unterlassungsansprüche nach § 1004 Abs. 1 S. 2 BGB der regelmäßigen Verjährungsfrist der §§ 195, 199 Abs. 1, Abs. 5 BGB.[23] Für negatorische Ansprüche wegen Beeinträchtigungen des Grundeigentums wird im Schrifttum zwar mitunter vertreten, dass diese nach § 902 Abs. 1 S. 1 BGB als Ansprüche aus eingetragenen Rechten unverjährbar seien.[24] Die ständige höchstrichterliche Rechtsprechung geht indes im Hinblick auf den Zweck der Norm

18 AG Siegburg Urt. v. 19.2.2015 – 118 C 97/13, NJW 2016, 338. Skeptisch insoweit wohl auch *Brückner* in MüKoBGB § 906 Rn. 148.

19 BVerwG Urt. v. 28.1.1999 – 7 CN 1/97, BVerwGE 108, 260 (266); siehe auch *Jarass* BImSchG § 23 Rn. 42, § 22 Rn. 49 f.

20 Vgl. Art. 12 der RL 2000/14/EG.

21 AllgM, da andernfalls der präventive Zweck des Unterlassungsanspruchs nicht voll verwirklicht werde. Siehe nur exemplarisch BGH Urt. v. 17.9.2004 – V ZR 230/03, NJW 2004, 3701 (3702); BayObLG Beschl. v. 23.4.1987 – 2 Z 134/86, NJW-RR 1987, 1040; OLG Zweibrücken Urt. v. 4.2.1992 – 8 U 103/91, NJW 1992, 1241; OLG Koblenz Urt. v. 18.1.2001 – 5 U 619/00, NJW-RR 2002, 1031; *Raff* in MüKoBGB § 1004 Rn. 302; *Schulte-Nölke* in HK-BGB § 1004 Rn. 10.

22 BGH Urt. v. 8.7.1980 – VI ZR 159/78, NJW 1980, 2801 (2805); BGH Urt. v. 27.5.1986 – VI ZR 169/85, NJW 1986, 2503 (2505); BGH Urt. v. 12.5.1987 – VI ZR 195/86, NJW 1987, 2225 (2227); BGH Urt. v. 30.10.1998 – V ZR 64/98, NJW 1999, 356 (358 f.). Vgl. auch *Schulte-Nölke* in HK-BGB § 1004 Rn. 10, der dies zu Recht als Anscheinsbeweis einstuft.

23 BGH Urt. v. 4.7.2014 – V ZR 183/13, ZWE 2014, 398 (399); BGH Urt. v. 12.6.2015 – V ZR 168/14, NJW-RR 2016, 24 (27). Pauschal gegen eine Verjährung von Unterlassungsansprüchen nach § 1004 Abs. 1 S. 2 BGB hingegen *Raff* in MüKoBGB § 1004 Rn. 308; siehe zum Ganzen auch *Thole* in Staudinger BGB § 1004 Rn. 473 f.

24 *Schulte-Nölke* in HK-BGB § 1004 Rn. 13; vgl. auch *Thole* in Staudinger BGB § 1004 Rn. 428.

(oder unter Rückgriff auf die Ausnahmevorschrift des § 902 Abs. 1 S. 2 BGB) jedenfalls bei bloßer Störung in der Ausübung des Eigentumsrechts von einer **Verjährung nach allgemeinen Grundsätzen** aus.[25] In Bezug auf Lärmbelästigungen durch Mäharbeiten wird eine Verjährung ohnehin kaum jemals in Betracht kommen; denn insoweit geht es nicht um ein Fortdauern von schädigenden Einwirkungen ein und derselben Handlung, sondern um **wiederholte Störungen**, die jeweils neue, selbstständige Unterlassungsansprüche begründen.[26]

e) Rechtsfolge. Auf Rechtsfolgenseite erfordert der Abwehranspruch des § 1004 Abs. 1 BGB die Unterlassung (bzw. bei Dauerbelastungen die Beseitigung) der Lärmimmissionen, *soweit* diese die Schwelle einer bloß unwesentlichen Beeinträchtigung iSd § 906 Abs. 1 BGB überschreiten. Es genügt insoweit (auch im Hinblick auf die **Anforderungen des § 253 Abs. 2 Nr. 2 ZPO**), die zu unterlassende Geräuschbeeinträchtigungen ihrer Art nach bestimmt zu beschreiben (insbes. über die Betriebszeiten der 32. BImSchV bzw. weitergehende landesrechtliche Schutzvorschriften oder einen übermäßigen Schallpegel hinaus).[27] Soweit sich die Kriterien der Wesentlichkeit im Hinblick auf den Lärmpegel nicht eindeutig festhalten lassen, ist die Wesentlichkeit im Vollstreckungsverfahren ggf. erneut festzustellen.[28] 16

2. Quasi-negatorischer Unterlassungsanspruch nach § 1004 Abs. 1 S. 2 analog iVm § 823 Abs. 2 BGB

Neben dem Unterlassungsanspruch nach § 1004 Abs. 1 S. 2 iVm § 906 BGB kann dem Nachbarn auch ein quasi-negatorischer Abwehranspruch wegen Schutzgesetzverletzung nach § 1004 Abs. 1 S. 2 analog iVm § 823 Abs. 2 BGB zustehen.[29] Eine solche nach § 823 Abs. 2 BGB geschützte Interessenposition räumen dem Nachbarn die **immissionsschutzrechtlichen Grundpflichten der § 22 Abs. 1 Nr. 1, Nr. 2 BImSchG** ein.[30] Diese Schutzpflichten von Anlagenbetreibern dienen der Verhinderung oder Beschränkung konkreter Belästigungen oder sonstiger Nachteile, insbes. auch Lärm, im Einwirkungsbereich einer Anlage und zielen damit jedenfalls auch auf den Schutz individueller Nachbarinteressen.[31] 17

Der V. Zivilsenat des Bundesgerichtshofs hat bislang eine individualschützende Wirkung der Schutzpflichten des Betreibers nach dem BImSchG indes daran geknüpft, dass diese im Einzelfall **durch verwaltungsbehördliche Anordnungen konkretisiert** worden sind (denkbar etwa bei institutionell genutzten Rasenflächen wie privaten Sportanlagen oder Golfplätzen im Zusammenhang mit einer Baugenehmigung oder Nutzungsänderung).[32] Auch jenseits dessen dürfte in Bezug auf die einzuhaltenden Ruhezeiten beim Mähen 18

---

25 BGH Urt. v. 23.2.1973 – V ZR 109/71, BGHZ 60, 235 (238 f.); Urt. v. 18.9.1986 – III ZR 227/84, NJW 1987, 187 (189); Urt. v. 22.6.1990 – V ZR 3/89, NJW 1990, 2555 (2556); Urt. v. 1.2.1994 – VI ZR 229/92, BGHZ 125, 56 (63); Urt. v. 21.3.1997 – V ZR 217/95, NJW 1997, 1983 (1984); Urt. v. 28.1.2011 – V ZR 141/10, NJW 2011, 1068 (1069); Urt. v. 22.2.2019 – V ZR 136/18, NJW-RR 2019, 590.

26 Vgl. BGH Urt. v. 4.3.1977 – V ZR 236/75, NJW 1978, 262 (263); Urt. v. 22.6.1990 – V ZR 3/89, NJW 1990, 2555 (2556). IErg ebenso, wenn auch auf eine Dauerhandlung abstellend, BGH Urt. v. 12.6.2015 – V ZR 168/14, NJW-RR 2016, 24 (27); *Keukenschrijver* in NK-BGB § 1004 Rn. 146.

27 StRspr. zu Immissionen iSd § 906 BGB, siehe etwa BGH Urt. v. 5.2.1993 – V ZR 62/91, NJW 1993, 1656 (1657); AG Siegburg Urt. v. 19.2.2015 – 118 C 97/13, NJW 2016, 338.

28 BGH Urt. v. 5.2.1993 – V ZR 62/91, NJW 1993, 1656 (1657); vgl. auch Urt. v. 30.10.1998 – V ZR 64/98, NJW 1999, 356 (356 f.) (Geruchsimmissionen).

29 Zur Anspruchskonkurrenz von § 1004 Abs. 1 BGB und quasi-negatorischem Abwehranspruch wegen Schutzgesetzverletzung BGH Urt. v. 26.2.1993 – V ZR 74/92, NJW 1993, 1580 (1581). Zur analogen Anwendung des § 1004 BGB siehe aus der stRspr. nur exemplarisch RG Urt. v. 5.1.1905 – VI 98/04, RGZ 60, 6 (7); BGH Urt. v. 6.7.1954 – I ZR 38/53, BGHZ 14, 163 (170); Urt. v. 14.10.1994 – V ZR 76/93, NJW 1995, 132 (134). BayObLG Urt. v. 18.12.2000 – 5Z RR 570/99; BayObLGZ 2000, 355 (357).

30 BGH Urt. v. 26.2.1993 – V ZR 74/92, NJW 1993, 1580; Urt. v. 27.9.1996 – V ZR 335/95, NJW 1997, 55. Für die parallele Pflicht von Betreibern genehmigungsbedürftiger Anlagen nach § 5 Abs. 1 Nr. 1 BImSchG ebenso BGH Urt. v. 14.10.1994 – V ZR 76/93, NJW 1995, 132 (134).

31 Zur allgemeinen Definition des Schutzgesetzes iSd § 823 Abs. 2 BGB s. BGH Urt. v. 3.2.1987 – VI ZR 32/86, BGHZ 100, 13 (14 f.); Urt. v. 26.2.1993 – V ZR 74/92, BGHZ 122, 1 (3 f.).

32 Vgl. BGH Urt. v. 26.2.1993 – V ZR 74/92, NJW 1993, 1580 (1581); Urt. v. 14.10.1994 – V ZR 76/93, NJW 1995, 132 (134 f.). So auch *Hager* in Staudinger BGB § 823 Rn. G 44; vgl. auch *Wagner* in MüKoBGB § 823 Rn. 892 sowie *Jarass* BImSchG § 5 Rn. 141.

aber eine hinreichende Konkretisierung bereits durch die exakten zeitlichen Einschränkungen der 32. BImSchV vorliegen. Zur Konkretisierung der Betriebszeiten durch die 32. BImSchV → Rn. 9.

19 **a) Verletzung des § 22 Abs. 1 Nr. 1, Nr. 2 BImSchG als Schutzgesetz.** Als **nicht genehmigungsbedürftige Anlagen beweglicher Art** unterfallen Rasenmäher ebenso wie Mähroboter dem immissionsschutzrechtlichen Schutzkatalog des § 22 BImSchG (vgl. den Begriff der ortsveränderlichen technischen Geräte und Maschinen iSd § 3 Abs. 5 Nr. 2 BImSchG).[33] Beim Einsatz von Mährobotern und Rasenmähern sind deshalb Immissionen zu vermeiden bzw. auf ein Mindestmaß zu beschränken, die nach Art, Ausmaß oder Dauer geeignet sind, Gefahren, erhebliche Nachteile oder erhebliche Belästigungen für die Allgemeinheit oder die Nachbarschaft herbeizuführen, was insbes. auf Menschen im Umfeld einwirkende Geräusche umfasst (vgl. § 3 Abs. 1, Abs. 2 BImSchG).

20 Konkretisiert werden die Erheblichkeitsgrenzen in Bezug auf die Ruhe- und Betriebszeiten durch die Geräte- und Maschinenlärmverordnung (**32. BImSchV**), hinsichtlich des Lärmpegels durch die **TA Lärm** (dazu → Rn. 13).

21 **b) Anspruchsberechtigter und Anspruchsgegner. Aktivlegitimiert** ist jede durch § 22 Abs. 1 Nr. 1, Nr. 2 BImSchG geschützte Person – also der **Nachbar im immissionsschutzrechtlichen Sinn**. Auf eine dingliche Berechtigung am Grundstück, das den Lärmeinwirkungen durch Rasenmähen ausgesetzt ist, kommt es (anders als im Rahmen des § 1004 Abs. 1 BGB, dazu → Rn. 4) nicht an.[34] Für den Nachbarbegriff des Immissionsschutzrechts genügt es vielmehr, dass eine Person in enger räumlicher und zeitlicher Beziehung zur lärmemittierenden Anlage steht und iSd § 3 Abs. 1 BImSchG beeinträchtigt werden kann.[35]

22 **Anspruchsgegner** ist der **störende Anlagenbetreiber**, dh diejenige natürliche oder juristische Person, die den bestimmenden Einfluss auf den Anlagenbetrieb ausübt.[36] Das kann der (private) Grundstückseigentümer oder -besitzer sein, der den Rasenmäher selbst führt bzw. den Mähroboter einsetzt, oder bei Golfplätzen oder Sportanlagen der Betreiber, dem die Lärmbeeinträchtigung durch das Mähen zugerechnet wird.

23 **c) Sonstige Anspruchsvoraussetzungen.** Steht ein Verstoß gegen die Vorgaben des § 22 BImSchG (iVm der 32. BImSchV) und damit eine Schutzgesetzverletzung seitens des Nachbarn fest, bedarf es daneben keiner separaten Prüfung der Zumutbarkeit der Lärmeinwirkungen am Maßstab des § 906 BGB. Angesichts der abstrakten Regelungsfunktion eines Schutzgesetzes ist in ständiger Rechtsprechung anerkannt, dass dessen Verletzung die **Rechtswidrigkeit bereits indiziert**, der Schutz des Nachbarn insoweit vorverlagert wird.[37]

24 Zur **Wiederholungs- oder Erstbegehungsgefahr** gilt das zum negatorischen Anspruch aus § 1004 Abs. 1 S. 2 iVm § 906 BGB Gesagte (dazu → Rn. 14).

III. Ersatzansprüche bei Beschädigungen durch Mäharbeiten

1. Schadenersatz nach § 823 Abs. 1 BGB

25 Eine deliktische Haftung aus § 823 Abs. 1 BGB trifft den mähenden Grundstückseigentümer, sofern durch den Betrieb des Rasenmähers oder des Mähroboters unmittelbar Rechtsgüter Dritter (am Nachbargrundstück oder auch im öffentlichen Raum) verletzt werden. Dabei stellt sich auch **beim Einsatz von Mährobotern kein Autonomieproblem**, das Haftungslücken nach sich ziehen könnte; denn schon mit Installation und Inbetriebnahme liegt ein eigenes gefahrstiftendes Verhalten des Grundstückseigentümers vor, so dass

33 *Jarass* BImSchG § 22 Rn. 10.

34 *Thiel* in Landmann/Rohmer UmweltR BImSchG § 3 Rn. 22. Eingehend zum Begriff des Nachbarn iSd § 3 Abs. 1 BImSchG *Jarass* BImSchG § 3 Rn. 38.

35 St. Rspr., siehe nur exemplarisch BVerwG Urt. v. 22.10.1982 – NJW 1983, 1507 (1507 f.); Urt. v. 7.5.1996 – 1 C 10/95, BVerwGE 101, 157 (164 f.).

36 Vgl. *Hansmann/Röckinghausen* in Landmann/Rohmer UmweltR BImSchG § 52 Rn. 52.

37 Vgl. BGH Urt. v. 26.2.1993 – V ZR 74/92, NJW 1993, 1580 (1581); *Förster* in BeckOK BGB § 823 Rn. 282; *Roth* in Staudinger BGB § 906 Rn. 16; *Staudinger* in HK-BGB § 823 Rn. 152; *Konrad* BayVBl 1984, 33 (37).

ihm die Rechtsgutverletzung zugerechnet werden kann, auch wenn der spätere Betrieb des Roboters dann automatisiert und ohne Notwendigkeit einer separaten Aktivierung abläuft.

a) Schadensszenarien. Mögliche Schadensszenarien betreffen insbes. Beschädigungen von in der Nähe abgestellten Pkw oder von Fensterscheiben angrenzender Gebäude durch **Steine oder ähnliches Gefahrgut**, das durch das Mähen aufgewirbelt wird.[38] Auch Personenschäden durch hochgeschleuderte Gegenstände sind denkbar.[39] Daneben können Mäharbeiten auch fremde Grenzbepflanzungen oder Bebauungen im Grenzbereich zum Nachbargrundstück beschädigen. 26

b) Verletzung von Verkehrssicherungspflichten. Die Haftung des mähenden Grundstückseigentümers für den Rasenmäher als Gefahrenquelle unterliegt allerdings Restriktionen, sofern nur eine indirekte, mähbedingte Beschädigung durch aufgewirbelte Gegenstände in Rede steht. Grundsätzlich hat er (nur) die **Vorkehrungen zum Schutze Dritter** zu treffen, die ein umsichtiger und verständiger, in vernünftigen Grenzen vorsichtiger Mensch für notwendig und ausreichend hält, um die bei bestimmungsgemäßer Benutzung auftretenden Gefahren für die Rechtsgüter Dritter einzudämmen.[40] Privatpersonen, die im Rahmen ihrer häuslichen oder freizeitlichen Gartenarbeit einen Rasenmäher verwenden, entsprechen den sie treffenden Verkehrspflichten bereits dann, wenn sie vorher die zu mähende Fläche absuchen und sich vergewissern, dass Steine und ähnliches Gefahrgut nicht vorhanden sind.[41] Beim Einsatz professioneller Mäher, insbes. seitens der städtischen Landschaftspflege, ist hingegen ein strengerer Maßstab anzulegen (dazu → Rn. 35). 27

2. Haftung nach dem StVG bei Aufsitzmähern

Bei Aufsitzmähern, die ein Kraftfahrzeug im Sinne des § 1 Abs. 2 StVG darstellen,[42] können im Falle der Beschädigung von Rechtsgütern Dritter daneben auch die verschuldensunabhängige **Halterhaftung** nach § 7 Abs. 1 StVG sowie die **Fahrerhaftung** nach § 18 Abs. 1 StVG mit ihrer Verschuldensvermutung eingreifen. Ausgeschlossen ist die Halterhaftung allerdings insbes. im Falle höherer Gewalt (§ 7 Abs. 2 StVG) sowie bei Schwarzfahrten unter den Voraussetzungen des § 7 Abs. 3 StVG. Je nach konstruktionsbedingter Beschaffenheit des Mähfahrzeuges kommt auch ein Ausschluss nach § 8 Nr. 1 StVG in Betracht, wenn der Mäher nämlich bauartbedingt nicht mehr als 20 km/h auf ebener Strecke fahren kann. Eine tatsächlich geringere Geschwindigkeit des Mähfahrzeugs im Zeitpunkt des schädigenden Ereignisses ist demgegenüber unerheblich.[43] 28

Wird durch einen Aufsitzmäher oder einen Traktor mit Mähausleger ein Schaden an einem vorbeifahrenden Pkw durch einen hochgeschleuderten Stein oder sonstigen Gegenstand verursacht, findet auch der Ausschlussgrund des § 17 Abs. 3 StVG (**unabwendbares Ereignis**) Anwendung, wenn der Führer wie auch der Halter des Mähgeräts jede nach den Umständen des Falls gebotene Sorgfalt beachtet haben.[44] Über den Maßstab der im Verkehr erforderlichen Sorgfalt iSd § 276 Abs. 2 BGB hinaus setzt das aber – ähnlich dem Umfang der Verkehrssicherungspflichten im Rahmen des § 823 Abs. 1 BGB (→ Rn. 27) – ein sachgemä- 29

---

38 Siehe etwa AG Hamburg-Harburg Urt. v. 10.11.2003 – 644 C 241/03, NJW-RR 2004, 750; vgl. auch OLG Celle Urt. v. 25.3.2004 – 5 U 7/04, NVwZ-RR 2004, 553.

39 Vgl. etwa OLG Oldenburg Urt. v. 29.10.2001 – 9 U 39/01 (unveröffentlicht, siehe becklink 36439).

40 StRspr., vgl. etwa BGH Urt. v. 19.12.1989 – VI ZR 182/89, NJW 1990, 1236 (1237); Urt. v. 4.12.2001 – VI ZR 447/00, NJW-RR 2002, 525 (526); Urt. v. 8.11.2005 – VI ZR 332/04, NJW 2006, 610 (611); Urt. v. 2.3.2010 – VI ZR 223/09, NJW 2010, 1967; Urt. v. 25.2.2014 – VI ZR 299/13, NJW 2014, 2104 (2105); OLG Saarbrücken Urt. v. 11.9.2012 – 4 U 193/11, NJW-RR 2013, 28 (29).

41 AG Hamburg-Harburg Urt. v. 10.11.2003 – 644 C 241/03, NJW-RR 2004, 750 (750 f.).

42 Dazu *Schimikowski* r+s 2016, 14; *Ternig* DAR 2014, 487.

43 BGH Urt. v. 18.1.2005 – VI ZR 115/04, NVZ 2005, 305 (306).

44 OLG Hamm Urt. v. 3.7.2015 – 11 U 169/14, NJW-RR 2015, 1370. Zu den Anforderungen an ein haftungsausschließendes unabwendbares Ereignis iSd § 17 Abs. 3 StVG *Kaufmann* in Geigel Haftpflichtprozess Kap. 25 Rn. 101.

ßes, geistesgegenwärtiges Handeln voraus; zum Schutz anderer Verkehrsteilnehmer müssen die zielführenden, mit vertretbarem Aufwand zu bewerkstelligenden Sicherungsmaßnahmen getroffen werden.[45]

IV. Abwehr- und Entschädigungsansprüche gegenüber der öffentlichen Hand

30 Auch soweit Lärmimmissionen oder Beschädigungen durch Mäharbeiten der öffentlichen Hand in Erfüllung öffentlicher Aufgaben verursacht werden – etwa bei der Rasenpflege in öffentlichen Parks, auf Grünflächen oder Grünstreifen, auf städtischen Sportplätzen oder kommunalen Friedhöfen –, können beeinträchtigten Dritten Unterlassungs- und Entschädigungsansprüche zustehen.

1. Abwehransprüche gegenüber hoheitlich verursachten Immissionen

31 Lärmimmissionen durch Mäharbeiten der öffentlichen Hand folgen im Grundsatz **denselben Maßstäben**, wie sie § 906 BGB für den privaten Immissionsschutz etabliert. Geräuscheinwirkungen, die die Wesentlichkeitsschwelle des § 906 Abs. 1 BGB überschreiten, gelten zugleich als erheblich und stellen damit schädliche Umwelteinwirkungen iSd §§ 22 Abs. 1, 3 Abs. 1 BImSchG dar.[46]

32 Dabei folgt aus den Schutzpflichten des § 22 Abs. 1 Nr. 1, Nr. 2 BImSchG (iVm 32. BImSchV) zwar kein unmittelbarer Anspruch gegen den Anlagenbetreiber auf Einhaltung der Lärmgrenzen. Ein Abwehranspruch gegen hoheitliche Immissionen wird aber in Form eines allgemeinen **öffentlich-rechtlichen Unterlassungsanspruchs** aus einer Analogie zu §§ 1004, 906 BGB bzw. aus dem *status negativus* der Grundrechte hergeleitet[47] und besteht immer dann, wenn die Vorgaben des § 22 Abs. 1 Nr. 1, Nr. 2 BImSchG nicht erfüllt werden.[48] Denn die Schutzpflichten iSd § 22 Abs. 1 Nr. 1, Nr. 2 BImSchG sind nach allgemeiner Meinung drittschützend, begründen für den gestörten Nachbarn also subjektive, schutzfähige Rechtspositionen.[49] Dieser öffentlich-rechtliche Unterlassungsanspruch gegenüber hoheitlichen Immissionen tritt damit an die Stelle des privatnachbarrechtlichen Abwehranspruchs der §§ 1004 Abs. 1, 906 BGB.

33 **Gerichtlich durchgesetzt** werden kann der Abwehranspruch gegenüber hoheitlichen Immissionen mit der allgemeinen Leistungsklage (in Form der Unterlassungsklage, dazu im Einzelnen → *Öffentliche Einrichtungen und Anlagen* Rn. 8 ff.) bzw. im vorläufigen Rechtsschutz mit einem Antrag auf Erlass einer einstweiligen Anordnung nach § 123 Abs. 1 S. 1 VwGO.

2. Entschädigungsansprüche bei durch die öffentliche Hand verursachten Schäden

34 Kommt es in Folge von Mäharbeiten auf öffentlichen Plätzen zu Steinschlägen und damit zu einem Personen- oder Sachschaden, kann dem Geschädigten ein **Amtshaftungsanspruch nach § 839 Abs. 1 BGB iVm Art. 34 GG** gegen die verantwortliche Körperschaft des öffentlichen Rechts zustehen.[50] Denn Teil der Amtspflicht der Amtsträger (etwa des Gartenbauamts oder der Straßenbaubehörde) ist es auch, sich bei der Amtsausübung rechtswidriger Eingriffe in fremde Rechte, insbes. in die durch § 823 Abs. 1 BGB geschützten absoluten Rechte und Rechtsgüter, zu enthalten. Diese Verpflichtung, deliktisches

45 Zum Sorgfaltsmaßstab des § 17 Abs. 3 StVG siehe LG Deggendorf Urt. v. 14.3.2016 – 23 O 344/15, BeckRS 2016, 113803; *Engel* in MüKoStVR StVG § 17 Rn. 31–36.

46 Zur parallelen Auslegung siehe nur exemplarisch BVerwG Urt. v. 29.4.1988 – 7 C 33/87, NJW 1988, 2396 (2397). Zum Maßstab der schädlichen Umwelteinwirkungen iSd §§ 22 Abs. 1, 3 Abs. 1 BImSchG bereits → Rn. 19 f.

47 Vgl. BVerwG Urt. v. 29.4.1988 – 7 C 33/87, NJW 1988, 2396; *Jarass* BImSchG § 22 Rn. 66. Eingehend zur Herleitung des Anspruchs → *Öffentliche Einrichtungen und Anlagen* Rn. 9 f.

48 BVerwG Urt. v. 29.4.1988 – 7 C 33/87, NJW 1988, 2396; VGH München Urt. v. 31.3.2006 – 22 B 05.1683, NVwZ-RR 2007, 462.

49 BVerwG Urt. v. 4.7.1986 – 4 C 31/84, BVerwGE 74, 315 (326 f.); *Jarass* BImSchG § 5 Rn. 133, § 22 Rn. 65. Zur Schutzgesetzeigenschaft iSd § 823 Abs. 2 BGB bereits → Rn. 17.

50 BGH Urt. v. 28.11.2002 – III ZR 122/02, NVwZ-RR 2003, 166; OLG Hamm Urt. v. 3.7.2015 – 11 U 169/14, NJW-RR 2015, 1370; ähnlich auch LG Koblenz Urt. v. 10.7.2003 – 10 O 69/03, DAR 2003, 526; LG Coburg BeckRS 2010, 2008. Vgl. auch OLG Stuttgart Urt. v. 25.6.2003 – 4 U 41/03, NVwZ-RR 2004, 10 (im Ergebnis aber den Amtshaftungsanspruch ablehnend).

Handeln zu unterlassen, verletzt der Amtsträger immer dann, wenn er zumutbare, hinreichende Sicherheitsvorkehrungen nicht trifft.

Die **zumutbaren Sicherungsmaßnahmen** richten sich dabei nach den Umständen des Einzelfalls, insbes. nach dem Gefahrenpotenzial des eingesetzten Mähgeräts, dem Umfang der durchzuführenden Mäharbeiten und nach den örtlichen Gegebenheiten.[51] Bei Arbeiten auf einem öffentlichen Parkplatz in unmittelbarer Nähe zu parkenden Pkw hat der Bundesgerichtshof etwa ein Absuchen der Flächen nach Steinen und anderen Gegenständen, die hochgeschleudert werden könnten, gefordert und auch den Einsatz von Schutzplanen oder gar den völligen Verzicht auf motorbetriebene Mäher in Betracht gezogen.[52] Auch im Hinblick auf Arbeiten mit Freischneidern an stark befahrenen Bundes- und Landesstraßen werden wegen gesteigerter Schleudergefahren typischerweise zusätzliche Vorkehrungen wie die Absicherung des Arbeitsbereichs durch Schutzplanen, die Wahl einer verkehrsarmen Zeit für die Durchführung der Arbeiten oder der Einsatz eines zweiten Fahrzeugs als Schutzschild erwogen.[53] Hingegen kann es bei Mäharbeiten im Außenbereich ausreichen, dass sich an dem Rasenmäher selbst eine Schutzvorrichtung befindet und im Übrigen durch Warnhinweise oder Blinklicht auf die Arbeiten aufmerksam gemacht wird.[54] Auch ein Absuchen der zu mähenden Fläche wird hier die Anforderungen an zumutbare Sorgfaltsmaßnahmen wegen des damit verbundenen zeitlichen und personellen Aufwands oft überspannen. 35

Die öffentliche Hand trifft daneben auch die verschuldensunabhängige **Halterhaftung** nach § 7 Abs. 1 StVG.[55] Die Sorgfaltsanforderungen, die das Land einhalten muss, damit der Schaden als haftungsausschließendes unabwendbares Ereignis iSd § 17 Abs. 3 StVG qualifiziert wird, folgen dabei den bei der Amtshaftung dargelegten Grundsätzen (→ Rn. 35). 36

V. Rasenmähen im Mietverhältnis und in der WEG

Im Mietverhältnis sind die laufenden **Kosten der Gartenpflege**, einschließlich des Rasenmähens, gem. § 2 Nr. 10 BetrKV **umlagefähig**; das betrifft sowohl Personal- als auch laufende Sachmittelkosten wie Wartungs- oder Reparaturkosten von Gartengeräten.[56] Hingegen können die Kosten der Erst- oder auch Ersatzbeschaffung eines Rasenmähers grundsätzlich nicht auf die Mieter umgelegt werden.[57] 37

In der Wohnungseigentümergemeinschaft unterfallen Rasenmäher und ähnliche Gerätschaften dem **Gemeinschaftsvermögen** iSd § 9a Abs. 3 WEG, das der rechtsfähigen Gemeinschaft der Wohnungseigentümer gehört (vgl. § 9a Abs. 1 WEG) und strikt vom Gemeinschaftseigentum der Wohnungseigentümer zu trennen ist.[58] 38

---

51 Vgl. OLG Hamm Urt. v. 3.7.2015 – 11 U 169/14, NJW-RR 2015, 1370 (1371).

52 BGH Urt. v. 28.11.2002 – III ZR 122/02, NVwZ-RR 2003, 166.

53 Siehe etwa BGH Urt. v. 4.7.2013 – III ZR 250/12, NJW-RR 2013, 1490; OLG Brandenburg Urt. v. 17.7.2012 – 2 U 56/11, BeckRS 2012, 15693; OLG Rostock Urt. v. 9.5.2008 – 5 U 112/08, NJOZ 2010, 790 (791 f.); LG Saarbrücken Urt. v. 24.9.2008 – 4 O 38/08, BeckRS 2008, 20755.

54 OLG Hamm Urt. v. 3.7.2015 – 11 U 169/14, NJW-RR 2015, 1370 (1371 f.); OLG Köln Urt. v. 24.5.2007 – 7 U 163/06, BeckRS 2008, 07017; OLG Stuttgart Urt. v. 25.6.2003 – 4 U 41/03, NVwZ-RR 2004, 10; LG Köln Urt. v. 8.1.2008 – 5 O 344/07, BeckRS 2008, 17138; LG Aachen Urt. v. 22.6.2005 – 4 O 293/04, BeckRS 2006, 13223. Anders hingegen OLG Saarbrücken Urt. v. 20.9.2005 – 4 U 386/04, NJW-RR 2006, 748 (749) (zu § 7 Abs. 2 StVG).

55 OLG Stuttgart Urt. v. 25.6.2003 – 4 U 41/03, NVwZ-RR 2004, 10; OLG Saarbrücken Urt. v. 20.9.2005 – 4 U 386/04, NJW-RR 2006, 748; OLG Hamm Urt. v. 3.7.2015 – 11 U 169/14, NJW-RR 2015, 1370.

56 BGH Urt. v. 26.5.2004 – VIII ZR 135/03, BeckRS 2004, 05785; AG Lichtenberg Urt. v. 30.1.2003 – 10 C 281/02, NZM 2004, 96 (jeweils noch zu Nr. 10 der Anlage 3 zu § 27 Abs. 1 der Zweiten Berechnungsverordnung).

57 AG Lichtenberg Urt. v. 30.1.2003 – 10 C 281/02, NZM 2004, 96.

58 *Müller* in BeckOK WEG § 10 Rn. 586; *Sauren* in Sauren WEG § 1 Rn. 10V. Vgl. auch BayObLG Beschl. v. 15.7.1975 – 2 Z 34/75, NJW 1975, 2296 (2297) (Waschmaschine); *Müller* in Müller, Praktische Fragen des Wohnungseigentums, 2. Teil Rn. 24 (jeweils noch zu § 10 Abs. 7 WEG aF).

VI. Strafrecht/Ordnungswidrigkeiten

39 Ein **Verstoß gegen die zeitlichen Betriebseinschränkungen** der 32. BImSchV stellt eine Ordnungswidrigkeit dar (**§ 9 Abs. 2 Nr. 1 32. BImSchV**). Strafrechtliche Relevanz wird der Betrieb von Rasenmähern oder Mährobotern hingegen nur selten erlangen: Denkbar sind allenfalls fahrlässige Körperverletzungen iSd § 229 BGB (bei Außerachtlassen der erforderlichen Sicherungsmaßnahmen). Nur im Extremfall kann das Verursachen von Lärm zudem nach § 325a StGB sanktioniert werden, sofern die mähbedingten Lärmimmissionen die Schwelle der Gesundheitsschädlichkeit übersteigen; denn Anlagen im Sinne der Norm sind auch sämtliche Maschinen, einschließlich kleinerer wie größerer Rasenmäher.[59]

VII. Versicherungsrechtliche Aspekte

40 Rasenmäher mit Aufsitzmöglichkeit sowie Rasentraktoren unterfallen als Kraftfahrzeuge iSd § 1 Abs. 2 StVG grundsätzlich der **Versicherungspflicht des § 1 PflVersG**. Dann steht dem Geschädigten auch ein Direktanspruch gegen die Haftpflichtversicherung gem. § 1 PflVersG iVm § 115 Abs. 1 Nr. 1 VVG zu.

41 **Ausnahmen** von der Versicherungspflicht bestehen allerdings, wenn die durch Bauart bestimmte Höchstgeschwindigkeit des Mähers 6 km/h nicht überschreitet (§ 2 Nr. 6 lit. a PflVersG) oder aber wenn eine Höchstgeschwindigkeit von 20 km/h nicht überschritten wird und das Fahrzeug zudem von der Zulassungspflicht ausgenommen ist (§ 2 Nr. 6 lit. b PflVersG). Letzteres ist nach § 3 Abs. 2 Nr. 1 lit. a FZV insbes. bei selbstfahrenden Arbeitsmaschinen der Fall, dh bei Gefährten, die zur Verrichtung von Arbeiten, jedoch nicht zur Beförderung von Personen oder Gütern bestimmt und geeignet sind (siehe § 2 Nr. 17 FZV). Auch soweit ein Sitzrasenmäher aufgrund eines Fangkorbs den Grasschnitt mitführt, wird man kaum von einer Bestimmung zur Güterbeförderung ausgehen können.[60] Ebenso ist die Beförderung des Fahrers jedenfalls nicht die Zweckbestimmung des Aufsitzmähers. Sofern dieser die Geschwindigkeitsgrenze von 20 km/h nicht überschreitet, fehlt es deshalb an einer Versicherungspflicht.

VIII. Prozessuales

1. Rechtsweg und Zuständigkeit

42 Rechtsschutz gegen Lärmimmissionen bzw. Beschädigungen durch Mäharbeiten können Betroffene vor den **Zivil- oder auch vor den Verwaltungsgerichten** suchen – je nachdem, ob die Beeinträchtigung durch einen privaten Nachbarn oder durch die öffentliche Hand herrührt und welches konkrete Rechtsschutzziel verfolgt wird.

43 Im Hinblick auf **privat verursachte Immissionen** können Abwehransprüche vor den Zivilgerichten geltend gemacht werden, unabhängig davon, ob sie auf §§ 1004 Abs. 1, 906 BGB oder auf den quasinegatorischen Unterlassungsanspruch wegen Schutzgesetzverletzung nach § 1004 Abs. 1 iVm § 823 Abs. 2 BGB analog iVm § 22 BImSchG gestützt werden.[61] Die örtliche Zuständigkeit richtet sich dabei jedenfalls bei Abwehrklagen wegen Beeinträchtigung des Grundeigentums ausschließlich nach der Belegenheit des beeinträchtigten Grundstücks (§ 24 Abs. 1 ZPO).[62] Schon vor dem Hauptprozess wird sich zur Durchsetzung des Unterlassungsanspruchs oftmals ein einstweiliges Verfügungsverfahren nach § 940 ZPO aufdrängen.[63] Daneben kann der Nachbar gegen privat verursachte Immissionen auch auf dem Verwal-

---

59 *Ransiek* in NK-StGB § 325a Rn. 6.

60 OLG Koblenz Beschl. v. 21.2.2011 – 10 U 1049/10, juris Rn. 8 (obiter); eingehend zum Ganzen *Ternig* DAR 2014, 487.

61 Vgl. BGH Urt. v. 26.2.1993 – V ZR 74/92, NJW 1993, 1580 (1581 f.); *Jarass* BImSchG § 22 Rn. 67; *Sparwasser/Heilshorn* in Landmann/Rohmer UmweltR BImSchG § 22 Rn. 97, § 24 Rn. 83.

62 Abwehransprüche aus §§ 1004, 906 BGB dürften als „Klagen, durch die das Eigentum geltend gemacht" wird, iS der Norm qualifizieren; höchstrichterlich entschieden ist das bislang allerdings nicht. Wie hier BayObLG Beschl. v. 31.1.1996 – 1Z AR 5/96, juris Rn. 4; *Thole* in Staudinger BGB § 1004 Rn. 572; vgl. auch *Raff* in MüKoBGB § 1004 Rn. 315.

63 Dazu *Werner* NuR 1992, 149 (152 ff.).

tungsrechtsweg mittels einer Verpflichtungsklage (§ 42 Abs. 1 Alt. 2 VwGO) Anordnungen iSd § 24 BImSchG gegen den Betreiber des Rasenmähers begehren bzw. jedenfalls eine diesbezügliche fehlerfreie Ermessensausübung verlangen, soweit sich diese auf die Durchsetzung drittschützender Vorschriften richtet.[64] Gerade das ist bei der Vermeidung von Lärmimmissionen und der Einhaltung der Betriebszeiten der Fall (dazu → Rn. 17, 32).

Stehen **hoheitliche Lärmimmissionen** in Rede, ist eine Klage vor den Verwaltungsgerichten zwingend, sei 44
sie auf Anordnungen nach § 24 BImSchG gerichtet[65] oder auf den allgemeinen öffentlich-rechtlichen Unterlassungsanspruch gestützt, der mit einer allgemeinen Leistungsklage zu verfolgen ist.

Auf **Entschädigung** wegen Sach- oder Personenschäden, die im Zuge von Mäharbeiten entstanden sind, ist 45
gegenüber Privaten wie Hoheitsträgern **stets vor den Zivilgerichten** zu klagen. Gegenüber der öffentlichen Hand folgt das für den Amtshaftungsanspruch bereits aus Art. 34 Abs. 1 S. 3 GG, für einen daneben bei Sitzrasenmähern denkbaren Anspruch nach § 7 StVG aus der privatrechtlichen Natur der Rechtsverhältnisse unter Verkehrsteilnehmern. Im Hinblick auf die örtliche Zuständigkeit sind dann die besonderen Gerichtsstände der unerlaubten Handlung gem. § 32 ZPO und des § 20 StVG zu beachten.

2. Obligatorisches Schlichtungsverfahren gem. § 15a EGZPO

Soweit die Bundesländer ein außergerichtliches obligatorischen Schlichtungsverfahren auf Grundlage des 46
§ 15a EGZPO eingeführt haben, unterliegen Unterlassungsansprüche aus §§ 1004, 906 BGB typischerweise dieser Zwangsschlichtung.[66] Ob das auch für Streitigkeiten unter Nachbarn in einer Wohnungseigentumsanlage gilt, wird in Rechtsprechung und Schrifttum uneinheitlich beurteilt;[67] jedenfalls kann ein derartiges Zwangsverfahren in der Gemeinschaftsordnung vereinbart werden.[68]

3. Darlegungs- und Beweislast

Bei einer Klage auf Unterlassung von Lärmimmissionen trifft grundsätzlich den gestörten Kläger die Be- 47
weislast dafür, dass eine Beeinträchtigung seines Eigentums (bzw. seines gleichgestellten beschränkt dinglichen Rechts)[69] droht und diese gerade vom Beklagten als Störer herrührt.[70] Bei vorangegangenen Beeinträchtigungen greift zu seinen Gunsten ein Anscheinsbeweis hinsichtlich der Wiederholungsgefahr.[71] Im Übrigen hat der Beklagte die Voraussetzungen für eine Duldungspflicht des Klägers, also für das Vorliegen einer nur unerheblichen Störung iSd § 906 BGB, zu beweisen.[72]

---

64 *Sparwasser/Heilshorn* in Landmann/Rohmer UmweltR BImSchG § 24 Rn. 80.

65 Nach stRspr können auch Hoheitsträger Adressat von Anordnungen iSd § 24 BImSchG sein, siehe nur exemplarisch BVerwG Urt. v. 25.7.2002 – 7 C 24/01, NVwZ 2003, 346 (347); dazu auch *Jarass* BImSchG § 24 Rn. 5; *Enders* in BeckOK Umweltrecht BImSchG § 24 Rn. 12.

66 Derzeit schreiben die Länder Bayern, Brandenburg, Hessen, Mecklenburg-Vorpommern, Niedersachsen, Nordrhein-Westfalen, Rheinland-Pfalz, Saarland, Sachsen-Anhalt und Schleswig-Holstein derartige zwangsweisen Schlichtungsverfahren vor. Dazu im Einzelnen → *Streitschlichtung, nachbarrechtliche* Rn. 13.

67 Bejahend etwa LG Dortmund Urt. v. 11.7.2017 – 1 S 282/16, NJW-RR 2017, 1292 (1293 f.); *Engelhardt* in MüKo-BGB § 43 WEG Rn. 31; *Heinemann* in NK-BGB Vor §§ 43 ff. WEG Rn. 6; ablehnend hingegen LG Frankfurt a. M. Urt. v. 15.3.2018 – 2-13 S 102/17, BeckRS 2018, 4155.

68 OLG Frankfurt a. M. Beschl. v. 11.6.2007 – 20 W 108/07, NZM 2008, 290 (291).

69 Zur Gleichstellung von Erbbaurecht, Grunddienstbarkeit, persönlicher Dienstbarkeit sowie Nießbrauch bereits → Rn. 4.

70 *Raff* in MüKoBGB § 1004 Rn. 324; *Thole* in Staudinger BGB § 1004 Rn. 586.

71 Die Rechtsprechung geht hier von einer sog. tatsächlichen Vermutung aus, → Rn. 14.

72 BGH Urt. v. 2.12.1988 – V ZR 26/88, BGHZ 106, 142 (145); OLG Rostock Urt. v. 20.7.2006 – 7 U 117/04, NJW 2006, 3650 (3652); OLG Oldenburg Urt. v. 29.10.1997 – 2 U 166/97, BeckRS 1997, 16137; KG Urt. v. 26.3.2013 – 21 U 131/08, NZM 2013, 742 (744).

100. Rechtsnachfolge

Klose (ZR)/Schulte Beerbühl (ÖR)

Literatur: *Pohlmann,* Rechtsnachfolge im Prozess des Nießbrauchers bei Nießbrauchsende, NJW 2016, 1905.

I. Einführung

1 Nachbarschaftliche Verhältnisse sind oft dauerhafter als Ehen. Zudem ist bei ihnen ein personeller Wechsel nicht zu verhindern. In diesen Fällen können sich die verbleibenden Nachbarn nicht ohne weiteres darauf verlassen, dass sich das nachbarschaftliche Verhältnis so gestaltet wie zuvor. Die Dinge, die nicht zuvor auch für den etwaigen Neueigentümer verbindlich festgelegt worden sind, bedürfen einer neuen Regelung zwischen den neuen Nachbarn. Treffen Nachbarn Vereinbarungen über die Nutzung des jeweils benachbarten Grundstücks, gelten diese, sofern sie nicht dinglich durch eine Eintragung im Grundbuch abgesichert worden sind, grundsätzlich nur so lange, wie die Vertragspartner auch die jeweiligen Grundstückseigentümer oder deren Gesamtrechtsnachfolger[1] sind.

II. Zivilrecht

1. Dingliche Absicherung

2 Durch die Rechtsnachfolge unbeeinträchtigt sind die Ansprüche, die grundbuchlich gesichert sind. Am dauerhaftesten ist die Sicherung, die als Grunddienstbarkeit für den jeweiligen Eigentümer des Grundstücks im Grundbuch eingetragen. ist. Gemäß § 902 Abs. 1 S. 1 BGB verjähren Rechte aus im Grundbuch eingetragenen Rechten nicht, wobei diese Privilegierung nur die Verwirklichung des eingetragenen Rechts, nicht aber die Abwehr von Störungen bei dessen Ausübung betrifft.[2]

3 **a) Grunddienstbarkeit.** Grunddienstbarkeiten erweitern die Rechte des benachbarten Grundstückseigentümers in dem Umfang, in dem sie diejenigen des belasteten Grundstückseigentümers einschränken.[3] Ihr Inhalt kann sich gemäß § 1019 S. 1 BGB auf jeden Vorteil für das herrschende Grundstück beziehen, insbesondere Nutzungsrechte, Nutzungsbeschränkungen[4] sowie Rechtsverzichte beinhalten.[5] Die Grunddienst-

1 OLG Koblenz Urt. v. 26.4.2006 – 1 U 599/05, OLG Report 2006, 713 (713). Das soll dann nicht gelten, wenn der Eigentumswechsel im Zuge der vorweggenommenen Erbfolge erfolgt ist: OLG Koblenz Urt. v. 7.5.1999 – 8 U 1107/98, OLG Report 1999, 507 (508).

2 BGH Urt. v. 28.1.2011 – V ZR 147/10, NJW 2011, 1069 (1070).

3 Dementsprechend sind etwa die Vorschriften der §§ 921 ff. BGB nicht anzuwenden, wenn die Rechte an einer Grenzeinrichtung als Grunddienstbarkeit dinglich geregelt sind: BGH 7.2.2000 – V ZR 128/19, NJW 2020, 897 (898).

4 Etwa die Verpflichtung, auf dem Grundstück kein Gewerbe auszuüben: BGH Urt. v. 24.9.1982 – V ZR 96/81, NJW 1983, 115 (116).

5 OLG Düsseldorf Urt. v. 28.11.1990 – 9 U 109/90, NJW-RR 1991 403 (404).

barkeit kann nicht für sich allein auf einen anderen Berechtigten übertragen werden.[6] Der Berechtigte wird durch eine Grunddienstbarkeit in die Lage versetzt, einen Teil des benachbarten Grundstücks wie ein Eigentümer zu benutzen.[7] Der Umfang einer Grunddienstbarkeit gemäß § 1018 BGB ist regelmäßig durch den Inhalt bei ihrer Eintragung beschränkt. Der Eigentümer des herrschenden Grundstücks kann durch die Grunddienstbarkeit zu einer Handlung auf dem Nachbargrundstück, der Eigentümer des verpflichteten Grundstücks zu einer Unterlassung einer Nutzungsart seines Grundstücks verpflichtet sein. Die Grunddienstbarkeit ist Teil des herrschenden Grundstücks und kann allein mit diesem übertragen werden. Sie ist gemäß § 1020 BGB schonend auszuüben. In § 1023 Abs. 1 BGB ist ein Anspruch des Grunddienstbarkeitsberechtigten auf die Verlegung an eine geeignetere Stelle für die Fälle vorgesehen, in denen die Ausübung an der ursprünglichen Stelle besonders beschwerlich ist. Gerade dann, wenn nach den allgemeinen Vorschriften nicht zulässige Beeinträchtigungen von der geplanten Nutzung eines Grundstücks ausgehen, kann das Eintragen einer Grunddienstbarkeit für das dann herrschende Grundstück sinnvoll sein. Eine solche Grunddienstbarkeit kann etwa auf die entschädigungslose Hinnahme aller Einwirkungen aus dem Betrieb einer auch immissionsschutzrechtlich genehmigungsbedürftigen Anlage bestehen.[8] Soll der Überbau zwischen den jeweiligen Grundstückseigentümern dauerhaft dem Streit entzogen werden, kann die Berechtigung dazu durch eine entsprechende Duldungspflicht als Grunddienstbarkeit im Grundbuch eingetragen werden.[9]

b) Beschränkt persönliche Dienstbarkeit. Soll keine dauerhafte Regelung für die benachbarten Grundstücke, sondern allein eine Absicherung eines schutzbedürftigen Grundstücksnachbarn erfolgen, kann dies durch eine beschränkt persönliche Dienstbarkeit gemäß § 1090 BGB gesichert werden. Diese hat denselben Inhalt wie eine Grunddienstbarkeit,[10] ist jedoch an die Person des Berechtigten gebunden. Sie ist gemäß § 1092 Abs. 1 S. 1 BGB nicht übertragbar. Gemäß § 1090 Abs. 2 BGB findet auch § 1023 Abs. 1 BGB Anwendung, aber nur dann, wenn nicht die Stelle der Ausübung der Dienstbarkeit rechtsgeschäftlich zum Inhalt der Dienstbarkeit erhoben wurde.[11] Nicht ausgeschlossen hat der Bundesgerichtshof dagegen eine Anpassung nach § 242 BGB, die jedoch nur dann in Betracht kommen soll, wenn die Ausübung der Dienstbarkeit wegen nachträglich eingetretener Umstände für den Dienstbarkeitsberechtigten mit unzumutbaren Nachteilen verbunden ist.[12] 4

c) Nießbrauch. Daneben kann für einen Dritten gemäß § 1030 BGB ein Nießbrauchsrecht in das Grundbuch eingetragen werden. Der Nießbrauch berechtigt zum Besitz (§ 1036 BGB). Dadurch wird dem Dritten gestattet, einen definierten Nutzen aus dem Grundstück zu ziehen. Auch dieses Recht ist unmittelbar an die Person des Berechtigten gebunden und erlischt mit dem Tod des Berechtigten (§ 1061 BGB). Selbst wenn seine Nießbrauchsrechte noch zu Lebzeiten gerichtlich geltend gemacht wurden, gehen die aus dem Nießbrauch hervorgehenden Rechte mit dem Tod des Nießbrauchers unter.[13] 5

6 OLG Hamm Beschl. v. 29.2.1980 – 15 W 300/79, OLGZ 1980, 270 (271); OLG Köln Beschl. v. 21.4.1968 – 2 WX 30/68, OLGZ 1968, 453 (454).

7 So kann sich aus der im Grundbuch eingetragenen Verpflichtung, ein Befahren seines Grundstücks zu dulden, die Verpflichtung ergeben, dies auf Anforderung der Baubehörde auch im Rahmen einer Baulast anzuerkennen: BGH Urt. v. 3.7.1992 – V ZR 203/91, NJW-RR 1992, 1484 (1485); BGH Urt. v. 3.2.1989 – V ZR 224/87, NJW 1989, 1607 (1608).

8 BayObLG Beschl. v. 15.4.2004 – 2Z BR 221/03, DNotZ 2004, 928 (930).

9 BGH Urt. v. 15.11.2013 – V ZR 24/13, NJW 2014, 311 (312).

10 Zur Zulässigkeit einer beschränkt persönlichen Dienstbarkeit mit dem Verbot, Bier und andere Getränke zu vertreiben darf als beschränkt persönliche Dienstbarkeit eingetragen werden: BGH Urt. v. 3.5.1985 – V ZR 55/84, NJW 1985, 2474 (2575); BGH Urt. v. 18.5.1979 – V ZR 70/78, NJW 1979, 2150 (2151).

11 BGH Urt. v. 12.12.2014 – V ZR 36/14, NJW 2015, 1750 (1751). Für eine vollständige entsprechende Anwendung von § 1092 BGB: LG Hamburg Urt. v. 1.12.2007 – 317 O 116/07, ZMR 2008, 798 (799).

12 BGH Urt. v. 12.12.2014 – V ZR 36/14, NJW 2015, 1750 (1752).

13 Kritisch: *Pohlmann* NJW 2016, 1905.

2. Schuldrechtliche Vereinbarungen

6 Auf eine schuldrechtliche Vereinbarung kann sich ein neuer Grundstückseigentümer als Sonderrechtsnachfolger regelmäßig nicht berufen,[14] wenn der Eigentumserwerb nicht im Wege der Gesamtrechtsnachfolge als Erbe erfolgt ist. Etwas anderes gilt gemäß § 566 BGB allein für den Wohnraum – und gemäß § 578 Abs. 1 iVm § 566 BGB für den Gewerbemietvertrag.[15] Hier tritt der Erwerber des Grundeigentums in die mietvertraglichen Pflichten ein. Im Übrigen berechtigen und verpflichten schuldrechtliche Vereinbarungen allein die Vertragspartner.[16] Damit geraten sämtliche nicht in das Grundbuch eingetragene Vereinbarungen zwischen den Nachbarn in den Wegfall, wenn einer der Nachbarn aus der Nachbarschaft ausscheidet. Das betrifft auch dingliche Ansprüche und Ansprüche auf Duldung oder Beseitigung einer Störung. Auch wenn nicht dinglich abgesicherte Rechte dem Schutz des Eigentums unterfallen, sichert dies nur in dem Umfang, in dem diese Rechte ihrerseits abgesichert waren. Ein nicht im Grundbuch eingetragenes Nutzungsrecht führt nicht zu einer berechtigten Erwartung auf sein Fortbestehen und kann damit keine eigentumsähnliche Rechtsposition begründen.[17]

7 **a) Überbau.** Ein Schutz der Rechtsnachfolge besteht aber bei einem berechtigten Überbau. Auch wenn schuldrechtliche Vereinbarungen den Nachbarn regelmäßig nicht binden, gilt für eine im Bau bereits umgesetzte schuldrechtliche Gestattung eines Überbaus etwas anderes. Haben sich die Voreigentümer eines Überbaus auf die Aufteilung der Gebäude geeinigt, sind dadurch zunächst allein die jeweiligen Vertragspartner verpflichtet.[18] An eine bloße schuldrechtliche, den Überbau gestattende, Einigung ist der das Grundstück erwerbende Neueigentümer nicht gebunden. Er muss jedoch gemäß § 912 Abs. 1 BGB den Überbau dulden.[19] Gleichwohl liegt ein rechtmäßiger Überbau im Sinne des § 912 BGB vor. Auch wenn die Rechtsnachfolger an die schuldrechtliche Vereinbarung nicht gebunden sind, ist dann die Grenzüberschreitung im Sinne von § 912 Abs. 1 BGB entschuldigt.[20] Das gilt allerdings nur in dem Rahmen der Einigung der ursprünglichen Vertragspartner. Beruhte die den Überbau gestattende Einigung etwa auf einem Mietvertrag, kann daraus keine zur Eigentumsübertragung an dem überbauten Raum führende Zweckbestimmung abgeleitet werden.[21] Eine uneingeschränkte Einigung steht auch nach einem Wechsel des Eigentums an dem Nachbargrundstück einem Beseitigungs- oder Entschädigungsanspruch entgegen. Der Überbau, der auf einer Vereinbarung der Nachbarn beruht, ist rechtmäßig.[22] Allein aus der Zustimmung des Rechtsvorgängers zum Überbau kann jedoch nicht abgeleitet werden, dass dessen Rechtsnachfolger daran gehindert ist, eine Überbaurente geltend zu machen.[23]

8 **b) Störung des Grundstücks.** Erwirbt ein Grundstückseigentümer ein Grundstück, von dem eine Störung des Nachbargrundstücks ausgeht, kann dessen Eigentümer von ihm als Zustandsstörer aus § 1004 Abs. 1 BGB die Beseitigung der Störung verlangen,[24] sofern diese Beeinträchtigung auch dem neuen Eigentümer gegenüber zurechenbar ist, er also die Störungsquelle beherrscht, aufrechterhält und sie beseitigen kann.[25] Der Entschädigungsanspruch, etwa wegen der Lärmbelastung eines Grundstücks, geht auf den durch das Erbe berufenen Rechtsnachfolger über.[26]

---

14 OLG Düsseldorf Urt. v. 28.11.1990 – 9 U 109/90, NJW-RR 1991, 403 (404); LG Münster Urt. v. 18.8.2010 – 8 O 152/10, juris Rn. 32.
15 BGH Urt. v. 22.5.1989 – VIII ZR 192/88, NJW 1989, 2053 (2053).
16 BGH Urt. v. 14.10.1981 – VIII ZR 331/80, NJW 1982, 221 (222).
17 BGH Urt. v. 17.3.1994 – III ZR 10/93, NJW 1994, 3156 (3157).
18 BGH Urt. v. 16.1.2004 – V ZR 243/03, NJW 2004, 1237 (123).
19 BGH Urt. v. 28.11.2011 – V ZR 147/10, NJW 2011, 1069 (1070).
20 BGH Urt. v. 21.1.1983 – V ZR 154/81, NJW 1983, 1112 (1113); OLG Koblenz Urt. v. 26.4.2006 – 1 U 599/05, OLG Report 2006, 713 (714).
21 BGH Urt. v. 16.1.2004 – V ZR 243/03, NJW 2004, 1237 (1238).
22 BGH Urt. v. 2.6.2017 – V ZR 196/16, NZBau 2017, 656 (657).
23 BGH Urt. v. 21.1.1983 – V ZR 154/81, NJW 1983, 1112 (1113).
24 OLG Hamm Urt. v. 13.7.2017 – I 11 U 91/14, juris Rn. 62; BGH Urt. v. 19.1.1996 – V ZR 298/94, NJW-RR 1996, 659 (659).
25 BGH Urt. v. 1.12.2006 – V ZR 112/06, NJW 2007, 432 (432).
26 OLG Koblenz Urt. v. 26.10.2005 – 1 U 98/01, OLGR 2006, 14 (15).

aa) Der Erwerber des Grundstücks als Verantwortlicher. Wer ein Grundstück erwirbt und einen vom Rechtsvorgänger erworbenen störenden Zustand bestehen lässt, wird dadurch zum Verantwortlichen.[27] Wird die Beeinträchtigung des Grundstücks von dem Grundstückseigentümer lediglich schuldrechtlich gestattet, wird dadurch der Erwerber des Grundstücks nicht gebunden. Wurden die Voreigentümer zur Verhinderung einer Einwirkung verurteilt, wirkt die Vollstreckungsklausel nur dann gegen die neuen Eigentümer, wenn das Eigentum statisch beeinträchtigt wird, was bei über die Grundstücksgrenze hinüberwachsenden Wurzeln nicht der Fall sein soll.[28] 9

bb) Der Erwerb eines gestörten Grundstücks. Der Erwerber eines gestörten Grundstücks kann, wenn die Berechtigung zur Störung nicht im Grundbuch eingetragen ist, gemäß § 1004 Abs. 1 BGB deren Beseitigung verlangen oder einen Ausgleichsanspruch aus § 906 Abs. 2 BGB geltend machen.[29] Auf etwaige schuldrechtliche Vereinbarungen muss er sich nicht verweisen lassen. Die Beseitigung einer Beeinträchtigung seines Grundstücks kann er auch dann verlangen, wenn sein Rechtsvorgänger diese lediglich geduldet hatte. Es kommt nicht darauf an, ob der Erwerber die Beeinträchtigung bei dem Erwerb gekannt hat. Selbst an eine schuldrechtliche Einigung der Voreigentümer des Grundstücks wäre der Erwerber nur dann gebunden, wenn er die Verpflichtung selbst übernommen hat.[30] Für eine vorherige Duldung gilt das erst recht. Gebunden ist der Erwerber eines Grundstücks jedoch an die Zustimmung des vorherigen Eigentümers zu einer Grenzbebauung, wenn diese zum Zeitpunkt des Erwerbes bereits zumindest im Rohbau fertig gestellt worden ist.[31] 10

Der Erwerber eines Grundstücks erwirbt mit dem Eigentumserwerb ohne eine schuldrechtliche Abtretung allein die Beseitigungsansprüche, hinsichtlich derer die diese begründende Beeinträchtigung zum Zeitpunkt des Erwerbes noch bestanden hat.[32] 11

cc) Verjährung. Abwehransprüche aus § 1004 BGB verjähren in der regelmäßigen Verjährungszeit des § 195 BGB.[33] Herausgabeansprüche des Eigentümers aus § 985 BGB verjähren dagegen gemäß § 197 Abs. 1 Nr. 1 BGB innerhalb einer dreißigjährigen Frist.[34] Auch wenn der Beseitigungsanspruch aus § 1004 Abs. 1 BGB verjährt ist, steht es dem Grundstückseigentümer noch frei, die Störung selbst zu beseitigen.[35] Auch der Anspruch des Grundstückseigentümers auf die Abwehr von Störungen bei der Ausübung seiner Befugnisse unterliegt der Verjährung, § 902 Abs. 1 S. 1 BGB, der einer Verjährung von eingetragenen Rechten entgegensteht, findet keine Anwendung.[36] Die Regelung des § 902 Abs. 1 S. 1 BGB, nach der Ansprüche aus eingetragenen Rechten nicht der Verjährung unterliegen, findet auf den Anspruch wegen einer Besitzstörung aus § 1004 Abs. 1 BGB keine Anwendung, soweit es nicht um das Recht selbst, sondern um die Ausübung des Rechts geht.[37] Daher verjährt der Anspruch aus § 1004 Abs. 1 BGB regelmäßig innerhalb der regulären Frist.[38] Da auch nach der Verjährung des Beseitigungsanspruchs der nicht verjährende Herausgabeanspruch aus § 985 BGB sowie der Anspruch auf Herausgabe der Nutzungen nach §§ 987, 988 BGB verbleiben, muss der Grundstückseigentümer lediglich die Ausübung des Wegnahmerechts des Nachbarn aus §§ 987, 988 BGB dulden. Er ist also daran gehindert, diesen Teil seines Grundstücks anders zu nutzen.[39] 12

---

27 BGH Urt. v. 21.4.1989 – V ZR 248/87, NJW 1989, 2541 (2542).
28 OLG Düsseldorf Beschl. v. 6.10.1989 – 9 W 80/89, NJW 1990, 1000 (1000).
29 BGH Urt. v. 25.1.1973 – III ZR 61/70, NJW 1973, 508 (509).
30 BGH Urt. v. 29.2.2008 – V ZR 31/07, NJW-RR 2008, 827 (827).
31 OLG Düsseldorf Urt. v. 21.3.1979 – 9 U 116/78, OLGZ 1979, 339 (450).
32 OLG Köln Urt. v. 6.7.1964 – 4 U 166/03, NJW 1964, 2019 (2019).
33 BGH Urt. v. 28.1.2011 – V ZR 147/10, NJW 2011, 1069 (1070).
34 BGH Urt. v. 28.1.2011 – V ZR 147/10, NJW 2011, 1069 (1070).
35 BGH Urt. v. 16.5.2014 – V ZR 181/13, NJW-RR 2014, 1043 (1044); LG Frankenthal Urt. v. 29.5.2013 – 2 S 161/12, juris Rn. 33.
36 BGH Urt. v. 28.1.2011 – V ZR 147/10, NJW 2011, 1069 (1070).
37 BGH Urt. v. 28.11.2011 – V ZR 141/10, NJW 2011, 1068 (1069).
38 BGH Urt. v. 28.11.2011 – V ZR 141/10, NJW 2011, 1068 (1069); vgl. BGH Teilversäumnis- und Schlussurt. v. 12.12.2003 – V ZR 98/03, NJW 2004, 1035 (1036).
39 BGH Urt. v. 28.11.2011 – V ZR 147/10, NJW 2011, 1069 (1070).

13 Durch den Wechsel des Eigentums wird die Verjährung des Anspruchs aus § 1004 Abs. 1 BGB nicht erneut in Gang gesetzt.[40] Auch bei einem schuldrechtlichen Anspruch, der bei seiner Übertragung seine Gestalt nicht verändert, hat der Wechsel in der Person des Berechtigten keinen Einfluss auf den Lauf der Verjährung.[41]

14 **dd) Unvordenkliche Verjährung.** Einen Sonderfall der Rechtsnachfolge begründet die unvordenkliche Verjährung. Diese begründet den Beweis dafür, dass in früherer Zeit von einer zuständigen Obrigkeit ein Recht ausdrücklich oder stillschweigend verliehen worden ist. Eine Voraussetzung davon ist, dass das Recht nicht nur 40 Jahre besessen worden ist, sondern auch, dass weitere 40 Jahre davor keine Erinnerung an einen anderen Zustand bestand.[42] Darauf können sich auch diejenigen berufen, die erst später mit der Nutzung begonnen haben. Sie ist also nicht auf die konkreten Rechteinhaber beschränkt, die das Recht von Beginn an ausgeübt haben.

15 **c) Wegerechte.** Besteht ein Notwegerecht, bleibt dieses von einem Eigentümerwechsel unbeeinflusst.[43] Ist ein Wegerecht nicht allein per Handschlag vereinbart, sondern als Dienstbarkeit im Grundbuch eingetragen, ist das Bestehen des Rechts von einer etwaigen Eigentumsübertragung an dem Grundstück unabhängig.[44] Das gilt auch für die gemäß § 1018 Abs. 1 BGB zulässigen abweichenden Vereinbarungen über die Unterhaltspflicht. Auch eine solche Vereinbarung wird Teil der Dienstbarkeit mit dinglicher Wirkung, soweit sie mit eingetragen oder bei der Eintragung auf diese Bezug genommen wurde.[45] Auch höchstpersönliche Rechte aus dem Bereich des Nachbarrechts können nach dem Versterben des Berechtigten nicht im Wege der Rechtsnachfolge auf den neuen Grundstückseigentümer übergehen.[46] Wird eine Nutzung eines Weges als konkludent gebilligt angesehen, kann dieses einen Leihvertrag begründen,[47] der allein zwischen den Vertragspartnern wirkt und zudem jederzeit gekündigt werden kann. Diese Kündigung darf jedoch nicht zur Unzeit erfolgen. Aus dem nachbarschaftlichen Gemeinschaftsverhältnis kann nämlich eine auf Treu und Glauben abgeleitete Pflicht hergeleitet werden, dass auch eine zuvor geduldete Nutzung des Nachbargrundstücks etwa während Baumaßnahmen nicht ohne Grund verboten oder, etwa durch das Aufstellen von Blumenkübeln, unmöglich gemacht werden darf.[48]

3. Prozessuales

16 Wird ein Grundstück während eines anhängigen Prozesses veräußert, erfasst die Regelung des § 266 Abs. 1 ZPO auch Rechtsstreitigkeiten wegen einer von dem veräußerten Nachbargrundstück ausgehenden Eigentumsbeeinträchtigung aus §§ 1004 Abs. 1, 906 BGB.[49] Die Regelung des § 265 Abs. 2 S. 1 ZPO ist dann entsprechend anzuwenden.[50] Die Rechtskraft der Entscheidung erstreckt sich damit auch auf den Rechtsnachfolger. Das gilt für im Laufe eines Rechtsstreits geschlossene Vergleiche entsprechend, so dass der neue Eigentümer auch deren Vollstreckung dulden muss.[51]

40 BGH Urt. v. 23.2.1973 – V ZR 109/71, NJW 1973, 703 (704) zum alten Verjährungsrecht.
41 OLG Köln Urt. v. 24.11.1993 – 11 U 136/93, ZMR 1994, 115 (117).
42 BGH Teilurt. v. 12.12.2008 – V ZR 106/07, NJW-RR 2009, 515 (516).
43 BGH Urt. v. 4.7.2008 – V ZR 172/07, NVwZ 2008, 1150 (1153).
44 Als Gewohnheitsrecht kommt ein Wegerecht nicht in Betracht, weil dieses nur im Hinblick auf eine Vielzahl von Rechtsindividuen und auf eine Vielzahl von Rechtsverhältnissen entstehen kann: BGH Urt. v. 24.1.2020 – V ZR 155/18, NJW 2020, 1360 (1361).
45 OLG Düsseldorf Urt. v. 16.12.2002 – 9 U 71/02, OLGR 2003 355 (356); OLG Hamm Urt. v. 15.12.2016 – I 5 U 158/15, juris Rn. 73.
46 VGH Kassel Beschl. v. 20.5.1988 – 4 TG 768/88, juris Rn. 20.
47 OLG Hamm Urt. v. 7.4.2014 – 5 U 117/13, NJOZ 2014, 1406 (1407); OLG Saarbrücken Urt. v. 3.5.2017 – 1 U 81/16, NJOZ 2018, 769 (770).
48 OLG Köln Urt. v. 23.9.1992 – 11 U 213/92, NJW-RR 1992, 1497 (1497).
49 BGH Urt. v. 15.2.2008 – V ZR 222/06, MDR 2008, 496 (496).
50 BGH Urt. v. 14.9.2018 – V ZR 267/17, MDR 2019, 121 (121).
51 BGH Urt. v. 14.9.2018 – V ZR 267/17, MDR 2019, 121 (121).

Wird eine auf Beseitigung einer Störung gerichtete Klage erhoben, wird dadurch gemäß §§ 204 Abs. 1 Nr. 1, 213 BGB die Verjährung im Hinblick auf einen nachbarlichen Ausgleichsanspruchs gehemmt.[52] 17

III. Öffentliches Recht

1. Rechtsnachfolge auf der Seite des Nachbarn

Öffentlich-rechtliche nachbarliche Abwehrrechte beruhen auf dem Recht an dem Grundstück (→ *Nachbar in öffentlich-rechtlicher Sicht* Rn. 10 ff.), sie „hängen" an dem Grundstück. Deshalb ist die Rechtsausübung, jedenfalls im Grundsatz, davon abhängig, dass der das Rechts Ausübende Inhaber des **dinglichen Rechts** ist. Ist er nicht (mehr) dinglich berechtigt, ist er nicht (mehr) in einem subjektiven öffentlichen Recht verletzt. 18

Der **Verzicht** auf ein Rechtsmittel oder ein Antrag auf bauaufsichtliches Einschreiten (s. dazu unter → *Rechtsverlust und unzulässige Rechtsausübung* Rn. 2 ff.) bindet auch die Rechtsnachfolger. Denn Abwehrrechte sind mit der dinglichen Berechtigung an einem Grundstück verknüpft. Sind Abwehrrechte des Nachbarn durch Verzicht untergegangen, so können sie auf dessen Rechtsnachfolger nicht mehr übergehen und leben auch nicht wieder auf.[53] Dasselbe gilt für die Verwirkung (→ *Rechtsverlust und unzulässige Rechtsausübung* Rn. 64). 19

Allerdings ist der gegen eine dem Bauherrn erteilte Baugenehmigung klagende Nachbar nicht gehindert, sein Grundstück während des Prozesses zu veräußern. Er verliert durch den **Eigentumsübergang** zwar seine **dinglichen Rechte** an dem betroffenen Grundstück. § 173 VwGO iVm § 265 Abs. 2 Satz 1 ZPO bestimmt jedoch, dass, wenn eine Anfechtungsklage bereits anhängig ist, die Veräußerung der streitbefangenen Sache auf den anhängigen Prozess keinen Einfluss hat. Der Gegner kann allerdings seine Zustimmung dazu erklären, dass der neue Eigentümer den Prozess als Hauptpartei an Stelle des Rechtsvorgängers übernimmt oder eine Hauptintervention erhebt (§ 173 VwGO iVm § 265 Abs. 2 Satz 1 ZPO). 20

2. Rechtsnachfolge auf Seiten des Bauherrn

a) Rechtsnachfolge in die Genehmigung. Eine Baugenehmigung gilt für und gegen den **Rechtsnachfolger**.[54] Etwaige Abwehrrechte eines Nachbarn wegen einer nachbarrechtswidrigen Genehmigung bestehen deshalb ungeachtet einer Rechtsnachfolge an der Baugenehmigung fort. 21

Wenn auch in der Regel anzunehmen ist, dass bei Personenidentität zwischen dem bisherigen Eigentümer und dem Bauherrn ein automatischer **Bauherrenwechsel** eintritt, ist dies jedoch nicht zwingend. Denn Eigentum und Bauherrschaft können auseinanderfallen. So können der bisherige Eigentümer und der neue Eigentümer vereinbaren, dass der bisherige Eigentümer und Bauherr die Inhaberschaft der Genehmigung behält.[55] Auch die bloße Nachfolge in ein privates Nutzungsrecht ohne gleichzeitigen Wechsel der Bauherrenstellung reicht nicht aus.[56] Die Baugenehmigung wird nämlich nicht dem Grundstück, sondern dem Träger des Vorhabens für eine bestimmte Anlage an einem bestimmten Standort erteilt. Insofern ist Bauherr, wer, etwa durch die Stellung eines Bauantrags, möglicherweise aber auch durch anderes konkludentes Verhalten, nach außen zu erkennen gibt, dass er ein bestimmtes Vorhaben auf seine Verantwortung verwirklichen oder verwirklichen lassen will.[57] Rechtsnachfolger einer Baugenehmigung ist deshalb nur, wer diese 22

52 BGH Urt. v. 15.3.2018 – V ZR 48/17, juris Rn. 2.
53 OVG Münster Urt. v. 2.9.2010 – 10 A 2616/08, juris Rn. 50; VGH Mannheim Urt. v. 16.8.1978 – III 470/78, BRS 33 Nr. 176; VGH Kassel Beschl. v. 27.4.1994 – 3 TH 20/94, BRS 56 Nr. 181.
54 Vgl. zB § 58 Abs. 3 BauO NRW, Aufgaben und Befugnisse der Bauaufsichtsbehörden: „Bauaufsichtliche Genehmigungen und sonstige Maßnahmen gelten auch für und gegen Rechtsnachfolgerinnen oder gegen Rechtsnachfolger."
55 S. im Einzelnen zur Frage der Rechtsnachfolge in die Genehmigung: *Reichel/Schulte* BauordnungsR-HdB 15. Kapitel Rn. 88.
56 Vgl. BVerwG Urt. v. 28.1.2010 – 4 C 6.08, juris Rn. 19.
57 Vgl. BVerwG Urt. v. 28.1.2010 – 4 C 6.08, juris Rn. 19.

Bauherreneigenschaft vom bisherigen Bauherrn übernimmt. Ein nach außen getragenes, die Bauherrschaft manifestierendes Verhalten kann nicht nachträglich geändert werden.[58]

23 In dem gerichtlichen Verfahren gegen eine Baugenehmigung ist der Bauherr zwingend beizuladen (→ *Rechtsschutz, verwaltungsrechtliches Hauptsacheverfahren* Rn. 76 ff.). Im Falle der Rechtsnachfolge in die Genehmigung ist die **Beiladung** entsprechend zu ändern.

24 **b) Pflichtennachfolge. aa) Adressat des nachbarlichen Verlangens.** Macht ein Nachbar einen Anspruch auf **bauordnungsbehördliches Einschreiten** mit Blick auf ein baurechtlich relevantes Geschehen auf dem Baugrundstück geltend, ist selbstverständlich stets derjenige in den Blick zu nehmen, von dem die Störung ausgeht. Das kann der Zustandsstörer oder der Verhaltensstörer sein.

25 **(1) Zustandsstörer.** Geht eine **Gefahr von einer Sache** aus, sind Maßnahmen gegen den Eigentümer zu richten (vgl. zB § 18 Abs. 1 OBG NRW). Wechselt das Eigentum an der Sache, ist von nun an der neue Eigentümer der **Zustandsstörer**; Maßnahmen sind gegen ihn zu richten.

26 **(2) Verhaltensstörer.** Verursacht eine **Person eine Gefahr**, so sind die Maßnahmen gegen diese Person zu richten (vgl. zB § 17 Abs. 1 OBG NRW). Verursacht eine Person, die zu einer Verrichtung bestellt ist, die Gefahr in Ausführung der Verrichtung, so können Maßnahmen auch gegen die Person gerichtet werden, die die andere zu der Verrichtung bestellt hat (zB § 17 Abs. 3 OBG NRW). Wechselt die Person, von der die Gefahr ausgeht oder die den Verrichtungsgehilfen bestellt hat, ist grundsätzlich nunmehr die neue Person die Pflichtige.

27 Das gilt insbesondere auch für die Abwehr von **konkreten Gefahren**. Da das Gefahrenabwehrrecht von dem Grundsatz getragen wird, dass eine möglichst effektive und die Gefahrenlage unzweifelhaft beseitigende Vorgehensweise geboten ist, ist in der Regel die Maßnahme zu ergreifen, die zu der schnellstmöglichen Beseitigung der Gefahrenquelle führt. Das geschieht zumeist in einem Vorgehen gegen den unmittelbaren Nutzer – auch wenn dieser mit Blick auf die Gefahr ahnungslos sein mag.

28 Eine Besonderheit kann gelten im Falle der **Weitergabe von Nutzungsverhältnissen**. Unter Umständen kann auch bei einem **Nutzerwechsel** der bisherige Nutzer weiterhin als Bauherr im Sinne des Bauordnungsrechts und damit Verantwortlicher anzusehen sein. Denn das Bauordnungsrecht als Sonderordnungsrecht geht dem allgemeinen Ordnungsrecht vor; das gilt auch und insbesondere für die Regeln über die Verantwortlichkeit für ein bauordnungsrechtlich relevantes Geschehen.

29 Für die Einhaltung der öffentlich-rechtlichen Vorschriften bei der Errichtung, Änderung, Nutzungsänderung uÄ baulicher Anlagen sind nach den jeweiligen landesrechtlichen Bestimmungen des Bauordnungsrechts die Bauherrin oder der Bauherr und im Rahmen ihres Wirkungskreises die anderen am Bau Beteiligten verantwortlich. **Bauherr** ist, wer, etwa durch die Stellung eines Bauantrags, möglicherweise aber auch durch anderes konkludentes Verhalten, nach außen zu erkennen gibt, dass er ein bestimmtes Vorhaben auf seine Verantwortung verwirklichen oder verwirklichen lassen will.[59] Deshalb ist unter Umständen auch der aus diesem Rechtsgrund Verantwortliche richtiger Adressat einer Bauordnungsverfügung.

30 **bb) Rechtsnachfolge nach Ergehen der Ordnungsverfügung.** Grundsätzlich wirkt die **bauaufsichtliche Ordnungsverfügung** auch gegen den Rechtsnachfolger des Adressaten.[60]

31 Das gilt zunächst für ein **Handlungsgebot**, beispielsweise ein Beseitigungsgebot. Denn die Verfügung aktualisiert in einem solchen Fall eine grundstücksbezogene, den jeweiligen Eigentümer (oder sonstigen Zustandsstörer) treffende Ordnungspflicht. Das Bundesverwaltungsgericht hat schon früh – anders als die seinerzeit ganz überwiegend vertretene Auffassung im Schrifttum – entschieden, „dass die gegen den Eigentümer erlassene Anordnung der Beseitigung eines Bauwerks jedenfalls grundsätzlich und insbesondere im

58 VG Minden Urt. v. 3.11.2015 – 1 K 3556/13, juris Rn. 31.
59 Vgl. BVerwG Urt. v. 28.1.2010 – 4 C 6.08, juris Rn. 19.
60 OVG Magdeburg Beschl. v. 14.1.1986 – 1 B 137/85, BRS 46 Nr. 201.

Fall der Gesamtrechtsnachfolge gegen den Rechtsnachfolger wirkt".[61] Das beruht darauf, dass das Handlungsgebot nicht persönliche Rechte oder Pflichten des Adressaten betrifft.[62] Es kommt nicht auf individuelle Merkmale oder Eigenschaften des Trägers der Rechte an. Dass ein Verwaltungsakt stets notwendig an eine Person adressiert werden muss und insoweit immer personenbezogen ist, reicht für die Annahme einer Persönlichkeit von Rechten und Pflichten nicht aus.[63]

Unter den Begriff des dadurch gekennzeichneten sogenannten **dinglichen Verwaltungsakts** fallen alle Verwaltungsakte, die zwar konkret die Rechte und Pflichten einer bestimmten Person, zB des Eigentümers oder Besitzers, für eine konkrete Sache bestimmen, nach den gesetzlichen Vorgaben jedoch ohne Ansehen der Person des Verfügungsbefugten, insbesondere ohne Zuverlässigkeitsprüfungen, sondern nur wegen der Sache, vor allem wegen ihrer Eigenschaften oder ihrer Belegenheit, ergehen.[64] Konsequenterweise gehen mit der Weitergabe eines mit eine Ordnungsverfügung „belasteten" Grundstücks die darauf bezogenen Ordnungspflichten mit über. 32

Das Gleiche gilt für eine Handlungsverpflichtung, die durch eine Auflage in einer Baugenehmigung – etwa zur Wahrung von Nachbarrechten – begründet worden ist (→ *Rechtsschutz, verwaltungsrechtliches Hauptsacheverfahren* Rn. 3 ff.). Aufgrund des unmittelbaren Eintritts in die Stellung des Erblassers bedarf es in einem solchen Fall keiner weiteren verpflichtungsbegründenden Ordnungsverfügung gegenüber dem Rechtsnachfolger. 33

Auch eine **Nutzungsuntersagung** ist in dem vorgenannten Sinn übergangsfähig.[65] Dies bewirkt, dass auch der Rechtsnachfolger die Anlage nicht in der in der Verfügung bezeichneten Weise nutzen darf. 34

cc) Vollstreckung. Ob im Falle der Rechtsnachfolge **gegen den Rechtsnachfolger vollstreckt** werden kann, wenn dieser gegen das Verbot oder Gebot verstößt, ist in Rechtsprechung und Literatur umstritten. 35

Einerseits wird unter Hinweis auf den Beugecharakters der Zwangsmittel betont, eine **Zwangsmittelandrohung** sei höchstpersönlicher Natur und daher grundsätzlich nicht übergangsfähig. Deshalb müsse, wenn die Zwangsvollstreckung gegen den Rechtsnachfolger eingeleitet werden solle, diesem gegenüber eine neue Androhung ergehen oder erstmals erlassen werden.[66] 36

Demgegenüber verweist die wohl überwiegende Meinung auf die angesprochene, insbesondere auf Praktikabilitätserwägungen gegründete Rechtsprechung des Bundesverwaltungsgerichts.[67] Dem liegt im Wesentlichen der Gedanke zugrunde, dass es nicht nur für die Praxis der Verwaltungsbehörden, sondern auch für die Verwirklichung des Rechtsstaats unbefriedigend sein müsste, wenn rechtmäßige und sogar durch eventuell mehrere Gerichtsinstanzen als rechtmäßig bestätigte Beseitigungsanordnungen nur deswegen nicht sollten durchgesetzt werden dürfen, weil ein Eigentumswechsel herbeigeführt worden ist. Denn das könnte zur Folge haben, dass die Verwirklichung des Rechts praktisch auf Dauer verhindert wird.[68] Dieser Auffassung ist zu folgen, und zwar aus dogmatischen Gründen. Vollstreckungsfähige bauaufsichtliche Verfügungen einschließlich der Androhung von Zwangsmitteln, die an die bauordnungsrechtlichen und bauplanungsrechtlichen Gegebenheiten einer Anlage anknüpfen, verlieren den oben beschriebenen Charakter aus 37

61 BVerwG Urt. v. 22.1.1971 – IV C 62.66, NJW 1971, 1624; gleiches gilt für andere Bauordnungsverfügungen, vgl. OVG Münster Beschl. v. 8.2.2012 – 2 A 417/11, nv; VG Düsseldorf Urt. v. 14.1.2011 – 25 K 2745/10, juris Rn. 30.

62 BVerwG Urt. v. 16.3.2006 – 7 C 3.05, juris Rn. 27; *Ramsauer* in Kopp/Ramsauer VwVfG § 13 Rn. 59; *Schmitz* in Stelkens/Bonk/Sachs VwVfG § 13 Rn. 50.

63 *Ramsauer* in Kopp/Ramsauer VwVfG § 13 Rn. 59.

64 VGH Mannheim Urt. v. 4.7.2019 – 6 S 1269/18, juris Rn. 31.

65 Vgl. OVG Hamburg Urt. v. 14.12.1995 – Bf II 16/94, juris Rn. 25 ff.; VGH Kassel Beschl. v. 1.12.2014 – 3 B 1633/14, juris Rn. 16; OVG Münster Urt. v. 9.3.1979 – XI A 963/78, NJW 1980, 415; OVG Münster Beschl. vom 18.12.2013 – 7 B 1143/13, juris Rn. 4; OVG Magdeburg Beschl. v. 2.7.2002 – 2 L 307/01, juris Rn. 10; VG Berlin Urt. v. 6.4.1979 – 13 A 236.78, juris Rn. 14; VG Düsseldorf Urt. v. 14.1.2011 – 25 K 2745/10, juris Rn. 29.

66 So etwa OVG Schleswig Beschl. v. 20.9.2017 – 1 MB 12/17, juris Rn. 15.

67 BVerwG Urt. v. 22.1.1971 – IV C 62.66, BayVBl 1971, 425/426.

68 VG Gelsenkirchen Beschl. v. 7.5.2015 – 5 L 582/15, juris Rn. 11; OVG Münster Beschl. v. 8.2.2012 – 2 A 521/11, nv.

den dort genannten Gründen nicht im Zusammenhang mit der nächsten Stufe der Verwaltungsvollstreckung.[69]

38 In den Bauordnungen mancher Bundesländer ist der Übergang auf Rechtsnachfolger mittlerweile gesetzlich verankert.[70]

101. Rechtsschutz, verwaltungsrechtliches Hauptsacheverfahren

Schulte Beerbühl

Literatur: Burgi, Die Erledigung des Rechtsstreits in der Hauptsache als Problem der verwaltungsprozessualen Dogmatik, DVBl 1991 193; *Lange/Kosczynski-Wagner*, Verwaltungszwang zur Durchsetzung einer Auflage, Fallbearbeitung zum verwaltungsgerichtlichen Rechtsschutz und zum Verwaltungsvollstreckungsrecht NRW, DVP 2019, 390; *Laubinger*, Die Anfechtbarkeit von Nebenbestimmungen, VerwA 1982, 345

I. Fallgruppen

1 Im Bereich des Baunachbarrechts sind vier Fallgestaltungen mit Drittwirkung denkbar.

- **Fallgruppe 1:** Die zuständige Behörde erteilt dem Bauherrn einen diesen **begünstigenden Verwaltungsakt mit Drittwirkung**, beispielsweise eine Genehmigung, die sich zulasten eines Dritten (zB Nachbar) auswirkt. Der Dritte kann dagegen einen Rechtsbehelf (Widerspruch oder Anfechtungsklage) einlegen.

69 Vgl. VGH Kassel Beschl. v. 1.12.2014 – 3 B 1633/14, juris Rn. 16; BVerwG Urt. v. 22.1.1971 – IV C 62.66, juris Rn. 19; VG Cottbus Beschl. v. 13.10.2016 – 3 L 244/16, juris Rn. 12; VG Gelsenkirchen Beschl. v. 7.5.2015 – 5 L 582/15, juris Rn. 11; VG Düsseldorf Beschl. v. 14.1.2011 – 25 K 2745/10, juris Rn. 35; siehe auch VGH München Beschl. v. 13.2.2017 – 8 S 16.2620, juris Rn. 7, zur Frage der Möglichkeit einer Klauselumschreibung nach § 727 Abs. 1 ZPO im Fall des Eigentumsübergangs im Wege der Singularsukzession.

70 S. den in Fn. 54 erfolgten Verweis auf § 58 Abs. 3 BauO NRW, wonach auch „sonstige Maßnahmen" für und gegen Rechtsnachfolgerinnen oder gegen Rechtsnachfolger gelten.

- **Fallgruppe 2:** Die zuständige Behörde lehnt den Bauantrag ab, weil nach ihrer Auffassung dem zur Genehmigung gestellten Vorhaben öffentlich-rechtliche Vorschriften entgegenstehen. Der Bauherr kann Verpflichtungsklage mit dem Ziel erheben, dass das Gericht die Genehmigungsbehörde verpflichtet, die beantragte **Baugenehmigung zu erteilen**. Die Frage, ob die vermeintlich entgegenstehenden Vorschriften nachbarschützenden Charakter haben, ist unerheblich.
- **Fallgruppe 3:** Die zuständige Behörde erlässt auf Antrag des Nachbarn **gegen den Bauherrn eine Ordnungsverfügung**, beispielsweise eine Beseitigungsverfügung mit Blick auf eine illegal an der gemeinsamen Grenze errichtete Anlage oder eine Nutzungsuntersagung wegen einer auf dem Grundstück des Bauherrn ausgeübten illegalen Nutzung. Der Bauherr als Adressat der Ordnungsverfügung kann gegen diesen ihn belastenden Verwaltungsakt einen Rechtsbehelf (Widerspruch oder Anfechtungsklage) einlegen.
- **Fallgruppe 4:** Die zuständige Behörde lehnt den Antrag des Nachbarn auf Erlass einer **Ordnungsverfügung gegen den Bauherrn** ab. Der Nachbar kann Verpflichtungsklage auf Erlass einer Ordnungsverfügung erheben.

II. Rechtsschutz gegen eine bauaufsichtliche Zulassung (Fallgruppe 1)

Ein Nachbar, der sich gegen die genehmige Anordnung eines Baukörpers, die Nutzung einer baulichen Anlage oder gegen von der Nutzung einer Anlage ausgehende Immissionen wendet, ficht sachgerechter Weise die Genehmigung an. Er kann sein Ziel nicht dadurch erreichen, dass das Gericht den Bauherrn verpflichtet, zB eine Wand zurückzuversetzen oder eine andere Nutzung aufzunehmen. Denn weder er noch die Genehmigungsbehörde, noch das Gericht sind befugt, dem Bauherrn ein anderes als das geplante Vorhaben aufzuzwingen. Sachgerecht ist im Falle einer Rechtsverletzung des Nachbarn allein die gerichtliche Kassation der erteilten Genehmigung (**Anfechtungsklage**, § 113 Abs. 1 S. 1 VwGO). Ist ein Klageantrag in einem anderen Sinne formuliert, bedarf es der Auslegung durch das Gericht und gegebenenfalls des Hinwirkens auf einen solchen sachdienlichen Antrag (§§ 86 Abs. 3, 88 VwGO). 2

Anders stellt es sich allerdings dar, wenn das genehmigte Vorhaben nicht in Frage gestellt werden soll, aber – zur Wahrung der Nachbarrechte – nach der Vorstellung des Nachbarn neben die Genehmigung eine selbstständige **Nebenbestimmung** treten soll. Infrage kommt insofern vor allem eine Auflage (§ 36 Abs. 2 Nr. 4 VwVfG). Dabei ist eine strikte Abgrenzung zur sog. modifizierenden Auflage (oder Inhaltsbestimmung) geboten, die eben keine Nebenbestimmung darstellt. In der Regel wird allerdings anzunehmen sein, dass es dem Nachbarn um die Abwehr dieses genehmigten Vorhabens geht und nicht um den Anspruch auf eine Nebenbestimmung. 3

Ein gegen eine Baugenehmigung oder eine sonstige Zulassung eines Bauvorhabens gerichtetes Begehren kann zum einen die Aufhebung der Zulassung und zum anderen deren **Außervollzugsetzung** zum Ziel haben. Geht das Rechtsschutzziel aus dem Begehren nicht eindeutig hervor, ist es auszulegen. Entscheidend ist, ob dem formulierten Antrag in Verbindung mit dessen Begründung zu entnehmen ist, dass es dem Nachbarn (allein) darum geht, die Zulassung „aus der Welt zu schaffen" oder ob er (außerdem) erreichen will, dass der Bauherr von ihr vorerst keinen Gebrauch mehr machen darf; letztes ist Gegenstand eines Verfahrens auf Gewährung vorläufigen Rechtsschutzes (→ *Rechtsschutz, vorläufiger* Rn. 15 ff.). 4

1. Zulässigkeit: Klagebefugnis

Eine Anfechtungsklage gegen die einem anderen erteilte Begünstigung ist nur dann zulässig, wenn der Kläger **geltend macht**, durch sie **in seinen Rechten verletzt** zu sein (Klagebefugnis), § 42 Abs. 2 VwGO. Die rechtlichen Anforderungen hierfür sind nicht zu hoch anzusetzen. 5

Die Klagebefugnis ist nur dann zu verneinen, wenn die zu prüfenden baurechtlichen Vorschriften unter **keinem denkbaren Gesichtspunkt** nachbarschützend sein können und auch ein Verstoß gegen das Rücksicht- 6 nahmegebot von vornherein ausscheidet. Ein Rückgriff auf Art. 14 GG zur Begründung der Klagebefugnis ist dann nicht mehr anzunehmen.[1]

7 Ferner fehlt die Klagebefugnis dann, wenn der Kläger nicht in den **Schutzbereich** einer möglichen **nachbarschützenden Bestimmung** fällt, also zB aufgrund einer zu großen Entfernung vom Standort des Vorhabens oder des einschlägigen Bebauungsplans (→ *Nachbar in öffentlich-rechtlicher Sicht* Rn. 7 ff.) oder erkennbar nicht **Rechtsinhaber** im Sinne des Öffentlichen Baunachbarrechts ist (→ *Nachbar in öffentlich-rechtlicher Sicht* Rn. 10 ff.).

2. Begründetheit: Rechtsverletzung

8 Der in § 113 Abs. 1 Satz 1 VwGO ausgesprochene Grundsatz kennzeichnet den Kern des Baunachbarrechts, der aus zwei Elementen besteht, nämlich der **(objektiv-rechtlichen) Rechtswidrigkeit** des Verwaltungsaktes sowie der **Rechtsverletzung**, also der Verletzung in einem subjektiven öffentlichen Recht.

9 **a) Zeitpunkt.** Nach der Rechtsprechung des Bundesverwaltungsgerichts ist bei der Frage, auf welchen **Zeitpunkt** das Gericht abzustellen hat, wenn es über eine baurechtliche Nachbarklage zu entscheiden hat, zu differenzieren:

10 Ob eine angefochtene Baugenehmigung den Nachbarn in seinen Rechten verletzt, beurteilt sich grundsätzlich nach der **Sach- und Rechtslage im Zeitpunkt der Genehmigungserteilung**. Das entspricht allgemeinen Grundsätzen bei einer Anfechtungsklage; um eine solche handelt es sich aus der Sicht des Nachbarn, da er die Aufhebung eines ihn belastenden Verwaltungsaktes begehrt. Spätere Änderungen zulasten des Bauherrn haben außer Betracht zu bleiben.[2] Dies schließt es allerdings nicht aus, nachträglich – etwa aufgrund einer nach Errichtung der Anlage durchgeführten Messung – gewonnene Erkenntnisse im Rahmen einer **Drittanfechtungsklage** zu berücksichtigen. Denn hierbei handelt es sich nicht um nachträgliche Veränderungen der Sachlage, sondern lediglich um spätere Erkenntnisse hinsichtlich der ursprünglichen Sachlage.[3]

11 Soweit das Landesrecht einen **Widerspruchsbescheid** vorsieht, ist dessen Erlass maßgeblich. Das beruht auf Folgendem: Mit der Erteilung der Baugenehmigung wird dem Bauherrn eine Rechtsposition gewährt, die sich, wenn ein Nachbar die Genehmigung anficht, gegenüber während des Rechtsmittelverfahrens eintretenden Änderungen der Sach- und Rechtslage durchsetzen können soll.[4]Dem Bauwilligen soll nicht eine Rechtsposition, die ihm nach dem im Zeitpunkt des Erlasses des Verwaltungsaktes geltenden Recht eingeräumt worden ist und die zu dulden der Nachbar verpflichtet war, nachträglich ohne ausdrückliche Rechtsgrundlage entzogen werden.

12 Nachträgliche **Änderungen zugunsten des Bauherrn** sind dagegen zu berücksichtigen. Dem liegt die Erwägung zugrunde, dass es mit der (nach Maßgabe des einschlägigen Rechts gewährleisteten) Baufreiheit nicht vereinbar wäre, eine zur Zeit des Erlasses rechtswidrige Baugenehmigung aufzuheben, die sogleich nach der Aufhebung aufgrund der günstiger gewordenen Rechtslage durch Gerichtsentscheidung auf Antrag nunmehr erteilt werden müsste.[5]

13 **b) Gegenstand der Nachbaranfechtung. Gegenstand der Anfechtung** einer baurechtlichen Zulassung durch einen Nachbarn ist in der Regel die Genehmigung oder der Vorbescheid, in selteneren Fällen eine isolierte Befreiung oder Abweichung.

---

1 Siehe dazu auch: VGH München Beschl. v. 1.3.2016 – 15 CS 16.244, juris Rn. 25.

2 BVerwG Beschl. v. 11.1.1991 – 7 B 102/90, NVwZ-RR 1991, 236.

3 Vgl. OVG Münster Beschl. v. 16.5.2011 – 8 A 372/09, nv.

4 BVerwG Beschl. v. 8.11.2010 – 4 B 43.10, BauR 2011, 499.

5 St. Rspr. seit BVerwG Urt. v. 19.9.1969 – IV C 18.67, NJW 1970, 263; Beschl. v. 23.04. 1998 – 4 B 40.98, BauR 1998, 995; Beschl. v. 8.11.2010 – 4 B 43.10, BauR 2011, 499; OVG Berlin-Brandenburg Beschl. v. 29.6.2011 – 10 N 39.08, juris Rn. 12.

aa) Inhalt der Baugenehmigung. Was konkreter Gegenstand der bauaufsichtlichen Zulassung ist, folgt aus deren **Inhalt**, nicht aus der **Bezeichnung**. Für die Feststellung des Regelungsinhalts ist vorrangig auf den **Wortlaut** der Genehmigung abzustellen, der allerdings der **Auslegung** zugänglich ist. Aufgrund des Charakters einer Baugenehmigung als **mitwirkungsbedürftiger Verwaltungsakt** ist auf die Bauvorlagen und, soweit die Genehmigung hierzu Konkretisierungen, modifizierende Auflagen oder Nebenbestimmungen enthält, ergänzend auf diese abzustellen. Führt diese Sicht zu der Erkenntnis, dass das zur Genehmigung gestellte und mit einer Baugenehmigung genehmigte Vorhaben sich in Wirklichkeit als ein Vorhaben darstellt, das dem Immissionsschutzrecht unterliegt, kann dies Rechtsfolgen für die Rechtmäßigkeit der Genehmigung haben. Das verändert aber nicht den Charakter der Genehmigung als baurechtliche Genehmigung. 14

Entsprechendes gilt für **gewerberechtliche**, insbesondere **gaststättenrechtliche Fragen**. Ein etwaiges Überschreiten der Kompetenz der Baugenehmigungsbehörde wirkt sich nicht auf den Inhalt, sondern allenfalls auf die Rechtmäßigkeit der Genehmigung aus. 15

Baugenehmigungen enthalten in der Regel keine konkreten Aussagen **zur Einrichtung der Baustelle und zur Bauausführung**. Deshalb kann der Nachbar dadurch begründete Beeinträchtigungen durch von der Baustelle ausgehende Gefahren oder Belästigungen der Baugenehmigung nicht entgegenhalten. Seinen Anspruch auf Anordnung geeigneter Maßnahmen zur Begrenzung der behaupteten vermeidbaren Belästigungen kann er nur gegenüber der für die Überwachung der Baustelle (siehe auch → *Lärm, Baustelle* Rn. 6 ff.) zuständigen Behörde geltend machen.[6] 16

bb) Obligatorischer Prüfungsrahmen. Soweit nach landesrechtlichen Vorschriften das **Prüfprogramm** der Baugenehmigungsbehörde auf bestimmte Normen oder Normkomplexe **reduziert** ist, hat dies Folgen für den Bauherrn und den Nachbarn. Ist eine nach eingeschränkter Prüfung der Übereinstimmung mit den baurechtlichen Vorschriften erteilte Baugenehmigung bestandskräftig geworden, kann der Bauherr die Bestandkraft dem Nachbarn nur in diesem beschränkten Umfang entgegenhalten. Denn die **Feststellungswirkung**, die jeder Baugenehmigung innewohnt, bezieht sich denknotwendig nur auf die Vorschriften, die geprüft worden sind. Dem entspricht auf der anderen Seite, dass der Nachbar, der sich gegen ein Vorhaben wendet, nicht den Verstoß gegen Normen rügen kann, die die Behörde nicht geprüft hat. Er hat in diesem Fall nicht die Baugenehmigung anzufechten, sondern gegenüber der Behörde den Verstoß gegen außerhalb ihres obligatorischen Prüfungsrahmens liegende Vorschriften zu rügen und kann, wenn die Bauaufsicht nicht einschreitet, deren Verpflichtung zum Einschreiten gerichtlich durchsetzen.[7] 17

Beispiel: Im einfachen Genehmigungsverfahren werden nach § 64 Abs. 1 Satz 1 BauO NRW Brandschutzvorschriften nur bei Sonderbauten geprüft. Deshalb kann die Genehmigung für ein Einfamilienhaus von dem Nachbarn grundsätzlich – zu den Einschränkungen – nicht mit der Begründung angefochten werden, die Genehmigung verletze ihn unter (nachbarrechtsrelevanten) Brandschutzgesichtspunkten in seinen subjektiven öffentlichen Rechten, zB weil in der zu seinem Grundstück gewandten Seite des geplanten Gebäudes in der erforderlichen Brandwand oder Gebäudeabschlusswand eine unzulässige Öffnung geplant sei.[8] Von diesem gesetzlichen Gebot zur Beschränkung der Prüfung macht die Rechtsprechung allerdings eine gewichtige Einschränkung: Es wäre mit den Aufgaben der Genehmigungsbehörde zur präventiven Gefahrenabwehr nicht vereinbar, wenn sie verpflichtet wäre, eine Genehmigung zu erteilen, obwohl diese offensichtlich rechtswidrig ist, weil sie eindeutig gegen eine zwingende Rechtsvorschrift verstößt. Es wäre widersinnig und läge weder im öffentlichen Interesse noch im Interesse des Bauherrn, wenn es der Genehmigungsbehörde untersagt wäre, diesen Rechtsverstoß zum Anlass für die Verweigerung einer Genehmi- 18

6 Vgl. VGH Mannheim Beschl. v. 5.2.2015 – 10 S 2471/14, DVBl 2015, 579; OVG Münster Beschl. v. 31.7.2015 – 7 B 701/15, juris Rn. 7.

7 BVerwG Beschl. v. 16.1.1997 – 4 B 244/96, NVwZ 1998, 58; VGH München Beschl. v. 23.4.2014 – 9 CS 14.222, juris Rn. 11.

8 Vgl. dazu auch OVG Münster Urt. v. 15.7.2013 – 2 A 969/12, juris Rn. 51; OVG Bautzen Beschl. v. 25.2.1998 – 1 S 38/98, BRS 60 Nr. 106; vgl. zum rheinland-pfälzischen Landesrecht auch: OVG Koblenz Beschl. v. 18.11.1991 – 8 B 11955/91, BRS 52 Nr. 148.

gung zu nehmen und sie verpflichtet wäre „sich künstlich dummzustellen". Denn sie müsste sofort nach Beginn der Ausnutzung der Genehmigung, erst recht bei Aufnahme der Nutzung, wegen des Verstoßes gegen öffentlich-rechtliche Vorschriften zur Gefahrenabwehr repressiv gegen den Bauherrn vorgehen – dieser könnte der Verfügung die Existenz der Genehmigung (mangels Feststellungswirkung hinsichtlich dieser nicht geprüften Bestimmung) nicht entgegenhalten. Deshalb ist anerkannt, dass die Genehmigungsbehörde zur Prüfung der Vorschriften und gegebenenfalls Verweigerung der Genehmigung berechtigt und verpflichtet ist, wenn die Gefährdung hochwertiger Rechtsgüter wie Leben oder Gesundheit von Menschen droht.[9] Dem Bauherrn fehlt in solchen Fällen das für den Anspruch auf Erteilung eines begünstigenden Verwaltungsaktes stets erforderliche Sachbescheidungsinteresse, so dass die Genehmigung zu versagen ist.[10]

19 Erst recht muss diese Ausnahme gelten, wenn die Bauordnung der Genehmigungsbehörde ausdrücklich das Recht gibt, auch dann einen Bauantrag abzulehnen, wenn das Bauvorhaben gegen sonstige, außerhalb des **obligatorischen Prüfungsrahmen**s liegende öffentlich-rechtliche Vorschriften verstößt (so zB Art. 68 Abs. 1 Satz 1 Hs. 2 BayBO).

20 **cc) Sog. Etikettenschwindel und bloße Zielvorgaben.** Grundsätzlich ist davon auszugehen, dass der Berechtigte die Genehmigung nur in der Form ausnutzt, die durch sie **erlaubt** wird. Deshalb sind Unterstellungen, die in eine andere Richtung gehen, irrelevant.

21 In besonders gelagerten Fällen des **sogenannten Etikettenschwindels** macht die Rechtsprechung hiervon eine Ausnahme. Ein solcher Etikettenschwindel liegt vor, wenn ein Bauvorhaben mit seinem – wirklich beabsichtigten – Nutzungszweck unzulässig ist und deshalb eine zulässige Nutzung vorgeschoben wird. Dann kann ausnahmsweise ein „Durchgriff auf das wirklich Gewollte" vorgenommen werden. Die Rechtfertigung dafür liegt in Folgendem: Die Bauaufsichtsbehörde darf sich nicht zulasten betroffener Nachbarn auf den formalen Standpunkt stellen, sie habe lediglich eine nach dem Gesetz zulässige Nutzung antragsgemäß genehmigt, wenn bereits jetzt zu erwarten ist, dass der Bauherr eine hiervon abweichende (unzulässige) Nutzung aufnehmen wird und der „Schwarze Peter" dem Nachbarn zugeschoben wird. Das wäre mit dem **Gebot der Gewährung eines effektiven Rechtsschutzes** des Nachbarn nicht vereinbar. Dies gilt jedenfalls dann, wenn bereits den Bauvorlagen zu entnehmen ist, dass die genehmigte Nutzung in Wahrheit gar nicht beabsichtigt ist, sondern lediglich deklariert wird, um das Vorhaben genehmigungsfähig erscheinen zu lassen.

22 **Beispiel:**[11] In der Abstandsfläche ist nach der Bezeichnung im Bauschein und den übrigen zur Baugenehmigung gehörenden Bauvorlagen ein Gartengerätehaus/Abstellgebäude mit Glastüren und bodentiefen Fenstern für Pflanzen und Gartenmöbel genehmigt worden. Ein solches Gebäude ist gemäß dem einschlägigen Abstandsflächenrecht in der Abstandsfläche und ohne eigene Abstandsflächen zulässig, sofern (wie hier) die vorgegeben Maße eingehalten werden. Der Nachbar wandte sich gegen die Genehmigung mit dem Argument, das Gebäude solle zu anderen Zwecken, unter anderem – unzulässigerweise – als Aufenthaltsraum, genutzt werden. Das Gericht verneinte einen **Etikettenschwindel**. Es befand, aus der den Bauvorlagen zu entnehmenden Ausgestaltung des Gebäudes lasse sich nicht entnehmen, dass die Nutzung als Abstellgebäude nur vorgeschoben sei. Dem Bauherrn sein unbenommen, ein Gartenhaus zu Abstellzwecken aufwendig und kostspielig zu gestalten, etwa weil er es dem äußeren Erscheinungsbild an sein Wohnhaus (in dem hier gegebenen Villenviertel) anpassen wolle.

23 Ähnliches gilt, wenn eine Baugenehmigung mit **Nebenbestimmungen** zur Einhaltung bestimmter Immissionsrichtwerte versehen wird, die, wenn sie sich als bloße **Zielvorgaben** erweisen, von vornherein ungeeignet sind, einen ausreichenden Nachbarschutz sicherzustellen. Auf derartige Nebenbestimmungen kann es für die Beurteilung der Rechtmäßigkeit der Baugenehmigung nicht entscheidend ankommen, wenn und so-

9 Vgl. OVG Münster Urt. v. 26.6.2014 – 7 A 2057/12, juris Rn. 59.

10 Vgl. auch OVG Hamburg Urt. v. 30.3.2011 – 2 Bf 374/06, juris Rn. 57; OVG Koblenz Urt. v. 22.10.2008 – 8 A 10942/08, juris Rn. 28.

11 Nach: VG Köln Urt. v. 1.10.2013 – 2 K 6059/12, juris Rn. 20.

weit sie im Widerspruch zu dem genehmigten Vorhaben stehen und im Falle der bestimmungsgemäßen Nutzung der genehmigten Anlage aus tatsächlichen Gründen überhaupt nicht eingehalten werden können.[12]

dd) Modifizierende Auflagen, Inhaltsbestimmungen und „echte" Auflagen. In problematischen Bereichen kann die Beifügung einer sachgerechten **Nebenbestimmung** (zB einer Auflage) eine nicht nur sinnvolle, sondern sogar **zur Wahrung von Nachbarrechten** gebotene „flankierende Maßnahme" sein, um auf diese Weise dem Bauvorhaben eine Genehmigungsfähigkeit und Nachbarrechtskonformität zu sichern oder zu verschaffen, die ohne dieses Bestimmung nicht gegeben wäre. So kann die Baugenehmigung für einen Bolzplatz, die keine Nebenbestimmungen zum Schutze der benachbarten Anlieger enthält (Begrenzung des Personenkreises, Regelung der Öffnungszeiten usw), gegen das **Gebot der Rücksichtnahme** verstoßen.[13] 24

Hält der Bauherr sich nicht an die einer Baugenehmigung (zB zum Immissionsschutz) beigefügte Auflage oder führt er das Bauvorhaben sonst abweichend von der Genehmigung aus, wird dadurch die **Rechtmäßigkeit der Genehmigung** nicht in Frage gestellt. Entscheidend ist vielmehr allein, ob nach dem Inhalt der Baugenehmigung die Auflagen so festgelegt wurden, dass sie den Nachbarn ausreichend schützen und bei ordnungsgemäßem Betrieb erfüllt werden können.[14] 25

Der nahezu exzessive Umgang mit den Mitteln der „Nebenbestimmungen" ist allerdings nicht unbedenklich. Dabei tragen die so bezeichneten Nebenbestimmungen oftmals diese Bezeichnung nicht zu Recht. 26

(1) Qualifikation als „Auflage". Im Hinblick auf den öffentlich-rechtlichen Nachbarschutz ist bedeutsam, welchen **rechtlichen Charakter** die Ergänzung zur Genehmigung wirklich hat. Denn ihre Qualifikation wirkt sich auf die Rechtsschutzmöglichkeiten im Falle ihrer Nichteinhaltung aus.[15] 27

Aus der Sicht des Nachbarn ist die Unterscheidung zwischen **modifizierender Auflage** und **„echter" Auflage** von großer Bedeutung, wenn die Modifikation/Regelung zur Wahrung seiner Rechte in die Genehmigung aufgenommen worden ist und der Bauherr sie nicht erfüllt hat. 28

Handelt es sich um eine modifizierende Auflage, hat also die Genehmigungsbehörde ein anderes Vorhaben genehmigt als der Bauherr beantragt hatte, und verwirklicht der Bauherr nicht das genehmigte, sondern das ursprünglich beabsichtigte Vorhaben, ist das verwirklichte zum einen formell illegal. Allein die **formelle Illegalität** hat allerdings keine Nachbarrelevanz. Wenn die Behörde die Änderung vorgenommen hat, weil ansonsten Nachbarrechte verletzt wären, wird der Nachbar durch eine die Änderungen nicht verwirklichende Bauausführung in seinen subjektiven öffentlichen Rechten verletzt. Er kann ein **bauaufsichtliches Einschreiten** verlangen – wenn nicht die Behörde ohnehin von Amts wegen einschreitet (was sie müsste). 29

Handelt es sich hingegen um eine wirkliche, dem Nachbarschutz dienende Nebenbestimmung, kann der Nachbar auf der **Einhaltung** der zu seinen Gunsten in die Genehmigung aufgenommenen Regelung **bestehen** und erforderlichenfalls im Wege der **Verpflichtungsklage** die Behörde verpflichten, gegenüber dem Bauherrn die Einhaltung der Auflage durchzusetzen. 30

Oftmals stellen sich die als „Auflage" bezeichneten Ergänzungen (sofern sie sich nicht in Wirklichkeit lediglich als Hinweise auf eine ohnehin bestehende Rechtslage erweisen) rechtlich betrachtet als **Änderung des Bauvorhabens** dar. Das ist mit Blick auf das Wesen des Baugenehmigungsverfahrens problematisch. Denn eine Baugenehmigung ergeht nur auf Antrag,[16] sie ist ein **mitwirkungsbedürftiger Verwaltungsakt**. Dies hat seinen Grund darin, dass nicht die Behörde bestimmen kann, ob und was an baulichen Anlagen errichtet werden soll, sondern dieses Recht allein dem Bauherrn zusteht. Hat dieser sich zu diesem grundsätzlichen Schritt entschieden, beschreibt er das Vorhaben in seinem Antrag an die Genehmigungsbehörde, die über die Genehmigungsfähigkeit des Vorhabens befindet. Der Gegenstand der Baugenehmigung wird 31

12 So zB OVG Magdeburg Beschl. v. 4.5.2006 – 2 M 132/06, juris Rn. 6 ff.
13 OVG Münster Urt. v. 8.7.1986 – 11 A 1288/85, BRS 46, Nr. 46.
14 Vgl. VGH München Beschl. v. 27.11.2008 – 1 ZB 06.594, juris Rn. 24.
15 S. hierzu: *Lange/Kosczynski-Wagner* DVP 2019, 390; *Laubinger* VerwA 1982, 345.
16 Vgl. zB § 68 Abs. 1 Musterbauordnung, § 69 Abs. 1 S. 1 BauO NRW.

durch den Bauantrag des Bauherrn bestimmt, und die Baugenehmigungsbehörde darf kein vom Bauantrag abweichendes Vorhaben genehmigen.[17] Ist es in der von dem Bauherrn geplanten Form nicht genehmigungsfähig, kann der Bauherr das gesamte Vorhaben aufgeben oder es so weit umplanen, dass es genehmigungsfähig ist. Dann beginnt auf Antrag eine bauaufsichtliche Prüfung dieses erneuten Bauantrags.

32 **(2) Modifizierende Auflage.** In vielen Fällen ist es allerdings üblich, dass die Behörde, anstatt den Antrag abzulehnen, ein bislang nicht genehmigungsfähiges Vorhaben durch sogenannte **Grüneintragungen** in den Bauzeichnungen und entsprechende textliche Ausführungen in der Genehmigung in ein genehmigungsfähiges verändert und dieses sogleich genehmigt. Soweit die Änderungen über bloße Marginalien hinausgehen ist diese – aus vermeintlicher Bürgernähe geübte und oftmals zu Unrecht als Vermeidung von „bloßem Formalismus" gerechtfertigte – Praxis aus den genannten, in der Struktur des Genehmigungsverfahrens angelegten Gründen rechtlich nicht unproblematisch.

33 Eine solche Änderung wird als „modifizierende Auflage" bezeichnet. Dieser Begriff ist insoweit irreführend, als es sich nicht wirklich um eine Auflage im Sinne des § 36 VwVfG handelt (s. dazu sogleich → Rn. 38). Richtig an dem Begriff ist allerdings, dass eine **Modifikation** erfolgt; denn das Vorhaben wird geändert. Sinngemäß erklärt die Genehmigungsbehörde mit der modifizierenden Auflage, dass das Vorhaben „so nicht" genehmigungsfähig ist, „stattdessen" aber ein (etwas) anderes Vorhaben genehmigungsfähig wäre und gewissermaßen mit der Genehmigung „angeboten" wird.[18] Zur Abgrenzung einer Auflage von einer Bedingung kann diese von Friedrich Carl von Savigny entwickelte Formel dienen: „Die Bedingung suspendiert, zwingt aber nicht; der Modus (gemeint ist damit die Auflage) zwingt, suspendiert aber nicht."[19] Mit dieser Formel soll ausgedrückt werden, dass die Rechtswirkungen eines bedingten Verwaltungsakts erst eintreten, wenn die Bedingung erfüllt ist. Die Auflage lässt hingegen die Rechtswirkungen des (Haupt-) Verwaltungsakts unberührt, kann dafür aber auch selbstständig durchgesetzt werden.

34 **Beispiel zur Abgrenzung einer „echten" Auflage von einer modifizierenden Auflage:**[20] Eine Baugenehmigung enthält den Zusatz „Der Baukörper ist, um die Abstandsfläche einzuhalten, um 30 cm nach Norden zu verschieben". Mit der **Änderung** soll subjektiven Nachbarrechten Rechnung getragen werden. Das genehmigte Vorhaben ist allerdings ein anderes als das beantragte.

35 **(3) Folgen.** Führt der Bauherr das von der Behörde „angebotene" Vorhaben aus, bestehen keine weitergehenden Probleme. Denn mit der Verwirklichung des von der Behörde „angebotenen" Vorhabens erklärt der Bauherr, dass er sich diesen „Vorschlag" zu eigen macht. Der rechtliche Makel bleibt ohne Folgen, da auch rechtwidrige Verwaltungsakte in **Bestandskraft** erwachsen können. (Man könnte auch konstruieren, dass sie spätere genehmigungskonforme Bauausführung konkludent – rückwirkend – den Bauantrag darstellt oder ersetzt.)

36 Führt allerdings der Bauherr das zur Genehmigung gestellte Vorhaben aus, ohne die Modifikation (und damit die abändernde Genehmigung) zu beachten, verwirklicht er ein anderes Objekt als das genehmigte; er errichtet einen **Schwarzbau**. Dies berechtigt die Bauaufsicht zu den nach Landesrecht vorgesehenen bauaufsichtlichen Maßnahmen. Sofern die Behörde nicht von Amts wegen tätig wird, kann ein Nachbar, sofern dessen Rechte verletzt werden, ein **bauaufsichtliches Einschreiten** verlangen (vgl. dazu ab → Rn. 66).

37 Hält der Bauherr an seinem ursprünglichen (von der Genehmigungsbehörde sinngemäß abgelehnten) Vorhaben fest, steht ihm das Rechtsmittel offen, **auf Erteilung einer Genehmigung** für eben dieses Vorhaben (ohne die Modifikation) zu **klagen**.

---

17 Vgl. BVerwG Urt. v. 4.7.1980 – 4 C 99.77, NJW 1981, 776.

18 S. *Reichel/Schulte* BauordnungsR-HdB 14. Kapitel Rn. 46; OVG Magdeburg Urt. v. 20.4.2016 – 2 L 64/14, juris Rn. 48; zur Abgrenzung s. auch BVerwG Urt. v. 17.10.2012 – 4 C 5/11, BVerwGE 144, 341; VG Lüneburg Urt. v. 7.5.2015 – 2 A 210/12, juris Rn. 56.

19 *von Savigny*, System des heutigen Römischen Rechts, Band 3, 1840, S. 231.

20 Abgewandelt nach *Reichel/Schulte* BauordnungsR-HdB 14. Kapitel Rn. 46.

(4) „Echte" Auflage. Von der modifizierenden Auflage ist die **„echte" Auflage** im Sinne von § 36 VwVfG abzugrenzen. Sie ist nur anzunehmen, wenn deutlich erkennbar neben die – uneingeschränkte – Genehmigung des beantragten Bauvorhabens selbstständig ein **weiteres bauaufsichtliches Verlangen** tritt. Die Behörde erklärt in diesem Fall, dass das Vorhaben genehmigt wird, aber außerdem noch etwas anderes geschehen muss („Ja, aber außerdem: ..."). Solche Auflagen, die diesen Namen wirklich verdienen, sind eher selten. Sie stellen selbstständige, **isoliert anfechtbare Verwaltungsakte** dar. Der Erfolg einer von dem Bauherrn gegen sie erhobenen Anfechtungsklage hängt insbesondere davon ab, ob die Baugenehmigung ohne die hinzugefügte Auflage rechtmäßig wäre, ob also die Auflage als Nebenbestimmung erforderlich ist, um die Rechtmäßigkeit der Genehmigung sicherzustellen. Ob eine modifizierende Auflage der ersten Art oder eine „echte Auflage" der zweiten Art vorliegt, ist im Wege einer **Auslegung** zu ermitteln; der von der Behörde benutzte Begriff stellt allenfalls ein Indiz dar.[21] 38

(5) Baunachbarrechtliche Beachtlichkeit einer Auflage. Die einer Baugenehmigung beigefügte **Auflage** (als modifizierende Auflage oder als „echte" Auflage) muss **geeignet** sein, Nachbarrechte ausreichend zu wahren. Andernfalls kann sie keinen wirksamen Beitrag zur Rechtmäßigkeit der Genehmigung leisten. 39

Soweit Auflagen im Hinblick auf **Nachbarschutz** in Genehmigungen aufgenommen werden, haben sie zumeist das Ziel, vor unzumutbaren Lärmimmissionen zu schützen. 40

Wird beispielsweise in eine Baugenehmigung die Bestimmung aufgenommen, dass der Beurteilungspegel der vom Gesamtbetrieb einschließlich des Fahrverkehrs ausgehenden Geräusche an den nördlich des Betriebsgeländes gelegenen Wohngebäuden den Immissionsrichtwert für die Nacht von 45 dB(A) nicht überschreiten darf, so ist eine derartige Bestimmung im Grundsatz zum Nachbarschutz geeignet, wenn die Anlage **bei regelmäßigem Betrieb** so genutzt werden kann, dass die entstehenden Immissionen die für die Nachbarschaft maßgebliche Zumutbarkeitsgrenze nicht überschreiten. Sie muss **zur Konfliktbewältigung realistischer Weise geeignet** sein; andernfalls ist die Baugenehmigung rechtswidrig und vom Nachbarn mit Erfolg anfechtbar.[22] 41

Eine Auflage ist hingegen unbeachtlich, wenn sie zB die Geräusche nicht wirksam auf ein dem Nachbarn zumutbares Maß begrenzt. Überschreiten die bei der Nutzung einer Anlage entstehenden Immissionen bei **regelmäßigem Betrieb** die für die Nachbarschaft maßgebliche Zumutbarkeitsgrenze, dann genügt es zur Sicherung der Nachbarrechte nicht, in der Baugenehmigung den maßgeblichen Immissionsrichtwert als Grenzwert festzulegen (und womöglich „weitere Nebenbestimmungen vorzubehalten"). Vielmehr muss die genehmigte Nutzung schon in der Baugenehmigung durch konkrete Regelungen eingeschränkt werden.[23] Die **Zielvorgabe** unrealistischer oder nicht kontrollierbarer Werte ist nicht geeignet, Nachbarrechte zu schützen und deshalb unbeachtlich.[24] 42

Auflagen, die das Vorhaben so weit verändern, dass das zur Genehmigung gestellte Vorhaben nicht mehr dem wirklichen Typ solcher Gewerbebetriebe entspricht, sind nachbarrechtswidrig und unzulässig. Diese rechtlich gebotene, sogenannte **typisierende Betrachtung** entspricht einem praktischen Bedürfnis bei der Rechtsanwendung. Denn nur bei Anwendung dieser Grundsätze ist eine klare Unterscheidung der in einer bestimmten Umgebung zulässigen Vorhaben von den unzulässigen möglich. Durch eine stark individualisierte, **„maßgeschneiderte" Baugenehmigung** mit zahlreichen Nebenbestimmungen, mit der ein Vorhaben für eine an sich ungeeignete Umgebung passend gemacht werden soll, entstehen unweigerlich Schwierigkeiten bei der späteren Überwachung des Betriebes. Die Einhaltung immissionsrelevanter Nebenbestimmungen bedarf nämlich einer ständigen, nur schwer praktikablen Überwachung. Das stellt einen Verstoß gegen das Rücksichtnahmegebot dar und kann zB in einem im Zusammenhang bebauten Bereich (§ 34 43

---

21 Beispiele zur Abgrenzung in *Schulte Beerbühl* Rn. 73 ff.

22 Vgl. zB VG Hamburg Beschl. v. 12.2.2016 – 7 E 6816/15, juris Rn. 95.

23 OVG Münster Beschl. v. 29.1.2016 – 2 A 2423/15, juris Rn. 10; VGH München Urt. v. 18.7.2002 – 1 B 98.2945, BRS 65 Nr. 190.

24 Weiteres Beispiel für eine ungeeignete Auflage: OVG Münster Urt. v. 10.8.2007 – 10 B 401/07, juris Rn. 19 ff.

BauGB) dazu führen, dass das Vorhaben in dem Wohngebiet trotz bescheinigter Einhaltung der Immissionsrichtwerte sich nach der Art der baulichen Nutzung nicht in die nähere Umgebung einfügt.[25]

44 Die Auflage, Fenster und Türen eines Veranstaltungsraumes nachts stets geschlossen zu halten, ist **emissionswirksam und üblich**. Auch die Einhaltung des Verbotes einer Nutzung einer zugehörigen Dachterrasse während der Nachtstunden, erscheint nicht von vorneherein ausgeschlossen. Die in dem Verfahren von dem Nachbarn vorgebrachten Bedenken gegen die Einhaltung der Nebenbestimmungen in der Baugenehmigung sind nicht geeignet, von vorneherein eine Rechtswidrigkeit der Baugenehmigung zu begründen. Verstöße gegen die geeigneten und erfüllbaren Nebenbestimmungen berühren die Rechtmäßigkeit der Baugenehmigung nicht, sondern betreffen allenfalls deren Vollzug. Sie sind gegebenenfalls ordnungsrechtlich zu verfolgen und zu ahnden und führen nicht zur Rechtswidrigkeit der Baugenehmigung mit ihren Nebenbestimmungen.[26]

45 **c) Bauvorhaben als einheitliches Ganzes.** Gegenstand der Anfechtung ist regelmäßig das **Vorhaben als einheitliches Ganzes**.

46 Das gilt zum einen dann, wenn die einzelnen Teile des Vorhabens unter Nutzungsgesichtspunkten eine enge funktionale Verbindung aufweisen. Dies ist gegeben, wenn der eine Bestandteil ohne den anderen baurechtlich nicht zulässig ist. So kann beispielsweise ein Bauvorhaben nicht ohne eine **notwendige Garage** bzw. einen **Stellplatz** betrachtet werden. Wird die einzige notwendige Garage bzw. der Stellplatz beseitigt (bzw. soll sie beseitigt werden) und besteht keine Möglichkeit zur Kompensation, steht die Legalität des gesamten Bauvorhabens in Frage.

47 Die Einheitlichkeit des Vorhabens kann sich außerdem aus dem ausdrücklich geäußerten oder jedenfalls erkennbaren **Willen des Vorhabenträgers** ergeben.[27] Es ist dessen Sache, durch seinen Genehmigungsantrag den Inhalt des Vorhabens festzulegen, soweit er sich dabei innerhalb der Grenzen hält, die einer Zusammenfassung oder Trennung objektiv gesetzt sind. Ob bei einer technisch und rechtlich teilbaren Anlage die einzelnen Teile bzw. deren Änderung zur Genehmigung gestellt sind und daher jeder für sich ein „Vorhaben" ist oder ob die gesamte Anlage bzw. deren Änderung als ein einziges „Vorhaben" Gegenstand der Beurteilung sein soll, bestimmt der Bauherr.[28]

48 Das hat auch Auswirkungen auf eine Aufhebungsentscheidung des Gerichts: Wenn nach gedachter **Teilaufhebung** der bestehenbleibende Genehmigungsrest sinnvoller- oder rechtmäßiger Weise nicht existieren kann, ist die Teilaufhebung materiellrechtlich unzulässig.[29]

49 **d) Wirksamkeit und Fortbestand der Genehmigung.** Der Nachbar braucht eine Baugenehmigung, die ihre **Wirksamkeit verloren** hat, nicht anzufechten. Er kann es auch zulässigerweise nicht; denn der Anfechtungsgegenstand existiert nicht. Allenfalls ist eine Klage auf Feststellung, dass eine Genehmigung für das Vorhaben nicht (mehr) existent sei, zulässig, unter Umständen sogar auf Beseitigung der (formell und materiell illegalen) Anlage.

50 Im Rahmen des öffentlichen Baunachbarrechts kommt als Grund für das Unwirksamwerden einer Baugenehmigung insbesondere ein Unwirksamwerden durch **wesentliche Änderung** des genehmigten Vorhabens in Betracht:

51 **aa) Unwirksamwerden durch Änderung des Vorhabens.** Auch vor und unabhängig vom Ablauf der Geltungsdauer einer Baugenehmigung kann diese durch **eigene Maßnahmen** des Bauherrn unwirksam werden. Die in der Baugenehmigung enthaltene Baufreigabe und die Legalisierungswirkung mit ihrer Feststellung, dass das Vorhaben im Zeitpunkt der Genehmigung mit den öffentlich-rechtlichen Vorschriften in

25 Zu einem solchen Fall vgl. OVG Münster Urt. v. 21.3.1995 – 11 A 1089/91, juris Rn. 10.
26 VG Ansbach Beschl. v. 29.3.2016 – AN 9 S 15.02341, juris Rn. 103.
27 OVG Münster Urt. v. 15.7.2013 – 2 A 969/12, juris Rn. 115.
28 BVerwG Urt. v. 4.7.1980 – IV C 99.77, juris Rn. 11; OVG Münster Urt. v. 22.5.2014 – 8 A 3002/11, juris Rn. 61.
29 BVerwG Urt. v. 17.2.1984 – 4 C 70.80, juris Rn. 14.

Einklang steht, gelten nur für ein bestimmtes Vorhaben, nämlich dasjenige, für das der Bauherr die Genehmigung beantragt und für das sie erteilt worden ist. Ein von dem genehmigten Vorhaben **abweichendes Baugeschehen**, sei es Gegenstand einer weiteren Genehmigung oder eigenmächtig durchgeführt, ist von der Genehmigung nicht gedeckt und kann deshalb nicht Gegenstand einer Anfechtungsklage (§ 42 VwGO) und eines Antrags auf Anordnung der aufschiebenden Wirkung (§§ 80 Abs. 5, 80a VwGO) sein.

Kleinere Änderungen, die das Gesamtvorhaben in seinen Grundzügen nur unwesentlich berühren, führen nicht zu einem von dem ursprünglichen Genehmigungsgegenstand wesensverschiedenen Vorhaben und wahren dessen **Identität**. 52

Von einer wesentlichen Änderung, einem **„aliud"**, ist immer dann auszugehen, wenn sich das neue Vorhaben in Bezug auf **baurechtlich relevante Kriterien** grundlegend von dem ursprünglich genehmigten Vorhaben unterscheidet. Das gilt für konstruktive Gesichtspunkte ebenso wie für die Nutzungsart. Dabei kommen nur solche Gesichtspunkte in Betracht, die für die Identität des Vorhabens wesentlich sind. 53

Ein baurechtlich relevanter Unterschied zwischen dem genehmigten und dem „neuen" Vorhaben ist anzunehmen, wenn sich für das neue Vorhaben die Frage der **Genehmigungsfähigkeit wegen geänderter tatsächlicher oder rechtlicher Voraussetzungen neu stellt**, dh eine erneute Überprüfung der materiellen Zulässigkeitskriterien erforderlich ist.[30] Dies folgt aus Sinn und Zweck der Baugenehmigung, die sicherstellen soll, dass nur solche Bauvorhaben zur Ausführung gelangen, deren Vereinbarkeit mit den öffentlich-rechtlichen Vorschriften von der Bauaufsichtsbehörde festgestellt worden ist.[31] Dies ist zB dann zu bejahen, wenn die Änderungen Auswirkungen auf Abstandsflächen haben.[32] 54

bb) Verfahrensmäßige Änderung des Vorhabens. Der Bauherr ist frei, während des Verfahrens oder nach dessen Beendigung für das Vorhaben eine **weitere Genehmigung** zu beantragen und damit das Vorhaben zu ändern, etwa um damit rechtlichen Bedenken zu entsprechen, oder weil er seine Planung aus sonstigen Gründen ändert. 55

Die Folgen einer solchen Änderung eines genehmigten Vorhabens hängen davon ab, wie das rechtliche **Schicksal der bisherigen Genehmigung** zu bewerten ist. Das ist anhand von § 43 Abs. 2 VwVfG zu beurteilen. Maßgeblich ist danach, ob aus dem nachfolgenden Verhalten des Bauherrn zu folgern ist, dass dieser auf die Baugenehmigung **verzichtet** hat oder die Genehmigung sich **auf sonstige Weise erledigt** hat. 56

Da es entscheidend auf den („wirklichen") **Rechtscharakter der Genehmigung** ankommt, ist eine **unrichtige Falschbezeichnung** unerheblich. Wenn etwa von einer „1. Änderung der Baugenehmigung vom ..." die Rede ist und damit suggeriert wird, es solle sich lediglich um einen Annex zur Ursprungsgenehmigung handeln, steht dies der Auslegung als neue, selbstständige Genehmigung nicht entgegen.[33] 57

Ändert der Bauherr das Vorhaben in einem oder mehreren wesentlichen Punkten, bringt er damit in der Regel zum Ausdruck, dass er das ursprünglich genehmigte Vorhaben nicht ausführen will. Er **verzichtet** auf die ihm erteilte Genehmigung und erklärt, er habe nunmehr ein anderes Vorhaben im Sinn. Die bisherige Genehmigung wird unwirksam. Deren Bedeutung besteht in diesem Fall allein darin, den Inhalt der neuen Genehmigung zu verdeutlichen. Dieser Inhalt ergibt sich aus den einzelnen Bauvorlagen für das frühere Vorhaben, soweit diese nicht von den Änderungen betroffen sind.[34] 58

---

30 ZB OVG Berlin-Brandenburg Beschl. v. 24.6.2014 – 10 S 29.13, juris Rn. 6; OVG Münster Beschl. v. 21.2.2007 – 10 A 27/07 -, juris Rn. 12 ff.; VGH München Beschl. v. 14.9.2006 – 25 CS 06.1474 -, juris Rn. 3 ff.; OVG Hamburg Beschl. v. 17.3.2004 – 2 Bs 13/04, juris Rn. 4.

31 VG Gelsenkirchen Urt. v. 19.1.2016 – 5 K 4164/12, juris Rn. 72, unter Hinweis auf OVG Münster Urt. v. 21.2.2007 – 10 A 27/07, juris Rn. 14.

32 Beispiele für wesentliche und unwesentliche Änderungen: VGH Mannheim Urt. v. 19.10.1995 – 3 S 2295/94, NVwZ-RR 1996, 485; VG Gelsenkirchen Urt. v. 26.1.2016 – 5 K 3162/11, 72 ff.; VG Köln Urt. v. 23.9.2015 – 23 K 3453/15, juris Rn. 19.

33 OVG Münster Beschl. v. 4.5.2004 – 10 A 1476/04, juris Rn. 6; VG Gelsenkirchen Urt. v. 19.1.2016 – 5 K 4164/12, juris Rn. 72.

34 OVG Münster Beschl. v. 4.5.2004 – 10 A 1476/04, juris Rn. 12.

59 Hat sich aus den bezeichneten Gründen die ursprüngliche **Genehmigung erledigt**, ist auch ein **baunachbarlicher Rechtsstreit** gegen die Genehmigung faktisch **erledigt**. Sinnvollerweise erklären die Beteiligten eines darüber anhängigen Rechtsstreits die Hauptsache für erledigt (§ 161 Abs. 1 VwGO),[35] wobei der beigeladene Bauherr als nicht Hauptbeteiligter des Gerichtsverfahrens die Erklärung nicht abzugeben braucht und dessen etwaige Weigerung unbeachtlich ist. Das Gericht hat in Anwendung des § 161 Abs. 1 VwGO eine Kostenentscheidung nach Billigkeitsgesichtspunkten zu treffen. Bei dieser wird es den mutmaßlichen Ausgang des Verfahrens ebenso in den Blick nehmen wie den Umstand, ob der beigeladene Bauherr die Genehmigung wegen rechtlicher Bedenken geändert hat und damit das erledigende Ereignis herbeigeführt hat, was oftmals zu demselben Ergebnis führen wird (wegen des Kostenrisikos des beigeladenen Bauherrn → Rn. 76 ff.).

60 Das prozessuale Schicksal eines das bisherige Vorhaben betreffenden Gerichtsverfahrens verändert sich durch die **unwesentliche Änderung** des Bauvorhabens nicht. Auch die Vollziehbarkeit (§ 212a Abs. 1 BauGB) dauert trotz der Änderung an. Ist seitens des Gerichts auf einen Nachbarantrag hin die aufschiebende Wirkung des Widerspruchs bzw. der Klage angeordnet worden, wird dies durch eine marginale Änderung des Vorhabens nicht beeinflusst.

3. Prozessrechtliche Empfehlung (Anträge)

61 ■ Im Falle der Anfechtung einer dem Bauherrn erteilten Genehmigung empfiehlt sich für den klagenden Nachbarn folgender Antrag:
Der Kläger (Nachbar) beantragt (zB):

1. Herrn/Frau/Firma … (= Inhaber der Baugenehmigung) dem Verfahren beizuladen,
2. die dem Beizuladenden erteilte Baugenehmigung vom … zur Errichtung/Nutzungsänderung des Gebäudes auf dem Grundstück Gemarkung …, Flur …, Flurstück … aufzuheben.

■ Aus der Sicht des beizuladenden Bauherrn:
Der Beigeladene muss sich entscheiden, ob er das Risiko auf sich nehmen will, dass er im Falle des Unterliegens an den dann zu tragenden Kosten – voraussichtlich zur Hälfte – beteiligt wird. Andererseits kann er nur in diesem Fall erwarten, dass auch seine eigenen außergerichtlichen Kosten für erstattungsfähig erklärt werden. Entscheidet er sich für eine Antragstellung, lautet sein Antrag, ebenso wie der Antrag des Beklagten:

Der Beigeladene beantragt,
die Klage abzuweisen.

■ Aus der Sicht des Beklagten:

Der Beklagte beantragt,
die Klage abzuweisen.

III. Geltendmachung eines Anspruchs auf Erteilung einer Baugenehmigung (Fallgruppe 2)

62 Die Geltendmachung eines behaupteten Anspruchs vor dem Verwaltungsgericht im Wege einer **Verpflichtungsklage** (§ 113 Abs. 5 VwGO), ist die Kehrseite der Anfechtungsklage. Sie kommt in Frage, wenn die zuständige Stelle trotz vermeintlicher Verpflichtung nicht im Sinne des Antrags tätig wird. Dies kommt infrage im Falle einer Ablehnung eines Bauantrags, weil, wie die Behörde geltend macht, die **Genehmigungsvoraussetzungen** nicht vorliegen. Statthaft ist der prozessual übliche Verpflichtungsantrag (§ 42 VwGO). Da diese Fallgruppe wenig Bezug zum Nachbarrecht hat, wird hierauf nicht weiter eingegangen.

35 S. hierzu *Burgi* DVBl 1991, 193.

IV. Der Rechtsschutz gegen eine auf Antrag des Nachbarn erlassene Ordnungsverfügung (Fallgruppe 3)

1. Die prozessualen Grundlagen

Erlässt die zuständige Behörde (auf Antrag des Nachbarn) gegen den Bauherrn eine **Ordnungsverfügung**, beispielsweise eine Beseitigungsverfügung mit Blick auf eine illegal an der gemeinsamen Grenze errichtete Anlage oder eine Nutzungsuntersagung wegen einer auf dem Grundstück des Bauherrn ausgeübten illegalen Nutzung, kann der Bauherr als Adressat der Ordnungsverfügung gegen diesen ihn belastenden Verwaltungsakt Anfechtungsklage (§ 113 Abs. 1 Satz 1 VwGO) einlegen. 63

Mit dem Erlass der Ordnungsverfügung kommt die Bauaufsichtsbehörde ihren Pflichten nach, darüber zu wachen, dass die öffentlich-rechtlichen Vorschriften eingehalten werden. Das Gericht prüft deshalb die nach Bauordnungsrecht bestehenden Tatbestandsvoraussetzungen der Ermächtigungsgrundlage sowie die auf dieser Grundlage ergriffenen Maßnahmen. Ob die Behörde auch deshalb handelt, weil ein Nachbar das Einschreiten verlangt hat, ist in der Regel unerheblich; maßgeblich ist, ob die Eingriffsvoraussetzungen erfüllt sind. Etwas anderes kann gelten, wenn sie ausweislich der **Ermessenserwägungen** allein im nachbarlichen Interesse tätig wird; dann überprüft das Gericht (vgl. § 114 VwGO) insbesondere die dieser Entscheidung zugrunde gelegten tatsächlichen und rechtlichen Annahmen. 64

2. Prozessrechtliche Empfehlungen (Anträge)

- Im Falle der Anfechtung einer gegen den Bauherrn ergangenen Ordnungsverfügung empfiehlt sich für den Bauherrn folgender Antrag: 65

  Der Kläger (Nachbar) beantragt (zB):

  die Ordnungsverfügung vom … aufzuheben.

  Ob in diesen Fällen das Verwaltungsgericht den Nachbarn beilädt, ist zweifelhaft. Falls dies geschieht, gilt für die Frage der Antragstellung und die Formulierung des Antrags das oben unter → Rn. 61 Gesagte.
- Aus der Sicht des Beklagten:

  Der Beklagte beantragt,

  die Klage abzuweisen.

V. Verpflichtungsklage auf bauaufsichtliches Einschreiten (Fallgruppe 4)

1. Prozessuale Grundlagen

Lehnt die zuständige Behörde den Antrag eines Nachbarn auf Erlass einer Ordnungsverfügung gegen den Bauherrn ab, kann der Nachbar **Verpflichtungsklage** auf **Erlass einer Ordnungsverfügung** erheben. 66

Die erforderliche **Klagebefugnis** ist gegeben, wenn der Nachbar geltend machen kann, dass ihm der Anspruch zusteht; ob dies wirklich der Fall ist, ist eine Frage der Begründetheit. 67

Eine Verpflichtungsklage ist allerdings trotz einer Rechtsverletzung des Nachbarn nicht erfolgreich, wenn eine das Vorhaben legalisierende (nicht nichtige) Genehmigung von dem Nachbarn nicht mehr angefochten werden kann. Hat dieser sein Anfechtungsrecht verloren (→ *Rechtsverlust und unzulässige Rechtsausübung* Rn. 1 ff.), scheidet auch der Erlass einer Beseitigungsverfügung oder Nutzungsuntersagung aus; dem entsprechend kann auch der Nachbar dieses nicht verlangen.[36] 68

Für den Erfolg einer solchen Verpflichtungsklage ist die Sach- und Rechtslage im **Zeitpunk**t der mündlichen Verhandlung vor dem Verwaltungsgericht maßgeblich. 69

36 OVG Münster Urt. v. 28.1.2016 – 10 A 447/14, juris Rn. 52.

70 Die Verpflichtungsklage ist **begründet**, wenn die Ablehnung oder Unterlassung des bauaufsichtlichen Einschreitens rechtswidrig und der Kläger dadurch in seinen Rechten verletzt ist. Das ist zu bejahen, wenn dem Kläger ein **Anspruch auf Einschreiten** zusteht. Dies wiederum setzt voraus, dass ein rechtswidriger Zustand herrscht, weswegen der Kläger in seinen subjektiven öffentlichen Rechten verletzt ist, und zudem das im Bauordnungsrecht grundsätzlich bestehende Ermessen „auf Null" reduziert ist. Ob eine Verletzung eines subjektiven öffentlichen Rechts zu bejahen ist, richtet sich danach, ob die verletzte Norm Nachbarschutz vermittelt. Insoweit gelten für die Verpflichtungsklage keine Besonderheiten gegenüber der Anfechtungsklage.

71 Hinsichtlich der **Ermessensreduzierung** ist zu berücksichtigen, dass sich das Ermessen auf die Entschließung und auf die Auswahl des Mittels beziehen kann und eine konkreter, auf eine bestimmte Maßnahme bezogener Verpflichtungsantrag nur begründet ist, wenn keine gleichermaßen effektive behördliche Maßnahme ersichtlich ist. Denn die Behörde schuldet dem Betroffenen Nachbarn nur das Ergebnis, nicht einen bestimmten Weg dorthin. Das – landesrechtlich mögliche – Anbieten eines **Austauschmittels** (zB nach § 21 Satz 2 des Gesetzes über Aufbau und Befugnisse der Ordnungsbehörden Nordrhein-Westfalen, § 20 Satz 2 des Gesetzes über Aufbau und Befugnisse der Ordnungsbehörden Brandenburg, § 7 Abs. 2 des Thüringer Gesetzes über die Aufgaben und Befugnisse der Ordnungsbehörden) seitens des Adressaten der Verfügung bleibt von einer solchen Tenorierung des Gerichts unberührt.

72 **Hauptbeteiligte** einer Verpflichtungsklage auf bauaufsichtliches Einschreiten sind der Kläger und die beklagte Behörde; der Bauherr ist notwendig beizuladen.

73 Besonderheiten bestehen im Falle einer **hoheitlich betriebenen Anlage**. Einer **Beiladung** bedarf es nicht, wenn die beklagte Behörde selbst Betreiber der Anlage ist und vom Gericht verlangt wird, gegen eine hoheitlich betriebene Anlage vorzugehen; denn die Beiladung, die dem Bauherrn die Möglichkeit geben soll, seine Recht zu verteidigen, ist nicht geboten, wenn die Rechtsverteidigung aufgrund der Beklagtenstellung ohnehin möglich ist.

74 In materiellrechtlicher Hinsicht folgt ein Anspruch auf Unterlassung (aktueller und) künftiger Störungen durch eine hoheitlich betriebene Anlage aus dem allgemeinen Abwehr-, Unterlassungs- und (Folgen-) Beseitigungsanspruch (*→ Öffentliche Einrichtungen und Anlagen* Rn. 6). Unabhängig davon, ob ein solcher Anspruch auf verfassungsrechtliche Grundlagen oder auf eine analoge Anwendung von § 1004 BGB oder auf seine gewohnheitsrechtliche Anerkennung gestützt wird,[37] setzt er voraus, dass zu besorgen ist, der Beklagte werde (künftig) durch sein hoheitliches Handeln rechtswidrig in die geschützte Rechts- und Freiheitssphäre des Nachbarn eingreifen. Allerdings ist der Anspruch ausgeschlossen, wenn der Eigentümer zur Duldung verpflichtet ist. Nach § 906 BGB kann der Eigentümer eines Grundstücks ua die Zuführung von Geräuschen von einem anderen Grundstück insoweit nicht verbieten, als die Einwirkung die Benutzung seines Grundstücks nicht oder nur unwesentlich beeinträchtigt. Das Gleiche gilt, wenn eine wesentliche Beeinträchtigung durch die ortsübliche Benutzung des anderen Grundstücks herbeigeführt wird und nicht durch Maßnahmen verhindert werden kann, die Benutzern dieser Art wirtschaftlich zumutbar sind. Maßstab für die Zumutbarkeit sind die Vorgaben nach dem Bundes-Immissionsschutzgesetz.

2. Prozessrechtliche Empfehlung (Anträge)

75 ■ Aus der Sicht des Klägers (Nachbarn):
Der Kläger (Nachbar) beantragt,
1. Herrn/Frau/Firma … (= Bauherr, Zustandsverantwortlicher, Verhaltensverantwortlicher) dem Verfahren beizuladen,

2a. (Beispiel 1)
den Beklagten zu verpflichten, dem Beizuladenden durch Ordnungsverfügung aufzugeben, die auf dessen Grundstück Gemarkung …, Flur…, Flurstück … errichtete Anlage (beispielsweise: errichtete Natursteinmauer) binnen einer von dem Beklagten festzusetzenden Frist zu beseitigen.

37 Siehe dazu: VG Saarlouis Urt. v. 30.1.2019 – 5 K 1533/17, juris Rn. 45.

2b. (Beispiel 2)
den Beklagten zu verpflichten, dem Beizuladenden durch Ordnungsverfügung aufzugeben, die auf dessen Grundstück ausgeübte Nutzung des Gebäudes (beispielsweise zu Wohnzwecken) binnen einer von dem Antragsgegner festzusetzenden Frist einzustellen.

2c. (Beispiel 3[38])
dafür zu sorgen, dass Lärm aus dem Gebäude der Justizvollzugsanstalt A-Stadt, L... Weg ..., A-Stadt, nicht bis zum Hausanwesen L... Weg X, A-Stadt, dringt, insbesondere nicht nachts zwischen 20.00 Uhr abends bis 07.00 Uhr morgens und an Sonn- und Feiertagen.

2d. (Beispiel 4[39])
bauaufsichtlich gegen das Bauvorhaben der Beigeladenen entsprechend der Genehmigungsfreistellung vom … einzuschreiten, soweit vorgesehen ist, die auf dem östlichen Grundstücksteil befindliche, in Nord-Süd-Richtung verlaufende Lärmschutzwand (2,5 m Höhe) nicht mit der dort ebenfalls geplanten, in West-Ost-Richtung verlaufenden Lärmschutzwand (1,2 m Höhe) zu verbinden.

- Aus der Sicht des beizuladenden Bauherrn:
(Der Beigeladene muss sich entscheiden, ob er das Risiko auf sich nehmen will, dass er im Falle des Unterliegens an den dann zu tragenden Kosten (vermutlich zur Hälfte) beteiligt wird. Andererseits kann er nur in diesem Fall erwarten, dass auch seine eigenen außergerichtlichen Kosten für erstattungsfähig erklärt werden. Entscheidet er sich für eine Antragstellung, lautet sein Antrag, ebenso wie der Antrag des Beklagten:)

  Der Beigeladene beantragt,

    die Klage abzuweisen.

- Aus der Sicht des Beklagten:

  Der Beklagte beantragt,

    die Klage abzuweisen.

VI. Einige Aspekte zum Baunachbarprozess

1. Beiladung

Die Beiladung ist ein wesentliches Element zur **Gewährleistung rechtlichen Gehörs**. § 65 VwGO unterscheidet zwischen der notwendigen Beiladung und der sogenannten einfachen Beiladung. 76

Die Beiladung dehnt nach § 121 VwGO die ansonsten auf die Hauptbeteiligten des Verfahrens beschränkte **Rechtskraftwirkung** eines Urteils oder Beschlusses auf den Beigeladenen aus. 77

a) Notwendige Beiladung. Ein Dritter ist in einem verwaltungsgerichtlichen (Klageverfahren oder Verfahren auf Gewährung vorläufigen Rechtsschutzes) stets beizuladen, wenn die Entscheidung auch ihm gegenüber **nur einheitlich ergehen kann** (§ 65 Abs. 2 VwGO). Maßgeblich ist, ob die Entscheidung unmittelbare Rechtswirkung ihm gegenüber entfaltet.[40] Die Gerichtsentscheidung gestaltet zwangsläufig auch dessen Recht, indem sie es bestätigt, feststellt, verändert oder aufhebt. Das Unterlassen einer Beiladung, wenn sie notwendig ist, stellt einen wesentlichen Verfahrensmangel dar. 78

Ergeht auf Initiative des Nachbarn hin eine **Ordnungsverfügung** an den Bauherrn und klagt dieser gegen sie, ist der Nachbar nicht notwendig beizuladen. Die den Bauherrn belastende Maßnahme mag sich zwar reflexartig als den antragstellenden Nachbarn begünstigende **Maßnahme darstellen. Die Entscheidung hat aber nicht zwingend** unmittelbare Auswirkung auf den Anspruch des Nachbarn. Denn die Klage kann auch unabhängig von der Stellung des Nachbarn Erfolg haben, etwa aus allgemeinen verwaltungsverfahrensrechtlichen Gründen. 79

---

38 Nach VG Saarlouis Urt. v. 30.1.2019 – 5 K 1533/17, juris Rn. 17, das diesen Antrag für sachdienlich, aber in der Sache nicht begründet hielt.

39 Beispiel nach: VG Schleswig Beschl. v. 2.5.2019 – 2 B 21/19, juris vor Rn. 1.

40 BVerwG Beschl. v. 9.3.1977 – I CB 41.76, NJW 1977, 1603.

80 Eine notwendige Beiladung liegt in diesen Fällen vor:

- Der Nachbar erhebt Klage gegen die dem Bauherrn erteilte Baugenehmigung oder stellt einen Antrag auf Anordnung der aufschiebenden Wirkung seines Rechtsbehelfs gegen diese. Die Aufhebung beziehungsweise Außervollzugsetzung hat unmittelbaren Einfluss auf dessen Recht. Der Bauherr ist notwendig beizuladen.
- Der Nachbar erhebt Klage gegen die Behörde mit dem Ziel, diese zu verpflichten, gegen den Bauherrn einzuschreiten, oder stellt einen hierauf bezogenen Antrag auf Erlass einer einstweiligen Anordnung. Der Bauherr ist notwendig beizuladen.
- Der Bauherr wendet sich mit einer Anfechtungsklage dagegen, dass die Genehmigungsbehörde auf den Widerspruch des Nachbarn hin die Baugenehmigung aufgehoben hat. Der Nachbar ist notwendig beizuladen.
- Der Bauherr klagt gegen eine Auflage in der Baugenehmigung, die allein dazu dient, die Einhaltung der Rechte eines bestimmten Nachbarn zu sichern. Dieser Nachbar ist notwendig beizuladen.

81 **b) Einfache Beiladung.** Eine einfache Beiladung kann erfolgen, wenn die **rechtlichen Interessen** eines Dritten durch die Entscheidung (lediglich) „berührt" werden. Dies ist anzunehmen, wenn das Unterliegen eines Hauptbeteiligten die **Rechtsposition des Dritten faktisch verbessern oder verschlechtern** kann. Das ist zB der Fall, wenn Gegenstand einer baurechtlichen Streitigkeit die Bebauung oder Nutzung eines Grundstücks ist, die sich auf das Grundstück eines Dritten positiv oder negativ auswirken kann.[41] Auch sonstige rechtliche Auswirkungen der Entscheidung können eine einfache Beiladung rechtfertigen.

82 Ob als **rechtliches Interesse** ausreicht, dass der mit der Betreuung des Vorhabens beauftragte Architekt oder Unternehmer ein **wirtschaftliches Interesse** an der Verwirklichung des Vorhabens hat, ist umstritten.[42]

83 Sind die rechtlichen Voraussetzungen für eine einfache Beiladung erfüllt, entscheidet das Gericht in Ausübung seines **Ermessens** über die Beiladung. Wegen des Ermessensspielraums stellt ihr Unterbleiben keinen Verfahrensmangel dar. Als maßgebliches Kriterium für eine einfache Beiladung kommt insbesondere die **Prozessökonomie** in Betracht. So spricht für eine Beiladung, dass durch die dadurch dem Beigeladenen gebotene Möglichkeit des eigenen Sachvortrags und der Äußerung der eigenen Rechtsansicht ein weiterer Streit vermieden werden kann. Andererseits bewirkt die Aufnahme eines weiteren Prozessbeteiligten oft unliebsame Verzögerungen und verursacht weitere Kosten für den Unterlegenen.

84 Im Falle der Anfechtung einer **von dem Nachbarn initiierten Ordnungsverfügung** sind rechtliche Interessen des Nachbarn berührt. Das OVG Münster hat mit Beschluss vom 4.2.2013[43] ausdrücklich seine frühere gegenteilige Rechtsprechung aufgegeben und übt sein Ermessen mittlerweile dahin aus, den Nachbarn beizuladen. Das Gericht gibt prozessökonomischen Erwägungen, die für eine Beiladung des Dritten sprechen, den Vorrang. Mit der Beiladung könne unter Umständen ein etwaig nachfolgender Prozess des Dritten auf bauordnungsrechtliches Einschreiten der Behörde gegen den Nachbarn vermieden werden. Der Dritte könne in dem aktuellen Streit vor allem auch zu einer unstreitigen Beendigung des Verfahrens im Sinne einer endgültigen Befriedung des konkreten Nachbarschaftsverhältnisses entscheidend beitragen. Vor diesem Hintergrund träten die gegen die Beiladung sprechenden Erwägungen, wie etwa die gegebenenfalls schwierigere Handhabung des Verfahrens durch das Hinzutreten eines weiteren Beteiligten, regelmäßig zurück.

2. Aufklärung der Sach- und Rechtslage

85 **a) Sachverhaltsfeststellung.** Im öffentlichen Baunachbarrecht kommt der **Sachverhaltsfeststellung** neben der Anwendung von Rechtsnormen eine bedeutende Rolle zu, die gerade von den betroffenen Nach-

---

41 OVG Münster Beschl. v. 4.2.2013 – 10 E 1265/12, juris Rn. 3; VGH Kassel Beschl. v. 29.8.1986 – 4 TH 1729/86, BRS Nr. 46 Nr. 187.

42 Wegen Einzelheiten dazu s. *Kopp/Schenke* VwGO § 65 Rn. 12 mwN.

43 Urt. v. 4.2.2013 – 10 E 1265/12, juris Rn. 8.

barn zu Recht eingefordert wird. Denn die Betroffenheit lässt sich ohne eine Veranschaulichung oder sogar eine förmliche Beweisaufnahme kaum feststellen. Mehr noch als viele andere Rechtsgebiete des öffentlichen Rechts arbeitet das öffentliche Baunachbarrecht mit **unbestimmten Rechtsbegriffen**, die ausgefüllt werden müssen und einer vollen richterlichen Überprüfung unterliegen, so zB: „rücksichtslos", „unzumutbar" und „Gefahr". Lediglich dort, wo der Gesetzgeber konkrete Bestimmungen über Nutzungen, Maßzahlen für einzuhaltende Entfernungen, Lärmwerte oder sonstige Umstände vorgegeben hat und damit gleichzeitig zum Ausdruck gebracht hat, dass deren Einhaltung vom Nachbarn hinzunehmen ist, erspart der Gesetzgeber dem Rechtsanwender die Einzelfallwürdigung. Allerdings gilt dies wiederum dann nicht, wenn das Gesetz gleichzeitig ein System von Befreiungen, Ausnahmen, Abweichungen oder Ähnlichem zur Verfügung stellt, das typischerweise wiederum unbestimmte Rechtsbegriffe enthält.

Im Verwaltungsverfahren und im Verwaltungsprozess gilt der **Untersuchungs- oder Amtsermittlungsgrundsatz.**[44] Darin unterscheiden sie sich unter anderem von der Zivilgerichtsbarkeit. Die Sachverhaltsermittlung ist Aufgabe der Behörde und im Streitfall des Gerichts. 86

Im Verwaltungsprozess findet der **Untersuchungsgrundsatz** oder **Amtsermittlungsgrundsatz** seine dogmatische Rechtfertigung insbesondere darin, dass die Gerichte in dem Spannungsverhältnis zwischen Staat und Bürger die Aufgabe haben, zu prüfen, ob die Verwaltung richtig gehandelt hat, als sie in die Rechte eines Bürgers eingriff oder ihm seinen geltend gemachten Anspruch verweigerte. 87

Weil das Gericht sich eine richterliche Überzeugung bilden muss, ist eine **Erforschung des Sachverhalts** geboten, die nicht aufhören darf, wo ein rechtlich Unerfahrener den Sachverhalt unvollständig vorträgt oder die Parteien sich über einen unzutreffenden Sachverhalt einig sind. Vielmehr darf und muss das Gericht darüber hinausgehen und – in dem Umfang, in dem das möglich und ihm zumutbar ist – nach der „wirklichen Wahrheit" suchen. 88

Prognose-Entscheidungen (zB zu der zu erwartenden Lärmbelastung) und Risikobewertungen, sofern ihre Rahmenbedingungen nicht vollständig durch Rechtsnormen vorgegeben sind, gehören zur Kompetenz der Verwaltung. Sie sind der Entscheidungsbefugnis der Gerichte entzogen und deshalb auch deren Sachverhaltsermittlung und schließlich auch der Amtsermittlungspflicht.[45] 89

Die Pflicht zur Ermittlung des Sachverhalts von Amts wegen besteht, wenn die Beteiligten den Sachverhalt in einem maßgeblichen Punkt unzureichend schildern, wenn sie den Sachverhalt zwar ausführlich, aber unterschiedlich darstellen, aber auch wenn sie den Sachverhalt zwar ausführlich und übereinstimmend darstellen, das Gericht aber nicht davon überzeugt ist, dass dies der Wahrheit entspricht. Das Gericht muss von sich aus den Sachverhalt soweit erforschen, bis es sich eine **richterliche Überzeugung** bilden kann. Das Gericht muss alle vernünftigerweise zur Verfügung stehenden Möglichkeiten einer Aufklärung des maßgeblichen Sachverhalts ausschöpfen, die geeignet sein können, die für die Entscheidung erforderliche Überzeugung des Gerichts zu begründen. Ist der Sachverhalt aufgeklärt, soweit es für die Rechtsansicht des Gerichts darauf ankommt, endet die Amtsermittlungspflicht.[46] 90

Die Gerichte sind nicht verpflichtet, jeder theoretisch denkbaren Sachverhaltsvariante nachzugehen. Das Gericht bestimmt Umfang und Art der Tatsachenermittlung nach **pflichtgemäßem Ermessen**. Das schließt die Beschränkung auf die dem Gericht vorliegenden Erkenntnismittel ein. Auch von den Beteiligten vorgelegte und zu den Akten genommene Karten, Lagepläne, Fotos und Luftbildaufnahmen können im Rahmen von § 86 Abs. 1 VwGO unbedenklich verwertbar sein, wenn sie die Örtlichkeit in ihren für die gerichtliche Beurteilung maßgeblichen Merkmalen so eindeutig ausweisen, dass sich der mit einer Ortsbesichtigung erreichbare Zweck mit ihrer Hilfe ebenso zuverlässig erfüllen lässt. Ist dies der Fall, bedarf es unter dem Gesichtspunkt des Untersuchungsgrundsatzes keiner Durchführung einer **Ortsbesichtigung**. Das gilt nur dann 91

44 S. zum Amtsermittlungsgrundsatz im Allgemeinen: BVerwG Urt. v. 16.5.2012 – 5 C 2/11, BVerwGE 143, 119.
45 BVerwG Urt. v. 17.4.2002 – 9 CN 1/01, BVerwGE 116, 188.
46 BVerwG Urt. v. 14.1.1998 – 11 C 11.96, BVerwGE 106, 115.

nicht, wenn ein Beteiligter geltend macht, dass die Karten oder Lichtbilder in Bezug auf bestimmte, für die Entscheidung wesentliche Merkmale keine Aussagekraft besitzen, und dies zutreffen kann.[47]

92 Die Pflicht zu Sachverhaltsaufklärung findet eine weitere Grenze in der **Unzumutbarkeit**. Diese kann sich insbesondere aus dem Prozessverhalten der Beteiligten ergeben. Allgemein gilt: Trotz des Untersuchungsgrundsatzes hat jeder Prozessbeteiligte im Rahmen seiner Möglichkeiten den Prozessstoff umfassend vorzutragen, also auch bei der Sachverhaltsaufklärung mitzuwirken. Das gilt insbesondere für Ereignisse, die in seine Sphäre fallen. Denn das Gericht darf in der Regel davon ausgehen, dass die Partei zumindest alle Beweismöglichkeiten aus ihrem Erkenntnisbereich substantiiert aufzeigt. Das Gericht muss, wenn kein Beweisantrag gestellt wird und auch keine **Beweisanregungen** erfolgen, nur dann von Amts wegen Beweis erheben, wenn sich ihm ein solches Vorgehen gleichwohl aufdrängen musste.[48] Der Beweisantrag ist förmlich spätestens in der mündlichen Verhandlung zu stellen. Das Gericht kann zum Beispiel unbeachtet lassen: Tatsachen, die nur der Beteiligte kennt, aber nicht nennt, Zeugen, deren Anschrift nur der Beteiligte kennt oder die er ohne Schwierigkeiten herausfinden kann, aber nicht nennt, Urkunden (zB über eine ein Vorhaben legitimierende Genehmigung), die nur der Beteiligte in Händen hält, aber nicht herausgibt. Das Gericht braucht diesen Fragen nicht weiter nachzugehen und es darf aus der fehlenden Mitwirkung des Beteiligten für seine richterliche Überzeugung Schlüsse zu ziehen.

93 Die Rechtsprechung ist besonders streng, wenn für einen Beteiligten ein **Rechtsanwalt** auftritt: Sie betont immer wieder, dass ein Tatsachengericht seine Aufklärungspflicht grundsätzlich dann nicht verletzt, wenn es von einer Beweiserhebung absieht, die eine anwaltlich vertretene Partei nicht beantragt hat. Eine in einer späteren Instanz erhobene Aufklärungsrüge ist erfolglos, wenn sie in Wirklichkeit nur dazu dient, „Versäumnisse eines anwaltschaftlich vertretenen Verfahrensbeteiligten in der Tatsacheninstanz zu kompensieren und insbesondere Beweisanträge zu ersetzen, die ein Beteiligter zumutbarer Weise hätte stellen können, jedoch zu stellen unterlassen hat“.[49] Etwas anderes folgt auch nicht aus dem Gebot effektiven Rechtsschutzes, denn dieses verlangt „keinen Schutz von Beteiligten, die ihre Obliegenheiten versäumen“.[50]

94 **b) Beweislast.** Zu den Mitteln, die im Rahmen der Amtsermittlung Bedeutung haben, gehört alles, was in einem verwaltungsgerichtlichen Verfahren in Frage kommt. Das sind zuallererst die Akten der Behörde. Weitere **Beweismittel** sind: der Beweis durch Vorlage einer Urkunde, der Beweis durch Augenschein, der Beweis durch das Gutachten eines Sachverständigen, der Zeugenbeweis und unter Umständen auch der Beweis durch Parteivernehmung.

95 Erst dann, wenn das Gericht – auf der Grundlage seiner Ansicht – alle erforderlichen und tatsächlich in Betracht kommenden Aufklärungsmöglichkeiten erschöpft hat und entscheidungserhebliche Tatsachen sich dennoch nicht aufklären ließen, ist eine Entscheidung nach der materiellen Beweislast zu treffen.

96 **c) Feststellung der Rechtslage.** Die **Feststellung der Rechtslage** obliegt selbstverständlich dem Gericht. Damit ist aber noch nicht die Frage beantwortet, welche Rechtsfrage das Gericht aufwerfen und beantworten muss.

97 Die Funktion eines gerichtlichen Verfahrens würde überspannt, wenn von ihm verlangt würde, zB in einer Nachbarstreitigkeit eine Baugenehmigung unter allen erdenklichen Gesichtspunkt einer in Betracht kommenden Nachbarrechtsverletzung zu überprüfen. Das gilt selbst auf die (pauschale) Geltendmachung von „Rücksichtslosigkeit“ oder „Unzumutbarkeit“ hin. Vielmehr ist es eine **Obliegenheit des Nachbarn**, dem Gericht zu verdeutlichen, unter welchem Gesichtspunkt das Vorhaben als rücksichtslos oder unzumutbar empfunden wird, etwa wegen der erdrückenden Wirkung des Baukörpers oder der erforderlichen Rangierbewegungen zu der benachbarten, zurückliegenden Stellplatzanlage.

47 BVerwG Beschl. v. 3.12.2008 – 4 BN 26.08, BRS 73 Nr. 91; s. auch BVerwG Beschl. v. 30.6.2014 – 4 B 51/13, BRS 82 Nr. 186.
48 Zu einem solchen Fall s. BVerwG Beschl. v. 20.12.2012 – 4 B 20.12, BRS 79 Nr. 73.
49 BVerwG Beschl. v. 25.1.2016 – 4 B 46/15, juris Rn. 6.
50 BVerwG Beschl. v. 9.3.2015 – 4 B 7/15, juris Rn. 4.

3. Vereinbarung über den Streitgegenstand

Die Beteiligten können in jeder Phase des gerichtlichen Verfahrens eine Vereinbarung über den Streitgegenstand treffen und auf diese Weise das Verfahren beenden. (Lediglich eine Klagerücknahme nach Stellung der Anträge in der mündlichen Verhandlung setzt die Einwilligung des Beklagten voraus, § 92 Abs. 1 Satz 2 VwGO). Dies kann durch einen gerichtlichen Vergleich (§ 106 VwGO) oder einen **außergerichtlichen Vergleich** erfolgen. Während der gerichtliche Vergleich unmittelbar das Verfahren beendet, bedarf es bei einem außergerichtlichen Vergleich (dieser ist lediglich eine Vereinbarung zwischen den Beteiligten) noch einer prozessbeendenden Erklärung. Diese kann in den beiderseitigen Erklärungen, dass die Hauptsache erledigt sei, oder in einer Klagerücknahme liegen. Dabei kann auch eine Vereinbarung über die Pflicht zur Tragung der Kosten (→ *Kosten* Rn. 42) getroffen werden. 98

Die Vereinbarung einer Gegenleistung, etwa als Ausgleich für entstandene Nachteile, ist nicht sittenwidrig und zieht nicht die Unwirksamkeit der Vereinbarung nach sich. Denn Art. 19 Abs. 4 GG untersagt es dem Einzelnen nicht, auf öffentlich-rechtliche Rechtsbehelfe zu verzichten, die der Wahrung seiner privaten Rechte und seiner geschützten Interessen dienen.[51] 99

51 BGH Urt. v. 11.12.1980 – III ZR 38/79, NJW 1981, 811.

102. Rechtsschutz, vorläufiger

Muthorst (ZR)/Schulte Beerbühl (ÖR)

Literatur: *Heberlein*, Der Verwaltungsakt mit Doppelwirkung im Sofortverfahren, BayVBl 1991, 396; *Pechstein*, Der einstweilige Rechtsschutz des Nachbarn im Baurechtsstreit, JuS 1989, 194; *Redeker*, Die Neugestaltung des vorläufigen Rechtsschutzes in der VwGO, NVwZ 1991, 526; *Schenke*, Probleme des vorläufigen Rechtsschutzes gemäß § 80 Abs. 5 VwGO, DVBl 1986, 859; *Schmaltz*, Probleme des vorläufigen Rechtsschutzes im Baunachbarrecht, DVBl 1992, 222, *Schubert*, Ende der aufschiebenden Wirkung bei Verwaltungsakten mit Doppelwirkung, NVwZ 1990, 638.

I. Zivilrecht

1 Während das Ziel des Rechtsstreits im Allgemeinen darin besteht, eine endgültige, rechtskräftige Entscheidung herbeizuführen, dient der vorläufige Rechtsschutz einer **einstweiligen Sicherung oder Regelung**. Zur Sicherung eines auf Geld gerichteten Anspruchs steht der Arrest gemäß §§ 916 ff. ZPO im Raum. Bei Handlungs- und Duldungspflichten, wie sie meist in nachbarrechtlichen Zusammenhängen geltend gemacht werden, kommen hingegen einstweilige Verfügungen gemäß §§ 935, 940 ZPO in Betracht.

1. Verfügungsanspruch: Besitzschutzansprüche und Ansprüche aus dem Eigentum

2 Jede einstweilige Verfügung setzt einen Verfügungsanspruch voraus. Es darf sich nicht um eine Geldforderung oder einen Anspruch handeln, der in eine Geldforderung übergehen kann (vgl. § 916 Abs. 1 ZPO),

weil dann der Arrest als Mittel des einstweiligen Rechtsschutzes grundsätzlich Vorrang hat. In Betracht kommt jeder materiellrechtliche **Anspruch auf Handlung, Duldung oder Unterlassung** als Verfügungsanspruch, unabhängig von der Art des Rechtsgrunds;[1] auch Besitzschutzansprüche und Ansprüche aus dem Eigentum, auch in Wohnungseigentumssachen.

2. Verfügungsgrund

Eine einstweilige Verfügung setzt ferner voraus, dass ein Verfügungsgrund gegeben ist, dh eine **Dringlichkeit**, die dann vorliegt, wenn zu besorgen ist, dass durch eine Veränderung des bestehenden Zustandes die Verwirklichung des Rechts einer Partei vereitelt oder wesentlich erschwert werden könnte (vgl. § 935 ZPO), bzw. wenn es gilt, wesentliche Nachteile abzuwenden (vgl. § 940 ZPO). 3

Zur Geltendmachung des schon nach materiellem Recht auf zügige Geltendmachung angelegten **Besitzschutzanspruchs** im Verfügungsverfahren bedarf es eines besonderen Verfügungsgrundes nicht.[2] Umgekehrt kann der Verfügungsgrund fehlen, wenn der Antragsteller durch sein eigenes Prozessverhalten die Vermutung der Dringlichkeit widerlegt.[3] 4

3. Inhalt der Verfügung

Die einstweilige Verfügung kann in der Form einer **Sicherungsverfügung** oder in der Form einer **Regelungsverfügung** ergehen. In Ausnahmefällen kommt noch eine **Leistungsverfügung** in Betracht. Eine Sicherungsverfügung ergeht mit Anordnungen, die eine nachteilige Veränderung des bestehenden Zustands verhindern sollen (§ 935 ZPO), eine Regelungsverfügung ergeht zum Zweck der Regelung eines einstweiligen Zustandes in Bezug auf ein streitiges Rechtsverhältnis (§ 940 ZPO). In Betracht kommt etwa ein Duldungsgebot zum Betreten des Nachbargrundstücks zur Vornahme von Reparaturarbeiten,[4] ferner eine Baueinstellung.[5] In besonderen Fällen kommt auch eine Leistungsverfügung in Frage, die der Befriedigung des Antragstellers dient. Sie setzt voraus, dass der Antragsteller dringend der sofortigen Erfüllung seines Anspruchs bedarf, die geschuldete Handlung sinnlos würde, müsste sie erst im Hauptsacheverfahren erstritten werden, und die dem Antragsteller aus der Nichtleistung drohenden Nachteile schwer wiegen und außer Verhältnis stehen zu dem Schaden, den der Antragsgegner erleiden kann.[6] 5

Bei Wegnahme einer Sache durch **verbotene Eigenmacht** kann dem Erlass einer auf Wiedereinräumung des Besitzes gerichteten einstweiligen Verfügung nicht entgegengehalten werden, sie führe bereits zur endgültigen Befriedigung des Gläubigers.[7] 6

Ein Unterlassungsanspruch nach **§ 907 Abs. 1 BGB** gegen die Errichtung oder Fertigstellung der Anlage kann im Wege der einstweiligen Verfügung durchgesetzt werden, nicht aber der Beseitigungsanspruch. Seine Sicherung kann durch eine einstweilige Verfügung erfolgen, die auf vorläufige Betriebseinstellung geht.[8] Zur Sicherung eines **Notwegerechts** kommt eine Unterlassungsverfügung in Betracht.[9] 7

Ist materiellrechtlich die Herbeiführung oder Beseitigung eines bestimmten **Zustandes** geschuldet, führt die Verurteilung in der Hauptsache nicht dazu, dass dem Schuldner konkret vorgeschrieben wird, durch welche Maßnahmen er den Zustand her- oder abzustellen hat. Erst im Zwangsvollstreckungsverfahren kann der Gläubiger auf eine konkrete Maßnahme hin antragen (§ 887 ZPO). Daher ist insbesondere bei der Im- 8

1 *Drescher* in MüKoZPO § 935 Rn. 7 f.
2 OLG Stuttgart Urt. v. 19.1.1996 – 2 U 164/95, NJW-RR 1996, 1516; OLG Düsseldorf Urt. v. 15.11.2001 – 10 U 125/01, NZM 2002, 192.
3 OLG Hamm Urt. v. 31.8.2006 – 4 U 124/06, NJW-RR 2007, 108.
4 *Huber* in Musielak/Voit ZPO § 938 Rn. 9.
5 *Drescher* in MüKo ZPO § 940 Rn. 12.
6 *Huber* in Musielak/Voit ZPO § 940 Rn. 14.
7 OLG Hamm Urt. v. 29.5.1991 – 30 U 105/91, NJW-RR 1991, 1526; OLG Düsseldorf Urt. v. 15.11.2001 – 10 U 125/01, NZM 2002, 192.
8 *Fritzsche* in BeckOK BGB § 907 Rn. 19.
9 OLG Frankfurt Urt. v. 27.5.1999 – 3 U 86/97, ZfIR 2000, 124; *Roth* in Staudinger BGB § 917 Rn. 46 aE.

missionsabwehr umstritten, ob durch einstweilige Verfügung konkrete Maßnahmen angeordnet werden dürfen.[10] Richtigerweise ist das zu bejahen: Zur Sicherung des Anspruchs (vgl. § 938 ZPO) kann auch dann die Anordnung konkreter Maßnahmen geboten sein, wenn die Auswahl unter mehreren gleich geeigneten Mitteln nach materiellem Recht dem Schuldner zusteht.[11] Es wäre umgekehrt ein unverhältnismäßiger Eingriff in die Rechtsposition des Schuldners, dem Gläubiger im Rahmen der Vollziehung die Wahl zu lassen. Bis zur Vollziehung steht es dem Schuldner ohnehin frei, den angeblich geschuldeten Erfolg durch eine andere Leistungshandlung herbeizuführen.[12]

4. Verfahren

9 Die einstweilige Verfügung ergeht auf **Antrag** („Gesuch", §§ 936, 920 ZPO). Der Antragsteller muss sein Rechtsschutzziel angeben (Angaben zum erstrebten Inhalt der einstweiligen Verfügung sind empfehlenswert),[13] sowie grundsätzlich Verfügungsanspruch und Verfügungsgrund glaubhaft machen. An die Glaubhaftmachung werden aus Gründen des materiellen Rechts im Fall des § 907 BGB besonders strenge Anforderungen gestellt.[14] Umgekehrt wird im Fall des Unterlassungsanspruchs nach § 909 BGB vertreten, dass wegen der häufig gegebenen Irreversibilität der Folgen und der Schwere drohender Schäden nicht zu strenge Maßstäbe angelegt werden sollen.[15] **Zuständig** ist das Gericht der Hauptsache (§§ 937 Abs. 1, 943 ZPO), in dringenden Fällen kann vorläufig auch das Gericht der belegenen Sache angerufen werden (§ 942 ZPO). **Zulässig** ist der Antrag auch dann, wenn der Antragsteller materiellrechtlich zur Selbsthilfe befugt wäre.[16]

10 Grundsätzlich hat eine **mündliche Verhandlung** über das Gesuch stattzufinden. In dringenden Fällen sowie dann, wenn der Antrag zurückzuweisen ist, kann die Entscheidung ohne mündliche Verhandlung ergehen (§ 937 Abs. 2 ZPO). Als eilbedürftig angesehen worden ist etwa eine Lärmschutzmaßnahme zur Beseitigung nächtlicher Störungen durch stündliche Pfauenschreie.[17]

11 Je nach Entscheidungsform kann die durch Erlass oder Versagung der einstweiligen Verfügung beschwerte Partei **Berufung** (§§ 511 ff. ZPO), **Beschwerde** (§§ 567 ff. ZPO) oder **Widerspruch** (§§ 936, 924 ZPO) erheben. Außerdem kommen Antrag auf Anordnung der Klageerhebung nach §§ 936, 926 Abs. 1 ZPO und Antrag auf Aufhebung wegen veränderter Umstände nach §§ 936, 927 ZPO in Betracht.

12 Die **Vollziehung** der einstweiligen Verfügung richtet sich nach ihrem Inhalt, der das zulässige Vollstreckungsziel definiert. Anwendbar sind dann die für das jeweilige Vollstreckungsziel maßgebenden Vorschriften (§§ 883 ff., 887 f., 890 ZPO).

13 Zu den **Kosten**[18] → *Kosten* Rn. 1 ff.

14 Erweist sich im Hauptsacheverfahren die einstweilige Verfügung als von Anfang an ungerechtfertigt, hat der Antragsteller dem Gegner den **Schaden zu ersetzen**, der dem Gegner aus der Vollziehung der einstweiligen Verfügung entstanden ist (§ 945 ZPO). Die einstweilige Verfügung ergeht also auf Gefahr des Gläubigers.[19]

---

10 Bis auf Ausnahmen ablehnend *Dehner* Bd. 3 B § 38 S. 62e f.; allgemein zum Streitstand *Grunsky* in Stein/Jonas ZPO § 938 Rn. 18.

11 OLG Köln Urt. v. 25.8.1953 – 4 U 56/53, NJW 1953, 1592; OLG Frankfurt Beschl. v. 19.5.1987 – 9 W 19/87, NJW-RR 1987, 1166; *Brückner* in MüKo BGB § 908 Rn. 10; *Roth* in Staudinger BGB § 908 Rn. 14.

12 Vgl. *Gruber* in MüKo ZPO § 887 Rn. 29.

13 *Huber* in Musielak/Voit ZPO § 938 Rn. 3.

14 *Roth* in Staudinger BGB § 907 Rn. 50 aE.

15 *Roth* in Staudinger BGB § 909 Rn. 39. Anders *Grziwotz/Lüke/Saller* NachbarR-HdB 3. Teil Rn. 259.

16 OLG Celle Beschl. v. 12.6.1986 – 2 W 34/86, NJW-RR 1987, 447.

17 OLG Frankfurt Beschl. v. 19.5.1987 – 9 W 19/87, NJW-RR 1987, 1166.

18 Näher *Vollkommer* in Zöller ZPO § 922 Rn. 28.

19 *Vollkommer* in Zöller ZPO § 945 Rn. 1.

II. Öffentliches Recht

1. Die möglichen Fallgestaltungen

In dem öffentlich-rechtlichen Dreiecksverhältnis zwischen dem Nachbarn, dem Bauherrn und der Behörde sind verschiedene Fallgestaltungen denkbar.[20] Der vorläufige Rechtsschutz ist zwischen diesen Fällen, aber auch innerhalb der Fälle, unterschiedlich. Ein Überblick: 15

- **Situation 1: Drittanfechtung** 16
  Die zuständige Behörde erteilt dem Bauherrn einen **diesen begünstigenden Verwaltungsakt mit Drittwirkung**, beispielsweise eine Genehmigung, die sich zulasten des Nachbarn auswirkt. Der Nachbar kann dagegen einen Rechtsbehelf (Widerspruch oder Anfechtungsklage) einlegen.
  - **Fallgruppe 1a:** Stellt der Verwaltungsakt die bauaufsichtliche Zulassung eines Vorhabens dar, haben Rechtsbehelfe Dritter dagegen keine aufschiebende Wirkung (§ 212a Abs. 1 BauGB). Der Nachbar als „Dritter" kann nach § 80a Abs. 1 Nr. 2 VwGO bei der Genehmigungsbehörde die **Aussetzung der Vollziehung** der Zulassung und nach § 80a Abs. 1 Nr. 2, 80 Abs. 3, 80 Abs. 5 VwGO bei Gericht die **Anordnung der aufschiebenden Wirkung** seines Rechtsbehelfs beantragen (→ Rn. 30).
  - **Fallgruppe 1b:** In einigen Fällen haben Widerspruch oder Anfechtungsklage des Dritten gegen Verwaltungsakte mit Doppelwirkung aufschiebende Wirkung, weil sie nicht unter § 212a Abs. 1 BauGB fallen. Das trifft etwa für eine immissionsschutzrechtliche Genehmigung zu (→ Rn. 26). In diesen Fällen kann der Bauherr bei der Genehmigungsbehörde nach § 80a Abs. 1 Nr. 1 VwGO und bei Gericht nach §§ 80 Abs. 1 Nr. 1, 80a Abs. 3, 80 Abs. 5 VwGO die **Anordnung der sofortigen Vollziehung** des Verwaltungsaktes beantragen (→ Rn. 67).
- **Situation 2: ordnungsbehördliches Einschreiten** 17
  Der Nachbar stört sich an einem vermeintlich nachbarrechtswidrigen Geschehen auf dem Baugrundstück, beispielsweise der Errichtung oder Existenz einer baulichen Anlage oder deren Nutzung. Er beantragt bei der zuständigen Behörde, im Wege einer Ordnungsverfügung gegen den Bauherrn einzuschreiten.
  - **Fallgruppe 2a:** Die Behörde unternimmt nichts oder lehnt den Erlass der Verfügung ab. Der Nachbar kann Unterlassungsklage bzw. Verpflichtungsklage auf **Erlass einer Ordnungsverfügung** erheben. Er kann auch, schon vor Erhebung der Klage, dieses Rechtsschutzziel im Wege eines Antrags auf Erlass einer einstweiligen Anordnung (§ 123 VwGO) verfolgen (→ Rn. 72).
  - **Fallgruppe 2b:** Die zuständige Behörde erlässt auf Antrag des Nachbarn gegen den Bauherrn eine **Ordnungsverfügung.** Der Bauherr kann gegen diesen ihn belastenden Verwaltungsakt einen Rechtsbehelf (Widerspruch oder Anfechtungsklage) einlegen. Hat die Behörde nicht die sofortige Vollziehung der Ordnungsverfügung angeordnet, entfaltet der Rechtsbehelf des Bauherrn aufschiebende Wirkung (§ 80 Abs. 1 Sätze 1 und 2 VwGO). Der Nachbar kann nach § 80a Abs. 2 VwGO die Anordnung der sofortigen Vollziehung durch die Behörde und nach §§ 80a Abs. 2, Abs. 3, 80 Abs. 5 VwGO durch das Gericht beantragen (→ Rn. 81).
  - **Fallgruppe 2c:** Die zuständige Behörde erlässt auf Antrag des Nachbarn gegen den Bauherrn eine **Ordnungsverfügung**. Sie ordnet im Interesse des Nachbarn deren sofortige Vollziehung an. Der Bauherr kann gegen die Ordnungsverfügung den zulässigen Rechtsbehelf einlegen. Dieser hat keine aufschiebende Wirkung. Der Nachbar kann nach § 80 Abs. 5 VwGO bei Gericht die **Wiederherstellung der aufschiebenden Wirkung** seines Rechtsbehelfs beantragen (→ Rn. 84).

2. Die Grundzüge des vorläufigen Rechtsschutzes nach §§ 80, 80a VwGO

a) Grundsatz des § 80 Abs. 1 VwGO: aufschiebende Wirkung. Für den Fall des Eingriffs der Verwaltung in Rechte der Bürger gewährleistet die VwGO dadurch einen **effektiven Rechtsschutz**, dass – bei 18

20 Vgl. hierzu: *Heberlein* BayVBl 1991, 396; *Pechstein* JuS 1989, 194; *Redeker* NVwZ 1991, 526; *Schenke* DVBl 1986, 859; *Schmaltz* DVBl 1992, 222; *Schubert* NVwZ 1990, 638.

Einlegung eines Widerspruchs oder einer Klage – der Status quo vorerst gewahrt bleibt: Widerspruch und Anfechtungsklage haben **aufschiebende Wirkung** (§ 80 Abs. 1 Satz 1 VwGO). Der Adressat braucht, das ist im Groben der Kernbereich der Regelung, den Verwaltungsakt vorerst nicht zu befolgen und die Verwaltung darf ihn vorerst nicht durch Zwangsmaßnahmen vollziehen.

19 Die ergänzende, zumindest klarstellende Aussage in § 80 Abs. 1 Satz 2 VwGO, dass die aufschiebende Wirkung auch bei rechtsgestaltenden und feststellenden Verwaltungsakten sowie bei **Verwaltungsakten mit Doppelwirkung** (§ 80a VwGO) gilt, hat im Baunachbarrecht besondere Bedeutung. Sie wird aber durch nachfolgende Regelungen in weitem Umfang eingeschränkt. Würde sie uneingeschränkt gelten, könnte der Dritte (Nachbar) mit seinem Widerspruch oder der Anfechtungsklage bewirken, dass – vorerst – beispielsweise eine Baugenehmigung nicht ausgenutzt und das Bauvorhaben nicht ausgeführt werden dürfte. Um dieses rechtspolitisch unerwünschte Ergebnis zu verhindern, macht § 212a Abs. 1 BauGB eine Ausnahme von dem Grundsatz (→ Rn. 22).

20 Aus dem Regelungssystem der §§ 80a, 80 Abs. 5 VwGO folgt, dass (gerichtlicher) Rechtsschutz nach diesen Bestimmungen nur dann in Frage kommt, wenn in der **Hauptsache der Rechtsbehelf**, dessen aufschiebende Wirkung angeordnet werden soll (Widerspruch oder Anfechtungsklage), eingelegt ist. Die in der Praxis[21] gelegentlich anzutreffende Konstruktion der „Anordnung der aufschiebenden Wirkung der noch zu erhebenden Klage" (bzw. eines noch zu erhebenden Widerspruchs) erscheint gekünstelt und rechtssystematisch verfehlt. Denn einem noch nicht existenten Rechtsbehelf kann denklogisch keine aufschiebende Wirkung beigemessen werden. Die Konstruktion ist auch nicht zur Gewährung effektiven Rechtsschutzes (Art. 19 Abs. 4 GG) geboten, da dem Widerspruchsführer bzw. Kläger ohne Weiteres zugemutet werden kann, den Rechtsbehelf in der Hauptsache einzulegen. Dass eine Klage kostenpflichtig ist und nach Erhebung nicht mehr kostenfrei, sondern nur mit einer verbleibenden Gerichtsgebühr (Anlage 1 zum Gerichtskostengesetz, Kostenverzeichnis Nr. 5111) zurückgenommen werden kann, entspricht einer gesetzgeberischen Grundentscheidung und rechtfertigt keine derartige Praxis.

21 Das Gesetz setzt lediglich voraus, dass ein Widerspruch bzw. eine Anfechtungsklage erhoben worden ist. Eine Darlegung der Gründe für den Rechtsbehelf ist nicht erforderlich. Das Gesetz verlangt auch nicht, dass der Rechtsbehelf der Sache nach begründet ist; denn das ist gerade der Prüfungsgegenstand durch die Widerspruchsbehörde und das Gericht. Auch ist – nach dem Wortlaut – die **Zulässigkeit des Rechtsbehelfs** nicht Voraussetzung für die bezeichnete Wirkung. Dies ist jedoch in Rechtsprechung und Literatur heftig umstritten. Überwiegend wird danach differenziert, welcher (vermeintliche) Zulässigkeitsmangel vorliegt.[22]

22 **b) Baurechtlich relevante Ausnahmen nach § 80 Abs. 2 VwGO. aa) Bauaufsichtliche Zulassung (§ 212a Abs. 1 BauGB).** Ist eine **bauaufsichtliche Zulassung** erteilt, kann mit einem Verwaltungsverfahren oder verwaltungsgerichtlichen Verfahren auf Gewährung vorläufigen Rechtsschutzes in der Regeerreicht werden, dass (vorläufig) nicht weiter gebaut oder die Anlage nicht weiter genutzt wird. Allein mit der Erhebung eines Widerspruchs oder einer Anfechtungsklage kann der Nachbar dieses Ziel nicht erreichen. Denn § 80 Abs. 2 Satz 1 Nr. 3 VwGO iVm § 212a Abs. 1 BauGB nimmt diesen Rechtsbehelfen die aufschiebende Wirkung. Nach der letztgenannten Bestimmung haben „Widerspruch und Anfechtungsklage eines Dritten gegen die bauaufsichtliche Zulassung eines Vorhabens […] keine aufschiebende Wirkung" **(Fallgruppe 1a)**. Das führt dazu, dass es dem Bauherrn freisteht, mit der Bauausführung zu beginnen – allerdings auf eigenes Risiko. Falls im Hauptsacheverfahren die Baugenehmigung aufgehoben wird, hat er eine Anlage errichtet, für die keine Genehmigung vorliegt; die Anlage ist formell illegal. Allerdings ist der Anwendungsbereich des § 212a Abs. 1 BauGB nicht unumstritten; das gilt insbesondere für den Begriff der „bauaufsichtlichen Zulassung".

---

21 Vgl. VG Münster Beschl. v. 3.12.2015 – 1 L 1418/15, juris Rn. 3; VG Gelsenkirchen Beschl. v. 12.1.2016 – 7 L 2547/15, juris Rn. 2; VG Aachen Beschl. v. 18.12.2015 – 6 L 1077/15, juris Rn. 3.

22 Vgl. dazu *Puttler* in Sodan/Ziekow VwGO § 80 Rn. 32 mwN.

- Baugenehmigungen sind der Grundfall des § 212a Abs. 1 BauGB (**Fallgruppe 1a**). Die Bestimmung gilt für alle Arten von Baugenehmigungen (einschließlich Nutzungsänderungsgenehmigungen), auch für solche, die im einfachen oder vereinfachten Genehmigungsverfahren erteilt werden, ohne Rücksicht auf eine etwaige Begrenzung des Prüfungsgegenstandes.
- Die den Inhalt einer bereits erfolgten Genehmigung verändernde weitere Genehmigung (als **Nachtragsgenehmigung** oder **Tekturgenehmigung**) fällt stets in den Anwendungsbereich des § 212a Abs. 1 BauGB (**Fallgruppe 1a**). Das gilt unabhängig davon, ob es sich um eine wesentliche oder unwesentliche Änderung handelt: Im Falle einer wesentlichen Änderung liegt eine Neugenehmigung vor. Bei einer lediglich unwesentlichen Änderung besteht die Vollziehbarkeit der zuvor erteilten Genehmigung, die lediglich einen (unwesentlich) geänderten Inhalt erhalten hat, ungeschmälert fort.

- Eine **Teilbaugenehmigung** stellt mit Blick auf den genehmigten Bauabschnitt (zB die Baugrube) die Übereinstimmung mit den zu prüfenden Vorschriften fest und erlaubt den Beginn diese Baumaßnahme. Damit ist auch sie eine hierauf bezogene bauaufsichtliche Zulassung **(Fallgruppe 1a)**. 23
- Die **isolierte** Erteilung einer **Ausnahme**, **Befreiung** oder **Abweichung** stellt dann eine bauaufsichtliche Zulassung dar, wenn das Vorhaben ohne sie nicht zulässig wäre und nicht ausgeführt werden dürfte, durch die Ausnahme, Befreiung oder Abweichung das aber gerade erreicht wird. Denn soweit das im Baurecht geltende **präventive Verbot mit Erlaubnisvorbehalt** gilt, steht die Übereinstimmung mit dem Baurecht nicht fest und darf mit der Bauausführung nicht begonnen werden. Stellen die erforderliche Erteilung einer Ausnahme, Befreiung oder Abweichung die einzige Sperre dar, um mit der Bauausführung beginnen zu dürfen, ist umgekehrt deren Aufhebung als Zulassung des Vorhabens zu werten **(Fallgruppe 1a)**.[23]
- Ob ein **Vorbescheid** zu den bauaufsichtlichen Zulassungen zählt, ist umstritten.[24]

Dagegen, dass der Vorbescheid durch § 212a Abs. 1 BauGB erfasst ist, spricht insbesondere das Wort „Zulassung". Denn durch einen Vorbescheid wird ein Vorhaben nicht „zugelassen". Er ist ein vorweggenommener Ausschnitt des feststellenden Teils der Baugenehmigung und ist selbst ein feststellender Verwaltungsakt, der auf die Bauvoranfrage hin die erbetene Antwort mit bindender Wirkung trifft. Da er keinen verfügenden Teil enthält, berechtigt er nicht zum Beginn der Bauausführung. 24

Auch verlangt das Gebot der **Gewährung effektiven Rechtsschutzes** nicht, dass die von dem Grundsatz des § 80 Abs. 1 VwGO abweichende Ausnahmeregelung auf den Vorbescheid erstreckt wird. Einer sofortigen Vollziehbarkeit des Vorbescheides bedarf es nicht. Nach Ergehen des positiven Vorbescheides kennt der Bauherr die Rechtsauffassung der Genehmigungsbehörde und kann sogleich eine Vollgenehmigung beantragen, für die § 212a Abs. 1 BauGB gilt. Im Übrigen bleibt es ihm unbenommen, die Anordnung der sofortigen Vollziehbarkeit des Vorbescheides zu beantragen, wenn er sich davon Vorteile verspricht. Die Annahme einer gesetzlichen sofortigen Vollziehbarkeit des Vorbescheides würde im Übrigen dem Bauherrn nicht viel nützen: Der Nachbar, der sich durch den Vorbescheid in seinen subjektiven öffentlichen Rechten verletzt sieht, wird gegen den Vorbescheid Widerspruch bzw. Klage einlegen, so dass dieser nicht in Rechtskraft erwachsen und ihm gegenüber keine **Bindungswirkung** entfalten kann. In einem solchen Fall ist bei einem **Nachbarrechtsbehelf gegen die Baugenehmigung** der Inhalt des Vorbescheides mit zu überprüfen.[25] Der Widerspruch und die Anfechtungsklage des Nachbarn nehmen dem Bauvorbescheid gegenüber dem Bauherrn im nachfolgenden Baugenehmigungsverfahren die Verbindlichkeit, so dass ein Beschleunigungseffekt gerade nicht erreicht werden 25

---

23 OVG Berlin-Brandenburg Beschl. v. 2.9.2009 – OVG 10 S 24.09, juris Rn. 8 ff.; OVG Bremen Beschl. v. 24.7.2013 – 1 B 118/13, juris Rn. 8; *Finkelnburg* in Finkelnburg/Dombert/Külpmann VorlRS Rn. 1282, auch mit Hinweisen zur gegenteiligen Auffassung; *Battis* in Battis/Krautzberger/Löhr BauGB § 212a Rn. 1.

24 Dafür: VGH Kassel Beschl. v. 8.11.1993 – 3 TH 1944/93, juris Rn. 25; VGH Mannheim Beschl. v. 24.10.1996 – 5 S 1959/96, NVwZ 1997, 1008; OVG Münster Beschl. v. 1.12.1998 – 10 B 2304/98, DVBl 1999, 788; OVG Lüneburg Beschl. v. 8.7.2004 – 1 ME 167/04, NVwZ-RR 2005, 69; VG Schleswig, Beschl. v. 9.7.2020 – 8 B 12/20, juris Rn. 27.

25 Vgl. dazu BVerwG Urt. v. 17.3.1989 – 4 C 14.85, DVBl 1989, 673.

kann.[26] Allein der Vorteil für den Bauherrn, in einem gerichtlichen Verfahren über die sofortige Vollziehbarkeit des Vorbescheids bereits frühzeitig die Rechtsauffassung des Gerichts zu der „möglicherweise besonders prekären Nachbarverträglichkeit seines Vorhabens“[27] zu erfahren, ist zwar verständlich, aber zur Erreichung des Beschleunigungsziels des Gesetzgebers nicht geboten.
Der Vorbescheid ist deshalb der **Fallgruppe 1b** zuzuordnen.[28]

26 ■ Eine **immissionsschutzrechtliche Genehmigung** ist nach dem eindeutigen Wortlaut des § 212a Abs. 1 BauGB („bauaufsichtliche“ Zulassung) nicht sofort vollziehbar (**Fallgruppe 1b**). Ist gegen die Genehmigung Widerspruch oder Klage erhoben worden, darf nicht mit der Errichtung der Anlage begonnen werden. Das gilt auch, soweit die Genehmigung eine etwa erforderliche Baugenehmigung einschließt (§ 13 BImSchG). Denn es ergehen nicht zwei Genehmigungen mit verschiedenen rechtlichen Schicksalen, von denen eine sofort vollziehbar wäre, sondern nur eine einheitliche, die nicht sofort vollziehbar ist.

27 ■ Der **Abbruch** (die **Beseitigung**) eines Gebäudes oder einer sonstigen baulichen Anlage ist kein Vorhaben iSd § 212a Abs. 1 BauGB (**Fallgruppe 1b**). Zwar kann der Begriff des Vorhabens im umgangssprachlichen Verständnis auch den Abbruch oder die Beseitigung eines Gebäudes umfassen, den ein Grundstückseigentümer „vorhat“. Der Gesetzgeber des Baugesetzbuches hat sich aber für ein engeres fachsprachliches Verständnis des Begriffs „Vorhaben“ entschieden. Dies ergibt sich aus § 29 Abs. 1 BauGB, zu dessen Normtext auch die Überschrift gehört. Die lautet in ihrem ersten Teil ausdrücklich „Begriff des Vorhabens“; sie legt damit die bundesbaugesetzliche Definition des Begriffs fest. Aus dem Relativsatz „die die Errichtung, Änderung oder Nutzungsänderung von baulichen Anlagen zum Inhalt haben“ folgt, dass ein Abbruch oder eine Beseitigung kein Vorhaben im Sinne des Begriffs des Vorhabens ist, wie er in § 29 Abs. 1 BauGB für den ersten Abschnitt des dritten Teils dieses Gesetzes definiert wird.[29]

28 **bb) Anordnung der sofortigen Vollziehung.** Nach § 80 Abs. 2 Satz 1 Nr. 4 VwGO entfällt die aufschiebende Wirkung auch in den Fällen, in denen die sofortige Vollziehung im öffentlichen Interesse oder im überwiegenden Interesse eines Beteiligten von der Behörde, die den Verwaltungsakt erlassen oder über den Widerspruch zu entscheiden hat, besonders angeordnet wird. Hierzu zählen auf dem Gebiet des Nachbarrechts zum einen Fälle, in denen der Rechtsbehelf eines Dritten aufschiebende Wirkung entfaltet (etwa weil kein Fall des § 212a Abs. 1 BauGB vorliegt, zB bei einer immissionsschutzrechtlichen Genehmigung) und für die die Genehmigungsbehörde (ggfs. auf Antrag des Bauherrn) die sofortige Vollziehung angeordnet hat (Fallgruppe 1b → Rn. 67 ff.).

29 Zum anderen gehören hierzu die **Verfügungen der Bauaufsicht** gegenüber einem (mutmaßlich ordnungspflichtigen) Bauherrn, die sich zugunsten des Nachbarn auswirken und deren sofortige Vollziehung die Behörde angeordnet hat (Fallgruppen 2b und 2c → Rn. 81 ff. und 84 ff.).

3. Die Fallgruppen im Einzelnen

30 **a) Der gerichtliche vorläufige Rechtsschutz des Nachbarn gegen die bauaufsichtliche Zulassung eines Vorhabens (Fallgruppe 1a).** Haben der Widerspruch bzw. die Klage des Nachbarn gegen die bauaufsichtliche Zulassung eines Vorhabens nach Maßgabe der Regelungen in § 80 Abs. 2 Satz 1 Nr. 3 VwGO, § 212a Abs. 1 BauGB keine aufschiebende Wirkung und will der Nachbar dennoch erreichen, dass die aufschiebende Wirkung des Rechtsbehelfs angeordnet wird, damit der Bauherr nicht im Sinne der Genehmigung (weiter) baut oder die Anlage (weiter) nutzt, steht ihm die Rechtsschutzmöglichkeit nach §§ 80a Abs. 1 Nr. 2, Abs. 3 iVm 80 Abs. 5 VwGO zur Verfügung.

---

26 So auch VGH München Beschl. v. 1.4.1999 – 2 CS 98.2646, NVwZ 1999, 1363.
27 OVG Lüneburg Beschl. v. 8.7.2004 – 1 ME 167/04, NVwZ-RR 2005,69.
28 Ablehnend auch VGH Mannheim, Beschl. v. 18.9.2019 – 3 S 1930/19, juris Rn. 11 ff.
29 So auch OVG Münster Beschl. v. 22.9.2015 – 2 B 723/15, juris Rn. 16 ff.; OVG Hamburg Beschl. v. 20.2.2012 – 2 Bs 14/12, BRS 79 Nr. 186; VG Münster Beschl. v. 7.2.2003 – 2 L 123/03, nv.

Für das Rechtsschutzbegehren des Nachbarn ist Zulässigkeitsvoraussetzung, dass die erstrebte Maßnahme (noch) notwendig oder geeignet ist, um mögliche Rechte des Nachbarn zu sichern. Diese Voraussetzung ist regelmäßig dann nicht gegeben, wenn einerseits der Nachbar sich allein gegen den genehmigten Baukörper wendet (nicht aber gegen dessen Nutzung) und andererseits der Bauherr von der ihm erteilten Baugenehmigung bereits umfassend Gebrauch gemacht hat und das Bauvorhaben im Rohbau schon fertiggestellt ist. Denn das mit der Anordnung der aufschiebenden Wirkung verfolgte Ziel, die **Schaffung vollendeter Tatsachen** zu verhindern, ist nach Fertigstellung des Rohbaus[30] der baulichen Anlage nicht mehr zu erreichen.[31] 31

Einen ausdrücklichen **materiellrechtlichen Maßstab** für die Entscheidung des Gerichts über einen Antrag auf Anordnung der aufschiebenden Wirkung eines Rechtsbehelfs gegen die bauaufsichtliche Zulassung eines Vorhabens enthält §§ 80a Abs. 1 Nr. 2, Abs. 3, 80 Abs. 5 VwGO nicht. Es ist allerdings anerkannt, dass das Gericht im Rahmen der Entscheidung eine **Interessenabwägung** vorzunehmen hat.[32] 32

Die Interessenabwägung in Fällen der Drittanfechtung unterscheidet sich im Ansatz wesentlich von der bei einem Antrag auf Wiederherstellung der aufschiebenden Wirkung eines Rechtsbehelfs gegen eine Ordnungsverfügung. Denn die Baugenehmigungsbehörde handelt mit der Erteilung einer bauaufsichtlichen Zulassung nicht zur Abwehr einer Gefahr oder Störung, sondern weil nach ihrer Rechtsauffassung der Bauherr (aufgrund der das Eigentumsrecht aus Art. 14 Abs. 1 GG konkretisierenden Bestimmung der jeweiligen Landesbauordnung) einen Anspruch auf sie hat. Anders als im Bereich der Gefahrenabwehr ist ein allgemeines öffentliches Interesse für die Genehmigung weder ausreichend noch erforderlich. Das OVG Schleswig[33] beschreibt die Interessenlage und die Aufgabe des Gerichts zutreffend so: 33

„Als besonderes Vollzugsinteresse steht in einem solchen Dreiecksverhältnis nicht, wie es bei belastenden Verwaltungsakten im zweiseitigen Verhältnis zwischen betroffenem Bürger und der Verwaltung der Fall ist, das besondere öffentliche Interesse der Verwaltung am Vollzug des Verwaltungsakts im Vordergrund, vielmehr ist – wie sich schon aus dem Wortlaut von § 80 Abs. 2 Nr. 4 (2. Alternative) VwGO entnehmen lässt – auf das ‚überwiegende Interesse eines Beteiligten' abzustellen. Der in Art. 19 Abs. 4 GG gewährleistete Schutz des Einzelnen gegenüber dem Staat tritt im vorliegenden Dreiecksverhältnis zurück. Die Entscheidung über die Vollzugsanordnung hat eher schiedsrichterlichen Charakter im Verhältnis zwischen den von der Genehmigung Betroffenen. Dem entspricht es, ein überwiegendes Interesse eines Beteiligten im Sinne von § 80 Abs. 2 Nr. 4 (2. Alternative) VwGO dann zu bejahen, wenn der von dem belasteten Beteiligten eingelegte Rechtsbehelf mit erheblicher Wahrscheinlichkeit erfolglos bleiben wird und eine Fortdauer der grundsätzlich aufschiebenden Wirkung des Rechtsbehelfs dem begünstigten Beteiligten gegenüber unbillig wäre."

aa) Der Blick auf den mutmaßlichen Ausgang des Hauptsacheverfahrens. Für den Erfolg oder Misserfolg eines Antrags nach §§ 80a Abs. 1 Nr. 2, Abs. 3 VwGO iVm 80 Abs. 5 VwGO ist zunächst maßgeblich, ob im Hauptsacheverfahren auf den Rechtsbehelf des Nachbarn hin die bauaufsichtliche Zulassung voraussichtlich, d.h. mit erheblicher Wahrscheinlichkeit aufgehoben werden wird oder nicht. Dabei ist, insofern wie bei der Prüfung im zweipoligen Rechtsverhältnis, die **Rechtswidrigkeit des Verwaltungsaktes** und die dadurch bewirkte **Rechtsverletzung des Antragstellers** festzustellen. Während allerdings letztere bei der Anfechtung eines den Adressaten belastenden rechtswidrigen Verwaltungsaktes in der Regel eintritt, bedarf sie bei einer Drittanfechtung einer besonderen Prüfung. 34

- Wenn sich bei einer in Verfahren des vorläufigen Rechtsschutzes typischen **„summarischen" Prüfung** (ab → Rn. 36) der Rechtslage zeigt, dass die bauaufsichtliche Zulassung nicht rechtswidrig ist und/oder den antragstellenden Nachbarn nicht in seinen Rechten verletzt, ist in der Regel kein Grund ersichtlich, 35

30 VGH München Beschl. v. 12.8.2010 – 2 CS 10.20, juris Rn. 2.
31 VG Kassel Beschl. v. 10.12.2019 – 2 L 2713/19.KS, juris Rn. 20.
32 *Kopp/Schenke* VwGO § 80 Rn. 152.
33 Beschl. v. 7.8.2000 – 4 M 58/00, juris Rn. 2.

weshalb der Nachbar beanspruchen kann, dass der Bauherr die Genehmigung nicht solange ausnutzen kann, bis eben dieses sicher zu erwartende Ergebnis im Hauptsacheverfahren bestandskräftig feststeht.

- Umgekehrt ist nicht zu erkennen, welches schutzwürdige Interesse der Bauherr daran haben soll, ein rechtswidriges und den Nachbarn in seinen subjektiven Rechten verletzendes Vorhaben durch einen Weiterbau zunehmend zu verfestigen oder die Nutzung der Anlage weiterhin auszuüben, wenn bereits aufgrund einer summarischen Prüfung feststeht, dass die Genehmigung im Hauptsacheverfahren bestandskräftig aufgehoben werden wird.

36 **bb) Die Prüfungsdichte.** Dem Charakter des Eilverfahrens entsprechend kann das Gericht in einem Verfahren auf Gewährung vorläufigen Rechtsschutzes nur eine Entscheidung aufgrund einer **summarischen Prüfung der Sach- und Rechtslage** fällen – so jedenfalls der theoretische Ansatz in nahezu allen Fällen des vorläufigen Rechtsschutzes. Es könne vom Gericht nicht erwartet werden, dass mit der Gründlichkeit eines Hauptsacheverfahrens die Sach- und Rechtslage vollständig durchdrungen wird. Würde jedes baurechtliche Verfahren auf Gewährung vorläufigen Rechtsschutzes mit dem Zeitaufwand bearbeitet und entschieden, wie dies im Hauptsacheverfahren geboten und üblich ist, würde dessen Charakter unterlaufen. Das entspreche auch der Funktion des Verfahrens, in dem das Gericht nur eine Regelung für eine Zwischenzeit treffen soll.[34]

37 Die Praxis sieht jedoch anders aus. Danach ist die **faktische Prüfungsdichte** in nahezu allen Entscheidungen nicht von derjenigen in Klageverfahren zu unterscheiden. Das beruht darauf, dass oftmals von den Beteiligten die Gerichtsentscheidungen in Eilverfahren wie Hauptsache-Entscheidungen behandelt werden. Die (jedenfalls: letztinstanzliche) Entscheidung in einem Eilverfahren wird oft zum Anlass genommen, entweder – im Falle der Abweisung des Antrags des Nachbarn – mit der Verwirklichung des Vorhabens zu beginnen oder – im Falle der Stattgabe – das Vorhaben zu ändern oder aufzugeben. In dem Bewusstsein, dass ein verwirklichtes Vorhaben kaum rückgängig zu machen ist, sehen die Gerichte sich oftmals veranlasst, faktisch im Stil einer Hauptsache-Entscheidung zu beschließen. Das gilt auch für Verfahren, die, wie sich allein schon aus dem Umfang der Entscheidungen und dem Begründungsaufwand ergibt, eine tiefe Durchdringung des Streitstoffs und die Beantwortung schwieriger Rechtsfragen verlangen.

38 Soweit zur abschließenden Beurteilung der Rechtmäßigkeit einer angefochtenen bauaufsichtlichen Zulassung und der Rechtsverletzung des Antragstellers eine **Beweisaufnahme** hilfreich wäre, verbietet diese sich. Denn nach § 294 Abs. 2 ZPO, der über § 173 VwGO entsprechend anzuwenden ist, ist eine Beweisaufnahme, die nicht sofort erfolgen kann, unstatthaft; sie muss dem Hauptsacheverfahren vorbehalten bleiben.[35] In gerichtlichen Eilverfahren wird dies oft dadurch umgangen, dass ein „**Erörterungstermin an Ort und Stelle**" durchgeführt wird und eine Betrachtung der Örtlichkeit als bloße „Veranschaulichung" der Umgebung oder der baulichen Anlage erfolgt.

39 **cc) Allgemeine Interessenabwägung (Folgenabwägung).** Können die offensichtliche Rechtmäßigkeit oder Rechtswidrigkeit oder die Rechtsverletzung des Antragstellers nicht mit den in einem Verfahren auf Gewährung vorläufigen Rechtsschutzes zur Verfügung stehenden Mitteln festgestellt werden, erfolgt auf der zweiten Stufe eine **allgemeine Interessenabwägung** in Form einer **Folgenabwägung**.

40 Die allgemeine Interessenabwägung ist nach herrschender Meinung[36] durch eine **Gewichtungsvorgabe** zugunsten der Verwirklichung von Bauvorhaben beeinflusst. Die Befürworter einer solchen **Gewichtungsvorgabe** sehen den Umstand, dass der Gesetzgeber in § 212a Abs. 1 BauGB dem Rechtsbehelf gegen die bauaufsichtliche Zulassung von Vorhaben den Suspensiveffekt genommen hat, als Beleg dafür, dass auch bei der Interessenabwägung eine Gewichtungsvorgabe zugunsten des Vorhabens vorzunehmen sei. Ferner

34 Vgl. BVerwG Beschl. v. 22.3.2010 – 7 VR 1/10 (7 C 21/09), juris Rn. 13.

35 Vgl. OVG Magdeburg Beschl. v. 27.4.2011 – 4 M 43/11, juris Rn. 8; VGH München Beschl. v. 20.7.2011 – 15 CS 11.1486, juris Rn. 10.

36 OVG Münster Beschl. v. 27.6.2019 – 7 B 107/19, juris Rn. 5; OVG Bautzen, Beschl. v. 18.4.2019 – 1 B 10/19, juris Rn. 9 und 31; VG Schleswig Beschl. v. 25.7.2019 – 2 B 33/19, juris Rn. 4; aA: VGH München Beschl. v. 7.2.2020 – 15 CS 19.2013, juris Rn. 45.

leiten sie ihre Ansicht aus den Gesetzesmaterialien ab und führen an, der Gesetzgeber habe „dem „Bauen auf eigenes Risiko“ den Vorrang eingeräumt[37] und den Nachbarn für eine Realisierung etwaiger Abwehransprüche auf den Zeitpunkt nach einem Obsiegen in der Hauptsache – mit gegebenenfalls gravierenden wirtschaftlichen Konsequenzen für den Bauherrn – verwiesen. Es lassen sich indes auch gute Gründe für die Absicht des Gesetzgebers anführen, den Bauherrn lediglich dadurch bevorzugen zu wollen, dass er die prozessuale Initiativpflicht, einen Antrag auf Anordnung der aufschiebenden Wirkung zu stellen, dem Nachbarn aufbürdete.[38]

Bei einer von der Gewichtungsvorgabe unabhängigen Interessenabwägung sind insbesondere die Folgen gegeneinander abzuwägen, die eintreten, wenn sich im Hauptsacheverfahren herausstellt, dass die im Eilverfahren getroffene Entscheidung nicht mehr zu halten ist. Dabei ist den Belangen der Betroffenen umso mehr Gewicht beizumessen, je stärker und je irreparabler der Eingriff in ihre Rechte ist.[39] 41

Die **Rückgängigmachung der Folgen** einer (durch die lediglich summarische Prüfung aber auch durch den zeitbedingten Erkenntnisgewinn und die vertieftere Sachaufklärung verursachten) abweichenden Entscheidung im Verfahren auf Gewährung vorläufigen Rechtsschutzes stellen sich je nach Ausgang des Verfahrens sehr unterschiedlich dar. Ist dem Bauherrn (zu Unrecht) nicht vorläufig erlaubt worden, sofort mit der Ausnutzung der Zulassung zu beginnen, kann er seinen Bauwunsch nicht schon jetzt verwirklichen, sondern erst mit einer Verzögerung, die je nach Belastung der Spruchkörper in dem Instanzenzug mehrere Jahre dauern kann. Dadurch entstehen unter Umständen Mehrkosten und Gewinne können nicht erzielt werden. Das ist indes ein typisches Bauherrenrisiko. Auf der anderen Seite droht, wenn dem Bauherrn (zu Unrecht) die Verwirklichung des Bauvorhabens vorläufig erlaubt worden ist, vielfach eine unumkehrbare Beeinträchtigung für den Nachbarn, weil ein Abriss der bereits errichteten Anlage, ggfs. eines kostspieligen Gebäudes, aus tatsächlichen und rechtlichen Gründen oft nicht durchsetzbar ist.[40] Dem ist allerdings entgegenzuhalten, dass, für den Fall der Belassung der zulasten des Nachbarn rechtwidrigen Anlage, dem Nachbarn ein **Entschädigungsanspruch** zusteht. Lediglich bei einer Nutzungsaufnahme sind die Folgen begrenzt, da nach erfolgreichem Hauptsacheverfahren lediglich die Nutzung einzustellen ist. 42

Die Rechtsprechung berücksichtigt im Rahmen der Interessenabwägung auch das **Verhalten des Antragstellers** im Laufe des Nachbarstreits. Dabei würdigt sie auch eine verzögerte Antragstellung zu einem Zeitpunkt, in dem das Vorhaben bereits weitgehend fertiggestellt ist.[41] 43

dd) Faktische Vollziehung. Haben der Widerspruch oder die Klage aufschiebende Wirkung – weil § 212a Abs. 1 BauGB nicht eingreift ist oder weil die Genehmigungsbehörde die Vollziehung ausgesetzt oder das Gericht die aufschiebende Wirkung angeordnet hat – und setzt der Bauherr dennoch in Ausnutzung der (suspendierten) Genehmigung das Vorhaben fort, stellt dies eine faktische Vollziehung der Baugenehmigung dar. Auch in diesem Fall kann der Nachbar vorläufigen Rechtsschutz nach §§ 80a Abs. 1 Satz 2, Abs. 3 iVm 80 Abs. 5 VwGO (in analoger Anwendung) beanspruchen. Auf eine Interessenabwägung unter Berücksichtigung der Erfolgsaussichten in der Hauptsache kommt es in diesen Fällen nicht an. Denn die bewusste Missachtung der aufschiebenden Wirkung des Rechtsbehelfs eines Drittbetroffenen stellt ein rechtswidriges Verhalten dar, das ohne Weiteres eine auf Beachtung der aufschiebenden Wirkung gerichtete gerichtliche Entscheidung rechtfertigt.[42] Der gerichtliche Ausspruch geht dahin, dass festgestellt wird, dass der Widerspruch oder die Klage aufschiebende Wirkung hat. 44

37 OVG Berlin-Brandenburg Beschl. v. 19.5.2014 – OVG 2 S 8.14, juris Rn. 10.

38 S. dazu *Schulte Beerbühl* Rn. 1008 ff.

39 BVerfG Beschl. v. 18.7.1973 – 1 BvR 23/73, 1 BvR 155/73, BVerfGE 35, 382; zur Bewertung der Interessenlage vgl. auch VGH München Beschl. v. 14.1.1991 – 14 CS 90.3166, NVwZ 1991, 1002.

40 *Puttler* in Sodan/Ziekow VwGO § 80 Rn. 32.

41 Zu einem solchen Fall VG Düsseldorf Beschl. v. 25.5.2016 – 11 L 3994/15, juris Rn. 78.

42 OVG Münster Beschl. v. 2.8.2013 – 8 B 829/13, juris Rn. 8;VGH Kassel Beschl. v. 3.12.2002 – 8 TG 2177/02, NVwZ-RR 2003, 345; *Kopp/Schenke* VwGO § 80a Rn. 17a; *Puttler* in Sodan/Ziekow VwGO § 80a Rn. 36; aA OVG Weimar Beschl. v. 28.7.1993 – 1 EO 1/93, juris Rn. 29.

45 **ee) Umstrittene aufschiebende Wirkung.** Auch in den Fällen, in denen **umstritten** ist, ob der **Rechtsbehelf aufschiebende Wirkung** entfaltet, steht dem Nachbarn das Recht zu, in einem Verfahren nach §§ 80 a Abs. 1 Satz 2, Abs. 3 iVm 80 Abs. 5 VwGO (analog) vom Gericht die Feststellung zu erstreiten, dass der Rechtsbehelf aufschiebende Wirkung hat. Hat er diese Wirkung, ist der Antrag zulässig und gleichzeitig begründet.

46 **ff) Gerichtliche Eilentscheidung. (1) Stattgabe oder Ablehnung.** Wenn und soweit das Gericht den Antrag auf Anordnung der aufschiebenden Wirkung ablehnt, bleibt die Befugnis des Bauherrn zur Ausnutzung der bauaufsichtlichen Zulassung unverändert bestehen. Eine teilweise stattgebende Entscheidung ist nur dann möglich, wenn der Streitgegenstand teilbar ist. Das ist bei Baugenehmigungen nur in beschränktem Maße gegeben. Je nach der Formulierung der gerichtlichen Entscheidung kann die Baugenehmigungsbehörde veranlasst sein, in den Blick zu nehmen, ob das Rechtsschutzbegehren nur deshalb keinen Erfolg hatte, weil der Nachbar keine subjektiven öffentlichen Rechte geltend machen konnte, die Zulassung aber **objektiv-rechtlich fehlerhaft** war. Wegen des aus Art. 20 Abs. 3 GG folgenden Grundsatzes der Gesetzmäßigkeit der Verwaltung mag bei einer objektiven Rechtswidrigkeit Anlass dazu bestehen, die Genehmigung zu überdenken.

47 Wenn und soweit dem Antrag stattgegeben wird, verleiht dies dem Widerspruch bzw. der Klage rückwirkend aufschiebende Wirkung. Über die Dauer der aufschiebenden Wirkung verhält sich § 80b VwGO. In Folge der aufschiebenden Wirkung werden die bereits vollzogenen Handlungen nachträglich rechtswidrig. Die Befugnis des Gerichts, die Aufhebung der Vollziehung anzuordnen (§ 80 Abs. 5 Satz 3 VwGO), hat im Öffentlichen Baunachbarrecht kaum praktische Bedeutung.

48 Im ersten Fall kann der antragstellende Nachbar, im zweiten Fall können die Behörde und der beigeladene Bauherr unter den Voraussetzungen der §§ 146 ff. VwGO Beschwerde gegen die erstinstanzliche Entscheidung einlegen.

49 **(2) Untersagung der Fortsetzung der Bauarbeiten.** Die Wirkung einer Anordnung der aufschiebenden Wirkung, nämlich die Unzulässigkeit der Fortsetzung von bereits begonnenen Bauarbeiten oder einer bereits aufgenommenen Nutzung, tritt von selbst und von Rechts wegen ein. Einer **Stilllegungsverfügung, einer Nutzungsuntersagung** oder eines auf deren Erlass gerichteten Rechtsschutzbegehrens nach § 123 VwGO (zB „der Behörde aufzugeben, dem Bauherrn die Fortsetzung der Bauarbeiten zu untersagen"), bedarf es deshalb grundsätzlich nicht. Die Bauaufsichtsbehörde ist allerdings auch nicht gehindert, nach einer gerichtlichen Suspendierung der Baugenehmigung zusätzlich im Wege einer Ordnungsverfügung die **Beendigung von Bauarbeiten** oder die **Einstellung der Nutzung** zu befehlen. Anlass hierzu besteht dann (und ist damit im Sinne des allgemeinen Verwaltungsverfahrensrechts **erforderlich**), wenn es wegen der Besonderheiten des Falles geboten ist, dass die Behörde sich einen Vollstreckungstitel verschafft, etwa weil sie Grund zu der Annahme hat, dass es dieses Druckmittels bedarf. Dies geschieht sinnvollerweise unter Anordnung der sofortigen Vollziehung. Eine solche Entscheidung steht im **Ermessen** der Behörde, das sich selten zu einem bereits im Verfahren auf Gewährung vorläufigen Rechtsschutzes durchsetzbaren Anordnungsanspruch des Nachbarn verdichtet haben dürfte.

50 **(3) Gerichtliche Gestaltungsmöglichkeiten.** § 80a Abs. 3 VwGO ermächtigt das Gericht, **einstweilige Maßnahmen zur Sicherung der Rechte des Dritten** zu ändern oder aufzuheben oder zu treffen.

51 Der Erlass von **Sicherungsmaßnahmen** ist nicht der gesetzlich vorgesehene Regelfall, sondern setzt besondere Umstände des Einzelfalls voraus.[43] Solche liegen vor, wenn konkrete Anhaltspunkte dafür bestehen, dass die angeordnete aufschiebende Wirkung eines Rechtsbehelfs missachtet werden könnte. Allerdings erzeugt ein Ausspruch von Sicherungsmaßnahmen in der Regel für den Bauherrn keine unzumutbare Belastung. Er konkretisiert lediglich für die Behörde die aus ihrer Rechts- und Gesetzesbindung resultierende Pflicht, und dem Bauherrn wird lediglich die Akzeptanz der gerichtlichen Entscheidung zugemutet.

43 VG Neustadt/Weinstraße Beschl. v. 19.8.2015 – 4 L 677/15.NW, juris Rn. 19.

Beispiel:[44] Auf Antrag des Nachbarn hat das Gericht die aufschiebende Wirkung des von diesem eingelegten Rechtsbehelfs mit unanfechtbarem Beschluss wiederhergestellt. Darin war eine abschließende Interessenabwägung zugunsten des Nachbarn vorgenommen worden. Solange die aufgrund der gerichtlichen Entscheidung angeordnete aufschiebende Wirkung bestand, war das von der Bauherrin zu respektieren. Das tat sie aber nicht: Sie führte den umstrittenen Betrieb weiter. Die Behörde schritt indes nicht ein. Das Gericht hat der Behörde dementsprechend aufgegeben, einstweilige Maßnahmen zur Sicherung des Drittbetroffenen zu treffen: Die Behörde wurde verpflichtet der Bauherrin deren nachbarrechtswidrigen Betrieb bis zum Abschluss des Hauptsacheverfahrens – vollständig – zu untersagen, ohne dass es auf eine Interessenabwägung ankam. 52

Das Gericht kann im Interesse des Bauherrn die **Wirkung seiner Entscheidung** beschränken. 53

Beispiel:[45] Dem Bauherrn wird durch die Gewährung einer **Übergangszeit** eine Fortführung der mit der Baugenehmigung gestatteten Nutzung ermöglicht. Durch diese Anordnung soll es ihm erleichtert werden, die erforderlichen Konsequenzen aus der Anordnung der aufschiebenden Wirkung der Nachbarklage für die bereits aufgenommene Produktion zu ziehen. 54

(4) Zwischenregelung (sog. Hängebeschluss). In Rechtsprechung und Literatur ist weitgehend anerkannt, dass die Gerichte berechtigt und unter Umständen sogar verpflichtet sind, eine **einstweilige Regelung** während des Laufs eines verwaltungsgerichtlichen Verfahrens auf Gewährung vorläufigen Rechtsschutzes (§ 80 Abs. 5 und § 123 VwGO) zu treffen.[46] Die Regelung wird zumeist (und deshalb auch in dieser Darstellung) – sprachlich unschön – als **Hängebeschluss** bezeichnet. Der ebenfalls verwendete Begriff **Zwischenverfügung**[47] ist irreführend, weil es sich nicht um eine Verfügung handelt. Die Bezeichnungen Zwischenentscheidung,[48] Zwischenregelung oder Schiebebeschluss würden dem Charakter eher entsprechen, sind aber wenig gebräuchlich. 55

(a) Wesen des Hängebeschlusses. Hängebeschlüsse sollen die Zeitspanne zwischen dem Eingang des Antrags auf vorläufigen Rechtsschutz und der Eilentscheidung des Gerichts überbrücken und verhindern, dass bis dahin **vollendete Tatsachen** geschaffen werden. Der Hängebeschluss ist ein förmlicher, der Beschwerde zugänglicher Eilbeschluss innerhalb eines Verfahrens auf Gewährung vorläufigen Rechtsschutzes. Eine entsprechende Antragstellung ist nicht erforderlich; ein in diese Richtung gehender Antrag ist lediglich eine Anregung und bedarf keiner förmlichen Bescheidung seitens des Gerichts. 56

(b) Berechtigung und Verpflichtung des Gerichts. Der Hängebeschluss ist in der VwGO nicht ausdrücklich vorgesehen. Die Berechtigung und Verpflichtung des Gerichts, ihn unter den nachstehenden Voraussetzungen zu erlassen, wird aus Art. 19 Abs. 4 GG abgeleitet.[49] 57

(c) Entscheidungsmaßstäbe. Der Antrag wird als zulässig und erforderlich angesehen, wenn es zur Gewährleistung effektiven Rechtsschutz geboten ist, bereits während und für die Dauer des verwaltungsgerichtlichen Eilverfahrens eine Entscheidung zu treffen. Voraussetzung für den Erlass einer derartigen Zwischenentscheidung ist deshalb, dass der Antrag auf Gewährung vorläufigen Rechtsschutzes nicht offensichtlich aussichtslos erscheint, aus Gründen eines wirksamen vorläufigen Rechtsschutzes zwecks Vermeidung irreversibler Zustände bis zur endgültigen gerichtlichen Eilentscheidung nicht gewartet werden kann und die Entscheidungsreife für die „reguläre" Entscheidung fehlt.[50] Ob die Zwischenentscheidung erforderlich ist, um die Ausnutzung der Genehmigung vorläufig zu stoppen, ist durch das Gericht nach einer Inter- 58

44 Nach VG Minden Beschl. v. 9.7.2013 – 11 L 328/13, juris RN. 11.
45 Nach OVG Bautzen Beschl. v. 28.9.2012 – 1 B 313/12, juris Rn. 13.
46 Vgl. *Kopp/Schenke* VwGO § 80 Rn. 170, sowie die nachfolgend aufgeführte Rechtsprechung; s. dazu auch: *Guckelberger* NVwZ 2001, 276 mwN.
47 VGH München Beschl. v. 18.9.2014 – 15 CS 14.1619, juris Rn. 8.
48 OVG Münster Beschl. v. 5.11.2008 – 8 B 1631/08, NWVBl 2009, 224.
49 BVerfG Einstweilige Anordnung v. 11.10.2013 – 1 BvR 2616/13, NVwZ 2014, 363.
50 VGH Kassel Beschl. v. 7.10.2014 – 8 B 1686/14, NVwZ 2015, 447; *Dombert* in Finkelnburg/Dombert/Külpmann VorlRS Rn. 296 f.

essenabwägung als **Ermessenentscheidung** zu treffen. Das Gericht wird in sein Ermessen einstellen, welche Folgen einträten, wenn der Verwaltungsakt während des Laufs des Eilverfahrens vollzogen würde und der Eilantrag später Erfolg hätte.[51]

59 Ist der Antrag auf Gewährung vorläufigen Rechtsschutzes offensichtlich **unzulässig** oder **unbegründet**, versteht es sich von selbst, dass auch ein Hängebeschluss nicht ergehen kann. Denn auch aus Art. 19 Abs. 4 GG kann lediglich in zeitlicher Hinsicht ein über die regulären Rechtsschutzmöglichkeiten hinaus gehender Rechtsschutz abgeleitet werden, nicht aber ein inhaltlich erweiterter Rechtsschutz. So kann zB nicht ein Dritter, der im Rahmen der eigentlichen Eilentscheidung ersichtlich keine Rechte geltend machen könnte, in den Genuss einer „Eilentscheidung im Rahmen einer Eilentscheidung" gelangen.

60 Zwar werden mit jedem Baufortschritt oder jeder Nutzungsaufnahme oder -fortsetzung in einem gewissen Umfang **vollendete Tatsachen** geschaffen werden. Dafür, dass die Besorgnis besteht, dass bis zur Entscheidung im Eilrechtsschutzverfahren „vollendete Tatsachen" geschaffen werden, die nicht reparabel wären, ist jedoch mehr erforderlich, als dass während des Eilrechtsschutzverfahrens die genehmigte Tätigkeit fortgesetzt wird. Würde es bereits die Fortsetzung der Bauarbeiten oder die Aufnahme einer genehmigten Nutzung für sich genommen rechtfertigen, im Wege eines Hängebeschusses im Rahmen eines Eilverfahrens nach §§ 80a, 80 Abs. 5 VwGO die aufschiebende Wirkung eines Widerspruchs oder einer Klage dagegen anzuordnen, liefe dies darauf hinaus, dass die Regelung in § 212a Abs. 1 BauGB unterlaufen würde. Denn die gesetzliche Zubilligung der sofortigen Vollziehbarkeit einer bauaufsichtlichen Zulassung und damit die Aufnahme der Bautätigkeit oder die Fortsetzung der Nutzung ist eine bewusste Entscheidung über die Zumutbarkeit einer solchen Schaffung mehr oder weniger vollendeter Tatsachen.

61 Die **Entscheidungsreife** für die „reguläre" Entscheidung in einem Verfahren auf Gewährung vorläufigen Rechtsschutzes fehlt, wenn ein komplexer Sachverhalt aufbereitet werden muss und/oder schwierige Rechtsfragen entschieden werden müssen. Auch verhindern oft notwendige Verfahrensschritte eine sofortige Entscheidung des Gerichts über den Eilantrag: In der Regel muss den Beteiligten **rechtliches Gehör** gewährt werden. Das gilt insbesondere auch für den beizuladenden Bauherrn, der die Möglichkeit haben muss, sich in rechtlicher und tatsächlicher Hinsicht zu dem Vortrag der Beteiligten zu äußern[52] und auch vorzutragen, welche Folgen eine stattgebende Entscheidung des Gerichts mit Blick auf den Baufortschritt oder die Nutzungseinschränkung hätte. Unter Umständen kann allerdings auf die Gewährung rechtlichen Gehörs zugunsten des Bauherrn verzichtet werden, etwa wenn zu besorgen ist, dass ein möglicherweise bestehendes Abwehrrecht des Antragstellers gegen die dem Beigeladenen erteilte Baugenehmigung bei längerem Zuwarten vereitelt würde.[53]

62 Eine pflichtwidrig unterlassene **zügige Vorlage der vollständigen Verwaltungsvorgänge** kann einen Hängebeschluss zulasten der Behörde rechtfertigen.[54]

63 **(d) Wirkung und Beschwerderecht.** Aus dem Wesen und dem Zweck des Hängebeschlusses, eine Zwischenregelung für die Zeit zu treffen, bis regulär über den Antrag auf Gewährung vorläufigen Rechtsschutzes entschieden ist, folgt, dass seine **Wirkung** nur so lange dauert, bis in jenem Verfahren die Entscheidung getroffen worden ist. Seine Wirkung ist mithin auflösend bedingt bis zur Entscheidung über das vorläufige Rechtsschutzbegehren.[55]

---

51 OVG Münster Beschl. v. 5.11.2008 – 8 B 1631/08, NWVBl 2009, 224.

52 Vgl. VGH München Beschl. v. 18.9.2014 – 15 CS 14.1619, juris Rn. 8.

53 VGH München Beschl. v. 18.9.2014 – 15 CS 14.1619, juris Rn. 8.

54 Vgl. VGH Kassel Beschl. v. 7.10.2014 – 8 B 1686/14, NVwZ 2015, 447, in einer Konkurrentenstreitigkeit wegen der Vergabe von Konzessionen für Sportwetten: „Da die Auswahlentscheidung auch nicht ansatzweise nachprüfbar erscheint, war der Hängebeschluss geboten."

55 OVG Bautzen Beschl. v. 17.12.2013 – 4 B 394/13, juris Rn. 3 f.; VGH Kassel Beschl. v. 7.10.2014 – 8 B 1686/14, NVwZ 2015, 447.

Gegen einen Hängebeschluss des Verwaltungsgerichts steht dem unterlegenen Beteiligten die **Beschwerde** zum Oberverwaltungsgericht bzw. Verwaltungsgerichtshof zu.[56] Der Prüfungsgegenstand des Beschwerdegerichts ist auf die im Beschwerdeverfahren innerhalb der Monatsfrist des § 146 Abs. 4 Satz 1 VwGO dargelegten Gründe beschränkt (§ 146 Abs. 4 Satz 6 VwGO).[57] 64

gg) Prozessrechtliche Empfehlung (Anträge). Während die Erhebung einer Klage beziehungsweise die Einlegung des Widerspruchs, sofern das jeweilige Landesrecht einen solchen vorsieht, gegen die bauaufsichtliche Zulassung eines Vorhabens **fristgebunden** ist (→ *Rechtsverlust und unzulässige Rechtsausübung* Rn. 15 ff.), gilt für die Stellung eines Antrags auf Gewährung vorläufigen Rechtsschutzes **keine gesetzliche Frist**. Deshalb kann der antragstellende Nachbar seinen Antrag zurückstellen, falls der Bauherr verlässlich zu erkennen gibt, dass er mit der Verwirklichung des Bauvorhabens abwarten will, bis über den Rechtsbehelf (gegebenenfalls: bestandskräftig) entschieden ist. 65

Der sachgerechte **Antrag** in einem Verfahren auf Gewährung vorläufigen Rechtsschutzes gegen die bauaufsichtliche Zulassung eines Vorhabens könnte beispielsweise lauten: 66

- Aus der Sicht des Antragstellers (= Nachbarn):
  Der Antragsteller beantragt, (zB:)
  1. Herrn/Frau/Firma … (= Inhaber der Baugenehmigung) dem Verfahren beizuladen,
     (Über die Frage der Beiladung hat das Gericht zwar von Amts wegen zu entscheiden. Ein Hinweis auf die Person des Bauherrn ist indes besonders dann sinnvoll, wenn dem Nachbarn die Baugenehmigung nicht vorliegt und deshalb dem Gericht nicht übersandt werden kann.)
  2. die aufschiebende Wirkung der mit dem heutigen Tage erhobenen Klage des Antragstellers/des heute eingelegten Widerspruchs des Antragstellers gegen die dem Beizuladenden erteilte Baugenehmigung vom … zur Errichtung/Nutzungsänderung des Gebäudes auf dem Grundstück Gemarkung …, Flur …, Flurstück … anzuordnen.
     (Ist die Klage schon vorher erhoben worden, genügt eine Bezugnahme auf die Klage unter Nennung deren Aktenzeichens. Eine Vorgehensweise, nach der die aufschiebende Wirkung der „noch zu erhebenden Klage" beantragt wird, hat in der Regel wenig Sinn und birgt die Gefahr, dass der Ablauf der Klagefrist übersehen wird und der Antrag auf Gewährung vorläufigen Rechtsschutzes hierdurch unzulässig wird (→ *Rechtsverlust und unzulässige Rechtsausübung* Rn. 15 ff.).
- Aus der Sicht des beizuladenden Bauherrn:
  (Der Beigeladene muss sich entscheiden, ob er das Risiko auf sich nehmen will, dass er im Falle des Unterliegens an den dann zu tragenden Kosten – voraussichtlich zur Hälfte mit dem Antragsgegner – beteiligt wird. Andererseits kann er nur in diesem Fall erwarten, dass auch seine eigenen außergerichtlichen Kosten für erstattungsfähig erklärt werden (→ *Kosten* Rn. 15). Entscheidet er sich für eine Antragstellung, lautet sein Antrag:
  Der Beigeladene beantragt,
  den Antrag abzulehnen.
- Aus der Sicht des Antragsgegners:
  Der Antragsgegner beantragt,
  den Antrag abzulehnen.

b) Der gerichtliche vorläufige Rechtsschutz außerhalb des § 212a Abs. 1 BauGB (Fallgruppe 1b). aa) Die prozessualen Grundlagen. Soweit § 212a Abs. 1 BauGB nicht einschlägig ist und deshalb ein Widerspruch oder eine Klage eines Nachbarn aufschiebende Wirkung entfaltet, kann die Genehmigungsbehörde auf Antrag des Bauherrn („im überwiegenden Interesse eines Beteiligten") oder von Amts 67

56 VGH Kassel Beschl. v. 7.10.2014 – 8 B 1686/14, NVwZ 2015, 447; OVG Münster Beschl. v. 5.11.2008 – 8 B 1631/08, juris Rn. 4; OVG Berlin-Brandenburg Beschl. v. 10.3.2010 – OVG 11 S 11.10, juris Rn. 6; VGH Mannheim Beschl. v. 18.12.2015 – 3 S 2424/15, juris Rn. 9.

57 Vgl. VGH München Beschl. v. 28.1.2015 – 22 C 15.197, juris Rn. 2.

wegen nach §§ 80a Abs. 1 Nr. 1, 80 Abs. 2 Satz 1 Nr. 4 VwGO die sofortige Vollziehung beispielsweise des Vorbescheides oder der **immissionsschutzrechtlichen Genehmigung** (→ Rn. 24 ff.) anordnen.

68 Ordnet die Behörde die sofortige Vollziehung nicht an, kann der Bauherr bei Gericht beantragen, dass dieses eben diese Anordnung trifft (§ 80a Abs. 1 Nr. 1, Abs. 3 iVm 80 Abs. 5 VwGO). Der Rechtsschutzweg des § 80 Abs. 5 VwGO passt für diesen Fall nicht unmittelbar, weil die Regelung den von einem belastenden Verwaltungsakt Betroffenen im Blick hat. Kraft der Verweisung in § 80a Abs. 3 VwGO steht der Rechtsschutzweg aber auch hierfür zur Verfügung.

69 Ordnet die Behörde die sofortige Vollziehung des Bescheides an, kann der Nachbar bei der Behörde beantragen, dass diese nach § 80 Abs. 4 VwGO die Vollziehung aussetzt und einstweilige Maßnahmen zur Sicherung seiner Rechte trifft. Dieser Weg dürfte allerdings regelmäßig erfolglos sein, weil die Behörde sich in Widerspruch zu der soeben verfügten Anordnung der sofortigen Vollziehung setzen würde. Stattdessen (und ohne dass zuvor der soeben genannte Weg erfolglos beschritten zu werden braucht) kann der Nachbar nach §§ 80a Abs. 1 Nr. 2, Abs. 3 iVm 80 Abs. 5 VwGO bei Gericht die Wiederherstellung der aufschiebenden Wirkung seines Rechtsbehelfs begehren. Dann entsteht dieselbe Situation, wie wenn der Verwaltungsakt von Gesetzes wegen sofort vollziehbar gewesen wäre.

70 Der gerichtliche **Entscheidungsmaßstab** ist in den beiden vorgenannten Fällen derselbe wie in der Fallgruppe 1a. Auch hier ist entscheidungserheblich, welchem der beiden gegenüberstehenden Interessen Vorrang gebührt, dem Interesse des Nachbarn daran, dass der Verwaltungsakt vorerst nicht vom Bauherrn ausgenutzt wird, oder dem Interesse des Bauherrn daran, diesen trotz des nachbarlichen Rechtsbehelfs ungehindert ausnutzen zu dürfen, bis die Frage der Rechtmäßigkeit und der Rechtsverletzung des Nachbarn bestandskräftig feststeht. Wie im Rahmen des nachbarlichen Rechtsschutzes gegen eine bauaufsichtliche Zulassung wird in der Regel auch hier der mutmaßliche Ausgang des Hauptsacheverfahrens eine entscheidende Rolle spielen. Gegebenenfalls ist eine allgemeine Interessenabwägung vorzunehmen. Eine Gewichtungsvorgabe zugunsten des Bauherrn oder des Nachbarn wird nicht angenommen

bb) Prozessrechtliche Empfehlungen (Anträge)

71 ■ Aus der Sicht des Antragstellers (Bauherrn):

Der Antragsteller beantragt,

dem Antragsgegner aufzugeben, die sofortige Vollziehung der dem Antragsteller erteilten (zB) immissionsschutzrechtlichen Genehmigung vom … zur Errichtung/Nutzungsänderung eines Industriebetriebs auf dem Grundstück Gemarkung …, Flur …, Flurstück … anzuordnen.

■ Aus der Sicht des beizuladenden Nachbarn (zur Frage der Antragstellung → Rn. 66):

Der Beigeladene beantragt,

den Antrag abzulehnen.

■ Aus der Sicht des Antragsgegners:

Der Antragsgegner beantragt,

den Antrag abzulehnen.

72 **c) Der gerichtliche vorläufige Rechtsschutz des Nachbarn auf Erlass einer Ordnungsverfügung gegen den Bauherrn (Fallgruppe 2a).** Beantragt der Nachbar wegen eines vermeintlich nachbarrechtswidrigen Geschehens auf dem Baugrundstück den Erlass einer Ordnungsverfügung gegen den Bauherrn und lehnt die Behörde den Antrag ab, kann der Nachbar nach § 123 Abs. 1 Satz 1 VwGO eine einstweilige Anordnung beantragen, mit der der Behörde aufgegeben wird, gegen den Bauherrn tätig zu werden. Das setzt voraus, dass „die Gefahr besteht, dass durch eine Veränderung des bestehenden Zustands die Verwirklichung eines Rechts des Antragstellers vereitelt oder wesentlich erschwert werden könnte" und in diesem Sinne sowohl ein Anordnungsgrund – die Eilbedürftigkeit der begehrten Regelung – als auch ein Anordnungsanspruch – der materiell-rechtliche Anspruch auf die begehrte Regelung – hinreichend glaubhaft gemacht worden sind (§ 123 Abs. 3 VwGO iVm §§ 920 Abs. 2, 294 ZPO).

aa) Vorrang von §§ 80 und 80a VwGO. Der Antrag ist unzulässig, wenn der vorläufige Nachbarrechtschutz gemäß §§ 80a Abs. 3, 80 Abs. 5 VwGO erreicht werden kann. Dieser setzt voraus, dass das Rechtsschutzziel des Nachbarn sich gegen eine Regelung in einem ihn belastenden Verwaltungsakt, zB in einer dem Bauherrn erteilten und ihn als Dritten benachteiligenden Genehmigung, richtet. Soll ein Vorhaben im Rahmen einer Genehmigungsfreistellung errichtet werden, fehlt es an einem solchen belastenden Verwaltungsakt.[58] Aber auch in den Fällen, in denen zwar eine Genehmigung ergangen ist, diese jedoch zu den von dem Nachbarn behaupteten Rechtsverstößen keinerlei Regelung enthält, sperrt § 123 Abs. 5 VwGO die Anwendung des § 123 Abs. 1 bis 3 VwGO nicht. Das trifft vor allem für Genehmigungen zu, die in einem Verfahren mit einem beschränkten Prüfungsverfahren (einfache oder vereinfachte Genehmigungsverfahren) ergangen sind.[59] Denn was nicht zum Prüfungsgegenstand geworden ist, wird auch nicht Regelungsgegenstand und kann deshalb nicht nach §§ 80a Abs. 1 Nr. 2, Abs. 3, 80 Abs. 5 VwGO zur Überprüfung durch das Gericht gestellt werden. 73

bb) vorherige Antragstellung bei der Behörde. Grundsätzlich ist Zulässigkeitsvoraussetzung, dass sich der Nachbar zuvor erfolglos an die zuständige Behörde gewandt hat mit dem (zumindest sinngemäßen) Begehren, gegen das Vorhaben bauaufsichtlich einzuschreiten. Hierauf kann allenfalls dann verzichtet werden, wenn die Sache sehr eilig ist und die Wahrscheinlichkeit, dass die Behörde dem Begehren entsprechen würde, gering ist.[60] 74

cc) Glaubhaftmachung von Anordnungsanspruch und Anordnungsgrund. Der Erlass einer einstweiligen Anordnung nach § 123 Abs. 1 VwGO setzt einen **Anordnungsanspruch** und einen **Anordnungsgrund** voraus. Deren tatsächliche Voraussetzungen müssen zwar nicht zur Überzeugung des Gerichts feststehen, aber hinreichend wahrscheinlich („glaubhaft“) sein (§ 123 Abs. 3 VwGO iVm § 920 Abs. 2 ZPO). 75

(1) Anordnungsanspruch. Ein **Anordnungsanspruch** liegt vor, wenn der Antragsteller in der Hauptsache bei summarischer Prüfung voraussichtlich Erfolg haben wird. Das ist dann der Fall, wenn voraussichtlich ein in die Richtung des Begehrens des Antragstellers gehender Anspruch gegen die Behörde besteht. Verletzen ein rechtswidriger Baukörper oder eine rechtswidrige Nutzung auf dem Baugrundstück den Nachbarn in dessen subjektiven öffentlichen Rechten, kann dieser eine einstweilige Anordnung beantragen, mit der dem Bauherrn ein entsprechendes, die Rechtsverletzung beseitigendes Verhalten abverlangt wird. Im Unterschied zur Anfechtung einer Baugenehmigung, die immer dann erfolgreich ist, wenn die Baugenehmigung rechtswidrig ist und den Nachbarn in seinen Rechten verletzt, muss bei einem Anspruch auf bauaufsichtliches Tätigwerden hinzukommen, dass das der Bauaufsichtsbehörde zustehende Ermessen, bauaufsichtlich tätig zu werden, auf Null reduziert ist.[61] 76

(2) Anordnungsgrund. Ein Anordnungsgrund besteht, wenn eine vorläufige gerichtliche Entscheidung erforderlich ist. Die erforderliche **Dringlichkeit** der Sache liegt in aller Regel nur dann vor, wenn es dem Antragsteller unter Berücksichtigung seiner Interessen nicht zumutbar ist, die Entscheidung im Hauptsacheverfahren abzuwarten, weil ein Verweis auf das Hauptsacheverfahren aus besonderen Gründen unzumutbar ist.[62] 77

Die Anforderungen an einen Anordnungsgrund hängen auch davon ab, inwieweit durch den Erlass einer einstweiligen Anordnung die Hauptsache vorweggenommen wird.[63] Grundsätzlich kann wegen des Sicherungszwecks und, weil das Gericht im Rahmen der Bestimmung nur eine vorläufige Regelung treffen kann, 78

---

58 VG Schleswig Beschl. v. 17.3.2020 – 2 B 9/20, juris Rn. 4.

59 OVG Bautzen Beschl. v. 23.12.2019 – 1 B 287/19, juris Rn. 4; VG München Beschl. v. 3.1.2019 – M 11 E 18.4972, juris Rn. 28.

60 *Kopp* VwGO § 123 Rn. 25 mwN.

61 S. zu der streitigen Frage, ob eine Ermessensreduzierung nur bei einer besonderen Intensität der Störung oder der Gefährdung nachbarschützender Rechtsgüter gegeben ist: VG München, Beschl. v. 24.1.2019 – M 8 E 18.5129, juris Rn. 33 mwN.

62 BVerfG, stattgebender Kammerbeschluss v. 23.3.2020 – 2 BvR 2051/19, juris Rn. 24 f.; VG Hamburg Beschl. v. 11.5.2020 – 9 E 1919/20, juris Rn. 17.

63 Vgl. nur VGH Mannheim Beschl. v. 5.2.2015 – 10 S 2471/14, NVwZ-RR 2015, 650.

der Behörde, nicht bereits im einstweiligen Rechtsschutzverfahren eine Maßnahme aufgegeben werden, die die Hauptsache vorwegnehmen würde. Dies kommt nur dann in Betracht, wenn die Maßnahme im Hinblick auf das Gebot der Gewährung effektiven Rechtsschutzes (Art. 19 Abs. 4 GG) schlechterdings notwendig ist, weil die sonst zu erwartenden Nachteile für den Antragsteller unzumutbar wären und ein hoher Grad an Wahrscheinlichkeit für einen Erfolg in der Hauptsache spricht.[64] Ist eine überwiegende Erfolgsaussicht – insbesondere aufgrund der auch in Verfahren dieser Art allein möglichen summarischen Prüfung – nicht feststellbar, kann eine Regelungsanordnung nach § 123 Abs. 1 Satz 1 VwGO nur ergehen, wenn dem Betroffenen andernfalls schwere und irreversible Nachteile, insbesondere existentielle Gefahren für Leben und Gesundheit drohen.[65]

79 Allein aus einer möglichen Verletzung des Gebietserhaltungsanspruchs wird in der Regel nicht ohne weiteres eine besondere Dringlichkeit für eine vorläufige Regelung begründet (→ *Gebietsschutz und Baugebietsverträglichkeit* Rn. 3 ff.). Denn Zweck des Gebietserhaltungsanspruchs ist es, die Verhinderung einer „schleichenden Umwandlung" eines Baugebiets auch und gerade unabhängig von konkreten Beeinträchtigungen zu ermöglichen. Dieser Zweck wird durch eine Entscheidung im Hauptsacheverfahren ausreichend erreicht.[66]

dd) Prozessrechtliche Empfehlung (Anträge)

80 ■ Aus der Sicht des Antragstellers (= Nachbar):

Der Antragsteller beantragt,

1. Herrn/Frau/Firma … (= Bauherr, Adressat der Ordnungsverfügung) dem Verfahren beizuladen,

2a. (Beispiel 1)[67]

den Antragsgegner zu verpflichten, dem Beigeladenen im Wege einer einstweiligen Anordnung aufzugeben, es bei Vermeidung eines Ordnungsgelds von bis zu 250.000 EUR zu unterlassen, Bauarbeiten und Aufschüttungsarbeiten an der Grenze zu dem Flurstück … in … durchzuführen.

2b. (Beispiel 2)[68]

den Antragsgegner zu verpflichten, dem Beigeladenen – vorläufig bis zum Abschluss des Hauptsacheverfahrens – mit Anordnung der sofortigen Vollziehung und jeweils unter Androhung eines Zwangsgelds von nicht weniger als 500 EUR und nicht mehr als 3.000 EUR für jeden Fall der Zuwiderhandlung

– zu untersagen, das Grundstück … in ... (Gemarkung …, Flur …, Flurstück …) außerhalb der Betriebszeiten von 6.00 Uhr morgens bis 22.00 Uhr abends für Arbeiten seines Steinmetzbetriebs, wozu auch das An- und Abfahren sowie Be- und Entladen von Fahrzeugen gehört, zu nutzen, und
– aufzugeben, die Hallentore bei jedem Maschineneinsatz geschlossen zu halten.

■ Aus der Sicht des beizuladenden Nachbarn (zur Frage der Antragstellung → Rn. 66):

■ Der Beigeladene beantragt,

den Antrag abzulehnen.

Aus der Sicht des Antragsgegners:

Der Antragsgegner beantragt,

den Antrag abzulehnen.

64 Vgl. nur: *Kopp/Schenke* VwGO § 123 Rn. 14 mwN.

65 Vgl. zum Ganzen: VGH Mannheim Beschl. v. 5.2.2015 – 10 S 2471/14, NVwZ-RR 2015, 650.

66 VGH München Beschl. v. 16.4.2019 – 15 CE 18.2652, juris Rn. 21; OVG Schleswig Beschl. v. 17.7.2012 – 1 MB 23/12, juris Rn. 27.

67 Nach: OVG Münster Beschl. v. 4.9.2013 – 2 B 1001/13, juris Rn. 3.

68 VG Gelsenkirchen Beschl. v. 28.8.2014 – 9 L 1082/14, juris vor Rn. 1.

d) Der gerichtliche vorläufige Rechtsschutz des Nachbarn auf Anordnung der sofortigen Vollziehung der Ordnungsverfügung gegen den Bauherrn (Fallgruppe 2b). aa) Die prozessualen Grundlagen. Hat die Aufsichtsbehörde auf Antrag des Nachbarn gegen den Bauherrn (zum vorläufigen Rechtsschutz für die Erreichung dieses Rechtsschutzziels → Rn. 72) eine Ordnungsverfügung erlassen, ist diese Verfügung im Sinne des Einleitungssatzes des § 80a Abs. 1 Nr. 1 VwGO als an einen anderen gerichteter, den antragstellenden Nachbarn begünstigender Verwaltungsakt zu verstehen. Legt der Bauherr gegen die Verfügung den zulässigen Rechtsbehelf ein, hat dieser Rechtsbehelf, sofern die Behörde nicht die sofortige Vollziehung angeordnet hat, aufschiebende Wirkung. Um die sofortige Vollziehbarkeit der Verfügung zu erreichen steht dem Nachbarn der Weg offen, bei Gericht die Anordnung der sofortigen Vollziehung zu beantragen, § 80a Abs. 1 Nr. 1, Abs. 3 VwGO iVm § 80 Abs. 5 bis 8 VwGO. 81

Dabei kann das nachbarliche Begehren einer Anordnung der sofortigen Vollziehung nur dann Erfolg haben, wenn zum einen dem Nachbarn ein materieller Anspruch auf Einschreiten (ggfs. Ermessensreduzierung auf Null) zusteht und zum anderen zur Überzeugung des Gerichts rechtlich geboten ist, dass dieses Ziel mit einer Anordnung der sofortigen Vollziehung versehen wird. Letzteres muss „im überwiegenden Interesse eines Beteiligten" (§ 80 Abs. 2 Satz 1 Nr. 4 VwGO), des Nachbarn, liegen. Hier wird das Gericht eine Entscheidung unter Abwägung der gegenläufigen Interessen von Nachbarn und Bauherrn treffen, die den oben beschriebenen Entscheidungsmaßstäben des Gerichts entspricht. 82

bb) Prozessrechtliche Empfehlung (Anträge)

- Aus der Sicht des Antragstellers (Nachbarn): 83

  Der Antragsteller beantragt,

  1. Herrn/Frau/Firma ... (= Bauherr, Adressat der Ordnungsverfügung) dem Verfahren beizuladen) (zur Frage der Beiladung → *Rechtsschutz, verwaltungsrechtliches Hauptsacheverfahren* Rn. 76,)
  2. die sofortige Vollziehung der gegen den Beizuladenden erlassenen Ordnungsverfügung vom ... anzuordnen.

- Aus der Sicht des beizuladenden Bauherrn (= Adressat der Ordnungsverfügung); (zur Frage der Antragstellung → Rn. 66):

  Der Beigeladene beantragt,

  den Antrag abzulehnen.

- Aus der Sicht des Antragsgegners:

  Der Antragsgegner beantragt,

  den Antrag abzulehnen.

e) Der gerichtliche vorläufige Rechtsschutz des Bauherrn auf Wiederherstellung der aufschiebenden Wirkung seines Rechtsbehelfs gegen die Ordnungsverfügung (Fallgruppe 2c). aa) Formelle Rechtmäßigkeit der Vollzugsanordnung. Hat die Behörde – auf Antrag des Nachbarn und in dessen Interesse – gegen den Bauherrn eine Ordnungsverfügung erlassen und deren sofortige Vollziehung angeordnet, kann der Bauherr nach § 80 Abs. 5 VwGO die **Wiederherstellung der aufschiebenden Wirkung** seines Widerspruchs oder seiner Anfechtungsklage beantragen. 84

In dem Verfahren hat das Gericht zunächst die formelle Rechtmäßigkeit der Anordnung der sofortigen Vollziehung zu überprüfen. Es wird dabei feststellen, ob die Behörde das **Begründungserfordernis** des § 80 Abs. 3 VwGO beachtet hat. Die Anforderungen hieran sind allerdings nicht hoch. Die Begründung muss zwar auf den Einzelfall abstellen und darf nicht bloß formelhaft sein. Allein der Hinweis auf die Rechtmäßigkeit der Ordnungsverfügung reicht nicht aus. Es genügt aber, dass die Behörde zum Ausdruck bringt, dass sie sich des Ausnahmecharakters der Anordnung der sofortigen Vollziehung bewusst ist und dass und warum sie nicht bereit ist, die aufschiebende Wirkung eines etwaigen Rechtsmittels gegen die Genehmi- 85 gung hinzunehmen.[69] Aus der Eigenschaft als formelle Rechtmäßigkeitsvoraussetzung folgt, dass es nicht zwingend darauf ankommt, ob die Erwägungen der Behörde auch inhaltlich im Sinne des objektiven Rechts und der Interessen der Beteiligten vollständig zutreffend sind.[70]

86 **bb) Materieller Entscheidungsmaßstab.** In materiellrechtlicher Hinsicht hat das Gericht, wie immer im dreipoligen Verhältnis einer Baunachbarstreitigkeit, das **Interesse des Bauherrn** mit dem **Interesse des Nachbarn** abzuwägen. Lediglich wenn auch öffentliche Interessen für den Erlass der Ordnungsverfügung streiten, können auch diese bei der gerichtlichen Entscheidung mit ins Gewicht fallen.

cc) Prozessrechtliche Empfehlung (Anträge)

87 ■ Aus der Sicht des Antragstellers (Adressat der Verfügung, Bauherr):

Der Antragsteller beantragt,

– sofern bereits eine Klage gegen die Ordnungsverfügung erhoben worden ist:

die aufschiebende Wirkung der gegen die Ordnungsverfügung des Antragsgegners vom … erhobenen Klage vom … mit Blick auf die in der Ordnungsverfügung enthaltene (beispielsweise:) Nutzungsuntersagung wiederherzustellen (gegebenenfalls: und gegen die Zwangsgeldandrohung anzuordnen);

– sofern gleichzeitig Klage gegen die Ordnungsverfügung erhoben wird:

die aufschiebende Wirkung der gegen die Ordnungsverfügung des Antragsgegners am heutigen Tage erhobenen Klage mit Blick auf die in der Ordnungsverfügung enthaltene (beispielsweise:) Nutzungsuntersagung wiederherzustellen (gegebenenfalls: und gegen die Zwangsgeldandrohung anzuordnen).

(Ob in diesen Fällen das Verwaltungsgericht den Nachbarn beilädt (→ *Rechtsschutz, verwaltungsrechtliches Hauptsacheverfahren* Rn. 76), ist zweifelhaft. Falls dies geschieht, gilt für die Frage der Antragstellung und die Formulierung des Antrags das zu den anderen Fallgruppen Gesagte.)

■ Aus der Sicht des Antragsgegners:

Der Antragsgegner beantragt,

den Antrag abzulehnen.

69 Vgl. nur OVG Berlin-Brandenburg Beschl. v. 27.2.2020 – OVG 10 S 4/20, juris Rn. 4; OVG Münster Beschl. v. 27.2.2020 – 13 B 1458/19, juris Rn. 3.

70 OVG Münster Beschl. v. 18.12.2017 – 13 B 1397/17, juris Rn. 3.

103. Rechtsverlust und unzulässige Rechtsausübung

Schulte Beerbühl

I. Allgemeines

Rechte zur Einlegung eines **Rechtsbehelfs gegen eine Baugenehmigung** (dieser Begriff steht im Folgenden für alle ein Bauvorhaben legalisierenden behördlichen Maßnahmen) können dadurch untergehen, dass der Berechtigte wirksam auf sie **verzichtet**, ferner durch **Versäumung** der hierfür zur Verfügung stehenden **Frist**. Die **Verwirkung** des Nachbarrechts setzt rechtslogisch voraus, dass das Recht noch besteht, aber aus Gründen von Treu und Glauben nicht (mehr) geltend gemacht werden kann. All dies gilt gleichermaßen für das Recht zur Geltendmachung eines **Anspruchs auf bauaufsichtliches Einschreiten** gegen ein störendes Vorhaben. 1

II. Rechtverlust durch Verzicht/Zustimmung

Ein **Verzicht** des Nachbarn auf seine Nachbarrechte kann dadurch erfolgen, dass er dem Vorhaben ausdrücklich zustimmt, etwa durch den Vermerk „Ich bin als Nachbar mit der Planung einverstanden". Allein der Einblick in die Baupläne stellt jedoch noch keinen Verzicht oder einen sonstigen Umstand dar, der das spätere Geltendmachen des nachbarlichen Abwehrrechts als Verstoß gegen Treu und Glauben erscheinen lässt.[1] Eine Vereinbarung über den Verzicht gegen eine Gegenleistung ist zulässig und verstößt nicht gegen ein gesetzliches Verbot (§ 134 BGB).[2] 2

Nach Maßgabe einzelner Landesbauordnungen, beispielsweise § 68 Abs. 1 S. 3 LBauO RhPf, gilt die **Unterschrift** als Zustimmung zu einem Bauvorhaben, was das Erlöschen des subjektiv-öffentlichen Rechts auf Einhaltung der betreffenden nachbarschützenden Vorschriften zur Folge hat.[3] 3

1. Verzichtserklärung als empfangsbedürftige Willenserklärung

Die Verzichtserklärung (auch in Form der Zustimmung) ist eine **empfangsbedürftige Willenserklärung** (§ 130 Abs. 1 Satz 1 BGB). Der Nachbar kann die Zustimmungserklärung mit Einschränkungen versehen. Diese müssen dann gegenüber der Bauaufsichtsbehörde mit der gebotenen Klarheit und Eindeutigkeit zum 4

1 BVerwG Beschl. v. 7.8.1996 – 4 B 147/96, BRS 58 Nr. 186.
2 BGH Urt. v. 11.12.1980 – III ZR 38/79, NJW 1981, 811.
3 VG Trier Beschl. v. 19.11.2019 – 7 K 3469/19.TR, juris Rn. 8.

Ausdruck gebracht werden. Gegebenenfalls ist durch Auslegung zu ermitteln, welchen Inhalt eine von dem Nachbarn zu dem Vorhaben abgegebene Erklärung hat.[4] Der nachbarlichen Erklärung, mit einem Bauvorhaben einverstanden zu sein, kommt allerdings nur insoweit Bindungswirkung zu, als sie sich auf ein **konkretes Vorhaben** bezieht und die Baugenehmigung für dieselben Bauvorlagen erteilt worden ist, denen der Nachbar zugestimmt hat.[5]

5 Aus diesem Grunde kommt es entscheidend darauf an, welchen Inhalt die seinerzeit dem Nachbarn zur Kenntnis gebrachten Unterlagen hatten und was dieser aus den **Bauzeichnungen** entnehmen konnte.

6 **Beispiel:**[6] „Aus den unterzeichneten Unterlagen gehen die zwischen den Beteiligten umstrittenen Gesichtspunkte des Vorhabens einschließlich der von den Klägern später noch in Bezug genommenen Zwerchhäuser sowie die GFZ eindeutig hervor, wobei letztere aus dem Verhältnis von Grundstücksfläche und der Grundflächen der einzelnen Geschosse ohne Weiteres berechnet werden kann."

7 Beschränkt ein Nachbar sein Einverständnis mit einem Bauvorhaben ausdrücklich auf eine bestimmte Form des Vorhabens, deckt dieses Einverständnis ein **geändertes Vorhaben** selbst dann nicht, wenn die Änderung nachbarliche Interessen nicht zusätzlich berührt.[7]

2. Adressat der Verzichtserklärung

8 Auch wenn der Nachbar den Verzicht oder die Zustimmung gegenüber dem Bauherrn (sinnvollerweise schriftlich) äußert, ist deren **Adressat** die Baugenehmigungsbehörde. Denn sie hat die Vereinbarkeit des Vorhabens mit dem öffentlichen Baurecht zu prüfen und ihr gegenüber bewirkt der Verzicht auf bestehende materiellrechtliche Abwehrrechte, dass die entsprechenden Rechte dem Vorhaben nicht mehr entgegenstehen. Soweit der Verzicht tatsächlich gegenüber dem Bauherrn erklärt wird, fungiert dieser als **Bote**, überbringt also eine nicht für ihn bestimmte Erklärung an den Empfänger im Sinne des § 130 Abs. 1 Satz 1 BGB.[8]

3. Widerruf und Anfechtbarkeit der Verzichtserklärung

9 In entsprechender Anwendung von § 130 Abs. 1 Satz 2 und Abs. 3 BGB kann der **Widerruf** lediglich bis zum Zugang der Zustimmungserklärung bei der Baugenehmigungsbehörde erklärt werden.[9] Nach Eingang bei der Bauaufsichtsbehörde ist die Zustimmung nur nach Maßgabe der entsprechend anwendbaren Vorschriften der §§ 119 ff. BGB anfechtbar.

10 Die **Anfechtung** ist gegenüber der Bauaufsichtsbehörde zu erklären. Dies ergibt sich bereits aus § 143 Abs. 3 S. 1 BGB, wonach bei einer einseitigen, empfangsbedürftigen Willenserklärung der andere Teil Anfechtungsgegner ist. Dem Umstand, dass der Nachbar gegenüber dem Bauamt selbst keinen Anfechtungsgrund hat, trägt § 123 Abs. 2 S. 2 BGB Rechnung, wonach ein Rechtsgeschäft auch dann anfechtbar ist, wenn ein Dritter – hier der Bauherr – aus der Erklärung unmittelbar ein Recht erwirbt und der Dritte die Täuschung kannte oder kennen musste.

11 Wird eine **arglistige Täuschung** nach § 123 BGB geltend gemacht, so sind zu einer **Irrtumsanfechtung** nach § 119 BGB auch **Motivirrtümer** beachtlich. Demnach ist maßgeblich, ob der Nachbar durch Täuschung zur Abgabe der Nachbarzustimmung bestimmt worden ist. Dabei kann sich ein etwaiger Irrtum des Nachbarn auch auf Tatsachen außerhalb der unterschriebenen Bauunterlagen beziehen.[10]

---

4 OVG Münster Beschl. v. 6.2.2009 – 10 B 1803/09, nv; OVG Münster Beschl. v. 9.7.2009 – 10 A 1817/09, nv.
5 OVG Münster Beschl. v. 20.1.2015 – 10 B 1388/14, juris Rn. 31.
6 VG Trier Beschl. v. 19.11.2019 – 7 K 3469/19.TR, juris Rn. 8.
7 OVG Münster Beschl. v. 2.8.2007 – 7 A 880/07, juris Rn. 31.
8 OVG Lüneburg Beschl. v. 28.8.2013 – 1 LA 235/11, juris Rn. 15.
9 OVG Münster Beschl. v. 28.6.2002 – 7 B 1061/02, juris Rn. 5.
10 VG Trier Beschl. v. 19.11.2019 – 7 K 3469/19.TR, juris Rn. 11; aA: VG Ansbach Urt. v. 5.12.2012 – AN 9 K 11.01747, juris Rn. 47.

Beispiel zu einem Fall der Irreführung durch den Architekten der dem Gerichtsverfahren beigeladenen Bauherrin:[11] Der Architekt der Bauherrin war – ebenso wie das Bauamt – davon ausgegangen, dass die Klägerin eine Nachbarbebauung mit einem Grenzabstand von 1/2 H hinnehmen müsse. Nach der landesrechtlichen Abstandsflächenvorschrift darf der Grenzabstand aber nur in bestimmten Bebauungsplangebieten auf 1/2 H reduziert werden, in dem betroffenen Gebiet jedoch nicht. Das Gebäude hätte einen Abstand von 1 H einhalten müssen. Da der Architekt von einer unzutreffenden Einschätzung der Rechtslage ausging und diese Rechtslage auch in den Verhandlungen mit der Nachbarin zugrunde legte, konnte diese den Umfang der Rechtsverletzung nicht zutreffend abschätzen. Eine stillschweigende Zustimmung oder eine Verwirkung von Nachbarrechten setzen voraus, dass der Nachbar die mögliche Rechtsverletzung erkannt hat oder hätte erkennen müssen.[12] Dies war angesichts der unzutreffenden Unterrichtung der Nachbarin durch den Architekten der Bauherrin ausgeschlossen. Die Bauherrin kann sich nicht darauf berufen, dass sie darauf vertrauen durfte, dass die Nachbarin ihre Abwehrrechte nicht mehr geltend machen werde, wenn die Bauherrin durch ihren Architekten die Nachbarin völlig unzutreffend über die Rechtslage unterrichtete. „Der Vorwurf der Treuwidrigkeit, die für den Rechtsverlust durch Verwirkung konstitutiv ist (vgl. BVerwG Urt. v. 16.5.1991 – 4 C 4.89 – BRS 52 Nr. 218), trifft in diesem Zusammenhang nicht die Klägerin [das ist die Nachbarin], sondern eher die Beigeladene [das ist die Bauherrin]."[13] 12

4. Wirkung des Verzichts/Rechtsnachfolge

Die Zustimmung des Nachbarn zu einem Bauvorhaben bewirkt sowohl einen materiellrechtlichen als auch einen verfahrensrechtlichen Verzicht auf mögliche Abwehrrechte; die entsprechenden Rechte gehen damit – soweit sie disponibel sind – unter.[14] 13

Der Verzicht bindet auch die **Rechtsnachfolger** (s. dazu unter → *Rechtsnachfolge* Rn. 19). Denn Abwehrrechte sind mit der dinglichen Berechtigung an einem Grundstück verknüpft. Sind Abwehrrechte des Nachbarn durch Verzicht untergegangen, so können sie auf dessen Rechtsnachfolger nicht mehr übergehen und leben auch nicht wieder auf.[15] 14

III. Rechtsverlust durch Versäumung der Frist

Rechte zur Einlegung eines Rechtsbehelfs gegen eine Baugenehmigung können durch das **Versäumen** der hierfür zur Verfügung stehenden **Frist** untergehen. Dasselbe gilt für das Recht zur Geltendmachung eines Anspruchs auf bauaufsichtliches Einschreiten gegen ein störendes Vorhaben. Die Verwirkung, auf die → ab Rn. 44 eingegangen wird, hat nichts mit dem Rechtsverlust durch Fristablauf zu tun. Sie setzt vielmehr voraus, dass das Recht dem Grunde nach noch besteht, aber aus Gründen von Treu und Glauben nicht (mehr) geltend gemacht werden kann. 15

Für die Frage, ob die Frist zur Einlegung eines Rechtsbehelfs gegen eine Baugenehmigung eingehalten ist, muss – erstens – der Zeitpunkt des **Beginns des Fristenlaufs** ermittelt, – zweitens – die **Länge der Frist** festgelegt sowie – drittens – nach der rechtzeitigen **Vornahme der Rechtshandlung** innerhalb dieser Frist gefragt werden. 16

1. Fristbeginn

Der **Fristbeginn** bestimmt sich, sofern nach Landesrecht ein Widerspruch vorgesehen ist, nach § 70 Abs. 1 Satz 1 VwGO, sofern ein Widerspruch nicht vorgesehen ist, nach § 74 Abs. 1 VwGO. In beiden Fällen ist der Widerspruch bzw. die Klage innerhalb eines Monats, nachdem der Verwaltungsakt bzw. der Widerspruchsbescheid dem Beschwerten bekanntgegeben worden ist, zu erheben. Für den Fristbeginn ist also 17

11 Nach OVG Lüneburg Urt. v. 17.5.1995 – 1 L 4212/93, juris Rn. 20.
12 BVerwG Beschl. v. 18.1.1988 – 4 B 257.87, BRS 48 Nr. 180.
13 OVG Lüneburg Urt. v. 17.5.1995 – 1 L 4212/93, juris Rn. 20 aE.
14 OVG Münster Urt. v. 2.9.2010 – 10 A 2616/08, juris Rn. 50.
15 OVG Münster Urt. v. 2.9.2010 – 10 A 2616/08, juris Rn. 50; VGH Mannheim Urt. v. 16.8.1978 – III 470/78, BRS 33 Nr. 176; VGH Kassel Beschl. v. 27.4.1994 – 3 TH 20/94, BRS 56 Nr. 181.

grundsätzlich der Zeitpunkt der Bekanntgabe maßgeblich (→ Rn. 18 ff.). Unter Umständen kann allerdings eine Frist auch zu laufen beginnen, obwohl eine förmliche Bekanntgabe nicht erfolgt ist (→ Rn. 26 ff.).

18 **a) Fristbeginn infolge Bekanntgabe.** Der Begriff **Bekanntgabe** ist der Oberbegriff über sämtliche Formen zulässiger Eröffnung eines Verwaltungsaktes gegenüber dem Betroffenen. Neben einer mündlichen Mitteilung kommen die schriftliche Übersendung durch die Post, die elektronische Übermittlung und die öffentliche Bekanntmachung in Frage. Für die **Zustellung**, eine besonders formalisierte Form der Bekanntgabe, gelten die Bestimmungen der Verwaltungszustellungsgesetze.

19 **aa) Formfreiheit und Beteiligungspflicht.** Für die Bekanntgabe eines Verwaltungsaktes gilt **Formfreiheit**, soweit nicht gesetzlich eine bestimmte Bekanntgabeform vorgeschrieben ist. Das gilt grundsätzlich auch für die Bekanntgabe einer Baugenehmigung an einen Nachbarn. Allerdings bestimmen viele Bauordnungen, dass dem Nachbarn unter bestimmten Voraussetzungen eine Ausfertigung **zuzustellen** ist. Ein Verstoß gegen die Beteiligungsvorschrift wirkt sich allein auf die Bekanntgabe an den Adressaten und damit den Fristbeginn aus, berührt aber die **Rechtmäßigkeit** der Genehmigung nicht.

20 Die Genehmigungsbehörde kann nach ihrem Ermessen den Kreis derer, denen gegenüber sie die Genehmigung bekanntgeben will, weiter ziehen als sie rechtlich verpflichtet ist. Damit kann sie im Interesse der Rechtssicherheit den Zeitpunkt des Fristbeginns für den Lauf eines Rechtsbehelfs und damit auch des Fristendes und der Bestandskraft des Bescheides aktenkundig machen. Dies liegt oftmals auch im Interesse des Bauherrn und betroffener Nachbarn.

21 Die Bekanntgabe einer Baugenehmigung an einen Dritten setzt als subjektives Element einen entsprechenden **Bekanntgabewillen** voraus. Dabei genügt nicht der Wille, die Genehmigung gegenüber dem Bauherrn bekanntzugeben. Vielmehr ist auch der Wille zur Bekanntgabe („zielgerichtete Mitteilung einer Entscheidung an den Betreffenden") erforderlich,[16] gerade auch an den Drittbetroffenen. Dies erfordert eine bewusste Willensentscheidung, dass und wann der Verwaltungsakt bekanntgegeben werden soll. Eine zufällige Kenntnisnahme durch den Dritten, etwa durch Übermittlung seitens des Bauherrn, genügt in diesem Zusammenhang nicht.

22 **bb) Bekanntgabezeitpunkt.** Der **Zeitpunkt der Bekanntgabe**, sei es mit einfachem Brief, oder sei es elektronisch ist in § 41 Abs. 2 VwVfG geregelt. Danach gilt ein schriftlicher Verwaltungsakt, der im Inland durch die Post übermittelt wird, am dritten Tag nach der Aufgabe zur Post als bekanntgegeben. Ein Verwaltungsakt, der im Inland oder in das Ausland elektronisch übermittelt wird, gilt am dritten Tag nach der Absendung als bekanntgegeben. Dies gilt nicht, wenn der Verwaltungsakt nicht oder zu einem späteren Zeitpunkt zugegangen ist; im Zweifel hat die Behörde den Zugang des Verwaltungsaktes und den Zeitpunkt des Zugangs nachzuweisen.

23 Erfolgt die Bekanntgabe der Baugenehmigung an den Nachbarn im Wege einer **Zustellung**, wird für diesen eine Frist nur dann in Gang gesetzt, wenn die Zustellung ordnungsgemäß erfolgt ist. Die Regeln dazu ergeben sich aus dem jeweils einschlägigen Zustellungsgesetz. Lässt sich die formgerechte Zustellung der Genehmigung nicht nachweisen oder ist sie unter Verletzung zwingender Zustellungsvorschriften zugegangen, gilt sie als in dem Zeitpunkt zugestellt, in dem sie dem Nachbarn tatsächlich zugegangen ist (vgl. § 8 VwZG).

24 **cc) Relativität des Zeitpunkts und des Inhalts.** Der **Bekanntgabe-Zeitpunkt** ist **„relativ"**, dh er kann hinsichtlich verschiedener Personen differieren. Wird eine Baugenehmigung einem betroffenen Nachbarn erst später bekanntgegeben als dem Bauherrn, beginnen die Rechtsmittelfristen für diese Personen zu unterschiedlichen Zeitpunkten zu laufen.

25 Ähnliches gilt für etwaige Unterschiede im **Inhalt**: Wird dem Nachbarn gegenüber nur ein Teil der Genehmigung bekanntgegeben, ist deren Regelungsgehalt und damit der Gegenstand einer möglichen Anfechtung gegenüber einer vollständigen, an den Bauherrn gerichteten Genehmigung reduziert.

---

16 VG Neustadt (Weinstraße) Beschl. v. 11.2.2019 – 5 L 85/19.NW, juris Rn. 16 mwN.

b) Fristbeginn ohne förmliche (amtliche) Bekanntgabe. Im Baunachbarrecht wird von dem Grundsatz, dass die Bekanntgabe einer Baugenehmigung an einen Dritten als subjektives Element einen entsprechenden **Bekanntgabewillen** der Behörde voraussetzt, in bestimmten Fällen unter dem Gesichtspunkt von Treu und Glauben eine bedeutsame **Ausnahme** gemacht. Dies ist verfassungsrechtlich unbedenklich. Denn: „Die Konkretisierung des Grundsatzes von Treu und Glauben dahingehend, dass eine Einschränkung der Eigentumsbefugnisse im nachbarlichen Gemeinschaftsverhältnis in begrenzten Ausnahmefällen auch über die gesetzlich ausdrücklich geregelten Fälle hinaus erfolgen und insoweit die Ausübung eines an sich bestehenden Rechts unzulässig sein kann, stellt eine verfassungsrechtlich unbedenkliche Inhaltsbestimmung des Eigentums nach Art. 4 Abs. 1 LV i. V. m. Art. 14 Abs. 1 Satz 2 GG dar."[17] 26

aa) Sonstige Kenntnisnahme von der Baugenehmigung. Wird die Baugenehmigung dem Nachbarn nicht aufgrund eines entsprechenden Willensaktes förmlich bekannt gegeben, hat dieser aber von einer dem Bauherrn erteilten Baugenehmigung zuverlässig Kenntnis erlangt, so muss er sich so behandeln lassen, als sei ihm die Baugenehmigung bekanntgegeben worden, und zwar zu dem Zeitpunkt der sicheren Kenntnisnahme.[18] Das beruht auf dem im nachbarschaftlichen (oder nachbarrechtlichen) Gemeinschaftsverhältnis geltenden Grundsatz von **Treu und Glauben** (→ ***Nachbarschaftliches Gemeinschaftsverhältnis*** Rn. 3 ff.).[19] Aus dem nachbarschaftlichen Gemeinschaftsverhältnis wird also gewissermaßen eine Bekanntgabe zu einem bestimmten Zeitpunkt fingiert.[20] 27

Dabei ist nicht ausreichend und entscheidend, ob der Nachbarn erkennt, dass überhaupt eine Baugenehmigung ergangen ist. Der Grundsatz von Treu und Glauben verlangt dem Nachbarn nicht ab, gleichsam vorsorglich gegen jedes bauliche Vorhaben vorzugehen, um seine Rechte zu wahren. Der Vorwurf der Treuwidrigkeit ist nur dann berechtigt, wenn der Betroffene den Inhalt der Baugenehmigung insoweit erkennen kann, als diese zu seinen Lasten eine (mutmaßliche) Rechtsverletzung beinhaltet. 28

bb) Kennenmüssen des Inhalts der Baugenehmigung. Entsprechendes gilt dann, wenn der Nachbar von der Baugenehmigung zuverlässig **Kenntnis hätte haben müssen**, weil sich ihm ihr Vorliegen aufdrängen musste und es ihm möglich und zumutbar war, sich beispielsweise durch Nachfrage beim Bauherrn oder bei der Bauaufsichtsbehörde darüber Gewissheit zu verschaffen.[21] Je einfacher die Informationen über das Bauvorhaben zugänglich sind, desto eher ist dem Nachbarn die Erkundigung zuzumuten. Bei deutlich wahrnehmbaren Bauarbeiten gibt es Anlass, der Frage der eigenen Beeinträchtigung nachzugehen.[22] 29

Beispiel:[23] Ein Nachbar klagt gegen die Nutzungsänderung eines Gebäudes in eine Schule und die damit einhergehende Erstellung eines zweiten Rettungsweges in Form einer zu seinem Grundstück ausgerichteten Außentreppe durch die dem Verfahren beigeladene Bauherrin. Am 2.5.2013 war mit der Montage eines Gerüsts begonnen worden, das dazu diente, die zur Erreichbarkeit der Außentreppe vom Gebäudeinnern her erforderlichen Türöffnungen (statt der bereits vorhandenen Fensteröffnungen) in der Gebäudeaußenwand zu schaffen. Ein solcher Austritt konnte nur Sinn haben, wenn von hier aus eine Treppe oder ein Balkon betreten werden sollten. Nach Ansicht des Gerichts war dem Nachbarn von diesem Zeitpunkt an „möglich und zumutbar, sich durch Anfrage bei der Beigeladenen bzw. dem Eigentümer des Vorhabengrundstücks oder der Baugenehmigungsbehörde über die Genehmigungslage Gewissheit zu verschaffen und nicht (wei- 30

17 VerfGH NRW Beschl. v. 17.12.2019 – 56/19.VB-3, juris Rn. 8, unter Hinweis auf BVerfG Beschl. v. 10.11.1988 – 1 BvR 1215/88, juris Rn. 2.
18 VerfGH NRW Beschl. v. 17.12.2019 – 56/19.VB-3, juris Rn. 8; BVerwG, Urteile v. 16.5.1991 – 4 C 4.89, juris Rn. 18, und v. 10.8.2000 – 4 A 11.99, juris Rn. 15 f.; Beschl. v. 11.9.2018 – 4 B 34.18, juris Rn. 9.
19 St. Rspr. seit BVerwG Urt. v. 25.1.1974 – IV C 2/72, NJW 1974, 1260.
20 Vgl. auch OVG Münster Urt. v. 28.1.2016 – 10 A 447/14, juris Rn. 37.
21 BVerwG Urt. v. 25.1.1974 – IV C 2/72, NJW 1974, 1260; vgl. auch OVG Münster Urt. v. 28.1.2016 – 10 A 447/14, juris Rn. 37.
22 VG Köln Urt. v. 3.11.2015 – 2 K 2961/14, juris Rn. 20; VGH Mannheim Urt. v. 14.5.2012 – 10 S 2693/09, BRS 79 Nr. 183.
23 Nach VG Köln Urt. v. 3.11.2015 – 2 K 2961/14, juris Rn. 20.

ter) tatenlos zuzuwarten, bis nach Fertigstellung des Bauvorhabens sogar noch weitere acht Monate vergehen."

31 All dies setzt aber voraus, dass ein solches **nachbarschaftliches Gemeinschaftsverhältnis** überhaupt der Sache nach besteht. Liegen die Grundstücke mehrere hundert Meter voneinander entfernt, kann dies zweifelhaft sein (Näheres dazu unter → *Nachbar in öffentlich-rechtlicher Sicht* Rn. 3 ff.).[24]

32 **cc) Wissensvertretung.** In entsprechender Anwendung des § 166 Abs. 1 BGB und der Grundsätze über die **Wissensvertretung** muss der Nachbar sich die Kenntnis eines von ihm Vertretenen anrechnen lassen. Das setzt aber voraus, dass die Person, deren Wissen zugerechnet werden soll, selbstständig für ihren Geschäftsherrn gehandelt hat und befugt war, rechtserhebliche Informationen zur Kenntnis zu nehmen, um diese gegebenenfalls an ihn weiterzuleiten.[25]

2. Länge und Ablauf der Frist

33 Für die **Länge der Frist** gelten die Bestimmungen der Verwaltungsgerichtsordnung, insbesondere Monatsfrist des § 74 Abs. 1 VwGO. Diese Frist ist allerdings nur bei zutreffender **Rechtsbehelfsbelehrung** maßgeblich.

34 Eine (schriftliche) Rechtsbehelfsbelehrung muss **vollständig und zutreffend** sein (§ 58 Abs. 2 VwGO). Wenn und soweit ein Dritter zur Einlegung eines Rechtsbehelfs berechtigt ist, darf die Belehrung keinen Zusatz enthalten, der unrichtig und/oder irreführend ist und geeignet ist, die Einlegung des in Betracht kommenden Rechtsbehelfs nennenswert zu erschweren und ihn davon abzuhalten, einen Rechtsbehelf überhaupt oder rechtzeitig einzulegen.[26] In diesem Zusammenhang ist problematisch, dass Baugenehmigungen (so wie andere Bescheide mit Doppelwirkung auch) vorrangig denjenigen im Blick haben, der unmittelbar durch die Regelung belastet oder begünstigt werden soll; der Nachbar wird oft aus den Augen verloren. Zwar ist nach § 58 Abs. 1 VwGO nicht erforderlich, darüber zu belehren, wer zur Einlegung des Rechtsbehelfs berechtigt ist. Enthält die Rechtsbehelfsbelehrung keine Belehrung über ihren Adressaten, ist sie grundsätzlich nicht iSv § 58 Abs. 2 VwGO unterblieben oder unrichtig erteilt. Wird allerdings als widerspruchs- oder klagebefugte Person ausschließlich der Bauherr genannt, kann bei dem Nachbarn, der sich nicht angesprochen zu fühlen braucht, der Eindruck erweckt werden, er habe diese Rechte nicht. So kann es sein, wenn die Rechtsbehelfsbelehrung eine konkrete Person anspricht, etwa den im Adressfeld genannten unmittelbaren Adressaten des Bescheids selbst. In einem solchen Fall ist die Rechtsbehelfsbelehrung gegenüber anderen potentiell Drittbetroffenen unterblieben, es sei denn, diese mussten sie in Anbetracht der Gesamtumstände eindeutig auch auf sich beziehen.[27] Scheinbar allein den Bauherrn ansprechende Formulierungen wie „Ihre Rechte" und „Sie können gegen diesen Bescheid … einlegen" sind geeignet den Eindruck zu erwecken, andere Personen seien von der Rechtsbehelfsbelehrung nicht betroffen.[28] Ihnen gegenüber ist die Rechtsbehelfsbelehrung unrichtig mit der Folge, dass die Jahresfrist gilt, § 58 Abs. 2 VwGO. Anders verhält es sich, wenn die nach § 58 Abs. 1 VwGO notwendigen Bestandteile der Rechtsbehelfsbelehrung im Bescheid abstrakt formuliert sind und die Belehrung aus sich heraus deutlich macht, dass im Fall der Bekanntgabe des Bescheides auch gegenüber anderen als dem durch die Adressierung angesprochenen Bauherrn ihr Aussagegehalt ihnen gegenüber gelten soll.[29]

35 In den Fällen der nicht förmlichen Bekanntgabe (→ Rn. 18 ff.), in denen eine Rechtsbehelfsbelehrung regelmäßig fehlt, läuft mangels Rechtsbehelfsbelehrung stets die Jahresfrist des § 58 Abs. 2 VwGO. Ein-

24 OVG Münster Beschl. v. 27.1.2016 – 10 B 14/16, nv.

25 Vgl. VG Arnsberg Urt. v. 11.10.2011 – 4 K 2108/08, nv, unter Verweis auf die zivilrechtliche Rechtsprechung des BGH Urt. v. 16.5.1989 – VI ZR 251/88, NJW 1989, 2323.

26 Vgl. dazu eingehend *Kopp/Schenke* VwGO § 58 Rn. 12.

27 Vgl. OVG Münster Beschl. v. 13.11.2014 – 2 B 1111/14, juris Rn. 18, mit Verweis auf BVerwG Beschl. v. 11.3.2010 – 7 B 36.09, juris Rn. 15 f., und v. 7.7.2008 – 6 B 14.08, juris Rn. 9.

28 So VG Arnsberg Urt. v. 11.10.2011 – 4 K 2108/11, nv.

29 VG Gelsenkirchen Beschl. v. 5.5.2020 – 9 L 32/20, juris Rn. 17.

schränkungen sind allerdings ggfs. nach den Grundsätzen von Treu und Glauben vorzunehmen. Insofern gelten die unter → Rn. 26 dargestellten Grundsätze von Treu und Glauben entsprechend.

Die Rechtsbehelfsfrist verlängert sich nicht dadurch, dass die dem Bauherrn erteilte Genehmigung von der Behörde **verlängert** wird. Denn die Verlängerung ist nicht der Erteilung einer neuen Genehmigung gleichzusetzten. Vielmehr wird allein der Zeitpunkt, an dem die Geltungsdauer endet, verschoben, was allein für die Beziehung zwischen Bauherrn und Genehmigungsbehörde von Belang ist. Deshalb braucht der Nachbar die Verlängerung auch nicht (ebenfalls) anzufechten, um seine Rechte gegen die Genehmigung zu wahren.[30] 36

3. Fristende

Das **Ende der Frist** berechnet sich nach § 31 VwVfG iVm §§ 188 Abs. 2, 193 BGB. Die Rechtshandlung (Einlegung des Widerspruchs, Erhebung der Klage) muss vorher vorgenommen werden. 37

4. Fristversäumung, Wiedereinsetzung in den vorigen Stand

War der Nachbar ohne Verschulden gehindert, die Frist zur Einlegung des Widerspruchs bzw. zur Erhebung der Klage einzuhalten, ist ihm auf Antrag **Wiedereinsetzung in den vorigen Stand** zu gewähren (§§ 60 bzw. 70 VwGO). Der Antrag ist binnen zwei Wochen nach Wegfall des Hindernisses zu stellen. Die Tatsachen zur Begründung des Antrags sind bei der Antragstellung oder im Verfahren über den Antrag glaubhaft zu machen. Innerhalb der Antragsfrist ist die versäumte Rechtshandlung nachzuholen. Ist dies geschehen, so kann die Wiedereinsetzung auch ohne Antrag gewährt werden. Nach einem Jahr seit dem Ende der versäumten Frist ist der Antrag unzulässig, außer wenn der Antrag vor Ablauf der Jahresfrist infolge höherer Gewalt unmöglich war (§ 60 Abs. 2 und 3 VwGO). Das Verschulden eines Bevollmächtigten wird ihm zugerechnet. 38

„**Ohne Verschulden**" handelt, wer diejenige Sorgfalt anwendet, die einem gewissenhaften Prozessführenden nach den gesamten Umständen und nach allgemeiner Verkehrsanschauung zuzumuten ist. Für den Fall, dass gesetzlich bestehende Fristen bis zum letzten Tag ausgeschöpft werden, erhöhen sich zwar die Sorgfaltspflichten.[31] Jedoch kann der Bürger nach der Rechtsprechung des Bundesverfassungsgerichts und der obersten Bundesgerichte grundsätzlich darauf vertrauen, dass die nach ihren organisatorischen und betrieblichen Vorkehrungen für den Normalfall festgelegten **Postlaufzeiten** eingehalten werden. Versagen diese Vorkehrungen, darf das dem Bürger, der darauf keinen Einfluss hat, im Rahmen der Wiedereinsetzung in den vorigen Stand nicht als Verschulden zur Last gelegt werden.[32] 39

IV. Treu und Glauben

Das Gebot der Beachtung von **Treu und Glauben** ist ein das gesamte deutsche Recht beherrschender Grundsatz, der in § 242 BGB und anderen Rechtsvorschriften normiert ist, aber über den Wortlaut hinaus in allen Rechtsbeziehungen Bedeutung hat. Nach ihm hat jedermann in Ausübung seiner Rechte und Erfüllung seiner Pflichten nach Treu und Glauben zu handeln. 40

Obwohl die Bestimmung sich unmittelbar nur auf Vertragsverhältnisse bezieht, ist anerkannt, dass der Grundsatz für den gesamten Rechtsverkehr und zu einer sozial angemessenen Rechtsausübung verpflichtet.[33] Voraussetzung ist allerdings, dass eine gewisse Sonderverbindung besteht, wobei jeder qualifizierte soziale Kontakt ausreicht.[34] Eine solche kann auch durch eine **ausreichend qualifizierte Nachbarschaft** entstehen. In dem Verhältnis von Nachbarn (zum Begriff des Nachbarn → *Nachbar in öffentlich-* 41

30 OVG Münster Beschl. v. 26.9.1979 – XI B 1528/78, BRS 35 Nr. 202.
31 BVerwG Beschl. v. 28.12.1989 – 5 B 13/89, juris Rn. 13.
32 BVerfG Kammerbeschl. v. 22.9.2000 – 1 BvR 1059/00, NJW 2001, 744; BGH Beschl. v. 13.5.2004 – V ZB 62/03, NJW-RR 2004, 1217; BAG Urt. v. 8.6.1994 – 10 AZR 452/93, NJW 1995, 548.
33 *Heinrichs* in Palandt BGB § 242 Rn. 1.
34 *Heinrichs* in Palandt BGB § 242 Rn. 6 mit Hinweisen auf die Rechtsprechung.

rechtlicher Sicht Rn. 2 ff.) im Sinne des öffentlichen Baunachbarrechts zueinander ist in Rechtsprechung und Literatur anerkannt, dass ein nachbarschaftliches Gemeinschaftsverhältnis besteht, das vergleichbare Pflichten und insbesondere Obliegenheiten begründet (→ Rn. 54 ff.).

42 Das nachbarschaftliche Gemeinschaftsverhältnis hat auch im öffentlichen Baunachbarrecht Bedeutung, hier insbesondere für gebotene Verhaltensweisen aus Anlass baurechtlich relevanter Geschehnisse, die sich als **Obliegenheiten** zur Anbringung von Rechtsbehelfen darstellen. Denn aus dem nachbarschaftlichen Gemeinschaftsverhältnis folgt, dass eine Nichtbeachtung der Grundsätze von **Treu und Glauben** zum Verlust des Rechts der Geldendmachung von Ansprüchen oder sonstigen Rechtsnachteilen führen kann.

43 Die vorgenannten Grundsätze kommen – über die bereits in → Rn. 27 dargestellten Aspekte hinaus – zum Ausdruck

- in dem Rechtsinstitut der materiellen Verwirkung, in dem es darum geht, dass ein bestehendes Recht, das an sich weiterhin geltend gemacht werden könnte, wegen besonderer Umstände vernichtet worden ist, sowie
- in dem Institut der unzulässigen Rechtsausübung, nach dem eine Rechtsausübung unzulässig ist, wenn ein Recht, das noch fortbesteht, wegen der besonderen Umstände nicht ausgeübt werden darf.

1. Materielle Verwirkung

44 Die **materielle Verwirkung** eines Rechts[35] setzt ein **Zeitmoment** und ein **Umstandsmoment** voraus. Das Zeitmoment ist insbesondere relevant für den Fall des Untätigbleibens des Berechtigten. Das Umstandsmoment ist erfüllt, wenn zu dem Zeitmoment besondere Umstände hinzutreten, die die verspätete Geltendmachung als **Verstoß gegen Treu und Glauben** erscheinen lassen, insbesondere durch ein vertrauensbildendes Verhalten des Berechtigten.

45 Das **vertrauensbildende Verhalten** des Berechtigten kann zum einen durch ein aktives Tun bewirkt werden. Zum anderen kann unter bestimmten Umständen ein Unterlassen dieselbe Wirkung entfalten. Im zweiten Fall des Nichttuns bekommt das Zeitmoment besondere Bedeutung.

46 **a) Zeitmoment.** Für den Zeitpunkt, an dem die „Frist“ für die materielle Verwirkung in Gang gesetzt wird, sind die Grundsätze zum Beginn des Laufs einer gesetzlichen Frist (→ Rn. 17 ff.) anzuwenden: Sie beginnt mit **Kenntnisnahme** von der Genehmigung bzw. dem genehmigungswidrigen Zustand.

47 Wegen des im nachbarschaftlichen Gemeinschaftsverhältnis geltenden Grundsatzes von Treu und Glauben gilt nach der Rechtsprechung[36] Entsprechendes dann, wenn der Nachbar von der Baugenehmigung oder dem Zustand **zuverlässig Kenntnis hätte haben müssen**, weil sich ihm dies aufdrängen musste und es ihm möglich und zumutbar war, sich durch Nachfrage darüber Gewissheit zu verschaffen (dazu bereits → Rn. 26 ff.).[37]

48 Allgemein geltende Kriterien für die Bemessung des Zeitraums der Untätigkeit bestehen nicht. Sie hängen von den jeweiligen Umständen des Einzelfalls ab. In einem nachbarschaftlichen Gemeinschaftsverhältnis erfordern Treu und Glauben besondere gegenseitige Rücksichtnahme. Um dem Verwirken zu entgegnen, ist deshalb vom Nachbarn zu verlangen, durch zumutbares aktives Handeln dazu beizutragen, **wirtschaftlichen Schaden vom Bauherrn abzuwenden** oder möglichst gering zu halten. Grundsätzlich gehört dazu, dass der Nachbar nach Erkennen einer Beeinträchtigung durch Baumaßnahmen seine nachbarlichen Einwendungen **„ungesäumt“** geltend macht.[38]

49 Dabei können verfahrensrechtliche Rechtsbehelfsfristen als Anhaltspunkt für die Bemessung eines Mindestzeitraums für die Verwirkung materieller Rechte herangezogen werden. Denn die **Überlegungsfrist**,

35 S. dazu insbesondere *Charnitzky/Rung* BauR 2016, 1254 und 1406.

36 Vgl. BVerwG Urt. v. 16.5.1991 – 4 C 4/89, BRS 52 Nr. 218; BVerwG Beschl. v. 17.2.1989 – 4 B 28.89, juris Rn. 7; OVG Münster Urt. v. 28.1.2016 – 10 A 447/14, juris Rn. 37.

37 VerfGH NRW Beschl. v. 17.12.2019 – 56/19.VB-3, juris Rn. 8.

38 Vgl. BVerwG Urt. v. 16.5.1991 – 4 C 4/89, BRS 52 Nr. 218.

die der Berechtigte für einen Rechtsbehelf gegen eine ihm bekanntgegebene Maßnahme ausschöpfen kann, kann für die Frage der Verwirkung eines Rechtsbehelfs gegen eine nicht bekanntgegebene Maßnahme nicht kürzer sein. Sie ist vielmehr deutlich länger als die regelmäßige Rechtsbehelfsfrist. Beträgt die reguläre Rechtsmittelfrist einen Monat, ist das Zeitmoment für eine Verwirkung erst erfüllt, wenn der verstrichene Zeitraum deutlich länger als ein Monat ist.[39]

In der Rechtsprechung[40] besteht darüber Einigkeit, dass die „Frist" zur Geltendmachung der rechtlichen Bedenken und zur Vermeidung des Vorwurfs der Treuwidrigkeit nur durch die Einlegung eines **förmlichen Rechtsbehelfs** gewahrt wird. Das gilt sowohl für den Rechtsbehelf gegen eine erteilte bauaufsichtliche Zulassung (Widerspruch bzw. Anfechtungsklage) als auch für einen Antrag bzw. die Klage auf Verpflichtung zum bauaufsichtlichen Einschreiten. Das informelle Vorbringen von Beschwerden, und sei es noch so ernsthaft formuliert, kann nicht verhindern, dass der Bauherr darauf vertraut, der Nachbar werde letztlich doch die konkrete Bauausführung hinnehmen. Erst ein förmlicher Rechtsbehelf ist geeignet, das Vertrauen zu zerstören. 50

b) Umstandsmoment Vertrauen. Der Untergang des Rechts infolge Verwirkung ist nur dann gerechtfertigt, wenn 51

- der Verpflichtete infolge des in der Tätigkeit oder Untätigkeit liegenden Verhaltens des Berechtigten darauf vertrauen durfte, dass dieser das Recht nach so langer Zeit nicht mehr geltend machen würde (**Vertrauensgrundlage**),
- der Verpflichtete tatsächlich darauf vertraut hat, dass das Recht nicht mehr ausgeübt werde (**Vertrauenstatbestand**) sowie
- der Bauherr sich, aufbauend auf sein berechtigtes Vertrauen, in seinen Vorkehrungen und Maßnahmen so eingerichtet hat, dass ihm durch die verspätete Durchsetzung des Rechts ein unzumutbarer Nachteil entstehen würde (**Vertrauensbetätigung**).[41]

aa) Vertrauensgrundlage. Ob der Verpflichtete infolge der Tätigkeit oder Untätigkeit des Berechtigten darauf vertrauen durfte, dass dieser das Recht nicht mehr geltend machen werde (**Vertrauensgrundlage**), ist eine Frage des Einzelfalls. 52

Im Falle der Untätigkeit des Berechtigten ist eine objektive Betrachtung der Situation des Berechtigten geboten. Dabei kommt der **Länge der verstrichenen Zeit** und der **Zumutbarkeit** von nachbarlichen Initiativen besondere Bedeutung zu. Die Zumutbarkeit wird im Allgemeinen aus dem nachbarschaftlichen Gemeinschaftsverhältnis abgeleitet. In diesem sei dem Nachbarn, der von einem Bauvorhaben betroffen sei, zuzumuten, aktiv tätig gegen das Bauvorhaben zu werden, um nicht zu bewirken, dass der Bauherr darauf vertrauen dürfe, der Nachbar werde seine Rechte nicht mehr wahrnehmen; andernfalls verliere er seine Rechte. 53

(1) Nachbarschaftliches Gemeinschaftsverhältnis. Der Bereich, in dem ein solches **nachbarschaftliches Gemeinschaftsverhältnis** überhaupt entstehen kann, ist nicht mit mathematisch-geographischen Mitteln allgemeinverbindlich festzulegen. Weil nicht ein soziologisches Gemeinschafts- oder Zusammenhangsgefühl in Rede steht, sondern „handfeste" eigentumsbezogene Interessenwahrnehmungen aufeinanderstoßen, sind allein bauordnungs-, bauplanungsrechtliche und immissionsschutzbezogene Aspekte bedeutsam. Im Hinblick auf diese Aspekte ist der Begriffsteil „nachbarlich" im Blick auf das jeweilige Interesse relativ; insofern gilt das zum Begriff des Nachbarn Gesagte (→ *Nachbar im öffentlich-rechtlichen Sicht* Rn. 7 ff.). „Nachbar" im Sinne des nachbarschaftlichen Gemeinschaftsverhältnis ist deshalb derjenige, der ein subjektives öffentliches Recht hat, das ihm der Gesetz- oder Satzungsgeber durch den Erlass der Norm (konkludent oder ausdrücklich) verliehen hat. Dem entsprechend ist die Gemeinschaft der „Mitglieder" des nachbarschaftlichen Gemeinschaftsverhältnisses unterschiedlich zusammengesetzt, je nachdem, um welchen Aspekt des baurechtlich relevanten „Nebeneinander" es geht. Diese merkmalbezogene Sicht führt in 54

39 Vgl. BVerwG Urt. v. 16.5.1991 – 4 C 4/89, BRS 52 Nr. 218.
40 Vgl. die Beispiele bei *Charnitzky/Rung* BauR 2016, 1406 (1412).
41 Vgl. BVerwG Urt. v. 16.5.1991 – 4 C 4/89, BRS 52 Nr. 218.

ihrer Folge zu einer **störungsbezogenen Betrachtungsweise.** Es gibt also im baunachbarrechtlichen Gemeinschaftsverhältnis nicht eine einheitliche nachbarschaftliche Gemeinschaft, sondern viele, deren Mitglieder sich aus all denen zusammensetzen, die von einer bestimmten Störungsform betroffen sind. Dabei ist die Gruppe derer, die von einem Abstandsflächenverstoß betroffen sind, naturgemäß deutlich kleiner als die Gruppe derer, die sich über unzumutbare Geruchsimmissionen beklagen können, oder derer, die sich gegen eine gebietsfremde Nutzung wehren können. Denn während der ersten Gruppe nur diejenigen angehören, die ein dingliches Recht an einem angrenzenden Grundstück besitzen, zählen zur zweiten Gruppe alle, die von den Geruchsimmissionen betroffen sind und zur dritten die, die im Sinne der Rechtsprechung zur Schicksalsgemeinschaft im Hinblick auf die Art der baulichen Nutzung in einem hierauf bezogenen Rechte- und Pflichtenverhältnis zueinander stehen.

55 **(2) Zumutbarkeit im nachbarschaftlichen Gemeinschaftsverhältnis.** Auch bei Zugehörigkeit zu der – unter Umständen weit zu bemessenden – nachbarschaftlichen Gemeinschaft kann vernünftigerweise nicht jedem ihrer Angehörigen zugemutet werden, auch nur vagen Zweifeln nachzugehen und zur Vermeidung des Untergangs der eigenen Rechte beim Bauherrn und/oder der Baugenehmigungs- oder Bauaufsichtsbehörde vorstellig zu werden. Dies wäre nicht nur der nachbarschaftlichen Gemeinschaft abträglich, sondern würde dem Nachbarn Handlungsweisen abverlangen, die den rechtlichen, nach Treu und Glauben zu stellenden Anforderungen nicht mehr entsprächen. Es würde beispielsweise einem Nachbarn, der einen Gebietserhaltungsanspruch geltend machen will, zu viel abverlangt, sich auch um die Aufklärung von Bauvorhaben auf weiter entfernten Grundstücken zu bemühen, wenn diese noch zur näheren Umgebung iSv § 34 BauGB zählen.[42] Vielmehr müssen über die Zugehörigkeit zur nachbarschaftlichen Gemeinschaft hinaus besondere Umstände des Einzelfalls hinzutreten, damit aus dem Erkennen eines baurechtlich relevanten Geschehens die Obliegenheit zum Handeln erwächst. In der Regel kann der Nachbar nämlich davon ausgehen, dass die Genehmigungsbehörde nur erlaubt, was erlaubt werden darf. Er kann auch annehmen, dass ein Bebauungsplan, der die Grundlage eines Bauvorhabens ist, wirksam ist und die Genehmigung sich mit seinen Festsetzungen deckt und etwaige Ausnahmen und Befreiungen rechtsfehlerfrei erteilt worden sind. Ansonsten würden letztlich Nachbarn anstelle der Bauämter faktisch zu Baukontrolleuren.

56 Deshalb ist der für das Entstehen der **Obliegenheit** anerkannte der Grundsatz, dass

- je einfacher die Informationen über das Bauvorhaben zugänglich sind, desto eher dem Nachbarn die **Erkundigung** zuzumuten ist,

zu ergänzen ist durch die Voraussetzung, dass

- nur bei sich aus den Bauarbeiten aufdrängenden Abweichungen von dem rechtlich Zulässigen

57 Anlass besteht, der Frage der eigenen Beeinträchtigung nachzugehen. Nur in einem solchen Fall ist es gerechtfertigt sein, die Schaffung einer Vertrauensgrundlage durch aktives Tun einer solchen durch Untätigkeit gleichzusetzen.

58 **bb) Vertrauenstatbestand.** Schutzbedürftig gegenüber treuwidrigem Verhalten ist nur, wer „wirklich" aus dem Verhalten des Anderen den jeweiligen Schluss gezogen hat, der ihn schutzbedürftig erscheinen lässt. Nur wer als Bauherr beispielsweise wegen des Unterlassens von Rechtsbehelfen des berechtigten Nachbarn darauf **vertraut** hat, dieser werde sein Recht nun nicht mehr ausüben, kann sich später hierauf beruhen. Fehlt es an diesem Vertrauen, ist die – späte – Ausübung des Rechts nicht missbräuchlich.

59 **cc) Vertrauensbetätigung.** Schließlich ist der Bauherr nur dann schutzwürdig, wenn er sich, aufbauend auf sein berechtigtes Vertrauen, in seinen Vorkehrungen und Maßnahmen so eingerichtet hat, dass ihm durch die verspätete Durchsetzung des Rechts ein **unzumutbarer Nachteil** entstehen würde.

60 **Beispiel:**[43] Die Nachbarin hat ihren Abwehranspruch gegen die seit vielen Jahren auf dem Nachbargrundstück im reinen Wohngebiet ausgeübte Pferdehaltung verwirkt. Denn infolge der jahrelangen Untätigkeit

42 So auch *Charnitzky/Rung* BauR 2016, 1254 und 1406.
43 Aus OVG Saarlouis Urt. v. 14.7.2016 – 2 A 46/15, juris Rn. 45.

durfte der Bauherr darauf vertrauen, dass die Nachbarin die ihr zustehenden Abwehrrechte gegen die Pferdehaltung nicht mehr geltend machen werde (Vertrauensgrundlage). Der Bauherr hat hierauf auch tatsächlich vertraut (Vertrauenstatbestand) und dieses Vertrauen betätigt, indem er sich in seinen Vorkehrungen und Maßnahmen so eingerichtet hat, dass ihm durch eine jetzt erfolgende Durchsetzung des Rechts ein unzumutbarer Nachteil entstehen würde (Vertrauensbetätigung). Er hat nämlich im Jahr 2005 den Pferdestall mit erheblichem finanziellem Aufwand umgebaut. Könnte er den Pferdestall infolge der verspäteten Geltendmachung ihrer Abwehrrechte durch die Nachbarin nicht mehr nutzen, wären seine Aufwendungen damit letztlich vergebens.

Die erforderliche Vertrauensbetätigung kann nicht bejaht werden, wenn der Bauherr nicht durch die über längere Zeit andauernde Untätigkeit des Nachbarn und im Hinblick auf ein Vertrauen auf dessen Einverständnis zu seinen Baumaßnahmen veranlasst worden ist, sondern unabhängig davon baulich aktiv wird und mit erheblichem Kapitaleinsatz verbundene Schritte unternimmt. Denn dann fehlt es für das Merkmal der Treuwidrigkeit an der neben dem Zeitablauf erforderlichen **kausalen Verknüpfung** des Verhaltens des Berechtigten mit bestimmten Maßnahmen des Verpflichteten und deren Folgen.[44] Wo die schadensverursachende Maßnahme, nämlich die Bauarbeiten, nicht auf einem solchen Vertrauen beruht, sondern unabhängig von einem eventuellen Vertrauen vorgenommen ist, kann insoweit keine Verwirkung eintreten.[45] 61

c) Kein Wiederaufleben des verwirkten Rechts. Ergeht nach dem Eintritt der materiellen Verwirkung eines Anspruchs auf bauaufsichtliches Einschreiten eine Baugenehmigung, mit der das bislang ungenehmigte (und materiell rechtswidrige) Vorhaben legalisiert werden soll, kann dadurch das verwirkte Abwehrrecht grundsätzlich **nicht wieder aufleben**. Das gilt jedenfalls dann, wenn „schlicht" der vorhandene Zustand legalisiert wird; dann bleibt es bei der Unanfechtbarkeit infolge Verwirkung.[46] 62

Andererseits sind nach der Rechtsprechung Fälle denkbar, in denen sich für den Nachbarn – unter Einbeziehung von Treu und Glauben – die Frage eines Vorgehens mit Erteilung der Baugenehmigung neu stellen, etwa wenn mit der Genehmigung auch **Weiterungen und Änderungen** erlaubt werden, die zu einem gerade auch aus nachbarrechtlicher Sicht anderen Vorhaben führen.[47] 63

Die Rechtsfolgen einer Verwirkung treffen auch den jeweiligen Rechtsnachfolger (→ *Rechtsnachfolge* Rn. 18 ff.).[48] 64

2. Unzulässige Rechtsausübung wegen sonstiger Treuwidrigkeit

In Rechtsprechung und Literatur ist anerkannt, dass dem Nachbarn die Geltendmachung eines Rechtsverstoßes durch ein Vorhaben auf einem anderen Grundstück verwehrt sein kann, wenn sich die Geltendmachung des Verstoßes wegen der besonderen Umstände des Einzelfalls als **treuwidrig** darstellt. Die rechtlichen Voraussetzungen für die Verweigerung der Rechtsschutzmöglichkeiten sind jedoch in großem Umfang ungeklärt. 65

a) Allgemein treuwidriges Handeln. Dogmatische Grundlage des **Verbotes treuwidrigen Handelns** und der Beachtung von Treu und Glauben sind § 242 BGB und dessen Ausprägung des Verbots der **unzulässigen Rechtsausübung**. Die Grundsätze werden sowohl auf die Anfechtung einer nachbarrechtswidrigen Genehmigung als auch auf den Antrag auf bauaufsichtliches Einschreiten wegen einer nicht genehmigten (oder bei einer Genehmigung nicht geprüften) und zulasten des Nachbarn materiell rechtswidrigen Errichtung oder Nutzung einer baulichen Anlage angewandt. 66

44 OVG Münster Urt. v. 9.4.1992 – 7 A 1521/90, BRS 54 Nr. 201.

45 OVG Münster Urt. v. 6.6.2014 – 2 A 2757/12, juris Rn. 133.

46 So OVG Münster Beschl. v. 21.9.2015 – 2 A 1403/15, juris Rn. 12 ff.; vgl. auch BVerwG Beschl. v. 18.3.1988 – 4 B 50.88, NVwZ 1988, 730.

47 Vgl. BVerwG Urt. v. 16.5.1991 – 4 C 4.89, BRS 52 Nr. 218.

48 OVG Münster Beschl. v. 17.7.1995 – 7 B 3068/94, juris (LS 3.); VGH Kassel Beschl. v. 7.12.1994 – 4 TH 3032/94, DVBl 1995, 525; OVG Greifswald Beschl. v. 5.11.2001 – 3 M 93/01, NVwZ-RR 2003, 15.

67 **Beispiel**[49]: Der Grundstücksnachbar wehrt sich gegen ein Vorhaben mit der zutreffenden Begründung, das Vorhaben wahre nicht die erforderlichen Abstandsflächen. An der Durchführung und Vorbereitung des Vorhabens war er seinerzeit als damaliger Prokurist der Bauherrin selbst beteiligt gewesen und hatte mit den Voreigentümern des gekauften Grundstückes im Interesse der Bauherrin verhandelt. Mit der Beendigung des Dienstverhältnisses endeten für ihn zwar die vertraglichen Verpflichtungen, sich im Interesse der Bauherrin des streitigen Vorhabens anzunehmen. Trotz der Beendigung können nach Treu und Glauben jedoch nachwirkende Verpflichtungen bestehen, aus denen Handlungs- und Unterlassungsverpflichtungen resultieren können. Solche Nachwirkungen liegen hier darin, dass es ihm auch in seiner jetzigen Position als Nachbar weiterhin obliegt, nichts zu unternehmen, um das von ihm seinerzeit für die Bauherrin geförderte Projekt zu verhindern. Treu und Glauben gebieten, seine Nachbarrechte zurückzustellen und sie dem Vorhaben der Bauherrin nicht entgegenzusetzen. Seine Berufung auf seine Rechtsposition stellt sich als rechtsmissbräuchlich dar.

68 **b) Gegenseitige Rechtsverstöße.** Das Rechtsinstitut der unzulässigen Rechtsausübung erfährt besondere Bedeutung im Zusammenhang mit **gegenseitigen Rechtsverstößen**.[50] Nach der Rechtsprechung des Bundesverwaltungsgerichts „muss eine Nachbarklage zum Schutze einer planwidrigen Nutzung erfolglos bleiben, weil rechtsmissbräuchlich handelt, wer unter Berufung auf das nachbarliche Austauschverhältnis eine eigene Nutzung schützen möchte, die ihrerseits das nachbarliche Austauschverhältnis stört (BVerwG U. v. 24.2.2000 – 4 C 23.98 – Buchholz 406.12 § 9 BauNVO Nr. 7 S. 4)".[51] Die Aussage kann zweifellos auch auf bauordnungsrechtliche Verstöße erstreckt werden.

69 **aa) Bedeutung von Quantität und Qualität.** Über die Frage, bei welcher **Qualität** oder **Quantität** des **eigenen Rechtsverstoßes** dem Nachbarn die Geltendmachung des Rechtsverstoßes des Bauherrn verwehrt ist, herrscht keine Übereinstimmung.

70 **Beispiele aus der Rechtsprechung:**

- Rechtsmissbrauch, weil die eigene Nichteinhaltung der nachbarschützenden Abstandsflächenvorschriften **erheblich schwerer wiegt** als die durch das streitgegenständliche Vorhaben;[52]
- Widersprüchliches Verhalten ist anzunehmen, wenn sich der Nachbar gegen einen Abstandsflächenverstoß des Bauherrn wendet, obgleich auf seinem Grundstück ein **vergleichbarer Abstandsflächenverstoß** zulasten des Grundstücks des Bauherrn gegeben ist;[53]
- Der Nachbar kann nur solche Rechtsverstöße abwehren, die ihn **stärker beeinträchtigen** als sein eigener Rechtsverstoß das Nachbargrundstück beeinträchtigt;[54]
- Verstoß gegen Treu und Glauben, weil der eigene Rechtsverstoß **jedenfalls nicht weniger schwer** wiegt als der Verstoß des Bauherrn;[55]
- kein Rügerecht, wenn die eigene Rechtsverletzung **nicht schwerer** wiegt als der eigene Verstoß.[56]

71 Das Bundesverwaltungsgericht hat in seinem Urteil vom 9.8.2018[57] unter Hinweis auf obergerichtliche Rechtsprechung[58] hierzu ausgeführt, ein Nachbar sei unter dem Gesichtspunkt der **unzulässigen Rechtsausübung** nur gehindert, einen Verstoß gegen nachbarschützende Vorschriften geltend zu machen, „wenn er **in vergleichbarer Weise**, dh etwa im selben Umfang, gegen diese Vorschriften verstoßen" habe. Das Ausmaß, in dem in dem entschiedenen Nachbarstreit das Vereinshaus des Klägers mit den Festsetzungen

49 Aus OVG Münster Beschl. v. 22.6.1990 – 7 B 740/90, NVwZ-RR 1991, 169.
50 S. aus der umfangreichen Rechtsprechung nur BVerwG Urt. v. 9.8.2018 – 4 C 7/17, juris Rn. 26 mwN.
51 BVerwG Urt. v. 9.8.2018 – 4 C 7/17, juris Rn. 24.
52 VGH München Beschl. v. 5.7.2011 – 14 CS 11.814, juris Rn. 24.
53 OVG Münster Urt. v. 23.10.2003 – 10 A 3223/01, juris Rn. 37.
54 OVG Münster Beschl. v. 20.2.2014 – 2 A 1599/13, juris Rn. 14.
55 OVG Münster Urt. v. 26.6.2014 – 7 A 2057/12, juris Rn. 39.
56 VGH Mannheim Beschl. v. 29.9.2010 – 3 S 1752/10, juris Rn. 5.
57 4 C 7/17, juris Rn. 26.
58 OVG Lüneburg Beschl. v. 30.3.1999 – 1 M 897/99, BRS 62 Nr. 190; VGH Mannheim Beschl. v. 29.9.2010 – 3 S 1752/10, juris Rn. 5; VGH München Urt. v. 4.2.2011 – 1 BV 08.131, juris Rn. 37.

über die zulässige Zahl der Vollgeschosse unvereinbar sei, bleibe deutlich hinter dem Ausmaß des Verstoßes des Bauvorhabens der Beigeladenen zurück. Denn das eigene habe drei Vollgeschosse und damit nur ein Vollgeschoss mehr, als der Bebauungsplan zulasse. Das Bauvorhaben der Beigeladenen solle sechs Vollgeschosse haben. Es überschreite damit das zulässige Maß der baulichen Nutzung im Vergleich zum Vereinshaus des Klägers um ein Mehrfaches.

Der 10. Senat des OVG Münster vertritt in seinem Urteil vom 18.10.2011[59] diesen Standpunkt: Der Grund- 72
stückseigentümer, dessen Gebäude selbst nicht mit den **Abstandsflächenvorschriften** vereinbar ist, müsse nicht hinnehmen, dass die Bebauung auf dem Grundstück des Nachbarn in unzulässiger Weise stärker beeinträchtigend an sein Grundstück heranrückt, als sein eigenes Gebäude an das Grundstück des Nachbarn. Er brauche nur eine solche Verletzung der Abstandsflächenvorschriften durch die Nachbarbebauung zu dulden, die mit dem eigenen Rechtsverstoß „vergleichbar" sei. Die **Vergleichbarkeit** der die Nachbarn wechselseitig beeinträchtigenden Rechtsverstöße sei nicht mathematisch genau allein auf der Grundlage der jeweiligen Grenzabstände zu ermitteln. Vielmehr sei bei der Bewertung der von einem Baukörper für das Nachbargrundstück ausgehenden Beeinträchtigung neben dem konkreten Grenzabstand auch die Qualität der mit der Verletzung der Abstandsflächenvorschriften einhergehenden Beeinträchtigung von wesentlicher Bedeutung. Es mache beispielsweise einen erheblichen Unterschied für die Beeinträchtigung des Nachbarn aus, auf welcher Länge das fragliche Gebäude die Abstandsflächenvorschriften missachte, welche Höhe es aufweise, welche Emissionen (Lärm, Licht, Staub oder Gerüche) mit seiner Nutzung verbunden seien, welche Brandgefahren von ihm ausgingen und in welcher Himmelsrichtung es vom Nachbargrundstück aus gesehen stehe.

bb) Beachtlichkeit trotz Legalisierung. Auf die Frage, ob der Nachbar sich im Hinblick auf den in seiner 73
Sphäre liegenden materiellrechtlichen Verstoß gegen die bauordnungsrechtlichen oder bauplanungsrechtlichen Vorschriften auf eine durch Erteilung einer Baugenehmigung **formell abgesicherte Position** berufen kann, kommt es nicht an. Denn die Erteilung der Genehmigung mag ihm zwar gegenüber der Behörde Bestandsschutz vermitteln. Sie ändert jedoch nichts an der faktischen Nichteinhaltung der gesetzlichen Normen (etwa der geforderten Abstandsflächen) und hat daher keinen Einfluss auf die zwischen den Nachbarn bestehende Wechselbeziehung.[60]

59 10 A 26/09, juris Rn. 54.

60 So auch OVG Münster Beschl. v. 12.2.2010 – 7 B 1840/09, juris Rn. 51; OVG Lüneburg Urt. v. 12.9.1984 – 6 A 49/83, BRS 42 Nr. 196.

104. Regen und Beregnung

Voß

Literatur: *Allgaier*, Privates und öffentliches Recht im Nachbarverhältnis, AUR 2012, 453; *Dombert/Witt*, Münchener Anwaltshandbuch Agrarrecht, 2. Aufl. 2016; *Faßbender*, Haftung für Veränderungen des Ablaufs von wild abfließendem Regenwasser, NVwZ 2015, 97; *Horst*, Ausgewählte Fragen zum nachbarlichen Grundstücksgebrauch, MDR 1998, 685; *K. Schmidt*, Sachenrecht und Nachbarschaftsrecht: Kein Ausgleichsanspruch bei Abriss einer isolierenden Nachbarwand, JuS 2010, 730; *Wenzel*, Der Störer und seine verschuldensunabhängige Haftung im Nachbarrecht, NJW 2005, 241.

I. Einführung

1 Der Ab- oder Zufluss von Regenwasser über Nachbargrundstücke kann ebenso wie die künstliche Beregnung des Grundstücks durch Sprenganlagen eine Vielzahl von Konflikten im nachbarlichen Gemeinschaftsverhältnis auslösen. Beeinträchtigungen drohen nicht nur durch Veränderungen des Wasserflusses für unterliegende Grundstücke – bzw. Abdämmungen und Rückstau für Oberlieger –, sondern auch durch Regengeräusche auf Dächern, Sprühregen von Beregnungsanlagen oder durch in Mieträume eindringendes Regenwasser. Das lässt nicht nur Fragen nach privatrechtlichen Abwehr- und Schadenersatzansprüchen oder nach Gewährleistungsrechten im Mietverhältnis virulent werden, sondern betrifft auch die öffentlich-rechtliche Berechtigung zur Entnahme, Nutzung oder Einleitung von Regenwasser. Werden Anlagen zur künstlichen Beregnung – etwa von Gärtnereien oder landwirtschaftlich genutzten Grundstücken – eingesetzt, ergeben sich daneben bei Verpflichtungs- und insbes. Verfügungsgeschäften Fragen nach ihrer Sonderrechtsfähigkeit.

II. Sachenrechtlicher Status von Beregnungsanlagen

2 Der sachenrechtliche Status von Beregnungsanlagen sowie von Regenwasserleitungen, dem im Hinblick auf ihre eigenständige Übertragbarkeit und Belastbarkeit sowie auch für ihre Einbeziehung in schuldrechtliche und dingliche Rechtsgeschäfte über das Grundstück entscheidende Bedeutung zukommt, entzieht sich einer einheitlichen Behandlung. Wesentliche, sonderrechtsunfähige Bestandteile des Grundstücks iSd § 94 Abs. 1 Satz 1 BGB stellen sie nur dar, wenn diese Anlagen und Leitungen mit dem Grund und Boden fest verbunden sind. Nach der insoweit maßgebenden Verkehrsanschauung[1] setzt das voraus, dass die mit dem

1 Siehe zu diesem Beurteilungsmaßstab nur exempl. RG Urt. v. 14.11.1938 – V 37/38, RGZ 158, 362 (374); *Ellenberger* in Palandt BGB § 94 Rn. 2.

Grundstück verbundene Sache nicht ohne erhebliche Beschädigung oder Wesensveränderung abgetrennt werden könnte oder aber dass die Trennung einen (bezogen auf den Wert der Sache) unverhältnismäßigen finanziellen Aufwand erfordern würde.[2] Während sich die Trennung bei unterirdisch verlegten Bewässerungssystemen als problematisch erweisen mag, fehlt es jedenfalls hinsichtlich der **oberirdischen Teile von Beregnungsanlagen** in aller Regel an einer derart festen Verbindung; diese werden typischerweise in der Nichtberegnungszeit ohne Weiteres abgebaut und andernorts verwahrt.[3] Allerdings stellen auch die oberirdischen Elemente derartiger (transportabler) Beregnungsanlagen (dh Pumpen, Leitungen und Beregner) regelmäßig **Landgutszubehör iSd §§ 97 Abs. 1 Satz 1, 98 Nr. 2 BGB** dar, wenn das Grundstück etwa zum Obstanbau genutzt wird.[4] Von Rechtsgeschäften über das Grundstück werden sie nach der Auslegungsregel des § 926 Abs. 1 Satz 1, Satz 2 BGB deshalb im Zweifel erfasst.

III. Abwehransprüche gegen Beregnung und Regenwasser

Gegenüber künstlicher Beregnung sowie gegen Beeinträchtigungen durch Regen oder den Abfluss von Regenwasser auf sein Grundstück können dem gestörten Nachbarn Beseitigungs- und Unterlassungsansprüche nach § 1004 Abs. 1 BGB sowie bisweilen auch nach § 907 Abs. 1 BGB zustehen. 3

1. Abwehransprüche nach § 1004 Abs. 1 BGB (insbes. iVm § 37 WHG)

Die privaten Rechtsverhältnisse im Zusammenhang mit dem **Zu- und Abfluss wild abfließenden Wassers** (dh ungefassten, nicht in einem Bett fließenden Oberflächenwassers) regelt **§ 37 Abs. 1, Abs. 2 WHG** heute grundsätzlich abschließend.[5] Dabei gilt die Vorschrift gem. § 37 Abs. 4 WHG auch für nicht aus Quellen stammendes, wild abfließendes Wasser, insbes. Niederschlags- oder Schmelzwasser.[6] Für die Anwendung der früheren landesrechtlichen, im Wasser- oder Nachbarrecht verorteten Regelungen zum Wasserab- und -zufluss[7] bleibt insoweit kein Raum mehr – auch nicht, soweit sie die bundesgesetzliche Regelung lediglich ergänzen.[8] Bedeutsam bleibt das Landesrecht indes, soweit es jenseits des Anwendungsbereichs des WHG die Behandlung von **Traufwasser** regelt (dazu → Rn. 11 f.). Uneingeschränkt neben § 37 WHG anwendbar sind zudem die allgemeinen zivilrechtlichen Anspruchsgrundlagen (insbes. §§ 1004, 823 BGB).[9] § 37 Abs. 1 WHG stellt dabei – wie schon die entsprechenden landesrechtlichen Regelungen – zugleich ein Schutzgesetz iSd § 823 Abs. 2 BGB dar, bei dessen Verletzung dem gestörten Nachbarn quasinegatorische Beseitigungs- und Unterlassungsansprüche zustehen.[10] Anerkannt ist die Schutzgesetzeigenschaft auch hinsichtlich der landesrechtlichen Vorschriften zur Dachtraufe.[11] 4

2 Siehe etwa OLG Nürnberg Urt. v. 10.10.2016 – 14 U 1168/15, juris Rn. 44; OLG Frankfurt Urt. v. 7.4.1981 – 14 U 80/80, NJW 1982, 653 (654); OLG Zweibrücken Urt. v. 1.10.2015 – 4 U 57/15, NJW 2016, 821 (822); vgl. auch BGH Urt. v. 10.2.1978 – V ZR 33/76, NJW 1978, 1311.

3 OLG Celle Urt. v. 18.3.2003 – 16 U 185/02, juris Rn. 5.

4 OLG Celle Urt. v. 18.3.2003 – 16 U 185/02, juris Rn. 11. Dazu auch *Schmidt* in Erman BGB § 98 Rn. 13; *Stieper* in Staudinger BGB § 98 Rn. 11. Vgl. auch *Benning* in jurisPK-BGB § 926 Rn. 13.

5 BT-Drs. 16/12275, 62; *Faßbender* NVwZ 2015, 97 (99).

6 Vgl. dazu *Riedel* in BeckOK UmweltR WHG § 37 Rn. 5.

7 Im Einzelnen § 52 Abs. 1 Nr. 1 BbgNRG; § 26 Abs. 1 HNRG; § 45 Abs. 1 NNachbG; § 27 Abs. 1 NachbG NRW, § 37 Abs. 1 LNRG RhPf ; § 41 NachbG Saarl; § 25 Abs. 1 SächsNRG; § 33 NbG SA; § 26 Abs. 1 NachbG Schl.-H.; § 37 Abs. 1 ThürNRG.

8 So *Faßbender* in Landmann/Rohmer UmweltR WHG § 37 Rn. 11 mwN; siehe auch *Faßbender* NVwZ 2015, 97 (99); anders hingegen *Albrecht* in Staudinger EGBGB Art. 124 Rn. 42.

9 Siehe BT-Drs. 16/12275, S. 62; vgl. auch *Faßbender* NVwZ 2015, 97 (98).

10 Vgl. BGH Urt. v. 18.4.1991 – III ZR 1/90, NJW 1991, 2770; OLG Frankfurt a.M. Urt. v. 14.5.1998 – 1 U 90/95, BeckRS 1998, 16108; OLG Brandenburg Urt. v. 30.7.2009 – 5 U 133/08, juris Rn. 32; siehe auch *Albrecht* in Staudinger EGBGB Art. 124 Rn. 42 mwN; *Riedel* in BeckOK UmweltR WHG § 37 Rn. 15; *Saller* in Grziwotz/Lüke/Saller NachbarR-HdB 3. Teil Rn. 290.

11 So OLG Brandenburg Urt. v. 30.7.2009 – 5 U 133/08, juris Rn. 32 (zu § 52 BbgNRG); LG Paderborn Urt. v. 14.3.1991 – 5 S 19/91, ZMR 1991, 300 (zu § 27 Abs. 1 NachbG NRW); siehe auch *Albrecht* in Staudinger EGBGB Art. 124 Rn. 21.

5 **a) Mögliche Eigentumsbeeinträchtigungen durch Regen oder Beregnung.** Bei der Beurteilung, ob Einwirkungen durch Regen oder künstliche Beregnung sich als tatbestandsmäßige Beeinträchtigung des Eigentums am Nachbargrundstück iSd § 1004 Abs. 1 BGB darstellen, gilt es zwischen den verschiedenen regenbedingten Einflüssen zu differenzieren: Neben dem naturbedingten Eindringen wild abfließenden Wassers und der künstlichen Zuführung von Niederschlagswasser oder von Traufwasser können insbes. Lärmimmissionen durch Regen auf Nachbardächern Störungen verursachen.

6 **aa) Natürlicher Abfluss von Regenwasser auf das Nachbargrundstück.** Fließt Regen- oder auch Schmelzwasser **ohne menschliche Manipulation** rein aufgrund der natürlichen Gelände- und Bodenbeschaffenheit wild auf das benachbarte Grundstück ab, fehlt es an der von § 1004 Abs. 1 BGB vorausgesetzten menschlichen Verantwortlichkeit; bei wertender Zurechnung ist der Eigentümer des Nachbargrundstücks für derartige Auswirkungen von Naturkräften nicht verantwortlich.[12] Der Eigentümer eines höhergelegenen Grundstücks ist deshalb nach der Rechtsprechung bspw. nicht verpflichtet, die tiefergelegenen Nachbargrundstücke vor einer bei Starkregen drohenden Schlammlawine zu schützen,[13] oder den natürlichen Wasserablauf durch Installation von Entwässerungsrinnen oder wasserundurchlässigen Betonkonstruktionen vom Nachbargrundstück fernzuhalten.[14] Das folgt seit **Inkrafttreten des WHG**, das in seinem **§ 37 Abs. 1 S. 2** den Ab- und Zufluss von wild abfließendem Wasser privatrechtlich regelt, auch daraus, dass es dem Oberlieger allein die Veränderung des natürlichen Wasserabflusses untersagt.[15]

7 Umgekehrt untersagt die Vorschrift des **§ 37 Abs. 1 S. 1 WHG** dem Unterlieger, den natürlichen Zulauf wild abfließenden Wassers zum Nachteil des höher liegenden Grundstücks zu verhindern, bspw. durch Mauern, Dämme oder Aufschüttungen, die den Wasserablauf verlangsamen oder gar einen Rückstau des Wassers verursachen (sog. **Abdämmungsverbot**).

8 **bb) Veränderungen des Abflusses von Regenwasser.** Anderes gilt hingegen, wenn der Eigentümer des Grundstücks, von dem regenbedingte **Störungen** ausgehen, diese **durch eigene Handlungen erst ermöglicht** oder auch durch pflichtwidriges Unterlassen herbeigeführt hat.[16] Wird Niederschlagswasser dem Nachbargrundstück durch eine vom Oberlieger errichtete Anlage (etwa eine Entwässerungsanlage) zugeleitet, liegt darin – auch wenn die Zuleitung letztlich aufgrund natürlichen Gefälles und der Schwerkraft erfolgt – eine Eigentumsbeeinträchtigung durch menschliches Verhalten.[17] Auch wenn der natürliche Wasserzufluss durch den Nachbarn lediglich verstärkt wird (bspw. infolge von Baumaßnahmen,[18] Aufhöhung[19] oder Teilversiegelungen),[20] sind ihm die Störungen des unterliegenden Grundstücks adäquat zurechenbar. Die Abgrenzung zumindest mittelbarer menschlicher Verursachung vom Wirken bloßer Naturkräfte erweist sich im Einzelfall freilich als problematisch: So soll es nach höchstrichterlicher Rechtsprechung nicht be-

---

12 BGH Urt. v. 18.4.1991 – III ZR 1/90, NJW 1991, 2770 (2271); so auch BGH Urt. v. 2.3.1984 – V ZR 54/83, NJW 1984, 2207 (2209); OLG Hamm Urt. v. 18.2.2008 – 5 U 115/07, NJOZ 2008, 2142 (2143); OLG Koblenz Hinweisbeschl. v. 18.6.2014 – 5 U 399/14, NJOZ 2014, 1571 (1571 f.); siehe auch *Raff* in MüKoBGB § 1004 Rn. 70.

13 BGH Urt. v. 18.4.1991 – III ZR 1/90, NJW 1991, 2770 (2271); Beschl. v. 17.10.2013 – V ZR 15/13, NZM 2014, 366 (367); Urt. v. 12.6.2015 – V ZR 168/14, NJW-RR 2016, 24 (25); *Brückner* in MüKoBGB § 906 Rn. 208. Vgl. auch OLG Naumburg Urt. v. 27.2.2002 – 1 U 85/01, juris Rn. 22; siehe außerdem OLG Koblenz Urt. v. 10.3.2000 – 8 U 795/99, BeckRS 2000, 30852822.

14 OLG Köln Urt. v. 6.9.2002 – 19 U 87/02, juris Rn. 7; siehe auch *Roth* in Staudinger BGB § 907 Rn. 120 (jeweils im Anwendungsbereich von § 27 NachbG NRW); vgl. auch → Rn. 15.

15 Siehe insbesondere BGH Urt. v. 9.5.2019 – III ZR 388/17, NJW-RR 2019, 1035 (1036). Vgl. auch *Riedel* in BeckOK UmweltR WHG § 37 Rn. 11.

16 BGH Urt. v. 12.2.1985 – VI ZR 193/83, NJW 1985, 1773 (1774); BGH Urt. v. 18.4.1991 – III ZR 1/90, NJW 1991, 2770 (2271).

17 AG Viersen Urt. v. 26.9.2012 – 33 C 231/11, BeckRS 2013, 12633.

18 LG Hamburg Beschl. v. 8.3.2016 – 321 S 16/14, ZMR 2016, 587.

19 Vgl. OLG Brandenburg Urt. v. 22.8.2013 – 5 U 91/12, BeckRS 2013, 18894; dazu auch *Raff* in MüKoBGB § 1004 Rn. 73.

20 Siehe dazu OLG Zweibrücken Urt. v. 12.6.2014 – 6 U 64/12, BeckRS 2014, 19877; vgl. auch die Nachinstanz BGH Urt. v. 12.6.2015 – V ZR 168/14, NJW-RR 2016, 24. Dazu auch *Raff* in MüKoBGB § 1004 Rn. 73.

reits ausreichen, dass der Nachbar die landwirtschaftliche Bewirtschaftung seines Grundstücks variiert (von Grünland zum Maisanbau) und sich dadurch der Wasserablauf verändert.[21] Ebenso wenig unterfällt das bloße Zurückprallen von Regen (und Wind) von einer grenznahen Mauer auf das Nachbargrundstück dem Beeinträchtigungsbegriff des § 1004 Abs. 1 BGB bzw. dem Verbotstatbestand des § 37 Abs. 1 S. 2 WHG; hierin soll eine bloße negative Einwirkung liegen.[22]

Anders zu beurteilen ist hingegen das **Eindringen von künstlicher Beregnung** (etwa durch einen auf das Nachbargrundstück reichenden Rasensprenger), das unmittelbar menschlichem Verhalten zuzuschreiben und deshalb ohne Weiteres als Beeinträchtigung iSd § 1004 Abs. 1 BGB einzustufen ist.[23] Gleiches gilt für Wasserfontänen eines Springbrunnens, die durch Wind auf das Nachbargrundstück getrieben werden.[24] 9

Nach § 1004 Abs. 1 BGB abwehrfähig ist außerdem abfließendes Niederschlags- oder Schmelzwasser, das vom Nachbargrundstück **Imponderabilien wie Chemikalien** (zB Unkrautvernichtungsmittel)[25] **oder Abtausalz**[26] mitführt. Auch § 37 Abs. 1 S. 2 WHG gestattet dem Oberlieger nicht, fremden Grundstücken, jenseits der naturgemäß durch das Wasser abgeschwemmten Bodenbestandteile, Schlamm oder andere Bestandteile zuzuführen.[27] 10

cc) Dachtraufe. Einen Sonderfall der künstlichen Zufuhr von Wasser auf das Nachbargrundstück stellt die Dachtraufe, dh das **Abtropfen von Regen- bzw. Niederschlagswasser von baulichen Anlagen auf das Grundstück des Nachbarn** dar. § 37 WHG regelt die Behandlung derartigen Traufwassers nicht (→ *Niederschlagswasser* Rn. 1 ff.).[28] 11

Schon nach dem oben Gesagten (→ Rn. 8) ergibt sich aus §§ 1004, 903 BGB die Verpflichtung des Grundstückseigentümers, seine baulichen Anlagen (insbesondere Dächer) so einzurichten, dass Traufwasser und sonstiges Wasser nicht auf das benachbarte Grundstück abtropft, abgeleitet wird (etwa durch nicht an die Kanalisation angeschlossene Regenfallrohre oder Rinnen) oder auf sonstige Weise dorthin übertritt. Teils konkretisieren die **Nachbarrechtsgesetze der Länder** dieses Verbot[29] und etablieren dabei bisweilen Ausnahmen für Niederschlagswasser, das von freistehenden Mauern[30] oder Grenzwänden[31] auf das Nachbargrundstück hinüberläuft. Diese Traufverbote greifen dabei nach der Rechtsprechung auch dann ein, wenn das Regenwasser zunächst von Dach oder Dachrinne auf das eigene Grundstück abgeleitet wird und erst von dort auf das Nachbargrundstück gelangt[32] oder durch eine defekte Dachrinne Niederschlagswasser in 12

21 BGH Urt. v. 18.4.1991 – III ZR 1/90, NJW 1991, 2770 (2271 f.); ähnlich BGH Beschl. v. 6.6.2007 – III ZR 313/06, NVwZ-RR 2007, 597 (597 f.); OLG Düsseldorf Urt. v. 15.5.1990 – 9 U 259/90, NJW-RR 1991, 1115 (1116); OLG Köln Urt. v. 1.7.1994 – 6 U 181/93, VersR 1995, 666; vgl. auch *Horst* MDR 1988, 685 (689). Das gilt auch nach Inkrafttreten des § 37 WHG, siehe dazu *Faßbender* NVwZ 2015, 97 (100).

22 Siehe dazu *Roth* in Staudinger BGB § 906 Rn. 123 mwN; *Brückner* in MüKoBGB § 906 Rn. 52; vgl. auch OLG Düsseldorf Urt. v. 26.9.1990 – 9 U 68/90, OLGZ 1991, 106. Anders ist dies hingegen regelmäßig nach den Nachbarrechtsgesetzen der Länder zu beurteilen; s. dazu *Dehner* B § 26 III 1.

23 *Roth* in Staudinger BGB § 906 Rn. 121.

24 *Roth* in Staudinger BGB § 906 Rn. 121; *Dehner* B § 16 II 4 Fn. 38 d.

25 BGH Urt. v. 2.3.1984 – V ZR 54/83, NJW 1984, 2207 (2209). Siehe dazu auch *Raff* in MüKoBGB § 1004 Rn. 73 mwN; *Dehner* B § 16 II 4.

26 BGH Urt. v. 2.3.1984 – V ZR 54/83, NJW 1984, 2207 (2209); OLG Jena Urt. v. 31.5.2006 – 4 U 218/05, BeckRS 2006, 14587; vgl. auch OLG Zweibrücken Urt. v. 31.1.1986 – 1 U 37/83, DWW 1986, 77 (78).

27 *Riedel* in BeckOK UmweltR WHG § 37 Rn. 8; vgl. auch bereits BGH Urt. v. 18.4.1991 – III ZR 1/90, NJW 1991, 2770 (2771).

28 *Saller* in Grziwotz/Lüke/Saller NachbarR-HdB 3. Teil Rn. 271.

29 Siehe § 52 Abs. 1 Nr. 1 BbgNRG; § 26 Abs. 1 HNRG; § 45 Abs. 1 NNachbG; § 27 Abs. 1 NachbG NRW, § 37 Abs. 1 LNRG RhPf; § 41 NachbG Saarl; § 25 Abs. 1 SächsNRG; § 33 NbG SA; § 26 Abs. 1 NachbG Schl.-H. § 37 Abs. 1 ThürNRG. Zu § 37 Abs. 1 LNRG RhPf siehe auch BGH Urt. v. 12.6.2015 – V ZR 168/14, NJW-RR 2016, 24.

30 § 52 Abs. BbgNRG; § 26 Abs. 2 HNRG; § 45 Abs. 2 NNachbG; § 27 Abs. 2 NachbG NRW; § 25 Abs. 2 SächsNRG; § 26 Abs. 2 Nr. 1 NachbG Schl.-H.

31 So etwa § 26 Abs. 2 Nr. 2 NachbG Schl.-H.

32 Vgl. BGH Urt. v. 25.3.1982 – III ZR 202/80, juris (Ls.) (zu § 27 Abs. 1 NachbG NRW); *Saller* in Grziwotz/Lüke/Saller NachbarR-HdB 3. Teil Rn. 273.

das Gemäuer des unmittelbar angrenzenden Nachbarhauses eindringt.[33] Hingegen scheiden Abwehransprüche aus § 1004 Abs. 1 BGB ausnahmsweise aus, wenn Traufwasser nur in Ausnahmefällen, etwa bei außergewöhnlichen Niederschlagsmengen, auf das Nachbargrundstücks übertritt.[34]

13 Dass auch der **unterirdische Zufluss** von Regen- oder sonstigem Niederschlagswasser eine abwehrfähige Eigentumsbeeinträchtigung im Sinne dieser Nachbarrechtsgesetze darstellt, ist in Rechtsprechung und Schrifttum traditionell unter Berufung auf den Wortlaut der Normen verneint worden.[35] Der Bundesgerichtshof hat dieser Differenzierung zwischen oberirdischem und unterirdischem Wasserzufluss hingegen in einer Entscheidung aus dem Jahr 2015 mit Blick auf die Ratio der Norm(en) eine Absage erteilt.[36]

14 **dd) Regengeräusche.** Zudem können die von Dächern oder anderen baulichen Anlagen verursachten Regengeräusche abwehrfähige **Geräuschimmissionen** iSd § 1004 Abs. 1 BGB darstellen. Es wird dabei maßgeblich von Beschaffenheit und Material der Dachbedeckung abhängen, ob die Geräuschimmissionen die Unwesentlichkeitsschwelle des § 906 Abs. 1 S. 1 BGB überschreiten.[37]

15 **ee) Bloß fehlende Abwehr von Regenwasser durch den Nachbarn?** Keinen Fall einer Eigentumsbeeinträchtigung iSd § 1004 Abs. 1 BGB stellt es hingegen dar, wenn der Grundstückseigentümer lediglich auf seinem Grundstück bauliche Anlagen abreißt, die das Nachbargebäude bis dahin vor Natureinwirkungen (wie Regen und Wind) geschützt haben. Die Beeinträchtigung des Nachbarn stellt sich insoweit nach höchstrichterlicher Rechtsprechung lediglich als **Reflex von Natureinwirkungen** dar.[38]

16 **b) Anspruchsinhaber und Anspruchsgegner.** In Anspruch genommen werden kann nach allgemeinen Grundsätzen der **Eigentümer des oberliegenden bzw. sonst störenden Grundstücks als Zustandsstörer**. Im Einzelfall kann der Anspruch daneben auch gegen den Betreiber der störenden Anlagen (zB von Abflusseinrichtungen oder lärmverursachenden Gewächshäusern) als Handlungsstörer zu richten sein.

17 **Aktivlegitimiert** ist nicht allein der Eigentümer des gestörten, benachbarten Grundstücks, sondern kraft Verweisung auf § 1004 Abs. 1 BGB auch der Erbbauberechtigte (§ 11 Abs. 1 ErbbauRG), der Berechtigte einer Grunddienstbarkeit (§ 1027 BGB) oder einer persönlichen Dienstbarkeit (§§ 1090 Abs. 2, 1027 BGB) sowie der Nießbraucher (§ 1065 BGB). Hingegen können bloß obligatorisch Berechtigte wie Mieter oder Pächter keine negatorischen Ansprüche nach § 1004 BGB geltend machen. Sie genießen typischerweise aber nach allgemeinen Grundsätzen als Besitzer über § 862 BGB einen weitgehend parallelen Schutz.[39]

18 **c) Duldungspflichten iSd § 1004 Abs. 2 BGB.** Soweit sich die regenbedingten Immissionen nur als unwesentliche Eigentumsbeeinträchtigung darstellen, sind sie vom Nachbarn nach § 1004 Abs. 2 iVm § 906 Abs. 1 S. 1 BGB hinzunehmen.[40] Gleiches gilt im Falle behördlicher oder spezialgesetzlicher Erlaubnistatbestände, insbesondere nach Wasserrecht.

33 So zu § 52 BbgNRG OLG Brandenburg Urt. v. 30.7.2009 – 5 U 133/08, juris Rn. 32; siehe auch *Albrecht* in Staudinger EGBGB Art. 124 Rn. 21.

34 So zu § 26 NachbG Schl.-H. LG Flensburg Urt. v. 10.10.2006 – 1 S 46/06, juris Rn. 14 (reetgedecktes Dach, das keine Dachrinne erlaubt); vgl. auch OLG Düsseldorf Urt. v. 4.12.2006 – I-9 U 76/06, juris Rn. 24. Eingehend zum Ganzen *Albrecht* in Staudinger EGBGB Art. 124 Rn. 21.

35 OLG Köln Urt. v. 14.5.2010 – 19 U 120/09, BeckRS 2011, 05553 (zu § 27 Abs. 1 NachbG NRW); siehe auch *Dehner* B § 26 III 1.

36 BGH Urt. v. 12.6.2015 – V ZR 168/14, NJW-RR 2016, 24 (25 f.) (zu § 37 Abs. 1 LNRG RhPf). Eingehend dazu → *Niederschlagswasser* Rn. 19.

37 Vgl. BVerwG Beschl. v. 22.9.1998 – 4 B 88/98, juris Rn. 5 (im immissionsschutzrechtlichen Kontext). Zur Duldungspflicht gegenüber nur unerheblichen Lärmbelästigungen siehe noch → Rn. 20.

38 BGH Urt. v. 16.4.2010 – V ZR 171/09, NJW 2010, 1808; siehe auch *Raff* in MüKoBGB § 1004 Rn. 142; *K. Schmidt* JuS 2010, 730 (731).

39 Vgl. BGH Urt. v. 26. 9. 2006 – VI ZR 166/05, NJW 2006, 3628 (3630); BGH Urt. v. 16.1.2015 – V ZR 110/14, NJW 2015, 2023; *Keukenschrijver* in NK-BGB § 1004 Rn. 35; *Raff* in MüKoBGB § 1004 Rn. 62; *Thole* in Staudinger BGB § 1004 Rn. 249.

40 Das Kriterium der Ortsüblichkeit iSd § 906 Abs. 2 BGB dürfte bei Beeinträchtigungen durch Regen oder künstliche Beregnung hingegen keine Rolle spielen.

aa) Unwesentliche Immissionen iSd § 906 BGB. Der **reine Wasserzufluss** stellt **keine Imponderabilie** im Sinne des § 906 BGB dar, sondern ist als Grobimmission uneingeschränkt abwehrfähig; das betrifft neben wild abfließendem Regenwasser oder der Schneeschmelze auch das Eindringen von ganzen Wasserstrahlen, etwa von einem Springbrunnen oder einem auf das Nachbargrundstück reichenden Rasensprenger.[41] Sofern Regenwasser dem Grundstück durch eine besondere Leitung zugeführt wird, greift im Übrigen auch bereits der Unzulässigkeitstatbestand des § 906 Abs. 3 BGB ein. Nur jenseits der Wesentlichkeitsschwelle des § 906 Abs. 1 S. 1 BGB abwehrbar sind hingegen Flüssigkeiten, die in der Luft suspendiert sind, wie bloß zerstäubtes Wasser von einem Springbrunnen[42] oder auch „saurer Regen".[43] § 906 BGB findet auch dann Anwendung, wenn **Imponderabilien sich in abfließendem Niederschlagswasser lösen** und mit diesem auf das Nachbargrundstück geraten, wie etwa chemische Unkrautvernichtungsmittel[44] oder Abtausalz im Schmelzwasser.[45] Was dabei eine nur unwesentliche Beeinträchtigung darstellt, also dem Empfinden eines verständigen Durchschnittsmenschen bei wertender Beurteilung zumutbar ist, weil es über eine im nachbarschaftlichen Gemeinschaftsverhältnis sozialadäquate bloße Belästigung nicht hinausgeht, richtet sich nach den konkreten Umständen des Einzelfalls.[46] 19

Die Unwesentlichkeit der Beeinträchtigung spielt außerdem bei **regenbedingten Geräuschimmissionen** eine Rolle. Wenngleich nicht unmittelbar anwendbar und damit keine Auslegungshilfe iSd § 906 Abs. 1 S. 3 BGB, können die Richtwerte der TA Lärm dabei jedenfalls als Erkenntnishilfe Berücksichtigung finden.[47] 20

bb) Privatrechtliche Erlaubnistatbestände und Einschränkungen nach Wasserrecht. Neben privatrechtlichen Rechtfertigungsgründen (wie vertraglicher Gestattung oder Einräumung einer Dienstbarkeit, insbes. in Form eines sog. **Traufrechts**) können auch Normen des öffentlichen und privaten Wasserrechts den negatorischen Anspruch aus § 1004 Abs. 1 BGB ausschließen. So kann die Wasserbehörde aus Allgemeinwohlgründen zu duldende, ggf. entschädigungspflichtige Maßnahmen der Veränderung von Wasserab- oder -zuflüssen anordnen.[48] Soweit daneben die Wassergesetze einiger Länder den Unterlieger zur Aufnahme wild abfließenden Wassers verpflichten, wenn der Oberlieger dieses durch Anlagen auf seinem Grundstück nicht oder nur mit unverhältnismäßig hohen Kosten abführen kann,[49] sind diese Vorschriften neben § 37 WHG heute gegenstandslos. 21

d) Rechtsfolge: Beseitigung und Unterlassung. Auf Rechtsfolgenseite erfordert der Abwehranspruch des § 1004 Abs. 1 BGB die Beseitigung der Eigentumsbeeinträchtigung bzw. die Unterlassung zukünftiger Beeinträchtigungen; auch im Rahmen des Unterlassungsanspruchs schuldet der störende Nachbar dabei ein Eingreifen durch **aktive Gegenmaßnahmen**, sofern sich die drohende Beeinträchtigung anders nicht ver- 22

---

41 Vgl. BGH Urt. v. 2.3.1984 – V ZR 54/83, NJW 1984, 2207; Urt. v. 12.6.2015 – V ZR 168/14, NJW-RR 2016, 24 (24 f.); *Roth* in Staudinger BGB § 906 Rn. 121; *Dehner* B § 16 II 4.

42 *Ring* in NK-BGB § 906 Rn. 35; *Roth* in Staudinger BGB § 906 Rn. 121 mwN.

43 *Bassenge* in Palandt § 906 Rn. 5; *Ring* in NK-BGB § 906 Rn. 35; *Roth* in Staudinger BGB § 906 Rn. 121 mwN.

44 BGH Urt. v. 2.3.1984 – V ZR 54/83, NJW 1984, 2207; vgl. auch Urt. v. 12.6.2015 – V ZR 168/14, NJW-RR 2016, 24 (24 f.).

45 BGH Urt. v. 2.3.1984 – V ZR 54/83, NJW 1984, 2207; OLG Düsseldorf Urt. v. 25.4.1990 – 9 U 1/90, NJW-RR 1990, 1040; OLG Jena Urt. v. 31.5.2006 – 4 U 218/05, BeckRS 2006, 14587; anders hingegen OLG Karlsruhe Urt. v. 7.5.1981 – 12 U 80/80, AgrarR 1982, 219; vgl. auch OLG Zweibrücken Urt. v. 31.1.1986 – 1 U 37/83, DWW 1986, 77 (78). Siehe auch *Fritzsche* in BeckOK BGB § 906 Rn. 33; *Ring* in NK-BGB § 906 Rn. 33; *Thole* in Staudinger BGB § 1004 Rn. 71.

46 Vgl. BGH Urt. v. 16.12.1997 – V ZR 91/75, NJW 1978, 1158; Urt. v. 23.3.1990 – V ZR 58/89, BGHZ 111, 63 (65); Urt. v. 27.10.2006 – V ZR 2/06, NJW-RR 2007, 168 (169); Urt. v. 15.2.2008 – V ZR 222/06, NJW 2008, 1810 (1813); BGH Urt. v. 26.9.2003 – V ZR 41/03, NJW 2003, 3699; OLG Karlsruhe Urt. v. 22.6.1988 – 6 U 20/88, NJW-RR 1989, 145; siehe auch *Brückner* in MüKBGB § 906 Rn. 68.

47 Vgl. BVerwG Beschl. v. 22.9.1998 – 4 B 88/98, juris Rn. 5 (im immissionsschutzrechtlichen Kontext). Zu den Richtwerten der TA Lärm → *Lärm, Gewerbe und Industrie (TA Lärm)* Rn. 9 ff.

48 § 37 Abs. 3 WHG; ähnlich auch schon die landesrechtlichen Regelungen der § 66 Abs. 3 BWG, § 7 Abs. 4 HWG, § 83 Abs. 1 ThürWG.

49 Siehe etwa § 66 Abs. 2 BWG; § 7 Abs. 3 HWG; § 83 Abs. 3 ThürWG. Zum Ganzen auch *Dehner* B § 16 II 4.

hindern lässt.[50] Der Beseitigungsanspruch zielt nach der Rechtsprechung regelmäßig auf „Wiederherstellung des in seiner Benutzbarkeit beeinträchtigten Grundstückszustands“[51] – also ggf. auf Trockenlegung oder sogar auf Erneuerung des abgeschwemmten Erdreichs –, was freilich die Grenzen zum verschuldensabhängigen Schadenersatzanspruch bisweilen bedenklich verwischt.[52] Im Hinblick auf die Beseitigung wie auch die Unterlassung steht dem Störer dabei ein **Wahlrecht zwischen verschiedenen Abhilfemaßnahmen** zu.[53]

23 Bei regenbedingten Lärmimmissionen oder Imponderabilien iSd § 906 BGB (wie mitgeführten, im Wasser gelösten Stoffen oder Sprühwasser, dazu → Rn. 19) geht der Anspruch nur auf Beseitigung bzw. Unterlassung der Beeinträchtigung, soweit diese die Schwelle einer bloß unwesentlichen Beeinträchtigung überschreitet. Einer genaueren Konkretisierbarkeit entzieht sich der Urteilstenor, soweit verbindliche Richtwerte nicht existieren.[54]

2. Abwehransprüche nach § 907 BGB

24 Abwehrmöglichkeiten nicht nur gegen die regenbedingte Beeinträchtigung, sondern **unmittelbar gegen den Bestand einer Anlage** gewährt dem gestörten Nachbarn daneben § 907 Abs. 1 S. 1 BGB, soweit es sich etwa bei verstopften Regenrinnen,[55] nicht ordnungsgemäß verlegten oder unterhaltenen Wasserleitungen[56] oder auch Dachtraufen, die den Tropfenfall dem Nachbargrundstück zuweisen,[57] um gefahrdrohende Anlagen handelt.[58] Unanwendbar ist § 907 BGB allerdings, soweit Veränderungen des Ab- oder Zuflusses wild abfließenden Wassers iSd § 37 WHG in Rede stehen; die wasserrechtliche Norm geht insoweit als *lex specialis* vor.[59]

IV. Monetäre Ersatzansprüche

1. Haftung nach § 823 BGB

25 Für Schäden, die infolge der **Veränderung des Abflusses von wild abfließendem Regenwasser** entstehen, haftet der Oberlieger nach allgemeinen Grundsätzen gem. § 823 Abs. 1 BGB sowie gem. § 823 Abs. 2 BGB wegen Verletzung der als **Schutzgesetz** zu qualifizierenden Norm des § 37 WHG.[60] Als Schutzgesetz gelten außerdem die landesrechtlichen Regelungen zur Ableitung von Traufwasser[61] sowie § 907 BGB. Zu § 907 BGB → *Gefahrdrohende Anlagen* Rn. 34.

---

50 BGH Urt. v. 12.12.2003 – V ZR 98/03, NJW 2004, 1035; siehe auch *Ring* in NK-BGB § 1004 Rn. 99a.

51 *Wenzel* NJW 2005, 241 (243).

52 OLG Stuttgart OLGE 41, 162; restriktiver hingegen BGH Urt. v. 24.11.1967 – V ZR 196/65, BGHZ 49, 340 (343, 347 f.). Eingehend zur umstrittenen Abgrenzung vom Schadenersatzanspruch *Raff* in MüKoBGB § 907 Rn. 229–241.

53 Siehe zum Wahlrecht des Störers nur exemplarisch BGH Urt. v. 20.11.1992 – V ZR 82/91, NJW 1993, 925; Urt. v. 17.12.1982 – V ZR 55/82, NJW 1983, 751 (752).

54 Zur entsprechenden Tenorierung bei Lichtimmissionen OLG Düsseldorf Urt. v. 21.7.2017 – I-9 U 35/17, NJOZ 2018, 652 (654); vgl. auch BGH Urt. v. 14.9.2018 – V ZR 267/17, NJW 2019, 310.

55 *Roth* in Staudinger BGB § 907 Rn. 19 mwN.

56 Vgl. OLG Oldenburg Urt. v. 8.11.1957 – 1 U 76/57, NJW 1958, 1096 (1097); siehe auch *Brückner* in MüKoBGB § 907 Rn. 7; *Fritzsche* in BeckOK BGB, § 907 Rn. 9.

57 *Dehner* B § 26 II.

58 Im Einzelnen zu den Voraussetzungen und Rechtsfolgen des § 907 BGB → *Gefahrdrohende Anlagen* Rn. 2 ff.

59 *Saller* in Grziwotz/Lüke/Saller NachbarR-HdB 3. Teil Rn. 274; *Faßbender* NVwZ 2015, 97 (98 f.). Ebenso bzgl. der entsprechenden landesrechtlichen Regelungen BGH Urt. v. 12.11.1999 – V ZR 229/98, NJW-RR 2000, 537; OLG Hamm Urt. v. 5.3.2012 – I-5 U 160/11, BeckRS 2012, 10505.

60 Zur Schutzgesetzeigenschaft s. BGH Urt. v. 18.4.1991 – III ZR 1/90, NJW 1991, 2770; OLG Frankfurt a.M. Urt. v. 14.5.1998 – 1 U 90/95, BeckRS 1998, 16108; siehe auch *Albrecht* in Staudinger EGBGB Art. 124 Rn. 42 mwN; *Riedel* in BeckOK UmweltR WHG § 37 Rn. 15; *Saller* in Grziwotz/Lüke/Saller NachbarR-HdB 3. Teil Rn. 290.

61 So OLG Brandenburg Urt. v. 30.7.2009 – 5 U 133/08, BeckRS 2009, 21997 (zu § 52 BbgNRG); LG Paderborn Urt. v. 14.3.1991 – 5 S 19/91, ZMR 1991, 300 (zu § 27 Abs. 1 NachbG NRW); siehe dazu im Einzelnen *Albrecht* in Staudinger EGBGB Art. 124 Rn. 21.

Schadenersatzansprüche können daneben aus der Verletzung von Verkehrssicherungspflichten resultieren, wenn ein Grundstückseigentümer seinen **Streupflichten bei Eisregen oder Graupelregen** nicht nachkommt, obwohl konkrete Anhaltspunkte für die Gefahr einer Glatteisbildung bestehen.[62] Die Rechtsprechung lehnt eine entsprechende Verkehrssicherungspflicht indes überwiegend ab, wenn der Regen fortwährend auf dem Boden wieder gefriert und sich dadurch immer wieder erneut Glatteis bildet.[63] Als entscheidend muss insoweit wohl gelten, ob die Streumaßnahmen jedenfalls einen eingeschränkten oder auch nur kurzfristigen Erfolg versprechen.[64] 26

Verkehrssicherungspflichten sind daneben anerkannt für eine **Regenwasserableitung auf den Gehweg**[65] sowie allgemein für **regenbedingte Rutschgefahr** bei Nässe.[66] Dabei kann eine bloße Warnung mittels Hinweisschildes zur Wahrung der Verkehrssicherungspflichten grundsätzlich ausreichen; anderes gilt nach Ansicht des BGH aber, wenn etwa der Bodenbelag einer Hotelrampe nicht den maßgeblichen Bauvorschriften entspricht.[67] 27

2. Schadenersatzpflicht nach § 836 BGB

Schadenersatzansprüche aufgrund von Regen – oder anderen Naturereignissen wie Sturm oder Böen – können sich auch aus § 836 BGB ergeben, wenn der Einsturz eines Gebäudes oder einer anderen Anlage Schäden am Nachbargrundstück verursacht. Nach höchstrichterlicher Rechtsprechung besteht die Ersatzpflicht auch dann, wenn die fehlerhafte Errichtung oder mangelhafte Unterhaltung des Werks **erst im Zusammenwirken mit derartigen Naturgewalten** den Einsturz verursacht.[68] 28

3. Verschuldensunabhängiger Ausgleichsanspruch nach § 906 Abs. 2 S. 2 BGB

Subsidiär zur Delikthaftung kommt auch ein nachbarrechtlicher Ausgleichsanspruch nach § 906 Abs. 2 S. 2 BGB in Betracht, der Grobimmissionen wie vom Nachbargrundstück übertretendes Niederschlags- oder Leitungswasser grundsätzlich erfasst.[69] Ausgleichansprüche resultieren etwa daraus, dass aufgrund einer defekten Dachentwässerung oder mangelnder Ableitung von befestigten Flächen Niederschlagswasser in eine Nachbarwand eindringt und faktisch nicht rechtzeitig abgewehrt werden kann.[70] Ob für den nachbarrechtlichen Ausgleichsanspruch in Bezug auf wild abfließendes Wasser neben § 37 WHG überhaupt Raum bleibt, wird im Schrifttum allerdings bislang nicht einheitlich beurteilt.[71] 29

---

62 Vgl. BGH Urt. v. 25.1.1957 – VI ZR 275/55, VersR 1957, 244; OLG Zweibrücken Urt. v. 12.1.1994 – 1 U 178/92, VersR 1994, 1487 (1488); *Hager* in Staudinger BGB § 823 Rn. E 130.

63 BGH Urt. v. 10. 6. 1963 – III ZR 60/62, VersR 1963, 1047 (1048); OLG Nürnberg Urt. v. 10.6.1964 – 4 U 127/62, VersR 1964, 1180; OLG Hamm Urt. v. 15.10.1981 – 27 U 73/81, ZfSch 1982, 97; OLG Hamm Urt. v. 23.3.1983 – 13 U 231/82, BeckRS 1983, 01405; OLG Hamm Urt. v. 3.7.1995 – 6 U 16/95, BeckRS 1995, 5478; OLG Oldenburg Urt. v. 7.3.2000 – 9 U 95/99, VersR 2001, 117.

64 BGH Urt. v. 1.7.1993 – III ZR 88/92, NJW 1993, 2802 – LM BGB § 839 (Ca) Nr. 90 (1/1994) (für die Haftung aus Art. 34 GG, § 839 BGB); OLG Hamburg Urt. v. 24.3.2000 – 11 U 45/98, NJW-RR 2000, 1697; *Hager* in Staudinger BGB § 823 Rn. E128 mwN. Weitergehend hingegen OLG Hamm Urt. v. 15.10.1981 – 27 U 73/81, VersR 1982, 1081. Vgl. zum Ganzen auch *J. Lange* in jurisPK-BGB § 823 Rn. 149.

65 OLG Naumburg Urt. v. 12.12.2013 – 2 U 25/13, NJW-RR 2014, 661.

66 BGH Urt. v. 14.1.2020 – X ZR 110/18, NJW-RR 2020, 751 (752).

67 BGH Urt. v. 14.1.2020 – X ZR 110/18, NJW-RR 2020, 751 (753).

68 BGH Urt. v. 23.3.1993 – VI ZR 176/92, NJW 1993, 1782; BGH Urt. v. 27.4.1999 – VI ZR 174-98, NJW 1999, 2593; vgl. auch *Wilhelmi* in Erman BGB § 823 Rn. 6. Eingehend zur Haftung nach § 836 BGB → *Gebäudeeinsturz* Rn. 5 ff.

69 BGH Urt. v. 12.11.1999 – V ZR 229/98, NJW-RR 2000, 537; BGH Urt. v. 15.7.2011 – V ZR 277/10, NJW 2011, 3294 (3296).

70 BGH Urt. v. 15.7.2011 – V ZR 277/10, juris Rn. 20; BGH Urt. v. 18.12.2015 – V ZR 55/15, NJW-RR 2016, 588 (589).

71 Eingehend dazu *Faßbender* NVwZ 2015, 97 (101 f.), der dies im Ergebnis verneint; vgl. auch *Faßbender* in Landmann/Rohmer UmweltR WHG § 37 Rn. 65 f. Anders hingegen *Saller* in Grziwotz/Lüke/Salle NachbarR-HdB 3. Teil Rn. 290.

4. Ersatzansprüche gegen die öffentliche Hand

30 Für eine **unzureichende Regenwasserableitung** haftet die Gemeinde nach den Grundsätzen der Amtshaftung gem. § 839 BGB iVm Art. 34 GG. Eine Ersatzpflicht besteht allerdings nicht, soweit erst außergewöhnliche Niederschlagsmengen zum Überlauf eines Regenrückhaltebeckens oder zu einem Rückstau in der Abwasserkanalisation und damit zu Wasseraustritten und Überschwemmungen führen.[72] Als amtspflichtwidrig stellt sich hingegen die Umleitung erheblicher Wassermengen infolge Starkregens in einen Graben ohne vorherige Prüfung der tatsächlichen Entlastungskapazität dar.[73]

31 Soweit Verstöße der öffentlichen Hand gegen § 37 WHG in Rede stehen, insbesondere im Kontext von Straßenbaumaßnahmen, greifen neben der Amtshaftung auch die Grundsätze des enteignungsgleichen Eingriffs.[74]

32 Zur **Streupflicht der Gemeinde** bei gefrierendem Regen gelten die oben dargestellten Grundsätze entsprechend, → Rn. 26.[75]

V. Miet- und Wohnungseigentumsrecht

33 **Streupflichten** bei Eisregen treffen grundsätzlich auch den Vermieter im Rahmen seiner **Erhaltungspflicht**. Auch insoweit wird allerdings die Frage, ob die Streupflicht einzuschränken ist, wenn sie wegen fortwährend neu gefrierender Nässe ohnehin nur für einen sehr kurzen Zeitraum Wirkung entfalten würde, uneinheitlich beantwortet.[76]

34 Teil der vom Vermieter geschuldeten Soll-Beschaffenheit der Mieträume ist auch, dass sie bei gewöhnlichen Verhältnissen gegen Eindringen von Regenwasser von außen geschützt sind. Dringt Regen oder auch überlaufendes Wasser aus einer Regenrinne in die Mietsache ein, stellt dies stets einen **zur Minderung berechtigenden Mietmangel** dar.[77] Dies gilt unabhängig davon, ob der Vermieter Vorkehrungen gegen die Beeinträchtigung hätte treffen können.[78] So ist der Vermieter zur Kontrolle und Reinigung von Dachrinnen und Regenrohren etwa nur dann verpflichtet, wenn konkrete Anzeichen für eine drohende Verstopfung vorliegen oder aufgrund örtlicher Gegebenheiten (zB Laubbefall) latent mit derartigen Beeinträchtigungen zu rechnen ist.[79] Auch soweit unvorhergesehene Fremdkörper in den Rohren oder außergewöhnliche Wassermengen aufgrund eines ungewöhnlich starken Regens die ordnungsgemäße Entwässerung des Daches beeinträchtigen, bleibt der Mieter aber zur Minderung – wenngleich mangels Verschuldens nicht zur Geltendmachung von Schadenersatzansprüchen – berechtigt.[80]

35 Bei der **Berechnung der Minderungsquote** sind insbes. die eindringende Regenmenge sowie die Temperatur in der Wohnung im Verhältnis zu den Außentemperaturen zu berücksichtigen.[81] Daneben kann auch in

---

72 OLG Brandenburg Urt. v. 8.12.2015 – 2 U 15/13, BeckRS 2015, 20920; vgl. auch BGH Urt. v. 5.10.1989 – III ZR 66/88, NJW 1990, 1167; Urt. v. 22.4.2004 – III ZR 108/03, NZV 2004, 395.

73 *Kapsa* in Geigel Haftpflichtprozess Kap. 20 Rn. 77 mwN.

74 Vgl. BayOLG Urt. v. 9.10.1989 – 2 Z 354/88, NVwZ-RR 1990, 116 (118); BayOLG Urt. v. 5.12.1989 – 2 Z 189/89, NVwZ-RR 1990, 284 (285); OLG Bamberg Urt. v. 10.12.2007 – 4 U 38/06, juris Rn. 58, 62 (jeweils zu Art. 63 BayWG aF). Siehe auch *Faßbender* in Landmann/Rohmer UmweltR WHG § 37 Rn. 61; *Saller* in Grziwotz/Lüke/Saller NachbarR-HdB 3. Teil Rn. 290.

75 OLG Frankfurt Urt. v. 23.9.1982 – 1 U 12/81, VersR 1983, 498; KG Berlin Urt. v. 25.3.2009 – 26 U 157/08, juris Rn. 19.

76 Eingehend dazu *Kern* in Spielbauer/Schneider BGB § 535 Rn. 341 mwN. Siehe auch → Rn. 26.

77 Vgl. LG Berlin Urt. v. 17.9.2012 – 67 S 28/12, WuM 2012, 605; AG Dortmund Urt. v. 23.12.2008 – 425 C 5300/07, juris Rn. 29; siehe auch *Münch* in jurisPK-BGB § 536 Rn. 102.

78 LG Kassel Urt. v. 13.6.1996 – 1 S 128/96, NJW-RR 1996, 1355; LG Leipzig Urt. v. 28.5.2003 – 1 S 1314/03, NZM 2003, 510; AG Grimma Urt. v. 22.1.2003 – 2 C 0983/02, NZM 2003, 196; siehe auch *Häublein* in MüKoBGB § 536 Rn. 23.

79 OLG Düsseldorf Beschl. v. 30.3.2012 – I-24 U 256/11, BeckRS 2012, 17767; siehe auch *Münch* in jurisPK-BGB § 536 Rn. 194.

80 Vgl. OLG Düsseldorf Beschl. v. 30.3.2012 – I-24 U 256/11, BeckRS 2012, 17767; vgl. auch OLG Koblenz Urt. v. 7.4.2016 – 1 U 883/15, BeckRS 2016, 127430.

81 Vgl. dazu LG Berlin Urt. v. 4.7.2011 – 67 S 440/10, juris Rn. 25; *Spielbauer* in Spielbauer/Schneider BGB § 536 Rn. 121.

Rechnung zu stellen sein, dass ggf. schlechte Gerüche in der Wohnung verbleiben und einzelne durchfeuchtete Räume bisweilen über Monate nicht benutzt werden können.[82]

Auch wenn ein **Stellplatz** bei Regen unbenutzbar wird, kann die Miete für den betreffenden Zeitraum entsprechend gemindert werden.[83] 36

Demgegenüber ist es **nur als geringfügiger, nicht zur Minderung berechtigender Mangel** anzusehen, wenn aufgrund geringen Gefälles Regenwasser zunächst auf dem Balkon stehen bleibt und erst durch Verdunstung schwindet;[84] gleiches gilt für Regenwasserpfützen im Kellergang.[85] 37

In der **Wohnungseigentumsgemeinschaft** unterliegen Änderungen an einem Regenfallrohr, etwa durch Einfügung von Verschwenkungen, als bauliche Veränderung iSd § 20 Abs. 1 WEG dem **Zustimmungserfordernis** aller Wohnungseigentümer.[86] 38

VI. Öffentliches Wasserrecht

1. Öffentlich-rechtliche Abwehransprüche

Öffentlich-rechtliche Abwehransprüche gegen Beeinträchtigungen des Grundstücks durch vom Nachbargrundstück zufließendes Niederschlagswasser ergeben sich grundsätzlich mangels Drittschutzes nicht aus den wasserrechtlichen Regelungen (siehe dazu → *Niederschlagswasser* Rn. 9). In Ausnahmefällen können allerdings Ansprüche auf bauaufsichtliches Einschreiten bestehen, sofern eine bauliche Anlage bzw. ein Bauvorhaben den Wasserfluss auf das Nachbargrundstück verändert und dabei nachbarliche Belange in unzumutbarer Weise beeinträchtigt (dazu eingehend → *Niederschlagswasser* Rn. 10).[87] 39

2. Erlaubnispflicht bei Entnahmen zur Beregnung gem. §§ 8 Abs. 1, 9 Abs. 1 Nr. 1 WHG

Nach öffentlichem Wasserrecht richtet sich die Berechtigung eines Grundstückseigentümers, Grund- oder Oberflächenwasser für Zwecke der Beregnung zu entnehmen. So stellt eine Beregnungsanlage, die in Wachstumsperioden oder in Trockenzeiten eingesetzt wird und dazu solches Wasser verwendet, eine **Gewässerbenutzung iSd § 9 Abs. 1 Nr. 1 WHG** dar, ebenso wie Pump- oder Schöpfvorrichtungen zur Beregnung von Grundstücken einer Gärtnerei.[88] Diese Formen der Benutzung bedürfen deshalb der Erlaubnis oder der Bewilligung nach § 8 Abs. 1 WHG. 40

Das Wasserrecht regelt auch die Anforderungen an die Beseitigung von Niederschlagswasser (§ 55 Abs. 2 WHG) sowie die Befugnis, Niederschlagswasser in oberirdische Gewässer einzuleiten (§ 25 Satz 3 Nr. 1 WHG). Siehe zu beiden Themenbereichen → *Niederschlagswasser* Rn. 7 f. 41

VII. Prozessuale Durchsetzung

1. Obligatorisches Schlichtungsverfahren nach § 15a EGZPO; Gerichtsstand

Soweit die Bundesländer ein **außergerichtliches Schlichtungsverfahren** nach § 15a Abs. 1 Nr. 2 EGZPO eingeführt haben, unterfallen Abwehr- und Beseitigungsansprüche nach §§ 1004, 906 BGB typischerweise dem Schlichtungszwang (siehe dazu im Einzelnen → *Streitschlichtung, nachbarrechtliche* Rn. 8 ff.). Ob dieses obligatorische Schlichtungsverfahren auch für Streitigkeiten unter Nachbarn in einer Wohnungsei- 42

82 LG Berlin Urt. v. 17.9.2012 – 67 S 28/12, WuM 2012, 605.
83 AG Steinfurt Urt. v. 5.3.2009 – 4 C 310/08, WuM 2009, 227; *Wiederhold* in BeckOK BGB § 536 Rn. 119.
84 AG Leipzig Urt. v. 4.11.2014 – 170 C 9129/12, juris Rn. 43; *Eisenschmid* in Schmidt/Futterer BGB § 536 Rn. 62.
85 So *Münch* in jurisPK-BGB § 536 Rn. 192.
86 LG Hamburg Urt. v. 25.9.2013 – 318 S 111/12, juris Rn. 15 (noch zu § 22 Abs. 1 WEG aF).
87 Vgl. auch VG Saarlouis Urt. v. 31.7.2019 – 5 K 2421/17, juris Rn. 43.
88 Vgl. VGH Mannheim Urt. v. 21.12.1972 – II 635/70, ZfW 1973, 181; VGH Mannheim Beschl. v. 24.2.2010 – 3 S 3144/08, BeckRS 2010, 47793; *Dombert* in MAH AgrarR § 13 Rn. 26 f.

gentumsanlage gilt, wird in Rechtsprechung und Schrifttum hingegen unterschiedlich beurteilt;[89] jedenfalls aber kann ein derartiges Zwangsverfahren auch in der Gemeinschaftsordnung vereinbart werden.[90] Nicht der obligatorischen außergerichtlichen Schlichtung unterliegen hingegen Entschädigungsansprüche auf der Grundlage von § 906 Abs. 2 S. 2 BGB,[91] ebenso wenig monetäre Ersatzansprüche aus § 823 BGB. Ist ein Schlichtungsverfahren bereits durchgeführt oder von vornherein nicht zwingend angeordnet, sind Klagen zur Abwehr von Beeinträchtigungen des Grundeigentums vor dem **ausschließlichen dinglichen Gerichtsstand des § 24 ZPO** zu verfolgen.[92]

2. Bestimmtheit des Klageantrags

43 Der recht offene Anspruchsinhalt von Abwehransprüchen nach § 1004 BGB, die den Anspruchsgegner nicht zu einer konkreten Beseitigungsvariante verpflichten[93] und ihm im Falle des § 906 BGB – dh bei Regengeräuschen oder auch im Hinblick auf mitgeschwemmte Imponderabilien – auch nur die Unterschreitung der Wesentlichkeitsschwelle aufgeben,[94] konfligiert mit dem Erfordernis eines bestimmten Klageantrags iSd § 253 Abs. 2 Nr. 2 ZPO. Ausreichen soll es nach ständiger Rechtsprechung aber, dass der Kläger geeignete Maßnahmen beantragt, um die Störung zu beseitigen, also den zu erreichenden **Beseitigungserfolg** im Klageantrag hinreichend konkret angibt.[95]

105. Rücksichtnahmegebot

Jeromin

Literatur: *Breuer*, Baufreiheit oder staatliche Baurechtsverleihung, DVBl 1992, 1065; *Jeromin*, Baunachbarrecht 3.0, BauR 2016, 925; *Rubel*, Nachbarschutz im Bauplanungsrecht, DVBl 2020, 533.

---

89 Bejahend etwa LG Dortmund Urt. v. 11.7.2017 – 1 S 282/16, NJW-RR 2017, 1292 (1293 f.); *Engelhardt* in MüKo-BGB WEG § 43 Rn. 31; *Heinemann* in NK-BGB Vor §§ 43 ff. WEG Rn. 6; ablehnend hingegen LG Frankfurt a.M. Urt. v. 15.3.2018 – 2-13 S 102/17, BeckRS 2018, 4155.

90 OLG Frankfurt a.M. Beschl. v. 11.6.2007 – 20 W 108/07, NZM 2008, 290 (291); siehe auch *Fritzsche* in BeckOK BGB § 1004 Rn. 131.

91 BGH Urt. v. 2.3.2012 – V ZR 169/11, NZM 2012, 435; vgl. auch Urt. v. 8.7.2008 – VI ZR 221/07, NJW-RR 2008, 1662 (1663).

92 BayObLG Beschl. v. 31.1.1996 – 1Z AR 5/96, juris Rn. 4; *Thole* in Staudinger BGB § 1004 Rn. 565.

93 BGH Urt. v. 24.2.1978 – V ZR 95/75, NJW 1978, 1584 (1585); Urt. v. 19.1.1996 – V ZR 298/94, NJW-RR 1996, 659; siehe auch Urt. v. 12.12.2003 – V ZR 98/03, NJW 2004, 1035 (1037).

94 Dazu bereits → Rn. 23. Zur Unterschreitung der Wesentlichkeitsschwelle eingehend *Thole* in Staudinger BGB § 1004 Rn. 577.

95 Siehe etwa BGH Urt. v. 24.2.1978 – V ZR 95/75, NJW 1978, 1584 (1584 f.); Urt. v. 19.1.1996 – V ZR 298/94, NJW-RR 1996, 659; zum Ganzen auch *Raff* in MüKoBGB § 1004 Rn. 321 f.

I. Allgemeines

1 Das Gebot der Rücksichtnahme gehört zum **Kern des öffentlichen Baunachbarrechts.**[1] Die in der Rechtsprechung des BVerwG entwickelte Rechtsfigur ist deshalb bei nachbarschaftlichen Auseinandersetzungen nicht wegzudenken, obwohl in der Praxis die Erfolgsquote eines auf seine Verletzung gestützten Rechtsbehelfs denkbar gering ist. Diese empirische Erkenntnis beruht im Wesentlichen darauf, dass das Rücksichtnahmegebot einen durch **unbestimmte Rechtsbegriffe** geprägten tatbestandlichen Rahmen vorgibt, der sehr stark von Wertungen in der Rechtsanwendung abhängt. So soll das Rücksichtnahmegebot zwar als normgebundenes Instrument der Feinsteuerung des Nachbarschutzes im Einzelfall dienen. Faktisch muss man jedoch der drastischen Beurteilung von *Breuer*[2] zustimmen, der das Berufen auf das Rücksichtnahmegebot in der Auseinandersetzung um ein benachbartes Vorhaben als einen „Weg in den Irrgarten des Richterrechts mit einer fatalen Offenheit für subjektive Wertungen" bezeichnet hat. Solange die höchstrichterliche Rechtsprechung den baurechtlichen Nachbarschutz, insbesondere im unbeplanten Innenbereich, nur auf die Art der baulichen Nutzung beschränkt und nicht denselben Prüfungsmaßstab bei der Rechtmäßigkeitskontrolle anlegt, der bei der Durchsetzung eines Genehmigungsanspruchs (nämlich unter Einbeziehung der übrigen Tatbestandsmerkmale des § 34 BauGB – Maß der baulichen Nutzung, überbaubare Grundstücksfläche und Bauweise) gilt, verbleibt es bei einer fast schon **unüberschaubaren Kasuistik zum Rücksichtnahmegebot**. Die nachfolgenden Ausführungen können daher nur den Versuch einer Strukturierung, ohne Anspruch auf Systematik und Vollständigkeit darstellen.

II. Struktur des Rücksichtnahmegebotes

1. Subjektiver Rechtsschutz

2 In seiner Grundsatzentscheidung (**„Schweinemäster-Fall"**) hat das Bundesverwaltungsgericht[3] erstmalig dem objektivrechtlich ausgerichteten Gebot der Rücksichtnahme eine unmittelbare drittschützende Wirkung im Sinne eines Nachbarschutzes zuerkannt, soweit in qualifizierter und zugleich individualisierter Weise auf schutzwürdige Interessen eines erkennbar abgegrenzten Kreises Dritter Rücksicht zu nehmen ist. Dabei hängt der Umfang der Anforderungen an das **Gebot der Rücksichtnahme im Wesentlichen von den jeweiligen Umständen des Einzelfalls** ab, insbesondere was den durch das Vorhaben Betroffenen oder Belästigten (noch) zugemutet werden kann. Mit dem Begriff der Unzumutbarkeit wird eine Qualifikation der Störung des Nachbarn vorausgesetzt, die über bloße Unannehmlichkeiten oder Lästigkeiten deutlich hinausreichen muss.[4]

3 Vergleichbar mit dem zivilrechtlichen Gebot von Treu und Glauben gemäß § 242 BGB, das grundsätzlich auch im öffentlichen Recht Beachtung findet, dient das Rücksichtnahmegebot dazu, im Einzelfall die allgemeinen, gesetzlich normierten Anforderungen an Vorhaben unter Einbeziehung der nachbarlichen Belange und Interessen zu konkretisieren. Damit ist das **Rücksichtnahmegebot weder eine allgemeine Härteklausel,**[5] auf die sich der Nachbar generell berufen könnte, **noch erweitert es den rechtlichen Rahmen des Nachbarschutzes** über die normierten materiellen Tatbestände des öffentlichen Baurechts hinaus. Die Rück- und Anbindung an gesetzliche Normierungen der Zulässigkeit eines Vorhabens ist das Wesensmerkmal des Rücksichtnahmegebotes, welches nicht von Einzelvorschriften losgelöst dem Nachbarn ein eigenes und selbstständiges Abwehrrecht vermittelt.[6]

2. Tatbestandsbindung

4 Die zwingende Normbindung des Rücksichtnahmegebotes an Vorschriften des materiellen öffentlichen Rechts zeigt sich in der Rechtsprechung durch die Zuordnung zu den Tatbeständen mit nachbarlichen Be-

1 Vgl. *Jeromin* BauR 2016, 925 ff.
2 *Breuer* DVBl 1992, 1065 ff.
3 BVerwG Urt. v. 25.2.1977 – IV C 22.75, BVerwGE 52, 122.
4 *Schulte Beerbühl* Rn. 442 unter Verweis auf VGH München Urt. v. 12.7.2012 – 2 B 12.1211, BauR 2012, 1925.
5 BVerwG Beschl. v. 11.1.1999 – 4 B 128.98, NVwZ 1999, 879.
6 *Schulte Beerbühl* Rn. 444.

zügen und deren Berücksichtigung bei der Zulassungsentscheidung eines baulichen Vorhabens. Das Rücksichtnahmegebot findet für ein mittels Bauleitplan beplantes Gebiet seine Grundlage in § 15 BauNVO, ebenso in § 31 Abs. 2 BauGB bei der Zulassung von Abweichungen von planerischen Festsetzungen, die nur bei Vereinbarkeit mit nachbarlichen Belangen zu gewähren sind. Im unbeplanten Innenbereich nach § 34 Abs. 1 BauGB enthält das objektiv-rechtliche Einfügungsgebot zugleich die Anforderung an die Rücksichtnahme auf nachbarliche Belange. Schließlich kommt bei Außenbereichsvorhaben das Rücksichtnahmegebot als Bestandteil des Katalogs der ungeschriebenen öffentlichen Belange im Sinne des § 35 Abs. 3 BauGB, die nicht betroffen sein oder entgegenstehen dürfen, zum Ausdruck, speziell in § 35 Abs. 3 Satz 1 Nr. 3 BauGB mit dem Verbot des Hervorrufens schädlicher Umwelteinwirkungen.

5 Im Bauordnungsrecht gilt das Rücksichtnahmegebot bei denjenigen Vorschriften, die eine Abwägung der widerstreitenden Interessen von Bauherrn und Nachbarschaft erfordern und außerhalb eines konditionalen Entscheidungsprogramms der Baugenehmigungsbehörde liegen. Dazu gehören Abweichungen von bauordnungsrechtlichen Anforderungen, die auch im Interesse der Nachbarn stehen (können), ebenso wie der vorbeugende Brandschutz, die Standsicherheit von Gebäuden und baulichen Anlagen oder die durch das Abstandsflächenrecht geschützten Belange der ausreichenden Belichtung, Besonnung und Belüftung benachbarten Grundstücke und Vorhaben einschließlich der Wahrung des Wohnfriedens („Sozialabstands") durch den Schutz der Privatheit.

3. Rechtlicher Rahmen

6 Die Konfliktvermeidung durch einen sachgerechten Ausgleich der Interessen des Bauherrn an der Ausübung seiner Baufreiheit und den Belangen des Nachbarn an der Nutzung seines Eigentums, jeweils im Rahmen der bestehenden Rechtsordnung, muss im Einzelfall über das Gebot der (wechselseitigen) Rücksichtnahme erreicht werden. Denn das öffentliche Baurecht kann nur typisierend und generalisierend den gesetzlichen Rahmen dieser Konfliktbewältigung vorgeben, jedoch nicht alle potenziellen Lebenssachverhalte normativ abbilden. Folglich muss das Gebot der Rücksichtnahme sich tatbestandlich mit einer in der Praxis schwer auszufüllenden **Formel** begnügen, wie sie **sehr allgemein und unscharf** in der ständigen Rechtsprechung judiziert wird und vom BVerwG in der Grundsatzentscheidung von 1977 aufgestellt wurde. Wörtlich hält das BVerwG[7] hierzu fest:

„Welche Anforderungen das Gebot der Rücksichtnahme (objektiv-rechtlich) begründet, hängt wesentlich von den jeweiligen Umständen ab. Je empfindlicher und schutzwürdiger die Stellung derer ist, denen die Rücksichtnahme im gegebenen Zusammenhang zugute kommt, um so mehr kann an Rücksichtnahme verlangt werden. Je verständlicher und unabweisbarer die mit dem Vorhaben verfolgten Interessen sind, umso weniger braucht derjenige, der das Vorhaben verwirklichen will, Rücksicht zu nehmen".

7 Mit dieser Formel ist für die nachbarliche Auseinandersetzung wenig gewonnen und sie bestätigt die am Rücksichtnahmegebot geübte Kritik[8] mangelnder Praxistauglichkeit. Denn in einer weiteren Grundsatzentscheidung hat das BVerwG, wie bereits zuvor der BGH[9] im Zusammenhang mit dem nachbarlichen Gemeinschaftsverhältnis, verdeutlicht, dass die Interessen des Bauherrn, der sein Grundstück in einer sonst zulässigen Weise baulich nutzen möchte, Vorrang genießen und ihn nicht zur Schonung gleichwertiger Interessen des Nachbarn zur Rücksichtnahme verpflichtet.[10] Mit diesem von der höchstrichterlichen Rechtsprechung **vorgegebenen Vorrang der Interessen des Bauherrn** als objektiv-rechtliche Grundlage für die

---

7 BVerwG Urt. v. 25.2.1977 – IV C 22.75, BVerwGE 52, 122.

8 *Jeromin* BauR 2016, 925 ff.

9 BGH Urt. v. 15.6.1951 – V ZR 55/50, MDR 1951, 726: „Der Ausgleich widerstreitender Interessen von Grundstücksnachbarn geschieht in erster Linie durch die nachbarrechtlichen Gesetzesvorschriften. Eine über sie hinausgehende Beschränkung an sich bestehender Eigentumsrechte aufgrund der Pflicht zur Rücksichtnahme, die dem nachbarlichen Gemeinschaftsverhältnis entspricht, muß daher eine durch zwingende Gründe erforderte Ausnahme bleiben." Fortgeführt BGH Urt. v. 22.2.1991 – V ZR 308/89, BGHZ 113, 384.

10 BVerwG Urt. v. 21.1.1983 – 4 C 59.79, NVwZ 1983, 609.

Lösung eines nachbarlichen Interessenkonflikts erklärt sich die außerordentlich geringe Zahl der „erfolgreichen", auf die Verletzung des Rücksichtnahmegebotes gestützten Nachbarrechtsbehelfe.

III. Rücksichtnahmegebot und Zumutbarkeit im bauplanungsrechtlichen Kontext

1. Rücksichtnahmegebot und Immissionsschutzrecht

Das Gebot der Rücksichtnahme, auf dessen Beachtung sich ein Nachbar gegenüber dem Bauherrn bzw. der Bauaufsichtsbehörde berufen kann, hat eine entsprechend den verschiedenen bauplanungsrechtlichen Zulässigkeitskategorien der §§ 30 bis 35 BauGB unterschiedliche Ausprägung mit bestimmten Zumutbarkeitsschwellen, die erreicht bzw. nicht überschritten sein dürfen. Im Kern geht es bei dieser Betrachtung um die konkrete Nutzungsart und deren – vor allem, aber nicht ausschließlich – immissionsschutzrechtlich relevanten Auswirkungen für den Nachbarn bezogen auf die **praxisrelevanten Emissionsquellen Lärm, Licht, Geruch und Erschütterungen**. Im Zusammenhang mit dem bauplanungsrechtlichen Gebot der Rücksichtnahme sind die gesetzlich genannten Begriffe der Belästigung oder der Störung jedoch nicht ausschließlich als Immissionen im Sinne des § 3 Abs. 2 BImSchG zu verstehen. Auch wenn **Immissionen den Hauptanwendungsfall für eine Prüfung des baurechtlichen Rücksichtnahmegebotes** darstellen, darf der Begriff der schädlichen Umwelteinwirkungen in § 3 Abs. 1 BImSchG nicht mit Belästigungen und Störungen im Sinne des § 15 Abs. 1 S. 2 BauNVO gleichgesetzt werden. Durch § 15 Abs. 3 BauNVO wird ausdrücklich klargestellt, dass eine bloß formelle Einstufung als immissionsschutzrechtlich genehmigungsbedürftige Anlage nicht automatisch die fehlende Gebietsverträglichkeit begründen kann.[11] 8

Von daher sind die **technischen Regelwerke**, die bestimmte Grenzwerte oder Richtwerte für eine immissionsschutzrechtliche Beurteilung normieren, für die baurechtliche Bewertung des Rücksichtnahmegebotes **lediglich als Anhaltspunkte** heranzuziehen. Umgekehrt ist das Einhalten von immissionsschutzrechtlichen Lärmwerten weder ein Indiz für eine bestehende Gebietsverträglichkeit der baulichen Nutzung noch für eine gewährleistete Rücksichtnahme auf die nähere Umgebung. Das Ruhebedürfnis eines Wohngebietes ist deshalb nicht gleichbedeutend mit einer immissionsschutzrechtlich relevanten Lärmsituation.[12] Trotz Wahrung der Lärmgrenzwerte für ein allgemeines Wohngebiet kann ein Vorhaben infolge seiner die Wohnruhe störenden optischen Dominanz des gewerblichen Erscheinungsbildes (Großes Ausstellungsgelände, Bürocontainer, Fahnenmasten und Werbeanlagen) unzulässig sein und einen Verstoß gegen das Rücksichtnahmegebot bedeuten.[13] 9

2. Rücksichtnahmegebot im Plangebiet, § 30 BauGB

Das Rücksichtnahmegebot im beplanten Innenbereich ergibt sich aus § 15 Abs. 1 Satz 2 BauNVO, der einen allgemeinen Unzulässigkeitstatbestand enthält. Dieser geht über den eigentums- und enteignungsrechtlich zwingend gebotenen Schutz des Grundeigentums hinaus und erfasst im Vorfeld des Art. 14 GG auf einfachgesetzlicher Grundlage unzumutbare Einwirkungen auf das Eigentum.[14] Neben dem aus § 15 Abs. 1 Satz 1 BauNVO abgeleiteten Gebietserhaltungsanspruch ist auch der Schutz vor Belästigungen und Störungen als besondere Prägung des Rücksichtnahmegebotes unmittelbar drittschützend. Der Unterschied zwischen beiden Formen des Nachbarschutzes nach § 15 BauNVO im Plangebiet besteht darin, dass der Anspruch auf Aufrechterhaltung der typischen Prägung des Baugebietes einen allgemeinen Abwehranspruch gegenüber Vorhaben begründet, die aufgrund besonderer Verhältnisse des Einzelfalls gebietsunverträglich sind, ohne dass das Nachbargrundstück durch das Bauvorhaben konkret beeinträchtigt wird. Demgegenüber greift das Rücksichtnahmegebot aus § 15 Abs. 1 Satz 2 BauNVO nur dann ein, wenn das Nachbargrundstück tatsächlich durch die von dem Bauvorhaben ausgehenden Immissionen und Auswirkungen unzumutbar belästigt oder gestört wird. 10

---

11 BVerwG Urt. v. 24.9.1992 – 7 C 7.92, NVwZ 1993, 987 (Schlachterei in einem Gewerbegebiet).

12 BVerwG Urt. v. 21.3.2002 – 4 C 1.02, BVerwGE 116, 155 (Zustellstützpunkt der Deutschen Post AG in einem allgemeinen Wohngebiet).

13 OVG Berlin Beschl. v. 15.8.2003 – 2 B 18.01, OVGE BE 25, 38.

14 *Aschke* in HK-BauGB BauNVO § 15 Rn. 14.

11 Die Schwelle für das Eingreifen des Rücksichtnahmegebotes im Plangebiet unterscheidet sich von seiner Anwendbarkeit im unbeplanten Innenbereich oder im Außenbereich darin, dass potenzielle Konflikte in der Nachbarschaft entweder durch die typisierenden Regelungen der BauNVO gesteuert werden oder durch planerische Festsetzungen im Einzelfall durch die Gemeinde als Satzungsgeberin im Rahmen der planerischen Abwägungsentscheidung bereits gelöst sind. Denn bei dem Erlass eines Bebauungsplans muss die Gemeinde durch Festsetzungen bestimmen, welche Vorhaben zulässig und unter welchen Bedingungen diese als zumutbar anzusehen sind. In der Rechtsprechung[15] wird diese Einschränkung der Anwendungen des Rücksichtnahmegebotes prägnant als „Aufzehren" beschrieben. Das Rücksichtnahmegebot ist in der vorausgegangenen Planungsentscheidung nach § 10 BauGB bereits beachtet und damit gleichsam „aufgezehrt". Mit dieser bildhaften Umschreibung wird verdeutlicht, dass die planerischen Festsetzungen der Gemeinde nicht nachfolgend durch die Baugenehmigungsbehörden über das in § 15 Abs. 1 BauNVO verankerte Rücksichtnahmegebot korrigiert oder sogar konterkariert werden dürfen. Verfehlt die Gemeinde bei ihrer planerischen Entscheidung die gebotenen Anforderungen an eine sachangemessene Konfliktbewältigung, ist der Bebauungsplan unwirksam, so dass sich der Nachbarrechtsschutz folglich nach § 34 BauGB richtet.

12 Die praktische Bedeutung des Rücksichtnahmegebotes im Plangebiet wird durch den sachlichen Anwendungsbereich der relevanten Schutzgüter noch weiter geschmälert. Denn die Reichweite des subjektiven Nachbarschutzes ist nach der überkommenen Rechtsprechung[16] alleine auf die Art der baulichen Nutzung begrenzt, die die Eigenart eines Baugebietes im Sinne des § 15 BauNVO prägen soll. Folglich sind Maßfestsetzungen wie Grundflächenzahl (GRZ), Geschoßflächenzahl (GFZ), Gebäudehöhe, Geschossigkeit etc im Kontext des Rücksichtnahmegebotes nach § 15 Abs. 1 BauNVO ohne nachbarschützende Bedeutung.[17] Sollte der Plangeber bei Erlass eines Bebauungsplanes bestimmten Festsetzungen zum Maß der baulichen Nutzung explizit eine nachbarschützende Funktion beimessen, greift der Nachbarschutz unmittelbar aus einer entsprechenden Festsetzung, ohne dass es eines Rückgriffs auf das Rücksichtnahmegebotes bedarf. Denn auch die Reichweite und das Ausmaß des Nachbarschutzes legt die Gemeinde mit dem Bebauungsplan selbst fest.

13 Die in der Rechtsprechung thematisierten Rücksichtnahmeverstöße in Bebauungsplangebieten – bezogen auf die insoweit alleine maßgebliche Nutzungsart – betrafen häufig die grundsätzlich zulässigen (Neben-)Nutzungen, wie Stellplätze in Wohngebieten,[18] Standort eines Wertstoffcontainers[19] oder Werbeanlagen in Gewerbegebieten,[20] sowie die Frage der gesicherten Erschließung.[21]

3. Rücksichtnahmegebot im unbeplanten Innenbereich, § 34 Abs. 1 BauGB

14 Im unbeplanten Innenbereich kommt dem Rücksichtnahmegebot in Bereichen, die faktisch keinem Baugebiet der BauNVO entsprechen (sog. Gemengelagen), eine besondere Bedeutung zu. Denn die Rechtsprechung verortet im Einfügungsgebot des § 34 Abs. 1 BauGB das nachbarschützende Rücksichtnahmege-

15 BVerwG Urt. v. 12.9.2013 – 4 C 8.12, BVerwGE 147, 379; OVG Münster Beschl. vom 19.1.2009 – 10 B 1687/08, BauR 2009, 771.

16 Kritisch: *Jeromin* BauR 2016, 925 ff.

17 Allerdings kann nach Auffassung des BVerwG Urt. v. 16.3.1995 – 4 C 3.94, NVwZ 1995, 899 – im Einzelfall die Quantität in Qualität umschlagen, so dass die Größe (Maß) eines Vorhabens auch die Art der baulichen Anlage erfassen kann, was von der Einzelfallproblematik abgesehen, dogmatisch nicht zu überzeugen vermag. Ob durch die Wannsee-Entscheidung des BVerwG Urt. v. 9.8.2018 – 4 C 7.17, BVerwGE 162, 363 – eine Änderung der Rechtsprechung eingeleitet wurde, lässt sich nicht absehen; vgl. VGH München Beschl. v. 8.1.2019 – 9 CS 17.2482, juris Rn. 18, weiterhin ablehnend; ebenso: *Rubel* DVBl 2020, 533.

18 Rücksichtnahmeverstoß bejaht bei überobligatorischer Anzahl von Stellplätzen: OVG Koblenz Urt. v. 23.5.2019 – 1 A 11371/18.OVG, juris Rn. 37.

19 BVerwG Beschl. v. 13.10.1998 – 4 B 93.98, NVwZ 1999, 298; vgl. → *Altglascontainer* Rn. 12 ff.

20 BVerwG Urt. v. 16.3.1995 – 4 C 3.94, NVwZ 1995, 899 (verneint).

21 Grundsätzlich nicht nachbarschützend: BVerwG Beschl. v. 28.7.2010 – 4 B 19.10, juris Rn. 3; vgl. aber: VGH München Beschl. v. 8.1.2019 – 9 CS 17.2482, juris Rn. 18 (verneint).

bot.[22] Entspricht der unbeplante Innenbereich einem faktischen Baugebiet, besteht gemäß § 34 Abs. 2 BauGB eine Gleichstellung des Nachbarschutzes mit einem entsprechenden Plangebiet nach der BauNVO und zwar bezogen auf die Art der baulichen Nutzung.

In den klassischen städtebaulichen Gemengelagen erfährt das Gebot der Rücksichtnahme seinen besonderen Stellwert als Einzelfallbeurteilung, weil die jeweiligen örtlichen Umstände für die Ausfüllung der unbestimmten Rechtsbegriffe dafür maßgeblich sind, ob ein Vorhaben für die Nachbarn noch hinzunehmen ist oder schon als unzumutbar und damit rücksichtlos angesehen werden muss. Feste Größenordnungen oder bestimmte Parameter gibt es weder bei der Frage der Zumutbarkeit von Immissionen noch bei den übrigen Tatbestandsmerkmalen des § 34 BauGB (Maß der baulichen Nutzung, Bauweise überbaubare Grundstücksfläche, gesicherte Erschließung), die ein Vorhaben erfüllen muss, um sich in den Rahmen der Umgebungsbebauung einzufügen. 15

Ausgangspunkt in der nachbarlichen Beurteilung der wechselseitigen Rücksichtnahmeverpflichtung ist das Vorliegen einer objektivrechtlichen Rechtswidrigkeit des betreffenden Vorhabens, weil ein Vorhaben, was den Umgebungsrahmen wahrt, sich „regelmäßig" auch einfügt im Sinne des § 34 Abs. 1 BauGB und von daher keine Rechte des Nachbarn verletzt.[23] Umgekehrt ergibt sich aber kein Automatismus, dass ein Vorhaben, welches den Umgebungsrahmen überschreitet, objektiv rechtswidrig ist und einen Verstoß gegen das nachbarliche Rücksichtnahmegebot indiziert. 16

Für die Feststellung eines Verstoßes gegen das Rücksichtnahmegebot kommt es zunächst auf die städtebauliche Qualität des Umgebungsrahmens der vorhandenen Bebauung an, der das nachbarliche Austauschverhältnis definiert. Je homogener die vorhandene Umgebungsbebauung ist, desto eher bedeutet das objektivrechtliche Einfügen auch eine Übereinstimmung mit den Anforderungen des Rücksichtnahmegebotes. Ist die vorhandene Bebauung demgegenüber heterogen und der Einfügensmaßstab infolgedessen eher grob und ungenau, kann sich ein Vorhaben trotz Wahrung des Rahmens seiner Umgebung deshalb nicht einfügen, weil es die gebotene Rücksichtnahme auf die in seiner unmittelbaren Nähe vorhandene Bebauung vermissen lässt.[24] 17

Diese Ambivalenz bei der Frage des Einfügens und des Rücksichtnahmegebotes zeigt sich auch in der umgekehrten Fallkonstellation. Ein Vorhaben, das den vorgegebenen Rahmen der näheren Umgebung über- oder unterschreitet, ist nicht automatisch unzulässig und verletzt den Nachbarn in seinen Rechten. Es kann sich gleichwohl noch einfügen im Sinne des § 34 Abs. 1 BauGB, solange es keine bodenrechtlich beachtlichen und erst ausgleichsbedürftigen Spannungen auslöst oder vorhandene Spannungen erhöht. Unter bodenrechtlich relevanten Spannungen versteht die Rechtsprechung Konfliktlagen zwischen baulichen Nutzungen, die planerisch zu lösen sind, also ein Planungsbedürfnis hervorrufen und nicht im Konditionalprogramm einer bauaufsichtlichen Entscheidung (Baugenehmigung) aufgefangen werden können. 18

Wann unter diesen in der Rechtsprechung entwickelten Grundsätzen städtebauliche Spannungen entstehen können, lässt sich auch nicht befriedigend mit dem Begriffspaar „Harmonie" statt „Einheitlichkeit" beantworten. Entscheidend dürfte für das Rücksichtnahmegebot eine Situation im Einzelfall sein, in der ein hinzukommendes Vorhaben für den Nachbarn nicht bloß eine Störung oder Belastung bedeutet, sondern sich als unzumutbar erweist. Erfasst werden hierdurch Sachlagen, die den Rahmen der vorhandenen Umgebungsbebauung besonders krass und unangemessen überschreiten, ihn also förmlich „sprengen" würden. Bei dieser Beurteilung fließen neben der Nutzungsart die übrigen drei Zulassungskriterien für das Einfügensgebot nach § 34 Abs. 1 BauGB ein, nämlich das Maß der baulichen Nutzung (Höhe und Größe der geometrischen Kubatur eines Gebäudes, Anzahl der sichtbaren Geschosse, etc), die überbaubare Grundstücksfläche (Lage und Positionierung des Vorhabens auf dem Grundstück, zB rückwärtige Grundstücksbereiche) und die Bauweise. 19

---

22 BVerwG Urt. v. 13.3.1981 – IV C 1.78 (st. Rspr.); so zutreffend: *Schulte Beerbühl* Rn. 376.
23 BVerwG Urt. v. 25.12.1994 – 4 C 19.93, unter Verweis auf Urt. v. 26.5.1978 – IV C 9.77, BVerwGE 55, 369.
24 BVerwG Urt. v. 26.5.1978 – IV C 9.77, BVerwGE 55, 369.

20 Das Gebot der Wahrung gesunder Wohn- und Arbeitsverhältnisse gemäß § 34 Abs. 1 Satz 2 BauGB erfasst primär den Komplex der Immissionsbelastung, also die Auswirkungen für die Nachbarschaft. Eine heranrückende Bebauung kann sich als rücksichtlos erweisen, wenn sie selber als schutzbedürftig sich einer vorhandenen störenden Nutzung nähern oder umgekehrt eine hinzukommende störende Nutzung den bestehenden Schutzanspruch der vorhandenen Nutzung mindern würde. Das Rücksichtnahmegebot kann sowohl der Existenzsicherung störender Betriebe gegen heranrückende schutzbedürftige Nutzungen als auch dem Schutz von ruhebedürftigen Nutzungen vor schädlichen Umwelteinwirkungen dienen, je nachdem wie die jeweilige Umgebungsbebauung den Rahmen für das Einfügen prägt.

21 Ausgangspunkt für eine Prüfung des Rücksichtnahmegebotes unter dem Aspekt des **Schallschutzes** ist dabei die TA Lärm[25] und das für das jeweilige Gebiet geltende Schutzniveau.[26] Dieses maßgebliche Schutzniveau wird einerseits bestimmt durch eine tatsächliche oder planerische Vorbelastung durch emittierende Vorhaben, andererseits objektivrechtlich festgelegt, so dass ein freiwilliger Verzicht auf die Einhaltung der Grenzwerte oder der mögliche Einsatz von bloß passiven Schallschutzmaßnahmen (insbes. die sog. **architektonische Selbsthilfe**) den Maßstab nicht verändern.[27] Aus einer möglichen Vorbelastung folgt, dass eine Rücksichtslosigkeit ausscheidet, wenn eine hinzukommende gewerbliche Nutzung nicht zu einer stärkeren Belastung gegenüber der Wohnbebauung führt bzw. im umgekehrten Fall die hinzukommende Wohnnutzung nicht größeren Belastungen ausgesetzt wird, als für die bereits vorhandene Wohnbebauung. Denn ein emittierender Betrieb braucht nicht mehr Rücksicht gegenüber einer hinzukommenden störempfindlicheren Nutzung zu nehmen als gegenüber einer bereits vorhandenen Wohnnutzung.

22 Eine besondere Bedeutung des Rücksichtnahmegebotes ergibt sich gegenüber sog. Störfallbetrieben. Der nach der Seveso-II-Richtlinie einzuhaltende (Achtungs-)Abstand gegenüber Störfallanlagen bestimmt sich nicht ausschließlich nach einem festen Entfernungsmaß, sondern beruht auf einem ausfüllungsbedürftigen Wertungsspielraum, der unter dem Gesichtspunkt des Rücksichtnahmegebotes den nachbarlichen Abwehranspruch des Betreibers eines Störfallbetriebes gegenüber einer heranrückenden schutzbedürftigen Wohnbebauung bestimmt. Der **Betreiber der Störfallanlage** hat wegen der Verletzung des Gebots der Rücksichtnahme **gegenüber dem heranrückenden Wohnbauvorhaben regelmäßig einen Abwehranspruch**, wenn dieses für den Störfallbetrieb konkret weiterreichende immissionsschutzrechtliche Anforderungen nach sich ziehen kann.[28]

23 Neben den spezifischen Kriterien wie der Art der gefährlichen Stoffe, die gelagert bzw. verarbeitet werden, sowie die Wahrscheinlichkeit eines schweren Unfalls und des zu erwartenden Umfangs der öffentlichen Nutzung bezogen auf erforderliche Schutz- und Rettungsmaßnahmen, ist die Frage der „Vorbelastung“ von entscheidender Bedeutung. Gibt es bereits schutzbedürftige (Wohn-)Nutzungen innerhalb des an sich gebotenen Schutzabstands um einen Störfallbetrieb, ist eine heranrückende Bebauung, die nicht näher an den Betrieb positioniert wird, nicht durch den Betreiber unter Berufung auf das Rücksichtnahmegebot abwehrfähig.[29]

4. Rücksichtnahmegebot im Außenbereich, § 35 BauGB

24 Im Außenbereich nach § 35 BauGB wird das planungsrechtliche Rücksichtnahmegebot aus dem Katalog der entgegenstehenden bzw. beeinträchtigten öffentlichen Belange gemäß § 35 Abs. 3 BauGB, insbesondere aus der **Pflicht, schädliche Umwelteinwirkungen zu vermeiden** (Nr. 3), hergeleitet.[30] In der Praxis be-

25 Technische Anleitung zum Schutz gegen Lärm (TA Lärm) vom 26.8.1998 – GMBl. 1998, 503.

26 BVerwG Urt. v. 29.11.2012 – 4 C 8.11, BVerwGE 145, 145.

27 BVerwG Urt. v. 29.11.2012 – 4 C 8.11, BVerwGE 145, 145.

28 OVG Münster Urt. v. 15.12. 2011 – 2 A 2645/08, BauR 2012, 1090: erstmalige Aufnahme einer Wohnnutzung im Umfeld eines Erdgaskavernenspeichers (bezogen jedoch auf den Außenbereich und § 35 Abs. 3 Satz 1 Nr. 3 BauGB).

29 So OVG Münster Beschl. v. 21.2.2012 – 2 B 15/12, juris Rn. 7: Kindergarten im Achtungsbereich eines Störfallbetriebes.

30 BVerwG Urt. v. 6.12.1967 – IV C 94.66, BVerwGE 28, 268.

schränkt sich das Rücksichtnahmegebot im Außenbereich auf Immissionskonflikte, die dadurch entstehen, dass privilegierte Vorhaben (in erster Linie landwirtschaftliche Betriebe) durch Lärm- oder Geruchsemissionen Beeinträchtigungen für die Nachbarschaft verursachen. Die Vermeidung unzumutbarer Beeinträchtigungen zulasten der Nachbarn einerseits und die Interessen an der im Außenbereich gesetzlich eingeräumten privilegierten Nutzung andererseits beschreiben den Rahmen für die Anwendung des Rücksichtnahmegebotes.

Im Außenbereich gibt es keine planerisch oder faktisch begründete „Schicksalsgemeinschaft“, die den Wertungsspielraum des Rücksichtnahmegebotes füllen könnte. Diese Erkenntnis führt zunächst zu der Frage, auf welche Rechtsposition sich der im Außenbereich privilegierte Nutzer bzw. ein sich gegen schädliche Immissionen wehrender Grundstücksnachbar berufen kann. Der im Außenbereich privilegierte Grundstücksnutzer kann gegen außenbereichsfremde Vorhaben nicht die Beibehaltung des Außenbereichs im Sinne eines Gebietserhaltungsanspruchs geltend machen, auch nicht unter dem Gesichtspunkt einer Rücksichtslosigkeit. Gleichwohl steht ihm insoweit das Rücksichtnahmegebot zur Seite, als der Privilegierte im Rahmen der ihm erteilten Genehmigung Emissionen freisetzen darf, die schädliche Umwelteinwirkungen hervorrufen. Der durch die jeweilige Genehmigung vermittelte Bestandsschutz kann zu einem Abwehrrecht gegen die Zulassung von (heranrückenden) schutzbedürftigen Nutzungen führen, sei es durch Einzelbaugenehmigungen im Außenbereich oder im Plangebiet bzw. unbeplanten Innenbereich, wenn dadurch seine Privilegierung de facto aufgehoben oder erheblich beeinträchtigt würde. Ergibt sich für einen emittierenden Betrieb die Gefahr möglicher Betriebseinschränkungen, steht dem Eigentümer des Betriebsgrundstücks, zumal wenn es sich bei dem emittierenden Betrieb um einen solchen handelt, der nach § 35 Abs. 1 Nr. 4 BauGB wegen seiner besonderen Anforderungen an die Umgebung sowie der nachteiligen Auswirkungen auf diese nur im Außenbereich ausgeführt werden soll (sog. privilegiertes Außenbereichsvorhaben), gegenüber dem heranrückenden Wohnbauvorhaben wegen der in § 35 Abs. 3 Satz 1 Nr. 3 BauGB enthaltenen speziellen Ausprägung des Gebots der Rücksichtnahme bezüglich Immissionen im Grundsatz ein Abwehranspruch zu.[31] Eine **heranrückende schutzbedürftige Bebauung** erweist sich jedoch dann gegenüber einer privilegierten Außenbereichsnutzung **nicht als rücksichtlos**, wenn unabhängig von der Zulassung eines neuen Vorhabens der **privilegierte Betriebsinhaber** bereits nach geltendem Recht zur **Emissionsminderung verpflichtet** ist.[32] Die gleichen Grundsätze gelten auch für eine beabsichtigte Betriebserweiterung, falls diese keine Auswirkungen auf die bestehende Immissionsbelastung haben wird. Der privilegierte Betrieb kann insoweit seine Erweiterungsabsicht nicht durch einen Rückgriff auf das Rücksichtnahmegebot gegen eine neu heranrückende Nutzung schützen. Für privilegierte Vorhaben im Außenbereich besteht ferner eine Rücksichtnahmepflicht nicht nur gegenüber anderen zulässigen Außenbereichsvorhaben, sondern auch für angrenzende Plangebiete und unverplante Innenbereiche mit schutzbedürftigen Nutzungen, insbesondere für Wohnbauvorhaben.[33] 25

Diese schutzbedürftigen Nachbarn können schädliche Umwelteinwirkungen auch **unterhalb der Schwelle der Gesundheitsbeeinträchtigung** abwehren, während für Nachbarn, die eine nicht privilegierte, aber legale Wohnnutzung im Außenbereich ausüben, nur ein vermindertes Schutzniveau gilt. Bei einer formell und materiell illegalen Nutzung im Außenbereich bestehen unabhängig von der Unzumutbarkeit schädlicher Umwelteinwirkungen grundsätzlich keine Abwehrrechte, da Rücksicht nur auf solche Interessen des Nachbarn zu nehmen ist, die wehrfähig sind, weil sie nach der gesetzgeberischen Wertung als schützenswert anerkannt sind. 26

Neben der konkreten Schutzwürdigkeit eines Nachbarn kommt es für die Wahrung des Gebotes der Rücksichtnahme auf die Intensität der schädlichen Umwelteinwirkungen und die wechselseitigen Interessen an, um die Grenze der Unzumutbarkeit zu bestimmen.[34] Ausgangspunkt für die Abwehr schädlicher Umwelt- 27

31 BVerwG Beschl. v. 5.9.2000 – 4 B 56.00, NVwZ-RR 2001, 82; OVG Münster Urt. v. 1. 6. 2011 – 2 A 1058/09, BauR 2012, 476.
32 *Schulte Beerbühl* Rn. 444.
33 BVerwG Urt. v. 21.1.1983 – 4 C 59.79, NVwZ 1983, 609.
34 BVerwG Beschl. v. 10.1.2013 – 4 B 48.12, BauR 2013, 934.

einwirkungen sind die technischen Regelwerke, die als normgebundene Verwaltungsvorschriften auch im Außenbereich gelten.[35] Maßgebliche Regelwerke sind für Geräuschimmissionen die TA Lärm, für Geruchsbeeinträchtigungen die GIRL.[36]

28 Bei der Anwendung der TA Lärm im Außenbereich sind zwei wichtige Einschränkungen zu beachten. Zum einen gilt die TA Lärm nicht für landwirtschaftliche Betriebe und Nutzungen, die insoweit auch immissionsschutzrechtlich im Außenbereich privilegiert sind.[37] Zum anderen kann eine Wohnnutzung im Außenbereich bzw. unmittelbar angrenzend an den Außenbereich nur den Schutzanspruch für ein Mischgebiet (MI) geltend machen. Wenn also der prognostizierte Beurteilungspegel außerhalb von Gebäuden nicht mehr als 60 dB(A) tagsüber (6.00 bis 22:00 Uhr) bzw. 45 dB(A) nachts (22:00 bis 6:00 Uhr) erreicht, liegt kein relevanter Rücksichtnahmeverstoß vor. Für einen Verstoß gegen das Rücksichtnahmegebot müssen die MI-Werte in der Regel deutlich, dh mindestens 3 dB(A) überschritten sein.

29 Mit dieser Einschränkung vergleichbar ist auch das Schutzniveau gegenüber Geruchsimmissionen im Außenbereich vermindert. Denn die GIRL knüpft die Immissionswerte an die verschiedenen Baugebietstypen wie Wohn-/Mischgebiete, Gewerbe- und Industriegebiet oder Dorfgebiete mit unterschiedlichen Belastungsstufen von 10 % bis max. 15 % der Jahresgeruchsstunden. Im Außenbereich gelten davon abweichende Werte, weil nach den Auslegungshinweisen in Nr. 3.1 bei „Sonstigen Gebieten", in denen sich Personen nicht nur vorübergehend aufhalten, entsprechend den Grundsätzen des Planungsrechtes eine Zuordnung zu der Tabelle 1 mit den 3 Kategorien zu erfolgen hat. Das Planungsrecht weist die landwirtschaftliche Nutzung explizit dem Außenbereich zu einschließlich der gewerblichen Tierhaltung[38] im Sinne des § 35 Abs. 1 Nr. 4 BauGB. Im Zusammenhang mit der wechselseitigen Rücksichtnahme führt das Fehlen eines konkreten Immissionswertes in der GIRL für den Außenbereich zu dem Grundsatz, dass dort ein deutlich höheres Maß an Geruchseinwirkungen hingenommen werden muss. Bei der umfassenden Würdigung des Einzelfalls kann noch ein Wert von bis zu 25 % der Jahresgeruchsstunden für landwirtschaftliche Gerüche zumutbar sein, ohne dass ein Abwehrrecht nach dem Rücksichtnahmegebot eingreift.[39]

IV. Einzelfälle (alphabetisch)

30 Anhand der ober- und höchstgerichtlich judizierten Fälle lassen sich verschiedene Aspekte und Kategorien des Rücksichtnahmegebotes bezogen auf die nachbarliche Abwehrrecht nachzeichnen. Bei allen Einzelfällen verbleibt es bei dem Grundsatz: Drittschutz wird nur nach Maßgabe des Rücksichtnahmegebotes gewährt, wenn in qualifizierter und individualisierter Weise auf schutzwürdige Interessen eines erkennbar abgegrenzten Kreises Dritter Rücksicht zu nehmen ist. Ziel des Rücksichtnahmegebotes ist es, einander abträgliche bauliche Anlagen und deren Nutzungen in rücksichtsvoller Weise einander zuzuordnen sowie Spannungen und Störungen zu vermeiden. Welche Anforderungen sich hieraus ergeben, hängt namentlich davon ab, was dem Rücksichtnahmebegünstigten einerseits und dem Rücksichtnahmeverpflichteten andererseits nach Lage der Dinge zuzumuten ist.[40]

35 *Schulte Beerbühl* Rn. 410.

36 Feststellung und Beurteilung von Geruchsimmissionen, Geruchsimmissionsrichtlinie (GIRL), Länderausschuss für Immissionsschutz (LAI) vom 29.2.2008, idF vom 10.9.2008. Die GIRL stellt keine Rechtsquelle dar. Sie ist ein technisches Regelwerk, dessen Werte auf den Erkenntnissen und Erfahrungen von Experten beruhen und das insoweit die Bedeutung eines antizipierten allgemeinen Sachverständigengutachtens hat. Ihre Auslegung ist keine Rechtsanwendung, sondern Tatsachenfeststellung und daher nicht revisibel: BVerwG Beschl. v. 5.8.2015 – 4 BN 28.15, BRS 83 Nr 43 (2015).

37 TA Lärm, Nr. 1 Abs. 2 lit. c; vgl. auch VGH München Beschl. v. 10.2.2016 – 22 ZB 15.2329, juris Rn. 22: im Zusammenhang mit der Frage der (irrelevanten) Vorbelastung durch Lärm aus der Landwirtschaft bei der Zulassung von Windenergieanlagen im Außenbereich.

38 OVG Münster Beschl. v. 16.9.2015 – 8 A 2384/13, NWVBl 2016, 160.

39 *Schulte Beerbühl* Rn. 412.

40 OVG Berlin-Brandenburg Beschl. v. 11.3.2014 – 10 S 13.12, BRS 82 Nr 215 (2014); zur Anwendbarkeit des Rücksichtnahmegebotes auch im Geltungsbereich eines Bebauungsplans: OVG Berlin-Brandenburg Beschl. v. 24.6.2014 – 10 S 29.13, juris Rn. 27.

1. Abstandsflächen

Nach der Rechtsprechung des BVerwG schließt die Einhaltung der bauordnungsrechtlich vorgegebenen Abstandsflächen von Gebäuden jedenfalls nicht unwiderleglich einen Verstoß gegen das planungsrechtliche Rücksichtnahmegebot bezogen auf die Schutzgüter Belichtung, Besonnung und Belüftung benachbarter Aufenthaltsräume und Grundstücke aus. So kann § 34 Abs. 1 BauGB im Hinblick auf das in ihm enthaltene Rücksichtnahmegebot auch dann verletzt sein, wenn die landesrechtlichen Abstandsflächenvorschriften eingehalten sind.[41] Aber: Hält ein Vorhaben die bauordnungsrechtlichen Abstandsflächen ein, bietet allein schon dieser Umstand in der Regel ein zuverlässiges Anzeichen dafür, dass die durch das Abstandsflächenrecht geschützten Belange der Belichtung, Besonnung und Belüftung sowie der Begrenzung der Einsichtnahmemöglichkeiten nicht in einer Nachbarrechte verletzenden Weise beeinträchtigt werden.[42] So hat das BVerwG mehrfach betont, dass ein Vorhaben, das sich gemäß § 34 Abs. 1 Satz 1 BauGB in die Eigenart der näheren Umgebung einfügt und auch die landesrechtlichen Abstandsvorschriften einhält, dann zumindest aus tatsächlichen Gründen das Gebot der Rücksichtnahme im Regelfall nicht verletzt. Ob ein von dieser Regel abweichender Sonderfall vorliegt, bestimmt sich maßgeblich nach den Umständen des jeweiligen Einzelfalles.[43] Umgekehrt gilt aber auch: Eine Verletzung von Abstandsflächenvorschriften allein indiziert noch keine Verletzung des Gebots der Rücksichtnahme.[44] 31

2. Alternativenprüfung

Die in der Bauleitplanung und in der Fachplanung regelmäßig gebotene Prüfung einer Alternative, insbesondere um negative Auswirkungen einer Planung, eines Vorhabens oder eines Projekts auf benachbarte Belange oder Interessen zu vermeiden oder zu mindern, gibt keinen Anspruch auf eine verträglichere Alternativenprüfung bei der baurechtlichen Vorhabenzulassung. Ein mit dem öffentlichen Baurecht im Einklang stehendes Vorhaben ist einer Alternativprüfung nicht zugänglich.[45] Denn im Gegensatz zum Planfeststellungsrecht mit seiner aus dem Abwägungsgebot als Ausprägung des Verhältnismäßigkeitsgrundsatzes eröffneten Alternativenprüfung ist die bebauungsrechtliche Prüfung an den Bauwunsch des Bauherrn gebunden.[46] Auf eine Verletzung des Rücksichtnahmegebotes kann sich der Nachbar daher nicht berufen, selbst wenn es objektiv für den Bauherrn einen gleich geeigneten Standort für sein Vorhaben an einem für den Nachbarn weniger belastenden Stelle gibt.[47] 32

3. Ästhetische Störungen / Baugestaltung / Denkmalschutz

Grundsätzlich kommt gestalterischen Vorgaben keine nachbarschützende Ausrichtung zu, so dass **ästhetische Störungen oder** objektiv-rechtliche Verstöße gegen **örtliche Baugestaltungsvorschriften durch den Nachbarn nicht abwehrbar** sind. Diese Rechtsschutzlücke für den Nachbarn lässt sich mithin auch nicht über das Gebot der Rücksichtnahme schließen. Eine Ausnahme ist jedoch für den Denkmaleigentümer anerkannt, soweit eine ästhetische Beeinträchtigung direkte Auswirkungen auf sein Denkmal hat. Denkmalschutz braucht Umgebungsschutz, weil die Ausstrahlungswirkung eines Denkmals wesentlich von der Ge- 33

41 BVerwG Beschl. v. 11.1.1999 – 4 B 128.98, NVwZ 1999, 879.

42 OVG Berlin-Brandenburg Beschl. v. 18.7.2018 – 10 S 68.17, juris Rn. 14.

43 BVerwG Beschl. v. 27.3.2018 – 4 B 50.17, BauR 2018, 1096.

44 OVG Greifswald Urt. v. 30.10.2013 – 3 L 183/10, juris Rn. 11; VGH München Beschl. v. 21.10.2019 – 9 ZB 17.1335, juris Rn. 13: Nachbarklage gestützt auf die erdrückende Wirkung einer landwirtschaftlichen Maschinenhalle.

45 BVerwG Beschl. v. 13.10.1998 – 4 B 93.98, NVwZ 1999, 298.

46 VGH München Beschl. v. 30.5.2016 – 15 ZB 16.630, juris Rn. 23: Standortalternativen, die aus nachbarlicher Sicht günstiger erscheinen, sind grundsätzlich nicht Gegenstand der Prüfung im Baugenehmigungsverfahren. Wenn feststeht, dass eine beantragte Wohnbebauung an dem von den Bauherrn gewählten Standort Rechte des Nachbarn nicht verletzt, kann dieser die Baugenehmigung nicht durch einen Hinweis auf seines Erachtens besser geeignete Alternativstandorte zu Fall bringen, BVerwG Beschl. v. 26.6.1997 – 4 B 97.97, NVwZ-RR 1998, 357.

47 VG Neustadt/Weinstraße Urt. v. 9.12.2015 – 3 K 470/15.NW, juris Rn. 28: Müllsammelstelle in der Nähe der gemeinsamen Grundstücksgrenze ist als sozialadäquat hinzunehmen (von Fällen der Schikane gemäß § 226 BGB abgesehen).

staltung seiner Umgebung abhängen kann. Die Ziele des Denkmalschutzes lassen sich deshalb nur dann erreichen, wenn ggf. auch das Eigentum in der Umgebung eines denkmalgeschützten Gebäudes beschränkt wird. Der Eigentümer eines Baudenkmals und insoweit Rücksichtnahmebegünstigte kann deswegen mehr an Rücksichtnahme verlangen als ein Nachbar ohne eine vergleichbare denkmalrechtliche soziale Bindung seines Eigentums, zumal er gerade aufgrund der denkmalschutzrechtlichen Beschränkungen selbst an einer stärkeren baulichen Ausnutzung seines Grundstückes gehindert ist. Dementsprechend ist nach Lage der Dinge dem Bauherrn, der in unmittelbarer Umgebung eines Denkmals eine bauliche Anlage errichten will, nach dem bauplanungsrechtlichen Gebot der Rücksichtnahme ein erhöhtes Maß an **Rücksichtnahme gegenüber der denkmalgeschützten Bebauung in der Umgebung** zuzumuten.[48] Wenn durch ein Vorhaben die unmittelbare Umgebung des Denkmals verändert wird, kann der insofern auch aktivlegitimierte Denkmaleigentümer[49] unter Rückgriff auf das Rücksichtnahmegebot benachbarte Vorhaben abwehren, die Eigenart und das Erscheinungsbild des Denkmals wesentlich beeinträchtigt würden.

4. Einsichtnahmemöglichkeiten / Wahrnehmung sozialer Lebensäußerungen

34 Durch die **gesetzlich gewollte Nachverdichtung** zur Schaffung notwendiger Wohnungen in Städten entstehen bzw. **verschärfen** sich **nachbarliche Konflikte**, die nicht alleine durch das bauordnungsrechtliche Abstandsflächenrecht mit den vorgesehenen Mindestabständen gelöst oder vermieden werden können. Das gilt insbesondere für planungsrechtliche Vorgaben einer geschlossenen Bauweise oder Doppelhäuser und Hausgruppen, für die das Abstandsflächenrecht nicht oder nur eingeschränkt anwendbar ist. Besonders die Möglichkeit eines Einblicks in benachbarte Gebäude und Grundstücke und die akustische Wahrnehmung sozialer Lebensäußerungen werden als **Störung des „Wohnfriedens“** empfunden. Derartige Auswirkungen stellen **grundsätzlich keine Verstöße gegen das Rücksichtnahmegebot** dar. Die Einsichtmöglichkeiten in bebauten Gebieten sind geradezu typisch und deshalb als sozialadäquat hinzunehmen. In der Regel sind Nachbarn vor unerwünschten Einsichtsmöglichkeiten von benachbarten Häusern aus durch das bauplanungsrechtliche Gebot der Rücksichtnahme nicht geschützt. Die im Rahmen der „Rundumsicht“ liegenden Einsichtsmöglichkeiten sind von Nachbarn grundsätzlich hinzunehmen.[50] Gegenseitige Einsichtnahmemöglichkeiten sind im dicht bebauten innerstädtischen Bereich unvermeidlich. Die – auch insoweit gegenseitig – Betroffenen können sich durch das Anbringen von Jalousien oder verspiegelten Fenstern behelfen.[51] Es besteht grundsätzlich **kein Schutz vor jeglicher Einsichtnahme oder unerwünschten Einblicken**.[52] Von daher besteht für den Bauherrn keine Verpflichtung, sich mit einer Nutzung zu begnügen, die zu keiner Erweiterung/Intensivierung von Einsichtsmöglichkeiten führt.[53] Die Neuerrichtung eines – plangemäßen und zu erwartenden – Wohngebäudes stellt insoweit keine erstmalige, neue Einsichtnahmemöglichkeit dar, die einen bisher geschützten Ruhebereich erstmalig und insofern – qualitativ neu – für eine Einsichtnahme öffnet. Darüber hinaus ist zu berücksichtigen, dass im Falle des Aufeinandertreffens von Wohnnutzungen ein Verstoß gegen das Rücksichtnahmegebot nur unter ganz außergewöhnlichen Umständen in Betracht kommt.[54]

---

48 OVG Berlin-Brandenburg Beschl. v. 11.3.2014 – 10 S 13.12, BRS 82 Nr 215 (2014).

49 BVerwG Urt. v. 21.4.2009 – 4 C 3.08, BVerwGE 133, 347: Der Eigentümer eines geschützten Kulturdenkmals muss jedenfalls dann berechtigt sein, die denkmalrechtliche Genehmigung eines benachbarten Vorhabens anzufechten, wenn das Vorhaben die Denkmalwürdigkeit seines Anwesens möglicherweise erheblich beeinträchtigt.

50 OVG Schleswig-Holstein Beschl. v. 11.11.2010, 1 MB 16/10, juris Rn. 17; Beschl. v. 24. 11. 2011 – 1 LA 65/11, juris Rn. 6.

51 VGH München Urt. v. 7.10.2010 – 2 B 09.328, juris Rn. 30; OVG Münster Beschl. v. 10.3.2016 – 7 B 1155/15, juris Rn. 11: Die Rücksichtslosigkeit eines Vorhabens des Nachbarn ist nicht gegeben, wenn es dem vermeintlich Beschwerten frei steht, sein Grundstück bzw. Teile des Grundstücks durch entsprechende Sichtschutzelemente oder Anpflanzungen vor einer Einsichtnahme zu schützen.

52 VGH München Urt. v. 7.10.2010 – 2 B 09.328, juris Rn. 30; Beschl. v. 9.10.2012 – 15 CS 12.1852, juris Rn. 11; Beschl. v. 16.10.2012 – 15 ZB 11.1016, juris Rn. 7; OVG Bautzen v. 23.2.2010 – 1 B 581/09, juris Rn. 5; OVG Berlin-Brandenburg Beschl. v. 18.7.2018 – 10 S 68.17, juris Rn. 14.

53 Vgl. BVerwG Urt. v. 28.10.1993 – 4 C 5.93, NVwZ 1994, 686.

54 VGH München Urt. v. 7.10.2010 – 2 B 09.328, juris Rn. 23, VGH München Beschl. v. 12.9.2005 – 1 ZB 05.42, NVwZ-RR 2006, 430.

Ein Rücksichtnahmeverstoß kann nur in Betracht kommen, wenn der Schutz vor Einsicht in konkreten planerischen Festsetzungen zum Ausdruck kommt oder eine verfestigte Bebauungsstruktur ein diesbezügliches Vertrauen deutlich rechtfertigt. Dies bleibt (besonders) in innerstädtischen Lagen auf absolute Ausnahmefälle beschränkt.[55] Allein die „erhöhte" Ebene, von der aus „Aussicht" auf benachbarte Grundstücke genommen werden kann, begründet keine Verletzung des Rücksichtnahmegebotes, es sei denn die Einsichtnahmemöglichkeit ist „zielgerichtet" zu diesem Zweck geschaffen worden, wie beispielsweise eine „Aussichtskanzel", die auf den Balkon oder den Garten des Nachbarn gerichtet ist. Weitere Ausnahmefälle sind in der Rechtsprechung für Konstellationen bejaht worden bei einer Aussichtsplattform, die dem Nachbarn kein Mindestmaß an Privatsphäre mehr beließ, einen Balkonanbau an einem Reihenhaus nur ein Meter neben dem Schlafzimmerfenster des Nachbarn[56] oder eine Dachterrasse, die aus kurzer Entfernung Einblickmöglichkeiten (auch) in die Fenster eines Nachbargebäudes eröffnete.[57] 35

Bei der Möglichkeit **unerwünschten Mithörens sozialer Lebensäußerungen** legt die Rechtsprechung dieselben Maßstäbe für einen Verstoß gegen das Rücksichtnahmegebot wie bei der unerwünschten Einsichtnahme an. Solange die bauordnungsrechtlich gebotenen Abstandsflächen eingehalten sind, liegt regelmäßig kein relevanter Verstoß gegen das Gebot der Rücksichtnahme vor. Denn die im Rahmen einer genehmigten Nutzung (hier: Dachterrasse) typischerweise entstehenden Lebensäußerungen der Bewohner haben die Nachbarn als sozialadäquate Geräusche zu dulden.[58] Dasselbe gilt für ebenerdige Terrassen und deren bestimmungsgemäßer Nutzung zum Aufenthalt im Freien. Der Umstand, dass ebenerdige Terrassenflächen näher an die Grundstückgrenze heranreichen und daher Gespräche wesentlich deutlicher ungewollt wahrgenommen werden können, ist in Wohngebieten vielfach anzutreffen und daher als solcher kein Verstoß gegen das Rücksichtnahmegebot .[59] 36

Unabhängig von der Frage der Intensität optischer oder akustischer Eingriffsmöglichkeiten, die besonders deutlich bei grenzständiger Bebauung (geschlossene Bauweise, Hausgruppen oder Doppelhäusern) auftreten können, gilt der Grundsatz des BVerwG,[60] dass die erhöhte Nutzbarkeit eines Grundstücks durch die Einschränkung des Wohnfriedens gleichsam „erkauft" sind und deshalb die Grenze der Unzumutbarkeit als Voraussetzung für einen Verstoß gegen das Rücksichtnahmegebotes noch deutlich höher liegen. 37

5. Erdrückende Wirkungen

Von einer erdrückenden Wirkung eines Bauvorhabens ist nur dann auszugehen, wenn die baulichen Dimensionen des erdrückenden Gebäudes aufgrund der Besonderheiten des Einzelfalles derart übermächtig sind, dass das erdrückte Gebäude oder Grundstück überwiegend nur noch wie eine von einem herrschenden Gebäude dominierte Fläche ohne eigene baurechtliche Charakteristik wahrgenommen würde oder das Bauvorhaben das Nachbargrundstück regelrecht abriegeln und dort ein Gefühl des Eingemauertseins oder einer Gefängnishofsituation hervorrufen würde.[61] Wegen ihrer baulichen Dimensionen kann eine Bebauung nur dann rücksichtslos sein, wenn sie etwa zu einer unzumutbaren Verschattung eines Nachbargrundstücks führt oder eine erdrückende Wirkung auf ein solches hat. Diese Voraussetzungen sind nur in absoluten Ausnahmefällen anzunehmen. 38

Geht es um die Beurteilung, inwieweit die Massivität eines geplanten Neubaus zu unzumutbaren Beeinträchtigungen eines Nachbargrundstücks führt, sind neben messbaren Kriterien wie Höhe und Länge des Gebäudes und die Entfernung zum Nachbarn auch das Verhältnis der Baukörper auf den benachbarten 39

55 BVerwG Beschl. v. 3.1.1983 – 4 B 224.82, BRS 40, Nr 192; OVG Berlin-Brandenburg Beschl. v. 29.9.2010 – 10 S 21.10, BRS 76 Nr 182 (2010).
56 OVG Berlin-Brandenburg Beschl. v. 29.9.2010 – 10 S 21.10 mwN; OVG Weimar, Urt. v. 11.5.1995 – 1 EO 486/94, BRS 57 Nr 221 (1995).
57 OVG Weimar Urt. v. 26.2.2002 – 1 KO 305/99, BRS 65 Nr 130 (2002).
58 OVG Münster Beschl. v. 4.11.2015 – 7 B 744/15, juris Rn. 16.
59 OVG Münster Beschl. v. 21.2.2014 – 7 B 1069/13, juris Rn. 3.
60 BVerwG Urt. v. 24.2.2000 – 4 C 12.98, BVerwGE 110, 355.
61 Vgl. OVG Koblenz Beschl. v. 30.6. 2011 – 8 B 10632/11.OVG.

Grundstücken und ihre Lage zueinander sowie Erscheinungsbild und Gesamtwirkung des Bauvorhabens von Bedeutung, wobei dies auch in Beziehung zur Bebauung und Eigenart der näheren Umgebung zu setzen ist. Eine unzumutbare Beeinträchtigung im Sinne einer erdrückenden Wirkung wird erst angenommen, wenn eine bauliche Anlage wegen ihrer Ausmaße, ihrer Baumasse oder ihrer massiven Gestaltung ein benachbartes Grundstück in besonderer Weise unangemessen benachteiligt, wenn es diesem zB förmlich „die Luft zum Atmen nimmt", wenn für den Nachbarn das Gefühl des „Eingemauertseins" bzw. eine „Hinterhofsituation" entsteht.[62] Für die Annahme einer abriegelnden bzw. erdrückenden Wirkung eines Nachbargebäudes ist grundsätzlich kein Raum, wenn dessen Baukörper nicht erheblich höher ist als der des betroffenen Gebäudes, was insbesondere gilt, wenn die Gebäude im dicht bebauten innerstädtischen Bereich liegen.[63] Gleichermaßen bewirkt der Umstand, dass das Grundstück des Nachbarn bzw. sein Wohnhaus von dem Vorhaben bloß „dominiert" würde, nicht einen Verstoß gegen das Rücksichtnahmegebot.[64] Keine „optisch erdrückende Wirkung" eines Baukörpers liegt ferner vor, wenn aufgrund seiner Höhe und Breite der (frühere) Blick in durchgrünte Bereiche durch eine abweisende Wand verstellt wird.[65] Schließlich darf die Situation des „Eingemauertseins" nicht durch eigene bauliche Maßnahmen verursacht sein, indem er sich selbst gegen die bauliche Ausnutzung des Nachbargrundstücks „empfindlich" gemacht hat.[66]

40 Aktuelle bzw. neuere höchstrichterliche Entscheidungen, die mit verallgemeinerungsfähigen Kriterien einen Rücksichtnahmeverstoß tatsächlich festgestellt haben, sind soweit ersichtlich nicht ergangen. Von daher muss auf die wenigen entschiedenen Konstellationen zurückgegriffen werden, in denen das Rücksichtnahmegebot als verletzt angenommen wurde. Was die Gebäudehöhen von benachbarten Vorhaben zueinander betrifft, ist der „Kölner Hochhaus-Fall" anzuführen, bei dem ein 12-geschossiges Gebäude bei einer im Wesentlichen 2- bis 3-geschossigen Umgebungsbebauung sich nicht einfügt und zudem unzumutbar ist.[67] Als eine Situation des „Eingemauertseins" bewertete das BVerwG[68] eine aus drei jeweils 11,50 m hohen Silos bestehende „metallischen Mauer" gegenüber einem nur 7 m breiten Wohngrundstück. Bei größeren gewerblichen Gebäuden (zB 75 m lange bis zu 9,5 m hohe ungegliederte Halle)[69] kann durch ein Zusammenwirken der Art der Nutzung (gewerbliche Halle), des Maßes der Nutzung (Länge und Höhe) und der Bauweise (geschlossene Wand) ein Vorhaben wie ein bedrückender, im Erdgeschoß eines benachbarten Wohnhauses auch erdrückend erscheinender Riegel wirken und den Bewohnern des angrenzenden Grundstücks ein Gefühl des „Eingemauertseins" vermitteln. Entscheidend für die Annahme einer Rücksichtlosigkeit ist mithin eine Summation verschiedener Störfaktoren, die von einem Vorhaben ausgehen.[70]

6. Erschließung

41 Grundsätzlich dient die in §§ 30 Abs. 1, 34 Abs. 1 und § 35 BauGB normierte „Sicherung der Erschließung" nicht dem Schutz von Nachbarinteressen. Nachbarn können sich ohne eine sie eigentumsrechtlich unmittelbar belastende Wirkung[71] einer angefochtenen Baugenehmigung nicht auf ein etwaiges Fehlen der gesicherten Erschließung berufen, auch nicht unter Rückgriff auf das Rücksichtnahmegebot.[72]

62 Vgl. OVG Berlin-Brandenburg Beschl. v. 24.6.2014 – 10 S 29.13, juris Rn. 27; Beschl. v. 19.7.2018 – 10 S 52.17, NVwZ-RR 2018, 918.

63 VGH München Beschl. v. 1.3.2018 – 1 CS 17.2539, juris Rn. 6.

64 OVG Münster Beschl. v. 4.9.2019 – 10 B 1026/19, juris Rn. 18.

65 OVG Berlin-Brandenburg Beschl. v. 17.12.2013 – 10 N 53.11, juris Rn. 9.

66 OVG Münster Beschl. v. 11.11.2003 – 7 B 1557/03, nv.

67 BVerwG Urt. v. 13.3.1981 – 4 C 1.78, BauR 1981, 354.

68 BVerwG Urt. v. 23.5.1986 – 4 C 34.85, NVwZ 1987, 34.

69 OVG Münster Beschl. v. 22.11.1991 – 11 B 2890/91, UPR 1992, 274.

70 So auch: BVerwG Beschl. v. 3.1.1983 – 4 B 224.82, BRS 40, Nr 192 unter Bestätigung der Vorinstanz: genehmigte Bebauung verstößt „wegen des Zusammentreffens mehrerer, sich negativ auswirkender Umstände" (Höhenlage des Baukörpers, dessen Stellung und Einsichtsmöglichkeiten in das Grundstück des Nachbarn) gegen das Rücksichtnahmegebot.

71 ZB durch die Auferlegung eines Notwegerecht im Sinne von § 917 Abs. 1 BGB.

72 BVerwG Beschl. v. 21.4.1989 – 4 B 85.89, juris Rn. 2; Beschl. v. 28.7.2010 – 4 B 19.10, juris Rn. 3.

42 In (absoluten) Ausnahmefällen kann jedoch ein Verstoß gegen das Gebot der Rücksichtnahme in Betracht kommen, wenn sich die vorhandene Erschließungssituation eines Grundstücks durch eine **vorhabenbedingte Überlastung** einer das Grundstück des Betroffenen erschließenden Straße oder durch **unkontrollierten Parksuchverkehr erheblich verschlechtert**. Eine solche ausnahmsweise anzunehmende unzumutbare Verschlechterung der Erschließungssituation ergibt sich regelmäßig nicht schon daraus, dass an bestimmten Stellen der Erschließungsstraße kein Begegnungsverkehr möglich ist.[73]

43 Gleichermaßen kann eine unzureichende Stellplatzzahl eines Bauvorhabens gegenüber den Eigentümern der vom parkenden Verkehr und Parksuchverkehr betroffenen Grundstücke im Einzelfall – ausnahmsweise – im bauplanungsrechtlichen Sinne rücksichtslos sein.[74]

7. Freie Aussicht / Störende Sichtbeziehungen

44 Zahlreiche Nachbarbeschwerden stützen sich auf den Verlust einer **bisher bestehenden ungehinderten Aussicht in die Umgebung** bzw. in die freie Natur oder rügen Störungen von Sichtbeziehungen durch technische Anlagen, vornehmlich Windenergieanlagen. Die „freie Sicht" nach allen Seiten von einem Wohnhaus aus ist im Rahmen des Rücksichtnahmegebots **kein zu berücksichtigender Belang**. Ein solcher Schutz kommt nur in Ausnahmefällen bei einer besonderen „Situationsberechtigung" des betreffenden Grundstücks in Betracht.[75] Regelmäßig stellt sich ein Bauvorhaben gegenüber einem Nachbarn nicht als rücksichtslos dar, weil es dessen bisher freie Sicht in das Tal versperrt. Der ungeschmälerte Fortbestand einer „schönen Aussicht" stellt grundsätzlich nur eine Chance dar, die nicht dem Schutz durch das – insoweit ungeschriebene – Gebot der Rücksichtnahme unterliegt. Die Lage eines Grundstücks am Randbereich zum Außenbereich profitiert zwar von der schönen Aussicht. Hierdurch ist jedoch kein Recht erworben, dass diese Aussicht auch in Zukunft beibehalten wird.[76] Das Gebot der Rücksichtnahme garantiert auch nicht allgemein eine freie Sichtachse.[77]

45 Das Gebot der Rücksichtnahme vermittelt dem Nachbarn keinen Anspruch auf eine von technischen Bauwerken freie Sicht. Dieser Aspekt wird Zusammenhang von Nachbarn im mit Windkraftanlagen und der Geltendmachung von optisch bedrängenden Wirkungen durch die Rotoren (häufig thematisiert. Es wird jedoch als ausreichend angesehen, dass eine Anlage in ihrer Wirkung durch eine vorhandene Abschirmung abgemildert wird oder dass eine solche Abschirmung in zumutbarer Weise hergestellt werden kann. Dies gilt insbesondere für Außenbereichsgrundstücke oder für unmittelbar an den Außenbereich angrenzende Wohngrundstücke. Denn in diesen Fällen sind dem Betroffenen wegen des verminderten Schutzanspruchs eher Maßnahmen zuzumuten, durch die er den Wirkungen der Windkraftanlage ausweicht oder sich vor ihnen schützt.[78]Vor allem bleibt es dem Betroffenen unbenommen, etwaige noch störende Sichtbeziehungen zu der Anlage durch Anpflanzungen oder durch eigene architektonische Vorkehrungen abzumildern, die den Blick soweit notwendig verdecken.

8. Lärm

46 Erhebliche Lärmbeeinträchtigungen durch gastronomische Betriebe können gegen das Rücksichtnahmegebot, insbesondere bei Freischankflächen (Biergärten) verstoßen, wenn die Umgebung durch Wohnen geprägt ist. Denn die mit dem Wohnen verknüpften Lärmschutzerfordernisse besitzen ein besonderes Ge-

73 OVG Münster Beschl. v. 17.5.2019 – 7 B 1643/18, juris Rn. 4.

74 OVG Magdeburg Beschl. v. 1.10.2012 – 2 M 114/1; VGH München Beschl. v. 8.1.2019 – 9 CS 17.2482, juris Rn. 20.

75 VGH München Urt. v. 22.6.1990 – 22 B 90.402: Zur Freihaltung der Aussicht – Grundstück mit Seeblick (verneint); ferner: VGH München Beschl. v. 3.3.2006 – 1 CS 06.227, juris Rn. 19: Der „freie Bergblick" für die Nutzung eines Grundstücks als landwirtschaftliche Hofstelle nicht „situationsberechtigt"; VG Augsburg Beschl. v. 11.9.2012 – Au 4 S 12.976, juris Rn. 21.

76 VG Bayreuth Urt. v. 12.4.2012 – B 2 K 11.498, juris Rn. 27.

77 OVG Greifswald Beschl. v. 23.10.2014 – 3 M 133/14, NVwZ-RR 2015, 202.

78 VG Düsseldorf Beschl. v. 17.5.2018 – 28 L 824/18, juris Rn. 151.

wicht, das nicht auf reine Wohngebiete beschränkt ist.[79] Dass ein überplantes Gebiet als Gewerbegebiet ausgewiesen ist, in dem der Schutz vor Immissionen geringer ist als beispielsweise in einem Misch- oder Wohngebiet, steht der Annahme einer Verletzung des Rücksichtnahmegebotes allein nicht entgegen. Denn die Richtwerte der TA Lärm[80] beziehen sich auf alle Gebietstypen und unterstellen somit einen davon unabhängigen Schutzanspruch für betriebsfremde schutzbedürftige Räume auch in einem Gewerbegebiet.[81]

9. Stellplätze

47 Gemäß § 12 Abs. 1 BauNVO sind – bauordnungsrechtlich notwendige[82] – Stellplätze grundsätzlich in allen Baugebieten zulässig und damit von Nachbarn als sozialadäquat hinzunehmen. Ausnahmsweise können durch Stellplätze die Anforderungen an das Gebot der Rücksichtnahme verletzt sein, wenn sie durch ihre Lage, Anzahl, Zuwegung und sonstige Besonderheiten des Einzelfalls zu Beeinträchtigungen führen, die über das als sozialadäquat hinzunehmende Maß hinausgehen.[83] In Wohngebieten kommt der Zufahrt zu Stellplätzen eine besondere Bedeutung zu, weil die Nachbarschaft durch den Zu- und Abgangsverkehr regelmäßig am stärksten belastet wird. Auch bei einer Positionierung der Stellplätze in ruhigen, rückwärtigen Gartenbereichen hinter den jeweiligen (Wohn-)Gebäuden bestehen besondere Grenzen der Zumutbarkeit für die Nachbarschaft. Im Einzelfall kann es deshalb erforderlich sein, die bauliche Gestaltung der Stellplätze und ihrer Zufahrt so auszurichten, dass eine Massierung an einer rückwärtigen Stelle auf dem Baugrundstück vermieden wird oder ein Verzicht auf Stellplätze im Freien zugunsten einer Tiefgarage erfolgt bzw. Lärmschutzmaßnahmen an der Grundstücksgrenze zu fordern sind.[84] Als Ultima Ratio zur Vermeidung einer Unzumutbarkeit für die Nachbarschaft kann auch ein Verzicht der Unterbringung notwendiger Stellplätze auf dem Baugrundstück zugunsten eines Alternativstandortes in zumutbarer Entfernung in Betracht kommen.[85]

10. Verschattung

48 Die Frage der Zumutbarkeit einer Verschattung von Wohnräumen oder eines Grundstücks durch ein Bauvorhaben beantwortet sich in erster Linie durch das Abstandsflächenrecht der jeweiligen Bauordnung. Ein Nachbar kann abgesehen von Extremfällen keine über den Schutz des Abstandsflächenrechts hinausgehende Rücksichtnahme beanspruchen.[86] Umgekehrt lässt sich festhalten, dass das Gebot der Rücksichtnahme bei einer baurechtlich zulässigen Verschattung nicht betroffen ist. Grundstückseigentümer haben es innerhalb bebauter innerstädtischer Bereiche grundsätzlich hinzunehmen, dass Grundstücke innerhalb des Rahmens baulich genutzt werden, den das Bauplanungsrecht und das Bauordnungsrecht vorgeben und dass es

79 OVG Münster Urt. v. 6.9.2019 – 7 A 1174/17, BauR 2019, 1892: Zur (Un-) Zumutbarkeit der Lärmbeeinträchtigungen eines Biergartens.

80 Speziell Nr. 6.2 TA Lärm mit dem angesetzten Immissionsrichtwert für Geräuschübertragungen innerhalb von Gebäuden oder bei Körperschallübertragung für betriebsfremde schutzbedürftige Räume nach DIN 4109, Ausgabe November 1989, von 35 dB(A) (Tagwert) nachts als Konkretisierung der Grenze zumutbarer Lärmbeeinträchtigungen.

81 OVG Berlin-Brandenburg Beschl. v. 26.4.2017 – 2 S 51.16, juris Rn. 9: Musikclub mit Live-Konzerten und Musik von Tonträgern (Betriebszeiten freitags samstags und „vor einigen Feiertagen" von 21 Uhr bis ca. 2 Uhr oder (samstags) ca. 4 Uhr).

82 OVG Koblenz Urt. v. 13.9.2016 – 8 A 10490/16, juris Rn. 28: Grundsätzlich sind Stellplätze und Garagen in allen Baugebieten zulässig, jedoch in Kleinsiedlungsgebieten, reinen und allgemeinen Wohngebieten sowie Sondergebieten, die der Erholung dienen, nur für den durch die zugelassene Nutzung verursachten Bedarf.

83 BVerwG Urt. v. 7.12.2000 – 4 C 3.00, NVwZ 2001, 813; OVG Koblenz, Urt. v. 13.9.2016 – 8 A 10490/16, juris Rn. 28.

84 OVG Koblenz Urt. v. 23.5.2019 – 1 A 11371/18, juris Rn. 40: Rücksichtslosigkeit bejaht bei insgesamt 68 Stellplätzen für ein Studentenwohnheim in 2. und 3. Bautiefe mit Zufahrtslängen von 40 m – 80 m von der Erschließungsstraße aus entlang der Grundstücksgrenzen benachbarter Wohngrundstücke.

85 So jedenfalls: OVG Koblenz Urt. v. 23.5.2019 – 1 A 11371/18, juris Rn. 38, unter Hinweis auf BVerwG Beschl. v. 20.3.2003 – 4 B 59.02, NVwZ 2003, 1516, was allerdings zweifelhaft erscheint.

86 OVG Schleswig-Holstein Urt. v. 20.1.2005 – 1 LB 23/04, juris Rn. 45; ebenso: VGH Mannheim Beschl. v. 20.1.2005 – 8 S 3003/04, NVwZ-RR 2005, 397; VGH München Beschl. v. 6.2.2019 – 1 CS 18.2514, juris Rn 10: dies gilt erst recht, wenn der Nachbar selbst unter Verstoß gegen das Rücksichtnahmegebot an die Grenze gebaut hat.

dadurch auch zu einer gewisse Verschattung von Grundstücken kommt, die in innerstädtischen bebauten Bereichen üblich ist.[87] Ein Rückgriff auf die **DIN 5034-1 (Tageslicht in Innenräumen)** mit der Maßgabe, dass in mindestens einem Wohnraum einer Wohnung am 17. Januar eine Mindestbesonnung von einer Stunde gewährleistet ist, kann einen Verstoß gegen das Rücksichtnahmegebot weder belegen noch ausräumen. Denn es kommt jeweils auf die Umstände des Einzelfalls an.[88] Wird die **Mindestbesonnungsdauer** eingehalten, dürfte eine Rücksichtlosigkeit infolge einer Verschattung jedoch ausscheiden.[89] Allerdings ist generell zu beachten, dass veränderte bzw. verminderte Sonnen- bzw. Verschattungsverhältnisse in bebauten Ortslagen in Mitteleuropa normal und von den Nachbarn hinzunehmen sind, denn es ist dort meist unvermeidlich, dass nördlich gelegene Grundstücke von Bebauung auf südlich gelegenen Nachbargrundstücken verschattet werden.[90] Der Verlust der morgendlichen Besonnung alleine kann keine Verletzung des Rücksichtnahmegebotes begründen.[91]

11. Wertminderung

Durch eine benachbarte Bebauung oder bauliche Nutzung können mittelbare Auswirkungen auf den Wert des eigenen Grundstücks ausgehen, die in der Praxis häufig als Folge eines Verstoßes gegen das Rücksichtnahmegebot angeführt werden. Beispielhaft sind hierfür nachbarliche Auseinandersetzungen um die Einrichtung zur Unterbringungen von Flüchtlingen oder Asylbegehrenden[92] oder Heime für straffällig gewordene Jugendliche anzuführen, wie allgemein Anlagen für soziale Zwecke, vornehmlich in allgemeinen oder reinen Wohngebieten. Der aus einer Wertminderung eines Grundstücks abgeleitete Abwehranspruch gegen bauliche Vorhaben unter dem Gesichtspunkt des Rücksichtnahmegebotes beruht auf einer inzwischen aufgegebenen Rechtsprechung des BVerwG. Die in der früheren Rechtsprechung des BVerwG vertretene Auffassung, dass eine Wertminderung eine Auswirkung sein könne, die der Betroffene „um ihrer selbst willen" abwehren dürfe,[93] wurde bereits kurze Zeit später im Urteil vom 14.4.1978 aufgegeben.[94] Seither ist in der Rechtsprechung geklärt, dass sich ein nachbarlicher Abwehranspruch nicht aus einer möglichen Wertminderung des Grundstücks wegen der mit dem benachbarten Vorhaben verbundenen Geräuschimmissionen oder wegen in der Gesellschaft verbreiteten Vorbehalten gegenüber solchen Einrichtungen ergibt. Wertminderungen als Folge der Ausnutzung der einem Dritten erteilten Baugenehmigung bilden für sich genommen keinen Maßstab dafür, ob Beeinträchtigungen im Sinne des Rücksichtnahmegebotes zumutbar sind oder nicht. Einen allgemeinen Rechtssatz des Inhalts, dass der Einzelne einen Anspruch darauf hat, vor jeglicher Wertminderung seines Grundstücks bewahrt zu werden, gibt es nicht. Eine Schutzgewähr besteht insoweit nur nach Maßgabe des einschlägigen Rechts.[95] Ein Abwehranspruch des Nachbarn kommt unter dem Gesichtspunkt der Wertminderung vielmehr nur dann in Betracht, wenn die Wertminderung die Folge einer dem Betroffenen unzumutbaren Beeinträchtigung der eigenen Nutzungsmöglichkeiten des Grundstücks ist und deshalb gegen die Vorgaben des Gebots der Rücksichtnahme verstoßen wird. Wertminderungen eines Grundstücks sind regelmäßig unbeachtlich, solange die bestehenden Nutzungsmöglichkeiten durch ein benachbartes Vorhaben nicht berührt oder unzumutbar eingeschränkt werden. 49

87 OVG Münster Urt. v. 14.6.2019 – 7 A 2386/17, BauR 2019, 1406 unter Fortführung: Urt. v. 3.8.2017 – 7 A 1830/16, juris Rn. 4.

88 BVerwG Urt. v. 23.2.2005 – 4 A 4.04, BVerwGE 123, 37: zum Planfeststellungsverfahren für den Ausbau der BAB A 72.

89 OVG Münster Urt. v. 21.8.2015 – 7 D 61.14.NE, BRS 83 Nr 54 (2015) (geprüft als Abwägungsfehler im Rahmen einer Normenkontrolle).

90 Ebenso OVG Hamburg Beschl. v. 1.3.1996 – Bs II 13/96, juris Rn. 4; VGH Kassel Beschl. v. 20.11.2006 – 4 TG 2391/06, BRS 70 Nr. 168 (2006).

91 OVG Berlin-Brandenburg Beschl. v. 17.12.2013 – 10 N 53.11, juris Rn. 8.

92 Vgl. hierzu: OVG Münster Beschl. v. 19.7.2019 – 10 A 1802/18, juris Rn. 25; OVG Berlin-Brandenburg Beschl. v. 19.7.2019 – 10 S 22.19, juris Rn. 14.

93 BVerwG Urt. v. 25.2.1977 – 4 C 22.75.

94 BVerwG Urt. v. 14.4.1978 – 4 C 96 und 97.76.

95 Vgl. BVerwG Beschl. v. 13.11.1997 – 4 B 195.97, NVwZ-RR 1998, 540 und Beschl. v. 24.4.1992 – 4 B 60.92, juris Rn. 6.

106. Samenflug

Klose

Literatur: *Müller,* Nachbars Laub – Ein Überblick über die Rechtsprechung und Entschädigung für Nadel- und Laubbefall, NJW 1988, 2587; *Otto,* Rechtsprobleme durch Naturgärten, DWW 1985, 225; *Schmid,* Unkraut als Rechtsproblem, NJW 1988, 29; *Wagner,* Nachbarhaftung für gentechnische Immissionen, VersR 2007, 1017; *Wenzel,* Der Störer und seine verschuldensunabhängige Haftung im Nachbarrecht, NJW 2015, 241.

I. Einführung

1 Der Grundstückseigentümer kann den von den Pflanzen auf seinem Grundstück ausgehenden Samenflug regelmäßig nicht kontrollieren. Einfluss darauf hat er allein dadurch, dass er die samentragenden Pflanzen auf seinem Grundstück vor deren Samenreife entfernt oder ihr Wachsen bis zur Reife der Samen verhindert. Gleiches gilt auch für seine Grundstücksnachbarn. Verpflichtet dazu, bei einem von dem Nachbarn nicht gewollten Samenflug Abhilfe zu schaffen, ist der Grundstückseigentümer aber nur im Ausnahmefall. Grundsätzlich darf jeder Eigentümer auf seinem Grundstück die Pflanzen haben, die er will.[1] Probleme treten vor allem dann auf, wenn die Eigentümer benachbarter Grundstücke im Hinblick auf das Aussehen und die Pflege ihrer Gärten erheblich abweichende Konzepte verfolgen. Liegen Grundstücke von Nutzern unmittelbar nebeneinander, die einen „naturnahen" unkrautübersäten[2] Garten auf der einen und einen gepflegten Ziergarten auf der anderen Seite der Grundstücksgrenze jeweils aus innerer Überzeugung so unterhalten, kann das zu rechtlich zu lösenden Konflikten führen.[3] Erst recht gilt das, wenn zumindest eines der Grundstücke in seiner speziellen Art gewerblich genutzt wird.

II. Eigenmächtiges Einschreiten des Nachbarn

2 Das Eindringen von auf dem Nachbargrundstück gewachsenen Samen kann letztendlich nur dadurch verhindert werden, dass die diese tragenden Pflanzen vor ihrer Blüte entfernt werden. Eine Verpflichtung des Grundstückseigentümers auf seinem Grundstück Pflanzen zu beseitigen, deren Samen von dem benachbarten Grundstückseigentümer als lästig empfunden werden, besteht schon wegen der in § 903 BGB geregelten Befugnis des Eigentümers, mit seinem Eigentum nach Belieben zu verfahren, grundsätzlich nicht. Ebenso wenig ist es dem Grundstückseigentümer, der sich gestört fühlt, gestattet, selbst auf dem Nachbargrundstück dafür zu sorgen, dass der Samenflug unterbunden wird.

1. Unzulässigkeit des vom Nachbarn nicht erlaubten Einschreitens

3 Verhindert der Nachbar den das Grundstück beeinflussenden Samenflug nicht freiwillig, besteht für den Eigentümer des belasteten Grundstücks häufig allein die Möglichkeit, die samenenthaltenden Pflanzen selbst zu beseitigen. Dazu muss er jedoch das Grundstück des Nachbarn betreten, wozu regelmäßig keine Berech-

1 *Schmid* NJW 1988, 29.
2 Was Unkraut ist, ist gesetzlich nicht definiert. Maßgeblich für nachbarliche Konflikte ist, ob der jeweilige Nachbar eine bestimmte Pflanze als störend empfindet: *Schmid* NJW 1988, 29.
3 Dazu bereits: *Otto* DWW 1985, 225.

tigung besteht. Erst recht ist es ihm nicht gestattet, Pflanzen auf dem Nachbargrundstück ohne das Einverständnis des berechtigten Grundstücksnutzers zu beseitigen oder ungewollte Pflanzen auf dem Nachbargrundstück gar chemisch zu bekämpfen.

a) Zivil- und strafrechtliche Haftung. Da Bäume und Pflanzen gemäß § 94 Abs. 1 S 2 BGB ein wesentlicher Bestandteil des Grundstücks sind, begründet ein Eingriff in deren Integrität eine Eigentumsverletzung im Sinne des § 823 Abs. 1 BGB.[4] Zudem wird durch das unberechtigte Ausreißen und Zertreten von Pflanzen eine Sache in ihrer Substanz beschädigt und damit der Straftatbestand der Sachbeschädigung (§ 303 StGB) verwirklicht.[5] Dafür genügt es, wenn durch eine körperliche Einwirkung auf sie ihre bestimmungsgemäße Brauchbarkeit nachhaltig gemindert wird.[6] Aus § 823 Abs. 2 BGB iVm § 303 StGB folgt daraus bei einer vorsätzlichen Beeinträchtigung auch eine zivilrechtliche Haftung. 4

b) Chemische Behandlung. Einem Schadensersatzanspruch aus § 823 Abs. 2 BGB iVm § 303 StGB kann der Grundstückseigentümer auch dann ausgesetzt sein, wenn er auf seinem eigenen Grundstück mit Unkrautvernichtungsmitteln arbeitet, die negativ auf den Bewuchs des Nachbargrundstücks auswirken.[7] Ob der Garten mit chemischen Mitteln vom Unkraut befreit werden soll, entscheidet nämlich allein der Nutzungsberechtigte. Wird dagegen verstoßen, liegt die Annahme einer Sachbeschädigung nahe. Daher kann auch das vom Nachbarn nicht gewollte Aufbringen von chemischen Mitteln, insbesondere Unkrautvernichtungsmitteln, auf die Pflanzen und damit auch in den Boden als Sachbeschädigung gemäß § 303 StGB strafbar sein und damit in Verbindung mit § 823 Abs. 2 BGB zu einem Schadensersatzanspruch führen. Der Tatbestand der Bodenverunreinigung gemäß § 324a StGB wird dagegen regelmäßig nicht erfüllt sein, wenn ausschließlich handelsübliche und allgemein zugelassene Chemikalien verwendet werden. Eine erhebliche Schadenshöhe ist zu befürchten, wenn wegen des Einbringens von Unkrautvernichtungsmitteln die Nutzung der Erde zum biologischen Anbau von Lebensmitteln oder zur Pflege eines natürlichen Gartens nicht mehr geeignet ist. Daher muss der Nachbar durch geeignete Maßnahmen dafür Sorge tragen, dass das Nachbargrundstück von den von ihm verwandten Chemikalien unberührt bleibt. Eine zivilrechtliche Haftung droht insbesondere dann, wenn die Pflanzen auf dem Nachbargrundstück wegen der Beeinträchtigung nicht wie geplant wirtschaftlich genutzt werden können. Für schuldhaft verursachte Ertragseinbußen kann der Nachbar Schadensersatzverlangen. Werden Pflanzen durch auf dem Nachbargrundstück verwendete Chemikalien beschädigt, spricht der Beweis des ersten Anscheins dafür, dass diese vom Nachbargrundstück stammen. Der Übertritt chemischer Mittel auf das Nachbargrundstück ist daher regelmäßig durch ein entsprechend vorsichtiges Aufbringen unter Beachtung der Windrichtung und des Wasserflusses zu verhindern. Erfolgt das nicht, wird der Vorwurf der zumindest bestehenden Fahrlässigkeit einer Eigentumsbeeinträchtigung aus § 823 Abs. 1 BGB gerechtfertigt sein. 5

2. Keine Eingriffsbefugnis aus § 910 BGB

Für das Abwenden lästigen Samenflugs ist das Selbsthilferecht aus § 910 BGB regelmäßig ungeeignet[8] Dieses setzt ein über die Grundstücksgrenze herausragendes Pflanzenteil voraus.[9] Das Entfernen von Pflanzen auf einem anderen Grundstück ist jedoch gerade kein Rückschnitt im Sinne des § 910 BGB, der einen Überhang und kein Überfliegen regelt; das Recht aus § 910 BGB ist auf den tatsächlichen Überwuchs beschränkt[10] und damit nicht auf den Samenflug ausgerichtet.[11] Samen von Pflanzen, die sich ausschließlich auf dem Grundstück des Nachbarn befinden, sind bei dem Passieren der Grundstücksgrenze bereits von ihren ursprünglichen Trägern getrennt und begründen damit kein Überhang. Auch bei überhängenden Pflanzen besteht das Selbsthilferecht aus § 910 BGB nur dann, wenn die durch sie begründete Beeinträchti- 6

4 OLG Brandenburg Urt. v. 8.2.2018 – 5 U 109/16, NJW 2018, 1975 (1976).
5 LG Gießen Urt. v. 9.10.2009 – 8 Ns 15915/06.
6 BGH Urt. v. 12.2.1998 – 4 StR 428/97, NJW 1998, 2149 (2150).
7 OLG Celle Urt. v. 21.9.1979 – 8 U 193/75, VersR 1981, 66 (66).
8 OLG Schleswig Urt. v. 20.11.2009 – 14 U 75/09, NJOZ 2011, 344 (345).
9 OLG Köln Urt. v. 22.5.1996 – 11 U 6/96, NJW-RR 1997, 656 (656).
10 Dazu: BGH Urt. v. 14.6.2019 – V ZR 102/18, NJW-RR 2019, 1356 (1357) = JuS 2020, 170.
11 OLG Schleswig Urt. v. 20.11.2009 – 14 U 75/09, NJOZ 2011, 344 (346).

gung gravierend ist, etwa die Fruchtgewinnung auf dem Grundstück verkürzt oder dessen Bestellen erschwert wird.[12] Erlaubt ist jedoch das Errichten mechanischer Vorrichtungen an der Grundstücksgrenze, so etwa, soweit bauordnungsrechtlich zulässig, von dichten Zäunen und Balustraden.

III. Abwehr- und Unterlassungsanspruch aus § 1004 Abs. 1 BGB

7 Da der Grundstückseigentümer aus § 903 S. 1 BGB dazu berechtigt ist, über sein Grundstück frei zu verfügen, darf er auch die Einwirkung Dritter auf sein Grundstück unterbinden. Wenn allerdings die Pflanzen unzulässig auf das Nachbargrundstück einwirken, kommt ein Abwehranspruch aus § 1004 Abs. 1 BGB in Betracht,[13] der neben dem Selbsthilferecht aus § 910 BGB verfolgt werden kann.[14] Der Anspruch setzt voraus, dass der Grundstückseigentümer Störer, mithin für die unzumutbare Beeinträchtigung verantwortlich ist. Der Grundstückseigentümer ist durch die Duldungspflicht aus § 906 BGB eingeschränkt. Er kann auch darauf gerichtet sein, eine künftige Beeinträchtigung zu unterbinden.[15]

8 Der Beseitigungsanspruch ist nicht auf die Beseitigung der Konsequenzen des Überwuchses beschränkt, sondern auch darauf gerichtet, die entstandenen Zerstörungen zu beseitigen und für die Zukunft geeignete Schutzmaßnahmen zu ergreifen.[16] Da das Ausbreiten der Samen von der Natur bestimmt wird, kann der benachbarte Grundstückseigentümer wegen des Samenfluges nur dann dafür verantwortlich sein, wenn ihm das Verhindern des Samenfluges als Unterlassen zugerechnet werden kann. Diese Voraussetzung kann insbesondere dann erfüllt sein, wenn ein Grundstück langandauernd aufgelassen und insgesamt nicht gepflegt wird und dadurch der Samenflug ein Ausmaß annimmt, das nicht mehr als unwesentlich, ortsüblich und unvermeidbar einzuordnen ist.

1. Wesentliche Beeinträchtigung

9 Ob die Beeinträchtigung durch die Zuführung von Imponderabilien, zu denen auch die Samen gehören, unzumutbar ist, bestimmt sich nach der Regelung des § 906 Abs. 1 BGB, so dass bei unwesentlichen Beeinträchtigungen ein Abwehranspruch ausscheidet.[17]

10 **a) Unzumutbarkeit.** Ob dem Nachbarn eine Beeinträchtigung durch Samenflug zugemutet werden kann, hängt entscheidend von den örtlichen Voraussetzungen ab. Teilweise wird in der instanzgerichtlichen Rechtsprechung angenommen, dass die auf Naturkräften beruhenden pflanzlichen Einwirkungen kein Verbot verletzen und damit auch keinen Ausgleichsanspruch begründen können.[18] Rein natürliche Auswirkungen auf das Grundstück, die ausschließlich durch das Wirken von Naturkräften ausgelöst werden, führen nach einer obergerichtlichen Entscheidung nicht zu einem Beseitigungsanspruch aus § 1004 BGB.[19] Auch wenn das in seiner uneingeschränkten Form so der Gesetzeslage und der Verantwortung auch eines jegliche Pflege unterlassenden Eigentümers für sein Grundstück nicht entspricht, dieser also grundsätzlich eine Mindestpflege seines Grundstücks vornehmen muss, ist die Schwelle der Unzumutbarkeit hoch.[20] Die Beeinträchtigung durch Blüten vom Nachbargrundstück ist regelmäßig als geringfügige Beeinträchtigung hinzunehmen.[21] Wenn die Grundstücke aber in einer „ausgesprochenen Wohngegend" liegen, die Grundstücke dieser Gegend ersichtlich gärtnerisch genutzt und gepflegt werden, das Grundstück des Verpflichteten im Vergleich dazu wegen seiner Verwahrlosung aus dem Rahmen fällt und es ihm ohne größeren Aufwand möglich wäre, den Samenflug zu verhindern, kann der Grundstücksnachbar dazu verpflichtet sein, den

12 OLG Köln Urt. v. 22.5.1996 – 11 U 6/96, NJW-RR 1997, 656 (656).
13 *Wagner* VersR 2007, 1017, *Schmid* NJW 1988, 29.
14 BGH Urt. v. 7.3.1986 – V ZR 92/85, NJW 1986, 2640 (2641); OLG Düsseldorf Urt. v. 11.6.1986 – 9 U 51/86, NJW 1986, 2648 (2649).
15 OLG Schleswig Urt. v. 20.11.2009 – 14 U 75/09, NJOZ 2011, 344 (345).
16 OLG Schleswig Urt. v. 20.11.2009 – 14 U 75/09, NJOZ 2011, 344 (345) (Überwuchs).
17 *Wagner* VersR 2007, 1018.
18 LG Stuttgart Urt. v. 28.5.1980 -13 S 15/80, NJW 1980, 2087 (2087).
19 OLG Düsseldorf Urt. v. 25.10.1989 – 9 U 51/89, NJW-RR 1990, 144 (145).
20 *Schmid* NJW 1988, 29; aA LG Wiesbaden Urt. v. 6.7.1978 – 1 S 421/77, NJW 1979, 2617 (2618).
21 LG Saarbrücken Urt. v. 5.6.1986 – 2 S 185/84, NJW-RR 1986, 1341 (1341).

künftigen Samenflug zu verhindern.[22] Diese Fälle zeichnen sich regelmäßig dadurch aus, dass sich die Art der Nutzung des einen Grundstücks erheblich von derjenigen des anderen unterscheidet. Selbst das Anpflanzen giftiger Pflanzen ist dem Grundstückseigentümer regelmäßig nicht untersagt. Im Regelfall kann er davon ausgehen, dass sich Dritte und damit auch der Grundstücksnachbar eigenverantwortlich vor den von diesen Pflanzen ausgehenden Gefahren schützen.[23] Regelmäßig ist der Nachbar also nicht dazu verpflichtet die Konsequenzen des bloßen Wachsenlassens von Pflanzen auf seinem Grundstück abzuwenden.

b) Verantwortlicher. Der Anspruch aus § 1004 Abs. 1 BGB setzt zumindest voraus, dass der Nachbar für 11
die Beeinträchtigung verantwortlich ist, die Beeinträchtigung also nicht ausschließlich auf Natureinwirkungen, sondern zumindest auch auf dem Willen des Eigentümers oder Besitzers des Nachbargrundstücks beruht. Der Grundstückseigentümer ist nur dann für eine Störung verantwortlich, wenn Sachgründe gegeben sind, die es rechtfertigen, dem Grundstückseigentümer die Verantwortung für das Geschehen zuzuweisen.[24] Maßgeblich dafür ist, dass der Nachbar zurechenbar den störenden Zustand herbeigeführt hat. Werden Störungen durch Immissionen durch natürliche Ereignisse ausgelöst, ist jeweils eine Einzelfallbetrachtung vorzunehmen, bei der es von entscheidender Bedeutung ist, ob sich die Nutzung des Grundstücks im Rahmen einer ordnungsgemäßen Bewirtschaftung hält.[25] Grundsätzlich sind dem Grundstückseigentümer, auch wenn er die Pflanzen willentlich gesetzt hat und der Bewuchs damit von seinem Willen abhängt, die Auswirkungen aus dem Bewuchs als Störung zuzurechnen.[26] Dafür reicht etwa ein Anpflanzen der Blumen.[27] Neben Handlungen kommen auch pflichtwidrige Unterlassungen in Betracht.[28]

Wer Verantwortlicher ist, ist auf der Grundlage einer wertenden Betrachtung festzustellen.[29] Maßgeblich 12
dafür ist, ob der Betroffene die Beeinträchtigung des Eigentums adäquat kausal durch eine eigene Handlung oder ein eigenes (pflichtwidriges) Unterlassen verursacht hat. Danach ist der Grundstückseigentümer jedenfalls dann generell nicht für die Folgen des Einwirkens von Naturkräften auf sein Grundstück verantwortlich,[30] wenn diese auf der langjährigen bestimmungsgemäßen Nutzung des Grundstücks beruhen.[31] Der Grundstückseigentümer kann aber dadurch verantwortlich werden, dass er die Einwirkungen der Natur durch ein entweder konkretes Handeln oder durch ein pflichtwidriges Unterlassen befördert hat.[32] Dies ist wiederum bei einer ordnungsgemäßen und bestimmungsgemäßen Nutzung eines Grundstücks ausgeschlossen. Eine Verantwortlichkeit kann dann begründet sein, wenn der Grundstückseigentümer sein Grundstück verwildern lässt. In dem über die Grundstücksgrenze wuchernden Unkraut wird ein Eingriff in die tatsächliche Herrschaftssphäre des benachbarten Grundstückseigentümers gesehen.[33]

2. Anspruch aus § 906 Abs. 2 BGB

Das Recht des Grundstückseigentümers aus § 903 BGB an seinem Grundstück ist dadurch beschränkt, dass 13
er gemäß § 906 Abs. 1 BGB Grob- und Feinimmissionen teilweise sogar entschädigungslos hinnehmen muss. In § 906 BGB ist die Duldungspflicht des Nachbarn im Hinblick auf unwesentliche Immissionen ebenso geregelt, wie eine Ausgleichspflicht für sonst unzumutbare Beeinträchtigungen. Gemäß § 906 Abs. 1 S. 1 BGB ist der Grundstückseigentümer nur dazu befugt, von dem Nachbargrundstück ausgehende Immissionen abzuwehren, wenn sie den Gebrauch seines Grundstücks wesentlich beeinträchtigen. Kann

22 OLG Karlsruhe Beschl. v. 4.6.1971 – 1 W 31/71, MDR 1971, 926 (927).
23 OLG Düsseldorf Urt. v. 5.11.1974 – 4 U 54/74, NJW 1975, 739 (739).
24 BGH Urt. v. 20.9.2019 – V ZR 218/18, NJW 2020, 890 (891).
25 BGH Urt. v. 20.9.2019 – V ZR 218/18, NJW 2020, 890 (891).
26 OLG Düsseldorf Urt. v. 25.10.1989 – 9 U 51/89, NJW-RR 1990, 144 (145).
27 OLG Schleswig Urt. v. 12.1.1993 – 3 U 205/91, NUR 1994, 103 (104).
28 OLG Schleswig Urt. v. 20.11.2009 – 14 U 75/09, NJOZ 2011, 344 (345); OLG Schleswig Urt. v. 12.1.1993 – 3 U 205/91, NUR 1994, 103 (103).
29 BGH Urt. v. 7.7.1995 – V ZR 213/94, NJW 1995, 2633 (3634); *Wenzel* NJW 2005, 241.
30 BGH Urt. v. 7.7.1995 – V ZR 213/94, NJW 1995, 2633 (3634).
31 BGH Urt. v. 18.4.1991 – III ZR 1/90, NJW 1991, 2770 (2771); *Wenzel* NJW 2005, 241.
32 BGH Urt. v. 28.11.2003 – V ZR 99/03, NJW 2004, 603 (604); BGH Urt. v. 14.11.2003 – V ZR 102/03, NJW 2004, 1037 (1040); *Wenzel* NJW 2005, 242.
33 OLG Schleswig Urt. v. 20.11.2009 – 14 U 75/09, NJOZ 2011, 344 (345).

diese Beeinträchtigung gleichwohl nicht abgewendet werden,[34] ist dafür nach Maßgabe des § 906 Abs. 2 S. 2 BGB ein angemessener Ausgleich zu leisten. Ein über den Inhalt des § 906 hinausgehender Ausgleichsanspruch wird von der höchstrichterlichen ständigen Rechtsprechung zugesprochen, wenn die Beeinträchtigung das zumutbare Maß einer entschädigungslos hinzunehmenden Beeinträchtigung übersteigt.[35] Dieser Ausgleichsanspruch aus § 906 Abs. 2 BGB ist aber ein lediglich subsidiärer Aufopferungsanspruch.[36] Der Grundstückeigentümer kann danach von dem ihn störenden Nachbarn einen angemessenen Ausgleich in Geld verlangen, wenn von dessen Grundstück Immissionen ausgehen, diese zu einer wesentlichen Beeinträchtigung der Benutzung des Grundstücks führen, die Grundstücksnutzung durch den Störer ortsüblich ist und die Beeinträchtigung nicht durch zumutbare Maßnahmen verhindert werden kann. Das ist bei dem Erfordernis, das Grundstück vom Blüten- und Laubbefall vom Nachbargrundstück zu reinigen, noch nicht der Fall.[37] Dieser Ausgleichsanspruch besteht zwischen dem Eigentümer und dem Besitzer der benachbarten Grundstücke. Zwischen benachbarten Mietern besteht dieser Anspruch jedoch nicht.[38] Bei dem Samenflug können die Voraussetzungen vor allem bei einer jeweils hinzunehmenden wirtschaftlichen Nutzung des benachbarten Grundstücks erfüllt sein, wenn die hinzunehmende Nutzung des anderen den Ertrag des eigenen Grundstücks erheblich mindert.

14 **a) Einwirkung.** Der Samenflug auf ein anderes Grundstück ist, ebenso wie Blüten- und Laubbefall,[39] eine „ähnliche Einwirkung" im Sinne des § 906 Abs. 1 S. 1 BGB,[40] wenn er auf natürlichem Wege erfolgt.[41] Zu den Einwirkungen im Sinne des § 906 Abs. 1 S. 1 BGB gehören grenzüberschreitende, sinnlich wahrnehmbare Wirkungen. Diesen Anforderungen entsprechen Samen, die die Grundstücksgrenze überschreiten.[42] Da gemäß § 905 BGB auch der Raum über dem Boden zum Grundstück gehört, sind diese auf das Grundstück eingedrungen, sobald sie die Grundstücksgrenze passieren, erst recht, wenn sie sich mit der Erde verbinden und austreiben.[43] Gleiches gilt für das Abfallen von Blüten.[44] Diese Einwirkung kann der Grundstückseigentümer jedoch nur eingeschränkt abwehren. Ob von dem Nachbargrundstück ausgehende Einwirkungen auf das Nachbargrundstück wesentlich und rechtswidrig sind, muss anhand einer wertenden Betrachtung geklärt werden.[45]

15 **b) Wesentliche Beeinträchtigung.** Der eingedrungene und austreibende Samen begründet eine Beeinträchtigung des Grundstücks.[46] Nur eine wesentliche Beeinträchtigung[47] kann aber einen Ausgleichsanspruch begründen. Für die Wesentlichkeit bietet die Regelung des § 906 Abs. 1 S. 2 und 3 BGB eine „Beweiswürdigungsregel mit Indizcharakter".[48] Diese Einwirkungen muss der Nachbar nur dann dulden, wenn er die Beeinträchtigung nicht durch eigene Maßnahmen verhindern kann, die ihm wirtschaftlich zumutbar sind. Maßgeblich ist hier nicht die Einschätzung des Betroffenen, sondern das Empfinden eines (früher)[49]

34 Dazu gehören insbesondere die Fälle des faktischen Duldungszwangs: *Wagner* VersR 2007, 1020.
35 BGH Urt. v. 9.2.2018 – V ZR 311/16, NZBau 2018, 289, 289 (289).
36 BGH Urt. v. 8.3.1990 – III ZR 141/88, NJW 1990, 3195 (3196). Zum Ausgleichsanspruch wegen eines Laubbefalls: *Müller* NJW 1988, 2587.
37 OLG Stuttgart Urt. v. 28.10.1987 – 9 U 161/87, NJW-RR 1987, 204 (205).
38 BGH Urt. v. 12.12.2003 – V ZR 180/03, NJW 2004, 775, 776; *Wenzel* NJW 2005, 241.
39 OLG Stuttgart Urt. v. 28.10.1987 – 9 U 161/87, NJW-RR 1987, 204 (205).
40 LG Lübeck Urt. v. 2.9.1986 – 14 S 122/85, NJW-RR 1987, 532 (532).
41 OLG Frankfurt a. M. Urt. v. 14.7.1987 – 14 U 124/86, NJW 1988, 2618 (2619); OLG Düsseldorf Urt. v. 25.10.1989 – 9 U 51/89, NJW-RR 1990, 144 (145); *Schmid* NJW 1988, 30.
42 OLG Düsseldorf Urt. v. 6.7.1988 – 9 U 7/88, AgrarR 1989, 311, 312; LG Ulm Urt. v. 22.10.1984 – 2 O 39/84, NJW 1985, 330.
43 BGH Urt. v. 10.7.2015 – V ZR 229/14, NZM 2015, 793 (794).
44 BGH Urt. v. 27.10.2017 – V ZR 8/17, NJW 2018, 1010 (1012); OLG Hamm Urt. v. 1.12.2008 – 5 U 161/08, NJW-RR 2009, 739 (740).
45 OLG Düsseldorf Urt. v. 25.10.1989 – 9 U 51/89, NJW-RR 1990, 144 (145).
46 LG Wiesbaden Urt. v. 6.7.1978 – 1 S 421/77, NJW 1979, 2617 (2618); *Schmid* NJW 1988, 30.
47 *Otto* DWW 1985, 226.
48 *Wenzel* NJW 2005, 242.
49 *Wagner* VersR 2007, 1018.

„Durchschnittsmenschen“[50] und inzwischen „verständigen Betrachters“.[51] Wesentlich ist diese Beeinträchtigung danach nur dann, wenn sie zu einem über die allgemeine Pflege hinausgehenden Arbeitsaufwand führt,[52] oder die Art der geübten Grundstücksnutzung konkret beeinträchtigt. Hierbei ist auf die tatsächliche Nutzung des Grundstücks abzustellen.[53] Bei der Wesentlichkeit ist auch zu berücksichtigen, dass Samen nicht allein das Nachbargrundstück betreffen, sondern auch über dieses hinausfliegen können.[54] Es darf auch nicht vernachlässigt werden, dass von dem Samenflug auch positive Einflüsse ausgehen können.[55] Die Schwelle der Wesentlichkeit wird damit nur in seltenen Fällen überschritten, die Beeinträchtigung durch pflanzliche Einwirkungen regelmäßig als unwesentlich im Sinne des § 906 Abs. 2 BGB angesehen.[56] Das gilt für die ortsüblichen Pflanzen[57] und auch den Samenflug von Bäumen auf dem Nachbargrundstück.[58] Gegen die aus dem nachbarschaftlichen Gemeinschaftsverhältnis erwachsende Rücksichtnahmepflicht kann es dagegen verstoßen, wenn an einer für den Grundstückseigentümer nicht einsehbaren Seite des Grundstücks ohne erkennbaren Grund eine pflanzliche Gestaltung des Nachbargrundstücks vorgenommen wird, die allein dazu dient, den Nachbarn zu beeinträchtigen. Kann dies nachgewiesen werden, steht dem Beeinträchtigten gegen derartige „Schikanestreifen“ ein Unterlassungsanspruch zur Seite.

c) Ortsüblichkeit. Ob die Beeinträchtigung wesentlich ist, hängt zudem auch von der ortsüblichen Benut- 16
zung des Grundstücks ab.[59] Bei der Bemessung der Ortsüblichkeit kommt es auf den Vergleich der Nutzung des störenden Grundstücks mit der Mehrheit der Vergleichsgrundstücke an.[60] Die Bepflanzung der Grundstücke in der Nachbarschaft hat dafür eine erhebliche Bedeutung.[61] Eine Nutzung, die derjenigen der Mehrzahl der benachbarten Grundstücke in Art und Umfang ungefähr entspricht, ist ortsüblich.[62] So kann ein eine ökologische Landwirtschaft betreibender Grundstückseigentümer von seinem Nachbarn nicht verlangen, dass dieser auf seinem Grundstück wachsende Disteln entfernt.[63] Die Ortsüblichkeit kann sich mit den tatsächlichen Verhältnissen ändern. Befindet sich eine noch unbebaute Wiese, die nur einmal im Jahr gemäht wird, in einem Neubaugebiet, sind die von ihr ausgehenden Samen hinzunehmen, weil in absehbarer Zeit mit einer baulichen Nutzung dieses Grundstücks zu rechnen ist.[64] Ist die Bauphase aber abgeschlossen, kann dies eine Beseitigungspflicht begründen.

d) Mit wirtschaftlich vertretbaren Maßnahmen nicht abwendbar. Ob die Beeinträchtigung mit wirt- 17
schaftlich vertretbaren Mitteln abgewendet werden kann, bemisst sich auf der Grundlage einer Kosten-Nutzung-Rechnung.[65] Nur die Maßnahmen können verlangt werden, die konkret geeignet sind, die Beeinträchtigung zu vermindern.[66] Zudem müssen die Maßnahmen dem Nachbarn wirtschaftlich zumutbar sein[67] und dem benachbarten Nutzer des Grundstücks darf es nicht zumutbar sein, selbst gegen den Samenflug

50 BGH Urt. v. 18.6.1958 – V ZR 49/57, NJW 1958, 1393 (1393); BGH Urt. v. 23.3.1990 – V ZR 58/89, NJW 1990, 2465 (2465); AG München Urt. v. 26.2.2013 – 114 C 3118/12, NJOZ 2014, 690 (690); *Wagner* VersR 2007, 1018.
51 BGH Urt. v. 20.11.1992 – V ZR 82/91, NJW 1993, 925 (929); BGH Urt. v. 13.2.2004 – V ZR 217/03, NJW 2004, 1317 (1318).
52 *Schmid* NJW 1988, 30.
53 BGH Urt. v. 2.3.1984 – V ZR 54/83, NJW 1984, 2207 (2208).
54 OLG Düsseldorf Urt. v. 17.2.1993 – 9 U 205/92, OLGR Düsseldorf 1993, 151 (151).
55 OLG Düsseldorf Urt. v. 17.2.1993 – 9 U 205/92, OLGR Düsseldorf 1993, 151 (152).
56 OLG Karlsruhe Urt. v. 9.3.1983 – 6 U 150/82, OLGZ 1983, 449 (450).
57 OLG Frankfurt a. M. Urt. v. 10.6.1987 – 21 U 57/86, NJW-RR 1987, 1101 (1101).
58 OLG Düsseldorf Urt. v. 6.7.1988 – 9 U 7/88, AgrarR 1989, 311 (312).
59 LG Ulm Urt. v. 22.10.1984 – 2 O 39/84, NJW 1985, 330 (441).
60 OLG Frankfurt a. M. Urt. v. 14.7.1987 – 14 U 124/86, NJW 1988, 2619 (2619).
61 AG München Urt. v. 26.2.2013 – 114 C 3118/12, NJOZ 2014, 690 (690).
62 BGH Urt. v. 6.2.1986 – III ZR 109/84, NJW 1986, 2309, 2340; BGH Urt. v. 23.3.1990 – V ZR 58/89, NJW 1990, 2465 (2467); BGH Urt. v. 24.1.1992 – V ZR 274/90, NJW 1992, 1389 (1389); *Wenzel* NJW 2005, 245.
63 OLG Schleswig Urt. v. 12.1.1993 – 3 U 205/91, NUR 1994, 103 (103).
64 AG Tecklenburg Urt. v. 14.2.1979 – 5 C 598/78, MDR 1981, 51 (51).
65 *Wagner* VersR 2007, 1019.
66 BGH Urt. v. 22.10.1976 – V ZR 36/75, NJW 1977, 146 (146).
67 Vgl. BGH Urt. v. 16.12.1977 – V ZR 91/75, NJW 1978, 419 (420).

Vorsorge zu treffen.[68] Gerade diejenigen, die einen gepflegten Ziergarten unterhalten, müssen sich den dafür erforderlichen erhöhten Zeitaufwand zu ihrem Nachteil auch anrechnen lassen. Da die Pflege der besonders gepflegten Gärten ohnehin einen erheblichen Arbeitsaufwand erfordert, wird dieser regelmäßig durch die Folgen eindringender Unkrautsamen nicht wesentlich erhöht.[69] Das hat zur Folge, dass gerade bei der Pflege eines Ziergartens die Schwelle der wesentlichen Beeinträchtigung hoch gelegt ist.

18 **e) Gentechnisch verändertes Saatgut.** Eine Konfliktlage besteht auch dann, wenn die Grundstücksnachbarn ihre Grundstücke mit jeweils unterschiedlichen Ansätzen wirtschaftlich nutzen, wenn also etwa biologisch genutzte Flächen neben Feldern liegen, auf denen genmanipulierte Pflanzen mit chemischer Unterstützung möglichst ertragreich wachsen sollen. Eine Besonderheit gilt daher für den Samenflug von gentechnisch veränderten Pflanzen. In § 36a GenTG ist geregelt, dass die auf gentechnischen Arbeiten oder sonstigen Einträgen gentechnisch veränderten Organismen unter bestimmten Voraussetzungen per se eine wesentliche Beeinträchtigung im Sinne des § 906 BGB begründen, wenn sie in dieser Art nicht für den Verkehr zugelassen sind.[70] Werden dagegen die fachlichen Anforderungen des § 16b Abs. 2 und 3 GenTG eingehalten, gilt die Beeinträchtigung als wirtschaftlich zumutbar. Allein dadurch wird die wesentliche Beeinträchtigung im Sinne von § 906 BGB jedoch nicht geprägt. Maßgeblich sind vielmehr auch die Ortsüblichkeit und die jeweilige Anbaugeschichte der benachbarten Grundstücke. Das führt dazu, dass neben tradiert biologisch bestellten Feldern genetisch veränderte Pflanzen nicht angebaut werden dürfen. Umgekehrt kann für den nach dem zulässigen Beginn einer intensiven und genetisch veränderten Nutzung eines Grundstücks auf dem Nachbargrundstück kein erfolgreicher Schutz des künftig beabsichtigt biologischen Anbaus begehrt werden.

3. Nachbarschaftliches Gemeinschaftsverhältnis

19 Auch aus den Grundsätzen des nachbarschaftlichen Gemeinschaftsverhältnisses kann ein Anspruch auf Beseitigung von samentragenden Pflanzen auf dem Nachbargrundstück erwachsen. Über die im Nachbarrecht ausdrücklich geregelten Anspruchsgrundlagen, die das nachbarschaftliche Verhältnis grundsätzlich abschließend regeln, können sich aus dem Grundsatz von Treu und Glauben weitere Ansprüche ergeben.[71] Die Nachbarn können danach einer Pflicht zur wechselseitigen Rücksichtnahme unterliegen, wenn dieser, über die gesetzlichen Regelungen hinausgehende Ausgleich geboten erscheint.[72] Ein Anspruch aus dem nachbarschaftlichen Gemeinschaftsverhältnis kann nur in dem Ausnahmefall abgeleitet werden, dass dieser aus zwingenden Gründen zu einem billigen Interessenausgleich geboten ist.[73] Wird ein mit gepflegten Gärten umgebenes Grundstück in einem Wohngebiet dauerhaft nicht genutzt, kann die aus dem nachbarschaftlichen Gemeinschaftsverhältnis hervorgehende Rücksichtnahmepflicht für den Grundstückseigentümer zumindest die Pflicht begründen, in größerem Abständen für eine Entfernung der unkrautsamentragenden Pflanzen zu sorgen.

IV. Anspruch aus § 823 Abs. 2 BGB

20 Der Samenflug begründet nur dann einen deliktischen Anspruch, wenn dem Grundstückseigentümer ein Verschulden, also zumindest eine Fahrlässigkeit zur Last fällt. Das setzt wiederum zumindest voraus, dass er den Samenflug verursacht hat oder diesen vorhersehen und verhindern konnte.[74] Das bloße Unterlassen des Aufbringens von Pflanzenschutzmitteln mit der Folge, dass eine Beeinträchtigung auch des Nachbargrundstücks durch „Unkraut" verursacht wird, kann allenfalls unter dem rechtlichen Ansatz einer verletzten Verkehrssicherungspflicht einen Schadensersatzanspruch aus § 823 Abs. 1 BGB begründen. Bei einer orts-

68 Vgl. BGH Urt. v. 13.2.1976 – V ZR 55/74, NJW 1976, 797 (799).
69 *Schmid* NJW 1988, 30.
70 Dazu: *Wagner* VersR 2007, 1017.
71 OLG Celle Urt. v. 27.3.1986 – 4 U 64/85, NJW-RR 1986, 821 (821).
72 OLG Brandenburg Urt. v. 17.8.2015 – 5 U 109/13, NJW-RR 2015, 1427 (1428).
73 BGH Urt. v. 16.2.2001 – V ZR 422/99, MDR 2001, 628 (629).
74 OLG Düsseldorf Urt. v. 29.6.1994 – 9 U 53/94, NJW-RR 1995, 1231 (1231).

üblichen Nutzung des Grundstücks scheidet dies jedoch aus.[75] Für eine Eigentumsverletzung ist der Eigentümer nur dann verantwortlich, wenn er entweder selbst gehandelt oder ein Handeln pflichtwidrig unterlassen hat.[76] Nach der Rechtsprechung des Bundesgerichtshofs folgt aus der bloßen Beeinträchtigung des nachbarlichen Grundstücks noch kein Ersatzanspruch. Diese Beeinträchtigung muss zumindest auch auf einer willensgesteuerten schuldhaften Handlung beruhen.[77] Eine Beeinträchtigung ist also ausgeschlossen, wenn diese Folge eines unbeherrschbaren Naturereignisses ist.[78] Samenflug ist jedoch beherrschbar, weil die samentragenden Pflanzen jederzeit entfernt werden können.[79] Ob dies aber auch haftungsrechtlich verlangt werden kann, ist aus einer wertenden Betrachtung abzuleiten. Behandelt der Grundstückseigentümer sein eigenes Grundstück mit Pflanzenschutzmitteln und schädigt er dadurch das Nachbargrundstück, ist er dem Nachbarn zum Schadensersatz aus § 823 Abs. 1 BGB verpflichtet, sofern dieser die Beeinträchtigung nicht seinerseits gemäß § 906 BGB dulden muss.[80] Der Höhe nach kann der Ausgleichsanspruch danach bemessen werden, welcher Zeitaufwand erforderlich ist, um die Konsequenzen des nicht zu duldenden Samenfluges zu beheben.[81]

V. Prozessuales

Die Veräußerung eines Grundstücks, von dem Einwirkungen auf das Nachbargrundstück ausgehen, während eines noch andauernden Rechtsstreits hat keinen Einfluss auf den bereits anhängigen Rechtsstreit, in dem die Abwehr dieser Beeinträchtigungen gemäß § 1004 Abs. 1 BGB geltend gemacht wird.[82] 21

Nur die tatsächlich von dem Nachbargrundstück verbreiteten Samen können bei der Wesentlichkeit berücksichtigt werden. Das führt gerade bei einer vielfältigen Gartennutzung in der näheren Umgebung oft zu Beweisproblemen. Will der Kläger den Anspruch aus § 910 BGB verfolgen, muss er allein das Überschreiten der Samen über die Grundstücksgrenzen beweisen. Die Beweislast für die Beeinträchtigung trägt der sich beeinträchtigt fühlende Nachbar,[83] die Beweislast für die Einrede aus § 910 Abs. 2 BGB, dass keine erhebliche Beeinträchtigung vorliegt, obliegt dem Grundstückseigentümer.[84] 22

Bei einer Klage auf Unterbindung des Samenfluges muss das erstrebte Ergebnis in dem Antrag formuliert werden. Auf eine konkrete Abwehrmaßnahme darf sich der Antrag regelmäßig nicht richten,[85] es sei denn, es kommt allein eine Vorgehensweise in Betracht.[86] Die konkret zu erbringenden Einzelmaßnahmen sind sonst im Vollstreckungsverfahren herauszuarbeiten und unterliegen wesentlich dem Ermessen des Vollstreckungsschuldners. Auch bei einer Klage auf den nachbarrechtlichen Ausgleichsanspruch obliegt dem geschädigten Nachbarn allein die Beweislast dafür, dass von dem Nachbargrundstück ausgehende Immissionen sein eigenes Grundstück über das zumutbare Maß hinaus beeinträchtigen. 23

75 BGH Urt. v. 16.2.2001 – V ZR 422/99, MDR 2001, 628 (628).
76 Zu der unklaren Abgrenzung zwischen „Verursachen" und „Ermöglichen" kritisch: *Hermann* NJW 1997, 154.
77 Vgl. BGH Urt. v. 4.4.1986 – V ZR 17/85, NJW 1986, 2639 (2630); BGH Urt. v. 26.4.1991 – V ZR 346/89, NJW 1991, 2836 (2836); kritisch: *Hermann* NJW 1997, 153.
78 LG Berlin Urt. v. 5.3.2009 – 57 S 82/08.
79 OLG Karlsruhe Urt. v. 9.3.1983 – 6 U 150/82, NJW 1982, 2886 (2886) = OLGZ 1983, 449 (451).
80 OLG Rostock Urt. v. 20.7.2006 – 7 U 117/04, NJW 2006, 3650 (3652).
81 LG Lübeck Urt. v. 2.9.1986 – 14 S 122/85, NJW-RR 1987, 532 (532).
82 BGH Urt. v. 15.2.2008 – V ZR 222/06, NJW 2008, 1810 (1810).
83 BGH Urt. v. 14.11.2003 – V ZR 102/03, NJW 2004, 1037 (1039), *Wagner* VersR 2007, 1020.
84 BGH Beschl. v. 13.1.2005 – V ZR 83/04, NZM 2005, 318 (319); BGH Urt. v. 14.11.2003 – V ZR 102/03, NJW 2004, 1037 (1039); AG Königstein Urt. v. 19.4.2000 – 1 C 113/00, NJW-RR 2000, 1256 (1256).
85 BGH Urt. v. 7.7.1995 – V ZR 213/94, NJW 1995, 2633 (2634); OLG Schleswig Urt. v. 12.1.1993 – 3 U 205/91, NUR 1994, 103 (103).
86 BGH Urt. v. 20.9.2019 – V ZR 218/18, NJW 2020, 890 (891).

107. Satellitenschüssel

Klose

Literatur: *Derleder*, Parabolantennen in der Wohnungseigentumsanlage und digitales Fernsehen, ZWE 2006, 220; *Hitpaß*, Neue Medien und Mietrecht, NZM 2012, 401; *Mehrings*, Die Parabolantenne – eine unendliche Geschichte, NJW 1997, 2273; *Schuschke*, Veränderungen und Umbauten in der eigenen Eigentumswohnung, ZWE 2000, 146; *Sternel*, Veränderungen im Mietverhältnis nach (energetischer) Modernisierung, NZM 2015, 873; *Vollmer*, Sprachmächtigkeit als Kriterium für Parabolantenne, NZM 1999, 205.

I. Einführung

1 Ob Satellitenschüsseln, die auch Parabolantennen genannt werden, errichtet und betrieben werden dürfen, hängt wesentlich davon ab, ob sie auf dem eigenen Grundstück, an Mieträumen oder innerhalb einer Wohnungseigentümergemeinschaft betrieben werden sollen. Zu den dem Betreiben der Anlage regelmäßig entgegenstehenden optischen Beeinträchtigungen kommen durch das feste Anbringen der Anlage sowie die notwendigen baulichen Maßnahmen für den Anschluss häufig auch Eingriffe in die Gebäudesubstanz. Letztlich können auch Haftungsansprüche begründet werden. Anderseits ermöglichen sie ihren Nutzern einen freien Zugang zu einer Vielzahl von Rundfunk- und Fernsehprogrammen. Damit ist bei der Entscheidung über die Berechtigung zum Anbringen einer Parabolantenne wesentlich auch das Recht auf Informationsfreiheit betroffen.[1]

II. Die Satellitenschüssel auf dem eigenen Grundstück

2 Auf dem eigenen Grundstück ist es dessen Eigentümer grundsätzlich aus § 903 BGB gestattet, eine Parabolantenne anzubringen.

1. Unterlassungsanspruch

3 Ein Unterlassungs- oder Beseitigungsanspruch steht dem Nachbarn gegen eine auf dem Nachbargrundstück errichtete Parabolantennen regelmäßig nicht zu. Aus Sicht des Nachbarn als störend empfundene an dem Nachbarhaus angebrachte Satellitenschüsseln müssen regelmäßig geduldet werden. Aus § 1004 Abs. 1 BGB kann ihre Beseitigung schon deshalb nicht verlangt werden, weil die Beeinträchtigung auf dem Nachbargrundstück erfolgt und die Antenne allenfalls optische und ästhetische Auswirkung auf das andere Grundstück hat,[2] gegen die kein Abwehranspruch aus §§ 1004 Abs. 1, 906 BGB besteht.[3] Auch aus dem nachbarschaftlichen Gemeinschaftsverhältnis kann sich regelmäßig keine Pflicht zur Beseitigung ableiten

1 Zur Entwicklung der Rechtsprechung: *Mehrings* NJW 1997, 2273; *Hitpaß* NZM 2012, 401.
2 LG München I Teil-Anerkenntnis- und Teilurteil vom 19.7.2017 – 41 O 14768/16, ZMR 2019, 468 (470).
3 BGH Urt. v. 7.3.1969 – V ZR 169/65, NJW 1969, 1208 (1209); BGH Urt. v. 15.11.1974 – V ZR 83/73, NJW 1975, 170 (170); BGH Urt. v. 15.5.1970 – V ZR 20/68, NJW 1970, 1541 (1542).

lassen, weil dieses nur in Ausnahmefällen zur Anwendung kommt und davon geringfügige optische Beeinträchtigungen, die durch eine Satellitenschüssel im Sichtbereich begründet werden können, nicht betroffen sind.[4]

2. Verkehrssicherungspflicht

4 Der Grundstückseigentümer ist gehalten, für eine feste Verbindung der Satellitenschüsseln mit seinem Grundstück zu sorgen. Da die Parabolantennen fest mit dem Gebäude verbunden sind, handelt es sich bei ihnen um Gebäudeteile. Lösen sie sich ganz oder teilweise, kann eine Haftung aus § 836 BGB begründet sein. Diese Haftung setzt voraus, dass der Schaden bei einer billigen Berücksichtigung der Interessen Dritter durch das Beachten der Regeln der Ingenieurkunst bei der Errichtung sowie einer ordnungsgemäßen Unterhaltung vermieden werden konnte.[5] Dazu gehört es, Parabolantennen so sicher anzubringen, dass sie auch den Witterungseinflüssen standhalten.

III. Mietrecht

5 Fehlt es im Mietvertrag an einer ausdrücklichen Regelung über die Zulässigkeit einer Satellitenanlage im Außenbereich der Mieträume, kann der Mieter die Zustimmung dazu nur dann verlangen, wenn keine überwiegenden Rechte des Vermieters entgegenstehen.[6] Das Anbringen einer Parabolantenne ist dem Mieter nur dann gestattet, wenn es sich im Rahmen des zu gewährenden vertraglichen Gebrauchs (§ 535 Abs. 1 S. 1 BGB) hält.[7] Der Vermieter wiederum ist zur Versagung der Erlaubnis nur dann berechtigt, wenn eigene Interessen wie mögliche optische Beeinträchtigungen oder Aspekte der Verkehrssicherungspflicht entgegenstehen.[8]

1. Den Vermieter nicht beeinträchtigende Parabolantennen

6 Zur vertraglich geschuldeten Gewährung des Mietgebrauchs gehört das Gestatten des Anbringens einer Parabolantenne jedenfalls dann, wenn diese den Vermieter nicht beeinträchtigt. Das Anbringen einer Parabolantenne darf dann nicht versagt werden, wenn dieses weder eine Substanzverletzung noch eine nennenswerte ästhetische Beeinträchtigung des Eigentums des Vermieters begründen würde.[9] Evident ist das der Fall, wenn die Antenne im Inneren der Wohnung angebracht wird. Auch das Aufstellen einer Parabolantenne hinter einem Sichtschutz und in einer Weise, dass sie kaum über die Balkonbrüstung hinaus gesehen wird, ist damit ebenso ein vertragsgemäßer Gebrauch der Mietsache[10] wie deren loses Aufstellen auf einer mitgemieteten Terrasse.[11] Wird eine Parabolantenne auf der Terrasse oder dem Balkon in einem Sonnenschirmfuß eingesetzt, ist sie auch wie ein Sonnenschirm zu behandeln und damit hinzunehmen.[12] Auch das Anbringen einer Parabolantenne auf einem Holzpfahl, der in die Grünfläche vor der Wohnung des Mieters eingelassen ist, kann ohne eine Eigentumsverletzung des Vermieters erfolgen.[13]

---

4 LG München I Teil-Anerkenntnis- und Teilurteil v. 19.7.2017 – 41 O 14768/16, ZMR 2019, 468 (470).

5 BGH Urt. v. 30.5.1961 – VI ZR 310/56, NJW 1961, 1670 (1671).

6 Der vertragsgemäße Mietgebrauch schließt das bloße nicht störende Aufstellen einer Parabolantenne mit ein: AG Lörrach 29.9.2004 – 3 C 72/04, WuM 2004, 658 (658).

7 BGH Urt. v. 16.5.2007 – VIII ZR 207/04, NJW-RR 2007, 1243 (1244); LG Cottbus Urt. v. 26.2.2014 – 5 S 59/13, NZM 2014, 585 (585).

8 AG Mannheim Urt. v. 9.10.1991 – 12 C 337/91, WuM 1992, 469 (469); LG Mannheim Urt. v. 29.4.1992 – 4 S 41/92, WuM 1992, 469 (470).

9 BGH Urt. v. 16.5.2007 – VIII ZR 207/04, NJW-RR 2007, 596 (597); AG Lörrach 29.9.2004 – 3 C 72/04, WuM 2004, 658 (658). So soll der Vermieter das Aufstellen einer ihn lediglich ästhetisch und ideologisch störende im mitgemieteten Garten aufgestellte Sattellittenschüssel nicht verbieten dürfen, wenn im Mitvertrag lediglich das Anbringen von Einzelantenne untersagt ist: AG Regensburg Urt. v. 20.1.2003 – 10 C 4112/02, WuM 2007, 287 (287).

10 AG Fulda Urt. v. 16.12.1998 – 3 C 1150/98, WuM 1999, 453 (454); AG Siegen Urt. v. 22.6.1999 – 13 C 358/99, WuM 1999, 454 (454).

11 LG Hamburg Urt. v. 18.5.1999 – 316 S 17/99, juris Rn. 17 = WuM 1999, 454 (445).

12 AG Hamburg-Bergedorf Urt. v. 18.6.2013 – 409 C 169/12, ZMR 2013, 813 (813 f.).

13 AG Aachen Urt. v. 19.2.1993 – 15 C 252/92, WuM 2004, 199 (199).

2. Abwägungskriterien

7 Auch wenn durch das Abringen der Satellitenanlage Interessen des Vermieters beeinträchtigt werden, rechtfertigt das allein noch nicht die Befugnis, dies zu untersagen. Im Mietrecht treffen die Interessen des Mieters an einer möglichst günstigen und umfassenden Informationsgewinnung durch Fernseh- und Rundfunkbeiträge mit den Interessen des Vermieters an einer einheitlichen Hausfassade sowie dem Geringhalten der Haftungsrisiken durch herabstürzende Gebäudeteile aufeinander. Erforderlich ist daher regelmäßig eine unter Berücksichtigung der betroffenen Grundrechte zu treffende Einzelfallentscheidung,[14] bei der das „Ausländerprivileg“ ebenso eine Bedeutung haben kann, wie die ästhetische Beeinträchtigung.[15] Aus Treu und Glauben kann sich zudem die Berechtigung auch des deutschsprachigen Mieters zum Aufstellen der Parabolantenne ergeben, wenn dieser auf diese behinderungsbedingt zur Erfüllung seines Informationsbedürfnisses angewiesen ist.[16]

8 **a) Veränderung der Hausfassade und Substanzbeeinträchtigungen.** Werden Satellitenschüsseln so angebracht, dass sie über das Balkongeländer hinausragen, verändern sie oft das äußere Erscheinungsbild der Hausfassade, so dass der Vermieter von dem Mieter die Beseitigung aus § 541 BGB sowie das künftige Unterlassen des Anbringens verlangen kann.[17] Auch eine für das Anbringen und Anschließen der Parabolantenne notwendige Substanzverletzung des Gebäudes beeinträchtigt den Vermieter. So kann er verlangen, dass die Befestigung der Parabolantenne auf dem Boden des Balkons zu keiner Substanzverletzung des Gebäudes führt.[18] Auch wenn die Parabolantenne in einem mit Sand gefüllten Eimer auf dem Dach befestigt wird, für die Leitungen aber Balkontüren durchbohrt werden müssen, wird dadurch das Eigentum des Vermieters im Sinne des § 1004 Abs. 1 BGB unzumutbar gefährdet, wenn der Mieter nicht die Verpflichtung zur Schadensbeseitigung und das Haftungsrisiko übernimmt.[19]

9 **b) Informationsinteresse.** Das Anbringen von Satellitenschüsseln dient dazu, der Befriedigung des Informationsbedürfnisses dienende Rundfunk- und Fernsehsender empfangen zu können. Wenn keine anderen Informationsmöglichkeiten, etwa durch einen Kabelanschluss oder eine Gemeinschaftsantenne, bestehen, kann der Mieter von dem Vermieter das Gestatten des fachgerechten Anbringens verlangen.[20]

10 **aa) Inländische Mieter.** Inländische Mieter müssen sich regelmäßig auf andere Empfangsmöglichkeiten verweisen lassen. Die instanzgerichtliche Rechtsprechung ist hier streng und knüpft unmittelbar an die Staatsangehörigkeit an. Einem deutschen Staatsangehörigen soll als Mieter auch dann kein Anspruch auf Anbringen einer Parabolantenne zur Informationsgewinnung zustehen, wenn dieser die Kontakte zu seiner alten Heimat ermöglichen würde.[21] Ein zum muslimischen Glauben konvertierter deutscher Mieter könne seinen Glauben in muslimischen Zentren leben und benötige dazu keine Parabolantenne zum Empfang ausländischer Sender.[22] Diese Einschätzung ist jedoch im Hinblick auf den grundrechtlichen Schutz der Informations- und Religionsfreiheit bedenklich. Das Informationsbedürfnis sowie die religiösen Interessen sind von der Staatsangehörigkeit unabhängig. Auch einem deutschen Staatsangehörigen steht das Recht zu, sich in den Medien zu informieren, die das für seine sprachlichen und religiösen Voraussetzungen und Bedürfnisse beste Angebot haben. Das Recht eines Mieters, eine Satellitenschüssel im Außenbereich seiner Mieträume anbringen zu dürfen, von seiner ausländischen Staatsangehörigkeit abhängig auszugestalten, würde zu einer rechtswidrigen Schlechterstellung deutscher Staatsangehöriger führen. Zudem führt die Auffassung, dass deutsche Staatsangehörige mit einer anderen Muttersprache einen geringeren Schutz genießen sollen, jedenfalls dann zu widersprüchlichen Ergebnissen, wenn der Betroffene Inhaber mehrerer

14 BGH Urt. v. 2.3.2005 – VIII ZR 118/04, NJW-RR 2005, 596 (596).
15 AG Hamburg Altona Urt. v. 1.8.2008 – 314b 9508, WuM 2008, 661 (662).
16 AG Leipzig Beschl. v. 14.5.2012 – 165 C 6339/11, WuM 2012, 369 (370).
17 AG Hamburg-Harburg Urt. v. 22.3.2006 – 642 C 580/05, juris Rn. 15.
18 AG Köln Urt. v. 21.8.1996 – 219 C 291/95, WuM 1997, 40 (40).
19 LG Bremen Urt. v. 20.10.1994 – 2 S 376/94, WuM 1995, 42 (43).
20 OLG Frankfurt Rechtsentscheid vom 22.7.1992 – 20 REMiet 1/91, NJW 1992, 2490 (2491).
21 AG Frankfurt a.M. Urt. v. 9.2.2004 – 33 C 4463/03-31, WuM 2005, 458 (458).
22 AG Reutlingen Urt. v. 14.12.2005 – 13 C 1963/05, WuM 2006, 190 (190).

Staatsangehörigkeiten ist. Deshalb sollte nicht auf die Staatsangehörigkeit, sondern allein auf das Sprachverständnis des Mieters abgestellt werden.[23] Besonders schutzbedürftig ist der Mieter, wenn er der deutschen Sprache nicht hinreichend mächtig und deshalb auf muttersprachliche Programme angewiesen ist.[24] Gleiches gilt auch für die Mieter, die aus religiöser Überzeugung und damit auch unter dem Schutz der Religionsfreiheit aus Art. 4 GG Sender empfangen wollen, die im Kabelnetz nicht aufgenommen sind.[25] Auch nicht deutschsprachige Familienangehörige eines deutschen Mieters können einen Anspruch auf das Anbringen einer Parabolantenne begründen. Ein deutscher Mieter kann sich nämlich auch zugunsten seiner ausländischen Ehefrau und deren Kinder auf das „Ausländerprivileg" beim Anbringen einer Parabolantenne berufen.[26]

bb) Ausländische, nicht muttersprachliche Mieter. Gegen das Recht des Vermieters auf Schutz seines Eigentums aus Art. 14 Abs. 1 GG ist das durch Art. 5 Abs. 1 GG geschützte Informationsinteresse des Mieters[27] und das religiös-kulturelle Informationsbedürfnis[28] abzuwägen, sofern das Informationsbedürfnis tatsächlich besteht, der Mieter also die zusätzlich zu empfangenden Sender auch sprachlich verstehen kann.[29] Das Informationsinteresse von Mietern einer anderen Muttersprache ist so gewichtig, dass das formularmäßige Verbot des Anbringens einer Parabolantenne wegen einer unangemessenen Benachteiligung unwirksam ist.[30] Das kulturell geprägte Informationsinteresse überwiegt den Eingriff in das Eigentum des Vermieters jedenfalls dann, wenn die optische Beeinträchtigung durch das Anbringen der Satellitenschüssel nur geringfügig ist.[31] Der Vermieter muss das Aufstellen einer Parabolantenne aber dann nicht dulden, wenn der Mieter auch ohne sie in hinreichender Zahl Sender aus seinem Heimatland empfangen kann.[32] 11

cc) Vorhandener Kabelanschluss. Wenn bereits ein Breitbandkabelanschluss besteht, kann auch ein ausländischer Mieter regelmäßig das Anbringen einer Parabolantenne nicht erzwingen,[33] es sei denn, dieser verschafft ihm gar keinen oder keinen ausreichenden Zugang zu seinen Heimatprogrammen.[34] Das Vorhandensein eines Kabelanschlusses begründet im Regelfall die Berechtigung, das Anbringen einer Parabolantenne zu versagen.[35] Wenn der Vermieter marktübliche Satellitenprogramme zu marktüblichen Anschluss- und Bereitstellungskosten anbietet, hat auch ein ausländischer Mieter regelmäßig keinen Anspruch darauf, eine Parabolantenne anbringen zu dürfen.[36] Im Regelfall ist es verfassungsrechtlich nicht zu beanstanden, wenn bei einem vorhandenen Anschluss der Mietwohnung an das Kabelnetz das Interesse des Vermieters an einem ungestörten äußeren Erscheinungsbild des Mietobjektes als vorrangig angesehen wird.[37] Es ist verfassungsrechtlich gestattet, ausländische Mieter auf den Empfang ausländischer Programme über ein 12

---

23 Vgl. KG Urt. v. 11.10.2007 – 8 U 210/06, NZM 2008, 39 (40).
24 LG Landau-Pfalz Urt. v. 7.12.1997 – 3 S 216/97, NZM 1998, 474 (475); AG Reutlingen Urt. v. 8.9.1992 – 8 C 1108/92, NJW-RR 1993, 15 (16); AG München Urt. v. 6.5.2016 – 412 C 11331/15, juris Rn. 27; *Volmer* NZM 1999, 205.
25 BGH Urt. v. 10.10.2007 – VIII ZR 260/06, NZM 2007, 37 (38).
26 LG Wuppertal Urt. v. 9.4.1997 – 8 S 11/97, WuM 1997, 324 (324 f.).
27 BGH Urt. v. 16.5.2007 – VIII ZR 207/04, NJW-RR 2007, 1243 (1244); BGH Urt. v. 2.3.2005 – VIII ZR 118/04, NJW-RR 2005, 596 (596).
28 LG Wuppertal Urt. v. 25.5.1999 – 16 S 32/99, NZM 1999, 1043 (1044).
29 AG Reutlingen Urt. v. 14.12.2005 – 13 C 1963/05, WuM 2006, 190 (190).
30 BGH Urt. v. 16.5.2007 – VIII ZR 207/04, NJW-RR 2007, 596 (597).
31 BGH Beschl. v. 16.9.2009 – VIII ZR 67/08, NZM 2010, NZM 2010, 119 (19).
32 LG Berlin Urt. v. 27.11.2007 – 65 S 123/07, GE 2008, 198 (199).
33 LG Konstanz Urt. v. 23.11.2001 – 6 S 52/01, WuM 2002, 210 (210f).
34 BGH Urt. v. 2.3.2005 – VIII ZR 118/04, NJW-RR 2005, 596 (596).
35 BGH Urt. v. 16.5.2007 – VIII ZR 207/04, NJW-RR 2007, 597 (598); BGH Beschl. v. 21.9.2010 – VIII ZR 275/09, GE 2010, 1681 (1681 f.).
AG Hamburg-Harburg Urt. v. 11.4.2013 – 650 C 356/12, ZMR 2013, 815 (816).
36 BGH Urt. v. 17.4.2007 – VIII ZR 63/04, WuM 2007, 380 (380); LG Nürnberg Urt. v. 1.3.1996 – 7 S 10233/95, WuM 1997, 486 (487); LG Lübeck Urt. v. 29.12.1998 – 6 S 206/97, NZM 1999, 1044 (1045).
37 BVerfG Beschl. v. 10.3.1993 – 1 BvR 1192/92, NJW 1993, 1252 (1254).

Kabel zu verweisen, so lange die dadurch entstehenden Zusatzkosten nicht zu hoch sind.[38] Der Mieter wird dadurch nicht in seinem Recht auf Informationsfreiheit verletzt.[39]

13 **dd) Ort der Errichtung.** Muss der Vermieter das Anbringen einer Parabolantenne dulden, kann er das Anbringen an einem Ort verlangen, an dem das Objekt möglichst wenig gestört wird.[40] Der Vermieter hat das Recht, über den Ort zu bestimmen, an dem eine Parabolantenne angebracht werden soll. Er darf dieses aber nicht so ausüben, dass dadurch das Recht des Mieters, die Parabolantenne anzubringen, faktisch entwertet wird.[41]

14 **ee) Zukünftige (Beseitigungs-)Ansprüche.** Ist die Störung des optischen Eindrucks durch die Satellitenschüssel erheblich und kann der Mieter durch das Anschaffen eines Decoders oder eines Kabelanschlusses mehrere muttersprachliche Programme empfangen, kann der Vermieter aus § 1004 Abs. 1 BGB die Beseitigung der ungenehmigt angebrachten Satellitenschüssel verlangen.[42] Fällt das Informationsinteresse des Mieters nach dem Anbringen der Parabolantenne als Begründung für das Recht dazu weg, kann der Vermieter deren Beseitigung jedenfalls dann verlangen, wenn er ohnehin umfassende Maßnahmen an der Außenfassade durchführt. Die Duldungspflicht im Hinblick auf eine Parabolantenne endet jedenfalls zu dem Zeitpunkt, ab dem über einen Kabelanschluss hinreichend geeignete Programme empfangen werden können.[43] Angesichts der fortschreitenden Verbreitung des Internets, über das unabhängig von einer Antenne eine Vielzahl von Rundfunk- und Fernsehsendern empfangen werden können, wird das Anbringen einer Parabolantenne in aller Regel nicht mehr erforderlich sein, um das Informationsbedürfnis der Mieter zu befriedigen. Damit werden Mieter deren Anbringen künftig im Regelfall nicht mehr durchsetzen können.

15 **ff) Verkehrssicherungspflicht.** Die Haftung aus § 836 BGB ist ein spezieller Fall der Verkehrssicherungspflicht; sie kann auch den Vermieter treffen, der sich durch das Vermieten einer Wohnung nicht vollständig von der Haftung aus § 836 BGB befreien kann.[44]

IV. In der WEG

16 Satellitenschüsseln werden regelmäßig an den Außenwänden angebracht, die nicht zum Sondereigentum, sondern zum Gemeinschaftseigentum gehören. Gemäß § 20 Abs. 1 WEG bedürfen daher Veränderungen, die weder für die Eigentümergemeinschaft noch für einzelne Sondereigentümer über das unvermeidbare Maß hinausgehende Nachteile mit sich bringen und damit auch das Anbringen einer Parabolantenne auf der Außenhaut des Gebäudes, der Gestattung.[45] Da durch das Anbringen einer Satellitenschüssel regelmäßig in die Substanz der Außenwände und zudem auch in die äußere Gestaltung der Fassade eingegriffen wird, liegt darin regelmäßig eine bauliche Veränderung begründet.[46] Die Wohnungseigentümer sind berechtigt, zu regeln, dass an der Außenwand keine Parabolantennen angebracht werden dürfen.[47] Hierbei sind die Interessen des einzelnen Wohnungseigentümers und der Gemeinschaft gegeneinander abzuwägen. Die Abwä-

38 BVerfG Beschl. v. 24.1.2005 – 2 BvR 1953/00, NZM 2005, 252 (253).
39 BVerfG Nichtannahmebeschl. v. 14.2.2005 – 1 BvR 1908/01, WuM 2007, 379 (379).
40 LG Wiesbaden Beschl. v. 28.10.1994 – 1 T 57/94, WuM 1996, 403 (403), AG Bonn Urt. v. 31.7.2008 – 4 C 129/08, ZMR 2009, 44 (45).
41 LG Hamburg Urt. v. 3.7.1997 – 334 S 74/96, WuM 1998, 277 (278).
42 BGH Urt. v. 2.3.2005 – VIII ZR 118/04, NJW-RR 2005, 596 (597); AG München Urt. v. 2.10.2012 – 473 C 12502/12, BeckRS 2013, 7262. AG Hamburg-Harburg Urt. v. 22.3.2006 – 642 C 580/05, *Hitpaß* NZM 2012, 402. Das gilt auch dann, wenn der Mieter ohne Genehmigung des Vermieters eine Parabolantenne anbringt und den Vermieter weder von dem Haftungsrisiko freistellt, noch ihm für das schadlose Entfernen der Antenne nach dem Ende des Mietvertrages Sicherheit leistet: LG Düsseldorf Urt. v. 29.4.1997 – 24 S 80/97, ZMR 1997, 423 (423).
43 AG München Urt. v. 29.1.2013 – 415 C 21816/12, BeckRS 2014, 19978.
44 BGH Urt. v. 11.12.1984 – VI ZR 218/83, NJW 1985, 1076 (1077).
45 BayObLG Beschl. v. 12.8.1991 – Breg 2 Z 86/91, BayObLGZ 1991, 296 (297) zu § 22 Abs. 1 S. 1 WEG aF.
46 BayObLG Beschl. v. 28.2.2002 – 2Z BR 23/02, NJOZ 2002, 1564 (1564).
47 OLG Zweibrücken Beschl. v. 31.1.2002 – 3 W 299/01, ZMR 2002, 784 (785).

gung betrifft regelmäßig das Informationsbedürfnis des einzelnen Wohnungseigentümers auf der einen und die optische Beeinträchtigung des Gemeinschaftseigentums auf der anderen Seite.[48]

1. Abwägungskriterien

Bei der Abwägung, ob das Anbringen einer Parabolantenne zulässig ist, sind die wechselseitigen Interessen einzubeziehen. Damit sind die Beeinträchtigungen der Substanz sowie der Ästhetik der Fassade zu betrachten. 17

a) Beeinträchtigung der Fassade und optische Beeinträchtigungen. Das Gemeinschaftseigentum wird immer dann beeinträchtigt, wenn die Parabolantenne auf der Fassade befestigt und diese damit in ihrer Substanz beeinträchtigt wird. Ein Nachteil wird zudem begründet, wenn die bauliche Veränderung von außen sichtbar,[49] also die Parabolantenne von außen zu erkennen ist. Eine nur unerhebliche Beeinträchtigung der anderen Wohnungseigentümer tritt ein, wenn eine Parabolantenne auf einem Balkon so aufgestellt wird, dass sie von außen kaum wahrnehmbar ist.[50] 18

b) Informationsbedürfnis. Mit den Interessen des Eigentümers ist das Informationsinteresse der Wohnungseigentümer abzuwägen, die über die Satellitenanlage mehr Radio- und Fernsehsender empfangen und sich dadurch besser auch in ihrer Muttersprache und über die Ereignisse in ihren Heimatländern informieren können. 19

aa) Inländische Wohnungseigentümer. Wenn eine Gemeinschaftssatellitenempfangsanlage über eine Vielzahl von Fernsehprogrammen verfügt, kann ein Wohnungseigentümer aus dem Grundrecht auf Informationsfreiheit nicht das Recht ableiten, ohne die Zustimmung der anderen Wohnungseigentümer auf seinem Balkon eine Satellitenanlage zu errichten.[51] Das gilt auch dann, wenn ein Wohnungseigentümer sich vom angelsächsischen Kulturkreis besonders angezogen fühlt.[52] Wird die Parabolantenne für berufliche Zwecke benötigt, hängt der Schutz dieses Interesses auch davon ab, ob diese Tätigkeit der zweckbestimmungsgemäßen Nutzung der Wohnung entspricht.[53] 20

bb) Ausländische, nicht muttersprachlich deutsche Wohnungseigentümer. Wohnungseigentümer, die der deutschen Sprache nicht hinreichend mächtig sind, können sich unabhängig davon, ob sie inzwischen die deutsche Staatsangehörigkeit angenommen haben, auf ihr Informationsbedürfnis berufen.[54] Bei ihnen sind dieselben Maßstäbe anzuwenden wie im Mietrecht.[55] Bei dieser Entscheidung sind das ästhetische Interesse der Eigentümergemeinschaft mit dem Informationsinteresse des Wohnungseigentümers abzuwägen.[56] Ein Anspruch auf das Anbringen einer Parabolantenne kann bestehen, wenn dieses zur Wahrung der religiösen[57] oder der kulturellen Identität erforderlich ist[58] und nicht deutschsprachige Wohnungseigentümer ohne eine Parabolantenne nicht hinreichend mit Programmen ihres Heimatlandes versorgt werden können.[59] Kann das Informationsbedürfnis dagegen über eine Gemeinschaftsantenne oder einen Kabelanschluss durch den Empfang muttersprachlicher Sender befriedigt werden, muss sich der Miteigentümer auch dann darauf verweisen lassen, wenn dies teurer ist als das Anbringen einer Parabolantenne.[60] Haben 21

---

48 OLG München Beschl. v. 9.1.2006 – 34 Wx 101/05, MDR 2006, 627 (27); OLG Zweibrücken Beschl. v. 25.9.2006 – 3 W 213/05, FGPrax 2007, 78 (79).
49 BayObLG Beschl. v. 29.1.1999 – 2Z 135/98, NZM 1999, 423 (424).
50 OLG München Beschl. v. 12.12.2005 – 34 Wx 83/05, OLGR 2006,173 (174).
51 BayObLG Beschl. v. 29.1.1999 – 2Z 135/98, NZM 1999, 423 (424).
52 BayObLG Beschl. v. 30.11.2000 – 2Z BR 92/00, NZM 2001, 433 (434).
53 BayObLG Beschl. v. 4.8.1998 – 2Z BR 103/98, NZM 1998, 965 (966).
54 BGH Urt. v. 13.11.2009 – V ZR 10/09, NJW 2010, 438 (438); LG Hamburg Urt. v. 4.3.2009 – 318 S 29/08, ZMR 2009, 796 (797f.); *Derleder* ZWE 2006, 220.
55 BVerfG Beschl. v. 13.3.1995 – 1 BvR 1107/92, NJW 1995, 1665 (1666).
56 BGH Urt. v. 13.11.2009 – V ZR 10/09, NJW 2010, 438 (438).
57 OLG München Beschl. v. 6.11.2007 – 32 Wx 146/07, NZM 2008, 91 (91).
58 *Schuschke* ZMR 2000, 148.
59 OLG Celle Beschl. v. 19.5.1994 – 4 W 350/92, NJW-RR 1994, 977 (979).
60 *Schuschke* ZMR 2000, 152.

die Wohnungseigentümer vor dem Erwerb der Wohnung durch einen Ausländer beschlossen, dass an der Außenfassade des Gebäudes keine Parabolantennen angebracht werden dürfen, ist eine erneute Abwägung über die Berechtigung des Ausländers, zur Befriedigung seines Informationsbedürfnisses eine Parabolantenne anzubringen, zu treffen.[61]

22 **cc) Vorhandener Kabelanschluss.** Kann das Informationsbedürfnis auch hinreichend durch einen Kabelanschluss befriedigt werden, kann ein Ausländer von der Eigentümergemeinschaft nicht verlangen, dass diese ihm das Errichten einer Satellitenantenne genehmigt.[62] Allerdings kann den anderen Wohnungseigentümern das Dulden einer optischen Beeinträchtigung durch das Anbringen einer Parabolantenne zugemutet werden, wenn das Informationsbedürfnis ausländischer Wohnungseigentümer durch die in das Kabelnetz eingespeisten Programme in ihrer Muttersprache nicht hinreichend befriedigt werden kann.[63]

23 **dd) Zukünftige Beseitigungsansprüche.** Die Problematik der Befriedigung des Informationsbedürfnisses wird sich, wie auch im Mietrecht, mit der zunehmenden Verbreitung des Internets, über das annähernd flächendeckend der Empfang von Rundfunk- und Fernsehsendern ermöglicht wird, immer seltener stellen. Spätestens dadurch kann das Informationsbedürfnis des Wohnungseigentümers auch ohne das Anbringen einer Satellitenschüssel befriedigt werden. Bei ursprünglich von der Eigentümergemeinschaft genehmigt angebrachten Parabolantennen wird die Verbreitung dieser neuen technischen Möglichkeiten nicht dazu führen, dass diese ohne Weiteres beseitigt werden müssen. Etwas anderes gilt jedoch, wenn angebrachte Parabolantennen wegen einer grundhaften Fassadensanierung ohnehin demontiert werden müssen. Da es den Wohnungseigentümern gemäß § 14 Abs. 1 Nr. 2 WEG nur gestattet ist, von dem gemeinschaftlichen Eigentum in einer solchen Weise Gebrauch zu machen, dass den anderen Miteigentümern kein über das bei einem geordneten Zusammenleben unvermeidbare Maß hinausgehender Nachteil entsteht und das erneute Anbringen der Satellitenanlage zur Befriedigung des Informationsinteresses nicht erforderlich ist, wird die WEG rechtmäßig beschließen können, dass nach der Fassadensanierung keine Parabolantennen mehr angebracht werden dürfen.

2. Ort der Errichtung

24 Kann die WEG das Anbringen der Antenne nicht verhindern, muss diese zumindest so angebracht werden, dass sie die Eigentümergemeinschaft möglichst wenig beeinträchtigt.[64] Wenn sich die Eigentümergemeinschaft darauf geeinigt hat, an welchen Teilen des Gebäudes Parabolantennen angebracht werden dürfen, darf auch ein ausländischer Wohnungseigentümer eine davon abweichende Installation nicht beibehalten.[65]

25 Da die Satellitenschüssel mit ihrem Anbringen wesentlicher Bestandteil des Gebäudes wird und dieses um ihr Ausmaß räumlich erweitert, kann ihre Errichtung etwa verhindern, dass das Gebäude noch in den Genuss einer Privilegierung kommt, weil die dafür höchstzulässige Höhe mit der Parabolantenne überschritten worden ist. So sind Garagen regelmäßig in der Abstandsfläche Bundesländern nur zulässig, wenn sie die Höhe von 3 m nicht übersteigen. Mit einer auf der Garage aufgestellten Satellitenschüssel wird die Höhe überschritten. Außerdem könnte die Garage durch das Anbringen der Satellitenschüssel ihre Privilegierung verlieren, weil sie nicht mehr allein dem Abstellen von Kfz oder Fahrrädern dient.

61 OLG Zweibrücken Beschl. v. 31.1.2002 – 3 W 299/01, ZMR 2002, 784 (785).
62 OLG Köln Beschl. v. 31.8.2004 – 16 Wx 166/04, NJW 2004, 3496 (3496).
63 BGH Beschl. v. 22.1.2004 – V ZB 51/03, NZM 2004, 227 (229).
64 BayObLG Beschl. Vom 8.4.2004 – 2Z BR 52/04, FGPrax 2004, 221 (222).
65 OLG Frankfurt a.M. Urt. v. 2.12.2004 – 20 W 186/03, NZM 2005, 427 (428).

108. Schwarzbau

Jeromin

I. Begriff

Als Schwarzbauten werden herkömmlicherweise Gebäude oder sonstige bauliche Anlagen und Einrichtungen bezeichnet, die trotz des bestehenden Erfordernisses über **keine bauaufsichtliche Genehmigung oder Zulassung** (mehr) verfügen. Entscheidender Gesichtspunkt ist das Vorhandensein bzw. Fehlen einer Baugenehmigung, die eine Legalisierungswirkung vermittelt. Deshalb können genehmigungsfreie oder bloß anzeigepflichtige Bauvorhaben, die von Gesetzes wegen keiner präventiven bauaufsichtlichen Prüfung im Rahmen eines förmlichen Genehmigungsverfahrens bedürfen, keine „Schwarzbauten" im vorgenannten Sinne sein. Ein zunächst genehmigtes Bauvorhaben kann jedoch auch zu einem Schwarzbau werden. Denn eine von der erteilten Genehmigung abweichende tatsächliche Bauausführung kann gleichermaßen eine formelle Rechtswidrigkeit des Vorhabens bewirken, ebenso wie die unanfechtbare Rücknahme oder der unanfechtbare Widerruf einer zuvor erteilten Baugenehmigung oder die spätere Umgestaltung oder Nutzungsänderung einer zuvor genehmigten Anlage, die so erheblich ist, dass sie die Legalisierung durch die Genehmigung entfallen lässt. 1

II. Bauaufsichtliches Einschreiten

Schwarzbauten sind mithin Vorhaben, die formell illegal sind und den zuständigen Baurechtsbehörden Anlass geben (können), durch bauaufsichtliche Verfügungen gegenüber dem Bauherrn oder Eigentümer des Grundstücks einzuschreiten. Ein bauaufsichtliches Einschreiten steht grundsätzlich im pflichtgemäßen Ermessen der zuständigen Baugenehmigungsbehörde, die bei einer bloß formellen Baurechtswidrigkeit den Bauherrn oder den Eigentümer zunächst zur Vorlage eines förmlichen Bauantrages auffordern werden, falls nicht die Genehmigungsunfähigkeit von vorneherein feststehen sollte. Das Nachholen eines an sich erforderlichen präventiven Genehmigungsverfahrens stellt gegenüber einem Beseitigungsverlangen stets das mildere Mittel dar, um dem **Verhältnismäßigkeitsgrundsatz bei einem bauaufsichtlichen Einschreiten** gegen Schwarzbauten Genüge zu tun. Ist das Bauvorhaben noch nicht fertiggestellt, erfolgt regelmäßig eine sofort vollziehbare Baueinstellungsverfügung (**Baustopp**), um zum einen keine vollendeten Tatsachen entstehen zu lassen, zum anderen den Bauherrn zur Vorlage von Bauunterlagen anzuhalten, die erst eine behördliche Prüfung der materiellrechtlichen Genehmigungsfähigkeit in einem präventiven bauaufsichtliche Genehmigungsverfahren ermöglichen kann. 2

Im Fall einer genehmigungsbedürftigen, jedoch nicht genehmigten Nutzungsänderung einer baulichen Anlage oder eines Gebäudes wird die Baurechtsbehörde ebenfalls eine sofort vollziehbare **Nutzungsuntersagungsverfügung** in Erwägung ziehen müssen, um Vorbildwirkungen und Anreize zur Nachahmung durch Dritte zu verhindern. Insbesondere soll damit auch vermieden werden, dass der illegale Nutzer durch seinen Rechtsbruch Vorteile erzielen kann („**Kein Vorsprung durch Rechtsbruch**"). Im Regelfall rechtfertigt die formelle Illegalität den Erlass einer Nutzungsuntersagungsverfügung. Wer vor Erteilung der Baugenehmigung Bauarbeiten verrichtet oder bauliche Anlagen nutzt, handelt unter Missachtung der im Gemeinwohlinteresse liegenden Ordnungsfunktion des formellen Baurechts, die die rechtmäßige bauliche Entwicklung sichert. Damit derjenige, der gesetzeswidrig ohne die erforderliche Genehmigung baut, aus dieser Handlungsweise nicht unberechtigte Vorteile gegenüber dem gesetzestreuen Bauherrn zieht, darf die Bauaufsichtsbehörde ihn regelmäßig am Bauen und – ist die bauliche Anlage bereits fertiggestellt – an ihrer Nutzung vor der Erteilung der Baugenehmigung hindern.[1] 3

1 Ständige Rechtsprechung der Obergerichte, vgl. nur: OVG Münster Beschl. v. 24.1.2006 – 10 B 2159/05, juris Rn. 7 und v. 12.7.2007 – 7 E 664/07, ZfBR 2007, 702.

4 Etwas anderes kann im Einzelfall nur dann gelten, wenn die Nutzungsaufnahme offensichtlich genehmigungsfähig ist, sich ihre materielle Zulässigkeit also geradezu aufdrängt. Das setzt voraus, dass ein entsprechender Bauantrag gestellt, das Vorhaben nach Auffassung der Baugenehmigungsbehörde genehmigungsfähig ist und der Baugenehmigung keine sonstigen Hindernisse entgegenstehen.

III. Schwarzbauten in nachbarschaftlichen Kontext

5 Bauvorhaben, die ohne Baugenehmigung errichtet sind, haben in der verwaltungsrechtlichen Praxis eine besondere Bedeutung, die nicht den Nachbarschutz im eigentlichen Sinne betrifft, sondern als Argument für einen eigenen Bebauungswunsch oder gegen eine bauaufsichtliche Inanspruchnahme mittels Beseitigungsverfügung angeführt wird. Auf zwei unterschiedliche Weisen gewinnen Schwarzbauten in einer baurechtlichen Auseinandersetzung zwischen Bauherrn und Baugenehmigungsbehörde so einen besonderen Stellenwert, bei der der Nachbar mit seiner eigenen Bebauung einbezogen wird.

1. Prägung der Umgebung durch Schwarzbauten

6 Zum einen geht es darum, ob und unter welchen Voraussetzungen Schwarzbauten geeignet sein können, den baulichen Charakter der näheren Umgebung mitzubestimmen, was für die planungsrechtliche Beurteilung des Einfügens eines Vorhabens nach § 34 Abs. 1 Satz 1 BauGB von entscheidender Bedeutung ist. Da die nähere Umgebung im Sinne des § 34 Abs. 1 BauGB durch die tatsächlich vorhandene Bebauung geprägt wird und die Frage, ob diese vorhandene Bebauung genehmigt worden ist oder nicht, grundsätzlich unerheblich ist, können Schwarzbauten sowohl einen erforderlichen Bebauungszusammenhang vermitteln, als auch mit ihrer jeweiligen Nutzung die Eigenart der näheren Umgebung prägen.[2] Erst wenn die zuständige Bauaufsichtsbehörde nachvollziehbar zu erkennen gibt, dass ein ungenehmigt errichtetes Bauwerk abgebrochen werden soll, wirkt sich dieses in rechtlicher Hinsicht nicht mehr auf die Eigenart der näheren Umgebung aus. Der Nachbar eines Schwarzbaus kann kein schutzwürdiges Interesse daran haben, eine solche zu seinen Lasten gehende Entwicklung zu verhindern.

2. Ermessensausübung bei Schwarzbauten

7 Die zweite Konstellation, in der Schwarzbauten eines Nachbarn in der baurechtlichen Praxis eine für den Bauherrn mittelbar begünstigende Bedeutung haben können, ist die Abwehr bauaufsichtlicher Verfügungen, wenn der Nachbar bereits ein Bauvorhaben ohne bauaufsichtliche Genehmigung errichtet hat bzw. dieses nutzt und er selbst mit seiner baulichen Anlage dasselbe tut. Ausgangspunkt hierfür ist das **Willkürverbot** als Ausfluss des Gleichbehandlungsgrundsatzes des Art. 3 GG, der im Rahmen der behördlichen Ermessensausübung zu beachten ist. Dieser Gleichbehandlungsgrundsatz verpflichtet die Behörde dazu, vergleichbare Fälle nicht ohne sachlichen Grund und damit willkürlich unterschiedlich zu behandeln. Im Rahmen der Bauaufsicht fordert die Rechtsprechung bei einer Vielzahl von materiell rechtswidrigen Bauvorhaben zwar nicht ein gleichzeitiges Tätigwerden, sondern überlässt es den Bauaufsichtsbehörden, die illegalen baurechtlichen Verhältnisse nach und nach zu bereinigen. Gleichwohl dürfen die Behörden nicht systemlos oder willkürlich vorgehen und es müssen sachliche Gründe vorliegen, um eine Beschränkung auf einen Einzelfall zu rechtfertigen[3]. Andere gesetzwidrige Fälle, in denen (noch) nicht eingeschritten worden ist, dürfen insoweit dem bauaufsichtlichen Einschreiten ausnahmsweise entgegengehalten werden, wenn es nach der Art des Einschreitens an jedem System fehlt, für diese Art des Vorgehens keinerlei einleuchtende Gründe sprechen und die Handhabung deshalb als willkürlich angesehen werden muss.[4] In diesem Zusammenhang werden benachbarte Schwarzbauten, gegen die – insofern augenscheinlich – nicht vorgegangen wurde, häufig (jedoch überwiegend erfolglos) angeführt, um der Bauaufsichtsbehörde ein ermessensfehlerhaftes Vorgehen gegen den eigenen Schwarzbau vorzuhalten.

2 Vgl. statt vieler: *Jeromin* in HK-BauGB § 34 Rn. 23 und 24 mwN.
3 BVerwG Beschl. v. 22.4.1995 – 4 B 55.95, BRS 57 Nr. 248 (1995).
4 VGH München Beschl. v. 7.1.2002 – 2 ZB 01.3189, juris Rn. 2.

IV. Kein Nachbarschutz gegenüber Schwarzbauten

Bezogen auf den Nachbarschutz entspricht es der einhelligen Rechtsprechung, dass sich der Nachbar auf die **bloß formelle Rechtswidrigkeit** einer Bebauung nicht berufen kann, weil die bauordnungsrechtlichen Regelungen über die Genehmigungspflicht per se **nicht nachbarschützend** sind.[5] Die Pflicht, ein Vorhaben vor seiner Verwirklichung bauaufsichtsbehördlich überprüfen zu lassen, obliegt dem Bauherrn allein im öffentlichen Interesse. Der Umstand, dass im Rahmen des Baugenehmigungsverfahrens auch solche Gesichtspunkte zu prüfen sind, die (nicht nur im öffentlichen, sondern zugleich) im nachbarlichen Interesse liegen – wie nachbarschützende Vorschriften des öffentlichen Bauplanungs- und Bauordnungsrechts -, ändert daran nichts. Aus der formellen Baurechtswidrigkeit einer baulichen Anlage allein kann der Nachbar deshalb **keine eigenen Abwehransprüche** herleiten. Erst wenn ein Schwarzbau zugleich gegen nachbarschützende Vorschriften des materiellen Baurechts – wie zB die Abstandsflächenbestimmungen oder den Gebietserhaltungsanspruch[6] – verstößt, ist ein Abwehranspruch des Nachbarn gegeben[7], der sich dann nach den allgemeinen Grundsätzen des öffentlich-rechtlichen Nachbarschutzes im Baurecht richtet. 8

Bei Vorliegen eines materiellrechtlichen **Verstoßes gegen nachbarschützende Normen** des öffentlichen Baurechts durch einen Schwarzbau, ist das Bauvorhaben während der Herstellungs- bzw. Errichtungsphase auf Antrag oder von Amts wegen mit einem sofort vollziehbaren Baustopp zu belegen und im Fall der bereits erfolgten Nutzungsaufnahme eine sofort vollziehbare Nutzungsuntersagung zu verfügen. Sollte die Bauaufsichtsbehörde in diesem Fall nicht reagieren oder untätig bleiben, steht dem Nachbarn insoweit die Möglichkeit offen, im Wege der Gewährung vorläufigen Rechtsschutzes auf Erlass einer **einstweiligen Anordnung** gemäß § 123 VwGO (Sicherungsanordnung) ein verwaltungsgerichtliches Verfahren einzuleiten. Der Antrag richtet sich unmittelbar gegen die zuständige Bauaufsichtsbehörde und nur mittelbar gegen den Schwarzbauer, der in diesem Verfahren notwendig Beigeladener im Sinne des § 65 Abs. 2 VwGO ist. Wegen des Verbotes der Vorwegnahme der Hauptsache durch ein einstweiliges Rechtsschutzverfahren kann bei einem bereits fertiggestellten Bauvorhaben ein Rückbau- oder Beseitigungsanspruch des Nachbarn nur im Hauptsacheverfahren mittels Verpflichtungsklage (ggf. als Untätigkeitsklage) geltend gemacht werden. 9

109. Streitschlichtung, nachbarrechtliche

Staake

Literatur: *Bitter*, Die Crux mit der obligatorischen Streitschlichtung nach § 15a EGZPO – Zulässige und unzulässige Strategien zur Vermeidung eines Schlichtungsverfahrens, NJW 2005, 1235; *Haft/Eisele*, Außergerichtliche

5 Vgl. statt vieler: OVG Lüneburg Beschl. v. 30.8.2004 – 1 LA 277/03, NVwZ-RR 2005, 455 – mwN; zusammenfassend: OVG Bautzen Beschl. v. 24.11.2016 – 2 M 105/17; zur immissionsschutzrechtlichen Genehmigung: BVerwG Urt. v. 5.10.1990 – 7 C 55.89, BVerwGE 85, 368, 7 C 56.89, BVerwGE 85, 368.

6 Vgl. hierzu BVerwG Urt. v. 6.6.2019 – 4 C 10.18, NVwZ 2019, 1456: Gebietserhaltungsanspruch im faktischen Dorfgebiet (erfolgreicher Nachbarklage).

7 VG Schleswig Beschl. v. 21.12.2016 – 2 B 99/16, juris Rn. 7.

Streitschlichtung in Deutschland, NJW 2002, 278; *Knodel/Winkler*, Obligatorische Streitschlichtung – hilfreich oder lästig?, ZRP 2008, 183; *Lauer*, Erfahrungen mit der außergerichtlichen Streitbeilegung in Ausführung des § 15a EGZPO, NJW 2004, 1280; *Schmidt*, Mediation bei Streitigkeiten im Wohnungseigentumsrecht und Nachbarrecht, ZWE 2009, 432; *Stöber*, Das obligatorische Schlichtungsverfahren nach § 15 a EGZPO, JA 2014, 607; *Wiedemann*, Alternative Streitbeilegung neben staatlicher Gerichtsbarkeit, ZUM 2004, 779.

I. Einführung

1 *„Es kann der Frömmste nicht in Frieden bleiben / Wenn es dem bösen Nachbarn nicht gefällt."*[1] – Ob *Friedrich Schiller* einen Gartenzaun vor Augen hatte, als er seinem *Wilhelm Tell* die berühmten Worte in den Mund legte, ist nicht überliefert. Auch kann man sich *Schiller* nur schwerlich als Grundstückseigentümer vorstellen, der mit seinem Nachbarn über Grenzbebauung und überhängende Äste, über Lärm und Gerüche streitet. Und doch beschreibt kaum eine Redensart die mannigfaltigen Konflikte zwischen Nachbarn und ihre Auswirkungen auf das persönliche Befinden so trefflich wie der resignierende Ausspruch des literarischen *Wilhelm Tell*. Die **Besonderheit nachbarschaftsrechtlicher Streitigkeiten** besteht darin, dass es häufig nicht nur um einzelne Rechtsfragen geht und folglich auch deren (ggf. gerichtliche) Klärung bestehende Konflikte nicht bereinigen kann. Ein Rechtsproblem kann dabei Auslöser für Streitigkeiten zwischen den Nachbarn sein, aber auch ein für die Beteiligten willkommener Anlass, einen bis dahin außerrechtlichen Konflikt nunmehr auf eine neue Ebene zu heben, die Waffen zu schärfen und vor Gericht zu ziehen. Die angerufenen Gerichte sehen sich bei Nachbarschaftsstreitigkeiten daher oftmals mit einer Gemengelage von rechtlichen und nicht-rechtlichen Problemen und Motiven konfrontiert. Zugleich werden Nachbarstreitigkeiten oft sehr emotional geführt, gerade weil sie den privaten Lebensbereich betreffen. Eine gerichtliche Entscheidung mag dann zwar eine „Schlacht" zwischen den Nachbarn entscheiden, nicht aber deren „Krieg" beenden. Während die **autoritative Streitentscheidung** auf die Entscheidung konkreter Rechtsfragen abzielt, soll die **mediatorische Streitschlichtung** den übergreifenden Konflikt offenlegen, behandeln und bestenfalls auflösen. Hier setzt § 15a Abs. 1 S. 1 Nr. 2 EGZPO an, der die Bundesländer ermächtigt, für Nachbarschaftsstreitigkeiten ein **obligatorisches Güteverfahren** als besondere Prozessvoraussetzung einzuführen.

II. Begriffliche Grundlagen

2 Die **Terminologie**, mittels derer der Bereich der außergerichtlichen Streitschlichtung beschrieben wird, ist uneinheitlich. Die Begriffe „Streitschlichtung", „Mediation" und „Güteverfahren" sind gesetzlich **nicht klar umrissen**. Sofern man hierin nicht ohnehin austauschbare Synonyme erblickt, ließe sich eine sinnvolle Unterscheidung etwa wie folgt fassen: Die „Streitschlichtung" dient als begrifflicher Gegenpart zur „Streitentscheidung", während im Begriff der „Mediation" der vermittelnde Charakter des Procederes zum Ausdruck gebracht wird, das im „Güteverfahren" dann seinen privat gesetzten oder gesetzlich vorgegeben formalen Rahmen findet.

3 Unabhängig von der begrifflichen Einkleidung ist die Streitschlichtung dadurch gekennzeichnet, dass die Beteiligten nicht einem Ergebnis unterworfen werden, das autoritativ verkündet wird. Stattdessen sollen sie **gestaltend** am Prozess der Ergebnisfindung und Konfliktlösung **mitwirken**. Dabei wird die Hilfe eines neutralen Dritten in Anspruch genommen, der ohne eigene Entscheidungskompetenz eine interessenorientierte Verhandlungsunterstützung bieten soll.[2] Der Dritte fungiert gleichsam als Katalysator für die angestrebte Einigung der im Streit liegenden Beteiligten. Erzwungen werden kann eine Einigung und damit der Erfolg der Streitschlichtung dabei nicht.

4 Die Streitschlichtung kann **freiwillig oder gesetzlich** angeordnet sein. In den meisten Rechtsstreitigkeiten ist es den Beteiligten unbenommen, eine Konfliktlösung im Rahmen einer Mediation anzustreben. Obligatorisch ist die Streitschlichtung nur in den gesetzlich bestimmten Fällen. Von besonderer Bedeutung ist dabei **§ 15a EGZPO**, wobei die bundesrechtliche Vorschrift Schlichtungsverfahren nicht zwingend vor-

1 *Schiller* Wilhelm Tell, 4. Akt, 3. Szene.
2 Vgl. *Wiedemann* ZUM 2004, 779; siehe auch *Schmidt* ZWE 2009, 432 ff.

schreibt, sondern lediglich eine Ermächtigung für die Bundesländer vorsieht, für bestimmte Konstellationen ein zwingendes Schlichtungsverfahren einzuführen und dieses verfahrensrechtlich auszugestalten. Da § 15a EGZPO den Bundesländern keine zwingenden Vorgaben macht, spricht man von einer „Öffnungsklausel“.[3]

Kein Fall der Streitschlichtung ist das **Schiedsverfahren** (§§ 1025 ff. ZPO). Dieses stellt zwar auch ein 5
Gegenmodell zur gerichtlichen Streitentscheidung dar, doch wird insoweit nur die hoheitliche durch eine privatautonom bestimmte Autorität ersetzt. Anstelle der staatlichen Gerichte sollen hier Schiedsrichter entscheiden. Die Grundlage hierfür bilden sog. Schiedsklauseln in vertraglichen Vereinbarungen, zB in Gesellschafts- oder Unternehmenskaufverträgen. Für das Nachbarschaftsverhältnis fehlt es in aller Regel an einer vertraglichen Grundlage und damit auch an einer Schiedsklausel, so dass Schiedsverfahren hier in der Praxis keine signifikante Rolle spielen.

III. Rechtspolitische Einordnung der obligatorischen Streitschlichtung

1. Zweck und potenzielle Vorteile

Das obligatorische Schlichtungsverfahren soll insbesondere der **Entlastung der Gerichte** dienen und Kon- 6
flikte **schneller und kostengünstiger** bereinigen.[4] Durch die Förderung der konsensualen Streitbeilegung soll es zudem zu einer langfristigen Befriedung beitragen und somit den **Rechtsfrieden** fördern.[5] Eine erfolgreiche Streitschlichtung kann im Idealfall auch zur **Wiederherstellung nachbarschaftlicher Sozialbeziehungen** führen.[6]

2. Kritik und potenzielle Nachteile

In der Praxis wird die Pflicht zur Durchführung eines Schlichtungsverfahrens allerdings vielfach als lästig 7
empfunden.[7] Sie führt einerseits zu einer **Verzögerung des Rechtsstreits**, zu **zusätzlichen Kosten** und einem erhöhten **personellen Aufwand** für die Beteiligten. Kritiker bezweifeln zudem die Effektivität obligatorischer Güteverfahren.[8] Die Entlastung der Gerichte sei allenfalls marginal. Dabei wird auch darauf verwiesen, dass der Anrufung des Schlichters in der Regel ohnehin eine von Anwälten fruchtlos geführte außergerichtliche Korrespondenz vorangegangen ist.[9]

IV. Sachlicher Anwendungsbereich des § 15a EGZPO

1. Allgemeines

Gemäß § 15a Abs. 1 S. 1 EGZPO kann ein obligatorisches Güteverfahren vor einer von der Landesjustiz- 8
verwaltung eingerichteten oder anerkannten Gütestelle für folgende Streitigkeiten vorgesehen werden: **vermögensrechtliche Streitigkeiten** vor dem Amtsgericht über Ansprüche, deren Gegenstand an Geld oder Geldeswert die Summe von **750 Euro** nicht übersteigt (Nr. 1); **nachbarschaftsrechtliche Streitigkeiten** (Nr. 2); Streitigkeiten über Ansprüche wegen **Verletzung der persönlichen Ehre**, die nicht in Presse oder Rundfunk begangen worden sind (Nr. 3); Streitigkeiten über Ansprüche nach Abschnitt 3 des **Allgemeinen Gleichbehandlungsgesetzes** (Nr. 4).

§ 15a Abs. 2 EGZPO normiert **Ausnahmen** vom Erfordernis eines obligatorischen Güteverfahrens, die bei 9
Nachbarschaftsstreitigkeiten aber allenfalls von untergeordneter Bedeutung sind. Nach § 15a Abs. 3 EGZPO entfällt das Erfordernis eines Einigungsversuchs vor einer von der Landesjustizverwaltung einge-

3 Vgl. etwa BGH Urt. v. 7.7.2009 – VI ZR 278/08, NJW-RR 2009, 1239.
4 BGH Urt. v. 7.7.2009 – VI ZR 278/08, NJW-RR 2009, 1239.
5 BT-Drs. 14/980, 5; *Haft/Eisele* NJW 2002, 278.
6 BT-Drs. 14/980, 6.
7 *Lauer* NJW 2004, 1280.
8 Vgl. die statistische Auswertung für Baden-Württemberg bei *Knodel/Winkler* ZRP 2008, 183 ff.
9 *Knodel/Winkler* ZRP 2008, 183 (184).

richteten oder anerkannten Gütestelle, wenn die Parteien einvernehmlich einen **Einigungsversuch vor einer sonstigen Gütestelle**, die Streitbeilegungen betreibt, unternommen haben.

10 Der optionale Charakter des § 15a EGZPO kommt in dessen Abs. 4 zum Ausdruck, der die Ausgestaltung des Verfahrens dem Landesgesetzgeber überlässt und diesem zudem die Möglichkeit einräumt, den Anwendungsbereich des Abs. 1 einzuschränken und die Ausschlussgründe des Abs. 2 zu erweitern. Die Landesgesetzgeber können also selbst bestimmen, ob überhaupt und, falls ja, in welchen der von § 15a EGZPO zugelassenen Fällen ein Schlichtungsverfahren durchzuführen ist. Über die in § 15a Abs. 1 S. 1 EGZPO genannten Fallgruppen hinaus kann hingegen ein Schlichtungsverfahren **nicht** landesrechtlich angeordnet werden.

2. Nachbarschaftsrechtliche Streitigkeiten

11 Zu den nachbarschaftsrechtlichen Streitigkeiten zählt insbesondere die Geltendmachung von Ansprüchen aus den §§ 910, 911, 923 BGB betreffend **Überhang**, **Hinüberfall** und **Grenzbäume** (→ *Anpflanzungen an der Grundstücksgrenze* Rn. 1 ff.) sowie von Ansprüchen nach § 906 BGB wegen Einwirkungen auf das Nachbargrundstück (zB durch Immissionen, → *Lärm, allgemein* Rn. 1 ff., → *Luftverunreinigungen* Rn. 1 ff., → *Musik* Rn. 1 ff.), Weiter erfasst sind Ansprüche aus Landesnachbarrechtsgesetzen, die auf Grundlage des **Art. 124 EGBGB** erlassen wurden. Diese können beispielsweise Regelungen über Nachbar- und Grenzwände (→ *Grenzwand* Rn. 1 ff.) sowie Hammerschlags-, Leiter-, Licht- und Fensterrechte (→ *Hammerschlags- und Leiterrecht* Rn. 1 ff.) enthalten. § 15a Abs. 1 S. 1 Nr. 2 EGZPO nimmt Streitigkeiten aus, bei denen es um Einwirkungen von einem gewerblichen Betrieb geht. Die Durchführung eines Schlichtungsverfahrens kann nur verlangt werden, wenn der Regelungsbereich nachbarrechtlicher Vorschriften (oder ein anderer der in § 15a Abs. 1 S. 1 EGZPO normierten Fälle) erkennbar betroffen ist.[10]

3. WEG-Streitigkeiten

12 Umstritten und noch nicht höchstrichterlich geklärt ist die Frage, ob WEG-Streitigkeiten dem Anwendungsbereich des § 15a Abs. 1 Nr. 2 EGZPO unterfallen.[11]

V. Landesrechtliche Schlichtungsgesetze

13 Von der in § 15a Abs. 1 S. 1 EGZPO eingeräumten Möglichkeit, ein Schlichtungsverfahren vorzuschreiben, haben folgende zehn Bundesländer Gebrauch gemacht:[12]

- **Bayern** durch das Bayerische Schlichtungsgesetz (BaySchlG)
- **Brandenburg** durch das Brandenburgische Schlichtungsgesetz (BbgSchlG)
- **Hessen** durch das Hessische Schlichtungsgesetz (HessSchlG)
- **Mecklenburg-Vorpommern** durch das Schiedsstellen- und Schlichtungsgesetz (MVSchStG)
- **Niedersachsen** durch das Niedersächsische Schlichtungsgesetz (NSchlG)
- **Nordrhein-Westfalen** durch die §§ 53 ff. des Justizgesetzes (JustG NRW)
- **Rheinland-Pfalz** durch das Landesschlichtungsgesetz (RhPfLSchlG)
- **Saarland** durch die §§ 37a ff. des Gesetzes zur Ausführung bundesrechtlicher Justizgesetze (SaarlAGJusG)
- **Sachsen-Anhalt** durch das Schiedsstellen- und Schlichtungsgesetz (LSASchStG)
- **Schleswig-Holstein** durch das Landesschlichtungsgesetz (SchlHLSchliG)

10 OLG Hamm Urt. v. 6.9.2018 – 5 U 52/18, BeckRS 2018, 28959; gegen die Analogiefähigkeit der Vorschrift ausdrücklich LG Frankfurt a. M. Urt. v. 11.4.2019 – 213 S 6/19, ZWE 2019, 380.

11 Grundsätzlich bejahend BeckOK/*Scheel*, 55. Ed., Stand 1.8.2020, WEG § 43 Rn. 1; verneinend LG Frankfurt a. M. Urt. v. 15.3.2018, 2-13 S 102/17, MittBayNot 2018, 439 (Streit um Grenzbepflanzung der Sondernutzungsrechte); differenzierend LG Frankfurt a. M. Urt. v. 11.4.2019 – 213 S 6/19, ZWE 2019, 380 (Streit um Zigarettenrauch).

12 In Baden-Württemberg ist das dort zunächst eingeführte Schlichtungsgesetz (BWSchlG) 2013 wieder aufgehoben worden.

VI. Prozessuale und materiellrechtliche Konsequenzen

1. Güteverfahren als Prozessvoraussetzung

Sofern das Landesrecht ein obligatorisches Güteverfahren vorsieht, ist dessen Durchführung eine unverzichtbare Prozessvoraussetzung. Der Einigungsversuch muss der Klageerhebung **zwingend vorausgehen**. Fehlt es hieran, ist eine erhobene Klage **unzulässig**. Der Mangel kann nicht durch Nachholung des Güteverfahrens geheilt werden. Die nachträgliche erfolglose Durchführung des Schlichtungsverfahrens bis zur mündlichen Verhandlung, führt also **nicht** zur Zulässigkeit der Klage.[13] 14

In den Fällen der **objektiven Klagehäufung** entfällt die Schlichtungsbedürftigkeit eines Klageantrags nicht schon deshalb, weil er im Wege der objektiven Klagehäufung mit einem nicht schlichtungsbedürftigen Antrag verbunden wird.[14] Die Verbindung mehrerer Klageanträge kann daher auch nicht aus diesem Grund rechtsmissbräuchlich sein, da insoweit eine Umgehung des obligatorischen Güteverfahrens ausscheidet.[15] 15

Die Durchführung eines obligatorischen Güteverfahrens ist als Prozessvoraussetzung auch noch **im Berufungsverfahren** von Amts wegen zu prüfen. Das Berufungsgericht hat bei Nichtdurchführung die Klage durch Prozessurteil auch dann abzuweisen, wenn das erstinstanzliche Gericht ein Sachurteil erlassen hat.[16] 16

Gemäß § 15a Abs. 1 S. 2 EGZPO muss der Kläger die von einer Gütestelle ausgestellte Bescheinigung über den erfolglosen Einigungsversuch mit der Klage einreichen. Hat dieser Versuch vor Einreichung der Klage stattgefunden, so kann die **Bescheinigung** bis zur Entscheidung des Gerichts über die Zulässigkeit der Klage **nachgereicht** werden.[17] 17

2. Hemmung der Verjährung

Der Güteantrag hemmt in entsprechender Anwendung von **§ 204 Abs. 1 Nr. 4 lit. a BGB** die Verjährung.[18] Sechs Monate nach der Beendigung des Güteverfahrens endet die Hemmung der Verjährung. Etwas anderes gilt nur, wenn das Streitverfahren unmittelbar anschließt.[19] Wird der Antrag bei einer nicht als Gütestelle zugelassenen sonstigen Schlichtungsstelle, auf die sich die Parteien einvernehmlich geeinigt haben, eingereicht, wird die Verjährung ebenfalls gehemmt und zwar nach **§ 204 Abs. 1 Nr. 4 BGB**, da die Parteien in diesem Fall den Einigungsversuch einvernehmlich unternehmen.[20] 18

3. Erfolgreicher Einigungsversuch

Ist das Schlichtungsverfahren erfolgreich, stehen den Beteiligten die allgemeinen zivilrechtlichen Instrumente zur Gestaltung ihrer Rechtsbeziehung zur Verfügung. In Betracht kommt dabei insbesondere der Abschluss eines Vergleichs. Ein vor einer durch Landesrecht bestimmten oder anerkannten Gütestelle geschlossener **Vergleich** gilt gemäß § 15a Abs. 6 ZPO als Vergleich im Sinne des § 794 Nr. 1 ZPO und stellt damit einen **Vollstreckungstitel** dar. 19

---

13 BGH Urt. v. 23.11.2004 – VI ZR 336/03, NJW 2005, 437; OLG Saarbrücken Urt. v. 12.12.2019 – 4 U 15/19, BeckRS 2019, 32688; LG Ellwangen Urt. v. 1.3.2002 – 1 S 18/02, NZM 2002, 408; siehe auch BT-Drs. 14/980, 6; für die Nachholbarkeit hingegen noch OLG Hamm Urt. v. 11.4.2002 – 5 U 167/01, MDR 2003, 387; AG Nürnberg Urt. v. 22.2.2001 – 20 C 567/01, NJW-RR 2002, 430.

14 BGH Urt. v. 7.7.2009 – VI ZR 278/08, NJW-RR 2009, 1239 mit Nachweisen zum Streitstand.

15 Zu weiteren Umgehungskonstellationen siehe *Bitter* NJW 2005, 1235 ff.; *Stöber* JA 2014, 607 f.

16 OLG Saarbrücken Urt. v. 12.12.2019 – 4 U 15/19, BeckRS 2019, 32688; LG Dortmund Urt. v. 11.7.2017 – 1 S 282/16, ZWE 2017, 426.

17 BT-Drs. 14/980, 6.

18 BGH Urt. v. 8.12.2017 – V ZR 16/17, NJW-RR 2018, 394; *Grziwotz* in Grziwotz/Lüke/Saller, NachbarR-HdB, Kap. 5 Rn. 264.

19 *Grziwotz* in Grziwotz/Lüke/Saller, NachbarR-HdB, Kap. 5 Rn. 264.

20 *Grziwotz* in Grziwotz/Lüke/Saller, NachbarR-HdB, Kap. 5 Rn. 264.

VII. Verfahrensablauf

1. Bundesrechtliche Vorgaben

20 § 15a EGZPO enthält nur **rudimentäre Vorgaben** zum Ablauf des Schlichtungsverfahrens. Gegen eine im Gütetermin nicht erschienene Partei darf ein Ordnungsgeld festgesetzt werden, wenn das Landesrecht dies vorsieht (§ 15a Abs. 5 EGZPO). Durch Landesrecht kann auch bestimmt werden, dass die Gütestelle ihre Tätigkeit von der Einzahlung eines angemessenen Kostenvorschusses abhängig machen kann (§ 15a Abs. 5 EGZPO).

21 Die Gütestelle muss eine **Bescheinigung** über einen erfolglosen Einigungsversuch ausstellen, wobei ein solcher unwiderleglich vermutet wird, wenn das Güteverfahren nicht innerhalb von drei Monaten durchgeführt worden ist (§ 15a Abs. 1 S. 2 und 3 EGZPO). Dasselbe gilt, wenn der Einigungsversuch vor einer sonstigen Gütestelle unternommen wurde (§ 15a Abs. 3 S. 3 EGZPO).

2. Landesrechtliche Vorgaben

22 Die weiteren Einzelheiten des Verfahrens sind vom Landesgesetzgeber festzulegen. In den Landesgesetzen sind insbesondere die **Schlichtungsstellen** festgelegt, vor denen ein Güteverfahren stattfinden kann. In Brandenburg, Hessen, Mecklenburg-Vorpommern, Niedersachen, Nordrhein-Westfalen, Rheinland-Pfalz, Saarland, Sachsen-Anhalt und Schleswig-Holstein sind zuvörderst sog. Schiedsämter bzw. Schiedsstellen mit dem Güteverfahren betraut, bei denen ehrenamtliche Schlichter tätig sind. In Bayern fungieren hingegen Notare und Rechtsanwälte als Schlichter (vgl. § 3 Abs. 1 und Abs. 2 S. 1 BaySchlG).[21]

23 Der Landesgesetzgeber kann zudem etwa Vorgaben zur Antragstellung, zum persönlichen Erscheinen und der Sanktionierung des Nichterscheinens machen. Einzelheiten ergeben sich aus den jeweiligen Landesgesetzen.

VIII. Kosten

24 Gemäß § 15a Abs. 3 EGZPO zählen die **Kosten der Gütestelle** zu den Kosten des nachfolgenden Rechtsstreits im Sinne von § 91 Abs. 1 und 2 ZPO. Welche Kosten anfallen, ist bundesrechtlich nicht vorgegeben und daher vom Landesgesetzgeber festzulegen (§ 15a Abs. 5 EGZPO). Gemäß § 1 Abs. 1 BerHG kann einer bedürftigen Partei **Beratungshilfe** auch im Schlichtungsverfahren zu gewähren sein.[22] Allerdings sind die Kosten des Schlichters hiervon nicht erfasst.[23]

25 **Anwaltsgebühren** für das obligatorische Güteverfahren können unter dem Gesichtspunkt notwendiger Vorbereitungskosten erstattungsfähig sein.[24] Dies ist letztlich eine Frage des Einzelfalls. Bei einfach gelagerten Fällen soll die Notwendigkeit zu verneinen sein.[25]

21 Einzelheiten bei *Gruber* in MüKoZPO EGZPO § 15a Rn. 47 mit Fn. 128.

22 *Gruber* in MüKoZPO EGZPO § 15a Rn. 54.

23 Siehe dazu *Knodel/Winkler* ZRP 2008, 183 (184).

24 OLG Köln Beschl. v. 7.10.2009 – 17 W 209/09, NJW-RR 2010, 431; BayObLG Beschl. v. 29.6.2004 – 1Z BR 36/04, NJW-RR 2005, 724; *Gruber* in MüKoZPO EGZPO § 15a Rn. 56.

25 *Gruber* in MüKoZPO EGZPO § 15a Rn. 56.

110. Strommast

Umbach

Literatur: *Budzinski,* Beim Elektro-Smog nichts Neues?, NVwZ 2013, 404; *Determann*, Entwicklung der Rechtsprechung zur Gesundheitsverträglichkeit elektromagnetischer Felder, NVwZ 1997, 647; *Kirchberg*, Verwaltungsgerichtsbarkeit heute – illustriert anhand der Rechtsprechung zum Elektrosmog, NVwZ 1998, 441; *Keßler*, Elektromagnetische Verträglichkeit und allgemeine Zivilrechtsordnung, UPR 2000, 328; *Klindt*, Das Gesetz über die elektromagnetische Verträglichkeit von Geräten (EMVG), NJW 1999, 175; *Kutscheidt*, Die Verordnung über elektromagnetische Felder, NJW 1997, 2481; *Schünemann*, Das Gesetz über die elektromagnetische Verträglichkeit von Geräten als Schutzgesetz im Sinne von § 823 Abs. 2 BGB, NJW 1996, 81; *Theobald/Kühling*, Energierecht, Stand Dezember 2019.

I. Einführung

1 Strommasten, die auch als **Freileitungsmasten** bezeichnet werden, stellen technische Konstruktionen dar, die der Aufhängung von elektrischen Freileitungen dienen. Sie tragen oberirdische Leitungssysteme, die für den Transport und die Verteilung elektrischen Stroms zum Einsatz kommen. Abhängig von ihrer konkreten Funktion, ihrer Nutzungsart und den Standortbedingungen werden Strommasten aus verschiedenen Materialien, vor allem aus Stahl, Beton oder Holz hergestellt. Zu unterscheiden ist zwischen Niederspannungs-, Mittelspannungs- und Hochspannungsnetzen[1] sowie Gleichstromnetzen, wobei die jeweiligen Spannungslasten verschiedene Mastenmodelle und -konstruktionen bedingen. In der Praxis zeigt sich eine große gestalterische Bandbreite; es existieren niedrige säulenförmige Mastenkonstruktionen bis hin zu Gittermasten, die sehr große Höhen und Ausmaße erreichen können.

2 Im Nachbarverhältnis können sich infolge des Baus und der Nutzung von Strommasten, einschließlich der zugehörigen Leitungssysteme, unterschiedliche Streitigkeiten ergeben. Werden entsprechende Anlagen in der Nachbarschaft errichtet, kann dies aus der Perspektive eines Grundstückseigentümers zu erheblichen ästhetischen Beeinträchtigungen und Einschränkungen des Ausblicks, zu Verschattungen der eigenen Nutzflächen sowie zu anderen negativen Folgewirkungen führen. Besondere Bedeutung erlangen von Strommasten nebst Stromleitungen ausgehende Immissionen, die zumeist unter dem Stichwort „Elektrosmog"

1 Niederspannung (Betriebsspannung) bis 1000 Volt, Mittelspannung bis 50 kVolt, Hochspannung über 50 kVolt.

diskutiert werden.[2] Eine bedeutende Rolle spielen darüber hinaus Streitfälle, die aus dem Zugriff etwa von Energieversorgungsunternehmen auf ihnen nicht gehörende Grundstücke resultieren, um dort zwecks Stromversorgung der Anlieger sowohl Strommasten als auch Leitungssysteme zu errichten. Auch diese Aspekte sollen betrachtet werden, weil in diesem Kontext gleichermaßen nachbarrechtliche Fragestellungen betreffend die Inanspruchnahme von Grundstücksflächen aufgeworfen sind.

3 Zur Beilegung nachbarrechtlicher Konflikte um die Errichtung von Strommasten und die Verlegung von oberirdischen Stromleitungen stehen sowohl bürgerlich-rechtliche als auch öffentlich-rechtliche Abwehrinstrumentarien zur Verfügung.

II. Befugnisse des Eigentümers

4 Gestützt auf § 903 Satz 1 BGB steht es im Ausgangspunkt jedem Grundstückseigentümer grundsätzlich frei, nach Belieben mit seinem Grundstück zu verfahren. Durch § 905 Satz 1 BGB werden Gegenstand und Reichweite der Eigentumsrechte räumlich konkretisiert. Diese erfassen zunächst den **Erdkörper**, dh den Raum unter der Grundstücksoberfläche;[3] vor diesem Hintergrund berührt die Verlegung von Erdstromkabeln regelmäßig die Herrschaftssphäre des Grundeigentümers.[4] Von den hier zu behandelnden Strommasten nebst oberirdischen Stromleitungen ist im Kern der Raum **oberhalb der Grundstücksoberfläche** betroffen. Da die aus dem Eigentum resultierenden Befugnisse des Grundeigentümers auch in der Höhe gemäß § 905 Satz 2 BGB so weit reichen, wie ein anerkennungswertes Ausschließungsinteresse besteht,[5] ist darauf abzustellen, ob schutzwürdige Belange etwa durch eine teils in erheblicher Höhe verlegte Stromleitung nachteilig berührt werden. Dies wird bei oberirdischen Stromleitungen regelmäßig der Fall sein, weil die Möglichkeit nicht ausgeschlossen werden kann, dass schutzwürdige materielle oder immaterielle, also auch ästhetische Interessen beeinträchtigt sind.[6] Im Hinblick auf die Verankerung von Strommasten im Erdreich durch teilweise tiefreichende Fundamente können darüber hinaus auch Beeinträchtigungen der erdkörperbezogenen Eigentümerrechte in Rede stehen.[7]

III. Bürgerlich-rechtliche Abwehransprüche bei Errichtungen in der Nachbarschaft

5 Werden zunächst Sachverhalte in den Blick genommen, bei welchen auf Nachbargrundstücken Strommasten nebst Leitungssystemen errichtet werden, kommen unterschiedliche Anknüpfungen für **bürgerlich-rechtliche Abwehransprüche** in Betracht. Dabei können verschiedene Rechtssubjekte als potenzielle **Störer** in Erscheinung treten. Dies kann zum einen der anliegende Grundstücksnachbar selbst sein, der eine Stromversorgungsanlage mit Masten vorhält oder der einem Energieversorgungsunternehmen die Aufstellung von Strommasten auf seinem Grundstück gestattet. Er ist dann jedenfalls als mittelbarer Handlungsstörer[8] und ebenso als Zustandsstörer verantwortlich, was unabhängig davon gilt, ob sich das Nachbargrundstück in privater oder öffentlicher Hand befindet. Als Störer kann ebenfalls der Erbauer und Betreiber der Stromanlage, meist also ein Energieversorgungsunternehmen, in Betracht kommen.

6 Im Hinblick auf nachteilige Beeinträchtigungen ist zwischen immateriellen und negativen Einwirkungen einerseits sowie Immissionseinwirkungen andererseits zu differenzieren.

---

2 *Dehner* B § 16 S. 15; *Determann* NVwZ 1997, 647; *Kutscheidt* NJW 1997, 2481 (2482); *Kirchberg* NVwZ 1998, 441; *Klindt* NJW 1999, 175; *Budzinski* NVwZ 2013, 404; *Wagner* in MüKoBGB § 823 Rn. 1056.

3 BGH Urt. v. 23.10.1980 – III ZR 146/78, MDR 1981, 566 (567); vgl. auch BGH Urt. v. 13.7.1978 – III ZR 28/76, NJW 1978, 2290 (2291).

4 Vgl. BGH Urt. v. 13.3.1991 – VIII ZR 373/89, NJW-RR 1991, 841; Urt. v. 9.12.2016 – V ZR 231/15, NJW-RR 2017, 653.

5 *Brückner* in MüKoBGB § 905 Rn. 5; siehe auch BGH Urt. v. 23.10.1980 – III ZR 146/78, MDR 1981, 566 (567); Urt. v. 12.10.2018 – V ZR 81/18, NJW-RR 2019, 463.

6 BGH Urt. v. 19.12.1975 – V ZR 38/74, NJW 1976, 416; *Brückner* in MüKoBGB § 905 Rn. 6.

7 Vgl. zu Beseitigungsansprüchen bezüglich tiefliegender Reste von Strommastfundamenten – OLG Celle Urt. v. 15.7.2004 – 4 U 55/04, NZM 2005, 39 (40).

8 Vgl. *Herrler* in Palandt BGB § 1004 Rn. 18.

1. Abwehr von immateriellen und negativen Einwirkungen

a) Beseitigungs- und Unterlassungsansprüche nach § 1004 Abs. 1 BGB. Im Ausgangspunkt verbürgt die Norm des § 1004 Abs. 1 BGB verschuldensunabhängige Ansprüche auf **Beseitigung** (Satz 1) und **Unterlassung** (Satz 2) von Beeinträchtigungen des Eigentums. Inhalt und Umfang eines auf § 1004 Abs. 1 BGB gestützten negatorischen Abwehranspruchs ergeben sich aus den gesetzlichen Regelungen des Nachbarrechts, das durch einen Ausgleich der einander widerstreitenden Interessen der Nachbarn gekennzeichnet ist und sich nicht nur als Bundesrecht im Bürgerlichen Gesetzbuch findet (§§ 906 ff. BGB), sondern auch in den die allgemeinen nachbarrechtlichen Bestimmungen ändernden und ergänzenden Rechtsvorschriften enthalten ist, die nach Art. 1 Abs. 2, Art. 124 Satz 1 EGBGB dem Landesgesetzgeber vorbehalten sind.[9] Die jeweilige Eigentümerstellung wird durch die Zusammenschau aller sie regelnden gesetzlichen Vorschriften bestimmt, die zugleich ihren Inhalt und ihre Schranken ausmachen. 7

Allerdings liegen in der Regel keine Beeinträchtigungen des Grundeigentums bei sogenannten **immateriellen (ideellen)** oder **negativen Einwirkungen** vor.[10] Der Grundstückseigentümer hat zum einen keinen Anspruch auf eine bestimmte Gestaltung des Nachbargrundstücks oder einen genehmen ästhetischen Anblick.[11] Es entspricht zum anderen der herrschenden Rechtsprechung, dass negative Beeinträchtigungen, also Abhaltungen natürlicher Vorteile und Zuführungen, gewöhnlich keine Abwehrbefugnisse auslösen.[12] Denn die betreffenden Wirkungen sind auf das Nachbargrundstück beschränkt; sie sind nicht unmittelbar grenzüberschreitend. Auf das betroffene Grundstück wirken sie nur mittelbar ein.[13] Die Rechtsprechung hat es bislang zudem abgelehnt, analog § 906 Abs. 1 BGB auch negative Einwirkungen als Eigentumsbeeinträchtigungen zu erfassen.[14] Dies gilt selbst dann, wenn erhebliche Wertminderungen zu besorgen sind. 8

Vor diesem Hintergrund rechtfertigen durch in der Nachbarschaft errichtete Strommasten bedingte Verschlechterungen des **An- und Ausblicks** regelmäßig keine auf das Eigentum gestützten Beseitigungs- oder Unterlassungsansprüche. Ebenso wenig sind mit Strommasten verbundene Verschattungen von Grundstücksbereichen oder vergleichbare mittelbare Beeinträchtigungen auf der Grundlage von § 1004 Abs. 1 BGB abwehrfähig. 9

b) Quasinegatorische Abwehransprüche. Soweit anerkannt ist, dass § 1004 Abs. 1 BGB analoge Anwendung auf andere absolute Rechte im Sinne des § 823 Abs. 1 BGB mit der Folge findet, dass verschuldensunabhängige Beseitigungs- und Unterlassungsverlangen gleichermaßen bei eingetretenen oder drohenden Beeinträchtigungen absolut geschützter Rechtsgüter durchgesetzt werden können,[15] lässt sich über derartige **quasinegatorische Ansprüche** die Errichtung von Strommasten auf dem Nachbargrundstück unter dem Gesichtspunkt immaterieller oder negativer Einwirkungen ebenso wenig abwehren. Es mangelt in der Regel an einer einschlägigen Rechtsgutsverletzung. Entsprechendes gilt im Hinblick auf § 823 Abs. 2 BGB,[16] weil keine Schutzgesetze existieren, die auf die Bewahrung des Ausblicks oder die Verhinderung negativer Einwirkungen ausgerichtet sind. 10

9 BGH Urt. v. 12.11.1999 – V ZR 229/98, NJW-RR 2000, 537 (537 f.); Urt. v. 12.6.2015 – V ZR 168/14, NJW-RR 2016, 24.

10 BGH Urt. v. 21.10.1983 – V ZR 166/82, NJW 1984, 729 (729 f.); Urt. v. 11.7.2003 – V ZR 199/02, NJW-RR 2003, 1313 (1314).

11 BGH Urt. v. 15.5.1970 – V ZR 20/68, NJW 1970, 1541 (1542); Urt. v. 11.7.2003 – V ZR 199/02, NJW-RR 2003, 1313 (1314).

12 BGH Urt. v. 11.7.2003 – V ZR 199/02, NJW-RR 2003, 1313 (1314); OLG Frankfurt a.M. Urt. v. 27.10.1988 – 16 U 117/87, NJW-RR 1989, 464; *Brückner* in MüKoBGB § 906 Rn. 52.

13 *Brückner* in MüKoBGB § 906 Rn. 50.

14 BGH Urt. v. 11.7.2003 – V ZR 199/02, NJW-RR 2003, 1313 (1314); OLG Frankfurt a.M. Urt. v. 27.10.1988 – 16 U 117/87, NJW-RR 1989, 464 (464).

15 BGH Urt. v. 25.4.1958 – I ZR 97/57, NJW 1958, 1043; Urt. v. 20.12.2011 – VI ZR 261/10, NJW 2012, 771; *Herrler* in Palandt BGB § 1004 Rn. 4.

16 Vgl. allgemein BGH Urt. v. 26.2.1993 – V ZR 74/92, NJW 1993, 1580; Urt. v. 17.7.2008 – I ZR 219/05, NJW 2008, 3565 (3566).

11 **c) Abwehransprüche aus § 907 Abs. 1 BGB.** Eine Anspruchsgrundlage, um gegen die Errichtung von Strommasten in der Nachbarschaft vorzugehen, resultiert gleichfalls nicht aus § 907 Abs. 1 BGB, wenn lediglich immaterielle und negative Einwirkungen in Rede stehen. Denn der besondere Abwehranspruch in Bezug auf gefahrdrohende **Anlagen** erfasst nur grenzüberschreitende Einwirkungen im Sinne des § 906 Abs. 1 und 2 BGB.[17]

12 **d) Abwehransprüche aus Delikt.** Auch durch einen Rückgriff auf deliktische verschuldensabhängige Anspruchsgrundlagen nach § 823 Abs. 1 BGB oder § 823 Abs. 2 BGB, die gemäß § 249 Abs. 1 BGB auf Naturalrestitution gerichtet sein können, kann sich ein Grundstückseigentümer nicht gegen Maßnahmen in der Nachbarschaft zur Wehr setzen, die bei der Errichtung und Nutzung von Strommasten zu mittelbaren Beeinträchtigungen führen.

13 **e) Ansprüche aus dem nachbarlichen Gemeinschaftsverhältnis.** Das aus § 242 BGB abgeleitete **nachbarliche Gemeinschaftsverhältnis** verankert zwar das Gebot zur Rücksichtnahme auf schutzwürdige Belange und Interessen benachbarter Grundstückseigentümer und Nutzungsberechtigter.[18] Die Herleitung selbstständiger Verpflichtungen oder Handlungsgebote anhand des nachbarlichen Gemeinschaftsverhältnisses stellt aber bereits dem Grunde nach eine eng begrenzte Ausnahme dar. Hinzu kommt, dass die Grundsätze des nachbarlichen Gemeinschaftsverhältnisses verdrängt werden, wenn vorrangige Sonderregelungen eingreifen.[19]

14 Nach diesen Maßstäben werden von Strommasten ausgehende negative Einwirkungen oder solche im immateriellen bzw. ideellen Bereich im Rahmen einer umfassenden Abwägung der widerstreitenden Nachbarinteressen gewöhnlich keine unzumutbaren, gegen Treu und Glauben verstoßenden Beeinträchtigungen darstellen. Allenfalls in besonders gelagerten Ausnahmefällen erscheint ein Rückgriff auf Abwehrbefugnisse nach dem nachbarlichen Gemeinschaftsverhältnis denkbar, wenn spezifische Standort- und Nutzungsverhältnisse auf eine treuwidrige Missachtung des **Rücksichtnahmegebots** schließen lassen.[20]

15 **f) Ansprüche aus dem Schikaneverbot.** Zwar ist es in Ausnahmesituationen denkbar, dass das Schikaneverbot des § 226 BGB ein Abwehrrecht vermittelt. Das **Schikaneverbot** als besondere Ausprägung des Verbots einer unzulässigen Rechtsausübung ist Schutzgesetz im Sinne des § 823 Abs. 2 BGB, so dass auch ein Rückgriff auf § 1004 Abs. 1 BGB eröffnet ist.[21] Ob ein rechtsmissbräuchliches Verhalten des Nachbarn anzunehmen ist, bei welchem dieser keine berechtigten eigenen Interessen verfolgt, sondern als Handlungszweck ausschließlich eine Schadenszuführung in Rede steht,[22] richtet sich nach den Einzelfallumständen. Es müssen besondere Verhaltensweisen in Rede stehen, die allein in der Absicht ergriffen werden, die Nutzung des Nachbargrundstücks zu vereiteln und zugleich Schädigungen des Grundstückseigentümers herbeizuführen. Eine solche schikanöse Rechtsausübung wird bei einer Errichtung von Strommasten praktisch kaum in Betracht kommen.

16 **g) Schadenersatz- und Ausgleichansprüche.** Mit Blick auf das dargestellte Schutzniveau sind bei immateriellen oder negativen Beeinträchtigungen gewöhnlich keine verschuldensabhängigen Schadenersatzansprüche im Sinne der § 823 Abs. 1 und § 823 Abs. 2 BGB ableitbar. Außerdem scheidet in diesem Kontext ein Rückgriff auf einen nachbarrechtlichen Ausgleichsanspruch analog § 906 Abs. 2 Satz 2 BGB aus. Zwar vermag dieser allgemein Störungen zu erfassen, die aus tatsächlichen Gründen nicht abwehrbar sind.[23] Immaterielle oder negative Einwirkungen stellen aber gerade keine einen Ausgleichsanspruch rechtfertigenden Einwirkungen dar.

---

17 BGH Urt. v. 11.7.2003 – V ZR 199/02, NJW-RR 2003, 1313 (1314); *Herrler* in Palandt BGB § 907 Rn. 1.
18 Vgl. BGH Urt. v. 24.1.2008 – IX ZR 216/06, NJW-RR 2008, 610 (611).
19 BGH Urt. v. 21.10.1983 – V ZR 166/82, NJW 1984, 729 (730); Urt. v. 11.7.2003 – V ZR 199/02, NJW-RR 2003, 1313 (1314).
20 Vgl. OLG Frankfurt a.M. Urt. v. 27.10.1988 – 16 U 117/87, NJW-RR 1989, 464 (464 f.).
21 Vgl. *Herrler* in Palandt BGB § 903 Rn. 10.
22 Vgl. allgemein OLG Saarbrücken Urt. v. 2.10.2019 – 5 U 15/19, NJW-RR 2020, 141 (143).
23 *Herrler* in Palandt BGB § 906 Rn. 37.

2. Abwehr von Immissionen

Bei dem Betrieb von Stromleitungen entstehen ausstrahlende elektrische und elektromagnetische Felder. Hiermit verbundene Einwirkungen werden unter dem Begriff „**Elektrosmog**“ behandelt. Zu unterscheiden ist zwischen thermischen und athermischen Wirkungen.[24] Von Stromleitungen ausgehender Elektrosmog kann je nach Intensität und Feldstärke – gleichermaßen wie von Mobilfunkmasten herrührende Strahlung – gesundheitliche Schäden bei Menschen verursachen.[25] Daneben können elektrische oder elektromagnetische Felder den Gebrauch und die Funktionsfähigkeit von empfindlichen Anlagen und Geräten auf Nachbargrundstücken beeinträchtigen. Im Einzelfall sind auch Immissionsfolgen möglich, die den Fortbestand eines Gewerbebetriebs auf einem benachbarten Grundstück nachhaltig gefährden.[26] Ferner können mit elektrischen und elektromagnetischen Feldern erhebliche Störungen des Fernseh- oder Funkempfangs einhergehen.[27] Um die genannten Beeinträchtigungen abzuwehren, stehen dem betroffenen Nachbarn unterschiedliche Anspruchsgrundlagen zur Verfügung. 17

a) Beseitigungs- und Unterlassungsansprüche nach § 1004 Abs. 1 BGB. Der Eigentümer eines Grundstücks vermag Beeinträchtigungen, dh die dem Inhalt des durch § 903 Satz 1 BGB gewährleisteten Eigentums widersprechende, nach Dauer und Intensität nicht ganz unerhebliche Eingriffe in seine tatsächliche und rechtliche Herrschaftsmacht, gemäß § 1004 Abs. 1 BGB abzuwehren.[28] Zu Beeinträchtigungen in diesem Sinne zählen Zuführungen unwägbarer Stoffe gemäß § 906 Abs. 1 Satz 1 BGB, mithin grenzüberschreitende Immissionen. Dabei umfassen die in der Norm angeführten „**ähnlichen Einwirkungen**“ den übrigen gesetzlichen Beispielsfällen gleichartige, die Grundstücksgrenze überschreitende, zumeist sinnlich wahrnehmbare Wirkungen.[29] Ausgehend hiervon entspricht es ständiger Rechtsprechung, dass aus der Nachbarschaft herrührende elektrische oder elektromagnetische Felder ähnliche Einwirkungen im Sinne des § 906 Abs. 1 Satz 1 BGB darstellen.[30] Bei Elektrosmog handelt es sich mithin um dem Grunde nach abwehrfähige Beeinträchtigungen. Der Kreis der betroffenen Nachbarn ist nach den Maßstäben des Einwirkungsbereichs zu bestimmen; entscheidend ist, bis in welche Umgebung sich ein individualisierbarer Immissionsbeitrag feststellen lässt.[31] 18

Ob Beseitigungs- oder Unterlassungsansprüche im Einzelfall ausgeschlossen sind, weil den betroffenen Eigentümer eine **Duldungspflicht** im Sinne des § 1004 Abs. 2 BGB trifft, bestimmt sich nach den Maßstäben des § 906 Abs. 1 und 2 Satz 1 BGB. Gemäß Satz 1 des § 906 Abs. 1 BGB sind elektrische oder elektromagnetische Felder hinzunehmen, sofern von ihnen keine oder nur unwesentliche Beeinträchtigungen ausgehen.[32] Ob eine Beeinträchtigung wesentlich ist, hängt von dem Empfinden eines verständigen Durchschnittsmenschen und davon ab, was diesem auch unter Würdigung anderer öffentlicher und privater Belange billigerweise zugemutet werden kann, wozu eine einzelfallbezogene Betrachtung vorzunehmen ist.[33] 19

---

24 Vgl. BGH Urt. v. 13.2.2004 – V ZR 217/03, NJW 2004, 1317 (1318).

25 BVerfG Beschl. v. 17.2.1997 – 1 BvR 1658/96, NJW 1997, 2509; siehe auch BVerfG Beschl. v. 28.2.2002 – 1 BvR 1676/01, NJW 2002, 1638; Beschl. v. 24.1.2007 – 1 BvR 382/05, NVwZ 2007, 805; *Kutscheidt* NJW 1997, 2481.

26 Vgl. RG Urt. v. 21.10.1931 – V 43/31, RGZ 133, 342 (342 f.), zu negativen Stromeinwirkungen einer benachbarten Bahnstromanlage auf einen anliegenden Hersteller empfindlicher magnetischer Instrumente.

27 Vgl. BGH Urt. v. 4.2.1976 – VIII ZR 167/74, NJW 1976, 715 (716).

28 BGH Urt. v. 1.3.2013 – V ZR 14/12, NJW 2013, 1809 (1810).

29 BGH Urt. v. 21.10.1983 – V ZR 166/82, NJW 1984, 729. Eine sinnliche Wahrnehmbarkeit ist keine notwendige Voraussetzung – vgl. *Keßler* UPR 2000, 328 (332).

30 BVerfG Beschl. v. 17.2.1997 – 1 BvR 1658/96, NJW 1997, 2509; RG Urt. v. 21.10.1931 – V 43/31, RGZ 133, 342 (346); OLG Stuttgart Urt. v. 5.4.2001 – 1 U 2/01, NJW-RR 2001, 1313 (1314); *Roth* in Staudinger BGB § 906 Rn. 173; *Brückner* in MüKoBGB § 906 Rn. 45; *Dehner* B § 16 S. 15; *Keßler* UPR 2000, 328 (332); vgl. BGH Urt. v. 13.2.2004 – V ZR 217/03, NJW 2004, 1317 (1318); Urt. v. 13.2.2004 – V ZR 218/03, juris Rn. 9.

31 *Kutscheidt* NJW 1997, 2481 (2487).

32 Vgl. RG Urt. v. 21.10.1931 – V 43/31, RGZ 133, 342 (347), das bereits zum damaligen Entscheidungszeitpunkt darauf abhob, dass eine völlige Freiheit von elektromagnetischen Störungen nicht beansprucht werden kann und die Wesentlichkeitsschwelle erst bei körperlichen Schädigungen oder Substanzverletzungen von Sachen überschritten wird.

33 BGH Urt. v. 6.7.2001 – V ZR 246/00, NJW 2001, 3119; Urt. v. 13.2.2004 – V ZR 217/03, NJW 2004, 1317 (1318).

Eine die Wesentlichkeitsschwelle nicht überschreitende, unbeachtliche Beeinträchtigung liegt allerdings gemäß § 906 Abs. 1 Satz 2 BGB in der Regel vor, wenn die in Gesetzen oder Rechtsverordnungen für die betreffende Einwirkung festgelegten **Grenz- und Richtwerte** nicht überschritten werden. Darüber hinaus sind Duldungspflichten aufgrund ortsüblicher Einwirkungen im Sinne des § 906 Abs. 2 Satz 1 BGB denkbar, obgleich im vorliegenden Kontext insofern kaum Anwendungsfälle in Betracht kommen. Denn im Falle der Aufstellung einzelner Strommasten nebst Leistungssystemen ist gewöhnlich weder anzunehmen, dass diese dem räumlichen Zusammenhang ein ortübliches Gepräge geben, noch dass einhergehende Elektrosmogbelastungen ein bestimmtes Üblichkeitsniveau widerspiegeln.[34]

20 (1) Der Bereich elektrischer oder elektromagnetischer Felder wird von verschiedenen **gesetzlichen Regelwerken** erfasst, wobei diese teils unterschiedliche Zielsetzungen verfolgen. Zum einen stellt Elektrosmog eine Immission im Sinne des § 3 Abs. 2 BImSchG dar, mit der schädliche Umwelteinwirkungen im Sinne des § 3 Abs. 1 BImSchG einhergehen können, die nach Art, Ausmaß oder Dauer geeignet sind, Gefahren, erhebliche Nachteile oder erhebliche Belästigungen für die Allgemeinheit und insbesondere für die Nachbarschaft herbeizuführen. In Konkretisierung der Pflichten gemäß § 22 Abs. 1 Satz 1 und § 23 Abs. 1 BImSchG hat der Verordnungsgeber in der 26. Verordnung zur Durchführung des Bundesimmissionsschutzgesetzes (26. BImSchV) für Hochfrequenz-, Niederfrequenz- und Gleichstromanlagen Grenzwerte festgelegt, um die Anforderungen zum Schutz vor schädlichen Umwelteinwirkungen infolge von elektrischen, magnetischen und elektromagnetischen Feldern zu konkretisieren. Zum anderen existieren Vorgaben des Gesetzes über die elektromagnetische Verträglichkeit von Betriebsmitteln (EMGV), die einen eher produktbezogenen Ansatz verfolgen.[35] Zum Schutz der Funktionsfähigkeit elektrischer Geräte, Anlagen und Einrichtungen werden die Anforderungen an die Beschaffenheit von elektromagnetische Strahlungen verursachenden Geräten und Anlagen normiert.

21 (2) Für mögliche Duldungspflichten im Nachbarverhältnis erlangen vor allem die in der 26. BImSchV niedergelegten **Grenzwerte** Bedeutung.[36] Da Stromfreileitungen, einschließlich Bahnstromoberleitungen, in der Regel den Niederfrequenzanlagen zuzuordnen sind,[37] ist auf die Vorgaben des § 3 der 26. BImSchV sowie der zugehörigen Anlagenvorschriften zurückzugreifen. Festgelegt sind darin sowohl für thermische als auch für athermische Effekte zu wahrenden magnetischen Flussdichtevorgaben und Feldstärkenbedingungen. Ungeachtet des Umstands, dass die 26. BImSchV direkte Geltung lediglich für gewerbliche Anlagen entfaltet,[38] wird den niedergelegten Grenzwerten allgemeine Bedeutung bei der Bestimmung beigemessen, ob im Nachbarverhältnis von einer wesentlichen Einwirkung auszugehen ist.[39]

22 Obwohl in der Wissenschaft und ebenso in der Rechtsprechung grundsätzlich Einvernehmen darüber herrscht, dass von elektrischen und elektromagnetischen Feldern biologisch-physiologische Wirkungen auf den menschlichen Körper ausgehen und diese die körperliche Unversehrtheit beeinträchtigen können,[40] wird die Eignung und Angemessenheit der festgelegten Grenzwerte, eingedenk der Tatsache, dass die von Elektrosmog ausgehenden Gesundheitsgefahren nicht abschließend erforscht sind, anhaltend streitig diskutiert. Vor diesem Hintergrund hatte vor allem das BVerfG wiederholten Anlass, zur Verfassungsmäßigkeit

34 Vgl. *Keßler* UPR 2000, 328 (333); siehe aber auch OLG Stuttgart Urt. v. 5.4.2001 – 1 U 2/01, NJW-RR 2001, 1313 (1314) zu ortsüblichen Benutzungen bei elektrifizierten Bahnanlagen.

35 Vgl. näher *Wagner* in MüKoBGB § 823 Rn. 1056; *Dehner* B § 16 S. 16 f.; *Keßler* UPR 2000, 328 (328 f.); *Schünemann* NJW 1996, 81 (82 ff.); *Klindt* NJW 1999, 175 (176 ff.).

36 BGH Urt. v. 13.2.2004 – V ZR 217/03, NJW 2004, 1317 (1318); vgl. auch BVerfG Beschl. v. 17.2.1997 – 1 BvR 1658/96, NJW 1997, 2509 (2509 f.); BGH Urt. v. 15.3.2006 – VIII ZR 74/05, NJW-RR 2006, 879 (880).

37 *Keßler* UPR 2000, 328 (331); *Kutscheidt* NJW 1997, 2481 (2484).

38 *Kutscheidt* NJW 1997, 2481 (2482).

39 Vgl. BGH Urt. v. 15.3.2006 – VIII ZR 74/05, NJW-RR 2006, 879 (880); OLG Stuttgart Urt. v. 5.4.2001 – 1 U 2/01, NJW-RR 2001, 1313 (1314); *Kutscheidt* NJW 1997, 2481 (2486 f.); *Keßler* UPR 2000, 328 (332); *Dehner* B § 16 S. 18; *Lüke* in Grziwotz/Lüke/Saller, NachbarR-HdB, 3. Aufl. 2020, Kapitel 3 Rn. 156.

40 BVerfG Beschl. v. 17.2.1997 – 1 BvR 1658/96, NJW 1997, 2509; BGH Urt. v. 13.2.2004 – V ZR 217/03, NJW 2004, 1317 (1318); Urt. v. 15.3.2006 – VIII ZR 74/05, NJW-RR 2006, 879 (880); OLG Frankfurt a.M. Urt. v. 23.6.2005 – 16 U 6/05, NJW-RR 2005, 1544 (1545); VGH Kassel Urt. v. 22.3.1993 – 2 A 3300/89, NVwZ 1994, 391 (393 f.).

der herangezogenen Grenzwerte Stellung zu nehmen. Dabei betonte es, dass dem Verordnungsgeber auch infolge des Fehlens ausreichend verlässlicher Erkenntnisse in der Wissenschaft im Rahmen der Erfüllung seiner aus Art. 2 Abs. 2 Satz 1 GG resultierenden Schutzpflichten ein weiter Einschätzungs-, Wertungs- und Gestaltungsspielraum zukommt.[41] Die unter fortwährender Kontrolle zu haltenden Grenzwertfestlegungen hat es von Verfassungs wegen unbeanstandet gelassen.[42]

(3) Sind bei der Prüfung einer Duldungspflicht im Sinne des § 1004 Abs. 2 iVm § 906 Abs. 1 Satz 1 und 2 BGB die einschlägigen Grenzwerte der 26. BImSchV zu beachten, hat dies Konsequenzen für die **Darlegungs- und Beweislast** in einem Nachbarstreit. Im Ausgangspunkt hat der Störer im Rahmen des § 906 Abs. 1 Satz 1 BGB darzutun und nachzuweisen, dass eine Beeinträchtigung als unwesentlich zu qualifizieren ist. Allerdings erfährt dieser Grundsatz eine Einschränkung, wenn nach der Regelanordnung des § 906 Abs. 1 Satz 2 BGB von einer unwesentlichen Beeinträchtigung auszugehen ist, weil maßgebende Grenz- oder Richtwerte nicht überschritten sind. Nach der Rechtsprechung des BGH begründet deren Einhaltung aber keine Umkehr der Beweislast.[43] Den in der Norm angesprochenen Grenz- oder Richtwerten kommt nur die Bedeutung zu, dass deren Überschreiten das Vorliegen einer wesentlichen Beeinträchtigung und ein Einhalten oder Unterschreiten die Unwesentlichkeit der Beeinträchtigung indiziert. Der Tatrichter kann unter Beachtung der indiziellen Anknüpfungen von der Regelannahme abweichen, wenn dies besondere Umstände des Einzelfalls gebieten. Darzulegen und erforderlichenfalls zu beweisen sind die eine Indizwirkung erschütternden Umstände von demjenigen, der trotz Einhaltung der Grenz- oder Richtwerte eine wesentliche Beeinträchtigung behauptet.[44] Insofern muss er allerdings nur die Indizwirkung erschüttern, nicht jedoch den Nachweis einer Wesentlichkeit der Beeinträchtigung führen.[45] 23

(4) Da die Grenzwert für elektrische und elektromagnetische Felder von Verfassungs wegen nicht zu beanstanden sind, entfalten die Verordnungsvorgaben für den Tatrichter grundsätzlich Bindungswirkung. Er hat keine eigene generelle Risikobewertung vorzunehmen und vermag vor diesem Hintergrund die gesetzlich festgelegten Grenzwerte grundsätzlich nicht in Frage zu stellen. Der Tatrichter ist insbesondere nicht gehalten, die gesetzlichen Grenzwerte durch die Einholung von Sachverständigengutachten zu hinterfragen. Allerdings hat er eine auf den Einzelfall bezogene Beurteilung vorzunehmen, ob aufgrund besonderer Umstände von indiziellen Schlussfolgerungen abzusehen und abweichend vom Regelfall eine wesentliche Beeinträchtigung abzuleiten ist.[46] Geboten sind insofern einzelfallbezogene Feststellungen zu Besonderheiten der Grundstücksbelegenheit und -nutzung sowie zu den spezifischen Auswirkungen, die in eine Interessenabwägung einzubeziehen sind.[47] 24

In der Praxis unterschreiten reguläre, dem Stand der Technik entsprechende Stromleitungsanlagen die vorgesehenen Grenzwerte in der Regel deutlich,[48] so dass Abwehransprüche gemäß § 1004 Abs. 1 BGB zumeist ausscheiden. 25

(5) Liegt der Errichtung von Strommasten nebst Leitungssystemen ausnahmsweise ein **Planfeststellungsverfahren**, wie etwa bei Bahnstromfernleitungen,[49] zugrunde, können hiermit gesonderte Duldungspflich- 26

41 BVerfG Beschl. v. 17.2.1997 – 1 BvR 1658/96, NJW 1997, 2509; Beschl. v. 28.2.2002 – 1 BvR 1676/01, NJW 2002, 1638 (1639); Beschl. v. 24.1.2007 – 1 BvR 382/05, NVwZ 2007, 805.

42 BVerfG Beschl. v. 17.2.1997 – 1 BvR 1658/96, NJW 1997, 2509.

43 BGH Urt. v. 13.2.2004 – V ZR 217/03, NJW 2004, 1317 (1318); Urt. v. 13.2.2004 – V ZR 218/03, juris Rn. 13; OLG Dresden Urt. v. 19.3.2013 – 9 U 1265/12, BeckRS 2013, 5251.

44 BGH Urt. v. 13.2.2004 – V ZR 217/03, NJW 2004, 1317 (1318); Urt. v. 13.2.2004 – V ZR 218/03, juris Rn. 13; OLG Frankfurt a.M. Urt. v. 23.6.2005 – 16 U 6/05, NJW-RR 2005, 1544 (1545).

45 BGH Urt. v. 13.2.2004 – V ZR 217/03, NJW 2004, 1317 (1319).

46 BGH Urt. v. 13.2.2004 – V ZR 217/03, NJW 2004, 1317 (1319); Urt. v. 13.2.2004 – V ZR 218/03, juris Rn. 18 ff.; OLG Frankfurt a.M. Urt. v. 23.6.2005 – 16 U 6/05, NJW-RR 2005, 1544 (1545); OLG Dresden Urt. v. 19.3.2013 – 9 U 1265/12, BeckRS 2013, 5251; vgl. auch BVerfG Beschl. v. 28.2.2002 – 1 BvR 1676/01, NJW 2002, 1638 (1639 f.); Beschl. v. 24.1.2007 – 1 BvR 382/05, NVwZ 2007, 805.

47 *Keßler* UPR 2000, 328 (332).

48 *Kirchberg* NVwZ 1998, 441 (443).

49 Vgl. etwa VGH Kassel Urt. v. 22.3.1993 – 2 A 3300/89, NVwZ 1994, 391; siehe dazu auch → Rn. 63.

ten verknüpft sein. Nach § 75 Abs. 2 Satz 1 VwVfG sind Ansprüche betroffener Anlieger auf Beseitigung oder Änderung einer Anlage oder auf Unterlassung deren Benutzung ausgeschlossen, wenn ein bestandskräftiger Planfeststellungsbeschluss existiert. Betroffene können ihre Rechte daher nur im Rahmen des Planfeststellungsverfahrens oder im Wege eines Begehrens auf nachträgliche Anordnung von Schutzvorkehrungen gemäß § 75 Abs. 2 Satz 1 VwVfG wahren.[50]

27 **b) Abwehransprüche nach § 907 Abs. 1 BGB.** Eine Anspruchsgrundlage, um gegen die von einem Nachbargrundstück herrührenden elektrischen und elektromagnetischen Felder vorzugehen, kann sich ebenfalls aus § 907 Abs. 1 BGB ergeben. **Anlagen** im Sinne der Norm sind Werke von gewisser Dauer und Selbstständigkeit,[51] wozu auch Wasser- und Gasleitungen gehören können.[52] Strommasten mit entsprechenden Stromleitungen können je nach Bau- und Funktionsart ebenso dem Anlagenbegriff unterfallen, so dass ein Rückgriff auf § 907 Abs. 1 BGB gerechtfertigt ist. Allerdings werden sich in der Regel keine im Vergleich zu § 1004 Abs. 1 iVm § 906 Abs. 1 BGB weiterreichenden Rechtsfolgen ergeben. Eine vorbeugende Unterlassungsklage kann unter Berücksichtigung von § 907 Abs. 1 Satz 2 BGB nur erhoben werden, wenn eine Überschreitung der Grenzwerte der 26. BImSchV in Rede steht und unzulässige Einwirkungen sicher vorhersehbar sind.

28 **c) Beseitigungs- und Unterlassungsansprüche analog § 1004 Abs. 1 BGB iVm § 823 Abs. 1 und 2 BGB sowie deliktische Abwehransprüche.** Soweit anerkannt ist, dass § 1004 Abs. 1 BGB analoge Anwendung auf andere absolute Rechte im Sinne des § 823 Abs. 1 BGB findet, so dass verschuldensunabhängige Beseitigungs- und Unterlassungsverlangen gleichermaßen bei Beeinträchtigungen absolut geschützter Rechtsgüter durchgesetzt werden können,[53] vermitteln auch solche **quasinegatorische Ansprüche** Abwehrbefugnisse in Bezug auf Elektrosmog. Zu den geschützten absoluten Rechten zählen insbesondere die körperliche Unversehrtheit und die Gesundheit. Eine rechtswidrige Verletzung dieser Schutzgüter ist allerdings gewöhnlich nur dann anzunehmen, wenn die Grenzwerte der 26. BImSchV missachtet werden, wohingegen deren Wahrung eine Tatbestandsmäßigkeit nach § 823 Abs. 1 BGB grundsätzlich ausschließt.[54]

29 Als sonstiges Recht im Sinne des § 823 Abs. 1 BGB ist ferner der **eingerichtete und ausgeübte Gewerbebetrieb** geschützt. Voraussetzung einer Rechtsverletzung ist allerdings ein unmittelbar betriebsbezogener Eingriff in den gewerblichen Betätigungsbereich.[55] Mittelbare Beeinträchtigungen stellen demgegenüber keinen tatbestandlichen Eingriff dar. Vor diesem Hintergrund wird es bei von Strommasten nebst Leitungssystemen herrührendem grenzüberschreitendem Elektrosmog in der Regel an einem unmittelbar betriebsbezogenen Sachverhalt fehlen. Selbst wenn die auftretenden elektrischen oder elektromagnetischen Felder zu erheblichen Beeinträchtigungen eines auf dem benachbarten Grundstück ansässigen Gewerbebetriebs führen, ist dies allein regelmäßig kein Grund, auf die Grundsätze des eingerichteten und ausgeübten Gewerbebetriebs zurückzugreifen.[56]

30 Quasinegatorische Abwehransprüche kommen in Bezug auf Elektrosmog ebenfalls in Betracht, wenn eine **Schutzgesetzverletzung** in Rede steht. Es ist in der Rechtsprechung anerkannt, dass im Nachbarverhältnis analog § 1004 Abs. 1 BGB Beseitigungs- und Unterlassungsansprüche eröffnet sein können, wenn gemäß § 823 Abs. 2 BGB besonders geschützte Rechtspositionen beeinträchtigt werden.[57] Die in der 26. BImSchV

50 OLG Stuttgart Urt. v. 5.4.2001 – 1 U 2/01, NJW-RR 2001, 1313 (1314 f.).

51 BGH Urt. v. 30.4.1965 – V ZR 17/63, WM 1965, 1009 (1011); *Herrler* in Palandt BGB § 907 Rn. 1; *Brückner* in MüKoBGB § 907 Rn. 4.

52 *Brückner* in MüKoBGB § 907 Rn. 7.

53 BGH Urt. v. 25.4.1958 – I ZR 97/57, NJW 1958, 1043; Urt. v. 20.12.2011 – VI ZR 261/10, NJW 2012, 771; *Herrler* in Palandt BGB § 1004 Rn. 4.

54 *Wagner* in MüKoBGB § 823 Rn. 1058; siehe auch BGH Urt. v. 13.2.2004 – V ZR 217/03, NJW 2004, 1317 (1318 f.); Urt. v. 13.2.2004 – V ZR 218/03, juris Rn. 13 ff.; OLG Stuttgart Urt. v. 5.4.2001 – 1 U 2/01, NJW-RR 2001, 1313 (1314).

55 BGH Urt. v. 6.2.2014 – I ZR 75/13, NJW-RR 2014, 1508 (1509).

56 RG Urt. v. 21.10.1931 – V 43/31, RGZ 133, 342 (350 f.).

57 Vgl. allgemein BGH Urt. v. 26.2.1993 – V ZR 74/92, NJW 1993, 1580; Urt. v. 17.7.2008 – I ZR 219/05, NJW 2008, 3565 (3566).

festgelegten Grenzwerte für Feldstärken dienen dem Schutz der körperlichen Unversehrtheit und der Gesundheit. Sie bezwecken damit, den Einzelnen oder bestimmte betroffene Personenkreise, und dabei insbesondere die Nachbarschaft, vor konkreten Gesundheitsgefahren zu schützen, so dass ihr Schutzgesetzcharakter anzuerkennen ist.[58] Beseitigungs- oder Unterlassungsansprüche greifen demgemäß, wenn dem Betroffenen der Nachweis gelingt, dass infolge der in der Nachbarschaft erfolgten Errichtung von Strommasten nebst Leitungssystemen grenzwertüberschreitende Immissionen auftreten, was jedoch angesichts der geltenden (hohen) Grenzwerte praktisch selten vorkommen wird.[59]

Soweit nach den vorstehenden Maßstäben rechtswidrige Beeinträchtigungen absoluter Schutzgüter des § 823 Abs. 1 BGB oder Schutzgesetzverletzungen im Sinne des § 823 Abs. 2 BGB in Betracht kommen, kann eine Abwehr gleichermaßen auf diese **deliktischen Anspruchsgrundlagen** gegründet werden, denn sie können in der Rechtsfolge gemäß § 249 Abs. 1 BGB auf eine Naturalrestitution ausgerichtet sein. Erforderlich ist in dieser Hinsicht allerdings der Nachweis schuldhaften Handelns. 31

d) Nachbarliches Gemeinschaftsverhältnis. Ein Vorgehen gegen in der Nachbarschaft errichtete Strommasten, einschließlich Leitungssysteme, unter dem Gesichtspunkt der Vermeidung von Elektrosmog kann gewöhnlich nicht in weiterreichender Weise auf die Grundsätze des nachbarlichen Gemeinschaftsverhältnisses gestützt werden. Da die Maßgaben des § 242 BGB nur **subsidiär** heranzuziehen sind, also einschlägige Sonderregelungen vorrangig gelten,[60] erlangen die Vorgaben insbesondere der 26. BImSchV auch maßgebende Bedeutung für die Beurteilung, was ein betroffener Nachbar im Rahmen des nachbarlichen Rücksichtnahmegebots zu dulden hat. 32

e) Schadenersatz- und Ausgleichsansprüche. Im Hinblick auf durch Elektrosmog verursachte Personen- oder Sachschäden ist eine deliktische **Schadenersatzpflicht** nach § 823 Abs. 1 oder 2 BGB möglich,[61] wenn die Errichtung von Strommasten nebst Leitungssystemen zu rechtswidrigen Rechtsguts- oder Schutzgesetzverletzungen führt und der Verantwortliche darüber hinaus schuldhaft handelt. Solange die Grenzwerte der 26. BImSchV eingehalten werden, sind allerdings die Haftungsvoraussetzungen bezüglich einer Gesundheitsverletzung regelmäßig nicht erfüllt. Verschuldensunabhängige **Ausgleichsansprüche** wegen mit Elektrosmog einhergehender Einwirkungen können analog § 906 Abs. 2 Satz 2 BGB in Betracht kommen, sofern wesentliche, dh grenzwertüberschreitende Immissionen auftreten, die nicht zu dulden sind und das zumutbare Maß einer entschädigungslos hinzunehmenden Beeinträchtigung überschreiten, und wenn der Betroffene aus einem besonderem Grund an deren Abwehr gehindert ist.[62] 33

3. Abwehr sonstiger Gefahrenlagen

Mit der Errichtung von Strommasten und dem Betrieb von Stromleitungen auf benachbarten Grundstücken können einzelfallabhängig weitere Gefahrenlagen verbunden sein, für die sich die Frage einer Abwehrfähigkeit im Nachbarverhältnis stellt. 34

So ist es denkbar, dass mit der Errichtung von Strommasten Tiefbauarbeiten einhergehen, um Fundamente anzulegen.[63] Im Falle entsprechender **Grundstücksvertiefungen** können sich Abwehrrechte unter dem Gesichtspunkt des § 909 BGB ergeben. Die Norm, die allerdings keinen eigenständigen Abwehranspruch be- 35

58 OLG Stuttgart Urt. v. 5.4.2001 – 1 U 2/01, NJW-RR 2001, 1313 (1314); *Wagner* in MüKoBGB § 823 Rn. 1058; *Kutscheidt* NJW 1997, 2481 (1487); *Keßler* UPR 2000, 328 (334).

59 Vgl. *Kirchberg* NVwZ 1998, 441 (443).

60 BGH Urt. v. 21.10.1983 – V ZR 166/82, NJW 1984, 729 (730); Urt. v. 11.7.2003 – V ZR 199/02, NJW-RR 2003, 1313 (1314).

61 *Wagner* in MüKoBGB § 823 Rn. 1058. Zu Schadenersatzansprüchen nach § 823 Abs. 1 oder 2 BGB im Anwendungsbereich des Gesetzes über die elektromagnetische Verträglichkeit vgl. *Keßler* UPR 2000, 328 (333 f.); *Schünemann* NJW 1996, 81 (82 ff.); *Wagner* in MüKoBGB § 823 Rn. 1057.

62 Vgl. OLG Stuttgart Urt. v. 5.4.2001 – 1 U 2/01, NJW-RR 2001, 1313 (1314); siehe allgemein BGH Urt. v. 9.2.2018 – V ZR 311/16, NJW 2018, 1542 (1543); Urt. v. 5.7.2019 – V ZR 96/18, NZM 2019, 893 (895).

63 Vgl. den Sachverhalt bei OLG Celle Urt. v. 15.7.2004 – 4 U 55/04, NZM 2005, 39.

gründet,[64] schützt vor einem Verlust der Stützfunktion des Bodens für das Nachbargrundstück.[65] Nicht entscheidend ist, ob es sich um eine dauerhafte oder lediglich vorübergehende Vertiefung handelt,[66] so dass auch ein kurzfristiger Bodenaushub eine unzulässige Vertiefung darstellen kann. Wird gegen das in § 909 BGB verankerte Verbot im Rahmen von Tiefbauarbeiten verstoßen, kommen Beseitigungs- und Unterlassungsansprüche nach § 1004 Abs. 1 BGB in Betracht; überdies hat § 909 BGB Schutzgesetzcharakter im Sinne des § 823 Abs. 2 BGB.[67]

36 Strommasten nebst Leitungen in der Nachbarschaft können Anreize für Vögel bieten, sich dort niederzulassen. Aufgrund eines gehäuften **Vogelanflugs** sowie den hiermit einhergehenden negativen Erscheinungen, wie Geräuschbelastungen oder Vogelkot,[68] kann in Strommasten eine das Grundstückseigentum beeinträchtigende Störungsquelle liegen. Soweit die Maßstäbe des § 906 Abs. 1 BGB bei Kleintieren einschlägig sein können,[69] wird eine wesentliche Beeinträchtigung bei derartigen Naturereignissen allerdings nur ausnahmsweise anzuerkennen sein und ein Anspruch aus § 1004 Abs. 1 BGB lediglich bei besonderen Fallgestaltungen eingreifen.[70]

IV. Bürgerlich-rechtliche Abwehransprüche bei Zugriffen auf das Grundeigentum

1. Grundstücksnutzung durch Energieversorgungsunternehmen

37 Um eine effiziente Versorgung von Unternehmen und Privathaushalten mit elektrischer Energie zu gewährleisten, bedarf es eines flächendeckenden und funktionsfähigen **Elektrizitätsleitungs- und -verteilsystems**. Energieversorgungsunternehmen sind in weiten Teilen darauf angewiesen, dass sie auf ihnen nicht gehörenden Grundstücken sowohl Strommasten als auch Leitungssysteme errichten und betreiben können.[71] Ein dahin gehender Zugriff auf fremdes Grundeigentum wirft das Nachbarschaftsverhältnis berührende Fragestellungen auf, wobei vor allem Beseitigungs- und Unterlassungsansprüche von Interesse sind.

38 **a) Voraussetzungen von Abwehransprüchen nach § 1004 Abs. 1 BGB und Eingreifen von Duldungspflichten.** Im Ausgangspunkt steht es jedem Eigentümer frei, über die Nutzung seines Grundstücks autonom zu befinden; er ist nach § 1004 Abs. 1 iVm § 903 Satz 1 BGB im Grundsatz berechtigt, jeden Zugriff und jede Nutzung durch Dritte abzuwehren. Trotz der Wichtigkeit einer Versorgung von Unternehmen und der Bevölkerung mit Elektrizität existiert **kein allgemeines Recht** der Energieversorger, fremde Grundstücke für Energie- und Leitungsanlagen zu nutzen.[72] Vielmehr richten sich entsprechende Zugriffsmöglichkeiten zwecks Errichtung von Strommasten nebst Leitungssystemen nach den Maßstäben des § 1004 Abs. 2 BGB, so dass im Einzelfall festzustellen ist, ob und in welchem Umfang sich Duldungspflichten des Grundeigentümers ergeben.[73]

39 Eine Verpflichtung, Strommasten und Leitungen zu dulden, kann sich im Zuge schuldvertraglicher **Nutzungsvereinbarungen** ergeben.[74] In zwischen Grundstückeigentümer und Energieversorgungsunternehmen geschlossenen Vereinbarungen werden regelmäßig Art, Ort und Zweck der Grundstücksinanspruch-

---

64 BGH Urt. v. 29.6.2012 – V ZR 97/11, NJW-RR 2012, 1160 (1161).

65 Vgl. RG Urt. v. 7.2.1906 – V 522/05, RGZ 62, 370 (372); BGH Urt. v. 5.11.1976 – V ZR 93/73, NJW 1977, 763.

66 BGH Urt. v. 10.11.1977 – III ZR 121/75, NJW 1978, 1051 (1052).

67 BGH Urt. v. 5.11.1976 – V ZR 93/73, NJW 1977, 763; *Herrler* in Palandt BGB § 909 Rn. 6 und 9.

68 OLG Karlsruhe Urt. v. 23.3.2018 – 12 U 165/17, MDR 2018, 664 (664 f.).

69 Vgl. OLG Frankfurt a.M. Beschl. v. 13.9.2005 – 20 W 87/03, NJW-RR 2006, 517 (518); LG München Urt. v. 10.12.1991 – 2 S 864/91, NJW-RR 1992, 462 (462 f.).

70 Zu sog. Vergrämungsmaßnahmen vgl. OLG Karlsruhe Urt. v. 23.3.2018 – 12 U 165/17, juris Rn. 40.

71 Vergleichbare Rechtsfragen stellen sich bei der Verlegung von Erdkabeln – vgl. BGH Urt. v. 28.4.2010 – VIII ZR 223/09, NJW 2010, 2802; Urt. v. 9.12.2016 – V ZR 231/15, NJW-RR 2017, 653.

72 BVerfG Beschl. v. 3.7.2001 – 1 BvR 432/00, NJW 2001, 750 (751); BGH Urt. v. 19.12.1975 – V ZR 38/74, NJW 1976, 416 (417).

73 Abwehransprüche nach § 1004 Abs. 1 BGB richten sich regelmäßig gegen das Energieversorgungsunternehmen, nicht jedoch gegen den benachbarten Grundstückseigentümer, der über Stromleitungen erschlossen werden soll, vgl. BGH Urt. v. 2.12.2011 – V ZR 119/11, NZM 2013, 204 (205).

74 Vgl. *Theobald/Kühling/Seeliger*, Energierecht, Stand Dezember 2019, Kapitel 138 Rn. 6 ff.

nahme konkret geregelt sowie Begleitabsprachen etwa zu möglichen Nutzungsvergütungen getroffen. Im Rahmen der vertraglichen Festlegungen besteht eine Duldungspflicht im Sinne des § 1004 Abs. 2 BGB, so dass insofern eine Durchsetzung von Beseitigungs- oder Unterlassungsansprüchen ausscheidet. Zu beachten ist, dass schuldvertragliche Nutzungsvereinbarungen gewöhnlich keine unmittelbaren Bindungswirkungen für Rechtsnachfolger entfalten.[75]

40 In der Praxis werden häufig dinglich wirkende Zugriffsbefugnisse zwischen Grundeigentümern und Energieversorgungsunternehmen vereinbart und zwar regelmäßig in Form einer in das Grundbuch einzutragenden beschränkt persönlichen Dienstbarkeit nach § 1090 Abs. 1 BGB.[76] Diese Verfahrensweise bietet den Vorteil einer dinglichen Sicherung, die auch einen Grundstückserwerber als Rechtsnachfolger bindet. Bei der Ermittlung des Inhalts einer Dienstbarkeit ist vorrangig auf deren Wortlaut und den Sinn der Grundbucheintragung abzustellen sowie ergänzend auf § 1091 BGB zurückzugreifen.[77] Gegenstand und Reichweite der Duldungspflicht sind demnach im Wege der Auslegung zu bestimmen.

41 Tritt zwischen dem Berechtigten einer beschränkt persönlichen Dienstbarkeit und dem Grundeigentümer ein Konflikt um die verbürgten Nutzungsbefugnisse auf, ist dieser bei Fehlen einschlägiger autonomer Festlegungen gemäß § 1090 Abs. 2 BGB nach den Maßgaben der §§ 1020 ff. BGB aufzulösen. Insbesondere greift der in § 1020 Satz 1 BGB normierte Grundsatz des schonenden Umgangs mit den Interessen des Eigentümers des belasteten Grundstücks. Verletzt der Dienstbarkeitsberechtigte seine **Schonpflicht**, stellt dies eine nach § 1004 Abs. 1 BGB abwehrfähige Eigentumsbeeinträchtigung dar.[78] Welche Anforderungen gelten, ist im Wege einer umfassenden Abwägung der wechselseitigen Interessen unter Berücksichtigung der Umstände des Einzelfalls zu bestimmen, wobei hierzu auch individuelle, in der Person des Dienstbarkeitsberechtigten und des Dienstbarkeitsverpflichteten liegende Belange gehören. Dabei ist die Schonpflicht umso ausgeprägter, je nachteiliger die Ausübung der Grunddienstbarkeit für den Eigentümer des dienenden Grundstücks ist.[79]

42 Im Hinblick auf die zeitliche Geltungsdauer einer beschränkt persönlichen Dienstbarkeit sind vorrangig die zwischen den Beteiligten getroffenen Absprachen maßgebend. Unabhängig hiervon kommt das **Erlöschen** einer eingetragenen Dienstbarkeit wegen endgültigen Wegfalls des gewährten Nutzungsvorteils in Betracht. Auch wenn § 1090 Abs. 2 BGB nicht auf § 1019 BGB verweist, bedeutet dies lediglich, dass der für das Fortbestehen einer beschränkt persönlichen Dienstbarkeit konstitutive Vorteil nicht unmittelbar grundstückbezogen sein muss. Erforderlich ist aber, dass die Dienstbarkeit überhaupt für irgendjemanden noch einen erlaubten Vorteil bietet. Entfällt jedes eigene oder fremde Nutzungsinteresse, etwa weil ein Gebrauch errichteter Strommasten nebst Leitungsanlagen endgültig entfällt, kann dies zum Erlöschen der Dienstbarkeit mit der Folge führen,[80] dass der Grundstückseigentümer nicht nur deren Löschung, sondern auch die Beseitigung noch vorhandener Strommasten und zugehöriger Anlagen gemäß § 1004 Abs. 1 Satz 1 BGB beanspruchen kann. Dies gilt jedenfalls insoweit, als sich aufgrund anderer Rechtsgrundlagen keine selbstständige Duldungsverpflichtung ergibt.[81]

43 Neben den konsensualen Instrumenten stehen Energieversorgungsunternehmen darüber hinaus **einseitige Zugriffsrechte** auf fremde Grundstücke zu Zwecken der örtlichen Energieversorgung im Rahmen von

75 Vgl. BGH Urt. v. 19.12.1975 – V ZR 38/74, NJW 1976, 416; siehe auch BGH Urt. v. 25.1.1973 – III ZR 61/70, NJW 1973, 508; OLG Köln Urt. v. 22.9.1989 – 19 U 19/89, NJW-RR 1991, 99 (101).

76 OLG Celle Urt. v. 15.7.2004 – 4 U 55/04, NZM 2005, 39 (39 f.); OLG Saarbrücken Urt. v. 10.8.2017 – 4 U 86/15, BeckRS 2017, 158216 Rn. 18 ff.; OLG Karlsruhe Urt. v. 23.3.2018 – 12 U 165/17, juris Rn. 28 ff.; *Theobald/Kühling/Seeliger*, Energierecht, Stand Dezember 2019, Kapitel 138 Rn. 5 und 29.

77 OLG Saarbrücken Urt. v. 10.8.2017 – 4 U 86/15, BeckRS 2017, 158216 Rn. 21.

78 OLG Karlsruhe Urt. v. 23.3.2018 – 12 U 165/17, MDR 2018, 664 (664 f.); vgl. BGH Urt. v. 23.1.2015 – V ZR 184/14, NJW-RR 2015, 785 (786).

79 OLG Karlsruhe Urt. v. 23.3.2018 – 12 U 165/17, MDR 2018, 664 (665).

80 Vgl. BGH Urt. v. 7.12.1984 – V ZR 189/83, NJW 1985, 1025; Urt. v. 6.2.2009 – V ZR 139/08, juris Rn. 11.

81 OLG Saarbrücken Urt. v. 10.8.2017 – 4 U 86/15, BeckRS 2017, 158216 Rn. 24.

Niederspannungs- und Mittelspannungsnetzen zur Verfügung, mit denen eine Duldungspflicht im Sinne des § 1004 Abs. 2 BGB korrespondiert.

44 Nach der aufgrund des Energiewirtschaftsgesetzes erlassenen Verordnung über Allgemeine Bedingungen für den Netzanschluss und dessen Nutzung für die Elektrizitätsversorgung in Niederspannung (NAV) trifft die in § 12 Abs. 1 Satz 1 und 2 NAV beschriebenen Grundstücke bzw. deren Eigentümer die **Verpflichtung**, das Anbringen und Verlegen von Leitungen zur Zu- und Fortleitung von Elektrizität sowie zur Errichtung von Leitungsträgern und sonstigen Einrichtungen, und damit auch Strommasten, unentgeltlich zuzulassen.[82] Die betreffende Duldungspflicht erfasst Grundstücke, die an das Elektrizitätsversorgungsnetz angeschlossen sind, die vom Eigentümer im wirtschaftlichen Zusammenhang mit einem an das Netz angeschlossenen Grundstücks genutzt werden oder für die sich die Möglichkeit eines Netzanschlusses sonst wirtschaftlich vorteilhaft darstellt. Beschränkt wird die Pflicht zur Bereitstellung des Grundstücks in § 12 Abs. 1 Satz 3 NAV durch die Gebote der Notwendigkeit und Zumutbarkeit.

45 Nach der vom BVerfG[83] bestätigten höchstrichterlichen Rechtsprechung handelt es sich bei der durch § 12 Abs. 1 Satz 1 und 2 NAV dem Grundstückseigentümer auferlegten **entschädigungslosen Bereitstellungsverpflichtung** um eine nach Art. 14 Abs. 1 Satz 2 GG zulässige Schrankenbestimmung des Eigentums.[84] Denn die normierte Duldungspflicht grenzt die Privatnützigkeit des Grundeigentums im Interesse einer leistungsfähigen Elektrizitätsversorgung der örtlichen Gemeinschaft ein und ist als solche auf Grundstückseigentümer beschränkt, welche die Vorteile der Versorgung für ihr Grundeigentum selbst in Anspruch nehmen. Unter diesen Voraussetzungen regelt die Vorschrift einen angemessenen Beitrag mitversorgter Grundstückseigentümer zur Schaffung und Aufrechterhaltung einer leistungsfähigen Elektrizitätsversorgung; sie ist damit zugleich Ausdruck der in Art. 14 Abs. 2 GG beschriebenen Sozialbindung des Eigentums.[85]

46 Die von einem Energieversorgungsunternehmen bedienten Kunden und Anschlussnehmer stellen demnach innerhalb eines Versorgungsgebiets notwendigerweise aus technisch-wirtschaftlichen Gründen eine **Solidargemeinschaft** dar, die nur durch ein für alle Abnehmer bereitgehaltenes, die Benutzung fremder Grundstücke erforderndes Netz mit Strom versorgt werden kann. Dabei sind alle in dem Versorgungsgebiet liegenden Grundstücke, die unter § 12 Abs. 1 Satz 2 NAV fallen, in die Sozialbindung des Eigentums dergestalt einbezogen, dass auf ihnen zugunsten des Gemeinwohls eine allgemeine Pflichtigkeit lastet, durch die das freie Nutzungs- und Verfügungsrecht des Eigentümers nach § 903 Satz 1 BGB im Interesse einer leistungsfähigen und kostengünstigen öffentlichen Energieversorgung eingeschränkt wird. Wo im Einzelfall die Grenze zu ziehen ist, außerhalb derer die Belastung des Eigentümers nicht mehr von der Sozialpflichtigkeit gedeckt wird, sondern ein nicht mehr entschädigungslos hinzunehmendes Sonderopfer darstellt, ist jeweils wertend anhand der berührten Belange des Allgemeinwohls und der betroffenen Eigentümerinteressen festzustellen. Entscheidendes Abwägungskriterium ist dabei das Gebot der Verhältnismäßigkeit, nach dem die Einschränkung der Eigentümerbefugnisse zur Erreichung des angestrebten Ziels geeignet und notwendig sein muss sowie den betroffenen Eigentümer nicht in unzumutbarer Weise gemäß § 12 Abs. 1 Satz 3 Hs. 1 NAV belasten darf.[86]

47 Bei der Bestimmung der **pflichtigen Grundstücke** wirft die Nr. 1 des § 12 Abs. 1 Satz 2 NAV kaum Streitfragen auf. Entscheidend ist, ob das heranzuziehende Grundstück selbst an das Elektrizitätsversorgungsnetz

82 Vgl. zur Vorgängerregelung in der Verordnung über Allgemeine Bedingungen für die Elektrizitätsversorgung von Tarifkunden (AVBeltV) – BGH Urt. v. 13.3.1991 – VIII ZR 373/89, NJW-RR 1991, 841; Urt. v. 24.2.2006 – V ZR 145/05, NJW-RR 2006, 917 (918); Urt. v. 28.4.2010 – VIII ZR 223/09, NJW 2010, 2802.

83 Vgl. BVerfG Beschl. v. 3.7.2001 – 1 BvR 432/00, NZM 2001, 750 (750 f.).

84 BGH Urt. v. 11.3.1992 – VIII ZR 219/91, NJW-RR 1993, 141 (142); Urt. v. 28.4.2010 – VIII ZR 223/09, NJW 2010, 2802 (2803); Urt. v. 9.12.2016 – V ZR 231/15, NJW-RR 2017, 653 (654).

85 BVerfG Beschl. v. 3.7.2001 – 1 BvR 432/00, NZM 2001, 750 (751); BGH Urt. v. 11.3.1992 – VIII ZR 219/91, NJW-RR 1993, 141 (142); Urt. v. 28.4.2010 – VIII ZR 223/09, NJW 2010, 2802 (2803); Urt. v. 9.12.2016 – V ZR 231/15, NJW-RR 2017, 653 (654).

86 BGH Urt. v. 13.3.1991 – VIII ZR 373/89, NJW-RR 1991, 841 (842); Urt. v. 11.3.1992 – VIII ZR 219/91, NJW-RR 1993, 141 (142).

angeschlossen ist.[87] Gemäß Nr. 2 des § 12 Abs. 1 Satz 2 NAV können ebenfalls Grundstücke herangezogen werden, die über keinen eigenen Anschluss verfügen, aber im wirtschaftlichen Zusammenhang mit einem an das Stromnetz angeschlossenen Grundstück genutzt werden. Im Rahmen der grundsätzlich weit auszulegenden Regelung[88] kann eine solche Konstellation beispielsweise in Rede stehen, wenn land- oder forstwirtschaftlich genutzte Grundstücke einen Bezug zu einem Hofgrundstück aufweisen, welches seinerseits an die Stromversorgung angeschlossen ist.[89] Auch wenn Einzelheiten teils streitig sind, kommt es nicht darauf an, ob das betreffende Grundstück örtlich unmittelbar an das angeschlossene Grundstück angrenzt; hinreichend ist es, wenn es sich in einer gewissen, den Zusammenhang noch wahrenden Entfernung befindet. Schließlich erfasst Nr. 3 des § 12 Abs. 1 Satz 2 NAV solche Fallkonstellationen, in denen auf dem Grundstück kein Stromanschluss vorhanden ist, ein solcher aber jederzeit möglich wäre und damit ein entsprechender wirtschaftlicher Vorteil verbunden ist.[90]

Unterfällt das Grundstück nach diesen Maßstäben dem Anwendungsbereich des § 12 Abs. 1 Satz 2 NAV ist im Rahmen der Verhältnismäßigkeitsprüfung eine **umfassende Abwägung** der wechselseitig betroffenen Interessen geboten. Dabei gilt zunächst nach § 12 Abs. 1 Satz 3 Hs. 2 NAV, dass mangels Verhältnismäßigkeit einen Grundstückseigentümer keine Duldungspflicht trifft, wenn die geplante Erschließung einen Nachbarn begünstigt und diese genauso über das fremde Grundstück des betreffenden Anschlussnehmers oder unter Nutzung einer insofern bestehenden Dienstbarkeit möglich ist, selbst wenn sie aufwendiger oder kostspieliger ausfällt.[91] In sonstigen Fällen besteht ein Ermessensspielraum des Energieversorgungsunternehmens, welche Streckenführung es aus technischen und wirtschaftlichen Gründen wählt. Es hat nach pflichtgemäßem Ermessen darüber zu befinden, welcher duldungspflichtige Grundeigentümer zur Errichtung von Strommasten nebst Leitungssystemen herangezogen wird. Dem betroffenen Eigentümer ist es im Rahmen des § 12 Abs. 1 Satz 3 Hs. 1 NAV grundsätzlich verwehrt, auf die vorrangige Inanspruchnahme eines anderen Duldungspflichtigen zu verweisen.[92] Ebenso wenig besteht ein Vorrang der Nutzung öffentlichen Grundeigentums gegenüber einem Zugriff auf privates Grundeigentum.[93] Eine Überprüfung findet lediglich auf **Ermessensfehler** statt, was gleichwohl eine Interessenabwägung voraussetzt.[94] Dabei trifft die Darlegungs- und Beweislast für Umstände im Sinne des § 12 Abs. 1 Satz 3 Hs. 1 NAV, die eine fehlende Notwendigkeit oder eine Unzumutbarkeit begründen, den in Anspruch genommenen Grundstückseigentümer.[95] Zu beachten ist, dass eine Minderung des Verkehrswerts des Grundstücks allein nicht Grund für die Annahme einer Überschreitung der Unzumutbarkeitsschwelle sein kann, weil derartige Konsequenzen der betreffenden Duldungspflicht immanent sind.[96] 48

87 BGH Urt. v. 9.12.2016 – V ZR 231/15, NJW-RR 2017, 653 (654); vgl. auch BGH Urt. v. 24.2.2006 – V ZR 145/05, NJW-RR 2006, 917 (918).

88 BGH Urt. v. 9.12.2016 – V ZR 231/15, NJW-RR 2017, 653 (654); OLG Saarbrücken Urt. v. 28.11.2018 – 5 U 26/18, juris Rn. 19.

89 Vgl. OLG Naumburg Urt. v. 19.4.2013 – 10 U 43/12, NJW-RR 2014, 18 (19). Es ist eine einzelfallbezogene Betrachtung anzustellen, wobei Einzelheiten in der Rechtsprechung teils streitig diskutiert werden.

90 Vgl. OLG Saarbrücken Urt. v. 28.11.2018 – 5 U 26/18, juris Rn. 21; *Saller* in Grziwotz/Lüke/Saller NachbarR-HdB Kapitel 4 Rn. 108.

91 BGH Urt. v. 11.3.1992 – VIII ZR 219/91, NJW-RR 1993, 141 (142).

92 Vgl. BGH Urt. v. 4.2.1976 – VIII ZR 167/74, NJW 1976, 715 (716); Urt. v. 13.3.1991 – VIII ZR 373/89, NJW-RR 1991, 841 (842); Urt. v. 11.3.1992 – VIII ZR 219/91, NJW-RR 1993, 141 (142); Urt. v. 28.4.2010 – VIII ZR 223/09, NJW 2010, 2802 (2803); Urt. v. 2.12.2011 – V ZR 119/11, NZM 2013, 204 (206).

93 BGH Urt. v. 28.4.2010 – VIII ZR 223/09, NJW 2010, 2802 (2803); siehe auch BGH Urt. v. 9.12.2016 – V ZR 231/15, NJW-RR 2017, 653 (654 f.).

94 BGH Urt. v. 4.2.1976 – VIII ZR 167/74, NJW 1976, 715 (716); Urt. v. 13.3.1991 – VIII ZR 373/89, NJW-RR 1991, 841 (842); Urt. v. 28.4.2010 – VIII ZR 223/09, NJW 2010, 2802 (2803).

95 BGH Urt. v. 4.2.1976 – VIII ZR 167/74, NJW 1976, 715 (716); Urt. v. 13.3.1991 – VIII ZR 373/89, NJW-RR 1991, 841 (842).

96 BGH Urt. v. 13.3.1991 – VIII ZR 373/89, NJW-RR 1991, 841 (843).

49 Duldungspflichten im Hinblick auf **Hochspannungs- bzw. Fernleitungen**, etwa im Hinblick auf Überspannungen von Grundstücken, bestimmen sich nicht nach § 12 NAV.[97] Vielmehr gelten diesbezüglich eigenständige Maßstäbe. Hiermit einhergehende Beeinträchtigungen sind gewöhnlich nicht unentgeltlich zu dulden.[98] Grundsätzlich sind Zugriffe nur aufgrund von Nutzungsvereinbarungen oder im Zuge von Enteignungen möglich.[99] Soweit es gemäß § 45 Abs. 1 EnWG zum Zweck der Sicherung der Energieversorgung eröffnet ist, Beschränkungen des Grundeigentums bis hin zu Enteignungen vorzunehmen, strahlen die hiermit angesprochenen Belange der Allgemeinheit auch auf die Frage von Duldungspflichten im Sinne des § 1004 Abs. 2 BGB aus.[100] Ist Grundstückseigentümern ein Beseitigungs- oder Unterlassungsanspruch nach § 1004 Abs. 1 BGB aus besonderen Gründen eines höheren Interesses an der allgemeinen Energieversorgung versagt, ist dies regelmäßig aber nicht entschädigungslos zu dulden; aufgrund des zu erbringenden Sonderopfers können insofern bürgerlich-rechtliche Aufopferungsansprüche in Betracht kommen.[101]

50 Soweit in der obergerichtlichen Rechtsprechung die Ableitung einer Duldungspflicht bezüglich Strommasten nebst Leitungen aus § 41 Abs. 1 BauGB erwogen wurde,[102] ist der BGH diesem Ansatz nicht gefolgt, sondern hat die Frage offengelassen.[103]

51 Pflichten für Grundstückseigentümer zur Duldung von Strommasten nebst Leitungssystemen können ferner im Zuge von **Enteignungsverfahren** entstehen, wenn beispielsweise entsprechende Entziehungen oder Beschränkungen des Grundeigentums nach § 45 Abs. 1 Nr. 2 EnWG zur Umsetzung eines sonstigen Vorhabens zu Zwecken der Energieversorgung angeordnet werden.[104] Dabei werden Enteignungsmaßnahmen in der Regel nicht auf die Entziehung des Eigentums gerichtet sein. Vielmehr ist zur Realisierung des von einem Energieversorgungsunternehmen angestrebten Versorgungsziels in der Regel hinreichend, eine beschränkt persönliche Dienstbarkeit durchzusetzen, die mit dinglicher Wirkung den Inhalt und die Reichweite der Zugriffs- bzw. Nutzungsbefugnisse regelt.[105] Wird im Rahmen eines anhängigen Zivilverfahrens, mit dem die Beseitigung von Strommasten nebst Leitungssystemen gemäß § 1004 Abs. 1 Satz 1 BGB oder ein korrespondierender Unterlassungsanspruch verfolgt wird, von dem Energieversorgungsunternehmen ein Enteignungsverfahren eingeleitet, kann dies Anlass für eine Aussetzung des zivilgerichtlichen Klageverfahrens nach § 148 ZPO sein.[106]

52 **b) Rechtsfolgen von Abwehransprüchen nach § 1004 Abs. 1 BGB.** Bestehen nach den vorstehend dargestellten Maßstäben keine Pflichten des Grundstückseigentümers zur Duldung von Strommasten nebst Leitungssystemen auf seinem Grundstück, kann er gestützt auf § 1004 Abs. 1 Satz 1 BGB die **Beseitigung** vorhandener Installationen im Wege einer Klage vor den Zivilgerichten durchsetzen. Im Falle einer bestehenden (Wiederholungs-)Gefahr des Zugriffs auf das Grundstück, kommt darüber hinaus gemäß § 1004 Abs. 1 Satz 2 BGB die Erhebung einer abwehrenden bzw. vorbeugenden Unterlassungsklage in Betracht. Dabei trägt der Anspruchsteller nach allgemeinen Maßstäben die Darlegungs- und Beweislast für das Vorliegen seines Eigentums und die störenden Einwirkungen des Energieversorgungsunternehmens sowie bei § 1004 Abs. 1 Satz 2 BGB zusätzlich für das Bestehen einer Wiederholungsgefahr. Das Energieversorgungsunternehmen hat als Anspruchsgegner seinerseits im Ausgangspunkt die die Anerkennung einer Dul-

97 BGH Urt. v. 13.3.1991 – VIII ZR 373/89, NJW-RR 1991, 841; Urt. v. 19.12.1975 – V ZR 38/74, NJW 1976, 416 (417).
98 Vgl. *Saller* in Grziwotz/Lüke/Saller NachbarR-HdB Kapitel 4 Rn. 112.
99 Vgl. BVerwG Urt. v. 11.7.2002 – 4 C 9/00, NJW 2003, 230 (230 f.). Zu Planfeststellungsverfahren vgl. VGH Kassel Urt. v. 22.3.1993 – 2 A 3300/89, NVwZ 1994, 391.
100 Vgl. BGH Urt. v. 25.1.1973 – III ZR 61/70, NJW 1973, 508 (508 f.); siehe auch BGH Urt. v. 19.12.1975 – V ZR 38/74, NJW 1976, 416 (417).
101 BGH Urt. v. 25.1.1973 – III ZR 61/70, NJW 1973, 508 (509).
102 OLG Celle Urt. v. 3.4.1973 – 4 U 194/72, NJW 1973, 1505.
103 BGH Urt. v. 19.12.1975 – V ZR 38/74, NJW 1976, 416 (417); vgl. auch *Saller* in Grziwotz/Lüke/Saller NachbarR-HdB Kapitel 4 Rn. 114.
104 Vgl. BVerfG Beschl. v. 3.7.2001 – 1 BvR 432/00, NZM 2001, 750 (751); vgl. BVerwG Urt. v. 11.7.2002 – 4 C 9/00, NJW 2003, 230.
105 *Theobald/Kühling/Seeliger*, Energierecht, Stand Dezember 2019, Kapitel 138 Rn. 20.
106 BGH Beschl. v. 7.5.1992 – V ZR 192/91, NJW-RR 1992, 1149 (1149 f.).

dungspflicht im Sinne des § 1004 Abs. 2 BGB rechtfertigende Umstände sowie sonstige Einwendungen und Einreden vorzutragen und nachzuweisen.[107] Allerdings trägt der Grundstückseigentümer im Rahmen des § 12 Abs. 1 Satz 3 Hs. 1 NAV angesichts des Regelungswortlauts die Darlegungs- und Beweislast für die eine Unzumutbarkeit begründenden Umstände.[108]

Beseitigungs- und Unterlassungsansprüche können auch erst im Laufe der Zeit entstehen, insbesondere dann, wenn eine ursprünglich zu duldende Nutzung später endgültig beendet wird.[109] Bei ursprünglicher Bestellung einer dinglichen Sicherung etwa in Form einer beschränkt persönlichen Dienstbarkeit kann aus den genannten Gründen deren Rückgewähr verlangt werden.[110] Hinsichtlich der auf dem Grundstück befindlichen Strommasten und Leitungssysteme besteht ein Anspruch auf deren Rückbau durch das Energieversorgungsunternehmen nach § 1004 Abs. 1 Satz 1 BGB. Allerdings bestimmt § 12 Abs. 4 NAV, dass nach der Einstellung einer Anschlussnutzung die auf dem Grundstück befindlichen Einrichtungen noch für eine Dauer von drei Jahren vorübergehend zu dulden sind, es sei denn, es greifen besonders nachzuweisende Unzumutbarkeitsgründe ein.[111] Kommt das Unternehmen einer Beseitigungsverpflichtung nicht nach, ist der Eigentümer nach den Regeln der Selbstvornahme zu einer Entfernung berechtigt.[112] 53

Ein Rückbau kann bis zur Grenze von Treu und Glauben (§ 242 BGB) sowie des Schikaneverbots (§ 226 BGB) beansprucht werden, was regelmäßig auch die Beseitigung von Fundamenten der Strommasten einschließt. Nur dann, wenn ein nachvollziehbares Beseitigungsinteresse im Einzelfall nicht ersichtlich ist, kommt ausnahmsweise eine Rechtsmissbräuchlichkeit des Beseitigungsverlangens in Frage.[113] 54

2. Abwehransprüche und Duldungsansprüche im Verhältnis zwischen Grundstücksnachbarn

Es können, wenn eine vorrangige Inanspruchnahme unentgeltlicher Nutzungsbefugnisse durch Energieversorgungsträger nach § 12 Abs. 1 NAV nicht in Rede steht,[114] im Verhältnis der Nachbarn untereinander Streitigkeiten über die **Verlegung und Führung von Anschlussleitungen**, einschließlich der Errichtung hierfür notwendiger Strommasten, in Betracht kommen. Insbesondere bei sogenannten „gefangenen" Grundstücken, die über keinen eigenen Zugang zum Stromversorgungsnetz verfügen, stellt sich die Frage, ob ein Grundeigentümer eine Leitungsführung über sein Grundstück zu dulden hat, um dem Nachbarn einen Netzanschluss zu ermöglichen (siehe hierzu näher die Kommentierung zu dem Stichwort → *Leitungsrecht* Rn. 14 ff.). 55

In den meisten Landesnachbarrechtsgesetzen werden die Voraussetzungen sowie Rechtsfolgen derartiger **Notleitungsrechte** im Einzelnen geregelt.[115] Damit werden im Nachbarverhältnis zu beachtende Duldungspflichten im Sinne des § 1004 Abs. 2 BGB begründet, die Abwehransprüche nach § 1004 Abs. 1 BGB ausschließen. Fehlen einschlägige landesgesetzliche Vorgaben, kann ein Notleitungsrecht auch für oberirdische Stromleitungen unter den Voraussetzungen des § 917 Abs. 1 BGB analog abgeleitet werden, wobei in die- 56

107 Vgl. allgemein BGH Urt. v. 2.12.1988 – V ZR 26/88, NJW 1989, 1032; *Herrler* in Palandt BGB § 1104 Rn. 52.

108 OLG Saarbrücken Urt. v. 28.11.2018 – 5 U 26/18, juris Rn. 24; *Saller* in Grziwotz/Lüke/Saller NachbarR-HdB Kapitel 4 Rn. 109.

109 Unter den Voraussetzungen des § 12 Abs. 3 Satz 1 NAV besteht bei einer fortbestehenden Duldungspflicht ein Anspruch auf Verlegung vorhandener Einrichtungen, wenn sie an der bisherigen Grundstücksstelle nicht mehr zumutbar sind – vgl. dazu OLG Saarbrücken Urt. v. 10.8.2017 – 4 U 43/16, BeckRS 2017, 158216 Rn. 29; Urt. v. 28.11.2018 – 5 U 26/18, juris Rn. 25; OLG Köln Urt. v. 22.9.1989 – 19 U 19/89, NJW-RR 1991, 99 (100 f.).

110 OLG Saarbrücken Urt. v. 10.8.2017 – 4 U 43/16, BeckRS 2017, 158216 Rn. 19 ff.

111 Vgl. BGH Urt. v. 24.2.2006 – V ZR 145/05, NJW-RR 2006, 917 (918) noch zur Vorgängerregelung sowie zu einer möglichen weiteren Duldungspflicht nach § 242 BGB.

112 Vgl. BGH Urt. v. 24.1.2003 – V ZR 175/02, NJW-RR 2003, 953 (955).

113 Zur kostenaufwendigen Beseitigung von Fundamentresten in größerer Tiefe vgl. OLG Celle Urt. v. 15.7.2004 – 4 U 55/04, NZM 2005, 39 (40). Zu Verwirkungsaspekten vgl. *Theobald/Kühling/Seeliger*, Energierecht, Dezember 2019, Kapitel 138 Rn. 16.

114 Befugnisse zur unentgeltlichen Grundstücksnutzung nach § 12 Abs. 1 NAV hängen nicht von den besonderen Voraussetzungen des § 917 Abs. 1 BGB (analog) ab, vgl. BGH Urt. v. 2.12.2011 – V ZR 119/11, NZM 2013, 204 (206).

115 *Brückner* in MüKoBGB § 917 Rn. 57; *Herrler* in Palandt BGB § 917 Rn. 1.

sem Fall eine Entschädigungspflicht entsprechend § 917 Abs. 2 Satz 1 BGB möglich ist. Es entspricht der Rechtsprechung des BGH, dass eine analoge Anwendung des § 917 BGB aufgrund einer vergleichbaren Interessenlage gerechtfertigt ist, wenn es zur Verbindung eines Grundstücks mit dem öffentlichen Stromversorgungsnetz erforderlich ist, Stromleitungen über ein fremdes benachbartes Grundstück zu führen.[116] Im Rahmen der Ausübung des Notleitungsrechts gelten allerdings unter Rückgriff auf den Rechtsgedanken des § 1120 Satz 1 BGB die Prinzipien der Schonung bzw. geringstmöglichen Belastung der Interessen des duldungspflichtigen Grundeigentümers, so dass sowohl die nötigen Errichtungen als auch der Leitungsverlauf – anders als im Rahmen des § 12 Abs. 1 NAV – nicht allein nach Effizienzmaßstäben festgelegt werden dürfen.[117]

V. Öffentlich-rechtliche Abwehransprüche

57 Das **öffentliche Recht** hält abhängig von der Art der beanstandeten Beeinträchtigung ebenfalls Instrumentarien bereit, um gegen Strommasten nebst Leitungssystemen vorzugehen. Im Hinblick auf die Errichtung von Anlagen der oberirdischen Stromversorgung erlangen baurechtliche Maßgaben Bedeutung. Für mit dem Betrieb einhergehende Elektrosmogbelastungen bietet insbesondere das Immissionsschutzrecht Möglichkeiten eines verwaltungsbehördlichen und verwaltungsgerichtlichen Rechtsschutzes.

1. Baurecht

58 In **Bebauungsplänen** können nach § 9 Abs. 1 Nr. 13 BauGB aus städtebaulichen Gründen Festlegungen zur Führung oberirdischer Versorgungsanlagen und -leitungen getroffen werden, die für sich allerdings keine eigenständige Duldungspflicht zulasten des betroffenen Grundstückseigentümers begründen.[118] Weiterführend ermöglicht § 9 Abs. 1 Nr. 21 BauGB die Ausweisung von mit Leitungsrechten zu belastenden Flächen.[119] Den von entsprechenden bauplanungsrechtlichen Festsetzungen betroffenen Grundstückseigentümern oder sonst tangierten Nachbarn steht es im Rahmen der Reichweite ihnen zukommender subjektiver Rechte frei, ein Normenkontrollverfahren gemäß § 47 Abs. 1 Nr. 1 VwGO anzustrengen.

59 In bauplanungsrechtlicher Hinsicht bestimmt § 14 Abs. 2 Satz 1 BauNVO, dass der Versorgung mit Elektrizität dienende Nebenanlagen unabhängig davon zugelassen werden können, ob für sie entsprechende Flächen im Bebauungsplan ausgewiesen sind.

60 Bei Strommasten handelt es sich um **bauliche Anlagen** im Sinne des § 29 Abs. 1 BauGB und der landesbauordnungsrechtlichen Vorschriften.[120] In den meisten Bundesländern ist allerdings die Errichtung von Strommasten, die der Versorgung mit Elektrizität dienen, in Anlehnung an die Vorgaben des § 61 Abs. 1 Nr. 5 der Muster-Bauordnung (MBO) verfahrensfrei gestellt (siehe auch § 61 Abs. 1 Nr. 4 b MBO), so dass kein Baugenehmigungserfordernis besteht. Abweichendes kann, soweit nicht ausnahmsweise ein Planfeststellungsverfahren vorgesehen ist,[121] für Strommastanlagen gelten, deren Funktion nicht in der unmittelbaren Elektrizitätsversorgung vor Ort besteht. Der Rechtsschutz im Nachbarverhältnis hängt vor diesem Hintergrund vom Bestehen eines Genehmigungserfordernisses ab. Greift ein solches, kann ein Betroffener, der sich von der Errichtung eines Strommasts in der Nachbarschaft in einem eigenen subjektiven Recht verletzt

116 BGH Urt. v. 11.11.1959 – V ZR 98/58, NJW 1960, 93; Urt. v. 26.1.2018 – V ZR 47/17, NJW-RR 2018, 913 (914); *Brückner* in MüKoBGB § 917 Rn. 57; vgl. auch BGH Urt. v. 11.3.1992 – VIII ZR 219/91, NJW-RR 1993, 141 (142) zu den zu wahrenden „strengen Anforderungen".

117 BGH Urt. v. 26.1.2018 – V ZR 47/17, NJW-RR 2018, 913 (914).

118 *Saller* in Grziwotz/Lüke/Saller NachbarR-HdB Kapitel 4 Rn. 114.

119 Der betroffene Grundeigentümer kann unter den Voraussetzungen des § 41 Abs. 1 BauGB die Begründung entsprechender Rechte (Dienstbarkeiten) verlangen, an die eine Entschädigungspflicht gemäß § 42 iVm § 44 Abs. 1 und 2 BauGB anzuknüpfen vermag- vgl. BVerwG Beschl. v. 2.11.1998 – 4 BN 49/98, NVwZ 1999, 296.

120 Siehe § 1 Abs. 1 Satz 1 und § 2 Abs. 1 Satz 1 MBO. Vgl. VGH Kassel Urt. v. 12.12.2016 – 6 C 1422/14.T, juris Rn. 28.

121 Vgl. dazu BVerwG Urt. v. 15.12.2016 – 4 A 4/15, NVwZ 2017, 708 (709 ff.); Urt. v. 31.7.2017 – 4 B 12/17, NVwZ-RR 2017, 967 (967 f.); VGH München Urt. v. 27.3.2017 – 22 A 16.400037, juris Rn. 23 ff.; OVG Koblenz Urt. v. 6.2.2013 – 8 C 10943/12, NVwZ-RR 2013, 630 (631 ff.).

sieht, im Wege der Anfechtungsklage gegen eine erteilte Baugenehmigung vorgehen. Im Fall einer Verfahrensfreiheit der Strommasterrichtung verbleibt die Möglichkeit, auf ein Einschreiten der Bauaufsichtsbehörde hinzuwirken und ein solches notfalls verwaltungsgerichtlich durchzusetzen.

Nachbarschützende subjektive Abwehrrechte, auf die sich ein Betroffener in diesem Kontext berufen kann, vermittelt bauplanungsrechtlich das in der Rechtsprechungspraxis allgemein anerkannte **Rücksichtnahmegebot** und zwar sowohl in beplanten Gebieten (§ 15 Abs. 1 BauNVO) als auch in Gebieten nach §§ 34 und 35 BauGB. Eine Verletzung des Rücksichtnahmegebots kommt in Betracht, wenn von dem Bau eines Strommasts nebst Leitungssystemen negative Vorhabenwirkungen ausgehen, welche den Nachbarn auch unter Berücksichtigung der Interessen des Bauherrn in unzumutbarer Weise belasten, etwa wenn mit der Errichtung in der konkreten Situation eine erdrückende oder erschlagende Wirkung verbunden ist.[122] Erforderlich ist eine einzelfallbezogene Abwägung der wechselseitig betroffenen Belange. Ein Anspruch auf ein bestimmtes behördliches Einschreiten kommt aber nur dann in Frage, wenn eine entsprechende Ermessensreduzierung anzunehmen ist. 61

In **bauordnungsrechtlicher** Hinsicht hat die Errichtung von Strommasten ungeachtet einer möglichen Verfahrensfreiheit nach § 61 Abs. 1 Nr. 5 MBO die allgemeinen Anforderungen an die Sicherheit baulicher Anlagen gemäß § 3 Abs. 1 MBO zu wahren, so dass im Rahmen des insofern eingreifenden partiellen Drittschutzes, insbesondere in Bezug auf den Schutz von Leben und Gesundheit, ein Einschreiten der Bauordnungsbehörde auf der Grundlage der Generalklausel (§ 58 Abs. 2 MBO) eingefordert werden kann. Bedeutung erlangen darüber hinaus die in den Landesbauordnungen geregelten Maßgaben zu **Abstandsflächen**. Solche Flächen sind nicht nur von Gebäudebebauungen freizuhalten (§ 6 Abs. 1 Satz 1 MBO). Vielmehr gelten gemäß § 6 Abs. 1 Satz 2 MBO die Abstandsflächenregelungen entsprechend für andere Anlagen, von den vergleichbare Wirkungen wie von Gebäuden ausgehen.[123] Ob ein Strommast aufgrund seiner Größe und Bauart eine gebäudegleiche Wirkung entfaltet und daher dem Freihaltungsgebot unterfällt, bestimmt sich anhand der Einzelfallumstände und dabei unter Berücksichtigung des mit § 6 Abs. 1 MBO verfolgten besonderen Schutzzwecks.[124] Da die Abstandsflächenbestimmungen auch dem Schutz des anliegenden Nachbarn dienen, ihm also subjektive Rechtspositionen vermitteln, vermag er bei beeinträchtigenden Baumaßnahmen in der Regel ein Einschreiten der Bauaufsichtsbehörde einzufordern. 62

2. Planfeststellung

Ist für die Errichtung von Strommasten nebst Leitungssystemen ausnahmsweise ein **Planfeststellungsverfahren**, etwa bei Bahnfernstromanlagen (§ 18 Abs. 1 AEG) oder Hochspannungsleitungen (§ 43 Abs. 1 EnWG), vorgeschrieben, haben anliegende Grundstückseigentümer ihre Belange in diesem Verfahren zu wahren. Als Betroffene sind sie befugt, einen Planfeststellungsbeschluss im Wege einer Anfechtungsklage auf eine Verletzung subjektiv öffentlicher Rechte überprüfen zu lassen. Für eine sachliche Planrechtfertigung ist die Ermittlung und Abwägung aller von dem Vorhaben betroffenen Rechte und Belange erforderlich. Eigentümer anliegender Grundstücke vermögen die Klagebefugnis begründende eigene Rechte einerseits aus immissionsschutzrechtlichen und sonstigen dem Schutz der Gesundheit dienenden Rechtsvorschriften abzuleiten.[125] Andererseits resultieren abwägungsrelevante Belange vor allem aus eigentumsrechtlichen Rechtspositionen.[126] Nachteilige Auswirkungen der Strommasten nebst Leitungssystemen auf benachbarte Grundstücke sind dementsprechend in die planerische Abwägung einzubeziehen und sachge- 63

122 Vgl. OVG Koblenz Urt. v. 6.2.2013 – 8 C 10943/12, NVwZ-RR 2013, 630 (633).

123 BVerwG Urt. v. 31.7.2017 – 4 B 12/17, NVwZ-RR 2017, 967 (968); VGH Kassel Urt. v. 12.12.2016 – 6 C 1422/14.T, juris Rn. 28; vgl. auch BVerwG Urt. v. 15.12.2016 – 4 A 4/15, NVwZ 2017, 708 (710) zu landesspezifischen Rückausnahmen vom Ansatz gebäudegleicher Wirkungen.

124 VGH Kassel Urt. v. 12.12.2016 – 6 C 1422/14.T, juris Rn. 28; vgl. auch *Grziwotz* in Grziwotz/Lüke/Saller NachbarR-HdB Kapitel 2 Rn. 208.

125 BVerwG Urt. v. 15.12.2016 – 4 A 4/15, NVwZ 2017, 708 (709 f.); VGH Kassel Urt. v. 22.3.1993 – 2 A 3300/89, NVwZ 1994, 391 (392 f.); VGH München Urt. v. 27.3.2017 – 22 A 16.40037, juris Rn. 38 f. Siehe auch → Rn. 64.

126 BVerwG Urt. v. 15.12.2016 – 4 A 4/15, NVwZ 2017, 708 (715); VGH Kassel Urt. v. 12.12.2016 – 6 C 1422/14.T, juris Rn. 28; VGH München Urt. v. 27.3.2017 – 22 A 16.40037, juris Rn. 35.

recht zu würdigen. Dabei können neben dem Gebot der Rücksichtnahme[127] auch sonstige optisch bedrängende Wirkungen in der näheren Umgebung einen abwägungsrelevanten, wenn auch wenig gewichtigen Belang darstellen.[128] Im Hinblick auf die Stromtrassenführung sind auf das Eigentum gestützte Abwehrbefugnisse nur ausnahmsweise anzuerkennen. Lediglich dann, wenn eine andere Trasse die eindeutig bessere, die öffentlichen und privaten Belange insgesamt schonendere Variante darstellt und sich diese alternative Lösung aufdrängen muss, kann im Einzelfall ein angreifbarer Planungsfehler bestehen.[129]

3. Immissionsschutzrecht

64 Strommasten und die zugehörigen oberirdischen Leitungssysteme werfen immissionsschutzrechtliche Fragestellungen insbesondere unter dem Aspekt des „**Elektrosmogs**" auf.[130] Sie stellen in der Regel keine genehmigungsbedürftigen Anlagen im Sinne des § 4 Abs. 1 BImSchG dar.[131] Vor diesem Hintergrund haben sie die Anforderungen des § 22 Abs. 1 BImSchG für die Errichtung, die Beschaffenheit und den Betrieb nicht genehmigungsbedürftiger Anlagen zu wahren. Insbesondere dürfen von ihnen keine schädlichen Umwelteinwirkungen im Sinne des § 22 Abs. 1 Satz 1 Nr. 1 BImSchG ausgehen, die nach dem Stand der Technik vermeidbar sind. Auf der Grundlage des § 23 Abs. 1 BImSchG ist der Verordnungsgeber ermächtigt, die für nicht genehmigungsbedürftige Anlagen einzuhaltenden Standards zum Schutz der Allgemeinheit und vor allem der Nachbarschaft vor schädlichen Umwelteinwirkungen konkretisierend zu regeln. Von der Ermächtigung hat der Verordnungsgeber im Hinblick auf von Hochfrequenz-, Niederfrequenz- und Gleichstromanlagen ausgehende elektrische und elektromagnetische Felder, wie bereits dargestellt, mit dem Erlass der 26. BImSchV Gebrauch gemacht.

65 Den Vorgaben des § 22 Abs. 1 BImSchG sowie der 26. BImSchV kommt unter dem Gesichtspunkt der Vermeidung von Gesundheitsgefährdungen **drittschützender Charakter** zu.[132] Insbesondere die Grenzwertfestsetzungen in der 26. BImSchV dienen dem Schutz des Einzelnen vor gesundheitsbeeinträchtigenden Elektrosmogbelastungen. In diesem Sinne wird ein subjektiv öffentlich-rechtlicher Nachbarschutz dadurch gewährt, dass von elektrischen oder elektromagnetischen Feldern ausgehende Immissionsbelastungen gestützt auf die Drittschutz vermittelnden Normen abgewehrt werden kann.[133] Dabei gilt, wie im Kontext des § 906 Abs. 1 Satz 2 BGB, auch im Immissionsschutzrecht, dass die normierten Grenzwerte im Regelfall das Maß des im Nachbarverhältnis Hinnehmbaren bestimmen, also bei einer Grenzwerteinhaltung grundsätzlich nicht von schädlichen Umwelteinwirkungen auszugehen ist, wobei die vorgesehenen Werte keinen verfassungsrechtlichen Bedenken unterliegen.[134]

66 Der Immissionsschutzbehörde eröffnet § 24 Abs. 1 Satz 1 BImSchG eine Anordnungsbefugnis, um im Einzelfall die Einhaltung der Anforderungen des § 22 Abs. 1 BImSchG und der 26. BImSchV gegenüber dem

---

127 BVerwG Urt. v. 15.12.2016 – 4 A 4/15, NVwZ 2017, 708 (716); OVG Koblenz Urt. v. 6.2.2013 – 8 C 10943/12, NVwZ-RR 2013, 630 (633).

128 OVG Koblenz Urt. v. 6.2.2013 – 8 C 10943/12, NVwZ-RR 2013, 630 (632 f.); vgl. auch VGH Kassel Urt. v. 12.12.2016 – 6 C 1422/14.T, juris Rn. 28. Allein die durch das Vorhaben bedingte mögliche Wertminderung des Grundstücks stellt gewöhnlich keinen selbstständigen abwägungserheblichen Belang dar, vgl. VGH München Urt. v. 27.3.2017 – 22 A 16.40037, juris Rn. 41.

129 BVerwG Urt. v. 15.12.2016 – 4 A 4/15, NVwZ 2017, 708 (712); VGH München Urt. v. 27.3.2017 – 22 A 16.40037, juris Rn. 32.

130 Zu Geräuschimmissionen bei Hochspannungsleitungen (Koronageräusche) vgl. BVerwG Urt. v. 15.12.2016 – 4 A 4/15, NVwZ 2017, 708 (710); Beschl. v. 2.8.1994 – 7 VR 3/94, NVwZ 1994, 1000 (1001).

131 BVerwG Urt. v. 15.12.2016 – 4 A 4/15, NVwZ 2017, 708 (710); VGH Kassel Urt. v. 22.3.1993 – 2 A 3300/89, NVwZ 1994, 391 (393); *Brückner* in MüKoBGB § 906 Rn. 177.

132 *Dehner* B § 16 S. 16 und 18; *Kutscheidt* NJW 1997, 2481 (2487); vgl. BVerwG Urt. v. 15.12.2016 – 4 A 4/15, NVwZ 2017, 708 (709 f.).

133 Vgl. BVerfG Beschl. v. 17.2.1997 – 1 BvR 1658/96, NJW 1997, 2509.

134 Vgl. BVerfG Beschl. v. 17.2.1997 – 1 BvR 1658/96, NJW 1997, 2509 (2509 f.); vgl. auch BVerwG Beschl. v. 2.8.1994 – 7 VR 3/94, NVwZ 1994, 1000 (1002).

verantwortlichen Betreiber durchzusetzen.[135] Unter den Voraussetzungen des § 25 Abs. 1 oder 2 BImSchG ist ihr darüber hinaus die Untersagung eines Anlagenbetriebs gestattet. Einem Betroffenen, der sich durch in der Nachbarschaft betriebene Strommasten nebst oberirdischen Leitungen in seinen gesundheitlichen Belangen beeinträchtigt sieht, steht es danach frei, gegenüber der zuständigen Immissionsschutzbehörde ein Einschreiten gegen den die Schutzpflichten verletzenden Verantwortlichen zu verlangen.[136] Dabei verfügt der betreffende Nachbar über einen Anspruch auf Prüfung und ermessensfehlerfreie Entscheidung durch die zuständige Behörde. Die Beanspruchung einer bestimmten Anordnung im Sinne des § 24 Abs. 1 BImSchG oder gar einer Untersagungsverfügung etwa gestützt auf § 25 Abs. 2 BImSchG kommt aber nur ausnahmsweise im Falle einer entsprechenden Ermessenreduzierung auf Null in Betracht.[137]

111. Stützmauer

Jeromin

I. Begriff

Eine Stützwand (bei entsprechender Bauweise: Stützmauer) ist ein Bauwerk, das zur Sicherung von Einschnitts- und Dammböschungen dient. Der Begriff der Stützmauer wird in den Landesbauordnungen selbst nicht (legal-)definiert, obwohl er im Zusammenhang mit den Abstandsflächenvorschriften vorausgesetzt wird (vgl. § 6 Abs. 8 Satz 1 Nr. 3 MBO)[1]. Insofern ist er nach seinem Wortsinn und dem gewöhnlichen Sprachgebrauch auszulegen. Angesichts des technischen Charakters baulicher Anlagen kann dabei mangels anderer Erkenntnisse auch auf allgemein anerkannte technische Begriffsdefinitionen abgestellt werden[2]. Ausgehend von der Definition des Stützbauwerks – wie sie sich etwa in Ziffer 9.1.2 der DIN EN 1997-1:2014-03 „Eurocode 7 – Entwurf, Berechnung und Bemessung in der Geotechnik – Teil 1: Allgemeine Regeln" findet – sind Stützbauwerke solche Tragwerke, die einen Untergrund abstützen, der Boden, Fels oder Hinterfüllung und Wasser enthält. Ein Material ist danach gestützt, wenn es in steilerer Neigung gehalten wird als die, unter der es sich ohne ein stützendes Tragwerk einstellen würde. Stützbauwerke umfassen alle Arten von Wänden oder Stützsystemen, bei denen Bauteile durch Kräfte aus dem gestützten Material beansprucht werden. Ein Stützbauwerk zur Stützung und Begrenzung von Böschungen oder Hängen ist – nach dem gewöhnlichen Sprachgebrauch – eine Stützmauer und zwar unabhängig davon, ob es aus einzelnen Steinen oder aus Beton besteht[3]. 1

Bestimmend für die Eigenschaft als Stützmauer ist mithin die Funktion, ein dahinter gelegenes Gelände zu einer bestimmten Seite hin abzufangen. Dies setzt regelmäßig voraus, dass eine Stützwand die Parallelität zu dem dahinter gelegenen Gelände – und soweit sie abstandsflächenrechtlich von Bedeutung ist – zu dem Nachbargrundstück erfordert, um diese Funktion zu erfüllen. Häufig verlaufen Stützwände daher entlang von Verkehrsstrecken und an oberirdischen Gewässern. Innerhalb von Siedlungsbereichen sowie in topo- 2

135 Für Hochspannungsleitungen, für welche die 26. BImSchV nicht einschlägig ist, bedarf es im Rahmen des § 22 Abs. 1 BImSchG einer einzelfallbezogenen Bewertung des Gefährdungspotentials, vgl. VGH Kassel Urt. v. 22.3.1993 – 2 A 3300/89, NVwZ 1994, 391 (393).

136 *Dehner* B § 16 S. 15 f.; *Kutscheidt* NJW 1997, 2481 (2487); *Roth* in Staudinger BGB § 906 Rn. 173; *Brückner* in MüKoBGB § 906 Rn. 177.

137 *Kutscheidt* NJW 1997, 2481 (2487).

1 Musterbauordnung (MBO) von November 2002, zuletzt geändert durch Beschluss der Bauministerkonferenz vom 27.9.2019.

2 VGH Mannheim Urt. v. 22.3.2017 – 11 S 266/13, BRS 85 Nr. 104.

3 VGH Mannheim Urt. v. 22.3.2017 – 11 S 266/13, BRS 85 Nr. 104.

graphisch unregelmäßigem Gelände (zB Gebirge) ist häufig aus Platzgründen ein standsicheres Abböschen ohne Verbau mittel Stützmauern nicht möglich.

3 Im Rahmen des Nachbarschutzes spielen Stützmauern nur dann eine Rolle, wenn sie entlang der gemeinsamen Grundstücksgrenze verlaufen und eine bestimmte Höhe einnehmen. Wie andere baulichen Anlagen und Einrichtungen können Stützmauern einen unmittelbaren Einfluss auf die Belichtungs-, Belüftungs- und Besonnungsverhältnisse des Nachbargrundstücks ausüben, wenn sie im Grenzbereich bzw. in einem bestimmten Winkel zum Nachbargrundstück positioniert sind. Ferner dienen Stützmauern dazu, das Gelände gegen Abrutschen auf benachbarte Bereiche zu sichern. Schließlich kann Stützmauern ergänzend auch die Funktion von Einfriedungen zukommen. Von daher sehen die Landesbauordnungen der Länder öffentlichrechtliche Anforderungen vor, die auch unmittelbar dem Nachbarschutz zu dienen bestimmt sind.

II. Standsicherheit

4 Ist die Stützwand höher als 2,0 m über dem natürlichen Gelände, muss die **Standsicherheit** durch eine **statische Berechnung** gewährleistet sein. Denn ab dieser Höhe wird die Wand durch den Erddruck des Hangs überwiegend horizontal belastet. Grundlage für das Erfordernis der Standsicherheit ist die bauordnungsrechtliche Vorgabe[4], die gemäß § 12 Musterbauordnung (MBO) die Standsicherheit jeglicher baulichen Anlagen im Ganzen und in ihren Teilen verlangt. Dabei darf durch bauliche Anlagen gleichzeitig die Standsicherheit benachbarter baulicher Anlagen und die Tragfähigkeit des Baugrundes der Nachbargrundstücke nicht gefährden sein. Standsicherheit im Sinne des § 12 Abs. 1 Satz 1 MBO ist nur gegeben, wenn die Anlage und ihre sämtlichen Teile die dem Verwendungszweck entsprechenden und nach menschlichem Ermessen üblicherweise zu erwartenden Belastungen des Standvermögens ohne Beeinträchtigungen aushalten. Zur Gewährleistung der Standsicherheit gehört vor allem auch eine einwandfreie Gründung. Es muss Vorsorge getroffen sein, dass die Gründungen nicht durch aggressive Wässer oder sonstige Bestandteile im Boden erheblich beeinträchtigt werden. Zur fachgerechten Gründung einer baulichen Anlage müssen die Fundamente auf eine ausreichend tragfähige Bodenschicht, mindestens aber bis zu einer Tiefe geführt werden, bei der vom Frost keine schädigende Wirkung ausgehen kann. Bei Behelfsbauten sowie unbedeutenden baulichen Anlagen (zB Einfriedungen) kann jedoch von einer Gründung bis zur frostfreien Tiefe abgesehen werden. Durch die Einbeziehung der Nachbargrundstücke kommt den bauordnungsrechtlichen Vorschriften über die Standsicherheit von Gebäuden und baulichen Anlagen und Einrichtungen in den jeweiligen Landesbauordnungen uneingeschränkt, dritt- bzw. nachbarschützende Wirkung[5] zu und zwar unabhängig vom zivilrechtlichen Nachbarschutz nach §§ 906 ff. BGB.

5 Die jeweilige Vorschrift der Landesbauordnung vermittelt dem **Nachbarn einen unmittelbaren Anspruch auf Wahrung der Standsicherheit** und soweit tatsächliche Anhaltspunkte vorliegen, dass die Standsicherheit nicht besteht, als Annex auch einen Anspruch auf Vorlage des Standsicherheitsnachweises bei der Baurechtsbehörde durch den Grundstückseigentümer bzw. Bauherren. Die Bauaufsichtsbehörden prüfen zwar im Regelfall nicht mehr die Standsicherheitsnachweise. Vielmehr tritt an die Stelle der behördlichen oder von ihr beauftragten Standsicherheitsprüfung die Vorlage einer Erklärung oder eines Gutachtens von fachkundigen Ingenieuren, die die entsprechenden statischen Berechnungen und Nachweise für den Bauherrn erstellt haben. Der Verzicht auf eine behördliche Standsicherheitsprüfung gilt insbesondere in denjenigen Fällen, in denen für Stützmauern kein förmliches oder vereinfachtes Genehmigungsverfahren vorgesehen

---

4 **Bayern:** Art. 12; **Baden-Württemberg:** § 13 Abs. 1 S. 3; **Berlin:** § 12 Abs. 1 S. 2; **Brandenburg:** § 11 Abs. 1 S. 2; **Bremen:** § 12 Abs. 1 S. 2; **Hamburg:** § 15 Abs. 1 S. 3; **Hessen:** § 11 Abs. 1 S. 2; **Niedersachsen:** § 18 S. 3; **Nordrhein-Westfalen:** § 12 Abs. 1 S. 2; **Rheinland-Pfalz:** § 13 Abs. 1 S. 2; **Saarland:** § 13 Abs. 1 S. 2 und 3; **Sachsen:** § 12 Absatz ein S. 2; **Sachsen-Anhalt:** § 12 Abs. 1 S. 2; **Schleswig-Holstein:** § 13 Abs. 1; **Thüringen:** § 15 Abs. 1 S. 2.

5 *Nolte* in Simon/Busse BayBO Art. 10 Rn. 22; *Sauter* LBO BW § 13 Rn. 16; *Kammeyer* in Große-Suchsdorf NdsBauO § 12 Rn. 13; *Jeromin* LBauO RhPf § 13 Rn. 28 ff.; OVG Lüneburg Beschl. v. 18.10.1993 – 6 L 3059/91; OVG Magdeburg Urt. v. 18.2.2015 – 2 L 22/13, BauR 2015, 1129; OVG Saarlouis Beschl. v. 22.10.1996 – 2 W 34/96, BRS 58 Nr 181 (1996); OVG Münster Beschl. v. 1.2.2000 – 10 B 1831/99, BRS 63 Nr. 150 (2000); VGH München Beschl. v. 27.11.1995 – 2 CS 95.2685, NVwZ 1996, 1031; VGH Mannheim Urt. v. 6.2.1987 – 8 S 2582/86, juris 2. Ls.

ist. Trotz fehlender behördlicher Prüfung müssen der Eigentümer bzw. Bauherr die Standsicherheit einer Stützmauer dauerhaft gewährleisten.

Hat der **Nachbar begründete Bedenken oder Zweifel an der Standsicherheit** einer unmittelbar an seinem Grundstück errichteten Stützmauer, kann er im Wege eines **Antrages auf bauaufsichtliches Einschreiten** die Baurechtsbehörde verpflichten, von dem Bauherrn entsprechende Nachweise und statische Berechnungen einschließlich der Erklärung über die ordnungsgemäße Aufstellung der Nachweise der Standsicherheit durch die Personen, die diese Nachweise aufgestellt oder erforderlichenfalls geprüft haben, anzufordern.[6] **Droht eine unmittelbare Gefahr für das Nachbargrundstück**, was regelmäßig durch die fehlende Standsicherheit im Hinblick auf einen vollständigen oder teilweisen Einsturz der Anlage und damit erheblicher Gefahren für Gesundheit indiziert wird[7], hat die Bauaufsichtsbehörde von Amts wegen oder auf Antrag des Nachbarn **mit Sofortvollzug entsprechende Sicherungsmaßnahmen** anzuordnen bzw. die Bauarbeiten einzustellen, bis die Frage der Standsicherheit nachgewiesen ist. Denn Mängel der Standsicherheit können zu einem Einsturz bauliche Anlagen führen und stellen damit eine erhebliche Gefahr für Leben und Gesundheit dar.[8] Auch ohne akute Gefahr eines Einsturzes kann die Baurechtsbehörde Maßnahmen zur Wiederherstellung der Standsicherheit anordnen, wenn diese nicht gewährleistet ist. Denn dem Begriff Standsicherheit ist immanent, dass diese Anforderungen nicht auf die Abwehr akuter Gefahren beschränkt sind, sondern dem Eintritt von Gefahren vorbeugen sollen.[9] 6

III. Abstandsflächenrecht

Stützmauern, wie Grenzeinrichtung allgemein, die unmittelbar an der Grundstücksgrenze des Nachbarn errichtet sind, sind abstandrechtlich relevant, da sie Auswirkungen auf die durch das Abstandsflächenrecht der Landesbauordnungen geschützte Belange, wie die Belichtung, die Besonnung und die Belüftung der angrenzenden Grundstücksbereiche haben[10]. Als bauliche Anlagen können sie wie Gebäude wirken, wenn sie eine bestimmte Höhe erreichen und Längenausdehnung überschreiten. In entsprechender Anwendung der Grundregelung müssen sie deshalb den Mindestabstand von 3 m zur Grenze wahren. Alle Landesbauordnungen kennen jedoch das sog. „**Stützmauerprivileg**". Danach sind Stützmauern und Einfriedungen, häufig differenziert nach der jeweiligen Baugebietsart, ohne Grenzabstand zulässig, wenn sie eine bestimmte Höhenbegrenzung (idR 2 m) nicht überschreiten. Der dabei vorgesehenen gesetzlichen **Höhenbegrenzung kommt eine unmittelbare nachbarschützende Wirkung zu**, dem ein Anspruch auf bauaufsichtliches Einschreiten korrespondiert, wenn die Maßvorgaben nicht eingehalten werden.[11] Die jeweilige Höhenbegrenzung ist abschließend aufzufassen. Sie darf deshalb auch nicht dadurch überschritten werden, dass beispielsweise eine Ausschüttung und eine Stützmauer mit ihren jeweiligen maßlichen Höchstvorgaben addiert werden. Die Höhenbegrenzung ist auf die natürliche Geländeoberfläche des jeweiligen Baugrundstücks (nicht des Nachbargrundstücks) bezogen, sofern keine bauplanungsrechtliche Festsetzung der Geländehöhe nach § 9 Abs. 2 BauGB besteht oder durch bauaufsichtliche Festlegung in einer Baugenehmigung vorliegt. Die ursprüngliche „natürliche Geländeoberfläche" bleibt für die Errichtung von Einfriedung oder Stützmauer auch dann maßgebend, wenn das Gelände des Baugrundstücks zuvor aufgeschüttet wurde.[12] Hat der Grundstücksnachbar seinerseits zuvor sein Grundstück grenzständig aufgeschüttet, kann er die bezogen das Baugrundstück geltende Höhenbegrenzung von bis zu 2 m nicht durchsetzen. Sein nach- 7

6 Bloße Mutmaßungen über die Gefährdung des Nachbargrundstückes genügen insoweit nicht, vgl. OVG Saarlouis Beschl. v. 22.10.1996 – 2 W 34/96, BRS 58 Nr. 181 (1996).

7 VG Gelsenkirchen Beschl. v. 11.11.2015 – 6 L 1695/15, juris Rn. 18.

8 OVG Münster Beschl. v. 26.10.2000 – 10 A 4113/00, BRS 63 Nr. 151 (2000).

9 VGH Mannheim Urt. v. 12.5.1999 – 8 S 963/99, BauR 2000, 864.

10 VGH Mannheim Urt. v. 13.8.2008 – 3 S 1668/07, BRS 73 Nr. 123 (2008).

11 Hat der Bauherr auf seinem Grundstück innerhalb der Abstandsflächen eine Einfriedung und/oder Stützmauer errichtet, die gemessen von der Geländeoberfläche auf seinem Grundstück höher als 2 m ist, gemessen vom Nachbargrundstück die Höhe von 2 m aber nicht überschreitet, hat der Nachbar keinen Anspruch auf bauaufsichtliches Einschreiten der Bauaufsichtsbehörde gegen den Bauherrn wegen Verstoßes gegen das Abstandsflächenrecht, OVG Koblenz Beschl. v. 6.6.2011 – 8 A 10377/11, NVwZ-RR 2011, 757.

12 OVG Koblenz Beschl. v. 6.6.2011 – 8 A 10377/11, NVwZ-RR 2011, 757.

barlicher Abwehranspruch mindert sich in diesem Fall um die auf seinem eigenen Grundstück vorgenommene Höhendifferenz zur ursprünglichen Geländeoberfläche.[13]

IV. Öffentlich-rechtliche Abwehransprüche

8 Sowohl die Anforderungen des Abstandsflächenrechts als auch die der Standsicherheit nach den Bauordnungen der Länder begründen für den Nachbarn einen Anspruch auf bauaufsichtliches Einschreiten, soweit die gesetzlichen, dem Nachbarschutz dienenden Vorgaben an die Standsicherheit einer Stützwand als auch ihre maximale Höhe unmittelbar an der Grundstücksgrenze nicht eingehalten sind. Das Einschreitensermessen der Bauaufsichtsbehörden ist in beiden Fällen zugunsten des Nachbarn auf Null reduziert und führt im Regelfall dazu, dass nur ein bauaufsichtliches Tätigwerden gegenüber dem Bauherrn bzw. Eigentümer sich als rechtmäßig erweist. Bei einer Unterschreitung der einzuhaltenden Abstandsfläche für die Stützmauer hängt der nachbarliche Abwehranspruch nicht davon ab, dass dieser bezogen auf die Schutzgüter der ausreichenden Belichtung, Besonnung und Belüftung seines Grundstücks spürbar betroffen ist. Dasselbe gilt erst recht wenn hinreichende Anzeichen für eine fehlende Standsicherheit vorliegen. Denn das subjektiv-öffentliche Recht auf Sicherstellung der Standsicherheit dient nicht nur dem Erhalt von Sachwerten im Interesse des Nachbarn, sondern auch zur Vermeidung von Personenschäden.[14] Diese zu schützenden Rechtsgüter verdichten das Einschreitensermessen der Bauaufsichtsbehörden zu einer strikten Verpflichtung, mit Sofortvollzug repressiv gegen die Bauausführung vorzugehen[15] und einen (Teil-)Abbruch oder andere geeignete Sicherungsmaßnahmen anzuordnen.

V. Zivilrechtliche Abwehr- und Schadensersatzansprüche

9 Die **bauordnungsrechtlichen Anforderungen an die Standsicherheit von Stützmauer** zur Verhinderung der Gefährdung baulicher Anlagen und der Tragfähigkeit des Baugrundes des Nachbargrundstücks sind nach allgemeiner Meinung[16] ein **Schutzgesetz im Sinne des § 823 Abs. 2 BGB**. Schutzgesetz im Sinne des § 823 Abs. 2 BGB ist eine Norm, die nach dem Zweck und Inhalt wenigstens auch auf den Schutz von Individualinteressen vor einer näher bestimmten Art ihrer Verletzung ausgerichtet ist. Es genügt aber nicht, dass der Individualschutz durch Befolgung der Norm als bloßer Reflex objektiv erreicht werden kann. Der Schutz des Nachbarn muss in der gesetzlichen Intention der Norm liegen.[17]

10 Eine Verletzung der Pflicht, die Standsicherheit einer grenzständigen oder grenznahen Stützmauer dauerhaft zu gewährleisten, kann bei einer Eigentumsverletzung zu einem Schadensersatzanspruch aus § 823 Abs. 1 BGB, insbesondere unter dem Aspekt der Verletzung einer Verkehrssicherungspflicht, sowie aus § 823 Abs. 2 BGB iVm den bauordnungsrechtlichen Regelungen, soweit sie die Schutzgesetzes sind, gegenüber dem Bauherrn führen. Dieser Schadensersatzanspruch ist auf eine Naturalrestitution im Sinne des §§ 249 ff. BGB gerichtet, also die (Wieder-)Herstellung der Standsicherheit ebenso wie den Ersatz des materiellen Schadens an dem Grundstück in Geld.

11 Es entspricht der herrschenden Meinung, dass bei Verstößen gegen öffentlich-rechtliche Schutzgesetze ein **zweigleisiger Rechtsschutz für den Nachbarn** besteht.[18] Nachbarn können grundsätzlich ihre Rechte aus § 1004 BGB ohne Bindung an öffentlich-rechtliche Zulassungsvoraussetzungen (oder Zulassungsentscheidungen, zB Baugenehmigung, die unbeschadet privater Rechte Dritter erteilt werden) im Zivilrechtsweg erstreiten.[19] Folglich kann der Nachbar im Wege einer verschuldensunabhängigen quasi-negatorischen Unter-

13 OVG Koblenz Beschl. v. 6.6.2011 – 8 A 10377/11, NVwZ-RR 2011, 757.
14 OVG Münster Beschl. v. 7.3.2003 – 7 B 949/03, BauR 2003, 1712; Urt. v. 9.6.2011 – 7 A 1494/09, juris Rn. 54.
15 OVG Koblenz Beschl. v. 18.11.1991 – 8 B 11955/91, NVwZ-RR 1992, 289.
16 *Jeromin* LBauO RhPf § 13 Rn. 28 mwN.
17 BGH Urt. v. 26.2.1993 – V ZR 74/92, BGHZ 122, 1; ebenso: *Dehner* A § 7 IV Nr. 1.
18 BGH Urt. v. 26.2.1993 – V ZR 74/92, BGHZ 122, 1; ebenso: OLG Stuttgart Beschl. v. 28.7.2016 – 1 U 80/16, juris Rn. 23.
19 Ausdrücklich: OLG Stuttgart Beschl. v. 28.7.2016 – 1 U 80/16, juris Rn. 23, unter Hinweis auf BGHZ 122, 1 und VGH Mannheim Beschl. v. 23.1.1998 – 5 S 2053/97, juris Rn. 6.

lassungsklage gemäß §§ 823 Abs. 2, 1004 Abs. 1 S. 2 BGB analog im Zivilrechtsweg gegen den Bauherrn vorgehen, parallel neben einem Antrag auf bauaufsichtliches Einschreiten. Über § 823 Abs. 2 BGB kann der Nachbar eine öffentlich-rechtliche Verhaltensanordnung im Zivilrechtsweg durchsetzen. Im Zusammenhang mit der (schutz-) gesetzlichen Anforderung an die Standsicherheit von Stützmauern ist zu berücksichtigen, dass entweder in die Sachsubstanz des Grundstückseigentums eingegriffen sein muss, dem Nachbarn der Gebrauch seines Eigentums verwehrt oder in anderer Art und Weise gestört wird oder ein unerwünschter Gebrauch stattfindet.[20] Auf einen Schadenseintritt kommt es nicht an.

Der Abwehr- bzw. Unterlassungsanspruch nach § 1004 Abs. 1 Satz 1 BGB setzt eine gegenwärtige Beeinträchtigung voraus, die noch fortdauern muss. Dies ist in der Rechtsprechung[21] bei einer einsturzgefährdeten Grenzmauer bejaht worden. Dasselbe muss auch für eine nicht standsichere und damit potenziell einsturzgefährdete Stützmauer gelten, die sich unmittelbar an der Grundstücksgrenze befindet. 12

112. Swimmingpool

Wilke

Literatur: *Bodanowitz,* Rechtliche Grundlagen des Baulärmschutzes, NJW 1997, 2351; *Borrmann/Greck*, Abwehr ideeller Immissionen im Grundstücksrecht, ZMR 1989, 130; *Elshorst*, Ersatzansprüche benachbarter Grundstücksbesitzer gegen Bauherrn bei Beeinträchtigungen durch Baumaßnahmen, NJW 2001, 3222; *Hagen*, Harmonisierung des Lärmschutzes gegenüber Sport und Spiel – Rückschau und Ausblick, in: Crezelius/Hirte/Vieweg (Hrsg.), Festschrift für Volker Röhricht zum 65. Geburtstag. Gesellschaftsrecht – Rechnungslegung – Sportrecht, 2005, S. 1175; *Hesselbarth,* Es lebe der Sport – aber was ist Sport? Eine Analyse zur Anwendbarkeit der 18. BImSchV, ZUR 2018, 451; *Hohloch,* Die negatorischen Ansprüche und ihre Beziehungen zum Schadensersatzrecht, 1976; *Horst*, Nachbarrechtliche Ansprüche aus Laubfall und Überhang, DWW 1991, 322; *Horst,* Ausgewählte Fragen zum Schadensersatz wegen des Grundstückszustands, MDR 1998, 570; *Horst,* Negative, ideelle und ähnliche Einwirkungen durch Zustand und Beschaffenheit des Nachbargrundstücks, ZAP 2019, 1171; *Jauernig,* Zivilrechtlicher Schutz des Grundeigentums in der neueren Rechtsentwicklung, JZ 1986, 605; *Straub/Biller-Bomhardt*, Schockschadensersatz bei Verletzung oder Tötung eines Tieres, NJW 2021, 118; *von Bar*, Vorbeugender Rechtsschutz vor Verkehrspflichtverletzungen, in: Klingmüller (Hrsg.), 25 Jahre Karlsruher Forum, 2. Beiheft zum VersR 1983, S. 80; *Wilhelmi*, Risikoschutz durch Privatrecht, 2009.

I. Einführung

Nicht zuletzt in Zeiten globaler Erwärmung und Pandemien erweist sich die Vorstellung eines Swimmingpools auf dem eigenen Grundstück als attraktiv. Man hat für Abkühlung und sportliche Ertüchtigung keine Fahrwege, muss Umkleide und Becken nicht mit ggf. vielen und/oder fremden Menschen teilen, kann insbes. Kinder leichter als in der Masse beaufsichtigen (aber auch → Rn. 12 ff.). Dazu kommt, dass jedenfalls „Pop-Up Pools" (mit einem aufblasbaren Luftring, ggf. in einem Metallgestell) bereits für niedrige dreistellige Eurobeträge erhältlich sind. Unabhängig vom Preis dürften solche Becken etwa für Mieter von Interes- 1

20 BayObLG Beschl. v. 7.7.2004 – 2 Z BR 089/04, 2 Z BR 89/04 (Nutzung von Hobbyräumen als Wohnung), juris Rn. 16.

21 OLG Düsseldorf Urt. v. 5.12.1990 – 9 U 101/90, NJW-RR 1991, 656.

se sein, die auf diese Weise keine bauliche Veränderung am Grundstück vornehmen müssen. Im Übrigen sind Pools in der Form von Becken möglich, die in den Boden eingelassen werden (dazu zählen auch Schwimmteiche etc, die für die Zwecke dieser Kommentierung ebenfalls als „Swimmingpools" eingeordnet werden), ebenso wie in der Form von relativ massiven Becken, die auf den Boden aufgesetzt werden. Aufwändiger wird es in jedem Fall, wenn eine Überdachung hinzukommt.

2 Der Nachbar wird einem Pool gleich welcher Art womöglich mit gemischten Gefühlen gegenüberstehen. Vielleicht hofft er auf eine Einladung (Möglichkeit zur Konfliktvermeidung oder -lösung!); vielleicht befürchtet er aber auch Einwirkungen durch Errichtungsvorgang und Benutzung, uU sogar Gefahren für eigene Familienangehörige (und Haustiere), bzw. wird all diesen bereits gewahr. Wird nebenan gar eine Schwimmhalle errichtet, mag dies zudem durch ihre Ausmaße Befürchtungen bezüglich Verschattung, des Ausblicks etc hervorrufen. Um die hierbei bestehenden Reaktionsmöglichkeiten nach öffentlichem Recht (→ Rn. 3 ff.) wie nach Zivilrecht (→ Rn. 10 ff.) soll es im Folgenden im Schwerpunkt gehen. Im Kontext der zivilrechtlichen Rechtslage ist aber auch die Perspektive des Poolbesitzers in den Blick zu nehmen, der seinerseits nachbarliche Einwirkungen konkret auf den Pool erlebt (→ Rn. 26 ff.).

II. Öffentliches Recht

3 Wurde eine **Baugenehmigung** für den Pool erteilt, kann diese, soweit dies vorgeschrieben ist: nach erfolglosem Widerspruchsverfahren, vor den Verwaltungsgerichten angefochten werden. Das Obsiegen hängt dann von der Verletzung von der Baugenehmigungsbehörde zu prüfender nachbarschützender Vorschriften ab (→ Rn. 5). Fehlt für einen genehmigungsbedürftigen Pool eine (ausreichende) Genehmigung, so kommt schon deshalb ein behördliches Einschreiten in Betracht, worauf bei Verletzung nachbarschützender Vorschriften sogar ein Anspruch bestehen kann (→ Rn. 4). Allerdings ist eine Baugenehmigung nicht für jede Art von privatem Pool erforderlich. So stellt etwa Art. 57 Abs. 1 Nr. 10 lit. a BayBO – im Einklang mit § 61 Abs. 1 Nr. 10 lit. a Musterbauordnung – Schwimmbecken mit einem Inhalt von bis zu 100 m^3 inklusive etwaiger temporärer luftgetragener Überdachungen verfahrensfrei, sofern es nicht um ein Vorhaben im Außenbereich geht.[1]

4 Im Übrigen (dh auch bei genehmigten Swimmingpools, soweit Verstöße gegen Baurecht außerhalb des behördlichen Prüfprogramms in Rede stehen) kommt das Anregen oder sogar das im Wege der Verpflichtungsklage geltend zu machende Einfordern **bauaufsichtlichen Einschreitens** im Hinblick auf den Pool in Betracht, wiederum unter Geltendmachung der Verletzung nachbarschützender Vorschriften (→ Rn. 5). Ob es dabei zu einer Ermessensreduzierung auf Null kommt, richtet sich nach Landesrecht.[2] Nach der Rechtsprechung in manchen Bundesländern kann bei einer Verletzung nachbarschützender Vorschriften im Regelfall nur die Entscheidung zum Einschreiten ermessensfehlerfrei getroffen werden.[3] Nach anderer Auffassung kommt es auf den Einzelfall an; eine Ermessensreduzierung zugunsten des Einschreitens hänge von der Erheblichkeit der Beeinträchtigung und einem deutlichen Übergewicht der nachbarlichen Interessen bei Abwägung mit dem Schaden des Bauherrn ab.[4] Das ist allgemein insbes. bei der unmittelbaren Gefährdung hochrangiger Rechtsgüter anzunehmen,[5] was freilich bei den durch einen Pool resultierenden Einwirkungen nur selten der Fall sein wird.

---

1 So auch § 62 Abs. 1 S. 1 Nr. 10 lit. a BauO NRW. ZT werden auch Wasserbecken und luftgetragene Überdachungen separat verfahrensfrei gestellt, so etwa in § 60 Abs. 1 NBauO iVm Nr. 9.6/9.7 Anhang, § 50 Abs. 1 LBO BW iVm Nr. 6 lit. e/Nr. 8 lit. f Anhang. Dabei macht insbes. Nr. 9.7 Anhang zur NBauO deutlich, dass unter „Wasserbecken" auch Schwimmbecken zu verstehen sind.

2 BVerwG Beschl. v. 10.12.1997 – 4 B 204/97, NVwZ 1998, 395.

3 OVG Münster Urt. v. 13.10.1999 – 7 A 998/99, NVwZ-RR 2000, 205; OVG Bautzen Beschl. v. 22.8.1996 – 1 S 473/96, NVwZ 1997, 992; in diese Richtung auch VGH Mannheim Beschl. v. 26.10.1994 – 8 S 2763/94, NVwZ-RR 1995, 490.

4 So etwa VGH München Beschl. v. 25.9.2013 – 14 ZB 12.2033, juris Rn. 16; OVG Lüneburg Urt. v. 9.10.2007 – 1 LB 5/07, NVwZ-RR 2008, 374.

5 VGH München Beschl. v. 18.6.2008 – 9 ZB 07.497, juris Rn. 4.

Als drittschützendes Bauordnungsrecht kommt bei Swimmingpools grundsätzlich das **Abstandsflächenrecht** in Betracht. Ein in den Boden eingelassenes Schwimmbecken ist als solches freilich abstandsflächenrechtlich ohne Bedeutung.[6] Anders kann es aber liegen, wenn das Becken eine Form der Überdachung hat bzw. bekommen soll.[7] Entsteht so gleichsam eine private Schwimmhalle, greift die abstandsflächenrechtliche Privilegierung für „Gebäude ohne Aufenthaltsräume", wie sie etwa Art. 6 Abs. 9 S. 1 Nr. 1 BayBO vorsieht, nicht ein.[8] Auch wenn die Halle nicht für eine wohnartige Nutzung geeignet ist, ist sie sehr wohl für den nicht nur kurzen Aufenthalt von Menschen, eben zum Schwimmen, bestimmt und geeignet, und damit definitionsgemäß (vgl. auch § 2 Abs. 5 Musterbauordnung) ein Aufenthaltsraum.[9] Je nach Landesrecht kann dagegen eine etwaige Solarthermieanlage zur Erwärmung des Wassers abstandsflächenrechtlich privilegiert sein.[10] Ein oberirdisch errichteter Pool kann ebenfalls dem Abstandsflächenrecht zuwiderlaufen, wenn er sich als Anlage gebäudeähnlicher Wirkung erweist (vgl. § 6 Abs. 1 S. 2 Musterbauordnung). Dazu näher → *Abstandsflächen und Grenzabstand* Rn. 7. 5

Bauplanungsrechtlich ist zu berücksichtigen, dass (hinreichend dauerhaft künstlich mit dem Boden verbundene) eigenständige Schwimmbecken und Schwimmhallen bauliche Anlagen iSd § 29 Abs. 1 BauGB sind.[11] Für deren Zulässigkeit nach der BauNVO gilt Folgendes: Es handelt sich bei einem Pool, der nur den Bewohnern eines Wohngebäudes auf dem gleichen Grundstück dient, nicht um eine Anlage für „sportliche Zwecke" (die nach § 3 Abs. 3 Nr. 2 aE BauNVO ausnahmsweise oder nach § 4 Abs. 2 Nr. 3 aE BauNVO etc generell zulässig sein könnte; auch → *Anlagen für bestimmte Zwecke* Rn. 24), denn solch ein Pool stellt keine Gemeinbedarfsanlage iSv § 5 Abs. 2 Nr. 2 lit. a BauGB dar, auf welche sich die Terminologie der BauNVO bezieht.[12] Eine eigenständige Schwimmhalle ist selbst bei Ausstattung mit WCs – anders als ein in ein Wohngebäude integriertes Schwimmbecken – nicht als Wohngebäude gem. § 3 Abs. 2, § 4 Abs. 2 BauNVO etc generell zulässig, weil sie nicht die Hauptfunktion eines Wohnhauses hat.[13] Bei einem aus einem bloßen Becken bestehenden Pool stellt sich diese Frage ohnehin nicht. 6

Vielmehr handelt es sich bei Schwimmbecken und Schwimmhallen typischerweise um Nebenanlagen iSd § 14 BauNVO.[14] Um zulässig zu sein, muss sich ein Pool(-gebäude) mithin zunächst einmal funktional wie räumlich-gegenständlich dem primären Nutzungszweck der Bebauung „unterordnen", was gerade bei Schwimmhallen im Einzelfall fraglich sein kann.[15] Dass ein in diesem Sinne untergeordneter Pool dem Nutzungszweck „Wohnen" dient, dürfte sodann in der Regel einfach bejaht werden können.[16] Ein Pool dient der gesundheitlichen Vorsorge und der körperlichen Betätigung, die nach vielfältigen Wohngewohnheiten auch in räumlicher Nähe zu den Wohnräumen stattfinden kann.[17] Von der Größe des Pools wird man dies nicht unbedingt abhängig machen können, dient doch auch ein eher kleiner Pool, in dem man viel- 7

---

6 *Dhom/Franz/Rauscher* in Simon/Busse BayBO Art. 6 Rn. 20.

7 Vgl. VGH München Urt. v. 24.6.1994 – 2 B 92.2241, BeckRS 1994, 14883 (für sog. „Pergola" über Schwimmbecken); VG München Urt. v. 26.3.2012 – M 8 K 11.1314, juris Rn. 28 ff. (für Glasüberdachung).

8 *Dhom/Franz/Rauscher* in Simon/Busse BayBO Art. 6 Rn. 540; insofern aA für § 8 Abs. 9 S. 1 Nr. 3 LBauO RhPf OVG Koblenz Urt. v. 9.4.2014 – 8 A 11183/13, BeckRS 2014, 123921 (Rn. 31), iE aber aufgrund der Ausmaße dennoch verneint.

9 VG München Urt. v. 26.3.2012 – M 8 K 11.1314, juris Rn. 28 ff.

10 Vgl. VG Saarlouis Urt. v. 31.7.2019 – 5 K 2421/17, juris Rn. 38 zu § 8 Abs. 2 Nr. 6 LBO SL.

11 BVerwG Urt. v. 28.4.2004 – 4 C 10/03, NVwZ 2004, 1244 (1246); OVG Koblenz Beschl. v. 10.4.2015 – 1 A 11037/14, juris Rn. 6; VGH Mannheim Urt. v. 26.7.2013 – 3 S 214/12, NJOZ 2013, 1867 (1868).

12 BVerwG Urt. v. 28.4.2004 – 4 C 10/03, NVwZ 2004, 1244 (1245); BVerwG Urt. v. 12.12.1996 – 4 C 17/95, NVwZ 1997, 902.

13 BVerwG Urt. v. 28.4.2004 – 4 C 10/03, NVwZ 2004, 1244 (1245).

14 BVerwG Urt. v. 28.4.2004 – 4 C 10.03, NVwZ 2004, 1244 (1246); BVerwG Urt. v. 17.12.1976 – IV C 6/75, NJW 1977, 2090 (2091).

15 Verneint von BVerwG Urt. v. 28.4.2004 – 4 C 10/03, NVwZ 2004, 1244 (1246): Schwimmhalle mit Grundfläche von 171 m² gegenüber Wohnhaus mit Grundfläche von 200 m². Hier kann aber auch das Material eine Rolle spielen, vgl. für eine aufblasbare Tragluftschwimmhalle BVerwG Urt. v. 17.12.1976 – IV C 6/75, NJW 1977, 2090 (2091).

16 So schon BVerwG Urt. v. 17.12.1976 – IV C 6/75, NJW 1977, 2090 (2091).

17 OVG Hamburg Beschl. v. 30.7.2003, 2 Bf 426/00 (unveröffentlicht), wiedergegeben in der Revisionsentscheidung: BVerwG Urt. v. 28.4.2004 – 4 C 10/03, NVwZ 2004, 1244 (1246).

leicht nicht schwimmen kann, der Bewegung (an der frischen Luft). Vom Einzelfall hängt es schließlich ab, ob der Pool der Eigenart des Baugebiets widerspricht. Maßgeblich dafür sind ua die Festsetzungen eines etwaigen Bebauungsplans und die Lage, die Größe und der Zuschnitt des Baugrundstücks sowie der übrigen Grundstücke im Baugebiet.[18] Zur Zulässigkeit im unbeplanten Innenbereich sinngemäß → *Photovoltaikanlage* Rn. 43. Zur Frage des nachbarlichen Abwehrrechts bei Errichtung eines Pools außerhalb der vom Bebauungsplan festgesetzten überbaubaren Grundstücksfläche bzw. außerhalb einer faktischen Baugrenze → *Vollgeschoss, überbaubare Grundstücksfläche und Bauweise* Rn. 30 ff.

8 Ein damit an sich zulässiger Pool kann schließlich gegen das Rücksichtnahmegebot (§ 15 Abs. 1 S. 2 BauNVO) verstoßen, wofür unzumutbare Belästigungen oder Störungen Voraussetzung sind (zur privatrechtlichen Parallele → Rn. 10 ff.). Dies wurde etwa bei einer durch einen Pool entstehenden „Störungszone" in großer Nähe zu Aufenthaltsräumen der Nachbarn bejaht.[19] Umgekehrt verstößt ein Vorhaben, bei dem (neue) Einsichtsmöglichkeiten auf ein nachbarliches Grundstück mit Außenpool entstehen, nicht allein deswegen gegen das Rücksichtnahmegebot.[20]

9 Was den **Außenbereich** angeht – wo auch kleinere Schwimmbecken genehmigungsbedürftig sind (→ Rn. 3) –, liegt für einen Pool keiner der Privilegierungstatbestände des § 35 Abs. 1 BauGB vor.[21] Insbesondere fehlt es für Swimmingpools mangels Verkehrsüblichkeit selbst bei im Übrigen zulässiger Wohnnutzung im Außenbereich (→ *Wohnnutzung* Rn. 23 ff.) am Merkmal des „Dienens" gem. § 35 Abs. 1 Nr. 1 BauGB; die Rechtsprechung unterscheidet Pools hierbei insbesondere von Pkw-Garagen und Terrassen, die zulässig sein können.[22] Es bleibt nur die Zulassung als sonstiges Vorhaben gem. § 35 Abs. 2 BauGB, wobei allerdings etwa (selbst) die Errichtung eines Pools die Entstehung einer Splittersiedlung (§ 35 Abs. 3 S. 1 Nr. 7 BauGB) befürchten lassen kann.[23] Ebenso kann ein Pool eine Beeinträchtigung der natürlichen Eigenart der umgebenden Landschaft (§ 35 Abs. 3 S. 1 Nr. 5 aE BauGB) bewirken.[24]

III. Zivilrecht

1. Einwirkungen durch den Swimmingpool

10 **a) Einwirkungen durch die Errichtung des Swimmingpools.** Sofern der Pool in den Boden eingelassen werden soll, werden in aller Regel **Grabungsarbeiten** nötig sein. Hier kann insbes. ein Beseitigungs- oder Unterlassungsanspruch nach §§ 1004 Abs. 1, 909 BGB (Verbot bestimmter Vertiefungen) bestehen. Da § 909 BGB ein Schutzgesetz iSd § 823 Abs. 2 BGB ist,[25] besteht nach letzterer Vorschrift ein Schadensersatzanspruch im Falle schuldhafter Verletzungen des Vertiefungsverbots. Auch ein verschuldensunabhängiger Anspruch analog § 906 Abs. 2 S. 2 BGB kann in Betracht kommen. Zum Ganzen→ *Baugrube* Rn. 3 ff. Erschütterungen und Lärmeinwirkungen durch die Bauarbeiten unterfallen § 906 BGB (→ *Bauarbeiten* Rn. 3 ff.),[26] werden aber zumeist jedenfalls als ortsüblich iSv Abs. 2 S. 1 einzustufen sein,[27] so dass es bei wesentlichen Beeinträchtigungen auf die wirtschaftlich zumutbare Möglichkeit der Verhinderung ankommt

---

18 BVerwG Urt. v. 18.2.1983 – 4 C 18/81, NJW 1983, 2713 (2714).

19 VGH Mannheim Urt. v. 15.10.1990 – 8 S 1889/90, BWGZ 1991, 458 (459); vgl. aber auch für ein Schwimmbad im Außenbereich VG Gelsenkirchen Urt. v. 19.1.2016 – 5 K 5405/14, juris Rn. 89 ff.

20 OVG Berlin-Brandenburg Beschl. v. 9.6.2017 – OVG 10 S 34.17, juris Rn. 9 f.

21 Vgl. OVG Koblenz Beschl. v. 10.4.2015 – 1 A 11037/14, juris Rn. 8 ff.; § 35 Abs. 1 Nr. 1 BauGB ablehnend auch VGH Mannheim Urt. v. 26.7.2013 – 3 S 214/12, NJOZ 2013, 1867 (1868).

22 OVG Koblenz Beschl. v. 10.4.2015 – 1 A 11037/14, juris Rn. 9 ff.; VGH Mannheim Urt. v. 26.7.2013 – 3 S 214/12, NJOZ 2013, 1867 (1869).

23 OVG Koblenz Beschl. v. 10.4.2015 – 1 A 11037/14, juris Rn. 15 ff.

24 So VGH Mannheim Urt. v. 26.7.2013 – 3 S 214/12, NJOZ 2013, 1867 (1869) (Schwimmbecken wesensfremd für landwirtschaftlich geprägte Umgebung).

25 BGH Urt. v. 10.7.1987 – V ZR 285/85, NJW 1987, 2808 (2809); RG Urt. v. 17.3.1934 – V 28/34, RGZ 144, 170 (173).

26 Zur Abwehr von Einwirkungen durch Bauarbeiten auf dem Nachbargrundstück auch *Elshorst* NJW 2001, 3222; *Bodanowitz* NJW 1997, 2351 (2356 f.) (allerdings unter Verkennung der Systematik des § 906 Abs. 2 BGB).

27 Vgl. Urt. v. BGH 30.5.1962 – V ZR 121/60, NJW 1962, 1342 (1343) (noch zu § 906 BGB aF).

(zu den Maßstäben näher etwa → *Tauben* Rn. 30 f.). Angesichts der vergleichsweise kurzen Dauer von Arbeiten zur Errichtung eines Swimmingpools dürfte die Frage allerdings praktisch selten relevant werden.

b) Einwirkungen und Gefahren durch die Existenz des Swimmingpools. aa) § 907 BGB. Ob ein Beseitigungsanspruch in Bezug auf einen nachbarlichen Swimmingpool gem. **§ 907 Abs. 1 S. 1 BGB** (hierzu auch → *Tauben* Rn. 11 ff.) besteht, hängt von den Umständen des Einzelfalls ab. Denn dieser dürfte zwar eine „Anlage" darstellen,[28] indes wird nicht immer „mit Sicherheit vorauszusehen" sein, dass es selbst bei ordnungsgemäßer Nutzung zu unzulässigen Einwirkungen kommen wird. Schwimmen als solches ist nicht zwingend eine laute Tätigkeit, kann es aber sein (nicht zuletzt bei absehbarer Nutzung des Pools durch Kinder, auch bei Einsatz bestimmter Peripheriegeräten wie einer Wärmepumpe[29]). Einwirkungen auf das Nachbargrundstück durch Wasser sind jedenfalls in aller Regel nicht notwendig mit der Poolnutzung verbunden. Für die Abwehr von Störungen infolge der konkreten Nutzung → Rn. 20 ff. 11

bb) Verkehrspflichten. Die Existenz eines Pools, zumal eines in den Boden eingelassenen, birgt die Gefahr, dass Personen – und dabei insbes. Kinder – ausrutschen und/oder in das Wasser (bzw. in ein leeres Becken) stürzen,[30] sich dabei verletzen, schlimmstenfalls ertrinken (zum Ganzen auch → *Betreten des Nachbargrundstücks* Rn. 27). Auch für (Haus-)Tiere des Nachbarn bestehen entsprechende Risiken. Bekanntlich trifft denjenigen, der eine Gefahrenlage schafft, die grundsätzliche **Verkehrs(-sicherungs-)pflicht**,[31] die notwendigen und zumutbaren Vorkehrungen zu treffen, um eine Schädigung anderer möglichst zu verhindern.[32] Eine schuldhafte Verletzung dieser Pflicht zieht idR eine Haftung gem. § 823 Abs. 1 BGB nach sich. Bei schweren Verletzungen von nahen Angehörigen kommt auch ein Schmerzensgeldanspruch wegen „Schockschadens" in Betracht,[33] bei deren Tod zusätzlich das Hinterbliebenengeld gem. § 844 Abs. 3 BGB. Hingegen kommt bei Verletzung oder Tötung von Haustieren (noch → Rn. 17) beides nicht in Frage.[34] 12

Die Verkehrspflicht umfasst diejenigen „**Sicherungsvorkehrungen** (…), die ein verständiger, umsichtiger, vorsichtiger und gewissenhafter Angehöriger der betroffenen Verkehrskreise (…) für ausreichend halten darf, um andere Personen (…) vor Schäden zu bewahren, und die den Umständen nach zuzumuten sind. Die Zumutbarkeit von Sicherungsvorkehrungen bestimmt sich dabei unter Abwägung der Wahrscheinlichkeit der Gefahrverwirklichung, der Gewichtigkeit möglicher Schadensfolgen und der Höhe des Kostenaufwands, der mit etwaigen Sicherungsvorkehrungen einhergeht."[35] Allerdings bestehen Verkehrspflichten grundsätzlich nur gegenüber Personen, die sich befugt in den betreffenden Gefahrenbereich begeben.[36] Im Grundsatz können daher in Bezug auf einen Pool überhaupt nur dann Verkehrspflichten gegenüber Nachbarn bestehen, wenn jene mit dem Pool gleichsam in Berührung kommen, sei es durch Gestattung der Nutzung (auch nur des den Pool umgebenden Grundstücks selbst), oder etwa bei großer Nähe des Pools zur gemeinsamen Grundstücksgrenze. 13

Besonderheiten gelten allerdings bei **Kindern** (der Nachbarn). Seit langem geht die Rechtsprechung von einer grundsätzlich bestehenden Pflicht eines jeden Grundstückseigentümers aus, „wirksame und auf Dauer 14

---

28 Für Teiche ist dies anerkannt: BGH Urt. v. 20.11.1992 – V ZR 82/91, NJW 1993, 925 (927) (beiläufig); *Herrler* in Palandt BGB § 907 Rn. 1; *Saller* in Grziwotz/Lüke/Saller NachbarR-HdB Kap. 3 Rn. 158.

29 Vgl. beispielhaft VGH Mannheim Beschl. v. 30.1.2019 – 5 S 1913/18, BauR 2019, 1111.

30 Vgl. beispielhaft Urt. v. OLG Köln 2.6.1993 – 13 U 18/93, MDR 1993, 1064 (für Schwimmbecken mit einer Wassertiefe von 1,1 m, dessen Rand nur 0,2 m über den Boden ragt).

31 Zu Verkehrspflichten bei Pools und Teichen auch *Horst* MDR 1998, 570 (571); im Wesentlichen identisch *Horst* NachbarR-HdB Rn. 1612 ff.

32 Siehe nur BGH Urt. v. 19.7.2018 – VII ZR 251/17, NJW 2018, 2956 (2957).

33 Vgl. allgemein BGH Urt. v. 27.1.2015 – VI ZR 548/12, NJW 2015, 1451; *Grüneberg* in Palandt BGB Vor § 249 Rn. 40.

34 § 844 BGB bezieht sich ersichtlich nur auf die Tötung von Personen; gegen die Anwendung der Schockschaden-Rechtsprechung auf Tiere BGH Urt. v. 20.3.2012 – VI ZR 114/11, NJW 2012, 1730; aA *Straub/Biller-Bomhardt* NJW 2021, 118 (121 ff.).

35 Aus jüngerer Zeit etwa BGH Urt. v. 19.7.2018 – VII ZR 251/17, NJW 2018, 2956 (2957).

36 Etwa BGH Urt. v. 27.1.1987 – VI ZR 114/86, NJW 1987, 2671 (2672).

angelegte Schutzmaßnahmen [zu] ergreifen, um Kinder vor den Folgen ihrer Unerfahrenheit und Unbesonnenheit zu schützen", wenn ihm bekannt ist oder hätte sein müssen, dass „diese – trotz Verbots seitens des Grundeigentümers, der Eltern oder anderer Personen – immer wieder sein Grundstück zum Spielen benutzen, und wenn die Gefahr besteht, da[ss] sie sich an dort befindlichen gefährlichen Gegenständen zu schaffen machen und dabei Schaden erleiden".[37] Dies gilt umso mehr, wenn der Gefahrenbereich einen besonderen Anreiz für den kindlichen/jugendlichen Spieltrieb bietet und gleichzeitig Gefahren für diesen Verkehrskreis nicht ohne Weiteres erkennbar sind.[38] Letztere Merkmale lassen sich für einen Pool leicht bejahen. Leben also in der Nachbarschaft Kinder, kann diesen gegenüber eine Pflicht zum Ergreifen von Sicherungsmaßnahmen in Bezug auf einen Pool selbst dann bestehen, wenn sie nur unbefugt mit ihm in Berührung kommen können.

15 Ob und welche Maßnahmen tatsächlich zu ergreifen sind, hängt sodann auch davon ab, ob eine Gefahrenquelle trotz der von den Verkehrsteilnehmern zu erwartenden **eigenen Sorgfalt** nicht rechtzeitig erkennbar ist oder sich diese darauf nicht rechtzeitig einstellen können.[39] Hier wird man grundsätzlich davon ausgehen können, dass ein Pool als solcher aufgrund seiner Größe für Erwachsene als potenzielle Gefahrenquelle leicht erkennbar ist, so dass keine besonderen Maßnahmen zu ergreifen sind. Anlass zu einer anderen Beurteilung könnte es geben, wenn der Pool aufgrund der Grundstücksgestaltung (Bebauung, Bepflanzung, Beleuchtung, …) schwer wahrzunehmen ist. Entsprechendes gilt für Rutschgefahren infolge von Spritz- und Tropfwasser in Poolnähe. Grundsätzlich muss ein Poolbesucher auf entsprechende Glätte eingestellt sein und sich vor dieser typischen Gefahr selbst schützen.[40] Anders kann es wiederum etwa dann liegen, wenn die Gefahr eben nicht erkennbar ist, beispielsweise wegen schlechter Beleuchtung.[41]

16 Soweit man bei **Kindern** gerade nicht davon ausgehen kann, dass sie entsprechende Gefahrenpotenziale hinreichend erkennen und ihr Verhalten hinreichend anpassen können (→ Rn. 14), gelten allerdings strengere Maßstäbe. Hier ist im Grundsatz eine lückenlose Einfriedung des Grundstücks bzw. jedenfalls des Pools erforderlich. Bloße Zutrittsverbote genügen in der Regel nicht,[42] ebenso wenig leicht zu überwindende Absperrungen.[43] So wurde eine Haftung wegen Verkehrspflichtverletzung gegenüber einem sechsjährigen Kind aus der Nachbarschaft bejaht, das bereits zuvor mit Kenntnis der Eigentümer auf dem fraglichen Grundstück gewesen und dort das Schwimmbecken gesehen hatte, weil infolge eines offenstehenden Rolltors der weitere Zugang zum Becken ungehindert möglich war.[44] Indessen ist zu beachten, dass ***Kleinkinder*** lückenlos durch die jeweils Aufsichtspflichtigen beaufsichtigt werden müssen, weil für sie bereits aus für jeden anderen völlig ungefährlichen Gegebenheiten Gefahren erwachsen können. Für Gefahren, die erst bei Versäumnissen in Bezug auf diese Aufsichtspflicht entstehen, muss ein Grundstückseigentümer nur bei konkreten Anhaltspunkten Vorkehrungen treffen.[45] Denn Art und Umfang der Verkehrspflichten hängen auch von den Sicherungserwartungen des Verkehrs ab,[46] die bei zu erwartender Aufsicht durch andere herabgesetzt sind. Vor diesem Hintergrund haben mehrere Gerichte eine Haftung aufgrund Verkehrspflichtverletzung in Fällen, in denen Kleinkinder in Teichen auf fremden Grundstücken, auf die sie sich unbeobachtet

37 BGH Urt. v. 22.10.1974 – VI ZR 149/73, NJW 1975, 108 f. mwN.

38 OLG Naumburg Urt. v. 8.6.2016 – 12 U 3/16, VersR 2017, 963.

39 OLG Hamm Beschl. v.13.8.2015 – I-9 U 139/15, NJW-RR 2016, 400 f.

40 Vgl. für kommerzielle Schwimmbäder etwa OLG Celle Urt. v. 3.2.1999 – 9 U 249/98, NJW-RR 2000, 244; OLG Hamm Urt. v. 23.2.1989 – 6 U 2/88, NJW-RR 1989, 736; für künstliche Badeinsel in einem See OLG Karlsruhe Urt. v. 24.10.1997 – 14 U 217/96, NJW-RR 1998, 382 (383). Relevante Unterschiede zu einem privaten Pool sind in diesem Zusammenhang nicht ersichtlich.

41 Obiter (für kommerzielles Schwimmbad) OLG Celle Urt. v. 3.2.1999 – 9 U 249/98, NJW-RR 2000, 244.

42 Vgl. für Wandkonstruktion, die als eine Art Sprossenleiter zur Besteigung eines Flachdaches genutzt werden konnte, OLG München Urt. v. 13.7.1998 – 30 U 886/97, VersR 2000, 1030.

43 Vgl. für rot-weißes Absperrband zum Schutz vor herabfallendem Glas auf einem Schulhof (auch gegenüber Kindern, die die betreffende Schule nicht besuchten) OLG Naumburg Urt. v. 8.6.2016 – 12 U 3/16, VersR 2017, 963.

44 OLG Köln Urt. v. 2.6.1993 – 13 U 18/93, MDR 1993, 1064.

45 BGH Urt. v. 20.9.1994 – VI ZR 162/93, MDR 1995, 157 – Zierteich; vgl. auch LG Itzehoe Urt. v. 3.12.2009 – 4 O 102/09, NJW-RR 2010, 1181 (1182 f.).

46 BGH Urt. v.20.9.1994 – VI ZR 162/93, MDR 1995, 157.

begeben hatten, zu Schaden kamen, verneint.[47] Dies gilt jedenfalls dann auch bei fehlender Einfriedung des Grundstücks, wenn die aufsichtspflichtigen Nachbarn ebenfalls von einer Einfriedung ihres Grundstücks abgesehen haben, so dass der unmittelbar benachbarte Pooleigentümer erwarten konnte, dass sie auf das Kleinkind in erhöhtem Maße aufpassen würden.[48]

Wendet man die genannten Kriterien auf **Haustiere**, insbes. Katzen, an, so wird eine Pflicht zur Sicherung des Pools gegenüber diesen in der Regel nicht in Betracht kommen. Zum einen ist hier mit dem Eigentum am Tier (§ 90a BGB) eine Position bedroht, die rechtlich nicht so hochrangig ist wie das Leben und die Gesundheit eines Menschen. Der potenzielle materielle Schaden ist in der Regel auch deutlich geringer. Ähnlich wie bei Kleinkindern darf der Verkehr, auch vor dem Hintergrund des § 833 S. 1 BGB, zudem von einer gewissen Beaufsichtigung der Tiere ausgehen. Kraft nachbarlichen Gemeinschaftsverhältnisses ist das Betreten des eigenen Grundstücks durch eine Nachbarskatze (→ *Katze* Rn. 8 ff.) zwar grundsätzlich zu dulden[49] (und insofern nicht unbedingt ein unbefugter Kontakt mit dem Grundstück anzunehmen), besondere Vorkehrungen müssen dafür also aber nicht getroffen werden. 17

Bislang offenbar nur vereinzelt wurde neben der Möglichkeit, ex post gem. § 823 Abs. 1 BGB Schadensersatz zu verlangen, ein **vorbeugender Anspruch** auf Ergreifen geeigneter Sicherungsmaßnahmen zur Erfüllung einer Verkehrspflicht in Bezug auf einen Pool erwogen.[50] Dies korrespondiert damit, dass die Thematik der (vorbeugenden) Ansprüche auf Erfüllung von Verkehrspflichten insgesamt kaum behandelt wird. Konzeptionelle Bedenken bestehen freilich nicht.[51] Unter Berücksichtigung der Wertungen von § 907 f. BGB[52] setzt ein derartiger, in einer analogen Anwendung von § 1004 Abs. 1 S. 2 BGB zu verortender Anspruch die hinreichende Konkretisierung der Gefahr und deren Unausweichlichkeit für den Anspruchssteller voraus. Insbes. bei einem nicht eingefriedeten Grundstück und einem frei zugänglichen Swimmingpool mag dies im Einzelfall aufgrund der örtlichen Gegebenheiten zu bejahen sein.[53] Wie bei § 1004 Abs. 1 BGB üblich (etwa → *Ranken* Rn. 27) ist allerdings die konkrete Maßnahme zur Erfüllung der Pflicht grundsätzlich dem Verkehrssicherungspflichtigen zu überlassen.[54] 18

cc) Schäden durch Wasser. Entstehen Schäden am Nachbargrundstück durch **Überflutung/Wassereinfall** im Zusammenhang mit einem Swimmingpool, kommt zunächst der verschuldensabhängige Schadensanspruch aus § 823 Abs. 1 BGB in Betracht.[55] Außerdem kann der verschuldensunabhängige nachbarrechtliche Ausgleichsanspruch analog § 906 Abs. 2 S. 2 BGB (→ *Brand- und Löschschäden* Rn. 10 ff.) gegeben sein.[56] 19

---

47 BGH Urt. v. 20.9.1994 – VI ZR 162/93, MDR 1995, 157; OLG Hamm Urt. v. 28.4.1995 – 9 U 51/94, VersR 1996, 643; OLG Oldenburg Urt. v. 27.3.1994 – 13 U 163/94, VersR 1996, 644; siehe aber auch OLG Düsseldorf Urt. v. 20.4.1993 – 22 U 272/92, MDR 1994, 45.

48 BGH Urt. v. 20.9.1994 – VI ZR 162/93, MDR 1995, 157.

49 Siehe nur OLG Celle Urt. v. 27.3.1986 – 4 U 64/85, NJW-RR 1986, 821.

50 AG Marbach Urt. v. 15.10.1987 – 1 C 401/87, NJW-RR 1988, 346 (347), allerdings obiter, weil schon keine Gefahr (mehr) bestand.

51 Von der grundsätzlichen Möglichkeit derartiger Ansprüche gehen auch aus *Wagner* in MüKoBGB Vor § 823 Rn. 42; *Hager* in Staudinger Vor §§ 823 ff. Rn. 64; *von Bar*, 25 Jahre Karlsruher Forum, S. 80 (84 f.).

52 Siehe wiederum *Wagner* in MüKoBGB Vor § 823 Rn. 42; *Hager* in Staudinger Vor §§ 823 ff. Rn. 64; *von Bar*, 25 Jahre Karlsruher Forum, S. 80 (84 f.); der Sache nach (besonderes Ausgesetztsein gegenüber einer Verletzung) wohl auch *Hohloch*, Die negatorischen Ansprüche, S. 135; vgl. auch *Wilhelmi*, Risikoschutz durch Privatrecht, S. 147.

53 So für Sicherungsmaßnahmen gegenüber Kindern in Bezug auf einen Zierteich obiter AG Marbach Urt. v. 15.10.1987 – 1 C 401/87, NJW-RR 1988, 346 (347); vgl. auch LG Gießen Urt. v. 30.11.1994 – 1 S 449/94, MDR 1995, 371 (372) für einen vorbeugenden Anspruch auf Erfüllung einer Streu- und Räumpflicht gegenüber einem Nachbarn, der auf die Nutzung betreffenden Stücks Weg angewiesen war; ähnlich LG Bückeburg Urt. v. 8.12.1955 – S 150/55, NJW 1956, 1363.

54 *Wagner* in MüKoBGB Vor § 823 Rn. 42.

55 Vgl. OLG Brandenburg Urt. v. 5.3.2008 – 7 U 196/07, juris Rn. 19 ff.

56 Vgl. für Überschwemmung infolge eines Rohrbruchs der Wasserversorgungsleitung BGH Urt. v. 30.5.2003 – V ZR 37/02, NJW 2003, 2377 (2378).

20 **c) Einwirkungen durch die Nutzung des Swimmingpools. aa) (Anblick der) Nutzer als solche.** Gegen den **Anblick von Badegästen**, und seien sie gerade in Badebekleidung oder sogar nackt wenig attraktiv, kann sich der Nachbar nicht wehren. Ebenso nicht gegen einen aus Sicht des Betrachters hässlich gestalteten Pool in der Nachbarschaft. Der nur das ästhetische Empfinden beeinträchtigende Anblick ist keine Beeinträchtigung iSd §§ 862, 1004 BGB.[57] Bereits das Reichsgericht hat festgehalten, dass konkret der Anblick nackter Badegäste eines städtischen Freibads nicht unter § 1004 BGB fällt.[58] Dies gilt umso mehr, wenn der Nachbar (nackte) Badegäste nicht einmal selbst wahrnehmen kann, sondern nur von deren Existenz Kenntnis hat.[59]

21 **bb) Lärm.** Sofern nicht gerade einzelne Schwimmer still ihre Bahnen ziehen oder einzelne Personen lediglich ihre Füße im Wasser abkühlen, ist mit einiger **Geräuschentwicklung** bei der Nutzung eines Pools zu rechnen. Dies betrifft insbesondere Klatschgeräusche auf der Wasseroberfläche und verbale Äußerungen bis hin zum Kreischen, gerade bei Kindern. UU sorgen auch Peripheriegeräte wie Heizungen (→ Rn. 11) für störende Laute. In jedem Fall handelt es sich um Geräusch(e) iSd § 906 Abs. 1 S. 1 BGB, so dass ein Verbieten nur dann in Betracht kommt, wenn es sich um eine nicht nur unwesentliche Beeinträchtigung der Grundstücksnutzung handelt. Maßgeblich ist das Empfinden eines verständigen Durchschnittsmenschen und das, was diesem unter Würdigung anderer öffentlicher und privater Belange zuzumuten ist.[60]

22 Wesentliche Immissionen iSd § 906 BGB sind identisch mit erheblichen Belästigungen iSd § 3 Abs. 1 BImSchG.[61] Der Unterschreitung wie Überschreitung insbes. von Festlegungen iSd § 906 Abs. 1 S. 2, S. 3 BGB kommt jeweils Indizwirkung für die Unwesentlichkeit bzw. Wesentlichkeit zu.[62] Entscheidend ist im Ergebnis aber die Lästigkeit der Geräusche, die nicht allein durch deren Lautstärke geprägt wird.[63] Für Geräusche im Zusammenhang mit der Nutzung privater Pools sind im Allgemeinen – auch wenn es sich der Sache nach um Lärm aus Freizeitbetätigungen handelt – nicht etwa die LAI-Freizeitlärm-Richtlinie[64] bzw. landesrechtliche „Umsetzungen" (→ *Lärm, Freizeit* Rn. 1 f.) einschlägig, da insbes. die dort explizit genannten „Badeplätze" dem Zusammenhang nach nur öffentlich zugängliche Badestellen meinen. Ebenso wenig ist die 18. BImSchVO (Sportanlagenlärmschutzverordnung) anwendbar, da sie gemäß ihrem § 1 Abs. 2 nur Anlagen für den *organisierten* Freizeitsport erfasst (hM)[65] bzw. es sich jedenfalls bei der normalen Nutzung privater Pools mangels Spielregeln nicht um „Sport" iSd VO handelt.[66] Schließlich passt auch die TA Lärm bei privat genutzten Pools nicht (→ *Lärm, Gewerbe und Industrie (TA Lärm)* Rn. 1 ff.). Sie kann jedoch wie die Freizeitlärm-Richtlinie als **Entscheidungshilfe** herangezogen werden.[67]

---

57 BGH Urt. v. 11.7.2003 – V ZR 199/02, NJW-RR 2003, 1313 (1314); BGH Urt. v. 15.11.1974 – V ZR 83/73, NJW 1975, 170; BGH Urt. v. 7.3.1969 – V ZR 169/65, NJW 1969, 1208 (1209); *Herrler* in Palandt BGB § 903 Rn. 10; tendenziell auch *Baur/Stürner* SachenR § 25 Rn. 26 aE Überblick und alternative Lösungsansätze bei *Horst* ZAP 2019, 1171, und *Borrmann/Greck* ZMR 1989, 130. AA bzw. mit stärkerer Betonung möglicher Ansatzpunkte beim allgemeinen Persönlichkeitsrecht Teile der Literatur etwa *Roth* in Staudinger BGB § 906 Rn. 132; *Thole* in Staudinger BGB § 1004 Rn. 218 ff.; *Ring* in NK-BGB § 903 Rn. 44ff.; *Westermann/Gursky/Eickmann* SachenR § 35 Rn. 7; an letzterem Gesichtspunkt wiederum zweifelnd *Lüke* in Grziwotz/Lüke/Saller NachbarR-HdB Kap. 3 Rn. 62.

58 RG Urt. v. 8.4.1911 – V 328/10, RGZ 76, 130 (131 f.); kritisch *Jauernig* JZ 1986, 605 (607).

59 Vgl. für angeblichen, jedenfalls vom Grundstück des Klägers aus nicht wahrnehmbaren Bordellbetrieb BGH Urt. v. 12.7.1985 – V ZR 172/84, NJW 1985, 2823.

60 Siehe nur aus jüngerer Zeit BGH Urt. v. 26.10.2018 – V ZR 143/17, NJW 2019, 773 (774).

61 BGH Urt. v. 26.10.2018 – V ZR 143/17, NJW 2019, 773 (774).

62 Für die Unterschreitung siehe § 906 Abs. 1 S. 2 BGB selbst; für die Überschreitung von Richtwerten BGH Urt. v. 26.9.2003 – V ZR 41/03, NJW 2003, 3699 (3700).

63 BGH Urt. v. 6.7.2001 – V ZR 246/00, NJW 2001, 3119 (3120).

64 Die, obwohl außerhalb von § 906 Abs. 1 S. 2, S. 3 BGB stehend, an sich als Entscheidungshilfe herangezogen werden darf BGH Urt. v. 26.9.2003 – V ZR 41/03, NJW 2003, 3699 (3700).

65 Zu letzterem am Beispiel der Bolzplätze BVerwG Beschl. v. 11.2.2003 – 7 B 88/02, NVwZ 2003, 751 (752); VGH Mannheim Urt. v. 23.5.2014 – 10 S 249/14, juris Rn. 32 ff.; krit. *Hesselbarth* ZUR 2018, 451 (455).

66 Vgl. zum „Sportbegriff" *Hesselbarth* ZUR 2018, 451.

67 BGH Urt. v. 10.12.2004 – V ZR 72/04, NJW 2005, 660 (663); BGH Urt. v. 5.2.1993 – V ZR 62/91, NJW 1993, 1656 (1657).

Erweisen sich die Geräuschimmissionen im Zusammenhang mit einem Pool als wesentlich, kommt es gem. § 906 Abs. 2 S. 1 BGB auf die **Ortsüblichkeit** an. Nach zT vertretener Meinung soll Lärm infolge der Nutzung eines Privatschwimmbads ortsüblich sein.[68] In dieser Pauschalität vermag das nicht zu überzeugen; denn die Ortsüblichkeit hängt wesentlich von dem jeweiligen Vergleichsbezirk ab. Nach hier vertretener Auffassung kann also die Möglichkeit der Verhinderung der Immissionen mit wirtschaftlich zumutbaren Maßnahmen gem. § 906 Abs. 2 S. 1 aE BGB im konkreten Fall entscheidungserheblich sein. Ist die wesentliche Einwirkung nach alledem dennoch zu dulden, kann uU der Anspruch aus § 906 Abs. 2 S. 2 BGB gegeben sein. 23

Geht es um den **Lärm von Kindern** im und um den Pool herum, so gelten wiederum Besonderheiten (auch → *Kind* Rn. 6 f.). Zwar ist insoweit der Anwendungsbereich der Sonderregelung für bestimmten Kinderlärm gem. § 22 Abs. 1a BImSchG nicht eröffnet, so dass nicht schon deshalb die Wesentlichkeit der Beeinträchtigung ausscheidet. Davon unabhängig existiert aber (weiterhin) ein besonderes Toleranzgebot gegenüber Kinderlärm (der „verständige Durchschnittsmensch" berücksichtigt das Interesse der Allgemeinheit an einer kinderfreundlichen Umwelt),[69] welchem zT auch Landes-Immissionsschutzgesetze Ausdruck verleihen.[70] Gleichwohl hat auch eine erhöhte Toleranz Grenzen, die im Einzelfall „unter Berücksichtigung namentlich von Art, Qualität, Dauer und Zeit der verursachten Geräuschemissionen, des Alters und des Gesundheitszustands des Kindes sowie der Vermeidbarkeit der Emissionen etwa durch objektiv gebotene erzieherische Einwirkungen oder durch zumutbare oder sogar gebotene bauliche Maßnahmen"[71] zu ziehen sind. Auf Jugendliche ab 14 Jahren sind diese Grundsätze zwar nicht anzuwenden.[72] Allerdings kann auch das Allgemeininteresse an einer jugendfreundlichen Umgebung etwas höhere Grenzwerte für Lärm von Jugendlichen bedingen.[73] 24

Die Immissionen von Garten-, Grillpartys (auch → *Party* Rn. 1 ff.) sollen im Allgemeinen jedenfalls bis zu vier Mal pro Jahr und bis 22:00 Uhr hinzunehmen sein,[74] womit ungeachtet der Hinweise auf Üblichkeit und dergleichen wohl die fehlende Wesentlichkeit der Einwirkungen ausgedrückt sein soll; denn sonst könnte über § 906 Abs. 2 S. 1 aE BGB uU doch eine Duldungspflicht ausgeschlossen sein bzw. Entschädigung gem. § 906 Abs. 2 S. 2 BGB gefordert werden, was offenbar jedoch gerade nicht angenommen wird. Das Gleiche wird man für eine Gartenparty mit Poolnutzung oder eine veritable **Poolparty** annehmen können. 25

2. Einwirkungen auf den Swimmingpool

Gerade ein Swimmingpool ist für Störungen in Folge „natürlicher" **Immissionen von Bäumen** eines benachbarten Grundstücks anfällig. Es kann ua durch Laubbefall insbes. zur Verstopfung von Wasserleitungen, Pumpen etc kommen, ganz abgesehen von Beeinträchtigungen bei der Benutzung des Pools durch auf dem Wasser schwimmende Pflanzenbestandteile. Anders als es in einer in wesentlichen Punkten inhaltlich überholten Entscheidung des OLG Düsseldorf aus den 90er Jahren anklingt,[75] ist die Abwehr solcher Einwirkungen (§§ 862, 1004 BGB) oder ggf. eine Entschädigung nicht von vornherein ausgeschlossen. 26

68 *Meisner/J. Ring/W. Ring/Götz* Nachbarrecht in Bayern, § 13 Rn. 61; immerhin einschränkend der dort zitierte *Augustin* in RGRK-BGB § 906 Rn. 45 („vielerorts").

69 BGH Urt. v. 5.2.1993 – V ZR 62/91, NJW 1993, 1656 (1658); OLG Düsseldorf Urt. v. 11.10.1995 – 9 U 51/95, NJW-RR 1996, 211; *Roth* in Staudinger BGB § 906 Rn. 162; anders (Frage der Ortsüblichkeit) *Hagen* in FS Röhricht, S. 1175 (1186).

70 § 6 Abs. 1 LImSchG Bln; § 3 Abs. 4 S. 1 LImSchG NRW; § 3 Abs. 2 LImSchG RP.

71 BGH Beschl. v. 22.8.2017 – VIII ZR 226/16, NJW-RR 2017, 1290 (1291) zum Mietrecht, der Sache nach aber übertragbar; *Brückner* in MüKoBGB § 906 Rn. 128.

72 *Roth* in Staudinger BGB § 906 Rn. 162; *Lüke* in Grziwotz/Lüke/Saller NachbarR-HdB Kap. 3 Rn. 127.

73 BGH Urt. v. 5.2.1993 – V ZR 62/91, NJW 1993, 1656 (1658).

74 LG Frankfurt Urt. v. 6.3.1989 – 2/21 O 424/88, NJW-RR 1990, 27; *Roth* in Staudinger BGB § 906 Rn. 151; *Ring* in NK-BGB § 906 Rn. 184; *Lüke* in Grziwotz/Lüke/Saller NachbarR-HdB Kap. 3 Rn. 127; *Horst* NachbarR-HdB Rn. 818.

75 OLG Düsseldorf Urt. v. 23.8.1995 – 9 U 10/95, NJWE-MietR 1996, 2.

27 Zum Vorgehen gegen **überhängende Äste bzw. Ranken** als solche grundsätzlich dort, → *Überhängen von Zweigen* Rn. 1 ff., → *Ranken* Rn. 6 ff.. Hier darf der Hinweis genügen, dass § 910 Abs. 2 BGB, *nicht* § 906 BGB, für die Beurteilung einer etwaigen Duldungspflicht bezüglich von Nadelwurf etc gerade durch überhängende Zweige maßgeblich ist, es insofern also insbes. auch nicht auf die etwaige Ortsüblichkeit ankommt.[76]

28 Was **Laub-, Nadel-, Blüten(-staub)befall** *im Übrigen* angeht, so besteht heute kein ernsthafter Zweifel, dass er als solcher eine nach § 1004 BGB abwehrbare Beeinträchtigung darstellt, dabei aber als „ähnliche Einwirkung" dem Regime des § 906 BGB unterfällt[77] (siehe auch → *Nadel- und Laubwurf* Rn. 12 ff., → *Samenflug* Rn. 14). Das bedeutet, dass wegen § 906 Abs. 1 S. 1 BGB kein Abwehranspruch besteht, wenn die Immission nur maximal eine unwesentliche Beeinträchtigung (zum Maßstab etwa → *Tauben* Rn. 27 f., → *Samenflug* Rn. 15) der Benutzung des Pool-Grundstücks nach sich zieht. Jedenfalls bei dadurch regelmäßig verstopften Rohren wäre aber wohl eine wesentliche Beeinträchtigung anzunehmen.[78] Selbst eine wesentliche Beeinträchtigung ist nach § 906 Abs. 2 S. 1 BGB zu dulden, wenn sie durch eine ortsübliche Benutzung des benachbarten Grundstücks herbeigeführt wird und nicht durch wirtschaftlich zumutbare Maßnahmen verhindert werden kann. Bei einer solchen Duldungspflicht besteht allerdings bei einer unzumutbaren Beeinträchtigung der Ausgleichsanspruch gem. § 906 Abs. 2 S. 2 BGB, etwa im Hinblick auf den erhöhten Reinigungsaufwand.[79] Dieser Anspruch kann – in analoger Anwendung (dazu insbes. → *Brand- und Löschschäden* Rn. 10 ff.) – ebenso bestehen, wenn aus anderen Gründen die Geltendmachung des § 1004 BGB-Anspruchs gegenüber den Immissionen ausscheidet.[80] Alle genannten Voraussetzungen hängen naturgemäß vom konkreten Einzelfall ab. Gerade bei Laubbefall ist der Reinigungsaufwand vor dem Hintergrund der konkreten Wohnlage und eines veränderten Umweltbewusstseins zu betrachten.[81] Laubbefall, der ua zu jährlichem Beseitigungsaufwand von 72 Stunden sowie zweimal jährlichem Reinigungsbedarf der Abwasserkanäle führt, muss noch nicht einmal eine wesentliche Einwirkung darstellen.[82] Es kann auch etwa in einer „durchgrünten" Wohngegend zumutbar sein, drei bis vier Mal im Jahr Zeit und Geld für die Beseitigung von Laub aufzuwenden.[83]

29 Nicht übersehen werden darf dabei außerdem, dass § 1004 BGB wie § 906 Abs. 2 S. 2 BGB (analog) in jedem Fall nur dann eine Abwehr erlauben bzw. einen Entschädigungsanspruch vorsehen, wenn der **Anspruchsgegner** auch als **Störer** anzusehen ist. Der BGH stellt für unmittelbar durch Naturgeschehen ausgelöste Störungen entscheidend darauf ab, ob sich die Nutzung des Grundstücks, von dem die Beeinträchtigungen ausgehen, im Rahmen ordnungsgemäßer Bewirtschaftung hält.[84] Nach jüngerer Rechtsprechung des BGH liegt dies „in aller Regel" vor – und ist die Störereigenschaft zu verneinen –, wenn landesrechtliche Abstandsregelungen für die Anpflanzung eingehalten wurden.[85] Umgekehrt ist bei Verletzung des Grenzabstands von der Störereigenschaft auszugehen und kommt ein Anspruch aus § 1004 BGB in Betracht (bzw. ein Anspruch [analog] § 906 Abs. 2 S. 2 BGB).[86]

76 BGH Urt. v. 14.6.2019 – V ZR 102/18, NJW-RR 2019, 1356; zustimmend *Roth* JZ 2020, 44 (45).
77 BGH Urt. v. 20.9.2019 – V ZR 218/18, NJW 2020, 607; BGH Urt. v. 14.11.2003 – V ZR 102/03, NJW 2004, 1037 (1039); OLG Stuttgart Urt. v. 28.10.1987 – 9 U 161/87, NJW-RR 1988, 204; *Herrler* in Palandt BGB § 906 Rn. 11; *Ring* in NK-BGB § 906 Rn. 243; *Horst* DWW 1991, 322 (323); *Lüke* in Grziwotz/Lüke/Saller NachbarR-HdB Kap. 3 Rn. 155; aA noch OLG Düsseldorf Urt. v. 23.8.1995 – 9 U 10/95, NJWE-MietR 1996, 2; zweifelnd zuvor OLG Düsseldorf Urt. v. 25.10.1989 – 9 U 51/89, NJW-RR 1990, 144 (145).
78 Vgl. BGH Urt. v. 14.11.2003 – V ZR 102/03, NJW 2004, 1037 (1039); LG Baden-Baden Urt. v. 29.3.1988 – 1 O 544/87, DWW 1989, 168 (169); aA OLG Düsseldorf Urt. v. 23.8.1995 – 9 U 10/95, NJWE-MietR 1996, 2 (3).
79 Bejaht in „Laub-Fällen" etwa von LG Baden-Baden Urt. v. 29.3.1988 – 1 O 544/87, DWW 1989, 168 (169); OLG Karlsruhe Urt. v. 9.3.1983 – 6 U 150/82, NJW 1983, 2886; LG Lübeck Urt. v. 2.9.1986 – 14 S 122/85, NJW-RR 1987, 532 (533); LG Wiesbaden Urt. v. 6.7.1978 – 1 S 421/77, NJW 1979, 2617 (2618).
80 BGH Urt. v. 14.11.2003 – V ZR 102/03, NJW 2004, 1037 (1040).
81 *Herrler* in Palandt BGB § 906 Rn. 28.
82 OLG Hamm Urt. v. 1.12.2008 – 5 U 161/08, NJW-RR 2009, 739 (740).
83 AG München Urt. v. 26.2.2013 – 114 C 3118/12, NJOZ 2014, 690.
84 BGH Urt. v. 20.9.2019 – V ZR 218/18, NJW 2020, 607 (608).
85 BGH Urt. v. 20.9.2019 – V ZR 218/18, NJW 2020, 607 (608); zu Recht kritisch *Roth* JZ 2020, 44 (46).
86 BGH Urt. v. 14.11.2003 – V ZR 102/03, NJW 2004, 1037 (1039 f.).

(Schuldhafte) Einwirkungen auf den Pool, etwa im Wege unzulässiger Selbsthilfe gegen vermeintliche Stö- 30
rungen, lösen ua **deliktische Schadensersatzansprüche** nach § 823 BGB wie ggf. den quasinegatorischen Unterlassungsanspruch analog § 1004 Abs. 1 S. 2 BGB aus.

113. Tauben

Wilke

Literatur: *Endres*, Eigentumsfreiheit contra Naturschutz, 1997; *Gaisbauer*, Tierlärm in der Wohnnachbarschaft, NZM 1999, 982; *Hoffmann*, Das Taubenbuch, 1982; *Horst*, Rechtshandbuch Nachbarrecht, 2. Aufl. 2007; *Stollenwerk*, Nachbarstreß um Taubenhaltung, SchAZtg 2001, 217; *Wenzel*, Der Störer und seine verschuldensunabhängige Haftung im Nachbarrecht, NJW 2005, 241.

I. Einführung

Die Verwendung von Brieftauben geht bis in die Bronzezeit zurück.[1] Bis heute erfreut sich das **Züchten** 1
von Tauben einiger Beliebtheit, wenn auch offenbar mit abnehmender Tendenz.[2] Es soll laut Webseite des 1884 gegründeten Verbandes Deutscher Brieftaubenzüchter in Deutschland über 30.000 Brieftaubenzüchter geben.[3] Eine besonders hohe Dichte von Taubenzüchtern weisen Thüringen, Niedersachsen und Nordrhein-Westfalen auf.[4] In letzterem gehört das Brieftaubenwesen – zusammen etwa mit der Bolzplatzkultur und der Anlage und Pflege von Flechthecken – zum Landesinventar immaterielles Kulturerbe.[5] Auch das BVerfG hatte schon mit Tauben zu tun (→ Rn. 8). Aus Sicht des Tierschutzes (auch → Rn. 9) erweisen sich Praktiken bei der Taubenzucht allerdings als zweifelhaft.[6] Insbes. Wildtauben bzw. verwilderte Haustauben haben alles andere als einen guten Ruf („Ratten der Lüfte");[7] nicht zuletzt sangen *Tom Lehrer* und *Georg Kreisler* über das Taubenvergiften im Park. Das Potenzial für Nachbarschaftskonflikte liegt damit auf der Hand. Aus dem sprichwörtlich gewordenen Taubenschlag auf dem anderen Grundstück kommen Geräusche, nicht zuletzt das typische Gurren;[8] bei Trainingsflügen insbes. von Brief- und Sporttauben werden die umliegenden Grundstücke überflogen und möglicherweise mit Exkrementen verschmutzt, weitere (klat-

1 *Hoffmann*, Das Taubenbuch, 1982, S. 103 ff.
2 *Deininger*, Der Himmel der Deutschen (Süddeutsche Zeitung vom 19.1.2015), https://www.sueddeutsche.de/leben/brieftaubenzucht-der-himmel-der-deutschen-1.2305148.
3 S. http://web.brieftaube.de/brieftaubenwesen/%C3%BCber-das-brieftaubenwesen.html.
4 S. https://www.zeit.de/zeit-magazin/2018/43/brieftaubenzucht-sport-wettbewerb-deutschlandkarte.
5 S. https://www.mkw.nrw/kultur/arbeitsfelder/immaterielles-kulturerbe.
6 *Meyer*, Die um ihr Leben fliegen (taz vom 7.9.2020), https://taz.de/Streit-um-die-Brieftaube/!5708236&s=brieftaube.
7 Vgl. *Stollenwerk* SchAZtg 2001, 217.
8 Hierzu und zu weiteren Beeinträchtigungen auch mwN *Gaisbauer* NZM 1999, 982 (987).

schende) Geräusche entstehen beim Auffliegen/Starten.[9] Tauben lassen sich uU auch schlicht auf nachbarlichen Gebäuden oder Freiflächen nieder. Abgesehen vom Komplex der Unterbringung ergeben sich die genannten Probleme auch bei (durch Füttern angelockten) wilden Tauben, bei denen – anders als bei ordnungsgemäß gehaltenen Brieftauben[10] – womöglich ein Infektionsrisiko für Nachbarn besteht.

2 Für negativ betroffene Nachbarn (die keine gütliche Einigung erreichen können) kommt zum einen ein Vorgehen mit öffentlich-rechtlichen Mitteln in Betracht (II.). Hierbei geht es insbes. um das Baurecht. Zum anderen können Beeinträchtigungen durch nachbarliche Tauben auf privatrechtlichem Wege unterbunden werden (III.), womit inbes. das Nachbarrecht des BGB angesprochen ist.

II. Öffentliches Recht

1. Bau(-ordnungs-)recht

3 Zur bau*planungs*rechtlichen Zulässigkeit der Taubenhaltung → *Tierhaltung* Rn. 20 ff.

4 Für die bau*ordnungs*rechtliche Perspektive ist zunächst maßgeblich, ob die jeweils einschlägige Landesbauordnung (→ *grenzüberschreitendes Nachbarrecht* Rn. 13) den Ort, an dem die Tauben gehalten werden, erfasst. Dabei wird eine Taubenhaltung, die überhaupt störende Auswirkungen hat, typischerweise eine **bauliche Anlage,**[11] uU sogar ein Gebäude (wegen Bestimmung und Eignung, von Menschen betreten zu werden), iSd Bauordnungsrechts erfordern.

5 Wurde dem Taubenhalter eine Baugenehmigung für den Taubenschlag/die Voliere/etc erteilt, kann diese, ggf. nach erfolglosem Widerspruchsverfahren, vor den Verwaltungsgerichten angefochten werden (→ *Rechtsschutz, verwaltungsrechtliches Hauptsacheverfahren* Rn. 2 ff.). Das Obsiegen hängt dann von der Verletzung – von der Baugenehmigungsbehörde zu prüfender – nachbarschützender Vorschriften ab (→ Rn. 7). Ist die jeweilige Anlage genehmigungsbedürftig und gibt es keine (ausreichende) Genehmigung, so kommt schon deshalb ein behördliches Einschreiten in Betracht, worauf bei Verletzung nachbarschützender Vorschriften sogar ein Anspruch bestehen kann (→ Rn. 6). Oft liegt in Bezug auf das Vorhaben **Verfahrens- bzw. Genehmigungsfreiheit** vor, so dass keine Genehmigung erforderlich ist. So stellt etwa Art. 57 Abs. 1 Nr. 1 lit. a BayBO Gebäude mit einem Rauminhalt von bis zu 75 m³ außer im Außenbereich verfahrensfrei,[12] außerdem Art. 57 Abs. 1 Nr. 16 lit. f BayBO „Taubenhäuser“ (die nicht von Menschen betreten werden können).[13] Ganz ähnlich ist die Regelung nach § 62 Abs. 1 S. 1 Nr. 1 lit. a bzw. Nr. 15 lit. e BauO NRW.[14]

6 In den übrigen Fällen (dh auch bei genehmigten Taubenschlägen, soweit Verstöße gegen Bauordnungsrecht außerhalb des behördlichen Prüfprogramms in Rede stehen) kommt das Anregen oder sogar das verpflichtungsklageweise Einfordern eines **bauaufsichtlichen Einschreitens** gegen den Taubenhalter, wiederum unter Geltendmachung der Verletzung nachbarschützender Vorschriften (→ Rn. 7) in Betracht. Zur Frage der Ermessensreduzierung etwa → *Swimmingpool* Rn. 4. Soweit dafür nach der Rechtsprechung des jeweiligen Landes ein deutliches Übergewicht der nachbarlichen Interessen gegenüber dem Schaden für den Bauherrn vorausgesetzt wird, kann ein solches bei Beeinträchtigungen durch Taubenschläge nicht automatisch ange-

---

9 Als „allgemeinkundig“ erachtet vom OVG Münster Beschl. v. 16.4.2012 – 7 A 1984/10, juris Rn. 32. Vgl. ferner zu den Geräuschen der Taubenhaltung KG Beschl. v. 22.3.1968 – 2 Ws (B) 215/67, RDL 1969, 54 (55) in einer Bußgeldsache; zu Auswirkungen auf die (öffentliche) Reinlichkeit und Eigentumsschäden BVerfG Beschl. v. 23.5.1980 – 2 BvR 854/79, NJW 1980, 2572.

10 OVG Lüneburg Beschl. v. 8.10.1985 – 1 B 71/85, BRS 44 Nr. 67, 150 (153).

11 Vgl. beispielhaft für Voliere wie Taubenschlag VGH München Urt. v. 13.10.2000 – 2 B 96.1579, juris Rn. 7/22; für „Gehege“ für einen Hund VGH München Beschl v. 16.3.2006 – 25 CS 06.459, juris Rn. 2.

12 Vgl. für einen Kleintierstall von ca. 8m x 2,5m x 2m VG Würzburg Urt. v. 22.2.2011 – W 4 K 09.940, juris Rn. 29.

13 *Jäde* in Jäde/Dirnberger/Bauer/Weiß BayBO Art. 57 Rn. 282.

14 In diesem Kontext erscheinen Taubenhäuser etwa noch in § 61 Abs. 1 Nr. 15 lit. e BbgBO bzw. BremBO, § 61 Abs. 1 Nr. 14 lit. e BauO Bln und § 63 Abs. 1 Nr. 15 lit. g LBO Schl.-H.; die Abhängigkeit der Genehmigungsbedürftigkeit vom Rauminhalt findet sich ua noch in § 60 Abs. 1 S. 1 NBauO iVm Nr. 1.1 des Anhangs.

nommen werden.[15] Ins Ermessen eingestellt werden kann aber grundsätzlich, ob/dass der gestörte Nachbar auf privatrechtliche Rechtsbehelfe (→ Rn. 10 ff.) verwiesen werden kann.[16]

7 Als drittschützende bauordnungsrechtliche Grundlagen für eine erfolgreiche Anfechtung der Baugenehmigung bzw. für wenigstens einen Anspruch auf ermessensfehlerfreie Entscheidung über bauaufsichtliche Maßnahmen bei Taubenschlägen etc kommen insbes. die Regelungen über **Abstandsflächen** und den **Schutz gegen Einwirkungen** in Frage (→ *Abstandflächen und Grenzabstand* Rn. 12),[17] ggf. auch Sondervorschriften über **Ställe**.[18]

2. Übriges Ordnungsrecht

8 Ein ordnungsbehördliches Einschreiten gegen Taubenfütterer – welches ein belästigter Nachbar ggf. anregen könnte – kommt insbes. in Betracht, soweit ein entsprechendes Verbot in einer örtlichen (Straßen-)Verordnung besteht.[19] Ein solches Verbot kann mit der allgemeinen Handlungsfreiheit, die das Füttern von Tauben grundsätzlich umfasst, in Einklang gebracht werden.[20] Entsprechende Verbote für öffentliche Straßen/Anlagen/Flächen können uU auch auf privaten Grund zu erstrecken sein.[21] Ein Anspruch des Nachbarn auf behördliches Einschreiten wird aber nur in Ausnahmefällen bestehen (→ Rn. 6).

9 Schließlich kann ein behördliches Einschreiten gegen störende Taubenhaltung gleichsam durch die Hintertür angeregt werden, wenn sich diese Haltung als Verstoß gegen das TierSchG, namentlich **§ 2 TierSchG**, erweist. Bei wiederholten oder groben Zuwiderhandlungen gegen dessen Vorgaben ua zur verhaltensgerechten Unterbringung (Nr. 1 aE) kommt eine Untersagungsverfügung gem. § 16 Abs. 1 S. 2 Nr. 3 TierSchG in Betracht.[22]

III. Zivilrecht

10 Soweit es um ein Vorgehen gegen einen benachbarten Taubenhalter mit Taubenschlag geht, kommen vorrangig § 907 BGB (→ Rn. 11 ff.) und § 1004 BGB (bzw. § 862 BGB) (→ Rn. 21 ff.) in Betracht. § 907 BGB und § 1004 BGB stehen nach hM zueinander im Verhältnis der Anspruchskonkurrenz.[23] § 907 BGB ist dabei das „schärfere Schwert“, weil er stets auf Unterlassung der Herstellung oder Beseitigung einer Anlage zielt, während nach § 1004 BGB im Grundsatz nur die Unterbindung der unzulässigen Einwirkung als solche gefordert werden kann. Dagegen kann der Unterlassungsanspruch des § 1004 Abs. 1 S. 2 BGB meist zu einem früheren Zeitpunkt bejaht werden als derjenige des § 907 BGB, weil dieser „sichere Voraussicht“ verlangt. § 1004 BGB kommt darüber hinaus auch gegenüber Personen ohne Taubenschlag in Betracht, insbes. also bei der Abwehr des Anlockens von Tauben durch Füttern. Zweifelhaft ist, ob sich aus dem nachbarlichen Gemeinschaftsverhältnis eine eigenständige Begrenzung der Taubenhaltung ergibt (→ Rn. 38). Bezüglich Entschädigung bzw. Schadensersatz ergeben sich bei Fällen der Taubenhaltung kaum nennenswerte Besonderheiten (→ Rn. 39 ff.).

---

15 Vgl. als Negativbeispiel VG München Urt. v. 5.7.2006 – M 11 K 05.5484, juris Rn. 17 f.
16 BVerwG Beschl. v. 10.12.1997 – 4 B 204/97, NVwZ 1998, 395.
17 Vgl. OVG Lüneburg Urt. v. 23.9.1986 – 6 A 182/84, AgrarR 1988, 146 (147).
18 Zu letzterem VG Berlin Urt. v. 12.1.1979 – 13 A 128.77, juris Rn. 18 ff. (ehemaliger Möbelwagen als Stall).
19 Vgl. beispielhaft VGH Kassel Beschl. v. 17.5.2017 – 8 A 1579/15.Z, juris Rn. 6.
20 BVerfG Beschl. v. 23.5.1980 – 2 BvR 854/79, NJW 1980, 2572.
21 VG Darmstadt Urt. v. 28.6.2015 – 3 K 1413/13.DA (unveröffentlicht), nicht beanstandet von VGH Kassel Beschl. v. 17.5.2017 – 8 A 1579/15.Z, juris Rn. 18.
22 Vgl. in einem Fall der Haltung ua von Tauben VG Schleswig Beschl. v. 15.4.2011 – 1 B 9/11, juris Rn. 11.
23 *Roth* in Staudinger BGB § 907 Rn. 3; *Saller* in Grziwotz/Lüke/Saller NachbarR-HdB Kap. 3 Rn. 157; OLG Köln Urt. v. 3.5.1995 – 2 U 135/94, NuR 1996, 318 (319); nicht eindeutig BGH Urt. v. 12.12.2003 – V ZR 98/03, NJW 2004, 1035 (1036) (§ 907 BGB als „spezieller Abwehranspruch“, § 1004 BGB als „allgemeiner Abwehranspruch“).

1. Abwehranspruch nach § 907 BGB

11 **a) Tatbestand.** Bei Anlagen iSd Vorschrift (auch → *Bienen* Rn. 22, → *Komposthaufen* Rn. 6) handelt es sich um künstlich geschaffene Werke von gewisser Selbständigkeit und Beständigkeit.[24] Dies erfasst inbes. Bauwerke bzw. Teile davon und damit auch die hier interessierenden Taubenschläge.[25] Auf die etwaige Eigenschaft als wesentlicher Bestandteil des Grundstücks (§ 94 BGB) kommt es nach allgM nicht an,[26] so dass die Qualifikation eines Taubenschlags (etwa eines Mieters) als Scheinbestandteil iSd § 95 BGB für § 907 BGB ohne Belang wäre. Der Taubenschlag muss sich theoretisch nicht auf dem unmittelbar angrenzenden Grundstück befinden; die Nachbarschaft iSd Vorschrift reicht so weit, wie sich der Einwirkungsradius der Anlage erstreckt.[27]

12 Die von § 907 BGB erfassten **Einwirkungen** sind zunächst auf diejenigen beschränkt, die „in sinnlich wahrnehmbarer Weise über die Grundstücksgrenze auf das Nachbargrundstück unmittelbar positiv einwirken können".[28] Erfasst sind die Imponderabilien des § 906 BGB wie auch Grobimmissionen.[29] Es spielt also keine Rolle, ob man entgegen der hM (→ Rn. 26) insbes. die Tauben selbst (Überflug, Niederlassen) nicht unter § 906 BGB subsumiert: Alle Immissionen im Zusammenhang mit der Taubenhaltung (→ Rn. 1) sind erfasst.

13 **Unzulässig** ist, was nach § 1004 Abs. 1 BGB abgewehrt werden könnte (→ Rn. 21).[30]

14 Der Anspruch setzt zudem voraus, dass die unzulässigen Einwirkungen mit Sicherheit, also mit der Gewissheit gleichkommender hoher Wahrscheinlichkeit,[31] vorauszusehen sind. Dies kann nach der Rechtsprechung nur dann der Fall sein, wenn sie **Folge des normalen Zustands** der Anlage **sowie** von deren **ordnungsmäßiger Benutzung** sind.[32] Dies ist bei Taubenschlägen im Hinblick auf die Einwirkungen als solche ohne Weiteres denkbar: Geräusche dürften kaum zu vermeiden sein, Verschmutzungen und Überflug jedenfalls nicht bei artgerecht gehaltenen Brief-/Sporttauben. Damit ist aber keine Aussage getroffen, ob die (für bestimmte Grundstücke) sicher zu erwartenden Einwirkungen auch unzulässig sind (→ Rn. 13).

15 **Anspruchsberechtigt** ist der in der Vorschrift unmittelbar genannte Eigentümer, nach § 1011 BGB ebenfalls der Miteigentümer. Ebenso steht der Anspruch Erbbauberechtigten (wegen § 11 ErbbauRG), Nießbrauchern (§ 1065 BGB) und nach allgM wegen der Ähnlichkeit des Anspruchs zu § 1004 BGB auch Dienstbarkeitsberechtigten zu,[33] da letzterer kraft Gesetzes für sie anwendbar ist (§§ 1027, 1090 Abs. 2 BGB). Nach hM sind schließlich auch obligatorisch berechtigte Grundstücksbesitzer aktivlegitimiert.[34] Die hierfür nötige Analogie zu § 907 BGB rechtfertigt sich daraus, dass ihnen zwar nicht der Anspruch aus

---

24 BGH Urt. v. 30.4.1965 – V ZR 17/63, WM 1965, 1009 (1011); BayObLG Beschl. v. 15.4.2004 – 2Z BR 221/03, NJW-RR 2004, 1460; RG Urt. v. 30.4.1902 – V 52/0, RGZ 51, 251 (253); *Herrler* in Palandt BGB § 907 Rn. 1.

25 OLG Düsseldorf Urt. v. 27.6.1979 – 9 U 64/79, OLGZ 1980, 16 f.; *Herrler* in Palandt BGB § 907 Rn. 1; *Roth* in Staudinger BGB § 907 Rn. 19; *Horst* NachbarR-HdB Rn. 1115.

26 *Saller* in Grziwotz/Lüke/Saller NachbarR-HdB Kap. 3 Rn. 158; *Roth* in Staudinger BGB § 907 Rn. 14.

27 OLG Düsseldorf Urt. v. 14.3.2007 – I-18 U 163/06, MDR 2007, 1268 (obiter); RG Urt. v. 21.4.1941 – V 103/40, RGZ 167, 14 (21) (zu § 909 BG); *Herrler* in Palandt BGB § 907 Rn. 1.

28 BGH Urt. v. 22.2.1991 – V ZR 308/89, NJW 1991, 1671 f.; von „aktiver" Einwirkung spricht *Horst* NachbarR-HdB Rn. 1116.

29 *Brückner* in MüKoBGB § 907 Rn. 11; *Roth* in Staudinger BGB § 907 Rn. 21; *Meisner/J. Ring/W. Ring/Götz* Nachbarrecht in Bayern § 14 Rn. 10.

30 Vgl. LG Hamburg Urt. v. 20.8.1991 – 325 O 427/90, DWW 1991, 339: keine Anwendung des § 907 BGB, wenn Taubenhaltung nicht (mehr) zu (sc.: nach § 906 BGB) unzulässiger Einwirkung führt.

31 BGH Urt. v. 11.2.1955 – V ZR 134/54, WM 1955, 998 (999); BGH Urt. v. 30.4.1965 – V ZR 17/63, WM 1965, 1009 (1011).

32 BGH Urt. v. 7.3.1969 – V ZR 169/65, NJW 1969, 1208 (1209).

33 RG Urt. v. 28.12.1904 – V 272/04, RGZ 59, 326 (327); *Herrler* in Palandt BGB § 907 Rn. 2; *Saller* in Grziwotz/Lüke/Saller NachbarR-HdB Kap. 3 Rn. 172.

34 *Brückner* in MüKoBGB § 907 Rn. 23; *Roth* in Staudinger BGB § 907 Rn. 6; *Meisner/J. Ring/W. Ring/Götz* Nachbarrecht in Bayern § 14 Rn. 26; im Ergebnis OLG Dresden Urt. v. 4.12.1908 – OLGE 18, 123 (124).

§ 1004 BGB, aber derjenige aus § 862 (, § 869) BGB zusteht. Nach aA[35] können die genannten übrigen Anspruchsberechtigten sie jedenfalls ermächtigen.[36]

§ 907 BGB bezeichnet den **Anspruchsgegner** nicht konkret. Aus der Formulierung „nicht (…) hergestellt oder gehalten werden" ergibt sich aber, dass der Anspruch gegen den Hersteller oder den Halter der Anlage gerichtet ist. Das freilich läuft auf den (Handlungs- oder Zustands-)Störer iSd § 1004 BGB hinaus.[37] Wer den Taubenschlag aus eigenem Recht errichtet hat, ist dessen Hersteller – wer ihn im eigenen Interesse nutzt, Halter.[38] Beides kann, muss aber nicht, der Eigentümer des Grundstücks sein. Fallen Eigentum und Benutzungsrecht an dem Taubenschlag (zB: Eigentümer hat einen Taubenschlag errichtet, vermietet das Grundstück jetzt aber) auseinander, muss zu einer erfolgreichen Beseitigung der Eigentümer auf Beseitigung und der Besitzer auf Unterlassung verklagt werden; in der Zwangsvollstreckung muss dann der Nutzungsberechtigte auch die Beseitigung dulden.[39] 16

b) Rechtsfolgen; Verjährung. Liegen die Voraussetzungen vor, besteht ein Anspruch auf Unterlassung der Errichtung oder auf Beseitigung eines bereits errichteten Taubenschlags. **Verjährung** tritt wegen § 924 BGB nicht ein. 17

c) Prozessuales. Die Erhebung einer entsprechenden Beseitigungsklage ist in vielen Bundesländern erst nach einem **Schlichtungsverfahren** zulässig (→ *Streitschlichtung, nachbarrechtliche* Rn. 8 ff.). Zur Begründung ist in einem ersten Schritt festzuhalten, dass die Ermächtigung des § 15a Abs. 1 S. 1 Nr. 2 EGZPO über ihren Wortlaut hinaus nicht nur etwa § 1004 BGB in nachbarrechtlichen Streitigkeiten erfasst (→ Rn. 36), sondern auch § 907 BGB. § 15a Abs. 1 S. 1 Nr. 2 EGZPO spricht von „Ansprüchen aus dem Nachbarrecht nach" §§ 906, 910, 911, 923 BGB und nennt damit Vorschriften, die größtenteils keine Ansprüche iSd § 194 Abs. 1 BGB enthalten. Gemeint sind daher offenbar die in den aufgeführten Normen genannten „Sachmaterien" wie Duldungspflichten gegenüber Immissionen oder ein Selbsthilferecht, die in verschiedenen Ansprüchen, wie eben § 1004 BGB und § 907 BGB, relevant werden. Aufgrund der Ähnlichkeit von § 1004 BGB und § 907 BGB (→ Rn. 10) ist nicht ersichtlich, warum die Ermächtigung nicht auch für letztere gelten sollte.[40] In einem zweiten Schritt sind die entsprechenden Vorschriften der landesrechtlichen Schlichtungsgesetze idR in diesem Sinne auszulegen,[41] zumal wenn deren Wortlaut sich ohnehin besser mit dem hier vertretenen Umfang der Ermächtigung in Einklang bringen lässt.[42] 18

Die **örtliche Zuständigkeit** ergibt sich für den klagenden Eigentümer aus § 24 Abs. 1 ZPO,[43] im Übrigen aus § 12 ff. ZPO oder (§ 35 ZPO) aus § 26 iVm § 24 ZPO,[44] während die sachliche Zuständigkeit streitwertabhängig aus §§ 23, 71 GVG folgt. Im Klageantrag/Tenor ist die Verpflichtung zur Unterlassung der Errichtung (Vollstreckung nach § 890 ZPO) bzw. Beseitigung (Vollstreckung regelmäßig nach § 887 ZPO) eines bestimmten (§ 253 Abs. 2 Nr. 2 ZPO) Taubenschlags zu nennen.[45] Zweckmäßigerweise sind bei **Störer-** 19

35 RG Urt. v. 28.12.1904 – V 272/04, RGZ 59, 326 (327); so auch zu § 908 BGB (während § 907 BGB aus anderen Gründen verneint wird) OLG Bamberg Urt. v. 9.12.1998 – 8 U 53/98, NZM 1999, 1004 (1005).

36 *Herrler* in Palandt BGB § 907 Rn. 2; *Saller* in Grziwotz/Lüke/Saller NachbarR-HdB Kap. 3 Rn. 172.

37 *Herrler* in Palandt BGB § 907 Rn. 2; *Roth* in Staudinger BGB § 907 Rn. 8; *Vollkommer* in BeckOGK BGB § 907 Rn. 27 (nur „beispielhafte" Nennung von Hersteller und Halter).

38 Vgl. *Vollkommer* in BeckOGK BGB § 907 Rn. 27; *Saller* in Grziwotz/Lüke/Saller NachbarR-HdB Kap. 3 Rn. 173.

39 *Saller* in Grziwotz/Lüke/Saller NachbarR-HdB Kap. 3 Rn. 173; zust. *Brückner* in MüKoBGB § 907 Rn. 25; differenzierend mwN *Roth* in Staudinger BGB § 907 Rn. 8.

40 Ohne Eingehen auf § 907 BGB allerdings *Schmidt* in Prütting Streitschlichtung Rn. 122.

41 Für eine entsprechende Gleichschaltung von § 15a Abs. 1 S. 1 Nr. 2 EGZPO und § 1 Abs. 2 Nr. 1 und Nr. 2 NSchlG unter Rückgriff auf die Gesetzgebungsmaterialien etwa LG Bückeburg Urt. v. 7.11.2012 – 1 S 40/12, juris Rn. 18; vgl. auch *Schmidt* in Prütting Streitschlichtung Rn. 123.

42 ZB § 34a Abs. 1 Nr. 1 SchStG M-V und § 34a Abs. 1 Nr. 2 LSASchStG („Streitigkeiten aus dem Nachbarrecht wegen …"), ähnlich auch Art. 1 Nr. 1 BaySchlG, § 1 Abs. 1 Nr. 1 HSchlG, § 53 Abs. 1 Nr. 1 JustG NRW, § 1 Abs. 1 Nr. 2 SchlHLSchliG („Ansprüche wegen …").

43 *Schultzky* in Zöller ZPO § 24 Rn. 8.

44 *Vollkommer* in BeckOGK BGB § 907 Rn. 36; *Touissant* in BeckOK ZPO § 26 ZPO Rn. 3.

45 Vgl. *Herrler* in Palandt BGB § 907 Rn. 2.

mehrheit (→ Rn. 16) alle Beteiligten als Streitgenossen zu verklagen.[46] Die Beweislast für die mit Sicherheit voraussehbaren Einwirkungen durch den Taubenschlag und – abweichend von § 906 BGB – deren Unzulässigkeit trägt der Anspruchsberechtigte.[47]

20 Der Antrag nach § 907 BGB **enthält** den **Störungsbeseitigungsantrag nach § 1004 BGB**, so dass ohne Verstoß gegen § 308 ZPO auch aus letzterem verurteilt werden kann.[48] Der Unterlassungsanspruch kann im Wege einer einstweiligen Verfügung geltend gemacht werden,[49] während bei einem bereits errichteten Taubenschlag wegen des Verbots der Vorwegnahme der Hauptsache grundsätzlich nur eine Benutzungsuntersagung in Betracht kommt.[50]

2. Beseitigungs- und Unterlassungsanspruch nach § 1004 BGB (§ 862 BGB)

21 **a) Tatbestand.** Lärm und Schmutz durch die sowie die Anwesenheit der nachbarlichen Tauben auf und über dem Grundstück stellen allesamt grundsätzlich abwehrbare Eigentumsbeeinträchtigungen dar. Insbes. erstreckt sich gem. § 905 S. 1 BGB das Eigentum am Grundstück auf den Luftraum (im Sinne einer vertikalen Luftsäule[51]) darüber; speziell zu letzterem noch → Rn. 25). Ebenso handelt es sich bei entsprechenden Einwirkungen um Besitzstörungen iSd §§ 862, 858 BGB.[52] Dabei hat der Besitzer im Hinblick auf den Luftraum dieselben Verbietungsrechte wie der Eigentümer, ihn treffen diesbezüglich aber auch die speziellen Duldungspflichten.[53]

22 Zum **Anspruchsgegner** der Abwehransprüche nach §§ 1004, 862 BGB, dem Störer, vgl. sinngemäß die Ausführungen bei → *Luftverunreinigungen* Rn. 15 ff. Störer kann jedermann sein, insbes. also nicht etwa nur der an einem Grundstück, von dem aus die Einwirkungen erfolgen, Berechtigte.[54]

23 Der Anspruch aus § 1004 BGB ist nicht ausgeschlossen, wenn zwar die unmittelbare Störung in einem Naturereignis liegt, aber der Störer durch ein Tun oder Unterlassen eine konkrete Gefahrenlage geschaffen hat, die sich später verwirklicht hat.[55] Damit besteht der Anspruch dann nicht, wenn die Einwirkungen auf ein zufälliges Naturereignis zurückgehen, das alle Grundstückseigentümer als allgemeines Risiko betrifft und das auch nicht durch eine besondere Grundstücksnutzung begünstigt wurde.[56] Wenn sich also **Wildtauben** auf einem anderen Grundstück niederlassen und von dort aus auf andere Grundstücke störend einwirken, ist der Eigentümer des Grundstücks nicht ohne Weiteres als Störer anzusehen.[57] Dagegen ist Störer, wer Tauben durch Füttern (bzw. die Fortsetzung des von anderen in der Vergangenheit begonnenen Fütterns) anlockt.[58] Soweit das **Halten von Tauben** in Rede steht, ist die Störereigenschaft des Halters bei Einwirkungen der Tauben ohnehin evident. Denkbar ist auch die Passivlegitimation eines vermietenden Eigentümers bei Taubenhaltung seines Mieters, nämlich wenn jener diesem die Erlaubnis zur störenden

---

46 *Vollkommer* in BeckOGK BGB § 907 Rn. 27.1.

47 BGH Urt. v. 11.2.1955 – V ZR 134/54, WM 1955, 998 (999); *Herrler* in Palandt BGB § 907 Rn. 2; *Schuschke* in Baumgärtel/Laumen/Prütting Beweislast-HdB BGB § 907 Rn. 2; *Saller* in Grziwotz/Lüke/Saller NachbarR-HdB Kap. 3 Rn. 181; aA *Roth* in Staudinger BGB § 907 Rn. 45.

48 OLG Marienwerder Urt. v. 14.11.1901 – 1. Zivilsenat, OLGE 4, 59, 61; *Roth* in Staudinger BGB § 907 Rn. 49.

49 Vgl. beispielhaft OLG München Urt. v. 11.1.1954 – 5 U 1736/53, NJW 1954, 513 f.

50 *Roth* in Staudinger BGB § 907 Rn. 50; *Saller* in Grziwotz/Lüke/Saller NachbarR-HdB Kap. 3 Rn. 185.

51 *Herrler* in Palandt § 905 Rn. 1.

52 Vgl. AG Karlsruhe Urt. v. 27.3.1991 – 8 C 123/91, NJW-RR 1992, 463.

53 Vgl. OLG Bremen, Urt. v. 16.9.1970 – 3 U 42/1970c, OLGZ 191, 147 (148).

54 Explizit in einem „Taubenfall" LG Berlin Urt. v. 16.3.1965 – 55 S 359/64, BlGBW 1967, 156 f.

55 BGH Urt. v. 4.2.2005 – V ZR 142/04, NJW 2005, 1366 (1368 f.); BGH Urt. v. 2.3.1984 – V ZR 54/83, NJW 1984, 2207 (2209); *Wenzel* NJW 2005, 241 (242).

56 BGH Urt. v. 7.7.1995 – V ZR 213/94, NJW 1995, 2633 (2634) – Wollläuse.

57 *Horst* NachbarR-HdB Rn. 846; für die Ansiedlung von Saatkrähen siehe AG Bad Oldesloe 1 Urt. v. 8.12.1998 – 2 C 442/98, NZM 2000, 631 (632).

58 LG Berlin Urt. v. 16.3.1965 – 55 S 359/64, BlGBW 1967, 156 f.; *Horst* NachbarR-HdB Rn. 846; *Meisner/J. Ring/W. Ring/Götz* Nachbarrecht in Bayern § 13 Rn. 13.

Handlung gegeben hat oder wenn er es unterlässt, diesen von dem nach dem Mietvertrag unerlaubten, fremdes Eigentum beeinträchtigenden Gebrauch der Mietsache abzuhalten.[59]

b) Keine Duldungspflicht des Beeinträchtigten. aa) Vertrag. Eine Duldungspflicht iSd § 1004 Abs. 2 BGB kann sich aus einer privatautonomen Abrede unter den Nachbarn über die (Zulässigkeit der) Taubenhaltung ergeben.[60] Eine solche Abrede würde aber – ohne dingliche Belastung des Grundstücks – einen Einzelrechtsnachfolger nicht binden (→ *Rechtsnachfolge* Rn. 6).[61] 24

bb) § 905 S. 2 BGB. Was das Eindringen von Tauben in den Luftraum (→ Rn. 21) angeht, so kommt prinzipiell auch § 905 S. 2 BGB als Ausschlussgrund in Betracht, wonach der Eigentümer Einwirkungen nicht verbieten kann, die in solcher Höhe geschehen, dass er an der Ausschließung kein Interesse hat (→ *Drohne* Rn. 16). Als Interesse genügt dabei auch die Nutzung durch einen Dritten,[62] etwa einen Mieter. Umgekehrt kann ein Besitzer keinen Besitzschutz in Bezug auf den Luftraum geltend machen, wenn er an der Ausschließung kein Interesse iSd § 905 S. 2 BGB hat.[63] Da die Rechtsprechung häufig ungeachtet des auf die Höhe bezogenen Wortlauts eher eine allgemeine Interessenabwägung vornimmt,[64] erscheint es denkbar, angesichts etwa des Verschmutzungsrisikos auch bei in größerer Höhe fliegenden Tauben den Ausschlussgrund des § 905 S. 2 BGB zu verneinen. 25

cc) § 906 BGB. Für die etwaige Duldungspflicht des beeinträchtigten Nachbarn, unabhängig davon, ob dieser Eigentümer oder in der Vorschrift nicht genannter Besitzer des Grundstücks ist,[65] kommt es entscheidend auf § 906 BGB an. Soweit es um Grundstücksgrenzen überschreitende, **hörbare Beeinträchtigungen** durch die Tauben geht, ist § 906 Abs. 1 S. 1 BGB („Geräusch") sicher anwendbar. Auch für (an sich *von oben* herabfallenden) **Taubenkot**[66] wird man, sofern die Tauben ursprünglich vom anderen Grundstück kommen, eine – dem ausdrücklich genannten Ruß durchaus noch ähnliche – grenzüberschreitende Einwirkung iSd § 906 BGB bejahen können.[67] Es bleibt die **physische Präsenz** der Tauben selbst. Soweit § 906 BGB überhaupt Tiere erfasst, geht es vornehmlich um Insekten wie insbes. Bienen (→ *Bienen* Rn. 8) oder Fliegen[68] (auch → *Ungeziefer* Rn. 2 ff.). Gleichwohl sollen Tauben im Ganzen bzw. im Ergebnis alle von Tauben ausgehenden Störungen[69] nach nicht recht überzeugender, aber überwiegender Auffassung zu den „ähnlichen Einwirkungen" iSd § 906 Abs. 1 S. 1 BGB zählen bzw. soll diese Vorschrift für sie jedenfalls in entsprechender Anwendung heranzuziehen sein.[70] Dies ist den folgenden Ausführungen zugrunde zu legen. 26

59 BGH Urt. v. 27.1.2006 – V ZR 26/05, NJW 2006, 992 (993).

60 Vgl. *Herrler* in Palandt BGB § 1004 Rn. 36.

61 Vgl. BGH Urt. v. 29.2.2008 – V ZR 31/07, NJW-RR 2008, 827.

62 BGH Urt. v. 31.10.1980 – V ZR 157/79, NJW 1981, 573 (574).

63 OLG Düsseldorf Urt. v. 26.2.2007 – 9 W 105/06, NZM 2007, 582 (583).

64 Etwa OLG Düsseldorf Urt. v. 26.2.2007 – 9 W 105/06, NZM 2007, 582 (583); krit. *Lakkis* in BeckOGK BGB § 905 Rn. 36.

65 Siehe nur BGH Urt. v. 21.10.2005 – V ZR 169/04, NJW-RR 2006, 235 (236).

66 Für menschliche Fäkalien (aus Reisezugverkehr) OLG Schleswig Urt. v. 20.3.1995 – 1 U 191/92, NJW-RR 1996, 399.

67 So iE auch *Stadler/Stadler*, Das Nachbarrecht in Bayern, S. 154; für eine Behandlung „wie" Imponderabilien *Endres*, Eigentumsfreiheit contra Naturschutz, S. 15.

68 RG Urt. v. 22.6.1939 – V 212/38, RGZ 160, 381 (382 f.).

69 Anders für das reine Überfliegen *Endres*, Eigentumsfreiheit contra Naturschutz, S. 14: Anspruchsausschluss nach § 905 S. 2 BGB.

70 So schon OLG Düsseldorf Urt. v. 25.5.1966 – 9 U 206/64, MDR 1968, 841 (Ls.); AG Hamburg-Altona Urt. v. 9.5.1969 – 314 C 202/69, MDR 1970, 329; näher OLG Düsseldorf Urt. v. 27.6.1979 – 9 U 64/79, OLGZ 1980, 16 (17 f.) und OLG Celle Urt. v. 9.12.1988 – 4 U 130/87, NJW-RR 1989, 783; LG Itzehoe Urt. v. 27.4.1995 – 4 S 176/94, NJW-RR 1995, 979; OLG Frankfurt a.M. Beschl. v. 13.9.2005 – 20 W 87/03, NJW-RR 2006, 517 (518); *Herrler* in Palandt BGB § 906 Rn. 11; *Stollenwerk* SchAZtg 2001, 217; *Meisner/J. Ring/W. Ring/Götz* Nachbarrecht in Bayern § 13 Rn. 13; wohl auch *Lüke* in Grziwotz/Lüke/Saller NachbarR-HdB Kap. 3 Rn. 140. Offengelassen für Möwen/Krähen: BGH Urt. v. 13.12.1979 – III ZR 95/78, NJW 1980, 770. AA *Roth* in Staudinger BGB § 906 Rn. 119; *Fritzsche* in BeckOK BGB § 906 Rn. 32.

27 Nach § 906 Abs. 1 S. 1 BGB können Einwirkungen durch Tauben, die die Benutzung des Grundstücks **nicht oder nur unwesentlich beeinträchtigen**, nicht abgewehrt werden. Die Wesentlichkeit beurteilt sich nach ständiger Rechtsprechung nach dem Empfinden eines verständigen Durchschnittsbenutzers des betroffenen Grundstücks und danach, was ihm unter Würdigung anderer öffentlicher und privater Belange zuzumuten ist.[71] Das konkrete subjektive Empfinden ist irrelevant, so dass etwa der individuelle Ekel Tauben gegenüber keine Rolle spielt.[72] Wenige Spuren von Vogelkot bzw. wenige Vogelgeräusche dürften noch keine wesentliche Beeinträchtigung darstellen, gehören eine entsprechende Verschmutzung und eine entsprechende Geräuschkulisse doch zum allgemeinen Lebensrisiko durch wildlebende Vögel,[73] ggf. umso mehr, als die Lage des betroffenen Grundstücks eine hohe Population von Wildvögeln impliziert.[74]

28 Beispielhaft angeführt seien folgende **Einzelfälle**, in denen, zT freilich aufgrund der konkreten Gegebenheiten (richterlicher Augenschein), allenfalls unwesentliche Beeinträchtigungen durch Tauben angenommen wurden:

- Haltung von zehn Tauben in einem locker bebauten Gebiet am Stadtrand.[75]
- Verschmutzungen, Geräusche und Überfliegen des Grundstücks von 35 nur stundenweise freifliegenden Brieftauben.[76]
- Täglicher Freiflug von einer halben Stunde von 20 Edeltauben in einem Gebiet mit hoher Wildvogelpopulation.[77]
- Das Flügelklatschen und Gurren von 30 Tauben (sowie das Pfeifen des Taubenhalters) bei ihrem täglichen Freiflug von zweimal einer Stunde in einem landwirtschaftlich geprägten Gebiet – nicht aber die damit einhergehende Verschmutzung (zu den Konsequenzen → Rn. 38).[78]

29 Selbst wesentliche Einwirkungen durch Tauben sind außerdem nach § 906 Abs. 2 S. 1 BGB zu dulden, wenn sie aus einer **ortsüblichen Benutzung** resultieren und nicht durch wirtschaftlich zumutbare Maßnahmen verhindert werden können. Eine Benutzung stellt sich als ortsüblich dar, wenn diese Art der Ausnutzung eines Grundstücks nach den örtlichen Verhältnissen bei Grundstücken dieser Lage gewöhnlich ist.[79] Näher → *Bienen* Rn. 14 f., → *Hund* Rn. 26 f. Im Kontext der Taubenhaltung wurde als ortsüblich erachtet:

- auf zwar in Wohngebiet befindlichem, aber an landwirtschaftliche Fläche angrenzendem Grundstück in einer Gemeinde mit 15 weiteren Züchtern: die Haltung von gut 100 Tauben.[80]
- in ländlichem Dorfgebiet: die Haltung von jedenfalls 60 Tauben.[81]

Zweifelhaft ist, ob „engagiertes" Füttern von grundsätzlich in der betroffenen Gemeinde „heimischen" Tauben quasi automatisch eine ortsübliche Benutzung darstellt.[82]

---

71 Siehe etwa BGH Urt. v. 26.10.2018 – V ZR 143/17, NJW 2019, 773 (774); BGH Urt. v. 27.10.2006 – V ZR 2/06, NJW-RR 2007, 168; BGH Urt. v. 20.11.1992 – V ZR 82/91, NJW 1993, 925 (929).

72 OLG Frankfurt a. M. Beschl. v. 13.9.2005 – 20 W 87/03, NJW-RR 2006, 517 (518).

73 Den Vergleich zu wildlebenden Vögeln ziehen OLG Oldenburg Urt. v. 10.6.1999 – 8 U 127/98, RdL 2000, 147 (148); OLG Hamm Urt. v. 11.4.1988 – 22 U 265/87, WuM 1990, 123; AG Frankenthal Urt. v. 31.1.2017 – 3a C 166/16, juris Rn. 24; AG Hamburg-Altona Urt. v. 9.5.1969 – 314 C 202/69, MDR 1970, 329. Anders LG Itzehoe Urt. v. 27.4.1995 – 4 S 176/94, NJW-RR 1995, 979: Urheberschaft vorhandenen Kots nicht zur Überzeugung der Kammer bei den Tauben des Beklagten zu verorten.

74 Vgl. OLG Frankfurt a.M. Beschl. v. 13.9.2005 – 20 W 87/03, NJW-RR 2006, 517 (518).

75 OLG Hamm Urt. v. 11.4.1988 – 22 U 265/87, WuM 1990, 123; so im Ergebnis auch LG Hamburg Urt. v. 20.8.1991 – 325 O 427/90, DWW 1991, 339.

76 OLG Oldenburg Urt. v. 10.6.1999 – 8 U 127/98, RdL 2000, 147 (148).

77 OLG Frankfurt a.M. Beschl. v. 13.9.2005 – 20 W 87/03, NJW-RR 2006, 517 (518).

78 OLG Celle Urt. v. 9.12.1988 – 4 U 130/87, NJW-RR 1989, 783 (784).

79 BGH Urt. v. 28.9.1962 – V ZR 233/60, NJW 1962, 2341.

80 LG Itzehoe Urt. v. 27.4.1995 – 4 S 176/94, NJW-RR 1995, 979 (980).

81 AG Frankenthal Urt. v. 31.1.2017 – 3a C 166/16, juris Rn. 31.

82 So aber AG Mülheim Urt. v. 2.3.2006 – 23 C 2434/05, juris Rn. 1 und 32. Siehe dagegen AG Hamburg-Altona Urt. v. 9.5.1969 – 314 C 202/69, MDR 1970, 329.

Die **wirtschaftlich zumutbare Maßnahme** muss eine Fortdauer der beeinträchtigenden Nutzung gestatten.[83] MaW gehören zu den erfassten Maßnahmen solche nicht, die die Nutzung selbst verändern. Daher scheidet etwa die Errichtung eines in alle Richtungen abschließenden Gitters „in der Art eines großen Vogelkäfigs" schon ungeachtet der Kosten aus, denn dies würde eine wesentliche Veränderung der Taubenhaltung als solcher bewirken.[84] Dagegen kann etwa eine Begrenzung der Flugzeiten der Tauben in Betracht kommen.[85] Denkbar ist auch eine Veränderung der Bepflanzung vor der Anflugöffnung eines Taubenschlags, um wesentliche Beeinträchtigungen für den Nachbarn zu verhindern.[86] 30

Wie die Formulierung „Benutzern dieser Art" in § 906 Abs. 2 S. 1 BGB verdeutlicht, ist für die wirtschaftliche Zumutbarkeit die Leistungsfähigkeit eines durchschnittlichen, nicht des konkreten, Benutzers maßgeblich.[87] Deswegen wird die Grenze jedenfalls bei Hobby-Taubenhaltung **eher niedrig** anzusetzen sein.[88] 31

Auch in Anbetracht der eher für eine geringe Zahl sprechenden Begründung (ua Verweis auf eine Entscheidung des OLG Celle, das im Ergebnis die Haltung von bloß 20 Tauben in einem ländlichen Gebiet „zubilligte", → Rn. 38) ist eine knapp gefasste Entscheidung des LG München II, nach der die Haltung von 105 flugfähigen Tauben unter bestimmten Ausflugbedingungen in einem, wenn auch ländlichen, reinen Wohngebiet zulässig sein soll, schwer nachzuvollziehen.[89] 32

dd) Nicht: Nachbarliches Gemeinschaftsverhältnis. Aus dem nachbarlichen Gemeinschaftsverhältnis lässt sich **keine Pflicht zur Duldung** von ansonsten *nicht* nach § 906 Abs. 1 S. 1 oder Abs. 2 S. 1 BGB zu duldenden Beeinträchtigungen (zum umgekehrten Fall → Rn. 38) herleiten. Vielmehr ist § 906 BGB in dieser Hinsicht abschließend.[90] Auch → *Nachbarschaftliches Gemeinschaftsverhältnis* Rn. 14 f. 33

c) Rechtsfolgen; Verjährung. Die Rechtsfolge des § 1004 Abs. 1 S. 1 BGB (§ 862 Abs. 1 S. 1 BGB) liegt in der Beseitigung der Störung. Dies ist nicht notwendig die Beseitigung eines Taubenschlags, sondern zunächst nur das **Abstellen der Einwirkungen**.[91] Die dafür zu ergreifenden Maßnahmen sind im Grundsatz dem Störer zu überlassen (→ *Ranken* Rn. 27), so dass je nach Einwirkungen auch eine Verringerung des Taubenbestands genügen mag (zum nachbarlichen Gemeinschaftsverhältnis noch → Rn. 38). Geht es um die Flugschneisen über dem Nachbargrundstück, kann etwa ein Verschließen der zu diesem gewandten Öffnungen im Taubenschlag nötig sein.[92] Relevanz wird häufig auch der Unterlassungsanspruch gem. § 1004 Abs. 1 S. 2 BGB (§ 862 Abs. 1 S. 2 BGB) haben, der durchaus ein positives Tun des Störers bedingen kann (→ *Ranken* Rn. 29). 34

Die **Verjährung** bestimmt sich nach §§ 195, 199 Abs. 1, Abs. 4, Abs. 5 BGB. Nach ständiger Rechtsprechung findet § 902 BGB keine Anwendung.[93] 35

83 *Herrler* in Palandt BGB § 906 Rn. 25.
84 OLG Düsseldorf Urt. v. 27.6.1979 – 9 U 64/79, OLGZ 1980, 16 (18 f.).
85 OLG Celle Urt. v. 9.12.1988 – 4 U 130/87, NJW-RR 1989, 783 (784 f.): nicht unter zwei Stunden täglich nebst Ausflugssperre während Zeit der Aussaat.
86 LG München II Urt. v. 10.12.1991 – 2 S 864/91, NJW-RR 1992, 462 (463).
87 BGH Urt. v. 26.4.1974 – V ZR 174/72, MDR 1974, 831; OLG Düsseldorf Urt. v. 27.6.1979 – 9 U 64/79, OLGZ 1980, 16 (19); *Herrler* in Palandt BGB § 906 Rn. 25.
88 OLG Düsseldorf Urt. v. 27.6.1979 – 9 U 64/79, OLGZ 1980, 16 (19).
89 LG München II Urt. v. 10.12.1991 – 2 S 864/91, NJW-RR 1992, 462 (463); krit. auch *Stadler/Stadler*, Das Nachbarrecht in Bayern, S. 154; *Roth* in Staudinger BGB § 906 Rn. 119.
90 BGH Urt. v. 23.3.1990 – V ZR 58/89, NJW 1990, 2465 (2467 f.); BGH Urt. v. 28.9.1962 – V ZR 233/60, NJW 1962, 2341 (2344); aA gerade auch im Taubenkontext *Ring* in NK-BGB § 906 Rn. 207 (der offenbar die Entscheidung des LG Itzehoe Urt. v. 27.4.1995 – 4 S 176/94, NJW-RR 1995, 979, anders versteht als hier vertreten, → Rn. 29).
91 Vgl. auch LG Hamburg Urt. v. 20.8.1991 – 325 O 427/90, DWW 1991, 339.
92 OLG Dresden Beschl. v. 25.1.2002 – 11 W 1989/01, juris Rn. 13.
93 Insbes. BGH Urt. v. 28.1.2011 – V ZR 141/10, NJW 2011, 1068, mwN zur verbreiteten Kritik aus der Literatur.

36 **d) Prozessuales. Gerichtsstand** ist für den klagenden Grundeigentümer ausschließlich der dingliche Gerichtsstand gem. § 24 Abs. 1 ZPO,[94] ebenso für den Grundstücksbesitzer („Besitzklage" in § 24 ZPO).[95] Im Übrigen steht der allgemeine Gerichtsstand gem. § 12 ff. ZPO zur Verfügung. Da die Ermächtigung des § 15a Abs. 1 Nr. 2 EGZPO über ihren Wortlaut hinaus auch nachbarrechtliche Unterlassungsklagen nach § 1004 BGB erfasst (auch → Rn. 18),[96] kann vor Geltendmachung eines entsprechenden Anspruchs ein Schlichtungsverfahren nach Landesrecht (→ *Streitschlichtung, nachbarrechtliche* Rn. 8 ff.) nötig sein.[97] Zu Antrag und Tenor etwa → *Ranken* Rn. 33.

37 Zur Beweislast etwa → *Komposthaufen* Rn. 28. Gerade im Zusammenhang mit der Beurteilung der Wesentlichkeit der Belästigungen wird idR ein **Augenschein** (§ 371 ZPO) erforderlich sein.[98] Vom Normalfall der Einwirkungen abweichende, womöglich gar manipulierte, Umstände im Rahmen eines Augenscheinstermins – wie etwa das vorherige Wegschaffen eines Teils des Taubenbestands – müssen bei der tatrichterlichen Beweiswürdigung berücksichtigt werden.[99] Eine wiederholte Durchführung von Ortsbesichtigungen ist bei wechselnden Bedingungen der Einwirkungen im Übrigen nicht zwingend erforderlich.[100]

3. Begrenzung der Taubenhaltung kraft nachbarlichen Gemeinschaftsverhältnisses?

38 In der instanzgerichtlichen Rechtsprechung wird selbst nach Feststellung einer Duldungspflicht des Nachbarn nach § 906 Abs. 1 S. 1 oder Abs. 2 S. 1 BGB oder gar als Teil des § 906 BGB mitunter ein **Anspruch auf Reduktion des Taubenbestands** unter Verweis auf das nachbarliche Gemeinschaftsverhältnis geprüft oder sogar bejaht. So soll die Haltung von 82 flugfähigen Tauben und 33 nicht am Flugbetrieb teilnehmenden Tauben (deren Einwirkungen entweder schon nicht wesentlich oder jedenfalls ortsüblich waren) an der Obergrenze des nachbarlichen Gemeinschaftsverhältnisses liegen.[101] In Einzelfällen wurden Beklagte unter diesem Gesichtspunkt verpflichtet, ihre Haltung von 30 auf 20 Tauben bzw. von 60 auf 10 Tauben zu reduzieren.[102] Nach der Rechtsprechung des BGH ist die Ableitung eines Anspruchs aus dem nachbarlichen Gemeinschaftsverhältnis indessen nur möglich, wenn dies für einen über die gesetzliche Regelung hinausgehenden billigen Ausgleich der widerstreitenden Interessen dringend geboten ist (auch → *Nachbarschaftliches Gemeinschaftsverhältnis* Rn. 3 ff.).[103] Es sei wenigstens bezweifelt, dass diese hohen Voraussetzungen gerade in Konstellationen mit einer ohnehin schon verhältnismäßig geringen Zahl an Tauben leicht zu erfüllen sind.

4. Entschädigung und Schadensersatz

39 Sind wesentliche Einwirkungen durch Tauben ortsüblich und nicht mit zumutbaren wirtschaftlichen Maßnahmen zu verhindern (→ Rn. 29 ff.), sind diese gem. § 906 Abs. 2 S. 1 BGB zu dulden. In dieser Konstellation besteht aber bei einer Beeinträchtigung über das zumutbare Maß hinaus der Anspruch auf **angemessenen Ausgleich in Geld** gem. § 906 Abs. 2 S. 2 BGB.

---

94 BayObLG Beschl. v. 31.1.1996 – 1Z AR 5/96, BayObLGZ 1996, 14 (15); *Keukenschrijver* in NK-BGB § 1004 Rn. 185.

95 *Schultzky* in Zöller ZPO § 24 Rn. 17.

96 *Heßler* in Zöller EGZPO § 15a Rn. 5.

97 Ausdrücklich so für § 1 Abs. 2 Nr. 1 bzw. Nr. 2 NSchlG *Rass*, Das Nachbarrecht in Niedersachsen, IV. Rn. 4.

98 Vgl. BGH Urt. v. 5.2.1993 – V ZR 62/91, NJW 1993, 1656 (1657); OLG Celle Urt. v. 29.6.2011 – 4 U 199/09, NJW-RR 2011, 1585 f.; OLG München Urt. v. 7.5.1986 – 3 U 1879/85, NJW-RR 1986, 1142.

99 Vgl. BGH Urt. v. 8.1.1970 – V ZR 147/65, WM 1970, 492 f.

100 BGH Urt. v. 30.10.1998 – V ZR 64/98, NJW 1999, 356 (358).

101 LG Itzehoe Urt. v. 27.4.1995 – 4 S 176/94, NJW-RR 1995, 979 (980).

102 OLG Celle Urt. v. 9.12.1988 – 4 U 130/87, NJW-RR 1989, 783 (785) (nach Feststellung einer Duldungspflicht gem. § 906 BGB in Bezug auf die höhere Zahl!); bzw. LG Hamburg Urt. v. 20.8.1991 – 325 O 427/90, DWW 1991, 339 f.

103 Jeweils mwN BGH Urt. v. 20.9.2019 – V ZR 218/18, NJW 2020, 607 (609); BGH Urt. v. 13.7.2018 – V ZR 308/17, NJW-RR 2019, 78 f.

Verursachen Tauben Schäden, besteht ein Anspruch gegen den Halter gem. **§ 833 S. 1 BGB**, wobei die Exkulpationsmöglichkeit in S. 2 beim Taubenzüchten als Hobby nicht relevant wird. Allerdings ist zu beachten, dass die Tierhalterhaftung ausscheidet, soweit der Nachbar wegen § 906 BGB (→ Rn. 26 ff.) keinen Abwehranspruch hat.[104] 40

114. Terrasse

Jeromin

I. Begriff

Unter **Terrassen** versteht man im Zusammenhang mit dem Nachbarrecht eine befestigte, offene **Plattform für den Aufenthalt im Freien**, die auch überdacht sein kann. Sie gelten als fiktive bauliche Anlagen im Sinne des Bauordnungsrechts, da sie mit dem Erdboden verbunden und aus Bauprodukten hergestellt sind. Eine Terrasse als selbstständige bauliche Anlage ist beispielsweise ein erhöhter Freisitz im Garten im Anschluss an das Wohnhaus.[1] Soweit Terrassen ebenerdig auf einem Grundstück unter Beibehaltung der natürlichen Geländeoberfläche oder in einer bloß geringen Erhöhung von 0,5 bis 1 m angelegt sind[2], unterliegen sie keinen öffentlich-rechtlichen Anforderungen und sind regelmäßig bauordnungsrechtlich bis zu einem bestimmten Flächenmaß verfahrensfreigestellt.[3] In bauplanungsrechtlicher Hinsicht sind sie keine Nebenanlagen, sondern, sofern sie unmittelbar an das Wohnhaus angebaut sind, Bestandteil des Hauptgebäudes, dessen rechtliches Schicksal sie teilen.[4] 1

II. Nachbarrechtliche Anforderungen

Im grenznahen Bereich zu einem Nachbargrundstück kann es gleichwohl Einschränkungen der Eigentümerbefugnisse nach § 903 BGB geben, die trotz bauaufsichtlicher Genehmigungsfreiheit einzuhalten und gleichzeitig auch dem Schutz des Nachbarn zu dienen bestimmt sind. 2

Terrassen sind ähnlich wie Balkone oder Erker bauliche Einrichtungen, die eine Aussicht oder einen Einblick auf benachbarte Grundstücke und Wohnbereiche bieten können und von daher potenziell geeignet sind, **Störungen des Wohnfriedens** zu verursachen. Folglich regeln einige Landesnachbarrechtsgesetze Pflichten zur Rücksichtnahme auf die Belange des jeweiligen Nachbarn, die durch zu wahrende (Grenz-)Abstände normiert sind. Daneben können bauordnungsrechtliche Anforderungen bestehen. 3

104 BGH Urt. v. 24.1.1992 – V ZR 274/90, NJW 1992, 1389; BGH Urt. v. 2.3.1984 – V ZR 54/83, NJW 1984, 2207.
1 *Breyer* in Große-Suchsdorf NBauO § 5 Rn. 75.
2 Zum Teil wird die Auffassung vertreten, dass eine Terrasse nur vorliege, wenn sie erhöht herstellt ist, so: *Lüke* in Grziwotz/Lüke/Saller NachbarR-HdB Teil 2 Rn. 433 unter Verweis auf OLGR Celle 2004, 110.
3 ZB Art. 57 Abs. 1 Nr. 16 f. BayBO, wenn nicht überdacht.
4 So zB VG Hannover Urt. v. 26.11.2019 – 4 K 12592/17, juris Rn. 39 (an das Wohnhaus angebaute Terrasse, deshalb Bestandteil des Wohnhauses) VGH Mannheim Beschl. v. 14.8.2018 – 5 S 2083/17, BauR 2019, 1285; grundlegend: BVerwG Urt. v. 14.12.2017 – 4 C 9.16, BauR 2018, 647.

4 Soweit der Nachbarschutz sich auf die Bewahrung der Besonnung, Belüftung und Belichtung einer Terrasse sowie deren Aussichtsmöglichkeit bezieht und die Terrasse somit selber Schutzobjekt im nachbarlichen Gefüge ist, die durch bauliche Maßnahmen auf dem Nachbargrundstück beeinträchtigt werden könnten, gelten die allgemeinen Grundsätze des öffentlichen Baurechts, namentlich das Rücksichtnahmegebot im Hinblick auf eine abriegelnde, erdrückende Bebauung. Dabei ist einschränkend festzuhalten, dass nicht jede Beeinträchtigung der Besonnung, Belüftung und Belichtung einer Terrasse durch ein Bauvorhaben auf dem Nachbargrundstück zu einer für den Nachbarn unzumutbaren Situation führt[5]. Für Terrassen gelten mithin andere, wesentlich weiter gefasste Maßstäbe des abwehrenden Schutzes als für Wohn- und Aufenthaltsräume in Gebäuden.

III. Öffentlich-rechtlicher Nachbarschutz

1. Anwendung des Abstandsflächenrecht

5 Im Bereich des öffentlichen Rechts sind die Vorschriften des bauordnungsrechtlichen Abstandsflächenrechts mit den jeweils festgelegten Mindestabständen von Gebäuden und baulichen Anlagen zur Grundstücksgrenze von mindestens 3 m einschlägig. Voraussetzung für die Anwendung des Abstandsflächenrechts auf Terrassen ist neben dem Vorliegen einer fiktiven baulichen Anlage im Sinne einer befestigten Aufschüttung die Verursachung negativer Auswirkungen auf die Belichtung und Belüftung benachbarter Gebäude und Grundstücke. Wirkungen, die die Einhaltung von Abstandsflächen rechtfertigen, müssen „gebäudegleich“[6] sein, also einen auskömmlichen Einfall von Sonne und Licht sowie ausreichender Luftzufuhr verändern bzw. verringern. Nur dann ist es sachgerecht, die allgemeinen Regelungen des Abstandsflächenrechts auch auf fiktive bauliche Anlagen zu erstrecken.

6 Bei **ebenerdigen oder bloß geringfügig erhöhten Terrassen**[7] fehlt es regelmäßig an den negativen Auswirkungen, die durch das Abstandsflächenrecht vermieden werden sollen. In den Landesbauordnungen wird folglich – teilweise unwiderleglich – normiert, dass baulichen Anlagen bis zu einer bestimmten Höhe (zB 1 m Höhe NBauO[8]) keine Wirkungen wie Gebäuden beizumessen sind, zum Teil wird in den Bauordnungen der Musterbauordnung folgend auf eine wertende Beurteilung abgestellt, die ihrerseits durch eine sehr verzweigte Kasuistik bezogen auf verschiedene bauliche Anlagen und Einrichtungen (wie Zäune, Mauern, Werbeanlagen, Schornsteine, Pergolen, Masten etc) gekennzeichnet ist. Als „Faustformel“ wird eine gebäudegleiche Wirkung baulicher Anlagen bezogen auf die durch das Abstandsflächenrecht geschützten Belange erst ab Höhen von mehr als 2 m über dem Ursprungsgelände und Längen ab 3 m bis 5 m angenommen werden können.[9]

7 Wird eine Terrasse auf einer künstlich erstellten Bodenaufschüttung (entlang der Nachbargrenze → 1 m über dem natürlichen bzw. dem vormals vorhandenem Geländeniveau) oder auf einer Stützmauer (→ 2 m) entlang der Grundstücksgrenze erhöht angelegt oder auf einer unmittelbar an der Grundstücksgrenze zulässigen Grenzgarage errichtet, greift das nachbarschützende Rechtsregime der zu wahrenden Abstandsflächen mit der Folge, dass unabhängig von der Frage der gewählten Art der Einzäunung oder Umwehrung der Terrasse zur Absturzsicherung der bauordnungsrechtlich normierte Mindestabstand von 3 m als die auch von einer (fiktiven) Bebauung freizuhaltenden Abstandsfläche gilt.

8 Vergleichbare Einschränkungen der bauaufsichtlichen Zulässigkeit bestehen, wenn die erhöhte Terrasse zusätzlich überdacht ist oder auf einem abstandsflächenrechtlich an sich privilegierten Nebengebäude (idR ohne Aufenthaltsräume und Feuerungsanlagen) errichtet wird. Für Terrassen, die Gebäudeteile sind (über

5 OVG Münster Beschl. v. 18.12.2017 – 7 A 2147/16, juris Rn. 9; Urt. v. 22.3.2018 – 7 A 651/15, juris Rn. 32.

6 Ggf. weitere Kriterien wie in § 6 BauO NW geregelt, nämlich höher als 2 m über der Geländeoberfläche oder höher als 1 m über der Geländeoberfläche und geeignet, von Menschen betreten zu werden, was bei Terrassen regelmäßig der Fall ist.

7 Bis zu einer Höhe von < 1 m, vgl.: Höhendifferenz von ca. 1,50 m: VGH München Beschl. v. 5.1.2016 – 1 ZB 15.606, juris Rn. 9.

8 *Breyer* in Große-Suchsdorf NBauO § 5 Rn. 75.

9 VG Neustadt/Weinstraße Urt. v. 17.4.2008 – 4 K 25/08. NW, juris Rn. 34.

Kellern oder auf Dächern), oder für überdachte Terrassen, die selbst Gebäude sind, gilt das generelle Abstandsflächenerfordernis mit einem Mindestabstand von 3 m. Zwar verlieren Grenzgaragen nicht ihr Abstandsprivileg, wenn auf ihrem Dach eine vom Hauptgebäude erreichbare Terrasse angelegt wird[10], jedoch muss die Terrasse nebst Umwehrung den gesetzlich vorgeschriebenen Grenzabstand ohne „Teilprivilegierung" einhalten.

Da nach den **abstandsflächenrechtlichen Vorschriften** in den Landesbauordnungen Balkone unter bestimmten Voraussetzungen privilegiert sein können und damit nicht den Mindestabstand von 3 m wahren müssen, bedarf es **keiner Differenzierung zwischen Balkonen und (erhöhten) Terrassen**, um Wertungswidersprüche zu vermeiden.[11] Erfüllt nämlich eine erhöhte Terrasse die Privilegierungsbedingungen für Balkone, gibt es keinen sachlichen Grund dafür, zwischen beiden Arten der offenen Plattformen zu differenzieren. Diese analoge Betrachtung gilt auch für die umgekehrte Situation, wenn eine erhöhte Terrasse die Größenbegrenzungen für einen Balkon überschreitet (Tiefe und Breite). Dann gelten die allgemeinen Bestimmungen des Abstandsflächenrechts mit der Wahrung der Mindestabstandstiefe von 3 m zur Nachbargrenze.[12] Keine abstandsflächenrechtlichen Besonderheiten bestehen bei Terrassen, die ihrerseits Teile eines abstandspflichtigen Gebäudes sind. Ob eine (erhöhte) Terrasse auf einer Stützwand im Garten eines Wohnhausgrundstücks noch ein Gebäudeteil des Wohnhauses ist, beurteilt sich allein nach ihrer räumlichen Beziehung zum Wohnhaus unter baulich-konstruktiven Gesichtspunkten.[13] 9

2. Sonderfall: Dachterrasse

Terrassen, die auf einem Gebäude errichtet werden und nicht über die Gebäudefront hinauskragen bzw. vor der Fassade des Gebäudes liegen, sind Dachterrassen. Alleine wegen einer damit verbundenen **besonderen Einsichtnahmemöglichkeit** von erhöhter Stelle auf benachbarte Grundstücke, die häufig als eine **Störung des Wohnfriedens** empfunden wird, gelten gegenüber der Grundregelung für Terrassen jedoch keine abweichenden Anforderungen bezogen auf Grenzabstände. Ist eine Dachterrasse auf einem Hauptgebäude vorhanden, das selber abstandsflächenrechtlich legal errichtet ist, bestehen keine nachbarlichen Abwehransprüche gegen die Nutzung einer Dachterrasse. Tritt die Dachterrasse teilweise über die aufsteigende Außenwand des Hauptgebäudes hervor, sind die besonderen Regelungen des Abstandsflächenrechts für Balkone entsprechend heranzuziehen. Werden die abstandsrechtlichen Größenbegrenzungen für Balkone als vorkragende bzw. untergeordnete Bauteile durch den vortretenden Teil der Dachterrasse gewahrt, liegt ebenfalls kein Verstoß gegen das Abstandsflächenrecht vor, auf dessen Einhaltung der Nachbar bestehen kann. 10

Wird eine **Dachterrasse** auf einem Gebäude errichtet, das seinerseits abstandsflächenrechtlich privilegiert ist, also **auf einer Grenzgarage** oder einem untergeordneten Nebengebäude, nimmt die Dachterrasse nicht an der Privilegierung des darunterliegenden Gebäudes teil, sondern lässt als Bestandteil eines einheitlichen Garagen- oder Nebengebäudes die privilegierte Nutzung des gesamten Gebäudes grundsätzlich entfallen.[14] Die Konsequenz aus dieser rechtlichen Bewertung, also der vollständige Verlust der abstandsflächenrechtlichen Privilegierung des Gebäudes wird allerdings nicht stringent gezogen. Vielmehr wird ein solches Vorhaben entweder gesetzlich angeordnet[15] oder durch Abweichungsentscheidungen zugelassen (bzw. es wird 11

---

10 OVG Lüneburg Beschl. v. 8.5.2018 – 1 ME 55/18, NVwZ-RR 2018, 635.

11 Kritisch zur faktischen Besserstellung von grenzständigen ebenerdigen oder bis max. 1 m hohen Terrassen gegenüber Balkonen, die stets einen, wenn ggf. auch verminderten, Abstand zur Grenze des Nachbargrundstücks einhalten müssen, vgl. *Breyer* in Große-Suchsdorf NBauO § 5 Rn. 76.

12 VG Lüneburg Urt. v. 13.10.2011 – 2 A 303/10, juris Rn. 33.

13 VGH Mannheim Beschl. v. 14.8.2018 – 5 S 2083/17, NVwZ-RR 2019, 15.

14 So im Grundsatz: VGH Mannheim Urt. v. 1.3.1995 – 3 S 1121/94, BauR 1996, 90; ebenso: OVG Münster Beschl. v. 30.9.2005 – 10 B 972/05, BauR 2006, 95: Mit der Errichtung einer Dachterrasse auf einer vorhandenen Grenzgarage verliert die zunächst bauordnungsrechtlich zulässige Garage ihre Eigenschaft als im Grenzbereich privilegiert zulässiges Vorhaben und muss grundsätzlich Abstandflächen einhalten; aA: OVG Lüneburg Beschl. v. 8.5.2018 – 1 ME 55/18, NVwZ-RR 2018, 635.

15 ZB § 8 Abs. 9 S. 6 Hs. 2 LBauO RhPf.

nicht bauaufsichtlich eingeschritten), wenn sichergestellt ist, dass von einer Dachterrasse mit ihrer Umwehrung ein Abstand von 3 m zu den Grundstücksgrenzen eingehalten wird. Insoweit wird die abstandsrechtliche Beurteilung der Dachterrasse von dem Gebäude getrennt betrachtet. So wird in der Rechtsprechung teilweise auch die Auffassung vertreten, dass eine Garage ihr Abstandsprivileg nicht dadurch verliere, dass auf ihrem Dach eine vom Wohnhaus zugängliche Terrasse angelegt wird. Es komme allein darauf an, ob sie für sich und die Terrasse als Teil des Wohnhauses die Abstandsvorschriften einhalten.[16]

12 Bei dieser – pragmatischen – Lösung bleibt allerdings ein Wertungswiderspruch in den Konstellationen bestehen, in denen die Dachterrasse die Größenbegrenzung eines Balkons einhält, der sich konstruktiv verbunden über oder freistehend auf dem Dach des grenzständigen (Garagen-) Gebäudes befindet. Denn Balkone müssen grundsätzlich nicht den Mindestabstand zur Grenze von 3 m einhalten, sondern können bis zu 2 m an die Grenze des Nachbargrundstücks heranrücken. Bei derartigen Bauweisen liegt ein materiellrechtlicher Verstoß gegen das Abstandsflächenrecht deshalb nicht vor. Denn als Balkone sind nicht nur aus der Gebäudefront kragende Gebilde anzusehen, welche zum vorübergehenden Aufenthalt von Menschen bestimmt und infolge einer Verankerung in der Gebäudewand "freischwebend" sind. Das **abstandsrechtliche Privileg** genießen vielmehr unabhängig von der Art ihrer statischen Konstruktion **alle Erscheinungsformen von Plattformen**, die von den Wohnungen und Fluren aus erreicht werden können, **vor der Fassade eines Gebäudes liegen** und es gestatten, frische Luft zu schnappen[17]. Ein auf die Verletzung des Abstandsflächenrechts gestützter Abwehranspruch des Nachbarn kann im Ergebnis dazu führen, dass eine Dachterrasse einen „eigenen" Grenzabstand von 3 m wahren muss, es sei denn, die maßlichen Begrenzungen eines Balkons sind gleichzeitig erfüllt, so dass sich der Grenzabstand auf 2 m reduziert.

13 Hinzu kommt bei Dachterrassen, wie bei Terrassen allgemein, die praktische Schwierigkeit, dass gegebenenfalls nach zivilrechtlichen Bestimmungen ein von dem Abstandsflächenrecht der Länder abweichender Grundstücksgrenzabstand einzuhalten ist[18], so dass für Dachterrassen Abstandsgebote zwischen mindestens 3 m und höchstens 2 m gelten können.

3. Abwehr gegen Einsichtnahmemöglichkeiten

14 Ein auf die Abwehr einer Störung der öffentlichen Sicherheit und Ordnung gestützter öffentlich-rechtlicher Unterlassungs- und Beseitigungsanspruch im Hinblick auf eine Einsichtnahmemöglichkeit unmittelbar von der Grundstücksgrenze aus besteht nicht. Zwar gilt das Verbot unzumutbarer Belästigungen durch bauliche Anlagen und deren bestimmungsgemäßer Benutzung. Die Unzumutbarkeit einer Belästigung setzt aber voraus, dass dieser Störfaktor für den Nachbarn nach der in der Bevölkerung herrschenden Auffassung nicht hinnehmbar ist. Wesentlich sind im Einzelfall die absolute Stärke und Dauer der Störung, ferner das Maß des Ortsüblichen. Dabei ist auf einen normal empfindenden, verständigen Menschen abzustellen. Bezogen auf die Einsichtsmöglichkeit wird zu berücksichtigen sein, dass der betroffene Nachbar im Regelfall in der Lage ist, durch eigene Maßnahmen die ihn **störende Sichtverbindung zu unterbrechen** (zB Sichtschutzwand) als spezifische Form der **architektonischen Selbsthilfe** (vgl. hierzu allgemein → *Lärm, allgemein* Rn. 58). Bei entsprechender Größe seines Grundstücks kann dem Nachbarn regelmäßig zugemutet werden, sich gegen die geltend gemachte Einsichtnahme durch eine Verlagerung seiner eigenen Terrasse und/oder entsprechende Sichtschutzelemente und Anpflanzungen zu schützen.[19]

15 Dieselben Erwägungen gelten auch für ein Berufen des Nachbarn auf das Rücksichtnahmegebot. Das Gebot der Rücksichtnahme gibt dem Nachbarn nicht das Recht, von jeglicher Beeinträchtigung, insbesondere von jeglicher Verschlechterung der Sichtachsen von seinem Grundstück aus sowie vor jeglichen Einblicken

---

16 OVG Lüneburg Beschl. v. 8.5.2018 – 1 ME 55/18, NVwZ-RR 2018, 635.
17 Leitsatz: VG Lüneburg Urt. v. 13.10.2011 – 2 A 303/10, juris Rn. 31.
18 ZB 2,50 m gemäß § 43 Abs. 4 LNRG RhPf.
19 OVG Münster Beschl. v. 20.1.2018 – 7 A 2183/16, juris Rn. 11.

verschont zu bleiben.[20] Eine **Rechtsverletzung** kann erst bejaht werden, wenn von dem Vorhaben eine **unzumutbare Beeinträchtigung** ausgeht. Ob dies der Fall ist, ist im Wege einer Gesamtschau, die den konkreten Einzelfall in den Blick nimmt, zu ermitteln.[21] Zu prüfen ist in diesem Zusammenhang, ob durch eine Terrasse eine Einsichtsmöglichkeit geschaffen wird, die der Nachbar nicht mehr hinzunehmen hat. Dies ist grundsätzlich bei einer Terrasse, die grenzständig an eine **Doppelhausbebauung im rückwärtigen Gartenbereich** errichtet wird, zu verneinen. Denn diese erhöhte Nutzbarkeit von Grundstücken wird durch den Verzicht auf seitliche Grenzabstände „erkauft"[22] und gilt gleichermaßen für Balkone, von denen naturgemäß von der Seite in die Räume des Nachbarn eingesehen werden kann.[23] Deshalb spielt die Höhenlage der Terrasse insoweit keine entscheidende Rolle, als die Einsichtsmöglichkeit vergleichbar denen eines Balkons, unverändert besteht.[24] Allgemein gibt das Rücksichtnahmegebot dem Nachbarn keinen Anspruch, dass das Grundstück des Bauherrn nicht oder nur so bebaut wird, dass die Möglichkeit eines Einblicks nicht gegeben ist. Die geschaffenen Einsichtsmöglichkeiten dürfen ihrer Qualität nach nicht über eine regelmäßig hinzunehmende gegenseitige Einsichtnahme in die jeweiligen Ruhebereiche der benachbarten Grundstücke hinausgehen.[25] Das Gebot der Rücksichtnahme bietet in aller Regel **keinen Schutz vor Einsichtsmöglichkeiten auf Grundstücke.**[26] In bebauten innerörtlichen Bereichen gehört es zur Normalität, dass von benachbarten Grundstücken bzw. Gebäuden aus Einsicht in das eigene Grundstück und in Gebäude genommen werden kann.[27] Ein Nachbar kann unter dem Blickwinkel etwaiger Einsichtsmöglichkeiten grundsätzlich keine Rücksichtnahme verlangen, die über den Schutz hinausgeht, der diesen Interessen durch die Grenzabstandsvorschriften zuteilwird. Die Grenze des Zumutbaren wird erst dann überschritten, wenn ein Vorhaben Einsichtsmöglichkeiten auf das Nachbargrundstück eröffnet, die über das hinzunehmende Maß hinausgehen, etwa wenn ein Balkon in unmittelbarer Nähe zu einem vorhandenen Schlafzimmerfenster errichtet werden soll oder wenn eine Dachterrasse aus kurzer Entfernung Einsichtsmöglichkeiten nicht nur in einen Innenhof, sondern auch in die Fenster eines Nachbargebäudes eröffnet.[28] Ein Nachbar kann indes nicht verlangen, dass ein an sein Grundstück rückwärtig angrenzendes Grundstück nicht oder nur so bebaut wird, dass die Möglichkeit eines Einblicks auf sein Grundstück nicht gegeben ist.[29]

4. Durchsetzung des öffentlich-rechtlichen Abwehranspruchs

Der öffentlich-rechtliche Abwehranspruch gegen die Errichtung und Nutzung einer erhöhten Terrasse entlang der gemeinsamen Grundstücksgrenze kann der betroffene Nachbar in der Regel nur durch einen Antrag auf bauaufsichtliches Einschreiten gegenüber der zuständigen Baurechtsbehörde geltend machen und durchsetzen, es sei denn, für die Terrasse oder eine mit ihr in Verbindung stehende bauliche Anlage (zB Stützmauer/Grenzgarage) ist eine bauaufsichtliche Genehmigung erteilt worden. In dieser Konstellation ist der Nachbar berechtigt, Anfechtungswiderspruch einzulegen, der gemäß § 212a BauGB jedoch keine aufschiebende Wirkung entfaltet, so dass regelmäßig gegen die Errichtung einer derartigen Terrasse ein gerichtlicher Antrag auf Gewährung vorläufigen Rechtsschutzes gemäß §§ 80 Abs. 5, 80 a VwGO statthaft ist. Sowohl der Antrag auf baubehördliches Einschreiten wie eine Drittanfechtung gegen die Errichtung einer erhöhten Terrasse unterliegen dem auch im öffentlichen Recht uneingeschränkt geltenden Rechtsge- 16

20 VGH München Urt. v. 7.10.2010 – 2 B 09.328, juris Rn. 30; Beschl. v. 9.10.2012 – 15 CS 12.1852, juris Rn. 11; Beschl. v. 16.10.2012 – 15 ZB 11.1016, juris Rn. 6; OVG Bautzen v. 23.2.2010 – 1 B 581/09, juris Rn. 2; OVG Berlin-Brandenburg Beschl. v. 18.7.2018 – 10 S 68.17, juris Rn. 7.

21 OVG Bautzen Beschl. v. 23.2.2010 – 1 B 581/09, juris Rn. 7.

22 BVerwG Urt. v. 24.2.2000 – 4 C 12.98, BVerwGE 110, 355: Ein durch die Bauweise als Doppelhaus verbundener Verzicht auf den seitlichen Grenzabstand umfasst auch Terrassen (vgl. § 20 Abs. 4 BauNVO).

23 OVG Bautzen Beschl. v. 23.2.2010 – 1 B 581/09, juris Rn. 7.

24 Verneint für einen Höhenunterschied von ca. 1,50 m: VGH München Beschl. v. 5.1.2016 – 1 ZB 15.606, juris Rn. 9.

25 OVG Münster Beschl. v. 20.1.2018 – 7 A 2183/16, juris Rn. 11.

26 Vgl. VGH München Beschl. v. 6.8.2010 – 15 CS 09.3006, juris Rn. 28; OVG Schleswig-Holstein Beschl. v. 16.10.2009 – 1 LA 42/09, juris Rn. 11 .

27 Vgl. OVG Bautzen Urt. v. 31.5.2011 – 1 A 296/06, juris Rn. 30; OVG Hamburg Beschl. v. 26.9.2007 – 2 Bs 188/07, ZfBR 2008, 283.

28 Vgl. OVG Magdeburg v. 22.6.2006 – 2 L 910/03, juris Rn. 38.

29 Vgl. OVG Berlin-Brandenburg Beschl. v. 8.12.2010 – 2 S 56.10, juris Rn. 4.

danken von Treu und Glauben (§ 242 BGB), so dass Nachbarn gehalten sind, zeitnah von ihrem Abwehrrecht Gebrauch zu machen. Wenn der Nachbar erkennt oder sichere Kenntnis von einer möglichen Rechtsverletzung durch die Errichtung oder Nutzung einer erhöhten Terrasse hat, muss er binnen Jahresfrist (§ 58 Abs. 2 VwGO entsprechend) reagieren.

IV. Zivilrechtlicher Nachbarschutz / (Landes-)Nachbarrechtsgesetze

17 Neben dem öffentlich-rechtlichen Nachbarschutz durch bauordnungsrechtliche Abstandsflächen bei erhöhten Terrassen, gibt es nach einigen landesgesetzlichen Bestimmungen zum zivilen Nachbarrecht (Landesnachbarrechtsgesetze) ausdrücklich für Terrassen Abstandsanforderungen, die zugunsten der Grundstücksnachbarn einzuhalten sind. Dabei unterbleibt eine Differenzierung zwischen ebenerdig befestigten und erhöhten Terrassen, wie sie im öffentlichen Recht geboten ist.

1. Fenster- und Lichtrecht

18 Unter dem nachbarrechtlichen Regelungsgegenstand des Fenster- und Lichtrechts werden in Baden-Württemberg (1,80 m, § 4 Abs. 1 NRG BW), Brandenburg (3,00 m, § 20 Abs. 1BbgNRG), Niedersachsen (2,50 m, § 23 Abs. 1 Satz 2 NNachbG), Nordrhein-Westfalen (2,00 m, § 4 Abs. 1 NachbG NRW), Rheinland-Pfalz (2,50 m, § 34 Abs. 4 LNRG), Saarland (2,00 m, § 35 Abs. 1 NachbG Saarl), Schleswig-Holstein (3,00 m, § 22 Abs. 1 NachbG Schl.-H.) und Thüringen (2,50 m, § 34 Abs. 4 ThürNRG) bestimmte Mindestabstände von Terrassen zur Nachbargrenze normiert, die nur mit Einwilligung oder Zustimmung des Nachbarn unterschritten werden dürfen. Die Terrassen werden insoweit den Balkonen gleichgesetzt, gelten allerdings auch für ebenerdig hergestellte Terrassen, die ohne künstliche Anschüttung oder erhöhter Lage zivilrechtlich abstandspflichtig sind.

2. Vertiefungsverbot (§ 909 BGB)

19 Keine Regelungen zu nachbarrechtlichen Grenzabständen für – erhöhte oder ebenerdige – Terrassen gibt es in Bremen, Hamburg und Hessen.[30] In Berlin (§ 20 BerlNRG), Sachsen (§ 17 SächsNRG) und Sachsen-Anhalt (§ 17 NRG LSA) gilt bei erhöhten Terrassen das allgemeine Gebot, dass der Boden eines Grundstücks über die Geländeoberfläche des benachbarten Grundstücks nur so erhöht oder vertieft (§ 909 BGB) werden darf, dass eine Schädigung des benachbarten Grundstücks insbesondere durch Absturz, Abschwemmung oder Pressung des Bodens ausgeschlossen ist. Aus diesem Gebot kann ein Abstand zur Grundstücksgrenze folgen, wenn keine anderen geeigneten Vorkehrungen getroffen und unterhalten werden, um diese Gefahr zu verhindern. Maßgeblich hierfür ist die natürliche Geländeoberfläche, soweit nicht gemäß § 9 Abs. 2 BauGB in einem Bebauungsplan oder in der Baugenehmigung eine andere Geländeoberfläche festgesetzt ist.

3. Konkurrenzverhältnis zwischen öffentlichem und privatem Recht

20 Im Verhältnis von öffentlich-rechtlichen zu zivilrechtlichen Abstandsvorschriften für Terrassen zur Nachbargrenze gilt der Grundsatz, dass der jeweils größere Mindestgrenzabstand vorrangig gilt. Gelten für ebenerdige bzw. nur gering erhöhte Terrassen keine öffentlich-rechtlichen Vorgaben des Abstandsflächenrechts, sind alleine die nachbarlichen Anforderungen des jeweiligen Landesnachbarrechts einschlägig, soweit entsprechende Vorgaben normiert sind.[31] Diese zivilrechtlichen Abstandsvorgaben können nur mit Zustimmung oder Einwilligung des Nachbarn unterschritten werden oder gänzlich entfallen.

---

30 § 11 HNRG regelt zwar das Fenster- und Lichtrecht, erweitert den Anwendungsbereich jedoch nur auf Bauteile, also Balkone, nicht jedoch auf selbstständige bauliche Anlagen, wie Terrassen.

31 Baden-Württemberg (1,80 m), Brandenburg (3,00 m), Niedersachsen (2,50 m), Nordrhein-Westfalen (2,00 m), Rheinland-Pfalz (2,50 m), Saarland (2,00 m), Schleswig-Holstein (3,00 m) und Thüringen (2,50 m).

4. Einschränkungen zivilrechtlicher Abwehransprüche

Soweit nachbarrechtliche Abwehr- oder Beseitigungsansprüche bestehen, können diese der Verjährung unterliegen (vgl. Übersicht bei → *Balkon* Rn. 19). Allerdings können sich auch Einschränkungen der Abwehrmöglichkeiten aus dem Gesichtspunkt des nachbarlichen Gemeinschaftsverhältnisses und dem Gebot von Treu und Glauben (§ 242 BGB) ergeben. Entscheidend für die zivilrechtlichen Abstandsbestimmungen nach dem jeweiligen LNR ist der Schutz vor erheblichen störenden Einsichtnahmemöglichkeiten. Zum rheinland-pfälzischen Nachbarrecht hat das OLG Koblenz[32] entschieden, dass der Grundstückseigentümer keinen Anspruch auf Beseitigung und Rückbau gem. §§ 823 Abs. 2 Satz 1, 1004 Abs. 1 S. 1 BGB iVm § 34 Abs. 1, Abs. 4 LNRG RhPf gegenüber dem Nachbarn, der seine Terrasse in einen deutlich geringeren Grenzabstand als den gesetzlich vorgeschriebenen Grenzabstand von 2,50 m errichtet hat, wenn an der Grenze ein Lamellenzaun steht, so dass ohnehin eine bloß eingeschränkte Sichtmöglichkeit besteht und keine erheblichen Einblicke und Blickkontakte möglich sind. Eine verbleibende geringfügige Beeinträchtigung ist nach Treu und Glauben gem. § 242 BGB aus dem nachbarschaftlichen Gemeinschaftsverhältnis hinzunehmen. 21

Wenn nach Landesrecht ein Schlichtungsverfahren vor Erhebung der Klage im ordentlichen Rechtsweg als notwendige Prozessvoraussetzung zwingend vorgeschaltet ist, wird die Verjährung des Anspruchs gemäß § 204 Abs. 1 Nr. 4 BGB durch den fristgerechten Eingang des Antrages bei der staatlichen oder staatlich anerkannten Streitbeilegungsstelle gehemmt. Die Hemmung nach § 204 Abs. 1 BGB endet sechs Monate nach der rechtskräftigen Entscheidung oder anderweitigen Beendigung des eingeleiteten Verfahrens. 22

115. Tierhaltung

Schulte Beerbühl

Literatur: *Braun*, Hundegebell im Außenbereich, Jura 2009, 793, *Drews*, Nutzungsverbot für Hundehaltung im Wohngebiet wegen Verletzung des Gebietsgewährleistungsanspruchs, Anm. zu OVG Saarl, Beschluss vom 18.4.2019 – 2 A 2/18, jurisPR-ÖffBauR 6/2019; *Horst*, Ausgewählte Fragen zum nachbarlichen Grundstücksgebrauch, MDR 1998, 685, *Johlen*, Darf „unsere kleine Farm“ in einem Wohngebiet betrieben werden? Anm. zu VGH BW, Urteil vom 17.12.2019 – 8 S 2711/19, IBR 2020, 153; *Kremer*, Baurechtlicher Nachbarschutz wegen Pferdehaltung im unbeplanten Innenbereich, jurisPR-ÖffBauR 3/2018.

I. Allgemeines

Beschwerden wegen der Tierhaltung auf einem benachbarten Grundstück spielen in der nachbarrechtlichen Praxis immer wieder eine wichtige Rolle. Dabei reichen die Störungen von störenden baulichen Anlagen über akustische Lebensäußerungen der Tiere bis hin zu intensiven Geruchsimmissionen. 1

32 OLG Koblenz Urt. v. 5.1.2006 – 5 U 1172/05, VersR 2006, 1418.

2 Ein Abwehrrecht gegen Störungen durch Tierhaltung kann sich zum einen aus dem Bau**planungsrecht** ergeben. Denn nicht jede Form der Tierhaltung ist in jedem Baugebiet zulässig. Ist sie nicht zulässig, kann ein Gebietsnachbar unter Umständen ein Abwehrecht aufgrund des Gebietserhaltungsanspruchs haben (→ *Gebietsschutz und Baugebietsverträglichkeit* Rn. 2 ff.). Dies hängt davon ab, ob die Tierhaltung Bestandteil der Nutzungsart (etwa Wohnen) ist und wenn nicht, ob die der Tierhaltung dienende Anlage als **untergeordnete Nebenanlage** oder Einrichtung nach § 14 Abs. 1 BauNVO zulässig ist. Aber auch dort, wo ein Gebietserhaltungsanspruch nicht infrage kommt, etwa im Außenbereich, sind Tierhaltung und die diesem Zweck dienenden Anlagen nicht unbegrenzt zulässig.

3 Daneben können durch Tierhaltung **bauordnungsrechtliche** Fragen aufgeworfen werden, etwa wenn die Tiere in einem Gebäude in der **Abstandsfläche** gehalten werden. Hier ist maßgeblich, ob zu den dort privilegierten Gebäuden auch solche zählen, die der Haltung von Tieren dienen. So lässt etwa der Wortlaut der Neufassung des § 6 Abs. 8 BauO NRW dies zu.

4 Im Vordergrund der nachfolgenden Ausführungen zu dem Stichwort Tierhaltung stehen aber die bauplanungsrechtlichen Fragen und nicht die bauordnungsrechtlichen Fragen.

II. Tierhaltung als Teil der Hauptnutzung

5 In bestimmten (faktischen oder festgesetzten) Baugebieten kann eine Tierhaltung bereits als **Hauptnutzung** planungsrechtlich zulässig sein. Dies gilt etwa für Kleinsiedlungsgebiete nach § 2 BauNVO: „Zulässig sind 1. (…) landwirtschaftliche Nebenerwerbsstellen (…)“ sowie für Dorfgebiete nach § 5 BauNVO: „Zulässig sind 1. Wirtschaftsstellen land- und forstwirtschaftlicher Betriebe (…), 2. (…) landwirtschaftliche Nebenerwerbsstellen“. Ansonsten ist eine differenzierte Betrachtungsweise geboten, die insbesondere in den Blick nimmt, um welche Tierart es sich handelt.

1. Grundsätzliche Zulässigkeit

6 Tiere, die, wie Hunde, Katzen, Nager, Fische etc (→ *Hund* Rn. 1 ff., → *Katze* Rn. 1 ff.), in einem Hauptgebäude gehalten werden, sind weder in der Baunutzungsverordnung noch in einer anderen Norm ausdrücklich angesprochen, da sie sich – beispielsweise als Form der **Freizeitbetätigung** – als Teil des Wohnens darstellen, oder – als Wachhund für einen gefährdeten Gewerbebetrieb – als Teil der Gewerbeausübung. Dass eine solche Nutzung grundsätzlich zulässig ist, ist selbstverständlich und wird vom Verordnungsgeber nicht als regelungsbedürftig angesehen. Aber auch Außenwohnbereiche sind nicht von vornherein von der Tierhaltung ausgeschlossen. Denn das Wohnen als Nutzungszweck und Schutzgut eines Grundstücks schließt „seinem Gegenstand nach sowohl das Leben innerhalb der Gebäude als auch die angemessene Nutzung der Außenwohnbereiche wie Balkone, Terrassen, Hausgärten, Kinderspielplätze und sonstigen Grün- und Freiflächen ein.“[1] Das Halten der genannten Tierarten ist im Grundsatz davon umfasst. Daraus folgt zugleich im Umkehrschluss, dass Tierhaltung als Teil des Wohnens in einem Gebäude und außerhalb davon dort nicht zulässig ist, wo Wohnen nicht zulässig ist.[2]

2. Einschränkungen

7 Die grundsätzliche Anknüpfung dieser häuslichen oder gewerblichen Tierhaltung an die Hauptnutzung bedeutet aber nicht, dass die Haltung von Tieren in jeder Form nachbarrechtlich unbedenklich ist. Denn wie immer im Bereich des Nutzungsrechts nach der Baunutzungsverordnung ist die jeweilige Nutzungsart, insbesondere die Tierart, nur insoweit zulässig, als sie noch gebietsverträglich ist, → *Gebietsschutz und Baugebietsverträglichkeit* Rn. 38 ff. Insbesondere können die konkrete Form der Haltung oder eine völlig ausufernde Anzahl von Tieren den Rahmen der für eine Wohnnutzung typischen Freizeitbetätigung oder den Rahmen der einer gewerblichen Nutzung dienenden Haltung der Tiere sprengen. Hierdurch können Ver-

1 BVerwG Urt. v. 21.5.1976 – IV C 80.74, BVerwGE 51, 15–35.
2 VG Stuttgart Urt. v. 10.5.2019 – 2 K 6321/18, juris Rn. 37; OVG Münster Urt. v. 18.2.2016 – 10 A 985/14, BauR 2016, 1123; VGH Mannheim Beschl. v. 13.3 2003 – 5 S 2771/02, NVwZ-RR 2003, 724.

hältnisse entstehen, die, gerade auch mit Blick auf die von der Tierhaltung ausgehenden Umwelteinwirkungen, Abwehrrechte auf den Plan rufen. Rechtlicher Anknüpfungspunkt dafür ist das **Rücksichtnahmegebot** nach § 15 BauNVO sowie das in § 21 BImSchG enthaltene Gebot zur **Vermeidung von schädlichen Umwelteinwirkungen**.

III. Nebenanlagen der Tierhaltung

8 § 14 Abs. 1 S. 1 BauNVO bestimmt, dass – außer in den Gebieten, in denen nach den §§ 2 bis 13 BauNVO untergeordnete Nebenanlagen und Einrichtungen ohnehin zulässig sind – diese Anlagen und Einrichtungen auch in anderen Baugebieten zulässig sind, wenn sie dem Nutzungszweck der in dem Baugebiet gelegenen Grundstücke oder des Baugebiets selbst dienen und seiner Eigenart nicht widersprechen. Für Kleintierhaltung enthält der im Jahr 1977 eingeführte § 14 Abs. 1 S. 2 BauNVO die Ergänzung, dass zu diesen untergeordneten Nebenanlagen auch Anlagen der Tierhaltung sowie (nach der BauNVO-Novelle 2013) Anlagen der Kleintiererhaltungszucht zählen.

1. Vorrang bauplanungsrechtlicher Festsetzungen

9 Der Anwendungsbereich des § 14 BauNVO und damit die mögliche Zulässigkeit von Anlagen und Einrichtungen für eine Tierhaltung ist allerdings von vornherein eingeschränkt oder ganz **ausgeschlossen**, wenn sich dies aus einer **Festsetzung in einem Bebauungsplan** ergibt, wozu § 14 Abs. 1 S. 3 BauNVO ermächtigt. Dabei kann sich die Einschränkung auf bestimmte Teile des Gebiets beziehen und nur für bestimmte Arten oder von Nebenanlagen oder solche einer bestimmten Größe gelten. Wie alle bauleitplanerischen Festsetzungen müssen solche Steuerungen städtebaulich gerechtfertigt sein und dem Abwägungsgebot nach § 1 Abs. 7 BauGB genügen.[3]

2. Nebenanlagen iSv § 14 Abs. 1 BauNVO

10 Wie aus dem Wortlaut und der systematischen Stellung des § 14 Abs. 1 BauNVO hervorgeht, spricht die Regelung baulich **selbstständige Nebenanlagen** und **Einrichtungen an**, die der Tierhaltung dienen. Sie sind zulässig, wenn sie den Hauptnutzung – erstens – funktional und – zweitens – räumlich-gegenständlich untergeordnet sind.

11 **a) Funktionale Unterordnung.** Wenn § 14 Abs. 1 BauNVO von einer erforderlichen „**Unterordnung**" spricht, so sind damit nur solche Anlagen und Einrichtungen gemeint, die in einer **funktionalen Beziehung (Unterordnung)** zur Hauptnutzung stehen. Fehlt diese, ist die Anlage eine Hauptanlage mit der Folge, dass sich ihre Zulässigkeit nicht nach § 14 BauNVO richtet, sondern nach den §§ 2 bis 13 BauNVO (→ Rn. 5 ff.).

12 Eine Anlage dient in diesem funktionalen Sinne der Hauptnutzung, wenn sie bei einer am Schutzzweck des Baugebiets orientierten Betrachtung noch im Rahmen einer angemessenen Grundstücknutzung liegt, es sich also um eine sinnvolle Ergänzung des Nutzungszwecks handelt. Bei einer Tierhaltung müssen die Tiere ihrer Art und Anzahl nach dem städtebaulichen Zweck der Vorschrift des § 14 BauNVO noch gerechtfertigt werden. Deshalb kommen von vornherein nur solche Tierarten in Frage, die in dem entsprechenden Baugebiet ungefährlich und üblich sind. Ferner darf, soweit es um ein Gebiet geht, das auch durch das Element des Wohnens gekennzeichnet ist, die Tierhaltung den Rahmen der für eine Wohnnutzung typischen Freizeitbetätigung nicht sprengen.[4] Dies wäre der Fall bei solchen **(Raub-)Tieren**, von denen dem Menschen Gefahren für Leib oder Leben drohen.[5]

13 **b) Räumlich-gegenständliche Unterordnung.** Ob eine Nebenanlage einem Grundstück räumlich-gegenständlich untergeordnet (aber baulich selbstständig) ist, hängt in erster Linie davon ab, in welchem **Größenverhältnis** sie zu der Hauptanlage auf dem Grundstück steht. Daran fehlt es, wenn die Nebenanla-

3 *Arnold* in Bönker/Bischopink BauNVO § 14 Rn. 30.
4 BVerwG Beschl. v. 15.10.1993 – 4 B 165/93, DVBl 1994, 292.
5 Vgl. BVerwG Beschl. v. 5.3.1984 – 4 B 20.84, juris Rn. 3; BVerwG Beschl. v. 21.6.1991 – 4 B 44.91, juris Rn. 3.

ge aufgrund ihrer Abmessungen als der Hauptanlage gleichwertig erscheint oder diese sogar optisch verdrängt, wenn sie, mit anderen Worten, den Eindruck einer dienenden Funktion gegenüber der Hauptanlage gar nicht erst aufkommen lässt.[6] Insofern kann auch die Bauweise (massiv oder „filigran"/„luftig-leichter Charakter") eine entscheidende Rolle spielen.[7]

14 **Beispiel:**[8] Die Grundflächen eines Hundehauses und einer Voliere betragen insgesamt circa 85 m und damit deutlich mehr als Hälfte der Grundfläche des Wohnhauses (circa 130 m²). Hinzukommen ein großer, eingezäunter Hundeauslauf sowie eine befestigte Freifläche zwischen der Voliere und der Nachbargrenze, die der Beschäftigung mit den Tieren und damit ihrer Haltung dient. Im Verhältnis zu dem auf dem Grundstück aufstehenden Wohnhaus kommt den Nebenanlagen deshalb nicht eine nur nebensächliche, sondern eine im Erscheinungsbild annähernd gleichwertige Bedeutung zu. Sie ist sind unzulässig.

IV. Rechtsprechung zu einzelnen Tierarten

15 Die in den nachstehenden Ausführungen erwähnten Gerichtsentscheidungen dürfen nicht als allgemein gültige, dogmatisch gesicherte Erkenntnisse angesehen werden. Sie sind, trotz des gelegentlich verallgemeinernden juristischen Duktus von Entscheidungen, gewissermaßen Momentaufnahmen in einer **bestimmten räumlichen Situation**, in der zahlreiche Faktoren mit zum Teil unterschiedlichem Gewicht zu berücksichtigen waren.

1. Hundehaltung

16 Die Haltung von Hunden[9] ist Gegenstand zahlloser Gerichtsentscheidungen der Verwaltungsgerichte gewesen. Eine Verallgemeinerung ist schon deshalb kaum möglich, weil zum einen zwischen den **Baugebieten** und zum anderen zwischen den **Hunderassen** unterschieden wird.

17 **a) Hundehaltung im allgemeinen oder reinen Wohngebiet.** Die Rechtsprechung sieht in der Regel im Rahmen des Wohnens im **allgemeinen oder reinen Wohngebiet**[10] nur das Halten von bis zu zwei Hunden als zulässig an.[11] Dabei beziehen sich die Gerichte oftmals auf eine ältere Entscheidung das Bundesverwaltungsgerichts, in der es **zwei Hundezwinger** von je 2 x 4 m Größe, in denen höchstens zwei Rauhaardackel gehalten werden dürfen, als untergeordnete Nebenanlage des § 14 Abs. 1 BauNVO ansah.[12] Ob aus dieser Entscheidung die Schlussfolgerung gezogen werden darf, ein Mehr sei mit § 14 BauNVO nicht vereinbar, darf bezweifelt werden. Im Einzelnen:

18 Unzulässig sind nach der Rechtsprechung:

- mehr als zwei **Huskys**;[13]
- mehr als zwei **afghanische Windhunde**;[14]
- mehr als drei Hunde der Rassen **Collie** und **Bobtail**;[15]
- mehr als zwei **Schäferhunde** in einem Hundezwinger;[16]
- **sechs Hunde** im allgemeinen Wohngebiet.[17]

6 BVerwG Urt. v. 18.2.1983 – 4 C 18/81, NJW 1983, 2713.
7 BVerwG Urt. v. 17.12.1976 – IV C 6.75, juris Rn. 28.
8 Nach OVG Münster Beschl. v. 17.12.2015 – 10 B 1150/15, juris Rn. 8 f.
9 Zur Hundehaltung s. auch: *Braun* Jura 2009, 793, *Drews* jurisPR-ÖffBauR 6/2019.
10 Zur Tierhaltung im Wohngebiet *Johlen* IBR 2020, 153.
11 Vgl. OVG Saarlouis Beschl. v. 18.4.2019 – 2 A 2/18, juris Rn. 11; OVG Lüneburg Beschl. v. 19.11.2008 – 1 ME 233/08, juris Rn. 12 f.; VG Neustadt/Weinstraße Urt. v. 18.1.2016 – 3 K 890/15.NW, juris Rn. 43.
12 Vgl. BVerwG Beschl. v. 21.6.1991 – 4 B 44/91, juris Rn. 4.
13 OVG Saarlouis Beschl. v. 18.4.2019 – 2 A 2/18, juris Rn. 14.
14 OVG Lüneburg Beschl. v. 19.11.2008 – 1 ME 233/08, BauR 2009, 210.
15 OVG Saarlouis Beschl. v. 19.1.1990 – 2 W 28/89, juris Rn. 9.
16 VGH München Beschl. v.23.8.2010 – 2 ZB 10.1618, juris Rn. 5.
17 VG Hannover Beschl. v. 29.10.2019 – 12 B 3169/19, juris Rn. 24.

b) Hundehaltung im Dorfgebiet. In einem **Dorfgebiet** ist der Schutzanspruch niedriger als in einem Wohngebiet. Allerdings darf auch hier, weil Wohnen zulässig ist, diese Nutzungsart nicht in unzumutbarer Weise beeinträchtigt werden. Soweit die Hundehaltung gewerblich erfolgt, kann als Maßstab für den noch zulässigen Störgrad gelten, ob ihr Störpotential mit Blick auf den räumlichen Umfang, die Größe des betrieblichen Einzugsbereichs, die Art und Weise der Betriebsvorgänge, den vorhabenbedingten An- und Abfahrtsverkehr, die zeitliche Dauer dieser Auswirkungen und ihre Verteilung auf die Tages- und Nachtzeiten noch **gebietsverträglich** ist.[18] Für diese Beurteilung ist maßgeblich auf die von der Anlage ausgehenden Lärmemissionen in Form von Hundegebell abzustellen, die bei dem genehmigten oder, falls eine Genehmigung nicht vorliegt, bei dem tatsächlich ausgeübten Betrieb der Anlage entstehen können. Als Maßstab für die Beurteilung des Störpotentials einer Anlage ist hinsichtlich der Lärmbelastung die TA-Lärm heranzuziehen (→ *Lärm, Gewerbe und Industrie* (TA Lärm) Rn. 2 ff.). 19

2. Taubenhaltung

a) Herkömmliche und regionale Verkehrsüblichkeit. Mehr als bei anderen Tierarten ist eine Grundstücksnutzung zur Taubenhaltung auch von der Verkehrsüblichkeit abhängig, die je nach herkömmlicher oder regionaler Tradition unterschiedlich sein kann.[19] Dabei ist zur Bestimmung der Verkehrsüblichkeit nicht auf das maßgebliche Geviert iSd § 34 Abs. 1 BauGB abzustellen, sondern darauf, ob die Taubenzucht als prägend angesehen werden kann. Deshalb kann auch auf benachbarte Ortsteile in mehreren hundert Metern abgestellt werden oder sogar auf ganze Stadtteile,[20] wie etwa im nördlichen Ruhrgebiet, wo mancherorts nach einer Redensart, jedenfalls zu früheren Zeiten, die Taube das „Rennpferd des kleinen Mannes" war. Naturgemäß werden die Bedenken geringer, je weniger störanfällig das jeweilige Baugebiet ist. 20

Das Bundesverwaltungsgericht hat in seinem Beschluss vom 1. März 1999[21] bekräftigt, dass die Frage, ob die Haltung von 50 Brieftauben mit der **Eigenart eines Wohngebietes** vereinbar sei, nicht abstrakt, sondern nur unter Würdigung der Verhältnisse des betroffenen Wohngebietes und der beabsichtigten Art der Taubenhaltung zu beantworten sei. Dem entspricht die Rechtsprechung. Soll dennoch Überblick über die umfangreiche Judikatur versucht werden, so ergibt im Groben folgendes Bild: 21

b) Taubenhaltung in einem reinen Wohngebiet. Das OVG Lüneburg hat entschieden,[22] dass eine Vogelvoliere mit 80 m² Grundfläche zur Aufnahme von **30 Brieftauben und 20 Kanarienvögeln** (noch) als eine dem reinen Wohnen (§ 3 BauNVO) dienende **untergeordnete Nebenanlage** zugelassen werden kann und die Kleintierhaltung auch nicht der **Eigenart des konkreten Baugebietes** widerspricht (§ 14 Abs. 1 Satz 1 und Satz 2 BauNVO). Bereits zuvor[23] hatte es gemeint, eine kleinere Brieftaubenhaltung (hier: 30 Brieftauben) sei auch in reinen Wohngebieten zulässig. 22

Die überwiegende Meinung geht allerdings, soweit sich dies überhaupt generalisieren lässt, in eine andere Richtung: Der VGH Mannheim hat ein Taubenhaus für **50 Reisebrieftauben,**[24] das OVG Münster die Haltung von **95 Brieftauben**[25] und das VG Neustadt eine Taubenhaltung von mehr als **60 Brieftauben**[26] und – erst recht – eine solche mit über **100 Tauben**[27] für unzulässig erklärt. 23

c) Taubenhaltung in einem allgemeinen Wohngebiet. Die Frage, ob sich eine Taubenhaltung in einem allgemeinen Wohngebiet noch als Freizeitbetätigung im Rahmen einer Wohnnutzung hält, kann nicht allgemein beantwortet werden. Die nachfolgend aufgeführten Entscheidungen treffen jeweils nur die Aussage, 24

18 VG Ansbach Beschl. v. 22.1.2018 – AN 3 S 17.02457, juris Rn. 55.
19 BVerwG Beschl. v. 5.1.1999 – 4 B 131.98, juris Rn. 2; *Ernst/Zinkahn/Bielenberg* BauNVO § 14 Rn. 61.
20 BVerwG Beschl. v. 5.1.1999 – 4 B 131.98, juris Rn. 2; OVG Lüneburg Urt. v. 29.9.2009 – 1 LB 258/07, juris Rn. 26.
21 4 B 13.99, BRS 62 Nr. 85.
22 Beschl. v. 30.8.2004 – 9 ME 101/04, juris Rn. 10 f.
23 Urt. v. 26.9.1980 – 6 A 188/78, BRS 26 Nr. 49.
24 Urt. v. 17.11.1998 – 5 S 989/96, juris Rn. 24.
25 Beschl. v. 23.3.2007 – 7 E 116/07, juris Rn. 9.
26 Beschl. v. 25.7.2012 – 4 L 625/12.NW, juris Rn. 27.
27 Urt. v. 16.9.2015 – 3 K 322/15.NW, juris Rn. 35.

dass die Anzahl in dem jeweiligen Fall zumutbar war, erklären aber nicht, dass sie die Obergrenze des Zulässigen darstellt:

25 Nach der Rechtsprechung wurden in einem allgemeinen Wohngebiet für zulässig gehalten:

- Taubenschlag für 34 Flug- und zwölf Zuchttauben,[28]
- 16 Tauben auf einem am Stadtrand gelegenen Grundstück,[29]
- 39 Brieftauben in einer ehemaligen Bergbausiedlung.[30]

26 Unzulässig ist/sind:

- eine Plattform als zentrale Anflugstelle für die umherfliegenden Tauben, die beim Landeanflug und bei den „Kunststücken", die diese Taubenart veranstaltet, eine Geräuschentwicklung erzeugen, die sich aufgrund der Nähe zur Grundstücksgrenze weitestgehend über den Köpfen der sich auf dem Nachbargrundstück aufhaltenden Personen abspielt,[31]
- ca. 105 bis 140 Tauben,[32]
- 80 Tauben.[33]

27 **d) Taubenhaltung in sonstigen Baugebieten.** In anderen als reinen und allgemeinen Wohngebieten beurteilt sich die Frage der Zulässigkeit nach der jeweiligen Schutzbedürftigkeit. Dabei werden für Kleinsiedlungsgebiete und besondere Wohngebiete ähnliche Grundsätze gelten wie für reine und allgemeine Wohngebiete, jeweils unter Berücksichtigung der konkreten Siedlungsstruktur, Vorbelastung und Verkehrsüblichkeit. In anderen Gebieten, in denen das Wohnen ohnehin einer gewissen Störungsintensität ausgesetzt ist, wird Taubenhaltung kaum abzuwehren sein.

3. Pferdehaltung

28 Pferde sind keine Kleintiere im Sinne des § 14 Abs. 1 S. 2 BauNVO. Deshalb richtet sich die Zulässigkeit der **Haltung** und die Errichtung eines **Pferdestalles** nach § 14 Abs. 1 S. 1 BauNVO.[34]

29 Ställe für Reitpferde, die als Hobbytiere gehalten werden, widersprechen oftmals aus Emissionsgründen einer Wohnnutzung, weil sie zumindest teilweise mit **Geruchsbelästigungen** und Ansammlungen von Fliegen sowie mit **Geräuschbelästigungen** verbunden sind.[35]

30 **a) Wohngebiet.** In einem (festgesetzten oder faktischen) **allgemeinen** oder **reinen Wohngebiet** ist Pferdehaltung nach der Rechtsprechung grundsätzlich unzulässig.[36] Ausnahmsweise ist sie zulässig, wenn nach den Umständen des Einzelfalls **besondere örtliche Verhältnisse**, wie etwa eine Vorbelastung oder eine günstige, der Wohnbebauung abgewandte Randlage die Situation begünstigen.[37] Dazu zählen besonders weiträumige Grundstücke, die die Errichtung eines Pferdestalles in ausreichender Entfernung von den Nachbargrundstücken erlauben, sowie eine Lage am Ortsrand.[38]

---

28 VGH Kassel Beschl. v. 11.7.2019 – 3 A 1621/17.Z, juris Rn. 12.

29 OVG Münster Beschl. v. 25.9.2017 – 2 A 2521/16, juris Rn. 13.

30 OVG Lüneburg Urt. v. 29.9.2009 – 1 LB 258/07, juris Rn. 25, 27.

31 VG Minden Urt. v. 4.9.2018 – 1 K 7019/17, juris Rn. 47.

32 VGH München Beschl. v. 9.11.2000 – 2 ZB 98.2281, juris Rn. 4.

33 OVG Lüneburg Urt. v. 26.9.1980 – 6 A 188/78, BRS 36 Nr. 49; VGH Mannheim Urt. v. 17.9.1998 – 3 S 3136/96, juris Rn. 35.

34 Dazu: *Kremer* jurisPR-ÖffBauR 3/2018.

35 VGH Mannheim Urt. v. 17.4.2013 – 5 S 3140/11, juris Rn. 47; *Fickert/Fieseler* BauNVO § 4 Rn. 16.6.

36 Vgl. OVG Koblenz Urt. v. 30.4.2010 – 1 A 11294/09, juris Rn. 29; VGH München Beschl. v. 7.9.2011 – 15 CS 11.835, juris Rn. 19; VG München Urt. v. 18.10.2007 – M 11 K 07.958, juris Rn. 18; VG Neustadt/Weinstraße Urt. v. 8.3.2013 – 4 K 828/12.NW, juris Rn. 59.

37 Vgl. VGH München Urt. v. 5.10.2009 – 15 B 08.2380, juris Rn. 17; VGH München Beschl. v. 7.9.2011 – 15 CS 11.835, juris Rn. 19; OVG Koblenz Urt. v. 30.4.2010 – 1 A 11294/09, juris Rn. 35; VG München Urt. v. 18.10.2007 – M 11 K 07.958, juris Rn. 18; VG Neustadt/Weinstraße Urt. v. 8.3.2013 – 4 K 828/12.NW, juris Rn. 60.

38 VG Schleswig Urt. v. 16.11.2016 – 8 A 135/15, juris Rn. 29.

In Gebieten, die nicht eindeutig als faktisches Wohngebiet eingeordnet werden können, sowie **Gemengelagen**, die von Wohnnutzung und landwirtschaftlicher Nutzung geprägt sind, ist stets eine **Einzelfallprüfung** notwendig. Bei der Einordnung ist eine Unterscheidung zwischen Tierhaltung in Wohngebieten mit städtischem Gepräge und solchen mit eher ländlichem bzw. dörflichem Charakter vorzunehmen.[39] 31

b) Dorfgebiet. In einem **Dorfgebiet** ist Pferdehaltung grundsätzlich zulässig.[40] 32

4. Sonstige Tierarten

- Die Haltung von mehr als zwei **Papageienvögeln** auf einem Grundstück ist im reinen Wohngebiet zulässig.[41] Ob eine Papageienvoliere im allgemeinen Wohngebiet dem Wohnen zu- und untergeordnet ist, lässt sich nicht generell bestimmen, sondern muss anhand der konkreten Umstände des Einzelfalls festgestellt werden.[42] 33
- Die Haltung von 35 Papageien ist weder im allgemeinen noch im reinen Wohngebiet als Freizeitbetätigung üblich.[43]
- Ein Vogelhaus zur hobbymäßigen **Sittichzucht** ist in einem noch ländlich geprägten Wohngebiet zulässig[44].
- Die Haltung von neun **Kakadus** in einem reinen Wohngebiet überschreitet das übliche Maß nach Art und Umfang.[45]
- Die Haltung von zwei **Schafen** in einem reinen oder allgemeinen Wohngebiet ist jedenfalls dann unproblematisch, wenn das Grundstück sich in einem Gebiet befindet, das durch besonders tiefe Grundstücke, große Freiflächen und eine entsprechend lockere Bebauung gekennzeichnet ist und, wie in dem entschiedenen Fall, mit seinen rückwärtigen Freiflächen unmittelbar in den Außenbereich übergeht.[46]
- Zur Zulässigkeit der Haltung von Bienen → *Bienen* Rn. 2 ff.

39 Vgl. OVG Koblenz Urt. v. 30.4.2010 – 1 A 11294/09, juris Rn. 35.
40 VG Gießen Beschl. v. 14.12.2018 – 1 L 5402/18.GI, juris Rn. 82; vgl. auch OVG Koblenz Urt. v. 30.4.2010 – 1 A 11294/09, juris Rn. 25; VG Regensburg Urt. v. 10.1.2013 – RO 2 K 12.873, juris Rn. 25; VG Mainz Urt. v. 17.1.2018 – 3 K 37/17.MZ, juris Rn. 25.
41 OVG Münster Urt. v. 18.2.2016 – 10 A 985/14, juris Rn. 37 f.
42 OVG Greifswald Beschl. v. 17.5.2017 – 3 L 186/14, juris Rn. 19.
43 OVG Koblenz Beschl. v. 15.1.2004 – 8 A 11802/03, juris (Ls.).
44 VG Regensburg Urt. v. 20.12.2012 – RO 2 K 12.1562, juris Rn. 23.
45 OVG Münster Beschl. v. 8.1.2014 – 2 B 1196/13, juris Rn. 9 f.
46 VG Saarlouis Urt. v. 10.10.2012 – 5 K 1829/11, juris Rn. 43.

116. Überbau*

Ring

Literatur: *Ring*, Der Überbau auf fremdem Grund und Boden, JA 2000, 414; *Vennemann,* Gebäude auf fremdem Grund und Boden, MDR 1952, 75.

I. Einleitung

1 Für Nachbarstreitigkeiten infolge eines Überbaus auf fremden Grund regelt § 912 BGB (als Beschränkung des Eigentumsrechts) den nachbarlichen Interessenausgleich. Ohne die Spezialregelung würde der Eigentümer des überbauten Grundstücks nach den §§ 946, 93, 94 Abs. 1 BGB auch das Eigentum am überbauten Gebäudeteil erwerben. Er könnte gemäß § 1004 Abs. 1 S. 1 BGB auch Beseitigung des störenden Überbaus verlangen.[1] Aufgrund des Vermögensgesetzes kann keine gesonderte Regelung über das Eigentum an einem Überbau getroffen werden.[2]

2 Nach § 912 Abs. 1 BGB hat der Nachbar für den Fall, dass der Eigentümer eines Grundstücks bei der Errichtung eines Gebäudes über die Grenze gebaut hat, ohne dass diesem Vorsatz oder grobe Fahrlässigkeit zur Last fällt (zwecks Vermeidung von Härten und der Verhinderung wertvernichtender Zerstörungen von Gebäuden),[3] einen Überbau zu dulden.[4] Der Nachbar muss den Überbau dulden, wenn er vor oder sofort nach der Grenzüberschreitung keinen Widerspruch erhebt.

3 Ist der Nachbar (wegen fehlenden Widerspruchs) zur Duldung verpflichtet,[5] hat er nach § 912 Abs. 2 BGB einen Anspruch auf Entschädigung in Gestalt einer Geldrente (nach Maßgabe der §§ 913, 914 BGB). Für die Höhe der Geldrente ist die Zeit der Grenzüberschreitung maßgebend. Der Nachbar kann anstelle einer Ratenzahlung auch den Abkauf der überbauten Fläche nach § 915 BGB verlangen.

---

* Die Bearbeitung basiert auf der Kommentierung des Verfassers im NK-BGB (Bd. 3, 4. Aufl. 2016) zu § 912 BGB und ist à-jour-geführt.

1 Staudinger/*Roth* BGB § 912 Rn. 1. Entsprechende Ansprüche der regelmäßigen Verjährungsfrist nach § 195 BGB: BGH Urt. v. 28,11.2011 – V ZR 147/10, NJW 2011, 1069; BGH Urt. v. 23.7.1973 – V ZR 109/71, BGHZ 60, 235 (238); BGH Urt. v. 8.6.1979 – V ZR 46/78, WM 1979, 1219; BGH Urt. v. 1.7.1994 – VI ZR 229/92, NJW 1994, 999; BGH Urt. v. 12.12.2003 – V ZR 98/03, NJW 2004, 1035; BGH Urt. v. 16.3.2007 – V ZR 190/06, 2007, 2183; OLG Koblenz Urt. v. 8.7.2013 – 3 U 222/13, ZfIR 2013, 746 zum Fall eines Garagenüberbaus und die Parallelentscheidung OLG Koblenz Urt. v. 8.7.2013 – 3 U 222/13, MDR 2013, 1394.

2 BVerwG Urt. v. 25.4.2001 – 8 C 18.00, ZOV 2001, 270.

3 BGH Urt. v. 4.12.1987 – V ZR 274/86, BGHZ 102, 311 (314); ebenso *Ring* JA 2000, 414.

4 Zur Duldungspflicht für einen ohne Einverständnis zu DDR-Zeiten errichteten Überbau: BGH Urt. v. 12.4.2019 – V ZR 51/18, ZOV 2019, 68.

5 Staudinger/*Roth* (§ 912 Rn. 21) qualifiziert landesrechtlich angeordnete Duldungspflichten (zB § 7 b NRG BW; § 21 NNachbG; § 23 NachbG NRW; § 15 NachbG Schl.-H.) bei geringfügigen Formen eines Übergreifens von Bauteilen auf ein Nachbargrundstück (im Luftraum) wegen Verstoßes gegen entgegenstehendes Bundesrecht (abschließende Regelung des Überbaurechts im BGB) als nichtig.

II. Der Überbau

Überbau bedeutet, dass ein einheitliches Gebäude bei seiner Errichtung auf zwei (dh zT errichtet auf einem fremden) Grundstücken gebaut wird (Grenzüberbau): Vom **Stammgrundstück**[6] aus ist auf dem anderen Grundstück der Überbau errichtet worden. 4

1. Gebäude

Gebäude – gleichgestellt sind andere größere Baulichkeiten[7] (zB Brücken oder Großantennen,[8] eine Siloanlage),[9] deren Beseitigung dem (Teil-)Abriss eines Gebäudes iS einer vergleichbarer Zerschlagung wirtschaftlicher Werte bedeutet (wie zB die Beseitigung einer größeren Ufermauer an einer schiffbaren Binnenwasserstraße)[10] – ist ein Bauwerk, das durch eine räumliche Umfriedung Schutz gewährt und den Eintritt von Menschen gestattet.[11] Der Raum muss zwar nicht völlig umschlossen zu sein, bedarf aber einer gewissen Dauerhaftigkeit und Festigkeit des verwendeten Baumaterials.[12] Eine Fertigstellung ist nicht erforderlich, ein fortgeschrittener Baubeginn reicht aus (wenn eine Beseitigung des Überbaus bei wirtschaftlicher Betrachtung sinnlos oder unvertretbar ist).[13] Hingegen sind leicht versetzbare Gebäude aus dem Regelungsbereich des § 912 BGB ausgeschlossen, da deren Beseitigung nach § 1004 Abs. 1 BGB ohne Zerstörung erheblicher wirtschaftlicher Werte möglich ist[14] (bspw. ein Schuppen oder Gartenhaus,[15] ein Carport[16] oder eine überdachte Terrasse).[17] 5

Nachträgliche Veränderungen/Erweiterungen (bspw. die Schaffung der Eingangsöffnung und deren Einfassung, die in das Grundstück des Nachbarn hineinragen bzw. auf diesem errichtet worden sind)[18] eines Gebäudes sind kein „Überbau“ im Rechtssinne.[19] 6

---

6 Zur Definition BGH Urt. v. 12.7.1984 – IX ZR 124/83, NJW 1985, 790.

7 Nicht jedoch der Damm eines Fischweihers (BGH Urt. v. 22.9.1972 – V ZR 8/71, MDR 1973, 39) oder eine Terrasse (BGH Urt. v. 29.4.2011 – V ZR 174/10, NVwZ 2011, 1148 – Rn. 15 und 21).

8 HL Palandt/*Herrler* BGB § 912 Rn. 4; Staudinger/*Roth* BGB § 912 Rn. 6; HK-BGB/*Staudinger* § 912 Rn. 5; Jauernig/*Berger* BGB § 912 Rn. 5; offen gelassen in BGH LM § 912 BGB Nr. 25.

9 LG Meiningen Urt. v.29.3.1996 – 55241/95, OLG-NL 1996, 281 (283).

10 BGH Urt. v. 27.3.2015 – V ZR 216/13, BGHZ 204, 364, juris Rn. 30.

11 BGH Urt. v. 27.3.2015 – V ZR 216/13, BGHZ 204, 364, juris Rn. 29 f.; BGH Urt. v. 22.9.1972 – V ZR 8/71, DB 1972, 2298; MüKoBGB/*Brückner* § 912 Rn. 4; BGH Urt. v. 23.2.1990 – V ZR 231/88, LM § 912 BGB Nr. 1; BGH Urt. v. 10.11.1987 – V ZR 66/86, NJW-RR 1988, 458; BGH Urt. v. 10.11.1989 – III ZR 63/87, NJW-RR 1989, 1039; Palandt/*Herrler* BGB § 912 Rn. 4; Staudinger/*Roth* BGB § 912 Rn. 6: **Keine Gebäude** sind deswegen: Zäune – BGH LM § 912 BGB Nr. 25; Planken, Tore, Denkmäler, Schleusen, Dämme, Hundehütten: Staudinger/*Roth* BGB § 912 Rn. 8; freistehende Mauern: KG OLGE 45, 208; BGH Urt. v. 22.9.1972 – V ZR 8/71, MDR 1973, 39 = DB 1972, 2298; Gruben: AG Garmisch-Partenkirchen Urt. v. 8.6.1964 – 2 C 248/64, MDR 1966, 505; Abflussvorrichtungen: BGH Urt. v. 22.9.1972 – V ZR 8/71, MDR 1973, 39 = DB 1972, 2298; seitenoffene Carports: OLG Karlsruhe Urt. v. 9.9.1992 – 6 U 45/92, NJW-RR 1993, 665 (anders bei Garagen: OLG Karlsruhe Urt. v. 9.9.1992 – 6 U 45/92, NJW-RR 1993, 663); Backöfen: BGH Urt. v. 19.9.2009 – V ZR 157/07, LM § 912 BGB Nr. 1 (es sei denn diese gestatten den Zugang von Menschen: Staudinger/*Roth* BGB § 912 Rn. 8); Taubenschläge: RGRK/*Augustin* BGB § 912 Rn. 9; oder eine Pergola: AG Nürtingen Urt. v. 21.6.1985 – 22 C 1821/84, NJW-RR 1986, 504 (ebenso wie Rankgerüste für Wein: Staudinger/*Roth* BGB § 912 Rn. 8). Auch leicht versetzbare Gebäude (zB Schuppen oder Gartenhäuser) unterfallen nicht § 912 BGB, wenn ihre Beseitigung ohne Zerstörung wirtschaftlicher Werte möglich ist: so Palandt/*Herrler* BGB § 912 Rn. 4.

12 Staudinger/*Roth* BGB § 912 Rn. 8.

13 Staudinger/*Roth* BGB § 912 Rn. 10.

14 OLG Stuttgart Recht 1913 Nr. 1290.

15 *Vogel* Grundeigentum 2007, 492; *Glaser* ZMR 1985, 145; *Vennemann* MDR 1952, 75.

16 OLG Karlsruhe Urt. 9.9.1992 – 6 U 45/92, NJW-RR 1993, 665; AG Brandenburg Urt. v. 7.12.2016 – 31 C 160/14, Grundeigentum 2017, 110.

17 BGH Urt. v. 29.4.2011 – V ZR 174/10, NZM 2013, 244; OLG Rostock Urt. v. 28.3.2013 – 3 U 32/12, JurBüro 2014, 200; AG Brandenburg Urt. v. 7.12.2016 – 31 C 160/14, Grundeigentum 2017, 110.

18 OLG Braunschweig Urt. v. 19.2.2003 – 7 U 128/02, OLGReport 2003, 162.

19 Palandt/*Herrler* BGB § 912 Rn. 7; MüKoBGB/*Brückner* § 912 Rn. 7; LG Kassel Urt. v. 5.8.202 – 5 O 3561/01, ZMR 1999, 713.

7 **Zeitbauten**[20] iSv § 95 Abs. 1 S. 1 und Abs. 2 BGB sind (bis zur Erfüllung ihres Bestimmungszwecks) Gebäude,[21] wenn sie eine gewisse Dauerhaftigkeit aufweisen und dem Eigentümer zugerechnet werden können.[22]

8 Durch den Anbau eines Hauses an die Außenwand des Nachbarhauses auf dem Nachbargrundstück ohne Errichtung einer eigenen Außenwand entsteht kein Überbau.[23]

9 Ob ein einheitliches[24] Gebäude (und kein rechtlich selbstständiges Gebäude, auf das § 912 BGB keine Anwendung findet)[25] errichtet wurde, bestimmt sich nach der körperlich bautechnischen Beschaffenheit[26] unter Berücksichtigung des funktionalen Aspekts.[27] Entscheidend ist, dass die Teile eines Gebäudes nicht voneinander getrennt werden können, ohne dass der eine oder der andere Teil zerstört bzw. verändert wird[28] (§ 93 BGB), wobei sich im Einzelfall aus der Verkehrsanschauung oder einer natürlichen Betrachtungsweise auch eine andere Wertung ergeben kann.[29] Ein Doppelhaus[30] ist daher kein einheitliches Gebäude.

10 Handelt es sich nicht um ein Gebäude oder eine andere größere Baulichkeit, kann der Nachbar Beseitigung nach § 1004 Abs. 1 S. 1 BGB verlangen.[31]

2. Bauherr

11 Bauherr ist der Eigentümer (bzw. Miteigentümer, § 1011 BGB) des Stammgrundstücks,[32] dem der Erbbauberechtigte (§ 11 ErbbauVO) bzw. ein Vorerbe (nicht aber ein Pächter oder ein Nießbraucher)[33] gleichgestellt ist.[34] Damit kann der Überbau eines bloßen Besitzers nach § 1004 Abs. 1 S. 1 BGB beseitigt werden.[35]

12 Ausnahmsweise kann mit Zustimmung (entsprechend § 185 BGB) des Eigentümers aber auch ein Dritter diese Stellung innehaben.[36]

13 Für die Frage, wer „über die Grenze gebaut" hat, kommt es nicht auf die rein handwerkliche Tätigkeit des Bauens an, sondern in wessen Namen und wirtschaftlichem Interesse das Gebäude errichtet wurde.[37]

---

20 BGH Urt. v. 20.5.1988 – V ZR 269/86, BGHZ 104, 298 (301).

21 Palandt/*Herrler* BGB § 912 Rn. 4.

22 Staudinger/*Roth* BGB § 912 Rn. 9. Den Inhaber eines Zeitbaus soll auch die Pflicht zum Abkauf nach § 915 BGB treffen: Umstr.; so MüKoBGB/*Brückner* § 912 Rn. 10; aA hingegen Palandt/*Herrler* BGB § 912 Rn. 4.

23 OLG Rostock Urt. v. 12.3.2015 – 3 U 37/14, Grundeigentum 2015,913.

24 Zum Begriff s. BGH Urt. v. 22.5.1981 – V ZR 102/80, NJW 1982, 756.

25 BGH Urt. v. 23.2.1990 – V ZR 231/88, BGHZ 110, 298 (301); BGH Urt. v. 22.5.1981 – V ZR 102/80, NJW 1982, 756.

26 BGH Urt. v. 25.2.1983 – V ZR 299/81, NJW 1983, 2022 (2023) (Fall einer Tiefgarage).

27 BGH Urt. v. 23.7.1990 – V ZR 231/88, BGHZ 110, 298 (301); BGH Urt. v. 2.6.1989 – V ZR 167/88, NJW-RR 1989, 1039; OLG Karlsruhe Urt. v. 27.1.1988 – 6 U 147/87, BWNotZ 1988, 91.

28 BGH Urt. v. 22.5.1981 – V ZR 102/80, NJW 1982, 756.

29 Staudinger/*Roth* BGB § 912 Rn. 7.

30 OLG Karlsruhe Urt. v. 27.1.1988 – 6 U 147/87, BWNotZ 1988, 91.

31 Staudinger/*Roth* BGB § 912 Rn. 8.

32 Palandt/*Herrler* BGB § 912 Rn. 5; BGH Urt. v. 23.2.1990 – V ZR 231/88, BGHZ 110, 298 = NJW 1990, 1791 = WM 1990, 718.

33 BGH Urt. v. 19.11.1954 – V ZR 90/53, BGHZ 15, 216 (219), 177; aA MüKoBGB/*Brückner* § 912 Rn. 11.

34 Palandt/*Herrler* BGB § 912 Rn. 5; Staudinger/*Roth* BGB § 911 Rn. 11.

35 So Staudinger/*Roth* BGB § 912 Rn. 11; aA MüKoBGB/*Brückner* § 912 Rn. 11.

36 BGH Urt. v. 19.11.1954 – V ZR 90/53, BGHZ 15, 216 (218 f.); OLG Frankfurt a. M. MDR 1968, 496; Palandt/*Herrler* BGB § 912 Rn. 5; aA MüKoBGB/*Brückner* § 912 Rn. 11, der sich gegen eine entsprechende Anwendung der §§ 184 f. BGB ausspricht (wohingegen Staudinger/*Roth* BGB § 912 Rn. 11 aus dem verfügungsähnlichen Charakter des Überbaus eine entsprechende Anwendung für gerechtfertigt erachtet).

37 BGH Urt. v. 16.3.1960 – V ZR 17/59, MDR 1960, 482 – Ls.

3. Überbauung

Überbauung liegt unabhängig davon vor, ob die Grundstücksgrenze im Zeitpunkt der Errichtung des Gebäudes[38] unter,[39] auf oder über[40] der Erde durch die Baulichkeit (dh das einheitliche Gebäude) überschritten (iSv überbaut)[41] wird[42] (Grenzüberschreitung). Unerheblich ist auch, auf welchem Wege, in welcher Höhe und in welchem Umfang[43] dies geschieht.[44] 14

Erfasst wird auch ein **umgekehrter Überbau**, der auf dem Nachbargrundstück begonnen und in das eigene Grundstück hineingeführt worden ist.[45] 15

Kein „Überbau" liegt vor,[46] wenn nicht vom eigenen Grundstück, sondern in Gänze oder zu einem überwiegenden Teil von einem fremden Grundstück (aus-)gebaut wird.[47] 16

Umstritten war, ob ein Überbau begrifflich auch bei nur an- oder eingefügten Gebäudeteilen vorliegt. Der BGH[48] hat die Frage 2015 dahin gehend entschieden, dass entscheidend sei, ob der Anbau ohne Nachteil für das Hauptgebäude abgerissen werden kann. Bei Veränderungen eines bestehenden Gebäudes sei nicht stets von einem Überbau im Rechtssinne auszugehen (zB bei nachträglich angefügten Gebäudeteilen, wie Fensterläden und Markisen).[49] Entsprechendes gelte für einen Öltank, der nicht in das Gebäude eingefügt ist, dessen Beheizung er dient.[50] Nach diesen Grundsätzen müsse auch ein Anbau beurteilt werden, der vollständig auf dem überbauten Grundstück steht..[51] Die entsprechende Anwendung von § 912 BGB auf einen nachträglichen, über die Grenze gebauten Anbau hängt nicht von dem mehr oder weniger zufälligen Umstand ab, in welchem Umfang dieser auf dem überbauten Grundstück steht, sondern von den mit dem Abbruch des Anbaus verbundenen Folgen für das auf dem Grundstück des Überbauenden stehende Gebäude. Maßgeblich ist, ob der Anbau ohne wesentliche Beeinträchtigung für das Grundstück des Überbauenden abgerissen werden kann.[52] 17

---

38 Nachträglich „angebaute" unerhebliche Gebäudeteile erfüllen ebenso wenig wie nachträgliche, allein auf dem Nachbargrundstück sich vollziehende Anbauten dieses Kriterium: so RG Urt. 30.3.1939 – V ZR 121/38, RGZ 169, 172 (178). Anders liegt der Fall, wenn der grenzüberschreitende Anbau ein selbstständiges Gebäude ist: Staudinger/*Roth* BGB § 912 Rn. 17.

39 ZB ein Keller, der auch ins Nachbargrundstück hinüberreicht: BGH Urt. v. 10.10.1969 – V ZR 131/66, BGHZ 53, 5.

40 BGH Urt. v. 21.1.1983 – V ZR 154/81, NJW 1983, 1112. Nach BGH Urt. v. 4.4.1986 – V ZR 17/85, BGHZ 97, 292 (294) liegt ein Überbau beim (grenzüberschreitenden) Hineinragen in den nachbarlichen Luftraum vor. Vgl. auch OLG Karlsruhe Urt. v. 9.12.2009 – 6 U 121/09, NJW 2010, 620; AG Brandenburg Urt. v. 7.12.2016 – 31 C 160/14, Grundeigentum 2017, 110.

41 Weshalb bei überragenden Jalousien, Markisen und Fensterläden immer Beseitigung nach § 1004 Abs. 1 S. 1 BGB verlangt werden kann: so Staudinger/*Roth* BGB § 912 Rn. 15.

42 BGH Urt. v. 10.10.1969 – V ZR 131/66, BGHZ 53, 5 (10); BGH Urt. v. 19.12.1975 – V ZR 25/74, NJW 1976, 669; MüKoBGB/*Brückner* § 912 Rn. 8.

43 Staudinger/*Roth* BGB § 912 Rn. 16: „Gleichgültig ist insbesondere, ob der Stammteil den größeren Teil bildet oder nicht."

44 Vgl. BGH Urt. v. 23.2.1990 – V ZR 231/88, BGHZ 110, 298 (300) (Gebäudeerweiterung über die Grenze).

45 BGH Urt. v. 27.3.2015 – V ZR 216/13, MDR 2015, 700, juris Rn. 31.

46 Staudinger/*Roth* BGB § 912 Rn. 15: Hier kann nach § 1004 Abs. 1 S. 1 Beseitigung verlangt werden.

47 RG Urt. v. 11.5.1942 – V 124/41, RGZ 160, 166 (183); Staudinger/*Roth* BGB § 912 Rn. 16.

48 BGH Urt. v. 15.7.2016 – V ZR 195/15, NJW-RR 2016, 1489 (vgl. auch die Ausgangsentscheidung OLG Rostock Urt. v. 30.7.2015 – 3 U 82/14, ZfIR 2016, 272 mAnm *Zimmermann*, S. 275).

49 BGH Urt. v. 15.7.2016 – V ZR 195/15, NJW-RR 2016, 1489, juris Rn. 28; BGH Urt. v. 19.9.2008 – V ZR 152/07, NJW-RR 2009, 24 Rn. 10.

50 BGH Urt. v. 15.7.2016 – V ZR 195/15, NJW-RR 2016, 1489, juris Rn. 28; BGH Urt. v. 19.10.2012 – V ZR 263/11, NJW-RR 2013, 652 Rn. 17 f.

51 BGH Urt. v. 15.7.2016 – V ZR 195/15, NJW-RR 2016, 1489, juris Rn. 28.

52 BGH Urt. v. 15.7.2016 – V ZR 195/15, NJW-RR 2016, 1489, juris Rn. 28.

18 Auch bei einer **Grenzwand** liegt idR kein Überbau vor[53] – es sei denn, dass ausnahmsweise auf den Resten einer halbscheidigen (im Miteigentum der Grundstücksnachbarn stehenden) Giebelmauer gebaut wird.[54] Nur in Ausnahmefällen kann sich aus § 905 S. 2 BGB eine die Anwendung der §§ 912 ff. BGB ausschließende Duldungspflicht ergeben.[55]

4. Stammgrundstück

19 Der Überbau muss vom überbauenden (eigenen)[56] Grundstück (Stammgrundstück) ausgehen. Bei Unbestimmbarkeit des Stammgrundstücks fehlt es an einem „Überbau". Es kommt dann zu einer vertikalen Teilung auf der Grundstücksgrenze.[57] Die wirtschaftliche Bedeutung des übergebauten Gebäudeteils ist nicht maßgeblich.[58]

20 Zur Bestimmung des Stammgrundstücks:[59] Steht ein Grundstück auf dem Grund und Boden verschiedener Eigentümer, entscheiden die Absicht und die wirtschaftlichen Interessen des Geschäftsherren. Steht das Gebäude (zunächst) auf einem Grundstück, das erst (später) geteilt wird, kommt es auf objektive Kriterien an: Auf welchem der Grundstücke liegt nach Umfang, Lage und wirtschaftlicher Bedeutung der wesentliche Gebäudeteil?[60] Beim Eigengrenzüberbau (bei dem der Eigentümer zweier Grundstücke beim Bau auf einem derselben die Grenzen zum anderen überschreitet, bevor an den bebauten Grundstücksteilen unterschiedliche Eigentümer das Eigentum erwerben) dürfen die Absichten des Erbauers idR aus objektiven Gegebenheiten heraus geschlossen werden.[61]

21 Ein Zwischenbau kann nicht als Überbau qualifiziert werden, da es an einem Stammgrundstück fehlt.[62] Eine analoge Anwendung der §§ 912 ff. BGB ist im Falle der Grenzmauer eines Gebäudes geboten, wenn diese die Grenze erst nach der Errichtung überschreitet.[63]

22 Die Erweiterung eines Überbaus unterfällt nicht immer und unmittelbar § 912 Abs. 1 BGB, weshalb ein zu duldender Überbau nicht beliebig weiter aufgestockt werden kann.[64] Bei einem (bloßen) Anbau an einem Überbau kann idR Beseitigung nach § 1004 Abs. 1 S. 1 BGB verlangt werden.[65]

5. „Geschäftsherr"

23 Der Überbau muss im Namen und im wirtschaftlichen Interesse des Eigentümers des Stammgrundstücks (sog. „Geschäftsherr")[66] erfolgen.[67] Dieser ist nach der Verkehrsauffassung und vom Standpunkt eines mit den Verhältnissen vertrauten objektiven Beurteilers zu bestimmen .[68]

53 Staudinger/*Roth* BGB § 912 Rn. 20.
54 BGH Urt. v. 10.10.1969 – V ZR 131/66, BGHZ 53, 5 (10); BGH Urt. v. 9.5.1969 – V ZR 11/66, NJW 1969, 1481 (Bau auf einer Ruinenkellermauer, die in Gänze auf dem Nachbargrundstück steht).
55 Staudinger/*Roth* BGB § 912 Rn. 15.
56 Wenn nur auf fremdem Grund und Boden gebaut wird, stellt dies keinen „Überbau" dar – RG Urt. v. 30.3.1939 – V 121/38, RGZ 160, 166 (183); Staudinger/*Roth* BGB § 912 Rn. 13.
57 BGH Urt. v. 12.7.1984 – IX ZR 124/83, NJW 1985, 789 (790 f.).
58 Staudinger/*Roth* BGB § 912 Rn. 13.
59 Staudinger/*Roth* BGB § 912 Rn. 14.
60 BGH Urt. v. 23.9.1988 – V ZR 231/87, BGHZ 105, 202 (204).
61 BGH Urt. v. 23.9.1988 – V ZR 231/87, BGHZ 110, 298 (303); Staudinger/*Roth* BGB § 912 Rn. 14.
62 RG Urt. v. 11.5.1942 – V 124/41, RGZ 169, 172 (178); Staudinger/*Roth* BGB § 912 Rn. 13.
63 BGH Urt. v. 4.4.1986 – V ZR 17/85, BGHZ 97, 292; Staudinger/*Roth* BGB § 912 Rn. 18.
64 Staudinger/*Roth* BGB § 912 Rn. 19 – die Aufstockung ist ein weiterer Eingriff in das Eigentumsrecht des Nachbarn, es sei denn sie stellt einen neuen Überbau iSd § 912 BGB dar.
65 Palandt/*Herrler* BGB § 912 Rn. 12; Staudinger/*Roth* BGB § 912 Rn. 19.
66 Staudinger/*Roth* BGB § 912 Rn. 12.
67 BGH Urt. v. 23.7.1990 – V ZR 231/88, BGHZ 110, 298 (302).
68 BGH Urt. v. 3.5.1956 – IV ZR 334/55, BGHZ 20, 159 (163); Staudinger/*Roth* BGB § 912 Rn. 12. Ein Baubetreuer, der im eigenen Namen auftritt, aber dem wirtschaftlichen Interesse eines Dritten dient, handelt in dessen Interesse (als „Geschäftsherr"): BGH Urt. v. 25.2.193 – V ZR 299/81, NJW 1983, 2022 (2023) (ähnlich wie der Begriff des Herstellers iSv § 950 BGB: BGH LM BGB § 912 Nr. 7).

III. Formen des Überbaus

Drei Formen des Überbaus sind zu unterscheiden: 24
- rechtmäßiger Überbau
- rechtswidriger (unrechtmäßiger), aber entschuldigter Überbau
- rechtswidriger (unrechtmäßiger) und unentschuldigter Überbau

Ein rechtmäßiger Überbau ist mit der Zustimmung (§ 183 BGB) oder der Genehmigung (§ 184 BGB) des Grundstücksnachbarn erfolgt.

25 Die Rechtsfolgen ergeben sich nicht aus § 912 BGB.[69] Der Überbauende wird Eigentümer des ganzen Gebäudes.[70] Der Erwerb des Stammgrundstücks berechtigt den Erwerber nicht, den aufgrund eines von seinem Rechtsvorgänger abgeschlossenen Mietvertrags errichteten Überbau auf dem fremden Grundstück zu unterhalten.[71] Durch einen Überbau mit Zustimmung des Nachbarn wird der Grundstückseigentümer, von dem der Überbau ausgeht, nicht Eigentümer des Gesamtgebäudes, wenn der Überbau durch einen Mieter oder Pächter erfolgt.[72]

1. Rechtswidriger, aber entschuldigter Überbau

26 § 912 BGB erfasst nur den rechtswidrigen, aber entschuldigten Überbau[73] (sowie die in Analogie dazu entwickelten weiteren Anwendungsmöglichkeiten) – wenn der Überbauende höchstens leicht fahrlässig gehandelt und der Betroffene auch nicht sofort widersprochen hat. Der über die Grundstücksgrenze hinweg errichtete Gebäudeteil wird nicht wesentlicher Bestandteil des überbauten Grundstücks, sondern des Stammgebäudes (und damit des Stammgrundstücks): Der Überbau fällt damit in das Eigentum des Überbauenden.[74]

27 § 912 Abs. 1 BGB setzt eine objektive Rechtswidrigkeit des Überbaus (wenn auch entschuldigt) voraus und statuiert damit nur eine Duldungspflicht (keinen Rechtfertigungsgrund) für den Überbau.[75]

28 Ein rechtswidriger Überbau wird durch eine erteilte Baugenehmigung nicht ein rechtmäßiger Überbau.[76]

2. Rechtswidriger und entschuldigter Überbau

29 Ein solcher liegt vor, wenn der Überbauende
- vorsätzlich oder grob fahrlässig handelt (dann: Entbehrlichkeit eines sofortigen Widerspruchs des Betroffenen) oder
- zunächst leicht fahrlässig handelt, dann aber den sofortigen Widerspruch des Betroffenen missachtet.

Beide Konstellationen werden von § 912 BGB nicht erfasst.[77]

---

69 BGH Urt. v. 21.1.1983 – V ZR 154/81, NJW 1983, 1112; aA OLG Köln Urt. v. 22.2.1989 – 13 U 232/89, NJW-RR 1989, 1040 (entschuldigter Garagenüberbau).

70 BGH Urt. 22.2.1874 – V ZR 103/73, BGHZ 62, 141 (145 f.); Staudinger/*Roth* BGB § 912 Rn. 4; aA *Weitnauer* ZfBR 1982, 102 (vertikale Teilung).

71 BGH Urt. 16.1.2004 – V ZR 243/03, BGHZ 157, 301.

72 OLG Schleswig-Holstein Urt. 1.7.2016 – 1 U 173/13, SchlHA 2017, 94 – Ls. 1.

73 Staudinger/*Roth* BGB § 912 Rn. 4. Ein entschuldigter Überbau auf einem zwecks Bebauung gekauften Grundstück stellt keinen Rechtsmangel dar (kann aber ein Sachmangel sein): BGH Urt. v. 13.2.1981 – V ZR 25/80, NJW 1981, 1362.

74 BGH Urt.. 30.4.1958 – V ZR 215/50, BGHZ 27, 204 (205 f.).

75 BGH Urt. v. 22.2.1974 – V ZR 103/73, BGHZ 62, 141 (145); Staudinger/*Roth* BGB § 912 Rn. 5; aA MüKoBGB/*Brückner* § 912 Rn. 12.

76 Staudinger/*Roth* BGB § 912 Rn. 4 – arg.: Baugenehmigung lässt private Rechte unberührt. Dies evtl ergänzen um einen Verweis auf die jeweiligen Landesbauordnungen oder die Musterbauordnung?

77 Staudinger/*Roth* BGB § 912 Rn. 4.

3. Problem: Nachbarwand

30 Eine gemeinsam benutzte Grenzmauer (Nachbarwand) steht im Falle eines rechtswidrigen, aber entschuldigten Überbaus zwar zunächst im Alleineigentum des Überbauenden – nach dem Anbau eines Hauses durch den Nachbarn (Giebelmauer) aber im hälftigen Eigentum (an der Giebelmauer) beider Grundstückseigentümer:[78]

31 Bei unrechtmäßigem und unentschuldigtem Überbau tritt eine vertikale (lotrechte) Teilung des Mauereigentums auf der Grenzlinie der Grundstücke ein,[79] das sich gleichermaßen nach dem Anbau durch den Nachbarn in Miteigentum umwandelt.[80] Die Zweckbestimmung einer Nachbarwand (halbscheidige Giebelmauer, Kommunmauer), von jedem der beiden Nachbarn in Richtung auf sein eigenes Grundstück benutzt zu werden, muss nicht schon bei ihrer Errichtung vorliegen. Sie kann auch später durch Vereinbarung der Nachbarn getroffen werden.[81]

IV. Rechtswidriger, aber entschuldigter Überbau

1. Leichte Fahrlässigkeit

32 Die an sich widerrechtliche Grenzüberschreitung darf weder vorsätzlich, dh bewusst, noch grob fahrlässig erfolgt sein.[82] Der Überbauenden darf im Zeitpunkt der Grenzüberschreitung somit nur leicht fahrlässig gehandelt haben. Bei leichter Fahrlässigkeit besteht nur dann keine Duldungspflicht, wenn vor oder zumindest sofort im Anschluss an die Grenzüberschreitung Widerspruch erhoben wird. Merkt der Überbauende erst später, dass eine Grenzüberschreitung erfolgt ist, kann er (trotz erfolgten Widerspruchs) seinen Bau zu Ende führen.[83] Das Verschulden muss sich auf die Grenzüberschreitung und die fehlende Befugnis beziehen.[84] Die Behauptungs- und Beweislast für fehlenden Vorsatz oder grobe Fahrlässigkeit trägt der Überbauende.[85] Der Überbauer handelt selbst grob fahrlässig, wenn er (infolge Unsorgfältigkeit) sofort hätte erkennen können, dass sein Bauwerk teilweise auf fremdem Grundstück gebaut wird und er keine Anhaltspunkte hat, zum Überbau befugt zu sein.[86] Eine Anwendbarkeit von § 254 BGB (Mitverschulden des Nachbarn, zB als Verkäufer) kommt nicht Betracht.[87]

33 Grobe Fahrlässigkeit liegt vor, wenn ein Bauherr (entgegen landesrechtlicher Vorgaben in Abmarkungs-, Vermessungs- und Katastergesetzen)[88] vor der Errichtung eines Neubaus die Grundstücksgrenze nicht hat bestimmen lassen.[89] Wenn dem Überbauer bewusst ist, im Bereich der Grenze zu bauen, muss er vor der Bauausführung feststellen, ob der für die Bebauung vorgesehene Grund auch ihm gehört, und während der Bauausführung darauf zu achten, dass er die Grenzen seines Grundstücks nicht überschreitet, und dazu ggf. einen Vermessungsingenieur hinzuzuziehen.[90]

34 Gehen beide Grundstücksnachbarn übereinstimmend von einem falschen Grenzverlauf aus, bauen sie unmittelbar an bzw. auf der vermeintlichen Grundstücksgrenze, kann grob fahrlässiges Verhalten im Zusam-

---

78 BGH Urt. v. 30.4.1958 – V ZR 178/56, BGHZ 27, 197.
79 Staudinger/*Roth* BGB § 912 Rn. 4.
80 BGH Urt. v. 2.2.1965 – V ZR 247/62, BGHZ 43, 127 (129).
81 BGH Urt. v. 17.1.2014 – V ZR 292/12, NJW-RR 2014, 973 – Ls. 2.
82 RG Urt. v. 15.1.2016 – V 260/15, RGZ 88, 39 (41); BGH Urt. v. 16.3.1979 – V ZR 38/75, WM 1979, 644; Staudinger/*Roth* BGB § 912 Rn. 22. Palandt/*Herrler* BGB § 912 Rn. 9.
83 BGH Urt. v. 16.3.1979 – V ZR 38/75, WM 1979, 644.
84 RG Urt. v. 15.1.2016 – V 260/15, RGZ 88, 39 (41); BGH Urt. v. 22.12.1967 – V ZR 150/64, WM 1968, 432; 1979, 644, 645; Palandt/*Herrler* BGB § 912 Rn. 9.
85 BGH Urt. v. 24.6.1964 – V ZR 162/61, BGHZ 42, 63 (68) = NJW 1964, 2016; Staudinger/*Roth* BGB § 912 Rn. 26.
86 RG Urt. v. 15.1.2016 – V 260/15, RGZ 88, 39 (42): Erfordernis einer Lotung unmittelbar an der Grenze bei Mauereinrichtung; MüKoBGB/*Brückner* § 912 Rn. 15; Fälle bei Staudinger/*Roth* BGB § 912 Rn. 25.
87 So Staudinger/*Roth* BGB § 912 Rn. 25: „Doch wird dann regelmäßig grobe Fahrlässigkeit fehlen."
88 Vgl. etwa § 1 AbmG Hessen; § 16 Verm- und KatG Nds; § 1 AbmG Saarl bzw. § 1 G über den Grenznachweis bei Neubauten und die Gebäudeeinmessung Rh-Pf.
89 Staudinger/*Roth* BGB § 912 Rn. 24.
90 BGH Urt. v. 19.9.2003 – V ZR 360/02, NJW 2003, 3621.

menhang mit einem erneuten Überbau nicht darauf gestützt werden, dass zuvor kein Vermessungsingenieur hinzugezogen wurde.[91]

Vorsatz liegt vor, wenn der Überbauende weiß, dass er die Grenze überschreitet und ihm bewusst ist, hierzu keine Befugnis zu haben.[92] Nach der Vorsatztheorie muss zum Vorsatz das Bewusstsein der Rechtswidrigkeit (nicht eine Schädigungsabsicht) hinzukommen: Ohne Verschulden handelt somit, wer zwar die Grenze bewusst überbaut, dies aber in der Annahme tut, dazu berechtigt zu sein (wenn die Annahme weder auf Vorsatz noch auf grober Fahrlässigkeit beruht).[93] Für einen entschuldbaren Irrtum spricht es, wenn eine Grenzüberschreitung erst nach längerer Zeit entdeckt wird.[94] 35

Der überbauende Eigentümer muss sich auch ein Verschulden seiner Sachwalter (sog. Repräsentanten) zurechnen lassen, zB der Bauherr ein Verschulden seines Architekten (§ 166 BGB analog[95] ohne Exkulpationsmöglichkeit).[96] Ein Verschulden des Bauunternehmers (bzw. von dessen Personal, zB des Poliers) ist dem Bauherrn aber nicht zuzurechnen,[97] da eine Zurechnung des Verschuldens bloßer Hilfspersonen (bei § 912 Abs. 1 BGB) nicht in Betracht kommt.[98] 36

2. Sofortiger Widerspruch

Der Eigentümer des Nachbargrundstücks braucht auch bei leichter Fahrlässigkeit des Überbauers den Überbau nicht zu dulden, wenn er vor oder sofort[99] nach der objektiv erkennbaren Grenzüberschreitung Widerspruch erhebt (Warnung des überbauenden Bauherrn). 37

a) Der Widerspruch. Der Widerspruch ist eine einseitige empfangsbedürftige (nicht mehr zurücknehmbare)[100] Willenserklärung des Nachbarn[101] iS einer auch formlosen und stillschweigenden Willenskundgabe, das Bauwerk nicht dulden zu wollen.[102] 38

Nachbar ist der jeweilige Eigentümer des Nachbargrundstücks (Wortlaut § 912 Abs. 2 iVm § 913 Abs. 1 BGB), dem der Miteigentümer (§ 1011 BGB), Wohnungs- und Teileigentümer (§ 3 WEG) sowie Dauerwohnberechtigte (§ 31 WEG) gleichgestellt sind.[103] Wegen der Empfangsbedürftigkeit muss dafür Sorge 39

91 OLG Brandenburg Urt. v. 31.3.2011 – 5 U 45/09, BauR 2011, 1218.

92 RG Urt. v. 11.6.2007 – V 113/07, RGZ 52, 15 (17); BGH Urt. v. 22.12.1967 – V ZR 150/64, WM 1968, 432; BGH Urt. v. 21.6.1974 – V ZR 164/72, NJW 1974, 1552 (1553); MüKoBGB/*Brückner* § 912 Rn. 14.

93 RG Urt. v. 21.6.1902 – II 1/02, RGZ 51, 15 (17); Staudinger/*Roth* BGB § 912 Rn. 23.

94 Motive III, S. 284.

95 BGH Urt. v. 24.6.1964 – V ZR 162/61, BGHZ 42, 63 (68); BGH Urt. v. 10.12.1976 – V ZR 235/75, NJW 1977, 375; BGH Urt. v. 21.2.1979 – VIII ZR 124/78, BGHZ 73, 355 = WM 1979, 648; ebenso Palandt/*Herrler* BGB § 912 Rn. 9; Staudinger/*Roth* BGB § 912 Rn. 27. Krit. zur Judikatur MüKoBGB/*Brückner* § 912 Rn. 18 – arg.: Die Anwendung des § 166 BGB ist allein auf eine Wissenszurechnung beschränkt (hier jedoch eine Verschuldenszurechnung infrage stehe).

96 Krit. dazu Staudinger/*Roth* BGB § 912 Rn. 27, da sich aus einer bloßen Nachbarschaft „keine für die Anwendung des § 278 ausreichende Sonderverbindung" herleiten lasse. Etwas anderes gelte bei gemeinsamen Grenzeinrichtungen (zB einer gemeinsamen Giebelmauer) wegen § 922 S. 4 iVm § 743 Abs. 2 BGB.

97 BGH Urt. v. 10.12.1976 – V ZR 235/75, NJW 1977, 375: Nur der Architekt ist „Sachwalter" des Bauherrn. Der Bauunternehmer und seine Gesellen sind hingegen eher „Widerpart", nicht jedoch Repräsentanten des Bauherrn.

98 AA Teile der Literatur (*Mühl* NJW 1960, 1133 (1136); *Baur/Stürner* SachenR § 5 II 1 b), die die Verantwortung des Bauherrn für von ihm eingeschaltete Hilfspersonen im Rahmen nachbarlicher Beziehungen auf § 278 BGB stützen (arg.: das nachbarliche Gemeinschaftsverhältnis); abl. jedoch BGH Urt. v. 25.11.1964 – V ZR 185/65, BGHZ 42, 374 (377) und ihm folgend *Böhmer* MDR 1959, 261.

99 Nicht „unverzüglich" iSv § 121, Staudinger/*Roth* BGB § 912 Rn. 33.

100 OLG Posen OLGE 15, 350.

101 Staudinger/*Roth* BGB § 912 Rn. 29.

102 BGH Urt. v. 14.7.1972 – V ZR 147/70, BGHZ 59, 191 (194).

103 Staudinger/*Roth* BGB § 912 Rn. 31 – nicht jedoch Besitzer (Mieter oder Pächter, deren Widerspruch nur für deren Besitzstörungsklage bedeutsam ist), Hypothekengläubiger oder Vorkaufsberechtigte. Ein Widerspruch von Mieter oder Pächter kann jedoch für den Eigentümer Wirksamkeit entfalten, wenn Letzterer vertreten wurde bzw. eine berechtigte Geschäftsführung ohne Auftrag vorlag: näher Palandt/*Herrler* § BGB 912 Rn. 10.

getragen werden, dass der Widerspruch dem Überbauer oder dessen Vertreter (zB Architekten oder Bauleiter[104] als seinen Repräsentanten) zugeht.[105] Wird der Bau durch mehrere errichtet, reicht die Erklärung des Widerspruchs gegenüber einem.[106]

40 Der Widerspruch gegen die Duldung des beanstandeten Bauwerks bedarf keiner Begründung. Falsche Feststellungen zur Rechtslage sind daher unschädlich.[107] Der Nachbar benötigt keine Kenntnis davon, dass ein Überbau vorliegt.[108] Der Überbau muss auch (noch) nicht erkennbar sein, bevor Widerspruch erhoben wird.

41 **b) Rechtzeitigkeit des Widerspruchs.** Der Widerspruch muss vor oder sofort nach der Grenzüberschreitung erfolgen, wofür der Beseitigung verlangende Nachbar die Beweislast trägt.[109] „Sofort" bedeutet unter Berücksichtigung der Umstände des Einzelfalls so rechtzeitig, dass eine Beseitigung ohne erhebliche Zerstörung des in Entstehung begriffenen Gebäudes möglich ist.[110] Ohne Not sollen keine wirtschaftlichen Werte zerschlagen werden.[111] In einem Ausnahmefall wurde jedoch angenommen, dass ein Widerspruch auch 15 Monate[112] nach Beginn und alsbaldiger Unterbrechung der Bautätigkeit noch rechtzeitig sei. Ein früherer Widerspruch ist wirksam, wenn wegen äußerer Zustände eine drohende Grenzüberschreitung zu erwarten steht.[113]

42 Der Nachbarn kann auf die Ausübung seines Widerspruchrechts verzichten.[114] Untätigkeit (dh ein fehlender Widerspruch) stellt keine Willenserklärung dar, weswegen auch eine Anfechtung ausscheidet.[115]

V. Rechtsfolgen beim rechtswidrigen, aber entschuldigten Überbau

43 Hat der Grundstückseigentümer leicht fahrlässig ohne fristgerechten Widerspruch des Nachbarn über die Grenze gebaut, gilt Folgendes:

- Der Eigentümer des Nachbargrundstücks ist zur Duldung des Überbaus verpflichtet.
- Dafür gebührt ihm eine Entschädigung (Überbaurente als Geldrente nach § 912 Abs. 2 BGB).
- Der Überbauende wird Eigentümer des ganzen Gebäudes (Überbaus) sowie der überbauten Grundfläche.
- Der rentenpflichtige Nachbar hat einen Ablösungsanspruch (§ 915 BGB).

104 Nicht jedoch gegenüber einem Bauarbeiter: Staudinger/*Roth* BGB § 912 Rn. 32.
105 BGH Urt. v. 14.7.1972 – V ZR 147/70, BGHZ 59, 191 (194).
106 Palandt/*Herrler* BGB § 912 Rn. 10.
107 BGH Urt. v. 14.7.1972 – V ZR 147/70, BGHZ 59, 191 (194).
108 BGH Urt. v. 4.4.1986 – V ZR 17/85, BGHZ 97, 292 (294); BGH Urt. v. 14.7.1972 – V ZR 147/70, BGHZ 59, 191 (194).
109 Palandt/*Herrler* BGB § 912 Rn. 10.
110 Palandt/*Herrler* BGB § 912 Rn. 10; Staudinger/*Roth* BGB § 912 Rn. 33.
111 RG Urt. v. 3.11.1924 – V 744/23, RGZ 109, 107 (109); BGH Urt. v. 14.7.1972 – V ZR 147/70, BGHZ 59, 191 (196); MüKoBGB/*Brückner* § 912 Rn. 25; vgl. zudem Motive III, S. 284 f.
112 BGH Urt. v. 14.7.1972 – V ZR 147/70, BGHZ 59, 191 (194).
113 Staudinger/*Roth* BGB § 912 Rn. 33.
114 Erman/*Hagen*/*Lorenz* BGB § 912 Rn. 12.
115 BGH Urt. v. 14.7.1972 – V ZR 147/70, BGHZ 59, 191 (193); Palandt/*Herrler* BGB § 912 Rn. 10.

1. Duldungspflicht des Nachbarn

Der Eigentümer des benachbarten Grundstücks[116] ist (unabhängig von der Zahlung der Geldrente nach § 912 Abs. 2 BGB) zur Duldung des Überbaus nach § 912 Abs. 1 BGB[117] kraft Gesetzes[118] mit der Folge verpflichtet, dass der Überbau nur in den ursprünglichen Abmessungen (ohne spätere Erweiterungen – die ggf. aber neue Überbauten sein können, Aufstockung oder Vertiefung) zu dulden ist.[119] 44

Die Duldungspflicht ist gesetzliche Verschweigensfolge.[120] Die Beschwer eines Grundstücksnachbarn beurteilt sich nach dem Wertverlust, den sein Grundstück durch den Überbau erleidet.[121] 45

Ein Überbau muss nicht geduldet werden, wenn die **Regeln der Baukunst** nicht beachtet wurden und damit über die Grenzverletzung hinausgehende Beeinträchtigungen des Nachbarn zu besorgen sind:[122] 46

Die Duldungspflicht ist unwiderruflich, da die Versäumnisgründe irrelevant sind[123] und der Grundstückseigentümer noch nicht einmal die theoretische Möglichkeit gehabt haben muss, mit Erfolg Widerspruch einzulegen.[124] 47

Die Duldungspflicht des Nachbarn korrespondiert mit dem Recht des Grundstückseigentümers. Letzteres ist nach § 96 BGB wesentlicher Bestandteil des Stammgrundstücks.[125] 48

Den Überbauenden (nicht den Duldungspflichtigen) trifft in Bezug auf den Überbau die Verkehrssicherungspflicht (→ *Verkehrssicherungspflicht* Rn. 1 ff.), ohne dass ihm ein Recht zum Betreten des Nachbargrundstücks zusteht. Ein solches kann sich nur aus den landesrechtlichen Vorschriften über das Hammerschlags- und Leiterrecht (→ *Hammerschlags- und Leiterrecht* Rn. 1 ff.) bzw. aus dem nachbarrechtlichen Gemeinschaftsverhältnis (→ *Nachbarschaftliches Gemeinschaftsverhältnis* Rn. 1 ff.) ergeben.[126] 49

Die Duldungspflicht ist im Grundbuch nicht eintragungsfähig.[127] In Zweifelsfällen kann zur Klarstellung jedoch eine Grunddienstbarkeit eingetragen werden.[128] 50

Die Duldungspflicht erlischt erst mit der tatsächlichen Beseitigung des Überbaus.[129] Bei wirtschaftlich noch bedeutsamen Bauresten muss ein Wiederaufbau des Überbaus geduldet werden.[130] Wenn der Dul- 51

116 Auch dann, wenn es sich um ein öffentliches Straßengrundstück handelt: BGH Urt. v. 19.12.1975 – V ZR 25/74, BGHZ 65, 395 = NJW 1976, 669: Hineinragen eines Stockwerkes in den Luftraum über einer öffentlichen Straße. Dabei ist jedoch ggf. eine Überlagerung des Privatrechts durch das öffentliche Recht zu beachten mit der Folge, dass zB auch das Anliegerrecht auf gesteigerten Gemeingebrauch keine in den Luftraum einer öffentlichen Straße ragenden Gebäudeteile rechtfertigt: BGH, Urt. v. 4.5.1973 – V ZR 176/71, BGHZ 60, 365 = WM 1973, 729; Staudinger/*Roth* BGB § 912 Rn. 40.

117 Nicht jedoch zu darüber hinausgehenden Beeinträchtigungen: so RG Urt. v. 9.1.1907 – V 517/06, RGZ 65, 73.

118 MüKoBGB/*Brückner* BGB § 912 Rn. 27.

119 Staudinger/*Roth* BGB § 912 Rn. 37; BGHZ 64, 273 (276).

120 BGH Urt. v. 14.7.1972 – V ZR 147/70, BGHZ 59, 191 (193).

121 BGH Urt. v. 29.6.2011 – VIII 30/10, ZMR 2011, 782.

122 BGH Urt. v. 19.9.2008 – V ZR 152/07, NJW-RR 2009, 24.

123 BGH Urt. v. 4.4.1986 – V ZR 17/85, BGHZ 97, 292 (294); Staudinger/*Roth* BGB § 912 Rn. 30: zB „Ortsabwesenheit, Unkenntnis des Grenzverlaufs, Verschulden oder Nichtverschulden".

124 Staudinger/*Roth* BGB § 912 Rn. 30.

125 RG Urt. v. 30.3.1939 – V 121/38, RGZ 160, 181; MüKoBGB/*Brückner* § 912 Rn. 27; aA Staudinger/*Roth* BGB § 912 Rn. 35: korrespondierendes Duldungsrecht des Überbauenden.

126 Staudinger/*Roth* BGB § 912 Rn. 38.

127 AllgM: BGH LM § 912 BGB Nr. 1; Staudinger/*Roth* BGB § 912 Rn. 55; MüKoBGB/*Brückner* BGB § 912 Rn. 27.

128 Palandt/*Herrler* BGB § 912 Rn. 11. Nach Staudinger/*Roth* BGB § 912 Rn. 36 kann eine Duldungspflicht durch Begründung einer Grunddienstbarkeit am Stammgrundstück zugunsten des überbauten Grundstücks nach §§ 1018, 873 BGB auch ganz aufgehoben werden.

129 Staudinger/*Roth* BGB § 912 Rn. 35: Wobei keine vollständige Beseitigung erforderlich ist. Es reicht aus, wenn den Gebäuderesten (deren Beseitigung dann nach § 1004 Abs. 1 S. 1 BGB verlangt werden kann) keine selbstständige wirtschaftliche Bedeutung mehr zukommt.

130 So BGH Urt. v. 30.11.1960 – V ZR 117/59, LM § 912 BGB Nr. 8.

dungspflichtige den Überbau selbst beseitigt hat, hat der Nachbar einen Anspruch auf Neuaufbau nach §§ 823 Abs. 1, 249 S. 1 BGB.[131]

2. Überbaurente

52 Der Nachbar, dem die Duldungspflicht nach § 912 Abs. 1 BGB auferlegt ist, muss gemäß § 912 Abs. 2 BGB durch eine Geldrente (Überbaurente) entschädigt werden. Die Geldrente zielt auf einen Ausgleich für den Nutzungsverlust, den der Eigentümer des überbauten Grundstücks durch den Entzug der Bodenfläche erleidet.[132] Sie ist Wertersatzanspruch, nicht Schadensersatzanspruch. Wird ein Grundstück so aufgeteilt, dass ein aufstehendes Gebäude von der Grenze der beiden neu gebildeten Grundstücke durchschnitten wird, bestimmt sich die Überbaurente nach den Grundstückswertverhältnisse im Zeitpunkt der Grundstücksteilung.[133]

53 Ausgangspunkt für die Berechnung ist der Verkehrswert,[134] der – sofern er (wie beim Überbau einer öffentlichen Straße) nicht bestimmt werden kann – durch das übliche Nutzungsentgelt ersetzt werden kann.[135] Die Überbaurente berechnet sich nach dem Bodenwert der überbauten Flächen unter Berücksichtigung von Bebaubarkeit und Geschosshöhe.[136]

54 Die Überbaurente ist nicht nach Art und Ausmaß der Einbuße bei der tatsächlichen Nutzung, sondern allein auf der Grundlage von dessen Verkehrswert zur Zeit der Grenzüberschreitung zu berechnen.[137] Bei der Bemessung stellt der Gesetzgeber nicht auf die konkreten Nutzungseinbußen ab, die der Eigentümer des überbauten Grundstücks durch den Überbau erleidet:[138] Für einen solchen Ansatz hätte die Geldrente nämlich veränderlich ausgestaltet werden müssen, was eine fortdauernde Quelle von Streitigkeiten zur Folge hätte.[139] Um klare und feste Verhältnisse zu schaffen, hat sich der Gesetzgeber für einen pauschalierenden Ansatz entschieden.[140] Für die Höhe der Geldrente soll nach § 912 Abs. 2 S. 2 BGB die Zeit der Grenzüberschreitung maßgeblich sein.

55 Nach § 915 Abs. 1 S. 1 BGB kann der Eigentümer des überbauten Grundstücks jederzeit verlangen, dass der Eigentümer des Stammgrundstücks ihm gegen Übertragung des Eigentums an dem überbauten Grundstücksteil den Wert ersetzt, den dieser Teil zur Zeit der Grenzüberschreitung hatte. Der entsprechende Kapitalbetrag soll bei der Grundabnahme zur Ablösung der Überbaurente dienen.[141] Der bezogen auf den Zeitpunkt der Grenzüberschreitung nach Maßgabe der Wertermittlungsverordnung zu ermittelnde Verkehrswert der überbauten Bodenfläche ist die maßgebende Grundlage für die Bemessung der Überbaurente, woraus die Rente als „angemessene" Verzinsung zu ermitteln ist.[142] Die Entscheidung des Gesetzgebers führt auf der einen Seite dazu, dass der Eigentümer des überbauten Grundstücks auch dann keine höhere Geldrente oder keinen höheren Kaufpreis erhält, wenn er infolge des Überbaus höherwertige Nutzungen nicht ver-

131 Staudinger/*Roth* BGB § 912 Rn. 35.
132 BGH Urt. v. 19.12.1975 – V ZR 25/74, BGHZ 65, 395 (398); MüKoBGB/*Brückner* BGB § 912 Rn. 28.
133 BGH Urt. v. 22.11.2013 – V ZR 199/12, NJW-RR 2014, 971 – Ls.: allerdings ruhen die Duldungspflicht und das Rentenrecht solange, bis die Grundstücke in das Eigentum verschiedener Personen gelangen.
134 BGH Urt. v. 4.4.1986 – V ZR 17/85, BGHZ 97, 292 (296); BGH Urt. v. 26.11.1971 – V ZR 11/70, BGHZ 57, 304 (306). Nach Staudinger/*Roth* BGB § 912 Rn. 47 schlagen sich zum Zeitpunkt der Grenzüberschreitung bestehende rechtliche Bebauungsmöglichkeiten idR im Verkehrswert nieder.
135 BGH Urt. v. 19.12.1975 – V ZR 25/74, BGHZ 65, 395 (398).
136 LG Hamburg Urt. v. 2.9.2015 – 307 O 450/11, ZMR 2016, 67 – Ls. 1: Die überbaute Grundfläche kann nicht mit der Geschosszahl einfach multipliziert werden.
137 BGH Urt. v. 12.10.2018 – V ZR 81/18, NJW-RR 2019, 463 – Ls.
138 BGH Urt. v. 12.10.2018 – V ZR 81/18, NJW-RR 2019, 463, juris Rn. 10.
139 Planck/*Strecker* BGB § 912 Anm. 2.a.
140 BGH Urt. v. 12.10.2018 – V ZR 81/18, NJW-RR 2019, 463, juris Rn. 10.
141 BGH Urt. v. 26.11.1971 – V ZR 11/70, BGHZ 57, 304 (306 f.); Motive zum BGB-E III, 1888, S. 287.
142 BGH Urt. v. 26.11.1971 – V ZR 11/70, BGHZ 57, 304 (305 ff.); BGH Urt. v. 4.4.1986 – V ZR 17/85, BGHZ 97, 292 (297); BGH Urt. v. 28.1.2011 – V ZR 147/10, NJW 2011, 1069 Rn. 31.

wirklichen kann.[143] Diesem – auch als „Versteinerung des Rentenanspruchs" bezeichneten[144] – pauschalierenden Ansatz des Gesetzgebers entspricht es auf der anderen Seite, dass eine Kürzung der Geldrente oder des Kaufpreises nicht erfolgt, wenn eine tatsächliche Beeinträchtigung durch den Überbau im konkreten Fall zum Zeitpunkt der Grenzüberschreitung nicht vorhanden oder geringfügig ist:[145] Der Grundstückseigentümer soll die Wahl haben, ob er nach § 915 Abs. 1 S. 1 BGB gegen Übereignung der überbauten Fläche Ersatz ihres Wertes verlangt oder stattdessen eine Geldrente. Das pauschale Abstellen auf den Verkehrswert der überbaute Fläche im Zeitpunkt der Grenzüberschreitung dient iÜ dem Interesse des überbauenden Eigentümers:[146] Die Geldrente ist nämlich nach § 913 Abs. 1 BGB von dem jeweiligen Eigentümer des Stammgrundstücks zu entrichten. Das Recht auf die Rente geht nach § 914 Abs. 1 BGB allen anderen, auch älteren Rechten am Stammgrundstück vor. Die Höhe des Verkehrswerts hängt entscheidend davon ab, ob und wie die überbaute Teilfläche nach den rechtlichen Vorgaben mit Gebäuden bebaut werden kann.[147] Wie der Eigentümer die überbaute Teilfläche im Zeitpunkt der Grenzüberschreitung (baulich) nutzen wollte, ist hingegen für den Verkehrswert und damit auch für die Bemessung der Überbaurente unerheblich.[148]

Schuldrechtliche Zahlungen an den Voreigentümer können dem Erwerber nicht entgegengehalten werden.[149] Die Höhe der Rente selbst bestimmt sich nach Maßgabe der angemessenen Verzinsung dieses Verkehrswerts.[150] 56

Die Rentenzahlungspflicht entsteht mit der Grenzüberschreitung.[151] Dieser Zeitpunkt, für den der Duldungspflichtige die Behauptungs- und Beweislast trägt,[152] ist nach § 912 Abs. 2 S. 2 BGB auch für die Höhe der Rente maßgeblich,[153] womit nachträgliche Wertänderungen (sowohl im Wechsel der Nutzungsart als auch Änderungen der Bewertung)[154] unberücksichtigt bleiben.[155] 57

Eine Anwendung des § 323 ZPO (Abänderungsklage) auf den Rentenanspruch kommt nicht in Betracht („Versteinerung")[156] ebenso wenig wie ihm der Einwand eines fehlenden Interesses entsprechend § 905 S. 2 BGB bzw. jener eines Mitverschuldens entgegengesetzt werden kann.[157] 58

Da alle Rechtsfolgen des Überbaus in den §§ 912 Abs. 2, 913 ff. BGB geregelt sind, gelangen allgemeine Verwendungsregelungen nicht zur Anwendung.[158] 59

Die **Zahlungsweise** der Geldrente regelt § 913 BGB. Danach ist die Überbaurente dem jeweiligen Eigentümer des Nachbargrundstücks vom jeweiligen Eigentümer des anderen Grundstücks jährlich im Voraus zu entrichten. 60

---

143 BGH Urt. v. 4.4.1986 – V ZR 17/85, BGH Urt. v. 4.4.1986 – V ZR 17/85, BGHZ 97, 292 (296).
144 So Staudinger/*Roth* BGB § 912 Rn. 47. Ähnlich BGH Urt. v. 16.1.2004 – V ZR 243/03, BGHZ 157, 301 (308 f.).
145 BGH Urt. v. 12.10.2018 – V ZR 81/18, NJW-RR 2019, 463, juris Rn. 11.
146 BGH Urt. v. 12.10.2018 – V ZR 81/18, NJW-RR 2019, 463, juris Rn. 12.
147 So auch Staudinger/*Roth* BGB § 912 Rn. 47.
148 Vgl. BGH Urt. v. 26.11.1971 – V ZR 11/70, BGHZ 57, 304 (307); BGH Urt. v. 4.4.1986 – V ZR 17/85, BGHZ 97, 292 (296).
149 LG Hamburg Urt. v. 2.9.2015 – 307 O 450/11, ZMR 2016, 67 – Ls. 2.
150 BGH Urt. v. 4.4.1986 – V ZR 17/85, BGHZ 97, 292 (296 f.); OLG Stuttgart Urt. v. 6.11.1975 – 13 U 121/75, MDR 1976, 400; BGH Urt. v. 26.11.1971 – V ZR 11/70,BGHZ 57, 304 (306); BGH Urt. v. 21.1.1982 – V ZR 154/81, NJW 1983, 1112 (1113).
151 RG Urt. v. 30.3.1939 – V 121/38, RGZ 160, 181.
152 BGH Urt. v. 4.4.1986 – V ZR 17/85, BGHZ 97, 292 (298).
153 BGH Urt. v. 4.4.1986 – V ZR 17/85, BGHZ 97, 292 (297).
154 BGH Urt. v. 26.11.1971 – V ZR 11/70, BGHZ 57, 304 (306).
155 „Es sollten damit für die Überbaurente feste Verhältnisse geschaffen und fortgesetzte nachbarliche Streitigkeiten über den jeweiligen Wert der überbauten Fläche abgeschnitten werden": Staudinger/*Roth* BGB § 912 Rn. 46 unter Bezugnahme auf Motive III, S. 285, 287.
156 Staudinger/*Roth* BGB § 912 Rn. 47.
157 Staudinger/*Roth* BGB § 912 Rn. 47.
158 Staudinger/*Roth* BGB § 912 Rn. 43.

61 Das Rentenrecht geht allen Rechten am belasteten Grundstück (auch den älteren) vor (§ 914 Abs. 1 S. 1 BGB). Es erlischt erst mit der Beseitigung des Überbaus und der damit korrespondierenden Duldungspflicht (§ 914 Abs. 1 S. 2 BGB). Das Rentenrecht kann nach § 914 Abs. 2 BGB nicht selbst als Recht im Grundbuch eingetragen werden. IÜ finden auf das Rentenrecht die Vorschriften Anwendung, die für eine zugunsten des jeweiligen Eigentümers eines Grundstücks bestehende Reallast gelten (so § 914 Abs. 3 BGB).

62 Der jeweilige Eigentümer des Grundstücks, von dem aus überbaut worden ist, ist rentenverpflichtet. Auf dessen Grundstück ruht nämlich auch die Rentenlast. Das belastete Grundstück haftet nach § 914 Abs. 2 iVm §§ 1105 ff. BGB für die Rente.

63 § 912 Abs. 2 BGB ist abschließende Sonderregelung,[159] weswegen weder ein Schadensersatzanspruch gegen den Überbauenden wegen Verlusts der Bodennutzung durch den Überbau[160] nach § 823 Abs. 1 BGB[161] noch ein bürgerlich-rechtlicher Aufopferungsanspruch in Betracht kommt.

3. Eigentum am Gebäude

64 § 912 BGB trifft keine Regelung über die Eigentumsverhältnisse. Der rechtswidrige, aber entschuldigte Überbau hat zur Folge, dass der Überbauende Eigentümer des ganzen Gebäudes[162] wird.[163] Wenn den Eigentümer des Nachbargrundstücks eine Duldungspflicht trifft, ist das gesamte Gebäude wesentlicher Bestandteil des Grundstücks, das als Stammgrundstück anzusehen ist[164] (Prinzip der eigentumsmäßigen Zusammenfassung wirtschaftlicher Einheiten bzw. Gebot der Rechtseinheit zwischen den beiden Gebäudeteilen).[165] Dessen Eigentum erstreckt sich gemäß § 94 Abs. 1 BGB auch auf den Überbau,[166] womit Eigentum und Nutzungsbefugnis am Gebäude in einer Hand bleiben.[167] Hingegen bleibt der Nachbar Eigentümer sei-

159 BGH Urt. v. 4.4.1986 – V ZR 17/85, BGHZ 97, 292 (295); Staudinger/*Roth* BGB § 912 Rn. 49.

160 Anders, wenn durch den Überbau eine weitergehende Eigentumsverletzung herbeigeführt wird, die durch den Normzweck des § 912 Abs. 2 BGB nicht kompensiert wird: RG Urt. v. 9.1.1907 – V 517/06, RGZ 65, 73 (76 f.); BGH Urt. v. 4.4.1986 – V ZR 17/85, BGHZ 97, 292 (295). Fehlt es in solchen Fällen an dem für § 823 Abs. 1 BGB erforderlichen Verschulden, kann ggf. auch ein bürgerlich-rechtlicher Aufopferungsanspruch (entsprechend § 906 Abs. 2 S. 2 BGB) in Betracht kommen: BGH Urt. v. 9.7.1958 – V ZR 202/57, BGHZ 28, 110 (114); Staudinger/*Roth* BGB § 912 Rn. 50.

161 Nach hA soll ein entsprechender Schadensersatzanspruch gegen den Bauunternehmer oder den Architekten des Überbauenden allerdings nicht ausgeschlossen sein: BGH Urt. v. 26.11.1971 – V ZR 11/70, BGHZ 57, 304 (308); Palandt/*Herrler* BGB § 912 Rn. 13; aA hingegen Staudinger/*Roth* BGB § 912 Rn. 51 – arg.: Es könne keinen Unterschied machen, ob der Überbauende selbst oder mithilfe Dritter baut.

162 Einschließlich in den Überbau einbezogener Mauerwerke des Kellers auf dem Nachbargrundstück: BGH Urt. v. 9.5.1969 – V ZR 11/66, NJW 1969, 1481.

163 Analog § 95 Abs. 1 S. 2 BGB: so BGH Urt. v. 23.2.1990 – V ZR 231/88, BGHZ 110, 298 (300); BGH Urt. v. 20.6.1975 – V ZR 206/74, BGHZ 64, 333 (336); BGH Urt. v. 22.2.1974 – V ZR 203/73, BGHZ 62, 141 (145 f.); BGH Urt. v. 19.11.1971 – V ZR 100/69, BGHZ 57, 245 (248); BGH Urt. v. 30.4.1958 – V ZR 215/56, BGHZ 27, 204 (206); BGH Urt. v. 30.4.1958 – V ZR 178/56, BGHZ 27, 197 (199); OLG Köln Urt. v. 22.2.1989 – 13 U 232/89, NJW-RR 1989, 1040.

164 Palandt/*Herrler* BGB § 912 Rn. 12; Staudinger/*Roth* BGB § 912 Rn. 42; aA hingegen MüKoBGB/*Brückner* § 912 Rn. 36 ff. (Aufteilung des Gebäudes in wirtschaftlich sinnvolle Einheiten mit der Folge, dass die durchschnittenen Raumeinheiten in analoger Anwendung des § 947 BGB zugeordnet werden).

165 Staudinger/*Roth* BGB § 912 Rn. 42.

166 Prinzip der Bodenakzession (§§ 946, 93, 94): dazu näher RG Urt. v. 30.3.1939 – V 121/38, RGZ 160, 177; RG Urt. v. 11.5.1942 – V 124/41, RGZ 169, 175; BGH Urt. v. 30.4.1958 – V ZR 215/56, BGHZ 27, 204 (207); BGH Urt. v. 2.2.1965 – V ZR 247/62, BGHZ 43, 127; BGH Urt. 19.11.1971 – V ZR 100/69, BGHZ 57, 245 (249); BGH Urt. v. 20.6.1975 – V ZR 206/74, BGHZ 64, 333 (337); BGH Urt. v. 12.7.1984 – IX ZR 124/83, NJW 1985, 789; BGH Urt. v. NJW 1988, 1078; OLG Köln Urt. v. 25.7.1991 – 7 U 141/90, NJW-RR 1992, 212.

167 Staudinger/*Roth* BGB § 912 Rn. 42.

nes überbauten Grundstücks, dh der Grundfläche, auf dem der Überbau steht (vgl. § 915 BGB),[168] und des Luftraums über dem Überbau (§ 905 BGB).[169]

Da dem Überbauer als Duldungsberechtigten allerdings ein „Recht zum Besitz" am überbauten Grundstücksteil zusteht, kann der beeinträchtigte Nachbar weder seinen Eigentumsherausgabeanspruch nach § 985 BGB (wegen § 986 BGB) noch einen Beseitigungsanspruch nach § 1004 Abs. 1 S. 1 BGB geltend machen.[170] 65

Beim Anbau an eine nur auf dem Nachbargrundstück stehende Mauer (ggf. mit parallel erfolgender Erhöhung) verbleibt diese im (Allein-)Eigentum des Eigentümers, auf dessen Grundstück sie errichtet worden ist.[171] Da die Erhöhung der Mauer selbst einen Überbau darstellt, kann dagegen Widerspruch eingelegt werden.[172] 66

Eine Aufstockung des errichteten Gebäudes auf dem Nachbargrundstück durch den Überbauenden ist unzulässig,[173] weil die Grenzüberschreitung in ihrem Ausmaß vergrößert wird und so einen neuen Eingriff in das Recht des Nachbareigentümers darstellt. Wer von dem Grundstücksnachbarn die Duldung eines Grenzüberbaus nach § 912 BGB verlangen kann, ist also nicht schon deswegen berechtigt, den Überbau nach freiem Belieben aufzustocken. Dafür spricht auch § 905 BGB. 67

Umgekehrt steht es, jedenfalls dann, wenn dies im Zusammenhang mit einem einheitlichen Bauvorhaben geschieht, das das Stammgebäude verändert, nur dem Überbauenden als Eigentümer des Gebäudes frei, den Überbau (aus freiem Entschluss) auf dem Nachbargrundstück auch wieder zu entfernen[174] (Abriss); vgl. auch § 914 Abs. 1 S. 2 BGB).[175] Der Nachbar hat grundsätzlich keinen Anspruch auf Belassung des Überbaus. Ein Ausnahmefall kann sich allenfalls aus Grundsätzen des Redlichkeitsgebots ergeben, wenn der Nachbar vom Bestand des Überbaus ausgehen durfte und auf dieser Grundlage auch Maßnahmen ergriffen (zB Anbau an die Mauer des Überbaus) hatte, die (bei Abriss des Überbaus) zu einer schwerwiegenden Beeinträchtigung seiner (vor allem auch wirtschaftlichen) Interessen führen würden.[176] Dann würde sich ein Abriss als treuwidrig (Verstoß gegen § 242 BGB) gestalten. 68

VI. Rechtsfolge beim rechtswidrigen, aber unentschuldigten Überbau

Ein Fall des rechtswidrigen (unrechtmäßigen) und unentschuldigten Überbau liegt vor, wenn der Überbauende bzw. sein Repräsentant vorsätzlich oder grob fahrlässig gehandelt haben bzw. der betroffene Nachbar sofort widersprochen hat (mithin die Voraussetzungen des § 912 Abs. 1 BGB weder in unmittelbarer, noch in analoger Anwendung vorliegen) und der Nachbar dem Überbau auch nicht zugestimmt hat (rechtmäßiger Überbau). 69

168 RG Urt. v. 11.5.1942 – V 124/41, RGZ 169, 172 (175); BGH Urt. v. 11.4.1975 – V ZR 165/73, BGHZ 64, 273 (274) *Klempt* JZ 1969, 223; aA hingegen *Hodes* NJW 1964, 2382; *Weitnauer* JZ 1951, 161; *Woite* MDR 1961, 895.

169 BGH Urt. v. 11.5.1975 – V ZR 165/73, BGHZ 64, 273 (278).

170 So Staudinger/*Roth* BGB § 912 Rn. 41 – iÜ stellt das Duldungsrecht auch einen „rechtlichen Grund" iSv § 812 BGB dar.

171 Zumindest dann, wenn sie überwiegend von ihm errichtet worden ist: BGH Urt. v. 26.2.1964 – V ZR 59/61, BGHZ 41, 177 – dann scheidet eine waagerechte Teilung der Mauer aus; aA *Hodes* NJW 1962, 1261.

172 Staudinger/*Roth* BGB § 912 Rn. 44.

173 BGH Urt. v. 29.11.1965 – VII ZR 202/63, BGHZ 64, 273 (276 ff.); anders noch BGH Urt. v. 26.7.1964 – V ZR 59/61, BGHZ 41, 177 (181).

174 Abriss ist grundsätzlich zulässig: so BGH Urt. v. 23.9.1988 – V ZR 231/87, BGHZ 105, 202 (205 f.).

175 Staudinger/*Roth* BGB § 912 Rn. 45: unabhängig davon, „auf welchem Grundstück mit dem Abriss begonnen wird".

176 *Müller*, Sachenrecht, Rn. 355 b.

70 Hier ist der Nachbar berechtigt, nach § 1004 Abs. 1 S. 1 BGB[177] (bzw. auch nach § 823 Abs. 1 iVm § 249 S. 1 BGB) Beseitigung des Überbaus auf Kosten des Überbauenden bzw. Herausgabe der überbauten Fläche nach § 985 BGB zu verlangen.[178]

71 Der Anspruch nach § 985 BGB hängt nicht von der Durchsetzbarkeit des Anspruchs nach § 1004 Abs. 1 S. 1 BGB auf Beseitigung des Überbaus ab,[179] sondern kann auch dann durchgesetzt werden, wenn der Überbau nicht entfernt wird.[180] Bei einem rechtswidrigen, nicht entschuldigten Überbau stehen die Ansprüche nach § 1004 Abs. 1 BGB und § 985 BGB in Anspruchskonkurrenz nebeneinander.[181] § 985 BGB beschränkt sich darauf, dass der Nachbar seinen Besitz an dem Überbau aufgibt und dem Eigentümer den Besitz an dem auf seinem Grundstück stehenden Teil des Gebäudes überlässt.[182] Die über die Übertragung des Besitzes hinausgehende Entfernung der vom Besitzer errichteten Bauwerke oder Bauwerksteile (Räumung) ist nicht Inhalt des § 985 BGB, sondern des Beseitigungsanspruchs nach § 1004 Abs. 1 BGB.[183] Die Einrede des § 275 Abs. 2 S. 1 BGB kann auch gegen einen Beseitigungsanspruch aus § 1004 Abs. 1 S. 1 BGB erhoben werden.[184]

72 IÜ kann der Nachbar auch einen Besitzstörungsanspruch nach § 862 BGB geltend machen. Der Beseitigungsanspruch ist grundsätzlich davon unabhängig, ob dem Eigentümer des überbauten Grundstücks Nachteile in seiner eigenen Grundstücksnutzung tatsächlich entstanden sind oder nicht.[185] Der Schadensersatzanspruch aus § 990 Abs. 2 iVm § 286 BGB aF wird durch die Vorschriften der §§ 912 ff. BGB nicht verdrängt.[186] Der BGH[187] hat entschieden, dass die Vorschriften der §§ 912 ff. BGB über den Überbau Ansprüche auf Schadensersatz aus Verzug oder unerlaubter Handlung nur dann ausschließen, wenn eine Duldungspflicht nach § 912 BGB bejaht wird. Nur in diesem Fall kann die Anwendung anderer Anspruchsgrundlagen den sich aus §§ 912 ff. BGB ergebenden Ansprüchen zuwiderlaufen.

73 In seltenen Ausnahmefällen kann die Geltendmachung des Beseitigungsanspruchs gegen den Überbauenden nach allgemeinen Rechtsgrundsätzen auch als ein Verstoß gegen Treu und Glauben (§ 242 BGB) anzusehen sein[188] (zB im Falle einer Verwirkung).[189]

---

177 Wobei § 912 Abs. 1 BGB eine Einwendung des Überbauenden gegen den Beseitigungsanspruch darstellt: Staudinger/*Roth* BGB § 912 Rn. 83. Die Behauptungs- und Beweislast für die Schuldlosigkeit bzw. die nur leichte Fahrlässigkeit trägt der Überbauende (RG Urt. v. 1.12.1900 – I 272/00, RGZ 47, 114 (117)), wohingegen der Nachbar den rechtzeitigen Widerruf behaupten und ggf. auch beweisen muss (so bereits Prot. III, S. 135). Die Frage, ob grobe oder nur leichte Fahrlässigkeit vorliegt, stellt eine dem Beweis nicht zugängliche Rechtsfrage dar (BGH Urt. v. 11.5.1953 – IV ZR 170/52, BGHZ 10, 14 (17)).

178 BGH Urt. v. 17.6.1963 – VII ZR 277/61, BGHZ 40, 18 (2); OLG Celle Urt. v. 2.2.1954 – 4 U 242/52, MDR 1954, 294; LG Tübingen Urt. v. 29.1.1990 – 1 S 208/89, NJW-RR 1990, 338; Staudinger/*Roth* BGB § 912 Rn. 74; aA hingegen *Picker*, S. 172 ff.; mit ausführlicher Begründung auch Staudinger/*Gursky* BGB § 1004 Rn. 41 f.

179 BGH Urt. v. 28.1.2011 – V ZR 147/10, NJW 2011, 1069.

180 BGH Urt. v. 16.1.2004 – V ZR 243/03, BGHZ 157, 301 (306).

181 So Staudinger/*Roth* BGB § 912 Rn. 74.

182 BGH Urt. v. 16.1.2004 – V ZR 243/03, BGHZ 157, 301 (306).

183 BGH Urt. v. 28.1.2011 – V ZR 147/10, NJW 2011, 1069 Rn. 24; BGH Urt. v. 16.3.2007 – V ZR 190/06, WM 2007, 1940 (1941); NK-BGB/*Schanbacher* § 985 Rn. 43; Staudinger/*Gursky* BGB § 985 Rn. 65.

184 BGH Urt. v. 30.5.2008 – V ZR 184/07, NJW 2008, 3122; OLG Brandenburg Urt. v. 4.11.2010 – 5 U 39/09, BauR 2011, 705; OLG Stuttgart Urt. v. 19.8.2009 – 3 U 15/09, OLGR 2009, 802: Braucht der Berechtigte einer Grunddienstbarkeit den Überbau wegen grober Fahrlässigkeit bei der Errichtung des Überbaus nach §§ 1027, 1004, iVm 912 Abs. 1 BGB nicht zu dulden, kann dennoch dem Anspruch auf Beseitigung ein Leistungsverweigerungsrecht nach § 275 Abs. 2 BGB entgegen stehen, wenn die gebotene Abwägung der speziellen Umstände des Einzelfalls ergibt, dass die Beseitigung die Grenzen der Zumutbarkeit überschreiten würde.

185 Staudinger/*Roth* BGB § 912 Rn. 74.

186 BGH Urt. v. 19.9.2003 – V ZR 360/02, BGHZ 156, 170.

187 BGH Urt. v. 4.4.1986 – V ZR 17/85, BGHZ 97, 292.

188 BGH Urt. v. 21.6.1974 – V ZR 164/72, BGHZ 62, 388 (391); BGH Urt. v. 16.3.1979 – V ZR 38/75, WM 1979, 644; BGH LM § 912 BGB Nr. 25; aA OLG Nürnberg Urt. v. 30.1.1968 – 3 U 2/67, RdL 1968, 102.

189 BGH Urt. v. 16.3.1979 – V ZR 38/75, WM 1979, 644 (646) – wozu allerdings eine langjährige Duldung allein nicht ausreicht: Staudinger/*Roth* BGB § 912 Rn. 74.

Der Beseitigungsanspruch nach § 1004 Abs. 1 S. 1 BGB wird in eng umgrenzten Ausnahmefällen auch dann ausgeschlossen, wenn die Beseitigung unter Berücksichtigung der beiderseitigen Nachbarinteressen sowie aller Umstände des konkreten Falles billigerweise nicht zumutbar wäre (weil zB die Beseitigung nur mit immensen, dh unverhältnismäßig hohen Aufwendungen verbunden, die Nutzungsbeeinträchtigung für den Nachbarn jedoch äußerst geringfügig ist).[190] Dann hat der Überbauende aber dem Nachbarn analog § 912 BGB eine Überbaurente zu zahlen.[191] 74

Roth[192] hält diese von der Judikatur vertretene Auffassung für bedenklich, da „weder der vorsätzlich Handelnde noch auch der grob Fahrlässige als schutzbedürftig erscheinen". In jedem Falle muss der Beseitigungsanspruch bei nur ganz geringfügigen Beeinträchtigungen ausgeschlossen sein.[193] Ist der Beseitigungsanspruch wegen öffentlich-rechtlicher Zweckentfremdungsverbote ausgeschlossen, kann dem Anspruchsinhaber aber ggf. ein öffentlich-rechtlicher Aufopferungsanspruch zustehen.[194] 75

Der rechtswidrig und nicht nach § 912 BGB entschuldigte Überbau ist nach § 94 BGB wesentlicher Bestandteil des überbauten Grundstücks, da bei einer rechtswidrigen Eigentumsverletzung die §§ 93, 94 Abs. 2 BGB zurücktreten. Damit gehört er zum Eigentum des überbauten Grundstücks.[195] Ein auf zwei Grundstücken errichtetes Gebäude ist aus diesem Grunde eigentumsrechtlich an der Grenze (dh vertikal) geteilt.[196] Die vertikale Teilung kann ggf. (zB wenn sie durch Räume hindurchführt) zu zweckwidrigen Nutzungen führen. 76

Der Eigentümer des überbauten Grundstücks kann immer Beseitigung des überbauten Gebäudeteils nach § 1004 Abs. 1 S. 1 BGB verlangen, wodurch die wirtschaftliche Sacheinheit gerade nicht gegen Zerstörung geschützt werden soll.[197] Regelmäßig liegt beim unentschuldigten unrechtmäßigen Überbau ein Eigentümer-Besitzer-Verhältnis (§§ 987 ff. BGB) vor, da der überbaute Nachbar Eigentümer des Grundstücks und des darauf gebauten Gebäudeteils ist, wohingegen der Überbauende – ohne zum Besitz berechtigt zu sein (§ 986 BGB) – Besitzer des überbauten Gebäudeteils ist.[198] Folge ist, dass dem überbauten Nachbarn die Nutzungen (zB Mietzinserträge nach §§ 100, 99 Abs. 3 BGB) am übergebauten Teil gemäß §§ 987, 990, 988 BGB zustehen.[199] 77

Verlangt der Nachbar und Eigentümer des überbauten Grundstücks die Beseitigung des rechtswidrigen und unentschuldigten Überbaus nicht, ist sein Vermögen bereichert, weil der Überbau (in Gestalt eines Gebäudes) auf seinem Grundstück in seinem Eigentum steht. Diesen Vermögenswert hat er grundsätzlich nach 78

190 BGH Urt. v. 29.4.1977 – V ZR 71/75, NJW 1977, 1447.
191 BGH Urt. v. 29.4.1977 – V ZR 71/75, NJW 1977, 1447; so auch Staudinger *Roth* BGB § 912 Rn. 75.
192 Staudinger/*Roth* BGB § 912 Rn. 75: „Art Zwangsenteignung des Nachbarn".
193 Vgl. dazu etwa BGH Urt. v. 9.2.1977 – V ZR 201/75, WM 1977, 536.
194 Staudinger/*Roth* BGB § 912 Rn. 75 – die Anspruchshöhe soll dann dem Rentenrecht nach § 912 Abs. 2 BGB entsprechen.
195 So BGH Urt. v. 12.7.1984 – IX ZR 124/83, NJW 1985, 789; *Klempt* JZ 1969, 223; aA hingegen *Eichler* JuS 1965, 479; *Gollnick* AcP 157 (1958/59), 460; *Woite* MDR 1961, 895.
196 Str.; so aber BGH Urt. v. 30.4.1958 – V ZR 215/56, BGHZ 27, 204 (207 f.); BGH Urt. v. 26.2.1964 – V ZR 59/61, BGHZ 41, 177; BGH Urt. v. 12.7.1984 – IX ZR 124/83, NJW 1985, 789 (790); BGH Urt. v. 19.11.1971 – V ZR 100/69,BGHZ 57, 245 (249); BGH Urt. v. 22.2.1974 – V ZR 103/73, BGHZ 62, 141 (143); BGH Urt. v. 20.6.1975 – V ZR 206/74, BGHZ 64, 333 (337); BGH Urt. v. 4.12.1987 – V ZR 274/86, BGHZ 102, 311 (314); BGH Urt. v. 22.5.1981 – V ZR 102/80, NJW 1982, 756; BGH Urt. v. 2.6.1989 – V ZR 167/88, NJW-RR 1989, 1039; *Klempt* JZ 1969, 223; Palandt/*Herrler* BGB § 912 Rn. 15; Staudinger/*Gursky* BGB § 1004 Rn. 42; aA *Gollnick* AcP 157 (1958/59), 460, 464 f.; *Hodes* NJW 1964, 2382 (2386); vgl. zudem MüKoBGB/*Brückner* BGB § 912 Rn. 43, der für eine Aufteilung analog § 947 BGB plädiert.
197 Staudinger/*Roth* BGB § 912 Rn. 76.
198 BGH Urt. v. 30.4.1958 – V ZR 215/56, BGHZ 27, 204; Staudinger/*Roth* BGB § 912 Rn. 77.
199 BGH Urt. v. 30.4.1958 – V ZR 215/56, BGHZ 27, 204 (209).

den Vorschriften über die ungerechtfertigte Bereicherung auszugleichen.[200] Härten für den Eigentümer können über die Regeln der aufgedrängten Bereicherung ausgeglichen werden.[201] Anderer Auffassung ist die Rechtsprechung. Sie billigt dem Überbauenden nur ausnahmsweise über § 242 BGB einen Ausgleichsanspruch zu.[202] Der BGH sieht den Bau auf einem fremden Grundstück nicht als Verwendung an, weswegen der Überbauende keinen Verwendungsersatzanspruch (zB für die nicht unerheblichen Bauaufwendungen) nach den §§ 994 ff. BGB geltend machen kann. Dies gilt auch für das Zurückbehaltungsrecht gemäß § 1000 BGB.[203] Da der BGH auch die Verwendungskondiktion aus § 951 Abs. 1 S. 1 (iVm §§ 946, 847 Abs. 2) iVm § 812 Abs. 1 S. 1 Alt. 2 BGB ausschließt,[204] bleibt lediglich das Wegnahmerecht nach § 997 iVm § 258 BGB.

VII. Analoge Anwendung des § 912 BGB

79 Eine analoge Anwendung des § 912 BGB kommt zB in folgenden Fällen in Betracht:[205]

- Erweiterung eines bestehenden Überbaus.
- Überbau durch größere Bauwerke (zB Brücken), die nicht dem Gebäudebegriff des § 912 Abs. 1 BGB unterfallen.
- Überbau des Pächters, sofern der Eigentümer dies genehmigt hat.
- Eigengrenzüberbau dh den (unbeabsichtigten wie bewussten)[206] Überbau eines einheitlichen Gebäudes durch den Eigentümer (den kein Verschulden treffen kann, da er nicht rechtswidrig handelt) zweier Grundstücke über die Grenze hinweg, wenn im Nachgang eines der überbauten Grundstücke in das Eigentum eines Dritten gelangt:[207] Der Eigentümer des Stammgrundstücks hat Eigentum am Gesamtgebäude. Den Dritten als Erwerber des überbauten Grundstücks trifft eine Duldungspflicht. Duldungspflicht wie Rentenzahlungspflicht entstehen zwar bereits im Zeitpunkt des Grenzüberbaus, ruhen aber bis zum Auseinanderfallen des Eigentums an den Grundstücken.[208] Kann das Stammgrundstück **nicht** bestimmt werden, sind die auf den einzelnen Grundstücken stehenden Gebäudeteile jeweils wesentliche Grundstücksbestandteile und stehen damit im Eigentum des jeweiligen Grundstückseigentümers (Fall einer Eigentumsspaltung).[209] Die Pflicht des Nachbarn, einen Überbau zu dulden, kann nach einem Ei-

---

200 So *Klauser* NJW 1965, 514; *Weitnauer* DNotZ 1972, 377. Insoweit ist jedoch zu berücksichtigen, dass die Vorschriften der §§ 987 ff. BGB über das Eigentümer-Besitzer-Verhältnis als Spezialregelungen dann vorgehen, wenn der überbauende Nachbar im Zeitpunkt des Überbaus Besitzer des überbauten Grundstücks ist – so *Eichler* JuS 1965, 480; *Huber* JuS 1970, 515.

201 So die hL; vgl. Staudinger/*Roth* BGB § 912 Rn. 78; Staudinger/*Gursky* BGB Vor §§ 994–1003 Rn. 5 ff. mwN; *Huber* JuS 1970, 515.

202 BGH Urt. v. 26.7.1964 – V ZR 105/61, BGHZ 41, 157 (165) – der Abbruch des Hauses war nach öffentlichem Recht verboten und der Überbau war für den Eigentümer wirtschaftlich vorteilhaft. Dabei berechnete der BGH den geschuldeten Betrag aber nicht nur nach dem Wert des Wegnahmerechts, sondern berücksichtigte auch den Vorteil des Eigentums. Staudinger/*Roth* BGB § 912 Rn. 78 will hingegen auch sachändernde Verwendungen dem § 996 BGB unterfallen lassen – Härten für den Eigentümer sollen nach den Grundsätzen einer aufgedrängten Bereicherung ausgeglichen werden.

203 BGH Urt. v. 26.7.1964 – V ZR 105/61, BGHZ 41, 157 (159 ff.).

204 Obwohl eine sachverändernde Bebauung gerade nicht als „Verwendung" zu qualifizieren ist: BGH Urt. v. 26.7.1964 – V ZR 105/61, BGHZ 41, 157 (159); Staudinger/*Roth* BGB § 912 Rn. 78.

205 Beispiele nach Staudinger/*Roth* BGB § 912 Rn. 53.

206 So Staudinger/*Roth* BGB § 912 Rn. 57 – da eine Differenzierung (Beschränkung auf den bloß unbeabsichtigten Eigengrenzüberbau – idS *Dehner*, B § 24 Rn. 47 f.) durch die subjektive Komponente nur Rechtsunsicherheit für den überbauenden Eigentümer schüfe.

207 Gebäude bildet einheitliche Einheit und ist wesentlicher Bestandteil des Grundstücks, von dem aus überbaut wurde: RG Urt. v. 30.3.1939 – V 121/38, RGZ 160, 166 (177); BGH Urt. v. 23.2.1990 – V ZR 188/88, BGHZ 110, 298 (300).

208 RG Urt. v. 30.3.1939 – V 121/38, RGZ 160, 166 (181); ebenso MüKoBGB/*Brückner* § 912 Rn. 50 – arg.: Duldungspflicht und Rentenpflicht als subjektiv-dingliche Rechte; Staudinger/*Roth* BGB § 912 Rn. 56 mit der Begründung: Duldungspflicht und Rentenpflicht als nähere Ausgestaltung des gesetzlichen Eigentumsinhalts.

209 So BGH Urt. v. 12.7.1984 – IX ZR 124/83, NJW 1985, 789 = WM 1984, 1283; ebenso Staudinger/*Roth* BGB § 912 Rn. 55: jedenfalls entsteht kein Miteigentum.

gengrenzüberbau Inhalt einer Grunddienstbarkeit sein, um mögliche künftige Streitigkeiten über das Eigentum an dem Bauwerk und über die Duldungspflicht des Nachbarn auszuschließen.[210] Aus der Pflicht des Nachbarn, einen Garagenüberbau zu dulden, ergibt sich nicht zugleich das Recht des Eigentümers zur Nutzung der teilweise auf dem Grundstück des Nachbarn gelegenen Garagenzufahrt.[211]

- Nachträglich über die Grenze gebauten Anbau, was nicht davon abhängt, in welchem Umfang der Anbau auf dem überbauten Grundstück steht, sondern von dem mit dem Abbruch des Anbaus verbundenen Folgen für das auf dem Grundstück des überbauenden stehenden Gebäude.[212]
- Grundstücksteilung (nachträglicher Eigengrenzüberbau), dh die nachträgliche Teilung eines Grundstücks mit nachfolgendem Verkauf des einen Grundstücksteils, auf dem zunächst ein Gebäude errichtet worden ist, wobei die Grundstücksteilung durch das Gebäude hindurch verläuft.[213] In diesem Falle hält in analoger Anwendung der §§ 912 ff. BGB der Eigentümer des Stammgrundstücks[214] Eigentum am gesamten Gebäude.[215] Wenn die Grenze nicht eine natürlich-wirtschaftliche Einheit des Gebäudes durchschneidet, sondern zwei Gebäude mit selbstständigen Wohneinheiten entstehen lässt und ein Gebäudeteil in das Nachbargrundstück hereinreicht, bleibt dieser Teil mit dem Gebäudeeigentum (dessen wesentlicher Bestandteil er ist) verbunden.[216]
- Bei einer Veränderung des Gebäudes wird erstmals über die Grenze gebaut (dh die Grundstücksgrenze wird infolge nachträglicher Veränderungen eines – zunächst innerhalb der Grenzen errichteten – Gebäudes überbaut):[217] Dabei ist eine entsprechende Anwendung von § 912 BGB nicht auf bestimmte Baumaßnahmen (wie die Erweiterung des vorhandenen Baukörpers)[218] beschränkt. Bei Veränderungen eines bestehenden Gebäudes kann der Grundgedanke des § 912 BGB allerdings nicht in jedem Fall zum Tragen kommen und daher ist nicht stets von einem Überbau im Rechtssinne auszugehen.[219] Dies gilt insbesondere für Fälle nachträglich angefügter Gebäudeteile (zB Fensterläden und Markisen), weil bei deren Beseitigung nicht von der Zerstörung wirtschaftlicher Werte gesprochen werden kann.[220] Die Möglichkeit einer entsprechenden Anwendung von § 912 BGB hängt nicht von der Art der Baumaßnahme ab,[221] sondern von den mit einem Rückbau verbundenen Folgen. Entscheidend ist, ob sich eine Beseitigung des Überbaus nicht auf diesen beschränken lässt, sondern die Gebäudeeinheit beeinträchtigt und auf diese Weise zwangsläufig zu einem Wertverlust der innerhalb der Grundstücksgrenzen befindlichen Gebäudeteile führt.[222]
- Unrechtmäßige Verletzung von Grenzabständen (Grenzabstandslinien) bei Gebäuden im Falle der Verletzung von Abstandsvorschriften (in den Landesbauordnungen),[223] der Verletzung von (altrechtlichen)

---

210 BGH Urt. v. 15.11.2013 – V ZR 24/13, NJW 2014, 311 (Ls. 1).
211 BGH Urt. v. 15.11.2013 – V ZR 24/13, NJW 2014, 311 (Ls. 2).
212 BGH Urt. v. 15.7.2016 – V ZR 195/15, NJW-RR 2016, 1489 (Ls. 2).
213 BGH Urt. v. 23.2.1990 – V ZR 231/88, BGHZ 110, 298 (302); BGH Urt. v. 23.9.1988 – V ZR 231/87, BGHZ 105, 202 (204); BGH Urt. v. 20.6.1975 – V ZR 206/74, BGHZ 64, 333 (337).
214 Stammgrundstück ist jenes Grundstück, auf dem sich nach Umfang, Lage und wirtschaftlicher Bedeutung das maßgebliche Gebäudeteil befindet: BGH Urt. v. 23.2.1990 – V ZR 231/88, BGHZ 110, 298 (302 f.). Lässt sich solchermaßen das Stammgrundstück nicht bestimmen, kommt es zur vertikalen Teilung, vgl. OLG Düsseldorf Urt. v. 22.10.1986 – 9 U 235/85, NJW-RR 1987, 397; Palandt/*Herrler* BGB § 912 Rn. 15; aA hingegen OLG Karlsruhe Urt. v. 17.2.1989 – 14 U 235/87, OLGZ 1989, 341: Miteigentum.
215 Staudinger/*Roth* BGB § 912 Rn. 58.
216 BGH Urt. v. 15.11.2013 – V ZR 24/13, BGHZ 102, 311 (315).
217 BGH Urt. v. 19.9.2008 – V ZR 157/07, NJW-RR 2009, 24 Rn. 10.
218 Dazu BGH Urt. v. 22.11.2013 – V ZR 199/12, LM § 912 BGB Nr. 9.
219 MüKoBGB/*Brückner* § 912 Rn. 16.
220 Staudinger/*Roth* BGB § 912 Rn. 15.
221 AA OLG Braunschweig Urt. v. 19.2.2003, OLGR 2003, 162.
222 BGH Urt. v. 19.9.2008 – V ZR 152/07, NJW-RR 2009, 24 Rn. 10.
223 Vgl. Palandt/*Herrler* BGB § 912 Rn. 1; Staudinger/*Roth* BGB § 912 Rn. 59; aA hingegen *Picker* AcP 176 (1976), 28, 56 f.

privatrechtlichen Abstandsvorgaben,[224] der Verletzung von dinglichen Rechten[225] oder der Verletzung schuldrechtlich vereinbarter (horizontaler oder vertikaler) Bebauungsgrenzen:[226] Hier finden die §§ 912 ff. BGB gleichermaßen analoge Anwendung. Es kommt gar nicht zu einem Überbau, weshalb dem Nachbarn keine weitergehenden Rechte zustehen können. Der Unterlassungsanspruch nach § 1004 Abs. 1 S. 2 BGB wird ebenso wie ein Beseitigungsanspruch nach § 823 Abs. 2 BGB iVm der jeweiligen Abstandsflächenvorschrift des Landesbaurechts (als Schutzgesetz) durch § 912 BGB analog verdrängt. Es besteht in diesen Konstellationen allerdings keine Verpflichtung zur Zahlung einer Geldrente analog § 912 Abs. 2 BGB.[227]

- Nachträgliche Grenzverletzungen (zB Gebäudeneigung oder Mauerauswuchtungen[228] bzw. bergbaubedingte Erdbewegungen, die ein Haus seitlich über die Grenze schieben),[229] sofern der Grundstückseigentümer noch nicht einmal die theoretische Möglichkeit eines Widerspruchs hatte:[230] Hier kommt gleichermaßen eine Verpflichtung zur Zahlung einer Geldrente analog § 912 Abs. 2 BGB in Betracht. § 910 BGB analog gelangt nicht zur Anwendung, ggf. aber § 908 BGB bei Einsturzgefahr.[231]
- Katasterraub dh, der Eigentümer eines bebauten Grundstücks verliert durch einen gutgläubigen Erwerb des Nachbarn nach § 892 BGB einen Teil seines Grundstücks, wobei das darauf stehende Gebäude durch die Grenze durchschnitten wird.[232]
- Überschneidung der Grenze zwischen Sonder- und Teileigentum iSd WEG durch bauliche Maßnahmen.[233] Ein Grenzüberbau, den der Nachbar nach § 912 BGB zu dulden hat, hindert die Entstehung von Wohnungseigentum bzw. Teileigentum (§ 1 Abs. 6 WEG) nicht, weil das die Grundstücksgrenze überschreitende Bauwerk einheitlich wesentlicher Bestandteil des Grundstücks ist, das aufgeteilt wird. Gleiches gilt, wenn der Überbau in Ausübung einer Grunddienstbarkeit errichtet wurde (§ 95 Abs. 1 S. 2 BGB). Insbesondere der durch die vorherige Eintragung einer Grunddienstbarkeit abgesicherte Überbau fällt nach hM als rechtmäßiger (anfänglich gestatteter) Überbau als dessen wesentlicher Bestandteil (§§ 94 Abs. 1 S. 1, 95 Abs. 1 S. 2 BGB) in das Eigentum des Eigentümers des Stammgrundstücks, da Rechte iSd § 95 Abs. 1 S. 2 BGB gerade Grunddienstbarkeiten sind.[234] Bei der Errichtung eines Gebäudes über die Grenze im Einverständnis mit dem Grundstücksnachbarn (rechtmäßiger Überbau) sind für die Eigentumsverhältnisse am überbauten Gebäudeteil die gleichen Grundsätze maßgebend sind, die nach den §§ 912 ff. BGB im Falle des entschuldigten rechtswidrigen Überbaus gelten.[235]

---

224 Palandt/*Herrler* BGB § 912 Rn. 1 – vgl. etwa § 62 NNachbG; § 3 iVm § 1 NachbG NRW; § 42 Abs. 2 NachbG Schl.-H.; § 3 Abs. 3 NRG BW- Ausschlüsse des Beseitigungsanspruchs, die Staudinger/*Roth* (§ 912 Rn. 59) allerdings als Verstoß gegen Art. 124 EGBGB qualifiziert.

225 ZB die Beeinträchtigung einer Grunddienstbarkeit durch die Errichtung eines Gebäudes ohne Grenzüberschreitung: Staudinger/*Roth* BGB § 912 Rn. 60 – vgl. zudem BGH Urt. v. 9.1.1963 – V ZR 125/61, BGHZ 39, 5 = NJW 1963, 807; Palandt/*Herrler* BGB § 912 Rn. 1.

226 Palandt/*Herrler* BGB § 912 Rn. 1; Staudinger/*Roth* BGB § 912 Rn. 60: Wobei es in diesem Falle nur bei der analogen Anwendung des § 912 Abs. 1 BGB verbunden mit einem Schadensersatzanspruch wegen Verletzung des Vertrags bleiben soll, wohingegen der Geldrentenanspruch analog § 912 Abs. 2 BGB ausgeschlossen sein soll.

227 OLG Koblenz Urt. v. 17.12.1998 – 5 U 500 - 98, NJW-RR 1999, 1394.

228 BGH Urt. v. 4.4.1986 – V ZR 17/85, BGHZ 97, 292.

229 OLG Frankfurt a. M. NJW-RR 1992, 464 – wobei nach Staudinger/*Roth* BGB § 912 Rn. 62 der unter dem Überbau sich befindliche Boden weiterhin im Eigentum des Nachbarn steht, der durch eine Überbaurente nach § 912 Abs. 2 BGB analog entschädigt wird. Zur Beweispflicht Staudinger/*Roth* BGB § 912 Rn. 61.

230 BGH Urt. v. 4.4.1986 – V ZR 17/85, BGHZ 97, 292 (294).

231 Staudinger/*Roth* BGB § 912 Rn. 61.

232 Staudinger/*Roth* BGB § 912 Rn. 63.

233 KG Urt. v. 28.5.1999 – 24 W 9020/97, ZMR 2000, 331 (333); Staudinger/*Roth* BGB § 912 Rn. 64: Es setze sich der Normzweck des § 912 BGB (Erhaltung wirtschaftlicher Werte) durch.

234 OLG Stuttgart Urt. v. 5.7.2011 – 8 W 229/11, ZWE 2011, 410, juris Rn. 18.

235 OLG Stuttgart Urt. v. 5.7.2011 – 8 W 229/11, ZWE 2011, 410, juris Rn. 19; BGH Urt. v. 22.2.1974 – V ZR 103/73, BGHZ 62, 141.

- Überbau des Nutzungsberechtigten (zB des Pächters) des Stammgrundstücks mit Einwilligung oder Genehmigung des Eigentümers auf ein eigenes Nachbargrundstück.[236]

VIII. Rechtmäßiger Überbau

Der rechtmäßige („entschuldigte")[237] Überbau, der aufgrund einer (meist ausdrücklichen) Zustimmung des Nachbarn erfolgte, unterfällt nicht den §§ 912 ff. BGB, weshalb auch die Rechtsfolgen abweichend auf vertraglicher Grundlage geregelt werden können.[238] 80

Fehlt eine vertragliche Entschädigungsregelung, kann aber (wenn eine Auslegung der Vereinbarung nach § 157 BGB nicht weiterhilft) angenommen werden, dass die Rechtsfolge des § 912 Abs. 2 BGB gewollt ist.[239] Die Duldungspflicht des Nachbarn resultiert aus dessen Einverständnis.[240] Die Zustimmung des Grundstückseigentümers zur Überbauung seines Grundstücks (rechtmäßiger Überbau) führt dazu, dass der Überbauende entgegen der §§ 946, 94 Abs. 1 BGB Eigentümer des auf dem Nachbargrundstück stehenden Gebäudeteils wird (§ 95 Abs. 1 S. 2 BGB entsprechend).[241] Die Gebäudeeinheit erweist sich unter dieser Voraussetzung, wie in den Fällen des gutgläubigen Überbaus (§ 912 BGB), gegenüber der Einheit von Boden und Gebäude als das stärkere Band.[242] Die dinglichen Wirkungen folgen beim rechtmäßigen Überbau aus dem rechtsgeschäftlichen Willen der Beteiligten, im Falle des § 912 BGB aus den Willensmomenten des Tatbestands (Fehlen von Vorsatz oder grober Fahrlässigkeit, Ausbleiben des Widerspruchs).[243] Hinzu tritt jeweils der aus dem Überbautatbestand (Gebäudeeinheit, Zuordnung des einheitlichen Gebäudes zu einem Stammgrundstück) folgende Schutzgedanke, Wertvernichtungen zu vermeiden. Er findet in § 912 BGB unmittelbar Ausdruck[244] und bestimmt auch die Eigentumslage beim rechtmäßigen Überbau. Insoweit besteht zwischen dem rechtmäßigen und dem gesetzlich geregelten gutgläubigen Überbau kein Unterschied.[245] Damit ist die rechtliche Bedeutung einer (bspw. in einem Mietvertrag erteilten) Zustimmung aber nicht erschöpft. Wie § 912 BGB beim gutgläubigen Überbau schafft sie bei der rechtmäßigen Grenzüberbauung den Rechtsgrund dafür, dass der Nachbar den fremden Gebäudeteil auf seinem Grundstück dulden muss. Die auf dem Willen der Beteiligten beruhende Legitimation der Überbauung begrenzt zugleich den Umfang und den Bestand.[246] 81

Dies bedeutet nicht, dass mit dem Ende der Gestattung (zB mit Ablauf eines Mietvertrags) der Überbau ohne Weiteres Bestandteil des überbauten Grundstücks wird. Bei der Errichtung eines Gebäudes auf einem fremden Grundstück zu einem nur vorübergehenden Zweck (§ 95 Abs. 1 S. 1 BGB) ist für die Eigentumsla- 82

---

236 Staudinger/*Roth* BGB § 912 Rn. 65: Mit Beendigung des Pachtverhältnisses steht dem früheren Pächter als Eigentümer des Nachbargrundstücks analog § 912 Abs. 2 BGB ein Anspruch auf Überbaurente zu – so auch BGH Urt. v. 19.11.1954 – V ZR 90/53, BGHZ 15, 216 (220 f.).

237 Als Terminologie allerdings falsch, da es bereits an der Rechtswidrigkeit des Überbaus fehlt (den § 912 BGB voraussetzt): so zutreffend Staudinger/*Roth* BGB § 912 Rn. 66.

238 BGH Urt. v. 21.1.1983 – V ZR 154/81, NJW 1983, 1112 (1113).

239 RG Urt. v. 2.7.1910 – V 454/09, RGZ 74, 87; Staudinger/*Roth* BGB § 912 Rn. 68.

240 Weshalb ein daraufhin erfolgender Überbau nicht durch einen nachträglichen Widerruf unrechtmäßig wird: so RG Urt. v. 2.7.1910 – V 454/09, RGZ 74, 87 (90).

241 BGH Urt. v. 16.1.2004 – V ZR 243/03, BGHZ 157, 301.

242 Ständige Judikatur vgl. RG Urt. v. 3.11.1924 – V 744/23, RGZ 109, 107 (110); BGH Urt. v. 21.1.1983 – V ZR 154/81, NJW 1983, 1112; BGH Urt. 16.1.2004 – V ZR 243/03, BGHZ 157, 301; BGH Urt. v. 22.1.1974 – V ZR 103/73.BGHZ 62, 141 (144); BGH Urt. v. 23.1.1990 – V ZR 231/88, 110, 298 (300 f.).

243 BGH Urt. v. 18.12.1970 – V ZR 73/68, NJW 1971, 426 (428); Staudinger/*Roth* BGB § 912 Rn. 67.

244 Motive III, S. 43; BGH Urt. v. 10.10.1969 – V ZR 131/66, BGHZ 53, 5 (11); BGH Urt. v. 4.12.1987 – V ZR 274/86, BGHZ 102, 311 (314).

245 Klarstellend BGH Urt. v. 22.2.1974 – V ZR 103/73, BGHZ 62, 141 (144), wohingegen in BGH Urt. v. 14.10.1966 – V ZR 188/63, NJW 1967, 32 = WM 1966, 1183 der BGH es noch offen gelassen hatte, ob die dinglichen Wirkungen des gestatteten Überbaus der Regelung des § 912 folgen.

246 BGH Urt. v. 18.12.1970 – V ZR 73/68, NJW 1971, 426 (428) für die räumliche Überschreitung der Gestattung; BGH Urt. v. 14.10.1966 – V ZR 188/63, NJW 1967, 32 = WM 1966, 1183 für die Grundstücksleihe zum Zweck des Überbaus.

ge die Zwecksetzung im Zeitpunkt der Verbindung mit dem Grund und Boden maßgeblich.[247] Eine nachträgliche Änderung der Zweckbestimmung durch den Eigentümer des Gebäudes berührt dessen Eigenschaft als vom Grundstück gesonderte, bewegliche Sache nicht. Zur Zurückführung in den Bestandteilsverband des Grundstücks ist eine dingliche Einigung der beiden Eigentümer erforderlich.[248] Entsprechendes gilt, wenn die befristete Zweckbestimmung mit Ablauf der vereinbarten Zeit entfällt. Denn das Merkmal der Verbindung zu einem „nur vorübergehenden Zweck" besteht gerade darin, dass der Verbindende bei der Errichtung des Bauwerks den Willen hat, dieses bei Beendigung des Vertragsverhältnisses nicht „in das Eigentum seines Vertragspartners übergehen zu lassen."[249] Für die Beendigung der Berechtigung zum Überbau sind diese Gesichtspunkte in gleicher Weise maßgeblich. Der kraft Gestattung auf Zeit Überbauende hat sich die Befugnis, sein Eigentum auf dem fremden Grundstück zu unterhalten, zwar nur auf Zeit gesichert. Seiner Eigentümerrechte am Überbau, zB des Rechts, für dessen Übertragung auf den Grundstückseigentümer, je nach den Umständen, ein Entgelt zu verlangen oder den Gebäudeteil, je nach Bauweise, insgesamt oder zu Teilen anderweitig zu nutzen, hat er sich nicht begeben. Im Unterschied zu dem Gebäude, das einen Scheinbestandteil auf dem fremden Grundstück bildet, liefe ein Eigentümerwechsel am Überbau kraft Fristablaufs ohnehin sachenrechtlichen Grundsätzen zuwider. Im Mobiliareigentum, zu dem der Überbau zählt,[250] ist ein Eigentumserwerb/-verlust auf Zeit nicht vorgesehen (vgl. § 925 Abs. 2 BGB). Die Übertragung des Eigentums am Überbau auf den Eigentümer des überbauten Grundstücks kann rechtlich in unterschiedlicher Weise vor sich gehen: Soll ein Eingriff in die Gebäudesubstanz unterbleiben, kommt die Belastung des Stammgrundstücks mit einer Dienstbarkeit in Betracht, die die Ausführung des Überbaurechts ausschließt (vgl. § 1018 Alt. 3 BGB).[251] Dies ist aber nicht die einzige Möglichkeit, den Überbau in den Bestandteilsverband des überbauten Grundstücks zurück zu führen. In Betracht kommt auch ein der Begründung des Eigentums am Überbau gegenläufiges Geschäft. In diesem Falle muss mit der erforderlichen Einigung über die Beendigung des Überbaurechts[252] die Beseitigung der Gebäudeeinheit einhergehen, die den Überbau zum Bestandteil des Stammgrundstücks macht. Dies kann durch baulichen Abschluss des Überbaus von dem übrigen Gebäude erfolgen. Eine rechtsbegründende Dokumentation im Grundbuch ist nicht möglich, da der Überbau als Grundstücksbelastung nicht eintragungsfähig ist[253] und die Bestandsverzeichnisse der Grundbücher von der Änderung unberührt bleiben (vgl. § 2 GBO iVm dem Liegenschaftskataster). Die Diskontinuität gegenüber den allgemeinen Regeln der rechtsgeschäftlichen Begründung und Aufhebung dinglicher Rechte (§ 873 BGB) ist in der Eigenart des gestatteten Überbaus begründet, die den rechtsgeschäftlichen Willen der Beteiligten mit der gesetzlichen Anordnung des § 912 BGB verbindet.[254]

83 Eine Bindung des Einzelrechtsnachfolgers an die (schuldrechtlich wirksame) Zustimmung seines Vorgängers besteht mit der Folge grundsätzlich nicht, dass der Überbau ihm gegenüber rechtswidrig ist und er diesem (sofern auch der Überbau noch nicht ausgeführt ist) widersprechen kann.[255]

---

247 BGH Urt. v. 21.12.1956 – V ZR 245/55, BGHZ 23, 57 (59).
248 BGH Urt. v. 27.5.1959 – V ZR 173/57, NJW 1959, 1487; BGH Urt. v. 19.9.1979 – V ZR 41/77, NJW 1980, 771; BGH Urt. v. 31.10.1986 – V ZR 168/85, WM 1987, 240.
249 BGH Urt. v. 31.10.1952 – V ZR 36/51, BGHZ 8, 1 (6); BGH Urt. v. 20.5.1988 – V ZR 269/86, BGHZ 104, 298 (301); BGH Urt. v. 22.12.1995 – V ZR 334/94, NJW 1996, 916 f.; BGH Urt. v. 15.5.1998 – V ZR 83/97, WM 1998, 1633.
250 Vgl. BGH Urt. v. 22.2.1974 – V ZR 103/73, BGHZ 62, 141 (145); BGH Urt. v. 23.2.1990 – V ZR 231/88, BGHZ 110, 298 (300).
251 BGH LM § 912 BGB Nr. 9.
252 RGRK/*Augustin* BGB § 921 Rn. 21.
253 BGH LM § 912 BGB Nr. 1.
254 BGH Urt. v. 16.1.2004 – V ZR 243/03, BGHZ 157, 301.
255 Staudinger/*Roth* BGB § 912 Rn. 59: Ist der Überbau bereits durchgeführt worden, gelte § 912 BGB analog.

Im Falle der Sonderrechtsfolge (zB durch Kauf) ist der Überbau durch den neuen Eigentümer ohne Widerspruchsmöglichkeit stets zu dulden[256] (Verdinglichung der obligatorischen Zustimmung in Ansehung der Duldungspflicht).[257] Damit korrespondiert ein Anspruch auf Zahlung einer Überbaurente.[258] Auch bei einer Sonderrechtsnachfolge aufseiten des Überbauenden gilt eine einmal erklärte Zustimmung zugunsten des Nachfolgers: Der Überbau bleibt rechtmäßig. Hingegen bleibt eine unentgeltliche Gestattungsvereinbarung nur relativ,[259] es sei denn aufgrund eines Vertrags zugunsten Dritter besteht die Unentgeltlichkeit für den Rechtsnachfolger des Eigentümers des Stammgrundstücks fort.[260] 84

Eine Verdinglichung der Zustimmung (Gestattung) kann durch eine Grundbucheintragung (bspw. der Bestellung einer Grunddienstbarkeit,[261] einer beschränkt persönlichen Dienstbarkeit, eines Nießbrauchs oder eines Erbbaurechts) noch verstärkt werden.[262] Dadurch kann bereits vor Ausführung des Überbaus der Widerspruch eines Sonderrechtsnachfolgers (auf Nachbarseite) ausgeschlossen werden. Die Duldungspflicht resultiert aus dem jeweiligen eingetragenen dinglichen Recht als Eigentumsbeschränkung (ohne dass sie, dh die Duldungspflicht, selbst eingetragen werden muss). Für diesen Fall erstreckt sich das Eigentum am Stammgrundstück auf den durch das jeweilige dingliche Recht abgesicherten Überbau auf dem Nachbargrundstück. 85

Der rechtmäßige Überbauer erlangt (ohne dass dies gesetzlich geregelt wäre) Eigentum am gesamten Gebäude,[263] wobei dieselben Grundsätze wie beim rechtswidrigen, aber entschuldigten Überbau gelten.[264] Die Frage nach dem Stammgrundstück beurteilt sich nach den Interessen und Absichten des Erbauers.[265] Die Eigentumslage kann durch abweichende Vereinbarung aber auch (später) entgegen des dargelegten Grundsatzes, etwa dadurch geregelt werden, dass das Eigentum am Überbau dem Eigentümer des überbauten Grundstücks zustehen soll, womit es wesentlicher Bestandteil von dessen Grundstück wird,[266] wodurch die Rentenpflicht erlischt. Dabei bedarf es **nicht** einer Beachtung der Formvorschrift des § 311 b Abs. 1 BGB. Der Überbauer verpflichtet sich nicht zu einer Übertragung des Grundstückseigentums; der übergebaute Gebäudeteil wird hier nämlich nach § 94 Abs. 1 BGB kraft Gesetzes Bestandteil des überbauten Grundstücks.[267] 86

---

256 Arg.: Dem Überbauenden falle – bei Zustimmung des Vorgängers – weder Vorsatz noch Fahrlässigkeit zur Last mit der Folge, dass ein entschuldigter Überbau iSv § 912 Abs. 1 BGB vorliege: so BGH Urt. v. 21.1.1983 – V ZR 154/81, NJW 1983, 1112 (1113); argumentativ aA hingegen Staudinger/*Roth* BGB § 912 Rn. 69: Die Duldungspflicht resultiert daraus, dass der Überbau ursprünglich rechtmäßig war und nunmehr ein Widerspruch des Sonderrechtsnachfolgers zeitlich zu spät käme.

257 So Staudinger/*Roth* BGB § 912 Rn. 69.

258 BGH Urt. v. 21.1.1983 – V ZR 154/81, NJW 1983, 1112 (1113): womit es ggf. bei der bloß relativen Wirkung des erklärten Rechtsverzichts des Vorgängers bleibt.

259 OLG Koblenz Urt. v. 17.12.1998 – 5 U 500 - 98, NJW-RR 1999, 1394.

260 Palandt/*Herrler* BGB § 912 Rn. 5; Staudinger/*Roth* BGB § 912 Rn. 69.

261 Dabei darf als Rechtsinhalt nicht lediglich der Regelungsgehalt des § 912 vereinbart werden – vielmehr muss die Duldungspflicht ohne Rücksicht auf das Vorliegen der Voraussetzungen des § 912 vereinbart worden sein: OLG Düsseldorf Beschl. v. 10.10.1977 – 3 W 157/77, OLGZ 1978, 19.

262 Staudinger/*Roth* BGB § 912 Rn. 70.

263 So die hM, vgl. etwa BGH Urt. v. 22.2.1974 – V ZR 103/73, BGHZ 62, 141 (145 f.); Staudinger/*Roth* BGB § 912 Rn. 71.

264 Staudinger/*Roth* BGB § 912 Rn. 71 – Erst-recht-Schluss: Gilt schon beim rechtswidrigen Überbau der Grundsatz des Werterhalts zugunsten des Überbauenden, müsse dies erst recht im Falle eines gestatteten rechtmäßigen Überbaus gelten – so Palandt/*Herrler* BGB § 912 Rn. 2; Soergel/*Baur* BGB § 912 Rn. 23; aA hingegen *Weitnauer* ZfBR 1982, 102: vertikale Teilung unter Anwendung der §§ 921 f.

265 Staudinger/*Roth* BGB § 912 Rn. 71 – und nicht etwa nach der Größe und wirtschaftlichen Bedeutung des übergebauten Gebäudeteils.

266 Staudinger/*Roth* BGB § 909 Rn. 72 – zB wenn der Überbau für das Gebäude (zu dem er gehört) seine Zweckbestimmung verliert oder überflüssig wird. Erforderlich ist dann ein Verzicht des Überbauenden auf sein Duldungsrecht (BGH Urt. v. 26.4.1961 – V ZR 203/59, LM § 912 BGB Nr. 9) bzw. die Eintragung des Gebäudeteils als Bestandteil auf dem Grundbuchblatt des überbauten Grundstücks (so RG, Urt. v. 1.10.1913 – V 157/13, RGZ 83, 142 (149); aA Staudinger/*Roth* BGB § 912 Rn. 72).

267 Vgl. Staudinger/*Roth* BGB § 912 Rn. 72.

117. Überhängen von Zweigen*

Ring

Literatur: *Otto*, Zivilrechtliche Auswirkungen von Baumschutzregelungen, NJW 1989, 1783; *Picker*, Beseitigungsanspruch, nachbarliches Selbsthilferecht und Verjährung von Ansprüchen aus eingetragenen Rechten, JuS 1974, 357; *Schmidt*, Unkraut als Rechtsproblem, NJW 1988, 29.

I. Einleitung

1 Die Bepflanzung eines Nachbargrundstücks, dh das Eindringen von Bäumen und Sträuchern aus dem Nachbargrundstück auf das eigene Grundstück, kann Störungen verursachen, die § 910 BGB in Bezug auf den Überhang einer Regelung zuführt.

2 Der gestörte Eigentümer kann herüberhängende Zweige, wenn er dem Besitzer des Nachbargrundstücks eine angemessene Frist zur Beseitigung bestimmt hat und die Beseitigung nicht innerhalb dieser Frist erfolgt (§ 910 Abs. 1 S. 2 BGB), abschneiden und behalten.[1] Dieses nicht der Verjährung unterworfene **Selbsthilferecht** (da das Wachsenlassen eines Zweiges eine Dauerhandlung ist)[2] steht dem Eigentümer nach § 906 Abs. 2 BGB in Begrenzung des Selbsthilferechts dann nicht zu, wenn die Zweige die Benutzung seines Grundstücks nicht beeinträchtigen. Die Regelung zielt auf durch Herbeiführung eines angemessenen Interessenausgleichs und auf eine Vermeidung von Nachbarstreitigkeiten oder zumindest deren rasche Erledigung.[3]

3 Das allgemeine Selbsthilferecht des Besitzers nach § 859 BGB gelangt nicht zur Anwendung, da das Herüberragen von Zweigen keine „verbotene Eigenmacht" iSv § 858 BGB ist.

II. Das Abschneiderecht

4 Die Eigentümer eines Grundstücks kann nach § 910 Abs. 1 S. 2 iVm S. 1 BGB „herüberragende Zweige" – die von einem Nachbargrundstück herüberragen – abschneiden, sofern er dem Besitzer des Nachbargrund-

* Die Bearbeitung basiert auf der Kommentierung des Verfassers im NK-BGB (Bd. 3, 4. Aufl. 2016) zu § 910 BGB und ist à-jour-geführt.

1 MüKoBGB/*Brückner* § 910 Rn. 10: Mit dem Eigentum am Überhang erwirbt der Nachbar auch die daran hängenden Früchte.

2 LG Krefeld Urt. v. 20.4.2018 – 1 S 68/17, MDR 2018, 989 – Ls. 2 nach juris.

3 Prot. III, S. 141.

stücks eine angemessene Frist zur Beseitigung bestimmt hat und die Beseitigung nicht innerhalb der Frist erfolgt ist.

Die Regelung erfasst auch den Rückschnitt von Ästen.[4] Die Regelung erfasst nicht nur die unmittelbar durch den Überhang hervorgerufene Beeinträchtigung der Grundstücksnutzung, wie sie in der Berührung des Wohnhauses[5] oder in der Gefahr des Abbruchs[6] liegen kann:[7] § 910 BGB unterscheidet nämlich nicht nach der Art der Beeinträchtigung. Weder aus dem Wortlaut noch aus dem Sinn und Zweck der Norm, den Nachbarn vor der Beeinträchtigung der Grundstücksnutzung durch Überhang zu schützen, lässt sich entnehmen, dass sich das Selbsthilferecht und der Beseitigungsanspruch nur auf den unmittelbar beeinträchtigenden Überwuchs beziehen und bei einer mittelbaren Beeinträchtigung ausgeschlossen sein sollen. Maßgeblich ist allein die objektive Beeinträchtigung der Grundstücksnutzung.[8] Damit ist auch die mittelbare Beeinträchtigung durch das Abfallen von Laub, Nadeln und Ähnlichem erfasst (→ *Nadel- und Laubwurf* Rn. 3). 5

Der Beseitigungsanspruch ist in einem solchen Fall mittelbarer Beeinträchtigung nicht ausgeschlossen, wenn die über das Nachbargrundstück hinausragenden Äste auf dessen ortsüblicher Nutzung beruhen.[9] Ob der Eigentümer eines Grundstücks vom Nachbargrundstück hinüberragende Zweige ausnahmsweise dulden muss, bestimmt sich – vorbehaltlich naturschutzrechtlicher Beschränkungen eines Rückschnitt – allein nach § 910 Abs. 2 BGB. Der Maßstab des § 906 BGB gilt hierfür auch dann nicht, wenn die von den herüberragenden Zweigen ausgehende Beeinträchtigung in einem Laub-, Nadel- oder Zapfenabfall besteht. Die Vorschrift des § 910 BGB stellt für die Beseitigung des Überbaus nämlich eine spezialgesetzliche und abschließende Regelung dar. Sie kennt das Kriterium der Ortsüblichkeit nicht. Dieses ist für die Frage, ob der Überhang geduldet werden muss, unerheblich (→ *Nadel- und Laubwurf* Rn. 21 ff.; → *Überbau* Rn. 2).[10] 6

Dies führt zu keinem Wertungswiderspruch: Dass für Laub und Nadeln, die von herüberragenden Zweigen abfallen, mit § 910 Abs. 2 BGB ein strengerer Maßstab gilt als für Laub- und Nadelabfall, der von einem auf dem Nachbargrundstück stehenden Baum ausgeht, findet seine Rechtfertigung darin, dass der Nachbar die Äste über die Grenzen seines Grundstücks herauswachsen lässt.[11] Damit entspricht die Nutzung des Grundstücks nicht der ordnungsgemäßer Bewirtschaftung[12] (→ *Anpflanzungen an der Grundstücksgrenze* Rn. 1 ff.; → *Nadel- und Laubwurf* Rn 22). 7

4 OLG Brandenburg Urt. v. 8.2.2018 – 5 U 109/16, NJW 2018, 1975 = NZM 2018, 519.
5 BGH Urt. v. 13.1.2005 – V ZR 83/04, NZM 2005, 318.
6 OLG Koblenz Urt. v. 8.10.2013 – 3 U 631/13, MDR 2014, 25; Staudinger/*Roth* BGB § 910 Rn. 20.
7 BGH Urt. v. 14.6.2019 – V ZR 102/18, NJW-RR 2019, 1356, juris Rn. 7 (aA auch die Ausgangsentscheidung LG Krefeld Urt. v. 20.4.2018 – 1 S 68/17, MDR 2018, 989, Ls. 1 nach juris).
8 BGH Urt. v. 14.6.2019 – V ZR 102/18, NJW-RR 2019, 1356, juris Rn. 7; BGH Urt. v. 14.11.2003 – V ZR 102/03, BGHZ 157, 33 (39 f.); MüKoBGB/*Brückner* § 910 Rn. 8; Staudinger/*Roth* BGB § 910 Rn. *18*.
9 BGH Urt. v. 14.6.2019 – V ZR 102/18, NJW-RR 2019, 1356, juris Rn. 8; OLG Koblenz Urt. v. 8.10.2013 – 3 U 631/13, MDR 2014, 25 (26); AG Würzburg Urt. v. 22.9.2000 – 14 C 1507/00, NJW-RR 2001, 953; Staudinger/*Roth* BGB § 910 Rn. 18.
10 BGH Urt. v. 14.6.2019 – V ZR 102/18, NJW-RR 2019, 1356, juris Rn. 8.
11 BGH Urt. v. 14.6.2019 – V ZR 102/18, NJW-RR 2019, 1356, juris Rn. 9.
12 BGH Urt. v. 28.11.2003 – V ZR 99/03, NJW 2004, 603 (604); BGH Urt. v. 12.12.2003 – V ZR 98/03, NJW 2004, 1035 (1036).

8 § 910 Abs. 1 BGB verdrängt nicht den Beseitigungsanspruch des Eigentümers nach § 1004 Abs. 1 S. 1 BGB.[13] Beide stehen gleichrangig nebeneinander.[14] Auf § 1004 Abs. 1 S. 1 BGB ist aber die Beschränkung des Selbsthilferechts nach § 910 Abs. 2 BGB entsprechend anwendbar.[15] Der Grundstückseigentümer hat die freie Wahl, wie er vorgehen will[16] (→ *Anpflanzungen an der Grundstücksgrenze*).

Beachte: Der Anspruch des Grundstückseigentümers auf Zurückschneiden herüberragender Äste aus § 1004 Abs. 1 BGB ist allerdings nicht nach § 26 Abs. 3 NRG BW unverjährbar – vielmehr unterliegt er der regelmäßigen Verjährungsfrist nach den §§ 195, 199 BGB.[17]

9 Der Eigentümer eines Grundstücks ist hinsichtlich der von einem darauf befindlichen Baum (konkret: Birken) ausgehenden natürlichen Immissionen auf benachbarte Grundstücke Störer iS von § 1004 Abs. 1 BGB, wenn er sein Grundstück nicht ordnungsgemäß bewirtschaftet – woran es in aller Regel aber fehlt, wenn die für die Anpflanzung bestehenden landesrechtlichen Abstandsregelungen eingehalten werden. Ein Anspruch auf Beseitigung des Baums lässt sich in diesem Fall dann regelmäßig auch nicht aus dem nachbarlichen Gemeinschaftsverhältnis ableiten.[18]

10 Bei einem **Einwirken von Naturkräften** ist darauf abzustellen, ob die Störung auf einem pflichtwidrigen Unterlassen mit korrespondierender Sicherungspflicht beruht.[19] Hält sich die Nutzung des störenden Grundstücks im Rahmen „ordnungsgemäßer Bewirtschaftung"?

11 Im Übrigen ist der Grundstückseigentümer für **natürliche Einwirkungen** auf das Nachbargrundstück, die von § 910 BGB nicht erfasst werden, regelmäßig nicht verantwortlich, wenn die Anpflanzungen mit dem Landesnachbarrecht in Einklang stehen, insbesondere den Abstandsvorschriften genügen (→ *Nadel- und Laubwurf* Rn. 1 ff.).[20]

---

13 BGH Urt. v. 28.11.2003 – V ZR 99/03, NJW 2004, 603; BGH Urt. v. 7.3.1986 – V ZR 92/85, BGHZ 97, 231 (234) = NJW 1986, 2640; BGH Urt. v. 25.10.1991 – V ZR 196/90, NJW 1992, 1101 (1102); auch BGH Urt. v. 23.2.1973 – V ZR 109/71, BGHZ 60, 235 (241) = JZ 1973, 558 mAnm *Baur*; BGH Urt. v. 8.6.1979 – V ZR 46/78, WM 1979, 1219; BGH Urt. v. 22.7.1999 – III ZR 198/98, NZM 1999, 925 (927) (Ölverunreinigung); BGH Urt. v. 7.3.1986 – V ZR 92/85, BGHZ 97, 231 (234) = NJW 1986, 2640; s. auch Staudinger/*Roth* BGB § 910 Rn. 2; Staudinger/*Gursky* BGB § 1004 Rn. 45; *Gursky* JZ 1992, 312; *Picker* JuS 1974, 357 (359); *Roth* JZ 1998, 94; LG Saarbrücken Urt. v. 5.6.1986 – 2 S 185/84, NJW-RR 1986; 1341; LG Berlin Urt. v. 4.7.1963 – 7 O 38/62, MDR 1965, 991; LG Berlin Urt. v. 1.10.1968 – 53 S 157/68; OVG Münster Urt. v. 18.12.1981 – 19 A 1572/80, AgrarR 1982, 135; einschränkend Soergel/*Baur* BGB § 910 Rn. 7: Der Beseitigungsanspruch gelange jedenfalls dann zur Anwendung, wenn er über das Selbsthilferecht hinausreiche.

14 BGH Urt. v. 17.6.2019 – V ZR 102/18, NJW-RR 2019, 1356, juris Rn. 5; BGH Urt. v. 23.2.1973 – V ZR 109/71, BGHZ 60, 235 (241 f.); BGH Urt. v. 7.3.1986 – V ZR 92/85, BGHZ 97, 231 (234); BGH Urt. v. 28.11.2003 – V ZR 99/03, NJW 2004, 603 (604); OLG Celle Urt. v. 2.2.2005 – 4 U 237/04, OLGR 2005, 67.

15 BGH Urt. v. 14.6.2019 – V ZR 102/18, NJW-RR 2019, 1356, juris Rn. 6; BGH Urt. v. 14.11.2003 – V ZR 102/03, BGHZ 157, 33 (39); BGH Urt. v. 28.11.2003 – V ZR 99/03, NJW 2004, 603 (604) (zu Baumwurzeln); BGH Urt. v. 13.1.2005 – V ZR 83/04, NZM 2005, 318; BGH Urt. v. 22.2.2019 – V ZR 136/18, NJW-RR 2019, 590 Rn. 10; ebenso LG Bonn Urt. v. 3.7.1987 – 4 S 32/87, NJW-RR 1987, 1421; LG Saarbrücken Urt. v. 5.6.1986 – 2 S 185/84, NJW-RR 1986, 1341; AG Würzburg Urt. v. 22.9.2000 – 14 C 1507/00, NJW-RR 2001, 953.

16 BGH Urt. v. 13.1.2005 – V ZR 83/04, NZM 2005, 318 (319); BGH Urt. v. 28.11.2003 – V ZR 99/03, NJW 2004, 603; BGH Urt. v. 23.2.193 – V ZR 109/71, BGHZ 60, 235 (241 f.).

17 BGH Urt. v. 22.2.2019 – V ZR 136/18, NJW-RR 2019, 590 = MDR 2019, 608.

18 BGH Urt. v. 20.9.2019 – V ZR 218/18, BGHZ 223, 155 = NJW 2020, 607 (Ls. 1a und 1b).

19 BGH Urt. v. 16.2.2001 – V ZR 422/99, NJW-RR 2001, 1208 – Mehltau; BGH Urt. v. 7.7.1995 – V ZR 213/94, NJW 1995, 2633 – Wollläuse.

20 BGH Urt. v. 20.9.2019 – V ZR 218/18, BGHZ 223, 155 = NJW 2020, 607, juris Rn. 18; BGH Urt. v. 14.3.1995 – VI ZR 34/94, NJW 1995, 2632.

Der beeinträchtigte Eigentümer kann eine zu grenznahe Anpflanzung auch hinnehmen und sich erst gegen einen Überhang wehren (arg.: dann gelten die landesrechtlichen Ausschlussfristen für den Anspruch auf Beseitigung von Überwuchs nicht).[21] 12

Eine Gemeinde als Eigentümerin von Waldflächen kann dem Beseitigungsanspruch des benachbarten Eigentümers landwirtschaftlich genutzter Flächen nicht mit Erfolg entgegenhalten, es herrsche in der Gemeinde eine ständige Übung, dass die Inhaber der Ackerflächen den Überwuchs selbst entfernen.[22] Das OLG Celle[23] hat in Bezug auf einen Überwuchs, der von Straßenbäumen ausgeht, entschieden, dass die landesrechtliche Regelung des § 32 NdsStrG keine Duldungspflicht des betroffenen Grundstückseigentümers aus § 1004 Abs. 2 BGB gegenüber dem Anspruch auf Beseitigung überhängender Zweige aus §§ 1004, 910 BGB begründet. 13

Beseitigt der Gestörte im Falle des § 1004 Abs. 1 S. 1 BGB die Störung selbst, hat er gegen den Störer einen Kostenerstattungsanspruch nach § 812 Abs. 1 S. 1 Alt. 2 BGB,[24] gegen den die Einwendung einer Mitverursachung nicht erhoben werden kann.[25] 14

§ 910 BGB stellt **kein Schutzgesetz** dar, weshalb Überwuchsschäden nicht über § 823 Abs. 2 BGB erstattungsfähig sind.[26] 15

1. Inhaber des Abschneiderechts

Inhaber des Abschneiderechts ist nur der **private oder öffentliche Grundstückseigentümer** (ebenso der Miteigentümer, § 1011 BGB). 16

Auch der Eigentümer öffentlicher Grundstücke kann das Selbsthilferecht gegen Störer ausüben – aber auch weitergehende Ansprüche (zB nach § 11 FStrG bzw. entsprechenden Vorschriften des Landesstraßenrechts) verfolgen.[27] 17

Dem privaten Grundstückseigentümer steht ein Selbsthilferecht auch gegen Störungen, die von einem öffentlichen Grund ausgehen, zu.[28] 18

---

21 OLG Köln Urt. v. 12.7.2011 – 4 U 18/10, SchAZtg 2011, 246, juris Rn. 14. Arg.: Da ihm das Beseitigungsrecht auch gegen rechtmäßige Grenzbepflanzungen zusteht und der Störer bei einer rechtswidrigen Grenzbepflanzung hinsichtlich des Überwuchses nicht bessergestellt sein kann und darf, als bei Einhaltung des Grenzabstandes (da er aufgrund der ursprünglichen Duldung seines Nachbarn keine Rechtsposition erworben hat).

22 OLG Celle Urt. v. 2.2.2005 – 4 U 237/04, MDR 2005, 804.

23 OLG Celle Urt. v. 2.2.2005 – 4 U 237/04, MDR 2005, 804.

24 BGH Urt. v. 19.4.1991 – V ZR 349/89, BGHZ 114, 273 = NJW 1991, 2021; BGH Urt. v. 2.12.1988 – V ZR 26/88, BGHZ 106, 142 = NJW 1989, 1032; BGH Urt. v. 7.3.1986 – V ZR 92/85, BGHZ 97, 231 = NJW 1986, 2640; BGH Urt. v. 21.10.1994 – V ZR 12/94, WM 1995, 76.

25 So Staudinger/*Roth* BGB § 910 Rn. 3; *Roth* AcP 180 (1980), 263; aA BGH Urt. v. 21.10.1994 – V ZR 12/94, WM 1995, 76.

26 OLG Düsseldorf Urt. v. 5.11.1974 – 4 U 54/74, NJW 1975, 739; vgl. auch Palandt/*Herrler* BGB § 910 Rn. 1; MüKoBGB/*Brückner* § 910 Rn. 13.

27 So dürfen nach § 11 Abs. 2 bis 4 FStrG ua Anpflanzungen nicht angelegt werden, wenn sie die Verkehrssicherheit beeinträchtigen. Soweit sie bereits vorhanden sind, haben die Eigentümer ihre Beseitigung zu dulden. Die Straßenbaubehörde hat den Eigentümern die Durchführung dieser Maßnahme 14 Tage vorher schriftlich anzuzeigen, es sei denn dass Gefahr im Verzuge ist. Die Eigentümer können Maßnahmen im Benehmen mit der Straßenbaubehörde selbst durchführen. Diese Verpflichtungen obliegen auch den Besitzern. Der Träger der Straßenbaulast hat den Eigentümern oder Besitzern die hierdurch verursachten Aufwendungen und Schäden in Geld zu ersetzen.

28 BGH Urt. v. 8.3.1990 – III ZR 141/88, NJW 1990, 3195; Staudinger/*Roth* BGB § 910 Rn. 8.

19 Die Abwehr von Beeinträchtigungen durch die Straßenbepflanzung richtet sich – auch beim Nichtvorliegen der Voraussetzungen des § 910 BGB – grundsätzlich nach privatem Recht (zB nach § 1004 BGB),[29] es sei denn, gepflanzte Bäume müssen gefällt oder an ihrem Standort verändert werden.[30]

20 Berechtigte sind weiterhin der **Erbbauberechtigte**[31] (§ 11 ErbbauVO) und in analoger Anwendung **dinglich Berechtigte** (zB der Inhaber einer Grunddienstbarkeit).[32] Auch im Verhältnis von Gartenflächen-Sondernutzungsberechtigten (Wohnungseigentümern) untereinander besteht das Selbsthilferecht der Grundstücksnachbarn nach § 910 BGB.[33] Hingegen soll das gemäß § 910 BGB gegebene Selbsthilferecht des Eigentümers im **Gemeinschaftsverhältnis der Wohnungseigentümer** nicht – auch nicht entsprechend – anwendbar sein.[34]

21 Obligatorisch Berechtigte (Mieter oder Pächter eines Grundstücks) können kein Selbsthilferecht nach § 910 BGB aus eigenem Recht geltend machen[35] – wohl aber vom Eigentümer zur Ausübung des Selbsthilferechts rechtsgeschäftlich ermächtigt werden.[36]

22 Der Eigentümer kann zB auch einen Dritten (zB einen Gärtner) mit dem Abschneiden beauftragen.[37]

23 Der bloße Besitzer hat auch kein Selbsthilferecht nach § 859 BGB (arg.: Fehlen der tatbestandlichen Voraussetzungen und Anwendung würde zu einem Leerlaufen des Fristerfordernisses nach § 910 Abs. 1 S. 2 BGB führen).[38]

24 Nach Art. 122 EGBGB bleiben die **landesgesetzlichen Vorschriften** unberührt, welche die Rechte des Eigentümers in Ansehung der auf der Grenze oder auf dem Nachbargrundstück stehenden Obstbäume abweichend vom § 910 BGB bestimmen (landesgesetzliche Beschränkungen – nicht Erweiterungen[39] – des Selbsthilferechts im Landesrecht).

2. Der Überwuchs

25 Zweige müssen vom Nachbargrundstück „herüberragen" (§ 910 Abs. 1 S. 2 BGB). Notwendig ist eine Grenzüberschreitung, mithin müssen die Zweige zB über die Grundstücksgrenze in das Grundstück des Nachbareigentümers hineinragen.[40] Widrigenfalls hat der Grundstückseigentümer „nur" einen Beseitigungsanspruch nach § 1004 Abs. 1 S. 1 BGB.[41]

---

29 BGH NJW Urt. v. 19.4.1991 – V ZR 345/89, BGHZ 114, 273 = NJW 1991, 2021; BGH Urt. v. 2.12.1988 – V ZR 26/88, BGHZ 106, 142 (143) = NJW 1989, 1032; BGH Urt. v. 7.3.1986 – V ZR 92/85, BGHZ 97, 231 (233 f.) = NJW 1986, 2640.

30 BGH NJW Urt. v. 7.3.1986 – V ZR 92/85, BGHZ 97, 231 (234) = NJW 1986, 2640; Staudinger/*Roth* BGB § 910 Rn. 8.

31 Palandt/*Herrler* BGB § 910 Rn. 1.

32 Von BGH Urt. v. 25.10.1991 – V ZR 196/90, NJW 1992, 1101 (1102) offengelassen; wie hier: Staudinger/*Roth* § 910 Rn. 5; MüKoBGB/*Brückner* § 906 Rn. 8; RGRK/*Augustin* BGB § 906 Rn. 4; aA *Schumacher* BlGBW 1960, 278; Palandt/*Herrler* BGB § 910 Rn. 1.

33 KG Urt. v. 13.6.2005 – 24 W 115/04, NZM 2005, 745.

34 OLG Düsseldorf Urt. v. 27.6.2001 – 3 W 79/01, NJW-RR 2002, 81 = NZM 2001,861 (Ls).

35 Erman/*Hagen*/*Lorenz* BGB § 910 Rn. 1; Palandt/*Herrler* BGB § 910 Rn. 1; Staudinger/*Roth* BGB § 910 Rn. 6 (arg.: Eigenmächtigkeiten könnten das nachbarliche Klima verschlechtern, was dem Schutzzweck des § 910 BGB zuwiderlaufe); aA MüKoBGB/*Brückner* BGB § 910 Rn. 8.

36 MüKoBGB/*Brückner* BGB § 910 Rn. 9; Soergel/*Baur* BGB § 910 Rn. 10; Staudinger/*Roth* BGB § 910 Rn. 6.

37 Staudinger/*Roth* BGB § 910 Rn. 6.

38 So MüKoBGB/*Brückner* § 910 Rn. 9; Staudinger/*Roth* BGB § 910 Rn. 6; aA *Glaser* BlGBW 1952, 52 (55).

39 MüKoBGB/*Brückner* BGB § 910 Rn. 15; Staudinger/*Mayer* EGBGB Art. 122 Rn. 6.

40 BayObLG Urt. v. 26.3.1968 – RReg. 1a Z 77/67, BayObLGZ 1968, 76.

41 Staudinger/*Roth* BGB § 910 Rn. 9.

Verlangt der Grundstückseigentümer hingegen nicht Beseitigung des Überwuchses, sondern einen Zurückschnitt der auf dem Nachbargrundstück wachsenden Pflanzen (zB einer Hecke) in ihrer Höhe, findet § 910 BGB keine Anwendung[42](→ *Anpflanzungen an der Grundstücksgrenze* Rn. 1 ff.). 26

An den abgeschnittenen Zweigen, die ursprünglich im Eigentum des Baumeigentümers standen, erwirbt der Selbsthilfeberechtigte mit dem Abschneiden Eigentum (→ *Anpflanzungen an der Grundstücksgrenze* Rn. 1 ff.). 27

Erleidet der Baum durch das Abschneiden der Zweige Schäden oder stirbt er gar ab, scheiden Schadensersatzansprüche wegen Eigentumsverletzung des Baumeigentümers grundsätzlich aus, da das Abschneiden (unter Berücksichtigung der Vorgaben des § 910 Abs. 2 BGB) nicht rechtswidrig ist.[43] Der Eigentümer des Baums trägt die Gefahr des Abschneidens, wenn Schäden durch ein sachgerechtes und vorsichtiges Abschneiden nicht vermieden werden können.[44] Ihm obliegen die erforderlichen Maßnahmen, um Folgeschäden zu verhindern.[45] 28

Das **Rücksichtnahmegebot aus dem nachbarrechtlichen Gemeinschaftsverhältnis** kann (losgelöst von der Fristsetzung nach § 910 Abs. 1 S. 2 BGB) eine weitergehende Unterrichtung des Nachbarn vor dem Abschneiden gebieten, um ihm die Möglichkeit zu geben, Schutzmaßnahmen zugunsten seines Baumes zu ergreifen.[46] 29

§ 910 BGB erfasst nach seinem Wortlaut Zweige eines Baums oder eines Strauchs (wozu auch lebende Hecken zählen).[47] Das Selbsthilferecht findet aber auch auf Ranken und Schlinggewächse (zB Efeu, wilder Wein, Knöterich oder Staudengewächse, soweit sie in den Luftraum hineinhängen) sowie auf überwuchernde Pflanzenpolster, Pflanzenableger oder überwucherndes Unkraut **entsprechende Anwendung**.[48] Wenn § 910 BGB nämlich dem Nachbarn bei wesentlich wertvolleren Bäumen und Sträuchern ein Selbsthilferecht zubilligt, muss dies auch für die genannten Einwirkungen gelten[49] (arg. a fortiori). Ansonsten müsste der Eigentümer auf Beseitigung klagen (→ *Anpflanzungen an der Grundstücksgrenze*). 30

§ 910 BGB ist zwar auf andere Pflanzen (zB Stauden oder Ranken) entsprechend anwendbar – gegen einen grenzüberneigenden (herüberhängenden) Baumstamm besteht aber nur ein Beseitigungsanspruch nach § 1004 Abs. 1 S. 1 BGB.[50] Gleiches gilt für einen aufgrund schiefen Wachstums auf dem Nachbargrundstück aus dem Boden getretenen Baum.[51] 31

3. Notwendigkeit einer Fristsetzung

Das Selbsthilferecht darf beim Abschneiden von Zweigen nach § 910 Abs. 1 S. 2 BGB erst ausgeübt werden, wenn der Grundstückseigentümer dem Besitzer des Nachbargrundstücks eine angemessene **Frist** zur Beseitigung bestimmt hat und die Beseitigung nicht innerhalb dieser Frist erfolgt ist (→ *Anpflanzungen an der Grundstücksgrenze* Rn. 20). 32

---

42 KG Urt. v. 22.2.1999 – 25 U 6860/98, NJW-RR 2000, 160.
43 Staudinger/*Roth* BGB § 910 Rn. 10.
44 RGRK/*Augustin* BGB § 910 Rn. 11.
45 OLG Köln Urt. v. 23.6.1993 – 13 U 274/92, DWW 1993, 332.
46 So OLG Köln Urt. v. 23.6.1993 – 13 U 274/92, DWW 1993, 332; Soergel/*Baur* BGB § 910 Rn. 10.
47 So Motive III, S. 288.
48 So KG Urt. v. 22.9.1999 – 25 U 6860/98, OLGZ 26, 73, 73; MüKoBGB/*Brückner* § 910 Rn. 5 (für Rhizone, dh die auf einem jährlich kultivierten Grundstück als schädlich angesehene Pflanzen); dies gilt iÜ auch für Hecken – Prot. III, S. 142; Palandt/*Herrler* BGB § 910 Rn. 1; Staudinger/*Roth* BGB § 910 Rn. 16; dazu auch *Gaisbauer* BlGBW 1974, 48 f.; *Schmidt* NJW 1988, 29; *Foag* RdL 1965, 85; OLG Karlsruhe RdL 1972, 8; aA Soergel/*Baur* BGB § 910 Rn. 5 – § 910 BGB gilt nicht für Schlingpflanzen.
49 Staudinger/*Roth* BGB § 910 Rn. 16; aA Soergel/*Baur* BGB § 910 Rn. 5.
50 So Staudinger/*Gursky* BGB § 1004 Rn. 44; Soergel/*Baur* BGB § 910 Rn. 5; *Otto* NJW 1989, 1783 – zivilrechtliche Auswirkungen von Baumschutzregelungen.
51 RGRK/*Augustin* BGB § 910 Rn. 8; Staudinger/*Roth* BGB § 910 Rn. 17.

33 Die Fristsetzung soll dem Nachbarn die Möglichkeit eröffnen, selbst das notwendige Ausästen vorzunehmen,[52] woran dieser (zB bei wertvollen Obstbäumen) oft ein Interesse hat.[53]

34 Die Fristsetzung ist gegenüber der Person zu erklären, die die **tatsächliche Verfügungsbefugnis** hat – bei einem Auseinanderfallen von Baumeigentum und Besitz am Baum zB gegenüber dem Besitzer[54] (zB Pächter oder Nießbraucher). Ein nichtbesitzender Eigentümer ist nämlich nicht in der Lage, die Zweige zu beseitigen.[55] Bei einem Auseinanderfallen von Grundstückseigentum und Baumeigentum aufgrund § 95 BGB ist die Frist dem Eigentümer des Baums zu setzen.[56]

35 Die Ausübung des Selbsthilferechts bedarf keiner Grenzüberschreitung, wenn eine nicht überhängende Hecke lediglich in ihrer Höhe zurückgeschnitten wird.[57]

36 Auch die bloße **Unterschreitung eines Grenzabstands** begründet keine Grenzüberschreitung. In diesem Fall gewähren auf Art. 124 EGBGB basierende landesrechtliche Regelungen über Grenzabstände einen neben § 910 BGB stehenden vorgelagerten ergänzenden Nachbarschutz hinaus.[58] Einem Entzug von Licht und Luft durch Zweige, die die Grenze nicht überschreiten und bei denen auch der Grenzabstand der Bäume und Sträucher zum Nachbarn eingehalten wird (sog. negative Immissionen, die nicht unter § 906 BGB fallen), kann ggf. unter dem Gebot der nachbarlichen Rücksichtnahme im Rahmen des nachbarrechtlichen Gemeinschaftsverhältnisses begegnet werden.

37 Die **Länge der Frist** ist an den Umständen des konkreten Falls zu orientieren (zB Umfang einer zu beseitigenden Hecke oder Bauinteresse des Selbsthilfeberechtigten)[59]. Eine zu kurz bestimmte (nicht angemessene) Frist ist für den Eigentümer riskant, wenn er unmittelbar nach deren Ablauf zur Selbsthilfe schreitet, da er in einem solchen Fall rechtswidrig handelt. Kann ihm auch noch ein Verschulden zur Last gelegt werden, macht er sich ggf. schadensersatzpflichtig. Eine gesetzte Frist, die nicht angemessen ist, setzt aber die angemessene Frist in Lauf mit der Folge, dass der Eigentümer befugt ist, nach deren Ablauf (ohne erneute Fristsetzung) zur Selbsthilfe zu schreiten.[60]

38 In Bezug auf einen adäquaten Interessenausgleich zwischen den Nachbarn muss im Rahmen der Fristsetzung die **Jahreszeit** (zB Wachstums- und Obsterntezeit) mit berücksichtigt werden.[61] Auch wenn § 910 BGB für die Ausübung des Selbsthilferechts keine bestimmten Zeiten vorgibt (zu denen es ausgeübt werden darf/muss),[62] soll nach *Roth*[63] die **Wachstums- und Erntezeit** bei der Fristsetzung mit zu berücksichtigen sein.

52 Staudinger/*Roth* BGB § 910 Rn. 13.
53 So Prot. III, S. 142.
54 Prot. III, S. 142.
55 MüKoBGB/*Brückner* § 910 Rn. 4; Staudinger/*Roth* BGB § 910 Rn. 15 – anders im Falle des Mieters, da das Abschneiden von Ästen nicht ohne Weiteres zum vertragsgemäßen Gebrauch einer Mietsache zähle, weshalb der Mieter der Beseitigungsaufforderung oft nicht nachkommen könne (aA Staudinger/*Weutle*, 12. Aufl., BGB § 910 Rn. 7).
56 Staudinger/*Roth* BGB § 910 Rn. 15: Beispiel einer pachtenden Baumschule.
57 KG Urt. v. 22.2.1999 – 25 U 6860/98, NJW-RR 2000, 160.
58 Staudinger/*Roth* BGB § 910 Rn. 11.
59 Dazu Prot. III, S. 142.
60 MüKoBGB/*Brückner* § 910 Rn. 4; Staudinger/*Roth* BGB § 910 Rn. 14.
61 *Schumacher* BlGBW 1960, 278; MüKoBGB/*Brückner* § 910 Rn. 4; vgl. auch Prot. III, S. 142; zudem Staudinger/*Roth* BGB § 910 Rn. 13.
62 Und auch im Gesetzgebungsverfahren das Problem eines Abschneidens in der Zeitspanne zwischen dem 1. April und dem 30. September zwar erkannt, aber keiner Regelung zugeführt wurde: Prot. III, S. 139 und 143 (doch wurde auch im Gesetzgebungsverfahren die Auffassung vertreten, dass eine Ausübung des Selbsthilferechts ausnahmsweise auch zur Erntezeit im Falle der Errichtung eines Bauwerks statthaft sein sollte).
63 Staudinger/*Roth* BGB § 910 Rn. 13 unter Bezugnahme auf *Fromherz* Recht 1906, 1069 (1070).

Für **Obstbäume** bestimmt zT das Landesrecht auf der Grundlage von Art. 183 EGBGB, dass in der Wachstums- und Erntezeit für den Besitzer keine Verpflichtung zur Beseitigung der Zweige besteht[64] (vgl. § 23 Abs. 2 S. 1 NRG BW: 1. März bis 30. September), es sei denn für eine sofortige Beseitigung bestünde ein dringendes Bedürfnis. 39

4. Form der Ausübung des Abschneiderechts

Der Überwuchs (Zweig) darf **auf dem eigenen Grundstück** abgeschnitten werden. Ein Abschneiden jenseits der Grenze (dh auf dem Nachbargrundstück) ist nicht statthaft. Unzulässig ist auch ein unberechtigtes Betreten des Nachbargrundstücks zu diesem Zweck.[65] Abgeschnitten werden darf der Zweig einschließlich der ggf. an ihm hängenden Früchte. Da der Eigentümer berechtigt ist, den überwachsenden Zweig abzuschneiden, kann der Nachbar keinen Ersatz für einen ihm daraus etwa entstehenden Schaden geltend machen. 40

Bei Vorliegen der Voraussetzungen von § 910 Abs. 2 BGB dürfen Zweige grundsätzlich **in jeder Höhe** abgeschnitten werden.[66] Ausnahmen bestehen auf landesrechtlicher Grundlage für Waldbäume (Art. 183 EGBGB), Obstbäume (Art. 122 EGBGB) sowie Bäume an öffentlichen Wegen (vgl. etwa § 25 NRG BW). 41

III. Ausschluss des Abschneiderechts

Das Abschneiderecht ist nach § 910 Abs. 2 BGB – mit der Ziel eines Schikaneverbots[67] – ausgeschlossen, wenn die Zweige (bzw. die sonstigen Gewächse) die Grundstücksbenutzung nicht beeinträchtigen.[68] Dies gilt auch, wenn ein bereits vorhandener Überhang eine erst nachträglich vorgenommene Grundstücksnutzung stört.[69] 42

Wenn bereits zweimal ein dickerer Ast auf das Grundstück des Nachbarn gefallen ist, spricht ein Anscheinsbeweis für eine „konkrete Gefährdung" des Grundstücks durch die die Grenze überragenden Äste.[70] 43

§ 910 Abs. 2 BGB gilt auch für den Beseitigungsanspruch nach § 1004 Abs. 1 BGB.[71] 44

In welchen Fällen keine Beeinträchtigung vorliegt, entscheidet nicht das subjektive Empfinden des Grundstückseigentümers, sondern die objektive Beeinträchtigung der Grundstücksbenutzung.[72] Ganz unerhebli- 45

64 Vgl. etwa OLG Köln Urt. v. 12.7.2011 – 4 U 18/10, SchAZtg 2011, 246: Werden die Fristen des Nachbarrechts versäumt, kann eine Beseitigung von Bäumen nicht mehr verlangt werden (Ausnahme: Eine akute Störung kann nur noch durch das Fällen der Bäume beseitigt werden).

65 KG Urt. v. 22.2.1999 – 25 U 6860/98, OLGZ 26, 72; MüKoBGB/*Brückner* § 910 Rn. 10; Staudinger/*Roth* BGB § 910 Rn. 25; aA *Schumacher* BlGBW 1960, 278.

66 AG Königstein Urt. v. 19.4.2000 – 21 C 113/00, NJW-RR 2000, 1256.

67 Prot. III, S. 141 – iS eines Schutzes gegen das zwecklose Beschädigen von Bäumen: so Prot. III, S. 143.

68 OLG Köln Urt. v. 12.7.2011 – 4 U 18/10, SchAZtg 2011, 246: Erfordernis, dass die Benutzung des Grundstücks objektiv nicht nur unwesentlich beeinträchtigt wird – und dass der Rückschnitt des Überwuchses und die Beseitigung des Überhangs nicht unzumutbar ist (weil zB die begründete Gefahr besteht, dass sie zu einem Absterben der Bäume oder zu einer erhöhten Risikolage führen).

69 BGH Urt. v. 18.4.1997 – V ZR 28/96, BGHZ 135, 235 (241) = NJW 1997, 2234: Ein Altbestand von Pappelbäumen beeinträchtigt ein Grundstück, auf dem infolge einer nachträglichen Nutzungsänderung Tennisplätze errichtet wurden.

70 AG Hamburg-Blankenese Urt. v. 7.11.2012 – 531 C 6/12, ZMR 2013, 122 – Ls. 2.

71 BGH Urt. v. 14.11.2003 – V ZR 102/03, BGHZ 157, 33 = NJW 2004, 1037; ebenso LG Saarbrücken Urt. v. 5.6.1986 – 2 S 185/84, NJW-RR 1986, 1341; LG Bonn Urt. v. 3.7.1987 – 4 S 32/87, NJW-RR 1987, 1421; AG Würzburg Urt. v. 22.9.2000 – 14 C 1507/00, NJW-RR 2001, 953.

72 MüKoBGB/*Brückner* § 910 Rn. 6; Staudinger/*Roth* BGB § 910 Rn. 18.

che Beeinträchtigungen sind hinnehmen.[73] Die **Darlegungs- und Beweislast** dafür, dass von herüberragenden Zweigen keine Beeinträchtigung ausgeht, trägt der Nachbar.[74]

46 Erforderlich ist eine **objektive aktuelle Grundstücksbeeinträchtigung**, die die wirtschaftliche Verwertung des Grundstücks infolge des Überwuchses in irgendeiner Richtung verhindert oder erschwert.[75] Der Grundstückseigentümer soll in seiner Entscheidung über die Nutzungsart ohne Rücksicht auf die Ortsüblichkeit und die Zweckmäßigkeit frei sein.[76] Eine bloß subjektiv empfundene oder bloß hypothetische Beeinträchtigung reicht nicht aus,[77] weshalb die entfernte Möglichkeit einer späteren Änderung unzureichend ist.[78]

47 Auf die Frage der Ortsüblichkeit kommt es weder im Hinblick auf die Beeinträchtigung des gestörten Grundstücks noch bei der Beeinträchtigung durch die Zweige des störenden Grundstücks an, wenn der Überwuchs auf ortsüblicher Nutzung beruht.[79] Die Judikatur hat aber angenommen, dass die Notwendigkeit einer Beeinträchtigung nach § 906 Abs. 2 BGB unter Berufung auf das nachbarliche Gemeinschaftsverhältnis obsolet sein soll.[80]

48 Eine Beeinträchtigung durch Zweige folgt noch nicht allein aus dem bloßen Überhang.[81] Hinzukommen muss ein Laub- oder Blütenfall aufgrund des Überhangs (der zB Dachrinnen verstopft, Gehwege und Ähnliches verschmutzt oder den natürlichen Wuchs eigener Pflanzen hemmt).

49 Eine „Beeinträchtigung" wurde zB in folgenden Fällen bejaht: Überhang, aufgrund dessen Gartenarbeiten auf dem Nachbargrundstück nur gebückt erfolgen können,[82] Abfallen zahlreicher Mostbirnen auf das Nachbargrundstück[83] oder Entzug von Licht und Luft.[84] Keine Beeinträchtigung liegt beim Fall nur weniger Blätter oder Tannenzapfen auf ein Nachbargrundstück (im Unterschied zu erheblichem Laubfall, der einen erheblichen Reinigungsaufwand erfordert) bzw. dem Abtropfen klebriger Baumsäfte vor.[85] Reichen vom Grundstück des Nachbarn entlang der gemeinsamen Grundstücksgrenze Äste von Laub- und Nadelbäume bis zu 7 m auf das Grundstück herüber, wird die Grundstücksnutzung für den Kläger nicht nur „unerheblich" beeinträchtigt.[86] Weisen zwei Kiefern, deren Kronen überwiegend auf das Nachbargrundstück reichen, Laub im Umfang von etwa 3 m³ auf und reicht ein Teil der Zweige einer ebenfalls 10 bis 12 m hohen Kiefer mehrere Meter über die Grundstücksgrenze und führt dort zu einem Nadelbefall auch auf das Hausdach, so dass der Grundstückseigentümer verstärkt mit der Reinigung von Dach und Dachrinnen sowie des

---

73 So OLG Köln Urt. v. 17.5.1989 – 13 U 113/88, NJW-RR 1989, 1177; OLG Köln Urt. v. 22.5.1996 – 11 U 6/96, OLGZ 1997, 656; LG Kleve Urt. v. 13.10.1981 – 3 S 203/81, MDR 1982, 230 (231); LG Saarbrücken Urt. v. 5.6.1986 – 2 S 185/84, NJW-RR 1986, 1341; MüKoBGB/*Brückner* § 910 Rn. 6; aA hingegen AG Königstein Urt. v. 19.4.2000 – 21 C 113/00, NJW-RR 2000, 1256; AG Würzburg Urt. v. 22.9.2000 – 14 C 1507/00, NJW-RR 2001, 953.

74 Staudinger/*Roth* BGB § 910 Rn. 33.

75 MüKoBGB/*Brückner* § 910 Rn. 6.

76 MüKoBGB/*Brückner* § 910 Rn. 7.

77 So Staudinger/*Roth* BGB § 910 Rn. 18.

78 BGH Urt. v. 23.2.1973 – V ZR 109/71, BGHZ 60, 235 = NJW 1973, 703.

79 Umstr.; so AG Würzburg Urt. v. 22.9.2000 – 14 C 1507/00, NJW-RR 2001, 953; Staudinger/*Roth* BGB § 910 Rn. 18; aA AG Frankfurt a. M. Urt. v. 28.7.1989 – 32 C 2723/88 - 19, NJW-RR 1990, 146; AG Frankfurt a. M. Urt. v. 5.4.1990 – 32 C 2870/89-39, NJW-RR 1990, 1101; LG Saarbrücken Urt. v. 5.6.1986 – 2 S 185/84, NJW-RR 1986, 1341.

80 AG Frankfurt a. M. Urt. v. 28.7.1989 – 32 C 2723/88 - 19, NJW-RR 1990, 146; AG Frankfurt a. M. Urt. v. 5.4.1990 – 32 C 2870/89-39, NJW-RR 1990, 1101; aA Staudinger/*Roth* § BGB 910 Rn. 18.

81 Staudinger/*Roth* BGB § 910 Rn. 20, unter Hinweis auf LG Saarbrücken Urt. v. 5.6.1986 – 2 S 185/84, NJW-RR 1986, 1341: Fall eines Herüberhängens von Zweigen in 3 Metern Höhe, ohne dass über diese Tatsache hinaus weitere Beeinträchtigungen vorlagen.

82 Staudinger/*Roth* BGB § 910 Rn. 20.

83 AG Backnang Urt. v. 31.3.1989 – 3 C 35/89, NJW-RR 1989, 785.

84 Staudinger/*Roth* BGB § 910 Rn. 20.

85 Staudinger/*Roth* BGB § 910 Rn. 20.

86 So OLG Koblenz Urt. v. 8.10.2013 – 3 U 631/13, MDR 2014, 25.

Grundstücks belastet ist, so entsteht durch das Herabfallen von Laub und Kiefernnadeln ebenfalls eine Beeinträchtigung, die nicht „unerheblich" ist (→ *Nadel- und Laubwurf* Rn. 1 ff.).[87]

Bei einer Beeinträchtigung durch Zweige darf der Selbsthilfeberechtigte (sofern die Beeinträchtigung nur von einem Teil der Zweige ausgeht) nur den Teil der Zweige abschneiden, die tatsächlich beeinträchtigen. 50

Die Judikatur geht über den Wortlaut des § 906 Abs. 2 BGB hinaus[88] und schließt ein Selbsthilferecht auch dann aus, wenn die Grundstücksbenutzung „nur ganz unerheblich" beeinträchtigt wird[89] – etwa bei nur geringem Laub- oder Blütenbefall (arg.: insoweit könne eine gravierende Grundstücksbeeinträchtigung kaum angenommen werden).[90] Gleiches gilt, wenn die Bäume des Grundstücksnachbarn erst in einer Höhe von 6 bzw. 10 m beginnen, mit den Stämmen und der oberhalb befindlichen Krone aber auf sein Grundstück hinüberragen.[91] 51

Zwar verlangt § 910 Abs. 2 BGB – anders als § 24 Abs. 2 NRG BW – nach seinem Wortlaut keine „wesentliche Beeinträchtigung":[92] Nur „unerhebliche Beeinträchtigungen" sind jedoch – insbesondere im Hinblick auf das zwischen Grundstücksnachbarn bestehende nachbarrechtliche Gemeinschaftsverhältnis[93] mit korrespondierendem Rücksichtnahmegebot nach § 242 BGB – auch im Rahmen von § 906 Abs. 2 BGB ohne Bedeutung.[94] Voraussetzung ist, dass die nicht nur unerhebliche Beeinträchtigung der Grundstücksnutzung gerade von den überhängenden Zweigen ausgeht. Beeinträchtigungen, die nicht spezifisch vom Überhang, sondern von den in Rede stehenden Bäumen „als solchen" ausgehen, haben bei der rechtlichen Bewertung im Rahmen von § 910 BGB außer Betracht zu bleiben.[95] Die Darlegungs- und Beweislast dafür, dass von überhängenden Ästen keine solche Beeinträchtigung der Grundstücksnutzung ausgeht, trägt der Eigentümer der Bäume.[96] 52

An der notwendigen Beeinträchtigung fehlt es dann, wenn die Störungen im Vergleich zu den Wirkungen des Rückschnitts des Überwuchses außer Verhältnis stehen und die Beseitigung des Überhangs deshalb unzumutbar ist.[97] Dies ist insbesondere dann der Fall, wenn die verlangte Maßnahme zu einem Absterben des Baumes oder zu einer erhöhten Risikolage führen würde. In diesem Fall läuft das Rückschnittbegehren letztlich auf eine Beseitigung des Baumes hinaus,[98] die nicht verlangt werden kann. 53

---

87 OLG Brandenburg Urt. v. 17.8.2015 – 5 U 109/13, NJW-RR 2015, 1427 = NZM 2015, 798 = MDR 2016, 366.

88 Vgl. OLG Köln Urt. v. 22.5.1996 – 11 U 6/96, NJW-RR 1997, 656; OLG Köln Urt. v. 17.5.1989 – 13 U 113/88, NJW-RR 1989, 1177.

89 Ablehnend: Staudinger/*Roth* BGB § 910 Rn. 18 unter Bezugnahme auf den eindeutigen Wortlaut der Norm, der keine richterlichen Billigkeitsentscheidungen rechtfertige – ebenso AG Königstein NJW-RR 2000, 1256.

90 LG Kleve Urt. v. 13.10.1981 – 3 S 203/81, MDR 1982, 230.

91 AG Norden Urt. v. 11.4.2003 – 5 C 884/01, MDR 2003, 739.

92 OLG Karlsruhe Urt. v. 27.5.2014 – 12 U 168/13, MDR 2014, 893 = Justiz 2014, 249. juris Rn. 58 zu nachbarrechtlichen Ansprüchen hinsichtlich einer aus 21 Fichten mit einer Höhe von etwa 16 m bestehenden Baumreihe entlang der Grundstücksgrenze in einem Wohngebiet.

93 Zur Verpflichtung eines Nachbarn aus dem nachbarlichen Gemeinschaftsverhältnis übermäßige Schatten werfende an der gemeinsamen Grundstücksgrenze gepflanzte Bäume zurückzuschneiden: AG Mettmann Urt. v. 12.6.1991 – 24 C 78/90, WuM 1991, 576.

94 OLG Köln Urt. v. 22.5.1996 – 11 U 6/96, NJW-RR 1997, 656.

95 OLG Oldenburg Urt. v. 25.7.1990 – 4 U 89/89, VersR 1991, 556 = NJW-RR 1991, 1367.

96 OLG Oldenburg Urt. v. 25.7.1990 – 4 U 89/89, VersR 1991, 556, juris Rn. 59 unter Bezugnahme auf MüKoBGB/*Säcker* § 910 Rn. 7; *Grziwotz/Lüke/Saller* NachbarR-HdB Rn. 374.

97 OLG Saarbrücken Urt. v. 23.8.2007 – 8 U 385/06-102, OLGR 2007, 927 unter Bezugnahme auf *Grziwotz/Lüke/Saller* NachbarR-HdB Rn. 388.

98 LG Saarbrücken Urt. v. 23.12.2005 – 15 U 32/05 bestätigt durch OLG Saarbrücken Urt. v. 11.1.2007 – 8 U 77/06-19.

IV. Weitere Einschränkungen des Abschneiderechts außerhalb des BGB

1. Obst- und Waldbäume

54 Nach Art. 122 EGBGB bleiben die landesgesetzlichen Vorschriften, welche die Rechte des Grundstückseigentümers in Ansehung der auf der Grenze oder auf dem Nachbargrundstück stehenden Obstbäume abweichend von der Vorschrift des § 910 BGB bestimmen,[99] unberührt. In der Folge genießen diese Vorschriften einen Vorrang. Sie gewähren dem Obstbaumbesitzer einen weitergehenden Schutz als nach § 910 BGB.[100]

55 Durch § 183 EGBGB (Waldgrundstück) erfolgt in Anlehnung an Art. 122 EGBGB eine Einschränkung des Selbsthilferechts bezüglich **Waldbäumen**:[101] Zugunsten eines Grundstücks, das zur Zeit des Inkrafttretens des BGB mit Wald bestanden ist, bleiben die landesrechtlichen Vorschriften, welche die Rechte des Eigentümers eines Nachbargrundstücks in Ansehung der auf der Grenze (oder auf dem Waldgrundstück) stehenden Bäume und Sträucher abweichend von der Vorschrift des § 910 BGB bestimmen[102] (dh soweit es dem Waldbestand günstiger ist als die BGB-Regelung),[103] bis zur nächsten Verjüngung des Waldes in Kraft.

2. Bäume an öffentlichen Wegen

56 Auf Bäume an öffentlichen Wegen findet grundsätzlich § 910 BGB Anwendung.[104] Daneben gestattet das Nachbarrecht (bspw. § 25 NRG BW)[105] dem Nachbarn bei Bäumen an öffentlichen Wegen die Beseitigung von Zweigen bis zu einer Höhe von 3 Metern.

57 Nach § 32 LStrG NRW hat der Anlieger (den zwar nach dessen Abs. 2 S. 1 eine Verpflichtung zur Duldung von Erhaltungsmaßnahmen und von Einwirkungen der Pflanzen trifft)[106] – unter ausdrücklicher Anerkennung des bürgerlich-rechtlichen Abschneiderechts – aber die Pflicht, bevor er Wurzeln von Straßenbäumen (dies soll gleichermaßen auch im Falle eines Überhangs von **Zweigen** gelten),[107] die in sein Grundstück hineinragen, abschneidet, dies der zuständigen Behörde rechtzeitig vorher anzuzeigen.

58 Im Kontext mit Telekommunikationslinien[108] räumt § 73 Abs. 2 TKG (Schonung der Baumpflanzungen) bundesrechtlich dem Nutzungsberechtigten ein Selbsthilferecht ein: Er hat dem Besitzer der Baumpflanzungen eine angemessene Frist zu setzen, innerhalb derer er die Ausästungen selbst vornehmen kann. Sind die Ausästungen innerhalb der Frist nicht oder nicht genügend vorgenommen worden, bewirkt der Nutzungsberechtigte die Ausästungen, wozu er auch berechtigt ist, wenn es sich um die dringliche Verhütung oder Beseitigung einer Störung handelt. Der Nutzungsberechtigte hat nach § 73 Abs. 3 TKG den an den Baumpflanzungen verursachten Schaden und die Kosten der auf sein Verlangen vorgenommenen Ausästungen zu ersetzen.

99 Nur Baden-Württemberg hat von dieser Möglichkeit durch Erlass der §§ 23 f., 35 NRG B-W (idF v. 8.1.1996, GBl S. 54, zuletzt geändert durch G v. 1.7.2004, GBl. 469) Gebrauch gemacht.

100 Staudinger/*Meyer* EGBGB Art. 122 Rn. 6; Staudinger/*Roth* BGB § 910 Rn. 23.

101 Staudinger/*Roth* BGB § 910 Rn. 23.

102 Vgl. etwa § 34 NRG BW; Art. 51 Abs. 3 und 4 BayAGBGB.

103 Staudinger/*Roth* BGB § 910 Rn. 23.

104 BGH Urt. v. 8.6.1979 – V ZR 46/78, WM 1979, 1219.

105 MüKoBGB/*Brückner* § 910 Rn. 15 Fn. 49. Staudinger/*Roth* BGB § 910 Rn. 24 ist allerdings der Auffassung, dass diese landesrechtliche Norm, da Art. 122 EGBGB (Obstbäume) nicht einschlägig ist, eine unzulässige Abweichung vom Bundesrecht (in Gestalt von § 910 BGB) darstellt.

106 Nach BGH Urt. v. 8.3.1990 – III ZR 141/88, NJW 1990, 3195 (3196) treffen den Nachbarn allerdings keine weitergehenden Duldungspflichten; aA offensichtlich OLG Düsseldorf Urt. v. 18.9.2000 – 9 U 67/00, NVwZ 2001, 594 (eine Ansicht, die jedoch gegen die Gesetzgebungskompetenz des Landesgesetzgebers verstoßen würde, so zutr. Staudinger/*Roth* BGB § 910 Rn. 24).

107 Staudinger/*Roth* BGB § 910 Rn. 24.

108 Baumpflanzungen auf und an den Verkehrswegen sind nach § 73 Abs. 1 TKG nach Möglichkeit zu schonen, auf das Wachstum der Bäume ist Rücksicht zu nehmen. Ausästungen können nur insoweit verlangt werden, als sie zur Herstellung der Telekommunikationslinie oder zur Verhütung von Betriebsstörungen erforderlich sind. Sie sind auf das unbedingt notwendige Maß zu beschränken.

3. Einschränkungen durch Baumschutzsatzungen/-verordnungen

Öffentliches Naturschutzrecht (des Bundes, der Länder oder der Gemeinden), das sowohl die Rechte des Baumeigentümers als auch jene des Nachbarn einzuschränken vermag,[109] kann die Ausübung sowohl des Abschneiderechts nach § 910 BGB als auch den Beseitigungsanspruch nach § 1004 Abs. 1 S. 1 BGB ausschließen: Der Nachbar hat entsprechende (wirksame) Satzungsverbote zu akzeptieren.[110] 59

Naturschutzrechtliche Verbote stellen die Störereigenschaft eines Grundstückseigentümers aber solange nicht infrage, wie er mit der Folge einer Ausnahmegenehmigung für die Beseitigung der Störungsquelle beantragen kann.[111] 60

Kommunale Baumschutzsatzungen wirken sich auf das privatrechtliche Nachbarschaftsverhältnis aus und beschränken in zulässiger Weise nachbarrechtliche Ansprüche:[112] Die Vorschriften des BGB gehen den Regelungen einer Baumschutzsatzung nicht vor. Nach Art. 111 EGBGB[113] bleiben die landesrechtlichen Vorschriften, die im öffentlichen Interesse das Eigentum in Ansehung tatsächlicher Verfügungen beschränken und zu denen insbesondere auch das Naturschutzrecht gehört, unberührt.[114] Unter „landesgesetzlichen Vorschriften" iSv Art. 111 EGBGB können nur solche Regelungen verstanden werden, welche in einem gesamten Bundesland anzuwenden sind.[115] Bei den Regelungen einer Baumschutzsatzung handelt es sich um öffentlich-rechtliche Beschränkungen von nachbarrechtlichen Ansprüchen. Die in einer solchen Satzung enthaltenen Gebote und Verbote richten sich nicht nur gegen den Eigentümer eines Grundstücks, sondern gelten für jedermann und wirken sich daher auf das (privatrechtliche) Nachbarrechtsverhältnis aus.[116] Wenn eine Vorschrift der Baumschutzsatzung also jedermann verbietet, geschützte Bäume zu entfernen, zu zerstören, zu schädigen oder ihren Aufbau wesentlich zu verändern, so schränkt diese Vorschrift die aus § 910 BGB folgende Befugnis ein, von einem Nachbargrundstück über die Grundstücksgrenze herüberragende Zweige eines geschützten Baumes abzuschneiden. Im Rahmen des Verbots einer gemeindlichen Baumschutzverordnung kann der beeinträchtigte Nachbar aufgrund dieser öffentlich-rechtlichen Bestimmungen (in gleicher Weise wie der Eigentümer des Baumes) daran gehindert sein, Maßnahmen an dem geschützten Gehölz durchzuführen, zu denen er nach Vorschriften des Privatrechts berechtigt wäre, und bei Zuwiderhandlung auch Adressat von Sanktionen der zuständigen Behörde sein. Der Schutzzweck der Baumschutzverordnung geht jedoch nicht dahin, dem Eigentümer nach einer bereits erfolgten Zuwiderhandlung des 61

---

109 BGH Urt. v. 14.6.2019 – V ZR 102/18, NJW-RR 2019, 1356, juris Rn. 14; OLG Hamm Urt. v. 6.11.2007 – 3 Ss OWi 494/07, NJW 2008, 453; OLG Düsseldorf Urt. v. 20.4.1988 – 9 U 228/87, NJW 1989, 1807; Staudinger/*Roth* BGB § 910 Rn. 22; aA hingegen OLG Karlsruhe Urt. v. 16.12.1987 – 13 U 79/87, AgrarR 1988, 263.

110 OLG Düsseldorf Urt. v. 20.4.1988 – 9 U 228/87, NJW 1989, 1807; *Otto* NJW 1989, 1783; Palandt/*Herrler* BGB § 910 Rn. 3; Staudinger/*Roth* BGB § 910 Rn. 21.

111 BGH Urt. v. 14.6.2019 – V ZR 102/18, NJW-RR 2019, 1356, juris Rn. 14; BGH Urt. v. 13.1.2005 – V ZR 83/04, NZM 2005, 318 f. (zur Baumschutzsatzung); BGH Urt. v. 20.11.1992 – V ZR 82/91, BGHZ 120, 239 (254).

112 OLG Hamm Urt. v. 6.11.2007 – 3 Ss OWi 494/07, NJW 2008, 453 = NZM 2008, 343.

113 Unter „landesgesetzlichen Vorschriften" iSv Art. 111 EGBGB versteht das AG Kerpen (Urt. 12.4.2011 – 110 C 140/10, NJW-RR 2011, 957 = ZMR 2011, 730) – im Gegensatz zum OLG Hamm (Urt. v. 6.11.2007 – 3 Ss OWi 494/07, NJW 2008, 453 = NZM 2008, 343) nur solche Regelungen, die in einem gesamten Bundesland anzuwenden sind, womit in NRW erlassene kommunale Baumschutzsatzungen nicht unter diese Vorschrift fallen sollen.

114 BVerwG Urt. v. 1.2.1996 – 413 303/95, NJW 1996, 1487 (1488); BGH Urt. v. 13.1.2005 – V ZR 83/04, NZM 2005, 318 (319).

115 In NRW erlassene kommunale Baumschutzsatzungen fallen nicht unter die Vorschrift, umstritten, so aber AG Kerpen Urt. v. 12.4.2011 – 110 C 140/10, NJW-RR 2011, 957 = ZMR 2011, 730 = NZM 2012, 583 (Ls.); aA hingegen OLG Hamm Urt. v. 6.11.2007 – 3 Ss OWi 494/07, NJW 2008, 453.

116 OLG Hamm Urt. v. 28.9.1998 – 5 U 67/98, MDR 1999, 930 (931); OLG Köln Urt. v. 3.9.2003 – 19 U 120/03, OLGR 2003, 369 (370); OLG Frankfurt a. M. Urt. v. 13.6.1991 – 1 U 122/89, NJW-RR 1991, 1364; OLG Düsseldorf Urt. v. 20.4.1988 – 9 U 228/87, NJW 1989, 1807; Staudinger/*Roth* BGB § 910 Rn. 21; aA hingegen OLG Karlsruhe Urt. v. 16.12.1987 – 13 U 79/87, NuR 1988, 309.

Nachbarn einen Schadensersatzanspruch zu verschaffen, der ihm nach den Vorschriften des Nachbarrechts nicht zusteht.[117]

62 Durch die Erteilung einer Erlaubnis nach einer gemeindlichen Baumschutzsatzung an den Nachbarn, die auf sein Grundstück ragenden Äste eines Baumes zurückzuschneiden, wird der Eigentümer des Baumes nicht in subjektiv- öffentlichen Rechten verletzt:[118] Der Eigentümer eines Baumes hat keinen Anspruch gegenüber der Gemeinde darauf, dass diese gegen den beabsichtigten Rückschnitt des Baumes durch den Nachbarn auf der Grundlage privaten Nachbarrechts in Anwendung der gemeindlichen Baumschutzsatzung einschreitet, weil das beabsichtigte Vorhaben womöglich gegen die Bestimmungen der Baumschutzsatzung verstößt.[119]

63 Eine Baumschutzsatzung begründet aber nicht zugunsten des Eigentümers (dessen Baum der Satzung unterfällt) einen Schadensersatzanspruch, wenn der Nachbar Zweige abschneidet. Die Einschränkungen des Abschneiderechts entfalten (nach allerdings umstrittener Auffassung) nur im Verhältnis zur öffentlichen Gewalt Wirkungen.[120] Eine entsprechende Regelung in einer Baumschutzsatzung ist auch kein „Schutzgesetz“ iSv § 823 Abs. 2 BGB.[121]

64 Die Verurteilung zur Beseitigung von Beeinträchtigungen durch Rückschneiden von Bäumen, welche einer Baumschutzverordnung unterstehen, setzt voraus, dass eine öffentlich-rechtliche Ausnahmeregelung von den Beschränkungen der Baumschutzverordnung erteilt werden kann und hat unter dem Vorbehalt der Erteilung einer Ausnahmegenehmigung zu erfolgen.[122]

65 Verlangt ein Nachbar vom störenden Grundstückseigentümer Beseitigung eines Überhangs, ist Letzterer im Falle einer entgegenstehenden Baumschutzsatzung verpflichtet, sich um eine Ausnahmegenehmigung zu bemühen.[123] Der Beseitigungsantrag des Grundstücksnachbarn bei Überhang von Ästen ist bereits dann begründet, wenn eine öffentlich-rechtliche Ausnahmeregelung von den Beschränkungen der Baumschutzverordnung möglich erscheint und hat unter dem Vorbehalt der Erteilung einer solchen Genehmigung zu erfolgen.[124]

66 Der Umstand eines „unvordenklichen Baumbestandes“ rechtfertigt für sich keine andere Entscheidung. Zwar mag ein Anspruch auf vollständige Beseitigung der Bäume – unabhängig von den Regeln der Baumschutzverordnung – nicht mehr durchsetzbar sein,[125] doch lässt sich hieraus für den Anspruch auf Rückschnitt nichts herleiten.[126]

---

117 So OLG München Urt. v. 11.5.2016 – 20 U 4831/15, SchAZtg 2017, 79; entgegen OLG Bremen Urt. v. 15.5.1998 – 4 U 4/98, OLGR Bremen 1998, 409; OLG Düsseldorf Urt. v. 18.10.1991 – 22 U 220/90, NVwZ 1992, 216 = NuR 1993, 193.
118 VGH Mannheim Urt. v. 21.12.1995 – 5 S 3422/95, NVwZ-RR 1996, 164 = NuR 1996, 408 (Ls. 1).
119 VGH Mannheim Urt. v. 21.12.1995 – 5 S 3422/95, NVwZ-RR 1996, 164 (Ls. 2).
120 In diesem Sinne Staudinger/*Roth* BGB § 910 Rn. 22; aA OLG Düsseldorf VersR 1992, 458.
121 Arg.: Schutzzweck ist allein das öffentliche Interesse an der Erhaltung bestimmter Bäume; vgl. näher *Otto* NJW 1989, 1783 (1784).
122 OLG München Urt. v. 18.1.2008 – 5 U 2059/08, OLGR 2008, 691 unter Bezugnahme auf BGH Urt. v. 26.11.2004 – V ZR 83/04, NZM 2005, 318.
123 LG Köln Urt. v. 11.8.2011 – 6 S 285/10, MietRB 2011, 358.
124 AG Hamburg-Blankenese Urt. v. 7.11.2012 – 531 C 6/12, ZMR 2013, 122 – Ls. 1.
125 BGH Urt. v. 23.2.1973 – V ZR 109/71, BGHZ 60, 235.
126 BGH Urt. v. 23.2.1973 – V ZR 109/71, BGHZ 60, 235 (241 f.).

V. Inhalt des Selbsthilferechts

Liegen die Voraussetzungen des § 910 BGB vor, kann der Eigentümer in Ausübung seines Selbsthilferechts die die Benutzung seines Grundstücks beeinträchtigenden (und tatsächlich über die Grundstücksgrenze ragenden)[127] Zweige (Letztere allerdings nicht am Stamm)[128] abschneiden. 67

An den Zweigen erwirbt er (entgegen § 953 BGB) Eigentum von demjenigen, in dessen Eigentum das Grundstück steht, aus dem der Baum, dessen wesentliche Bestandteile die Zweige bis zu Abtrennung waren, herausragt.[129] Er darf auch das an den Zweigen hängende Obst behalten, wenn er ausnahmsweise (dh nicht zur Unzeit) auch obstbehangene Zweige abschneiden darf[130] (→ *Anpflanzungen an der Grundstücksgrenze* Rn. 25; → *Fallobst* Rn. 8. Dabei ist aus praktischen Gründen ein in gewissem Grade großzügiger Maßstab zugrunde zu legen.[131] Allerdings ist es ihm verwehrt, die abgeschnittenen Zweige auf das nachbarliche Grundstück zu werfen.[132] Er ist zur Ausübung seines Selbsthilferechts grundsätzlich (sieht man einmal von aufgrund des nachbarlichen Gemeinschaftsverhältnisses gerechtfertigten Ausnahmefällen ab) auch nicht befugt, das Nachbargrundstück zu betreten[133] (was gleichermaßen auch dem Baum-(Strauch-)Eigentümer verwehrt ist, der nach § 1004 Abs. 1 S. 1 BGB zur Beseitigung des Überhangs verpflichtet worden ist).[134] 68

Der Baum- oder Straucheigentümer trägt das Risiko ggf. auftretender Schäden am Baum oder Strauch (sofern das Abschneiderecht nur rechtswirksam ausgeübt worden ist). 69

Sind weitere Grundstücksbeeinträchtigungen zu befürchten, kann nach § 1004 Abs. 1 S. 2 BGB auf Unterlassung geklagt werden – ggf. auch auf Feststellung, dass der Nachbar regelmäßig verpflichtet ist, überhängende beeinträchtigende Zweige abzuschneiden.[135] 70

Hat der Nachbar hingegen, ohne dass die Voraussetzungen des § 910 BGB vorlagen, Zweige abgeschnitten, handelte er rechtswidrig. Infolgedessen gehören die von ihm abgeschnittenen Teile gemäß § 953 BGB weiterhin dem Baumeigentümer. Dieser kann sie nach § 985 bzw. § 861 BGB herausverlangen[136] oder abholen.[137] Ggf. steht dem Baumeigentümer (sofern keine oder eine nur unzureichende Fristsetzung erfolgt ist) auch ein Schadensersatzanspruch wegen Eigentumsverletzung nach § 823 Abs. 1 BGB zu, wenn ihm durch unsachgemäßes Abschneiden ein Schaden entstanden ist. 71

Wenn der Baumeigentümer selbst – auf entsprechende Aufforderung des Nachbarn hin (§ 910 Abs. 1 S. 2 BGB) – die Zweige entfernt hat, verbleiben diese in seinem Eigentum. 72

VI. Prozessuales und Beweislast

Durch Landesgesetz kann in Streitigkeiten über Ansprüche aus dem Nachbarrecht nach § 910 BGB gemäß § 15 a Abs. 1 S. 1 Nr. 2 EGZPO bestimmt werden, dass die Erhebung der Klage erst zulässig ist, nachdem von einer durch die Landesjustizverwaltung eingerichteten oder anerkannten Gütestelle versucht worden ist, die Streitigkeit einvernehmlich beizulegen. 73

Die in Art. 1 § 1 Nr. 2a HessSchlG landesrechtlich vorgeschriebene Schlichtung für Ansprüche gegen Überhang gem. § 910 BGB gilt bspw. auch für Schadensersatzansprüche aus unerlaubter Handlung, die aus die- 74

127 LG Bielefeld Urt. v. 4.11.1959 – 1 S 250/59, NJW 1960, 678.
128 Staudinger/*Roth* BGB § 910 Rn. 25: „(…) auch wenn dadurch zukünftige Beeinträchtigungen durch ein Nachwachsen nachhaltig eingeschränkt wären."
129 Dinglich Berechtigte erwerben Eigentum nach § 954 (Erwerb durch dinglich Berechtigte) iVm § 910 BGB.
130 Staudinger/*Roth* BGB § 910 Rn. 25.
131 Staudinger/*Roth* BGB § 910 Rn. 25.
132 Staudinger/*Roth* BGB § 910 Rn. 25.
133 MüKoBGB/*Brückner* § 910 Rn. 10; Staudinger/*Roth* BGB § 910 Rn. 25; aA *Schumacher* BlGBW 1960, 278.
134 Staudinger/*Roth* BGB § 910 Rn. 25.
135 So Staudinger/*Roth* BGB § 910 Rn. 25; aA LG Bonn Urt. v. 3.7.1987 – 4 S 32/87, NJW-RR 1987, 1421.
136 Staudinger/*Roth* BGB § 910 Rn. 26.
137 Palandt/*Herrler* BGB § 910 Rn. 4.

ser Bestimmung erwachsen,[138] wobei die ohne eine vorherige Durchführung des obligatorischen Schlichtungsverfahrens erhobene Klage auch dann vom Berufungsgericht als unzulässig abzuweisen ist, wenn das erstinstanzliche Urteil keine Ausführungen zu der angenommen Zulässigkeit der Klage enthält.[139]

75 Im Saarland unterliegen Zahlungsansprüche nicht der obligatorischen Streitschlichtung für Nachbarrechtsstreitigkeiten nach § 37a Abs. 1 Nr. 1 AGJusG SL.[140] Die mit § 15 Abs. 1 S. 1 Nr. 2 EGZPO geschaffene Ermächtigung des Landesgesetzgebers, die Zulässigkeit der Klageerhebung von einem vorherigen Schlichtungsversuch abhängig zu machen, bezieht sich auf „Streitigkeiten über Ansprüche aus dem Nachbarrecht nach den §§ 910, 911, 923 des Bürgerlichen Gesetzbuches (…)". Ob hierunter auch Beseitigungs-, Bereicherungs- und Schadensersatzansprüche fallen, soweit die geltend gemachten Ansprüche ihre Grundlage darin finden, dass Äste oder Wurzeln über eine Grundstücksgrenze hinausgewachsen sind, ist umstritten.[141] Die Vorschrift des § 37 Abs. 1 Nr. 1 AGJusG SL entspricht nach Ansicht des BGH[142] wörtlich den Bestimmungen des hessischen (§ 1 Abs. 1 Nr. 1 HessSchlG), des nordrhein-westfälischen (§ 53 Abs. 1 Nr. 1 JustG NRW) und des rheinland-pfälzischen Landesrechts (§ 1 Abs. 1 Nr. 1 RhPfLSchlG). Diese Vorschriften legt der BGH eng in dem Sinne aus, dass ein Schlichtungsversuch in diesen Bundesländern für eine auf Zahlung gerichtete Klage auch dann nicht vorgeschrieben ist, wenn der Anspruch aus dem Nachbarrecht hergeleitet wird.[143]

76 Der **Klageantrag** (und ihm folgend auch das Urteil) bedürfen einer hinreichenden Bestimmtheit hinsichtlich Art und örtlicher Lage des störenden Baums oder Strauchs[144] mit der Folge, dass ein bloßes Verlangen, „grenzüberschreitende Pflanzen" eines bestimmten Flurstücks zu beseitigen, wegen der fehlenden Bestimmtheit unzulässig ist.[145]

77 Die Darlegungs- und Beweislast für das Vorliegen der Voraussetzungen des Selbsthilferechts trägt der beeinträchtigte Eigentümer.[146] Er muss im Streitfall beweisen, dass eine Beeinträchtigung des Nachbargrundstücks durch den Überhang vorliegt. Bei herüberragenden Zweigen muss der Nachbar das Setzen und Einhalten einer angemessenen Frist behaupten und beweisen. In jedem Falle trägt er die Behauptungs- und Beweislast für die Einwendung nach § 910 Abs. 2 BGB, dass keine Beeinträchtigung vorliegt.[147]

VII. Verjährung des Selbsthilferechts

78 Das Selbsthilferecht nach § 910 BGB wird in § 924 BGB nicht erwähnt, da es sich nicht um einen Anspruch (iSv § 194 Abs. 1 BGB) handelt und damit schon deshalb einer Verjährung nicht unterworfen ist.[148]

138 OLG Frankfurt a. M. Urt. v. 6.3.2008 – 4 U 41/07, OLGR 2008, 814 (Ls. 1).
139 OLG Frankfurt a. M. Urt. v. 6.3.2008 – 4 U 41/07, OLGR 2008, 814 (Ls. 2).
140 BGH Urt. v. 27.1.2017 – V ZR 120/16, NJW-RR 2017, 443 = NZM 2017, 267, juris Rn. 7.
141 BGH Urt. v. 27.1.2017 – V ZR 120/16, NJW-RR 2017, 443, juris Rn. 8 unter Bezugnahme auf BGH Urt. v. 19.2.2016 – V ZR 96/15, NJW-RR 2016, 823 Rn. 10; offengelassen von BGH Urt. v. 10.7.2009 – V ZR 68/08, NJW-RR 2009, 1238 Rn. 9; BGH Urt. v. 2.3.2012 – V ZR 169/11, NZM 2012. 435 Rn. 7.
142 BGH Urt. v. 27.1.2017 – V ZR 120/16, NJW-RR 2017, 443, juris Rn. 10.
143 BGH Urt. v. 27.1.2017 – V ZR 120/16, NJW-RR 2017, 443, juris Rn. 10 unter Bezugnahme auf BGH Urt. v. 10.7.2009 – V ZR 69/08, NJW-RR 2009, 1238 Rn. 10; BGH Urt. v. 2.3.2017 – V ZR 169/11, NZM 2012, 435 Rn. 9; BGH Urt. v. 19.2.2016 – V ZR 96/15, NJW-RR 2016, 823 Rn. 11.
144 Staudinger/*Roth* BGB § 910 Rn. 34.
145 BGH Urt. v. 25.10.1991 – V ZR 196/90, NJW 1992, 1101 (1102).
146 Staudinger/*Roth* BGB § 910 Rn. 33.
147 Staudinger/*Roth* BGB § 910 Rn. 33 und Prot. III, S. 141 gehen allerdings von einer „Einrede" aus.
148 MüKoBGB/*Brückner* § 910 Rn. 14; Soergel/*Baur* BGB § 910 Rn. 11; Staudinger/*Roth* BGB § 910 Rn. 28: „Allenfalls ist ausnahmsweise Verwirkung möglich."

VIII. Weitere Ansprüche des Grundstückseigentümers

1. Ungerechtfertigte Bereicherung

Der Grundstückseigentümer kann von dem nach § 1004 Abs. 1 S. 1 BGB eigentlich zur Beseitigung Verpflichteten, wenn er die vom Störer geschuldete Beseitigung der Eigentumsbeeinträchtigung selbst vornimmt, die Beseitigungskosten nach Bereicherungsrecht (§ 812 Abs. 1 S. 1 Alt. 2 BGB) verlangen,[149] wenn der Störer seiner Verpflichtung zur Beseitigung der Störung nicht nachkommt und die Selbstbeseitigung gerade der Ersatzvornahme in Bezug auf den bestehenden Beseitigungsanspruch dient. Ein solcher Anspruch setzt voraus, dass dem Baumeigentümer zuvor erfolglos eine wirksame Frist (§ 910 Abs. 1 S. 2) gesetzt worden ist.[150] Der zur Beseitigung verpflichtete Störer hat Aufwendungen erspart und ist insoweit ungerechtfertigt bereichert. Diese Bereicherung hat er dem Grundstückseigentümer herauszugeben. 79

Der Nachbar kann vom Baumeigentümer (Störer) auch Ersatz der ihm durch die Ausübung seines Selbsthilferechts nach § 910 BGB entstehenden Beseitigungskosten gemäß § 812 Abs. 1 S. 1 Alt. 2 BGB verlangen,[151] wenn dem Eigentümer (hypothetisch) neben § 910 BGB auch einen (unverjährten)[152] Beseitigungsanspruch nach § 1004 Abs. 1 S. 1 BGB hätte geltend machen können.[153] 80

2. Schutzmaßnahmen nach § 1004 BGB

Gegen einen weiteren, künftig zu erwartenden Überwuchs kann der Grundstückseigentümer nach § 1004 BGB Schutzmaßnahmen verlangen. 81

Ein beeinträchtigter Grundstückseigentümer kann, wenn er nicht nach § 910 Abs. 1 S. 2 BGB vorgehen will, den selbstständig daneben stehenden Anspruch aus § 1004 Abs. 1 BGB geltend machen, wobei jedoch § 910 Abs. 2 BGB Maßstab bleibt:[154] Es bleibt ihm auch unbenommen, eine grenznahe Anpflanzung zu akzeptieren und sich erst gegen einen Überhang zu wehren. Insoweit gelten auch die landesrechtlichen Ausschlussfristen für den Anspruch auf Beseitigung von Überwuchs nicht. Dem beeinträchtigten Grundstückseigentümer steht das Beseitigungsrecht nämlich in Bezug auf den Überwuchs auch gegen rechtmäßi- 82

149 BGH Urt. v. 23.2.1973 – V ZR 109/71, BGHZ 60, 235 (243) = NJW 1973, 703; BGH Urt. v. 7.3.1986 – V ZR 92/85, BGHZ 97, 231 (234) = NJW 1986, 2640; BGH Urt. v. 26.4.1991 – V ZR 346/89, NJW 1991, 2826; BGH Urt. v. 21.10.1994 – V ZR 12/94, NJW 1995, 395; BGH Urt. v. 28.11.2003 – V ZR 99/03, NJW 2004, 603; ebenso LG Aachen Urt. v. 2.12.1960 – 5 S 249/60, NJW 1961, 734; OLG Düsseldorf Urt. v. 11.6.1986 – 9 U 51/86, NJW 1986, 2648; LG Münster Urt. v. 9.11.1981 – O 442/81, AgrarR 1982, 135. Einem Nachbarn, der Überhang von Bäumen auf sein Grundstück – die Bäume der WEG waren noch nicht akut, aber latent bruchgefährdet – nach Fristsetzung und unter Beachtung der Ausnahmegenehmigung des Naturschutzreferats durch ein Fachunternehmen beseitigen lässt, steht dem Grunde nach ein Bereicherungsanspruch gegen seinen Grundstücksnachbarn (konkret: die WEG) zu, wenn der Überhang eine erhebliche Gefahr für das Grundstück und seine Nutzer darstellt: AG Hamburg-Altona Urt. v. 7.7.2015 – 314 bc 178/14, ZMR 2015, 900. Vgl. auch *Jauernig/Berger* BGB § 910 Rn. 1; aA LG Hannover Urt. v. 4.6.1993 – 8 S 42/92, NJW-RR 1994, 14; MüKoBGB/*Brückner* § 910 Rn. 12; Soergel/*Baur* BGB § 910 Rn. 8; LG Osnabrück Urt. v. 24.1.1985 – 9 O 231/83, VersR 1986, 379 (398); LG Bonn Urt. v. 3.7.1987 – 4 S 32/87, NJW-RR 1987, 1421; LG Frankfurt a. M. Urt. v. 21.1.1986 – 218 S 150/85, NJW-RR 1986, 503; aA *Picker* JuS 1974, 357 (361) (der für einen Ausgleich nach den Grundsätzen der GoA plädiert).

150 LG Kleve Urt. v. 15.2.2018 – 6 S 92/17, SchAZtg 2018, 153 – Ls. nach juris.

151 Umstr.; wie hier: BGH Urt. v. 7.3.1986 – V ZR 92/85, BGHZ 97, 231 (234) = NJW 1986, 2640; OLG Düsseldorf Urt. v. 11.6.1986 – 9 U 51/86, NJW 1986, 2648 (2649); *Jauernig/Berger* BGB § 910 Rn. 1; MüKoBGB/*Brückner* § 910 Rn. 12; aA hingegen LG Hannover Urt. v. 4.6.1993 – 8 S 42/93, NJW-RR 1994, 14; Soergel/*Baur* BGB § 910 Rn. 8.

152 Dazu BGH Urt. v. 22.2.1973 – V ZR 109/71, BGHZ 60, 235 = NJW 1973, 703.

153 So Staudinger/*Roth* BGB § 910 Rn. 27 unter Bezugnahme auf BGH Urt. v. 7.3.1986 – V ZR 92/85, BGHZ 97, 231 (234) = NJW 1986, 2640), da § 910 BGB „die Rechtsstellung des gestörten Eigentümers verbessern und nicht verschlechtern" soll. Eine Unterscheidung danach, ob der Eigentümer nun von seinem Unterlassungsanspruch Gebrauch gemacht hat oder aber den Weg über § 910 beschritten hat, sei „unpraktikabel und meist undurchführbar", weshalb „rabulistische Abgrenzungsversuche (insbes. von *Picker* JuS 1974, 357 ff.) (…) daher nicht zu überzeugen" vermögen.

154 BGH Urt. v. 13.1.2005 – V ZR 83/04, NZM 2005, 318 (319); BGH Urt. v. 28.11.2003 – V ZR 99/03, NJW 2004, 603; BGHZ 60, 235 (241 f.).

ge Grenzbepflanzungen zu und der Störer kann und darf bei einer rechtswidrigen Grenzbepflanzung hinsichtlich des Überwuchses nicht besser gestellt sein, als bei Einhaltung des Grenzabstandes – zumal er aufgrund der ursprünglichen Duldung seines Nachbarn keine Rechtsposition erworben hat.[155]

3. Schadensersatz wegen Überwuchsschäden

83 Sind durch den Überhang sog. Überwuchsschäden entstanden, kommt bei Verschulden des Störers ein **Schadensersatzanspruch** nach § 823 Abs. 1 BGB in Betracht. Voraussetzung ist, dass durch den Überwuchs schuldhaft das Eigentum des Grundstückseigentümers widerrechtlich verletzt worden ist. Es fehlt am Rechtswidrigkeitszusammenhang der Baumschnittmaßnahme, wenn der eigenmächtige Rückschnitt gemäß § 910 Abs. 1 S. 2 BGB zulässig gewesen wäre (rechtmäßiges Alternativverhalten als Einwendung).[156]

84 Der Eigentümer kann einen Schaden aber nicht nach § 823 Abs. 2 iVm § 910 BGB geltend machen, da § 910 BGB für Überwuchsschäden kein „Schutzgesetz" ist. Normzweck des § 910 BGB ist die Vermeidung von Nachbarstreitigkeiten, nicht ein Verbot des Anpflanzens oder Wachsenlassens „bestimmter (auch giftiger) Pflanzen".[157]

85 Bei Überwuchsschäden besteht zudem ein Beseitigungsanspruch nach § 1004 Abs. 1 S. 1 BGB.

4. Aufopferungsanspruch und Anspruch aus enteignungsgleichem Eingriff

86 Die Judikatur[158] billigt dem Eigentümer, der aus tatsächlichen (oder rechtlichen)[159] Gründen daran gehindert ist, einen Überhang selbst zu beseitigen, und sofern die vom Nachbargrundstück ausgehende Einwirkung das zumutbare Maß einer entschädigungslos hinzunehmenden Beeinträchtigung übersteigt, einen verschuldensunabhängigen bürgerlich-rechtlichen Ausgleichsanspruch (Aufopferungsanspruch entsprechend § 906 Abs. 2 S. 2 BGB) zu.[160]

87 Hält der Grundstückseigentümer die für die Anpflanzung bestehenden landesrechtlichen Abstandsregelungen ein, hat der Eigentümer des Nachbargrundstücks wegen der Beeinträchtigungen durch die von den Anpflanzungen ausgehenden natürlichen Immissionen weder einen Ausgleichsanspruch gemäß § 906 Abs. 2 S. 2 BGB in unmittelbarer Anwendung noch einen nachbarrechtlichen Ausgleichsanspruch gemäß § 906 Abs. 2 S. 2 BGB analog.[161]

88 Im Falle einer öffentlich-rechtlich begründeten Einwirkung kommt (beim Vorliegen der entsprechenden Voraussetzungen) ggf. ein Anspruch aus enteignungsgleichem Eingriff in Betracht.[162]

---

155 Grziwotz/Lüke/*Saller* NachbarR-HdB Rn. 387 ff.; Staudinger/*Gursky* BGB § 1004 Rn. 197.

156 OLG Karlsruhe Urt. v. 19.3.2019 – 12 U 77/18, ZMR 2019, 1023 – Ls. 1 bis 3: Das Selbsthilferecht darf nur nicht nach § 910 Abs. 2 BGB ausgeschlossen gewesen sein – beim Überhang ist von einer objektiven Beeinträchtigung auszugehen, wenn dieser in niedriger Höhe (konkret: 2 m) über eine größere Länge (konkret: 9 m) in den Luftraum des Nachbargrundstücks eindringt und auch noch zu Lichtentzug führt. Je tiefer der Überhang ansetzt, desto größer ist die Beeinträchtigung für eine ansonsten freie Rasenfläche des Nachbargrundstücks.

157 Staudinger/*Roth* BGB § 910 Rn. 29 unter Bezugnahme auf OLG Düsseldorf Urt. v. 5.11.1974 – 4 U 54/74, NJW 1975, 739.

158 BGH Urt. v. 8.3.1990 – III ZR 141/88, NJW 1990, 3195 (3197); BGH Urt. v. 25.6.1992 – III ZR 101/91, NJW 1992, 2884.

159 Beispiel nach Staudinger/*Roth* BGB § 910 Rn. 32).

160 Krit. dazu Staudinger/*Roth* BGB § 910 Rn. 31 f.: „Der Sache nach handelt es sich freilich um eine Art Gefährdungshaftung für das Halten von Bäumen mit der Wurzelausbreitung als eines gefährlichen Zustandes. Deshalb möchte ich einen verschuldensunabhängigen Anspruch ablehnen."

161 BGH Urt. v. 20.9.2019 – V ZR 218/18, BGHZ 223, 155 = NJW 2020, 607 (Ls. 2) in Abgrenzung zu BGH Urt. v. 27.10.2017 – V ZR 8/17, ZfIR 2018,190.

162 BGH Urt. v. 8.3.1990 – III ZR 141/88, NJW 1990, 3195 (3197); Staudinger/*Roth* BGB § 910 Rn. 31.

IX. Ansprüche des Störers

1. Schadensersatzanspruch

Umgekehrt kann sich der Eigentümer aber selbst auch eines Schadensersatzanspruchs des Störers ausgesetzt sehen: Ein Anspruch nach § 823 Abs. 1 BGB wegen Verletzung des Eigentums des Störers (an dessen Zweigen) kommt in Betracht, wenn der Grundstückseigentümer sein Selbsthilferecht nicht in dem nach § 910 BGB gerechtfertigten Umfang ausgeübt hat, zB er zur Unzeit oder unsachgemäß abgeschnitten, zu weit hineingeschnitten hat oder das Selbsthilferecht ausgeschlossen war.[163] Hat der Grundstückseigentümer gegen das Fristsetzungsgebot nach § 910 Abs. 1 S. 2 BGB verstoßen (keine oder eine zu kurz bemessene Frist gesetzt), ist er dem Störer wegen schuldhafter Eigentumsverletzung zum Schadensersatz verpflichtet.[164] Etwas anderes gilt, wenn (außer den Vorgaben des Fristsetzungsgebots) die Selbsthilfevoraussetzungen iÜ erfüllt waren, und – auch bei Einhaltung der Vorgaben – das Abschneiden (unter Berufung auf ein rechtmäßiges Alternativverhalten) nicht vermeidbar gewesen wäre.[165] 89

2. Eigentums- oder Besitzschutzansprüche

War die Ausübung des Selbsthilferechts nach § 910 BGB nicht gerechtfertigt, hat er durch das Abschneiden der Zweige auch kein Eigentum an diesen erworben.[166] Er ist dem Nachbarn zur Herausgabe der abgeschnittenen Zweige nach § 861 bzw. § 985 BGB verpflichtet. 90

Gemäß § 861 BGB kann der Besitzer (Nachbar) die Wiedereinräumung des Besitzes von dem verlangen, der ihm gegenüber fehlerhaft besitzt, wenn ihm der Besitz durch verbotene Eigenmacht entzogen worden ist. Der Nachbar hat den Besitz an den abgeschnittenen Pflanzenteilen (bei einer nicht nach § 910 BGB gerechtfertigten Selbsthilfe des Grundstückseigentümers) durch verbotene Eigenmacht verloren, da ihm als Besitzer auch dieser Teile der Besitz ohne seinen Willen entzogen worden ist und das Gesetz dann die Entziehung nicht gestattet, die Besitzentziehung also widerrechtlich erfolgt ist (§ 858 Abs. 1 BGB). 91

Dann kann der Nachbar als Eigentümer auch nach § 985 BGB vom Grundstückseigentümer, der die (nach § 910 BGB nicht gerechtfertigt) abgeschnittenen Zweige besitzt, Herausgabe verlangen. Eine nicht ordnungsgemäß erfolgte Selbsthilfe hat zur Folge, dass der Nachbar sein Eigentum an den abgeschnittenen Pflanzenteilen nicht verloren hat. 92

X. Sonderregelungen im Landes-(Nachbar-)Recht zum Grenzabstand von Pflanzen

1. Nachbarrechtsgesetze der Länder

Grundsätzlich regeln die §§ 905 ff. BGB und die Nachbargesetze der Länder das nachbarliche Verhältnis abschließend. Jedoch können im Einzelfall die gesetzlichen Befugnisse und Verpflichtungen unter Berücksichtigung von Treu und Glauben (§ 242 BGB) aber Einschränkungen erfahren.[167] Für den Grenzabstand von Pflanzen gelten iÜ noch eine Reihe weiterer landesrechtlicher Regelungen, die das Nachbarschaftsverhältnis prägen. Diese landesgesetzlichen Vorschriften, welche das Eigentum an Grundstücken zugunsten der Nachbarn anderen als den im BGB bestimmten Beschränkungen unterwerfen, bleiben nämlich nach Art. 124 EGBGB unberührt. Dies gilt insbesondere für Vorschriften, nach denen Bäume, Pflanzen und Sträucher nur in einem bestimmten Abstand von der Grenze gehalten werden dürfen. Diese Regelungen ergänzen den § 910 BGB und stehen neben den Unterlassungsansprüchen der §§ 1004 Abs. 1 S. 2, 906 93

---

163 Staudinger/*Roth* BGB § 910 Rn. 30.

164 OLG Kiel OLGZ 39, 215; MüKoBGB/*Brückner* § 910 Rn. 10; OLG Düsseldorf Urt. v. 18.10.1991 – 22 U 220/90, VersR 1992, 458; Staudinger/*Roth* BGB § 910 Rn. 30.

165 Staudinger/*Roth* BGB § 910 Rn. 30 unter Bezugnahme auf LG Gießen Urt. v. 2.10.1996 – 1 S 230/96, NJW-RR 1997, 655: fehlender Pflichtwidrigkeitszusammenhang, da die verletzte Pflicht aus § 910 Abs. 1 S. 2 BGB die Selbsthilfe nicht ganz ausschließen, sondern nur verschieben will.

166 Palandt/*Herrler* BGB § 910 Rn. 4.

167 OLG Braunschweig Urt. v. 8.2.2018 – 5 U 109/16, NJW 2018, 1975 = NZM 2018, 519 (Ls. 2 nach juris).

BGB.[168] Sie finden sich in den Nachbarrechtsgesetzen der Länder.[169] In Nordrhein-Westfalen gelten hierzu die Vorschriften der §§ 40 ff. NachbG NRW, auf die hier beispielhaft für die einzelnen Landesrechte näher eingegangen werden soll. Den entsprechenden Regelungen des Landesnachbarrechts kommt eine präventive Funktion zu. Bereits im Vorfeld einer Ausübung des Selbsthilferechts nach § 910 BGB kann mit ihrer Hilfe ein Überwuchs von Zweigen weitgehend verhindert werden.[170] Grundsätzlich können Kläger wegen der Versäumung der im NachbG NRW geregelten Fristen keine Beseitigung mehr verlangen. Der Ausnahmefall, dass eine akute Störung anders als durch das Fällen der Bäume nicht zu beseitigen ist, liegt dann nicht vor, wenn das Begehren zu einer Aushöhlung der Fristen des NachbG NRW und zu deren nicht gerechtfertigter Umgehung führen würde.[171]

94 Die Vorschriften des NachbG NRW gelten nach dessen § 49 Abs. 1 nur, soweit die beteiligten Nachbarn nichts anderes vereinbaren oder eine getroffene Vereinbarung anderen Vorschriften nicht widerspricht. Öffentlich-rechtliche Vorschriften werden durch dieses Gesetz gemäß § 49 Abs. 2 NachbG NRW nicht berührt.

95 Für den Schutz der ausdrücklich normierten Nachbarrechte bestimmt § 50 NachbG NRW, dass im Falle einer Verletzung von Vorschriften des Gesetzes der Eigentümer des Nachbargrundstücks – sofern das Nachbarrechtsgesetz selbst keine Rechtsfolgenregelung trifft – Ansprüche nach den Vorschriften des BGB geltend machen kann.

2. Die Regelung des Grenzabstands im Einzelnen

96 **a) Überblick.** Das NachbG NRW regelt in seinen §§ 40 ff. den Grenzabstand von Pflanzen:

- Grenzabstände für Wald (§ 40 NachbG NRW);
- Grenzabstände für bestimmte Bäume, Sträucher und Rebstöcke (§ 41 NachbG NRW);
- Grenzabstände für Hecken (§ 42 NachbG NRW);
- Verdoppelung der Abstände (§ 43 NachbG NRW) sowie
- Baumschulen (§ 44 NachbG NRW).

97 Die Parallelregelungen in den anderen Bundesländern finden sich in folgenden Vorschriften:[172] §§ 48 bis 56 NachbG Saarl; §§ 38 bis 44 HNRG; §§ 11 bis 14, 33 NRG BW; §§ 27 bis 35 NachbG Bln; §§ 47 bis 52 ThürNRG; Art. 48 bis 51 BayAGBGB; §§ 50 bis 60 NNachbG; §§ 44 bis 52 LNRG RhPf; §§ 37 bis 41 NachbG Schl.-H.; §§ 37 ff. BbgNRG; §§ 48 ff. SächsNRG sowie §§ 34 ff. NbG SA.

98 **b) Grenzabstände für Wald.** Nach § 40 Abs. 1 NachbG NRW sind auf Waldgrundstücken

- zu benachbarten Waldgrundstücken, Ödländereien oder Heidegrundstücken (lit. a)
  - ein Streifen von 1 Meter Breite von jedem Baumwuchs (Nr. 1) und
  - ein weiterer Streifen von 2 Metern Breite von Nadelholz über 2 Meter Höhe mit Ausnahme der Lärche (Nr. 2)
- zu Wegen ein Streifen von 1 Meter Breite von Baumwuchs über 2 Meter Höhe (lit. b)
- zu benachbarten landwirtschaftlich, gärtnerisch oder durch Weinbau genutzten oder zu diesen Zwecken vorübergehend nicht genutzten Grundstücken (lit. c)

---

168 Staudinger/*Roth* BGB § 910 Rn. 35.

169 Vgl. dazu etwa: §§ 48 ff. NachbG Saarl; §§ 38 ff. HNRG; §§ 23 ff. NRG BW; §§ 27 ff. NachbG Bln; §§ 44 ff. ThürNRG; Art. 48 ff. BayAGBGB; §§ 50 ff. NNachbG; §§ 44 ff. LNRG RhPf; §§ 37 ff. NachbG Schl.-H.

170 Staudinger/*Roth* BGB § 910 Rn. 35: „Nach hL besteht jenseits des Rechts des Grundstückseigentümers aus § 910 (§ 1004) BGB und auf Einhaltung des Grenzabstandes keine Möglichkeit, die Entziehung von Licht und Luft durch Bäume des Nachbargrundstücks abzuwehren."

171 OLG Köln Urt. v. 12.7.2011 – 4 U 18/10, SchAZtg 2011, 246, juris Rn. 9.

172 Zu den Fundstellen der Nachbarrechtsgesetze der einzelnen Bundesländer s. Fn. 169.

- ein Streifen von 1 Meter Breite von jedem Baumwuchs (Nr. 1) und
- ein weiterer Streifen von 3 Metern Breite von Baumwuchs über 2 Meter Höhe (Nr. 2)

freizuhalten.

Mit Pappelwald ist gegenüber den zuletzt genannten landwirtschaftlich oder ähnlich genutzten Grundstücken ein Abstand von 6 Metern einzuhalten. 99

Mit erstmalig begründetem (dh angelegtem) Wald ist zu benachbarten erwerbsgärtnerisch oder durch Weinbau oder zu diesen Zwecken vorübergehend nicht genutzten Grundstücken für eine Dauer von 30 Jahren nach § 40 Abs. 2 NachbG NRW (das Doppelte der in § 40 Abs. 1 lit. c NachbG NRW), mithin 100

- ein Streifen von 2 Metern Breite von jedem Baumwuchs und
- ein weiterer Streifen von 6 Metern Breite von Baumwuchs über 2 Meter Höhe,

einzuhalten.

Für Pappelwald hat der Abstand in diesem Falle 8 Meter zu betragen. 101

Durch schriftlichen Vertrag zwischen den Nachbarn, in dem die Katasterbezeichnungen der Grundstücke anzugeben sind, kann gemäß § 40 Abs. 3 NachbG NRW ein von den vorgenannten gesetzlichen Vorgaben abweichender Abstand des Baumwuchses von der Grenze für einen im Vertrag festzulegenden Zeitraum vereinbart werden. Doch darf auch in diesem Falle in der Vereinbarung kein geringerer Abstand als 1 Meter getroffen werden. Wird ein Grundstück, auf das sich eine solche Vereinbarung bezieht, während der Dauer der Vereinbarung veräußert oder geht es durch Erbfolge bzw. auf andere Weise auf einen Rechtsnachfolger über, so tritt der Erwerber in die Rechte und Verpflichtungen aus der Vereinbarung ein. 102

c) Grenzabstände für bestimmte Bäume, Sträucher und Rebstöcke. § 41 Abs. 1 NachbG NRW regelt den Grenzabstand zwischen den Nachbargrundstücken für Bäume außerhalb des Waldes (ansonsten gilt für Waldgrundstücke § 40 NachbG NRW), Sträucher und Rebstöcke. 103

Bäume sind mehrjährige Holzgewächse mit Stamm und Krone, wobei Anforderungen an die Höhe nicht zu stellen sind. **Sträucher** sind gleichfalls mehrjährige Holzgewächse, deren Stamm – im Unterschied zum Baum – sich jedoch bereits schon von der Wurzel an in mehrere Zweige teilt. 104

In Bezug auf den Grenzabstand für bestimmte Bäume, Sträucher und Rebstöcke sind im Einzelnen nach § 41 NachbG NRW folgende Abstände einzuhalten: 105

1. mit Bäumen außer den Obstgehölzen, und zwar
   - stark wachsenden Bäumen, insbesondere der Rotbuche (Fagus silvatica) und sämtlicher Arten der Linde (Tilia), der Platane (Platanus), der Rosskastanie (Aesculus), der Eiche (Quercus) und der Pappel (Populus): 4 Meter,
   - allen übrigen Bäumen: 2 Meter;
2. mit Ziersträuchern, und zwar
   - stark wachsenden Ziersträuchern, insbesondere dem Feldahorn (Acer campestre), dem Flieder (Syringa vulgaris), dem Goldglöckchen (Forosythia intermedia), der Haselnuss (Corylus avellana), den Pfeifensträuchern – falscher Jasmin – (Philadelphus coronarius): 1 Meter,
   - allen übrigen Ziersträuchern: 0,5 Meter;
3. mit Obstgehölzen, und zwar
   - Kernobstbäumen, soweit sie auf stark wachsender Unterlage veredelt sind, sowie Süßkirschenbäumen, Walnussbäumen und Esskastanienbäumen:
     2 Meter,
   - Kernobstbäumen, soweit sie auf mittelstark wachsender Unterlage veredelt sind, sowie Steinobstbäumen, ausgenommen die Süßkirschenbäume:
     1,5 Meter,
   - Kernobstbäume, soweit sie auf schwach wachsender Unterlage veredelt sind: 1 Meter,

- Brombeersträuchern: 1 Meter,
- allen übrigen Beerenobststräuchern: 0,5 Meter;

4. mit Rebstöcken, und zwar
   - in geschlossenen Rebanlagen, deren Gesamthöhe 1,8 Meter übersteigt (Weitraumanlagen): 1,5 Meter,
   - in allen übrigen geschlossenen Rebanlagen: 0,75 Meter,
   - einzelnen Rebstöcken: 0,5 Meter.

106 Ziersträucher und Beerenobststräucher dürfen nach § 41 Abs. 2 NachbG NRW in ihrer Höhe das Dreifache ihres Abstands zum Nachbargrundstück nicht überschreiten. Strauchtriebe, die in einem geringeren als der Hälfte des vorgeschriebenen Abstands aus dem Boden austreten, sind zu entfernen.

107 Ein nachbarrechtlicher Anspruch nach den §§ 14 Abs. 1, 15 des SächsNRG auf Beseitigung oder Rückschnitt eines Walnussbaums oder einer Haselnusshecke besteht nicht mehr, auch wenn diese zu hoch gewachsen sind und der nötige Grenzabstand fehlt, wenn der Anspruch nach einer Vorschrift des Nachbarrechtsgesetzes ausgeschlossen ist.[173]

108 **d) Grenzabstände für Hecken.** Mit Hecken (mithin einer einheitlichen und ausgerichteten Vielzahl von Bäumen und Sträuchern) sind vom Nachbargrundstück gemäß § 42 NachbG NRW folgende Abstände[174] – vorbehaltlich § 43 S. 1 NachbG NRW (Verdoppelung der Abstände) – entsprechend der Heckengröße einzuhalten:

- über 2 Meter hohe Hecken: 1 Meter;
- bis 2 Meter hohe Hecken: 0,5 Meter.

Diese Vorgabe gilt gemäß § 43 S. 2 NachbG NRW dann nicht, wenn das öffentliche Recht andere Grenzabstände vorschreibt.

109 **e) Verdoppelung der Grenzabstände.** Sowohl in Bezug auf den Grenzabstand für bestimmte Bäume, Sträucher und Rebstöcke (§ 41 NachbG NRW) als auch für Hecken (§ 42 NachbG NRW) ist ggf. nach Maßgabe des § 43 NachbG NRW eine Verdoppelung der Abstände in Kauf zu nehmen: Die doppelten Abstände nach den §§ 41 und 42 NachbG NRW, höchstens jedoch 6 Meter, sind einzuhalten gegenüber Grundstücken, die

- landwirtschaftlich, gärtnerisch oder durch Weinbau genutzt oder zu diesen Zwecken vorübergehend nicht genutzt sind und im Außenbereich liegen (lit. a) oder
- durch Bebauungsplan der landwirtschaftlichen, gärtnerischen oder weinbaulichen Nutzung vorbehalten sind (lit. b).

110 **f) Baumschulen.** Für Baumschulen trifft § 44 NachbG NRW eine Sonderregelung. Mit Baumschulbeständen ist folgender Abstand zur Grenze einzuhalten:

- über 2 Meter Höhe: 2 Meter;
- bis zu 2 Meter Höhe: 1 Meter;
- bis zu 1 Meter Höhe: 0,5 Meter.

3. Ausnahmen von der Verpflichtung zur Einhaltung der Grenzabstände

111 § 45 Abs. 1 NachbG NRW trifft für eine Reihe von Fällen Ausnahmeregelungen in Bezug auf die Verpflichtung zur Einhaltung der Grenzabstände für Pflanzen. So gelten die vorab behandelten Grenzabstände

173 OLG Dresden Urt. v. 30.8.2011 – 14 U 367/11, SchAZtg 2013, 124 – Ls. 1. Danach entfalle der Anspruch, wenn er nicht im 5. Jahr, nachdem die Pflanzen über die Höhe hinausgewachsen sind, geltend gemacht wird. Dabei sei es unerheblich, ob der Walnussbaum und die Hecke rechtmäßig oder unrechtmäßig gepflanzt worden sind. Selbst wenn die Pflanzen unrechtmäßig gesetzt worden sein sollten, sei nach dem SächsNRG der Ausschluss des Beseitigungs- und Kürzungsanspruchs mit Fristablauf erfolgt.

174 Thujen sind als Hecken iS von § 28 NachbG Bln einzuordnen, bei denen ein Grenzabstand von 1 m zum Nachbargrundstück einzuhalten ist: AG Wedding Urt. v. 4.7.2014 – 22a C 28/14, Grundeigentum 2014, 1276.

für Wald (§ 40 NachbG NRW), bestimmte Bäume, Sträucher und Rebstöcke (§ 41 NachbG NRW), Hecken (§ 42 NachbG NRW) – einschließlich der Verpflichtung zur Verdoppelung der Abstände nach § 43 NachbG NRW – sowie für Baumschulen (§ 44 NachbG NRW) **nicht** für

- Anpflanzungen an den Grenzen zu öffentlichen Verkehrsflächen, zu öffentlichen Grünflächen und zu oberirdischen Gewässern von mehr als 4 Metern Breite (Mittelwasserstand – lit. a);
- Anpflanzungen auf öffentlichen Verkehrsflächen (lit. b);
- Anpflanzungen, die hinter einer geschlossenen Einfriedung vorgenommen werden und diese nicht überragen (lit. c); als geschlossen im Sinne dieser Vorschrift gilt auch eine Einfriedung, deren Bauteile breiter sind als die Zwischenräume;
- Windschutzstreifen und ähnliche, dem gleichen Zweck dienende Hecken und Baumbestände außerhalb von Waldungen (lit. d);
- Anpflanzungen, die bei Inkrafttreten des NachbG NRW (1969) bereits vorhanden waren und deren Abstand dem bisherigen Recht entsprach (lit. e);
- die in einem aufgrund Landschaftsgesetzes erlassenen rechtsverbindlichen Landschaftsplan vorgesehenen Anpflanzungen von Flurgehölzen, Hecken, Schutzpflanzungen, Alleen, Baumgruppen und Einzelbäumen (lit. f.).

Die Ausnahmeregelung gilt in den genannten Fällen gleichermaßen auch für Bewuchs, der durch **Aussamung** oder **Auswuchs** entstanden ist (§ 45 Abs. 4 NachbG NRW). 112

Wird für Anpflanzungen, die 1969 bei Inkrafttreten des NachbG NRW bereits vorhanden waren, eine **Ersatzanpflanzung** vorgenommen, so kommen die Regelungen der §§ 40 bis 44 und 46 NachbG NRW jedoch wieder zur Geltung (§ 45 Abs. 3 NachbG NRW). 113

Für die Berechnung des Abstands gilt § 46 NachbG NRW: Der Abstand wird von der Mitte des Baumstamms, des Strauchs oder des Rebstocks waagerecht und rechtwinklig zur Grenze gemessen, und zwar an der Stelle, an der der Baum, der Strauch oder der Rebstock aus dem Boden austritt. Bei Hecken ist von der Seitenfläche aus zu messen. 114

4. Ausschluss des Beseitigungsanspruchs

Der Anspruch auf Beseitigung einer Anpflanzung, mit der ein geringerer als der in den §§ 40 bis 44 und 46 NachbG NRW vorgeschriebene Abstand eingehalten wird, ist nach § 47 Abs. 1 NachbG NRW **ausgeschlossen**, wenn der Nachbar nicht binnen sechs Jahren nach dem Anpflanzen Klage auf Beseitigung erhoben hat. Der Anspruch unterliegt nicht der Verjährung. 115

5. Nachträgliche Grenzänderungen

Die Rechtmäßigkeit des Abstands wird nach § 48 NachbG NRW durch nachträgliche Grenzänderungen nicht berührt. Jedoch gelten § 45 Abs. 3 NachbG NRW (Ersatzanpflanzung) und § 45 Abs. 4 NachbG NRW (Bewuchs durch Aussamung oder Auswuchs) entsprechend. 116

118. Überschwemmungsschäden

Kemper

Literatur: *Bundesministerium des Innern, für Bau und Heimat*, Hochwasserschutzfibel, 2018; *Ewer*, Ersatz-, Entschädigungs- und Ausgleichsansprüche wegen Hochwasserschäden – erste Bestandsaufnahme nach der Katastrophe, NJW 2002, 3497; *Grunow*, „Straße als Kanal" – Nutzung von Verkehrsflächen zur Niederschlagswasserableitung im Starkregenfall, NdsVBl 2019, 174; *Himmel*, Die Grundzüge des Abwasserrechts, DVP 1991, 3; *Jeromin./Praml*, Hochwasserschutz und wasserrechtliches Rücksichtnahmegebot, NVwZ 2009, 1079; *Faßbender*, Haftung für Veränderungen des Ablaufs von wild abfließendem (Regen-) Wasser, NVwZ 2015, 97; *Faßbender/Gläß*, Drittschutz im Hochwasserschutzrecht, NVwZ 2011, 1094; *Kerkmann*, Das Verbot der Ausweisung neuer Baugebiete in Überschwemmungsgebieten, UPR 2014, 328; *Kotulla*, Das novellierte Wasserhaushaltsgesetz, NVwZ 2010, 79; *Lepsius*, Gesetzesstruktur im Wandel, Teil 1: Strukturmerkmale der Kodifikation, JuS 2019, 14; *Lepsius*, Teil 2: Strukturmerkmale delegierter Rechtserzeugung, in: JuS 2019, 123; *Paul/Pfeil*, Hochwasserschutz in der Bauleitplanung, NVwZ 2006, 505; *Popescu/Majer*, Der nachbarrechtliche Ausgleichsanspruch – Grenzen der Analogie zu § 906 II 2 BGB mit Fallübersicht, NZM 2009, 181; *Reese*, Nachhaltiges urbanes Niederschlagsmanagement – Herausforderungen und Rechtsinstrumente, ZUR 2020, 40; *Reinhard*, Drittschutz im Wasserrecht, DÖV 2011, 135; *Sachsinger/Schrödter*, Hochwasserschutz und Städtebaurecht – Teil 1, ZfBR 2015, 534; *Salzwedel/Scherer-Leydecker*, Wasserrecht, in: Hansmann/Sellner, Grundzüge des Umweltrechts, B2007, S. 545; *Spannowsky*, Hochwasserschutzvorsorge und Starkregen nach dem WHG und den Landeswassergesetzen der Länder, ZfBR 2020, 523; *Spannowsky*, Entwässerung der Baugebiete – Aufgabe und Verantwortung, ZfBR 2000, 449; *Stüer*, Hochwasserschutz in der Bauleitplanung und bei der planungsrechtlichen Zulässigkeit von Vorhaben, ZfBR 2007, 17; *Wilhelms*, Der Vorbehalt für das Wasser in Art. 65 EGBGB, NVwZ 2008, 624.

I. Überblick

1 „Überschwemmung" ist wie „Überflutung" ein **Vorgang oder Zustand**, bei dem eine normalerweise trockenliegende Fläche durch Wasser bedeckt wird bzw. ist.[1] Überschwemmungen werden durch **Naturereignis oder menschlichen Eingriff** ausgelöst. Vermeidung und Begrenzung von Überschwemmungen und damit Überschwemmungsschäden sind hoheitliche Aufgaben im Rahmen des Hochwasserschutzes und der kommunalen Bauleitplanung. Gezielte Überschwemmungen bestimmter[2] Flächen sind ein Instrument des staatlichen **Hochwasserschutzes** (→ Rn. 4). Bei der **Bauleitplanung** muss die Kommune nach § 1 Abs. 6 Ziff. 12 BauGB die Belange des Hochwasserschutzes und der Hochwasservorsorge sowie die Anforderungen an die Vermeidung und Verringerung von Hochwasserschäden berücksichtigen.[3] Darüber hinaus muss die Kommune unabhängig vom Hochwasserschutz und quasi als Normalfall bei jedem Bebauungsplan die Entwässerung des Baugebiets gewährleisten.[4] Gelingt dies nicht, sind Überschwemmungsschäden Folge

1 Der Begriff ist gesetzlich nicht definiert und wird im allgemeinenen uneinheitlich verwendet. Siehe zur Abgrenzung der „Überschwemmung" iSd Nachbarrechts genauer → Rn. 4.

2 Vgl. zum enteignungsgleichen Eingriff durch Überschwemmung landwirtschaftlicher Grundstücke zur Abwehr der Wassergefahr für Wohngebiet BGH Urt. v. 20.2.1992 – III ZR 188/90, BGHZ 117, 240 ff.

3 Dazu *Paul/Pfeil* NVwZ 2006, 505 ff.

4 Dazu *Spannowsky* ZfBR 2000, 449 ff.

einer Fehlplanung. Schließlich werden **auch Private** durch das zivilrechtliche **Wassernachbarrecht** zur Vermeidung von Überschwemmungen benachbarter Grundstücke verpflichtet. Zentrale spezialgesetzliche Rechtsgrundlage ist § 37 WHG, dessen Abs. 1, 2 und 4 dem privaten Nachbarrecht zugeordnet werden. Im Übrigen regeln die §§ 1004, 906, 823 BGB und das nachbarliche Gemeinschaftsverhältnis das private Wassernachbarrecht. Über das Verhältnis dieser Bundesnorm zum Bauordnungs-, Landeswasser- und Nachbarrecht und deren Aktivierung für den Nachbarschutz iVm §§ 1004, 862, 906 und 823 BGB bestehen Unklarheiten.[5]

1. Eingrenzung des privaten Wassernachbarrechts

Das Wassernachbarrecht hat bei Überschwemmungen durch **Abfluss von Wasser auf Nachbargrundstücke** in **drei Grundkonstellationen** Bedeutung: erstens Überschwemmungen nach Wasseraustritt aufgrund **Rohrbrüchen** (Hauptursachen: Fehlen von Rückstausicherung, Baumwurzelschäden, Frost, unzureichende Unterhaltung, Reparaturfehler), zweitens Überschwemmungen **aufgrund unzulässiger Manipulation des Wasserabflusses iSd § 37 WHG** zwischen Nachbargrundstücken, und drittens Überschwemmungen aufgrund Wasserabflusses, den § 37 WHG nicht erfasst. 2

Nachbardispute auslösende **Ausgangssituationen** gleichen sich insofern, als Wasser von einem auf ein anderes Grundstück gelangt, indem es dorthin fließt oder tropft, und es überschwemmt. Unterschiede bestehen hinsichtlich Ursachen und Ursachenzusammenhängen. Deshalb muss bei der Sachverhaltsermittlung mit Blick auf die unterschiedlichen Rechtsregimes (Hochwasserschutz; Bauleitplanung; Wassernachbarrecht) von vornherein der **kausale Ansatzpunkt** identifiziert werden. Für die rechtliche Zuordnung und Identifizierung des zutreffenden rechtlichen Lösungswegs haben deshalb zwei Tatsachenfragen weichenstellende Bedeutung: zum einen, **welche Art Wasser** die streitige Überschwemmung verursacht hat, und zum anderen, welchem (auch wessen) Verhalten die Überschwemmung zuzurechnen ist (Fehlplanung der Kommune; Manipulation des Abflusses, unzureichende Unterhaltung, veränderte Grundstücksnutzung oder Reparaturfehler des Nachbarn oder eines Dritten). 3

2. Abgrenzung zum Hochwasserschutzrecht

Konflikte im Zusammenhang mit dem Hochwasserschutz sind **keine Nachbarkonflikte** iSd Nachbarrechts, wenngleich Planung und Umsetzung beider, v.a. des Hochwasserschutzes, nachbarliche Konfliktsituationen begründen können. Das Wort „Überschwemmung" iSd Nachbarrechts hat mit demselben Hauptbegriff des Hochwasserschutzrechts kaum einen Berührungspunkt. Ähnliches gilt für die kommunale Bauleitplanung. Hochwasserschutzrecht trägt in wasserrechtlichen Nachbardisputen idR nichts zur Lösung bei. Nach § 76 Abs. 1 S. 2 WHG sind **Überschwemmungsgebiete** Gebiete, in die zur Hochwasserentlastung **gezielt** Hochwasser **eingeleitet** wird und demnach Gebiete, die **nicht natürlicherweise überschwemmt** werden.[6] 4

Das WHG unterscheidet **vier Kategorien** der Überschwemmungsgebiete: **„festgesetztes"** ist ein entweder aufgrund neueren Rechts (Rechtsverordnung nach § 76 Abs. 2 WHG) oder aufgrund alten Rechts (§ 106 Abs. 3 WHG) sog. übergeleitetes Überschwemmungsgebiet; **übergeleitet** meint ein Überschwemmungsgebiet, das vor Inkrafttreten des WHG 2010, also vor dem 1.3.2010, festgesetzt wurde, als festgesetzt galt oder vorläufig gesichert wurde; **„vorläufig gesichert"** nach § 76 Abs. 3 WHG ist ein Überschwemmungsgebiet, das noch nicht durch Verordnung festgesetzt, aber bereits kartiert ist; ein **„faktisches"** Überschwemmungsgebiet ist eines, dessen Fläche die tatsächlichen Merkmale des § 76 Abs. 1 S. 1 WHG erfüllt, aber weder durch Verordnung festgesetzt, noch durch Kartierung vorläufig gesichert ist.[7] 5

§ 5 Abs. 1 WHG verpflichtet jeden, bei Maßnahmen, mit denen Einwirkungen auf ein Gewässer verbunden sein können, die nach den Umständen **erforderliche Sorgfalt** anzuwenden, um ua eine **Vergrößerung und** 6

5 Überblick: *Faßbender* NVwZ 2015, 97 ff. (wegen geänderter Landesgesetze nur teilweise aktuell).
6 *Cormann/Schmitt* in BeckOK UmweltR WHG § 76 Rn. 3.
7 Überblick über Ersatz-, Entschädigungs- u. Ausgleichsansprüche wg. Hochwasserschadens: *Ewer* NJW 2002, 3497 ff.; zum hochwasserrechtlichen Rücksichtnahmegebot: *Jeromin/Praml* NVwZ 2009, 1079 ff.; ferner *Spannowsky* ZfBR 2020, 523 ff.; *Spannowsky* ZfBR 2000, 449; *Stüer* ZfBR 2007, 17 ff.

Beschleunigung des Wasserabflusses zu vermeiden. Im Gegenzug verpflichtet Abs. 2 WHG durch **Hochwasser** Betroffene zur **Vorsorge zum Schutz vor nachteiligen Hochwasserfolgen und zur Schadenminderung.** Insbesondere ist die Grundstücksnutzung möglichen nachteiligen Hochwasserfolgen für Mensch, Umwelt oder Sachwerte **anzupassen**. Ob und inwieweit Hochwasserschutzregelungen **Drittschutz für Nachbarn** entfalten, **ist umstritten.**[8]

3. Abgrenzung zur Bauleitplanung

7 Überschwemmungen aufgrund kommunaler Planungsfehler bilden zwar keine Konstellation des Wassernachbarrechts, weil Verursacher solcher Überschwemmungen nicht ein den Wasserabfluss manipulierender Nachbar, sondern eine fehlerhaft planende Kommune ist. Die Ausgangssituation ist aber oft dieselbe wie im Wassernachbarrecht: Sichtbar werden auch Planungsfehler durch eine Überschwemmung (vgl. zur Ausgangssituation und zum kausalen Ansatzpunkt → Rn. 3). Doch ist anhand der bloßen äußeren Situation, mithin einer eingetretenen Überschwemmung, nicht immer sofort erkennbar, welche Ursache auch im Rechtssinn kausal ist. Selbst wenn Betroffene zB aufgrund spezieller Ortskenntnis – wie sich womöglich später erweist – zutreffende Schlussfolgerungen ziehen und der Kommune objektiv zutreffend Planungsfehler vorhalten und daraus Forderungen ableiten, werden solche Planungsfehler erfahrungsgemäß selten offen eingeräumt. Deshalb ist es grundsätzlich ratsam, vorsorglich im Rahmen eines Bauleitplanverfahrens **Bedenken gegen eine für unzureichend gehaltene Entwässerung** im Rahmen der Betroffenen- oder Öffentlichkeitsbeteiligung schriftlich **geltend zu machen**. Dasselbe gilt entsprechend für kommunale Entwässerungsplanung oder der Entwässerung dienende Einzelmaßnahmen.[9]

8 Eine Kommune muss iRd verbindlichen Bauleitplanung die Entwässerung der Baugebiete gewährleisten.[10] Eine diese Gewährleistung erfüllende **funktionierende Grundstücksentwässerung** ist Voraussetzung der funktionsgerechten Grundstücksnutzung. Die Bereitstellung dafür erforderlicher Anlagen ist eine **kommunale Pflichtaufgabe** im Rahmen der Erschließung. Zur Erschließung gehört insbesondere die Bereitstellung eines funktionierenden Entwässerungssystems.[11]

9 Das von Grundstücken abzuführende Wasser ist Abwasser iSd § 54 WHG. Abwasserbeseitigung iSd §§ 54 ff. WHG umfasst auch Überflutungsvorsorge. Diese ist Teilaufgabe der Niederschlagwasserbeseitigung. Eine wichtige Orientierung auch für Grundstückseigentümer schafft die DIN 1986-100. Sie dient der Ermittlung der **Überflutungssicherheit** von Grundstücken und verlangt seit 2016 für die Grundstücksentwässerung[12], „die Einleitung von nicht nachteilig verunreinigtem Regenwasser (…) in die Kanalisation zu reduzieren". Dazu sollen „vorrangig alle Möglichkeiten der dezentralen Regenwasserbewirtschaftung wie etwa Maßnahmen zur Speicherung und Nutzung oder Versickerung von Regenwasser" genutzt werden. Die DIN 1986-100 regelt daher – angelehnt an den Überflutungsnachweis für Kanalisationssysteme[13] – einen neuen Überflutungsnachweis. Die ausreichende Grundstücksentwässerung setzt allerdings eine ausreichende Entwässerung des Baugebiets voraus. Zu dichte Bebauung,[14] unzureichende für das Plangebiet prognostizierte Entwässerungskapazität oder fehlerhafte örtliche Entwässerungsplanung haben Überschwemmun-

---

8 **Rechtsprechung: für** drittschützende Wirkung hochwasserschutzrechtlicher Normen OVG Koblenz Urt. v. 2.3.2010 – 1 A 10176/09, BeckRS 2010, 47804; VGH München Beschl. v. 16.9.2009 – 15 CS 09.1924, juris Rn. 12 mwN; **gegen** drittschützende Wirkung BayVGH Beschl. v. 3.8.2006 – 15 CS 06.1696, BeckRS 2009, 34460; **Literatur**: **für** *Reinhardt* DÖV 2011, 135 (140). **Gegen** Drittschutzwirkung *Elgeti/Lambers* BauR 2011, 204; *Jeromin/Praml* NVwZ 2009, 1079; *Kotulla*, WHG zwischen Hochwasserschutz, Strategischer Umweltprüfung und Föderalismusreform, 2007, § 31 b Rn. 4; *Reese* NuR 2011, 19 (25).

9 BGH Urt. v. 19.1.2006 – III ZR 121/05, juris Rn. 6 ff. (Regenrückhaltebecken).

10 Zum Ganzen *Reese* ZUR 2020, 40 (40) und bereits *Spannowsky* ZfBR 2020, 523 ff. und ZfBR 2000, 449 ff.

11 *Spannowsky* ZfBR 2000, 449 (451) auch zur Abgrenzung gegenüber der Straßenentwässerung.

12 Vgl. DIN 1986-100:2016-12, Gebäude- und Grundstücksentwässerung, Planung und Ausführung und DIN EN 12056-4, 6; überarbeitete Aufl., 2016-12 iVm DIN EN 752 und DIN EN 12056.

13 Vgl. DIN EN 752:2008-04, Entwässerungssysteme außerhalb von Gebäuden und darauf aufbauend DWA-Arbeitsblatt A118.

14 Bereits BGH Urt. v. 14.5.1987 – III ZR 159/86, NVwZ 1987, 1115 (Überschwemmung aufgrund unzureichendem Niederschlagabfluss infolge neuer Baugebiete u. dadurch bewirkte Bodenversiegelung).

gen zur Folge. Wenn dadurch ausgelöste Überschwemmungen privater Grundstücke praktisch durch Wasserabfluss von einem auf ein anderes Nachbargrundstück zutage treten, realisiert sich ein Risiko, dass die planende Kommune nicht erkannt hat, womöglich durch genauere Ermittlung der lokalen Situation aber hätte erkennen können oder sogar müssen.

II. Fallkonstellationen

1. Leitungsleckage/Rohrbruch

Wird ein Grundstück infolge einer **Leitungsleckage** zB wegen Wurzeleinwuchs, Fehlens oder Defekts einer Rückstausicherung oder frostbedingter Verstopfung auf dem Nachbargrundstück überschwemmt, kann der geschädigte Eigentümer oder Nutzungsberechtigte die Wiederherstellung, die Beseitigung der Ursache(n) und den Ausgleich der Folgen aus § 1004 Abs. 1 Satz 1 BGB oder – wenn dieser die Leckage verschuldet hat – nach § 823 Abs. 1 BGB verlangen.[15] Auch kann ein nachbarrechtlicher Ausgleichsanspruch bestehen, wenn der Nachbar die Havarie verhindern konnte.[16] Neben den allgemeinen Anspruchsvoraussetzungen (→ *Nachbarrechtliches Gemeinschaftsverhältnis* Rn. 18 ff.) sind Besonderheiten zu beachten: Es kommt darauf an, ob erstens die **schadhafte Leitung privat oder öffentlich** ist, also einem privaten Nachbarn oder einem öffentlichen Versorgungsunternehmen gehört bzw. dafür verantwortlich ist, und ob zweitens **unterlassene oder unzureichende Unterhaltung/Wartung oder ein besonderes Ereignis** (Unfall; Reparaturfehler) zu der Überschwemmung geführt hat. 10

Der erstgenannte Aspekt, dh das Leitungseigentum bzw. die Verantwortlichkeit für den Zustand einer Leitung, ist für die Bestimmung der Passivlegitimation sowie womöglich des Rechtswegs maßgebend. Dabei ist das Leitungseigentum nicht allein maßgeblich, sondern im Einzelfall zu klären, ob und auf wen die Verantwortlichkeit im jeweiligen Bundesland grundsätzlich delegiert werden kann und eventuell tatsächlich übertragen wurde. 11

Der zweitgenannte Aspekt führt zur Frage nach der Ursache und aus dieser womöglich von Eigentum und Verantwortlichkeit abweichenden Verantwortung für eine streitige Leckage. Bringen eindringende **Baumwurzeln** oder **Frost** ein Wasserrohr zum Reißen, ist zu klären, ob der Nachbar hinreichend kontrolliert hat und damit die Frage, was ein Grundeigentümer bzw. Leitungsverantwortlicher zur Erfüllung seiner **Verkehrssicherungspflicht** tun muss, um einen Rohrschaden zu verhindern. Offensichtlich unzureichend ist, wenn eine Rückstausicherung fehlt und dies zu Überschwemmungen auch beim Nachbarn führt. Ähnliches gilt, wenn das Ventil defekt ist. Bei **Wurzelschäden** überträgt die Judikatur die für den geschädigten Nachbarn tendenziell nachteiligen **Grundsätze der Baumkontrolle auf Leckagen.**[17] Dies erschwert, dem Nachbarn Verschulden nachzuweisen. Ein Nachbar muss eine Gefahrenlage gleich welcher Art kontrollieren und ggfs. beseitigen und ist grundsätzlich verpflichtet, **notwendige und zumutbare Vorkehrungen** zu treffen, um eine Schädigung der Nachbarn zu verhindern.[18] Die rechtlich gebotene Verkehrssicherung umfasst Maßnahmen, die ein **umsichtiger und verständiger, in vernünftigen Grenzen vorsichtiger Mensch** für notwendig und ausreichend hält, um andere vor Schaden zu bewahren.[19] Bei Bäumen muss er im Rahmen des Möglichen dafür sorgen, dass von ihnen keine **Gefahr** für andere durch Windbruch und fehlende Standfestigkeit ausgeht.[20] Die Erfüllung der Verkehrssicherungspflicht erfordert insoweit **äußere Sichtprüfung** in regelmäßigen Abständen, wenn keine Umstände vorliegen, die nach Erfahrung auf besondere Gefährdung hindeuten.[21] Der Verkehrssicherungspflichtige **haftet daher nicht** für den durch einen umstürzenden Baum verursachten Schaden, wenn die Ursache (wie Wurzelfäule) durch Sichtkontrolle weder im belaubten noch unbelaubten Zustand erkennbar war, und kein Defektsymptom (geringe Kronenbelaubung; 12

15 BGH Urt. v. 31.10.2019 – III ZR 64/18, juris Rn. 13 mwN.
16 BGH Urt. v. 11.6.1999 – V ZR 377/98, juris Rn. 11.
17 OLG Düsseldorf Urt. v. 22.6.2007 – I-22 U 6/07, juris Rn. 36.
18 BGH Urt. v. 2.10.2012 – VI ZR 311/11, juris Rn. 6.
19 BGH Urt. v. 2.10.2012 – VI ZR 311/11, juris Rn. 6.
20 BGH Urt. v. 8.10.2004 – V ZR 84/04, juris Rn. 11.
21 OLG Brandenburg Urt. v. 18.10.2007 – 5 U 174/06, 25 ff.

Totholz) Anlass zu genauerer Untersuchung gab.[22] Der Nachbar verletzt seine Verkehrssicherungspflicht bei Verstopfung des Regenabflussrohres durch von seinem Nachbargrundstück eingedrungene Baumwurzeln nicht, weil ein Wurzeleinwuchs nur bei Vorschädigung der Rohrleitung, ein **Rohrschaden für den Baumhalter** ohne konkrete Anhaltspunkte aber als **nicht vorhersehbar** anzusehen ist.[23] Ein deliktischer Anspruch des Nachbarn ist demnach in Fällen der Überschwemmung infolge durch Baumwurzeln verursachter Leckagen schwer durchsetzbar.

13 Anspruchsgrundlage kann auch gegen den hoheitlichen Versorger und auch wenn dessen (Durch-)Leitung in fremdem Grund liegt, ein nachbarlicher Ausgleichsanspruch nach § 906 Abs. 2 Satz 2 BGB (Stadtwerke; Verband) sein, weil der Anspruch **auch gegen den besteht, der die Nutzungsart** des Nachbargrundstücks **bestimmt** (→ *Nachbarrechtliches Gemeinschaftsverhältnis* Rn. 20).[24] Der für den nachbarlichen Ausgleichsanspruch erforderliche Grundstücksbezug[25] besteht in Überschwemmungsfällen in aller Regel.[26] § 2 HaftPflG oder § 836 BGB stehen nicht entgegen. Führt zusätzlich zu unzureichender Wartung eines **öffentlichen Abwasserkanals** eine Verstopfung der privaten Nachbarleitung zum Wasserschaden, weil Abwasser nicht vom Grundstück ablaufen kann, scheidet ein Anspruch aus Gefährdungshaftung nach § 2 HaftPflG allerdings aus. Denn dann verwirklicht sich nicht die typischerweise mit der Leitung verbundene Betriebsgefahr.[27] Bei unzureichender Wartung eines auf einem Nachbargrundstück verlaufenden öffentlichen Abwasserkanals steht dem Anspruch gegen den Versorger nicht entgegen, dass eine hauseigene Entwässerungsanlage mangelhaft war. Der Zurechnungszusammenhang entfällt dadurch nicht.[28]

2. Manipulation des Wasserflusses zwischen Nachbargrundstücken

14 Ein durch eine Überschwemmung Betroffener kann von einem Nachbarn die Unterlassung und die Beseitigung einer unzulässigen Manipulation des natürlichen Abflusses von wildem Wasser aus §§ 1004 Abs. 1 iVm § 37 WHG verlangen. § 37 WHG **verbietet die Manipulation** des **Wasserabflusses auf** (nicht zwingend direkt) **benachbarte Grundstücke**. Dabei haben durch § 37 WHG erfasste Konstellationen so gut wie immer **Berührung mit der hoheitlichen Wasserbewirtschaftung**, die die an einem Disput beteiligten Nachbarn nicht beeinflussen können: Zunahme des Niederschlags, weswegen das Risiko niederschlagbedingter Überschwemmungen erheblich gestiegen ist,[29] auch deshalb unzureichende Ablaufkapazität örtlicher Kanalnetze, und nicht zuletzt Neuorientierung der kanalbasierten Ableitung des Niederschlagwassers hin zur dezentralen **Regenwasserbewirtschaftung** durch Maßnahmen zur Rückhaltung, Versickerung, Verdunstung, Behandlung und Nutzung von Niederschlagwasser.[30] Durch § 37 WHG geregelte Nachbarstreitigkeiten sind daher häufig **Zuspitzungen der Unzulänglichkeit lokaler Wasserbewirtschaftung**.[31]

22 OLG Hamm Urt. v. 15.4.2010 – 6 U 160/09, juris Rn. 22 ff.
23 OLG Düsseldorf Urt. v. 22.6.2007 – I-22 U 6/07, juris Rn. 30 f.
24 BGH Urt. v. 30.5.2003 – V ZR 37/02, BGHZ 155, 99.
25 Kritik an diesem Erfordernis, zB von *Popescu/Majer* NZM 2009, 181 ff., hat sich nicht durchgesetzt.
26 BGH Urt. v. 16.7.2010 – V ZR 217/09, NJW 2010, 3158.
27 OLG Saarbrücken Urt. v. 12.3.2020 – 4 U 47/18, juris Rn. 56.
28 OLG Saarbrücken Urt. v. 12.3.2020 – 4 U 47/18, juris Rn. 84 in Abgrenzung ggü. BGH Urt. v. 30.7.1998 – III ZR 263/96 – NVwZ 1998, 1218.
29 *Reese* ZUR 2020, 40 (40).
30 *Reese* ZUR 2020, 40 (40).
31 Möglichkeiten der Verbesserung der Planung und Umsetzung von Klimaanpassungsmaßnahmen wurden durch das Forschungsprojekt „Klimaresilienter Stadtumbau" des BBSR untersucht, abrufbar unter https://www.bbsr.bund.de/BBSR/DE/forschung/programme/exwost/Forschungsfelder/2017/klimaresilienter-stadtumbau/01-start.html; zu Erkenntnissen und Möglichkeiten des Überflutungsschutzes als Aufgabe der Stadtentwicklung vgl. ferner https://www.bbsr.bund.de/BBSR/DE/veroeffentlichungen/sonderveroeffentlichungen/2015/DL_UeberflutungHitzeVorsorge.pdf?__blob=publicationFile&v.=1.

15 Nach überwiegender Ansicht regeln **§ 37 Abs. 1, 2 und 4 WHG die zivilrechtlichen Beziehungen der Nachbarn.**[32] Hinsichtlich der Reichweite der Bundesnorm besteht Uneinigkeit, ob § 37 WHG eine Vollregelung[33] ist, die keinen Raum für landesrechtliche Auffüllung des Überschwemmungsschutzes durch Landeswassergesetze lässt.[34] Eine höchstgerichtliche Klärung steht aus.[35] Vor der WHG-Novelle 2010 war die Entwässerung nur durch Landeswasserrecht geregelt. Auch die Länderregelungen **bezweckten, dass der natürliche Wasserabfluss nicht zum Nachteil des Nachbarn manipuliert wird**. Die WHG-Änderung sowie die begleitende Streichung des § 65 BGB[36] unter Beibehaltung des § 124[37]) werfen grundlegende und auch praxisrelevante Fragen auf, deren **Beantwortung nicht abgeschlossen** ist.[38]

16 **a) Regelungsgegenstände des § 37 WHG.** § 37 Abs. 1 WHG regelt Verbote für Eigentümer und Nutzungsberechtigte höher und tiefer liegender Grundstücke (**Oberlieger und Unterlieger**) und hat daher hohe Praxisrelevanz für das Nachbarwasserrecht. Im Einzelnen gibt § 37 WHG vor:

- Abs. 1 **Satz 1 verbietet Unterliegern**, den natürlichen Ablauf auf ein tiefer liegendes zum Nachteil des höher liegenden Grundstücks **zu behindern**;
- Abs. 1 **Satz 2 verbietet Oberliegern**, den Ablauf **zu verstärken oder auf andere Weise zu verändern**;
- Abs. 2 verpflichtet Ober- und Unterlieger zur **Duldung** in Konstellationen, in denen der Wasserabfluss entgegen Abs. 1 verändert wird, zur Duldung der Beseitigung des Hindernisses bzw. Veränderung des Wasserabflusses durch den jeweils Benachteiligten;
- Abs. 3 ermächtigt zur behördlichen Zulassung von **Abweichungen** von Abs. 1 u. 2;
- Abs. 4 bestimmt, dass Abs. 1–3 auch für **nicht aus Quellen** stammendes wild abfließendes Wasser gelten (→ *Wasser, wild fließendes* Rn. 1 ff.).

17 **b) Wasserbegriff des § 37 WHG.** Der für den Anwendungsbereich der Norm zentrale **Rechtsbegriff „Wasser"** ist variantenreich; die Subsumtion muss im Streitfall die begrifflichen Abgrenzungen und ihre weichenstellende Bedeutung berücksichtigen. § 37 WHG **erfasst nur wild abfließendes Wasser** (also weder Abwasser noch Grundwasser), weshalb es fallentscheidend ist, welcher Wasserart eine Zu- oder Abnah-

---

32 *Riedel* in BeckOK UmweltR WHG Überblick vor § 37; *Faßbender* NVwZ 2015, 97 (98); so auch bereits die Gesetzesvorlage: BT-Drs. 16/12275, 62: „Zu § 37 (Wasserabfluss) § 37 ist eine Neuregelung, die entsprechende Vorschriften zum Wasserabfluss aus den Wassergesetzen der Länder übernimmt. **Die Vorschrift betrifft das zivilrechtliche Nachbarrecht**, hat aber zugleich wasserwirtschaftliche Bedeutung." Ferner BT-Drs. 16/12275, 82: „**Der Bundesgesetzgeber war und ist** im Rahmen seiner Gesetzgebungskompetenzen nach Artikel 74 Absatz 1 Nummer 1 GG aber **nicht gehindert, privates Wasserrecht zu erlassen**."

33 Zum im Bereich der konkurrierenden Gesetzgebung (Art. 72 GG) relevanten Begriff und der Problematik sog. Vollregelungen vgl. *Lepsius* JuS 2019, 14: „An Stelle kodifikatorischer Vollregelungen tritt zunehmend eine Regelungsstrategie, die Gesetze im Zusammenspiel mit untergesetzlichen Normen als eine Form arbeitsteiliger Rechtserzeugung einsetzt." sowie *Lepsius* JuS 2019, 123 (123): „Es manifestiert sich ein Trend, von gesetzlichen Vollregelungen im Stile der Kodifikation abzugehen und zu arbeitsteiligen Regelungsarrangements überzugehen, an denen alle drei Gewalten Eigenanteile haben." Nach *Wysk* in Wysk VwGO § 47 Rn. 4 enthält § 47 VwGO eine „Vollregelung", denn die Norm „beschreibt ihren Anwendungsbereich, die Verfahrenseinleitung und Frage der Verfahrensdurchführung, die Zulässigkeitsvoraussetzungen, die gerichtlichen Aussprüche und Wirkungen und die Möglichkeit einstweiligen Rechtsschutzes." Anders hat der Bund im hier im Fokus stehenden Wasserrecht früher rahmenrechtliche Regelungen in bundesrechtliche Vollregelungen überführt (genauer zB zu den früheren §§ 31a-32 WHG *Kotulla* NVwZ 2010, 79 (86)).

34 *Faßbender* NVwZ 2015, 97 (102) mit Verweis auf die Gesetzesbegründung: BT-Drs. 16/12275, 1: „*Der Gesetzentwurf verfolgt folgende zentrale Ziele:* – Ersetzung des geltenden Rahmenrechts des Bundes durch *Vollregelungen*, – Systematisierung, Vereinheitlichung des Wasserrechts mit dem Ziel, die Verständlichkeit und Praktikabilität der komplizierten und unübersichtlichen Wasserrechtsordnung zu verbessern, – Umsetzung verbindlicher EG-rechtlicher Bestimmungen durch bundesweit einheitliche Rechtsvorschriften, – *Überführung bisher im Landesrecht normierter Bereiche der Wasserwirtschaft in Bundesrecht*, soweit ein Bedürfnis nach bundeseinheitlicher Regelung besteht." (Hervorhebungen vom Verf.).

35 Bereits *Faßbender* NVwZ 2015, 97 (102).

36 Art. 65 EGBGB wurde durch Art. 13 des Gesetzes zur Neuordnung des Wasserrechts aufgehoben.

37 Überblick über landesrechtliche Regelungen: *Herrler* in Palandt EGBGB § 124 Rn. 2.

38 *Faßbender* NVwZ 2015, 97 ff.

me des Wasserflusses zuzurechnen ist. Dadurch schränkt 37 WHG als haftungsbegründend infrage kommendes Verhalten ein. **Haftungsbegründend** kann sich auswirken, was den Lauf wild abfließenden Wassers, nicht aber Verhalten, das den Lauf des Abwassers oder Grundwassers manipuliert. (→ *Wasser, wild fließendes* Rn. 14).

18 Die Verbote des § 37 WHG gelten nach Abs. 1 nur für **wild abfließendes Wasser**. § 37 Abs. 4 WHG erstreckt sie auf **Wasser, das nicht aus Quellen stammt**. § 37 Abs. 1 und 4 WHG verbieten demnach Manipulation des Abflusses von Regen- und Nicht-Quellwasser. Dies ergibt sich aus der begrifflichen Abgrenzung der Wasserarten. Die Klärung im Streitfall erfordert regelmäßig die darauf gegründete faktische Abgrenzung[39] des durch § 37 WHG **allein erfassten** wild abfließenden und nicht aus einer Quelle stammenden Wassers anhand der konkreten Umstände. Dafür ist die Bedeutung der im Wortlaut verwendeten Begriffe „wild", „abfließend" und „Quelle" zu klären. Dasselbe gilt für die dem Rechtsanwender bei der Fallbearbeitung idR begegnenden Begriffe „Niederschlag-", „Regen-", „Trauf-", „Schmelz-" und „Grundwasser" sowie „oberirdische Gewässer" und unterirdische Gewässer" und nicht zuletzt „Überschwemmung". „**Wild**" bzw. „**wild abfließendes**" Wasser bezeichnet Wasser, das dem natürlichen Gefälle folgend außerhalb eines Gewässerbettes und damit ungefasst abfließt.[40] Aus den nachfolgenden Begriffsklärungen ergibt sich, dass wild abfließendes Wasser letztlich Regen ist, der direkt auf den Erdboden fällt und nicht auf bauliche Anlagen und von dort auf die Erde tropft (Traufwasser), → *Niederschlagswasser* Rn. 3.

19 „**Quelle**"[41] bzw. „**aus Quellen wild abfließendes Wasser**" bezeichnet einen Wasseraustritt an einer bestimmten örtlich begrenzten Stelle.[42] „**Abwasser**" ist nach der Legaldefinition des § 54 Abs. 1 WHG Schmutz- und Niederschlagwasser,[43] „**Niederschlagwasser**" wiederum nach Ziff. 2. derselben Norm „das von Niederschlägen aus dem Bereich von bebauten oder befestigten Flächen gesammelt abfließende Wasser".[44] Dem Ursprung nach ist dies Regen und/oder Schmelzwasser, → *Niederschlagswasser* Rn. 3).

20 „**Regenwasser**" ist Wasser, das aus Wolken, Nebel oder Dunst oder wasserdampfhaltiger Luft stammt und aufgrund Schwerkraft in flüssiger oder fester Form direkt auf die Erde fällt. „**Traufwasser**" ist Niederschlagwasser, das nicht direkt auf den Boden, sondern zunächst auf eine bauliche Anlage und von dort auf den Boden fällt. Niederschlag, also Regen, der direkt auf den Boden fällt, ist wild abfließendes Wasser. „**Sickerwasser**" ist unterirdisches Wasser, das sich aufgrund Schwerkraft unterirdisch abwärts bewegt. „**Schmelzwasser**" ist Wasser, das aus geschmolzenem Eis oder Schnee entsteht. „**Grundwasser**"[45] definiert § 3 Ziff. 3 WHG als „das unterirdische Wasser in der Sättigungszone, das in unmittelbarer Berührung mit dem Boden oder dem Untergrund steht". Grundwasser kommt in Schichten untereinander vor, weshalb bildhaft von Grundwasserstockwerken gesprochen wird.[46] „**Oberirdische Gewässer**"[47] sind durch § 3 Ziff. 1 WHG legal definiert als „das ständig oder zeitweise in Betten fließende oder stehende oder aus Quellen wird abfließende Wasser". Aus dieser Legaldefinition ergibt sich die Bedeutung der Kombination

39 Unter den zugänglichen Gerichtsentscheidungen fallen ua solche auf, in denen Klagen an der Nichterfüllung der tatbestandlichen Voraussetzungen des § 37 WHG und gerade des Wasserbegriffs oder mit den Eigenheiten der Wasserbegriffe zusammenhängenden Sachverhaltsdetails scheiterten; vgl. idS etwa OLG Dresden Beschl. v. 1.10.2018 – 6 U 892/18, juris Rn. 15 (Abgrenzung Niederschlag- von Abwasser) und LG Wuppertal Urt. v. 8.11.2018 – 1 O 89/18, juris Rn. 18 (nach Starkregen aus Kanalisation ausgetretenes Wasser).

40 BGH Urt. v. 9.5.2019 – III ZR 388/17, juris Rn. 19; *Riedel* in BeckOK UmweltR WHG § 37 Rn. 4 mit Verweis auf BVerwG Beschl. v. 17.2.1969 – IV B 220.68, ZfW 1969, 116 ff. (117) und OVG Saarlouis Urt. v. 29.4.2010 – 2 A 403/09, NuR 2010, 592 (594).

41 BVerwG Beschl. v. 17.2.1969 – IV B 220.68, ZfW 1969, 116 ff.

42 BVerwG Beschl. v. 17.2.1969 – IV B 220.68, ZfW 1969, 116 ff.

43 Siehe im Einzelnen die Legaldefinition (§ 54 WHG) und dazu die Erläuterungen von *Tünnesen-Harmes/Schulz* in BeckOK UmweltR WHG § 54 Rn. 1 ff.; ausführlich zu Begriff und Abgrenzungsfragen bereits *Himmel* DVP 1991, 3 (4 ff.).

44 Siehe im Einzelnen die Legaldefinition (§ 54 Abs. 1 Ziff. 2 WHG) und dazu die Erläuterungen von *Tünnesen-Harmes/Schulz* in BeckOK UmweltR WHG § 54 Rn. 11 ff.

45 BVerwG Beschl. v. 17.2.1969 – IV B 220.68, ZfW 1969, 116 ff.

46 Vgl. dazu auch *Wilhelms* NVwZ 2008, 624 (628).

47 BVerwG Beschl. v. 17.2.1969 – IV B 220.68, ZfW 1969, 116 ff.

„unterirdische Gewässer“. § 37 WHG gilt als Regelung des Abschnitts 2 allein für oberirdische Gewässer, weshalb die auf Grundwasser und auch dann nicht anwendbar ist, wenn eine streitige Beeinflussung unterirdisches Wasser betrifft.[48] **„Überschwemmung“** ist ein **Vorgang oder Zustand**, bei dem eine normalerweise trockenliegende Bodenfläche durch Wasser bedeckt wird bzw. ist.[49]

c) Manipulation des Wasserflusses. Ein Anspruch setzt voraus, dass der Nachbar den Wasserab- oder -zufluss manipuliert hat. Dabei legen die Sätze 1 und 2 des Abs. 1 des § 37 WHG **natürliche Gegebenheiten und naturgesetzliche Abläufe zugrunde** und verpflichten Ober- wie Unterlieger zu deren Hinnahme. § 37 WHG konstituiert reine **Verbote** und verpflichtet weder Ober- noch Unterlieger zu aktivem Eingreifen. Abs. 1 verbietet Eingriffe in bestehende Grundstücksverhältnisse zur Beeinflussung des natürlich wild ablaufenden Wassers zum Nachteil des Nachbarn. Demgemäß **verpflichtet** Abs. 1 S. 1 **Oberlieger nicht**, abfließendes Wasser **aktiv aufzuhalten** und den natürlichen Abfluss auf tiefer liegende Grundstücke zu verhindern oder verringern[50] und **verpflichtet** Abs. 1 S. 2 **Unterlieger nicht**, natürliche Ablaufhindernisse gegenüber dem höherliegenden Grundstück zu verringern oder beseitigen. Die Verbote des § 37 Abs. 1 WHG **erfassen daher auch nur aktives Tun.**[51] 21

Die Grundstücke des Ober- und des Unterliegers müssen **nicht direkt aneinandergrenzen**. Auch muss das Wasser **nicht vom direkt benachbarten** Grundstück stammen. § 37 WHG erfasst auch mittelbare Auswirkungen, sofern sie dem störenden Grundstück zuzurechnen sind.[52] In aller Regel ist die Klärung erforderlich, von welchem **natürlichen Abflusszustand** auszugehen ist, um eine **durch Manipulation verursachte Zunahme** nachweisen zu können. Dies ist nach den Rechtsverhältnissen zu beurteilen, die im Zeitpunkt der Geltendmachung von Ansprüchen bestehen. Maßgeblich ist nicht allein der natürliche Ursprungszustand, sondern auch der vorhandene rechtmäßige Zustand einschließlich vorhandener Bebauung.[53] Dabei ist ein **natürlicher Ablauf** der, den die **tatsächlichen und zulässigen Gegebenheiten** bewirken. Dies ist nicht allein der Ursprungszustand, sondern **schließt erlaubte Veränderungen ein**. Dies muss idR eine wasserrechtliche Genehmigung sein. Eine Baugenehmigung kann eine den Wasserabfluss beeinflussende Änderung zulassen, wenn sie andere öffentlich-rechtliche Gestattungen einschließt.[54] Ebenfalls **nicht verboten** sind Änderungen zur **Erfüllung öffentlich-rechtlicher Pflichten**.[55] Keine Einigkeit besteht über die Zulässigkeit von Veränderungen im Rahmen ordnungsgemäßer Nutzung eines Grundstücks (→ Rn. 27).[56] Ober- wie Unterlieger dürfen den **Ursprungszustand** so verändern, wie dies eine öffentlich-rechtliche Genehmigung einschließlich den Wasserablauf beeinflussender Maßnahmen zulässt. Insoweit sind Feststellungen erforderlich, von welchem natürlichen Abflusszustand auszugehen ist. Dieser ist nach den Rechtsverhältnissen zu beurteilen, die im Zeitpunkt der Geltendmachung von Ansprüchen bestehen. Dabei ist nicht allein auf den natürlichen Ursprungszustand, sondern auch auf den vorhandenen – rechtmäßigen – Zustand einschließlich einer bereits vorhandenen Bebauung abzustellen, der zugleich den Zustand des natürlichen Gefälles mitbestimmt.[57] 22

aa) Manipulation des Wasserzuflusses durch Unterlieger. § 37 Abs. 1 S. 1 WHG **verbietet die Behinderung** des Wasserzuflusses. Satz 1 schützt **Oberlieger** und ist daher an Unterlieger adressiert. Wasser 23

48 LG Freiburg Urt. v. 29.9.1992 – 1 O 142/92, juris Rn. 18 zu § 81 LWG BaWü.

49 Der Begriff ist gesetzlich nicht definiert und wird im allgemeinen Sprachgebrauch uneinheitlich verwendet.

50 BGH Urt. v. 18.4.1991 – III ZR 1/90, BGHZ 114, 183 ff.

51 *Riedel* in BeckOK UmweltR WHG § 37 Rn. 11 ff.

52 *Czychowski/Reinhardt* WHG § 37 Rn. 13.

53 BGH Urt. v. 9.5.2019 – III ZR 388/17 und v. 26.1.2017 – III ZR 465/15, beide juris Rn. 8.

54 So in Brandenburg aufgrund Konzentrationswirkung der Baugenehmigung nach § 72 Abs. 1 S. 2 BauO Bbg; anders in den übrigen Bundesländern, in denen § 37 WHG nicht zum durch die jeweilige BauO geregelten Prüfprogramm gehört; idS für Bayern vgl. VG München Beschl. v. 7.9.2016 – M 1 SN 16.3556, juris Rn. 17, wonach auch von einem einer Baugenehmigung beigefügten Hinweis der Wasserbehörde auf Anforderungen des § 37 WHG zum Umgang mit Grund- und Schichtenwasser keine zur Anfechtung berechtigende Beschwer ausgeht.

55 *Czychowski/Reinhardt* WHG § 37 Rn. 15.

56 Siehe auch *Saller* in Grziwotz/Lüke/Saller NachbarR-HdB 3. Teil Rn. 282 mit Verweis auf BGH Urt. v. 2.3.1984 – V ZR 54/83, BGHZ 90, 255 (Zuführung eines Herbizids durch wild abfließendes Niederschlagwasser).

57 BGH Urt. v. 31.10.2019 – III ZR 64/18, BGHZ 223, 317 ff., juris Rn. 16.

fließt natürlicherweise abwärts. Der Tatbestand erfasst daher alle aktiven Handlungen, die es dabei behindern oder den Ablauf verhindern. Hierunter fällt jede gezielt den Wasserabfluss hemmende Geländeveränderung sowie jede Errichtung dies bewirkender baulicher Anlagen wie eines Damms, Walls, einer Mauer oder sonstige demselben Zweck dienende bauliche Maßnahmen.[58]

24 **bb) Manipulation des Wasserabflusses durch Oberlieger.** § 37 Abs. 1 S. 2 WHG **verbietet die Verstärkung** des Wasserablaufs. Satz 2 schützt dadurch Unterlieger und ist deswegen an Oberlieger adressiert. **Verstärkung** ist die gezielte Änderung der Bodenbeschaffenheit zur Erhöhung der abfließenden Wassermenge, etwa die Beseitigung einer Mauer oder eines natürlichen Hindernisses und grundsätzlich jede bauliche Änderung, wenn danach mehr Wasser auf das beeinträchtigte Grundstück gelangt, als ohne Veränderung der Fall wäre.[59] **Sonstige Änderung** ist eine, welche die natürlichen Wasserablaufrichtung ändert, ferner Verdichtung und Versiegelung. **Keine unzulässige Änderung** ist eine ausschließlich auf **Naturkräfte** zurückzuführende[60] sowie die Änderung der wirtschaftlichen Grundstücksnutzung.[61]

25 **d) Nachteiligkeit.** Beide Verbote des § 37 Abs. 1 WHG erfassen nur Veränderungen „zum Nachteil" des jeweils anderen Grundstücks. Nachteil ist die **Störung oder Einschränkung** der Nutzbarkeit des benachteiligten Grundstücks zB durch Vernässung, Versumpfung oder Erschwerung der Betretbarkeit infolge sich sammelnden Wassers im Vergleich resp. zusätzlich zum Stand vor der Veränderung. Der Nachteil muss kein wirtschaftlicher sein. Daher begründet es etwa einen Nachteil, wenn die **Rasenfläche eines Gartens** wegen zusätzlichen Wasserzuflusses über gewisse Zeit nicht mehr betreten werden kann oder wenn Sitzgelegenheiten wegen Aufweichung des Bodens einsinken. Eine **Wirtschaftliche Nachteilhaftigkeit** ist nicht erforderlich, tritt jedoch ein, wenn etwa die Rasenfläche eines **Campingplatzes** nicht mehr geeignet ist, dort Campingwagen, Zelte oä aufzustellen, so dass die Vermietbarkeit wegfällt.

26 **e) Nicht zu vertretende Umstände.** § 37 Abs. 1 WHG verbietet aktives Tun, nicht aber Veränderungen, die lediglich durch Naturereignisse wie zB Erdbewegung, Erdrutsch und Senkung verursacht wurden, oder die auf rechtswidrigem Verhalten Dritter beruhen. Ist eine den Wasserabfluss oder -zufluss verursachende Veränderung entstanden, verpflichtet Abs. 2 Eigentümer und Nutzungsberechtigte des veränderten Grundstücks, die Wiederherstellung des vorherigen Zustands durch den benachteiligten Eigentümer/Nutzungsberechtigten **dulden**.

27 **f) Ordnungsgemäße Grundstücksnutzung.** Eine tatbestandliche Veränderung des Ab- oder Zuflusses ist nicht verboten, wenn sie Folge oder Voraussetzung einer ordnungsgemäßen Grundstücksnutzung ist.[62] Eine Änderung der Grundstücksnutzung ist zB eine von der bisherigen abweichende Bewirtschaftung landwirtschaftlicher Flächen.[63] Auch Erdbewegungen zur Vorbereitung von Baumaßnahmen sind bei Übereinstimmung mit dem Bauplanungsrecht nicht durch § 37 WHG verboten. Ein Nachbar muss sie auch hinnehmen, wenn sie den Wasserabfluss auf sein Grundstück für ihn nachteilig beeinflussen.

28 **g) Rechtsfolge.** Ein durch Überschwemmung geschädigter Nachbar kann den Anspruch auf Beseitigung oder Unterlassung auf § 1004 Abs. 1 Satz 2 BGB und den Anspruch auf Schadensersatz auf § 823 Abs. 2 BGB stützen. Die Verbote des § 37 Abs. 1 S. 1 und 2 WHG sind Schutzgesetze iSd § 823 Abs. 2 BGB. Andere Anspruchsgrundlagen wie v.a. § 823 Abs. 2 iVm § 907 BGB scheiden aus, sofern es um Schäden aufgrund Veränderung des natürlichen Ablaufs wild abfließendem Wassers geht, weil § 37 Abs. 1 und 2 WHG insoweit als lex specialis vorgeht.[64] Frühere Unklarheiten hinsichtlich Anwendbarkeit des Landeswasserrechts haben sich durch Neuregelungen erledigt, nachdem der Bund in Gestalt des § 37 Abs. 1 und 2

58 *Czychowski/Reinhardt* WHG § 37 Rn. 13.
59 VG Karlsruhe Urt. v. 11.4.2007 – 6 U 141/05, juris.
60 VG Karlsruhe Urt. v. 11.4.2007 – 6 U 141/05, juris Rn. 15.
61 OLG Hamm Urt. v. 5.3.2012 – I-5 U 160/11, BeckRS 2012, 10505 (allerdings zum inzwischen aufgehobenen § 115 Abs. 1 S. 2 NW LWG bzgl. Nutzung des Grundstücks zur Lagerung von Bodenaushub).
62 *Faßbender* NVwZ 2015, 97 (100) mwN auch zu gegenteiligen Ansichten.
63 BGH Urt. v. 6.6.2007 – III ZR 313/06, juris Rn. 4 zum früheren § 115 LWG NW (Schutz eines Spargelfelds mit Plastikfolie mit der Folge vermehrten Wasserablaufs auf tieferliegenden Nachbaracker).
64 *Faßbender* NVwZ 2015, 97 (98 f.).

WHG eine Vollregelung geschaffen und deswegen auch § 65 EGBGB gestrichen hat. § 37 WHG hat insoweit abschließenden Charakter.[65]

3. Straßenentwässerung

Der Nachbar eines Straßengrundstücks, also ein Straßenanlieger, kann Anspruch auf Unterlassung und Beseitigung der Schäden infolge Überschwemmung durch von der Straße auf sein Grundstück fließendes Wasser gegen den hoheitlichen Baulastträger haben. Dabei ist für die Anspruchsgrundlage in tatsächlicher Hinsicht zu unterscheiden, ob eine Überschwemmung auf Änderung der Wasserabflusses oder anderer Veränderung der Straße beruht. Unterschiedliche **Straßenbaumaßnahmen** wie eine erstmalige **Asphaltierung,** Errichtung einer **Schallschutzwand** neben der Straße oder **Änderung der Neigung** oder der **Gradiente**[66] können je nach v.a. topographischen Umständen als Änderung des Abflusses oder als sonstige bauliche Änderung zu bewerten sein, die § 37 WHG evtl. nicht erfasst. Deswegen ist immer vorrangig der **kausale Anknüpfungspunkt für eine Überschwemmung** zu klären. Außerdem ist bei Prüfung einer streitigen Straßenentwässerung die **Wasserart** zu klären. Der aus § 37 Abs. 1 WHG abgeleitete Grundsatz, dass ein Unter-/Oberlieger den unveränderten natürlichen Ablauf wild fließenden Wassers grundsätzlich hinnehmen muss, gilt auch für Straßen.[67] Schließlich können **Verjährungsgründe** dafür sprechen, nicht an eine Baumaßnahme, sondern eine **fortdauernd unzureichende Straßenentwässerung anzuknüpfen** (→ Rn. 32). 29

a) Unzulässige Änderung des Wasserabflusses. Ein Straßenanlieger hat aus § 1004 Abs. 1 Satz 1 BGB Anspruch auf Unterlassung und Beseitigung den Verboten des § 37 WHG widersprechender Änderung des Wasserabflusses im Rahmen einer Straßenbaumaßnahme.[68] Ähnlich wie der Grundeigentümer gegenüber dem privaten Eigentümer des Nachbargrundstücks durch BGB § 909 berechtigt ist, Vertiefungen auf dem Nachbargrundstück zu verbieten, die dem Boden seines Grundstücks die erforderliche Stütze entziehen, kann er sein Grundstück gegenüber hoheitlichen Maßnahmen des öffentlichen Straßenbaus vor ähnlichen Einwirkungen schützen.[69] Die Anforderungen des WHG gelten auch im hoheitlichen Tätigkeitsbereich und ein Straßenbaulastträger muss die wassernachbarrechtlichen Anforderungen des § 37 WHG beachten und einhalten.[70] Planung und Bau von Straßen müssen die anerkannten Regeln der Straßenbautechnik und der Wasserwirtschaft beachten.[71] Dazu gehörten schon vor Inkrafttreten des § 37 WHG die landesrechtlichen Vorschriften des Wasser- und Nachbarrechts über Änderungen des Ablaufs wild abfließenden Wassers.[72] Die heutigen Verbote des § 37 WHG entsprechen inhaltlich denen der landesrechtlichen Vorgängernormen.[73] Deswegen darf im Rahmen einer Straßenbaumaßnahme zB ein **Lärmschutzwall** nicht so errichtet werden, dass **dadurch** für tiefer liegende Grundstücke eine Überschwemmungs- und damit verbundene Schadengefahr entsteht.[74] Ein Lärmschutzwall darf daher keinen Damm gegen den natürlichen Wasserabfluss bilden. Ein Straßenbaulastträger muss die **Straßenentwässerung** gewährleisten, indem er notwendige Durchlässe unter der Straße dem Wasseranfall entsprechend dimensioniert. Ein Verstoß gegen § 37 WHG ist ein enteignungsgleicher Eingriff.[75] Führt die im Zuge einer Straßensanierung **erhöhte Gradiente** einer Straße dazu, dass der Niederschlagwasserabfluss von einem höher gelegenen Grundstück behindert wird, 30

65 Siehe zum Disput: *Faßbender* NVwZ 2015, 97 ff. (beachte aber die weiteren zwischenzeitlich erfolgten landesrechtlichen Änderungen wie etwa des LWG NW).
66 BGH Urt. v. 9.5.2019 – III ZR 388/17, juris Rn. 24.
67 VG Karlsruhe Urt. v. 6. 6. 2019 – 10 K 17746/17, juris Rn. 39.
68 Zum Ganzen *Grunow* NdsVBl 2019, 174 ff.
69 BVerwG Urt. v. 21.9.1984 – 4 C 51/80, juris Rn. 13.
70 BGH Urt. v. 31.10.2019 – III ZR 64/18, BGHZ 223, 317 ff., juris Rn. 16; iE ebenso zur Rechtslage vor Einführung des § 37 WHG bereits BGH Urt. v. 13.6.1996 – III ZR 40/95, juris Rn. 4.
71 BGH Urt. v. 31.10.2019 – III ZR 64/18, BGHZ 223, 317 ff., juris Rn. 16.
72 BGH Urt. v. 13.5.1982 – III ZR 180/80, NVwZ 1982, 700 (zu § 21 Abs. 2 Hess NRG).
73 BT-Drs. 16/12275, 1: „Der Gesetzentwurf verfolgt folgende zentrale Ziele: (…) Überführung bisher im Landesrecht normierter Bereiche der Wasserwirtschaft in Bundesrecht (…)."
74 BGH Beschl. v. 29.6.2006 – III ZR 269/05, juris Rn. 8 (zu § 115 LWG NW aF).
75 Ebenso *Riedel* in BeckOK UmweltR WHG § 37 Rn. 16.

kann darin ein Nachteil iSd § 37 Abs. 1 Satz 1 WHG liegen.[76] Ein betroffener Nachbar kann dann einen Beseitigungsanspruch geltend machen.

31 **b) Fortdauernde Verletzung der Straßenentwässerungspflicht.** Ein Straßenanlieger hat bei fortdauernder Vernässung seines Grundstücks durch Straßenwasser einen **öffentlich-rechtlichen Unterlassungsanspruch**, der an die fortdauernde Verletzung der Straßenentwässerungspflicht und mithin wiederholte Weiterleitung von Abwasser und/oder Zuführung von Niederschlagwasser anknüpft. Dieser Anspruch richtet sich vorbeugend auf Unterlassung künftiger Störung(en). Der Anlieger kann dieses Anspruchsbegehren auf ein aktives Eingreifen seitens des Straßenbaulastträgers richten, wenn sich drohende Beeinträchtigungen nicht anders verhindern lassen.[77]

32 **c) Besonderheiten der Verjährung.** Richtet der Nachbar den Anspruch gegen die Errichtung oder Sanierung einer Straße und damit eine **bestimmte abgeschlossene Handlung**, so ist diese Anknüpfungspunkt für den Beginn der Verjährung.[78] Richtet der Nachbar seinen Anspruch stattdessen gegen die fortdauernde Verletzung der Straßenentwässerungspflicht, kommen die Grundsätze der Verjährung in Fällen rechtswidriger Eingriffe zum Tragen, die in einem **fortdauernden Unterlassen** bestehen.[79] Der Unterlassungsanspruch gegen den Straßenbaulastträger als Störer entsteht in dieser Konstellation mit **jeder rechtswidrigen Zuführung von Oberflächenwasser** auf ein der Straße benachbartes Grundstück neu. Das kann nach jedem Regenfall sein. Strukturell unterscheiden sich die unterschiedlichen Anknüpfungen dadurch, dass es bei der Anknüpfung an die unzureichende Entwässerung nicht um die Fortdauer schädigender Einwirkung derselben Handlung und deren Beseitigung, sondern um die **Wiederholung gleichartiger Rechtsverletzungen** und deren Unterlassung geht. Der gegen die unberechtigte Weiterleitung von Abwasser auf ein Grundstück unter Verletzung der Straßenentwässerungspflicht gerichtete Anspruch richtet sich gegen ein **Dauerverhalten ohne zeitliche Zäsur**. Die Verjährung hiergegen gerichteter Unterlassungsansprüche kann nicht beginnen, solange der Eingriff andauert.[80]

4. Traufwasser

33 Landesbauordnungsrecht und Nachbarrechtsgesetze[81] verbieten die Positionierung baulicher Anlagen in einer Lage, die dazu führt, dass Niederschlagwasser auf das Nachbargrundstück abgeleitet wird. Dabei geht es trotz des Wortlauts um Traufwasser. Denn Traufwasser ist Niederschlagwasser meist und überwiegend in Form von Regen, der **nicht direkt auf den Boden**, sondern zunächst auf eine bauliche Anlage und von dort auf den Boden gelangt (→ Rn. 20). Eine solche Ableitung des Niederschlags – iSv Traufwasser, zB über das Dach eines Gebäudes auf ein Nachbargrundstück – kann einen Nachbarn in drittschützenden Rechten verletzen. Während Ansprüche aus dem Nachbargesetz zivilrechtlicher Natur und daher nach § 13 GVG vor dem ordentlichen Gericht geltend zu machen sind,[82] ist gegen wegen der Verletzung des Bauordnungsrechts der Verwaltungsrechtsweg eröffnet. ZB sind bauliche Anlagen nach § 13 S. 1 BauO Bbg so anzuordnen, errichten, ändern und instand zu halten, dass ua durch Wasser keine Gefahren oder unzumutbare Belästigungen entstehen. Die Vorschrift **dient auch dem Schutz des Nachbarn** gegen Einflüsse der baulichen Anlage. Sie präzisiert die Pflicht aus § 3 Abs. 1 BauO Bbg, bauliche Anlagen so zu errichten, dass die öffentliche Sicherheit und Ordnung nicht gefährdet wird. Die „öffentliche Sicherheit" umfasst auch „Eigentum". Insofern schützen die Regelungen auch den Einzelnen und können damit bei Verstoß

---

76 BGH Urt. v. 9.5.2019 – III ZR 388/17, juris Rn. 16.

77 VG Karlsruhe Urt. v. 6. 6. 2019 – 10 K 17746/17, juris Rn. 35.

78 OVG Koblenz Urt. v. 30.8.2018 – 1 A 11843/17, juris Rn. 35 f.

79 OVG Magdeburg Beschl. v. 13.5.2019 – 2 L 10/17, juris Rn. 17; OVG Saarlouis Beschl. v. 18.6.2014 – 1 A 20/14, juris Rn. 5; VGH München Urt. v. 29.11.2013 – 4 B 13.1166, juris Rn. 33.

80 OVG Saarlouis Beschl. v. 18.6.2014 – 1 A 20/14, juris Rn. 5; VGH München Urt. v. 29.11.2013 – 4 B 13.1166, juris Rn. 33.

81 Vgl. zB einerseits § 13 BbgBO und andererseits § 52 BbgNRG; vgl. ferner den Überblick von *Herrler* in Palandt EGBGB § 124 Rn. 2.

82 OVG Berlin-Brandenburg Beschl. v. 21.12.2011 – OVG 10 S 29.10, juris Rn. 26.

nachbarschützend sein.[83] Allerdings verursacht nicht jede durch ein Vorhaben verursachte Änderung der Ableitung des Niederschlagwassers eine unzumutbare Beeinträchtigung. Gewisse Veränderungen der Wasserverhältnisse muss ein Nachbar hinnehmen. Nach der Judikatur ist die Erheblichkeitsschwelle überschritten und eine relevante Verschlechterung eingetreten, wenn Niederschlagwasser auf das Grundstück eines Nachbarn abgeleitet wird und dort zu Überschwemmungen führt.[84]

119. Ufer

Kieß

Literatur: *Bell,* Die Verkehrssicherungspflicht insbesondere beim Betreten der freien Natur unter Berücksichtigung von ökologischen Schutzgebieten, SächsVBl. 2000, 4.

Anders als bei der Nachbarschaft zweier Landgrundstücke sind bei Ufergrundstücken sowohl aus tatsächlichen Gründen als auch aus rechtlichen Gründen Besonderheiten zu beachten. Zum einen muss der Eigentümer damit rechnen, dass bei Hochwasser das Wasser auf sein Grundstück tritt; insoweit ist auf die Ausführungen an anderer Stelle zu verweisen (→ *Überschwemmungsschäden* Rn. 1 ff.). Dann ist die Festlegung des Grenzverlaufs nicht immer einfach. Schließlich ist das Eigentumsrecht des Eigentümers eines Ufergrundstückes im Hinblick auf die Nachbarschaft zu einem Gewässer rechtlich stärker eingeschränkt. 1

I. Eigentumsverhältnisse

1. Grenzverlauf zwischen Grundstück und Gewässer

Da die Lage und der Verlauf von Gewässern durch die Natur bestimmt werden, sind für den Verlauf der **Grundstücksgrenze** zwischen Land und Wasser Besonderheiten zu beachten. 2

Ein Gewässer kann wie jedes andere Grundstück im Eigentum stehen; nur das fließende Wasser selbst ist nach § 4 Abs. 2 WHG nicht eigentumsfähig. Für Bundeswasserstraßen steht das Eigentum an einem Gewässer dem Bund zu; im Übrigen regeln die Landeswassergesetze die Eigentumsverhältnisse (§ 4 Abs. 5 WHG).[1] 3

Im Grundsatz gibt es klare Regelungen für den Grenzverlauf. Das Eigentum an oberirdischen Gewässern beschränkt sich auf das **Gewässerbett**, das zum Ufer durch die Uferlinie abgegrenzt wird.[2] Die **Uferlinie** bildet die Grenze zwischen dem Bett eines Gewässers und den Ufergrundstücken und wird durch die Linie des Mittelwasserstands, bei gestauten Gewässern durch die Linie des Stauziels, unter besonderer Berück- 4

83 VG Cottbus Urt. v. 16.7.2018 – 3 K 1187/15, juris Rn. 26.
84 OVG Magdeburg Beschl. v. 12.12.2018 – 2 M 82/18, juris Rn. 51; VGH München Beschl. v. 29.11.2006 – 1 CS 06.2717, juris Rn. 20.
1 §§ 5 f. BWWG; Art. 5 f. BayWG; §§ 3 ff. BWG; §§ 5 f. BbgWG; § 5 BremWG; § 4 HaWG; § 3 HWG; § 52 LaWG MV; § 3 LWG NRW; § 4 LWG RP; § 4 SaarWG; § 3 SächsWG; § 6 WG LSA; §§ 3 ff. WG SH; § 4 ThürWG.
2 Vgl. etwa § 7 BWWG; § 3 Abs. 2 SächsWG.

sichtigung der Ufergestaltung bestimmt.[3] Diese Uferlinie hat sich in der Vergangenheit bisweilen durch Gesetz geändert: So wurde etwa in Württemberg die Uferlinie nach früherem Recht durch den mittleren Hochwasserstand oder durch Abmarkungen bestimmt. Nach dem neuen Recht bestimmt sich die Uferlinie durch die Linie des Mittelwasserstandes, der dann regelmäßig niedriger ist, so dass sich die rechtliche „Landfläche" (sogenannte „Uferkrawatte") vergrößert hatte: Mit Inkrafttreten des § 7 Abs. 1 BWWG zum 1.3.1960 verschob sich die Uferlinie in das Gewässer hinein. In diesem Fall wächst dem Eigentümer des Ufergrundstücks die dadurch neu entstandene Landfläche nicht an; sie wird vielmehr herrenlos mit der Folge, dass das Land ein Aneignungsrecht nach § 928 Abs. 2 BGB hat.[4] Es entspricht auch der Natur, dass ein Gewässer sich ein **neues Gewässerbett** sucht und das alte Gewässerbett verlässt.

5 Landflächen, die an Bundeswasserstraßen liegen, die zu Gewässerflächen werden und dadurch das Gewässerbett der Bundeswasserstraße dauerhaft erweitern, werden zu einem Teil der Bundeswasserstraße. Das Eigentum an dieser Fläche geht lastenfrei – und kraft Gesetzes – auf den Bund über. Dabei ist unerheblich, ob die Erweiterung auf einem natürlichen Vorgang beruht oder künstlich herbeigeführt worden ist.[5]

6 Im Übrigen finden sich in den einzelnen Landesrechten jeweils Regelungen zur **Veränderung der Eigentumsverhältnisse** bei Überflutungen, Verlandungen oder einem Uferabriss. Bevor sich die Eigentumsverhältnisse aufgrund dieser natürlichen Ereignisse ändern, hat der bisherige Eigentümer meist einen **Anspruch auf Wiederherstellung** des bisherigen Zustandes.[6]

2. Gewässerrandstreifen

7 Das Wasserrecht regelt aber nicht nur den Grenzverlauf zwischen Grundstück und Gewässer: Aufgrund der sich aus § 1 WHG ergebenden ökologischen Bedeutung von Gewässern bestimmt das Wassergesetz auch die sich für den an das Ufer angrenzenden Grundstücksbereich ergebenden Einschränkungen des Eigentumsrechts.

8 Das Ufer ist nach § 38 Abs. 2 WHG nämlich Teil des Gewässerrandstreifens, der sich in der Regel bis zur Böschungsoberkante hinzieht. Dieser dient, wie sich aus § 38 Abs. 1 WHG ergibt, der Erhaltung und Verbesserung der ökologischen Funktionen oberirdischer Gewässer, der Wasserspeicherung, der Sicherung des Wasserabflusses sowie der Verminderung von Stoffeintragungen aus diffusen Quellen. Nach § 38 Abs. 3 WHG ist dieser regelmäßig jeweils an beiden Ufern 5 m breit.[7]

9 In diesem Bereich hat der Eigentümer des Ufergrundstückes wegen der Nachbarschaft zum Gewässer, wie § 38 Abs. 4 WHG und die dazu ergangenen Landesgesetze zeigen, aus Gründen des Naturschutzes erhebliche Einschränkungen in der Nutzung des Grundstücks hinzunehmen: Sie haben den Gewässerrandstreifen im Hinblick auf dessen Funktionen zu erhalten (§ 38 Abs. 4 S. 1 WHG). Des Weiteren ist ihnen verboten, bestimmte Handlungen vorzunehmen, wie etwa das Entfernen standortgerechter Bäume oder der Umgang mit wassergefährdenden Stoffen (§ 38 Abs. 4 S. 2 WHG).[8]

3 § 7 BWWG; Art. 12 BayWG; § 6 BWG; § 8 BbGWG; § 4 BremWG; § 3 HWaG; § 4 HWG; § 1 Abs. 3 LaWG MV (Küstenlinie); § 53 LaWG MV; § 1 Abs. 3 NdsWG (Küstenlinie);§ 41 NdsWG; § 6 LWG NRW; § 5 LWG RP; § 6 SaarWG; § 23 Abs. 1 SächsWG; § 7 WG LSA; § 10 WG SH; § 6 ThürWG. Dazu auch zuletzt BGH Beschl. v. 5.9.2019 – III ZR 218/18 MDR 2019, 1442 zur Uferlinie am Bodensee; BGH Urt. v. 27.3.2015 – V ZR 216/13, NJW 2015, 2489 zur Uferlinie an der Spree.

4 Vgl. OLG Stuttgart Beschl. v. 24.9.2018 – 9 U 81/18, juris Rn. 11; BGH Beschl. v. 5.9.2019 – III ZR 218/18 MDR 2019, 1442.

5 BGH Urt. v. 14.12.1989 – III ZR 288/88, NJW 1990, 3263; OLG Brandenburg Urt. v. 24.1.2019 – 5 U 15/18, juris Rn. 21.

6 Vgl. Art. 21 BayWG, § 8 f. BWWG; Art. 7–11 BayWG; §§ 7 ff. BWG; §§ 9–14 BbgWG; §§ 4, 5 HaWG; § 5 HWG; §§ 53 ff. LaWG MV; §§ 42 ff. NdsWG; §§ 7 ff. LWG NRW; §§ 6 ff. LWG RP; §§ 7 ff. SaarWG; § 25 SächsWG; §§ 8 ff. WG LSA; § 9 WG SH; § 12 ThürWG.

7 Dazu eingehend etwa *Czychowski/Reinhardt* WHG § 38 Rn. 22 ff.

8 Dazu eingehend etwa *Czychowski/Reinhardt* WHG § 38 Rn. 34 ff., OVG Hamm 9.6.2011 – 20 B 151/11, ZfW 2012, 46. Vgl. zu den Beschränkungen auch etwa § 29 BWWG; § 40 a BWG; § 77a BbgWG; § 21 BremWG; § 23 HWG; § 58 NdsWG; § 31 LWG NRW; § 33 LWG RP; § 24 Abs. 1 SächsWG; § 50 WG LSA; § 26 WG SH, § 29 ThürWG.

Spiegelbildlich haben Anlieger nach § 41 Abs. 1 Nr. 3 WHG zu dulden, dass die zur Gewässerunterhaltung verpflichtete Person die Ufer bepflanzt. Insofern ist das Eigentumsrecht des Ufereigentümers durch das Eigentumsrecht des Gewässereigentümers eingeschränkt. 10

3. Ufermauern

An einer Ufermauer besteht, wie an einer Grenzanlage, vertikal **gespaltenes Eigentum** entsprechend dem Grenzverlauf.[9] Daher kommt es auf die Frage an, wo genau die Uferlinie verläuft. Allerdings sind auch die Grundsätze des **Überbaus** im Sinne des § 912 BGB anzuwenden.[10] 11

4. Steg

Ein **Steg**, der vom Ufergrundstück in ein Gewässer hineinragt, steht im Eigentum des Eigentümers des Ufergrundstückes, auch wenn der Steg mit Stützpfählen im Wasser verankert ist. Denn es handelt sich beim Steg um einen Scheinbestandteil des Gewässergrundstücks im Sinne des § 95 BGB, weil man nicht davon ausgehen kann, dass der Eigentümer des Ufergrundstücks den Steg bei Beendigung der Nutzung in das Eigentum des Eigentümers des Gewässergrundstücks fallen lassen will.[11] 12

5. Zugang zu Gewässern

Die **Benutzung oberirdischer Gewässer** gehört zum Gemeingebrauch (§ 25 S. 1 WHG). Die Nutzung setzt die Möglichkeit des Zugangs voraus. Der Eigentümer eines Ufergrundstücks ist dabei nicht verpflichtet, diesen Zugang zu gewähren.[12] 13

Nach den Landesrechten ist bisweilen der freie Zugang zu oberirdischen Gewässern und Quellen zur Erholung zu ermöglichen;[13] der Gemeingebrauch, der in § 25 WHG geregelt ist, wird meist in den Landesrechten auch ausgestaltet. Bisweilen regelt das Landesrecht auch ein Recht, das Ufergrundstück zum Umtragen von Hindernissen oder zum Anlanden zu betreten.[14] 14

II. Unterhaltungspflichten

Nach § 39 Abs. 1 S. 2 Nr. 2 WHG ist der für die **Unterhaltung eines oberirdischen Gewässers** Verpflichtete, mithin der Eigentümer des Gewässers, auch zur Erhaltung der Ufer, insbesondere durch Erhaltung und Neuanpflanzung einer standortgerechten Ufervegetation und zur Freihaltung der Ufer für den Wasserabfluss verpflichtet. Diese Verpflichtung ist öffentlich-rechtlicher Natur und gewährt deshalb keinen Rechtsanspruch auf Erfüllung der Unterhaltungspflicht (vgl. § 39 Abs. 1 WHG).[15] 15

Etwas anderes gilt nur, wenn die Verletzung der Gewässererhaltungspflicht die vorgegebene Grundstückssituation schwer und unerträglich beeinträchtigt. Dann verdichtet sich dies zu einem Rechtsanspruch desjenigen, der auf eine Unterhaltungsmaßnahme angewiesen ist.[16] Das ist etwa der Fall, wenn unterlassene Unterhaltungsmaßnahmen zum Ausspülen des Ufergrundstücks oder zum Wertverlust durch fortschreitende Durchnässung des Grundstücks führen.[17] 16

9 BGH Urt. v. 27.3.2015 – V ZR 216/13, NJW 2015, 2489.
10 *Roth* in Staudinger § 912 Rn. 6; vgl. auch → *Überbau* Rn. 5.
11 BGH Urt. v. 30.11.1966 – V ZR 199/63, MDR 1967, 749, zweifelnd OLG Schleswig Urt. v. 12.10.1990 – 4 U 70/89, SchlHA 1991, 11.
12 *Czychowski/Reinhardt* WHG § 25 Rn. 10.
13 § 16 BremWG; § 6 HaWG; § 22 LaWG MV (zur Küsten- und Strandnutzung); § 3 Abs. 7 SächsWG.
14 § 22 BWWG; § 12 BWG; § 49 BbGWG; § 14 BremWG; § 33 NdsWG; § 30 WG LSA.
15 Vgl. schon BVerwG Urt. v. 4.12.1973 – IV C 50.71, NJW 1974, 813; BT Drs. 16/12275, S. 63; *Czychowski/Reinhardt* WHG § 39 Rn. 19.
16 *Czychowski/Reinhardt* WHG § 39 Rn. 78.
17 Vgl. die Nachweise bei *Czychowski/Reinhardt* WHG § 39 Rn. 79; zur Durchnässung des Uferbereichs zuletzt OLG Hamm Urt. v. 13.6.2013 – 6 U 4/13, MDR 2013, 1163.

17 Dann kann der Eigentümer des Ufergrundstücks zunächst von den Wasserbehörden verlangen, mit Mitteln der Gewässeraufsicht gegen den Verursacher vorzugehen (vgl. § 100 Abs. 1 S. 2 WHG). Dem Eigentümer stehen aber auch deliktische Ansprüche aus § 823 Abs. 1 BGB zu.[18] Darüber hinaus kommen auch Amtshaftungsansprüche nach § 839 BGB iVm Art. 34 GG in Betracht.

18 Der Bundesgerichtshof[19] nimmt daneben auch eine Haftung wegen Verletzung einer **Verkehrssicherungspflicht** an, weil Unterhaltungs- und Verkehrssicherungspflichten ineinander übergehen, aber nicht identisch sein können. Dabei braucht der Verkehrssicherungspflichtige die Allgemeinheit nur vor Gefahren zu schützen, die über das übliche Risiko hinausgehen, also für einen Dritten nicht voraussehbar oder ohne Weiteres erkennbar sind.[20]

III. Beeinträchtigung des Grundstücks durch Gewässernutzung

19 Nach § 14 Abs. 4 Nr. 2 WHG kann der Ufereigentümer vom Gewässereigentümer verlangen, dass dieser das Gewässer nur so benutzt, dass die bisherige Nutzung seines Grundstücks nicht beeinträchtigt wird. Das ist etwa der Fall bei Versumpfung, Verkarstung oder Geruchsbelästigung, mithin bei Einwirkungen, die durch den natürlichen Zusammenhang der Gewässer die Grundstücksbenutzung nachteilig beeinflussen.[21]

20 § 14 Abs. 4 WHG hat nachbarschützenden Charakter und ist deshalb Schutzgesetz im Sinne des § 823 Abs. 2 BGB.[22] Die übrigen Vorschriften des WHG haben dagegen nicht zwingend eine nachbarschützende Wirkung.[23]

21 Auch wird das Eigentum an einem Ufergrundstück nicht dadurch beeinträchtigt, dass das Grundstück durch künstliche Maßnahmen des Nachbarn oder des Gewässereigentümers die Uferlage verliert. Weder der Zugang zum See noch die Sicht auf den See oder die Werterhöhung durch die Seelage werden vom Inhalt des Grundeigentums erfasst.[24]

22 Ist eine Gewässernutzung bestandskräftig zugelassen, sind Schadensersatzansprüche des Eigentümers des Ufergrundstückes ausgeschlossen, es sei denn der Gewässernutzer erfüllt die angeordneten Inhalts- oder Nebenbestimmungen nicht (§ 16 Abs. 2 S. 2 WHG).

18 BGH Urt. v. 22.11.2007 – III ZR 280/06, VersR 2008, 1067, Rn. 7; BGH Urt. v. 24.2.1994 – III ZR 4/93, NJW 1994, 3090, juris Rn. 10.

19 BGH Urt. v. 3.6.1996 – III ZR 40/95, NJW 1996, 3208, so auch OLG Hamm Urt. v. 13.6.2013 – 6 U 4/13, MDR 2013, 1163.

20 *Bell* SächsVBl. 2000, 4.

21 *Czychowski/Reinhardt* WHG § 14 Rn. 73.

22 *Czychowski/Reinhardt* WHG § 14 Rn. 66.

23 Vgl. dazu auch VGH Mannheim Urt. v. 15.2.1996 – 3 S 1914/95, NVwZ-RR 1997, 614.

24 BGH Urt. v. 20.10.1967 – V ZR 78/65, BGHZ 48, 340. Auch kein Anspruch aus dem nachbarrechtlichen Gemeinschaftsverhältnis: OLG Brandenburg Urt. v. 17.4.2008 – 5 U 52/07, juris Rn. 28; *Czychowski/Reinhardt* WHG § 70 Rn. 19.

120. Ungeziefer

Klose

Literatur: *Armbrüster*, Eigentumsschutz durch den Beseitigungsanspruch nach § 1004 I 1 BGB und durch Deliktrecht, NJW 2003, 3087; *Horst*, Ausgewählte Fragen zum nachbarlichen Grundstücksgebrauch, MDR 1998, 685.

I. Einführung

Ungeziefer kann die Nutzung des eigenen Grundstücks, aber auch jene von Mietwohnungen oder von Wohnungseigentum beeinträchtigen. Rechtliche Abwehrmöglichkeiten bestehen jedoch nur eingeschränkt. 1

II. Ungeziefer vom Nachbargrundstück

Kleintiere wie Mäuse, Ratten, Wanzen und Fliegen sind, wenn sie vom Nachbargrundstück auf das eigene Grundstück herübergelangen, ähnliche Einwirkungen im Sinne des § 906 Abs. 1 BGB.[1] Es handelt sich dabei jedoch regelmäßig um das Eindringen von Körpern unerheblichen Umfangs, deren völlige Fernhaltung nicht möglich ist.[2] Nach der Rechtsprechung des Bundesgerichtshofs hat der Grundstückseigentümer daher gegen von dem Bewuchs des Nachbargrundstücks eindringendes Ungeziefer grundsätzlich keinen Abwehranspruch aus §§ 906, 907 Abs. 2, 910, 1004 BGB.[3] Nur wenn sie als wesentlich anzusehen sind, besteht gegenüber dem dafür Verantwortlichen ein Beseitigungs- und Unterlassungsanspruch aus §§ 906,[4] 1004, 862 BGB. 2

1. Abwehranspruch gegen die Ursache von Ungeziefer

Ein Abwehranspruch gegen die Ursache des Ungeziefers aus §§ 1004 Abs. 1, 906 BGB besteht nur dann, wenn die dadurch begründeten Beeinträchtigungen auch wesentlich sind und der Eigentümer des Nachbargrundstücks dafür verantwortlich ist. Ein Beseitigungsanspruch aus § 1004 Abs. 1 BGB setzt voraus, dass dem Nachbarn die Beeinträchtigung als Verantwortlichem zuzurechnen ist. 3

a) Wesentlichkeit. Nur wesentliche, über das normale Maß hinausgehende Beeinträchtigungen können einen Abwehranspruch gegen den dafür Verantwortlichen begründen. Eine Beeinträchtigung ist wesentlich im Sinne von § 906 BGB, wenn sie nach dem Empfinden eines verständige Durchschnittsmenschen diesem auch unter Würdigung der öffentlichen und privaten Belange nicht mehr zugemutet werden kann.[5] Dabei können auch Aspekte der Beachtung des Naturschutzes und des Umweltbewusstseins der Bevölkerung Berücksichtigung finden.[6] Das durch eine ökologisch sachgerechte oder zumindest vertretbare Grundstücksnutzung hervorgerufene vermehrte Auftreten von Ungeziefer ist damit allenfalls dann wesentlich, wenn es für den Nachbarn nicht lediglich lästig ist, sondern ihn bei der Nutzung seines Grundstücks konkret unangemessen beeinträchtigt. 4

---

1 RG Urt. v. 22.6.1939 – V 212/38, RGZ 160, 381 (382).
2 OLG Köln Urt. v. 17.9.1982 – 20 U 44/82, NJW 1985, 2238 (2238).
3 BGH Urt. v. 16.2.2001 – V ZR 422/99, MDR 2001, 628 (629).
4 LG München I. Urt. v. 23.12.1986 – 23 O 14452/86, NJW-RR 1988, 205 (205).
5 BGH Urt. v. 6.7 – 2001 – V ZR 246/00, NJW 2001, 3119 (3119).
6 BGH Urt. v. 14.11.2003 – V ZR 102/03, NJW 2004, 1037 (1040).

5 **b) Verantwortlichkeit.** Da der Ungezieferbefall regelmäßig letztendlich naturbedingt ist, sind Abwehransprüche nur dann begründet, wenn der Grundstückseigentümer deshalb für den Ungezieferbefall verantwortlich ist, weil er dafür willentlich fördernde Bedingungen geschaffen hat.[7] Im Umkehrschluss scheidet die Verantwortlichkeit des Nachbarn, bei bloßen Konsequenzen eines Naturereignisses regelmäßig aus.[8] An der Verantwortlichkeit des Nachbarn fehlt es daher regelmäßig, wenn der Ungezieferbefall auch bei einer geordneten Nutzung des Grundstücks entsteht, die Beeinträchtigung ausschließlich auf Naturkräften beruht und der Nachbar das Naturereignis nicht durch eigene Handlungen oder durch ein pflichtwidriges Unterlassen herbeigeführt hat.[9] Nach der Auffassung des 13. Zivilsenats des OLG Köln begründet das Eindringen von Langwanzen auf ein anderes Grundstück eine ähnliche Einwirkung im Sinne von § 906 Abs. 1 BGB und kann damit auch einen Beseitigungsanspruch aus § 1004 Abs. 1 BGB auslösen, sofern der Grundstückseigentümer diese Gefahr durch Eingriffe in sein Grundstück erhöht oder kanalisiert hat, so dass die Beeinträchtigung zumindest mittelbar von seinem Willen, also nicht allein von Naturkräften,[10] abhängt.[11] Dieser Rechtsprechung ist jedoch der V. Zivilsenat des BGH ausdrücklich entgegengetreten.[12] Damit kommt es für die Verantwortlichkeit darauf an, ob der Grundstückseigentümer der Natur ihren Lauf lässt oder Eingriffe vornimmt, die über den „normalen Verlauf der Natur" hinausgehend bspw. die Ansiedlung von Unkraut befördert. Wenn sich etwa auf einem Komposthaufen Dickmaulrüssler ansiedeln und eine Plantage auf dem Nachbargrundstück zerstören, haftet der Eigentümer des Grundstücks, auf dem sich der Komposthaufen befindet, dafür nur dann auf Schadensersatz, wenn dieser Schaden auf einer konkreten Einwirkung des Nachbarn und nicht auf einem bloßen Naturereignis beruht.[13] Auch in einer Winzerregion ist ein Winzer nicht dazu verpflichtet, im Interesse der anderen Winzer seine Reben mit chemischen Mitteln vor dem Befall mit Mehltau zu schützen.[14] Die bloße Nutzung eines Grundstücks in seiner konkreten Eigenart begründet gerade noch keine konkrete Gefahr für das Nachbargrundstück.[15] Führt dagegen eine (auch ortsübliche) Bewirtschaftung eines Grundstücks zu einem erhöhten und unzumutbaren Befall des Nachbargrundstücks mit Raupen, begründet dies eine abwehrfähige Störung im Sinne des § 1004 S. 1 BGB.[16]

6 **c) Verkehrssicherungspflichtverletzung.** Greift ein Grundstückseigentümer in die natürlichen Abläufe ein, kann er sich nicht mehr darauf berufen, dass er für Naturereignisse keine Verantwortung trägt. So haftet er wegen einer Verkehrssicherungspflichtverletzung aus § 823 Abs. 1 BGB, wenn er gefällte Bäume nicht so rechtzeitig entfernt, dass von ihnen ein Borkenkäferbefall bei auf benachbarten Grundstücken stehenden Bäumen ausgeht.[17]

2. Unterlassen

7 Eingriffe in die natürlichen Verhältnisse mit dem Ziel, den Ungezieferbefall zu reduzieren, können von dem Grundstückeigentümer regelmäßig nicht verlangt werden. Der Grundstücksnachbar hat grundsätzlich keinen Anspruch darauf, dass sein Nachbar das Eindringen von in einem Baum angesiedeltem Ungeziefer auf

---

7 *Horst* MDR 1998, 687.
8 Teilweise wird das Kriterium der künstlichen Veränderung der Umwelt als nicht hinreichend aussagekräftiges Abgrenzungskriterium angesehen und vorgeschlagen, stattdessen auf die Grundsätze der Haftung wegen einer Verkehrssicherungspflichtverletzung abzustellen: *Armbrüster* NJW 2003, 3088.
9 BGH Urt. v. 7.7.1995 – V ZR 213/94, NJW 1995, 2633 (2634) – Wollläuse.
10 BGH Urt. v. 12.2.1985 – VI ZR 193/83, NJW 1985, 1773 (1774).
11 OLG Köln Urt. v. 9.1.1991 – 13 U 243/90, VersR 1991, 556 (556) – Langwanzen.
12 BGH Urt. v. 7.7.1995 – V ZR 213/94, NJW 1995, 2633 (2634) – Wollläuse.
13 OLG Stuttgart Urt. v. 8.11.2004 – 5 U 74/04, NJOZ 2004, 4474 (4474).
14 BGH Urt. v. 16.2.2001 – V ZR 422/99, NJW-RR 2001, 1208 (1208 f.); aA OLG Koblenz Urt. v. 27.10.1999 – 9 U 1045/98, OLGReport 2000, 271 (272).
15 BGH Urt. v. 7.7.1996 – V ZR 213/94, NJW 1995, 2633 (2644).
16 LG Coburg Urt. v. 8.2.1991 – 3 S 65/90, NJW-RR 1991, 716 (716).
17 OLG Hamm Urt. v. 10.8.2007 – 9 U 25/06, NJW-RR 2008, 265 (2655).

dem Nachbargrundstück verhindert, da dem Nachbarn das Entstehen oder das Dulden des Ungezieferbefalls nicht als ein pflichtwidriges Unterlassen vorgeworfen werden kann.[18]

3. Öffentliches Recht

Weder nach dem Infektionsschutzgesetz noch nach dem Ordnungsrecht kann verlangt werden, dass keine Ratte von einem Grundstück auf das andere gelangt.[19] Allerdings kann der Nachbar als Zustandsstörer verpflichtet sein, die auf seinem Grundstück befindliche Ursache für den Befall des Nachbargrundstücks mit Ungeziefer zu beseitigen.[20] Bei einem Zustandsverantwortlichen kommt es nicht darauf an, ob dieser die möglicherweise schadensstiftende Situation selbst herbeigeführt hat. 8

III. WEG

Bei Eigentumswohnungen kann ein nachträglich erkannter Ungezieferbefall möglicherweise einen Einfluss auf den Kaufpreis haben. Die Gemeinschaft wiederum muss darüber entscheiden, wer etwaige Ungezieferbekämpfungsmaßnahmen zu bezahlen hat. Wird eine Eigentumswohnung in einer Wohnungseigentumsanlage veräußert, weist diese einen Sachmangel auf, wenn von 110 Wohnungen und fünf Läden bei 19 Wohnungen ein Befall von Kakerlaken festgestellt wurde, auch wenn in der konkret veräußerten Wohnung kein aktueller Ungezieferbefall festzustellen war.[21] Abzustellen ist jeweils auf die Art des Ungeziefers und dessen Intensität. Ein Taubenzeckenbefall begründet den Mangel einer Wohnung.[22] Treten bei einer verkauften gebrauchten Eigentumswohnung im geringen Umfang Silberfische auf, begründet das dagegen keinen Sachmangel der Wohnung.[23] Die Kosten einer Ungezieferbeseitigung können nur dann auf alle Wohnungseigentümer umgelegt werden, wenn es sich um eine regelmäßige und prophylaktische Maßnahme handelt. Betrifft sie nur einzelne Wohneinheiten, sind die Kosten der Ungezieferbekämpfung auch von deren Eigentümern zu tragen.[24] 9

IV. Mietrecht

Im Mietverhältnis begründet der Befall mit Ungeziefer einen Mietmangel im Sinne des § 536 BGB, der eine Mietminderung begründen, im Extremfall auch den Grund für eine fristlose Kündigung darstellen kann. Grundsätzlich ist es die Aufgabe der einzelnen Mieter, ihre Räume so zu lüften und zu reinigen, dass sich dort kein Ungeziefer ausbreitet.[25] Der Vermieter wiederum muss dafür Sorge tragen, dass der in seinem Verantwortungsbereich entstandene Ungezieferbefall nachhaltig beseitigt wird. Ist zweifelhaft, wer die Verantwortung für den Ungezieferbefall trägt, obliegt es zunächst dem Vermieter darzulegen und erforderlichenfalls auch zu beweisen, dass eine Ursache aus seinem Verantwortungsbereich ausscheidet.[26] War die Wohnung zum Zeitpunkt ihrer Übergabe vertragswidrig von Ungeziefer befallen, muss der Vermieter also die Beseitigung des Befalls nachweisen, um einen ungeminderten Mietzins durchsetzen zu können.[27] Hat der Ungezieferbefall über einen erheblichen Zeitraum angehalten, kann dieser Mangel mit seinen rechtlichen Konsequenzen ohne zeitliche Befristung festgestellt werden, wenn der Vermieter keine Maßnahmen zu einer nachhaltigen Beseitigung des Mangels unternommen hat.[28] 10

---

18 BGH Urt. v. 16.2.2001 – V ZR 422/99, MDR 2001, 628 (629); BGH Urt. v. 7.7.1995 – V ZR 213/94, BB 1995, 1927 (1928); OLG Karlsruhe Urt. v. 23.3.2018 – 12 U 165/17, MDR 2018, 664 (664 f.).
19 OVG Münster Beschl. v. 16.7.2013 – 13 A 1380/13, juris Rn. 5 f.
20 VGH München Beschl. v. 11.6.2019 – 10 Cs 19.684, NZM 2019, 889 (890).
21 OLG Hamburg Urt. v. 5.4.2001 – 6 U 149/00, OLGR 2001, 423 (423).
22 OLG Karlsruhe Urt. v. 9.12.2003 – 17 U 183/02, OLGR 2004, 129 (129).
23 OLG Hamm Urt. v. 12.6.2017 – 22 U 64/16, MDR 2017, 938 (938).
24 BayObLG Beschl. v. 20.1.2005 – 2Z BR 141/04, ZWE 318 (322).
25 LG Hamburg Urt. v. 4.7.2000 – 307 S 17/80, GE 2001, 61 (61).
26 LG Hamburg Urt. v. 4.7.2000 – 307 S 17/80, GE 2001, 61 (61).
27 OLG Düsseldorf Urt. v. 18.3.2008 – 24 U 136/07, NJW-RR 2009, 137 (137).
28 KG Urt. v. 17.5.2001 – 20 U 8310/98, GE 2001, 1671 (1671).

1. Mietminderung und Kündigung

11 Die Beeinträchtigungen sind so vielfältig, wie die Arten des Ungeziefers. **Kakerlakenbefall** kann der Grund einer Mietminderung[29] sein oder eine Kündigung rechtfertigen.[30] Ein **Katzenflohbefall**, der durch das Einschreiten eines Kammerjägers nicht nachhaltig beseitigt werden kann und der zu einer Vielzahl von Flohbissen bei dem Mieter führt, kann eine Kündigung des Mietverhältnisses rechtfertigen.[31] Ein Befall mit **Khaprakäfern** ohne Abhilfemaßnahmen des Vermieters kann zur Unbewohnbarkeit einer Wohnung führen.[32] Das Vorkommen von **Küchenschaben** kann eine Mietminderung begründen.[33] Eine Mietminderung begründen kann auch ein **Kugelkäferbefall.**[34] Nicht nur vereinzelt auftretende **Mäuse** in der Stadtwohnung sind Ungeziefer. Einen erheblichen Mangel begründen sie jedenfalls dann, wenn sie sich in der Küche aufhalten und dort aufbewahrte Kochutensilien beschmutzen.[35] Treten Mäuse, ohne dass sie von der Nutzungsart des Mieters angelockt worden sind, in erheblichen Umfang auf, berechtigt dies den Mieter zur fristlosen Kündigung des Mietvertrages.[36] Ebenso kann ein **Mottenbefall** der Wohnung Anlass für eine Mietminderung sein.[37] Auch ein akuter und nachhaltiger **Rattenbefall** der Mietwohnung,[38] des Balkons[39] oder des Umfelds der Wohnung[40] kann eine Minderung begründen, oder gemäß § 543 Abs. 1 BGB die fristlose Kündigung eines Mietverhältnisses rechtfertigen.[41] **Schabenbefall** kann mit der Folge der Mietzinsminderung die Gebrauchstauglichkeit von Gewerberäumen erheblich beeinträchtigen.[42] Das Vorkommen von **Silberfischen** in Feuchträumen begründet nicht zwingend einen zur Minderung führenden Mangel, weil das zeitweise Auftreten von Ungeziefer nicht immer zu verhindern und nicht ersichtlich ist, dass die Belastung über das übliche Maß hinaus geht.[43] Treten bei einem Wohnungsmietverhältnis aber regelmäßig eine Vielzahl von Silberfischen auf, rechtfertigt dies eine Minderung.[44] Das Auftreten von **Spinnen** gehört zu den unvermeidbaren Gegebenheiten, insbesondere bei einer Erdgeschosswohnung im Zusammenhang mit einem davorliegenden Gartengrundstück, so dass ihr Vorkommen unabhängig von dem Zustand des Gartens keinen Mangel begründet.[45] Maßgeblich für die jeweils zulässigen Maßnahmen sind jeweils der Umfang der konkreten Beeinträchtigung des Mietgebrauchs sowie die Herkunft des Ungeziefers.

---

29 AG Köln Urt. v. 18.3.1997 – 209 C 349/96, BeckRS 2010, 8575; AG Bonn Urt. v. 8.2.1985 – 6 C 277/84, WuM 1986, 113 (114).

30 LG Freiburg Urt. v. 30.5.1985 – 3 S 1/85, WuM 1986, 246 (246); LG Kiel Urt. v. 5.9.1991 – 1 S 12/90, WuM 1992, 122 (122), wenn der Befall nicht endgültig beseitigt worden ist.

31 AG Bremen Urt. v. 14.1.1998 – 25 C 180/97, NZM 1998, 717 (717).

32 AG Aachen Urt. v. 3.12.1998 – 80 C 569/97, WuM 1999, 457 (457).

33 KG Urt. v. 17.5.2001 – 20 U 8310/98, GE 2001, 167 (167).

34 AG Trier Urt. v. 11.9.2008 – 8 C 53/08, WuM 2008, 665 (666).

35 AG Bad Säckingen Urt. v. 30.3.1976 – C 368/75, WuM 1986, 113 (113).

36 AG Brandenburg Urt. v. 6.8.2001 – 32 C 520/00, WuM 2001, 605 (605 f.); aA für den ländlichen Raum, wenn die Existenz von Mäusen nicht begünstigt wurde: AG Prüm Teilurt. v. 11.7.2001 – 6 C 434/00, ZMR 2001, 808 (809).

37 AG Bremen Urt. v. 6.12.2001 – 25 118/01, WuM 2002, 215 (215).

38 AG Dresden Urt. v. 7.12.2016 – 144 C 2816/16, ZMR 2017, 167 (168), LG Berlin Urt. v. 16.2.1999 – 64 S 356/98, NZM 2001, 986 (Ls.); AG Dülmen Urt. v. 15.11.2012 – 3 C 128/12, ZMR 2014, 126 (127).

39 AG Köln Urt. v. 30.12.2003 – 201 C 68/03, ZMR 2004, 594 (594).

40 AG Potsdam Urt. v. 15.6.1995 – 26 C 533/93, WuM 1995, 534 (534).

41 OLG Düsseldorf Urt. v. 12.4.2016 – I-24 U 143/15, GE 2016, 857 (858); AG Düsseldorf Urt. v. 7.12.2016 – 144 C 2816/16, ZMR 2016, 167 (168).

42 KG Urt. v. 17.5.2001 – 20 U 8310/98, GE 2001, 1672 (1671).

43 LG Lüneburg Urt. v. 25.6.1998 – 4 S 394/97, WuM 1998, 570 (570).

44 AG Lahnstein Urt. v. 19.10.1987 – 2 C 675/97, WuM 1988, 55 (56).

45 AG Köln Urt. v. 26.11.1992 – 215 C 355/92, WuM 1993, 670 (Ls.).

2. Abwehranspruch

12 Ein Abwehranspruch kann begründet sein, wenn etwa durch einen durch Müllansammlung begründeten Ungezieferbefall ordnungsbehördlich relevante Gefahren ausgehen,[46] der Nachbar also konkret beeinträchtigt ist. Allerdings kommt es auch auf die Herkunft des Ungeziefers an. So kann bei einem in einem langandauernden Mietverhältnis erst nach geraumer Zeit aufgetretenen Bettwanzenbefall die Verantwortung des Mieters dafür bestehen.[47]

121. Vertiefung*

Ring

Literatur: *Gaisbauer*, Grundwassersenkung infolge Straßenarbeiten, DWW 1974, 103; *Scherer*, Die Rechtsprechung des BGH zur Grundstücksvertiefung, zum Notwegrecht sowie zum Fenster- und Lichtrecht, DRiZ 1963, 112.

I. Grundlagen

1 Ein Grundstück darf nach dem Verbotstatbestand des § 909 BGB in Bestimmung des Inhalts des Eigentums nicht in der Weise vertieft werden, dass der Boden des Nachbargrundstücks die erforderliche Stütze verliert. Etwas anderes gilt nur dann, wenn zugleich für eine genügende anderweitige Befestigung gesorgt ist.

2 Das Präventivverbot beschränkt – auch mit dem Ziel, die natürliche bodenphysikalische Stütze zu sichern[1] – das Recht des Eigentümers[2] an einem vertieften Grundstück – soweit sich sein Eigentumsinteresse senkrecht in die Erde nach unten erstreckt (§ 905 BGB)[3] – zugunsten eines benachbarten Grundstücks, das dadurch beeinträchtigt wird.[4] Die Gefahr rührt daher, dass durch eine Vertiefung die Festigkeit und Standsi-

46 BVerwG Urt. v. 19.1.1989 – 7 C 82/87, NJW 1989, 1295 (1296); *Horst* NJW 2010, 628.
47 AG Berlin-Neukölln Urt. v. 8.3.2017 – 16 C 395/16, GE 2017, 539 (539).
* Die Bearbeitung basiert auf der Kommentierung des Verfassers im NK-BGB (Bd. 3, 4. Aufl. 2016) zu § 909 BGB und ist à-jour-geführt.
1 Staudinger/*Roth* BGB § 909 Rn. 2.
2 BGH Urt. v. 18.12.1987 – V ZR 223/85, BGHZ 103, 39 (42).
3 Staudinger/*Roth* BGB § 909 Rn. 1.
4 BGH Urt. v. 25.5.1984 – V ZR 199/82, BGHZ 91, 282 (284 f.).

cherheit des Nachbargrundstücks beeinträchtigt wird, weil dem Grund und Boden die erforderliche Stütze entzogen wird.[5]

3 Eine Vertiefung kann im Unterschied zu § 907 BGB auch schon dann verboten sein, wenn sie nicht mit einer „Einwirkung" verbunden ist.[6] Fraglich ist, ob jede Vertiefung als „Anlage" iSv § 907 BGB zu qualifizieren ist.[7]

4 § 909 BGB erfasst nicht die Vertiefung durch den Eigentümer vor einer Veräußerung an den „Nachbarn".[8]

II. § 1004 BGB als Unterlassungsanspruch bei einer Vertiefung

5 Wegen des Charakters als Verbotstatbestand – nicht als Anspruchsgrundlage – ist umstritten, ob ein Unterlassungsanspruch direkt aus § 909 BGB resultiert. Während *Roth*[9] meint, § 909 BGB gewähre (unabhängig von den Voraussetzungen des § 1004 BGB) einen Unterlassungsanspruch, stützt der BGH[10] diesen auf § 1004 BGB: § 909 BGB enthalte keine Anspruchsgrundlage, sondern normiere ein Verbot, das über § 1004 Abs. 1, § 862 Abs. 1 oder § 823 Abs. 2 BGB durchzusetzen sei.[11]

6 § 1004 Abs. 1 S. 1 BGB gewährt nach erfolgter Vertiefung dem Eigentümer des beeinträchtigten Grundstücks gegen den jeweiligen Eigentümer des vertieften Grundstücks einen auf Wiederherstellung der Festigkeit des Nachbargrundstücks gerichteten Beseitigungsanspruch, da Letzterer mit seinem Untätigbleiben den gefährlichen Zustand aufrechterhält und hierdurch gegen das Verbot des § 909 BGB verstößt.[12]

7 Der nach § 1004 Abs. 1 iVm § 909 BGB auf Wiederherstellung der Festigkeit des Nachbargrundstücks klagende Grundstückseigentümer trägt die **Darlegungs- und Beweislast** dafür, dass der beklagte jetzige Grundstückseigentümer oder dessen Vorgänger die Grundstücksvertiefungen veranlasst haben.

8 Der Anspruch aus § 1004 Abs. 1 S. 1 iVm § 909 BGB überlässt es dem Störer, welche Maßnahmen er treffen will, um die geschuldete Beseitigung der Beeinträchtigung sicherzustellen.[13] Der durch Vertiefung iSd § 909 BGB in seinem Eigentum beeinträchtigte Grundstückseigentümer kann nur verlangen, dass der Boden seines Grundstücks durch eine genügende anderweitige Befestigung die erforderliche Stütze erhält. Er hat aber keinen Anspruch auf eine bestimmte Maßnahme zur Beseitigung der Beeinträchtigung.

9 Eine Begrenzung des Anspruchs auf bestimmte Maßnahmen würde den Beklagten in der Wahl der Vorkehrungen unzulässig beschränken. § 253 Abs. 2 Nr. 2 ZPO erfordert daher nicht die Angabe, welche konkreten Maßnahmen ein Beklagter zur Beseitigung der Grundstücksbeeinträchtigung ergreifen soll. Hinrei-

---

5 Vgl. dazu etwa BGH Urt. v. 18.12.1987 – V ZR 223/85, BGHZ 103, 39 (42); BGH Urt. v. 13.7.1965 – V ZR 169/64, BGHZ 44, 130; BGH Urt. v. 26.11.1982 – V ZR 314/81, BGHZ 85, 375; BGH Urt. v. 25.10.1974 – V ZR 47/70, BGHZ 63, 176; BGH Urt. v. 25.10.1974 – V ZR 47/70, NJW 1975, 257; BGH Urt. v. 11.1.1978 – III ZR 121/75, NJW 1978, 1052; BGH Urt. v. 19.9.1979 – V ZR 22/78, NJW 1980, 224 (225); BGH Urt. v. 10.7.1987 – V ZR 285/85, NJW 1987, 2808 (2810); BGH Urt. v. 5.3.1971 – V ZR 168/68, NJW 1971, 935; BGH Urt. v. 7.2.1980 – III ZR 153/78, NJW 1980, 1679; MüKoBGB/*Brückner* § 909 Rn. 7.

6 Motive III, S. 296.

7 Staudinger/*Roth* BGB § 909 Rn. 1: zweifelnd. IÜ komme § 909 BGB uU eine selbstständige Bedeutung gegenüber § 907 BGB insoweit zu, als nicht jede Vertiefung als positives Hinüberwirken qualifiziert werden könne, „sondern eher einer – sonst für nicht abwehrfähig gehaltenen – negativen Immission ähnelt".

8 BGH Urt. v. 18.12.1987 – V ZR 223/85, BGHZ 103, 39 (41 f.); Jauernig/*Berger* BGB § 909 Rn. 1.

9 Staudinger/*Roth* BGB § 909 Rn. 1 und 37; aA hingegen Palandt/*Herrler* BGB § 909 Rn. 6: Verbot, das aber keinen Anspruch begründet.

10 BGH Urt. v. 26.11.1982 – V ZR 314/81, NJW 1983, 872 (874).

11 OLG Saarbrücken Urt. v. 11.10.2011 – 4 U 479/10, MDR 2011, 1345, juris Rn. 39; Palandt/*Herrler* BGB § 909 Rn. 6; aA Staudinger/*Roth* BGB § 909 Rn. 1.

12 OLG Saarbrücken Urt. v. 19.11.2015 – 4 U 124/14, BauR 2016, 1057 (Ls.), juris Rn. 37.

13 BGH Urt. v. 24.2.1978 – V ZR 95/75, NJW 1978, 1584, juris Rn. 15; jurisPK-BGB/*Ehlers* § 1004 Rn. 28; BeckOK BGB/*Fritzsche* § 1004 Rn. 66.

chend, aber auch erforderlich ist nur die Angabe des begehrten Erfolgs, der mit den vom Störer zu ergreifenden Maßnahmen erreicht werden soll.[14]

Es reicht auch aus, dass eine privatrechtlich geschuldete Handlung unterlassen wird, durch die eine Vertiefung vermieden worden wäre.[15] 10

Beachte: Der Anspruch auf Beseitigung des beeinträchtigenden Zustands wird von der Judikatur auf die § 1004 iVm § 909 BGB gestützt.[16]

III. Unzulässige Vertiefung

„Vertiefung" ist jede Einwirkung auf ein Grundstück, in deren Konsequenz „der Boden des Nachbargrundstücks in der Senkrechten den Halt verliert",[17] was zu einer Beeinträchtigung der Festigkeit der unteren Bodenschichten in der Waagerechten führt[18] (zB eine Vertiefung durch Beseitigung, vor allem die Wegnahme,[19] aber auch ein Zusammenpressen[20] von Bodenbestandteilen[21] infolge übermäßiger Belastung des Erdreichs, was den Boden in Bewegung geraten lässt).[22] Dies muss zu einer Senkung des Bodenniveaus führen,[23] was auf menschliches Verhalten zurückzuführen ist.[24] 11

Die Dauer,[25] der quantitative Umfang[26] und der Grund, warum vertieft wird, spielen keine Rolle.[27] Auch die Vertiefung einer Vertiefung[28] oder die Vertiefung einer zeitlich vorhergegangenen (künstlichen) Erhöhung ist „Einwirkung".[29] 12

Die Vertiefung muss **unzulässig** sein. Auch die Beachtung öffentlich-rechtlicher Vorgaben (zB eine baubehördliche Genehmigung,[30] die Übereinstimmung der Vertiefung mit einem Bebauungsplan[31] oder die Be- 13

14 BGH Urt. v. 24.2.1978 – V ZR 95/75, NJW 1978, 1584, juris Rn. 15; Palandt/*Herrler* BGB § 1004 Rn. 51.
15 RGRK/*Augustin* BGB § 909 Rn. 2.
16 BGH Urt. v. 3.5.1968 – V ZR 229/64, NJW 1968, 1327 (1327); Palandt/*Herrler* BGB § 909 Rn. 6; Staudinger/*Gursky* BGB § 1004 Rn. 51; aA hingegen Staudinger/*Roth* BGB § 909 Rn. 40.
17 Staudinger/*Roth* BGB § 909 Rn. 7.
18 BGH Urt. v. 26.11.1982 – V ZR 314/81, BGHZ 85, 375 (378 f.); BGH Urt. v. 25.10.1974 – V ZR 47/70, BGHZ 63, 176 (179).
19 BGH Urt. v. 20.12.1971 – III ZR 110/69, BGHZ 57, 370 (374).
20 BGH Urt. v. 13.7.1965 – V ZR 169/64, BGHZ 44, 130 (136) – zB durch das Gewicht eines Neubaus, ohne dass es zu einer Bodensubstanzminderung kommt; aA RG Urt. v. 16.9.1915 – Rep VI 130/15, RGZ 144, 170; RG Urt. v. 16.6.1937 – V 241/36, RGZ 155, 160.
21 BGH Urt. v. 10.7.1987 – V ZR 285/85, BGHZ 101, 290 (291).
22 MüKoBGB/*Brückner* § 909 Rn. 7; Staudinger/*Roth* BGB § 909 Rn. 12.
23 MüKoBGB/*Brückner* § 909 Rn. 10.
24 Palandt/*Herrler* BGB § 909 Rn. 3.
25 ZB ist auch nur eine kurzfristige Vertiefung etwa das Ausheben eines Grabens zur Verlegung einer Abwasserleitung (BGH Urt. v. 11.1.1978 – VIII ZR 1/77, NJW 1978, 1051 (1052)) oder eine zeitlich nur kurz bemessene Aushebung eines Grabens für Fundamente (RG Urt. v. 12.4.1902 – Rep V 64/02, RGZ 51, 179; RG Urt. v. 17.3.1934 – V 28/34, RGZ 144, 170 (172)) nach § 909 BGB untersagt.
26 Palandt/*Herrler* BGB § 909 Rn. 3; Staudinger/*Roth* BGB § 909 Rn. 7: Vertiefung auf kleinstem Raum (zB Bohrloch).
27 BGH Urt. v. 20.12.1971 – III ZR 110/69, BGHZ 57, 370 (374).
28 BGH Urt. v. 15.3.1979 – III ZR 3/78, WM 1979, 1216.
29 Staudinger/*Roth* BGB § 909 Rn. 8: Wobei aber bei Aufschüttungen erforderlich ist, dass diese sich nach der Verkehrsauffassung im Rahmen der gewöhnlichen Zweckwidmung bewegen (zB Erhöhungen eines zu niedrig belegenen Baugrundstücks, Nivellierung von Bodensenkungen bzw. Aufschüttungen zum Zwecke des Lärmschutzes – MüKoBGB/*Brückner* § 909 Rn. 5; was die Judikatur jedoch für einen Bahndamm verneint hat: so OLG Hamburg OLGE 31, 319).
30 BGH Urt. v. 26.11.1981 – V ZR 914/81, BGHZ 85, 375 (380).
31 BGH Urt. v. 7.2.1980 – III ZR 153/78, BGH NJW 1980, 1679.

achtung landesrechtlicher Abstandsvorschriften[32] – vgl. zudem auch die zivilrechtlichen Abstandsvorschriften erlassen auf der Grundlage von Art. 124 EGBGB)[33] – kann die Unzulässigkeit einer Vertiefung nach Privatrecht iSv § 909 BGB nicht zu beseitigen, es sei denn, die Vertiefung wurde in eine Planfeststellung (zB nach § 75 Abs. 2 S. 1 VwVfG)[34] miteinbezogen.[35]

14 **Beispielsfälle einer Vertiefung:** Vornahme von Aussteifungen,[36] Bauaushub (dh Ausschachtungsarbeiten),[37] Gewicht eines Neubaus,[38] Auskippen schwerer Substanzen (etwa Bauschutt oder Bodenaushub),[39] Abbruch eines Kellers,[40] Abgraben eines Hangfußes,[41] auftretende Grundwasserströmungen aufgrund von Bauarbeiten[42] oder Drainagewirkung von unterirdischen Kanalisationen.[43]

15 **Keine Vertiefung** ist das Überschwemmenlassen von Uferland,[44] die Enttrümmerung eines Grundstücks,[45] das Angraben eines Nachbargrundstücks,[46] eine Schadensverursachung anlässlich einer Vertiefung (nicht aber durch Stützverlust, sondern durch Bodenerschütterungen),[47] der Abbruch eines oberirdischen Bau-

32 Prot. III, S. 162 – unabhängig davon, ob die entsprechenden Regelungen den Nachbarn gerade im Hinblick auf aus einer Vertiefung resultierende Risiken schützen sollen oder eine andere Zweckbestimmung verfolgen. Damit ist es dem Landesgesetzgeber verwehrt, über § 909 BGB hinausgehende Duldungspflichten zu statuieren: Staudinger/*Roth* BGB § 909 Rn. 5.

33 So etwa Vorschriften über die **Gründungstiefe** – vgl. etwa § 7 a NRG BW; § 17 Abs. 2 BbgNRG; § 10 HNRG (besondere Gründung); §§ 16 Abs. 2, 20 NNachbG (Errichten und Unterfangen einer Grenzwand); §§ 11, 21 Abs. 1 NachbG NRW; § 13 Abs. 3 LNRG RhPf; § 15 Abs. 3 NachbG Saarl; § 12 Abs. 2 NbG SA; § 12 Abs. 2 NachbG Schl.-H.; § 13 Abs. 3 ThürNRG. Vgl. auch die Regelungen zu **Bodenerhöhungen** §§ 9, 10 NRG BW; § 20 NachbG Bln; §§ 26 f. BbgNRG (Bodenerhöhungen mit der Gefahr von Absturz, Abschwemmung oder Pressung des Bodens); § 26 NNachbG; § 30 Abs. 1 NachbG NRW; § 43 LNRG RhPf; § 47 NachbG Saarl; § 17 SächsNRG; § 17 NbG SA; § 25 NachbG Schl.-H.; § 43 ThürNRG (in Bayern fehlt eine entsprechende ausdrückliche Regelung: an deren Stelle tritt das nachbarrechtliche Gemeinschaftsverhältnis). Ein Verstoß gegen diese landesrechtlichen Vorschriften kann Unterlassungs- oder Beseitigungsansprüche nach Maßgabe des § 1004 Abs. 1 bzw. § 823 Abs. 2 BGB (sofern es sich um entsprechende Schutzgesetze handelt) auslösen – Staudinger/*Roth* BGB § 909 Rn. 6 – bzw. auch dann, wenn die jeweilige Norm des Landesrechts selbst als Anspruchsgrundlage ausgestaltet wurde: so MüKoBGB/*Brückner* § 909 Rn. 6. Zu unzulässigen Veränderungen des Grundwasserspiegels § 60 BbgNRG.

34 Staudinger/*Roth* BGB § 909 Rn. 4.

35 Palandt/*Herrler* BGB § 909 Rn. 2.

36 BGH Urt. v. 12.7.1996 – V ZR 280/94, NJW 1996, 3205 (3206).

37 BGH Urt. v. 26.10.1978 – III ZR 26/77, BGHZ 72, 289 (292).

38 BGH Urt. v. 10.7.1987 – V ZR 285/85, BGHZ 101, 290 (292); BGH Urt. v. 13.7.1965 – V ZR 169/64, BGHZ 44, 130.

39 BGH Urt. v. 5.3.1971 – V ZR 168/68, NJW 1971, 935.

40 BGH Urt. v. 19.9.1979 – V ZR 22/78, NJW 1980, 224.

41 BGH Urt. v. 28.1.1972 – V ZR 20/79, NJW 1972, 629; BGH Urt. v. 7.2.1980 – III ZR 153/78, NJW 1980, 1679; BGH LM § 909 BGB Nr. 14.

42 BGH Urt. v. 18.6.1964 – III ZR 65/63, VersR 1964, 1070; *Gaisbauer* DWW 1974, 103.

43 BGH Urt. v. 15.3.1979 – III ZR 3/78, WM 1979, 1217; BGH Urt. v. 11.1.1978 – VIII ZR 1/77, NJW 1978, 1051 (1053); BGH Urt. v. 4.7.1980 – V ZR 240/77, NJW 1981, 50 (51); BGH Urt. v. 20.12.1971 – III ZR 79/69, BGHZ 57, 369 (370).

44 RG HRR 1935 Nr. 1036 – keine das Grundstück vertiefende Handlung.

45 *Scherer* DRiZ 1963, 112.

46 Staudinger/*Roth* BGB § 909 Rn. 7 – dem mit § 1004 BGB begegnet werden kann.

47 Nach BGH Urt. v. 26.11.1982 – V ZR 314/81, BGHZ 85, 375 (381) scheidet hier als Anspruchsgrundlage § 823 Abs. 2 iVm § 909 BGB aus, wohingegen ggf. § 823 Abs. 1 BGB zur Anwendung gelangen kann.

werks (hier: einer Mauer), der dazu führt, dass das angrenzende Grundstück seinen Halt verliert,[48] oder eine Erhöhung.[49]

IV. Insbesondere: Einflussnahme auf den Grundwasserspiegel

Jede Einflussnahme auf den Grundwasserspiegel stellt eine Vertiefung dar, wenn dieser für die Festigkeit von Grund und Boden des Nachbargrundstücks bedeutsam ist.[50] 16

1. Beispielsfälle

Eine Vertiefung wird so etwa durch eine Senkung des Grundwasserstands, einen Grundwasserentzug, eine Umlenkung der Strömung bzw. ein Anstieg des Grundwassers[51] (wodurch der Untergrund aufgeweicht wird), durch Kanalisationsarbeiten oder das Abpumpen von Grundwasser (im Kontext mit Ausschachtungs- oder Fundamentarbeiten) begründet, sofern der Boden dadurch den notwendigen Halt verliert.[52] Erforderlich ist nicht nur das bloße Absinken des Grundwasserstands, sondern dass durch die Einwirkung der Vertiefung dem Boden des Nachbargrundstücks gerade seine aufgrund des Grundwassers bestehende (oder mitbestehende) Stütze entzogen wird.[53] 17

Der Zweck und die Dauer der Vertiefung sind ohne Belang.[54] Erfasst werden nur positive Einwirkungen auf das Grundstück. Unternimmt ein Eigentümer etwa nichts dagegen, dass ein Gewässer Teile seines Erdreichs wegschwemmt, stellt dies keine „Vertiefung" seines Grundstücks iSd § 909 BGB dar. 18

2. Landeswassernachbarrecht

Auch Vorschriften des Landeswasser-(Nachbar-)Rechts (auf der Grundlage von Art. 65 EGBGB) verbieten zB Einwirkungen auf den Grundwasserstand,[55] die als Schutzgesetze iSv § 823 Abs. 2 BGB qualifiziert 19

48 BGH Urt. v. 29.6.2012 – V ZR 97/11, NJW-RR 2012, 1160 – Ls.: Aus dem nachbarrechtlichen Gemeinschaftsverhältnis kann nur die Pflicht zu einer Ankündigung derartiger Abrissarbeiten hergeleitet werden, die so rechtzeitig erfolgen muss, dass sie den Grundstücksnachbarn in die Lage versetzt, vorher eigene Stützungsmaßnahmen zu treffen. Ebenso OLG Rostock Urt. v. 12.3.2015 – 3 U 37/14, MDR 2015, 1386, juris Rn. 46.

49 RG Urt. v. 16.6.1937 – V 241/36, RGZ 154, 154 (160); BGH Urt. v. 20.5.1976 – III ZR 103/74, NJW 1976, 1840 (1841) – die gleichermaßen auch nicht als „unzulässige Anlagen" iSv § 907 BGB qualifiziert werden können, so BGH Urt. v. 11.10.1973 – III ZR 159/71, NJW 1974, 53 (54) mit der Folge, dass ein Eigentümer gegen die Höherlegung einer Straße bundesrechtlich nicht geschützt ist (Staudinger/*Roth* BGB § 909 Rn. 10) und allein nach nachbarrechtlichen Vorschriften des Landesrechts dagegen vorgegangen werden kann, wenn Nachbargrundstücke beeinträchtigt werden, zB nach §§ 9, 10 NRG BW, § 20 NachbG Bln, §§ 26 f. BbgNRG , § 26 NNachbG, § 30 Abs. 1 NachbG NRW, § 43 LNRG RhPf, § 47 NachbG Saarl, § 17 SächsNRG, § 17 NbG SA, § 25 NachbG Schl.-H., § 43 ThürNRG (in Bayern fehlt eine ausdrückliche Regelung, hier gelangt das nachbarrechtliche Gemeinschaftsverhältnis zur Anwendung).

50 RG Urt. v. 7.2.1906 – Rep V 522/05, RGZ 62, 370 (372); RG Urt. v. 19.2.1931 – VI 386/30, RGZ 132, 51; RG Urt. v. 13.10.1937 – V 64/37, RGZ 155, 389; RG Urt. v. 21.4.1941 – V 103/40, RGZ 167, 14 (20 ff.); MüKoBGB/*Brückner* § 909 Rn. 11 f. Vgl. auch BGH Urt. v. 11.1.1978 – VIII ZR 1/77, NJW 1978, 1051 (1053): Durch die Betonrohre der gemeindlichen Kanalisationsanlage ausgehende Drainagewirkung, wodurch eine Austrocknung des Nachbargrundstücks hinsichtlich einsickernden Regenwassers erfolgt – die Feuchtigkeit des Bodens hatte hingegen die Bodenfestigkeit stabilisiert.

51 Palandt/*Herrler* BGB § 909 Rn. 4; aA RG Urt. v. 16.6.1937 – V 241/36, RGZ 155, 160.

52 BGH Urt. v. 20.12.1971 – III ZR 110/69, BGHZ 57, 370; BGH Urt. v. 5.11.1976 – V ZR 93/73, NJW 1977, 763, OLG Frankfurt a.M. Urt. v. 7.2.1984 – 5 U 141/83, WM 1983, 943; BGH Urt. v. 25.10.1974 – V ZR 47/70, NJW 1975, 257; BGH Urt. v. 27.5.1987 – V ZR 59/86, NJW 1987, 2810.

53 BGH Urt. v. 20.12.1971 – III ZR 110/69, BGHZ 57, 370 (374); Staudinger/*Roth* BGB § 909 14.

54 BGH Urt. v. 23.2.1978 – II ZR 175/76, NJW 1978, 1053; Jauernig/*Berger* BGB § 909 Rn. 1.

55 Vgl. zB § 20 NachbG Hess (umfassendes Verbot einer Absenkung des Grundwasserspiegels). § 38 NachbG Nds und § 27 NachbG S-H verbieten mit Ausnahmen das Absenken des Grundwasserspiegels (bei erheblicher Beeinträchtigung der Benutzung des anderen Grundstücks). Vgl. auch § 29 NbG SA.

werden können.[56] Die Regelungen des Landesrechts dürfen die Rechtsposition der Nachbarn aber nicht verschlechtern (→ *Grundwasser*).[57]

3. Wasserhaushaltsgesetz

20 Da das zu § 8 WHG aF erlassene **materielle Landeswasserrecht**[58] in § 14 Abs. 4 Wasserhaushaltsgesetz (WHG)[59] übernommen worden ist, kommt diesem keine eigene Bedeutung mehr zu.[60]

21 Vor dem 1.3.2010 nach § 8 WHG aF erlassene Bewilligungen gelten nach § 104 Abs. 2 WHG nF fort.

22 Wenngleich § 14 WHG nF unmittelbar nur das Bewilligungsverfahren für die Wasserbenutzung – wozu nach § 9 Abs. 1 Nr. 5 WHG auch die Grundwasserabsenkung zählt – regelt, gewährt die Regelung von den Auswirkungen einer entsprechenden Wasserbenutzung Betroffenen **Einwendungen** gegen die Bewilligung.[61]

23 Die §§ 8 Abs. 1, 10, 12, 14 Abs. 3 und 4 WHG nF (Bewilligung) sind „Schutzgesetze" iSv § 823 Abs. 2 BGB.[62]

24 Dadurch kann ein entsprechender Schadensersatzanspruch mit jenem nach § 823 Abs. 2 iVm § 909 BGB konkurrieren.[63] Eine nach § 8 WHG erteilte Wassernutzungserlaubnis schließt wegen fehlenden Einflusses auf die privaten Rechtsverhältnisse Schadensersatzansprüche nach § 823 Abs. 2 BGB nicht aus[64] – anders als früher eine wasserrechtliche Bewilligung nach § 11 WHG aF[65] (bzw. „gehobene landeswasserrechtliche Erlaubnisse"[66] (vgl. nunmehr § 15 WHG nF: gehobene Erlaubnis) einzelner Bundesländer).[67]

25 Nach hM[68] ist die tradierte Judikatur zu § 909 BGB bei Stützverlusten durch eine Grundwasserabsenkung infolge der Vorgaben des Wasserrechts nicht überholt.

V. Erhöhung eines Nachbargrundstücks?

26 Auf eine „Erhöhung" des Nachbargrundstücks findet § 909 BGB keine entsprechende Anwendung.[69]

---

56 Staudinger/*Roth* BGB § 909 Rn. 16.
57 So Staudinger/*Roth* BGB § 909 Rn. 16 – arg.: Art. 124 S. 1 EGBGB.
58 Vgl. etwa § 15 WasserG B-W; Art. 18 WasserG Bay; § 17 WasserG Bln; § 32 WasserG Brbg; § 13 WasserG Brem; § 18 WasserG Hmb; § 23 WasserG Hess; § 13 Abs. 3 WasserG Nds; § 27 WasserG NRW; § 29 WasserG Rh-Pf; § 17 WasserG Saarl; § 13 WasserG S-H; § 11 WasserG M-V; § 14 WasserG S-A; § 15 WasserG Sachsen; § 22 WasserG Thür.
59 Gesetz zur Ordnung des Wasserhaushalts (Wasserhaushaltsgesetz – WHG) als Art. 1 des Gesetzes v. 31.7.2009 (BGBl. I 2585).
60 Staudinger/*Roth* BGB § 909 Rn. 19.
61 Staudinger/*Roth* BGB § 909 Rn. 19.
62 Staudinger/*Roth* BGB § 909 Rn. 19 – jedenfalls soweit sie den Nachbarn eine materielle Rechtsstellung einräumen. So auch zum früheren Recht BGH Urt. v. 23.6.1983 – III ZR 79/82, BGHZ 88, 34 (39); BGH Urt. v. 22.12.1976 – III ZR 62/74, BGHZ 69, 1 (22); BGH Urt. v. 5.11.1976 – V ZR 93/73, NJW 1977, 763 (zu § 17 – nunmehr § 27 – WasserG NRW).
63 So Staudinger/*Roth* BGB § 909 Rn. 19.
64 BGH Urt. v. 22.12.1976 – III ZR 62/74, BGHZ 69, 1 (17).
65 BGH Urt. v. 23.6.1983 – III ZR 79/82, BGHZ 88, 34 (44).
66 Staudinger/*Roth* BGB § 909 Rn. 19.
67 Vgl. etwa § 30 WasserG Bbg; § 9 WasserG M-V; § 12 WasserG S-A; § 20 WasserG Thür.
68 MüKoBGB/*Brückner* § 908 Rn. 11 ff.; Staudinger/*Roth* BGB § 909 Rn. 21.
69 BGH Urt. v. 11.10.1973 – III ZR 159/71, NJW 1974, 53 (54); BGH Urt. v. 20.5.1976 – III ZR 103/74, NJW 1976, 1840 (1841); RG Urt. v. 16.6.1937 – V 241/36, RGZ 155, 154 (160); ebenso Staudinger/*Roth* BGB § 909 Rn. 10; aA MüKoBGB/*Brückner* § 909 Rn. 10.

VI. Der Stützverlust

27 Durch die Vertiefung muss der Boden selbst (und nicht lediglich die Bebauung des Nachbargrundstücks) die erforderliche Stütze verlieren[70] (**bloßer Schutz der Bodenfestigkeit**), mithin wird das Grundeigentum durch das Grundbuchrecht abgegrenzt.[71]

28 **Boden des Grundstücks** ist der Erdkörper mit seinen natürlichen Bestandteilen, womit andere wesentliche Bestandteile (zB Gebäude) nicht dazugehören.[72]

29 Im Falle eines Stützverlusts ist die Vertiefung unzulässig. Welche Stütze erforderlich ist, bemisst sich unter Berücksichtigung der konkreten Grundstücksnutzung. In jedem Fall muss die Gefahr einer Bodenbewegung in horizontaler wie in vertikaler Richtung vermieden werden. Als Bodenbewegung kommt sowohl ein Abstürzen als auch ein Abbröckeln oder ein Zusammensinken des Erdreichs, weiterhin die Wegnahme von Bodenbestandteilen, Wasserentzug, das Wegschwemmen von Bodenbestandteilen oder Bodenbewegungen durch Frostaufbrüche[73] in Betracht.[74] Der Verlust der Standfestigkeit eines Nachbarhauses fällt in den Schutzbereich des § 909 BGB, da die Regelung die Festigkeit des Bodens eines in fremdem Eigentum stehenden Nachbargrundstücks[75] und damit auch die Standsicherheit der darauf befindlichen Gebäude schützt.[76]

VII. Zusammenhang von Vertiefung und Grundstücksgefährdung

30 Zwischen der Vertiefung und der Gefahr, dass eine Bodenbewegung eintritt oder sich zumindest erhöht, muss ein **ursächlicher Zusammenhang** bestehen, der nicht mehr gegeben ist, wenn für eine **geeignete anderweitige Befestigung** gesorgt ist.

31 Die Erforderlichkeit einer Stützmaßnahme im Einzelfall beurteilt sich unter Zugrundelegung der tatsächlichen Bodenbeschaffenheit[77] nach den örtlichen Verhältnissen unter Berücksichtigung der aktuellen und künftigen potenziellen Nutzung des Nachbargrundstücks,[78] wobei insbesondere ein ungünstiger Baugrund[79] oder eine besondere Schadensanfälligkeit des Nachbargrundstücks[80] das Vertiefungsverbot nicht zu beseiti-

70 BGH Urt. v. 22.12.1953 – V ZR 175/52, BGHZ 12, 75; BGH Urt. v. 26.11.1982 – V ZR 314/81, NJW 1983, 872; BGH Urt. v. 19.9.1979 – V ZR 22/78, NJW 1980, 224; BGH Urt. v. 13.7.1965 – V ZR 169/64, NJW 1965, 2099; MüKoBGB/*Brückner* § 909 Rn. 4; Palandt/*Herrler* BGB § 909 Rn. 4.

71 BGH Urt. v. 22.12.1953 – V ZR 175/53, BGHZ 12, 75 (78); aA Staudinger/*Roth* BGB § 909 Rn. 23: § 909 BGB definiere den Grundstücksbegriff nicht selbst, weshalb es ausreichen soll, dass durch die Vertiefung des Bodens eines Grundstücks dieses die erforderliche Stütze verloren habe und dadurch dem Nachbarn adäquat kausal verursachte Schäden entstanden sind (auch wenn der Boden seines Grundstücks unverändert bleibt).

72 Staudinger/*Roth* BGB § 909 Rn. 24 – die allerdings mittelbar, soweit sie durch eine Festigkeitsbeeinträchtigung des Grundstücksbodens (auf dem sie stehen) Schaden nehmen, geschützt sind, wodurch ein Schutz von auf der Bodenfestigkeit ruhender wesentlicher Bestandteile und Scheinbestandteile erfolge (vgl. auch Palandt/*Herrler* § 909 Rn. 4).

73 Dazu LG Freiburg Urt. v. 31.10.1985 – 6 O 24/83, NJW-RR 1987, 141.

74 BGH Urt. v. 3.5.1968 – V ZR 229/64, NJW 1968, 1327; BGH Urt. v. 25.10.1974 – V ZR 47/70, BGHZ 63, 176 (179); BGH Urt. v. 27.5.1987 – V ZR 59/86, BGHZ 101, 106 (109); BGH Urt. v. 10.7.1987 – V ZR 285/85, BGHZ 101, 290 (291 f.); BGH Urt. v. 26.11.1982 – V ZR 314/81, BGHZ 85, 375 (378); BGH Urt. v. 13.7.1965 – V ZR 169/64, BGHZ 44, 130 (133); BGH Urt. v. 19.9.1979 – V ZR 22/78, NJW 1980, 224.

75 BGH Urt. v. 18.12.1987 – V ZR 223/85, BGHZ 103, 39 (42).

76 BGH Urt. v. 15.2.2008 – V ZR 17/07, NJW-RR 2008, 969.

77 BGH Urt. v. 10.7.1987 – V ZR 285/85, BGHZ 101, 290 (293).

78 BGH Urt. v. 25.101974 – V ZR 47/70, BGHZ 63, 176 (179).

79 Dazu BGH Urt. v. 27.5.1987 – V ZR 59/86, BGHZ 101, 106 (109).

80 BGH Urt. v. 26.11.1982 – V ZR 314/81, BGHZ 85, 375 (379); BGH Urt. v. 10.7.1987 – V ZR 285/85, BGHZ 101, 290 (293).

gen vermögen.[81] Eine Vertiefung muss dann- von besonders gelagerten Ausnahmefällen einmal abgesehen[82] – unterbleiben.

VIII. Nachbargrundstück

32 Ein Grundstück ist dann „benachbart", wenn es im Einwirkungsbereich der Vertiefungsarbeiten liegt.[83] Die Grundstücke müssen also nicht unmittelbar aneinandergrenzen,[84] sondern können auch durch einen öffentlichen Weg getrennt sein.[85]

IX. Genügende anderweitige Befestigung

33 Eine Vertiefung ist mit einem korrespondierenden Wegfall der Widerrechtlichkeit zulässig, wenn für eine genügende anderweitige Befestigung (ohne Eingriff in das Nachbargrundstück)[86] grundsätzlich auf dem Grundstück des Vertiefenden[87] gesorgt ist.

34 Damit begründet § 909 BGB allerdings keine Verpflichtung des vertiefenden Grundstückseigentümers, für eine genügende anderweitige Befestigung des Nachbargrundstücks Sorge zu tragen,[88] weil dem Nachbarn „lediglich" ein Beseitigungsanspruch (und kein Anspruch auf anderweitige Befestigung) eingeräumt wird.[89]

35 Bei der anderweitigen Befestigung muss es sich um eine bereits im Zeitpunkt der Vertiefung mögliche und notwendige Vorkehrung handeln, die die gleiche Befestigung des Nachbargrundstücks bewirkt, wie sie auch ohne die Vertiefung bestünde[90] (Kompensation der Vertiefung). Bei der genügenden anderweitigen Befestigung (ohne Eingriff in das Nachbargrundstück) muss auch der künftigen bestimmungsgemäßen Benutzung des Nachbargrundstücks Rechnung getragen werden.[91]

---

81 Staudinger/*Roth* BGB § 909 Rn. 27.

82 Dazu Staudinger/*Roth* BGB § 909 Rn. 28: Fälle, in denen aus dem Gebot gegenseitiger Rücksichtnahme eine Einschränkung des (an sich bestehenden) Abwehranspruchs geboten ist: besonders gelagerte Einzelfallentscheidungen, in denen der Eigentümer, der zur wirtschaftlichen Verwertung und Ausnutzung seines Grundstücks auf die Vertiefung angewiesen ist, im Verhältnis zum Nutzen des Grundstücks zu außergewöhnlichen Opfern für die Schonung des bestehenden Bauwerkes gezwungen ist; vgl. etwa BGH Urt. v. 10.7.1987 – V ZR 285/85, BGHZ 101, 290 (294 f.); BGH Urt. v. 8.2.1972 – VI ZR 155/70, BGHZ 58, 149 (158). Dann steht allerdings dem beeinträchtigten Nachbarn ein verschuldensunabhängiger bürgerlich-rechtlicher Ausgleichsanspruch zu (so BGH Urt. v. 10.7.1987 – V ZR 285/85, BGHZ 101, 290 (294)); zust. Staudinger/*Roth* BGB § 909 Rn. 28: „Ich halte die Rechtsprechung des BGH, welche dem Rücksichtnahmegebot (…) den angemessenen Raum einräumt, für zutreffend, weil sie den Gegebenheiten des Einzelfalles gerecht wird." Ebenso Palandt/*Herrler* BGB § 909 Rn. 4.

83 RG Urt. v. 21.4.1941 – V 103/40, RGZ 167, 17 (21); BGH Urt. v. 22.12.1953 – V ZR 175/52, BGHZ 12, 75 = NJW 1954, 593; BGH Urt. v. 22.2.1971 – III ZR 291/67, NJW 1971, 750; BGH Urt. v. 26.1.1996 – V ZR 264/94, NJW-RR 1996, 852; *Jauernig* BGB § 909 Rn. 1.

84 Staudinger/*Roth* BGB § 909 Rn. 22.

85 RG JW 1910, 150 Nr. 15.

86 BGH Urt. v. 22.11.1996 – V ZR 116/95, NJW 1997, 2596.

87 BGH Urt. v. 27.6.1997 – V ZR 197/96, NJW 1997, 2595 (2596); MüKoBGB/*Brückner* § 909 Rn. 17; Palandt/*Herrler* BGB § 909 Rn. 5; Staudinger/*Roth* BGB § 909 Rn. 32 – weshalb der Nachbar Beseitigungen auf seinem Grundstück verbieten kann (§§ 1004, 905 BGB) und bei gleichwohl erfolgten Maßnahmen wegen erlittener Wertminderungen Schadensersatz verlangen kann. Allein auf der Grundlage des nachbarlichen Gemeinschaftsverhältnisses kann der Nachbar verpflichtet sein, eine vorübergehende Inanspruchnahme seines Grundstücks bis zur Herstellung der erforderlichen Befestigung auf dem Grundstück des Vertiefenden (gegen Entschädigung nach Maßgabe des verschuldensunabhängigen nachbarrechtlichen Ausgleichsanspruchs) zu dulden (so OLG Stuttgart Urt. v. 2.12.1993 – 7 U 23/97, NJW 1994, 739) – allerdings nur dann, wenn anders das Bauvorhaben gar nicht, nur mit größeren Gefahren oder mit unverhältnismäßigen Kosten errichtet werden kann (Staudinger/*Roth* BGB § 909 Rn. 32).

88 RG Urt. v. 19.2.1931 – VI 386/30, RGZ 132, 58.

89 MüKoBGB/*Brückner* § 909 Rn. 16; Staudinger/*Roth* BGB § 909 Rn. 29.

90 BGH Urt. v. 25.10.1974 – V ZR 47/70, BGHZ 63, 176 (179); MüKoBGB/*Brückner* § 909 Rn. 16 f.

91 BGH Urt. v. 5.10.1973 – V ZR 163/71, NJW 1973, 2207; BGH LM § 909 BGB Nr. 8; Jauernig/*Berger* BGB § 908 Rn. 1.

Eine „genügende anderweitige Befestigung" sind zB Stützmauern oder Stahlkorsette in Baugruben. Alle entsprechenden Vorsorgemaßnahmen müssen auf dem Grundstück vorgenommen werden, das selbst vertieft werden soll.[92] Ausnahmsweise kann auch das benachbarte Grundstück in Anspruch genommen werden, wenn sonst das Bauvorhaben überhaupt nicht, nur mit größeren Gefahren oder unter unverhältnismäßig hohen Kosten durchgeführt werden könnte.[93] Lässt ein Grundstückseigentümer ein Hanggrundstück zur besseren Bebaubarkeit und Erreichbarkeit durch Erdabgrabung derart tiefer legen, dass entlang der Grundstücksgrenze zum Oberlieger eine steile Böschung entsteht, muss er dafür Sorge tragen, dass die Standfestigkeit des Nachbargrundstücks durch eine entsprechende Stützung auf dem Baugrundstück so gewährleistet ist, dass es weiterhin so uneingeschränkt genutzt werden kann, wie es vor der Abgrabung hätte genutzt werden können. Beim Streit über eine ordnungsgemäße Stützung des Nachbargrundstücks ist anhand eines Bausachverständigengutachtens zunächst die „Urfestigkeit" (dh der Zustand des Nachbargrundstücks vor der Abgrabung oder Vertiefung) festzustellen und sodann die entsprechend notwendige Stütze zu ermitteln.[94] 36

X. Rechtsfolgen

Dem Eigentümer des Nachbargrundstücks stehen im Falle einer unzulässigen Vertiefung folgende Ansprüche gegen den Störer zu: 37

- Unterlassungs- bzw. Beseitigungsanspruch,
- Schadensersatzanspruch bzw.
- (verschuldensunabhängiger) nachbarrechtlicher Ausgleichsanspruch entsprechend § 906 Abs. 2 S. 2 BGB sowie ggf.
- (bei hoheitlich erfolgten Maßnahmen) Ansprüche aus enteignendem Eingriff bzw. enteignungsgleichem Eingriff oder Schadensersatz wegen Amtspflichtverletzung (Art. 34 GG iVm § 839 BGB).

1. Unterlassungs- bzw. Beseitigungsanspruch

Wird das Nachbargrundstück unzulässig vertieft, kann der Eigentümer 38

- (bei drohender erster oder wiederholter Verletzung) einen **Unterlassungsanspruch** oder
- (nach bereits erfolgter Vertiefung) einen **Anspruch auf Beseitigung** der Beeinträchtigung

geltend machen.

Unterlassungs- wie Beseitigungsanspruch nach § 909 BGB unterliegen gemäß § 924 BGB nicht der Verjährung. 39

Beachte: Die auf Unterlassung einer unzulässigen Vertiefung gerichtete Klage erfordert nicht die Angabe der Bodenfestigkeit des bedrohten Grundstücks:[95] Sie ist ausreichend bestimmt iSv § 253 Abs. 2 Nr. 2 ZPO, wenn die zu unterlassende Beeinträchtigung so deutlich bezeichnet ist, dass der Streitgegenstand klar umrissen ist, damit der Beklagte sich erschöpfend verteidigen kann und nicht dem Vollstreckungsgericht die Entscheidung überlassen bleibt, was dem Beklagten verboten ist.[96] So genügt bei einer (erstmals) drohenden Vertiefung grundsätzlich die Wiedergabe des in § 909 BGB enthaltenen Verbots, ein Grundstück in der Weise zu vertiefen, dass der Boden eines benachbarten Grundstücks die erforderliche Stütze verliert, wenn nicht für eine genügende anderweitige Befestigung gesorgt ist.[97] Die Angabe der

92 BGH Urt. v. 3.5.1969 – V ZR 229/64, NJW 1968, 1327; Staudinger/*Roth* BGB § 909 Rn. 32; MüKoBGB/*Brückner* § 909 Rn. 17.
93 Staudinger/*Roth* BGB § 909 Rn. 32; vgl. OLG Stuttgart Urt. v. 2.12.1993 – 7 U 23/93, NJW 1994, 739 f.
94 LG Passau Urt. v. 3.6.2004 – 1 O 267/01, IBR 2004, 508.
95 BGH Urt. v. 29.5.2009 – V ZR 15/08, NJW 2009, 2528 in Abgrenzung zu BGH Urt. v. 24.2.1978 – V ZR 95/75, NJW 1978, 1584 und BGH Urt. v. 27.11.1981 – V ZR 42/79, WM 1982, 68.
96 BGH Urt. v. 17.7.2003 – I ZR 259/00, BGHZ 156, 1 (8 f.).
97 BGH Urt. v. 29.5.2009 – V ZR 15/08, NJW 2009, 2528 unter Bezugnahme auf MüKoBGB/*Brückner* § 909 Rn. 18 f.

Festigkeit des bedrohten Grundstücks ist hingegen nicht erforderlich:[98] Die beklagte Partei und das Vollstreckungsgericht vermögen auch ohne eine Angabe der Festigkeit zu erkennen, was verboten worden ist, nämlich dem Boden des klägerischen Grundstücks die erforderliche Stütze zu entziehen.

40 Welche Stütze iSv § 909 BGB erforderlich ist, beurteilt sich danach, welche Befestigung das Grundstück nach seiner tatsächlichen Beschaffenheit benötigt.[99] Auch für die Feststellung, ob gegen das Verbot verstoßen wurde, ist die Angabe der ursprünglichen Festigkeit des klägerischen Grundstücks im Urteil nicht erforderlich. Nicht selten, zB bei Bodenabrissen oder einem Gebäudeeinsturz, wird der Verstoß ohnehin offenkundig sein. Ist er es nicht, genügt die – wenn auch regelmäßig nur mit sachverständiger Hilfe zu treffende – Feststellung, dass der Boden in der Senkrechten den Halt verliert oder die Festigkeit der unteren Bodenschichten in ihrem waagerechten Verlauf beeinträchtigt worden ist.[100]

41 In Bezug auf die Anforderungen an die Bestimmtheit eines Klageantrags auf Errichtung einer Stützmauer hat das LG Heidelberg[101] festgestellt, dass im Falle einer Vertiefung nach § 909 BGB der Gläubiger dem Schuldner keine konkreten Maßnahmen auferlegen darf, weil es grundsätzlich dem Schuldner überlassen bleibt, welche Maßnahmen er ergreift:[102] Der Antrag einer Leistungsklage genügt dem Bestimmtheitserfordernis, wenn er als Tenor des Leistungsurteils vollstreckbar wäre.[103] Im Rahmen des § 909 BGB erfordert § 253 Abs. 2 Nr. 2 ZPO zur hinreichenden Bestimmtheit nicht die Angabe, welche konkreten Maßnahmen der Beklagte zur Beseitigung der Grundstücksbeeinträchtigung ergreifen soll.[104] Aus der Natur des Anspruchs aus § 1004 iVm § 909 BGB folgt, dass es grundsätzlich dem Beklagten zu überlassen ist, welche Maßnahmen zu treffen wären, um eine genügende Befestigung des Nachbargrundstücks sicherzustellen. Die Wahl der Maßnahme einer Grundstücksabsicherung obliegt allein dem Schuldner.[105] Der Gläubiger darf insoweit keine Vorgaben geben.[106]

42 Erst im Rahmen des Zwangsvollstreckungsverfahrens darf der Gläubiger gemäß § 887 ZPO die Wahl anstelle des Schuldners treffen, wenn dieser nicht tätig wird.[107]

43 **a) Anspruchsgrundlagen und -ziel.** Anspruchsgrundlage für den Unterlassungsanspruch gemäß § 909 BGB ist – so der BGH[108] – § 1004 Abs. 1 S. 2 BGB, wohingegen in der Literatur[109] der Unterlassungsanspruch zT direkt aus § 909 BGB hergeleitet wird[110] (der von den Voraussetzungen des § 1004 BGB unabhängig sei).

44 Der Unterlassungsanspruch (der parallel im Verfahren auf Erlass einer einstweiligen Verfügung verfolgt werden kann)[111] zielt auf das Unterlassen einer unzulässigen Vertiefung (Stützverlust ohne korrespondie-

98 So BGH Urt. v. 29.5.2009 – V ZR 15/08, NJW 2009, 2528; aA hingegen Palandt/*Herrler* BGB § 909 Rn. 8; Staudinger/*Roth* BGB § 909 Rn. 38.
99 BGH Urt. v. 10.7.1987 – V ZR 285/85, BGHZ 101, 290 (293).
100 BGH Urt. v. 29.5.2009 – V ZR 15/08, NJW 2009, 2528 unter Bezugnahme auf BGH Urt. v. 26.11.1982 – V ZR 314/81, BGHZ 85, 375 (378).
101 LG Heidelberg Urt. v. 27.6.2018 – 2 O 165/17, BauR 2018, 2058.
102 LG Heidelberg Urt. v. 27.6.2018 – 2 O 165/17, BauR 2018, 2058 (Ls. 1 nach juris).
103 LG Heidelberg Urt. v. 27.6.2018 – 2 O 165/17, BauR 2018, 2058, juris Rn. 15.
104 LG Heidelberg Urt. v. 27.6.2018 – 2 O 165/17, BauR 2018, 2058, juris Rn. 15 unter Bezugnahme auf BGH Urt. v. 24.2.1978 – V ZR 95/75, NJW 1978, 1584.
105 LG Heidelberg Urt. v. 27.6.2018 – 2 O 165/17, BauR 2018, 2058, juris Rn. 15 unter Bezugnahme auf Palandt/*Herrler* BGB § 909 Rn. 8.
106 LG Heidelberg Urt. v. 27.6.2018 – 2 O 165/17, BauR 2018, 2058, juris Rn. 15.
107 LG Heidelberg Urt. v. 27.6.2018 – 2 O 165/17, BauR 2018, 2058 – Ls. 2 nach juris.
108 BGH Urt. v. 26.11.1982 – V ZR 314/81, NJW 1983, 872 (874).
109 Staudinger/*Roth* BGB § 909 Rn. 1 und 37: „Liegen auch die Voraussetzungen des § 1004 Abs. 1 S. 1 BGB iS einer drohenden Eigentumsverletzung vor, so konkurrieren beide Ansprüche."
110 AA Staudinger/*Gursky* BGB § 1004 Rn. 51: §§ 1004 Abs. 1 S. 1, 909 BGB.
111 BGH Urt. v. 24.2.1978 – V ZR 95/75, NJW 1978, 1584.

rende ausreichende anderweitige Befestigung), da es Sache des Verpflichteten selbst ist, „für eine genügende anderweitige Befestigung zu sorgen".[112]

Der Kläger trägt die Beweislast für die Gefahr einer unzulässigen Vertiefung.[113] 45

Der Anspruch auf **Beseitigung** des beeinträchtigenden Zustands nach den §§ 1004 Abs. 1 S. 1, 909 BGB[114] 46
kann nach erfolgter Vertiefung erhoben werden. Er zielt (ohne dass eine bestimmte Maßnahme zur Beseitigung der Beeinträchtigung gefordert werden könnte, da dem Beklagten die Wahl der zu ergreifenden Vorkehrungen eingeräumt ist)[115] darauf ab, dass der klägerische Grundstücksboden durch eine genügende anderweitige Befestigung die notwendige Stütze erhält.[116] Der Kläger trägt die Darlegungs- und Beweislast für das Vorliegen einer Vertiefung, die Nachbareigenschaft und den Stützverlust infolge der Vertiefung. Der Beklagte muss beweisen, dass er für eine ausreichende anderweitige Befestigung Sorge getragen hat.[117]

b) Anspruchsberechtigung. Anspruchsberechtigt sind neben dem derzeitigen Eigentümer[118] (bzw. Mitei- 47
gentümer iSv § 1011 BGB) und dem Wohnungseigentümer (§ 1 WEG) auch der bloße Besitzer des Nachbargrundstücks[119] (der iÜ auch über § 862 BGB geschützt ist)[120] und ein Anwartschaftsberechtigter iSv § 873 BGB,[121] weiterhin der Dienstbarkeitsberechtigte (§§ 1027, 1090 Abs. 2 BGB), der Erbbauberechtigte (§ 11 Abs. 1 ErbbauVO) sowie der Nießbraucher (§ 1065 BGB).

Die Geltendmachung des Anspruchs ist nur dann ausgeschlossen, wenn einer der genannten Anspruchsbe- 48
rechtigten (oder sein Rechtsvorgänger) selbst das Nachbargrundstück vertieft hat[122] (arg.: ratio legis von § 909 BGB ist der Schutz des Grundstückseigentümers vor unzulässigen Vertiefungen „Dritter").[123]

c) Anspruchsgegner. Anspruchsgegner ist, wer während der Störung Eigentümer oder Besitzer des 49
Grundstücks ist, auf dem die Vertiefung erfolgen soll oder erfolgt ist.[124] Auch gegen Architekten, Bauinge-

112 Staudinger/*Roth* BGB § 909 Rn. 38.

113 MüKoBGB/*Brückner* § 909 Rn. 18: „Der Kläger muss ein bestimmtes, die Festigkeit seines eigenen Grundstücks gefährdendes Verhalten des Nachbarn als materiellrechtliche Voraussetzung des Anspruchs vortragen. Andernfalls ist seine Klage als unbegründet abzuweisen". Vgl. auch Staudinger/*Roth* BGB § 909 Rn. 39.

114 BGH Urt. v. 3.5.1968 – V ZR 229/64, NJW 1968, 1327 (1328); aA hingegen Palandt/*Herrler* BGB § 909 Rn. 9; Staudinger/*Roth* BGB § 909 Rn. 40: Unabhängig von § 1004 Abs. 1 S. 1 BGB könne nach § 909 Beseitigung verlangt werden – „Soweit in der vorgenommenen Vertiefung eine Eigentumsstörung liegt, kann daneben auch der inhaltsgleiche Anspruch aus § 1004 gegeben sein", so Staudinger/*Roth* BGB § 909 Rn. 40.

115 Der Gläubiger kann Maßnahmen seiner Wahl erst im Rahmen der Zwangsvollstreckung (§ 887 ZPO) treffen.

116 Staudinger/*Roth* BGB § 909 Rn. 41.

117 Staudinger/*Roth* BGB § 909 Rn. 41.

118 Wobei beim Beseitigungsanspruch der verpflichtete Eigentümer (im Zeitpunkt der letzten Tatsachenverhandlung) über das Grundstück verfügungsberechtigt sein muss: Staudinger/*Roth* BGB § 909 Rn. 42 – ansonsten käme es zu einer Verurteilung zu einer unmöglichen Leistung. Es reicht aber aus, wenn nicht der aktuelle Grundstückseigentümer, sondern einer seiner Rechtsvorgänger die Vertiefung vorgenommen hat (BGH Urt. v. 6.5.1968 – V ZR 229/64, NJW 1968, 1327 (1328)), da der jetzige Eigentümer dann für die Aufrechterhaltung des gefährlichen Zustands verantwortlich ist (Staudinger/*Roth* BGB § 909 Rn. 42). Die Beseitigungspflicht des Rechtsvorgängers erlischt mit einer Grundstücksveräußerung vor Eintritt der Rechtshängigkeit (RG Urt. v. 12.11.1921 – Rep V 151/21, RGZ 103, 174 (176)), wohingegen bei einer Grundstücksveräußerung während eines laufenden Rechtsstreits § 265 ZPO zur Anwendung gelangt (Staudinger/*Roth* BGB § 909 Rn. 42).

119 HM, s. Erman/*Hagen*/*Lorenz* BGB § 909 Rn. 4; RGRK/*Augustin* BGB § 909 Rn. 8 (beschränkt auf den Eigenbesitzer); Palandt/*Herrler* BGB § 909 Rn. 6.

120 BGH Urt. v. 23.2.2001 – V ZR 389/99, NJW 2001, 1865; Staudinger/*Roth* BGB § 909 Rn. 35.

121 So BGH Urt. v. 5.4.1991 – V ZR 39/90, BGHZ 114, 161 (175 f.); Palandt/*Herrler* BGB § 909 Rn. 6; Staudinger/*Roth* BGB § 909 Rn. 35.

122 BGH Urt. v. 18.12.1987 – V ZR 223/85, BGHZ 103, 39 (42); BGH Urt. v. 25.5.1984 – V ZR 199/82, BGHZ 91, 282 (285).

123 Staudinger/*Roth* BGB § 909 Rn. 35.

124 BGH Urt. v. 25.5.1984 – V ZR 199/82, BGHZ 91, 282 (285); Staudinger/*Roth* BGB § 909 Rn. 36.

nieure, Bauunternehmer[125] und Statiker kann ein Anspruch auf Unterlassung bestehen,[126] wenn diese die Vertiefung verantworten.

50 In Bezug auf den Beseitigungsanspruch scheitert eine Inanspruchnahme solcher Dritter aber meist daran, dass ihnen die Verfügungsmacht über das Grundstück im Zeitpunkt der letzten Tatsachenverhandlung nicht mehr zustand.[127] Der Beseitigungsanspruch kann auch gegen sonstige Dritte, die die tatsächliche Herrschaft über das Grundstück ausüben, gerichtet werden.[128]

2. Schadensersatzanspruch

51 Ein Geschädigter, der eine beschädigte Sache in diesem Zustand behält und den Schaden nicht beseitigen lässt, hat im Rahmen des deliktischen Schadensersatzes wegen seiner Eigentumsverletzung keinen Anspruch auf Ersatz der fiktiven Schadensbeseitigungskosten.[129]

52 **a) Anspruchsgrundlagen.** Nach § 823 Abs. 2 BGB ist zum Schadensersatz verpflichtet, wer gegen ein den Schutz eines Anderen bezweckendes Gesetz (Schutzgesetz) verstößt. Ist nach dem Inhalt des Schutzgesetzes ein Verstoß gegen dieses auch ohne Verschulden möglich, so tritt die Schadensersatzpflicht nur im Falle des Verschuldens ein. Unter einem Schutzgesetz ist jede Rechtsnorm zu verstehen, die den Schutz eines anderen bezweckt, mithin neben dem Schutz der Allgemeinheit gerade auch dazu dienen soll, den Einzelnen oder einzelne Personenkreise gegen die Verletzung eines Rechtsguts zu schützen.

53 § 909 BGB ist vor diesem Hintergrund „Schutzgesetz" iSd § 823 Abs. 2 BGB.[130] Wird daher eine unzulässige Vertiefung vorgenommen, ist bei einem daraus resultierenden Schaden auch ein Schadensersatzanspruch nach § 823 Abs. 2 iVm § 909 BGB begründet, wenn das Vertiefungsverbot schuldhaft verletzt wird. Wer als Baggerfahrer bei der Auskofferung (deutlich über 3 m Tiefe in einem Moorgebiet) seine Sicherungspflichten verletzt, haftet dem Grundstücksnachbarn des Auftraggebers aus § 823 Abs. 1 BGB auf Schadensersatz, weil in Moorgebieten vor derartigen Arbeiten eine geotechnische Untersuchung für bautechnische Zwecke (DIN 4020:2010-12) zwingend erforderlich ist:[131] Das bloße Verwenden einer sog. „Moornadel" sei bei extrem flüssigem Moorboden nicht ausreichend. Die Eigentümer des noch zu bebauenden Nachbargrundstücks haften neben dem Baggerfahrer aus den § 1004 iVm § 906 Abs. 2 S. 2 BGB in selber Höhe auf Schadensersatz.[132]

---

125 Das § 909 BGB zu entnehmende allgemeine Verbot von Vertiefungen, die in unzulässiger Weise einen Stützverlust für das Nachbargrundstück bewirken, und die entsprechende Verhaltenspflicht, bei der Mitwirkung an Vertiefungen ausreichende Sicherungsmaßnahmen zu ergreifen, richtet sich nicht nur an den Eigentümer des jeweiligen zu vertiefenden Grundstücks, sondern an jeden, der an einer Vertiefung mitwirkt (so OLG Köln Urt. v. 6.12.2017 – 16 U 6/17, NJW-RR 2018, 464, juris Rn. 33 unter Bezugnahme auf BGH Urt. v. 22.10.2004 – V ZR 310/03, NZBau 2005, 227) – mithin auch an den Unternehmer, der die Baugrube durch abstützende Vorkehrungen sichern soll (ständige Judikatur, vgl. BGH Urt. v. 12.7.1996 – V ZR 280/94, NJW 1996, 3206).

126 Palandt/*Herrler* BGB § 909 Rn. 10; Staudinger/*Roth* BGB § 909 Rn. 36, 43 und 53 ff.

127 RG Urt. v. 12.11.1921 -Rep V 151/21, RGZ 103, 174 (177); Palandt/*Herrler* BGB § 909 Rn. 8; Staudinger/*Roth* BGB § 909 Rn. 43.

128 Staudinger/*Roth* BGB § 909 Rn. 44: Übt der Dritte (der die Vertiefung vorgenommen hat) die Sachherrschaft über das Grundstück ohne den Willen des Eigentümers aus, kann auch der Eigentümer (neben dem Besitzer als Gesamtschuldner) auf Beseitigung in Anspruch genommen werden – er ist nämlich für den gesetzmäßigen Zustand seines Grundstücks verantwortlich.

129 BGH Urt. v. 22.2.2018 – VII ZR 46/17, MDR 2018, 465; LG Darmstadt Urt. v. 24.10.2018 – 23 O 356/17, ZfIR 2019, 58.

130 BGH Urt. v. 25.10.1974 – V ZR 47/70, BGHZ 63, 176 (179); BGH Urt. v. 10.7.1987 – V ZR 285/85, BGHZ 101, 290 (291); BGH Urt. v. 12.7.1996 – V ZR 280/94, NJW 1996, 3205 (3206); BGH Urt. v. 7.2.1980 – III ZR 153/78, NJW 1980, 1679; BGH Urt. v. 5.11.1976 – V ZR 93/73, NJW 1977, 763; BGH Urt. v. 25.10.1974 – V ZR 47/70, NJW 1975, 257; OLG Köln Urt. v. 14.1.1987 – 2 U 69/86, OLGZ 1987, 363 (364); *Stollwerk* ZMR 1995, 240 f.

131 LG Oldenburg Urt. v. 8.6.2018 – 17 O 1898/14, ZMR 2018, 970 (Ls. 1 nach juris).

132 LG Oldenburg Urt. v. 8.6.2018 – 17 O 1898/14, ZMR 2018, 970 (Ls. 2 nach juris).

Weiterhin bleibt § 823 Abs. 1 BGB bei unmittelbaren Eingriffen in das Nachbargrundstück anwendbar, wobei allerdings § 823 Abs. 2 iVm § 909 BGB der Regelung des § 823 Abs. 1 BGB (bei demselben Sachverhalt) vorgeht.[133] 54

b) Rechtswidrigkeit. Die Rechtswidrigkeit kann ausnahmsweise dann entfallen, wenn der Grundstückseigentümer aus dem nachbarrechtlichen Gemeinschaftsverhältnis zur Vornahme der schädigenden Vertiefung berechtigt war.[134] 55

c) Schaden. Der Schaden muss durch die Verwirklichung der Gefahr verursacht worden sein, die nach der Zweckbestimmung des § 909 BGB nach Art und Entstehungsweise verhindert werden soll.[135] § 830 Abs. 1 S. 2 BGB findet auch dann Anwendung, wenn einer der potenziellen Schädiger aus § 823 BGB, ein anderer hingegen auf der Grundlage eines bürgerlich-rechtlichen Aufopferungsanspruchs bzw. einem solchen aus enteignendem oder enteignungsgleichem Eingriff haftet.[136] 56

d) Umfang des Schadensersatzanspruchs. Dem Umfang nach sind idR die Wiederaufbau- und Aufräumungskosten[137] sowie der Minderwert des Nachbargrundstücks[138] zu erstatten, bei einem (bereits) vor der Vertiefung baufälligen Gebäude nur der zusätzlich verursachte Schaden.[139] Steht das Gebäude noch, sind die Kosten der Wiederherstellung seiner Standfestigkeit zu ersetzen (§ 249 Abs. 2 S. 1 BGB).[140] Allerdings setzt der auf Zahlung gerichtete Anspruch des § 249 Abs. 2 S. 1 BGB nach seinem Wortlaut und Normzweck voraus, dass eine Naturalrestitution möglich ist.[141] Hieran fehlt es, wenn der Nachbar die notwendigen Arbeiten am Haus nicht gestattet.[142] Sind Arbeiten auf dem Nachbargrundstück erforderlich, hängt die Ersatzfähigkeit der Wiederherstellungskosten damit davon ab, dass der Nachbar der Ausführung der Arbeiten zustimmt.[143] Die bloße „Anfälligkeit eines Gebäudes" wird bei der Berechnung des Schadens grundsätzlich nicht berücksichtigt,[144] wohl aber ein Mitverschulden (§ 254 BGB) des Geschädigten, das sich als schuldhafte Verletzung der Unterhaltungspflicht darstellt[145] bzw. eine schuldhaft mangelhafte Gebäudeerstellung.[146] 57

133 BGH Urt. v. 5.4.1991 – V ZR 39/90, BGHZ 114, 161 (166); RG RG JW 1936, 804 Nr. 16. Andererseits gelangt § 823 Abs. 1 BGB bei einem unmittelbaren Eingriff in das Nachbargrundstück (wenn dieser sich nicht als Vertiefung darstellt) zur Anwendung: BGH Urt. v. 28.1.1970 – V ZR 7/67, VersR 1965, 1204; BGH Urt. v. 28.1.1970 – V ZR 7/67, NJW 1970, 608; Palandt/*Herrler* BGB § 909 Rn. 9.

134 So BGH Urt. v. 10.7.1987 – V ZR 285/85, BGHZ 101, 290 (293): Bauherr – in einem solchen Ausnahmefall handeln dann auch die von ihm zur Verwirklichung seines Bauvorhabens herangezogenen Dritten (Architekten usw) nicht rechtswidrig.

135 Staudinger/*Roth* BGB § 909 Rn. 57.

136 BGH Urt. v. 27.5.1987 – V ZR 59/86, BGHZ 101, 106.

137 Staudinger/*Roth* BGB § 909 Rn. 57.

138 BGH Urt. v. 27.6.1997 – V ZR 197/96, NJW 1997, 2595 (2596).

139 BGH Urt. v. 19.10.1965 – V ZR 171/63, NJW 1966, 42 (43).

140 BGH Urt. v. 15.2.2008 – V ZR 17/07, NJW-RR 2008, 969.

141 BGH Urt. v. 8.12.1987 – V ZR 53/87, BGHZ 102, 322 (325).

142 BGH Urt. v. 21.5.1958 – V ZR 225/56, NJW 1958, 1288 (1289).

143 BGH Urt. v. 15.2.2008 – V ZR 17/07, NJW-RR 2008, 969.

144 Staudinger/*Roth* BGB § 909 Rn. 58 – es sei denn vom Vertiefenden werden ganz außerordentliche Opfer zur Befestigung des Nachbargrundstücks verlangt, die es unbillig erscheinen lassen, ihm die Gesamtkosten allein aufzuerlegen.

145 BGH Urt. v. 25.10.1974 – V ZR 47/70, BGHZ 63, 176 (182).

146 OLG Düsseldorf Urt. v. 28.6.1996 – 22 U 19/96, NJW-RR 1997, 146; Palandt/*Herrler* BGB § 909 Rn. 11; Staudinger/*Roth* BGB § 909 Rn. 58 – zudem kann ein Mitverschulden (§ 254 BGB) auch vorliegen bei Bodenbewegungen im Zusammenhang mit der Errichtung eines Neubaus (BGH Urt. v. 18.9.1987 – V ZR 219/85, WM 1988, 200 (204)), einem dem Nachbarn gegenüber ausgesprochenem Verbot, das Grundstück zur Ausübung von Sicherungsmaßnahmen zu betreten und einer Nichtoffenlegung ggf. schadenverursachender Umstände durch den Nachbarn.

58 **e) Darlegungs- und Beweislast.** Den Geschädigten nach § 823 Abs. 2 iVm § 909 BGB trifft die Darlegungs- und Beweislast[147] hinsichtlich des eingetretenen Schadens, des Verstoßes gegen § 909 BGB und der Kausalität zwischen Vertiefung und eingetretenem Schaden (der gemäß § 287 ZPO geschätzt werden kann).[148]

59 Die Nichtbeachtung von DIN-Normen soll eine widerlegliche Vermutung dafür begründen, dass entstandene Schäden auf die Verletzung dieser Norm zurückzuführen sind.[149]

60 Hinsichtlich der das Verschulden begründenden Umstände besteht nach hM eine Beweislastumkehr:[150] Der Verletzte muss seine Unschuld darlegen und beweisen, dass die unzulässige Vertiefung nicht aus seiner Sphäre herrührt.[151] Wenn der derzeitige Grundstücksinhaber gemäß § 1004 Abs. 1 iVm § 909 BGB auf Wiederherstellung der Festigung des Nachbargrundstücks in Anspruch genommen wird, trägt der Kläger (Inhaber des Nachbargrundstücks) die Darlegungs- und Beweislast dafür, dass entweder der Grundstücksinhaber oder dessen Rechtsvorgänger die Grundstücksvertiefung veranlasst haben.[152]

61 **f) Schadensersatzverpflichteter und Verschulden.** Zum Schadensersatz verpflichtet ist jeder schuldhaft handelnde Störer.[153] Ein Verschulden ist dann anzunehmen, wenn der Störer es vorhergesehen hat oder es hätte vorhersehen können, dass „gerade dem Grundstück des geschädigten Nachbarn und nicht nur dem Nachbargelände überhaupt“[154] infolge der Vertiefung die notwendige Stütze entzogen wurde und er nicht die korrespondierenden erforderlichen Vorsichtsmaßnahmen getroffen hat.[155] Das Verschulden muss sich also auf den Verlust der Stütze erstrecken (unabhängig davon, ob der genaue Zusammenhang zwischen Vertiefung und Entziehung der Stütze vorhersehbar war).[156]

62 Störer kann auch ein Bauherr als gegenwärtiger oder früherer Eigentümer (der die Vertiefung veranlasst hat oder fortbestehen lässt) sein, der sich trotz Beauftragung eines fachkundigen und zuverlässigen Architekten und Bauunternehmers selbst noch nach Kräften um seinen Bau kümmern muss, sofern eine erhöhte Gefahrenlage gegeben ist[157] (v.a. wenn er selbst fachkundig, zB Architekt, ist).[158] Der Bauherr genügt seiner Sorgfaltspflicht bei einer Grundstücksvertiefung also dann, wenn er die Lösung bautechnischer Aufgaben und ihre sachgemäße Ausführung sorgfältig ausgewählten Architekten, Ingenieuren und Bauunternehmen überlassen hat[159] – setzt er hingegen ein Wohnungsbauunternehmen als Bauaufsicht ein, dessen Geschäftsführer Maurer- und Stahlbetonmeister ist, ist dies unzureichend. Ist erkennbar eine erhöhte Gefahrenlage gegeben oder besteht Anlass zu Zweifeln, ob die beauftragten Personen in ausreichendem Maße den Gefahren und Sicherungserfordernissen Rechnung tragen, ist der Bauherr selbst bei sorgfältiger Auswahl seines

147 Staudinger/*Roth* BGB § 909 Rn. 61.
148 BGH Urt. v. 26.11.1982 – V ZR 314/81, BGHZ 85, 375 (383); bei tückischen Geschehensabläufen soll ein Anscheinsbeweis möglich sein: BGH Urt. v. 26.5.1983 – III ZR 199/82, WM 1983, 943 (944).
149 BGH Urt. v. 19.4.1991 – V ZR 349/89, BGHZ 114, 273.
150 MüKoBGB/*Brückner* § 909 Rn. 28; Staudinger/*Roth* BGB § 909 Rn. 61.
151 OLG Düsseldorf Urt. v. 28.6.1996 – 22 U 19/96, NJW-RR 1997, 146.
152 BGH Urt. v. 15.7.2011 – V ZR 277/10, MDR 2011, 1345.
153 BGH Urt. v. 10.7.1987 – V ZR 285/85, BGHZ 101, 290 (291).
154 Staudinger/*Roth* BGB § 909 Rn. 47.
155 BGH Urt. v. 5.11.1976 – V ZR 93/73, NJW 1977, 763 (764).
156 Staudinger/*Roth* BGB § 909 Rn. 47.
157 BGH Urt. v. 4.7.1997 – V ZR 48/96, NJW-RR 1997, 1374; BGH Urt. v. 27.6.1969 – V ZR 41/66, NJW 1969, 2140 (2141); RG Urt. v. 19.2.1931 – VI 386/30, RGZ 132, 51 (58); Jauernig/Berger BGB § 909 Rn. 3. *Roth* meint, dass die Rechtsprechung damit vom Bauherrn viel verlangt (Staudinger/*Roth* BGB § 909 Rn. 48: „hohe, bisweilen überspannte Anforderungen“); vgl. auch die etwas zurückhaltendere Aussage von BGH Urt. v. 4.7.1997 – V ZR 48/96, NJW-RR 1997, 1374 und darauffolgend BGH Urt. v. 23.2.2001 – V ZR 389/99, NJW 2001, 1865, der einschränkend ausführt, dass der Grundstückseigentümer grundsätzlich dann seinen Verpflichtungen ausreichend Rechnung trägt, wenn er sorgfältig ausgewählte fachkundige Architekten, Ingenieure und Bauunternehmer mit der Bauausführung beauftragt hat.
158 OLG Köln Urt. v. 14.1.1987 – 2 U 69/86, OLGZ 1987, 363 (364).
159 OLG Hamm Urt. v. 8.12.2008 – 17 U 23/08, BauR 2009, 830.

Bauaufsichtspersonals nicht entlastet.[160] Die Verpflichtung des Bauherrn, die von ihm eingesetzten Kräfte zu überwachen, endet erst mit der Beendigung der Baumaßnahme.[161] *Roth*[162] meint allerdings, dass der Bauherr – so er Laie ist –, der sich vergewissert hat, dass die ihm nach § 909 BGB obliegende Verpflichtung durch den von ihm beauftragten Dritten tatsächlich erfüllt wird, sich auf die Sachkunde und Erfahrung seines Architekten verlassen können muss, es sei denn auch einem Laien drängten sich Bedenken auf (denen er mithilfe weiteren sachkundigen Rates abhelfen muss).[163] Zur Entlastung eines Bauherrn und Grundstückseigentümers im Rahmen einer Inanspruchnahme nach § 823 Abs. 2 bzw. § 909 BGB reicht die ordentliche Auswahl der mit der Planung und Bauausführung befassten Fachleute nicht aus, wenn auch für ihn erkennbar eine besondere Gefahrenlage gegeben war oder wenn Anlass zu Zweifeln bestand, ob die eingesetzten Fachkräfte in ausreichendem Maße den Gefahren und Sicherheitserfordernissen Rechnung tragen würden. Dem Bauherrn erwachsen dann eigene Überprüfungspflichten, deren Einhaltung er darzulegen und zu beweisen hat.[164] Er ist verpflichtet, die Arbeiten zu überwachen und ggf. selbst einzugreifen. Dabei ist es Sache des Bauherrn, darzulegen und zu beweisen, dass er seinen Sorgfaltspflichten nachgekommen ist.[165] An den Entlastungsbeweis sind hohe Anforderungen zu stellen.[166]

160 OLG Hamm Urt. v. 8.12.2008 – 17 U 23/08, BauR 2009, 830 unter Bezugnahme auf BGH Urt. v. 4.7.1997 – V ZR 48/96, BauR 1997, 1058; 1988, 111 – wobei eine besonders hohe Gefahrenlage dann vorliegen kann, wenn die beabsichtigte Abgrabung unmittelbar an der Zuwegung zum Nachbargrundstück erfolgen soll und diese darüber hinaus noch der einzige Weg ist, um zum Nachbargrundstück zu gelangen.

161 RG Urt. v. 19.2.1931 – VI 386/30, RGZ 132, 51 (60).

162 Staudinger/*Roth* BGB § 909 Rn. 49.

163 So BGH Urt. v. 11.5.1976 – VI ZR 210/73, MDR 1976, 1010.

164 OLG Köln Urt. v. 28.1.2004 – 11 U 73/03, JMBl NW 2004, 270; so auch BGH Urt. v. 23.2.2001 – V ZR 389/99, BGHZ 147, 45 (48); BGH Urt. v. 4.7.1997 – V ZR 48/96, NJW-RR 1997, 1374; BGH Urt. v. 27.5.1987 – V ZR 59/86, NJW 1987, 2810 (2811); BGH Urt. v. 4.5.1979 – V ZR 100/75, BauR 1979, 533; OLG Düsseldorf Urt. v. 30.8.1995 – 22 U 216/94, BauR 1996, 881.

165 OLG Düsseldorf Urt. v. 28.6.1996 – 22 U 19/96, NJW-RR 1997, 146; OLG Hamm Urt. v. 3.7.1997 – 21 U 81/96, BauR 1998, 159 (162).

166 OLG Hamm Urt. v. 3.7.1997 – 21 U 81/96, BauR 1998, 159 (162).

63 Neben dem Bauherrn[167] können ggf. auch der (mit der Bauleitung beauftragte) Architekt,[168] der Bauunternehmer[169] sowie (bauleitende) Bauingenieure[170] und Statiker[171] als Störer zum Schadensersatz herangezogen werden,[172] da das Verbot des § 909 BGB jeden trifft, der das Grundstück vertieft oder der an einer Vertiefung mitwirkt. Bei gemeinsamem Verschulden haften sie als Gesamtschuldner, § 840 BGB.[173] Der Eigentümer eines Hausgrundstücks hat gegen einen Bauunternehmer einen Schadensersatzanspruch wegen der Beschädigung seines Gebäudes gemäß § 823 Abs. 2 iVm § 909 BGB, wenn die entstandenen Schäden auf die Vertiefungsarbeiten des Unternehmers am Nachbargrundstück zurückzuführen sind.[174]

64 Ein Bauunternehmer, der ohne planerische Vorgabe neben bestehenden Gebäuden eine Baugrube aushebt, haftet dem Eigentümer des Nachbargebäudes für durch die Baugrube verursachte Schäden. Es hilft ihm im Verhältnis zum Nachbarn nichts, wenn der Bauherr ihm die Sicherungsmaßnahmen vorenthält, die der Statiker des Bauherrn vorgeschlagen hätte. Ihn trifft nämlich eine eigenverantwortliche Prüfungspflicht dahingehend, dass durch die vorzunehmenden Arbeiten das Nachbargebäude nicht in Mitleidenschaft gezogen wird. Allein der Einblick in ein Baugrundgutachten, welches keine hinreichenden Aussagen zu erforderlichen Sicherungsmaßnahmen enthält, reicht für die Erfüllung dieser Pflicht nicht aus. Grundsätzlich trifft

167 Zu den Pflichten des Bauherrn vgl. BGH Urt. v. 27.6.1969 – V ZR 41/66, NJW 1969, 2140 = LM § 909 BGB Nr. 9; BGH Urt. v. 18.9.1997 – V ZR 219/85, NJW-RR 1988, 137; MüKoBGB/*Brückner* § 909 Rn. 23.

168 Zu den Pflichten des Architekten näher OLG Köln Urt. v. 24.8.1993 – 22 U 134/92, NJW-RR 1994, 89; BGH Urt. v. 13.3.1959 – VI ZR 68/58, VersR 1959, 470; BGH Urt. v. 3.11.1964 – VI ZR 82/64, MDR 1965, 197; BGH Urt. v. 12.7.1996 – V ZR 280/94, NJW 1996, 3205 (3206); BGH Urt. v. 27.6.1969 – V ZR 41/66, NJW 1969, 2140; MüKoBGB/*Brückner* § 909 Rn. 25 f. Zudem BGH Urt. v. 10.7.1987 – V ZR 285/85, BGHZ 101, 290 (291); BGH Urt. v. 26.11.1982 – V ZR 314/81, BGHZ 85, 375 (378); OLG Köln Urt. v. 16.9.1986 – 15 U 159/86, BauR 1987, 472 (473); BGH Urt. v. 6.5.1965 – VII ZR 211/63, VersR 1965, 800 (801). Die Anforderungen an die Sorgfaltspflicht des Architekten sind hoch (BGH Urt. v. 26.1.1996 – V ZR 264/94, WM 1996, 1093 (1096)): Im Rahmen der Bauaufsicht hat er vor Ort durch häufige Kontrollen das Baugeschehen zu überwachen. Der bauleitende Architekt darf sich nicht auf den planenden Architekten verlassen (Staudinger/*Roth* BGB § 909 Rn. 53). Bei ggf. fehlender Sachkenntnis (in Detailfragen) hat er Spezialisten zu konsultieren (RGRK/*Augustin* BGB § 909 Rn. 16) bzw. Gutachten einzuholen (BGH Urt. v. 26.1.1996 – V ZR 264/94, WM 1996, 1093 (1095)).

169 Eine Haftung des Bauunternehmers tritt ein, wenn er es hätte voraussehen müssen, dass der Boden des Nachbargrundstücks die erforderliche Stütze verlieren könnte – BGH Urt. v. 12.7.1996 – V ZR 280/94, NJW 1996, 3206; BGH Urt. v. 25.10.1960 – VI ZR 26/60, VersR 1960, 1116; BGH Urt. v. 5.5.1961 – V ZR 236/60, NJW 1961, 1523; BGH Urt. v. 18.6.1964 – III ZR 65/63, VersR 1964, 1070 (1072); OLG Köln Urt. v. 16.9.1986 – 15 U 159/86, BauR 1987, 472; BGH Urt. v. 5.10.1973 – V ZR 163/71, NJW 1973, 2207 (2208); OLG Koblenz Urt. v. 27.5.1999 – 5 U 1041/98, BauR 2000, 120 (Einsatz eines zu schweren Baggers); OLG Düsseldorf Urt. v. 5.6.1992 – 22 U 257/91, BauR 1993, 351 (353): Der Bauunternehmer haftet für Subunternehmer nach § 831 BGB (vgl. auch Palandt/*Herrler* BGB § 909 Rn. 10). Auf Weisungen des Architekten darf sich der Bauunternehmer nicht verlassen (Staudinger/*Roth* BGB § 909 Rn. 55).

170 BGH Urt. v. 18.6.1964 – III ZR 65/63, VersR 1964, 1070. Der bauleitende Bauingenieur haftet selbstständig neben dem Bauherrn, Architekten, Bauunternehmern bzw. Statiker.

171 Zur eigenverantwortlichen Verpflichtung der Beachtung des Verbots nach § 909 BGB durch den Statiker: BGH Urt. v. 4.3.1971 – VII ZR 204/69, WM 1971, 682 (684); OLG Köln Urt. v. 16.9.1986 – 15 U 159/86, BauR 1987, 472; OLG Düsseldorf Urt. v. 12.5.1974 – 5 U 117/73, BauR 1975, 71. Der Statiker muss neben der rechnerisch richtigen Erstellung der Statik auch prüfen, „welche Gründungsmaßnahmen nach seiner Kenntnis der Dinge der örtlichen Gegebenheiten erforderlich sind", so Staudinger/*Roth* BGB § 909 Rn. 56.

172 Für das Verschulden Dritter, deren sich der Bauherr bedient, haftet er nur nach § 831 BGB und nicht nach § 278 BGB, da das hier anzunehmende nachbarliche Gemeinschaftsverhältnis nicht Grundlage schuldrechtlicher Rechte und Pflichten, dh Schuldverhältnis ist (dazu näher BGH Urt. v. 10.7.1987 – V ZR 285/85, BGHZ 101, 290 (293) = NJW 1987, 2808), so BGH Urt. v. 30.10.1959 – VI ZR 156/58, NJW 1960, 335; aA *Westermann*, Sachenrecht, Bd. 2, § 79 IV 2.

173 BGH Urt. v. 27.6.1969 – V ZR 41/66, NJW 1969, 2140 (2142); OLG Düsseldorf Urt. v. 5.6.1992 – 22 U 257/91, BauR 1993, 351 (352). Nach Staudinger/*Roth* BGB § 909 Rn. 59 unter Bezugnahme auf BGH Urt. v. 23.2.2001 – V ZR 389/99, NJW 2001, 1865 (1868)) ist § 840 BGB – wenn Bauherr und Architekt für ein und dieselbe Schadensursache verantwortlich sind – auch dann anwendbar, wenn den Architekten eine Haftung aus § 823 BGB, den Eigentümer aber eine verschuldensunabhängige nachbarliche Ausgleichspflicht trifft.

174 OLG Dresden Urt. v. 29.1.2003 – 11 U 726/02, IBR 2004, 18 – Ls.

nämlich jeden der an einer Grundstücksvertiefung mitwirkenden Beteiligten eine eigenverantwortliche Prüfungspflicht mit der Folge, dass dieser bei einer Verletzung seiner Pflicht auf Schadensersatz haftet.[175]

Bei der Frage, ob ein Architekt wegen seines Mitwirkens an einer Vertiefung nach § 823 Abs. 2 iVm § 909 BGB haftet, kommt es nicht darauf an, ob er vertragliche Pflichten gegenüber seinem Vertragspartner (zB gegenüber dem Bauherrn) verletzt hat, sondern darauf, ob er gegen die durch § 909 BGB konkretisierten allgemeinen Verhaltenspflichten verstoßen hat, die im Interesse des Eigentümers des von der Vertiefung betroffenen Grundstücks zu beachten sind.[176] 65

Ein Kläger kann seinen vermeintlichen Schadensersatzanspruch auf § 823 Abs. 2 iVm § 909 BGB stützen, wenn er eine Bodensetzung und die dadurch verursachten Schäden auf den Baugrubenaushub auf dem Nachbargrundstück zurückführt.[177] 66

Exkurs: Eine Zurechnung des Verschuldens dieses Personenkreises gegenüber dem Bauherrn über § 278 BGB scheidet aus, da das zwar eigentlich bestehende nachbarrechtliche Gemeinschaftsverhältnis sich nur als Schranke der Rechtsausübung, nicht aber als Grundlage schuldrechtlicher Rechte und Pflichten, mithin als gesetzliches Schuldverhältnis darstellt.[178] 67

Eine Haftung des Bauherrn nach § 831 BGB scheidet hinsichtlich Architekten, Ingenieuren, Statikern und Bauunternehmern aus, da diese wegen der idR fehlenden Weisungsgebundenheit nicht als seine Verrichtungsgehilfen angesehen werden können.[179]

Der Anspruch auf Ersatz des aus der unerlaubten Handlung nach § 823 Abs. 2 iVm § 909 BGB entstandenen Schadens verjährt nach dem Wegfall von § 952 aF BGB als Sonderverjährungsvorschrift für Ansprüche aus unerlaubten Handlungen nach der Schuldrechtsreform nach Maßgabe der §§ 195, 199 BGB in drei Jahren. 68

g) (Verschuldensunabhängiger) nachbarrechtlicher Ausgleichsanspruch entsprechend § 906 Abs. 2 S. 2 BGB. Kann sich ein beeinträchtigter Nachbar aus besonderen rechtlichen oder faktischen Gründen nicht gegen die von einer privatwirtschaftlichen Nutzung ausgehenden Störung nach den §§ 1004, 909 BGB wehren, steht ihm ein verschuldensunabhängiger nachbarrechtlicher Ausgleichsanspruch (bürgerlichrechtlicher Aufopferungsanspruch) entsprechend § 906 Abs. 2 S. 2 BGB zu[180] (bzw. in Analogie zu § 912 Abs. 2 BGB).[181] 69

---

175 BGH Urt. v. 12.7.1996 – V ZR 280/94, NJW 1996, 3204 (3205); OLG München Urt. v. 13.8.2003 – 21 U 5348/02, VersR 2004, 1270: Zur Frage der Anforderungen an eine solche Sorgfaltspflicht bei Arbeiten an einem Hanggrundstück und zum Ausschluss der Haftung, wenn sich ein Bauunternehmer auf den Gründungsvorschlag des vom Bauherrn bestellten Sachverständigen verlässt.

176 So BGH Urt. v. 22.10.2004 – V ZR 310/03, VersR 2005, 1534.

177 OLG München Urt. v. 17.7.2012 – 13 U 658/11 Bau, NJW-Spezial 2012, 524.

178 BGH Urt. v. 10.7.1987 – V ZR 285/85, BGHZ 101, 290 (293 f.); Staudinger/*Roth* BGB § 909 Rn. 51 – wonach für eine Anwendung des § 278 BGB überhaupt kein Bedürfnis bestehe, da das Eigenverschulden des Eigentümers leicht als erfüllt angesehen wird; aA allerdings MüKoBGB/*Brückner* BGB § 909 Rn. 25; zweifelnd BGH Urt. v. 18.4.1997 – V ZR 28/96, BGHZ 135, 235 (243 f.).

179 So BGH Urt. v. 23.2.2001 – V ZR 389/99, NJW 2001, 1865; Palandt/*Herrler* BGB § 909 Rn. 10; Staudinger/*Roth* BGB § 909 Rn. 52: Auch für eine entsprechende Anwendung des § 831 BGB bestehe kein Bedürfnis, da den Bauherren eine verschuldensunabhängige Aufopferungshaftung treffen könne; aA hingegen BGH Urt. v. 18.9.1987 – V ZR 219/85, WM 1988, 200 (204); BGH Urt. v. 30.10.1959 – VI ZR 156/58, NJW 1960, 353.

180 BGH Urt. v. 18.12.1987 – V ZR 223/85, BGHZ 103, 39 (42); BGH Urt. v. 10.7.1987 – V ZR 285/85, BGHZ 101, 290 (294); BGH Urt. v. 26.11.1982 – V ZR 314/81, BGHZ 85, 375 (384) (wonach der Anspruch auch dann besteht, wenn – wegen fehlenden Verschuldens – kein Schadensersatzanspruch nach § 823 Abs. 2 iVm § 909 BGB in Betracht kommt); BGH Urt. v. 26.10.1978 – III ZR 26/11, BGHZ 72, 289 (292); BGH Urt. v. 4.7.1997 – V ZR 48/96, NJW-RR 1997, 1374; BGH Urt. v. 10.7.1997 – V ZR 284/85, NJW-RR 1988, 138; BGH Urt. v. 18.9.1987 – V ZR 219/85, WM 1988, 200 (204); RG Urt. v. 21.4.1941 – V 103/40, RGZ 167, 14 (25 ff.); Palandt/*Herrler* BGB § 909 Rn. 12; Staudinger/*Roth* BGB § 909 Rn. 64 ff.

181 Staudinger/*Roth* BGB § 909 Rn. 65 – arg.: Die Vertiefung stelle sich im Vergleich mit einem rechtswidrigen entschuldigten Überbau als intensivere Inanspruchnahme des Grundstücks dar.

70 Der Ausgleichsanspruch setzt voraus, dass die Einwirkungen über das Maß hinausgehen, was ein Grundstückseigentümer nach Maßgabe des Nachbarrechts entschädigungslos hinzunehmen verpflichtet ist,[182] und dass die Beeinträchtigungen aus tatsächlichen (zB Schadenseintritt lange Zeit nach der Einwirkung und deshalb durch einstweilige Verfügung nicht mehr abwehrbar)[183] oder rechtlichen Gründen (zB im Falle eines gemeinwichtigen Betriebes Privater)[184] nicht abwehrbar waren. Zwischen der Einwirkung auf das Nachbargrundstück und den dort entstandenen Schäden muss ein Ursachenzusammenhang bestehen,[185] wobei die Beweislast beim Nachbarn liegt.[186]

71 Der Ausgleichsanspruch nach § 906 Abs. 2 S. 2 BGB ist nicht auf die Folgen der Zuführung unwägbarer Stoffe beschränkt, sondern hat auch andere Störungen, insbesondere Schädigungen wegen einer unzulässigen Vertiefung (§ 909 BGB bspw. in Gestalt von Erschütterungen durch das Setzen einer Bohrpfahlwand beim Gebäudebau) zum Gegenstand.[187]

72 Einem geschädigten Hauseigentümer kann ein verschuldensunabhängiger nachbarrechtlicher Ausgleichsanspruch analog §§ 909, 906 Abs. 2 BGB zustehen, dessen Voraussetzungen bei infolge einer durch die Kanalbauarbeiten bedingten Grundwasserabsenkung eingetretenen Schäden an seinem Grundstück erfüllt sind.[188]

73 Verpflichtet ist der Eigentümer oder Benutzer, nicht der bloß Begünstigte[189] (und auch nicht ein Dritter, wie zB der Architekt, Statiker, Ingenieur oder Bauunternehmer)[190] – sofern die Konstellation nicht eine abschließende gesetzliche Regelung erfahren hat[191] – des vertiefenden Grundstücks. Mehrere Ausgleichspflichtige haften anteilig entsprechend dem von ihnen verursachten Schaden,[192] jedoch soll eine gesamtschuldnerische Haftung (analog § 840 BGB) dann in Betracht kommen, wenn mehrere für dieselbe Einwirkung verantwortlich sind.[193]

74 Aufgrund eines Entschädigungsanspruchs nach § 906 Abs. 2 S. 2 BGB analog kann kein Schadensersatz, sondern nur ein nach den Grundsätzen der Enteignungsentschädigung zu bestimmender Ausgleich verlangt werden, wonach nur der unzumutbare Teil der Beeinträchtigung auszugleichen ist.[194] Der Ausgleichsanspruch verschafft somit einen Ausgleich entsprechend der Enteignungsentschädigung,[195] wobei (unbescha-

182 BGH Urt. v. 23.2.2001 – V ZR 389/99, NJW 2001, 1865; BGH Urt. v. 26.10.1978 – III ZR 26/77, BGHZ 72, 289 (291 f.).

183 BGH Urt. v. 26.11.1982 – V ZR 314/81, BGHZ 85, 375 (385).

184 Staudinger/*Roth* BGB § 909 Rn. 65 – wobei ein Ausgleich aus Billigkeitsgründen zwingend sei.

185 OLG Jena Urt. v. 1.9.2016 – 4 U 895/15, BauR 2017, 305, juris Rn. 20 unter Bezugnahme auf BGH Urt. v. 26.10.1978 – III ZR 26/77, BGHZ 72, 289 (292 ff.); BGH Urt. v. 2.3.1984 – V ZR 54/83, NJW 1984, 2207 (2208); BGH Urt. v. 12.11.1999 – V ZR 229/98, NJW-RR 2000, 537; BGH Urt. v. 23.2.2001 – V ZR 389/99, NJW 2001, 1865 (1866).

186 OLG Jena Urt. v. 1.9.2016 – 4 U 895/15, BauR 2017, 305, juris Rn. 20.

187 OLG Düsseldorf Urt. v. 9.7.2012 – I 9 U 138/11, BauR 2012, 1979, juris Rn. 24 unter Bezugnahme auf BGH Urt. v. 23.2.2001 – V ZR 389/99, NJW 2001, 1865 (1866).

188 OLG Koblenz Urt. v. 1.4.2011 – 1 U 379/06, BauR 2011, 1542, juris Rn. 65.

189 BGH Urt. v. 10.7.1987 – V ZR 285/85, BGHZ 101, 290 (294); Jauernig/*Berger* BGB § 909 Rn. 4; aA Erman/*Hagen/Lorenz* BGB § 909 Rn. 5.

190 BGH Urt. v. 10.7.1987 – V ZR 285/85, BGHZ 101, 290 (294); BGH v. 26.11.1982 – V ZR 314/81, BGHZ 85, 375 (378).

191 BGH Urt. v. 26.10.1978 – III ZR 26/11, BGHZ 72, 289 (295).

192 BGH Urt. v. 26.11.1982 – V ZR 314/81, BGHZ 85, 375 (387).

193 BGH Urt. v. 23.2.2001 – V ZR 389/99, NJW 2001, 1865.

194 BGH Urt. v. 22.10.2015 – V ZR 146/14, NJW-RR 2016, 210 – Ls. 2; BGH Urt. v. 25.10.2013 – V ZR 230/12, BGHZ 198, 327; BGH Urt. v. 23.2.2001 – V ZR 389/99, BGHZ 147, 45.

195 BGH Urt. v. 23.2.2001 – V ZR 389/99, NJW 2001, 1865 (1867); BGH Urt. v. 26.11.1982 – V ZR 314/81, BGHZ 85, 375 (386). Ersetzt werden dabei bei Substanzschäden auch die Mängelbeseitigungskosten einschließlich der Planungskosten, der verbleibende Minderwert, der Mietausfall und einige andere Folgekosten, so BGH Urt. v. 4.7.1997 – V ZR 48/96, NJW-RR 1997, 1374 (1375); aA Jauernig/*Berger* BGB § 909 Rn. 4: voller Schadensausgleich; ebenso Staudinger/*Roth* BGB § 909 Rn. 66 – arg.: Der Gesichtspunkt der Ortsüblichkeit der störenden Nutzung passe bei diesem Ausgleichsanspruch nicht.

det eines schuldhaften oder unverschuldeten Mitverursachungsbeitrags) der schadensanfällige Zustand des betroffenen Grundstücks (sog. Eigenbeitrag – anders als beim Ausgleich nach § 823 Abs. 2 iVm § 909 BGB) Berücksichtigung findet.[196]

Der nachbarrechtliche Ausgleichsanspruch verjährt nach Maßgabe der §§ 195, 199 BGB. 75

h) Geschäftsführung ohne Auftrag. Ein Anspruch nach den §§ 683 S. 1 oder 2 (iVm § 679), 670 BGB 76 kann dann in Betracht kommen, wenn bei einer verbotenen Vertiefung iSv § 909 BGB der Vertiefende nichts zur Beseitigung der gefährlichen Situation unternimmt, woraufhin der betroffene Grundstücksnachbar die notwendigen Maßnahmen selbst vornimmt (oder vornehmen lässt).[197]

Der Anspruch kann allein gegen den vertiefenden Eigentümer oder Besitzer gerichtet werden, nicht gegen 77 den Architekten und vergleichbare Dritte, da der Geschäftsführende ohne Auftrag nicht deren Geschäfte führen kann.[198]

i) Enteignungsgleicher und enteignender Eingriff. Steht eine Handlung der öffentlichen Hand in Rede, 78 muss zur Beantwortung der Frage, ob ein Ausgleich aus enteignungsgleichem oder enteignendem Eingriff (mithin ein öffentlich-rechtlicher Entschädigungsanspruch) oder der bürgerlich-rechtliche Ausgleichsanspruch (Aufopferungsanspruch) in Betracht kommt, darauf abgestellt werden, ob die öffentliche Hand im Zuge der Vertiefungsarbeiten hoheitlich (dh im Rahmen eines Über-Unterordnungs-(Subordinations-)Verhältnisses) oder auf der Ebene des Privatrechts (mithin auf der Ebene der Gleichordnung) tätig geworden ist.[199]

Beeinträchtigt ein hoheitlicher Eingriff der öffentlichen Hand das Grundstückseigentum dergestalt, dass 79 dem Eigentümer ein nicht zumutbares Opfer für die Allgemeinheit abverlangt wird (Überschreiten der Duldungsgrenze nach § 909 BGB), kann ein Anspruch aus (enteignendem oder) idR (rechtswidrigem) enteignungsgleichem Eingriff in Betracht kommen. Ein Verstoß der öffentlichen Hand gegen § 909 BGB ist stets ausgleichspflichtig, weil Eingriffe der öffentlichen Hand nur dann entschädigungslos hingenommen werden müssen, wenn sie nicht das Maß dessen übersteigen, was der Nachbar ohne Ausgleich ertragen muss.[200] Voraussetzung ist aber in jedem Falle, dass der vorrangig zu verfolgende öffentlich-rechtliche Beseitigungsanspruch (aus rechtlichen oder tatsächlichen Gründen) nicht geltend gemacht werden konnte.[201]

Ein (rechtmäßiger) enteignender Eingriff kommt nur dann in Betracht, wenn die öffentliche Hand aus- 80 nahmsweise zur Vornahme der schädigenden Handlung berechtigt war.[202]

Exkurs: IÜ kann bei einem schuldhaften Eingriff auch ein Amtshaftungsanspruch (§ 839 BGB iVm 81 Art. 34 GG) in Betracht kommen.[203]

196 BGH Urt. v. 18.9.1987 – V ZR 219/85, WM 1988, 200 (205); Staudinger/*Roth* BGB § 909 Rn. 67.

197 ZB durch die Errichtung einer Stützmauer: BGH Urt. v. 3.5.1968 – V ZR 229/64, NJW 1968, 1327 (1328); BGH Urt. v. 25.5.1984 – V ZR 199/92, BGHZ 91, 282 (284); Staudinger/*Roth* BGB § 909 Rn. 72.

198 BGH Urt. v. 26.1.1996 – V ZR 264/94, WM 1996, 1093 (1095) – gegen diesen Personenkreis können gleichermaßen auch keine Ansprüche aus ungerechtfertigter Bereicherung geltend gemacht werden.

199 BGH Urt. v. 18.2.1987 – V ZR 223/85, BGHZ 103, 39 (41); BGH Urt. v. 26.10.1978 – III ZR 26/77, BGHZ 72, 289 (292 f.); Staudinger/*Roth* BGB § 909 Rn. 70: Bei einem Einsatz von Privaten durch die öffentliche Hand „wird auf die Intensität der Einflussnahme abgehoben".

200 BGH Urt. v. 26.10.1978 – III ZR 26/77, BGHZ 72, 289 (292); Staudinger/*Roth* BGB § 909 Rn. 69.

201 BGH Urt. v. 26.10.1978 – III ZR 26/77, BGHZ 72, 289 (293 f.); BGH Urt. v. 7.2.1980 – III ZR 153/78, NJW 1980, 1679 (1680); MüKoBGB/*Brückner* § 909 Rn. 27 (kein Wahlrecht des Betroffenen dergestalt, dass er dulden kann, um dann zu liquidieren); Staudinger/*Roth* BGB § 909 Rn. 69.

202 Staudinger/*Roth* BGB § 909 Rn. 69.

203 BGH Urt. v. 7.2.1980 – III ZR 153/78, NJW 1980, 1679; Staudinger/*Roth* BGB § 909 Rn. 69 aE.

122. Videoüberwachung

Klose

Literatur: *Bull*, Fehlentwicklungen im Datenschutzrecht am Beispiel der Videoüberwachung, JZ 2017, 797; *Elzer*, Videoüberwachung in der Wohnraummiete und Wohnungseigentum, NJW 2013, 3537; *Gehrlein*, Markus, Beweisverbote im Zivilprozess, VersR 2011, 1350; *Grages/Plath*, Black Box statt Big Brother: Datenschutzkonforme Videoüberwachung unter BDSG und DSGVO, CR 2017, 791; *Horst*, Der Nachbar als „Big Brother" – Grenzen zulässiger Videoüberwachung, NZM 2000, 937; *ders.*, Videoüberwachungskameras im Nachbarrecht, NJW 2009, 1787; *Huff*, Elektronische Überwachung in der Wohnungseigentumsanlage, NZM 688; *Huff*, Videoüberwachung im öffentlichen und privaten Bereich – Eine Zwischenbilanz, JuS 2005, 896, *Huff*, Neues zur Videoüberwachung im Miet- und Wohnungseigentumsrecht, NZM 2004, 535; *Lohse*, Alles auf Aufnahme? – Dashcam im Fokus, VersR 2016, 953; *Plath* (Hrsg.), Kommentar zu DSGVO, BDSG und den Datenschutzbestimmungen des TMG und TKG, 3. Aufl. 2018; *Quad/Keilholz*, Einsatz von Bodensensoren bei der Sanktionierung von Parkverstößen, NJW 2020, 270; *Raue*, Die Rechte des Alleigentümers bei der Erhebung von Daten, NJW 2019, 2429; *Taeger/Gabel* (Hrsg.), Kommentar DSGVO – BDSG, 3. Aufl. 2018; *Ullenbohm*, Das Filmen von Polizeieinsätzen als Verletzung der Vertraulichkeit des Worts, NJW 2019, 3108; *Wybitul*, Immaterieller Schadensersatz wegen Datenschutzverstößen – Erste Rechtsprechung der Instanzgerichte, NJW 2019, 3265; *Ziegler*, Das Hausrecht als Rechtfertigung einer Videoüberwachung, DuD 2003, 337.

I. Einführung

1 Der Wunsch nach Sicherheit der eigenen vier Wände und dem Schutz vor der zumindest in der eigenen Wahrnehmung zunehmenden Kriminalität[1] oder konkrete Anlässe können zu dem Bedürfnis führen, das eigene Grundstück und den eigenen häuslichen Bereich durch eine Videoanlage verdeckt oder offen zu überwachen.[2] Diese Anlagen können potenzielle Straftäter abschrecken, Anforderungen von Versicherungsunternehmen entsprechen und, im Falle von gleichwohl erfolgten Einbrüchen oder Sachbeschädigungen, zur Überführung der Straftäter führen.[3] Diese Ziele und ihre Verwirklichung durch eine permanente Filmaufnahme stehen jedoch in einem Widerspruch zu dem Wahren der Privatsphäre, des Persönlichkeitsrechts und des Rechts auf informationelle Selbstbestimmung[4] der Nachbarn. Auf das Nachbargrundstück ausgerichtete Kameras können den Nachbarn überwachen und Situationen wiederholbar und mit der Möglichkeit der Veröffentlichung archivieren, die dieser seiner Privatsphäre zuordnet. Die Frage des Ob und Wie einer Vi-

1 Zur Nutzung der Videotechnik in großen Wohnanlagen etwa in sozialen Brennpunkten: *Huff* NZM 2002, 90.
2 *Stöber* NJW 2015, 3681; *Huff* JuS 2005, 896; *Ziegler* DuD 2003, 337.
3 *Ziegler* DuD 2003, 338.
4 BVerfG Urt. v. 11.3.2008 – 1 BvR 1254/07, NJW 2008, 1505 (1506); BVerfG Urt. v. 23.2.2007 – 1 BvR 2368/06, NVwZ 2007, 688 (690); AG Brandenburg Urt. v. 22.1.2016 – 31 C 138/14, NJOZ 2017, 365 (366).

deoüberwachung[5] ist wesentlich durch die Abwägung mit dem Allgemeinen Persönlichkeitsrecht des Nachbarn geprägt.

II. Rechtliche Grundlagen

Benachbarte Grundstückseigentümer haben jeweils das Recht aus § 903 BGB, mit ihrem Eigentum nach ihrem Belieben zu verfahren, also auch auf ihrem Grundstück Videoaufnahmen für eine permanente und zudem dauerhaft fixierte Aufnahme zu fertigen. Dem steht das Recht des Nachbarn gegenüber, sein Grundstück ohne Beobachtung zu nutzen. Daher beginnt die nachbarrechtliche Problematik der Videoaufnahmen dann, wenn diese auch das Nachbargrundstück und erst recht dessen Nutzer erfassen oder zumindest einen dementsprechenden Anschein erwecken. Das darin begründete Rechtsverhältnis wird durch eine Reihe öffentlich- und privatrechtlicher Regelungen geprägt. 2

1. Datenschutzrechtliche Regelungen

Jeder Nachbar kann sich auf sein Recht auf informationelle Selbstbestimmung berufen. Dieses Grundrecht gewährleistet, dass der Einzelne grundsätzlich selbst bestimmen kann, wann und innerhalb welcher Grenzen er persönliche Lebenssachverhalte offenbaren will.[6] Jeder Grundrechtsträger ist vor der unbegrenzten Erhebung, Speicherung, Verwendung oder Weitergabe der auf ihn bezogenen Daten[7] geschützt.[8] Das betrifft nicht allein den staatlichen Zugriff. Auch die privatrechtlichen Normen sind im Lichte dieses Grundrechts auszulegen.[9] Datenschutz wird im Wesentlichen durch die Vorschriften des BDSG gewährleistet.[10] Diese werden ergänzt und sind wiederum wesentlich geprägt durch die Regelungen der DS-GVO,[11] die gemäß Art. 288 Abs. 2 AEUV unmittelbar geltendes Recht sind. Geschützt werden von ihr allein natürliche Personen.[12] Regelungen des Datenschutzes im BDSG können daher die Videoüberwachung einschränken. Diese Regelungen prägen die gesetzliche Konkretisierung der berechtigten Interessen des Überwachenden und das Recht des Betroffenen auf Wahrung seiner Privatsphäre.[13] Nach der Rechtsprechung des EuGH unterfallen selbst Filmaufnahmen aus dem Betrieb einer stationären Kamera, deren Bilder regelmäßig wieder gelöscht werden, dem Schutz der personenbezogenen Daten.[14] Sie sichern das Recht des Grundstückseigentümers darüber, welche Daten auf seinem Grundstück erhoben werden dürfen.[15] Bedeutsam wird dieses Recht gerade bei Filmaufnahmen. 3

a) Filmaufnahmen. Filmaufnahmen von Personen sind nach der Rechtsprechung des EuGH[16] personenbezogene Daten,[17] wenn sie dauerhaft gespeichert werden. Sie begründen einen Eingriff in das Recht auf informationelle Selbstbestimmung.[18] Videoaufnahmen sind nur dann datenschutzrechtlich relevant, wenn 4

5 Dazu: *Elzer* NJW 2013, 3537; *Horst* NZM 2000, 937. Eine grundlegende Entscheidung hat der BGH noch vor dem Erlass des BDSG zugunsten der Betroffenen der Aufnahmen erlassen: BGH Urt. v. 25.4.1995 – VI ZR 272/94, NJW 1995 (1955).

6 BVerfG Urt. v. 15.12.1983 – 1 BvR 209/83, NJW 1984, 419 (433). BVerfG Beschl. v. 4.4.2006 – 1 BvR 518/02, NJW 2006, 1939 (1940).

7 Derart geschützte Daten sind Einzelangaben über persönliche und sachliche Verhältnisse einer bestimmten Person: BVerfG Urt. v. 15.12.1983 – 1 BvR 209/83, NJW 1984, 419 (422).

8 BVerfG Urt. v. 15.12.1983 – 1 BvR 209/83, NJW 1984, 419 (433); BVerfG Beschl. v. 4.4.2006 – 1 BvR 518/02, NJW 2006, 1939 (1940).

9 BVerfG Beschl. v. 11.6.1991 – 1 BvR 239/90, NJW 1991, 2411 (2412).

10 Zu verfassungsrechtlichen Ansätzen: *Dorf* NJW 2006, 951.

11 RL 95/46/EG vom 24.10.1995 zum Schutz natürlicher Personen bei der Verarbeitung personenbezogener Daten und zum freien Datenverkehr, ABl. 1995, L 281, 31.

12 *Schmidt* in Taeger/Gabel DS-GVO Art. 1 Rn. 14.

13 *Stöber* NJW 2015, 3682.

14 EuGH (4. Kammer) Urt. v. 11.12.2014 – C 212/13, NJW 2015, 463 (464).

15 *Raue* NJW 2019, 2429.

16 EuGH (2. Kammer) Urt. v. 14.2.2019 – C-345/17, NJW 2019, 2451 (2453) – Sergejs Bivids/Datu valsts inspekcija.

17 EuGH (2. Kammer) Urt. v. 14.2.2019 – C-345/17, NJW 2019, 2451 (2452) – Sergejs Bivids/Datu valsts inspekcija.

18 EuGH (2. Kammer) Urt. v. 14.2.2019 – C-345/17, NJW 2019, 2451 (2452) – Sergejs Bivids/Datu valsts inspekcija; *Lohs* VersR 2016, 954.

sie eine zumindest identifizierbare Person abbilden.[19] Das Anfertigen von Filmaufnahmen ist als ein Erheben und ein Nutzen und ggf. ein Speichern personenbezogener Daten zu werten, wenn es nicht ausschließlich zur Ausübung persönlicher oder familiärer Tätigkeiten vorgenommen worden ist (§ 1 Abs. 2 Nr. 3 BDSG).[20] Familiär geprägt sind typischerweise nichtwirtschaftliche Tätigkeiten natürlicher Personen im Bereich Freizeit, Sport, Konsum, Unterhaltung und Kommunikation.[21] Soweit die Aufnahmen des Nachbargrundstücks das eigene familiäre Umfeld nicht betreffen, können sie durch die Privilegierung von Aufnahme in einer persönlichen und familiären Tätigkeit nicht gerechtfertigt werden.[22] Das automatisierte Anfertigen von Videoaufnahmen über die Grundstücksgrenzen hinweg erfüllt diese Anforderungen und unterfällt auch nicht der Ausnahme der ausschließlich persönlichen und familiären Tätigkeit im Sinne von § 3 Abs. 2 der DSRL.[23]

5 **b) Berechtigung.** Datenschutzrechtlich zulässig ist die Anfertigung von Videoaufnahmen jedenfalls dann, wenn alle davon Betroffenen eingewilligt haben.[24] Darüber hinaus ist sie nur eingeschränkt zulässig.

6 **aa) Altes Recht.** Bis zu der seit dem 25.5.2018 geltenden DS-GVO sah § 4 Abs. 1 BDSG aF vor, dass die Erhebung, Verarbeitung, Speicherung und Nutzung personenbezogener Daten ohne die Einwilligung des Betroffenen nur gestattet war, wenn sie das BDSG oder eine sonstige Rechtsvorschrift erlaubte. Verstieß eine Aufnahme gegen § 4 BDSG, war sie rechtswidrig.[25] Eine die Datenerhebung gestattende Rechtsvorschrift war § 6b BDSG. Danach war eine Videoaufnahme durch Private[26] in Räumen, die dem öffentlichen Verkehr gewidmet sind, insbesondere zur Wahrung des Hausrechts,[27] grundsätzlich gestattet.[28]

7 **bb) Neuregelung mit der Datenschutz-Grundverordnung.** Die vorstehenden Grundsätze des alten Rechts sind auch nach der DS-GVO, die den Schutz erweitert hat, weiter anwendbar. Videoaufnahmen außerhalb des eigenen Grundstücks bedürfen einer Berechtigung.

8 **(1) Art. 6 Abs. 1 lit. f DS-GVO.** Die Videoüberwachung zu privaten Zwecken setzt gemäß Art. 6 Abs. 1 Abs. 1 lit. f DS-GVO voraus, dass sie zur Wahrung der berechtigten Interessen des Verantwortlichen oder eines Dritten erforderlich ist und die Interessen oder Grundrechte und Grundfreiheiten der betroffenen Person, die den Schutz personenbezogener Daten erfordern, nicht überwiegen.[29] Ein berechtigtes Interesse kann ein rechtliches, wirtschaftliches oder ideelles sein.[30]

9 Datenschutzrechtlich unbedenklich zulässig ist gemäß § 6b Abs. 1 BDSG eine Videoüberwachung nur dann, wenn sie zur Wahrnehmung des Hausrechts oder berechtigter Interessen für konkret festgelegte Ziele erforderlich ist und keine Anhaltspunkte dafür vorliegen, dass schutzwürdige Interessen der Betroffenen überwiegen.[31] Dieses Interesse kann der Abwehr drohender Gefahren durch die Abschreckung potenzieller Straftäter, aber auch der Sicherung von Beweisen dienen. Zudem muss gemäß § 6b Abs. 2 BDSG[32] die Überwachung den betroffenen Personen in geeigneter Weise erkennbar gemacht werden. Dies kann etwa

19 *Schulz* in Gola DS-GVO Art. 6 Rn. 149.
20 *Stöber* NJW 2015, 3683.
21 *Schmidt* in Taeger/Gabel DS-GVO Art. 2 Rn. 20.
22 AA *Regenfuß* NZM 2011, 800.
23 EuGH (4. Kammer) Urt. v. 11.12.2014 – C 212/13, NJW 2015, 463 (464); *Schmidt* in Taeger/Gabel DS-GVO Art. 2 Rn. 20.
24 *Stöber* NJW 2015, 3683; *Elzer* NJW 2013, 3539.
25 *Becker* in Plath BDSG § 4 Rn. 31.
26 BGH Urt. v. 24.5.2013 – V ZR 220/12, NJW 2013, 3089 (3090).
27 Kritisch zu dem datenschutzrechtlichen Hausrechtsbegriff: *Ziegler* DuD 2003, 340.
28 *Elzer* NJW 2013, 3538; *Huff* JuS 2005, 896.
29 *Schulz* in Gola DS-GVO Art. 6 Rn. 56.
30 *Schulz* in Gola DS-GVO Art. 6 Rn. 57.
31 *Stöber* NJW 2015, 3684.
32 Dazu: *Lohse* VersR 2016, 958.

durch deutlich sichtbare Hinweisschilder erfolgen.[33] Heimliche Videoaufnahmen werden als treuwidrig im Sinne des Art. 5 Abs. 1 lit. a DS-GVO angesehen.[34]

Eine so auf den öffentlichen Raum ausgerichtete Kamera, dass sie die den öffentlichen Bereich passierenden Passanten erkennbar aufzeichnet, unterfällt dem Schutzbereich der DS-GVO. Die aufgezeichneten Bilder sind Daten im Sinne des Art. 4 Nr. 2 DS-GVO.[35] Durch die Aufzeichnung werden sie verarbeitet. Die Zulässigkeit der Verarbeitung folgt wiederum aus Art. 6 Abs. 1 DS-GVO. Auf diesen können sich jedoch Privatpersonen gemäß Art. 6 Abs. 1 lit. e DS-GVO nicht berufen, weil diese Regelung auf behördlich oder staatlich veranlasste Verarbeitungsvorgänge beschränkt ist,[36] die im öffentlichen Raum erfolgen.[37] Die Regelungen des § 4 Abs. 1 S. 1 BDSG kann nach der Auffassung des Bundesverwaltungsgerichts nicht mehr für die Bestimmung der rechtmäßigen Filmaufnahmen herangezogen werden. Vielmehr sind auch private Filmaufnahmen an dem Maßstab des Art. 6 Abs. 1 lit. f DS-GVO zu messen.[38] Danach muss die Verarbeitung zur Wahrung berechtigter, also schutzwürdiger und objektiv begründbarer Interessen erforderlich sein. Zudem müssen diese Interessen höher zu gewichten sein als das Recht auf informationelle Selbstbestimmung der Betroffenen.[39] Das kann etwa dann der Fall sein, wenn die Kamera zur Verhinderung von Straftaten erforderlich ist, die Betroffenen damit vernünftigerweise rechnen müssen oder sie branchenüblich ist.[40] Diese Voraussetzungen liegen etwa selbst bei dem öffentlich zugänglichen Bereich einer Zahnarztpraxis nicht von vornherein vor.[41] 10

Bei Verstößen gegen die Grundsätze der DS-GVO kann der Betreiber der Kamera gemäß Art. 58 Abs. 2 DS-GVO angehalten werden, Abhilfe zu schaffen.[42] Zu den unter Anwendung dieses Maßstabs erlaubten Aufnahmen gehören diejenigen in den Verkaufsräumen eines Ladens,[43] dem Außenbereich vor dem Eingang eines Wohn- und Bürogebäudes sowie Treppenhäusern und Fahrstühlen von Gebäuden mit mehreren Wohnungen und Büros.[44] 11

(2) § 4 BDSG. In § 4 BDSG ist eine spezialgesetzliche Regelung für Filmaufnahmen in öffentlichen Räumen getroffen. Nach § 4 Abs. 1 BDSG dürfen öffentlich zugängliche Räume mit optisch-elektronischen Einrichtungen, also einer Videoüberwachung, beobachtet werden, wenn dies zur Wahrnehmung des Hausrechts (Nr. 2), oder zur Wahrung berechtigter Interessen für konkret festgelegte Ziele (Nr. 3) erforderlich ist und das Überwiegen schutzwürdiger Interessen Dritter nicht zu besorgen ist. Von dieser Regelung sind allerdings nicht alle Videoaufnahmen, sondern nur solche erfasst, die die Aufnahmen auch speichern 12

(3) Ersatzansprüche. Datenschutzverstöße können einen Ersatzanspruch gemäß Art. 82 DS-GVO begründen.[45] Dieser ist auch auf den immateriellen Schaden gerichtet.[46] 13

2. Kunsturhebergesetz

Rechte aus dem KUG kann der von der Videoaufnahme betroffene Nachbar nur dann erfolgreich rügen, wenn die angefertigten Videoaufnahmen auch verbreitet werden. Die Regelungen der §§ 22, 23 KUG gewährleisten das Recht am eigenen Bild nur insoweit, als sie vor einer unzulässigen Verbreitung oder Zur- 14

33 OVG Lüneburg Urt. v. 29.9.2014 – 11 LC 114/13, NJW 2015, 502 (504).
34 *Pöttens* in Gola DS-GVO Art. 5 Rn. 9.
35 BVerwG Urt. v. 27.3.2019 – 6 C 2/18, NJW 2019, 2556 (2561).
36 BVerwG Urt. v. 27.3.2019 – 6 C 2/18, NJW 2019, 2556 (2561).
37 *Gola* in Gola DS-GVO Art. 6 Rn. 160.
38 BVerwG Urt. v. 27.3.2019 – 6 C 2/18, NJW 2019, 2556 (2562).
39 BVerwG Urt. v. 27.3.2019 – 6 C 2/18, NJW 2019, 2556 (2562).
40 BVerwG Urt. v. 27.3.2019 – 6 C 2/18, NJW 2019, 2556 (2562).
41 BVerwG Urt. v. 27.3.2019 – 6 C 2/18, NJW 2019, 2556 (2562).
42 BVerwG Urt. v. 27.3.2019 – 6 C 2/18, NJW 2019, 2556 (2561).
43 *Elzer* NJW 2013, 3538.
44 *Stöber* NJW 2015, 3683.
45 Dazu: *Wybitul* NJW 2019, 3265.
46 *Schmidt* in Taeger/Gabel DS-GVO Art. 1 Rn. 35.

schaustellung der Bilder schützen.[47] Das bloße Herstellen von Aufnahmen ist von dem Schutzbereich nicht erfasst.[48] Die Zustimmung des Betroffenen zur Verbreitung ist gemäß § 23 Abs. 1 Nr. 1 KUG nur dann entbehrlich, wenn eine Person der Zeitgeschichte betroffen ist.[49] Auch das ist jedoch vom Grundsatz der Verhältnismäßigkeit bestimmt.[50] Eine nicht der Information der Öffentlichkeit, sondern der Befriedigung der Neugier dienende Berichterstattung ist davon nicht gedeckt.[51] Bei illegalen Filmaufnahmen durch die Presse steht das Allgemeine Persönlichkeit ebenso wenig wie das Recht am eingerichteten und ausgeübten Gewerbebetrieb einer Veröffentlichung der Filmaufnahmen zwingend entgegen. Auch diese Rechte sind mit den kollidierenden Rechten abzuwägen, so dass eine Veröffentlichung bei einem entsprechenden Informationsinteresse der Öffentlichkeit auch bei bewusst illegal beschafften Filmaufnahmen rechtmäßig sein kann.[52]

3. Eingriff in das Allgemeine Persönlichkeitsrecht

15 In die Persönlichkeitsrechte Dritter wird durch Video- und Filmaufnahmen jedenfalls dann eingegriffen, wenn festgestellt werden kann, dass diese tatsächlich von der Überwachung betroffen sind. Das ist nur dann mit dem Allgemeinen Persönlichkeitsrecht zu vereinbaren, wenn das Recht des Betreibers an der Überwachung das Persönlichkeitsrecht des Betroffenen überwiegt.[53] Anders verhält es sich dann, wenn auf das Nachbargrundstück lediglich eine Kameraattrappe gerichtet wird,[54] da durch diese keine in das Persönlichkeitsrecht eingreifende Bilder gefertigt werden können.

4. Straftatbestände

16 Das nicht erlaubte Aufnehmen des – im geschützten Bereich typischerweise – nichtöffentlich gesprochenen Wortes ist gemäß § 201 StGB strafbar. Auch diese Regelung schützt das Allgemeine Persönlichkeitsrecht und die Vertrauenssphäre der Betroffenen.[55] Strafrechtlich relevant werden Videoaufnahmen, Bild- und Tonaufnahmen durch Drohnen (→ *Drohne* Rn. 6) und Dashcams (→ *Dashcam* Rn. 2) gemäß § 201a Abs. 1 StGB, wenn sie in einer Wohnung oder in einem besonders geschützten Raum hergestellt werden. Dazu kann auch ein durch Sichtschutzmaßnahmen abgeschirmter Teil des Außenbereichs eines Grundstücks gehören. Das gesprochene Wort muss an einen abgegrenzten Personenkreis gerichtet worden sein.[56] Der Tatbestand kann auch dann verwirklicht werden, wenn sich der Täter und das Opfer nicht in demselben Raum befinden,[57] so dass auch eine auf dem Nachbargrundstück angebrachte Videokamera ein geeignetes Tatmittel ist. Dies kann auch offen geschehen, eine Heimlichkeit der Aufnahme ist keine Tatbestandsvoraussetzung.[58] Das Persönlichkeitsrecht wird durch die Verbreitung von Aufnahmen verletzt, wenn die aufgenommene Person erkennbar ist.[59]

47 *Klass* in Erman BGB Anhang zu § 12 Rn. 143; *Gehrlein* VersR 2011, 1357.
48 BGH Urt. v. 25.4.1995 – VI ZR 272/94, NJW 1995, 1955 (1956).
49 Zu den Personen der Zeitgeschichte und den relativen Personen der Zeitgeschichte: *Klass* in Erman BGB Anhang zu § 12 Rn. 176; BGH Urt. v. 28.10.2008 – VI ZR 307/07, NJW 2009, 757 (758); BGH Urt. v. 9.2.2010 – VI ZR 243/08, MDR 2010, 570 (570).
50 BGH Urt. v. 13.4.2010 – VI ZR 125/08, NJW 2010, 3025 (3026).
51 LG Köln Urt. v. 14.3.2018 – 28 O 362/17, juris Rn. 74.
52 BGH Urt. v. 10.4.2018 – VI ZR 396/16, NJW 2018, 2877 (2880).
53 BGH Urt. v. 16.3.2010 – VI ZR 176/09, NJW 2010, 1533 (1534).
54 OLG Frankfurt a.M. Hinweisbeschluss vom 12.10.2017 – 3 U 195/16, NJOZ 2019, 736 (736).
55 *Ullenbohm* NJW 2019, 3109.
56 OLG Köln Beschl. v. 18.7.2019 – 15 W 21/19, NJW-RR 2020, 30 (34).
57 BGH Beschl. v. 22.6.2016 – 5 StR 198/16, NStZ-RR 2016, 279 (280).
58 OLG Jena Urt. v. 24.3.1995 – 1 Ss 184/94, NStZ 1995, 502 (503).
59 BGH Beschl. v. 5.2.2019 – 3 StR 563/18, NStZ-RR 2019, 143 (Ls.); OLG Dresden Urt. v. 24.9.2019 – 4 U 1401/19, NJ 2019, 533 (Ls.).

III. Die Videoaufnahme im Zivilrecht

Ob (permanente) Videoaufnahmen auf dem eigenen Grundstück von dem Nachbarn erfolgreich angegriffen werden können, wird wesentlich von der Ausrichtung der Kamera und damit dadurch bestimmt, welche Bereiche von dieser erfasst werden. 17

1. Die Zulässigkeit der Videoaufnahmen

Videoaufnahmen von dem Grundstück des Nachbarn können mit den Mitteln des Nachbarrechts nur verhindert werden, wenn deren Herstellung Rechte des Nachbarn verletzt und der die Aufnahme fertigende Nachbar kein diese Verletzung überwiegendes Interesse daran hat. Hierfür ist auch die Ausrichtung der Kamera ein wesentlicher Faktor. 18

a) Auf das eigene Grundstück gerichtete Kamera. Ein berechtigtes Interesse besteht regelmäßig an der Überwachung des eigenen Grundstücks. Eine ausschließlich auf den privaten Bereich der überwachenden Person gerichtete Filmaufnahme ist damit im Regelfall zulässig,[60] sie begründet keine rechtlich relevante Beeinträchtigung für den Nachbarn.[61] Das Persönlichkeitsrecht des Nachbarn kann jedoch dann beeinträchtigt sein, wenn die Kameras zwar ausschließlich auf das eigene Grundstück ausgerichtet, Dritte durch sie jedoch einem Überwachungsdruck ausgesetzt sind, sie also aufgrund der konkreten Ausprägung des nachbarschaftlichen Verhältnisses, etwa wegen vorhergegangener tätlicher Auseinandersetzungen, das Fertigen von Aufnahmen jederzeit ernsthaft befürchten müssen.[62] 19

b) Die (auch) auf das Nachbargrundstück gerichtete Kamera. Ohne einen Eingriff in das Allgemeine Persönlichkeitsrecht des Nachbarn zu begründen, darf eine Überwachungsanlage auf einem privaten Grundstück nur installiert werden, wenn durch diese weder öffentliche noch fremde private Flächen erfasst werden und eine künftige (Mit-) Erfassung allein durch eine äußerlich wahrnehmbare aufwändige technische Veränderung der Anlage möglich ist.[63] Das dauerhafte ungenehmigte Beobachten eines Nachbargrundstücks mit einer Videoüberwachungsanlage verletzt das Persönlichkeitsrecht der Grundstücksnachbarn.[64] Können unbeteiligte Dritte der Filmaufnahme nicht ausweichen, ist dieser Eingriff in ihr Persönlichkeitsrecht nur dann gerechtfertigt, wenn sonst eine schwerwiegende Beeinträchtigung der Person oder der Wohnsphäre zu besorgen wäre.[65] Diese kann auf einer ausgeuferten nachbarschaftlichen Auseinandersetzung mit erheblichen damit zusammenhängenden Rechtsverletzungen beruhen. Die Filmaufnahme Dritter auf einem fremden Grundstück ist allenfalls dann zulässig, wenn ein der überwachten Person zurechenbarer Anlass besteht.[66] 20

Der Schutz des Nachbarn greift auch dann ein, wenn sein Grundstück von den Aufnahmen, häufig aus praktischen Gründen,[67] lediglich miterfasst ist. Wird durch eine Videokamera auch die Einfahrt des Nachbargrundstücks aufgenommen, begründet bereits das den Verdacht, diese Kameraausrichtung führe zu einer Verletzung des Persönlichkeitsrechts.[68] Ein unzulässiger Eingriff in das Allgemeine Persönlichkeitsrecht kann auch dann vorliegen, wenn die Kamera die gemeinsame Hauseinfahrt zweier Grundstücksnachbarn 21

60 BGH Urt. v. 24.5.013 – V ZR 220/12, NJW 2013, 3089 (3091); LG Berlin Urt. v. 18.10.2016 – 35 O 200/14, juris Rn. 28; *Stöber* NJW 2015, 3682; *Gehrlein* VersR 2011, 1357.

61 LG Koblenz Urt. v. 2.3.2006 – 12 S 17/06, NJW-RR 2006, 1200 (1200).

62 LG Hamburg Urt. v. 18.1.2018 – 304 O 69/17, ZMR 2018, 473 (474); vgl. LG Bonn 26.11.2019 – 8 S 72/19, MDR 2020, 284 (284).

63 BGH Urt. v. 16.3.2010 – VI ZR 176/09, NJW 2010, 1533 (1534).

64 AG München Endurteil vom 22.11.2018 – 213 C 15498/18, NJOZ 2019, 1325 (1327); *Horst* NZM 2000, 938. Das bloße Anfertigen eines Fotos eines fremden Hauses soll dagegen dann keine Abwehr- und Zahlungsansprüche begründen, wenn sie von einer allgemein zugänglichen Stelle angefertigt worden sind: BGH Urt. v. 9.3.1989 – I ZR 54/87, NJW 1989, 2251 (2252).

65 *Gehrlein* VersR 2011, 1357.

66 LG Paderborn Urt. v. 30.11.2017 – 3 O 182/17, NZM 2018, 766 (768).

67 *Bull* JZ 2017, 798.

68 AG München Urt. v. 14.11.2017 – 172 C 14702/17, juris Rn. 20.

aufnimmt.[69] Das ist jedenfalls dann der Fall, wenn die Betroffenen den Aufnahmebereich der Kamera auf dem Weg zu ihrem Grundstück passieren müssen und keinen Einfluss darauf haben, wann von ihnen Aufnahmen gefertigt werden. Eine solche zumindest subjektiv als Kontrolle empfundene Handlungsweise muss nicht hingenommen werden.[70] Nach einer amtsgerichtlichen Entscheidung soll es zur Wahrung des Persönlichkeitsrechts des Nachbarn aber ausreichen, wenn der Bereich seines Grundstücks, der von der Kamera miterfasst ist, automatisch verpixelt wird,[71] sofern auch eine Fachfirma die Verpixelung nicht nachträglich aufheben kann.[72]

22 **c) Die (auch) auf öffentliche Bereiche ausgerichtete Kamera.** In öffentlich zugänglichen Bereichen ist die Überwachung mit Videoanlagen regelmäßig unzulässig.[73] Das gilt jedenfalls dann, wenn die Betroffenen nicht ausweichen können.[74] Das Herstellen von Bild- und Filmaufnahmen kann, wenn sie auf öffentlich zugänglichen Bereichen erfolgen, einen unzulässigen Eingriff in das Persönlichkeitsrecht begründen. Bereits das Aufstellen einer (jedenfalls dem äußeren Anschein nach) einsatzbereiten Kamera mit der Erklärung, sie zum Filmen zu nutzen, wenn auf dem Nachbargrundstück ein „Fehlverhalten" festzustellen sei, begründet einen Eingriff in das Persönlichkeitsrecht.[75] Auch dieser kann jedoch im Einzelfall gerechtfertigt sein. Das setzt aber zumindest voraus, dass die Aufnahmen im öffentlichen Bereich nicht heimlich erfolgen und auf sie hinreichend deutlich hingewiesen wird. Soweit die DS-GVO zur Anwendung kommt, steht deren Verwertung regelmäßig entgegen, dass die Verwertung heimlicher Videoaufnahmen treuwidrig im Sinne des § 5 Abs. 1 lit. a DS-GVO ist.[76]

2. Unterlassungsanspruch aus § 1004 BGB

23 Der Grundstücksnachbar muss rechtswidrige Eingriffe in sein Eigentum und sein Persönlichkeitsrecht durch Videoaufnahmen nicht dulden. Erfolgen sie, kann er entsprechend § 1004 Abs. 1 BGB die Beseitigung der Kameras und deren dauerhaftes Nichtbetreiben verlangen.

24 **a) Rechtsverletzung.** Die einen Unterlassungsanspruch aus § 1004 BGB begründende Rechtsverletzung wird regelmäßig in der Verletzung des Persönlichkeitsrechts liegen.

25 **b) Eingriff.** Auch ohne eine konkrete Verbreitungsabsicht können permanente Filmaufnahmen mit einer Videokamera in unzulässiger Art und Weise in das Allgemeine Persönlichkeitsrecht der Betroffenen eingreifen.[77] Vorzunehmen ist jeweils eine Abwägung des Einzelfalls,[78] bei der das Persönlichkeitsrecht des Betroffenen und die Belange des Verwenders der Aufnahme in Verhältnis zu setzen sind. Das führt notwendig zu Unsicherheiten bei der Rechtsauslegung.[79] In der Praxis der Gerichte ist bei privaten Objekten jedoch eine Tendenz zu verzeichnen, dem Allgemeinen Persönlichkeitsrecht im Zweifel den Vorrang einzuräumen.[80] Eine Überwachung des Nachbarn und seiner Besucher ist ebenso wenig gestattet, wie deren Vortäuschen.

26 **aa) Überwachung der Nachbarn.** Ist mit der Videoaufnahme eine Überwachung des Nachbarn verbunden, ist diese nur dann rechtmäßig, wenn der in ihr liegende Eingriff in das Persönlichkeitsrecht des Nachbarn im Hinblick auf das Ziel der Aufnahme verhältnismäßig ist. Die Verhältnismäßigkeit ist wiederum von

69 LG Berlin Urt. v. 22.8.1986 – 8 O 197/85, NJW 1988, 346 (347).
70 BGH Urt. v. 25.4.1995 – VI ZR 272/94, NJW 1995, 1955 (1956).
71 AG Wedding Urt. v. 25.6.2014 – 8a C 63/13, juris Rn. 19.
72 LG Berlin Urt. v. 23.7.2015 – 57 S 215/14, NJW-RR 2016, 366 (367).
73 *Elzer* NJW 2013, 3538.
74 AG Berlin-Mitte Urt. v. 18.12.2003 – 16 C 427/02, NJW-RR 2004, 531 (533).
75 LG Braunschweig Urt. v. 18.3.1998 – 12 S 23/97, NJW 1998, 2457 (2458).
76 *Pöttens* in Gola DS-GVO Art. 5 Rn. 9.
77 *Stöber* NJW 2015, 3682.
78 BGH Urt. v. 16.3.2010 – VI ZR 176/09, NJW 2010, 1533 (1534); BGH Urt. v. 25.4.1995 – VI ZR 272/94, NJW 1995, 1955 (1956). LG Hamburg Urt. v. 18.1.2018 – 304 O 69/17, ZMR 2018, 473 (475); AG Brandenburg Urt. v. 22.1.2016 – 31 C 138/14, NJOZ 2017, 365 (366).
79 *Horst* NZM 2000, 937.
80 *Stöber* NJW 2015, 3684.

dem Anlass der Videoaufnahmen sowie den durch sie hervorgerufenen Beeinträchtigungen des Grundstücksnachbarn[81] abhängig. Eine konkrete Überwachung ist zu besorgen, wenn der Nachbar zum Erreichen des eigenen Grundstücks das nachbarliche mit einer Kamera überwachte Grundstück passieren muss.[82] Hier darf regelmäßig nicht gefilmt werden. Wenn ein Eigentümer aber angesichts bereits erfolgter Angriffe gegen sein Grundstück eine Videokamera anbringt, kann der Nachbar das Entfernen dieser Kamera nicht verlangen, wenn diese zwar, anders als bisher, objektiv auch auf das Nachbargrundstück ausgerichtet werden kann, das Ausrichten der Kamera aber nur unter erheblichen Aufwand möglich ist.[83] Auch wiederholte Nachstellungen und das Bestreben, deren Verursacher kenntlich zu machen, kann die Rechtmäßigkeit von Bildaufnahmen begründen.[84]

bb) Überwachungsdruck. Auf das tatsächliche Anfertigen von Filmaufnahmen kommt es nicht immer an. 27
Nicht allein eine tatsächliche Überwachung, sondern auch der bloße Überwachungsdruck kann einen Unterlassungsanspruch begründen.[85] Nach der höchstrichterlichen Rechtsprechung kommt es auf eine Einzelfallwertung an. Die Befürchtung, durch Kameras überwacht zu werden, ist begründet, wenn sie auf der Grundlage konkreter Umstände als nachvollziehbar und verständlich erscheint.[86] Ein Anlass dafür kann etwa auch ein eskalierender Streit unter Nachbarn[87] sein. Abzustellen ist dafür auf die Sicht eines objektiven Dritten. Diese Sicht kann auch dadurch geprägt sein, dass in der Vergangenheit von dem Nachbargrundstück gefilmt wurde und diese Kamera unverändert so ausgerichtet ist, dass durch sie öffentliche Wege und das Grundstück des Nachbarn überwacht werden können.[88] Wird eine Kamera installiert, die auf das Nachbargrundstück gerichtet und dies zudem mit einem Scheinwerfer bestrahlt, kann dies den Tatbestand des Nachstellens nach § 1 Abs. 2 Nr. 2 b GewSchG erfüllen, sofern dies nicht der notwendigen Abwehr befürchteter Gefahren, die von einem "tief verfeindeten Nachbarn" ausgehen dienen soll.[89] Besteht aber lediglich eine hypothetische Möglichkeit der Überwachung, wird dadurch das Persönlichkeitsrecht des Nachbarn noch nicht beeinträchtigt;[90] die bloße Möglichkeit der Überwachung eines privaten Zugangs durch eine Videoanlage soll ohne den Nachweis tatsächlich erfolgter missbräuchlicher Bildaufnahmen das Persönlichkeitsrecht des Nachbarn unberührt lassen.[91] Angebracht bleiben darf eine Videokamera dann, wenn der Dritte die Überwachung nicht ernsthaft befürchten muss.[92] Hierfür ist es entscheidend, ob die Kamera einfach oder nur mit erheblichem und äußerlich wahrnehmbarem Aufwand und nicht lediglich durch das Bestätigen einer Steuerungsanlage auf das Grundstück gerichtet werden kann. Allein das Erfordernis, eine hohe Leiter zum Verstellen der Kamera nutzen zu müssen, reicht nicht aus, um die Annahme einer lediglich theoretischen und damit nicht erheblichen Möglichkeit zu begründen, den Aufnahmewinkel zu verändern.[93] Eine einen Unterlassungsanspruch begründende Verdachtslage wird durch das Anbringen einer Videokamera nur dann begründet, wenn zusätzliche Indizien, etwa Auseinandersetzungen der Parteien, den Verdacht der unzulässigen Nutzung befördern.[94] Kann der Nachbar bei einer Dome-Kamera, also einer solchen, die hinter einer schwarz getönten und blickdichten Kuppel verborgen ist,[95] nicht erkennen, in welche Richtung

---

81 Diese kann etwa durch das Black-Box-Verfahren, also eine nur kurzfristige Speicherung der Aufnahmen mit einer automatischen Löschung vermindert werden. Dazu: *Grages/Plath* CR 2017, 791.
82 LG Detmold Urt. v. 8.7.2015 – 10 S 52/15.
83 LG Bielefeld Urt. v. 17.4.2007 – 20 S 123/06, NJW-RR 2008, 327 (327).
84 OLG Saarbrücken Beschl. v. 27.10.2010 – 9 UF 73/10, FamRZ 2011, 985 (986).
85 AG München Endurteil vom 22.11.2018 – 213 C 15498/18, NJOZ 2019, 1325 (1327).
86 Vgl. AG Lemgo Urt. v. 24.2.2015 – 19 C 302/14, juris Rn. 31; LG Berlin Urt. v. 14.8.2018 – 67 S 73/18.
87 OLG Köln Beschl. v. 30.10.2008 – 21 U 22/08, NJW 2009, 1827 (1827).
88 OLG Köln Urt. v. 22.9.2016 – 15 U 33/16, NJW 2017, 835 (836).
89 OLG Hamburg Beschl. v. 25.10,2019 – 2 UF 121/19, NJW-RR 2020, 203 (204).
90 BGH Urt. v. 16.3.2010 – VI ZR 176/09, NJW 2010, 1533 (1534).
91 LG Itzehoe Urt. v. 11.9.1997 – 7 (9) O 51/96, NJW-RR 1999, 1394 (1395); AG Gemünden Urt. v. 28.7.2017 – 11 C 187/17, IMR 2018, 33.
92 LG Bonn Urt. v. 16.11.2004 – 8 S 139/04, NJW-RR 2005, 1067 (1068); LG Darmstadt Urt. v. 17.3.1999 – 8 O 42/99, NZM 2000, 360.
93 BGH Urt. v. 21.10.2011 – V ZR 265/10, NJW-RR 2012, 140 (141).
94 BGH Urt. v. 21.10.2011 – V ZR 265/10, NJW-RR 2012, 140 (141).
95 AG Meldorf Beschl. v. 11.7.2011 – 83 C 568/11, CR 2012, 607 (607).

diese konkret gerichtet ist, kann der Überwachungsdruck das Interesse des Nachbarn an einem durch die Kameraattrappe ohnehin kaum zu gewährleistenden Schutz vor Einbrechern überwiegen.[96]

28 **cc) Rechtsfolge.** Liegt eine nicht gerechtfertigte Verletzung des Persönlichkeitsrechts vor, kann aus § 1004 BGB analog verlangt werden, dass die das Persönlichkeitsrecht verletzende Kameras entfernt werden und ihr zukünftiges Aufstellen unterlassen wird.[97]

3. Schadensersatzanspruch aus § 823 Abs. 1 BGB

29 Die unzulässige Videoüberwachung verletzt das Allgemeine Persönlichkeitsrecht und damit ein sonstiges Recht im Sinne von § 823 Abs. 1 BGB.[98] Der Schutzbereich von § 823 Abs. 1 BGB erfasst die wirtschaftliche Wertschätzung von Personen und Unternehmen vor der Verbreitung unwahrer Behauptungen.[99] Auch das Verwerten ungenehmigter Aufnahmen kann eine Rechtsverletzung und damit einen Schadensersatzanspruch aus § 823 Abs. 1 BGB begründen.[100] Eine Geldentschädigung nach § 823 Abs. 1 BGB setzt jedoch eine schwerwiegende Persönlichkeitsverletzung voraus.[101] Bei einer unberechtigten Ausstrahlung eines von dem Nachbarn unerlaubt aufgenommenen Videos fehlt es daran, wenn der Betroffene der Ausstrahlung und damit einer Veröffentlichung zugestimmt hatte.[102]

30 Die Herausgabe der Filmaufnahmen kann der geschädigte Nachbar wegen der Verletzung des Persönlichkeitsrechts nicht verlangen, weil die Persönlichkeitsverletzung in der Anfertigung und Verwendung der Bilder begründet liegt.

4. Geldentschädigung

31 In Einzelfällen, in denen die Beeinträchtigung massiv erscheint, kann dem betroffenen Nachbarn auch eine Geldentschädigung zustehen. Die schuldhafte Verletzung des Persönlichkeitsrechts begründet aber nur dann einen auf eine Geldentschädigung gerichteten Anspruch, wenn der Eingriff schwerwiegend ist und die dadurch verursachte vermögenswerte Einbuße nicht auf eine andere Weise ausgeglichen werden kann.[103] Dabei ist auch zu berücksichtigen, ob bereits ein Unterlassungstitel vorlag.[104] Etwa eine dauerhafte Aufnahme durch eine in einem Vogelhäuschen verborgene Kamera über einen längeren Zeitraum, die dazu führt, dass sich der Nachbar ständig beobachtet fühlt, kann dafür ausreichen.[105] Eine Geldentschädigung wegen der Verletzung des Persönlichkeitsrechts scheidet aber so lange aus, wie sich nicht der allgemeine Persönlichkeitsschutz als unzureichend erweist oder insgesamt wirkungslos ist. Die eigentlichen Rechtsbehelfe wie die Gegendarstellung, der Widerruf und die Unterlassung müssen sich als wirkungslos erwiesen haben.[106]

---

96 AG Dinslaken Urt. v. 5.3.2015 – 34 C 47/14, juris Rn. 17; AG Meldorf Beschl. v. 11.7.2011 – 83 C 568/11, CR 2012, 607 (608).

97 LG Detmold Urt. v. 24.2.2015 – 19 C 302/14.

98 *Stöber* NJW 2015, 3682. Die Tatbestandsvoraussetzungen des § 824 Abs. 1 BGB sind jedoch nicht erfüllt, wenn wahre Tatsachen mitgeteilt werden: BGH Urt. v. 10.4.2018 – VI ZR 396/16, NJW 2018, 2877 (2879).

99 BGH Urt. v. 10.4.2018 – VI ZR 396/16, NJW 2018, 2877, (2879).

100 BGH Urt. v. 17.12.2010 – V ZR 45/10, NJW 2010, 749 (750).

101 LG Nürnberg-Fürth Urt. v. 29.3.2007 – 11 O 6073/06, juris Rn. 36.

102 LG Nürnberg-Fürth Urt. v. 29.3.2007 – 11 O 6073/06, juris Rn. 39.

103 BVerfG Beschl. v. 14.2.1973 – 1 BvR 112/65, NJW 1973, 1221 (1226); BVerfG Beschl. v. 268.2003 – 1 BvR 1338/00, NJW 2004, 591 (592); BGH Urt. v. 5.10.2004 – VI ZR 255/03, NJW 2005, 215 (216); BGH Urt. v. 17.12.203 – VI ZR 211/12, NJW 2014, 2029 (2031); BGH Urt. v. 21.4.2015 – VI ZR 245/14, NJW 2015, 2500 (2502); OLG Köln Urt. v. 22.9.2016 – 15 U 33/16, NJW 2017, 835 (836).

104 LG Berlin Hinweisbeschluss vom 2.10.2019 – 65 S 1/19, WuM 2020, 38 (39).

105 OLG Köln Urt. v. 13.10.1988 – 18 U 37/88, NJW 1989, 720 (721).

106 OLG Karlsruhe Urt. v. 12.8.1998 – 6 U 64/97, juris Rn. 44.

5. Verbotene Eigenmacht

Die Videoüberwachung von Räumen und Zugängen wird auch als verbotene Eigenmacht im Sinne von § 858 BGB behandelt.[107] Daraus folgt, dass diese Besitzstörung nicht nur gemäß §§ 958 bis 862 BGB abwehrfähig ist, sondern auch zu einem Schadensersatzanspruch aus § 823 Abs. 2 iVm § 858 BGB führt. Ebenso begründet es eine verbotene Eigenmacht, wenn der sich gestört fühlende Nachbar eigenmächtig auf die Videokamera einwirkt, er diese sogar entfernt. Dies kann auch als Sachbeschädigung gemäß § 303 StGB oder als Diebstahl gemäß § 242 StGB strafbar sein und in Verbindung mit § 823 Abs. 2 BGB zu einer zivilrechtlichen Haftung führen. 32

IV. WEG und Mietrecht

Auch in einer Wohnungseigentumsgemeinschaft und in Mietshäusern, in denen die Betroffenen einer Videoaufnahme vielfach viel enger aneinander leben als benachbarte Grundstückseigentümer, ist das Betreiben von Videokameras nur eingeschränkt zulässig. Gerade in Mietshäusern können Videoaufnahmen zu Konflikten führen. 33

1. WEG

Die Kameraüberwachung in einem Mehrfamilienhaus ist ohne die Einwilligung der anderen Betroffenen nur zulässig, wenn sie ausschließlich auf das Sondereigentum gerichtet ist. Gemeinschaftseigentum darf nur bei dem Vorliegen eines berechtigten Interesses auf der Grundlage des Beschlusses der Eigentümergemeinschaft von der Aufnahme erfasst werden.[108] Eine Eingangsüberwachung kann nur einvernehmlich beschlossen[109] werden.[110] Ein von einem Miteigentümer eigenmächtig eingebauter Türspion, der es dem Eigentümer ermöglicht, den Flurbereich zu erfassen und die Daten als Bild- und Tonsignale auf sein Smartphone zu übertragen, sowie mit denen, die die Klingel benutzt haben, zu kommunizieren, muss von den anderen Miteigentümern wegen des aufgebauten Überwachungsdrucks nicht hingenommen werden.[111] 34

Die Videoüberwachung ist der Verwaltung des Gemeinschaftseigentums zuzurechnen und dient dem Schutz der Wohnungseigentumsgemeinschaft (WEG) und der Bewohner.[112] Ein Eigentümerbeschluss, der die dauernde unkontrollierte Videoüberwachung untersagt, entspricht der ordnungsgemäßen Verwaltung.[113] Gegen die Grundsätze der ordentlichen Verwaltung verstößt es, wenn mit einer Kamera im Klingeltableau aufgenommene Bilder ohne technische Beschränkungen in das hausinterne Kabelnetz übertragen werden.[114] Es ist zulässig, wenn in das gemeinschaftliche Klingeltableau eine Kamera eingebaut ist, die durch das Betätigen der Klingel aktiviert wird, deren Bilder ausschließlich in die Wohnung übertragen werden, an der geklingelt wird, deren Aufnahmedauer auf höchstens eine Minute beschränkt ist und die das dauerhafte Aufzeichnen von Bildern nicht ermöglicht.[115] Der einzelne Wohnungseigentümer muss sich der Mehrheit, die eine Videoüberwachung des gemeinsamen Eingangsbereichs wünscht, jedoch nur dann beugen, wenn diese Überwachung wegen des Schutzbedürfnisses der WEG, das etwa durch vorhergegangene belastende Ereignisse deutlich geworden ist, erforderlich ist und das notwendige Maß nicht überschritten wird.[116] 35

---

107 *Joost* in MüKoBGB § 858 Rn. 11; AG Schöneberg Urt. v. 8.3.2000 – 7 C 471/99, ZMR 2000, 684 (684).

108 AG München Urt. v. 28.2.2019 – 484 C 18186/18, juris Rn. 38.

109 Im Hinblick auf die Beschlusskompetenz der Eigentümer nach § 21 Abs. 3 WEG trotz der nicht allein auf Eigentumsfragen beschränkten Frage kritisch: *Elzer* NJW 2013, 354.

110 *Horst* NJW 2009, 1787.

111 AG Bergisch-Gladbach Urt. v. 3.9.2015 – 70 C 17/15, NJW 2015, 3729 (3731); AG Kassel 12.11.2009 – 800 C 612/08, ZMR 2010, 485 (485f.).

112 BGH Urt. v. 24.5.013 – V ZR 220/12, NJW 2013, 3089 (3090).

113 OLG München Beschl. v. 11.3.2005 – 32 Wx 2/05, NZM 2005, 668 (669).

114 KG Beschl. v. 26.6.2002 – 24 W 309/01, NJW 2002, 2798 (2798); zust. *Huff* NZM 2004, 535.

115 BGH Urt. v. 8.4.2011 – V ZR 210/10, NJW-RR 2011, 949 (950) zu § 22 Abs. 1 WEG aF; ähnlich BayObLG Beschl. v. 27.10.2004 – 2Z BR 124/04, NJW-RR 2005, 384 (485).

116 BGH Urt. v. 24.5.013 – V ZR 220/12, NJW 2013, 3089 (3091).

36 Einzelne Mitglieder einer WEG einer Reihenhauswohnanlage dürfen eine Videoanlage nur dann betreiben, wenn darin kein nicht hinzunehmender Nachteil im Sinne des § 14 Abs. 1 WEG für andere Mitglieder entsteht. Sonst besteht ein Unterlassungsanspruch aus § 1004 Abs. 1 BGB iVm §§ 14 Abs. 1 Nr. 2 WEG.[117] Es kann zulässig sein, den (gemeinsamen) Eingangsbereich zu überwachen, sofern die Gemeinschaft ein berechtigtes Überwachungsinteresse hat, das das Interesse der einzelnen WEG-Mitglieder daran, nicht auch überwacht zu werden, überwiegt.[118] Gleiches gilt dann, wenn eine Videokamera auf der gemeinschaftseigenen Hoffläche Kameras angebracht wird, um dort Kfz-Stellplätze zu überwachen, sofern die Aufnahme nicht auf das eigene Sondereigentum beschränkt ist.[119] Das Anbringen einer Kameraattrappe auf der Unterseite eines Balkons führt noch nicht zu einer Beeinträchtigung im Sinne von § 14 Abs. 2 Nr. 2 WEG.[120]

37 Für die Bestimmung des rücksichtsvollen Gebrauchs des Sonder- und Gemeinschaftseigentums im Sinne von § 14 Nr. 1 WEG und den nicht hinzunehmenden Nachteil der anderen Miteigentümer ist wesentlich auch auf die Teilungserklärung abzustellen. Danach ist der einzelne Wohnungseigentümer in Zweifelsfragen so zu betrachten, als hätte er ein selbstständig parzelliertes Grundstück. Ein Nachteil scheidet unter dieser Betrachtung dann aus, wenn alle anderen Wohnungseigentümer in der konkreten Situation auch berechtigt wären, die Videoanlage zu betreiben.[121]

38 Auch wenn die Eigentümergemeinschaft einen Zweck verfolgt, der generell das Anbringen einer Videokamera rechtfertigt, muss deren Umfang auf das Notwendige beschränkt werden.[122]

2. Vermieter und Mitmieter

39 Eine dauerhafte Videoüberwachung in einem Mehrfamilienhaus ist regelmäßig unzulässig;[123] einem Vermieter ist es nicht gestattet, den Aufzug eines Mietshauses[124] oder die Wohnungseingangstür eines Mieters[125] mittels einer Videokamera zu überwachen, es sei denn, ihm ist es gelungen, die Zustimmung der Betroffenen zu erlangen.[126] Daher kann durch das Installieren einer Kameraattrappe im Eingangsbereich eines Hauses das Persönlichkeitsrecht der Mieter und Besucher verletzen und deshalb unzulässig sein.[127] Sie erweckt den Anschein der Überwachung. Ebenso wenig darf in dem Keller eines Miethauses eine Videokamera angebracht werden, um den Verdacht eines „wilden Urinierens" aufzuklären.[128] Dagegen lässt sich das mit dem Ziel erfolgte Anbringen einer auf den Eingang eines Mehrfamilienhauses gerichteten Videoattrappe, mögliche Freier von dem Besuch einer ihrem illegalen Gewerbe nachgehenden Prostituierten abzuschrecken, mit dem Allgemeinen Persönlichkeitsrecht vereinbaren.[129]

40 Mieter eines Mehrfamilienhauses sind nicht dazu berechtigt, von allgemein zugänglichen Bereichen, insbesondere des Hausflurs und der Hauseingangstür, Videoaufnahmen zu tätigen.[130] Auch das Aufstellen einer professionell wirkenden Videokameraattrappe durch einen Mitmieter zur Abwehr von Beeinträchtigungen seines Eigentums kann das Persönlichkeitsrecht der anderen Mieter und deren Besucher verletzen.[131] Eine

117 BGH Urt. v. 21.10.2011 – V ZR 265/10, NJW-RR 2012, 140 (140).
118 BGH Urt. v. 24.5.013 – V ZR 220/12, NJW 2013, 3089 (3090).
119 OLG Düsseldorf Beschl. v. 5.1.2007 – 3 Wx 199/06, juris Rn. 15.
120 LG Frankfurt Beschl. v. 11.11.2013 – 13 S 24/13, ZMR 2014, 306 (307).
121 BGH Urt. v. 21.10.2011 – V ZR 265/10, NJW-RR 2012, 140 (141).
122 AG Hamburg-St. Georg Urt. v. 9.8.2019 – 980b C 1/19, ZMR 2020, 59 (60).
123 *Horst* NJW 2009, 1787.
124 KG Beschl. v. 4.8.2008 – 8 U 83/08, NZM 2009, 736 (737).
125 *Horst* NZM 2000, 939.
126 AG Frankfurt Beschl. v. 9.9.2002 – 65 UR II 149/02, NJW-RR 2003, 158 (159); *Elzer* NJW 2013, 3540.
127 AG Berlin-Lichtenberg Beschl. v. 21.1.2008 – 10 C 156/07, NJW-RR 2008, 1693 (1695).
128 AG Zerbst Urt. v. 31.3.2003 – 6 C 614/02, NJW-RR 2003, 1595 (1595).
129 LG Darmstadt Urt. v. 17.3.1999 – 8 O 42/99, NZM 2000, 360 (360).
130 AG München Urt. v. 4.12.013 – 413 C 26749/13, ZMR 2016, 550 (551).
131 AG Aachen Urt. v. 11.11.2003 – 10 C 386/03, NZM 2004, 339 (340).

Ausnahme wurde für einen seh- und gehbehinderten Mieter, der im Hausflur eine Kamera angebracht hatte, die ausschließlich den Bereich seiner Wohnungseingangstür erfasste, angenommen.[132]

V. Prozessuale Hinweise

Da durch eine unzulässige Filmaufnahme das Persönlichkeitsrecht und nicht die persönliche Ehre beeinträchtigt ist, unterfällt eine Klage nicht der Zwangsschlichtung nach Art. 1 Nr. 2 BaySchlG.[133] 41

1. Die Klage

Neben der auf die Rechtsverteidigung gerichteten Feststellungsklage werden die Unterlassungsklage und Unterlassungsanträge im einstweiligen Rechtsschutz eine Rolle spielen. Die Leistungsklage ist jeweils darauf zu richten, es zu unterlassen, die Kameras auf das Grundstück des jeweiligen Klägers und die öffentlichen Räume zu richten. Wesentlich dafür ist die Frage, ob die konkrete Ausführung der Videoaufnahmen, sei sie permanent oder situativ, von dem Nachbarn zu dulden ist. Bei dem Klageantrag muss für eine hinreichend klare Bestimmung Sorge getragen werden (§ 253 Abs. 2 Nr. 2 ZPO). 42

2. Beweislast

Die Gefahrenlage muss nachgewiesen werden. Sieht sich ein Nachbar durch eine Videoanlage des Nachbarn als unzulässig überwacht an, muss er lediglich beweisen, dass ernsthafte und greifbare Anhaltspunkte für eine zukünftig rechtswidrige Überwachung bestehen. Eine bereits eingetretene Verletzung muss er nicht beweisen.[134] Ein Indiz kann ein bereits zuvor eingetretener Schaden sein.[135] Die Beweislast für den behaupteten Eingriff in das Persönlichkeitsrecht trägt der Nachbar, der sich darauf beruft.[136] Die Beweislast dafür, dass die (auch) auf ein Nachbargrundstück gerichteten Kameras nicht lediglich Attrappen sind, soll nach der obergerichtlichen Rechtsprechung der auf Unterlassung klagende Nachbar tragen, der die Funktionsfähigkeit der auf sein Grundstück gerichteten Kameras beweisen muss.[137] Der „Betreiber" einer Kamera kann seiner durch die vorgehenden Zerwürfnisse mit den Nachbarn begründete Beweislast im Hinblick auf die Unmöglichkeit, mit einer Kameraattrappe Filmaufnahmen zu fertigen, dadurch entsprechen, dass er diese im Termin als Augenscheinsobjekt vorlegt.[138] 43

3. Beweisverwertungsverbote

Die Konsequenzen unzulässiger Filmaufnahmen sind Beweisverwertungsverbote. Die Verwertbarkeit heimlicher Videoaufnahmen als Beweismittel im Zivilprozess kann ausscheiden. Sie greift in das Allgemeine Persönlichkeitsrecht ein, kann aber bei einem nachvollziehbaren Anlass, etwa einem konkreten Verdacht, gleichwohl keinem Beweisverwertungsverbot unterliegen.[139] Wäre sie trotz einer rechtswidrigen Erlangung generell zulässig, würde der beabsichtigte Schutz ins Leere laufen.[140] So ist es unzulässig, die Aufnahmen einer rechtswidrig erlangten Videoaufnahme einer Waschküche, die wegen einer vorhergehenden Beschädigung von Waschmaschinen begonnen worden waren, als Augenscheinsobjekte in den Prozess einzuführen. Nur so kann dem Schutzzweck des Verbotes der Videoaufnahmen entsprochen werden.[141] Gleiches gilt dann, wenn der Stellplatz eines Eigentümers in einer Tiefgarage mit verdeckten Videoaufnahmen 44

132 AG Köln Urt. v. 20.12.1994 – 208 C 57/94, NJW-RR 1995, 1226 (1227).
133 AG Gemünden Urt. v. 28.7.2017 – 11 C 187/17, IMR 2018, 33.
134 OLG Köln Beschl. v. 30.10.2008 – 21 U 22/08, NJW 2009, 1827 (1827).
135 *Elzer* NJW 2013, 3538.
136 OLG München Beschl. v. 13.2.2012 – 20 U 4641/11, juris Rn. 5.
137 OLG Frankfurt Beschl. v. 12.19.2017 – 3 U 195/16, juris Rn. 30; OLG Frankfurt a.M. Hinweisbeschluss vom 12.10.2017 – 3 U 195/16, NJOZ 2019, 736 (737).
138 LG Duisburg Urt. v. 17.10.2016 – 3 O 381/15, juris Rn. 31.
139 Für die Videoüberwachung eines Arbeitnehmers: BAG Urt. v. 27.3.2003 – 2 AZR 51/02, NJW 2003, 3436 (3437).
140 BAG Urt. v. 16.12.2010 – 2 AZR 485/08, NZA 2011, 571 (573).
141 OLG Köln Urt. v. 5.7.2005 – 24 U 12/05, NJW 2005, 2997 (2999).

überwacht wird.[142] Dann darf weder das Band eingeführt noch eine Person, die das Band angesehen hat, als Zeuge vernommen werden.[143] Die Aufnahmen durch eine unzulässig erstellte Videoaufnahme sind aber nicht generell unverwertbar. Im Zivilprozess können grundsätzlich auch rechtswidrig geschaffene Beweismittel verwertet werden, wenn dies eine Interessenabwägung gestattet.[144] Die Verwertung ist jedenfalls dann zulässig, wenn die Aufnahme eine öffentliche Straße betrifft, der Intimbereich des Nachbarn nicht betroffen wurde und eine erhebliche eigene Rechtsverletzung, etwa eine vorsätzliche Körperverletzung, anders nicht bewiesen werden kann.[145]

VI. Öffentliches Recht

45 Im öffentlichen Bereich ist die Videoüberwachung schlichtes Verwaltungshandeln, gegen das der Rechtsweg zu den Verwaltungsgerichten eröffnet ist.[146] Zu polizeilichen Zwecken kann das Aufstellen dauerhaft filmender Videoanlagen zu Überwachungszwecken zulässig sein.[147]

123. Volksfest

A. Kerkmann

Literatur: *Fricke*, Zur Novelle der LAI-Freizeitlärmrichtlinie – Eine Übersicht über die vom Richtliniengeber vorgenommenen Änderungen mit Anmerkungen, KommJur 2017, 45 ff.; *Wagner*, Wesentlichkeit gleich Erheblichkeit? Zur Harmonisierung von öffentlichem und privatem Nachbar- und Immissionsschutzrecht, NJW 1991, 3247.

I. Einführung

1 Als störend empfundene Belästigungen können für die Nachbarschaft von Volksfesten[1] ausgehen. Volksfeste sind im Brauchtum verankerte regional typische Feste, die oft eine sehr lange Tradition besitzen. In Deutschland werden Volksfeste selbst in kleinsten Dörfern gefeiert und dauern meist mehrere Tage. Volks-

142 Gleiches gilt für eine unverhältnismäßige Überwachung des Eingangsbereichs eines Mietshauses um den gehegten Verdacht einer fortgesetzten unberechtigten Gebrauchsüberlassung zu belegen: LG Berlin 13.2.2020 – 67 S 369/18, ZMR 2020, 309 (310).
143 OLG Karlsruhe Urt. v. 8.11.2001 – 12 U 180/01, NJW 2002, 2799 (2800).
144 BGH Urt. v. 15.5.2018 – 15.5.2018, NJW 2018, 2883 (2888).
145 OLG Düsseldorf Urt. v. 5.5.1997 – 5 U 82/96, NJW-RR 1998, 241 (241).
146 *Becker* in Plath BDSG § 4 Rn. 31.
147 BVerwG Urt. v. 25.1.2012 – 6 C 9/11, NVwZ 2012, 757 (758).
1 Die Bezeichnungen sind regional verschieden: zB Kirmes, Rummel, Kirchweih, Dult, Wasn, Dom.

oder Gemeindefeste und ähnliche Veranstaltungen gehören zu den herkömmlichen, allgemein akzeptierten Formen gemeindlichen bzw. städtischen Lebens. Es liegt in der Natur der Sache dieser Veranstaltungen, dass sie oftmals in unmittelbarer Nähe zur Wohnbebauung durchgeführt werden (müssen) und so zwangsläufig zu Beeinträchtigungen der Anwohner führen. Laute Musik, der Lärm von Fahrgeschäften, das Juchzen und Johlen der Besucher, kurzum: das bunte Treiben auf Volksfesten führt nicht selten zu Konflikten mit dem Ruhebedürfnis der Nachbarschaft.

II. Gewerbeordnung

Nach § 60b Abs. 1 GewO, der den Begriff des Volksfestes mit verbindlicher Wirkung für die GewO definiert, ist ein Volksfest „eine im allgemeinen regelmäßig wiederkehrende, zeitlich begrenzte Veranstaltung, auf der eine Vielzahl von Anbietern unterhaltende Tätigkeiten im Sinne von § 55 Abs. 1 Nr. 2 GewO ausübt und Waren feilbietet, die üblicherweise auf Veranstaltungen dieser Art angeboten werden." Durch die Verweisung auf §§ 68 bis 71a GewO können Volksfeste auf Antrag des jeweiligen Veranstalters von der zuständigen Behörde festgesetzt werden. Die Festsetzung umfasst nach § 69 Abs. 1 S. 1 GewO Gegenstand, Zeit, Öffnungszeiten und den Platz der Veranstaltung. Mit dieser behördlichen Festsetzung gehen verschiedene „Marktprivilegien" einher, die für die Dauer der Festsetzung zur Besserstellung gegenüber sonst geltenden gewerberechtlichen Beschränkungen führen (zB günstigere Arbeitszeitenregelungen, vgl. § 10 Abs. 1 Nr. 9 ArbZG, § 16 Abs. 2 Nr. 2 JArbSchG, keine Anwendung der §§ 2, 5, 7 GastG).[2] Lässt ein Veranstalter ein Volksfest dagegen nicht festsetzen, müssen alle gewerberechtlichen Vorschriften beachtet werden. Die Festsetzung eines Volksfestes ist daher keine Genehmigung im Rechtssinne. Sie ersetzt auch nicht etwaig erforderliche fachrechtliche Genehmigungen und schließt auch Abwehransprüche nicht aus. Die behördliche Festsetzung kann nach § 69a Abs. 2 GewO mit Auflagen verbunden werden, die im pflichtgemäßen Ermessen der Behörde stehen. 2

III. Ordnungsbehördliche Erfordernisse

Soll ein Volksfest beispielsweise bis nach 22 Uhr dauern, soll es an einem Sonn- oder Feiertag stattfinden, sollen Straßennutzungen geändert werden oder sollen Musikanlagen verwendet werden oder eine Bewirtung stattfinden (vgl. § 12 GastG), die geeignet ist, umliegende Nachbarn voraussichtlich erheblich zu belästigen, sind entsprechende ordnungsbehördliche Erlaubnisse bzw. Genehmigungen durch den Veranstalter einzuholen. Diese können mit Auflagen versehen werden. 3

IV. Öffentlich-rechtliche und privatrechtliche Abwehransprüche

Soweit auf oder durch Volksfeste(n) das rechtliche zulässige Maß an Störung überschritten ist, können die dadurch beeinträchtigten Grundstückseigentümer gegen die Veranstaltung sowohl mit privatrechtlichen als auch mit öffentlich-rechtlichen Mitteln vorgehen. 4

1. Öffentlich-rechtliche Abwehransprüche

Abwehransprüche von Nachbarn gegen Volksfeste kommen in öffentlich-rechtlicher Hinsicht unter verschiedenen Aspekten in Betracht. Je nach Rechtsschutzziel ist zu differenzieren: Zum einen kann der Nachbar gegen die Festsetzungsentscheidung vorgehen, wenn er etwa die Auflagen zum Lärmschutz für nicht ausreichend hält, oder mit der Sperrzeitregelung nicht einverstanden ist. Da aber die Festsetzung eines Volksfestes nicht zwingend ist, weil das Volksfest auch ohne eine solche durchgeführt werden darf, ist es für den Nachbarn nicht in jedem Fall möglich, sein Rechtsschutzziel hieran anzuknüpfen. In Betracht kommt ein öffentlich-rechtlicher Immissionsabwehranspruch analog §§ 1004 Abs. 1, 906 Abs. 1 BGB etwa dann, wenn das Volksfest eine öffentliche Einrichtung der Gemeinde ist (→ *Öffentliche Einrichtungen und Anlagen* Rn. 3). So kann etwa das Rechtsschutzziel eines Wohnnachbarn darin bestehen, die vom Volksfest ausgehenden Geräuschimmissionen untersagen zu lassen, deren Beurteilungspegel vor den Wohn- und 5

2 Vgl. *Rossi* in BeckOK GewO § 60b Rn. 10.

Schlafräumen ihres Hauses werktags außerhalb und innerhalb der Ruhezeiten bestimmte Richtwerte überschreiten. Zulässig kann es nach landesrechtlichen Vorgaben auch sein, Ausnahmen vom Landesimmissionsschutzrecht durch Rechtsverordnung[3] oder Satzung zuzulassen, etwa indem der Beginn der Nachtruhe nach hinten und/oder zulässige Lärmbelastungen gegenüber dem sonst geltenden Gebietsschutzmaßstab erhöht werden. Dann ist (in den meisten Bundesländern) eine von dem Nachbarn veranlasste verwaltungsgerichtliche Normenkontrolle statthaft. Geschieht dies nach landesrechtlichen Vorgaben durch Einzelverfügung, ist Rechtsschutz im Wege der Anfechtungsklage zu suchen. Unabhängig von der prozessualen Einkleidung gelten dieselben materiellrechtlichen Maßstäbe.

6 **a) Nachbarschutz durch §§ 60b Abs. 2, 69a Abs. 1 Nr. 3 GewO.** Nach §§ 60b Abs. 2, 69a Abs. 1 Nr. 3 GewO ist der Antrag auf Festsetzung eines Volksfestes abzulehnen, wenn die Durchführung der Veranstaltung dem öffentlichen Interesse widerspricht, insbesondere der Schutz der Veranstaltungsteilnehmer vor Gefahren für Leben oder Gesundheit nicht gewährleistet ist oder sonstige erhebliche Störungen der öffentlichen Sicherheit oder Ordnung zu befürchten sind.

7 Ein Volksfest etwa, das während der (landesgesetzlich) festgelegten Sperrzeit[4] und unter Verletzung von Immissionsschutzrecht durchgeführt werden soll, steht im Widerspruch zum öffentlichen Interesse.[5] Nach der Rechtsprechung des BVerwG liegt ein solcher Widerspruch auch dann vor, wenn die Durchführung der Veranstaltung gegen eine bundes- oder landesrechtliche Norm des Sonn- und Feiertagsschutzes verstößt.[6]

8 Für die Rechtsdurchsetzung des Nachbarn im öffentlichen Recht kommt es entscheidend darauf an, ob er sich für seinen Abwehranspruch auf eine drittschützende Norm stützen kann.

9 Schutzzweck der Festsetzung im Sinne der §§ 69, 69a GewO sind von vornherein nicht die Interessen des örtlichen Handels. Droht etwa zu dessen Lasten eine Wettbewerbsbeeinträchtigung infolge der festgesetzten Veranstaltung, ist ein Vorgehen auf dem Verwaltungsrechtsweg bereits mangels Klagebefugnis ausgeschlossen.

10 Klagebefugt aber können benachbarte Anwohner sein. Zwar nennt § 69a Abs. 1 Nr. 3 GewO nur die „öffentliche Sicherheit oder Ordnung". Nach der Rechtsprechung des BVerwG soll durch die Verwendung dieses Begriffs „die subjektive Abwehrseite der öffentlich-rechtlichen Normen nicht ausgeklammert werden."[7] Auch der Umstand, dass die Festsetzung den Inhalt des Volksfestes nicht verändert und auch keine Erlaubnis oder Genehmigung ersetzt, spricht nicht gegen die Auffassung, die Drittschutzwirkung dieser Normen komme auch bei deren Anwendung im Rahmen des § 69 a Abs. 1 Nr. 3 GewO zur Geltung. Entscheidend ist nach der Rechtsprechung des BVerwG vielmehr der Wille des Gesetzgebers, die mit der Festsetzung verbundene Verleihung gesetzlicher Privilegien, die jedenfalls dem Volksfest einen neuen Charakter gibt, davon abhängig zu machen, dass die Durchführung der Veranstaltung – nicht die Festsetzung – den gaststättenrechtlichen und immissionsschutzrechtlichen Regelungen (also drittschützenden Normen) nicht widersprechen darf.

---

3 Vgl. zu einem solchen Fall etwa OVG Berlin-Brandenburg Urt. v. 9.8.2017 – 11 A 1/16.
4 Vgl. etwa § 5 Abs. 1 GastV NRW.
5 BVerwG Urt. v. 3.3.1987 – 1 C 15/85, juris Rn. 10.
6 BVerwG Beschl. v. 17.5.1991 – 1 B 43/91, juris Rn. 6.
7 BVerwG Urt. v. 3.3.1987 – 1 C 15.87, juris Rn. 16.

§ 69a Abs. 1 Nr. 3 GewO hat daher drittschützenden Charakter, wenn der Widerspruch zum öffentlichen Interesse gerade in der Verletzung von Normen besteht, die ihrerseits drittschützenden Charakter haben. Diese Normen vermitteln dann ihrerseits den Schutznormcharakter des § 69a Abs. 1 Nr. 3 GewO.[8] 11

Regelungen zu Sperrzeiten oder zum Immissionsschutz kommen unproblematisch nachbarschützender Charakter zu, denn diese Normen sind zumindest auch den Interessen der drittbetroffenen Nachbarn zu dienen bestimmt. Die feiertagsrechtlichen Bestimmungen der Länder entfalten nach überwiegender Ansicht grundsätzlich, zumindest was das allgemeine Verbot öffentlich bemerkbarer Arbeiten betrifft, keine nachbarschützende Wirkung.[9] Der Schutz der Sonn- und Feiertage geht auf Art. 139 WRV iVm Art. 140 GG zurück. Diese Verbürgung ist eine Institutsgarantie, die keine subjektiven Rechte begründet.[10] 12

b) Immissionsschutzrechtliche Anspruchsgrundlagen. Wollen sich Nachbarn gegen den von einem Volksfest herrührenden Lärm wehren, ist die Frage, auf welche Anspruchsgrundlage dieses Begehr gestützt werden kann, nicht einfach zu beantworten. Das hängt maßgeblich damit zusammen, dass die Abgrenzung zwischen anlagenbedingtem Lärm und verhaltensbedingtem Lärm nicht abschließend geklärt ist. Ein Volksfest ist insoweit eine diffuse Lärmquelle: Denkbar ist Lärm, der von Fahrgeschäften oder Musikanlagen ausgeht, ebenso wie Lärm, der durch Juchzen, lautes Singen oder Musizieren verursacht wird. Dem lärmbetroffenen Nachbar wird es regelmäßig nicht möglich sein, hier genau zu differenzieren, denn er macht schlicht geltend, das Volksfest sei „zu laut". 13

aa) Anlage iSd BImSchG? Der in § 3 Abs. 5 BImSchG legaldefinierte Anlagenbegriff umfasst neben Maschinen, Geräten und ortsveränderlichen Einrichtungen auch Grundstücke, auf denen Arbeiten durchgeführt werden, die Emissionen verursachen. Je nachdem, ob man etwa Musik(verstärker)anlagen hierunter fasst,[11] oder den Begriff der Arbeit auf einem Grundstück weit auslegt und auch Freizeitaktivitäten hierunter fasst, erscheint es nicht ausgeschlossen, dass Volksfeste, resp. bestimmte lärmverursachende Teile davon, (nicht genehmigungsbedürftige) Anlagen im Sinne des BImSchG sind. 14

Der Abwehrspruch des Nachbarn könnte dann auf §§ 22, 24, 3 Abs. 1 BImSchG zu stützen sein. Danach kann die zuständige Behörde im Einzelfall die zur Durchführung des § 22 BImSchG und der auf dieses Gesetz gestützten Rechtsverordnungen erforderlichen Anordnungen treffen. Nach § 22 BImSchG sind nicht genehmigungsbedürftige Anlagen so zu errichten und zu betreiben, dass schädliche Umwelteinwirkungen verhindert werden, die nach dem Stand der Technik vermeidbar sind, und nach dem Stand der Technik unvermeidbare schädliche Umwelteinwirkungen auf ein Mindestmaß beschränkt werden. 15

8 BVerwG Urt. v. 3.3.1987 – 1 C 15/85, juris Rn. 16; OVG Münster Urt. v. 29.7.1983 – 4 A 1063/82, juris Ls. 2; OVG Schleswig Urt. v. 25.3. 1994 – 3 L 180/93 juris Rn. 24. Das BVerwG (aaO) weist darauf hin, dass der Festsetzungsbescheid, der unter Verletzung von Rechten des Nachbarn gegen § 69a Abs. 1 Nr. 3 GewO verstößt vom Gericht in vollem Umfang aufgehoben werden muss, obgleich er möglicherweise Teile enthält, die Inhalt einer Festsetzung hätten sein dürfen oder die zwar objektiv rechtswidrig sind, von denen eine Rechtsverletzung des Klägers aber nicht ausgeht. Dies folgt aus § 69 Abs. 2 GewO: Diese Vorschrift findet gemäß § 60 b Abs. 2 GewO auch auf Volksfeste Anwendung. Danach verpflichtet die Festsetzung eines Volksfestes den Veranstalter zur Durchführung des Volksfestes. Die Festsetzung ist keine Genehmigung, bei der es dem Antragsteller auch nach der Erteilung freisteht, ob er sie in Anspruch nimmt oder nicht. Die Einstandspflicht des § 69 Abs. 2 GewO bedeutet, dass eine Festsetzung, die nicht nach Maßgabe des Antrags erfolgen darf, versagt werden muss. Würde man eine Festsetzung zulassen, die hinsichtlich von Gegenstand, Zeit, Öffnungszeiten oder Platz vom Antrag abweicht, so würde man den Veranstalter zur Durchführung eines Volksfestes zwingen, das er in dieser Art und Weise gar nicht beabsichtigt.

9 OVG Münster Urt. v. 15.4.1987 – GewArch 1987, 349; OVG Lüneburg Beschl. v. 16.10.1989 – GewArch 1990, 38; OVG Münster Urt. v. 15.4.1987 – 4 A 1527/86, juris Ls.; ausführlich auch VG Ansbach Urt. v. 1.3.2001 – AN 4 K 00.00871, juris Rn. 59–62; VG Augsburg Urt. v. 19.11.2008 – Au 4 K 08.324, juris Rn. 58.

10 VGH Mannheim Beschl. v. 15.11.1990 – 9 S 2512/90, juris Ls.

11 Vgl. etwa *Thiel* in Landmann/Rohmer UmweltR BImSchG § 3 Rn. 88; VGH Kassel Urt. v. 25.2.2005 – 2 UE 2890/04, juris Rn. 51, der eine elektro-akustische Musikanlage auf einem Volksfest als immissionsschutzrechtlich nicht genehmigungsbedürftige Anlage iSv § 3 Abs. 5 Nr. 1 BImSchG einordnet; vgl. auch VG Ansbach Beschl. v. 20.6.2018 – AN 4 S 18.01058, juris Rn. 94, das Gaststätten einschließlich Freischankflächen als nicht genehmigungsbedürftige Anlage iSd § 3 Abs. 5 BImSchG ansieht.

16 Im Ergebnis ist die Ausdehnung des immissionsschutzrechtlichen Anlagenbegriffs im Sinne einer direkten Anwendbarkeit der §§ 22, 24 BImSchG auch auf Lautsprecher und Musikanlagen wenig überzeugend, denn ob von diesen schädliche Umwelteinwirkungen oder erhebliche Belästigungen ausgehen, hängt allein vom Verhalten des Nutzers ab.[12] Daher findet im Zusammenhang mit der Beurteilung von Lärm, der von einem Volksfest ausgeht, auch die TA Lärm keine Anwendung, denn diese regelt allein anlagenbezogenen Lärm.[13]

17 **bb) Landesimmissionsschutzrecht.** In Ergänzung des BImSchG haben die Länder in vielfältiger Weise immissionsschutzrechtliche Vorschriften geschaffen. Eigene Immissionsschutzgesetze gibt es etwa in Bayern,[14] Berlin,[15] Brandenburg,[16] Bremen,[17] Nordrhein-Westfalen[18] und in Rheinland-Pfalz[19] verkündet worden. Hamburg[20] und das Saarland[21] haben Lärmschutz-Verordnungen erlassen.

18 Die Landesimmissionsschutzgesetze sehen Ermächtigungsgrundlagen für Anordnungen im Einzelfall gegen den Betreiber vor (vgl. zB § 15 LImSchG NW, § 14 LImSchG RhPf).

19 Wenn ein Volksfest schlicht hoheitlich durch eine Gemeinde veranstaltet wird stellt sich die Frage, ob eine Anordnung im Einzelfall auch gegenüber der Gemeinde als Hoheitsträger zulässig ist. Das BVerwG geht davon aus, dass § 24 Satz 1 BImSchG die zuständige Behörde ermächtigt, bei nicht genehmigungsbedürftigen Anlagen im Einzelfall die Anordnungen zu treffen, die zur Durchführung des § 22 BImSchG und der auf das Gesetz gestützten Rechtsverordnungen erforderlich sind. Die gesetzliche Ermächtigung differenziert nicht nach der Rechtsform, in der die Anlagen betrieben werden. Mit ihrer Bezugnahme auf § 22 BImSchG erfasst sie neben den von Privaten betriebenen Anlagen auch Anlagen öffentlicher Betreiber, und zwar unabhängig davon, ob diese privatrechtlich oder hoheitlich betrieben werden.[22]

20 Gründe dafür, dass diese Rechtsprechung des BVerwG nur für den anlagenbezogenen Immissionsschutz gelten kann, sind nicht ersichtlich. Auch eine Anordnung im Einzelfall durch die Immissionsschutzbehörde nach LImSchG gegen eine Gemeinde als Veranstalterin kann daher zulässig sein. Zu beachten ist, dass im Falle hoheitlicher Beeinträchtigung des Eigentums oder der Gesundheit durch Lärmimmissionen § 22 Abs. 1 BImSchG keinen dem Gestörten einen gegen den störenden Hoheitsträger gerichteten Unterlassungsanspruch vermittelt. Die §§ 22 ff. BImSchG begründen Rechte (Befugnisse) und Pflichten im Verhältnis einerseits zwischen der für die Genehmigung und Überwachung emittierender Anlagen zuständigen Behörde und dem Errichter und Betreiber der Anlage andererseits sowie – soweit die Vorschriften drittschützend sind – zwischen Behörde und Drittbetroffenen. Sie begründen keine Duldungspflichten und Abwehransprüche im unmittelbaren Nachbarschaftsverhältnis zwischen Störer und Gestörten, und zwar auch dann nicht, wenn der Störer ein öffentlicher Hoheitsträger ist.[23]

---

12 Vgl. hierzu auch *Koch* in GK-BImSchG § 3 Rn. 309 mwN, der Anlagen, die auf die Erzeugung von Immissionen gerichtet seien, wie Musikverstärkeranlagen aus dem Anwendungsbereich des BImSchG ausnehmen will, weil die Anwendung des Mindestmaßgebots aus § 22 Abs. 1 Nr. 1 und die Anwendung des Standes der Technik nicht sinnvoll möglich ist.

13 Ausdrücklich entschieden ist, dass die TA-Lärm etwa auf Außengastronomie nicht sinnvoll anwendbar ist: VGH München Urt. v. 22.10.1998 – 22 B 98.602, juris Rn. 29; BVerwG Beschl. v. 3.8.2010 – 4 B 9.10, juris Rn. 3; VG Ansbach Beschl. v. 20.6.2018 – AN 4 S 18.01058, juris Rn. 101.

14 BayImSchG vom 8.10.1974 – GVBl. S. 499, zuletzt geändert durch Gesetz vom 12.7.2017 – GVBl. S. 366.

15 LImSchG Bln vom 5.12.2005 – GVBl. S. 735, zuletzt geändert durch Gesetz vom 3.2.2010 – GVBl. S. 38.

16 LImSchG idF vom 22.7.1999 – GVBl. I S. 386, zuletzt geändert durch Gesetz vom 8.5.2018 – GVBl. I S. 17.

17 LImSchG Brem vom 26.6.2001 – GBl. S. 220, zuletzt geändert durch Gesetz vom 16.11.2010 – GBl. S. 567.

18 LImSchG NTW vom 18.3.1975 – GV. NW. S. 232, zuletzt geändert durch Gesetz vom 20.9.2016 – GV. NW. S. 790.

19 LImSchG RrPf vom 20.12.2000 – GVBl. S. 578, zuletzt geändert durch Gesetz vom 3.9.2018 – GVBl. S. 272.

20 HambLärmSchG vom 30.11.2010 – GVBl. S. 621, zuletzt geändert durch Gesetz vom 8.7.2014 – GVBl. S. 293.

21 Verordnung zum Schutz vor Geräuschimmissionen durch Musikdarbietungen bei Volksfesten vom 10.06. 2003, Amtsbl. S. 1642.

22 BVerwG Urt. v. 25.7.2002 – 7 C 24/01, juris Ls.; vgl. auch OVG Schleswig Urt. v. 11.10.2006 – 1 LB 28/04, juris Rn. 28, best. durch BVerwG Beschl. v. 4.7.2007 – 7 B 18/07, juris Rn. 11 f.

23 BVerwG Urt. v. 29.4.1988 – 7 C 33/87, juris Rn. 11.

Die prozessuale Geltendmachung für den Nachbarn würde im Wege der Verpflichtungsklage gegen die Immissionsschutzbehörde erfolgen. Der Veranstalter würde in einem solchen Klageverfahren beigeladen, vgl. § 65 Abs. 2 VwGO. 21

cc) Öffentlich-rechtlicher Unterlassungsanspruch. Nach der verwaltungsgerichtlichen Rechtsprechung hat der Nachbar einer von der öffentlichen Hand (schlicht hoheitlich) betriebenen Anlage daneben aber einen am Maßstab des § 22 in Verbindung mit § 3 Abs. 1 BImSchG ausgerichteten öffentlich-rechtlichen Anspruch darauf, dass erhebliche Lärmbelästigungen aus dem Betrieb der Anlage unterbleiben oder auf ein Mindestmaß beschränkt werden.[24] Zwar ist die dogmatische Herleitung des öffentlich-rechtlichen Unterlassungsanspruchs (§§ 1004 Abs. 1, 906 Abs. 1BGB analog oder Art. 2 Abs. 2 bzw. Art. 14 Abs. 1 GG) bislang nicht höchstrichterlich geklärt,[25] er ist gleichwohl anerkannt. 22

Die prozessuale Geltendmachung erfolgt im Wege der allgemeinen Leistungsklage unmittelbar gegen die Gemeinde als öffentlich-rechtlichen Veranstalter des Volksfestes. 23

2. Privatrechtliche Abwehransprüche

Eigentümer von Grundstücken in der näheren Umgebung eines Volksfestes, die insbesondere wegen des Lärms unzulässigen Einwirkungen ausgesetzt sind, können hiergegen mit einer Unterlassungsklage vor den Zivilgerichten vorgehen. Der Unterlassungsanspruch ist auf §§ 1004 Abs. 1, 906 Abs. 1 BGB zu stützen. 24

Nach § 906 BGB kann der Eigentümer eines Grundstücks von einem anderen Grundstück ausgehende Immissionen insoweit nicht verbieten, als die Einwirkung die Benutzung seines Grundstücks nur unwesentlich beeinträchtigt. Das ist im konkreten Einzelfall zu beurteilen. Eine unwesentliche Beeinträchtigung liegt nach § 906 Abs. 1 Satz 2 BGB in der Regel vor, wenn die in Gesetzen oder Rechtsverordnungen festgelegten Grenz- oder Richtwerte von den nach diesen Vorschriften ermittelten und bewerteten Einwirkungen nicht überschritten werden. Gleiches gilt für Werte in allgemeinen Verwaltungsvorschriften, die nach § 48 des BImSchG erlassen worden sind und den Stand der Technik wiedergeben (zB TA Luft oder TA Lärm). Gesetze oder Rechtsverordnungen in diesem Sinne meint nur Parlamentsgesetze und förmliche Rechtsverordnungen des Bundes- und des Landesrechts.[26] Grenz- oder Richtwerte für von Volksfesten ausgehende Lärmeinwirkungen in diesem Sinne existieren daher nicht. 25

3. Materieller Maßstab der Zumutbarkeit von Volksfestlärm

Anders etwa als für Verkehrslärm oder für Lärm von Sportstätten bestehen für Lärmimmissionen von Volksfesten keine vom Gesetz- oder Verordnungsgeber festgelegten Grenzwerte. 26

Ihre Zumutbarkeit hängt im Einzelfall von einer situationsbezogenen Abwägung der widerstreitenden Interessen und deren gerechtem Ausgleich ab.[27] Die höchstrichterliche Rechtsprechung des BVerwG, wie auch des BGH geht von einem unterschiedslosen Maßstab im öffentlichen wie im Zivilrecht aus.[28] Das BVerwG[29] betont: 27

24 BVerwG Urt. v. 24.4.1991 – 7 C 12/90, juris Rn. 5; OVG Schleswig Urt. v. 11.10.2006 – 1 LB 28/04, juris Rn. 28 f., best. durch BVerwG Beschl. v. 4.7.2007 – 7 B 18/07, juris Rn. 1 f.

25 Ohne Ausführungen zur dogmatischen Grundlage des öffentlichen-rechtlichen Erstattungsanspruchs vgl. etwa BVerwG Urt. v. 22.10.2014 – 6 C 7/13, juris Rn. 20; zuletzt Beschl. v. 12.9.2019 – 9 B 43/18, juris Rn. 1, mit dem das BVerwG die Revision zur Fortentwicklung der Rechtsprechung zur Verjährung öffentlich-rechtlicher Unterlassungsansprüche zugelassen hat; ausdrücklich offengelassen in BVerwG Urt. v. 29.4.1988 – 7 C 33/87, juris Rn. 12; BVerwG Urt. v. 19.1.1989 – 7 C 77/87, juris Rn. 17.

26 *Bassenge* in Palandt BGB § 906 Rn. 19.

27 BVerwG Urt. v. 29.4.1988 – 7 C 33/87, juris Rn. 16.

28 Grundlegend: BVerwG Urt. v. 29.4.1988 – 7 C 33/87, juris Rn. 14 einerseits und BGH Urt. v. 23.3.1990 – V ZR 58/89, juris Rn. 11 andererseits.

29 BVerwG Urt. v. 29.4.1988 – 7 C 33/87, juris Rn. 14.

„Was für die Nachbarschaft erhebliche Geräuschbelästigungen und damit schädliche Umwelteinwirkungen iS der §§ 3 Abs. 1 und 22 Abs. 1 BImSchG sind, sind auch Geräuscheinwirkungen, die iSd § 906 Abs. 1 BGB die Benutzung eines Nachbargrundstücks nicht nur unwesentlich beeinträchtigen. Umgekehrt sind Geräusche, die unerheblich und damit keine schädlichen Umwelteinwirkungen iS der §§ 3 Abs. 1 und 22 Abs. 1 BImSchG sind, auch unwesentlich iSd § 906 Abs. 1 BGB."

28 Sowohl der BGH wie auch das BVerwG betonen, dass kein Anlass dafür bestehe, die grundlegenden Maßstäbe, mit denen das private und das öffentliche Immissionsschutzrecht die Grenze für eine Duldungspflicht gegenüber Immissionen und damit deren Rechtmäßigkeit oder Rechtswidrigkeit gegenüber der „Nachbarschaft" im Ansatz bestimmen, nämlich einerseits die Wesentlichkeit und andererseits die Erheblichkeit, unterschiedlich auszulegen.[30]

29 Gerade an der lärmschutzrechtlichen Beurteilung von Volksfesten wird dies nach der Auffassung des BGH[31] besonders deutlich:

„Würden die Volksfeste (vgl. § 60b Abs. 1 GewO) auf Antrag des Veranstalters nach Gegenstand, Zeit, Öffnungszeit und Platz für jeden Fall der Durchführung öffentlich-rechtlich festgesetzt (§ 60b Abs. 2 iVm § 69 Abs. 1 GewO), so wäre die Festsetzung abzulehnen, wenn die Durchführung der Veranstaltung dem öffentlichen Interesse widerspricht, insbesondere erhebliche Störungen der öffentlichen Sicherheit und Ordnung zu befürchten sind (§ 69a Abs. 1 Nr. 3 GewO). Der Veranstalter müsste insbesondere eine Prüfung nach landesrechtlichem Sperrzeitrecht (...) und Immissionsschutzrecht (...) hinnehmen und eine Ablehnung des Antrags gewärtigen, falls die Öffnungszeiten mit den entsprechenden Bestimmungen nicht vereinbar sind (...) Der Kläger könnte sich auch gegen eine Festsetzung wehren, die § 69a Abs. 1 Nr. 3 GewO widerspricht (...). Im Interesse einer Vereinheitlichung zivilrechtlicher und öffentlich-rechtlicher Beurteilungsmaßstäbe (...) erscheint es geboten, die Beklagte in bezug auf die Zulässigkeit von Lärmemissionen privatrechtlich nicht günstiger zu stellen als sie öffentlich-rechtlich stehen würde."

30 **a) Rechtsprechung der Zivilgerichte zu § 906 Abs. 1 BGB.** Ob Geräuschimmissionen wesentlich sind oder nicht, beurteilt sich nach dem Empfinden eines verständigen Durchschnittsmenschen und danach, was ihm unter Würdigung anderer öffentlicher und privater Belange zuzumuten ist. Die Grenze der im Einzelfall zumutbaren Lärmbelästigung kann nicht mathematisch exakt, sondern nur aufgrund wertender Beurteilung festgesetzt werden.

31 Zur Beurteilung der Frage, ob Beeinträchtigungen von Volksfesten wesentlich sind, orientieren sich die Zivilgerichte an der Freizeitlärm-Richtlinie der LAI (dazu näher unter c), → Rn. 38). Diese gelten für Freizeitanlagen, und zwar insbesondere für Grundstücke, auf denen Volksfeste, Platzkonzerte, Livemusik-Darbietungen und ähnliche Veranstaltungen im Freien stattfinden. Die von Sachverständigen ausgearbeiteten und von allen Ländern mitgetragenen LAI-Hinweise unterfallen zwar nicht § 906 Abs. 1 Satz 2 u. 3 BGB, können den Gerichten aber gleichwohl als Entscheidungshilfe dienen. Der BGH[32] geht davon aus, dass die LAI Freizeitlärm-Richtlinie nicht die Prüfung und Würdigung der konkreten Umstände des Einzelfalls ersetzt, aber dieser Würdigung eine Orientierung geben können. Das Gericht hat aber auch in diesem Fall zu berücksichtigen, dass es sich bei den technischen Regelwerken nur um Richtlinien handelt, die nicht schematisch angewendet werden dürfen.

32 Nach der neueren Rechtsprechung des BGH[33] richtet sich die Beurteilung, ob eine Immission wesentlich im Sinne des § 906 BGB ist, aber nicht nur nach dem Maß der objektiven Beeinträchtigung. Im Interesse der Harmonisierung zivilrechtlicher und öffentlich-rechtlicher Beurteilungsmaßstäbe hat der BGH eine Angleichung an die verwaltungsgerichtliche Rechtsprechung vollzogen, die als erhebliche Belästigung alles ansieht, was einem verständigen Durchschnittsmenschen auch unter Würdigung anderer öffentlicher und

30 BVerwG Urt. v. 29.4.1988 – 7 C 33/87,juris Rn. 14; BGH Urt. v. 23.3.1990 – V ZR 58/89, juris Rn. 11; kritisch dazu *Wagner* NJW 1991, 3247ff.

31 BGH Urt. v. 26.9.2003 – V ZR 41/03, juris Rn. 11.

32 BGH Urt. v. 26.9.2003 – V ZR 41/03, juris Rn. 8.

33 BGH Urt. v. 26.9.2003 – V ZR 41/03, juris Rn. 8 f.

privater Belange billigerweise nicht mehr zuzumuten ist.[34] Demgemäß können bei der Prüfung der Erheblichkeit oder Wesentlichkeit von Lärm auch schutzwürdige Interessen der Allgemeinheit und gesetzliche Wertungen eine Rolle spielen. Volksfeste und ähnliche Veranstaltungen gehören zu den herkömmlichen, allgemein akzeptierten Formen gemeindlichen und städtischen Lebens. Dabei liegt es in der Natur der Sache, dass sie oftmals in der Nähe zur Wohnbebauung durchgeführt werden müssen und zwangsläufig zu Beeinträchtigungen der Nachbarschaft führen. Da solche Veranstaltungen für den Zusammenhalt der örtlichen Gemeinschaft von großer Bedeutung sein können, dabei aber auch die Identität dieser Gemeinschaft stärken und für viele Bewohner einen hohen Stellenwert besitzen, werden die mit ihnen verbundenen Geräuschentwicklungen von einem verständigen Durchschnittsmenschen bei Würdigung auch anderer Belange in der Regel in höherem Maß akzeptiert werden als sonstige Immissionen. Das kann bei der Beurteilung, ob eine Lärmeinwirkung als wesentlich anzusehen ist, vor allem dann nicht unberücksichtigt bleiben, wenn es sich um ein sehr seltenes Ereignis handelt, das weitgehend das einzige in der Umgebung bleibt. In einem solchen Fall können auch Lärmimmissionen, die die Richtwerte der LAI-Hinweise überschreiten, ausnahmsweise noch unwesentlich sein.

Als für die Frage der Wesentlichkeit der Immissionen unwesentlich behandelt der BGH,[35] ob der Nutzung eines Grundstücks als Festplatz eine langjährige Übung zugrunde liegt. Bei der Würdigung, ob Geräuschimmissionen wesentlich sind, kann zwar dem Traditionscharakter einer Veranstaltung besonderes Gewicht zukommen. Umgekehrt steht der Annahme einer nur unwesentlichen Beeinträchtigung aber nicht entgegen, dass eine Veranstaltung erst seit kurzer Zeit stattfindet, denn andernfalls würden Gemeinden gehindert, eine kommunale Festivität zu begründen, wo Traditionsveranstaltungen fehlen, oder die Abläufe bei tradierten Festen zu ändern. Bei nur einmal jährlich stattfindenden Volksfesten von kommunaler Bedeutung können nach dem BGH selbst Lärmeinwirkungen unwesentlich sein, die für die Abend- und Nachtzeit aufgestellten Richtwerte der LAI-Hinweise überschreiten. Zwar gebührt nach 22.00 Uhr dem Schutz der ungestörten Nachtruhe grundsätzlich der Vorrang vor dem Interesse der Bevölkerung, Volksfeste und ähnliche Veranstaltungen zu besuchen. Vorrang kann aber insbesondere Volksfesten und ähnlichen Veranstaltungen zukommen, wenn sie auf historischen oder kulturellen Umständen beruhen oder sonst von kommunaler Bedeutung sind, und deshalb das Interesse der Allgemeinheit an der Durchführung der Veranstaltung gegenüber dem Schutzbedürfnis der Nachbarschaft überwiegt (vgl. § 9 Abs. 3 LImSchG Nordrhein-Westfalen, § 4 Abs. 4 LImSchG Rheinland-Pfalz, § 10 Abs. 4 LImSchG Brandenburg). 33

Der BGH[36] betont, dass die Frage, in welchem Umfang Lärmbeeinträchtigungen von Veranstaltungen mit besonderer historischer, kultureller oder kommunaler Bedeutung noch als unwesentlich angesehen werden können, weitgehend eine Frage der Würdigung des Einzelfalls ist: 34

„Zu berücksichtigen sind insbesondere Bedeutung und Charakter der Veranstaltung, ihr Ablauf, Dauer und Häufigkeit, die Nutzungsart und Zweckbestimmung sowie die Gesamtbelastung des beeinträchtigten Grundstücks während der Veranstaltung und durch andere seltene Störereignisse, ferner die zeitlichen Abstände dieser Ereignisse. Je gewichtiger der Anlass für die Gemeinde oder Stadt ist, desto eher ist der Nachbarschaft zuzumuten, an wenigen Tagen im Jahr Ruhestörungen hinzunehmen. Bei Festveranstaltungen von kommunaler Bedeutung, die nur einmal im Jahr für wenige Tage stattfinden, ist dabei auch eine deutliche Überschreitung der in den LAI-Hinweisen für seltene Störereignisse festgelegten Richtwerte denkbar. Hiervon ist selbst die Nachtzeit nicht generell ausgenommen, zumal es im Sommer noch bis gegen 22 Uhr hell bleibt und es dem Charakter bzw. der Tradition vieler Veranstaltungen entspricht, dass sie bis in die Nachtstunden andauern […]. Im Einzelfall kann von den Anliegern jedenfalls an einem Tag bis Mitternacht ein deutlich höherer Beurteilungspegel hinzunehmen sein. Eine über Mitternacht hinausgehende erhebliche Überschreitung der Richtwerte wird demgegenüber in aller Regel nicht mehr als unwesentlich zu qualifizieren sein."

34 BGH Urt. v. 26.9.2003 – V ZR 41/03, juris Rn. 13.
35 BGH Urt. v. 26.9.2003 – V ZR 41/03, juris Rn. 15.
36 BGH Urt. v. 26.9.2003 – V ZR 41/03, juris Rn. 18.

35 Der BGH[37] verweist schließlich weiter darauf, dass in die Wertung einzubeziehen ist, ob sich die Veranstaltung an einen ebenso geeigneten, Nachbarn insgesamt aber deutlich weniger beeinträchtigenden Standort innerhalb der Gemeinde bzw. des Ortsteils verlegen lässt. Können unter Wahrung des Charakters der Veranstaltung die Lärmimmissionen für Anwohner deutlich reduziert werden, unterbleibt aber ein Standortwechsel, so verringert sich das Maß dessen, was einem Anwohner an Geräuscheinwirkungen zuzumuten ist.

36 **b) Rechtsprechung der Verwaltungsgerichte zu §§ 22, 3 Abs. 1 BImSchG.** Schädliche Umwelteinwirkungen iSd BImSchG sind Immissionen, die nach ihrer Art und ihrem Ausmaß oder ihrer Dauer geeignet sind, Gefahren, erhebliche Nachteile oder erhebliche Belästigungen für die Allgemeinheit oder die Nachbarschaft herbeizuführen. In der Rechtsprechung des BVerwG ist geklärt, dass es – solange für die Ermittlung und Bewertung der auf Wohngrundstücke einwirkenden Geräusche rechtlich keine bestimmten Mess- und Berechnungsverfahren sowie Lärmwerte vorgegeben sind – der tatrichterlichen Würdigung vorbehalten bleibt, unter Berücksichtigung der einzelnen Schallereignisse, ihres Schallpegels und ihrer Eigenart (Dauer, Häufigkeit, Impulshaltigkeit) und ihres Zusammenwirkens die Erheblichkeit der Lärmbelästigung zu beurteilen. Die Zumutbarkeitsgrenze ist aufgrund einer umfassenden Würdigung aller Umstände des Einzelfalls und insbesondere der speziellen Schutzwürdigkeit des jeweiligen Baugebiets zu bestimmen. Die Belastung durch Lärm und damit letztlich die Zumutbarkeit von Lärmimmissionen hängt von einer Vielzahl von Faktoren ab, die oft nur unvollkommen in einem bestimmten Lärmwert erfasst werden können. Die Grenze der Erheblichkeit der Geräuschbelästigungen ist einzelfallbezogen anhand einer auf einen Ausgleich widerstreitender Interessen ausgerichteten Gesamtbetrachtung unter Berücksichtigung der durch die Gebietsart und die tatsächlichen Verhältnisse bestimmten Schutzwürdigkeit und Schutzbedürftigkeit zu ermitteln, wobei wertende Elemente wie die Herkömmlichkeit, die soziale Adäquanz und die allgemeine Akzeptanz einzubeziehen sind.[38]

37 Finden Festveranstaltungen von kommunaler Bedeutung nur einmal im Jahr für wenige Tage statt, ist dabei auch eine deutliche Überschreitung der sonst geltenden Lärmrichtwerte denkbar. Selbst die Nachtzeit, die von 22.00 bis 6.00 Uhr dauert, ist hiervon nicht generell ausgenommen, zumal es im Sommer noch bis gegen 22.00 Uhr hell bleibt und es dem Charakter bzw. der Tradition vieler Veranstaltungen entspricht, dass sie bis in die Abend- bzw. Nachtstunden andauern.[39] Es ist indes eine Tendenz in der Rechtsprechung zu erkennen, die davon ausgeht, dass ab 24.00 Uhr das Ruhebedürfnis der Anwohner in der Regel überwiegt.[40] Auch die Verwaltungsgerichte[41] erkennen im Übrigen an, dass die LAI-Freizeitlärmrichtlinie zur Orientierung herangezogen werden kann.

38 **c) LAI-Freizeitlärmrichtlinie.** Es ist sowohl in der zivilgerichtlichen, als auch in der verwaltungsgerichtlichen Rechtsprechung anerkannt, dass die LAI Freizeitlärmrichtlinie als Orientierungshilfe zur Beurteilung von Volksfestlärm heranzuziehen ist. Die LAI-Freizeitlärmrichtlinie ist keine Rechtsquelle. Daher ist ihre Anwendung und Auslegung im Einzelfall durch die Gerichte auch keine Rechtsanwendung, sondern Tatsachenfeststellung. Unzulässig ist aber eine rein schematische Anwendung bestimmter Mittelungs- oder Grenzwerte der LAI-Freizeitlärmrichtlinie.

39 Die LAI-Freizeitlärmrichtlinie geht zum einen von der Erfassung des Lärms nach Dauer, Stärke und Charakteristik aus und berücksichtigt zum anderen die Schutzbedürftigkeit der baulichen Nutzungen der von dem Freizeitlärm betroffenen Gebiete und der unterschiedlich betroffenen Zeiten. Sie wurde vom Länderausschuss für Immissionsschutz (LAI) mit Beschluss vom 26.5.2015 geändert. Hierdurch wurde die Beurteilung der „seltenen Störereignisse" konzeptionell anders ausgestaltet, indem eine „Sonderfallbeurteilung

---

37 BGH Urt. v. 26.9.2003 – V ZR 41/03, juris Rn. 20.

38 OVG Münster Urt. v. 3.11.1997 – 21 A 269/96, juris Rn. 20.

39 VGH Kassel Urt. v. 25.2.2005 – 2 UE 2890/04, juris Rn. 56.

40 OVG Münster Beschl. v. 25.5.2016 – 4 B 581/16, juris Rn. 17 f. unter Hinweis auf BGH Urt. v. 26.9.2003 – V ZR 41/03, juris Rn. 18.

41 BVerwG Beschl. v. 6.8.2018 – 7 B 4/18, juris Rn. 4; vgl. auch speziell zu Volksfestlärm: VGH Kassel Urt. v. 25.2.2005 – 2 UE 2890/04, juris Rn. 1 f.

bei seltenen Veranstaltungen mit hoher Standortgebundenheit oder sozialer Adäquanz und Akzeptanz" eingeführt wurde, vgl. Ziff. 4.4.[42] Diese Änderung ist daher für Volksfeste von besonderer Bedeutung. Anstelle der quantitativen Festlegung von Immissionswerten werden seither materielle Anforderungen für die Interessenabwägung formuliert.

In Ziff. 4.4 der LAI-Freizeitlärmrichtlinie aF fanden sich Hinweise dazu, unter welchen Voraussetzungen und in welchem Umfang „seltene Störereignisse" die Richtwerte überschreiten durften. Für diese sog. seltenen Ereignisse galten höhere Richtwerte. Ein seltenes Ereignis im Sinne der Ziff. 4.4 der LAI-Freizeitlärmrichtlinie konnte angenommen werden, wenn eine Anlage trotz Einhaltung des Standes der Lärmminderungstechnik nur in seltenen Fällen oder über eine begrenzte Zeitdauer, aber nicht an mehr als zehn Tagen oder Nächten eines Kalenderjahres und in diesem Rahmen auch nicht mehr als an zwei aufeinanderfolgenden Wochenenden, einen relevanten Beitrag zur Überschreitung der Immissionsrichtwerte nach Nr. 4.1 der LAI-Freizeitlärmrichtlinie aF verursachte. Seltene Störereignisse waren nach der alten Freizeitlärm-RL gebietsunabhängig als zumutbar anzusehen, wenn die von ihnen ausgehenden Geräuschimmissionen tagsüber außerhalb der Ruhezeiten einen Beurteilungspegel von 70 dB(A), innerhalb der Ruhezeiten einen Pegel von 65 dB(A) und nachts einen Beurteilungspegel von 55 dB(A) nicht überschritten. Geräuschspitzen sollten die vorgenannten Werte tagsüber um nicht mehr als 20 dB(A) und nachts um nicht mehr als 10 dB(A) überschreiten. Auch insoweit gab die Richtlinie jedoch nur eine Orientierung und ließ Raum für die Berücksichtigung der Umstände des Einzelfalls.[43] 40

Die neue Ziff. 4.4 der Freizeitlärmrichtlinie verwendet andere Begriffe als ihre Vorgängerregelung. Während zuvor nur an den Begriff des „seltenen Ereignisses" angeknüpft wurde, fordert die Neufassung in Ziff. 4.4 eine Sonderfallbeurteilung bei seltenen Veranstaltungen. Am Anfang der Regelung wird die Feststellung getroffen, dass bei Veranstaltungen im Freien und/oder in Zelten die unter Ziff. 4.1 bis 4.3 genannten Immissionsrichtwerte mitunter trotz aller verhältnismäßigen technischen und organisatorischen Lärmminderungsmaßnahmen nicht eingehalten werden können. Sodann werden in Ziff. 4.4.1 Freizeitlärm-RL die Voraussetzungen genannt, bei deren Vorliegen solche Veranstaltungen gleichwohl zulässig sein können.[44] 41

Um vom Vorliegen eines Sonderfalles ausgehen zu können, muss die zu beurteilende Veranstaltung kumulativ zwei Voraussetzungen erfüllen: Zum einen muss die Veranstaltung „eine hohe Standortgebundenheit oder soziale Adäquanz und Akzeptanz aufweisen" und zum zweiten muss sie „zahlenmäßig eng begrenzt durchgeführt" werden (Ziff. 4.4.1 LAI-Freizeitlärmrichtlinie). Eine hohe Standortgebundenheit ist bei einem besonderen örtlichen oder regionalen Bezug der Veranstaltung zum Veranstaltungsort anzunehmen. Nach Ziff. 4.4.1 LAI-Freizeitlärmrichtlinie weist eine Veranstaltung eine soziale Adäquanz und Akzeptanz auf, wenn sie eine soziale Funktion und Bedeutung hat. 42

Wenn eine Veranstaltung der Regelung in Ziff. 4.4.1 Freizeitlärm-RL unterfällt, muss die Behörde die Unvermeidbarkeit und Zumutbarkeit der zu erwartenden Immissionen im Einzelfall prüfen und bewerten. Unvermeidbar etwa kann ein Volksfest dann sein, wenn lokal geeignete Ausweichstandorte nicht zur Verfügung stehen.[45] 43

Nach Ziff. 4.4.2 der LAI-Freizeitlärmrichtlinie ist die Zumutbarkeit der Immissionen unter Berücksichtigung von Schutzwürdigkeit und Sensibilität des Einwirkungsbereichs zu prüfen. Sodann formuliert die LAI-Freizeitlärmrichtlinie konkretere Begründungs- und Vermeidungsvorgaben: 44

- Sofern bei seltenen Veranstaltungen Überschreitungen des Beurteilungspegels vor den Fenstern im Freien von 70 dB(A) tags und/oder 55 dB(A) nachts zu erwarten sind, ist deren Zumutbarkeit explizit zu begründen.

42 Vgl. ausführlich *Fricke* KommJur 2017, 45 ff.
43 Zum Vorstehenden *Fricke* KommJur 2017, 45.
44 *Fricke* KommJur 2017, 45.
45 Das greift Erwägungen des BGH aus dessen Urteil vom 26.9.2003 – V ZR 41/03, juris Rn. 20 auf.

- Überschreitungen eines Beurteilungspegels nachts von 55 dB(A) nach 24.00 Uhr sollten vermieden werden.
- In besonders gelagerten Fällen kann eine Verschiebung der Nachtzeit von bis zu zwei Stunden zumutbar sein.
- Die Anzahl der Tage (24 Stunden-Zeitraum) mit seltenen Veranstaltungen soll 18 pro Kalenderjahr nicht überschreiten.
- Geräuschspitzen sollen die Werte von 90 dB(A) tags und 65 dB(A) nachts einhalten.

45 Die in der Richtlinie genannten Wertungskriterien entsprechen daher weitgehend jenen, die die Verwaltungs- und die Zivilgerichte bereits in ihrer Rechtsprechung vorgezeichnet hatten. Durch den Entfall der vormals enthaltenen, bei seltenen Ereignissen festgelegten Beurteilungspegel ist die Orientierungsfunktion der LAI-Freizeitlärmrichtlinie für die Rechtsprechung geringer geworden.[46] Die tatrichterliche Würdigung des Einzelfalls lässt sich daher nach der Novellierung der LAI-Freizeitlärmrichtlinie noch weniger prognostizieren, als dies zuvor der Fall war.

46 Für die mit der Problematik des Volksfestlärms befasst Behörden indes lassen sich der novellierten Richtlinie hilfreiche Hinweise entnehmen: In der novellierten Freizeitlärm-RL sind nämlich eine Reihe zusätzlicher Maßnahmen aufgenommen worden, die von der zuständigen Behörde als Auflage angeordnet werden können (vgl. Ziff. 4.4.3 der LAI-Freizeitlärmrichtlinie). Danach hat die Behörde beispielsweise die Möglichkeit, den Veranstalter zu verpflichten, eine Schallimmissionsprognose vorzulegen, die eine Beurteilung der Geräuschbelastung ermöglicht. Der Veranstalter kann zur Eigenüberwachung zB durch Überwachungsmessungen oder zum Einsatz von Schallpegelbegrenzern verpflichtet werden. Neu aufgenommen wurde eine Regelung, die der Behörde vorschreibt, den Veranstalter zu verpflichten, die Nachbarschaft im Einwirkungsbereich der Veranstaltung rechtzeitig – in der Regel 14 Tage vorher – über Art, Dauer und Ende der Veranstaltung zu unterrichten. Weiter gibt die LAI-Freizeitlärmrichtlinie unter Ziff. 4.4.3 vor, dass die Bühne und die Beschallungstechnik so auszurichten und auszuwählen sind, dass die Belastung der Nachbarschaft minimiert wird. Schließlich kann verlangt werden, dass vom Veranstalter ein Ansprechpartner für Anfragen und Beschwerden öffentlich bekannt zu geben und dass die telefonische Erreichbarkeit dieses Ansprechpartners für den gesamten Veranstaltungszeitraum zu gewährleisten ist.[47]

V. Prozessuales

1. Zivilrechtlicher Abwehranspruch aus §§ 1004, 906 BGB

47 Klagen von Nachbarn gegen die von einem Volksfest ausgehenden Beeinträchtigungen sind gegen den Veranstalter zu richten. Da das Veranstalten eines Volksfestes gewerblichen Charakter hat, ist auch in den Ländern kein Schlichtungsverfahren durchzuführen, die von der Möglichkeit des § 15a EGZPO Gebrauch gemacht haben, dieses verbindlich vorzuschreiben.

48 Es stellt sich grundsätzlich die Frage, wann der Nachbar den Zivilrechtsweg beschreiten kann oder muss, wenn er Immissionen abwehren will, die von einem Volksfest herrühren. Hier ist zu differenzieren. Ist der Veranstalter eines Volksfestes eine (juristische) Person des Privatrechts, so kann der Abwehranspruch unmittelbar gegen den Veranstalter auf §§ 1004, 906 BGB gestützt werden.[48]

49 Schwieriger zu beurteilen ist der Fall, in dem eine Gemeinde das Volksfest veranstaltet. Das OLG Karlsruhe[49] urteilte, dass der Umstand, dass es sich bei einer Gemeinde um eine Körperschaft des öffentlichen Rechts handelt, nichts daran ändere, dass sie als Grundstückseigentümerin in gleicher Weise wie jeder private Eigentümer den zivilrechtlichen Verpflichtungen aus §§ 906, 1004 BGB unterliegt, wenn Nachbarn durch Lärmimmissionen beeinträchtigt werden. Das greift zu kurz, denn in jenen Fällen, in denen etwa die Gemeinde das Volksfest auf einer auch zu diesem Zweck gewidmeten Fläche betreibt, ist der Zivilrechts-

46 Instruktiv und pragmatisch: OVG Münster Beschl. v. 25.5.2016 – 4 B 581/16, juris Rn. 9 ff.
47 Ausführlich zum Vorstehenden *Fricke* KommJur 2017, 45.
48 Vgl. etwa BGH Urt. v. 26.9.2003 – V ZR 41/03 (dort war ein Sportverein Veranstalter).
49 OLG Karlsruhe Beschl. v. 19.9.2019 – 9 W 32/19, juris Rn. 66.

weg nicht gegeben.[50] In der Regel dürfte es zutreffend sein, davon auszugehen, dass die Gemeinde gerade traditionelle Volksfeste schlicht hoheitlich als öffentliche Einrichtungen veranstaltet. Dann ist der Rechtsweg zu den Verwaltungsgerichten eröffnet.[51] Das führt natürlich zu keinem abweichenden Ergebnis, denn der materielle Prüfungsmaßstab ist, wie oben gezeigt (→ Rn. 27), bei den Verwaltungsgerichten und den Zivilgerichten im Wesentlichen identisch.

2. Öffentlich-rechtliche Abwehransprüche

a) Passivlegitimation. Die Passivlegitimation für Klagen von Nachbarn vor den Verwaltungsgerichten ist davon abhängig, welches Recht der Nachbar geltend machen will. Stützt er sein Begehren auf einen öffentlich-rechtlichen Unterlassungsanspruch, so ist der Klagegegner der Leistungsklage der (schlicht hoheitlich handelnde, → Rn. 49) Veranstalter. Erstrebt der Nachbar die Beifügung von Auflagen im Hinblick auf die Zulassungsentscheidung für die Veranstaltung, ist passivlegitimiert die Behörde, die die Zulassungsentscheidung erlassen hat. Der (private, wie auch der schlicht hoheitlich handelnde) Veranstalter wird beigeladen. Wird ein Vorgehen nach §§ 22, 24 BImSchG erstrebt, so ist passivlegitimiert die zuständige Immissionsschutzbehörde. 50

b) Problematik des vorbeugenden Rechtsschutzes. Veranstaltet, was in der Praxis häufig vorkommt, eine Gemeinde das Volksfest, dann ist sie Betreiberin einer kommunalen Veranstaltung. Der geltend gemachte Anspruch gegenüber dem Veranstalter, etwa die Veranstaltung von elektro-akustisch verstärkten Musikdarbietungen im Rahmen eines Volksfestes an einem bestimmten Ort zu unterlassen oder ab 22.00 Uhr die Nachtruhe einzuhalten, richtet sich an die Gemeinde und zielt somit auf eine Verhinderung zukünftiger Rechtsbeeinträchtigungen im Zusammenhang mit einem schlicht hoheitlichen Handeln. Für derartige Fälle ist die Zulässigkeit einer sog. vorbeugenden Unterlassungsklage allgemein anerkannt.[52] Abweichend von dem Grundsatz, dass Rechtsschutz gegen Verwaltungsakte auch von dadurch betroffenen Dritten grundsätzlich nur mit einer auf die nachträgliche Beseitigung der Wirkungen eines Verwaltungshandelns gerichteten Anfechtungsklage erwirkt werden kann, erkennt die obergerichtliche Rechtsprechung in solchen Fällen ein besonderes Rechtsschutzbedürfnis des klagenden Nachbarn für einen vorbeugenden Unterlassungsanspruch an, da ihm die ggf. erteilten Ausnahmegenehmigungen für das Volksfest regelmäßig nicht bekannt gegeben werden und es ihm nicht zuzumuten ist, vor Beginn des Volksfestes jeweils eine Bekanntgabe entsprechender Genehmigungen bzw. eine Einsichtsgewährung in die einschlägigen Verwaltungsvorgänge der Behörden zu erwirken, um anschließend ggf. – einstweiligen – Rechtsschutz zu beantragen.[53] Erhält der Nachbar Kenntnis von der Erteilung einer Ausnahmegenehmigung für das Volksfest jedoch erst dann, wenn der Veranstalter davon Gebrauch macht, dürfte ein wirksamer, durch Art. 19 Abs. 4 GG gewährleisteter Rechtsschutz nicht mehr zu erreichen sein. Dies gilt gleichermaßen für einen vorläufigen Rechtsschutz. 51

Erhält der Nachbar indes rechtzeitig Kenntnis von der Genehmigung des Volksfestes, so ist er gehalten, hiergegen mit Widerspruch (falls dieser landesgesetzlich statthaft ist) und Anfechtungsklage vorzugehen. Besondere Bedeutung erlangt hier der Eilrechtsschutz nach § 80 Abs. 5 VwGO, weil die Genehmigung zumeist mit Sofortvollzug versehen sein wird und der Widerspruch bzw. die Klage des Nachbarn daher keine aufschiebende Wirkung hat.[54] Stützt er sein Begehren auf den öffentlich-rechtlichen Unterlassungsanspruch so ist die allgemeine Leistungsklage statthaft. 52

50 BGH Urt. v. 12.12.1975 – V ZR 114/74, juris Rn. 18.

51 Ohne entsprechende Problematisierung OVG Schleswig Urt. v. 11.10.2006 – 1 LB 28/04, juris Rn. 28; bestätigt durch BVerwG Beschl. v. 4.7.2007 – 7 B 18/07.

52 VGH Kassel Urt. v. 25.2.2005 – 2 UE 2890/04, juris Rn. 44.

53 VGH Kassel Urt. v. 25.2.2005 – 2 UE 2890/04, juris Rn. 47.

54 Dass ein solcher verwaltungsgerichtlicher Rechtsschutz in zeitlicher Hinsicht effektiv gewährleistet wird, zeigt beispielsweise ein Beschluss des OVG Münster (vom 25.5.2016 – 4 B 581/16, juris Rn. 1 ff.) bei dem streitgegenständlich eine Genehmigung eines Tanzfestivals vom 13.5.2016 datierte. Über den Antrag des Nachbarn nach § 80 Abs. 5 VwGO hat das erstinstanzlich zuständige VG Minden am 23.5.2016 entschieden; vgl. auch VG Cottbus Beschl. v. 4.8.2017 – 5 L 458/17, juris Rn. 1 ff.

53 Insbesondere bei jährlich wiederkehrenden Volksfesten kann der Nachbar auch ein besonderes Feststellungsinteresse daran haben, klären zu lassen, unter welchen Restriktionen die Veranstaltung in Zukunft stattfinden darf. Das Rechtsschutzziel ist dann darauf gerichtet, die Rechtswidrigkeit einer erteilten Genehmigung im Nachhinein im Wege einer Fortsetzungsfeststellungsklage gemäß § 113 Abs. 1 Satz 4 VwGO (analog) gerichtlich feststellen zu lassen.[55] Hierauf muss sich der Nachbar aber dann nicht verweisen lassen, wenn ihm effektiver Rechtsschutz im Vorfeld der Veranstaltung nicht möglich ist, denn dann wäre der Nachbar der Gefahr ausgesetzt, die Auswirkungen eines möglicherweise rechtswidrigen Verwaltungsaktes mehr als erforderlich hinnehmen zu müssen, was mit einem zu gewährenden effektiven Rechtsschutz nicht zu vereinbaren ist.[56]

54 **c) Klagebefugnis von Mietern.** Auch Nachbarn eines Volksfestes, die nur Mieter und nicht Eigentümer eines Wohnhauses sind, können klagebefugt sein. Zwar hat ein Mieter, der lediglich obligatorische Rechte an einem Grundstück von dessen Eigentümer herleiten kann, kein öffentlich-rechtliches Abwehrrecht gegen die einem Dritten erteilte, einen bodenrechtlichen Nutzungskonflikt auslösende Genehmigung. In einem solchen Fall werden die Grundstücke durch ihre Eigentümer oder sonstige, dinglich berechtigte Personen repräsentiert. Hiervon unberührt bleiben aber die Möglichkeiten eines Mieters, sich auf den Schutz vor schädlichen Umwelteinwirkungen im Sinne des § 3 Abs. 1 BImSchG zu berufen. Diese Vorschrift verweist auf den spezifisch immissionsschutzrechtlichen Begriff der Nachbarschaft, der auch Anwohner umfasst, die keine Eigentümer der von ihnen bewohnten oder genutzten Grundstücke sind.[57]

124. Vollgeschoss, überbaubare Grundstücksfläche und Bauweise

Schulte Beerbühl

Literatur: *Gatz*, Das Haus am Wannsee, Anm. zu BVerwG, Urt. v. 9.8.2018 – 4 C 7/17, jM 2019, 30; *Heinemann*, Zur nachbarschützenden Wirkung von Festsetzungen über das Maß der baulichen Nutzung, Anmerkung zu einer Entscheidung des BVerwG vom 09.08.2018 (4 C 7/17) – NVwZ 2018, 1811; *Lemberg*, Nachbarschützende Wirkung von Festsetzungen über das Maß der baulichen Nutzung – Fortsetzung der neuen Rechtsprechung, Anm. zu OVG Hamburg, Beschl. v. 25.06.2019 – 2 Bs 100/19, jurisPR-ÖffBauR 9/2019; *Mehde*, Nachbarrechtsschutz betreffend das Maß der baulichen Nutzung, BauR 2019, 434; *Petz*, Aktuelle Rechtsprechung des Bundesverwal-

55 Vgl. etwa VG Lüneburg Urt. v. 27.3.2019 – 5 A 125/18, juris Rn. 44 ff.; VG Neustadt (Weinstraße) Urt. v. 9.5.2016 – 4 K 1107/15.NW, juris Rn. 31 ff.; VG Koblenz Urt. v. 12.4.2016 – 1 K 1069/15.KO, juris Rn. 24.

56 VGH Kassel Urt. v. 25.2.2005 – 2 UE 2890/04, juris Rn. 49.

57 BVerwG Beschl. v. 28.11.1995 – 11 VR 38.95, juris Rn. 29; BVerwG Urt. v. 22.10.1982 – 7 C 50.78, juris Rn. 13.

tungsgerichts zum Rücksichtnahmegebot, ZfBR 2015, 644; *Schröer/Kümmel*, Vom Wannsee zu neuen Ufern, Das BVerwG am Abgrund der Schutznormtheorie, NVwZ 2018, 1775; *Schubert*, Das Haus am Wannsee: Drittschutz bei mittels Maßfestsetzungen konzipiertem besonderem Gebietscharakter, ZfBR 2019, 343; *Wendt*, Drittschützende Wirkung von Baugrenzen und Festsetzungen zum Maß der baulichen Nutzung – Fortentwicklung der Wannsee-Entscheidung des BVerwG, jurisPR-UmwR 10/2019; *Uffelmann*, Bauplanungsrechtlicher Nachbarschutz aufgrund von Festsetzungen über das Maß der baulichen Nutzung, Anmerkung zu OVG Hamburg, Beschluss vom 25. Juni 2019 – 2 Bs 100/19, NordÖR 2019, 358; *Wendt*, Nachbarschützende Wirkung von Festsetzungen über das Maß der baulichen Nutzung, jurisPR-UmwR 2/2019.

I. Allgemeines

Die Zahl der Geschosse oder Vollgeschosse sowie die Höhe der baulichen Anlagen können sich in mehrfacher Hinsicht nachteilig auf Nachbargrundstücke auswirken. Zum einen bieten Gebäude mit mehr Geschossen oder Vollgeschossen, je nach der Lage der Grundstücke zueinander, neue oder bessere **Einblickmöglichkeiten** auf das betroffene Grundstück. Zum anderen kann die Zahl der Vollgeschosse dazu führen, dass von dem Baukörper eine **bedrängende** und **verschattende Wirkung** ausgeht. Das gilt nicht minder für die **Höhe** baulicher Anlagen, die ebenfalls das Maß der baulichen Nutzung bestimmt. 1

Ferner ist das Kriterium der **Bauweise** für viele Baugebiete ein typisches Kriterium, dessen Nichtbeachtung für andere Grundstückseigentümer Anlass zur Klage geben kann. Ähnliches gilt für die **Grundstücksfläche**, die durch ein Vorhaben überbaut werden soll. Wird beispielsweise über die hintere (festgesetzte oder faktische) **Baugrenze** hinaus weit in den Garten hinein gebaut, kann dies verschattende und beengende Wirkung auslösen. Auch entstehen neue Einblickmöglichkeiten, die Nachbarn oft zu Recht als störend empfinden. 2

Im Grundsatz kann der Eigentümer eines betroffenen Grundstücks solche Wirkungen regelmäßig nicht abwehren. Erforderlich ist nämlich neben der **objektiv-rechtlichen Rechtswidrigkeit**, also einem Verstoß gegen eine wirksame **Festsetzung** in einem Bebauungsplan (§ 30 Abs. 1 BauGB) oder, bei Fehlen einer solchen, wegen des **Sich-nicht-Einfügens** in die nähere Umgebung (§ 34 BauGB), dass der Nachbar infolge des Rechtsverstoßes in einem subjektiven öffentlichen Recht verletzt wird. Das wird von der bisherigen Rechtsprechung zumeist verneint. Aber auch von diesen Grundsätzen gibt es Ausnahmen. 3

II. Vollgeschoss

1. Objektiv-rechtliche Rechtswidrigkeit

a) Regeln im Geltungsbereich eines Bebauungsplans. Im Geltungsbereich eines qualifizierten Bebauungsplans ist gemäß § 30 Abs. 1 BauGB ein Vorhaben zulässig, wenn es den Festsetzungen (insbesondere über die Art und das Maß der baulichen Nutzung, die überbaubaren Grundstücksflächen und die Bauweise) nicht widerspricht und die Erschließung gesichert ist. § 16 Abs. 2 BauNVO beschreibt, auf welche Weise das Maß der baulichen Nutzung – dazu zählt auch die Zahl der **Vollgeschosse** – in einem Bebauungsplan bestimmt werden kann. Nach Art und Umfang können bestimmte Ausnahmen von dem festgesetzten Maß der baulichen Nutzung vorgesehen werden. Bei einem Verstoß gegen diese Regeln ist das Vorhaben objektiv-rechtlich rechtswidrig. 4

b) Regeln innerhalb eines im Zusammenhang bebauten Ortsteils. Für die Zulässigkeit eines Bauvorhabens innerhalb eines **im Zusammenhang bebauten Ortsteils** ist maßgeblich, ob sich das Vorhaben unter anderem nach dem Maß der baulichen Nutzung in die nähere Umgebung einfügt (§ 34 Abs. 1 BauGB). Die Antwort auf die Frage, was mit Blick auf das Maß der baulichen Nutzung planungsrechtlich zulässig ist, folgt aus einer Ableitung aus dem Faktischen und einer hypothetischen Verwirklichung des zur Genehmigung gestellten Vorhabens. 5

aa) Festlegung der „näheren Umgebung“. Hierfür ist zunächst die „**nähere Umgebung**“ festzulegen. Diese ist für jedes der Merkmale gesondert zu bestimmen, und erst hiernach ist festzustellen, ob das Vorhaben sich in diese Umgebung einfügt. Die maßgebliche Umgebung ist je nach Art oder Maß, Bauweise oder 6 überbaubarer Grundstücksfläche unterschiedlich weit zu ziehen. Welcher Bereich als nähere Umgebung im Sinn des § 34 Abs. 1 BauGB maßgebend ist, hängt nämlich davon ab, inwieweit sich einerseits die Ausführung des geplanten Vorhabens auf die benachbarte Bebauung und andererseits diese Bebauung auf den bodenrechtlichen Charakter des Baugrundstücks prägend auswirken. Diese Auswirkungen können je nach dem Merkmal sehr unterschiedlich sein.[1]

7 **bb) Unangemessene Überschreitung?** Nach dieser Festlegung der Umgebung und der Feststellung und Bewertung des Vorhandenen folgt die Untersuchung, ob das geplante Vorhaben sich in diesen Charakter der Umgebung einfügt. Wegen des Maßes der baulichen Nutzung können **städtebauliche Spannungen** nur auftreten, wenn das Vorhaben – unabhängig von seiner Nutzungsart – den vorhandenen Rahmen in unangemessener Weise überschreitet.[2] Erforderlich ist eine mehr als geringfügige, dh eine abweichende, störende Überschreitung des vorhandenen Maßes der baulichen Nutzung und ein erhebliches, krasses Herausfallen aus der näheren Umgebung, das nicht auflösbare Probleme verursacht, die auf diese abgewälzt werden.[3] Das ist beispielsweise der Fall, wenn eine bauliche Massierung zu einer sowohl in der Höhe als auch in der Tiefe erheblichen **Nachverdichtung der Bebauung** führen würde.[4]

8 **cc) Zusätzliche Berücksichtigung des Rücksichtnahmegebotes.** Allerdings kann nach der Rechtsprechung des BVerwG[5] das alleinige Abstellen auf den Umgebungsrahmen dazu führen, dass den konkreten Verhältnissen in der unmittelbaren Nachbarschaft des Vorhabens nicht hinreichend Rechnung getragen wird. Unter Umständen kann der aus der vorhandenen Bebauung zu gewinnende Maßstab grob und ungenau sein. In diesem Fall kann ein Vorhaben den Rahmen seiner Umgebung wahren, sich aber gleichwohl nicht einfügen, weil es die gebotene Rücksicht auf die in seiner Nähe vorhandene Bebauung vermissen lässt.[6] Das **Gebot der Rücksichtnahme** stellt insoweit auf die gegenseitige Verflechtung der baulichen Situation unmittelbar benachbarter Grundstücke ab und nimmt das **nachbarliche Austauschverhältnis** in den Blick.[7] Insbesondere wenn der Umgebungsrahmen weitmaschig ist, kommt ihm eine notwendige Korrekturfunktion zu. Umgekehrt wird, je einheitlicher der Umgebungsrahmen ist, desto seltener ein Rückgriff auf diesen Korrekturmaßstab erforderlich sein.[8]

9 **dd) Bodenrechtlich relevante Spannungen.** Auch eine Aussage des Inhalts „[e]in Vorhaben, das sich nicht einfügt, ist rechtwidrig und verletzt den Nachbarn in seinen Rechten" ist nicht zwingend gerechtfertigt. Denn selbst wenn ein Vorhaben sich auf den ersten Blick nicht in den Umgebungsrahmen einfügt, ist denkbar, dass es dennoch den Anforderungen des § 34 Abs. 1 BauGB nicht widerspricht. Geboten ist ergänzend eine wertende Betrachtung, die in den Blick nimmt, ob das Vorhaben geeignet ist, **„bodenrechtlich beachtliche** und erst noch ausgleichsbedürftige **Spannungen** zu begründen oder die vorhandenen Spannungen zu erhöhen" und dadurch die „städtebauliche Harmonie beeinträchtigt wird.[9]

10 Diese gesetzlich nicht ausdrücklich geregelte, aber in der Rechtsprechung anerkannte Ausnahme betrifft ganz wesentlich – aber nicht nur – den Fall der **Hinterlandbebauung** und damit das Merkmal „Grundfläche, die überbaut werden soll". In diesem Zusammenhang kommt es darauf an, ob – erstens – im Hintergelände Bebauung auf den Baugrundstücken tatsächlich vorhanden ist und – zweitens – die Zulassung des Bauvorhabens zu weiteren bodenrechtlichen Spannungen führen würde. Ist das nicht der Fall, wäre nämlich nicht zu besorgen, dass die Überschreitung des Rahmens bei Zulassung des Bauvorhabens die Gefahr nach

1 BVerwG Beschl. v. 6.11.1997 – 4 B 172.97, ZfBR 1998, 164; OVG Magdeburg Beschl. v. 4.7.2012 – 2 L 94/11, BRS 79 Nr. 101; VGH München Urt. v. 7.3.2011 – 1 B 10.3042, juris Rn. 22; OVG Münster Urt. v. 9.9.2010 – 2 A 508/09, juris Rn. 37; VGH Mannheim Beschl. v. 15.12.2005 – 5 S 1847/05, VBlBW 2006, 191.
2 VGH München Beschl. v. 4.7.2016 – 15 ZB 14.891, juris Rn. 8.
3 VGH Kassel Beschl. v. 16.12.1991 – 4 TH 1814/91, BRS 52 Nr. 2.
4 Vgl. BVerwG Urt. v. 15.12.1994 – 4 C 19.93, juris Rn. 6; BVerwG Beschl. v. 21.6.2007 – 4 B 8.07, juris Rn. 6.
5 BVerwG Urt. v. 23.3.1994 – 4 C 18/92, BVerwGE 95, 277.
6 BVerwG Urt. v. 26.5.1978 – IV C 9/77, BVerwGE 55, 369.
7 So BVerwG Urt. v. 16.9.2010 – 4 C 7/10, NVwZ 2011, 436; BVerwG Urt. v. 5.12.2013 – 4 C 5/12, BVerwGE 148, 290.
8 S. dazu: OVG Bremen Urt. v. 19.3.2016 – 1 B 19/15, BauR 2015, 1802.
9 BVerwG Urt. v. 26.5.1978 – IV C 9.77, NJW 1978, 2564.

sich zieht, dass der vorhandene Bauzustand in negativer Hinsicht städtebaulich in Bewegung und damit in Unordnung gerät.[10]

Allerdings kann auch umgekehrt ein den Rahmen wahrendes Vorhaben ausnahmsweise unzulässig sein, wenn es nicht die gebotene Rücksicht auf die Bebauung in der Nachbarschaft nimmt,[11] so etwa wenn ein Vorhaben sich – noch – einfügt, aber eine sog. **Vorbildwirkung** entfaltet, indem es andere gleichartige Vorhaben nach sich zieht und so die Situation „zum Umkippen" bringt.[12] 11

Beispiele: Die Errichtung einer Schweinemastanstalt kann in einem Dorfgebiet unzulässig sein, wenn zu erwarten ist, dass weitere Landwirte diesem Beispiel folgen werden.[13] Eine Spielhalle ist in einem bisher mit Wohn- und Geschäftshäusern bebauten Bereich nicht zulässig, wenn mit der Ansiedlung weiterer Spielhallen und dadurch mit dem sog. trading-down-Effekt zu rechnen ist.[14] 12

2. Subjektiv-rechtliche Rechtsverletzung

a) Rechtsverletzung im Geltungsbereich eines Bebauungsplans. Nach der Rechtsprechung des BVerwG[15] begründet § 30 Abs. 1 BauGB aus sich heraus keine subjektiv-öffentlichen Rechte zugunsten des Nachbarn. Erst dadurch, dass die Gemeinde einen Bebauungsplan erlässt, in dem sie die Bestimmungen der Baunutzungsverordnung in Bezug nimmt, kann sie den Grundstückseigentümern solche Rechte verschaffen. Ob dies im Einzelfall tatsächlich geschieht, hängt zum einen von dem Gegenstand der Festsetzung (Art der baulichen Nutzung, Maß der baulichen Nutzung, Bauweise, Grundstücksfläche, die überbaut werden soll), zum anderen von dem zum Ausdruck gebrachten **Willen des Satzungsgebers** ab; die Annahmen der Rechtsprechung über diese „Verleihung" der Nachbarrechte sind indes sehr verschieden. Die Rechtsprechung ist bislang äußerst zurückhaltend gewesen. 13

aa) Willensbekundung des Plangebers. Der nachbarschützende Charakter einer Festsetzung zum Maß der baulichen Nutzung ist nicht zweifelhaft, wenn der Plangeber der Festsetzung diesen Charakter ausdrücklich „verliehen" hat. Darüber, dass er diese Befugnis hat und dass diese Wirkung dann dem Nachbarn **Abwehrrechte** verschafft, besteht Einigkeit. Die Anforderungen für die Bejahung dieser Wirkung sind indes recht hoch, ob zu Recht ist allerdings zweifelhaft. Damit geht die schwierige Frage, welche Unterlagen zu sichten sind einher, um die Frage nach einer **Willensäußerung** zu klären. 14

Beispiel für einen angenommenen nachbarschützenden Charakter einer Festsetzung der höchstzulässigen Zahl der Vollgeschosse und der rückwärtigen Baugrenze „kraft Verleihung":[16] Das Gericht hatte nach Auswertung der dem Bebauungsplan beigefügten Begründung und dem Plankonzept „keine vernünftigen Zweifel daran, dass die Satzungsgeberin auf dem Vorhabengrundstück die höchstzulässige Zahl der Vollgeschosse und eine rückwärtige Baugrenze nicht nur aus städtebaulichen Gründen getroffen hat, sondern mit dieser Festsetzung auch Nachbarschutz zugunsten der betroffenen Angrenzer begründen wollte." In der Planbegründung heißt es nämlich zur Ausweisung des allgemeinen Wohngebiets entlang der betroffenen Straße: „Weitergehende bauliche Verdichtungen, insbesondere in den Bereichen angrenzend an die Straßenräume sind jedoch nicht mehr tragbar und nicht vereinbar mit den allgemeinen Anforderungen an gesunde Wohn- und Arbeitsverhältnisse." Die Plangeberin hatte, so das Gericht, mit diesen Ausführungen dokumentiert, dass sie im hier betroffenen Grundstücksareal Festsetzungen zum Maß der baulichen Nutzung und zur überbaubaren Grundstücksfläche nicht allein aus städtebaulichen Gründen getroffen hat. Sie habe diese Festsetzungen vielmehr ausdrücklich mit dem Willen verbunden, in diesem Grundstücksbereich, der schon von massiver Bebauung umgeben ist, gesunde Wohnverhältnisse zu erhalten. 15

10 vgl. OVG Münster Urt. v. 1.3.2017 – 2 A 46/16, juris Rn. 29.
11 BVerwG Urt. v. 5.12.2013 – 4 C 5/12, NVwZ 2014, 370; VGH München Beschl. v. 19.3.2015 – 9 CS 14.2441, juris Rn. 26.
12 BVerwG Urt. v. 25.1.1974 – IV C 72.72, BVerwGE 44, 302.
13 Nach BVerwG Urt. v. 4.7.1980 – IV C 101.77, NJW 1981, 139.
14 Nach BVerwG Urt. v. 15.12.1994 – 4 C 13/93, NVwZ 1995, 698.
15 Urt. v. 19.10.1995 – 4 B 215.95, BRS 57 Nr. 219.
16 Aus: VG Köln Urt. v. 28.8.2015 – 2 K 6969/14, juris Rn. 25 ff.

16 **bb) Fehlende Willensbekundung des Plangebers.** Im Anschluss an sein richtungsweisendes Urteil vom 16.9.1993,[17] mit dem es den Gebietserhaltungsanspruch begründete (→ *Gebietsschutz und Baugebietsverträglichkeit* Rn. 3 ff.), sah sich das BVerwG mehrfach zur Beantwortung der Frage veranlasst, ob dessen Grundaussagen auf Festsetzungen zum **Maß der baulichen Nutzung** (und andere Festsetzungen) zu übertragen seien. Insbesondere war bedeutsam, ob solche Festsetzungen auch ohne eine entsprechende Willensbekundung des Plangebers nachbarschützenden Charakter haben.

17 **(1) Die bislang herrschende Ansicht in Rechtsprechung und Literatur.** Das BVerwG vertrat bislang stets die Auffassung, dass die Erwägungen, wegen derer den Festsetzungen über die Art der baulichen Nutzung nachbarschützende Funktion unabhängig von einer spürbaren tatsächlichen Beeinträchtigung durch ein baugebietswidriges Vorhaben zuzusprechen seien, sich nicht auf die Festsetzungen über das Maß der baulichen Nutzung übertragen lassen. Es hat seine Meinung mit Beschluss vom 23.6.1995[18] damit begründet, dass „die Planbetroffenen durch die Maßfestsetzungen eines Bebauungsplans nicht in gleicher Weise zu einer ‚**Schicksalsgemeinschaft**' verbunden [werden], wie das der Senat für die Festsetzung der Art der Nutzung angenommen hat." Festsetzungen über das Maß der baulichen Nutzung ließen in aller Regel den Gebietscharakter unberührt und hätten nur Auswirkungen auf das Baugrundstück und die unmittelbar anschließenden Nachbargrundstücke. Zum Schutz der Nachbarn sei daher im Falle einer (notwendigen) Befreiung das drittschützende **Rücksichtnahmegebot** des § 31 Abs. 2 BauGB ausreichend, das eine Abwägung der nachbarlichen Interessen ermögliche und den Nachbarn vor unzumutbaren Beeinträchtigungen schütze.[19]

18 An dieser Rechtsprechung hat das BVerwG über lange Jahre festgehalten. Die **Instanzgerichte und die Literatur** folgten ihr.[20]

19 **(2) Möglicherweise Abkehr von der bisherigen Rechtsprechung.** Mit seinem Urteil vom 9.8.2018[21] (sog. Wannsee-Entscheidung) hat das BVerwG (möglicherweise) eine Kehrtwendung gegenüber seiner bisherigen Rechtsprechung vorgenommen. Diese Entscheidung ist zweifelsohne eine der am häufigsten diskutierten Entscheidungen zum Öffentlichen Baunachbarrecht der letzten Jahre, bei entsprechendem Verständnis ist sie auch eine der wichtigsten.[22]

20 Die Besonderheit des Falles lag darin, dass der Bebauungsplan aus dem Jahr 1959 stammte[23] und damit aus einer Zeit, zu der im Bewusstsein des Plangebers Fragen des nachbarschützenden Charakters bauplanerischer Festsetzungen keine Rolle gespielt haben; der Gedanke des Nachbarschutzes im öffentlichen Baurecht war, wie das BVerwG ausführte, erst ab 1960 entwickelt worden.

21 Mangels greifbarer Anhaltspunkte in dem aus dem Jahr 1958 stammenden Erläuterungsbericht zu dem Bebauungsplan[24] griff das Gericht für die Frage des Nachbarschutzes den bereits 1993[25] entwickelten und 1996[26] vertieften Grundsatz auf, dass der baurechtliche Nachbarschutz auf dem Gedanken des wechselseitigen Austauschverhältnisses beruhe, in dem der nachbarliche Interessenkonflikt durch Merkmale der

17 4 C 28/91, DVBl 1994, 284.
18 4 B 52/95, NVwZ 1996, 170; ähnlich Beschl. v. 19.10.1995 – 4 B 215/95, NVwZ 1996, 888.
19 Siehe zur Kritik an dieser Auffassung zuvor schon *Schulte Beerbühl* Rn. 315.
20 Vgl. nur: OVG Münster Beschl. v. 4.11.2015 – 7 B 744/15, juris Rn. 8.
21 4 C 7/17, juris Rn. 14 ff.; Vorinstanzen: VG Berlin Urt. v. 15.8.2013 – 13 K 306.12, juris, und OVG Berlin-Brandenburg Urt. v. 30.6.2017 – OVG 10 B 10.15, juris.
22 Siehe zu dieser Problematik auch: VGH Mannheim Urt. v. 21.7.2020 – 8 S 702/19, juris Rn. 34; OVG Hamburg Beschl. v. 25.6.2019 – 2 Bs 100/19, BauR 2019, 1740; OVG Münster Beschl. v. 15.04.2020 – 2 B 1322/19, juris Rn. 25; OVG Schleswig Beschl. v. 12.05.2020 – 1 MB 9/20, juris Rn. 7; OVG Berlin-Brandenburg Beschl. v. 9.7.2020 – OVG 10 S 15/20, juris Rn. 41; aus der Literatur: *Gatz* jM 2019, 30; *Heinemann* NVwZ 2018, 1811 (1812); *Lemberg* jurisPR-ÖffBauR 9/2019; *Mehde* 2019, 434 (439); *Schröer/Kümmel* NVwZ 2018, 1775; *Schubert* ZfBR 2019, 343; *Wendt* jurisPR-UmwR 10/2019; *Uffelmann* NordÖR 2019, 358; *Wendt* jurisPR-UmwR 2/2019.
23 VG Berlin Urt. v. 15.8.2013 – 13 K 306.12, juris Rn. 3.
24 OVG Berlin-Brandenburg Urt. v. 30.6.2017 – OVG 10 B 10.15, juris Rn. 50.
25 BVerwG Urt. v. 16.9.1993 – 4 C 28.91, DVBl 94, 284.
26 BVerwG Urt. v. 23.8.1996 – 4 C 13.94, BVerwGE 101, 364.

Zuordnung, der Verträglichkeit und der Abstimmung benachbarter Nutzungen geregelt und ausgeglichen sei. Dieser Gedanke präge nicht nur die Anerkennung der drittschützenden Wirkung von Festsetzungen über die Art der baulichen Nutzung,[27] sondern könne auch eine nachbarschützende Wirkung von Festsetzungen über das Maß der baulichen Nutzung rechtfertigen. Stünden solche Festsetzungen nach der Konzeption des Plangebers in einem wechselseitigen, die Planbetroffenen zu einer rechtlichen Schicksalsgemeinschaft verbindenden Austauschverhältnis, komme ihnen nach ihrem objektiven Gehalt Schutzfunktion zugunsten der an dem Austauschverhältnis beteiligten Grundstückseigentümern zu. Daraus folge unmittelbar, dass der einzelne Eigentümer die Maßfestsetzungen aus einer eigenen Rechtsposition heraus auch klageweise verteidigen könne.

Trotz dieser Ausführungen nehmen die Instanzgerichte – sofern sich ein beabsichtigter Nachbarschutz nicht aus den Aufstellungsvorgängen herleiten lässt – nach wie vor nur zögerlich einen Nachbarschutz durch Maßfestsetzungen an.[28] Dabei erscheint problematisch, wenn allein auf den Zeitpunkt der Beschlussfassung des Bebauungsplans abgestellt und ausgeführt wird, nach dem Urteil des BVerwG komme eine nachbarschützende Wirkung von Planfestsetzungen unabhängig von konkreten subjektiven Vorstellungen des Planungsträger lediglich für Pläne in Betracht, die vor 1960, dh in einer Zeit aufgestellt wurden, in der man ganz allgemein an einen nachbarlichen Drittschutz im öffentlichen Baurecht noch nicht gedacht habe.[29] Denn das hat das BVerwG nicht gesagt. Auch überzeugt das Argument nicht, dass bei „jüngeren" Bebauungsplänen angesichts der ausgebildeten Dogmatik zum Drittschutz durch Bauleitplanung für den Plangeber ohne weiteres die Möglichkeit bestanden habe, entsprechende Regelungen durch Dokumentation eines entsprechenden Willens nachbarschützend auszugestalten. Hier wird geltend gemacht, es erscheine insbesondere bei neueren Bebauungsplänen, die unter der Geltung des BauGB erlassen worden seien, unter dem Gesichtspunkt der verfassungsrechtlichen Funktionenverteilung zwischen Gerichten als Funktionsträger rechtsprechender Gewalt einerseits und kommunalen Selbstverwaltungskörperschaften andererseits jedenfalls nicht unproblematisch, einer bauleitplanerischen Festsetzung im Wege richterrechtlicher „Korrektur" unter Berufung auf die „Wannsee-Rechtsprechung" des BVerwG eine vom Plangeber nicht positiv gewollte Drittschutzwirkung zu unterstellen.[30] 22

Von einer solchen, zu Recht abzulehnenden Korrektur des planerischen Willens könnte jedoch nur die Rede sein, wenn feststünde, dass ein Nachbarschutz vom Plangeber nicht gewollt war. Dies aus dem Schweigen der politischen Gremien in den Dokumenten des Aufstellungsverfahrens zu schließen, geht allerdings an den zutreffenden Erwägungen des BVerwG vorbei. Gerade weil, wie das BVerwG herausgestellt hat und was unbestritten ist, davon ausgegangen werden kann, dass sich im Laufe der Jahre bei den Plangebern „jüngerer" Bebauungspläne ein Bewusstsein für den Nachbarschutz herausgebildet hat, wäre es widersinnig, aus dem Schweigen zu schließen, die Frage der Wahrung schutzwürdiger nachbarlichen Interessen sei nicht beabsichtigt gewesen. Vielmehr spricht angesichts des gewandelten Bewusstseins manches dafür, dass auch die Nachbarinteressen im Blick waren – dies ist nur nicht in Worte gefasst worden. Es bedarf in solchen Fällen einer – ergebnisoffenen – Interpretation der aus dem Bebauungsplan selbst ersichtlichen Regelung, wobei das Zusammenspiel mit anderen Regelungen und Auswirkungen zu beachten ist. Nichts anderes geschieht, wenn im Zusammenhang mit der Frage nach einer möglichen Befreiung die Grundzüge der Planung festgestellt werden sollen und sich aus den Aufstellungsvorgängen nichts Hinreichendes ergibt.[31] 23

cc) Befreiung von der Festsetzung zur höchstzulässigen Zahl der Vollgeschosse. Soweit einer Festsetzung zum Maß der baulichen Nutzung, hier zur Zahl der Vollgeschosse, in der konkreten Fallgestaltung (kraft stillschweigender oder ausdrücklicher „Verleihung" oder infolge einer in diese Richtung gehenden 24

27 BVerwG Urt. v. 23.8.1996 – 4 C 13.94, BVerwGE 101, 364 und Urt. v. 24.2.2000 – 4 C 23.98, NVwZ 2000, 1054.
28 VGH Mannheim Urt. v. 21.7.2020 – 8 S 702/19, juris Rn. 34.
29 OVG Münster Beschl. v. 20.7.2020 – 7 B 752/20, juris Rn. 11.
30 VGH München Beschl. v. 24.7.2020 – 15 CS 20.1332, juris Rn. 26.
31 Vgl. etwa VGH München Beschl. v. 10.9.2020 – 9 ZB 18.2199, juris Rn. 4: Auslegung anhand „einer Gesamtschau verschiedener Festsetzungen im Bebauungsplan".

Auslegung des Plans) nachbarschützender Charakter zukommt, gelten für den Rechtsschutz des Nachbarn im Falle einer **rechtswidrigen Befreiung** dieselben Grundsätze, wie sie im Zusammenhang mit der Festsetzung zur Art der baulichen Nutzung gelten (→ *Gebietsschutz und Baugebietsverträglichkeit* Rn. 1 ff.). Auch hier führt das Fehlen einer der zwingenden Tatbestandsvoraussetzungen des § 31 Abs. 2 BauGB zu einem Aufhebungsanspruch des Nachbarn, ohne dass Weiteres hinzukommen muss.

25 Sofern die Festsetzung **keinen nachbarschützenden Charakter** hat, führt diese Tatsache nicht dazu, dass der Nachbar schutzlos ist, wenn eine objektiv-rechtlich rechtswidrige Befreiung von einer solchen Festsetzung ausgesprochen (oder gar nicht ausgesprochen) wird und eine Baugenehmigung erteilt wird. Nach der Rechtsprechung des BVerwG ist im Falle der Befreiung von nicht nachbarschützenden Festsetzungen die Regelung in § 31 Abs. 2 BauGB insoweit drittschützend, als diese Vorschrift das Ermessen der Bauaufsichtsbehörde dahin bindet, dass die Abweichung auch **„unter Würdigung nachbarlicher Interessen"** mit den öffentlichen Belangen vereinbar sein muss. Unter welchen Voraussetzungen durch eine Befreiung Nachbarrechte verletzt werden, ist danach (in entsprechender Anwendung des § 15 BauNVO) nach den Grundsätzen des Gebots der Rücksichtnahme zu beantworten (→ *Rücksichtnahmegebot* Rn. 1 ff.).[32] Maßgeblich kommt es darauf an, was einerseits dem Rücksichtnahmebegünstigten und andererseits dem Rücksichtnahmeverpflichteten nach Lage der Dinge zuzumuten ist.[33]

26 Bei der erforderlichen **Interessenabwägung** sind die Schutzwürdigkeit des betroffenen Nachbarn, sein Interesse an der Einhaltung der Festsetzungen des Bebauungsplans und damit an einer Verhinderung von Beeinträchtigungen und Nachteilen sowie die Intensität der Beeinträchtigungen einerseits mit den Interessen des Bauherrn an der Erteilung der Befreiung andererseits abzuwägen. Der Nachbar kann umso mehr an Rücksichtnahme verlangen, je empfindlicher seine Stellung zB durch ein an die Stelle des im Bebauungsplan festgesetzten Maßes der baulichen Nutzung tretendes andersartiges Maß der Nutzung berührt werden kann. Umgekehrt braucht derjenige, der die Befreiung in Anspruch nehmen will, umso weniger Rücksicht zu nehmen, je verständlicher und unabweisbarer die von ihm verfolgten Interessen sind. Unter welchen Voraussetzungen – im Konkreten – eine Befreiung Rechte des Nachbarn verletzt, hängt damit wesentlich von den Umständen des Einzelfalls ab. Im Rahmen dieser **Interessen- und Zumutbarkeitsabwägung** hat derjenige, der sich auf den Bebauungsplan berufen kann, grundsätzlich einen gewissen Vorrang.[34]

27 **b) Rechtsverletzung innerhalb eines im Zusammenhang bebauten Ortsteils.** Die Verteidigungsmöglichkeiten gegen ein benachbartes Vorhaben sind im **unbeplanten Innenbereich** hinsichtlich der Überschreitung der Zahl der zulässigen Vollgeschosse – jedenfalls auf den ersten Blick – noch geringer als im beplanten Bereich. Denn während im Geltungsbereich eines Bebauungsplans zumindest anhand einer interessengerechten Auslegung der Planfestsetzungen und ggfs. der Planunterlagen ein nachbarschützender Charakter von Maßfestsetzungen feststellbar sein kann, fehlt es im unbeplanten Bereich hieran. Hier ist allein eine Beurteilung der Rechtsverletzung eines Nachbarn anhand des in dem **Einfügungsgebot** enthaltenen **Rücksichtnahmegebotes** möglich.

III. Bauweise

28 Unter **Bauweise** im Sinne von § 22 BauNVO ist die Anordnung der Gebäude auf den Baugrundstücken in Bezug auf die seitlichen Grundstücksgrenzen und damit in Bezug auf die Gebäude auf den insoweit benachbarten Grundstücken zu verstehen.

29 Ist im Bebauungsplan **offene Bauweise** festgesetzt, sind dort Einzelhäuser, Doppelhäuser und Hausgruppen (jeweils mit einer Länge von höchstens 50 m) zulässig. Eine weitere Differenzierung ist möglich. Die Aussage in § 22 Abs. 3 BauNVO, dass in der **geschlossenen Bauweise** die Gebäude ohne seitlichen Grenzabstand errichtet werden, besagt, dass in der offenen Bauweise dies gerade nicht der Fall ist. Hier werden bei Einzelhäusern zu beiden Seiten, bei Doppelhäusern zu einer und bei Hausgruppen die jeweils äußeren Häu-

32 BVerwG Urt. v. 6.10.1989 – 4 C 14/87, BVerwGE 82, 343.

33 BVerwG Beschl. v. 27.8.2013 – 4 B 39.13, BRS 81 Nr. 181.

34 OVG Münster Beschl. v. 26.10.2007 – 10 A 273/07, juris Rn. 6.

ser mit und das innere Haus (ggfs. die inneren Häuser) ohne seitlichen Grenzabstand errichtet. Im Plan kann eine von Absatz 1 abweichende Bauweise festgesetzt werden, zB die sog. halboffene Bauweise, bei der an der einen Seite ohne und an der anderen mit Grenzabstand gebaut wird. In einem im Zusammenhang bebauten Ortsteil können diese Erscheinungsformen, wenn das Faktische sich zu einem Umgebungscharakter verfestigt hat, Maßstab gebend für weitere Bauwünsche sein.

1. Grundsätzlich kein Nachbarschutz wegen der Bauweise

Die Festsetzung der offenen und der anderen Bauweisen erfolgt in der Regel aus städtebaulichen Gründen, so dass ein nachbarschützender Charakter nicht bejaht werden kann. Aus dem Charakter der Festsetzung kann nicht entnommen werden, dass sie stets auch der Rücksichtnahme auf individuelle Interessen und deren Ausgleich untereinander zu dienen bestimmt sind.[35] Als Konsequenz hieraus ist im Falle eines Verstoßes gegen die Festsetzung ein Nachbar, auch der unmittelbare Grundstücksnachbar, nicht deswegen in seinen Rechten verletzt. Allerdings kann der Nachbar unter Umständen die Verletzung von Abstandsflächenvorschriften rügen. 30

2. Ausnahmsweise nachbarschützender Charakter beim Doppelhaus

Die (in bauplanungsrechtlicher Hinsicht) nachbarrechtliche Unbeachtlichkeit von Verstößen gegen das Gebot der Errichtung baulicher Anlagen in der offenen Bauweise gilt nicht ausnahmslos. Zum einen steht es dem Plangeber frei, diese Festsetzung mit nachbarschützendem Charakter zu versehen, indem er seine dahin gehende entsprechende Zweckrichtung im Rahmen der Beschlussfassung manifestiert. Zum anderen kann ein schutzwürdiges Interesse des **Eigentümers einer Doppelhaushälfte** daran bestehen, dass der **Charakter dieses Haustyps** nicht dadurch zerstört wird, dass die andere Haushälfte aus diesem Gefüge ausbricht. Gerade auch in der Beziehung dieser Eigentümer der Haushälften – das Gleiche gilt für Eigentümer von Häusern einer Hausgruppe – besteht ein nachbarliches **Austauschverhältnis**, das nicht einseitig aufgehoben oder aus dem Gleichgewicht gebracht werden darf.[36] Ist ein Bauvorhaben darauf gerichtet, eine der Hälften so zu gestalten oder zu verändern, dass der Charakter eines Doppelhauses verloren geht, kann der Eigentümer der anderen Hälfte dies abwehren. Auch insoweit gilt die Parallele, dass dem Eigentümer eines Hauses in einer Hausgruppe ein gleichartiger Erhaltungsanspruch zusteht. 31

Ob ein **Doppelhauscharakter** entsteht oder erhalten bleibt, ist anhand einer wertenden Betrachtung festzustellen. Zu dieser Frage hat das BVerwG in seinem Urteil vom 24.2.2000,[37] das Grundlage für zahlreiche nachfolgende gerichtliche Bewertungen war,[38] ausgeführt, ein Doppelhaus sei ein Gebäude, das als bauliche Einheit anzusehen sei und bei dem zwei Gebäude derart zusammengebaut würden, dass sie einen Gesamtbaukörper bildeten. Nicht erforderlich sei, dass die Doppelhaushälften gleichzeitig oder deckungsgleich (spiegelbildlich) errichtet werden. Das Erfordernis einer baulichen Einheit im Sinne eines Gesamtbaukörpers schließe auch nicht aus, dass die ein Doppelhaus bildenden Gebäude an der gemeinsamen Grundstücksgrenze zueinander versetzt oder gestaffelt aneinandergebaut werden. Kein Doppelhaus bilden nach dieser Rechtsprechung zwei Gebäude, die sich zwar an der gemeinsamen Grundstücksgrenze noch berühren, aber als zwei selbstständige Baukörper erscheinen. Darüber hinaus verlangt die bauplanungsrechtliche Festsetzung des Doppelhauses, dass die beiden „Haushälften" in wechselseitig verträglicher und abge- 32

---

35 Vgl. VGH Mannheim Urt. v. 29.1.1999 – 3 S 2662/98, VBlBW 1999, 310; *Schilder* in Bönker/Bischopink BauNVO § 22 Rn. 25.

36 So BVerwG Urt. v. 24.2.2000 – 4 C 12/98, NVwZ 2000, 1055.

37 4 C 12/98, NVwZ 2000, 1055; vgl. auch BVerwG Urt. v. 19.3.2015 – 4 C 12.14, BauR 2015, 1309.

38 Vgl. BVerwG Beschl. v. 1.2.2016 – 4 BN 26/15, juris Rn. 3; BVerwG Beschl. v. 14.9.2015 – 4 B 16/15, juris Rn. 5; BVerwG Urt. v. 05.12.2013 – 4 C 5/12, BVerwGE 148, 290; VGH München Urt. v. 11.12.2014 – 2 BV 13.789, juris Rn. 22; OVG Koblenz Beschl. v. 28.1.2016 – 8 B 11203/15, juris Rn. 10; OVG Berlin-Brandenburg Beschl. v. 29.1.2016 – OVG 2 S 58.15, juris Rn. 5; VGH Kassel Beschl. v. 9.10.2015 – 4 B 1353/15, juris Rn. 7; OVG Hamburg Beschl. v. 27.7.2015 – 2 Bs 127/15, juris Rn. 15; VGH Mannheim Beschl. v. 29.04. 2009 – 3 S 569/09, juris Rn. 7; OVG Münster Urt. v. 3.9.2015 – 7 A 1276/13, BauR 2016, 219.

stimmter Weise aneinandergebaut werden. Insoweit enthält das Erfordernis einer baulichen Einheit nicht nur ein quantitatives, sondern auch ein qualitatives Element.[39]

IV. Überbaubare Grundstücksfläche

33 Durch Festsetzungen zur **überbaubaren Grundstücksfläche** (§ 23 BauNVO) bestimmt der Plangeber, auf welchem Teil eines Grundstücks bauliche Anlagen errichtet werden dürfen. Mit Blick auf ein nachbarliches Abwehrrecht gegen Rechtsverstöße gilt das für die zulässige Zahl der Vollgeschosse Gesagte (→ Rn. 4 ff.). Das entspricht jedenfalls der bisherigen obergerichtlichen Rechtsprechung. Das OVG Münster[40] verneint bislang in ständiger Rechtsprechung den nachbarschützenden Charakter von Baugrenzen, weil diese in erster Linie wegen ihrer städtebaulichen Ordnungsfunktion öffentlichen Belangen und nicht dem Nachbarschutz dienten.[41]

34 Nach der Rechtsprechung des VGH Mannheim[42] entfalten allerdings seitliche und hintere **Baugrenzen** und **Baulinien** regelmäßig nachbarschützende Wirkung zugunsten der ihnen gegenüberliegenden Nachbargrundstücke. Diese Regel beruht auf der Annahme, dass mit derartigen Festsetzungen grundsätzlich ein nachbarschaftliches **Austauschverhältnis** begründet und nach dem Willen des Ortsgesetzgebers ein gegenseitiges Verhältnis der Rücksichtnahme geschaffen werden solle. Sie greife daher dann nicht, wenn sich dem Bebauungsplan und/oder den zu ihm gehörenden Unterlagen entnehmen lässt, dass mit der Festsetzung der überbaubaren Grundstücksflächen durch Baulinien oder Baugrenzen über die damit verfolgten städtebaulichen Gesichtspunkte hinaus keine Rechte der Nachbarn geschützt werden sollen.

35 Im Hinblick auf die neuere Rechtsprechung des BVerwG zur Feststellung des nachbarschützenden Charakters von Festsetzungen zum Maß der baulichen Nutzung (→ Rn. 19) könnte allerdings auch im Hinblick auf die überbaubare Grundstücksfläche eine Wende eingeläutet sein: Mit seinem Beschluss vom 11.6.2019[43] hat das BVerwG unter ausdrücklicher Bezugnahme auf sein Urteil vom 9.8.2018[44] entschieden, Bundesrecht verlange nicht, dass sich ein entsprechender Wille des Plangebers aus dem Plan selbst, seiner Begründung oder den Akten über die Aufstellung des Bebauungsplans ergibt. Es lasse auch zu, einen „objektivierten" planerischen Willen zu ermitteln, zB anhand des im Bebauungsplan zum Ausdruck gekommenen Planungskonzepts. Für Festsetzungen zur überbaubaren Grundstücksfläche durch Baulinien und Baugrenzen gelte nichts anderes.

36 Unproblematisch ist das Abwehrrecht indes, wenn der Festsetzung nachbarschützender Charakter zuerkannt werden kann; hierfür sind dieselben Kriterien maßgeblich wie oben (→ Rn. 14 ff.) dargestellt.

37 **Beispiel:**[45] In einem festgesetzten Kleinsiedlungsgebiet waren und sind immissionsempfindliches Wohnen und Tierhaltung vorhanden. Die festgesetzte, zum klagenden Nachbarn hin gewandte seitliche Baugrenze soll im Interesse der Entzerrung des vom Rat bei der Plangebung erkannten Nutzungskonflikts größere Abstände sicherstellen, als sie die bauordnungsrechtlichen Regelungen zur Abstandsfläche gewährleisten. Die Baugrenze hat nach dem erkennbaren Willen des Rates (auch) die Aufgabe, dafür zu sorgen, dass die immissionsträchtigen baulichen Anlagen den umliegenden Wohngebäuden nicht zu nahe kommen.

38 Wird kein unmittelbarer, aus der Festsetzung ableitbarer Nachbarschutz anerkannt, reduziert sich der Nachbarschutz praktisch auf das allgemeine **Rücksichtnahmegebot**.

39 Siehe auch: VGH München Beschl. v. 25.7.2019 – 1 CS 19.821, juris Rn. 12.

40 Vgl. etwa Beschl. v. 27.1.2014 – 2 A 1674/13, juris Rn. 12; Urt. v. 20.6.1994 – 7 A 3074/91, juris Rn. 10.

41 Ebenso: OVG Lüneburg Beschl. v. 4.3.2015 – 1 LA 177/14, NVwZ-RR 2015, 565 und v. 31.10.2007 – 1 ME 277/07, BRS 71 Nr. 172.

42 VGH Mannheim Urt. v. 9.4.2019 – 8 S 1527/17, juris Rn. 53; VGH Mannheim Beschl. v. 1.10.1999 – 5 S 2014/99, VBlBW 2000, 112, und VGH Mannheim Beschl. v. 23.10.1997 – 5 S 1596/97, BRS 59 Nr. 126.

43 4 B 5/19, juris Rn. 4; Vorinstanzen: VG Saarlouis Urt. v. 26.4.2017 – 5 K 18/16 und OVG Saarlouis Urt. v. 28.8.2018 – 2 A 158/18.

44 4 C 7.17, juris Rn. 1 ff.

45 Aus: OVG Münster Urt. v. 25.1.2013 – 10 A 2269/10, BRS 81 Nr. 176.

125. Wärmepumpe

Kemper

Literatur: *Beckmann,* Umweltschutz und Öffentlichkeitsbeteiligung im Bergrecht, NuR 2015, 152; *Beckmann,* Die Rechte des Grundstückseigentümers bei der Gewinnung von Bodenschätzen nach dem Bundesberggesetz (1), AUR 2012, 1; *Berlin,* Die nachbarrechtliche Lösung geothermischer Nutzungskonflikte, NuR 2014, 476; *Frenz,* Bergbauverantwortlichkeit – vom klassischen Bergbau über Gorleben bis zur Geothermie, ZNER 2010, 145; *Gaentzsch,* Die bergrechtliche Planfeststellung, in: Sendler-FS, M 1991, 403; *Ehricke,* Verkehrssicherungspflichten im Hinblick auf Geothermiebohrungen, UPR 2009, 281; *Erbguth,* Unterirdische Raumordnung, ZUR 2011, 121; *Frenz,* Drittschutz im Bergrecht, NVwZ 2011, 86; *Jobs,* Aktuelle Rechtsprechung zum Bauordnungsrecht der Länder Berlin und Brandenburg, LKV 2013, 529; *Katzenbach/Wagner,* Technisch-rechtliche Fragestellungen bei Anlagen der oberflächennahen Geothermie, ZfBR-Beilage 2012, 43; *Große,* Strom und Wärme aus der Tiefe – Zur Genehmigung und Förderung geothermischer Analgen, ZUR 2009, 535; *Große,* Zu den Genehmigungsvoraussetzungen für geothermische Anlagen, NVwZ 2004, 809; *Maaß,* Wärmeplanung: Grundlagen einer neuen Fachplanung, ZUR 2020, 22; *Salzwedel,* Neuere Tendenzen des Wasserrechts, NVwZ 1982, 596; *Seidel,* Bauordnungsrechtliche Verfahrensprivatisierung und Rechtsschutz des Nachbarn, NVwZ 2004, 139; *Seidel,* Öffentlich-rechtlicher und privatrechtlicher Nachbarschutz, 2000; *Stiens,* Der bergrechtliche Betriebsplan, 1995; *Umweltbundesamt,* Lärmwirkungen von Infraschallimmissionen – Abschlussbericht, 2020; *Umweltbundesamt,* Tieffrequente Geräusche im Wohnumfeld – Ein Leitfaden für die Praxis, 2017; *Uschkereit,* Zulässigkeit von Wärmepumpen auf Wohngrundstücken, NJW-Spezial 2015, 172.

I. Überblick

Eine Wärmepumpe ist wie eine Luft- oder Luft-Wasser-Wärmepumpe eine Anlage zur **Beheizung und Kühlung** oder **Stromerzeugung** unter Nutzung freier regenerativer Energie v.a. in der Außenluft, der Erde oder dem Grundwasser (auch Abgas aus Feuerstätten).[1] Wegen hoher Temperaturen im Erdinnern werden Wärmepumpen insbesondere zur Erschließung von Erdwärme (Geothermie) eingesetzt. Geothermie ist in Form von Wärme im Erdreich gespeicherte Energie. Erdwärme speist sich vorrangig aus radioaktiven Zerfallsprozessen im Erdinnern. Einfachste Form der Nutzung ist der Einsatz für Heizzwecke. Zur Klärung damit zusammenhängender Nachbarkonflikte sind im Hinblick auf den unterschiedlichen Nachbarrechtsschutz zu unterscheiden: 1

- Anlagen der **oberflächennahen Geothermie** (Bohrungen bis 400 m Tiefe), die dem Baurecht unterliegen, und
- Anlagen der **Tiefengeothermie** (Bohrungen ab 400 m bis 5.000 m Tiefe), für die Bergrecht gilt (mit der Besonderheit **vertikaler Nachbarschaft als Oberflächeneigentümer**).

Die den Nachbarschutz in den **häufigsten Fällen** beschäftigenden technischen Anlagen der oberflächennahen Geothermie werden insbesondere in **drei Varianten** errichtet: 2

- als von einem Hauptgebäude separierte Wärmepumpe,
- als von einem Hauptgebäude separierte Außeneinheit einer Wärmepumpe oder
- als in einer Einhausung untergebrachte Wärmepumpe oder Außeneinheit.

1 Zur Funktionsweise zur Beheizung vgl. *Große* NVwZ 2004, 809 (809).

3 Der Einsatz von Wärmepumpen oder deren Außeneinheiten (→ Rn. 6) ist v.a. deswegen konfliktträchtig, weil sie unerwünschte **Betriebsgeräusche** und damit Lärm verursachen.[2] Die durch Wärmepumpen ausgelöste Lärmproblematik verstärken mehrere nicht immer kombiniert, sondern ua je nach eingesetzter Technik auftretende Faktoren:

- verbreitete **Lokalisation** des Betriebsgeräusche erzeugenden Anlagenteils[3] an der Grundstücksgrenze,
- **24-Stunden-Betrieb**,
- meist **stochastische** Betriebsweise und
- eine **tieffrequente** Tonlage.[4]

4 Bei der Tiefengeothermie treten zu den skizzierten Konfliktursachen typische **bergschadensrechtliche Nachbarkonflikte** (§ 114 BBergG) hinzu (dazu → Rn. 19 f.).

5 Wenngleich eine grenznahe Positionierung Konflikte über Wärmepumpen oft verschärft, kann gerade sie je nach den Umständen (v.a. Bauart der Pumpe) für sich unzulässig gestört fühlende Nachbarn die Anwendbarkeit des und Abwehrchance durch **Abstandsrecht** eröffnen (dazu → Rn. 12 und Fn. 29). Doch ist die bauordnungsrechtliche Bewertung von Wärmepumpen durch die **Judikatur uneinheitlich**.[5] Im Einzelfall kommt es für die Forderungslage resp. Erfolgsaussicht eines Nachbarn im Bereich der oberflächennahen Geothermie hängt **derzeit** auch davon ab, in welchem Bundesland der Disput stattfindet (wegen etwaiger Genehmigungsbedürftigkeit, Abstandsprivilegierung und Uneinigkeit der bayr. Ziviljudikatur), wo die streitige Wärmepumpe auf einem Grundstück positioniert (zB im Grenzabstand oder an einer Außenwand) und wie sie konstruiert (aus Innen- und Außeneinheit bestehend) ist.

1. Technischer Rahmen

6 Die Funktionsweise einer Wärmepumpe ist **für den Nachbarschutz** ua bedeutsam, weil im Bauplanungs- (§ 14 BauNVO) und Bauordnungsrecht zwischen **Haupt- und Nebenanlagen** unterschieden wird und die Zulässigkeit und Lokalisierung einer Nebenanlage auf einem Grundstück ua von ihrer Art und Funktion abhängt. Auch hat die technische Funktionalität Bedeutung für eine etwaige **abstandsrechtliche Privilegierung**. Vereinfacht ausgedrückt funktioniert eine Wärmepumpe **ähnlich wie ein Kühlschrank**. Während der Kühlschrank seinem Innern Wärme entzieht und nach außen abgibt, entziehen Wärmepumpen mittels eines Kältemittelkreislaufs der Umwelt Wärme und geben sie als Heizenergie an den Wärmekreislauf im Wohnhaus ab. Damit wird die Heizung betrieben und Wasser erhitzt.[6] Für Wärmepumpen gilt wie für alle oberflächennahen geothermischen Anlagen, dass das Temperaturniveau der gewonnenen Wärme für Heizzwecke idR nicht ausreicht. Deshalb wird aus der Geothermie gewonnene Wärme durch Wärmepumpen auf ein höheres Temperaturniveau gebracht. Durch Umkehrung können Wärmepumpen auch als **Kältemaschine** genutzt werden (**reversible Wärmepumpe**).[7] Dabei wird eine **Außeneinheit** der Wärmepumpe separat im Freien errichtet. Sie enthält den Kältekreis mit Wärmetauscher (Kondensator), Verdampfer, Kompressor und Gebläse. „Die **Inneneinheit** verfügt über einen integrierten elektrischen Zuheizer. Der Kompressor in der Außeneinheit wird nach Bedarf gesteuert, gegebenenfalls mit Zuschaltung des Zuheizers."[8] Innen- und Außeneinheit einer Wärmepumpe sind demnach **für das Funktionieren der Gesamtpumpenanlage essentielle Bestandteile**.

---

2 Lärm ist unerwünschter Schall. Vgl. zum durch Wärmepumpen verursachten Lärm den 6. Monitoring-Bericht der Bundesregierung v. 29. 6. 2018, BT-Drs. 19/340, 147 f.: „Andere dezentrale Energieanlagen (zB Wärmepumpen, Blockheizkraftwerke) können indessen durch tieffrequente Geräusche und Infraschall erhebliche Lärmprobleme hervorrufen, insbesondere wenn sie nicht fachgerecht errichtet wird."

3 In der Judikatur idR knapp wie allgemein als „Außenteile" oder „Außeneinheit" bezeichnet.

4 Siehe allerdings die abweichende Beschreibung in AG Lüdinghausen Urt. v. 17.5.2017 – 12 C 222/15, juris Rn. 36: „Geräusch als kontinuierliches, gleichmäßiges Geräusch zu beschreiben sei (…) dass es sich bei dem Pumpengeräusch um ein monotones, gleichmäßiges und surrendes Geräusch handelt (…)."

5 Zu im Ergebnis widersprüchlichen Entscheidungen der OLG Frankfurt a.M., Nürnberg und München → Rn. 12.

6 *Uschkereit* NJW-Spezial 2015, 172.

7 *Katzenbach* ZfBR-Beilage 2012, 43 (46).

8 Nach VGH Mannheim Beschl. v. 30.1.2019 – 5 S 1913/18, juris Rn. 3.

2. Rechtlicher Rahmen

Erdwärme ist ein **bergfreier** Bodenschatz iSd § 3 Abs. 3 BBergG, steht also nach § 3 Abs. 2 Satz 2 BBergG nicht im Eigentum des Grundeigentümers. Ihr Einsatz zur Wärmegewinnung und Stromerzeugung hat gegenüber der stochastischen Solarenergie und Windkraft den Vorteil, dass sie **grundlastfähig** ist. Grundlastfähige Energien zeichnet aus, dass sie weitgehend unabhängig von Tages- wie Jahreszeit zur Verfügung stehen. Für die rechtliche Zulässigkeit der Nutzung der Geothermie und damit auch **für den Nachbarschutz** gegen eine Anlage ist **richtungsentscheidend**, ob es sich beim streitigen Vorhaben um **oberflächennahe oder Tiefengeothermie** geht. Abgrenzungskriterium ist die Tiefe, in die Bohrungen in den Boden dringen: Anlagen **bis 400 m** Tiefe werden der oberflächennahen, **über 400 m** Tiefe hinaus der Tiefengeothermie zugeordnet. Mehr als **100 m** in den Boden eindringende Bohrungen unterfallen nach **§ 127 BBergG** bergrechtlichem Zulassungsvorbehalt. IdR gilt Betriebsplanpflicht. Je nach Energieart und Standortumständen erfordert die Installation von Wärmepumpen Bohrungen **bis in mehr als 300 m** Tiefe,[9] was bereits für die Erkundung (Aufsuchung) eine bergrechtliche Erlaubnis erfordert. Bis 100 m tiefe Bohrungen sind zwar bergrechtlich genehmigungsfrei, können je nach Umständen am Standort aber eine wasserrechtliche Genehmigung erfordern. Wärmepumpen zur Förderung **oberflächennaher Geothermie** sind nach überwiegender Ansicht (dazu → Rn. 9) bauliche Anlagen und müssen die materiellen Anforderungen des Bauplanungs- und Bauordnungsrecht einhalten. Anlagen der **Tiefengeothermie** unterliegen Bergrecht (→ Rn. 18 ff.). 7

a) Bauplanungsrecht. Ein Nachbar kann eine Wärmepumpe oder deren Außeneinheit (→ Rn. 6) zur Beheizung/Kühlung mit **oberflächennaher Geothermie** nur unter besonderen Umständen wegen planungsrechtlicher Unzulässigkeit abwehren. Denn zumeist ergibt sich die grundsätzliche bauplanungsrechtliche Zulässigkeit von Wärmepumpen/Außeneinheiten aus § 14 Abs. 1 Satz 1 Alt. 1 BauNVO. Danach sind dem Nutzungszweck in einem Baugebiet liegender Baugrundstücke **dienende** und der Eigenart des Gebiets nicht widersprechende untergeordnete **Nebenanlagen** in Baugebieten iSd §§ 2 ff. BauNVO zulässig. Nebenanlagen müssen **funktionell und räumlich-gegenständlich** untergeordnet sein. Orientieren sich Art und Ort der Errichtung an diesen Vorgaben, scheidet eine planungsrechtliche Unzulässigkeit aus. Erscheinen zwar Kubatur und Ausmaß(en) klein, fungiert die Anlage jedoch nicht zugunsten des primären Nutzungszwecks des Grundstücks, handelt es sich allerdings nicht um eine Nebenanlage iSd § 14 BauNVO.[10] **Dienen** erfordert einen **Funktionszusammenhang** oder eine **zubehörähnliche Hilfsfunktion.**[11] Deshalb muss eine Nebenanlage für die Verwirklichung der Hauptnutzung unabdingbar oder jedenfalls wesentlich oder zumindest eine zweckmäßige Ergänzung sein. Umgekehrt gesagt muss die Neben- ohne die Hauptanlage auf dem Baugrundstück keine Berechtigung oder Funktion haben.[12] Zu den Nebenanlagen idS zählen daher überwiegend der Versorgung dienende Heizungsanlagen, Wärmeerzeuger oder Kraft-Wärme-Kopplungsanlagen iSd § 14 Abs. 3 BauNVO. Dies lässt sich auf außen an einer Hauswand angebrachte, baulich unselbständige Luft-Wärmepumpen übertragen. Kraft-Wärme-Kopplungsanlagen iSd § 14 Abs. 3 BauNVO im Gebäudeinnern sind dagegen nicht Neben-, sondern Bestandteil der Hauptanlage, wenn sie ein Gebäude zumindest überwiegend versorgen. Größere der Beheizung eines Baugebiets oder eines größeren Gebäudes/Gebäudekomplexes dienende Wärmepumpen können gewerbliche Anlagen iSd § 14 Abs. 3 BauNVO sein. Weitere Voraussetzung einer Nebenanlage ist, dass sie der Hauptanlage räumlich-gegenständlich **untergeordnet** ist.[13] Dazu muss die Nebenanlage in aller Regel eine selbstständige Anlage, darf also nicht Bestandteil der Hauptanlage sein.[14] Entscheidend ist der optische Gesamteindruck.[15] Handelt es sich um einen **Anbau**, kommt es entscheidend auf Bauweise und Zugang an. Erweitert ein Anbau 8

9 Solche Anlagen unterfallen dem Bergrecht; vgl. dazu *Berlin* NuR 2014, 476 ff.; *Große* ZUR 2009, 535 ff.
10 ZB Werbeanlage für Fremdwerbung (siehe *Stock* in König/Roeser/Stock BauNVO § 14 Rn. 14).
11 BVerwG Urt. v. 7.5.1976 – IV C 43.74, BRS 30 Nr. 56.
12 *Stock* in König/Roeser/Stock BauNVO § 14 Rn. 15.
13 Für das Außenbauteil einer Luftwärmepumpe verneint durch OVG NRW Beschl. v. 30.11.2016 – 7 A 263/16 – juris-Rn. 7 .
14 BVerwG Urt. v. 14.12.2017 – 4 C 9.16, juris Rn. 8.
15 *Stock* in König/Roeser/Stock BauNVO § 14 Rn. 18a.

eine Hauptanlage zB um einen Raum und besteht direkter Zugang vom Hauptbau aus, ist der Anbau ein nicht selbstständig nutzbarer Teil der Hauptanlage und bauplanungsrechtlich wie dieser zu beurteilen.[16] Auch eine an einer **Außenwand angebrachte** Wärmepumpe ist keine selbstständige Anlage.[17] Eine separat errichtete Wärmeanlage/Außeneinheit erfüllt demnach idR auch das Kriterium der Unterordnung iSd § 14 BauNVO. Solchen Wärmepumpen wird sich deren planungsrechtliche Unzulässigkeit eher nicht entgegengehalten lassen können.

9 **b) Bauordnungsrecht.** Wärmepumpen und deren Außeneinheiten unterfallen nach überwiegender Ansicht grundsätzlich dem Anwendungsbereich des Bauordnungsrechts, weil sie aus Baumaterial hergestellt und/oder fest mit dem Erdboden verbunden sind, so dass es sich um bauliche Anlagen handelt.[18] Dies gilt für **vollständig** im Freien errichtete Wärmepumpen, ferner für die **Außeneinheit** aus Innen- und Außeneinheit bestehender Wärmepumpen (zur Außeneinheit → Rn. 6) wie auch für **Einhausungen**, also Baulichkeiten, mit denen Wärmepumpen umhüllt werden.[19] Doch besteht ausdrücklich **betonte Uneinigkeit zwischen den OLG München und Nürnberg** darüber, ob die Errichtung innerhalb des Mindestabstands zulässig ist.[20]

10 **aa) Genehmigungsbedürftigkeit.** Wärmepumpen der oberflächennahen Geothermie sind als Anlagen der technischen Gebäudeausstattung (TGA) **idR genehmigungsfrei** (§ 61 Abs. 1 Ziff. 2 MBO; § 62. Abs. 1 S. 1 Nr. 2 d BauO NW). Dass Wärmepumpen idR keiner Baugenehmigung bedürfen, bedeutet jedoch **keine Freistellung vom materiellen Recht.**[21] Die Genehmigungsfreiheit leitet sich daraus ab, dass es sich um Anlagen der Technischen Gebäudeausstattung (**TGA**) handelt und Wärmepumpen so fungieren und funktionieren. Der erforderliche funktionale Zusammenhang mit einem Gebäude besteht,[22] wenn zum Heizen/Kühlen eingesetzte Wärmepumpen dieselbe Funktion wie eine herkömmliche Heizung erfüllen. Besteht die Pumpe aus zwei Komponenten (Innen- und Außeneinheit), sind diese funktional notwendig miteinander gekoppelt. Die Anlage funktioniert nur durch Kombination beider Einheiten (→ Rn. 6).

11 Von einer Wärmepumpe **funktional abzugrenzen** und bauordnungsrechtlich **zu unterscheiden** ist ein **umhüllendes Gebäude (Einhausung).** Nach einer Entscheidung des OLG München muss eine innerhalb der Mindestabstandsfläche an der Nachbargrenze aufgestellte Luftwärmepumpe „auch unter Berücksichtigung des Baurechts" nicht entfernt werden, wenn sie **in eine Holzhütte eingebaut** ist, weil die Holzhütte privilegiert ist.[23]

12 **bb) Abstandsflächenrecht.** Ob Abstandsrecht grundsätzlich auch auf Wärmepumpen oder deren Außeneinheiten anwendbar ist, beurteilt die Judikatur **uneinheitlich**. Teils wird dies aber bejaht.[24] Eine Wärmepumpe oder deren Außeneinheit (→ Rn. 6) ist danach entweder selbst bauliche Anlage oder eine andere

16 BVerwG Urt. v. 14.12.2017 – 4 C 9.16, juris Rn. 10.
17 OVG Münster Beschl. v. 30.11.2016 – 7 A 263/16, BeckRS 2016, 55969.
18 VG Köln Urt. v. 13.3.2020 – 8 K 16093/17, juris Rn. 24; VG Mainz Urt. v. 30.9.2020 – 3 K 750/19.MZ, BeckRS 2020, 26916.
19 Eine solche Konstruktion liegt OLG München Urt. v. 11.4.2018 – 3 U 3538/17, IBRRS 2018, 1286 zugrunde. Die Einhausung hatte keine lärmdämmende Funktion, dh war nicht Teil der Pumpe. Zu einer Wärmepumpe in einem Metallgehäuse vgl. bereits OVG Münster Urt. v. 18.4.1991 – 11 A 2428/89, BeckRS 1991, 08387.
20 OLG München Urt. v. 11.4.2018 – 3 U 3538/17, IBRRS 2018, 1286 – ausdrücklich entgegen OLG Nürnberg Urt. v. 30.1.2017 – 14 U 2612/17, juris Rn. 20.
21 VG Köln Urt. v. 13.3.2020 – 8 K 16093/17, juris Rn. 22 mit Verweis auf OVG NRW Beschl. v. 2.10.1998 – 11 B 845/98, juris Rn. 10.
22 *Jobs* LKV 2013, 529 (532).
23 OLG München Urt. v. 11.4.2018 – 3 U 3538/17, IBRRS 2018, 1286 – ausdrücklich entgegen OLG Nürnberg Urt. v. 30.1.2017 – 14 U 2612/17, juris Rn. 20. Der 3. Münchener Senat „erachtet diese Betrachtungsweise für verfehlt". Anders OVG NRW Beschl. v. 30.11.2016 – 7 A 263/16, BeckRS 2016, 55969, wonach einer Luftwärmepumpe die für eine Anwendung des Abstandsprivilegs erforderliche Selbständigkeit fehlt und es sich beim Außenbauteil einer Luftwärmepumpe nicht um ein untergeordnetes Bauteil iSv § 6 Abs. 7 S 1 Nr. 2 BauO NRW handelt.
24 Bejahend: OLG Frankfurt Urt. v. 26.2.2013 – 25 U 162/12, juris Rn. 27; OLG Nürnberg Urt. v. 30.1.2017 – 14 U 2612/15, juris Rn. 23; verneinend: OLG München Urt. v. 11.4.2018 – 3 U 3538/17, IBRRS 2018, 1286.

Anlage, von der Wirkungen wie von einer baulichen Anlage ausgehen.[25] Grundsätzlich entscheidet nicht allein deren Größe, ob von einer baulichen Anlage gebäudegleiche Wirkungen ausgehen. Funktionaler Anknüpfungspunkt der entsprechenden Regelungen ist **nicht das Ausmaß einer baulichen Anlage, sondern das Ausmaß der davon ausgehenden Wirkung**.[26] Das OLG München ist allerdings der durch das OLG Nürnberg detailliert begründeten Auffassung entgegengetreten, Luftwärmepumpen dürften, da sie selbst keine Gebäude iSd bayrischen Abstandsflächenrechts seien, im Abstandsflächenbereich nicht errichtet werden. Die Argumentation des OLG Nürnberg überzeuge nicht. Zunächst falle der Widerspruch auf, einerseits mit komplexen Erwägungen der Anlage gebäudeähnliche Wirkung zuzuschreiben, um dann andererseits daraus, dass die Anlage gerade kein Gebäude sei, rechtliche Schlüsse zu ziehen. Auch **mute befremdlich an**, dass der Betrieb einer Pumpe in einer Einhausung und damit einem zulässigen Gebäude zulässig sei, ohne eine solche Einhausung aber nicht.

Manche Bauordnungen privilegieren **Gebäude ohne Aufenthaltsräume und Feuerstätten**. Sie sind unter bestimmten Maßgaben **in oder ohne Abstandsfläche zulässig** (vgl. zB Art. 6 Abs. 9 Satz 1 Nr. 1 BayBO). Eine in einem solchen privilegierten Gebäude errichtete Wärmepumpe lässt sich nicht mit der Erwägung abwehren, sie sei eine Feuerstätte. Eine Wärmepumpe ist keine Feuerstätte.[27] Feuerstätten sind ortsfest benutzte Anlagen, die Wärme durch Verbrennung erzeugen. Diese Voraussetzung fehlt, wenn Wärme durch einen anderen Prozess erzeugt wird. 13

c) Immissionsschutzrecht. Wärmepumpen sind **nicht genehmigungsbedürftige Anlagen** iSd § 22 BImSchG. Nicht genehmigungsbedürftig sind Anlagen iSd § 3 Abs. 5 BImSchG, die nicht im Anhang zur 4. BImSchV genannt sind, aber schädliche Umwelteinwirkungen hervorrufen können. Nach § 3 Abs. 1 BImSchG sind schädliche Umwelteinwirkungen Immissionen, die nach Art, Ausmaß oder Dauer geeignet sind, Gefahren, erhebliche Nachteile oder erhebliche Belästigungen für die Allgemeinheit oder die Nachbarschaft herbeizuführen. Dies trifft auf Wärmepumpen zu, weil sie störende Betriebsgeräusche und diese rund um die Uhr immer dann erzeugen, wenn die Temperaturverhältnisse dies erfordern. Dabei zeichnen die Betriebsgeräusche die Besonderheit aus, dass sie bei relativ geringer Lautstärke als **tieffrequentes Brummen** auftreten bzw. wahrgenommen werden. Betroffene fühlen sich insbes. in **Wohn-, aber auch** sensiblen (leisen) **Arbeitsbereichen** beim Lauf von Wärmepumpen durch Infraschall gestört. Betriebslärm von Wärmepumpen verursacht also nicht nur in Wohn-, sondern auch in Gewerbe- und sogar Industriegebieten Nutzungskonflikte. Als **Infraschall** bezeichnet man Luftschallwellen unterhalb des menschlichen Hörbereichs. Infraschall liegt definitionsgemäß zwischen 0,1 und 20 Hz, tieffrequenter Schall unterhalb von 100 Hz. Über die rechtliche Bewältigung des tieffrequenten Brummens besteht keine Klarheit, weil die wissenschaftlichen Erkenntnisse hierüber als nicht ausreichend eingestuft und Grundlagen für eine Anpassung der Technischen Regelwerke (**TA Lärm iVm der DIN 45680**) erst geschaffen werden.[28] Einstweilen bestehen Empfehlungen für die Minderung tieffrequenten Schalls.[29] Die derzeitige **Rechtslage ist für die Geltendmachung von Nachbaransprüchen gegen Wärmepumpen deshalb ungünstig**. Nach § 22 Abs. 1 BImSchG sind nicht genehmigungsbedürftige Anlagen und somit auch Wärmepumpen insbes. so zu errichten und zu betreiben, dass **nach dem Stand der Technik vermeidbare** schädliche Umwelteinwirkungen **verhindert und unvermeidbare** schädliche Umwelteinwirkungen auf ein Mindestmaß **beschränkt** werden. Immissionen, die das nach § 5 Abs. 1 Nr. 1 BImSchG zulässige Maß **nicht überschreiten**, begründen (auch unter dem Gesichtspunkt des baurechtlichen Rücksichtnahmegebots) **keinen Abwehr- oder Schutz-** 14

---

25 ZB § 6 Abs. 1 Satz 2 MBO; gebäudegleiche Wirkung bejahend VG Köln Urt. v. 13.3.2020 – 8 K 16093/17, juris Rn. 29; ebenso bereits OLG Nürnberg Urt. v. 30.1.2017 – 14 U 2612/15, juris Rn. 23; OLG Frankfurt Urt. v. 26.2.2013 – 25 U 162/12, juris Rn. 27; offengelassen von VG Würzburg Urt. v. 24.10.2017 – W 4 K 16.474, juris Rn. 31; verneinend VG Mainz Urt. v. 30.9.2020 – 3 K 750/19, juris Rn. 21 f.

26 OLG Nürnberg Urt. v. 30.1.2017 – 14 U 2612/15, juris Rn. 23.

27 VGH München Beschl. v. 15.2.2019 – 9 CS 18.2638, juris Rn. 15.

28 Umweltbundesamt, Lärmwirkungen von Infraschallimmissionen – Abschlussbericht, 2020.

29 Umweltbundesamt, Tieffrequente Geräusche im Wohnumfeld – Ein Leitfaden für die Praxis, 2017; vgl. ferner Bund/Länder-Arbeitsgemeinschaft für Immissionsschutz, Leitfaden für die Verbesserung des Schutzes gegen Lärm bei stationären Geräten (Klimageräte, Kühlgeräte, Lüftungsgeräte, Luft-Wärme-Pumpen und Mini-Blockheizkraftwerke) v. 28.8.2013, aktualisiert durch Beschluss der 139. LAI-Sitzung v. 24.3.2020.

anspruch.[30] Die baurechtliche Beurteilung, wann von Wärmepumpen ausgehende Geräuschimmissionen erhebliche Belästigungen der Nachbarschaft verursachen, erfolgt anhand der Grenzwerte und Beurteilungsmethoden der auf Grundlage des § 48 BImSchG erlassenen TA Lärm. Ausreichender Schutz vor schädlichen Umwelteinwirkungen gilt danach als sichergestellt, wenn die Gesamtbelastung, dh Summe der Geräusche aller Anlagen, für die die TA Lärm gilt, deren Immissionsrichtwerte am maßgeblichen Immissionsort nicht überschreitet. **Maßgeblicher Immissionsort** ist der Ort in der schutzwürdigen Nachbarschaft von Anlagen, an dem eine Überschreitung der Immissionsrichtwerte am ehesten zu erwarten ist. Er befindet sich auf bebauten Flächen **vor dem geöffneten Fenster** schutzwürdiger Räume, auf unbebauten Flächen am Rand derjenigen Teilflächen, auf denen Gebäude mit schutzbedürftigen Räumen errichtet werden dürfen. Nach § 5 BImSchG iVm TA Lärm gehören zu den schädlichen Umwelteinwirkungen auch erhebliche Belästigungen durch Geräusche. Zwar soll die **TA Lärm iVm der DIN 45680** dem Schutz und der Vorsorge vor schädlichen Umwelteinwirkungen durch tieffrequente Geräusche dienen. Doch wird kritisiert, dass das durch die Anwendung der DIN 45680 vorgegebene Schutzziel für eine maximal zulässige Lärmbelastung für Wärmepumpen nicht genügt. Eine Überarbeitung der DIN 45680 soll dem Stand der Technik entsprechende und eine sachangemessen das Schutzziel des BImSchG umsetzende Beurteilung tieffrequenter Geräusche ermöglichen, steht aber aus.[31]

15 Immissionsrichtwerte für den Beurteilungs- und den zulässigen Maximalpegel einzelner Schallereignisse sind gestaffelt nach Schutzwürdigkeit der Gebietskategorie iSd §§ 2 ff. BauNVO. Die Zuordnung richtet sich im beplanten Bereich nach den Festsetzungen eines Bebauungsplans (§ 9 BauGB), im unbeplanten Bereich (§ 34 BauGB) nach der Schutzbedürftigkeit der tatsächlichen Nutzung. Die gebietsartbezogenen Immissionsrichtwerte legt für Immissionsorte außerhalb von Gebäuden Abschnitt 6.1 der TA Lärm fest:

Gebietsart iSd BauNVO	tags	nachts
Industriegebiet (§ 9 BauNVO)	70	70
Gewerbegebiet (§ 8 BauNVO)	65	50
Urbanes Gebiet (§ 6a BauNVO)	63	45
Kerngebiete (§ 7 BauNVO)/ Dorf- (§ 5 BauNVO) und Mischgebiet (§ 6 BauNVO)	60	45
Allgemeines Wohngebiet (§ 4 BauNVO)/ Kleinsiedlungsgebiet (§ 2 BauNVO)	55	40
Reines Wohngebiet (§ 3 BauNVO)	50	35
Kurgebiete, Krankenhäuser und Pflegeanstalten	45	35

16 **d) Wasserrecht.** Die Durchsetzung von Nachbarinteressen gegen Wasserpumpen bzw. Erdwärmevorhaben auf Grundlage des **§ 14 Abs. 3 WHG** scheidet **mangels drittschützender Wirkung** des Wasserrechts aus. Ein wasserrechtlicher Bezug des Nachbarinteresses besteht jedoch, wenn durch Bohrungen oder beim Betrieb der Anlagen zur Erdwärmegewinnung ausgelöste unterirdische Wasserbeeinflussung die Boden- oder die **Standfestigkeit eines Nachbargebäudes** beeinträchtigt. Darin kann eine **unzulässige Beeinflussung** des Wasserabflusses oder Wasserzuflusses iSd § 37 WHG liegen. Abs. 1 und 2 dieser Norm werden dem privaten Nachbarrecht zugerechnet und ein betroffener Nachbar kann einen Unterlassungs- und Beseitigungsanspruch geltend machen (Genaueres unter → *Überschwemmungsschäden* Rn. 8 ff.).

17 Zur Identifizierung eines etwaig nachbarschützenden Ansatzpunkts im Wasserrecht lässt sich festhalten: Oberflächennahe und Tiefengeothermie benutzen Wasser im Untergrund zur Wärmegewinnung. Die Grundwassernutzung im Rahmen der Erdwärmegewinnung kann mehrere Tatbestände der Gewässerbenut-

30 VG Saarlouis Urt. v. 1.2.2012 – 5 K 1528/11, BeckRS 2012, 47543.
31 Umweltbundesamt, Lärmwirkungen von Infraschallimmissionen – Abschlussbericht, 2020.

zung verwirklichen: Das Entnehmen von Grundwasser ist eine echte[32] Gewässerbenutzung iSd § 9 Abs. 1 Ziff. 5 WHG; gemäß § 9 Abs. 2 Ziff. 3 WHG gilt das **Aufbrechen von Gesteinen** zur Aufsuchung von Erdwärme einschließlich dafür erforderlicher Bohrungen **als Gewässerbenutzung** und bedarf daher nach § 8 Abs. 1 WHG der Erlaubnis; werden bei der Aufsuchung **Stoffe eingebracht**, ist dies eine Gewässerbenutzung iSd § 9 Abs. 1 WHG. Die Gewässerbenutzung bedarf nach § 8 WHG der wasserrechtlichen Erlaubnis. Im Rahmen der oberflächennahen Geothermie sind Bohrung und Errichtung von Brunnen idR nur anzeigepflichtig. Für Anlagen der Tiefengeothermie ist eine Erlaubnis der Wasserbehörde erforderlich. Die Zuständigkeit der Wasserbehörde entfällt jedoch bei Durchführung eines bergrechtlichen Verfahrens nach § 19 WHG zugunsten der Bergbehörde, die nach § 19 Abs. 3 WHG das Einvernehmen bzw. bei bergrechtlichen Planfeststellungen das Benehmen mit der Wasserbehörde herstellen muss (zum bergrechtlichen Verfahren → Rn. 19 f.).

Tiefengeothermie wird mittels **hydro- und petrothermaler** Systeme genutzt. Die Anwendbarkeit des WHG auf eine dabei erfolgende Grundwasserentnahme zum Betrieb einer Wärmepumpe wird nicht einheitlich beurteilt. Die **Wiedereinleitung** von Wasser, dem mittels Wärmepumpe Wärme entzogen wurde, wurde schon früh einhellig als erlaubnispflichtig eingestuft.[33] Inzwischen unterfällt das Aufbrechen von Gestein zur Erdwärmegewinnung gemäß § 2 Abs. 1 Nr. 1 BBergG grundsätzlich dem BBergG.[34] Dabei erschließen **hydrothermale** Systeme wasserführende Schichten (**Aquifere**), aus denen mittels eines **Förderbrunnens** heißes Wasser zutage gefördert, dort zur Stromerzeugung oder Wärmegewinnung eingesetzt und danach über einen **Injektionsbrunnen** in die Erde verpresst wird. **Petrothermale** Systeme[35] nutzen Gesteinswärme. Dazu werden Risse im Gestein erzeugt, um durch zerklüftete Gesteinsschichten über zwei Brunnen künstlich eingeleitetes Wasser zum Zirkulieren bringen und über eine Trägerflüssigkeit in gefüllten Rohrleitungen Wärme fördern zu können. Dient die Bohrung dazu, zur Nutzung der Wärme heißer Aquifere an Grundwasser zu gelangen, ist der Bohrvorgang eine erlaubnispflichtige Benutzung iSd § 3 Abs. 1 Nr. 6 WHG. Dasselbe gilt gleichermaßen für die Förderung und die spätere Rückleitung abgekühlten Grundwassers in den Untergrund.[36] **Petrothermale** Systeme nutzen eigentlich kein Grundwasser, können es aber verunreinigen. Dieses Risiko besteht insbesondere, wenn beim Abteufen der Bohrung Grundwasserstöcke durchstoßen werden. Dementsprechend sind Bohrungen Maßnahmen iSd § 3 Abs. 2 Nr. 2 WHG, welche die nicht ganz entfernte Möglichkeit schädlicher Veränderung der Wasserbeschaffenheit in sich bergen und daher **nur mit wasserrechtlicher Erlaubnis** zulässig sind. Zudem kann die Gewinnung der Erdwärme eine wasserrechtliche Erlaubnis erfordern, wenn in Erdwärmesonden (und seien es nur schwach) wassergefährdende Stoffe als Trägermedium zum Einsatz kommen. 18

e) Bergrecht und Besonderheiten für Bohrungen tiefer als 100 m. Gegen Wärmepumpen, die tiefer als 100 m abgeteuft werden, kann und muss ein Nachbar seine Interessen **im bergrechtlichen Verfahren** geltend machen. Der Nachbar eines dem Bergrecht unterfallenden Verfahrens zur Zulassung von Anlagen für die Tiefengeothermie genießt **als Oberflächeneigentümer Drittschutz**.[37] Tiefer als 100 m in den Boden dringende Bohrungen unterliegen nach **§ 127 BBergG** dem bergrechtlichen Zulassungsvorbehalt.[38] Dem Verbot mit Erlaubnisvorbehalt unterliegen Aufsuchung und Gewinnung bergfreier Bodenschätze. Nach dem BBergG besteht Anspruch auf Erlaubnis und Bewilligung. Sie sind zu erteilen, wenn keiner der enu- 19

32 Echte Benutzung bedeutet gezielte Einwirkung auf ein Gewässer; vgl. BVerwG Urt. v. 16.11.1973 – IV C 44.69, NJW 1974, 815.

33 Bereits *Salzwedel* NVwZ 1982, 596 (602).

34 *Große* ZUR 2009, 535 (536).

35 Auch „Hot-Dry-Rock-" (HDR-) oder „Enhanced Geothermal-System" (EGS-System) genannt.

36 Zu Temperaturschwankungen durch Einsatz von Wärmepumpen und der unterirdischen Beeinflussung von Nachbargrundstücken vgl. *Berlin* NuR 2014, 476 ff.

37 Zum bergrechtlichen Drittschutz *Beckmann* AUR 2012, 1 ff.; *Frenz* NVwZ 2011, 86 ff.; ferner bereits *Gaentzsch* in: Sendler-FS, S. 403 ff.; zur Genese des bergrechtlichen Drittschutzes insbes. durch die Urteile des BVerwG „Altenberg" (BVerwG. Urt. v. 4.7.1986 – 4 C 31/84, DVBl 1986, 1273 ff.-), „Moers-Kapellen" (BVerwG Urt. v. 16.3.1989 – 4 C 36/85, DVBl 1989, 663 ff.) und „Berliner Gasspeicher" (BVerwG Urt. v. 13.12.1991 – 7 C 25/90, DVBl 1992, 569 ff.) vgl. *Stiens*, Der bergrechtliche Betriebsplan, 1995.

38 Dazu *Große* NVwZ 2004, 809 ff. sowie *Berlin* NuR 2014, 476 ff.

merativ aufgeführten Versagungsgründe der §§ 11 und 12 BBergG vorliegt. Allerdings heben Erlaubnis und Bewilligung nur das Verbot auf, gestatten aber nicht die Aufsuchung und Gewinnung von Geothermie aus einem konkreten Grundstück. Sie unterliegen nach § 51 BBergG der bergrechtlichen Betriebsplanpflicht. Dieser eigentliche Betrieb erfordert daher separate Genehmigung durch die Bergbehörde in Form eines **Betriebsplans**. Das BBergG unterscheidet **fünf Formen**: Haupt-, Rahmen-, Sonder-, Abschluss- und gemeinschaftlichen Betriebsplan. Wichtigste Form ist der **Rahmenbetriebsplan** nach § 52 BBergG. Er enthält nach § 52 Abs. 2 Nr. 1 BBergG allgemeine Angaben über das beabsichtigte Vorhaben, seine technische Durchführung und den voraussichtlichen zeitlichen Ablauf. Betriebspläne sind auf konkrete Tätigkeiten beschränkt. Bei der Aufsuchung von Erdwärme umfasst die Beschränkung idR die Herstellung eines Bohrplatzes, Niederbringung der Bohrung, Stimulationsmaßnahmen für das Gestein und Pumpversuche. Die Begrenzung auf zwei Jahre gilt als Regel.

20 Das Betriebsplanverfahren, in dem ein Nachbar seine Belange geltend machen kann, kann ein Bergunternehmer entgegen dem Wortlaut des § 52 Abs. 2 BBergG („zuständige Behörde kann verlangen") von sich aus durch Einreichung des Betriebsplans zur Zulassung bei der Bergbehörde einleiten. Diese Entscheidungsfreiheit besteht allerdings nicht, wenn die Zulassung dem Planvorbehalt unterliegt und ein Planfeststellungsverfahren nach §§ 57a und 57b BBergG durchzuführen ist (§ 52 Abs. 2a Satz 1 BBergG). Ein Planfeststellungsverfahren ist v.a. erforderlich, wenn das Vorhaben einer Umweltverträglichkeitsprüfung (UVP) bedarf. Die **UVP-Pflichtigkeit eines Geothermie-Vorhabens** hängt davon ab, ob es der UVP-V Bergbau unterfällt (§§ 4, 18 UVPG). Für geothermische Anlagen kommt eine UVP insbes. in Betracht, wenn Bohrungen in mehr als 1000m Tiefe in den Boden eindringen (§ 1 Nr. 8 UVP-V Bergbau) oder in einem ausgewiesenen Naturschutzgebiet, Flora-Fauna-Habitat-Gebiet oder Vogelschutzgebiet erfolgen sollen (RL 92/43/EWG und 79/409/EWG). Außerdem können Geothermie-Anlagen der UVP-Pflicht unterliegen, etwa weil gewonnene Wärme in Rohrleitungen unter Einsatz wassergefährdender Stoffe transportiert werden soll (Ziff. 19.3/19.7 Anlage 1 UVPG) (§ 1 Nr. 9 UVP-V Bergbau).

21 Geothermische Anlagen sind nicht im Anhang der 4. BImSchV genannt. Deshalb handelt es sich auch bei oberirdischen um **nicht genehmigungsbedürftige Anlagen iSd §§ 22 ff. BImSchG**. Dabei unterliegen zB Bohrungen in oder in Nachbarschaft zu Wohngebieten und Wohnlagen den Lärmgrenzwerten der Nr. 6.1 der TA Lärm. Nachbarn können daher bei Überschreitung der Immissionsrichtwerte Anspruch auf besondere technische Maßnahmen zur Lärmminderung geltend machen.

II. Fallkonstellationen und Vorgehensweise

22 Nachbarn können gegen eine geplante oder errichtete unzulässige Wärmepumpe wie auch sonstige zur Erdwärmegewinnung eingesetzte Anlagen bei Bestehen der jeweiligen tatbestandlichen Voraussetzungen **grundsätzlich wahlweise** auf dem Zivil- und/oder dem Verwaltungsrechtsweg vorgehen.[39] Wegen unterschiedlicher Streitgegenstände lassen sich beide Wege **auch parallel** beschreiten. Der in der Literatur kaum je angesprochene, aber sehr praxisrelevante **Faktor Zeit** spricht bei Vorliegen der Anspruchsvoraussetzungen für den Zivilrechtsweg, denn den Zeit-Wettbewerb entscheidet die Zivil- nach breiter Erfahrung mit großem Vorsprung vor der Verwaltungsgerichtsbarkeit für sich.[40] Für den Zivilrechtsweg sprechen zudem zumindest dann **materiellrechtliche Aspekte**, wenn eine streitige Anlage nicht durch Baugenehmigung zugelassen wurde oder werden soll. Denn dann bleibt dem Nachbarn allein ein Antrag auf Einschreiten der Behörde, die hierüber nach Ermessen entscheidet. Außer in den seltenen Konstellationen, in denen das Ermessen auf null reduziert und das Einschreiten die einzig rechtmäßige Entscheidung ist, verbleibt ein Risi-

39 Vgl. zur Zweigleisigkeitsthese BGH Urt. v. 26.2.1993 – ZR 74/92, BGHZ 122, 1 (8) zur Durchsetzung der nachbarschützenden Aufl. in einer Baugenehmigung im Wege quasinegatorischer Unterlassungsklage auf dem Zivilrechtsweg; speziell zum Rechtsschutz gegen störende Wärmepumpe: BayVGH Beschl. v. 28.2.2019 – 9 ZB 17.2500, juris Rn. 3 („Der zivilrechtliche Nachbarschutz dürfte sich nicht als weitgehender als derjenige öffentlich-rechtlicher Art darstellen"); OLG Frankfurt Urt. v. 26.2.2013 – 25 U 162/12, juris Rn. 31; zu Vor- und Nachteilen des einen oder anderen Wegs: *Seidel* NVwZ 2004, 139 (144 f.).

40 Vgl. zum Faktor Zeit auch die Bemerkung im Beschluss des BayVGH 28.2.2018 – 9 ZB 17.2500, juris Rn. 3 aE mit Verweis auf OLG München Urt. v. 11.4.2018 – 3 U 3538/17, BeckRS 2018, 5574.

ko, dass eine Zivilklage vermeiden kann. **Verwaltungsrechtlicher Eilrechtsschutz** nach § 123 VwGO hat gegenüber zivilgerichtlichem den Vorteil, dass kein besonderes Schadenersatzrisiko besteht. Zwar verweist § 123 Abs. 3 VwGO auf § 945 ZPO, doch kann eine Schadenersatzpflicht nur gegenüber dem Antragsgegner, dh gegenüber dem Rechtsträger der Bauaufsichtsbehörde, entstehen, die in aller Regel keinen Schaden erleidet.[41]

1. Verwaltungsrechtsweg

Für die Vorgehensweise ist grundsätzlich richtungsentscheidend, ob eine streitige Wärmepumpe oder sonstige Anlage für **oberflächennahe oder Tiefengeothermie** eingesetzt werden soll, weil davon das Rechtsregime des Bau- oder des Bergrechts abhängt. Sodann ist für oberflächennahe Geothermie entscheidend, ob eine Pumpe aufgrund einer Baugenehmigung errichtet werden soll oder wurde.[42] 23

a) Oberflächennahe Geothermie. Gegen eine **genehmigte Wärmepumpe** kann ein Nachbar mit dem Ziel der Verhinderung, der Beseitigung oder dem Erlass einer Lärmreduzierung durch Schallschutzmaßnahmen[43] regelnder Nebenbestimmung Widerspruch[44] und bei Scheitern Klage gegen die Baugenehmigung einlegen. Obwohl Wärmepumpen an sich keine Baugenehmigung erfordern, kann ihre Installation Teil eines genehmigungsbedürftigen Vorhabens und deshalb im Weg des Anfechtungswiderspruchs/der Anfechtungsklage anzugreifen sein. Wurde eine **Wärmepumpe nicht genehmigt**, kann ein Nachbar das **Einschreiten** durch Erlass einer **Stilllegungs-, Unterlassungs- oder Beseitigungsverfügung** beantragen. Wegen des den Baubehörden zustehenden Ermessens hat der Nachbar nur Anspruch auf ermessenfehlerfreie Entscheidung und Anspruch auf Einschreiten nur, wenn das Ermessen **auf null reduziert** ist. Ein Teil der Judikatur hat für das Vorgehen gegen Wärmepumpen hohe Hürden errichtet. So soll „[selbst] in Fällen festgestellter Abstandsflächenverstöße (…) eine Ermessensreduktion der Bauaufsichtsbehörde auf null dergestalt, gegen die abstandsflächenwidrige bauliche Anlage mittels einer Beseitigungsverfügung einschreiten zu müssen, **nicht ohne Hinzutreten weiterer Umstände**, sondern nur in Betracht (kommen), wenn von der rechtswidrigen baulichen Anlage eine Beeinträchtigung des Nachbarn von **erheblichem Grad** ausgeht und die Abwägung mit dem Schaden des Bauherrn ein **deutliches Übergewicht der nachbarlichen Interessen** ergibt."[45] 24

b) Tiefengeothermie. Gegen unzulässige Anlagen für die **Tiefengeothermie** kann ein Nachbar seine Belange im jeweiligen bergrechtlichen Verfahren geltend machen. Wurde die streitige Anlage bereits errichtet und ist im Betrieb, kann ein Nachbar das **Einschreiten der Bergbehörde** verlangen. Im bergrechtlichen Betriebsplan- oder Planfeststellungsverfahren muss er seine Interessen zeitig schriftlich geltend machen. Eine Berufung auf eine fachgesetzliche individualschützende Norm ist nicht Voraussetzung, wenn das Vorhaben in das Grundeigentum des Nachbarn eingreift, weil dann Anspruch auf Vollüberprüfung aufgrund der enteignungsrechtlichen Vorwirkung besteht. Strebt ein Nachbar nicht die Verhinderung des Vorhabens, sondern die Erteilung nachbarschützender Nebenbestimmungen zum Schallschutz an, kann sich ein Anspruch auf Schutzauflagen aus § 74 VwVfG ergeben. 25

2. Ordentlicher Rechtsweg

Ein Nachbar kann **Anspruch auf Unterlassung der Errichtung** oder **Beseitigung** einer unzulässig unterhalb des Mindestabstands errichteten Wärmepumpe aus §§ 1004 Abs. 1 Satz 1 analog iVm 823 Abs. 2 BGB und der **Abstandsregelung** der jeweiligen Bauordnung geltend machen. Der quasinegatorische Anspruch besteht unabhängig von der im Verwaltungsverfahren maßgeblichen Reduzierung des behördlichen Eingriffsermessens auf null. Es **genügt der objektive Verstoß gegen eine Schutznorm**. Das bauordnungs- 26

41 *Seidel* NVwZ 2004, 139 (144).
42 Um eine baugenehmigte Wärmepumpe geht es in VGH BW Beschl. v. 30.1.2019 – 5 S 1913/18, juris Rn. 2 ff.
43 Dazu VG Saarlouis Urt. v. 1.2.2012 – 5 K 1528/11, BeckRS 2012, 47543.
44 Sofern nicht aufgrund Landesrechts obsolet.
45 VG Würzburg Urt. v. 24.10.2017 – W 4 K 16.474, juris Rn. 20 mwN.

rechtliche Abstandsflächenrecht hat nach der Ziviljudikatur nachbarschützende Wirkung.[46] Die bauordnungsrechtlichen Normen über den Grenzabstand seien nachbarschützend, weil sie auch dem Interesse des Nachbarn an ausreichender **Belichtung** und **Belüftung** seines Grundstücks sowie am **freien Ausblick** dienten.[47] Allerdings muss die Gültigkeit dieses Begründungsansatzes anhand der jeweiligen Bauordnung überprüft werden. Dass Zivilgerichte in allen Bundesländern diese durch den BGH geprägte Judikatur nach wie vor und dauerhaft bestätigen, **erscheint fraglich**, weil die Bauordnungen novelliert und mindestens einige Länder speziell die **Schutzzwecke** des Abstandrechts auf das im Interesse der Sicherheit Nötige, insbes. Brandschutz **beschränkt** haben.[48] Deswegen dient Abstandsflächenrecht **nicht in allen Ländern denselben Schutzzwecken.** Zudem wirken die Schutzziele nicht generell, sondern das Abstandsrecht hat teils **nur partiell drittschützende** Wirkung. In neueren Baugebieten ist zu beobachten, dass Wärmepumpen häufig und mitunter regelhaft nahe der Nachbargrenze und dort in der Nähe einer Wärmepumpe errichtet werden. In solchen Konstellationen könnte – vorbehaltlich Besonderheiten des Einzelfalls – der Grundsatz zum Tragen kommen, dass eine Berufung auf das Abstandsrecht **bei gegenseitigem Verstoß** gegen den Mindestabstand ausscheidet. Zu beachten ist auch, dass **kein Anspruch auf Beseitigung** einer Luftwärmepumpe aufgrund § 906 BGB besteht. Denn der Wortlaut des § 906 BGB lässt nur die Abwehr der Zuführung von Geräuschen etc zu. Dass die tieffrequenten und als Brummen wahrgenommenen Pumpengeräusche idR zwar als sehr störend wahrgenommen werden, aber die Werte der TA Lärm unterschreiten, steht einem Anspruch entgegen.

27 Gegen **unzulässig die Richtwerte der TA Lärm** überschreitenden Lärm einer Wärmepumpe kann ein Nachbar Anspruch auf Unterlassung aus §§ 1004 Abs. 1 Satz 1 iVm 906 und 823 Abs. 2 BGB und der TA Lärm geltend machen. Allerdings wird der Nachweis der Überschreitung meist misslingen, weil die Anlagen nicht im herkömmlichen Sinne laut sind, sondern wegen des tieffrequenten Brummens als stark störend empfunden werden. Mit dieser Argumentation kann ein Nachbar aus §§ 1004 Abs. 1 Satz 1 iVm 906 Abs. 1 BGB jedoch Unterlassung jedweden durch eine Wärmepumpe verursachten Lärms verlangen, wenn die Geräusche **nicht ortsüblich** oder **mit wirtschaftlichem Aufwand abzudämmen** sind.[49] Der Anspruch setzt voraus, dass der verursachte Lärm nach der subjektiven Wahrnehmung eines durchschnittlichen Betrachters als wesentliche Beeinträchtigung zu bewerten ist. Dabei sind ua die **Häufigkeit**, die **Frequenz** des Geräusches sowie die **Unterscheidbarkeit** zu sonstigen Umweltgeräuschen zu berücksichtigen. Maßstab ist das durch Natur, Gestaltung und Zweckbestimmung geprägte Empfinden eines verständigen, die öffentlichen und privaten Belange berücksichtigenden durch schnittlichen Benutzers des betroffenen Grundstücks.[50] In Baugebieten mit einer Vielzahl von Wärmepumpen, die noch dazu regelhaft nahe der Grundstücksgrenzen errichtet sind, spricht dies gegen eine Erfolgsaussicht der Klage sich gestört fühlender Nachbarn.

---

46 Doch ist zu beachten, dass MBO und Landesbauordnungen zeitlich nach dieser Judikatur geändert wurden: BGH Urt. v. 29.4.2011 – V ZR 174/10, juris Rn. 18 mit Verweis auf BGH Urt. v. 30.4.1976 – V ZR 188/74, BGHZ 66, 354 (355 f.); Urt. v. 28.6.1985 – V ZR 43/84, NJW 1985, 2825 (2826 f.) u. Urt. v. 11.10.1996 – V ZR 3/96, NJW-RR 1997, 16 (17).

47 OLG Nürnberg Urt. v. 30.1.2017 – 14 U 2612/15, juris Rn. 23; (nur) insoweit zustimmend OLG München Urt. v. 11.4.2018 – 3 U 3538/17, IBRRS 2018, 1286; ferner bereits BGH Urt. v. 29.4.2011 – V ZR 174/10, juris Rn. 18 mit Verweis auf Urt. v. 30.4.1976 – V ZR 188/74, BGHZ 66, 354 (355 f.); Urt. v. 28.6.1985 – V ZR 43/84, NJW 1985, 2825 (2826 f.) u. Urt. v. 11.10.1996 – V ZR 3/96, NJW-RR 1997, 16 (17).

48 Vgl. zu geänderten Schutzzielen des Abstandrechts zB in Berlin und Brandenburg, insbesondere Verzicht auf Sozialabstand: *Otto/Kemper/Schulz*, Abstandsflächenrecht für Berlin und Brandenburg, 1 ff.

49 AG Lüdinghausen Urt. v. 17.5.2017 – 12 C 222/15, juris Rn. 41.

50 *Herrler* in Palandt BGB § 906 Rn. 17.

126. Wasser, wild abfließendes

Kieß

Literatur: *Faßbender*, Haftung für Veränderungen des Ablaufs von wild abfließendem (Regen-)Wasser, NVwZ 2015, 97.

I. Einführung

Wild fließendes, mithin oberirdisch außerhalb eines Bettes abfließendes Wasser berührt das nachbarschaftliche Verhältnis auf vielfältige Weise: So kann der Eigentümer des höher gelegenen Grundstücks (= Oberlieger) sein Grundstück so verändern, dass der Ablauf des Wassers das tiefer liegende Grundstück beeinträchtigt. Der Eigentümer des tieferliegenden Grundstücks (= Unterlieger) kann wiederum Hindernisse errichten und so das Wasser auf dem höher gelegenen Grundstück anstauen lassen. 1

Bis zum 1.3.2010 wurden diese Fragen des **privaten Nachbarrechts**[1] aufgrund des früheren Art. 65 EGBGB in den jeweiligen Landesrechten geregelt.[2] Seit dem 1.3.2010 hat der Bund aufgrund seiner Gesetzgebungskompetenz für das bürgerliche Recht (Art. 74 Abs. 1 Nr. 1 GG) die Materie bundeseinheitlich und abschließend[3] in § 37 WHG geregelt.[4] Soweit in den Nachbargesetzen der Länder weiterhin Regelungen enthalten sind, sind diese aufgrund des Vorrangs des Bundesrechts nicht mehr anzuwenden.[5] 2

Da § 37 WHG nicht rückwirkend anzuwenden ist, sind die vor dem 1.3.2010 abgeschlossenen Veränderungen des Wasserlaufes weiterhin nach dem jeweiligen Landesrecht zu beurteilen.[6] Im Übrigen kann die dazu vorhandene Rechtsprechung und Literatur zur Auslegung von § 37 WHG herangezogen werden, da diese Bestimmung die Regelungen der Landesgesetze übernehmen sollte.[7] 3

§ 37 Abs. 1 WHG verbietet den Eigentümern, den natürlichen Wasserlauf zu ändern; § 37 Abs. 2 WHG verpflichtet den Eigentümer eines Grundstücks, das den natürlichen Ablauf des Wassers hindert, die Beseitigung des Hindernisses zu dulden oder es selbst zu entfernen. § 37 Abs. 3 WHG enthält Regelungen zum öffentlichen Wasserrecht (→ Rn. 28 ff.). 4

II. Definitionen

Wasser ist **wild abfließend**, wenn es außerhalb eines Gewässerbettes oberirdisch dem natürlichen Gefälle folgend abfließt. Nach § 3 Nr. 1 WHG ist zunächst das **aus einer Quelle** wild abfließende Wasser erfasst. Eine Quelle ist dabei ein nicht nur vorübergehender natürlicher Gewässeraustritt an einer bestimmten örtlich begrenzten Stelle.[8] 5

1 BGH Urt. v. 18.4.1991 – III ZR 1/90, NJW 1991, 2770 Rn. 19; *Czychowski/Reinhardt* WHG § 37 Rn. 2.
2 Übersicht vgl. *Riedel* in BeckOK UmweltR § 37 Rn. 2.1.
3 BT-Drs. 16/12275 S. 82; so auch *Riedel* in BeckOK UmweltR § 37 Rn. 3.
4 BGH Urt. v. 26.1.2017 – III ZR 465/15, AUR 2017, 140 Rn. 8; *Czychowski/Reinhardt* WHG § 37 Rn. 3.
5 Dazu eingehend *Faßbender* NVwZ 2015, 97 (98 f.).
6 BGH Urt. v. 26.1.2017 – III ZR 465/15, AUR 2017, 140 Rn. 8.
7 BT-Drs. 16/12275, 62; *Faßbender* NVwZ 2015, 97 (99); *Breuer/Gärditz* WasserR Rn. 1401.
8 BVerwG Beschl. v. 17.2.1969 – IV B 220.68, DÖV 1969, 755.

6 Wie § 3 Abs. 4 WHG klarstellt, erfasst die Norm aber auch wild abfließendes Wasser, das nicht aus Quellen stammt, wie etwa Wasser, das aufgrund eines Hochwassers das Gewässerbett verlässt,[9] oder große Mengen von Regenwasser, die bei entsprechender Hanglage sturzbachartig den Hang hinunterfließen.[10]

7 Anders als Hangdruckwasser, also Wasser, das kurzzeitig versickert, aber dann wieder aus dem Erdreich austritt,[11] fällt Grundwasser nicht unter § 37 WHG.[12]

8 Wasser, das aus einem geschlossenen System unkontrolliert ausbricht (wie etwa bei einem Rohrbruch), gesammelt abfließendes Niederschlagswasser[13] und das in einem Gewässerbett abfließende Wasser, werden ebenfalls nicht von § 37 WHG erfasst.[14]

III. Veränderungsverbot (§ 37 Abs. 1 WHG)

9 § 37 Abs. 1 WHG verbietet einerseits dem Unterlieger, den natürlichen Ablauf des Wassers zum Nachteil des höher gelegenen Grundstücks zu behindern (Satz 1), wie etwa durch die Errichtung von Mauern oder Dämmen. Andererseits verbietet die Norm dem Oberlieger, den Lauf des Wassers zum Nachteil des tiefer liegenden Grundstücks zu verändern (Satz 2), indem er etwa Gräben zieht, das Gelände versiegelt,[15] die Geländetopographie verändert,[16] oder eine Straße im Zuge der Sanierung so verändert, dass der Abfluss von Niederschlagswasser verhindert wird.[17]

1. § 37 Abs. 1 WHG als Verbotsnorm

10 § 37 Abs. 1 WHG ist eine Verbotsnorm,[18] die aktives Handeln zum Nachteil des Nachbargrundstücks verbietet. Sie verlangt aber keinen aktiven Schutz des Nachbargrundstücks.[19] Denn die Eigentümer der betroffenen Grundstücke haben es hinzunehmen, dass Wasser aus dem Boden natürlich austritt und entsprechend den Geländeverhältnissen bergab fließt. Dem Nachbarn sind aber Veränderungen durch die Naturgewalten – etwa die Veränderung der Landschaft nach Abrutschen eines Hanges oder aufgrund eines Hochwassers – nicht zuzurechnen.[20]

11 Auf der anderen Seite spricht die Norm auch kein Verbot des aktiven Schutzes aus: Der Unterlieger hat aus § 37 Abs. 1 WHG keinen Anspruch auf den Zufluss des Wassers.[21]

12 Verboten ist somit eine **Veränderung des natürlichen Wasserlaufes**, der zu einem Nachteil auf dem Grundstück des Oberliegers führt.[22] Vergleichsmaßstab ist der rechtmäßige Zustand vor der beanstandeten

9 BayObLG Urt. v. 5.12.1989 – BReg 2 Z 189/89, NVwZ-RR 1990, 284, Rn. 23.
10 *Saller* in Grziwotz/Lüke/Saller, NachbarR-HdB, 3. Teil Rn. 277.
11 Dazu OLG Köln Urt. v. 3.5.1989 – 13 U 299/88, MDR 1989, 819; *Czychowski/Reinhardt* WHG § 37 Rn. 12. Die Abgrenzung ist nicht immer einfach.
12 BGH Urt. v. 12.6.2015 – V ZR 168/14, NJW-RR 2016, 24 Rn. 8; *Riedel* in BeckOK UmweltR § 37 Rn. 6a; *Czychowski/Reinhardt*, WHG § 37 Rn. 9; → *Grundwasser* Rn. 1 ff.
13 *Faßbender* NVwZ 2015, 97 (99); das Wasser muss nicht in Leitungen abfließen; es kann auch in Sickerflächen oder Kanälen abfließen; vgl. BVerwG 30.8.2001 – 4 CN 9/00, BVerwGE 115, 77 Rn. 20 ff.; vgl. → *Niederschlagswasser* Rn. 2 f.; → *Abwasser* Rn. 2).
14 *Breuer/Gärditz* WasserR Rn. 1404; BGH Urt. v. 9.5.2019 – III ZR 388/17 NJW-RR 2019, 1035, Rn. 19.
15 OLG Hamm Urt. v. 9.2.2012 – 5 U 160/11, NVwZ-RR 2012, 510.
16 OLG Bamberg Urt. v. 10.12.2007 – 4 U 38/06, VersR 2008, 1697.
17 BGH Urt. v. 9.5.2019 – III ZR 388/17, NJW-RR 2019, 1035, Rn. 24: Erhöhung der Gradiente einer Straße um 14,5 cm.
18 BT-Drs. 16/121275 S. 62; *Saller* in Grziwotz/Lüke/Saller, NachbarR-HdB, 3. Teil Rn. 280; *Faßbender* NVwZ 2015, 97 (99).
19 *Breuer/Gärditz* WasserR Rn., 1405; *Saller* in Grziwotz/Lüke/Saller, NachbarR-HdB, 3. Teil Rn. 280; *Czychowski/Reinhardt* WHG § 37 Rn. 14; BGH Urt. v. 18.4.1991 – III ZR 1/90, NJW 1991, 2770, Rn. 27 ff. mwN zu § 115 LWG – NRW.
20 *Riedel* in BeckOK UmweltR § 37 WHG Rn. 11.
21 *Saller* in Grziwotz/Lüke/Saller, NachbarR-HdB, 3. Teil Rn. 284.
22 *Czychowski/Reinhardt* WHG § 37 Rn. 16.

Maßnahme im Zeitpunkt, in dem der Nachbar die Abwehransprüche geltend macht.[23] Auch dieser Zustand kann schon künstlich geschaffen worden sein, insbesondere wenn der Nachbar der ursprünglichen Veränderung zugestimmt oder diese über einen längeren Zeitraum hingenommen hat.[24] Allerdings kann sich der Verpflichtete nicht auf eine ihm erteilte Baugenehmigung berufen, da sie unbeschadet Rechte Dritter erteilt wird und somit nicht vermuten lässt, dass der Berechtigte zugestimmt hat.[25]

Unter § 37 Abs. 1 WHG fallen Maßnahmen in Erfüllung öffentlich-rechtlicher Pflichten ebenso wenig wie die bestimmungsgemäße Bewirtschaftung eines landwirtschaftlichen Grundstücks.[26] 13

2. Zweck der beanstandeten Maßnahme

Die beanstandete Maßnahme muss nicht zweckgerichtet sein. Der Nachbar kann sich also – entgegen einer in der Literatur vertretenen Ansicht[27] – nicht damit verteidigen, er habe den Nachteil für das andere Grundstück gar nicht beabsichtigt.[28] Denn diese subjektive Sichtweise ist einerseits schwer nachzuprüfen und lässt die Fälle, bei deren Handeln zum eigenen Schutz, wie etwa der Hochwasserschutz, im Vordergrund steht, von vornherein aus dem Anwendungsbereich entfallen. Das geht zu weit. Vielmehr muss die Einschränkung unter objektiven, wertenden Gesichtspunkten erfolgen. Deshalb kann, wie dargelegt, eine zulässige landwirtschaftliche Nutzung über § 37 Abs. 1 WHG nicht untersagt werden. Der Bundesgerichtshof erörtert deshalb in seinen neueren Entscheidungen die Frage der Absicht des Handelnden – zu Recht – nicht. Vielmehr hält er auch bei mittelbaren Änderungen der Stärke und Richtung des Wasserabflusses § 37 Abs. 1 WHG für anwendbar.[29] Bei der Abwägung ist aber zu beachten, dass der Eigentümer sein Grundstück nach § 903 BGB nutzen darf wie er will; die Frage der Sinnhaftigkeit der Nutzung darf somit nicht in die Abwägung eingestellt werden.[30] 14

Unerheblich ist, ob das Wasser originär auf dem Grundstück des Oberliegers anfällt oder auch schon durch dieses durchfließt.[31] Geschützt sind nicht nur das unmittelbare Nachbargrundstück, sondern alle im Einwirkungsbereich liegenden Grundstücke. 15

3. Normadressat

Adressat der Norm sind der Eigentümer – auch die öffentliche Hand insbesondere beim Bau und der Planung von Straßen[32] – und der Nutzungsberechtigte. Vom Wortlaut her gilt das auch für Dritte, wie etwa den Bauunternehmer.[33] Es ist nicht sachgerecht, Dritte auszunehmen.[34] Soweit der Dritte im Auftrag des Eigentümers handelt, besteht zwar kein Anlass, auch den Bauunternehmer in Anspruch zu nehmen. Etwas anderes gilt aber, wenn dieser ohne Auftrag handelt. Zudem gewährt die Haftung des Dritten in Eilfällen einen effektiveren Rechtsschutz. 16

---

23 BGH Urt. v. 26.1.2017 – III ZR 465/15, AUR 2017, 140 juris Rn. 16.

24 BGH Urt. v. 9.5.2019 – III ZR 388/17, NJW-RR 2019, 1035, Rn. 20; *Saller* in Grziwotz/Lüke/Saller, NachbarR-HdB, 3. Teil Rn. 281.

25 *Saller* in Grziwotz/Lüke/Saller, NachbarR-HdB, 3. Teil Rn. 281: Etwas anderes gilt nur bei privatrechtsgestaltenden oder wasserrechtlichen Genehmigungen.

26 BGH Urt. v. 26.1.2017 – III ZR 465/15, AUR 2017, 140, juris Rn. 18.

27 Vgl. etwa *Faßbender* NVwZ 2015, 97 (100); *Breuer/Gärditz* WasserR Rn. 1405.

28 Wie hier *Czychowski/Reinhardt* WHG § 37 Rn. 14.

29 BGH Urt. v. 26.1.2017 – III ZR 465/15, juris Rn. 18. So auch *Riedel* in BeckOK UmweltR § 37 Rn. 9; *Saller* in Grziwotz/Lüke/Saller, NachbarR-HdB, 3. Teil Rn. 284; *Faßbender* NVwZ 2019, 97 (100); *Czychowski/Reinhardt* WHG § 37 Rn. 20.

30 *Riedel* in BeckOK UmweltR § 37 Rn. 10; BGH Beschl. v. 6.6.2007 – III ZR 313/06, NVwZ-RR 2007, 597.

31 *Saller* in Grziwotz/Lüke/Saller, NachbarR-HdB, 3. Teil Rn. 284.

32 Vgl. etwa BGH Urt. v. 9.5.2019 – III ZR 388/17, NJW-RR 2019, 1035; Urt. v. 31.10.2019 – III ZR 64/18, juris Rn. 16 *Czychowski/Reinhardt* WHG § 37 Rn. 9.

33 So auch *Saller* in Grziwotz/Lüke/Saller, NachbarR-HdB, 3. Teil Rn. 287.

34 So aber *Riedel* in BeckOK UmweltR § 37 Rn. 12; OLG Celle Urt. v. 26.6.2000 – 4 U 26/00, juris Rn. 5 f.

4. Qualitative Veränderung

17 § 37 WHG behandelt nur die Veränderung des Wasserlaufs, nicht die qualitative Veränderung des Wassers, wie etwa durch chemische Verunreinigung oder die Ablagerung von Bodenbestandteilen. Hier ist das Nachbarrecht, insbesondere §§ 906, 1004 BGB anwendbar.[35] Auch soweit Bodenbestandteile mit dem Wasser angeschwemmt werden, ist § 37 WHG nicht anzuwenden.[36]

5. Nachteil

18 Ob ein Nachteil iS von § 37 Abs. 1 S. 1 WHG vorliegt, ist objektiviert grundstücksbezogen zu beurteilen: Das Grundstück muss in seiner Nutzbarkeit eingeschränkt sein. Es muss eine spürbare Belästigung von Gewicht gegeben sein, drohende Nachteile reichen nicht aus.[37]

19 Ein Nachteil liegt allerdings nicht vor, wenn die Beeinträchtigung nur bei ganz ungewöhnlichem oder seltenem Starkregen oder seltenem Hochwasser („Jahrhunderthochwasser") zu erwarten ist.[38]

6. Durchsetzung des Anspruchs aus § 37 WHG

20 Der Nachbar kann den Eigentümer bei einem Verstoß gegen § 37 WHG nach § 1004 BGB auf Unterlassung und nach § 823 Abs. 2 BGB auf Schadensersatz in Anspruch nehmen.[39]

21 Es bleibt den Nachbarn aber unbenommen von § 37 WHG durch privatrechtliche Vereinbarungen abzuweichen. Damit können die Eigentümer privatautonom regeln, dass ein Eigentümer Hindernisse errichten darf oder Hindernisse zu unterlassen hat.[40] Das Unterlassen kann durch Grunddienstbarkeiten geschützt werden.[41]

22 Ob daneben auch noch – subsidiär – ein nachbarrechtlicher Ausgleichsanspruch nach § 906 Abs. 2 S. 2 BGB analog anwendbar ist, ist streitig.[42] Der Bundesgerichtshof[43] sieht die subsidiäre Geltung vor, wenn – wie bei § 37 Abs. 1 WHG – die nachbarrechtliche Norm keine Aussagen zur Folge des Verstoßes trifft. Das überzeugt systematisch. Das kann aber nicht in allen Fällen zu einem Ausgleichsanspruch führen: die Abwägungskriterien, die für § 37 Abs. 1 WHG entwickelt wurden, müssen bei der Frage der Rechtswidrigkeit des Handelns berücksichtigt werden: Ergibt die Abwägung bei § 37 Abs. 1 WHG, dass etwa eine landwirtschaftliche Nutzung nicht untersagt werden kann (→ Rn. 13), dann kann der geschädigte Eigentümer nicht über § 906 Abs. 2 S. 2 BGB analog doch einem Ausgleichsanspruch gegen den das Grundstück landwirtschaftlich Nutzenden haben.

---

35 BGH Urt. v. 2.3.1984 – V ZR 54/83, NJW 1984, 2207, Rn. 22 ff.

36 BGH Urt. v. 21.2.1980 – III ZR 185/78, NJW 1980, 2580 Rn. 17; *Breuer/Gärditz* WasserR Rn. 1403; *Saller* in Grziwotz/Lüke/Saller, NachbarR-HdB, 3. Teil Rn. 286.

37 Zum Ganzen BGH Urt. v. 9.5.2019 – III ZR 388/17, NJW-RR 2019, 1035 Rn. 21; *Riedel* in BeckOK UmweltR § 37 Rn. 8.

38 BGH Urt. v. 9.5.2019 – III ZR 388/17, NJW-RR 2019, 1035 Rn. 22, 24. Insofern dürfte die Entscheidung OLG Dresden Beschl. v. 22.10.2018 – 6 U 892/18, juris Rn. 10 ff., im Ergebnis richtig sein, aber in der Begründung zu weit gehen. Dieses meint, Hochwasserschutz für das eigene Grundstück falle per se nicht unter § 37 Abs. 1 WHG, auch wenn dadurch der Abfluss des Wassers verhindert werde; so auch *Riedel* in BeckOK UmweltR § 37 Rn. 7. Richtigerweise wird man mit dem Bundesgerichtshof aber nur den Nachteil verneinen müssen, denn der aktive Hochwasserschutz zulasten des Nachbargrundstückes fällt vom Wortlaut her unter § 37 Abs. 1 WHG. Anders aber bei einem „gewöhnlichen" Starkregen; vgl. *Saller* in Grziwotz/Lüke/Saller, NachbarR-HdB, 3. Teil Rn. 285; BGH Urt. v. 9.5.2019 – III ZR 388/17, NJW-RR 2019, 1035 Rn. 21.

39 *Czychowski/Reinhardt* WHG § 37 Rn. 9.

40 *Czychowski/Reinhardt* WHG § 37 Rn. 10.

41 *Saller* in Grziwotz/Lüke/Saller, NachbarR-HdB, 3. Teil Rn. 289.

42 Vgl. *Faßbender* NVwZ 2015, 97 (102) einerseits; *Saller* in Grziwotz/Lüke/Saller, NachbarR-HdB, 3. Teil Rn. 290 andererseits.

43 BGH Urt. v. 15.7.2011 – V ZR 277/10 NJW 2011, 3294 Rn. 22.

7. Ordnungswidrigkeiten

Wer vorsätzlich oder fahrlässig gegen § 37 Abs. 1 WHG verstößt, handelt ordnungswidrig. Das ist gemäß § 103 Abs. 1 Nr. 5, Abs. 2 WHG mit einer Geldbuße bis zu 50.000 EUR bedroht. Wenn gesagt wird, die Ordnungswidrigkeit könne auch durch Unterlassen begangen werden,[44] so ist das nicht richtig: Wie oben dargelegt, ist der Eigentümer nicht verpflichtet, aktiv den Ablauf wild fließenden Wassers zu korrigieren (→ Rn. 10 ff.), 23

IV. Beseitigung von Hindernissen (§ 37 Abs. 2 WHG)

§ 37 Abs. 1 WHG verbietet nur ein aktives Tun des Eigentümers. Da Veränderungen durch Naturgewalten dem Eigentümer nicht zuzurechnen sind, ermöglicht es § 37 Abs. 2 Satz 1 WHG dem Nachbarn, Hindernisse selbst zu beseitigen. Der Eigentümer muss dann diese Beseitigung als Einschränkung seines nach Art. 14 GG geschützten Eigentums dulden.[45] Dem kann sich ein Nutzungsberechtigter, der sein Nutzungsrecht vom Eigentümer ableitet, nicht entgegenstellen, weil sein Nutzungsrecht allenfalls soweit geht wie die Nutzungsbefugnis des Eigentümers. Der Nachbar hat diese Beseitigung aber anzukündigen. Diese Ankündigung hat materiellrechtlichen Charakter. Fehlt sie, ist die Beseitigung nicht zulässig.[46] 24

Der Nachbar hat dann einen Anspruch auf Herstellung des vor der Veränderung bestehenden, rechtmäßigen Zustandes. Das impliziert, dass § 37 Abs. 2 WHG nur bei konkreten Veränderungen anzuwenden ist. Der Nachbar kann daraus keinen Anspruch darauf ableiten, eine im Vergleich zu dem vor dem verändernden Ereignis bestehenden Zustand hinausgehende Verbesserung zu verlangen. Privatrechtlich kann aber eine weitergehende Verbesserung vereinbart werden. 25

Der Eigentümer hat dann auch zu dulden, dass der Nachbar das Grundstück betritt.[47] Der Anspruch besteht, wie man § 37 Abs. 2 S. 2 WHG entnehmen kann, nur soweit der Eigentümer die Veränderung nicht zu vertreten hat. Hat er die Veränderung vorsätzlich oder fahrlässig herbeigeführt, besteht keine Duldungspflicht nach § 37 Abs. 2 S. 2 WHG. Vielmehr stehen dem Nachbarn dann die allgemeinen Abwehr-, Beseitigungs- und Schadensersatzansprüche zu.[48] 26

Wie sich aus dem Gegenschluss zu § 37 Abs. 2 S. 3 WHG ergibt, hat der Nachbar die Kosten der Beseitigung selbst zu tragen.[49] Denn S. 3 sieht vor, dass auch der Eigentümer selbst das Hindernis beseitigen darf; allerdings dann auf eigene Kosten, so dass etwa Ansprüche aus Geschäftsführung ohne Auftrag gesetzlich ausgeschlossen sind. 27

V. Öffentliches Wasserecht (§ 37 Abs. 3 WHG)

§ 37 Abs. 3 WHG ermächtigt die zuständige Wasserbehörde, aus Gründen des Wohls der Allgemeinheit nach pflichtgemäßem Ermessen privatrechtsgestaltend Abweichungen von Abs. 1 und 2 zuzulassen. Die Norm die Wasserwirtschaft, die Landeskultur und den öffentlichen Verkehr erwähnt, bietet nur eine beispielhafte Aufzählung („insbesondere“) und ist daher nicht abschließend.[50] 28

Wird dabei das Eigentum unzumutbar beschränkt, ist der Eigentümer zu entschädigen. Das Verfahren richtet sich nach §§ 96 f. WHG. Für Streitigkeiten über die Entschädigung ist der Verwaltungsrechtrechtsweg eröffnet.[51] Maßnahmen nach § 34 Abs. 3 WHG begründen keine Enteignung im Sinne des Art. 14 Abs. 3 GG, sondern beruhen auf einer Inhalts- und Schrankenbestimmung des Eigentums.[52] 29

---

44 *V. Weschpfennig* in Landmann/Rohmer UmweltR § 103 Rn. 28.
45 *Czychowski/Reinhardt* WHG § 37 Rn. 21.
46 So zum Hammerschlagsrecht BGH Urt. v. 14.12.2012 – V ZR 49/12 – MDR 2013, 396, Rn. 15.
47 *Czychowski/Reinhardt* WHG § 37 Rn. 22.
48 *Czychowski/Reinhardt* WHG § 37 Rn. 25.
49 *Breuer/Gärditz* WasserR Rn. 1409; *Saller* in Grziwotz/Lüke/Saller, NachbarR-HdB, 3. Teil Rn. 288.
50 *Czychowski/Reinhardt* WHG § 37 Rn. 28.
51 *Tönnesen-Harmes* in BeckOK UmweltR § 96 Rn. 26.
52 *Riedel* in BeckOK UmweltR § 37 Rn. 23.1.; BT-Drs. 16/12275 S. 62, *Breuer/Gärditz* WasserR Rn. 1410.

30 Beeinträchtigungen durch Wasser, das von Nachbargrundstücken eindringt, sind auch im Bauplanungsrecht[53] oder Bauordnungsrecht[54] zu berücksichtigen. Insofern können Mängel, die bereits in der Bauleitplanung zu erkennen sind, schon im Vorfeld verwaltungsrechtlich im Wege der verwaltungsgerichtlichen Normenkontrolle nach § 47 VwGO überprüft werden.[55]

31 Nach § 25 Satz 3 Nr. 1 WHG können die Landesrechte vorsehen, dass das Einleiten von Niederschlagswasser in oberirdische Gewässer zum Gemeingebrauch gehört (vgl. etwa § 16 Abs. 1 S. 2 SächsWG). Nach § 46 Abs. 2 WHG bedarf das Einleiten von Niederschlagswasser in das Grundwasser keiner Erlaubnis.

32 § 37 WHG hat aber keine nachbarschützende Wirkung.[56] Deshalb ergibt sich daraus auch kein Anspruch auf ein behördliches Einschreiten.

127. Wasser

Jeromin

1 Wasser ist nicht nur eine chemische Verbindung aus Sauerstoff und Wasserstoff, die im Aggregatzustand „flüssig" als solches bezeichnet wird, sondern Grundlage des Lebens auf der Erde und ein Lebensmittel. Die Bedeutung des Wassers für das Leben lässt sich nicht abschließend beschreiben. Im **rechtlichen Kontext** reicht die Bedeutung dieses **Umweltmediums** vom Wasser als individuelles Menschenrecht bezogen auf den Zugang zu sauberem Trinkwasser und zur sanitären Grundversorgung bis hin zu der im nationalen Recht geregelten Wasserbewirtschaftung im Wasserhaushaltsrecht und den Landeswassergesetzen. Nach der Verfassungsordnung gibt es **kein privates Eigentum** am Grundwasser, oberirdischen Gewässern oder Niederschlagswasser. Vielmehr unterliegt Wasser einer öffentlich-rechtlichen Benutzungsordnung, die umfassend und abschließend die Rechte und Pflichten einzelner im Zusammenhang mit der Inanspruchnahme von Wasser bestimmt. Aber auch die Nachbarrechtsgesetze der Länder enthalten Regelungen, die sich auf Wasser und seine Auswirkungen auf benachbarte Grundstücke beziehen.

2 Trotz der fehlenden eigentumsrechtlichen Zuordnung von Wasser in seinen unterschiedlichen Erscheinungsformen, wie flüssig als Regen, Grundwasser, Oberflächenwasser oder fest als Eis, kann Wasser auch in einem grundstücksbezogenen nachbarschaftlichen Verhältnis unmittelbare Auswirkungen auf das private Eigentum haben. Vielfach werden nachbarschaftliche Konflikte durch Wasser ausgelöst, die die Fragen nach der Abwehr schädlicher Auswirkungen auf privates Eigentum oder nach Schadensersatz- und Ausgleichsansprüchen gegenüber Nachbarn aufwerfen.

3 Wasser kann mithin aufgrund seiner physikalischen Eigenschaften oder wegen seiner chemischen und biologischen Zusammensetzung unmittelbare Auswirkungen auf Grundstücke, Gebäude und die Natur allgemein erzeugen. Im Nachbarschaftsverhältnis kommt es zunächst darauf an, **in welcher Erscheinungsform das Wasser einwirkt**. Wird beispielsweise Wasser von außen künstlich zugeführt oder entzogen, kann dieser Umstand ebenso wie ein natürliches Auftreten von Wasser für einen Grundstücksnachbarn und seine in erster Linie eigentumsrechtlich zu verstehenden Positionen von Bedeutung sein.

---

53 Nach § 1 Abs. 6 Nr. 7 lit. e BauGB ist der sachgerechte Umgang mit Abwässern zu berücksichtigen. Es muss etwa ein funktionierendes Entwässerungssystem vorliegen, vgl. zuletzt VGH Mannheim Urt. v. 24.7.2019 – 5 S 2405/17, DÖV 2019, 884.

54 Bauordnungen sehen zum Teil Regelungen vor, wonach bei baulichen Anlagen die einwandfreie Beseitigung des Abwassers, zu dem auch das Niederschlagswasser gehört, gesichert sein muss. Bisweilen regelt das Landesrecht durch Generalklauseln (etwa § 13 Abs. 1 SächsBauO) den Schutz vor schädlichen Einwirkungen durch Wasser. Diese Normen sind nachbarschützend. Vgl. auch *Czychowski/Reinhardt* WHG § 37 Rn. 19.

55 *Faßbender* NVwZ 2015, 97 (101).

56 *Riedel* in BeckOK UmweltR § 37 Rn. 15; *Saller* in Grziwotz/Lüke/Saller, NachbarR-HdB, 3. Teil Rn. 292.

Wegen der sehr unterschiedlichen Erscheinungsformen von Wasser ist seine einheitliche Betrachtung im nachbarrechtlichen Verhältnis nicht möglich. Vielmehr bedarf es einer rechtlichen Zuordnung in die typisierenden Kategorien des Auftretens von Wasser, wie sie in der Rechtsordnung normiert und anerkannt sind. Auch die Darstellung im Kommentar zum Nachbarrecht folgt dieser rechtlich geprägten Differenzierung mit der das allgemeine Themenfeld "Wasser“ in verschiedene Sachbereiche aufgefächert wird. Dies setzt in der Praxis die Erfüllung der durchaus komplizierten Aufgabe für den Rechtsanwendenden voraus, dass zunächst eine sachlich „richtige“ Zuordnung des Wassers in die jeweils rechtlich geltende Kategorie erfolgt. Unter nachfolgenden Stichworten wird daher der Oberbegriff Wasser im Kommentar behandelt: 4

- → *Abwasser* Rn. 1 ff.
- → *Brunnen* Rn. 1 ff.
- → *Grundwasser* Rn. 1 ff.
- → *Gewässer, oberirdische* Rn. 1 ff.
- → *Niederschlagswasser* Rn. 1 ff.
- → *Regen/Beregnung* Rn. 1 ff.
- → *Überschwemmungsschäden* Rn. 1 ff.
- → *Ufer* Rn. 1 ff.
- → *Wasser, wild abfließendes* Rn. 1 ff.

128. Winterdienst

Klose

Literatur: *Beuermann*, Streupflicht für Anlieger und Mieter, GE 1997, 78; *Horst*, Schnee- und Eisglätte – Praxisrelevante Haftungsfragen, MDR 2001, 187; *Horst*, Der nächste Winterdienst kommt bestimmt!, NZM 2012, 513; *Hurst*, Die Reinigungs- und Streupflicht des Anliegers und Erdgeschoßbewohners in rechtlicher Sicht, ZMR 1967, 67; *Hensen/Keller*, Der Anscheinsbeweis bei erkennbar glatten Gehwegen, NJW 2020, 3751; *Müller-Hannemann*, Noch einmal: Winterdienst der Hinterlieger?, GE 1997, 528; *Schmid*, Der Umfang der Räum- und Streupflicht auf öffentlichen Straßen und Wegen, NJW 1988, 3177.

I. Einführung

Im Winter drohen von Schnee und Eis Gefahren, zu deren Abwendung der Grundstückseigentümer verpflichtet sein kann. Im Wesentlichen betrifft das die Schnee- und Eisglätte, aber auch auf dem Gebäude befindlichen Schnee, der auf Passanten oder Fahrzeuge stürzen kann. Den Grundstückseigentümer trifft eine Verkehrssicherungspflicht,[1] um Gefahren von Dritten abzuwenden. Diese Pflicht beruht auf der Verantwortung für eine Verkehrseröffnung und setzt eine durch Schnee- oder Glatteis begründete konkrete Gefahrenlage voraus.[2] 1

1 Diese Pflicht wurde angesichts des zunehmenden Fahrzeugverkehrs vom Reichsgericht (RG Urt. v. 23.2.1903 – VI. 349/02, RGZ 54, 53 (58)) entwickelt: *Schmid* NJW 1988, 3177.
2 BGH Urt. v. 12.6.2012 – VI ZR 138/11, NJW 2012, 2727 (2727).

II. Schnee- und Eisglätte

2 Kommt der dazu Verpflichtete seiner Räum- und Streupflicht nicht nach, kann daraus neben einer Haftung aus § 823 Abs. 1 BGB wegen einer Verletzung einer Verkehrssicherungspflicht auch eine Haftung aus § 823 Abs. 2 BGB in Verbindung mit den gemeindliche Satzungen, die die Räum- und Streupflicht auf die Anlieger übertragen, begründet sein. Diese sind Schutzgesetze im Sinne von § 823 Abs. 2 BGB.[3]

1. Räum- und Streupflicht

3 Gegenüber Dritten besteht im Winter bei Schnee und Glätte die Pflicht, sie vor vermeidbaren Gefahren zu bewahren. Diese Pflicht hat ein Grundstückseigentümer zunächst lediglich auf seinem eigenen Grundstück zu erfüllen. Die Verkehrssicherungspflicht auf den dem öffentlichen Verkehrsraum zugehörigen Gehwegen obliegt dagegen zunächst den Gemeinden. Diese können sie jedoch, wie annähernd durchgängig, auf die Eigentümer der anliegenden Grundstücke übertragen.[4] Diese Übertragung ist jedoch auf die Pflichten beschränkt, die die Kommune selbst zu erfüllen hätte. Darüberhinausgehende Pflichten dürfen auch durch eine Satzung nicht übertragen werden.

4 **a) Gegenstand der Verkehrssicherungspflicht.** Den Anforderungen der Verkehrssicherungspflicht bei Schnee- und Eisglätte kann regelmäßig dadurch nachgekommen werden, dass die entsprechenden Flächen[5] beräumt werden. Der räumliche und zeitliche Inhalt wird jedenfalls für die öffentlichen Flächen vielfach durch die Ortssatzungen definiert.[6] Die Räumpflicht bezieht sich dort nicht auf den gesamten Gehweg, sondern nur auf eine Breite, die es zwei Personen ermöglicht, einander vorsichtig zu passieren.[7] Auf dem Grundstück betrifft sie alle für den Verkehr eröffneten Zuwegungen. Da die Räum- und Streupflicht nur im Rahmen des Zumutbaren besteht, ist sie auf die Zeit des „normalen Verkehrs" beschränkt.[8] Werktags beginnt sie mit dem einsetzenden Verkehr[9] und endet gegen 20:00 Uhr.[10] Ist aber zu Zeiten, zu denen eine Räumpflicht besteht, bereits erkennbar, dass es in den folgenden Stunden zum Aufkommen von Glätte kommen wird, besteht eine vorbeugende Räum- und Streupflicht auch dann, wenn zu dem Zeitpunkt des wahrscheinlichen Eintritts der Glätte keine Räumpflicht mehr besteht.[11] Eine außergewöhnliche Glätte, kann auch das Erfordernis zu außergewöhnlichen Vorkehrungen hervorrufen.[12] Dauert der Schneefall noch an, ist bereits dann zu räumen, wenn der Schneefall so weit zurückgegangen ist, dass nicht mehr mit alsbaldigem und glättebildendem Schnee gerechnet werden muss.[13] Nach dem Ende eines längeren Schneefalls beginnt die Räumpflicht nicht unmittelbar, sondern erst nach einer angemessenen Wartefrist.[14] Die Räum- und Streupflicht kann auch dann bestehen, wenn aktuell kein Niederschlag gefallen ist. Schnee- und Eisglätte sind immer zu beseitigen.[15] Der Verpflichtete ist auch grundsätzlich zu einem wiederholten Räumen und Streuen verpflichtet, wenn dies durch die Witterungsverhältnisse, etwa anhaltenden Niederschlag, ge-

3 OLG Celle Urt. v. 6.8.1997 – 9 U 15/97, VersR 1998, 604 (604); OLG Naumburg Urt. v. 6.10.1999 – 12 U 144/99, MDR 2000, 520 (520).

4 OLG Celle Urt. v. 8.1997 – 9 U 15/97, VersR 1998, 604 (604); *Horst* MDR 2001, 187; *Schmid* NJW 1988, 3178; *Horst* NZM 2012, 513; *Beuermann* GE 1997, 79; *Müller-Hannemann* GE 1997, 528.

5 Zudem schützt die Verkehrssicherungspflicht nach Auffassung des AG Fürth im Bereich der Parkplatzzufahrt einer WEG nur Fußgänger, nicht jedoch Autofahrer: AG Fürth Urt. v. 18.3.2020 – 30 C 1137/19, ZMR 2020, 534 (535).

6 *Horst* NZM 2012, 518.

7 OLG Frankfurt Urt. v. 22.8.2001 – 23 U 195/00, NJW-RR 2002, 23 (24); OLG Bamberg Urt. v. 27.5.1975 – 5 U 46/75, NJW 1975, 1787 (1787); *Hurst* ZMR 1967, 69.

8 BGH Urt. v. 12.6.2012 – VI ZR 138/11, NJW 2012, 2727 (2727).

9 Dieser wird etwa um 7.00 Uhr als erreicht angesehen: OLG Naumburg Urt. v. 27.2.2014 – 2 U 77/13, NJW-RR 2014, 1166 (1167).

10 BGH Urt. v. 2.10.1984 – I ZR 125/83, NJW 1985, 270 (270). An Sonn- und Feiertagen beginnt das nicht vor 9.00 Uhr: BGH Urt. v. 12.6.2012 – VI ZR 138/11, NJW 2012, 2727 (2727).

11 OLG Brandenburg Urt. v. 18.1.2007 – 5 U 86/06, NJW-RR 2007, 974 (975); OLG Frankfurt Urt. v. 26.11.2003 – 21 U 38/03, NJW-RR 2004, 312 (313).

12 BGH Urt. v. 12.7.1968 – VI ZR 134/67, VersR 1968, 1161 (1161).

13 KG Urt. v. 12.6.1990 – 9 U 2799/89, GE 1992, 99 (99).

14 OLG Naumburg Urt. v. 6.10.1999 – 12 U 144/99, MDR 2000, 520 (520).

15 KG Urt. v. 23.6.2014 – 8 U 32/14, GE 2015, 123 (123).

boten ist.[16] Die Räum- und Streupflicht besteht nicht, wenn das Räumen und Streuen objektiv zwecklos ist. Deshalb ist es bei einem dichten Schneefall nicht erforderlich, sofort zu beräumen.[17] Sind keine Anhaltspunkte für eine winterliche Glätte ersichtlich, besteht auch keine Streupflicht.[18] Auch sind keine vorbeugenden Maßnahmen erforderlich, wenn noch keine konkrete Gefahrenlage besteht.[19] Sind im Grundstücksbereich ohne erkennbare Anhaltspunkte für eine Gefahr vereinzelte Glättestellen zu erkennen, besteht auch kein Anlass dazu, von einer die Streupflicht begründenden Eisglätte auszugehen.[20]

b) Erfüllung der Verkehrssicherungspflicht. Die Verkehrssicherungspflicht wird dadurch erfüllt, dass 5
die notwendigen Verkehrswege von Schnee- und Eis befreit werden. Die Art und Weise bleibt grundsätzlich dem Verpflichteten überlassen, der damit befugt ist zu entscheiden, ob er Schnee und Eis physisch durch Weghacken und Wegräumen entfernt, oder mit Salz bekämpft. Angesichts der seit langem erkannten Umweltschädlichkeit des Verwendens von Streusalz[21] wird den Anrainern durch kommunale Satzungen jedoch vielfach das Verwenden von Salz verboten. Das führt auf der einen Seite dazu, dass sie sich auf andere Möglichkeiten der Erfüllung der Verkehrssicherungspflicht, also auf das physische Beseitigen von Eis und Schnee sowie das Streuen von Granulat, Rollsplitt und Sand beschränken müssen,[22] auf der anderen Seite aber auch dazu, dass der Verkehr sich auf die beschränkten Beseitigungsmöglichkeiten einstellen und dementsprechend eine erhöhte Vorsicht walten lassen muss.

c) Die Übertragung der Räum- und Streupflicht. Der Verkehrssicherungspflicht kann auch dadurch ent- 6
sprochen werden, dass sie auf einen Dritten delegiert wird.[23] Diese Übertragung muss jedoch hinreichend klar erfolgen.[24] Der Übernehmende wird so zur Sicherung des Verkehrs verpflichtet und haftet unmittelbar und auch deliktisch für die Erfüllung dieser Pflicht.[25] Dadurch wird der Grundstückseigentümer von ihr jedoch nicht vollständig frei. Die Übertragung der Räum- und Streupflicht begründet lediglich ein Erfüllungsvertrauen des sonst Sicherungspflichtigen.[26] Auch die Erfüllung der vollständigen Übertragung der Räum- und Streupflicht auf Dritte muss der sonst Verpflichtete also sorgfältig überwachen und, sofern dies erforderlich ist, selbst streuen und räumen.

Die Räum- und Streupflicht kann auf den Nachbarn sowie individualvertraglich[27] auch auf Mieter[28] über- 7
tragen werden. Nachbarn können verbindlich vereinbaren, dass der eine Nachbar für den anderen die Räum- und Streupflicht übernimmt, wenn einer von ihnen abwesend ist.[29] Für die Wirksamkeit und die Folgen der Übertragung kommt es nicht darauf an, ob die Übertragung im Zusammenhang mit gemeinsamen Wegflächen, etwa einer gemeinsamen Grundstücksauffahrt, oder für eine allein einem der Nachbarn

16 BGH Urt. v. 27.11.1984 – VI ZR 49/83, NJW 1985, 484 (485). BGH Urt. v. 30.4.1974 – III ZR 166/72, VersR 1974, 910 (910).
17 OLG Saarbrücken Urt. v. 14.4.1999 – 1 U 630/98, WuM 2000, 126 (126).
18 BGH Urt. v. 14.2.2017 – VI ZR 254/16, VersR 2017, 563 (564).
19 OLG Frankfurt a. M. Urt. v. 14.3.1985 – 1 U 112/84, VersR 1987, 204 (204).
20 BGH Urt. v. 12.6.2012 – VI ZR 138/11, NJW 2012, 2727 (2727).
21 *Schmid* NJW 1988, 3177.
22 *Horst* MDR 2001, 188.
23 Wird die Räum- und Streupflicht auf einen gewerblichen Anbieter übertragen, wird damit regelmäßig ein Werkvertrag geschlossen: BGH Versäumnisurt. v. 6.6.2013 – VII ZR 355/12, NJW 2013, 3022 (3023). Mit diesem wird ein darauf gerichteter Geschäftsbesorgungsvertrag geschlossen, dass dieser für die gefahrlose Nutzung des Gehweges Sorge trägt: LG Berlin Urt. v. 18.11.2010 – 52 S 67/10, GE 2011, 201 (201).
24 Vgl. OLG Hamm Beschl. v. 31.8.1981 – 15 W 38/81, NZM 2013, 358 (359).
25 BGH Urt. v. 22.1.2008 – VI ZR 126/07, NJW 2008, 1440 (1441); BGH Urt. v. 24.4.1972 – III ZR 137/70, NJW 1972, 1321 (1322); Hurst, ZMR 1967, 68.
26 OLG Celle Urt. v. 6.8.1997 – 9 U 15/97, VersR 1998, 604 (604).
27 Bei einer formularmäßigen Übertragung kann dies als unzulässiger Haftungsausschluss (OLG Dresden Beschl. v. 20.6.1996 – 7 U 905/96, WuM 1996, 553 (553) oder als überraschend (LG Frankfurt Urt. v. 3.11.1987 – 2/11 S 136/87, NJW-RR 1988, 782 (783) zu werten sein. Ist die Formulierung im Mietvertrag dagegen im Hinblick auf die Überwälzung der Reinigungs- und Streupflicht und deren Umfang hinreichend deutlich, wird auch eine formularmäßige Übertragung als zulässig angesehen: *Horst* MDR 2001, 187.
28 Vgl. BGH Urt. v. 4.6.1996 – VI ZR 75/95, NJW 1996, 2646 (2646).
29 LG Paderborn Urt. v. 27.9.2013 – 4 O 502/12, juris Rn. 17.

zuzuweisende Fläche erfolgt ist. Die Verkehrssicherungspflicht übernimmt der jeweilige Nachbar dadurch aber nur dann, wenn er sich zum ordnungsgemäßen Beräumen konkret verpflichtet hat.[30] In diesen Fällen haftet der Nachbar auch für die ordnungsgemäße Erfüllung der Räumpflicht. Bei der bloßen Nachbarschaftshilfe haftet der räumende Nachbar dagegen regelmäßig allenfalls reduziert, wenn nicht ohnehin auch im Verhältnis zu dem räumpflichtigen Nachbarn von einem zumindest stillschweigend vereinbarten Haftungsverzicht ausgegangen wird.[31] Darauf kann aus der Unentgeltlichkeit der Tätigkeit, sowie aus dem Gefälligkeitscharakter geschlossen werden.[32]

8 **d) Überwachung.** Demjenigen, der die Schnee- und Räumpflicht übertragen hat, obliegt eine Überwachungspflicht.[33] An die Überwachung sind angesichts der sonst bestehenden Verletzungsgefahren hohe Anforderungen zu stellen.[34] Durch die Überwachung muss die Erwartung konkretisiert werden, dass der Dritte die Aufgabe auch tatsächlich hinreichend erfüllt.[35] Auch im Falle einer Übertragung verbleibt es nämlich bei der geschädigten Dritten gegenüber bestehenden Verkehrssicherungspflicht des Grundstückseigentümers.[36] Damit er sich auf die Übertragung berufen kann, ist er dazu verpflichtet, die Erfüllung der Pflicht angemessen zu überwachen.[37]

2. Konsequenzen der Übertragung

9 Die Übertragung der Räum- und Streupflicht kann dann, wenn gleichwohl glatteisbedingt Verletzungen eingetreten sind, abhängig von dem Rechtsverhältnis und dem Umfang, in dem sie erfolgt ist, unterschiedliche Konsequenzen haben. Bei einer vollständigen Übertragung ist der sonst Verpflichtete in Folge der Übertragung von der Haftung gegenüber Dritten freizustellen und derjenige, an den die zur Erfüllung der Verkehrssicherungspflicht erforderlichen Leistungen übertragen worden sind, bei einer Pflichtverletzung zum Schadensersatz verpflichtet.

10 **a) Mietverhältnisse.** Auch dem Mieter gegenüber ist der Vermieter nur im Bereich des Mietobjekts verpflichtet, einen gefahrlosen Zugang zu ermöglichen. Dazu gehört der nicht zum Mietobjekt gehörende öffentliche Gehweg nicht,[38] wenn dem Vermieter die Räumpflicht und damit auch die gemeindliche Verkehrssicherungspflicht nicht von der Gemeinde übertragen worden ist. Der Mieter, der nicht selbst wirksam die Räum- und Streupflicht übernommen hat, kann von dem Vermieter den gefahrlosen Zugang zu seinen Mieträumen verlangen. Dieser ist dazu verpflichtet, dem Mieter während der Dauer der Mietzeit den Zugang zu der Mietsache zu gewähren.[39] Die mietvertraglich geschuldete Gebrauchsüberlassung beinhaltet auch die Verkehrssicherung.[40] Diese Pflicht kann dem Eigentümer jedoch durch die kommunalen Regelungen überragen werden. Eine Verletzung dieser Pflicht ist sowohl im Hinblick auf eine vertragliche Haftung, als auch wegen einer deliktischen Haftung wegen der Verletzung einer Verkehrssicherungspflicht relevant.[41] Die Streupflicht des Vermieters ist auf den Zeitraum zwischen dem Einsetzen des allgemeinen Verkehrs und der Abendstunden beschränkt, so dass er nicht gehalten ist, zur Erfüllung seiner den Mietern ge-

30 *Horst* MDR 2001, 188.
31 *Horst* MDR 2001, 188.
32 OLG Frankfurt Urt. v. 10.7.1997 – 16 U 213/96, juris (Ls.); *Horst* MDR 2001, 188.
33 *Horst* ZMR 1967, 68.
34 BGH Urt. v. 19.12.1961 – VI ZR 108/61, VersR 1962, 238 (239); KG Urt. v. 23.6.2014 – 8 U 32/14, GE 2015, 123 (123).
35 BGH Urt. v. 8.12.1987 – VI ZR 79/87, NJW-RR 1988, 471 (471).
36 BGH Urt. v. 12.7.1968 – VI ZR 134/67, VersR 1968, 1161 (1161).
37 BGH Urt. v. 8.10.1974 – VI ZR 43/72, VersR 1975, 42 (42); OLG Celle Urt. v. 6.8.1997 – 9 U 15/97, VersR 1998, 604 (604); RG Urt. v. 29.4.1926 – IV 693/25, RGZ 113, 293 (297).
38 Aus seiner durch den Mietvertrag begründeten Verkehrssicherungspflicht folgt nicht die Pflicht, über die Grundstücksgrenze hinaus auch Teile des öffentlichen Gehweges zu beräumen oder dort zu streuen: BGH Urt. v. 21.2.2018 – VIII ZR 255/16, NZM 2018, 509 (511 f.); *Horst* NZM 2012, 513.
39 BGH Urt. v. 21.2.2018 – VIII ZR 255/16, NZM 2018, 509 (511).
40 *Schmid* NJW 1988, 3178.
41 BGH Urt. v. 21.2.2018 – VIII ZR 255/16, NZM 2018, 509 (511).

genüber bestehenden Verkehrssicherungspflicht auch in den Nachtstunden zu räumen.[42] Hat der Vermieter einem Mieter die Streu- und Räumpflicht übertragen, können die anderen dort wohnenden Mieter in den Schutzbereich dieses Vertrages einbezogen und damit eine Haftung aus einem Vertrag mit Schutzwirkung zugunsten Dritter begründet sein.[43]

b) WEG. Die Verkehrssicherungspflicht bei in Wohnungseigentum aufgeteilten Grundstücken haben die Wohnungseigentümer gemeinsam zu tragen,[44] wobei jeder einzelne Wohnungseigentümer zu ihrer Erfüllung verpflichtet ist. Die Eigentümergemeinschaft darf diese Räum- und Streupflicht im Rahmen der Hausordnung bestimmten, zeitlich genau definierten Wohnungseigentümern übertragen.[45] Haben die Wohnungseigentümer etwa durch einen Winterdienstplan einen klaren Aufgabenplan erstellt, kann sich auch ein Miteigentümer gegenüber dem zum Unfallzeitpunkt verpflichteten Miteigentümer auf eine Verletzung seiner Verkehrssicherungspflicht berufen.[46] Die Verkehrssicherungspflicht wahrzunehmen, gehört zur ordnungsgemäßen Verwaltung.[47] Haben die Eigentümer dem Verwalter die Aufgabe übertragen, alles für eine ordnungsgemäße Verwaltung erforderliche zu unternehmen, hat er auch für das Erfüllen der Verkehrssicherungspflicht Sorge zu tragen.[48] Bei den einzelnen Wohnungseigentümern bleibt dann die Pflicht, die Erfüllung dieser Aufgabe zu überwachen.[49] Überträgt die Wohnungseigentümergemeinschaft die Verkehrssicherungspflicht auf einen Dritten, kann dieser gegenüber den Wohnungseigentümern wegen einer Verletzung dieser Pflicht auch deliktisch haften.[50] 11

III. Herabstürzender Schnee

Die Gefahr von herabstürzendem Schnee und deren Verwirklichung begründet weder einen Abwehranspruch aus § 908 BGB noch einen Schadensersatzanspruch aus § 836 BGB, weil es sich dabei nicht um Gebäudeteile handelt. Eine Haftung kann sich aber wegen einer Verletzung der Verkehrssicherungspflicht aus § 823 Abs. 1 BGB ergeben. Eine generelle Verpflichtung des Grundstückseigentümers, Dritte vor Schneelawinen zu schützen, besteht nicht, wenn nicht im Einzelfall besondere Umstände, wie etwa die allgemeine Schneelage des Ortes sowie die Art des Gebäudes und Art und Umfang des gefährdeten Verkehrs etwas anderes gebieten.[51] In schneearmen Gebieten besteht keine Pflicht dazu, allgemeine Vorkehrungen gegen Dachlawinen zu schaffen.[52] Eine Verkehrssicherungspflicht kann aber dadurch begründet werden, dass sich eine konkrete erkennbare Gefahr für die Sicherheit der Passanten ergeben hat.[53] 12

IV. Prozessuales

Der Geschädigte trägt die Beweislast für die Umstände, aus denen sich die Verletzung der Räum- und Streupflicht ergibt.[54] Innerhalb der zeitlichen Grenzen der Streupflicht kommen zugunsten des Gestürzten die Regeln über den Anscheinsbeweis zur Anwendung.[55] Allein durch den Sturz bei Glätte wird der An- 13

42 OLG Karlsruhe Beschl. v. 20.2.2008 – 5 U 101/08, MDR 2008, 625 (26).
43 BGH Urt. v. 22.1.2008 – VI ZR 126/07, NJW 2008, 1440 (1441).
44 BGH Urt. v. 27.11.1984 – VI ZR 49/83, NJW 1985, 484 (484).
45 BGH Urt. v. 27.11.1984 – VI ZR 49/83, NJW 1985, 484 (485).
46 OLG Naumburg Urt. v. 27.2.2014 – 2 U 77/13, NJW-RR 2014, 1166 (1166).
47 BGH Urt. v. 13.12.2019 – V ZR 43/19, NJW 2020, 1798 (1799); BayObLG Beschl. v. 23.2.2000 – 2Z BR 177/99, ZMR 2000, 470 470 f.); OLG Stuttgart Beschl. v. 19.5.1987 – 8 W 89/87, NJW-RR 1987, 976 (977).
48 OLG Karlsruhe Urt. v. 30.12.2008 – 14 U 107/07, NZM 2009, 452 (453).
49 BGH Urt. v. 27.11.1984 – VI ZR 49/83, NJW 1985, 484 (485).
50 BGH Urt. v. 17.1.1989 – VI ZR 186/88, NJW-RR 1989, 394 (395).
51 BGH Urt. v. 8.12.1954 – V ZR 289/53, NJW 1955, 300 (300); OLG Hamm Hinweisbeschl. v. 14.8.2012 – 9 U 119/12, NZM 2013, 47 (48).
52 OLG Hamm Urt. v. 11.11.1986 – 27 U 68/86, NJW-RR 1987, 412 (412).
53 AG Aachen Urt. v. 13.11.2012 – 100 C 200/12, DWW 2013, 13 (15).
54 BGH Urt. v. 12.6.2012 – VI ZR 138/11, NJW 2012, 2727 (2727).
55 BGH Urt. v. 4.10.1983 – VI ZR 98/82, MDR 1984, 219 (219 f.).

scheinsbeweis dafür, dass die Streupflicht verletzt wurde, nicht begründet.[56] Die Beweislast für die Nutzlosigkeit von Maßnahmen zur Erfüllung der Verkehrssicherungspflicht trägt der Verpflichtete.[57]

129. Wintergarten

Jeromin

I. Begriff und Bedeutung für den Nachbarschutz

1 Wintergärten sind entweder ebenerdig an der Außenwand eines Gebäudes ganz oder teilweise vorgelagerte Räume oder selbstständige Gebäude, die in der Regel auch Aufenthaltsräume im Sinne des Bauordnungsrechts sind und die als Anbauten überwiegend eine Funktion als energiesparende „Klimapuffer" zwischen den beheizten Räumen des Gebäudes und der freien Atmosphäre haben. Ihre wesentliche Eigenschaft ist dabei die Nutzung der passiven Sonnenenergie durch große verglaste Dach- und Wandflächen, wobei sie in sehr eingeschränktem Umfang auch Wohnzwecken dienen können. Sie bestehen regelmäßig aus Glaswänden und einem Glasdach. Fehlt hingegen der räumliche Abschluss zu einem dahinter liegenden Aufenthaltsraum oder sonstigen Räumen des Gebäudes, dient er der Sache nach letztlich der Vergrößerung des dahinterliegenden Raumes und ist damit integraler Bestandteil des Gebäudes in Form eines Gebäudeteiles mit versetzter und verglaster Außenwand.

2 Als Anbauten an vorhandenen Gebäuden oder auch selbstständige Bauwerke werden Wintergärten je nach Typus zum dauerhaften oder bloß temporären Aufenthalt von Menschen bzw. zu Wohnzwecken genutzt.

3 Im Zusammenhang mit nachbarlichen Belangen kommt Wintergärten ein spezifisches **Konfliktpotenzial** zu, soweit es um die planungsrechtliche Bauweise, die Lage an bzw. in der Nähe von Grundstücksgrenzen und die mit der Nutzung verbundenen Auswirkungen (Lichtreflexionen, Licht- und Schallimmissionen, Belange der Belichtung und optischen Beengung oder Einsichtnahme- und Aussichtsmöglichkeiten) geht.

4 Aber auch die Beeinträchtigung eines Wintergartens infolge des Schattenwurfs durch die Aufstockung des Gebäudes auf einem Nachbargrundstück hat die Rechtsprechung schon beschäftigt.[1] Der Eigentümer eines Wintergartens hat gegenüber Gebäuden und baulichen Anlagen auf Nachbargrundstücken keinen besonderen Abwehranspruch über das landesgesetzliche Abstandflächenrecht hinaus weder auf Bewahrung der spezifischen Funktion eines Wintergartens und das Angewiesensein auf eine bestimmte Sonneneinstrahlung[2] noch auf einen finanziellen Ausgleich für einen geltend gemachten Wertverlust.

II. Bauplanungsrechtliche Anforderungen

5 Sowohl als selbstständige Gebäude als auch als Vor- bzw. Anbauten unterliegen Wintergärten den allgemeinen Anforderungen an die bauplanungsrechtliche Zulässigkeit nach §§ 29 ff. BauGB. Als Ergänzung einer Wohnnutzung ebenso wie zum Zwecke einer bloß vorübergehenden Aufenthaltsmöglichkeit kommt der Art

56 OLG Hamm Urt. v. 4.8.1999 – 13 U 41/99, MDR 2000, 85 (86); vgl. *Hensen/Keller* NJW 2020, 3751.
57 OLG Saarbrücken Urt. v. 14.4.1999 – 1 U 630/98, WuM 2000, 126 (126).
1 BVerwG Beschl. v. 6.12.1996 – 4 B 215.96, NVwZ-RR 1997, 516.
2 ZB Grad der Verschattung unter Zuhilfenahme der Sonnendeklination im Jahresverlauf, des Sonnenstandsdiagrammes und stereographischer Projektion der Sonnenbahn, vgl. BVerwG Beschl. v. 6.12.1996 – 4 B 215.96, NVwZ-RR 1997, 516.

der baulichen Nutzung keine spezifische Bedeutung zu. Das Maß der baulichen Nutzung bezogen auf die Kubatur und das äußere Erscheinungsbild eines Wintergartens dürfte gleichermaßen unproblematisch aus nachbarlicher Sicht sein. Anders verhält es sich bei den städtebaulichen Merkmalen der **Bauweise** und der **überbaubaren Grundstücksfläche**. Besonders **in rückwärtigen Grundstückslagen**, die primär als Gärten angelegt der Erholung und Freizeitgestaltung der Wohnnutzung des Hauptgebäudes dienen, können Wintergärten eine Störwirkung zulasten der Nachbarn hervorrufen. Vergleichbar mit Terrassen oder Balkonen werden Wintergärten als **Beeinträchtigung der Privatheit** von Nachbarn empfunden. Da von absoluten Ausnahmefällen abgesehen die mit Wintergärten verbundenen erhöhten Einsichtnahmemöglichkeit in Nachbargrundstücke oder die dadurch verstärkte Wahrnehmung sozialer Lebensäußerungen keine Verstöße gegen das Rücksichtnahmegebot bedeuten (vgl. → *Rücksichtnahmegebot* Rn. 34 mwN), konzentrieren sich die nachbarschaftlichen Abwehransprüche auf die Fragen drittschützenden Wirkung von Baugrenzen und Baulinien.

1. Festgesetzte überbaubare Grundstücksfläche

Im Geltungsbereich eines Bebauungsplanes kommt der Festsetzung der überbaubaren Grundstücksfläche 6 durch **Baulinien und Baugrenzen** gemäß § 23 BauNVO regelmäßig **keine nachbarschützende Wirkung** zu,[3] erst recht nicht bei vorderen Baugrenzen oder Baulinien, die im allgemeinen aus städtebaulichen Gründen, insbesondere zur Gestaltung des Straßenbildes, erfolgt.[4] Diese bundesgesetzliche Festlegung kann im Einzelfall jedoch durch den jeweiligen Plangeber modifiziert werden, wenn nach seinem planerischen Willen, der ausdrücklich der Begründung oder sonstiger Unterlagen zum Bebauungsplan zu entnehmen sein muss, eine an individuellen Interessen der Grundstückseigentümer ausgerichtete und (auch) dem Nachbarschutz dienende Funktion beizumessen ist. Solche Ausnahmen kommen in der Praxis bei der Festsetzung von seitlichen und hinteren Baugrenzen bzw. -linien infrage. Nur der VGH Mannheim[5] geht regelmäßig von einer nachbarschützenden Wirkung von hinteren und seitlichen Baugrenzen und -linien aus, soweit keine Anhaltspunkte für eine ausschließlich städtebauliche Ausrichtung der Festsetzung in den Unterlagen zum Bebauungsplan ersichtlich sind. Alle anderen Obergerichte verlangen umgekehrt einen **ausdrücklichen Hinweis auf eine drittschützende Wirkung in der Planbegründung**, beispielsweise als planungsrechtliche Ergänzung des landesgesetzlichen Abstandsflächenrechts zur Sicherstellung ausreichender Belichtung und Belüftung der Baugrundstücke oder zur Wahrung eines Sozialabstandes mittels Freiflächen.

Kommt im Einzelfall der Festsetzung der überbaubaren Grundstücksfläche im rückwärtigen Grundstücks- 7 bereich eine direkte drittschützende Wirkung zu, kann der Grundstücksnachbar einen Wintergarten außerhalb der festgesetzten überbaubaren Grundstücksfläche mit der Anfechtung einer erteilten Baugenehmigung oder mit einem Antrag auf bauaufsichtliches Einschreiten beim Fehlen einer bauaufsichtlichen Zulassung abwehren.

2. Faktische überbaubare Grundstücksfläche

Im unbeplanten Innenbereich gemäß § 34 BauGB vermittelt nur die Nutzungsart in einem faktischen Bau- 8 gebiet über die Rechtsfigur des Gebietserhaltungsanspruchs einen unmittelbaren Nachbarschutz. Darüber hinaus kann nach der tradierten Rechtsprechung nur über das Gebot der Rücksichtnahme, das in dem Erfordernis des Einfügens enthalten ist, ausnahmsweise Nachbarschutz erreicht und durchgesetzt werden. Dem aus der vorhandenen Umgebungsbebauung abzuleitenden städtebaulichen Rahmen für die bauplanungsrechtliche Zulässigkeit von Vorhaben gemäß § 34 BauGB kommt über die Nutzungsart hinaus weder dem faktischen Maß der baulichen Nutzung, noch der Bauweise oder der überbaubaren Grundstücksfläche eine nachbarschützende Bedeutung zu. Denn diese tatbestandlichen Kriterien beruhen nicht auf einer planerischen Konzeption, die ihrerseits allein einen Drittschutz festzulegen vermag.[6] Infolgedessen kann das tat-

3 BVerwG Beschl. v. 13.12.2016 – 4 B 29.16, juris Rn. 5.
4 OVG Koblenz Beschl. v. 15.1.2010 – 8 B 11359/09, BauR 2010, 661 (Ls.).
5 Mit überzeugenden Argumenten, alle Bausenate: Urt. v. 30.6.2015 – 3 S 901/15, NVwZ-RR 2015, 807; Urt. v. 2.6.2003 – 8 S 1098/03, juris Rn. 2; Urt. v. 19.2.2003 – 5 S 5/03, BauR 2003, 1445 (Ls.), juris.
6 BVerwG Urt. v. 5.12.2013 – 4 C 5.12, BVerwGE 148, 290; kritisch hierzu: *Jeromin* BauR 2016, 925.

sächliche Bestehen eines rückwärtigen Ruhebereichs mangels entsprechenden planerischen Willens keinen Drittschutz vermitteln.[7]

3. Bauweise

9 Als komplizierter erweist sich die Frage des Nachbarschutzes bezogen auf die Bauweise gemäß § 22 BauNVO, gerade bei Anbauten von Wintergärten an Hauptgebäuden. Die Festsetzung einer offenen Bauweise ist regelmäßig nicht nachbarschützend. Die hierbei einzuhaltenden seitlichen Grenzabstände werden aber durch die landesrechtlichen Abstandsflächenregelungen, die nachbarschützend sind, gesichert.

10 Sowohl im Plangebiet, wie im unbeplanten Innenbereich ergibt sich bei einem Doppelhaus und entsprechend bei Hausgruppen (Reihenhäuser) durch den Verzicht auf die Einhaltung von Abstandsflächen an der gemeinsamen Grundstücksgrenze ein **nachbarliches Austauschverhältnis mit einem korrespondierenden Abwehranspruch**, soweit durch eine Umgestaltung einer Doppelhaushälfte (bzw. Teil einer Hausgruppe) die enge nachbarschaftliche Wechselbeziehung beider Haushälften gestört würde. Der nachbarliche Abwehranspruch ergibt sich im Geltungsbereich eines Bebauungsplanes unmittelbar aus § 22 Abs. 2 S. 1 BauNVO bzw. aus dem Gebot der Rücksichtnahme im unbeplanten Innenbereich. Denn die Zulässigkeit einer Bebauung als Doppelhaus setzt den wechselseitigen Verzicht auf seitliche Grenzabstände an der gemeinsamen Grundstücksgrenze voraus. Dieser Verzicht bindet die benachbarten Grundeigentümer in ein Verhältnis des gegenseitigen Interessenausgleichs ein. Die Baufreiheit wird zugleich erweitert und beschränkt. Durch den **Grenzanbau** wird die bauliche Nutzbarkeit der Grundstücke erhöht. Das wird durch den Verlust seitlicher Grenzabstände an der gemeinsamen Grenze, die Freiflächen schaffen und dem Wohnfrieden dienen, „erkauft".[8] Diese Interessenlage führt dazu, dass der bisher durch das Doppelhaus gezogene Rahmen nicht überschritten werden darf.

11 Nach der Rechtsprechung des BVerwG ist somit die festgesetzte bzw. faktische **Doppelhausbebauung** bezogen auf den jeweiligen direkten Grundstücksnachbarn, der selbst mit seiner Bebauung Teil dieser Bauweise ist, unmittelbar für diesen **nachbarschützend**.[9] Der Schutzumfang bezieht sich auf die wesentlichen Charakteristika, die ein Doppelhaus üblicherweise ausmachen, wie die von außen wahrnehmbare Kubatur mit ihren geometrischen Merkmalen, wie Höhe und Breite, Bautiefe, Dachform und Fassadengestaltung (Türen, Fenster etc). Ein Doppelhaus verlangt, dass die beiden „Haushälften" in wechselseitig verträglicher und abgestimmter Weise aneinandergebaut werden. Insoweit enthält das Erfordernis einer baulichen Einheit nicht nur ein quantitatives, sondern auch ein qualitatives Element.[10]

12 Der Anbau eines Wintergartens, selbst wenn damit dieser die überbaubare Grundstücksfläche nicht überschreitet und mindestens 3 m von der gemeinsamen seitlichen Grundstücksgrenze zurückspringt, ist ohne die nachbarliche Zustimmung (Abstimmung) unzulässig und von diesem abwehrbar. Wobei die Zustimmung des Nachbarn das Vorhaben nicht rechtmäßig macht, sondern nur das Abwehrrecht des Nachbarn zerstört Denn die bestimmenden Merkmale eines Doppelhauses – im Sinne einer äußeren (nicht zwingend spiegelbildlichen) Übereinstimmung des optischen Erscheinungsbildes beider Teile – werden durch einen Wintergartenanbau gestört. Umgekehrt können sich beide Grundstückseigentümer wechselseitig die Zustimmung zu einem Wintergartenanbau geben. Die bauplanungsrechtliche Zulässigkeit (ggf. unter Gewährung einer Befreiung nach § 31 Abs. 2 BauGB) dürfte in dieser Konstellation aber nur gegeben sein, wenn an beiden Doppelhaushälften ebenfalls optisch und funktional übereinstimmende Wintergärten angebaut werden (können).

13 Bei einer geschlossenen Bauweise ist der Anbau eines Wintergartens planungsrechtlich zulässig, wenn er innerhalb der festgesetzten oder faktischen überbaubaren Grundstücksfläche positioniert ist. Allerdings kann sich nach der höchstrichterlichen Rechtsprechung der Nachbar auf die Einhaltung dieser planungs-

---

7 OVG Münster Urt. v. 20.4.2017 – 7 A 697/16, juris Rn. 4.

8 BVerwG Urt. v. 24.2.2000 – 4 C 12.98, BVerwG 110, 335.

9 BVerwG Urt. v. 5.12.2013 – 4 C 5.12, BVerwGE 148, 290; Urt. v. 19.3.2015 – 4 C 12.14, NVwZ 2015, 1769.

10 BVerwG Urt. v. 24.2.2000 – 4 C 12.98, BVerwGE 110, 335.

rechtlichen Bedingung nicht berufen. Ihm stehen bei einer grenzständigen Errichtung eines Wintergartens jedoch die bauordnungsrechtlichen Abwehrrechte zur Seite (dazu → Rn. 16 ff.).

4. Bauplanerisches Rücksichtnahmegebot

Bedingt durch die typische Bauweise von Wintergärten aus Glaswänden und -dächern können in besonderer Weise Möglichkeiten der Einsichtnahme in diese Räumlichkeiten eröffnet werden, ebenso der ungehinderte Ausblick aus Wintergärten in die Nachbarschaft. Die damit verbundene Wahrnehmung sozialer Lebensäußerungen stellt jedoch keine relevante Störung des Wohnfriedens dar, noch verletzt sie die Anforderungen an das Rücksichtnahmegebot. Die Einsichtsmöglichkeiten in bebauten Gebieten sind geradezu typisch und deshalb als sozialadäquat hinzunehmen. Der Eigentümer eines Wintergartens kann durch geeignete Maßnahmen selber dafür Sorge tragen, dass eine ihn störende Einsichtnahmemöglichkeit verhindert oder gemindert wird. Da Wintergärten typischerweise nur als ebenerdige Räume errichtet sind, vermitteln diese im Gegensatz zu Dachterrassen oder Balkonen keine gesteigerten Einblickmöglichkeiten auf Nachbargrundstücke, die qualitativ eine Störung der benachbarten Wohnnutzung in den bisher judizierten Ausnahmefällen[11] bewirken könnten. 14

III. Bauordnungsrechtliche Anforderungen

Wintergärten als Anbauten an bestehenden Gebäuden oder als selbstständige Vorhaben müssen die bauordnungsrechtlichen Vorschriften, namentlich die nachbarschützenden Vorgaben des Abstandsflächenrechts und des baulichen Brandschutzes erfüllen. Ein Verstoß gegen diese Anforderungen vermittelt dem Nachbarn einen Abwehranspruch soweit eine bauaufsichtliche Zulassungsentscheidung für den Wintergarten(-anbau) vorliegt bzw. einen Anspruch auf bauaufsichtliches Einschreiten mit dem Ziel eines Baustopps bzw. eines Rückbaus. 15

1. Abstandsflächenrecht

In Abhängigkeit von bauplanungsrechtlichen Anforderungen, die dem bauordnungsrechtlichen Abstandflächenrecht vorgehen, müssen (nachträglich) angebaute Wintergärten in gleichem Umfang wie das jeweilige Hauptgebäude Grenzabstände im Sinne von freien Abstandsflächen wahren. Ohne eine ausdrückliche gesetzliche Privilegierung ist der Mindestabstand von 3 m zur Nachbargrenze einzuhalten. Soweit in den Landesbauordnungen Privilegierungen für untergeordnete Vorbauten wie **Erker und Balkone** vorgesehen sind, können sich bei Einhaltung der Tatbestandsvoraussetzungen (zB Größen- und Längenbegrenzungen) **geringere Abstandsflächentiefen** ergeben. 16

Bei freistehenden Wintergärten kann eine abstandsflächenrechtliche Begünstigung regelmäßig nicht mit der Folge einer grenzständigen Positionierung eingreifen, weil der gesetzliche Abweichungstatbestand wie bei Garagen oder Anlagen zur örtlichen Versorgung sonstige Gebäude mit Aufenthaltsräumen (und Feuerstätten) tatbestandlich ausnimmt. Unabhängig davon, ob die in der DIN 4108 festgelegten Wärmedämmwerte für Aufenthaltsräume eingehalten werden,[12] dürfte funktional (Zweckbestimmung und Eignung) ein **Wintergarten**, auch wenn er nicht unmittelbar in den Wohnbereich eines Haupthauses einbezogen ist, als **Aufenthaltsraum im Sinne des Bauordnungsrechts** gelten.[13] 17

11 OVG Münster Urt. v. 22.8.2005 – 10 A 3611/03, BauR 2006, 342: erfolgreiche Klage des Nachbarn in einer Reihenhauszeile mit Gebäudebreiten von jeweils nur 4,75 m gegen die Errichtung eines über 1,5 m vortretenden, die hintere Baugrenze überschreitenden, grenzständigen, die gesamte Gebäuderückseite einnehmenden Balkons, durch den erstmalig in qualifizierte Weise Einsichtnahmemöglichkeiten wie von einer „Aussichtsplattform" in ein etwa 1 m entferntes Schlafzimmerfenster geschaffen wurde; OVG Berlin-Brandenburg Beschl. v. 10.3.2006 – 10 S 5.05, juris Rn. 10: erfolgreicher Nachbarschutz gegen die Nutzung eines 33 m hohen, im Außenbereich genehmigten Aussichtsturmes.

12 So aber: *Sauter* LBO BW § 2 Rn. 95.

13 VG Mainz Urt. v. 11.7.2012 – 3 K 15/12.MZ, juris Rn. 28.

2. Brandschutz

18 Um die Ausbreitung von Feuer auf andere Gebäude zu verhindern (DIN 4102, Teil 3, Abschn. 4), müssen Gebäudeabschlusswände in einem bestimmten Abstand (idR weniger als 2,5 m) von der Nachbargrenze als Brandwand hergestellt sein. Dies schließt zum einen Öffnungen in der Brandwand selbst regelmäßig aus, zum anderen müssen bestimmte technische Anforderungen der Feuerbeständigkeit einer Brandwand erfüllt sein. Sind Wintergärten zulässigerweise grenzständig oder mit einer verringerten Abstandsflächentiefe zum Nachbargrundstück errichtet, müssen die brandschutzrechtlichen Anforderungen, die ebenfalls uneingeschränkt nachbarschützend sind,[14] gewahrt werden. Deshalb ist ein mit einem Wohnhaus verbundener, grenzständiger Wintergarten grundsätzlich mit einer Brandwand zur Nachbargrenze herzustellen.[15]

130. Wohnnutzung

Schulte Beerbühl

Literatur: *Miernik*, Baunachbarklage gegen eine Baugenehmigung zur Errichtung und zum Betrieb eines „Mehrfamilienhauses (11 WE) mit Kinderbetreuung"; Anm. zu OVG NRW, Beschluss vom 4.6.2020 – 2 B 417/20, jurisPR-ÖffBauR 8/2020.

I. Allgemeines

1 Die Wohnnutzung ist eine äußerst störempfindliche Nutzungsart von Grundstücken. Ihr Schutz wird durch zahlreiche bauordnungsrechtliche und bauplanungsrechtliche Bestimmungen gewährleistet. Darüber hinaus ist Wohnnutzung in bestimmten Fallkonstellationen auch eine – im weitesten Sinne – „störende" Nutzungsart, gegen die einem benachbarten Grundstückseigentümer ein subjektives öffentliches Abwehrrecht zusteht. Dies gilt insbesondere dann, wenn Inhaber anderer, vorrangiger Rechte in unzumutbarer Weise auf benachbarte Wohnnutzung Rücksicht nehmen müssen. Insofern kommt insbesondere der schutzwürdige Eigentümer eines Gewerbegrundstücks, aber auch der Inhaber eines landwirtschaftlichen Betriebes im Außenbereich infrage, der ein berechtigtes Interesse daran hat, dass die ausgeübte gewerbliche oder landwirtschaftliche Nutzung nicht unterbunden wird, weil auf gesunde Wohnverhältnisse Rücksicht genommen werden muss.

14 Statt vieler: OVG Münster Beschl. v. 3.2.1983 – 7 B 2516/82, BRS 40 Nr. 211; VGH Mannheim Urt. v. 24.7.1984 – 8 S 2047/83, VBlBW 1985, 102 ; OVG Koblenz Urt. v. 24.10.2018 – 8 A 10638/18, BauR 2019, 229.

15 VG Mainz Urt. v. 11.7.2012 – 3 K 15/12.MZ, juris Rn. 30; ebenso: *Jeromin* LBauO RhPf § 30 Rn. 8.

II. Begriff des Wohnens

1. Wesensmerkmale des Wohnens

„**Wohnen**“ im Sinne der BauNVO (gemeint ist hier sowohl „freies“ als auch betriebsbezogenes Wohnen) „setzt eine auf Dauer angelegte Häuslichkeit, Eigengestaltung der Haushaltsführung und des häuslichen Wirkungskreises sowie Freiwilligkeit des Aufenthalts voraus“.[1] Diese Definition ist aus der Abgrenzung zu anderen planungsrechtlichen Nutzungsformen entwickelt worden. Gemeint ist die Nutzungsform des selbstbestimmt geführten privaten Lebens „in den eigenen vier Wänden", die auf eine gewisse Dauer angelegt ist. Andere Nutzungsformen wie etwa die Unterbringung, das Verwahren unter gleichzeitiger Betreuung, die bloße Schlafstätte oder andere ähnliche Einrichtungen fallen nicht hierunter. Maßgeblich sind das Nutzungskonzept und seine grundsätzliche Verwirklichung, nicht das individuelle und mehr oder weniger spontane Verhalten einzelner Bewohner.[2] 2

Auch Mehrfamilienhäuser dienen dem Wohnen.[3] Allerdings kann ein Widerspruch zur Eigenart eines Gebiets vorliegen, wenn ein Vorhaben sich wegen seines Umfangs signifikant von dem Vorhandenen abhebt.[4] Diesen Fall hat jedoch § 15 Abs. 1 Satz 1 BauNVO geregelt, in dem bestimmt ist, dass ein Vorhaben im Einzelfall auch unzulässig ist, wenn es wegen seines Umfangs der Eigenart eines bestimmten Baugebiets widerspricht. 3

2. Abgrenzungsfälle

a) Betriebsbezogenes Wohnen. Das Wohnen in einer Wohnung oder einem Wohngebäude 4

- als einem **land- oder forstwirtschaftlichen** oder **gartenbaulichen Betrieb** dienendes Wohnen (§ 35 Abs. 1 und 2 BauGB) oder
- als **Aufsichts- und Bereitschaftsperson** sowie **Betriebsinhaber und Betriebsleiter** (§ 7 Abs. 2 Nr. 6, § 8 Abs. 3 Nr. 1 und § 9 Abs. 3 Nr. 1 BauNVO)

ist eine Unterart des Wohnens. Dieses Wohnen erfüllt zwar alle oben beschriebenen Begriffsmerkmale. Dennoch ist diese Art des Wohnens bauplanungsrechtlich nicht dem sonstigen, „freien“ Wohnen gleichzusetzen. Denn sie ist verknüpft mit dem Betrieb und erfährt ihre Rechtfertigung nur durch diese **Verknüpfung**. Als Konsequenz aus dieser Ableitung verliert die Wohnnutzung ihre Berechtigung durch den Wegfall der diese Nutzung privilegierenden, in dem Gesetz bzw. der Verordnung genannten Voraussetzungen, so etwa

- bei Aufgabe des Betriebes iSv § 35 Abs. 1 Nr. 1 oder 2 BauGB oder
- bei Aufgabe des Gewerbe- oder Industriebetriebs oder wenn die Aufsichts-, Bereitschafts-, Inhaber- oder Leiterfunktion endet.

Wenn diese Verknüpfung beendet ist und ein Übergang zum „freien“ Wohnen erfolgt, stellt dies eine **andere Nutzungsart** dar. Das kann nach Maßgabe des jeweiligen Landesrechts eine Nutzungsuntersagung und ein Abwehrrecht eines anderen Grundstückseigentümers in diesem Gebiet rechtfertigen. Umgekehrt gehen etwaige Abwehrrechte des Wohnenden gegen eine andere, vermeintlich baugebietswidrige Nutzung in dem Gebiet unter, weil die eigene Nutzung nunmehr rechtswidrig ist.[5] 5

b) Maßregelvollzug, Freigängerhaus. Die Unterbringung von Patienten in einer Einrichtung des **Maßregelvollzugs** ist keine Wohnnutzung.[6] Denn es fehlt bei einer Maßregelvollzugseinrichtung, die der Vollstreckung einer durch ein Strafgericht angeordneten besonderen Rechtsfolge zum Schutz vor gefährlichen 6

1 BVerwG Beschl. v. 25.3.2004 – 4 B 15/04, BRS 67 Nr. 70.
2 Vgl. BVerwG Beschl. v. 20.12.2016 – 4 B 49/16, juris Rn. 7 und Beschl. v. 25.3.1996 – 4 B 302/95, juris Rn. 12; BVerwG Urt. v. 18.10.2017 – 4 C 5.16, BVerwGE 160, 104.
3 OVG Münster Beschl. v. 4.7.2014 – 7 B 363/14, juris Rn. 3; s. auch *Miernik* jurisPR-ÖffBauR 8/2020.
4 VGH München Beschl. v. 25.8.2009 – 1 CS 09. 287, juris Rn. 36.
5 Vgl. VGH Mannheim Beschl. v. 25.4.2013 – 22 ZB 12.1229, juris Rn. 11.
6 Vgl. VGH München Urt. v. 18.10.2012 – 15 B 11.1938, juris Rn. 29.

Straftätern oder zu deren Besserung dient, an einer auf Dauer angelegten Häuslichkeit, der Eigengestaltung der Haushaltsführung und des häuslichen Wirkungskreises sowie vor allem der Freiwilligkeit des Aufenthalts. Dies gilt unabhängig von der Frage, in welcher Lockerungsstufe sich die Patienten befinden und ob die Einrichtung ihre Patienten mit deren Zustimmung gezielt auf deren soziale Wiedereingliederung durch das Erlernen selbstständigen Wohnens in einem entsprechenden Projekt vorbereiten soll. Auch in diesem Falle kann der Patient seinen Aufenthaltsort (noch) nicht frei wählen und müsste im Falle eines Regelverstoßes mit einem Widerruf der Vollzugslockerungen und seiner erneuten Unterbringung in einer geschlossenen Einrichtung rechnen.[7]

7 Gleiches gilt bei einem **Freigängerhaus** als Anstalt des **Justizvollzugs.**[8]

8 **c) Unterkunft für Monteure uÄ.** Die Grenzen des Wohnens sind überschritten, wenn das Gebäude – wie im Fall einer Unterkunft für **Monteure** oder **ähnlich Beschäftigter** – aufgrund seiner spartanischen Ausstattung lediglich als Schlafstätte dient und auch einfache Wohnbedürfnisse nicht befriedigt. Dabei spielt auch die Wohndichte eine Rolle. Der Umstand, dass sich zwei Bewohner einen Schlafraum teilen, spricht zwar nicht zwingend gegen eine Wohnnutzung im Rechtssinne. Bei Berücksichtigung des üblichen Wohnstandards kann aber dann nicht mehr von „Wohnen" die Rede sein, wenn einerseits jegliche Privatsphäre aufgegeben wird und andererseits zwischen den Bewohnern keine persönliche Bindung besteht, vielmehr sich diese Bindung in dem gemeinsamen Interesse an einer möglichst kostengünstigen Unterbringung erschöpft.[9]

9 **Beispiel:**[10] „Die Antragsteller [das sind die Vermieter] haben die Räumlichkeiten bzw. die dort befindlichen Schlafstätten tage-/wochen- oder auch monatsweise gegen Bezahlung an Arbeiter eines polnischen Subunternehmens überlassen, das Leistungen für einen Malerbetrieb erbringt. Das Obergeschoss bot 20 Schlafstellen in sechs Zimmern, die bei der Ortsbegehung der Antragsgegnerin am 25.9.2018 mehrheitlich belegt waren. Angesichts des beschränkten Raumangebots des Obergeschosses, das nach den vorliegenden Informationen über vier Wohnräume zwischen ca. 15 und 45 m² verfügt, die teilweise mit sechs und acht Betten belegt waren, ist nicht erkennbar, wie die Belegung der Räume so organisiert werden kann, dass für alle dort unterzubringenden Personen die Möglichkeit besteht, sich außerhalb der Arbeitszeit zurückziehen zu können, um sich zu erholen, zu zerstreuen und eine private Atmosphäre aufzubauen, wie es für das „Wohnen" typisch ist. Der Bedarf nach Schaffung einer solchen privaten Atmosphäre ist umso größer, je weiter die privaten Beziehungen unter den Bewohnern auseinander gehen. Solche sind hier weder vorgetragen noch sonst ersichtlich. Auch ein Nutzungskonzept, das die Möglichkeit zur Eigengestaltung der Haushaltsführung oder des häuslichen Wirkungskreises für jede der dort untergebrachten Personen hinreichend sicherstellt, liegt nicht vor."

10 **d) Asylbewerberunterkunft/Erstaufnahmeeinrichtung.** Anlagen zur Unterbringung von Flüchtlingen und Asylbewerbern **als Asylbewerberunterkunft** oder in der Form der **Erstaufnahmeeinrichtung** stellen keine Wohnnutzung dar, da es jedenfalls an der Eigengestaltung und Freiwilligkeit des Aufenthalts fehlt. Gerade auch wegen der Residenzpflicht der Asylbewerber sowie der von der Einrichtung zu gewährleistenden zentralen Vollverpflegung und Versorgung mit sonstigen Sachleistungen sind sie als Anlagen für soziale Zwecke (→ *Anlagen für bestimmte Zwecke* Rn. 23) einzuordnen.[11] Außerdem spricht oft gegen die hin-

7 Vgl. auch VG Berlin Beschl. v. 18.4.2013 – 13 L 63.13, juris Rn. 31.

8 Vgl. dazu OVG Bautzen Urt. v. 3.3.2005 – OVG 1 B 120.04, BRS 69 Nr. 64, mwN.

9 OVG Lüneburg Beschl. v. 18.9.2015 – 1 ME 126/15, juris Rn. 10; VG Minden Beschl. v. 6.12.2018 – 1 L 1373/18, juris Rn. 17.

10 Aus: VG Minden Beschl. v. 6.12.2018 – 1 L 1373/18, juris Rn. 12.

11 Vgl. VG Hamburg Beschl. v. 12.2.2016 – 7 E 6816/15, juris Rn. 43; OVG Hamburg Beschl. v. 28.5.2015 – 2 Bs 23/15, juris Rn. 32; VGH Kassel Beschl. v. 18.9.2015 – 3 B 1518/15, NVwZ 2016, 88; VGH Mannheim Beschl. v. 6.10.2015 – 3 S 1695/15, juris Rn. 13; so auch BT-Drs. 18/6185, 87.

reichende Eigengestaltung der Haushaltsführung und des häuslichen Wirkungskreises die konkrete Ausprägung der Räumlichkeiten.[12]

e) Wohnungsprostitution. Wird eine Wohnung von vornherein auch zum Zwecke der Ausübung der Prostitution genutzt, so dass – neben der Wohnnutzung – von einer **gewerbsmäßigen Prostitution** im üblichen Sinne auszugehen ist („Wohnungsprostitution"), stellt dies im bauplanungsrechtlichen Sinn eine neben die Wohnnutzung tretende gewerbliche Nutzung dar. Erst recht gilt dies, wenn es sich um ein **Bordell** handelt, in dem die Prostitution im Vordergrund steht und diese mit Wohnnutzung in denselben Räumen verbunden ist.[13] Nach der Rechtsprechung des Bundesverwaltungsgerichts[14] ist ein „klassisches" Bordell grundsätzlich ein gewerblicher Betrieb. 11

III. Bauplanungsrechtliche Zulässigkeit von Wohnnutzung

1. „Freies" Wohnen

Die Festsetzung eines **reinen Wohngebiets** (§ 3 Abs. 2 Nr. 1 BauNVO), eines **allgemeinen Wohngebiets** (§ 4 Abs. 2 Nr. 1 BauNVO), eines **besonderen Wohngebiets** (§ 4a Abs. 2 Nr. 1 BauNVO), eines **Dorfgebiets** (§ 5 Abs. 2 Nr. 3 BauNVO) und eines **Mischgebiets** (§ 6 Abs. 2 Nr. 1 BauNVO) berechtigt uneingeschränkt und regelmäßig zur Nutzung einer Wohnung oder eines Wohngebäudes zu „freien" Wohnzwecken, die nicht an einen gewerblichen oder landwirtschaftlichen Betrieb gebunden sind. 12

In **Kleinsiedlungsgebieten** (§ 2 Abs. 2 Nr. 1 BauNVO) ist Wohnnutzung als Teil einer Kleinsiedlung regelmäßig zulässig; ansonsten ist dort freie Wohnnutzung nur ausnahmsweise zulässig (§ 2 Abs. 3 Nr. 1 BauNVO). 13

In **Kerngebieten** ist freie Wohnnutzung nur nach Maßgabe von Festsetzungen des Bebauungsplans zulässig (§ 7 Abs. 2 Nr. 7 BauNVO). Außerhalb davon kann sie nur ausnahmsweise zugelassen werden (§ 7 Abs. 3 Nr. 2 BauNVO). 14

2. Betriebsbezogenes Wohnen

Wohnungen für Aufsichts- und Bereitschaftspersonen sowie für Betriebsinhaber und Betriebsleiter (betriebsbezogene Wohnungen) sind in **Kerngebieten** (§ 7 Abs. 2 Nr. 6 BauNVO) regelmäßig zulässig. In Gewerbegebieten (§ 8 Abs. 3 Nr. 1 BauNVO) und Industriegebieten (§ 9 Abs. 3 Nr. 1 BauNVO) sind sie ausnahmsweise zulässig, sofern sie dem Gewerbebetrieb zugeordnet und ihm gegenüber in Grundfläche und Baumasse untergeordnet sind. 15

In **Dorfgebieten** (§ 5 Abs. 2 Nr. 1 BauNVO) sind zu **Wirtschaftsstellen land- und forstwirtschaftlicher Betriebe** zugehörige Wohnungen und Wohngebäude sowie Kleinsiedlungen einschließlich Wohngebäuden mit entsprechenden Nutzgärten regelmäßig zulässig. 16

Der **Außenbereich** (§ 35 BauGB) ist von dem Grundsatz geprägt, ihn von baulichen Anlagen freizuhalten, soweit diese nicht ihrem Wesen nach in den Außenbereich gehören. Das entspricht der städtebaulichen Leitvorstellung des Gesetzgebers für die Beurteilung der Zulässigkeit eines Vorhabens im Außenbereich. Zulässig sind **land- und forstwirtschaftsbezogene** sowie **gartenbaubezogene Wohnungen und Wohnhäuser** (§ 35 Abs. 1 Nr. 1 und 2 BauGB) sowie Wohnnutzung in weiteren Fällen, in denen – nach Maßgabe der strengen Rechtsprechung – die Wohnnutzung dem privilegierten Zweck „dient". Darüber hinaus privilegiert § 35 Abs. 4 S. 1 BauGB einzelne besondere Vorhaben im Sinne einer sogenannten **Teilprivilegierung**, insbesondere auch Wohnbauvorhaben. 17

---

12 Vgl. auch VG Trier Beschl. v. 28.6.2019 – 5 L 2659/19.TR, juris Rn. 12, zu einem Heim für stationäre Heimerziehung inklusive Anschlussmaßnahmen für unbegleitete und begleitete minderjährige Flüchtlinge.

13 BVerwG Beschl. v. 28.6.1995 – 4 B 137/95, NVwZ-RR 1996, 84.

14 Urt. v. 25.11.1983 – 4 C 21/83, BVerwGE 68, 213.

3. Wohnen im Wochenendhausgebiet, Ferienhausgebiet, auf einem Campingplatz

18 Das dauerhafte Wohnen in einem **Wochenendhausgebiet**, einem **Ferienhausgebiet** oder einem **Campingplatzgebiet** widerspricht dem Charakter dieser Gebiete. In ihnen darf der Lebensmittelpunkt nicht begründet werden. Bei dem für diese Gebiete vorgesehenen Aufenthalt handelt es sich gegenüber der allgemeinen Wohnnutzung um eine eigenständige Nutzungsart, für die andere bauplanungsrechtliche oder bauordnungsrechtliche Anforderungen in Betracht kommen. Die begrifflichen Unterscheidungen sind im Bauplanungsrecht durch die Regelung in § 10 BauNVO angelegt.[15] Der baulichen Gestalt des Gebäudes kommt mit Blick auf die tatsächliche Nutzung **indizielle Bedeutung** zu.[16]

IV. Bauplanungsrechtliche Abwehrrechte im Innenbereich und im Außenbereich

1. Abwehrrechte im Innenbereich

19 Wer Inhaber eines **dinglichen Rechts** ist, das ihn berechtigt, auf einem Grundstück Wohnnutzung auszuüben, kann nach Maßgabe des Gebietserhaltungsanspruchs in einem festgesetzten oder faktischen Baugebiet eine in diesem Gebiet ausgeübte Nutzung, die mit dem Baugebiet unvereinbar ist, abwehren (→ *Gebietsschutz und Baugebietsverträglichkeit* Rn. 1 ff.). In gleicher Weise hat der Inhaber eines dinglichen Rechts in einem Baugebiet ein Abwehrrecht gegen Wohnnutzung, wenn diese mit dem Gebietscharakter nicht vereinbar ist.

2. Abwehrrechte im Außenbereich

20 Ein **Gebietserhaltungsanspruch** ist im **Außenbereich**, der kein Baugebiet ist, denknotwendig nicht möglich.[17]

21 Selbst wenn eine **Splittersiedlung** entstanden ist (die noch keinen im Zusammenhang bebauten Ortsteil bildet), vermag diese keine „Schicksalsgemeinschaft" ihrer Bewohner im Sinne der Rechtsprechung des Bundesverwaltungsgerichts mit Blick auf die Art der baulichen Nutzung zu begründen. Auch ein Anspruch eines privilegiert im Außenbereich angesiedelten Vorhabens auf Beibehaltung der Außenbereichsqualität besteht nicht.

22 Auch eine **Satzung** nach § 35 Abs. 6 BauGB bewirkt – anders als eine Satzung nach § 34 Abs. 4 BauGB – nicht, dass das Satzungsgebiet wie ein Baugebiet zu behandeln wäre.[18] Durch sie werden lediglich bestimmte Vorhaben ergänzend privilegiert; die Bereiche werden aber nicht in ein Baugebiet zusammengefasst.

23 **a) Formell und materiell illegale Wohnnutzung im Außenbereich.** Schutzberechtigt ist Wohnnutzung, ebenso wie alle anderen Nutzungsarten, nur, wenn Bauordnung- und Bauplanungsrecht dem Nutzenden eine **wehrhafte Rechtsposition** zubilligen. Denn wer nicht auf ein eigenes subjektives öffentliches Recht verweisen kann, kann nicht mit Erfolg geltend machen, er werde durch ein benachbartes baurechtliches Geschehen in eigenen Rechten verletzt. Eine formell und materiell illegale Wohnnutzung im Außenbereich ist baurechtlich nicht schutzwürdig und kann weder Geruchsimmissionen noch Lärmimmissionen noch sonstige von baulichen Anlagen ausgehende Störungen abwehren.[19] Das gilt nicht nur für Eigentumsbeeinträchti-

15 Vgl. BVerwG Urt. v. 12.3.1982 – 4 C 59.78, NJW 1982, 2512; VGH München Beschl. v. 4.9.2013 – 14 ZB 13.6, BRS 81 Nr. 84.

16 BVerwG Beschl. v. 9.4.2019 – 4 B 10/19, juris Rn. 12; BVerwG Urt. v. 18.10.2017 – 4 C 5.16, BVerwGE 160, 104 zu Ferienhäusern.

17 BVerwG Beschl. v. 3.4.1995 – 4 B 47/95, BRS 57 Nr. 224, und Beschl. v. 28.7.1999 – 4 B 38/99, NVwZ 2000, 552 f.; VGH München Beschl. v. 29.11.2010 – 9 CS 10.2197, BayVBl 2011, 698.

18 OVG Münster Beschl. v. 4.9.2019 – 10 B 1026/19, juris Rn. 9 ff.; vgl. auch BVerwG Beschl. v. 1.9.2003 – 4 BN 55.03, juris Rn. 6.

19 BVerwG Beschl. v. 3.4.1995 – 4 B 47/95, BRS 57 Nr. 224; BVerwG Urt. v. 28.10.1993 – 4 C 5.93, NVwZ 1994, 686; VG Köln Beschl. v. 15.12.2015 – 23 L 2516/15, juris Rn. 14.

gungen, sondern auch für vermeintliche **Gesundheitsbeeinträchtigungen**. Denn, so das Bundesverwaltungsgericht,

„Rücksicht zu nehmen ist nur auf solche Interessen des Nachbarn, die wehrfähig sind, weil sie nach der gesetzgeberischen Wertung, die im materiellen Recht ihren Niederschlag gefunden hat, schützenswert sind. Werden in diesem Sinn schutzwürdige Interessen des Nachbarn nicht beeinträchtigt, greift das Rücksichtnahmegebot nicht; dabei kommt es nicht darauf an, ob die vom Nachbarn angefochtene Baugenehmigung – objektivrechtlich – rechtswidrig ist. Dem § 35 BauGB kommt nach der Rechtsprechung des Senats also gerade nicht die Funktion einer allgemein nachbarschützenden Norm zu (vgl. insbesondere Urteil vom 28.10.1993 – BVerwG 4 C 5.93 – Buchholz 406.19 Nachbarschutz Nr. 120 = NVwZ 1994, 686 = DVBl 1994, 697).“[20]

Dem Nachbar ist zuzumuten, sich solchen Störungen dadurch entziehen, dass er sich selbst rechtmäßig verhält, indem er die **eigene Nutzung beendet**. 24

Soweit in diesem Zusammenhang ein angeblicher **„Bestandsschutz“** oder das **„rechtmäßige Bestehen“** als wehrhafte Rechtspositionen geltend gemacht werden, bedarf es genauer Feststellungen darüber, ob diese Rechtsposition wirklich entstanden und nicht untergegangen ist und ob sie nicht nur ein Abwehrrecht gegen bauaufsichtliche Verfügungen darstellt. Hierzu wird auf die Ausführungen in → *Bestandsschutz* Rn. 1 ff. verwiesen. 25

b) Ableitung des Nachbarschutzes aus dem Rücksichtnahmegebot. Der Nachbarschutz im Außenbereich wird aus dem **Rücksichtnahmegebot** (allgemein aus § 35 Abs. 3 BauGB und mit Blick auf das Gebot, schädliche Umwelteinwirkungen zu vermeiden, aus § 35 Abs. 3 Satz 1 Nr. 3 BauGB) hergeleitet. Zwar wird das Gebot, auf schutzwürdige Individualinteressen Rücksicht zu nehmen, in § 35 Abs. 3 BauGB nicht ausdrücklich aufgeführt. Das Bundesverwaltungsgericht hat jedoch schon früh entschieden, dass das Gebot einen öffentlichen Belang darstellt, das im Beispielskatalog des § 35 Abs. 3 BauGB insofern Niederschlag gefunden, als es sich bei dem Erfordernis, schädliche Umwelteinwirkungen zu vermeiden, um nichts anderes handelt als eine besondere gesetzliche Ausformung dieses Gebots, wenn auch eingeschränkt auf Immissionskonflikte.[21] 26

Das Rücksichtnahmegebot wird mit Blick auf eine legal ausgeübte **Wohnnutzung** verletzt, wenn durch das geplante Vorhaben die Wohnnutzung unzumutbar beeinträchtigt wird, also unter Berücksichtigung der Schutzwürdigkeit des Betroffenen, der Intensität der Beeinträchtigung und der wechselseitigen Interessen das Maß dessen überschritten wird, was der Nachbar billigerweise hinnehmen muss. 27

Soweit das Rücksichtnahmegebot **schädliche Umwelteinwirkungen** als Maßstab für ein Abwehrrecht anlegt – insoweit gilt die Begriffsbestimmung in § 3 Abs. 1 BImSchG[22] –, hat § 22 Abs. 1 BImSchG besondere Bedeutung. Geeignete Maßstäbe hierzu liefern die TA Lärm und andere Regelwerke.[23] Für landwirtschaftliche Nutzung gilt die TA Lärm allerdings nicht: Wegen der besonderen Privilegierung der Landwirtschaft sind nicht genehmigungsbedürftige landwirtschaftliche Anlagen nach Nr. 1 Abs. 2 lit. c TA Lärm ausdrücklich von ihrem Anwendungsbereich ausgenommen.[24] Wegen der Einzelheiten zur TA Lärm wird auf die Ausführungen unter → *Lärm, Gewerbe und Industrie (TA Lärm)* Rn. 3 f. und → *Landwirtschaft und gewerbliche Tierhaltungsanlagen* Rn. 6 und zur GIRL auf → *Landwirtschaft und gewerbliche Tierhaltungsanlagen* Rn. 20 ff. verwiesen. 28

---

20 BVerwG Beschl. v. 3.4.1995 – 4 B 47/95, BRS 57 Nr. 224; BVerwG Urt. v. 28.10.1993 – 4 C 5.93, NVwZ 1994, 686.

21 Urt. v. 6.12.1967 – 4 C 94.66, BVerwGE 28, 268; BVerwG Urt. v. 3.3.1972 – 4 C 4.69, BRS 25 Nr. 29; vgl. auch BVerwG Urt. v. 28.10.1993 – 4 C 5/93, NVwZ 1994, 686; BVerwG Beschl. v. 28.7.1999 – 4 B 38/99, NVwZ 2000, 552; Beschl. v. 5.9.2000 – 4 B 56/00, NVwZ-RR 2001, 82.

22 BVerwG Beschl. v. 2.8.2005 – 4 B 41/05, BRS 69 Nr. 102; BVerwG Urt. v. 23.9.1999 – 4 C 6.98, BVerwGE 109, 314.

23 Vgl. BVerwG Beschl. v. 10.1.2013 – 4 B 48/12, BRS 81 Nr. 182.

24 Vgl. dazu VGH München Beschl. v. 10.2.2016 – 22 ZB 15.2329, juris Rn. 22.

29 **c) Unter Umständen herabgesetzter Schutzmaßstab.** Eine nach Maßgabe des Bauplanungsrechts im Außenbereich zulässige und/oder vorhandene Wohnnutzung ist trotz der gesetzgeberischen Tendenz, den Außenbereich von Bebauung freizuhalten, wehrfähig. Allerdings ist der **Schutzanspruch** nicht derselbe, wie ihn eine Nutzung im Innenbereich in Anspruch nehmen kann. Insbesondere können **Vorbelastungen** ein Abwehrrecht mindern.

„Welche Anforderungen das Gebot der Rücksichtnahme (objektivrechtlich) stellt, hängt wesentlich von den jeweiligen Umständen ab. Dabei dürfen bestehende Vorbelastungen nicht außer Betracht bleiben. Was von einem genehmigten Betrieb – legal – an Belastungen verursacht wird und sich auf eine vorhandene Wohnbebauung auswirkt, kann deren Schutzwürdigkeit mindern. Daraus folgt, dass – sofern nicht die vorhandenen Immissionen bereits die Grenze des schweren und unerträglichen Eingriffs überschreiten und auch die Voraussetzungen des § 22 Bundes-Immissionsschutzgesetz nicht vorliegen – bei der Erweiterung eines legalen Betriebes nur zu prüfen ist, ob eine Verschlechterung der Immissionslage zu erwarten ist (BVerwG Urt. v. 22.6.1990 – 4 C 6.87 – Buchholz 406.11 § 35 BauGB Nr. 261 = juris Rn. 29 mwN).“[25]

30 **d) Abwehrrechte im Außenbereich Ansässiger gegen Wohnnutzung. Im Außenbereich ansässige Betriebe** – das gilt nicht nur für landwirtschaftliche Betriebe – müssen grundsätzlich auch auf etwaige benachbarte Wohnbebauung Rücksicht nehmen. Allerdings hat der im Außenbereich aufgrund einer Genehmigung ansässige Betrieb, der durch seine Emissionen schädliche Umwelteinwirkungen hervorruft, eine schutzbedürftige und schutzwürdige Stellung inne. Denn der Rücksicht bedarf nicht nur, wer von Immissionen wie Lärm oder Geruch betroffen wird; auch demjenigen, der in zulässiger Weise Emissionen verbreitet, muss dafür Raum zur Verfügung gestellt werden, indem seine Anlage in ihrem Bestand und Betrieb vor Überforderungen durch störungsempfindliche Nachbarn geschützt ist (sog. Schutz gegen heranrückende Wohnbebauung); wegen der Einzelheiten zum Schutz landwirtschaftlicher Betriebe siehe unter → *Landwirtschaft und gewerbliche Tierhaltungsanlagen* Rn. 47 ff. Das gilt nicht nur für Wohnbauvorhaben im Außenbereich, sondern auch für Grundstücke im Geltungsbereich eines Bebauungsplans im Sinne des § 30 BauGB oder im unbeplanten Innenbereich im Sinne des § 34 BauGB.[26]

131. Wohnungseigentum

Pöpel

Literatur: *Abramenko*, Die Auswirkung des WEMoG auf Altverfahren – Eine Warnung für die Praxis, ZMR 2020, 1012; *Becker/Schneider*, WEG-Reform 2020: Anmerkungen zum Regierungsentwurf des WEMoG, ZfIR 2020, 281; *Bruns*, Nachbarschutz im Lichte der WEG-Novelle 2020, NZM 2020, 909; *Dötsch*, WEG-Reform

25 BVerwG Beschl. v. 7.4.2016 – 4 B 37/15, juris Rn. 1.
26 Vgl. BVerwG Beschl. v. 25.11.1985 – 4 B 202.85, NVwZ 1986, 469.

2020 – Übersicht zum Recht der baulichen Veränderungen nach dem Regierungsentwurf, ZfIR 2020, 221; *Drasdo*, Das Passivmandat des Rechtsanwalts unter dem neuen WEG-Verfahrensrecht, NJW 2020, 3681; *Drasdo*, Der Vermögensbericht nach § 28 IV WEG nF – Inhalt und Umfang, ZWE 2020, 457; *Drasdo*, Kindertagespflege im Wohnungs- und Teileigentum, NJW-Spezial 2018, 737; *Drasdo*, Rechtsanwaltsgebühren im WEG-Passivprozess neuen Rechts, NZM 2020, 953; *Drasdo*, WEG-Reform: Die Beendigung der Wohnungseigentümergemeinschaft, NZM 2020, 13; *Elzer*, WEG-Reform 2020 – auf dem Weg zum Wohnungseigentumsmodernisierungsgesetz (WEModG), ZMR 2020, 81; *Füllbeck*, WEG-Reform 2020: Die „Wiedergeburt" der Beschlusssammlung und Pflicht zur Eintragung von Beschlüssen, ZMR 2020, 383; *Häublein*, Rechtsverhältnisse der rechtsfähigen Gemeinschaft: Ausübung von Rechten der Wohnungseigentümer (Teil 1), ZWE 2020, 364; *Häublein*, Rechtsverhältnisse der rechtsfähigen Gemeinschaft: Ausübung von Rechten der Wohnungseigentümer (Teil 2), ZWE 2020, 401; *Herlitz*, Technik & Recht im Schnittpunkt der WEMoG-modernisierten Mieterrechte, NZM 2020, 912; *Hinz*, (Total-)Reform des Wohnungseigentumsrechts? Erste Überlegungen zum Referentenentwurf eines Wohnungseigentmsmodernisierungsgesetzes (WEModG) – Teil 1, ZMR 2020, 264; *Hinz*, (Total-)Reform des Wohnungseigentumsrechts? Erste Überlegungen zum Referentenentwurf eines Wohnungseigentmsmodernisierungsgesetzes (WEModG) – Teil 2, ZMR 2020, 374; *Horst*, Die WEG-Reform 2020, ZAP 2020, 1117; *Kappus*, Das Wohnungseigentumsmodernisierungsgesetz, NJW 2020, 3617; *Kirst*, WEG-Reform 2020 – was gilt ab wann?, ZMR 2020, 1014; *Müller*, Zu den sachenrechtlichen Änderungen durch das WEMoG, ZWE 2020, 445; *Schultzky*, WEG-Reform 2020: Die Änderungen für die Verwaltung des Wohnungseigentums und das Verfahrensrecht durch das WEMoG, MDR 2020, 1473; *Sommer*, Die (neue) Rolle des Verwaltungsbeirats nach dem WEMoG, ZWE 2020, 409; *Skauradszun*, Das neue Verfahrensrecht der Beschlussklagen, ZMR 2020, 905; *Volpp*, Wird bald alles wirklich leichter? Abrechnung, Wirtschaftsplan und Vermögensbericht nach der WEG-Novelle 2020, ZWE 2020, 412; *Wilsch*, Der Referentenentwurf zur Modernisierung des Wohnungseigentumsgesetzes (WEModG) aus grundbuchamtlicher Sicht, FGPrax 2020, 1; *Wobst*, Das WEMoG aus notarieller Sicht, MittBayNot 2021, 1; *Wobst*, Die neue Struktur der Rechtsbeziehungen in der Gemeinschaft, ZWE 2021, 17; *Zschieschack*, Das neue Wohnungseigentumsrecht, NZM 2020, 897.

I. Einleitung

1 Wohnungseigentümer sind in doppelter Hinsicht Nachbarn. Zunächst sind sie Nachbarn der übrigen Miteigentümer innerhalb der gemeinsamen Wohnungseigentümergemeinschaft. Darüber hinaus sind sie – gemeinsam mit den übrigen Miteigentümern – Nachbarn hinsichtlich der angrenzenden Grundstücke. Aus dieser „doppelten" Nachbarstellung folgt freilich ein gesteigertes Konfliktpotential; zu den bekannten Nachbarstreitigkeiten treten die **Binnenstreitigkeiten** hinzu.

Durch das Wohnungseigentumsmodernisierungsgesetz (WEMoG[1]) vom 16.10.2020 wurde das Wohnungseigentumsrecht in weiten Teilen – teils erheblich – geändert, wobei die Änderungen – in weiten Teilen – schon zum 1.12.2020 in Kraft traten.[2] Es handelt sich hier um die größte Reform des Wohnungseigentumsrechts seit dem Reformgesetz von 2007.[3] Da aber bis zum 30.11.2020 anhängig gemachte Verfahren noch nach altem Verfahrensrecht zu behandeln sind (§ 48 Abs. 5 WEG), wird an den von der Modernisierung betroffenen Stellen auch noch die bis zum 30.11.2020 geltende Rechtslage erläutert.

1 Gesetz zur Förderung der Elektromobilität und zur Modernisierung des Wohnungseigentumsgesetzes und zur Änderung von kosten- und grundbuchrechtlichen Vorschriften (Wohnungseigentumsmodernisierungsgesetz – WEMoG), BGBl. I 2187.

2 Zur Entstehungsgeschichte und zu den Auswirkungen der Änderungen: *Abramenko*, ZMR 2020, 1012; *Becker/Schneider*, ZfIR 2020, 281; *Bruns* NZM 2020, 909; *Dötsch* ZfIR 2020, 221; *Drasdo*, ZWE 2020, 457; *Drasdo* NZM 2020, 13; *Drasdo* NZM 2020, 953; *Drasdo* NJW 2020, 3681; *Elzer* ZMR 2020, 81; *Füllbeck* ZMR 2020, 383; *Häublein* ZWE 2020, 364; *Häublein* ZWE 2020, 401; *Herlitz* NZM 2020, 912; *Hinz* ZMR 2020, 264; *Hinz* ZMR 2020, 374; *Horst* ZAP 2020, 1117; *Kappus* NJW 2020, 3617; *Kirst* ZMR 2020, 1014; *Müller* ZWE 2020, 445; *Schultzky* MDR 2020, 1473; *Sommer*, ZWE 2020, 409; *Skauradszu* ZMR 2020, 905; *Volpp* ZWE 2020, 412; *Wilsch* FGPrax 2020, 1; *Wobst* MittBayNot 2021, 1; *Wobst* ZWE 2021, 17; *Zschieschack* NZM 2020, 897.

3 Gesetz zur Änderung des Wohnungseigentumsgesetzes und anderer Gesetze vom 26.3.2007, BGBl. I 370.

II. Rechtsbeziehung der Wohnungseigentümer

2 Die Rechtsbeziehung der Wohnungseigentümer bestimmt sich vorrangig nach dem WEG. Daneben finden ergänzend das private Nachbarrecht sowie die allgemeinen Vorschriften des BGB Anwendung.

1. Nachbarschaftliches Gemeinschaftsverhältnis

3 Zwischen den Mitgliedern einer Wohnungseigentümergemeinschaft besteht ein **gesetzliches Schuldverhältnis**,[4] durch das Verhaltenspflichten gemäß § 14 WEG begründet werden. Zudem können Treue- und Rücksichtnahmepflichten iSd § 241 Abs. 2 BGB folgen.[5] Der Wohnungseigentümer hat im Rahmen dieser schuldrechtlichen Sonderverbindung auch für das Verschulden von **Hilfspersonen** nach § 278 BGB einzustehen.[6] Dies gilt auch für Fremdnutzer, denen er die Wohnung überlassen hat. Daraus folgt, dass ein Wohnungseigentümer den übrigen Miteigentümern nach § 278 BGB[7] für das Verschulden seiner Mieter und Untermieter haftet.[8] Aufgrund dieser Bindungen des Gemeinschaftsverhältnisses für das Verhältnis der Miteigentümer untereinander bestehen grundsätzlich weitergehende Rücksichtnahmepflichten, als im allgemeinen Nachbarrecht[9] aus dem nachbarschaftlichen Gemeinschaftsverhältnis folgen (→ *Nachbarschaftliches Gemeinschaftsverhältnis* Rn. 12).

2. Privates Nachbarrecht

4 Im Wohnungseigentumsrecht ist es zudem anerkannt, dass bei Streitigkeiten zwischen Wohnungseigentümern über die **Bepflanzung** unmittelbar benachbarter Gartenteile, an denen jeweils einem der Wohnungseigentümer ein Sondernutzungsrecht zusteht, nachbarrechtliche Vorschriften entsprechende Anwendung finden; danach sind in diesen Fällen auch die in dem jeweiligen Bundesland geltenden **nachbarrechtlichen Bestimmungen** über die Grenzabstände von Bäumen und Sträuchern und deren Rückschnitt sowie über Ausschlussfristen für die Geltendmachung von Beseitigungsansprüchen heranzuziehen.[10] Das folgt daraus, dass aufgrund der Aufteilung der im Gemeinschaftseigentum stehenden Gartenfläche durch die Einräumung von Sondernutzungsrechten zwischen den Wohnungseigentümern als Nutzungsberechtigten im Hinblick auf die Gartenbepflanzung eine ähnliche Interessenlage wie zwischen („echten") Grundstücksnachbarn besteht.[11]

3. Nachbarrechtlicher Ausgleichsanspruch

5 Ein nachbarrechtlicher Ausgleichsanspruch (→ *Nachbarschaftliches Gemeinschaftsverhältnis* Rn. 16 ff.) kann auch zwischen Wohnungseigentümern **innerhalb einer Wohnungseigentümergemeinschaft** bestehen. Zwar setzt ein Anspruch gemäß § 906 Abs. 2 Satz 2 BGB in seinem unmittelbaren Anwendungsbereich voraus, dass die Störung von einem anderen Grundstück herrührt, es sich mithin um einen „Eingriff von außen" handelt.[12] Jedoch ist eine analoge Anwendung im Verhältnis der Sondereigentümer geboten. Anders als bei Beeinträchtigungen, die von dem Gemeinschaftseigentum ausgehen und das Sondereigentum betreffen, besteht bezogen auf das Sondereigentum weder formal noch teleologisch Identität zwischen dem Grundstückseigentum (Sondereigentum), von dem die Störung ausgeht, und dem beeinträchtigten Grundstückseigentum (Sondereigentum) mit der Folge, dass sich dieselben Miteigentümer gleichzeitig so-

4 Hingegen wird überwiegend angenommen, dass das nachbarschaftliche Gemeinschaftsverhältnis keine schuldrechtliche Sonderbeziehung der Grundstücksnachbarn begründet, vgl. BGH Urt. v. 29.6.2012 – V ZR 97/11, NZM 2012, 735 (736).

5 BGH Urt. v. 5.3.2014 – VIII ZR 205/13, NZM 2014, 303.

6 *Hügel/Elzer* WEG § 10 Rn. 69.

7 Anders im nachbarschaftlichen Gemeinschaftsverhältnis; dort wird eine Zurechnung gemäß § 278 BGB mangels Schuldverhältnisses abgelehnt (s. a. Fn 1) → *Nachbarschaftliches Gemeinschaftsverhältnis* Rn. 8.

8 BGH Urt. v. 5.3.2014 – VIII ZR 205/13, NZM 2014, 303.

9 BGH Urt. v. 28.9.2007 – V ZR 276/06, ZWE 2008, 50 (51).

10 BGH Urt. v. 28.9.2007 – V ZR 276/06, DNotZ 2008, 378 (379) mwN.

11 BGH Urt. v. 28.9.2007 – V ZR 276/06, DNotZ 2008, 378 (379).

12 BGH Versäumnisurt. v. 10.2.2012 – V ZR 137/11, NZM 2012, 542 (543).

wohl auf Störerseite als auch auf Seiten des beeinträchtigten Eigentums befinden. Vielmehr stehen sich die Sondereigentümer hier mit gegensätzlichen Interessen gegenüber, wie auch die Grundstückseigentümer im unmittelbar von § 906 Abs. 2 Satz 2 BGB erfassten Fall.[13] Wird hingegen die Nutzung des Sondereigentums durch einen **Mangel am Gemeinschaftseigentum** beeinträchtigt, steht dem Sondereigentümer kein nachbarrechtlicher Ausgleichsanspruch in entsprechender Anwendung von § 906 Abs. 2 Satz 2 BGB zu.[14] Denn hier steht der Ansprüche geltend machende Sondereigentümer auch als Miteigentümer des Gemeinschaftseigentums auf Seiten der Anspruchsgegner. Hieran ändert sich auch dann nichts, wenn der Mangel im Gemeinschaftseigentum nicht alle Miteigentümer gleich betrifft, sondern nur zu einer Beeinträchtigung einzelner Eigentümer führt. Denn die Beeinträchtigung des Sondereigentums beruht auch dann nicht auf der Nutzung benachbarter Eigentumsrechte an Grundstücken, sondern auf dem Mangel an einem im gemeinschaftlichen Eigentum stehenden Bestandteil desselben Gebäudes.[15] Soweit ein Anspruch aus § 906 Abs. 2 Satz 2 BGB analog zwischen Sondereigentümern angenommen wird, gilt dieser auch im Verhältnis von Mietern solcher Räume untereinander.[16] Einer Haftung aus § 906 Abs. 2 Satz 2 BGB dem Grunde nach steht auch eine Vorschädigung des betroffenen Sondereigentums nicht entgegen; diese betrifft allenfalls die Höhe des Ersatzanspruchs.[17]

4. Bauliche Veränderung

a) Beseitigungsanspruch. Eine bauliche Veränderung ist – soweit nicht eine privilegierte Veränderung iSd § 20 Abs. 2 WEG vorliegt, nur zulässig, wenn alle Wohnungseigentümer, deren Rechte durch die bauliche Veränderung über das bei einem geordneten Zusammenleben unvermeidliche Maß hinaus beeinträchtigt werden, einverstanden sind, § 20 Abs. 3 WEG. 6

Nachteilig ist jede nicht ganz unerhebliche Veränderung. Diese muss zwar konkret und objektiv sein. Eine erhebliche Beeinträchtigung ist aber nicht erforderlich. Nur ganz geringfügige Beeinträchtigungen bleiben außer Betracht. Entscheidend ist, ob sich nach der Verkehrsanschauung ein Wohnungseigentümer in der entsprechenden Lage verständlicherweise beeinträchtigt fühlen kann.[18] Soweit eine erhebliche optische Veränderung des gesamten Gebäudes mit der Maßnahme einhergeht, ist regelmäßig dann ein Nachteil anzunehmen und die Zustimmung aller Wohnungseigentümer erforderlich. Denn ob eine erhebliche optische Veränderung des Gebäudes ein Vorteil oder ein Nachteil ist, können im Regelfall auch verständige Wohnungseigentümer unterschiedlich bewerten, selbst wenn die Maßnahme dem gängigen Zeitgeschmack entspricht.[19] Eine **nicht unerhebliche Beeinträchtigung** ist zudem dann anzunehmen, wenn mit der Maßnahme die Außenhaut des Gemeinschaftseigentums verletzt werden musste und sich der künftige Instandhaltungsbedarf am Gemeinschaftseigentum gegenüber der Situation ohne diese Maßnahme erhöht hat.[20] Eine solche unzulässige Maßnahme begründet einen Schadensersatzanspruch auf Wiederherstellung des vorherigen Zustands aus § 280 Abs. 1 BGB bzw. aus § 823 Abs. 1 BGB; das Verschulden wird vermutet (§ 280 Abs. 1 Satz 2 BGB).[21] Daneben besteht ein Anspruch aus § 1004 Abs. 1 BGB. Dieser Anspruch ist ferner nicht nur auf die Beseitigung der baulichen Veränderung, sondern auch auf die Rechtsfolge der Wiederherstellung des Gemeinschaftseigentums gerichtet. Zwar richtet sich der sog. quasinegatorische Anspruch aus § 1004 Abs. 1 BGB grundsätzlich nur auf die Beseitigung der Beeinträchtigung durch deren Abstellen für die Zukunft, nicht hingegen auf die Herstellung des früheren Zustandes durch Beseitigung ihrer Folgen, die nur als Schadensersatz verlangt werden kann. Doch findet bei einer Störung durch Umgestaltung die Beseitigung der Störung bzw. der Störungsquelle nur durch komplette Rückgestaltung statt. Die Wiederherstel- 7

13 BGH Urt. v. 25.10.2013 – V ZR 230/12, NJW 2014, 458 (460).
14 BGH Urt. v. 21.5.2010 – V ZR 10/10, NZM 2010, 556; → *Nachbarschaftliches Gemeinschaftsverhältnis* Rn. 23.
15 BGH Urt. v. 21.5.2010 – V ZR 10/10, NZM 2010, 556 (557).
16 BGH Urt. v. 25.10.2013 – V ZR 230/12, NJW 2014, 458 (459).
17 OLG München Urt. v. 11.9.2019 – 7 U 4531/18, BeckRS 2019, 21562: „Denn auch ein schlecht gebautes fremdes Haus darf man nicht beschädigen."
18 BGH Urt. v. 24.1.2014 – V ZR 48/13, ZWE 2014, 124 (125).
19 BGH Urt. v. 14.12.2012 – V ZR 224/11, ZWE 2013, 172.
20 LG München I Beschl. v. 15.11.2017 – 1 S 1978/16 WEG, ZWE 2018, 131 (132).
21 LG München I Beschl. v. 15.11.2017 – 1 S 1978/16 WEG, ZWE 2018, 131 (132).

lung gehört damit schon zur unmittelbaren Störungsbeseitigung und nicht etwa nur zur Beseitigung weiterer Störungsfolgen. Zudem umfasst der Anspruch aus § 1004 Abs. 1 BGB neben der Beseitigung der unmittelbar störenden Einwirkung auch die Beseitigung derjenigen Beeinträchtigungen, die zwangsläufig Folge der Beseitigung sind.[22]

8 **b) Durchsetzung.** Nach bisherigem Recht konnte der einzelne Wohnungseigentümer Ansprüche wegen Veränderung des gemeinschaftlichen Eigentums geltend machen; nunmehr ist die Gemeinschaft der Wohnungseigentümer zur Rechtsdurchsetzung berufen.

9 **aa) Rechtslage vor dem 1.12.2020.** Einen Anspruch auf Beseitigung von baulichen Veränderungen des gemeinschaftlichen Eigentums und die Wiederherstellung des vorherigen Zustands gemäß § 1004 Abs. 1 BGB konnte vor Geltung des Wohnungseigentumsmodernisierungsgesetztes, also bis zum 30.11.2020, jeder beeinträchtigte Miteigentümer eigenständig gerichtlich geltend machen. Weil das Grundstück nicht im Eigentum des Verbands, sondern im Miteigentum sämtlicher Wohnungseigentümer steht, waren die Wohnungseigentümer im Ausgangspunkt Inhaber der aus dem Miteigentum ergebenden Rechte sowie der Ansprüche, die sich aus Störungen des Miteigentums ergeben.[23] Es bestand aber schon damals eine **gekorene Ausübungsbefugnis** der Wohnungseigentümergemeinschaft. Einzelne Wohnungseigentümer konnten die Ansprüche daher solange selbst geltend machen, solange die Wohnungseigentümergemeinschaft sie nicht durch Mehrheitsbeschluss an sich gezogen hat.[24] Soweit einzelne Wohnungseigentümer den Beseitigungsanspruch gemäß § 1004 BGB gegen andere Wohnungseigentümer einklagen durften, machten sie nicht einen gemeinschaftlichen Anspruch im Wege der Prozessstandschaft, sondern einen eigenen, aus ihrem Eigentumsbruchteil folgenden Anspruch geltend.[25] Auch für Schadensersatzansprüche, die auf die Verletzung des Gemeinschaftseigentums gestützt werden, bestand ausnahmsweise dann keine **geborene** (§ 10 Abs. 6 Satz 3 Hs. 1 WEG aF), sondern lediglich eine gekorene **Ausübungsbefugnis** der Wohnungseigentümergemeinschaft (§ 10 Abs. 6 Satz 3 Hs. 2 WEG aF), wenn und soweit sie in Anspruchskonkurrenz zu Beseitigungsansprüchen der Wohnungseigentümer aus dem Miteigentum an dem Grundstück gem. § 1004 Abs. 1 BGB stehen; das galt auch, soweit der Beseitigungsanspruch die Wiederherstellung des vorherigen Zustands umfasst.[26]

10 Nur in Ausnahmefällen konnte ein **Beschluss**, mit dem Individualansprüche der Wohnungseigentümer vergemeinschaftet wurden, als **rechtsmissbräuchlich** und deshalb als nichtig anzusehen sein. Das kommt etwa dann in Betracht, wenn ein einzelner Wohnungseigentümer seinen Individualanspruch bereits gerichtlich geltend gemacht hat, eine Rechtsverfolgung durch die Wohnungseigentümergemeinschaft nicht beabsichtigt war und die Beschlussfassung allein dazu dienen sollte, den laufenden Individualprozess zu beenden. Das widerspräche Sinn und Zweck der Vergemeinschaftung, die die Rechtsverfolgung nicht verhindern, sondern die Möglichkeit einer gemeinschaftlichen Rechtsverfolgung eröffnen soll, und bezweckte eine treuwidrige Benachteiligung des klagenden Wohnungseigentümers.[27]

11 **bb) Rechtslage ab dem 1.12.2020.** Durch das Wohnungseigentumsmodernisierungsgesetz ist bei der Anspruchsdurchsetzung eine wesentliche Änderung eingetreten. § 9a Abs. 2 WEG bestimmt nunmehr, dass die Gemeinschaft der Wohnungseigentümer die sich aus dem gemeinschaftlichen Eigentum ergebenden Rechte ausübt sowie solche Rechte der Wohnungseigentümer, die eine einheitliche Rechtsverfolgung erfordern, und nimmt die entsprechenden Pflichten der Wohnungseigentümer wahr. Nunmehr übt somit die Gemeinschaft der Wohnungseigentümer die Ansprüche aus. Zwar steht der Anspruch auf Unterlassung und Beseitigung auch nach wie vor jedem Eigentümer zu, aber nunmehr obliegt die Anspruchsdurchsetzung der Ge-

22 LG München I Beschl. v. 15.11.2017 – 1 S 1978/16 WEG, ZWE 2018, 131 (133).
23 BGH Urt. v. 5.7.2019 – V ZR 149/18, ZWE 2020, 32 (33).
24 BGH Urt. v. 26.10.2018 – V ZR 328/17, NJW 2019, 1216.
25 BGH Urt. v. 5.7.2019 – V ZR 149/18, ZWE 2020, 32 (33).
26 BGH Urt. v. 26.10.2018 – V ZR 328/17, NJW 2019, 1216.
27 BGH Urt. v. 26.10.2018 – V ZR 328/17, NJW 2019, 1216 (1218).

meinschaft.[28] Hierunter fallen insbesondere auch die Ansprüche aus § 1004 BGB.[29] Soweit die Klage des einzelnen Eigentümers vor dem 1.12.2020 erhoben wurde, ist die Prozessführungsbefugnis nachträglich wegfallen, was zu einer Unzulässigkeit der Klage führt; der Kläger könnte die Klage für erledigt erklären, was ggf. noch eine für ihn günstige Kostenentscheidung gemäß § 91a ZPO ermöglicht, soweit die Klage ursprünglich auch begründet war, mithin etwa ein Beseitigungsanspruch bestand. Ein „Bestandsschutz", wie ihn das Gesetz in § 48 Abs. 5 WEG für das Verfahrensrecht bereits anhängiger Rechtsstreitigkeiten vorsieht, ist hier nicht gegeben. Eine Fortgeltung der ursprünglich gegebenen Prozessführungsbefugnis ist nicht anzunehmen.

c) Verjährung. Der Anspruch eines Wohnungseigentümers aus § 1004 Abs. 1 Satz 1 BGB auf Beseitigung 12
einer baulichen Veränderung unterliegt der Verjährung, und zwar der regelmäßigen Verjährungszeit von drei Jahren nach §§ 195, 199 BGB.[30] Der Anspruch aus § 1004 BGB und der entsprechende Lauf der Verjährung entstehen nicht wegen etwaiger fortdauernder Einwirkungen ständig neu.[31] Die Verjährung führt dazu, dass die übrigen Eigentümer insoweit eine **Duldungspflicht** trifft. Diese Rechtsposition gibt dem betreffenden Eigentümer hingegen nicht die Befugnis, den errichteten Zustand weiter zu verändern, etwa indem er den von ihm geschaffenen baulichen Zustand modernisiert oder instand setzt.[32] **Mangels** einer **Legalisierung** der ursprünglichen baulichen Maßnahme durch die Verjährung des Beseitigungsanspruchs stellt daher jede Veränderung, die an der baulichen Maßnahme vorgenommen wird, einen erneuten Eingriff dar, der erneut zu einem Beseitigungsanspruch des benachteiligten Miteigentümers führt.[33] Die Verjährung des Beseitigungsanspruchs aus § 1004 BGB gegen den die bauliche Veränderung vornehmenden Wohnungseigentümer ändert nichts an deren Rechtswidrigkeit; die WEG kann die Beseitigung der Veränderung auf eigene Kosten vornehmen.[34]

5. Schallschutz

Bei einer baulichen Veränderung des Trittschallschutzes oder des Estrichs durch einen Wohnungseigentü- 13
mer können den übrigen Wohnungseigentümern Ansprüche aus § 1004 BGB erwachsen. Denn rechtlicher Maßstab für die zwischen den Wohnungseigentümern hinsichtlich des Schallschutzes bestehenden Pflichten ist § 14 Abs. 2 WEG, wonach jeder Wohnungseigentümer verpflichtet ist, von den in seinem Sondereigentum stehenden Gebäudeteilen sowie von dem gemeinschaftlichen Eigentum nur in solcher Weise Gebrauch zu machen, dass dadurch keinem der anderen Wohnungseigentümer über das bei einem geordneten Zusammenleben unvermeidliche Maß hinaus ein Nachteil erwächst. Diese Bestimmung, die auch bei den Schallschutz beeinflussenden Veränderungen des Sondereigentums maßgeblich ist, ist anzuwenden, wenn der Wohnungseigentümer bauliche Veränderungen am Estrich und/oder der **Trittschalldämmung** vorgenommen hat. Zwar steht der Oberbodenbelag im Sondereigentum; der Estrich sowie die Trittschalldämmung hingegen stellen nach zutreffender Auffassung Gemeinschaftseigentum dar.[35] Der im Verhältnis der Wohnungseigentümer untereinander zu gewährende Schallschutz richtet sich nach der Rechtsprechung des Bundesgerichtshofs grundsätzlich nach der zur Zeit der Errichtung des Gebäudes geltenden Ausgabe der **DIN 4109**, wenn ein vorhandener Bodenbelag durch einen anderen ersetzt und dabei nicht in den unter dem Belag befindlichen Estrich und die Geschossdecke eingegriffen wird, also das Sonder- und nicht das Gemeinschaftseigentum verändert wird.[36] Wird allerdings in erheblichen Umfang in die Gebäudesubstanz eingegriffen, entsteht bei den übrigen Wohnungseigentümern die berechtigte Erwartung, dass bei dem Umbau des Sonder- und des Gemeinschaftseigentums insgesamt die aktuellen technischen Vorgaben und damit

28 *Hügel/Elzer* WEG § 20 Rn. 162.
29 *Hügel/Elzer* WEG § 9a Rn. 98.
30 LG Hamburg Urt. v. 6.2.2013 – 318 S 57/12, BeckRS 2013, 13477.
31 LG Hamburg Urt. v. 9.4.2014 – 318 S 117/13, ZWE 2014, 405 (406).
32 LG Frankfurt a.M. Urt. v. 30.4.2014 – 2-13 S 38/13, ZWE 2014, 327 (328).
33 LG Frankfurt a.M. Urt. v. 30.4.2014 – 2-13 S 38/13, ZWE 2014, 327 (328).
34 LG Hamburg Urt. v. 6.2.2013 – 318 S 20/12, ZWE 2013, 375 (376).
35 BGH Urt. v. 16.3.2018 – V ZR 276/16, NJW 2018, 2123 = MDR 2018, 657.
36 BGH Urt. v. 1.6.2012 – V ZR 195/11, NJW 2012, 2725 = MDR 2012, 898; LG Düsseldorf Urt. v. 27.6.2019 – 19 S 152/18, BeckRS 2019, 17206; LG Berlin Urt. v. 23.5.2017 – 55 S 36/16 WEG, ZWE 2017, 453.

auch die nunmehr geltenden Schallschutzwerte beachtet werden. Selbst wenn die übrigen Wohnungseigentümer die im Hinblick auf Veränderungen des Gemeinschaftseigentums gem. § 20 Abs. 3 WEG erforderliche Zustimmung erteilt haben, kann ihnen aus dem Gebrauch des Gemeinschaftseigentums ein Nachteil iSd § 14 WEG erwachsen, sofern bei der Bauausführung die derzeitigen Anforderungen an den Schallschutz unterschritten werden und dies nicht ausdrücklich gestattet worden ist. Aber nur grundlegende Um- oder Ausbauten, wie etwa ein Dachgeschossausbau, begründen eine Pflicht zur Beachtung der aktuellen technischen Anforderungen an den Schallschutz. Dagegen kann bei Sanierungsmaßnahmen, die der üblichen Instandsetzung oder (ggf. zugleich) der Modernisierung des Sondereigentums dienen, ein verbessertes Schallschutzniveau im Grundsatz nicht beansprucht werden.[37]

6. Kinderlärm

14 Ein häufiger Streitpunkt im Zusammenleben in einem Mehrfamilienhaus ist Kinderlärm (→ *Kind* Rn. 5). Die rechtliche Beurteilung hängt hier u.a. davon ab, ob es sich um eine vermietete oder selbstgenutzte Eigentumswohnung handelt und ob in der Wohnung nur eigene Kinder betreut werden oder sogar eine Kindertagespflege betrieben wird.

15 **a) Die vermietete Eigentumswohnung.** Der seine Eigentumswohnung vermietende Wohnungseigentümer wird von seinem Mieter grundsätzlich nicht wegen aus anderen Wohnungen dringenden Kinderlärms in Anspruch genommen werden können.

16 Allgemein wird angenommen, dass in einem Mehrfamilienhaus gelegentlich auftretende Lärmbeeinträchtigungen grundsätzlich als sozial adäquat hinzunehmen sind und für die betroffenen Mitmieter deshalb noch nicht ohne Weiteres einen Mangel der Mietsache iSd § 536 BGB begründen. Dazu zählt auch **üblicher Kinderlärm**, den das Immissionsschutzrecht des Bundes und der Länder für seinen Bereich als grundsätzlich sozial adäquat[38] und damit zumutbar behandelt, was auch dann, wenn diese Maßstäbe für die mietrechtliche Pflichtenlage keine unmittelbare Wirkung entfalten, gewisse Ausstrahlungswirkungen auf die ohnehin schon längst in diese Richtung tendierende Verkehrsanschauung zur Toleranz gegenüber solchen Geräuschemissionen und darüber auf die mietrechtlichen Abwägungsprozesse hat, die ihrerseits allerdings zugleich durch das Gebot zumutbarer gegenseitiger Rücksichtnahme geprägt sind.[39]

17 Geräuschemissionen, die ihren Ursprung in einem **altersgerecht** üblichen kindlichen Verhalten haben, sind im Verhältnis zwischen (Mit-)Mietern und Eigentümern – gegebenenfalls auch unter Inkaufnahme erhöhter Grenzwerte für Lärm und entsprechender Begleiterscheinungen kindlichen Verhaltens – grundsätzlich hinzunehme, auf der anderen Seite hat jedoch die insoweit zu fordernde erhöhte Toleranz auch Grenzen. Diese sind hierbei jeweils im Einzelfall zu bestimmen unter Berücksichtigung von Art, Qualität, Dauer und Zeit der verursachten Geräuschemissionen, des Alters und des Gesundheitszustands des Kindes sowie der Vermeidbarkeit der Emissionen etwa durch objektiv gebotene erzieherische Einwirkungen oder durch zumutbare oder sogar gebotene bauliche Maßnahmen.[40]

18 **b) Die selbst bewohnte Eigentumswohnung.** Ob § 906 Abs. 1 BGB auch auf Störungen zwischen verschiedenen Benutzern eines einzigen Grundstücks analog anzuwenden ist, also etwa auch im Verhältnis mehrerer Wohnungseigentümer untereinander, ist umstritten.[41] Soweit nicht auf § 906 Abs. 1 BGB abgestellt wird, ist jedoch § 14 WEG heranzuziehen. Auf dieses (besondere) nachbarschaftliche Verhältnis sind aber auch die zum Mietrecht aufgestellten Erwägungen des Bundesgerichtshofs heranzuziehen.[42] Geräuschemissionen, die ihren Ursprung in einem altersgerecht üblichen kindlichen Verhalten haben, sind daher

37 BGH Urt. v.16.3.2018 – V ZR 276/16, NJW 2018, 2123 (2124) = MDR 2018, 657.

38 Vgl. § 22 Abs. 1a Satz 1 BImSchG: Geräuscheinwirkungen, die von Kindertageseinrichtungen, Kinderspielplätzen und ähnlichen Einrichtungen wie beispielsweise Ballspielplätzen durch Kinder hervorgerufen werden, sind im Regelfall keine schädliche Umwelteinwirkung.

39 BGH Beschl. v. 22.8.2017 – VIII ZR 226/16, NJW-RR 2017, 1290 (1291); LSK 2017, 123971 (Ls.).

40 BGH Beschl. v. 22.8.2017 – VIII ZR 226/16, NJW-RR 2017, 1290 (1291); LSK 2017, 123971 (Ls.).

41 Zum Streitstand vgl. *Fritzsche* in BeckOK BGB § 906 Rn. 35.

42 Vgl. zu § 906 BGB: *Brückner* in MüKoBGB § 906 Rn. 128.

auch zwischen Eigentümern – gegebenenfalls auch unter Inkaufnahme erhöhter Grenzwerte für Lärm und entsprechender Begleiterscheinungen kindlichen Verhaltens – grundsätzlich hinzunehmen, auf der anderen Seite hat jedoch die insoweit zu fordernde **erhöhte Toleranz auch Grenzen**. Zur Bestimmung → Rn. 14.

c) Kindertagespflege in der Eigentumswohnung. Ob eine Kindertagespflege in einer Wohnungseigentümergemeinschaft zulässig betrieben werden darf, ist eine Einzelfallentscheidung.[43] 19

Bei einer Begrenzung der Genehmigung auf **zwei bis drei Kinder** geht die Betreuung nicht über dasjenige Maß hinaus, welches im Rahmen der Wohnungsnutzung durch eine typische Familie zu erwarten wäre. Eine solche Nutzung durch eine Familie mit mehreren Kindern könnte die Eigentümergemeinschaft nicht untersagen.[44] Eine solche Tagespflegestätte für maximal drei Kleinkinder in der Wohnung stellt somit keine unzumutbare Beeinträchtigung der übrigen Wohnungseigentümer dar.[45] 20

Bei der Nutzung der Wohnung zur (werk-)täglichen Erbringung von Betreuungsdienstleistungen gegenüber Dritten in Form einer Pflegestelle für bis zu **fünf Kleinkinder** steht der Erwerbscharakter im Vordergrund. Eine solche **teilgewerbliche Nutzung** der Wohnung wird vom Wohnzweck nicht mehr getragen und ist als „Ausübung eines Gewerbes oder Berufes“ im Sinne der Teilungserklärung zu qualifizieren.[46] Über den Antrag eines Wohnungseigentümers hinsichtlich der Genehmigung einer solchen gewerblichen Nutzung ist unter Berücksichtigung der tatsächlichen konkreten Gegebenheiten innerhalb der Wohnungseigentumsanlage sowie der Wertungen des § 22 BImSchG, die nach dem Willen des Gesetzgebers auch auf das Wohnungseigentumsrecht ausstrahlen sollen, zu entscheiden.[47] 21

7. Vermietung der Eigentumswohnung an Feriengäste

Der Bundesgerichtshof nimmt in mittlerweile ständiger Rechtsprechung an, dass die zulässige Wohnnutzung auch die **Vermietung** an **täglich oder wöchentlich wechselnde Feriengäste** umfasst.[48] Wenn also die Teilungserklärung nichts anderes bestimmt und die Wohnungseigentümer auch nichts anderes vereinbart haben, ist die Vermietung einer Eigentumswohnung an täglich oder wöchentlich wechselnde Feriengäste Teil der zulässigen (zivilrechtlichen[49]) Wohnnutzung; sie ist weder eine unzulässige gewerbliche Nutzung noch eine sonstige Nutzung, die nur in Teileigentumseinheiten zulässig wäre.[50] Der Bundesgerichtshof sieht zudem einen auf der Grundlage einer allgemeinen Öffnungsklausel gefassten Beschluss, durch den die kurzzeitige Vermietung des Wohnungseigentums (also etwa als Ferienwohnung) verboten wird, nur dann als rechtmäßig an, wenn alle Wohnungseigentümer ihre Zustimmung erteilt haben.[51] Denn da die Zweckbestimmung vorgibt, wie die Einheit zulässigerweise genutzt werden darf, hat sie aus Sicht des Sondereigentümers entscheidenden Einfluss auf den Wert seiner Einheit; wird sie geändert oder eingeschränkt, betrifft dies die Nutzung des Sondereigentums in substanzieller Weise. Derartige Eingriffe (Vermietungsverbote greifen in die Zweckbestimmung des Wohnungseigentums ein) bedürfen jedenfalls der Zustimmung des Eigentümers der Einheit, deren Zweckbestimmung geändert werden soll.[52] 22

43 Vgl. hierzu *Drasdo* NJW-Spezial 2018, 737.
44 AG Bonn Urt. v. 25.1.2018 – 27 C 111/17, ZWE 2018, 212 (213).
45 AG Konstanz Urt. v. 25.6.2015 – 4 C 241/15 WEG, ZWE 2016, 222.
46 BGH Urt. v. 13.7.2012 – V ZR 204/11, NJW-RR 2012, 1292 (1293) = ZWE 2012, 366.
47 BGH Urt. v. 13.7.2012 – V ZR 204/11, NJW-RR 2012, 1292 (1293) = ZWE 2012, 366.
48 BGH Urt. v. 12.4.2019 – V ZR 112/18, NJW 2019, 2083 = MDR 2019, 657; BGH Urt. v. 15. 1. 2010 – V ZR 72/09, NJW 2010, 3093 (3094) = ZWE 2010, 130.
49 Öffentlich-rechtlich dürfte hingegen eine Nutzungsänderung vorliegen, da keine Wohnnutzung mehr vorliegt. Insoweit dürfte der vermietende Wohnungseigentümer eine Nutzungsänderungsgenehmigung beantragen müssen.
50 BGH Urt. v. 15.1.2010 – V ZR 72/09, NJW 2010, 3093 (3094) = ZWE 2010, 130.
51 BGH Urt. v. 12.4.2019 – V ZR 112/18, NJW 2019, 2083 (2084) = MDR 2019, 657.
52 BGH Urt. v. 12.4.2019 – V ZR 112/18, NJW 2019, 2083 (2084) = MDR 2019, 657.

23 Keine Wohnnutzung hingegen stellt die Nutzung als **(Pflege-)Heim** oder heimähnliche Einrichtung sowie die tageweise Unterbringung von wohnungslosen Personen in einer Gemeinschaftsunterkunft zur Vermeidung von Obdachlosigkeit dar.[53]

8. Aufzug

24 Für den (nachträglichen) Einbau eines Aufzugs bedurfte es nach bisherigem Recht gemäß § 22 Abs. 1 WEG aF der Zustimmung aller übrigen Wohnungseigentümer, da ihnen ein Nachteil iSd § 14 Nr. 1 WEG aF erwächst. Zwar war anerkannt, dass ein Wohnungseigentümer einen **Treppenlift**, eine **Rollstuhlrampe** oder einen **Handlauf** auch ohne Zustimmung der übrigen Wohnungseigentümer anbringen darf, sofern er seine Wohnung infolge einer Behinderung ohne solche Hilfsmittel nicht erreichen kann. Der Einbau eines Personenaufzugs geht jedoch über die Anbringung eines Treppenlifts weit hinaus. Technisch machbar ist er nur mit erheblichen Eingriffen in die Substanz des Gemeinschaftseigentums; solche Eingriffe begründeten auch dann einen Nachteil, wenn sie der Herstellung von Barrierefreiheit dienen. Insbesondere sind hier auch die den Betreiber nach Errichtung treffenden Unterhaltungs- und Wartungspflichten zu berücksichtigen.[54]

25 Sollte ein einzubauender Personenaufzug zudem nur einzelnen bau- und zahlungswilligen Wohnungseigentümern zur Verfügung stehen, würde diesen ein Sondernutzungsrecht an dem für den Einbau vorgesehenen Treppenhausteil eingeräumt. Die übrigen Wohnungseigentümer würden insoweit entgegen § 13 Abs. 2 Satz 1 WEG aF von dem Gebrauch des gemeinschaftlichen Eigentums ausgeschlossen. Insoweit wäre eine Vereinbarung aller Wohnungseigentümer erforderlich gewesen.[55]

26 Nunmehr sieht § 20 Abs. 2 Satz 1 Ziffer 1 WEG jedoch vor, dass jeder Wohnungseigentümer eine angemessene bauliche Veränderung verlangen kann, die dem Gebrauch durch Menschen mit Behinderungen dient. Ob hierunter auch der Einbau eines Personenaufzugs subsumiert werden kann, wird von den Umständen des Einzelfalls und der konkreten Durchführung der Baumaßnahme abhängen. Entscheidend wird hier insbesondere sein, ob der Einbau noch eine angemessene Veränderung iSd § 20 Abs. 2 Satz 1 Ziffer 1 WEG darstellt.[56]

9. Privilegierte Veränderungen

27 Durch das Wohnungseigentumsmodernisierungsgesetzt wurde mit § 20 Abs. 2 WEG ein Gestattungsanspruch für bestimmte bauliche Veränderungen eingefügt. Jeder Wohnungseigentümer kann angemessene bauliche Veränderungen verlangen, die dem **Gebrauch durch Menschen mit Behinderungen**, dem **Laden elektrisch betriebener Fahrzeuge**, dem **Einbruchsschutz** und dem **Anschluss an ein Telekommunikationsnetz mit sehr hoher Kapazität** dienen. Voraussetzung ist nach dem Wortlaut jedoch, dass die Maßnahme „angemessen" ist, so dass objektiv nicht angemessene bauliche Veränderungen nicht bewilligt werden müssen; die Angemessenheit bestimmt sich unter Berücksichtigung aller Umstände des Einzelfalls.[57] Über die konkrete Ausgestaltung der Maßnahme entscheiden gemäß § 20 Abs. 2 Satz 2 WEG die Eigentümer im Rahmen ordnungsgemäßer Verwaltung; hierbei steht den Eigentümern ein Ermessensspielraum zu.[58]

III. Prozessuale Hinweise

28 Zu unterscheiden ist auch hier zwischen den Streitigkeiten der Wohnungseigentümer untereinander (sog. **Binnenstreitigkeiten**) und den Streitigkeiten mit den Grundstücksnachbarn.

---

53 BGH Urt. v. 8.3.2019 – V ZR 330/17, NZM 2019, 293 (294) = MDR 2019, 543.
54 BGH Urt. v. 13.1.2017 – V ZR 96/16, NZM 2017, 447 (449) = MDR 2017, 511.
55 BGH Urt. v. 13.1.2017 – V ZR 96/16, NZM 2017, 447 (450) = MDR 2017, 511.
56 *Hügel/Elzer* WEG § 20 Rn. 71; *Palandt/Wicke* WEG § 20 Rn. 9.
57 *Hügel/Elzer* WEG § 20 Rn. 106.
58 *Palandt/Wicke* WEG § 20 Rn. 8.

1. Binnenstreitigkeit

a) Schlichtungsverfahren. Ob ein **Schlichtungsverfahren** (→ *Zwangsschlichtung* Rn. 17) bei Klagen zwischen Sondereigentümern, etwa wegen Störungsbeseitigung, durchzuführen ist, ist umstritten. Soweit für das Verhältnis der Sondereigentümer untereinander zumindest grundsätzlich auf die nachbarrechtlichen Regelungen zurückzugreifen ist, wird vertreten, dass keine Gründe ersichtlich seien, die Abwehr von durch Sondereigentümer veranlassten Immissionen von der Gütepflicht auszunehmen.[59] Aufgrund des klaren Gesetzeswortlauts, der keine Ausnahme für Streitigkeiten von Wohnungseigentümern untereinander vorsieht, erscheint diese Ansicht vorzugswürdig. Da die Frage zudem obergerichtlich nicht entschieden ist (→ *Zwangsschlichtung* Rn. 17), empfiehlt sich in der Praxis regelmäßig die Vorschaltung des Schlichtungsverfahrens, um eine Klageabweisung als (zumindest zurzeit) unzulässig zu verhindern. Da das Schlichtungsverfahren gemäß § 15a Abs. 2 S. 1 Nr. 1 EGZPO bei **fristgebundenen Klagen** ausgeschlossen ist, ist es bei der innerhalb der Frist des § 46 Abs. 1 WEG aF bzw. § 45 WEG zu erhebenden Anfechtungsklage nicht durchzuführen.[60] 29

b) Gerichtliches Verfahren. Durch das Wohnungseigentumsmodernisierungsgesetz wurde auch das Verfahrensrecht modernisiert. Auf bereits vor dem 1.12.2020 bei Gericht anhängige Verfahren ist jedoch das bisherige Verfahrensrecht (§§ 43 bis 50 WEG aF) anzuwenden, § 48 Abs. 5 WEG. Daher wird nachfolgend zunächst das auf Altverfahren anwendbare Verfahrensrecht erläutert und sodann die für ab dem 1.12.2020 anhängige Verfahren geltenden Vorschriften. 30

aa) Vor dem 1.12.2020 anhängige Verfahren. Die Klage eines oder mehrerer Wohnungseigentümer auf **Erklärung der Ungültigkeit eines Beschlusses** der Wohnungseigentümer war gegen die übrigen Wohnungseigentümer zu richten, § 46 Abs. 1 Satz 1 WEG aF. Soweit der Verwalter einen Beschluss anficht, ist die Klage des Verwalters gegen alle Wohnungseigentümer zu richten. Die Benennung der Wohnungseigentümer musste noch nicht in der Klageschrift erfolgen, hier genügt die Bezeichnung des gemeinschaftlichen Grundstücks, § 44 Abs. 1 Satz 1 WEG aF, also etwa die Bezeichnung „[…] gegen die übrigen Wohnungseigentümer der WEG Musterstraße 1 in 85432 Musterstadt". Da es sich bei den beklagten Wohnungseigentümern im Beschlussmängelprozess um **notwendige Streitgenossen** handelt,[61] ist eine nicht gegen sämtliche übrigen Wohnungseigentümer gerichtete Klage unzulässig.[62] Auch eine nur gegen einen Teil der notwendigen Streitgenossen eingelegte Berufung ist unzulässig.[63] Der Verwalter ist Zustellungsvertreter der beklagten Wohnungseigentümer, § 45 Abs. 1 WEG aF, es sei denn, dass er als Gegner der Wohnungseigentümer an dem Verfahren beteiligt ist oder aufgrund des Streitgegenstandes die Gefahr besteht, der Verwalter werde die Wohnungseigentümer nicht sachgerecht unterrichten. In diesem Fall erfolgt die Zustellung an den von den Wohnungseigentümern gewählten Ersatzzustellungsvertreter, § 45 Abs. 2 WEG aF. Ein solcher Ersatzzustellungsvertreter kann, soweit er von den Eigentümern nicht bestimmt ist, vom Gericht bestellt werden, § 45 Abs. 3 WEG aF. 31

Die **Anfechtungsklage** muss innerhalb eines Monats nach der Beschlussfassung erhoben und innerhalb zweier Monate nach der Beschlussfassung begründet werden, § 46 Abs. 1 Satz 2 WEG aF. Bei diesen Fristen zur Erhebung und Begründung der Klage handelt es sich nicht um (besondere) Sachurteilsvoraussetzungen der wohnungseigentumsrechtlichen Anfechtungsklage, sondern um Ausschlussfristen des materiellen Rechts, so dass bei Fristversäumung die Klage nicht als unzulässig, sondern als unbegründet abzuweisen ist.[64] Hinsichtlich der Wahrung der **Klageerhebungsfrist** ist § 167 ZPO zu berücksichtigen, wonach zur Fristwahrung eine Zustellung „demnächst" genügt.[65] Das Merkmal „demnächst" ist nur erfüllt, wenn sich 32

---

59 LG Dortmund Urt. v. 11.7.2017 – 1 S 282/16, ZWE 2017, 426 (427) (mit Nachweisen zur Gegenmeinung); *Roth* in Bärmann WEG vor § 43 Rn. 9; *Engelhardt* in MüKoBGB WEG § 43 Rn. 31.
60 *Roth* in Bärmann WEG vor § 43 Rn. 10.
61 BGH Urt. v. 23.10.2015 – V ZR 76/14, NJW 2016, 716 (717).
62 *Roth* in Bärmann WEG § 46 Rn. 60.
63 BGH Urt. v. 11.11.2011 – V ZR 45/11, NZM 2012, 200.
64 BGH Urt. v. 16.1.2009 – V ZR 74/08, NZM 2009, 199 = ZWE 2009, 143.
65 BGH Urt. v. 17.5.2019 – V ZR 34/18, ZWE 2020, 51.

die der Partei zuzurechnenden Verzögerungen in einem hinnehmbaren Rahmen halten. Dabei wird eine Zustellungsverzögerung von bis zu vierzehn Tagen regelmäßig hingenommen, um eine Überforderung des Klägers sicher auszuschließen. Für die Einzahlung des Gerichtskostenvorschusses (§ 12 Abs. 1 GKG) ist bei der Berechnung der noch hinnehmbaren Verzögerung von vierzehn Tagen nicht auf die Zeitspanne zwischen der Aufforderung zur Einzahlung der Gerichtskosten und deren Eingang bei der Gerichtskasse, sondern darauf abzustellen, um wie viele Tage sich der ohnehin erforderliche Zeitraum infolge der Nachlässigkeit des Klägers verzögert.[66] Die Partei muss den Vorschuss innerhalb eines angemessenen Zeitraums einzahlen. Die Partei muss aber nicht zwingend an demselben Tag tätig werden, an dem bei ihr die Anforderung eingeht. Bei der Bemessung der Frist, innerhalb der die Zahlung zu erfolgen hat, ist zudem nicht nur auf den für die Überweisung durch die Bank erforderlichen Zeitraum abzustellen. Es ist vielmehr auch die Zeitspanne zu berücksichtigen, die die Partei im Normalfall benötigt, um für eine ausreichende Deckung des Kontos zu sorgen und die Überweisung zu veranlassen. Der Partei ist deshalb in der Regel eine Erledigungsfrist von einer Woche zur Einzahlung des angeforderten Gerichtskostenvorschusses zuzugestehen.[67] Wenn die Klage bereits vor Ablauf der Klagefrist eingereicht worden ist, die Zustellung der Klage aber erst nach Ablauf der Frist erfolgt, sind bis zum Fristablauf eingetretene Versäumnisse in die maßgebliche 14-Tages-Frist nicht mit einzurechnen.[68]

Auch ist zu berücksichtigen, wenn die Gerichtskostenvorschussrechnung dem Prozessbevollmächtigten des Klägers zugestellt wird. Auch wenn die Gerichtskostenrechnung verfahrensfehlerfrei zur Vermittlung der Zahlung zugesandt wurde, ist der für die Prüfung der Kostenanforderung und deren Weiterleitung an die Partei erforderliche Zeitaufwand dieser nicht als Zustellungsverzögerung anzulasten.[69] Auch von einer auf die Wahrung ihrer prozessualen Obliegenheiten bedachten Partei kann zudem nicht verlangt werden, an Feiertagen für die Einzahlung des Kostenvorschusses Sorge zu tragen.[70]

33 § 43 WEG aF begründet für wohnungseigentumsrechtliche Klagen eine **ausschließliche Zuständigkeit** des Gerichts, in dessen Bezirk das Grundstück liegt. Für Streitigkeiten nach § 43 Nr. 1 bis 4 und 6 WEG aF ist das Amtsgericht erstinstanzlich sachlich ausschließlich zuständig, § 23 Ziffer 2c GVG aF. Auf § 24 ZPO (Belegenheit der Sache) und § 32 ZPO (Tatort bei deliktischen Ansprüchen) ist aufgrund des ausschließlichen Gerichtsstands des § 43 WEG aF bei Binnenstreitigkeiten nicht zurückzugreifen.

34 Die Beklagten im Anfechtungsprozess gemäß § 46 Abs. 1 WEG aF sind **notwendige Streitgenossen**.[71] Säumige Miteigentümer werden aufgrund der Anordnung des § 62 Abs. 1 ZPO als durch die nicht säumigen Miteigentümer vertreten angesehen. Auch Geständnisse und Einwilligungen in bestimmte Verfahrensweisen gelten wegen § 62 ZPO ebenfalls zugleich als Prozesshandlungen der säumigen Streitgenossen. Das gilt auch für das Anerkenntnis gemäß § 307 ZPO, den Verzicht gemäß § 306 ZPO und auch für die Klageänderung gemäß § 263 ZPO seitens des verhandelnden Streitgenossen, da es sich um reine Prozesshandlungen handelt. Auch die übereinstimmende Erledigungserklärung hat keinen materiellrechtlichen Charakter. Sie ist nach zutreffender Auffassung lediglich prozessuale Einverständniserklärung an das Gericht und damit prozessualer Gesamtakt. Hier wird der Säumige gemäß § 62 ZPO vertreten, so dass die materiellrechtliche Verfügungsbefugnis keine Rolle spielen kann.[72] Anders ist es aber bei solchen Prozesshandlungen wie der Aufrechnung und dem Vergleich, die zugleich materiellrechtlichen Charakter haben, so dass entsprechende Verfügungsmacht zur Prozesshandlungsbefugnis hinzukommen muss.[73]

---

66 BGH Urt. v. 10.7.2015 – V ZR 154/14, NZM 2015, 664.
67 BGH Urt. v. 17.5.2019 – V ZR 34/18, NJW-RR 2019, 976; BGH Urt. v. 29.9.2017 – V ZR 103/16, NJW-RR 2018, 461 (462).
68 BGH Urt. v. 17.05.2019 – V ZR 34/18, NJW-RR 2019, 976.
69 BGH Urt. v. 29.9.2017 – V ZR 103/16, NJW-RR 2018, 461 (462).
70 BGH Urt. v. 29.9.2017 – V ZR 103/16, NJW-RR 2018, 461 (462).
71 BGH Urt. v. 11.11.2011 – V ZR 45/11, NZM 2012, 200.
72 AG Dortmund Beschl. v. 25.4.2016 – 514 C 136/15, BeckRS 2016, 15747 mwN.
73 AG Dortmund Beschl. v. 25.4.2016 – 514 C 136/15, BeckRS 2016, 15747 mwN.

bb) Ab dem 1.12.2020 anhängige Verfahren. Für ab dem 1.12.2020 anhängig gemachte Verfahren sind die Verfahrensvorschriften der §§ 43 bis 45 WEG anzuwenden. Anhängig ist die Klage mit der Einreichung; auf die Zustellung der Klage kommt es für die Bestimmung der Anwendbarkeit des neuen Verfahrensrechts nicht an.[74] 35

Während das bisherige Recht in § 46 Abs. WEG aF die Anfechtungsklage regelte, normiert § 44 WEG nunmehr umfassend die „Beschlussklagen" und nennt hier ausdrücklich die Anfechtungsklage, die Nichtigkeitsklage sowie die Beschlussersetzungsklage, § 44 Abs. 1 WEG. Anders als nach bisherigem Recht sind die Klagen nunmehr gegen die Gemeinschaft der Wohnungseigentümer zu richten, § 44 Abs. 2 WEG. Die Benennung der einzelnen Wohnungseigentümer entfällt. Ebenso wie bisher muss die Anfechtungsklage allerdings auch nach neuem Recht binnen eines Monats nach Beschlussfassung erhoben und binnen zwei Monate nach der Beschlussfassung begründet werden, § 45 Satz 1 WEG. Hierbei handelt es sich nach wie vor um eine materielle Ausschlussfrist.[75] Hinsichtlich der Ausführungen zur Fristwahrung kann daher auf die Kommentierung des bisherigen Verfahrensrechts (→ Rn. 31) verwiesen werden.

Das neue Recht sieht, im Gegensatz zum bisherigen Recht, keine Befugnis des Verwalters zur Erhebung einer Anfechtungsklage mehr vor. Unberührt davon bleibt natürlich die Möglichkeit des Verwalters, der gleichzeitig Wohnungseigentümer ist, aufgrund seiner Stellung als Wohnungseigentümer Anfechtungsklage zu erheben.[76]

§ 43 Abs. 1 WEG normiert nunmehr den allgemeinen Gerichtsstand der Gemeinschaft der Wohnungseigentümer. § 43 WEG sieht, nunmehr in Absatz 2, ebenfalls eine ausschließliche Zuständigkeit des Gerichts vor, in dessen Bezirk das Grundstück der WEG liegt. Für diese Streitigkeiten gemäß § 43 Abs. 2 WEG ist das Amtsgericht ausschließlich zuständig, § 23 Ziffer 2 c GVG.

2. Nachbarstreit

Die Wohnungseigentümergemeinschaft als Verband kann von einem Grundstücksnachbarn wegen einer Eigentumsstörung aus § 1004 BGB (obwohl sie selbst nicht Störerin ist)[77] in Anspruch genommen werden, soweit alle Eigentümer als Störer anzusehen sind. Grundlage dieser Haftung ist allerdings keine originäre eigene Verpflichtung der Wohnungseigentümergemeinschaft. Diese ist zwar „Inhaberin" der als Gemeinschaft gesetzlich begründeten oder rechtsgeschäftlich erworbenen Pflichten. Zu diesen gehören aber nicht die Ansprüche von Nachbarn auf Beseitigung einer durch Maßnahmen auf dem Gemeinschaftsgrundstück eingetretenen Störung ihres Eigentums. Über die Benutzung und die Verwaltung des gemeinschaftlichen Eigentums entscheiden die Wohnungseigentümer selbst, nicht der Verband. Dieser ist zur **Umsetzung der Beschlüsse** der Wohnungseigentümer verpflichtet und hat dabei keinen Entscheidungsspielraum. Störungen des Eigentums Dritter, zu denen es bei der Umsetzung der Beschlüsse der Wohnungseigentümer kommt, sind deshalb mangels eigenen Entscheidungsspielraums des Verbands den Wohnungseigentümern zuzurechnen, nicht dem Verband.[78] 36

Die Gemeinschaft kann aber deshalb auf Beseitigung in Anspruch genommen werden, weil die Pflicht zur Beseitigung eine **gemeinschaftsbezogene Verpflichtung** der Wohnungseigentümer ist, welche die Gemeinschaft nach § 9a Abs. 2 WEG kraft Gesetzes für diese „wahrnimmt". Eine solche Wahrnehmungskompetenz der Gemeinschaft besteht zwar nur dann, wenn die Verpflichtung sämtliche Wohnungseigentümer trifft und eine einheitliche Rechtsverfolgung erfordert. Die Verpflichtung zur Beseitigung trifft nach § 1004 Abs. 1 Satz 1 BGB den Störer. Störer ist aber nicht nur derjenige, der den störenden Zustand herbeigeführt 37

74 *Hügel/Elzer* WEG § 45 Rn. 10.
75 *Hügel/Elzer* WEG § 45 Rn. 38.
76 *Hügel/Elzer* WEG § 44 Rn. 33.
77 AA LG Saarbrücken Urt. v. 4.7.2014 – 5 S 107/13, ZWE 2014, 361.
78 BGH Urt. v. 11.12.2015 – V ZR 180/14, ZWE 2016, 252.

hat, sondern auch derjenige, durch dessen maßgebenden Willen der die Eigentumsbeeinträchtigung herbeiführende Zustand aufrechterhalten wird.[79]

Die Wohnungseigentümergemeinschaft hat gemäß § 43 Abs. 1 WEG ihren allgemeinen Gerichtsstand bei dem Gericht, in dessen Bezirk das Grundstück liegt.

IV. Öffentliches Recht

38 Nach zutreffender Auffassung bestehen keine **öffentlich-rechtlichen Nachbarschutzansprüche** innerhalb der Gemeinschaft der Miteigentümer ein und desselben Grundstückes. Für eine öffentlich-rechtliche Nachbarklage eines Sondereigentümers, mit der dieser sich gegen die Art der Nutzung der im Sondereigentum eines anderen Miteigentümers derselben Eigentümergemeinschaft stehenden Wohnung wendet, fehlt daher regelmäßig die Klagebefugnis gemäß § 42 Abs. 2 VwGO.[80] Die Klage vor dem Verwaltungsgericht ist schon unzulässig. Rechtsschutz gegen die Baugenehmigung eines anderen Wohnungseigentümers aus der Gemeinschaft ist vor dem Zivilgericht zu suchen.[81]

39 Ein Wohnungseigentümer ist jedoch hinsichtlich seines Sondereigentums berechtigt, auch mittels einer öffentlich-rechtlichen **Nachbarklage** solche Beeinträchtigungen abzuwehren, die ihre rechtliche Grundlage in der einem außerhalb der Eigentümergemeinschaft stehenden Dritten erteilten behördlichen Genehmigung haben, sofern der Behörde bei ihrer Entscheidung auch der Schutz der nachbarlichen Interessen des Sondereigentums aufgetragen ist.[82] Die **Antragsbefugnis** des Sondereigentümers besteht zumindest dann, wenn er auch geltend machen kann, dass das Vorhaben gegen das Gebot der Rücksichtnahme und damit gegen eine nachbarschützende Vorschrift, die gerade auch dem Schutz des Sondereigentums dient, verstößt.[83]

132. Wurzeln

Weiß

Literatur: *Bringewat/Sander*, Assessorexamensklausur – Zivilrecht: Anwaltsklausur – Mein Freund, der Baum, JuS 2011, 449; *Driehaus*, Kommunalabgabenrecht, 60. Ergänzungslieferung 2019; *Gietl*, Assessorexamensklausur – Zivilrecht: Fremdländisches Nadelgehölz, JuS 2017, 453; *Horst*, Der „flotte“ Rückschnitt von Grenzüberwuchs im Selbsthilferecht: Wer trägt die Entsorgungslast? – Grundlinien des deutschen Nachbargrenzrechts und

---

79 BGH Urt. v. 11.12.2015 – V ZR 180/14, ZWE 2016, 252.
80 VG Hamburg Urt. v. 5.4.2011 – 11 K 1866/10, ZWE 2012, 147.
81 *Commichau* in MüKoBGB WEG § 15 Rn. 46.
82 VG München Urt. v. 19.5.2014 – M 8 K 13.1111, ZWE 2015, 295; VG München Beschl. v. 1.12.2011 – M 8 SN 11.5205, ZWE 2012, 147.
83 VG Mainz Beschl. v. 18.2.2015 – 3 L 6/15.MZ, ZWE 2015, 294.

die österreichische Perspektive, NZM 2017, 57; *Horst*, Laub und Schattenwurf vom Nachbargrund: Ein „ewiger" Zankapfel, NZM 2018, 217; *Pick/Bärmann*, Kommentar zum WEG, 19. Aufl. 2010.

I. Einführung

Der derzeit besonders ins allgemeine Bewusstsein gerückte und in vielen aktuellen politischen und gesellschaftlichen Diskussionen Raum greifende Umweltschutz hat auch zur Folge, dass viele Menschen, aber auch Städte und Gemeinden eine Begrünung ihrer Umwelt voranbringen möchten, sei es durch Gartengestaltung (zB durch ein Verbot von Steinvorgärten)[1], die Anlage von Parks oder die Begrünung der Straßen. Aber auch für die Luftqualität spielen Bäume eine maßgebliche Rolle. Zunächst verborgen, aber doch mit teils ungeahnter Kraft, breitet sich das Wurzelwerk aus, ohne die menschengemachten Grundstücksgrenzen zu beachten. Dies kann Konfliktstoff unter Nachbarn bieten, da vorhandene Bauwerke beschädigt oder bauliche Veränderungen verhindert oder zumindest erschwert werden. Letztlich soll aber auch der Schutz der Bäume nicht zu kurz kommen, so dass Regelungen erforderlich sind, die einen Ausgleich dieser Interessen gewährleisten. 1

II. Selbsthilferecht, § 910 BGB

Ein zentrales Recht des Nachbarn stellt das **Selbsthilferecht** nach § 910 BGB dar. Als Konkretisierung des Eigentumsrechtes aus §§ 903, 905 BGB soll es eine schnelle und unkomplizierte Befriedung eines Nachbarschaftskonfliktes herbeiführen.[2] Bei Vorliegen der Voraussetzungen darf der Nachbar daher die in sein Grundstück eingedrungenen Wurzeln selbst beseitigen und ist nicht auf die ggf. gerichtliche Geltendmachung eines Abwehranspruches beschränkt. 2

1. Voraussetzungen

a) Wurzeln. Das Selbsthilferecht besteht nach dem Wortlaut der Norm bei **Wurzeln von Bäumen und Sträuchern**, dh deren regelmäßig unterirdischer Teil, der zur Verankerung im Boden und zur Aufnahme von Wasser und Mineralstoffen dient. Soweit Teile der Wurzeln durch Bodenabtrag oder ihren Wuchs aus dem Boden ragen, hindert dies die Anwendung des § 910 BGB nicht, da in diesem Fall die potenzielle Beeinträchtigung sogar schwerwiegender sein dürfte. 3

Erst recht ist die Vorschrift auf **Wurzeln anderer Pflanzen** wie Hecken (→ *Hecke* Rn 4 ff.), Schlinggewächse, Ranken[3] und auch Wurzeln von Unkräutern und diese begleitende Samenunkräuter[4] **analog anzuwenden**, da es nach dem gesetzgeberischen Willen nicht auf die botanische Bezeichnung ankommt und eine derartige Differenzierung der intendierten einfachen und schnellen Streitlösung zuwiderlaufen würde.[5] Weiterhin ist die Vorschrift auf sog. Rhizome (unterirdisch wachsendes Sprossachsensystem) anzuwenden,[6] die zwar keine Wurzeln im botanischen Sinne darstellen, aufgrund des unterirdischen Wachstums aber das gleiche Störpotential aufweisen. 4

b) Eindringen (Grenzüberschreitung). Die Anwendung des Selbsthilferechts setzt ein **Eindringen in das benachbarte Grundstück**, dh eine Grenzüberschreitung voraus. Diese Voraussetzung ergibt sich zwingend, da das Ausschließungsrecht des Eigentümers gemäß § 903 BGB erst an der Grundstücksgrenze beginnt und zudem eine Beeinträchtigung durch nicht in das Grundstück eingedrungene Wurzeln kaum denkbar ist. Der genau vermessene Verlauf der Grundstücksgrenze ergibt sich aus dem Liegenschaftskatas- 5

1 Gestalterische Festsetzung in Bebauungsplänen: keine „Gärten des Grauens".
2 *Roth* in Staudinger BGB § 910 Rn. 1; *Brückner* in MüKoBGB § 910 Rn. 1.
3 *Roth* in Staudinger BGB § 910 Rn. 16; *Brückner* in MüKoBGB § 910 Rn. 7 mwN; AG Brandenburg Urt. v. 20.2.2020 – 31 C 142/18, juris Rn. 80; → *Ranken* Rn. 6 ff.
4 OLG Schleswig Urt. v. 20.11.2009 – 14 U 75/09, NJOZ 2010, 344.
5 *Lüke* in Grziwotz/Lüke/Saller, NachbarR-HdB, 2. Teil Rn. 381 mit Verweis auf die Motive zum BGB Bd. III, S. 288.
6 LG Osnabrück Urt. v. 21.5.2010 – 7 O 361/10, juris Rn. 20.

ter,[7] für das im Übrigen auch die Richtigkeitsvermutung des Grundbuches gilt.[8] Diese Grenze bildet eine gedachte Schnittebene, die die Wurzeln durchdringen müssen. Auch soweit Versorgungsleitungen vom Eindringen von Wurzeln betroffen sind, kommt es nicht auf das Eigentum an den Leitungen, sondern auf deren Lage im Grundstück an,[9] da sich § 910 BGB auf das Eindringen in ein Grundstück bezieht. Außerhalb des Grundstückes ist der Eigentümer auf den negatorischen Beseitigungsanspruch beschränkt.[10]

6 Gemäß § 905 BGB ergibt sich keine besondere Beschränkung hinsichtlich der **Eindringtiefe**. Eine absolute Grenze des Grundeigentums in die Tiefe ist in unserem Rechtssystem nicht vorgesehen.[11] Da § 910 BGB eine Konkretisierung der Eigentumsvorschriften darstellt, stimmen die Voraussetzungen in § 905 Satz 2 BGB und § 910 Abs. 2 BGB überein, dh es muss eine Beeinträchtigung des Grundstücks vorliegen, weshalb bejahendenfalls auch ein schutzwürdiges Interesse an der Ausschließung anzunehmen ist.

7 **c) Objektive Nutzungsbeeinträchtigung.** Nach § 910 Abs. 2 BGB setzt das Selbsthilferecht eine objektive Beeinträchtigung[12] der Benutzung des Grundstücks durch die Wurzeln voraus. Eine solche liegt vor, wenn die **aktuelle Nutzung** des Grundstücks erschwert oder verhindert wird.[13] Dabei ist die Art,[14] Ortsüblichkeit[15] und Zweckmäßigkeit[16] der Nutzung irrelevant. Es kommt mithin nicht darauf an, ob das Grundstück wirtschaftlich, zu Freizeitzwecken oder zur Erholung genutzt wird. Anders als in § 906 Abs. 2 Satz 1 BGB ist die Ortsüblichkeit in § 910 Abs. 2 BGB kein Kriterium. Diese Differenzierung leuchtet auch ein, da Wurzeln – anders als die Immissionen iSd § 906 Abs. 2 BGB – permanent vorliegen und nicht nur zeitweise zu einer Beeinträchtigung führen.[17] Gleichsam für die Zweckmäßigkeit der Nutzung überwiegt das Recht des Eigentümers, andere von der Nutzung des Grundstücks auszuschließen und dieses nach seinem Belieben frei zu nutzen und zu gestalten.

8 **Beispiele** für eine Beeinträchtigung sind die Schwächung des Wachstums oder der Fruchtbildung durch Feuchtigkeits- und Nährstoffentzug,[18] die Erschwerung der Bewirtschaftung einer Ackerfläche,[19] die Erschwerung des Verlegens von Versorgungsleitungen und deren Instandhaltung,[20] die Erschwernis der Anlage eines Ziergartens,[21] das Anheben von Bodenplatten oder Teerbelag von Wegen[22] wie auch die Behinderung durch aus dem Boden ragende Wurzelteile (Sturzgefahr), das Eindringen in Rohrleitungen[23], Funda-

7 Siehe §§ 2 Abs. 2, 120 Nr. 2 GBO iVm den jeweiligen landesrechtlichen Vermessungs- und Katastergesetzen.
8 BGH Urt. v. 2.12.2005 – V ZR 11/05, NJW-RR 2006, 662.
9 BGH Urt. v. 26.4.1991 – V ZR 346/89, NJW 1991, 2826; BGH Urt. v. 2.12.1988 – V ZR 26/88, BGHZ 106, 142; *Lüke* in Grziwotz/Lüke/Saller, NachbarR-HdB, 2. Teil Rn. 382.
10 BGH Urt. v. 26.4.1991 – V ZR 346/89, NJW 1991, 2826; → Rn. 32 ff.
11 Ausf. *Dehner* B § 1 II. 1. und 2.
12 BGH Urt. v. 14.11.2003 – V ZR 102/03, BGHZ 157,33.
13 OLG Schleswig Urt. v. 20.11.2009 – 14 U 75/09, NJOZ 2011, 344; OLG Hamm Urt. v. 15.12.2014 – 5 U 67/14, juris Rn. 44, 53; *Lüke* in Grziwotz/Lüke/Saller, NachbarR-HdB, 2. Teil Rn. 376 f.; *Roth* in Staudinger BGB § 910 Rn. 18.
14 OLG Schleswig Urt. v. 20.11.2009 – 14 U 75/09, NJOZ 2011, 344; *Roth* in Staudinger BGB § 910 Rn. 18.
15 OLG Koblenz Beschl. v. 8.10.2013 – 3 U 631/13, MDR 2014, 25; *Lüke* in Grziwotz/Lüke/Saller, NachbarR-HdB, 2. Teil Rn. 380; *Roth* in Staudinger BGB § 910 Rn. 18.
16 AG Königstein Urt. v. 19.4.2000 – 21 C 113/00, NJW-RR 2000, 1256 (Ziergarten); *Lüke* in Grziwotz/Lüke/Saller, NachbarR-HdB, 2. Teil Rn. 380; *Roth* in Staudinger BGB § 910 Rn. 18.
17 AG Würzburg Urt. v. 22.9.2000 – 14 C 1507/00, BeckRS 2000, 10048; aA AG Frankfurt a.M. Urt. v. 28.7.1989 – 32 C 2723/88, NJW-RR 1990, 146.
18 *Roth* in Staudinger BGB § 910 Rn. 19.
19 *Lüke* in Grziwotz/Lüke/Saller, NachbarR-HdB, 2. Teil Rn. 378.
20 LG Stuttgart Urt. v. 31.10.1986 – 19 O 524/85, VersR 1987, 1201.
21 AG Königstein Urt. v. 19.4.2000 – 21 C 113/00, NJW-RR 2000, 1256.
22 BGH Urt. v. 28.11.2003 – V ZR 99/03, NJW 2004, 603; KG Urt. v. 15.7.2008 – 7 U 180/07, NJW 2008, 3148; LG Itzehoe Urt. v. 9.2.1995 – 4 S 154/94, NJW-RR 1995, 978; LG Hamburg Urt. v. 16.12.2015 – 321 S 24/14, juris Rn. 20.
23 BGH Urt. v. 7.3.1986 – V ZR 92/85, BGHZ 97, 231.

mente von Gebäuden[24] und Mauern,[25] die Beeinträchtigung von (Freizeit-)Anlagen[26], Beschädigung von Teichfolien[27] sowie die Beeinträchtigung der Gartengestaltung.[28] Hingegen genügt das bloße Vorhandensein von Wurzeln grundsätzlich nicht. Ebenso wenig stellt es eine Beeinträchtigung dar, wenn dem Boden Nährstoffe und Wasser entzogen werden, ohne dass die Nutzung beeinträchtigt ist.[29]

Eine **Nutzungsänderung** des Grundstücks schließt das Selbsthilferecht nicht nach dem Prioritätsgedanken 9
aus, da immer auf die aktuelle Nutzung abzustellen ist.[30] Das bedeutet, das Selbsthilferecht besteht selbst dann, wenn erst durch die Nutzungsänderung eine Beeinträchtigung vorliegt, selbst wenn die Wurzeln bereits zuvor vorhanden waren, denn die Art der Nutzung des Eigentums muss nicht von etwaigen Störungen vom Nachbargrundstück abhängig gemacht werden.[31] Zwar reicht eine bloß hypothetische Beeinträchtigung bei einer denkbaren Nutzungsänderung nicht aus, um das Selbsthilferecht auszulösen, indes genügt hierfür eine unmittelbar bevorstehende Nutzung des Grundstücks, insbesondere eine wirtschaftliche Nutzung.[32]

Bisher in der Rechtsprechung nicht abschließend beantwortet[33] ist die Frage, ob **unerhebliche Beeinträch-** 10
tigungen zu dulden sind, dh das Selbsthilferecht nicht begründen. Eine derartige Bagatellgrenze ist in § 910 Abs. 2 BGB aber nicht vorgesehen.[34] Eine zu unterbindende Schikane (§ 226 BGB) des Eigentümers scheidet aus, sobald eine, wenn auch geringe, Beeinträchtigung vorliegt. Auch aus der Gesetzessystematik lässt sich diese Einschränkung nicht ableiten, da § 910 BGB im Kontext des Eigentumsrechts der §§ 903, 905 BGB steht und sich das daraus abgeleitete Ausschließungsrecht auf jede Beeinträchtigung bezieht. Insbesondere folgt aus § 910 BGB keine Berechtigung, Wurzeln (und Zweige, → *Überhängen von Zweigen* Rn. 4 ff.) in den Machtbereich des Nachbarn wachsen zu lassen.[35] Zu Recht wird darauf hingewiesen, dass mit dieser Einschränkung ein subjektiver Einschlag in die Beurteilung aufgenommen wird, wann eine Beeinträchtigung unerheblich ist, woraus nicht unerhebliche Rechtsunsicherheiten entstehen können, die den Zweck des § 910 BGB unterlaufen würden.[36]

Auch auf Grundlage des **nachbarschaftlichen Gemeinschaftsverhältnisses** lässt sich eine Beeinträchti- 11
gung nicht relativieren oder eine Duldungspflicht ableiten (→ *Nachbarschaftliches Gemeinschaftsverhältnis* Rn. 15).[37] Dieses Institut kann zwar zur Unzulässigkeit der Ausübung von (Eigentums-)Rechten führen, ist indes nur einschlägig, wenn ein über die gesetzliche Regelung hinausgehender billiger Ausgleich der widerstreitenden Interessen dringend geboten ist.[38] Dies darf aber die nachbarrechtlichen Regelungen nicht

---

24 OLG Köln Urt. v. 17.5.1989 – 13 U 113/88, NJW-RR 1989, 1177.

25 BGH Urt. v. 8.3.1990 – III ZR 141/88, NJW 1990, 3195; BGH Urt. v. 12.12.2003 – V ZR 98/03, NJW 2004, 1035.

26 BGH Urt. v. 18.4.1997 – V ZR 28/96, BGHZ 135, 235.

27 LG Hamburg Urt. v. 16.12.2015 – 321 S 24/14, juris Rn. 20.

28 OLG Hamm Urt. v. 15.12.2014 – 5 U 67/14, juris Rn. 44 (Setzen von Rasenkantensteinen).

29 *Roth* in Staudinger BGB § 910 Rn. 19; strenger *Lüke* in Grziwotz/Lüke/Saller, NachbarR-HdB, 2. Teil Rn. 378.

30 BGH Urt. v. 23.2.1973 – V ZR 109/71, BGHZ 60, 235; BGH Urt. v. 18.4.1997 – V ZR 28/96, BGHZ 135, 235.

31 *Brückner* in MüKoBGB § 910 Rn. 12; *Roth* in Staudinger BGB § 910 Rn. 18.

32 *Roth* in Staudinger BGB § 910 Rn. 18; *Lüke* in Grziwotz/Lüke/Saller, NachbarR-HdB, 2. Teil Rn. 376.

33 Vom BGH explizit offen gelassen: BGH Urt. v. 22.2.2019 – V ZR 136/18, NJW-RR 2019, 590; BGH Urt. v. 14.11.2003 – V ZR 102/03, BGHZ 157, 33.

34 Ausführlich AG Königstein Urt. v. 19.4.2000 – 21 C 113/00, NJW-RR 2000, 1256 insbesondere auch zur Entstehungshistorie; *Roth* in Staudinger BGB § 910 Rn. 18; *Lüke* in Grziwotz/Lüke/Saller, NachbarR-HdB, 2. Teil Rn. 374; *Lorenz* in Erman BGB § 910 Rn. 5; aA OLG Köln Urt. v. 12.7.2011 – 4 U 18/10, juris Rn. 17 (mit fälschlichen Verweisen auf den BGH); OLG Koblenz Beschl. v. 8.10.2013 – 3 U 631/13, MDR 2014, 25; *Bassenge* in Palandt § 910 Rn. 3.

35 BGH Urt. v. 23.2.1073 – V ZR 109/71, BGHZ 60; AG Königstein Urt. v. 19.4.2000 – 21 C 113/00, NJW-RR 2000, 1256.

36 AG Königstein Urt. v. 19.4.2000 – 21 C 113/00, NJW-RR 2000, 1256.

37 *Roth* in Staudinger BGB § 910 Rn. 18; *Lüke* in Grziwotz/Lüke/Saller, NachbarR-HdB, 2. Teil Rn. 380; aA OLG Karlsruhe Urt. v. 27.5.2014 – 12 U 168/13, MDR 2014, 893; AG Frankfurt a.M. Urt. v. 28.7.1989 – 32 C 2723/88, NJW-RR 1990, 146.

38 BGH Urt. v. 14.11.2003 – V ZR 102/03, BGHZ 157, 33.

in ihr Gegenteil verkehren.[39] Dieses aus § 242 BGB entwickelte Rechtsinstitut vermag daher keine schlichten Billigkeitserwägungen zu rechtfertigen, sondern erfordert im hiesigen Kontext eine für den Baumeigentümer unzumutbare und schwerwiegende und durch naturschutzrechtliche Vorgaben (→ Rn. 28 ff.) nicht berücksichtigte Beeinträchtigung durch das Abschneiden der Wurzeln. Ein Abstellen auf die Erheblichkeit der Beeinträchtigung beim Grundstückseigentümer verkehrt mithin die Beurteilungsperspektive. Eine solche Beeinträchtigung des Baumeigentümers dürfte jedoch kaum vorstellbar sein und ist zudem für den Grundstückseigentümer im Rahmen des Selbsthilferechts auch kaum erkennbar, so dass eine Rechtsunsicherheit entstehen würde, die wiederum dem Normzweck zuwiderlaufen würde. Folglich kommt allenfalls eine Berücksichtigung auf der Rechtsfolgenebene in Betracht.

12 Eine Besonderheit kann bei **Wohnungseigentümergemeinschaften** nach §§ 13, 14 WEG bestehen, da nach diesen Vorschriften unter den Wohnungseigentümern ein intensiviertes Nachbarschaftsverhältnis besteht.[40] Das Sondereigentum darf nur in einer Weise benutzt werden, dass andere Wohnungseigentümer nicht gestört werden, wobei die örtlichen Gegebenheiten zu berücksichtigen sind.[41] Insoweit kann die Beurteilung einer objektiven Beeinträchtigung bei Wohnungseigentümergemeinschaften durchaus abweichen. Ebenso ist aufgrund der erhöhten Rücksichtnahme- und Duldungspflichten nach § 14 Abs. 1 Nr. 2, Abs. 2 Nr. 2 WEG zumindest erwägenswert, eine Bagatellgrenze der Beeinträchtigung anzunehmen.

13 Eine Duldungspflicht für Beeinträchtigungen durch Anpflanzungen wird hingegen in einigen Straßengesetzen für Bäume an **öffentlichen Straßen** vorgesehen, wobei etwaige Eingriffe in das Wurzelwerk der behördlichen Zustimmung bedürfen: § 16 Abs. 3 BerlStrG[42], § 27 Abs. 2 BbgStrG, § 32 Abs. 2 Satz 2 StrWG NRW, § 29 Abs. 2 Satz 1 LStrG RhPf, § 33 Satz 3 SaarlStrG. Die übrigen Landesstraßengesetze sehen lediglich eine Duldung der Maßnahmen zur Erhaltung der Straßenanpflanzungen vor, wozu der natürliche Wurzelwuchs indes nicht gehört.[43] Dies stellt eine zulässige Inhalts- und Schrankenbestimmung nach Art. 14 Abs. 1 Satz 2 GG dar, aus der sich nur in besonderen Ausnahmesituationen ein öffentlich-rechtlicher Folgenbeseitigungsanspruch gegen die Kommune ergeben kann.[44] Eine Unzumutbarkeit der Duldungspflicht ist aber dann anzunehmen, wenn mit hinreichender Sicherheit in naher Zukunft durch die Wurzeln erhebliche Schäden an benachbarten Sachen oder Gebäuden entstehen werden.[45]

14 § 24 Abs. 2 NRG BW schränkt das Selbsthilferecht gemäß Art. 124 EGBGB ausdrücklich auf **wesentliche** Beeinträchtigungen ein.

15 **d) Anzeigepflicht, keine Fristsetzung.** Anders als nach § 910 Abs. 1 Satz 2 BGB für das Abschneiden von Zweigen besteht laut dem eindeutigen Wortlaut des § 910 Abs. 1 Satz 1 BGB **keine Pflicht zur Fristsetzung** für das Abschneiden von Wurzeln.[46]

16 **Ausnahmsweise** kann der Grundstückseigentümer aus dem nachbarrechtlichen Gemeinschaftsverhältnis dazu verpflichtet sein, dem Baumeigentümer die bevorstehende Beseitigung eingedrungener Wurzeln **anzuzeigen**, um diesem die Möglichkeit zu eröffnen, etwaige Schutzmaßnahmen für den Baum zu treffen, um bspw. dessen Absterben zu verhindern.[47] Diese Maßnahmen obliegen allein dem Baumeigentümer, auf des-

39 BGH Urt. v. 29.6.2012 – V ZR 97/11, NJW-RR 2012, 1160 Rn. 20; BGH Urt. v. 15.11.2003 – V ZR 24/13, NJW 2014, 311 Rn. 25.

40 *Bärmann/Pick* WEG § 13 Rn. 34.

41 *Commichau* in MüKoBGB WEG § 14 Rn. 8.

42 Dazu LG Berlin Urt. v. 9.7.2018 – 28 O 224/18, juris Rn. 21 f.

43 BGH Urt. v. 8.3.1990 – III ZR 141/88, NJW 1990, 3195; OLG Celle Urt. v. 21.10.2004 – 4 U 78/04, juris Rn. 9.

44 OVG Münster Urt. v. 21.9.1999 – 23 A 875/97, NJW 2000, 754; VGH München Beschl. v. 12.11.2018 – 4 ZB 18.215, juris Rn. 13 ff.

45 VGH München Beschl. v. 12.11.2018 – 4 ZB 18.215, juris Rn. 18.

46 *Roth* in Staudinger BGB § 910 Rn. 10; *Lüke* in Grziwotz/Lüke/Saller, NachbarR-HdB, 2. Teil Rn. 382; *Brückner* in MüKoBGB § 910 Rn. 4.

47 OLG Köln Urt. v. 23.6.1993 – 13 U 274/92, juris Rn. 15; *Roth* in Staudinger BGB § 910 Rn. 10; *Lorenz* in Erman BGB § 910 Rn. 4; LG Stuttgart Urt. v. 31.10.1986 – 19 O 524/85, VersR 1987, 1201.

sen Risiko die (sachgerechte) Beseitigung der Wurzeln erfolgt.[48] Bei einem Verstoß gegen die Anzeigepflicht kann sich der Grundstückseigentümer schadensersatzpflichtig machen (→ Rn. 44 f.).[49] Da in den seltensten Fällen ein sofortiges Beseitigen der Wurzeln notwendig sein dürfte, empfiehlt sich in der Praxis stets, vorab das Gespräch mit dem Nachbarn zu suchen.

Eine **Anzeigepflicht** gegenüber der öffentlichen Hand (regelmäßig Straßenbaulastträger bzw. Stadt/ Gemeinde) ergibt sich bei Bäumen an **öffentlichen Straßen** auch aus einigen landesrechtlichen Vorschriften:[50] § 32 Satz 3 NdsStrG; § 26 Abs. 4 Satz 3 BremLStrG. § 25 Abs. 2 NRG BW sieht sogar eine Fristsetzung und deren fruchtlosen Ablauf vor.[51] 17

e) Verjährung, Verwirkung. Das Selbsthilferecht ist kein Anspruch im Sinne des § 194 Abs. 1 BGB und unterliegt damit **keiner Verjährung**.[52] Allenfalls kommt bei Vorliegen eines Zeit- und Umstandsmomentes nach allgemeinen Regeln eine Verwirkung in Betracht, die indes in der Praxis eine geringe Rolle spielen dürfte, da es regelmäßig am Umstandsmoment fehlen wird.[53] 18

2. Rechtsfolgen

a) Berechtigte. Nach dem Wortlaut steht das Selbsthilferecht dem **Eigentümer** des Grundstücks zu. Hierzu zählt indes nicht nur der Alleineigentümer, sondern auch ein Miteigentümer, §§ 1008, 1011 BGB. Ebenso kann der **Erbbauberechtigte** nach § 11 Abs. 1 Satz 1 ErbbauRG das Selbsthilferecht wahrnehmen. In analoger Anwendung des § 910 BGB wird dieses Recht aber auch anderen **beschränkt dinglich Berechtigten** zuerkannt,[54] zB dem Inhaber einer Grunddienstbarkeit[55] oder dem Nießbraucher. Diese Rechtspositionen sind der des Eigentümers weitgehend gleichgestellt und mit dem Sinn und Zweck der Norm ist der „Umweg“, zunächst den Eigentümer zur Ausübung seines (Selbsthilfe-)Rechts anzuhalten, nicht zu vereinbaren.[56] 19

Lediglich **obligatorisch Berechtigte** – v.a. Mieter, Pächter – zählen indes **nicht** zum Kreis der Selbsthilfeberechtigten, da diese Norm im systematischen Zusammenhang des Eigentums steht und die Entscheidung über die Ausübung des Rechts dem Eigentümer zustehen muss.[57] Diese Personen können jedoch vom Eigentümer zur Ausübung des Selbsthilferechts ermächtigt werden, bspw. Mieter.[58] 20

Der **öffentlichen Hand** steht für ihre Grundstücke ebenfalls das Selbsthilferecht nach § 910 BGB zu; gleiches gilt auch umgekehrt für den Privateigentümer gegenüber der öffentlichen Hand.[59] Werden für den Straßenbaulastträger Dritte – etwa zum Verlegen von Versorgungsleitungen – tätig, so kann in der Beauftragung zugleich die Ermächtigung zur Ausübung des Selbsthilferechts liegen.[60] Ebenso kann das Selbsthilferecht auch **juristischen Personen** zustehen.[61] 21

48 OLG Köln Urt. v. 23.6.1993 – 13 U 274/92, juris Rn. 14.
49 OLG Köln Urt. v. 23.6.1993 – 13 U 274/92, juris Rn. 15.
50 Siehe OLG Celle Urt. v. 21.10.2004 – 4 U 78/04, juris Rn. 9.
51 An der Legitimation zweifelnd *Roth* in Staudinger BGB § 910 Rn. 24.
52 AllgM, siehe nur *Roth* in Staudinger BGB § 910 Rn. 28; *Brückner* in MüKoBGB § 910 Rn. 18.
53 Vgl. LG Freiburg Urt. v. 22.1.2015 – 3 S 143/14, juris Rn. 22; → *Rechtsverlust und unzulässige Rechtsausübung* Rn. 40 ff.
54 *Roth* in Staudinger BGB § 910 Rn. 5; *Brückner* in MüKoBGB § 910 Rn. 14.
55 Tendenziell bejahend BGH Urt. v. 25.10.1991 – V ZR 196/90, NJW 1992, 1101.
56 *Lüke* in Grziwotz/Lüke/Saller, NachbarR-HdB, 2. Teil Rn. 370.
57 *Roth* in Staudinger BGB § 910 Rn. 6; nunmehr auch *Brückner* in MüKoBGB § 910 Rn. 14 (anders noch Vorauflage); a. A. (§ 910 BGB analog) *Vollkommer* in BeckOGK BGB, Stand 1.7.2020, § 910 Rn. 5.
58 *Roth* in Staudinger BGB § 910 Rn. 6; *Lüke* in Grziwotz/Lüke/Saller, NachbarR-HdB, 2. Teil Rn. 372.
59 BGH Urt. v. 8.3.1990 – III ZR 141/88, NJW 1990, 3195; BGH Urt. v. 2.12.1988 – V ZR 26/88, NJW 1989, 1032; *Roth* in Staudinger BGB § 910 Rn. 5; *Lüke* in Grziwotz/Lüke/Saller, NachbarR-HdB, 2. Teil Rn. 371, 374.
60 LG Stuttgart Urt. v. 31.10.1986 – 19 O 524/85, VersR 1987, 1201; *Roth* in Staudinger BGB § 910 Rn. 6.
61 *Lüke* in Grziwotz/Lüke/Saller, NachbarR-HdB, 2. Teil Rn. 371.

22 Bei **Wohnungseigentümergemeinschaften** steht das Selbsthilferecht nach der durch die WEG-Novelle aufgegebenen Unterscheidung zwischen geborenen und gekorenen Ausübungsbefugnissen der Gemeinschaft gem. § 9a WEG zu, wenn Gemeinschaftseigentum betroffen ist.[62] **Untereinander** steht das Selbsthilferecht den Wohnungseigentümern nicht für das gesamte Eigentum, sondern lediglich für ihr Sondereigentum zu, da bzgl. der Sondernutzungsrechte die nachbarrechtlichen Regelungen entsprechende Anwendung finden, weil eine vergleichbare Interessenlage wie bei Grundstücksnachbarn besteht.[63] Gleiches gilt für die **Bruchteilsgemeinschaft**.[64] Nunmehr kann an Garten- bzw. Freiflächen auch gem. § 3 Abs. 2 WEG Sondereigentum begründet werden, so dass das Recht dem jeweiligen Sondereigentümer zusteht, § 13 Abs. 1 WEG (→ *Garten* Rn. 18).

23 **b) Inhalt.** Das Selbsthilferecht ermöglicht es dem Grundstückseigentümer, die auf sein Grundstück eingedrungenen Wurzeln bzw. Wurzelteile, aber nur soweit diese auch beeinträchtigen,[65] eigenhändig bis zur Grundstücksgrenze **abzutrennen**. Rein praktisch wird man ein zentimetergenaues Abtrennen der Wurzeln auf der Grundstücksgrenze indes nicht verlangen können,[66] auch unter Berücksichtigung der Erforderlichkeit eines fachmännischen Abtrennens, um eine übermäßige Schädigung des Baumes zu vermeiden. Es besteht aber kein Recht, hierfür das Nachbargrundstück zu betreten.[67]

24 Der Abschneidende darf die abgeschnittenen Wurzeln nach dem Wortlaut des § 910 Abs. 1 Satz 1 BGB behalten. Er erwirbt daher abweichend von §§ 953, 93 f. BGB **Eigentum** an diesen. Für dinglich Berechtigte erfolgt der Erwerb nach §§ 954, 910 BGB.[68] Er kann mithin über deren weitere Verwendung (Feuerholz, Entsorgung, Verarbeitung etc) bestimmen. Keinesfalls darf er sie aber auf das Nachbargrundstück verbringen oder werfen.[69] Entsprechendes muss auch für Schnittreste (v. a. Sägespäne) gelten, selbst wenn diese beim Abschneidevorgang auf das Nachbargrundstück fallen.

25 Das Selbsthilferecht stellt kein höchstpersönliches Recht des Eigentümers dar, sondern dieser kann **Dritte** zur Ausübung dieses Rechts **ermächtigen** (→ Rn. 20).[70] Dies kann in der Beauftragung etwa eines Gärtners oder anderer Personen liegen. Ein Mieter/Pächter kann im Rahmen seines Miet-/Pachtgebrauchs hierzu ermächtigt werden. Ebenso kann auch die Beauftragung zum Verlegen von Versorgungsleitungen eine solche Ermächtigung enthalten. Insoweit dürfte es regelmäßig darauf ankommen, dass Arbeiten im Erdboden vorgenommen werden dürfen/müssen.

26 Das Risiko des Abschneidens für den Bestand des betroffenen Baumes trägt der Baumeigentümer; ihm obliegen auch etwaige **Schutzmaßnahmen** für den Baum.[71] Gleiches gilt für (nachträgliche) Schutzmaßnahmen, die ein erneutes Eindringen von Wurzeln verhindern sollen (Sperrmauer, Wurzelsperrfolie, Fällen der Bäume, ein wenig praktikabler Graben[72] etc).[73]

---

62 Anders noch zum alten Recht: BGH Urt. v. 5.7.2019 – V ZR 149/18, NJW 2020, 42; BGH Urt. v. 17.12.2010 – V ZR 125/10, NJW 2011, 1351; BGH Beschl. v. 30.3.2006 – V ZB 17/06, NJW 2006, 2187.

63 BGH Urt. v. 28.9.2007 – V ZR 276/06, BGHZ 174, 20; KG Beschl. v. 13.6.2005 – 24 W 115/04, NZM 2005, 745; aA noch OLG Düsseldorf Beschl. v. 27.6.2001 – 3 Wx 79/01, NJW-RR 2002, 81.

64 BGH Urt. v. 28.9.2007 – V ZR 276/06, BGHZ 174, 20.

65 *Lüke* in Grziwotz/Lüke/Saller, NachbarR-HdB, 2. Teil Rn. 385; *Horst* NZM 2017, 57 (59 f.).

66 So auch *Roth* in Staudinger BGB § 910 Rn. 25.

67 *Roth* in Staudinger BGB § 910 Rn. 25; *Lüke* in Grziwotz/Lüke/Saller, NachbarR-HdB, 2. Teil Rn. 386.

68 *Roth* in Staudinger BGB § 910 Rn. 25; *Lüke* in Grziwotz/Lüke/Saller, NachbarR-HdB, 2. Teil Rn. 387.

69 *Roth* in Staudinger BGB § 910 Rn. 25; *Lüke* in Grziwotz/Lüke/Saller, NachbarR-HdB, 2. Teil Rn. 387; *Horst* NZM 2017, 57 (62).

70 OLG München Urt. v. 11.5.2016 – 20 U 4831/15, juris Rn. 20 (Gestattung von Gartenbauarbeiten für Mieter); LG Kleve Urt. v. 15.2.2017 – 6 S 92/17, juris Rn. 15; *Lüke* in Grziwotz/Lüke/Saller, NachbarR-HdB, 2. Teil Rn. 386.

71 OLG Köln Urt. v. 23.6.1993 – 13 U 274/92, juris Rn. 14; BGH Urt. v. 18.4.1997 – V ZR 28/96, BGHZ 135, 235 = NJW 1997, 2234.

72 Staudinger/*Roth* BGB § 910 Rn. 10.

73 Siehe BGH Urt. v. 28.11.2003 – V ZR 99/03, NJW 2004, 603.

Neben dem Selbsthilferecht besteht regelmäßig zugleich auch ein Beseitigungsanspruch nach § 1004 Abs. 1 Satz 1 BGB (→ Rn. 32 ff.).[74] Hieraus leitet die Rechtsprechung einen Anspruch auf **Ersatz der entstandenen Kosten** der Wurzelbeseitigung aus der Eingriffskondiktion gemäß § 812 Abs. 1 Satz 1 Alt. 2 BGB[75] oder aus berechtigter Geschäftsführung ohne Auftrag gem. §§ 683, 684 BGB ab[76], da das Selbsthilferecht den Rechtskreis des Grundstückseigentümers erweitern soll und es daher keinen Unterschied begründen kann, ob er den Beseitigungsanspruch geltend macht oder Selbsthilfe übt.[77] Durch die Beseitigung der Wurzeln, dh der Störung, wird der Baumeigentümer von seiner Beseitigungspflicht frei und erspart daher Aufwendungen. Zu diesen Kosten zählen regelmäßig die Kosten des Abtrennens der Wurzeln sowie deren Entsorgung. Die weiteren Kosten für die vollständige Beseitigung der Störung (v.a. für die Feststellung der Störungsursache [Gutachterkosten] und die Wiederherstellungskosten) sind nur vom Beseitigungsanspruch nach § 1004 BGB umfasst.[78] 27

c) Beschränkungen. Das Selbsthilferecht kann auf Grundlage der Ermächtigung in Art. 111 EGBGB durch kommunale **Baumschutzsatzungen** eingeschränkt oder ausgeschlossen werden.[79] Dabei sind die durch die jeweilige Satzung bzw. Verordnung vorgegebenen Kriterien zu prüfen, bspw. Baumart, Stammumfang o. ä. Ebenso ist zu beachten, dass für das Abschneiden von Wurzeln regelmäßig nur das Verbot der Beseitigung eines geschützten Baumes relevant ist. Daher wird das Selbsthilferecht bzgl. Wurzeln nur ausgeschlossen, wenn deren Abtrennen zum Absterben des Baumes führt.[80] Soweit **Ausnahmegenehmigungen** von der zuständigen Behörde erteilt werden können, kann der Grundstückseigentümer diese selbst beantragen.[81] Da derartige Satzungen regelmäßig nur das öffentliche Interesse an Naturschutz und Begrünung schützen, leitet sich für den Baumeigentümer kein subjektiv öffentliches Recht ab, aufgrund dessen er gegen eine dem (beeinträchtigten) Grundstückseigentümer erteilte Ausnahmegenehmigung verwaltungsgerichtlich vorgehen könnte.[82] Soweit der Anspruch aus § 1004 BGB geltend gemacht wird, ist vom Gericht die Möglichkeit der Erteilung einer Ausnahmegenehmigung zu prüfen und bejahendenfalls die Beseitigung unter dem Vorbehalt der Genehmigungserteilung gemäß § 259 ZPO auszusprechen.[83] Ebenso bestünde die Möglichkeit der Aussetzung gemäß § 148 ZPO. Etwaige Kosten für die Genehmigung hat der Baumeigentümer zu tragen.[84] An dieser Stelle ist zugleich darauf hinzuweisen, dass ein Abtrennen von Wurzeln entgegen einem aus einer Baumschutzsatzung folgenden Verbot zwar ggf. Bußgelder seitens der zuständigen Behörde, nicht aber einen Schadensersatzanspruch des Baumeigentümers zur Folge hat.[85] 28

Gemäß § 124 EGBGB sehen nahezu alle Nachbarrechtsgesetze der Bundesländer einen **Mindestgrenzabstand** für Bäume vor (→ *Anpflanzungen an der Grundstücksgrenze* Rn. 3 ff.) und bestimmen eine Ausschluss- bzw. Verjährungsfrist für ein Beseitigungsverlangen des Nachbarn, für Bäume, die den Grenzabstand nicht einhalten: Art. 47, 52 Abs. 1 Satz 2 BayAGBGB, §§ 27, 31, 32 NachbG Bln; §§ 37, 39, 40 BbgNRG, §§ 38, 43 HNRG, §§ 50, 53, 56 NNachbG, §§ 41, 47 NachbG NRW, §§ 44, 51 LNRG RhPf, §§ 48, 55 NachbG Saarl, §§ 9, 14 SächsNRG (ohne Ausschlussfrist), §§ 34, 39, 40 NbG, §§ 37, 40 NachbG 29

74 BGH Urt. v. 28.11.2003 – V ZR 99/03, NJW 2004, 603.
75 Siehe zu denkbaren weiteren Anspruchsgrundlagen *Bringewat/Sander* JuS 2011, 449.
76 BGH Urt. v. 28.11.2003 – V ZR 99/03, NJW 2004, 603; BGH Urt. v. 4.2.2005 – V ZR 142/04, NJW 2005, 1366 (zu Bodenkontamination); OLG Saarbrücken Urt. v. 22.3.2017 – 2 U 7/16, juris Rn. 47.
77 BGH Urt. v. 28.11.2003 – V ZR 99/03, NJW 2004, 603; *Roth* in Staudinger BGB § 910 Rn. 3; *Lüke* in Grziwotz/Lüke/Saller, NachbarR-HdB, 2. Teil Rn. 401 f.
78 BGH Urt. v. 28.11.2003 – V ZR 99/03, NJW 2004, 603; → Rn. 38.
79 OLG Hamm Beschl. v. 6.11.2007 – 3 Ss OWi 494/07, NJW 2008, 453; vgl. auch OLG München Urt. v. 11.5.2016 – 20 U 4831/15, juris Rn. 25 ff.
80 *Dehner* NachbarR B § 21 I. 2.
81 *Roth* in Staudinger BGB § 910 Rn. 22; *Bringewat/Sander* JuS 2011, 449 (455).
82 *Dehner* NachbarR B § 21 I. 2; vgl. auch OLG München Urt. v. 11.5.2016 – 20 U 4831/15, juris Rn. 26; ebenso *Bringewat/Sander* JuS 2011, 449 (455), die auf den lediglich begünstigenden Inhalt der Genehmigung abstellen.
83 OLG Hamm Urt. v. 20.5.1999 – U 32/99, juris Rn. 10; *Roth* in Staudinger BGB § 910 Rn. 22; *Bringewat/Sander* JuS 2011, 449 (455).
84 *Dehner* NachbarR B § 21 I. 2; *Bringewat/Sander* JuS 2011, 449 (456).
85 OLG München Urt. v. 11.5.2016 – 20 U 4831/15, juris Rn. 26; *Roth* in Staudinger BGB § 910 Rn. 22.

Schl.-H., §§ 44, 51 ThürNRG. Soweit diese Frist abgelaufen ist, entfallen grundsätzlich das Selbsthilferecht sowie der Anspruch auf Rückschnitt oder Beseitigung.[86] Anderes gilt ausnahmsweise nur nach den Grundsätzen des nachbarschaftlichen Gemeinschaftsverhältnisses.[87] Soweit auch hiernach kein Beseitigungsanspruch besteht, kommt ein nachbarlicher Ausgleichsanspruch gemäß § 906 Abs. 2 Satz 2 BGB in Betracht.[88]

30 Von der besonderen Ermächtigung aus Art. 122 EGBGB betreffend **Obstbäume** hat, soweit ersichtlich, nur Baden-Württemberg in § 24 Abs. 1 NRG BW Gebrauch gemacht, wonach die Beseitigung eingedrungener Wurzeln nur gestattet ist, wenn dies für einzeln genannte Arbeiten (ua Herstellung und Unterhaltung eines Weges oder von Leitungen) erforderlich ist.

31 Anders als bei Ästen und Zweigen folgt aus § 39 Abs. 5 S. 1 Nr. 2 BNatSchG für Wurzeln grundsätzlich keine zeitliche Einschränkung der Ausübung des Selbsthilferechts .[89] Einzig bei der vollständigen Beseitigung eines Baumes mitsamt Wurzeln ist die genannte Vorschrift zu beachten, wonach in der Zeit vom 1. März bis 30. September eine Beseitigung verboten ist.

III. Beseitigungs- und Unterlassungsanspruch, § 1004 Abs. 1 BGB

32 Neben dem Selbsthilferecht steht dem Grundstückseigentümer der allgemeine Beseitigungsanspruch gegen den Baumeigentümer zu, wobei der wesentliche Unterschied zunächst darin besteht, dass der Baumeigentümer selbst aktiv die störenden Wurzeln beseitigen muss. Dies kann in der Praxis bei weniger eiligen Fällen den Vorteil bieten, dass der Grundstückseigentümer nicht das Risiko der Folgekosten (etwa die Entsorgung der abgetrennten Wurzeln) tragen muss, welche er nach ausgeübter Selbsthilfe beim Baumeigentümer ggf. gerichtlich geltend machen muss. Zudem reicht der Beseitigungsanspruch sowohl in seinem Anwendungsbereich als auch in den Rechtsfolgen (→ Rn. 38 ff.) weiter.

1. Verhältnis zu § 910 BGB

33 Dem gestörten Grundstückseigentümer steht neben dem Selbsthilferecht **wahlweise** auch der Beseitigungsanspruch aus § 1004 Abs. 1 BGB zu. Beide Ansprüche schließen sich nicht aus, da sich im Hinblick auf § 905 BGB nichts Gegenteiliges aus dem Gesetz ergibt, wobei die Entstehungsgeschichte[90] keine große Bedeutung hat.[91] Diese Auffassung überzeugt gerade im Hinblick auf die erweiterten Rechtsfolgen des § 1004 BGB.

2. Voraussetzungen

34 Der Anspruch aus § 1004 Abs. 1 BGB setzt eine **Eigentumsbeeinträchtigung** voraus. Dabei kommt es anders als bei § 910 BGB nicht darauf an, ob die Wurzeln in das Grundstück eingedrungen sind. Folglich erfasst der Beseitigungsanspruch auch den Fall, dass Wurzeln auf öffentlichem Grund (zB unter einer Straße) in eine private Versorgungsleitung eindringen.

35 Die **Störereigenschaft** (→ *Rechtsnachfolge* Rn. 8 ff.) des Baumeigentümers ergibt sich zweifelsfrei aus dem Umstand, dass die Baumwurzeln in das Nachbargrundstück eingedrungen sind. Dieser Annahme steht nicht entgegen, dass es sich beim Wurzelwachstum um einen natürlichen Vorgang handelt, auf den der Baumeigentümer keinen Einfluss hat. Die Verantwortlichkeit als Störer wird aber daraus abgeleitet, dass

---

86 BGH 14.11.2003 – V ZR 102/03, BGHZ 157, 33; BGH Urt. v. 27.10.2017 – V ZR 8/17, NJW 2018, 1010.

87 Im Ergebnis ablehnend BGH 14.11.2003 – V ZR 102/03, BGHZ 157, 33; ebenso OLG Dresden Urt. v. 30.8.2011 – 14 U 367/11, juris Rn. 9 ff.

88 BGH 14.11.2003 – V ZR 102/03, BGHZ 157, 33; BGH Urt. v. 27.10.2017 – V ZR 8/17, NJW 2018, 1010; → Rn. 42.

89 Hierzu auch *Horst* NZM 2017, 57 (58); siehe auch LG Kleve Urt. v. 15.2.2017 – 6 S 92/17, juris Rn. 18.

90 Dargestellt bei *Roth* in Staudinger BGB § 910 Rn. 2.

91 BGH Urt. v. 23.2.1974 – V ZR 109/71,BGHZ 60, 235; BGH Urt. v. 7.3.1986 – V ZR 92/85, BGHZ 97, 231; BGH Urt. v. 28.11.2003 – V ZR 99/03, NJW 2004, 603; BGH Urt. v. 22.2.2019 – V ZR 136/18, NJW-RR 2019, 590; aA *Dehner* B § 21 II. 1.

der Baumeigentümer den Baum entweder gepflanzt oder erhalten hat.[92] In diesem Fall ist die Störung durch die Wurzeln dem Baumeigentümer zuzurechnen. Der BGH stellt in der neueren Rechtsprechung bei Wurzeln, wie auch bei anderen Naturkräften, auf ein pflichtwidriges Unterlassen als Störung ab. Dabei ist zu beurteilen, ob den Grundstückseigentümer nach der Art der Nutzung seines Grundstückes eine Sicherungspflicht gegenüber den Nachbargrundstücken trifft, wobei es ua darauf ankommt, ob sich die Grundstücksnutzung im Rahmen der ordnungsgemäßen Bewirtschaftung hält.[93] Daraus folgt auch die Störereigenschaft bei Wurzeln, da sich aus der Wertung des § 910 BGB ergibt, dass ein Baumeigentümer dafür Sorge tragen muss, dass keine Baumwurzeln über sein Grundstück hinaus wachsen.[94] Etwas anderes kann aber gelten, wenn alle nachbarrechtlichen Vorschriften, insbesondere zum Grenzabstand, eingehalten sind.[95] Stehen naturschutzrechtliche Verbote in Frage, scheidet die Störereigenschaft erst aus, wenn keine Ausnahmegenehmigung (mehr) mit Erfolg beantragt werden kann.[96] Ist eine Beseitigung unter Einhaltung der naturrechtlichen Bestimmungen aber möglich, so ist eine sich hieraus ergebende etwaige Einschränkung in den Tenor aufzunehmen.[97]

Des Weiteren ist im Rahmen der Prüfung einer etwaigen Duldungspflicht nach § 1004 Abs. 2 BGB die Einschränkung des **§ 910 Abs. 2 BGB anzuwenden.**[98] Mithin kommt es auch beim Beseitigungsanspruch auf eine objektive Beeinträchtigung an (→ Rn. 7 ff.). 36

Der Beseitigungsanspruch unterliegt der allgemeinen dreijährigen **Verjährung** gemäß §§ 195, 199 BGB, da es sich nicht um einen Unterlassungsanspruch handelt.[99] Die Störung beginnt mit dem erstmaligen Eindringen der Baumwurzeln in das Grundstück des Nachbarn und erneuert sich nicht fortlaufend.[100] Die Kenntnisabhängigkeit des Verjährungsbeginns nach § 199 Abs. 1 Nr. 2 BGB schützt gerade bei häufig zunächst unbemerkt in das Grundstück hineinwachsenden Wurzeln vor einem unerwarteten Rechtsverlust. Davon kann auch nicht durch Landesvorschriften im Rahmen des Art. 124 EGBGB abgewichen werden, wobei anderes für landesrechtlich bestimmte weitere Eigentumseinschränkungen gilt.[101] Durch den **Wechsel des Eigentümers** beginnt die Verjährung nicht von Neuem, so dass sich der neue Eigentümer die gegen seinen Rechtsvorgänger eingetretene Verjährung entgegenhalten lassen muss.[102] Im Falle der **Nutzungsänderung** (→ Rn. 9) entsteht der Anspruch erst mit Beginn der neuen Nutzung. Mithin kann die Verjährungsfrist auch erst ab diesem Zeitpunkt beginnen. Eine **Verwirkung** des Anspruchs erfordert ein Zeit- und Umstandsmoment, wobei es zumeist am Umstandsmoment fehlt, aus dem sich ergibt, dass der Anspruch nicht mehr geltend gemacht werden wird.[103] 37

3. Rechtsfolgen

Dem Grundstückseigentümer steht daher ein Anspruch auf Beseitigung der störenden Wurzeln gegen den Baumeigentümer zu. Wie bereits dargestellt (→ Rn. 27), tritt weiterhin ein Kondiktionsanspruch oder ein 38

92 BGH Urt. v. 14.11.2003 – V ZR 102/03, BGHZ 157, 33 = NJW 2004, 1037; BGH Urt. v. 28.11.2003 – V ZR 99/03, NJW 2004, 603; BGH Urt. v. 7.3.1986 – V ZR 92/85, BGHZ 97, 231 = NJW 1986, 2640; BGH Urt. v. 2.12.1988 – V ZR 26/88, BGHZ 106, 142 = NJW 1989, 1032.

93 BGH Urt. v. 14.11.2003 – V ZR 102/03, BGHZ 157, 33; BGH Urt. v. 28.11.2003 – V ZR 99/03, NJW 2004, 603; BGH Urt. v. 20.9.2019 – V ZR 218/18, BGHZ 233, 155 = MDR 2020, 25.

94 BGH Urt. v. 28.11.2003 – V ZR 99/03, NJW 2004, 603.

95 BGH Urt. v. 20.9.2019 – V ZR 218/18, BGHZ 233, 155 = MDR 2020, 25.

96 BGH Urt. v. 14.6.2019 – V ZR 102/18, juris Rn. 14; AG Brandenburg Urt. v. 20.2.2020 – 31 C 142/18, juris Rn. 89.

97 AG Brandenburg Urt. v. 20.2.2020 – 31 C 142/18, juris Rn. 106.

98 BGH Urt. v. 22.2.2019 – V ZR 136/18, NJW-RR 2019, 590; BGH Urt. v. 14.11.2003 – V ZR 102/03, BGHZ 157, 33; BGH Urt. v. 28.11.2003 – V ZR 99/03, NJW 2004, 603.

99 BGH Urt. v. 22.2.2019 – V ZR 136/18, NJW 2019, 590; BGH Urt. v. 14.6.2019 – V ZR 102/18, juris Rn. 17.

100 BGH Urt. v. 22.2.2019 – V ZR 136/18, NJW 2019, 590; BGH Urt. v. 14.6.2019 – V ZR 102/18, juris Rn. 17.

101 BGH Urt. v. 22.2.2019 – V ZR 136/18, NJW 2019, 590.

102 BGH Urt. 23.2.1973 – V ZR 109/71, BGHZ 60, 235; → *Rechtsnachfolge* Rn. 12 f.

103 Siehe AG Brandenburg Urt. v. 20.2.2020 – 31 C 142/18, juris Rn. 99.

Anspruch aus GoA hinzu, womit Aufwendungen geltend gemacht werden können.[104] Nach Auffassung des Bundesgerichtshofes ist dieser Anspruch auf Wiederherstellung, dh vollständige Beseitigung der Störung und Wiederherstellung des Zustandes vor der Beeinträchtigung, gerichtet[105], was ihm einige Kritik aus der Literatur eingebracht hat.[106] Hierin ist mit dem BGH aber kein Verwischen der Grenzen zwischen Schadensersatz und Beseitigungsanspruch zu sehen, da die Wiederherstellung darauf beruht, dass die Beeinträchtigung durch die Wurzelbeseitigung (also regelmäßig das Ausgraben derselben) ebenso vom Beseitigungsanspruch umfasst ist.[107] Weiterhin sind die Kosten der Feststellung der Störungsursache umfasst.[108]

39 Beim Beseitigungsanspruch wie auch dem nachgelagerten Bereicherungsanspruch ist ein etwaiges **Mitverschulden** gemäß § 254 BGB zu berücksichtigen.[109] Im Zusammenhang mit eindringenden Wurzeln sind denkbare Anwendungsfälle etwa der mangelhafte Zustand der beeinträchtigten Sache[110] oder das vorherige Unterlassen rechtlicher Abhilfe.[111] Im ersten Fall kommt es jeweils auf den Stand der Technik im Zeitpunkt etwa der Verlegung des beeinträchtigten Kanals und der konkret beeinträchtigten Stellen an.[112] In letzterem Fall ist bei der Rechtsanwendung dem Umstand Rechnung zu tragen, dass auch bei einer nachträglichen Nutzungsänderung, die erst zur Beeinträchtigung geführt hat, die Rechte gegen den Baumeigentümer uneingeschränkt bestehen (→ Rn. 9), so dass der Grundstückseigentümer im Vorfeld insbesondere seinen Abwehranspruch geltend machen muss, um die späteren Beseitigungskosten gering zu halten.[113] Rechtstechnische Schwierigkeiten müssen nach Auffassung des Bundesgerichtshofs zurückstehen. So ist im Falle des Beseitigungsanspruches in den Tenor eine Feststellung der anteiligen Kostentragungspflicht des Grundstückseigentümers aufzunehmen.[114]

40 Auf den Beseitigungsanspruch nach § 1004 Abs. 1 BGB ist zudem § **275 Abs. 2 BGB** anwendbar,[115] womit außergewöhnliche Diskrepanzen zwischen dem Beseitigungsinteresse und dem hierfür erforderlichen Aufwand aufgefangen werden können.

41 Dem Beseitigungsanspruch kann – auch im Hinblick auf Art. 124 EGBGB – **kein örtliches Gewohnheitsrecht** entgegengehalten werden, dass der beeinträchtigte Grundstückseigentümer Überwuchs oÄ von gemeindlichen Grundstücken selbst beseitigen müsse.[116]

42 Besonders relevant dürfte in der Praxis der **Ausgleichsanspruch analog § 906 Abs. 2 Satz 2 BGB** sein (→ *Nachbarrechtliches Gemeinschaftsverhältnis* Rn. 16 ff.). Auch wenn dies eher bei Zweigen und Ästen der Fall sein dürfte – wie die entschiedenen Fälle zeigen –, verbleibt auch bzgl. der Baumwurzeln ein Anwendungsbereich (→ Rn. 29).[117] Dieser Anspruch auf einen Ausgleich in Geld wird dann gewährt, wenn eine Eigentumsbeeinträchtigung nicht geduldet werden muss, aber aus besonderen Gründen die Störung nicht unterbunden werden kann und das zumutbare Maß einer entschädigungslos hinzunehmenden Beeinträchti-

104 Zur Kritik aus dem Schrifttum BGH Urt. v. 28.11.2003 – V ZR 99/03, NJW 2004, 603.
105 BGH Urt. v. 18.4.1997 – V ZR 28/96, BGHZ 135, 235; BGH Urt. v. 28.11.2003 – V ZR 99/03, NJW 2004, 603.
106 Siehe nur *Roth* in Staudinger BGB § 910 Rn. 3.
107 BGH Urt. v. 28.11.2003 – V ZR 99/03, NJW 2004, 603; BGH Urt. v. 7.3.1986 – V ZR 92/85, BGHZ 97, 231 = NJW 1986, 2640.
108 BGH Urt. v. 28.11.2003 – V ZR 99/03, NJW 2004, 603.
109 BGH Urt. v. 18.4.1997 – V ZR 28/96, BGHZ 135, 235; BGH Urt. v. 21.10.1994 – V ZR 12/94, NJW 1995, 395.
110 BGH Urt. v. 21.10.1994 – V ZR 12/94, NJW 1995, 395 (fehlerhaft verlegtes Kanalrohr, dessen darauf beruhende Undichtigkeit das Eindringen der Wurzeln erst ermöglichte); LG Münster Urt. v. 4.11.2014 – 4 O 471/13, juris Rn. 39 ff.; KG Urt. v. 15.7.2008 – 7 U 180/07, NJW 2008, 3148 (unsachgemäße Dehnungsfuge an einer Zufahrt).
111 BGH Urt. v. 18.4.1997 – V ZR 28/96, BGHZ 135, 235.
112 OLG Zweibrücken Urt. v. 12.6.2003 – 4 U 26/02, NVwZ-RR 2004, 11.
113 BGH Urt. v. 18.4.1997 – V ZR 28/96, BGHZ 135, 235.
114 BGH Urt. v. 18.4.1997 – V ZR 28/96, BGHZ 135, 235; KG Urt. v. 15.7.2008 – 7 U 180/07, NJW 2008, 3148; *Roth* in Staudinger BGB § 910 Rn. 3.
115 BGH Urt. v. 30.5.2008 – V ZR 184/07, NJW 2008, 3122.
116 OLG Celle Urt. v. 2.2.2005 – 4 U 237/04, MDR 2005, 804; *Roth* in Staudinger BGB § 910 Rn. 3 aE.
117 OLG Köln Urt. v. 16.11.2017 – 7 U 53/17, juris Rn. 9.

gung überschritten ist.[118] Dies kann v.a. der Fall sein, wenn die durch Landesrecht vorgegebenen Fristen für den Baumrückschnitt oder die Baumbeseitigung abgelaufen sind, weshalb ein rechtliches Hindernis für die Durchsetzung des Beseitigungsanspruches besteht. Insoweit müssten die weiteren Voraussetzungen des § 906 Abs. 2 Satz 2 BGB der wesentlichen Beeinträchtigung und der Ortsunüblichkeit gegeben sein. Der nachbarrechtliche Ausgleichsanspruch besteht indes nicht, wenn das Naturschutzrecht eine Störungsbeseitigung untersagt,[119] wobei im Hinblick auf die Wurzeln das Verbot des Fällens des Baumes relevant sein dürfte. Gegenstand des Ausgleichsanspruchs können auch vorgerichtliche Rechtsanwaltskosten als Folgekosten der Einwirkung darstellen.[120]

Neben dem Beseitigungsanspruch besteht auch ein **Unterlassungsanspruch** nach § 1004 Abs. 1 Satz 2 43
BGB, da aufgrund des fortwährenden Wurzelwachstums eine Wiederholungsgefahr regelmäßig vorliegt.[121] Diesem kann durch Schutzmaßnahmen (v. a. Begrenzungen wie Wurzelsperrfolien, Sperrmauern; → Rn. 28) oder ggf. sogar durch Fällen der betroffenen Bäume nachgekommen werden.[122] Allerdings hat der Nachbar gegen Baumeigentümer grundsätzlich keinen Anspruch auf eine bestimmte Schutzmaßnahme, da diesem selbst überlassen bleibt, wie er künftige Störungen verhindert.[123] Eine Ausnahme hiervon besteht nur, wenn nur eine Maßnahme den Unterlassungserfolg herbeizuführen vermag oder andere Maßnahmen vernünftigerweise nicht in Betracht gezogen werden können.[124] Zu beachten sind hier ebenso wie beim Beseitigungsanspruch die Beschränkungen durch Baumschutzsatzungen (→ Rn. 28 ff.).[125]

IV. Ansprüche wegen Überwuchsschäden

Trotz des weitreichenden Verständnisses der Rechtsprechung zum Umfang des (verschuldensunabhängi- 44
gen) Beseitigungsanspruches (→ Rn. 32 ff.) besteht selbstverständlich ein allerdings verschuldensabhängiger Schadensersatzanspruch aus **§ 823 Abs. 1 BGB**, sofern durch den Wurzelüberwuchs Eigentum beschädigt wurde. Dieser kann durchaus über den auf Wiederherstellung gerichteten Anspruch aus § 1004 BGB hinausgehen, wenn etwa Wasserschäden aufgrund einer von Wurzeln verstopften Abwasserleitung an anderen Sachen entstanden sind.[126] Insoweit kann sich aber insbesondere der Nachweis des Verschuldens als schwierig darstellen.[127] Den Baumeigentümer treffen dahingehende Verkehrssicherungspflichten, dass Abwasserkanäle nicht durch Wurzeln verstopft werden. Regelmäßig bedarf es hierfür aber Anhaltspunkte für eine Verstopfung, es sei denn dem Baumeigentümer obliegen ohnehin Prüfpflichten, etwa als Betreiber einer Abwasseranlage.[128] Der Anspruch wird nicht gänzlich durch eine eigene Verkehrssicherungspflichtverletzung des geschädigten Grundstückseigentümers ausgeschlossen, sondern es ist ggf. ein Mitverschulden zu berücksichtigen.[129]

---

118 BGH Urt. v. 27.10.2017 – V ZR 8/17, NJW 2018, 1010; BGH Urt. v. 14.11.2003 – V ZR 102/03, BGHZ 157, 33 = NJW 2004, 1037; *Roth* in Staudinger BGB § 910 Rn. 31 f.

119 BGH Urt. v. 27.10.2017 – V ZR 8/17, NJW 2018, 1010 m. insoweit krit. Anm. *Bruns*; siehe hierzu auch *Horst* NZM 2018, 217.

120 BGH Urt. v. 4.7.1997 – V ZR 48/96, NJW-RR 1997, 1375; OLG Saarbrücken Urt. v. 22.3.2017 – 2 U 7/16, juris Rn. 58.

121 BGH Urt. v. 12.12.2003 – V ZR 98/03, NJW 2004, 1035.

122 BGH Urt. v. 12.12.2003 – V ZR 98/03, NJW 2004, 1035; AG München Urt. v. 12.2.2010 – 121 C 15076/09, BeckRS 2010, 17242.

123 OLG Köln Urt. v. 16.11.2017 – 7 U 53/17, juris Rn. 7 f.

124 BGH Urt. v. 12.12.2003 – V ZR 98/03, NJW 2004, 1035.

125 OLG Karlsruhe Urt. v. 7.5.2020 – 12 U 52/19, BeckRS 2020, 8812.

126 BGH Urt. v. 24.8.2017 – III ZR 574/16, MDR 2018, 27; OLG Nürnberg Urt. v. 25.7.2007 – 4 U 67/07, MDR 2007, 1315.

127 Vgl. OLG Saarbrücken Urt. v. 22.3.2017 – 2 U 7/16, juris Rn. 42 ff.; ebenso *Lüke* in Grziwotz/Lüke/Saller, NachbarR-HdB, 2. Teil Rn. 407.

128 BGH Urt. v. 24.8.2017 – III ZR 574/16, MDR 2018, 27.

129 BGH Urt. v. 24.8.2017 – III ZR 574/16, MDR 2018, 27 (unterlassener Einbau eines Rückstauventiles).

V. Ansprüche des Baumeigentümers

45 Auch dem Baumeigentümer (§ 94 Abs. 1 BGB) kann ein **Schadensersatzanspruch** aus § 823 Abs. 1 BGB gegen den Selbsthilfe übenden Nachbarn zustehen. Dabei kommt zunächst der Fall in Betracht, dass die Voraussetzungen des Selbsthilferechtes nicht vorlagen, insbesondere es an einer objektiven Beeinträchtigung fehlte. Andernfalls besteht ein Rechtfertigungsgrund.[130] Liegt eine Einschränkung des Selbsthilferechtes aufgrund einer Baumschutzsatzung (→ Rn. 28 ff.) vor, entfällt zwar die Rechtfertigung, indes käme nur ein Anspruch aus § 823 Abs. 2 BGB in Betracht, der aber an dem fehlenden Schutz des Baumeigentümers durch die Baumschutzsatzung scheitert, da diese regelmäßig allein im öffentlichen Interesse an innerörtlicher Begrünung und dem Erhalt der Pflanzen erlassen worden ist.[131] Hinsichtlich eines nicht fachmännischen Abtrennens[132] der Wurzeln ist zu beachten, dass bei Vorliegen der Voraussetzungen des Selbsthilferechts das Risiko einer Schädigung des Baumes beim Baumeigentümer liegt.[133] Zwar wird man zum bestmöglichen Schutz des betroffenen Baumes ein fachmännisches Abschneiden der Wurzeln verlangen können, was indes nicht zu einer übermäßigen Beeinträchtigung des Selbsthilferechts führen darf. Demzufolge sollte im Rahmen des objektiv-abstrakten Verschuldensmaßstabes ggf. berücksichtigt werden, welche Erkundigungspflichten den beeinträchtigten Grundstückseigentümer hinsichtlich des Abtrennens treffen.[134]

46 Liegen die Voraussetzungen des Selbsthilferechts nicht vor, erwirbt der Abtrennende auch kein Eigentum an den abgetrennten Wurzeln. Die Folge davon sind ein **Herausgabeanspruch** gemäß §§ 861, 985 BGB sowie ein **Abholungsrecht** nach §§ 867, 1005 BGB.[135] Man mag insoweit aber durchaus die Frage der Sinnhaftigkeit der Geltendmachung dieser Rechte stellen, da gerade bei Wurzeln kaum verwertbares Holz anfallen dürfte. Weiterhin kann der Baumeigentümer auf **Unterlassen der Ausübung des Selbsthilferechts** aus § 1004 Abs. 1 BGB vorgehen.[136]

VI. Öffentliches Recht

1. Reparatur der Hausanschlussleitung

47 Wurzeln können auch im Rahmen der Kostenersatzpflicht bei der Reparatur, oder Erneuerung von **Haus- und Grundstücksanschlussleitungen** relevant werden. Nach den Kommunalabgabengesetzen der Länder (etwa § 10 KAG NRW, § 33 SächsKAG, § 8 NKAG) haben Kommunen oder Zweckverbände die Möglichkeit, in einer Satzung eine Kosten- bzw. Aufwandsersatzpflicht der angeschlossenen Haushalte vorzusehen, da diese durch die Ver- oder Entsorgung einen Vorteil in ihrem eigenen Sonderinteresse erhalten.[137] Diese Ersatzpflicht kann im Rahmen des bestehenden öffentlich-rechtlichen Kanalbenutzungsverhältnisses aber entfallen, wenn sich nach den zur Anwendung kommenden Vorschriften des zivilrechtlichen Vertragsrechts eine abweichende Pflichtenverteilung ergibt, so insbesondere wenn eine Schadensersatzpflicht der öffentlichen Hand vorliegt.[138] Dies wird insbesondere angenommen, wenn Wurzeln von auf öffentlichem Grund stehender Bäume in eine Versorgungsleitung eindringen und diese beschädigen oder zerstören.[139] Die Beweislast für diese Verantwortlichkeit trägt allerdings der Bürger.[140]

---

130 *Lüke* in Grziwotz/Lüke/Saller, NachbarR-HdB, 2. Teil Rn. 405; OLG Karlsruhe Urt. v. 15.3.2019 – 12 U 77/18, ZMR 2019, 1023 (fehlender Rechtswidrigkeitszusammenhang).

131 OLG München Urt. v. 11.5.2016 – 20 U 4831/15, juris Rn. 26 f.; *Lüke* in Grziwotz/Lüke/Saller, NachbarR-HdB, 2. Teil Rn. 405; aA OLG Bremen Urt. v. 15.5.1998 – 4 U 4/98, juris Rn. 9 f. (auch zu § 830 Abs. 2 BGB).

132 Siehe *Roth* in Staudinger BGB § 910 Rn. 30.

133 OLG Köln Urt. v. 23.6.1993 – 13 U 274/92, juris Rn. 14; BGH Urt. v. 18.4.1997 – V ZR 28/96, BGHZ 135, 235 = NJW 1997, 2234.

134 Vgl. OLG Brandenburg Urt. v. 8.2.2018 – 5 U 109/16, NJW 2018, 1975.

135 *Roth* in Staudinger BGB § 910 Rn. 26; *Dehner* B § 21 I. 1 aE.

136 *Roth* in Staudinger BGB § 910 Rn. 26.

137 *Unkel* in Driehaus § 10 Rn. 29 ff.

138 OVG Münster Urt. v. 11.4.1996 – 22 A 3106/94, NVwZ-RR 1997, 207; *Unkel* in Driehaus § 10 Rn. 31.

139 OVG Münster Urt. v. 11.4.1996 – 22 A 3106/94, NVwZ-RR 1997, 207; *Unkel* in Driehaus § 10 Rn. 31, 36.

140 OVG Berlin-Brandenburg Beschl. v. 30.4.2015 – OVG 9 M 20/14, juris Rn. 5; *Unkel* in Driehaus § 10 Rn. 31 aE.

2. Öffentliche Straßen

Zahlreiche Straßengesetze der Länder sehen ein **Verbot von Anpflanzungen an öffentlichen Straßen** vor, welche die Sicherheit und Leichtigkeit des Straßenverkehrs beeinträchtigen: § 11 Abs. 2 und 3 FStrG, § 28 Abs. 2 und 4 Satz 2 und 3 StrG BW, Art. 29 Abs. 2 und 3 BayStrWG, § 26 Abs. 2 und 3 BbgStrG, § 23 Abs. 3 BremLStrG, § 27 Abs. 2, 3 und 5 HStrG, § 35 Abs. 3 und 4 StrWG-MV, § 30 Abs. 2 bis 4 StrWG NRW, § 27 Abs. 2, 3 und 5 LStrG RhPf, § 31 Abs. 2 und 3 StrG Saarl, § 27 Abs. 2 SächsStrG, § 26 Abs. 2 StrG LSA, § 33 Abs. 3 und 4 StrWG Schl.-H., § 26 Abs. 2 und 3 ThürStrG. 48

Auch wenn diese Regelungen vorrangig auf Sichtbehinderungen ausgerichtet sein dürften, so erfassen sie nach dem Wortlaut auch Wurzeln, die etwa den Straßenbelag beschädigen oder anheben. Einzig Hamburg, § 23 Abs. 5 HambWG, beschränkt das Verbot explizit auf Zweige im Luftraum über der Straße. Insoweit ist zum einen die Pflicht zur vollständigen Beseitigung des Baumes durch dessen Eigentümer unter Fristsetzung durch die zuständige Behörde und zum anderen nach Ablauf der Frist ein Selbsteintrittsrecht der Behörde auf Kosten des Grundstückseigentümers (tlw. mit Androhungspflicht) vorgesehen. Im Hinblick auf Wurzeln kann vor dem Hintergrund der **Verhältnismäßigkeit** problematisch sein, dass die Beseitigung von Wurzeln unter dem Straßenkörper einen erheblichen Aufwand und Fachkenntnis erfordern, was vom Grundstückseigentümer nicht zu fordern sein dürfte, so dass lediglich eine Kostentragungspflicht des Grundstückseigentümers in Betracht kommen wird. Ebenso wird man aus Gründen der Verhältnismäßigkeit abwägen müssen, ob die Beseitigung der Wurzeln überhaupt in einem angemessenen Verhältnis zur Beeinträchtigung der Verkehrssicherheit steht. Dies dürfte oftmals kaum der Fall sein. Weiterhin ist spätestens bei der Kostenfrage zu berücksichtigen, inwieweit ein nicht fachmännischer Straßen-(Auf-)bau das Vordringen der Wurzeln nicht ausreichend verhindert hat. 49

VII. Prozessuales

§ 15a Abs. 1 Satz 1 Nr. 2 EGZPO eröffnet den Ländern die Möglichkeit, in Streitigkeiten ua nach §§ 910, 906 BGB ein **zwingendes Streitschlichtungsverfahren** vor einer anerkannten Gütestelle zu verlangen (→ *Zwangsschlichtung* Rn. 2 ff.; → *Streitschlichtung, nachbarrechtliche* Rn. 8 ff.). Wurde dieses dann nicht durchgeführt, ist die Klage bereits unzulässig.[141] Von dieser Möglichkeit haben Bayern, Brandenburg, Hessen, Mecklenburg-Vorpommern, Niedersachsen, Nordrhein-Westfalen, Rheinland-Pfalz, Saarland, Sachsen, Sachsen-Anhalt und Schleswig-Holstein Gebrauch gemacht. Dies gilt auch im Falle einer Klageverbindung mit einem Zahlungsanspruch, der dem Schlichtungszwang nicht unterfällt,[142] da dieser sonst leicht umgangen werden könnte. Streitig ist die Erstreckung des Schlichtungserfordernisses über Beseitigungs- und Unterlassungsansprüche hinaus auf Zahlungsansprüche, die im Zusammenhang mit dem Herüberwachsen von Wurzeln stehen.[143] Die bisher vom BGH zu beurteilenden Landesvorschriften enthielten keine Erstreckung auf Zahlungsansprüche, so dass diese Frage vom BGH bisher nicht entschieden werden musste.[144] Die damit bisher befassten Gerichte haben diese Frage allerdings bejaht.[145] Zu den Zahlungsansprüchen zählt auch der Ausgleichsanspruch nach § 906 Abs. 2 Satz 2 BGB.[146] Eine Mediation vor dem Güterichter im Sinne des § 278 Abs. 5 ZPO dürfte dem Schlichtungserfordernis genügen, da der Zweck der Vorschrift durch den Schlichtungsversuch erreicht wird.[147] Das Schlichtungsverfahren ist auch dann obligatorisch, 50

---

141 OLG Saarbrücken Urt. v. 22.3.2017 – 2 U 7/16, juris Rn. 33 ff.; *Horst*, NachbarR-HdB, Rn. 24.

142 OLG Saarbrücken Urt. v. 22.3.2017 – 2 U 7/16, juris Rn. 36.

143 BGH Urt. v. 27.1.2017 – V ZR 120/16, NJW-RR 2017, 443 (wobei der BGH unklar auch von Bereicherungs- und Schadensersatzforderungen spricht, womit wohl Fälle von Naturalherausgabe- und Ersatz gemeint sind); BGH Urt. v. 19.2.2016 – V ZR 96/15, NJW-RR 2016, 823 m. w. N. zum Streitstand; BGH Urt. v. 2.3.2012 – V ZR 169/11, MDR 2012, 579; BGH Urt. v. 10.7.2009 – V ZR 69/08, NJW-RR 2009, 1238.

144 BGH Urt. v. 27.1.2017 – V ZR 120/16, NJW-RR 2017, 443.

145 OLG Zweibrücken Urt. v. 9.4.2015 – 6 U 3/14, juris Rn. 14, 22 ff.; Urt. v. 9.7.2012 – 7 U 302/11, juris Rn. 75; OLG Saarbrücken Urt. v. 14.12.2006 – 8 U 724/05, juris Rn. 16; OLG Köln Urt. v. 28.6.2011 – 24 U 128/10, juris Rn. 14; diff. OLG Koblenz Urt. v. 26.10.2012 – 5 W 590/12, juris Rn. 11 ff.

146 BGH Urt. v. 2.3.2012 – V ZR 169/11, MDR 2012, 579.

147 LG Nürnberg-Fürth Urt. v. 2.10.2014 – 8 O 10468/10, juris Rn. 67 f.

wenn sich der Kläger zwar nicht explizit auf nachbarrechtliche Vorschriften beruft, deren Regelungsbereich aber erkennbar betroffen ist.[148] Das Verfahren muss auch dann durchgeführt werden, wenn Beklagte eine Gemeinde ist.[149]

51 Die **Beweislast** für die Voraussetzungen des § 910 Abs. 1 BGB trägt der beeinträchtigte Grundstückseigentümer, hingegen hat der Baumeigentümer das Fehlen der Voraussetzungen des § 910 Abs. 2 BGB zu beweisen.[150] Werden die Beseitigungskosten oder der Beseitigungsanspruch gegen den Baumeigentümer geltend gemacht, ist diese Beweislastverteilung beizubehalten, da kein Grund ersichtlich ist, weshalb diese entfallen sollte, obwohl § 910 Abs. 2 BGB entsprechend angewendet wird,[151] zumal auch im Rahmen des § 1004 BGB der Nachbar für eine etwaige Duldungspflicht beweispflichtig ist.[152] Im Rahmen der Geltendmachung von Beseitigungsschäden muss der Baumeigentümer nachweisen, dass der Grundstückseigentümer wusste oder fahrlässig nicht wusste, dass die Selbsthilfevoraussetzungen nicht vorlagen.[153]

52 Wurde eine Klage des Grundstückseigentümers abgewiesen, so steht einer erneuten Klage bei einem erneuten Eindringen von Wurzeln ins Grundstück keine **Rechtskraft** entgegen, da es sich um einen neuen Sachverhalt handelt. Ist ein stattgebendes Urteil ergangen, das zur Beseitigung der eingedrungenen Wurzeln verpflichtet, endet dessen Rechtskraft mit der Beseitigung aller eingedrungenen Wurzeln, da sonst die Praktikabilität der Urteilsumsetzung nahezu unmöglich gemacht würde.[154]

53 Dem Baumeigentümer steht bei Vorliegen der Voraussetzungen des § 910 BGB **kein vorbeugender Unterlassungsanspruch** wegen des Zeitpunktes des Abtrennens zu, da sonst die gesetzgeberisch gewollte Umkehrung der Parteirollen durch die Beweislastverteilung unterlaufen würde.[155]

133. Zaun

Klose

I. Einführung

1 Die durch Zäune bewirkte Einfriedung[1] dient nicht allein der Abgrenzung benachbarter Grundstücke, sondern auch dem wechselseitigen Schutz vor von aus dem jeweiligen Nachbargrundstück ausgehenden Beein-

148 OLG Hamm Urt. 6.9.2018 – 5 U 52/18, MDR 2019, 221.
149 Für das Saarland OLG Saarbrücken Urt. v. 12.12.2019 – 4 U 15/19, juris Rn. 26 ff.
150 BGH Urt. v. 14.11.2003 – V ZR 102/03, BGHZ 157, 33 = NJW 2004, 1037; BGH Beschl. v. 13.1.2005 – V ZR 83/04, NZM 2005, 318; *Roth* in Staudinger BGB § 910 Rn. 33.
151 Anders wohl *Roth* in Staudinger BGB § 910 Rn. 33.
152 *Bassenge* in Palandt BGB § 1004 Rn. 52.
153 *Roth* in Staudinger BGB § 910 Rn. 33.
154 Siehe *Gietl* JuS 2017, 453 (459 f.).
155 KG Beschl. v. 13.6.2005 – 24 W 115/04, NZM 2005, 745; *Roth* in Staudinger BGB § 910 Rn. 3.
1 Vgl. OLG Dresden Beschl. vom 22.1.2018 – 4 U 1400/17, MDR 2018, 672 (672).

trächtigungen.[2] Gerade deshalb, weil Zäune unmittelbar an die Grundstücksgrenze angrenzen, können sie durch ihre Art und ihr Ausmaß störend auf das Nachbargrundstück einwirken, aber auch Gefahren für Dritte begründen. Der Grundstückseigentümer kann jedoch ein Interesse daran haben, dass der Grundstücksnachbar seiner Pflicht zur Errichtung eines Zaunes nachkommt.

II. Landesrecht

Die Art der zulässigen Zäune und Einfriedungen und ein etwaiger Anspruch auf deren Errichtung sind vielfach im Landesrecht geregelt. 2

Nach Art. 29 Abs. 2 S. 1 BayStrWG dürfen in **Bayern** keine Anpflanzungen und Zäune[3] errichtet werden, 3 die die Sicherheit und Leichtigkeit des Verkehrs verursachen können, wenn diese Gefahr konkret und nicht anders abwendbar isr.[4]

In **Baden-Württemberg** sind gemäß § 11 Abs. 1 NRG BW Einfriedungen gegenüber landwirtschaftlich 4 genutzten Grundstücken in einem Abstand von mindestens 0,5 m zu errichten. Wenn die Höhe der Einfriedung 1,5 m übersteigt, ist der Abstand entsprechend der Mehrhöhe zu vergrößern, sofern keine Drahtzäune und Schranken angebracht sind (§ 11 Abs. 2 NRG BW). Zäune, die nicht wenigstens 0,5 m von der Grenze entfernt errichtet werden, müssen gemäß § 11 Abs. 3 NRG BW so errichtet sein, dass sie von der Seite des Eigentümers des Zauns gepflegt werden können. Ein Zaun, der aus dünnem, langem und biegsamem Metall und nicht aus massiven Rundeisenstäben gefertigten Doppelstabmatten besteht, und deshalb lichtdurchlässiger ist, ist kein von der Höhenbeschränkung des § 11 Abs. 2 NRG BW ausgenommener Metallgitterzaun.[5]

In **Berlin** regelt § 21 Abs. 1 NachbG Bln, dass jeder Nachbar von dem jeweils anderen die Einfriedung 5 seines Grundstücks verlangen kann, wobei stets die Grenze zum jeweils rechten Grundstücksnachbarn einzufrieden ist. Gemäß § 22 Abs. 1 NachbG Bln besteht die Einfriedungspflicht dann nicht wenn die Grenze mit Gebäuden besetzt oder die Einfriedung nicht ortsüblich ist. Verlangt werden kann die Errichtung eines ortsüblichen Zauns und für den Fall, dass keine Ortsüblichkeit festgestellt werden kann, die Errichtung eines etwa 1,25 m hohen Zauns aus Maschendraht (§ 23 Abs. 1 NachbG Bln).

In **Brandenburg** besteht gemäß § 28 BbgNRG eine Pflicht zur Einfriedung, sofern nicht die Grenze mit 6 Gebäuden besetzt,[6] oder Einfriedungen nicht ortsüblich sind (§ 30 Abs. 1 BbgNRG). Wenn keine Ortsüblichkeit oder öffentlich-rechtliche Vorgaben bestehen, kann die Errichtung eines etwa 1,25 m hohen Maschendrahtzauns verlangt werden. Diese Einfriedungspflicht trifft den Eigentümer benachbarter Grundstücke, dessen Grundstück auf der linken Seite liegt.[7] Eine Ausnahme gilt nach § 30 BbgNRG, soweit sich die Einfriedung anderweitig ergibt.

Da in **Hamburg** kein Nachbarschaftsgesetz erlassen worden ist, fehlen auch ausdrückliche Regelungen 7 über die Grenzbebauung und durch sie begründete Verschattungseffekte[8] und damit auch für Zäune.

Gemäß § 14 Abs. 1 HNRG sind in **Hessen** die Eigentümer bebauter oder gewerblich genutzter Grundstücke 8 dazu verpflichtet, ihr Grundstück einzufrieden. Trifft die Bebauung[9] oder die gewerbliche Nutzung auf bei-

2 AG Brandenburg Urt. v. 5.8.2015 – 34 C 39/12, NJOZ 2015, 1800 (1801).

3 Ein Elektro-Litzenzaun ist eine Sperre im Sinne von Art. 34 Abs. 3, 27 Abs. 3 BayNatSchG, weil durch ihn die Allgemeinheit vom Betreten eines Privatweges oder einer sonstigen Fläche in der freien Natur abgehalten wird: VGH München Beschl. v. 11.5.2017 – 14 ZB 16.1775, ZUR 2018, 48 (49).

4 VGH München Urt. v. 15.12.2004 – 8 B 04.1524, NJW 2005, 2569 (2569).

5 OLG Karlsruhe Urt. v. 25.7.2014 – 12 U 162/13, NJW-RR 2015, 148 (149).

6 Bei Lücken in der Bebauung sind diese mit einem Zaun aufzufüllen: OLG Potsdam Urt. v. 21.11.2013 – 5 U 11/12, juris Rn. 42.

7 AG Brandenburg Urt. v. 5.8.2015 – 34 C 39/12, NJOZ 2015, 1800 (1801); vgl. OLG Potsdam Urt. v. 21.11.2013 – 5 U 11/12, juris Rn. 41.

8 LG Hamburg Urt. v. 10.9.2014 – 318 S 44/14, juris Rn. 16.

9 Zu deren Begründung kommt es allein auf die katastermäßige Erfassung an: LG Kassel Urt. v. 15.1.1999 – 10 S 127/98, ZMR 1999, 713 (714).

de Grundstücke zu, müssen beide Grundstücksnachbarn bei der Einfriedung mitwirken.[10] In § 15 HNRG ist für den Fall, dass keine Ortsüblichkeit oder sonstige öffentliche-rechtliche Vorgabe besteht, ein 1,2 m hoher Zaun aus verzinktem Maschendraht als ordnungsgemäß bestimmt.[11] Gemäß § 14 Abs. 2 HNRG ist die Einfriedung neben oder auf die Grenze zu setzen, im Außenbereich und außerhalb eines im Zusammenhang bebauten Ortsteils gemäß § 16 Abs. 1 HNRG 0,5 m von der Grenze entfernt. Der Grundstücksnachbar darf die Beseitigung einer bereits vorhandenen Einfriedung verlangen, wenn diese der Erfüllung des gesetzlichen Einfriedungsanspruchs entgegensteht. Der Grundstücksnachbar muss nicht dulden, dass eine nicht ortsübliche Einfriedung neben einer ortsüblichen bestehen bleibt.[12] Verlangt er, dass ein 2,8 m hoher Sichtblendenzaun auf die Höhe einer üblichen Grundstückseinfriedung zurückgeführt wird, kann er damit aus § 1004 Abs. 1 BGB iVm Art. 24 EGBGB iVm §§ 14, 15 HNRG durchdringen.[13]

9 In § 27 NNachbG ist für **Niedersachsen** eine Einfriedungspflicht für bebaute und gewerblich genutzte Grundstücke vorgesehen. Diese besteht nicht, wenn die Einfriedung nicht ortsüblich ist (§ 27 Abs. 2 NNachbG). Wenn keine andere Ortsübung besteht, kann ein bis zu 1,20 m hoher Zaun verlangt werden (§ 28 Abs. 1 NNachbG).[14] Gemäß § 29 NNachbG bestehen besondere Einfriedungspflichten, wenn von einem Grundstück besondere Störungen ausgehen können. Können sich Nachbarn nicht darauf einigen, auf welchem Grundstück die Einfriedung errichtet wird, darf jeder von ihnen eine ortsübliche Einfriedung auf der Grundstücksgrenze errichten (§ 30 NNachbG). Gemäß § 37 NNachbG besteht gegenüber dem Nachbarn eine Anzeigepflicht für die Errichtung eines Zauns als Grenzanlage. Hat der Grundstücksnachbar die geplante Errichtung eines zwei Meter hohen Zauns rechtzeitig und zutreffend angezeigt und haben sich die Parteien darauf im Wesentlichen geeinigt, kann sich der Nachbar nicht erfolgreich auf die aus seiner Sicht nicht bestehende Ortsüblichkeit der im Prospekt enthaltenen Farbe berufen.[15] Ein Zaun darf nicht derart errichtet sein, dass er den Maßgaben des § 31 Abs. 1 NWaldLG widersprechend die Gefahr begründet, andere Grundstückseigentümer durch die Duldung materiell rechtswidrigen Zauns zu motivieren, in vergleichbaren Lagen unzulässige Zäune zu errichten.[16]

10 In § 32 Abs. 1 NachbG NRW ist in **Nordrhein-Westfalen** eine Pflicht des Nachbarn geregelt, sein Grundstück einzufrieden.[17] Werden beide Grundstücke bebaut, oder gewerblich genutzt, trifft diese Pflicht beide Grundstückseigentümer gleichermaßen. Nicht ortsübliche Einfriedungen[18] können auch nicht verlangt werden (§ 34 lit. c § 32 NachbG NRW). Diese Einfriedung muss, sofern der Nachbar bei der Aufforderung zur Einfriedung nach § 32 NachbG NRW verlangt,[19] gemäß 35 NachbG NRW ortsüblich sein und ist auf oder an der Grenze zu errichten. Als Einfriedung ist auch eine auf Verlangen des einen Nachbarn auf der gemeinsamen Grenze errichtete Grenzeinrichtung zu verstehen.[20] Der Nachbar kann die Beseitigung eines

10 So lange sich ein ortsüblicher Zaun auf der Grundstücksgrenze befindet, ist dieser mit den aus ihn hervorgehenden Beeinträchtigungen von beiden Grundstücksnachbarn zu dulden: AG Königstein Urt. v. 13.11.2000 – 21 C 365/99, NZM 2001, 112 (112).

11 Ist keine andere Höhe des Zauns ortsüblich, ist die gesetzlich vorgegebene Höhe von 1,2 m maßgeblich: AG Marburg Urt. v. 8.8.2014 – 9 C 212/14, juris Rn. 15.

12 BGH Urt. v. 21.9.2018 – V ZR 302/17, NJW-RR 2019, 649 (650).

13 OLG Frankfurt Urt. v. 7.1.1988 – 3 U 189/86, NJW-RR 1988, 403 (404).

14 Sind in der Nachbarschaft verschieden gestaltete Einfriedungen zu verzeichnen, kann der Bauwillige ohne Rücksicht darauf welche Art von Zäunen am häufigsten vorkommt, zwischen ihnen wählen: LG Oldenburg Urt. v. 15.6.2017 – 5 S 550/16, ZMR 2017, 779 (780). Auch ein an der Grenze errichteter Jägerzaun ist zu dulden: LG Hannover Urt. v. 29.12.1989 – 20 S 151/89, NJW-RR 1991, 405 (405).

15 AG Wittmund Urt. v. 20.10.2016 – 4 C 233/16, juris Rn. 17 f.

16 OVG Lüneburg Urt. v. 30.6.2015 – 4 LB 63/14, NordÖR 2015, 502 (504).

17 Aus dieser Pflicht ergibt sich seine Kostenbeteiligung bei der Errichtung der Einfriedung auch dann, wenn der Nachbar seinerseits wegen einer sonst unzumutbaren Beeinträchtigung zur Einfriedung verpflichtet ist: OLG Düsseldorf Urt. v. 18.4.1990 – 9 U 230/89, NJW-RR 1990, 1100 (1101).

18 Zur Ortsüblichkeit eines Drahtgitterzauns: AG Düsseldorf Urt. v. 2.3.2005 – 25 C 15179/03, juris Rn. 26. Bei einer Reihenhausanlage kann sich die Betrachtung der Ortsüblichkeit auf deren Gebiet beschränken: OLG Köln Urt. v. 11.11.1992 – 27 U 83/90, OLG Report 1993, 18 (19).

19 AG Köln Urt. v. 29.2.2016, juris Rn. 25.

20 OLG Hamm Urt. v. 9.20.2017 – I-5 U 146/16, juris Rn. 62.

Zauns daher verlangen, wenn dieser so errichtet ist, dass die Errichtung eines ortsüblichen Zauns des Nachbarn dadurch ausgeschlossen wird.[21] Es ist damit unzulässig, neben eine ortsübliche Einfriedung eine solche zu errichten, die das ortsübliche Erscheinungsbild völlig verändern würde.[22]

In **Rheinland-Pfalz** schreibt § 39 LNRG RhPf eine Einfriedung des Grundstücks vor, wenn dies zum Schutz des anderen Grundstücks vor wesentlichen Beeinträchtigungen erforderlich ist. Sofern keine andere Ortsüblichkeit besteht, gilt gemäß § 39 Abs. 2 S. 1 LNRG RhPf ein 1,2 m hoher Zaun aus festem Maschendraht als ortsüblich. Sind beide Nachbarn zur Einfriedung verpflichtet, können sie gemäß § 40 Abs. 2 LNRG RhPf eine gemeinsame Einfriedung auf der Grenze verlangen. Außerhalb eines im Zusammenhang bebauten Ortsteils und von in einem Bebauungsplan ausgewiesenen Bauland kann der Nachbar einen Abstand von 50 cm verlangen (§ 42 LNRG RhPf). 11

Für das **Saarland** regelt § 33 Abs. 1 NachbG Saarl, dass ein Grundstückseigentümer sein Grundstück innerhalb eines im Zusammenhang bebauten Ortsteils auf Verlangen des Nachbarn einfriedet, wenn dies zum Schutz des Grundstücks vor wesentlichen Beeinträchtigungen erforderlich ist. Sofern keine Ortsüblichkeit besteht, gilt ein 1,2 m hoher Zaun aus Maschendraht als ortsüblich (§ 43 Abs. 2 NachbG Saarl). Nach § 44 Abs. 2 NachbG Saarl ist eine Einfriedung nur dann auf dessen Grundstück oder der Grundstücksgrenze zu errichten, wenn der Nachbar die Einfriedung verlangt, oder sie unter den weiteren Voraussetzungen des § 43 NachbG Saarl angebracht werden muss.[23] In § 46 NachbG Saarl ist ein Abstand der Einfriedung an der Grenze eines landwirtschaftlich genutzten Grundstücks von 0,5 m vorgesehen. 12

Für **Sachsen** regelt § 4 S. 1 SächsNRG das Recht jedes Nachbarn, sein Grundstück einzufrieden. Bei dem Gemeingebrauch dienenden Flächen darf die Einfriedung nicht auf der Grenze vorgenommen werden (§ 4 S. 2 SächsNRG). Bei landwirtschaftlich genutzten Grundstücken muss die Einfriedung 0,6 m von der Grundstücksgrenze zurückbleiben (§ 7 Abs. 1 SächsNRG). 13

In **Sachsen-Anhalt** muss ein Grundstückseigentümer gemäß § 22 Abs. 1 NbG SA sein Grundstück einfrieden, wenn dies zum Schutz des Nachbargrundstücks vor wesentlichen Beeinträchtigungen erforderlich ist.[24] Gemäß § 23 S. 1 NbG SA muss die Einfriedung ortsüblich sein.[25] Besteht keine Ortsüblichkeit und fehlen auch öffentlich-rechtliche Vorgaben, darf gemäß § 23 NbG SA ein bis zu zwei Meter hoher Zaun errichtet werden. Die Einfriedung darf regelmäßig gemäß § 24 Abs. 1 NbG SA an der Grundstücksgrenze errichtet werden. Wenn beide Nachbarn zur Einfriedung verpflichtet sind, können sie wechselseitig auch eine Einfriedung auf der Grundstücksgrenze verlangen (§ 25 NbG SA). 14

Für **Schleswig-Holstein** regeln die §§ 28–34 NachbG Schl.-H. die Einfriedung bebauter und gewerblich genutzter und die §§ 35 und 36 NachbG Schl.-H. diejenige landwirtschaftlich genutzter Grundstücke. Ist nur ein Grundstück bebaut oder gewerblich genutzt, ist dessen Eigentümer auf Verlangen des anderen Eigentümers zur Einfriedung verpflichtet. Sind beide Grundstücke bebaut oder gewerblich genutzt, sind beide Eigentümer wechselseitig dazu verpflichtet, an der Einfriedung und deren Unterhaltung mitzuwirken (§ 28 NachbG Schl.-H.). Gemäß § 30 Abs. 1 NachbG Schl.-H. ist die Einfriedung an oder auf der Grundstücksgrenze zu bauen. Lässt sich keine Ortsüblichkeit feststellen, ist ein 1,2 m hoher Zaun aus Maschendraht zu errichten (§ 31 Abs. 1 NachbG Schl.-H.). 15

Für **Thüringen** regelt § 39 Abs. 1 ThürNRG eine Pflicht des Grundstücksnachbarn zur Einfriedung, wenn dies zum Schutz des Nachbargrundstücks vor wesentlichen Beeinträchtigungen erforderlich ist. Ist keine Art der Einfriedung ortsüblich und fehlt es auch an öffentlich-rechtlichen Vorgaben, ist ein 1,2 m hoher 16

---

21 BGH Urt. v. 23.3.1979 – V ZR 106/77, NJW 1979, 1409 (1410); LG Kleve Urt. v. 18.1.2008 – 5 S 114/07, juris Rn. 9.

22 BGH Urt. v. 23.11.1984 – V ZR 176/83, NJW 1085, 1458 (1459).

23 BGH Urt. v. 11.12.2015 – V ZR 180/14, NJW 2016, 1735 (1736).

24 Zum Einfriedungsanspruch gegenüber einem Friedhofsgrundstück: OLG Naumburg Urt. v. 22.7.2014 – 12 U 192/13, juris Rn. 9.

25 Dieses Erfordernis betrifft jedoch nur die Einfriedungen, die zur Erfüllung eines Einfriedungsanspruchs des Nachbarn errichtet worden sind: OLG Naumburg Urt. v. 12.10.2015 – 12 U 165/14, NVwZ-RR 2016, 367 (368).

Zaun aus festem Maschendraht als ortsüblich anzusehen (§ 39 Abs. 2 ThürNRG). Gemäß § 40 ThürNRG ist die Einfriedung auf dem Grundstück des Verpflichteten zu errichten, wenn keinen gegenseitige Pflicht zur Errichtung einer Einfriedung besteht, die auch auf der Grundstücksgrenze angebracht werden kann. Gemäß § 42 Abs. 1 ThürNRG ist bei Einfriedungen an der Grenze eines landwirtschaftlich genutzten Grundstücks auf Verlangen ein Abstand von 0,5 m zur Grundstücksgrenze einzuhalten. Diese Verpflichtung entfällt gemäß § 40 Abs. 2 ThürNRG, wenn beide Grundstücke Teil eines im Zusammenhang bebauten Ortsteils oder in einem Bebauungsplan als Bauland ausgewiesen sind.

III. Beseitigungsanspruch

17 Unter den Voraussetzungen des § 1004 Abs. 1 BGB kann die Beseitigung oder zumindest die Veränderung eines den Eigentümer des Nachbargrundstücks störenden Zauns verlangt werden. Ein Beseitigungsanspruch kann damit bestehen, wenn der Zaun unmittelbar in Eigentums- und Besitzrechte eingreift, oder diese in sonstiger Weise beeinträchtigt. So darf ein Nachbar an der gemeinsamen Grenze nicht neben eine bereits vorhandene Einfriedung einen weiteren Zaun errichten, der das ortsübliche Erscheinungsbild des Zaunes erheblich verändert.[26] Das nicht anderweitig geregelte Erscheinungsbild des Zauns[27] selbst kann regelmäßig lediglich eine ästhetische Beeinträchtigung begründen, die keinen Beseitigungsanspruch aus §§ 1004, 903, 906 BGB auslösen kann. So hat der Grundstückseigentümer gegenüber seinem Nachbarn keinen Anspruch auf Beseitigung eines aus seiner Sicht hässlichen, ihn also ästhetisch nicht zufriedenstellenden Zauns, so lange dieser seiner Funktion zur Einfriedung noch genügt.[28] Die Beseitigung einer ästhetisch unschönen, aber mit den landesrechtlichen Vorschriften übereinstimmenden Grundstückseinfriedung kann daher nicht verlangt werden.[29] Etwas anderes gilt jedoch dann, wenn die einseitig errichtete ortsübliche Einfriedung derart verrottet ist, das sie durch eine neue Einrichtung ersetzt werden muss.[30]

1. Beseitigung eines Zauns auf dem fremden Grundstück

18 Der Zaun ist grundsätzlich auf dem Grundstück zu errichten, das demjenigen gehört, der den Zaun anbringt. Stehen Zaunpfosten zumindest teilweise auf dem anderen Grundstück, wird dadurch das Eigentum des betroffenen Grundstückseigentümers mit der Folge beeinträchtigt, dass dieser grundsätzlich die Beseitigung des Zauns aus §§ 1004 Abs. 1, 823 Abs. 1 BGB verlangen kann.[31]

2. Störung einer gemeinsamen Grundstücksauffahrt

19 Wird ein Grundstück durch eine gemeinsame Grundstücksauffahrt erschlossen, hat der jeweilige Eigentümer ein erhebliches Interesse daran, dass der Nachbar den Zustand unverändert belässt und die gemeinsame Einfahrt nicht durch einen Zaun an der Grenze derart verengt, dass sie nicht mehr zur Erschließung des Grundstücks geeignet ist. Wird eine gemeinsame Grundstücksauffahrt nachträglich durch einen Zaun mit der Folge abgesperrt, dass diese nicht mehr genutzt werden kann, wird dadurch eine verbotene Eigenmacht im Sinne des § 858 Abs. 1 BGB begründet.[32] Dann kann, unter den Voraussetzungen des § 1004 Abs. 1 BGB und aus § 861 Abs. 1 BGB die Beseitigung verlangt werden.[33] Das gilt erst recht, wenn der Zaun dazu führt, dass das Grundstück nicht mehr für Rettungskräfte zugänglich ist.

26 BGH Urt. v. 9.2.1979 – V ZR 108/77, NJW 1979, 1408 (1409).

27 Sind in den landesrechtlichen Vorschriften über die Ortsüblichkeit getroffen worden, können ästhetisch relevante Verstöße dagegen einen Beseitigungsanspruch begründen: OLG Hamm Urt. v. 21.2.1975 – 19 U 210/74, NJW 1975, 1035 (1035).

28 AG Brandenburg Urt. v. 29.11.2019 – 31 C 121/18, juris Rn. 146.

29 BGH Urt. v. 17.1.2014 – V ZR 292/12, NJW-RR 2014, 973 (973).

30 OLG Köln Urt. v. 5.6.1992 – 20 U 250/91, VersR 1992, 1235 (1235).

31 AG Rheine Urt. v. 8.1.2019 – 4 C 67/18, juris Rn. 16.

32 OLG Potsdam Urt. v. 30.4.2009 – 5 U 83/08, juris Rn. 19 f.

33 OLG Potsdam Urt. v. 30.4.2009 – 5 U 83/08, juris Rn. 21.

3. Störung durch die Art der Errichtung und Errichtungsanspruch

Einem Nachbarn steht gegen den anderen Nachbarn ein Beseitigungsanspruch aus § 1004 Abs. 1 BGB zu, wenn der Zaun gegen die öffentlich-rechtlichen Vorschriften, gegen die geltenden Nachbargesetze[34] oder gegen die Ortsüblichkeit verstößt. Schutzzäune dürfen dicht an die Grundstücksgrenze gebaut werden, jedoch das Nachbargrundstück nicht beeinträchtigen.[35] 20

a) Art der Errichtung. Aus den Nachbargesetzen der einzelnen Bundesländer sowie teilweise auch aus Straßengesetzen und den gemeindlichen Gestaltungssatzungen lassen sich regelmäßig Regelungen über die zulässige Gestaltung von Zäunen ableiten. Bei der Zulässigkeit des Zauns kann, soweit es inhaltlich um die Verhinderung einer Sichteinschränkung und den Schutz der Belichtung eines Grundstückes geht, auch auf die Regelungen für Hecken zurückgegriffen werden, die die insoweit hinzunehmenden Beeinträchtigungen definieren.[36] Die Art des zulässigen Zaunes kann auch auf einer Vereinbarung der Nachbarn beruhen. Bezieht sich diese auf einen „blickdichten stabilen Zaun, der aus handelsüblichen für fachgerechten Zaunbau geeigneten Materialien errichtet ist", ist auch ein Zaun, der aus von einer Gitterkonstruktion zusammengehaltenen Steinen (Gabionen) besteht, zulässig.[37] 21

aa) Ortsüblichkeit. Gegen einen ortsüblichen Zaun auf der Grundstücksgrenze besteht kein Beseitigungsanspruch.[38] Gehen aus den maßgeblichen Bebauungsplänen oder isolierten Gestaltungssatzungen keine Bestimmungen über die Art und die Größe von Zäunen hervor, ist diese Anlage regelmäßig so zu gestalten, dass sie ortsüblich ist. Eine konkrete Zaunanlage ist ortsüblich, wenn sie sich nach Größe, Farbe und Form ausreichend in das Gesamtbild der betroffenen Umgebung einfügt.[39] Der Maßstab der Ortsüblichkeit wird durch die tatsächlich bestehenden Verhältnisse in dem zum Vergleich heranzuziehenden Gebiet geprägt.[40] Die Ortsüblichkeit ergibt sich dann, wenn in der näheren Umgebung eine Mehrheit der Vergleichsgrundstücke in einer bestimmten Art und Weise eingefriedet sind. Damit können auch mehrere Arten der Einfriedungen ortsüblich sein.[41] Wie weit die Grenzen des Gebietes gezogen werden ist einzelfallabhängig und nicht von den (politischen) Ortsgrenzen abhängig.[42] Sind mehrere Arten der Einfriedung ortsüblich, kann der betroffene Nachbar zwischen den ortsüblichen Einfriedungsarten wählen,[43] weil durch das Beschränken auf die Ortsüblichkeit nicht der konkrete Nachbar, sondern die nähere Umgebung geschützt wird. Hat sich in dem maßgeblichen Gebiet keine Ortsüblichkeit der Einfriedung herausgebildet, kann der Nachbar die Beseitigung einer zwar ästhetisch unschönen und so im Umfeld nicht vorhandenen, jedoch normgerechten Einfriedung nicht verlangen.[44] Die Ortsüblichkeit betrifft die Art der Ausführung des Zauns ebenso, wie dessen Höhe.[45] 22

bb) Schikane. Vor einer Schikane schützen den Grundstücksnachbarn im Wesentlichen die allgemeinen Regelungen der §§ 903, 906 BGB.[46] Die Errichtung oder das Verlangen des Abbruchs eines Zaunes kann aber daneben auch gegen das Schikaneverbot des § 226 BGB verstoßen, wenn die Errichtung des Zaunes 23

---

34 BGH Urt. v. 22.5.1992 – V ZR 93/91, NJW 1992, 2569 (2569).
35 AG Landsberg Urt. v. 27.7.2009 – 2 C 840/08, BeckRS 2010, 28150.
36 AG Aachen Urt. v. 30.4.1992 – 115 C 547/91, BeckRS 2013, 3358.
37 LG Regensburg Urt. v. 28.9.2010 – 2 S 101/10, BeckRS 2010, 25390; AG Straubing Urt. v. 26.2.2010 – 3 C 1517/09, BeckRS 2010, 25391.
38 AG Königstein i.Ts. Urt. v. 13.11.2000 – 21 C 365/99-12, NZM 2001, 112 (112).
39 AG Schöneberg Urt. v. 91.4.2016 – 16 C 287/15, juris Rn. 28.
40 BGH Urt. v. 22.5.1992 – V ZR 93/91, NJW 1992, 2569 (2569).
41 BGH Urt. v. 22.5.1992 – V ZR 93/91, NJW 1992, 2569 (2570); AG Brandenburg Urt. v. 5.8.2015 – 34 C 39/12, NJOZ 2015, 1800 (1802).
42 BGH Urt. v. 22.5.1992 – V ZR 93/91, NJW 1992, 2569 (2569).
43 LG Kassel Urt. v. 15.1.1999 – 10 S 127/98, ZMR 1999, 713 (714); aA AG Wedding Urt. v. 12.4.1996 – 3a C 335/95, GE 1996, 679 (680).
44 OLG Düsseldorf Urt. v. 24.11.1993 – 9 U 128/92, NJW-RR 1995, 469 (469); aA AG Wesel Urt. v. 22.6.2016 – 26 C 127/15, juris Rn. 16, das bei dem Fehlen einer ortsüblichen Einfriedung ein Wahlrecht zwischen den vorhandenen Einfriedungen annimmt.
45 OLG Hamm Urt. v. 9.20.2017 – I-5 U 146/16, juris Rn. 67.
46 LG Hamburg Urt. v. 10.9.2014 – 318 S 44/14, juris Rn. 16.

oder das Beseitigungsverlangen nur den Zweck haben kann, dem anderen einen Schaden zuzufügen und dem Berechtigten zudem objektiv keinen Vorteil bringt.[47] Eine Schikane liegt aber nur dann vor, wenn die Rechtsausübung für den Berechtigten zu keinerlei Vorteil führt.[48]

24 **b) Grenzzaun.** Ein Grenzzaun kann eine Einrichtung im Sinne des § 921 BGB sein,[49] die von dem Nachbarn nur unter den Voraussetzungen des § 922 BGB entfernt werden darf.[50] Haben sich die Grundstücksnachbarn einvernehmlich, ausdrücklich oder stillschweigend für eine bestimmte Grenzeinrichtung im Sinne von § 921 BGB entschieden, können sie wechselseitig deren Erhaltung in ihrer Beschaffenheit und ihrem Erscheinungsbild verlangen.[51] Ein Zaun ist aber nur dann ein Grenzzaun, wenn er der Länge nach von der Grenzlinie durchschnitten wird und nicht vollständig auf einem Grundstück errichtet wurde.[52] Wenn ein Zaun ohne eine verbindliche Absprache mit dem Nachbarn gebaut und im alleinigen Interesse und zum eigenen Nutzen von dem einen Grundstücksnachbarn errichtet wurde, liegt keine Grenzeinrichtung im Sinne des § 921 BGB vor.[53] Besteht eine Grenzeinrichtung bereits seit längerer Zeit und ist sie für beide Seiten derartig vorteilhaft, dass sie objektiv eine Grenzeinrichtung darstellt, spricht eine Vermutung für deren Errichtung mit dem Willen der Nachbarn.[54] Nach § 922 S. 3 BGB darf eine Grenzeinrichtung nicht gegen den Willen des anderen Grundstücksnachbarn beeinträchtigt werden. Die Grenzeinrichtung ist in ihrer Gesamtheit geschützt. Damit darf sie auch nicht in ihrem Erscheinungsbild beeinträchtigt werden.[55] Eine Beeinträchtigung der Grenzanlage kann auch dann erfolgen, wenn der Nachbar allein Teile davon entfernt, die sich auf seinem Grundstück befindet.[56] Wird ein Grenzzaun, der eine Grenzeinrichtung im Sinne des § 921 BGB ist, unrechtmäßig entfernt, kann der Nachbar dessen Neuerrichtung gemäß § 922 S. 3 BGB iVm § 1004 Abs. 1 BGB verlangen.[57] Auch wenn sich die Nachbarn zunächst auf einen Maschendrahtzaun als Grenzeinrichtung geeinigt haben, ist dieser vor einem auf dem Nachbargrundstück angebrachten weiteren Zaun nicht geschützt, sofern die Vereinbarung bei der Errichtung des Grenzzauns das weitere optische Erscheinungsbild der Grundstücksgrenze nicht betrifft.[58] Ein Grenzzaun kann seine Eigenschaft als solcher aber dadurch verlieren, dass er überwiegend zerstört ist und nicht mehr repariert werden kann.[59]

25 **c) Miete.** Trennt ein Mieter im Treppenhaus zwischen zwei Wohnungen die Zuwegung mittels eines Zauns ab, kann der andere Mieter aus § 535 BGB die Beseitigung dieses Zauns verlangen. Der vertragsgemäße Mitgebrauch der Gemeinschaftsflächen ist von dem geschuldeten Mietgebrauch umfasst. Dazu gehört auch die Nutzung der Flure und Treppen. Diese darf nicht durch die Errichtung eines Zauns teilweise entzogen werden.[60] Ebenso ist es unzulässig, Flure und Treppen zu versperren, die als Rettungswege dienen.

26 **d) WEG.** Die Einfriedung eines Grundstücks bedarf einer Entscheidung der Mit- und Sondereigentümer.[61] Das Errichten eines nicht von vorneherein geplanten Zaunes zwischen Flächen des Sondereigentums einer

47 BGH Urt. v. 10.4.1953 – V ZR 115/51, BeckRS 1953; LG Potsdam Urt. v. 23.11.2018 – 1 O 45/15, juris Rn. 39; OLG Saarbrücken Urt. v. 7.2.2013 – 4 U 421/11 K, nur juris Rn. 36; OLG München Beschl. v. 15.9.2004 – 2Z BR 120/04, NJOZ 2004, 4348 (4349).

48 OLG Rostock Urt. v. 13.9.2018 – 3 U 40/17, GE 2019, 463 (464).

49 BGH Urt. v. 23.11.1984 – V ZR 176/83, NJW 1085, 1458 (1459).

50 BGH Urt. v. 18.5.2001 – V ZR 119/00, NJW-RR 2001, 1528 (1529); BGH Urt. v. 21.2.2011 – NJW-RR 2014, 973 (976).

51 BVerfG Beschl. v. 5.7.2013 – 1 BvR 1018/13, MDR 2013, 1113 (1114).

52 LG Bochum Urt. v. 17.3.1992 – 9 S 497/91, NJW-RR 1992, 913 (913); vgl. BGH Urt. v. 7.3.2003 – V ZR 11/02, NJW 2003, 1731 (1731).

53 LG Potsdam Urt. v. 23.11.2018 – 1 O 45/15, juris Rn. 32.

54 BGH Urt. v. 20.10.2017 – V ZR 42/17, NJW-RR 2018, 528 (529).

55 BGH Urt. v. 20.10.2017 – V ZR 42/17, NJW-RR 2018, 528 (529).

56 LG Gießen Urt. v. 13.7.1994 – 1 S 163/94, MDR 1995, 41 (42).

57 BGH Urt. v. 23.11.1984 – V ZR 176/83, NJW 1085, 1458 (1459).

58 LG Landshut Urt. v. 18.1.2017 – 13 S 2208/15, juris Rn. 36.

59 BGH Urt. v. 23.11.1984 – V ZR 176/83, NJW 1085, 1458 (1459).

60 AG Elmshorn Urt. v. 25.1.2013 – 51 C 180/12, NJW-RR 2013, 719 (720).

61 BGH Urt. v. 11.12.2015 – V ZR 180/14, NJW 2016, 1735 (1736).

Wohnungseigentumsanlage begründet eine bauliche Veränderung im Sinne des § 20 WEG.[62] Soll in einer Wohnungseigentumsanlage ein bisher bestehender Zaun aus Rundholz durch einen aus Halbrundhölzern ersetzt werden, liegt darin eine bauliche Veränderung begründet, die gemäß § 20 WEG der Beschlussfassung der Miteigentümer bedarf.[63] Auch an einem Maschendrahtzaun zwischen zwei Sondernutzungsflächen angebrachte grüne Sichtschutzmatten aus Kunststoff stellen eine bauliche Veränderung dar.[64] Ein auf dem Gemeinschaftseigentum verbleibender hölzerner Bauzaun, der vom Aufteilungsplan nicht erfasst ist, begründet, wenn er nach dem Abschluss der Bauarbeiten auf dem Grundstück verbleibt, eine bauliche Veränderung im Sinne von § 20 WEG.[65] Gleiches gilt für den Austausch eines Jägerzauns mit einer Zaunanlage mit einer integrierten Überwachungstechnik mit Übersteige- und Untergrabeschutz in einer Höhe von 2 m.[66] Auch bei dem Austausch einer Zaunanlage ist es zwingend erforderlich, dass für die Verkehrssicherheit Sorge getragen wird. Nach dem Entfernen der alten Zaunanlage ist für die Errichtung des bis zur endgültigen Errichtung der neuen Anlage erforderlichen Provisoriums kein einstimmiger Beschluss der Eigentümergemeinschaft erforderlich, weil diese Anlage nicht auf Dauer bestimmt ist.[67]

Auch im Bereich des Sondereigentums können Zäune zulässig sein. Vereinbaren die Wohnungseigentümer 27
im Hinblick auf die Sondernutzung eines Gartens die Geltung der baurechtlichen Vorschriften, werden sie dadurch untereinander in ein Verhältnis wie Alleineigentümer versetzt. Ist ein Schutzzaun im Verhältnis zwischen diesen zulässig, ist er es auch zwischen den Wohnungseigentümern.[68] Innerhalb einer Wohnungseigentumsanlage ist ein Wohnungseigentümer dazu verpflichtet, einen von ihm errichteten Zaun, der seinen Gartenteil abtrennt, wieder zu entfernen, wenn dieser den Gesamteindruck der Wohnanlage nicht unerheblich beeinträchtigt.[69] Die Beseitigung eines Steckzaunes kann aber nicht verlangt werden.[70]

Die Wohnungseigentümer untereinander können sich zwar nicht auf die nachbarschaftlichen Landesregege- 28
lungen zur Einfriedung berufen.[71] Abwehransprüche wegen eines von dem Grundstücksnachbarn auf der Grundstücksgrenze errichteten Zauns aus § 1004 Abs. 1 BGB kann der einzelne Wohnungseigentümer aber unabhängig von der Eigentümergemeinschaft verfolgen.[72]

4. Anspruch auf Einfriedung des Nachbargrundstücks

Aus den nachbarrechtlichen Bestimmungen der Länder ergeben sich vielfach Regelungen, aufgrund derer 29
der Grundstückseigentümer von seinem Nachbarn verlangen kann, dass dieser sein Grundstück einfriedet. Wird dem Nachbarn aufgegeben, sein Grundstück einzufrieden, kann er dieser Pflicht nicht durch das Anbringen eines Elektroweidezauns nachkommen, weil dieser lediglich dazu dient, das Ausbrechen von Vieh zu verhindern.[73] Ist das Grundstück teilweise, etwa durch an der Grenze anstehende Gebäude abgegrenzt, kann es erforderlich sein, dazwischen bestehende Lücken durch einen Zaun zu schließen.[74] Auch neben einen vorhandenen Maschendrahtzaun darf der Nachbar einen Sichtschutzzaun anbringen.[75] Wird das Nachbargrundstück in einer besonderen Art genutzt, kann auch eine über die ortsübliche Art hinausgehende Einfriedung erforderlich sein. Ein 6 m hoher Ballfangzaun kann jedoch ausreichend sein, um den Überflug

62 OLG München Beschl. v. 4.2.1982 – Breg. 2 Z 9/81, BayObLGZ 1982, 69 (70). Gleiches gilt für das Ersetzen eines Maschendrahtzauns zur seitlichen Begrenzung eines offenen Garagenplatzes durch eine Holzwand: OLG München Beschl. v. 13.3.2006 – 34 Wx 1/06, NZM 2006, 783 (784).
63 AG Berlin-Charlottenburg Urt. v. 23.10.2013 – 73 C 72/13, ZWE 2014, 138 (138).
64 OLG München Beschl. v. 20.4.2000 – 2Z BR 9/00, NZM 2000, 678 (680).
65 AG München Urt. v. 3.3.2016 – 484 C 30422/14, ZMR 2017, 273 (274).
66 AG Berlin-Charlottenburg Urt. v. 14.1.2011 – 73 C 145/10, ZWE 2011, 189 (190).
67 LG Stuttgart Beschl. v. 1.4.2015 – 10 T 106/15, BeckRS 2015, 120898.
68 LG Itzehoe Urt. v. 10.3.2009 – 11 S 2009–11 S 30/08, NJW-RR 2010, 89 (90).
69 OLG Köln Beschl. v. 16.4.2008 – 16 Wx 33/08, NJOZ 2008, 3413 (3414).
70 LG Hamburg Beschl. v. 7.3.2003 – 318 T 46/02, ZMR 2003, 531 (533).
71 OLG Hamm Beschl. v. 5.11.2009 – 15 Wx 15/09, ZMR 2010, 389 (391).
72 OLG Rostock Urt. v. 13.9.2018 – 3 U 40/17, GE 2019, 463 (463 f.).
73 AG Brandenburg Urt. v. 5.8.2015 – 34 C 93/12, GE 2015, 1227 (1228).
74 LG Kassel Urt. v. 15.1.1999 – 10 S 127/98, ZMR 1999, 713 (714).
75 LG Landshut Urt. v. 18.1.2017 – 13 S 2208/15, juris Rn. 34 f.

von Fußbällen von einem benachbarten Sportplatz auf ein benachbartes Privatgrundstück im wesentlichen Umfang zu verhindern.[76]

IV. Verkehrssicherungspflicht

30 Besteht eine Verkehrssicherungspflicht an der Grundstücksgrenze, kann dieser auch durch die Errichtung eines Zaunes nachgekommen werden. Das verpflichtet den Straßenverkehrssicherungspflichtigen jedoch nicht dazu, mit einem Zaun jegliche in Betracht kommenden Gefahren abzuwenden.[77] Zäune müssen so errichtet werden, dass von ihnen keine Gefahren für passierende Dritte ausgehen. So begründet es einen Verstoß gegen die Verkehrssicherungspflicht, wenn ein Zaun zu einer von Kindern als Bolzplatz genutzten Fläche oben mit herausragenden Spitzen ausgestattet wird, die für den Zaun überkletternde Kinder gefährlich werden können.[78] Sind Zäune geeignet, als Geländer zu dienen, müssen sie hinreichend standsicher sein.[79] In einer Wohnungseigentumsgemeinschaft kann das Anbringen eines Zauns an der Grundstücksgrenze vor einem Bach zur ordnungsgemäßen Verwaltung gehören, wenn allein dadurch eine konkrete Gefahr für Kinder abgewendet werden kann.[80] Ist ein Zaun dazu errichtet, um Vieh vor einen Ausbruch zu hindern, kann mit der Errichtung eines Elektrozauns der Verkehrssicherungspflicht genügt werden, wenn dieser denselben Schutz gewährt, wie ein herkömmlicher Stacheldrahtzaun.[81] Sollen Pferde von einem Ausbruch abgehalten werden, genügt dazu ein Stacheldrahtzaun mit einer Höhe von 1,25 m,[82] auch wenn dieser im Einzelfall von Pferden übersprungen werden kann.[83]

31 Generell kommen bei einem umstürzenden Zaun auch Ansprüche aus § 836 BGB in Betracht. Diese Regelung schützt jedoch allein die berechtigt mit dem Zaun in Kontakt kommenden Personen. Das zum Zwecke des Urinierens erfolgte Anlehnen an einen Zaun gehört dazu nicht.[84]

V. Öffentliches Recht

32 Öffentlich-rechtlich kann nach den jeweiligen Bauordnungen im Hinblick auf errichtete Zäune eine Beseitigungsverfügung ergehen, wenn der Zaun formell- und materiellrechtlich unzulässig ist. Die Gemeinden und Länder sind jedoch dazu berechtigt, Regelungen für die Art und das Maß der Einfriedungen zu treffen. An der formellen Zulässigkeit fehlt es, wenn das Baurecht des Landes für ihre Errichtung eine Baugenehmigung vorschreibt, was wiederum vom Gebiet und von der Art des zu errichtenden Zauns abhängt. Allein auf die formelle Rechtswidrigkeit kann eine Beseitigungsverfügung dann nicht gestützt werden, wenn die Einfriedung materiellrechtlich genehmigungsfähig ist, also ihrer Erteilung keine bauplanungsrechtlichen und bauordnungsrechtlichen Gesichtspunkte entgegenstehen. Aber auch dann, wenn ein Bauwerk verfahrensfrei ist, also keiner Baugenehmigung bedarf, sind die öffentlich-rechtlichen Vorschriften einzuhalten.[85] Ein Anspruch des Nachbarn auf Beseitigung des Zauns kann bestehen, wenn dieser gegen das Rücksichtnahmegebot verstößt. Darauf kann nicht bereits deshalb geschlossen werden, weil zivilrechtliche Normen verletzt wurden.[86] Ästhetische Einwirkungen können Abwehransprüche begründen, wenn sie gegen das Verunstaltungsverbot verstoßen. Das kann bei einem 30 m langen und 1,8 m hohen undurchsichtiger Holz-

---

76 OLG Naumburg Urt. v. 23.11.2015 – 12 U 184/14, MDR 2016, 265 (265).
77 BGH Urt. v. 13.7.1989 – III ZR 122/88, NJW 1989, 2808 (2809).
78 LG Tübingen Urt. v. 16.11.2011 – 7 O 143/01, NJW-RR 2002, 960 (960).
79 OLG Saarbrücken Urt. v. 30.11.2017 – 4 U 19/17, juris Rn. 45.
80 OLG München Beschl. v. 17.2.2000 – 2Z BR 180/99, BayObLGZ 2000, 43 (44).
81 BGH Urt. v. 1.6.1976 – VI ZR 212/75, VersR 1976, 1086 (1086).
82 Für Ponys wird auch eine Höhe von 1,20 m als ausreichend angesehen: OLG Stuttgart Urt. v. 17.2.2005 – 7 U 168/03, OLGReport 2005, 717 (718).
83 OLG Hamm Urt. v. 14.4.1994 – 6 U 2/94, NJW-RR 1995, 409 (410).
84 LG Gera Beschl. v. 26.7.2001 – 4 O 1292/01, NJW-RR 2002, 961 (961).
85 VG Ansbach Urt. v. 19.11.2019 – AN 17 K 18.00793, juris Rn. 25.
86 OVG Magdeburg Beschl. v. 3.2.2015 – 2 M 152/14, NVwZ-RR 2015, 687 (688).

flechtzaun,[87] nicht aber bei einem lediglich 1,7 m hohen und 9,9 m langen Holzzaun[88] der Fall sein. Ohne dies untersagende ortsrechtliche Vorschriften besteht kein generelles öffentlich-rechtliches Verbot, einen Zaun mit Stacheldraht zu umwickeln.[89] Dient ein Zaun im Außenbereich keiner land- und forstwirtschaftlichen Nutzung und kann die Art einer Einfriedung keinem der Merkmale des § 34 Abs. 1 BauGB zugeordnet werden, muss sich der Zaun bei einem nicht privilegierten Vorhaben im Sinne von § 35 Abs. 3 S. 1 Nr. 5a Alt. 4 BauGB in die Eigenart der Landschaft einfügen.[90] Ein Metallgitterzaun mit einer lichten Weite der einzelnen Gitter von 4,5 x 19 cm entfaltet keine gebäudegleiche Wirkung, weil der Zaun die Belichtung, Besonnung und Belüftung des Nachbargrundstücks nicht beeinträchtigt.[91] Wird vor Vorgärten auch öffentlicher Verkehrsraum mit eingezäunt, geht dies über den zulässigen Gemeingebrauch hinaus.[92] Eine Zaunanlage kann in einem Landschaftsschutzgebiet als Fremdkörper wahrgenommen werden und deshalb nicht ortsüblich sein.[93] Ein Sichtschutzzaun ist im Außenbereich gemäß § 35 BauGB bauplanungsrechtlich unzulässig, sofern er dem Charakter einer Gartensiedlung widerspricht.[94]

VI. Prozessuales

Vor der Klageerhebung ist in den Ländern, die ein verbindliches Schlichtungsverfahren vorgesehen ist, zu 33
prüfen, ob dies auch für die geplante Streitigkeit eingreift.

134. Zwangsschlichtung

Klose

Literatur: *Becker/Nicht*, Einigungsversuch und Klagezulässigkeit, ZZP 120 (2007), 159; *Bitter*, Die Crux mit der obligatorischen Streitschlichtung nach § 5a EGZPO – Zulässige und unzulässige Strategie zur Vermeidung eines Schlichtungsverfahrens, NJW 2005, 1235; *Deckenbrock/Jordans*, Novellierung der Ausführungsgesetze zu § 15a

87 OVG Berlin Urt. v. 31.7.1992 – 2 B 14.90, juris Rn. 19ff.
88 VG Berlin Urt. v. 20.10.2016 – 13 K 122.16, juris Rn. 24.
89 VG München Urt. v. 28.7.2016 – M 11 K 15.2011, juris Rn. 30.
90 VGH München, Beschl. vom 30.2020 – 1 ZB 18.935, juris Rn. 6.
91 OVG Lüneburg Beschl. v. 3.9.2015 – 1 LA 58/15, NVwZ-RR 2015, 924 (925).
92 OVG Magdeburg Beschl. v. 15.10.2019 – 2 L 136/18, juris Rn. 5, 18; VG Bayreuth Urt. v. 6.12.2018 – B 1 K 17.307, juris Rn. 30.
93 OVG Münster Beschl. v. 7.8.2014 – 8 A 2577/12, ZUR 2015, 182 (183).
94 VGH München Beschl. v. 30.4.2014 – 1 ZB 14.674, juris Rn. 12.

EGZPO, MDR 2006, 421; *dies.*, Die obligatorische Streitschlichtung nach § 15a EGZPO, Eine aktuelle Bestandsaufnahme, MDR 2013, 945; *Duchstein*, Die Bestimmtheit des Güteantrags zur Verjährungshemmung, NJW 2014, 342; *Erdel*, Nachbarrechtlicher Prozess – Obligatorisches Schlichtungsverfahren bei Einwirkungen aus einem gewerblichen Betrieb, MDR 2005, 721; *Friedrich*, Aktuelle Entscheidungen zum obligatorischen außergerichtlichen Schlichtungsverfahren, NJW 2003, 3535; *Grziwotz/Peter*, Die einvernehmliche Streitbeilegung im Nachbarschaftsrecht, MDR 2017, 617; *Kimmelmann/Winter*, Klageänderung und obligatorisches Güteverfahren, JuS 2003, 951; *Nicht*, Schlichtungserfordernis und Anspruch auf Justizgewähr, SchiedsVZ 2008, 293; *Riehm*, Alternative Streitbeilegung und Verjährungshemmung, NJW 2017, 113; *Rimmelspacher/Arnold*, Fehlerhaft unterbliebenes Streitschlichtungsverfahren – unbeachtlich in der Berufungsinstanz?, NJW 2006, 17; *Stöber*, Das obligatorische Schlichtungsverfahren nach § 15a EGZPO, JA 2014, 607; *Suilmann*, Wohnungseigentumsrechtliche Verfahren und obligatorische Streitschlichtung, ZMR 2019, 910; *Wesche*, Obligatorische Streitschlichtung für kleine Streitwerte – Eine kritische Zwischenbilanz aus der Praxis, MDR 2003, 1029.

I. Einführung

1 Die gerichtliche Klärung einer nachbarschaftlichen Streitigkeit löst regelmäßig nur eine konkrete Streitigkeit, nicht aber den nachbarschaftlichen Konflikt. Daher ist es vor jeder gerichtlichen Auseinandersetzung wegen eines konkreten Streitpunktes ratsam, alle außergerichtlichen Möglichkeiten zu nutzen, das gesamte Streitverhältnis ohne die Inanspruchnahme der staatlichen Justiz zu klären. Der vorgeschaltete Versuch einer außergerichtlichen Einigung, deren Inhalt auch den gesamten nachbarschaftlichen Streitstoff umfassen kann, kann in einigen Bundesländern auch erzwungen werden. Eine dies umsetzende Besonderheit des Nachbarrechtsprozesses ist die in einigen Ländern geltende Zwangsschlichtung nach § 15a Abs. 1 S. 1 Nr. 2 EGZPO.[1] Der Zweck dieser durch das Gesetz zur Förderung der außergerichtlichen Streitbeilegung vom 15.12.1999[2] eingeführten Befugnis für den Landesgesetzgeber, eine Zwangsschlichtung als Zulässigkeitsvoraussetzung von bestimmten Klagegegenständen einzuführen, war, neben der Entlastung der ordentlichen Gerichtsbarkeit, gerade auch die Förderung[3] der außergerichtlichen Streitbeilegung.[4] Besonders in dem konfliktträchtigen nachbarschaftlichen Verhältnis soll sie die Wiederherstellung des Rechtsfriedens im persönlichen Verhältnis herbeiführen.[5] In den Ländern, in denen sie durch den Gesetzgeber vorgesehen ist, begründet ihr nachgewiesenes Scheitern ein Zulässigkeitserfordernis für den staatlichen Zivilprozess. Daher ist sie dort unabhängig von der Bereitschaft der Parteien, eine einvernehmliche Lösung zu suchen, zwingend durchzuführen.[6]

II. Die Zwangsschlichtung in den Ländern

2 Ob und unter welchen Prämissen ein Schlichtungsverfahren durchzuführen ist, hängt von den landesrechtlichen Regelungen ab. Im Hinblick auf die in einigen Ländern bereits damals vorhandene Schlichtungskultur hatte der Bundesgesetzgeber 1999 davon abgesehen, selbst eine bundesweit geltende einheitliche Regelung für die Streitschlichtung zu schaffen und stattdessen eine Öffnungsklausel für die Bundesländer vorgesehen. Die Folge davon sind unterschiedliche Regelungen in den einzelnen Bundesländern, die von der Möglichkeit, eine Zwangsschlichtung einzuführen, teilweise nicht und im Übrigen im Rahmen ihrer bereits vorhandenen Schlichtungskultur[7] in einem unterschiedlichen Umfang Gebrauch gemacht haben. Wurde jedoch von den Ländern die Streitschlichtung vorgesehen, ist das Durchführen des Schlichtungsverfahrens als Prozessvoraussetzung unverzichtbar. Welche Verfahren der Zwangsschlichtung unterstellt sind, ergibt sich aus § 15a EGZPO sowie den diese Regelung umsetzenden Landesgesetzen, die im Rahmen von § 15a EGZPO

1 Zur Entwicklung der Regelung: *Becker/Nicht* ZZP 120 (2007), 164.
2 BGBl. I 2400.
3 *Heßler* in Zöller EGZPO § 15a Rn. 5.
4 *Heßler* in Zöller EGZPO § 15a Rn. 1.
5 *Heßler* in Zöller EGZPO § 15a Rn. 4.
6 Die versagte Möglichkeit in diesen Fällen vor dem (erfolglosen und nachgewiesenen) Abschluss eine zulässige Klage zu erheben, ist mit dem Anspruch auf Gewährung von Rechtsschutz aus Art. 19 Abs. 4 GG sowie mit dem allgemeinen Justizgewährleistungsanspruch vereinbar: BVerfG Beschl. v. 14.2.2007 – 1 BvR 1351/01, NJW-RR 2007, 1073 (1074).
7 *Wesche* MDR 2003, 1029.

autonom die Fälle definieren dürfen, in denen sie die Durchführung des Schlichtungsverfahrens zwingend vorschreiben. Davon haben derzeit die Länder Baden-Württemberg, Bayern, Brandenburg, Hessen, Mecklenburg-Vorpommern, Niedersachsen, Nordrhein-Westfalen, Rheinland-Pfalz, Saarland, Sachsen-Anhalt und Schleswig-Holstein Gebrauch gemacht. Ob und in welchem Umfang das erfolglos durchgeführte Schlichtungsverfahren eine Prozessvoraussetzung ist, kann daher nur durch einen Blick auf das Bundes- und das jeweilige Landesrecht geklärt werden. Diese differenzierten Regelungen führen dazu, dass überregional tätige Rechtsanwälte vor der Klageerhebung in Nachbarstreitigkeiten im Einzelfall die jeweils maßgeblichen Landesgesetze prüfen müssen.[8] Unterlassen sie das, riskieren sie die für sie kostenpflichtige Abweisung der Klage als unzulässig.

III. Bestehen des Schlichtungserfordernisses

3 Sowohl in materiell-rechtlicher als auch in prozessualer Hinsicht sind in den jeweiligen Ländern nicht alle nachbarrechtlichen Auseinandersetzungen der Zwangsschlichtung unterworfen. Von ihr erfasst werden neben den Nachbarstreitigkeiten nach dem BGB, insbesondere auf das Grundstück des Nachbarn einwirkende privatrechtliche Immissionen (§ 906 BGB), der Überhang (§ 910 BGB), der Überfall (§ 911 BGB), Grenzbäume und -sträucher (§ 923 BGB), aber auch Streitigkeiten nach den landesrechtlichen Vorschriften im Sinne des Art. 124 EGBGB.[9] In der gelebten Realität der nachbarschaftlichen Auseinandersetzungen sind diese Verfahren oft mit Ehrschutzklagen nach einer ausgeuferten Auseinandersetzung der Grundstücksnachbarn verbunden, die ebenfalls dem Schlichtungszwang unterliegen.[10]

1. Erfordernis des Schlichtungsverfahrens

4 Soweit das Schlichtungsverfahren als notwendige Prozessvoraussetzung vorgeschrieben ist, ist die Vorlage einer Bescheinigung über dessen erfolglose Durchführung, die das Gericht von Amts wegen zu prüfen hat, eine zwingende Zulässigkeitsvoraussetzung.[11] Jenseits der vorgeschriebenen Ausschlussgründe kommt es darauf an, ob die konkrete Auseinandersetzung von dem jeweiligen Landesgesetzgeber inhaltlich dem Schlichtungsverfahren unterworfen worden ist.

5 **a) Nachbarrechtliche Vorschriften.** Die Durchführung der Zwangsschlichtung ist erforderlich, wenn nachbarrechtliche Vorschriften erkennbar betroffen sind.[12] Das können die benannten Regelungen des BGB (§§ 906 ff. BGB) sowie auch landesrechtlich geregelte Nachbarrechte sein. Rechtsstreitigkeiten beruhen auf Nachbarrechten, wenn das anzuwendende Gesetz Regelungen enthält, die im konkreten Fall für den Interessenkonflikt der Nachbarn bedeutsam sind.[13] Die bürgerlich-rechtlichen Vorschriften regeln Inhalt und Schranken der Eigentümerstellung der Nachbarn gemeinsam mit dem Landesrecht.[14]

6 **b) Schadensersatzansprüche und Ansprüche entsprechend §§ 1004, 906 BGB.** Ob Prozesse um deliktische Ansprüche wegen Grenzverletzungen der Schlichtung bedürfen, ist umstritten. Teilweise wird dies für den nachbarrechtlichen Anspruch analog § 906 Abs. 2 S. 2 BGB angenommen.[15] Maßgeblich sei, ob die Ansprüche unmittelbar aus nachbarrechtlichen Ansprüchen abgeleitet werden könnten und eng mit diesen zusammenhingen. Teilweise wird dies abgelehnt, soweit die Ansprüche nicht unmittelbar aus § 906 BGB

8 *Deckenbrock/Jordans* MDR 2006, 421; vgl. *Grziwotz/Peter* MDR 2017, 618.
9 *Grziwotz/Peter* MDR 2017, 617.
10 *Grziwotz/Peter* MDR 2017, 617.
11 *Grziwotz/Peter* MDR 2017, 618.
12 OLG Hamm Urt. v. 6.9.2018 – 5 U 52/18, MDR 2019, 221 (222).
13 BGH Urt. v. 22.10.2004 – V ZR 47/04, NJW-RR 2005, 501 (503).
14 BGH Urt. v. 22.10.2004 – V ZR 47/04, NJW-RR 2005, 501 (503). Im Saarland unterfallen auch die Ansprüche wegen Nachbarrechten dem Schlichtungszwang aus § 37a Abs. 1 Nr. 2 lit. e NachbG Saarl, die außerhalb des BGB aus nachbarrechtlichen Vorschriften erwachsen. Das betrifft auch Ansprüche aus dem saarländischen NachbG: OLG Saarbrücken Urt. v. 14.12.2006 – 8 U 724/05, NJW 2007, 1292, 1293; LG Saarbrücken Urt. v. 30.3.2012 – 13 S 156/11, juris Rn. 14.
15 OLG Hamm Urt. v. 26.3.2011 – 5 U 177/11, IBR 2012, 346 (Abriss einer Nachbarwand); OLG Zweibrücken Urt. v. 9.7.2012 – 7 U 302/11, juris Rn. 73; OLG Köln Beschl. v. 18.1.2006 – 2 U 113/05, juris Rn. 4.

abgeleitet werden.[16] Das betrifft Ansprüche aus §§ 1004 und 823 Abs. 1 BGB.[17] Jedenfalls dann, wenn Ansprüche wegen des Entzuges von Luft und Licht durch Anpflanzungen verfolgt werden, ist das Schlichtungsverfahren unter Anwendung von § 53 Abs. 1 Nr. 1 lit. a JustG NRW nicht erforderlich, weil der Entzug von Licht und Luft eine negative Einwirkung und damit keine Einwirkung im Sinne des § 906 BGB ist.[18] In Bayern unterliegen auch deliktische Ansprüche aus dem Nachbarrecht dem Schlichtungszwang, weil sie in einem engen Zusammenhang mit der Vorschrift des § 910 BGB (Überhang) stehen.[19]

7 **c) Klage im Sinne des § 907 BGB.** Die die Schlichtung vorschreibenden Landesgesetze verweisen regelmäßig auch auf § 907 BGB. Das Schlichtungsverfahren ist jedoch nur dann zwingend vor der Klageerhebung durchzuführen, wenn diese Regelung unmittelbar zur Anwendung kommt. Bei einem Streit um Überwuchs wilden Weins soll das nicht gegeben sein, weil dieser keine Anlage im Sinne von § 907 BGB darstellt.[20]

2. Kein Schlichtungserfordernis

8 In einer Reihe von gerichtlichen Auseinandersetzungen hat bereits der Bundes- bzw. der Landesgesetzgeber klargestellt, dass die entsprechenden Sachverhalte dem Schlichtungszwang aus § 15a EGZPO nicht unterliegen sollen.

9 **a) Nachbarn.** Kein Schlichtungserfordernis besteht, wenn die Streitenden keine Nachbarn im Sinne der jeweiligen Landesgesetze sind. Die Schlichtung soll das nachbarschaftliche Verhältnis fördern. Daher müssen die Parteien auch Nachbarn sein. Die Stellung als „Nachbar“ wird regional definiert, wobei es auf den Wohnsitz der Parteien ankommt. Das Schlichtungsverfahren ist auch dann keine Voraussetzung der Zulässigkeit der Klage, wenn die Parteien der Auseinandersetzung zum Zeitpunkt der Klageerhebung nicht in demselben Bundesland leben oder ihren Sitz haben.[21] Die Grenze der Nachbarschaft wird in den einzelnen Bundesländern jeweils unterschiedlich eng gezogen. In Hessen, Mecklenburg-Vorpommern, Saarland und Sachsen-Anhalt genügt es, wenn die Parteien in dem jeweiligen Land wohnen. In Rheinland-Pfalz ist die nachgewiesene gescheiterte Schlichtung nur dann eine Prozessvoraussetzung, wenn die Parteien im selben oder in einem benachbarten Landgerichtsbezirk wohnen. In Baden-Württemberg und Niedersachsen ist die Zwangsschlichtung nur dann vorgeschrieben, wenn die Parteien ihren Wohnsitz im selben Landgerichts- oder in einem benachbarten Amtsgerichtsbezirk haben. Die Länder Bayern, Brandenburg und Nordrhein-Westfalen verlangen die Zwangsschlichtung nur bei einem Wohnsitz im selben Landgerichtsbezirk.

10 **b) Einwirkungen aus dem Gewerbebetrieb.** Das Schlichtungsverfahren ist auch nicht erforderlich, wenn ein Gewerbebetrieb beteiligt ist. Der insoweit gesetzlich nicht näher definierte Gewerbebetrieb[22] bestimmt sich unter Berücksichtigung der Zweckrichtung der Schlichtung nach § 15a EGBGB, also im Hinblick auf den Schutz der persönlichen nachbarschaftlichen Beziehungen. Bei Gewerbebetrieben fehlt der persönliche Einschlag des Streites, was wiederum zu einer Verrechtlichung der Auseinandersetzung führt. Bei der Definition des Gewerbebetriebes kann auf die „klassische“ Abgrenzung zurückgegriffen werden. Ein Gewerbebetrieb ist damit eine auf eine dauerhafte Gewinnerzielung gerichtete berufliche Tätigkeit,[23] die nicht freiberuflich ist.[24] Auch auf Gewinnerzielung ausgerichtete landwirtschaftliche Betriebe sollen von der Durch-

---

16 LG Bückeburg Urt. v. 7.11.2012 – 1 S 40/12, juris Rn. 15.

17 OLG Koblenz Beschl. v. 26.10.2012 – 5 W 590/12, MDR 2013, 319 (319); OLG Frankfurt Urt. v. 6.3.2008 – 4 U 41/07, juris Rn. 17; LG Mannheim Urt. v. 20.1.2006 – 1 S 178/05, juris Rn. 7; LG Osnabrück Urt. v. 2.11.2017 – 1 S 498/16, juris Rn. 25.

18 BGH Urt. v. 10.7.2015 – V ZR 229/14, NJW-RR 2015, 1425 (1426).

19 AG Nürnberg Urt. v. 9.4.2002 – 14 C 8577/01, MDR 2002, 1189 (1189).

20 AG Brandenburg Urt. v. 16.12.2016 – 31 C 298/14, juris Rn. 28.

21 *Deckenbrock/Jordans* MDR 2013, 945.

22 *Erdel* MDR 2005, 721.

23 *Heßler* in Zöller EGZPO § 15a Rn. 5.

24 *Erdel* MDR 2005, 722.

führung des Schlichtungsverfahrens befreit sein.[25] Auch hier fehlt der für das Schlichtungsverfahren sinnstiftende persönliche Einschlag.

c) Besondere Verfahrensarten. Eine Zulässigkeitsvoraussetzung begründet das durchgeführte Schlichtungsverfahren in allen Ländern ausschließlich für das Klageverfahren, also ein durch die Klageerhebung eingeleitetes Verfahren. Daher ist der zuvor erfolglos unternommene Schlichtungsversuch etwa bei Verfahren des einstweiligen Rechtsschutzes keine Zulässigkeitsvoraussetzung.[26] Nicht erforderlich ist das Schlichtungsverfahren auch dann, wenn ein Insolvenzgläubiger einen Anspruch auf Feststellung einer Forderung zur Insolvenztabelle geltend machen will.[27] 11

d) Landgericht. In den Ländern Baden-Württemberg, Bayern und Brandenburg[28] ist das Durchführen eines Schlichtungsverfahrens jedenfalls dann nicht erforderlich, wenn die Klage vor einem Landgericht erhoben worden ist. Ein wesentlicher Unterschied zu den anderen Bundesländern wird dadurch aber kaum zu verzeichnen sein. Nachbarstreitigkeiten, sollten sie überhaupt streitwertabhängig sein, werden den Zuständigkeitsstreitwert für das Landgericht in der Regel nicht erreichen. 12

e) Ausschlussfristen und Selbstständiges Beweisverfahren. Sieht das materielle Recht eine materielle Ausschlussfrist vor (etwa § 40 Abs. 1 NachbG Schl.-H.), wird durch deren Verstreichen das Durchführen eines Schlichtungsverfahrens nicht nach § 1 Abs. 2 S 1 Nr. 1 SchlHLSchliG entbehrlich. Das soll sich aus dem Sinn und Zweck des Schlichtungsverfahrens ergeben. Gerade diese Streitigkeiten, die häufig Grenzstreitigkeiten erfassten, seien häufige Nachbarstreitigkeiten. Würden diese von der Schlichtungspflicht ausgenommen, würde das Schlichtungsverfahren weitgehend leerlaufen.[29] Nach der Rechtsprechung des OLG Saarbrücken kann aber durch das Durchführen eines selbstständigen Beweisverfahrens die Notwendigkeit einer Streitschlichtung umgangen werden. Dem kann jedoch nur für die selbstständigen Beweisverfahren gefolgt werden, in denen dem Antragsteller eine Frist zur Klageerhebung gesetzt worden ist. Da das selbstständige Beweisverfahren Teil des nachfolgenden Streitverfahrens ist, kann dessen isolierte Durchführung auf die auch nach dem Abschluss eines selbstständigen Beweisverfahrens umfassend zu prüfende Zulässigkeit der Klage im Übrigen keinen zulässigkeitsbegründenden Einfluss haben. Entbehrlich sein kann das Schlichtungsverfahren nach der Durchführung eines selbstständigen Beweisverfahrens jedoch nach Maßgabe des § 15a Abs. 2 S. 1 Nr. 1 EGZPO. Danach ist das obligatorische Schlichtungsverfahren bei den Klagen nicht erforderlich, die binnen einer bestimmten Frist zu erheben sind. Ob diese Regelung Anwendung findet, hängt von dem Verlauf des selbstständigen Beweisverfahrens ab. Das Schlichtungsverfahren ist hier nur dann entbehrlich, wenn der Gegner einen Antrag nach § 494a ZPO gestellt hat.[30] Über diese in den Landesgesetzen ausdrücklich angeordneten Fälle hinaus kann das durchgeführte selbstständige Beweisverfahren jedoch nicht zu einer Entbehrlichkeit des vorgeschalteten Schlichtungsverfahrens führen. Hinzu kommt, dass gerade nach einem selbstständigen Beweisverfahren verständige Parteien erfolgreich außergerichtliche Einigungsversuche unternehmen können. Hier das Schlichtungsverfahren als entbehrlich anzusehen, wäre also kontraproduktiv. 13

f) Zahlungsansprüche. Die umstrittene Frage, ob das Schlichtungsverfahren auch dann eine Prozessvoraussetzung ist, wenn an nachbarrechtliche Vorschriften anknüpfende Erstattungs- und Schadensersatzansprüche geltend gemacht werden, wird in den einzelnen Bundesländern zulässigerweise nicht einhellig beantwortet.[31] Nach der Rechtsprechung des Bundesverfassungsgerichts ist die in einigen Ländern, wie etwa 14

25 *Erdel* MDR 2005, 722.
26 *Stöber* JA 2014, 607.
27 Dieses ist bereits nicht dazu geeignet, die Rechtsfolgen einer gerichtlichen Feststellung zu ersetzen: BGH Versäumnisurt. v. 9.6.2011 – IX ZR 213/10, NZI 2011, 687 (688).
28 OLG Brandenburg Urt. v. 21.4.2011 – 5 U 51/09, juris Rn. 27.
29 BGH Urt. v. 8.12.2017 – V ZR 16/17, NJW-RR 2018, 394 (394).
30 OLG Saarbrücken Urt. v. 22.1.2015 – 4 U 34/14, juris Rn. 62; LG Wiesbaden Urt. v. 10.7.2015 – 1 O 204/14, juris Rn. 21.
31 *Stöber* JA 2014, 608. Zu dem aus seiner Sicht nicht gegebenen Schlichtungserfordernis bei Zahlungsansprüchen: OLG Hamm Urt. v. 6.6.2011 – 5 U 32/11, juris Rn. 17.

in Brandenburg, vertretene Annahme, das Erfordernis der Zwangsschlichtung sei extensiv auszulegen und beschränke sich daher nicht auf die Primäransprüche aus § 910 BGB und erfasse auch Erstattungs- und Schadensersatzansprüche, verfassungsrechtlich nicht zu beanstanden.[32] Auch nach der Rechtsprechung des Bundesgerichtshofes, der die Frage der generell möglichen Unterwerfung von Zahlungsansprüchen gemäß § 15a Abs. 1 Nr. 2 EGZPO ausdrücklich offengelassen hat,[33] soll aber jedenfalls in den Ländern, in denen zunächst eine Ausführungsvorschrift zu § 15a Abs. 1 Nr. 1 EGZPO erlassen und diese später wieder aufgehoben worden ist, generell davon auszugehen sein, dass derartige Zahlungsansprüche nicht der Schlichtungspflicht unterliegen.[34] Dies betrifft insbesondere die Regelungen in § 1 Abs. 1 Nr. 1 HSchlG[35], § 53 Abs. 1 Nr. 1a JustG NRW,[36] § 1 Abs. 1 Nr. 1 RhPfLSchlG[37] und § 37a Abs. 1 Nr. 1 SaarlAGJusG.[38] Streitigkeiten über nachbarrechtliche Zahlungsansprüche zwischen Nachbarn untereinander setzen damit überwiegend kein zuvor durchgeführtes Schlichtungsverfahren voraus.[39]

15 **g) Vorhersehbarkeit des Erfordernisses des Schlichtungsverfahrens.** Ist nach der bisherigen höchstrichterlichen Rechtsprechung das Durchführen eines Schlichtungsverfahrens nicht erforderlich, wird eine Klage nicht deshalb wegen des nicht durchgeführten Schichtungsverfahrens unzulässig, weil sich nachträglich eine andere Rechtsauffassung durchsetzt. Das Rechtsstaatsgebot erfordert es, dass sich eine rückwirkende Rechtsprechungsänderung nicht negativ auf die Zulässigkeit einer Klage auswirken kann.[40]

16 **h) Erkennbare Aussichtslosigkeit.** Teilweise wird vertreten, dass im Falle des Scheiterns eines Schlichtungsverfahrens das Durchführen des Schlichtungsverfahrens bei einem konnexen Antrag keine Zulässigkeitsvoraussetzung der Klage sei.[41] Auch die Auffassung, das (erneute) Schlichtungsverfahren sei entbehrlich, wenn bereits ein (erfolgloses) Schlichtungsverfahren wegen desselben Streitgegenstandes, aber einem hinter dem Klageantrag zurückbleibendem Rechtsschutzbegehrens erfolglos geblieben war,[42] lässt sich mit dem Wortlaut des § 15a EGZPO ebenso wenig wie mit dessen Sinn und Zweck vereinbaren. Zunächst würden so bei der Frage Auslegungsprobleme bestehen, ob die Anträge tatsächlich konnex waren. Auch würde durch diese Auslegung Umgehungsversuchen Tür und Tor geöffnet. Sie führte zu erheblichen Missbrauchsmöglichkeiten. Etwas anders gilt dann, wenn die Landesgesetze, wie etwa in § 4 Abs. 2 BaySchlG, § 19 NSchÄG und § 19 SchStG M-V, das Ausstellen der Erfolglosigkeitsbescheinigung der Schlichtung in den Fällen der Ungeeignetheit vorsehen. Diese Voraussetzungen können insbesondere bei sehr komplexen Sachverhalten und erkennbar schwierigen Rechtsfragen gegeben sein. In dem Zeugnis der Schiedsstelle, das das Scheitern des Schiedsverfahrens bestätigt, ist das zu begründen. Liegt ein umfassendes Zeugnis vor, bedarf es keiner Auslegung mehr darüber, welchen Gegenstand die Streitschlichtung gehabt hat. Nach einer jüngeren instanzgerichtlichen Entscheidung soll das Schlichtungsverfahren auch dann entbehrlich sein, wenn unter Mitwirkung des Gerichts im Einverständnis beider Parteien ein Gütetermin (Mediation) durchgeführt worden war, weil das Schlichtungsverfahren dann eine bloße Förmelei darstellen würde.[43] Erforderlich ist dann aber, dass die Mediationsverhandlung vor einer anderen Gütestelle durchgeführt worden ist. Schon diese formellen Voraussetzungen erfüllen Mediatoren regelmäßig nicht.

---

32 BVerfG Beschl. v. 25.2.2009 – 1 BvR 3598/08, NJW-RR 2009, 1026 (1026).
33 BGH Urt. v. 10.7.2009 – V ZR 69/08, NJW-RR 2009, 1238 (1238).
34 Vgl. *Grziwotz/Peter* MDR 2017, 618.
35 BGH Urt. v. 10.7.2009 – V ZR 69/08, NJW-RR 2009, 1238 (1238).
36 BGH Urt. v. 2.3.2012 – V ZR 169/11, MDR 2012, 579 (580); aA noch: OLG Köln Urt. v. 28.6.2011 – I. 24 U 128/10, juris Rn. 21; BGH Urt. v. 8.7.2008 – VI ZR 221/07, NJW-RR 2008, 1662 (1664).
37 BGH Urt. v. 19.2.2016 – V ZR 96/15, NJW-RR 2016, 823 (824); aA noch OLG Zweibrücken Urt. v. 9.4.2015 – 6 U 3/14, juris Rn. 26.
38 BGH Urt. v. 27.1.2017 – V ZR 120/16, NJW-RR 2017, 443 (444).
39 LG Köln Urt. v. 13.8.2000 – 24 O 509/08, juris Rn. 35.
40 BGH Urt. v. 10.7.2015 – V ZR 229/14, NJW-RR 2015, 1425 (1425).
41 LG Dortmund Urt. v. 8.6.2017 – 1 S 451/15, NZM 2018, 251 (252).
42 OLG Saarbrücken Urt. v. 11.1.2007 – 8 U 77/06, OLGReport 2007, 306 (306).
43 LG Nürnberg-Fürth Urt. v. 2.10.2014 – 8 O 10468/10, juris Rn. 67.

i) WEG. Nach untergerichtlichen Entscheidungen soll die Pflicht zur Durchführung des Schlichtungsverfahrens aus einer entsprechenden Anwendung von § 906 BGB nicht nur bei Streitigkeiten zwischen Grundstücksnachbarn, sondern auch bei solchen zwischen Sondereigentümern in einer Wohnungseigentümergemeinschaft (im Folgenden: WEG) bestehen.[44] Dabei wird jedoch verkannt, dass sich das Verhältnis zwischen Miteigentümern einer WEG gerade nicht vornehmlich nach den bürgerlich-rechtlichen Regelungen des Nachbarrechts, sondern nach dem WEG richtet. Damit kommt auch § 15a EGZPO allenfalls entsprechend zur Anwendung. Da es sich bei dieser Regelung jedoch um eine solche handelt, die den staatlichen Rechtsschutz beschränkt, ist die entsprechende Anwendung von § 15a EGZPO in diesen Streitigkeiten abzulehnen.[45] Streitet jedoch eine WEG mit einer natürlichen Person oder mit einer anderen WEG, bleibt es dabei, dass das Schlichtungsverfahren erforderlich ist. Es sind Nachbarn an dem Streit beteiligt und der erforderliche persönliche Bezug ist gegeben. In den Schlichtungsgesetzen ist keine Regelung vorgesehen, die bei teilrechtsfähigen Parteien eine Einschränkung von der obligatorischen Durchführung des Schlichtungsverfahrens vorsieht.[46] Da es an einer höchstrichterlichen Entscheidung zur entsprechenden Anwendung auf das Verfahren zwischen Wohnungseigentümern fehlt, wird in der Literatur das vorherige Durchführen eines Schlichtungsverfahrens aus Sicherheitsgründen empfohlen.[47] 17

3. Umgehungsmöglichkeiten

In den Fällen, in denen der Landesgesetzgeber das Schlichtungsverfahren als verbindlich vorgeschrieben hat, bleibt den Streitparteien bei den hier zu betrachtenden Nachbarstreitigkeiten keine Möglichkeit, dieses zu umgehen. Eine Besonderheit der Streitgegenstände nachbarrechtlichen Auseinandersetzungen ist es gerade, dass es an prozessualen Alternativen zum regulären Klageverfahren fehlt. Insbesondere steht regelmäßig die Möglichkeit des Urkunden- oder Wechselprozesses (§ 15a Abs. 2 S. 1 Nr. 4 EGBGB)[48] ebenso wenig zur Verfügung wie das Mahnverfahren (§ 151 Abs. 2 S. 1 Nr. 5 EGZPO).[49] Das Mahnverfahren führt nur dann zur Entbehrlichkeit des vorherigen Schlichtungsverfahrens, wenn der verfolgte Anspruch im Mahnverfahren verfolgt werden darf.[50] Das ist bei den regelmäßig nicht auf Zahlung gerichteten nachbarrechtlichen Verfahren gerade nicht der Fall. 18

a) Zusammentreffen von schlichtungsbedürftigen und nicht schlichtungsbedürftigen Ansprüchen. Durch das Verbinden von nicht schlichtungsbedürftigen und der Schlichtungspflicht unterliegenden Streitgegenständen oder durch eine (parteierweiternde) Klageerweiterung kann das Schiedsverfahrens nicht umgangen werden.[51] In der instanzgerichtlichen Rechtsprechung wurde noch vertreten, dass in diesen Fällen das Schlichtungsverfahren entbehrlich sei. Die Zwangsschlichtung könnte ihren Zweck dann nicht erfüllen, wenn der Konflikt gravierender werde als in den Fällen, in denen der Gesetzgeber ein Schlichtungsverfahren vorgeschrieben habe.[52] Diese Auffassung berücksichtigt jedoch nicht hinreichend, dass die Zulässigkeit der Klage bei verschiedenen Streitgegenständen jeweils isoliert zu betrachten ist. Bei einer Anspruchshäufung müssen die Prozessvoraussetzungen für jeden einzelnen Anspruch vorliegen.[53] Wird der schlichtungsbedürftige Antrag mit einem nicht schlichtungsbedürftigen Antrag verbunden, ist die Klageerhebung mit dem schlichtungsbedürftigen Anspruch ohne die vorherige Durchführung des Schlichtungsver- 19

44 LG Dortmund Urt. v. 24.1.2017 – 1 S 166/16, juris Rn. 20; LG Dortmund Urt. v. 11.7.017 – 1 S 282/16, NJW-RR 2017, 1292 (1294); AG Langen Beschl. v. 29.1.2016 – 52 C 72/15, IMR 2016, 178.

45 LG Frankfurt Urt. v. 15.3.2018 – 2-13 S 102/17, 2/13, S 102/17, MDR 2018, 730 (731).

46 AG Düsseldorf Urt. v. 30.6.2010 – 291a C 1995/10, juris Rn. 20.

47 *Suilmann* ZMR 2019, 912.

48 Zu der generell durch diese begründete Ausnahme: *Stöber* JA 2014, 609.

49 Dazu: *Wesche* MDR 2003, 1031.

50 AG Rosenheim Urt. v. 11.4.2001 – 18 C 65/01, NJW 2001, 2030 (2031).

51 BGH Urt. v. 13.7.2010 – VI ZR 111/09, NJW-RR 2010, 1725 (1725); aA AG Halle (Westfalen) Urt. v. 3.4.2001 – 7 C 538/00, NJW 2001, 2099 (2099).

52 LG Aachen Beschl. v. 11.2.2002 – 6 T 6/02, NJW-RR 2002, 1439 (1439).

53 BGH Urt. v. 8.7.2008 – VI ZR 221/07, NJW-RR 2008, 1662 (1663); LG Kleve Urt. v. 15.2.2018 – 6 S 92/17, juris Rn. 21; LG Passau Urt. v. 25.9.2008 – 1 S 74/08, juris Rn. 15; aA LG Aachen Beschl. v. 11.3.2002 – 6 T 6/02, NJW-RR 2002, 1439 (1439) *Deckenbrock/Jordans* MDR 2013, 945; *Becker/Nicht* ZZP 120 (2007), 191.

fahrens unzulässig.[54] Wurde jedoch vor der Klageerhebung ein Schlichtungsverfahren durchgeführt, wird auch durch einen Parteiwechsel das Erfordernis eines erneuten Schlichtungsversuchs nicht begründet.[55]

20 **b) Klage bei einem örtlich unzuständigen Gericht.** Die Klageerhebung vor einem örtlich unzuständigen Gericht führt auch in einem Bundesland, das das Schlichtungsverfahren nicht zu einer Zulässigkeitsvoraussetzung einer Klage erhoben hat, nicht weiter. Hier muss die klagende Partei nämlich mit einer Verweisung an das örtlich zuständige Gericht rechnen, das diese dann wegen des nicht durchgeführten Schlichtungsversuchs als unzulässig abweisen muss.[56] Die Verweisung nach § 281 Abs. 1 ZPO führt ebenso wenig zum Entfallen des Schlichtungserfordernisses wie im umgekehrten Fall das Schlichtungsverfahren vorgeschrieben ist, wenn die Klage von einem Gericht in einem Land mit dem erforderlichen Schlichtungsverfahren an ein solches in einem Land ohne Schlichtungsverfahren verwiesen worden ist.[57]

21 **c) Klageänderung.** Wird eine zunächst nicht schlichtungsbedürftige Klage dahingehend geändert, dass der Streitgegenstand nunmehr schlichtungsbedürftig ist, wird vertreten, dies lasse die Zulässigkeit der Klage unberührt. Die Befugnis der Länder, ein Schlichtungsverfahren als Zulässigkeitsvoraussetzung vorzusehen, beschränke sich auf die Klageerhebung und erfasse eine zulässige Klageerweiterung oder Klageänderung nicht.[58] Das LG München sah die durch die Klageerweiterung erhöhte Klage dann ohne das Durchführen eines Schlichtungsverfahrens als zulässig an, wenn die Klageerweiterung und die Klage gleichzeitig zugestellt wurden.[59] Das LG Kassel verzichtet auch auf dieses Erfordernis und setzt keinen bestimmten Zeitpunkt der Klageerweiterung voraus, so lange die erweiterten Ansprüche nicht offensichtlich jeglicher Grundlage entbehren.[60] In der Literatur wird unter Hinweis darauf, dass bei einer aus dem Schlichtungszwang hinausführenden Klageerweiterung die Alternative sei, nach der Rücknahme der Klage eine erweiterte Klage ohne Schlichtungszwang zu erheben, die Annahme vertreten, dass hier das fehlende Schlichtungsverfahren der Zulässigkeit der Klage nicht entgegensteht.[61] In der Rechtsprechung wird eine derartige Umgehung der besonderen Zulässigkeitsvoraussetzung des durchgeführten Schlichtungsverfahrens dagegen auch schon deshalb als nicht sachdienlich im Sinne von § 263 ZPO angesehen.[62]

22 **d) Scheitern.** Dem Erfordernis, ein Schlichtungsverfahren durchzuführen, ist lediglich dann Genüge getan, wenn ein Schlichtungsversuch nachweisbar gescheitert ist. Ein erneuter Schlichtungsversuch ist dann auch bei einer Umstellung der Klageanträge grundsätzlich nicht erforderlich. Das Ziel des Schlichtungsverfahrens, geeignete Streitigkeiten ohne das Einschalten der staatlichen Gerichte zu erledigen, kann nach dem Scheitern der Schlichtung und dem Einleiten eines Gerichtsverfahrens nicht mehr erreicht werden.[63] Das Schlichtungserfordernis besteht also auch bei der Erweiterung einer Klage, durch die andere ebenfalls der Zwangsschlichtung unterliegende Streitgegenstände hinzuverbunden werden. Das gilt auch dann, wenn die nach einem gescheiterten Schlichtungsverfahren zulässig erhobene Klage geändert oder erweitert worden ist.[64] Durch die Erweiterung der Zahlungsklage auf einen den jeweiligen Grenzwert in den Ländern übersteigenden Betrag kann das Erfordernis des Schlichtungsverfahrens umgangen werden.[65] Die Klageerhöhung auf einen nicht mehr von der Zwangsschlichtung erfassten Streitgegenstand kann jedoch ohnehin nur

54 BGH Urt. v. 7.7.2009 – VI ZR 278/08, NJW-RR 2009, 1239 (1240).

55 BGH Urt. v. 18.6.2010 – V ZR 9/10, NJW-RR 2010 1726 (1727); aA LG Köln Urt. v. 6.1.2010 – 9 S 154/09, juris Rn. 18 f.

56 *Becker/Nicht* ZZP 120 (2007), 187.

57 Kritisch: *Becker/Nicht* ZZP 120 (2007), 191 f.; *Heßler* in Zöller EGZPO § 15a Rn. 18.

58 *Becker/Nicht* ZZP 120 (2007), 169.

59 LG München Urt. v. 9.7.2003 – 15 S 2004/03, MDR 2003, 1313 (1313), aA noch AG München Urt. v. 30.9.2002 – 453 C 7515/02, NJW-RR 2003, 515 (515); vgl. LG Baden-Baden Urt. v. 28.6.2001 – 3 S 24/01, NJW-RR 2002, 935 (935).

60 LG Kassel Urt. v. 18.4.2002 – 1 S 640/01, NJW 2002, 2256 (2256).

61 *Bitter* NJW 2005, 1236.

62 AG Brakel Urt. v. 6.6.2001 – 7 C 219/01, NJW-RR 2002, 935, 936; *Kimmelmann/Winter* JuS 2003, 954.

63 BGH Urt. v. 22.10.2004 – V ZR 47/04, NJW-RR 2005, 501 (503); LG München Urt. v. 15.9.2014 – 1 S 1836/13, *Bitter* NJW 2005, 1236.

64 BGH Urt. v. 22.10.2004 – V ZR 47/04, NJW-RR 2005, 501 (503).

65 Dazu: *Bitter* NJW 2005, 1236.

in seltenen Fällen eine konkrete Konsequenz haben, weil vermögensrechtliche Streitigkeiten der Zwangsschlichtung nicht unterliegen.[66]

23 **e) Nachholung in der ersten Instanz.** Der Versuch zu erproben, ob das staatliche Gericht die Notwendigkeit der Durchführung des Schlichtungsverfahrens erkennen wird, um das Schlichtungsverfahren dann bei Bedarf nachzuholen, ist zum Scheitern verurteilt. Der Gedanke der Prozessökonomie für das konkrete Verfahren würde zwar dafür sprechen, ein Nachholen des Schiedsverfahrens zuzulassen. Ein zunächst unterlassenes Schlichtungsverfahren kann damit nach einer Mindermeinung bis zum Schluss der letzten mündlichen Verhandlung nachgeholt werden. Auch dieses stelle eine in jedem Stadium des Verfahrens von Amts wegen zu prüfende Voraussetzung dar. Das Schlichtungsverfahren sei auch nach der Anhängigkeit eines Streitverfahrens sinnvoll.[67] Eine engere Ansicht sah es zumindest als ausreichend an, wenn das Schlichtungsverfahren bis zur Begründung der Rechtshängigkeit durchgeführt worden ist.[68] Es könne bis zum Abschluss des Schlichtungsverfahrens auch das Ruhen des Verfahrens angeordnet werden.[69] Das ergebe sich aus § 15a EGZPO und dem mit dem Schiedsverfahren verbundenen Willen des Gesetzgebers. Dieser kann nur erreicht werden, wenn das Schiedsverfahren vor der Klageerhebung durchgeführt worden ist.[70] Eine höchstrichterliche Entscheidung hat dieser Diskussion ein Ende bereitet. In den Fällen, in denen das Landesrecht ein obligatorisches Schlichtungsverfahren vorschreibt, ist ein Klageverfahren nur dann zulässig, wenn das Schlichtungsverfahren vor der Klagerhebung erfolglos versucht worden war. Dies gebiete nicht nur der Wortlaut, sondern auch Sinn und Zweck des verbindlichen Schlichtungsverfahrens.[71] Das Schlichtungsverfahren kann nach der Anhängigkeit des Streitverfahrens nicht nachgeholt werden.[72] Diese Auffassung ist auch angesichts des Anspruchs auf Gewährung effektiven Rechtsschutzes unbedenklich, weil die Klage nur durch ein Prozessurteil abgewiesen worden ist und, nach dem Durchführen des Schlichtungserfahrens, erneut erhoben werden kann.[73] Auch eine Aussetzung des Streitverfahrens bis zum Abschluss eines Schlichtungsverfahrens kommt selbst dann, wenn lediglich im Streit steht, ob wegen aller Streitgegenstände das Schlichtungsverfahren durchgeführt worden ist, nicht in Betracht.[74] Schon dann, wenn die Klage erst nach der Vorlage der Erfolglosigkeitsbescheinigung zugestellt wird, ist sie unzulässig.[75]

24 **f) Nachholen im Berufungsverfahren.** Wird das gebotene Schlichtungsverfahren nicht durchgeführt, führt dies zur Unzulässigkeit der Klage. Dieser Mangel wird auch nicht im Berufungsverfahren geheilt, so dass eine Klage auch dort noch als unzulässig abzuweisen ist.[76] Dementsprechend kann auch der Auffassung nicht gefolgt werden, dass die Durchführung des Schlichtungsverfahrens im Berufungsverfahren wegen einer entsprechenden Anwendung von § 513 Abs. 2 ZPO nicht geprüft werden darf.[77] Diese Auffassung verkennt, dass auch die Regelung des § 513 Abs. 2 ZPO allein dazu dient, das eigentlich zuständige Gericht davor zu bewahren, ein im Übrigen regelgerechtes Verfahren nur wegen der fehlenden Zuständigkeit zu wiederholen. Sie setzt damit die grundsätzlich bestehende Berechtigung des Gerichts, sich mit der

66 *Suilmann* ZMR 2019, 910.
67 OLG Hamm Urt. v. 11.4.2002 – 5 U 167/01, MDR 2003, 3, *Nicht* SchiedsZ 2008, 295.
68 AG Stadthagen Zwischenurteil vom 1.3.2013 – 41 C 317/11, juris Rn. 33.
69 AG Königstein Beschl. v. 12.5.2003 – 21 C 491/03, NJW 2003, 1954 (1955); *Friedrich* NJW 2003, 3534.
70 OLG Saarbrücken Urt. v. 30.8.2011 – 4 U 424/10, juris Rn. 49.
71 BGH Urt. v. 23.11.2004 – VI ZR 336/03, NJW 2005, 437 (438); bestätigt: BGH Urt. v. 8.12.2017 – V ZR 16/17, NJW-RR 2018, 394, 394. Die Notwendigkeit des zuvor durchgeführten Schlichtungsverfahrens entfällt aber dann, wenn ohne eine anderslautende Übergangsvorschrift die Regelung, die die Notwendigkeit des Schlichtungsverfahrens begründet hat, aufgehoben worden ist: BGH Urt. v. 13.12.2006 – VII ZR 64/06, NZM 2007, 139 (140).
72 LG Ellwangen Urt. v. 1.3.2002 – 1 S 18/02, NJW-RR 2002, 936 (936); LG Karlsruhe Urt. v. 16.10.2002 – 1 S 103/02, juris Rn. 18; AG Saarbrücken Urt. v. 3.8.2006 – 37 C 280/06, juris Rn. 12; *Kimmelmann/Winter* JuS 2003, 953.
73 VerfG Brandburg Beschl. v. 15.2.2007 – 56/06, juris Rn. 4.
74 OLG Saarbrücken Beschl. v. 16.12.2013 – 2 W 19/13, juris Rn. 6.
75 LG Saarbrücken Urt. v. 6.3.2007 – 11 S 225/06, juris Rn. 14.
76 OLG Saarbrücken Urt. v. 20.5.2015 – 1 U 131/14, juris Rn. 30.
77 So aber LG Marburg Urt. v. 13.4.2005 – 5 S 81/04, juris Rn. 9.

Sache zu befassen, voraus. Diese fehlt jedoch dann, wenn das gemäß § 15a EGZPO vorgeschriebene Schlichtungsverfahren nicht durchgeführt worden ist.[78]

IV. Folgen des fehlenden Schlichtungsverfahrens

25 Die Klage vor den ordentlichen Gerichten ist unzulässig, wenn nicht das Scheitern eines ordnungsgemäß durchgeführten Schiedsverfahrens durch die zuständige Schlichtungsstelle nachgewiesen werden kann. Die Klageabweisung erfolgt mit der Folge durch ein Prozessurteil, dass der materielle Anspruch nach dem ordnungsgemäß durchgeführten und gescheiterten Schlichtungsverfahren in einer weiteren, dann zulässig erhobenen Klage verfolgt werden kann, ohne dass das das Hindernis der entgegenstehenden Rechtskraft entgegensteht. Wird das Schlichtungsverfahren entgegen der landesgesetzlichen Regelung nicht durchgeführt, ist die Klage unzulässig.

V. Durchführung des Schlichtungsverfahrens

26 Das Schlichtungsverfahren beginnt mit einem Antrag bei der Schlichtungsstelle. In diesem sind Name und Adressen des Antragstellers und des Antragsgegners anzugeben. Weiter ist der geltend gemachte Anspruch darzustellen.[79] Die Darstellung des Streitverhältnisses muss für den Schuldner ebenso erkennen lassen, welcher Anspruch gegen ihn geltend gemacht wird, wie einen bestimmten Rechtsdurchsetzungswillen des Antragstellers.[80] Die Teilnahme an dem Schlichtungsverfahren kann nicht erzwungen werden. Die Landesgesetzgeber haben allein die Möglichkeit, die gesetzlichen Voraussetzungen dafür zu schaffen, dass gegen die nicht erschienene Partei ein Ordnungsgeld verhängt werden kann (§ 15a Abs. 5 S. 1 EGZPO).

1. Örtlich zuständige Schlichtungsstelle

27 Welche Gütestelle dafür zuständig ist, das Schlichtungsverfahren durchzuführen, hängt von dem jeweiligen Landesrecht ab. In § 15a ZPO ist keine örtliche Beschränkung der Schlichtungsstellen vorgeschrieben. Gleiches gilt für das NWGüSchlG.[81] Gemäß § 15a Abs. 3 S. 1 EGZPO ist dem Erfordernis des Einigungsversuchs vor einer von der Landesjustizverwaltung eingerichteten Schlichtungsstelle zudem auch dann genügt, wenn die Parteien einvernehmlich vor einer anderen Gütestelle, die Streitbeilegungen betreibt, einen (erfolglosen) Einigungsversuch unternommen haben.

2. Der Nachweis des erfolglosen Schlichtungsverfahrens beim zuständigen Schlichter

28 In der Schlichtung bemüht sich der Schlichter um eine einvernehmliche Lösung. Gelingt diese, kann ein Vergleich geschlossen werden. Scheitert sie, stellt der Schlichter eine entsprechende Bescheinigung aus. Keine Partei kann jedoch durch das dauerhafte Sabotieren des Schlichtungsverfahrens die Zulässigkeit einer anschließenden Klage verhindern. Die Bescheinigung über das Scheitern des Schlichtungsverfahrens ist nämlich nach § 15a Abs. 1 S. 3 EGZPO auf Antrag auch dann auszustellen, wenn das Einigungsverfahren binnen einer Frist von drei Monaten nicht durchgeführt worden ist. Die von einer zuständigen Schlichtungsstelle erteilte Bescheinigung über die Erfolglosigkeit eines zuvor durchgeführten Schlichtungsverfahrens bindet das Streitgericht, das zu einer eigenständigen Prüfung des Scheiterns der Schichtung nicht berechtigt ist.[82] Für den Nachweis der erfolglosen Schlichtung reicht es aus, wenn die Tatsache der gescheiterten Schlichtung unstreitig ist und der Beklagte den Nachweis des gescheiterten Schlichtungsverfahrens vorlegt.[83]

78 *Rimmelspacher/Arnold* NJW 2006, 18.
79 *Grziwotz/Peter* MDR 2017, 618.
80 OLG Frankfurt Beschl. v. 2.10.2015 – 4 U 90/15, juris Rn. 46.
81 BGH Urt. v. 8.7.2008 – VI Z 221/07, NJW-RR 2008, 1662 (1663). AA noch LG Bonn Urt. v. 2.8.2007, 8 S 73/07, juris Rn. 60.
82 BGH Urt. v. 20.11.2009 – V ZR 94/09, NJW-RR 2010, 357 (357) *Deckenbrock/Jordans* MDR 2013, 947.
83 LG Itzehoe Urt. v. 12.11.2014 – 2 O 54/14, ZMR 2016, 666 (666).

3. Vergleich

Eine Einigung vor einer anerkannten Schlichtungsstelle gilt gemäß § 15a Abs. 6 EGZPO als Vergleich im Sinne des § 794 Abs. 1 Nr. 1 ZPO und ist damit vollstreckungsfähig. Hierbei ist insbesondere darauf zu achten, dass der möglicherweise vollstreckungsbedürftige Inhalt der Einigung auch vollstreckungsfähig gefasst wird. 29

4. Kosten

Gemäß § 15a Abs. 4 EGBGB gehören die Kosten der Gütestelle zu den Kosten des Rechtsstreits. Diese richten sich nach dem jeweiligen Landesschlichtungsgesetz. Wurden Rechtsanwälte beteiligt, erhalten diese nach Nr. 2303 RVG-VV für die Teilnahme an dem Schlichtungsverfahren eine Geschäftsgebühr, die bei einem etwaig nachfolgenden gerichtlichen Verfahren angerechnet wird.[84] Gemäß § 91 Abs. 3 ZPO zählen die Kosten des (erfolglosen) Schlichtungsverfahrens zu den erstattungsfähigen Kosten, wenn zwischen der Beendigung des Schlichtungsverfahrens und der Klageerhebung weniger als ein Jahr liegt.[85] Die Rechtsanwaltskosten können allerdings nur dann erfolgreich im Kostenfestsetzungsverfahren geltend gemacht werden, wenn das Schlichtungsverfahren eine Zulässigkeitsvoraussetzung des anschließenden Klageverfahrens war.[86] Einer bedürftigen Partei steht gemäß § 1 Abs. 1 ZPO auch ein Anspruch auf eine anwaltliche Beratung zur Seite, wenn die anwaltliche Vertretung im Sinne des § 2 Abs. 1 BerHG erforderlich ist.[87] 30

VI. Verjährung

Den Parteien des Schlichtungsverfahrens droht durch das Führen des Schlichtungsverfahrens auch im Hinblick auf einen möglichen Eintritt der Verjährung kein Nachteil. Gemäß § 204 Abs. 1 Nr. 4 BGB wird die Verjährung durch die Veranlassung der Bekanntgabe eines Schlichtungsantrags durch die Schlichtungsstelle, also eine staatlich anerkannte oder eine staatliche Gütestelle, gehemmt. Anders als bei der Klage kommt es für die Hemmung der Verjährung also nicht auf die Zustellung des Güteantrags bei dem Gegner auf die Veranlassung der Bekanntgabe an. Wird die Bekanntgabe des hinreichend individualisierten Güteantrages von der Gütestelle verzögert, wird dies dem Antragsteller nicht zugerechnet.[88] Der Antragsteller trägt also nicht das Risiko für eine verzögerte Zuleitung, sofern er nicht die zu einer verzögerten Zuleitung des Güteantrags führende Überlastung der Gütestelle selbst herbeiführt.[89] Die Hemmung der Verjährung setzt jedoch voraus, dass der Güteantrag den konkreten Anspruch bezeichnet.[90] Der von dem Anspruch erfasste Lebenssachverhalt ist daher zumindest schlagwortartig so zu beschreiben, dass der Schuldner erkennen kann, welcher Anspruch gegen ihn verfolgt werden soll.[91] Das gilt unabhängig davon, dass in dem Schlichtungsverfahren durch eine zu konkrete Bezeichnung des geltend gemachten Anspruchs die Chancen für eine vergleichsweise Einigung vermindert werden können.[92] Wird zur Individualisierung des Anspruchs auf Anlagen verwiesen, müssen diese beigefügt sein. Nur dann kann die Gütestelle hinreichend informiert sein.[93] Wird das Schlichtungsverfahren ausschließlich dazu genutzt, um in den Genuss der Hemmung der Verjährung gemäß § 204 Abs. 1 Nr. 4 BGB zu gelangen, bleibt dann, wenn die Voraussetzungen der Hemmung der Verjährung objektiv vorliegen wie auch bei den übrigen Hemmungstatbeständen die Möglichkeit, das Berufen auf die Hemmung der Verjährung als rechtsmissbräuchlich zu behandeln.[94] Allerdings reicht es 31

84 *Grziwotz/Peter* MDR 2017, 622.
85 *Deckenbrock/Jordans* MDR 2013, 948.
86 BGH Urt. v. 15.1.2019 – II ZB 12/17.
87 *Friedrich* NJW 2003, 3535.
88 BGH Urt. v. 22.9.2009 – XI ZR 230/08, NJW 2010, 222 (223).
89 *Riehm* NJW 2017, 115.
90 Vgl. BGH Beschl. v. 28.1.2016 – III ZB 88/15, NZG 2016, 355 (356).
91 BGH Urt. v. 28.10.2015 – IV ZR 526/14, NJW 2016, 233 (234); OLG Frankfurt Beschl. v. 2.10.2015 – 4 U 90/15, juris Rn. 46.
92 *Riehm* NJW 2017, 116.
93 BGH Urt. v. 15.10.2015 – III ZR 170/14, NJW-RR 2016, 372 (374).
94 Vgl. *Riehm* NJW 2017, 114.

dazu nicht aus, dass das einzige Ziel des Güteantrags die Hemmung der Verjährung war.[95] Ein Rechtsmissbrauch soll aber dann anzunehmen sein, wenn schon beim Einreichen des Schlichtungsantrags feststeht, dass der Antragsgegner bereits zuvor jegliche Mitwirkung an dem Schlichtungsverfahren verweigert hat.[96] In den Fällen der notwendigen Schlichtung kann das jedoch nicht gelten, weil das Durchführen auch eines nicht erfolgversprechenden Schlichtungsverfahrens dort eine notwendige Zulässigkeitsvoraussetzung der Klage ist.

95 BGH Urt. v. 28.10.2015 – IV ZR 526/14, NJW 2016, 233 (235).
96 BGH Urt. v. 28.10.2015 – IV ZR 526/14, NJW 2016, 233 (235).

Stichwortverzeichnis

Die fetten Zahlen bezeichnen die Ordnungszahlen des jeweiligen Stichworts, die mageren Zahlen die Randnummern.